ENCYCLOPÉDIE

MÉTHODIQUE,

OU

PAR ORDRE DE MATIÈRES;

PAR UNE SOCIÉTÉ DE GENS DE LETTRES, DE SAVANS ET D'ARTISTES;

Précédée d'un Vocabulaire universel, *servant de Table pour tou* l'Ouvrage, *ornée des Portraits de* MM. DIDEROT & D'ALEMBERT *premiers Éditeurs de l'Encyclopédie.*

ENCYCLOPÉDIE

MÉTHODIQUE.

JURISPRUDENCE,

DÉDIÉE ET PRÉSENTÉE

A Monseigneur HUE DE MIROMESNIL GARDE DES SCEAUX DE FRANCE, &c.

TOME TROISIÈME.

A PARIS,

Chez PANCKOUCKE, Libraire, hôtel de Thou, rue des Poitevins.

A LIÈGE,

Chez PLOMTEUX, Imprimeur des États.

M. DCC. LXXXIII.

AVEC APPROBATION, ET PRIVILÈGE DU ROI.

COMMENSAL, *ou* COMMENSAUX, f. m. (*Droit civil & canon.*) c'eſt le nom qu'on donne aux officiers & domeſtiques des maiſons du roi, de la reine, des fils & petits-fils de France, & de tous les princes du ſang, qui ont une maiſon en titre d'office, couchée ſur l'état du roi.

On appelle auſſi *commenſaux* les chanoines qui ſont à la ſuite des évêques, pour les ſoulager dans l'adminiſtration de leurs dioçèſes.

COMMENSAUX *de la maiſon du roi.*

I. *Des perſonnes compriſes ſous cette qualité.* On en diſtingue trois ordres : le premier comprend les officiers de la couronne, les chefs d'offices, ceux qui forment les conſeils du roi, tous ceux enfin qui, à cauſe de la dignité de leurs offices, ont le titre & état de chevalier, & ſont nobles d'une nobleſſe parfaite & tranſmiſſible à leur poſtérité.

On met dans cette claſſe le grand-maître de la maiſon du roi, le grand-chambellan, le grand-maître de la garderobe, le grand-écuyer, le grand-échanſon, le grand-veneur, le grand-fauconnier, le grand-louvetier, & autres grands officiers, auxquels pluſieurs joignent le grand-aumônier de France.

Le ſecond ordre eſt compoſé des maîtres-d'hôtels, des gentilshommes ſervans, des officiers de la vénerie, de la fauconnerie, & de la louveterie, des écuyers, des maréchaux-des-logis, des fourriers, des gardes-de-la-porte, des valets-de-chambre, des huiſſiers de la chambre, des portemanteaux, des valets de la garderobe, contrôleurs, hérauts-d'armes, gardes-de-la-manche, & autres ſemblables officiers, auxquels on doit joindre le premier aumônier, les aumôniers de quartier, les chantres, chapelains, clercs de la chapelle, & autres eccléſiaſtiques ſoumis au grand-aumônier.

Le troiſième ordre contient tous les bas-officiers & domeſtiques, dont les offices ont été de tout temps poſſédés & exercés par des roturiers.

Ce que nous venons de dire par rapport aux officiers de la maiſon du roi, doit s'appliquer dans les mêmes proportions aux officiers & domeſtiques des maiſons de la reine, des fils & petits-fils de France, & des princes du ſang.

On doit auſſi ranger dans la claſſe des *commenſaux* les gardes-du-corps, les chevaux-légers & gendarmes de la garde, qui ſont brévetés & employés dans les états envoyés chaque année à la cour des aides. Les commiſſaires des guerres jouiſſent auſſi des privilèges de la commenſalité.

Outre ces perſonnes qui ſont directement attachées au ſervice du roi & de ſes maiſons, il exiſte encore un grand nombre d'autres offices dont les

titulaires ſont réputés *commenſaux*, & jouiſſent des privilèges attachés à cette qualité.

1°. La déclaration du 6 mai 1553, & celle de décembre 1575, regiſtrée en la cour des aides le 20 février 1578, mettent au nombre des officiers domeſtiques & *commenſaux* de la maiſon du roi, le grand-prévôt de l'hôtel, & ſes lieutenans, les greffiers, gardes & archers de cette prévôté.

2°. Des lettres-patentes du 2, & une déclaration du 10 mars 1547, déclarent tous les officiers du grand-conſeil domeſtiques & *commenſaux*, & leur attribuent toutes les prérogatives & exemptions attachées à cette qualité.

3°. Les avocats aux conſeils du roi ſont réputés *commenſaux*, & jouiſſent, à ce titre, de pluſieurs privilèges, entre autres de celui de *committimus* au grand ſceau.

4°. Les officiers des cours ſouveraines, ceux des chancelleries, les tréſoriers de France, les ſecrétaires du roi, les receveurs-généraux des finances, ceux des domaines & bois, les officiers d'artillerie & des maréchauſſées, le lieutenant-général du bailliage de l'arſenal, les officiers de l'ordre royal & militaire de S. Louis, les maîtres des poſtes, &c. ont droit par les titres de création de leurs charges, de jouir des privilèges des *commenſaux*.

5°. Des lettres-patentes du mois de janvier 1719, ont confirmé dans la poſſeſſion des mêmes privilèges, les officiers monnoyeurs.

6°. Les chanoines de la ſainte-chapelle de Paris, & de quelques autres chapitres, jouiſſent des privilèges de la commenſalité, en vertu de leurs bénéfices, ſans être expreſſément attachés aux maiſons du roi, de la reine, & autres princes du ſang, par quelque office ou emploi qui exige un ſervice auprès de leurs perſonnes.

7°. Les officiers des princes du ſang qui ne ſont pas érigés en offices de maiſon couchée ſur l'état du roi, jouiſſent auſſi des privilèges de la commenſalité, en vertu de déclarations du roi particulières. Telles ont été la déclaration du 16 avril 1584, en faveur des officiers de Henri de Bourbon, roi de Navarre; celles du 16 mai 1596, & 23 janvier 1687 pour ceux de M. le prince de Condé; celles des 15 octobre 1693, 10 janvier 1694, 28 juillet 1714, 2 ſeptembre 1717, 6 janvier 1724, 22 août 1725, 20 février 1745, pour les officiers de madame la dauphine, madame la ducheſſe d'Orléans, madame la ducheſſe de Berri, & madame la ducheſſe de Chartres. Souvent même après la mort des princes & princeſſes du ſang, le roi, par une nouvelle déclaration, conſerve à leurs officiers & domeſtiques la jouiſſance des mêmes privilèges & exemptions.

A

II. *Des privilèges & exemptions des commensaux.* On ne peut guère douter que les privilèges accordés aux *commensaux* ne soient aussi anciens que la couronne. Nos rois, après la conquête d'une des plus belles provinces de l'empire romain, laissèrent probablement subsister, en faveur de leurs officiers, une partie des prérogatives & des exemptions que les empereurs avoient accordées à leurs officiers & domestiques.

Quoi qu'il en soit, les plus anciennes loix données en faveur des *commensaux*, qu'on a recueillies dans le code intitulé du même nom, ne remontent pas au-delà du quatorzième siècle. Les premières sont un commandement de Philippe-le-Long, en date du 10 janvier 1317, par lequel il fit restituer à trois de ses officiers *commensaux* des droits de péage qu'on avoit indûment perçus pour des denrées destinées à leur consommation.

Depuis cette époque, les privilèges des *commensaux* ont été établis & confirmés par plusieurs loix, telles que l'édit de François I, du mois d'avril 1536; les déclarations des 2 février 1548, 17 novembre 1549, & 13 février 1562; l'ordonnance de Moulins, de 1566; celle de Blois, de 1579; une autre de Henri III, du 28. janvier 1588; l'édit de 1591; celui de décembre 1611, registré en la cour des aides le 4 février 1612, &c.

Les privilèges accordés aux *commensaux* par ces loix sont de deux sortes, les uns purement utiles, les autres honorifiques. Ceux de la première espèce sont : 1°. par l'édit de juillet 1653, leurs charges ont été exemptées de tous privilèges & hypothèques, & de tous partages & rapports dans les successions ; ce qui a été confirmé par édit du mois de janvier 1678, & par deux arrêts du conseil du 13 août 1665 & 17 octobre 1679, qui déclarent en outre que les gages & émolumens de ces charges ne sont pas saisissables. Cette jurisprudence a été confirmée par un arrêt du conseil du 29 juin 1718, & par deux arrêts du parlement de Paris, des 20 mai 1651, & 29 mars 1760.

2°. Ces officiers, & leurs veuves durant leur viduité, sont exempts de toutes contributions pour vivres, munitions, & conduites de gens de guerre ; tailles, aides, gros, quatrième, huitième, dixième, & appétissement de pinte ; de guet, gardes des portes & murailles, ponts, passages, travers, droits, fournitures & contributions ; d'étapes, logement de gens de guerre, charrois & chevaux d'artillerie, ban & arrière-ban, souchet, traites foraines, péages, passages pour toutes choses de leur crû, & généralement de toutes levées, charges, subsides, contributions & subventions quelconques. Mais par un arrêt de la cour des aides du 10 mai 1607, leur exemption a été restrainte aux impositions qui existoient lors de la concession ; on les a déclarés sujets aux réparations des chemins, fortifications des villes, ponts, chaussées, & autres ouvrages publics ; au droit d'appétissement de pinte, traites & impositions foraines pour marchandises qui ne sont de leur crû, & à toutes crues & levées de deniers auxquelles leurs prédécesseurs ont contribué.

Au reste, l'exemption des droits d'aides accordée aux *commensaux* n'est pas la même pour tous ceux qui sont compris sous cette dénomination ; les uns jouissent d'exemptions plus étendues que les autres ; quelques-uns même qui, par leurs fonctions, ne peuvent être mis dans la classe des nobles, ou des personnes vivant noblement, ne jouissent d'aucun privilège à cet égard. Il y a même sur cet objet une grande variété dans la jurisprudence, dont les détails doivent se trouver dans le *Dictionnaire des Finances.*

Les *commensaux* au surplus ne jouissent d'exemptions sur les vins & boissons, que par rapport aux vignes qui leur appartiennent, & qu'ils font valoir par leurs mains. On comprend dans la même classe les boissons qui proviennent des dixmes & des pressoirs bannaux. Mais leurs privilèges ne s'étendent point à leurs fermiers ; c'est pour cette raison qu'ils sont tenus d'affirmer la vérité des procurations qu'ils donnent.

3°. Les *commensaux* sont exempts de tutèle & curatelle, de charge des villes, de corvées personnelles. Ces sortes de charges sont incompatibles avec le service que ces officiers doivent auprès de la personne du roi ou des princes de son sang.

4°. Ils peuvent faire valoir par leurs mains une ferme de deux charrues sans payer de taille. Ce privilège n'avoit souffert aucune difficulté, & les *commensaux* y avoient toujours été maintenus par différents arrêts de la cour des aides. Mais il fut suspendu par une déclaration du 17 avril 1759, enregistrée le 23 du même mois à la cour des aides, & depuis il a été rétabli par une autre déclaration du 18 septembre 1760.

Cette exemption est susceptible de modifications & de restrictions. Les ordonnances d'Orléans & de Blois, ainsi que l'édit de 1705, veulent que les *commensaux*, pour jouir de l'exemption de tailles, fassent un service actuel, dont ils ne peuvent être dispensés que pour cause de maladie ; qu'ils aient au moins soixante livres de gages, & qu'ils soient compris dans les états envoyés tous les ans à la cour des aides avant le premier avril.

Pour rendre leurs privilèges moins onéreux aux habitans des lieux où ils ont leur domicile, les dispositions d'un arrêt de la cour des aides du 9 décembre 1710, & d'une déclaration du 19 janvier 1712, portent que les *commensaux* titulaires ou vétérans, ne jouissent de l'exemption des tailles qu'au nombre de huit, dans les paroisses où le principal de la taille est de 900 liv. & au-dessus, & quatre seulement dans les lieux où la taille est moindre. Ceux qui sont établis les premiers jouissent des privilèges ; les autres y parviennent suivant leur droit d'ancienneté de domicile. Les veuves ne font pas comprifes dans ce nombre de huit ou quatre. En cas de concurrence, l'officier vétéran doit avoir la préférence fur celui qui eft actuellement revêtu de l'office.

5°. Les *commenfaux* jouiffent fpécialement du droit de *committimus* au grand ou au petit fceau, en vertu duquel ils ont leurs caufes commifes, foit aux requêtes de l'hôtel, foit à celles du palais, au choix des privilégiés, pour toutes leurs caufes civiles, perfonnelles, ou mixtes. Ce droit, ainfi que celui de garde-gardienne, leur a été accordé par plufieurs édits & ordonnances, & ils y ont été maintenus par la jurifprudence des arrêts, lorfqu'il leur a été contefté.

Les *commenfaux* jouiffent-ils de l'exemption des francs-fiefs? Bacquet, dans fon *Traité des droits de franc-fief, partie première, chap. 8*, obferve que les *commenfaux* font fujets au paiement de ce droit, à moins qu'ils ne foient nobles de race, ou annoblis par le roi, par la raifon que ce droit eft domanial, & non d'impofition, qu'il n'y a que la nobleffe, ou un privilège fpécial du prince, qui puiffe en affranchir & en exempter le roturier.

En conféquence on tient pour maxime au confeil que les *commenfaux* ne jouiffent d'aucune exemption à cet égard, d'autant plus qu'elle ne leur a été accordée par aucune claufe expreffe, ni aucune dénomination particulière. Le titre d'écuyer que la plupart ont droit de prendre, n'eft d'aucune confidération contre la demande du droit de franc-fief. Au refte, on peut confulter à cet égard le *Dictionnaire des finances*.

Il eft néceffaire d'obferver ici que tous les *commenfaux* en général ne jouiffent pas indiftinctement, & dans la même étendue, des privilèges dont nous venons de parler; chacun d'eux jouit feulement des privilèges qui lui ont été nommément accordés, & qui font expreffément défignés par les édits de création de fa charge ou office. Il faut donc, lorfqu'il furvient quelque conteftation relative aux droits dont ces officiers prétendent jouir, confulter les titres de création de leurs offices, & les loix poftérieures qui ont réglé leurs exemptions & attributions.

Les veuves des officiers *commenfaux* jouiffent, pendant leur viduité, des privilèges dont jouiffoient leurs maris. C'eft la difpofition de l'édit du mois d'août 1610, de l'ordonnance fur le fait des aides du mois de juillet 1681, & des déclarations de décembre 1635, & janvier 1652.

Les *commenfaux*, que la vieilleffe ou les infirmités obligent de renoncer à leurs fervices, continuent de jouir des mêmes privilèges, en obtenant du roi des lettres de vétérance, qui leur font accordées au bout de vingt-cinq ans de fervice, & qui doivent être enregiftrées à la cour des aides.

III. *Privilèges honorifiques.* Les prérogatives d'honneur dont jouiffent les *commenfaux* confiftent dans le titre d'écuyer qu'ils ont droit de prendre; dans le rang, préféance, & prééminence qui leur font

attribués dans les cérémonies, proceffions & affemblées publiques; dans le droit d'avoir les premiers à l'églife l'eau bénite, le pain béni, &c.

La déclaration du 28 février 1605, & celle du 26 juillet 1613, & plufieurs autres regiftrées au grand-confeil, attribuent aux valets de la chambre & de la garderobe, aux porte-manteaux, aux huiffiers de la chambre, aux maréchaux-des-logis, fourriers, &c. le rang immédiatement après les confeillers des bailliages & fénéchauffées royales, au-deffus des officiers des élections, greniers-à-fel, & autres jurifdictions inférieures. Mais ils n'ont aucune préféance fur les patrons, les feigneurs de fief & hauts-jufticiers, lors même que l'églife paroiffiale n'eft point dans la haute-juftice ou le fief de ces feigneurs, & quand bien même ces derniers feroient roturiers.

IV. *Privilèges des commenfaux eccléfiaftiques.* Indépendamment des privilèges communs à tous les officiers & domeftiques du roi, ils en ont de particuliers, tels que celui d'être difpenfés de la réfidence dans leurs bénéfices, pendant le temps de leur fervice auprès du roi & des princes; de percevoir les fruits de leurs prébendes, d'être exempts des décimes pour les bénéfices qu'ils poffèdent, d'être infcrits fur un rôle dreffé par le grand-aumônier, pour être pourvu à leur tour des bénéfices qui vaquent en régale, & de plufieurs autres qui font à la nomination du roi, & qui leur font affectés. *Voyez* AUMÔNIER, CHANTRES de la chapelle du roi.

V. *Formalités que doivent obferver les commenfaux, pour jouir de leurs privilèges.* L'édit du mois d'août 1705, en renouvellant les difpofitions des anciennes ordonnances, exige, pour que les *commenfaux* jouiffent des exemptions attachées à cette qualité, 1°. qu'ils aient au moins foixante livres de gages, à l'exception néanmoins des fept offices de la maifon du roi, dont les titulaires jouiffent de la commenfalité, quoique leurs gages foient inférieurs à cette fomme.

2°. Les *commenfaux* doivent être infcrits fur les états envoyés tous les ans à la cour des aides, dans lefquels on comprend leurs noms & furnoms, la qualité de leurs offices, leurs gages & le lieu de leur réfidence.

Le greffier de cette cour eft tenu de remettre, fans frais, une expédition de chacun de ces états au contrôleur-général des finances, pour qu'il en envoie des extraits fignés de lui, aux commiffaires départis dans les provinces, à l'effet de les faire publier au prône des paroiffes, dans lefquelles les privilégiés font leur réfidence habituelle.

3°. Les *commenfaux* ne peuvent jouir de leurs privilèges, fans avoir préalablement fait enregiftrer aux greffes des élections leurs provifions, & l'extrait de l'état envoyé à la cour des aides qui les concerne; ils font également tenus de faire fignifier cet extrait, une première fois feulement, aux habitans de leur paroiffe, avant le premier octobre de l'année dans laquelle ils commencent à être couchés sur ces états.

Dans les années suivantes il suffit qu'ils fourniffent aux habitans l'ampliation de la quittance de leurs gages, & un certificat de leurs services.

4°. En effet, les *commensaux* ne peuvent jouir des privilèges qui leur sont attribués, s'ils ne font un service actuel. Pour qu'il n'y ait à cet égard aucune fraude, ils doivent déclarer chaque année, par acte authentique, un jour de fête ou de dimanche, à l'issue de la grand-meffe, aux habitans de leur paroisse, l'année, le quartier ou semestre pendant lequel ils doivent servir, ainsi que le jour qu'ils partent pour s'y rendre. A leur retour, ils doivent dénoncer dans la même forme un certificat qui atteste qu'ils ont rempli leur service, & six mois après l'ampliation ; c'est-à-dire un double, signé du tréforier ou payeur, de la quittance de leurs gages.

Les *commensaux* font dispensés du service dans le cas de maladie. Mais alors ils font obligés de faire signifier, dans la forme que nous venons de décrire, aux habitans de leur paroisse, un certificat des médecins, de deux officiers de l'élection, & du procureur du roi du même siège. En cas de supposition ou de faux, les habitans peuvent débattre ce certificat, tant par écrit, que par témoins, fans recourir à l'inscription de faux.

5°. Les *commensaux*, pour jouir de leurs privilèges, ne doivent faire aucun acte de dérogeance, tel que le trafic de marchandise, ou l'exercice de la profession d'hôtelier. Ils ne peuvent également exercer aucune vacation qui répugne à la qualité dans laquelle ils servent auprès du roi. Un avocat, un procureur ne pourroit servir en qualité de gendarme, de gentilhomme de vénerie, d'officier de cuisine ; un marchand ne pourroit servir en qualité de gentilhomme ou d'écuyer.

Il est encore de maxime qu'un *commensal*, pourvu en même temps d'un office de judicature, police ou finance, ne peut participer aux privilèges & exemptions, tant qu'il possède à la fois les deux offices, nonobstant même les lettres de compatibilité qu'il auroit obtenues à cet effet. *Déclaration du 3 octobre 1780 ; édits des mois d'août 1705, & septembre 1706.*

Enfin les *commensaux*, faute de payer leur capitation, font déchus de tous leurs privilèges.

COMMENSAUX *des évêques.* On désigne par ce nom les chanoines ou dignitaires que les évêques, suivant les dispositions du droit canonique, font autorisés de prendre dans les chapitres de leur cathédrale, ou des collégiales, pour les aider dans les fonctions de leur ministère.

Le chapitre *15 X de cler. non resid.* les conciles de Rouen & d'Aix, tenus en 1581 & 1585, dispensent les chanoines *commensaux* de la résidence à leurs bénéfices, & les autorisent à en percevoir les gros fruits. Cette dispense est légitime, puisqu'elle est fondée sur l'utilité & les avantages que l'église retire des travaux & des soins de ces chanoines, dont le temps est entièrement occupé au soulagement des évêques, & à l'administration des diocèses.

Cependant, pour que cette condescendance n'entraîne après elle aucun abus, ce privilège de la commensalité ecclésiastique ne peut s'étendre, suivant les canons, qu'à deux chanoines, soit de la cathédrale, soit d'une collégiale.

COMMERCE, f. m. (*Droit public & particulier.*) ce mot, dans un sens général, signifie *communication réciproque* : mais il s'applique plus particulièrement à la communication que les hommes se font entre eux des productions de leurs terres & de leur industrie.

Nous nous bornerons ici à parler des personnes auxquelles le *commerce* est interdit par les loix du royaume, & des privilèges & encouragemens accordés en général aux négocians. A l'égard de son histoire, de ses divisions, des loix qui le règlent, soit parmi nous, soit entre les nations étrangères, on doit consulter le *Dictionnaire de Commerce*, & celui des *Finances*, dans lequel on trouvera le détail des droits & impositions dont il est chargé.

Des personnes qui ne peuvent commercer. 1°. C'est une maxime du droit canonique, que le *commerce* est interdit aux ecclésiastiques : *Nemo militans Deo, fe implicat negotiis fecularibus.* Un chapitre des décrétales de Grégoire IX, prononce l'anathème contre les clercs, les moines & les religieux qui feront des entreprises lucratives, afin qu'ils ne dérogent pas à la sainteté de leur caractère.

Les loix civiles font venues à l'appui de celles de l'église. Entre plusieurs réglemens rendus pour obliger les ecclésiastiques à se conformer aux décisions des canons, nous ne rapporterons que les plus remarquables.

Un édit de 1707 défend à diverses maisons de religieux & de moines, non seulement de vendre des remèdes, mais même d'en distribuer gratuitement ; les dispositions en ont été renouvellées par l'arrêt du conseil d'état du roi, du 28 juin 1755.

Le roi défendit le 12 juillet 1721, par arrêt de son conseil, à toutes les communautés séculières & régulières, de permettre qu'il soit fait en leurs maisons ou couvens, des magasins de marchandises de quelque nature que ce soit, à peine de saisie de leur temporel & d'être privées de leurs privilèges.

Un arrêt rendu en forme de règlement, par le parlement de Paris, pour le diocèse de Boulogne, le 4 août 1745, porte « que les curés, vicaires » & autres personnes constituées dans les ordres » sacrés, ne pourront faire aucun *commerce* de che- » vaux ou autres animaux ».

Bouchel, dans sa *Bibliothèque canonique*, tom. *I*, pag. 44, rappelle un arrêt du parlement de Normandie, qui enjoint à un carme, muni de plusieurs missives concernant le *commerce*, de se retirer dans le couvent de la ville de Paris, pour y continuer l'exercice de sa profession religieuse, sans s'entremettre d'affaires séculières, à peine d'être procédé contre lui, suivant les décrets & les constitutions canoniques.

Il ne faut pas croire cependant, comme l'ont fait quelques auteurs, qu'en interdisant le *commerce* aux ecclésiastiques, l'intention de l'église soit de faire regarder le *commerce* comme une profession avilissante & contraire au christianisme, puisque l'écriture sainte loue Salomon & Josaphat d'avoir envoyé des flottes marchandes sur la mer Rouge. Isaïe élève d'ailleurs Tyr, par rapport à son *commerce*, au-dessus de toutes les villes. *Elle est,* dit-il, *la reine de la mer, ses négocians sont les princes, & ses correspondans les grands de la terre;* mais le *commerce* est interdit aux ministres des autels, parce qu'en s'y livrant, ils pourroient, comme nous l'avons déjà observé, s'occuper d'intérêts personnels, contraires à l'édification publique & à la pureté de leur caractère.

2°. Les ordonnances défendent aussi le *commerce* aux officiers de judicature, non seulement pour les attacher à leurs fonctions, mais plus encore pour ôter la liberté du *commerce* à des personnes qui pourroient, en s'en rendant les maîtres, nuire aux négocians.

Cette défense qui se trouve dans les ordonnances de Charles V, de Charles VII & de François I, a été renouvellée dans la plupart des réglemens donnés par Louis XIV, sur le *commerce*, particulièrement par les édits de 1669 & de 1701, qui permettent aux nobles, excepté ceux qui sont revêtus de charges de magistrature, de faire le *commerce* en gros, & plus particulièrement encore par l'édit du mois de septembre 1706, & par la déclaration du 21 novembre de la même année.

La première de ces loix défend aux officiers revêtus de charges de magistrature, même à ceux des élections & des greniers à sel, de commercer en gros ou en détail, & elle les déclare, en cas de contravention, déchus de toute exemption & de tout privilège. Le second réglement dérogeant au premier, permet que les marchands & négocians en gros puissent être revêtus des charges des élections & des greniers à sel, & faire en même temps, ou faire faire par des personnes interposées le *commerce* en gros, soit pour leur compte, soit par commission, tant au dedans qu'au dehors du royaume, sans préjudicier à leurs privilèges ni exemptions.

Louis XV a renouvellé aussi plusieurs fois les défenses faites à la magistrature de commercer, mais principalement par l'édit du mois de mars 1765, qui permet à tous les sujets du roi, de quelque qualité qu'ils puissent être, excepté aux officiers titulaires & revêtus de charges de magistrature, de faire librement le *commerce* en gros.

3°. Le *commerce* de détail est interdit à la noblesse, sous peine de dérogeance; mais depuis long-temps il lui est permis de s'attacher au *commerce* en gros & au *commerce* maritime. On trouve à cet égard, des lettres-patentes de Charles IX, de 1556, en faveur de la noblesse de Marseille, de Normandie & de Bretagne.

En 1614, les états généraux qui avoient les yeux toujours ouverts sur le bien public, firent connoître à la noblesse que rien ne pouvoit lui être plus honorable & en même temps plus avantageux à l'état, que de la voir équiper des navires, s'exercer dans la marine & faire un grand trafic. En 1627, le corps de la noblesse demanda au roi, dans son cahier particulier, *que les gentilshommes pussent avoir part & entrer dans le commerce, sans déchoir de leurs privilèges.*

Henri IV avoit déjà invité la noblesse en 1604, à prendre part au *commerce* des Indes orientales, par les privilèges qu'il accorda à la compagnie formée en vertu de l'édit du premier juin de cette année.

Louis XIII déclara solemnellement en 1629, que les gentilshommes qui feroient le *commerce* de mer ou qui y prendroient part, ne dérogeroient pas.

Louis XIV ordonna par les édits des mois de mai & d'août 1664, portant établissement des compagnies des Indes orientales & occidentales, que toutes personnes, de quelque qualité & condition qu'elles fussent, y pourroient entrer sans déroger. Ce prince invita encore plus positivement la noblesse à faire le *commerce*, par les édits de 1669 & de 1701.

Dans le premier, le législateur, après avoir observé que « le *commerce*, & particulièrement celui » qui se fait par mer, est la source féconde qui » apporte l'abondance dans les états & la répand » sur les sujets, à proportion de leur industrie & » de leur travail, & qu'il n'y a point de moyen » pour acquérir du bien qui soit plus innocent & » plus légitime », se plaint de ce que malgré les ordonnances de ses prédécesseurs sur le *commerce* & l'estime qu'ils lui ont marquée, la noblesse craint encore de ne pouvoir s'en occuper sans déroger: « il déclare ensuite, afin de ne rien omettre de » ce qui peut le plus exciter la nation à s'engager » au *commerce* & à le rendre florissant, que tous » les gentilshommes pourront par eux-mêmes ou » par personnes interposées, entrer en société & » prendre part dans les vaisseaux marchands, den- » rées & marchandises d'iceux, sans qu'ils soient » censés déroger à la noblesse, pourvu toutefois » qu'ils ne vendent point en détail ».

Par l'édit de 1701, le roi a ordonné que tous ses sujets nobles par extraction, par charges ou autrement, excepté ceux qui seroient revêtus de charges de magistrature, pourroient faire librement le *commerce*, tant au dedans qu'au dehors du royaume, pour leur compte ou par commission, sans déroger. Que les nobles qui feroient le *commerce* en gros continueroient de jouir des exemptions & privilèges dont ils étoient en possession avant de faire le *commerce* ; qu'ils pourroient posséder des charges de conseillers-secrétaires, maison & couronne de France, & continuer en même temps le *commerce*, sans avoir besoin pour cela d'arrêt ou de lettres de compatibilité. Enfin, que dans les villes du royaume où jusqu'alors il n'avoit pas été permis de négocier sans être reçu dans quelques corps de marchands, il seroit libre aux nobles de négocier en gros, sans être obligés de se faire recevoir dans aucun corps, ni de justifier d'aucun apprentissage.

Privilèges & encouragemens accordés au commerce. Selon l'édit de Louis XIV, rendu en 1701, les marchands qui doivent être réputés négocians en gros sont ceux qui font leur *commerce* en magasin, vendent leurs marchandises par balles, caisses ou pièces entières, & n'ont point de boutiques ouvertes, ni étalages, ni enseigne à leurs portes.

Cet édit veut que dans les lieux où les avocats & les autres notables sont nommés aux charges de maire, d'échevins, de capitouls, de jurats & de premiers consuls, les marchands en gros puissent être nommés concurremment avec eux à ces places, qu'ils puissent être élus juges, prieurs & présidens de la jurisdiction consulaire, ainsi que les marchands qui se trouvent reçus dans les corps & communautés de marchands établis dans quelques villes du royaume. Enfin, que le chef de chaque jurisdiction consulaire, de quelque nom qu'il soit appellé, soit exempt de logemens de gens de guerre, de guet & de garde, pendant le temps de son exercice. « Mais, pour conserver, dit le législa- » teur, autant qu'il est en nous, la probité & la » bonne foi dans une profession aussi utile à l'état, » nous déclarons déchus des honneurs & préro- » gatives ci-dessus accordés, ceux des marchands » & négocians en gros, aussi-bien que ceux des » autres marchands qui auront fait faillite, pris » lettres de répit, ou fait des contrats d'attermoie- » ment avec leurs créanciers ».

Pour distinguer le *commerce*, Henri IV accorda des lettres de noblesse à plusieurs commerçans. Louis XIV, par ses lettres-patentes du mois de juillet 1646, ennoblit *Cadeau, Binet & Zeuil*, marchands de la ville de Paris, en considération de l'établissement d'une manufacture de draps à Sedan, semblable à celle de Hollande, sans qu'on pût leur imputer, ni à leur postérité, de déroger par rapport au négoce. D'autres lettres-patentes ont accordé pendant le règne du même prince, la noblesse à *Vanrobais, Sauvage & Camplain, &c.*

Autrefois les rois accordoient des privilèges exclusifs pour la propriété des branches de *commerce*, dont l'exploitation étoit si dispendieuse que des particuliers ne pouvoient les entreprendre sans le secours de l'état. Tels étoient les privilèges de fabriquer exclusivement certaines étoffes, accordés aux premieres manufactures de Provence, ou celui

de faire sans concurrens, des draps propres au *commerce* du Levant, donnés autrefois à des manufactures de Languedoc ; tels étoient enfin les privilèges exclusifs des compagnies commerçantes des Indes, de l'Asie, de l'Afrique & de l'Amérique. A présent l'état préfère d'accorder des affranchissemens & des exemptions, des prohibitions de commercer les marchandises étrangères, en concurrence avec celles de la nation ; enfin des gratifications & des avances pécuniaires.

Le droit de naturalité est accordé par plusieurs arrêts, non seulement aux négocians qui, comme *Vanrobais*, établissent de nouvelles manufactures, mais encore aux ouvriers employés dans ces manufactures.

Les prohibitions des marchandises étrangères dont la concurrence pourroit nuire au *commerce* de l'intérieur du royaume, sont un des moyens qui ont été employés pour la prospérité du *commerce* ; c'est l'objet des tarifs de 1664, de 1667, de 1669, d'une infinité de réglemens donnés sous le ministère de Colbert, & particulièrement du titre 8 de l'ordonnance de 1687. Ces loix défendent entièrement le *commerce* de certaines marchandises des pays étrangers. Quelquefois elles ne permettent le *commerce* de quelques autres, que quand elles sont introduites par des négocians françois, sur des vaisseaux construits en France, & dont les équipages & les matelots sont sujets du roi : souvent, sans interdire ces marchandises, elles les taxent à un droit d'entrée proportionné à la nécessité dont elles sont, ou à la facilité que les étrangers auroient à les vendre en concurrence avec celles des commerçans du royaume ; enfin le même principe d'encourager le *commerce* intérieur, en ne privant pas les manufactures des denrées de première nécessité, a fait défendre la sortie des matières premieres, nécessaires à différentes sortes de manufactures.

Les gratifications données à propos sont encore des moyens très-actifs pour faire fleurir le négoce. Louis XIV en avoit accordé à toutes les compagnies de *commerce*, & à l'exportation des ouvrages des nouvelles manufactures chez l'étranger. La compagnie des Indes orientales recevoit cinquante livres de gratification, par tonneau de marchandise nationale qu'elle envoyoit dans ses concessions, & soixante-quinze livres pour les marchandises de l'Inde qu'elle envoyoit dans le royaume. Pour faire fleurir le *commerce* de mer, ce prince promit, par un édit en 1664, cinq livres de gratification par tonneau, à tout négociant qui feroit construire en France des navires de cent à deux cents tonneaux ; six livres par tonneau pour les bâtimens plus gros, & quatre livres pour les bâtimens construits hors du royaume, dont la propriété seroit constatée appartenir à des françois, sans que les étrangers y eussent aucune part. La même année, le même prince accorda quarante sous de gratification par chaque tonneau de marchandise, à tout bâtiment françois monté par un équipage françois qui partiroit pour la mer Baltique, à condition de revenir chargé de goudrons, de matières & de bois propres à la construction. Louis XV, à l'exemple de son prédécesseur, a continué d'accorder des gratifications pour le *commerce* de l'Inde, & il en a donné de particulières pour l'encouragement de quelques nouvelles manufactures: l'arrêt du 25 septembre 1755 accorde pendant 15 ans, aux entrepreneurs de la manufacture du Puy en Velay, une gratification de quatre livres par piece de vingt aunes, pour les étoffes de soie unies qui se fabriqueront dans cette manufacture, deux sous par aune d'étoffes de soie pure & non mélangée, quatre mille livres pour contribuer à l'établissement d'un teinturier, & huit cens livres par année au directeur de la manufacture. En 1774, Louis XVI accorda des gratifications pour l'importation des grains étrangers dans le royaume, afin d'en augmenter le *commerce* & d'en diminuer la cherté.

Les avances sont une espèce de gratification; l'état en accorde ordinairement à toutes les nouvelles entreprises de *commerce* qui exigent de grandes dépenses. La compagnie des Indes reçut lors de sa formation, six millions que le roi lui prêta d'abord & lui céda ensuite. Les nouvelles manufactures dont l'établissement est de quelque importance, reçoivent des avances pour la construction des bâtimens, pour les prèmiers achats d'ustensiles & de matières premières.

Enfin, les derniers moyens d'encourager efficacement le *commerce*, sont d'obvier à tout ce qui peut nuire à la liberté des commerçans. C'est un des principaux objets de l'ordonnance de 1563, portant établissement des jurisdictions consulaires; de l'ordonnance de 1673, appellée *code marchand*, & des ordonnances de la marine, de 1681 & de 1684. Pour faire connoître le véritable esprit du législateur sur cette matière, rapportons ce que M. de Colbert écrivoit en 1669, à M. de Souzi, intendant de Flandre. « A l'égard des précautions » à prendre pour empêcher qu'il ne s'introduise » quelque abus, dans le passage des marchandises » que les marchands des villes restées au roi ca- » tholique voudront envoyer dans les pays étran- » gers, par nos voitures de terre & de mer, prenez » bien garde de ne rien faire qui puisse troubler » ou diminuer ce *commerce*; au contraire, travaillez » par toutes sortes de moyens à l'augmenter. Vous » avez bien fait de faire arrêter le commis du bu- » reau de Mortagne, qui avoit retardé le passage » des bateaux de charbon; il est de très-grande » conséquence que les marchands ne soient pas » vexés, sous quelque prétexte que ce soit».

COMMINATOIRE, adj. (*Jurispr.*) ce mot se joint avec celui de *peine* ou de *clause*. *Voyez* CLAUSE COMMINATOIRE.

Nous ajouterons à ce que nous avons déjà dit, que dans les actes ou contrats, nous ne réputons *comminatoires* que les clauses qui ont rapport au temps dans lequel on doit remplir telle ou telle obligation.

Il est vrai en général que ces sortes de clauses n'ont d'effet qu'après une interpellation judiciaire, à moins qu'il ne s'agisse d'affaires dans lesquelles il y a péril à la demeure, ce qui a principalement lieu en matière de *commerce*, où les circonstances sont précieuses, & où l'occasion manquée est souvent irréparable. Cette doctrine s'éclaircira par des exemples.

Si je suis convenu avec un entrepreneur, qu'il me construiroit une maison, & qu'il en commenceroit le travail dans trois mois, à peine de nullité du marché, l'inexécution de la convention de la part de l'entrepreneur ne rend pas le marché nul de plein droit, en vertu de la clause apposée dans le contrat: avant de pouvoir m'adresser à un autre ouvrier, je suis obligé de faire au premier entrepreneur une sommation de remplir son engagement, & ce n'est qu'après l'expiration d'un délai proportionné à la nature de l'entreprise, que le marché passé entre nous deux est véritablement résilié; mais je peux exiger des dommages & intérêts pour raison de la perte que le retard m'a occasionnée.

Si nous supposons actuellement qu'un cabaretier a acheté une certaine quantité de vin, pour lui être livrée huit jours avant telle foire, qui doit se tenir dans l'endroit où il demeure, avec clause que le marché sera nul dans le cas où le vin ne seroit pas livré au jour marqué, cette convention aura son exécution de plein droit, sans sommation ni interpellation de la part de l'acheteur, & si le vin ne lui a pas été livré au jour marqué, il est en droit de se pourvoir ailleurs. En effet, la raison de la tenue de la foire est un motif suffisant pour lui de ne pas attendre davantage, puisqu'il n'avoit acheté le vin dont est question, que dans l'espérance de le débiter pendant la tenue de la foire. *Voyez* NULLITÉ, PEINE, *&c.*

COMMIS, s. m. (*Jurispr. Finances.*) ce mot en général signifie celui qui est préposé par un autre, pour faire en son lieu & place quelque chose. Les loix romaines font mention de ces sortes de *commis* ou préposés, elles donnent même à quelques-uns des noms particuliers: le *commis* d'un propriétaire de navire est appelé *exercitor*; le facteur d'un marchand par terre, se nomme *institor*. On peut consulter à cet égard, le §. 3, tit. 7, lib. 4 Inst.; le titre 25, lib. 4 Cod.; le titre 3, ff. lib. 14.

Nous nous servons du mot *commis* dans la même signification, & il sert également à désigner parmi nous le facteur, le préposé, le représentant d'un négociant, ou autres personnes.

Cependant nous l'appliquons plus particulièrement aux personnes chargées par les fermiers généraux & autres traitans, de la régie & de la perception des droits du roi.

Nous laissons au *Dictionnaire de Finance* à détailler

les différentes espèces de *commis*, leurs fonctions particulières, les obligations qu'ils doivent remplir vis-à-vis le public, & leurs commettans, &c. Nous nous bornerons à dire un mot sur ce qui appartient essentiellement à la jurisprudence.

Les édits d'avril 1543, de décembre 1547, d'août 1576, & de décembre 1581 avoient créé en titre d'office, des *commis* aux exercices, sous le nom de *commissaires des caves, quêteurs des aides & contrôleurs des quêteurs*. Mais on reconnut bientôt qu'il étoit de l'intérêt de la régie que les *commis* des fermes fussent entièrement dépendans du fermier, & révocables à sa volonté.

Dès 1604, le roi autorisa par différens baux les adjudicataires de ses fermes à rembourser les *commis* en titre, & leur permit de commettre à la régie qui bon leur sembleroit. Mais ils n'ont été totalement supprimés que par l'édit du mois de juillet 1634. Depuis cette époque, ils ont toujours été à la nomination du fermier.

Les *commis* des fermes doivent être âgés au moins de vingt ans pour entrer en exercice; ils ne peuvent être intéressés dans les fermes, parce que leur témoignage doit faire foi en justice en faveur de la ferme, ils ne doivent être ni parens ni alliés de l'adjudicataire. Cette prohibition ne s'étend pas aux cautions de l'adjudicataire, ainsi qu'il a été jugé par un arrêt du conseil du 18 novembre 1727.

Ils sont tenus de prêter serment pardevant les officiers de l'élection, dans le ressort de laquelle ils sont employés, ou devant un autre juge des droits du roi. Cette prestation de serment se fait sans information de vie & mœurs, & sans conclusion de ministère public, sur le vu de leur commission, & une simple requête du fermier.

Autrefois ils étoient obligés de renouveller leur serment, lorsqu'ils changeoient d'élection, à moins qu'ils n'eussent été reçus à la cour des aides, & même, dans ce cas, ils étoient tenus de le faire enregistrer à l'élection de leur domicile. Mais cette formalité a été abrogée par des lettres-patentes de 1719, qui exigent seulement des *commis* de faire mention, dans leurs procès-verbaux, de la jurisdiction où ils ont prêté serment, afin que la partie puisse le justifier, si elle le juge à propos. C'est aussi pour cette raison qu'un arrêt de la cour des aides du 10 juillet 1716 a ordonné aux juges des fermes de garder dans leurs greffes les actes & minutes de la prestation de serment des *commis*.

Les *commis* des domaines, contrôles des actes & droits y joints, prêtent serment entre les mains des intendans, de leurs subdélégués ou des juges des lieux. Mais les *commis* des bureaux d'insinuation, établis près les sièges royaux ressortissant nuement aux cours, prêtent serment devant le lieutenant-général de ces sièges. Cette disposition est de rigueur: les *commis* doivent s'y conformer, à peine de nullité des insinuations qu'ils auroient faites.

L'ordonnance de 1681, titre commun pour toutes les fermes, ordonne que les fermiers & sous-fer-

miers auront contre leurs *commis* les mêmes actions, privilèges, hypothèques & droits de contrainte que le roi a contre ses fermiers, & que ceux-ci ont contre leurs sous-fermiers. Ainsi le *commis* reliquataire, dès qu'il est en demeure de compter des deniers qu'il a reçus, peut être contraint par corps, ainsi que ses cautions, au paiement du *debet*, sans que les juges puissent les recevoir au bénéfice de cession.

Chaque fermier ou sous-fermier est responsable civilement du fait de ses *commis*, & de leur administration.

Il est permis aux *commis des fermes*, ayant serment à justice, de porter des épées & autres armes; ils sont sous la sauve-garde du roi & des juges, maires & échevins: tous juges royaux, officiers des maréchaussées, prévôts & autres sont obligés de leur prêter main-forte en cas de besoin.

Il est même défendu, par une déclaration de 1714, à tous juges de faire aucunes poursuites contre les *commis* qui auroient tué des fraudeurs ou leurs complices, en leur faisant violence ou rebellion.

Ils sont exempts de tutèle & curatelle, collecte, logement de gens de guerre, de guet & de garde; ils ne peuvent être imposés ni augmentés à la taille pour raison de leur commission, & jouissent généralement de tous les autres privilèges & exemptions accordés aux fermiers & sous-fermiers par les baux, résultats du conseil, ordonnances & réglemens.

Les gages des *commis* des fermes ne peuvent être saisis à la requête de leurs créanciers, sauf à ceux-ci à se pourvoir sur leurs autres biens.

Ils doivent délivrer gratis les congés, acquits, passavans, certificats, billets d'envoi, ou des lettres de voitures, & autres actes de pareille qualité; il leur est défendu de rien exiger ni recevoir que ce qui leur est permis par les réglemens, à peine de concussion; ils peuvent seulement se faire rembourser des frais pour le timbre du papier.

Les marques & démarques doivent être faites par eux sans frais sur les vaisseaux & futailles, sous peine pareillement de concussion.

Les *commis* des aides doivent être deux ensemble, lorsqu'ils font leurs exercices, visites & procès-verbaux; tous deux doivent les affirmer véritables dans le délai prescrit par l'ordonnance de 1687. Le procès-verbal, rédigé par un seul *commis*, est néanmoins valable, pourvu qu'il soit affisté d'un huissier: mais le ministère de cet officier n'est pas nécessaire pour la dénonciation des procès-verbaux, & les assignations données en conséquence.

L'affirmation des procès-verbaux n'est pas nécessaire, lorsqu'ils ont été rédigés en présence d'un officier de l'élection ou d'un autre juge à qui il appartient d'en connoître. Les procès-verbaux, bien & duement faits & affirmés en justice, sont crus jusqu'à l'inscription de faux.

L'ordonnance veut que ceux qui auront fabriqué ou fait fabriquer de faux registres, ou qui en auront
délivré

délivré de faux extraits fignés d'eux, ou contrefait les fignatures des juges, foient punis de mort.

La même peine eft prononcée contre ceux qui, ayant en maniement des deniers des fermes, feront convaincus de les avoir emportés, lorfque la fomme fera de trois mille livres & au-deffus; & fi la fomme eft moindre, ils feront punis de peine afflictive telle que les juges l'arbitreront.

Les *commis*, ayant ferment à juftice, ne peuvent être décrétés, pour quelque délit que ce foit, par eux commis dans l'exercice de leur emploi, finon par les officiers des élections, greniers à fel, juges des traites & autres de pareille qualité, chacun pour ce qui les concerne.

Il eft enjoint aux *commis* de mettre au-dehors, fur la porte du bureau, ou en autre lieu apparent, un tableau contenant les droits de la ferme pour lefquels le bureau eft établi, & un tarif exact de ces droits.

COMMIS, (*Droit de*) *terme de Coutume*: eft une efpèce de confifcation qui a lieu en certains pays, tant coutumiers que de droit écrit, & en vertu duquel le fief, cens, bourdelage ou héritage de mainmorte, eft acquis & confifqué au feigneur pour le forfait ou défaveu du vaffal ou emphytéote. Il en eft parlé dans les coutumes des duché & comté de Bourgogne, Reims, Nivernois & Bordeaux: & en l'ancienne coutume d'Auxerre, quelquefois on dit *commifes* pour *commis*. Au parlement de Touloufe, le droit de *commis* n'a pas lieu pour les peines ftipulées par les feigneurs dans les baux & reconnoiffances du paiement du double de la rente, faute par l'emphytéote de la payer, & même de la perte du fonds emphytéotique, s'il laiffe paffer trois années fans payer; mais le droit de *commis* y a lieu pour la félonie de l'emphytéote: ce qui s'obferve préfentement dans la ville, gardiage & viguerie de Touloufe, de même que dans le refte du parlement. (*A*)

La coutume du Perche, *titre premier, art.* 26, fe fert du terme de *commis* pour fignifier la confifcation des farines que peut faire tout feigneur de fief, ayant moulin, lorfqu'elle a été moulue dans un moulin étranger, & qu'il la faifit dans l'inftant où le meûnier la rapporte dans l'étendue de fon fief.

COMMISE, f. f. (*Jurifprudence.*) en général fignifie confifcation d'une chofe au profit de quelqu'un; ce terme vient du latin *commiffum*, qui fignifie confifcation. Il y a au Digefte, *liv. XXXIX*, le tit. 4 de *publicandis vectigalibus & commiffis*: la loi 2 parle de marchandifes confifquées, *merces commiffæ.* Voyez auffi *la loi* 14 & *la loi* 16, §. 8, & *au code, liv. IV, tit.* 61, *l.* 3. Parmi nous, le terme de *commife* ne fe dit que pour la confifcation d'un héritage: cette peine eft encourue de différentes manières, felon la nature des héritages; c'eft pourquoi on diftingue différentes fortes de *commifes*, que nous allons expliquer dans les fubdivifions fuivantes.

COMMISE *active*, eft le droit que le feigneur a d'ufer de *commife* fur l'héritage de celui qui a encouru cette peine. La *commife paffive* eft la peine

de la confifcation de l'héritage, encourue par le vaffal ou tenancier qui fe trouve dans le cas de la *commife.*

COMMISE *bordelière* ou *d'un héritage tenu en bordelage* ou *bourdelage*, eft la confifcation de l'héritage tenu à ce titre, au profit du feigneur contre le propriétaire, faute par ce dernier de payer, pendant trois ans, la redevance due au feigneur pour le bordelage. Cette *commife* a lieu dans quelques coutumes où le bordelage eft ufité; telles que celle de Nivernois, *titre des bordelages, art.* 8, & celle de Bourbonnois, *titre* 30 *des tailles réelles, art.* 502, où le défaut du paiement du bordelage pendant trois ans confécutifs emporte *commife*: dans la première, la *commife* a lieu par le feul défaut de paiement, fans que le feigneur foit obligé d'interpeller le débiteur de payer; celle de Bourbonnois eft plus mitigée, & veut que le feigneur, avant de commettre, mette le débiteur en demeure de payer.

Si deux particuliers poffèdent un héritage en bordelage, il ne devroit, fuivant l'équité, y avoir que la part de celui qui eft en demeure de payer, qui tombât en *commife*: néanmoins fi le feigneur n'a pas confenti à la divifion de l'héritage, la *commife* eft folidaire, c'eft-à-dire, emporte la totalité de l'héritage.

Le feigneur ne peut rentrer dans l'héritage par droit de *commife*, faute de paiement pendant trois ans, qu'en le faifant ordonner par juftice: & le tenancier demeure en poffeffion jufqu'au jugement.

Si le feigneur ne fe plaint pas, ou qu'il remette la *commife*, ce ne fera pas pour cela un nouveau bail de bourdelage: c'eft toujours le même qui continue.

Le tenancier peut purger fa contumace ou demeure de payer, en offrant de payer les arrérages au feigneur, pourvu que ce foit avant la demande formée en juftice par le feigneur à fin de *commife*.

Pour empêcher la *commife*, il faut payer en entier les arrérages qui font dûs: le paiement d'une partie ne fuffiroit pas.

Si le tenancier eft créancier du feigneur bordelier, il doit, pour éviter la *commife*, demander la compenfation; car, en ce cas, elle ne fe fait pas de plein droit à caufe de la nature de la dette, & que le tenancier doit reconnoître le bordelage envers le feigneur.

Au cas que celui-ci refufât le paiement pour ufer de *commife*, le tenancier doit lui faire les offres réelles, & le faire affigner pour voir ordonner la confignation: &, lorfqu'elle eft ordonnée, l'effectuer & la fignifier au feigneur.

Les améliorations faites fur l'héritage qui tombe en *commife*, fuivent le fonds, fans que le feigneur foit tenu d'en faire raifon au tenancier. *Voyez* Coquille *fur Nivernois, loc. cit.* & Defpommier, *art.* 502 de celle de Bourbonnois.

COMMISE *cenfuelle* ou *en cenfive*, eft la confifcation qui fe fait au profit du feigneur direct d'un héritage roturier, tenu de lui en cenfive, pour caufe

B

de défaveu ou félonnie du cenfitaire : cette forte de *commife* n'a pas lieu dans le droit commun, fuivant lequel il n'y a que les fiefs qui font fujets à tomber en *commife*, au profit du feigneur : elle eft feulement reçue dans quelques coutumes, comme celle de Normandie, *voyez* Bafnage *fur l'art.* 125 de cette coutume : & dans celles d'Anjou & Maine, *voyez* Poquet de Livonière, *des fiefs, liv. II, chap. 2, feɛt. 4 ;* Guyot, *des fiefs, Traité de la commife, pag.* 306. Elle fe règle en tout comme la *commife* féodale ; *voyez* M. de Boutaric, en fon *Traité des droits feigneuriaux, part. III, chapitre 5 de la commife des cenfives.*

COMMISE *emphytéotique* ou *en emphytéofe,* qu'on appelle auffi *commis* ou *droit de commis,* eft le droit que le bailleur a de rentrer dans l'héritage par lui donné à titre d'emphytéofe, faute de paiement de la redevance pendant un certain temps.

Cette *commife* eft fondée fur les loix feconde & troifième, au code *de jure emphytéotico.* La loi 2 ouvre la *commife* par le défaut de paiement du canon ou redevance emphytéotique pendant trois années confécutives, quand même la condition de payer & la peine du défaut de paiement ne feroient pas écrites au contrat. Godefroi, fur cette loi, obferve qu'il falloit un jugement qui déclarât la *commife* ouverte.

La loi 3 marque un fecond cas dans lequel il y avoit ouverture à la *commife ;* favoir, lorfque l'emphytéote vendoit l'héritage à un autre fans le confentement du bailleur ; mais l'emphytéote avoit un moyen pour éviter cette *commife ;* c'étoit, lorfqu'il vouloit vendre, & qu'il avoit fait le prix, d'aller trouver le bailleur & de lui offrir aux mêmes conditions. Le bailleur avoit deux mois pour délibérer & demander la prélation ou préférence ; fi le bailleur laiffoit écouler les deux mois fans ufer de fon droit, l'emphytéote pouvoit vendre librement, & le bailleur ne pouvoit refufer d'admettre le nouvel emphytéote.

L'ufage de la *commife* ou *commis emphytéotique* appartient plus aux pays de droit écrit qu'aux pays coutumiers, attendu que, dans ceux-ci, les baux emphytéotiques ne font ordinairement que de 99 ans, au lieu que la vraie emphytéofe des pays de droit écrit eft perpétuelle.

Cependant les parlemens de droit écrit n'ont pas tous également adopté la difpofition des loix dont on vient de parler fur la *commife emphytéotique.*

MM. Salving & Expilly difent qu'elle n'a plus lieu en Dauphiné, même pour les fiefs, foit faute de paiement de la redevance, foit pour la vente du fonds, faite fans le confentement du bailleur.

Il en eft de même au parlement de Touloufe : mais Defpeiffes dit que, fi l'emphytéote s'obftinoit à ne vouloir point payer le cens, il feroit évincé de l'héritage après quelques condamnations comminatoires.

Le même auteur dit que la *commife* n'a pas lieu à Montpellier, & que, dans le refte du royaume, elle ne s'obferve pas non plus à la rigueur.

Cependant, en Bourgogne, la *commife* n'a lieu, faute de paiement de la redevance, que quand cela eft ainfi ftipulé dans le bail emphytéotique, auquel cas il n'eft pas befoin d'interpellation de payer : elle y a pareillement lieu en cas de vente, fans le confentement du feigneur, lorfque le bail le porte expreffément. *Voyez les cahiers de réformation de la coutume.*

Dans l'emphytéofe d'un bien d'églife, la *commife* a lieu par le défaut de paiement des arrérages pendant deux années. *Novelle* 7, *chap.* 3, §. 2.

La *commife* a auffi lieu, lorfque l'emphytéote détériore le fonds, de manière que la rente ne foit plus affurée : cela s'obferve aux parlemens de Touloufe & de Dijon.

L'emphytéote qui eft évincé, perd fes améliorations. *Voyez* Defpeiffes, *tom. III des droits feign. art.* 5 ; Guyot, *des fiefs, tom. IV,* titre *du droit de commife en emphytéofe.*

COMMISE *féodale,* eft la confifcation du fief du vaffal au profit du feigneur auquel il appartient comme réuni à fa table.

Suivant l'ufage le plus général, cette *commife* a lieu en deux cas ; favoir, pour caufe de défaveu formel & pour caufe de félonnie.

Le droit de *commife* féodale paroît avoir été établi à l'inftar de la *commife* emphytéotique dont il eft parlé dans les *loix* 2 & 3, au code *de jure emphytéotico.*

Si ce que l'on dit de la *commife* encourue par Clotaire II, eft vrai, l'ufage de ce droit feroit fort ancien en France. *Voyez ci-après* COMMISE PASSIVE.

Ce qui eft de certain, eft qu'elle avoit déja lieu fuivant l'ancien droit des fiefs qui fe trouve dans les livres des fiefs, compilés par Obert de Orto & Gerad le Noir, tous deux jurifconfultes milanois ; du temps de l'empereur Frédéric, qui régnoit vers l'an 1160.

Suivant ces loix de fiefs, la *commife* féodale avoit lieu en plufieurs cas, dont quelques-uns font conformes à notre ufage : les autres font encore ufités en Allemagne & en Flandre.

La *commife* avoit lieu, 1°. lorfque le nouveau vaffal négligeoit d'aller demander l'inveftiture dans l'an & jour : ce qui doit s'entendre de l'héritier du vaffal, & non de l'acquéreur : car il n'étoit pas permis alors de vendre le fief fans le confentement du feigneur dominant. La prefcription de trente ans mettoit feulement à couvert de cette *commife.*

2°. Celui qui aliénoit fon fief *invito vel irrequifito domino,* perdoit fon fief ; & l'acquéreur de fa part perdoit le prix qu'il en avoit payé, lequel tournoit au profit du fifc : ce qui a encore lieu en Bourgogne où les fiefs font de danger, non pas à la vérité pour la vente, mais pour la prife de poffeffion.

3°. Si, dans le combat, le vaffal abandonnoit lâchement fon feigneur,

4°. S'il avoit su quelques attentats contre son seigneur, & ne l'eût pas averti.

5°. S'il avoit été le délateur de son seigneur.

6°. S'il manquoit à quelqu'un des services auxquels il étoit obligé, comme services de plaids, auquel cas il falloit que le vassal fût contumacé pour encourir la *commise* : ce service de plaids est encore usité en Picardie : le vassal est appellé *pair du fief dominant*; mais s'il manque à ce service, il ne perd pas pour cela son fief.

7°. Si le vassal entroit en religion ou se faisoit prêtre, il perdoit son fief, parce qu'il ne pouvoit plus en faire le service; mais, en ce cas, le fief alloit *ad agnatos*. Il y avoit même des fiefs affectés à des ecclésiastiques.

8°. Lorsque le vassal détérioroit considérablement son fief, & sur-tout s'il abusoit du droit de justice.

9°. Le désaveu fait sciemment emportoit aussi perte du fief : mais la *commise* n'avoit pas lieu lorsqu'il avouoit un autre seigneur.

10°. La *commise* avoit lieu pour félonnie, & ce crime se commettoit de plusieurs façons; par exemple, si le vassal avoit vécu en concubinage avec la femme de son seigneur, ou qu'il eût pris avec elle quelques familiarités déshonnêtes, s'il avoit débauché la fille ou la petite-fille de son seigneur : la même peine avoit lieu par rapport à la sœur du seigneur, non mariée, lorsqu'elle demeuroit avec son frère. Il y avoit aussi félonnie, lorsque le vassal attaquoit son seigneur ou le château de son seigneur, sachant que le seigneur ou la dame du lieu y étoient. Le meurtre du frère du seigneur n'étoit pas seul une cause de *commise*, mais elle avoit lieu, lorsque le vassal avoit tué le frère ou le neveu du seigneur pour avoir seul une hérédité qui leur étoit commune. *Voyez* FÉLONNIE.

La *commise* n'étoit point encourue de plein droit, il falloit un jugement qui la prononçât, & le vassal pouvoit s'en défendre par plusieurs circonstances; comme pour cause de maladie, absence, erreur de fait, &c. lesquelles excuses recevoient leur application selon les différens cas.

Il y avoit réciprocité de *commise* entre le seigneur & le vassal, c'est-à-dire, que la plupart des cas qui faisoient perdre au vassal son fief, faisoient aussi perdre au seigneur la mouvance, lorsqu'il manquoit à quelqu'un des devoirs dont il étoit tenu envers son vassal.

En France, on ne connoît, comme nous l'avons déjà dit, que deux causes qui donnoient lieu à la *commise*; savoir, le désaveu & la félonnie.

Dans les pays de droit écrit, & dans la coutume d'Angoumois qui les avoisine, le désaveu ne fait pas encourir la *commise* : il n'y a que la félonnie.

En pays coutumier, le désaveu & la félonnie font ouverture à la *commise*.

Dans quelques coutumes, comme Nivernois, Melun, Bourbonnois & Bretagne, il y a un troisième cas où la *commise* a lieu; savoir, lorsque le vassal, sciemment & par dol, recèle quelque héritage ou

droit qu'il ne comprend pas dans son aveu & dénombrement.

La *commise* n'a pas lieu lorsque le vassal soutient que son fief relève du roi, parce que ce n'est pas faire injure au seigneur que de lui préférer le roi.

Mais si le procureur du roi abandonne la mouvance, & que le vassal persiste dans son désaveu, il encourt la *commise*.

La coutume d'Orléans, *art. 81*, dit que, si le seigneur prouve sa mouvance par des titres qui remontent à plus de cent ans, il n'y a point de *commise*, parce que le vassal a pu ignorer ces titres.

Lorsque le vassal dénie que l'héritage soit tenu en fief, & prétend qu'il est en roture, si mieux n'aime le seigneur prouver qu'il est en fief, il n'y a point lieu à la *commise*.

Elle n'a pas lieu non plus, lorsque le seigneur prétend des droits extraordinaires, & que le vassal refuse de les payer, le seigneur étant obligé d'instruire son vassal.

La confiscation du fief ne se fait pas de plein droit; il faut qu'il y ait un jugement qui l'ordonne.

Si le seigneur ne l'a point demandé pendant la vie du vassal, la peine est censée remise.

Il en est de même, lorsque le seigneur ne l'a point demandé de son vivant : ses héritiers ne sont pas recevables à la demander.

Le fief confisqué, & tout ce qui a été réuni, demeure acquis au fief dominant, sans qu'il en soit dû aucune récompense à la communauté.

Il demeure chargé des dettes hypothécaires du vassal.

Un bénéficier ne peut pas commettre la propriété du fief attaché à son bénéfice, parce qu'il n'en est qu'usufruitier; il ne perd que les fruits.

Le mari peut, par son fait, commettre seul les conquêts de la communauté; mais il ne peut pas, par son fait personnel, commettre la propriété des propres de sa femme, à moins qu'elle n'ait eu part au désaveu ou félonnie; il encourt seulement la confiscation des fruits.

La femme peut commettre ses propres; mais elle n'engage point les fruits au préjudice de son mari.

Le bailliste ou gardien ne commet que les fruits.

La *commise* n'est point solidaire, c'est-à-dire, que, si le fief servant appartient à plusieurs vassaux, il n'y a que celui qui désavoue, qui commet sa portion.

Le seigneur qui commet félonnie envers son vassal, perd la mouvance du fief servant.

Voyez les livres des fiefs; Struvius, dans son *Syntagma juris feudalis*, *chap. 15 de amissione feudi*; Gundelingius & Zoezius, sur les mêmes titres; Julius Clarus, *quæst. 47*, §. *feudum*; Poquet de Livonière, Guyot & Billecoq, en leurs *Traités des fiefs*; & les articles DÉSAVEU & FÉLONNIE.

COMMISE *d'un héritage taillable*, est la confiscation d'un héritage sujet au droit de taille seigneuriale, qui a lieu au profit du seigneur, lorsque le propriétaire de l'héritage dispose de la propriété sans le consentement du seigneur. Cette *commise* a lieu dans la

B 2

coutume de Bourbonnois, *art. 490*, & dans celle de la Marche, *art. 148*. Dans ces coutumes, le tenancier d'un héritage taillable ne peut vendre en tout ni en partie, ni le donner ou transporter, échanger, ou autrement aliéner ou en disposer, soit entre-vifs ou par testament, sans le consentement du seigneur taillablier, quand même ce seroit pour fournir à la subsistance & aux alimens du propriétaire.

On excepte néanmoins la donation en avancement d'hoirie, faite à un des enfans du tenancier, laquelle ne tombe pas en *commise*.

Il faut aussi excepter les taillables qui tiennent un héritage par indivis; ils ne peuvent à la vérité le démembrer, soit au profit de l'un d'eux ou d'un étranger, sans le consentement du seigneur; mais chacun des compersonniers peut céder sa part indivise à un de ses compersonniers sans le consentement du seigneur, parce que chacun d'eux avoit déjà un droit indivis dans la totalité, & que c'est moins une nouvelle acquisition que *jure non decrescendi*.

Les compersonniers taillables peuvent aussi, sans le consentement du seigneur, faire entre eux des arrangemens pour la jouissance, mais non pas pour la propriété.

Au reste, la prohibition d'aliéner l'héritage taillable sans le consentement du seigneur, ne regarde que la propriété; car le tenancier peut librement disposer des fruits, & ses créanciers s'y venger, tant qu'il en est possesseur.

Quelques-uns tiennent que si une maison menace ruine, & que le tenancier ne soit pas en état d'y faire les réparations, il peut l'offrir en vente au seigneur; & que si celui-ci refuse de l'acheter, le tenancier peut la vendre à un autre : ce qui paroît fondé sur l'équité.

Lorsque le tenancier n'a disposé sans le consentement du seigneur que d'une partie de l'héritage, il n'y a que cette portion qui tombe en *commise*.

Il ne suffit pas, pour prévenir la *commise*, de stipuler dans la vente ou autre disposition, qu'elle n'est faite que sous le bon plaisir & consentement du seigneur; si le vendeur s'en dessaisit, & que l'acquéreur en prenne possession réelle avant d'avoir obtenu l'agrément du seigneur, la *commise* est encourue à son égard.

Mais la vente ou disposition ne fait pas seule encourir la *commise*, quand même l'acte contiendroit une réserve d'usufruit au profit du vendeur, & que l'acquéreur auroit par ce moyen une possession fictive, parce que le vendeur, à cet égard, n'est censé dépouillé que par la prise de possession réelle & actuelle de l'acquéreur : jusques-là les parties peuvent se rétracter.

Celui qui a vendu ou autrement aliéné un héritage taillable sans le consentement du seigneur, n'est pas tenu de livrer l'héritage si le seigneur n'y consent, attendu que l'héritage tomberoit en *commise*, & que par conséquent l'acquéreur n'en profiteroit pas : mais si l'acquéreur a pu ignorer & ignoroit effectivement que l'héritage fût taillable, il peut agir en dommages & intérêts contre le vendeur pour l'inexécution du contrat.

Quoique quelques coutumes supposent la *commise* encourue *ipso facto*, néanmoins l'usage est que le seigneur fasse prononcer en justice la *commise*; s'il n'en forme pas la demande, son silence passe pour un consentement tacite; tellement que l'acquéreur n'est tenu de rendre les fruits que du jour de la demande, & non du jour que la *commise* est ouverte.

Lorsque le seigneur reçoit les droits, ou approuve de quelque autre manière la vente, la *commise* n'a pas lieu : on tient même que le consentement du mari suffit pour les héritages taillables qui sont de la censive de sa femme; ce qui est fondé sur ce que ces droits sont *in fructu*, & appartiennent au mari.

Par une suite du même principe, quand le seigneur use de la *commise*, l'usufruitier ou fermier de la seigneurie jouit, pendant le temps de sa ferme, de l'usufruit de l'héritage tombé en *commise*, parce que la *commise* est considérée comme usufruit.

Le droit de *commise* étant de pure faculté, ne se prescrit point pour n'en avoir pas usé dans certains cas : la prescription ne commence à courir que du jour de la contradiction faite par l'acquéreur; mais l'exercice de la *commise* qui est ouverte, se prescrit par trente ans, comme toutes les actions personnelles.

Le roi, ni ceux qui le représentent, n'usent pas du droit de *commise* pour les héritages taillables qui sont tenus de lui; mais ils ont aussi un droit de lods & ventes plus fort.

Pour ce qui est de l'église, elle n'use de *commise* sur ses héritages taillables, que dans les lieux où elle est en possession de le faire. *Voyez* Despommiers sur les *art. 490 & 491 de la Coutume du Bourbonnois*; & Jabely, sur *l'art. 148 de celle de la Marche*; & *l'art.* TAILLE SEIGNEURIALE.

COMMISE PASSIVE est opposée à *commise active*, voyez ci-devant COMMISE ACTIVE.

La *commise passive* peut aussi s'entendre de la confiscation qui a lieu contre le seigneur pour la mouvance d'un fief, lorsqu'il s'est rendu coupable de félonnie envers son vassal, c'est-à-dire lorsqu'il a commis contre lui quelque forfait & déloyauté notable. On trouve dans quelques-uns de nos historiens un exemple fameux de cette sorte de *commise passive*; savoir celui de Clotaire II, qui, suivant quelques-uns de nos historiens, perdit la mouvance de la seigneurie d'Yvetot dans le pays de Caux, pour le meurtre par lui commis en la personne de Gautier, seigneur d'Yvetot. Le fait à la vérité paroît justement contesté; mais ce qui en est dit prouve toujours qu'on étoit dès-lors dans l'opinion que la *commise* auroit lieu contre le seigneur en pareil cas.

COMMISE TAILLABLIÈRE, *voyez ci-devant* COMMISE *d'un héritage taillable.*

COMMISE *du seigneur contre le vassal & cense-*

taire, voyez *ci-devant* COMMISE FÉODALE & COM-
MISE CENSUELLE.

COMMISE *du vaſſal contre le ſeigneur*, voyez *ci-
devant* COMMISE PASSIVE. (*A*)

Addition à l'article COMMISE. *La commiſe eſt un
des points les plus intéreſſans de la matière féodale.
En conſéquence je vais entrer dans quelques détails
hiſtoriques.*

La *commiſe* eſt une ſuite naturelle de l'origine
des fiefs. Leur conceſſion étant gratuite, il étoit
juſte de leur appliquer les loix concernant la révocation des donations pour cauſe d'ingratitude.
Le ſeigneur s'étant dépouillé de ſon domaine dans
la vue d'avoir tel vaſſal, ſi le vaſſal ſe rendoit
indigne de poſſéder un fief pour quelque cauſe que
ce pût être, n'étoit-il pas juſte que ce fief retour-
nât au donateur ? Enfin, l'obligation de reconnoître
ſon ſeigneur étant la première & la principale
condition de l'inveſtiture, le refus de remplir cette
condition devoit entraîner pareillement la perte du
fief.

C'eſt ſur ces principes qu'eſt fondée la *commiſe* :
il y en a, ou du moins il y en avoit autrefois
de trois ſortes ; celle pour ingratitude, celle pour
délit public, & celle pour déſaveu. Cette dernière
ſera diſcutée à l'*article* DÉSAVEU. La première eſt
à-peu-près tombée en déſuétude : c'eſt la ſeconde qui va nous occuper.

Dans l'origine, tous les fiefs relevoient immédiatement de la couronne ; ainſi de quelque manière que les vaſſaux ſe rendiſſent indignes de les
poſſéder, ils retournoient tous également au roi.
De-là devoit naître une confuſion entre la confiſcation & la *commiſe* ; c'eſt ce qui arriva effectivement. L'habitude de voir le fief retourner au
ſeigneur dans tous les cas, donna l'idée d'un droit
de reverſion en ſa faveur, pour quelque cauſe
que le vaſſal en fût dépouillé. Cette confuſion fut
ſans conſéquence tout le temps que le roi fut le
ſeigneur immédiat de tous les fiefs. Les choſes
changèrent lorſque l'uſage de ſous-inféoder eut reculé la mouvance royale, ſur-tout lorſque l'hérédité fut établie dans les arrière-fiefs, comme dans
les fiefs immédiats. Les vaſſaux de la couronne
ſe crurent fondés à exercer ſur les leurs tous les
droits que le roi avoit ſur eux-mêmes ; & comme
tous les délits, de quelque nature qu'ils fuſſent,
faiſoient rentrer leurs fiefs dans la main du roi, ils
en conclurent qu'il exiſtoit un droit de reverſion
en faveur du dominant, pour quelque délit que le
vaſſal fût dépoſſédé de ſon fief, quand même ce
délit, totalement étranger au ſeigneur, n'intéreſ-
ſeroit que l'ordre public.

Cette conſéquence privoit le domaine de la
couronne du bénéfice des confiſcations, & c'étoit
dans ces temps-là ſur-tout un grand préjudice.
Mais la maxime étoit établie, & les ſeigneurs
étoient aſſez puiſſans pour la défendre ; les choſes
continuèrent ſur ce pied pendant pluſieurs ſiècles,
c'eſt-à-dire, tout le temps que la puiſſance des grands

vaſſaux balança la puiſſance royale. Enfin, les rois
étant parvenus à ſe reſſaiſir de l'autorité, la prérogative royale reſſerra les privilèges des ſeigneurs ;
ſur leurs débris s'élevèrent de nouveaux principes ;
il s'établit une diſtinction entre la confiſcation &
la *commiſe* : la confiſcation eut lieu pour tous les
délits publics ; la *commiſe* uniquement pour les
délits privés & perſonnels au ſeigneur ; celle-ci
ſeule opéra la réunion du fief dominant au fief
ſervant, & les fiefs confiſqués appartinrent au
roi dans certains cas, & aux ſeigneurs juſticiers
dans d'autres.

Les quatorzième & quinzième ſiècles peuvent
être regardés comme l'époque de ce changement,
au moins dans une partie de l'Europe. En Angleterre, l'ancien uſage fut modifié par un ſtatut de
la vingt-cinquième année du règne d'Edouard III.
Il ſubſiſta en Ecoſſe juſqu'au règne de Jacques VI.
Le ſtatut d'Edouard III porte que ſi un arrière-
vaſſal ſe rend coupable du crime de haute-trahiſon,
ſon fief ſera confiſqué au profit du roi. Cette loi
eſt remarquable, en ce qu'elle ne déroge à l'ancien uſage que dans un ſeul cas, pour crime de
haute trahiſon ; enſorte que dans tous les autres ;
aujourd'hui encore, les ſeigneurs de fiefs jouiſſent
en Angleterre du bénéfice des confiſcations quelle
qu'en ſoit la cauſe.

En France, il eſt plus difficile de fixer l'époque
de ce changement. Il s'eſt introduit, comme preſque
tous ceux qui ſont arrivés dans nos loix, par des
faits iſolés, par des jugemens particuliers auxquels
le temps & le ſuffrage des juriſconſultes ont enfin
imprimé le caractère d'une loi publique. On voit
par les *Aſſiſes de Jéruſalem*, ch. 201, que le fief
retournoit au dominant, ſi le vaſſal ſe rendoit
coupable du crime de lèſe-majeſté divine ; crime
qui aujourd'hui donne lieu à la confiſcation en
faveur du roi.

Cet ancien uſage ſubſiſtoit encore à une époque
bien moins reculée, du moins dans quelques provinces. L'art. 46 de la très-ancienne coutume de
Bourgogne, que l'on croit rédigée dans le treizième
ſiècle, porte : « *Si homo taillabilis delinquit ad
mortem, qui non fit juſticiabilis domino ſuo ; dominus taillabilis habet hereditates à ſe moventes, alii
domini hubent alia bona quæ ſunt in juſtitia eorumdem* ».

Le grand coutumier de Normandie eſt encore
un témoin de cet ancien uſage ; on y lit :
« L'héritage de l'homme vient au roi ou au ſei-
» gneur par forfaiture, quand ſon homme eſt con-
» vaincu de crime capital, pourquoi il eſt con-
» damné à perte de vie, ou à banniſſement ; &
» ſi c'eſt par délit commun, comme meurtre ou
» larcin, l'héritage vient & ſuccède au roi, ſi
» l'héritage eſt nuement tenu de lui, *ou au ſeigneur
» de qui il eſt tenu* ; mais ſi l'homme eſt condamné
» par la juſtice du roi, le roi doit avoir la pre-
» mière année la revenue des héritages au con-
» damné : & puis rendre les héritages aux ſei-

» gneurs de qui ils font tenus, & si aucun est
» condamné pour crime de lèse-majesté, la for-
» faiture vient & succède au roi, & non à autre ».

Ce droit primitif s'est conservé dans la Normandie, ainsi que dans quelques autres coutumes, mais
en très-petit nombre ; celle de Bar porte, *art. 9*,
« quand le vassal confisque son fief, pour quelque
» crime que ce soit, ou autrement, dont le vassal
» soit convaincu, ledit fief retourne au seigneur
» féodal immédiat duquel il est tenu, qui en est
» saisi de ce même fief, & se peut bouter dedans
» ledit fief, l'exploiter, faire les fruits siens & re-
» joindre à son domaine, excepté ès cas de crime
» de lèse-majesté, esquels lesdits fiefs doivent
» appartenir audit seigneur-duc ».

Dans ces coutumes les délits publics donnent
encore lieu à la *commise* au profit des seigneurs
de fiefs ; mais dans les autres, la dénomination &
la destination, tout est changé ; cette ancienne
commise se nomme *confiscation*, & le bénéfice en
appartient au roi, ou aux hauts-justiciers.

Comment les seigneurs de fiefs ont-ils laissé
échapper de leurs mains un droit aussi avantageux ? Comment sur-tout est-il passé aux seigneurs
justiciers ? Une pareille révolution mériteroit d'être
au moins remarquée par les auteurs françois qui
ont écrit sur la matière féodale, d'autant plus que
cette prérogative de la haute-justice est particulière
à la France. On a vu en effet que le statut
d'Edouard III ne déroge à l'ancien usage que dans
le cas de haute-trahison ; & Dalrimple nous atteste
qu'en Angleterre & en Ecosse, les confiscations
appartiennent encore aujourd'hui aux seigneurs de
fiefs, excepté dans le cas prévu par le statut
d'Edouard. En Allemagne, où les anciennes loix
féodales ont le moins dégénéré, nulle espèce de
confiscation n'a lieu à l'égard des fiefs en faveur du
seigneur justicier ; mais le fief retourne au plus
proche parent du condamné. C'est ce que nous
apprennent Zazius, dans son *Traité des fiefs* ;
& Struvius, *de feudis*, *cap. 15, aph. 15.* Bodin
ajoute que cet usage des Allemands est de beaucoup préférable au nôtre, parce que les fiefs sont
destinés à soutenir la dignité des familles.

Il seroit trop long d'entrer dans le détail des
circonstances qui ont amené ce changement parmi
nous ; d'ailleurs, ce développement n'intéresseroit
que la curiosité ; je dirai cependant encore un mot
pour jetter quelque jour sur une espèce de bizarrerie qui se trouve dans nos loix, concernant les
confiscations.

La confiscation est un droit de justice, disent
les auteurs ; cependant elle ne suit pas la justice,
mais le territoire, ensorte que celui qui fait le
procès, comme le remarque très-bien Loiseau, est
souvent celui qui prend le moins en la confiscation, les immeubles du condamné appartenant indistinctement à celui dans la justice duquel ils sont
situés. Cet usage ne présente-t-il pas une espèce
d'inconséquence ? En effet si la confiscation est

un fruit de la justice, pourquoi ne la donne-t-on
pas à celui qui la rend ? Si les biens d'un condamné doivent appartenir à la justice, ce ne peut
être que comme une espèce d'indemnité, de compensation des frais que le procès a occasionnés ;
c'est donc à celui qui a fait le procès que ces
biens devroient appartenir, & non indistinctement
aux justices dans lesquelles ils se trouvent situés.
Comment donc un pareil usage s'est-il introduit
parmi nous ? Je crois en appercevoir les causes
dans ces anciennes loix féodales dont je viens de
parler. Lorsque les confiscations des fiefs appartenoient aux seigneurs féodaux, si le condamné
avoit plusieurs fiefs relevans de différens seigneurs, il
étoit juste que chacun d'eux prît ce qui se trouvoit
dans sa mouvance ; en un mot, le donataire étant
devenu incapable de posséder l'objet de la donation, il retournoit au donateur, & les confiscations devoient nécessairement alors suivre le territoire. Lorsque les confiscations ont passé des
seigneurs féodaux aux seigneurs justiciers, leur
objet seul a changé ; mais la règle est restée telle
qu'auparavant. Les justiciers ont pris les biens confisqués comme faisoient les seigneurs féodaux à
l'égard des fiefs de leur mouvance ; & ce principe,
autrefois purement féodal, que les confiscations
suivent le territoire, est devenu général pour
toutes les espèces de confiscations.

*Lorsque les officiers du roi ont négligé, pendant
l'espace de trente ans, de faire prononcer la commise,
le vassal peut-il opposer la prescription ?* Un point
sans difficulté c'est que tous les fruits du domaine,
tous les droits féodaux casuels appartiennent, lorsqu'ils sont échus, non au domaine de la couronne,
non à l'état, mais au roi qui peut en disposer
comme il le juge à propos ; en conséquence on
décide & l'on juge tous les jours que le vassal
prescrit contre le roi, de même que contre un
simple particulier, le relief, le quint, le retrait
féodal, en un mot, tous les droits féodaux échus.

Que cette règle s'applique au fief tombé en
commise, comme au relief & au quint ; c'est ce
dont il n'est pas possible de douter.

Le doute ne pourroit naître que de la différence
entre la *commise* & les autres prestations féodales ;
en effet, cette différence est très-réelle : le relief
& le quint se réduisent à des sommes pécuniaires :
le fief tombé en *commise* est un immeuble qui peut
être d'une très-grande importance ; mais cette considération n'est absolument d'aucun poids.

1°. La *commise* est, comme tous les droits pécuniaires, une échute casuelle, & rien de plus,
un simple fruit du fief dominant ; tous ces droits
ont la même origine, dérivent de la même source,
sont de la même nature ; & c'est la nature des
choses qui détermine les loix qui doivent les
régir.

2°. L'ouverture de la *commise*, comme celle du
relief & du quint, ne donne au roi qu'une simple
action ; le fief tombé en *commise* ne lui appartient

pas de plein droit ; il faut qu'il le demande comme il est obligé de demander les autres prestations féodales ; puisque l'action pour ces dernières se prescrit, celle pour la *commise* est donc également sujette à la prescription.

Il n'y a pas de replique à ces deux raisonnemens ; aussi tous les jurisconsultes sont-ils unanimes sur ce point.

« C'est une maxime certaine, dit M. le Bret, » dans son *Traité de la souveraineté*, que tout ce » qui écheoit au roi par confiscation, *commise*, » ou autres obventions, n'est point réuni au do- » maine de la couronne ; que les domaines de ces » confiscations sont aliénables & prescriptibles ; » l'on tient communément que, comme ces biens » qui viennent en conséquence des confiscations, » se peuvent aliéner, ils sont aussi sujets aux pres- » criptions ordinaires ».

D'Argentré, dans son *Commentaire sur l'art. 266 de la Coutume de Bretagne*, tient absolument le même langage : il dit, comme M. le Bret, que ce qui parvient au roi à titre de confiscation est aliénable, conséquemment prescriptible : même décision dans le *Traité du domaine* de Chopin, *liv. 3, chap. 9* : voici ses termes.

« Les fiefs tenus immédiatement en mouvance » du roi, celui à qui par droit de réversion, au » moyen de la confiscation d'iceux, sont mis au » rang des biens particuliers du prince ; & tel pa- » trimoine privé n'est pas censé & réputé de mêmes » droits que celui qui est public pour ne pouvoir » être prescrit ».

On ne peut encore rien de plus précis que les termes de Bacquet, auteur que l'on regarde communément comme très-fiscal ; ces termes les voici : « les biens tant meubles que immeubles qui avien- » nent au roi par confiscation, aubaine, bâtar- » dise & deshérence se prescrivent ».

De quantité de témoignages uniformes que nous pourrions encore citer, nous ne rapporterons plus que celui de M. Lefèvre de la Planche, auteur du dernier *Traité sur les matières domaniales*. « Le privi- » lége de leur imprescriptibilité, dit ce jurisconsulte, » ne s'étend qu'aux biens qui font partie du do- » maine, & non à ceux qui échoient au roi à » titre d'aubaine, bâtardise, deshérence, ni au frui- » ment, ni au fruit d'émolumens de son domaine ; » tous les auteurs en conviennent, *tome 3, page* » 527 ».

Mais par combien d'années se consomme cette prescription ? Trente ans suffisent-ils ? En faut-il quarante ?

Si l'on remonte aux anciens jurisconsultes, on en trouve qui pensent qu'il faut quarante années pour consommer ces espèces de prescription ; mais depuis long-temps cette opinion est abandonnée, & l'on tient aujourd'hui qu'une possession trentenaire est suffisante.

Bacquet, dans le chapitre que nous venons de citer, après avoir mûrement pesé les motifs de

part & d'autre, finit par dire : « l'opinion suivie » communément au palais, à laquelle il se faut » arrêter, est que la prescription de trente ans est » suffisante pour exclure le roi des confiscations, » aubaines, bâtardise & deshérence ».

Nous avons encore pour garans de la jurisprudence actuelle les meilleurs auteurs que nous avons déjà cités. M. Lefèvre de la Planche, après avoir rapporté les autorités qui militent pour & contre, continue en ces termes : « cette contrariété d'o- » pinions ne peut pas jetter d'incertitude sur la » question, lorsqu'on s'attache aux principes par » lesquels elle doit être décidée. Le privilège de » l'imprescriptibilité du domaine est fondé sur son » inaliénabilité, sur ce qu'il est hors du commerce ; » & il est établi d'ailleurs sur les dispositions des » ordonnances ; or, les casuels du domaine ne sont » ni inaliénables, ni hors du commerce, & les » ordonnances n'ont point établi de privilège à » cet égard ; il en faut conclure que la prescrip- » tion à l'égard de ces casuels, doit se régler sui- » vant les maximes ordinaires ; que le roi n'a au- » cun privilège à cet égard, & par conséquent » que cette espèce de prescription peut être accom- » plie par trente ans ». (*Cette addition est de M. Henrion, avocat au parlement*).

COMMISSAIRES, s. m. pl. (*Jurisprudence.*) est le nom que l'on donne à certains officiers qui sont commis, soit par le roi directement, soit par quelque juge, pour faire certaines fonctions de justice ou police. Il y en a de plusieurs sortes : les uns qui sont en titre d'office ou commission permanente, qui sont établis par le roi pour faire ordinairement certaines fonctions ; les autres qui n'ont qu'une simple commission pour un tems limité & pour une affaire particulière, soit que la commission émane du roi, ou qu'elle soit seulement émanée de quelque juge. Les uns s'appellent simplement *commissaires* ; les autres ajoutent à ce titre quelque dénomination particulière, relative aux fonctions qu'ils ont à remplir.

La première ordonnance où l'on trouve le terme de *commissaire* employé, *commissarii*, est celle de S. Louis en 1254 ; depuis ce tems, il est devenu d'un usage fréquent ; nous expliquerons dans les subdivisions suivantes les fonctions des différentes sortes de *commissaires* qui ont rapport à la justice, après que nous aurons donné quelques principes généraux sur cette matière.

Les *commissaires* sont nommés par le roi ou par les cours & les autres juges. Leurs commissions sont générales ou particulières.

Les commissions générales se donnent par le roi seul, & s'expédient par des lettres de chancellerie ; elles ont ordinairement lieu pour des affaires extraordinaires : elles doivent contenir l'étendue & le pouvoir accordés aux *commissaires*.

Les commissions particulières se donnent par le roi ou par les juges.

Des commissaires nommés par le roi. Ils peuvent être

choisis indistinctement dans tous les ordres de citoyens, soit qu'il s'agisse de juger, d'informer, d'exécuter ou de faire quelque autre acte & expédition
de justice. Ils sont dispensés d'examen, d'information de mœurs, & de prêter serment. Le choix du
prince tient lieu de toutes ces formalités, parce qu'ils
ne sont que des mandataires qui agissent au nom
de celui qui les a commis.

Ces *commissaires* sont tenus de faire publier leurs
lettres de commission dans le lieu où ils veulent en
faire usage, sur-tout lorsqu'il s'agit de quelque acte
de justice ou de rigueur. La raison en est que les
commissions étant des établissemens extraordinaires,
& n'ayant lieu que conformément aux clauses qui
y sont insérées, on ne peut être obligé de leur obéir
qu'après que les *commissaires* se sont fait reconnoître
en cette qualité; ensorte même que les juges des
lieux pourroient agir contre celui qui entreprendroit
de faire des actes publics avant d'avoir fait connoître
qu'il en a le pouvoir.

Le pouvoir des *commissaires* est borné par le titre
même de leur commission; ils doivent en suivre
scrupuleusement les termes sans pouvoir leur donner
aucune extension, parce que toute commission est
un démembrement des jurisdictions ordinaires qui
sont censées rester en possession de tout ce qui ne
leur est pas expressément enlevé.

Les *commissaires* sont tenus de se conformer aux
loix & ordonnances du royaume dans les procédures qui se font devant eux. On n'admet l'appel de
leurs jugemens, que lorsqu'ils ont excédé les bornes
de leurs commissions. Ils connoissent des récusa-
tions proposées contre eux, & peuvent punir ceux
qui empêchent l'exercice de la jurisdiction qui leur
est confiée.

Les commissions finissent, 1°. avec les affaires
qu'elles ont eues pour objet; 2°. à l'expiration du
temps, lorsqu'elles ont été établies pour un espace
de temps déterminé; 3°. par la révocation: ce qui
doit s'entendre, lorsqu'elle est parvenue à la connoissance du *commissaire* par la signification qui lui
en est faite; 4°. par le décès du *commissaire* nommé;
5°. régulièrement les commissions, ainsi que les
procurations, doivent finir par la mort du constituant, par rapport aux choses qui sont encore entières : car on ne doit pas abandonner celles qui
ont été commencées. Cependant les commissions
émanées du roi, & qui concernent l'ordre public,
subsistent après son décès, parce qu'il seroit préjudiciable de les abandonner. Ainsi les gouverneurs
des villes & provinces, les commandans des troupes,
les conseillers d'état & autres continuent l'exercice
de leurs fonctions : mais ils ne peuvent rien innover
sans avoir reçu les ordres du nouveau roi.

Des commissaires nommés par les juges. Les juges,
soit des cours, soit des tribunaux inférieurs, peuvent donner des commissions particulières, tant en
matière civile que criminelle, pour juger, informer, procéder à une descente ou une visite de lieux,

&c. Elles se donnent par un jugement ou ordonnance sur requête.

Lorsque l'instruction qui fait l'objet d'une commission, se fait dans le ressort du siège saisi de l'instance, les *commissaires* doivent être pris dans le nombre des officiers qui le composent, & nommés par
la sentence qui ordonne la commission. Plusieurs
arrêts ont défendu aux juges de commettre des avocats ou des procureurs pour aller instruire une procédure ou informer sur les lieux.

Les ordonnances de juillet 1493, mars 1498 & octobre 1535 interdisent au *commissaire* nommé le droit
de se faire suppléer par un autre : ce qui est conforme
à la disposition des loix romaines qui ne permettent
pas à un juge délégué de se faire substituer par un
autre. En conséquence, si le *commissaire* nommé ne
peut exécuter sa commission, les parties intéressées
doivent s'adresser au président du siège pour en obtenir un autre. *Edit de février* 1705.

Lorsque l'objet de la commission doit s'exécuter
hors de la ville où est situé le tribunal qui nomme
un *commissaire*, les officiers qui le composent, sont
dans l'usage d'adresser aux juges les plus prochains
des lieux une commission rogatoire, à l'effet de procéder à l'instruction nécessaire pour la décision de
l'affaire.

Le *commissaire* nommé peut être récusé par les
parties : & il est tenu de surseoir à l'exécution de
sa commission jusqu'à ce que la récusation soit jugée, si l'objet dont il s'agit doit se faire dans le
lieu de sa résidence. Mais si la commission doit s'exécuter ailleurs, la récusation doit être proposée trois
jours avant le départ du *commissaire*; autrement il
peut passer outre, nonobstant l'opposition ou la récusation, sauf à y faire droit après son retour. Mais
il faut observer que le départ du *commissaire* doit être
signifié huit jours auparavant. *Ordonnance de* 1667,
tit. 21, *art.* 7, & *tit.* 22, *art.* 10.

L'ordonnance d'Orléans, *art.* 52, le règlement
pour le présidial de Tours du 13 juillet 1587, &
celui du présidial d'Ypres, du 24 mai 1603, autorisent les présidiaux à renvoyer devant un autre présidial les affaires pendantes dans leur siège, lorsque
quelques-uns des officiers sont parties au procès,
ou qu'il y a partage d'opinion. Les juges subalternes
ne peuvent le faire, même du consentement des
parties, parce que leur autorité est personnelle, &
ne peut être transmise. *Voyez* COMMISSION.

COMMISSAIRES *au châtelet*, (*Jurisp.*) qu'on appelle aussi *commissaires-enquêteurs-examinateurs*, sont
des officiers de robe longue, établis pour faire certaines instructions & fonctions de justice & police,
à la décharge des magistrats du châtelet.

Le *commissaire* de la Mare qui étoit fort zélé pour
l'honneur de sa compagnie, prétend, dans son *Traité
de la police*, tom. I, liv. I, tit. 12, que les enquêteurs-
examinateurs sont plus anciens que les conseillers
au châtelet.

Mais il est certain, comme nous le prouverons
ci-après au mot CONSEILLERS *au châtelet*, que ceux-ci
sont

font plus anciens; que c'étoit eux qui faifoient autrefois les enquêtes, informations, partages & toute l'inftruction; que ce qui eft dit dans les anciens auteurs & dans les regiftres publics, jufques vers l'an 1300, au fujet des auditeurs & enquêteurs, ne doit point s'entendre d'officiers qui fuffent en titre pour ces fonctions, mais de confeillers ou avocats qui étoient délégués à cet effet par le prévôt de Paris & autres juges; il n'eft donc pas étonnant qu'il foit dit en plufieurs endroits, que les auditeurs & enquêteurs avoient féance & voix délibérative au châtelet, puifque c'étoient ordinairement des confeillers qui faifoient cette fonction : & c'étoit comme confeillers qu'ils avoient cette féance.

On ne trouve point de preuve certaine qu'avant l'an 1300, il y eût au châtelet des enquêteurs ou examinateurs en titre, & dont la fonction fût permanente & féparée de celle des confeillers.

Les examinateurs, appellés depuis *commiffaires au châtelet*, ont eux-mêmes reconnu dans deux arrêts, que les confeillers du châtelet étoient plus anciens qu'eux.

On voit dans le premier de ces arrêts, qui eft du 5 août 1434, qu'il fut dit par Chauvin & conforts, examinateurs au châtelet, qu'*ab antique* il n'y avoit nombre d'examinateurs qui fût ordinaire; mais que les confeillers du châtelet, qui font douze, étoient comme les confeillers de la cour; qu'eux-mêmes faifoient les enquêtes, & ne poftuloient point en manière d'avocats; & que depuis fut mis certain nombre d'examinateurs.

Le fecond arrêt qui eft du 10 mai 1502, fut rendu entre les feize examinateurs d'une part, & les lieutenans civil & criminel, & les confeillers au châtelet d'autre part. Les examinateurs reconnurent, du moins tacitement, que leur érection ne remontoit pas plus haut que vers l'an 1300. En effet, à l'audience du 2 mai 1502, leur avocat parla feulement de l'ordonnance qui avoit établi les feize examinateurs, fans la dater: l'avocat des confeillers au châtelet dit qu'on avoit d'abord érigé au châtelet le prévôt de Paris & douze confeillers; que depuis furent commis deux lieutenans, l'un civil, l'autre criminel : & l'avocat du lieutenant-criminel dit que de tout temps & d'ancienneté, plus de deux cens ans & long-temps avant l'érection des examinateurs, les lieutenans civil & criminel de la prévôté avoient accoutumé de faire les enquêtes; qu'il n'y avoit qu'eux qui les fiffent, n'étoient les confeillers ou avocats auxquels ils les commettoient; que depuis, pour le foulagement des lieutenans qui ne pouvoient bonnement entendre à faire les enquêtes & expéditions des procès pendans au châtelet, pour la grande multitude des caufes & affluence du peuple, il fut ordonné par le roi qu'il y auroit feize examinateurs dans cette ville ès feize quartiers, fous lefdits lieutenans, pour s'enquérir des vagabonds & maléfices, & le rapporter au châtelet; & auffi pour faire nettoyer les rues, vifiter les boulangers, &

entendre fur le fait de la police; qu'il fut auffi dit qu'ils feroient les enquêtes des procès pendans au châtelet.

Tels font les faits énoncés dans cet arrêt, qui ne paroiffent point avoir été contredits par les examinateurs; ce qui confirme que les confeillers ont été établis avant les examinateurs en titre, & que ces derniers l'ont eux-mêmes reconnu.

Il paroît par des lettres de Philippe-le-Bel, du mois d'avril 1301, que les notaires du châtelet fe plaignirent de ce que le prévôt, les auditeurs & les enquêteurs ou examinateurs faifoient écrire leurs expéditions par d'autres perfonnes qu'eux; & Philippe-le-Bel leur ordonne de fe fervir du miniftère des notaires.

Au mois de mai 1313, ce même prince, trouvant que les examinateurs qui étoient alors en place, avoient abufé de leurs charges, les fupprima, & ordonna que les enquêtes feroient faites par les notaires ou par d'autres perfonnes qui feroient nommées par les auditeurs ou par le prévôt.

Philippe V, au mois de février 1320, ordonna que les notaires du châtelet pourroient examiner témoins en toutes les caufes mues & à mouvoir au châtelet, felon ce que le prévôt & les auditeurs du châtelet leur commettroient, & fpécialement ceux que les parties requerroient & nommeroient de commun acccord.

Il ordonna cependant en même temps qu'il y auroit au châtelet huit examinateurs feulement qui feroient loyaux & difcrètes perfonnes choifies par les gens des comptes; que ces examinateurs pourroient examiner les témoins en toutes caufes, ayant chacun pour adjoint un notaire. Leur falaire eft auffi réglé par la même ordonnance.

Celle de Philippe de Valois, du mois de février 1327, fixa le nombre des examinateurs du châtelet à douze, qui étoient diftribués deux à deux en fix chambres, où l'un interrogeoit les témoins, & l'autre écrivoit les dépofitions. Cette ordonnance défend aux examinateurs de fe mettre au rang du fiège du prévôt de Paris : elle leur défend auffi d'être avocats, notaires, penfionnaires ni procureurs, & de tenir aucun autre office au châtelet. Elle règle auffi leurs falaires & la manière de leur donner les faits & articles.

Il fe trouva, quelques années après, jufqu'à vingt-deux examinateurs pourvus par le roi; c'eft pourquoi Philippe de Valois, par des lettres du 24 avril 1337, en fixa le nombre à feize, qu'il choifit parmi ceux qui exerçoient alors, & ordonna que les fix furnuméraires rempliroient les places qui deviendroient vacantes.

Ce nombre de feize fut confirmé par des lettres du roi Jean, du premier juin 1353; de Charles V, du mois de juin 1366, & de Charles VI, du mois de juin 1380.

Ces charges étoient recherchées avec tant d'em-

C

preffement, que Louis XI, en attendant qu'il y en eût de vacantes, en créa quatre extraordinaires par édit du mois de janvier 1464 : il en donna deux aux nommés *Affailly* & *Chauvin*, pour récompenfe des fervices qu'ils lui avoient rendus. Mais les feize ordinaires s'étant oppofés à leur réception, cela donna lieu à une longue conteftation : ce qui engagea Louis XI à fupprimer les quatre nouveaux offices par un édit du mois de mars 1473.

Affailly eut cependant le crédit de faire rétablir pour lui un de ces offices, & y fut reçu.

Comme il s'éleva encore à ce fujet des difficultés, Louis XI, au mois de juin 1474, créa quatre offices d'examinateurs ordinaires, & en donna un à ce nouveau pourvu. Il y eut oppofition à l'enregiftrement, & cette nouvelle création n'eut pas lieu.

Au mois de décembre 1477, Louis XI créa encore deux nouvelles charges d'examinateurs, & au mois de février fuivant, un office d'examinateur extraordinaire.

Mais Charles VIII, par des lettres du 27 feptembre 1493, rétablit l'ancien nombre de feize, & fupprima les furnuméraires : & Louis XII, au mois d'octobre 1507, ordonna que ce nombre demeureroit fixe, fans pouvoir être augmenté.

Cependant François I, par fon édit du mois de février 1521, en créa feize nouveaux, & leur donna à tous le titre de *commiffaires*, qui renferme tous les autres titres qu'ils portoient autrefois. Il y eut plufieurs conteftations entre les anciens & les nouveaux, qui furent terminées par arrêt du grand-confeil du premier août 1534, portant que les uns & les autres jouiroient des mêmes droits & prérogatives.

Il fut créé, le 7 feptembre 1570, un trente-troifième office de *commiffaire* au châtelet, & au mois de juin 1586 huit autres qui, par une déclaration du même mois, furent réduits à fept ; ce qui fit en tout le nombre de quarante.

Dans la fuite, ce nombre ayant parû exceffif, eu égard à l'état où étoit alors la ville de Paris, il fut ordonné par édit d'octobre 1603, que ceux qui vaqueroient, feroient fupprimés, jufqu'à ce qu'ils fuffent réduits à trente-deux ; mais il n'y en eut qu'un qui fut rembourfé.

Au mois de décembre 1635, Louis XIII créa vingt-un offices de *commiffaires* au châtelet, pour faire, avec les trente-neuf qui fubfiftoient, le nombre de foixante. Par des lettres du mois de juillet 1638, les vingt-un nouveaux offices furent réduits à neuf, au moyen de quoi il y avoit alors quarante-huit *commiffaires*.

En 1674, lorfque l'on créa le nouveau châtelet, on créa en même temps dix-neuf *commiffaires* qui furent incorporés aux anciens pour fervir en l'un & l'autre fièges. Par une déclaration du 23 d'avril de la même année, les dix-neuf nouveaux offices furent réduits à fept pour ne compofer qu'un même corps

avec les quarante-huit anciens. Enfin, par fucceffion de temps, le nombre des charges a été réduit à cinquante, dont deux ont été acquifes par la compagnie ; enforte qu'il ne refte que quarante-huit titulaires.

La fonction des *commiffaires*, en matière civile, confifte à appofer & lever les fcellés, après décès, faillite ou interdiction, dans la ville, fauxbourgs & banlieue de Paris, & par fuite dans toute l'étendue du royaume. Ils font les enquêtes & interrogatoires fur faits & articles, dreffent les procès-verbaux d'état des lieux contentieux en vertu d'ordonnance ou fentence. Ils entendent les comptes de tutèle, de communauté, d'exécution teftamentaire, & les clôtures des comptes qu'ils arrêtent, emportent hypothèque. Ils font les partages entre héritiers, les ordres & contributions, les liquidations de dommages & intérêts, & les taxes des dépens. Ils font faire ouverture des portes en vertu de l'ordonnance de M. le lieutenant-civil, foit après l'abfence d'un locataire, foit fur le refus fait à un huiffier chargé de faifir & exécuter. Ils font même ouvrir d'office, lorfqu'on foupçonne qu'un particulier eft mort dans fa chambre, qu'il y eft malade, & fans fecours parce qu'il ne peut ouvrir, & lorfque le feu prend dans une chambre en l'abfence de celui qui l'occupe.

Par rapport à la police, ils font diftribués dans les vingt-un quartiers différens de la ville pour veiller au bon ordre & à la fûreté publique. Il y en a communément deux ou trois dans chaque quartier. Ils font auffi prépofés pour tenir la main à l'exécution des réglemens de police, & peuvent faire affigner les contrevenans à la police pour être condamnés en l'amende, & en telle autre peine qu'il y échet.

Ils veillent au balaiement des rues & à l'enlèvement des immondices : ils reçoivent les plaintes des voifins contre les filles de mauvaife vie, & en font leur rapport au lieutenant-général de police ; ils vifent les regiftres où ceux qui tiennent hôtels, chambres garnies & auberges, doivent infcrire les perfonnes qui les occupent ; ils fe rendent fur les marchés pour y vifiter les poids, les mefures & les denrées, & affigner les contrevenans pardevant le lieutenant de police ; ils vifitent, les dimanches & fêtes, les cabarets pour empêcher qu'on y donne à boire pendant le fervice divin ; enfin, ils font tenus de répondre nuit & jour aux foldats & cavaliers de la garde de Paris, qui leur amènent les délinquans pour batteries, difputes & autres accidens. Lorfque les faits font légers, ils peuvent accommoder les parties fuivant leur prudence ; mais, dans les cas graves où s'il s'agit de gens fans aveu & fans domicile, ils peuvent les envoyer en prifon & faire leur rapport au lieutenant de police ou autres magiftrats, fuivant la nature du délit.

En matière criminelle, ils ont auffi plufieurs fonctions qui confiftent, entre autres, à recevoir les plaintes qui leur font portées pour vols, viols, injures, violence & autres crimes; à faire d'office les informations, interrogatoires & procès-verbaux préparatoires, lorsque l'accusé est pris en flagrant délit; ils peuvent même le faire conduire en prison, mais ils ne peuvent pas le faire écrouer. Ils font aussi, en vertu d'ordonnance du lieutenant-criminel, toutes informations, procès-verbaux, interrogatoires de ceux qui font décrétés d'ajournement personnel. Ils rendent des ordonnances pour faire assigner les témoins en vertu d'ordonnance du juge qui permet d'informer, & pour assigner à comparoître au tribunal dans certains cas, comme pour répondre au rapport d'une plainte, soit au civil ou au criminel.

Ils peuvent aussi procéder à l'interrogatoire des accusés, lorsqu'ils font décrétés d'ajournement personnel; mais, hors le cas de flagrant délit, ils ne peuvent se transporter dans les maisons des particuliers pour y recevoir des dépositions & des déclarations, à moins que ce ne soit à la requisition des parties ou de l'ordonnance du juge.

Enfin ils font préposés pour exécuter tous les ordres, mandemens & commissions des lieutenans civil, de police & criminel.

Ils jouissent de plusieurs prérogatives & privilèges, tels que le droit d'avoir une séance marquée aux audiences aux pieds des juges, & à toutes les assemblées générales de police : & ils peuvent se couvrir en faisant leur rapport.

Ils ont aussi le droit de garde-gardienne, committimus aux requêtes de l'hôtel & du palais, le franc-salé, exemption du droit d'aides & autres impositions pour les vins & grains de leur crû; exemptions de tailles, emprunts & autres subsides ordinaires & extraordinaires; exemption de logement de gens de guerre & de suite de la cour, de toutes charges de ville & publiques, de tutèle & curatelle. Le roi les dispense de payer leur paulette, au moyen d'un acquit patent qui leur est délivré, ainsi qu'à plusieurs autres officiers du châtelet. Ils jouissent aussi du droit de vétérance : & leurs privilèges & exemptions font conservés à leurs veuves.

Ils prennent tous le titre de maîtres : &, depuis les lettres-patentes du mois de juin 1668, ils ont le titre de conseillers du roi. Le roi accorda aussi en même temps une pension à la compagnie, & en fit espérer de particulières à ceux qui se distingueroient dans leur emploi. (A)

COMMISSAIRES des classes. Voyez CLASSE, & l' Dictionnaire de l'Art Militaire.

COMMISSAIRE du conseil, voyez ci-après CONSEIL DU ROI, à l'article Commissaires.

COMMISSAIRES conservateurs généraux de décrets volontaires, étoient des officiers établis par édit du mois de janvier 1708, dans toutes les justices royales, pour avoir inspection sur tous les décrets volontaires qui se feroient dans leur ressort, conserver les droits des vendeurs & acquéreurs des héritages & autres immeubles décrétés volontairement, & empêcher que par le dol, fraude, col-

lusion, ni autrement, ces décrets volontaires ne devinssent forcés. L'acquéreur qui poursuivoit un décret volontaire, étoit obligé de faire enregistrer sa saisie réelle & son contrat d'acquisition au bureau de ces commissaires, avant de faire procéder aux criées. On leur donna des contrôleurs, & on attribua aux uns & aux autres des droits sur les décrets, & différens privilèges. Mais les contrôleurs furent réunis aux commissaires pour toutes les justices de la ville, fauxbourgs & généralité de Paris, par une déclaration du 19 février 1709; & par une déclaration du 9 avril suivant, il fut ordonné que les offices de commissaires des décrets volontaires anciens, alternatifs & triennaux, dans les cours & jurisdictions de la ville, fauxbourgs & généralité de Paris, & ceux de leurs contrôleurs, feroient exercés sous les titres d'anciens mi-triennaux, & d'alternatifs mi-triennaux.

Ces offices de commissaires furent supprimés pour la Bourgogne, par un édit du mois de mai 1708; & par un autre édit du mois d'août 1718, ils furent supprimés dans tout le reste du royaume. Cet édit a seulement réservé la moitié du droit qui se payoit pour les décrets volontaires.

COMMISSAIRES des décimes, furent créés par édit de novembre 1703, pour faire dans chaque diocèse le recouvrement des décimes ; mais par déclaration du 4 mars 1704, ils furent réunis aux offices de receveurs généraux & particuliers.

COMMISSAIRES aux décrets volontaires, voyez ci-dev. COMMISSAIRES conservateurs généraux des décrets volontaires.

COMMISSAIRES départis par le roi dans les provinces, voyez INTENDANS.

COMMISSAIRES dormans, (terme de Coutume.) celle de Montargis, chap. 1, art. 81, donne ce nom aux fermiers, métayers & détenteurs actuels d'un fief, lorsque le seigneur les établit pour commissaires à une simple saisie qu'il fait faire à défaut de foi & hommage, saisie qui n'empêche pas le vassal de lever les fruits, & qui ne le dépouille pas de sa jouissance.

Cette saisie simple, à la différence de la saisie féodale, ne donne au seigneur que le droit de demander les fruits recueillis pendant l'année du saisissement, & non les suivantes, à moins qu'il n'y ait chaque année une nouvelle saisie.

COMMISSAIRES enquêteurs, examinateurs, (Jurisp.) font des officiers de robe longue, établis pour faire certaines instructions & fonctions de justice & police, à la décharge des juges tant civils que criminels & de police, dans les villes & jurisdictions du royaume, autres que le châtelet de Paris.

De la Mare, en son Traité de la police, tome I, lib. 1, tit. 12, fait remonter l'origine de ces officiers jusqu'aux temps les plus reculés. Il y avoit, selon lui, de semblables officiers chez les Hébreux,

C 2

chez les Grecs & chez les Romains. Il prétend que chez tous ces peuples, & en particulier chez les Romains, il y avoit deux fortes d'officiers principaux établis auprès des magiſtrats, & qui entroient en participation de leurs ſoins & de leurs fonctions ; que les uns, qui ſont toujours nommés *aſſeſſores magiſtratuum*, étoient établis pour aſſiſter le magiſtrat au tribunal, & lui donner avis & conſeil dans le jugement & la déciſion des affaires les plus importantes, & que c'eſt de-là que le nom de *conſeiller* tire ſon origine ; que les autres étoient deſtinés à veiller ſur le peuple, à faire une partie des inſtructions néceſſaires, & à décharger les magiſtrats de certaines fonctions auxquelles ils ne pouvoient ſuffire ; que ces officiers étoient prépoſés pour faire les enquêtes & entendre les témoins, & en général pour la recherche des preuves ; que c'étoient eux que l'on appelloit *adjutores magiſtratuum*, *ſervatores loci*, *curatores urbis*, *vicarii magiſtratuum*, *defenſores civitatis*, *quæſitores*, *inquiſitores*, *auditores*, *diſcuſſores*.

Il ajoute que les Romains ayant conquis les Gaules, & y ayant établi le même ordre que dans l'empire pour l'adminiſtration de la juſtice, y inſtituèrent des enquêteurs-examinateurs ; & que nos rois ayant trouvé cet uſage établi dans les Gaules, le conſervèrent.

Il cite un édit de Clotaire II, de l'an 615, & pluſieurs autres ordonnances rendues en différens temps, & qui ſont rapportées dans les capitulaires, où il eſt parlé de ces officiers, appellés *miſſi*, *diſcuſſores*, *inquiſitores*, *adjutores*, *ſeu vicarii comitum*, &c.

De-là il paſſe au détail des différentes fonctions de police qui étoient remplies par ces officiers, dont les principales étoient, dit-il, de recevoir les loix & les ordonnances des mains des comtes, pour les faire enſuite entendre & obſerver aux citoyens ; de veiller à ce que rien ne fût entrepris, ni aucuns diſcours tenus contre le ſervice du roi ou le bien public ; de maintenir le bon ordre & la diſcipline en toutes choſes, enſorte que les gens de mauvaiſe volonté fuſſent contenus dans leur devoir, les vagabonds chaſſés, les pauvres protégés, & que les gens de bien vécuſſent en ſûreté & en paix ; de rechercher tous les abus, malverſations & crimes qui ſe commettoient dans le public ; de faire arrêter les coupables, en informer & faire les autres inſtructions pour parvenir à les faire corriger ou punir ; d'interroger les malfaiteurs qui étoient arrêtés, & devoient d'abord être conduits devant eux ; d'empêcher le port des armes défendues, & qu'on n'en tranſportât aux étrangers ſans ordre du roi ; de veiller ſur les étrangers qui arrivoient dans leurs départemens, en tenir regiſtre, & ne les y ſouffrir demeurer que le temps permis par les loix ; d'avoir l'inſpection ſur le commerce, les arts & métiers, pour y faire obſerver l'ordre établi par les réglemens ; viſiter les marchés, y procurer l'abondance des vivres & autres denrées

néceſſaires à la ſubſiſtance des citoyens ; empêcher qu'il ne ſe commît aucune fraude, ſoit en la qualité ou au prix, ſoit au poids ou en la meſure, & ſur-tout pour les grains, le pain, le vin & la viande ; faire entretenir le pavé, nettoyer les rues, réparer les grands chemins.

Enfin, ſelon lui, ces *commiſſaires* avoient toute l'autorité des comtes en leur abſence, & les repréſentoient dans toutes leurs fonctions. Ils tenoient même, à ce qu'il dit, leurs audiences ; mais ils ne connoiſſoient que les cauſes pures perſonnelles, & juſqu'à une certaine ſomme ſeulement.

M. De la Mare convient que dans ce même temps les comtes avoient des conſeillers qui aſſiſtoient au jugement des affaires, au nombre de ſept ou de douze, ſelon l'importance de la matière ; que ceux-ci furent nommés en certains lieux *ſcabini*, & en d'autres, *rachimburgi*, noms dérivés de la langue allemande : mais, ſelon lui, les *commiſſaires* ou enquêteurs étoient des officiers différens des conſeillers.

Depuis l'an 922, temps auquel finiſſent les capitulaires, juſqu'au règne de Philippe-Auguſte, l'état fut ſi agité de troubles domeſtiques ou de guerres étrangères, que l'adminiſtration de la juſtice fut fort négligée : les juges établis par les ſeigneurs en changèrent la forme ; & M. De la Mare tient que ce ne fut plus que dans les villes royales, ou dans celles que nos rois donnoient en partage aux princes de leur ſang, que l'uſage des *commiſſaires*-examinateurs & des conſeillers des magiſtrats fut conſervé.

Pour preuve de ce qu'il avance, il cite deux auteurs ; ſavoir, Ughellus, contemporain de Henri I, qui écrivoit l'an 1033 ; & Baldricus, ſous Philippe I, l'an 1039, leſquels rapportent que de leur temps, il y avoit des officiers établis pour aider les juges dans la recherche & la découverte de la vérité ; que les affaires leur étoient renvoyées pour les inſtruire ; qu'ils entendoient les témoins, en référoient aux juges, aſſiſtoient enſuite avec eux au jugement ; & que par rapport à leurs fonctions, ils étoient nommés *inquiſitores* & *auditores*.

M. De la Mare ſuppoſe donc comme certain, que dès le commencement de la monarchie il y avoit à Paris des auditeurs ou enquêteurs-examinateurs, & que la fonction de ces officiers étoit diſtincte & ſéparée de celle des conſeillers, qu'il prétend n'avoir été établis qu'en 1327. Mais nous avons déjà obſervé ci-devant au mot COMMISSAIRES *au chatelet*, qu'il n'y a point de preuve certaine qu'il y eût des *commiſſaires* en titre avant l'an 1300, & l'on établira ci-après au mot CONSEILLERS *au chatelet*, que ceux-ci ſont beaucoup plus anciens que les enquêteurs-examinateurs.

Il y a donc lieu de croire que tout ce qui eſt dit dans les anciens auteurs des enquêteurs & examinateurs, ne doit s'entendre que des aſſeſſeurs ou conſeillers des juges, qui réuniſſoient alors les fonctions de conseillers & celles de *commissaires-enquêteurs-examinateurs*; & que ce ne fut que vers l'an 1300 que la fonction de ces derniers commença à être séparée à Paris, à cause de la grande affluence des affaires; que dans les provinces ces diverses fonctions demeurèrent encore long-temps unies; enfin que si l'on nommoit quelquefois pour faire les enquêtes, d'autres personnes que des conseillers, la fonction de ces *commissaires* n'étoit que momentanée, & que ce n'étoient point des officiers ordinaires ni en titre.

Il est certain que, dans toutes les jurisdictions du royaume, à l'exception du châtelet de Paris, les fonctions attribuées aux *commissaires*-enquêteurs & examinateurs, étoient exercées par les juges ordinaires. Mais au mois de février 1514, François I créa par édit deux offices d'enquêteurs-examinateurs dans chaque bailliage, prévôté, vicomté, châtellenie, & autres justices royales ordinaires, pour procéder, à l'exclusion de tout autre juge, aux enquêtes, examens & informations concernant les procès soumis à la décision de ces sièges. Il leur attribua les mêmes droits & prérogatives dont jouissoient les *commissaires*-enquêteurs & examinateurs du châtelet de Paris. Leurs fonctions furent réglées par un édit de Henri III, en 1583.

Ces offices ont éprouvé plusieurs variations; une déclaration du mois de mai 1588 les supprima; un édit de 1596 les rétablit avec les mêmes droits, & en outre avec celui de faire, à l'exclusion de tout autre officier royal, les inventaires des biens, les partages & les estimations d'héritages, à peine de nullité des actes de ce genre qui seroient faits par d'autres.

On avoit séparé les offices d'enquêteurs de ceux d'examinateurs, ce qui occasionnoit diverses contestations. Un arrêt du conseil du 11 avril 1609, & des lettres-patentes du 16 juin 1627, les réunit, pour ne faire qu'une seule espèce d'office, sous le nom de *commissaires-enquêteurs-examinateurs*.

Il y eut de ces *commissaires* créés pour les élections & les greniers à sel; mais ces offices ont été supprimés. On n'en créa aucun pour les justices seigneuriales; les juges ordinaires continuèrent d'en faire les fonctions.

Enfin les charges de *commissaires* enquêteurs & examinateurs furent supprimées & recréées de nouveau par l'édit d'octobre 1693. La plupart de ces offices furent possédés & réunis par les juges & les officiers des jurisdictions des lieux où ils avoient été établis. Un édit de 1716 les supprima, & rendit aux officiers des jurisdictions royales les fonctions dont ils avoient joui auparavant, à la charge de ne pouvoir exiger aucun des nouveaux droits qui avoient été attribués aux offices supprimés.

Une déclaration du 17 janvier 1717, en interprétant l'édit de 1716, ordonna seulement la suppression de tous les offices de *commissaires* créés par les différens édits antérieurs, qui n'avoient

pas été réunis par les juges des lieux; conserva ces derniers, à la charge par eux de ne plus percevoir le droit de quatre deniers pour livre sur les adjudications par décret qui leur avoient été attribués en différens temps.

Depuis cette époque il n'est arrivé aucun changement dans ces offices. Dans la plupart des villes, ils sont réunis aux corps des jurisdictions royales, ou aux offices des lieutenans-généraux, prévôts, ou autre principal officier.

COMMISSAIRES *experts*: on donne quelquefois aux experts la qualité de *commissaires*, parce qu'en effet ils sont commis par justice pour faire leur rapport sur quelque chose. *Voyez la Pratique* d'Imbert, *liv. 1, chap. 61, & aux notes.* (*A*)

COMMISSAIRES *des foires*, ou *des gardes des foires de Champagne & de Brie*, étoient des officiers députés par le roi aux foires de Champagne & Brie, pour la conservation des privilèges de ces foires. Ils avoient à leur tête un maître ou garde des foires, comme on voit par des lettres de Philippe VI du mois de décembre 1331. Ils étoient chargés de faire exécuter les mandemens du maître des foires, comme il est dit dans une ordonnance du même roi, du mois de juillet 1344, *art. 16.* (*A*)

COMMISSAIRES, (*Grands*) *voyez* PARLEMENT & COMMISSAIRES. (*A*)

COMMISSAIRES *aux inventaires*, étoient des officiers créés pour la confection des inventaires qui se font des biens des défunts. Par édit des mois de mai 1622, & décembre 1639, il en fut créé dans les ressorts des parlemens de Toulouse, Bordeaux & Aix, & des greffiers pour écrire sous eux ces inventaires. Il n'y eut qu'un très petit nombre de ces offices qui furent levés, & cette création n'eut point lieu dans le ressort des autres parlemens. Ces premiers offices de *commissaires aux inventaires* & leurs greffiers furent supprimés par édit du mois de mars 1702, lequel au lieu de ces offices, en créa d'autres sous le titre de *conseillers du roi commissaires aux inventaires*, dans tous les lieux où la justice appartient au roi, à l'exception de la ville de Paris, où les notaires furent confirmés dans la possession où ils sont de faire seuls les inventaires. On créa quatre de ces nouveaux *commissaires* dans les villes où il y a cour supérieure, deux dans chacune des autres villes où il y a présidial, bailliage ou sénéchaussée ressortissant ès cours, & un dans chaque ville & bourg où il y a jurisdiction royale ordinaire, pour procéder seuls, à l'exclusion de tous autres officiers, lorsqu'ils en seroient requis, à l'apposition & levée des scellés, & aux inventaires des biens-meubles & immeubles, titres, papiers & enseignemens des défunts, même aux inventaires qui seroient ordonnés par justice lors des banqueroutes & faillites des marchands, négocians, ou autres cas semblables, à l'effet de quoi ils devoient avoir chacun leur sceau pour l'apposition des scellés. On créa par le même édit pareil nombre de greffiers dans chaque ville pour écrire les inventaires. Cet édit ne fut pas exécuté dans quelques provinces, comme en Artois ; & les inconvéniens que l'on reconnut par la suite dans ces offices, déterminèrent à les supprimer par une déclaration du 5 décembre 1714. (*A*)

COMMISSAIRES *aux main-mises*, sont ceux établis aux saisies féodales qui se font en Flandre & dans le Hainaut, que l'on appelle *main-mise* au lieu de *saisie féodale*. Par l'édit de février 1692, on créa des *commissaires-receveurs* des saisies réelles en Flandre & Hainaut ; & par une déclaration du 2 janvier 1694, il fut ordonné que ces mêmes commissaires seroient établis à toutes les main-mises qui se feroient tant en Hainaut qu'en Flandre. (*A*)

COMMISSAIRES *jurés de la marée*, sont ceux qui ont inspection & jurisdiction sur les vendeurs de marée. Il en est parlé dans une ordonnance du roi Jean, du mois de février 1350 ; *article* 99. *Voyez* CHAMBRE DE LA MARÉE. (*A*)

COMMISSAIRES *députés sur le fait des monnoies*, *voyez* MONNOIES. (*A*)

COMMISSAIRES *nommés par le roi*, sont des magistrats commis par sa majesté pour certaines affaires, comme pour la vente, échange, ou autre aliénation de quelques domaines, de rentes assignées sur les revenus du roi, ou pour connoître d'une affaire particulière, soit civile ou criminelle, ou de toutes les affaires d'une certaine nature. *Voyez* ci-après CONSEIL ; *à la subdivision* COMMISSAIRES. (*A*)

COMMISSAIRES *sur les ordonnances du roi*, étoient des gens du conseil que le roi commettoit pour délibérer avec le parlement sur les nouvelles ordonnances. Le roi Jean finit une ordonnance de 1351, en disant que s'il y a quelque chose à y ajouter, changer ou interpréter, cela se fera par des *commissaires* qu'il députera à cet effet, & qui en délibéreront avec les gens du parlement. *Ordonnance de la troisième race*, *tome* 2, *page* 380. (*A*)

COMMISSAIRES *du parlement ; voyez, à l'article* PARLEMENT, *le* §. *Commissaires.* (*A*)

COMMISSAIRES *AD PARTES*, sont ceux que l'on choisit dans le lieu même où se doit remplir la commission, à la différence de ceux qui se transportent à cet effet sur les lieux. On nomme, autant que l'on peut, des *commissaires ad partes*, pour éviter aux parties les frais du transport. Cela se pratique en plusieurs cas ; comme lorsqu'il s'agit de faire une enquête ou une information, un interrogatoire sur faits & articles, un procès-verbal. L'ordonnance de Philippe V, du mois de février 1318, *art.* 2, dit qu'au cas que les parties seront d'accord en parlement de prendre des *commissaires* en leur pays, il leur en sera octroyé, afin que chacun puisse poursuivre sa cause à moins de frais, &c. *Voyez la Pratique* d'Imbert, *liv.* 1 ; *chap.* 39. (*A*)

COMMISSAIRE *des pauvres*, c'est, à Paris, un bourgeois chargé de recueillir les deniers de la taxe pour les pauvres. Cette taxe se fait tous les ans à un bureau général. Chaque paroisse a son *commissaire* : il est le distributeur d'une partie des aumônes de cette paroisse : il a soin, quand un pauvre meurt, de faire vendre les meubles, & d'en porter les deniers au bureau. On donne le titre de *commissaire* du grand bureau des pauvres à ceux qui ont voix active & passive à ce bureau. Le commissariat des pauvres conduit au titre de *marguillier*, & celui du grand bureau à la direction de l'hôpital-général.

COMMISSAIRES (*Petits*), *voyez* PARLEMENT, §. *Commissaires.*

COMMISSAIRES *de police*, sont des officiers de robe, créés dans les principales villes du royaume, pour aider le juge de police dans ses fonctions, & maintenir le bon ordre & la tranquillité publique.

Ces charges ont été créées en titre d'offices héréditaires par un édit du mois de novembre 1699. Elles sont compatibles avec les offices de judicature, & autres. Le principal devoir de ces *commissaires* est de faire exécuter les ordres & mandemens des lieutenans-généraux de police, de faire les visites des rues & des marchés, de dresser procès-verbaux des contraventions aux ordonnances de police, d'en faire rapport au lieutenant-général de police, & généralement exercer toutes les fonctions, que nous avons dit être de la compétence des *commissaires* du châtelet de Paris, en matière de police ; mais ils n'ont aucune fonction en matière civile ou criminelle, ce qui les distingue des *commissaires* de Paris, qui sont en même temps enquêteurs & examinateurs. *Voyez* COMMISSAIRES *du châtelet.*

Les *commissaires* de police ne sont pas obligés d'être gradués ; ils doivent être âgés de vingt ans ; leur réception se fait aux sièges royaux des lieux où ils sont établis. Le quart des amendes adjugées pour fait de police, doit être remis par les receveurs des amendes à leur bourse commune, à l'effet d'être partagé également entre tous les *commissaires* du même siège. Ils jouissent de l'exemption de logement de gens de guerre, de tutelle, de curatelle, & de nomination d'icelle.

COMMISSAIRES *receveurs* & *gardes dépositaires dans les sièges d'amirauté*. Ces offices ont été supprimés par l'édit du mois d'octobre 1716.

COMMISSAIRES *réformateurs*. *Voyez* RÉFORMATEURS.

COMMISSAIRES *aux requêtes du palais*. *Voyez* PARLEMENT, REQUÊTES DU PALAIS.

COMMISSAIRES *aux saisies réelles*, ce sont des officiers établis en chaque ville & lieu où il y a justice royale, pour avoir l'entière administration des terres & autres immeubles saisis réellement, les affermer, les tenir en bon état, & en percevoir les revenus au profit des créanciers.

Autrefois les huissiers ou sergens établissoient qui bon leur sembloit, pour *commissaires aux saisies-réelles*, à l'exception des fermiers du propriétaire des biens saisis, des parties saisies, des saisissans & des opposans, ou de leurs parens & alliés. C'étoit une disposition de l'ordonnance de Blois, & de plusieurs arrêts.

Ces commissions étoient sujettes à de grands abus. Où les huissiers recevoient de l'argent des gens solvables pour les en exempter, ou ils les donnoient à des gens dévoués aux parties saisies, qui les laissoient jouir, sous leur nom, des biens saisis au préjudice de leurs créanciers. Pour y remédier, Louis XIII, d'après les représentations des états assemblés à Paris, prit le parti de créer dans toutes les villes & lieux du royaume, où il y avoit justice royale, des *commissaires aux saisies-réelles*; c'est ce qui fut exécuté par l'édit du mois de février 1626, qui fit défenses à tous huissiers ou sergens d'établir aux saisies-réelles d'autres *commissaires*, que ceux qui venoient d'être créés.

Ces offices ont éprouvé, comme les autres, plusieurs variations; on créa par différens édits des *commissaires* alternatifs, triennaux & quatriennaux. Mais par un édit du mois de juillet 1689, Louis XIV supprima tous ces offices, & n'en créa qu'un seul dans toutes les cours & jurisdictions du royaume, avec le titre de *conseiller du roi*, sans qu'à l'avenir ses fonctions pussent être divisées. Un autre édit du mois de juin 1775, a ordonné la même suppression des offices de *commissaires*, contrôleurs, payeurs, greffiers & commis anciens, alternatifs, triennaux & quatriennaux des saisies-réelles, créés près le parlement & les autres cours & jurisdictions de Paris, pour y établir un seul *commissaire* avec les mêmes honneurs, titres, prérogatives & émolumens dont jouissoient les titulaires des offices supprimés.

Les *commissaires aux saisies-réelles* n'ont été établis dans le ressort du parlement de Flandre, que par un édit du mois de février 1692; pour exercer leurs fonctions conformément à celui de 1689.

Dans le ressort de celui de Normandie, les *commissaires aux saisies-réelles* n'ont eu lieu que par un édit du mois de juillet 1677, qui en créa pour toutes les villes où il y a jurisdiction royale, & dont les fonctions devoient servir tant à cette justice, qu'à celles des seigneurs qui y sont enclavées.

Le parlement de Besançon n'enregistra l'édit de 1689, qu'en 1695. Il le fut aussi au parlement de Provence; mais comme on n'y connoît ni saisie-réelle, ni décret, on fut en peine de déterminer les fonctions des *commissaires*. Le roi leva cette difficulté par une déclaration du 23 février 1692. Elle porte que les saisies des fonds & des fruits seront enregistrées sur le registre du *commissaire*; qu'il sera établi séquestre de ces saisies, à peine de nullité, qu'il fera les diligences pour le recouvrement des revenus des biens mis en discussion;

& qu'il rendra compte à la partie poursuivante avant la collocation.

Les *commissaires aux saisies-réelles* doivent prendre en main le régime & gouvernement des immeubles saisis, s'en mettre en possession pour le donner à louage ou à ferme, pendant le temps qu'on procède aux criées, au décret & à l'adjudication.

Ces fonctions regardent le *commissaire* de la jurisdiction dans laquelle le décret se poursuit, & non celui de la jurisdiction dans laquelle les biens sont situés.

Avant de se mettre en possession des biens saisis, les *commissaires* doivent se faire donner par les sergens ou huissiers, leurs procès-verbaux & exploits de saisie-réelle, signés par eux & leurs records, & cela au plus tard trois jours après qu'elles ont été faites.

Ils doivent porter ces procès-verbaux sur un registre, y marquer le jour qu'ils les ont reçus, le nom & la demeure des sergens qui les ont faits, & faire signer ceux à qui ils sont rendus.

Ils doivent faire toutes diligences pour procéder au bail judiciaire des biens saisis réellement, appeller en conséquence sans délai, pardevant les juges du ressort de leur établissement la partie saisie, & le saisissant pour procéder aux baux, & y faire trouver des enchérisseurs. Ils doivent ensuite poursuivre l'adjudication des baux & leur exécution.

Il ne leur est pas permis, même par procureur, ou sous un nom emprunté, de prendre à bail ou à ferme les biens saisis.

Dans les comptes qu'ils rendent, ils doivent prélever les dépenses faites pour la conservation des biens.

Ils sont autorisés à porter la foi & hommage des fiefs saisis réellement, si le propriétaire refuse de le faire. Mais ils ne peuvent nommer aux bénéfices qui en dépendent, s'ils viennent à vaquer pendant la saisie, ni révoquer ou destituer les officiers.

Leur régie ou administration dure jusqu'à la levée de la saisie, ou à l'adjudication par décret. Ils sont tenus alors de rendre compte aux parties intéressées. Ce compte doit être rendu sur du grand papier, chaque page contenant vingt-deux lignes, & chaque ligne quinze syllabes.

Ils ne peuvent être recherchés pour le fait de leur commission, ni leurs veuves ou héritiers, pour quelque cause que ce soit, dix ans après la clôture de leurs comptes, si ce n'est pour erreur de calcul, ou pour les sommes dont ils sont demeurés reliquataires.

L'édit de 1689 leur défend, ainsi qu'à leurs commis, de recevoir de plus grands droits que ceux qui leur sont attribués par les réglemens, quand même ils leur seroient offerts volontairement par les parties, à peine de restitution du quadruple de ce qu'ils auroient reçu, & de cinq cens livres d'amende pour chaque contravention. *Voyez* SAISIE-RÉELLE.

COMMISSAIRES SEQUESTRES. *Voy.* SEQUESTRES.

COMMISSAIRES *des tailles*, furent créés par édit du mois de juin 1702., pour faire dans chaque élection l'exécution de toutes les contraintes décernées par les receveurs des tailles & leurs commis pour le recouvrement des tailles, crues y jointes & autres impositions. Ces *commissaires* furent substitués aux huissiers des tailles; pour la faculté que ceux-ci avoient de faire tous exploits en matière de tailles : ils ont depuis été supprimés. (*A*)

COMMISSAIRE *vérificateur des rôles des tailles*; ce titre étoit attaché à l'office de conseiller lieutenant-criminel, créé dans chaque élection par édit du mois d'août 1693. Sa fonction, en qualité de *commissaire vérificateur*, étoit de faire la vérification & signature des rôles des tailles, taillon, subsides, &c. faits par les asséeurs & collecteurs; mais ces offices de lieutenant-criminel *commissaire vérificateur*, ont été supprimés par édit du mois d'août 1715. (*A*)

COMMISSAIRES *du roi contre les usures*, étoient ceux à qui le roi donnoit commission de réprimer les usures des Lombards, Italiens & autres qui prêtoient à un intérêt plus fort que celui qui étoit permis par les ordonnances. On trouve dans le second volume des ordonnances de la troisième race, un mandement du roi Jean, du mois d'avril 1350, adressé à l'abbé de Saint-Pierre d'Auxerre, *commissaire* sur le fait des Lombards & Italiens usuriers. (*A*)

Nous ne parlerons pas ici des *commissaires* des guerres, *commissaires* provinciaux, & *commissaires* ordonnateurs des guerres, ni des *commissaires* ordonnateurs de la marine. Ces mots appartiennent au *Dictionnaire de l'art militaire.*

COMMISSION, s. f. (*Jurisp.*) ce terme a en droit plusieurs acceptions. 1°. Il se dit d'un contrat par lequel on se charge par bonne volonté & sans intérêt des affaires de quelqu'un, qui nous prie de les faire pour lui, & comme s'il étoit présent. 2°. On appelle plus spécialement *commission*, l'acte par lequel un négociant en charge un autre d'acheter & ou de vendre des marchandises pour son compte, d'acquitter ou de tirer des lettres-de-change en son nom, moyennant un certain profit dont ils conviennent. 3°. Le mot *commission* se prend pour une jurisdiction attribuée extraordinairement à quelqu'un sur quelques objets. 4°. Pour la délégation faite à un juge, pour procéder à l'instruction d'une affaire. 5°. On appelle *commissions* les provisions de quelques officiers amovibles, ou dont les charges ne sont pas en titre d'office, & les brevets ou procurations que les fermiers généraux donnent à leurs employés. 6°. Enfin on donne ce nom aux lettres de chancellerie, qui donnent pouvoir aux huissiers de donner des assignations, & de mettre à exécution des contrats ou jugemens.

Le terme de *commission*, pris dans la première acception dont nous avons parlé, est synonyme aux mots MANDAT, MANDEMENT, PROCURATION; nous en traiterons sous ces articles.

On trouvera dans le *Dictionnaire du commerce* ce qui concerne le mot *Commission*, dans le sens d'ordres donnés par un marchand à un autre.

Il ne nous reste donc à traiter que des *commissions* attributives de jurisdiction, des délégations faites à un juge, des provisions d'offices amovibles, & des lettres de chancellerie portant *commission*.

COMMISSION *attributive de jurisdiction*. C'est celle qui renvoie le jugement d'une contestation pardevant quelqu'un qui n'en pouvoit pas connoître, soit qu'il n'eût en aucune façon le caractère de juge, soit qu'il ne fût pas le juge naturel de l'affaire.

Le roi seul peut donner de pareilles *commissions*. Nous en connoissons de deux espèces différentes : les unes à la suite du conseil, qui sont ordinairement composées de conseillers d'état, auxquels le roi attribue la connoissance de certaines matières. Les autres établies en différens endroits, & pour différens objets dont les membres sont choisis par le roi, & peuvent être pris indistinctement dans tous les ordres de citoyens, quoiqu'ils soient plus souvent tirés du corps de la magistrature, & même d'entre les officiers des cours souveraines.

Il ne faut pas confondre les *commissions* extraordinaires du conseil, avec les bureaux ordinaires, dans lesquels les conseillers d'état & les maîtres des requêtes sont répartis.

Les officiers qui composent les bureaux ne font qu'examiner les instances qui leur sont communiquées, pour en rendre compte au conseil assemblé, où l'affaire est discutée de nouveau, délibérée & décidée définitivement. Les commissaires au contraires sont juges des affaires dont la connoissance leur est attribuée par leur *commission* : ils intitulent de leur nom les jugemens qu'ils rendent, & ils ont pour les faire exécuter une autorité distinguée de celle du conseil. *Voyez* CONSEIL, §. *Commissaires.*

A l'égard des *commissions* de la seconde espèce, il en a existé, & il en existe encore aujourd'hui plusieurs, soit à Paris, soit dans les provinces. Le roi peut en créer & les supprimer, lorsqu'il le juge à propos.

Les grands-jours qu'on tenoit autrefois dans différens endroits, pour l'abréviation de la justice, étoient de véritables *commissions* : il en est de même des chambres de justice, des chambres royales, & des chambres ardentes, créées & supprimées en différens temps. *Voyez* CHAMBRE, GRANDS-JOURS.

Le lieutenant-général de police de Paris, hors les fonctions de police, & les intendans des provinces, sont véritablement des commissaires, qui connoissent extraordinairement de plusieurs matières, *dont*

dont le roi leur accorde la connoiſſance par des *commiſſions* attributives de juriſdiction. *Voyez* IN-TENDANT.

Il exiſte aujourd'hui cinq *commiſſions* permanen-tes, établies à Saumur, Rheims, Caen, Valence & Paris, pour juger les contrebandiers. *Voyez* CON-TREBANDE.

En 1772 & en 1776 le roi a établi deux *com-miſſions* de médecine, la première, pour examiner les remèdes nouveaux ou vendus par des particu-liers, & veiller à la diſtribution des eaux minéra-les : la ſeconde pour entretenir une correſpondance avec les médecins de province, ſur tout ce qui eſt relatif aux maladies épidémiques & épizootiques. *Voyez à cet égard les Dictionnaires de médecine & de chirurgie.*

Les *commiſſions* attributives de juriſdiction éma-nent de la volonté ſeule du roi ; mais pour que cette volonté ſoit conſtatée, il faut que les *com-miſſions* ſoient expédiées en la grande chancellerie, & ſignées du ſecrétaire d'état du département. Celles des grands-jours étoient autrefois enregiſtrées au parlement. Si on s'attachoit à la forme ordinaire établie pour la promulgation des loix, il paroîtroit néceſſaire que toutes les *commiſſions* fuſſent publiées & enregiſtrées, ſoit à l'audience du ſceau, ſoit dans les cours, parce que les objets pour leſquels on établit des *commiſſions*, doivent, ſuivant les loix, être portés dans les tribunaux créés pour en con-noître, & qu'il faut, pour les en dépouiller, une loi nouvelle, dont l'enregiſtrement paroît néceſſaire. Néanmoins il eſt d'uſage que les *commiſſions* ſoient adreſſées aux commiſſaires même, qui les acceptent & qui en ordonnent l'enregiſtrement & l'exécution par un jugement. *Voyez* COMMISSAIRE.

Entre les différentes *commiſſions* que nos rois font dans l'uſage de donner, on doit diſtinguer celles qu'ils donnent au grand-aumônier de France pour la délivrance des priſonniers. C'eſt pourquoi nous en traiterons particuliérement à la ſuite du préſent article, ſous le titre de COMMISSION DE GRACE.

Des commiſſions données par les juges. Toutes les cours & les autres tribunaux inférieurs peuvent commettre des membres de leur compagnie, ou d'autres juges, pour faire exécuter les jugemens donnés, & veiller à l'inſtruction des procédures pendantes en leur juriſdiction.

Ces *commiſſions* ſont, ou en commandement, ou rogatoires. Elles ſont en commandement, lorſque le juge commis eſt ſubordonné au tribunal qui le commet : s'il ne l'eſt pas, la *commiſſion* eſt roga-toire, c'eſt-à-dire que le juge qui commet, prie celui à qui il s'adreſſe d'exécuter pour lui quelque jugement ou ordonnance. On ſe ſert de cette der-nière forme lorſque la *commiſſion* eſt adreſſée à des juges d'une nation étrangère ; par exemple lorſqu'il s'agit d'informer en Angleterre pour une inſtance pendante en France.

On nomme ces *commiſſions* excitatives de juriſ-diction, parce qu'elles ne font que provoquer le

juge auquel elles ſont adreſſées, à faire ce qu'elles lui indiquent.

Les *commiſſions* données par les parlemens, pour des objets ſitués hors des lieux de leur réſidence, doivent être adreſſées aux juges des lieux, afin d'éviter les frais & les dépens que le tranſport d'un commiſſaire de la cour occaſionneroit aux parties. C'eſt la diſpoſition des ordonnances des mois d'avril 1453, novembre 1507, octobre 1535, & mars 1598, qui n'en exceptent que les cauſes importantes, telles que celles qui concernent les baronnies & châtellenies de plus de deux cens liv. de revenu, & les abbayes & évêchés de quatre cens livres de revenu. Les *commiſſions* ne pouvoient être données à des préſidens des cours pour des terres de mille livres de rente, & pour des bénéfices de deux mille livres. Les commiſſaires des parlemens, ſuivant la dernière ordonnance que nous venons de citer, ne doivent exécuter les *commiſſions* dont ils ſont chargés, que depuis la mi-août juſqu'à la S. Martin, excepté dans les cas urgens, & ils ſont tenus alors de prendre un congé ou du roi, ou de leur cour.

Lorſque le parlement adreſſe une *commiſſion* au lieutenant-général du lieu, s'il eſt décédé, l'offi-cier qui le ſuit dans l'ordre du tableau, eſt en droit de l'exécuter. C'eſt ce qui a été jugé par arrêts des parlemens de Paris & de Bordeaux. Au reſte, pour éviter tout inconvénient, il eſt d'uſage ordinaire d'inſérer dans une *commiſſion* ces termes : *au lieutenant-général, ou à ſon défaut, au plus an-cien officier du ſiège, ou gradué non ſuſpect aux parties.*

Si on s'en tient à un arrêt du parlement de Provence, du 12 octobre 1672, rapporté par Bo-niface, les juges royaux ne peuvent adreſſer de *commiſſions* aux juges des ſeigneurs, ils doivent commettre les juges royaux les plus prochains.

L'ordonnance de 1667 défend aux commiſſaires de recevoir par eux ou par leurs domeſtiques, au-cun préſent des parties, ni ſouffrir qu'elles paient leurs dépenſes directement ou indirectement, à peine de concuſſion & de trois cens livres d'amende. Dans les villes & banlieues de leur réſidence ils ſont payés par vacations ; en campagne leur taxe diffère ſuivant l'uſage des ſièges. Mais ils doi-vent exprimer ſur les minutes & groſſes de leurs procès-verbaux, les jours employés pour ſe tranſ-porter ſur les lieux, ceux de leur ſéjour & retour, ce qui aura été conſigné par chacune des parties, & les taxes faites pour la groſſe, à peine de con-cuſſion & de cent livres d'amende.

Ils ne peuvent ſe faire payer qu'une ſeule fois la taxe de leur tranſport & retour ; enſorte que s'ils ſont partis pour vaquer, dans le même lieu, à pluſieurs *commiſſions*, ces frais doivent être ſup-portés par égales portions par les parties qui y ſont intéreſſées : s'ils ſont obligés de prolonger leur ſéjour par une nouvelle *commiſſion* qui leur eſt adreſſée, les parties intéreſſées à la première, paient les frais de tranſport & de retour ; celles que concernent la ſeconde, paient ſeulement les journées qu'elle occaſionne. *Voyez* COMMISSAIRES.

COMMISSION *de dettes des communautés de Bourgogne*, eſt une juriſdiction établie à Dijon par *commiſſion* du conſeil, & exercée par le gouvernement du duché de Bourgogne & par l'intendant de la même province, pour la vérification des dettes & affaires des communautés des villes, bourgs & paroiſſes du duché de Bourgogne, & des comtés de Charolois, Mâcon, Auxerre & Bar-ſur-Seine. On y porte auſſi les inſtances qui concernent la levée des octrois des villes & bourgs, de même que celle des octrois de la province de Bourgogne ſur la rivière de Saône, & les comptes par état des octrois des villes & bourgs du duché, & des quatre comtés adjacens.

COMMISSIONS *d'offices amovibles*. Suivant l'uſage ancien du royaume, tout ce que nous connoiſſons ſous le nom de charges, offices, dignités, commandement, n'étoit que de ſimples *commiſſions* amovibles à la volonté du roi. Louis XI, après la guerre du bien public, par un édit de 1467, aſſura aux titulaires la perpétuité de leurs offices, & ordonna que dans la ſuite aucun ne ſeroit cenſé vacant, *ſi ce n'eſt par mort du pourvu, réſignation faite de ſon gré & conſentement, dont il apparoiſſe duement, ou par forfaiture préalablement jugée & déclarée judiciairement par juge compétent.*

Depuis cette époque on diſtingue deux eſpèces d'offices & de charges, les uns perpétuels & érigés en titre, les autres poſſédés en *commiſſions*. Les offices ou charges en titres ſont perpétuels, ou au moins remplis pendant un certain temps limité par la loi, ſans qu'on puiſſe en priver le titulaire autrement que par forfaiture jugée : les *commiſſions* au contraire ne ſont ni perpétuelles, ni remplies pour un temps précis & réglé, elles durent ou ceſſent ſelon la volonté du commettant, qui peut la révoquer à ſon gré.

Les offices ſemeſtres ou alternatifs, n'en ſont pas moins de véritables offices perpétuels, quoique les fonctions des titulaires ſoient interrompues par intervalles, ils ſont toujours officiers, & ne peuvent être dépouillés que par forfaiture.

Il y a dans la magiſtrature des charges inamovibles par leur nature, qui ſouvent ne ſont remplies que par *commiſſion*, telle eſt par exemple à Paris, la charge de lieutenant-général de police, qui n'eſt poſſédée qu'en vertu d'une *commiſſion* révocable à volonté. Il eſt encore d'uſage de remplir par *commiſſion* les offices venaux & héréditaires, lorſque le titulaire ne peut en remplir les fonctions, ſoit à cauſe de ſa minorité, ſoit par rapport à d'autres empêchemens.

Il n'eſt pas néceſſaire qu'un office ſoit héréditaire pour être tiré de la claſſe des *commiſſions.* Il ſuffit que par les titres de création il ait été érigé en titre ; ainſi, l'office de chancelier de France n'eſt

point héréditaire, mais n'eſt pas une *commiſſion* révocable à volonté.

Au contraire, il y a des charges dont les fonctions ſont perpétuelles & ordinaires, qui cependant ne ſont que de ſimples *commiſſions*, telles ſont celles des conſeillers & ſecrétaires d'état, de contrôleur général des finances, d'intendans de province, *&c.*

On doit comprendre dans le nombre des *commiſſions*, les ambaſſades, les pouvoirs donnés pour traiter avec les étrangers, les charges militaires dans les corps qui ne ſont pas toujours entretenus, les lettres particulières de ſervice données aux officiers généraux, aux maréchaux de camp, brigadiers, commiſſaires & contrôleurs des guerres, qui ſont employés pendant le cours d'une campagne. En effet, quoique le titre en vertu duquel tous les officiers ſupérieurs militaires ont droit de commander, ſoit perpétuel en leurs perſonnes, & qu'on doive toujours rendre les honneurs dus à leurs qualités, il leur faut des lettres particulières du roi pour commander les troupes dans le rang auquel ils ont été élevés, & ces lettres ſont de véritables *commiſſions* révocables à la volonté du roi.

COMMISSIONS *de la chancellerie*, ſont des lettres royaux que l'on obtient en chancellerie, portant permiſſion d'aſſigner, de mettre un jugement à exécution, ou de faire quelque autre exploit.

L'ordonnance de 1667, tit. 2, art. 10, n'exige pas de prendre une *commiſſion* de chancellerie pour faire aſſigner quelqu'un dans les tribunaux qui ne jugent pas en première inſtance ; mais elle eſt néceſſaire pour traduire ſa partie adverſe devant les juges d'appel, ou en première inſtance devant un juge en dernier reſſort. Ainſi lorſqu'on veut faire aſſigner quelqu'un directement au parlement, on ne peut le faire qu'en vertu d'ordonnance ou arrêt de la cour, ou en vertu d'une *commiſſion* de la chancellerie, à moins qu'il ne s'agiſſe des ducs & pairs, pour raiſon de leurs pairies ; des hôtels-dieu, hôpitaux, ou grands bureaux des pauvres, qui ont droit de plaider en première inſtance à la grand'chambre du parlement.

De même, lorſqu'on veut mettre un arrêt à exécution dans le reſſort du parlement, on obtient une *commiſſion* en chancellerie, portant pouvoir au premier huiſſier ou ſergent royal ſur ce requis de le mettre à exécution, n'y ayant que les huiſſiers de la cour qui puiſſent les mettre à exécution, dans tout le reſſort, ſans *commiſſion*.

On obtient auſſi en chancellerie des *commiſſions* pour divers autres objets, comme pour le parachevement d'un terrier, pour anticiper ſur un appel, *&c.*

Il y a deux ſortes de *commiſſions* de chancellerie ; les unes que l'on obtient dans les chancelleries établies près les cours ſupérieures ou près des préſidiaux, ſuivant que la matière eſt de leur reſſort ; les autres que l'on obtient en la grande chancellerie de France : l'effet de celles-ci eſt qu'elles peuvent être mifes à exécution dans tout le royaume, fans aucun *vifa* ni *pareatis*.

Les *commiffions* s'obtiennent aux petites chancelleries établies près les cours fouveraines, ou près les préfidiaux pour les affaires qui doivent-être portées devant ces tribunaux : à l'égard de celles qui doivent être portées aux confeils du roi, au grand-confeil, & aux requêtes de l'hôtel en dernier reffort, elles doivent être expédiées en la grande chancellerie.

Depuis la réunion des prévôtés aux bailliages & fénéchauffées, opérée en vertu d'un édit de 1749, on eft difpenfé de prendre des *commiffions* en chancelleries pour les affaires qui, avant la réunion, étoient de la compétence des prévôtés, châtellenies & vigueries. Il n'en eft pas auffi befoin pour les affignations, données en première inftance, aux fièges préfidiaux dans les deux cas de l'édit. Elles ne font pas également néceffaires pour affigner les témoins qui doivent dépofer dans une enquête.

Les huiffiers ou fergens qui procèdent en vertu de *commiffion* de chancellerie, doivent en donner copie en même temps que celle de leurs exploits.

On appelle, en terme de chancellerie, *commiffion en fommation*, celle qu'on obtient pour faire affigner quelqu'un en fommation ou garantie : & *commiffion de pacificis poffefforibus*, les lettres adreffantes à un juge royal, par lefquelles il lui eft mandé, que fi le bénéficier qui a impétré ces lettres eft poffeffeur triennal du bénéfice contentieux, il ait à le maintenir & garder en la poffeffion de ce bénéfice, fans préjudice du droit des parties au principal.

COMMISSION DE GRACE. Depuis un temps immémorial, la bienfaifance de nos rois s'eft manifeftée d'une manière particulière à certaines époques de leur règne, telles que la pompe de leur facre & la naiffance d'un dauphin. Plus la joie de leur peuple a eu un grand motif, plus ils ont cru devoir l'étendre fur tous leurs fujets, même fur ceux qui paroiffoient moins dignes d'y prendre part.

A ces fignes de félicité publique, le légiflateur a laiffé tomber le glaive dont la juftice l'avoit armé.

Des accufés fugitifs & qui, pour fe fouftraire à des condamnations prononcées contre eux, avoient paffé dans des contrées étrangères, ont été rappellés dans leur patrie, pour y entendre prononcer leur grace.

Des criminels prêts à être conduits au fupplice ont vu s'abattre l'échaffaud fur lequel ils alloient fubir une mort honteufe.

De cet ufage louable en lui-même, il réfulteroit fans doute de grands abus, fi une juftice éclairée n'arrêtoit les effets d'une indulgence exceffive.

Par le même édit, qui annonce à tous les criminels errants ou retenus prifonniers, que fa majefté daigne leur faire remife de la peine qu'ils

ont encourue, fi les crimes dont ils fe font rendus coupables font fufceptibles de cette faveur, le roi crée une *commiffion* compofée de maîtres des requêtes, qui font préfidés par fon grand-aumônier, premier difpenfateur des actes de fa bienfaifance.

Cette *commiffion* ainfi établie reçoit tous les mémoires, tous les placets qui lui font préfentés par les accufés qui, fous fes aufpices, doivent venir fe conftituer prifonniers, pour y obtenir des lettres de grace, qui font enfuite fcellées à la chancellerie, & adreffées aux cours fouveraines où le procès eft pendant, pour y être entérinées.

Dans le cas où l'accufé qui s'eft ainfi rendu prifonnier fous la fauve-garde de la *commiffion*, fe trouve coupable d'un crime tel que la juftice du roi s'oppofe abfolument à fa grace, on lui accorde un nouveau fauf-conduit pour fe retirer hors du royaume, dans un délai limité.

Au facre de Louis XVI, plus de 700 accufés, tant fugitifs que fixés dans les fers, eurent le bonheur d'échapper à la févérité de la loi.

Dans le moment même où nous écrivons cet article, une nouvelle *commiffion de grace*, établie par édit du 28 février 1782, à l'occafion de la naiffance du dauphin, eft encore occupée de ce miniftère honorable de bonté & d'indulgence.

Il eft néceffaire de rapporter ici les déclarations du roi en vertu defquelles cette dernière *commiffion* a été créée, afin de faire connoître dans quel efprit elle a été donnée, quelle eft l'étendue de fes pouvoirs, quelles font les limites que l'on y a apportées, & afin de fixer les moyens que l'équité fouveraine emploie pour éviter de rendre fa bonté pour les coupables, funefte à fes autres fujets.

» à *Commiffion du grand fceau*, qui nomme des com-
» miffaires du confeil pour affifter M. le grand-
» aumônier dans l'examen des placets qui feront
» préfentés par les criminels, à l'effet d'obtenir la
» grace que fa majefté veut bien accorder en con-
» fidération de la naiffance de Mgr. le dauphin.

» Louis, &c. à nos amés & féaux confeillers
» en nos confeils, maîtres des requêtes ordinaires
» de notre hôtel, les fieurs Brochet de Saint-Preft,
» Chaillou de Jonville, de Tolozan, &c. falut.
» Le bienfait fignalé dont il a plû au ciel de
» combler nos vœux, & ceux de nos bons fujets,
» par l'heureufe délivrance de la reine, notre
» très-chère époufe & compagne, & par la naif-
» fance d'un dauphin, nous ayant engagés, à
» l'exemple des rois nos prédéceffeurs, finguliére-
» ment du feu roi notre aïeul, à faire reffentir les
» effets de notre clémence à ceux de nos fujets
» qui, prévenus de crimes ou délits, & auront
» recours pour des remiffibles, & qui fe trou-
» veront détenus dans les prifons de notre bonne
» ville de Paris & de notre ville de Verfailles,
» même de ceux qui fe remettront volontairement

» dans les prisons de Versailles, pendant l'espace
» de deux mois, de jour & date des présentes, il
» nous a paru nécessaire de faire préalablement
» visiter lesdites prisons, & examiner les causes de
» la détention des prisonniers pour fait de crimes
» ou délits, afin de ne rendre participans de nos
» graces que ceux qui en seront jugés dignes. *A*
» *ces causes*, & autres à ce nous mouvant, de
» l'avis de notre conseil & de notre certaine science,
» pleine puissance & autorité royale, nous avons
» commis & député, & par ces présentes, signées
» de notre main, commettons & députons pour
» assister notre grand-aumônier, dans la visite qui
» sera faite des prisons de nosd. villes de Paris
» & de Versailles, & examiner, soit avec lui
» conjointement, ou les uns en l'absence des au-
» tres, les causes de la détention des prisonniers
» qui se trouveront y avoir été constitués en
» vertu des décrets de nos cours ou des juges or-
» dinaires, même de ceux qui, dans ledit délai
» de deux mois, se seront remis volontairement
» dans les prisons dudit Versailles ; faire repré-
» senter les charges & informations sur lesquelles
» ceux qui sont actuellement dans lesdites prisons,
» auront été décrétés, & procéder aux interro-
» gatoires des uns & des autres, suivant l'exigence
» des cas ; auquel effet nous enjoignons à tous
» greffiers, concierges, gardes & geoliers des pri-
» sons de nosdites villes de Paris & de Versailles,
» d'obéir à notre grand-aumônier & à vous, en
» tout ce qui concernera l'exécution de la pré-
» sente *commission*. Voulons que par vous il soit
» dressé procès-verbal sommaire, sur l'examen que
» vous aurez fait des crimes ou délits de ceux qui
» auront été constitués prisonniers par autorité de
» justice, ou qui se seront remis volontairement
» dans les prisons de Versailles ; pour, sur le rap-
» port qui nous en sera fait, être par nous inces-
» samment pourvu à la délivrance de ceux dont
» les cas se trouveront rémissibles, sous les con-
» ditions de la grace qu'il nous plaira de leur ac-
» corder ; de ce faire vous donnons pouvoir &
» *commission* : *car tel est notre plaisir*. Donné à
» Versailles, le vingt-huitième jour du mois de
» février, l'an de grace 1782, & de notre règne
» le huitième. Signé *Louis* ; & plus bas, par le
» roi, signé *Amelot* : & scellée du grand sceau de
» cire jaune ».

Cette déclaration ne fut pas plutôt publiée,
qu'une foule d'accusés, de condamnés, vinrent de
toutes parts se constituer dans les prisons de Versailles, pour y participer à la faveur de la *commission* ;
mais comme d'un côté il n'étoit pas possible de
présenter l'un après l'autre, le rapport du procès
de chaque accusé, à sa majesté, afin d'obtenir à
mesure sa délivrance & ses lettres de graces ; que
d'un autre côté on auroit couru le risque de prolonger trop long-temps la captivité de ceux qui
s'étoient rendus sur le champ en prison, & dont les
délits étoient graciables, si l'on eût retardé cette

délivrance jusqu'au moment où la *commission* auroit
été à même de faire un rapport général, sa majesté
rendit, sur la représentation de son grand-aumônier, le 9 juin 1782, la déclaration suivante, enregistrée en parlement, le 18 du même mois.

« Louis, &c. à tous ceux, &c. Salut. Voulant,
» à l'exemple des rois nos prédécesseurs, signaler
» notre joie à l'occasion de la naissance d'un dau-
» phin, & témoigner la reconnoissance du bien-
» fait dont le ciel nous a comblé „par des actes de
» clémence en faveur des prisonniers que la na-
» ture de leurs crimes ne rend pas indignes de grace,
» nous nous sommes fait rendre compte, suivant
» l'usage ordinaire, en notre conseil, par notre
» cousin le cardinal de Rohan, grand-aumônier de
» France, de l'examen qu'il a fait avec les sieurs
» Brochet de Saint-Prest, Chaillou de Jonville,
» de Tolozan, &c. maîtres des requêtes de notre
» hôtel, des prisonniers qui sont actuellement dé-
» tenus pour crimes dans les prisons de notre bonne
» ville de Paris, & de la qualité des cas dont ils
» sont accusés ; & ayant reconnu que le grand
» nombre de procès desdits prisonniers exige un
» temps plus considérable pour leur examen, &
» cependant desirant de délivrer promptement ceux
» dont les procès ont été vus & examinés, & qui
» nous ont paru pouvoir participer aux graces que
» nous avons résolu de leur accorder en cette occasion, nous
» en avons fait dresser un état ci-attaché sous le
» contre-scel des présentes ; nous réservant de faire
» ressentir les effets de notre clémence à ceux des
» prisonniers dont les procès n'ont point encore été
» examinés, & qui nous en paroîtront susceptibles,
» à mesure que notre cousin le cardinal de Rohan
» nous en rendra compte, d'après l'examen qui en
» sera fait. Mais comme nous voulons, suivant ce
» qui s'est pratiqué en pareil cas, que ceux que nous
» avons jugé dignes des effets de notre bonté, en
» jouissent dès-à-présent, sans les dispenser néan-
» moins des règles établies par nos ordonnances ;
» à l'égard de ceux qui obtiennent des lettres de
» rémission ou autres lettres de grace, nous avons
» jugé à propos de concilier les actes de notre clé-
» mence avec ce que nous devons à la justice, en
» vous faisant connoître nos intentions. *A ces causes*
» & autres à ce nous mouvant, de l'avis de notre
» conseil, & de notre grace spéciale, pleine puissance
» & autorité royale, nous avons dit, déclaré &
» ordonné, &, par ces présentes signées de notre
» main, disons, déclarons & ordonnons, voulons
» & nous plait que tous les prisonniers contenus
» dans l'état attaché sous le contre-scel des pré-
» sentes signées de notre main, & contre-signées
» par un de nos secrétaires d'état & de nos com-
» mandemens, soient incessamment délivrés & mis
» hors de prisons ; à l'effet de quoi nos présentes
» lettres-patentes & le rôle qui y est attaché, se-
» ront remis entre les mains de notre grand-au-
» mônier ; enjoignons aux greffiers & concierges des
» prisons de mettre lesdits prisonniers en liberté,

› & ce conformément aux préfentes; quoi faifant,
› ils en demeureront bien & valablement déchargés;
› le tout à la charge par lefdits prifonniers d'obtenir
› nos lettres de rémiffion ou pardon en la forme
› accoutumée, & ce dans trois mois, à compter
› du jour de l'enregiftrement des préfentes, pour
› être, lorfqu'ils fe feront remis en état, procédé
› à l'entérinement defdites lettres fuivant les règles
› & les formes ordinaires, ainfi qu'il appartiendra;
› &, faute par eux d'avoir obtenu lefdites lettres
› dans ledit temps de trois mois, & icelui paffé,
› nous les avons déclarés & les déclarons déchus
› de l'effet & bénéfice des préfentes; voulons qu'à
› la requête des parties civiles ou de nos procu-
› reurs généraux & leurs fubftituts, ils puiffent être
› arrêtés & réintégrés dans lefdites prifons, pour
› être leur procès fait & parfait, & jugé fuivant
› la rigueur de nos ordonnances; nous réfervant
› de faire reffentir les effets de notre clémence à
› ceux qui font détenus dans les prifons, en vertu
› des décrets prononcés par nos cours ou par les
› juges ordinaires, antérieurement au 28 février
› 1782, dont les procès n'ont pu encore être exa-
› minés par les commiffaires par nous à ce députés,
› fans toutefois que ladite réferve puiffe s'étendre
› aux procès de ceux qui auroient été conftitués
› prifonniers depuis le 28 février 1782, ni aux
› procès de ceux qui ne fe feroient pas conftitués
› volontairement dans les prifons dans le délai de
› deux mois, à compter dudit jour 28 février 1782.
› *Si donnons en mandement*, &c.

On ne peut trop louer le zèle avec lequel cette *commiffion* a répondu à la confiance du fouverain.

Toutes les prifons de Verfailles, de la capitale ont été vifitées par le grand-aumônier & par les magiftrats nommés pour feconder fon honorable fonction.

Des prifonniers chargés de chaînes ont vu leur augufte libérateur pénétrer dans leurs cachots pour recueillir de leurs bouches leurs plaintes & leurs follicitations.

Déjà une multitude de procès ont paffé fous les yeux de ce tribunal de miféricorde.

Si plufieurs accufés n'ont point encore, au moment où nous écrivons, obtenu leur liberté & vie, ils ne doivent attribuer ce retard qu'à des motifs que dictoit la prudence.

Il eft fi dangereux de faire rentrer dans la fociété des hommes enclins au vol, au brigandage & à tous les crimes dont l'humanité eft fouillée, fans être fûr qu'ils ne fe rendront pas coupables des mêmes défordres!

C'eft cette confidération qui nous a déterminé à mettre fous les yeux de la *commiffion* actuelle un chapitre qui eft inféré dans le fecond volume de nos *Réflexions philofophiques fur la civilifation*. Les vues qui font renfermées dans ce chapitre, ont été fi bien accueillies & ont paru devoir produire un fi bon effet, que nous croyons devoir les configner ici pour leur imprimer un caractère plus durable.

De la commiffion de grace, établie par édit du 28 février 1782.

Quel jour heureux que celui où, plongé depuis plufieurs années dans l'horreur d'un cachot profond & fermé à la lumière, un captif entend tout-à-coup une voix qui lui crie : tu touches au terme de tes maux, on va te rendre à la clarté du jour; ton fort, pire que celui des plus vils animaux, eft changé; la naiffance d'un dauphin te relève à la condition des autres hommes!

Ce jour fi défiré eft arrivé pour plufieurs prifonniers qui dépériffoient de douleur & d'ennui dans une affreufe captivité. Une *commiffion* de grace, inftituée par un fouverain qui réunit le titre de bon à celui de jufte, a paru au milieu des criminels comme une fource d'indulgence & de miféricorde.

On peut le dire à la gloire de l'augufte chef de cette *commiffion*, & des magiftrats qui la compofent, jamais l'humanité, la bienfaifance ne fe montrèrent plus actives, plus infatigables. Jamais elles ne dévorèrent avec héroïfme plus de dégoûts. Je l'ai déjà publié, & je me plais à le répéter, l'honneur de la religion unie à la fageffe de la philofophie & à l'agrément des lettres, un prince revêtu de la pourpre, vraiment digne d'être le grand-aumônier de Louis XVI (le cardinal de Rohan), n'a pas dédaigné de pénétrer dans les fombres cachots de nos prifons, de defcendre, à la lueur des flambeaux, dans les plus obfcurs fouterreins de Bicêtre, de faire paffer fous fes yeux cette troupe hideufe d'accufés, de coupables de tout genre, de toute efpèce, de les interroger avec bonté, de s'enquérir des caufes de leur détention, de recueillir leurs plaintes, d'en pefer, d'en vérifier les motifs.

Il eft bien à défirer que cette *commiffion* fi fagement établie prolonge fes heureufes fonctions, jette fes regards fur tous les abus qui lui font dénoncés, ne fe laffe point d'entendre les prières des miférables qui l'implorent. Elle fera fans doute bien des fois importunée par des hommes fouillés de vices, de crimes & d'impuretés, par des coupables qui femblent être organifés pour le vol, pour l'injuftice, & qu'il feroit par cette raifon dangereux de faire rentrer dans la fociété fans au moins apporter des entraves à leurs facultés. Mais auffi la voix plaintive d'un malheureux, d'un opprimé qui ne demande que juftice & protection, fe mêlera quelquefois aux vaines clameurs des criminels, & alors quel dédommagement pour de dignes magiftrats, que le fentiment intérieur d'avoir tiré de l'abîme des fouffrances & de l'humiliation un honnête citoyen, victime de l'erreur & de la calomnie!

C'eft encore une belle tâche à remplir que celle d'attirer le pardon du fouverain fur des coupables qui ont expié leurs fautes par la longueur ou la rigueur de leur détention. Mais il eft un bien plus durable, plus étendu, qui peut naître de la création de cette *commiffion*, & lui mériter à jamais la reconnoiffance de tous ceux que le malheur ou une rigoureufe équité ameneront dans cette maison de force, qui est tout-à-la-fois l'asyle de la misère, du délire & du vice.

L'objet qui mérite le plus d'exciter le zèle & la surveillance de ce nouveau tribunal, c'est d'y faire régner la modération, la tempérance & la justice; de concilier une sévérité nécessaire avec les loix de l'humanité. Nous voudrions pouvoir répondre à la confiance dont on nous a honoré, présenter ici quelques vues utiles sur un sujet déplorable sans doute, mais qui n'est pas indifférent pour les hommes qui ne comptent pas pour rien les souffrances de leurs semblables.

Ceux qui ont lu avec quelque attention ce que j'ai écrit sur les prisons civiles & les prisons d'état, ne m'accuseront pas de prêcher l'impunité ou de vouloir rendre imprudemment à la société tous les perturbateurs. S'il importe à la tranquillité publique qu'un odieux scélérat périsse par le fer, il faut qu'il expire; si de l'appareil que l'on doit donner à son supplice, il doit résulter un grand effroi, seul capable d'arrêter d'autres hommes entraînés vers les mêmes crimes, je demande que son jugement soit proclamé, que l'exécution s'en fasse dans la place la plus vaste, que la foule y soit appelée, afin que cet exemple de sévérité demeure long-temps sous les yeux du peuple, & laisse une impression terrible dans ses esprits.

S'il existe des citoyens tellement portés à la rapine, au trouble, que le respect dû aux propriétés, que la sûreté publique & l'honneur des familles exigent leur détention absolue, je demanderai qu'ils soient renfermés dans une enceinte d'où ils ne puissent s'échapper. Mais lorsque la société aura rempli cet acte de rigueur, nécessaire à sa conservation, il lui restera quelque chose à faire pour ces captifs qui, malgré leurs imperfections, n'en appartiennent pas moins à l'humanité. Je n'ignore pas combien il est difficile de ramener à la probité, à l'amour du travail, à l'esprit d'ordre & de justice, des hommes sans principes, qui se sont fait une habitude de l'oisiveté, & qui ne savent pas résister aux mouvemens de leurs passions. Mais je suis convaincu qu'il y a moins encore de maladies incurables au moral qu'au physique, lorsqu'on veut bien se donner les soins nécessaires pour les guérir. La force du besoin ou l'idée de rendre sa condition meilleure en dérobant ce qui ne lui appartient pas, peuvent seuls pousser l'homme au larcin: il n'est paresseux que parce qu'il trouve plus de douceurs & de repos que dans la gêne ou la contention du travail. La violence de ses emportemens résulte ordinairement de l'activité de son sang & de la liberté qu'il a laissée aux mouvemens qu'il éprouve. Mais s'il étoit possible de mettre un homme reconnu pour être enclin au vol, dans une situation telle qu'en cédant à son penchant honteux, il ne gagnât que très-peu, & courût au contraire le risque d'éprouver un changement très-pénible dans sa condition, croit-on qu'avec le temps on ne parviendroit pas à lui faire respecter la propriété d'autrui?

Seroit-il donc impossible de faire comprendre à un homme engourdi dans la paresse, que, n'ayant rien, il faut, ou qu'il manque de tout, ou qu'il se mette en état d'acquérir le nécessaire; que, pour payer ce que ses appétits renaissans lui demandent, il faut qu'il en gagne la valeur par un travail quelconque?

J'avoue que je me refuserai toujours à croire qu'il existe beaucoup d'êtres raisonnables, assez enracinés dans l'oisiveté, assez ennemis de leurs sens, pour mieux aimer endurer la faim, le froid & toute espèce de privation, plutôt que de partager avec leurs camarades les bons alimens & les vêtemens chauds qui seroient le prix du travail.

Quelque indocile, quelque violent que l'on suppose un perturbateur, s'il n'étoit privé de sa liberté que parce qu'il auroit abusé de sa force ou de sa supériorité, s'il n'avoit l'espoir d'être rendu à la société, qu'après avoir prouvé, pendant le temps d'une détention limitée, une disposition volontaire à recourir toujours aux règles de justice, établies parmi ses compagnons de captivité, soit pour avoir satisfaction d'une offense, soit pour obtenir la réparation d'un tort, croit-on qu'à moins d'un dérangement surnaturel dans son imagination, on ne parviendroit pas à calmer ses emportemens, & à le soumettre insensiblement au joug de la loi?

La discipline militaire nous apprend ce qu'une éducation, même tardive, peut faire sur l'homme. Elle nous prouve qu'on détourne des individus lourds, grossiers & sans principes, du vol, de la lâcheté, & que l'on arriveroit au point de les corriger de toute espèce de débauche, si l'on y apportoit le même soin qu'à leur inspirer du courage & une docilité craintive pour tous les ordres de leurs chefs.

Je n'approuverai jamais qu'on fixe dans l'inaction des malheureux dont tous les vices y ont souvent pris naissance.

Est-ce dans la solitude d'un cabanon ou dans l'horreur d'une salle de force, que le moral d'un escroc, d'un libertin se purifiera? Est-ce-là qu'il acquerra la possibilité & contractera l'habitude de vivre de son salaire, le jour où, rendu à la liberté, il faudra qu'il paie son pain, son lit, ses vêtemens? A quoi un misérable captif dont tous les instans s'écoulent dans la gêne & dans l'abandon, peut-il songer? Il ne doit rêver qu'aux moyens de briser la porte de sa prison, & d'en percer les murs. Mais bientôt il retombe dans une espèce d'abrutissement ou de rage en sentant l'inutilité & le danger de ses efforts. Qu'on se peigne une troupe de bandits entassés pêle-mêle dans une même chambre, couchés sur la même paille, & auxquels on apporte, tous les jours à une certaine heure, de grossiers alimens, comme à de vils animaux renfermés dans une ménagerie. Maudire leurs gardiens, prendre en aversion l'espèce humaine, conspirer contre elle, se perfectionner dans la subtilité du larcin, se plonger dans l'horreur des vices les plus honteux, voilà l'emploi de leur temps. Ainfi, au lieu de purifier le crime, on ne fait qu'achever la corruption du criminel.

Il me femble qu'il feroit poffible de faire tourner cette captivité au profit de l'état qui paie des gardiens, qui entretient des fortereffes, & encore plus à l'avantage des prifonniers qui, ne devant jamais être condamnés à une éternelle détention, ne peuvent être trop préparés à rentrer un jour utilement dans l'ordre de la fociété. Pour réunir ce double point d'utilité, je ferois conftruire, dans un bâtiment adhérent à certaines prifons d'état, divers atteliers difpofés pour recevoir des maîtres qui s'engageroient à montrer leur métier à ceux des prifonniers qui n'auroient pas une fortune fuffifante pour exifter un jour fans le fecours d'une profeffion lucrative. Ces mêmes maîtres fourniroient de l'ouvrage à ceux qui feroient en état de travailler utilement. On donneroit, autant qu'il feroit poffible, aux prifonniers la liberté de choifir le métier, & même l'art pour lequel ils fe fentiroient le plus de difpofitions. Il feroit facile de leur affurer de l'ouvrage, ainfi qu'aux maîtres qui les emploieroient. Il faut des fouliers, des guêtres, des bas, des chapeaux, des toiles pour les foldats, des galons, des boutons pour leurs uniformes : on tireroit toujours ces fournitures par préférence des prifons d'état, & même des autres prifons civiles où l'on entretiendroit par-là un continuel moyen de bannir l'oifiveté & d'alimenter l'indigence.

Afin d'infpirer le goût du travail, & de mener l'ouvrier à la perfection, au lieu de condamner un coupable à un temps vague & illimité de prifon, on exigeroit de lui qu'il rendît une certaine quantité de bas, de fouliers, d'aunes de toile, &c. Tout l'ouvrage qui ne feroit pas jugé bien fait par les infpecteurs, feroit compté pour rien, & alongeroit d'autant la captivité du prifonnier mal-habile.

Il faudroit être à cet égard de la plus grande juftice, afin d'entretenir toujours fous les yeux de ces coupables l'image d'une vertu qui leur eft fouvent étrangère.

Jamais on ne laifferoit fortir un prifonnier que l'efcroquerie, la pareffe & la débauche auroient amené dans une maifon de force, qu'il n'eût mis en réferve fur fon falaire une fomme fuffifante pour fe procurer les outils néceffaires à fon métier, & vivre au moins un mois de fes épargnes. Par ce réglement, on rendroit ces hommes-là fobres, économes & laborieux.

Les filoux feroient précifément les gardiens des effets des autres prifonniers : & celui d'entre eux qui feroit convaincu d'avoir détourné le moindre des objets confiés à fa garde, feroit puni, non par l'horreur du cachot ou le poids des fers, mais par le châtiment qu'on inflige fi fréquemment à la Chine, & par une prolongation de captivité. Ces punitions intérieures ne s'ordonneroient qu'avec modération, & après un jugement rendu unanimement par les

chefs de la maifon, du nombre defquels devroit toujours être un homme de loix. On habitueroit ainfi ces ennemis de nos propriétés à regarder la chofe d'un autre comme facrée, & à compter pour rien la faculté d'y toucher.

Peut-être ne feroit-il pas inutile au progrès des fciences d'accorder à ceux qui auroient un goût décidé pour la lecture, pour le deffin, pour les mathématiques, des livres, des crayons & des inftrumens ? & s'il réfultoit de leurs études quelques découvertes dans la fcience à laquelle ils fe feroient appliqués, l'adminiftration leur adjugeroit une récompenfe, & leur fuccès leur tiendroit lieu de plus ou moins de temps de captivité.

On pratiqueroit, pour cet objet, des falles particulières d'étude, où les prifonniers mieux élevés, plus éclairés que les autres, pourroient fe réfugier dans les heures qui ne feroient pas confacrées au travail des mains. En s'appliquant à l'étude des langues mortes ou étrangères, ils parviendroient à fe rendre un jour digne de répandre l'inftruction dans la fociété, & acquerroient un moyen de plus d'y exifter honorablement.

Les prifons d'état n'étant pas des lieux de deftruction, mais ne devant au contraire être confervées que dans l'intention de corriger, d'améliorer les hommes qui y font renfermés, je n'ai pas befoin de dire que tout ce qui peut contribuer à la confervation des corps, comme les bains, l'exercice, devroit être prefcrit aux prifonniers.

Le fujet que je traite, exige que j'abaiffe les yeux fur ce qui deshonore le plus l'efpèce humaine ; je veux parler de ces captifs que des goûts dépravés ont rendu les ennemis de la nature & les fléaux de la population.

Des motifs refpectables femblent avoir adouci, à l'égard de ces criminels, la févérité de la loi. La jeuneffe qu'on ne peut trop retenir dans l'ignorance des vices dont elle n'eft pas encore atteinte, n'eft plus éclairée fur d'horribles dérèglemens par un fupplice effrayant. Des bûchers ne font plus allumés pour confumer des hommes qui ont brûlé d'une flamme honteufe. Mais ces coupables, renfermés dans un antre de corruption, y éprouvent un châtiment onéreux à l'état & ftérile pour la fociété.

Je penfe qu'il feroit d'une juftice plus éclairée de les condamner à des travaux folitaires ; peut-être feroit-il poffible de détruire en eux, par le choix des alimens, le germe de leur débauche ; de les conduire infenfiblement à un tel refroidiffement, que leurs défirs criminels s'y éteigniffent pour jamais ; enfin de ne les rendre à la fociété, que lorfqu'on feroit bien affuré qu'ils ne pourroient plus y porter le fcandale ?

Je l'ai déjà dit, & je ne peux trop infifter fur ce point : il feroit bien à défirer que l'adminiftration accordât aux prifonniers des commiffaires qui vifitaffent au moins deux fois par an ces prifons d'état ; qui reçuffent leurs mémoires ; qui les interrogeaffent ; qui fuffent leurs appuis contre leurs gardiens ; qui tempéraffent l'animofité de leurs familles ; qui, par leurs rapports, miffent un terme à une punition trop prolongée ; enfin qui les fauvaffent du malheur d'être oubliés......

Je me rappelle avec plaifir le vœu humain qu'a exprimé devant moi le prince dont j'ai proclamé les vertus, *c'eft de pouvoir combler tous les fouterreins profonds où l'humanité eft enterrée vivante.* Si un criminel a mérité de ne plus voir le jour, qu'on lui ôte la vie ; mais que le dernier bien de l'homme, l'afpeet du ciel, ne lui foit jamais ravi, tant qu'il doit refpirer. Cet édit qui ordonne la fuppreffion des cachots dans toutes les prifons, cet édit infpiré par la juftice & dicté par la bonté de notre monarque, ne doit recevoir aucune reftriction. Malheur aux fujets d'un empire qui oferoient mettre des limites ou apporter des obftacles aux actes d'humanité des rois.

Puiffent ces vues, fufceptibles fans doute de perfection, préparer les fages réformes qui ont déjà été conçues par la *commiffion* de grace ! Puiffe cette *commiffion* falutaire renaître à des époques moins rares que celle qui lui a donné l'exiftence ! Puiffet-elle étendre un jour fes regards protecteurs fur toutes les prifons du royaume, afin que tous les fujets du même monarque reffentent également les douces influences de fa bonté paternelle !

Nous n'avons plus à ajouter qu'une fimple obfervation.

Par l'édit du 28 février 1782, fa majefté femble borner l'effet bienfaifant de la *commiffion* aux accufés renfermés dans les prifons de la capitale, ou à ceux qui, errans & fugitifs, viendroient fe rendre volontairement dans celles de Verfailles. Mais combien d'accufés, retenus dans les prifons des autres parlemens du royaume ou dans les prifons d'état, fituées loin de la capitale, avoient droit à la même faveur ! fujets du même prince, pourfuivis par les mêmes loix, pourquoi la même caufe n'agit-elle pas fur eux ? La naiffance du dauphin de la France doit avoir la même influence fur tous les François.

Quand cette réflexion ne feroit pas venue de nous-mêmes, elle nous auroit été fuggérée par les gémiffemens d'une multitude de prifonniers épars dans différentes prifons du royaume, & qui fe font livrés à un efpoir trompeur, lors de la naiffance du dauphin. Si nous nous étions fouftraits, difoient les uns, à la rigueur de nos décrets ; fi, au lieu d'obéir à la voix de la juftice, nous euffions fui dans une terre étrangère, il nous fuffiroit de nous rendre aujourd'hui dans les prifons de Verfailles pour obtenir la grace à laquelle nous avons droit de prétendre. Qu'importe, difoient les autres, que le délit dont nous fommes accufés, ait été commis dans le reffort du parlement de Bordeaux, de Grenoble ou de Paris, fommes-nous moins les fujets du roi qui daigne faire grace à ceux qui ont enfreint fes loix ? Faut-il que nous périffions, parce que nous ferons jugés par des magiftrats plus éloignés du trône ?

On convient qu'il auroit été difficile d'exiger que les feuls membres de la *commiffion*, nommés par le dernier édit, parcouruffent toutes les prifons du royaume. Mais ne feroit-il pas poffible d'adreffer à chaque intendant des provinces une *commiffion* particulière qui les autoriferoit à fe faire aider d'un certain nombre de gradués pour vifiter les prifons de leur généralité, recevoir les placets des accufés, examiner leurs procès & les caufes de leur détention ; en faire paffer enfuite un rapport général & circonftancié fous les yeux du grand-aumônier qui, fuivant la nature des délits, la gravité des charges & l'exiftence des individus, détermineroit le fouverain à faire grace, ou au moins à commuer la peine.

Ofons, en finiffant, rappeller à ceux qui font chargés par le roi d'abfoudre les coupables en fon nom, qu'une grace trop long-temps attendue n'en eft plus une, & que, fi l'on ne peut apporter affez de lenteur & de fcrupule dans l'examen d'un procès auquel eft attachée une condamnation, on ne peut jamais mettre affez de célérité à l'examen de celui duquel dépendent la délivrance & la grace d'un captif. *Cet article eft de M. DE LA CROIX, avocat au parlement de Paris.*

COMMISSIONNAIRE, f. m. (Commerce.) ce terme en général fignifie celui qui eft chargé par un autre de faire quelque chofe pour lui & en fon nom. Mais il s'entend plus particulièrement de celui qui eft chargé, par un négociant, de l'achat ou de la vente de marchandifes, d'acquitter ou de recevoir les lettres-de-change, d'entrepofer des marchandifes à leur arrivée, & de les faire tranfporter enfuite à leur deftination. Ce mot pris en ce fens eft relatif à la feconde acception que nous avons donnée ci-deffus à celui de *commiffion*. On trouvera les détails qui le concernent dans le *Dictionnaire de commerce.*

COMMITTIMUS, f. m. (Jurifpr.) ce mot latin, qui fignifie *nous commettons*, eft confacré dans le ftyle de la chancellerie & du palais, pour exprimer un droit ou privilège que le roi accorde aux officiers de fa maifon, à quelques autres perfonnes, & à certaines communautés, de plaider en première inftance aux requêtes du palais ou de l'hôtel, dans les matières pures-perfonnelles, poffeffoires ou mixtes, & d'y faire renvoyer ou évoquer celles où ils ont intérêt, qui feroient commencées devant d'autres juges, pourvu que la caufe foit encore entière, & non contefté à l'égard du privilège. On entend quelquefois par le terme de *committimus*, les lettres de chancellerie qui autorifent à ufer de ce droit, & que Loyfeau, dans fon *Traité des offices*, appelle l'*oriflamme de la pratique.*

Le droit de *committimus* a beaucoup de rapport avec ce que les jurifconfultes romains appellent *privilegium fori, aut jus revocandi domum* : ce privilège confiftoit à plaider devant un juge plus relevé que le juge ordinaire, ou devant un juge auquel

auquel la connoiſſance de certaines matières étoit attribuée. Ainſi, chez les Romains, les ſoldats avoient leurs cauſes commiſes devant l'officier appellé *magiſter militum*. Il y avoit un préteur particulier pour les étrangers ; un autre qui ne connoiſſoit que du crime de faux, un autre qui ne connoiſſoit que des fidéi-commis.

Les empereurs romains avoient auſſi, pour les matières civiles, un magiſtrat appellé *procurator Cæſaris* ; & pour les matières criminelles, un autre appellé *præſes*, devant leſquels les officiers de leur maiſon devoient être traduits, ſelon la matière dont il s'agiſſoit. Les ſénateurs avoient auſſi un juge de privilège en matière civile ; & en matière criminelle ils avoient pour juge celui qui étoit délégué par le prince.

L'origine des *committimus* en France eſt fort ancienne. Comme l'établiſſement des maîtres des requêtes de l'hôtel eſt beaucoup plus ancien que celui des requêtes du palais, l'uſage du *committimus* aux requêtes de l'hôtel eſt auſſi beaucoup plus ancien que pour les requêtes du palais. Les maîtres des requêtes avoient anciennement le droit de connoître de toutes les requêtes qui étoient préſentées au roi ; mais Philippe de Valois, par une ordonnance de 1344, régla que dans la ſuite on ne pourroit plus aſſigner de parties devant les maîtres des requêtes de l'hôtel, ſi ce n'étoit de la certaine ſcience du roi, ou dans les cauſes des offices donnés par le roi, ou dans les cauſes purement perſonnelles qui s'éleveroient entre des officiers de l'hôtel du roi, ou enfin lorſque quelques autres perſonnes intenteroient, contre les officiers de l'hôtel du roi, des actions purement perſonnelles, & qui regarderoient leurs offices ; ce qu'il preſcrivit de nouveau en 1345.

La chambre des requêtes du palais ne fut établie que ſous Philippe-le-Long, vers l'an 1320, pour connoître des requêtes préſentées au parlement, comme les maîtres des requêtes de l'hôtel du roi connoiſſoient des requêtes préſentées au parlement.

Les officiers commenſaux de la maiſon du roi, penſant avoir plus prompte expédition aux requêtes du palais, obtinrent en chancellerie des commiſſions pour intenter, aux requêtes du palais, leurs cauſes perſonnelles, tant en demandant qu'en défendant, même pour y faire renvoyer celles qui étoient intentées devant les maîtres des requêtes de l'hôtel.

Ces commiſſions furent dès leur naiſſance appellées *committimus* ; & par ſucceſſion de temps on en étendit l'uſage aux matières poſſeſſoires & mixtes : on en accordoit déjà fréquemment dès 1364, ſuivant une ordonnance de Charles V, du mois de novembre de cette année, qui porte que les requêtes du palais étoient déjà ſurchargées de cauſes touchant ſes officiers, & autres qu'il leur commettoit journellement par ſes lettres ; & les ſecrétaires du roi y avoient auſſi leurs cauſes commiſes dès l'an 1365.

Ces *committimus* étoient d'abord tous au grand ſceau, attendu qu'il n'y avoit encore qu'une ſeule chancellerie.

On donna même aux requêtes du palais le droit d'être juges de leur propre compétence, par rapport à ceux qui y viennent plaider en vertu de *committimus* ; ce qui fut ainſi jugé par arrêt du 8 juillet 1367.

Les maîtres des requêtes de l'hôtel ne voulant pas endurer que leur juriſdiction fût ainſi diviſée, Charles VII, en 1453, évoqua aux requêtes du palais, toutes les cauſes de la nature dont on a parlé, qui étoient pendantes & indéciſes devant les maîtres des requêtes de l'hôtel.

Néanmoins dans l'uſage, il eſt au choix de ceux qui ont *committimus* de ſe pourvoir aux requêtes de l'hôtel ou aux requêtes du palais, excepté que les officiers des requêtes du palais de Paris doivent ſe pourvoir aux requêtes de l'hôtel & pareillement ceux des requêtes de l'hôtel, ont leur *committimus* aux requêtes du palais. Les officiers des requêtes du palais des autres parlemens ont pour juge de leur privilège, le principal ſiège de leur reſſort.

Les requêtes de l'hôtel connoiſſent auſſi, privativement aux requêtes du palais, de ce qui concerne les offices.

Charles VI, voyant que chacun uſurpoit le privilège du *committimus*, ordonna que dorénavant nul n'en jouiroit plus qu'il n'eût actuellement des gages du roi.

Le chancelier Briçonnet déclara auſſi en plein parlement, le 16 février 1497, qu'il ne délivreroit plus de *committimus* qu'aux domeſtiques du roi ; cependant il y a encore pluſieurs autres perſonnes qui en jouiſſent.

L'édit de Moulins de l'an 1566 fait l'énumération de ceux qui avoient alors droit de *committimus* ; ce qui a reçu pluſieurs extenſions, tant par l'ordonnance de 1669, appellée *des committimus*, qui contient un titre exprès ſur cette matière, que par divers édits & déclarations poſtérieurs.

Depuis l'établiſſement des petites chancelleries on a diſtingué deux ſortes de *committimus* ; ſavoir, au grand ſceau & au petit ſceau.

Le *committimus* au grand ſceau eſt celui qui ſe délivre en la grande chancellerie ; il s'exécute par tout le royaume, & attire auſſi de tout le royaume aux requêtes de l'hôtel ou aux requêtes du palais, à Paris, au choix du privilégié. On ne peut en uſer, lorſqu'il s'agit de diſtraction d'un parlement, que pour la ſomme de mille livres & au-deſſus. On ne l'accordoit autrefois qu'aux commenſaux du roi ; mais il a été étendu à pluſieurs autres perſonnes.

Ceux qui en jouiſſent ſont les princes du ſang, & autres princes reconnus en France ; les ducs & pairs, & autres officiers de la couronne ; les chevaliers & officiers de l'ordre du S. Eſprit ; les deux plus anciens chevaliers de l'ordre de S. Michel ; les

E

conseillers d'état qui servent actuellement au conseil ; ceux qui sont employés dans les ambassades ; les maîtres des requêtes, les présidens, conseillers, avocats & procureurs généraux de sa majesté ; greffier en chef, & premier huissier du parlement & du grand-conseil ; le grand-prévôt de l'hôtel, ses lieutenans, avocats & procureurs de sa majesté, & greffier ; les secrétaires, audienciers, & contrôleurs du roi de la grande chancellerie ; les avocats au conseil ; les agens généraux du clergé pendant leur agence ; les doyen, dignitaires, & chanoines de Notre-Dame de Paris ; les quarante de l'académie françoise ; les officiers, commissaires, sergent-major & son aide ; les prévôt & maréchal des logis du régiment des gardes ; les officiers, domestiques, & commensaux de la maison du roi, de celles des reines, enfans de France, & premier prince du sang, dont les états sont portés à la cour des aides, & qui servent ordinairement, ou par quartier, aux gages de soixante livres au moins. Tous ces officiers & domestiques sont tenus faire apparoir, par certificat en bonne forme, qu'ils sont employés dans ces états. Suivant la déclaration du 26 février 1771, les officiers & domestiques qui servent par quartier ou par semestre, ne jouissent pas du droit de *committimus*, ils peuvent seulement demander un surfis de toute procédure, pendant le temps de leur service.

Ceux qui jouissent du *committimus au petit sceau*, sont les officiers des parlemens autres que celui de Paris ; savoir, les présidens, conseillers, avocats & procureurs-généraux, greffier en chef civil & criminel & des présentations, secrétaires & premier huissier ; les commis & clercs du greffe ; l'avocat & le procureur-général, & le greffier en chef des requêtes de l'hôtel, & le greffier en chef des requêtes du palais ; les officiers des chambres des comptes ; savoir, les présidens, maîtres, correcteurs, & auditeurs ; les avocat & procureur généraux, greffier en chef, & premier huissier ; les officiers des cours des aides ; savoir, les présidens, conseillers, avocat & procureur généraux ; greffier en chef, & premier huissier ; les officiers de la cour des monnoies de Paris ; savoir, les présidens, conseillers, avocat & procureur-généraux, greffier en chef, & premier huissier ; les trésoriers de France de Paris ; les quatre anciens de chaque autre généralité, entre lesquels pourront être compris le premier avocat & procureur du roi, suivant l'ordre de leur réception ; les secrétaires du roi près des parlemens, chambres des comptes, cours des aides ; le prévôt de Paris, ses lieutenans généraux, civil, de police, criminel & particulier, & le procureur du roi au châtelet ; le bailli, le lieutenant, & le procureur du roi du bailliage du palais à Paris ; les présidens & conseillers de l'élection de Paris ; les officiers vétérans de la qualité ci-dessus, pourvu qu'ils en aient obtenu des lettres du roi ; le collège de Navarre, pour les affaires communes ; & les directeurs de l'hôpital général de Paris.

Le prévôt des marchands & les échevins de Paris, pendant leurs charges, les conseillers de ville, le procureur du roi, le receveur & greffier, jouissent aussi du *committimus au petit sceau*.

Les douze anciens avocats du parlement de Paris, & six de chacun des autres parlemens, de ceux qui sont sur le tableau, jouissent du même droit.

Il y a encore quelques officiers & communautés qui jouissent du droit de *committimus*, en vertu de titres particuliers.

Les maris ne peuvent pas user du droit de *committimus* appartenant à leurs femmes, servant dans les maisons royales, & employées dans les états envoyés à la cour des aides ; mais les femmes séparées jouissent du *committimus* de leur mari : il en est de même des veuves, tant qu'elles demeurent en viduité.

Les privilégiés peuvent user de leur *committimus*, soit en demandant, soit en défendant, pour renvoyer la demande formée contre eux dans un autre siége, soit pour intervenir & renvoyer pareillement la cause ; lequel renvoi se fait par l'exploit, même en vertu du *committimus*, sans qu'il soit besoin d'ordonnance de juge.

Les lettres de *committimus* ne sont plus valables après l'année, & l'exploit fait en vertu des lettres surannées seroit nul.

Il y a certains cas dans lesquels les privilégiés ne peuvent user de leur *committimus*.

1°. Pour transports à eux faits, si ce n'est pour dettes véritables & par actes passés devant notaires, & signifiés trois ans avant l'action intentée ; & les privilégiés sont tenus de donner copie de ces transports avec l'assignation, & même d'en affirmer la vérité en jugement, en cas de déclinatoire, & s'ils en sont requis, à peine de cinq cens livres d'amende contre ceux qui auront abusé de leur privilège.

On excepte néanmoins de la règle précédente, pour la date des transports, ceux qui seroient faits par contrat de mariage, par des partages, ou à titre de donations bien & duement insinuées, à l'égard desquels les privilégiés peuvent user de leur *committimus* quand bon leur semble.

2°. Les privilégiés ne peuvent pas se servir de leur *committimus* pour assigner, aux requêtes de l'hôtel ou du palais, les débiteurs de leurs débiteurs, à l'effet d'affirmer ce qu'ils doivent, si la créance n'est établie par pièces authentiques passées trois années avant l'assignation donnée ; & ils sont, de plus, tenus d'affirmer, s'ils en sont requis, que leur créance est véritable, & qu'ils ne prêtent point leur nom, le tout sous les peines ci-dessus expliquées.

3°. Les *committimus* n'ont point lieu dans les demandes pour passer déclaration ou titre nouvel de censives, ou rentes foncières, ni pour paiement des arrérages qui en sont dus, à quelque somme qu'ils puissent monter, ni aux fins de quitter la possession d'héritages ou immeubles, ni pour les élections, tutéles, curatelles, scellés & inventaires, acceptation de garde noble, ou pour matières réelles, quand même la demande seroit aussi à fin de restitution des fruits.

4°. Les affaires concernant le domaine, & celles où le procureur du roi est seul partie, ne peuvent aussi être évoquées des sièges ordinaires en vertu des *committimus*.

5°. Il en est de même à l'égard du grand-conseil, des chambres des comptes, cours des aides, cours des monnoies, élections, greniers à sel, juges extraordinaires, pour les affaires qui y sont pendantes, & dont la connoissance leur appartient par le titre de leur établissement ou par attribution.

6°. Les tuteurs honoraires ou onéraires, & les curateurs, ne peuvent se servir de leur *committimus* pour les affaires de ceux dont ils ont l'administration.

7°. Les *committimus* n'ont pas lieu en matière criminelle & de police.

8°. Ils n'ont pas lieu en Bretagne, en Artois, en Flandre, en Hainaut, dans le Cambresis, la Franche-Comté, & le Dauphiné, conformément aux traités, capitulations, concordats, &c. qui ont réuni ces provinces au domaine de la couronne.

9°. On ne peut s'en servir sur les demandes formées aux consuls, ou en la conservation de Lyon, ou en la connétablie.

10°. Enfin les bénéficiers qui ont droit de *committimus* ne peuvent s'en servir que pour ce qui concerne leur bénéfice ; il faut néanmoins excepter les chanoines de Notre-Dame de Paris, qui peuvent s'en servir dans toutes leurs affaires ; ce qui est apparemment fondé sur quelque titre particulier. (*A*)

On a regardé comme abusive & contraire au bien de la justice, l'extension qu'on avoit donnée aux *committimus* dans les matières possessoires & mixtes ; mais la déclaration de février 1771 a ordonné, *art.* 2, qu'ils n'auroient plus lieu, à l'avenir, que pour les causes purement personnelles, & a défendu aux cours de retenir la connoissance des affaires réelles, possessoires ou mixtes, à peine de nullité & cassation des procédures & jugemens qui interviendroient à cet égard.

Dans le cas de concours de deux privilégiés, dont l'un a ses causes commises au grand sceau, & l'autre au petit sceau, le *committimus* au grand sceau l'emporte sur celui du petit sceau. Tous les deux sont supérieurs à celui du scel du châtelet de Paris, & des autres scels attributifs de juridiction. Lorsque les privilèges sont égaux, & qu'aucune loi n'a déterminé la préférence, on l'accorde à celui qui a prevenu. Le privilège des ecclésiastiques, de ne répondre que devant les officiaux, lorsqu'ils sont assignés en matière personnelle, l'emporte sur les privilèges des *committimus*.

On peut valablement assigner ceux qui jouissent du droit de *committimus*, ou devant leur juge ordinaire, ou devant le juge de leur privilège ; dans le premier cas ils peuvent demander leur renvoi

devant le tribunal où ils ont leurs causes commises ; mais dans le second ils ne peuvent demander d'être renvoyés devant le juge de leur domicile.

Les lettres de *committimus* ne sont signées & scellées, dans les chancelleries près les cours, qu'après avoir été paraphées par les maîtres des requêtes ou gardes des sceaux, & que la date en a été remplie de leur main.

Lorsqu'un privilégié, assigné devant le juge ordinaire, a fait signifier à sa partie adverse la commission qui contient son privilège, & le renvoi en conséquence, on doit surseoir à toute poursuite & procédure dans la jurisdiction dont le renvoi est demandé, à peine de cassation, quand bien même par la suite le juge du privilège ne croiroit pas devoir retenir la connoissance de la cause. La raison en est, que les lettres de *committimus* sont expédiées au nom du roi, & que les tribunaux des requêtes de l'hôtel & du palais sont seuls juges de leur compétence.

On peut contester le droit de *committimus* à celui qui en veut faire usage lorsque l'affaire n'est pas de la nature de celles pour lesquelles il est accordé. Mais, comme nous venons de l'observer, cette contestation ne peut être décidée que par le juge du privilège. *Voyez* GARDE-GARDIENNE.

Addition à l'article COMMITTIMUS. « Quel que puisse être le privilège des nobles & des ecclésiastiques, dit M. le président Bouhier, sur la *Coutume de Bourgogne*, chap. 52, il ne sauroit avoir lieu, quand ils sont assignés pour droits seigneuriaux ; car en ce cas, ils ne seroient pas reçus à décliner la jurisdiction des juges des seigneurs. Cela a été jugé de la sorte par plusieurs arrêts du parlement de Paris, & le nôtre le décida de même par un arrêt donné à l'audience du 18 novembre 1664, en faveur du seigneur de Dampierre, contre M. Jean Chêne, curé du même lieu, convenu par le seigneur pour le paiement de certaine taille seigneuriale, plaidans Seguenot & Chêne. A quoi on peut ajouter un arrêt donné à la table de marbre au souverain, le 2 janvier 1709, qui confirma une procédure faite à la poursuite de Claude Bouchu, abbé & seigneur d'Ambournay, par-devant son juge, pour fait de chasse, contre le sieur Perrachon, seigneur de Varembon, quoique noble ».

Brodeau, sur M. Louet, lettre R, sommaire 36, rapporte plusieurs arrêts conformes à cette décision. Voici comme il s'exprime : « le privilège de scolarité, de garde-gardienne est insuffisant pour obtenir le renvoi d'une cause en laquelle il seroit mention d'une rente féodale & seigneuriale, ou autres droits seigneuriaux & féodaux, laquelle, nonobstant le privilège, doit être traitée pardevant le juge du seigneur, comme il a été jugé par arrêt du mardi de relevée 26 mars 1620, M. Pothier président, confirmatif de la sentence du juge de Durtal, au profit du sieur

» comte de Schomberg, plaidans Delamet, Nau
» & M. l'avocat-général Servin. Voyez Chenu,
» en ses *Questions*, centur. 2, *quæst.* 29 ; Chopp.
» *lib. 1, in consuet. andegav. cap.* 2, *num.* 2 ; De-
» lafont, sur la coutume de Vermandois, art. *196*,
» *num. 73* ».

Cette décision est fondée sur l'ancien état des
fiefs. Autrefois la justice étoit attachée à tous les
fiefs, tous les habitans d'une terre étoient justiciables du seigneur. *Il n'y a*, disoit Beaumenard,
en 1270, *autre juge entre le seigneur & le villain,
fors Dieu.* Cet assujettissement à la justice du seigneur étoit regardé comme écrit dans l'acte d'accensement, comme une des conditions du bail à
cens. Cette maxime est consignée dans les écrits
des plus anciens feudistes, comme dans les ouvrages les plus récens.

*Si inter vassallum & dominum de feudo, contro-
versia sit, de eâ pares curtis jurati cognoscunt, ex
constitutione Conradi & Frederici. Vide Cujas, ad
lib. I, feudorum, tit. 15.*

Telle étoit également notre ancienne jurisprudence. Beaumanoir, dans ses coutumes du Beauvoisis, tit. 1, *de l'office des baillis*, nous l'apprend
en ces termes : *les plaids qui muent entre le comte
d'une part, & aucuns de ses hommes singulièrement
de l'autre part..... Si comme d'aucun héritage, ou
d'aucun forfait, ou d'aucune querelle, desquels il convient que jugement soit fait selon la coutume du pays ;
en tel cas, peut bien le bailli prendre droit pour le
comte, par les hommes. Car aussi, comme il convient,
les hommes le comte mener leurs hommes, par le jugement de leurs pairs ; aussi doit si comte mener ses
hommes par le jugement de ses autres hommes qui
sont leurs pairs ès querelles.*

Nous lisons dans le grand coutumier, liv. II,
tit. *de saisine en censive* : « le seigneur peut faire
» action & demande *pour cause des ventes*, contre
» l'acheteur, & le faire convenir pardevant son
» juge ordinaire, en la jurisdiction duquel il est
» couchant & levant, *ratione contractûs*, ou, s'il
» lui plaît, il le peut faire convenir devant soi
» par voie de supplication (commission rogatoire).
» *Quia causæ quæ oriuntur ratione feudi sicut amendæ
» & saisinæ coram domino feudi ventilari debent* ; &
» doit être faite la supplication au juge, en la ju-
» risdiction duquel l'acheteur est couchant & le-
» vant, par le seigneur censier ou son juge, qui
» en connoîtra sur sondit fond, ou en sa cour
» s'aucune en a, au lieu auquel il a accoutumé
» connoître de ce & semblable ».

Pour abréger, ouvrons Denisard, *verbo committimus.* « Les vassaux qui ont droit de committimus
» ou autre privilège, ne peuvent pas non plus
» faire évoquer ou faire renvoyer devant les juges
» de leur privilège, les demandes formées contre
» eux, pour les assujettir à passer des déclarations.
» La cour a même jugé, par arrêt rendu le 23
» juin 1750, que le privilège des bourgeois de
» Paris (lesquels, aux termes de l'*art.* 112 de leur

» coutume, *ne peuvent être contraints de plaider en
» défendant, ailleurs qu'en la ville de Paris, pour
» quelque cause & privilège que ce soit*), n'avoit pas
» lieu, & ne les autorisoit pas à faire évoquer au
» châtelet les demandes qui ont pour objet d'as-
» sujettir des vassaux à passer des déclarations à
» des terriers.

» Cet arrêt a été rendu en faveur du baron de
» Beauvais, seigneur de Gentilly, contre la dame
» de Luigné. Le baron de Beauvais demandoit
» que la dame de Luigné passât une déclaration à
» son terrier ; il l'avoit, en conséquence, fait as-
» signer devant le juge de Gentilly ; la dame de
» Luigné avoit fait évoquer au châtelet la de-
» mande formée contre elle, & cette évocation
» étoit fondée sur le privilège des bourgeois de
» Paris. Il y eut appel de l'ordonnance de M. le
» lieutenant-civil, portant révocation ; & par l'ar-
» rêt (rendu le 23 juin 1750), la cour, en infir-
» mant l'ordonnance de M. le lieutenant-civil,
» renvoya les parties devant le juge de Gentilly ».

Enfin, ce qui est supérieur à toutes les autorités, nous avons sur ce point une loi précise,
l'art. 24 du titre 4 de l'ordonnance de 1669, porte
que *les committimus ne pourront avoir lieu ès demandes pour passer déclarations ou titres nouvels, ni
pour paiement des arrérages qui sont dus.*

Les vassaux ne peuvent donc user de leur committimus, pour se soustraire à la jurisdiction seigneuriale. Les seigneurs ont sans doute plus de privilège : maîtres de renoncer à l'avantage de plaider
dans leur justice, ils peuvent porter aux requêtes
du palais les demandes à fin d'arrérages de cens
& de droits échus ; en effet, cette action est purement personnelle. Mais en est-il de même dans
tous les cas ? par exemple, lorsqu'il s'agit d'une
reconnoissance, que le tenancier prétend ne pas devoir, parce qu'il tient en aleu ou d'un autre seigneur ? la négative est sans difficulté.

La règle en cette matière est que les lettres de
committimus n'ont lieu que pour les causes personnelles, possessoires & mixtes ; ce qui exclut
formellement les causes purement réelles : tout le
monde convient de ce principe. Qu'est-ce donc
qu'une action réelle ? C'est celle qui n'a trait qu'à
la chose, qui tend uniquement à ce qu'elle soit
affectée, & qui ne peut être dirigée que contre le
détenteur.

Une demande à fin de reconnoissance censuelle
appartient évidemment à cette classe. A quoi tend,
en effet, une pareille demande, & contre qui peut-
elle être dirigée ? On ne peut l'intenter que contre
le détenteur, & l'objet en est simplement d'assujettir tel héritage à telle ou telle charge.

Il est clair qu'une pareille demande ne renferme
absolument rien de personnel, le tenancier, le
seigneur lui-même, sont absolument comptés pour
rien ; ce n'est pas le détenteur qu'il s'agit d'assujettir, c'est l'héritage & rien de plus. *Non persona
persona sed res rei subjicitur.*

Lorsqu'un seigneur forme une demande à fin de reconnoissance censuelle, c'est donc une action purement réelle qu'il intente, & si le tenancier se refuse à la reconnoissance que l'on veut exiger de lui, la contestation ne peut être portée par-devant MM. des requêtes, en vertu de *committimus*, puisque ce privilège n'est que pour les choses personnelles, possessoires & mixtes.

On n'ignore pas que tous les jours de pareilles demandes s'introduisent aux requêtes du palais, peut-être même y a-t-il des jugemens qui les ont retenues ; si cela étoit, cette jurisprudence seroit l'effet d'une espèce d'équivoque qu'il n'est pas difficile d'éclaircir.

Lorsqu'un seigneur demande une reconnoissance féodale ou censuelle, il ne manque jamais de conclure au paiement des droits échus ; ces arrérages forment une dette purement personnelle. Ainsi ces conclusions renferment deux actions, l'une réelle & l'autre personnelle. Cette dernière est assujettie au *committimus*, mais la première en est incontestablement affranchie.

C'est vraisemblablement parce que l'on n'a pas distingué ces deux objets avec assez d'attention, qu'il est arrivé si souvent que des demandes de cette espèce ont été portées aux requêtes du palais ; on a cru voir une action mixte dans de pareilles conclusions, parce qu'en effet elles renferment de la personnalité & de la réalité.

Mais la véritable action mixte, celle dont parle la loi des *committimus*, est bien différente.

On auroit évité cette confusion, si l'on avoit pris soin de distinguer les deux objets compris dans les conclusions des seigneurs, c'est-à-dire, l'action personnelle & l'action réelle ; la première est incontestablement assujettie au *committimus*, mais la deuxième en est exempte : purement réelle, on ne voit pas sous quel prétexte les requêtes pourroient la retenir ; sur-tout si le tenancier, en demandant son renvoi, déclare qu'il n'entend contester, quant à présent, sur la quotité des droits prétendus par le seigneur, & qu'il se borne à soutenir qu'attendu la qualité de son héritage, il ne doit aucune espèce de reconnoissance. (*Cette Addition est de M. HENRION, Avocat au Parlement.*)

COMMITTITUR, mot latin que nous ayons retenu dans notre procédure, qui veut dire littéralement *soit commis*. C'est ainsi qu'on appelle une ordonnance de celui qui préside à un tribunal, apposée au bas d'une requête ; par laquelle il commet un conseiller du siège pour faire quelque instruction dans une affaire, soit civile ou criminelle, comme pour faire une enquête ou une information, un interrogatoire sur faits & articles, un procès-verbal.

Dans les petites jurisdictions où il n'y a qu'un seul juge, ou lorsque les autres sont retenus par quelque empêchement, le juge qui répond à la requête se *commet* lui-même pour faire l'instruction, c'est-à-dire, qu'il ordonne qu'il procédera à l'au-dition des témoins, ou qu'il se transportera, &c. (*A*)

L'usage du *committitur* est très-fréquent dans les conseils du roi, où toutes les affaires sont remises à un magistrat pour en faire rapport ; aussi cette procédure est-elle assujettie à quelques formalités particulières.

La partie qui veut faire commettre, doit, 1°. le déclarer à ses parties adverses, & l'acte qui contient cette déclaration doit être signifié un jour au moins avant le *committitur* : 2°. remettre au greffe une requête sommaire contenant distinctement les noms & qualités des parties, & la nature de l'affaire : 3°. faire signifier l'ordonnance du *committitur*, dans la huitaine de sa date, à tous les avocats qui occupent dans l'instance.

Il est ordinairement d'usage, au conseil, de commettre un maître des requêtes en quartier. Cependant, dans le cas de *subrogatur* ou de *committitur* sur les requêtes en cassation, & en contrariété ou revision d'arrêt, on peut commettre un maître des requêtes hors de quartier. Et c'est par une conséquence de cette règle, qu'un rapporteur commis ne cesse pas d'être rapporteur en cessant d'être de quartier, sans qu'il soit besoin d'un nouveau *committitur*.

Les mêmes formalités de procédure s'observent lorsqu'il s'agit de faire nommer des commissaires pour la communication des instances.

Il n'est pas nécessaire de demander un nouveau *committitur* dans le cas de jonction d'une instance à une autre, le rapporteur de l'instance dont on demande la jonction, est nécessairement le même que celui nommé pour l'instance à laquelle on joint la seconde.

COMMODAT, s. m. & COMMODATAIRE, s. m. (*Droit civil.*) ces deux mots appartiennent à la jurisprudence romaine, & sont formés du mot latin *commodatum*, qui signifie *prêt*. Ils sont peu en usage dans notre langue, où nous ne nous servons que du terme *prêt*, pour désigner deux contrats différens, que les loix romaines appellent *commodatum* & *mutuum*, & que nous nommons *prêt à usage*, & *prêt de consomption*.

Le *commodat* ou prêt à usage est un contrat du droit des gens, de la classe de ceux que l'on appelle *réels*, par lequel on prête à quelqu'un un corps certain gratuitement, & pour un certain temps, à condition qu'après le temps expiré la chose sera rendue en espèce à celui qui l'a prêtée.

On appelle *commodataire* celui qui emprunte quelque chose à titre de *commodat*.

Le *commodat*, comme on le voit par la définition que nous venons d'en donner, diffère du précaire & du prêt de consomption : dans le contrat de précaire on prête une chose à condition de la rendre en espèce ; mais sans limiter le temps pour lequel l'usage en est cédé ; ensorte que celui qui l'a confiée, peut la redemander quand bon lui semble.

La prêt proprement dit, appellé chez les Romains *mutuum* ; eſt un contrat par lequel quelqu'un prête à un autre une choſe qui ſe conſume par l'uſage, mais que l'on peut remplacer par une autre de mêmē qualité ; pourquoi on l'appelle *choſe fungible*, comme de l'argent, du bled, du vin, de l'huile.

Le *commodat*, au contraire, n'a lieu que pour les choſes qui ne ſe conſument point par l'uſage, & que l'on doit rendre en eſpèce, comme une tapiſſerie, un cheval, & autres ſemblables ; & la choſe ne peut être répétée avant l'expiration du temps convenu, à moins que le *commodataire* n'en abuſe.

Ce contrat eſt ſynallagmatique, c'eſt-à-dire obligatoire des deux côtés ; en effet, il produit de part & d'autre une aĉtion ; ſavoir, l'action appellée *directe*, au profit du propriétaire de la choſe prêtée, qui conclut à la reſtitution de cette choſe avec dépens, dommages & intérêts ; & l'action appellée *contraire*, au profit du *commodataire*, qui conclut à ce que le propriétaire de la choſe ſoit tenu de lui payer les frais qu'il a été obligé de faire pour la conſervation de la choſe qu'il lui a prêtée ; par exemple, ſi c'eſt un cheval qui a été prêté à titre de *commodat*, & qu'il ſoit tombé malade, le *commodataire* peut répéter les panſemens & médicamens qu'il a débourſés, à moins que la maladie n'eût été occaſionnée par ſa faute ; mais il ne peut pas répéter les nourritures du cheval, ni autres impenſes ſemblables, ſans leſquelles il ne peut faire uſage de la choſe prêtée.

Toutes ſortes de perſonnes peuvent prêter à titre de *commodat* ; la femme non commune en biens peut prêter à ſon mari. On peut prêter une choſe que l'on poſſède, quoique l'on ſache qu'elle appartienne à autrui. Non-ſeulement les effets mobiliers & les droits incorporels, mais auſſi les biens fonds ſont propres au *commodat* ; on peut même prêter un eſclave afin que l'on ſe ſerve de ſon miniſtère.

Celui qui prête à ce titre ne ceſſe point d'être propriétaire de la choſe, il lui eſt libre de ne pas prêter ; mais le *commodat* étant fait, il ne peut plus le réſoudre avant le temps convenu, à moins que le *commodataire* n'abuſe de la choſe.

La choſe prêtée à titre de *commodat*, ne peut pas être retenue, par forme de compenſation, avec une dette, même liquide, due au *commodataire*, & encore moins que ce qui ſeroit dû à un tiers ; parce que ce ſeroit manquer à la bonne foi qu'exige ce prêt gratuit, & que la condition étant de rendre la choſe en eſpèce ; elle ne peut point être ſuppléée par une autre ; mais la choſe peut être retenue pour raiſon des impenſes néceſſaires que le *commodataire* y a faites, auquel cas il doit la faire ſaiſir entre ſes mains, en vertu d'ordonnance de juſtice, pour ſûreté de ce qui lui eſt dû, ne pouvant la retenir de ſon autorité privée.

Le véritable propriétaire de la choſe a auſſi une aĉtion pour la répéter, quoique ce ne ſoit pas lui

qui l'ait prêtée ; il n'eſt pas même aſtreint aux conditions qui avoient été arrêtées ſans lui.

Le *commodataire* eſt reſponſable du dommage qui arrive à la choſe prêtée, ſoit par ſon dol ou par ſa faute, même la plus légère.

Le *commodat* ne finit point par la mort du *commodant* ni du *commodataire*, mais ſeulement par l'expiration du temps convenu. *Voyez* PRÊT.

COMMUER, v. a. (*Jurisprudence.*) ſignifie *changer une peine en une autre*, ce que le prince ſeul peut faire. *Voyez* ci-après COMMUTATION DE PEINE. (*A*)

COMMUN, adj. pris quelquefois ſubſt. (*Juriſp.*) en général, *commun* ſe dit des choſes dont la propriété ou l'uſage, & quelquefois l'un & l'autre, appartiennent à pluſieurs perſonnes. *Voyez* CHOSES COMMUNES.

On appelle être *commun* en biens avec quelqu'un ; être en communauté de biens avec lui, ce qui en pays coutumier a lieu entre le mari & la femme, & même entre d'autres perſonnes dans certaines coutumes. *Voyez* COMMUNAUTÉ, SOCIÉTÉ.

En matière de crimes & de délits, on diſtingue, par rapport aux eccléſiaſtiques, entre les délits *communs* & les délits privilégiés. *Voyez* DÉLITS.

On appelle *droit commun*, celui qui eſt le plus généralement obſervé. *Voyez* DROIT.

COMMUN DE PAIX, (*Droit féodal.*) eſt un droit qui appartient au roi, comme comte de Rhodez, au pays de Rouergue, en vertu duquel il lève annuellement ſix deniers ſur chaque homme ayant atteint l'âge de quatorze ans ; ſur chaque homme marié, douze deniers ; ſur chaque paire de bœufs labourans, deux ſous ; ſur chaque vache ou bœuf non labourant, ſix deniers ; ſur chaque âne, douze deniers ; ſur chaque brebis ou mouton, un denier ; ſur chaque chèvre ou pourceau, un denier ; & ſur chaque moulin, deux ſous.

M. Dolive, qui traite au long de ce droit en ſes queſt. not. liv. 2, chap. 9, prétend que ce droit a été ainſi appellé, parce que les habitans du Rouergue s'obligèrent de le payer au roi, en reconnoiſſance de ce qu'en les défendant de l'invaſion des Anglois, il maintenoit leur communauté en paix.

Mais M. de Laurière, en ſon *Gloſſaire*, ſoutient que ce droit n'a été établi dans le Rouergue, que pour y abolir entièrement les guerres privées, ou pour y rendre continuelle cette ſuſpenſion d'armes que l'on appelloit la *trève de Dieu*, qui ne duroit que depuis le mercredi au ſoir de chaque ſemaine, juſqu'au lundi matin de la ſemaine ſuivante ; c'eſt en effet ce que prouve une décrétale d'Alexandre III, publiée par M. de Marca dans ſes *notes ſur le premier canon du concile de Clermont*, page 281, elle eſt rapportée par M. de Laurière, *loco cit.* (*A*)

COMMUNAL, ſ. m. (*Droit civil.*) ce mot ſignifie un héritage commun à tous les habitans d'un même lieu, tel qu'un pré, un pâturage, un bois. On ſe ſert plus ordinairement du terme *com-*

munes pour défigner les biens de cette efpèce. Nous en traiterons fous le mot COMMUNES, *Droit civil.*

COMMUNALISTE, f. m. (*Droit canon.*) ce terme eft en ufage dans les diocèfes de Clermont, Limoges & Saint-Flour; on le donne à certains eccléfiaftiques habitués dans une paroiffe pour y célébrer des fondations particulières, affifter aux offices, & leur donner plus de folemnité : il tire fon origine de ce que ces eccléfiaftiques ont des revenus qui leur font affectés, & qu'ils partagent en commun.

Ces fociétés de *communaliftes* ne fuivent pas les mêmes règles, foit pour les charges qu'elles doivent acquitter, le nombre des membres qui les compofent, les portions qui reviennent à chacun d'eux dans les revenus communs, &c. Il faut à cet égard s'en rapporter aux anciens ufages pratiqués de tout temps, & dans le cas d'incertitude, on fuit ce qui fe pratique dans les communautés voifines & du même genre.

Les fociétés de *communaliftes* les mieux compofées, font un fervice à-peu-près femblable à celui des collégiales. On y célèbre des grand'meffes; on y chante les vêpres & autres offices canoniales; leurs revenus font diftincts de ceux de la paroiffe; un fyndic agit au nom du corps; les archives font fous une double clef, dont le curé eft dépofitaire de la première, & un *communalifte* de l'autre; les revenus fe partagent en gros fruits, & en diftributions manuelles; le corps eft impofé aux décimes; le nouveau reçu paie un droit d'entrée qu'on emploie ordinairement en achat de vafes facrés & d'ornemens : le curé & le vicaire font toujours du nombre des *communaliftes*, & partagent avec les autres dans les revenus communs, en acquittant les charges en proportion; le curé eft le chef des *communaliftes*; à défaut d'eccléfiaftiques habiles à compofer ces fociétés, elles font toujours cenfées fubfifter dans la perfonne du curé, quand bien même il refteroit feul, jufqu'à ce qu'il fe préfente de nouveaux fujets avec les qualités requifes, & auxquels il ne peut fufciter aucune conteftation légitime.

Ces communautés font favorablement vues, & toutes les fois que les curés ont cherché à les inquiéter, elles ont été maintenues par les arrêts de la cour du parlement de Paris, quoiqu'elles ne puffent rapporter des lettres-patentes de leur établiffement, pourvu cependant qu'elles prouvent une exiftence antérieure à l'année 1636. C'eft ce qui a été jugé le 22 février 1732, pour les *communaliftes* d'Ambert; le 26 août 1757, pour ceux de Chanonat; le 11 août 1775, pour ceux de Glife-Neuve; & le 19 mars 1776, pour ceux de S. Sauveur de la ville de Pleaux en Auvergne.

Il ne faut pas confondre les *communaliftes* avec les *filleuls*, qui font auffi des prêtres habitués dans certaines églifes paroiffiales de l'Auvergne, où ils exercent leur miniftère. Ces derniers ne forment pas entre eux un corps de communauté; ils ne

peuvent s'immifcer dans l'adminiftration des biens de l'églife & de la fabrique, ni accepter des legs ou des fondations; ils participent feulement aux rétributions & fondations; à la charge par eux d'affifter à l'office paroiffial, & d'aider le curé, foit dans cet office, foit dans l'acquit des fondations. On les appelle *filleuls* par la raifon qu'il faut être fils de l'églife à laquelle ils s'habituent, & pour être nommé fils de cette églife, il faut y avoir été baptifé, & être iffu d'un père & d'une mère qui y aient été pareillement baptifés. Ceux qui defireroient de plus grands éclairciffemens fur les *communaliftes* & les *filleuls*, peuvent confulter les arrêts ci-deffus cités, & celui du 29 janvier 1726, rendu pour l'églife de Notre-Dame de Mauriac en Auvergne.

COMMUNAUTÉ, f. f. (*Droit naturel, public & privé.*) ce terme a deux acceptions très-différentes : 1°. on entend par *communauté*, la réunion de plufieurs perfonnes en un corps politique : c'eft en ce fens qu'on dit une *communauté* d'habitans, une *communauté* de marchands, d'artifans, &c. : 2°. le mot *communauté* fignifie une fociété de biens, établie entre plufieurs perfonnes, qui feuls ont droit d'en jouir à l'exclufion des autres.

Nous traiterons d'abord des *communautés* confidérées comme corps, & nous parlerons enfuite des diverfes efpèces de *communautés* de biens.

COMMUNAUTÉ *confidérée comme corps.* C'eft l'affemblée de plufieurs perfonnes unies en un corps, formé par la permiffion des puiffances qui ont droit d'en autorifer ou d'en empêcher l'établiffement.

Suivant cette définition, les *communautés* font compofées de perfonnes ou d'un même ordre ou d'ordres différens, mais de manière cependant qu'aucune ne comprend des perfonnes de tous les ordres. Ainfi, les habitans d'une ville, d'un bourg, d'un village, pris collectivement, & confidérés par rapport à leurs intérêts communs, forment une *communauté* d'habitans : les chapitres, les corps des marchands & artifans, &c. font auffi compris dans la même claffe. Mais on ne peut comprendre fous ce nom, une nation entière, ni même les habitans d'une province, parce que la collection de tous les individus renferme tous les ordres de la nation ou de la province, & ce qui regarde le bien public, foit dans la conduite des particuliers, foit dans celle des *communautés*; au lieu que ces dernieres fe bornent à quelque efpèce de bien particulier, & que chacune d'elle eft diftinguée des autres particuliers & corps du même tout.

Il ne faut pas auffi confondre les *communautés* avec les différens ordres de perfonnes qui compofent tous enfemble le corps de l'état. En effet, quoiqu'on puiffe confidérer ces ordres comme de certains corps diftingués entre eux, & que quelques-uns de ces ordres aient à traiter des affaires communes, on ne doit pas cependant les mettre au nombre des *communautés*. La différence qui fe trouve entre eux eft fenfible.

Les *communautés* font des corps de perfonnes unies pour des ufages continuels, pour lefquels elles ont droit de s'affembler quand bon leur femble. Les autres, au contraire, ne peuvent s'affembler fans une permiffion particulière du fouverain. Le clergé, par exemple, qui forme le premier corps du royaume, ne peut s'affembler fans une permiffion expreffe, quoique cependant il ait à traiter en commun de plufieurs affaires importantes, foit pour la régie de fon temporel, foit pour la confervation du dépôt de la foi & de la difcipline eccléfiaftique. Il en eft de même de l'ordre éminent de la nobleffe, elle ne forme ni corps ni *communauté* dans l'état, elle n'a ni affemblées, ni chefs, ni repréfentans. L'ordre de la magiftrature ne peut également fe réunir dans un même corps, & former des affemblées communes, quoique chaque compagnie d'officiers de juftice compofe une *communauté* particulière, que l'on défigne ordinairement fous le nom de *corps*; car on dit le corps, & non la *communauté* du parlement, du châtelet, du bailliage, &c.

Ces compagnies font véritablement, ainfi que les autres *communautés*, des corps particuliers, réunis enfemble pour un ufage continuel; elles ont leurs chefs & leurs affemblées; elles font unies & liées, non-feulement par leurs fonctions de rendre la juftice, mais auffi par leurs intérêts communs, qui regardent leur dignité, leur jurifdiction, leurs droits, leurs privilèges, leurs gages, &c.

Nous avons dit ci-deffus, au mot COLLÈGE, que le premier établiffement des corps & *communautés* particulières, avoit été fait à Rome par la politique de Numa, fecond roi de cette ville, qui les imagina pour multiplier les intérêts particuliers dans une fociété compofée de plufieurs nations, devenues citoyens de la même patrie.

Principes généraux fur les communautés. Leur ufage eft de pourvoir par le concours & le fecours de plufieurs perfonnes à quelque bien utile au public, quoiqu'elles foient auffi établies pour le bien commun de ceux qui en font membres. Auffi la première règle de l'ordre de leur police, eft qu'elles procurent quelque avantage & quelque utilité à l'état qui les établit, & qu'elles ne foient que par l'ordre ou la permiffion du prince. Car toutes affemblées de plufieurs perfonnes, fans cet ordre ou cette permiffion, feroient illicites. Nos loix à cet égard ont confervé la fage rigueur des loix romaines, qui défendoient d'établir aucun collège fans l'autorité de l'empereur, ou au préjudice des loix & fénatus-confultes, qui le défendoient.

Comme les *communautés* font établies pour un bien public, dont la caufe fubfifte toujours, elles font, de leur nature, perpétuelles; auffi fubfiftent-elles les mêmes, fans que les changemens de toutes les perfonnes qui les compofent, changent rien au corps. Cela eft fi vrai, que fi une communauté étoit réduite à une feule perfonne, cette perfonne la repréfenteroit, & en exerceroit les droits, qui fubfifteroient toujours en elle, en attendant

que d'autres rempliffent les places vacantes. C'eft ce qui diftingue les communautés d'avec les fociétés, qui font bien une efpèce de *communauté* entre plufieurs perfonnes, mais feulement pour un temps.

Les *communautés* légitimement établies, tiennent lieu de *perfonnes*, & leur union, qui rend communs, à tous ceux qui les compofent, leurs intérêts, leurs droits, leurs privilèges, fait qu'on les confidère comme un feul tout.

Delà il fuit qu'elles peuvent poff* éder des biens & avoir un coffre commun pour y mettre leurs deniers; qu'elles font capables de legs & de donations; qu'elles peuvent valablement contracter, obliger les autres, & s'obliger envers eux, exercer les droits qui leur appartiennent, traiter de leurs affaires, agir en juftice, députer auprès des magiftrats, même fe faire des ftatuts & réglemens, pourvu qu'ils ne foient pas contraires aux loix de la fociété politique, dont elles font partie: en un mot, elles ont le droit de faire tout ce qui eft permis à chaque particulier.

Nous remarquerons en paffant qu'il n'eft pas permis aux *communautés* d'acquérir des immeubles à quelque titre que ce foit, fans y être autorifées par des lettres-patentes duement enregiftrées, & fans payer au roi un droit d'amortiffement. *Voyez ce mot & celui de* ACQUÊT *nouveau.*

Comme les *communautés* font établies pour une fin commune à tous ceux qui doivent les compofer & qui regarde le bien qu'elles doivent produire, il ne peut y en avoir aucune que des perfonnes à qui cette fin foit auffi commune, & qui foient de l'ordre ou de la profeffion qui diftingue des autres citoyens ceux qui forment une *communauté*. Ainfi pour être membre d'un corps de marchands ou d'artifans, il faut être de la profeffion de ce même corps, qui d'ailleurs doit être autorifé par le prince.

Dans certaines efpèces de communautés, il faut encore que ceux qui veulent en être membres, ne le foient pas d'un autre qui pût avoir des droits & des intérêts oppofés. Ainfi celui qui exerceroit deux métiers, ne pourroit être des deux corps différens. Mais fi les communautés n'ont rien de commun, & font telles, qu'on puiffe, fans inconvénient, être en même temps de l'une & de l'autre, la règle que nous venons d'établir ceffe. C'eft pourquoi un officier de judicature, un marchand, un artifan, quoique membres d'une *communauté* particulière, peuvent être chefs ou membres d'un corps de ville.

Les biens & les droits d'une *communauté* appartiennent tellement au corps, qu'aucun des particuliers qui le compofent, n'y a aucun droit de propriété, & n'en peut difpofer en rien. C'eft par cette raifon que leurs biens & leurs droits font inaliénables, & qu'ils affurent la perpétuité des *communautés* pour l'avantage & l'utilité publique qui les ont fait établir. Mais fi une *communauté* eft diffoute

par

par les ordres du prince, ou autrement ; ceux qui la composent, en retirent ce qu'ils peuvent y avoir du leur.

Il n'est pas possible que tous les membres d'une *communauté* puissent agir ensemble pour leurs affaires communes, & exercer leurs droits : c'est pourquoi il est d'usage général qu'ils nomment quelques-uns d'entre eux à qui ils confient la direction & le soin de leurs affaires, sous le nom de syndic, directeurs ou autres, selon les statuts & la qualité des *communautés*. Ces directeurs ont leurs fonctions réglées par leur nomination, & les exercent suivant les réglemens généraux ou les statuts particuliers de la *communauté* dont ils sont chefs.

Division des communautés. On en distingue deux espèces, les ecclésiastiques & les laïques : quelques-uns y joignent les *communautés* mixtes ; mais il n'y en a pas qui le soient véritablement. Les universités que l'on met dans cette classe, parce qu'elles sont composées de laïques & d'ecclésiastiques, sont néanmoins des corps laïques, de même que les compagnies de justice où il y a des conseillers clercs.

On doit encore considérer les *communautés* sous trois points de vue différens. Elles regardent principalement ou la religion ou la police temporelle, ou l'une & l'autre en même temps.

L'établissement de certaines *communautés* se rapporte à la religion ; tels sont les chapitres des églises cathédrales & collégiales, les monastères, & autres *communautés* ecclésiastiques. Les confrairies & congrégations, qui sont des *communautés* composées ordinairement de laïcs, ont aussi le même objet.

La plupart des autres *communautés* laïques ont rapport à la police temporelle ; telles que les *communautés* des marchands & artisans, les corps de ville, les compagnies de justice, &c.

Il y a néanmoins quelques *communautés* laïques qui ont objet & la religion & la police temporelle ; telles que les universités dans lesquelles, outre la théologie, on enseigne aussi les sciences humaines.

Toutes les *communautés* sont de droit public, sans en excepter les ecclésiastiques ; car quoiqu'elles soient principalement destinées à un usage spirituel, elles ont aussi un rapport à la police temporelle, dont diverses règles les regardent en plusieurs manières.

Nous avons déjà remarqué qu'on ne pouvoit établir aucune *communauté* sans le consentement du souverain, qui se donne en France par des lettres patentes duement enregistrées ; il est suffisant pour l'établissement d'une *communauté* laïque ; mais pour celui d'une *communauté* ecclésiastique, il faut aussi la permission de l'évêque diocésain.

Les *communautés* ecclésiastiques sont parmi nous de trois sortes ; les unes que l'on nomme *séculières*, parce qu'elles sont composées de clercs qui vivent comme le commun des citoyens, c'est-à-dire chacun en son particulier. Cette espèce comprend les chapitres

des églises cathédrales & collégiales, dont les chanoines n'appartiennent à aucun ordre de religieux.

Une seconde espèce, qu'on appelle *communautés régulières*, comprend tous ceux qui s'obligent, par des vœux solemnels, à passer leur vie en commun sous l'autorité des supérieurs, & sous une règle établie par leur fondateur, & approuvée par l'église. Tels sont tous les ordres religieux, & les chapitres de chanoines & de chanoinesses régulières.

Il en existe une troisième espèce composée d'ecclésiastiques, qui, sans faire de vœux, vivent néanmoins en commun, sous le régime d'un supérieur, pour servir l'église dans leurs fonctions, sous l'autorité des évêques ; telles sont les congrégations de l'Oratoire, les missions étrangères, les séminaires destinés à l'instruction des jeunes gens qui se destinent aux ordres sacrés, &c.

Nous renvoyons, pour ce qui concerne les *communautés* ecclésiastiques, aux articles particuliers, où nous traitons de chacune d'elles sous le nom qui lui est propre.

Les *communautés laïques* sont tous les corps composés de personnes laïques, unies pour leurs intérêts communs. Le premier, par rapport à l'ordre public, & par la considération de la multitude, est celui que forment les habitans d'une ville, d'un village, d'un bourg, &c. On peut placer ensuite, par rapport au rang & à la dignité, les compagnies de judicature, supérieures & subalternes, qui, ainsi que nous l'avons remarqué, doivent être comprises dans le nombre des *communautés*. On doit comprendre dans le nombre des *communautés* laïques, généralement tous les corps & sociétés formés par la réunion de plusieurs particuliers, qui exercent, sous certaines règles, des fonctions communes, ou qui professent un même art ou métier, & qui ont des intérêts communs ; tels sont les universités, les académies, les collèges, les corps de finance, les compagnies d'officiers publics, notaires, procureurs, huissiers, les corporations de marchands & artisans, en un mot, tous ceux qui, par la permission du souverain, forment un corps politique.

Nous ne détaillerons pas ici tout ce qui regarde chacune des corporations établies dans l'état, on les trouvera sous leur mot particulier, nous nous contenterons d'indiquer ici quelques principes généraux sur les *communautés* d'habitans, & sur celles des arts & métiers.

COMMUNAUTÉ *d'habitans*, se dit du corps des habitans d'une ville, bourg ou village, considérés collectivement pour leurs intérêts communs.

Il est de principe certain qu'aucune *communauté* ne peut s'établir dans le royaume sans lettres-patentes du roi ; cependant les habitans de chaque ville, bourg ou village, en forment entre eux une, quoiqu'ils ne puissent représenter leurs chartres de commune ; mais dans ce cas l'objet de ces *communautés* consiste seulement à pouvoir s'assembler, pour

F

délibérer fur leurs affaires communes, dans un lieu deftiné à cet effet; à nommer, fuivant l'ufage des lieux, des maires, échevins, confuls, fyndics, &c. pour l'adminiftration de leurs affaires, des afféeurs & collecteurs, & autres receveurs des deniers royaux ou communs; des gardes & meffiers prépofés pour la garde des moiffons, des vignes, des prés & autres fruits.

Ces délibérations doivent être faites dans une affemblée, convoquée réguliérement, c'eft-à-dire au fon de la cloche ou du tambour, fuivant l'ufage des lieux, à l'iffue de la meffe paroiffiale, un jour de fête ou de dimanche; l'acte d'affemblée & de délibération doit être rédigé par un notaire; être figné par ceux des habitans préfens qui favent figner, & faire mention de ceux qui ne le favent pas.

Au refte, ces formalités n'ont lieu que dans les lieux peu confidérables; à l'égard des grandes villes, il eft bien vrai que tous les habitans qui les compofent, forment entre éux une communauté puifqu'ils font également intéreffés aux affaires communes du corps. Mais comme cette multitude ne peut être appellée aux délibérations des affaires, on en choifit un certain nombre qui repréfente le corps entier, forme les délibérations, & règle les affaires. C'eft ce corps particulier que nous défignons fous le nom de corps municipal, compofé, fuivant les ftatuts de chaque ville, de maire, échevins, confuls, capitouls, confeillers de ville, & notables. Ainfi on y diftingue deux communautés différentes, le corps municipal, & le corps entier des habitans : & il eft néceffaire de s'attacher à cette diftinction, parce qu'il en réfulte des différences dans le droit que chacun de ces corps peut exercer par rapport à l'ufage des chofes communes.

Les communautés d'habitans poffèdent, non-feulement des biens communs, tels que des prés, des bois, des pâturages, des églifes, des cimetières, des places publiques; mais elles ont auffi des revenus de deux efpèces, les uns qu'on appelle patrimoniaux, qui naiffent des héritages qu'on loue ou qu'on afferme au nom de la communauté; les autres qu'on appelle octrois, qui confiftent dans la levée d'une impofition fur les denrées & marchandifes qui entrent ou fortent de ces villes, ou qui s'y confomment.

Il eft certain que la propriété des biens communs appartient à la communauté, & qu'aucun habitant n'en peut détourner une portion pour fon ufage particulier & exclufif. Mais, quant à l'ufage de ces biens, il faut diftinguer entre ceux qu'on appelle patrimoniaux, & qui produifent un revenu annuel, ainfi que le produit des octrois, avec les autres biens communs.

Chaque membre de la communauté peut ufer librement des places publiques, des églifes, des cimetières, des pâturages & des bois communs, conformément à l'ufage pour lequel chacun de ces ob-

jets a été établi. Il n'y a aucun privilège à cet égard, & tous en jouiffent indiftinctement. Mais il n'en eft pas de même des biens communs qui produifent des revenus annuels, ils ne peuvent fe partager entre le corps des habitans, chacun d'eux n'a aucun droit d'en appliquer une partie à fon profit; leur recouvrement fe fait par les officiers municipaux, prépofés à l'adminiftration publique, qui les emploient à la décharge de la communauté, pour fubvenir aux dépenfes communes ordinaires ou extraordinaires, conformément aux réglemens particuliers de chaque ville, ou aux ordres du fouverain.

La même caufe qui a lié les hommes en fociété, pour pourvoir aux befoins de chacun, par le concours & le fecours de plufieurs autres, a fait les premières fociétés des villages, des bourgs & des villes. Par cette raifon le premier droit que les communautés ont exercé, a été celui de pourvoir à leur défenfe & à leur confervation. Pour parvenir à ce but elles ont fait des enceintes & des foffés, élevé des murs, des tours & des fortifications, conftruit des églifes & des places publiques, & établi une police pour l'entretien & la confervation de ces lieux & commodités. Aujourd'hui les communautés d'habitans ne forment plus qu'une partie d'un grand royaume; elles ne peuvent former de nouvelles enceintes, conftruire des fortifications ou des places, que par la permiffion du roi.

Il en eft de même de la levée des contributions. Lors de la première réunion des habitans, la néceffité de pourvoir aux dépenfes communes a rendu indifpenfable la levée de quelques derniers, ou a engagé les habitans à laiffer, entre les mains des adminiftrateurs qu'ils fe font choifis, des domaines fuffifans pour produire un revenu annuel égal aux charges de la communauté. On ne peut nier que la quotité des contributions, ou la quantité des biens, n'aient été déterminées par les habitans même : mais aujourd'hui, ni le corps municipal, ni le corps des habitans, n'ont droit d'acquérir de nouveaux fonds patrimoniaux, ou de lever de nouvelles contributions, fans une autorifation expreffe du fouverain.

En matière civile, les communautés d'habitans ne peuvent intenter aucun procès, ni même y défendre, qu'après une délibération expreffe & formelle, & l'autorifation du commiffaire départi dans la province, donnée fur la confultation de deux avocats au moins. Il en eft de même des députations ou autres chofes de ce génre, qui ne peuvent avoir lieu fans délibération en bonne forme, & l'autorifation de l'intendant. C'eft la difpofition des réglemens, & particuliérement de la déclaration du 2 octobre 1703, qui rend les officiers des communautés, garans & refponfables, en leur propre & privé nom, du défaut de l'exécution de ces formalités, & qui défend, à peine de nullité, aux procureurs, d'occuper dans une inftance pour les *communautés*, à moins qu'on ne représente la permission des commissaires départis.

Les assignations que l'on donne aux *communautés d'habitans*, doivent être données un jour de dimanche ou de fête, à l'issue de la messe paroissiale, en parlant au syndic ou, en son absence, au marguillier, en présence de deux habitans au moins, que le sergent doit nommer dans l'exploit, à peine de nullité ; mais cette formalité n'a lieu que dans les endroits où il n'y a qu'une seule paroisse, & lorsqu'il n'existe aucun corps municipal : dans ce dernier cas, les assignations doivent être données à la personne ou au domicile des maire & échevins.

En matière criminelle, pour faire le procès à une *communauté* d'habitans, l'ordonnance de 1670, *tit. 21*, veut que la *communauté* nomme un député ou syndic ; &, à défaut de cette nomination, que le juge nomme d'office un curateur. Ce syndic ou curateur est employé en cette qualité dans toute la procédure ; il subit les interrogatoires, & c'est à lui qu'on confronte les témoins : mais le dispositif du jugement est rendu contre la *communauté* même.

Les condamnations qui interviennent contre elle, ne peuvent consister que dans des réparations civiles, des dommages & intérêts envers les parties, une amende envers le roi, la suspension ou la perte de ses privilèges, & autres punitions qui marquent publiquement la peine qu'elle a encourue par son crime. Mais si on fait en même temps le procès à quelques particuliers, comme auteurs principaux ou complices du délit, & s'ils sont condamnés à quelques peines pécuniaires, ils ne sont pas tenus de celles qui ont été prononcées contre la *communauté*.

L'édit de 1683 & la déclaration du 2 août 1687 défendent aux *communautés* d'habitans de faire aucunes ventes ni aliénations de leurs biens patrimoniaux, communaux & d'octroi, ni d'emprunter aucuns deniers, pour quelque cause que ce soit, sinon en cas de perte, ou pour logement & ustensiles des troupes, & réédification des nefs des églises tombées par vétusté ou incendie, & dont ils peuvent être tenus : &, dans ces cas même, il faut une assemblée en la manière accoutumée, que l'affaire passe à la pluralité des voix, & que le greffier de la ville, s'il y en a un, sinon un notaire, rédige l'acte, & qu'on y fasse mention de ce qui doit être fait. Cet acte doit ensuite être porté à l'intendant pour être par lui autorisé, s'il le juge à propos : & s'il s'agit d'un emprunt, il en donne avis au roi pour être par lui pourvu au remboursement.

Un arrêt du conseil du 24 juillet 1775 défend aux provinces, villes, corps, *communautés* & hôpitaux d'emprunter & de constituer des rentes perpétuelles, même avec autorisation, sans avoir destiné au remboursement des capitaux un fonds annuel qui doit être augmenté, chaque année, du montant des arrérages des parties successivement remboursées, sans que le fonds ainsi destiné puisse être employé à aucun autre usage, pour quelque cause que ce soit, à peine contre les administrateurs qui

ne se conformeroient pas à ce réglement, de répondre, en leur propre & privé nom, de son inexécution pendant tout le temps de leur administration. *Voyez* COMMUNE, *Droit civil*.

COMMUNAUTÉ *de marchands & artisans* se dit de la réunion de plusieurs particuliers qui exercent un même art ou un même métier sous certaines règles prescrites par le gouvernement.

Les Romains sont le seul peuple de l'antiquité, qui nous fournisse l'exemple de ces sortes de corporations. Elles disparurent lors de l'invasion des barbares ; & il est vraisemblable que la tradition ayant conservé le souvenir de cet usage, les seigneurs particuliers le firent revivre dans leurs districts par différens motifs : peut-être même voulurent-ils honorer les arts & les encourager par des privilèges & des distinctions. On en voit même encore quelques traces dans l'esprit actuel de ces diverses *communautés* qui disputent sans cesse entre elles d'ancienneté & de prééminence, à moins que ce ne soit l'idée générale de tout ce qui forme une société particulière.

Ces corps politiques ont quelquefois rendu aux souverains de grands services ; mais, dans quelques lieux, ils se sont souvent écartés des vues des législateurs, &, dans des temps de troubles, ils ont facilité la rebellion. Notre histoire nous apprend que les corporations de Gand se sont armées contre les comtes de Flandre, leurs maîtres ; qu'en 1336, Jacques d'Artevel, brasseur de bière, souleva les Flamands par son crédit parmi les *communautés* ; qu'en 1404, les ouvriers de Louvain égorgèrent leurs magistrats.

En Angleterre, ces *communautés* forment une partie de la liberté politique. On les y appelle *mystery*, nom qui convient assez à leur esprit. En effet, elles ont des loix particulières, presque toujours opposées au bien général & aux vues du législateur. La première & la plus dangereuse est celle qui oppose des barrières à l'industrie en multipliant les frais & les formalités des réceptions. Celles d'entre elles où le nombre est limité, plus encore celles où la faculté d'en être membre est restreinte aux fils de maîtres, présentent un monopole contraire aux loix de la raison & de l'état, & une occasion prochaine de manquer à celles de la conscience & de la religion.

On doit en dire autant de quelques statuts de certaines *communautés* d'artisans de France. Celui qui défendoit aux apprentifs de se marier, étoit également contraire à la loi naturelle & au bien de l'état ; puisqu'il étoit destructif de la population. Ceux qui assujettissoient les ouvriers à un long cours d'apprentissage & de compagnonage avant de les admettre à la maîtrise, décourageoit l'industrie, diminuoit le nombre des artistes ou les faisoit passer chez l'étranger qui ne leur refuse pas un droit que mérite leur habileté.

Le célèbre Jean de Wit, *dans la première partie de ses Mémoires, chap. 10*, a soutenu que le gain assuré des corps de métiers ou de marchands les

rendoit indolens & pareffeux, pendant qu'ils excluent des gens fort habiles à qui la néceffité donneroit de l'induftrie. Son principe eft appuyé fur
l'expérience : cependant on peut dire que l'abus n'eft
pas dans ce qu'il exifte des *communautés*, puifqu'il
faut une police, mais dans ce qu'elles font indifférentes fur le progrès des arts dont elles s'occupent,
& que l'intérêt particulier abforbe l'intérêt général.
Elles feroient utiles, fi elles vouloient concourir de
tout leur pouvoir au bien de la grande fociété, fupprimer ceux de leurs ftatuts qui ferment la porte à l'induftrie ; diminuer les frais de réception & employer
leurs revenus à récompenfer d'une main équitable,
foit les découvertes utiles, foit les ouvriers qui fe
feroient le plus diftingués chaque année par leurs
ouvrages.

Les inconvéniens & les abus qui réfultent des
corporations de marchands & artifans, avoient engagé le roi à fupprimer toutes les jurandes par un
édit du mois de février 1776 ; mais comme cet édit
occafionna beaucoup de réclamations, & qu'on n'en
vit pas naître les avantages qu'on s'en étoit promis,
le roi crut devoir rétablir les jurandes par un fecond
édit du mois d'août de la même année. Pour détruire une partie des anciens abus, on a réuni les
profeffions qui avoient de l'analogie entre elles; on
a confervé libres certains genres de métiers ou de
commerces, qui ne doivent être affujettis à aucun
réglement particulier ; on a établi dans leurs régimes
des règles à la faveur defquelles la difcipline intérieure & l'autorité des maîtres fur les ouvriers puffent être maintenues fans priver le commerce, les
talens & l'induftrie, des avantages attachés à cette liberté qui excite l'émulation fans introduire la fraude
& la licence.

En conféquence, cet édit a créé pour la ville
de Paris fix corps de marchands & quarante-quatre
communautés d'artifans; les autres profeffions dont
l'état annexé à l'édit dont nous parlons, ne fait aucune mention, peuvent être exercées librement; foit
qu'elles fiffent partie des *communautés* fupprimées,
foit qu'anciennement elles ne fuffent affujetties à
aucun réglement.

Suivant les difpofitions de cette loi, les maîtres
ou maîtreffes d'une *communauté*, qui veulent cumuler d'autres commerces ou profeffions dépendans
de différens corps, peuvent y être admis par le
lieutenant de police, lorfqu'il jugera que ces profeffions ne font pas incompatibles, & que leur réunion ne peut nuire à la police & à la fûreté publique.

Les étrangers peuvent être admis dans les corps
& *communautés* établis par cet édit, en fe conformant aux loix qu'il prefcrit : & ils font affranchis
de tout droit d'aubaine pour leur mobilier & leurs
immeubles fictifs.

Les corps & *communautés*, compofés de moins
de trois cens maîtres, font repréfentés par vingt-
quatre députés choifis dans une affemblée de tout
le corps, indiquée chaque année par le lieutenant-

général de police ; ceux dont le nombre des maîtres
eft plus confidérable, font repréfentés par trente-
fix députés préfidés par des gardes ou fyndics &
leurs adjoints. Ces gardes & députés ont feuls le
droit de s'affembler & de délibérer fur les affaires
qui peuvent intéreffer les droits du corps. Leurs
délibérations obligent toute la *communauté* : mais
elles ne font exécutées qu'après qu'elles ont été
homologuées ou autorifées par le lieutenant de police. *Voyez* ARTS & MÉTIERS, MAITRISE, JU-
RANDE, &c.

COMMUNAUTÉ *de bien*, (*Droit naturel & civil.*)
cette expreffion fe prend dans deux fignifications
différentes : 1°. on entend par *communauté*, ce droit
primitif & indéterminé que tous les hommes ont
originairement de fe fervir des biens que la terre
leur préfente, tant que perfonne ne s'en eft encore
emparé : 2°. le mot *communauté* fignifie le droit
par lequel une chofe appartient également à plufieurs à l'exclufion de tous les autres.

Delà il fuit que la *communauté de biens* eft de
deux fortes, l'une pofitive, l'autre négative. La
communauté pofitive eft celle que nous avons définie
en fecond lieu. Les chofes communes, dans le fens
pofitif, ne différent des biens propres à chaque
particulier, qu'en ce que ceux-ci appartiennent à
une feule perfonne, au lieu que les premiers appartiennent également à plufieurs. Au contraire,
dans la *communauté négative*, les chofes font cenfées
n'appartenir à perfonne, mais dans un fens négatif
plutôt que pofitif, c'eft-à-dire qu'elles n'ont encore
été affignées en propre à qui que ce foit, qu'elles
font expofées à l'invafion de tout venant, & qu'elles appartiennent au premier occupant.

Il ne faut pas confondre ces divers fens du mot
communauté ; car c'eft de ces droits différens que
vient la diftinction que font les jurifconfultes, des
chofes qui en font l'objet, en propres communes,
c'eft-à-dire qui appartiennent à plufieurs également,
& en celles qui ne font à perfonne, mais qui
peuvent appartenir au premier occupant.

De la communauté négative. C'eft la même chofe
que cette *communauté primitive*, qui a eu lieu néceffairement entre les hommes avant qu'ils fe fuffent partagés en fociétés particulières, civiles ou
politiques, & qu'ils fe fuffent approprié les territoires fur lefquels ils fixèrent leurs demeures.

L'air, l'eau, la terre, encore dénuée d'habitans,
les animaux terreftres, les oifeaux, les poiffons,
les métaux, les fruits, & généralement toutes les
productions de la terre, ont été, dans l'origine,
des chofes communes d'une *communauté négative*,
c'eft-à-dire qu'elles étoient expofées à l'invafion du
premier venu, & qu'elles apparteroient au premier
occupant. Depuis l'établiffement des fociétés, les
terres habitées par une famille, ou une nation,
les animaux domeftiques & apprivoifés, les fruits
de la terre, foit naturels, foit induftriels, font
fortis de cette *communauté négative*, pour devenir,
ou propres à chaque particulier, ou communs à

toute la nation d'une *communauté positive*, qui exclut toute autre personne du droit d'y prétendre quelque chose.

Il existe cependant encore des choses communes d'une *communauté négative*; ce font l'air, l'eau, la mer, les bêtes sauvages, les oiseaux, les poissons, qui, suivant le droit naturel, ne font point constitués dans le domaine particulier de quelqu'un, & qui appartiennent au premier occupant. Cependant, ainsi que nous l'avons remarqué sous le mot CHOSES *communes*, le droit public & particulier de chaque nation, a resserré dans des bornes étroites la liberté indéfinie qui appartenoit à chaque homme d'user des choses communes, conformément à la destination pour laquelle la nature les a créées. *Voyez* CHASSE, PÊCHE, INVENTION, TRÉSOR, &c.

Platon, dans sa *République*, Thomas Morus, dans son *Utopie*, Thomas Campanelle, dans sa *République du soleil*, ont voulu introduire la *communauté* des biens; ils semblent prétendre que le partage qui en a été fait, que la distinction du *mien* & du *tien*, suite de la *propriété*, font la cause de toutes les guerres entre les nations, des procès & des contestations entre les particuliers.

Ces idées peuvent amuser dans un livre, où l'on peut supposer les hommes parfaits; mais la question est d'en trouver de tels, qui existent réellement. Certainement depuis la multiplication du genre humain, l'établissement de la propriété des biens est devenue absolument nécessaire au bonheur des particuliers, au repos & à la tranquillité publiques.

En effet, une *communauté* universelle des biens, qui auroit pu avoir lieu entre des hommes parfaitement équitables & libres de toute passion déréglée, ne sauroit être qu'injuste, chimérique, & pleine d'inconvéniens entre des hommes faits comme ils le sont. Dans une *communauté* de toutes choses, chacun étant obligé de rapporter à la masse commune, tout le fruit de son industrie & de son travail, il y auroit des disputes sans nombre sur l'égalité du travail, & sur ce que chacun consommeroit pour son usage.

D'ailleurs, si chacun pouvoit trouver, dans le fonds commun, ce qu'il lui faut pour sa subsistance, la plupart des membres d'une pareille société, comptant sur le travail d'autrui, se livreroient à la paresse & à l'oisiveté, & on manqueroit bientôt du nécessaire & de l'utile. Si tout étoit commun, il n'y auroit plus de besoins, plus d'arts, plus de sciences, plus d'inventions: au lieu qu'en supposant la propriété, chacun prend soin de ce qui lui appartient, tous font excités au travail, & les avantages que chacun retire de son application & de son industrie, donnent naissance aux inventions les plus utiles & les plus commodes.

Enfin, la *communauté* produisant une égalité de possessions & de richesses, elle établit aussi une égalité entière dans les conditions. Mais cette éga-

lité, en bannissant toute subordination, réduiroit les hommes à se servir eux-mêmes, & à ne pouvoir se seconder les uns les autres. Ainsi tariroit la principale source du commerce mutuel d'offices & de services, & les hommes se trouveroient dans une telle indépendance, qu'il n'y auroit presque plus aucune société entre eux.

Concluons donc que la suppression de la *communauté négative*, & l'établissement de la propriété des biens, font plus conformes à la droite raison, & par conséquent au droit naturel, puisque sans cela il auroit été impossible que les hommes vécussent dans une société paisible, commode & agréable.

Platon, lui-même, appelle la pierre qui marque les limites d'un champ, *une chose sacrée qui sépare* l'amitié & l'inimitié; il regarde donc l'introduction du mien & du tien, comme nécessaire pour conserver la paix, & éviter les contestations. Ce qui donne lieu à une infinité de querelles & de divisions, c'est l'avarice & l'avidité des hommes qui les porte à franchir, sans retenue, les bornes du tien & du mien, réglées, ou par les loix, ou par les conventions particulières.

Je sais que les missionnaires jésuites avoient introduit la *communauté* des biens parmi les sauvages qu'ils avoient rassemblés dans la Californie & dans le Paraguay. Cette *communauté* auroit peut-être subsisté pendant le temps que ces peuples seroient restés dans l'espèce d'enfance où les jésuites les avoient trouvés; mais certainement il eût fallu changer de système lorsque leurs lumières & leurs idées se seroient développées; d'ailleurs cette *communauté* n'étoit pas purement *négative*; chaque habitant avoit la propriété de son champ & de tout ce qu'il y récoltoit. Les soins des missionnaires s'étendoient seulement à se charger de la garde des fruits recueillis, & à les distribuer à propos, parce que ces sauvages les auroient dissipés en un jour, tant étoit grand leur défaut de prévoyance. *Voyez* PROPRIÉTÉ.

De la communauté positive. Elle comprend, comme nous l'avons déjà dit, toutes les choses qui appartiennent également à plusieurs, à l'exclusion de tous les autres. Il y en a de plusieurs espèces. On peut ranger dans une première classe les choses qui appartiennent à une nation à l'exclusion des autres, & que les jurisconsultes romains appellent *res publica*, *les choses publiques*; telles font les rivières renfermées dans le territoire que cette nation occupe, dont elle a droit d'empêcher l'usage aux étrangers. *Voyez* CHOSES *communes*, FLEUVE, ATTERRISSEMENT, &c.

La seconde espèce de *communauté positive* est composée des choses qui appartiennent à un corps ou *communauté*, qu'on appelle en droit *res universitatis*; telles font les prés, bois, pâturages, places publiques, hôtels-de-ville, &c. dont l'usage appartient aux membres du corps ou *communauté*, & peut être interdit à tout autre. *Voyez* COMMUNE, *droit civil.*

La troisième espèce contient toutes les *communautés* de biens qui peuvent avoir lieu entre deux ou plusieurs personnes, soit par une convention, expresse, soit qu'il n'y ait entre elles, ni pacte ni contrat. Cette classe est composée : 1°. des sociétés proprement dites : 2°. de celles qui ont lieu entre co-héritiers, co-légataires, co-propriétaires, & voisins : 3°. de la *communauté* qui a lieu entre conjoints par mariage : 4°. de celles que quelques coutumes ont introduites entre ceux qui habitent ensemble pendant an & jour, avec intention de vivre en *communauté*. Nous nous bornerons à traiter ici de la *communauté* entre conjoints par mariage, & de celle établie par habitation commune pendant an & jour, qu'on appelle *communauté* tacite. Nous renvoyons pour les autres espèces, aux mots So-CIÉTÉ, MUR MITOYEN, VOISINAGE.

COMMUNAUTÉ *de biens entre conjoints.* C'est une société établie entre l'homme & la femme lorsqu'ils se marient, soit par une convention expresse, stipulée dans le contrat de mariage, soit tacitement par la disposition du droit coutumier, en conséquence de laquelle, tous les meubles qu'ils ont de part & d'autre, au moment du mariage, ceux qu'ils acquièrent par la suite, ainsi que les immeubles acquis pendant le mariage, sont communs entre eux.

Cette espèce de *communauté* est donc, ou conventionnelle ou légale. Elle est conventionnelle lorsqu'elle est stipulée, & que les conditions en sont réglées par le contrat de mariage ; elle est légale lorsqu'elle a lieu de plein droit, en vertu de la coutume, sans contrat de mariage, ou que par le contrat on a stipulé une *communauté* fondée sur la coutume du lieu, dans lequel les parties ont leur domicile.

On appelle aussi cette dernière *communauté*, *communauté coutumière.* Mais ces termes de *communauté légale* & *coutumière* ne veulent pas dire, comme l'observe Dumoulin, que la *communauté* a lieu entre conjoints en vertu de la loi & de la coutume ; car la loi, en admettant la *communauté* par ces termes : *homme & femme sont uns & communs, en tous biens, meubles, &c.* ne renferme pas un précepte ; mais elle déclare seulement qu'ils sont censés être convenus *d'être uns & communs* : ensorte qu'il est vrai de dire que la *communauté* s'établit entre eux par une convention virtuelle & implicite de suivre à cet égard la disposition de la coutume de leur domicile, suivant ce principe de droit : *in contractibus tacitè veniunt ea quæ sunt moris & consuetudinis.* L. 31, §. 20, ff. de ædilit. edic.

La *communauté* entre conjoints est fondée sur la nature même du mariage, qui, suivant les loix romaines, *est viri & mulieris conjunctio individuam vitæ consuetudinem continens.* En effet, cette convention entre l'homme & la femme, qui s'unissent par le mariage, de vivre en commun pendant toute leur vie, fait présumer celle de mettre également en commun leur mobilier, leurs revenus, les fruits de leurs épargnes, & de leur commune habitation.

Cette *communauté* est exorbitante des sociétés ordinaires : dans celles-ci chaque associé a un droit égal : dans la *communauté* conjugale la puissance que le mari a sur la personne & sur les biens de sa femme, le rend chef de cette *communauté*, & lui donne, en cette qualité, le droit de disposer à son gré, à tel titre que bon lui semble, de toutes les choses qui la composent, tant pour la part de sa femme que pour la sienne, sans le consentement de sa femme, qui ne peut disposer de rien. Aussi, pendant que la *communauté* dure, le mari en est regardé, en quelque façon, comme seul seigneur & maître absolu ; la femme paroît n'y avoir qu'un droit informe, qui se réduit à celui de partager un jour les biens qui se trouveront la composer lors de sa dissolution. C'est ce qui a fait dire à Dumoulin, *sur l'art. 109 de l'ancienne coutume de Paris*, que cette *communauté* étoit plutôt *in habitu, quàm in actu*, & que la femme durant le mariage, *non est propriè socia, sed speratur fore.*

Les premiers rédacteurs de l'Encyclopédie ont cru appercevoir l'origine de la *communauté* conjugale dans quelques textes des loix romaines ; ils la font même remonter au temps de Romulus, parce qu'on trouve, dans les vestiges d'une loi qu'on lui attribue, que la femme est appellée *socia fortunarum* ; mais ce texte, ainsi que quelques autres, signifient seulement que la femme, par le mariage solemnel, entre en communication des biens & de la religion de son mari : qu'elle doit participer au culte des dieux particuliers de sa famille, à sa bonne ou à sa mauvaise fortune ; qu'elle est maîtresse dans sa maison, de la même manière qu'il y est maître.

La *communauté*, telle qu'elle a lieu parmi nous, a été inconnue aux jurisconsultes, & on ne trouve dans le corps de droit, aucune loi qui y ait rapport. La femme donnoit ordinairement une partie de son bien à son mari, & se réservoit l'autre. Ce qui se pratique encore aujourd'hui dans les pays de droit écrit, qui avoisinent le plus l'Italie, où la *communauté* n'a lieu que lorsqu'elle est stipulée par le contrat de mariage. Ce que la femme donne à son mari s'appelle *dot*. Il en a la jouissance pour subvenir aux charges du mariage : il peut aliéner les biens dotaux qui consistent en effets mobiliers ; mais il ne peut aliéner ou hypothéquer les biens immeubles. *Voyez* DOT.

Cependant la *communauté* qui a lieu dans la plupart des pays coutumiers, est un droit fort ancien, dont on ne connoît ni le commencement, ni la manière dont il a été introduit. Quelques-uns prétendent qu'il avoit lieu chez les anciens habitans des Gaules lorsqu'ils jouissoient de leur liberté & qu'ils ne faisoient point usage de loix écrites. Ils se fondent sur ce que César, en parlant des mœurs des Gaulois, dans ses commentaires, nous apprend que quand ils se marioient, le mari étoit tenu de mettre en *communauté* autant de bien qu'il en re-

cevoit de fa femme, & que le tout devoit appartenir au furvivant des deux, avec le profit qui en
étoit furvenu. Mais ce don réciproque de furvie,
paroît avoir été tout différent de notre *communauté*.

Il eft plus vraifemblable que les pays coutumiers,
qui font plus voifins de l'Allemagne que les pays
de droit écrit, ont emprunté cet ufage des anciens
Germains, chez lefquels le tiers ou la moitié des
acquêts faits durant le mariage, appartenoit à la
femme, conformément au titre 29 de la loi des
Ripuaires, & au titre 8 de la loi des Saxons.

Sous la première & fous la feconde race de nos
rois, la femme n'avoit que le tiers des biens acquis
pendant le mariage : ce qui étoit conforme à la
loi des Ripuaires. La *communauté* avoit lieu alors pour
les reines : en effet, on lit dans Aimoin, que lors
du partage qui fut fait de la fucceffion de Dagobert, entre fes enfans, on réferva le tiers des acquifitions qu'il avoit faites, pour la reine fa veuve,
ce qui confirme que l'ufage étoit alors de donner
aux femmes le tiers de la communauté. Louis le
Débonnaire, & Lothaire, fon fils, en firent une
loi générale ; *volumus ut uxores defunctorum poft obi-*
tum maritorum tertiam partem collaborationis, quam
fimul in beneficio collaboraverint accipiant.

Cette loi fut encore obfervée par les veuves
des rois fubféquens, comme Flodoard le fait connoître en parlant de Raoul, roi de France, lequel
aumônant une partie de fes biens à diverfes églifes, réferva la part de la reine fon époufe : mais
il ne dit pas quelle étoit la quotité de cette part.
Ce paffage juftifie auffi qu'il n'étoit pas au pouvoir
du mari de difpofer des biens de la *communauté* au
préjudice de fa femme.

Préfentement il n'y a plus de *communauté* entre
les rois & les reines ; elles partagent feulement les
conquêts faits avant l'avénement du roi à la couronne.

Les coutumes de Bourgogne, rédigées en 1459,
font les premières où il foit parlé de la *communauté*
de biens, dont elles donnent à la femme moitié :
ce qui eft conforme à la loi des Saxons. Cet ufage
nouveau, par rapport à la part de la femme, adopté
dans ces coutumes & dans la plupart de celles qui
ont été rédigées dans la fuite, pourroit bien avoir
été introduit en France par les Anglois, qui, comme
l'on fait, font Saxons d'origine, & s'étoient emparés d'une partie du royaume, fous le règne de
Charles VI.

Pour mettre plus de clarté & de précifion dans
tout ce que nous avons à dire fur la *communauté*
conjugale, nous le diviferons en plufieurs fections :
nous traiterons dans la première des différentes fortes
de droits que les coutumes ont introduits fur cette matière ; dans la feconde, des perfonnes qui peuvent
contracter *communauté* entre elles, du temps où
elle commence, & des effets qui la compofent,
tant en actif qu'en paffif ; dans la troifième, de la
communauté conventionnelle, & des claufes qui y
font relatives ; dans la quatrième, du droit des
conjoints fur les biens de la *communauté* ; dans la
cinquième, de fa diffolution. A l'égard de ce qui
concerne le partage & liquidation de la *communauté*,
l'acceptation ou la renonciation de la femme, la
continuation qui a quelquefois lieu entre le furvivant & les héritiers du prédécédé, nous renvoyons
aux mots ACCEPTATION, PARTAGE, RENONCIA-
TION, CONTINUATION *de communauté*.

SECTION PREMIÈRE.

Des droits différens introduits par les coutumes par
rapport à la communauté conjugale.

Le droit de *communauté* eft accordé à la femme,
en confidération du travail commun qu'elle fait ou
eft préfumée faire, foit en aidant fon mari dans
fon commerce, s'il en a un, foit par fon induftrie
perfonnelle, ou par les foins qu'elle donne au
ménage.

On diftingue, dans les différentes provinces du
royaume, quatre fortes de droits fur la *communauté*
de biens entre conjoints.

La première forte eft le droit de la coutume de
Paris, de celle de Poitou, de celle de Berri, &
de la plupart des pays coutumiers. Suivant ce
droit, il y a, entre les conjoints, lorfqu'ils ne s'en
font pas expliqués, une *communauté* de biens, qui
commence immédiatement après la bénédiction
nuptiale, & produit tout l'effet dont elle eft fufceptible, quelque courte qu'ait été la durée du
mariage.

La feconde forte eft le droit de certaines coutumes, telles que celles de Bretagne, d'Anjou, du
Maine, de Chartres, du grand Perche. Elles n'admettent la *communauté* de biens entre le mari &
la femme, qui ne l'ont pas expreffément ftipulée,
qu'autant que la durée du mariage a été au moins
d'un an & d'un jour.

La troifième forte eft le droit des provinces régies par le droit écrit, & celui de quelques coutumes particulières. Il n'admet pas la *communauté*
de biens, entre le mari & la femme, à moins qu'ils
ne l'aient ftipulée ; mais il ne défend pas de la
ftipuler.

La quatrième forte eft le droit de la coutume
de Normandie, qui, non-feulement n'admet pas la
communauté, mais qui contient même une prohibition expreffe de la ftipuler ; c'eft ce qui réfulte
des articles 330 & 389 de cette coutume.

Lorfqu'un habitant de Normandie fe marie à Paris,
il ne fuffit pas, pour établir, entre lui & fa femme,
une *communauté* de biens, d'inférer dans le contrat
de mariage une claufe générale portant foumiffion
à la coutume de Paris & dérogation à toutes les
autres coutumes contraires, il faut auffi une dérogation expreffe à la coutume de Normandie ; &
malgré cette précaution, la jurifprudence du parlement de Rouen eft telle qu'elle ne permet, ni
aux futurs conjoints, ni à leurs parens, de déroger
aux difpofitions de cette coutume, directement ni

COM

48

indirectement; c'est pourquoi les femmes, ou leurs héritiers, ne manquent pas, dans l'occasion, d'attirer l'affaire au châtelet de Paris, en vertu du privilège du sceau du châtelet, qui est attributif de jurisdiction, & l'on y juge toujours que la clause du contrat de mariage, qui stipule une *communauté* de biens, doit être exécutée nonobstant la prohibition de la coutume ; jurisprudence que divers arrêts du parlement de Paris ont judicieusement confirmée.

Mais il faut observer que la coutume de Normandie accorde à la femme un droit qui a quelque rapport au droit de *communauté*, en lui attribuant, après la mort du mari, la moitié des conquêts faits en bourgage constant le mariage, & le tiers de l'usufruit des autres conquêts : elle lui attribue en outre, dans le cas de survie, le tiers des meubles, s'il y a des enfans, ou la moitié s'il n'y en a point ; mais elle est chargée de contribuer au paiement des dettes pour sa part ; à l'exception toutefois des funérailles & des legs testamentaires. Cette portion que la coutume donne à la femme, ne lui est pas donnée à titre de *communauté*, mais plutôt à titre de succession de son mari, à laquelle néanmoins elle peut renoncer.

Les coutumes des Pays-Bas, en admettant la *communauté* de biens entre le mari & la femme, en exceptent les fiefs acquis pendant le mariage, dont elles accordent la totalité au mari, qui, suivant la coutume de Cambrai, *tit. 1., art. 21*, ne peut déroger à cette disposition dans le contrat d'acquisition. Ces coutumes dédommagent seulement la femme en lui accordant, en cas de survie, l'usufruit entier du fief. Les chartres générales du Hainaut ne donnent à la femme que la moitié de l'usufruit ; mais, ainsi que la coutume d'Artois, elles permettent au mari de faire adhériter sa femme au moment de l'acquisition, soit pour l'usufruit entier, soit pour lui faire passer la propriété de la moitié du fief. La disposition de ces coutumes est fondée sur l'ancien droit féodal des Lombards, qui exclut les femmes de la succession des fiefs, à moins qu'elles n'y soient nommément appelées par l'investiture.

Dans les coutumes de la première & de la seconde espèce, on distingue deux sortes de *communauté*, la conventionnelle, & la légale ou coutumière. Lorsque deux personnes domiciliées sous leur empire se sont mariées sans contrat de mariage, la *communauté* légale, qui a lieu dans ce cas, s'étend à tous les héritages que ces personnes peuvent acquérir durant leur mariage, quand même ils seroient situés dans des provinces où la *communauté* n'est point admise lorsqu'elle n'a pas été stipulée.

Dargentré s'est élevé contre cette doctrine de Dumoulin : il a prétendu que la coutume de Paris, n'exerçant d'empire que sur son territoire, elle ne pouvoit pas rendre conquêt un héritage situé dans une province où la *communauté* n'est ad-

mise que quand elle est stipulée : en conséquence il a soutenu que quand des Parisiens se sont mariés sans contrat de mariage, la femme ne peut prétendre aucun droit sur un héritage acquis, dans le Lyonnois, par le mari durant le mariage : elle peut seulement, dit-il, demander récompense du prix tiré de la *communauté* pour faire l'acquisition. Mais cette opinion de Dargentré est une erreur ; car, comme l'a très-bien observé Dumoulin, quoiqu'on appelle *communauté légale* celle qui se forme entre des Parisiens mariés sans contrat de mariage, ce n'est toutefois pas la coutume de Paris qui en est la cause immédiate, & qui imprime, aux héritages acquis par les conjoints, la qualité de conquêt ; cet effet dérive de la convention tacite par laquelle ces conjoints sont censés avoir voulu qu'il y eût entre eux une *communauté*, telle que celle qui est établie par la coutume de Paris, lorsqu'ils n'ont rien stipulé de particulier à cet égard avant de se marier. Or, une telle convention, quoique tacite, n'est pas moins une convention qui doit avoir la même force que si elle étoit expresse, & par conséquent rendre communs & conquêts les héritages acquis par les conjoints, en quelque lieu que ces héritages soient situés.

D'un autre côté, si des personnes domiciliées à Lyon, s'y marient sans stipuler de *communauté*, & que le mari vienne à acquérir un héritage situé sous la coutume de Paris, la femme n'aura aucun droit de *communauté* à prétendre sur cet héritage : la raison en est, comme on l'a déjà dit, que c'est la convention tacite, & non la coutume, qui imprime par elle-même la qualité de conquêts aux héritages que de gens mariés acquièrent durant leur mariage : or, on ne peut pas présumer que des Lyonnois, qui en se mariant n'ont pas leur domicile à Paris, mais à Lyon, aient eu dessein de faire une convention de *communauté*, puisque le droit observé dans cette dernière ville, & suivant lequel ils sont censés avoir voulu se marier, n'admet pas la *communauté* lorsqu'elle n'a pas été expressément stipulée.

Mais si l'une des parties est domiciliée à Lyon & l'autre à Paris, & qu'elles se marient sans contrat de mariage, par quelle loi réglera-t-on s'il y a *communauté* entre les conjoints ou s'il n'y en a pas ? Il faut répondre que, dans ce cas, c'est à la loi du lieu où l'homme a son domicile, que les parties sont censées s'en être rapportées. La raison en est que la femme, en se mariant, suit le domicile de son mari, & qu'il y a plus lieu de présumer qu'elle s'est soumise à la loi de ce domicile qui va lui devenir propre, que de supposer que le mari ait voulu se soumettre à la loi du domicile de sa femme.

Voici une autre question. Un parisien va épouser une Lyonnoise avec intention de faire son domicile à Lyon. A quelle loi, dans ce cas, les parties mariées sans contrat de mariage, doivent-elles être soumises, relativement aux pactions matrimoniales?

L2

La réponse est que le Parisien est censé avoir abdiqué son domicile & en avoir acquis un à Lyon, à la loi duquel on doit présumer qu'il s'est soumis : or, comme le droit de Lyon n'admet point de *communauté* qu'elle ne soit stipulée, il ne peut point y en avoir entre de tels conjoints.

Il faudroit décider de même à l'égard du Parisien qui épouseroit une Lyonnoise à Poitiers ou à Bourges, avec intention d'aller ensuite fixer son domicile à Lyon. Cette intention suffiroit pour qu'il fût censé avoir voulu suivre, pour son mariage, le droit de Lyon plutôt que celui du domicile qu'il avoit auparavant.

SECTION II.

Des personnes entre lesquelles peut être contractée la communauté, soit légale ou conventionnelle, du temps où elle commence, & des effets qui la composent.

La *communauté*, soit légale soit conventionnelle, étant un effet civil du mariage, c'est une conséquence nécessaire qu'elle ne peut être contractée que par des personnes capables de contracter un mariage civil. C'est pourquoi, si l'une des parties, lors de son mariage, étoit privée de l'état civil par une condamnation à quelque peine capitale, il n'y auroit point de *communauté* entre les conjoints, par la raison qu'il ne pourroit point y avoir de mariage civil entre eux.

Observez cependant que quand l'une des parties a eu une juste cause d'ignorer l'obstacle qui devoit empêcher la validité ou la légitimité du mariage, sa bonne foi peut donner à son mariage les effets civils, quoi qu'il ne soit pas mariage civil, & en conséquence la *communauté* peut avoir lieu entre de tels conjoints.

Lorsque des étrangers, non naturalisés, mais domiciliés en France, contractent mariage dans le territoire d'une coutume qui admet la *communauté* sans stipulation, elle a lieu entre eux, soit qu'elle ait été stipulée par leur contrat de mariage, soit qu'il n'y ait point eu de contrat ; car, quoiqu'il soit vrai de dire que des étrangers ne sont pas capables du droit civil, qui n'est établi que pour les citoyens, ils sont capables de toutes les conventions qui tiennent au droit des gens. Or, la *communauté* légale ou conventionnelle est de ce genre, à la différence du droit des testamens, des successions, du retrait lignager, &c.

Du temps où la communauté commence. Laurière remarque que la *communauté* légale ne commençoit autrefois qu'au coucher, c'est-à-dire lorsqu'il y avoit lieu de présumer que les conjoints avoient consommé le mariage. Mais l'article 220 de la coutume de Paris a abrogé cet ancien droit, & a voulu que la *communauté* commençât à l'instant de la bénédiction nuptiale.

La coutume de Poitou est conforme à cette dernière disposition : l'article 229 dit que *mari &*

femme, *dès la bénédiction nuptiale en face de sainte église, sont communs en biens meubles, & conquêts immeubles faits durant & constant leur mariage, &c.*

Cette jurisprudence s'observe dans toutes les coutumes qui admettent une *communauté* légale, même dans celles qui ne l'admettent que quand le mariage a duré un an & un jour. La raison en est, à l'égard de celles-ci, que la co-habitation des conjoints, pendant un an & un jour, fait présumer qu'ils ont eu intention de contracter une *communauté* en même temps qu'ils se sont mariés.

La *communauté* conventionnelle commence également le jour de la bénédiction nuptiale, & non le jour du contrat dans lequel elle est stipulée : c'est ce qui paroît par ces termes usités, les *futurs seront uns & communs*, qui font clairement connoître que l'intention des parties est de ne commencer cette *communauté* qu'au temps de la célébration du mariage. D'ailleurs, comme cette espèce de *communauté* est différente de toutes les autres sociétés, elle ne peut avoir lieu que lorsque les parties ont acquis, par la célébration, la qualité de conjoints par mariage.

Des choses qui composent la communauté. Par le droit général des coutumes, & singulièrement par l'article 220 de celle de Paris, *les conjoints sont communs en biens meubles & conquêts immeubles faits durant & constant le mariage.*

Les coutumes ne parlent que de deux choses principales qui composent la *communauté*, les meubles & les conquêts ; mais on doit en ajouter une troisième, qui consiste dans les fruits des propres de chacun des conjoints, qui sont perçus ou échus pendant la *communauté*. Nous allons traiter de ces trois objets séparément.

I. *Des meubles.* Suivant la règle établie par l'art. 220 de la coutume de Paris, & par toutes les coutumes, les meubles de chacun des conjoints, de quelque nature qu'ils soient, entrent dans la *communauté* ; soit que ces meubles leur appartiennent lorsqu'ils se marient, soit qu'ils les acquièrent, durant le mariage, par succession, donation, legs ou autrement, & qu'il n'y a aucune stipulation ou convention contraire dans le contrat de mariage, ni dans la donation, le testament, &c.

Il faut entendre, sous la dénomination de biens meubles, non-seulement les meubles corporels, tels qu'un carrosse, un lit, un vaisseau ; mais aussi les effets mobiliers incorporels, tels que les dettes actives, &c. La coutume d'Orléans, *art. 186,* en a une disposition expresse. Plusieurs autres coutumes s'en sont pareillement expliquées. *Voyez* MEUBLE.

La règle qu'on vient d'établir reçoit les exceptions suivantes :

1°. Toutes les choses, quoique meubles, qui, durant le mariage, proviennent de l'héritage propre de l'un des conjoints, sans en être des fruits, n'entrent pas dans la *communauté* légale. La raison en est qu'un conjoint ne peut pas, durant le mariage, augmenter la *communauté* aux dépens de ses propres, attendu qu'il contreviendroit, par ce moyen, aux loix qui défendent tout avantage direct ou indirect entre conjoints après la bénédiction nuptiale.

Ainsi, dans le cas où le mari seroit abattre des arbres de haute-futaie, sur son héritage propre ou sur celui de sa femme, ils n'entreroient point dans la *communauté* légale, quoiqu'ils fussent devenus meubles après avoir été séparés du sol. La raison en est qu'ils ne sont pas censés faire partie des fruits & du revenu de l'héritage : ils appartiendroient, en conséquence, au conjoint sur l'héritage duquel ils auroient été coupés, & lors de la dissolution de la *communauté*, il pourroit les reprendre en nature, s'il n'en avoit pas encore été disposé, ou en répéter le prix à la *communauté* si elle l'avoit reçu.

Il n'en seroit pas de même des arbres de haute-futaie dont il n'auroit pas encore été disposé, mais qui auroient été coupés avant le mariage : comme les arbres auroient appartenu en qualité de meubles, à l'un des conjoints avant qu'il se mariât, ils entreroient dans la *communauté* légale, sans considérer la qualité de haute-futaie qu'ils auroient eue dans l'origine.

Un autre exemple de l'exception proposée auroit lieu dans le cas où, durant le mariage, on trouveroit un trésor dans l'héritage propre de l'un des conjoints. Quoique ce trésor fût un effet mobilier, il ne pourroit pas être censé faire partie des fruits de l'héritage, & par conséquent, le tiers qui en appartiendroit au conjoint propriétaire de l'héritage, n'entreroit point dans la *communauté*.

Il faudroit décider différemment à l'égard du tiers qui appartiendroit, dans le trésor trouvé, à l'un des conjoints en qualité de seigneur haut-justicier ; comme ce tiers seroit un fruit du droit de justice, il entreroit dans la *communauté*.

2°. Les effets mobiliers qui, durant le mariage, sont substitués à quelque héritage propre de l'un des conjoints, n'entrent pas dans la *communauté* légale, & appartiennent à ce conjoint.

Supposez que l'on ait vendu, durant le mariage, une maison appartenante à l'un des conjoints, le prix qui peut en être dû appartient à ce conjoint, quoi qu'une telle créance soit un bien meuble. La raison en est que cette créance tient lieu de la maison vendue.

Il en seroit de même de la créance d'une somme d'argent due à l'un des conjoints pour retour du partage qu'il auroit fait d'une succession immobilière, durant le mariage. Cette créance, quoique mobilière, ne pourroit être considérée comme un effet de *communauté*, parce qu'elle seroit la représentation du droit que ce conjoint auroit eu dans une succession d'immeubles, & ce droit est un droit immobilier.

C'est sans fondement que cette doctrine, adoptée par le Brun, a été critiquée par Bourjon. Cet auteur a prétendu qu'une somme de deniers, donnée pour retour de partage, devoit entrer dans la *communauté* légale, sans que le conjoint pût, à cet égard, exercer aucune reprise. Il a appuyé son avis sur ce que les partages ayant parmi nous un effet rétroactif, le conjoint étoit présumé avoir succédé directement aux seuls immeubles échus en son lot, & au retour en deniers dont ses co-héritiers étoient chargés envers lui ; & en conséquence il a conclu que ce retour en deniers, étant une chose mobilière qui ne représentoit aucun immeuble dont le conjoint eût en la jouissance, il devoit entrer dans la *communauté* légale. Mais ce raisonnement n'est que spécieux. Il est évident qu'on ne peut pas soutenir que le retour dont il s'agit, ait été un effet mobilier de la succession, puisqu'elle n'étoit composée que de biens immeubles : ce n'est donc pas avec les deniers de la succession que ce retour s'est acquitté, ç'a été avec ceux du co-héritier qui a été chargé de cette dette. Ainsi un tel retour doit être considéré comme une créance qui, quoique mobilière, tient néanmoins lieu d'un droit immobilier indéterminé. En effet, elle supplée à ce qui manquoit au lot du conjoint, pour former sa part dans une succession immobilière.

Il en seroit différemment si, par le partage d'une succession composée de meubles & d'immeubles, il étoit échu beaucoup plus de meubles à proportion que d'immeubles, dans le lot du conjoint : tout ce qui lui seroit échu de mobilier entreroit dans la *communauté*, sans qu'il pût, à cet égard, exercer aucune reprise. La raison en est que les meubles & les immeubles de cette succession, ne composant qu'une même succession, le conjoint seroit censé n'y avoir eu de droit que pour les choses qui auroient formé son lot ; ainsi, on ne pourroit pas dire que ce qu'il auroit eu de mobilier, plus que le montant de sa part dans le mobilier de sa succession, dût lui tenir lieu d'un droit immobilier, & être subrogé à ce qu'il auroit eu de moins que sa part dans la masse des immeubles.

3°. Les deniers ou autres meubles, donnés ou légués à l'un des conjoints, soit avant, soit durant le mariage, n'entrent pas dans la *communauté* légale lorsqu'ils ont été donnés ou légués avec la clause qu'ils tiendront nature de propres au donataire ou légataire. La raison en est que celui qui donne peut apposer à sa libéralité telle condition qu'il juge à propos. Or, lorsqu'il donne des meubles pour qu'ils tiennent nature de propre au donataire, il annonce suffisamment son intention est qu'ils n'entrent pas dans la *communauté*.

4°. Quand un mineur se marie, & qu'il a en biens meubles plus du tiers de sa fortune, ce qui excède ce tiers n'entre pas dans la *communauté* légale. M. Louet rapporte deux arrêts conformes à cette décision : l'un est du 9 avril 1591, & l'autre du mois de janvier 1598. Ils sont cités par Renusson. Il suit de cette jurisprudence, que quand, par contrat de mariage, l'apport que fait le mineur, dans une *communauté* conventionnelle, excède le tiers dont on vient de parler, le mineur doit être reftitué fans difficulté contre le confentement formel qu'il a donné à cet apport exorbitant. Il doit en être de même, à plus forte raison, lorfque le mineur n'a donné à un tel apport, qu'un confentement tacite, comme quand il s'eft marié fans contrat de mariage. Il faut donc, en pareil cas, réduire au tiers de l'univerfalité des biens du mineur, la partie de fon mobilier qui doit entrer dans la *communauté*.

Cette réduction du mobilier du mineur ne doit avoir lieu que quand il fe marie avec des biens échus; car fi c'eft fon père ou quelque autre qui lui donne une dot en argent ou autres meubles, le donateur eft le maître de faire entrer cette dot en entier dans la *communauté* de ce mineur, parce qu'il peut appofer à fa libéralité telle condition qu'il juge à propos.

5°. Le principe que tous les meubles de chacun des conjoints entrent dans la *communauté* légale, fouffre enfin une exception qui dérive des difpofitions de l'édit des fecondes noces. Ainfi, lorfque dans une *communauté* de biens établie entre une veuve & fon fecond mari, l'apport eft inégal, & que la veuve, par exemple, a apporté en *communauté* vingt mille livres, tandis que le mari n'y en a apporté que cinq mille, cette inégalité forme, au profit du fecond mari, un avantage fujet à la réduction ordonnée par l'édit. Cet avantage, fi les enfans viennent à accepter la *communauté*, eft de la moitié de ce que la femme a apporté de plus que le mari. Mais fi les enfans renoncent à la *communauté*, & qu'il n'y ait aucune claufe dans le contrat de mariage qui leur accorde la reprife de l'apport de leur mère, l'avantage eft du total de ce que la femme a apporté de plus que le mari : ainfi, dans l'exemple propofé, où la femme a apporté quinze mille livres de plus que fon fecond mari, l'avantage, en cas d'acceptation de la *communauté*, fera de fept mille cinq cens livres, & en cas de renonciation, de quinze mille livres : c'eft pourquoi, fi la part de l'enfant le moins prenant fe trouve au-deffous de fept mille cinq cens livres, dans le cas d'acceptation de la *communauté*, ou au-deffous de quinze mille livres dans le cas de renonciation, il y aura lieu à la réduction ordonnée par l'édit des fecondes noces.

II. *Des conquêts.* Les conquêts immeubles font, comme on l'a vû, la feconde efpèce de chofes qui entrent dans la *communauté* légale.

En matière de *communauté*, le terme de *conquêt* eft oppofé à celui de *propre*. On appelle *conquêts*, les héritages qui font de la *communauté*; & *propres*, ceux qui n'en font pas. Le mot *propre* eft pris auffi dans un fens différent de celui qu'il a dans d'autres matières de droit. Dans la *communauté* on appelle *propre*, tout ce qui n'eft pas commun, ce qui appartient à l'un des conjoints fans faire partie de la *communauté*; au lieu que dans les autres matières de droit, on appelle *propres*, les héritages & autres

immeubles qui appartiennent à quelqu'un à titre de fucceffion d'un parent. *Voyez* PROPRE, CONQUÊT.

En général il n'y a que les acquêts faits durant le mariage, qui puiffent être conquêts de la *communauté* légale : tous les héritages & autres immeubles qui font propres en matière de fucceffion, font auffi propres de *communauté*, quoique les chofes qui font propres de *communauté*, ne foient pas toujours propres de fucceffion.

Les offices & les rentes conftituées dans les coutumes où elles font immeubles, ne peuvent pas être réputés conquêts de la *communauté* légale : ainfi lorfque ces chofes viennent à échoir à l'un des conjoints, durant le mariage, foit par fucceffion directe ou collatérale, elles lui font propres de fucceffion, & par conféquent propres de *communauté*.

Remarquez, au fujet des rentes conftituées, que fi l'un des conjoints, domicilié fous la coutume de Paris, où elles font immeubles, fuccède, durant le mariage, à un parent domicilié en Lorraine, où elles font réputées meubles, celles qui lui feront échues par cette fucceffion, ne feront pas pour lui des propres, mais de fimples acquêts. Le parlement de Paris l'a ainfi jugé par arrêt du 14 mars 1697, contre les héritiers des propres maternels de la dame de Machault, qui, étant domiciliée à Paris, avoit fuccédé à fa mère, domiciliée fous la coutume de Reims, felon laquelle les rentes conftituées font réputées meubles.

Il fuit de cette décifion, que quand l'un des conjoints domiciliés à Paris recueille une fucceffion, foit à Reims, foit en Lorraine, ou fous quelque autre coutume femblable, les rentes conftituées qui font partie de cette fucceffion doivent entrer dans fa *communauté*, parce que, felon le droit général des coutumes, la *communauté* eft compofée de *tous les acquêts faits par les conjoints durant le mariage*.

L'annotateur de le Brun a publié une opinion oppofée à cette doctrine; mais les raifons fur lefquelles cet auteur s'eft appuyé, ont été folidement réfutées par Pothier, au chapitre fecond de la première partie de fon *Traité de la Communauté*.

Les immeubles donnés ou légués à l'un des conjoints par fon père, fa mère ou quelque autre parent de la ligne directe afcendante, font propres à ce conjoint de même qu'ils lui étoient échus par la fucceffion de ces perfonnes, & par conféquent ils ne doivent pas entrer dans la *communauté*. Mais il en eft autrement des immeubles donnés par tout autre parent; ceux-ci ne font que des conquêts qui entrent en *communauté*, quand même le conjoint donataire feroit héritier préfomptif du donateur, pourvû toutefois qu'il n'y ait rien de contraire dans le contrat de mariage ou dans la donation.

La raifon de la différence eft que, felon l'ordre de la nature, il n'y a que nos parens de la ligne directe afcendante qui nous doivent la fucceffion de leurs biens, les autres ne nous la doivent pas : c'eft pourquoi, lorfque ceux-ci nous font une donation, on ne peut pas dire qu'ils acquittent par anticipation la dette de leur fucceffion, puifqu'ils ne nous la doivent pas.

Il y a néanmoins des coutumes, telles que celles d'Anjou & du Maine, où les donations faites à l'héritier préfomptif en ligne collatérale, font confidérées comme avancement d'hoirie, & alors les immeubles donnés font réputés propres de fucceffion, & par conféquent propres de *communauté*.

La coutume de Paris ayant déclaré propres de *communauté* les donations faites en *ligne directe*, on a demandé fi les immeubles donnés par un enfant, à fon père marié, devoïent être propres de *communauté* à celui-ci ? Renuffon a adopté l'affirmative, & il s'eft appuyé fur ce que la coutume s'eft exprimée par les termes de *ligne directe*, fans diftinguer la ligne defcendante de l'afcendante. Mais il faut préférer à cette opinion l'avis de Pothier, qui a judicieufement remarqué que fi la coutume n'a point exprimé la diftinction de la ligne directe defcendante & de l'afcendante, c'eft qu'il a paru que cette diftinction fe fous-entendoit facilement fans qu'il fût befoin de l'exprimer. En effet, la décifion de la coutume n'eft fondée que fur ce que les donations en ligne directe font des avancemens d'hoirie, ou des actes qui en tiennent lieu ; c'eft pourquoi les immeubles ainfi donnés font des propres & non des acquêts, ni par conféquent des conquêts : il eft évident que tout cela ne peut s'appliquer qu'aux donations faites à l'un des conjoints par quelqu'un de fes parens de la ligne directe afcendante, attendu qu'il n'y a que ces donations qui foient des avancemens d'hoirie. On ne peut pas, fans bleffer l'ordre naturel des chofes, dire que les donations faites à l'un des conjoints par quelqu'un de fes enfans, foient un avancement d'hoirie : les immeubles ainfi donnés ne font donc pas des propres, mais des acquêts, & par conféquent des conquêts qui doivent entrer dans la *communauté* légale.

Lorfque l'un des conjoints rentre durant le mariage, dans la poffeffion d'un héritage, foit par la refcifion, par la réfolution de la vente, ou par la fimple ceffation de l'aliénation qu'il en avoit faite, il redevient propriétaire au même titre qu'il l'étoit avant l'aliénation ; c'eft-à-dire, que fi l'héritage lui étoit propre de fucceffion ou de *communauté*, il reprend la même qualité, tout comme il redevient conquêt, s'il l'étoit avant d'avoir été aliéné.

III. *Des fruits.* Les fruits des héritages ou biens propres de chacun des conjoints, qui font perçus & échus durant la *communauté*, font la troifième efpèce de chofes qui la compofent. Ils font particuliérement accordés pour aider à foutenir les charges du mariage.

On appelle *fruit* ce qui naît & renaît d'une chofe ; *fructus eft quidquid ex re nafci & renafci*

folet. Par exemple, les bleds, les foins, les fruits de la vigne & des arbres, font les fruits d'une terre, parce que la terre les produit, & en reproduit d'autres chaque année. Par la même raifon, on range dans cette claffe la coupe d'un bois taillis, la pêche d'un étang, &c. mais on n'y comprend pas les pierres & les marbres tirés d'une carrière. *Voyez* CARRIÈRE.

Ces fruits fe divifent en fruits naturels & en fruits civils.

Les fruits naturels font ceux que la terre produit & qui ont une exiftence phyfique ; on les fubdivife en fruits purement naturels & en fruits induftriels. Les fruits purement naturels font ceux que la terre produit fans culture, comme l'herbe des prés, les noix, les pommes, les poires que produifent les arbres. Les fruits induftriels font ceux que la terre ne produit qu'autant qu'on la cultive, tels font les bleds, les avoines, le raifin d'une vigne, &c.

Les fruits civils font ceux qui n'ont qu'une exiftence morale : tels font les fermages des métairies, les loyers des maifons, les arrérages des rentes, les droits feigneuriaux, &c.

Les fruits naturels, de quelque efpèce qu'ils foient, font acquis à la *communauté*, lorfqu'ils ont été perçus avant qu'elle fût diffoute.

Ces fruits font cenfés perçus auffi-tôt qu'ils ne font plus attachés à la terre qui les a produits ; ainfi dans le cas où les bleds produits par les héritages propres de l'un des conjoints auroient été moiffonnés le matin, & que ce conjoint vînt à mourir le foir, ils appartiendroient à la *communauté*, quand même ils n'auroient pas été enlevés, parce qu'ils auroient été féparés de la terre tandis que le défunt vivoit encore, & que par conféquent la *communauté* fubfiftoit.

Quoique les fruits des biens propres des conjoints foient accordés à la *communauté*, pour foutenir les charges du mariage, ce n'eft cependant pas à proportion du temps que la *communauté* a fupporté ces charges, que ces fruits lui appartiennent ; car fi la récolte des fruits de l'héritage de l'un des conjoints s'eft faite immédiatement après la bénédiction nuptiale, elle appartient en entier à la *communauté*, quand même le mariage n'auroit duré que trois ou quatre jours.

Cette décifion s'étend même au cas où les fruits perçus immédiatement après le mariage, feroient le produit de plufieurs années. Suppofez, par exemple, qu'à l'inftant où la *communauté* commence, il fe foit fait une coupe de bois dans un taillis qui ne fe coupe que tous les quinze ans, & qui eft propre à l'un des conjoints, cette coupe appartiendra à la *communauté*, quelque peu de temps que le mariage ait duré.

D'un autre côté, fi le mariage a duré plufieurs années fans qu'il y ait eu aucune coupe à faire dans ce taillis, la *communauté* venant à fe diffoudre, n'aura rien à prétendre dans la coupe qui devra se faire postérieurement.

Comme il n'y a que les fruits des propres perçus durant le mariage, qui appartiennent à la *communauté*, ceux que les conjoints ont perçus avant d'être mariés, entrent bien dans la *communauté*, mais c'est en qualité d'effets mobiliers, & non en qualité de fruits.

Quant aux fruits qui n'étoient point séparés de la terre lors de la dissolution de la *communauté*, & qui n'ont été perçus que postérieurement, ils n'entrent point dans la *communauté*, & ils appartiennent en entier au conjoint propriétaire de l'héritage ou à ses héritiers, à la charge toutefois de payer la moitié des frais de culture. C'est ce que décide l'article 231 de la coutume de Paris, qui forme à cet égard le droit commun, dans celles qui ne s'en sont pas expliquées.

Quelques coutumes néanmoins se sont écartées à cet égard du droit commun : elles abandonnent à la *communauté*, pour les frais de culture, la récolte qui doit se faire sur les héritages propres de l'un des conjoints, après la dissolution de la *communauté*. Telle est celle de Blois, qui, art. 184, y fait entrer la récolte des terres ensemencées & des vignes taillées.

Il est bon d'observer sur cette matière, que, si le mari, voyant sa femme attaquée d'une maladie mortelle, différoit de recueillir les fruits de son héritage propre, afin de les percevoir en entier, après la dissolution de la *communauté*, les héritiers de la femme seroient fondés à demander part dans cette récolte, comme ayant été retardée en fraude du droit de *communauté*. Tel seroit le cas où le mari n'auroit pas fait la coupe d'un bois taillis dans l'année qu'on avoit coutume de la faire.

Et si le mari avoit recueilli les fruits de l'héritage propre de sa femme avant qu'ils fussent mûrs, parce qu'il la voyoit à l'extrémité, les héritiers de celle-ci seroient en droit de prétendre contre lui des dommages & intérêts. C'est ce qu'insinue l'article 207 de la coutume d'Orléans.

Quant aux fruits civils, il n'entre dans la *communauté* que ceux qui ont été produits pendant qu'elle subsistoit : ceux qui ne sont produits qu'après qu'elle est dissoute, appartiennent au conjoint propriétaire de la chose qui les a produits.

Ces sortes de fruits sont censés produits, lorsqu'ils commencent à être dus.

Il suit de cette règle, que les fermages étant le prix des fruits recueillis sur l'héritage affermé, & le fermier ne les devant qu'après la récolte, ils n'entrent dans la *communauté* qu'autant que la récolte s'est faite ou a dû se faire avant la dissolution de la *communauté*. Si elle s'est dissoute pendant la récolte, les fruits se divisent, & il en doit entrer dans la *communauté* à proportion de ce qu'il y en avoit de recueillis, lorsqu'elle a cessé de subsister.

Pareillement, lorsqu'un héritage qui produit différentes sortes de fruits, a été affermé pour une

certaine somme par année, & que la *communauté* s'est dissoute après la récolte d'une sorte de fruit, & avant celle des autres sortes, on ne peut attribuer à la *communauté* que le prix de l'espèce de fruits recueillie, lequel doit se régler par estimation, relativement au prix total de la ferme. Le surplus de ce prix total doit appartenir au conjoint propriétaire de l'héritage ou à ses héritiers.

Tout ce que nous venons de dire des fermages des biens de campagne, doit aussi s'appliquer aux dixmes & aux champarts, soit qu'on les perçoive en nature, ou qu'ils soient donnés à ferme. Ils ne sont dûs qu'au temps que se fait la récolte des fruits sur lesquels ils doivent être perçus.

Il en est autrement des loyers de maison : ils entrent dans la *communauté* à proportion du temps qu'elle a duré, & ils sont censés échus jour par jour, quoiqu'ils ne soient pas payables chaque jour, & que le terme, fixé par le bail pour les payer, ne fût pas encore arrivé, lorsque la *communauté* s'est dissoute.

Cette différence est fondée sur ce que le fermage d'un bien de campagne étant le prix des fruits que le fermier doit recueillir, il ne le doit qu'après qu'il les a recueillis. En effet, si, par quelque événement de force majeure, tel qu'une grêle, une inondation, les fruits venoient à périr entièrement avant la récolte, il ne seroit dû aucun fermage. Au contraire, un loyer de maison est le prix de la jouissance que le locataire a chaque jour de cette maison ; il échoit donc, chaque jour, une partie du loyer.

Ce que nous venons de dire des loyers de maisons, doit aussi s'appliquer aux arrérages des rentes, soit foncières, soit constituées, soit perpétuelles ou viagères : ces arrérages échoient aussi chaque jour. C'est pourquoi, lors du rachat d'une rente, on est obligé de payer avec le principal, non-seulement les arrérages échus jusqu'au dernier terme, mais encore ceux que l'on doit pour chaque jour qui s'est écoulé depuis le dernier terme jusqu'au moment du rachat.

Au surplus, comme ce qui est dû de loyer ou d'arrérages de rente pour un jour, ne se subdivise pas & n'est véritablement dû que quand ce jour est entièrement écoulé, il faut en conclure que la *communauté* n'a rien à prétendre dans le jour de loyer ou d'arrérages, auquel elle s'est dissoute.

Les arrérages de cens sont une autre espèce de fruits civils, qui suit des règles particulières. Si la dissolution de la *communauté* a lieu avant le jour où ces arrérages échoient, les héritiers du conjoint prédécédé n'ont rien à y prétendre. La raison en est que le paiement du cens n'étant en quelque façon que la reconnoissance que les censitaires font de la seigneurie directe, il n'est dû qu'au jour où cette reconnoissance doit avoir lieu : mais si la *communauté* n'a été dissoute que le jour même où le cens doit être payé, c'est à elle que les arrérages en doivent appartenir. La raison en est qu'aussi-tôt que ce jour eft arrivé, il y a ouverture au devoir de la re-connoiffance de la feigneurie directe ; & par con-féquent, le cens a commencé d'être dû, quoique les cenfitaires aient depuis le matin jufqu'à la nuit pour s'acquitter de cette dette.

Quant aux défauts encourus par les cenfitaires qui ont négligé de payer le cens au jour fixé, ils n'appartiennent pas à la *communauté*, lorfqu'elle a été diffoute le jour que le cens eft échu. La raifon en eft que ces défauts étant une peine qui dérive de ce que le cens n'a pas été payé au jour marqué, ils ne peuvent commencer à être dus qu'après que ce jour eft entiérement écoulé, & par conféquent après la diffolution de la *communauté*.

Les droits cafuels, tels que les profits feigneu-riaux, exigibles en cas de vente ou de mutation des biens qui relèvent en fief ou en cenfive de la fei-gneurie de l'un des conjoints, font une autre forte de fruits civils : ils font acquis à la *communauté*, lorfque les caufes qui les produifent, ont lieu avant qu'elle foit diffoute. Ainfi auffi-tôt qu'il y a une convention écrite au fujet de la vente d'un bien de l'efpèce de ceux dont on vient de parler, le profit feigneurial en eft dû à la *communauté*, fi elle fub-fiftoit au moment de la convention.

A l'égard de l'amende encourue pour ventes re-célées, comme elle n'eft due qu'à caufe que le cen-fitaire n'a pas déclaré fon contrat, elle ne doit point appartenir à la *communauté*, fi le temps, fixé pour faire la déclaration dont il s'agit, n'eft expiré qu'après que la *communauté* a été diffoute.

Les profits de rachat, dus pour les mutations, font acquis à la *communauté* auffi-tôt que les morts & les mariages qui ont opéré ces mutations, ont eu lieu avant qu'elle fût diffoute.

Si la mort du vaffal qui a donné lieu au profit de rachat, & celle de l'un des conjoints qui a dif-fous la *communauté*, font arrivées le même jour, le profit eft acquis à la *communauté*, fi la mort du vaffal a précédé celle du conjoint ; fi, au contraire, la mort du conjoint a précédé celle du vaffal, le profit doit appartenir en entier au propriétaire de la feigneurie.

Mais que doit-on décider dans le cas où l'on ignore laquelle des deux morts eft arrivée la pre-mière ? M. Pothier penfe que, dans le doute, le profit doit appartenir au propriétaire de la feigneu-rie, & que la *communauté* n'y peut rien prétendre. La raifon qu'il en donne, eft qu'un propriétaire, en fa qualité de propriétaire, a, de droit commun, un titre général pour recueillir les fruits produits par la chofe qui lui appartient, tandis qu'un autre ne juftifie pas qu'il a un droit particulier pour les prétendre à fon exclufion. C'eft par conféquent à celui qui veut faire valoir les droits de la *communauté*, à prouver que le profit eft arrivé avant qu'elle fût diffoute ; &, à défaut de cette preuve, la *communauté* ne doit point participer à ce profit. Cet avis nous paroît jufte.

Les amendes, les épaves, les droits de défhé-rence & ceux de confifcation font les fruits civils

d'un droit de juftice. Ils appartiennent fans difficulté à la *communauté*, lorfqu'ils ont été produits avant qu'elle fût diffoute.

Il nous refte à obferver à l'égard des fruits des pro-pres des conjoints, que non-feulement ceux qui ont une durée perpétuelle, appartiennent à la *communauté*, mais pareillement ceux qui ont une durée bornée à un temps certain ou incertain ; tels font les fruits d'un héritage dont l'un des conjoints n'a qu'un droit de propriété reverfible, ou dans lequel il n'a qu'un droit d'ufufruit ; tels font encore les arrérages d'une rente viagère, propre de l'un des conjoints, ainfi qu'il a été jugé par arrêt du 4 août 1729, rapporté par Denifart au mot *Communauté*.

IV. *Du paffif & autres charges de la commu-nauté*. Le paffif de la *communauté* conjugale confifte d'abord dans les dettes contractées par chacun des conjoints avant le mariage, dans celles que chacun d'eux contracte pendant fa durée, & dans les dettes des fucceffions qui leur échoient ; les autres charges font les alimens qu'elle doit fournir aux conjoints, & l'éducation des enfans communs.

Des dettes contractées avant le mariage. Les dettes mobilières dont chacun des conjoints étoit tenu lors de la célébration du mariage, font à la charge de la *communauté* légale. Les coutumes de Paris, d'Or-léans, du Maine, d'Anjou, de Bourbonnois, de Bretagne & d'Auxerre contiennent à cet égard des difpofitions précifes. C'eft d'ailleurs le droit com-mun & général des coutumes où il y a *communauté* ; conforme en cela à l'ancien droit françois qui charge l'univerfalité des meubles d'une perfonne de fes dettes mobilières.

Les dettes mobilières font celles qui font exigi-bles en deniers ou en effets mobiliers : telles font les fommes d'argent dues par promeffe, par obli-gation, &c. ou certaines quantités de bled, d'huile, de vin, &c.

Si l'un ou l'autre des conjoints a contracté, avant fon mariage, une dette mobilière folidairement avec d'autres débiteurs, la *communauté* eft chargée de toute la dette, fauf fon recours contre les co-dé-biteurs.

Mais fi, lorfque le conjoint s'eft marié, il n'étoit perfonnellement débiteur que pour partie d'une dette mobilière, quoiqu'il en fût tenu hypothécairement pour le tout, la *communauté* ne feroit chargée que de l'obligation perfonnelle. Ainfi, dans le cas où l'un des conjoints auroit, avant fon mariage, hé-rité le tiers d'une fucceffion, fa *communauté* ne fe-roit obligée que pour le tiers des dettes mobilières, hypothécaires de cette fucceffion. Et fi, à caufe de l'infolvabilité des co-héritiers, le total de ces dettes venoit à être payé des deniers de la *commu-nauté*, le conjoint dont les biens auroient été libérés par ce paiement, devroit à la *communauté* une indemnité pour les deux tiers des dettes dont il s'agit.

Quoiqu'en général toutes les dettes mobilières, dues par les conjoints lorfqu'ils fe marient, foient à la charge de leur *communauté*, cette règle reçoit une exception relativement aux dettes mobilières dont l'objet est le prix d'un propre de *communauté* de l'un ou de l'autre des conjoints.

Suppofons, par exemple, qu'avant de vous marier, vous ayez acheté une métairie pour une fomme de vingt mille livres, & que cette fomme ne fe foit point trouvée acquittée lors de votre mariage, la *communauté* n'en fera pas chargée, quoique la dette foit mobilière, puifqu'elle confifte dans une fomme d'argent. Il faudroit en dire autant des deniers dont vous feriez débiteur pour un retour de partage d'immeubles d'une fucceffion qui vous feroit échue avant votre mariage.

Cette doctrine eft fondée fur ce qu'il feroit trop dur qu'un conjoint fît payer à la *communauté* un bien qu'il retient pour lui feul, & qui lui eft propre.

Obfervez que, quoique les créanciers antérieurs au mariage de la femme aient contre elle des titres exécutoires, ils ne peuvent néanmoins procéder contre le mari par voie d'exécution, qu'ils n'aient auparavant obtenu fentence qui le condamne à payer, ou qui déclare leurs titres exécutoires contre lui.

Quant aux dettes paffives immobilières, le conjoint qui en eft débiteur en fe mariant, y demeure feul obligé, & la *communauté* légale n'en eft pas tenue. C'eft pourquoi fi, avant de vous marier, vous avez vendu un immeuble dont vous n'aviez pas encore mis l'acquéreur en poffeffion, vous êtes feul tenu d'acquitter la dette envers cet acquéreur, & de lui délivrer l'objet de la vente.

Si le conjoint qui, en fe mariant, fe trouve débiteur d'un immeuble qu'il s'eft obligé de donner à une perfonne, doit en même temps une fomme de deniers à la même perfonne, relativement à cet immeuble, foit parce qu'il en a perçu les fruits ou pour quelque autre caufe analogue, il n'y a que la dette de l'immeuble qui ne foit pas à la charge de la *communauté*. Ce qui eft dû pour les fruits perçus eft une dette mobilière, & par conféquent elle entre dans la *communauté*.

Des dettes contractées par les conjoints pendant le mariage. Il faut diftinguer à leur égard entre celles qui ont été contractées par le mari ou par la femme. Le mari étant, pendant la durée du mariage, feul chef de la *communauté*, il en eft feul le maître tandis qu'elle dure; enforte qu'il peut en difpofer comme bon lui femble, tant pour fa part que pour celle de fa femme; &, par une conféquence néceffaire, toutes les dettes qu'il contracte durant le mariage, font à la charge de la *communauté*, foit qu'elle en ait profité ou non.

Obfervez même que fi, durant le mariage, le mari vient à commettre un délit, quoiqu'on ne puiffe pas dire que fa femme y ait participé, la réparation du délit n'en eft pas moins une dette de la *communauté*, à laquelle la femme eft cenfée s'être obligée avec fon mari en qualité de commune.

Il faut dire la même chofe des amendes auxquelles

le mari peut être condamné durant le mariage, tant en matière de police qu'en matière criminelle.

Exceptez toutefois l'amende à laquelle le mari feroit condamné par un jugement qui prononceroit contre lui une peine capitale. Une telle amende ne feroit point une dette de la *communauté*. La raifon en eft que ce jugement, faifant perdre au mari fon état civil, opère de plein droit la diffolution de la *communauté*; ainfi on ne peut pas dire que la dette de l'amende ait été contractée durant la *communauté*.

Comme le mari ne peut fe faire aucun avantage fur les biens de la *communauté* au préjudice de la part que doit y avoir fa femme, il faut en tirer la conféquence, que les dettes qu'il contracte pour des affaires qui le concernent feul, & dont il n'y a que lui qui profite, ne doivent point être à la charge de la *communauté*. C'eft une exception au principe, que la *communauté* eft tenue de toutes les dettes que le mari contracte durant le mariage. Ainfi, dans le cas où le mari fe feroit obligé de payer une certaine fomme pour affranchir fon héritage propre d'un droit de fervitude, comme il profiteroit feul de cette dette, elle ne feroit point à la charge de la *communauté*.

Une autre exception au principe, qui charge la *communauté* des dettes contractées par le mari, confifte dans celles qu'il contracte en faveur de quelqu'un des enfans qu'il a d'un mariage précédent, ou même, s'il n'a pas d'enfans, en faveur de quelqu'un de fes héritiers préfomptifs. La raifon en eft qu'il n'a pas plus de droit d'avantager ces perfonnes que lui-même au préjudice de la part que fa femme doit prendre dans la *communauté*.

Il en feroit différemment d'une dette contractée par le mari fans le confentement de fa femme, en faveur de quelqu'un de leurs enfans communs : cette dette feroit à la charge de la *communauté*. La raifon en eft que cet enfant étant à la femme comme au mari, on ne pourroit pas lui imputer d'avoir contracté la dette pour attirer de fon côté, au préjudice de fa femme, les biens de la *communauté*.

En général, la femme, tant qu'elle eft fous la puiffance de fon mari, ne peut valablement contracter aucune dette fans une autorifation de fon mari; mais lorfqu'elle en a contracté avec cette autorifation pour les affaires de la *communauté*, elles font fans aucune difficulté à la charge de cette même *communauté*.

Il en eft de même des dettes qu'elle contracte relativement au commerce qu'elle fait au vu & fu de fon mari, quoiqu'il ne l'ait pas autorifée expreffément pour les contracter : on préfume alors que le mari ayant donné fon confentement au commerce de fa femme, il a auffi confenti, au moins tacitement, qu'elle contractât les dettes qui étoient une fuite de ce commerce.

A l'égard des autres dettes qu'une femme contracte fans l'autorifation de fon mari, dans le cas même où elle s'eft fait autorifer par juftice à les contracter, la *communauté* n'y peut être obligée que jusqu'à concurrence du profit qu'elle a tiré de l'affaire pour laquelle elles ont été contractées.

Il suit de cette décision que si, durant le mariage, une femme a commis un délit à l'occasion duquel on l'a condamnée à des dommages & intérêts, la *communauté* qui n'a pas profité du délit, ne peut pas être obligée à payer ces dommages & intérêts. Or, comme tous les revenus des biens de la femme appartiennent à la *communauté*, il faut en conclure que la partie qui a obtenu les dommages & intérêts, ne peut s'en faire payer sur les biens de la femme, qu'après la dissolution de la *communauté*. Tel est le droit commun.

Quelques coutumes, telles que celles d'Anjou & du Maine, ont néanmoins des dispositions différentes, & ne ment, en matière de réparation de délit, aucune distinction entre le mari & la femme. Elles veulent que le créancier du conjoint coupable puisse faire payer sur les biens communs les dommages & intérêts qu'on lui a adjugés, sauf au conjoint innocent à demander la séparation des biens de la *communauté*, à l'effet de restreindre le créancier à la part qu'y doit avoir l'auteur du délit.

Observez d'ailleurs que la déclaration du 28 mars 1683 veut que les condamnations prononcées contre une femme en matière de faux-saunage soient exécutées contre elle & contre le mari solidairement, même par corps.

Il nous reste à observer que, pour éviter les fraudes par lesquelles une femme majeure pourroit, en faisant des billets d'une date antérieure, éluder la règle qui ne lui permet pas de charger la *communauté*, sans le consentement de son mari, des dettes qu'elle contracte durant le mariage; la jurisprudence des arrêts a établi que la *communauté* ne devoit pas être tenue des dettes que la femme avoit contractées par des billets sous seing-privé, quoique d'une date antérieure au mariage, à moins que le créancier ne justifiât que la date étoit vraie, ou que les circonstances ne la fissent présumer telle. Cette décision est fondée sur ce que les actes sous signature privée ne font pas foi de leur date contre des tiers contre lesquels ils sont censés n'avoir de date que du jour qu'ils sont produits.

L'auteur de la *Collection de jurisprudence* rapporte trois arrêts conformes à cette doctrine : l'un du 19 août 1729 a déchargé le mari de la demande en paiement d'un billet sous seing-privé, sauf au créancier à se pourvoir sur les biens de la femme après la dissolution de la *communauté*.

Le second a été rendu entre le sieur Paris Duvernay & le marquis d'Herbouville dans l'espèce suivante :

La dame d'Herbouville avoit, avant son mariage, fait un billet de douze mille livres au sieur Paris Duvernay qui, depuis le mariage, en demanda le paiement. Une sentence des requêtes du palais mit sur la demande les parties hors de cour, & condamna le sieur Duvernay aux dépens. Ayant été interjetté appel de cette sentence, elle fut confirmée

par arrêt du premier juin 1733, qui réserva néanmoins au sieur Duvernay son action contre la femme pour l'exercer, s'il le jugeoit à propos, après la dissolution de la *communauté*.

Le troisième arrêt a été rendu, le 11 décembre 1743, en faveur du marquis de Melun, à qui le sieur Meiller, receveur des domaines & bois de Marseille, demandoit le paiement de 113753 livres contenues au billet de la marquise de Melun, lequel avoit une date antérieure au mariage.

Le marquis de Melun répondit qu'il n'avoit eu, en se mariant, aucune connoissance de ce billet : en conséquence, l'arrêt infirma la sentence du châtelet qui avoit condamné le marquis de Melun à payer, & le billet fut déclaré nul.

Des dettes des successions échues aux conjoints pendant le mariage. La coutume fait entrer dans la *communauté* légale les effets mobiliers des successions échues aux conjoints durant le mariage, c'est pourquoi il faut en conclure qu'elle a entendu que la *communauté* seroit tenue des dettes mobilières dont ces successions pourroient être chargées. Mais néanmoins il y a à cet égard une différence à faire entre le mari & la femme.

Lorsque le mari a accepté une succession mobilière, plus onéreuse que profitable, la *communauté* doit supporter toute la perte qui peut résulter d'une telle acceptation. Si, au contraire, la femme s'est, d'après le refus de son mari, fait autoriser par justice pour accepter une telle succession, la *communauté* ne peut être obligée à payer les dettes de cette succession, que jusqu'à concurrence de l'actif dont elle a profité.

Cette différence est fondée sur ce que le mari étant le maître absolu des effets de la *communauté*, elle doit être chargée de toutes les dettes qu'il contracte pendant qu'elle dure, & par conséquent de celles des successions onéreuses qu'il juge à propos d'accepter : la femme, au contraire, n'ayant aucunement le droit de disposer des effets de la *communauté*, elle ne peut la charger des dettes qu'elle contracte sans l'autorisation de son mari, que jusqu'à concurrence du profit qui résulte des affaires pour lesquelles ces dettes ont été contractées. Ainsi, dans le cas où la femme autorisée par justice accepte une succession onéreuse, les créanciers de ce qui excède l'actif dont la *communauté* a profité, sont obligés d'attendre que celle-ci soit dissoute pour se faire payer par cette femme qui, par son acceptation, s'est rendue leur débitrice.

Quand une succession, échue à l'un des conjoints durant le mariage, n'est composée que d'immeubles, tout le passif doit être à la charge de ce conjoint, parce que tout l'actif lui devient propre, & que la *communauté* n'a rien à y prétendre. Il ne peut donc y avoir en pareil cas à la charge de la *communauté*, que les arrérages ou les intérêts qui peuvent courir depuis l'ouverture de la succession jusqu'à ce que la *communauté* soit dissoute, & cela parce qu'ils sont des charges des revenus, lesquels appartiennent à

la

COM

COM 57

la *communauté*, ainfi que ceux de tous les autres biens propres de chaque conjoint.

Mais que doit-on décider dans les cas où la fucceffion qui échoit à l'un des conjoints durant le mariage, eft compofée en partie de meubles qui entrent dans la *communauté*, & en partie d'immeubles qui n'y entrent pas?

Le Brun & Renuffon font d'avis que la *communauté* doit être chargée de toutes les dettes mobilières de cette fucceffion, & que le conjoint auquel elle eft échue, eft feul tenu des principaux des rentes; ils ajoutent que, fi les dettes mobilières excèdent l'actif mobilier, la *communauté* doit être indemnifée à cet égard jufqu'à concurrence de ce que le conjoint profite des immeubles qui lui font propres de *communauté*; & que, fi les principaux des rentes dont le conjoint eft chargé, excèdent la valeur des immeubles auxquels il fuccède, il doit pareillement être indemnifé par la *communauté* jufqu'à concurrence de ce qu'elle profite de l'actif mobilier, déduction faite du paffif.

M. Pothier fait à ce fujet une diftinction judicieufe: il penfe que, dans les coutumes qui chargent le mobilier d'une fucceffion de toutes les dettes mobilières, la *communauté* eft tenue d'acquitter ces dettes: mais qu'il doit en être autrement dans les coutumes qui, comme celle de Paris, font contribuer les héritiers des différentes efpèces de biens aux différentes efpèces de dettes, foit mobilières ou rentes, à proportion de ce que chacun d'eux perçoit dans l'actif de la fucceffion. En effet, l'efprit de ces coutumes eft que chaque forte de biens dont l'univerfalité de la fucceffion fe trouve compofée, foit chargée d'une portion de chaque efpèce de dettes, foit mobilières, foit rentes, proportionnément à la valeur qu'a chaque efpèce de biens, relativement à ce que vaut toute la fucceffion. Ainfi, lorfque le mobilier compofe le quart de toute la fucceffion, il doit être chargé du quart de toutes les dettes, foit mobilières ou rentes.

Des autres charges de la communauté. La nourriture, l'habillement & le logement des conjoints font des charges de la *communauté*, ainfi que l'éducation des enfans communs.

Quant aux alimens & aux frais d'éducation des enfans que chaque conjoint peut avoir d'un précédent mariage, fi ces enfans ont un revenu fuffifant, la *communauté* n'en doit pas être chargée; mais fi ce revenu ne fuffit pas pour les frais dont il s'agit, ils deviennent alors une dette naturelle du père ou de la mère, que la *communauté* eft tenue d'acquitter.

Comme la *communauté* jouit des propres de chaque conjoint, elle doit entretenir les héritages en bon état, & faire pour cet effet les dépenfes néceffaires. Telles font celles qu'il convient de faire pour cultiver une vigne, pour la fumer, pour la garnir d'échalas, pour marner les terres d'une métairie, pour peupler un colombier, pour empoiffonner un étang, &c.

Jurisprudence. Tome III.

Il en eft de même des réparations qu'exigent les bâtimens des héritages propres de chaque conjoint. Mais il faut excepter celles qu'on appelle *groffes réparations*, parce qu'elles font plutôt des reconftructions que des réparations. C'eft ce qui fera développé fous le mot RÉPARATIONS.

Obfervez à ce fujet que, quoique régulièrement les groffes réparations ne foient point à la charge de la *communauté*, cependant fi elles étoient à faire fur un héritage propre de la femme, & qu'elles euffent été occafionnées par la négligence du mari à entretenir cet héritage, la *communauté* en feroit tenue. Cette décifion eft fondée fur ce que le mari étant le chef de la *communauté*, elle doit répondre de fa mauvaife adminiftration.

On compte auffi, entre les charges de la *communauté*, les frais à faire, lorfqu'elle eft diffoute, pour inventorier les effets dont elle eft compofée, pour liquider les reprifes que chaque conjoint peut avoir à exercer, & pour parvenir au partage des effets communs.

Quant aux frais funéraires du conjoint prédécédé, ils font à la charge de fa fucceffion & non à celle de la *communauté*. C'eft ce que décident plufieurs coutumes, & particulièrement celle de Meaux: on doit en fuivre les difpofitions dans les coutumes muettes à cet égard; la raifon en eft que ces frais n'ayant lieu qu'après la mort, la *communauté* fe trouve alors diffoute & n'exifte plus. Dans les frais funéraires, la fomme qu'on adjuge à la veuve pour fon habit de deuil, doit être comprife.

Les legs faits par le prédécédé ne font point à la charge de la *communauté*, quand même ce feroit le mari qui les auroit faits. La raifon en eft que le pouvoir qu'il avoit de difpofer à fon gré des biens de la *communauté*, n'a pu avoir d'effet que tandis qu'elle duroit & qu'il vivoit: or les difpofitions teftamentaires ne devant s'exécuter qu'après la mort du teftateur, & par conféquent après la diffolution de la *communauté*, il faut en conclure qu'elles ne peuvent être à la charge de la *communauté*.

Obfervez toutefois que, fi le legs avoit pour caufe la réparation de quelque tort occafionné par le mari au légataire, la *communauté* en feroit chargée, parce qu'alors ce legs feroit bien moins un legs qu'une dette de la *communauté*; mais, pour qu'il en foit ainfi, il faut que la caufe d'un tel legs foit juftifiée.

Cette caufe n'étant pas juftifiée, les héritiers du mari, qui prétendent que la *communauté* doit être tenue d'acquitter le legs, n'ont d'autre parti à prendre que de déférer à la veuve le ferment pour favoir fi elle a connoiffance du fait qui a donné lieu à la réparation.

SECTION III.

De la communauté conventionnelle, & des claufes ou conditions qui y font relatives.

La *communauté* conventionnelle eft celle qui eft fondée fur les claufes & conditions que les con-

H

joints ont insérées dans leur contrat de mariage.

Première clause, de la convention de communauté.
Ordinairement cette convention dans les contrats de mariage se fait purement & simplement. Rien n'empêche cependant que les conjoints ne puissent y apposer un terme ou une condition. Ainsi ils peuvent convenir que la *communauté* n'aura lieu entre eux, qu'à une certaine époque, comme après six mois, après un an, après deux ans de mariage.

Ils peuvent aussi convenir qu'il n'y aura *communauté* entre les conjoints, que dans le cas où ils auront des enfans issus de leur mariage. Cette stipulation a donné lieu à une difficulté dans l'espèce suivante.

Il étoit né un enfant du mariage, mais il étoit mort avant son père & sa mère. Après le décès de l'un des conjoints, ses héritiers & le survivant ont prétendu, ceux-là, qu'il y avoit eu *communauté*, & celui-ci, qu'il n'y en avoit point eu; &, par arrêt du 22 mai 1759, le parlement de Paris a jugé qu'il y avoit eu *communauté* au moyen de la naissance d'un enfant, & qu'elle n'avoit été ni interrompue ni dissoute par sa mort.

Si, par le contrat de mariage, les parties ont simplement stipulé qu'il y auroit entre elles *communauté* de biens, cette *communauté* conventionnelle ne diffère en rien de la *communauté* légale.

Comme la *communauté* conventionnelle commence ordinairement, ainsi que la *communauté* légale, à l'instant de la célébration du mariage, il faut en conclure que c'est à cet instant qu'il faut s'arrêter pour déterminer si les effets appartenans aux conjoints doivent entrer dans la *communauté*. Ainsi, lorsqu'un Parisien va épouser une femme en Lorraine où les rentes constituées sont réputées meubles, & qu'il se propose de revenir à Paris avec sa femme, les rentes qui appartiennent à celle-ci, deviennent immeubles au moment qu'elle se marie, si les parties n'ont rien stipulé au contraire. La raison en est qu'elle perd son domicile de Lorraine, & qu'elle acquiert celui de son mari qui est de Paris, où les rentes constituées sont immeubles.

Si, au contraire, un Lorrain épousoit une femme à Paris avec intention de retourner en Lorraine, les rentes constituées qui appartiendroient à cette femme, deviendroient meubles, d'immeubles qu'elles étoient auparavant.

Seconde clause par laquelle les conjoints peuvent convenir que leur communauté sera régie par une certaine coutume. La communauté, lorsque les parties ne s'en sont pas expliquées, se régit, ainsi que nous l'avons dit, par la coutume du domicile du mari. Mais elles peuvent sans difficulté convenir par leur contrat de mariage, que leur *communauté* sera réglée par une coutume différente, & une telle clause doit produire son effet. Cependant elle ne peut s'étendre qu'aux choses qui ont rapport à la *communauté*. Mais si la clause portoit que les *parties promettent de s'épouser suivant une telle coutume,* cette clause s'étendroit à toutes les conventions matrimoniales, tant

celles qui concerneroient la *communauté*, que celles qui auroient rapport au douaire, &c.

Au surplus, une telle clause ne donne pas aux conjoints le droit de disposer, selon cette coutume, des biens dont la loi de leur domicile a défendu la disposition : la raison en est qu'aucune convention ne peut autoriser des conjoints à faire ce que la loi de leur domicile leur défend. Ainsi, dans le cas où ils se seroient soumis, par leur contrat de mariage, à une coutume qui permet à la femme de s'obliger pour autrui avec l'autorisation de son mari, une telle obligation ne produiroit aucun effet, si elle étoit défendue par la coutume sous l'empire de laquelle les conjoints sont domiciliés.

Troisième clause. De la séparation des dettes. Souvent les parties stipulent, dans leur contrat de mariage, que la *communauté* ne sera pas chargée des dettes que chaque conjoint a contractées avant de se marier.

Une telle clause s'applique non-seulement aux dettes dont chaque conjoint peut être débiteur envers des tiers, mais encore à celles dont l'un des conjoints se trouve débiteur envers l'autre. C'est pourquoi, si Ferdinand épouse Emilie, débitrice envers lui d'une somme de mille écus, & qu'il y ait séparation de dettes, il ne se fera ni confusion ni extinction de cette dette, si ce n'est lors de la dissolution de la *communauté*, pour la moitié qu'auront dans les biens de la *communauté* Emilie ou ses héritiers, qui continueront d'être débiteurs de quinze cens livres envers Ferdinand ou ses héritiers : si Emilie venoit à renoncer à la *communauté*, elle seroit toujours débitrice des mille écus.

D'un autre côté, si c'étoit Ferdinand qui dût mille écus à Emilie en l'épousant, la clause de séparation de dettes feroit que, lors de la dissolution de la *communauté*, Ferdinand continueroit d'être débiteur envers Emilie ou ses héritiers, pour la part qu'ils auroient dans la *communauté*. Si, en vertu de son contrat de mariage, Emilie devoit reprendre ses apports en renonçant à la *communauté*, Ferdinand resteroit débiteur des mille écus envers elle.

De ce que la clause de séparation de dettes exclut de la *communauté* les dettes antérieures au mariage, il faut en tirer la conséquence qu'une dette contractée avant le mariage, sous une condition qui n'a été accomplie que depuis le mariage, n'est pas moins exclue de la *communauté*.

Il faut en dire autant, à plus forte raison, d'une dette contractée avant le mariage, quoique le terme du paiement ne soit échu que depuis le mariage.

La séparation de dettes comprend pareillement les dettes contractées avant le mariage, & qui n'ont été liquidées que postérieurement. C'est pourquoi si, durant le mariage, l'un des conjoints a été condamné à payer une somme de dix mille livres pour réparation civile d'un délit commis avant le mariage, cette somme ne sera pas à la charge de la *communauté* : la raison en est qu'elle a été contractée par le délit commis avant le mariage, & que la fentence qui a adjugé la réparation, n'a fait que liquider la dette.

Il doit en être de même, felon la décifion de le Brun, adoptée par M. Pothier, de l'amende à laquelle l'un des conjoints a été condamné durant le mariage, pour un délit commis antérieurement.

Lorfque le mari a été condamné aux dépens d'un procès commencé avant le mariage, ces dépens ne doivent point être à la charge de la *communauté*, lorfqu'il y a entre les conjoints une convention de féparation de dettes. La raifon en eft que, quoique la dette n'ait été formée que durant le mariage, elle dérive d'une caufe antérieure ; favoir, l'entreprife d'un procès mal fondé : cette confidération doit fuffire pour faire regarder une telle dette comme antérieure au mariage.

Obfervez toutefois qu'il n'y a que les dépens relatifs aux conteftations formées avant le mariage, qui foient compris dans la claufe de féparation de dettes : c'eft pourquoi lorfque, poftérieurement au mariage & pendant le cour du procès, le mari a formé des demandes incidentes, ou qu'il a été formé contre lui, les dépens faits à cet égard concernent la *communauté*.

Quand c'eft la femme qui s'eft trouvée engagée dans un procès avant le mariage, & que le mari a repris l'inftance, la claufe de féparation de dettes ne s'étend pas au-delà des dépens faits avant la reprife d'inftance : ceux qui ont été faits poftérieurement, & auxquels le mari a été condamné, doivent être à la charge de la *communauté*.

Il en feroit différemment, fi le mari ayant refufé de reprendre l'inftance, la femme s'étoit fait autorifer par juftice à pourfuivre le procès ; dans ce cas, la condamnation qui pourroit intervenir contre elle, ne feroit point à la charge de la *communauté*.

Lorfqu'avant le mariage, le mari étoit chargé de quelque adminiftration, foit publique ou particulière, qu'il a continuée durant la *communauté*, le réliquat de fon compte ne doit être compris dans la féparation de dettes, que relativement aux articles dont il étoit débiteur avant fe marier : le furplus eft une dette de la *communauté*, foit qu'il dérive des recettes faites par le mari depuis le mariage, ou des fautes qu'il a commifes dans fa geftion.

Les intérêts des dettes contractées avant le mariage, & les arrérages des rentes conftituées, viagères ou foncières, dus par chacun des conjoints, font des charges de la *communauté* pour tout le temps qu'ils ont couru depuis le mariage.

Quant aux intérêts ou arrérages qui ont couru jufqu'au jour du mariage, ils font compris dans la claufe de féparation de dettes, & la *communauté* n'en doit pas être chargée.

Il fuit de la claufe de féparation de dettes, que, fi elles ont été payées avec les deniers de la *communauté*, le conjoint qui en étoit débiteur, en doit récompenfe à la *communauté*, lorfqu'elle vient à fe diffoudre.

Au refte, une telle claufe n'empêche pas que les créanciers ne puiffent exiger du mari, durant la *communauté*, le paiement des dettes contractées par la femme, à moins qu'il ne foit en état de leur repréfenter l'inventaire des effets mobiliers qu'elle lui a apportés, & qu'il ne foit difpofé à leur en compter.

Cette doctrine eft fondée fur l'article 222 de la coutume de Paris, qui forme fur cette matière le droit commun.

L'inventaire dont il s'agit, doit être fait pardevant notaires, ou fi on l'a fait fous feing-privé, il faut qu'il ait été reconnu par un acte devant notaires avant la célébration du mariage, afin d'en rendre la date certaine.

Si le contrat détaille les effets mobiliers que la femme a apportés en mariage, il tient lieu d'inventaire.

Il doit en être de même du compte rendu à la femme, quoique poftérieurement au mariage, quand le tuteur ou le curateur qui lui rend compte, a adminiftré fes biens jufqu'au moment où elle s'eft mariée.

Par arrêt de règlement du 14 mars 1731, le parlement a établi une jurifprudence particulière pour le cas où une veuve, débitrice d'un compte de tutèle envers fes enfans d'un premier mariage, convole en fecondes noces avec une convention de féparation de dettes. Cet arrêt a ordonné que, dans ce cas, foit qu'il y eût *communauté* ftipulée ou exclufion de *communauté*, l'inventaire ne feroit réputé valable qu'autant qu'il feroit antérieur au mariage, & fait devant notaires, en préfence d'un tuteur nommé pour cet effet par le juge fur un avis de parens, aux enfans à qui le compte feroit dû : faute d'obferver ces formalités, le fecond mari feroit tenu, folidairement avec fa femme, du compte de tutèle envers les enfans, nonobftant la convention de féparation de dettes, ou même d'exclufion de *communauté*, fauf fon recours contre fa femme.

Lorfque le mari prend envers les créanciers le parti de leur compter des effets mobiliers de fa femme conformément à l'inventaire, il doit leur remettre le prix de ceux qui ne fe trouvent plus en nature, ou juftifier de l'emploi qu'il en a fait pour acquitter les dettes de fa femme.

Si, depuis le mariage, la femme a hérité de quelques biens mobiliers, le mari doit en compter aux créanciers, comme de ceux qui ont été inventoriés.

Quant aux fruits des biens de la femme, perçus durant le mariage jufqu'à la demande des créanciers, le mari n'en doit aucun compte, attendu qu'il eft cenfé les avoir employés de bonne foi à fournir les charges du mariage.

Au furplus, ce n'eft que pendant la durée de la *communauté*, que les créanciers de la femme peuvent pourfuivre le mari faute de repréfenter un inventaire : lorfque la *communauté* eft diffoute, il ne reste contre lui que la voie de saisie-arrêt de ce qu'il peut devoir à sa femme leur débitrice.

Quatrième clause. De la déclaration de franc & quitte de dettes. Quelquefois les parens de l'un des futurs conjoints, & c'est communément ceux de l'homme, déclarent & certifient à l'autre, *qu'il est franc & quitte de dettes.*

Il résulte de cette déclaration, que, si l'homme ne se trouve pas exempt de dettes, comme ils l'ont assuré, ils sont obligés d'indemniser la femme jusqu'à concurrence du préjudice que lui auront causé les dettes contractées par son mari avant le mariage.

Remarquez que l'indemnité dont on vient de parler, ne s'étend pas aux dettes chirographaires de l'homme, antérieures au mariage. La raison en est que la date des dettes de cette espèce ne fait pas contre des tiers une foi suffisante du temps où le débiteur les a contractées.

Si, après la dissolution de la *communauté,* les biens du mari se trouvent suffisans pour acquitter en entier les créances de la femme, l'obligation que les parens du mari ont contractée envers elle en le *déclarant franc & quitte de dettes,* ne peut plus leur nuire.

Observez qu'il ne faut pas confondre la clause par laquelle les parens de l'homme le déclarent franc & quitte de dettes, avec la convention de séparation de dettes. Celle-ci intervient entre les deux conjoints, &, dans celle-là au contraire, l'homme ne figure pas : il n'y a que les parens & la femme qui contractent.

D'ailleurs, la convention de séparation de dettes concerne la *communauté* de biens qui doit être entre les futurs conjoints; elle a pour objet d'exclure de cette *communauté* les dettes antérieures au mariage, & de lui assurer une indemnité proportionnée aux sommes qu'elle pourroit employer à l'acquit de ces dettes.

Au contraire, la clause par laquelle les parens du mari le déclarent franc & quitte de dettes, ne se rapporte pas à la *communauté* de biens qui doit avoir lieu entre les futurs conjoints : elle peut s'insérer dans un contrat de mariage qui exclut la *communauté;* &, lorsqu'il y a *communauté,* tout l'objet de cette convention est que les dettes antérieures au mariage ne soient point un obstacle à ce que la femme soit payée sur les biens de son mari.

Les parens de la fille déclarent aussi quelquefois en la mariant, *qu'elle est franche & quitte de dettes.* Dans ce cas, si la fille a, par son contrat de mariage, fait donation à son mari, en cas de survie, d'une certaine somme à prendre sur ses biens, la clause dont il s'agit, peut signifier que les parens de la fille se font obligés d'indemniser le mari jusqu'à concurrence de ce que le paiement des dettes de la femme, antérieures au mariage, aura diminué cette donation.

Mais si la femme que ses parens ont déclarée franche & quitte de dettes, n'a fait aucune donation à son mari, il ne peut avoir aucune créance à exercer contre elle : tout l'intérêt qu'il a alors, consiste donc à ce que les dettes de sa femme, antérieures au mariage, ne diminuent pas sa *communauté;* ainsi, par la clause dont il s'agit, les parens sont censés s'être obligés envers le mari à acquitter ces dettes à la décharge de sa *communauté.* Si, par une convention de séparation de dettes, elles étoient déjà exclues de la *communauté* quant aux capitaux, les parens feroient censés s'être obligés d'acquitter, à la décharge de la *communauté,* les intérêts & les arrérages des rentes constituées, échus durant le mariage. Telle est la doctrine de le Brun, adoptée par Pothier.

La clause par laquelle les parens de la femme la déclarent franche & quitte de dettes, est une convention dans laquelle cette femme n'est point partie : c'est pourquoi si le mari n'a pu se faire indemniser par les parens avec lesquels il a contracté, relativement aux deniers tirés de la *communauté* pour acquitter les dettes de sa femme, antérieures au mariage, les héritiers n'auront aucun recours contre cette femme pour cette indemnité, à moins qu'outre cette clause, il ne soit intervenu celle de séparation de dettes. Dans ce cas-ci, le mari ou ses héritiers auront un recours contre la femme pour les capitaux dus avant le mariage, & acquittés des deniers de la *communauté* : mais ils ne pourront répéter les intérêts échus durant le mariage, que contre les parens qui auront déclaré la femme franche & quitte.

Il ne faut pas confondre la clause par laquelle les parens de la femme la déclarent franche & quitte de dettes, avec celle par laquelle ils s'obligent d'acquitter les dettes qu'elle a contractées antérieurement au mariage. Cette dernière clause est proprement une donation qu'ils font à leur fille de la somme à laquelle montent ses dettes. Il faut en tirer la conséquence qu'ils n'ont pour l'acquit de ces dettes aucun recours à exercer contre leur fille, lorsque la *communauté* est dissoute, & qu'au contraire elle a action contre eux pour les leur faire payer, si cela n'est pas encore fait.

Mais lorsque les parens de la femme n'ont fait que la déclarer franche & quitte de dettes, ils n'ont contracté d'obligation qu'envers le mari : c'est pourquoi si, en vertu de leur engagement, ils viennent à payer des dettes que leur fille a contractées avant le mariage, ils seront en droit de lui répéter, lorsque la *communauté* sera dissoute, ce qu'ils auront déboursé pour l'acquit de ces dettes, pourvu toutefois que leur action ne produise aucun effet contre le mari ou ses héritiers.

Cinquième clause qui règle les portions des conjoints dans la communauté. Régulièrement & suivant les dispositions des coutumes, la *communauté,* lorsqu'elle est dissoute, doit se partager par portions égales entre les conjoints ou leurs héritiers, sans avoir égard à ce que chacun d'eux y a apporté; cependant les parties peuvent convenir par leur contrat de mariage, qu'elles auront dans la *communauté* des parts inégales. On peut, par exemple, stipuler que la femme ne fera commune que pour un tiers, pour un fixième, &c.

On peut aussi convenir que, quand la *communauté* viendra à se dissoudre par le décès de l'un des conjoints, le survivant prendra pour sa part les trois quarts, les deux tiers de la *communauté*, & les héritiers du défunt le surplus.

Il faut remarquer que, quand il intervient entre les parties quelque convention de ce genre, chaque conjoint doit supporter, dans le passif de la *communauté*, la même part que celle qu'il prend dans l'actif. Ce seroit une clause vicieuse que celle par laquelle on attribueroit à l'un des conjoints une part plus considérable dans l'actif que dans le passif de la *communauté* : la raison en est que, par ce moyen, on pourroit rendre sans effet les loix qui défendent aux conjoints de s'avantager l'un l'autre durant le mariage.

Sixième clause. Du forfait de communauté. Quelquefois on stipule dans le contrat de mariage, que les héritiers de la femme auront pour tout droit de *communauté* une certaine somme.

On demande si, d'après cette stipulation, & le cas arrivant que les effets communs fussent insuffisans pour acquitter la somme convenue, le mari seroit fondé à prétendre que la clause n'étant intervenue qu'en sa faveur, il peut y renoncer & se décharger de l'obligation de payer la somme dont il s'agit, en offrant d'admettre les héritiers de sa femme à partager à l'ordinaire la *communauté* ? Il faut répondre qu'une telle prétention ne seroit pas fondée. La raison en est que la convention intervenue entre les conjoints ne peut pas être considérée comme une simple faculté de garder, de la part du mari, tous les biens de la *communauté*, en payant une certaine somme : c'est une cession que la femme fait à son mari, au cas qu'il lui survive, de la part qu'elle auroit pu avoir dans les biens de la *communauté* : ainsi le prix de cette cession est dû aux héritiers de la femme, en quelque état que soit la *communauté*, lorsqu'elle vient à se dissoudre. Si elle se fût trouvée opulente, le mari en auroit eu le bénéfice; il est par conséquent juste que, si elle est mauvaise, il en supporte la perte. C'est ce qu'ont jugé deux arrêts des 15 avril 1608 & 19 février 1646, rapportés par Brodeau sur Louet.

Il n'en seroit pas de même si, à la clause qui attribue une certaine somme aux héritiers de la femme pour tout droit de *communauté*, on avoit ajouté cette restriction, *si tant s'en trouve* : dans ce cas, la somme convenue ne seroit due que jusqu'à concurrence de ce qui se trouveroit de biens dans la *communauté*.

Pareillement, si la clause étoit ainsi conçue : *il sera loisible au futur survivant de retenir tous les biens de la communauté, en donnant aux héritiers de la future épouse une somme de dix mille livres* ; ces termes, *il sera loisible*, signifient que le mari a la liberté de retenir tous les biens de la *communauté* en donnant

dix mille livres aux héritiers de la femme, ou de les admettre au partage de ces biens.

Observez que la convention qui attribue aux héritiers de la femme une certaine somme pour tout droit de *communauté*, n'exclut qu'eux & non la femme du droit de partager la *communauté* : c'est pourquoi cette convention ne peut avoir d'effet que dans le cas où la dissolution de la *communauté* a lieu par le décès de la femme ; car si la *communauté* venoit à se dissoudre par une sentence de séparation de corps, le droit de partager les effets communs avec le mari, se trouvant ouvert au profit de la femme par cette sentence, il passeroit à ses héritiers, si elle venoit à mourir avant le partage.

Lorsque le mari retient tous les biens de la *communauté* sous la condition de donner la somme convenue aux héritiers de la femme, il demeure seul chargé de toutes les dettes de la *communauté* : ainsi ces héritiers ont droit d'exiger de lui, outre cette somme, tout ce que la *communauté* peut devoir à la femme, soit par rapport à ses reprises, soit pour quelque autre cause.

Il arrive quelquefois que, par le contrat de mariage, on assigne à la femme elle-même une certaine somme pour tout droit de *communauté* : alors quelle que soit la cause de la dissolution de la *communauté*, il n'y a pas lieu au partage des effets dont elle étoit composée. La femme ni ses héritiers n'ont aucun droit pour le demander, parce qu'ils ne sont que des créanciers de la somme convenue. Le mari ni ses héritiers ne peuvent pareillement se dispenser de payer cette somme en offrant d'admettre la femme à partager la *communauté*.

Quelquefois aussi on stipule dans le contrat de mariage, que les héritiers du conjoint prédécédé n'auront, pour tout droit de *communauté*, qu'une certaine somme, & alors la clause s'étend aux héritiers du mari comme à ceux de la femme.

Septième clause. De l'exclusion de communauté. Les parties peuvent stipuler par leur contrat de mariage, qu'il n'y aura entre elles aucune *communauté* de biens. L'effet de cette clause est que la femme ni ses héritiers n'ont rien à prétendre dans ce que le mari a pu acquérir, soit en meubles ou en immeubles, durant le mariage; mais aussi ils ne sont nullement tenus des dettes qu'il a pu contracter : & si sa femme s'est obligée conjointement avec lui, il doit l'en indemniser.

D'un autre côté, le mari n'a rien à prétendre dans la propriété des biens de sa femme; il doit les rendre tous après la dissolution du mariage; mais avant cette dissolution, il doit jouir tant de ceux qu'elle avoit en se mariant que de ceux qu'elle a pu acquérir depuis à quelque titre que ce fût : on tient pour maxime dans les pays coutumiers, que tous les biens d'une femme sont dotaux.

Huitième clause. De la séparation contractuelle. Les parties ont aussi la liberté de stipuler par leur contrat de mariage, non-seulement qu'il n'y aura point de *communauté* de biens entre elles, mais encore que chaque conjoint jouira de ses biens séparément. Cette convention se nomme *séparation contractuelle*, & elle diffère de la simple exclusion de *communauté*, en ce qu'elle prive le mari du droit de jouir des biens de sa femme.

Une telle convention attribue à la femme le droit d'administrer ses biens sans le concours d'aucune autorisation; mais elle ne peut les aliéner, que son mari ou la justice ne l'aient autorisée pour cet effet.

Observez que, si la femme qui jouit séparément de ses biens en vertu de la convention dont il s'agit, refusoit de contribuer aux charges du mariage, le mari seroit en droit d'agir pour la faire condamner à cette contribution. Il seroit de règle, en ce cas, que le juge fixât, eu égard au bien de cette femme & à sa qualité, la somme qu'il conviendroit qu'elle payât à son mari, tant pour sa pension que pour les alimens & l'éducation des enfans communs.

Il faut remarquer que la séparation contractuelle diffère de celle qui est prononcée par un jugement durant le mariage, en ce que les parties peuvent se désister de ce jugement, lorsqu'elles le jugent à propos, & se remettre en *communauté* comme auparavant; au lieu que la séparation contractuelle est irrévocable comme le sont toutes les conventions portées par les contrats de mariage : c'est ce qu'ont jugé divers arrêts rapportés par M. Louet.

De ce qu'il est permis de stipuler valablement qu'une femme jouira séparément de tous ses biens durant le mariage, il faut en tirer la conséquence qu'elle peut de même convenir qu'elle jouira d'une partie de ses biens, & que, pour le surplus, il y aura entre elle & son mari *communauté* de biens. Cette décision est fondée sur la maxime que, *qui peut le plus, peut le moins*.

Les contrats de mariage contiennent encore ordinairement plusieurs autres clauses, telles que la convention d'ameublissement, d'apport à la *communauté*, de réalisation ou stipulation de propre, du préciput légal ou conventionnel. Les questions qui ont rapport à ces objets, sont traitées sous les mots AMEUBLISSEMENT, APPORT, PRÉCIPUT, RÉALISATION.

S E C T I O N   I V.

Du droit des conjoints sur les biens de la communauté.

En qualité de chef de la *communauté*, le mari est, comme nous l'avons déjà dit, seul maître des biens qui la composent tandis qu'elle dure, & il peut en disposer à son gré sans le consentement de sa femme. Cependant ses dispositions seroient vicieuses, si elles paroissoient faites en fraude de la femme ou de ses héritiers, & sur-tout si c'étoit pour s'avantager lui-même à leur préjudice. C'est ce qui sera plus particuliérement développé par la suite.

Puisque le mari est le seul maître des biens de la *communauté*, il peut à son gré les dissiper, sans être obligé d'en rendre compte : il peut pareillement les

aliéner par des actes entre-vifs, de quelque sorte que ce soit, même à titre de donation, pourvu que ce ne soit pas envers les personnes prohibées dont nous parlerons bientôt. C'est ce qui résulte de l'article 225 de la coutume de Paris qui porte : « Le mari est seigneur des meubles & conquêts immeubles par lui faits durant & constant le mariage de lui & sa femme. En telle manière qu'il les peut vendre, aliéner ou hypothéquer, & en faire & disposer par donation ou autres dispositions faites entre-vifs à son plaisir & volonté, sans le consentement de sadite femme, à personne capable & sans fraude ».

La plupart des autres coutumes ne diffèrent aucunement de celle de Paris à cet égard. Il y en a cependant quelques-unes, telles que celles d'Anjou, du Maine & de Loudunois, qui, en permettant au mari de vendre, échanger & hypothéquer les biens de la *communauté*, ne l'autorisent pas à les donner entre-vifs, si ce n'est pour la part qu'il peut y prétendre personnellement.

Suivant la coutume de Saintonge, la liberté, attribuée au mari de disposer, sans sa femme, des meubles & conquêts, ne s'étend pas à ceux qui ont été acquis par le mari & par la femme *contractans ensemble*.

D'autres coutumes, telles que celles de Bayonne & de Labour, exceptent de la règle commune les choses acquises par la femme & par son industrie.

La *communauté* étant composée de tous les effets mobiliers des conjoints, & le mari étant le chef de cette *communauté*, il faut en conclure, conformément à l'article 233 de la coutume de Paris, qu'il peut seul agir en justice, tant en demandant qu'en défendant, relativement aux actions mobilières qui appartiennent à sa femme, ou qu'on peut avoir contre elle.

La même décision s'étend aux actions possessoires concernant la jouissance des héritages propres de la femme, puisque cette jouissance appartient à la *communauté*.

Observez toutefois que, quoiqu'on puisse procéder contre le mari seul, relativement aux actions qu'on a contre la femme, il est néanmoins prudent d'agir en même temps contre l'un & contre l'autre, afin que le jugement qui doit intervenir, donne hypothèque sur les biens de la femme.

Sur le fondement que le mari est chef de la *communauté*, & qu'il peut en aliéner les biens, on avoit établi autrefois que, s'il venoit à être condamné à une peine capitale qui emportât confiscation, les biens de la *communauté* devoient être confisqués en entier au profit du seigneur.

Plusieurs coutumes &, entre autres, celle d'Orléans avoient anciennement des dispositions conformes à cette mauvaise jurisprudence : celle de Bretagne avoit cru faire une grace aux veuves en leur accordant une provision sur les biens de la *communauté* du mari condamné. Ce n'étoit que par un privilège accordé aux bourgeois de Paris, que, dans cette coutume, les femmes étoient admises à distraire leur part, dans l'actif de la *communauté*, de la confiscation des biens de leurs maris, adjugée au roi. Le célèbre Dumoulin s'est élevé avec raison contre cette jurisprudence : ce grand jurisconsulte a observé que le mari n'étant le maître des biens de la *communauté*, que tandis qu'elle duroit, son droit se trouvoit réduit à la moitié de ces biens aussi-tôt qu'elle étoit dissoute, & que l'autre moitié appar-tenoit à la femme ou à ses héritiers : or, dans le cas d'un jugement qui condamne le mari à une peine capitale, la *communauté* se trouve dissoute à l'instant même du jugement, puisqu'il fait perdre au mari son état civil; ainsi la confiscation qui est une suite de la peine capitale, n'a lieu que dans un temps où il n'y a plus de *communauté*, & où le droit du mari sur les effets communs se trouve réduit à moitié : il faut donc en conclure qu'il ne peut y avoir que la moitié appartenante au mari, sujette à être confisquée.

Ces considérations ont prévalu : &, dans le cas où le mari seroit aujourd'hui condamné à une peine capitale, la confiscation ne s'étendroit qu'à ses propres, & à la moitié des meubles & conquêts im-meubles de la *communauté*.

Puisque le droit, attribué au mari sur les biens de la *communauté* tandis qu'elle dure, se trouve ré-duit à moitié, lorsqu'elle est dissoute, il faut en tirer la conséquence, qu'il ne peut disposer par tes-tament des biens de la *communauté*, que jusqu'à con-currence de la moitié : la raison en est que les dis-positions testamentaires ne doivent produire leur effet qu'après la mort du testateur : or, à cette épo-que, la dissolution de la *communauté* est opérée, & le droit du mari réduit par conséquent à moitié dans les biens de la *communauté*. La plupart des coutumes ont expressément établi cette jurispru-dence.

Nous avons dit précédemment que les disposi-tions que le mari fait des effets de la *communauté*, sont vicieuses, lorsqu'elles paroissent faites en fraude de la part que la femme ou ses héritiers doivent y avoir. Or l'excès d'une donation fait présumer cette fraude. C'est ce qui résulte de l'article 244 de la cou-tume de Poitou, & de l'article 67 du titre 8 de la coutume de Saintonge.

La fraude se présume aussi, comme le remarque le Brun, par le temps où la donation a été faite. C'est pourquoi si le mari a fait une donation un peu consi-dérable pendant la dernière maladie de sa femme, elle doit être présumée faite en fraude de la part que les héritiers de cette femme doivent avoir dans la *communauté*.

Au reste, le principal cas de la fraude consiste dans les dispositions des biens de la *communauté*, qui avantagent le mari ou ses héritiers au préjudice de la part de la femme. Il faut donc tenir pour maxime que le mari ne peut pas s'avantager des biens de la *communauté* directement ni indirectement au préjudice de la part que la femme ou ses héritiers doivent y prendre. Ainsi, dans le cas où le mari don-

neroit à son père ou à quelque autre parent dont il seroit héritier, un conquêt de sa *communauté*, la donation seroit présumée faite en fraude. La raison en est qu'elle seroit jugée n'avoir eu lieu qu'afin que ce conquêt lui revînt comme propre dans la succession du donataire.

Le mari ne peut pareillement pas faire passer les biens de la *communauté* aux enfans qu'il peut avoir d'un précédent mariage, ni même à ceux de ses parens qui sont habiles à lui succéder.

Non-seulement on regarde comme suspectes de fraude les donations faites à des gens incapables, mais encore celles qui sont faites aux enfans de ces incapables, sur-tout lorsqu'il y a lieu de pré-sumer que ces dernières n'ont été faites qu'à cause que la loi avoit défendu de les faire aux incapables même.

Observez toutefois qu'il n'y a que les dona-tions faites par le mari à ses héritiers présomptifs, qui puissent être présumées faites en fraude de la part que la femme peut prétendre dans la *commu-nauté* : lorsqu'il les a faites à des collatéraux qui, quoi-que parens proches, ne sont cependant pas ses héri-tiers présomptifs, on ne les présume pas frauduleuses. C'est ce qui résulte d'un arrêt du 14 août 1571, rapporté par Guérin.

Observez aussi que c'est au temps où la dona-tion a été faite, qu'il faut avoir égard pour décider si elle a été faite contre les dispositions de la loi. Ainsi la qualité d'héritier présomptif du mari dans la personne du donataire, établissant la présomption de fraude, il suffit que cette qualité ait existé au temps de la donation pour que la femme ou ses héritiers puissent valablement demander récom-pense, relativement à cette donation; & il fau-droit suivre cette décision, quand même le dona-taire n'auroit pas recueilli la succession du mari, soit parce qu'il y auroit renoncé, ou pour quelque autre cause que ce fût.

La règle qui défend au mari de donner des biens de la *communauté* à ses héritiers au préjudice de la part de sa femme, ne s'étend pas aux enfans nés de son mariage avec elle; & le Brun s'est trompé, quand il a prétendu que le mari ne pouvoit, sans le consentement de sa femme, donner aucun bien de la *communauté* à ces enfans. Le parlement de Paris a proscrit cette opinion par l'arrêt de Tribouleau, rendu en 1708, ainsi que par un autre plus récent, rendu en faveur des sieurs Billard, & a jugé que les enfans communs devoient être mis au rang des personnes capables, en faveur desquelles l'article 225 de la coutume de Paris permet au mari de dis-poser des effets de la *communauté*.

Cependant, s'il étoit justifié qu'en donnant des effets de la *communauté* à un enfant commun, le mari avoit eu intention de les lui donner en son nom & non comme chef de la *communauté*, il seroit tenu de faire compte de cette donation sur sa part, lorsque la *communauté* seroit dissoute. Le parlement l'a ainſi jugé par un arrêt du 30 avril 1677, rapporté au *Journal du Palais, tome I.*

Dans l'eſpèce de cet arrêt, le père avoit donné, durant ſa *communauté*, à un enfant commun la moitié d'un conquêt, & la donation étoit conçue en ces termes : *la moitié par indivis à lui appartenante de ſon conquêt des terres de Montgeron, &c.* Il étoit évident par ces termes, que le mari n'avoit entendu donner qu'en ſon nom & ſur ſa part; c'eſt pourquoi il fut jugé par l'arrêt, que la veuve, au partage de la *communauté*, devoit prélever l'autre moitié de ce conquêt.

Ce qui vient d'être dit des enfans communs, peut auſſi s'appliquer à une perſonne qui ſeroit en même temps héritière préſomptive du mari & de la femme. Quoique le mari ne puiſſe pas valablement donner les biens de la *communauté* à des perſonnes incapables, telles que ſont ſes héritiers préſomptifs, obſervez néanmoins que cette incapacité n'eſt relative qu'à la femme, c'eſt-à-dire, que les donations de cette eſpèce ne peuvent porter aucun préjudice à la femme; mais elles ne ſont pas nulles relativement aux donataires, & elles produiſent l'effet dont elles ſont ſuſceptibles ſur la part qui appartient au donateur dans les biens de la *communauté*.

Puiſqu'en qualité de chef de la *communauté*, le mari a, comme on l'a vu, le droit de diſpoſer des effets qui la compoſent, il faut en conclure que le droit de la femme eſt réduit à la ſimple eſpérance de partager ces effets, lorſque la *communauté* ſera diſſoute : c'eſt à cette époque ſeulement que ce droit devient réel.

Mais quoique la femme ne puiſſe diſpoſer en rien de ſa part dans la *communauté* non diſſoute, elle a la faculté d'en diſpoſer conjointement avec ſon mari.

Cette faculté de diſpoſer qu'a la femme, peut ſe pratiquer de deux manières différentes; ſavoir, en ſa ſeule qualité de commune, & en ſon propre & privé nom.

Quand le mari, en ſa qualité de chef de la *communauté*, diſpoſe ſeul des effets qui la compoſent, il eſt cenſé contracter, tant pour lui que pour ſa femme; enforte que, quoiqu'elle ne ſoit ni préſente, ni nommée au contrat, elle n'eſt pas moins réputée s'être engagée avec lui pour la part qu'elle peut prétendre dans ces effets; mais ſon engagement n'eſt qu'en ſa qualité de commune, & non en ſon propre nom : c'eſt pourquoi elle peut, en renonçant à la *communauté*, ſe faire décharger de toutes les obligations qui réſultent du contrat paſſé par ſon mari.

Si au contraire la femme dument autoriſée & préſente au contrat diſpoſe conjointement avec ſon mari des effets de la *communauté*, tant en qualité de commune en biens qu'en ſon propre nom, elle ne peut point dans ce cas, par une renonciation à la *communauté*, ſe faire décharger des obligations qui réſultent de ce contrat, il lui reſte ſeulement

le droit de répéter une indemnité contre ſon mari ou les héritiers qui le repréſentent.

Quand une marchande publique diſpoſe des biens de la *communauté* par des actes concernant ſon commerce, ſon mari eſt cenſé approuver ces actes & les paſſer avec elle; mais comme c'eſt la femme qui dans ce cas contracte elle-même, elle s'oblige tout-à-la-fois en qualité de commune & en ſon propre nom.

Comme le droit de la femme eſt ouvert, lorſque la *communauté* eſt diſſoute, on a demandé ſi quand cette diſſolution arrive par un jugement qui condamne la femme à une peine capitale, la part de cette femme dans les effets communs doit être confiſquée ? Les coutumes de Touraine & de Bourbonnois ont adopté l'affirmative, mais la plupart des autres prononcent la négative, & celles-ci forment le droit commun, qui ſe trouve confirmé par un arrêt du 14 mai 1703, rapporté au journal des audiences. Il a été rendu en faveur du ſieur de Quercy, contre le ſieur de Bercy, maître des requêtes, le ſéminaire de Chartres & le donataire de M. le duc d'Orléans. *Voyez* CONFISCATION.

SECTION V.

De la diſſolution de la communauté.

La *communauté* qui eſt entre le mari & la femme, ſe diſſout, ainſi que toutes les autres ſociétés, non-ſeulement par la mort naturelle de l'un ou de l'autre des conjoints, mais auſſi par la mort civile qui dérive d'une condamnation à une peine capitale.

Quoique la mort civile ne détruiſe pas le lien naturel du mariage, il en empêche tous les effets civils, au nombre deſquels eſt la *communauté*. Cependant ſi la diſſolution de *communauté* arrive par la condamnation de la femme, le mari continue de jouir juſqu'à ſa mort naturelle, de tous les biens de la *communauté*, qu'il retient *jure non decreſcendi*, parce qu'il n'ayant point eu de part au crime, il ne doit pas en avoir la peine. Quelques auteurs avoient même ſoutenu qu'il devoit jouir auſſi du revenu des propres de ſa femme; mais cette opinion a été reprouvée par un arrêt du 14 mars 1703, rendu en la première des requêtes, ſur un partage d'avis en la grand'chambre.

Lorſque l'un des conjoints eſt abſent & qu'on ignore s'il eſt mort ou vivant, la *communauté* eſt cenſée diſſoute proviſionnellement, dès le jour que les héritiers préſomptifs qui ſe ſont fait envoyer en poſſeſſion des biens de l'abſent, ont formé une demande en partage contre le conjoint préſent, ou qu'il en a formé une contre eux.

Si l'abſent vient à reparoître, la *communauté* eſt cenſée n'avoir jamais été diſſoute, & ceux qui ont obtenu la poſſeſſion proviſionnelle des biens de l'abſent, doivent en rendre compte.

La *communauté* ſe diſſout auſſi par la ſéparation des biens, & particulièrement par la ſéparation de
corps,

corps, qui emporte toujours avec elle la féparation de biens. *Voyez* SÉPARATION.

Lorſque, ſur la plainte du mari, la femme a été déclarée coupable d'adultère, il en réſulte pareillement la diſſolution de la *communauté*, & la femme n'a aucune part à prétendre dans les effets communs.

Cependant ſi le mari accorde à ſa femme le pardon de ſa faute, & qu'il la reprenne chez lui dans le temps fixé par le jugement de condamnation, la *communauté* ſera cenſée n'avoir pas été diſſoute. *Voyez* ADULTÈRE.

Lorſqu'un mariage vient à être déclaré nul, il en réſulte une diſſolution de *communauté*, ou, ſi l'on veut, une déclaration qu'il n'y a jamais eu entre les parties de véritable *communauté* conjugale : mais comme il y a eu entre elles une ſociété de fait, elles doivent en partager les profits & retirer chacune ce qu'elles ont mis dans cette ſociété. C'eſt ce qu'a jugé l'arrêt intervenu entre les héritiers de Sailli & ceux de Charlotte de Créqui.

L'état de fureur ou de démence du mari ſont des cauſes ſuffiſantes pour faire prononcer la ſéparation de biens, & par conſéquent la diſſolution de la *communauté*. *Voyez* REMPLOI, RÉCOMPENSE.

COMMUNAUTÉ *tacite* ou *taiſible*, (*Droit coutumier.*) c'eſt ainſi qu'on appelle certaines ſociétés, qui ſe forment ſans contrat par écrit dans certaines coutumes & entre certaines perſonnes, par la demeure & vie commune pendant un an & jour, avec intention de vivre en *communauté*.

Ces ſociétés ou *communautés tacites* avoient lieu autrefois dans tout le pays coutumier ; mais lors de la rédaction des coutumes par écrit, & plus encore depuis l'ordonnance de Moulins, qui a voulu que les contrats & les conventions fuſſent rédigés par écrit, l'uſage n'en a été retenu que dans un petit nombre de coutumes, où il a été expreſſément conſervé & où il ſe pratique même diverſement. Ces coutumes ſont Angoumois, Saintonge, Poitou, Berri, Bourbonnois, Nivernois, Auxerre, Sens, Montargis, Chartres, Châteauneuf, Dreux, Chaumont & Troyes. Celle de la Marche admet auſſi une *communauté* tacite entre les gens de condition ſerve ou mortaillable.

Ceux entre leſquels ſe forment ces *communautés tacites*, ſont appellés *communs*, *communiers*, *conforts*, *perſonniers*, *comparſonniers*, &c.

On doit tenir pour première maxime, que les *communautés tacites* n'ont lieu qu'entre les perſonnes dont les coutumes parlent nommément. Ainſi quand ces ſociétés ſont ſimplement autoriſées entre parens, elles n'ont pas lieu entre étrangers, ni même entre alliés. S'il eſt dit, comme dans celle du Bourbonnois, qu'elles n'ont lieu qu'entre *deux frères*, on ne doit pas y donner d'extenſion pour le frère & la ſœur, à moins que la coutume ne le porte expreſſément, comme celle de Berri qui parle de l'un & de l'autre.

Si ces *communautés* ne ſont admiſes que pour les roturiers, les nobles & les eccléſiaſtiques n'y

ſont pas compris. Si la coutume ne parle que des gens de la campagne ou des gens de condition ſerve & main-mortable, ce qu'elle dit ne s'étend ni aux habitans des villes, ni aux perſonnes de condition libre, parce que, comme nous l'avons dit, ces ſortes de ſociétés n'étant pas de droit commun, elles ne ſauroient recevoir plus de faveur & d'extenſion que chaque coutume ne leur en donne.

Quand un des aſſociés ſe marie, ſa femme ne diminue en rien la *communauté* pour l'autre aſſocié, par la raiſon que le mari & la femme ne ſont cenſés faire qu'une ſeule perſonne ; d'ailleurs comme on dit, *l'aſſocié de mon aſſocié n'eſt pas mon aſſocié*.

L'âge eſt encore à conſidérer ; il faut être majeur de vingt-cinq ans & libre de ſes droits, pour contracter une ſociété. La raiſon en eſt qu'une aſſociation eſt une eſpèce d'engagement dont des aliénations peuvent être la ſuite ; mais il y a des coutumes qui n'exigent qu'une majorité de vingt ans. Cependant les mineurs ont la faculté de demander la continuation de la *communauté* dans laquelle leur père eſt décédé, lorſqu'il n'y a pas eu d'inventaire.

L'habitation du père & de la mère avec les enfans ne fait point préſumer de *communauté tacite*, parce que leur vie commune ſe réfère toujours à cette familiarité que la nature entretient entre eux. Il y auroit néanmoins *communauté*, ſi le fils apportoit en commun ſon pécule caſtrenſe, ou quaſi caſtrenſe.

Lorſque deux particuliers, qui ne ſont point de qualité requiſe par la coutume pour faire préſumer entre eux une *communauté tacite*, ſe réuniſſent pour une affaire particulière, comme pour l'entrepriſe d'une manufacture, l'exploitation d'une ferme, une régie de quelques droits ſeigneuriaux, il ne s'enſuit entre eux d'autre *communauté tacite* que pour les objets qui ont donné lieu à la réunion de ces particuliers : de ſorte que ſi l'un d'eux pendant ce temps-là fait des acquiſitions ou des dettes étrangères à la cauſe de la ſociété, l'autre aſſocié n'y entre pour rien directement ni indirectement. Si, en ſe réuniſſant, ils ont en même temps apporté des meubles meublans & des uſtenſiles, chacun reprend, lors de la ſéparation, ce qu'il a apporté ſans autre compte, ni partage entre eux, que des pertes ou des profits de leur aſſociation.

Les *communautés tacites* ſe forment de la manière déterminée par chaque coutume où elles ſont autoriſées. Voici en général les règles auxquelles on peut reconnoître ſi les parties ont été communes ou non : il faut,

1°. Qu'il y ait eu une habitation & une vie commune pendant l'an & jour & ſans interruption, ſous le même toît, au même pot & feu, à ſel & dépenſe communs, ſous un autre titre que celui de bienfaiſance ou de familiarité ; car ſi un ami n'étoit reçu chez ſon parent que par bienfaiſance, cet ami ne feroit point recevable à fe dire commun dans la maifon.

i. 2°. Que ceux qui ont vécu enfemble aient agi dans un efprit de fociété, en acquérant les uns pour les autres, & fe communiquant leurs pertes & leurs profits ; car fi l'un d'eux avoit acquis en fon nom feul, au fu des autres, l'intention de n'être point commun feroit marquée, quoique d'ailleurs il y eût une habitation & une vie communes : en effet, il faut ces deux chofes, la vie commune & la communication des intérêts refpectifs. C'eft pourquoi, fi l'un des parens acquéroit tant pour lui que pour fon parent avec lequel il ne vivroit pas, il ne feroit point réputé commun pour cela, mais fimplement mandataire pour acquérir, & lui communiquer une moitié de l'acquifition.

Lorfqu'on doute s'il a été dans l'intention de ceux qui ont vécu enfemble, d'être communs ou non, on doit fe décider par les circonftances. Cet efprit de *communauté* fe préfume facilement dans des co-héritiers qui n'ont point encore partagé & qui n'ont qu'une même habitation : la préfomption n'eft pas la même envers ceux qui ont partagé & qui cependant ont continué de vivre comme auparavant. La diverfité des états & des occupations des *co-perfonniers* peut encore influer pour beaucoup fur les jugemens qu'on peut porter en pareille occafion. On a moins de peine à préfumer une *communauté* entre des gens d'un même état ou d'une condition à-peu-près égale, comme entre deux laboureurs, ou entre un maçon & un charpentier, qu'entre un maître d'école & un commerçant. Au refte, tous ces doutes s'évanouiffent, quand d'ailleurs l'efprit de *communauté* eft clairement marqué.

Il faut diftinguer encore entre une *communauté* ou fociété de *geftion*, comme entre marchands, & une *communauté* ou fociété de *propriété* comme celle dont nous entendons parler par cet article. S'il paroît que les co-perfonniers n'ont eu intention d'être affociés que pour le commerce, leur fociété né s'étend pas au-delà des objets de leur négoce ; mais dans le doute, on doit donner à leur affociation tout l'effet qu'elle peut avoir fuivant la coutume, fur-tout à l'égard des créanciers, faute par les affociés d'avoir fait un inventaire de ce qui appartenoit à chacun d'eux avant leur réunion.

Dès l'inftant que la *communauté tacite* eft formée par l'an & jour, elle a un effet rétroactif au moment où elle a commencé ; les co-perfonniers font depuis ce temps-là communs pour tout le mobilier que chacun d'eux avoit alors, de même que pour celui qui leur eft furvenu depuis à quelque titre que ce foit, ainfi que pour les immeubles qu'ils ont acquis durant la *communauté*.

Les propres, non plus que les autres immeubles que les affociés avoient avant la formation de la *communauté*, n'entrent point, comme on peut bien

le penfer, dans ces fortes de *communautés* ; quand même ces biens n'auroient point été encore partagés entre les affociés. Si l'un d'eux ou tous enfemble achètent un héritage de la ligne d'un des affociés, celui qui auroit été habile à en exercer le retrait peut le retenir lors du partage, moyennant une récompenfe en argent, autrement il fait partie de la *communauté*.

Si l'un des affociés vend durant la *communauté* un de fes propres, & qu'il le rachète enfuite, l'héritage lui demeure toujours propre ; & s'il ne le rachète pas, il lui eft dû une récompenfe.

Si avant d'entrer en *communauté*, l'un des co-perfonniers a acheté un héritage fous faculté de réméré, & que durant la *communauté* le vendeur rachète cet héritage, le prix du rachat n'entre en *communauté* qu'à la charge d'un rembourfement lors de la diffolution de cette *communauté*. Il eft vrai que l'article 12 du chap. 22 de la coutume de Nivernois, s'explique différemment ; mais nous penfons avec le Brun, que ce qu'elle décide à ce fujet fort du droit commun, & ne peut s'étendre à d'autres coutumes qui font muettes en pareil cas.

Nous avons obfervé que les immeubles propres, ou autres, que les co-perfonniers poffédoient au moment de la formation de la *communauté*, n'entroient point dans les autres biens de leur fociété ; cependant, fi par des écrits il paroiffoit que leur intention a été de mettre en commun tous les biens qu'ils avoient alors, meubles ou immeubles, propres ou acquêts, la *communauté* feroit alors générale pour toute forte de biens. Les actes à la faveur defquels cette intention pourroit fe reconnoître, feroient des contrats de vente ou d'échange, par lefquels les propres feroient vendus au nom de tous les affociés ; au furplus, pour des *communautés* différentes de celles que les coutumes admettent, il faut des conventions expreffes & par écrit.

Les affociés ont entre eux une égalité de droit pour le régime de leur *communauté* ; ce que l'un fait, il eft cenfé le faire de l'aveu & du confentement des autres : ils font entre eux comme des mandataires refpectifs. Ainfi, quand l'un s'oblige pour le fait de la *communauté*, il oblige tous les autres avec lui. Mais ceci n'a lieu que lorfqu'on n'a pas établi un chef ou maître de la *communauté*, lui feul alors a droit d'en régir les biens, & d'engager les communs. C'eft ce que décide la coutume de Berri, tit. 8, art. 22.

Ainfi, lorfque l'un des affociés eft notoirement connu pour le maître ou facteur de la *communauté*, c'eft-à-dire pour chef & pour principal adminiftrateur, il n'appartient qu'à lui feul de contracter pour lui & pour les autres activement & paffivement : ce qu'un étranger feroit avec l'un des autres affociés fans la participation de ce chef, feroit regardé comme l'ouvrage du dol & de la fraude ; cet étranger n'auroit d'action directe ou en recours que contre celui avec lequel il auroit traité, à moins qu'il ne prouvât que l'engagement a été tacitement approuvé par les autres associés, ou qu'il a tourné au profit de la *communauté*.

Observez toutefois que le chef d'une *communauté* semblable, n'a de pouvoir particulier que pour des emprunts nécessaires, comme pour faire rétablir des ruines, pour avoir des grains, pour faire ou pour accepter des baux ; car s'il s'agissoit d'une aliénation, il ne pourroit la faire sans le consentement de ses associés, parce qu'un acte pareil passe les bornes d'une simple administration. Il n'en est pas d'une *communauté* telle que nous la supposons comme d'une *communauté* conjugale ; dans celle-ci, les deux conjoints sont tenus des dettes contractées par le mari seul, quand même les dettes n'auroient point tourné au profit de la *communauté*, au lieu que dans une association tacite, les dettes sont seulement pour le compte de celui qui les a faites, quand la société n'en a point profité.

Lorsqu'il s'agit d'action en justice, le chef peut agir ou être actionné, tant pour lui que pour ses *consorts*, sans procuration spéciale de leur part ; c'est ce qui résulte de l'article 263 de la coutume de Bourbonnois, & de l'article 5 du titre 22 de celle de Nivernois : mais ceci ne s'entend que des affaires de pure administration ; car s'il s'agissoit d'actions réelles, le concours de toutes les parties intéressées seroit nécessaire.

Chacun des associés a droit d'user pour son service particulier des choses communes. Les frais de maladie sont à la charge de la société. Si l'un des associés a une femme & des enfans, l'entretien de cette femme & de ces enfans se prennent aussi sur les choses communes ; on y prend encore les frais d'étude & de pension, ainsi que tous les autres frais dont les enfans ne doivent point le rapport à leurs co-héritiers : mais les frais extraordinaires, comme de doctorat & autres, se précomptent lors du partage ; on prélève de même les dots qu'on tire de la *communauté* pour le mariage des filles, parce que ces objets-là tiennent lieu d'une portion héréditaire dont le père & la mère sont seuls tenus.

Pendant que les associés jouissent en commun, ils ne peuvent point opposer de prescription à ceux qui sont absens, lorsque cette absence est de leur aveu & pour le profit de la *communauté*. Il en seroit autrement, si l'on faisoit une sommation à l'absent de se rendre sur les lieux, avec déclaration que faute par lui d'y avoir satisfait dans un temps convenable qu'on lui fixeroit, la *communauté* cesseroit d'avoir lieu dès ce jour-là : il est certain que dès ce moment il n'auroit plus qu'une action en partage, qui pourroit se prescrire comme les autres actions.

Si l'un des associés faisoit une acquisition particulière en son nom, & de manière à faire connoître qu'il veut seul en profiter, ses co-personniers pourroient-ils y prendre part malgré lui, ou

suffiroit-il de leur tenir compte de ce qui auroit été pris dans la *communauté* pour cette acquisition ?

Ces co-personniers pourroient le forcer à leur communiquer le profit de cette acquisition, parce que les principes sur cette matière veulent que tous les acquêts soient communs, & que le sort d'un des associés ne soit ni plus ni moins favorable que celui des autres. Cependant, si à la veille d'une dissolution de *communauté*, l'un des consorts qui n'auroit point de logement, faisoit l'achat d'une maison pour s'y retirer au moment de la séparation, il ne seroit point obligé de faire entrer dans le partage cette acquisition, il lui suffiroit d'offrir le remboursement de ce qu'il auroit pris dans la société pour se procurer ce logement.

Les *communautés* dont il s'agit peuvent finir de différentes manières. D'abord elles finissent par une séparation de fait & une cessation de rapport de gains & de profits, quand même le partage des biens communs ne seroit pas encore commencé. Elles finissent aussi par la mort naturelle ou la mort civile d'un des associés, même par une condamnation aux galères ou au bannissement à temps, parce que ces sortes de peines empêchent le condamné de continuer de faire pour la *communauté* ce qu'il faisoit auparavant, sans que ses héritiers puissent le remplacer. Mais si les autres associés continuent de vivre entre eux comme auparavant, la *communauté* subsiste à leur égard.

Lorsque les héritiers de l'associé décédé sont ses enfans, & qu'ils demeurent avec les autres associés, la *communauté* n'est point interrompue de plein droit à l'égard de ces enfans majeurs ou mineurs, à moins que les associés survivans n'aient déclaré par leur conduite qu'ils n'entendent point continuer de *communauté* avec eux. La séparation de vie commune d'avec les enfans majeurs, est suffisante pour marquer qu'on n'est point dans l'intention de continuer cette *communauté*. A l'égard des enfans mineurs, il faut un inventaire des biens de la *communauté*, commencé dans les trois mois du décès du père, avec un légitime contradicteur & une déclaration qu'on arrête la *communauté*, sans quoi elle continue de plein droit avec eux ; & lorsque par la suite il est question de partage, ils ont la liberté ou d'arrêter la *communauté* au jour du décès de leur père, ou de la prendre dans l'état où elle se trouve par la continuation.

Mais observez que cette continuation n'a lieu entre tous les enfans que pour la part qu'auroit eue le père, s'il avoit vécu plus long-temps. Cette même continuation ne commence à avoir lieu par tête entre eux, qu'au moment où chacun d'eux a atteint l'âge auquel, suivant la coutume, la société tacite peut se former ; c'est ce qui résulte de l'art. 4 du chap. 22 de la coutume de Nivernois. Ainsi supposons que l'associé ait laissé trois enfans après sa mort, ces trois enfans n'auront ensemble que la portion qu'auroit eue leur père. Si l'un de ces enfans ensuite acquiert la *communauté* de son chef par une habitation d'an & jour, à compter du moment qu'il a eu l'âge nécessaire à cet effet, il a dès-lors lui seul une portion égale à celle de son père décédé ; & pour lui régler cette portion, on commence par distraire avant partage les portions des deux autres enfans qui ne sont pas d'âge compétent.

Cette espèce de *communauté* se dissout aussi par l'inexécution de la condition sous laquelle elle s'étoit formée.

La discussion générale des biens d'un associé opère aussi le même effet.

Un des associés peut aussi y renoncer, pourvu que ce ne soit pas en fraude de ses co-associés ; & dans le cas où la renonciation est valable, elle opère la dissolution de la *communauté*, tant à son égard que pour les autres.

Celui qui gère les biens & les affaires de la *communauté*, peut être contraint d'en rendre compte chaque année : en cas de dissolution, chaque associé peut demander partage des biens qui sont de nature à pouvoir être partagés.

Dans le cas où il a lieu, les associés doivent se rendre compte de bonne-foi de ce que chacun d'eux a reçu & de l'emploi qu'il en a fait. Les preuves de fraude peuvent être admises par témoins, & la moindre peine pour celui qui a voulu s'approprier furtivement quelques effets de la *communauté*, est d'être privé de la portion qu'il pouvoit avoir dans les effets détournés. Cette fraude peut s'opposer en tout temps, même après le partage, lorsque la découverte ne l'a pas précédé.

Quand il y a des mineurs, le partage peut se faire avec eux, s'ils sont émancipés, ou avec leur tuteur, s'ils ne le sont pas, mais pour le mobilier seulement ; car pour les immeubles, le partage n'en peut être que provisionnel pour les jouissances durant la minorité, à moins que ce partage ne soit fait en justice, parce qu'en général on regarde les partages comme des actes d'aliénation, & que les mineurs ne peuvent point aliéner.

Lors du partage, ce que chacun a mis en *communauté* & ce qui a été acquis en conséquence, est commun aux uns & aux autres, sans qu'on puisse prélever aucun apport particulier ; par la raison que l'industrie de l'associé qui a moins apporté, est censée compenser l'avantage d'un apport plus considérable de la part de l'autre associé. Ainsi, en supposant que Pierre, en se réunissant avec Paul, ait mis beaucoup de mobilier dans la *communauté*, & que Paul n'en ait eu de son côté que peu ou même point du tout, celui-ci, lors de la dissolution de la *communauté*, n'aura pas moins la moitié de tout ce mobilier devenu commun, parce qu'il est à présumer que Pierre s'est contenté de l'industrie de Paul comme d'un équivalent du mobilier qu'il a rendu commun.

Nous observerons néanmoins que si peu de temps après la formation de la *communauté* par an & jour, Paul en demandoit le partage dans un esprit de

fraude, pour s'approprier la moitié du mobilier de Pierre, avant d'avoir eu le temps par son travail & son industrie, de faire fructifier la *communauté*, ce dernier seroit fondé à demander le prélevement de l'apport de son mobilier, parce qu'il ne seroit pas juste qu'il souffrît de la mauvaise foi de son associé.

Mais quel est le temps que doit avoir duré une *communauté*, pour que le partage en ait lieu par égalité & sans prélevement d'apport ? C'est ce qui n'est, ni ne peut être facilement déterminé : ceci doit dépendre des circonstances & de la sagesse des juges. Si ceux qui se sont associés étoient à-peu-près égaux en mobilier, on ne doit presque plus considérer la durée de l'association ; & nous pensons qu'après qu'elle a subsisté trois ans depuis l'an & jour qu'elle a été formée, on ne doit plus élever de contestation à ce sujet.

Que faut-il penser du cas où Pierre qui auroit apporté beaucoup de mobilier, viendroit à mourir, supposé dans les trois mois après la formation de la *communauté* par an & jour ? Paul, qui n'auroit mis en commun que son industrie, seroit-il recevable à demander en partage la moitié du mobilier apporté par le défunt, sous prétexte que ce mobilier compose la *communauté* ?

Nous pensons qu'il y seroit recevable, par la raison que la dissolution de *communauté* ne seroit point de son fait : on peut appliquer à ce cas particulier la même décision qu'en matière de *communauté* conjugale, où la femme qui n'auroit rien apporté ne laisseroit pas de partager dans le mobilier provenant du mari, quand même celui-ci viendroit à mourir le lendemain de la célébration du mariage.

Il faut dire la même chose de l'associé qui seroit obligé de se séparer plutôt qu'il ne l'auroit fait, par rapport aux mauvais traitemens exercés envers lui injustement ; une injure pareille seroit une raison de plus pour ne le point priver du droit qui lui seroit acquis. Il en seroit différemment, s'il étoit querelleur ou que sa femme & ses enfans rendissent l'association insupportable.

A l'égard des prélevemens qui, comme nous l'avons dit, auroient pour objet des dots payées pour le mariage des filles d'un des associés, l'acquisition d'un office, le paiement de dommages-intérêts ou de dépens prononcés contre cet associé, ou contre l'un de ses enfans à raison de quelque délit personnel, & d'autres prélevemens semblables, il est juste qu'il en soit fait raison lors du partage ; mais le surplus doit se diviser avec cette égalité & cette équité naturelle, qui doit être l'ame de tous les partages.

Mais il y a une distinction à faire entre le mobilier & les acquêts immeubles. Le mobilier se divise suivant le nombre de tous les associés lors du partage, au lieu que les acquêts immeubles n'appartiennent qu'à ceux qui étoient communs lors de l'acquisition qui en a été faite, & cela par une raifon tirée du principe que nous avons établi plus haut, que les immeubles déjà acquis n'entrent point dans une nouvelle *communauté*.

Il faut obferver auffi que, quoique la femme & les enfans d'un affocié ne foient pas membres de la *communauté*, & qu'ils n'y aient aucune part, ils ne laiffent pas néanmoins, lors du partage des grains & des fruits de l'année, de participer à ces grains & à ces fruits, pourvu que ces enfans foient au-deffus de l'âge de fept ans, âge auquel les enfans de campagne font cenfés être en état de gagner leur vie; mais cette portion qu'on leur donne n'eft que par forme de dédommagement, & pour leur tenir lieu de la nourriture dont ils ont befoin le refte de l'année.

Quand l'un des affociés vient à mourir, fes héritiers, comme nous l'avons dit, peuvent demander fa part & portion, & cette faculté eft dans l'ordre naturel; mais la coutume de la Marche renferme à ce fujet une difpofition fingulière; l'article 215 porte qu'entre parens communs en biens, les furvivans fuccèdent feuls au parent décédé, lorfqu'il meurt fans enfans, quand même il auroit d'autres parens plus proches que les affociés furvivans. Le Brun qui rapporte les notes de Dumoulin & de Jubely fur cette coutume, n'a pas donné la jufte explication de l'article. Il falloit diftinguer avec M. de Fournoue, qui a commenté le même article, entre parens de condition *ferve* ou *mainmortable*, & parens de condition *franche*. Entre parens de condition ferve ou main-mortable, il eft fans difficulté que la fimple indivifion de biens de cette qualité fuffit pour donner un droit de fucceffion, pour ces mêmes biens feulement, en faveur de ces parens à l'exclufion des autres parens qui fe font féparés, & qui ont partagé. A l'égard des parens de condition franche, il eft d'ufage qu'une *communauté* entre eux, n'emporte le droit fucceffif qu'autant que cette *communauté* eft de convention & par écrit, & qu'elle eft générale de tous biens; alors même, fans qu'il foit befoin de pacte fucceffif, ils fe fuccèdent en vertu des difpofitions de la coutume.

C'eft une queftion de favoir, fi les acquêts auxquels un des parens affociés fuccède par la mort de fon affocié, font des biens propres ou des acquêts dans l'hérédité du fucceffeur furvivant? Cette efpèce s'eft préfentée dans la coutume de Chartres, le prévôt jugea que ces fortes de biens formoient des propres. Cette fentence fut confirmée fur l'appel, au bailliage de la même ville, & enfuite par arrêt du parlement de Paris, du 12 juin 1705, au fujet de la fucceffion de Louis Lefebvre, chanoine de la collégiale de S. André de Chartres, qui avoit fuccédé à la portion des acquêts faits dans une *communauté* fubfiftant depuis près de trente ans entre fa foeur & lui. *Voyez* SOCIÉTÉ.

COMMUNE ou COMMUNES, f. f. (*Droit public & civil.*) ce mot a dans notre langue plufieurs acceptions différentes. Il fignifie, 1°. le *menu peuple* d'une ville ou bourg.

2°. On entend par le terme de *commune*, cette efpèce de fociété, affociation, & confédération que les habitans ou bourgeois d'un même lieu ont contractée entre eux; depuis environ le douzième fiècle, par la permiffion de leur feigneur, au moyen de laquelle ils forment tous enfemble un corps, ont droit de s'affembler & délibérer de leurs affaires *communes*, de fe choifir des officiers pour les gouverner, de percevoir des revenus communs, d'avoir un fceau & un coffre commun, &c.

3°. On donne le nom de *commune*, *communage* ou *communal*, aux forêts, bois, prés, prairies, pâturages & autres terres qui appartiennent à une ou à plufieurs communautés d'habitans.

Nous traiterons féparément des deux dernières fignifications du mot *commune*: nous rédigerons ce qui concerne les affociations, fous le nom de COMMUNES, *Droit public*, & fous celui de COMMUNES, *Droit civil*, ce qui appartient aux *communaux*.

COMMUNES, (*Droit public.*) il feroit difficile de déterminer l'origine des communautés d'habitans, & des *communes* telles qu'elles exiftent aujourd'hui, & qu'elles fe font établies en France & dans prefque toute l'Europe, pour défendre leurs villes, leurs territoires & leurs perfonnes, contre la tyrannie des feigneurs féodaux.

Cette matière eft de la plus grande importance pour les jurifconfultes; mais, fans une étude approfondie de notre hiftoire, jamais on n'aura la clef du droit françois fur ce point, ni fur une infinité d'autres. Chaque jour on voit renaître des conteftations entre les feigneurs & leurs vaffaux, entre les officiers du roi & ceux des villes municipales: pourquoi ces conteftations font-elles fi obfcures, fi longues, fi ruineufes? Parce qu'on ignore quel a été l'état des perfonnes & l'état des chofes pendant les différentes époques de notre monarchie. Incapables d'entendre le langage des anciennes chartres, nous dédaignons de les confulter; nous affimilons les chofes les plus difparates; & voulant expliquer ce qui a été par ce qui exifte, on augmente les ténèbres, on multiplie les erreurs, on éternife les procès, on fait commettre aux magiftrats des injuftices involontaires à la vérité, mais qui n'en font pas moins des injuftices.

Effayons de jetter quelques lumières dans un cahos, où rarement les jurifconfultes ont pénétré fans s'égarer.

Pour fe faire des idées nettes fur les *communes*, il faut remonter à leur fource primitive, aux anciennes cités. On en comptoit cent cinquante dans les Gaules, lorfque Clovis en fit la conquête. Chacune d'elles avoit fes décurions qui rendoient la juftice fous l'autorité du gouverneur, & faifoient le recouvrement des impôts, felon le cadaftre arrêté par l'officier principal.

Les cités avoient auffi des diètes ou affemblées

générales qui se faisoient, tantôt à la requisition de l'empereur, tantôt de leur propre mouvement. Tacite rapporte que, sous le règne de Vespasien, la cité de Reims convoqua, par un édit, les autres cités des Gaules, afin de délibérer s'il étoit à propos de prendre les armes contre les Romains. Un édit de l'empereur Honorius fixe dans la ville d'Arles l'assemblée annuelle des cités des Gaules. Auguste, suivant le témoignage de Dion, convoqua à Narbonne les trois Gaules Cisalpines.

Clovis, à son avénement au trône, laissa subsister en partie cet ancien régime. Des gouverneurs, sous le titre de comtes ou de ducs, se rendoient dans les cités pour y représenter le nouveau souverain.

Chaque cité, outre son sénat, avoit encore ses milices & ses revenus. Ces revenus consistoient dans le produit de certains biens-fonds & dans des octrois. Il nous reste une ordonnance d'Arcadius, qui confirme les octrois accordés aux cités, & déclare nulles toutes les oppositions que les particuliers pourroient faire contre ces impôts. Dans toutes les Gaules, on rencontroit à côté des douanes impériales des bureaux appartenans aux cités, pour la perception de leurs octrois.

A l'égard de leur milice, elle servoit tantôt l'empereur dans ses guerres contre l'étranger, tantôt la cité contre les cités voisines qui se détruisoient réciproquement. L'abbé Dubos observe que la politique des empereurs toléroit l'indépendance des cités, & approuvoit leurs guerres mutuelles, afin de laisser un aliment à leur inquiétude & à leur esprit belliqueux. Il auroit pu ajouter que ces villes furent long-temps une digue contre les irruptions des barbares, & que les cités contribuèrent plus que toute autre cause à suspendre la chûte de l'empire d'Occident.

Les choses restèrent à-peu-près dans cet état sous nos rois de la première race; mais durant la deuxième, les cités dégénérèrent & disparurent presque entièrement sous les ruines dont les Normands & les grands vassaux couvrirent la France entière; c'est en quelque sorte de leur tombeau que s'élevèrent les confédérations nouvelles dont nous allons tracer les révolutions.

Lorsque l'anarchie féodale eut réduit les peuples à l'état d'esclaves, & la royauté à un simple titre honorifique, alors l'excès des abus fit naître les réformes. Nos rois cherchèrent à rentrer dans leurs droits usurpés; mais trop foibles pour attaquer de front les seigneurs, ils commencèrent par affranchir les serfs du domaine de la couronne. Ces troupeaux d'esclaves, changés en hommes, prirent un essor; on vit bientôt renaître parmi eux le courage, l'émulation, l'industrie. Telle fut parmi nous la renaissance du peuple, de cet ordre d'hommes, qu'on a nommés tiers-état, & qui forme aujourd'hui la partie la plus nombreuse de la nation.

En même temps que nos rois rendoient la liberté à leurs vassaux, ils essayoient de rétablir les

cités en leur accordant des lettres confirmatives de leurs anciens droits.

Philippe-Auguste, érigeant Tournai en commune, déclare qu'il ne fait que la rétablir dans son état primitif, afin qu'elle puisse « continuer à vivre suivant les loix & usages des cités ». La ville de Reims, dans le douzième siècle, demanda une chartre de commune pour être « maintenue dans » les droits de cité », dont elle conservoit encore une grande partie.

Bientôt les vassaux des seigneurs, animés par ceux du roi, s'agitant sous leurs chaînes, mirent tout en œuvre pour les rompre. Leur premier mouvement se dirigea vers le trône; ils sollicitèrent des chartres d'affranchissement; des titres sans ordre leur furent d'abord accordés; le souverain leur permit de se réunir en commune, sauf à eux & racheter de leurs oppresseurs une liberté & des droits qu'ils avoient perdus. Telle est la clause insérée dans les premières chartres qu'obtinrent les habitans des bourgs & des villes.

M. de Bréquigni prétend que ces confédérations prirent naissance sous le règne de Louis VI.

L'origine de la commune de Noyon est une des premières que l'on connoisse. Guibert dit qu'elle servit de modèle à celle de Laon. Voici les circonstances qu'il rapporte sur l'établissement de cette dernière. Le despotisme & l'avidité de son évêque en furent la principale cause. Depuis plusieurs années sa ville épiscopale étoit le théâtre de tous les crimes; lui-même avoit été complice de l'assassinat du célèbre Gérard de Crecy, l'un des habitans les plus vertueux de cette ville; on y voloit impunément les étrangers; les domestiques du roi n'étoient pas à l'abri des insultes; les nobles y exerçoient toutes sortes de brigandages & de cruautés.

Dans cette conjoncture, les habitans ne trouvèrent d'autre remède à leurs maux que celui d'une confédération générale; ils profitèrent de l'absence de leur évêque pour commencer cette ligue; ils s'adressèrent au roi, qui donna la sanction à leur révolte, en leur faisant expédier une chartre de commune. A cette nouvelle, l'évêque prend les armes, rassemble la noblesse de la ville & des environs, dans son palais & dans les tours de son église; après un siège opiniâtre, son palais & dix églises furent livrées aux flammes; lui-même fut massacré par les bourgeois, & leur chartre de commune obtint une nouvelle ratification de la part du monarque.

La commune d'Amiens, celles d'un grand nombre d'autres villes s'établirent de même parmi le carnage & les incendies. Celle de Beauvais eut une origine différente; sans autorisation du roi, sans acquiescement préliminaire de la part des seigneurs, tous les habitans de la ville se confédérèrent, & pendant plusieurs années furent opposer la force à la force. Louis VI fut obligé, en 1104, de s'y transporter, afin de rétablir l'harmonie entre le peuple, la noblesse & le clergé.

Quoique nous n'ayons point la chartre que ce prince accorda aux habitans de cette ville, il existe encore des lettres de Louis VII, confirmatives de leur *commune*, datées de 1144 : elles s'expriment ainsi : « Nous confirmons la commune que Louis » notre père avoit accordée, il y a déjà long-temps, » aux habitans de Beauvais, & nous la confirmons » telle qu'elle fut instituée & jurée dans sa pre-» mière origine ».

Quand une ville n'étoit pas assez puissante pour se défendre contre les ennemis de son voisinage, alors nos rois l'associoient à d'autres villes ou bourgs du même canton. Une chartre de Philippe-Auguste, de 1185, réunit en une seule *commune*, Condé, Vassy, Chavonnis, Celles, Pargny, & Filain. Le même roi, l'année précédente, avoit rassemblé de même Cerny, Chamonsilles, Beaune, Chevy, Cortone, Verneuil, Bourg & Consin.

Parmi les motifs qui déterminoient nos souverains à créer des *communes*, on trouve dans les ordonnances du Louvre, qu'en 1189 la ville de Sens obtint cette faveur, *intuitu pietatis & pacis*, *in posterum conservandæ*. Celle de Compiegne en 1153, *ob enormitates clericorum*; celle de Mantes, *pro nimia oppressione pauperum*; celle de la Rochelle, *propter injurias & molestias a potentibus terræ*, *burgensibus frequenter illatas*.

Rien de plus sacré que ces motifs; cependant rien ne parut plus injuste & plus scandaleux. Des clameurs universelles s'élevèrent parmi les seigneurs, & sur-tout parmi cet ordre d'hommes qui ne font que passer sous le ciel, & qui, ne pouvant connoître leurs successeurs, n'ont aucun intérêt de leur transmettre en bon ou en mauvais état les vassaux & les domaines dont ils jouissent. L'abbé de Nogent, témoin oculaire de ces opérations si sages, si nécessaires, si utiles à la France, en parle ainsi : « La *commune*, nom nouveau, nom détestable, a » pour but d'affranchir les censitaires de tout ser-» vage, au moyen d'une redevance annuelle; » n'imposant à ceux qui manquent à leurs devoirs » qu'une amende légale, & *délivrant les serfs de* » *toutes les exactions auxquelles ils étoient assujettis* ».

Ainsi l'une des plus belles opérations de la sagesse & de la politique de nos rois fut qualifiée d'acte *injuste* & *détestable*.

Tandis que les seigneurs déclamoient, les *communes* se multiplioient dans le royaume; elles parvinrent à un tel degré de puissance, qu'on vit souvent les nobles & le clergé solliciter l'honneur de devenir membres de ces confédérations. On trouve dans l'ancienne chronique de Flandre, qu'un roi de Navarre *se mit en la bourgeoisie de la cité d'Amiens*.

M. de Bréquigny, après un examen très-suivi des chartres de *communes*, assurent qu'elles ne remontent pas au-delà du douzième siècle, ensorte qu'on doit regarder comme suspectes toutes celles qui portent des dates antérieures. Les titres qui seroient du onzième ou du dixième siècle ne seroient

donc pas d'un grand poids en justice, à moins qu'ils ne réunissent tous les caractères possibles de l'authenticité.

Il est vrai que l'historien du comté de Ponthieu fait remonter à l'année 1030 la chartre de *commune* d'Abbeville; il prétend même qu'elle a servi *d'exemple à toutes les autres*.

Mais c'est une erreur palpable, car l'auteur de cette chartre, Guillaume de Talevas, ne fut comte de Ponthieu qu'en 1130.

Le comte de Boulainvilliers prétend aussi que la chartre de *commune* de Vervins fut accordée dans le milieu du onzième siècle par Thomas de Coucy; c'est également une erreur, parce que ce seigneur, second fils de Raoul de Coucy, n'hérita de la seigneurie de Vervins qu'en 1190.

Enfin dans le registre 80 du trésor des chartres, on trouve aussi des espèces de lettres de *communes* accordées aux habitans d'Aiguesmortes, sous la date de 1079. Mais ces lettres ne sont signées d'aucun des officiers de Philippe I, qui régnoit alors; elles le sont par ceux de Philippe III, qui régnoit en 1279. Ainsi les trois prétendues chartres du onzième siècle, loin de détruire l'opinion du savant rédacteur des ordonnances du Louvre, ne servent qu'à la rendre plus vraisemblable, & nous croyons que les tribunaux pourroient rejetter, comme apocryphes, tous les actes de *commune* antérieurs au douzième siècle, à moins qu'ils ne fussent revêtus, comme nous l'avons dit, des caractères de l'authencité les plus frappans & les plus complets.

Notre observation ne devroit pas sans doute empêcher aujourd'hui certaines villes de réclamer leurs anciens droits de cité & de *commune* : mais telle est l'inconséquence de notre droit public, que quoiqu'on ne puisse révoquer en doute l'existence & les prérogatives de ces sortes d'associations, néanmoins la prescription a lieu contre elle. Elles auroient une possession de 1000 ans, que leurs droits n'en seroient ni plus solides, ni plus respectés. Si elles ne peuvent représenter des actes authentiques, on les dépouille de leurs franchises; & tandis que les propriétaires de fiefs n'ont besoin d'autres titres que la possession pour établir leurs droits si odieux dans l'origine, les villes sont assujetties pour jouir des droits de *commune*, à représenter non-seulement les chartres du souverain, mais les concessions des seigneurs qui possédoient quelques fiefs sur le territoire de ces villes. Il y a plus; un seigneur qui, pendant 5 à 600 ans, auroit négligé la perception de ses droits féodaux, pourroit aujourd'hui les réclamer en justice, & sa réclamation seroit accueillie favorablement, & ses vassaux condamnés à lui payer des reliefs, des lods & ventes, des quints & des requints, pourvu que les droits revendiqués fussent mentionnés dans la coutume du lieu où ces fiefs sont situés. Les seigneurs, lors de la rédaction des coutumes, ont eu le crédit d'y faire insérer la plupart de leurs prérogatives; les *communes* n'ayant pas eu le même avantage, leurs droits ont insensiblement disparu ; ce qui en reste , contesté chaque jour par ces mêmes seigneurs, leur sera peut-être enfin enlevé tout entier.

Il n'est pas nécessaire d'observer combien cette bizarrerie , ainsi que la maxime *nulle terre sans seigneur* , contribuent à nourrir parmi nous l'hydre de la chicane. On a vu dans ces derniers temps la ville de Reims , cette antique cité , essuyer contre ses seigneurs une contestation aussi longue que ruineuse. Les villes de Péronne , de Chaulny , de Montdidier , en leur qualité de *communes* , ont éprouvé les mêmes disgraces pendant le dernier siècle. Et la seule ville de Dourlens , pour conserver quelques-uns de ses droits (de *commune* , a été contrainte de plaider contre les gens du roi , contre les engagistes , contre les seigneurs justiciers des environs , contre les officiers royaux de la ville même. Depuis l'ordonnance de Moulins, qui porta un coup si funeste à la jurisdiction des *communes* , les officiers municipaux de Dourlens ont eu huit procès à soutenir au parlement, ont obtenu dix-neuf sentences contre leurs prévôts & leurs seigneurs , ont passé avec eux vingt-cinq transactions ; & malgré les lettres-patentes de Henri IV & de Louis XIII , confirmatives de ses droits , cette ville a été réduite en 1730 à faire encore retentir les tribunaux de la province & de la capitale , pour conserver quelques débris de sa *commune.* Nous avons cru devoir appuyer sur ces détails , afin de rendre plus sensible la nécessité d'une réforme dans nos loix féodales, relativement à la prescription.

Après avoir examiné l'origine des *communes* , il faut dire un mot de leurs prérogatives & de leurs charges.

Une des plus belles prérogatives de ces villes confédérées , étoit d'avoir des loix fixes , des loix écrites , & de ne pouvoir être régies que par elles. Quand on vouloit se réunir en *commune* , on commençoit par recueillir les usages & les anciens droits , on examinoit en même temps les abus & les remèdes , on traçoit des réglemens , on en formoit une espèce de code , que l'on consignoit dans le projet de chartre , pour être ratifié par le souverain. C'est aux *communes* que nous sommes redevables de la rédaction d'une partie des loix de la seconde & de la troisième race. C'est d'elles que nous sont venues la plupart de nos coutumes écrites; leurs chartres présentent un tableau naïf des mœurs de ces siècles barbares. Dans ces monumens, nos jurisconsultes découvriront les premiers vestiges de nos coutumes , la raison de nos usages , & le véritable esprit du droit françois.

Quand nous disons que les *communes* avoient leurs loix écrites , il ne faut pas en conclure que chacune d'elles eût un code particulier : comme les mœurs & les besoins étoient à-peu-près les mêmes par-tout , les *communes* nouvelles adoptoient le code des autres , sur-tout de ces anciennes villes qui avoient su conserver une image des principaux

droits de l'homme en société. Les grandes cités , telles que Paris , devinrent les législatrices de plusieurs *communes*. De-là , cette clause si fréquente dans les chartres , la *commune de Niort suivra la coutume de Rouen ; celle d'Athie suivra la coutume de Péronne.*

C'est dans ces petits codes qu'on peut observer jusqu'où s'étendoit la portion de liberté que le monarque rendoit à ses peuples ; tantôt on y trouve purement & simplement que *les hommes de la commune de .... seront libres , eux & leurs biens ;* tantôt qu'ils demeureront à perpétuité exempts de tous droits de prise , de taille , de prêts forcés & d'exactions. *Permanent liberi ab omni taillatu , captione , creditione & universâ exactione.* Telles sont les clauses des *communes* de Mantes & de Chaumont. Tantôt le roi déclaroit que nul autre que lui ne pourroit lever aucun droit de main-morte sur les hommes de certaine *commune* ; tantôt il y renonçoit lui-même , & l'abolissoit sans réserve. *Nullus dominus nisi nos mortuam manum capiat.*

C'est ainsi qu'il s'exprime dans la *commune* de Compiegne ; & dans celles de Laon , de Crespy en Valois , de Bruyères en Languedoc , il ajoute : *mortuas autem manus omnino excludimus.*

D'après ces actes que nous pourrions multiplier encore , il semble que nos souverains jouissent du droit d'éteindre la main-morte. Pourquoi donc les habitans du Mont-Jura n'obtiendroient-ils point du monarque un affranchissement que les tribunaux n'ont pu leur accorder ? Le chapitre de Saint-Claude prétend conserver sur eux tous les droits de main-morte ; mais les habitans du Mont-jura sont dans la position où se trouvoient ceux de Beaune , de Verneuil , de Bourg , de Consin , que Philippe-Auguste affranchit de cette espèce de servitude en 1184. On peut voir au tome 7 des *Ordonnances du Louvre* , *pages* 500 & 501, ce que le roi fit à l'égard des habitans de Montolieu ; il les exempta non-seulement de tout don gratuit & de prêt forcé , mais encore de toute corvée d'hommes & de bêtes ; il leur permit en outre de transporter leur domicile où ils voudroient , de disposer de leurs biens entre-vifs , ou par testament , de marier à leur gré leur famille , de faire entrer leurs fils dans les ordres ecclésiastiques.

Les *communes* n'avoient pas seulement des loix écrites , elles avoient encore des magistrats pour en faire l'application , & des forces pour les faire respecter.

Les magistrats des *communes* étoient tirés de leur sein , & choisis par les membres de chaque *commune*. C'étoit une suite nécessaire de leur institution ; il falloit bien affranchir de toute jurisdiction seigneuriale les hommes qui n'étoient confédérés que pour éviter la tyrannie des seigneurs. Aussi nos souverains déclaroient-ils les justices des *communes* , dépendantes d'eux seuls , non en leur qualité de seigneurs , mais en leur qualité de roi. On

trouve

trouve un réglement de Charles VI, rendu en faveur de la ville de Lautrec, concernant sa jurisdiction municipale; le quatrième article porte : que les magistrats de cette ville reconnoîtront solidairement tenir leur caractère du roi, *non à titre de seigneur féodal, mais à titre de souverain.*

C'est en effet dans la personne du monarque que réside la plénitude de la justice ; c'est de lui qu'elle émane ; c'est vers lui qu'elle retourne ; c'est en son nom qu'elle doit prononcer en dernier & en premier ressort ; à lui seul appartient le droit formidable de juger les justices.

La Thaumassière, dans son *Ouvrage sur les anciennes coutumes de Lorris*, dit : « que le privilège » des *communes* est semblable au privilège des » grands vassaux, qui sont juges les uns des » autres ».

Beaumanoir avoit dit auparavant : « chacun qui » est de *commune*, laquelle *commune* a justice, doit » prendre droit pardevant ceux qui sont établis » en la ville pour y garder la justice ». Et dans le *Commentaire sur les assises de Jérusalem*, on établit « que les hommes de haute cour sont les hommes » chevaliers tenus en foi par l'hommage, & que » ceux de la cour de bourgeoisie sont les hommes » de la cité les plus loyaux & les plus sages ». Enfin, dans son *Traité des Offices*, Loiseau observe « que la justice fut donnée au peuple, *optimo jure;* » que le peuple y mit des officiers par élection; » qu'il a droit de percevoir les émolumens, comme » amendes & revenus de greffe; que néanmoins » le commandement s'est fait au nom du roi, & » non des villes, parce qu'en l'état monarchique » de France on trouveroit mauvais de le faire au » nom des officiers de la ville, & qu'il ne doit » jamais s'y faire au nom des juges ».

Pénétré de ces maximes, M. de Thou portant la parole pour le procureur-général, dans une affaire relative à la *commune* de Montdidier, disoit en 1572, « que l'édit de Moulins, par lequel les » justices ordinaires furent ôtées aux maires & » gouverneurs des villes, n'a pas entendu y » comprendre celles qui ont été vendues à titre » onéreux ».

Aussi Montdidier fut-il conservé dans la paisible possession de sa justice. La plupart des villes de *commune* pourroient faire les mêmes preuves d'acquisition de la justice; car on remarque dans presque toutes les chartes de cette espèce, que les *communes* n'obtenoient la sanction du souverain qu'à *titre onéreux, à prix d'argent*, comme nous le verrons ci-après.

A l'égard des forces qu'avoient les *communes* pour faire respecter leurs droits, pour défendre leurs domaines & leurs personnes, un grand nombre de monumens attestent encore cette vérité : les tours, les fossés, les remparts, les souterreins qu'on rencontre dans toute la France, sont des garans non suspects de l'ancien état des choses. Le droit de guerre qu'avoient les *communes* est

attesté d'ailleurs par toutes nos histoires, soit générales, soit particulières. On y rencontre, les *communes* aux prises avec les moines, avec leurs abbés, avec leurs évêques, & les autres seigneurs de fiefs. Philippe IV, dans la chartre de *commune* qu'il accorde aux habitans de S. Jean-d'Angely, leur permet, leur ordonne même d'employer toutes leurs forces contre quelque personne que ce soit. Dans la chartre de la ville de Roye, il est spécifié que, si quelque étranger, soit noble ou roturier, cause quelque dommage à la *commune*, & qu'il refuse d'obéir à la sommation du maire pour réparer le dommage, le maire, à la tête des habitans, ira détruire l'habitation du coupable ; & si c'est un lieu trop fort, le roi lui-même s'engage à les secourir.

Telles furent les principales prérogatives des *communes;* mais à tous ces avantages étoient réunies des charges souvent très-onéreuses.

A l'exemple des hommes de fief, les hommes de *commune* étoient obligés d'accompagner le monarque à la guerre. Cependant toutes les *communes* ne suivoient point une loi uniforme à cet égard. Chaumont ne devoit pas aller au-delà de la Loire & de la Seine. Bray n'étoit obligé de marcher que dans les guerres générales. Saint-Quentin ne faisoit que le service d'ost & de chevauchée. Tournai devoit fournir 300 hommes de pied.

Une chartre de Philippe-Auguste prouve que toutes les *communes*, sans exception, devoient le service militaire. « La ville de Crespy sera tenue » de nous fournir des troupes, ainsi que les autres » *communes* ».

Quoique la clause du service militaire ne se rencontre pas dans toutes les chartres, il n'en est pas moins vrai que les *communes* ont rendu les plus grands services à nos souverains. On doit à leurs efforts, à leur constance, la destruction de l'anarchie féodale. Placées entre les seigneurs & le trône, toujours prêtes à repousser la violence par la force, toujours ennemies des desseins ambitieux des tyrans subalternes qui les environnoient, ces villes éparses dans tout le royaume ont combattu pendant trois siècles, autant pour la liberté du trône que pour la leur.

On voit même qu'elles consacrèrent également leur or & leur sang à la patrie. Avant d'obtenir le droit de *commune*, les villes de Beaune & de Verneuil s'obligèrent à payer le double de leur taille ordinaire. Pontoise rendoit annuellement 500 liv.; Sens, 600 liv.; Péronne, 200 liv.; Meaux, 140 liv.; Neuville, 100 liv.; Crespy, 370 liv.; Villeneuve-le-Comte, 220 liv. Ces taxes augmentoient avec la population & la richesse des *communes*; ces villes se maintinrent dans la plupart de leurs droits jusqu'au commencement du seizième siècle; mais lorsque l'équilibre & la subordination commencèrent à se rétablir dans la monarchie, lorsque nos rois se sentirent assez puissans pour réprimer sans secours étrangers la cupidité des

K

grands, alors la politique de la cour changea de système; on chercha à diminuer les prérogatives des *communes*, on augmenta leurs charges; insensiblement on parvint à rendre ces confédérations impuissantes & à charge à elles-mêmes. D'abord, on avoit favorisé leurs entreprises contre les seigneurs, ensuite on favorisa les entreprises des seigneurs contre les droits des *communes*. La ville de Roye, en 1374, sollicita comme une grace la suppression de sa chartre. Neuville-le-Roi fit la même demande, & obtint la même faveur de Charles V. Le parlement supprima, de sa propre autorité, la *commune* de Chelles, sous prétexte qu'elle ne pouvoit représenter ses lettres de confirmation. Ainsi dégénérant de siècle en siècle, les *communes* sont devenues de chétives communautés.

COMMUNES, (*Droit civil.*) ce terme, en tant qu'il s'applique aux terres laissées en commun aux habitans d'une ville, d'un bourg ou village, se dit premièrement de tout pâturage public qui appartient à une communauté d'habitans; soit que ces pâturages consistent en prés bas ou varennes, ou en quelque autre lieu de pacage, tels que les landes & bruyères, situées en plaine, ou sur les montagnes & côteaux: secondement, des bois & des forêts, dans lesquels les habitans d'un même lieu ont également droit de prendre ce qui est nécessaire pour leur chauffage & les réparations de leurs maisons, & de mener paître leurs bestiaux.

Cette dernière espèce de *communes* est plus particuliérement désignée par le terme *usage*; nous en parlerons sous ce dernier mot. Dans plusieurs endroits, les pâturages communs sont appellés *usuelles* ou *usines, quasi usualia*, parce que en effet ils sont à l'usage des habitans.

Il ne faut pas confondre les *communes* dont nous parlons, avec les biens patrimoniaux des corps & communautés, qui sont aussi des biens communs. Les biens patrimoniaux forment la caisse publique destinée à soutenir les dépenses nécessaires au bien & à l'avantage des communautés: les *communes*, au contraire, ne produisent ordinairement aucun revenu annuel, & ne sont destinées qu'aux usages journaliers de chaque habitant. *Voyez* COMMUNAUTÉ *d'habitans.*

Les *communes* sont encore différentes de ce qu'on nomme dans quelques provinces *parcours*, qui est une espèce de servitude à laquelle sont assujettis les fonds des particuliers, qui sont tenus après la première récolte, de laisser ouverts leurs prés & leurs champs, aux bestiaux des individus de la communauté, en se conformant aux usages du lieu & aux réglemens de police. *Voyez* PARCOURS, VAINE PASTURE.

Il seroit difficile d'assigner la véritable origine des *communes* dont il s'agit, elles ont dû varier beaucoup. Il paroît seulement qu'en général, il y a eu chez les peuples pasteurs plus de pâturages communs & moins de propriétés; que les peuples

agricoles, au contraire, ont cru trouver plus d'avantages en partageant les terres, & en les attribuant aux particuliers, qu'en les laissant abandonnées à une vaine pâture.

Il paroît néanmoins qu'on peut attribuer la formation des *communes* aux concessions que les fondateurs des villes, bourgs & villages ont accordées aux habitans, & aux conventions que les seigneurs ont faites avec les colons.

Lorsque les uns ou les autres ont voulu peupler les villes, ou attirer des habitans autour de leurs châteaux, ils ont assigné à leurs ressortissans un territoire, ils leur ont accordé des terres, des franchises, sous des redevances, des charges, des corvées, des cens, des services déterminés. Dans l'espérance d'une population plus nombreuse, ils ont donné plus de terres qu'on n'en pouvoit cultiver. Les particuliers se sont partagé celles qu'ils ont jugées les plus à portée, les plus commodes & les plus fertiles.

Les plus éloignées, celles qui ont paru ingrates, ou dont la culture exigeoit des soins qu'ils ne vouloient ou ne pouvoient leur donner, ont été laissées pour être pâturées en commun, pour en assister les pauvres, & pour les assigner, suivant les occurrences, à de nouveaux venus.

Depuis que les gouvernemens s'occupent sérieusement de l'agriculture, on a examiné & approfondi deux questions sur les pâturages communs: la première, s'il ne seroit pas utile de réduire les *communes* en fonds clos; la seconde, de quelle manière ce changement pourroit se faire au plus grand avantage du public & des particuliers.

Nous ne croyons pas qu'il nous soit permis d'indiquer les moyens de tirer un plus grand profit des *communes*. C'est à ceux qui sont chargés du gouvernement des peuples à peser dans la sagesse & l'équité, les plans qu'ils estimeront les plus propres à faire cesser les inconvéniens qui résultent de l'état actuel des *communes*, & à procurer au public & aux particuliers les avantages qu'ils ont lieu d'en espérer. Mais nous ne pouvons nous dispenser de dire un mot sur la première question, elle intéresse essentiellement le droit public.

Tous ceux qui l'ont approfondie conviennent que les pâturages communs ont de très-grands désavantages, qu'il nous suffira d'indiquer.

1°. Pour tirer parti d'un pâturage, on ne devroit y mettre que la quantité de bétail, qu'il peut nourrir commodément, & presque toujours on surcharge les *communes*.

2°. Il ne faudroit l'ouvrir que lorsque l'herbe auroit assez de force pour résister aux pieds & aux dents des bestiaux, & qu'elle seroit assez abondante pour fournir à sa nourriture. Pour l'ordinaire on les ouvre dès que l'herbe commence à pousser, ce qui arrête manifestement la végétation.

3°. On devroit extirper les plantes nuisibles ou inutiles, arracher les pierres & les buissons, égoutter les eaux, étendre les taupinières & les fientes, former des abreuvoirs , procurer des ombrages ; tout cela eſt entiérement négligé.

4°. Ces pâturages mal entretenus occaſionnent des maladies dangereuſes, & même ſouvent contagieuſes.

5°. Si les pâturages ſont éloignés, les bêtes d'attelage en reviennent harraſſées, & les vaches perdent leur lait dans le trajet.

6°. Ces pâturages ne ſont fermés ni par des haies , ni par des foſſés , enſorte que le bétail affamé ſe jette avidement dans les champs voiſins, d'où réſultent des dommages, des querelles, des procès.

7°. On ne fait point uſage des *communes* d'une maniére équitable ; tous y ont également droit : mais ou le pauvre n'en profite pas, parce qu'il n'a que peu , ou même point de bétail , ou chaque habitant y fait conduire un ſi grand nombre de bêtes, que le pâturage en eſt ſurchargé, qu'il ne peut fournir une nourriture ſuffiſante , & que le pauvre qui n'a aucune autre poſſeſſion , loin de retirer quelque profit de la *commune*, eſſuie ſouvent des pertes conſidérables, par le dépériſſement de ſes beſtiaux.

8°. Il eſt certain que les pâturages communs occaſionnent une perte conſidérable de fumiers, ce qui diminue encore les autres productions de la campagne.

Enfin, la réunion des bergers & des pâtres dans les pâturages communs, eſt la ſource de pluſieurs déſordres. Dans l'été ils s'endorment & abandonnent leurs troupeaux, qui ſe jettent dans les poſſeſſions fermées, & cauſent des dégâts dans les vignes & dans les bleds : en hiver, ils coupent des bois, arrachent des haies, enlèvent les échalas des vignes pour ſaire du feu, & ſe chauffer.

L'expérience prouve que dans les lieux où les *communes* abondent, on en retire peu d'utilité ; que dans ceux au contraire où elles ont été abolies, les particuliers, les décimateurs & l'état y ont trouvé les plus grands avantages. Je pourrois citer à cette occaſion les provinces de l'Orléannois & du Berri, que j'ai habitées. Le Berri poſſède un ſol riche & fertile, & une quantité immenſe de *communes*, il s'y fait à la vérité un grand commerce de beſtiaux ; mais il eſt certain qu'on pourroit en multiplier le nombre ſi on ſupprimoit ſes *communes*, qui ſont en partie cauſe des épidémies qui y règnent ſouvent. Une preuve d'ailleurs que ſes pâturages communs ſont inſuffiſans pour la nourriture & l'entretien de ſes beſtiaux, c'eſt que ces mêmes beſtiaux ne peuvent fournir aux habitans les laitages néceſſaires à la conſommation du peuple ; on eſt obligé dans cette province de faire venir la majeure partie des beurres & des fromages de l'Orléannois, où il n'y a preſque pas de *commune*, & dont la population, priſe dans une pareille étendue de terrein, eſt peut-être double de celle du Berri.

En Angleterre, en Allemagne, en Suiſſe, en Saxe, en Danemarck, en Suède, & dans les cantons de la France où l'abolition des *communes* a eu lieu, on en a éprouvé les plus heureux effets. Ces terres défrichées ont été ſemées en grains, en bois, en légumes, en lin, en chanvre, en herbages naturels ou artificiels ; ce qui a augmenté la nourriture, les fourrages, les engrais, les chauffages, &c..... les pauvres ont été ſoulagés & mis en état d'élever leurs enfans.

Au reſte, quelques ſoient les avantages ou les inconvéniens qui réſultent des *communes*, il eſt néceſſaire que nous donnions un précis des réglemens qui les concernent.

La propriété des *communes* appartient à toute la communauté enſemble, de maniére que chaque habitant en particulier ne peut diſpoſer ſeul du droit qu'il a dans cette propriété : la communauté même ne peut en général aliéner ſes *communes* ; & s'il ſe trouve des cas où elle eſt autoriſée en juſtice à la faire, ce n'eſt qu'avec toutes les formalités établies pour l'aliénation des biens des gens de main-morte.

On tient auſſi pour maxime que les *communes* ne peuvent être ſaiſies réellement, ni vendues par décret, même pour dettes de la communauté ; que l'on peut ſeulement impoſer la dette commune ſur les habitans, pour être par eux acquittée dans une proportion convenable. *Voyez* COMMUNAUTÉ D'HABITANS.

Quant à l'uſage des *communes*, il appartient à chaque habitant, tellement que chacun peut y faire paître tel nombre de beſtiaux qu'il veut, même un troupeau étranger, pourvu qu'il ſoit hébergé dans le lieu dont dépend la *commune*.

Tel eſt l'uſage le plus général ; il y a néanmoins quelques provinces dans leſquelles le droit qui appartient aux habitans de mener paître leurs beſtiaux dans les *communes*, eſt reſtreint à une quantité fixée, en proportion du montant de terres, que chacun d'eux fait valoir. Un arrêt du parlement de Paris, du 9 mai 1777, rendu pour la ſénéchauſſée de Saumur, fait défenſes à tous les habitans d'avoir plus d'une bête à laine & ſon ſuivant, par arpent de terre labourable ; & à ceux qui ne font valoir aucunes terres, d'en envoyer paître dans les campagnes, à peine de dix livres d'amende contre chaque contrevenant, & de la ſaiſie & confiſcation des bêtes à laine trouvées dans la campagne.

Il ſeroit à ſouhaiter que cet arrêt ſervît de réglement général, il en réſulteroit l'avantage que les *communes* ne ſeroient plus ſurchargées par la multiplicité des beſtiaux.

On ne peut donner aucune règle générale ſur le pâturage des beſtiaux dans les *communes*, il ſe règle ordinairement par les uſages locaux, & c'eſt dans ces uſages qu'il faut puiſer la déciſion des conteſtations qui peuvent naître entre les habitans, ſoit pour l'eſpèce, ou pour le nombre

K 2

des beftiaux, foit pour le temps qu'on peut ufer des *communes*.

Il y a des communautés où les habitans ne peuvent jamais faire paître leurs bêtes à laine dans les *communaux*, parce qu'ils font uniquement deftinés au pacage des chevaux, des bœufs & des vaches. Dans d'autres cantons, on ne peut conduire les bêtes à laine dans les *communaux*, que depuis la S. Jean jufqu'au premier mars. La coûtume d'Amiens interdit le pâturage dans les prés aux bêtes à laine, & celle de Tours le leur permet.

Le feigneur du lieu participe à l'ufage des *communes*, comme premier habitant ; il peut même demander qu'il lui en foit fait un triage, c'eft-à-dire qu'on en diftingue un tiers qui ne foit que pour fon ufage : mais pour favoir en quel cas il peut demander ce triage, il faut diftinguer.

Si la *commune* a été cédée aux habitans à la charge de la tenir du feigneur, moyennant un cens ou autre redevance, foit en argent, grain, corvées, ou autrement, la conceffion eft préfumée faite à titre onéreux, quand même le titre primitif n'en feroit pas rapporté par les habitans ; & comme il y a eu aliénation de la propriété utile de la part du feigneur au profit des habitans, le feigneur ne peut pas rentrer dans cette propriété en tout ni en partie, & par une fuite du même principe, il ne peut demander partage ou triage pour jouir de fon tiers féparément.

Mais fi la conceffion de la *commune* a été faite gratuitement par le feigneur ou par fes auteurs, qu'ils n'aient donné aux habitans que l'ufage de la *commune*, & non la propriété ; en ce cas, le feigneur eft toujours réputé propriétaire de la *commune* ; il peut en tout temps demander un partage ou triage pour avoir fon tiers à part & divis, pourvu que les deux autres tiers fuffifent pour l'ufage des habitans, finon le partage n'auroit pas lieu, ou du moins on le régleroit autrement.

Ce partage ou triage n'eft admis que pour les *communes* de grande étendue, parce qu'on ne préfume pas qu'il foit préjudiciable ; mais pour les petites *communes*, par exemple au-deffous de cinquante arpens, on ne reçoit pas le feigneur à en demander le triage ; c'eft ce qui paroît réfulter d'un arrêt du 24 mai 1658, rapporté par Jovet dans fa *Bibliothèque*.

Quand il y a plufieurs feigneurs, il faut qu'ils demandent tous conjointement à faire le triage : on n'admettoit pas la demande formée par l'un d'eux. *Voyez* TRIAGE.

Les feigneurs qui ont leur tiers à part, ne peuvent plus ni eux, ni leurs fermiers, ufer du furplus des *communes*.

Le triage dont nous parlons ici, eft bien différent du cantonnement que nous avons traité ci-deffus. Ces deux efpèces de droits doivent être diftinguées, & nous nous fommes apperçus que la manière dont l'article CANTONNEMENT eft conçu,

pourroit induire en erreur. C'eft pourquoi, en attendant que nous donnions le mot TRIAGE, nous croyons devoir indiquer ce qui le diftingue du cantonnement.

Le cantonnement a lieu pour les bois dont la propriété foncière & la direste appartiennent au feigneur, & dans lefquels les communautés d'habitans n'ont qu'un droit d'ufage.

Le triage, au contraire, a lieu pour les *communes* dont la propriété utile appartient aux habitans.

Le cantonnement a été introduit pour réprimer les abus qui naiffoient des droits d'ufage ; on fixe d'après des procès-verbaux, la quantité qui eft néceffaire pour les ufagers, on leur en accorde la propriété utile, pour leur tenir lieu du droit d'ufage qu'ils avoient dans une plus grande quantité : le furplus appartient au feigneur, déchargé de la fervitude d'ufage, & il ne lui refte en conféquence fur la portion des habitans, que les droits utiles & honorifiques de la direste, conformément aux titres de fa feigneurie.

La propriété utile des *communes* appartient au contraire aux habitans, le feigneur n'y a droit qu'en cette qualité ; mais comme il eft le premier, qu'il eft même le principal confommateur, l'ordonnance de 1669 lui permet de demander à fon profit la diftraction d'une partie de la *commune*, lorfqu'elle eft affez confidérable pour fuffire à fes befoins particuliers & à ceux des habitans. Il eft même néceffaire que la conceffion des *communes* ait été faite gratuitement ; car fi les habitans lui paient pour raifon de cet objet, des cens ou autres redevances, le feigneur ne peut plus y rien prétendre, parce que la preftation du cens prouve qu'il y a eu aliénation de la propriété utile au profit des habitans. *Voyez* TRIAGE & CANTONNEMENT.

Lorfqu'une même *commune* fert pour plufieurs paroiffes, villages, hameaux, les habitans de ces différens lieux peuvent auffi demander qu'il foit fait un triage ou partage, pourvu qu'il foit fait avec toutes les parties intéreffées, préfentes ou dûement appellées : au moyen du partage qui eft fait entre eux, chaque paroiffe, chaque village ou hameau, & même quelquefois chaque canton de village, a fon triage diftinst & féparé ; auquel cas, le terme de *triage* ne fignifie pas toujours un *tiers de la commune* : car les parts que l'on affigne aux habitans de chaque lieu, font plus ou moins fortes, felon le nombre des lieux & des habitans qui les compofent.

L'ordonnance de 1669, *tit.* 24, *art.* 7, porte que fi dans les pâtures, marais, prés & pâtis échus au triage des habitans, ou tenus en commun fans partage, il fe trouvoit quelques endroits inutiles & fuperflus, dont la communauté pût profiter fans incommoder le pâturage, ils pourront être donnés à ferme, après un réfultat d'affemblée faite dans les formes, pour une, deux ou trois années, par adjudication des officiers des lieux, fans frais ;

& le prix employé aux réparations des paroisses dont les habitans sont tenus, ou autres urgentes affaires de la communauté.

Chaque habitant en particulier ne peut demander qu'on lui assigne sa part de la *commune*; ce seroit contrevenir directement à l'objet que l'on a en lors de la concession de la *commune*, & anéantir l'avantage que la communauté en doit retirer à perpétuité.

Mais chaque habitant peut céder ou louer son droit indivis de pâturage dans la *commune* à un étranger, pourvu que celui-ci en use comme auroit fait son cédant, & n'y mette pas plus de bestiaux qu'il en auroit mis; c'est ce qui a été jugé par arrêt du premier septembre 1705, rapporté au *Journal des audiences*.

En 1667, le roi fit remise aux communautés d'habitans du tiers ou triage qu'il étoit en droit de leur demander dans les *communes* relevantes de lui. La même chose fut ordonnée pour les droits de tiers ou triage, que les seigneurs particuliers pouvoient s'être fait faire depuis l'an 1630. Les triages plus anciens furent conservés aux seigneurs, en rapportant leur titre. *Voyez le Journal des audiences.*

On ne permet pas qu'une communauté d'habitans & le seigneur partagent entre eux les *communes* par des actes volontaires. La principale raison est fondée sur ce que l'on peut craindre que le seigneur n'abuse de sa qualité, & n'obtienne au-delà de ce qu'il a droit de prétendre. C'est pourquoi l'on exige que ces partages se fassent judiciairement, qu'il y ait une demande formée, que la communauté ait été ouie, que le ministère public ait eu communication de la procédure, qu'il y ait eu un plan & un arpentage ordonnés & préalablement faits. Un arrêt du conseil du 20 août 1737, a cassé & annullé le partage des *communes*, fait à l'amiable entre le seigneur & la communauté de Vernot en Bourgogne, & condamné l'arpenteur à une amende de cent livres.

Les amendes & confiscations qui s'adjugent pour les prés & pâtis communs contre les particuliers, appartiennent au seigneur haut-justicier, excepté en cas de réformation, où elles appartiennent au roi; mais les restitutions, dommages & intérêts appartiennent toujours à la paroisse, & doivent être mis ès mains d'un syndic ou d'un notable habitant, nommé à cet effet à la pluralité des suffrages, pour être employés aux réparations & nécessités publiques. *Ordonn. de 1669, tit. 24, art. 21 & 22.*

COMMUNE, adj. (*Jurispr.*) on s'en sert au palais dans plusieurs significations. On appelle *femme commune*, ou *commune en biens*, celle qui est en communauté de biens avec son mari, ou en continuation de communauté avec les enfans de son mari décédé.

Femme non commune, est celle qui a été mariée dans un pays où la communauté n'a pas lieu, ou qui a stipulé en se mariant qu'il n'y auroit point de communauté.

Il ne faut pas confondre la femme séparée de biens avec la femme non *commune*.

Une femme peut être séparée de biens par contrat de mariage, ou depuis; & dans l'un & l'autre cas, elle a l'administration de son bien: au lieu que la femme qui est simplement non *commune*, ne peut devenir telle que par le contrat exprès ou tacite du mariage; & elle n'a pas pour ce l'administration de ses biens, si ce n'est de ses paraphernaux. *Voyez* COMMUNAUTÉ & PARAPHERNAUX.

On dit encore, *commune renommée*, en parlant de la preuve testimoniale que l'on fait pour constater la valeur des biens que quelqu'un possédoit à une certaine époque. *Voyez* INVENTAIRE, PREUVE.

On appelle *vie commune*, l'état des religieux & autres personnes ecclésiastiques qui vivent en commun, sous une règle approuvée par l'église.

COMMUNE, (*Chambre des.*) *Voyez* CHAMBRE-BASSE.

COMMUNICATION, s. f. (*terme de Palais.*) c'est ou l'action de communiquer, ou l'effet de cette action. Ce mot a plusieurs acceptions que nous allons expliquer.

COMMUNICATION *de pièces*, se dit de l'exhibition, & même quelquefois de la remise qui est faite d'une pièce à la partie intéressée pour l'examiner; sous ce terme de *pièces*, on entend toutes sortes d'écrits, soit publics ou privés, tels que des billets & obligations, des contrats, jugemens, procédures, &c.

On ne doit pas confondre la signification ni l'acte de baillé copie d'une pièce avec la *communication*; on signifie une pièce en notifiant en substance, par un exploit, ce qu'elle contient; avec cette signification on donne ordinairement en même temps copie de la pièce, mais tout cela n'est pas encore la *communication de la pièce* même. Celui qui en a copie a souvent intérêt d'en voir l'original, pour examiner s'il y a des ratures ou interlignes, des renvois & apostilles, si l'écriture & les signatures sont véritables; c'est pour cela que l'on communique la pièce même. Cette *communication* se fait ou de la main à la main sans autre formalité, ou sous le récépissé du procureur, ou par la voie du greffe, ou devant le rapporteur; le greffier remet quelquefois la pièce sous le récépissé du procureur, quelquefois aussi la *communication* se fait *sans déplacer*; enfin on donne quelquefois en *communication* les sacs entiers, & même tout un procès; on *communique* aussi au parquet: nous expliquerons séparément chacune de ces différentes sortes de *communications*.

Un des principaux effets de la *communication*, est qu'elle rend les pièces communes à toutes les parties, c'est-à-dire que celui contre qui on s'en est servi, peut aussi argumenter de ces pièces, en ce qu'elles lui sont favorables; & cela a lieu quand même celui qui a produit les pièces les retireroit de son dossier, ou de son sac & production, & n'en auroit pas été donné copie.

COMMUNICATION *sans déplacer*, est celle qui se fait au greffe, ou en l'hôtel du rapporteur ou autre juge, en exhibant seulement les pièces pour les examiner en présence du juge ou greffier, sans qu'il soit permis à la partie, ni à son procureur, d'emporter ces pièces pour les examiner ailleurs.

COMMUNICATION *aux gens du roi*, ou *au ministère public*, ou *au parquet*, est la remise que l'on fait aux gens du roi dans les justices royales, ou aux avocats & procureurs-fiscaux dans les justices seigneuriales, des pièces sur lesquelles ils doivent donner des conclusions, afin qu'ils puissent auparavant les examiner.

Cette *communication* se fait en plusieurs manières, & pour différens objets.

L'on communique au ministère public les ordonnances, édits, déclarations, lettres-patentes, pour l'enregistrement desquels ils doivent donner des conclusions. Le roi envoie ordinairement ces nouveaux réglemens à son procureur-général dans les cours souveraines; pour les autres sièges royaux inférieurs, & autres ressortissans nuement ès cours souveraines, c'est le procureur-général qui envoie les réglemens au procureur du roi de chaque siège.

Dans les affaires civiles où le ministère public doit porter la parole, qui sont celles où le roi, l'église ou le public a intérêt, les parties sont obligées de lui communiquer leurs pièces, quand même la partie n'auroit point d'autre contradicteur: cette *communication* se fait par le ministère des avocats; & lorsque le ministère public est partie, il communique aussi ses pièces à l'avocat qui est chargé contre lui.

Cette *communication* de pièces entre le ministère public & les avocats se fait de la main à la main sans aucun récépissé, & c'est une suite de la confiance réciproque que les avocats ont mutuellement entre eux; en effet, ceux qui sont chargés du ministère public ont toujours été choisis parmi les avocats, & considérés comme membres de l'ordre des avocats.

On appelle aussi *communication au ministère public*, une brieve exposition que les avocats font verbalement de leurs moyens à celui qui doit porter la parole pour le ministère public, afin que celui-ci soit pleinement instruit de l'affaire: cette *communication* verbale des moyens n'est point d'obligation de la part des avocats; en effet, les anciennes ordonnances portent bien que si dans les causes dont les avocats sont chargés, ils trouvent quelque chose qui touche les intérêts du roi ou du public, *de hoc curiam avisabunt*; mais il n'y a aucune ordonnance qui oblige les avocats d'aller au parquet communiquer leurs moyens, & lorsqu'il est ordonné par quelque jugement que les parties communiqueront au parquet, on n'entend autre chose

sinon qu'elles donneront leurs pièces: en un mot, il n'y a aucune loi qui oblige les avocats de faire ouverture de leurs moyens ailleurs qu'à l'audience.

Il est vrai qu'ordinairement les avocats, soit par considération personnelle pour ceux qui exercent le ministère public, soit pour l'intérêt même de leurs parties, communiquent leurs moyens en remettant leurs pièces; mais encore une fois cette *communication* des moyens est volontaire; & lorsque les avocats se contentent de remettre leurs pièces, on ne peut rien exiger de plus.

L'usage des *communications*, soit de pièces ou de moyens, au ministère public, est sans doute fort ancien; on en trouve des exemples dans les registres du châtelet, dès l'an 1323, où il est dit que les statuts des mégissiers furent faits après avoir oui les avocats & procureurs du roi, qui en avoient eu *communication*.

Autrefois les *communications* des causes se faisoient avec moins d'appareil qu'aujourd'hui. Dans les premiers temps où le parlement de Paris fut rendu sédentaire, les avocats du roi qui n'étoient point encore en titre d'office, n'avoient pas aussi de parquet, ou lieu particulier destiné à recevoir ces *communications*: ils plaidoient eux-mêmes souvent pour les parties dans les causes où le ministère public n'étoit pas intéressé, au moyen de quoi les *communications* de pièces & de moyens se faisoient debout, & en se promenant dans la grand'-salle en attendant l'heure de l'audience.

Mais depuis que les ordonnances ont attribué aux avocats du roi la connoissance de certaines affaires que les avocats vont plaider devant eux, & que l'on a établi pour les gens du roi, dans chaque siège, un parquet ou lieu dans lequel ils s'assemblent pour vaquer à leurs affaires, on a aussi construit dans chaque parquet un siège où les gens du roi se placent avec un bureau devant eux, soit pour entendre les causes dont ils sont juges, soit pour recevoir les *communications*; il semble néanmoins que ce siège ait été établi pour juger plutôt que pour recevoir les *communications*, cette dernière fonction n'étant point un acte de puissance publique.

Mais comme l'expédition des causes & les *communications* se font suivant qu'elles se présentent sans distinction, les gens du roi restent ordinairement à leur bureau pour les unes comme pour les autres, si ce n'est en hiver où ils se tiennent debout à la cheminée du parquet, & y entendent également les causes dont ils sont juges, & les *communications*.

Au parlement & dans les autres sièges royaux où les gens du roi ont quelque sorte de jurisdiction, les avocats leur communiquent debout; mais ils ont droit de se couvrir, quoiqu'ils ne le fassent pas toujours: les procureurs qui y plaident ou communiquent, doivent toujours parler découverts.

Dans les autres sièges inférieurs, lorsque ceux qui exercent le ministère public s'asseyent à leur bureau, les avocats qui y communiquent y prennent place à côté d'eux.

En temps de vacations, c'est un substitut du procureur-général qui reçoit les *communications* au parquet ; mais l'usage est que l'on y observe une parfaite égalité, c'est-à-dire que s'il s'assied au bureau, l'avocat qui communique doit être assis à côté de lui.

On observe aussi une espèce de confraternité dans les *communications* qui se font aux avocats-généraux & avocats du roi ; car, en parlant aux avocats, ils les appellent *messieurs*, à la différence des procureurs, que les avocats y qualifient seulement de *maîtres*, & que les gens du roi appellent simplement par leur nom.

L'ordonnance de Moulins, *article 61*, veut que les requêtes civiles ne soient plaidées qu'après avoir été communiquées aux avocats & procureurs-généraux, à peine de nullité.

L'ordonnance de 1667, *tit. 35, art. 27*, ordonne la même chose.

L'article suivant veut que lors de la *communication* au parquet aux avocats & procureurs-généraux, l'avocat qui communique pour le demandeur en requête civile, représente l'avis des avocats qui ont été consultés sur la requête civile.

L'article 34 met au nombre des ouvertures de requête civile, si ès choses qui concernent le roi, l'église, le public ou la police, il n'y a point en de *communication* aux avocats ou procureurs-généraux.

Dans quelques tribunaux on communique aussi les causes où il y a des mineurs, ou lorsqu'il s'agit de lettres de rescision. Les arrêts des 7 septembre 1660, & 26 février 1661, rapportés au *Journal des audiences*, rendus l'un pour le siège royal de Dreux, l'autre pour la duché-pairie de la Roche-sur-Yon, ont ordonné de communiquer aux gens du roi les causes où il s'agit d'aliénations de biens des mineurs : on les communique aussi au châtelet de Paris, mais non pas au parlement ; ainsi cela dépend de l'usage de chaque siège, les ordonnances ne prescrivant rien à ce sujet.

Au parlement, toutes les causes qui se plaident aux grandes audiences des lundi, mardi & jeudi matin, sont communiquées sans distinction ; ce qui vient apparemment de ce que ces causes étant ordinairement de celles qu'on appelle *majeures*, le public est toujours présumé y avoir intérêt.

Dans les instances ou procès appointés dans lesquels le procureur-général ou son substitut doit donner des conclusions, on leur communique tout le procès lorsqu'il est sur le point d'être jugé, pour l'examiner & donner leurs conclusions.

L'édit du mois de janvier 1685, portant règlement pour l'administration de la justice au châtelet, ordonne, *art. 24*, que le plus ancien des avocats

du roi, résoudra, en l'absence ou autre empêchement du procureur du roi, toutes les conclusions préparatoires & définitives sur les informations & procès criminels, & sur les procès civils qui ont accoutumé d'être communiqués au procureur du roi, *&c.* Il y a eu divers autres réglemens à ce sujet pour les gens du roi de différens sièges royaux.

En matière criminelle, on communique aux gens du roi les charges & informations, c'est ce qu'on appelle *apprêter les charges aux gens du roi.* L'ordonnance de Louis XII, du mois de mars 1498, *art. 98*, ordonne aux baillifs, sénéchaux, & autres juges, avant de donner commission sur les informations, de les communiquer aux avocats & procureur de sa majesté ; ce qui a été confirmé par plusieurs ordonnances postérieures.

COMMUNICATION *au greffe ou par la voie du greffe,* est l'exhibition qui se fait d'une pièce au greffe, ce qui arrive lorsqu'une partie demande à voir une pièce originale, & qu'on ne veut pas la lui communiquer sous le récépissé de son procureur : on met la pièce au greffe, dont le greffier dresse un acte que l'on signifie, afin que celui qui a demandé la pièce l'aille voir entre les mains du greffier.

COMMUNICATION *du jugement,* est la connoissance que le greffier donne aux parties de la teneur du jugement qui est intervenu entre les parties. L'ordonnance de 1669, *titre des épices & vacations, art. 6*, veut que l'on donne cette *communication* aux parties, quoique les épices n'aient pas été payées.

COMMUNICATION *de la main à la main,* est celle qui se fait en confiant les pièces pour les examiner, sans en exiger de récépissé ou reconnoissance de celui auquel on les remet ; comme cette confiance est volontaire, la justice n'ordonne point que les parties, ni leurs procureurs, se communiqueront de la main à la main, mais par la voie du greffe ou sous le récépissé du procureur. Il n'est pas non plus d'usage, entre les procureurs, de se communiquer leurs pièces de la main à la main ; ils ne le font que par l'une des deux voies que l'on vient de dire. Pour ce qui est des avocats, ils se communiquent entre eux, de la main à la main, toutes les pièces, même les plus importantes de leurs cliens ; ce qui se fait avec tant d'honneur & de fidélité, qu'il est sans exemple qu'il y ait jamais eu aucune plainte, contre un avocat, pour raison de ces sortes de *communications*. Dans les causes où le ministère public est partie, l'avocat-général ou l'avocat du roi qui doit porter la parole, & les avocats des autres parties, se communiquent de même mutuellement leurs pièces de la main à la main ; au lieu que le ministère public ne communique aucune de ses pièces que sous leur récépissé ou par la voie du greffe, & les avocats ne leur communiquent point leurs pièces en aucune façon : lorsqu'un procureur veut avoir *communication* des pièces qui sont entre les mains de l'avocat de fa partie adverfe., l'avocat remet les pièces au procureur de fa partie, & celui-ci les communique à fon confrère fous fon récépiffé ou par la voie du greffe.

COMMUNICATION *d'une production, inflance ou procès* ; ce font les procureurs qui prennent en *communication* les inftances & procès, & les productions nouvelles & autres, pour les examiner & débattre, & fournir de leur part des réponfes, contredits, falvations & autres écritures néceffaires.

Suivant l'ordonnance de 1667, *titre 14, art. 9,* la *communication* des pièces produites par une partie, ne doit être donnée à l'autre qu'après que celle qui la demande a produit de fa part ou renoncé de produire, par un acte figné de fon procureur & fignifié.

L'article 10 du même titre ordonne que cette *communication* fe fera par les mains du rapporteur, & non pas fous un fimple récépiffé de procureur à procureur. Elle ne doit pas être réitérée fous le récépiffé du procureur ; néanmoins elle s'obtient plus d'une fois par la facilité des rapporteurs.

Lorfqu'un procureur qui a pris des pièces en *communication*, les retient trop long-temps pour éloigner le jugement, on obtient contre lui une contrainte pour lui faire rendre les pièces ; ce qui s'exécute contre lui-même, par corps. On le condamne auffi à une fomme de tant par chaque jour de retard jufqu'à la remife.

Les procureurs au parlement prennent auffi quelquefois entre eux la voie de rendre plainte, à la communauté des procureurs, contre celui qui retient les pièces : on rend jufqu'à trois plaintes ; fur la première, la compagnie ordonne que le procureur viendra répondre à la plainte ; fur la feconde, on ordonne que le procureur rendra les pièces dans tel temps & fous telle peine ; & fur la troifième plainte, la peine eft déclarée encourue.

L'article 11 de l'ordonnance ci-deffus citée défend aux greffiers de donner les inftances en *communication* aux procureurs, ou à d'autres perfonnes, avant qu'elles aient été diftribuées, à peine de cent livres d'amende, applicable, moitié au roi, moitié à la partie qui s'en plaint. Mais ils doivent communiquer aux parties les jugemens ; quand même les épices & vacations n'auroient pas encore été payées. *Edit de mars 1673, art. 6.*

En matière criminelle, l'ordonnance de 1670 défend au greffier, à peine d'interdiction & de cent livres d'amende, foit en première inftance, foit en caufe d'appel, de communiquer les informations & autres pièces fecrètes, & de fe deffaifir des minutes, finon entre les mains des procureurs du roi, ou des feigneurs, pour y donner des conclufions.

Cependant cette *communication* ne fouffre plus de difficulté en caufe d'appel lorfque la fentence rendue n'a prononcé aucune peine afflictive ou in-

famante, & qu'il n'y a point eu d'appel *à minimâ* de la part du miniftère public.

COMMUNICATION *des accufés.* Les prifonniers détenus pour crimes ne doivent avoir de *communication* avec perfonne avant leur interrogatoire, ni même après, fi le juge l'ordonne ainfi. Cette défenfe, établie par l'ordonnance de 1670, a pour objet d'empêcher les accufés de recevoir des inftructions étrangères, capables de leur faire déguifer la vérité. Cette prohibition eft antérieure à l'ordonnance criminelle. Mathieu Paris, *fur la vie de François II,* rapporte qu'on refufa au prince de Condé, lors du procès qui lui fut fait en 1560, de parler à fa femme, au roi de Navarre, & au cardinal, fes frères, même en préfence de perfonnes nommées par le roi. On lui permit feulement d'écrire fes intentions.

Ces défenfes néanmoins ne regardent pas les perfonnes charitables qui s'adonnent aux foins de vifiter les prifonniers, de les confoler, & de les affifter de leurs aumônes, pourvu que cela fe faffe en préfence des geoliers. *Réglemens des 18 juin & premier feptembre 1717.*

Quand les prifonniers font au cachot, on doit empêcher qu'il leur foit remis aucune lettre ou billet. Ceux qui font fimplement en prifon, peuvent écrire & recevoir des lettres lorfqu'il leur eft permis de communiquer avec d'autres perfonnes.

Les accufés d'un même crime ne doivent avoir aucune *communication* entre eux, de crainte qu'ils ne concertent leurs réponfes aux interrogatoires qu'ils font dans le cas de fubir. Mais après les premiers interrogatoires, rien n'empêche cette *communication*, à moins que le juge n'en ordonne autrement.

COMMUNICATION *des facs*, eft celle qui fe fait entre les avocats des différentes parties, qui fe confient mutuellement leurs facs de la main à la main, pour les examiner avant la plaidoirie de la caufe. *Voyez* COMMUNICATION DE LA MAIN A LA MAIN.

COMMUNION, f. f. (*Droit civil & canonique.*) en matière eccléfiaftique, on entend par ce mot, non-feulement la participation à la fainte euchariftie, mais encore la réunion des efprits dans un même culte, dans une même créance. C'eft en ce fens que l'on dit la *communion romaine*, la *communion anglicane*, la *communion proteftante*.

Cet article appartient entièrement au Dictionnaire de théologie ; c'eft pourquoi nous nous contenterons d'obferver que, fuivant les loix de l'état & de l'églife gallicane, on ne peut refufer la *communion* facramentelle ou eccléfiaftique, qu'aux pécheurs publics, qui font dénoncés & juridiquement condamnés comme tels.

L'églife, à la vérité, défend de faire participer les pécheurs publics au pain euchariftique ; mais fes loix ne concernent que le for intérieur, & le tribunal de la pénitence, parce que les miniftres des autels n'ont aucune jurifdiction extérieure. Ainfi un prêtre

ne

ne peut refuſer la *communion*, même à un pécheur public qui ſe préſente à la ſainte table, à moins qu'il n'y ait un jugement contre lui. En effet, nous ne connoiſſons d'autre notoriété publique, que celle qui réſulte d'un jugement. Autrement un eccléſiaſtique mal intentionné pourroit exercer ſa haine ou ſon humeur au gré de ſon caprice.

Il ne peut y avoir un motif de refus de ſa part, que lorſqu'on ſe préſente dans un état indécent, tel que celui d'ivreſſe, parce qu'alors le miniſtre, ſans ſe rendre juge de l'intérieur, doit regarder comme indécent, ce qui eſt jugé tel par tout le monde.

Le refus public de la *communion* eſt une injure grave, & un délit qui tombe dans la claſſe des cas royaux, dont la connoiſſance appartient aux juges ſéculiers.

L'ordonnance de 1670, *tit. 25, art. 24,* ordonne d'offrir aux condamnés à mort, le ſacrement de confeſſion, ſans rien ajouter ſur celui de l'euchariſtie. Mais depuis très-long-temps on n'eſt pas dans l'uſage de leur adminiſtrer la *communion*. En 1475 elle fut refuſée au connétable de S. Pol, condamné à perdre la tête, & en 1676, à la marquiſe de Brinvilliers.

En matière civile, le terme de *communion* eſt ſynonyme à ceux de *ſociété*, de *communauté de biens*. Mais il ſe dit plus particuliérement de l'eſpèce de communauté ou ſociété qui a lieu entre pluſieurs perſonnes ſans leur fait & involontairement; telle eſt par exemple celle qui exiſte entre des cohéritiers, ou des colégataires, juſqu'au partage des biens, dont ils jouiſſent par indivis. C'eſt une maxime certaine, en droit, que *nemo invitus in communione detinetur. L. 5, c. tit. 37, lib. 3.*

Dans les deux Bourgognes la communauté de biens, entre mari & femme, n'eſt guère connue que ſous le terme de *communion*; on s'en ſert auſſi pour déſigner la portion de la dot qui entre en communauté.

Dans d'autres provinces, on appelle *communions*, les aſſociations qui ont lieu entre toutes ſortes de perſonnes, & ſinguliérement entre les main-mortables. Cette *communion*, entre main-mortables, eſt une eſpèce de ſociété qui a ſes règles particulières, elle doit être de tous biens, elle ſe contracte expreſſément ou tacitement.

La *communion tacite* eſt celle qui ſe contracte par le ſeul fait, par le mélange des biens & la demeure commune par an & jour. Cette *communion* tacite a lieu entre le père & les enfans main-mortables, & entre les enfans de l'un des communiers décédé & les autres communiers ſurvivans. Si les enfans ſont mineurs, & que la continuation de *communion* leur ſoit onéreuſe, ils ſont reſtituables dans la coutume de Nivernois. La *communion tacite* a lieu entre les père & mère & leurs enfans mariés, lorſqu'ils continuent de demeurer avec eux par an & jour, à moins qu'il n'y ait quelque acte à ce contraire; en Bourgogne la *communion* n'a pas lieu dans ce cas.

La *communion* par convention expreſſe ſe peut contracter entre toutes ſortes de perſonnes capables de contracter, ſoit parens entre eux ou étrangers, ſoit avec une perſonne franche ou avec un main-mortable; ils n'ont même pas beſoin pour cet effet du conſentement du ſeigneur de la main-morte. Cependant la coutume de Bourgogne veut que les communiers qui ſe ſont ſéparés ne puiſſent ſe remettre en *communion* ſans le conſentement du ſeigneur; mais cette diſpoſition exorbitante du droit commun doit être renfermée dans ce cas particulier. Il faut auſſi excepter les *communions* qui ne ſeroient contractées qu'en fraude du ſeigneur, & pour le fruſtrer d'une ſucceſſion qui lui ſeroit échue.

Le fils émancipé peut contracter une *communion* expreſſe avec ſon père, & la femme de ce fils participe à cette ſociété; mais les mineurs ne peuvent contracter aucune nouvelle *communion*, ſoit expreſſe ou tacite.

Pour que les main-mortables ſoient en *communion* de biens, à l'effet d'exclure le ſeigneur de ſon droit d'échûte, il ne ſuffit pas qu'ils ſe communiquent tous leurs revenus & le produit de leur travail, il faut de plus qu'ils demeurent enſemble, & qu'ils aient un même pain & un même feu. L'abſence d'un des communiers ne rompt point la *communion*, tant qu'il n'a point pris ailleurs d'établiſſement pour perpétuelle demeure.

L'émancipation expreſſe ou tacite ne rompt pas non plus la *communion* du père avec le fils, à moins qu'il n'y ait habitation ſéparée, & une ſéparation volontaire, ou que le père, en mariant ſon fils, ait ſouffert que celui-ci ait ſtipulé une communauté particulière de biens entre lui & ſa femme. L'habitation ſéparée rompt auſſi la *communion* entre les héritiers, ſoit directs ou collatéraux : la vente & le partage produiſent auſſi le même effet.

Cette matière eſt amplement traitée par M. le préſident Bouhier, en ſes *Obſervations ſur la coutume de Bourgogne, art. 69*, où l'on trouvera encore beaucoup d'autres queſtions qui y ont rapport. *Voyez* SOCIÉTÉ, ÉCHUTE.

« Cette eſpèce d'aſſociation, dit M. le préſident » Bouhier, eſt également avantageuſe aux ſei-» gneurs & à leurs ſujets.

» Elle eſt avantageuſe aux ſeigneurs en ce qu'on » a reconnu que les terres de leurs ſeigneuries en » étoient mieux cultivées, les villages plus peu-» plés, & les redevances ſeigneuriales mieux aſſu-» rées & mieux payées que quand les villageois » font des ménages ſéparément. A quoi il faut » ajouter avec Coquille, que cela empêche les » confuſions qui arrivent pour le paiement de ces » redevances, quand les héritages ſont coupés par » pièces, au moyen des partages.

» La *communion* n'eſt pas moins avantageuſe pour » les villageois. Car on ſait que les ménages ruſ-» tiques demandent le concours de pluſieurs per-» ſonnes, dont les unes ſont occupées au labou-» rage, d'autres à conduire & ſoigner différentes

L

» espèces de bestiaux, & d'autres à une infinité
» de différens ouvrages, dont le détail seroit trop
» long. D'ailleurs, il y a plus d'union entre ces
» associés & moins d'occasions de procès, qui
» causent ordinairement la ruine de ces sortes de
» gens. Mais un plus grand avantage encore qu'en
» retirent les main-mortables, est que la commu-
» nion, en les empêchant de se séparer, fait que
» leurs biens sont moins fréquemment échus au
» profit des seigneurs ». Observations sur la coutume de Bourgogne, 1469.

Tout ce qui concerne cette matière se réduit à
cinq questions principales, amplement & très-judicieusement discutées dans le Traité de la main-
morte de Dunod. 1°. Comment la communion se
forme & en quoi elle consiste. 2°. Comment elle
se dissout. 3°, Quels sont les moyens de la rétablir, lorsqu'elle a été rompue. 4°. Qu'est-ce que
l'acte que l'on nomme repul, par lequel les filles
qui se marient & suivent leur mari conservent la
communion avec leurs parens. 5°. Si la communion
est nécessaire aux personnes de franchise.
Voyez le mot MAIN-MORTE.

COMMUTATION, s. f. (Code criminel.) ce
mot, dans une acception plus générale, est synonyme de celui d'échange ; mais en terme de palais
il se dit plus ordinairement du changement qui se
fait d'une peine afflictive, à laquelle un criminel a
été condamné, en une moindre ; par exemple,
lorsqu'au lieu d'une peine qui emportoit la mort
naturelle, on ordonne que le condamné subira
seulement la peine des galères ou du bannissement,
soit perpétuel ou à temps, ou qu'il gardera prison,
ou enfin qu'il subira quelque peine pécuniaire.

Cette commutation de peine ne se peut faire que
par l'autorité du prince, en obtenant, de la part du
condamné, des lettres en la grande chancellerie,
portant commutation de peine ; & ces lettres, pour
avoir leur exécution, doivent être entérinées,
mais sans que le juge puisse entrer dans l'examen
si elles sont conformes aux charges & informations, parce que c'est une grace du souverain qui
n'a rien de conditionnel.

La commutation de peine ne donne point atteinte
au jugement de condamnation, de sorte que le condamné ne recouvre point la vie civile, si le jugement est de nature à la lui faire perdre ; il n'est
pas non plus relevé de l'infamie, ce n'est que la
peine corporelle qui est adoucie.

Cette doctrine nous paroît demander une explication. Nous croyons qu'on doit distinguer si la
commutation de peine a lieu avant ou après l'exécution du jugement. Par exemple la condamnation
aux galères à perpétuité emporte mort civile & confiscation. Si le condamné obtient la commutation de
la peine en un bannissement local ou à temps, après
avoir été conduit aux galères, & commencé à subir la peine qui lui étoit infligée, cette commutation ne peut lui restituer son honneur, ni lui donner un motif de revendiquer ses biens, à moins

que les lettres du prince ne lui accordent une restitution expresse dans sa renommée & dans ses
biens.

Mais si la commutation a lieu avant l'exécution
de la peine prononcée, & que la peine que le
prince lui inflige n'emporte, ni perte de l'honneur,
ni confiscation de biens, ce seroit contrarier,
& l'état des choses, & l'effet de la commutation,
que de faire perdre au condamné, en vertu de
la peine non subie, ce qu'il ne pouvoit perdre
qu'en la subissant. Ceci nous paroit d'autant plus
vrai, qu'il est de maxime parmi nous que les
suites d'une peine n'ont lieu que par l'exécution
de la peine même. D'ailleurs lorsque le prince supprime une peine, il doit être présumé en supprimer tous les accessoires. Un arrêt du 23 février
1708, rendu en faveur du sieur François Paultier,
a jugé qu'il n'y avoit plus lieu à la confiscation,
lorsque la peine substituée à la première ne l'emporte pas.

Il n'est pas nécessaire que la peine dont on demande la commutation, soit une peine capitale, on
peut l'obtenir de toute peine afflictive ou infamante.

La commutation de peine ne peut être sollicitée
qu'après un arrêt ou jugement en dernier ressort ;
car s'il y avoit lieu à l'appel, il faudroit épuiser
cette voie, parce que pour commuer une peine,
il faut être assuré que l'accusé est dans le cas de
subir au moins celle qu'on lui inflige.

L'ordonnance de 1670, tit. 16, art. 6, exige
que le jugement de condamnation soit attaché sous
le contre-scel des lettres de commutation. La raison
en est sensible, il faut être certain, & du genre
de la peine prononcée, & des motifs qui y ont
donné lieu.

Les gentilshommes qui demandent des lettres de
commutation de peine, doivent déclarer nommément
leur qualité, à peine de nullité, parce que les lettres
de grace qui les concernent, doivent être adressées
aux cours dont ils dépendent

COMPACT, s. m. (Droit canon.) est une
bulle accordée aux cardinaux par Paul IV en 1555,
immédiatement après son élévation au souverain
pontificat. Paul III, en 1536, leur en avoit déjà
accordé une à-peu-près semblable ; mais malgré les
clauses précises qui y étoient insérées, les papes
ne continuèrent pas moins à déroger, à leur préjudice, à la règle des vingt jours, & à exercer le
droit de prévention sur les bénéfices à leur collation.

Dans le conclave de l'élection de Paul IV, les
cardinaux convinrent entre eux que le pape futur
ne pourroit déroger à la règle des vingt jours, par
aucune clause, quelque spéciale, qu'elle pût être au
préjudice de leur indult ; ce qui fut ratifié par la
bulle appellée compact.

Les articles principaux du compact sont, 1°. que
le nombre des cardinaux sera réduit par mort à
quarante ; que les deux frères, ni l'oncle & le

neveu, ne pourront l'être en même temps. Cet article n'a point été exécuté quant au nombre des cardinaux.

2°. Qu'ils pourront difposer de leurs biens par donation ou teftament ; & que s'ils meurent *ab inteftat*, leurs biens ne feront point appliqués à la chambre apoftolique, mais appartiendront à leurs hétitiers.

3°. Qu'il fera pourvu aux cardinaux *pauvres*, de biens ou de penfion, jufqu'à fix mille ducats de rente. Cette claufe eft honorable au facré collège ; elle prouve que le mérite indigent n'en eft point exclu ; & en effet, on le voit encore quelquefois parvenir à la dignité éminente de cardinal, il peut même porter fes vues plus loin ; & la nouvelle Rome, émule en ce point de l'ancienne, a donné à l'univers, & même dans ce fiècle, le fpectacle intéreffant de la fcience & des vertus, couronnant du triple diadême la tête de l'homme fans naiffance & fans fortune.

4°. Qu'ils feront exempts de toutes décimes & gabelles dans l'état eccléfiaftique. Par le mot *gabelles* il faut entendre toutes fortes d'impofitions.

5°. Qu'ils pourront conférer librement tous bénéfices, étant de leur collation, excepté la réferve *continuæ familiaritatis* du pape ; & enfin que les papes ne pourront, à leur préjudice, déroger à la règle des vingt jours, qui eft la dix-huitième de la chancellerie romaine, ni à aucuns des indults qui leur feroient accordés *ad inftantiam regum & principum*.

La bulle du *compact* fut revêtue de lettres-patentes du 26 janvier 1558, enregiftrées au grand-confeil le 13 février fuivant, fur les conclufions du procureur-général, pour jouir, par les cardinaux, de l'effet de la bulle en ce qui n'eft point dérogeant auxdits décrets & concordats, privilèges & libertés de l'églife gallicane. Le roi, par fes lettres-patentes, ordonne que les procès mus & à mouvoir, foient jugés, décidés & terminés fuivant la bulle du *compact*, & la dix-huitième règle, & déclare nul tout ce qui feroit fait au contraire.

Le *compact* nous intéreffe particuliérement, en ce qu'il exempte les cardinaux de la prévention de cour de Rome, & qu'il met le pape dans l'impoffibilité de déroger, vis-à-vis d'eux, à la règle des vingt jours, dérogation qui eft devenue une claufe ordinaire dans toutes les provifions fur réfignation émanée du faint fiège.

L'affranchiffement de la prévention fe trouve dans la claufe *licitè & liberè*, inférée dans la bulle, qui permet en outre aux cardinaux de conférer en commende. *Voyez* ce que nous avons dit fous le mot COMMENDE.

La bulle impofe formellement au pape la néceffité de ne pas déroger à la règle des vingt jours. *quodque regulæ de infirmis refignantibus tam citra quàm ultra montem non derogabimus.*

Ces deux privilèges, qui, à proprement parler, ne font qu'un retour au droit commun, ont été reçus

parmi nous très-favorablement. Ils font devenus, par le concours de la volonté du prince, & l'enregiftrement dans les cours fupérieures, une loi de l'état à laquelle le pape ne pourroit porter atteinte fans commettre abus. Les provifions qu'il accorderoit par prévention pendant les fix mois donnés aux cardinaux, comme ordinaires, pour nommer aux bénéfices dépendant de leurs prélatures, feroient radicalement nulles. Cette nullité ne pourroit fe couvrir par la poffeffion, quelque longue qu'elle fût, *tractu temporis convalefcere nequit ;* ce font les expreffions de Dumoulin. Il en feroit de même de la dérogation à la règle *de infirmis refignantibus.*

Les privilèges des cardinaux tournent à l'avantage des expectans ; de forte que, quoiqu'un cardinal ne réclamât point le *compact*, un gradué, par exemple, pourroit en exciper contre un préventionnaire ou un réfignataire. C'eft une fuite du principe établi par Drapier dans fes *Décifions fur les matières bénéficiales*, tome 1, page 230, où il prouve que le *compact*, étant une loi générale du royaume, il ne dépend pas d'un cardinal d'y déroger quand il le juge à propos ; qu'il doit toujours avoir fon effet, & par conféquent exclure la prévention, quand même le cardinal n'en voudroit pas faire ufage. Perard Caftel, *Traité de la pratique de cour de Rome*, tome 1, page 96, eft du même avis, « lequel privilège des cardinaux, dit-il, paffe à ceux qui » ont des expectatives fur eux, non-feulement » parce que le privilège eft fondé fur le droit » commun & favorable, mais auffi parce que le » cardinal fe libère d'une charge qu'il eft tenu » d'acquitter, & ainfi il a intérêt que le pape ne » puiffe prévenir les créanciers par des provifions » à des bénéfices dont il pourroit acquitter fa dette, » & qui eft par conféquent un droit auffi inhérent » à fa perfonne, que le droit qu'il a de conférer » comme ordinaire ».

Le *compact* doit avoir fon effet lorfque le cardinal confère conjointement avec tout autre collateur. Ainfi jugé au grand-confeil le 25 mars 1694, pour le pourvu par le cardinal de Grenoble, contre le fieur Beaudet de Bauregard, pourvu d'un canonicat & prébende de l'églife de Grenoble, fur la réfignation de fon oncle, par le vice-légat d'Avignon, avec dérogation à la règle des vingt jours.

Les patrons eccléfiaftiques jouiffent auffi des privilèges du *compact*, pour les bénéfices de leur patronage, à la collation ou inftitution d'un cardinal. C'eft l'avis de Dumoulin, *ad reg. de inf. refig. n°. 215.* Il eft fuivi au parlement de Paris : on le prouve par un de fes arrêts du 29 décembre 1707, rapporté au tome 10 des mémoires du clergé, *colonne 1063*, qui a jugé, pour la cure d'Antoni, que ni la dérogation à la règle des vingt jours, ni la prévention, ne pouvoient être oppofées au fieur de Chantoifeau, pourvu par le cardinal de Noailles, fur la préfentation des bénédictins, patrons de cette cure. Le grand-conseil suit les mêmes principes, comme il résulte de son arrêt du 25 septembre 1684. Il s'agiſſoit de la cure de Poliſcène entre deux pourvus, l'un par le vice-légat d'Avignon, *jure prevèntionis*, l'autre par le cardinal de Grimaldi, archevêque d'Aix, ſur la préſentation de l'abbé de Mont-Majour. Celui-ci fut maintenu par l'arrêt. Il eſt bon d'obſerver que Vaillant & Boutaric ſe ſont trompés en ſoutenant des principes contraires à ceux que l'on vient d'expoſer.

Le *compaɛt* a donc lieu dans deux cas, le premier, quand le cardinal confère comme ordinaire & de plein droit ; le ſecond, quand il confère ſur la préſentation des patrons eccléſiaſtiques, ou ſur la requiſition des gradués. Il faut encore en ajouter une troiſième, c'eſt lorſqu'il préſente aux bénéfices de ſon patronage. M. Piales remarque qu'il n'y a jamais eu deux ſentimens parmi les auteurs ſur ce dernier point, quoique le *compaɛt* n'en faſſe aucune mention expreſſe.

Les effets de la bulle du *compaɛt* ceſſent lorſque le cardinal a laiſſé écouler les ſix mois que la loi lui donne pour conférer. Ils ceſſent encore lorſqu'il confère *jure devoluto. Voyez* CARDINAL, PRÉVENTION. (*Article de M. l'abbé* BERTOLIO.)

COMPACT BRETON. Le pape diſpoſe, en Bretagne, pendant huit mois de l'année, des bénéfices vacans par mort, qui ſont à la pleine collation, ſoit des évêques, ſoit des autres collateurs ordinaires. Dans les autres mois, qui ſont mars, juin, ſeptembre & décembre, la collation des ordinaires n'eſt gênée, ni par la prévention, ni par aucun autre droit apoſtolique. Les évêques y ont cependant la faculté d'opter l'alternative en vertu de laquelle, lorſqu'ils réſident, ils peuvent nommer aux bénéfices qui vaquent dans les mois de février, avril, juin, août, octobre & décembre.

Les auteurs qui ont écrit ſur cette matière ne conviennent point de l'origine des droits du pape en Bretagne. Hevin, célèbre avocat au parlement de Bretagne, l'attribue au concile de Conſtance, où il fut fait un accord, ſur la partition des bénéfices, entre le ſaint ſiége & les évêques de la province, & c'eſt ce que l'on appelle *compaɛt breton*. Selon cette opinion, les droits du pape, en Bretagne, ne ſeroient point un effet d'une règle de la chancellerie romaine, mais une loi paſſée en contrat, beaucoup plus ancienne que le premier auteur des règles de chancellerie. Dumoulin paroît auſſi ſuppoſer que l'uſage de la partition des mois, en Bretagne, a commencé par un traité fait avec le pape ; mais il ne dit pas qu'il ait été autoriſé par le concile de Conſtance. Louet en attribue de même l'origine à un ancien traité. M. le préſident Henault, *Hiſt. de France*, ſur l'année 1553, s'exprime en ces termes : « on a prétendu que ce fut au concile de » Conſtance que fut dreſſé le *compaɛt breton*, en » conſéquence duquel la partition des mois fut » d'abord établie ; mais on ne voit aucune trace » de ce *compaɛt*, & il y a plus d'apparence qu'on

» doit rapporter cet arrangement à une bulle d'Eu- » gène IV ».

Quelle que ſoit l'origine du *compaɛt breton*, il eſt certain que ce n'eſt point en vertu de la règle *de menſibus*, que le pape jouit, en Bretagne, des mois réſervés. Le rédacteur de cet article, dans la première Encyclopédie, après avoir avancé ce principe, ajoute, *c'eſt en vertu d'un édit de Henri II, du 14 juin 1549, qui ordonne, entre autres choſes, que les réſerves apoſtoliques & autres règles de chancellerie, ſoient reçues en Bretagne ; ce qu'il confirma par différentes déclarations des 29 juillet 1550, 18 avril & 29 octobre 1553*. Cette preuve ſembleroit détruire le principe, & tendroit à faire regarder la Bretagne comme pays d'obédience ; ce que cette province, ainſi que le clergé de France, ont toujours rejetté. Les agens généraux du clergé, dans leur rapport de 1735, diſoient, que n'y ayant aucune partie du royaume qui ne ſoit réduite ſous l'obéiſſance de nos rois, il n'eſt pas permis d'en reconnoître quelqu'une qui puiſſe être appelée *patria obedientiæ* à l'égard du pape. Quant aux ordonnances & déclarations de Henri II, elles ne furent enregiſtrées au parlement de Bretagne qu'avec des modifications qui anéantiſſoient entièrement les prétentions du ſaint ſiége. D'ailleurs, perſonne n'ignore dans quelles circonſtances ces ordonnances furent rendues ; ce ne fut que la mauvaiſe poſition des affaires de Henri II qui les lui arracha, & les tribunaux veillèrent à l'obſervation des loix générales du royaume, auxquelles nos rois ſont dans l'heureuſe impuiſſance de donner eux-mêmes atteinte. On ajoute encore, que ces ordonnances concernoient la Provence comme la Bretagne, & que cependant la Provence n'eſt pas devenue pour cela pays d'obédience. Pourquoi auroient-elles produit un effet différent pour la Bretagne ? C'eſt donc au *compaɛt*, quelle qu'en ſoit l'origine, qu'il faut attribuer la partition des mois dont le pape jouit dans cette province.

On ne doit pas confondre la partition des mois avec l'alternative. Celle-ci n'eſt accordée qu'aux évêques pour les engager à la réſidence. Les autres collateurs ne confèrent jamais que pendant quatre mois de l'année. La partition des mois eſt le droit commun de la Bretagne, & dérive du *compaɛt*; & l'alternative, qui prend ſa ſource dans les règles de la chancellerie, n'eſt qu'une faveur accordée par le pape aux évêques, faveur cependant qu'il ne peut refuſer lorſqu'on la lui demande.

Nous obſerverons encore à ce ſujet, que le rédacteur du préſent article, dans la première Encyclopédie, avance que les évêques de Bretagne, qui ont fait option de l'alternative, ont, outre les ſix mois de l'alternative, mars & ſeptembre, en vertu du *compaɛt, ce qui fait en tout pour eux huit mois*.

Nous avons eu recours à la règle de chancellerie *de menſibus & alternativa*, nous n'y avons rien trouvé de ſemblable ; nous avons vu que le pape partage avec les évêques réſidens, les douze mois de l'année, de manière que ſix lui appartiennent & ſix aux évêques; d'où il paroît fuivre que l'alternative ne donne pas huit mois aux évêques. Mais nous n'avons plus douté que le rédacteur de l'article ne fe fût trompé, lorfque nous avons lu dans Hevin, *Annotation fur le plaidoyer 109 de Frain*, n°. 55 de l'édition de Rennes de 1684; cette maxime : « que » ladite partition ne dérive pas d'une règle de chan- » cellerie, comme l'indult, ou grace d'alternative, » que les papes accordent aux évêques de Breta- » gne, & de plufieurs autres pays, pour les exci- » ter à la réfidence; en la confidération de laquelle » ils leur donnent la faculté de conférer pendant » deux mois, *outre les quatre de leur légitime* » ; d'où il nous paroît qu'il faut conclure que les évêques de Bretagne, qui optent l'alternative, conférent feule- ment pendant *fix mois* de l'année & non point pen- dant *huit*. *Voyez* ALTERNATIVE, BRETAGNE, PRÉ- VENTION. (*Article de M. l'abbé* BERTOLIO.)

COMPAGNIE, f. f. (*Droit civil. Police. Code milit.*) ce mot eft fynonyme à celui de *corps* & *communauté*. On diftingue parmi nous les *compa- gnies* de judicature, les *compagnies* de commerce, & les *compagnies* militaires.

En terme d'art militaire, on appelle *compagnie*, un certain nombre de gens de guerre fous la con- duite d'un chef nommé *capitaine*. *Voyez* le *Dic- tionnaire de l'Art militaire*.

COMPAGNIE *de commerce* fe dit de la réunion & affociation de plufieurs perfonnes pour entreprendre une efpèce de commerce. On en diftingue deux fortes : les premières fe forment en vertu des actes & contrats que les loix exigent pour affurer les conventions des particuliers. On les appelle plus communément *fociétés*. *Voyez ce mot*.

Les fecondes font les affociations établies par des lettres-patentes, ou autres actes publics, avec pri- vilège exclufif pour entreprendre des branches de commerce dans les pays éloignés. C'eft proprement aux affociations de cette efpèce qu'on donne le nom de *compagnie*; telles font les *compagnies* des Indes françoife, angloife, hollandoife & autres. Leur but, & les loix qui les dirigent, feront traités dans le *Dictionnaire de Commerce*.

Les compagnies de judicature font les tribunaux compofés de plufieurs juges. Ils ne fe qualifient pas de *compagnie* dans les jugemens; les cours fouve- raines ufent du terme de *cour*, & les juges inférieurs ufent du terme collectif *nous*. Mais dans les déli- bérations qui regardent les affaires particulières du tribunal, & lorfqu'il s'agit de cérémonies, les tri- bunaux, foit fouverains ou inférieurs, fe qualifient de *compagnie*; ils en ufent de même pour certains arrêtés concernant leur difcipline ou leur jurifpru- dence : ces arrêtés portent que la *compagnie a arrêté*, &c.

On appelle *compagnies fouveraines* ou *cours fupé- rieures*, celles qui, fous le nom & l'autorité du roi, jugent fouverainement & fans appel dans tous les cas, de manière qu'elles ne reconnoiffent point de juges fupérieurs auxquels elles reffortiffent; tels

font les parlemens, le grand-confeil, les chambres des comptes, les cours des aides, les cours des monnoies, les confeils fupérieurs, &c. *Voyez ces mots*.

Les préfidiaux ne font pas des *compagnies fou- veraines*, quoiqu'ils jugent en dernier reffort au premier chef de l'édit, parce que leur pouvoir eft limité à certains objets. *Voyez* Loifeau, *des feign. chap. 3, n. 23.*

COMPAGNON, f. m. (*Police. Arts & Métiers.*) c'eft celui qui a appris un métier, & qui continue à travailler pour un maître.

On trouvera dans le *Dictionnaire des Arts & Mé- tiers*, ce qui concerne le temps de compagnonage exigé par les ftatuts de chaque communauté d'arti- fans. Il nous fuffit de remarquer que par l'article 40 de l'édit de rétabliffement des jurandes, du mois d'août 1776, il eft défendu aux *compagnons* de quitter leurs maîtres fans les avoir avertis dans le temps fixé par les réglemens, & fans avoir obtenu d'eux un certificat de congé, dans lequel le maître doit rendre compte de la conduite & du travail des *compagnons*.

Les maîtres ne peuvent refufer ce certificat, fous quelque prétexte que ce puiffe être, après le temps de l'avertiffement expiré. En cas de refus, les gar- des, fyndics ou adjoints, & à leur refus, le lieu- tenant de police, peuvent, après avoir entendu le maître, délivrer au *compagnon* une permiffion d'en- trer chez un autre maître.

Un arrêt du confeil du 9 octobre 1724, fait dé- fenfes aux *compagnons* imprimeurs de porter l'épée ou autres armes, fous peine de prifon & au- tres, fuivant l'exigence des cas. Le même arrêt défend auffi aux imprimeurs de fouffrir aucun ou- vrier portant des armes, à peine d'en répondre en leur propre & privé nom. Les difpofitions de cet arrêt doivent être étendues à tous les *com- pagnons* & ouvriers de différens arts & métiers.

COMPAGNONS ET PAIRS. On trouve cette ex- preffion, dans l'ancienne coutume de Senlis, *art. 95*. Elle fignifie les hommes de fief qui, fuivant notre ancien droit féodal, étoient tenus d'affifter leur fei- gneur dans fa cour de juftice, & de juger con- jointement avec lui.

COMPARAISON *d'écriture*, (*Jurifprudence.*) c'eft la vérification qui fe fait d'une écriture ou fi- gnature, dont on ne connoit pas l'auteur, en la comparant avec une autre écriture ou fignature re- connue pour être de la main de celui auquel on attribue l'écriture ou fignature conteftée.

C'eft une des preuves que l'on peut employer pour connoître quel eft le véritable auteur d'une écriture ou fignature. Cette vérification peut être faite en trois manières, favoir; 1°. par la dépofi- tion des témoins qui atteftent avoir vu faire, en leur préfence, l'écriture dont il s'agit : 2°. par la dépofition de témoins qui n'ont pas à la vérité vu faire l'écrit, mais qui atteftent qu'ils connoiffent que l'écriture & fignature eft d'un tel, pour l'avoir vu

écrire & figner plufieurs fois ; & enfin par la dépofition des experts, qui, après *comparaifon* faite des
deux écritures, déclarent fi elles leur paroiffent de
la même main, ou de deux mains différentes.

La *comparaifon d'écritures* eft ufitée, en matière
civile & criminelle.

L'ufage de cette preuve, en matière civile, eft
fort ancien ; il en eft parlé en quelques endroits du
code & des novelles.

Comme on admettoit pour pièce de *comparaifon*
des écritures privées, Juftinien ordonna d'abord,
par la loi *comparationes, tit. de fide inftrum.*, qu'on
fe ferviroit de pièces authentiques ; & qu'on ne
pourroit fe fervir d'écritures privées qu'elles ne
fuffent fignées de trois témoins.

Par fa *novelle 49*, il mit deux exceptions à cette
loi pour les écritures privées, qu'il permit d'employer pour pièces de *comparaifon*, lorfqu'elles
étoient produites par celui contre lequel on vouloit
fe fervir de pièces de *comparaifon* ; ou lorfque l'écriture privée étoit tirée d'un dépôt public.

Mais par fa *novelle 73*, il reftreignit tellement l'ufage
de la preuve par *comparaifon d'écritures*, qu'il eft
vrai de dire que fon intention étoit qu'on y eût peu
d'égard, du moins en matière civile.

Dans la préface de cette novelle, il dit que quelques-uns de fes prédéceffeurs avoient admis cette
preuve, que d'autres l'avoient rejettée ; que ces
derniers en avoient reconnu l'abus, en ce que les
fauffaires s'exerçoient à contrefaire toutes fortes
d'écriture ; & qu'on ne peut bien juger de la qualité d'un acte faux, par le feul rapport qu'il a avec
un acte véritable, attendu que la fauffeté n'eft autre
chofe que l'imitation d'une chofe vraie ; qu'il avoit
lui-même reconnu les inconvéniens de cette preuve,
étant arrivé qu'en Arménie un contrat d'échange,
tenu pour faux par les experts, fut néanmoins reconnu véritable par tous les témoins qui l'avoient
figné.

La difpofition de cette novelle eft affez compli-
quée : l'empereur défend de vérifier aucune pièce
par *comparaifon d'écritures*, fi la pièce que l'on veut
faire vérifier n'eft fignée de trois témoins dignes de
foi, ou d'un notaire, ou de deux témoins fans reproche, ou du moins fi elle n'eft paffée en préfence
de trois témoins irréprochables. Il veut de plus que
le notaire & les témoins qui auront figné avec la
partie, reconnoiffent leur fignature au bas de l'acte ;
que fi le notaire reconnoît la fienne, en ce cas c'eft
une pièce publique, qui n'a point befoin d'être vérifiée par *comparaifon* ; que fi c'eft un acte figné de
trois témoins, ou feulement écrit en leur préfence
fans être figné d'eux, ou même s'il eft reçu par
un notaire en préfence de deux témoins, mais que
le notaire foit depuis décédé, ou ne foit plus en
état de dépofer, en ce cas Juftinien veut qu'outre
la vérification par *comparaifon d'écritures*, les témoins
qui ont figné reconnoiffent tous leur feing ; &
qu'en outre, foit qu'ils aient figné ou non, ils dé-
pofent fi l'écriture, vérifiée par experts, a été faite

en leur préfence de la même main dont les experts ont jugé qu'elle étoit écrite ; que fi les témoins
& le notaire ne font plus vivans, leur fignature
foit vérifiée ainfi que celle de la partie ; que fi l'acte
ne fe trouve pas figné du nombre de perfonnes
publiques, ou de témoins qui eft ordonné, la feule
comparaifon d'écritures ne fera jamais fuffifante pour
que l'on y ajoute foi ; & qu'en ce cas, après la
vérification faite, le juge s'en rapportera au ferment décifoire de la partie qui veut fe fervir de la
pièce conteftée. Enfin, la novelle ajoute encore
que fi les contrats font de peu d'importance, ou paffés
à la campagne, on n'y defire pas ces formalités ;
mais qu'à l'égard de tous les autres, la feule *comparaifon d'écritures* ne fuffit pas pour y faire ajouter
foi ; & la raifon qu'on en donne la loi, c'eft que la
reffemblance des écritures eft trop fufpecte ; que
c'eft une voie qui fouvent induit en erreur, &
que l'on ne doit pas s'y rapporter tant que l'on ne
voit pas de meilleure preuve.

Les interprètes du droit ont tous parlé de la *comparaifon d'écritures*, conformément à la *novelle 73*,
& entre autres Cujas, qui tient que la fimple *comparaifon d'écritures* ne fait point de foi ; qu'elle ne peut
être regardée au plus que comme une femi-preuve
qui peut obliger le juge de déférer le ferment à la
partie qui foutient la vérité de l'acte ; & que pour
faire preuve il faut que le rapport des experts foit
appuyé de la fignature des témoins & de leur dépofition.

Il y a beaucoup de docteurs qui penfent que
dans les cas même portés par la *novelle 73*, on
doit encore être fort réfervé fur la foi qu'on ajoute
à la reffemblance des écritures : d'autres vont jufqu'à dire qu'elle ne fait pas toujours une femi-preuve ;
& quelques-uns, enfin, nient qu'elle faffe même
la plus légère préfomption.

Il eft néanmoins certain, dans notre ufage, que
la preuve par *comparaifon d'écritures* eft admife,
tant en matière civile qu'en matière criminelle.

Elle eft admife en matière civile par l'ordonnance
d'Orléans, art. 145 ; par celle de 1539, art. 92 ;
par celle de Charles IX du mois de janvier 1565 ;
& enfin par l'ordonnance de 1667, tit. 12, art. 5.

La forme en eft réglée, pour les matières civiles,
par cette dernière ordonnance : il y eft dit que les
reconnoiffances & vérifications d'écritures privées
fe feront, partie préfente ou duement appellée, pardevant le rapporteur, ou s'il n'y a point, pardevant l'un des juges, qui fera commis fur une fimple requête, pourvu, & non autrement, que la partie contre laquelle on prétend fe fervir des pièces,
foit domiciliée ou préfente au lieu où l'affaire eft
pendante, finon que la reconnoiffance fe fera devant le juge royal ordinaire du domicile de la partie ;
& que s'il échet de faire quelque vérification, elle
fera faite pardevant le juge où le procès principal
eft pendant.

Les pièces & écritures dont on pourfuit la reconnoiffance ou vérification, doivent être commu-

niquées à la partie en préfence du juge ou commiſſaire.

Faute par le défendeur de comparoir à l'aſſignation, on donne défaut contre lui, pour le profit
duquel, ſi on prétend que l'écriture ſoit de ſa main,
elle eſt tenue pour reconnue ; & ſi elle eſt d'une
autre main, on permet de la vérifier, tant par témoins, que par *comparaiſon d'écritures* publiques ou
authentiques.

La vérification par *comparaiſon d'écritures* ſe fait
par experts ſur les pièces de *comparaiſon* dont les
parties conviennent, & à cette fin on les aſſigne
au premier jour.

Enfin, ſi au jour de l'aſſignation l'une des parties
ne compare pas, ou ne veut pas nommer des experts, la vérification ſe fait ſur les pièces de *comparaiſon* par les experts nommés par la partie préſente,
& par ceux qui feront nommés par le juge au lieu
de la partie refuſante & défaillante.

Telles ſont les formalités preſcrites par l'ordonnance de 1667, pour les vérifications d'écritures
privées, par pièce de *comparaiſon* en matière civile.

Cette preuve étoit auſſi admiſe en matière criminelle chez les Romains, du moins en matière de
faux, comme il paroît par une loi de l'empereur
Conſtantin, qui eſt la ſeconde au code théodoſien,
& la vingt-deuxième dans le code juſtinien, *ad legem
corneliam de falſis*.

M. le Vayer de Boutigny, célèbre avocat au
parlement, & depuis maître des requêtes, a fait une
ſavante diſſertation dans la cauſe fameuſe de Jean
Maillart, où il s'attache d'abord à faire voir en général qu'il y a peu de certitude dans la *comparaiſon
d'écritures*, & qu'elle ne fait pas ſeule preuve,
même en matière civile : il prétend qu'elle ne doit
point avoir lieu, ſur-tout en matière criminelle ;
qu'elle n'a été admiſe par aucune loi dans ces ſortes
de matières ; que la loi n'y admet que trois ſortes de
preuves ; ſavoir, la preuve par titres, la preuve par
témoins, & les indices indubitables & plus clairs
que le jour.

Mais, malgré l'érudition qui règne dans cet ouvrage, il eſt certain préſentement que la preuve
par *comparaiſon d'écritures* eſt admiſe en matière criminelle auſſi-bien qu'en matière civile, ainſi qu'il
réſulte de l'ordonnance criminelle de 1670, & de
l'ordonnance du mois de juillet 1737, concernant
le faux principal & incident.

La première de ces deux ordonnances, *tit. 9, du
faux principal & incident*, ne dit autre choſe de la
preuve par *comparaiſon d'écritures*, ſinon que les
moyens de faux étant trouvés pertinents ou admiſ-
ſibles, la preuve en ſera ordonnée tant par titres
que par témoins, & par *comparaiſon d'écritures* &
ſignatures, par experts qui ſeront nommés d'office
par le même jugement, ſauf à les récuſer ; que les
pièces inſcrites de faux & celles de *comparaiſon*,
ſeront miſes entre les mains des experts, après avoir
prêté ſerment & leur rapport délivré au juge, ſuivant qu'il eſt preſcrit par l'art. 12, *du titre de la deſ-*

cente *ſur les lieux*, de l'ordonnance de 1667 ; que
s'il y a charge, les juges pourront décréter & ordonner que les experts ſeront répétés ſéparément
en leur rapport, récollés & confrontés, ainſi que
les autres témoins.

L'ordonnance du faux règle les formalités de la
preuve par *comparaiſon d'écritures*.

Il eſt dit, *tit. 1 du faux principal*, que ſur la requête ou plainte en faux, ſoit par la partie publique
ou par la partie civile, il ſera ordonné qu'il ſera
informé des faits portés en la requête ou plainte,
& ce, tant par titres que par témoins, comme auſſi
par experts, enſemble par *comparaiſon d'écritures*
ou ſignatures, le tout ſelon que le cas le requerra ;
que lorſque le juge n'aura pas ordonné en même
temps ces différens genres de preuve, il pourra y
être ſuppléé, s'il y échet, par une ordonnance ou
un jugement.

Que quand la preuve par *comparaiſon d'écritures*
aura été ordonnée, les procureurs du roi ou ceux
des hauts-juſticiers, & la partie civile, s'il y en a,
pourront ſeuls fournir les pièces de *comparaiſon*,
ſans que l'accuſé puiſſe être reçu à en préſenter de
ſa part, ſi ce n'eſt comme il ſera dit ci-après ; &
ceci doit être obſervé à peine de nullité.

On ne peut admettre pour pièce de *comparaiſon*,
que celles qui ſont authentiques par elles-mêmes ;
& on regarde comme telles les ſignatures appoſées
aux actes paſſés devant notaires ou autres perſonnes
publiques, tant ſéculières qu'eccléſiaſtiques, dans
les cas où elles ont droit de recevoir des actes en
cette qualité.

On répute auſſi authentiques, à cet effet, les
ſignatures étant aux actes judiciaires faits en préſence du juge & du greffier, & auſſi les pièces écrites & ſignées par celui dont il s'agit de comparer
l'écriture, en qualité de juge, greffier, notaire, procureur, huiſſier, ſergent, & en général comme faiſant, à quelque titre que ce ſoit, fonction de perſonne publique.

On peut auſſi admettre pour pièces de *comparaiſon*, les écritures où ſignatures privées qui auroient
été reconnues par l'accuſé ; mais hors ce cas, ces
ſortes d'écritures & ſignatures ne peuvent être reçues pour pièces de *comparaiſon*, quand même elles
auroient été vérifiées avec l'accuſé, ſur la dénégation qu'il en auroit faite, à peine de nullité.

L'ordonnance laiſſe à la prudence du juge, ſuivant l'exigence des cas, & notamment lorſque l'accuſation de faux ne tombe que ſur un endroit de
la pièce qu'on prétend être faux ou falſifié, d'ordonner que le ſurplus de la pièce ſervira de pièce
de *comparaiſon*.

Si les pièces indiquées pour *comparaiſon* ſont entre
les mains de dépoſitaires publics ou autres, le juge
doit ordonner qu'elles ſeront apportées ſuivant ce
qui eſt ordonné pour les pièces arguées de faux ;
& les pièces admiſes pour *comparaiſon* doivent demeurer au greffe pour ſervir à l'inſtruction, & ce,
quand même les dépoſitaires d'icelles offriroient de

les repréſenter toutes les fois qu'il ſeroit néceſſaire, ſauf aux juges à y pourvoir autrement, s'il y échet, pour les regiſtres des baptêmes, mariages & ſépultures, & autres dont les dépoſitaires au- roient continuellement beſoin.

Sur la préſentation des pièces de *comparaiſon*, par la partie publique ou civile, & ſans qu'il ſoit beſoin de requête, il doit être dreſſé procès-verbal de ces pièces au greffe ou autre lieu du ſiège deſtiné aux inſtructions, en préſence de la partie publique & de la partie civile, s'il y en a, à peine de nullité.

L'accuſé ne peut être préſent à ce procès-verbal, auſſi à peine de nullité.

A la fin de ce procès-verbal, & ſur la requiſi- tion ou les concluſions de la partie publique, le juge doit ſtatuer ſur l'admiſſion ou rejet des pièces, à moins qu'il n'ordonne qu'il en ſera référé par lui au ſiège, auquel cas il y doit être pourvu par le conſeil, après que le procès-verbal a été commu- niqué à la partie publique & civile.

Si les pièces de *comparaiſon* ſont rejettées, la partie civile, s'il y en a, ou la partie publique, ſont tenues d'en rapporter ou indiquer d'autres dans le délai qui leur a été preſcrit, ſinon il y ſera pourvu.

Dans tous les cas où les pièces de *comparaiſon* ſont admiſes, elles doivent être paraphées, tant par le juge, que par la partie publique & par la partie civile, s'il y en a, & ſi elle peut ſigner; ſinon, il faut en faire mention, le tout à peine de nullité.

En procédant à l'audition des experts, ce qui ſe fait toujours dans cette matière par voie d'in- formation, & non de rapport, les pièces de *com- paraiſon*, lorſqu'il en a été fourni, le procès-verbal de préſentation de ces pièces, & l'ordonnance ou jugement qui les a reçues, doivent être remis à chacun des experts, pour les voir & examiner ſé- parément & en particulier ſans déplacer; & il faut faire mention de la remiſe & examen de ces pièces dans la dépoſition de chaque expert, ſans qu'il en ſoit dreſſé aucun procès-verbal.

On ne doit point repréſenter les pièces de *com- paraiſon* aux autres témoins, à moins que le juge, en procédant à l'information, récollement de ces témoins, ne juge à propos de leur repréſenter ces pièces, ou quelques-unes d'icelles, auquel cas elles doivent être paraphées par les témoins.

Les pièces de *comparaiſon* ou autres qui doivent être repréſentées aux experts, ne peuvent être re- préſentées aux accuſés avant la confrontation.

En tout état de cauſe, les juges peuvent ordon- ner d'office, ou ſur la requête de la partie publique ou civile, que l'accuſé ſera tenu de faire un corps d'écriture tel qu'il lui ſera dicté par les experts, ce qui ſera fait par procès-verbal au greffe; & à la fin du procès-verbal, le juge peut ordonner que ce corps d'écriture ſera reçu par pièce de *com- paraiſon*, & que les experts ſeront entendus par voie de dépoſition ſur ce qui peut réſulter du

corps d'écriture comparé avec les pièces fauſſes; ce qui a lieu quand même ils auroient déjà dé- poſé ſur d'autres pièces de *comparaiſon* : le juge peut néanmoins en ce cas nommer d'autres experts, ou en adjoindre de nouveaux aux premiers, mais cela doit être fait par délibération du ſiège.

Si les experts ſont incertains ou d'avis diffé- rens, le juge peut ordonner qu'il ſera fourni de nouvelles pièces de *comparaiſon*.

Lors du récollement des experts & de la con- frontation, les pièces de *comparaiſon* doivent être repréſentées aux experts & aux accuſés, à peine de nullité.

En cas que l'accuſé demande par requête qu'il ſoit remis de nouvelles pièces de *comparaiſon* entre les mains des experts, les juges ne pourront y avoir égard qu'après l'inſtruction achevée & par délibé- ration de conſeil ſur le vu du procès, à peine de nullité.

Si la requête de l'accuſé eſt admiſe, le jugement doit lui être prononcé dans les 24 heures, & le juge l'interpellera d'indiquer les pièces, ce qu'il ſera tenu de faire ſur le champ : le juge peut néan- moins lui accorder un délai; mais ce délai ne peut être prorogé, & l'accuſé ne peut préſenter dans la ſuite d'autres pièces que celles qu'il a indi- quées, ſauf à la partie publique ou civile à les conteſter.

Les écritures ou ſignatures privées de l'accuſé ne peuvent être reçues pour pièces de *comparai- ſon*, encore qu'elles euſſent été par lui reconnues ou vérifiées avec lui, ſi ce n'eſt du conſentement de la partie publique & civile, s'il y en a, à peine de nullité.

Le procès-verbal de préſentation des pièces indi- quées par l'accuſé, doit être fait en ſa préſence, & par lui paraphé, s'il le peut ou veut faire; ſinon il en ſera fait mention, à peine de nullité; & ſi l'accuſé n'eſt pas priſonnier & ne ſe préſente pas au procès-verbal, il y ſera procédé en ſon abſence, lui duement appellé.

En procédant à l'information ſur ces pièces, on remettra auſſi les anciennes aux experts, avec les procès-verbaux de préſentation & les ordonnances ou jugemens de réception.

La partie civile & publique peuvent produire de nouvelles pièces de *comparaiſon* en tout état de cauſe, quand même on n'auroit pas permis à l'accuſé d'en indiquer.

Lorſqu'il y a des pièces indiquées de part & d'autre, le juge peut ordonner ſur le tout une même information par experts.

Si l'accuſé demande de nouveaux experts ſur les pièces de *comparaiſon* anciennes ou nouvelles, on ne peut l'ordonner qu'après l'inſtruction ache- vée par délibération du conſeil, à peine de nullité.

Les nouveaux experts doivent toujours être nom- més d'office, à peine de nullité.

La nouvelle information peut être jointe au procès.

Dans

Dans le cas du faux incident, l'ordonnance veut que si les moyens de faux sont jugés admissibles, il soit ordonné qu'on en informera, tant par titres que par témoins, par experts & par *comparaison* d'écritures ou signature, sans qu'il puisse être ordonné que les experts feront leur rapport sur les pièces prétendues fausses, ou qu'il sera procédé préalablement à la vérification d'icelles, à peine de nullité.

Les pièces de *comparaison* doivent être fournies par le demandeur; & celles que présenteroit le défendeur ne peuvent être reçues, si ce n'est du consentement du demandeur & de la partie publique, à peine de nullité; sauf aux juges, après l'instruction achevée, à admettre le défendeur à fournir de nouvelles pièces de *comparaison*, s'il y échet.

On observe au surplus dans cette matière les mêmes règles qu'en matière de faux principal, sur la qualité des pièces de *comparaison* & sur l'apport de ces pièces, sur la représentation qui en est faite aux témoins, & sur le paraphe.

Le procès-verbal de présentation des pièces de *comparaison*, doit être fait en présence des parties, ou elles duement appellées; les parties peuvent y comparoître par procureur, à moins que cela ne soit autrement ordonné: on y fait mention si le défendeur convient ou non des pièces: si elles ne sont pas reçues, on ordonne que le demandeur en fournira d'autres dans un certain délai.

Les pièces de *comparaison* sont remises aux experts de la même manière qu'il a été dit ci-devant.

On observe aussi les mêmes règles quand le défendeur ou accusé demande à fournir de nouvelles pièces de *comparaison*, ou qu'il soit entendu de nouveaux experts.

Lorsqu'il s'agit de procéder à la reconnoissance des écritures & signatures en matière criminelle, si l'accusé nie l'écriture, ou s'il est en défaut ou contumace, on ordonne que l'écriture sera vérifiée sur pièces de *comparaison*.

Le procès-verbal de présentation des pièces de *comparaison* se fait en présence de la partie publique & civile, s'il y en a, & de l'accusé, lequel pour cet effet est amené des prisons par ordre du juge, pour assister au procès-verbal sans aucune sommation ou signification préalable; on n'en fait point non plus lorsque la contumace est instruite contre l'accusé.

Quand il n'est pas dans les prisons, & que la contumace n'est pas instruite, on le somme de comparoître au procès-verbal, comme en matière de faux principal; cette sommation se fait en la forme prescrite par l'édit de décembre 1680, concernant l'instruction de la contumace; & faute par l'accusé de comparoître, on passe outre au procès-verbal.

Si l'accusé y est présent, on lui représente les pièces de *comparaison* pour en convenir ou les contester sur le champ; on ne lui accorde ni délai, ni conseil. Les pièces qui sont admises doivent

être par lui paraphées, s'il le peut ou veut faire, sinon on en fait mention; & dans tous les cas elles sont aussi paraphées par le juge, par la partie publique, & par la partie civile, si elle peut & veut les parapher, sinon on en doit faire mention, à peine de nullité.

Au cas que les pièces ne soient pas reçues, la partie civile, s'il y en a, ou la partie publique, doivent en rapporter d'autres dans le délai qui sera prescrit, sinon il sera passé outre.

Les experts qui procèdent à la vérification doivent être nommés d'office & entendus séparément par forme de déposition: on ne peut pas ordonner qu'ils feront préalablement leur rapport, le tout à peine de nullité.

En procédant à l'audition des experts, on doit leur représenter les pièces de *comparaison*.

On peut aussi dans cette matière ordonner que l'accusé sera tenu de faire un corps d'écriture.

Enfin, on y suit une grande partie des règles prescrites pour la *comparaison* d'écritures en matière de faux principal, ainsi que l'ordonnance de 1737 l'explique, ce qu'il seroit trop long de détailler ici.

De ces différentes formalités prescrites par les ordonnances pour la preuve par *comparaison* d'écritures, il résulte bien clairement que cette preuve est admise, tant en matière civile qu'en matière criminelle, & non-seulement dans le cas du faux principal ou incident, mais aussi lorsqu'il s'agit de reconnoissance d'écriture ou signature en général.

Mais il est certain que la déposition même uniforme des experts, ne fait jamais seule une preuve complette; elle n'est considérée que comme une demi-preuve, à cause de l'incertitude de leur art pour la vérification des écritures. (*A*)

On pourroit appuyer cette doctrine sur un grand nombre de faits: nous nous contenterons d'en rapporter deux.

Des chanoines de Beauvais, accusés d'avoir écrit des lettres qui tendoient à troubler la tranquillité publique, furent arrêtés & conduits au château de Vincennes.

M. de la Reynie, lieutenant de police & commissaire en cette partie, leur présenta ces lettres, qu'ils reconnurent sur le champ pour être de leur écriture; mais après qu'elles eurent été lues, ils protestèrent qu'ils ne les avoient point écrites. On avoit effectivement contrefait & imité leur écriture, & le coupable ayant été arrêté, subit la peine due à son crime.

Le sieur Fleury, curé de S. Victor d'Orléans, fut accusé d'avoir fabriqué une lettre impertinente, adressée à M. le duc d'Orléans, régent du royaume, & d'avoir voulu l'imputer à M. l'évêque d'Orléans, par l'imitation de sa signature. On instruisit son procès; quatre experts de Paris furent entendus, & rapportèrent que la lettre avoit été écrite par le sieur Fleury. Il étoit cependant innocent, & on découvrit le véritable auteur de la lettre. *Voyez* FAUX, RECONNOISSANCE, VÉRIFICATION.

M

COMPARANT, adj. pris subft. (*Jurifpr.*) ce terme qui vient de comparoir ou comparoître, a deux ufages différens en ftyle de pratique. Dans les qualités des jugemens où on dénomme d'abord les parties litigantes, chaque partie eft dite *comparante* par tel & tel fes avocat & procureur, c'eft-à-dire qu'elle eft repréfentée par eux dans les procès-verbaux qui fe font devant un juge ou devant notaire. On appelle quelquefois *comparant* la partie même qui comparoît ; & *non-comparant* celui qui ne fe préfente pas. *Voyez ci-après* COMPAROIR, DÉFAUT FAUTE DE COMPAROIR. (*A*)

COMPARENCE, f. f. *terme de Coutume* ufité en Normandie dans le fens de *préfence.* On appelle dans cette province *jours de comparence,* ceux où fe tiennent les affifes des juges fupérieurs : ainfi on dit qu'un officier doit *comparence* aux affifes d'un tribunal, pour dire qu'il doit s'y trouver. *Voyez* ASSISES.

COMPARES, f. f. pl. (*Jurifpr.*) font des ufages & redevances prétendues par les vicomtes de Narbonne contre l'évêque du même lieu. Il en eft parlé dans la vie d'Aymeri III, *liv. IV des Mémoires de Languedoc, page 586.* (*A*)

COMPAROIR, ou COMPAROITRE, v. n. (*Jurifpr.*) fignifie fe *préfenter* devant le juge, greffier, notaire, ou autre officier public, pour répondre à une fommation ou affignation. *Voyez ci-devant* COMPARANT.

Il y a des défauts *faute de comparoir.* Voyez au mot DÉFAUT.

Anciennement, lorfqu'un bourgeois de Bourges, mandé par le prévôt ou par le voyer, n'avoit pas comparu, & étoit condamné à l'amende ; fi ce bourgeois vouloit être déchargé de l'amende, prétendant qu'il n'avoit pas reçu l'avertiffement, il falloit qu'il fe battît en duel ; fuivant la coutume barbare de ce temps-là, où le duel paffoit pour un moyen de s'affurer de la vérité des faits. Louis VI abolit cette mauvaife coutume, & ordonna que quand un bourgeois de Bourges affirmeroit qu'il n'avoit pas reçu l'avertiffement, il feroit quitte de l'amende, & qu'il n'y auroit plus de duel comme auparavant. Cette ordonnance de Louis VI fut confirmée par Louis VII en 1145, & par Louis VIII en 1224. *Voyez le Recueil des ordonnances de la troifième race.* (*A*)

COMPARTITEUR, f. m. (*Jurifpr.*) *quafi partitor,* eft celui des juges qui a ouvert le premier un avis contraire à celui du rapporteur, & qui a commencé le partage d'opinions ; ce qui n'arrive que par partage d'opinions dans les procès par écrit ou inftances appointées en matière civile ; car en matière criminelle il n'y a jamais de partage, c'eft-à-dire que quand les avis font partagés, le jugement paffe à l'avis le plus doux ; & dans les affaires civiles d'audience, lorfque les avis font partagés, on ordonne un délibéré ou appointement.

Au parlement, lorfqu'une affaire fe trouve partagée, elle eft portée dans une autre chambre pour y être jugée ; le rapporteur & le *compartiteur* vont dans cette chambre expofer chacun les motifs & les raifons de leur avis. *Voyez* PARTAGE. (*A*)

COMPARUIT, f. m. (*Jurifpr.*) ce terme eft ufité principalement au parlement de Flandre, & dans les fièges inférieurs de la même province. C'eft un acte que le juge délivre à l'une des parties litigantes, pour certifier fa comparution, lorfque l'autre partie eft défaillante ou décédée ; pour faire appeller de nouveau en caufe le défaillant ou fes héritiers, à l'effet de reprendre l'inftance, & de procéder fuivant les derniers erremens. Il en eft parlé dans la coutume de Lille, *art.* 137 de l'ancienne ; & en la nouvelle, *titre de l'action, art.* 20 ; en l'ancienne coutume de Boulenois, à la fin ; en celle de Dreux, *art.* 57, où ce terme femble fignifier le défaut que le demandeur fait à l'affignation qu'il a fait donner au défendeur. Dans l'ufage préfent, la cédule de préfentation que le procureur de chaque partie doit prendre au greffe, tient lieu d'acte de *comparuit.*

Suivant les coutumes des ville & châtellenie de Lille, dont les difpofitions à cet égard fervent de loi générale dans les Pays-Bas ; lorfque le procureur, qui occupoit pour une perfonne décédée pendant le cours de l'inftance, a fait fignifier l'acte de *comparuit* à la partie adverfe, cette dernière doit faire affigner, dans l'an, les héritiers pour reprendre l'inftance. A défaut de remplir cette formalité, la caufe tombe en *interruption,* excepté au parlement où l'interruption n'a pas lieu. *Voyez* INTERRUPTION, PÉREMPTION D'INSTANCE.

COMPARUTION, f. f. (*Jurifpr.*) eft l'acte que fait celui qui fe préfente en juftice, ou devant un notaire, ou autre officier public. Il y a des actes de juftice où la *comparution* doit être faite en perfonne : par exemple, en matière civile, lorfqu'une partie doit fubir interrogatoire, ou prêter ferment ; en matière criminelle, lorfque l'accufé eft décrété d'affigné pour être oui, ou d'ajournement perfonnel.

Il y a d'autres actes de juftice où la *comparution* eft néanmoins différente de la *préfentation* proprement dite, qui fignifie l'acte par lequel un procureur fe conftitue pour fa partie.

La *comparution* peut être faite par la partie en perfonne, ou par le miniftère de fon avocat & de fon procureur, comme dans les matières civiles ordinaires.

La *comparution* devant un notaire, ou autre officier public, pour des actes extrajudiciaires, fe fait auffi par la partie en perfonne, ou par le miniftère de fon procureur *ad lites* ; mais elle peut auffi être faite par le miniftère d'un procureur *ad negotia,* qu'on appelle communément un *fondé de procuration.*

Le demandeur ou autre perfonne qui provoque le miniftère du juge, ou autre officier public, fait fa *comparution* de fon propre mouvement ; au lieu que le défendeur fait la fienne en conféquence d'une fommation ou d'une affignation, & quelquefois en conféquence d'une ordonnance ou autre jugement qui ordonne un procès-verbal ou autre acte extrajudiciaire, où les parties doivent comparoître en perfonne.

Dans les procès-verbaux & autres actes faits par les juges, notaires, ou autres officiers publics, dans lefquels les parties doivent comparoître en perfonne, ou par procureur, on donne acte refpectivement aux parties, ou à leurs procureurs, de leurs *comparutions*, dires & requifitions, défenfes au contraire; & s'il y a des défaillans, on donne défaut contre eux. *Voyez ci-devant* COMPARANT & COMPAROIR, & PRÉSENTATION. (*A*)

Dans le reffort du parlement de Flandre, le terme de *comparution* fignifie l'inftruction fommaire qui fe fait d'une caufe en l'hôtel & pardevant le premier officier du fiège dans les tribunaux inférieurs; ou pardevant le confeiller nommé, fi c'eft au parlement.

Pour entendre ce que fignifie le mot *comparution*, il faut favoir que l'ordonnance de 1667 n'eft point fuivie dans la Flandre; que, fuivant l'ancienne pratique des tribunaux du pays, toutes les caufes s'inftruifent par écrit, à l'exception des affaires confulaires, d'appels d'inftruction en matière criminelle, des requêtes civiles & des appels des jugemens des confeillers-commiffaires.

En conféquence, lorfqu'une partie pourfuit le jugement d'un procès, elle demande par requête l'inftruction fommaire: le juge ordonne aux parties de comparoître à heure & jour certains. Le demandeur expofe fes conclufions à fa requête, le défendeur y répond; le demandeur & le défendeur repliquent alternativement: le juge dreffe procès-verbal de leurs dires refpectifs, & leur enjoint de fournir péremptoirement dans la quinzaine; alors l'affaire fe dit *coulée en avis*, ou *en droit*.

Lorfqu'une des parties ne compare pas au jour indiqué, après avoir attendu une heure, le demandeur obtient défaut, le défendeur congé de la demande. Ces défauts font d'ailleurs conformes à l'ordonnance de 1667.

Quelquefois il s'élève des incidens dans les *comparutions*; & dans ce cas le commiffaire peut les juger lui-même. Mais s'il trouve la matière délicate, il ordonne aux parties de fournir fur l'incident; & fait fon rapport à la chambre. Ce préliminaire eft effentiel, car on ne peut faire droit au principal avant la décifion de l'incident. Si le commiffaire y prononce, la partie qui fe croit léfée par fon jugement, peut en appeler en pleine cour. *Voyez* COULER EN DROIT, CONSEILLER-COMMISSAIRE *aux audiences.*

COMPASSION, f. f. (*Droit naturel. Morale.*) c'eft cette difpofition qui nous rend, même involontairement, fenfibles aux fouffrances que nous voyons endurer aux autres êtres fenfibles. Elle a fa fource dans la fenfibilité phyfique, dans l'irritabilité des nerfs, dans la vivacité de l'imagination qui en eft fouvent une dépendance, plutôt que dans la réflexion. Auffi voyons-nous que les femmes font en général plus compatiffantes que les hommes, dont le tempérament plus vigoureux les rend moins fufceptibles d'émotion, & moins fenfibles à leurs propres douleurs.

Il étoit avantageux à l'humanité que la *compaffion* ne fût pas due uniquement à la raifon toujours lente dans fes jugemens, & qu'un reffort plus prompt & plus actif nous déterminât à courir au fecours de l'être qui fouffre, fans même nous donner le temps de la réflexion, puifque des fecours tardifs deviennent fouvent inutiles, parce qu'il n'eft plus temps de prévenir le mal, ou de l'arrêter, lorfqu'il eft parvenu à fon comble.

Elle n'eft pas moins utile pour prévenir les effets d'une vengeance qui s'emporteroit à des cruautés atroces de la part d'un agent *fans compaffion*. C'eft par cette raifon qu'il eft très-important de ne pas détruire cette difpofition chez les enfans, lorfqu'elle y eft naturellement, ou de l'y produire & de l'y augmenter, lorfqu'elle leur manque, ou qu'on remarque qu'ils en ont trop peu. On peut aifément leur infpirer cette vertu, en leur montrant toujours une horreur extrême pour tout acte cruel, & une grande fenfibilité pour tout être qui fouffre.

La *compaffion* a quelques reffemblances de fentimens avec la bienveillance, & elle a même but & la même direction, l'effet en eft le même. La pitié exifte rarement, ou peut-être n'exifte-t-elle jamais fans un mélange de tendreffe ou de fympathie. La pauvreté, la baffeffe, les mauvais fuccès, confidérés en gros, nous font de la peine, & excitent fouvent l'averfion & le mépris: mais lorfque nous entrons davantage dans la fituation des malheureux, lorfque nous commençons à leur fouhaiter du bien, lorfque nous fentons le contre-coup de leur trifte fort, ces difpofitions fe changent en amitié & en bienveillance, & nous engagent à les fecourir.

COMPATIBILITÉ, f. f. COMPATIBLE, adj. (*Droit civil & canon.*) ces termes s'emploient en parlant des charges & bénéfices. On appelle *compatibilité*, la faculté qu'une même perfonne a de pofféder en même temps plufieurs offices ou bénéfices, ou un office & un bénéfice. *Compatible* fe dit des offices, bénéfices ou charges qui peuvent être poffédés enfemble par la même perfonne, fans difpenfe.

On appelle *lettres de compatibilité*, des lettres-patentes par lefquelles le roi permet à quelqu'un de pofféder en même temps deux charges, qui, fans cette permiffion, ne pourroient pas être exercées par la même perfonne. Ces lettres ne peuvent être expédiées qu'en la grande chancellerie.

De la compatibilité des charges & offices. Elle a lieu principalement entre deux & plufieurs offices, dont les fonctions peuvent fe concilier, & dont l'un n'eft pas au-deffous de la dignité de l'autre. En général, tous les offices entre lefquels il n'y a point d'incompatibilité prononcée par une loi, font *compatibles*. C'est pourquoi un office de secrétaire du roi peut être possédé avec celui de conseiller d'une cour souveraine.

Plusieurs édits & arrêts ont déclaré incompatibles les charges de notaire & de procureur. Ils s'exécutent à la rigueur dans les grandes villes, & sur-tout dans celles où il y a présidial; mais dans les endroits où les praticiens sont en petit nombre, on tolère la réunion de ces deux offices dans la même personne.

Deux arrêts des 19 mars 1753, & 22 février 1760, ont jugé, le premier, qu'un substitut du procureur du roi pouvoit en même temps posséder un office de notaire, ainsi que les autres procureurs; le second qu'il pouvoit en même temps être officier d'une justice seigneuriale.

On a voulu pendant long-temps faire regarder comme incompatible l'emploi de contrôleur des actes, avec des charges & offices. Mais les édits d'octobre 1694, & de mars 1696, ont formellement accordé aux contrôleurs des actes la permission de posséder en même temps des offices de notaire & de procureur. Toutes les fois qu'il s'est élevé des contestations à ce sujet, elles ont été décidées en faveur des contrôleurs des actes, titulaires d'autres offices.

Les charges qui, de leur nature, ne sont pas *compatibles*, le deviennent au moyen des lettres de *compatibilité* qu'on obtient en la grande chancellerie. Mais cette dispense ne s'accorde que lorsque la réunion des deux offices n'entraîne aucun inconvénient.

De la compatibilité des bénéfices. L'esprit de l'église, le vœu des canons & des conciles défendent aux ecclésiastiques de posséder en même temps plusieurs bénéfices, lorsque le premier est suffisant pour fournir à l'entretien honnête du titulaire. Par la suite on s'est relâché de la rigueur du droit, & on a distingué entre les bénéfices simples, & ceux qui exigent résidence. Il y a incompatibilité entre deux bénéfices qui exigent résidence, mais il n'y en a point entre deux bénéfices simples. L'article 73 des libertés de l'église gallicane, & l'article 11 de l'ordonnance de Blois défendent de posséder en même temps deux bénéfices sujets à résidence, à moins d'une dispense expresse du pape, qui même ne peut être exécutée en France; qu'après avoir été revêtue de lettres-patentes enregistrées:

On regarde comme *compatibles* la possession d'un bénéfice & d'une pension sur un autre bénéfice, tous les deux sujets à résidence, lorsque les provisions du bénéfice ont été données au pensionnaire après la création de la pension.

Les canonistes ont décidé qu'il y avoit incompatibilité entre deux bénéfices dépendans l'un de l'autre, ensorte que le titulaire d'un bénéfice ne peut retenir la possession d'un autre bénéfice dont il est collateur à raison du premier: il y auroit, disent-ils, un inceste spirituel, de même qu'il y en a un,

lorsqu'un laïque épouse la mère & la fille. Quelques-uns même ont voulu appliquer l'incompatibilité à deux bénéfices indépendans l'un de l'autre, soumis cependant à un bénéfice supérieur: mais cette doctrine n'a pas été accueillie par les tribunaux.

Il y a aussi incompatibilité entre deux bénéfices qui sont dans la même église ou, comme s'expriment les canonistes, *sub eodem tecto. Voyez* BÉNÉFICE, *section* 6, CHAPELLE, INCOMPATIBILITÉ.

COMPELLATION, s. f. ce terme n'est en usage que dans les Pays-Bas; il correspond à ce que nous appellons en France *interrogatoires sur faits & articles*. On se sert encore en Flandre, dans le même sens, du mot de *position*.

Dans les *compellations*, le juge, après avoir pris le serment de la partie qu'il doit interroger, reçoit ses réponses de vive voix sur chaque article, & en fait tenir note en marge. Comme ce serment est purement de calomnie, il n'engage la partie qu'à répondre ce qu'elle croit de bonne foi. Si la réponse est affirmative, on met en marge de l'article le mot latin *credit*, elle croit; si elle est négative, on écrit *non credit*, elle ne croit pas. De-là viennent ces expressions si familières aux praticiens de Flandre, *répondre par serment de calomnie, répondre par credit vel non credit. Voyez* INTERROGATOIRE *sur faits & articles*.

COMPENSATION, s. f. (*Jurisprudence.*) c'est la confusion qui se fait d'une dette mobiliaire liquide avec une autre dette de même nature entre deux particuliers qui se trouvent être en même temps créanciers & débiteurs l'un de l'autre. Elle tient lieu de paiement, ou, si l'on veut, c'est un paiement réciproque, mais fictif & sans bourse déliée de part & d'autre.

La *compensation* est fondée sur l'équité naturelle: son usage est absolument nécessaire pour éviter un circuit inutile qui auroit lieu, si un débiteur étoit obligé de payer à son créancier la même somme, qu'il est en état de lui demander. Il est plus simple que chacun retienne, en paiement de ce qui lui est dû, ce qu'il doit de sa part. Il y auroit même une espèce de dol à demander le paiement d'une somme qu'il faudroit à l'instant rendre à la même personne. *L.* 8, *ff. de dolo.*

Dans notre ancien droit françois, la *compensation* n'avoit lieu de plein droit, que dans les provinces régies par le droit écrit. A l'égard du pays coutumier, il étoit nécessaire, pour l'opposer en justice, d'obtenir à cet effet des lettres en chancellerie, à moins qu'elle ne fût admise par la coutume des parties. Mais aujourd'hui cette exception est admise en pays coutumier, aussi-bien qu'en pays de droit écrit: c'est un moyen de droit qu'on peut opposer en tout état de cause, sans qu'il soit besoin de lettres du prince, conformément à cet axiome de droit, *frustra à principe impetratur quod à lege conceditur.*

Il n'est pas nécessaire, pour qu'il y ait lieu à la *compensation*, que les dettes soient égales: elle s'opère de la moindre à la plus considérable, jusqu'à due concurrence; le créancier de la plus forte ne peut répéter que l'excédent qui reste dû, après que la *compensation* a été faite.

De la nature & des effets de la compensation. Tous les jurisconsultes enseignent que la *compensation* est un des quatre moyens par lesquels une obligation personnelle peut s'éteindre ; ils la mettent conséquemment au même rang que la prescription, la remise volontaire faite par le créancier, & le paiement effectif.

Elle est tellement conforme à la loi civile & naturelle, qu'elle a, d'elle-même & de plein droit, son effet sans être demandée.

Quand même ceux entre lesquels la *compensation* peut avoir lieu, ne s'en aviseroient pas, & qu'ils ignoreroient la nature & la quotité des dettes qu'ils auroient à compenser entre eux, il suffit qu'ils soient en même temps créanciers & débiteurs l'un de l'autre, pour que ces qualités se confondent & s'anéantissent réciproquement. Ainsi, par exemple, si deux héritiers de deux successions différentes qui n'auroient pas encore acquis la connoissance des biens qui leur seroient échus, se trouvoient en cette qualité respectivement débiteurs, l'un d'une somme produisant des intérêts, & l'autre d'une somme qui n'en porteroit pas, ces intérêts, dans ce cas, cesseroient de courir, soit en totalité, si les dettes étoient égales, soit jusqu'à concurrence de la moindre dette, & à compter du jour que la dernière se trouveroit être échue.

C'est encore une conséquence du même principe, que, si deux personnes, telles, par exemple, qu'un tuteur & son pupille, des cohéritiers, des associés ou d'autres ayant des intérêts communs, se doivent mutuellement, leurs comptes & calculs doivent être faits année par année, lorsqu'il s'y trouve des sommes qui produisent des intérêts, & cela afin que les *compensations* & les déductions se fassent eu égard aux temps auxquels les sommes dues se trouvent concourir pour les *compensations*, & que les intérêts de ces mêmes sommes courent ou cessent de courir selon les changements que les *compensations* peuvent y apporter par l'extinction des sommes compensées ou déduites.

Lorsque nous disons au reste que la *compensation* a son effet d'elle-même & sans être demandée, il ne faut pas entendre par-là que le débiteur qui est aussi créancier, soit dispensé pour cela de former sa demande en *compensation* devant le juge sous les yeux duquel il est indispensable de mettre le titre sur lequel elle est fondée, pour qu'il soit en état de l'ordonner avec connoissance de cause ; car ce juge ne sauroit deviner si, dans le fait, il y a une *compensation* à faire, & si le créancier est réciproquement débiteur ; il ne sauroit juger que *secundùm allegata & probata* ; de sorte qu'il ne peut avoir aucun égard à la *compensation*, s'il n'est pas instruit qu'il y a lieu de l'ordonner. Dans la procédure actuelle, la *compensation* se demande, en tout état de cause, par une requête incidente.

Mais, quoiqu'on soit obligé de la demander, il n'en est pas moins vrai de dire qu'elle a toujours son effet par elle-même & de plein droit, en ce qu'elle a lieu, non-seulement du jour qu'elle a été demandée en justice, mais même de celui auquel le concours des deux dettes a donné ouverture à la *compensation* ; de sorte que c'est de ce jour qu'elle a force de paiement, & que les intérêts de la somme acquittée par la *compensation* ont cessé de courir au profit du créancier. C'est le sentiment des auteurs, & de Dumoulin entre autres ; & cela, ajoute ce dernier, quand même l'une des dettes compensées porteroit des intérêts, & que l'autre n'en produiroit pas.

Du principe établi que la *compensation* se fait de droit, il résulte encore que le juge non-seulement peut, mais doit même, dans le cas de demandes respectives, compenser d'office les dettes, lorsqu'il y a lieu, soit que, par cette *compensation*, les parties doivent se trouver entièrement quittes l'une envers l'autre, soit qu'après qu'elle aura été consommée, l'une d'elles doive être condamnée au paiement du surplus qu'elle se trouvera redevoir.

Nous devons enfin conclure de ces observations, qu'en général la *compensation* est moins une action & une demande en elle-même, qu'une exception proposée contre la demande d'un créancier qui, par l'événement, est le débiteur de son débiteur.

Cette exception au reste a paru si indispensable pour entretenir le commerce entre les hommes, & pour le maintien de leurs droits, qu'elle a toujours été regardée favorablement. Aussi est-il libre aux débiteurs de l'opposer à leurs créanciers toutes les fois que ceux-ci se trouvent leur devoir quelque somme susceptible de *compensation*.

Elle peut en conséquence se proposer à l'égard d'une dette pour raison de laquelle on auroit déjà commencé à procéder ; on est admis à la demander en cause d'appel, quoiqu'on ait négligé d'en exciper en première instance ; on peut enfin la faire valoir en tout état de cause, même après avoir été condamné par sentence ou par arrêt, attendu que c'est une de ces exceptions qui tiennent lieu de paiement, & qui par conséquent se proposent autant contre l'exécution d'un jugement & pour empêcher le paiement effectif, que contre l'action intentée : d'ailleurs, le débiteur n'est pas obligé d'avoir recours à ce moyen avant d'avoir été condamné.

Il est au surplus à remarquer que, lorsque la *compensation* est demandée contre l'exécution d'un jugement, elle suffit pour arrêter les saisies-exécutions, & toutes les poursuites ultérieures du créancier.

Il est pareillement de maxime que, si le débiteur qui pouvoit opposer la *compensation*, a payé une somme à son créancier, il peut la répéter, comme ayant payé ce qu'il ne devoit pas.

Par une suite de la faveur due à la *compensation*, il est de règle que, lorsqu'une dette peut se compenser avec plusieurs autres, la *compensation* s'impute toujours par préférence sur la dette la plus dure & la plus onéreuse; sur une dette, par exemple, privilégiée & chargée d'hypothèque, plutôt que sur celle qui ne l'est pas; sur celle encore qui produit des intérêts, plutôt que sur celle qui en est exempte; sur la dette pour laquelle on a une caution, avant celle qui a été contractée sans caution. Cette doctrine est confirmée par un arrêt du parlement de Toulouse, du mois de février 1693, rapporté par Catelan.

Il est bon de remarquer encore qu'un des principaux effets de la demande en *compensation* est d'empêcher le cours de la prescription, lorsque les deux dettes sont liquides & de nature à être compensées de droit; c'est, entre autres, le sentiment de Duperrier dans ses *Questions* : ce qui est conforme au principe suivant lequel la *compensation* équivaut à un véritable paiement, & en a tous les effets; d'où il faut conclure que la demande en *compensation* met à la prescription le même obstacle qu'y mettroit la demande en paiement même.

Des dettes qui peuvent se compenser. C'est une maxime fondamentale dans la matière que nous traitons, que la *compensation* n'a lieu que de liquide à liquide, c'est-à-dire, qu'il faut que les deux dettes que l'on prétend compenser, soient toutes deux certaines, liquides & non litigieuses; qu'elles soient l'une & l'autre exigibles dans le temps où l'on prétend que la *compensation* doit avoir lieu, & qu'elles ne puissent être annullées ou éteintes par quelque exception péremptoire, telle que la prescription.

Ces règles tirées du droit romain, au *tit. ff. de compens.* & particuliérement adoptées par la coutume de Paris qui en a une disposition expresse à l'article 105, sont générales pour toute la France.

Ainsi une dette litigieuse, un droit incertain, une prétention douteuse & non réglée, un compte qui n'est pas arrêté, une obligation conditionnelle n'empêcheroient pas l'exécution & les poursuites que feroit le créancier pour une dette claire & liquide, & ne pourroient valablement se proposer pour *compensation* : car si l'une des deux dettes seulement est claire & liquide, & que l'autre soit sujette à contestation, ce n'est plus alors le cas de la *compensation*, mais simplement de la reconvention, action dont l'objet est de faire constater & reconnoître la dette.

A l'égard de la liquidité des dettes, c'est au juge devant lequel la *compensation* est demandée à discerner la dette claire & liquide d'avec celle qui ne l'est pas; mais si l'une des parties opposoit à l'autre que sa dette n'est pas liquide, il est évident qu'alors le juge ne pourroit avoir aucun égard à la *compensation* proposée, ni suspendre la condamnation du débiteur au paiement d'une dette dont la liquidité ne seroit point contestée au créancier. Une pareille discussion pouvant entraîner des longueurs au préjudice de ce créancier, elle doit être réservée pour être jugée ensuite séparément.

Si néanmoins le litige, élevé sur la question de liquidité, n'étoit ni fort compliqué ni difficile à résoudre, le juge pourroit, dans ce cas, accorder un bref délai pour cette discussion, sans préjudicier au créancier auquel la *compensation* est opposée.

Lorsqu'on dit au reste que les dettes à compenser doivent être claires & liquides de part & d'autre, la liquidité doit s'entendre uniquement de la certitude des dettes & de leur quotité; mais non pas de l'égalité du titre & de l'estimation de la chose.

Deux créances peuvent être claires & liquides, & conséquemment de nature à être compensées, quoiqu'elles procédent de diverses causes, de contrats ou engagemens différens. Par exemple, je suis votre débiteur en vertu d'une obligation passée pardevant notaire; vous me devez, de votre côté, une somme fixe & certaine, contenue en votre simple billet; la *compensation* aura lieu entre nous, quoique débiteurs & créanciers en même temps l'un de l'autre par différens titres, parce que nos créances respectives n'en sont pas moins constantes & moins liquides, quoiqu'elles procédent de diverses obligations.

Au sujet de la liquidité des dettes, on demande si une dette en grains est liquide, & en conséquence on peut en demander la *compensation* avec une dette en argent. Mævius, par exemple, doit cent pistoles à Titius, & celui-ci doit à Mævius une certaine quantité de grains. Il paroîtroit d'abord que les deux dettes ne sont pas de nature à être compensées. Cependant si la dette en grains peut être facilement liquidée, Mævius en obtiendra la *compensation* avec la dette en argent; d'autant plus qu'en matière de *compensation*, les dettes en grains sont réputées liquides, & se compensent avec les dettes en argent : c'est, entre autres, le sentiment de Brodeau, qui observe à ce sujet que la dette en grains est certaine & liquide. Il est en effet facile, ajoute-t-il, d'en faire l'appréciation en argent par l'extrait de la valeur des gros fruits, qui est au greffe de toutes les jurisdictions royales, suivant ce qu'ont prescrit l'article 17 de l'ordonnance de Charles VII, du 19 septembre 1439, qui est particulière pour la ville de Paris, & les articles 94, 102 & 104 de l'ordonnance de François premier de 1539, qui est générale pour tout le royaume. Cela est encore conforme à l'article 76 de la même ordonnance, qui permet de saisir & de mettre en criées les grains ou autres espèces dues par obligation ou par un jugement exécutoire, quand même il n'y auroit point eu d'appréciation, parce qu'elle peut aussi-bien se faire après les saisies & criées qu'auparavant.

Ainsi une certaine quantité de grains ou d'autres denrées qui ont une évaluation fixe, peut être compensée sans difficulté avec une somme claire & liquide. Brillon, dans son *Dictionnaire des arrêts*, en rapporte un du parlement de Grenoble du 27 septembre 1653, qui a admis, dans un pareil cas, la *compensation* d'une dette en deniers avec des grains appréciés suivant l'évaluation des gros fruits de la chambre des comptes. Il est hors de doute alors que cette évaluation générale peut tenir lieu d'une liquidation particulière dans les occasions où de pareils objets se trouvent à compenser.

Ainsi, dans ce cas, la diversité qui se trouve entre nos deux dettes, dont l'une est en deniers & l'autre en grains ou en autres espèces non estimées, ne sauroit mettre obstacle à la *compensation* demandée.

Indépendamment de la raison d'équité naturelle, les jurisconsultes appuient cette décision sur la disposition de l'article 166 de la coutume de Paris. Cet article porte qu'on ne pourra procéder par voie d'arrêt, saisie, exécution & emprisonnement en vertu d'une obligation ou d'un jugement, si la chose pour raison de laquelle on fait ces sortes de poursuites, n'est certaine & liquide, *en somme ou en espèce*, porte expressément l'article de la coutume que nous citons ; &, dans ce cas, il est dit que, si l'espèce est sujette à appréciation, on pourra ajourner afin de l'apprécier.

Il résulte d'une semblable disposition, que, puisque l'on peut exécuter pour une dette *certaine & liquide en espèce*, à la charge de l'appréciation, on peut, par la même raison, la donner en *compensation*, en observant néanmoins d'ajourner, afin d'apprécier les grains dus ou autres espèces, s'il y a lieu à l'appréciation.

Observez encore que, quoique la *compensation* ne se fasse que d'une dette claire & liquide avec une autre dette également liquide, si cependant la dette n'avoit été liquidée qu'en jugeant, le juge faisant en cela fonction d'arbitre, cette liquidation auroit son effet & feroit cesser les intérêts de la somme avec laquelle il s'agiroit de compenser celle qui auroit été liquidée par le juge. Chorier, en sa *Jurisprudence de Guypape*, cite un arrêt du parlement de Grenoble du 19 juillet 1679, qui a jugé conformément à cette maxime.

Mais ce n'est pas assez que les dettes qui sont à compenser, soient, de part & d'autre, claires & liquides ; il faut encore qu'elles soient échues & que les deux créanciers puissent réciproquement les exiger, au moment où la *compensation* en est demandée. La raison en est simple, puisque, suivant que nous l'avons observé plus haut, la *compensation* opère deux paiemens, & que l'on ne peut être contraint de payer que les sommes dont le terme de paiement est échu.

Du principe établi qu'on ne peut compenser que les dettes exigibles, il résulte qu'une créance saisie ne peut être compensée avec une dette qui est libre. C'est ce qu'a jugé un arrêt du 9 décembre 1761, rendu en la grand'chambre du parlement de Paris. Suivant cet arrêt rapporté par Denisart au mot *Compensation*, le parlement rejetta la *compensation* opposée par le sieur Demeaux, officier-porteur de charbon, à sa communauté qui lui demandoit une somme de mille quarante-sept livres treize sous pour le montant des droits qu'il avoit perçus, tant pour elle que pour les hôpitaux, comme préposé à la distribution du charbon : la communauté, de son côté, devoit à Demeaux plus de trois mille livres ; mais elle avoit sur lui des saisies antérieures à la manutention qu'elle avoit été forcée de lui confier, au moyen de ce que les officiers de cette communauté remplissoient cette fonction à tour de rôle. Ce fut donc sur le motif de ces saisies que l'arrêt dont il s'agit, décida qu'il ne pouvoit y avoir lieu dans la circonstance à la *compensation* demandée par Demeaux.

Il est pareillement hors de doute qu'une dette non exigible, non-seulement par le défaut d'échéance, mais par sa nature même, telle, par exemple, que le principal d'un contrat de constitution de rente, ne sauroit être compensée avec une obligation pure & simple, parce que, tandis que ce dernier titre produit un engagement actuel, l'autre n'en produit pas, attendu que le remboursement du principal d'une rente ne peut être exigé par le créancier. Tel est l'avis de Dumoulin, de Mornac & de Chopin, & la chose a été jugée en conformité par plusieurs arrêts, entre autres, par un du 19 août 1688, qui se trouve au deuxième tome du *Journal du palais*, & qui a décidé que la *compensation* ne devoit avoir lieu que jusqu'à concurrence seulement des arrérages de la rente. Cette jurisprudence est conforme à la loi 11, *ff. de compensat.*

Il est de plus à remarquer en fait de rentes, que la *compensation* n'est point reçue du principal d'une rente avec le principal d'une autre rente, ni l'un ni l'autre ne pouvant être exigés. Les arrérages seuls des deux rentes peuvent être compensés, bien entendu encore que ce soient des arrérages échus de part & d'autre ; mais, à l'égard des principaux des rentes, la *compensation* ne pourroit s'en faire que de l'aveu & du consentement réciproque des propriétaires de ces rentes, & alors même ce seroit moins une *compensation* proprement dite, qu'un échange ou une permutation.

Les dettes conditionnelles, & dont l'exigibilité dépend de l'événement d'une condition exprimée par le titre ou par l'acte obligatoire, ne sont pas susceptibles de *compensation* avec une créance absolue, exigible actuellement & sans condition, parce qu'on sent bien que la dette conditionnelle ne peut produire aucun engagement que par l'événement de la condition qui peut seule lui donner de la valeur.

En général, il faut, pour que la *compensation* puisse être admise, que les dettes opposées soient des choses mobilières ; car un meuble, par exemple, ne sauroit se compenser avec un immeuble : c'est le sentiment le plus général des docteurs, & il est fondé sur la loi dernière, *cod. de compensat.* Il faut de plus qu'il s'agisse, de part & d'autre, des choses fungibles de même nature ; ainsi, dans l'étroite règle, du bled ou toute autre espèce de grains ne peut se compenser avec du vin, si ce n'est volontairement & du consentement des parties, quand l'estimation s'en fait réciproquement. La raison en est que la *compensation* étant une espèce de paiement & en tenant véritablement lieu, on ne peut forcer son créancier d'accepter autre chose en paiement que ce qui lui est véritablement dû, à moins qu'il n'y consente.

Ce n'est pas tout encore, il est des engagemens, des obligations qui ne sont pas de nature à pouvoir jamais être compensés avec d'autres dettes, quoique claires & liquides, quoique échues & exigibles. Il y a enfin des dettes que les débiteurs sont tenus de payer à ceux qui leur doivent d'ailleurs, sans qu'ils puissent s'y refuser sous prétexte de *compensation*.

Ainsi, par exemple, vous ne devez pas prétendre compenser une somme dont je suis votre débiteur, avec un effet que je vous ai confié en dépôt. Deux personnes même qui seroient dépositaires l'une à l'égard de l'autre, ne pourroient s'opposer mutuellement la *compensation* de leurs dépôts respectifs pour se dispenser de les rendre. La raison en est qu'un dépôt doit se remettre en nature, tel qu'il a été confié, & aussi-tôt qu'il est demandé : suivant la disposition du droit, la détention qu'on en feroit, sous quelque prétexte que ce fût, seroit punissable. La loi, *si quis vel pecunias C. depositi*, y est formelle. La jurisprudence des arrêts y est conforme. Brillon en cite trois du parlement de Dijon dans son *Dictionnaire des arrêts*, au mot *Compensation*.

On ne seroit pas fondé non plus à demander qu'il fût fait *compensation* d'une dette liquide & exigible avec une pension alimentaire, ni avec les arrérages de cette pension, attendu que c'est un objet privilégié par sa destination, & qui ne sauroit souffrir de retardement. C'est un principe invariable sur lequel le sentiment des auteurs & la jurisprudence des tribunaux sont uniformes. Brillon, dans son *Dictionnaire*, cite deux arrêts entièrement conformes à cette maxime.

Il en seroit de même d'une provision alimentaire, adjugée à une personne blessée contre celui qui l'auroit battue & excédée, & la demande d'une semblable provision ne pourroit être éludée par la *compensation*. Il faut convenir cependant que, si deux personnes, dans une rixe, s'étoient mutuellement blessées, & avoient obtenu, de part & d'autre, des provisions de divers juges, ces provisions pourroient, dans ce cas, être compensées ; le parlement l'a plusieurs fois ordonné ainsi, & l'usage y est conforme. Mais il est défendu à un juge qui instruit un procès criminel, d'adjuger des provisions à l'une & à l'autre des parties, à peine de suspension de sa charge & des dommages & intérêts des parties. Telle est la disposition de l'article 2 du titre 12 de l'ordonnance criminelle de 1670.

Il faut encore observer, & c'est le sentiment de Mornac, que ce n'est qu'à l'égard des alimens pour le temps à venir, laissés par testament ou autrement, que la *compensation* ne peut être opposée, parce qu'elle seroit contraire aux intentions du testateur ou de celui qui les a donnés. Mais il en seroit autrement à l'égard des alimens du temps passé ; ceux-ci n'ont point de privilège, parce que, comme l'ob-

serve cet auteur, celui à qui ils sont dus, ayant été nourri & ayant vécu ailleurs, ce qui peut lui être dû d'arrérages de sa pension alimentaire, n'a plus pour cause la nécessité de sa subsistance, & ne mérite plus de faveur.

Il est également de principe que la *compensation* ne sauroit être proposée contre des condamnations ou des conventions pénales : d'où il résulte qu'on ne peut compenser la peine pécuniaire, stipulée dans un compromis, avec une somme due à l'appellant de la sentence arbitrale, par celui envers lequel il a été condamné à la peine du compromis. Ainsi, dans ce cas, l'appellant, quoique jugé créancier de l'intimé par la sentence même, doit commencer par payer la peine qu'il a encourue, par cela seul qu'elle est peine, & toute audience doit lui être déniée jusqu'à ce paiement effectif. Cela a été ainsi jugé à la chambre de l'édit le 13 décembre 1623. L'arrêt se trouve au premier tome du *Journal des audiences*. Il y en a un pareil du 2 juillet 1656, cité par Henrys, *tom. II, liv. II, quest. 15.*

Il est aussi à remarquer que les dépens & frais préjudiciaux au paiement desquels on a été condamné, ne peuvent être compensés avec d'autres dettes, ni même avec d'autres dépens, suivant que l'a jugé un arrêt du 27 mai 1530, dont Brillon a fait mention. La raison en est que les dépens préjudiciaux sont exigibles par leur nature, & doivent être payés du moment qu'ils sont prononcés, & que celui qui y est condamné, ne peut, sans y avoir préalablement satisfait, se pourvoir contre le jugement qui lui a infligé cette peine.

Pour ce qui est des crimes & délits, la règle est qu'on ne compense ni les accusations ni les peines. Il faut cependant que, lorsqu'il ne s'agit que de dommages-intérêts ou de l'intérêt civil de la partie, les docteurs estiment que, si l'accusé se trouve être créancier de cette partie, il peut demander à compenser.

La *compensation* d'injures & délits n'est admise au surplus, suivant notre droit, qu'à l'égard des injures verbales & des délits légers qui ne blessent & n'intéressent en aucune manière l'ordre public ; ce qui a lieu dans tous les cas où, sur les plaintes respectivement faites, le juge met les parties hors de cour & de procès, avec défenses à elles de s'offenser mutuellement à l'avenir, ni de médire l'une de l'autre ; mais ne prononce d'ailleurs aucune amende, soit envers le roi, soit au profit des pauvres.

L'article 673 de la coutume de Bretagne porte qu'en cas d'injures verbales, si une injure est égale à l'autre, il y a *compensation* : ce qui est appuyé de d'Argentré sur l'article 628 de l'ancienne coutume.

Il faut observer cependant que la *compensation* d'injures ne se fait pas de plein droit ni de l'autorité privée de celui qui prétend avoir souffert l'injure ; il seroit contre le bon ordre qu'il lui fût permis d'user de voie de fait, ou de se faire justice à lui-même pour parvenir à la *compensation* ; mais elle se fait par

par l'autorité du juge & en connoiſſance de cauſe.

Ce ſeroit enfin une erreur de croire que la *compenſation* de crimes ou délits pût avoir lieu relativement à la peine due pour la vengeance publique, parce qu'il eſt de l'intérêt public que les crimes ne demeurent pas impunis. Ainſi quand il eſt dit en la loi *viro 39, ſolut. matrim. paria delicta mutuâ compenſatione tolluntur*, ce n'eſt pas à dire pour cela qu'un crime ſemblable, commis par deux perſonnes l'une à l'égard de l'autre, ſoit éteint par la *compenſation* qu'on voudroit en faire. Il faut faire attention qu'il ne s'agit, dans ce texte de la loi, que du crime d'adultère pour lequel la femme, étant pourſuivie par le mari qui veut lui faire perdre ſa dot & l'appliquer à ſon profit par cette accuſation, peut lui oppoſer le même crime pour rendre ſa prétention ſans effet. C'eſt alors le cas de la règle ; & ce n'eſt qu'à l'égard de la peine pécuniaire & du dédommagement dû à ceux qui ont ſouffert quelque préjudice à l'occaſion du délit, qu'on reçoit la *compenſation*.

Elle a pareillement lieu dans le cas de négligence ou du dol, dont des aſſociés, dans un commerce, ſe feroient rendus réciproquement coupables; de ſorte que, s'ils ont été également négligens dans les affaires de la ſociété, ils ceſſent d'être obligés les uns envers les autres ; il en ſeroit de même ſi l'un des aſſociés devoit compte à la ſociété de quelque ſomme qu'il auroit reçue, & que l'autre eût occaſionné par ſon fait quelque dommage à ſes co-aſſociés, le tout ſe compenſeroit entre eux, s'il y avoit égalité.

La *compenſation* étant regardée, avons-nous dit, comme un véritable paiement, il s'enſuit de-là que, comme on ne peut payer une choſe pour une autre contre le gré du créancier, on ne peut, par une conſéquence néceſſaire, compenſer que ce qui pourroit être donné en paiement; d'où il réſulte que, ſi un héritier, chargé, en cette qualité, de donner un certain héritage à un légataire, vouloit l'obliger à compenſer avec le fonds légué une ſomme de deniers que ce légataire pourroit lui devoir d'ailleurs, cette demande ſeroit viſiblement mal fondée & inſoutenable de la part de l'héritier qui la formeroit.

Mais une dette qui auroit d'ailleurs toutes les qualités requiſes pour entrer en *compenſation*, peut-elle être compenſée avec une donation faite par le débiteur à ſon créancier? La queſtion s'eſt élevée au parlement d'Aix qui, par arrêt du 18 avril 1673, décida l'affirmative & prononça qu'une donation, faite au créancier par le débiteur, étoit cenſée avoir été faite en *compenſation* de ſommes dues; déciſion bien moins fondée ſur la rigueur de la loi que ſur un ſentiment d'équité naturelle; car il ſeroit dur qu'un débiteur eût à eſſuyer des pourſuites de la part d'un créancier qui méconnoîtroit ainſi ſes libéralités. L'arrêt que nous citons, a été recueilli par Boniface, *tom. IV, liv. VIII de ſa Collection.*

Une autre queſtion eſt de ſavoir ſi l'on peut voit exciper de la *compenſation* contre un billet né-

gocié pour refuſer d'en payer le montant. Voici l'eſpèce :

Jean avoit fait un billet au profit de Paul, payable à ce dernier ou à ſon ordre; Paul, de ſon côté, avoit donné un billet à Jean de même date & de pareille ſomme. Paul ayant négocié le billet que Jean lui avoit fait, Pierre qui étoit le porteur, vint à l'échéance en demander le paiement à Jean; mais celui-ci, pour ſe diſpenſer de payer le billet, prétendit ſe compenſer en compenſant le montant avec le billet que Paul lui avoit fait. Une pareille *compenſation* préjudicioit évidemment au porteur du billet; auſſi fut-elle rejettée par l'arrêt qui intervint ſur cette conteſtation en la grand'chambre du parlement de Paris, le 3 ſeptembre 1700. On le trouve au *Journal des audiences*, & il en eſt fait mention par Bornier dans ſon *Commentaire ſur l'ordonnance du commerce*, du mois de mars 1673.

Un principe encore en matière de *compenſation* eſt qu'on n'en admet point de ce qui eſt adjugé par ſentence dont eſt appel avec ce qui eſt dû purement & ſimplement par obligation; la raiſon en eſt que, ſi la ſentence étoit infirmée en cauſe d'appel, la *compenſation* auroit été faite d'une ſomme qui n'auroit pas été due, & le créancier ſeroit réduit à une ſimple action pour répéter ce qu'on auroit mal-à-propos compenſé à ſon préjudice : ce qui ſeroit injuſte.

Il faut dire la même choſe d'une ſomme adjugée par proviſion, quand même il n'y auroit point d'appel de la ſentence, parce que cette proviſion eſt litigieuſe ; & qu'elle peut être détruite & révoquée en jugeant le principal. C'eſt ce qui a été jugé par pluſieurs arrêts, entre autres, par un de la grand'chambre du parlement de Paris, du 22 juin 1566, cité par Brodeau dans ſon *Commentaire* ſur l'article 105 de la coûtume de Paris.

Obſervez auſſi que les ſommes qui ſont dues pour les épices dans une inſtance, ne peuvent ſe compenſer avec une autre dette : c'eſt du moins ce qui a été jugé dans la chambre de l'édit de Beziers, le 14 août 1626.

Il y a enfin des dettes qui, par leur nature, par leur deſtination ou par des circonſtances relatives à la qualité, ſoit du créancier, ſoit du débiteur, ne ſont pas de nature à pouvoir être compenſées. C'eſt ce que nous allons expliquer en examinant entre quelles perſonnes la *compenſation* peut avoir lieu ou non.

A quels créanciers peut-on oppoſer la compenſation? Il réſulte des principes que nous avons établis, que la *compenſation* ne peut ſe faire qu'entre ceux qui ont de leur chef la double qualité de créancier & de débiteur; enſorte qu'un tuteur qui demanderoit le paiement d'une ſomme due à ſon pupille, un procureur conſtitué qui feroit des pourſuites contre le débiteur de celui dont il a reçu des pouvoirs à cet effet, un mandataire qui demanderoit ce qu'on doit à ſon commettant, ſeroient très-mal fondés à propoſer la *compenſation* de leurs pro-

pres dettes contre les débiteurs perſonnels du pupille ou du commettant, par la raiſon toute ſimple
que ce tuteur, ce mandataire, ce procureur, n'ont
aucun droit ſur ces créances dont ils pourſuivent
le recouvrement pour autrui ; &, par la même raiſon, ſi ce tuteur étoit mon créancier en ſon nom
propre, je ne pourrois lui oppoſer la *compenſation*
de la ſomme que je lui devrois avec celle qui me
ſeroit due par ſon mineur.

A l'égard des mineurs, il eſt de règle générale
que la *compenſation* ne ſauroit être admiſe contre
eux pour les engagemens qu'ils peuvent avoir con-
traĉtés. Un mineur vous doit, par exemple, une
ſomme en vertu d'une obligation ; la dette eſt claire &
liquide : elle eſt exigible, du moins quant à l'échéance
de la dette ; vous n'en pourriez pas cependant demander la *compenſation* avec une autre dette dont
il eſt votre créancier ; la raiſon en eſt ſimple : c'eſt
que, d'une part, il peut exiger la ſomme que vous
lui devez, & que, de l'autre, ſa dette, eu égard
à ſon état de minorité, peut être annullée par quelque exception, & qu'il peut ſe faire relever de l'obligation qui le conſtitue votre débiteur ; vous ne pou-
vez donc lui oppoſer la *compenſation* : ce qui eſt
conforme à la loi *14*, *ff. de compenſat.* ſuivant laquelle, *quæcumque per exceptionem perimi poſſunt in
compenſationem non veniunt.*

C'eſt un principe non conteſté, que la *compenſation* ne ſauroit être oppoſée au fiſc relativement aux
droits qui lui ſont dus. Cependant, ſuivant l'uſage
de la chambre des comptes, ce qui eſt dû par le
fiſc à un officier comptable, doit être compenſé
avec ce qu'il doit lui-même au fiſc, pourvu néanmoins que ce ſoit envers le même bureau & pour
les affaires de la même généralité.

Ainſi, par exemple, ſi un receveur-général des
tailles & autres impoſitions d'une province, après
avoir rendu ſes comptes, ſe trouve en avance envers
le fiſc, d'une certaine ſomme ; & ſi, l'année ſuivante, au contraire, il ſe trouve à ſon tour débiteur du fiſc pour une ſomme pareille ou même
plus grande, il eſt hors de doute, dans ce cas,
que la ſomme qui lui eſt due de la première année
de ſon exercice ſera compenſée avec celle dont il
ſe trouve lui-même redevable l'année ſuivante.

Mais ſi, au contraire, un receveur des tailles
d'une généralité eſt pourvu en même temps d'un
office ſemblable dans une autre généralité, &
que, par le compte de l'un de ces deux offices, il
ſe trouve redevable, tandis que, par les comptes
de l'autre, il eſt créancier du fiſc, on n'admettra
point alors de *compenſation*, par la raiſon que les
deux offices de ce receveur ſont de deux généralités différentes, & qu'il eſt important de ne pas
confondre les comptes des deux généralités, conſidération qui ne permet pas d'admettre de ſemblables *compenſations.*

Elles ne ſont point admiſes non plus contre le
fiſc dans le cas où un officier comptable, créancier
de quelques ſommes pour des avances faites au roi

dans l'exercice de ſa charge, ſe trouve en même temps
débiteur envers ſa majeſté pour des droits deſtinés
à la fourniture des vivres des gens de guerre, ou
pour d'autres objets ſemblables, relatifs au bien
de l'état & au ſervice public.

Il faut dire la même choſe des ſommes dues à
une ville où à une communauté d'habitans, relativement aux droits qui ſe perçoivent pour le port ou
tranſport des marchandiſes & autres cas ſemblables.
Ces ſortes de droits ne peuvent entrer en *compenſation* avec les dettes contraĉtées par les villes &
communautés envers les particuliers, par la raiſon
que le bien public, doit prévaloir dans ces circonſtances ſur l'intérêt des particuliers.

En fait de tailles, vingtièmes, impoſitions,
droits d'aides ou autres charges & redevances
publiques, celui qui les doit, prétendroit mal-à-
propos les compenſer avec ce que le prince pourroit lui devoir, parce que la nature, la deſtination
& l'uſage de ces ſortes de contributions qui regardent la choſe publique, ne permettent pas d'en admettre la *compenſation* avec des dettes privées &
perſonnelles. Celles-ci ne doivent, ſous aucun prétexte, arrêter ou retarder le recouvrement des premières.

Il y a plus ; & il eſt de maxime certaine qu'un
débiteur de tailles & autres impoſitions ordinaires
ne pourroit valablement oppoſer à ceux qui ſont
prépoſés au recouvrement des charges publiques,
la *compenſation* de ſa dette avec ce qui lui ſeroit dû
par ces prépoſés en leur propre & privé nom. Ainſi
le contribuable, impoſé au rôle des tailles, prétendroit mal-à-propos compenſer avec ſa cotiſation ce
que lui devroit le collecteur des tailles ou la communauté elle-même. La maxime ſur ce point eſt que
la proviſion eſt due au rôle. C'eſt ce qui a été jugé
conformément à cette règle par un arrêt du parlement de Dijon, du 17 août 1603, cité dans le
Diĉtionnaire des arrêts de Brillon.

Un arrêt contraire, cité par le même auteur ſur
cette matière, rendu au parlement de Grenoble le
2 juillet 1613, ne détruit pas le principe que nous
venons d'établir ; ce n'eſt qu'une exception à la règle,
& cette exception a été déterminée par des circonſtances particulières qui méritent d'être rapportées.
Il s'agiſſoit, dans l'eſpèce de cet arrêt, d'un particulier
qui ſe trouvoit débiteur envers une communauté
d'habitans dont il étoit membre, d'une ſomme de
deux mille deux cens livres pour ſa taille ; la communauté, d'une autre part, lui devoit une ſomme
de huit cens livres ; & ce qu'il y a de particulier,
c'eſt que le terme pour exiger cette ſomme de huit
cens livres n'étoit pas encore échu. Cependant,
malgré les raiſons auſſi puiſſantes pour exclure la
compenſation demandée par le débiteur à la communauté, le parlement, faiſant céder la loi aux ſentimens de commiſération & de pitié pour un vieil-
lard oĉtogénaire chargé de treize enfans, crut, dans
ces circonſtances, devoir accorder la *compenſation* :
mais la règle générale n'en exiſte pas moins.

Par une suite du même principe, le receveur des tailles ne peut faire *compensation* des deniers de sa recette qu'il doit verser dans la caisse du receveur-général des finances, avec les sommes que celui-ci lui peut devoir en vertu d'un titre particulier.

Il est cependant vrai de dire que les tailles dues par les particuliers se compensent de droit avec les sommes imposées à leur profit dans le même rôle. La cour des aides de Montpellier l'a jugé ainsi par arrêt du 12 juillet 1706, entre les consuls & les collecteurs des tailles de Frontignan.

Il faut encore convenir que, quoiqu'en général on ne puisse opposer la *compensation* au roi, lorsqu'il s'agit des droits du fisc ou du paiement des impositions, il est cependant des droits fiscaux moins privilégiés qui peuvent être compensés avec les sommes dues en même temps par le roi.

Si, par exemple, dans des biens acquis par confiscation, par déshérence, par droit d'aubaine ou de bâtardise, il se trouvoit des dettes actives dont les débiteurs fussent en même temps créanciers de celui dont le roi a les biens, alors la *compensation* pourroit être opposée avec succès par le débiteur.

Il est pareillement de principe certain, en fait de *compensation*, que le vassal n'est pas en droit de l'opposer à son seigneur qui lui demande ses profits de fief. Mais cependant on pense communément que le détenteur peut proposer contre le seigneur la *compensation* des sommes que celui-ci lui doit, pour éviter la commise que ce seigneur est en droit d'exercer contre lui : c'est sur-tout le sentiment de Coquille & de Guypape.

Mais on ne pourroit, sous aucun prétexte, l'opposer au seigneur à l'égard des arrérages de cens, rentes foncières seigneuriales ou redevances emphythéotiques qui lui seroient dues, parce que ces sortes de redevances, comme l'observent les docteurs, se paient en reconnoissance de la directe seigneurie, dont le seigneur seroit frustré, si ces sortes de droits singulièrement privilégiés pouvoient être compensés. On peut dire que, dans ce cas, ce n'est pas seulement de l'argent qui est dû au seigneur, mais de plus le devoir qu'on lui rend en s'acquittant envers lui de cette redevance ; au moyen de quoi, les dettes respectives n'étant pas égales & de même nature, elles ne peuvent entrer en *compensation*.

On ne peut pas de même demander la *compensation* contre celui qui agit en qualité de receveur ou comme fondé de procuration du seigneur, pour raison d'une dette contractée par ce procureur ou receveur en son nom personnel, par la raison que sa dette privée n'est pas susceptible d'être compensée avec la somme dont le receveur pourroit le recouvrement au profit du seigneur. Brillon, dans son *Dictionnaire des arrêts*, en cite un du parlement de Dijon du 30 juin 1618, qui l'a jugé ainsi.

La *compensation* ne peut pas non plus s'opposer de la part d'un retrayant contre celui sur lequel il use de son droit de retrait ; par la raison que ce droit étant de rigueur, le retrayant est indispensablement obligé de rembourser sur le champ le prix de l'héritage qu'il retire, quand même celui sur lequel il exerce son droit, seroit son débiteur.

En matière de complainte & de réintégrande, il est également de maxime que la *compensation* n'est pas proposable contre celui sur la possession duquel on a entrepris, à cause de la règle de droit, *spoliatus ante omnia restituendus est*.

Les jurisconsultes ont agité la question de savoir si, lorsque, dans une succession bénéficiaire, une même personne est débitrice & créancière de la succession, la *compensation* doit être admise.

On tient communément pour maxime que la *compensation* ne peut être valablement opposée contre un héritier par bénéfice d'inventaire qui demande le paiement des dettes actives de la succession, parce que ses droits personnels n'y sont pas confondus ; au moyen de quoi, ce qu'il doit ou ce qui lui est dû, est entièrement distinct & séparé de ce que doit la succession, & de ce qui lui est dû. Hevin cite deux arrêts des 28 avril 1615, & 16 mai 1626, qui ont refusé la *compensation* en pareil cas.

Elle auroit lieu cependant, suivant l'observation du même Hevin, nonobstant les deux arrêts qu'il cite, si celui qui étoit débiteur du défunt, & qui demande en conséquence *compensation* contre sa succession bénéficiaire, n'étoit devenu créancier que depuis la succession ouverte, au moyen, par exemple, d'une cession ou subrogation qui lui auroit été faite par quelque créancier de la succession. C'est aussi le sentiment de Belordeau dans ses *Controversés, liv. III, chap. 67*, où il rapporte un arrêt du 11 août 1609, qui confirme cette jurisprudence.

A l'égard de l'héritier pur & simple, on peut, sans difficulté, lui opposer la *compensation*, s'il est en même temps notre débiteur & notre créancier, par la raison que, dans ce cas, il y a confusion d'actions, de droits & de biens.

On a demandé encore si un particulier qui se trouveroit être débiteur & créancier d'une distribution, pourroit opposer la *compensation* pour se libérer. Il faut distinguer : si ce débiteur n'étoit devenu créancier que depuis la distribution, il est hors de doute qu'il ne pourroit y avoir lieu à compenser ; mais si au contraire, avant la distribution, il étoit déjà créancier & débiteur de celui dont les biens ont été ensuite généralement saisis, on peut demander, dans ce cas, la *compensation* qui étoit incontestablement de droit, & auroit pu être faite avant la saisie générale. Catelan rapporte deux arrêts du parlement de Toulouse des 7 juin 1678, & 21 juillet 1694, qui l'ont jugé ainsi.

Mais l'acquéreur d'un héritage peut-il opposer la *compensation* à son vendeur qui lui demande le prix de la chose vendue, lorsque ce vendeur se trouve être en même temps son débiteur ? Les docteurs sont pour l'affirmative ; & cela, soit que l'acquéreur ait payé une dette pour laquelle le fonds acheté, qui lui avoit été vendu exempt d'hypothèque, étoit hypothéqué avant la vente qui lui en

N 2

a été faite, ou que le vendeur foit devenu fon débiteur en vertu de tout autre titre; doctrine d'ailleurs conforme aux vrais principes de la *compenfation*.

COMPENSATION. (*Droit particulier à la Provence.*) Dans cette province, on donne le nom de *compenfation* au droit accordé, par un arrêt du confeil d'état du 15 juin 1668, aux nobles de pouvoir compenfer, par rapport à l'impofition des tailles, les biens roturiers par eux acquis depuis l'année 1656, avec ceux qu'ils avoient aliénés depuis la même époque.

Un arrêt du confeil du 15 décembre 1556 avoit ordonné que les biens & domaines acquis par les feigneurs & par eux poffédés, feroient exempts de toutes impofitions, mais qu'ils paieroient la taille de ceux qu'ils pourroient acquérir par la fuite, fi mieux ils n'aimoient donner en *compenfation* d'autres biens par eux tenus en franchife, & capables de fupporter une impofition égale à celle qui étoit payée par les biens qu'ils avoient acquis. Ce droit occafionnoit un grand nombre de conteftations entre les gens des trois états. Le roi rendit, au mois de février 1666, une déclaration qui portoit atteinte aux privilèges de la nobleffe: elle forma oppofition à fon enregiftrement. C'eft fur cette oppofition qu'eft intervenu l'arrêt du 15 juin 1668, dont nous avons parlé ci-deffus.

Par cet arrêt, le roi, en maintenant les nobles dans le droit de compenfer les biens roturiers qu'ils acquièrent avec les biens nobles qu'ils poffédoient, comme par le paffé, leur enjoint d'obtenir à cet effet des lettres-patentes qu'ils feroient tenus de faire enregiftrer contradictoirement avec les habitans des lieux où les biens à compenfer feroient fitués, & cela fous peine de nullité.

Le même arrêt ordonne que le fol & fonds noble aliéné entrera feul en *compenfation*, fans pouvoir y comprendre les maifons & bâtimens, fi ce n'étoit toutefois dans les lieux où les maifons taillables font mifes au cadaftre. Dans ce cas, le feigneur eft libre de compenfer d'autres maifons & bâtimens, ou tels autres biens roturiers & fujets à la taille, de même valeur & qualité qu'il peut avoir acquis.

Le même arrêt déclare au furplus que les biens nobles qui peuvent être perpétuellement compenfables, font ceux qui auront demeuré cinq ans entiers fur le cadaftre, ou qui auront pu porter la taille pendant le même temps. Ces biens & domaines ne peuvent, dans tous les cas, être compenfés que fur la valeur qu'ils ont au jour de la *compenfation*, quand même, par la fuite ils feroient détériorés & deviendroient de moindre valeur par la négligence des poffeffeurs ou autrement.

Il eft dit de plus par l'arrêt que, fi ces mêmes biens font délaiffés avant les cinq ans qu'ils doivent demeurer au cadaftre, le feigneur ne pourra alors compenfer que les arrérages des tailles de ces biens roturiers.

Si le feigneur donne à nouveau bail des parts &

portions de fon domaine noble, il peut compenfer le bien roturier qu'il a acquis dans les cinq années après fon acquifition : &, s'il acquiert des biens roturiers avant de donner fon bien noble à nouveau bail, il peut pareillement compenfer dans le même temps de cinq années après le nouveau bail de fon bien noble.

L'arrêt ordonne enfin que, fi le feigneur diffère ou refufe de faire cette *compenfation* après les cinq ans, depuis les nouveaux baux par lui faits, il fera contraint au paiement de la taille pour tout le temps que cette *compenfation* n'aura pas été faite, excepté néanmoins le cas où, par un acte public, fait en plein confeil de la communauté, les feigneurs auroient offert la *compenfation* dont il s'agit, & les habitans auroient différé de faire évaluer & mettre au cadaftre les fonds à compenfer; auquel cas, la *compenfation* eft cenfée avoir été faite du jour des offres.

Par un arrêt de la cour des comptes, aides & finances de Provence, du 29 octobre 1669, qui ordonne l'exécution de celui du confeil ci-deffus, il eft de plus ordonné que les lettres-patentes que doivent obtenir les nobles pour jouir de la faculté de compenfer, contiendront une expreffion particulière & détaillée de la contenance, de la fituation & des confronts des héritages compenfables; que la vérification & entérinement de ces lettres fe feront en la cour, les confuls des lieux appellés; qu'enfin, en cas d'oppofition, elle fera pareillement portée en la cour, le tout à peine de nullité.

Les difpofitions de l'arrêt du confeil ont encore été renouvellées par un autre arrêt de la cour des comptes, aides & finances de Montpellier, du 10 octobre 1670, rendu entre le feigneur & les habitans du lieu de la Garde.

COMPÉRAGE, f. m. (*Droit canonique.*) c'eft le rapport qu'il y a entre deux perfonnes qui ont tenu enfemble un enfant fur les fonts de baptême.

Ce mot fe dit auffi du rapport du parrain & de la marraine avec le père & la mère de l'enfant, parce que le parrain & la marraine font regardés comme ayant concouru avec le père & la mère à donner à l'enfant, les uns la naiffance temporelle, & les autres la naiffance fpirituelle.

Le *compérage* produit dès-lors une affinité fpirituelle qui s'étendoit fort loin anciennement, mais qui a été reftreinte par le concile de Trente, 1°. entre celui qui baptife & la perfonne baptifée; 2°. entre celui qui baptife & le père & la mère de l'enfant; 3°. entre ceux qui tiennent l'enfant fur les fonts, & l'enfant qui eft tenu, ainfi qu'entre fon père & fa mère. Cette affinité par le baptême, fans égard à l'âge où elle fe contracte, produit un empêchement pour le mariage. *Voyez* AFFINITÉ.

On donnoit autrefois des parrains & des marraines pour la confirmation; mais l'ufage en eft abrogé dans prefque toutes les églifes de France. Cette alliance au fujet de la confirmation eft encore un empêchement au mariage dans les diocèses où l'on reçoit des parrains & des marraines pour ce sacrement.

L'alliance qui résulte d'un *compérage* n'est point un motif suffisant de récusation contre un juge : c'est ce qu'a décidé un arrêt du 12 janvier 1618, qu'on trouve dans les arrêts d'Auzanet : la raison est la même au sujet de la récusation des témoins : cependant le témoignage d'un parrain pour son filleul, ou d'un filleul pour son parrain, ne laisseroit pas d'être suspect, s'il s'écartoit considérablement des dépositions des autres témoins.

COMPERSONNIER, f. m. (*terme de Coutume*) c'est celui qui tient une même terre avec un ou plusieurs autres, à la charge de payer au seigneur une redevance pour laquelle tous les *compersonniers* sont obligés solidairement.

On appelle aussi *compersonniers*, ceux qui vivent en commun & en société, au même pain & au même feu, comme cela se pratique dans quelques provinces, telles que celles de Bourgogne, Nivernois & Champagne. *Voyez* COMMUNAUTÉ TACITE.

COMPÉTENCE, f. f. (*Jurisprudence.*) c'est le droit qui appartient à un juge de prendre connoissance d'une affaire, & de contraindre le défendeur à répondre devant lui. *L. 2, cod. de jurisd. omn. judic.*

En matière de *compétence*, c'est un principe général que le défendeur doit être assigné devant son juge, suivant cet axiôme de droit, *actor forum rei sequitur*. Mais quel peut être le juge du défendeur ?

Suivant les loix romaines, le défendeur est soumis à la *compétence* d'un juge, ou par le droit commun, ou par un droit particulier, c'est-à-dire, par un privilège. La *compétence* de droit commun est ou générale, & s'étend à toutes espèces de causes, ou spéciale, & propre à certaines matières.

La *compétence* générale naît du domicile ou de l'origine du défendeur. Le domicile des citoyens romains étoit ou propre ou commun. Rome étoit censée être le domicile commun & la véritable patrie d'un Romain, dans quelque lieu qu'il eût transporté son domicile réel ; ensorte qu'un citoyen romain, trouvé à Rome & appellé en jugement devant le magistrat, étoit tenu de comparoître, à moins qu'il n'eût un privilège particulier pour obtenir le renvoi devant le juge de son domicile actuel.

Le domicile propre est volontaire ou nécessaire ; volontaire, lorsque quelqu'un transporte ailleurs sa personne, sa famille, y établit sa demeure & le siège de ses affaires, avec l'intention apparente de s'y fixer entièrement. Le domicile nécessaire est celui que la nécessité nous oblige d'habiter, tel est, par exemple, celui d'un officier dans les villes où la troupe qu'il commande, est en garnison ; celui d'une personne exilée dans un certain lieu.

Pour comprendre ce que les loix romaines entendent par domicile d'origine, il faut savoir que, par le droit public, les habitans d'une ville municipale, *municipes*, étoient toujours censés citoyens de cette ville, ainsi que leurs enfans & leurs affranchis, quand bien même ils auroient transporté à Rome ou ailleurs leur domicile effectif.

Le domicile & l'origine du défendeur établissant la *compétence* générale, il s'ensuit que le défendeur devoit être assigné devant le juge de son domicile ou de son origine, dans toute espèce de causes personnelles ou réelles, à moins que, pour ces dernières, il n'y eût une exception fondée sur quelques loix particulières. Quelques jurisconsultes néanmoins pensent que l'origine ne rendoit les habitans d'une ville municipale, domiciliés ailleurs, justiciables du juge de la municipalité, que pour les contraindre à accepter les charges de leur patrie.

La *compétence* étoit spéciale, par rapport au contrat, au délit, à la situation de la chose, à la connexion de l'affaire, ou la prorogation de jurisdiction.

Le juge du lieu où le débiteur a promis de faire ou de payer quelque chose, ou du lieu dans lequel le contrat a reçu sa perfection, est compétent pour connoître de l'exécution du contrat. *L. 19, §. 2. L. 45. pr. ff. de judic. L. 21. L. 55. ff. de oblig. & act.*

L'accusé d'un crime pouvoit être également poursuivi, sans égard à sa dignité & à son rang, devant le juge du lieu où il avoit commencé le crime, de celui où il l'avoit consommé, ou de celui où il étoit arrêté. *L. 3. L. 13. ff. de offic. præf. L. 1. C. ubi senat.*

Les actions réelles, soit corporelles ou incorporelles, soit mobilières ou immobilières ne pouvoient s'intenter que devant le juge de la situation des lieux, à l'exception de l'action en demande d'hérédité, qui devoit se former devant le juge du domicile. *L. 1. L. ult. C. ubi in rem, L. 1. C. ubi de hæred.*

La *compétence* du juge, par rapport à la connexion des affaires, avoit lieu lorsqu'elles étoient tellement jointes, ou dépendantes l'une de l'autre, qu'on n'auroit pu les séparer sans inconvénient. *L. 10. C. de judic.*

La *compétence* du juge par prorogation de jurisdiction, avoit lieu lorsque les parties avoient volontairement reconnu la jurisdiction d'un juge même incompétent, ou lorsque le défendeur formoit contre le demandeur une action directe, ce que les jurisconsultes romains appelloient *reconventio*, reconvention, c'est-à-dire, demande mutuelle. Le demandeur ne pouvoit décliner dans la reconvention, la jurisdiction du juge qu'il avoit saisi de la première instance. *L. 1. C. de jurid.*

Nous suivons, dans notre forme de procéder, la plupart des principes établis par les loix romaines, sur la *compétence* du juge, sans cependant en admettre toutes les distinctions ; mais nous avons aussi plusieurs exceptions à la règle générale, *actor sequitur forum rei*.

On doit tenir comme maxime certaine parmi nous, que le défendeur doit être assigné devant le juge de son domicile; mais il y a plusieurs causes qui peuvent rendre un autre juge compétent, pour connoître de l'affaire, savoir :

1°. Le privilège du demandeur ou du défendeur. Par exemple, si le défendeur est ecclésiastique, & qu'il s'agisse d'une matière personnelle, il peut demander son renvoi devant le juge d'église; de même si le demandeur a droit de *committimus* ou des lettres de garde-gardienne, il peut assigner devant le juge de son privilège; ou si c'est le défendeur qui a ce droit, il peut demander son renvoi.

2°. L'attribution générale qui est faite à un juge de certaines matières, le rend seul compétent pour en connoître; ainsi les élections & les cours des aides connoissent seules des tailles : les juges des eaux & forêts connoissent seuls des matières d'eaux & forêts, sauf l'appel au parlement.

3°. Un juge peut être compétent en vertu d'une attribution particulière qui lui est faite d'une seule affaire, ou de certaines affaires qui ont rapport les unes aux autres.

4°. En vertu d'une évocation ordonnée pour cause de connexité ou litispendance, un juge peut devenir compétent, quoiqu'il ne soit pas le juge du domicile du défendeur.

5°. En matière réelle, le demandeur a le droit de faire assigner le défendeur devant le juge de son domicile, ou devant le juge du lieu où est située la chose contentieuse.

En matière civile, tous juges sont compétens pour reconnoître une promesse; c'est-à-dire, que quoiqu'il y ait lieu de renvoyer le fond devant le juge d'attribution ou du privilège, néanmoins le juge qui est saisi de l'affaire, peut donner acte de la reconnoissance ou dénégation d'une promesse.

Un juge qui seroit d'ailleurs compétent, soit à raison du domicile du défendeur, soit à raison de la qualité de l'affaire, peut être prévenu par un autre juge qui a droit de prévention sur lui. *Voyez* AJOURNEMENT, BAILLIAGE, *compétence en matière civile*, COMMITTIMUS, PRÉVENTION, GARDE-GARDIENNE.

Tels sont les principes que nous suivons par rapport à la *compétence* en matière civile; mais en matière criminelle, la règle générale est que la connoissance du délit appartient au juge du lieu où le délit a été commis, soit juge royal, ou juge seigneurial, à qui la connoissance des affaires criminelles est attribuée. Ainsi le juge du domicile des délinquans, ou de la capture, est obligé de renvoyer l'instruction du procès, au juge du lieu du délit, s'il le requiert.

Ce principe reçoit plusieurs exceptions. 1°. Les ecclésiastiques promus aux ordres sacrés ou pourvus de bénéfices, ne sont justiciables que des officialités, pour raison des délits communs. Ils peuvent demander leur renvoi, même après avoir reconnu la jurisdiction laïque; l'official peut aussi le requérir en tout état de cause.

2°. Les gentilshommes peuvent demander leur renvoi en matière criminelle, pardevant les baillis ou sénéchaux. Sur l'appel, ils ont, ainsi que les ecclésiastiques, la prérogative d'être jugés par la grand'chambre des parlemens. Les secrétaires du roi, les principaux magistrats des sièges royaux & présidiaux ont le même droit.

3°. Les officiers de la chambre des comptes de Paris ne peuvent être poursuivis pour les crimes par eux commis dans l'étendue de la ville, prévôté & vicomté, qu'en la grand'chambre du parlement. Hors de ce ressort, les baillis & sénéchaux peuvent informer contre eux & les décréter, à la charge de renvoyer les procédures au parlement.

4°. Les officiers de parlemens prétendent ne pouvoir être poursuivis pour crimes, qu'en la cour dont ils sont membres, toutes les chambres assemblées. Le parlement de Paris s'est maintenu dans cette prérogative. Elle a été conservée aux officiers du grand-conseil, par un arrêt du conseil, du mois de février 1581, qui leur accorde le droit de n'être jugés que par leur compagnie.

5°. La nature du crime rend les accusés justiciables; 1°. dans les délits purement ecclésiastiques, des juges d'église; 2°. dans les cas royaux, des baillis, sénéchaux & présidiaux; 3°. dans les cas prévôtaux, des prévôts de maréchaussée & des présidiaux; 4°. dans les délits militaires, des officiers de guerre; 5°. dans les crimes maritimes, des juges des amirautés; 6°. dans les délits commis à l'occasion des droits du roi, soit par les commis, soit par les contribuables, des officiers des élections, greniers à sel, juges des traites, &c. & par appel, des cours des aides; 7°. dans les délits, incidens au fait des chasses & forêts, des officiers des maîtrises.

Au reste, de quelque nature que soit le crime, & à quelque juge que la connoissance en doive appartenir, tous les juges sont compétens pour informer; ce qui a été sagement établi pour empêcher le dépérissement des preuves. *Voyez* CAS ROYAUX & PRÉVÔTAUX, BAILLIAGE, *compétence criminelle*, OFFICIAL, RENVOI, &c.

En matière civile & criminelle, si un juge incompétent veut retenir la connoissance d'une affaire, malgré la demande en renvoi, on peut appeler de son jugement, & cet appel se relève aux parlemens, *omisso medio*. *Voyez* INCOMPÉTENCE, JUGE, DOMICILE.

COMPÉTENCE, (*jugement de*) *Code criminel*. C'est le nom qu'on donne au jugement rendu par les officiers d'un présidial, pour ordonner que le procès sera fait en dernier ressort à un accusé.

Nous avons dit, en traitant des cas royaux, présidiaux & prévôtaux, que les prévôts de maréchaussée, les lieutenans-criminels des bailliages, les officiers des présidiaux étoient autorisés par les ordonnances à faire en certains cas le procès aux accusés, en dernier ressort & sans appel. Mais ni les uns ni les autres ne peuvent juger en dernier ressort, qu'ils n'aient préalablement fait juger leur *compétence* par le préfidial dans le reffort duquel la capture a été faite.

Il n'y a pas de difficulté à cet égard, lorfqu'il s'agit de la *compétence* du lieutenant-criminel, ou de celle du préfidial, lorfqu'il a prévenu les autres juges. Mais, fuivant la déclaration du 30 avril 1772, la *compétence* des prévôts de maréchauffée peut être jugée par le préfidial du lieu où eft établi le fiège de la maréchauffée; & s'il n'y en a point, par le préfidial du lieu le plus prochain, en quelque lieu que la capture ait été faite.

Les jugemens de *compétence* doivent être prononcés dans les trois jours au plus tard de la capture, encore que l'accufé n'ait pas propofé de déclinatoire. La *compétence* doit être jugée à la chambre civile du préfidial, & non à la chambre criminelle: elle ne peut l'être que par fept juges au moins, qui font tenus d'en figner la minute. Avant le jugement, l'accufé doit-être oui en la chambre, en préfence de tous les juges, & mention doit en être faite dans le jugement, ainfi que des motifs qui ont fervi à décider la *compétence*. Dans le cas de contumace de l'accufé, elle ne peut être jugée que fur le vu des charges.

Le jugement de *compétence* doit être prononcé & fignifié fur le champ à l'accufé. L'ordonnance de 1670 & la déclaration du 5 février 1731, enjoignent aux juges de déclarer à l'accufé, lors de fes interrogatoires avant & après le jugement de *compétence*, qu'ils entendent le juger en dernier reffort.

Le jugement de *compétence* étant un jugement préfidial & en dernier reffort, ne peut être attaqué par la voie de l'appel. L'accufé n'a de reffources que par la demande en caffation, pour laquelle il ne peut fe pourvoir qu'au grand-confeil.

Lorfque le prévôt des maréchaux eft déclaré incompétent, l'accufé doit être transféré dans deux jours au plus tard ès prifons du lieu du délit.

Enfin, lorfque le prévôt a été déclaré compétent, il eft tenu de procéder inceffamment à la confection du procès avec fon affeffeur, finon avec un confeiller du fiège où il devra être jugé.

Mais lorfque, après le procès commencé pour un crime prévôtal, il furvient de nouvelles accufations, dont il n'y a point eu de plaintes en juftice, pour crimes non prévôtaux, elles doivent être inftruites conjointement, & jugées prévôtalement. Mais cette difpofition de l'article 23, tit. 2 de l'ordonnance de 1670, eft fujette à plufieurs exceptions indiquées par la déclaration du 5 février 1731. *Voyez* PRÉVÔT *des maréchaux*, PRÉSIDIAL.

COMPLAIGNANT, adj. pris fubft. (*Jurifpr.*) ce terme eft en ufage en matière criminelle, pour fignifier *plaignant* ou *accufateur*; on ne s'en fert pas pour défigner le *demandeur en complainte*, foit prophane ou bénéficiale. Quoique celui-ci fembleroit devoir être appellé *complaignant* plutôt que l'autre, à caufe qu'il intente la complainte; & qu'il foit ufité

en ce fens dans quelques provinces, néanmoins dans l'ufage commun, on n'entend par le terme de *complaignant*, que l'accufateur; celui qui intente complainte, eft qualifié *demandeur en complainte*. (*A*)

COMPLAINTE, f. f. (*Droit civil & canon.*) c'eft une action réelle & poffeffoire, par laquelle celui qui eft troublé dans la poffeffion d'un héritage, d'un droit réel, ou d'un bénéfice, demande à y être confervé, ou celui à qui on a enlevé fa poffeffion, demande à la recouvrer, & que dans l'un & l'autre cas, défenfes foient faites au perturbateur de l'y troubler.

Cette définition convient à toute efpèce de *complainte*, tant en matière civile qu'en matière bénéficiale; mais comme elles ont chacune des règles particulières, nous en traiterons féparément.

Nous obferverons, avant d'aller plus loin, que les coutumes ajoutent au mot *complainte*, les termes de *faifine* & de *nouvelleté*, qui font deux vieux mots qui fignifient, le premier *poffeffion*, le fecond *trouble*.

La *faifine* eft proprement la tradition ou poffeffion que le vendeur, fuivant les loix romaines, donnoit au nouvel acquéreur, en lui livrant la chofe vendue, & le mettant véritablement en poffeffion, & que le feigneur parmi nous accorde au nouvel acquéreur par l'inveftiture du fief, ou l'enfaifinement des biens roturiers. De-là le mot *faifine* a été pris chez les anciens praticiens pour fignifier la poffeffion; celui de *nouvelleté* veut dire trouble ou innovation faite à notre poffeffion. Ainfi *complainte en cas de faifine & de nouvelleté*, eft la plainte du trouble fait à notre poffeffion, & ne fignifie rien de plus que le mot *complainte*.

On trouve auffi dans plufieurs praticiens, l'expreffion de *complainte poffeffoire*; mais l'addition de poffeffoire eft inutile, parce que la *complainte* n'eft rien autre chofe qu'une action poffeffoire.

Nous devons encore obferver que le trouble fe fait en deux manières, ou par fait ou par paroles. Par fait, lorfque le poffeffeur eft chaffé par violence & voies de fait, & fpolié de fon héritage : par parole, quand en plaidant, ou par écrit dans quelque acte ou exploit, quelqu'un fe qualifie de feigneur ou propriétaire d'un héritage ou d'un droit réel qui nous appartient. On prend en ce cas l'acte ou l'exploit pour trouble en fa poffeffion, & on en forme *complainte*.

COMPLAINTE *en matière civile*. Il fuit de la définition que nous avons donnée de ce terme, qu'il y a deux efpèces d'actions poffeffoires, l'une, par laquelle celui qui eft troublé dans fa poffeffion, demande à y être maintenu, on lui donne particuliérement le nom de *complainte* : la feconde, par laquelle le poffeffeur d'un héritage fpolié de fait & par force, demande à recouvrer la poffeffion qu'on lui a enlevée, elle fe nomme *réintégrande*. Ces deux actions ont leur fondement & leur origine dans les loix romaines : la première répond à l'interdit *uti poffidetis*; la feconde à celui *de vi*,

& vi armatâ, dont il est parlé ff. lib. 43, tit. 16 & 17.

La *complainte* paroît avoir été introduite parmi nous, par le roi S. Louis; il y a dans ses *Etablissemens* un chapitre de la saisine; & Beaumanoir, qui écrivoit en 1283, en parle au *chapitre 32* de ses coutumes de Beauvoisis. On y distingue trois cas où l'on pouvoit agir en matière possessoire: le cas de force, le cas de saisine & le cas de trouble. La procédure sur la *complainte* se faisoit en cette forme. Le juge, ou un sergent, en vertu de la commission du juge, se transportoit sur l'héritage contentieux, pour faire cesser le trouble & ensaisiner l'ancien possesseur, & en cas d'opposition, il mettoit la chose entre les mains du roi pendant le procès. C'est ce qu'on appelloit *ramener la complainte à effet sur le lieu.*

La coutume de Paris, *art. 96 & 98* distingue la *complainte en cas de saisine & de nouvelleté*, d'avec la *complainte en simple saisine*. La première ne pouvoir, comme aujourd'hui, s'intenter que dans l'an & jour du trouble. La seconde pouvoit être intentée par celui qui avant & depuis dix ans, & pendant la plus grande partie de ce temps, avoit joui d'une rente foncière sur un héritage, contre celui qui l'y avoit troublé, à l'effet d'être remis en sa possession. Elle avoit lieu, lorsque celui qui pouvoit intenter la *complainte en nouvelleté*, en avoit laissé passer le temps, ou y avoit succombé. Mais elle n'est plus d'usage, & quelle que soit la nature du trouble qu'on éprouve, si on n'a pas intenté la *complainte* dans le délai prescrit, ou si on y a succombé, on ne peut plus agir qu'au pétitoire.

Des personnes qui peuvent intenter complainte. Il n'est pas douteux que le propriétaire d'un héritage peut l'intenter contre tous ceux qui troublent sa possession. Il n'est pas même nécessaire d'être fondé en titre de propriété; il suffit d'avoir la possession civile de la chose, avec dessein & intention de posséder pour soi, & en qualité de propriétaire, *animo sibi habendi.* Il faut cependant que la possession du complaignant ne soit ni violente, ni secrète, ni précaire; c'est-à-dire, qu'il faut qu'il possède *nec vi, nec clam, nec precario*, publiquement, sans violence, & à autre titre que celui de possesseur précaire.

Il suit de ces principes que l'usufruitier, l'usager & l'emphytéote peuvent intenter *complainte*, parce qu'ils ont réellement une possession civile, que les fermiers ou locataires, les créanciers possesseurs d'un gage & autres semblables, ne peuvent pas user de cette voie, parce que, quoiqu'ils aient une véritable détention de la chose, ils ne la possèdent néanmoins qu'au nom du propriétaire; ce qui est si vrai, que leur possession ne peut jamais servir à acquérir la prescription.

On demande si l'héritier, avant d'avoir pris possession de l'hérédité, peut intenter la *complainte*, soit pour la succession entière, soit pour les corps singuliers qui la composent. Brodeau décide pour

l'affirmative, & avec raison; en effet, la maxime établie par le droit coutumier de France, *le mort saisit le vif*, fait regarder l'héritier comme possesseur civil de toute la succession, avant qu'il soit entré en possession naturelle, par la jouissance des biens qui la composent.

Aucun sujet ne peut intenter *complainte* contre le roi, parce qu'on ne présume jamais que le roi ait causé du trouble; l'apanagé jouit aussi à cet égard du même privilège que le roi.

Les vassaux & censitaires ne peuvent pareillement intenter *complainte* contre leur seigneur, pour raison des héritages qui sont mouvans de lui.

Des choses pour lesquelles on peut intenter complainte. Elle n'est reçue que pour les héritages ou autres droits réels réputés immeubles, tels que les servitudes, les dixmes inféodées, le droit de patronage, les droits seigneuriaux & honorifiques, les rentes foncières, &c. Elle a lieu également pour les bénéfices ecclésiastiques & pour les droits réels, comme les dixmes, qui y sont attachés.

Ce que nous disons que la *complainte* a lieu pour les droits seigneuriaux & honorifiques, est conforme aux principes, & se trouve confirmé par la jurisprudence des arrêts. Maréchal, dans son *Traité des droits honorifiques*, quoique d'un sentiment contraire, en rapporte un du 2 août 1624, qui a admis un seigneur haut-justicier par voie de *complainte*, pour réclamer les honneurs de l'église, qu'on lui avoit refusés. Un second arrêt du 5 mars 1728, a admis cette forme de procéder en faveur de madame la princesse & de madame la duchesse de Brunswick, contre les habitans de la Neuville & d'Estreux, qui leur avoient refusé le droit de terrage.

Elle ne peut être intentée pour des choses purement mobilières, à moins qu'il ne s'agisse d'une universalité de meubles. Nous n'avons pas admis dans nos mœurs l'interdit *utrubi*, que les loix romaines accordoient à celui qui avoit possédé un meuble pendant la majeure partie de l'année, & dont il est parlé ff. lib. 43, tit. 31.

Les rentes constituées ne peuvent faire la matière d'une *complainte*, même dans les coutumes où elles sont réputées immeubles, parce qu'elles ne sont pas un droit réel. En effet, elles n'ont pas d'assiette certaine sur un fonds, comme les rentes foncières, elles ne donnent au créancier qu'une hypothèque générale sur les biens de son débiteur; elles ne sont souvent qu'une obligation personnelle, lorsqu'il n'y a point d'héritages hypothéqués.

Les auteurs sont partagés sur la question de savoir, si un juge ou un officier peut former *complainte* à raison de son office. Dumoulin & Bacquet tiennent la négative, sur le fondement que les offices sont de leur nature un effet purement mobilier, auxquels les coutumes & les arrêts accordent, seulement en quelques circonstances, la qualité & les effets des immeubles.

Chopin,

Chopin, Rebuffe, Papon & d'autres se décident pour l'affirmative, lorsqu'il est question d'un office royal, & qu'il s'agit directement du droit & du titre de l'office, & non des droits particuliers & singuliers de la justice, l'officier n'étant pas simple usager par droit de servitude, mais propriétaire & possesseur selon la nature & condition de l'office. Papon rapporte, en faveur de cette opinion, un arrêt des grands jours de Moulins, du 13 octobre 1540.

Des choses nécessaires pour fonder la complainte. 1°. Il faut que le demandeur en *complainte* soit en possession par an & jour; car c'est une ancienne maxime de notre droit françois, que la prescription de la possession s'acquiert par an & jour. 2°. Il faut que le possesseur soit troublé dans sa possession; car dès que le trouble cesse, il ne reste que la voie de l'action pétitoire. 3°. La *complainte* doit être formée dans l'an & jour du trouble, après lequel on n'y est plus recevable, parce qu'en matière d'action possessoire, *potior est, qui possidet de facto, ultimo anno*: ce principe est d'ailleurs formellement établi par l'*article 61* de l'ordonnance de 1539.

Chaque juge connoît des *complaintes* dans son territoire, & les juges royaux n'ont à cet égard aucune préférence ni prévention sur les juges de seigneur. Mais le juge d'église ne peut connoître d'aucune *complainte*, soit prophane, soit bénéficiale, il faut se pourvoir devant le juge laïque.

La *complainte* s'intente par exploit, & quelquefois par opposition. Celui qui est assigné en *complainte*, ne peut pas intenter lui-même *complainte* pour le même objet, en disant qu'il prend la demande en *complainte* pour trouble.

COMPLAINTE, *en matière bénéficiale.* C'est une action qui appartient à celui qui possède un bénéfice, soit qu'il en ait la possession de droit & de fait, soit qu'il en ait la possession de fait seulement, lorsqu'il est troublé dans cette possession par un tiers, qui de son côté se met en possession du même bénéfice ou s'oppose à la prise de possession, de l'autre. D'après cette définition, il y a deux cas dans lesquels un bénéficier peut intenter la *complainte*: le premier, lorsque étant déjà en possession du bénéfice, un tiers vient en prendre aussi possession; le second, lorsqu'on reçoit une opposition à la prise de possession, de la part de celui qui possède déjà: la *complainte* peut donc être intentée soit par l'ancien possesseur, soit par le nouveau. L'ancien prend pour trouble, la nouvelle prise de possession; le nouveau prend également pour trouble l'opposition formée à la sienne.

En matière bénéficiale, comme en matière prophane, la possession est la base de la *complainte*; mais avec cette différence, qu'en matière prophane, il faut avoir possédé paisiblement pendant l'an & jour, au lieu qu'en matière bénéficiale, une possession quelconque suffit pour pouvoir l'intenter. En matière prophane, on n'a rien à alléguer

que sa possession même, *possideo quia possideo*: en matière bénéficiale, il faut produire les titres en vertu desquels on possède. En matière prophane, le possessoire doit être jugé avant de procéder au pétitoire: en matière bénéficiale, le plein jugement du possessoire emporte toujours celui du pétitoire.

Ces principes vont se développer en analysant les articles principaux du titre 15 de l'ordonnance de 1667.

L'article premier ordonne qu'en matière de *complainte*, pour la possessoire des bénéfices, les exploits de demandes soient faits & les assignations données, comme dans les matières civiles.

Le législateur, veut dans l'article second, que le demandeur soit tenu d'exprimer dans l'exploit, le titre de sa provision & le genre de vacance sur lequel il aura été pourvu, & de bailler au défendeur des copies signées de lui, de ses titres & capacités. C'est une preuve qu'en matière bénéficiale, la possession seule ne suffit pas pour être fondé à intenter la *complainte*, & qu'il faut de plus qu'elle prenne son origine dans des titres valables & légitimes. Le défendeur doit en avoir connoissance *in limine litis*.

Selon l'article 3, le défendeur qui est en possession actuelle, doit être assigné à personne ou à domicile, ou *au lieu du bénéfice*, c'est-à-dire, au lieu qui est le principal manoir du bénéfice.

L'article 4 est fort important, il sert à décider une foule de questions autrefois très-controversées: « les *complaintes* pour les bénéfices seront poursuivies pardevant nos juges auxquels la connoissance en appartient, *privativement aux juges d'église*, & à ceux des seigneurs, encore que les bénéfices soient de la fondation des seigneurs ou de leurs auteurs, & qu'ils en aient la présentation ou la collation ». Les juges d'église & ceux des seigneurs ne peuvent donc connoître des *complaintes* en matière bénéficiale. Il y a long-temps que la chose étoit décidée parmi nous, pour les juges d'église. Au milieu des combats qui ont duré tant de siècles entre la jurisdiction ecclésiastique & la séculière, la France a toujours eu soin d'écarter des tribunaux de l'église tout ce qui concernoit les actions réelles & qui gissoit en faits, & elle a toujours mis au nombre de ces actions le possessoire des bénéfices. Les ultramontains attaquèrent vivement cette doctrine, qui tient au droit public des nations. Le pape Martin V défendit, sous des peines très-sévères, de porter devant les juges laïques les contestations relatives aux affaires ecclésiastiques. Les partisans de la cour romaine ne manquèrent pas d'inférer de cette prohibition, que ces peines étoient encourues par les ecclésiastiques de France qui s'adressoient aux juges royaux sur le possessoire des bénéfices. Charles VII crut devoir arrêter les progrès d'une opinion qui pouvoit avoir des suites dangereuses, & compromettre l'autorité royale. Il s'adressa au pape lui-même, & lui demanda une interprétation de sa bulle. Martin V en donna une nouvelle, en 1425, par laquelle il déclara n'avoir point entendu condamner l'usage invariablement observé en France, sur la manière dont le possessoire des bénéfices étoit jugé, ni porter aucune atteinte à la jurisdiction royale. Le roi rendit alors une ordonnance par laquelle, après avoir établi la possession immémoriale où étoient les juges royaux, de connoître des *complaintes* bénéficiales, il ordonna à ses parlemens & à ses baillis d'enregistrer la bulle & de continuer à prononcer sur ces sortes de contestations, suivant l'usage constamment observé en France. Eugene IV confirma en 1432 la bulle de Martin V, de 1425. Louis XI, par son ordonnance publiée au parlement de Paris, le 30 juillet 1464, réserva expressément au juge royal, duquel les appellations vont immédiatement aux cours de parlement, la connoissance du possessoire des bénéfices, privativement aux juges inférieurs & des hauts-justiciers. Cette disposition fut renouvellée par l'article 13 de l'ordonnance de Cremieu, du mois de juin 1536. L'article 4 du titre 15 de celle de 1667 n'a donc point introduit un droit nouveau.

On regarde actuellement comme un principe certain, d'après toutes ces ordonnances, que ni les juges d'église, ni ceux des hauts-justiciers ne peuvent connoître des *complaintes* en matière bénéficiale. Les premiers commettroient *abus*, parce qu'ils entreprendroient sur la jurisdiction séculière : les seconds prononceroient des jugemens absolument nuls, à raison de leur incompétence. En vain ces derniers invoqueroient l'opinion de Dumoulin, qui leur est favorable lorsque les bénéfices sont à la collation des seigneurs pour lesquels ils rendent la justice. S'ils se sont maintenus dans ce droit, malgré les ordonnances de 1464 & de 1536, ils en ont été absolument dépouillés par celle de 1667, *encore que les bénéfices soient de la fondation des seigneurs ou de leurs auteurs, & qu'ils en aient la présentation ou la collation.*

Févret, *Traité de l'abus, liv. IV, chap. 11, som. 2*, donne en détail les raisons pour lesquelles le possessoire des bénéfices se traite en cour séculière. 1°. Le possessoire est purement de fait, or le juge d'église n'est pas compétent *eorum quæ in facto consistunt.* 2°. Le possessoire se résout en intérêt, la connoissance des intérêts, en quelque personne que ce soit, n'appartenant qu'au juge séculier, le juge d'église ne s'y peut entremettre. 3°. *In beneficialibus causis possessorium coram judice seculari tractatur, quia cum agitur de possessorio, de re spirituali, non spiritualiter agitur.* 4°. C'est le roi qui maintient les possesseurs en leurs droits possessoires, & qui ordonne ou la sequestration ou la maintenue ; & la formule ancienne de prononcer en cette sorte d'instance, c'étoit de lever & ôter la main du roi, ce qui ne peut se faire que par son autorité ou des officiers royaux, & non du juge d'église. 5°. Etant ordinaire en ces possessoires,

suivant l'usance du royaume, de prononcer sur la récréance, & l'exécuter nonobstant appel, ou de faire droit sur le sequestre & les exécutions de tous ces jugemens, aussi-bien que du plein possessoire, consistant en pure réalité, le juge d'église n'a droit d'en connoître ; partant s'il avoit entrepris de prononcer sur la maintenue possessoriale, il y auroit abus : *regis enim est de possessorio jus dicere & possessores tueri ne ad arma confugiant.*

Le même auteur ajoute : ce qui fait encore que le possessoire bénéficial n'est point de jurisdiction ecclésiastique, non plus que le prophane, c'est que le juge d'église n'a point de territoire, ni d'autorité pour exécuter ses jugemens ; il ne peut prêter main-forte aux spoliés, pour les rétablir ; il ne peut impartir le secours légitime de la justice, pour maintenir ceux qui sont vrais possesseurs, & l'autorité du magistrat lui manque pour contenir, *imperio magistratus,* ceux qui voudroient user de force. Il ne peut ordonner ni saisie, ni sequestration des fruits ; c'est pourquoi il n'est pas juge légitime de ce à quoi l'effet de sa jurisdiction ne peut s'étendre.

Quant aux juges royaux, continue toujours Févret, qui connoissent *de omni possessorio rei, sive spiritualis, sive prophanæ,* ce n'est pas par privilège, ni par coutume, mais par un droit vraiment royal & de la couronne ; car si le roi ou ses juges n'avoient cette puissance de connoître du possessoire bénéficial que par privilège, celui qui le leur auroit concédé, le pourroit ôter, retrancher ou modifier, selon la nature des privilèges qui sont graces révocables. *ad nutum concedentis ;* & si c'étoit *ex consuetudine præscripta,* il s'ensuivroit qu'ils le pourroient perdre *per non usum,* ou que l'église, par une contraire possession, le feroit prescrire ; ce qui jamais n'eut lieu dans le royaume : car tant s'en faut que les juges d'église aient pu prétendre par longue possession, *& veluti consuetudine præscripta,* la connoissance du possessoire bénéficial ou autre, qu'au contraire on les a déboutés par fin de non-recevoir, quand ils ont voulu proposer ou mettre en avant des faits de possession, même immémoriale, & connoître des actions possessoires bénéficiales ou réelles ; & la raison de tout cela est que, *in regno Franciæ cognitio omnis possessoria, etiam inter ecclesiasticos, & pro rebus spiritualibus, spectat ad judicem secularem, non ex aliquo privilegio sed jure proprio.* C'est ce qu'exprime énergiquement Dumoulin, lorsqu'il dit, *undè imprescriptibile judicatur istud jus regium.*

Nos lecteurs ne nous sauront pas mauvais gré de leur avoir remis sous les yeux ce passage de Févret. On y retrouve les vrais principes de la matière : il démontre que si les juges royaux peuvent seuls juger les *complaintes* bénéficiales, ce n'est point un privilège qui ait pris naissance dans la bulle de Martin V, dont nous avons parlé ci-dessus, mais un droit vraiment royal & inhérent à la couronne. Hauteserre, qui a écrit son *Traité* æ la jurisdiction ecclesiastique, pour combattre celui de Févret sur l'abus, n'a pas osé contredire ouvertement les principes que nous venons de rapporter. On peut consulter le chap. 9 du livre 3, où on verra ces aveux que la force seule de la vérité a pu lui arracher. *Moribus nostris non incivile est judicem secularem cognoscere de possessione retinendâ vel recuperandâ in beneficiis ecclesiasticis, salvo utique petitorio judici pontificio..... episcopus utique non potest cognoscere de meritis & viribus tituli, an canonica sit institutio, an collatio sit ab habente potestatem, ne indirecte se ingerat cognitioni possessorii quæ est forisecularis.*

De toutes les raisons rapportées par Févret, pour établir que les juges royaux peuvent seuls connoître des *complaintes* bénéficiales, il en est peu qui soient applicables aux juges seigneuriaux. On y ajoutera que le roi étant le protecteur-né de tous les établissemens publics, soit laïques, soit ecclésiastiques, il a dû se réserver à lui & à ses officiers la connoissance de tout ce qui avoit un rapport direct à la conservation des bénéfices, & si les juges des seigneurs ne peuvent pas même connoître des réparations & reconstructions des bâtimens qui en dépendent, à plus forte raison ne doivent-ils pas connoître des contestations élevées sur leur possession. Denisart, au mot *complainte*, fait une exception à cette règle générale en faveur des seigneurs qui possèdent les terres données par le roi à M. le duc de Bouillon, en échange des souverainetés de Sedan & de Rocourt, parce que, dit-il, par le contrat d'échange du 20 mars 1651, revêtu de lettres-patentes enregistrées au parlement & chambre des comptes du ressort desquels ces terres sont, il est porté que « les officiers desdites » terres connoîtront de tous les droits dépendans » desdites terres, des bénéfices étant en patronage, » nomination ou collation dudit seigneur duc de » Bouillon ».

Les juges royaux qui peuvent connoître des *complaintes* en matière bénéficiale, sont ceux qui ressortissent aux cours de parlement. On peut les porter, en vertu d'un *committimus*, aux requêtes de l'hôtel ou du palais. Elles doivent être directement au grand-conseil pour les brévetaires de joyeux avénement, pour les indultaires du parlement & pour les bénéfices consistoriaux. Quand la régale y donne lieu, elles ne peuvent être jugées que par la grand-chambre du parlement de Paris.

Les articles 5 & 6 du titre 15 de l'ordonnance de 1667, fixent quelques points de procédure ; le défendeur doit donner copie signée seulement de son procureur, tant de ses défenses que de ses titres & capacités.

L'article 7 nous fournira l'occasion de développer des principes essentiels à la matière que nous traitons. Il porte que « trois jours après les défenses » fournies & signifiées avec la copie des titres & » capacités, la cause sera portée à l'audience.....

» pour être prononcé sur le champ sur la pleine » maintenue, sur la récréance ou le sequestre, » s'il y échet ».

De cet article, il résulte qu'il y a trois manières de prononcer sur la *complainte* en matière bénéficiale. La première, par la pleine maintenue ; la seconde, par la récréance ; la troisième, par le séquestre.

La pleine maintenue forme un jugement définitif, en vertu duquel celui qui l'obtient est déclaré véritable titulaire du bénéfice contesté, & conservé dans la possession où il étoit. Quand une fois les juges royaux ont prononcé la pleine maintenue, il n'est plus permis de se pourvoir au pétitoire devant le juge d'église. La raison qu'on en apporte, c'est que la pleine maintenue n'ayant été prononcée que sur le vu & après l'examen des titres, ce seroit reporter devant le juge ecclésiastique une question déjà décidée par le juge laïque ; ce seroit supposer que celui-ci s'est trompé ; ce seroit soumettre son jugement au tribunal de l'église, & subordonner la jurisdiction séculière à l'ecclésiastique. Il y auroit par conséquent abus : ainsi jugé par une foule d'arrêts. Cette jurisprudence des cours souveraines a aboli dans l'usage, la distinction du pétitoire & du possessoire en matière bénéficiale, qui a existé long-temps parmi nous, comme il est prouvé par l'édit du mois d'août 1539, & les déclarations de février 1657 & mars 1666. Il est vrai que ces deux dernières déclarations n'ont été enregistrées dans aucune cour supérieure. Au reste, si cette jurisprudence a restreint l'exercice de la jurisdiction des cours d'église, il faut convenir qu'elle a produit un bien, en ce qu'elle a diminué le nombre de procès que les clercs n'ont que trop souvent entre eux, à raison des bénéfices. D'ailleurs, le possessoire en matière bénéficiale ne pouvant se juger que sur les titres mêmes d'où dérive la possession, il emporte nécessairement le jugement du pétitoire ; la distinction du possessoire & du pétitoire devient alors inutile, puisque l'un est la conséquence nécessaire de l'autre. Pour qu'elle existât comme dans les matières civiles, il faudroit que l'on n'envisageât que la possession, abstraction faite de son origine & des titres sur lesquels elle est fondée. On ne le pourroit, sans détruire les principes établis par les canons eux-mêmes. Ils veulent que la possession sans titre légitime ne soit pas une véritable possession, *beneficium non possidetur sine institutione canonicâ.* Le possessoire & le pétitoire des bénéfices sont donc identifiés, & en prononçant sur l'un on prononce nécessairement sur l'autre.

La récréance est la possession provisionnelle qui s'adjuge pendant le procès à celui qui a le droit le plus apparent, jusqu'à ce que les juges soient en état de prononcer sur la pleine maintenue. La récréance est donc, en matière bénéficiale, ce qu'est la simple maintenue en matière civile, l'un & l'autre laissent le fond du droit en suspens.

L'article 9 veut que les fentences de récréance foient exécutées à la caution juratoire, nonobftant oppofitions ou appellations quelconques, & fans y préjudicier. Il n'eft donc pas néceffaire de donner une caution bonne & valable, à la différence de ce qui fe pratique dans les réintégrandes en matière prophane. Cependant, Bornier diftingue fi la récréance a été ordonnée par fentence d'un tribunal inférieur, ou fi elle l'a été par un arrêt d'une cour fouveraine. Dans ce dernier cas, dit-il, celui qui l'a obtenue n'eft point obligé de cautionner ; mais au premier cas, il faut qu'il faffe au greffe les foumiffions requifes & l'élection de domicile.

La récréance emporte-t-elle la condamnation des dépens & la reftitution des fruits ? Dans le projet de l'ordonnance, on avoit ajouté à l'article 9, *tant pour la reftitution des fruits que pour les dépens, lorfque ces dépens auront été prononcés.* On retrancha ces mots de l'article, fur ce que M. le premier préfident obferva qu'on ne prononçoit point de dépens par une fentence de récréance en matière bénéficiale, devant être réfervés lors du jugement définitif ; & que dans le cas de récréance, on ne devoit prononcer aucune reftitution de fruits.

On ne peut procéder à la pleine maintenue avant que la fentence de récréance foit exécutée, c'eft la difpofition de l'article 10. Denifard, *verbo complainte bénéficiale, n°. 15,* rapporte un arrêt qui fembleroit contredire cet article ; il eft vrai qu'il ne s'explique pas bien clairement : « un *maintenu,* » dit-il, dans la poffeffion d'un bénéfice, pourfuivi » fur le fond par fon concurrent, refufa de dé- » fendre jufqu'à ce qu'il fût entièrement payé ; il » prétendoit qu'il en étoit de la *complainte* béné- » ficiale comme de la *complainte* prophane, & » qu'il falloit tout payer avant d'intenter le péti- » toire. Il citoit l'article 4 du titre 18 de l'ordon- » nance de 1667 & l'article 10 du titre 15. Néan- » moins, par arrêt rendu le 18 avril 1733, la » cour ordonna qu'il feroit tenu de fournir des » défenfes, finon qu'il feroit paffé outre au juge- » ment, faute de défendre. Il paroît évident que l'auteur fe trompe, en pofant l'efpèce de l'arrêt de 1733. Ce ne pouvoit pas être un *maintenu* dans la poffeffion d'un bénéfice qui étoit pourfuivi fur le fond, puifque la maintenue emporte le juge- ment du fond. Il ne pouvoit donc s'agir que de la récréance, & alors l'arrêt auroit jugé contre l'article 10, qui défend de procéder au jugement du fond fans que la fentence de récréance foit exécutée.

Le fequeftre eft le dépôt qui fe fait des fruits & revenus d'un bénéfice, entre les mains d'un commiffaire nommé par les parties ou d'office par le juge, pour les percevoir & régir pendant le cours du procès, pour, après le jugement du fond, être délivrés à celui qu'il appartiendra. Il ne s'ordonne que lorfque le droit des contendans paroît abfolument égal, ou que l'un & l'autre eft fans

droit. Il eft affez d'ufage, lorfqu'il s'agit d'un bé- néfice-cure, & que la conteftation peut être lon- gue. D'après l'article 8 de l'édit de 1695, les cours, par le même jugement, doivent renvoyer parde- vant l'évêque ou archevêque diocéfain, pour qu'ils commettent un deffervant auquel ils affignent telle rétribution qu'ils jugent néceffaire, & qui doit fe prendre par préférence fur le revenu du béné- fice. Cet ufage eft fage ; il feroit quelquefois dan- gereux qu'un eccléfiaftique qui n'auroit que la fimple récréance d'une cure, en jouît pendant le procès ; il capteroit la bienveillance des paroiffiens, pré- viendroit les efprits & prépareroit mille défagré- mens à fon compétiteur, s'il venoit à obtenir la pleine maintenue. On a même vu des commu- nautés d'habitans ne vouloir pas, dans ce cas, re- cevoir celui à qui la cure avoit été définitivement adjugée au préjudice de celui qui avoit eu la ré- créance.

Toute fentence de récréance, fequeftre ou maintenue, pour être valable & exécutoire, doit être donnée par plufieurs juges, du moins au nombre de cinq, qui feront dénommés dans la fentence, & qui figneront la minute, fi elle eft rendue fur procès par écrit. *Article 17.* Le 14e déclare les mineurs de vingt-cinq ans qui feront pourvus de bénéfices, capables d'agir en juftice, & par conféquent d'intenter la *complainte* fans l'autorité & affiftance d'un tuteur ou curateur.

On demande fi un bénéficier mineur eft fujet à la contrainte par corps, pour paiement des dépens auxquels il auroit été condamné, en fuccombant dans une inftance en *complainte* qu'il auroit intentée ou foutenue.

D'abord l'article 3 de la déclaration du 30 juillet 1710, décide la queftion pour les mineurs de vingt- cinq ans, qui font engagés dans les ordres facrés. « Voulons que les perfonnes conftituées dans les » ordres facrés, ne puiffent être contraintes par » corps au paiement des dépens dans lefquels ils » fuccomberont : faifons défenfes à toutes nos » cours & juges de décerner des contraintes par » corps contre eux, pour raifon defdits dépens ». S'il a fallu une loi expreffe pour fouftraire les eccléfiaftiques dans les ordres facrés, à la contrainte par corps pour les dépens auxquels ils feroient condamnés, il paroît s'enfuivre qu'ils doivent y être foumis, lorfqu'ils font fimples clercs. Ce n'eft donc point à raifon de la cléricature qu'un mineur bénéficier peut en être exempt, ce ne peut être qu'à raifon de fa minorité. Mais l'ordonnance le rendant majeur pour tout ce qui concerne fon bénéfice, ne l'eft-il pas également, lorfqu'il s'agit des dépens qu'il doit, pour avoir mal-à-propos intenté ou foutenu la *complainte ?* Ayant reçu de la loi la capacité de lier le contrat judiciaire, ne doit-il pas être tenu de tous les événemens qui en font une fuite néceffaire ? Sa majorité légale ne l'affimile-t-elle pas au mineur marchand, qui eft contraignable par corps pour les dettes de fon commerce ? Un arrêt du 13 octobre 1607 a jugé ces questions pour l'affirmative. Il est rapporté par Mornac, sur la loi 7 , §. *de minoribus* ; il a prononcé la contrainte par corps contre un bénéficier âgé de dix-huit ans, fils d'un conseiller au parlement.

Cependant cet arrêt n'a pas subjugué l'opinion de tous nos auteurs. Il en est qui soutiennent que l'ordonnance ne répute le mineur bénéficier, majeur que pour plaider, & que cette fiction, qu'il ne faut pas étendre d'un cas à l'autre, ne doit pas le faire réputer majeur, pour qu'il puisse engager son patrimoine ou sa liberté. Ils citent à l'appui de ces principes, un arrêt des requêtes de l'hôtel, du 21 mars 1676, qui reçut un mineur bénéficier opposant à un exécutoire de dépens, portant contrainte par corps, sauf à sa partie à se pourvoir contre lui, lorsqu'il seroit majeur. Il sembleroit par-là, avoir été jugé que l'engagement de payer les dépens, qui est une conséquence du contrat judiciaire, est valable en lui-même pour un mineur bénéficier, mais qu'on ne peut le forcer à l'exécuter qu'à sa majorité.

D'Héricourt propose une opinion qui tient le milieu entre celles dont on vient de rendre compte. Il voudroit rejetter la contrainte par corps contre un bénéficier mineur, pour de simples dépens, & l'admettre lorsqu'il s'agiroit de la restitution des fruits qu'il auroit perçus, soit parce qu'il auroit été le premier en possession, soit parce qu'il auroit obtenu la récréance. Il ajoute que la diversité de préjugés & des raisons très-fortes de part & d'autre, laisse la question encore problématique. Nous suivrons son exemple, & nous ne la déciderons pas.

Nous avons dit que les juges laïques ne connoissoient que du possessoire des bénéfices. Il est cependant un cas où ils peuvent connoître du pétitoire même, c'est lorsque les bénéfices vaquent en régale. L'article 19 du titre 15 de l'ordonnance de 1667, dont nous avons rapporté les dispositions les plus essentielles, ne laisse aucun doute sur leur compétence dans ce cas. « Le pétitoire » des bénéfices qui viendront à vaquer en régale, » sera poursuivi au grand'chambre de notre parle- » ment de Paris, qui en connoîtra privativement aux » autres chambres du même parlement, & à toutes » nos autres cours & juges ». Cet article est une conséquence nécessaire du principe admis parmi nous, que la *complainte* n'a pas lieu contre le roi, soit en matière ecclésiastique, soit en matière prophane. Le roi, disent tous nos auteurs, plaide toujours main garnie, à la différence des empereurs romains, qui n'avoient pas plus de privilège que les particuliers, suivant la loi 1, au code *de petit. hæredit. & defensionis cod. de iure fisci,* C'est pourquoi la récréance s'adjuge au régaliste, sans que l'on puisse ordonner aucun sequestre à son préjudice ; c'est encore pourquoi l'article 24 du titre de l'ordonnance déjà citée, veut que la cause

ayant été plaidée, s'il se trouve que le bénéfice ait vaqué en régale, il soit *adjugé au demandeur* ; forme de prononcer qui n'a pas lieu dans les instances en *complainte*. *Voyez* RÉGALE.

Nous ne nous étendrons pas ici sur la forme à suivre dans les instances de *complainte* en matière bénéficiale. On peut consulter tout le titre 15 de l'ordonnance de 1667, qui ne laisse rien à desirer à ce sujet. Nous n'en avons rapporté que les articles qui donnoient lieu au développement des principes de la matière, les bornes & la nature de cet ouvrage, ne nous permettant pas d'entrer dans de plus grands détails sur la forme. Nous renvoyons encore aux mots DÉVOLUT & RÉSIGNATION. (*Article de M. l'abbé* BERTOLIO.)

COMPLAISANCE, s. f. (*Droit naturel & coutumier. Morale.*) dans le sens général la *complaisance* est une condescendance honnête par laquelle nous plions notre volonté pour la rendre conforme à celle des autres. Si ce n'est pas la plus excellente des vertus, elle n'en est pas moins utile & agréable dans la société ; mais elle n'a de mérite qu'autant qu'elle est naturelle, & qu'elle ne dégénère pas dans une lâche déférence aux caprices des autres.

La *complaisance* est une branche de la politesse & de la civilité : elle est fondée sur la nécessité où sont tous les hommes de se prévenir par des égards, des ménagemens, des considérations tirées des circonstances, du génie ou de la qualité des personnes. Elle tire son origine du cœur : elle prête de la beauté & de l'ornement à toutes les belles qualités, & à tous les talens ; elle rapproche les hommes les uns des autres, nous rend aimables ceux qui sont au-dessus de nous, nous lie plus étroitement avec nos égaux, & nous attire vers nos inférieurs.

En droit coutumier, le mot *complaisance* est synonyme à celui d'*aide* &-de *taille*. Le droit de *complaisance* aux quatre cas, est la même chose que les loyaux-aides que le vassal est tenu de payer au seigneur dans les quatre cas ; c'est-à-dire en cas de chevalerie du fils aîné, de mariage d'enfans, de voyage d'outre-mer, & de rançon du seigneur. Il en est parlé dans un arrêt du 20 juillet 1624, dont M. de Laurière fait mention en son *Glossaire*, au mot *complaisance*. *Voyez* AIDE, *Droit féodal.*

COMPLANT, s. m. COMPLANTER, v. n. COMPLANTERIE, s. f. (*Droit coutumier.*) ces termes sont usités dans les coutumes de Poitou, de S. Jean d'Angely & autres. On y appelle *complant*, la concession d'un héritage, faite à quelqu'un, à la charge d'y planter des arbres, & principalement de la vigne, moyennant la redevance d'une portion des fruits, qui se perçoit dans le champ.

Complanter est la faculté de percevoir le droit de *complant* : & *complanterie* se dit de l'héritage sujet au *complant*.

On comprend aussi sous le dernier terme, le droit que le bailleur d'un fonds s'est réservé de percevoir une portion des fruits au lieu d'une rente annuelle.

Lorfque le *complant* a été fait par le feigneur de l'héritage, la redevance eft feigneuriale. Le *complant* alors eft la même chofe que ce qu'on nomme ailleurs, *agrier*, *champart*, *terrage*. *Voyez ces mots.* Il n'eft pas permis au détenteur de la *complanterie* d'enlever les fruits fujets au droit de *complant*, avant que le feigneur ait *complanté*.

COMPLICATION, f. f. *terme de Palais*, qui fe dit également en matière civile & criminelle. La *complication*, en matière criminelle, fe dit lorfqu'un accufé fe trouve prévenu de plufieurs crimes; en matière civile, lorfqu'une procédure ou une affaire contient un grand nombre d'objets & de demandes refpectives, qui fe croifent mutuellement.

COMPLICE, f. m. COMPLICITÉ, f. f. (*Code criminel.*) la *complicité* fe dit de la part que quelqu'un a eu à la fraude ou au crime commis par un autre.

On appelle *complice* celui auquel on impute d'avoir eu part à quelque fraude, à quelque délit, foit pour avoir donné confeil, ou pour avoir aidé à commettre l'action dont il s'agit.

Quand on ordonne quelque information contre les *complices* d'un accufé, on joint ordinairement au terme de *complice*, ceux de *fauteurs*, *participes*, & *adhérens*, pour défigner toutes les différentes manières dont les complices peuvent avoir eu part au délit.

Celui qui eft *complice* d'un délit ou de quelque fraude répréhenfible, eft fouvent auffi coupable que l'auteur même du délit, & doit être puni également; ce qui dépend néanmoins des circonftances, par lefquelles on connoît le plus ou moins de part que le *complice* a eu à l'action : par exemple, celui qui a fu le deffein qu'un autre avoit de commettre un crime, & qui ne l'a pas empêché pouvant le faire, eft coupable au moins d'une négligence qui approche beaucoup du délit; mais celui qui a confeillé le délit, ou qui a aidé à le commettre, eft encore plus coupable.

Un homme qui s'eft trouvé par hafard en la compagnie de quelqu'un qui a commis un crime, n'en eft pas pour cela réputé *complice*, pourvu qu'il n'y ait eu en effet aucune part.

La déclaration ou dépofition des *complices* ne fait point une foi pleine & entière contre le principal accufé, ni contre un autre *complice*; elle fervoit feulement d'indice avant l'abolition de la queftion, pour parvenir à tirer la preuve du crime par le moyen de la torture; & fi l'accufé n'avouoit rien, il étoit abfous.

Il faut même obferver que la dépofition d'un feul *complice*, quand il n'y a pas quelque autre adminicule ou commencement de preuve, n'étoit pas fuffifante pour faire appliquer les *complices* à la queftion, il falloit du moins, en ce cas, la dépofition de deux ou trois.

On excepte néanmoins de cette règle certains crimes, tels que ceux de lèfe-majefté, facrilège,

conjuration, fauffe monnoie, héréfie & affaffinat, où la dépofition d'un *complice* fait pleine foi contre un autre.

Mais que doit-on penfer des déclarations d'un *complice*, faites après fon jugement de condamnation ? Nos loix criminelles n'ont pas de difpofitions affez précifes à cet égard; c'eft dans ces circonftances que le juge ne doit fe déterminer qu'avec fageffe & prudence.

La condamnation d'un accufé à une peine capitale, le rend infâme, & par cette raifon fa dépofition ne peut être d'un grand poids. Cependant elle fuffit fouvent pour faire décréter de prife-de-corps ceux qu'il accufe de *complicité*, fur-tout fi ce font des gens fufpects & de vile condition. Mais lorfqu'il s'agit de perfonnes d'une condition honnête & d'une bonne réputation, il convient feulement de les faire arrêter pour les confronter au criminel, & ce n'eft que d'après les charges réfultantes de la dépofition & de la confrontation, que le juge doit décerner un décret contre les *complices*.

Nous avons remarqué, fous le mot ACCESSOIRE (*loix criminelles angloifes*), que les *complices* étoient moins rigoureufement punis, que l'auteur du délit. Nous avons ajouté, & nous le répéterons ici, qu'il feroit à fouhaiter que nos loix admiffent une proportion entre les peines qu'on infligeroit aux exécuteurs du crime, & aux fimples *complices*. Ce feroit probablement leur ôter les moyens de s'accorder entre eux.

Quelques tribunaux offrent l'impunité au *complice* d'un grand crime qui trahit fes compagnons. Un pareil expédient a fes inconvéniens & fes avantages. Si d'un côté il prévient les grands crimes, & raffure le peuple; s'il détruit, entre les affaffins & les brigands, l'union & la confiance mutuelle; s'il les met dans le cas de craindre que celui qui a violé avec eux les loix civiles & naturelles, ne viole auffi leurs conventions particulières, il n'en eft pas moins vrai qu'il autorife la trahifon, déteftée même des fcélérats entre eux, qu'il introduit les crimes de lâcheté, qu'il découvre l'incertitude des juges & la foibleffe de la loi, qui eft forcée d'implorer le fecours de celui même qui l'offenfe.

Il feroit peut-être plus avantageux de publier une loi générale pour permettre l'impunité à tout *complice* qui découvre un crime, que de la propofer dans les cas particuliers. Une loi générale préviendroit l'union des méchans, en infpirant à chacun d'eux la défiance de fes *complices*, & la crainte de s'expofer feul au danger : au lieu que la promeffe de l'impunité, accordée dans certaines circonftances, donne de l'audace aux fcélérats qui voient qu'il y a des cas où on a befoin d'eux. Au refte, de quelque manière & pour quelque raifon qu'on ait affuré l'impunité au *complice* d'un crime, on doit lui tenir parole. Ce feroit ébranler les fondemens de la confiance publique, & renverfer la bafe de la morale humaine, que de manquer à la promeffe donnée, & de faire traîner au fupplice, à la honte de la foi donnée, celui qui a répondu à l'invitation de la loi ou des magistrats.

COMPONENDE, f. f. (*Droit canon.*) ce mot a deux acceptions différentes : dans la première, il signifie un office de cour de Rome, dépendant du dataire, où les suppliques sont renvoyées pour être taxées, avant que les bulles soient expédiées; celui qui l'exerce se nomme *préfet* ou *trésorier des componendes*. Pie V avoit créé cet office en titre perpétuel; mais depuis il a été rendu amovible.

La *componende*, dans la seconde acception, est une taxe ou composition qu'il faut payer pour obtenir certaines graces ou certains rescrits de cour de Rome. On en attribue l'origine à Alexandre VI. Amidenius, en son *Traité du style de la daterie*, rapporte que le roi d'Espagne se plaignit de l'introduction de cette nouveauté. *Vidi enim epistolam quamdam Ferdinandi & Isabellæ, regum catholicorum, ad præfatum Alexandrum sextum, in quâ quærebantur de hoc, tunc novo, onere, quod compositionem vocabant, qui tamen piissimi reges voluntati pontificis acquieverunt.*

C'est sans doute une grande complaisance de la part des souverains d'avoir laissé introduire les *componendes* : c'est un usage onéreux pour leurs sujets, & qui tend à faire passer des sommes considérables à Rome. Les auteurs ultramontains cherchent à le justifier, en disant que le pape fait un bon usage de cet argent; qu'il en emploie une partie à l'entretien des chevaliers de Lorette, & l'autre en bonnes œuvres: *Adeo ut obtrectatores scindantur, licèt non possint probis viris persuadere, pecuniam hanc in malam causam verti.* Cette raison d'Amidenius n'est certainement pas convaincante. Quelque bon usage que le pape puisse faire de l'argent des fideles, ce n'est pas un motif pour les soumettre à un impôt sans nécessité. Corradus s'y prend autrement pour rendre les *componendes* moins défavorables : *multi, dispensationes hujusmodi impetrarent, si gratis concederentur, qui saltem impensarum timore deterriti, non audent, & alioqui semper infestarent aures pontificis, petendo secum dispensari, dareturque materia delinquendi.* On répondra à Corradus que si le pape exécutoit rigoureusement les loix de l'église, on ne l'importuneroit pas pour en dispenser; qu'il y a d'ailleurs un autre moyen de le mettre à l'abri des sollicitations qui tendent à le faire *délinquer*. C'est de rendre aux évêques, chacun dans leurs diocèses, le libre exercice du pouvoir d'accorder des dispenses en cas de nécessité & pour le bien de la religion ou de l'état. Il n'y a que la cupidité qui ait pu faire imaginer que les loix seroient mieux exécutées, en accordant aux richesses & à l'opulence la facilité de s'y soustraire.

La *componende* ou composition a lieu pour les coadjutoreries avec espérance de succession, pour les pensions sans cause ou pour cause définie, pour celles en faveur des résignans, quand elles sont imposées sur les fruits certains & incertains, ou en faveur d'un tiers; pour les unions de béné-

fices, pour les indults, pour les dispenses matrimoniales ou autres, & enfin pour les fruits mal perçus.

Les coadjutoreries avec future succession, ne sont reçues en France que pour les évêchés & abbayes. Si l'on permet que les évêques & les abbés soient soumis à l'annate & paient de gros frais pour leurs provisions, il n'est pas étonnant qu'on permette la *componende* pour les bulles des coadjuteurs.

Les pensions sans cause, ou sur des fruits incertains, ou en faveur d'un tiers autre que le résignant, ne sont point admises parmi nous pour les bénéfices ordinaires; c'est une branche de commerce de moins pour la chancellerie romaine. Le roi seul peut en établir sur les bénéfices à sa nomination, ou de fondation royale, & sur les prélatures. Quand il reçoit une résignation avec réserve de pension en faveur du résignant, on ne paie point alors de *componende* à Rome; la pension n'est pas sans cause. Mais quand, outre cette pension, le roi en établit une nouvelle sur le bénéfice qu'il accorde, dans ce cas, la *componende* s'en paie à raison d'une année de la pension, ducat pour ducat, ou si elle est exprimée en livres, 28 ducats pour cent livres. Brillon assure que le grand-conseil restreint ces *componendes* autant qu'il peut.

La nécessité de recourir à Rome, pour y faire créer les pensions établies par le roi, sur les bénéfices qui sont à sa disposition, & de payer en conséquence une *componende*, ne remonte qu'au commencement du siecle dernier. Le garde des sceaux du Vair l'introduisit : il eut la conscience assez scrupuleuse pour vouloir que le pape intervînt dans la création de ces pensions. La cour de Rome ne laissa point échapper cette occasion d'étendre son autorité, & d'augmenter ses revenus. Elle force même à subir des formalités minutieuses, & exige des *componendes* très-fortes. Plusieurs pensionnaires s'y sont refusés, & ont porté leurs plaintes aux cours supérieures du royaume, & plus particuliérement au grand-conseil, qui a rendu des arrêts portant que *la pension seroit payée*. *Voyez les Mémoires du clergé, tome XI, page 831.* Il seroit bien plus naturel de revenir à l'ancien usage selon lequel le pensionnaire jouissoit de sa pension, sur le simple brevet du roi. On pourroit y ajouter l'enregistrement de la cour souveraine dans le ressort de laquelle seroit situé le bénéfice chargé de la pension.

Les *componendes* pour les dispenses de mariage & autres, ne sont guere plus favorables que celles pour les pensions établies par le roi; on les tolere cependant. C'est une suite du desir que la France a toujours eu de conserver la paix & de vivre dans l'union avec le saint siege. Malgré cela, on n'a pas cru devoir les laisser, quant à la quotité, absolument à l'arbitraire des officiers de cour de Rome. La taxe en a été réglée par le tarif dressé en exécution de l'édit du mois de septembre 1691.

Ce que les prélats paient par forme de composition, pour les indults qui les exemptent de la prévention & qui leur accordent d'autres privilèges, paroît devoir être considéré moins défavorablement. Ces indults font des graces qu'il est loisible au pape de ne pas accorder, & à l'obtention desquelles il peut mettre telle condition qu'il juge à propos. C'est ainsi que les auteurs envisagent les indults. Ne pourroit-on pas dire qu'étant un retour au droit commun, il seroit à desirer que l'usage en fût plus ordinaire, & que les prélats eussent plus de facilités à les obtenir?

Autrefois les papes ne consentoient aux unions des bénéfices qu'à condition qu'on leur paieroit tous les quinze ans un droit appelé *quindecennium*, pour les indemniser des annates qu'ils perdoient par l'extinction du bénéfice uni. Ce droit existe encore dans les pays d'obédience. Il a été aboli parmi nous, comme tous ceux dont il est fait mention dans l'article 14 de nos libertés. Mais par une espèce de compensation, les officiers romains exigent une *componende*, des droits plus forts pour les bulles nécessaires dans les unions, & nous tolérons cet usage.

Il est une dernière espèce de *componende* introduite à Rome, d'après le principe que le pape est le souverain dispensateur de tous les biens ecclésiastiques. Elle consiste à donner une certaine somme pour n'être point obligé de restituer les fruits d'un bénéfice dont on a joui sans titre canonique ou dont on n'a point rempli les fonctions. La France a toujours rejetté cette *componende*, elle l'a toujours regardée comme une entreprise sur le temporel. « Le pape ne peut, dit l'article 51 de nos libertés, » composer avec ceux qui auroient été vrais intrus » ès bénéfices de ce royaume, sur les fruits mal » pris par eux, ni les leur remettre pour le tout » ou en partie au profit de sa chambre, ni au » préjudice des églises ou personnes, au profit des- » quelles tels fruits doivent être convertis ». Dans tous les temps, les cours souveraines se sont élevées contre cette espèce de composition. Le clergé l'a également condamnée, comme on peut le voir par le discours de M. Cheron, promoteur de l'assemblée de 1682. (*Article de M. l'abbé* BERTOLIO).

COMPOSITEUR. (*amiable*) *Voyez* AMIABLE, ARBITRE, ARBITRATEUR.

COMPOSITION, s. f. (*Droit civil & criminel.*) en terme de droit, on entend par composition, accord, transaction, remise, diminution. C'est dans ce sens qu'il en est parlé dans le code des loix barbares, & dans plusieurs anciennes ordonnances.

COMPOSITION *dans les loix barbares.* Les peuples de la Germanie, d'où sont sorties les nations qui ont détruit & partagé l'empire romain dans l'Occident, ne connoissoient, au rapport de Tacite, que deux espèces de crimes publics, qu'ils punissoient de peines capitales. Ils pendoient les traîtres, ils noyoient les lâches.

Lorsqu'un homme avoit fait quelque tort à un autre, les parens de la personne offensée ou lésée entroient dans la querelle, & la haine s'appaisoit par une satisfaction qui regardoit l'offensé s'il pouvoit la recevoir, ou ses parens dans le cas où l'injure ou le tort leur étoit commun, & dans celui où la satisfaction leur étoit dévolue par la mort de l'offensé.

Cette satisfaction se faisoit d'abord par une convention réciproque entre les parties, & c'est par cette raison que tous les codes des peuples barbares lui donnent le nom de *compositions*. Mais les sages de chaque nation songèrent à faire, par eux-mêmes, ce qu'il étoit trop long & trop dangereux d'attendre de la convention réciproque des parties. Ils furent attentifs à mettre un prix juste à la *composition* que devoit recevoir celui à qui on avoit fait quelque tort ou quelque injure. Les loix qu'ils donnèrent à ce sujet sont d'une précision admirable, distinguent avec finesse les cas, & pèsent avec attention les circonstances. La loi se met à la place de celui qui est offensé, & demande pour lui la satisfaction que, dans un moment de sang-froid, il auroit demandée lui-même.

On trouve les règles de ces *compositions* dans les loix des Lombards, des Angles, des Bavarois, des Saxons, & des différentes tribus des Francs. On y trouve marquée avec précision, la différence des torts, des injures, des crimes, & la distinction des personnes & des conditions, afin que chacun connût au juste jusqu'à quel point il avoit été offensé ou lésé, & qu'il fût exactement la réparation qu'il devoit exiger, & sur-tout qu'il n'en devoit pas recevoir davantage.

La principale *composition* étoit celle que le meurtrier devoit payer aux parens du mort : elle se régloit par l'état & condition du défunt. Par la loi salique & celle des ripuaires, elle étoit de six cens sous pour la mort du vassal du roi, de deux cens pour celle d'un ingénu, franc, barbare, ou vivant sous la loi salique, & de cent seulement pour celle d'un romain. On trouve les mêmes proportions, par rapport à la qualité du mort, dans les loix des Angles, des Bavarois & autres.

La grandeur de la *composition* établie sur la tête d'un homme, faisoit donc une de ses grandes prérogatives ; car, outre la distinction qu'elle faisoit de sa personne, elle établissoit pour lui, parmi des nations toujours armées, une plus grande sûreté.

Toutes ces *compositions* étoient fixées à prix d'argent. Mais comme ces peuples, sur-tout pendant qu'ils se tinrent dans la Germanie, n'en avoient guère, la loi permettoit de donner du bétail, du bled, des meubles, des hardes, des chiens, des oiseaux de chasse, des terres, souvent même elle fixoit la valeur de ces choses. C'est ce qui explique comment avec si peu d'argent il y avoit chez ces peuples tant de peines pécuniaires.

L'établissement de ces *compositions* fit sortir les Germains de l'état de nature, où chaque famille ennemie

ennemie étoit pour ainfi dire, & où, fans être retenue par quelque loi politique ou civile, elle pouvoit exercer à fon gré fa vengeance jufqu'à ce qu'elle eût été fatisfaite.

Les légiflateurs portèrent leurs vues plus loin, les premières loix invitoient plutôt à la *compofition* qu'elles n'y obligeoient : par la fuite on contraignit l'agreffeur à faire la fatisfaction ordonnée ; & l'offenfé & fa famille à la recevoir. C'eft ce qu'on voit par les loix des Saxons, des Lombards des Allemands, & par plufieurs capitulaires de Charlemagne.

Il y avoit néanmoins une exception à cette contrainte. La loi falique laiffoit à la liberté de l'offenfé de recevoir ou de ne pas recevoir la fatisfaction de celui qui avoit exhumé un cadavre pour le dépouiller. Le refpect pour les chofes faintes fit que les fages, qui rédigèrent les loix faliques, ne touchèrent pas à cet ancien ufage, & laiffèrent celui qui s'étoit fouillé d'un pareil crime, banni de la fociété des hommes jufqu'à ce que les parens, en acceptant la fatisfaction, euffent demandé qu'il lui fût permis de rentrer dans la fociété.

Par l'établiffement des *compofitions* il ne fut plus permis aux particuliers de venger les injures & les torts qu'ils avoient reçus. Celui qui s'étoit vengé après l'avoir reçue, commettoit un grand crime, qui ne contenoit pas moins une offenfe publique qu'une offenfe particulière : c'étoit un mépris de la loi même ; auffi les légiflateurs ne manquèrent pas de le punir févérement, comme on peut le voir par la loi des Lombards, & par les capitulaires de Charlemagne de 802.

COMPOSITION *dans le fens de quelques anciennes ordonnances.* Ce mot fignifie une tranfaction, une remife faite avec des officiers qui avoient malverfé dans leurs offices, ou avec ceux qui avoient contrevenu aux ordonnances fur le fait des monnoies, au moyen de quoi ils ne pouvoient plus être inquiétés à ce fujet. Le réglement de Charles V, du mois de feptembre 1376, défend aux officiers des eaux & forêts de plus faire de *compofitions* dans les procès pendans devant eux, & leur ordonne de les juger conformément aux loix. Il y a auffi des lettres de remiffion, du mois de feptembre 1374, accordées au maître particulier de S. Aventin, qui avoit malverfé dans fon office, après que par *compofition* faite avec les gens du grand-confeil du roi & les généraux des maires des monnoies, il eut promis de payer mille livres au roi. *Ordonn. de la troifième race, VI.* vol. On voit par-là que le terme de *compofition* fignifie quelquefois une *amende* qui n'eft point décernée en jugement, mais dont celui qui eft en faute convient en quelque forte à l'amiable.

COMPOSITIONS *de rentes, à temps, à vie, à héritage, ou à volonté.* Cette expreffion fe trouve dans une ordonnance de Charles V du dernier février 1378, & paroît fignifier un acte par lequel une perfonne, à laquelle il eft dû une rente, confent de perdre une partie du fonds ou des arrérages.

Compofition fignifie auffi quelquefois une *efpèce d'impofition* qui a été concertée avec les habitans d'une province ou d'une ville, ou certains impôts pour lefquels on avoit la liberté de s'abonner. Il en eft parlé comme d'une impofition en général, dans l'ordonnance de Charles V du 2 juin 1380. (*A*)

COMPROMIS, f. m. (*Droit civil.*) c'eft un acte pardevant notaire, ou fous fignature privée, par lequel deux ou plufieurs perfonnes conviennent d'un ou plufieurs arbitres, à la décifion defquels elles promettent de s'en tenir.

Pour la validité du *compromis*, il faut, 1°. que l'on y fixe le temps dans lequel les arbitres doivent juger : 2°. que l'on y exprime la foumiffion des parties au jugement des arbitres : 3°. que l'on y ftipule une peine pécuniaire contre la partie qui refufera d'exécuter le jugement.

Le pouvoir réfultant du *compromis* eft borné aux objets qui y font exprimés, & ne peut être étendu au-delà.

Celui qui n'eft pas content de la fentence arbitrale, peut en interjetter appel, quand même les parties y auroient renoncé par le *compromis*; mais l'appellant, avant de pouvoir être écouté fur fon appel, doit payer la peine portée au *compromis*; & elle feroit toujours due, quand même il renonceroit dans la fuite à fon appel, ou que par l'événement la fentence feroit infirmée.

Il étoit libre chez les Romains de ftipuler par le *compromis* une peine plus forte que l'objet même du *compromis*; mais parmi nous quand la peine paroît exceffive, le parlement peut la modérer en jugeant l'appel.

On peut comprometre fur un procès à mouvoir, de même que fur un procès déjà mû, & généralement de toutes chofes qui concernent les parties, & dont elles peuvent difpofer.

Il y a certaines chofes dont il n'eft pas permis de comprometre, telles que les droits fpirituels d'une églife, les chofes qui intéreffent le public, les alimens laiffés par teftament pour ce qui en doit échoir dans la fuite, & la validité d'un mariage.

On ne peut pas non plus comprometre fur la punition des crimes publics; mais on peut comprometre fur les intérêts civils & fur les dépens d'un procès criminel, même fur les délits que l'on ne pourfuit que civilement.

Ceux qui ne peuvent pas s'engager, ne peuvent pas comprometre, tels qu'une femme en puiffance de mari, fi ce n'eft de fon autorité; un fondé de procuration ne le peut fans un pouvoir fpécial; le prodigue ou furieux ne le peut fans être affifté de fon curateur.

Le mineur ne peut pareillement comprometre; & s'il l'a fait, il eft aifément relevé de la peine portée au *compromis*; mais un bénéficier mineur n'en feroit pas relevé, étant réputé majeur pour les droits de fon bénéfice.

Les communautés, foit laïques ou eccléfiaftiques, ne font pas non plus relevées de la peine portée au compromis, quoiqu'elles jouiffent ordinairement des mêmes privilèges que les mineurs.

Le *compromis* fubfiftant & fuivi de pourfuites devant les arbitres a l'effet d'empêcher la péremption & la prefcription.

Le pouvoir donné aux arbitres ou arbitrateurs par le *compromis*, eft réfolu, 1°. par la mort d'un des arbitres ou arbitrateurs, ou par celle d'une des parties : 2°. par l'expiration du temps porté par le *compromis*, à moins qu'il ne foit prorogé : 3°. lorfque les parties tranfigent fur le procès qui faifoit l'objet du *compromis*.

Anciennement, lorfque les évêques connoiffoient de différentes matières appartenantes à la juftice féculière, c'étoit feulement par la voie de *compromis*, comme on voit par des lettres de Philippe-le-Bel du 15 juin 1303. *Voyez* ARBITRAGE, ARBITRE.

COMPTABILITÉ, f. f. (*Jurifpr. Finance.*) ce mot eft affez nouveau, & n'eft guère en ufage que dans les chambres des comptes. Il fignifie une nature particulière de recette & de dépenfe dont on doit compter. Ainfi on dit la *comptabilité* du tréfor royal, de la marine, des fortifications, des receveurs généraux des finances, &c. pour exprimer la manière dont ceux qui font chargés de la recette & de la dépenfe des deniers deftinés à ces parties, doivent en rendre compte.

Tous ceux qui font prépofés au maniement des revenus & impofitions deftinés à l'entretien de la perfonne du roi & de l'état, des revenus que fa majefté a permis aux villes de percevoir, ou de s'impofer pour leurs propres befoins, font obligés d'en compter, fuivant les anciennes ordonnances, & notamment celle du 18 juillet 1318, pardevant la chambre des comptes.

La forme dans laquelle ces comptes, & leurs doubles, doivent être dreffés par les procureurs des comptables, eft prefcrite par les ordonnances & réglemens des 23 décembre 1454, 20 juin 1514, 18 juin 1614, 8 octobre 1640, 7 juillet 1643, & 14 janvier 1693.

Tous les comptes doivent être préfentés une année après celle de l'exercice expiré, aux termes de l'ordonnance de 1669, à moins qu'il n'y foit expreffément dérogé par édits, déclarations du roi, ou lettres-patentes regiftrées en la chambre, qui accordent aux comptables un plus long délai; & faute par eux de les avoir préfentés dans le temps qui leur eft prefcrit, ils font condamnables en 50 liv. d'amende pour chaque mois de retard.

Pour préfenter un compte & le faire juger, il faut, outre le compte original, un bordereau, les états du roi, & au vrai, & les acquits.

Le bordereau & l'abrégé fommaire du montant de chaque chapitre de recette & dépenfe du compte doivent être fignés du comptable quand il eft préfent, & toujours par fon procureur.

L'état du roi eft un état arrêté au confeil de la recette & dépenfe à faire par le comptable.

L'état au vrai eft un état arrêté, foit au confeil, foit au bureau des finances, de la recette & dépenfe faite par le comptable.

Les acquits font les pièces juftificatives de la recette & de la dépenfe du compte; ils doivent être cotés par premier & dernier.

Lorfque les comptables font à Paris, ils font tenus d'affifter en perfonne, avec leurs procureurs, à la préfentation de leurs comptes; en leur abfence ils font préfentés par leurs procureurs feuls.

La forme de cette préfentation eft que le procureur-général apporte au grand bureau les bordereaux des comptes qui font à préfenter, après quoi on fait entrer les comptables & leurs procureurs.

Les comptables font ferment qu'aux comptes qu'ils préfentent ils font entière recette & dépenfe; qu'ils ne produifent aucuns acquits qu'ils n'eftiment en leur ame & confcience, bons & valables, & que toutes les parties employées dans leurs comptes font entièrement payées & acquittées, les procureurs affirment que leurs comptes font faits & parfaits.

La date de la préfentation mife en fin des bordereaux de chaque compte, eft fignée fur le champ par celui qui préfide & par l'un des confeillers-maîtres, qui paraphe en outre toutes les feuilles du bordereau.

Après la préfentation des comptes, la diftribution de ceux des exercices pairs fe fait aux auditeurs du femeftre de janvier, & ceux des exercices impairs aux auditeurs des femeftres de juillet, en obfervant de ne leur donner que les comptes attachés aux chambres dans lefquelles ils font départis; ces chambres font celles du tréfor de France, du Languedoc, de Champagne, d'Anjou, & des monnoies.

Cette diftribution fe fait en écrivant le nom du confeiller-auditeur-rapporteur, au haut de chaque bordereau, une partie des comptes eft diftribuée par M. le premier préfident, & l'autre par un confeiller-maître, commis à la diftribution des comptes au commencement de chaque femeftre.

Ces bordereaux font enfuite dépofés au parquet, où ils font infcrits fur des regiftres, & ils y reftent jufqu'à ce que les confeillers-auditeurs-rapporteurs viennent s'en charger pour faire le rapport des comptes.

Quand le confeiller-auditeur-rapporteur a fait l'examen d'un compte qui lui eft diftribué, & qu'il a eu jour du préfident pour rapporter ce compte, il vient au bureau, & préfente, à celui qui préfide, les états du roi, les états au vrai, & le bordereau. Il a foin auffi de faire mettre fur le bureau les acquits du compte qu'il rapporte, & le compte précédent. Le préfident garde les états, diftribue le bordereau à un confeiller-maître, & deux autres confeillers-maîtres fe chargent, l'un de fuivre le compte précédent & l'autre d'examiner les acquits, & de canceller les quittances comptables; quittances de finances, & contrats remboursés qui peuvent s'y trouver.

Les arrêts s'écrivent sur le bordereau par le conseiller-maître auquel il a été distribué; d'abord on juge si le comptable est dans le cas de l'amende: il la peut encourir pour s'être immiscé sans titre, & sans avoir prêté serment, pour n'avoir donné caution, ou pour n'avoir présenté son compte dans les délais & termes qui lui sont prescrits; s'il est dans le cas d'avoir encouru quelque amende, on l'y condamne; mais s'il n'y a pas lieu, on prononce *n'échet amende*.

Après le jugement de l'amende, on juge en détail les différens chapitres de la recette & dépense du *compte*.

Sur la recette on prononce qu'elle est admise ou indécise, ou rayée ou rejettée, augmentée ou diminuée. Si le comptable a omis une recette qu'il auroit dû faire, on le force, on le condamne même au quadruple, suivant l'exigence des cas & les dispositions de l'ordonnance.

Sur la dépense, on prononce qu'elle est passée lorsque les quittances & autres pièces nécessaires sont rapportées; en souffrance, lorsque les quittances des parties prenantes, ou que quelques-unes des pièces justificatives des droits de ces parties prenantes, se trouvent manquer; & rayée, faute de quittances comptables, ou lorsqu'elles ne sont pas contrôlées dans le mois de leur date, ou que l'emploi de la partie n'a pas dû être fait.

Si dans le compte il se trouve des sommes payées au trésor royal, dont les quittances soient de date postérieure au temps où le compte a dû être clos, le comptable est condamné aux intérêts à raison du denier de l'ordonnance, à compter du jour que le compte a dû être clos jusqu'au jour & date de la quittance, lorsque le débet total du compte excède la somme de 200 liv.

Si le comptable se trouve omissionnaire de recette ou avoir fait de faux emplois, il est condamné à la peine du quadruple au jugement de son compte.

Lorsque le compte est jugé, la date de la clôture s'inscrit en fin par le conseiller-maître qui l'a tenu, & est signé de lui & de celui qui préside, & ensuite il est déposé au greffe comme minute des arrêts rendus sur ce compte.

Le conseiller-auditeur-rapporteur reprend sur le bureau le compte précédent, les acquits, & les états du roi, & au vrai, & se retire pour mettre sur le compte original les arrêts rendus au jugement du compte, qu'il a eu soin d'écrire sur une copie du bordereau, qui lui a servi à faire le rapport de ce compte.

Ces arrêts s'écrivent par le rapporteur en tête de chaque chapitre de recette & dépense du compte original, & en fin de chaque chapitre il écrit la somme totale à laquelle il monte.

Ensuite il procède à la vérification du calcul total de la recette & de la dépense du compte, dans lequel il ne doit entrer, pour la dépense, que le montant des parties passées: il dresse, en conséquence de ce calcul, un état qu'on nomme *état final*, qu'il écrit en fin de compte.

Par cet état il constate d'abord si la recette excède la dépense ou non: si la recette excède la dépense, il distingue, dans le débet qui en résulte, d'abord le montant des parties tenues en souffrance, premièrement pour débets de quittance, secondement pour formalités, c'est-à-dire pour rapporter pièces justificatives; ensuite le montant des parties rayées faute de titres & quittances, ou faute de titres seulement; enfin le débet clair, s'il s'en trouve, lequel provient, ou de sommes rayées faute de quittance comptables, ou d'excédent de fonds.

Aux termes de la déclaration du 19 mars 1712, & arrêt de la chambre du premier avril 1745, le fonds des souffrances pour débet de quittances ne doit rester que deux ans entre les mains du comptable, à compter du jour de la clôture du compte; & quant aux souffrances pour formalités, il est tenu d'en porter le montant au trésor royal au bout de trois ans.

Quant aux parties rayées faute de titres & quittances, ou faute de titres seulement, elles sont destinées par l'état final à être payées aussi tôt après la clôture du compte, ainsi que les sommes qui composent le débet clair, au trésor royal ou aux différens trésoriers auxquels elles sont destinées: par rapport à celles qui doivent être payées au trésor royal, le comptable est condamné aux intérêts, à compter du jour que le compte a dû être clos, jusqu'au jour & date de la quittance du trésor royal. Mais ces condamnations d'intérêts ne se prononcent que lors de l'apurement du *compte*.

Si au contraire le comptable se trouve en avance parce que la dépense excède la recette, en ce cas l'avance est rayée, pour ne rendre le roi redevable, sauf au comptable à se pourvoir pour son remboursement.

Enfin le conseiller-auditeur-rapporteur fait mention dans l'état final des sommes tenues indécises sur la recette du compte, des sommes qui ont été passées, & à compter par différens comptables à qui elles ont été payées, & qui en doivent faire recette dans les comptes qu'ils rendront de leurs maniemens, & en dernier lieu des sommes admises & passées pour le comptable, & tenues indécises, rayées ou en souffrance sur quelques parties prenantes ou autres; après quoi il date le jour qu'il a assis l'état final de ce compte, au commencement duquel il fait mention en marge du jour que le compte a été clos, & des noms des juges qui ont assisté au jugement, & qui ont signé.

Il a deux mois pour écrire les arrêts sur le *compte* qu'il a rapporté, & pour asseoir l'état final; & après l'expiration de ce délai, il doit remettre le compte au parquet du procureur-général, & se faire décharger sur le registre, où il s'est chargé du bordereau, avant que de faire son rapport.

Pour parvenir à cette décharge, il fait remettre

les acquits du compte avec les états du roi & au vrai, au garde des livres ; avec le compte original, sur lequel le garde des livres met en fin de l'état final *HABUI les acquits* ; & quand le compte est composé de plusieurs volumes, il ajoute, *& les premiers volumes au nombre de* . . . & il rend au conseiller-auditeur-rapporteur le volume du compte, ou le dernier volume, sur lequel il a mis l'*habui* ; lequel va au parquet où il représente ce volume, & alors on raie le nom du rapporteur sur le registre où il s'est chargé du bordereau, en faisant mention sur ce registre du jour que le compte a été clos & remis au parquet.

Aussi-tôt que ce compte est remis au parquet, on y transcrit, sur un registre à ce destiné, l'état final, afin que le contrôleur-général des restes en prenne copie pour poursuivre les débets & charges qui se trouvent sur ce compte.

Après que l'état final a été copié sur le registre du parquet, on remet le compte au garde des livres qui s'en charge sur un registre du parquet à ce destiné : le garde des livres charge sur le champ le relieur de la chambre, du compte pour être relié, & il le décharge lorsqu'il lui remet ce compte.

Souvent les comptables attentifs n'attendent pas les poursuites du contrôleur-général des restes, pour procéder à l'apurement de leurs comptes. *Voyez* CHAMBRE DES COMPTES, *Contrôleur des restes.*

Pour y parvenir, les comptables présentent une ou plusieurs requêtes, qu'on appelle *requêtes d'apurement*, qui contiennent en détail les charges mises sur leurs comptes, & les pièces qu'ils représentent pour en opérer les décharges. Ces requêtes sont décrétées par un conseiller-maître ; & lorsque le procureur-général a donné ses conclusions, elles sont distribuées par M. le premier président, ou par celui qui préside au grand bureau, à un conseiller-auditeur pour en faire l'examen, & ensuite le rapport au grand bureau.

Quand le conseiller-auditeur a eu jour pour rapporter, il remet à celui qui préside la requête originale ; & il a eu soin de faire mettre sur le bureau les pièces rapportées pour servir à cet apurement, avec les comptes de l'apurement desquels il s'agit, & ceux qui y sont relatifs ; & ensuite il fait son rapport sur une copie de la requête originale.

Le rapport fini, il écrit au haut de cette requête l'arrêt que la chambre a rendu, & le fait signer de celui qui a présidé, & d'un conseiller-maître qui a assisté au jugement ; il y fait mention des juges qui ont été présens, & ensuite il la remet au greffe.

Le procureur chargé de cet apurement, retire cette requête du greffe, la transcrit en fin du compte sur lequel elle sert, & la fait collationner par un conseiller-auditeur ; & la remet, avec le compte, au conseiller-auditeur-rapporteur, pour faire l'exécution de cet arrêt sur tous les articles du compte, où il sert à faire mention en l'état final des décharges opérées en conséquence ; après quoi le rappor-

teur remet la requête & les pièces rapportées, après les avoir cotées, à la suite d'une des liasses des acquits du compte sur lequel l'apurement a été fait.

Lorsqu'un comptable a fait entièrement apurer ses comptes, il doit en faire signifier les états finaux au contrôleur-général des restes, avec les mentions des décharges opérées par l'apurement ; alors le contrôleur-général des restes est obligé de lui donner son certificat qu'il ne subsiste plus de charges ni débets sur ses comptes.

Malgré cette espèce de décharge complette, les comptables, pour être entièrement tranquilles, doivent faire corriger leurs comptes pour constater qu'il n'y a pas eu d'erreur de calcul, d'omission de recette, de faux ou doubles emplois, suivant les formes & dans les cas expliqués sur l'article des *correcteurs*.

Pour ce qui concerne le dépôt des comptes & la communication qui en est faite à ceux qui peuvent en avoir besoin, *voyez* CHAMBRES DES COMPTES, *Garde des livres. (A)*

COMPTABLE, s. m. (*Jurispr. Finances.*) c'est celui qui doit rendre compte des affaires qu'il a gérées, ou des deniers qu'il a maniés.

Un tuteur est *comptable* envers son mineur ; un héritier bénéficiaire envers les créanciers de la succession ; un exécuteur testamentaire envers les héritiers, légataires & créanciers ; un sequestre ou gardien, envers la partie saisie, les saisissans, opposans, &c.

On appelle plus particuliérement *comptables*, ceux qui reçoivent les deniers royaux & publics, & qui sont tenus d'en rendre compte pardevant les officiers des chambres des comptes.

En Guienne, & principalement à Bordeaux, on donne le nom de *comptable* au fermier ou receveur du droit appellé *comptablie.*

Règles générales sur les comptables. Tous ceux qui ont administré les affaires d'autrui, ou perçu des fruits & des deniers appartenans à d'autres, soit par ordonnance de justice, soit par la volonté des parties intéressées, soit parce qu'ils se sont immiscés eux-mêmes dans la gestion des affaires d'un autre, doivent un compte de leur régie & administration à celui dont ils ont géré les affaires, ou à ses représentans.

Tout *comptable* est réputé débiteur jusqu'à ce qu'il ait rendu son compte, & après l'avoir rendu, jusqu'à ce qu'il en ait payé le reliquat, s'il est dû, & remis les pièces justificatives. C'est la disposition de l'*art.* 1, *tit.* 29, *ordonn. de* 1667.

L'article suivant porte que le *comptable* peut être poursuivi, à l'effet de rendre son compte devant le juge qui l'a commis, ou s'il n'a pas été commis par justice, devant le juge de son domicile ; mais s'il est privilégié, il peut demander son renvoi devant le juge de son privilége. *Voyez* COMPTE, TUTELE, ADMINISTRATEUR, SOCIÉTÉ, &c.

Des officiers comptables à la chambre des comptes.

Tous ceux qui manient les deniers royaux ou publics, soit à titre de tréforiers ou payeurs, de receveurs, de fermiers ou régisseurs, ou simplement commis à tous ces exercices, sont tenus de compter à la chambre des comptes.

Jusqu'au règne de François I, les baillis, sénéchaux, prévôts & vicomtes, comptoient en la chambre de la recette des domaines du roi, dont ils étoient chargés de faire le recouvrement, & en conséquence, ils étoient reçus en la chambre des comptes & y prêtoient serment.

François I créa différentes charges *comptables* en titres d'offices ; avant son règne, il n'y avoit que des commissions.

Henri II, en 1554, créa des offices *comptables* alternatifs, qui furent supprimés en 1559 & rétablis en 1560.

Henri IV créa les offices triennaux en 1597, & il permit en 1601, aux anciens & alternatifs de rembourser les offices triennaux. En 1615, Louis XIII rétablit de nouveau les offices triennaux. En 1645, Louis XIV créa les offices quatriennaux.

Ce furent les besoins de l'état qui donnèrent lieu aux créations d'offices triennaux & quatriennaux, qui depuis ont été supprimés ; & afin que les titulaires n'eussent point à craindre ce partage & cette diminution dans leurs attributions, la plupart des charges de cette nature ont été unies : savoir l'office triennal à l'ancien, & l'office quatriennal à l'alternatif ; & dans le cas où l'office quatriennal n'a pas subsisté, le triennal a été partagé par moitié entre l'ancien & l'alternatif.

Les étrangers non naturalisés sont incapables d'exercer aucun office *comptable*, suivant l'ordonnance de janvier 1319, registre *pat. fol. 60 verso.*

Nul ne peut s'immiscer en un office *comptable* sans lettres de provisions ou de commissions du roi, registrées en la chambre, & sans y avoir prêté serment, suivant l'ordonnance du 18 janvier 1347, & autres postérieures, notamment celle d'août 1669.

Il se trouve cependant des circonstances où la chambre pour le service du roi, prend la précaution de commettre à l'exercice d'un *comptable*.

Tout *comptable* est tenu de donner bonne & suffisante caution, suivant l'ordonnance du 4 mai 1347, qui porte qu'elle sera d'une année de son maniement : depuis, cette caution a été déterminée à des sommes fixes ; quelques-uns ont obtenu dispense d'en donner en payant des finances, & les premiers pourvus sont les seuls qui en ont joui ; quelques autres ont obtenu cette dispense indéfiniment, & elle a été transmise à leurs successeurs.

Les *comptables* qui s'immiscent en leurs offices sans rapporter lettres de provisions ou commissions registrées en la chambre, ou sans y avoir prêté serment, sont condamnés en 3000 liv. d'amende ; de même que ceux qui ne rapportent point d'acte de cautionnement, suivant l'ordonnance du mois d'août 1669.

Les mineurs ne peuvent être reçus ès offices *comptables* ; qu'en vertu de lettres de dispense registrées en la chambre, & ils sont tenus, outre la caution ordinaire, d'en donner une indéfinie jusqu'à leur majorité.

Les *comptables*, & en général tous ceux qui sont chargés de la perception, recette, maniement & distribution des deniers royaux ou publics, sont obligés de tenir des journaux de recette & de dépense.

Tous les *comptables* sont obligés de faire élection de domicile chez un procureur des comptes, afin qu'on puisse faire avec plus de facilité toutes les procédures qui les peuvent concerner. *Ordonn. de 1557, art. 16 & 17, & arrêt & réglem. du 19 février 1687.*

Ils sont tenus de compter en la chambre des comptes, de leur maniement, à peine de suspension de leurs offices, & d'emprisonnement de leurs personnes. *Ordonn. du 1 févr. 1366* ; de présenter leurs comptes, & de les faire affiner dans les temps à eux prescrits, sans autres délais, à peine d'amende. *Ordonn. du 24 mars 1416 & d'août 1669.*

Tout *comptable* étant à Paris, doit présenter son compte pour le faire juger en personne, à peine d'amende arbitraire. *Ordon. de 1454, art. 17 ; & août 1598, art. 3.*

Un *comptable* ne peut posséder deux offices *comptables*, il ne peut même passer d'un office *comptable* à un autre, sans avoir rendu & apuré les comptes de sa première comptabilité ; & ce n'est que dans des circonstances favorables que le roi déroge à cette règle par des lettres de dispense, qui n'ont d'exécution qu'après leur enregistrement en la chambre.

Dans le cas où un *comptable* prévariqueroit dans ses fonctions, il s'exposeroit à être poursuivi extraordinairement en la chambre, qui est seule compétente sur cette matière ; & s'il y avoit divertissement de deniers, il seroit puni de mort. *Ordon. des 4 avril 1530, 8 janv. 1532, 1 mars 1545, janv. 1629, & 3 juin 1701.*

Lorsqu'il est en retard de présenter son compte, de le faire juger, ou de le faire apurer, on procède contre lui par la voie civile.

C'est le procureur général qui fait les poursuites contre les *comptables*, pour les obliger de présenter leurs comptes, soit de son chef, soit en vertu d'arrêts de la chambre : ces poursuites opèrent des condamnations d'amende extraordinaires, quelquefois même saisie de leurs biens, & emprisonnement de leurs personnes. Les amendes prononcées contre les *comptables* en retard de fournir leurs comptes, appartiennent au roi, & font partie du bail du fermier des domaines.

Les poursuites, faute de mettre les comptes en état d'être jugés, se font en vertu d'arrêts de la chambre, rendus sur le référé des conseillers-maîtres, commis à la distribution des comptes. Ces arrêts prononcent différentes peines contre les comptables, qui font pourfuivis en conféquence par le procureur-général.

Lorfqu'il s'agit de l'apurement des comptes, c'eft le contrôleur général des reftes qui fait les pourfuites fous l'autorité des commiffaires de la chambre prépofés à cet effet : il commence par décerner fa contrainte, qui contient toutes les charges fubfiftantes en l'état final du compte, avec commandement d'en porter le montant au tréfor royal ; enfuite il lui fait un itératif commandement, & s'il ne fatisfait pas, il lui fait un commandement recordé, établit garnifon chez lui, & fait faire la vente de fes meubles. Lorfqu'il eft obligé de procéder à la faifie de fes immeubles, elle fe fait par le procureur-général de la chambre ; mais la fuite de cette procédure eft portée à la cour des aides.

Le roi a privilège fur les meubles des comptables, après ceux à qui la loi donne la préférence fur ces fortes d'effets, il a aufli privilège fur leurs offices, même avant le vendeur : mais il ne l'a fur les autres immeubles acquis depuis la réception du comptable, qu'après le vendeur & ceux qui ont prêté leurs deniers pour l'acquifition de ces immeubles. Quant aux immeubles acquis par le comptable avant fa réception, S. M. n'a hypothèque que du jour qu'il eft entré en exercice. Les droits du roi fur les effets des comptables, font réglés par un édit particulier du mois d'août 1669.

Les comptables ne peuvent obtenir féparation de biens avec leurs femmes, valablement à l'égard du roi, que lorfqu'elle eft faite en préfence & du confentement du procureur général du roi en la chambre. Déclaration du 11 décembre 1647.

L'article 5 de l'édit du mois d'août 1669 accorde au roi un privilège fur le prix des immeubles acquis par les femmes des comptables, féparées de biens, à moins qu'on ne juftifie que les deniers employés aux acquifitions appartenoient légitimement à ces femmes. Cette difpofition a été confirmée par un arrêt du 9 mai 1716, qui a débouté les héritiers de la dame Ruffi, non commune en biens avec fon mari, intéreffé au traité des vivres d'Allemagne, de leur demande en diftraction, d'une maifon fife à Paris, achetée au nom de la dame Ruffi, & comprife dans la faifie des biens de fon mari, pourfuivie en la chambre de juftice à la requête du contrôleur des reftes.

La chambre des comptes met le fcellé chez tous les comptables décédés, abfens ou en faillite, même chez ceux qui n'exercent plus, lorfqu'ils n'ont pas rendu tous les comptes de leur maniement.

Quand un comptable meurt hors du reffort de la chambre des comptes dont il eft jufticiable, celle dans le reffort de laquelle il fe trouve, appofe le fcellé fur fes effets.

Les comptables ni leurs enfans ne peuvent être reçus dans aucuns offices de la chambre qu'après qu'ils n'exercent plus leurs offices ou commiffions, & que leurs comptes ont été apurés & corrigés,

& qu'après que le récollement des acquits ayant été fait, ils ont été renfermés dans un coffre.

Les principales ordonnances qui concernent les comptables, font celles de décembre 1557, d'août 1598, de février 1614, de janvier 1629 & d'août 1669. (A).

Un arrêt du confeil d'état du 15 mai 1764, a jugé que les fonds que les comptables font dans l'ufage de remettre à leurs procureurs des comptes, pour acquitter leurs debets, ne font qu'un dépôt de confiance, par lequel ils n'acquièrent ni leur libération, ni privilège, ni hypothèque pour la reftitution, dans le cas où ces procureurs n'auroient pas porté ces débets au tréfor royal, & feroient devenus infolvables.

La déclaration du 4 mai 1766 avoit chargé les comptables, qui prennent leurs fonds fur les recettes générales, fur les fermes, ou fur le tréfor royal, de garder entre leurs mains, pendant fix ans, après leur exercice expiré, les fonds des charges employées dans les états qu'ils font tenus d'acquitter. Mais celle du 4 novembre 1770 a ordonné qu'ils ne refteroient plus dépofitaires des parties non réclamées, que pendant trois ans ; qu'à l'expiration de ce délai, ils feroient tenus de remettre ces fonds au tréfor royal ; qu'à défaut par eux de faire cette remife, ils feroient condamnés à en payer les intérêts, & en outre, à une amende de 300 liv. par chaque mois de retard.

L'article 3 de cette dernière déclaration autorife les comptables, en rapportant au jugement de leurs comptes les quittances du tréfor royal, pour les parties non réclamées, d'obtenir un jugement partant-quittes, fi leurs comptes ne font d'ailleurs foumis à aucune fouffrance.

COMPTABLE, (Quittance.) c'eft une quittance en parchemin, revêtue des formes néceffaires pour être allouée à la chambre des comptes. On appelle aufli quittance comptable, toute autre quittance valable pour juftifier la quittance d'un compte ; & quittance non-comptable, celle que l'oyant compte peut rejetter comme infuffifante.

COMPTABLIE, (Jurifprudence. Finance.) ce terme eft ufité dans le Bordelois : il fignifie, 1°. un droit qui fe perçoit au profit du roi dans la fénéchauffée de Bordeaux, à l'entrée & à la fortie de toute efpèce de marchandifes ; 2°. on entend par ce terme le bureau où l'on compte & paie le droit de comptablie. Nous avons parlé de ce droit fous le mot BORDEAUX.

COMPTE, f. m. (Droit civil & canonique.) c'eft l'état de recette & de dépenfe des biens dont on a eu l'adminiftration.

Toute perfonne qui a géré le bien d'autrui, doit en rendre compte, lorfque fa geftion eft finie : &, jufqu'à ce que ce compte foit rendu & apuré, & les pièces juftificatives remifes, le comptable eft toujours réputé débiteur.

Ainfi le mari ou fes héritiers, après la diffolution de la communauté, doivent en rendre compte à la femme ou à ses héritiers ; le tuteur, protuteur, curateur doit un *compte* à son mineur après la tutèle finie ; l'héritier bénéficiaire doit un *compte* de la succession aux créanciers ; celui des associés qui a géré l'affaire commune, en doit rendre *compte* aux autres ; un marguillier comptable doit pareillement compter de son administration ; enfin un fondé de procuration, les fermiers judiciaires, sequestres, gardiens, & généralement tous ceux qui ont administré le bien d'autrui, doivent un *compte*.

Entre majeurs on peut rendre *compte* à l'amiable ou en justice ; mais on ne peut compter qu'en justice vis-à-vis des mineurs & autres qui jouissent du même privilège. Cet usage est conforme à ce qui se pratiquoit chez les Romains où on regardoit comme nécessaire l'intervention du juge dans tout acte qui s'étendoit au-delà de l'administration des biens d'un mineur. Cependant, par un arrêt du 15 mars 1752, les notaires au châtelet de Paris ont été maintenus dans le droit de faire toutes sortes de *comptes*, partages & liquidations volontaires, même entre mineurs : mais, dans ce cas, le mineur doit être assisté d'un tuteur nommé pour cet effet.

Quand le *compte* est rendu en justice, il est exécutoire pour le reliquat, s'il y en a un, sans qu'il soit besoin d'attendre le jugement pour cet objet ; sauf, en jugeant, à augmenter le reliquat, s'il y a lieu.

Le *compte* peut être rendu par bref état, ou être dressé dans toutes les formes, par recette, dépense & reprise.

L'intitulé du *compte* contient les noms & qualités du rendant *compte* & de l'oyant.

On explique ensuite ordinairement dans le préambule les objets du *compte*.

On porte ensuite successivement la recette, la dépense & les reprises, & chacun de ces objets est quelquefois divisé en plusieurs chapitres, selon que la matière y est disposée.

Si le comptable a été commis par justice, on ne peut le poursuivre que devant le même juge pour rendre *compte* ; mais quand il n'a pas été commis par justice, il faut le poursuivre devant le juge de son domicile.

Si le comptable refuse de rendre *compte*, on le condamne à payer quelque somme pour tenir lieu de ce qui pourroit revenir à l'oyant ; & si c'est un dépositaire de deniers royaux ou publics, on le condamne par corps.

En matière de *compte*, on appointe ordinairement les parties à fournir débats & soutenemens, parce que ces sortes de discussions ne peuvent guère être faites à l'audience.

Le jugement qui intervient sur un *compte*, doit en fixer le reliquat précis.

Le *compte* jugé, on ne peut point en demander la revision ; mais s'il y a des erreurs de calcul, omissions de recette, faux & doubles emplois, on peut en demander la réformation : ces sortes d'erreurs ne se couvrent point, mais elles se réforment

aux frais du rendant ; excepté pour l'erreur de calcul, au cas qu'elle ne vînt pas de son fait, mais de celui du juge.

Une décharge générale, donnée à un comptable sans avoir été précédée d'un *compte* détaillé & d'un examen de pièces, n'opère pas la libération du comptable.

L'intérêt des sommes dues par un tuteur pour reliquat de *compte* court de plein droit du jour de la clôture du *compte* ; mais si le reliquat est au profit du tuteur, l'intérêt n'en court que du jour qu'il en a formé une demande judiciaire.

Toutes les règles que nous venons de rapporter sur les *comptes*, sont conformes aux dispositions de l'ordonnance de 1667, *tit. 29. Voyez* ADMINISTRATEUR, SEQUESTRE, TUTÉLE, SOCIÉTÉ, FABRIQUE, &c.

COMPTE *par bref état*, est celui qui se rend par un simple mémoire, à la différence d'un *compte* en règle qui doit être en la forme prescrite par l'ordonnance de 1667, *tit. 29, art. 17.* Suivant l'article 22 du même titre, les majeurs peuvent compter devant des arbitres ou à l'amiable ; on ordonne même en justice que les parties compteront par bref état, lorsque c'est entre majeurs.

COMPTE *de clerc à maître*, est celui où le comptable porte en recette tout le bénéfice qu'il a pu faire dans sa commission, & en dépense tous les frais qu'il a été obligé de faire, & les pertes qu'il a essuyées. Les fermiers du roi sont toujours reçus à compter de clerc à maître du produit de leurs baux, & ne sont point tenus d'en payer le prix au-delà du bénéfice qu'ils en ont retiré ou pu retirer.

COMPTE *par colonnes*, est celui dans lequel la recette & la dépense, quoique liquidées à la fin de chaque année, ne sont compensées qu'à la fin de la dernière année seulement, ou de trois en trois ans, à la différence du *compte par échelette*, où la compensation se fait année par année. Chorier, en sa *Jurisprudence de Guypape, pag. 294*, rapporte plusieurs arrêts pour l'une & l'autre façon de compter : mais le *compte par échelette* est le plus usité, & paroît en effet le plus équitable. *Voyez le Dictionnaire des arrêts*, au mot *Compte*.

COMPTE *par échelette*, est celui dans lequel l'imputation de la dépense se fait sur la recette année par année, à la différence du *compte par colonnes*, où la dépense & la recette sont bien liquidées à la fin de chaque année ; mais la compensation & imputation ne s'en fait qu'à la dernière année seulement. *Voyez ci-devant* COMPTE PAR COLONNES.

COMPTE *par livres, sous & deniers* ; l'usage en fut introduit dès l'an 755. Il fut ordonné de le pratiquer par Philippe VI, le 22 août 1343, & encore le 26 octobre suivant, & en 1347 & 1348. Le roi Jean ordonna la même chose en 1351, 1353 & 1354. *Voyez le Recueil des ordonnances de la troisième race.*

Cette manière de compter fut abrogée par édit de l'an 1577, qui ordonna de compter par écu.

Mais le *compte par livres, fous & deniers* fut rétabli par Henri IV en 1602. *Eff. polit. fur le Com. pag. 247.*

Anciennement on avoit la liberté de stipuler & de compter par livres, fous & deniers parisis, ou en même valeur tournois; ce qui venoit de la différence des monnoies parisis & tournois qui avoient cours en même temps, ou qui l'avoient eu précédemment. Mais l'ordonnance de 1667, *tit. 27, art. 18*, ordonne de compter par livres, fous & deniers tournois, & non par parisis; ce qui s'entend pour les conventions nouvelles : car, pour les anciennes redevances qui font dues en livres, fous & deniers parisis, il est toujours permis de les compter suivant l'ancien usage, conformément au titre, sauf à les évaluer & réduire en sommes tournois.

Les Hollandois comptent par florins ou livres de gros; les Anglois, par livres sterling; les Vénitiens, par ducats. *Ibid. pag. 380.*

COMPTE *numéraire* signifie le *compte* d'une ou plusieurs sommes par livres, fous & deniers.

COMPULSER, v. a. COMPULSOIRE, f. m. (*termes de Palais.*) ces mots viennent du latin *compellere.* Compulser, c'est contraindre par autorité de justice une personne publique à exhiber un acte qui est entre ses mains, pour en tirer copie. On appelle *compulsoire*, le mandement émané de l'autorité souveraine ou de justice, en vertu duquel le dépositaire de la pièce est tenu de la représenter.

L'usage des *compulsoires* nous vient des Romains : on en trouve des vestiges dans le code Théodosien, *tit. de edend. liv. VI*, & au même titre du code de Justinien, *liv. II.*

Par cette loi qui est des empereurs Sévère & Antonin, il est dit que le juge devant lequel la cause est pendante, ordonnera que l'on présente aux parties les actes publics, tant civils que criminels, afin que les parties les examinent & puissent s'éclaircir de la vérité de ces actes.

Il y a long-temps que les *compulsoires* font aussi d'usage parmi nous; en effet il en est parlé dans l'ordonnance de Charles VII de l'an 1446, *art. 36*, qui porte que les parties produiront dans les trois jours fans espérance d'autre délai, fous ombre de *compulsoire* ni autrement.

L'ordonnance de Charles VIII de l'an 1493, *art. 31*, ordonne qu'aucun délai & *compulsoire* ne soit accordé par la cour, outre les délais ordinaires pour produire, finon que ce délai & *compulsoire* eût été demandé en jugement en plaidant la cause.

Le même réglement fut renouvellé par Louis XII en 1507, *art. 81*, & par François premier en octobre 1535, *chap. 15, art. 2.*

François premier, par son ordonnance de 1539, *art. 177*, a encore prévu le cas du *compulsoire*, en défendant aux notaires & tabellions de ne montrer & communiquer leurs registres, livres & proto-

colles, finon aux contractans, leurs héritiers & successeurs, ou autres auxquels le droit de ces contrats appartiendroit notoirement, ou qu'il fût ordonné par justice.

Enfin l'ordonnance de 1667 contient un titre exprès des *compulsoires* & collations de pièces; c'est le titre 12.

A l'égard des coutumes, je ne connois que celle de Bourbonnois, rédigée en 1520, qui fasse mention des *compulsoires.* L'article 433 dit que les notaires & tabellions font tenus & peuvent être contraints, par *compulsoire* ou autrement, d'exhiber aux lignagers, seigneurs féodaux & directs la note & contrat d'aliénation par eux reçu, & leur en donner copie à leurs dépens, s'ils en font requis, &c.

La coutume de Nivernois, *chap. 31, art. 15*, contient une disposition à-peu-près semblable pour l'exhibition des pièces, qui est due par les notaires; mais elle ne parle pas de *compulsoire.*

Anciennement l'ordonnance du juge suffisoit pour autoriser une partie à *compulser* une pièce; mais depuis que l'on a introduit l'usage des lettres de justice en chancellerie, on y obtient, dans les petites chancelleries, des lettres de *compulsoires.*

Ces lettres ou l'ordonnance du juge font adressées à un huissier : enforte qu'il n'y a qu'un huissier qui puisse être mettre à exécution.

Elles contiennent l'exposé qui a été fait par l'impétrant; qu'il a intérêt d'avoir connoissance de certaines pièces dont on lui refuse ou dont on pourroit lui refuser la communication fous de vains prétextes; qu'il désire en avoir une copie authentique, & qui puisse faire foi contre sa partie.

Les lettres donnent ensuite pouvoir à l'huissier de faire commandement à tous notaires, tabellions, greffiers, curés, vicaires, gardes-registres, & autres personnes publiques, de représenter tous les titres, contrats, aveux, registres & autres actes qui feront requis par l'impétrant, pour en être par l'huissier fait des copies, extraits, *vidimus* & collations, partie présente ou duement appellée, pour servir à l'impétrant au procès dont il s'agit, & par-tout ailleurs : &, en cas d'opposition, refus ou délai, l'huissier est autorisé à assigner pour en dire les causes.

On voit par-là qu'un *compulsoire* peut avoir deux objets.

L'un d'avoir communication d'une pièce que l'on n'a pas, pour en prendre une copie en entier ou par extraits, ou pour vidimer & collationner la copie que l'on a avec l'original, & confronter si elle est pareille.

L'autre objet que l'impétrant se propose en appellant sa partie au *compulsoire*, est d'avoir une copie qui puisse faire foi à l'égard de celui contre lequel il veut s'en servir; c'est pour cela que l'on assigne la partie pour être présente, si bon lui semble, au procès-verbal de *compulsoire.*

Autrefois on assignoit la partie à se trouver à la porte d'une église ou autre lieu public, pour

de-là

le-là se transporter ailleurs; mais l'ordonnance de 1667 a abrogé ce circuit inutile, & veut que l'assignation soit donnée à comparoir au domicile d'un greffier ou notaire, soit que les pièces soient en leur possession, ou entre les mains d'autres personnes.

Quoique l'ordonnance ne nomme que les greffiers & notaires, l'usage est que l'on peut aussi assigner au domicile des curés, vicaires & autres personnes publiques, pour les pièces dont ils sont dépositaires.

Il en est de même, lorsque l'on veut *compulser* une pièce entre les mains de l'avocat de la partie adverse; l'assignation se donne au domicile de l'avocat, & le *compulsoire* se fait entre les mains du clerc, qui est personne publique en cette partie.

Un avocat qui a en communication le sac de son confrère, ne fait point *compulser* les pièces entre ses mains; il commence par le remettre pour ne point manquer à la fidélité qu'ils observent dans ces communications: mais la partie peut faire *compulser* la pièce, comme on vient de le dire, entre les mains du clerc de l'avocat adverse, parce que la communication des sacs rend les pièces communes; au moyen de quoi, on ne peut empêcher le *compulsoire* des pièces qui y sont.

Du reste, on ne peut obliger un particulier de laisser *compulser* des pièces qu'il a entre ses mains, mais qu'il n'a pas produites ni communiquées; car la règle en cette matière est que *nemo tenetur edere contra se. l. 1, §. 3, & leg. 4, cod. de edendo.*

Ainsi, hors le cas de pièces produites ou communiquées par la partie, on ne peut *compulser* que les pièces qui sont dans un dépôt public, ou qu'un tiers veut bien représenter devant un officier public.

Les sentences, arrêts & autres jugemens, les ordonnances, édits, déclarations, les registres des insinuations & autres actes semblables qui, par leur nature, sont destinés à être publics, doivent être communiqués par ceux qui en sont dépositaires, à toutes sortes de personnes, sans qu'il soit besoin pour cet effet de lettres de *compulsoire*. Il en est de même des actes de baptême, mariages, sépultures, admissions à la tonsure, aux ordres sacrés, à la profession religieuse.

Ainsi les lettres de *compulsoire* ne sont nécessaires que pour les contrats, testamens & autres actes privés, qui, aux termes des ordonnances, ne doivent être communiqués qu'aux parties, leurs héritiers, successeurs ou ayans cause. C'est pourquoi lorsqu'un tiers prétend avoir intérêt de les *compulser*, il faut qu'il y soit autorisé par des lettres ou par un jugement.

Si celui qui est dépositaire de la pièce, refuse de la communiquer nonobstant les lettres, en ce cas, on le fait assigner pour dire les causes de son refus, & la justice en décide en connoissance de cause.

Les assignations données aux personnes ou domi-

cile des procureurs des parties, ont le même effet pour les *compulsoires*, que si elles avoient été données au domicile des parties.

Le procès-verbal de *compulsoire* & de collation de pièces ne peut être commencé qu'une heure après l'échéance de l'assignation, & le procès-verbal doit en faire mention.

Enfin si la partie qui a requis le *compulsoire*, ne compare pas, ou son procureur pour lui, à l'assignation qu'il a donnée, il sera condamné à payer à la partie qui aura comparu, la somme de vingt livres pour ses dépens, dommages & intérêts, & les frais de son voyage, s'il y échet; ce qui sera payé comme frais préjudiciaux.

Le notaire ou greffier ne signe point les expéditions des actes *compulsés*. L'huissier, après avoir dressé son procès-verbal, met au bas des pièces *compulsées* son acte de collation, à moins qu'elles n'aient été transcrites de suite dans un seul cahier, parce qu'alors un seul acte de collation suffit pour toutes les pièces qui y sont contenues.

Nous ne devons pas oublier de remarquer que les lettres de *compulsoire*, ainsi que toutes les lettres de chancellerie, sont sujettes à surannation; c'est-à-dire, qu'on ne peut plus en faire usage une année après qu'elles ont été obtenues.

COMPURGATEUR, s. m. (*Jurisprudence.*) dans l'ancienne jurisprudence civile & criminelle, un accusé étoit reçu à se purger par serment de l'imputation formée contre lui, toutes les fois que la notoriété du fait ne présentoit pas la preuve la plus claire & la plus directe; &, s'il déclaroit par serment son innocence, il étoit absous. Cet usage étoit propre à assurer à la fraude le secret & l'impunité, en rendant la tentation au parjure si puissante, qu'il n'étoit pas aisé d'y résister. On éprouva bientôt les dangereux effets d'une semblable coutume; pour y remédier, les loix ordonnèrent que les sermens seroient administrés avec un appareil imposant & propre à inspirer aux hommes une crainte salutaire de se parjurer; ce moyen fut d'un foible secours; on se familiarisa bientôt avec ces cérémonies qui en imposoient d'abord à l'imagination, mais dont l'effet s'affoiblit insensiblement par l'habitude. Ceux qui ne craignoient pas d'outrager la vérité, ne pouvoient être long-temps retenus par l'appareil d'un serment: alors on exigea que l'accusé comparût avec un certain nombre d'hommes libres, ses voisins ou ses parens qui, pour donner plus de poids à son serment, jurassent eux-mêmes qu'ils croyoient que l'accusé disoit vrai: ces espèces de témoins furent appellés *compurgateurs*; leur nombre varioit selon l'importance de l'objet qui étoit en litige, ou la nature du crime dont un homme étoit accusé: dans certains cas, il ne falloit pas moins que le concours de trois cens de ces témoins auxiliaires pour absoudre l'accusé. Cette nouvelle formalité d'appeller des *compurgateurs* n'offrit encore qu'une ressource plus apparente que réelle contre le mensonge & le parjure; dans ces siècles d'ignorance où l'on

Q

n'avoit pas des idées bien faines de morale, un accufé trouvoit, fans beaucoup de peine, parmi ceux qui lui étoient attachés par les liens du fang ou de l'amitié, des gens prêts à le fervir contre leur confcience & aux dépens de la vérité. *Voyez* PURGATION.

COMPUT, f. m. (*Droit eccléfiaftique.*) ce mot fignifie *calcul :* on l'applique particuliérement aux calculs chronologiques qui font néceffaires pour former le calendrier, c'eft-à-dire, pour déterminer le cycle folaire, le nombre d'or, les épactes, les jours de la lune, & fixer par ce moyen les fêtes mobiles.

On appelle auffi *comput eccléfiaftique,* la manière dont on fe fert pour marquer le temps & les époques de l'année où l'on doit célébrer pâques & les fêtes folemnelles de l'églife catholique, obferver les quatre-temps & autres jours de jeûne.

COMPUTISTE, f. m. (*Droit eccléfiaftique.*) on donne ce nom à Rome à un officier de cette cour, chargé de recevoir les revenus du facré collège ; & à celui qui travaille au comput & à l'arrangement du calendrier.

COMTAL, adj. (*Jurifprudence.*) on appelloit autrefois *juge comtal,* celui qui étoit prépofé pour rendre la juftice dans un comté.

Dans le Dauphiné, on a donné le nom de *taille comtale* à une impofition que les Dauphins étoient en poffeffion de lever dans plufieurs de leurs terres. Elle étoit différente de l'ancienne taille ou mortaile qui confervoit encore quelques traces de l'ancienne fervitude. Elle étoit toujours réglée fur le même pied. Elle fubfifte dans plufieurs endroits ; elle fait encore partie de la dotation du monaftère de Montfleury, qui a confervé les portions qui lui en furent cédées par le dauphin Humbert, dans le temps de fa fondation.

COMTE, f. m. (*Droit public.*) ce mot vient du latin *comes, à commeando vel comitando;* c'eft un titre d'honneur ou degré de nobleffe au-deffus de celui de baron & de vicomte. Il correfpond au titre que les anciens Saxons appelloient *colderman;* que les Allemands appellent *graaf;* les Danois, *carlus,* & les Anglois, *carl.*

Parmi nous, le *comte* eft un homme noble qui poffède une terre érigée en comté, & qui a droit de porter dans fes armes une couronne perlée ou un bandeau circulaire orné de trois pierres précieufes, & furmonté de trois groffes perles ou d'un rang de perles qui fe doublent ou fe triplent vers le milieu & le bord fupérieur du bandeau, & font plus élevées que les autres.

Ce titre eft plus ancien qu'on ne le fait communément. Il étoit en ufage dès le temps de la république romaine : on donnoit le nom de *comtes, comites,* aux tribuns, aux préfets, aux écrivains, *&c.* qui accompagnoient les proconfuls, les propréteurs & autres officiers civils & militaires dans les provinces, à qui ils fervoient de vice-gérens & de

députés dans les occafions où ces premiers magiftrats en avoient befoin.

Sous les premiers empereurs romains, le nom de *comte* fut plutôt une marque de domefticité qu'un titre de dignité. Ce ne fut guère que fous le règne de Conftantin, que la qualité de *comte* commença à défigner une perfonne conftituée en dignité. Eufèbe rapporte que ce prince en fit trois claffes, la première des *illuftres,* la feconde des *clariffimes* ou confidérés, la troifième des *parfaits.* Ces derniers jouiffoient de privilèges particuliers.

A peine le nom de *comte* fut devenu un titre d'honneur, qu'il fut ambitionné par une infinité de particuliers, qu'il devint très-commun, & par conféquent moins honorable. Il y eut des *comtes* pour le fervice de terre, pour le fervice de mer, pour les affaires civiles, pour celles de la religion, pour la jurifprudence. On conferva ce titre à prefque tous les officiers de la maifon de l'empereur. On en honora ceux qui avoient bien mérité de l'état, & particuliérement les profeffeurs en droit, qui avoient vingt ans d'exercice. Il arriva même que ceux qui avoient été vraiment *comtes* de l'empereur, retinrent cette qualité en paffant à d'autres dignités : d'où ceux qui leur fuccédérent dans ces mêmes dignités, fe firent appeller *comtes,* quoiqu'ils ne l'euffent pas été réellement.

On trouve auffi que, fous Conftantin, l'empire fut divifé en deux départemens appellés *comitatus,* dont les préfets portoient le nom de *comites.* Mais ces *comtes* & ces *comtés* ont une acception différente que les qualifications de *comtes* dont nous venons de parler.

Nous n'entrerons pas dans le détail des titres & des fonctions de ceux qui ont porté le titre de *comte* chez les Romains. Nous remarquerons feulement que leur grand nombre jette beaucoup d'obfcurité & d'embarras dans les auteurs du droit romain, qui en font mention. Il paroît qu'alors les fonctions des *comtes* avoient plus de rapport aux affaires de la paix, & qu'elles différoient en cela de celles des ducs, qui concernoient principalement celles de la guerre.

Lorfque les Francs enlevèrent les Gaules aux Romains, & les foumirent à leur domination, ils n'abolirent pas la forme du gouvernement romain, & ils confervèrent les titres de *comtes* & de *ducs,* que portoient les gouverneurs des villes & des provinces. Mais on n'admit parmi eux aucune diftinction entre les fonctions des uns & des autres; ils étoient également officiers civils & militaires, quoiqu'il y eût, fous les deux premières races de nos rois, des *comtes* foumis à des ducs, & d'autres qui ne reconnoiffoient aucuns ducs au-deffus d'eux. Cette différence venoit de ce que les premiers n'étoient prépofés qu'au gouvernement d'une ville particulière, & fe trouvoient conféquemment dans la dépendance du gouverneur général de la province; mais ceux qui avoient le commandement d'une province entière, étoient les égaux des **ducs** qui ne jugeoient & ne gouvernoient les provinces que comme les *comtes*.

Dans les premiers temps de la monarchie, les uns & les autres étoient amovibles; ils n'étoient même envoyés dans leur district que pour un an. Mais bientôt ils achetèrent la continuation de leurs offices. On en trouve un exemple dès le règne des petits-fils de Clovis. Grégoire de Tours rapporte qu'un certain Péonius, *comte* de la ville d'Auxerre, envoya son fils Mummolus porter de l'argent à Gontran pour être continué dans son emploi; que le fils donna l'argent pour lui-même, & obtint la place de son père.

C'étoit un principe fondamental de la monarchie, qu'on trouve confirmé dans les loix barbares & dans les capitulaires de Charlemagne & de ses successeurs, que ceux qui étoient sous la puissance militaire de quelqu'un, étoient aussi sous sa jurisdiction civile: aussi, par cette raison, voit-on marcher d'un pas égal l'autorité militaire du *comte* & sa jurisdiction civile. L'auteur incertain de la vie de Louis-le-Débonnaire, en parlant des *comtes* & autres officiers de la maison des Francs, que Charlemagne établit en Aquitaine, dit qu'il leur donna la garde de la frontière, le pouvoir militaire & l'intendance des domaines qui appartenoient à la couronne.

Le pouvoir du *comte* ne s'étendoit que sur les hommes libres, francs, gaulois ou romains; il n'avoit aucune jurisdiction sur les leudes ou vassaux du roi, ni sur les évêques, les abbés & leurs avoués. Aussi voyons-nous par les capitulaires, qu'on distinguoit trois sortes de vassaux, ceux du roi, ceux des évêques, & ceux des *comtes*, & que les *comtes* ne conduisoient à l'armée que leurs vassaux, & non ceux des leudes & du clergé.

Les hommes libres, soumis à l'autorité civile & militaire du *comte*, étoient ceux qui, d'un côté, n'avoient pas de bénéfices, honneurs ou fiefs du prince, & qui, de l'autre, n'étoient pas soumis à la servitude de la glèbe. De-là vient que les plaids du *comte* étoient appellés *les plaids des hommes libres* : & il en résulta la maxime que ce n'étoit que dans les plaids du *comte* & non dans ceux de ses officiers, qu'on pouvoit juger les questions sur la liberté.

Le *comte* assembloit donc les hommes libres, & les menoit à la guerre; il tenoit aussi les plaids, assises ou placites, & jugeoit en dernier ressort, à l'exception des causes qui intéressoient directement l'ordre public, & qu'on appelloit par cette raison *causes majeures*. Elles étoient réservées au roi, ainsi que les discussions qui s'élevoient entre les évêques, les abbés, les *comtes* & autres grands que les rois jugeoient avec leurs grands vassaux.

Le *comte* avoit sous lui des officiers qu'on nomma d'abord *vicaires*, & auxquels on donna ensuite le nom de *centeniers*, lorsque, sous Clotaire & Childebert, on introduisit la division des hommes libres par centaines qui formèrent ce qu'on appelloit un *bourg*. Ces officiers étoient subordonnés au *comte*,

mais leur jurisdiction ne l'étoit pas. Ils jugeoient comme lui en dernier ressort, toute la différence consistoit dans le partage de la jurisdiction; par exemple, le *comte* pouvoit condamner à mort, juger de la liberté & de la restitution des biens; le centenier ne le pouvoit pas.

Quelques auteurs ont prétendu qu'on appelloit du *comte* à l'envoyé du roi, *missus dominicus*; mais il est constant par les capitulaires de Louis-le-Débonnaire & de Charles-le-Chauve, que leur jurisdiction étoit égale & indépendante l'une de l'autre; le *missus* tenoit ses placites quatre mois de l'année, & le *comte* les huit autres.

Lorsque le *comte* ne se sentoit pas assez de force pour réduire les grands à la raison, il leur faisoit donner caution qu'ils se présenteroient devant le tribunal du roi.

La noblesse, dans la suite des temps, a dédaigné l'auguste fonction de rendre la justice; mais il paroît que les premiers *comtes* étoient trop exacts à tenir leurs assises, & qu'ils en tiroient un moyen de vexer leurs vassaux; car on trouve plusieurs ordonnances qui défendent aux *comtes* & à tous officiers de justice de tenir plus de trois assises par an. Il falloit moins corriger leur négligence qu'arrêter leur activité.

Il résulte de tout ce que nous venons de dire, que les *comtes* avoient sur leurs sujets la puissance civile & militaire, & même la puissance fiscale; mais il n'en faut pas conclure que sous les deux premières races de nos rois, le gouvernement des Francs fût bien dur. Les *comtes* ne jugeoient pas seuls, & ne rendoient pas seuls la justice, comme les bachas en Turquie.

Ils assembloient, pour juger les affaires, des plaids ou assises, où les notables étoient convoqués au nombre de douze au moins. C'est ce qu'on prouve par les capitulaires de Louis-le-Débonnaire, ajoutés à l'article 2 de la loi salique, & par la formule des jugemens, donnée par Ducange au mot *Boni homines*.

Quant au pouvoir fiscal, il étoit tel que le *comte* ne pouvoit guère en abuser. Les droits du prince à l'égard des hommes libres étoient si simples, qu'ils ne consistoient qu'en de certaines voitures exigées dans quelques occasions publiques : &, quant aux droits judiciaires, il y avoit des loix qui prévenoient les malversations. Telles sont la loi des Ripuaires, *tit. 89*, & celle des Lombards, *liv. II, tit. 52, §. 9*.

Sous le règne de Charles-le-Chauve, les *comtes* rendirent leurs dignités héréditaires, ce fut la suite d'un réglement général de ce prince, qui affecta également les grands offices & les fiefs. Car il faut remarquer que les variations arrivées dans les divers temps dans les bénéfices ou fiefs, eurent également lieu pour les grandes charges. Les uns & les autres étoient gouvernés sur le même plan & sur les mêmes idées; avec d'autant plus de raison, ainsi que l'observe M. de Montesquieu, que les *comtes* dans leurs comtés étoient des leudes, & les leudes dans leurs feigneuries étoient des *comtes*.

Ce réglement fe trouve dans le capitulaire de l'an 877, *tit. 53, art. 9 & 10*, & il établit que les comtés feront donnés aux enfans du *comte*. A ce moyen, les bénéfices attachés aux comtés devinrent héréditaires dans la perfonne des *comtes* : & les vaffaux du roi, ainfi que les hommes libres qui étoient feulement foumis à la jurifdiction du *comte*, devinrent les vaffaux du *comte*; enforte que le *comte* fe trouva entre le roi & fes hommes libres ; le *comte* releva du roi immédiatement; les hommes libres n'en relevèrent plus que médiatement.

Sous les fucceffeurs de Charles-le-Chauve, les *comtes* ufurpèrent la fouveraineté : &, lorfque Hugues Capet qui en avoit fait autant pour le duché de France & le comté de Paris, parvint à la couronne, fon autorité ne fut pas affez affermie pour s'oppofer à ces ufurpations. C'eft de ce droit de fouveraineté qu'eft venu le privilège dont les *comtes* jouiffent encore de porter une couronne dans leurs armes.

Les *comtes*, dans le cours de cette feconde époque, ainfi que les autres grands vaffaux de la couronne, fe regardèrent comme de véritables fouverains, & devinrent autant de tyrans fous le nom faftueux de *protecteurs*. Leurs richeffes accumulées par des rapines les plongèrent dans le luxe & les voluptés. Ils fubftituèrent à l'ancienne législation des loix mobiles & arbitraires, dictées par le caprice & l'intérêt. Bientôt trop puiffans pour s'affujettir au travail & à l'étude, ils fe firent un titre de nobleffe de leur ignorance & de leur inutilité; ils abandonnèrent leurs fonctions à des officiers amovibles & mercenaires, qui firent de la juftice un commerce public.

Dans la fuite des temps, nos rois ont réuni à leur domaine la plupart de ces anciens comtés, foit par des mariages, des donations, des fucceffions, des confifcations; enforte qu'il ne refte plus que les trois évêques de Beauvais, de Châlons & de Noyon, qui poffèdent encore chacun un comté-pairie. *Voyez* COMTÉ-PAIRIE.

Aujourd'hui le titre de *comte* n'eft plus qu'un titre d'honneur, accordé par le roi en érigeant en comté une terre fur laquelle il fe réferve toujours jurifdiction & fouveraineté. D'abord la claufe de reverfion du comté à la couronne, au défaut d'enfans mâles, ne fut point mife dans les lettres d'érection : mais, pour obvier à la fréquence de ces titres, Charles IX l'ordonna en 1564.

Cette reverfion néanmoins ne regarde que le titre & non le domaine qui paffe toujours à ceux à qui il doit aller felon les loix, mais fans attribution de la dignité.

Toute la cérémonie pour la création d'un *comte* ne confifte parmi nous que dans l'érection d'une terre en comté par des lettres-patentes. Le titulaire & fa poftérité légitime prennent fans aucune difficulté le titre de *comte*, après les enregiftremens requis des lettres-patentes qui leur font accordées.

Nos ambaffadeurs & plénipotentiaires font dans l'ufage de prendre le titre de *comtes*, quoiqu'ils n'aient pas de comtés. Ils croient ce relief néceffaire pour avoir, dans les cours où ils négocient, un degré de confidération, proportionné à l'importance de leurs fonctions.

Il eft à remarquer que tous les feigneurs de terres érigées en comtés ne peuvent prendre la qualité de *comtes*, que quand ils font gentilshommes ou quand l'érection a été faite en leur faveur ou en faveur de leurs ancêtres; autrement ils ne peuvent prendre que la qualité de feigneur du comté.

Il y a eu entre les marquis & les *comtes* des conteftations pour la préféance. Elles ont été décidées en faveur des marquis, quoique leur titre foit très-moderne en France (car il ne remonte pas au-delà de Louis XII qui créa marquis de Trans un feigneur de l'illuftre & ancienne maifon de Villeneuve), & quoiqu'on puiffe alléguer en faveur des *comtes*, qu'il y avoit des *comtes*, pairs de France, & qu'il n'y a point eu de marquis avec ce titre. *Voyez* MARQUIS.

Les chapitres de Lyon, de Brioude, de S. Pierre de Mâcon, *&c.* font décorés du titre de *comtes*, parce qu'ils jouiffoient autrefois de la feigneurie temporelle des villes où leurs chapitres font fitués. Mais nos rois ont retiré la plupart de ces feigneuries, & n'ont laiffé que le vain titre de *comte* aux chanoines, fans aucune des prérogatives attachées anciennement à cette qualité.

COMTES *d'Angleterre*. On y appelle *comtes*, les fils des ducs; & *vicomtes*, les fils des *comtes*. Ce titre s'éteignoit ordinairement avec celui qui le portoit; mais Guillaume-le-Conquérant le rendit héréditaire, en récompenfa quelques grands de fa cour, l'annexa à plufieurs provinces, & accorda au *comte*, pour foutenir fon rang, la troifième partie des deniers des plaidoiries, amendes, confifcations, & autres revenus propres du prince dans toute l'étendue de fon comté. Cette fomme fe payoit par l'échevin de la province.

Aujourd'hui les *comtes* font créés par chartre : ils n'ont ni autorité ni revenus dans les comtés dont ils portent les noms; le titre de *comte* ne leur vaut qu'une penfion honoraire fur l'échiquier. Le nombre en étant devenu plus grand que celui des comtés proprement dits, il y en a dont le comté eft défigné par le nom d'une portion diftinguée d'une province ou d'un autre comté, même par celui d'une ville, d'un village, d'un bourg, d'un château, d'un parc. Il y a même deux *comtes* fans nom de terre, le *comte* de Rivers & le *comte* Poulet.

Il y a une charge qui donne le titre de *comte-maréchal*. C'eft un officier de la couronne, qui avoit anciennement plufieurs tribunaux, tels que la cour de chevalerie, prefque enfevelie dans l'oubli, & la cour d'honneur que l'on a rétablie. Le *comte-maréchal* juge à la cour de maréchauffée les criminels

pris dans les lieux privilégiés. Il a immédiatement
sous lui un officier qu'on appelle *chevalier-maréchal*.
Le collège des hérauts d'armes est sous la jurisdiction du *comte*. Cette dignité est héréditaire dans la
famille de Howard.

La cérémonie de création d'un *comte* se fait en
Angleterre par le roi en ceignant l'épée, mettant
le manteau sur l'épaule, le bonnet & la couronne
sur la tête, & la lettre-patente à la main à celui qui
est créé *comte* : le roi le nomme *consanguineus noster*,
mon cousin, & lui donne le titre de *très-haut &
très-noble seigneur*.

COMTES palatins (*Jurisp. & Hist.*) Il y a dans
l'empire un titre de palatin qui n'a rien de commun
avec celui des princes palatins du Rhin ; c'est une
dignité dont l'empereur décore quelquefois des gens
de lettres ; on les appelle *comtes palatins* ; &, selon
le pouvoir que leur donnent les lettres-patentes de
l'empereur, ils peuvent donner le degré de docteur,
créer des notaires, légitimer des bâtards, donner
des couronnes de laurier aux poëtes, anoblir des
roturiers, donner des armoiries, autoriser des adoptions & des émancipations, accorder des lettres de
bénéfice d'âge, &c. Mais cette dignité de *comte* est
vénale & s'accorde facilement; on fait aussi peu de
cas de ce qui est émané de ces *comtes*. Les papes font
aussi de ces *comtes palatins*. Jean Navar, chevalier
& *comte palatin*, fut condamné, par arrêt du parlement de Toulouse, prononcé le 25 mai 1462,
à faire amende honorable & demander pardon au
roi pour les abus par lui commis, en octroyant en
France des lettres de légitimation, de notariat & autres choses dont il avoit puissance du pape; ce qui
étant contraire à l'autorité du roi, le tout fut déclaré nul & abusif. *Voyez le Tableau de l'empire germanique*, pag. 107, *& les arrêts* de Papon, pag.
248. (*A*)

COMTÉ, s. m. (*Droit public.*) ce mot signifie
en même temps le titre & le domaine d'une terre
dont le seigneur porte la qualité de comte.

Nous n'ajouterons à ce que nous avons dit sous
le mot *Comte*, que si, lors de l'érection d'une terre en
comté, les biens ont été distraits de la mouvance de
quelque seigneur particulier pour relever immédiatement de la couronne, ils demeurent toujours dans
la mouvance du roi, nonobstant l'extinction du
titre & de la dignité dont la terre avoit été décorée.

Les lettres d'érection d'une terre en *comté* doivent,
suivant l'édit de 1703, être insinuées au bureau
du lieu où les biens sont situés. Un arrêt du conseil du 29 septembre 1772 a déclaré nul l'enregistrement fait en la chambre des comptes de Dijon,
des lettres de confirmation de l'érection de la terre
de Péroux en *comté*, parce que ces lettres n'avoient
pas été préalablement insinuées. L'impétrant & son
procureur ont été, par le même arrêt, condamnés
au paiement des amendes prononcées par les règle-
mens, & à celui du droit d'insinuation.

N'oublions pas d'observer que le mot *comté* est

quelquefois féminin. On dit *la comté de Bourgogne*,
la Franche-Comté. Tout cela dépend de l'usage.

COMTÉ, (*Droit public anglois.*) le mot *comté*
en Angleterre est synonyme à celui de *shire*. Un
shire est une cinquante-deuxième partie du royaume,
y compris la province de Galles. Cette division de
l'Angleterre, proprement dite en cinquante-deux
portions, a été faite pour en rendre le gouvernement plus facile & l'administration de la justice plus
ponctuelle & mieux réglée dans les différentes provinces.

Ces *comtés* sont subdivisés en *rapes*, comme l'est
celle de Sussex ; ou en *lathes* ou en *wapentakes* ou
en *hundreds*, c'est-à-dire, en centaines, & ces portions de *comtés* en dixaines.

On nomme, tous les ans à la S. Michel, des
officiers appelés *sherifs*, pour la manutention des
loix dans ces divers *comtés*, excepté celles de
Cumberland, de West-Morland & de Durham.

Cet officier a deux fonctions différentes : l'une
de simple exécuteur des ordres qui lui sont adressés
par les cours de justice ; l'autre de présider lui-même
à deux tribunaux, dont l'un s'appelle *la séance du
sherif*, l'autre *la cour de la comté*.

Les autres officiers des différens *comtés* sont un
lord-lieutenant qui a le commandement de la milice de la *comté*, les gardes des rôles, les juges de
paix, les baillis, le grand connétable & le coroner.

Des cinquante-deux *comtés* il y en a quatre distingués parmi les autres, qu'on appelle pour cette
raison *comtés palatins*, qui sont Lancastre, Chester,
Durham & Ely. Pembroke & Hexam étoient aussi
autrefois des *comtés palatins*. Celui-ci appartenoit
à l'archevêque d'York : mais il a été démembré de
son domaine & dépouillé de son privilège sous le
règne d'Elizabeth. Il n'est plus à présent qu'une
portion du *comté* de Northumberland.

Les gouverneurs en chef de ces *comtés palatins*,
par concession spéciale du roi, adressoient aux officiers du *comté* toutes les ordonnances en leur nom,
& administroient la justice d'une manière aussi absolue que le roi lui-même dans les autres *comtés*, si
ce n'est qu'ils le reconnoissent comme leur maître :
mais Henri VIII modéra cette étendue de pouvoir.
Voyez PALATINAT. (*G*)

COMTÉS-PAIRIES, (*Jurisprudence.*) les *comtés-
pairies* sont de grands fiefs de la couronne, de
grandes dignités de même nature que les duchés-
pairies, & en tout, semblables à ces derniers, excepté par le nom, & auxquels on a attaché une
jurisdiction semblable à celle des duchés-pairies.

Le privilège attaché à ces grands fiefs est de relever immédiatement de la couronne; car il ne peut
pas exister de pairie qui ne soit dans la mouvance
directe & immédiate de la couronne, à la différence des *comtés* simples ou du second ordre, mais
qui ne sont point pairies, & parmi lesquels il peut y
en avoir qui ne relèvent ni du roi ni de la couronne.

Il y a eu dans le royaume un grand nombre de

comtés-pairies dont les unes ont été éteintes, d'autres érigées en duchés-pairies, & quelques-unes que l'on a fait revivre par de nouvelles lettres d'érection.

Il y en a trois que l'on peut appeler *eccléfiastiques*; elles font attachées aux évêchés de Beauvais, de Châlons & de Noyon.

Les justices de ces grands fiefs, ainsi que celles des duchés-pairies, font toutes justices royales. L'érection d'une terre en *comté-pairie* mettant nécessairement cette terre dans la mouvance directe & immédiate de la couronne, il feroit absurde que la justice, attachée à une dignité, à un fief de cette nature, fût seigneuriale. *Voyez* JUSTICE & PAIRIE. (*A*)

CONCELER, v. a. (*terme de Coutume.*) il signifie la même chose que *celer, cacher, détourner.* C'est en ce sens qu'on le trouve dans l'article 394 de la coutume de Normandie, en parlant des recélés que la femme, après le décès de son mari, peut faire des meubles & autres effets dépendans de sa succession.

« La femme, y est-il dit, peut renoncer à la succession de son mari dans les quarante jours après le décès d'icelui, pourvu qu'elle renonce en justice, & qu'elle n'ait pris ni *concelé* aucune chose des meubles dont elle est tenue de se purger par serment, faisant ladite renonciation; auquel cas, elle aura ses biens paraphernaux exempts de toute dette, & son douaire. Et où puis après il feroit trouvé qu'elle en auroit eu aucune chose directement ou indirectement, elle est tenue de contribuer aux dettes, tout ainsi que si elle n'avoit pas renoncé ».

Cette disposition est conforme au droit commun, comme nous le dirons sous les mots DÉTOURNEMENT, RECÉLÉS, RENONCIATION.

CONCEPTION, s. f. (*Droit naturel & civil.*) c'est l'instant où commence la génération de l'homme, & celui où les loix commencent à s'occuper de ses droits.

Il est certain que, dès l'instant de la *conception*, l'enfant qui en doit naître, a une véritable existence physique, quoiqu'il ne puisse pas être connu, & que plusieurs accidens puissent empêcher qu'il ne vienne au monde vivant. C'est à raison de cette existence, que les jurisconsultes ont distingué les hommes en deux classes; ceux qui font nés, *jam nati*, & ceux dont on espère la naissance, & *nascituri*.

C'est une maxime en droit, fondée sur le bien public & l'humanité, qu'on regarde comme nés ceux qui font conçus, toutes les fois qu'il s'agit de leurs intérêts, *is qui nasci speratur, cum ipsius jure quæritur, pro superstite est*, dit la loi 231, *ff. de V. S.* Mais cette fiction de droit n'a d'effet qu'autant que l'enfant vient au monde vivant & parfait. *L.* 30, §. 1 *ff. de acq. hæred.*

Ainsi il suffit qu'un enfant soit conçu au temps de l'ouverture d'une succession ou d'une substitu-

tion, pour qu'il soit habile à la recueillir, pourvu qu'il ait d'ailleurs les qualités nécessaires. On doit lui conserver intégralement tous ses droits jusqu'au temps de sa naissance. Mais si la loi s'occupe de la naissance future d'un enfant, cette espérance ne regarde que lui seul : & la *conception* d'un enfant qui n'est pas encore né, n'est d'aucune considération pour procurer à un tiers quelque avantage. *l. 7, ff. de statu hom.*

Nous avons adopté en entier ces maximes du droit romain, ainsi que la disposition des loix *18, ff. de statu hom.* & *3, ff. de pœn.* qui défendent d'appliquer à la question une femme enceinte, & ordonnent de différer le supplice d'une femme coupable jusqu'après le temps de ses couches.

CONCESSION, s. f. (*Droit civil & canonique.*) en droit civil, ce mot signifie la même chose que *don, octroi, privilège, &c.* faits ou accordés par le roi. On donne en conséquence le nom de *concession*, 1°. aux brevets & privilèges accordés par le prince; 2°. à une certaine étendue de terrein que le roi accorde à quelqu'un dans les colonies françoises, à la charge de le faire défricher; 3°. à un abénévis, c'est-à-dire, à la faculté de prendre une certaine quantité d'eau d'un étang ou d'une rivière ou ruisseau, pour faire tourner un moulin ou autre artifice, ou pour arroser un pré. On appelle également *concession*, la distribution que le bureau d'une ville fait aux particuliers qui ont acheté de l'eau des fontaines ou réservoirs publics; les terres que les seigneurs de fief peuvent concéder à des tenanciers, fous la charge ou prestation de cens, rentes & autres droits. *Voyez* DON, PRIVILÈGE, &c.

En droit canonique, le mot de *concession* est un terme de chancellerie romaine, qui signifie la réponse que le préfet de la signature met entre la supplique & les clauses des provisions.

Il y a deux manières d'exprimer la *concession*. Lorsque la grace est accordée par un prélat, il met ces mots : *concessum ut petitur, in præsentiâ domini nostri papæ, &c.* & signe; au lieu que les signatures qui doivent être données par le pape lui-même, telles que celles qui portent dispense, celles qui concernent les dignités d'une cathédrale ou collégiale, les prieurés conventuels, les canonicats d'une cathédrale, font par lui apposées en ces termes : *fiat ut petitur.*

Le chapitre *si à sede de præbend. in 6°.* & la règle de chancellerie romaine *de concurrentibus in datâ*, qui en est tirée, veulent qu'en cas de concours de deux signatures de cour de Rome, l'une par *concessum*, l'autre par *fiat*, la dernière soit préférée. Mais cette distinction n'est point reconnue en France où l'on ne suit ni le chapitre *si à sede*, ni la règle *de concurrentibus. Voyez* PROVISION.

CONCIERGE, s. m. CONCIERGERIE, s. f. (*Jurisprudence.*) autrefois le nom de *concierge* ne se donnoit qu'à ceux qui avoient la garde d'une maison royale ou seigneuriale : & leur office s'appelloit *conciergerie.* Nous nous servons encore aujourd'hui de ces mots dans la même signification, mais nous les employons auffi dans le fens de *prifon* & *geolier*; enforte qu'on appelle à Paris *conciergerie*, la prifon qui eft dans l'enceinte du palais, & que par-tout ailleurs on regarde comme fynonymes & l'on confond les termes de *concierge* & de *geolier.*

La *conciergerie* du palais de Paris eft ainfi appellée, parce que le *concierge* du palais dont nous allons parler, y logeoit anciennement, avant qu'il eût l'endroit appellé depuis *l'hôtel du bailliage*, & qu'il y avoit fa prifon. C'eft encore aujourd'hui le lieu où il fait enfermer les prifonniers de fa jurifdiction.

L'ordonnance de 1670 a autorifé la dénomination de *concierge*, qu'on donne aux geoliers; elle nomme, en quelques endroits, les *concierges* & les geoliers conjointement; en d'autres, elle nomme le geolier avant le *concierge*; en d'autres, elle ne parle que de geolier: ce qui fait voir que ces termes font fynonymes. Et, en effet, le *concierge* d'une prifon eft le geolier ou garde de la geole; ce n'eft que dans les prifons les plus confidérables que l'on diftingue le *concierge* des geoliers. Le *concierge* eft le premier geolier, & les geoliers & guichetiers font ceux qui font prépofés fous lui pour la garde des prifons.

L'ordonnance de 1670, *tit. 13*, veut que tous *concierges* & geoliers exercent en perfonne, & non par aucun commis; qu'ils fachent lire & écrire, & que, dans les lieux où ils ne le fauroient pas, il en foit nommé d'autres dans fix femaines, à peine contre les feigneurs de privation de leur droit.

Pour ce qui concerne les fonctions des *concierges* & geoliers; *voyez* GEOLE, GEOLIERS, GUICHETIERS, PRISONS. (*A*)

CONCIERGE *du Palais*, (*Hift. mod. & Jurifpr.*) étoit un juge royal auquel a fuccédé le bailli du palais. Sous la première & la feconde race de nos rois, la juftice étoit rendue dans le palais par le maître ou maire du palais, auquel fuccéda le comte. En 988, cet office fut exercé, quant à la juftice, dans le palais, fous le titre de *concierge du palais*, avec moyenne & baffe-juftice, dont le territoire étoit peu étendu. Philippe-Augufte, par des lettres de l'an 1202, y ajouta le fauxbourg S. Jacques & Notre-Dame-des-Champs, & le fief royal de S. André qui y eft fitué. Le *concierge* ou *bailli du palais* y avoit encore la juftice en 1667.

Les mêmes lettres affignent au *concierge du palais* des gages, droits & privilèges.

En 1286, au commencement du règne de Philippe-le-Bel, le palais que nous voyons aujourd'hui, fut bâti par les foins d'Enguerrand de Marigny, général des finances. La *conciergerie* qui fert aujourd'hui de prifon, étoit le logement du *concierge du palais.* Par un arrêt de l'année 1316, elle fut réunie au domaine du roi avec fes apparrenances. En 1348, du temps de Philippe-de-Valois, le *concierge* fut érigé fous le titre de *bailli*: mais on a joint les deux titres

de *concierge-bailli.* En l'an 1348, Philippe de Savoify, écuyer, fut *concierge du Palais royal* à Paris. Joly, en fes *Offices de France*, a donné une lifte de tous ceux qui ont depuis rempli celui-ci jufqu'en 1624, dont plufieurs étoient des perfonnes de grande confidération. Sous le roi Jean, Charles V, alors régent du royaume, accorda, par des lettres du mois de janvier 1358, plufieurs droits au *concierge du palais*: ces lettres font mention qu'il a juftice moyenne & baffe dans l'enceinte du palais; qu'il y tient fa cour & jurifdiction par lui, fon lieutenant ou garde de fa juftice, & fes officiers; qu'il connoît, entre quelques perfonnes que ce foit, de tous les cas civils, criminels ou de police; que nul autre juge n'a jurifdiction temporelle dans l'enceinte du palais, fi ce n'eft les gens des comptes, du parlement, des requêtes du palais & des requêtes de l'hôtel: ces mêmes lettres lui attribuent différens droits, entre autres, la juftice fur les auvents ou petites boutiques adoffées aux murs du palais, des cens & rentes fur plufieurs maifons; le droit de donner & ôter les places aux merciers qui vendent, dans les allées, de la mercerie, & en-haut & en-bas au palais, & les lettres lui permettent d'en recevoir un préfent une fois l'an : il y eft encore dit qu'il a la juftice moyenne & baffe, & la feigneurie cenfuelle fur treize maifons fituées à Notre-Dame-des-Champs; & au lieu nommé *les Mureaux* (proche les carmelites du fauxbourg S. Jacques) différens droits. Quand on faifoit un nouveau boucher en la boucherie du châtelet, le *concierge du palais* devoit avoir, à caufe de fa *conciergerie*, trente livres & demie, la moitié d'un quarteron & la moitié de demi-quarteron pefant de chair, moitié bœuf & moitié porc; la moitié d'un chapon plumé, demi-feptier de vin, & deux gâteaux : & celui qui les alloit chercher, devoit donner deux deniers au chanteur qui étoit en la falle des bouchers. Il avoit feul le droit de faire enlever les arbres fecs qui étoient entre toutes les voiries & chemins royaux de la banlieue & vicomté de Paris. Il avoit auffi un droit de fouage dans la forêt d'Yveline, & quelque infpection fur les greniers à bled du roi. Lorfqu'il écrivoit à Gonelfe pour faire venir du bled & autre chofe au grenier du roi, les écorcheurs de la boucherie de Paris étoient tenus de porter ou envoyer fes lettres à leurs frais fous peine d'amende. Il avoit toutes les clefs du palais, excepté celles de la porte de devant; & avoit infpection fur le portier & fur les fentinelles du palais. Enfin, fuivant ces lettres, il étoit voyer dans l'étendue de fa juftice. En 1413, la reine tint la conciergerie en fes mains, le roi lui en ayant fait don; &, fur l'empêchement qui lui fut fait à ce fujet par le procureur-général, difant qu'entre mari & femme donation n'avoit lieu, elle répondit que cette loi n'avoit pas lieu pour elle, dont il y a arrêt des 29 juillet 1412, & 22 mai 1413. Juvenal Chevalier fieur de Traynel, fut fait *concierge-bailli du palais*: mais, par arrêt du 3 janvier 1416, cet office fut de nouveau uni au domaine, & on ordonna qu'il n'y auroit plus au palais qu'un gardien qui auroit trois fous parifis par jour, & un muid de bled par an. Cependant ceux qui ont été pourvus de cet office depuis 1461, ont tous été qualifiés de *baillis du palais.*

La jurifdiction de la conciergerie, qu'on appelle préfentement *le bailliage du palais,* eft compofée d'un bailli d'épée, d'un lieutenant-général, un procureur du roi, un greffier, plufieurs huiffiers. Les avocats au parlement y plaident, & les procureurs au parlement y occupent. Cette jurifdiction ne s'étend préfentement que dans l'enceinte du palais.

CONCILE, f. m. (*Droit canon.*) ce mot fignifie une affemblée. Il étoit employé chez les Romains, comme le remarque Aulu-Gelle, pour exprimer l'affemblée d'une partie feulement du peuple, mais la plus notable, par oppofition aux affemblées générales du peuple entier, qui fe nommoient *comices*: enfuite ce terme s'eft employé parmi nous pour défigner les affemblées eccléfiaftiques de prélats & de docteurs, tenues à l'effet de terminer les affaires les plus importantes de l'églife, c'eft-à-dire, pour juger & décider les conteftations fur le dogme, pour réformer les mœurs & les régler, pour fixer & déterminer la difcipline.

Ce que nous nommons *concile,* les Grecs l'ont appellé *fynode*: ce mot a paffé dans la langue latine & dans la nôtre; mais il a confervé toute fon étendue dans la première, au lieu qu'il n'eft d'ufage en françois que pour marquer l'affemblée feulement du clergé d'un diocèfe particulier.

On diftingue d'abord les *conciles* en *conciles généraux,* & en *conciles particuliers;* les *conciles particuliers* font ou nationaux, ou provinciaux, ou diocéfains.

Les *conciles généraux,* qu'on appelle auffi *œcuméniques,* font ceux qui font compofés des prélats de toutes les parties du monde chrétien; il n'eft cependant pas néceffaire pour rendre un *concile* œcuménique & général, que tous les évêques du monde s'y raffemblent, ou qu'il y vienne des évêques de toutes les parties de la terre où la religion catholique eft profeffée; il fuffit que tous y foient appellés & invités, & qu'ils s'y rendent en affez grand nombre, & d'affez de contrées pour pouvoir être cenfés repréfenter l'églife univerfelle.

On appelle *conciles nationaux* ceux qui compofent les évêques de toute une nation, de tout un royaume. Tels furent autrefois les célèbres *conciles* de Carthage, de Tolède, & la plupart de ceux qui ont été tenus à Orléans fous la première & la feconde race de nos rois.

Les *conciles provinciaux* fe forment par le concours des évêques d'une province eccléfiaftique, affemblés avec leur métropolitain.

Enfin les *conciles diocéfains* font ceux où chaque évêque affemble le clergé de fon diocèfe. Ces affemblées fe nomment plus ordinairement *fynodes* que *conciles,* comme on l'a déjà obfervé.

L'hiftoire eccléfiaftique nous préfente une foule d'exemples de toutes ces différentes formes de *conciles* & d'affemblées. On en trouve même dans les premiers fiècles qui pourroient former d'autres efpèces. Il y a en effet eu plufieurs *conciles* qui, fans être *conciles généraux,* étoient au-deffus des *conciles nationaux,* & par le nombre, & par la qualité des prélats dont ils étoient compofés. Il y a de même eu des *conciles* moindres que les *conciles* nationaux, & plus confidérables que les *conciles* provinciaux; c'étoient ceux qui fe formoient par la réunion des évêques de plufieurs provinces: mais ces fortes de *conciles* ayant été plus rares, & ne pouvant guère plus avoir lieu, on n'a pas cru devoir en faire une claffe particulière, & l'on s'eft borné aux quatre divifions que l'on vient d'expofer. Il eft d'ailleurs bien facile d'y ramener les autres efpèces, & d'appliquer à celle-ci ce que l'on aura pu dire de celles-là.

Il y a cinq chofes fpéciales à confidérer tant par rapport aux *conciles généraux,* que relativement aux *conciles* particuliers: leur néceffité, leur convocation, leur compofition, leur autorité, leur réception.

Les raifons fur lefquelles eft appuyée la néceffité des *conciles,* pouvant s'appliquer aux différentes efpèces de *conciles,* on les expofera en général. On traitera enfuite en particulier de la convocation, de la formation, de l'autorité & de la réception des *conciles.*

De la néceffité des conciles. On trouve les preuves les plus claires de la néceffité d'affembler des *conciles,* même généraux dans l'efprit & le gouvernement de l'églife, dans fa pratique & fa conduite conftante: elle a toujours fait les vœux les plus ardens pour la fréquente célébration des *conciles;* elle l'a fouvent ordonnée.

On ne connoît dans l'inftitution du gouvernement de l'églife ni defpotifme, ni monarchie; l'ombre même de la domination en doit être bannie; il faut que tout y refpire la charité, l'humilité, la douceur, la concorde. Tous les évêques ont été établis par le Saint-Efprit, non-feulement pour conduire chacun le diocèfe particulier qui lui étoit confié, mais pour gouverner tous en général, & en commun l'églife univerfelle. Si la divine fageffe a voulu que, parmi les évêques, un fût le premier & le chef des autres, afin de former la hiérarchie, & de conferver dans l'églife l'unité qui lui eft effentielle; ce n'eft pourtant qu'à l'unité & au corps des premiers pafteurs que le dépôt de la foi a été confié, & qu'ont été donnés avec les clefs fpirituelles, le pouvoir de lier & de délier, & le droit d'inftruire & d'enfeigner avec autorité. En un mot, l'épifcopat eft un & le même en tous; il eft poffédé folidairement, & fans partage, par tous ceux qui font revêtus de ce caractère facré, fans préjudice néanmoins des différens degrés de jurifdiction établis entre eux. C'eft ainfi que les prérogatives, les prééminences & la primauté **inconteftables** incontestable du souverain pontife, ainsi que l'autorité & la jurisdiction des patriarches, des primats, des métropolitains se concilient avec les droits & les privilèges de l'épiscopat en général. Les rangs sont divers entre les évêques; le pouvoir des uns s'étend plus loin que celui des autres; mais le caractère, la puissance de l'ordre sont les mêmes en tous, & tous ensemble forment le conseil, le sénat, le tribunal de l'église, tribunal qui s'assemble avec plus ou moins de solemnité & d'appareil, selon l'importance des objets qui en demandent la convocation, & dont aussi les décisions, toujours respectables sans doute, ont cependant plus ou moins d'autorité à proportion de celle que doit avoir l'assemblée dont elles émanent.

Ainsi, dans les circonstances ordinaires, chaque évêque a tous les pouvoirs nécessaires & requis pour l'administration & le gouvernement de son diocèse; mais s'élève-t-il quelque trouble inopiné? Survient-il quelque besoin imprévu? S'agit-il de quelque arrangement à prendre, de remédier à quelque abus un peu étendu, de corriger quelque désordre devenu trop commun; en un mot, du bien & de l'avantage général du diocèse? L'évêque alors, s'il veut agir avec prudence & s'assurer quelque succès, doit assembler le clergé, ou du moins les plus considérables du clergé de son diocèse, pour conférer & délibérer avec eux, & ne rien faire sans leur avis. Telle est la conduite dont les évêques les plus respectables se sont toujours fait un devoir, & qu'ils ont regardée avec raison comme la plus propre à rendre leur administration plus utile & plus heureuse; ce sont ces sortes d'assemblées qui forment les *conciles* diocésains, ou les synodes. Par-tout il est recommandé aux évêques de les tenir exactement.

Si les biens à faire, les maux à prévenir, à réparer, regardent toute une province, c'est à l'assemblée des évêques de la province d'y pourvoir. C'est à la même assemblée de veiller au maintien du bon ordre & de la discipline dans la province, de recevoir les plaintes que l'on pourroit avoir à faire contre quelques évêques, & de rendre justice aux plaignans.

Lorsque les objets sont plus intéressans encore, c'est le cas où les évêques doivent s'assembler en plus grand nombre, comme de plusieurs provinces, de toute une nation.

Quand enfin le mal a fait trop de progrès, & que le trouble agite presque toutes les parties de l'église, l'assemblée générale des premiers pasteurs de l'église paroît alors offrir seule un remède proportionné au mal.

Voilà ce que demande l'esprit du gouvernement de l'église; c'est aussi, comme on l'a déjà observé, ce que l'histoire nous en présente. La pratique & la conduite de l'église à cet égard n'ont jamais varié; elles sont appuyées sur l'exemple même des apôtres.

Leurs actes nous en fournissent plus d'une preuve; sans parler de l'assemblée convoquée par S. Pierre,

pour compléter le nombre du collège apostolique, on y voit qu'à l'occasion d'un murmure excité par les plaintes des Grecs convertis, le chef des apôtres, au lieu de faire usage de l'autorité dont il étoit revêtu, assemble la multitude des disciples pour leur proposer & délibérer avec eux sur le parti qu'il y avoit à prendre; ce qui se passa quelque temps après au sujet de la dispute sur les observances légales, nous offre quelque chose de plus frappant encore, & de plus décisif en ce genre. Des Juifs, convertis à la foi, prétendirent que les Gentils qui l'avoient embrassée, devoient être assujettis aux observances judaïques. Les sentimens se partagèrent, & la division paroissoit devoir éclater. L'église d'Antioche résolut de consulter celle de Jérusalem, & elle y envôya ses députés. S. Pierre & ceux des autres apôtres qui se trouvoient en cette dernière ville, avoient certainement le droit de prononcer sur cette question; ils ne dédaignèrent pourtant pas, pour l'examiner, & la décider de s'assembler en concile avec les évêques & les prêtres qui étoient aussi à Jérusalem. La matière fut proposée, mise en délibération, & discutée d'après les témoignages de l'écriture sainte; & la décision fut arrêtée, conclue & envoyée à toutes les églises particulières, au nom des apôtres, des évêques & des prêtres assemblés avec eux.

Dans cette assemblée, dont on nous a conservé toutes les circonstances, l'église a toujours reconnu la règle & le modèle de la conduite qu'elle devoit tenir en de pareilles rencontres. Aussi, malgré la fureur des persécutions qu'elle eut à soutenir pendant les trois premiers siècles, les évêques n'en furent pas moins empressés à tenir, autant qu'ils le purent, des *conciles*. On en connoît au moins cinquante-trois, & parmi ceux-là quelques-uns de fort nombreux assemblés avant la conversion de l'empereur Constantin.

La paix au-dehors fut alors donnée à l'église; mais elle étoit déchirée en-dedans par les progrès de l'hérésie arienne. L'empereur crut ne pouvoir rien faire de plus avantageux pour la religion, que d'assembler un *concile*, non de quelques provinces, mais de tout l'empire qui comprenoit alors l'Occident & l'Orient. Par ses ordres, tous les évêques du monde chrétien furent convoqués & conduits en grand nombre, & à ses frais, dans la ville de Nicée, que ce jeune prince avoit choisie & indiquée pour la tenue du *concile*.

Il suffit de lire les actions de grace que les pères assemblés à Nicée, adressèrent à l'empereur, pour sentir combien cette assemblée leur paroissoit & précieuse, & nécessaire à l'église.

On a vu les mêmes sentimens éclater dans tous les *conciles* généraux assemblés depuis; preuve certaine que l'église a toujours regardé ces *conciles* comme sa plus grande force & sa dernière ressource.

De la convocation des conciles. Une possession de plusieurs siècles en a depuis long-temps assuré & réservé le droit aux souverains pontifes. Qu'on le remarque néanmoins, ce droit n'eſt appuyé que ſur la poſſeſſion, quelque convenable qu'il ſoit d'ailleurs de l'admettre dans le chef viſible de l'égliſe. Tout ce que lui attribue le plus ancien canon, connu à ce ſujet, eſt cité par Socrate & Sozomène, qui le rapportent dans leurs hiſtoires eccléſiaſtiques; c'eſt que rien d'important ne devoit être réglé & décerné dans l'égliſe ſans le concours & le conſentement du pontife romain. L'un des motifs ſur leſquels ſe fonda le pape Jules, au rapport des mêmes hiſtoriens, pour condamner un *concile* que les Ariens avoient tenu à Antioche, & qu'ils vouloient faire paſſer pour un *concile général*, fut, non pas parce qu'ils s'étoient aſſemblés ſans convocation de ſa part, mais parce qu'ils ne l'avoient pas invité à leur aſſemblée, au mépris de la diſpoſition des règles eccléſiaſtiques, ſuivant leſquelles on ne devoit rien faire dans l'égliſe ſans ſon aveu.

Ce furent les empereurs qui, dans ces temps, & juſqu'au ſeptième ſiècle, & à la chûte de l'empire, convoquèrent ſeuls les *conciles généraux*.

Loin de regarder l'uſage que ces princes faiſoient en cela de leur puiſſance, comme une entrepriſe ſur les droits de l'égliſe, ou ſur ceux de ſon chef viſible, les pères aſſemblés dans ces *conciles* en ouvrirent preſque toujours les ſéances par les témoignages reſpectueux de la plus vive reconnoiſſance pour le zèle & la piété des empereurs qui en avoient ordonné la tenue. Les ſouverains pontifes eux-mêmes s'empreſſèrent de montrer leur déférence aux ordres des empereurs, en envoyant des députés pour ſe faire repréſenter dans ces aſſemblées, où rarement ils pouvoient aſſiſter en perſonne; ſouvent ils furent les premiers à ſolliciter les ordres des empereurs pour l'aſſemblée & la tenue des *conciles*, comme le fit le pape S. Léon.

Le droit que les empereurs avoient ainſi exercé dans tous les cas, & ſans aucune oppoſition, de convoquer les *conciles* généraux, lorſque les beſoins de l'égliſe paroiſſoient le demander, s'eſt ſoutenu & a conſervé toute ſa force tant que l'empire romain a conſervé lui-même quelques reſtes de ſon ancienne ſplendeur : mais enfin il a été enſeveli ſous les mêmes ruines, & un nouvel ordre de choſes s'eſt établi relativement à la convocation des *conciles généraux*.

Divers états s'étoient formés des débris de l'empire ; un ſeul prince ne donnoit plus des loix à toute la terre ; il n'y en avoit plus qui pût appeller tous les évêques du monde chrétien à une même aſſemblée. Le droit de les y convoquer devoit naturellement, au défaut de ſouverains qui puſſent l'exercer, paſſer au premier des évêques & au chef viſible de l'égliſe. Les papes s'en mirent en effet en poſſeſſion, du conſentement des princes temporels, ou du moins ſans aucune oppoſition de leur part. Ils ſe ſont toujours depuis maintenus dans l'exercice de ce droit, que perſonne au reſte n'auroit pu leur conteſter avec quelque apparence

de juſtice, & ce droit aujourd'hui forme une des prérogatives les plus inconteſtables du ſaint-ſiège.

Les canoniſtes n'en reconnoiſſent pas moins cependant, que, malgré le droit acquis au pape par cette longue poſſeſſion de pouvoir ſeul, dans les circonſtances ordinaires, convoquer les *conciles généraux*, il eſt des conjonctures où le *concile général* pourroit être légitimement aſſemblé ſans le conſentement du pape, & même contre ſon gré & ſa défenſe. Le cardinal Jacobatius, *lib. 3, de conc.* compte quatre cas où les évêques peuvent ainſi s'aſſembler en *concile*, ſoit à la convocation des cardinaux, ſoit à l'invitation & requiſition des princes chrétiens.

Un premier cas eſt celui du ſchiſme entre deux contendans à la papauté, dont aucun n'en ſeroit en poſſeſſion ; le ſecond, celui d'un ſchiſme où les deux contendans ſeroient en poſſeſſion, & refuſeroient réciproquement de convoquer eux-mêmes le *concile* pour rendre la paix à l'égliſe ; le troiſième eſt encore le cas d'un ſchiſme où l'un des contendans ſeroit notoirement intrus : ce ſeroit, dit Jacobatius, à celui qui auroit le droit évidemment le plus apparent à convoquer le *concile* ſans le concours de ſon compétiteur : on le croit ; mais pourquoi ranger ce cas dans la claſſe de ceux où le *concile* peut être convoqué ſans le conſentement du pape, puiſque dans cette hypothèſe ce ſeroit le pape légitime qui convoqueroit le *concile* ? Le quatrième cas, ſelon Jacobatius, ſeroit celui dans lequel un pape deviendroit manifeſtement hérétique, ou fauteur de l'héréſie.

Gerſon tient à-peu-près la même doctrine, & il ajoute deux cas à ceux du cardinal Jacobatius : le premier ſeroit celui où il s'agiroit d'une affaire très-importante pour l'égliſe, qui ne pourroit être terminée que par un *concile général*, & que cependant le pape refuſeroit de l'aſſembler : le ſecond, s'il s'agiſſoit de la perſonne même du pape comme s'il étoit queſtion de le faire renoncer à la papauté, ou, en cas de refus, de le dépoſer pour crimes & pour ſcandales.

La différence entre Jacobatius & Gerſon, c'eſt que, ſuivant le premier, ce ſeroit aux cardinaux de ſuppléer à la négligence ou à l'injuſte refus du pape. Gerſon ſoutient au contraire, & avec bien plus de raiſon ce ſemble, que ce ſeroit aux princes catholiques ; ce qui s'accorde mieux avec l'ancien uſage & avec les principes de la hiérarchie dans laquelle les cardinaux n'ont en leur qualité aucun rang.

Hors ces circonſtances, c'eſt toujours au pape, & à lui ſeul, qu'eſt réſervé le droit, ou du moins la poſſeſſion de convoquer & d'indiquer les *conciles généraux*. On ne regarderoit pas comme légitime celui qui ſe tiendroit ſans cette convocation.

Quelle que ſoit pourtant à cet égard l'autorité du pape, pour l'exercer d'une manière utile & conforme à l'uſage autant qu'aux règles, il faut, avant de convoquer un *concile* général, qu'il en ait communiqué le projet, les causes, les motifs & le lieu aux princes catholiques, & qu'il en ait obtenu le consentement, nommément celui de l'empereur & du roi de France ; car de même qu'il appartient à la puissance spirituelle de décider de la nécessité & de l'utilité des *conciles* généraux, de fixer les objets qui doivent y être discutés, il n'appartient pas moins à la puissance temporelle d'y concourir, en permettant aux évêques de s'y rendre ; les prélats ne pouvant pas plus que les autres sujets, sortir, sans permission, des terres de la domination des princes sous l'empire desquels ils vivent. D'ailleurs, les fruits que l'on attend des *conciles* généraux, dépendant en grande partie du concours & de la faveur des princes, & plusieurs choses pouvant être agitées dans les *conciles* qui regardent les droits des princes & de leurs sujets, & qui doivent influer sur la tranquillité des nations, il est également du bien de l'église & de l'intérêt des princes que ceux-ci soient instruits de la tenue des *conciles*, qu'ils soient invités à ces assemblées, & qu'ils y assistent en personne s'ils le jugent à propos, ou par leurs ambassadeurs & députés, afin d'être informés de tout ce qui s'y passe, & de veiller à ce que rien n'y soit fait contre les règles & contre le bien de leurs états.

Non-seulement les papes doivent obtenir le consentement des princes, spécialement celui de l'empereur d'Allemagne & du roi de France, pour la convocation des *conciles*, ils doivent encore nommer expressément l'empereur & le roi de France dans les bulles d'indiction. Ce privilège accordé à nos rois, tant à raison de la dignité de leur couronne, qu'à cause de leur titre de fils aîné de l'église, est formellement reconnu par les papes. Aussi le roi de France fut-il nommé spécialement dans la bulle de Paul III, pour l'indiction du *concile* de Trente.

Pie IV n'eut pas la même exactitude dans la bulle qu'il donna pour la troisième ouverture du même *concile* : ce pape hautement déclaré contre la France en faveur de l'Espagne, cherchoit à contenter par-là son animosité. Le roi en fit faire des plaintes au pape même par l'évêque d'Angoulême, son ambassadeur, afin, disoit ce prince dans les instructions dont il le chargeoit, « qu'à l'avenir on ne » puisse en user de cette façon, & que ce qui » m'est acquis de tout temps me soit gardé & con- » servé dans son entier ».

Le pape ne crut pas pouvoir se dispenser de donner au moins quelque satisfaction au roi sur cet objet : il répondit à l'ambassadeur, « quant à l'omis- » sion du nom du roi très-chrétien, qu'il n'y avoit » pas fait réflexion, & que les cardinaux à qui il » avoit donné commission de dresser la bulle, » avoient cru qu'il suffisoit de nommer l'empereur » & tous les rois en gros ; que pour lui il ne s'étoit » mis en peine que de l'essentiel, & s'étoit dé- » chargé de tout le reste sur les cardinaux ; qu'au » reste, on ne pouvoit pas toujours avoir l'œil à

» tout ; mais qu'à l'avenir il prendroit garde que » l'on ne fît plus de faute ».

Pie IV exécuta mal cette promesse lors de sa bulle pour la confirmation du *concile* de Trente : il n'y nomma pas le roi de France en particulier, & cette omission a formé depuis un des griefs de la France contre ce *concile*, & l'un des obstacles à ce qu'il fût reçu dans le royaume.

Après avoir vu ce qui regarde la convocation des *conciles* généraux, il faut examiner à qui la présidence en est déférée.

De la présidence des conciles. Il est certain qu'elle appartient de droit aux souverains pontifes, lorsqu'ils assistent en personne aux *conciles*. La primauté de leur siège leur assure incontestablement la première place & la séance d'honneur & de jurisdiction dans toutes les assemblées ecclésiastiques où ils peuvent se trouver.

Il est également certain que depuis long-temps les papes sont en possession de présider aux *conciles* généraux par leurs légats, lorsqu'ils ne peuvent pas s'y rendre eux-mêmes, & cette possession est trop bien établie pour laisser lieu à la moindre contestation : aucun évêque ne seroit admis à prétendre aujourd'hui le contraire.

Mais cette possession des papes est-elle conforme à l'ancien droit, à l'usage de la primitive église ? C'est la seule question à discuter ici.

S'il faut en croire les partisans de la cour de Rome, les papes ont toujours présidé, ou par eux, ou par leurs légats, aux *conciles*. La chose est pour le moins douteuse, si l'on consulte les monumens historiques. Il paroît que la présidence des *conciles* étoit alors dévolue à la dignité des sièges. D'abord il y eut trois grands patriarchats reconnus dans l'église, celui de Rome, celui d'Alexandrie & celui d'Antioche. On y ajouta depuis celui de Constantinople, auquel la protection des empereurs fit adjuger le second rang, & celui de Jérusalem. Les évêques de ces cinq sièges avoient le pas sur tous les autres évêques ; & ils se prenoient entre eux selon la dignité de leurs églises. Cet ordre se suivoit pour la présidence aux *conciles* généraux ; le pape, s'il s'y trouvoit, devoit présider ; à son défaut, ce devoit être le patriarche d'Alexandrie, tant que ce siège conserva le second rang de dignité : lorsque les choses eurent été changées à cet égard, au défaut du pape ce devoit être l'archevêque de Constantinople, puis celui d'Alexandrie, ensuite celui d'Antioche ; & enfin, au défaut & en l'absence des quatre premiers, la présidence devoit être dévolue au patriarche de Jérusalem. C'est du moins ce qui semble résulter de ce que l'histoire nous a conservé sur la tenue des anciens *conciles* généraux.

Le patriarche d'Antioche eut la première place à droite au premier *concile* de Nicée ; ce fut lui, au rapport de Théodore, qui harangua l'empereur au nom du *concile* ; & le pape Félix III, dans une

R 2

lettre à l'empereur Zenon, le nomme le préfident des trois cens dix-huit pères.

Ce fut S. Melèce, auffi patriarche d'Antioche, qui préfida d'abord au premier *concile* de Conftantinople, dont le fiège élevé dès-lors au fecond rang, étoit vacant. S. Melèce mourut, & S. Grégoire de Naziance ayant été élu patriarche de Conftantinople, la préfidence au *concile* lui fut dévolue; & après fon abdication, elle paffa à fon fucceffeur dans le fiège patriarchal. On ne vit point de légats du faint-fiège à ce *concile*, qui n'en fut pas moins reconnu pour *concile* général.

S. Cyrille, patriarche d'Alexandrie, a préfidé certainement au *concile* d'Éphèse; mais étoit-ce en fa qualité de patriarche, ou comme légat du pape? Quelques-uns prétendent que ce fut comme légat du pape. Ce qui les a pu porter à ce fentiment, c'eft que le pape S. Céleftin, ayant d'abord examiné l'affaire de Neftorius à Rome, & condamné fon erreur & fa perfonne, avoit enfuite envoyé ce jugement à S. Cyrille, pour le faire exécuter, & que S. Cyrille en conféquence avoit affemblé un *concile* en Egypte, pour travailler à cette exécution: mais c'eft à quoi fe bornoit la commiffion qu'il avoit reçue du faint-fiège. Toutefois l'affaire de Neftorius ne fe termina pas là; il fallut affembler un *concile* général. L'empereur le convoqua; les pères fe réunirent; le pape ne s'y rendit pas; le patriarche de Conftantinople étoit récufé. L'honneur de la préfidence ne pouvoit être difputé à S. Cyrille; auffi le voit-on par-tout à la tête du *concile*, fans que jamais on lui donne, ou qu'il prenne la qualité de légat du pape. Le pape lui-même écrivit au *concile* affemblé, pour lui annoncer qu'il y envoyoit des légats, au nombre defquels il ne nomme point S. Cyrille. Ces légats arrivèrent à Éphèse pendant que le *concile* fe tenoit encore. S. Cyrille ne continua pas moins d'y préfider; il y foufcrivit le premier en préfence des légats du pape, & fans oppofition ni réclamation de leur part.

Si les légats de S. Léon, pape, préfidèrent au *concile* de Calcédoine, ce ne fut pas en vertu des prérogatives du faint-fiège, mais uniquement parce que tous les patriarches étoient abfens & accufés, ou accufateurs. C'eft ce que S. Léon paroît reconnoître & avouer lui-même. On devoit en effet procéder dans ce *concile* contre les patriarches d'Alexandrie, d'Antioche & de Jérufalem, & le patriarche de Conftantinople y devoit porter fes plaintes contre les auteurs de la mort de S. Flavien, fon prédéceffeur.

Il n'y eut point de légat du faint-fiège au fecond *concile* de Conftantinople; le pape Vigile, qui fe trouvoit alors dans cette ville, ne voulut même prendre aucune part au *concile*, qui n'en a pas moins été reconnu pour *concile* général.

Le patriarche de Conftantinople préfida au troifième *concile* général tenu en cette ville; il étoit affis à la droite de l'empereur, & les envoyés du pape étoient affis à fa gauche.

Sans entrer dans un plus long détail à ce fujet, c'en eft affez pour faire fentir que, dans les premiers fiècles, la préfidence des *conciles* généraux étoit toujours déférée à celui des patriarches qui étoit le plus éminent par la dignité de fon fiège, à moins que des raifons particulières ne le fiffent exclure de la préfidence, comme s'il étoit accufé ou accufateur, ou qu'il ne s'agit des intérêts de fon fiège. Cet ordre étoit le plus conforme à l'efprit & à l'inftitution du gouvernement de l'églife, gouvernement formé fur les principes d'une fage ariftocratie, & confié au corps des évêques & premiers pafteurs en général.

Les malheurs qu'eurent enfuite la plupart des évêques des quatre grands & principaux fièges de l'Orient, de fe laiffer féduire par les héréfies, d'en devenir les fauteurs, quelquefois même les auteurs, fut la première occafion de s'écarter de l'ordre ancien par rapport à la préfidence des *conciles* généraux: on fent combien il eût été peu convenable de laiffer des évêques fufpects, & fouvent convaincus d'erreur à la tête de ces grandes affemblées; & combien il paroiffoit au contraire important de leur oppofer des perfonnes en état de contrebalancer leur autorité par leur crédit; ce que les légats du faint-fiège pouvoient fans doute mieux faire que qui que ce fût: cette confidération acquit une nouvelle force après le fchifme qui divifa, prefque toutes les églifes d'Orient, de la communion de l'églife romaine. Enfin la préfidence aux *conciles* généraux fut affurée pour toujours aux légats du faint-fiège, lorfque les fouverains pontifes fe furent mis en poffeffion de convoquer les *conciles*, comme on l'a ci-deffus expliqué. La préfidence ne fembla plus qu'une fuite de la convocation: ces deux droits ne firent que s'établir de plus en plus à l'aide l'un de l'autre; & l'ufage les a tellement affermis, que l'on ne pourroit plus fe permettre d'y porter la moindre atteinte.

Des perfonnes qui doivent affifter aux conciles. D'abord, il eft conftant & avoué de tout le monde, que tous les évêques ont, par leur caractère, le droit d'affifter aux *conciles*, & qu'ils doivent y être invités, non pas nommément, mais par une convocation générale.

L'hiftoire eccléfiaftique nous apprend que les *conciles* ont toujours été compofés d'évêques. Les évêques font juges de la foi, comme premiers pafteurs; ils ont reçu de Dieu les clefs de la doctrine & de la jurifdiction; le S. Efprit les a établis pour gouverner & conduire l'églife: à cet égard il ne peut y avoir de doute.

C'eft au fujet des prêtres que s'élèvent les plus grandes difficultés en cette matière.

On convient bien unanimement que les prêtres peuvent affifter aux *conciles*, & être préfens aux décifions qu'on y fait; ils ont eu ce droit dans tous les temps & dans toutes les occasions. On voit même qu'ils y avoient une place honorable, & qu'ils y étoient assis avec les évêques, quoique après eux, pendant que le reste du clergé, comme le peuple, demeuroit debout; & cette distinction paroissoit due à la dignité du sacerdoce.

Mais comme on ne peut être présent à une assemblée sans décider & sans porter son suffrage sur les matières proposées, la question reste entière de savoir si les prêtres assistent comme juges, ou simplement comme témoins, ou enfin comme conseils; c'est-à-dire, si dans les *conciles* ils ont voix délibérative comme les évêques, ou s'ils n'ont uniquement que la voix consultative? La discipline de l'église paroît avoir varié sur ce point.

Au premier *concile* de Jérusalem, qui, selon le *concile* de Calcédoine, a servi & doit servir de règle & de modèle à tous les autres, on voit que les prêtres s'assemblerent avec les apôtres pour examiner la question : *convenerunt apostoli & seniores de verbo hoc.* La lettre synodale de ce *concile* est adressée aux fidèles d'Antioche, au nom des apôtres & des prêtres, *apostoli & seniores*; les réglemens qui furent faits dans ce *concile* sont toujours appellés dans les actes des apôtres & des prêtres, *præcepta apostolorum & seniorum.*

On voit par les actes de plusieurs *conciles*, & particuliérement de ceux d'Elvire, en 304; d'Arles, en 314; d'Illyrie, en 375; de Milan, en 389; de Constantinople, en 448; de Brague, en 563; de Tolède, en 745; de Rome, en 853 & 964; de Latran, en 1215; de Lyon, en 1274, que le clergé du second ordre y eut voix délibérative.

Ce droit lui ayant été contesté au *concile* de Constance par quelques particuliers, les cardinaux d'Ailly & de S. Marc en prirent vivement la défense. Le premier y soutint qu'on ne devoit pas refuser la voix délibérative aux docteurs en théologie; que leur autorité a été alléguée dans les *conciles* de Rome; qu'ils y ont souscrit en qualité de juges, & avec voix définitive; & il traite d'ignorans ou d'opiniâtres ceux qui prétendent que la voix définitive n'appartient dans les *conciles* qu'aux évêques & aux abbés.

Le clergé du second ordre ne rencontra pas un défenseur moins zélé de ses droits au *concile* de Basle, dans la personne du cardinal d'Arles, qui y présidoit. Ce cardinal explique d'abord un passage tiré des actes du *concile* de Calcédoine, tenu en 451, où on lit ces termes : *Concilium episcoporum est non clericorum, superfluos foras mittite :* un *concile* est une assemblée d'évêques, & non de clercs; qu'on fasse sortir ceux qui sont sans droit : il fait voir que ces paroles ne sont point une décision du *concile*, mais une exclamation de l'impie Dioscore, qui ne cherchoit qu'à jetter le *concile* dans le trouble, afin de se soustraire lui-même par ce moyen à la condamnation qu'il avoit méritée, & qu'on ne pouvoit ainsi tirer aucune induction de

ce passage contre le droit qu'avoit toujours eu le second ordre du clergé, d'assister, avec voix délibérative, aux *conciles* & aux assemblées ecclésiastiques. Le cardinal d'Arles déclare ensuite que la même chose s'étoit pratiquée au *concile* de Constance; qu'il y avoit vu les inférieurs admis, sans contredit, à la décision des choses les plus difficiles, & qu'on ne devoit pas avoir honte d'imiter ce très-grand, très-saint & très-nombreux *concile* de Latran, dans lequel il est certain que les prêtres avoient jugé avec les évêques.

Cependant, malgré ces autorités & ces exemples, le clergé du second ordre a perdu insensiblement ce droit de voix délibérative, ou du moins l'exercice de ce droit, même en France, quoiqu'il y eût fait plus d'efforts pour s'y maintenir. Sur les contestations élevées à ce sujet dans une assemblée du clergé tenue à Melun, & renouvellée un an après dans un *concile* provincial de Rouen, où les abbés & les députés des chapitres demandoient la voix délibérative, le *concile* consulta le pape Grégoire XIII. La réponse de ce pape fut que les abbés commendataires devoient être réunis avec les abbés réguliers, & que les chapitres des églises cathédrales devoient avoir le pas quand ils procédoient capitulairement; que les abbés devoient avoir voix consultative dans les *conciles*, aussi-bien que les dignités des chapitres, & les procureurs des évêques absens voix délibérative si le *concile* le jugeoit à propos.

Depuis ce temps, le second ordre a cessé d'avoir voix délibérative dans les *conciles* & dans les assemblées, où ses députés ont souvent fait des protestations pour la conservation de leurs droits, mais sans aucuns succès jusqu'à présent. Les efforts qu'ont faits en particulier les chapitres des églises cathédrales, n'ont guère été plus heureux à cet égard. Ils n'ont pu réussir dans plusieurs *conciles* provinciaux, tenus en France depuis le *concile* de Trente, à faire regarder la voix de leurs députés comme délibérative & décisive; souvent même on y a déclaré, conformément à la réponse du pape Grégoire XIII, que leur suffrage n'étoit que consultatif.

Quant aux prêtres qui sont envoyés aux *conciles* comme procureurs des évêques absens, ils ont eu, sans difficulté, voix délibérative jusqu'au *concile* de Trente, où, pour la première fois, on contesta ce droit à des députés des évêques du royaume de Naples. La question n'y fut pas décidée; mais la dispute élevée à ce sujet semble avoir déjà porté quelque atteinte au droit dont ces procureurs avoient joui paisiblement jusqu'alors. On a vu en effet dans la réponse, dont on a parlé ci-dessus, faite par Grégoire XIII, en 1583, au *concile* qui l'avoit consulté, que ce souverain pontife, en réduisant les abbés & les dignités des chapitres à la voix consultative, se contente de dire au sujet des prêtres procureurs d'évêques absens, qu'ils auront voix délibérative si le *concile* le juge à pro-

pos ; ce qui jette une forte d'incertitude & d'obfcurité fur leur droit.

Quoi qu'il en foit, au refte, du genre de voix
que le fecond ordre doit avoir dans les *conciles*,
il eft inconteftable qu'il a toujours eu le droit d'y
affifter.

Les princes chrétiens peuvent auffi fe trouver
aux *conciles* généraux, ou s'y faire repréfenter par
leurs ambaffadeurs ou envoyés : on a ci-devant
obfervé que l'empereur d'Allemagne & le roi de
France y devoient être invités nommément : l'invitation pour les autres eft générale. Les princes ont
toujours joui de ce droit. Souvent les empereurs
ont affifté en perfonne aux *conciles* généraux, &
l'on y a vu d'autres fouverains en différentes circonftances.

C'étoit auffi l'ufage autrefois que les empereurs
fiffent trouver aux *conciles* un ou plufieurs commiffaires de leur part, afin de maintenir la tranquillité, & de faire régner le bon ordre dans ces
nombreufes affemblées, & d'en accélérer la conclufion & la fin. Préfentement ce foin regarde les
préfidens eux-mêmes des *conciles*.

Le droit qu'ont les fouverains & les princes
d'affifter aux *conciles*, ou d'y avoir des ambaffadeurs pour s'y faire repréfenter, ne dérive d'aucune infpection qu'ils aient ou qu'ils prétendent
fur la foi & fur la doctrine de l'églife. Ce n'eft
pas, difoit l'empereur Marcien, aux pères affemblés à Calcédoine ; ce n'eft pas pour faire often-
tation de notre puiffance que nous avons voulu
nous trouver au *concile*, c'eft pour défendre la foi,
à l'exemple du religieux Conftantin ; c'eft afin,
lorfque la vérité fera trouvée, que nous empê-
chions les divifions que les mauvaifes doctrines
font dans la multitude. Les fouverains & leurs
ambaffadeurs font reçus & doivent l'être dans les
conciles, non pour traiter, délibérer & décider des
matières controverfées, mais par un jufte refpect
pour leur dignité, pour concilier leur protection
& leur bienveillance aux *conciles* & à leurs décifions, & pour les mettre en état de veiller à ce
qu'on ne traite & qu'on ne faffe rien de contraire
à leurs intérêts, ni à ceux de leurs peuples.

*Des objets des conciles, & de la forme dans laquelle
ils font traités.* Les *conciles* ainfi formés, on procède à la difcuffion & à la décifion des points qui
ont été l'objet de la convocation des *conciles*.

Quoiqu'il foit d'un ufage conftant & d'une difcipline généralement obfervée, que les préfidens
des *conciles* y propofent les queftions qui doivent
s'y traiter, les évêques qui y affiftent ont toujours
eu le droit d'y propofer ce qu'ils jugeoient convenable, & d'exciter l'affemblée du *concile* à délibérer fur ce qu'ils avoient propofé. On en trouve
plufieurs exemples dans les *conciles* de Sardique & de
Carthage, où non-feulement les préfidens, mais
des évêques particuliers ont fouvent propofé des
ujers de délibération.

On voit même que, dans la première feffion du

concile de Trente, fous Pie IV, les évêques ne
trouvèrent pas bon que les légats fe fuffent fervis
de cette formule jufqu'alors inconnue, *proponenti-
bus legatis* ; & que plufieurs d'entre ces évêques
demandèrent que cette formule fût fupprimée comme
nouvelle, & contraire au droit & à la poffeffion
où étoient les évêques de propofer aux *conciles*
les chofes qu'ils jugeoient utiles & néceffaires au
bien de l'églife. Les légats furent obligés d'expliquer leur formule, & de déclarer par un acte
exprès, inféré dans les pièces du *concile*, qu'ils
n'avoient point entendu, & n'entendoient point par
cette formule préjudicier en rien à ce qui s'étoit
fait jufques-là, non plus qu'au pouvoir légitime
des évêques.

On ne devroit toutefois traiter aux *conciles*, &
y décider d'autres matières que celles pour lefquelles
ils font particulièrement affemblés. Les évêques
députés par les provinces n'ont en effet, pour l'ordinaire, de procuration, que pour l'affaire dont on
a été averti avant la députation. C'eft fur cette
affaire qu'ils ont particulièrement à s'inftruire & à
recueillir le fuffrage de leurs églifes pour le porter au *concile* général. Auffi le pape S. Léon, en
refufant d'approuver ce qui s'étoit fait en faveur
du fiège patriarchal de Conftantinople au *concile* de
Calcédoine dont il adoptoit toutes les autres décifions, fe fonde uniquement, pour motiver fon refus dans fa lettre à l'empereur Marcien, fur ce
que le *concile* n'avoit été affemblé que pour traiter les queftions de foi qui regardoient Diofcore
& Eutichès, & non pour traiter de l'établiffement
d'un fiège patriarchal à Conftantinople, & de la
prééminence de ce nouveau fiège fur les anciens.

Cependant, fi l'on s'attachoit à cette règle à la
rigueur, on s'expoferoit à porter atteinte à tout
ce qui auroit été défini & décidé dans les *conciles*,
hors la principale queftion pour laquelle ils auroient été affemblés ; ce qui ébranleroit une grande
partie de leurs définitions. Ce feroit encore gêner
trop la liberté des évêques, que de vouloir les
reftraindre à ne traiter que la feule matière pour
laquelle ils font affemblés, & priver d'ailleurs
l'églife des fages réglemens que font les *conciles*,
fuivant les befoins & les circonftances.

Toute jufte que paroît la règle propofée, c'eft
à la prudence même des *conciles* qu'il eft réfervé
de juger des cas où l'on peut s'en écarter fans inconvénient & fans trouble. Le célèbre *concile* de
Nicée en a donné le premier exemple. Il avoit
été uniquement convoqué pour condamner l'héréfie d'Arius, & pour terminer le différend fur la
célébration de la pâque. Néanmoins, après avoir
difcuté & terminé ces queftions principales, il fit
vingt canons qui furent reçus avec la plus grande
vénération, & que S. Léon a regardés comme
autant de loix refpectables qui devoient être obfervées, fans aucun changement, jufqu'à la fin du
monde, & auxquelles il n'étoit pas permis de rien
ajouter ou retrancher.

Lorsque les matières ont été suffisamment examinées & débattues dans les *conciles*, il faut en venir à la définition : pour cela, il a toujours été d'usage de recueillir les voix par tête, & de compter les suffrages de tous les évêques présens. On ne s'est écarté de cet usage qu'au concile de Constance, & pour des raisons particulières. Les voix y furent données & comptées par nations. Plusieurs des pères, assemblés au *concile de Trente*, auroient fort souhaité que l'on y eût suivi cet exemple, à-cause du grand nombre d'évêques italiens que les papes y avoient envoyés, en érigeant même pour cet effet plusieurs sièges nouveaux, afin de se conserver par-là la prépondérance dans le *concile*, & que le nombre des évêques italiens surpassât celui de tous les autres évêques : cependant, malgré les plaintes & les efforts des prélats françois & espagnols, on observa dans ce *concile* la même discipline qu'on avoit pratiquée dans les *conciles* précédens. Les voix y furent comptées, non par nation, mais par le nombre des évêques qui y assistoient. Il peut sans doute y avoir des inconvéniens dans cette manière ; car où n'en trouve-t-on pas ! Mais elle est la plus conforme à ce qui s'est toujours pratiqué dans les *conciles*, tant généraux que particuliers.

Après que les *conciles* avoient terminé leurs délibérations & conclu leurs décisions, on envoyoit des copies authentiques de leurs actes aux évêques des grands sièges, s'ils n'y avoient pas assisté, surtout aux patriarches, & spécialement aux souverains pontifes. C'étoit d'abord pour leur en faire connoître exactement les décisions, & non pour donner l'autorité à ces décisions elles-mêmes, puisqu'on tenoit à cet égard la même conduite envers les autres patriarches qu'envers le pape, & que personne cependant n'a jamais prétendu que les *conciles* généraux eussent besoin d'être confirmés par les patriarches de Constantinople, d'Alexandrie, d'Antioche & de Jérusalem, pour avoir toute leur force & toute leur autorité.

Aussi n'est-il point parlé de confirmation des *conciles* par les papes avant les *conciles* d'Afrique contre les Pélagiens : les pères de ces deux *conciles* demandèrent au pape Innocent I l'approbation de ce qu'ils avoient fait contre Pélage, & le prièrent de joindre son autorité à la leur, pour détruire cette nouvelle hérésie. On ne peut douter en effet que l'autorité du saint-siège ne dût ajouter un grand poids à ces *conciles*, & rendre leurs décisions plus vénérables.

Le *concile de Calcédoine* suivit cet exemple ; il demanda au pape S. Léon la confirmation de tout ce qui s'y étoit passé, quoique ce souverain pontife y eût assisté par ses légats. Les sixième & septième *conciles* généraux ont tenu la même conduite ; le *concile de Constance* & celui de Trente ont aussi depuis fait la même chose. Trois évêques s'opposèrent néanmoins dans ce dernier *concile*, à ce que cette confirmation fût demandée. Ils la re

gardoient au moins comme superflue & comme contraire, en quelque sorte, à l'autorité des *conciles*.

Des docteurs ultramontains en ont effectivement conclu que cette confirmation étoit tellement nécessaire, que les *conciles* en tiroient toute leur vigueur & leur force, & que toute l'autorité des *conciles* procédoit de celle du pape, qui, en qualité de supérieur, en fixoit & en autorisoit les décisions.

Mais cette induction seroit fausse, même à l'égard des *conciles* provinciaux & nationaux, &, à plus forte raison, à l'égard des *conciles* généraux. Lorsque les *conciles* nationaux ou provinciaux ont demandé la confirmation des souverains pontifes, ce n'est pas que ces assemblées doutassent de leur autorité ; elles vouloient seulement, comme s'en expriment les pères des *conciles* d'Afrique, engager les papes à joindre leur autorité à celle des *conciles*, non pour valider ce qui de soi-même avoit déjà sa force, mais pour ajouter une nouvelle force à celle qu'ils avoient par eux-mêmes. Demander aux papes la confirmation, c'étoit, de la part de ces *conciles*, prier les souverains pontifes d'examiner les mêmes questions, d'en porter leur jugement, & d'adhérer à celui du *concile* s'ils l'approuvoient.

La confirmation des *conciles* généraux n'a point & ne peut avoir le même objet. Elle n'a été introduite que pour représenter l'uniformité & l'acceptation de toutes les églises, particulièrement de celle de Rome qui a toujours été regardée comme la mère, le centre & le lien de toutes les autres. Ce n'est point par forme de revision des décisions prononcées par le *concile*, que le pape procède alors ; il ne lui reste qu'à examiner les formes qu'on y a observées, & qu'à soumettre à ces décisions, s'il y reconnoît les caractères que doit avoir un *concile* général. C'est sur ces maximes que le pape S. Grégoire-le-grand protestoit qu'il respectoit les quatre premiers *conciles* généraux comme les quatre évangiles, & qu'il n'avoit pas moins de vénération pour le cinquième. C'étoient les seuls qui s'étoient tenus jusqu'à son temps. Les papes ne confirment donc pas les *conciles* généraux en jugeant après les *conciles*, mais en acceptant les jugemens & décisions prononcés par les *conciles* généraux.

Ces augustes assemblées sont le tribunal suprême, le seul tribunal reconnu généralement pour infaillible dans l'église. Ils la représentent seuls ; c'est en son nom qu'ils enseignent, qu'ils décident, qu'ils jugent ; c'est à ce tribunal que J. C. a renvoyé S. Pierre lui-même, quand il dit à son apôtre : *si votre frère a péché contre vous, reprenez-le entre vous & lui ; s'il ne vous écoute pas, prenez avec vous une ou deux autres personnes ; s'il ne veut pas vous écouter, dites-le à l'église ; & s'il refuse d'écouter l'église, regardez-le comme un païen & comme un publicain.* C'est à ce tribunal que le chef des apôtres a toujours déféré la décision des choses & des questions importantes. Les papes les plus distingués par leurs

lumières & leur piété, ont souvent reconnu la néceffité d'affembler des *conciles* généraux, & l'obligation où ils étoient de s'y foumettre. Les *conciles* de Conftance & de Bafle en ont fait des définitions expreffes. Toujours fidellement & fermement attachée à la foi & à la doctrine des pères, l'églife gallicane a marqué le plus grand zèle pour la conferver entières fur ce point. Voici comme elle s'en explique dans les articles 2, 3 & 4 de la célèbre déclaration de 1682. « 2°. Que la plénitude de puiffance que le faint-fiège apoftolique & » les fucceffeurs de S. Pierre, vicaires de J. C., » ont fur les chofes fpirituelles, eft telle néanmoins » que les décrets du faint *concile* œcuménique de » Conftance, contenus dans les feffions IV & V, » approuvés par le faint-fiège apoftolique, & con- » firmés par la pratique de toute l'églife & des » pontifes romains, & obfervés de tout temps » religieufement par l'églife gallicane, demeurent » dans leur force & vertu, & que l'églife de » France n'approuve pas l'opinion de ceux qui » donnent atteinte à ces décrets, ou les affoibliffent » en difant que leur autorité n'eft pas bien éta- » blie, qu'ils ne font point approuvés, ou que » leurs difpofitions ne regardent que les temps du » fchifme.
» 3°. Qu'ainfi il faut régler l'ufage de la puiffance » apoftolique par les canons faits par l'efprit de » Dieu, & confacrés par le refpect général de » tout le monde; que les règles, les mœurs & » les conftitutions reçues dans le royaume & dans » l'églife gallicane doivent avoir leur force & vertu, » & que les ufages de nos pères doivent demeu- » rer inébranlables; qu'il eft même de la grandeur » du faint-fiège apoftolique que les loix & les cou- » tumes établies du confentement de ce fiège & » des églifes, aient l'autorité qu'elles doivent » avoir.
» 4°. Que, quoique le pape ait la principale » autorité dans les queftions de foi, & que fes » décrets regardent toutes les églifes & chaque » églife en particulier, fon jugement n'eft pas irré- » formable fi le confentement de l'églife n'in- » tervient ».
Ainfi point d'autorité dans l'églife qui puiffe contrebalancer l'autorité du *concile* général, ou concourir feulement avec elle, parce que l'autorité du *concile* n'eft autre chofe que celle de l'églife elle-même, à laquelle tout doit être foumis dans l'ordre des chofes fpirituelles.
Il peut s'élever des doutes fur *l'œcuménicité* d'un *concile*, comme il s'en eft élevé au fujet du cinquième *concile* général, que bien des églifes ont refufé long-temps de reconnoître; & pendant ce temps de trouble & d'obfcurité, on n'eft pas coupable pour n'être pas foumis aux décifions de ce *concile*; car ce n'eft pas fon autorité qu'on attaque, on ne difpute que de fa qualité, on eft prêt à refpecter celle-là dès que celle-ci fera conftante.
L'autorité des *conciles* généraux peut s'exercer fur des objets relatifs à la foi, ou fur des matières de difcipline. Par rapport à ce qui concerne, foit la doctrine des églifes, foit les dogmes de la foi, les décifions des *conciles* généraux, dès le moment où leur œcuménicité eft reconnue, obligent tous les fidèles de quelque rang, qualité & condition qu'ils puiffent être. Il n'eft plus permis à perfonne d'examiner, de difcuter les points une fois ainfi définis. Il ne refte qu'à fe foumettre en conformant fon jugement à celui de l'églife.
Il faut obferver néanmoins que tout ce qui eft dit par un *concile* général ne devient pas une règle de foi, un article de notre croyance. Ces caractères ne conviennent, & notre foumiffion de cœur & d'efprit n'eft due qu'à ce qui forme les définitions proprement dites, c'eft-à-dire à ce que l'églife nous ordonne, ou nous défend précifément de croire fous peine d'anathème: mais les preuves, les raifonnemens dont les *conciles* fe fervent pour appuyer leurs décifions, tout refpectables qu'ils font, ne forment point des objets de croyance. On peut fans blâme, & fans témérité, en contefter la folidité ou la juftefle. L'églife n'eft infaillible qu'en jugeant, & elle ne juge point encore tant qu'elle ne fait qu'expofer les moyens & développer les preuves. Le jugement confifte proprement & uniquement dans ce qui forme la définition, & qui, pour l'ordinaire, eft renfermé dans des canons. La définition peut être vraie, quoique appuyée fur des preuves fauffes & peu juftes; & elle l'eft toujours lorfque c'eft l'églife qui définit, puifque J. C. a promis d'être toujours avec elle quand elle enfeigneroit en fon nom, & de ne permettre jamais que les portes de l'enfer prévaluffent contre elle, ni que l'erreur pût y dominer.
Quant aux réglemens que les *conciles* même généraux, font fur ce qui concerne la difcipline, on ne doit pas douter que l'efprit faint ne dirige l'églife à cet égard comme dans tout le refte. Cependant, & d'après les règles & les décifions des *conciles* généraux eux-mêmes, ces réglemens n'ont point la même force que les définitions dogmatiques. Celles-ci, comme on vient de le dire, obligent par elles-mêmes tout le monde. Il n'en eft pas de même des réglemens de difcipline: les *conciles*, furtout les *conciles* généraux, ont certainement le droit d'en faire; mais, fuivant les difpofitions du *concile* général de Nicée, & de plufieurs autres, les églifes particulières ont auffi le droit de conferver leurs anciens ufages & leurs libertés, & de ne rien admettre qui n'y foit conforme. Suivant les maximes du droit commun, les princes chrétiens, comme protecteurs des églifes de leurs états, ont droit de veiller à la confervation de l'ancienne difcipline, & de maintenir les ufages anciens. Il n'y doit être fait aucun changement que de leur confentement, & avec leur autorifation. Les réglemens fur la difcipline, faits par les *conciles* généraux, n'ont de force & n'obligent dans ce royaume & dans les autres états qu'après qu'ils ont été adoptés par les

les églifes nationales, & revêtus du fceau de l'autorité des fouverains.

Cette vérité a folemnellement été reconnue par le *concile* de Bafle. Les pères de ce *concile* adreffèrent au roi de France les réglemens qu'ils avoient dreffés, en le priant de les faire publier & fuivre dans fes états. En conféquence, le roi convoqua l'affemblée des états à Bourges. Les réglemens envoyés par le *concile* y furent examinés. On en retrancha les articles qui parurent contraires à nos ufages; on en modifia d'autres; &, d'après le réfultat de cette difcuffion, fut dreffée la pragmatique fanction, pour être publiée, obfervée & fuivie dans le royaume.

Cette même vérité n'eft pas moins formellement atteftée par les efforts multipliés & redoublés que les fouverains pontifes n'ont ceffé de faire depuis la tenue du *concile* de Trente, pour obtenir de nos rois qu'ils fiffent publier en France les décrets fur la réformation, dreffés en ce *concile*. Le clergé de France a fouvent joint pour cet effet fes très-humbles prières aux vives inftances des papes. La trop grande oppofition entre la plupart des difpofitions de ces décrets & les ufages, maximes, franchifes & libertés de l'églife gallicane, a toujours empêché nos fouverains de déférer aux demandes des papes à ce fujet, & aux follicitations du clergé. Ils fe font contentés de faire inférer dans leurs ordonnances ceux des articles de la réformation prefcrite par le *concile*, qu'ils ont jugé pouvoir fe concilier avec la difcipline & les maximes du royaume; & ces articles feuls ont force de loi parmi nous. Dans prefque tous les autres états catholiques dont les fouverains ont cru devoir y faire publier le *concile* de Trente, les édits pour cette publication & les enregiftremens pour ces édits ont apporté quelques reftrictions, ou quelques modifications aux réglemens de ce *concile*. Quelque peine qu'en aient reffenti les fouverains pontifes, jamais ils n'ont condamné ni le refus de la France, ni les modifications & les reftrictions des autres pays; & à cet égard, ils n'ont jamais agi que par voies de prières, de follicitations & de recommandations.

On voit par-là quelle différence il faut mettre entre les décrets fur la foi, & les canons fur la difcipline qui font faits dans les *conciles* généraux. Les premiers ne laiffent point d'examen à faire; ils obligent indépendamment de toute acceptation. Les églifes nationales & les états particuliers ne font foumis aux feconds qu'autant qu'ils les adoptent & les reçoivent; & la diverfité qui peut en réfulter pour la difcipline entre les églifes, ne nuit point à l'unité de la foi qui doit les réunir, & n'en faire qu'un même tout.

Après ce détail fur les *conciles* généraux, il faut voir en peu de mots ce qui concerne les *conciles* nationaux & les *conciles* provinciaux.

— *Des conciles nationaux.* Ils fe forment par l'affemblée des évêques de toutes ou prefque toutes les provinces d'un royaume ou d'un état. L'antiquité nous en offre beaucoup d'exemples dans les célèbres *conciles* d'Afrique, des Gaules & d'Efpagne. Ils ont été affez fréquens en France fous la première & feconde race de nos rois. Il y en a eu encore quelques-uns depuis, mais moins fréquemment; & depuis long-temps il ne s'en eft point tenu auquel on puiffe donner ce nom. Quoique bien inférieurs pour l'autorité aux *conciles* généraux, ces *conciles* ont toujours infpiré une grande vénération, & leur fuffrage a toujours paru très-confidérable. On en peut juger par le refpect qu'on a, dans tous les temps, témoigné pour les décifions & réglemens portés dans ces *conciles*, & que les *conciles* généraux ont eux-mêmes fouvent adoptés.

La convocation de ces *conciles* n'a jamais été regardée comme une chofe réfervée aux papes. On ne voit rien dans les actes de ces *conciles* qui annonce qu'on ait cru avoir befoin de l'agrément des fouverains pontifes pour les affembler. C'étoient les patriarches, les primats qui en faifoient la convocation, du confentement exprès ou préfumé des princes chrétiens. Car ce confentement a toujours été néceffaire pour autorifer les évêques à fe réunir en corps. En France, ce font prefque toujours nos fouverains eux-mêmes qui ont convoqué les *conciles* nationaux du royaume; ils en ont inconteftablement le droit, comme protecteurs & gardiens des droits, franchifes & libertés de l'églife & du royaume de France. Prefque tous les *conciles*, dont les actes ont été confervés, offrent la preuve de l'exercice que nos rois ont fait de leur pouvoir à cet égard; prefque tous portent qu'ils fe font affemblés par les ordres des princes qui gouvernoient alors l'état; & à quel autre, mieux qu'au fouverain, pouvoit appartenir le droit de convoquer & d'affembler les évêques qui vivoient fous fa domination?

Ainfi, lorfqu'enfuite ces *conciles* envoyoient aux papes leurs actes pour en demander la confirmation, il faut bien prendre garde, comme on l'a déjà obfervé, que cette confirmation n'étoit pas demandée pour autorifer la tenue de ces affemblées, valables certainement, & légitimes par elles-mêmes : on ne vouloit que donner une force nouvelle aux décifions portées par ces *conciles*, en ajoutant au poids de leur jugement l'autorité du jugement du faint-fiège; ce qui préfente une forte d'approbation, d'adhéfion aux définitions faites, plutôt qu'une confirmation proprement dite.

A l'égard de la préfidence dans les *conciles* nationaux, elle étoit déférée, ou felon la dignité des fièges, lorfque dans l'étendue des provinces dont les évêques fe raffembloient, il y avoit quelque fiège à qui la prééminence étoit attachée; ainfi les patriarches dans leur patriarchat; les exarques, titre qu'on donnoit aux évêques de Céfarée en Cappadoce, d'Ephèfe & d'Héraclée, dans leurs exarchats; les primats dans leurs primaties, avoient de droit la préſidence, ou bien elle étoit déférée à l'ancienneté de l'ordination. Quelquefois on l'accordoit à la qualité de légats du ſaint-ſiège. Les archevêques d'Arles l'eurent long-temps à ce titre, qui reprit une nouvelle faveur, & fut fort en uſage dans les onzième, douzième & treizième ſiècles, après quoi on revint encore à l'ancienne coutume de tenir les *conciles* nationaux ſans le concours des légats du pape.

En France, la préſidence étoit anciennement déférée au plus ancien des métropolitains, & cet ordre ſubſiſta juſqu'au temps où les papes donnèrent la qualité de légats du ſaint-ſiège aux archevêques d'Arles. Ceux-ci, en cette qualité, préſidèrent ſouvent aux *conciles* nationaux. Cependant, durant le temps même de cette légation, on voit d'autres évêques préſider à des *conciles*. La légation fut accordée par le pape Symmaque à S. Céſaire, archevêque d'Arles en 514, pour terminer les fréquentes conteſtations qui s'élevoient au ſujet de la préſidence entre les archevêques de Vienne & de Narbonne. Cette même légation fut, à la prière de nos rois, confirmée par les papes à tous les ſucceſſeurs de S. Céſaire, comme il paroît par les lettres des papes à S. Céſaire lui-même, à Arcadius, à Aurélien, à Sapandus & à Virgilius, qui tous ſe ſuccédèrent les uns aux autres dans le ſiège d'Arles; & ce fut en conſéquence de la continuation ou confirmation de ce privilège, que Sapandus préſida au ſecond *concile* d'Arles en 554, à celui de Paris en 555, & à celui de Valence en 584.

Mais pendant le même temps on voit Probus, archevêque de Bourges, préſider, en 557, au troiſième *concile* de Paris; Philippe, évêque de Vienne, au ſecond de Lyon, en 567; Euphronius de Tours au ſecond *concile* de cette ville, en la même année; & Anchorius à celui d'Auxerre, en 578.

L'archevêque de Lyon jouit en France du droit de primatie, & prétend, comme un privilège de ſon ſiège, au droit de préſider au *concile* de la nation. Les exemples que l'on vient de citer, prouvent que ce privilège n'a pu s'établir que vers la fin du ſixième ſiècle. On trouve, & c'eſt peut-être ici l'origine de la prétention des archevêques de Lyon, qu'en 585, Priſcus, évêque de Lyon, préſida au ſecond *concile* de Mâcon, où ſe trouvèrent après lui, outre les évêques, cinq autres métropolitains, ceux de Vienne, de Sens, de Rouen, de Bordeaux & de Bourges. Ce *concile*, qui étoit comme national, ordonna que tous les cinq ans on en tiendroit un ſemblable, & que l'évêque métropolitain de Lyon l'indiqueroit après être convenu avec le roi du lieu de l'aſſemblée. Candéricus, évêque de Lyon, préſida, en 650, au *concile* de Châlons; c'eſt apparemment ce qui établit inſenſiblement le droit des évêques de Lyon, qui, depuis ce temps-là, préſidèrent ſouvent aux *conciles* nationaux. Leur poſſeſſion a pourtant été ſouvent interrompue, & n'a jamais été reconnue par les

aſſemblées du clergé de France, où, par cette raiſon, les archevêques de Lyon ont ſouvent fait difficulté d'aſſiſter, ou n'ont aſſiſté qu'en proteſtant pour la conſervation de leur droit.

Si l'occaſion ſe préſentoit de tenir un *concile* national dans le royaume, ce ne ſeroit pas une petite difficulté que d'en régler la préſidence; l'embarras ſeroit augmenté par les prétentions qui paroiſſent aſſez légitimes de la part de tous les métropolitains, d'avoir la préſéance & la préſidence aux aſſemblées eccléſiaſtiques qui ſe tiennent dans leurs provinces. Peut-être ſeroit-on obligé, pour pouvoir paſſer outre, de s'en tenir à quelque diſpoſition proviſoire, ſans préjudice des droits des parties au fond.

Les *conciles* nationaux ſe forment, comme les *conciles* généraux, par les députations que font les différentes provinces eccléſiaſtiques, & les pouvoirs qu'elles donnent à leurs députés. Ce que l'on a dit des prêtres au ſujet des *conciles* généraux, doit également s'appliquer ici.

Il eſt hors de doute que les *conciles* nationaux peuvent faire des décrets ſur la foi, & des réglemens ſur la diſcipline: il ne faut, pour s'en convaincre, que lire les actes qui nous reſtent des anciens *conciles*, tenus dès les premiers ſiècles de l'égliſe.

Mais les décrets portés dans ces *conciles* ſur la foi ne deviennent la règle invariable & infaillible de notre croyance, qu'autant qu'ils ſont acceptés par le conſentement au moins tacite de toute l'égliſe, à laquelle ſeule il appartient de déclarer & de propoſer les articles de foi; & c'eſt pourtant par cette voie que la plupart des héréſies ont été étouffées & proſcrites. S. Auguſtin ne balança pas même à prononcer contre les Pélagiens que la cauſe étoit finie depuis que Rome avoit ſolemnellement approuvé & confirmé les condamnations prononcées contre eux dans les *conciles* d'Afrique, & que mal-à-propos ils demandoient encore à être entendus dans un *concile* général; qu'il ne falloit pas, pour l'opiniâtreté d'un petit nombre d'hommes convaincus manifeſtement d'erreur, troubler le repos de toutes les égliſes. C'eſt qu'en effet toute l'égliſe applaudiſſoit à la condamnation de Pélage & de Celeſtius. Au contraire, quoique Arius eût été condamné dans le *concile* national de l'Egypte, préſidé par le patriarche d'Alexandrie, & que le ſaint-ſiège eût approuvé cette condamnation, les progrès qu'avoit fait l'impiété arienne, le nombre de partiſans qu'elle s'étoit attirés, & le trouble qui en réſultoit dans toute l'égliſe, firent alors regarder comme indiſpenſable la tenue d'un *concile* général; & ce fut à cette occaſion que fut convoquée la première & la plus célèbre de ces aſſemblées.

Quant aux réglemens de diſcipline faits dans les *conciles* nationaux, ils ont toujours paru mériter un grand reſpect, & ſouvent l'égliſe univerſelle s'eſt empreſſée de les adopter & de les faire paſſer dans le corps de ſes canons. Ces réglemens n'ont cependant par eux-mêmes de force que dans la nation, ou l'état dont les prélats se sont assemblés; & cette force encore, ils ne l'ont pleinement qu'après qu'ils ont été approuvés par les souverains, & revêtus du sceau de l'autorité publique. Les *conciles* nationaux tenus en France ont bien senti l'importance & la nécessité de cette autorisation; on peut en juger par le soin qu'ils ont toujours eu de la solliciter. Nos rois ont aussi toujours montré le plus grand empressement pour soutenir, par leur autorité, ce que les *conciles* avoient réglé pour le bien commun.

Des conciles provinciaux. Après les *conciles* nationaux viennent les *conciles* provinciaux, c'est-à-dire ceux qui se forment par l'assemblée des évêques d'une province ecclésiastique, sous le métropolitain leur chef; & en cas de vacance du siége de la métropole, ou d'empêchement du côté du métropolitain, sous le plus ancien des évêques de la province à qui la présidence est alors dévolue, à moins que, par un usage ou statut particulier, elle ne soit déférée à quelque autre.

Il faut appliquer avec proportion aux *conciles* provinciaux ce que l'on vient de dire des nationaux, quant aux décrets sur la foi & aux réglemens sur la discipline. Les *conciles* provinciaux peuvent incontestablement en faire aussi-bien que les *conciles* nationaux : car, comment disputeroit-on à ces *conciles* un droit qu'on ne peut refuser à chaque évêque pour son diocèse ? Mais on sent bien que les décrets sur la foi portés dans ces *conciles*, ont encore moins le caractère de jugement définitif & irréformable que ceux des *conciles* nationaux. Ces décrets forment des préjugés, des autorités bien respectables; mais ils ne peuvent être regardés comme une décision précise & formelle. La force des réglemens que les mêmes *conciles* font sur la discipline, ne s'étend pas au-delà des limites de leur province, & il est d'ailleurs nécessaire qu'ils soient revêtus du sceau de l'autorité souveraine. C'est un soin qu'ont pas négligé les pères des derniers *conciles* provinciaux tenus en France.

Reste à voir en quel temps ils devroient s'assembler, & à qui il appartient de les convoquer.

La difficulté de réunir tous les évêques du monde chrétien, ou même ceux d'une seule nation, n'a guère permis de fixer un terme certain pour la tenue des *conciles* généraux, ou seulement nationaux; & si quelquefois, comme dans les *conciles* de Pise, de Constance & de Basle, on a cru devoir indiquer le temps de la tenue du prochain *concile*, presque jamais les circonstances ne se sont conciliées avec l'indication faite. La proximité des évêques d'une même province laissoit bien plus de facilité & de liberté de les assembler. Aussi voit-on que les *conciles* provinciaux se tenoient très-fréquemment; il étoit même passé en usage & en règle qu'ils se tinssent au moins une fois l'année.

C'est la disposition du deuxième canon du *concile*, tenu en 533 à Orléans; *ut metropolitani singulis annis comprovinciales suos ad concilium evocent;* elle est renouvellée au canon 3 du troisième *concile* tenu l'année suivante en la même ville. On la retrouve dans les capitulaires de Charlemagne, qui ordonna l'exécution des anciens canons à ce sujet; on voit même que le *concile*, tenu à Savonières en 849, arrête que les souverains seront conjurés d'employer leur autorité pour faire maintenir cette ancienne & précieuse discipline.

Dans la suite, il fut résolu qu'on ne tiendroit plus les *conciles* provinciaux que tous les trois ans. C'est la disposition du *concile* de Trente.

L'édit de Melun, *art.* 1, en ordonnant la tenue des *conciles* provinciaux tous les trois ans, conformément à la discipline qui s'étoit depuis établie, confirme aussi les métropolitains dans le droit de les convoquer. Voici ce qu'il porte : *Admonestons les archevêques & métropolitains de notre royaume, & néanmoins leur enjoignons de tenir les conciles provinciaux dans les six mois prochainement venans, & dorénavant de trois ans en trois ans, en tel lieu de leurs provinces qu'ils jugeront être plus propre & plus convenable pour cet effet, pour pourvoir à la discipline & correction des mœurs, & direction de la police ecclésiastique, & institution des écoles, selon la forme des statuts & décrets. Défendons à tous nos juges d'empêcher directement ou indirectement la célébration desdits conciles, & leur enjoignons de tenir la main à l'exécution des ordonnances & décrets d'iceux, sans que les appellations comme d'abus de ce qui sera ordonné auxdits conciles, pour la correction & discipline ecclésiastiques, ait aucun effet suspensif.*

Les assemblées du clergé de France, tenues depuis celle de Melun, ont toutes renouvellé leurs vœux pour l'exécution pleine & entière de cet article. Celle de 1625, à laquelle présidoit le cardinal de Sourdis, dans la séance du mardi 3 juin, après avoir observé qu'il n'y avoit point de plus puissans moyens pour la conservation de la discipline ecclésiastique, & pour la maintenir dans sa perfection, que l'indiction des *conciles* provinciaux, résolut, pour plus utilement travailler à ces *conciles*, de recourir au roi, & de le supplier très-humblement d'accorder des lettres-patentes, par lesquelles il ordonneroit que ses officiers tinssent la main à l'exécution des décrets.

On retrouve les mêmes sentimens dans l'assemblée tenue à Pontoise en 1670. Dans les remontrances qu'elle fit au roi, le jeudi 2 octobre, M. le Tellier, coadjuteur de Rheims, qui portoit la parole au nom du clergé, représenta la célébration des *conciles* provinciaux comme l'abrégé des moyens dont on pouvoit se servir pour faire revivre la pureté & la discipline. Après avoir dit que par ces saintes assemblées la foi a fleuri dans l'église, que la régularité & la discipline avoient triomphé de la licence & de la corruption, & que la censure avoit corrigé les mauvaises mœurs dans le clergé & dans le peuple, il demanda, au nom du clergé, d'exécuter ce que les ordonnances lui commandent à ce fujet. Le procès-verbal de l'affemblée de 1700 préfente un difcours à-peu-près femblable, & dans le même fens, prononcé par M. Henri de Nefmond, évêque de Montauban.

Nos rois fe font toujours empreffés de favorifer en ce point l'obfervation & l'exécution de la difcipline ancienne, & les vœux de leur clergé. On a déjà vu la difpofition de l'article 1 de l'ordonnance de Melun : voici ce que porte l'article 6 de celle de 1610. « Pour la réformation des mœurs » & direction de la juftice & difcipline eccléfiaftique, » le clergé a reconnu & jugé très-néceffaire de faire » très-étroitement & religieufement obferver les » faintes & falutaires réformations & conftitutions » des conciles provinciaux des derniers temps en » diverfes provinces du royaume, & même de » renouveller & continuer lefdits conciles en chaque » province d'an en an pour l'avenir, au moins » pour quelques années, & jufqu'à un meilleur » ordre établi . . . . & fuivant & conformément aux » ordonnances de Blois & de Melun, admonefte » les archevêques & évêques de tenir les conciles » provinciaux de trois en trois ans, ayant néan- » moins bien agréable qu'ils les affemblent & » tiennent auffi fouvent, & autant de fois qu'ils » jugeront en être befoin, pour remettre l'ancienne » difcipline de l'églife, & corriger les mœurs » eccléfiaftiques foumifes à leur jurifdiction, en y » procédant avec les formes ordinaires & accou- » tumées ; & pour l'exécution d'une fi bonne » œuvre, enjoint aux officiers du roi d'y tenir » la main, & de les affifter quand ils en feront » requis ». Cette ordonnance fut enregiftrée au parlement de Paris, avec cette modification feulement que les archevêques & évêques ne pourroient faire leurs affemblées & conciles provinciaux que de trois en trois ans.

Par une autre déclaration du 16 avril 1646, « le roi admonefte & exhorte les archevêques & » métropolitains de tenir les conciles provinciaux » au moins de trois en trois ans, en tel lieu de » leur province qu'ils connoîtront être plus propre » pour cet effet, afin de pourvoir à la difcipline » & correction des mœurs, & direction de la po- » lice eccléfiaftique, inftitution des féminaires & » écoles, felon la forme des faints décrets, avec » défenfes à tous juges d'empêcher directement ou » indirectement cette célébration, & injonction de » tenir la main à l'exécution des décrets & ordon- » nances d'iceux, fans que les appels comme d'abus » de ce qui y fera ordonné, aient aucun effet fuf- » penfif ». Cette déclaration fut, le 26 du même mois, enregiftrée au parlement de Paris, pour être exécutée conformément aux ordonnances.

Cinq ans après cette déclaration, le roi écrivit à M. de Harlay, archevêque de Rouen, pour lui témoigner fa fatisfaction de la convocation que ce prélat avoit faite du concile de fa province, & lui dire que non-feulement il l'avoit pour agréable, mais qu'il l'exhortoit à conduire à fa perfection un ouvrage fi néceffaire au bien de l'églife, en l'affurant qu'il lui donneroit toute l'affiftance dont il auroit befoin pour la tenue de fon concile.

Il réfulte de ces difpofitions, que les conciles provinciaux ont toujours paru de la plus grande utilité pour le bien de l'églife, le maintien de la difcipline & la réformation des mœurs ; que le terme pour les tenir eft fixé à l'intervalle de trois ans ; & enfin que les archevêques font autorifés & excités par les loix de l'églife, comme par celles de l'état, à convoquer au temps fixé par les unes & par les autres ces affemblées. Il peut feulement, d'après cela, paroître étonnant qu'elles foient auffi rares.

Ce feroit ici le lieu de parler des conciles diocéfains ; mais on le fera plus convenablement encore fous le mot SYNODE, qui eft plus généralement employé pour défigner ces affemblées. (Cet article eft de M. l'abbé REMY).

CONCLAVE, f. m. (Droit can.) c'eft l'affemblée de tous les cardinaux qui font à Rome, & qui fe réuniffent dans un même lieu, après le décès du pape, pour lui nommer un fucceffeur. Quelquefois on appelle conclave le lieu même où fe tient cette affemblée.

On fixe ordinairement l'établiffement du conclave à l'an 1270. Clément IV étant mort à Viterbe, en 1268, les cardinaux ne furent point d'accord fur le choix de fon fucceffeur ; leur divifion fut pouffée fi loin, qu'ils fe déterminèrent à fe féparer & à fortir de Viterbe. Les habitans, informés de cette réfolution, fermèrent les portes de leur ville. S. Bonaventure, qui regardoit comme un malheur pour l'églife qu'elle reftât fi long-temps fans chef, leur confeilla d'enfermer les cardinaux dans le palais, & de ne point les en laiffer fortir qu'ils n'euffent nommé un pape. Les habitans de Viterbe fuivirent ce confeil, & il eut tout l'effet qu'on pouvoit en defirer.

Les cardinaux doivent s'affembler douze jours après la mort du pape, dans le palais du Vatican. On y a pratiqué autant de cellules qu'il doit y avoir de cardinaux. Elles ont vingt-deux pieds de long fur vingt de large : elles font meublées en ferge verte ou violette, elles ne font éclairées que par une petite fenêtre fort élevée. On les tire au fort, & chaque cardinal arbore fes armes fur la porte de celle qui lui eft échue.

Le conclave doit être exactement fermé de manière que les cardinaux ne puiffent avoir aucune communication au dehors. Perfonne ne pourra leur parler, fi ce n'eft du confentement de tous les autres cardinaux préfens & pour l'affaire de l'élection. Le réglement ou conftitution, publié dans la cinquième feffion du concile général de Lyon, en 1274, veut qu'on ne puiffe envoyer aux cardinaux affemblés en conclave, ni meffage, ni écrit, fous peine d'excommunication encourue par le feul fait. Il ordonne que le *conclave* ait une fenêtre par laquelle on puiffe commodément leur fervir la nourriture néceffaire, mais cependant affez étroite pour qu'on ne puiffe pas y paffer. Que fi, *quod abfit*, trois jours après leur entrée dans le *conclave*, les cardinaux n'ont pas encore élu le pape, on ne leur fervira qu'un feul plat, tant à dîner qu'à fouper. Après les cinq jours, ils feront réduits au pain, au vin & à l'eau jufqu'à ce que l'élection foit faite. Pendant le *conclave*, ils ne recevront rien de la chambre apoftolique, ni des autres revenus de l'églife romaine : ils ne fe mêleront d'aucune autre affaire que de l'élection, finon en cas de néceffité urgente. Celui qui n'entrera point au *conclave*, ou qui en fortira fans caufe de maladie manifefte, n'y fera plus admis, & on procédera fans lui à l'élection. S'il veut rentrer après être guéri, ou fi un abfent arrive après les douze jours, & qu'il n'y ait encore perfonne d'élu, *re integrâ* ; ils feront admis en l'état où l'affaire fe trouvera.

Le concile de Vienne fit quelques additions à la conftitution de celui de Lyon ; il en eft une remarquable. S'il arrivoit, *à Dieu ne plaife*, que tous les cardinaux fortiffent du *conclave* fans avoir fait l'élection, les magiftrats commis à l'exécution du concile de Lyon, doivent employer leur autorité & la force, pour les contraindre à donner au plutôt un chef à l'églife.

Plufieurs papes ont confirmé ou modifié les réglemens des conciles de Lyon & de Vienne. Leurs bulles défendent, fous les peines les plus graves, le violement de la clôture. Elles adouciffent un peu la rigueur du concile de Lyon, par rapport à la nourriture & aux autres befoins des cardinaux.

Le chef de la maifon Savelli, eft chargé, comme maréchal héréditaire de l'églife, de la garde de l'extérieur du *conclave* ; les clefs de l'intérieur font entre les mains du cardinal camerlingue & du maître des cérémonies. (*Article de M. l'abbé* BERTOLIO.)

CONCLAVISTE, f. m. (*Droit canon.*) eft celui qui accompagne un cardinal pendant la durée du conclave, & qui couche dans un coin de fa cellule. Il eft réputé fon domeftique, parce qu'on ne fouffre perfonne auprès des cardinaux en conclave, que fous ce titre & pour leurs befoins. Ils en ont ordinairement deux, l'un eccléfiaftique & l'autre d'épée. Les cardinaux-princes en ont trois ; on en permet autant aux cardinaux infirmes. Cette place eft très-follicitée, même par des eccléfiaftiques du premier rang ; elle donne une connoiffance particulière de tout ce qui compofe le facré collège, ce qui peut être d'une grande utilité à ceux qui veulent parvenir aux dignités de la cour de Rome. Un *conclavifte* peut réfigner jufqu'à une certaine fomme les penfions qu'il poffède fur des bénéfices. Il a le droit de bourgeoifie en telle ville de l'état eccléfiaftique qu'il veut choifir. Ces deux privilèges font peu importans pour des françois ;

mais ce qui eft plus intéreffant, c'eft que les *conclaviftes* obtiennent ordinairement le *gratis* pour les bulles du premier bénéfice confiftorial dont ils viennent à être pourvus. (*Article de M. l'abbé* BERTOLIO.)

CONCLURE, v. a. & n. a plufieurs acceptions : quelquefois il eft fynonyme à *terminer*, & l'on dit *terminer & conclure une affaire* ; il fignifie quelquefois *tirer une conféquence des propofitions qu'on a avancées*. En jurifprudence, c'eft prendre des conclufions dans une caufe, inftance ou procès. *Voyez ci-après* CONCLUSIONS.

Conclure un procès par écrit ou *conclure un procès*, c'eft paffer, c'eft-à-dire, figner un appointement appellé *appointement de conclufion*, fur l'appel d'une fentence rendue en procès par écrit : cet appointement porte que le procès par écrit d'entre tel & tel eft reçu & *conclu* pour juger en la manière accoutumée, & que les parties font appointées à fournir griefs, réponfes, faire productions nouvelles, & icelles contredire, s'il y échet, & fauf à faire collation. Cette dernière claufe vient de ce qu'anciennement, lorfque les parties mettoient au greffe leur production principale, avant de *conclure* le procès, le greffier la collationnoit pour voir fi elle étoit complette ; ce qui ne fe fait plus préfentement.

Congé faute de conclure, eft le défaut qui eft donné à l'intimé, lorfque l'appellant refufe de *conclure* le procès par écrit. Le profit de ce défaut emporte la déchéance de l'appel, & la confirmation de la fentence.

Défaut faute de conclure, eft le défaut qui eft accordé à l'appellant, lorfque l'intimé refufe de *conclure* le procès par écrit : le profit de ce défaut eft que l'intimé eft déclaré déchu du profit de la fentence. *Voyez* APPOINTEMENT.

CONCLUSIONS, (*Jurifpr.*) font les fins aufquelles tend une demande formée en juftice, ou la défenfe de celui qui eft affigné.

Un huiffier prend des *conclufions* par un exploit de demande.

Les procureurs en prennent par des requêtes verbales & autres, même par des défenfes, dires, brevets & autres procédures ; mais au parlement où la procédure fe fait plus régulièrement que dans la plupart des autres tribunaux, on ne reconnoît de *conclufions* valables en la forme, que celles qui font prifes par une requête, & qui font dans la dernière partie de la requête deftinée à contenir les *conclufions*.

Les avocats prennent auffi des *conclufions* en plaidant & en écrivant.

Le miniftère public prend pareillement des *conclufions* verbalement & par écrit.

Enfin il y a différentes fortes de *conclufions* que nous expliquerons chacune féparément.

La forme des *conclufions* eft auffi différente, felon les divers objets aufquels elles tendent.

On peut corriger, changer, augmenter ou reſtreindre fes *conclufions*, tant que les chofes font entières, c'eft-à-dire, tant que la partie adverse n'en a pas demandé acte, ou qu'il ne lui a pas été octroyé.

Il y a encore un cas où l'on ne peut pas changer fes *conclufions*, c'eft lorfqu'on s'eft reftreint à la fomme de cent liv. pour être admis à la preuve tef- timoniale; on ne peut plus demander l'excédent, lorfque la preuve eft ordonnée.

Celui qui varie dans fes *conclufions*, & qui occa- fionne par-là des dépens, doit les fupporter, comme frais fruftratoires.

Les *conclufions* doivent être écrites en toutes lettres, fans abréviations, ratures ni interlignes. Elles font une partie effentielle de la procédure, car c'eft communément des *conclufions* bien ou mal prifes, plus ou moins étendues, que dépend le fuccès d'une affaire. On ne peut donner aucune règle à cet égard; car elles doivent être différentes felon la nature & la qualité de l'affaire. Mais il eft fur-tout important de n'y omettre aucun des objets litigieux fur lefquels on a intérêt de faire ftatuer par le juge. La raifon en eft que le juge, faifi d'une conteftation, ne décide que fur ce qui eft porté dans les conclufions, il ne peut fuppléer aux de- mandes fur lefquelles une partie a omis de con- clure, ni lui adjuger ce qu'elle n'a pas expreffé- ment demandé.

CONCLUSIONS *alternatives*, font celles où l'on donne à la partie adverfe, l'option de deux chofes qu'on lui demande.

CONCLUSIONS *des avocats*, font de deux fortes; les unes qu'ils prennent en plaidant, les autres en écrivant.

Ils ne peuvent, à l'audience, prendre d'autres *conclufions* que celles qui font portées par leurs pièces, à moins qu'ils ne foient affiftés de la par- tie ou du procureur; auquel cas ils peuvent pren- dre de nouvelles *conclufions* fur le barreau, qu'on appelle auffi *conclufions judiciaires*, parce qu'elles font prifes en jugement, c'eft-à-dire à l'audience.

Anciennement, au parlement de Paris, les avocats ne prenoient point les *conclufions* des caufes qu'ils plaidoient; c'étoit le procureur qui affiftoit à la plaidoirie, lequel à la fin de la caufe prenoit les *conclufions*, & l'on n'alloit aux opinions qu'après que les *conclufions* avoient été prifes; c'eft ce que l'on voit dans les anciens arrêts rédigés en latin, où, immédiatement avant le difpofitif, il eft dit *poftquam conclufum fuit in caufâ.*

Mais depuis long-temps il eft d'ufage que les *conclufions* fe prennent au commencement de la plai- doirie, ce qui a été introduit afin que les juges connoiffent d'abord quel eft l'objet des faits & des moyens qui vont leur être expofés; & pour faciliter l'expédition des affaires, on a difpenfé les procureurs d'affifter à la plaidoirie des avocats, lef- quels en conféquence prennent eux-mêmes les con- *clufions* au commencement de la plaidoirie; & comme en cette partie ils fuppléent le procureur

abfent, il eft d'ufage qu'ils foient découverts en prenant les *conclufions*, au lieu qu'en plaidant ils font toujours couverts.

Il eft néanmoins demeuré quelques veftiges de l'ancien ufage, en ce que quand les juges veulent aller aux opinions avant que les plaidoiries foient finies, le préfident ordonne aux avocats de con- clure, fur-tout pour ceux qui n'ont pas encore parlé; & dans les caufes du grand rôle, quoique les avocats prennent leurs *conclufions* en commen- çant à plaider au barreau, ils les reprènnent en fi- niffant, & pour cet effet defcendent du barreau où ils plaident, dans le parquet ou enceinte de l'au- dience.

Les avocats prennent auffi des *conclufions* dans les écritures qui font de leur miniftère; mais pour la validité de la procédure, il faut qu'elles foient reprifes par requête, parce que le procureur *eft dominus litis*, & a feul le pouvoir d'engager fa partie.

CONCLUSIONS *fur le barreau*, font celles que les avocats ou les procureurs prennent verbalement fur le barreau, fans qu'elles aient été prifes auparavant par requête ni par aucun autre procédure. *Voyez* ce qui en eft dit dans l'article précédent par rap- port aux avocats.

CONCLUSIONS *conditionnelles*, font celles que l'on ne prend que relativement aux cas & condi- tions qui y font exprimés.

CONCLUSIONS *définitives*, font celles qui tendent à la décifion du fond de l'affaire, au lieu que les *conclufions* interlocutoires ou préparatoires ne ten- dent qu'à faire ordonner quelque inftruction ou procédure, qui paroît préalable à la décifion du fond.

Le terme de *conclufion définitive* n'eft guère ufité qu'en matière criminelle, où le miniftère public, après avoir donné de premières *conclufions* prépa- ratoires, en donne auffi de *définitives* lorfque le procès eft inftruit. Ces *conclufions* doivent être don- nées par écrit & cachetées, & elles ne doivent point expliquer les raifons fur lefquelles elles font fondées. *Ordonnance de 1770, tit. 24.*

Quand ces *conclufions* font à la décharge de l'ac- cufé, elles commencent par ces mots: *je n'empé- che pour le roi*; & lorfqu'elles tendent à quelque condamnation, elles commencent en ces termes: *je requiers pour le roi*; & fi ces *conclufions* tendent à peine afflictive, l'accufé eft interrogé fur la fellette. *Voyez ci-après* CONCLUSIONS PRÉPARA- TOIRES.

CONCLUSIONS *des gens du roi*, ou *du miniftère public*, ou *du parquet*, ou *du procureur-général*, ou *du procureur du roi*, font celles que le miniftère public prend dans les caufes & procès, foit civils ou criminels, dans lefquels le roi, l'églife, ou le public font intéreffés. Il y a des tribunaux où le miniftère public donne auffi des *conclufions* dans les affaires des mineurs; mais cela n'eft pas d'ufage au parlement de Paris. Sous le nom de *miniftère public*, il faut aussi comprendre les procureurs des seigneurs dans les justices seigneuriales, & les promoteurs des officialités, qui prennent des *conclusions*, dans les affaires dépendantes de ces tribunaux, qui intéressent l'ordre public. *Voyez* CONCLUSIONS DÉFINITIVES & CONCLUSIONS PRÉPARATOIRES.

CONCLUSIONS *préparatoires*, sont celles qui ne tendent qu'à un interlocutoire, & à faire ordonner quelque instruction ou procédure : ce terme est principalement usité pour les *conclusions* prises par le ministère public avant ses *conclusions* définitives. *Voyez* CONCLUSIONS DÉFINITIVES.

CONCLUSIONS *principales*, sont les premières que l'on prend pour une partie, & dont on demande l'adjudication par préférence aux *conclusions* qui sont ensuite prises subsidiairement.

CONCLUSIONS *subsidiaires*, sont opposées aux *conclusions* principales, & ne sont prises que pour le cas où le juge seroit difficulté d'adjuger les premières : on peut prendre différentes *conclusions subsidiaires* les unes aux autres ; elles sont principalement usitées dans les tribunaux qui jugent en dernier ressort, parce qu'il faut y défendre à toutes fins ou évènemens. *(A)*

CONCORDAT, s. m. (*Droit public & canon.*) ce mot signifie en général *accord, transaction*. En matière de droit public, on l'emploie pour désigner les traités, capitulations & autres actes, par lesquels nos rois ont réuni à leur couronne plusieurs villes & provinces.

Mais sa signification la plus ordinaire est en matière de droit ecclésiastique, où il sert à exprimer : 1°. certains traités faits entre les papes & les princes séculiers, pour régler la manière de pourvoir aux bénéfices : 2°. les sortes de transactions passées entre les prétendans droit à un même bénéfice.

Nous connoissons trois *concordats* entre les papes & les princes ; savoir, le *concordat* françois, le germanique, & le vénitien. Ce dernier est à-peu-près conforme au *concordat* françois. Nous en traiterons plus particuliérement au mot VENISE ; ainsi nous parlerons seulement ici du *concordat* françois & germanique, sous deux mots particuliers, après avoir parlé des *concordats* entre bénéficiers.

CONCORDAT *entre ecclésiastiques prétendans droit à un même bénéfice.* Si l'on suivoit à la rigueur les vrais principes, tout *concordat* sur un bénéfice en litige devroit être sévèrement prohibé. Il se glisse toujours dans ces sortes d'accords, quelque pacte infecté de simonie : un objet spirituel ou mixte entre toujours en compensation avec du temporel, une somme d'argent ou une pension étant ordinairement la condition sous laquelle un pourvu se désiste des droits qu'il a sur un bénéfice ; mais des considérations puissantes ont engagé à apporter quelque modification aux principes. On a cru devoir sacrifier quelque chose au bien de la paix. On a pensé que l'avantage de terminer des procès,

qui éloignoient les ecclésiastiques de leurs fonctions, & altéroient la charité & l'union, devoit l'emporter sur celui de conserver les anciennes maximes dans toute leur intégrité.

Le législateur a donc permis de faire des cessions de droits ou *concordats* sous certaines conditions qui sont limitées, & qui se trouvent dans la définition que Pastor a donnée des *concordats*, dans son *Traité des bénéfices, liv. III, tit. 13, n°. 11.* Un *concordat*, dit cet auteur, est une transaction sur une chose spirituelle ou mixte, qui est contestée en justice par deux pourvus, dont l'un cède ou renonce à son droit en faveur de l'autre sous la réserve d'une pension ou sous la condition de payer les dépens du procès, les frais de bulle, ou une dette contractée pour raison du bénéfice.

Il y a donc quatre conditions sous lesquelles il est permis de renoncer à ses droits sur un bénéfice en faveur de celui qui le conteste.

1°. Sous la réserve d'une pension, bien entendu que cette pension n'excédera point ce qui est fixé par les ordonnances du royaume.

2°. Le cédant peut exiger de son cessionnaire qu'il se chargera de tous les frais du procès, sans fraude, c'est-à-dire, *pro sumptibus litis moderatis.* Car si, sous prétexte des frais, on stipuloit une somme plus forte que celle qu'ils doivent coûter, le *concordat* seroit absolument nul, comme simoniaque.

3°. On peut stipuler le remboursement du coût des bulles ou provisions.

4°. Enfin on peut charger le cessionnaire, du remboursement d'une dette contractée à raison du bénéfice. Cette dernière condition paroît de toute justice, puisqu'une pareille dette est plutôt celle du bénéfice que du pourvu qui cède tous ses droits.

Pour qu'un *concordat* soit licite, il faut qu'il soit passé entre deux contendans qui aient un droit acquis. Il n'est pas nécessaire que le procès soit intenté où l'instance liée ; il suffit que les parties se disposent à plaider. En effet, on transige également, *& super litem cito movendam & super lite motâ.*

Un pareil acte, pour être de quelque valeur, doit être autorisé par le pape. Cette maxime est inviolablement observée parmi nous.

Avant l'approbation du souverain pontife, ce contrat est infecté d'un vice qui en emporte la nullité. Ce vice est celui de la simonie, *redolet simoniam :* & comme cette nullité est établie par le droit, il n'y a que le pape qui puisse l'effacer ; étant législateur en cette partie, il n'y a que lui qui puisse faire des exceptions aux loix, & rendre permis & licite ce qu'elles ont prohibé & défendu. *Solus pontifex potest prohibitionem juris tollere aut limitare & facere licitum quod ob prohibitionem juris est illicitum.*

De ces principes il suit qu'avant l'approbation du pape, les deux parties contractantes, ou une des deux seulement peut révoquer le *concordat.* Il se résout encore par la mort naturelle ou civile de l'une des parties, si cette mort précède l'approbation du pape ; il en est de même, si le procu-

reur conftitué pour confentir, meurt ou laiffe furan-
ner fa procuration.

Mais, quoique le *concordat* foit approuvé par le
pape, il n'eft pas pour cela indiffoluble. Si une des
parties a une jufte caufe pour fe faire reftituer,
elle, peut en former la demande; mais dans ce
cas, on ne prend point de lettres de refcifion. Il
fuffit, pour faire annuller un *concordat*, d'avoir
recours à l'appel comme d'abus. Alors les moyens
de nullité fe changent en moyens d'abus; on ac-
cueille fur-tout ceux qui font tirés du défaut d'exécution de nos ordonnances, fur la forme des procurations pour confentir à l'approbation du pape.

Une éviction de bonne foi du bénéfice cédé
opéreroit encore la réfolution du *concordat*.

L'approbation du pape ne fuffit pas pour rendre
le *concordat* exécutoire, contre les fucceffeurs au
bénéfice cédé, par exemple, pour les obliger à
payer une penfion convenue; il faut de plus qu'il
foit homologué au parlement fur les conclufions
du procureur-général. Une charge impofée à un
bénéfice devient réelle, lorfqu'elle paffe aux fucceffeurs; alors le concours de la puiffance civile
eft néceffaire. L'approbation du pape détruit l'efpèce de fimonie qui fe trouve dans le *concordat*;
mais comme il n'a aucun pouvoir fur le temporel
des bénéfices, il ne peut, de fa feule autorité, leur
impofer des charges réelles. On a recours à lui
pour purger la fimonie, mais fon autorité ne
s'étend pas au-delà.

Il y a une efpèce de *concordat* au fujet des bénéfices, que l'on nomme *triangulaire*; c'eft un accord
fait entre trois bénéficiers; par lequel le premier
réfigne fon bénéfice au fecond: celui-ci réfigne
le fien à un troifième, lequel en réfigne auffi un
en faveur du premier des trois réfignans. Ce cercle
de réfignations n'eft point confidéré comme une
fuite de permutations canoniques, parce que chacun des réfignans reçoit bien un bénéfice, mais il
ne le tient pas de celui auquel il réfigne le fien. Il
fe fait auffi de ces *concordats* quadrangulaires, c'eft-
à-dire, entre quatre bénéficiers. Souvent ces *concordats* ne font point portés à Rome, chacun des
réfignans paffe feulement une procuration *ad refignandum*, que l'on envoie enfuite à Rome; mais
cela ne fuffit pas. Ces fortes de *concordats* ne font
point licites, c'eft une efpèce de fimonie *quæ ex
pacto oritur*, il faudroit, pour purger ce vice, une
difpenfe du pape qu'il ne pourroit même accorder
que fur de très-fortes raifons. Il eft cenfé ignorer
le *concordat*, lorfqu'on n'envoie à Rome que de
fimples procurations.

Le concile de Malines, tenu au commencement
de ce fiècle, a réprouvé les *concordats* triangu-
laires ou quadrangulaires. Les docteurs les appellent des *contrats innomés*, & tous les auteurs, même
les ultramontains, les condamnent. Gonzales dit
que de fon temps, le pape les rejettoit & n'en
admettoit aucun. Nos tribunaux les ont toujours

profcrits toutes les fois qu'ils leur ont été déférés.

CONCORDAT *françois*. C'eft un traité paffé à
Bologne en Italie, en 1516, entre le pape Léon
X & le roi François I.

L'oubli des véritables maximes, le pouvoir abfolu que les papes s'étoient arrogé fur tous les bénéfices de la chrétienté, le funefte fchifme qui pendant plus de trente ans défola l'églife, avoient introduit des abus fans nombre, & jetté la plus grande
confufion dans la difcipline eccléfiaftique. Ce défordre intéreffoit non feulement la religion, mais
encore l'état: leur union eft fi intime, que ce qui
compromet l'une, nuit effentiellement à l'autre.
Travailler à rétablir la pureté de la difcipline de
l'églife, c'étoit contribuer à la tranquillité & au
bonheur des peuples.

Ces motifs puiffans déterminèrent la France à
chercher des remèdes aux maux qui affligeoient
la religion. Le concile de Conftance, qui avoit
terminé le grand fchifme d'Occident, n'avoit pu
confommer l'ouvrage important de la réformation.
Il étoit réfervé au concile de Bafle d'opérer cette
révolution fi défirée.

Ce concile forma une fuite de décrets & de
canons, qui, en mettant des bornes au pouvoir
ufurpé par la cour de Rome, rétabliffoit, autant
que les circonftances pouvoient le permettre, les
loix primitives de l'églife.

Charles VII, dans une affemblée des évêques
& des grands du royaume, adopta ces décrets avec
les modifications qu'exigeoient nos libertés, & en
compofa la pragmatique fanction.

La cour de Rome ne vit qu'avec le dernier
chagrin, la France fecouer un joug que depuis
plufieurs fiècles elle étoit parvenue à lui impofer.
Les circonftances la favorifèrent; Louis XI crut
qu'il étoit utile à fes projets de facrifier la pragmatique aux defirs du fouverain pontife: elle fut abolie,
malgré les oppofitions & les appels comme d'abus
formés par le procureur-général du parlement &
par l'univerfité de Paris; mais la politique fit changer Louis XI, & il rétablit la pragmatique trois
ans après l'avoir abolie.

Ce nouvel événement donna lieu à de nouvelles
négociations. Sixte IV propofa un *concordat* qui
ne fut que de peu de durée; car Louis XII, par
fa déclaration de 1499, confirma expreffément la
pragmatique, & en ordonna la perpétuelle & inviolable obfervation.

Quatre ans après, en 1503, Jules II occupa le
fiège de Rome. Ce pontife guerrier ne crut pas
les armes temporelles affez puiffantes pour impofer
des loix à la France, il eut recours aux fpirituelles.
Il affembla en conféquence le concile de Latran;
il y fit citer les évêques, les princes & les parlemens du royaume, avec injonction de venir à
Rome rendre compte de leur conduite & de leurs
fentimens.

Léon X fuccéda à Jules II, & François I à
Louis XII. Le concile de Latran fe continua fous

le

le nouveau pontife, & les délais fixés aux prélats françois, aux parlemens & aux grands du royaume, pour y comparoître, alloient expirer : il étoit à craindre qu'on ne vît bientôt naître un schisme.

D'un autre côté, François I se trouvoit dans des circonstances embarraffantes ; une guerre difficile, des ennemis puiffans, des projets de conquête en Italie, lui rendoient néceffaires l'alliance & l'amitié de la cour de Rome. Il consentit donc à abolir la pragmatique, & à lui substituer un autre réglement. Tel fut le principal motif de son voyage à Bologne, en 1515, où Léon X & le monarque françois traitèrent en personne & convinrent du fameux *concordat* qui depuis porta leur nom, & qui fut ensuite rédigé par le chancelier Duprat, & les cardinaux d'Ancone & de Sanctiquattro : il ne fut publié qu'en 1516.

Nous allons donner sommairement une analyse des principaux articles du *concordat*, c'est-à-dire, de ceux qui ont changé les dispositions de la pragmatique ; car il faut convenir qu'on en conserva plusieurs & fort importantes, telles que celles *de reservationibus, de frivolis appellationibus, de pacificis poffefforibus*, &c. Celle qui concerne les gradués a été rédigée dans une forme plus avantageuse, en ce qu'elle facilite les moyens de connoître quels font les bénéfices qui leur font affectés.

La première disposition du *concordat* & celle que l'on peut regarder comme la principale, est l'abrogation du droit d'élection pour les églises cathédrales & les bénéfices électifs confirmatifs, tels que les abbayes & les prieurés conventuels ; à ces élections, le nouveau réglement substitue la nomination du roi & la collation du pape ; de manière que le roi nomme ou présente à tous ces bénéfices, & que, sur cette présentation, le pape les confère. On y fixe les délais dans lesquels le roi sera obligé de nommer, & quelles doivent être les capacités des sujets qu'il plaira au monarque de choisir. Le pape se réserve de nommer seul à ceux de ces bénéfices qui viendront à vaquer *in curiâ*, c'est-à-dire, dont les titulaires mourroient à Rome. On ne dépouille cependant point du droit d'élection les monastères qui en auront obtenu le privilège du saint siège ; mais pour y être maintenus, ils seront obligés de produire le titre original & primitif, toute autre espèce de preuve ne sera point admise.

Par le second article, les réserves & les expectatives sont entièrement abolies. Le pape conserve seulement le droit de créer des chanoines *ad effectum* dans les églises métropolitaines ou collégiales, dont les statuts exigent que l'on soit chanoine *actu*, pour obtenir une dignité, un personat, une administration ou un office.

Le titre 5 affecte une prébende théologale dans toutes les églises cathédrales & métropolitaines, à un docteur, licencié, ou bachelier formé en théologie, qui sera obligé de résider, de prêcher & de faire des leçons de théologie.

Ce même titre règle tout ce qui concerne les gradués, quels seront les mois dans lesquels ils pourront requérir les bénéfices qui viendront à vaquer, & les formalités auxquelles les gradués simples ou nommés seront soumis ; quel doit être leur temps d'étude & les preuves qu'ils doivent en fournir.

Le titre suivant établit que chaque pape pourra une fois dans sa vie, nommer à un bénéfice dont le collateur en aura dix à conférer, & à deux, quand il en aura cinquante & au-dessus, pourvu que ce ne soit pas dans la même église. Outre ces mandats, qui depuis ont été abolis par le concile de Trente, le pape s'assure encore le droit de prévention sur toutes les dignités, personats, administrations, offices, & sur tous autres bénéfices réguliers ou séculiers, soit qu'ils deviennent vacans dans les mois des gradués, soit que la disposition en appartienne aux collateurs ordinaires ; mais il exige des impétrans qu'ils déclarent la valeur des bénéfices qu'ils demanderont, & cela sous peine de nullité des provisions. Tous les autres articles sont absolument conformes à la pragmatique.

A peine le *concordat* fut rendu public, qu'il excita les réclamations de tous les ordres du royaume ; on le regarda comme contraire à l'écriture sainte, à la discipline de l'église & aux libertés gallicanes. Les épithètes qu'on lui donnoit alors sont curieuses : *seminarium omnis generis hereseon, simoniarum & fiduciarum ; exterminatricem scientiæ, virtutis, pietatis, regni denique pestem.* Le parlement refusa pendant deux ans de l'enregistrer, il se joignit à l'appel comme d'abus, interjetté par l'université & le chapitre de la cathédrale de Paris, au premier concile légitime, de tout ce qui s'étoit fait dans le concile de Latran, contre la pragmatique & en faveur du *concordat.*

Le parlement ne l'enregistra qu'avec cette clause, *ex ordinatione & præcepto domini nostri regis reiteratis vicibus facto*, & protestant que par la suite il continueroit à juger les procès suivant la pragmatique. En effet, l'évêché d'Albi étant venu à vaquer, le chapitre élut un sujet & le roi en nomma un autre ; l'affaire évoquée au parlement de Paris, il maintint l'élu par le chapitre. Il continua à en user de même durant la prison de François I en Espagne. Cette obstination détermina le roi, à son retour, à lui ôter la connoissance des contestations qui s'éleveroient au sujet des bénéfices consistoriaux, & à l'attribuer au grand-conseil qui en connoît encore aujourd'hui privativement à tout autre tribunal.

La pragmatique devoit sans doute être bien chère à la France ; établie dans une assemblée générale de l'église gallicane & des grands du royaume, le consentement de la nation y avoit imprimé un caractère difficile à effacer. Mais enfin cette loi n'avoit de force & d'autorité que par la volonté du roi ; & lorsque des circonstances nécessaires l'obligeoient à la révoquer & à la remplacer par une autre, il paroiſſoit naturel de conſidérer la poſition où le monarque s'étoit trouvé ; cette première conſidération devoit néceſſairement conduire à une autre ; c'eſt que le *concordat*, ſubſtitué à la pragmatique, ne méritoit preſque aucun des reproches & des qualifications odieuſes dont on ſe plaiſoit à le noircir.

L'abolition des élections étoit un des principaux griefs qu'on oppoſoit au *concordat* ; les chapitres ne pouvoient ſe conſoler d'être privés de ce droit. Ils cherchoient à voiler, ſous de ſpécieux prétextes, une perte que l'intérêt particulier leur rendoit ſi ſenſible ; & ils ne craignoient pas d'avancer que la deſtruction des élections entraîneroit celle de la religion.

Mais les chapitres des cathédrales étoient-ils donc dans une poſſeſſion bien légitime de ce droit dont ils déploroient la perte avec tant d'amertume ? Dans quel texte de l'écriture ſainte, dans quels décrets des premiers conciles trouve-t-on que les chanoines d'une égliſe auront ſeuls le droit de donner un chef & un paſteur à tout le dioceſe ? Ce privilège excluſif qu'ils s'étoient attribué, n'étoit-il pas plutôt une uſurpation qu'un véritable droit ?

Les élections des évêques n'avoient pas toujours appartenu aux ſeuls chapitres. La manière de pourvoir à ces places importantes, a infiniment varié. Mais pour ne nous attacher qu'à ce qui regarde la France, notre hiſtoire prouve invinciblement que nos rois avoient toujours eu la plus grande prépondérance, & même la principale part dans le choix des évêques. Ils ſuivoient en cela la conduite des premiers empereurs chrétiens, & la ſaine politique ſembloit le leur ordonner. L'égliſe même ne leur conteſtoit pas ce droit, qui eſt inhérent à leur couronne. Le concile d'Orléans, tenu en 549, can. 11. après avoir ordonné que les élections ſe feroient en la manière accoutumée par le clergé & le peuple, ajoute qu'on ne manquera pas de prendre le conſentement du roi, *cum voluntate regis*, ſoit pour procéder à l'élection, ſoit pour lui faire agréer la perſonne élue. Mais les rois de la première race portèrent les choſes plus loin. Ils ſe mirent en poſſeſſion de diſpoſer ſeuls des évêchés, & la plupart de nos égliſes ont été occupées par des ſaints qui n'y avoient été placés que de leur main. Les papes ne ſe plaignirent jamais de cet uſage, ils ſe bornèrent uniquement à condamner les voies criminelles employées quelquefois pour obtenir la nomination du monarque. Les conciles de Leptine & de Soiſſons conſentirent expreſſément que Carloman & Pepin nommaſſent aux évêchés, ils exigèrent ſeulement qu'ils priſſent l'avis des évêques, du clergé, & des grands aſſemblés. Charlemagne rendit aux chapitres & aux abbayes, la liberté des élections : Louis-le-Débonnaire & Charles-le-Chauve marchèrent ſur ſes traces ; mais Louis-le-Gros, à l'exemple des rois de la première race, nomma les évêques, ſur-tout des grands ſièges. Ses ſucceſſeurs en firent de même.

Sous la troiſième race, tantôt nos rois nommoient eux-mêmes, tantôt ils permettoient aux chapitres d'élire, ſe contentant de leur recommander un ſujet ; & l'on ſent bien qu'une pareille recommandation reſſembloit aſſez à un ordre. Mais leur conſentement pour l'élection, & leur approbation du ſujet élu, ont toujours été jugés néceſſaires. Et c'eſt ce qui les rendit abſolument maîtres des élections, puiſque les électeurs ne pouvoient s'aſſembler ſans leur permiſſion, & qu'ils rejettoient le ſujet élu lorſqu'il ne leur convenoit pas.

Mais le droit d'élection, concentré dans le ſeul chapitre de la cathédrale, étoit une véritable uſurpation ſur le reſte du clergé du dioceſe, & ſur le peuple, qui tous devoient au moins être conſultés ſur le choix du premier paſteur. Les diſſentions opiniâtres des chapitres, & les irrégularités qui ſe commettoient dans les élections, donnèrent lieu à une foule de conteſtations qui ſe portoient à Rome. Les papes s'étoient arrogé le droit de les juger ſeuls. Ils prétendirent enſuite que les élections irrégulières privoient les électeurs de leur droit d'élire, & qu'à eux ſeuls il appartenoit par la dévolution. C'eſt ce qui introduiſit l'abus des réſerves générales.

De ces faits il réſulte que Léon X, en accordant à François premier la nomination aux évêchés de ſon royaume, ne lui accordoit, à proprement parler, rien qui ne lui appartînt légitimement, puiſqu'il y étoit fondé, ſoit par l'exemple d'un grand nombre de ſes prédéceſſeurs, ſoit par un droit inhérent à la couronne. La ſûreté publique & l'intérêt des princes, veulent également que les premières places de l'égliſe ne ſoient remplies que par des ſujets de la fidélité & de l'attachement deſquels ils ſoient aſſurés.

La nomination des bénéfices conſiſtoriaux, accordés au roi par le *concordat*, n'avoit donc rien qui dût révolter l'eſprit des François, rien qui attaquât leurs libertés, rien enfin qui violât les canons & l'ancienne diſcipline de l'égliſe.

Mais en eſt-il de même de la collation des grands bénéfices que le *concordat* donnoit aux papes ? Sous ce point de vue n'augmentoit-il pas trop la puiſſance de Rome ? Cette réflexion paroît frappante au premier coup-d'œil ; cependant, en conſidérant les ſuites & les effets du *concordat*, il eſt facile d'appercevoir que l'avantage que retiroit le pape, de donner ſon attache & ſon conſentement aux nominations du roi, ne compenſoit pas tous les ſacrifices auxquels il conſentoit. Sans doute la néceſſité de recourir à Rome pour obtenir des bulles pour les bénéfices conſiſtoriaux, donne au ſouverain pontife une influence ſur ces bénéfices. Mais elle ſe réduit à bien peu de choſe, puiſqu'il ne peut les refuſer que ſur des motifs légitimes, & qu'en cela il eſt lui-même ſoumis aux tribunaux du royaume, qui ne manquent pas de déclarer ſon refus abuſif, lorſqu'ils ne jugent pas qu'il ſoit fondé. On pourroit même ajouter que le clergé de France eſt devenu moins dépendant de la cour de Rome depuis le *concordat*,

& qu'il se trouve actuellement plus dans la main de nos rois.

Mais le droit d'accorder des bulles aux nommés par le roi, équivaut-il au droit de juger les contestations multipliées & coûteuses qu'attiroient à Rome les élections ? L'autorité qu'avoit le pape de juger ces procès en juge suprême & sans appel, ne lui donnoit-elle pas plus de crédit & de pouvoir que ne lui en donne la nécessité où sont les pourvus des bénéfices consistoriaux de lui demander des provisions, qu'il est presque toujours forcé d'accorder ? Certainement les sommes que les plaideurs faisoient passer à Rome, étoient plus considérables que celles que produit l'expédition des bulles. Concluons donc que l'avantage que les papes ont retiré du *concordat*, n'est pas proportionné à celui dont ils jouissoient en qualité de juges suprêmes des procès infinis que faisoient naître les élections. En les détruisant on a fait cesser une foule d'abus, aussi nuisibles à la tranquillité publique qu'à la pureté de la discipline ecclésiastique. Rien de plus commun, dans le temps où les élections étoient en vigueur, que la simonie, les violences & les cabales ; & depuis le *concordat* on n'en entend presque plus parler.

Est-il aussi facile de le justifier au sujet des annates ? Nous n'examinerons pas si ce tribut que les bénéfices consistoriaux paient au saint-siège chaque fois qu'ils viennent à vaquer, est injuste & simoniaque ; nous n'examinerons point s'il n'est pas naturel que chaque église particulière concoure à fournir aux dépenses qu'exigent du pape ses qualités de chef, d'inspecteur & de surveillant de tout le monde catholique. Nous nous contenterons d'observer que le *concordat* garde, sur les annates, le plus profond silence, & que ce n'est que par une conséquence fort éloignée qu'on prétend prouver qu'il les a rétablies. La bulle de Léon X, qui paroît supposer leur rétablissement, ne fait point partie du *concordat* : elle est du 16 des kalendes d'octobre 1516. Le *concordat* fut approuvé dans la session du concile de Latran, tenue le 14 des kalendes de janvier 1516, & publié à Rome le 15 des kalendes de septembre suivant, de manière que la bulle sur les annates, est postérieure au *concordat*. C'est ce qu'a judicieusement remarqué M. le président Hénault, & c'est ce qui a fait dire à M. de Marca que les annates, qui produisent à la cour de Rome un de ses plus beaux revenus, ne sont fondées que sur l'usage appuyé du consentement de nos rois, d'où il conclut que la France pourra s'en décharger quand il lui plaira. *Voyez* ANNATES.

Mais le roi ou le pape peuvent-ils seuls & de leur propre mouvement déroger au *concordat* ? Si on le regarde comme un véritable contrat sinallagmatique, il paroît qu'aucune des deux parties contractantes ne peut y déroger sans le consentement de l'autre. Une pareille dérogation de la part du pape seroit certainement abusive. Mais nos rois sont dans la possession d'y faire des changemens qui n'en altèrent point l'essence, & que demandant le bien de l'église ou de l'état. C'est ainsi que Henri IV a affranchi, par l'édit de 1606, les premières dignités des cathédrales des expectatives des gradués. Louis XV a fait des réglemens au sujet des régens septenaires de quelques universités, auxquels il a attribué, en certains cas, la préférence sur le reste des gradués, & a ordonné que les mois de rigueur n'auroient plus lieu par rapport aux bénéfices-cures. Toutes ces loix sont certainement des dérogations au *concordat* contre lesquelles la cour de Rome n'a point réclamé. Peut-être que le peu d'intérêt qu'elle a dans ces sortes de changemens a déterminé son silence.

Ce qui a souffert plus de difficultés est de savoir si toutes les provinces de France doivent être régies par le *concordat*. La cour de Rome a prétendu que celles qui ne faisoient point partie du royaume lors de la pragmatique, & qui y ont été réunies depuis le *concordat*, devoient rester pays d'obédience. On oppose à cette prétention les grands principes, que toute province réunie à la couronne en devient membre & en fait partie ; que dès-lors elle doit être gouvernée & régie par les mêmes loix ; qu'étant membre de l'état, elle doit être abreuvée des mêmes infusions, décorée des mêmes loix, édits, ordonnances & privilèges. Ce sont les termes dont se servit M. Brulard, procureur-général au parlement de Paris, sous Charles IX, dans la fameuse affaire de la Bretagne & de la Provence.

Pour le bien de la paix on a cherché à ménager la cour de Rome, sans que ces ménagemens préjudiciassent, dans le fait, aux droits de la couronne ; & l'on a trouvé un moyen qui, sans décider la question, laisse cependant nos rois maîtres de disposer des bénéfices consistoriaux des provinces réunies à la France depuis le *concordat*. Ils ont accepté des indults qui leur permettoient d'y nommer. C'est en conséquence de ces indults qu'ils sont censés nommer en Bretagne, en Flandres, en Artois, dans les Trois-Evêchés & dans le Roussillon, &c. Mais nous les regardons comme des actes de condescendance de nos rois envers le souverain pontife, qui ne les privent cependant pas du droit inhérent à leur couronne, de disposer des grands bénéfices du royaume, droit inaliénable & imprescriptible de sa nature. Quelques auteurs, & entre autres, M. du Bois, dans ses *Maximes canoniques*, prétendent que les indults octroyés aux rois pour nommer aux évêchés des pays d'obédience, n'ont point besoin d'être renouvellés, soit parce que y ayant eu deux ou trois renouvellemens, selon le style de la cour de Rome, il s'est fait une coutume qui est un titre particulier qui subsiste de lui-même, ou bien parce que toutes les graces qui sont faites à nos rois sont faites à la couronne, & par conséquent sont perpétuelles, nonobstant toutes les clauses contraires, que nous estimons inutiles, parce qu'elle répugnent à la substance de l'acte.

Si les prétentions de la cour de Rome n'ont point nui aux intérêts du roi, il n'en est pas de même de ceux des gradués. La question s'est élevée plusieurs fois, & il y a plusieurs provinces, comme la Bretagne & la Provence, qui ne sont pas soumises à leur expectative. La Flandre fait encore l'objet d'une semblable contestation, actuellement pendante au conseil du roi.

La sagesse du gouvernement lui inspirera sans doute des moyens pour étouffer ce germe de division. Il faut espérer qu'il fixera enfin, pour ces provinces, les droits respectifs des gradués & de la cour de Rome.

Nous n'entrerons pas dans de plus grands détails sur le *concordat*, les bornes de cet ouvrage ne nous le permettant pas. Nous en avons assez dit pour faire voir qu'il est devenu une loi de l'état, & une des plus importantes pour le droit ecclésiastique. Sans doute la pragmatique sanction devoit être chère à la France ; cependant les réclamations du parlement de Paris, & d'une partie du clergé, n'étoient pas aussi fondées qu'ils le prétendoient. L'abolition des élections, n'est point un aussi grand mal qu'on a cherché à le faire croire. La nomination du roi qui y a été substituée, a opéré un bien préférable à tout ; elle a détruit, jusque dans ses racines, les contestations éternelles que faisoient naître les élections, les simonies, les intrigues, les violences auxquelles elles donnoient occasion. La paix & la tranquillité règnent dans l'église gallicane ; les évêques respectables & éclairés qu'elle a reçus de la main de nos rois, guidés dans leur choix par leur piété & leur sagesse, ne doit point lui faire regretter les élections.

Le *concordat* n'a pas expressément rétabli les annates, le concile de Basle, qui les avoit supprimées, n'en avoit pas détruit le germe, puisqu'il avoit permis aux papes d'exiger, à chaque vacance, le cinquième du revenu d'une année de tous les bénéfices en général ; ce qui auroit formé un tribut peut-être aussi considérable que les annates imposées sur les seuls bénéfices consistoriaux, dont la taxe, fixée, à ce qu'on croit communément, en 1310, n'a point varié malgré l'augmentation de leurs revenus. La prévention conservée dans le *concordat*, avoit été respectée par la pragmatique. Il n'a point rétabli les réserves ni les expectatives, & le concile de Trente nous a délivrés des mandats.

Les droits des gradués ont été fixés d'une manière claire, nos libertés ont été d'ailleurs conservées, & tout ce qu'il y avoit d'intéressant, dans la pragmatique, sur les procès ecclésiastiques, sur la possession triennale, les concubinaires publics, les excommunications & les interdits, a été inséré dans le *concordat*. Il nous représente donc à beaucoup d'égards la pragmatique ; & les changemens qu'il y a faits, n'ont certainement point été aussi funestes à l'église, que ses ennemis le publioient dans son origine.

CONCORDAT *germanique*. Il a précédé le *concordat* françois ; il est de l'année 1448 ; Nicolas V & l'empereur Frédéric IV ont été les parties con-

tractantes ; il est encore observé dans l'Allemagne catholique. Il est devenu intéressant pour nous, depuis que plusieurs provinces qu'il régissoit ont passé sous la domination françoise, & que nos rois ont permis qu'il continuât à leur servir de loi ; il est donc nécessaire d'en avoir quelques notions.

Les auteurs le divisent ordinairement en quatre parties. Les extravagantes *execrabilis* & *ad regimi*, donnent aux papes le droit de conférer tous les bénéfices vacans pour cause d'incompatibilité, & ceux dont les titulaires décéderoient *in curiâ*, c'est-à-dire, à Rome ou à deux journées de distance de cette capitale du monde chrétien. Le *concordat germanique* leur conserve ce droit, & cette disposition en forme la première partie.

La seconde laisse les bénéfices électifs-confirmatifs, dans l'état où ils se trouvoient ; les chapitres & les monastères éliront leurs évêques ou leurs abbés, mais ces élections seront confirmées par le pape : & sous ce point de vue, il est le vrai collateur de ces bénéfices, puisque c'est la confirmation des élections qui forme, à proprement parler, le titre de l'élu ; avant cette confirmation, il n'avoit que *jus ad rem*. Il est à-peu-près dans le cas d'un présenté par un patron ; en effet, les électeurs *eligendo non conferunt*.

Quant aux bénéfices collatifs, la partition des mois est établie par le *concordat germanique*, c'est-à-dire, que le pape confère alternativement par tour de mois avec les collateurs ordinaires. Il est seulement astreint à conférer dans les trois mois depuis la vacance, après lesquels le bénéfice retourne à la libre disposition du collateur ordinaire. Les premières dignités des églises cathédrales & collégiales sont exceptées de ce partage, elles continueront d'être à la collation ou élection de ceux à qui elles appartiennent de droit commun.

Les annates font l'objet de la quatrième partie du *concordat germanique*. Elles seront payées par toutes sortes de bénéfices indifféremment, à l'exception de ceux dont le revenu n'excède pas 24 florins d'or de la chambre.

Ce *concordat*, reçu dans tout l'empire, a été étendu par les empereurs aux Pays-bas, à la Franche-Comté & à la Lorraine.

Lorsque ces provinces ont été réunies à la France, les papes ont accordé à nos rois, des induits par lesquels ils leur cédoient tous leurs droits sur les bénéfices de ces provinces. Ainsi, ils y jouissent de l'alternative avec les collateurs ordinaires, & des réserves portées dans les deux extravagantes *execrabilis* & *ad regimin*. La seule condition que les papes aient mise à leur cession, c'est de donner des provisions sur la nomination du roi.

Mais indépendamment des réserves portées dans ces extravagantes, les papes, postérieurement au *concordat germanique*, ont inglobé dans les règles de leur chancellerie, les premières dignités des cathédrales & des collégiales. Ils y nommoient en vertu de ces règles, lors des conquêtes de Louis XIV, & le roi a succédé à ce droit.

La nomination à l'archevêché de Besançon a été le sujet d'un *concordat* particulier, passé entre Louis-le-Grand & le chapitre de cette métropole.

En 1698, le chapitre céda au roi tous les droits qu'il pouvoit avoir à l'élection de son archevêque. Le monarque, de son côté, permit au chapitre de continuer à observer le *concordat germanique* pour l'élection de ses dignités & canonicats, consentit à ce que la régale n'eût pas lieu pendant la vacance du siège de Besançon, & que l'économat en appartînt au chapitre.

Il y a quelques autres églises qui ont fait des traités semblables avec nos rois. En 1682 le chapitre de la métropole de Cambray, céda à Louis XIV & ses successeurs, son droit de nommer à l'archevêché, à condition qu'il seroit maintenu dans l'exemption de la régale. Cet accord fut enregistré au parlement de Paris, le 7 septembre de la même année 1682, & à celui de Flandres, le 7 février 1715.

Le pape Benoît XIV, par son bref du 11 décembre 1749, accorda à Louis XV & à ses successeurs, tant qu'ils posséderoient la ville de Cambray, le droit de nommer à la dignité majeure de la métropole & aux principales des collégiales, dont le revenu n'excéderoit pas dix florins d'or de la chambre, ainsi qu'aux canonicats de ces mêmes églises, de quelque manière & d'après quelques personnes qu'ils viendroient à vaquer, dans les mois réservés au saint siège, par le *concordat germanique*. Il en excepte seulement ceux qui vaqueroient *in curiâ*. Le bref oblige les pourvus par le roi de présenter leurs brevets, dans trois mois de leur date, à Rome, d'y lever des bulles sous plomb, & de payer les droits de la chambre apostolique, & faute par eux de le faire, dans ce délai, les canonicats reviendront à la disposition du saint siège.

Les lettres-patentes expédiées sur cet indult, le 3 mai 1752, & adressées au parlement de Flandres, sont remarquables, en ce que le roi déclare expressément ne point approuver la réserve des bénéfices qui viendroient à vaquer en cour de Rome, ni la clause qui les remet à la disposition du pape lorsque le nommé par sa majesté auroit négligé pendant trois mois d'en obtenir des bulles; ni autoriser les autres clauses, ni même les expressions de l'indult, qui pourroient être contraires aux usages du royaume, aux droits de la couronne & aux privilèges & libertés de l'église gallicane.

Le parlement de Flandres enregistra l'indult avec cette modification : « sans qu'on puisse en induire » que le pape soit collateur ordinaire & universel » des bénéfices en Flandres & Cambrésis, où qu'il » ait, sur lesdits bénéfices, autres & plus grands » droits que ceux qu'il peut avoir acquis par titres » légitimes & usages valablement prescrits ».

Le *concordat* germanique est pour nos provinces

où il a été reçu, ce qu'est le *concordat* de Léon X & de François I, pour le reste de la France, c'est-à-dire, que c'est une loi publique à laquelle le pape n'est pas le maître de déroger. Les bulles qu'il donneroit pour des bénéfices qu'il auroit droit de conférer, en vertu de cette loi seroient nulles & abusives, s'il y énonçoit qu'il confère en vertu des réserves apostoliques & des règles de la chancellerie romaine. Le parlement de Flandres est constamment attaché à ces principes, ainsi que le prouve une suite de ses arrêts, depuis 1695 jusqu'en 1758.

CONCORDAT *Venitien*. C'est un traité passé entre la république de Venise & le saint siège, à-peu-près semblable au *concordat* françois. (*Articles de M. l'abbé* BERTOLIO.)

CONCOURS, s. m. (*Droit civil & canonique.*) il y a *concours*, lorsque plusieurs personnes prétendent chacune avoir droit au même objet.

En matière civile, il y a *concours* d'action, soit lorsqu'un créancier a le droit d'en exercer plusieurs contre le débiteur, par exemple, lorsque l'action personnelle est jointe à l'action hypothécaire; soit lorsque, pour raison du même fait, le demandeur peut agir en même temps par la voie civile ou criminelle. *Voyez* ACTION, HYPOTHÈQUE, &c.

Lorsque personne est devenue insolvable, ou est en faillite, il y a *concours* entre ses créanciers; les uns concourent avec d'autres par rapport, ou à leurs privilèges, ou à la date de leurs hypothèques, ou à celle de leurs saisies. *Voyez* CONCURRENCE, CRÉANCIER, PRIVILÈGE, SAISIE.

Il y a aussi *concours* entre deux privilèges attributifs de jurisdiction. *Voyez* COMMITTIMUS, GARDE-GARDIENNE, SCEL ATTRIBUTIF, CONSERVATION DE LYON, &c.

On appelle encore *concours*, les épreuves que les réglemens obligent de faire subir à ceux qui se présentent pour remplir les chaires de théologie, de droit, de médecine, & de plusieurs collèges. *Voyez* UNIVERSITÉ.

En matière canonique on distingue, par rapport aux prétendans à un bénéfice, le *concours* de provisions, celui de dates, & celui d'expectatives. *Voyez* DATE, EXPECTATIVES, GRADUÉ, INDULT, PROVISION.

On se sert particulièrement du terme de *concours*, pour signifier l'examen que, dans quelques provinces, l'évêque, ou les commissaires par lui nommés, font de ceux qui se présentent pour remplir une cure vacante, à l'effet de connoître celui qui en est le plus digne.

Cette voie a été inconnue dans l'église jusqu'au concile de Trente. Il fit à ce sujet un réglement qui se trouve *sess.* 24, *chap.* 18, *de reform.*

Ce réglement, très-sage en lui-même, n'a point été reçu en France. On l'a regardé comme contraire aux droits des collateurs & des patrons, qu'on n'a pas cru devoir sacrifier aux avantages que produiroit le *concours*. Cette loi a été pour nous, dans fon origine, abfolument étrangère. Mais plufieurs provinces où le concile de Trente a été reçu, quant au dogme & quant à la difcipline, ont été réunies à la France. Nos rois ont bien voulu laiffer fubfifter certaines loix qui y étoient fuivies, & entre autres le *concours*. Il a même fait l'objet de plufieurs de leurs déclarations ; c'eft ce qui nous impofe la néceffité d'en parler.

La déclaration la plus ancienne qu'on connoiffe à ce fujet, a été donnée pour les pays de Bugey, Gex & Valromey, relativement aux portions de ces provinces qui dépendent de l'évêché de Genève, transféré à Anneci : elle eft du 11 août 1664, & a été enregiftrée au parlement de Dijon le 19 décembre fuivant. Le même parlement avoit rendu un arrêt en 1648 qui autorifoit l'évêque d'Anneci à fe retirer par devers le roi pour en obtenir les lettres-patentes néceffaires, & qui le maintenoit provifoirement dans le droit de pourvoir aux bénéfices-cures de fon diocèfe, fitués dans le reffort du parlement de Bourgogne, par la voie du *concours*. La déclaration excepte cependant les cures à patronages, & veut que, pour ces fortes de bénéfices, les nommés & préfentés par les patrons, foient préférés aux autres concourans fi d'ailleurs ils font trouvés capables & dignes. Elle ne fait aucun réglement fur la manière dont le *concours* fera exécuté, & en cela elle laiffe fubfifter les anciens ufages, qui fans doute font conformes au concile de Trente, reçu dans ces provinces avant leur réunion à la couronne, opérée en 1601 par l'échange qu'en fit Henri IV contre le marquifat de Saluces, avec Charles-Emmanuel, duc de Savoie. Le Rouffillon eft également foumis à la loi du *concours*. Nous ne connoiffons point de déclaration rendue pour cette province.

Le *concours* a également lieu dans la Lorraine & & les Trois-Evêchés, pour les cures vacantes dans les mois réfervés aux papes par l'indult de Clément IX ; mais il faut qu'il foit indiqué dans les quatre mois, à compter du jour de la vacance, autrement, fi l'évêque laiffe écouler ce temps fans l'ordonner, la cure eft impétrable en cour de Rome. Le fujet qui a été jugé le plus capable, obtient des provifions du pape, fur l'acte que lui en donne l'évêque.

En Bretagne, les chofes font à-peu-près fur le même pied depuis 1740. Avant cette époque, les eccléfiaftiques qui vouloient être pourvus des cures qui vaquoient dans les mois réfervés au pape, alloient à Rome pour concourir ; cet ufage étoit fujet à beaucoup d'inconvéniens. En 1740, les évêques de la province s'adrefferent à Benoît XIV, pour obtenir qu'à l'avenir le *concours* pour les cures vacantes dans les mois du faint-fiège, fe fît devant les ordinaires des lieux où elles feroient fituées. Le fouverain pontife accueillit favorablement la demande des évêques de Bretagne : fa bulle eft datée du premier octobre 1740. Elle porte que le *concours* fe fera devant les ordinaires, fui-

vant la forme prefcrite par le concile de Trente ; fous la condition néanmoins que les évêques, dans les quatre mois de la vacance des cures, enverroient à Rome le certificat donné à celui qui feroit jugé le plus digne, fur lequel il feroit expédié à la daterie, dans les deux mois fuivans, une fimple fignature de provifions ; faute par les évêques d'exécuter ces conditions, les cures feront cenfées vacantes & à la libre difpofition du faint-fiège. Cette bulle, revêtue de lettres-patentes au mois de décembre 1740, a été enregiftrée au parlement de Rennes, le 6 février 1741, fous les modifications que cette cour jugea néceffaires pour la confervation des droits & des libertés de la province.

C'eft le fort de toutes les loix nouvelles d'éprouver des difficultés dans leur exécution ; celle du *concours* en Bretagne fut traverfée par plufieurs eccléfiaftiques, qui continuèrent à fe faire pourvoir en cour de Rome des cures vacantes dans les mois du pape : c'eft ce qui obligea les évêques de la province de recourir à l'autorité du roi, qui rendit une déclaration le 11 août 1742, enregiftrée à Rennes le 13 du même mois. C'eft cette déclaration qui a fixé, d'une manière irrévocable, & le *concours* & fa forme pour la Bretagne ; elle eft compofée de vingt & un articles.

Les quatre premiers règlent le nombre & les qualités des examinateurs. Ils doivent être au nombre de dix, entre lefquels il y en aura au moins deux gradués. Ils font à la nomination de l'évêque ou à celle du premier des grands-vicaires du chapitre, pendant la vacance du fiège épifcopal. Ils exerceront leurs fonctions gratuitement, après avoir prêté ferment entre les mains de l'évêque ou du grand-vicaire.

Les articles 5 & 6 fixent le temps & le lieu du *concours*. Il doit être ouvert dans quatre mois au plus tard, après la vacance de la cure qu'il s'agira de remplir, & fe faire à l'évêché ou dans le féminaire, au choix de l'évêque.

Les articles fuivans déterminent les qualités des concourans. Ils doivent être originaires de la province, favoir la langue bretonne pour les paroiffes où elle eft en ufage ; avoir exercé pendant deux ans les fonctions curiales en qualité de vicaires, ou avoir travaillé pendant trois à la conduite des ames, ou aux autres fonctions du miniftère ; ce temps d'épreuve eft porté à quatre ans pour ceux qui ne font point originaires du diocèfe, dans lequel la cure vacante eft fituée. Mais les évêques ont la faculté d'en difpenfer les gradués en théologie, fur-tout ceux de l'univerfité de Paris.

Selon l'article 13, les concourans doivent 1°. réfoudre par écrit trois queftions qui leur feront propofées ; 2°. répondre verbalement fur ces mêmes queftions ou fur d'autres qui leur feront faites par les examinateurs ; 3°. prononcer une courte homélie fur un paffage de l'écriture fainte qui leur aura été marqué. Ils feront enfermés feuls pendant trois heures, pour répondre aux questions proposées par écrit, & pour se préparer à l'homélie.

Les articles suivans règlent la manière dont doit être constaté le jugement qu'auront prononcé les examinateurs, sur le sujet qu'ils auront déclaré le plus capable, & les formes qu'il faudra suivre pour envoyer à Rome l'attestation sur laquelle les provisions seront expédiées. L'attestation sera remise entre les mains d'un banquier expéditionnaire en cour de Rome, pour y être envoyée dans un mois au plus tard, à compter du jour du *concours*. Les provisions seront expédiées sur simple signature, & le pourvu se présentera à l'évêque pour en obtenir le visa, selon la forme prescrite par les ordonnances.

Enfin la déclaration ordonne que les contestations qui pourroient naître à l'occasion du *concours*, seront instruites & jugées suivant les règles & les formes établies dans le royaume, soit qu'elles soient de nature à être portées devant les juges d'église, en cas d'appel simple, ou devant le parlement de Rennes, en cas d'appel comme d'abus, sans que dans aucuns cas lesdites contestations puissent être portées directement en cour de Rome, sauf à se pourvoir suivant les degrés de jurisdiction, & à la charge d'obtenir des commissaires délégués pour prendre connoissance desdites contestations.

Après avoir rendu compte des loix établies en Bretagne, pour le *concours* des cures vacantes dans les mois du pape, il nous reste à parler de celles qui s'observent dans la Flandre & dans l'Artois. Ces provinces étoient sous la domination de l'Espagne, lorsque le concile de Trente fut terminé. Ses loix de discipline y furent reçues, & par conséquent le *concours* pour les cures y fut adopté. Lorsqu'elles rentrèrent sous la domination françoise, quelques collateurs & patrons cherchèrent à secouer le joug & à rentrer dans l'exercice de leur droit de collation ou de présentation. L'abbé & les religieux de Saint-Vaast, diocèse d'Arras, appellèrent au parlement de Paris d'une sentence du conseil d'Artois, qui avoit maintenu le *concours*. L'arrêt rendu le 12 janvier 1660, conformément aux conclusions de M. Talon, infirma la sentence, & ordonna qu'il seroit pourvu à quatre cures dépendantes de l'abbaye de Saint-Vaast, selon les formes & la manière usitées dans le royaume. Un second arrêt du même tribunal, en date du 22 janvier 1743, au sujet de la cure de Saint-Georges de la ville d'Arras, sembloit former une jurisprudence constante & certaine. Cependant, sur les représentations de M. l'Evêque d'Arras, Louis XV donna une déclaration le 29 juillet 1744, qui ordonna, par l'article premier, que toutes les cures du diocèse d'Arras, dont la collation ou la présentation appartiennent à des collateurs ou à des patrons ecclésiastiques, & notamment dans la partie de ce diocèse, comprise dans le comté d'Artois & du ressort du parlement de Paris, continueroient d'être conférées par la voie du *concours*,

à l'exception de celles qui, par des privilèges particuliers, ont été données précédemment, de plein droit, par les collateurs.

Il paroît que le but principal du législateur est d'établir dans tout le diocèse d'Arras, une manière uniforme de pourvoir aux cures; & comme dans la partie de ce diocèse, située dans le ressort du parlement de Flandre, le *concours* y est en vigueur, il a jugé à propos d'y assujettir également celle qui est du ressort du parlement de Paris. L'exception portée en faveur des patrons ou collateurs privilégiés, met tout collateur ou patron en général, dans le cas d'examiner ses titres ou sa possession; & l'abbaye de Saint-Vaast en particulier est maintenue par-là dans tous les droits sur les quatre cures de sa dépendance. On peut l'inférer non-seulement de l'exception, mais encore du préambule de la déclaration, où il est dit que l'arrêt de 1660 ne regarde que quatre paroisses de l'abbaye de Saint-Vaast, qui étoient dans le cas des exemptions fondées sur des titres particuliers.

En n'assujettissant au *concours* que les cures de collation ou de patronage ecclésiastique, le législateur a évidemment excepté celles qui pourroient être de patronage ou de collation laïque. L'article 3 de la déclaration ne soumet point au *concours* les cures qui vaqueront dans les six mois affectés aux gradués; elle veut qu'elles n'y soient mises que six mois après la vacance, & dans le cas seulement où aucun gradué ne les auroit requises. Mais si au moment de la vacance dans un mois de grade, aucun gradué n'avoit fait les significations exigées par le concordat, faudroit-il dans ce cas laisser écouler les six mois fixés par la déclaration, ou un gradué seroit-il en temps utile pour faire insinuer & requérir la cure, lorsqu'elle auroit été mise au *concours* avant l'expiration des six mois? Ces questions se sont présentées au parlement de Paris en 1777. La cure de Pas, diocèse d'Arras, avoit vaqué dans le mois d'Avril 1776; aucun gradué n'étoit insinué. Le 21 mai suivant elle fut mise au *concours*. Le 3 juin, quinze jours après l'affiche, le sieur Labouré, gradué de l'université de Paris, signifia, pour la première fois, ses titres & capacités; le même jour il fit sa réquisition, & obtint le lendemain, du patron, un acte de présentation. Les grands-vicaires d'Arras lui refusèrent des provisions, & motivèrent leur refus, sur ce que « n'y » ayant, lors de la vacance de la cure, aucun gradué » qui eût fait notifier ses grades au patron, ladite » cure a été dévolue dès-lors, & mise le 21 mai » dernier, au *concours* établi dans le diocèse, dûe-» ment confirmé par la déclaration du roi de » 1744 ».

Le sieur Labouré interjetta appel comme d'abus de ce refus. Cela n'empêcha point le *concours* d'avoir lieu, & le sieur Baries, prêtre du diocèse d'Arras, fut pourvu par cette voie de la cure vacante. Il fut intimé sur l'appel comme d'abus. Voici comme Me Treilhard, son défenseur, présentoit la ques-

tion dans un mémoire imprimé. « Une cure deve-
» nue vacante dans un mois affecté aux gradués,
» mais fur laquelle il n'existoit réellement aucune
» expectative à l'époque de la vacance, a-t-elle été
» à l'inftant dévolue au *concours* dans la province
» d'Artois, où le *concours* est de droit commun ?
» Un gradué a-t-il pu notifier fes grades & requé-
» rir la cure après l'affiche & la mife au *concours* ? »
Ces questions n'étoient pas fans difficultés. Celle
de favoir si le fieur Labouré avoit notifié & requis
en temps utile, dépendoit de cette autre, l'affiche
& la mife au *concours* doivent-elles être confidérées comme un préliminaire tendant à remplir le
bénéfice, & à ne plus le faire regarder comme
vacant ? Peut-on les affimiler au fon de la cloche,
& à l'affemblée des électeurs qui fuffifent pour que
les chofes ne foient plus dans leur entier, & pour
empêcher la prévention ? Si ces questions étoient
décidées pour l'affirmative, la requifition du gradué étoit nulle. Si elles l'étoient pour la négative,
les droits des contendans dépendoient du degré
de faveur que l'on devoit accorder au *concours*
fur les grades. Par arrêt du . . . . . 1777, rendu
conformément aux conclufions de M. l'avocat-
général Joly de Fleury, la cour, après avoir
ordonné la mife en caufe de M. l'évêque d'Arras,
& de l'univerfité de Paris, dit qu'il en feroit délibéré. Ne peut-on pas conclure de cet arrêt que
fi la requifition du gradué eût été jugée radicalement nulle, pour n'avoir pas été faite en temps
utile, il n'y auroit pas eu de motifs pour mettre
en caufe M. l'évêque d'Arras & l'univerfité de
Paris ?

Comme l'alternative en faveur du pape n'a pas
lieu dans l'Artois, ce font les ordinaires, & non
le pape qui donnent les provifions à ceux qui ont
été jugés les plus capables au *concours*. Au refte, la
déclaration pour le diocèfe d'Arras eft affez femblable à celle pour la Bretagne. Quoique le *concours* foit auffi établi dans le diocèfe de Saint-Omer,
on ne pourroit cependant pas s'y autorifer de la
déclaration de 1744, qui a été rendue pour le feul
diocèfe d'Arras.

On obfervera, en finiffant cet article, que nous
n'admettons point, dans les provinces fujettes au
concours, la distinction adoptée par quelques canonistes
ultramontains, entre les cures en titre & les vicaireries perpétuelles. Ils ont prétendu qu'il n'y avoit
que ces dernières qui duffent être conférées par la
voie du *concours*. Il y a même une bulle de Pie V,
qui le décide ainfi ; mais elle n'a pas été reçue en
France. Cette diftinction nous paroît fans fondement, & nous penfons que les raifons qui ont
déterminé à mettre au *concours* les vicaireries perpétuelles, font abfolument les mêmes pour les
cures en titre. (*Article de M. l'abbé* BERTOLIO.)

CONCUBINAGE, f. m. (*Droit nat. & civil.*)
le *concubinage* eft l'union illégitime d'un homme avec
une femme.

Ce mot ne peut avoir de fens par-tout où les

hommes vivent fous les fimples loix de la nature.

Chez les peuples civilifés qui ont donné au mariage un appareil facré, & ont rendu fes liens
indiffolubles, le *concubinage* doit être regardé comme
un délit, parce qu'il porte atteinte à l'union conjugale, en plaçant une étrangère dans la maifon
de la véritable époufe, & parce qu'il fubftitue des
bâtards à des enfans légitimes. *Reipublicæ enim intereft legitimâ fobole repleri civitatem.*

Plus l'empire des mœurs diminue, plus le *concubinage* s'étend & fe découvre hardiment dans la
fociété.

Parmi les peuples de l'Afie il eft un luxe ; parmi
nous il eft une débauche.

Les hommes puiffans de la Perfe, de la Turquie, de l'Egypte, manifeftent leur grandeur par le
nombre des femmes attachées à un feul maître, &
fe complaifent dans l'idée d'avoir des *harems* remplis de belles efclaves qui fe flétriffent comme des
fleurs, fous les regards d'un riche propriétaire
qui les renouvelle, fans les regretter.

Pour nous, plus modérés dans nos paffions, nous
mettons quelquefois notre orgueil à régner fur une
courtifanne diftinguée par l'éclat de fa beauté ou
la rareté de fon talent, mais prefque toujours une
feule femme nous fixe dans le célibat, ou nous
détourne des devoirs du mariage.

« Les conjonctions illicites, dit M. de Montef-
» quieu, contribuent peu à la propagation de l'ef-
» pèce. Le père qui a l'obligation de nourrir &
» d'élever les enfans, n'y eft point fixé ; & la
» mère à qui l'obligation refte, trouve mille obftacles
» par la honte, les remords, la gêne de fon fexe,
» la rigueur des loix : la plupart du temps elle
» manque de moyens ».

On ne peut pas fe diffimuler qu'il feroit poffible
d'oppofer à ces inconvéniens ceux qui réfultent
des unions que nous appellons *légitimes*. Certainement fi elles étoient toutes formées d'après des conventions avouées par le cœur & par la nature,
elles feroient en général plus favorables à la population que celles nées du caprice & détruites par
l'inconftance. Mais chez une nation où l'intérêt, où
les préjugés règlent les mariages & uniffent fouvent la difformité à la grace, l'épuifement à la
fanté, l'impuiffance à la faculté de procréer, il
arrive trop fréquemment que le mariage, au lieu
d'ouvrir une nouvelle fource de population, la
tarit & condamne à une égale ftérilité les deux
individus qu'il enchaîne, & dont l'un auroit pu
donner des enfans à l'état.

M. de Montefquieu, fur l'opinion duquel on
ne peut trop s'appuyer, au rifque même de s'égarer quelquefois avec lui, donne une raifon bien
jufte de la caufe qui a établi le *concubinage* chez
les peuples du midi, & qui femble devoir le profcrire chez les peuples du nord. « Les femmes,
» dit-il, font nubiles dans les climats chauds à
» huit, neuf & dix ans : ainfi l'enfance & le ma-
» riage y vont prefque toujours enfemble. Elles
font

» font vieilles à 20 ans : la raifon ne fe trouve
» donc jamais chez elles avec la beauté. Quand
» la beauté demande l'empire, la raifon le fait
» refufer; quand la raifon pourroit l'obtenir, la
» beauté n'eft plus.

» Dans les pays tempérés, où les agrémens des
» femmes fe confervent mieux, où elles font plus
» tard nubiles, & où elles ont des enfans dans un
» âge plus avancé, la vieilleffe de leur mari fuit
» en quelque façon la leur ; & comme elles y
» ont plus de raifon & de connoiffance, quand
» elles fe marient, ne fût-ce que parce qu'elles
» ont plus long-temps vécu, il a dû naturelle-
» ment s'introduire une efpèce d'égalité dans les
» deux fexes , & par conféquent la loi d'une feule
» femme ».

Qui croiroit que chez les Romains, ce peuple
fi fage, le *concubinage* fût autorifé ? que dans les
premiers temps de la république on en diftinguât
même de deux fortes, l'un qu'on appelloit le mariage injufte & légitime, *injuftæ & nuptiæ legitimæ* ;
l'autre qualifié abfolument d'union injufte, *injuftæ
nuptiæ ?*

Celui qu'on regardoit comme légitime, étoit
l'union d'un citoyen romain avec une romaine de
naiffance, qui n'étoit ni fon efclave, ni fa parente
à un degré qui pût former un incefte.

Mais toutes les fois qu'il choififfoit fa concubine
dans la claffe des étrangères, dans celle de la fervitude, ou parmi fes proches, cette union étoit
appellée *injufte*.

Quoique la concubine ne fût pas dégradée à
Rome, néanmoins elle n'étoit pas à beaucoup près
auffi confidérée que l'époufe mariée folemnellement, & qui s'appelloit *uxor, jufta uxor, mater
familias*. Elle l'étoit même moins que celle que
l'on nommoit *uxor tantùm*, ou *matrona*, & dont
le mariage n'avoit eu d'autre formalité qu'une cohabitation d'un an dans la maifon du mari.

Cependant Numa Pompilius, pour imprimer une
forte de tache fur l'exiftence des concubines, rendit une loi par laquelle il leur étoit défendu de
s'approcher de l'autel de Junon pour y former
les véritables nœuds du mariage, avant qu'elles
euffent appaifé la déeffe, & expié leur faute par
le facrifice d'une brebis, & celui de leur chevelure.

La loi des douze tables, dans le deffein de favorifer les mariages, & pour préferver les jeunes
citoyennes, appellées *ingenuæ*, de l'abaiffement du
concubinage, ne permettoit de prendre des concubines
que dans une claffe très-inférieure ; c'étoit-là une
grande faute en légiflation ; c'étoit permettre d'abufer de la pauvreté & de la dégrader. Quand, dans
un ordre de citoyens, il ne peut y avoir que de
la vertu, il ne faut pas ouvrir la barrière au vice.
Le riche & le noble n'ont déjà que trop de moyens
pour corrompre l'indigence & la foibleffe, fans
que la loi paroiffe encore approuver l'abus de leur
afcendant.

« Les enfans procréés des concubines, dit le

» précédent auteur de l'article que nous traitons
» aujourd'hui (fans avoir pour cela la prétention
» de le faire mieux que lui) n'étoient pas foumis
» à la puiffance paternelle, & n'étoient ni légi-
» times, ni héritiers de leur père, fi ce n'eft dans
» le cas où il n'avoit point d'autres enfans légi-
» times ; ils ne portoient pas le nom de leur père,
» mais on ne les traitoit pas de *fpurii*, comme
» ceux qui étoient les fruits de la débauche ; ils
» portoient publiquement le nom de leur mère &
» le furnom de leur père ; &, quoiqu'ils ne fuffent
» point de la famille paternelle, leur état n'étoit
» point honteux, & ils n'étoient point privés du
» commerce des autres citoyens.

» Conftantin-le-grand commença à reftreindre
» indirectement cet ufage, en ordonnant aux ci-
» toyens d'époufer les filles qu'ils auroient eues
» auparavant pour concubines ; & que ceux qui
» ne voudroient pas fe conformer à cette ordonnance,
» ne pourroient avantager leurs concubines, ni les
» enfans naturels qu'ils auroient d'elles.

» Valentinien adoucit cette défenfe, & permit
» de laiffer quelque chofe aux enfans naturels.

» Ceux qui époufèrent leurs concubines fuivant
» l'ordonnance de Conftantin, légitimèrent par ce
» moyen leurs enfans, comme l'empereur leur
» en avoit accordé le privilège.

» Juftinien donna le même effet au mariage fub-
» féquent ; mais le *concubinage* n'étoit point encore
» aboli de fon temps : on l'appelloit encore *licita
» confuetudo*, & il étoit permis à chacun d'avoir
» une concubine.

» Ce fut l'empereur Léon qui défendit abfolu-
» ment le *concubinage* par fa *Novelle* 91 ; laquelle
» ne fût obfervée que dans l'empire d'Orient. Dans
» l'Occident, le *concubinage* continua d'être fréquent
» chez les Lombards & les Germains, il fut même
» long-temps en ufage en France.

» Le *concubinage* eft encore ufité en quelques
» pays, où il s'appelle *demi-mariage*, ou *mariage
» de la main gauche, mariage à la morganatique* ;
» ces fortes de mariages font communs en Alle-
» magne, dans les pays où l'on fuit la confeffion
» d'Augsbourg ».

Quoique le plus véhément des apôtres fe fût
élevé avec force contre toute union dont la cérémonie du mariage n'avoit pas purifiée ; quoiqu'il
eût déclaré dans une épître aux Theffaloniciens,
que le *concubinage* étoit contraire à la volonté de
Dieu, *hæc voluntas Domini, ut abftineatis à forni-
catione* ; enfin, malgré que S. Auguftin eût, avec
une éloquence plus douce, annoncé aux premiers
chrétiens qu'il ne leur étoit pas permis d'avoir
des concubines, lors même qu'ils n'avoient point
de femmes, *audite cariffimi : fornicari vobis non licet ;
& fi non habetis uxores, non tamen licet vobis habere
concubinam*, néanmoins l'églife, comme une tendre
mère qui a pitié de la foibleffe de fes enfans, &
qui veut bien condefcendre à leur état d'imper-

V

section, parut dans le concile de Tolède tolérer le *concubinage* : voici ses propres expressions.

« Au reste, celui qui n'ayant point de femme » légitime tient une concubine, ne sera point exclus » de la communion ; mais un fidèle doit se con- » tenter d'une seule concubine, ou d'une femme » légitime, *comme il lui plaira.*

» *Cæterùm, qui non habet uxorem & pro uxore* » *concubinam habet, à communione non repellatur ;* » *tamen unius mulieris aut concubinæ (ut ei placue-* » *rit) sit conjunctione contentus* ».

Environ 200 ans après ce concile, Isidore s'ex- primoit ainsi : « je soutiens qu'il n'est pas permis » à un chrétien d'avoir, je ne dis pas plusieurs » femmes, mais même deux. Il ne doit en avoir » absolument qu'une seule, ou bien une concu- » bine, s'il n'a point de femme : *christiano, non* » *dicam plurimas, sed nec duas simul habere licitum* » *est ; nisi unam tantùm, aut uxorem, aut certè loco* » *uxoris (si conjux deest) concubinam* ».

Mais au concile de Trente l'église, remontant à l'austérité de ses apôtres, prononça l'excommuni- cation contre ceux qui ne quitteroient pas inces- samment leur *concubine.*

« Cette rigueur, conforme à la pureté de notre » religion, est adoucie par notre institution civile.

» Tant que le *concubinage*, dit l'auteur du *Traité* » *de la séduction*, ne cause aucun scandale, ni aucun » désordre dans la société, il n'est point l'objet » de l'attention des magistrats, qui abandonnent » les coupables au tribunal de leur conscience. Sui- » vant le concile de Basle, les clercs concubinaires » doivent d'abord être privés pendant trois mois » des fruits de leurs bénéfices, après lequel temps » ils doivent être privés des bénéfices mêmes, s'ils » ne quittent leurs concubines ; & en cas de » rechûte, ils doivent être déclarés incapables de » tous offices & bénéfices ecclésiastiques pour tou- » jours ».

Ce décret du concile de Basle fut adopté par la pragmatique-sanction, & ensuite compris dans le concordat.

Le concile de Trente a encore adouci la peine des clercs concubinaires ; « après une première » monition, ils sont seulement privés de la troi- » sième partie des fruits ; après la seconde, ils » perdent la totalité des fruits, & sont suspendus » de toutes fonctions ; après la troisième, ils sont » privés de tous leurs bénéfices & offices ecclé- » siastiques, & déclarés incapables d'en posséder » aucun ; en cas de rechûte, ils encourent l'ex- » communication ».

Cette sévérité, graduée par l'indulgence & la sagesse, ne contient pas toujours les ecclésiastiques dans l'état de la chasteté ; mais du moins elle les empêche d'afficher hautement leurs passions, & les oblige de voiler leurs amours sous les apparences de la simple amitié.

Nous allons maintenant considérer le *concubinage* sous le point de vue le plus utile aux juriscon-

sultes, c'est-à-dire dans les effets de sa libéralité.

Les loix, envisageant l'homme enchaîné dans les liens d'un amour illégitime, comme absolument privé de cette liberté & de cette volonté éclairée, sans lesquelles les engagemens sont nuls, ont proscrit toutes les donations, tous les actes de libéralité faits en faveur d'une concubine, toujours assez adroite pour-éteindre peu-à-peu tous les sentimens dont elle n'est point l'objet.

Don fait en concubinage (porte l'article 246 de la coutume de Touraine) *ne vaut tant entre nobles* *que roturiers.* La coutume de Loudunois, *art. 2,* *tit. des Donations* ; celle d'Anjou, *art. 342* ; celle du Perche, *art. 100* ; celle du Maine, *art. 354* ; & celle de Cambrai, *art. 7, t. 3*, contiennent les mêmes défenses.

A ces loix formelles il faut encore ajouter la disposition de l'article 133 de l'ordonnance de Louis XIII, de 1629. *Toutes donations,* dit cette loi, *faites à des concubines seront nulles & de nul* *effet.*

Pour soutenir la juste sévérité de ces loix, les tribunaux ne se sont jamais arrêtés à la forme exté- rieure des actes. *En vain* (dit le célèbre Cochin) *au lieu de donner, a-t-on paru vendre, emprunter &* *employer de pareilles voies qui, sous le titre de con-* *trats onéreux, déguisoient de véritables profusions ; la* *loi a percé l'obscurité de ces actes pour y reconnoître* *des dispositions prohibées, & elle les a toutes pros-* *crites.*

D'après cette maxime qui a les mœurs pour base, les tribunaux n'ont jamais fait difficulté d'admettre la preuve du *concubinage* contre les actes qui pa- roissoient en être le fruit.

Par arrêt du 16 mars 1663, rapporté dans le journal des audiences, la donation universelle faite par le nommé Dufay à Lucrèce Duhamel, avec laquelle il avoit vécu en *concubinage*, a été décla- rée nulle, quoique insérée dans un contrat de ma- riage. Le même motif a déterminé le parlement à anéantir une donation universelle faite par le nommé Daoust à Louise Renaudot.

Comme on ne peut pas trop fournir des armes contre la cupidité insatiable qui se cache sous le voile de l'attachement, & finit par dépouiller de légitimes héritiers, nous citerons encore l'arrêt du 20 juin 1730, par lequel les héritiers du sieur Raffy ont été admis à prouver qu'il avoit vécu en *concubinage*, avant son mariage, avec la de- moiselle Hamelin, & sur la preuve qu'ils en firent, une donation universelle, au profit de la demoi- selle Hamelin, fut déclarée nulle par arrêt du 27 février 1731.

Cependant la sévérité de notre jurisprudence contre les unions illégitimes ne va pas jusqu'à la rendre cruelle : si elle s'oppose à ce que l'homme en- richisse, aux dépens de ses proches, celle qui a sur lui un trop dangereux empire, elle ne lui interdit pas la faculté de lui assurer des moyens de subfister. Il nous suffira de citer deux arrêts à l'appui de cette vérité importante.

En 1629, un legs de 600 liv. fait par le prévôt de Poiffy à fa fervante, avec laquelle il avoit vécu en adultère, fut confirmé par arrêt rapporté dans le *Journal des audiences*. Mais par ce même arrêt, les autres donations de meubles & du quint des propres ont été déclarées nulles.

Par un arrêt rendu le 28 mars 1730, en faveur de la demoifelle de Grandmaifon, dont l'affaire eft rapportée dans le *Journal des caufes célèbres*, le parlement de Paris a décidé qu'une donation d'ufufruit qui étoit proportionnée à la fortune du donateur, devoit être exécutée, parce qu'elle étoit regardée comme tenant lieu d'alimens.

Il s'eft élevé une difficulté, qui eft de favoir fi l'homme qui avoit vécu en *concubinage*, pouvoit lui-même revenir contre les engagemens qu'un aveugle amour lui avoit fait foufcrire ?

D'abord, il eft inconteftable que fi l'engagement avoit été fait par un mineur, il feroit fufceptible d'être annullé fur la feule demande de la partie, à moins qu'il ne fût fi exigu & fi conforme au droit naturel, qu'il ne fût pas poffible à l'équité la plus févère de l'anéantir. Mais il n'en feroit pas de même d'un engagement foufcrit par un majeur.

En 1706, le fieur Demouge prit des lettres de refcifion contre une donation d'une rente viagère de 400 liv., qu'il avoit faite à une actrice de l'opéra trois femaines après qu'il avoit atteint fa majorité; en vain allégua-t-il qu'il avoit vécu avec cette actrice, & qu'elle étoit plongée dans un état de proftitution. Le parlement, par fon arrêt du 26 mai de la même année, ne le déclara pas moins non-recevable dans fa demande.

Mais en 1771, cette queftion fut agitée d'une manière bien éclatante dans une affaire qui attira le plus grand concours au parlement de Grenoble.

Le comte de***, après avoir acquitté un billet de 10000 liv. fait à une chanteufe de l'opéra, fe détermina à prendre des lettres de refcifion contre une obligation, par laquelle il s'étoit reconnu débiteur, envers cette actrice, d'une fomme de 50319 liv.

M. de Servan, avocat-général, réclama en faveur du comte de***, toute l'autorité & toute la févérité de la loi.

« Parmi les concubines, difoit cet éloquent pro-
» tecteur des mœurs, il en eft d'une efpèce prefque
» inconnue à nos pères, & qui, de nos jours, ont
» formé un nouveau patrimoine à l'amour. Ce
» font les femmes qui rempliffent nos théâtres; non
» que je prétende diffamer ici une profeffion déjà
» trop éprouvée par l'injuftice du préjugé, une
» profeffion qu'il faudroit conferver quand elle ne
» feroit que charmer l'ennui de la vie, & qu'on
» ne peut que louer quand elle nous fait goûter
» des plaifirs ingénieux, mêlés des inftructions les
» plus touchantes. Mais plus cet art a d'attraits &

» pourroit être utile, plus fon abus eft dangereux.
» Que ceux qui l'exercent fongent fans ceffe qu'ils
» ont pour juges les hommes de génie qu'ils nous
» font admirer, & pour loix les maximes de vertu
» qu'ils nous font applaudir; que fouvent ils
» font loin de ce fouvenir! & combien le théâtre
» eft un dangereux écueil!

» De tous les engagemens qu'un citoyen peut
» contracter, il n'en eft point de plus fufpect qu'une
» libéralité pour une fille de théâtre; nul ne pa-
» roît moins libre & plus vicieux, &c. ».

Ce même orateur appliquoit, d'une manière bien jufte, ce que dit la loi, *de conditione ob turpem caufam : fi ob turpem caufam promiferis Titio, quamvis, fi petit, exceptione doli mali, vel in factum fummovere eum poffis, tamen fi folveris, non poffe te repetere.*

« Ainfi, difoit-il, le billet qu'a fait le comte
» de*** à fa concubine à Marfeille, eft payé;
» tout eft confommé; il ne peut plus répéter l'ar-
» gent qu'il a donné. Mais dans l'obligation paffée
» à Bordeaux avec la même concubine, il n'a fait
» que lui promettre; dans ce cas, il peut refufer
» le paiement, & lui oppofer l'exception de
» la loi ».

Tout ce que la chaleur de l'éloquence & l'enthoufiafme de la vertu purent fuggérer à cet avocat-général, dont nous voudrions pouvoir rapporter le difcours, fut inutile. L'actrice triompha, & l'amant imprudent fut condamné à acquitter l'obligation, avec les intérêts & les dépens. Ce qu'il y eut de plus malheureux dans cette affaire, c'eft qu'elle donna tant de dégoût à M. de Servan, qu'il fe retira du barreau, & condamna au filence une bouche qui jufqu'alors n'avoit parlé qu'en faveur de l'humanité & des mœurs.

Il réfulte de ce que nous venons de dire, que, malgré que les loix paroiffent frapper indiftinctement tous les engagemens, toutes les obligations que l'homme peut avoir foufcrits en faveur de celle qui lui a fait le facrifice de fon honneur, les circonftances peuvent adoucir & modifier cette févérité; que des héritiers, avant d'attaquer une donation faite à une concubine par un de leurs proches, doivent examiner fi ce que leur parent a donné eft l'effet d'une aveugle libéralité ou d'une fimple juftice, afin de ne pas flétrir en vain la mémoire de celui dont ils réclament la fortune.

Il fuit également de ce que nous avons expofé, qu'à moins qu'un amant infenfé n'ait été réduit à l'indigence par une maîtreffe qui, fous le charme de la féduction, lui ait fait foufcrire des actes abfolument deftructeurs de fa fortune, il doit gémir en filence de fa foibleffe, réparer fes torts par le travail & l'économie, plutôt que de mettre fa honte au grand jour. (*Cet article eft de M.* DELACROIX, *avocat au parlement.*)

CONCURRENCE, f. f. (*Jurifpr.*) c'eft en général l'exercice de la prétention que plufieurs perfonnes ont fur le même objet. Ce mot eft fynonyme de celui de *concours* dont nous avons parlé plus haut ; ce dernier cependant eft plus d'ufage en matière bénéficiale , & le premier en matière civile.

La *concurrence*, fuivant la qualité de l'objet, s'appelle auffi *rivalité.*

Ce mot a plufieurs acceptions en droit & en commerce. On doit confulter le *Dictionnaire de commerce*, pour connoître ce que l'on entend par *concurrence*, en fait de *commerce.*

En droit, on appelle *concurrence*, une égalité de droit, d'hypothèque, de privilège entre plufieurs perfonnes fur une même chofe.

Il y a *concurrence* d'hypothèque entre deux créanciers, lorfque leur titre eft de la même date, & qu'on ne peut connoître lequel eft le plus ancien.

La *concurrence* de privilège arrive entre deux créanciers qui ont faifi tous deux en même temps les meubles de leur débiteur, ou lorfque leurs créances font de même nature, ou également favorables.

Il y a certaines matières dont la connoiffance eft attribuée à différens juges ; mais c'eft par prévention, entre eux, & non pas par *concurrence. Voyez* CONCOURS , CONTRIBUTION , HYPOTHÈQUE , SAISIE , &c.

En matière eccléfiaftique & de liturgie, on appelle *concurrence*, lorfque deux fêtes fe fuivent immédiatement. Dans ce cas, les fecondes vêpres de la première concourent avec les premières de la feconde. On fait l'office de la fête d'une claffe fupérieure, & on ne fait que commémoraifon de l'autre.

CONCUSSION , f. f. (*Code criminel.*) appellée en droit *crimen repetundarum*, eft l'abus que fait de fon pouvoir un homme conftitué en dignité, charge, commiffion, ou emploi public, pour extorquer de l'argent de ceux fur lefquels il a quelque pouvoir.

Il en eft parlé dans les titres du digefte & du code , *ad legem juliam repetundarum*, où l'on peut remarquer, entre autres chofes, que celui qui donnoit de l'argent pour être juge, au préjudice du ferment qu'il avoit fait de n'avoir rien donné, pouvoit être pourfuivi comme coupable, auffi-bien que celui qui avoit reçu l'argent ; que le juge qui fe laiffoit corrompre par argent étoit réputé coupable de *concuffion*, auffi-bien que celui qui achetoit des droits litigieux : Il étoit même défendu à tous magiftrats, pendant le temps de leur adminiftration, d'acquérir aucune chofe par achat, donation ou autrement, dans les provinces où ils étoient établis, fous peine de *concuffion.*

Cette prohibition d'acquérir, faite aux magiftrats, étoit autrefois ufitée parmi nous ; du moins ils ne pouvoient acquérir dans leur jurifdiction fans permiffion du roi, comme il paroît par les ordonnances de S. Louis & de Philippe-le-Bel ; mais cet ufage eft depuis long-temps aboli, attendu que les magiftratures étant parmi nous perpétuelles, & non pas annales ou triennales, comme elles l'étoient

chez les Romains , les juges & magiftrats feroient interdits de pouvoir jamais acquérir dans leur pays.

Tout ce qui nous eft refté de l'ancien ufage, eft la prohibition aux juges d'acquérir les biens qui fe décrètent dans leurs fieges.

Il faut encore remarquer que , chez les Romains, le duc ou gouverneur de province, étoit tenu de rendre, non-feulement les exactions qu'il avoit faites perfonnellement, mais auffi ce qui avoit été reçu par fes fubalternes & domeftiques.

Le crime de *concuffion* n'étoit mis au nombre des crimes publics, que quand il étoit commis par un magiftrat ; & lorfqu'il étoit commis par une perfonne de moindre qualité, ce n'étoit qu'un crime privé ; mais cela n'eft point ufité parmi nous, ce n'eft pas la qualité des perfonnes qui rend les crimes publics ou privés, mais la nature des crimes.

Les anciennes ordonnances, un peu trop indulgentes pour les juges, leur laiffoient la liberté de recevoir certaines chofes, comme du vin en bouteilles.

Mais l'ordonnance de Moulins , *art. 19 & 20*, défendit aux juges de rien prendre des parties, finon ce qui leur eft permis par l'ordonnance ; & aux procureurs du roi de rien prendre du tout ; mais cela a été changé pour les derniers.

L'ordonnance de Blois, *art. 114*, eft conçue en termes plus généraux : elle défend à tous officiers royaux & autres , ayant charge & commiffion de fa majefté, de quelque état, qualité & condition qu'ils foient, de prendre ni recevoir, de ceux qui auront affaire à eux, aucuns dons & préfens de quelque chofe que ce foit, fur peine de *concuffion.*

Il y a encore plufieurs autres ordonnances qui défendent, à divers officiers, toutes fortes d'exactions.

La *concuffion* fe commet de différentes manières. Un officier, revêtu de l'autorité du prince, fe rend coupable de ce crime, lorfqu'il met, ou fait mettre, fur les fujets du roi, de plus fortes impofitions que celles qui font ordonnées ; lorfqu'il reçoit par lui ou par fes fecrétaires, ou gens d'affaires, des fommes pour accorder ou refufer les graces que l'on demande.

Il en eft de même d'un magiftrat qui reçoit des préfens de ceux qui ont affaire à fon tribunal, qui met les plaideurs dans la néceffité de lui donner, ou à des perfonnes interpofées, ce qu'il n'ofe exiger ouvertement ; qui force fes jufticiables à travailler pour lui à meilleur compte que pour les autres, ou à lui vendre quelque chofe à vil prix.

Les financiers, les fecrétaires, les greffiers, les notaires, les procureurs, les huiffiers, font concuffionnaires lorfqu'ils exigent des droits plus forts que ceux qui leur appartiennent. On pourroit en dire autant d'un avocat qui abuferoit de l'embarras d'un client pour trouver un défenfeur.

On regarde auffi comme *concuffion*, ce que les feigneurs exigent de trop de leurs vaffaux. L'ordonnance de Blois leur défend de prendre d'autres droits que ceux qu'ils font obligés de payer, à peine de confiscation de corps & de biens. On trouve des exemples de plusieurs seigneurs qui ont été privés pour toujours, ou pour leur vie, de leurs droits de justice & de seigneurie.

Celui qui, sans titre ni qualité, s'ingéreroit de lever sur le public des droits quelconques, commettroit pareillement le crime de *concuffion*. On trouve dans la collection de jurisprudence un arrêt du 13 octobre 1761 confirmatif d'une sentence du châtelet de Paris, du 17 septembre précédent, qui condamne un gagne-denier au carcan & aux galères pour trois ans, pour avoir voulu, sans commiffion, se faire payer dans un marché certains droits, comme s'il avoit été chargé de les percevoir.

L'accusation pour crime de *concuffion* peut être intentée, non-seulement par celui contre qui le crime a été commis, mais aussi par le ministère public, attendu que le crime est public.

Chez les Romains, il falloit que l'accusation fût intentée dans l'année depuis l'administration finie ; mais parmi nous l'action dure 20 ans, comme pour les autres crimes.

On peut agir contre les héritiers du concuffionnaire, pour la répétition du gain injuste qu'il a fait. En effet, la prescription ne peut rendre légitime la possession d'un bien, dans laquelle le magistrat n'est entré que par un crime, & tous les actes de justice qui en ont été la suite, sont absolument nuls.

La *concuffion*, sur-tout celle qui est commise par un juge, a été en horreur chez toutes les nations. Hérodote raconte que Cambise, roi des Perses, fit écorcher vif un juge convaincu de ce crime, fit couvrir de sa peau le siège dont il se servoit, & enjoignit à son fils de s'y asseoir pour rendre la justice.

La loi des douze tables prononçoit la peine de mort contre les juges concuffionnaires ; mais elle fut modérée dans le code par l'authentique *ut judices*, &c. à la restitution du quadruple, & au banniffement perpétuel.

Notre jurisprudence à cet égard est arbitraire, comme elle l'est assez généralement par rapport aux peines de tous les autres crimes. On trouve des concuffionnaires condamnés à une peine pécuniaire, d'autres au banniffement, d'autres aux galères, quelques-uns ont été pilories & marqués au front d'un fer chaud ; il y en a même qui ont été punis de mort, cela dépend des circonstances ; tous sont condamnés en de fortes amendes. Au reste, ce crime doit se punir plus ou moins sévèrement, suivant le rang & la qualité des personnes qui s'en rendent coupables. La peine doit être plus rigoureuse à mesure qu'on est plus élevé en dignité, ou en autorité. La peine la plus ordinaire pour les ministres inférieurs de la justice, est la restitution de ce qu'ils ont perçu, une amende envers le roi, & la destitution de leur office en cas de récidive ; car, pour la première fois, on se contente

ordinairement d'une interdiction pour un certain temps.

Lorsque les juges, où autres officiers, perçoivent au-delà de ce qui leur est dû, & qu'ils en donnent un reçu, c'est une simple exaction qui les rend répréhensibles, mais à l'occasion de laquelle on se contente, pour la première fois, d'ordonner une restitution, avec défenses de récidiver. *Voyez* EXACTION.

La *concuffion* que peuvent commettre les financiers, & tous ceux qui ont le maniement des deniers royaux, se nomme *péculat*. Nous en parlerons sous ce mot.

CONDAMNATION, s. f. (*Droit civil & criminel.*) en matière civile, c'est un jugement qui condamne quelqu'un à faire, donner, ou payer quelque chose, ou qui le déclare déchu de ses prétentions : en matière criminelle, c'est un jugement qui condamne quelqu'un à subir une peine quelconque, pour réparation d'un crime ou délit qu'il a commis.

En style de palais, *passer condamnation*, c'est se désister de sa demande. Il faut, pour cet effet, que la partie soit présente, ou que le procureur soit muni d'un pouvoir spécial. Lorsqu'on a paffé condamnation, on ne peut plus revenir contre le jugement.

Subir sa condamnation, signifie *être condamné* : quelquefois c'est acquiescer au jugement, quelquefois c'est subir la peine portée par le jugement ; c'est en ce dernier sens qu'on l'entend ordinairement en matière criminelle. En matière civile, toute personne est libre d'acquiescer aux *condamnations* prononcées contre elle ; mais en matière criminelle, celles qui portent peine afflictive ne peuvent être exécutées qu'après avoir été confirmées par arrêt.

On entend quelquefois aussi par le terme de *condamnations*, les choses mêmes auxquelles la partie est condamnée, telles qu'une somme d'argent, les intérêts & frais. C'est en ce sens que l'on dit, *offrir & payer le montant des condamnations, acquitter les condamnations.*

C'est un axiome commun, qu'on ne condamne personne sans l'entendre, c'est-à-dire sans l'avoir entendu, ou du moins sans l'avoir mis en demeure de venir se défendre ; car, en matière civile, on donne défaut contre les défaillans, & en matière criminelle, il y a des défauts & jugemens par contumace contre ceux qui ne se présentent pas ; on peut même condamner un accusé absent à une peine capitale, s'il y a lieu ; en quoi notre usage est différent de celui des Romains, dont les loix défendoient expressément de condamner les absens accusés de crime capital. *L.* 1, *cod. de requir. reis. l.* 1, *ff. eod. l.* 6, *c. de accuf.* & *l.* 5, *ff. de pœnis.* Ce qui étoit autrefois observé en France, comme il paroît par les capitulaires de Charlemagne, *lib. VIII, cap.* 202 & 354 ; mais depuis l'usage a changé.

Toute *condamnation* est donc précédée d'une inftruction, & l'on ne doit prononcer aucune *condamnation*, même contre un défaillant ou contumace, qu'il n'y ait des preuves suffisantes contre lui; & dans le doute en matière criminelle, il vaut mieux absoudre un coupable que de condamner un homme qui peut être innocent.

On prononce néanmoins quelquefois en Angleterre une *condamnation* sans formalité & sans preuve juridique; mais cela ne se fait qu'en parlement, & pour crime de haute-trahison, que nous appellons ici *de lèse-majesté* : il faut même que le cas soit pressant, & qu'il y ait des considérations importantes pour en user ainsi; car c'est l'exercice le plus redoutable de l'autorité souveraine : par exemple, si les preuves juridiques manquent, quoiqu'il y ait d'ailleurs des preuves moralement certaines ; ou bien lorsqu'on veut éviter un conflit entre les deux chambres, ou si l'on ne veut pas apprendre au public certains secrets d'état, &c. dans tous ces cas, sans témoins ouïs, sans interrogatoire, on déclare cet homme atteint & convaincu du crime : l'acte qui contient cette déclaration & *condamnation*, s'appelle un *atteinder*.

Il n'y a que les juges qui puissent prononcer une *condamnation* proprement dite; car c'est improprement que l'on dit qu'un homme a été condamné par les avocats qu'il a consultés, les avocats ne donnant qu'un avis par lequel ils approuvent ou improuvent ce qui leur est exposé ; mais des arbitres choisis par un compromis peuvent condamner de même que des juges ordinaires.

En Bretagne, & dans quelques autres provinces, les notaires se servent du terme de *condamnation*, pour obliger ceux qui contractent devant eux : après la reconnoissance ou promesse de la partie, le notaire ajoute ces mots, *dont nous l'avons jugé & condamné* ; ce qui vient de ce qu'autrefois tous les actes publics étoient rédigés sous les yeux du juge par les notaires qui faisoient en même temps les fonctions de greffiers; c'est pourquoi les actes passés devant notaires sont encore intitulés du nom du juge ; les notaires sont même appellés juges *chartulaires*, & ont une jurisdiction volontaire sur les contractans ; ce qui a encore pu leur donner lieu de se servir du terme *condamner*.

Tout juge qui a pouvoir de condamner quelqu'un, a aussi le pouvoir de le décharger ou absoudre de la demande ou accusation formée contre lui.

On présume toujours que la *condamnation* est juste, jusqu'à ce qu'elle soit anéantie par les voies de droit, & par un juge supérieur.

Les *condamnations* portées par des jugemens rendus à l'audience, sont prononcées à haute voix aux parties, ou à leurs avocats & procureurs. A l'égard des affaires qui se jugent à la chambre du conseil, il faut distinguer les affaires civiles & les affaires criminelles.

Dans les affaires civiles, autrefois on devoit prononcer les jugemens aux parties aussi-tôt qu'ils

étoient mis au greffe, à peine de nullité, même sans attendre le jour ordinaire des prononciations, si l'une des parties le requéroit ; cette formalité a été abrogée comme inutile par l'ordonnance de 1667.

Dans les affaires criminelles, on prononce le jugement aux accusés qui sont présens, & les *condamnations* à peine afflictive doivent être exécutées le même jour.

L'accusé doit tenir prison jusqu'à ce qu'il ait payé les *condamnations* pécuniaires, soit envers le roi, ou envers la partie civile.

Les *condamnations* sont ordinairement personnelles ; cependant, en matière de délits, les pères sont responsables civilement des faits de leurs enfans étant en leur puissance; les maîtres, des faits de leurs domestiques, en l'emploi dont ils les ont chargés.

Il y a même quelques exemples en matière criminelle, que la peine a été étendue sur les enfans du condamné, & sur toute sa postérité, en les dégradant de noblesse ou autrement ; ce qui ne se pratique que dans des cas très-graves, comme pour crime de lèse-majesté. Du temps de Louis XI, lorsque Jacques d'Armagnac, duc de Nemours, eut la tête tranchée le 4 août 1477, aux halles, on mit, de l'ordre du roi, les deux enfans du coupable sous l'échaffaud, afin que le sang de leur père coulât sur eux.

Les *condamnations* à quelque peine qui emporte mort naturelle ou civile, n'ont leur effet, pour la mort civile, que du jour qu'elles sont exécutées réellement, si l'accusé est présent; ou s'il est absent, il faut qu'elles soient exécutées par effigie s'il y a peine de mort, ou par l'apposition d'un tableau seulement, si c'est quelque autre peine afflictive qui n'emporte pas mort naturelle.

Mais les *condamnations* à mort naturelle ou civile annullent le testament du condamné, quoique antérieur à sa *condamnation* ; parce que pour tester valablement, il faut que le testateur ait les droits de cité au temps du décès.

Les lettres de grace empêchent bien l'exécution de la sentence, quant à la peine afflictive; mais elles ne détruisent pas la *condamnation* ni la flétrissure qui en résulte : il n'y a qu'un jugement portant absolution, ou bien des lettres d'innocentation, qui effacent entiérement la tache des *condamnations*.

Lorsque les *condamnations* sont pour délit militaire, & prononcées par le conseil de guerre, elles n'emportent point de mort civile, ni de confiscation, ni même d'infamie. *Voyez* ARRÊT, CONDAMNÉ, JUGEMENT, SENTENCE, PEINE.

On distingue au palais plusieurs sortes de *condamnations*, dont voici l'énumération.

CONDAMNATION *consulaire*, est celle qui est portée par une sentence des consuls, & qui emporte la contrainte par corps. *Voyez* CONSUL, *dans le Dictionnaire de commerce.*

CONDAMNATION *contradictoire*, est celle qui est prononcée contre un défendeur, qui a été ouï par lui, ou par son avocat ou procureur, ou en matière criminelle, contre un accusé présent.

CONDAMNATION *par contumace*, est celle qui est prononcée contre un accusé absent. *Voyez* CONTUMACE.

CONDAMNATION *par corps*, est celle qui emporte la contrainte par corps, telles que celles qui sont prononcées en matière civile contre les fermiers des biens de campagne, lorsqu'ils s'y sont soumis par leurs baux; en matière de stellionat, pour dépens montant à 200 liv. & au-dessus, pour dettes entre marchands, & en matière criminelle pour les intérêts & réparations civiles.

CONDAMNATION *par défaut*, est celle qui, en matière civile, ou dans les affaires de petit-criminel, est prononcée contre le défaillant. Elle est susceptible d'opposition, pourvu que celui qui la forme ne se soit pas déja laissé condamner par défaut sur une première opposition, & qu'il soit encore dans le temps porté par la loi, pour que son opposition soit recevable. *Voyez* OPPOSITION.

CONDAMNATION *définitive*, est celle qui porte définitivement sur le fonds de la contestation.

CONDAMNATION *flétrissante*, est celle qui imprime quelque tache au condamné, quoiqu'elle ne lui ôte pas la vie civile, & même qu'elle n'emporte pas infamie; comme lorsqu'un homme est admonesté.

CONDAMNATION *infamante*, est celle qui prive le condamné de l'honneur, qui fait une partie de la vie civile; toutes les *condamnations* à peine afflictive sont infamantes. *Voyez* INFAMIE.

CONDAMNATION *ad omnia citra mortem*, *à tout excepté la mort*, se dit des plus grandes peines auxquelles un accusé puisse être condamné, excepté la mort, comme au fouet, à la marque, aux galères à perpétuité, &c.

CONDAMNATION *pécuniaire*, est celle qui ordonne de payer quelque somme d'argent, comme une amende, une aumône, des intérêts civils, des dommages & intérêts, des réparations civiles; ce terme est principalement usité en matière criminelle pour distinguer ces sortes de *condamnations* de celles qui tendent à peine afflictive.

CONDAMNATION *à peine afflictive*, *voyez* PEINE AFFLICTIVE.

CONDAMNATION *provisoire*, est celle par laquelle il est ordonné qu'on fera telle ou telle chose par provision, en attendant le jugement du fonds de la contestation. *Voyez* CAUSE & MATIÈRE PROVISOIRE.

CONDAMNATION *solidaire*, est celle qui s'exécute solidairement contre plusieurs condamnés, comme pour dette contractée solidairement, ou pour dépens en matière criminelle. (*A*)

CONDAMNÉ, partic. (*Jurispr.*) est celui contre lequel on a prononcé un jugement, soit en matière civile, soit en matière criminelle. Mais ce mot pris substantivement, ne s'emploie qu'en matière criminelle, pour désigner ceux contre lesquels il a été prononcé des peines afflictives ou infamantes.

Le *condamné* à mort naturelle ou civile est déchu des effets civils aussi-tôt que son jugement lui est prononcé, parce que cette prononciation est le commencement de l'exécution, & qu'à l'instant le *condamné* est remis entre les mains de l'exécuteur de la haute-justice.

Mais s'il y a appel de la sentence, l'état du *condamné* demeure en suspens jusqu'au jugement de l'appel, & même jusqu'à ce que le jugement qui intervient sur l'appel lui ait été prononcé.

Si le *condamné* meurt avant la prononciation du jugement, il meurt *integri status*.

Si par l'événement de l'appel la sentence est confirmée, en ce cas la mort civile a un effet rétroactif au jour de la prononciation de la sentence.

Anciennement, les *condamnés* à mort étoient privés de tous les sacremens; mais depuis 1360, on leur offre le sacrement de pénitence.

Ceux qui sont exécutés à mort sont ordinairement privés des honneurs de la sépulture.

A l'égard de ceux qui sont *condamnés* par contumace à mort naturelle ou civile, ils n'encourent la mort civile que du jour que le jugement est exécuté contre eux par effigie, attendu que ne pouvant pas leur prononcer le jugement de contumace, il ne commence à être exécuté que par l'apposition de leur effigie. *Voyez* ACCUSÉ, CONDAMNATION. (*A*)

CONDESCENTE ou CONDESCENDANCE, s. f. ce terme est particulier à la province de Normandie; c'est une action par laquelle le tuteur, nommé à un mineur ou pupille, demande à en être déchargé, & que la tutèle soit conférée à un parent plus proche du mineur.

Nous en avons parlé sous le mot *Avis de parens*, où nous lui avons donné le nom de *condescendance*; mais nous avons depuis été instruits qu'au parlement de Rouen on ne se sert que du mot de *condescente*.

Lorsque le tuteur nommé par l'action en *condescente* vient à décéder avant la fin de la tutèle, c'est à son héritier à faire nommer au pupille un nouveau tuteur, quoique celui qui avoit été nommé en premier lieu, & qui avoit usé de l'action en *condescente*, soit encore vivant, c'est ce qui a été jugé au parlement de Rouen, par arrêt du 9 avril 1745.

L'action en *condescente* est bien reçue pour les tutèles, mais elle n'a pas lieu en matière de commission & de régie.

CONDITION, s. f. (*Droit public & civil. Commerce.*) ce terme est parmi nous plusieurs significations.

1°. *Condition* est synonyme du mot *état*, & dans ce sens, il signifie la qualité à raison de laquelle les hommes jouissent entre eux de droits différents. Il ne nous appartient pas d'examiner si la différence des *conditions*, ou de l'état des hommes eſt fondée dans le droit rigide de la nature : il ſuffit qu'elle ſoit établie & qu'elle ſoit utile, pour ne pas dire néceſſaire, au ſyſtême de la ſociété, pour que les loix la conſervent & la maintiennent par des règles fixes & certaines. Nous traiterons de la *condition* ſous ce reſpect, au mot ÉTAT.

2°. Le mot *condition* s'entend particuliérement de l'état de domeſticité ; ainſi l'on dit d'une perſonne qui s'eſt engagée à en ſervir une autre, qu'elle eſt en *condition. Voyez* DOMESTIQUE.

3°. En terme de commerce, le mot *condition* eſt relatif à la qualité d'une marchandiſe ; quand elle pêche par quelque endroit, on dit que la *condition* en eſt mauvaiſe ; & au contraire, que la *condition* en eſt bonne, lorſqu'elle a toute la perfection qu'on peut deſirer.

4°. Dans quelques coutumes, où il y a des ſerfs & gens de main-morte, ou mortaillables, le mot *condition* ſignifie. *les gens de condition ſerve* ou *la condition de main-morte* ; par exemple, la coutume d'Auvergne, *chap.* 27, dit que toutes perſonnes ſont francs & de franche *condition*, encore qu'en quelques lieux il y ait des héritages tenus à *condition* de main-morte. Cette même coutume appelle quelquefois *condition* ſimplement le droit de main-morte ; *droit de condition*, le droit de main-morte appartenant au ſeigneur direct ; & *conditionné* ou *emphytéote conditionné*, celui qui tient en main-morte ; & *héritage conditionné* ou *ſujet à condition*, celui qui eſt main-mortable. *Voyez* CONDITIONNÉ.

5°. On appelle plus particuliérement en droit, *condition*, une clauſe qui fait dépendre l'exécution d'un acte de quelque événement incertain, ou de l'accompliſſement de quelque fait particulier ; c'eſt de cette eſpèce de *condition* dont nous traiterons ici.

Il ne faut pas confondre dans un acte la cauſe, le mode & la démonſtration avec la *condition*, quoique ſouvent on ſe ſerve de ce dernier mot pour exprimer ces différens objets, ſur-tout lorſqu'on parle des *conditions* impoſées par les teſtamens & autres actes de dernière volonté.

La cauſe eſt le principe qui fait agir ; par exemple, *je donne à un tel pour la bonne amitié qu'il a pour moi*, cela ne forme pas un acte conditionnel ; mais la cauſe finale eſt la même choſe qu'une *condition*, comme lorſqu'on donne pour bâtir une maiſon.

Le mode eſt auſſi la même choſe que la cauſe finale ; c'eſt lorſqu'on dit, *je lègue à un tel pour achever ſa maiſon* ou *afin qu'il paie ſes dettes* ; c'eſt-là un mode, & non une *condition* : la différence qu'il y a de l'un à l'autre eſt que la *condition* fait une partie eſſentielle de l'acte, enſorte que la choſe donnée ou léguée ſous *condition*, ne peut être exigée qu'après l'accompliſſement de la *condition* ; au lieu que le legs ou la donation qui ne renferment qu'un mode, peuvent être demandés

ſans attendre ce qui pourra être fait par la ſuite relativement au mode. *Voyez* MODE.

La démonſtration eſt une déſignation de quelque perſonne ou choſe. Une démonſtration vicieuſe ne rend pas la diſpoſition nulle ; par exemple, ſi le teſtateur lègue à un tel ſon neveu majeur, & que le neveu ſoit mineur, ou qu'il lui ait légué ſon cheval noir, & que le cheval ſoit d'une autre couleur, le legs n'eſt pas moins valable, parce que le teſtateur n'a pas fait dépendre ſa diſpoſition de la qualité du légataire, ni de la qualité qu'il a donnée à la choſe léguée ; la diſpoſition n'eſt pas conditionnelle. *Voyez* DÉMONSTRATION.

On peut appoſer des *conditions* dans une convention, dans une diſpoſition de dernière volonté, ou dans un jugement.

Il n'y a point de forme déterminée pour établir une *condition* ; la plus naturelle eſt celle qui eſt conçue dans ces termes, *à condition de faire telle choſe* : mais une *condition* peut auſſi être appoſée en d'autres termes équipollens, ſelon la nature de la *condition* : par exemple, *ſi telle choſe eſt faite dans un certain temps*, ou *au cas que cela ſoit fait dans tel temps*, ou *pourvu que telle choſe ſoit faite*, &c.

Diviſion des conditions. I. Elles ſont ou expreſſes ou tacites. On appelle *expreſſes* celles qui ſont clairement expliquées dans l'acte, ou ordonnées par la loi, & *tacites* celles qui ſont inhérentes à la choſe ou qui réſultent de la nature du contrat, ou de la loi. Les conditions tacites ſont toujours ſous-entendues & produiſent leur effet, comme ſi elles avoient été exprimées.

Par exemple, dans la vente d'un immeuble, l'obligation de faire jouir l'acquéreur de la choſe vendue, eſt toujours une *condition* tacite de la vente, à moins qu'il ne ſoit dit qu'elle eſt faite ſans garantie ; la réſerve des fruits qui y naîtront pendant l'année, ſuppoſe également la *condition* tacite, *s'il en naît*. Il faut dire la même choſe de la promeſſe faite à une perſonne de la doter, qui renferme la *condition*, *ſi elle ſe marie. L.* 73, *ff. de verb. oblig. L.* 21, *ff. de jur. dot.*

II. Les *conditions* ſont affirmatives ou négatives. Une *condition* eſt affirmative, lorſqu'elle eſt conçue en termes poſitifs & affirmatifs ; par exemple, *je lègue cent écus à Titius, ſi tel vaiſſeau arrive des Indes* : elle eſt négative, lorſqu'on ſtipule qu'une choſe qui pouvoit arriver, n'arrive pas ; par exemple, *je donne à Titius, s'il ne ſe remarie pas.*

III. Les *conditions* ſont de fait ou de droit. Celles de fait ont pour objets des faits affirmatifs ou négatifs, dont les parties ſe ſont impoſé l'obligation par l'acte ; celles de droit ſont impoſées par la loi qui les ſupplée dans les engagemens des hommes, ſoit qu'elle les juge néceſſaires par la nature de la choſe, ſoit qu'elle les préſume dans l'intention des parties.

Il y a de ces *conditions* légales pour les contrats, pour les donations, pour les teſtamens & autres actes.

actes. Elles se suppléent de droit, quand même il n'en seroit fait aucune mention dans l'acte ; elles ne sont pas suspensives, mais négatives & résolutives.

IV. Les *conditions* sont possibles ou impossibles. On comprend sous le nom de *conditions possibles*, non toutes celles qui peuvent s'accomplir par le fait, mais seulement celles qui peuvent l'être légitimement, qui ne sont pas prohibées par les loix, ou contraires aux bonnes mœurs ; d'où il suit qu'une *condition* est impossible, soit que l'impossibilité de l'accomplir provienne de la nature même de la chose, comme d'empêcher le vent ou la pluie, soit qu'elle naisse de la loi qui défend de faire ce qui est porté par la *condition*, soit enfin parce qu'elle est contraire aux bonnes mœurs & à l'honnêteté. Telle seroit par exemple celle par laquelle on imposeroit à quelqu'un l'obligation de commettre un vol, ou de faire divorce avec sa femme.

V. Une *condition* est utile ou inutile. L'utile est celle qui produit son effet naturel, de suspendre ou de résoudre la convention ou disposition. On l'appelle ainsi par opposition à la *condition inutile*, qui n'opère aucun effet, est regardée comme non écrite, & ne peut suspendre ni résoudre l'effet de la convention ou disposition.

VI. Une *condition* est volontaire ou nécessaire. La volontaire est celle sans laquelle l'acte peut subsister, & qui procède seulement de la volonté de celui qui l'impose, à la différence de la *condition* involontaire ou nécessaire, qui est de l'essence de l'acte pour sa validité.

VII. On distingue encore les *conditions* en momentanées & successives. On appelle *momentanée* toute *condition* qui peut être accomplie par un seul événement, & qui peut arriver dans un instant ; par exemple : *si un vaisseau arrive de l'Asie*. On regarde encore comme momentanée, celle qui demande un certain temps pour être accomplie ; quoiqu'il faille un certain temps pour la construire, telle est la *condition* de bâtir une maison, qui s'accomplit dans un seul instant, celui où la maison est achevée. La *condition* successive au contraire est celle dont l'exécution doit se continuer autant de temps qu'il est porté par l'acte, & qui consiste en plusieurs faits successifs & continués ; par exemple : *je lègue à Titius l'usufruit de ma maison, pour tout le temps qu'il demeurera avec mes enfans*.

Dans les *conditions* momentanées, l'accomplissement ou l'inaccomplissement de la *condition*, donne lieu à l'exécution du contrat ou de la disposition, ou les résout. Mais lorsque la *condition* est successive, le moment où celui qui en est chargé manque d'y satisfaire, anéantit la convention ou la disposition pour l'avenir, sans avoir d'effet rétroactif pour le passé. La raison en est que cette espèce de *condition* en renferme plusieurs distinctes & séparées, qui sont les temps différens & successifs pendant lesquels le légataire, dans l'espèce que nous

avons supposée, doit habiter avec les enfans du testateur.

VIII. Les *conditions* sont dividues ou individues. Une condition est dividue lorsqu'elle porte sur un fait qui peut se partager pour l'accomplissement ; elle est individue lorsque le fait ne souffre pas de division ; tel est par exemple le cas où deux légataires sont chargés, par forme de *condition*, de construire une maison ; comme ce fait ne souffre point de division, la *condition* ne doit pas être divisée, & elle n'est censée accomplie qu'après la construction entière de la maison, ensorte que l'un des légataires ne peut dire qu'elle est accomplie de son côté, lorsqu'il a fait bâtir la moitié de la maison.

IX. Lorsqu'on a apposé dans un acte plusieurs *conditions*, elles sont conjointes ou alternatives. Elles sont conjointes, lorsque toutes doivent être remplies pour que la disposition ait son effet ; elles sont au contraire alternatives, lorsque celui à qui elles sont imposées a le choix d'en remplir l'une ou l'autre. On les appelle encore *alternatives*, lorsque de deux *conditions* casuelles stipulées, il suffit qu'il en arrive une.

X. On dit aussi que les *conditions* sont vraies ou fausses. On appelle *vraie*, non celle qui est arrivée & qui se vérifie, mais celle qui peut arriver & se vérifier, à la différence de la *condition* fausse, qui est celle où se trouve mêlé quelque fait qui ne peut pas être accompli par impossibilité.

XI. Toutes les *conditions* sont ou casuelles ou potestatives, ou mixtes. Une *condition* casuelle est celle dont l'événement dépend du hazard, & n'est en aucune manière dans la puissance des contractans ; telle est celle d'un legs fait, *si tel navire arrive de l'Asie*. Elle est appelée en droit *non promiscua*.

La *condition potestative*, est celle qui dépend du fait & du pouvoir de celui auquel elle est imposée. Quelques-uns distinguent deux sortes de *conditions potestatives*, l'une purement potestative, l'autre potestative casuelle ; & même une troisième sorte qui est la potestative négative, qui consiste dans le pouvoir de ne pas faire quelque chose : il est néanmoins certain qu'il n'y a point de *condition* purement potestative affirmative, parce que, malgré l'intention que l'on peut avoir d'accomplir une telle *condition*, il peut néanmoins arriver qu'elle manque par quelque cas fortuit ; c'est pourquoi cette *condition* est appelée en droit *promiscua* ; il n'y a que la négative qui soit toujours potestative : car on en est toujours le maître de ne pas faire une chose ; au lieu que quand on veut la faire, souvent on ne le peut pas. Cujas, *observ. liv. XIV, chap. 2.*

Toutes ces distinctions ne sont fondées que sur les subtilités introduites par les jurisconsultes romains. Car, quoiqu'il soit vrai de dire que le puisse être empêché, par un événement particulier, de faire le voyage de Versailles, ce qui est une *condition* potestative-affirmative, il n'en est pas moins vrai que l'accomplissement de la *condition* est soumife à ma volonté, & qu'il dépendra de moi de-faire ou de ne pas faire ce voyage.

La *condition* mixte eft de deux fortes : la première, celle qui eft en partie cafuelle & en partie potef-tative, c'eft-à dire qui dépend à la fois & du hazard & de la volonté de celui à qui elle eft impofée : la feconde efpèce, eft celle qui dépend en même temps, & de la volonté de l'un des contractans, & de celle d'un tiers ; telle eft par exemple celle par laquelle on impoferoit à quelqu'un l'obligation d'époufer Emilie. Cette *condition* dépend, en effet, & de la volonté de celui à qui elle eft impofée, & de celle d'Emilie, qui eft maîtreffe de confentir ou non au mariage dont l'accompliffement fera arriver la *condition*.

XII. Une *condition* fe rapporte au temps paffé, préfent ou futur. Elle fe rapporte à un événement paffé dans cette claufe : *je lègue à un tel au cas qu'il ait remporté le prix* : au temps préfent, lorfqu'elle eft conçue dans ces termes : *j'inftitue mon neveu mon héritier, dans le cas qu'il remporte le prix de l'académie* : au temps futur, lorfque le teftateur ordonne que l'on donnera à un tel une certaine fomme lorfqu'il fe mariera. Cette dernière *condition* eft la feule qui ait un effet fufpenfif, ainfi que décide la loi 39, *ff. de reb. cred.*

XIII. Les *conditions* font réfolutoires ou fufpen-fives. Elle eft fufpenfive, lorfque la perfection du contrat en dépend : *je lègue à Titius cent écus, s'il époufe Sempronia.* Il eft évident que le legs ne fera acquis qu'après que Titius aura fatisfait à la *condi-tion*, & qu'il aura effectivement époufé Sempronia. Elle eft réfolutive, lorfque la convention ou le legs font purs & fimples, mais foumis à une *con-dition* qui peut les rompre. Ainfi, dans le cas où quelqu'un eft inftitué héritier à la charge de ne fe pas remarier, le legs eft parfait en lui-même, & produit fon effet dès l'inftant même ; mais il peut être interrompu, & il le fera effectivement, lorf-que l'héritier aura tranfgreffé l'obligation qui lui étoit impofée de ne pas fe remarier. Les loix ne regardent comme véritables *conditions*, que celles qui font fufpenfives.

XIV. En matière de fubftitution, la *condition* eft fimple ou redoublée. Elle eft fimple, lorfque le teftateur dit, *j'inftitue Mévius mon héritier, s'il meurt fans enfans, je lui fubftitue Sempronius* ; elle eft redoublée ou réduplicative, lorfqu'il dit, *j'inf-titue Mévius, & s'il meurt fans enfans, & fes en-fans fans enfans, je lui fubftitue,* &c. Cette *con-dition* s'appelle *redoublée*, parce qu'elle s'applique tant au père qu'aux enfans. *Voyez* SUBSTITUTION.

XV. Enfin on regarde les *conditions* comme hon-nêtes & licites, ou comme déshonnêtes & dé-fendues.

Les *conditions* honnêtes & licites, font toutes celles qui ne font pas prohibées par les loix, & qui ne font pas contraires aux bonnes mœurs.

Les *conditions* déshonnêtes & illicites, font toutes celles qui répugnent à l'honnêteté & aux bonnes

mœurs. Ces fortes de *conditions* font appellées par les loix *probrofæ*, elles font rejettées dans les tef-tamens, & elles annullent les conventions dans lefquelles elles fe trouvent.

La *condition de fe marier*, foit en général, foit avec une certaine perfonne, ou avec une perfonne de tel ou tel lieu, eft une *condition* licite, & qui n'a rien contre les bonnes mœurs, pourvu que ce ne foit pas avec une perfonne indigne. Mais la *condition de ne fe point marier* eft rejettée dans les teftamens, & annulle les actes entre-vifs, comme contraire à l'intérêt public, qui veut que l'on procure des fujets à l'état. Cependant la *condition de refter en viduité*, peut être appofée à un acte entre-vifs ou à caufe de mort, fur-tout lorfque la per-fonne a des enfans d'un premier mariage ; car on doit préfumer que cette *condition* eft appofée pour l'intérêt de la famille.

On peut affimiler aux *conditions* déshonnêtes & illicites, celles qui n'ont pas d'objet férieux, d'in-térêt légitime, ou qui obligeroient de faire quel-que chofe de ridicule. Telle feroit, par exemple, celle par laquelle on enjoindroit à un homme de fe promener dans la ville avec un déguifement fingulier. Ces fortes de *conditions* font regardées comme non écrites, & ne peuvent fufpendre ni réfoudre la convention ou la difpofition.

Il en eft encore d'un autre genre qu'on pour-roit appeller des *conditions ineptes*, qui prennent leur fource dans l'imbécillité ou la folie de celui qui l'impofe. Telle feroit, par exemple, celle par laquelle un teftateur ordonneroit d'enterrer avec lui fes habits & fes livres. Les *conditions* de cette efpèce font entièrement rejettées, ainfi que le dé-cide la *loi 113. ff. de leg. 1.*

Mais que doit-on penfer de la *condition* de jurer, ou de faire ferment fur un fait paffé, préfent ou avenir ? Cette *condition* chez les Romains étoit rejettée dans les teftamens, & autres difpofitions de dernière volonté, comme il paroît par la *loi 8, ff. de cond. inft.* ; mais la *loi 39, ff. de jurejur.* nous apprend qu'elle étoit valable dans les contrats entre-vifs.

Cette *condition* parmi nous eft rejettée dans tous les actes, foit entre-vifs, foit à caufe de mort, à l'exception des jugemens ; parce que la religion du ferment ne devant point être prodiguée, il n'y a que le juge qui puiffe en impofer la *condition*. Il arrive néanmoins que des notaires dans les inven-taires, les commiffaires dans les enquêtes & infor-mations, reçoivent le ferment des parties : la raifon en eft qu'ils font en cette partie la fonction de juge.

De l'effet des conditions. 1°. Dans les actes entre-vifs. Dans les conventions dont l'accompliffement dépend de l'événement d'une *condition*, tout de-meure en fufpens comme s'il n'y avoit pas eu de convention ou de difpofition, jufqu'à ce que la *condition* foit arrivée ou remplie ; l'obligation n'exifte pas encore, & la partie à qui on a promis quelque chofe n'a qu'une efpérance fur la chofe promife.

D'où il fuit que l'on peut réclamer un paiement fait par erreur avant l'accompliffement de la *condition*, & que fi l'objet de l'obligation conditionnelle vient à périr, la *condition* s'accompliroit inutilement par la fuite, puifqu'il ne peut y avoir d'obligation fans une chofe qui en foit l'objet.

Dans le cas où la *condition* n'arrive pas, la convention ou difpofition eft anéantie par la claufe même qui la fait dépendre de la *condition* : par exemple, dans une vente qui doit s'accomplir par l'évènement d'une *condition*, l'acheteur n'a qu'un droit éventuel, & le vendeur demeure propriétaire de la chofe vendue, & fait les fruits fiens jufqu'à ce que la *condition* foit arrivée.

L'accompliffement de la *condition* donne effet à l'acte, & cet effet eft même quelquefois rétroactif, fuivant ce qui a été convenu ou ordonné à ce fujet par l'acte qui renferme la *condition*. Au moyen de cet effet rétroactif, le droit acquis au contractant paffe à fes héritiers, quoiqu'il foit décédé avant l'accompliffement : l'hypothèque contractée par un acte conditionnel, eft cenfée acquife du jour du contrat, & le créancier peut, avant l'accompliffement de la *condition*, faire tous les actes qui peuvent conferver le droit qu'il efpère pofféder un jour.

Lorfque la convention ou difpofition eft déjà exécutée, mais qu'elle peut être réfolue par l'évènement d'une *condition*, les chofes demeurent dans l'état où elles font, fuivant la convention ou difpofition, jufqu'à ce que la *condition* foit arrivée ; & dans ce cas le profit & la perte tombent fur celui qui jouit en vertu de l'acte ; & quand la *condition* eft accomplie, foit qu'elle confirme ou qu'elle réfolve la convention ou difpofition, le gain & la perte regardent celui qui fe trouve maître de la chofe.

Les *conditions* qui fe rapportent au préfent ou au paffé, produifent leur effet du moment même de l'acte, quoique les contractans ignorent l'état des chofes par rapport à la *condition*. Ainfi une vente de marchandifes, faite fous la *condition* que le navire fur lequel elles font chargées, eft arrivé à tel port, eft fur le champ accomplie ou réfolue, fi le vaiffeau eft arrivé ou ne l'eft pas, par la raifon que cette *condition* n'eft pas fufpenfive, quoique les contractans ignorent s'ils font obligés ou non.

Ce que nous venons de dire de l'effet des *conditions* doit s'entendre de celles qui dépendent du hazard, ou d'un fait indépendant des contractans, & de celles qui font honnêtes & licites. A l'égard de celles qu'on appelle *poteftatives*, c'eft-à-dire qui dépendent entièrement ou en partie du fait des contractans, elles doivent être remplies dans le temps fixé par l'acte. La juftice peut néanmoins proroger le délai fuivant les circonftances, fur-tout fi le retardement n'a caufé aucun préjudice à celui qui a ftipulé la *condition*, ou fi le dommage peut être réparé ; car, comme dit la loi 22, *ff. de jud.* un court délai eft un petit mal. *Non magnum damnum eft, in morâ modici temporis.*

Les *conditions* inutiles font regardées comme non écrites dans tous les actes où elles interviennent. Les *conditions* impoffibles, ou contraires aux bonnes mœurs, font vicieufes en elles-mêmes, & vicient auffi le refte de l'acte. Si elles confiftent à faire quelque chofe, elles annullent abfolument la convention ; mais fi elles confiftent à ne pas faire, elles n'annullent ni ne fufpendent la convention. L'obligation eft regardée comme parfaite, puifque elle tient à l'exécution d'un fait que les parties qui l'ont ftipulé, n'ont ni pu, ni dû efpérer. *L.* 7, *ff. de verb. oblig.*

De l'effet des conditions. 2°. *Dans les actes de dernière volonté.* Nous venons de dire que dans les actes entre-vifs les *conditions* appofées tenoient en fufpens la convention, qui reftoit imparfaite jufqu'à l'accompliffement des *conditions*. Il n'en eft pas de même dans les teftamens ; la *condition* les fufpend, mais ne les rend point imparfaits. Suivant les loix romaines, une inftitution d'héritier conditionnelle, faite par un fecond teftament, opère de plein droit la révocation du premier, parce qu'il fuffit pour l'anéantir, que la *condition* puiffe arriver, & qu'il puiffe y avoir un héritier.

La *condition* fufpend tellement le droit de l'héritier, du fubftitué, du légataire, du fidéi-commiffaire ; que fi ceux-ci décèdent avant l'accompliffement de la *condition*, ils ne tranfmettent rien à leurs héritiers. La raifon s'en tire du principe de droit, qu'on ne peut tranfmettre que ce que l'on poffède, ou ce que l'on peut acquérir par l'acceptation. On ne poffède pas ce qu'il eft encore incertain qu'on puiffe recueillir, & l'on ne peut accepter ce qui n'eft donné que relativement à un évènement qui peut arriver, ou ne pas arriver.

C'eft la difpofition des loix romaines, & la jurifprudence des pays de droit écrit, à l'exception du parlement de Touloufe, qui, par équité & par raifon, admet la tranfmiffion des fidéi-commis teftamentaires, quoique conditionnels, en faveur des enfans du fidéi-commiffaire, qui font defcendans du teftateur, c'eft-à-dire quand le fidéi-commis a été fait par un afcendant.

L'évènement de la *condition* a un effet rétroactif dans les teftamens comme dans les conventions ; enforte qu'un efclave, mis en liberté par le teftament de fon maître fous *condition*, après fon accompliffement eft réputé libre du jour du décès du teftateur. Par la même raifon fi un héritier aliène, ou charge d'hypothèque ou de fervitude une chofe léguée fous *condition*, l'aliénation, la fervitude, l'hypothèque difparoiffent dès que l'évènement de la *condition* fait paffer la chofe dans les mains du légataire.

Dans les teftamens, comme dans les conventions, l'inaccompliffement de la *condition* opère la nullité de la difpofition : ou fi le détruit même irrévocablement, quoique l'évènement qui auroit pu fubfifter arrive par la fuite ; ce qui a également lieu contre les mineurs, à qui il ne refte qu'une action en indemnité contre leurs tuteurs, lorfqu'il a dépendu de ces derniers d'accomplir la *condition*.

Au reste, ce que nous difons ici des effets de l'inaccompliffement de la *condition*, doit s'entendre feulement de celle qui a manqué dans le délai fixé par la difpofition; car celle qui n'eft pas encore arrivée, & dont le terme n'eft pas expiré, eft toujours pendante, & laiffe celui qui eft foumis à l'obligation de la *condition*, dans l'efpérance de la voir réalifer, & de jouir des objets qui lui ont été laiffés fous cette charge.

Règles générales fur l'accompliffement des conditions.
1°. Lorfque la *condition* exprime un temps déterminé pour fon exécution, il faut qu'elle s'accompliffe dans le temps fixé; dès qu'il eft paffé, fans que la *condition* ait été accomplie, la convention ou la difpofition font nulles. Mais fi l'exécution n'eft pas fixée à un tel temps, elle peut s'accomplir dans quelque temps que ce foit.

2°. Lorfque l'une des parties empêche l'accompliffement de la *condition*, pour éluder l'exécution de fon engagement, les loix *84*, §. *5*, *ff. de verb. oblig. & 81, ff. de cond.* décident que la *condition* eft cenfée arrivée à fon égard, & que la convention ou difpofition doit être exécutée. Cette décifion eft fondée fur la raifon & la juftice; dès que les parties ont fait dépendre leur obligation d'un événement incertain, fi l'une d'elles s'empare de cet événement, pour le forcer à être ce qu'elle defire, il dépend uniquement de fa volonté; ce qui renverfe toute idée d'obligation conditionnelle. D'ailleurs, il y a de la fraude & de la mauvaife foi dans la conduite de celui qui cherche à rendre fon fort certain dans une chofe incertaine, & il eft cenfé avoir craint que la *condition* n'arrivât effectivement, & ne tournât contre lui.

3°. Nous avons dit plufieurs fois que les *conditions* s'accompliffent lorfque la chofe qui en fait la matière arrive. Mais par qui cet accompliffement doit-il fe faire? Eft-ce par celui à qui l'obligation a été impofée, ou peut-il avoir lieu par le fait de fes héritiers, ou d'une tierce perfonne?

Généralement on doit décider que la *condition* doit être accomplie par celui à qui elle eft impofée, toutes les fois que les parties contractantes, ou le teftateur, ont eu en vue le fait propre & exclufif d'une telle perfonne. Ainfi s'il s'agit des *conditions* d'époufer Mevia, d'étudier une langue, de faire un tableau, &c. il eft évident qu'elles ne peuvent être exécutées que par celui qui en eft chargé, & que, foit dans les conventions, foit dans les difpofitions de dernière volonté, elles ne peuvent être accomplies par les héritiers. Mais fi les parties ont confidéré le fait fans aucun égard à la perfonne qui l'accompliroit, la *condition* eft valablement accomplie par la perfonne qui y étoit obligée, ou par tous ceux qu'elle aura chargés de l'exécuter. Telle eft, par exemple, la *condition* de conftruire

un édifice, d'abattre un mur. Son objet principal eft la confection de l'ouvrage, qu'il foit fait par la partie ou par un autre, l'accompliffement de la *condition* fuffit, il eft valable & profite à celui qui étoit chargé de la *condition*. De-là il fuit qu'elles peuvent également être accomplies par les héritiers. Cependant il faut diftinguer entre les conventions & les difpofitions teftamentaires. Dans ces dernières, la faculté d'accomplir la *condition*, ainfi que nous l'avons remarqué plus haut, ne paffe pas aux héritiers de celui à qui elle eft impofée; s'il meurt avant d'y avoir fatisfait, la difpofition devient nulle. Mais il en eft autrement dans les conventions, parce qu'on eft toujours cenfé avoir contracté tant pour foi que pour fes héritiers, lorfque l'on ne paroît pas avoir borné l'effet du contrat en foi-même, en s'impofant exclufivement l'exécution de la *condition*.

4°. Lorfque la *condition* confifte dans un événement unique, ou dans un fait, fon accompliffement eft indivifible, parce qu'un fait ne peut exifter à demi. Cette décifion a lieu, même dans le cas où la chofe qui fait l'objet de la condition, pourroit être facilement divifée. Ainfi dans le cas d'une vente faite, ou d'un legs laiffé fous la *condition* de payer une fomme de cent écus, la *condition* n'eft cenfée accomplie qu'après le paiement entier de la fomme, enforte que celui à qui elle eft impofée ne pourroit pas exiger la moitié de la chofe vendue ou léguée, fous prétexte qu'il auroit accompli la moitié de la *condition*.

Mais fi l'obligation eft contractée fous plufieurs *conditions*, eft-il néceffaire que toutes s'accompliffent? Il faut diftinguer: plufieurs *conditions* ont été mifes dans un acte conjointement ou féparément: par exemple, *fi un tel navire arrive à bon port, & fi je fuis nommé à tel emploi*, ou bien *fi tel navire arrive à bon port, ou fi je fuis nommé à tel emploi*. Dans le premier cas, les deux *conditions* font conjointes, & elles doivent toutes s'accomplir, enforte que fi une feule manque, l'obligation s'évanouit: dans le fecond, les *conditions* font féparées & alternatives. Il fuffit que l'une d'elles foit accomplie, pour que l'obligation foit parfaite. *Voyez* CONTRAT, OBLIGATION, LEGS, DONATION, TESTAMENT, &c.

CONDITIONNÉ, adj. (*terme de Coutume.*) Il eft formé du mot *condition*, dont nous venons de parler. Il fignifie, dans la coutume d'Auvergne, un homme de ferve condition, de main-morte ou de fuite. Ce nom paroît venir de ce que dans l'origine, les ferfs & main-mortables ont été foumis aux conditions qu'il a plu au feigneur de leur impofer. Suivant la coutume d'Auvergne, chap. 27, toutes perfonnes étant & demeurant audit pays, font franches & de franche condition, pofé qu'en aucuns lieux y ait héritages tenus à condition de main-morte; mais au pays de Combraille y a aucuns de ferve condition, de main-morte & de fuite, & les autres francs & affranchis. Le feigneur direct qui a audit pays droit de condition de main-morte, fuccède à fon emphytéote *conditionné* de ladite condition, féparé & divis de fes parens ou lignagers, qui trépaffe fans defcendans de fon corps en loyal mariage, à l'héritage *conditionné* de ladite condition feulement; le *conditionné* (l'emphytéote *conditionné*) peut aliéner & difpofer defdits biens *conditionnés* à ladite condition, & de fes autres biens par contrat entre-vifs pur & fimple à fon plaifir & volonté; mais le *conditionné* ne peut par teftament, contrat de mariage, affociation, ni autre acte, faire héritier ou convention de fuccé-der au préjudice du feigneur direct ayant le droit de condition; l'emphytéote *conditionné* eft tenu à ladite condition, depuis qu'il eft parti ou divis de fes frères & fœurs, ou autres lignagers; il ne peut faire pacte de fuccéder par contrat d'affocia-tion ni autrement avec fes frères lignagers, ou autres, au préjudice du feigneur direct ayant le droit de condition, pour empêcher que ce feigneur ne lui fuccède à défaut de defcendans en loyal mariage ès biens-meubles de ladite condition. On ne peut dire ni juger qu'il y ait eu partage entre le *conditionné* & fes frères, ou lignagers, par la feule demeure féparée du *conditionné* & de fes autres frères ou parens, pour quelque laps de temps que ce foit, s'il n'y a partage formel fait entre le *conditionné* & fes frères, ou lignagers, ou com-mencement de partage par le *partement du chanteau.* Le feigneur direct ayant le droit de condition, ne fuccède point à la fille mariée de fon *conditionné* qui meurt fans defcendans, encore qu'il lui ait été conftitué en dot l'héritage fujet à la condition, ce font les lignagers, & à leur défaut le feigneur, quant à l'héritage *conditionné* donné en dot. Mais auffi le feigneur n'eft pas préféré en la fucceffion de fon emphytéote *conditionné* à ladite condition, à la fille mariée du *conditionné*, encore qu'il n'y eût point d'autres enfans du *conditionné*; & non-obftant que la fille eût été mariée du vivant de fon père, & hors fa maifon, la fille eft toujours préférée au feigneur direct. (*A*)

CONDITIONNEL, (*Jurifpr.*) fignifie tout ce qui eft *ordonné* ou *convenu* fous quelque condition, foit par jugement, foit par difpofition entre-vifs ou de dernière volonté, foit par convention ou obli-gation verbale & par écrit, fous feing-privé, ou devant notaire; ainfi on dit *une difpofition, une inftitution, un legs conditionnel, une obligation con-ditionnelle,* &c. *Voyez* CONDITION. (*A*).

CONDITIONNER, v. a. (*terme de Coutume.*) il n'eft en ufage que dans quelques coutumes des Pays-Bas, pour fignifier une ftipulation particulière, dont l'effet eft d'empêcher qu'un héritage ne foit affujetti aux règles établies par la loi municipale, foit pour les fucceffions, foit pour la faculté d'en difpofer.

C'eft un principe certain, qu'après la célébration du mariage, le mari & la femme ne peuvent fe faire aucun avantage direct ou indirect. La coutume

de Cambrefis, *tit. 7, art. 29,* & celle d'Artois, *art. 120,* permettent au mari qui fait une acqui-fition, de *conditionner* que l'héritage acquis ref-tera en propriété pour le total au furvivant des con-joints. Mais pour que l'héritage ainfi *conditionné* puiffe appartenir à la femme, il faut qu'il y ait eu com-munauté entre elle & fon mari, & qu'elle l'accepte.

Dans les coutumes de Cambrefis & de Hai-naut, un homme veuf avec enfans ne peut difpo-fer des biens dont il étoit en poffeffion avant la mort de fa femme; mais il peut, quand il eft ca-pable de difpofer, c'eft-à-dire, avant ou pendant fon mariage, *conditionner* que fa capacité durera en tout état, & alors fa viduité ne lui lie pas les mains.

La faculté de difpofer dépend des diverfes cir-conftances, fuivant les différentes coutumes. En Cambrefis & dans la partie du Hainaut qui eft ré-gie par les chartes générales, tout majeur qui n'eft pas veuf avec enfans, peut librement aliéner. Dans le chef-lieu de Valenciennes, un homme marié ne peut difpofer de fon patrimoine fans le con-fentement de fa femme, ni même avec fon con-fentement, s'il a des enfans. Il en eft de même d'un homme veuf. Dans le chef-lieu de Mons, il faut, pour être capable d'aliéner fes propres, avoir *femme première & d'elle enfans vivans;* & pour alié-ner fes acquêts, il faut être au même état où l'on faifoit l'acquifition; de forte que fi depuis on s'eft marié, ou fi l'on eft devenu veuf, on ne peut plus les aliéner.

Pour écarter ces différens obftacles que mettent les coutumes à la faculté de difpofer, on peut dans le temps où l'on jouit de fa capacité, fe deshé-riter d'un ou plufieurs héritages, & *conditionner* que l'on pourra en difpofer en tout état.

Mais on ne peut pas toujours faire ces condi-tions. La coutume de Cambrefis, *titre premier, art. 21,* les défend à l'égard des fiefs; de forte qu'un homme veuf avec enfans ne peut jamais, dans cette cou-tume, difpofer des fiefs qu'il avoit acquis avant la mort de fa femme, quoiqu'il puiffe le faire, lorfqu'il eft capable d'aliéner fes autres biens.

Celle de Hainaut ne permet de *conditionner* les fiefs qu'en faveur des femmes, lorfqu'il eft quef-tion de leur affigner un douaire. C'eft ce que dé-cide l'article 18 du chapitre 34 des chartes géné-rales. L'article 3 du chapitre 93 permet auffi à un mari qui acquiert un fief, de *conditionner* que la propriété en appartiendra à fa femme, en s'en retenant l'ufufruit.

En Cambrefis, il ne pourroit pas même *condi-tionner* que fa femme aura en propriété la moitié d'un fief qu'il acquiert, parce que, fuivant l'ar-ticle premier du titre premier de cette coutume, les fiefs acquis par deux conjoints appartiennent au mari feul.

La même coutume ne permet de *conditionner* un héritage roturier, *qu'en acquêt faifant.* Cette reftric-tion eft exprimée dans l'article 10 du titre 2; d'où il suit qu'elle défend les conditions à l'égard des propres. En Hainaut, il n'y a point de temps fixé pour cela, il suffit que l'on soit capable d'aliéner. Il paroît d'abord qu'on ne peut pas non plus *conditionner* les propres ; c'est ce que semblent insinuer l'article 15 du chapitre 31 des chartes générales, l'article 13 de la coutume du chef-lieu de Valenciennes, & l'article premier du décret porté le 20 mars 1606, pour le chef-lieu de Mons. Toutes ces loix ne font mention que des acquêts par rapport à la faculté de *conditionner* ; le silence qu'elles gardent sur les propres semble faire voir qu'ils ne sont pas susceptibles de conditions : *unius inclusio est alterius exclusio*. Néanmoins l'usage général du Hainaut permet de *conditionner* un propre.

Cet usage est fondé sur l'article 5 du chapitre 32 des chartes générales, où il est fait mention de *biens héritiers conditionnels au profit d'enfans au pain de leur père.*

Les chapitres 12 & 35 de la coutume du chef-lieu de Mons, permettent même à un mari de *conditionner* ses propres ou ceux de sa femme, pour appartenir au survivant, avec faculté d'en disposer en tout tems.

En Artois, le mari peut *conditionner* l'héritage qu'il acquiert, sans la participation de sa femme. C'est ce qui résulte de l'article 120 de la coutume de cette province.

Dans la coutume de Cambrésis, deux conjoints ne peuvent *conditionner* l'un sans l'autre ; c'est la disposition de l'article 11 du titre 2. La raison en est que dans cette province deux conjoints ne peuvent disposer de leurs biens l'un sans l'autre, comme il résulte de l'article 23 du titre 7.

Il en est de même dans le chef-lieu de Valenciennes. Un arrêt du grand-conseil de Malines déclara nulle une condition insérée par un mari dans un contrat d'acquisition sans l'intervention de sa femme. Il étoit stipulé que le survivant disposeroit à sa volonté de la totalité du bien acquis.

Dans la partie du Hainaut qui est régie par les chartes générales, le mari peut *conditionner* seul les conquêts de la communauté & ses propres biens. Pour ceux de sa femme, il ne peut les *conditionner* sans son consentement.

Dans le chef-lieu de Mons, il peut sans son aveu, & même à son insçu, *conditionner* tous les biens propres & acquêts qu'elle avoit avant de se marier, pour appartenir au survivant, avec faculté d'en disposer.

En vertu de cette condition, le survivant demeure propriétaire de l'immeuble ; mais s'il meurt sans en disposer, l'héritage retourne aux héritiers légaux de celui des conjoints à qui il appartenoit avant qu'il eût été *conditionné.*

Pour qu'un mari puisse, dans cette coutume, *conditionner* le bien de sa femme, il faut qu'il fasse serment de n'avoir plus d'héritages ni de rentes immobilières qui lui appartiennent dans toute l'étendue du chef-lieu, & que les gens de loi jurent qu'ils

né savent pas le contraire. Ce serment est d'une telle nécessité que la condition seroit nulle si l'acte de déshéritance n'en faisoit pas mention ; & les effets en sont si puissans, quand il a été prêté dans les formes prescrites par la coutume, qu'il rend l'acte valable, quand même on en découvriroit la fausseté dans la suite, sauf à la partie publique à poursuivre le faussaire. C'est ce que porte le chapitre 12 de cette coutume, conforme à l'article 56 de celle de Valenciennes.

La faculté qu'accorde cette coutume à un mari, de *conditionner* le bien de sa femme, ne doit pas seulement avoir lieu lorsque les deux conjoints sont domiciliés dans son ressort, mais encore lorsque le mariage a été contracté & qu'ils sont domiciliés dans une autre province. Mais dans ce dernier cas, si le mari survit à sa femme & s'approprie de son bien, en vertu de la condition, il doit en rembourser l'estimation à ses héritiers, parce que les droits de la communauté doivent se régler par la coutume du lieu où les conjoints avoient leur domicile au temps du mariage. Ce principe approuvé par Dumoulin, Burgundus, Wezel, Pothier & plusieurs autres jurisconsultes célèbres, a servi de motif à un arrêt du grand-conseil de Malines, rapporté par Christin, en ses décisions des cours religieuses, *vol. I, décis. 57.*

La condition d'un héritage ne peut se faire que par une déshéritance entre les mains de la loi dont il est tenu ; & quand la condition se fait au profit d'une certaine personne, la déshéritance est ordinairement suivie de l'adhéritance d'un *manbour*, qui est, par rapport à cet héritage, ce qu'est un exécuteur testamentaire à l'égard d'un testament, & qui doit par conséquent *agir, intenter & défendre*, suivant le pouvoir que lui en donne l'article 10 du chapitre 29 des chartes générales du Hainaut.

Pour qu'une condition soit valable, il faut que la déshéritance soit revêtue de toutes les formalités nécessaires. Ainsi, en Cambrésis, le propriétaire doit se déshériter en personne ; car il ne peut le faire par procureur, suivant l'article 3, du titre 5, même en cas de maladie, comme l'a jugé un arrêt du parlement de Flandres, du 28 mars 1696, rendu de l'avis de toutes les chambres.

En Hainaut, on peut se déshériter par procureur, suivant l'article premier du chapitre 103 des chartes générales. Dans la partie de cette province qui est régie par les chartes échevinales du chef-lieu de Mons, il faut que la procuration soit passée par-devant les échevins du lieu où la personne qui se déshérite a son domicile, dans la forme prescrite par le décret des archiducs Albert & Isabelle, du 20 mars 1606. Mais comme les formalités d'un acte se règlent toujours par la coutume du lieu où il se passe, si celui qui veut se déshériter demeure dans un pays où les notaires seuls peuvent recevoir des procurations, comme dans la plus grande partie de la France, il suffit d'en passer une en cette forme, pour rendre valable la déshéritance.

& la condition, comme l'a jugé le parlement de Flandres, par arrêt du 22 juillet 1720, confirmé par un autre rendu en revision, le 8 juin 1723.

Pour qu'une condition, faite au profit d'une certaine personne, soit valable, il faut qu'elle soit rappellée dans le testament de celui qui l'a faite. C'est ce qui résulte de l'article 3 de l'édit du mois de janvier 1731, lequel porte qu'il n'y aura plus à l'avenir, dans tout le royaume, que deux formes de disposer de ses biens à titre gratuit, dont l'une sera celle des donations entre-vifs, & l'autre celle des testamens.

Il faut que la condition soit rappellée dans un testament, & non dans une donation entre-vifs, parce qu'une condition est révocable de sa nature, suivant l'article 12 du titre 2 de la coutume du Cambresis, & l'article 3 du chapitre 93 des chartes générales du Hainaut.

Si les conditions sont faites par deux conjoints en faveur de l'un ou de l'autre, il n'est pas nécessaire qu'elles soient rappellées dans un testament, ni dans un autre acte notarial, parce que l'édit de 1731 ne comprend point dans ses dispositions, les actes faits entre deux conjoints, comme le décide le dernier article.

Dans le Cambresis, toutes les espèces de conditions sont exemptes d'être rappellées dans un acte notarial, ainsi qu'il résulte de l'article premier des lettres-patentes du 24 mai 1777, registrées au parlement de Flandre le 14 juin suivant. Il approuve & confirme l'usage, introduit dans cette province, de procéder aux devoirs de loi, pardevant les juges fonciers de la situation des héritages qui en font l'objet, sans représenter préalablement aucun acte, soit en grosse, soit en toute autre forme. Voyez DEVOIRS DE LOI.

Dans le chef-lieu de Valenciennes, les conditions ne sont en usage que pour les propres & pour les conquêts; car, dans cette coutume les acquêts n'ont pas besoin de cette formalité pour que l'on puisse en disposer en tout état, parce que la coutume donne cette faculté à tout acquéreur. Ainsi, dans cette partie du Hainaut, les conditions ne sont employées que lorsque deux conjoints, acquérant un héritage, veulent en transférer la totalité au survivant, & lorsqu'on veut se réserver la faculté de disposer d'un propre en tout état.

On connoît dans cette coutume une autre espèce de condition, mais qui n'a pas besoin du secours de la déshéritance pour être valable. Un propriétaire d'acquêts, qui veut que son héritier légal puisse en disposer en tout état, a soin de conditionner dans son testament que son héritier sera libre d'en disposer à sa volonté. Cette clause donne à ces biens la qualité d'acquêts dans la personne de l'héritier; & il peut en disposer à son gré, sans que le changement d'état, soit par mariage, ou viduité avec enfans, puisse lui lier les mains.

Tel est l'effet que produit cette clause, à laquelle il n'est point nécessaire d'ajouter en tout état. Le parlement de Flandres avoit jugé, par arrêt du 21 janvier 1730, que l'héritier d'un bien situé dans cette coutume, n'avoit pu l'aliéner étant veuf avec enfans, parce que son père ne le lui avoit laissé qu'avec la liberté d'en disposer à sa volonté, sans ajouter en tout état. Cet arrêt étoit évidemment injuste. La clause de disposer à sa volonté, emporte celle de disposer en tout état, puisque hors l'état de mariage & celui de veuf avec enfans, on peut dans cette coutume aliéner ses héritages patrimoniaux, de sorte que la clause de disposer à sa volonté seroit frustratoire & n'opéreroit aucun effet, si elle ne donnoit le pouvoir d'aliéner en tout état.

Ces raisons déterminèrent la partie qui avoit succombé, par l'arrêt du 21 janvier 1730, à en demander la revision; & par arrêt rendu le 20 juin 1732, au rapport de M. Merlin d'Estreux, le parlement assemblé déclara qu'erreur étoit intervenue dans le précédent, & confirma la sentence des prévôt & échevins de Valenciennes, qui avoit déclaré l'aliénation valable.

La faculté de conditionner un héritage peut être restreinte, soit par un testament, soit par un contrat de mariage. Ainsi, dans le chef-lieu de Mons, un aïeul, qui craint que son fils ne devienne veuf & ne transfère à des enfans d'un second lit les biens qu'il lui laisse, peut, par un avis conjonctif ou un avis viduel, suivant la nature de ses biens, ordonner qu'ils ne pourront être conditionnés par son fils.

De même, des parens qui marient leurs enfans & qui veulent empêcher les deux époux de s'avantager l'un l'autre, stipulent, dans le contrat de mariage, qu'ils ne pourront, en acquêt faisant ni autrement, faire de conditions au profit l'un de l'autre.

Mais s'il étoit seulement stipulé que les acquêts seront partagés également entre le survivant & les héritiers du prédécédé, les deux conjoints pourroient-ils encore conditionner les héritages qu'ils acquerroient pour appartenir en totalité au survivant? Le parlement de Paris a jugé pour la négative, par arrêt du 27 mars 1706, infirmatif d'une sentence du conseil d'Artois, du 23 décembre 1704; par un autre du premier septembre 1713, confirmatif d'une sentence du même siège, du 14 août 1712; & par un troisième du 17 mai 1717, au rapport de M. Feydau.

Ces arrêts sont rapportés par Brunel & par Maillart sur la coutume d'Artois. Mais, soit qu'ils aient précisément décidé cette question, soit qu'ils aient été motivés par des circonstances particulières, il est certain que l'on ne doit point s'y arrêter. La faculté de s'avantager l'un l'autre ne peut être ôtée à deux conjoints par une clause aussi vague que celle dont il est ici question; il en faut une expresse, comme nous l'établirons plus particulièrement au mot ENTRAVESTISSEMENT. Voyez DÉSHÉRITANCE, DEVOIRS DE LOI, MANBOURS.

CONDUCTEUR de bateaux. (Eaux & Forêts.) L'ordonnance de 1669, tit. 31, art. 15, leur défend

CON

d'avoir dans leurs bateaux ou nacelles, aucun engin à pêcher, de telle espèce que ce puisse être, à peine de confiscation & de cent livres d'amende. La raison en est que leur habitude sur les rivières, & la connoissance qu'ils ont du local, leur procureroient des pêches abondantes, qui, jointes à celles des pêcheurs établis par le roi ou les seigneurs, épuiseroient insensiblement les rivières.

CONFÉRENCE, f. f. (*Droit public & civil.*) ce terme a plusieurs significations en jurisprudence.

1°. Il se prend pour les assemblées dans lesquelles les ministres & les ambassadeurs discutent les droits de leurs souverains. Telles ont été les *conférences* tenues par le cardinal Mazarin & dom Louis de Haro, pour la conclusion du traité des Pyrénées. Telles sont celles qui ont lieu dans toutes les assemblées de plénipotentiaires.

2°. *Conférence* se dit du rapprochement & de la comparaison qui est faite de différentes loix. Il y a, par exemple, des *conférences* du droit romain avec le droit françois; une *conférence* des ordonnances où Guénois a rapproché les dispositions des différentes ordonnances qui sont intervenues sur chaque matière; une *conférence* des coutumes, par le même auteur, pour faire voir le rapport & la diversité des coutumes entre elles; une *conférence* de Bornier, sur les ordonnances de Louis XIV, où il rapporte, sur chaque article, les dispositions des anciennes ordonnances; & plusieurs autres *conférences* semblables; une de Fortin, sur la coutume de Paris, que Ricard a beaucoup augmentée. Galon a donné aussi une *conférence* sur l'ordonnance des eaux & forêts de 1669; Jouy, une sur les ordonnances, édits & déclarations qui concernent les matières ecclésiastiques; d'Amours, sur l'ordonnance des donations, dans laquelle il la confère avec le droit romain. Il ne faut pas oublier Ferrières, qui, dans son *commentaire sur la coutume de Paris*, indique, après chaque texte, les coutumes auxquelles il est conforme.

3°. *Conférence* s'entend des assemblées que les officiers de différentes compagnies sont obligés de tenir pour terminer les difficultés qui s'élèvent entre elles. Elles ont plus souvent lieu entre les cours souveraines, lorsqu'il y en a plusieurs dans la même ville. Dans ce cas elles doivent, suivant l'arrêt du conseil du 23 août 1608, s'assembler, toutes affaires cessantes, pour vaquer à ces *conférences*. Elles sont ordinairement composées des gens du roi de l'une & l'autre compagnies; on y joint quelquefois, quand la matière le requiert, des présidens & des conseillers. Lorsque les députés ne peuvent tomber d'accord, les choses restent indécises jusqu'à ce que le roi en ait décidé.

4°. *Conférence* se prend aussi, en terme de palais, pour une assemblée composée de magistrats ou d'avocats, & quelquefois des uns & des autres, dans laquelle on traite des matières de jurisprudence.

On peut voir dans M. Auzanet, les mémoires & arrêts qui sont sortis des *conférences* célèbres qui se tenoient chez M. le premier président de La-

moignon, pour parvenir à rendre la jurisprudence uniforme. Les *conférences* de la bibliothèque publique de l'ordre des avocats, sont aussi connues; une partie des questions qui y ont été agitées dans le commencement de son institution, a été imprimée & insérée dans le second tome des œuvres de M. Dupleffis, sous le titre de *consultation.*

Le but des *conférences* des avocats est d'instruire les jeunes gens, de leur apprendre à discuter les questions les plus importantes du barreau, & à développer l'obscurité des loix. Elles se tiennent ordinairement, à Paris, à la bibliothèque de l'ordre; mais il y en a encore de particulières chez quelques-uns des anciens. On ne peut trop recommander, à ceux qui se destinent à la profession d'avocat, d'être assidus à ces *conférences*. C'est là, dit M. le président Hainaut, « que s'entretient le goût des bonnes lettres & le desir du savoir; que l'esprit se remplit & s'éclaire par les richesses mutuelles & par les discussions. Que l'on ne croie pas qu'elles ne soit faites que pour la jeunesse! Plus on est instruit, & plus elles sont utiles. Voyez les hommes illustres des siècles passés; ces lumières du tribunal & du barreau; les Talon, les de Thou, les Seguier, les Molé, les Bignon, les Harlay, & tant d'autres, les *conférences* étoient le délassement & la réparation de leurs travaux, ils y venoient reprendre de nouvelles forces, & c'étoit un profit égal pour les mœurs & pour la doctrine ».

Les avocats du parlement de Lorraine avoient établi des *conférences* au parquet des gens du roi. L'avocat-général y présidoit ordinairement, & suivant une déclaration du duc Léopold, du 15 décembre 1728, nul avocat ne pouvoit être reçu à un office de judicature, qu'en rapportant un certificat, signé du premier avocat-général, de son assiduité aux *conférences*. Ce certificat devoit être attaché sous le sceau des provisions. Depuis la réunion de cette province à la couronne de France, on n'est pas dans l'usage d'exiger ce certificat à la grande chancellerie. Il seroit très-utile de l'exiger, non-seulement dans la Lorraine, mais même dans tous les tribunaux du royaume. Les habitans de chaque ville instruits par là, ou témoins de la capacité des juges qu'on leur donne, en conserveroient plus de respect & de vénération pour le corps de la magistrature.

CONFÉRER, (*Jurispr.*) on dit en matière bénéficiale *conférer un bénéfice*, c'est-à-dire en donner des provisions. Les patrons laïques & ecclésiastiques qui n'ont que la simple nomination ou présentation, ne *confèrent* pas le bénéfice, non plus que ceux qui ont simplement le droit d'élection; il n'y a que le collateur ordinaire ou le pape qui confère véritablement. *Voyez* COLLATEUR, COLLATION. (*A*)

CONFESSION, f. f. (*Droit civil & canonique.*) c'est une déclaration, une reconnoissance verbale ou par écrit de la vérité d'un fait.

Nous distinguons deux espèces de *confessions* totalement

totalement différentes l'une de l'autre. La première
a lieu en matière prophane ; elle fera l'objet d'un
premier article : la seconde regarde l'ordre spirituel,
& fait partie du sacrement de pénitence ; sous ce
respect elle appartient au *Dictionnaire de théologie*.
Nous traiterons néanmoins, dans un second article,
des loix civiles & canoniques qui y ont rapport.

CONFESSION *en matière civile & criminelle*. Elle
est de deux espèces, l'une judiciaire, l'autre extrajudiciaire.

La *confession* faite en jugement est appellée *judi-
cielle* ou *judiciaire* ; elle a lieu dans les déclarations qui
sont faites par une partie à l'audience ou dans un interrogatoire, soit en matière civile ou criminelle.

Lorsqu'elle est faite hors jugement, comme dans un
acte devant notaire, ou dans un écrit sous signature privée, elle est appellée *extrajudicielle* ou *extrajudiciaire*.

En matière civile, la *confession judiciaire* opère une
preuve complette contre celui qui l'a faite ; *confessus
in judicio pro judicato habetur*, *l. 1. ff. de confess.*
mais elle ne nuit point à un tiers, suivant ce principe de droit, *res inter alios acta nemini prodest,
nec nocet.*

On ne divise point ordinairement la *confession* en
matière civile, c'est-à-dire que celui qui veut s'en
servir ne peut pas invoquer ce qui est à son avantage, & rejetter ce qu'il croit lui être contraire ;
il faut ou prendre droit par toute la déclaration,
ou ne s'en servir aucunement. Henrys rapporte
néanmoins, dans la sixième question posthume,
deux cas où la confession se divise en matière civile ; savoir, lorsqu'il y a une forte présomption
contraire au fait que l'on ne veut pas diviser, ou
lorsqu'on a une preuve testimoniale de ce même
fait. Il y a même la *loi 26, §. dernier, ff. deposit.*
qui permet de diviser la déclaration ; cela dépend
des circonstances.

Mais il faut qu'elles soient bien précises & déterminées ; car on ne doit pas s'écarter légèrement
du principe certain, que la *confession*, en matière
civile, est indivisible. Cette doctrine a été confirmée par un arrêt rendu le 30 janvier 1762, au
parlement de Paris, dans l'espèce où les héritiers
d'une femme prétendant que le mari avoit touché une
somme plus forte que la dot portée en son contrat de
mariage, l'avoient fait interroger sur faits & articles, & vouloient diviser sa *confession*. C'est pourquoi l'on trouve, dans les auteurs, quelques arrêts
contraires, il faut en considérer les espèces, & leur
appliquer l'axiome du palais : *legibus, non exemplis
judicandum est.*

Au contraire, en matière criminelle on peut diviser la *confession* de l'accusé ; mais elle ne sert pas
de conviction parfaite contre lui, parce qu'on craint
qu'elle ne soit l'effet du trouble & du désespoir ;
elle fait seulement un commencement de preuve ;
& autrefois elle pouvoit donner lieu de le faire appliquer à la question, quand il se trouvoit d'ailleurs
quelques autres indices contre lui. Quoique la question, dans ce cas, fût véritablement un acte de

barbarie, notre jurisprudence étoit néanmoins plus
douce que celle de bien d'autres nations. Par exemple, chez les Juifs on condamnoit à mort un accusé sur
sa seule déclaration, sans qu'il fût besoin de témoins :
c'est ce que nous apprenons dans l'évangile, où
l'on voit que Jesus-Christ ayant répondu qu'il étoit
le fils de Dieu, les princes des prêtres s'écrièrent :
*quid adhuc desideramus testimonium ? ipsi enim audi-
vimus de ore ejus.* Ce fut sur cette réponse qu'ils
condamnèrent injustement comme coupable, celui
qui est la justice & la vérité même.

Il en étoit de même chez les Romains ; l'accusé
pouvoit être condamné sur sa seule déclaration, de
même que le débiteur en matière civile.

La *confession* faite par un accusé à la question,
peut être par lui révoquée, sans qu'elle soit considérée comme un nouvel indice ni comme une variation de sa part ; on présume que la violence des
tourmens a pu lui faire dire des choses qui ne sont
pas véritables.

Pour ce qui est de la *confession* que fait un criminel condamné à mort, elle ne fait pas preuve
contre un tiers, parce que le témoignage d'un criminel condamné, est suspect ; & qu'il pourroit,
par désespoir & par méchanceté, chercher à en-
velopper dans son malheur, quelques personnes
auxquelles il voudroit du mal ; sa déclaration fait
seulement un commencement de preuve.

Pour que l'on puisse tirer avantage d'une *confession* contre celui qui l'a faite, il faut qu'elle ait été
faite librement par une personne capable ; de sorte
que si c'est un mineur, il faut qu'il soit assisté de
son tuteur ou curateur ; si c'est un fondé de procuration, la procuration doit être spéciale : il faut
aussi que la *confession* soit certaine & déterminée,
qu'elle concerne un fait qui ne soit pas évidemment faux, & qu'il n'y ait pas erreur dans la déclaration.

Enfin si la *confession*, même en matière civile, est
faite devant un juge incompétent, elle n'emporte
pas condamnation, elle fait seulement un commencement de preuve. Il en est de même de la *confession*
faite hors jugement.

C'est encore une maxime, en matière de *confession*
ou reconnoissance, que *qui non potest dare, non
potest confiteri* ; c'est-à-dire qu'on ne peut pas avantager, par forme de reconnoissance, des personnes
prohibées, auxquelles il est défendu de donner.
Voyez AVEU, COMMENCEMENT DE PREUVE.

CONFESSION, *en matière canonique*, est la déclaration que l'on fait de ses péchés, à un prêtre, pour
en obtenir l'absolution.

Les prêtres seuls peuvent entendre les *confessions*
des fidèles ; mais il est nécessaire qu'ils ne soient
ni excommuniés ni suspens, & qu'en outre ils soient
approuvés par l'ordinaire, ou que le titre de leur
bénéfice leur en donne le pouvoir. Ainsi les curés
séculiers & réguliers, dès l'instant qu'ils ont reçu
l'institution canonique de leurs cures, peuvent y
entendre les *confessions* sans avoir une approbation

Y

particulière de leur évêque; leurs pouvoirs s'étendent même à tout le diocèse, si l'évêque ne lés a point limités à leur paroisse, par le *visa* qu'il leur a donné.

Les religieux mendians avoient obtenu des papes plusieurs bulles qui leur permettoient d'entendre les *confessions* des fidèles avant d'en avoir obtenu la permission des évêques diocésains. Le clergé de France a toujours fortement réclamé contre cet abus de l'autorité pontificale, contraire effectivement aux loix & aux maximes de la sainte antiquité. Louis XIV, par les articles 10 & 11 de l'édit de 1695, a fait cesser entiérement le trouble & le scandale qu'occasionnoit la prétention des religieux, en leur défendant de confesser sans une approbation expresse de leur évêque diocésain. Néanmoins ils peuvent se confesser entre eux aux confesseurs approuvés par leurs supérieurs généraux. Mais les religieuses ne peuvent se servir que de confesseurs approuvés par les évêques. *Arrêts du parlement de Paris des 14 juillet 1642 & 8 août 1678.*

En France, le roi & la reine jouissent du privilège de choisir leur confesseur, sans être obligés de le prendre dans le nombre des prêtres approuvés par l'ordinaire. Ce privilège, fondé sur la prérogative de leur couronne, est appuyé d'ailleurs sur plusieurs bulles des papes, & sur-tout sur celle du 20 avril 1551.

C'est une question importante de savoir si le curé d'une paroisse, sur laquelle est situé un monastère, a le droit d'administrer les sacremens, & de faire l'inhumation des séculiers qui y demeurent. La jurisprudence n'est pas précise à cet égard, on peut citer des arrêts pour & contre. Nous pensons en conséquence qu'il faut s'en tenir à l'usage & à la possession dans laquelle se trouvent respectivement les curés & les monastères, jusqu'à ce qu'il plaise au souverain d'établir à cet égard une règle constante & uniforme.

Le concile de Latran, tenu sous Innocent III, adopté depuis par plusieurs conciles d'Italie & de France, & par celui de Trente, enjoint à tous les fidèles de se confesser au moins une fois l'an, dans le temps paschal, à leur propre prêtre, ou à tout autre approuvé dans le diocèse, avec sa permission. Le propre prêtre dont parle le concile de Latran, n'est autre chose que le curé de chaque paroisse; c'est le seul que le concile autorise pour entendre la *confession* annuelle de chacun de ses paroissiens, ou pour leur donner la permission de se confesser ailleurs. Mais le concile lui recommande en même temps, de faire ensorte que cette obligation ne soit à charge à personne; d'user de son autorité avec discrétion & charité; & de se rendre facile pour accorder les permissions qu'on lui demande à l'effet de se confesser à d'autres qu'à lui.

Le confesseur doit garder inviolablement le secret de la *confession*, la révélation qu'il en feroit est un scandale public, qui tend à déshonorer le pénitent, un abus du sacrement, & un véritable sacrilège.

Les loix ecclésiastiques ordonnent, dans ce cas, de déposer le confesseur, de le renfermer dans un monastère pour y faire pénitence le reste de ses jours. C'est la disposition du canon *omnis utriusque sexûs*, du concile de Latran dont nous venons de parler. Nous n'avons aucune loi civile qui prononce la peine qu'on doit infliger au prêtre qui auroit révélé la *confession*. Perard Castel dit qu'autrefois il étoit puni de mort; &. qu'il y en a eu plusieurs exemples. Cette peine nous paroît bien dure, & il seroit à désirer que le législateur réglât d'une manière fixe la jurisprudence à cet égard; la première devroit être sans doute l'interdiction perpétuelle, & la privation des bénéfices dont le confesseur coupable seroit en possession, sans espérance d'en pouvoir jamais obtenir aucun.

Le secret de la *confession* est si absolument ordonné, il est même tellement nécessaire pour la sûreté & l'intérêt du pénitent, qu'il n'est pas permis de se servir, contre un accusé, d'une *confession* écrite par lui-même, & que le juge rejetteroit la dénonciation faite par un prêtre, d'un crime dont il n'auroit eu connoissance que par la *confession*.

Dans le procès fait à la marquise de Brinvilliers, on n'eut aucun égard à une *confession* écrite de sa main. Le parlement de Rouen, par arrêt solemnel, a déchargé la demoiselle Brachou de Beuvillier de l'accusation intentée contre elle d'après la révélation faite de sa *confession*.

On doit excepter du secret de la *confession*, le crime de lèse-majesté au premier chef, c'est-à-dire les conspirations tramées contre le roi ou contre l'état. Le confesseur se rendroit coupable en ne les révélant pas. Personne n'ignore que M. de Thou fut condamné à avoir la tête tranchée pour avoir su la conspiration de M. de Cinq-Mars, son ami, & ne l'avoir pas révélée.

On demande si la révélation de la *confession* est un délit commun, ou un délit privilégié. L'auteur des mémoires du clergé, d'accord avec plusieurs canonistes, prétend que c'est un délit purement ecclésiastique, & par conséquent commun, dont la connoissance doit être réservée au juge ecclésiastique. On cite, en faveur de cette opinion, un arrêt du parlement de Toulouse du 16 février 1679.

D'autres soutiennent au contraire que c'est un délit privilégié; qu'on doit décider, par rapport au sacrement de pénitence, de la même manière que pour celui de la communion. Une foule d'arrêts prouvent que le refus de la communion est un cas royal & privilégié, dont la connoissance appartient au juge royal; on doit donc en conclure, par analogie, que la révélation de la *confession* est également un cas royal & un délit privilégié.

On peut ajouter, en faveur de cette opinion, que cette révélation est un scandale public, & un sacrilège, & que ce dernier crime est cas royal; que d'ailleurs, le roi étant le défenseur & le protecteur de la religion & de ses sujets, ses officiers doivent connoître d'un délit qui porte atteinte à la tranquillité publique, & viole en même temps les loix les plus sages de l'église. Enfin, s'il est vrai, comme le dit Perard Castel, que des confesseurs coupables de ce crime ont été punis de mort, il faut nécessairement qu'on ait regardé leur crime comme un délit privilégié.

Les prêtres qui abusent du sacrement de pénitence, pour déterminer leurs pénitens à commettre des crimes, ou à faire des actions malhonnêtes, se rendent coupables d'un crime odieux; leurs pénitens ne sont point obligés de leur garder le secret. Les bulles des papes Pie IV, Grégoire XV, Clément VIII, Paul V, & Alexandre VII, leur permettent de les dénoncer, & de déposer contre eux. La jurisprudence des arrêts est conforme à ces sages dispositions, & on pourroit citer un grand nombre d'arrêts qui ont condamné à différentes peines, même à celle de mort, des confesseurs convaincus de commerce criminel avec leurs pénitentes.

Les loix & les ordonnances du royaume défendent aux confesseurs de recevoir aucun legs, & aucune disposition universelle de leurs pénitens, pour quelque cause & sous quelque prétexte que ce soit, à moins qu'il ne s'agisse d'un léger témoignage de reconnoissance, ou d'objets confiés au confesseur, pour être employés aux usages indiqués sous le sceau de la confession. La jurisprudence y est entièrement conforme. Voyez DONATION, LEGS.

CONFIDENCE, s. f. (Droit canonique.) c'est une convention verbale ou par écrit, par laquelle on résigne, ou l'on confere à un ecclésiastique, un bénéfice à la charge de le conserver, soit au résignant, soit au collateur, soit à toute autre personne désignée, ou de leur en laisser percevoir les fruits & revenus en totalité ou en partie.

Du terme confidence on a fait celui de confidentiaire, par lequel on désigne tous ceux qui participent, en manière quelconque, à la confidence, & plus particulièrement celui qui accepte un bénéfice à de semblables conditions.

Les loix civiles & canoniques, & les auteurs se réunissent contre ce délit, qui porte atteinte à la pureté des maximes de l'évangile, & à la sainteté des canons. La confidence est une véritable simonie, & autrefois les confidentiaires étoient compris sous le nom de simoniaques. La confidence est traitée comme la simonie, & produit les mêmes effets : avec cette seule différence néanmoins que dans le cas de simonie le titulaire d'un bénéfice peut s'aider de la possession triennale, s'il a joui du bénéfice pendant cet espace de temps sans avoir eu connoissance de la simonie commise sans sa participation; au lieu qu'en fait de confidence, le confidentiaire ne peut s'aider d'une possession paisible, parce que la confidence ne peut avoir lieu sans sa participation. C'est par cette raison que la jurisprudence des arrêts a établi, d'après le sentiment de tous les auteurs, que la confidence, ainsi que la simonie, étoit imprescriptible.

Rousseau de la Combe prétend que le premier exemple de confidence a été donné, en 928, par le Nonce Triphon, qui consentit, contre les régles, de n'être nommé patriarche de Constantinople que pour un temps, & de remettre cette dignité à un fils de l'empereur, lorsqu'il auroit l'âge requis par les canons.

Quoi qu'il en soit, ce crime n'est devenu que trop commun, & dans tous les temps il a été proscrit par toutes les loix. Les constitutions & les bulles des papes, les conciles de Rouen, en 1581, de Reims, en 1583, de Bourges, en 1584, veulent que les confidentiaires soient punis comme les simoniaques; qu'ils soient privés de tous les bénéfices & pensions dont ils jouissent, déclarés incapables d'en obtenir d'autres à l'avenir; qu'eux & leurs héritiers soient obligés à la restitution des fruits des bénéfices qu'ils ont tenus en confidence; qu'ils y soient contraints sous la peine d'excommunication.

L'ordonnance de S. Louis de 1228, celle de Blois de 1579, l'édit de Melun de 1610, & celui de 1629, veulent que les bénéfices, lorsqu'il y a preuve qu'ils sont tenus en confidence, soient déclarés vacans de plein droit, & impétrables par dévolut, & que les confidentiaires, ainsi que ceux qui ont joui des fruits du bénéfice sous son nom, soient condamnés en la restitution des fruits.

C'est conformément à ces loix que le parlement de Paris, par arrêt du 15 mai 1625, a forcé à la restitution des fruits, des gentilshommes qui avoient joui par confidence du temporel de plusieurs bénéfices, & que par un réglement inséré dans le même arrêt, il a défendu aux procureurs de prêter leur nom ou leur ministère à la confidence; en conséquence, de ne passer aucune sentence de pleine maintenue, sans une procuration spéciale des parties, à peine d'en répondre en leur propre & privé nom.

Les restitutions des fruits, ordonnées par les arrêts, dans le cas de confidence, sont ordinairement appliquées, partie aux réparations des églises & bâtimens des bénéfices, partie au profit des hôpitaux des lieux où sont situés les bénéfices.

Le crime de confidence est purement ecclésiastique, le juge d'église est seul compétent pour en connoître relativement aux peines encourues par ceux qui s'en sont rendus coupables. Ce n'est qu'incidemment aux complaintes en matière bénéficiale, que le juge laïque peut en connoître, & l'effet de son jugement se borne au bénéfice, qui fait l'objet de la contestation dont il est saisi, sans pouvoir prononcer sur la déchéance ou privation des autres bénéfices dont le confidentiaire est pourvu. Un arrêt du parlement de Rouen, du 28 février 1726, qui, par rapport à la confidence, avoit déclaré un résignataire & un résignant, incapables de posséder, à l'avenir, d'autres bénéfices, a été cassé par arrêt du conseil du 14 février 1727, & les parties ont été renvoyées devant l'official de Coutances, pour raison du crime de confidence.

La preuve de la confidence, ainsi que de la simonie, eft très-difficile à conftater; les coupables fe couvrent fouvent d'un voile impénétrable pour en dérober la connoiffance. C'eft par cette raifon que les bulles des papes Pie IV & Pie V avoient établi quatre efpèces de préfomptions ou conjectures.

La première, lorfque le réfignant continue de percevoir les fruits du bénéfice réfigné, après la réfignation publiée, & la prife de poffeffion de fon fucceffeur. La feconde, lorfque le réfignataire donne à fon réfignant ou à fes proches, une procuration pour paffer les baux & recevoir les fruits du bénéfice. La troifième, lorfque le réfignant paie tous les frais de la réfignation qui font naturellement à la charge du réfignataire. La quatrième, lorfque celui qui a obtenu le bénéfice pour un autre, s'immifce dans l'adminiftration des chofes qui concernent ce bénéfice.

Indépendamment de ce que ces préfomptions nous paroiffent foibles & infuffifantes, fur-tout lorfqu'elles font féparées, on doit regarder comme un principe certain, qu'elles ne peuvent établir, parmi nous, aucune règle, parce que ces bulles n'ont point été revêtues de lettres-patentes enregiftrées dans les cours fouveraines.

Cependant, comme il eft difficile de donner fouvent une preuve complette de la *confidence*, il eft quelquefois néceffaire de fe déterminer par des préfomptions. Mais il faut alors qu'elles foient du nombre de celles que les jurifconfultes appellent *juris*, & *de jure*; qu'on fpécifie le genre de *confidence* dont une nomination ou réfignation eft infectée, de quelle manière elle a été ou devoit être effectuée; qu'on prouve enfin qu'elle a été réellement exécutée & confommée. Il n'y a que l'accompliffement du délit qui foit du reffort des tribunaux extérieurs, le pacte & la convention n'en peuvent être, puifqu'ils ne confiftent que dans la penfée, fur laquelle la juftice humaine n'a aucun pouvoir.

En matière de *confidence*, la preuve par témoins eft admife, nonobftant la défenfe de l'ordonnance de Moulins de l'admettre pour un objet de valeur de plus de cent livres. Dumoulin, Louet, & autres anciens jurifconfultes, penfoient qu'elle pouvoit être reçue fans aucun commencement de preuve par écrit, & on trouve effectivement quelques arrêts conformes à cette opinion. Mais Brillon, Rouffeau de la Combe, & autres, font d'avis qu'on ne peut vérifier la *confidence* par témoins, s'il n'y a aucun commencement de preuve par écrit. Brillon cite à fon appui divers arrêts du grand-confeil, & entre autres un du premier août 1678, & un fecond du parlement de Paris du premier février 1695. Il paroît qu'on fuit cette dernière jurifprudence au parlement d'Aix, ainfi qu'il réfulte d'un arrêt du 29 avril 1641, rapporté par Boniface. Nous penfons que cette jurifprudence eft plus conforme aux principes. Mais on ne doit pas recevoir le témoignage du réfignant contre fon réfignataire, parce qu'il pourroit venir contre fon propre fait pour les

provifions, & le droit acquis par fon moyen à fon réfignataire.

Le crime de *confidence* ne retombe pas fur le réfignataire de bonne-foi d'un confidentiaire, s'il n'a d'ailleurs aucune incapacité perfonnelle qui l'empêche de jouir du droit qui lui eft acquis. Ainfi le dévolut impétré fur le confidentiaire, la prife même de poffeffion du dévolutaire, ne lient pas les mains au confidentiaire pour fe démettre par réfignation ou démiffion pure, de fon bénéfice, jufqu'à ce que le dévolut lui foit connu par une demande judiciaire. C'eft l'efpèce de deux arrêts du parlement de Paris, l'un du 30 juillet 1622, rapporté par Brillon; l'autre du 17 juin 1638, cité par Brodeau fur Louet.

La *confidence* ne peut être couverte par le confentement des parties, ni autorifée par tranfaction ou par un jugement. C'eft ce qui a été jugé le 18 décembre 1600, au rapport de M. Louet; & en effet, une tranfaction ne peut jamais donner un titre, en fait de bénéfice, à celui qui n'y a aucun droit, autrement elle auroit plus de pouvoir que la collation ou provifion de l'ordinaire, qui eft inconteftablement nulle en la perfonne du confidentiaire. *Voyez* SIMONIE.

CONFINER *un héritage* ou *un territoire*, (*Jurifpr.*) c'eft en marquer les confins ou limites. *Voyez ci-après* CONFINS.

Anciennement *confiner* fignifioit quelquefois *reléguer quelqu'un hors des confins d'un certain territoire.* *Voyez* BANNIR. (*A*)

CONFINS, f. m. pl. (*Jurifpr.*) font les limites d'un héritage, d'une paroiffe, ou du territoire d'une dixmerie, d'une feigneurie, juftice, &c. *fines agrorum feu territorii.* Il ne faut pas confondre les bornes avec les confins. On entend par *confins* les limites d'un héritage; au lieu que les bornes font des fignes extérieurs qui fervent à marquer les limites. *Voyez* BORNE.

La loi des douze tables avoit ordonné de laiffer un efpace de cinq pieds de large entre les héritages appartenans à différentes perfonnes; ce qui formoit un fentier de communication par lequel chacun pouvoit aller à fon héritage, & même tourner tout autour fans paffer fur celui du voifin. Ces fentiers étoient appellés *via agrariæ*, & cet efpace de cinq pieds ne pouvoit être prefcrit. Il paroît que l'objet des décemvirs, en obligeant chacun de laiffer cet efpace autour de fon héritage, étoit que l'on pût facilement labourer à la charrue fans anticiper fur le voifin, & auffi pour que la diftinction des héritages fût mieux marquée. Il y a apparence que les deux propriétaires, qui avoient chacun un héritage contigu à l'autre, devoient laiffer chacun la moitié de cet efpace de cinq pieds.

Manilius, tribun du peuple, fit dans la fuite une loi appellée de fon nom *Manilia*, qui, conformément à la loi des douze tables, ordonna qu'il y auroit un efpace de cinq à fix pieds entre des fonds voifins l'un de l'autre, & qui régloit les différends qui s'élevoient à ce fujet entre des particuliers.

Il eſt auſſi parlé de cet eſpace de cinq pieds dans la loi dernière au code Théodoſien, *finium regundorum*, qui, en ce point, paroît avoir ſuivi la loi des douze tables.

La loi *quinque pedum*, au code *finium regundorum*, énonce auſſi que l'eſpace de cinq pieds, qui ſépare les héritages, ne peut pas ſe preſcrire ; ce qui ſuppoſe que cet uſage, de laiſſer un eſpace de cinq pieds entre les héritages, étoit encore obſervé.

Il étoit cependant d'uſage de mettre des bornes chez les Romains ; ce qui ſembleroit ſuperflu au moyen de cet eſpace de cinq pieds : mais les bornes pouvoient toujours ſervir à empêcher que l'on ne déplaçât le ſentier de ſéparation.

Quoi qu'il en ſoit, il eſt certain que depuis long-temps il n'eſt plus d'uſage que les différens propriétaires d'héritages voiſins, laiſſent un eſpace entre leurs héritages, à moins que l'un ne faſſe une muraille ou un foſſé, ou ne plante une haie ; hors ce cas chacun laboure juſqu'à l'extrémité de ſon héritage ; ce qui ne ſe peut faire à la vérité ſans que la moitié de la charrue poſe ſur l'héritage du voiſin ; ce qui eſt regardé comme une ſervitude néceſſaire & réciproque entre voiſins.

Les autres diſpoſitions du titre *finium regundorum*, dont nous ſuivons les diſpoſitions dans nos mœurs, ſont que dans une vente l'on ne conſidère point les anciens *confins*, mais ceux qui ſont déſignés par le contrat, parce que le propriétaire qui vend une partie de ſon fonds peut changer les limites ou *confins*, & les déterminer comme il le juge à-propos ; qu'ils peuvent pareillement changer par le fait & le conſentement des différens propriétaires qui ſe ſuccèdent ; que quand il s'agit de régler les *confins* ou limites, on a égard à la propriété & poſſeſſion, & que pour la meſure de terre le juge commet un meſureur (ce que nous appellons aujourd'hui *arpenteur*) ſur le rapport duquel il ordonne enſuite que les bornes ſeront poſées ; que ſi pendant le procès l'un des contendans anticipe quelque choſe ſur l'autre, il ſera condamné, non-ſeulement à rendre ce qu'il a pris, mais encore à en donner autant du ſien ; qu'on peut ſe pourvoir pour faire régler les *confins* lorſqu'il s'agit d'un modique eſpace de terrein, de même que s'il étoit plus conſidérable ; enfin, que l'on ne preſcrit les *confins* ou limites que par l'eſpace de trente ans.

La poſition des *confins* peut être établie de trois manières ; où par les bornes, ou par les titres, ou par témoins ; par bornes, lorſque l'on en reconnoît qui ont été miſes d'ancienneté, *voyez* BORNES ; par titres, lorſque l'étendue de l'héritage ou du territoire y eſt marquée ; & par témoins, lorſque les témoins diſent que, de temps immémorial ou depuis un tel temps, ils ont toujours vu un tel jouir, labourer on dixmer juſqu'à tel endroit.

On entend auſſi ſouvent par le terme de *confins*, les tenans & aboutiſſans, c'eſt-à-dire, les endroits auxquels un héritage tient de chaque côté. Il y a des *confins* immuables, tels qu'un chemin, une rivière ; d'autres ſont ſujets à changer, tels que les héritages des particuliers ; non-ſeulement il arrive changement de propriétaire & changement de nom, mais ſouvent même les héritages qui confinent, changent de nature ; une pièce de terre eſt partagée en pluſieurs portions : ce qui étoit en bois ou vigne eſt mis en terre, *aut contrà* ; c'eſt pourquoi on ne ſauroit avoir trop d'attention à bien expliquer tout ce qui peut déſigner les *confins*.

Il eſt même bon de marquer les anciens & nouveaux *confins*, c'eſt-à-dire, d'expliquer que l'héritage tient à un tel qui étoit au lieu d'un tel. Il y a des terriers où l'on rappelle ainſi les *confins* de l'un à l'autre, en remontant juſqu'au titre le plus ancien.

Pour mieux reconnoître les *confins*, il faut les orienter, c'eſt-à-dire, les déſigner chacun par aſpect du ſoleil : par exemple, en parlant d'un héritage ou territoire, on dira : *tenant d'une part, du côté d'orient, au chemin qui conduit de tel lieu à tel autre ; d'un bout, du côté du midi, à la rivière ; d'autre part du côté d'occident, à Pierre Vialard, au lieu de Simon Hugonet qui étoit au lieu de Jean ; d'autre bout, du côté du ſeptentrion, à la terre de Nicolas Roche, qui étoit ci-devant en bois.*

L'uſage de marquer les *confins* dans les terriers n'a commencé que vers l'an 1300, & en d'autres endroits, vers l'an 1450.

L'ordonnance de 1667, *tit. 9, art. 3*, veut que ceux qui forment quelque demande pour des cenſives ou pour la propriété de quelque héritage, rente foncière, charge réelle ou hypothèque, déclarent, à peine de nullité, par le premier exploit, le bourg, village ou hameau, le terroir ou la contrée où l'héritage eſt ſitué ; ſa conſiſtance, ſes nouveaux tenans & aboutiſſans du côté du ſeptentrion, midi, orient, occident, &c. enſorte que le défendeur ne puiſſe ignorer pour quel héritage il eſt aſſigné.

Dans les déclarations ou reconnoiſſances, aveux & dénombremens, contrats de vente, baux à rente, échanges, baux à ferme, & autres actes concernant la propriété ou poſſeſſion d'un héritage ou territoire, il eſt également important d'en bien déſigner les *confins* pour en aſſurer l'étendue. (*A*)

CONFIRMATION, ſ. f. (*Droit canonique, civil & public.*) en matière canonique, le mot *confirmation* ſe prend dans deux différentes acceptions. On entend par la première l'un des ſept ſacremens de l'égliſe, qui confirme & perfectionne les chrétiens dans la grace reçue par le baptême. *Voyez le Dictionnaire de Théologie.*

En ſecond lieu, le mot de *confirmation* ſe dit, en parlant d'une élection, de l'acte par lequel le ſupérieur eccléſiaſtique à qui appartient l'inſtitution canonique, confirme l'élection faite d'un ſujet pour remplir une dignité ou un bénéfice dans une communauté ou un chapitre.

Celui à qui appartient le droit de *confirmation*, ne peut rien exiger de l'élu, ni même recevoir ce qui lui seroit offert volontairement ; autrement la *confirmation* seroit nulle, il encourroit l'excommunication majeure par le seul fait, & seroit privé pour toujours de son droit de confirmer.

L'élu à un bénéfice ne peut s'ingérer dans l'administration du même bénéfice avant d'avoir obtenu la *confirmation* de son élection : tout ce qu'il feroit, seroit nul, & il seroit privé du droit qu'il avoit sur le bénéfice.

Le supérieur, avant de confirmer un élu, doit examiner son âge, sa science & ses qualités, quoiqu'il n'y ait personne qui se plaigne, parce que l'apôtre défend d'imposer les mains avec précipitation. S'il se trouve quelque vice dans l'élection, il ne peut le suppléer de son autorité ; il doit citer à son tribunal les parties intéressées, & nommément les compétiteurs & les opposans.

La *confirmation*, faite par le supérieur, d'un indigne ou d'un incapable est une faute grave de sa part. Les canons déclarent que, s'il a péché par négligence, il peut être suspendu de son bénéfice, & puni plus sévèrement, s'il a péché par malice. Mais il ne peut confirmer le successeur de celui qu'il a confirmé contre les règles.

L'élu qui a consenti à son élection, doit en demander la *confirmation* dans les trois mois, du jour qu'il a donné son consentement. Si aucun empêchement légitime ne s'est opposé à ce qu'il se fit pourvoir pendant ce temps, il est privé du droit qu'il avoit sur son bénéfice, & l'on peut procéder à une nouvelle élection. *Voyez* ELECTION, POSTULATION, BÉNÉFICE.

En matière civile, on appelle *confirmation*, la déclaration ou reconnoissance valable d'un acte. Ainsi une donation, un testament sont confirmés par l'acquiescement que l'on donne à leur exécution ; ils sont aussi confirmés, & d'une manière plus solemnelle, lorsqu'ayant été débattus de nullité en justice, il intervient un jugement qui les déclare valables, & en ordonne l'exécution.

On appelle aussi *confirmation*, l'acte par lequel le roi approuve des statuts & privilèges, & les confirme par des lettres-patentes.

Il faut observer qu'il y a deux maximes en fait de *confirmation* : l'une est que, *qui confirmat nihil dat*, c'est-à-dire, que la *confirmation* n'ajoute rien à ce qui est confirmé, si ce n'est l'approbation & l'autorité qu'elle y donne.

La seconde maxime est que la simple *confirmation* d'un acte qui est nul de plein droit, ne le rend pas valable, à moins que l'approbation qui est faite de l'acte, ne soit émanée de celui qui avoit intérêt de le contester ; par exemple, si le fils exhérédé a approuvé le testament de son père, il ne peut plus intenter la querelle d'inofficiosité.

Lorsqu'il y a appel d'une sentence, le juge supérieur peut la confirmer ou l'infirmer. Lorsque l'appel est pendant dans une cour souveraine, si l'on confirme la sentence, on prononce que la cour met l'appellation au néant, & ordonne que ce dont est appel sortira son plein & entier effet, & elle condamne l'appellant en l'amende & aux dépens ; néanmoins en matière de grand-criminel, la cour, lorsqu'elle confirme, dit seulement qu'il a été bien jugé, mal & sans grief appellé.

Cette dernière forme de confirmer est la seule dont les juges inférieurs puissent user, soit en matière civile ou criminelle.

On peut confirmer un jugement ou autre acte dans une partie, & l'infirmer ou désapprouver dans l'autre. *Voyez* ACTE, DONATION, TESTAMENT, SENTENCE, CRIÉES.

On donne encore, dans quelques endroits, le nom de *confirmation de criées* à l'attestation donnée par le juge, que les criées d'un héritage saisi réellement ont été faites avec les formalités requises par la loi. *Voyez* CERTIFICATION.

En droit public, la *confirmation* se dit d'un droit royal que chacun de nos rois sont dans l'usage & possession de lever sur leurs sujets, de quelque état & condition qu'ils soient, lors de leur avénement à la couronne, pour les confirmer dans leurs états & offices, droits, privilèges, franchises & libertés.

Ce droit est domanial & appartient à la souveraineté ; il est fondé sur la substitution perpétuelle de la couronne de mâle en mâle, qui étant une loi fondamentale de l'état, fait que chaque roi n'en est regardé que comme usufruitier, & ne peut par conséquent donner, concéder, créer ou confirmer que pour le temps de son règne.

Il suit de ce principe que la *confirmation* du roi successeur est indispensable, & qu'elle doit s'exercer sur tous les sujets indistinctement, même dans les domaines aliénés ou engagés, même dans ceux qui sont donnés en apanage ou à quelque autre titre. C'est la disposition de l'article 10 d'un arrêt du conseil du 29 septembre 1723.

L'ordonnance de Charles IX, donnée à Orléans au mois de décembre 1560, porte que tous les officiers royaux, & généralement tous les sujets privilégiés, seront tenus de prendre, lors de l'avénement de chaque roi à la couronne, des lettres de *confirmation* de leurs états, offices, droits, & privilèges. Cependant les ministres, commandans, officiers de judicature, police ou finances, doivent continuer l'exercice de leurs fonctions avant d'en avoir obtenu lettres de *confirmation*.

Elles étoient gratuites dans leur origine ; mais, depuis François premier, elles ont été assujetties au paiement d'une finance taxée par un état arrêté au conseil. Louis XVI, actuellement régnant, en a fait remise à ses peuples par un édit du mois de mai 1774. Malgré les besoins pressans de l'état, il n'a écouté que sa générosité & sa bienfaisance, & il a voulu son avénement au trône fût consacré par le soulagement de ses sujets.

CONFISCATION, s. f. (*Jurisprudence.*) est

l'adjudication qui se fait d'une chose au profit du fisc, ou de ceux qui en ont les droits; c'est une peine prononcée par les loix contre ceux qui sont coupables de quelque délit, & qui est plus ou moins étendue selon la nature du délit : cette peine s'étend sur les héritiers du criminel, qui sont privés de ses biens; ce que l'on a ainsi établi pour contenir d'autant plus les hommes dans le devoir, par la crainte de laisser leur famille dans l'indigence.

Le droit de *confiscation*, tout barbare qu'il paroît, est extrêmement ancien, & a été reçu chez toutes les nations, mais pratiqué diversement selon les temps, les lieux & les circonstances. On en trouve plusieurs exemples dans l'ancien testament.

Chez les Romains, la *confiscation* fut inconnue dans l'âge d'or de la république, comme le remarque Cicéron dans l'oraison, *pro domo suâ : tam moderata judicia populi sunt à majoribus constituta, ut ne pæna capitis cum pecuniâ conjugatur.*

Ce fut pendant la tyrannie de Silla que l'on fit la loi Cornelia, *de proscript.* qui déclaroit les enfans des proscrits incapables de posséder aucune dignité, & déclaroit leurs biens confisqués.

Sous les empereurs, la *confiscation* des biens avoit lieu en plusieurs cas, qui ne sont pas de notre usage; par exemple, tous les biens acquis par le crime étoient confisqués; la dot de la femme étoit confisquée pour le délit du mari; celui qui avoit accusé (sans le prouver) un juge de s'être laissé corrompre dans une affaire criminelle, perdoit ses biens; il en étoit de même de l'accusé qui avoit laissé écouler un an sans comparoître, & ses biens ne lui étoient point rendus, quand même par l'évènement il auroit prouvé son innocence : la maison ou le champ dans lesquels on avoit fabriqué de la fausse monnoie étoient confisqués, quoique le délit eût été commis à l'insu du propriétaire. On confisquoit aussi les biens de ceux qui n'étoient pas baptisés, de ceux qui consultoient les aruspices, d'un curateur nommé par collusion aux biens d'un mineur; d'un décurion qui avoit commerce avec sa servante ; les maisons où l'on avoit tenu des assemblées illicites, & où l'on faisoit des sacrifices prohibés ; celles où l'on jouoit aux chevaux de bois, qui étoit un jeu défendu ; les biens de ceux qui souffroient que l'on commît fornication dans leur maison ou dans leur champ, de ceux qui étoient condamnés aux mines, & de ceux qui fréquentoient les spectacles un jour de dimanche.

On voit par ce détail, que les loix romaines étoient plus sévères que les nôtres dans bien des occasions ; mais la plûpart des empereurs ne se prévaloient pas de leur rigueur. Trajan remettoit entièrement la peine de la *confiscation* ; ce qui lui a mérité ce bel éloge de Pline : *quâ præcipua tua gloria est, sæpius vincitur fiscus, cujus mala causa nusquam est nisi sub bono principe.*

Antonin-le-Pieux en faisoit don aux enfans du condamné ; Marc-Antonin leur en remettoit la moitié. Il est fait mention dans le digeste, *tit. de bonis*

damnat. l. 7. §. 3. d'une loi par laquelle Adrien avoit ordonné, que si un homme, condamné à mort, laissoit un enfant, on donnât à cet enfant la douzième partie des biens de son père ; & que si le condamné laissoit plusieurs enfans, alors tous les biens du père leur appartinssent, sans que la *confiscation* pût avoir lieu.

Valentinien en fit grace entière aux enfans, ce que Théodose-le-Grand étendit aux petits-enfans ; &, au défaut de descendans, il accorda le tiers aux ascendans ; enfin Justinien, par sa novelle 17, abolit entiérement le droit de *confiscation* ; il excepta seulement, par sa novelle 34, le crime de lèse-majesté.

En France, la *confiscation* a été établie dès le commencement de la monarchie, au moins dans quelques cas. Dagobert I, dans un édit de l'an 630, concernant l'observation du dimanche, défend entre autres de voiturer aucune chose par terre, ni par eau, à peine, à l'égard des voitures par terre, de la *confiscation* du bœuf attaché du côté droit ; on trouve une semblable ordonnance de Pepin, dont l'année est incertaine, mais que l'on croit être de l'an 744.

Cependant, il paroît que sous les deux premières races, & le commencement de la troisième, on laissoit les biens des condamnés aux ascendans & descendans, à leurs frères & neveux, dans tous les lieux soumis à la jurisdiction royale. Mais depuis Philippe-Auguste, la *confiscation* s'est établie, comme nous la voyons aujourd'hui. Ce prince & ses premiers successeurs l'assimilèrent à la commise, ils l'étendirent des fiefs aux francs-alœux, à toutes les espèces d'héritages, & même aux effets mobiliers du criminel.

Du temps de Philippe V & même avant, les *confiscations*, qui échéoient au roi, devoient être employées à payer les aumônes dûes sur le trésor. Il n'en pouvoit faire don à héritage, c'est-à-dire, à perpétuité que dans son grand-conseil ; il fut même réglé depuis que l'on ne donneroit plus les biens confisqués, mais seulement une somme préfixe sur ces biens, lesquels seroient vendus. Le roi devoit mettre hors de sa main dans l'an & jour les biens confisqués dans les terres des seigneurs, & les remettre à des personnes qui pussent s'acquitter des devoirs féodaux, ou en indemniser les seigneurs ; & quand il les indemnisoit, ses officiers faisoient hommage pour lui. La *confiscation* des monnoies étrangères fut accordée aux seigneurs hauts-justiciers dans leurs terres, lorsque c'étoient leurs officiers qui avoient saisi : le roi s'en réserva seulement la moitié, déduction faite sur le total du quart accordé au dénonciateur. Le chancelier ne devoit sceller aucun don de *confiscation*, qu'il n'eût déclaré au conseil ce que la chose donnée pouvoit valoir par an.

Dès le commencement de la régence de la reine Blanche, mère de saint Louis, les seigneurs se plaignirent que les *confiscations* rétomboient sur les enfans des condamnés; ils demandèrent qu'on remît, suivant l'ancien usage, les familles en possession des biens confisqués : la régente, dans une espèce de parlement qu'elle assembla en 1227, ne leur accorda qu'une partie de leurs demandes; insensiblement la peine de *confiscation* s'est étendue dans les diverses provinces de la monarchie, mais avec des modifications différentes.

A Limoges, la *confiscation* appartenoit au vicomte; à moins que quelques habitans ne fussent depuis 30 ans en possession de les percevoir.

A Ville-Franche, en Périgord, les biens d'un homicide condamné à mort appartenoient au roi, ses dettes préalablement payées, mais lorsqu'un homme y étoit pendu pour vol, ses dettes payées, le roi prenoit dix francs sur ses biens, & le reste passoit à ses héritiers.

A Langres, la veuve d'un homme exécuté à mort pour crime reprenoit ses biens & son douaire, & partie dans les acquêts & dans les meubles, comme elle eût fait si son mari fût mort naturellement. Si c'étoit une femme qui fût exécutée à mort pour crime, l'évêque de Langres avoit, par droit de *confiscation*, la portion des biens du mari, que les héritiers de cette femme auroient eue, si elle fût morte naturellement avant lui.

Lorsqu'un bourgeois ou habitant de Tournay blessoit ou tuoit un étranger qui l'avoit attaqué, il n'étoit point puni, & ses biens n'étoient point confisqués; parce que les biens d'un étranger qui en se défendant auroit tué un bourgeois ou un habitant de Tournay, n'auroient pas été confisqués, ainsi que cela est expliqué dans des lettres de Charles V, du 20 janvier 1370.

A Avesnes, où la seigneurie étoit partagée entre le dauphin & d'autres seigneurs, en cas de contravention, par rapport au vin, l'amende étoit pour les seigneurs particuliers, & le vin étoit pour le dauphin.

Il y avoit aussi un usage singulier à Saint-Amand-en-Peule, diocèse de Tournay: anciennement les maisons des bourgeois, qui étoient condamnés à mort, étoient brûlées, au moyen de quoi leurs biens n'étoient point confisqués; mais il fut ordonné, en 1366, que les maisons ne seroient plus brûlées & que leurs héritiers ou ayans cause, pourroient les racheter, payant dix livres pour une maison de pierre, & soixante sous pour une maison de bois ou d'autre matière.

Les *confiscations* avoient été destinées pour les dépenses de l'ordre de l'étoile, & pour les réparations du palais; mais, en 1358, Charles V, lors régent du royaume, ordonna qu'elles seroient employées pour la rançon du roi Jean.

Tel étoit l'ancien usage: dans notre jurisprudence actuelle, la *confiscation* n'est pas encore uniforme dans tout le royaume.

Dans les pays de droit écrit, la *confiscation* n'a pas lieu, si ce n'est pour crime de lèse-majesté divine & humaine. Il faut en excepter le par-

lement de Toulouse, dans le ressort duquel la *confiscation* a lieu suivant le droit commun; mais ce parlement réservoit autrefois à la moitié des biens du condamné à ses enfans. Présentement il ne leur en accorde que le tiers : la femme du condamné est admise au partage de ce tiers avec les enfans; & quand il n'y a point d'enfans, elle profite seule de ce tiers; elle n'en perd pas même la propriété en se remariant.

A l'égard du pays coutumier, on distingue les coutumes en cinq classes, par rapport à la *confiscation*.

La première est composée de quelques coutumes, qui ne l'admettent que dans le cas de crime de lèse-majesté divine & humaine : telles sont les coutumes de Berry, Touraine, Loudunois, la Rochelle, Angoumois, Calais, Boulenois, Lille, Tournay, Cambray, Bayonne, Saint-Sever; il en est de même en Alsace.

La seconde est, des villes d'Arras, Lille & Saint-Omer, où par un privilège particulier la *confiscation* n'a lieu qu'en deux cas, savoir pour hérésie & lèse-majesté. A l'exception de la ville d'Arras, la *confiscation* a lieu dans le reste de l'Artois; où même un simple bannissement perpétuel hors de la province y donne ouverture. Maillard en rapporte des jugemens, prononcés par le bailliage d'Arras. Le privilège de ces villes s'étend même à la peine de *confiscation*, prononcée par des édits généraux; mais il n'empêche pas que les contrevenans ne soient condamnés à de fortes amendes.

La troisième est des coutumes qui admettent la *confiscation* pour les meubles seulement, & non pour les immeubles, telles que les coutumes de Normandie, de Bretagne, Anjou, Maine, Poitou, Ponthieu, le Perche. En Normandie, lorsque la *confiscation* est prononcée par un juge royal, le roi a les meubles, & une année des revenus des immeubles dans tous les fiefs & héritages seigneuriaux.

On peut ranger dans cette troisième classe la coutume de Hainaut, qui n'admet la *confiscation* que dans les cas d'hérésie, de suicide, de sédition & de fuite du coupable; encore dans cette dernière espèce, la *confiscation* cesse-t-elle s'il revient avant les quarante jours; & s'il décède dans cet intervalle de temps, ses héritiers sont admis à purger sa mémoire, pour éviter la *confiscation* de ses biens. Au reste, cette peine ne tombe pas sur tous les biens du coupable, elle n'affecte que ses meubles, & le revenu d'une année de ses immeubles & rentes constituées, avec ou sans hypothèque.

La quatrième comprend la coutume de Paris, & les autres semblables qui forment le plus grand nombre, lesquelles posent pour maxime que, qui confisque le corps confisque les biens.

La cinquième classe, enfin, est composée des coutumes qui n'ont point de disposition sur cette matière, & dans lesquelles la *confiscation* n'a point lieu, à moins qu'elle ne soit prononcée dans les pays où la *confiscation* est admise : c'est un principe certain,

certain, en France, que la *confiscation* est un fruit de la haute-justice, & par conséquent un fruit réputé patrimonial : d'où il suit, qu'à l'exception du crime de lèse-majesté, elle a lieu au profit du roi pour les biens situés dans l'étendue des justices royales, & au profit des seigneurs hauts-justiciers, pour les biens qui sont situés dans l'étendue de leur haute-justice, quand même la condamnation auroit été prononcée par le juge royal, & même dans les cas royaux, dont la connoissance est attribuée privativement aux baillis & sénéchaux. De cette manière les biens d'un condamné peuvent appartenir, partie au roi & partie à différens seigneurs, chacun d'eux n'ayant droit de prendre que ce qui est situé dans sa haute-justice ; mais sur les *confiscations* qui appartiennent aux seigneurs hauts-justiciers, on lève une amende au profit du roi, pour réparation du crime envers le public.

On prélève aussi les dettes du condamné sur les biens confisqués.

Lorsqu'un usufruitier jouit de la haute-justice, il a les *confiscations*, attendu qu'elles font partie des fruits. Il faut remarquer que le confiscataire est obligé d'acquitter toutes les dettes de celui dont il confisque les biens. Par cette raison, il est tenu d'inventorier les meubles, & de constater l'état des immeubles, pour n'être chargé des dettes que jusqu'à concurrence de la valeur des biens confisqués : s'il ne prenoit pas cette précaution, ainsi que l'héritier bénéficiaire qui y a manqué, il seroit tenu d'acquitter toutes les dettes à ses dépens.

Cet inventaire est inutile dans le cas de *confiscation* pour crime de lèse-majesté. Les biens sont acquis au roi, sans aucun partage avec les seigneurs, même avec celui dans la justice duquel le procès auroit été fait, & la *confiscation* est déchargée de toutes dettes, hypothèques, douaires, substitutions & autres charges quelconques, en exécution des articles 1 & 2 de l'ordonnance de 1539.

La *confiscation* s'étend même sur les biens que le criminel possède en pays étranger, dans lesquels les souverains ne prétendent rien en vertu de leur droit de déshérence. Ils jouissent aussi de la même prérogative en France, parce qu'en fait de crime de lèse-majesté, tous les souverains font cause commune. Lorsque le maréchal d'Ancre eut été condamné, comme coupable du crime de lèse-majesté, Louis XIII confisqua les sommes considérables qu'il avoit sur les banques de Rome, Gênes & Venise, dont ces puissances lui accordèrent main-levée.

Dans le cas ordinaire de la *confiscation*, les meubles ne suivent pas la personne, ni le domicile du condamné ; ils appartiennent au roi, ou autre seigneur dans la justice duquel ils se trouvent de fait ; de sorte que s'il y en a dans plusieurs justices appartenantes à différens seigneurs, chacun ne prend que les meubles situés dans sa justice, comme cela se pratique pour les immeubles.

On trouve cependant une décision du conseil du premier décembre 1742, qui adjugea au fermier

du domaine de Paris tous les meubles d'un condamné domicilié à Paris, même ceux qu'il avoit à Versailles, à l'exclusion du fermier du domaine de Versailles ; mais cela fut sans doute fondé sur ce que le roi est également seigneur de Paris & de Versailles, ce qui ne détruit point le principe que l'on a posé, qui n'a lieu qu'entre deux seigneurs différens.

Outre les *confiscations* pour crime de lèse-majesté, le roi est aussi seul propriétaire de toutes les sommes, ou consignées, ou décernées, relativement aux demandeurs en requête civile, en récusation de juge, en évocation au conseil & en cassation d'arrêts ; à ceux qui dénient en justice leurs écritures & signatures, ainsi qu'à une infinité d'autres cas abandonnés à l'arbitrage des juges. Il jouit seul également des *confiscations* faites sur les aubains, en quelque lieu que leurs biens soient situés, à la charge cependant d'acquitter leurs dettes légitimes.

Nous ne devons pas oublier de remarquer que par l'édit du mois d'août 1679, Louis XIV a mis le duel au rang des crimes de lèse-majesté. Mais ce même édit, ainsi que la déclaration du 28 décembre 1711, portent que dans les pays où la *confiscation* a lieu, le tiers des biens du coupable sera donné aux hôpitaux, que sur les deux autres tiers on prélevera les frais de capture & de justice, & que le surplus servira à l'entretien des femme & enfans des condamnés pendant leur vie seulement : que dans les pays où la *confiscation* n'a pas lieu, l'amende sera portée aux deux tiers des biens du coupable, laquelle somme sera partagée en trois portions, dont la première sera attribuée à l'hôtel-Dieu de Paris, la seconde à l'hôpital général & la troisième se divisera entre l'hôpital de la ville où réside le parlement dans le ressort duquel le crime a été commis, & l'hôpital le plus voisin du délit : qu'au surplus si l'état se trouve redevable de quelque chose envers les coupables, il en demeurera quitte & déchargé, & que s'il se trouve dans leurs biens des terres titrées relevant immédiatement de la couronne, elles y seront réunies de plein droit, sans en être distraites & sans que les hôpitaux puissent y rien prétendre.

La *confiscation* des condamnés pour fausseté commise au sceau des lettres de chancellerie, appartient à M. le chancelier.

Dans les pays où la *confiscation* est admise, & où l'on suit la maxime, *qui confisque le corps confisque les biens*, toute condamnation qui emporte mort naturelle ou civile, emporte aussi de plein droit la *confiscation*.

Mais pour que la *confiscation* ait lieu, il faut que le jugement soit irrévocable, que la mort civile soit encourue, &, pour cet effet, que le jugement soit commencé à être exécuté ; ce qui se fait, pour les jugemens contradictoires, par la prononciation à l'accusé ; & pour les jugemens par contumace, par le procès-verbal d'effigie, s'il y a condamnation à mort naturelle ; & par l'apposition d'un

simple tableau, s'il n'y a pas peine de mort portée par le jugement.

Quand il y a appel de la condamnation, l'état du
condamné est en suspens, tant pour la *confiscation*
que pour les autres peines, jusqu'à ce que l'appel
soit jugé.

Si le condamné meurt dans la prison avant d'a-
voir été exécuté, ou bien dans le transport des
prisons du juge supérieur au premier juge, la *confiscation* n'a point lieu.

Si par l'événement la sentence est confirmée, la
confiscation aura lieu du jour de la sentence.

A l'égard des sentences par contumace, au
bout de cinq ans elles sont réputées contradictoires, & la mort civile & par conséquent la *confiscation* sont encourues du jour de l'exécution de la
sentence de contumace : le condamné peut néanmoins obtenir des lettres pour ester à droit ; & si
le jugement qui intervient en conséquence porte
absolution ou n'emporte pas de *confiscation*, les meubles & immeubles sur lui confisqués lui seront rendus en l'état qu'ils se trouveront, sans pouvoir
néanmoins prétendre aucune restitution des fruits
des immeubles, *&c.*

Dans le cas d'une condamnation par contumace,
les receveurs du domaine du roi, les seigneurs ou
autres auxquels la *confiscation* appartient, peuvent
pendant les cinq années percevoir les fruits & revenus des biens des condamnés, des mains des
fermiers & autres redevables ; mais il ne leur est
pas permis de s'en mettre en possession ni d'en jouir
par leurs mains, à peine du quadruple applicable
moitié au roi, moitié aux pauvres du lieu, & des
dépens, dommages & intérêts des parties.

Le roi ni les seigneurs hauts-justiciers ne peuvent aussi, pendant les cinq années de la contumace, faire aucun don des *confiscations*, sinon pour
les fruits des immeubles seulement.

Après les cinq années expirées, les receveurs du
domaine, les donataires & les seigneurs auxquels
la *confiscation* appartient peuvent se pourvoir en justice pour avoir la permission de s'en
mettre en possession ; & avant d'y entrer, ils doivent faire faire procès-verbal de la qualité & valeur des meubles & effets mobiliers ; ils en jouissent ensuite en pleine propriété.

Dans le cas des crimes d'hérésie, lèse-majesté humaine, péculat, concussion, fausse monnoie, sacrilège & apostasie, la *confiscation* est acquise du jour
du délit.

On demande si un homme condamné à la mort
civile ou naturelle, peut échapper à la peine de
la *confiscation*, lorsque le roi lui accorde des lettres
de grace ? Chopin, dans son *Traité du Domaine*,
liv. 1, *tit.* 8, distingue si ces lettres sont en forme
d'abolition ou en forme de droit. Dans le premier
cas, la rémission n'empêche pas la *confiscation* au
profit du seigneur ; mais il la perd dans le second.

Cette opinion est contraire à la doctrine du plus
grand nombre des criminalistes, qui pensent, avec

raison, que le seigneur ne tire son droit de *confiscation*, que de l'exécution réelle & effective du
jugement, sur la personne du condamné ; jusqu'à
ce moment il n'a que l'espérance d'en jouir, &
dès qu'il plaît au souverain d'accorder des lettres
de grace & de rémission, cette espérance est frus-
trée, de quelque manière que la grace soit accordée. Ce qui se pratique à l'égard des contumaces,
est une preuve que le seul prononcé du jugement
ne donne pas au confiscataire le droit de s'emparer des biens du condamné, il faut attendre l'exécution du jugement, c'est-à-dire, les cinq années
révolues. *Voyez* ABOLITION *privée*.

Le mari condamné à une peine capitale, dans
les provinces où la *confiscation* a lieu, ne confisque
que ses propres, & la moitié des meubles & conquêts, lorsqu'il y a communauté. A l'égard de la
femme, les seules coutumes de Tours, *art.* 255,
& de Bourbonnois, *art.* 266, décident que la moitié
des meubles & conquêts, qui lui appartient dans la
communauté, tombe en *confiscation*.

Les autres coutumes, au contraire, portent que
la condamnation de la femme, ne donne aucune
ouverture au droit de *confiscation* pour les biens dépendans de la communauté, par la raison que le
droit de la femme, ne pouvant avoir lieu sur ces
biens qu'après la dissolution de la communauté, &
la femme se trouvant, dans ce moment, morte
civilement, puisque ce n'est que par sa mort civile
que cette dissolution s'opère ; il s'ensuit que la femme
n'y a jamais eu aucun droit, que ce droit ne se
trouvant pas dans les biens de la femme au temps de
sa mort civile, il ne peut tomber dans la *confiscation*. C'est le droit commun, & il a été confirmé
par un arrêt du 14 mars 1703, rapporté par Denisart
au mot *Confiscation*.

On ne peut pas dire en faveur du fisc, comme
en faveur des héritiers de la femme, qu'il doit
succéder aux droits de la femme dans la communauté, après sa condamnation, de la même manière
que ceux-ci y succèdent après son décès ; qu'ils
s'ouvrent en faveur du fisc par la condamnation,
ainsi qu'ils s'ouvrent pour les héritiers par la mort
naturelle.

La raison de différence se tire de ce que les héritiers de la femme sont censés compris dans la
stipulation de communauté qu'elle a faite, parce
que dans les contrats, nous sommes censés stipuler pour nous & nos héritiers, *qui paciscitur, sibi
hæredique suo paciscitur*. Mais il n'en est pas de même
du fisc, jamais la femme n'a prétendu stipuler pour
elle & pour lui, & n'a pu le regarder comme son successeur. Elle ne peut donc pas lui transmettre un
droit sur les biens de la communauté, qu'il n'ait
été ouvert à son profit de son vivant ; au lieu qu'elle
transmet à ses héritiers, censés parties contractantes avec elle, les droits dont l'ouverture ne peut
avoir lieu qu'après sa mort.

Puisque la femme n'a, avant sa condamnation,
aucun droit sur les biens de la communauté, &

qu'après elle n'en a aucun à son profit, ni au profit du fisc, à qui appartiendra la part qu'elle auroit dû avoir ? La plupart des coutumes, entre autres celles de Nivernois, *chap. 2, art. 4,* d'Auxerre, *art. 29,* disent que cette portion appartient au mari *jure non decrescendi :* c'est le sentiment de Bacquet, en son *Traité des droits de justice, chap. 15,* & il paroît que c'étoit celui de Dumoulin, qui dit, sur l'article 3, chapitre 5 de la coutume de Montargis, *jure societatis permanente marito, per jus non decrescendi.*

La raison de cette décision est fondée sur ce que le droit de transmettre sa succession à des héritiers, est un droit qu'on ne tient que de la loi civile, & qui ne peut appartenir qu'aux personnes à qui la loi civile l'accorde : or dans les provinces où la *confiscation* a lieu, la loi civile n'accorde pas ce droit aux personnes qui sont condamnées à une peine capitale : les héritiers d'une femme condamnée n'ont donc pas le droit de se porter ses héritiers, & de demander, en cette qualité, sa part dans les biens de la communauté.

Les coutumes d'Orléans, *art. 209,* & de Laon, *art. 209,* adjugent néanmoins, aux héritiers de la femme condamnée à mort, sa part dans les biens de la communauté. Elles se fondent sur ce que, dans les pays où la *confiscation* n'a pas lieu, la condamnation de la femme ne l'empêchant pas de transmettre sa succession à ses héritiers, elle peut de même, dans les provinces où la *confiscation* a lieu, laisser transmettre, par la femme à ses héritiers, ses droits, qui n'étant pas encore ouverts au temps de la *confiscation* n'ont pu y tomber.

Nous pouvons demander ici où est le véritable motif de deux dispositions aussi contraires, & pourquoi une sage législation ne fait pas disparoître ces différences, qui ne touchent en rien l'état civil & politique des provinces ?

Il ne faut pas oublier de remarquer que dans les coutumes qui accordent aux héritiers de la femme condamnée, sa part dans les biens de la communauté, ils ne peuvent l'exiger qu'après l'exécution du jugement suivi de sa mort ; car lorsque la peine capitale n'emporte que la mort civile, le mari continue, jusqu'à la mort naturelle de sa femme, de jouir de tous les biens de la communauté, parce qu'il ne doit pas souffrir du crime de sa femme, qui l'a privée de son état civil.

Observons, 1°. avant de finir cet article, que les loix romaines ne permettoient pas de demander les biens des condamnés ; que les loix françoises les donnent presque toujours, & sur-tout aux parens des coupables. La nature leur a paru plus favorable que la loi, & le sang préférable au fisc. Il y a plus, lorsque les biens sont rendus aux enfans, ils ne doivent ni centième denier au roi, ni droits de relief aux seigneurs ; les collatéraux y sont seulement assujettis, parce qu'on les regarde comme étrangers, & que la libéralité du prince leur tient lieu d'un nouveau titre.

Observons, en second lieu, que la *confiscation* n'a pas lieu dans une partie du royaume. Quel inconvénient y auroit-il de la supprimer par une loi générale ? Prétend-on démontrer sa justice en disant que la loi qui prononce une sentence de mort ou de bannissement, rompt tous les liens qui attachoient le condamné au corps politique, que dès-lors il ne doit plus participer à tous les avantages de la société, & que par-là même il doit être privé de la faculté de transmettre sa succession. On ajoutera encore que la *confiscation* met un frein aux vengeances & aux violences des particuliers.

Accordons pour un instant que ces raisons soient convaincantes ; que la crainte de laisser une famille dans l'indigence ait arrêté le bras de quelques criminels. Suffit-il qu'une peine puisse produire quelque bien pour être regardée comme juste ? Pour être telle, il faut qu'elle soit nécessaire, & un législateur ne doit point autoriser une injustice réelle, s'il veut fermer l'entrée à la tyrannie qui veille sans cesse, & qui, sous le prétexte d'un bien momentané, établit des principes durables de destruction, & fait vivre le peuple dans les larmes pour faire le bonheur d'un petit nombre de grands.

Par l'usage des *confiscations* la tête du foible est continuellement mise à prix ; elles font souffrir à l'innocent la peine du coupable, & ne lui laissent en partage que l'infamie, l'indigence & le désespoir, elles le poussent au crime malgré lui. Quel spectacle plus terrible que celui d'une famille accablée de misère par le crime de son chef ? Crime qu'elle ne pouvoit prévenir, quand même elle en auroit eu le moyen, puisque les loix lui ordonnoient la soumission à ce même chef. Ajoutons, avec le marquis de Beccaria, qu'il est au-dessous de la dignité d'un souverain de s'approprier les biens de ses sujets, par rapport à leurs crimes, ou d'en enrichir ses courtisans.

CONFISCATIONS, qui ont lieu au profit de différentes personnes pour d'autres raisons qu'une condamnation à peine capitale.

Nous en connoissons en France de plusieurs espèces : la première a lieu en faveur des traitans, comme subrogés à cet égard aux droits du roi pour les contraventions commises aux réglemens intervenus sur le fait des finances, des impositions, & autres droits du roi.

On doit ranger dans la même classe la *confiscation* qui a lieu au profit des fermiers des messageries, contre ceux qui entreprennent sur leurs privilège & exploitation, & la *confiscation* qui a lieu au profit des communautés des marchands, d'arts & métiers, contre ceux qui entreprennent sur leur état.

Dans toutes ces matières la *confiscation* n'est pas de tous les biens, mais seulement des effets trouvés en contravention, tels que les marchandises & effets prohibés, les instrumens & outils qui ont servi à les fabriquer, & les charrettes, chevaux, & autres voitures & instrumens qui servoient à les transporter lorsque l'on a procédé à la saisie des effets trouvés en contravention.

Z 2

Ceux auxquels ces fortes de *confiscations* appartiennent, ne les ont pas *jure proprio*, mais feulement par conceffion du roi, & en vertu des ftatuts & réglemens par lui autorifés fur les marchandifes & effets trouvés en contraventions aux réglemens.

2°. En matière féodale, le vaffal confifque fon fief, c'eft-à-dire que fon fief eft confifqué au profit du feigneur dominant, lorfqu'il le fait tomber en commife pour caufe de félonie ou de défaveu.

3°. La commife de l'héritage taillable, celle de l'héritage donné à titre d'emphytéofe, la commife cenfuelle dans les coutumes où elle a lieu, font auffi une efpèce de *confifcation* de l'héritage qui a lieu au profit du feigneur. *Voyez* COMMISE. (*A*)

CONFLIT *de Jurifdiction*, (*Jurifpr.*) c'eft la conteftation qui s'élève entre les officiers de différentes jurifdictions, qui prétendent refpectivement que la connoiffance d'une affaire leur appartient. Le *conflit* peut avoir lieu tant en matière civile qu'en matière criminelle.

Lorfque le *conflit* eft formé entre deux jurifdictions inférieures, indépendantes l'une de l'autre, mais reffortiffantes toutes deux devant un même juge, on peut fe pourvoir devant ce juge fupérieur, pour faire régler dans laquelle des deux jurifdictions inférieures on doit procéder. Si ces deux jurifdictions ne reffortiffent pas l'une & l'autre en une même cour, il faut fe pourvoir en réglement de juge au confeil; c'eft ce que l'ordonnance de 1681, titre commun pour toutes les fermes, *art. 37*, ordonne pour les *conflits* qui furviennent entre les juges ordinaires & les élus.

Les *conflits* qui furviennent entre la grand'chambre & une chambre des enquêtes, ou entre deux chambres des enquêtes, fe plaident au parquet devant les trois avocats-généraux.

A l'égard des *conflits* formés entre deux cours fouveraines établies dans une même ville, comme entre le parlement & la cour des aides, les avocats généraux des deux cours s'affemblent au parquet du parlement, où la caufe fe rapporte par le miniftère d'un fubftitut du procureur-général du parlement, & les avocats-généraux des deux cours décident; s'ils fe trouvent partagés, on fe pourvoit au confeil en réglement de juges, & les avocats- & procureurs-généraux doivent y envoyer leurs avis avec les motifs.

Si le *conflit* eft formé entre deux cours établies dans des villes différentes, il ne peut y avoir de conférence entre les officiers du parquet des deux compagnies, & il eft néceffaire de fe pourvoir au confeil, en la forme ordinaire, pour obtenir un réglement de juge.

Les *conflits* qui s'élèvent entre les parlemens & les préfidiaux de leur reffort, pour raifon des caufes que ces derniers jugent fans appel, doivent être décidés & réglés au grand-confeil, fans qu'il puiffe être formé aucun réglement de juges entre les parlemens & le grand-confeil, & fans que les

parlemens puiffent, au préjudice des commiffions décernées par le grand-confeil, prendre connoiffance du différend des parties, ni contrevenir aux arrêts rendus pour cet objet par ce même tribunal, à peine de nullité & de caffation des procédures. Les parties ne peuvent auffi, dans ce cas, faire aucune pourfuite au parlement, & fe fervir des arrêts qui y feroient rendus, à peine de trois cens livres d'amende, applicables, moitié au roi, moitié à la partie. *Voyez* RÉGLEMENT *de juges*, JURISDICTION.

CONFORTE-MAIN, f. m. (*Droit coutumier.*) on appelloit autrefois *lettres de conforte-main*, des commiffions du roi obtenues en chancellerie par un feigneur féodal ou cenfier, qui n'a point de droit de juftice attaché à fon fief, à l'effet de pouvoir, en vertu de ces lettres, faire faifir, ou conforter, c'eft-à-dire corroborer la faifie déjà faite par le feigneur fur le fief de fon vaffal, ou fur un héritage cenfuel.

Pour comprendre ce que font les *lettres de conforte-main*, il faut fe rappeller que de toute ancienneté les Germains & les Francs avoient la juftice foncière fur les terres qui leur appartenoient, & fur leurs hommes; qu'après la conquête des Gaules, ceux d'entre les Francs qui obtinrent des domaines & poffeffions, eurent le droit de rendre la juftice dans les terres qui leur furent concédées, ainfi que nous l'avons remarqué fous le mot COMTE, & que nous l'expliquerons plus amplement fous celui de JUSTICE. Dans la fuite des temps, lorfque les fiefs eurent été établis, on diftingua les juftices en haute, moyenne & baffe; la haute & moyenne devinrent plus communément l'apanage des feigneuries titrées; mais beaucoup de feigneurs de fimple fief confervèrent une juftice foncière, en vertu de laquelle ils pouvoient, fur leur feul mandement, faire faifir, par le miniftère d'un huiffier, les héritages cenfuels dépendans de leurs fiefs. Dans la fuite, pour fortifier ce mandement, quelques feigneurs obtinrent des lettres de *conforte-main*, & l'huiffier, tant en vertu du mandement du feigneur qu'en vertu de ces lettres, procédoit à la faifie; ou bien la faifie étant faite en vertu du mandement du feigneur, on appofoit la main du roi en vertu des lettres de *conforte-main*.

Il eft parlé du *conforte-main* dans plufieurs de nos coutumes; dans celles d'Angoumois, *art.* H, d'Auvergne, *chap.* 22, *art.* 2, de Berri, *tit.* 5, *art.* 26, de Blois, *art.* 39, & dans du Tillet, *pag.* 21. On trouve la forme de ces lettres dans des anciens protocoles de chancellerie.

Imbert, dans fa *Pratique*, *liv. I, chap. 2*, dit qu'on avoit coutume, & principalement en Saintonge, d'ufer d'une claufe dans les *conforte-mains* que les feigneurs féodaux obtenoient de la chancellerie ou du fénéchal de Saintonge; ce qui nous fait voir en paffant, que les fénéchaux donnoient des lettres de *conforte-main* auffi-bien que la chancellerie. Il étoit mandé par cette claufe, de con-

forter la main-mife du feigneur , d'ajourner les oppofans ou refufans, pour dire les caufes de leur
refus ou oppofition, l'exploit & la faifie tenant
nonobſtant oppoſition ou appellation quelconques,
& fans préjudice d'icelles : fur quoi Imbert remarque que cela n'étoit pas raifonnable; 1°. parce que
c'étoit commencer l'exécution; 2°. que c'étoit procéder nonobſtant l'appel, dans un cas où cela n'eſt pas
permis par les ordonnances; qu'il fut, par un arrêt
du 10 mai 1526, rendu fur l'appel de l'exécution
de lettres royaux qui contenoient une telle claufe,
il fut dit qu'il avoit été mal procédé & exécuté
par le fergent, & défendu de plus ufer de telles
claufes.

Au furplus, la forme de prendre des lettres de
conforte-main, qui étoit vicieuſe & inutile, n'eſt
plus ufitée préfentement. Le feigneur qui n'a point
de juſtice & qui veut faifir, doit s'adreffer au juge
ordinaire du lieu où eſt fitué le fief fervant, ou
l'héritage qu'il veut faire faifir, & obtenir de ce
juge commiffion à cet effet : cela fuffit pour la validité d'une telle faifie, & le feigneur n'a pas befoin de lettres de *conforte-main.*

CONFRAIRIE, f. f. (*Droit canon.*) c'eſt une
efpèce de fociété formée entre plufieurs perfonnes,
pour quelque dévotion particulière.

Les *confrairies* inconnues dans les beaux fièles
de la religion, intéreffent tout-à-la-fois l'état &
l'églife. Comme affemblées de citoyens, qui forment ou tendent à former des corps & qui ont
des revenus temporels, elles doivent être foumifes à l'autorité civile; comme affemblées de
chrétiens, qui ont pour but des exercices religieux
& fpirituels, elles doivent être fous la jurifdiction
eccléfiaſtique.

Il n'y a point de difficulté en France fur ces
principes généraux; jamais aucune des deux puiſ-
fances n'a prétendu avoir le droit excluſif d'établir des *confrairies*. Il eſt convenu que leur concours eſt néceffaire pour donner une exiſtence
légale à ces affociations particulières; il faut tout-
à-la-fois & la permiffion par écrit de l'évêque
diocéfain, & des lettres-patentes du prince.

L'approbation ou permiffion des évêques eſt de
toute néceffité : c'eſt la difpofition précife de l'article 10 du règlement des réguliers, dreffé par le
clergé de France; il n'a point introduit en cela un
droit nouveau. Les conciles provinciaux, tant anciens que nouveaux, de France & d'Italie, l'avoient
ainfi ordonné : on peut à ce fujet confulter les
décrets des conciles de Reims, en 1564, de Rouen,
en 1571, de Tours, en 1573, d'Aix, en 1575,
de Narbonne, en 1609. Nos rois ont maintenu
les évêques dans ce droit, qui eſt une fuite de
leur caractère de premiers paſteurs.

Le chapitre de l'églife collégiale de Vezelai
ayant voulu établir ou transférer dans fon églife
de Sainte Marie-Magdelaine, une *confrairie* du faint
Sacrement, qui étoit établie dans la paroiffe de S.
Pierre, le curé de cette paroiffe en appella comme

d'abus. L'évêque d'Autun déclara cet établiffement
nul, & fut par arrêt du confeil d'état du 25 janvier
1673, maintenu dans le droit de l'empêcher.

Si l'établiffement des *confrairies* dépend du confentement & de l'approbation des évêques, elles
doivent être foumifes à leur jurifdiction en tout
ce qui concerne le fpirituel, la célébration & l'ordre du fervice divin. Toutes les fois que les juges
féculiers ont voulu en connoître, leur entreprife
a été réprimée par des arrêts du confeil d'état. Un
de ces arrêts du 30 feptembre 1659, défendit au
juge mage de la fénéchauffée de Tarbes, de
prendre aucune connoiffance du fervice divin &
ordre d'icelui, des proceffions, rangs des *confrairies*, porteurs de cierges & autres affiſtans auxdites proceffions. Le même arrêt porte que les ordonnances de l'évêque diocéfain fur ce rendues,
feront exécutées. Un autre arrêt du 9 août 1664,
fait les mêmes défenfes au lieutenant-général d'A-
lençon, & à tous autres juges féculiers.

Il s'étoit élevé de grandes conteſtations dans le
diocéfe de Tarbes, fur la prétention des prieurs
de différentes *confrairies*, qui, dans les proceffions,
vouloient marcher entre le clergé féculier & le
régulier : elles furent réglées par l'évêque. Quelques particuliers fe pourvurent par appel comme
d'abus au parlement de Touloufe, où ils obtinrent un arrêt de défenfes. L'affemblée du clergé
de 1680 préfenta requête au confeil, qui, fans
s'arrêter à l'arrêt, ordonna l'exécution des règle-
mens faits par l'évêque.

En accordant aux évêques, fur les *confrairies*,
l'autorité qui eſt une fuite de leur caractère &
de leurs fonctions, nos loix n'ont pas moins
veillé fur leur établiffement même & fur l'adminiſtration de leurs revenus. On a conſervé dans
le chapitre 25 des preuves des libertés de l'églife
gallicane, des lettres que le roi Philippe-le-long
accorda en 1319, pour la *confrairie* de Notre-
Dame de Boulogne. L'article premier de l'édit
de 1749 met les *confrairies* au nombre des établiffemens qui ne pourront être formés fans
lettres-patentes enregiſtrées dans les parlemens ou
confeils fupérieurs. Les *confrairies* fe trouvent également comprifes dans l'article 13 du même édit,
qui déclare nuls tous les établiffemens faits depuis
les lettres-patentes de 1666 ou dans les trente années précédentes, fans avoir été autorifés par des
lettres-patentes duement enregiſtrées, « Nous ré-
» fervant néanmoins, continue le légiſlateur, à
» l'égard de ceux defdits établiffemens qui fubfiſ-
» tent paifiblement & fans aucune demande en
» nullité formée avant la publication du préfent
» édit, de nous faire rendre compte tant de leur
» objet que de la nature & quantité de biens dont
» ils font en poffeffion, pour y pourvoir ainfi
» qu'il appartiendra, foit en leur accordant nos
» lettres-patentes, s'il y échet, foit en réuniffant
» lefdits biens à des hôpitaux ou autres établiffe-
» mens déjà autorifés, foit en ordonnant qu'ils

» feront vendus, & que le prix en fera appliqué » ainfi qu'il eft porté par l'article précédent ».

Le parlement de Paris avoit, avant cette ordonnance, fupprimé plufieurs confrairies établies fans lettres-patentes, quoiqu'elles fuffent fort anciennes. La fuppreffion de celles de la Sainte Vierge, de S. Sébaftien & de S. Roch, qui fubfiftoient aux Quinze-vingts, à Paris, depuis plus de 300 ans, fut ordonnée par arrêt rendu en la grand'chambre, fur les conclufions de M. l'avocat-général Joli de Fleury, le 5 janvier 1732, avec défenfes aux parties de s'affembler comme confrères & de faire des quêtes. Un fecond arrêt rendu le 6 février 1637, fur les conclufions du même magiftrat, fupprima la confrairie de Notre-Dame de Bonne-Délivrance, établie dans l'églife de S. Etienne-desgrès à Paris.

Les confrairies qui depuis 1749 n'ont point obtenu de lettres-patentes confirmatives de leur établiffement, font dans le cas d'être fupprimées. Elles font au moins fufpendues dans le reffort du parlement de Paris, fi elles ne fe font pas conformées aux difpofitions de l'arrêt rendu, toutes les chambres affemblées, le vendredi 9 mai 1760. Il nous rappelle une époque fameufe par la deftruction des jéfuites. Les nombreufes confrairies ou congrégations, dirigées par ces religieux dont on a dit tant de bien & tant de mal, attirèrent toute l'attention de la cour. Elle crut devoir prendre des précautions, pour arrêter les abus qui pouvoient exifter, ou prévenir ceux qui pourroient naître. Elle fit « défenfes & inhibitions à toutes » perfonnes de former aucunes affemblées, ni » confrairies, congrégations ou affociations en cette » ville de Paris, ou par-tout ailleurs, fans l'ex» preffe permiffion du roi & lettres-patentes vé» rifiées en la cour ».

Elle ordonna « que dans fix mois, les chefs & » adminiftrateurs & régiffeurs de toutes confrairies, » affociations & congrégations qui fe trouvent dans » le reffort de la cour, feroient tenus de remettre » au procureur-général du roi, ou à fes fubftituts » fur les lieux, des copies en bonne forme & » fignées d'eux, des lettres-patentes de leur éta» bliffement, ou autres titres qu'ils peuvent avoir; » leurs règles, ftatuts & formules de promeffes » ou engagemens verbaux : enfemble un mémoire » contenant le temps & la forme de leur exif» tence, comme auffi un exemplaire des livres » compofés pour l'ufage defdites confrairies, affo» ciations & congrégations ».

Elle enjoignit « aux fubftituts du procureur-gé» néral du roi d'envoyer au procureur-général, » les lettres-patentes, états, mémoires, formules » de promeffes & engagemens verbaux, & autres » pièces qui leur feroient remifes, pour, fur le » compte qui en fera par lui rendu, être ftatué » par la cour, toutes les chambres affemblées, » ainfi qu'il appartiendra ».

Dans le cas où les chefs, adminiftrateurs & régiffeurs des confrairies ne fe conformeroient pas à ces difpofitions de l'arrêt, il leur eft fait défenfes « de fouffrir aucune affemblée, ni continuer » aucun exercice defdites confrairies, affociations » ou congrégations, & à toutes perfonnes, de » quelque qualité & condition qu'elles foient, de » s'y trouver, fous les peines portées par les or» donnances.

» Cependant, fait dès-à-préfent, fous les mêmes » peines, défenfe à toutes perfonnes de s'affem» bler à l'avenir, fous prétexte de confrairie, con» grégation ou affociation, dans aucune chapelle » intérieure, ou aucun oratoire particulier de mai» fon religieufe ou autres, même dans les églifes » qui ne feroient ouvertes à toutes fortes de per» fonnes qui fe préfenteroient pour y entrer ».

L'ordre des jéfuites ayant été aboli en France & dans tous les états catholiques, les confrairies ou congrégations qui y étoient attachées ont fubi le même fort. Quant à celles qui dépendoient des autres communautés religieufes, ou des paroiffes, nous ne voyons pas que l'arrêt ait eu pour elles aucunes fuites. Peut-être fur le, fur les comptes qui lui en ont été rendus, n'a-t-elle rien vu qui méritât leur fuppreffion ou leur réforme.

L'emploi des biens des confrairies a toujours été foumis à la jurifdiction féculière. L'article 10 de l'ordonnance d'Orléans ordonne que leurs deniers & revenus, la charge du fervice divin déduit & fatisfait, foient appliqués à l'entretien des écoles & aumônes ès plus prochaines villes ou bourgades & villages où lefdites confrairies auront été inftituées, fans que lefdits deniers puiffent être employés à d'autres ufages, pour quelque caufe que ce foit. L'article 37 de l'ordonnance de Blois eft conçu en ces termes : « fuivant les anciennes or» donnances nous avons défendu toutes confrairies » de gens de métier & artifans, affemblées & ban» quêts, & fera le revenu defdites confrairies, » employé, tant à la célébration du fervice divin, » qu'à la nourriture des pauvres du métier, & au» tres œuvres pitoyables, &c. ».

Bouraric obferve que cet article eft difficile à comprendre; car, dit-il, il femble d'un côté qu'il veuille abolir entièrement toutes confrairies d'artifans & de gens de métier, & fe conformer en cela à l'ordonnance de 1539, articles 185 & fuivans; & de l'autre, qu'il veuille feulement réformer les abus introduits dans les confrairies, affemblées & banquets, & en cela fe conformer à l'ordonnance d'Orléans, article premier. Mais, quoi qu'il en foit & quelque interprétation qu'on lui donne, les confrairies fubfiftent & les abus font toujours les mêmes.

Les obfervations de Bouraric font juftes, & l'on ne voit pas que les ordonnances & les arrêts de réglemens, fur l'adminiftration des revenus des confrairies, foient exécutés.

Toute confrairie qui n'eft point revêtue de lettrespatentes, ne forme point dans l'état un corps civil & légal. Elle eft par conféquent incapable de donation, d'inftitution ou de legs. Ricard, *Traité des donations*, tom. 1, pag. 135, rapporte divers arrêts qui ont caffé des inftitutions ou des legs, faits à des *confrairies*, par cette feule raifon qu'elles n'é-toient point autorifées par des lettres-patentes. Depuis l'édit de 1749, elles font dans le cas de tou-tes les communautés religieufes ou mixtes.

Un édit du mois de février 1704, fuivi d'un arrêt du confeil, du 24 mars fuivant, qui en or-donne l'exécution, a créé & érigé, en titre d'office formé & héréditaire, un tréforier-receveur & payeur des revenus des fabriques & des *confrairies*, en chaque paroiffe de la ville de Paris & des autres villes du royaume, lefquels feront marguilliers per-pétuels & auront rang immédiatement après les marguilliers honoraires, dans les paroiffes où il y en a, & le premier rang dans celles où il n'y en a point. Un autre édit du mois de feptembre de la même année, a éteint & fupprimé ces offices, pour la ville & fauxbourgs de Paris, & remis les cho-fes dans l'ancien état. Enfin, un arrêt du confeil du 24 janvier 1705 ordonne que les offices de tréforiers-receveurs & payeurs des revenus des fabri-ques & des *confrairies*, créés par l'édit de février 1704, feront & demeureront unis auxdites fabriques & *confrairies*, à la charge par elles de payer les fommes qui feront réglées, pour chaque diocèfe, par les rôles qui feront arrêtés au confeil, fuivant la ré-partition qui en fera faite par les fieurs intendans & commiffaires départis, conjointement avec les évêques. Il eft facile d'appercevoir que ces édits font purement burfaux, & font une fuite des mal-heurs occafionnés par la guerre de la fucceffion d'Efpagne.

Il ne nous refte plus qu'à remettre fous les yeux de nos lecteurs quelques réglemens, foit eccléfiaf-tiques, foit civils, concernant les *confrairies*.

Le concile de Sens, en 1528, défend d'exiger & de prêter aucuns fermens à l'entrée des con-frairies.

Celui de Bourges, en 1584, ne permet pas aux *confrairies* de fe tenir ou de célébrer leurs offices, *in choro, ad majus altare ecclefiarum cathedralium, aut collegiatarum, fed in facellis tantùm, & extra horam, quâ divinum officium peragitur.*

Celui de Narbonne, en 1609, défend de tenir le faint facrement dans les chapelles des *confrairies*, *nifi hoc expreffè approbante epifcopo.*

L'article 7 de l'ordonnance de Rouffillon dé-fend tous banquets & repas pour *confrairie*. C'eft auffi la difpofition de l'article 74 de celle de Mou-lins, qui ajoute : « fans permettre par nos juges » la commutation des banquets en argent, ou au-» tre chofe équivalente, qui pourroit être donnée » pour parvenir auxdites réceptions ».

Par arrêt rendu, en forme de réglement, au parlement de Paris le 7 feptembre 1689, au fujet de la *confrairie* de S. Louis, établie à Orléans dans l'églife de S. Donatien, il fut, entre autres chofes, ordonné que les confrères ne pourront être obligés

de payer aucun droit de *confrairie*, & que l'accep-tation & démiffion des offices ou charges, feront abfolument libres. Ce dernier point a encore été jugé, le 11 janvier 1696, par un arrêt de la même cour, lequel a infirmé une fentence qui condam-noit Denis-Richard à faire les fonctions de la place de marguillier de la *confrairie* des garçons merciers à Paris, à laquelle fes confrères l'avoient nommé.

Il y a, dans nos provinces méridionales, des *confrairies* célèbres, connues fous le nom de *péni-tens*. Elles y forment des corps confidérables. M. Du-rand de Maillane, avocat au parlement d'Aix, af-fure que leur ufage eft de porter leurs caufes, fur les réceptions & élections des confrères, pardevant les juges féculiers; & il ajoute, que, malgré l'or-donnance de Moulins, la jurifprudence des parle-mens dans les reffors defquels font les pénitens, eft de les contraindre à accepter à leur tour, les charges & offices de la *confrairie*, ainfi que de payer un droit annuel lorfqu'il eft modique & donné feu-lement à titre d'aumône & pour fournir à l'entre-tien de la chapelle & au fervice divin qui s'y fait.

Les *confrairies* duement autorifées, font com-munément regardées en France comme des corps religieux & eccléfiaftiques. Elles font en conféquence foumifes aux décimes & autres impofitions que paie le clergé. Elles ne peuvent vendre ou aliéner, va-lablement leurs immeubles, fans obferver les for-malités prefcrites pour l'aliénation des biens de l'églife. (*Article de M. l'abbé* BERTOLIO.)

CONFRATERNITÉ *de coutumes*, f. f. (*Droit particulier de la Flandres.*) c'eft ainfi qu'on y ap-pelle un ancien ufage, par lequel le juge de cha-que ville eft autorifé de connoître de toutes les actions perfonnelles intentées contre fes bourgeois, & qui lui attribue toutes les conteftations qui y font relatives, quoique le défunt fût domicilié dans une autre ville de la même province; mais ce droit de *confraternité* n'a pas lieu pour les actions réelles & hypothécaires.

La *confraternité* eft établie expreffément par plu-fieurs coutumes de la Flandres, dont les difpofi-tions ont été étendues à celles qui ne décident rien fur cette matière, & forment par conféquent le droit commun de la province. Elle s'applique à la faculté de difpofer de fes biens, conformément à la coutume de la bourgeoifie, & non à celle du domicile du teftateur, ou de la fituation des lieux. Ainfi lorfqu'un flamand eft infcrit fur le regiftre de la bourgeoifie d'une ville, il eft, à l'égard de fes actions perfonnelles & du droit de fucceffion, cenfé bourgeois de cette même ville, quoiqu'il transporte fon domicile ailleurs. Ce droit de con-fraternité eft une efpèce de droit de fuite que chaque ville conferve fur fes bourgeois.

Le droit de *confraternité* n'empêche pas qu'une caufe de la nature de celles qui y font fujettes, ne puiffe être portée devant le juge du domicile actuel, & qu'elle ne s'y inftruife. C'eft aux parties intéreſſées à demander leur renvoi, & au juge de la bourgeoiſie à revendiquer la cauſe, & il ne peut plus le faire, lorſque la cauſe a été portée & plaidée à ſon vu & ſu, pendant un certain temps, devant le juge du domicile. *Arrêt du parlement de Flandres, du 28 juin 1690.*

On ne peut être bourgeois de deux villes en même temps, ſuivant les ordonnances & placards des anciens comtes de Flandres, la première bourgeoiſie ſe perd par l'acceptation d'une ſeconde. La coutume de Courtrai & de Bergues-ſaint-Winock, déclare les bourgeois déchus de leur droit par le ſimple changement de domicile; celle d'Ypres ne prononce cette peine que contre ceux qui ont négligé de remplir dans le temps preſcrit les formalités de la reconnoiſſance de leur bourgeoiſie. Dans la coutume de Furnes, la bourgeoiſie eſt héréditaire, & ne ſe perd ni par le changement de domicile, ni par le changement d'état, enſorte qu'une femme mariée à un étranger reſte bourgeoiſe. La plupart des autres coutumes permettent à leurs bourgeois de fixer ailleurs leur domicile, ſans perdre leur droit de bourgeoiſie.

Le droit de bourgeoiſie ne s'étend point aux fiefs, dont la ſucceſſion ne peut être réglée que par les coutumes des cours féodales, ni à l'égard des autres biens qu'un bourgeois de la Flandres poſſéde dans d'autres provinces; on ſuit, par rapport à ces derniers, la loi de leur ſituation.

La loi de la *confraternité* a eſſuyé une révolution, lors de la réunion d'une partie de la Flandres à la couronne de France. Pluſieurs arrêts du conſeil & du parlement de Douai ont défendu aux ſujets du roi de France de plaider pardevant les juges d'une domination étrangère, tant en demandant qu'en défendant, dans les actions purement perſonnelles, & d'y porter la connoiſſance de la maiſon mortuaire d'un défunt, ſous prétexte de *confraternité.* L'arrêt du conſeil du 27 août 1687, défend également d'accorder des *pareatis,* ſur des jugemens rendus par des tribunaux étrangers, contre les ſujets du roi.

L'impératrice-reine, par ſon décret du 13 mars 1742, rendu ſur la requête des bailli & échevins de Warneton, a pareillement défendu à tous ſes ſujets, de plaider pardevant les juges de France, ſous prétexte de *confraternité.*

Depuis la diviſion de la Flandres en françoiſe & autrichienne, il s'eſt élevé la queſtion importante de ſavoir ſi les biens d'un bourgeois, ſitués ſous une autre domination que celle de ſon domicile, doivent être réglés pour ſa ſucceſſion, par la coutume de la ſituation ou de la bourgeoiſie. Par arrêt du 21 octobre 1724, il a été préjugé que la coutume de bourgeoiſie devoit être préférée, & que rien n'empêchoit qu'une coutume étrangère fît la règle de la ſucceſſion d'un ſujet du roi.

CONFRONTATION, ſ. ſ. (*Code criminel.*) c'eſt en général la repréſentation d'une perſonne ou d'une choſe vis-à-vis d'une autre; mais l'uſage le plus ordinaire de ce terme eſt en matière criminelle, où on l'emploie pour ſignifier la repréſentation que l'on fait à un accuſé, des témoins qui ont dépoſé contre lui, afin qu'il les reconnoiſſent & qu'il déclare ſi c'eſt de lui qu'ils ont entendu parler dans leur dépoſition; que l'accuſé puiſſe fournir contre-eux ſes reproches, s'il en a, & les témoins y répondre.

L'uſage de la *confrontation* eſt très-ancien, il eſt même néceſſaire & conforme à la loi naturelle, 1°. pour ne pas priver un accuſé de ſes moyens de défenſes; 2°. pour que les témoins ſachent que l'homme contre lequel ils ont dépoſé, eſt celui qu'on accuſe, & que celui-ci puiſſe dire ce n'eſt pas moi dont vous parlez; 3°. pour que les juges ne le condamnent pas légèrement: auſſi voyons-nous que la *confrontation* a eu lieu chez tous les peuples.

C'étoit la coutume chez les Hébreux, que les témoins mettoient leurs mains ſur la tête de celui contre lequel ils avoient dépoſé au ſujet de quelque crime, ce qu'ils pratiquoient en conſéquence d'un précepte du Lévitique, *chap. 24, v. 14.* C'eſt de-là que dans l'hiſtoire de Suſanne, il eſt dit que les deux vieillards qui l'accuſèrent mirent leurs mains ſur ſa tête; cela ſervoit de confirmation de leur dépoſition, & tenoit lieu chez eux de la *confrontation* dont on uſe aujourd'hui.

Nous liſons dans Dion, *liv. 60,* que du temps de l'empereur Claude, un ſoldat ayant accuſé de conſpiration Valérius-Aſiaticus, il prit à la *confrontation* pour Aſiaticus, un pauvre homme qui étoit tout chauve; ce qui fait voir que la *confrontation* étoit auſſi uſitée chez les Romains, & que pour éprouver la fidélité des témoins, on leur confrontoit quelquefois une autre perſonne au lieu de l'accuſé.

On en uſa de même dans un concile des Ariens, où S. Athanaſe fut accuſé par une femme, de l'avoir violée. Timothée, prêtre, ſe préſentant à elle, & feignant d'être Athanaſe, découvrit la fourberie des Ariens & l'impoſture de cette femme.

Le récolement des témoins n'étoit point en uſage chez les Romains; mais on y pratiquoit la *confrontation.*

Elle a pareillement lieu ſuivant le droit canon, & ſe pratique dans les officialités, comme il réſulte du chapitre *præſentium 31, extrà de teſtibus & atteſtationibus.*

On pratiquoit en France la *confrontation,* dès les premiers temps de la monarchie. En effet, on voit dans Grégoire de Tours, *liv. 6,* que Chilperic, qui commença à régner en 450, ayant interrogé lui-même deux particuliers porteurs de lettres qui lui étoient injurieuſes, manda un évêque qu'on en vouloit rendre complice, les confronta les uns aux autres, même à ceux qu'ils chargeoient par leurs réponſes.

Il y a plusieurs anciennes ordonnances qui font mention de la *confrontation* des témoins.

Celle de François I, en 1536, *chap. 2, art. 4,* en preferit la forme ; mais comme ce n'étoit qu'une loi particulière pour la Bretagne, nous ne nous arrêterons qu'à celle de 1539, qui eft générale pour tout le royaume.

Elle ordonné, *art. 14 & fuiv.* que les témoins feront récolés & confrontés à l'accufé dans le délai ordonné par juftice, felon la diftance des lieux, la qualité de la matière & des parties, à moins que l'affaire ne fût fi légère, qu'il n'y eût lieu de recevoir les parties en procès ordinaire ; que dans les matières fujettes à *confrontation*, les accufés ne feront élargis pendant les délais qui feront donnés pour faire la *confrontation* ; que quand les témoins comparoîtront pour être confrontés, ils feront d'abord récolés en l'abfence de l'accufé ; & que fur ce qu'ils perfifteront, & qui fera à la charge de l'accufé, ils lui feront auffi-tôt confrontés féparément & à part l'un après l'autre ; que pour faire la *confrontation*, l'accufé & le témoin comparoîtront devant le juge, lequel, en la préfence l'un de l'autre, leur fera faire ferment de dire vérité ; qu'enfuite il demandera à l'accufé s'il a quelques reproches à fournir contre le témoin qui eft préfent, & lui enjoindra de les dire promptement, qu'autrement il n'y fera plus reçu ; que fi l'accufé n'allègue aucuns reproches & déclare ne le vouloir faire, & fe vouloir arrêter à la dépofition des témoins, ou s'il demande un délai pour fournir fes reproches, ou enfin s'il a mis par écrit ceux qu'il auroit allégués fur le champ ; dans tous ces cas, il fera procédé à la lecture de la dépofition du témoin pour *confrontation*, après laquelle il ne fera plus reçu à propofer aucun reproche ; que les *confrontations* faites & parfaites, le procès fera mis entre les mains du miniftère public pour prendre des conclufions, &c.

L'ordonnance de 1670 contient un titre exprès des récolemens & *confrontations*, qui eft le quinzième. Il y eft dit que fi l'accufation mérite d'être inftruite, le juge ordonnera que les témoins feront récolés en leurs dépofitions, & fi befoin eft, confrontés à l'accufé ; l'ordonnance dit *fi befoin eft,* parce que fi les témoins fe rétractoient au récolement & qu'il n'y eût plus de charges contre l'accufé, il feroit inutile de lui confronter les témoins. On a même deux arrêts des 21 mars 1702 & 9 mai 1712, qui défendent, à peine de nullité, de récoler & de confronter les témoins dont les dépofitions ne font ni à charge, ni à décharge. Mais cette difpofition, quant au récolement, eft contraire à l'ordonnance, & ne doit pas être fuivie. Tous les témoins doivent être récolés, parce que ce n'eft qu'au récolement qu'ils peuvent ajouter à leurs dépofitions, les changer même en tout ou en partie.

Il eft ordonné que les témoins feront récolés & confrontés ; la dépofition de ceux qui n'auront point été confrontés, ne fera point de preuve s'ils

ne font décédés pendant la contumace ou l'inftruction. Il en eft de même, s'ils font morts civilement, ou fi à caufe d'une longue abfence, d'une condamnation aux galères ou banniffement à temps, ils ne pouvoient être confrontés.

Dans ces cas, comme la *confrontation* des témoins avec l'accufé ne peut avoir lieu, l'ordonnance, *tit. 17, art. 22 & 23,* a établi une autre efpèce de *confrontation,* qu'elle appelle *littérale,* & qu'on nomme dans quelques endroits *figurative.*

Cette *confrontation littérale* ou *figurative,* que l'on fait à l'accufé, fans lui repréfenter le témoin, a lieu lorfque celui-ci eft décédé ou abfent pour caufe légitime, & fe fait par l'affirmation tacite de la dépofition du côté de la partie civile, s'il y en a une, ou à la requête de la partie publique, fauf à l'accufé à propofer fes reproches, s'il en a quelqu'un à oppofer pour fa juftification, & pour atténuer la dépofition. On demande donc à l'accufé s'il a connu le témoin défunt ou abfent, s'il l'eftimoit homme de bien, s'il veut & entend s'en tenir à fa dépofition ; & après fes réponfes à chaque queftion, qui doivent être rédigées par écrit avec les reproches, s'il en a propofé, on lui fait lecture de la dépofition du témoin : c'eft enfuite à la partie civile, s'il y en a une, ou au miniftère public, à juftifier, s'il fe peut, par actes ou autrement, ce qui étoit des bonnes vie & mœurs du témoin défunt ou abfent, afin de faire tomber les reproches, auxquels néanmoins les juges ne doivent avoir égard que lorfqu'ils font juftifiés par pièces.

Il eft parlé de cette *confrontation figurative,* dans le *ftyle du parlement de Touloufe,* par Cayron, *l. 4, tit. 18,* c'eft ce qu'il appelle *acaration figurative,* felon le langage du pays.

Il y a des exemples que la *confrontation figurative* s'eft auffi pratiquée en certains cas, dans les autres parlemens, ainfi qu'il fut obfervé dans le procès de MM. de Cinq-Mars & de Thou, en 1642 : on fit même du procès une efpèce de *confrontation figurative.* Monfieur, frere du roi, ayant une déclaration à faire, avoit obtenu du roi qu'il ne feroit point confronté aux accufés. M. le chancelier reçut fa dépofition avec les mêmes formes avec lefquelles on a coutume de prendre la dépofition des autres témoins ; on prit feulement de plus la précaution de la relire à Monfieur, en préfence de M. le chancelier & de fept ou huit confeillers d'état ou maîtres des requêtes, qui la fignèrent avec lui, après qu'il eut perfifté avec ferment à ce qu'elle contenoit ; & comme le droit & les ordonnances veulent que tout témoin foit confronté, le procureur-général crut que dans ce cas il falloit ufer de quelques formalités pour fuppléer à la *confrontation* ; & pour cet effet, il requit que la déclaration de Monfieur lui fût lue après que les accufés auroient déclaré s'ils avoient des reproches à fournir contre lui, ce qu'ils pourroient faire avec plus de liberté en l'abfence de Monfieur qu'en fa préfence ; qu'enfuite les reproches & réponses des accusés lui seroient communiqués ; ce qui fut ordonné par arrêt, & exécuté par M. le chancelier.

Le récolement & la *confrontation* des témoins n'ont lieu que dans les affaires graves, & dont les condamnations peuvent tendre à une peine capitale. On ne peut y procéder que d'après un jugement rendu en la chambre du conseil par un nombre suffisant de juges, ainsi qu'il résulte de l'ordonnance de 1670 & de la déclaration du 3 octobre 1694; c'est ce jugement qu'on appelle le *réglement à l'extraordinaire*. Il est tellement nécessaire, que si dans le cours de l'instruction il survient de nouvelles charges, sur lesquelles on est obligé d'entendre de nouveaux témoins, le premier réglement à l'extraordinaire ne peut autoriser le récolement & la *confrontation* relatifs à ces nouvelles charges. *Arrêt du 9 janvier 1743, rendu au parlement de Paris.*

On excepte néanmoins de la rigueur de la loi, 1°. les témoins fort âgés, valétudinaires ou prêts à faire un voyage de long cours, que l'ordonnance permet de récoler, sans aucun jugement qui l'ordonne, afin d'éviter le dépérissement de la preuve; 2°. dans les accusations de duel, suivant l'édit de 1679, les officiers qui en font l'instruction peuvent également passer au récolement des témoins, dans les vingt-quatre heures ou plutôt, sans attendre un jugement qui l'ordonne. Mais dans l'un & l'autre cas les récolemens ne peuvent valoir *confrontation*, qu'après qu'il a été ainsi ordonné par le jugement, en cas de défaut & de contumace ; 3°. lorsqu'un accusé, dans ses réponses sur la sellette, ou derrière le barreau, ou même dans le moment de son exécution, charge quelqu'un de faits nouveaux, le juge doit passer sur le champ au récolement & à la *confrontation*, sans attendre un jugement qui l'ordonne.

En voyant le procès, on fait lecture de la déposition des témoins qui vont à la décharge de l'accusé, quoiqu'ils n'aient été ni récolés, ni confrontés, pour y avoir par les juges tel égard que de raison.

Les accusés qui sont décrétés de prise de corps, doivent tenir prison pendant le temps de la *confrontation*, & on en doit faire mention dans la procédure, si ce n'est que les cours, en jugeant l'appel, en ordonnassent autrement.

Les *confrontations* doivent être écrites en un cahier séparé, & chacune en particulier paraphée & signée dans toutes les pages, par le juge, l'accusé & le témoin, s'ils savent ou veulent signer, sinon on doit faire mention de la cause de leur refus.

L'accusé étant mandé, après le serment prêté par lui & par le témoin, en présence l'un de l'autre, le juge les interpelle de déclarer s'ils se connoissent.

On fait lecture à l'accusé des premiers articles de la déposition du témoin, contenant son nom, âge, qualité & demeure, la connoissance qu'il

aura dit avoir des parties, & s'il est leur parent ou allié.

L'accusé est ensuite interpellé par le juge de fournir sur le champ ses reproches contre le témoin, si aucuns il a ; & le juge doit l'avertir qu'il n'y sera plus reçu, après avoir entendu lecture de la déposition, & on en doit faire mention.

Les témoins sont enquis de la vérité des reproches, & tout ce que l'accusé & eux disent doit être rédigé par écrit.

Après que l'accusé a fourni ses reproches, ou déclaré qu'il n'en veut point fournir, on lui fait lecture de la déposition & du récolement du témoin, avec interpellation au témoin de déclarer s'ils contiennent vérité, & si l'accusé, *présent*, est celui dont il a entendu parler dans ses dépositions & récolement, & tout ce qui est dit de part & d'autre doit pareillement être écrit. Ce terme *présent* est absolument essentiel dans le procès-verbal de *confrontation*, son omission en opéreroit la nullité, ainsi qu'il a été jugé par deux arrêts des 23 juillet 1698 & 9 mai 1712.

L'accusé n'est plus reçu à fournir de reproches contre le témoin, après qu'il a entendu lecture de sa déposition ; il peut néanmoins, en tout état de cause, proposer des reproches, s'ils sont justifiés par écrit.

Si l'accusé remarque, dans la déposition du témoin, quelque contrariété ou circonstance qui puisse éclaircir le fait & justifier son innocence, il peut requérir le juge d'interpeller le témoin de les reconnoître, sans pouvoir lui-même faire interpellation du témoin ; & ces remarques, interpellations, reconnoissances & réponses, sont aussi rédigées par écrit. Le juge ne peut interpeller le témoin ou l'accusé sans en être requis par l'un ou par l'autre. C'est la jurisprudence des arrêts. Nous en citerons seulement deux : l'un du 20 octobre 1733, rendu contre le juge de Montmorillon, & l'autre contre celui de Cognac, du 12 janvier 1734.

Quoique l'accusé refuse de répondre aux interpellations qui lui sont faites, on ne laisse pas de procéder à la *confrontation* du témoin.

Si le témoin que l'on veut confronter est malade, la *confrontation* se fait en sa maison, & pour cet effet on y transfère l'accusé.

Lorsque l'accusé ou le témoin n'entendent pas la langue françoise, la *confrontation* doit se faire en présence d'un interprète, qui explique à l'accusé & au témoin les interpellations du juge, & au juge leurs réponses.

Les experts entendus dans les informations, sur ce qui est de leur art, doivent être confrontés, comme les autres témoins.

L'ordonnance de 1670 veut qu'on ne fasse aux témoins, que des interpellations pertinentes, justes & raisonnables, qui procèdent de contrariété dans leurs dépositions, & qui tendent à éclaircir les faits ou à justifier l'innocence de l'accusé. Un arrêt de la chambre des comptes, aides & finances de Normandie, du 2 mai 1757, enjoint aux juges de se conformer à ces dispositions, & ajoute : que chaque interpellation ne contienne qu'un fait ; que celui-ci soit proposé d'une manière claire & simple au témoin ; que s'il refuse d'y répondre, le juge lui enjoigne d'y satisfaire sous peine de désobéissance à justice, & l'avertisse, qu'en cas de continuation de refus de sa part, l'interpellation passera pour constante, & qu'il s'expose à être poursuivi extraordinairement.

Lorsqu'il y a plusieurs accusés d'un même crime, le juge doit ordonner qu'ils seront confrontés les uns aux autres, sur-tout lorsque dans leurs interrogatoires, ils ont dit quelque chose qui peut tendre à la charge des uns & des autres. Dans les provinces méridionales, on donne à cette confrontation le nom particulier de accarement ou accariation.

Au reste, on observe les mêmes formalités dans les confrontations, des accusés ou complices les uns aux autres, que celles qui sont observées dans la confrontation des témoins ; mais cette confrontation ne doit être faite qu'après celle des témoins. Les accusés ne doivent point être confrontés relativement à des faits sur lesquels ils n'ont point été interrogés ; ils peuvent fournir des reproches les uns contre les autres.

Lorsque, dans un même procès, il y a des accusés laïques, prisonniers dans les prisons royales, & des accusés clercs dans les prisons de l'officialité, & qu'il s'agit de les confronter les uns aux autres, on amène les accusés & complices laïques des prisons royales à l'officialité ; & Decombes dit qu'en pareil cas la confrontation des laïques à l'accusé clerc, se fait par les deux juges, c'est-à-dire, par le juge laïque & par l'official conjointement : mais que la confrontation de l'accusé clerc aux laïques, se fait par le juge laïque seul, les accusés étant laïques.

Le juge ne peut pas, pour découvrir la vérité ou la fausseté d'une déposition, confronter à un témoin, une autre personne que celle qui est accusée. Cette feinte a été proscrite par trois arrêts du parlement de Paris, des 25 octobre 1698, 17 mars 1702 & 4 février 1718. Il paroît, par Despeisses, tom. II, part. 1, tit. 8, qu'elle avoit lieu autrefois, & que le juge pouvoit l'employer suivant sa prudence. Anciennement même, lorsque l'accusé soupçonnoit le témoin de fausseté, il requéroit une confrontation par tourbe ou turbe, afin de voir si le témoin reconnoîtroit l'accusé, ou si faussement il accuseroit l'un pour l'autre.

L'édit du duc Léopold, du mois de novembre 1707, laisse à la prudence du juge d'ordonner, en certains cas, tels que ceux de rapt, de violence, de séduction, &c. la confrontation de l'accusateur & de l'accusé. L'ordonnance de 1670 ne s'explique pas sur cet objet. L'introduction de cet usage, dans nos tribunaux, pourroit avoir lieu sans inconvénient.

Lorsque le témoin, à la confrontation, se rétracte, ou change sa déposition dans des circonstances importantes, il doit être poursuivi & puni comme faux

témoin. Le juge, qui procède à l'instruction du procès, peut, dans ce cas, le faire arrêter sur le champ, & le constituer prisonnier.

Telles sont les dispositions de l'ordonnance sur la forme & les effets de la confrontation des témoins avec les accusés, & des accusés entre eux. Mais ne peut-on pas dire avec le P. P. Lamoignon, que cette ordonnance est bien rigoureuse, & qu'elle induit souvent le juge en erreur.

1°. Le premier inconvénient qui résulte de la forme de notre confrontation, consiste dans le circuit des interpellations que les témoins & l'accusé ne peuvent se faire que par le ministère du juge. On cherche à le justifier par les abus que l'interpellation personnelle entraîneroit, & qui cependant ne consistent que dans la vivacité, & quelquefois dans les injures. Mais, 1°. ce circuit fait languir la conversation, il donne à celui qui doit répondre sur le champ, le temps de préparer ce qu'il doit dire. 2°. Les juges qui procèdent à une confrontation, ne sont pas sûrs de bien saisir l'interpellation & la réponse, de les rendre dans toute leur force, & de les faire écrire dans les mêmes termes. Ce point est néanmoins de la plus grande importance, tout est précieux dans l'interpellation & la réponse, car c'est de-là que doit naître la lumière qui peut éclairer le juge.

Ce sont ces motifs qui ont fait dire à M. Vermeil, dans son Essai sur les réformes à faire dans notre législation criminelle, que le récolement & la confrontation devroient être faits à l'audience publique, & les interpellations proposées directement par les accusés. C'est par les mêmes raisons que le lieutenant-criminel d'Angers, Ayrault, écrivoit en 1640 : « que ce qu'il trouvoit de plus beau dans l'instruc-
» tion criminelle des anciens, étoit que la faculté
» d'interroger les parties, dépendoit non des juges,
» mais d'elles-mêmes & de leurs conseils ; que les
» parties en se piquant & s'échauffant, laissent échap-
» per des paroles & gestes qui les découvrent : que
» de donner le soin des interpellations au juge,
» c'étoit faire un mystère de la justice ; que d'ail-
» leurs il ne pouvoit y mettre la finesse, la ruse,
» la dextérité, que les parties ont intérêt d'em-
» ployer, pour l'ouir, l'interroger, l'examiner ; qu'il
» y a souvent lieu de craindre que le juge rédigeant
» lui-même les demandes & les réponses, il n'arrive
» des témoins comme des cloches, auxquelles on
» fait dire ce que l'on veut ».

2°. L'ordonnance veut que les témoins soient récolés dans leurs dépositions, & les accusés dans leurs interrogatoires, avant de passer à la confrontation, laquelle aura lieu, si besoin est. On a conclu de ces mots, qu'il étoit inutile de confronter à un accusé les témoins qui ne faisoient point charge contre lui, de lui donner connoissance de leurs dépositions, & qu'on devoit seulement lui donner connoissance des réponses de son co-accusé, qui le concernent.

Je sais bien, & je l'ai dit plus haut, que lors de la visite du procès, l'on doit faire lecture des dépofitions qui tendent à la décharge de l'accusé. Mais il est inexact, je pourrois même dire injuste, de lui montrer seulement ce qui peut être contre lui, & de lui cacher ce qui est ou paroît être pour lui. Il y trouveroit peut-être des moyens de justification, auxquels il ne pense pas, parce que souvent la misère & la solitude du cachot ont affoibli sa mémoire & son esprit.

3°. L'ordonnance de 1670 porte : que si le témoin qui a été récolé, décède ou meurt civilement pendant l'instruction de la contumace, sa déposition subsistera, & que la confrontation littérale en sera faite à l'accusé dans la forme ordinaire. Il en est de même du testament de mort d'un criminel ; ses déclarations, après qu'il a été récolé, subsistent & sont confrontées littéralement à ceux qu'il a chargés.

Dans ces cas, la loi ne conduit-elle pas souvent au supplice un innocent qu'elle sait être dans l'impossibilité d'émouvoir, de ramener, de faire rougir, de convaincre un témoin muet & froid, & de fournir par là les moyens de se justifier ? n'est-ce pas renverser toutes les notions de la justice ? En effet, un homme cache chez vous des effets qu'il a volés, on l'arrête, il indique le lieu où l'on trouvera le vol, on vous soupçonne, on vous emprisonne, le coupable pour s'innocenter vous nomme, vous charge, il meurt, & ses réponses vous seront confrontées littéralement. D'ailleurs combien n'a-t-on pas vu de criminels charger des innocens, soit pour embarrasser & prolonger la procédure, par l'intervention d'un ou de plusieurs complices supposés ; soit pour l'intérêt de leur conservation, en rejettant sur un autre les soupçons que les circonstances fournissent ; soit enfin par férocité & scélératesse, quelquefois même par vengeance, pour faire périr un ennemi innocent dans l'ignominie & les tourmens.

CONFUSION, s. f. (*Droit civil.*) Dans le sens propre, la *confusion* est une espèce d'accession, opérée par le fait de l'homme, par laquelle deux matières liquides ou liquéfiées, sont tellement mêlées ensemble, qu'elles ne forment plus qu'un seul & même corps, dont les parties ne peuvent plus être séparées & reconnues. Elle a lieu lorsque deux pièces de vin sont été mêlées & confondues dans le même tonneau, lorsque deux lingots d'argent ont été fondus dans le même creuset, pour ne composer qu'une même masse.

La *confusion* peut être l'effet ou de la volonté des propriétaires des choses, ou de la volonté de l'un d'eux, ou du hasard ; lorsqu'elle est faite par la volonté des propriétaires, il y a bien *confusion* & mélange des matières ; mais ce n'est pas proprement la *confusion* que nous regardons comme une espèce d'accession, c'est une véritable société, contractée par les propriétaires des choses confondues, qui opère entre eux une communauté pour raison de ces mêmes objets : communauté dans laquelle chacun d'eux a un droit & une portion égaux à la quantité de matière qu'il a fournie. Il importe peu que les choses soient de pareille nature, telles que du vin,

ou de genres différens, & composent un corps nouveau, comme l'or & l'argent.

Dans le cas où la *confusion* s'est faite par le hasard, il s'établit également une communauté entre les deux propriétaires, quand bien même les matières seroient différentes, & que l'une seroit plus précieuse que l'autre. On ne peut pas dire dans ce cas que la moins précieuse est attirée par l'autre, comme dans l'accession proprement dite, & qu'elle devient une portion inhérente à l'objet le plus considérable. La raison en est que la *confusion* n'étant faite que par la nécessité & la force de la nature, aucun des deux propriétaires ne peut la revendiquer par le droit de spécification & d'accession.

Lorsqu'enfin la *confusion* est l'effet de la volonté seule de l'un des propriétaires à l'insu de l'autre, ou de l'action d'un tiers, les choses mêlées & confondues sont aussi communes entre les deux propriétaires, si elles sont de même espèce, comme du vin & du vin, parce qu'elles conservent leur première qualité, & que par la nature des choses on ne peut pas conserver autrement le droit de chacun des propriétaires. Mais si elles sont d'espèces différentes, & qu'elles constituent un corps nouveau dans la nature, par exemple lorsqu'on a fondu ensemble du cuivre & de l'étain pour en former un nouveau métal, ce dernier appartient tout entier au fondeur, par droit de spécification, sauf les dommages & intérêts du propriétaire de l'un des deux métaux, dans le cas où ils ne peuvent être séparés commodément, & remis dans leur premier état ; car si les choses ainsi confondues peuvent se séparer, chacun des propriétaires reste le maître de sa chose, & peut la revendiquer. *Inst. liv. 2, tit. 1, §. 27, L. 7, §. 9, ff. de acq. rer. dom. L. 5, §. 1, ff. de rei vindic.*

Par analogie de la *confusion* naturelle, les jurisconsultes ont donné le même nom à la réunion, dans la même personne, des droits & actions actifs & passifs, qui concernent le même objet. Ainsi il y a *confusion* quand le débiteur devient héritier du créancier, ou le créancier héritier du débiteur : lorsque le propriétaire d'un fief dominant devient le propriétaire du fief servant : lorsque le propriétaire d'une servitude, acquiert la propriété de l'héritage sujet à cette servitude. L'effet de cette *confusion* est d'opérer l'extinction des droits & actions. *L. 75, §. de solut. L. 7, C. de pact.* La raison en est que la qualité de créancier se trouvant réunie dans la même personne avec celle de débiteur, elles se détruisent mutuellement, parce qu'il est impossible qu'une personne puisse se devoir, & être obligée envers elle-même.

Il suit de ce principe que toutes les fois qu'une obligation principale s'est éteinte par la *confusion* des qualités de créancier & de débiteur, réunies dans la même personne, les obligations qui en sont accessoires, telles que la caution & l'hypothèque sont également éteintes, parce qu'elles ne peuvent subsister sans une obligation principale, dont elles font l'accessoire. Mais la *confusion* qui se fait lorsque le créancier succède à la caution, ou la caution au créancier principal, n'entraîne pas l'extinction de l'obligation principale, qui subsiste toujours indépendamment des obligations qui lui sont accessoires.

Le principe que nous venons d'établir par rapport à la *confusion*, reçoit une première exception dans la personne de l'héritier bénéficiaire, qui conserve, contre la succession qu'il a acceptée sous bénéfice d'inventaire, les droits & actions qu'il avoit contre le défunt. *Voyez* BÉNÉFICE D'INVENTAIRE.

En second lieu, lorsque l'acquéreur d'un héritage, qui y avoit un droit de servitude, de rente foncière, ou autre droit réel, en est dépouillé par le retrait seigneurial ou lignager, la *confusion* qui s'étoit faite en la personne des qualités de créancier & de débiteur, revit à l'instant de l'exécution du retrait, parce qu'il détruit l'acquisition, & que le retrayant étant censé avoir acquis lui-même, la propriété de l'héritage n'a jamais résidé dans la personne du premier acquéreur. *Voyez* RETRAIT.

Lorsqu'un fils devient en même temps héritier de ses père & mère, il se fait en sa personne une *confusion* des droits qui lui viennent du chef de sa mère, & qu'elle pouvoit être dans le cas d'exercer sur les biens de son mari, pour raison de sa dot, & autres conventions matrimoniales. Mais cette *confusion* opère-t-elle que les créanciers particuliers du père & la mère deviennent simplement les créanciers du fils, ensorte que les créanciers de la mère ne puissent demander la séparation des biens & droits de la mère, pour les exercer par privilège sur les biens paternels, qui y sont hypothéqués ?

Dans cette espèce, la *confusion* qui se fait en la personne du fils, ne regarde que lui, parce qu'il ne peut être, en qualité d'héritier de sa mère, créancier de la succession paternelle, puisqu'il seroit lui-même son débiteur en qualité d'héritier paternel. Mais comme les deux successions sont deux universalités de biens distinctes & séparées, qui quoique réunies sur la même personne, lui appartiennent néanmoins à deux titres différens, rien ne peut empêcher la séparation de ces deux successions vis-à-vis des tiers, & il ne seroit pas juste que les créanciers de la mère perdissent quelque chose de leurs droits, parce que le fils se trouveroit en même temps héritier de ses père & mère.

Dans la coutume de Normandie, l'enfant héritier de ses père & mère, ne fait pas *confusion* de l'action en reprise de la dot de la mère, & des immeubles qu'il tient de la succession de son père. S'il vient à décéder sans postérité, ses héritiers maternels sont en droit d'exercer cette action sur les propres paternels; mais comme ce droit est particulier à la province de Normandie, il est borné à son territoire, ensorte que si dans cette espèce l'enfant avoit transporté son domicile dans une coutume qui admet la *confusion* dans toute sorte de

degré, & pour toute espèce d'action indistinctement, & qu'il y fût décédé après sa majorité, les héritiers maternels ne seroient pas admis à réclamer l'action en reprise de sa dot. C'est ce qui a été jugé en la grand'chambre du parlement de Paris, le 6 mai 1769, en faveur du comte de Sennectère, contre le sieur Bredevent.

Les dispositions particulières de la coutume du Hainaut parlent d'une hypothèse dans laquelle la *confusion* n'a pas lieu. Pour en comprendre l'espèce, il faut savoir que toutes les obligations personnelles ne sont exécutoires qu'en *équivalent*, à moins qu'elles ne soient réalisées par avis de père & de mère, ou par œuvres de loi revêtues de leurs formalités. Ainsi lorsque dans un contrat de mariage il a été stipulé, que le survivant aura en propriété ou en usufruit certains immeubles, si cette obligation n'a point été réalisée, c'est une simple obligation personnelle, & les héritiers du conjoint prédécédé ne sont tenus de fournir au survivant, que l'équivalent de la propriété ou de l'usufruit.

Il résulte de cette disposition de la coutume, que cette obligation étant personnelle, est une charge de la communauté, d'où il devroit suivre que le survivant doit faire *confusion* sur lui-même d'une moitié de sa créance en équivalent, s'il accepte & partage la communauté, ou du total, si par les conventions insérées au contrat de mariage, il acquiert la propriété de tous les meubles: telles seroient les choses si on s'attachoit aux principes du droit; mais la coutume dans ce cas n'admet pas la *confusion* dans la personne du survivant, & toutes les fois que la donation en usufruit ou propriété regarde un bien disponible dans les mains du conjoint prédécédé, ses héritiers sont tenus de donner au survivant les immeubles donnés, ou leur équivalent. Cette jurisprudence est confirmée par plusieurs arrêts, dont le dernier est du 20 janvier 1773.

CONGÉ, s. m. (*Droit civil & féodal. Cod. milit. & marit. Procédure. Financ.*) ce mot signifie *décharge*, *renvoi*, & quelquefois *permission*.

CONGÉ, (*Droit civil.*) se dit en fait de louage, de la déclaration que le propriétaire ou le principal locataire d'une maison, ferme, ou autre héritage, fait à un locataire ou à un sous-locataire, fermier ou sous-fermier, qu'il ait à vuider les lieux pour le terme indiqué par ladite déclaration.

On appelle aussi *congé* la déclaration que celui qui occupe les lieux fait au propriétaire ou principal locataire, qu'il entend sortir à un tel terme.

Le *congé*, soit de la part du bailleur ou de la part du preneur, doit être donné quelque temps d'avance; & ce temps est différent, selon l'importance de la location, afin que chacun ait un délai compétent pour se pourvoir. *Voyez* BAIL, *sect.* 4.

Un *congé* donné verbalement ne suffit pas; si on l'accepte à l'amiable, il faut en faire un écrit double; si on refuse de l'accepter, il faut le faire signifier par un huissier, avec assignation devant le juge du domicile pour le voir déclarer valable pour le terme indiqué.

Quand il y a un bail par écrit, il n'est pas nécessaire de donner *congé* à la fin du bail, parce que l'expiration du bail tient lieu de *congé* : mais si le preneur continue à jouir par tacite reconduction, alors pour le faire sortir il faut un *congé*. *Voyez* RECONDUCTION.

CONGÉ, (*Droit féodal.*) est la permission que le seigneur donne à son vassal ou à son censitaire, de disposer d'un héritage qui est mouvant de lui. (*A*)

CONGÉ, (*Police, Arts & Métiers.*) se dit d'une déclaration par écrit, qu'un garçon ou compagnon est tenu de prendre du maître chez lequel il travailloit, pour justifier qu'il l'a quitté de son bon gré, & qu'il a rempli l'objet pour lequel il s'étoit engagé. Les réglemens défendent aux maîtres de recevoir un compagnon, qui n'est pas muni du *congé* de son dernier maître.

CONGÉ, (*Code militaire.*) est la permission donnée à un soldat de s'absenter du régiment, ou de quitter entièrement le service. *Voyez* le *Dictionnaire de l'art militaire.*

CONGÉ, (*Code maritime.*) est la permission ou passeport, que tout maître ou capitaine de vaisseau est tenu de prendre de l'amiral de France, quand il veut sortir du port pour aller en mer.

L'ordonnance de la marine de 1681, le réglement du premier mars 1716, & la déclaration du 24 décembre 1726, enjoignent à tous les capitaines & patrons de prendre un *congé* de l'amiral, avant de se mettre en mer, & de le faire enregistrer au greffe de l'amirauté du lieu du départ du vaisseau, à peine de confiscation du bâtiment & de son chargement.

Cette règle s'étend à tous les vaisseaux qui sortent des ports françois ou étrangers, à l'exception néanmoins de ceux qui viennent d'être déchargés dans un port, & qui en sortent pour retourner au port de leur demeure, pourvu qu'il soit situé dans le ressort de l'amirauté où la décharge a été faite.

Les François qui achètent ou font construire des bâtimens en pays étrangers, doivent en faire leur déclaration à l'amirauté la plus prochaine du lieu de leur demeure, & la réitérer après la perfection de l'achat ou de la construction, & prendre ensuite un *congé* avec soumission du retour du bâtiment dans l'un des ports du royaume ; dans le délai porté par le *congé*.

Les vaisseaux de roi, prêtés ou frétés à des particuliers, ainsi que les bâtimens marchands employés pour le service du roi, sont également soumis à la nécessité du *congé* de l'amiral, à moins que le roi ne paie & nourrisse l'équipage, & n'en nomme le capitaine. *Arrêt du conseil du 25 juillet 1702.*

Les lettres-patentes du 10 janvier 1771, exemptent de la formalité des *congés* : 1°. les patrons qui vont charger à Brouage, dans l'isle d'Oléron & ailleurs, le sel nécessaire pour la pêche de la morue : 2°. ceux qui sont obligés de relâcher dans un port par tempête ou autre nécessité.

En Bretagne il y a des *congés* particuliers, pour le cabotage de port en port dans la province. Ils durent un an, le maître d'un bâtiment, porteur de ces *congés*, peut entrer & sortir librement dans tous les ports de la province ; mais s'il charge ou décharge des marchandises dans le ressort d'une autre amirauté, il doit prendre un *congé* particulier pour s'en retourner.

Les *congés* sont au nom de l'amiral de France, signés de lui, scellés de son sceau, & contre-signés du secrétaire général de la marine. Ils doivent contenir le nom du maître du navire & du vaisseau, son port, sa charge, le lieu de son départ & de sa destination.

Il est sévèrement défendu d'employer les *congés* de l'amiral, pour faire naviguer les vaisseaux étrangers, sous pavillon françois, & de les vendre à l'étranger pour de l'argent. Outre la confiscation des vaisseaux & de leur chargement, on condamneroit aux galères ceux qui seroient convaincus d'avoir part à ce commerce, ainsi que celui qui auroit servi de capitaine de pavillon.

Les *congés* sont de deux espèces, les uns pour le fait de la marchandise, & les autres pour le fait de la guerre ; ces derniers s'appellent *commission en guerre*. Un *congé* pour marchandise, sert également en guerre & en paix ; mais si un capitaine de navire, porteur d'un simple *congé*, fait une prise, il ne peut y prétendre aucun droit. Les commissions en guerre n'autorisent pas le patron à faire le commerce ; s'il veut profiter de sa course pour commercer, il doit prendre une *commission* & un *congé*, ou que sa *commission* soit à la fois en guerre & en marchandise.

CONGÉ, (*Procédure.*) on se sert en général de ce terme, pour signifier le renvoi de la demande, & on le trouve en ce sens dans plusieurs coutumes, où il est appelé *congé de cour* ; ce qui se dit de toute juridiction, soit souveraine, soit subalterne.

L'ordonnance des eaux & forêts appelle *congé de cour*, la sentence rendue sur le procès-verbal de récolement d'une vente, par laquelle les adjudicataires sont déchargés de toute recherche pour raison de leur exportation.

Outre cette signification du mot *congé*, on emploie ce terme dans différentes acceptions, que nous allons indiquer par ordre alphabétique.

Congé d'adjuger, est un jugement portant qu'un bien saisi réellement sera vendu & adjugé par décret quarante jours après ce jugement. Lorsque les criées sont faites, & que les oppositions à fin d'annuller & de charge, s'il y en a, ont été jugées, on obtient le *congé d'adjuger* ; cela s'appelle *interposer le congé d'adjuger*, il doit être rendu contradictoirement avec la partie saisie, ou elle duement appellée. Au parlement & aux requêtes du palais on ne reçoit plus d'opposition à fin d'annuller, de distraire, ou de charge, après le *congé d'adjuger*.

Il faut que la saisie-réelle soit enregistrée un mois avant l'obtention du *congé d'adjuger* ; autrement, &

faute d'avoir fait cet enregistrement dans le temps qui vient d'être dit, un privilégié pourroit évoquer la saisie réelle aux requêtes du palais, nonobstant l'interposition du *congé d'adjuger*.

Quoique le jugement du *congé* permette d'adjuger quarante jours après, l'adjudication ne se fait que sauf quinzaine, & après cette quinzaine on accorde encore quelquefois plusieurs remises, suivant que le bien paroît porté plus ou moins à sa valeur. On peut interjetter appel du *congé d'adjuger*, & cet appel est suspensif, parce que le *congé d'adjuger* n'est pas une simple instruction, mais un jugement définitif, que les ordonnances n'ont pas mis au rang de ceux qui peuvent s'exécuter par provision.

Congé faute de conclure, est un défaut qui se donne contre l'intimé, faute par son procureur de signer l'appointement de conclusion dans un procès par écrit, dans le temps & en la manière portée par l'*art. 19 du tit. ii* de l'ordonnance de 1667.

Congé déchu de l'appel, c'est le défaut que prend l'intimé à l'audience lorsque l'appellant ne se présente pas. Le terme *congé* signifie que l'intimé est renvoyé de l'intimation ; & *déchu de l'appel*, que l'appellant est déchu de son appel ; ce qui emporte la confirmation de la sentence.

Congé faute de venir plaider, est un défaut qui se donne à l'audience au défendeur contre le demandeur qui ne comparoît pas, ni personne pour lui. Ce *congé* emporte décharge de la demande.

Congé faute de se présenter, est un acte délivré au procureur du défendeur sur le registre des présentations, contre le demandeur qui ne se présente pas dans les délais portés par l'ordonnance. *Voyez* DÉFAUT.

CONGÉ, (*Finance.*) est une permission que les commis des fermes donnent, à l'effet de pouvoir enlever des vins & autres marchandises sujetes aux droits d'aides, & les transporter d'un lieu dans un autre. *Voyez le Dictionnaire des finances.*

CONGRÉGATION, s. f. (*Droit ecclés.*) ce mot est pris dans l'usage, en divers sens. En général, il sert à désigner une assemblée de plusieurs personnes qui forment un corps, & plus particulièrement d'ecclésiastiques. On appelle encore *congrégations*, des espèces de commissions ordinairement composées de cardinaux, établies à Rome par les papes, pour veiller sur certaines parties de l'administration, soit spirituelle, soit temporelle. Nous parlerons d'abord de cette espèce de *congrégation*, & nous traiterons ensuite des *congrégations* ecclésiastiques.

Congrégations des cardinaux. On appelle ainsi, comme nous venons de le dire, les différens bureaux des cardinaux, commis par le pape, & distribués en plusieurs chambres, pour la direction de plusieurs affaires.

La première & la plus ancienne de ces *congrégations*, est celle du consistoire. Il ne faut pas la confondre avec le consistoire même ; elle est composée d'un certain nombre de cardinaux & de pré-

lats, & d'un secrétaire : elle prononce sur les oppositions aux bulles qui doivent être expédiées dans le consistoire. Il y a des avocats qui ont le droit exclusif d'y plaider ; on les appelle pour cette raison, *avocats consistoriaux.*

La seconde est celle de l'inquisition. L'abbé Fleury, dans son *Institution au droit ecclésiastique, tom. II, p. 96*, de l'édition donnée par M. Boucher d'Argis, dit que le pape Sixte V, érigeant les diverses *congrégations* de cardinaux qui subsistent à Rome, donna le premier rang à celle-ci. Il ajoute qu'elle est composée de sept cardinaux & de quelques autres officiers ; que le pape y préside toujours ; que son autorité s'étend par toute l'Italie, &, *suivant leurs prétentions*, par tout le monde. D'autres auteurs la composent de douze cardinaux ; mais il paroît que leur nombre dépend de la volonté du pape. Plusieurs prélats & des théologiens de différens ordres religieux, sont admis dans cette *congrégation* : les théologiens ont le titre de *consulteurs de l'inquisition.*

C'est dans cette *congrégation*, dit M. Boucher d'Argis, dans une note, à la page 97 du tome 2 de l'*Institution au droit ecclésiastique*, que se fait l'*index expurgatorius*, auquel on inscrit à mesure tous les livres qui sont censurés par le saint office. On doit à Paul IV l'établissement de l'*index*. Les peines qu'il imposa à ceux qui violeroient la défense de lire les livres qui y sont mis, sont extrêmement sévères ; elles consistent dans l'excommunication, la privation & incapacité de toutes charges & bénéfices, l'infamie perpétuelle, &c. Le concile de Trente fit travailler à l'*index* ; il a depuis été considérablement augmenté. Mais on ne reconnoît point en France l'autorité de la *congrégation* du saint office, comme il paroît par un arrêt du parlement de Paris, qui fut rendu en 1647, sur les conclusions de M. l'avocat-général Talon.

La troisième *congrégation* des cardinaux est celle que l'on appelle *des évêques & des réguliers. Congregatio negotiis episcoporum & regularium præposita.* Elle a jurisdiction sur les évêques & les réguliers ; elle connoît des différends qui naissent entre les évêques & leurs diocésains, & entre les supérieurs réguliers & leurs religieux. Les évêques s'y adressent, & là consultent dans les affaires délicates. Comme les fonctions de cette *congrégation* demandent une connoissance profonde de la discipline & des loix de l'église, le pape la compose des cardinaux les plus instruits dans les matières canoniques. Il n'est pas nécessaire de dire ici, qu'on ne reconnoît point en France sa jurisdiction.

La *congrégation* de l'immunité ecclésiastique est la quatrième. Elle est établie pour décider si les coupables qui se sont réfugiés dans les églises, doivent jouir de l'immunité qui y est attachée. Elle est composée de plusieurs cardinaux qui y préfident, d'un clerc de chambre, d'un auditeur de rote & d'un référendaire.

La cinquième *congrégation* eſt celle du concile. Elle a été établie pour éclaircir les difficultés qui naiſſent ſur les décrets du concile de Trente, dernier concile général. Elle n'avoit d'abord été érigée que pour les faire exécuter; Sixte V lui attribua le droit de les interpreter. Nous ne conſidérons, en France, ſes déciſions, que comme des avis ſages & des préjugés de raiſon; nous ne croyons pas qu'elles obligent, ni dans l'un, ni dans l'autre for.

La ſixième eſt celle des rits, établie par Sixte V: elle eſt chargée de régler ce qui concerne les cérémonies de l'égliſe, le bréviaire, le miſſel, d'examiner les pièces qui ſont produites pour la canoniſation des ſaints, & de décider les conteſtations qui peuvent naître ſur les droits honorifiques dans les égliſes.

La ſeptième eſt celle de la fabrique de S. Pierre. Elle connoît des legs deſtinés pour œuvres pies, dont une partie appartient à l'égliſe de S. Pierre.

La huitième, qui ne s'occupe que d'objets purement civils, a l'inſpection ſur les eaux, le cours des rivières, les ponts & chauſſées.

Il en eſt de même de la neuvième. Le cardinal Camerlingue en eſt le chef. Elle veille ſur les rues & les fontaines.

La dixième s'appelle *la conſulte*. C'eſt le conſeil du pape, elle eſt chargée de toutes les affaires qui concernent le domaine de l'égliſe.

La police générale occupe la onzième, qui s'appelle *de bono regimine*.

La douzième eſt celle *de la monnoie*. Outre la fabrication des eſpèces qui ont cours dans l'état eccléſiaſtique, elle eſt chargée de fixer le prix & la valeur des monnoies des princes étrangers.

L'examen des ſujets qui ſont nommés aux évêchés d'Italie, occupe la treizième, qui a le titre de *congrégation des évêques*.

Le cardinal doyen eſt le préſident de la quatorzième qui eſt celle des *matières conſiſtoriales*.

Celle de *propaganda fide* eſt la quinzième; elle règle tout ce qui concerne les miſſions.

Enfin, la ſeizième eſt *la congrégation des aumônes*: elle a le détail de la ſubſiſtance de Rome & de l'état de l'égliſe.

On voit par cette énumération qu'il y a pluſieurs *congrégations* de cardinaux, qui ne ſont, à proprement parler, que des tribunaux ou des bureaux civils & politiques, chargés de l'adminiſtration temporelle, des villes & provinces dont le pape eſt ſouverain. Quant à celles qui s'occupent de choſes relatives au ſpirituel & à la religion, elles ont autorité & juriſdiction dans les pays d'obéiſſance. Mais elles n'en ont point en France, comme nous l'avons déjà remarqué. Le clergé lui-même ne les reconnoît point. Dans ſon aſſemblée générale de 1675, il délibéra ſur les moyens d'arrêter les entrepriſes de la *congrégation* des cardinaux, qui donnoit des reſcrits au métropolitain ou à l'évêque

voiſin, pour ordonner les clercs refuſés par leur propre évêque.

Les cours ſéculières ne ſont pas moins attentives, à rejetter les déciſions, décrets ou reſcrits des *congrégations* des cardinaux. Elles n'ont égard qu'à ceux qui ſont émanés du pape lui-même. Toutes les fois qu'on leur en a préſenté, comme de nullité de vœux, de tranſlation de religieux, elles les ont déclarés abuſifs, ſauf, à ceux qui les avoient obtenus, à ſe pourvoir en la chancellerie, où les actes ſont expédiés ſous le nom du pape; des arrêts du parlement de Paris & du grand-conſeil que l'on trouve dans les mémoires du clergé, ſont autant de monumens authentiques de cette ſage juriſprudence.

En 1703, le procureur-général au parlement de Dijon porta la parole contre certains reſcrits émanés de la *congrégation* des réguliers. Ces reſcrits renvoyoient aux ordinaires, les ſuppliques préſentées au pape par les religieux qui demandoient à être reſtitués au ſiècle, & contenoient une commiſſion d'informer ſecrètement, ſur l'expoſé des ſuppliques, d'entendre même les ſupérieurs des monaſtères, pour envoyer enſuite ces procédures à Rome & d'y joindre leur avis, afin de juger plus ſainement, ſi le bref de diſpenſe ou de reſtitution doit être accordé ou refuſé. Par arrêt rendu en forme de réglement, le 4 août 1703, il fut fait défenſe aux évêques du reſſort & à leurs officiaux d'exécuter ces ſortes de reſcrits.

Nous ne pouvons mieux mettre ſous les yeux de nos lecteurs, l'enſemble des principes reçus en France, ſur l'autorité des *congrégations* des cardinaux, qu'en rapportant ce que diſoit le célèbre M. Talon, dans une cauſe où il s'agiſſoit d'un reſcrit émané de la *congrégation* de l'inquiſition. « Nous reconnoiſ- » ſons en France l'autorité du ſaint ſiège, la puiſ- » ſance du pape, chef de l'égliſe, père commun » de tous les chrétiens: nous lui devons toute ſorte » de reſpect & d'obéiſſance: c'eſt la croyance du » roi, fils aîné de l'égliſe, & la croyance de tous » les catholiques, qui ſont dans la véritable com- » munion; mais nous ne reconnoiſſons pas, en » France, l'autorité, la puiſſance, ni la juriſdiction » des *congrégations*, qui ſe tiennent à Rome, que » le pape peut établir comme bon lui ſemble; mais » les arrêts, les décrets de ces *congrégations* n'ont » point d'autorité ni d'exécution dans le royaume, » & lorſque dans les occaſions d'une affaire con- » tentieuſe, tels décrets ſe ſont rencontrés, comme » ès matières de diſpenſe, de nullité de vœux, » de tranſlation de religieux, la cour a déclaré » les brefs émanés de ces *congrégations* nuls & abu- » ſifs, ſauf aux parties à ſe pourvoir par les voies » ordinaires, c'eſt-à-dire à la chancellerie où les » actes ſont expédiés, en portant le nom & titre » du pape, en la perſonne duquel réſide l'autorité » légitime, & pour ce qui regarde les matières de » la doctrine & de la foi, elles ne peuvent être » terminées dans ces *congrégations*, ſinon par forme » d'avis

» d'avis & de conseil, mais non d'autorité & de
» puissance ordinaire : il est vrai que dans ces *con-*
» *grégations* se censurent les livres défendus, &
» dans icelles se fait l'*Index purgatorius*, lequel s'aug-
» mente tous les ans, & c'est-là où autrefois ont
» été censurés les arrêts rendus contre Jean Chastel,
» les œuvres de M. le président de Thou, les li-
» bertés de l'église gallicane & les autres livres qui
» concernent la conservation de la personne de
» nos rois, & l'exercice de la justice royale : de
» sorte que si les décrets de cette qualité étoient
» facilement publiés & autorisés dans le royaume,
» ce seroit introduire l'autorité de l'inquisition, parce
» que cette *congrégation* prend le titre de générale
» & universelle sur le monde chrétien, dans la-
» quelle ils prétendroient, par ce moyen, faire le
» procès aux sujets du roi, comme ils pensent le
» pouvoir faire aux livres qui leur déplaisent &
» qui sont imprimés dans le royaume : ainsi,
» nous qui parlons, ayant examiné le titre de ce
» décret émané de l'inquisition, auquel néanmoins
» on a donné le nom & l'autorité d'une bulle apos-
» tolique, nous avons pensé être obligés de le
» remarquer à la cour, & de nous en plaindre ».

Congrégations ecclésiastiques. Elles sont, ou régulières ou séculières.

Les *congrégations* régulières, sont celles qui se
forment dans un ordre religieux, par la division
d'une portion de ses membres, qui, sans cesser de
vivre sous la même règle, ont cependant des constitutions & des supérieurs particuliers. C'est pourquoi il ne faut pas confondre les ordres avec les
congrégations. L'ordre de saint Benoît, par exemple, est partagé en différentes *congrégations,* telles
que Cluny, saint Maur, saint Vannes, &c. Les
congrégations doivent leur origine aux réformes qui
ont été faites par des religieux animés d'un saint
zèle pour le rétablissement de la discipline monastique ; elles ne peuvent s'établir sans des lettres-
patentes, enregistrées dans les parlemens. Nous en
donnerons pour preuve ce qui s'est passé dans le
dernier siècle, au sujet de la *congrégation* de saint
Maur.

Quelques religieux françois de l'ordre de saint
Benoît, ayant desiré embrasser la réforme, sous
une *congrégation* particulière, comme celle du mont
Cassin & de Lorraine, s'adressèrent aux papes Grégoire XV & Urbain VIII, qui, à la prière du roi,
accordèrent des bulles pour l'érection de cette nouvelle *congrégation. Sub titulo & invocatione seu
denominatione sancti Mauri ad instar congregationis Cas-
sinensis seu sanctæ Justinæ de Padua,* avec pouvoir
d'y aggréger les monastères qui s'y voudroient soumettre, & d'élire, au moins de trois ans en trois
ans, un vicaire-général françois naturel , *ad illam
congregationem regendam & gubernandam.*

Sur ces bulles il y eut des lettres-patentes expédiées le 15 juin 1631, adressées aux cours souveraines, baillifs, sénéchaux & autres officiers des justices royales ; elles furent enregistrées, sans aucune

modification , au parlement de Bordeaux , le 3
mai 1632; de Paris, le 21 mars 1673; de Dijon,
le 13 juillet 1737; de Rennes, le 17 avril 1638;
d'Aix, le 16 décembre de la même année ; de
Rouen, le 26 janvier 1640. *Voyez* BÉNÉDICTINS.

Ces réformes ou *congrégations* nouvelles néces-
sitèrent de nouvelles loix, pour la disposition &
l'administration des bénéfices qui dépendoient des
maisons qui les avoient adoptées, & par conséquent
la jurisprudence a dû éprouver des changemens :
suivant l'ancien usage, il falloit, pour posséder un
bénéfice dépendant d'une maison , être profès de
cette maison , ou y avoir été transféré. Aujourd'hui
il suffit d'être profès de l'ordre , dont il est une
dépendance. Les religieux de ces réformes ne font
pas vœu de stabilité dans un monastère. Ils sont
plutôt les religieux d'une *congrégation* que d'un monastère, la volonté de leurs supérieurs les rend am-
bulans & les transporte dans les communautés qu'ils
jugent à propos. Ainsi un religieux de saint Maur
peut posséder un bénéfice dépendant des autres *congrégations* de l'ordre de saint Benoît. M. Piales assure
que c'est aujourd'hui une jurisprudence constante,
que lorsqu'un religieux est pourvu, en cour de
Rome, d'un bénéfice dépendant d'une *congrégation*
différente de celle où il a fait profession, il n'a
pas besoin d'autre bref de translation que des provisions même du bénéfice, dans lesquelles les officiers de la cour de Rome ne manquent pas d'insérer
une clause portant translation *de monasterio ad mo-
nasterium :* cette clause est regardée comme inutile,
elle est au nombre de celles dont on dit *vitiantur
non vitiant.*

Il paroît assez naturel que les religieux d'une
même *congrégation* puissent, sans brefs de translation , posséder les bénéfices dépendans de la *congrégation.* Il n'est pas aussi facile de voir pourquoi
on n'oblige pas les religieux à se faire transférer,
lorsque le bénéfice dépend d'une autre *congrégation.*
Dumoulin nous donne la solution de cette difficulté :
il établit , qu'avant Boniface VIII , de droit commun , tout religieux profès étoit capable de posséder tout bénéfice de son ordre ; Boniface VIII introduisit un droit nouveau par le §. *Prohibemus* du
chapitre *cum singula.* On a suivi pendant quelque
temps cette disposition en France , quoique le sexte
n'y ait point été reçu ; mais insensiblement on a
rappellé le droit commun. On y a été d'autant plus
fondé, qu'il est important que les collateurs aient
toute la liberté possible dans le choix des sujets
auxquels ils confèrent les bénéfices.

L'ordre de S. Augustin, comme celui de S. Benoît,
se divise en plusieurs *congrégations,* dont quelques-
unes portent le nom d'ordre. Les plus considérables
sont celles de Prémontré, de Ste Geneviève ou *congrégation* de France, de la Chancelade, de Bourg-
Achard, de la Trinité ou des mathurins ; celles de
Grandmont, de S. Antoine & de S. Ruf, ont été
supprimées de notre temps. Quoique les différentes
congrégations de l'ordre de S. Augustin aient moins

Bb

de rapport entr'elles, & foient dans le fait plus féparées que ne le font les *congrégations* de l'ordre de S. Benoît, cependant on voyoit tous les jours des religieux de la *congrégation* de France, requérir des cures dépendantes de l'ordre ou *congrégation* de Prémontré, & *vice verfâ* des religieux de Prémontré requérir de la *congrégation* de France, fans que l'on exigeât ni des uns ni des autres un refcrit de tranflation. Il en étoit de même des autres *congrégations*.

Mais depuis la déclaration de 1770, les chofes font changées à cet égard. Les cures dépendantes des différentes *congrégations* de l'ordre de S. Auguftin, ne peuvent plus être poffédées que par des religieux de ces mêmes *congrégations*. L'article premier de la déclaration y eft formel ; nous avons vu rendre à ce fujet un arrêt dont les circonftances font affez fingulières. La cure de Chevanne, diocèfe d'Auxerre, dépendante d'un prieuré de l'ordre de S. Auguftin, de la *congrégation* de Bourg-Achard, étant devenue vacante par mort, le prieur y nomma frère Verrier, prémontré, auquel M. l'évêque d'Auxerre refufa des provifions. Il motiva fon refus, fur ce que frère Verrier, prémontré, étoit, aux termes de la déclaration de 1770, incapable de poffeder une cure de la *congrégation* de Bourg-Achard. Frère Verrier fe pourvut devant M. l'archevêque de Sens, qui répondit comme M. l'évêque d'Auxerre, & confirma fon refus. Cependant M. l'évêque d'Auxerre conféra la cure de Chevanne à frère Bezeron, religieux de la *congrégation* de Bourg-Achard, le patron ayant confommé fon droit par la préfentation nulle de frère Verrier. Celui-ci interjetta appel comme d'abus, des refus qu'il avoit effuyés, & demanda à être autorifé à fe retirer par devant M. l'archevêque de Lyon, à l'effet d'en obtenir des provifions. Frère Bezeron fut intimé fur l'appel.

M. l'avocat-général Seguier, qui porta la parole dans cette caufe, établit que les refus de M. l'évêque d'Auxerre & de M. l'archevêque de Sens étoient abufifs, en ce que ces prélats avoient prononcé fur la nature & la qualité du bénéfice de Chevanne, en jugeant qu'il étoit une dépendance de la *congrégation* de Bourg-Achard, ce qui excédoit leurs pouvoirs, & étoit une entreprife fur la jurifdiction féculière. Mais il ajouta, que de ce qu'il y avoit abus dans ces refus, il ne s'enfuivoit pas que frère Verrier dût être autorifé à fe retirer pardevant M. l'archevêque de Lyon, & à prendre poffeffion civile de la cure de Chevanne ; parce que la collation faite en faveur de frère Bezeron étoit valide, le patron eccléfiaftique ayant confommé fon droit, par la préfentation nulle qu'il avoit faite de frère Verrier, incapable de poffeder cette cure, comme étant prémontré : en conféquence, il conclut à ce que les refus de provifions faits par M. l'évêque d'Auxerre & M. l'archevêque de Sens, fuffent déclarés abufifs, & il requit, au nom du miniftère public, que la collation faite par l'évêque d'Auxerre en faveur de frère Bezeron, fût déclarée bonne & valable, & frère Bezeron maintenu dans la poffef-

fion de la cure de Chevanne. L'arrêt du mardi 20 juin 1775 fut conforme en tout aux conclufions de M. l'avocat-général. Il fut dit y avoir abus dans les refus de l'ordinaire & du métropolitain, & la collation de M. l'évêque d'Auxerre fut déclarée bonne & valable. Il eft affez fingulier que frère Verrier ait entrepris ce procès : quel que pût être l'événement de fon appel comme d'abus ; il étoit évident, d'après la déclaration de 1770, qu'il étoit incapable de poffeder la cure de Chevanne. Il étoit donc fans intérêt. *Voyez* à l'article CURE, les déclarations & lettres-patentes concernant les Curés de l'ordre de S. Auguftin.

Le concile de Trente, *feff. 25, de reforma. ch. 8,* a ordonné que les monaftères foumis immédiatement au faint-fiège, qui ne font fous aucun chapitre général, & qui n'ont aucun vifiteur régulier, feroient obligés de fe réunir dans un an, en *congrégations* par provinces ; & faute par eux de le faire, l'évêque diocéfain exercera fur eux la jurifdiction, comme délégué du faint-fiège. *Quod fi prædicta exequi non curaverint, epifcopis, in quorum diœcefibus loca prædicta fita funt, tanquam fedis apoftolicæ delegatis, fubdantur.* Ce règlement tendoit à remédier aux abus & aux inconvéniens des exemptions. Il a été adopté par l'article 27 de l'ordonnance de Blois, « tous monaftères qui ne font fous aucun cha- » pitres généraux & qui fe prétendent fujets immé- » diatement au faint-fiège, feront tenus dans un an, » fe réduire à quelque *congrégation* de leur ordre en » ce royaume, en laquelle feront dreffés ftatuts & » commis vifitateurs.... & en cas de refus ou délai, » y fera pourvu par l'évêque ». Il ne peut donc plus y avoir parmi nous de monaftères qui ne reconnoiffe quelque fupérieur en France. La différence de cet article avec le règlement du concile de Trente, c'eft que, felon ce dernier, les évêques ne doivent exercer fur les monaftères dont il s'agit, la jurifdiction que comme délégués du faint-fiège, au lieu que, felon l'efprit de l'ordonnance, ils doivent l'avoir comme évêques, *jure fuo, proprio & ordinario.*

Les *congrégations* féculières font celles qui font compofées d'eccléfiaftiques féculiers. Nous en avons plufieurs en France, telles que l'oratoire, la doctrine chrétienne, faint Lazare, les eudiftes, les fulpiciens, &c. Nous n'entrerons point ici dans le détail de leurs conftitutions & de leur régime, nous renvoyons à chacun des articles qui leur font propres, comme pour les *congrégations* régulières.

On donne auffi quelquefois le nom de *congrégation* aux confrairies ; celles des jéfuites étoient connues fous cette dénomination. *Voyez* CONFRAIRIES. (*Article de M. l'abbé* BERTOLIO.)

CONGRÈS, f. m. (*Jurifpr.*) c'étoit une preuve juridique à laquelle on avoit recours autrefois dans les caufes de mariage, lorfqu'on en prétendoit la nullité pour fait d'impuiffance.

Cette forte de preuve, inconnue dans le droit civil auffi bien que dans le droit canonique, avoit été introduite dans les officialités vers le milieu du seizième siècle.

On en attribue l'origine à l'effronterie d'un jeune homme, lequel étant accusé d'impuissance, offrit de faire preuve du contraire en présence de chirurgiens & de matrones. L'official trop facile ayant déféré à sa demande, cette preuve, toute contraire qu'elle étoit à la pureté de nos mœurs, devint en usage dans les officialités, & fut même autorisée par les arrêts.

Cette preuve scandaleuse se faisoit en présence de chirurgiens & de matrones, nommés par l'official.

On a depuis reconnu l'indécence d'une telle preuve, & le peu de certitude même que l'on en pouvoit tirer : c'est pourquoi l'usage en fut très-sagement défendu par un arrêt du parlement du 18 février 1677, rapporté au *journal du palais. (A)*

CONGRÈS, (*Droit public.*) c'est une assemblée des ambassadeurs & plénipotentiaires de plusieurs puissances, pour traiter des affaires politiques & importantes, & sur-tout pour négocier une paix.

— Nous n'entrerons ici dans aucun détail historique sur les différens *congrès* qui ont été tenus dans l'Europe, ni dans le cérémonial que les ambassadeurs ont coutume d'y observer entre eux. Le premier de ces objets appartient à l'histoire ; nous avons parlé du second sous le mot CÉRÉMONIAL : ainsi nous nous bornerons à quelques principes généraux sur les *congrès.*

On assemble un *congrès* dans le dessein de terminer à l'amiable les différends des souverains, & pour procurer aux peuples le bien inestimable de la paix ; pour y parvenir sûrement, il faut pourvoir à la liberté, à la sûreté & à la tranquillité des plénipotentiaires. C'est pour cette raison que l'on choisit ordinairement pour le lieu du *congrès* une ville libre, ou une ville située sous la domination d'un prince neutre. Il peut y avoir quelque désavantage à traiter d'une négociation dans un lieu ennemi.

Les grands princes s'arrêtent peu néanmoins à cette considération, les rois de France ont consenti souvent à traiter en Allemagne, & les empereurs en France. Il y a eu des *congrès* à Cambrai, à Soissons, à Vienne en Autriche, à Aix-la-Chapelle. Les préliminaires de la paix, qui assure la liberté de l'Amérique septentrionale, viennent d'être signés à Paris, entre les ministres de France, d'Espagne, d'Angleterre & des Etats-Unis de l'Amérique.

On doit, autant qu'il est possible, choisir pour l'assemblée d'un *congrès*, une ville située au centre de l'Europe, non-seulement pour faciliter aux ambassadeurs le moyen de s'y rendre, sans être obligés à des voyages trop pénibles, mais encore pour la commodité des correspondances, des communications, & de l'approvisionnement des vivres.

En quelque lieu que le *congrès* soit assemblé, il doit être censé neutre pour tous les états intéressés à la paix qui se négocie. Les ministres de toutes les puissances y sont sous la protection du droit des gens ; ils doivent y jouir de la même liberté dont ils jouiroient chez eux. Le lieu du *congrès* est au milieu des armes, le temple de la paix & de la sûreté publique ; c'est par cette raison que l'Europe fut indignée de la conduite de l'empereur Léopold, qui en 1673, viola cette neutralité sacrée au *congrès* de Cologne, en faisant arrêter le prince Guillaume de Furstemberg, ministre plénipotentiaire de l'électeur de Cologne.

L'usage est néanmoins constant que les ministres députés à un *congrès* se munissent de passe-ports, soit pour n'être point inquiétés dans leur route, soit pour assurer leur tranquillité dans le lieu du *congrès.* Les parties belligérantes ont coutume d'accorder, outre les passe-ports, une sûreté générale, pour la personne des ambassadeurs & de leur suite, pour leur correspondance, les postes & leurs courriers.

Lorsqu'un *congrès* est indiqué par les soins d'une puissance neutre, qui a interposé ses bons offices, pour le rétablissement ou le maintien de la paix, ou lorsque cette puissance fait la fonction de médiateur, ses ambassadeurs, munis de pleins pouvoirs, se rendent ordinairement les premiers au lieu du *congrès* ; en qualité de médiateurs, ils président aux conférences, & tâchent de remplir avec zèle, équité, impartialité & désintéressement les fonctions de conciliateurs. Ils cherchent à rapprocher les esprits, à applanir les difficultés, à porter les paroles de paix, à imaginer des tempéramens, à proposer des expédiens, à ajuster en un mot les différends des puissances ennemies, en conciliant leurs intérêts mutuels sur un pied équitable.

L'office de médiateur ne peut avoir lieu que du consentement de toutes les hautes parties contractantes. Il est rare de nos jours, qu'on fasse choix de médiateurs, à moins que l'importance de l'objet, ou la suite des événemens ne les rendent absolument nécessaires : c'est d'ailleurs une commission très-difficile à remplir, lorsqu'on veut contenter toutes les parties.

Nous avons vu le *congrès* d'Aix-la-Chapelle en 1746, s'ouvrir, aller au succès, & procurer la paix à l'Europe, sans l'intervention d'aucun médiateur. Les deux principales puissances en guerre convinrent entr'elles de la paix, & stipulèrent en faveur de leurs alliés respectifs, des conditions si équitables, que ceux-ci n'eurent aucune peine pour y accéder.

Lorsque le *congrès* est résolu & indiqué, nonseulement les puissances qui ont un intérêt direct aux affaires qui doivent s'y traiter, nomment des ambassadeurs pour y assister de leur part, mais même toutes les puissances de l'Europe ont la liberté d'y envoyer un ministre, muni d'un plein-pouvoir, soit pour y ménager les intérêts directs ou indirects, que chacune d'elles peut avoir à la paix, soit pour se faire comprendre dans le traité, soit enfin pour empêcher qu'on n'y conclue rien qui puisse être à son désavantage.

La correspondance & la liaison qu'ont entr'eux

aujourd'hui tous les états de l'Europe, rend presque nécessaire la présence des ministres de toutes les puissances, dans les *congrès* qui terminent une guerre. Il arrive rarement que les querelles de deux souverains n'allument pas un embrâsement universel dans toute l'étendue de cette partie du monde.

Souvent il est arrivé que les plénipotentiaires assemblés en *congrès*, ont perdu des mois & des années en discussions préliminaires sur les objets frivoles du rang, des visites, de la préséance, &c. Mais dans les *congrès* modernes on a reconnu la frivolité de ces contestations; & pour les éviter, on convient, par un accord particulier, qu'on n'observera aucun cérémonial, & que les plénipotentiaires s'assembleront sans distinction de rang.

Les ambassadeurs étant tous réunis dans le lieu du *congrès*, choisissent un endroit propre pour tenir les conférences, & conviennent du jour où ils s'y rendront en cérémonie. La première conférence se passe dans la communication & l'examen des pleins-pouvoirs respectifs, en harangues & en complimens mutuels. La seconde est ordinairement destinée à former un règlement pour la police du *congrès*.

Il comprend d'abord la manière dont les plénipotentiaires viendront aux assemblées, le cortège qui les accompagnera, l'endroit où les carosses se rangeront, le passage que les cochers donneront, lorsque leurs carosses se rencontreront dans des lieux étroits, le rang que les ambassadeurs tiendront aux conférences, aux promenades, aux spectacles, &c. On établit les règles que chaque ambassadeur prescrira à ses officiers & domestiques; on fait défense aux pages, & aux gens de livrée de porter des armes à feu, des épées & des cannes. On règle la manière dont on évitera les querelles entre les domestiques des plénipotentiaires, dont on les empêchera de commettre du désordre, dont seront jugés & punis ceux qui commettront des crimes ou des insolences. On y prend en un mot toutes les précautions que les circonstances exigent, afin de prévenir les insultes & les tumultes.

Lorsque tous ces objets préalables ont été remplis, la négociation commence & on entre en matière pour les affaires essentielles. Cet objet n'est susceptible d'aucunes règles, tout dépend ici de l'art & de l'habileté du négociateur. Nous observerons seulement, à cet égard, que quoique les traités soient conclus & signés par les plénipotentiaires, ils n'ont de force qu'après qu'ils ont été ratifiés par les souverains respectifs. Ces ratifications s'envoient aux ambassadeurs dans le lieu du *congrès*, ils les échangent entre eux dans une dernière conférence, qui se termine, comme la première, en discours & en complimens mutuels.

CONGRIER, s. m. (*Jurisprudence.*) du latin *congregare*. Le droit de *congrier* est la faculté que quelqu'un a de faire une espèce de garenne à poisson dans une rivière. Le *congrier* est une enceinte formée de gros pieux enfoncés dans la rivière joints l'un près de l'autre, & sortant hors de l'eau,

Ce terme est usité en Anjou, comme il paroît par un aveu du 23 novembre 1598, où un vassal reconnoît devoir à son seigneur une certaine redevance, pour avoir droit de *congrier* en la rivière de Sartes. Il en est fait mention dans le *glossaire* de M. de Laurière; mais la note est de M. Galland. (*A*)

CONJOINT, adj. pris subst. (*terme de Pratique.*) en général, on appelle *conjoint* l'une de deux ou plusieurs personnes, qui sont jointes ensemble.

On donne cette dénomination à ceux qui ont quelque droit ou quelque titre commun, tels que des co-héritiers, des co-légataires. Ils peuvent être *conjoints* de plusieurs manières. *Voyez* ACCROISSEMENT.

Mais on se sert plus communément du nom de *conjoint*, pour signifier ceux qui sont unis par le lien du mariage.

On considère leur état avant & après le mariage.

Avant le mariage, les futurs *conjoints* peuvent se faire tels avantages qu'ils jugent à propos.

Depuis le mariage, ils n'ont plus la même liberté; dans les pays de droit écrit, ils ne peuvent s'avantager que par testament; dans la plupart des pays coutumiers, ils ne peuvent s'avantager ni entre vifs, ni à cause de mort.

On considère aussi l'état des *conjoints* par rapport à la communauté de biens, quand elle a lieu entre eux; par rapport à l'autorisation de la femme, & à la faculté d'ester en jugement; & enfin pour les reprises des *conjoints* en cas de décès de l'un d'eux. *Voyez* COMMUNAUTÉ, DOUAIRE, PRÉCIPUT, REPRISES, DONATION ENTRE CONJOINTS.

CONJURATION, s. f. (*Droit public & criminel.*) c'est le complot de plusieurs personnes mal-intentionnées contre le prince ou contre l'état. Ce crime est différent de celui de trahison, qui est un complot pour livrer à l'ennemi une place assiégée, lui donner connoissance des desseins qu'on a contre lui ou autres choses de cette nature, qui ne regardent que des objets particuliers. Il est encore différent de celui de révolte ou de rebellion, par lequel des sujets attaquent ouvertement & à main armée leurs souverains.

La plupart des *conjurations* dont l'histoire fait mention, ont eu pour motifs le desir de délivrer sa patrie de l'esclavage, de mettre sa vie à l'abri des menaces d'un tyran, de venger les outrages reçus dans ses biens ou dans son honneur: quelquefois aussi l'ambition précipite dans ce crime les audacieux mécontens du prince & de son gouvernement.

La *conjuration* est un crime de lèse-majesté au premier chef, & il est puni comme tel, chez toutes les nations réunies en société politique. *Voyez* LÈSE-MAJESTÉ.

CONJURE, s. f. & CONJUREMENT, s. m. (*termes de Coutume.*) ces deux mots sont synonymes, ils signifient la *semonce* faite par le bailli ou gouverneur, ou par fon lieutenant, aux hommes de fief ou cottiers, de venir juger d'une affaire qui eft de leur compétence. Le mot *conjure* eft en ufage dans les coutumes d'Artois, Saint-Omer, Valenciennes & autres, & celui de *conjurement*, dans celles d'Aire, de Lille & autres villes de Flandres.

Dans les premiers temps de la monarchie, les ducs & les comtes adminiftroient eux-mêmes la juftice dans les provinces foumifes à leur gouvernement; ils fe faifoient affifter d'échevins, de centeniers & autres notables habitans. Lorfque ces grandes dignités furent converties en fief & rendues héréditaires, les feigneurs fe dégoûtèrent de l'exercice pénible de la juftice, & fe donnèrent des fubftituts, fous les noms de prévôts, baillis, châtelains, &c.

Dans la plupart des provinces, ces officiers fe font mis en poffeffion de juger feuls & fans adjoints, mais il n'en a pas été de même dans les Pays-Bas. Les feigneurs de cette contrée étoient dans l'ufage de tenir deux efpèces de cours, l'une féodale, compofée de leurs hommes de fief ; la feconde cottière, compofée de leurs échevins ou hommes cottiers. Ils inftituèrent, à leur place, un bailli dans leur cour féodale, & un mayeur ou prévôt, dans leurs juftices cottières.

Ces fubftituts n'eurent pas la qualité de juge, ils ne furent que les repréfentans des feigneurs propriétaires de la juftice. Leur principal droit eft d'avoir voix excitative, & de conjurer les juges en ces termes : *voilà une telle affaire, je vous conjure d'y faire droit.* Ils fortent enfuite de la chambre de juftice, le jugement fe porte en leur abfence, mais il ne fe prononce que dans les plaids tenus devant eux, préfens les hommes de fief ou échevins.

C'eft de cette formule, dont nous venons de parler, qu'eft venu le mot *conjure*, & qu'on a dit, la *conjure* du feigneur, du bailli, du gouverneur ou de fon lieutenant ; que fans cette *conjure*, le pouvoir des hommes de fief ou cottiers eft fimplement habituel, & qu'il ne peut produire aucun effet : de forte que les jugemens & actes judiciaires rendus fans légitime *conjure* préalable, font nuls ; car c'eft la *conjure* qui imprime l'autorité de jugement à l'avis des hommes du feigneur.

Les fonctions de femoncer & de juger font tout-à-fait différentes & incompatibles, le bailli ou mayeur conjure, les hommes de fief ou cottiers jugent. Plufieurs arrêts du parlement de Flandres ordonnent aux baillis de fe borner aux fonctions de femonceurs, & leur défendent de faire aucunes fonctions de juges, foit dans l'inftruction, foit dans la décifion des procès civils ou criminels, à peine de nullité des jugemens par eux rendus, & des dépens, dommages & intérêts des parties.

Anciennement le feigneur pouvoit lui-même conjurer fes hommes. C'eft ainfi que le comte de Flandres conjura les fiens pour prendre le parti du roi d'Angleterre contre la France, & Philippe-le-Bel con-

jura fes pairs pour faire jugement contre le roi d'Angleterre.

Préfentement le feigneur ne peut pas lui-même conjurer fes hommes pour rendre la juftice ; la *conjure* doit être faite par fon bailli, ou par le lieutenant.

On pourroit auffi par le terme de *conjure* entendre l'affemblée de ceux qui ont prêté enfemble ferment de rendre la juftice : on trouve en effet, dans les loix faliques, ripuaires & autres loix anciennes, que les conjurés, *conjuratores*, font ceux qui, après avoir prêté enfemble ferment, rendoient témoignage en faveur de quelqu'un.

Cour de conjure, eft la juftice compofée d'hommes de loi conjurés pour juger. C'eft en ce fens qu'il eft dit dans la fomme rurale, *faire droit entre les parties par conjure d'hommes ou d'échevins ;* & que la coutume de Lille, *titre des plaintes à loi*, dit *femondre & conjurer de loi les hommes de fief, échevins & juges.*

Conjure fignifie auffi quelquefois, dans ces coutumes, *demande & femonce*, comme dans celle de Hainaut, *chap. 56.* Ainfi *conjurer la cour* ou le juge de la loi, c'eft former une demande devant lui. *Voyez le gloff.* de M. de Laurière, au mot *conjuré*, & Maillart en fes notes *fur le titre 1 de la coutume d'Artois.* (*A*)

CONNÉTABLE, f. m. (*Droit public.*) c'eft le nom que portoit anciennement un des grands officiers de la couronne, qui ne fubfifte plus.

Dans l'origine, le *connétable* étoit l'intendant des écuries du roi, & avoit infpection fur tout ce qui dépendoit de cet objet ; on l'appelloit *comes ftabuli*, & c'eft de-là qu'eft venu le nom de *connétable*. Il n'étoit pas plus puiffant que le chambellan & le chancelier ; peu-à-peu fa dignité devint entièrement militaire, & bientôt il fut regardé comme le général-né de toutes les armées.

Il devint alors le premier officier de la couronne, il commandoit à tous les généraux, même aux princes du fang, il gardoit l'épée du roi qu'il portoit toute nue, & dont il lui faifoit hommage. Sa charge étoit perfonnelle, & non héréditaire, & dépendoit de la nomination feule du roi. Il régloit tout ce qui avoit rapport au militaire, comme la marche des troupes, les campemens, le partage du butin, la reddition des places, &c. Il avoit droit de connoître des délits commis par les foldats, & il faifoit exercer fa jurifdiction par des prévôts.

Cette charge fut fupprimée par un édit de Louis XIII, en 1627. Au facre de nos rois, le prince nomme un des feigneurs de fa cour pour repréfenter cet ancien officier & en faire les fonctions. Son autorité & fa jurifdiction font exercées aujourd'hui par le corps des maréchaux de France, fous le nom du tribunal de la connétablie & maréchauffée de France. *Voyez* CONNÉTABLIE.

Les rois d'Angleterre ont eu également un *connétable* : cette charge y fut créée par Guillaume-le-Conquérant, elle étoit devenue héréditaire, elle fut supprimée sous le règne de Henri VIII, parce qu'elle étoit trop puissante & faisoit ombrage au roi. Depuis ce temps on crée des *connétables* par occasion, pour des causes importantes, & on les supprime après la décision de la cause.

La fonction du *connétable* consistoit à connoître & à juger des faits d'armes & des matières de guerre. C'étoit à sa cour & à celle des maréchaux, qu'appartenoit la connoissance des contrats, & des faits d'armes hors du royaume, & des combats & des armoiries au dedans.

Edouard I, dans la treizième année de son règne, créa par une ordonnance de Winchester, d'après ces *connétables* qui avoient été si puissans, d'autres *connétables* inférieurs, que l'on a appellés depuis *connétables des cantons*, en il établit deux dans chaque canton, pour la conservation de la paix & la revision des armes. On les appelle aujourd'hui *principaux connétables*, parce que dans la suite des temps, l'augmentation du peuple & des affaires a occasionné d'en établir dans chaque ville, d'autres avec une autorité inférieure, & on les nomme *petits connétables*, *sub-constabularii*. La nomination du petit *connétable* appartient aux seigneurs, *jure feudi*.

Il y a encore d'autres officiers, qui portent, en Angleterre, le nom de *connétables*, à raison des places qu'ils occupent & auxquelles ce titre est attaché. Tels sont les gouverneurs de plusieurs châteaux & maisons royales. Leur charge est la même que celle des châtelains ou gouverneurs.

CONNÉTABLIE, s. f. ET MARÉCHAUSSÉE DE FRANCE, (*Jurisprudence.*) est la jurisdiction du connétable & des maréchaux de France sur les gens de guerre, & sur tout ce qui a rapport à la guerre directement ou indirectement, tant en matière civile que criminelle.

On l'appelle *connétablie & maréchaussée*, parce que quand il y avoit un connétable, cet officier & les maréchaux de France ne faisoient qu'un corps dont le connétable étoit le chef, & rendoit avec eux la justice dans cette jurisdiction.

Depuis la suppression de l'office de connétable, cette jurisdiction a cependant toujours retenu le nom de *connétablie*, & est demeurée aux maréchaux de France, dont le premier, qui représente le connétable pour tout le corps des maréchaux de France, est le chef de cette jurisdiction.

Elle est la première des trois jurisdictions qui sont comprises & dénommées sous le titre général de *siège de la table de marbre du palais à Paris*; savoir la connétablie, l'amirauté & les eaux & forêts. Leur dénomination commune vient de ce qu'autrefois ces jurisdictions tenoient leurs séances sur la table de marbre, qui étoit en la grand'salle du palais, & qui fut détruite lors de l'incendie arrivé en 1618.

Cette jurisdiction a aussi le titre de *justice militaire*.

On tenta, en 1602, d'établir une *connétablie* à Rouen; mais ce projet n'ayant pas eu lieu, la con-

nétablie est la seule jurisdiction de son espèce pour toute l'étendue du royaume.

L'établissement de la *connétablie* paroît être aussi ancien que celui du connétable, qui remonte jusqu'aux premiers temps de la monarchie. Les grands officiers de la couronne avoient chacun une jurisdiction pour ce qui étoit de leur ressort: ainsi il est probable que le connétable, ayant été décoré du titre d'*officier de la couronne*, & étant ensuite devenu le premier des officiers militaires, exerça dès-lors une jurisdiction sur ceux qui étoient soumis à son commandement.

On ne trouve point d'ordonnance qui ait institué cette jurisdiction: mais, dans un mémoire dressé dans ce siège en 1655, il est dit qu'il subsistoit depuis 400 ans, ce qui feroit remonter son institution jusqu'en 1255. Miraulmont dit qu'anciennement elle s'exerçoit à la suite de nos rois; que le connétable & les maréchaux de France avoient des prévôts qui avoient jurisdiction criminelle au camp & durant la guerre, & en temps de paix, sur les vagabonds & non-domiciliés; qu'ils connoissoient des matières de leur compétence à la suite du camp & armée, & des connétable & maréchaux de France; mais que depuis l'établissement du parlement à Paris, cette jurisdiction fut fixée au siège de la table de marbre.

Le plus ancien vestige que l'on trouve dans le siège de son ancienneté est une sentence du 9 février 1316, dont l'appel fut porté au parlement; & un arrêt de cette cour, du 22 janvier 1361, qui, sur l'appel d'une sentence du même siège, la qualifie *sentence de l'audience de la cour des maréchaux*, qui probablement étoit la même jurisdiction que la *connétablie*. —

Miraulmont rapporte que Charles V ordonna le 13 décembre 1374, que les assignations devant les maréchaux de France se feroient pour comparoir en la ville de Paris & non ailleurs; que les ajournemens seroit libellés & non royaux, & faits par les sergens royaux des lieux, & non par aucun commis-sergent ou officier des maréchaux: ce qui se fit, dit-il, afin d'établir la jurisdiction des connétable & maréchaux de France, au palais à Paris.

Les connétables, & depuis eux les maréchaux de France tenoient autrefois cette jurisdiction en fief du roi, comme un domaine de la couronne, dont la propriété appartenoit au roi, & qui leur avoit été inféodée à cause de leurs offices; ils en faisoient hommage lors de leur prestation de serment. On en voit des exemples dans le Feron, en 1424, 1631, 1637 & 1655; mais depuis ce temps cette jurisdiction est devenue royale, & les officiers ont le titre de *conseillers du roi*.

Cette jurisdiction étoit d'abord ambulatoire à la suite du connétable près de la personne du roi, & ne fut rendue sédentaire à Paris que vers le temps où le parlement y fut fixé. Dans cette ville, le siège se tenoit, en 1543, au-dessus de l'auditoire du bailliage du palais. Il fut transféré en 1549 aux

Auguſtins, & en 1590 à Tours, puis rétabli à Paris en 1594; en 1671 il fut placé, où il eſt préſentement, dans la galerie des priſonniers; & depuis le 22 ſeptembre 1741 juſqu'au milieu d'avril 1742, il ſe tint, par emprunt, dans la chambre des eaux & forêts, pendant qu'on travailloit à la galerie des priſonniers.

Comme les officiers de la couronne avoient anciennement le droit d'établir tels officiers qu'ils jugeoient à propos, pour exercer ſous eux & en leur nom les mêmes fonctions dont ils étoient chargés, le connétable & les maréchaux de France ne pouvant vaquer continuellement à l'expédition de la juſtice, à cauſe de leurs occupations militaires, ils inſtituèrent un lieutenant-général & un procureur-d'office, pour juger conjointement avec eux, & juger ſeuls, en leur abſence, les affaires qui ſont portées à ce tribunal. L'établiſſement d'un lieutenant-particulier dans ce ſiège, réſulte de la création des lieutenans-particuliers, faite en 1581 dans tous les ſièges royaux.

La connétablie eſt compoſée préſentement d'un lieutenant-général, un lieutenant-particulier, un procureur du roi; il y avoit auſſi un office d'avocat du roi, dont maître Simon le Norman étoit pourvu en 1562, & par le décès duquel il fut uni à celui de procureur du roi, ſuivant des lettres du 8 juillet 1563; un greffier en chef, un commis-greffier, trois huiſſiers-audienciers, & un très-grand nombre d'autres huiſſiers de la connétablie qui ſont répandus dans les bailliages du royaume pour le ſervice de la connétablie, & compris ſous les différentes dénominations d'huiſſiers, archers, archers-huiſſiers, archers-gardes, huiſſiers-ſergens royaux & d'armes, leſquels jouiſſent de pluſieurs privilèges, notamment du droit d'exploiter par tout le royaume : ils ſont juſticiables de la connétablie pour leur ſervice, & fonctions de leur charge.

Les maréchaux de France ſont les préſidens de cette juriſdiction, & y viennent quand ils le jugent à propos; ils y viennent ordinairement en corps, habillés comme les ducs & pairs en petit manteau, & avec des chapeaux ornés de plume, le premier maréchal de France étant accompagné des gardes de la connétablie, avec deux trompettes à la tête, qui ſonnent juſqu'à la porte de l'auditoire; & en ſortant de l'audience ils ſont reconduits dans le même ordre & avec la même pompe.

Le lieutenant-général va prendre les opinions des maréchaux de France, qui, en matières ſommaires, opinent aſſis, mais découverts & en s'inclinant. Si c'eſt une affaire de diſcuſſion, les maréchaux de France ſe réuniſſent près du doyen, & donnent leur avis debout & découverts. Le lieutenant-général a ſeul la parole & prononce.

En l'abſence des maréchaux de France, c'eſt lui qui préſide. Il a en outre pluſieurs autres droits curieux par leur ancienneté, & qui ont été cédés à cet officier par le maréchal de France, auquel ils appartenoient à cauſe de ſon office; entre autres une redevance due par les habitans d'Argenteuil, pour les iſles dites de la maréchauſſée, ſituées vis-à-d'Argenteuil : cette redevance conſiſte, de la part des habitans, à venir faire la foi & hommage à chaque nouveau lieutenant-général; à venir tous les ans la veille de la Pentecôte, par eux ou par leurs ſyndics ou marguilliers, inviter le lieutenant-général à ſe trouver à la fête du lieu, qui eſt ordinairement le lundi de la Pentecôte. Lorſque le lieutenant-général accepte d'y aller, ils doivent venir au devant de lui juſqu'à l'entrée de l'iſle, & le recevoir avec tous les honneurs convenables; lui payer trois ſous pariſis de cens, quarante ſous tournois d'argent, & lui donner à dîner & à ſa compagnie. Le lieutenant-général s'y tranſporta, en 1525, avec ſon greffier & un huiſſier, accompagné du prévôt à la ſuite du maréchal d'Aubigny, aſſiſté de ſes archers & de deux notaires au châtelet. Les marguilliers vinrent au-devant de lui avec les hautbois & autres inſtrumens : ils lui offrirent, au nom des habitans, du pain, du vin, & une tarte, les trois ſous de cens, & à dîner; ce qu'il accepta. Mais par arrêt du parlement du 15 juin 1624, ce dîner a été évalué à cinquante ſous tournois, au moyen de quoi la redevance en argent eſt préſentement de quatre livres dix ſous, outre les trois ſous de cens.

Les habitans de Nanterre doivent auſſi une redevance, au lieutenant-général, pour l'iſle de la maréchauſſée ſituée dans ce lieu. La redevance étoit d'un denier de cens, & en outre d'un pain blanc de la largeur d'un fer-à-cheval. Ce pain a été depuis converti en neuf ſous pariſis d'argent, enſuite évalué à ſeize ſous pariſis, & un agheau gras, &. enfin, en 1603, arbitré à quarante ſous tournois.

Il a encore un droit, appellé ceinture de la reine, à prendre ſous le pont de Neuilly, qui conſiſte à prendre ſur tous les bateaux montans ou deſcendans ſous le pont de Neuilly, depuis la veille de la Notre-Dame de mars juſqu'à la S. Jean-Baptiſte, dix-huit deniers pariſis pour chaque bateau chargé, & douze deniers pariſis pour chaque bateau vuide, & un droit de neuvage de trois ſous pariſis ſur chaque bateau neuf, ſous peine de confiſcation des bateaux & d'amende arbitraire.

C'eſt lui qui a la garde du ſceau du premier maréchal de France, dont on ſe ſert pour ſceller toutes les expéditions de ce ſiège. Ce ſceau, qui contient les armoiries du connétable, & au-deſſous, celles du premier maréchal; leur a été accordé par nos rois; comme on voit par des lettres de Charles IX. du 6 décembre 1568; il change à l'avénement de chaque maréchal de France : l'empreinte des armes du connétable eſt néanmoins toujours la même; mais l'écuſſon des armes du doyen des maréchaux de France, qui eſt au-deſſous des armes du connétable, change à chaque mutation de doyen; c'eſt pourquoi chaque doyen donne un nouveau ſceau. Le privilège de ce ſceau eſt d'être exécutoire par tout le royaume, ſans viſa ni pareatis.

Dans tous les cas qui font de la compétence de ce tribunal, les attributions du scel du châtelet de Paris n'ont pas lieu, non plus que le privilège de *committimus*.

Cette jurisdiction est sous le ressort immédiat du parlement; elle juge définitivement & sans appel, jusqu'à la somme de cent livres en matière sommaire; & sans préjudice de l'appel, mais par provision, jusqu'à celle de mille livres.

On y suit le style des requêtes du palais, & les procureurs au parlement y postulent.

Comme il n'y a que deux juges dans ce siège, dans les procès criminels on y appelle pour conseil un troisième gradué; & depuis long-temps le lieutenant-général, ou en son absence celui qui préside, sont dans l'usage d'inviter pour cet effet un ou plusieurs avocats du parlement. Lorsqu'on y condamne à mort un coupable, il est conduit au lieu de l'exécution par le lieutenant-général, assisté de son greffier, & d'un nombre suffisant d'archers.

A l'égard des affaires civiles, il y en a quelques-unes d'une nature particulière où le lieutenant-général invite, en tel nombre qu'il juge à propos, les commissaires, contrôleurs, & trésoriers des guerres, lesquels en ce cas y ont séance & voix délibérative, dans les contestations entre les trésoriers & leurs commis. Les commissaires des guerres s'y assemblent en outre les premiers lundis de chaque mois, pour y délibérer des affaires de leur compagnie.

On y a quelquefois appelé des maîtres des comptes, lorsqu'il s'agissoit de finance.

Des maîtres des requêtes y ont aussi assisté quelquefois pour différens objets, en vertu de mandemens & de lettres de jussion à eux adressés.

Le prévôt de la *connétablie* y a séance & voix délibérative, dans toutes sortes d'affaires, après le lieutenant-particulier. Pour ce qui est de ses lieutenans, & des autres prévôts & lieutenans des maréchaux de France, ils n'ont de séance que sur les bas-sièges, & quant à la voix délibérative, ils ne l'ont que quand ils apportent des procès prévôtaux à juger.

La *connétablie* connoît premièrement de tous excès, dommages, crimes, & délits commis par les gens de guerre, à pied ou à cheval, au camp, en garnison, en y allant ou revenant, ou tenant les champs; des excès & violences qui peuvent leur être faits; des infractions de sauve-garde, & des gardes enfreintes; logement des gens de guerre sans commission & sans route, ou qui se font dans les maisons des exempts & des privilégiés; & de tous crimes & délits commis à l'occasion des faits dont on vient de parler.

2°. Elle connoît de tous procès & différends procédans du fait de la guerre & gendarmerie, comme des rançons, butins, prisonniers de guerre, espions, proditeurs, transfuges, déserteurs, enrôlemens forcés, destitution & cassation de gens de guerre; de la reddition des villes, châteaux & forteresses ren-

dus aux ennemis du roi, par faute & malversation; des gentilshommes sujets au ban & arrière-ban; des actions & poursuites qui en peuvent être faites; & des appellations interjettées des maires & échevins, sur le fait de la milice, guet, & garde des bourgeois & habitans; des délits & différends survenus entre eux, ou autres particuliers, dans les corps-de-garde desdites villes; & de tous cas & crimes commis par gens étant sous les armes; comme aussi de l'appel des sentences rendues par les prévôts des compagnies bourgeoises d'arquebusiers, fusiliers, & chevaliers de la flèche ou de l'arc.

C'est à cause de ce ressort d'appel, & de la supériorité que la *connétablie* a sur toute la maréchaussée & gendarmerie de France, qu'il y a deux degrés ou marches pour monter au siège sur lequel s'asseient les juges de la *connétablie*.

3°. Elle connoît des actions personnelles que les gens de guerre peuvent avoir en vertu de contrats, cédules, promesses, obligations faites entre eux ou autres personnes, pour prêt de deniers, vente de vivres, armes, chevaux, ou autres munitions & équipages de guerre, en demandant, ou défendant, ou intervenant, nonobstant les privilèges de *committimus* aux requêtes, & attributions du scel du châtelet.

4°. Des montres & revues, paiement de gages, soldes, appointemens, taxations, droits de paie & de registres, & autres droits prétendus par les gens de guerre à pied ou à cheval, mortes-paies, prévôts, vice-baillifs, vice-sénéchaux, lieutenans-criminels de robe-courte, chevaliers du guet, leurs officiers & archers, commissaires & contrôleurs des guerres, trésoriers-payeurs, hérauts-d'armes, capitaines & conducteurs des charrois, munitionnaires, & autres officiers de la gendarmerie & des guerres, & des poursuites qui se peuvent faire contre les trésoriers généraux de l'ordinaire & extraordinaire des guerres; cavalerie légère, artillerie, payeurs, receveurs, ou leurs commis; du prêt fait aux armées, réponses, obligations faites au camp ou en garnison; les commissaires des guerres, contrôleurs, trésoriers & payeurs, sont tenus, deux mois après l'expédition de leurs lettres de provision, de les faire enregistrer au greffe de la *connétablie*; ce qui ne se fait qu'après information de vie & mœurs: les payeurs sont aussi obligés d'y faire enregistrer les actes de provision de leurs cautions, deux mois après leur réception.

5°. Elle connoît encore des différends qui surviennent à l'occasion des comptes, assignations, mandemens, rescriptions, récépissés, ordonnances, billets & lettres-de-change que les trésoriers des guerres, payeurs, leurs clercs & commis, se donnent les uns aux autres, pour le fait de leurs charges, commissions, maniemens, & entremises; des abus & malversations que ces officiers pourroient commettre en leurs offices & commissions; des procès

procès & différends des commissaires des guerres, contrôleurs & tréforiers payeurs & leur commis, capitaines & conducteurs des charrois & artillerie, munitionnaires, & autres officiers de
guerre ; & ce nonobftant tout *committimus*.

6°. Des actions qui peuvent être intentées pour
l'exécution ou explication des traités faits pour les
offices de prévôts, vice-baillis, vice-fénéchaux,
lieutenans-criminels de robe-courte, chevaliers du
guet, leurs officiers & archers ; & des commiffaires, contrôleurs, tréforiers des guerres & payeurs,
& autres officiers de milice ; vente de tous offices
de gendarmerie par autorité de juftice ; des décrets
interpofés fur les biens des condamnés par jugement prévôtal ; procès & différends qui peuvent
naître à caufe des armes & blafons des familles
nobles.

7°. Des caufes & actions perfonnelles des domeftiques des connétables & maréchaux de France,
maîtres armuriers-arquebufiers, fourbiffeurs, s'agif-
fant du fait d'armes & de leur négoce, vente &
achat entre eux & les particuliers, pour le fait des
marchandifes de contrebande ; & encore les marchands tailleurs & artifans qui fourniffent aux gens
de guerre les fayes, cafaques, & habits d'ordonnance, & autres chofes pour le fait de la guerre.

8°. Les maréchaux de France, ou leur lieutenant-
général en la *connétablie*, connoiffent par prévention de tous crimes & cas prévôtaux, lefquels font
jugés en la *connétablie* au nombre porté par les ordonnances, qui doit être rempli en appellant des
avocats ou autres gradués ; même de tous autres
délits & contre toutes fortes de perfonnes, fauf à
en faire le renvoi, s'il eft requis, après l'information & le décret exécuté ; comme auffi des contraventions faites aux édits de fa majefté, fur le fait
des duels & rencontres, contre toutes perfonnes &
en tous lieux ; des contraventions aux ordonnances
touchant le port d'armes ; & de tous crimes ordinaires royaux commis hors les villes clofes où il
y a bailliage & fénéchauffée ; & ce par prévention
& à la charge de l'appel.

9°. Les prévôts des maréchaux, tant généraux,
provinciaux, que particuliers, vice-baillis, vice-
fénéchaux, lieutenans-criminels de robe-courte,
chevaliers du guet, leurs lieutenans, affeffeurs,
procureurs du roi, greffiers, commiffaires & contrôleurs à faire les montres, tréforiers de la folde,
receveurs & payeurs de leur compagnie, doivent
être reçus en la *connétablie* après information de
vie & mœurs, & les oppofitions à leur réception
doivent y être jugées.

10°. Elle connoît auffi des fautes & délits des
prévôts des maréchaux, vice-baillis, vice-fénéchaux, leurs lieutenans, affeffeurs, lieutenans-criminels de robe-courte, chevaliers du guet, officiers & archers de leur compagnie, en l'exercice
de leurs charges & commiffions, des excès & rébellions à eux faites, & à ceux par eux appellés
en aide ; des réglemens faits entre eux pour leurs

Jurifprudence.   *Tome III.*

états ; des procès qui furviennent entre eux pour
raifon de leurs fonctions ; des provifions, nominations, deftitutions ou fufpenfions de leurs archers,
taxe de leur falaire & vacations, des montres,
police & difcipline de leur compagnie ; des appellations interjettées defdits prévôts ; favoir, en matière criminelle, par ceux qui ne font pas de leur
gibier, ou en cas de déni de juftice ; & en matière
civile, des deftitutions, fufpenfions ou interdictions
par eux faites de leurs officiers & archers, taxes
de leurs falaires & vacations.

Une ordonnance du 19 avril 1760 enjoint aux
commandans des brigades de maréchauffées, de remettre, aux greffes de leurs départemens, les
procès-verbaux d'excès commis envers eux ou leurs
cavaliers dans leurs fonctions, pour être envoyés, à
la diligence des fubftituts, au procureur du roi de
la *connétablie*.

Enfin, elle connoît de toutes lettres d'abolition,
pardon & innocence, qui s'obtiennent pour les
délits faits par les gens de guerre & par les officiers
ci-deffus dénommés, ou autres perfonnes qui fe
trouvent prévenues de quelqu'un des délits exprimés
ci-devant.

Cependant, lorfque les officiers & foldats commettent quelques délits ou excès contre les habitans des villes & des campagnes, foit dans leurs
marches, foit dans les garnifons, le lieutenant criminel des lieux en peut connoître par prévention,
ainfi qu'il réfulte de l'article 43 de l'ordonnance de
1665, & d'une lettre de M. le Chancelier d'Agueffeau, du 30 juin 1742, écrite au lieutenant-criminel d'Autun, & au lieutenant-général de la *connétablie*, à raifon d'un conflit de jurifdiction, élevé
entre eux fur des excès commis à Autun par des
officiers de recrues.

Les juges ordinaires peuvent connoître auffi d'une
rébellion faite contre les cavaliers de maréchauffée
lorfqu'ils prêtent main-forte à des huiffiers, porteurs d'un mandement de juftice, parce que ces
rébellions font incidentes au procès, & que l'ordonnance de 1670, *tit. 1*, *art. 20*, en attribue la
connoiffance aux juges qui ont donné le mandement.

Outre la jurifdiction que MM. les maréchaux ont
à la table de marbre, on tient encore, chez le
plus ancien d'entre eux, un tribunal différent de
la *connétablie*. Ils y connoiffent, par eux-mêmes &
fans appel, des différends qui naiffent entre les
gentilshommes, & autres, faifant profeffion des
armes, pour raifon du point d'honneur. Les requêtes
font remifes par le fecrétaire du tribunal, & rapportées par un maître des requêtes. Pour l'exercice
de cette jurifdiction, MM. les maréchaux ont, dans
chaque bailliage & fénéchauffée, un lieutenant,
dont les compagnies de maréchauffée font tenues
d'exécuter les ordres. *Voyez* BILLET D'HONNEUR,
LIEUTENANT, MARÉCHAL DE FRANCE.

La coutume de Boulonnois donnoit le nom de
connétablie, au titre de capitaine ou gouverneur du

Cc

pays. Celui qui en étoit revêtu en faisoit hommage au roi, & la tenoit en pairie du comté de Boulonnois. Il devoit cent sous parisis de relief, & le tiers de chambellage.

CONNEXITÉ ou CONNEXION, s. f. (*terme de Palais.*) c'est le rapport ou la liaison qui se trouvent entre plusieurs affaires qui peuvent, qui même demandent à être décidées par un seul & même jugement.

Lorsqu'il y a *connexité* entre deux affaires, & qu'elles sont portées dans deux tribunaux différens, on obtient le renvoi de la cause incidente, pardevant le juge de l'affaire principale, ou on se pourvoit pardevant le juge supérieur, pour la faire évoquer devant lui.

C'est aussi à cause de la *connexité* des affaires, qu'en cause d'appel on demande l'évocation du principal, lorsque le tout peut être facilement terminé par le même jugement.

CONNOISSEMENT, s. m. (*Code marit.*) c'est un acte ou reconnoissance, sous signature privée, qui contient la déclaration des marchandises qui sont chargées sur un vaisseau; le nom de celui qui les a chargées, de celui auquel elles sont adressées, le lieu de leur destination; & une soumission de les y conduire.

Cet acte est, par rapport aux voyages de long cours, la même chose que les lettres de voiture dont on se sert dans le commerce de terre, & dans le petit cabotage, pour constater les marchandises remises à un voiturier, ou à un patron, pour être transportées d'un endroit dans un autre.

On se sert, pour la navigation de l'Océan, du terme de *connoissement* pour signifier cette espèce de lettre de voiture, & pour celle de la Méditerranée, de celui de *police de chargement. Voyez* AFFRÉTEMENT, CHARTE-PARTIE.

Nous ajouterons seulement que, dans les vingt-quatre heures du chargement, les marchands doivent présenter au maître du navire les *connoissemens* pour les signer, & lui fournir les acquits de leurs marchandises, à peine de payer l'intérêt du retard. De même lorsque le vaisseau est arrivé à sa destination, & les marchandises livrées à ceux à qui elles sont adressées, eux, leurs facteurs ou commissionnaires sont tenus d'en donner un reçu au maître qui le demande, à peine de tous dépens, dommages & intérêts, même de ceux du retard.

Lorsqu'il se trouve des différences entre les diverses copies d'un *connoissement*, celle qui est entre les mains du maître fait foi, si elle est écrite de la main du marchand ou de son commissionnaire : & on s'en rapporte à celle qui est entre les mains du marchand, lorsqu'elle est l'ouvrage du maître ou de son écrivain.

A défaut de *connoissement*, l'attestation du capitaine & des principaux de l'équipage doit en tenir lieu; & s'ils étoient péris dans un naufrage, celles des autres personnes de l'équipage qui se sont sauvées.

Lorsque les gens de l'équipage ou des passagers, chargent, en pays étranger, des marchandises, qu'ils font assurer en France, ils sont obligés de laisser une copie du *connoissement* qu'ils se font donner au consul de la nation françoise, &, à son défaut, à un notable marchand de la nation ; l'ordonnance de la marine exige cette formalité, pour éviter la fraude & la collusion, qui pourroient se pratiquer entre les personnes & le capitaine, & empêcher, en cas de prise ou de naufrage, qu'ils ne présentent aux assureurs un faux *connoissement*, qui contiendroit une plus grande quantité de marchandises, que celle dont le chargement étoit effectivement composé.

CONQUE, s. f. (*terme de Coutume.*) c'est une mesure en usage dans le pays de Bayonne, pour les bleds, les farines & autres grains. Il en est fait mention dans les titres 22 & 23 de la coutume : elle doit contenir, en bled ou farine, le poids de cinquante-quatre livres, la demi-*conque* & le quart en proportion. Le droit des meûniers y est fixé pour la mouture des grains à la dix-huitième partie, ensorte que la coutume les oblige de rendre d'une *conque* de bled cinquante & une livres de farine, sans le poids du sac.

CONQUÊT, s. m. (*Droit coutumier.*) dans la signification la plus étendue, on appelle *conquêt* tout bien acquis en commun par plusieurs personnes. Ainsi, dans les coutumes où les communautés & sociétés taisibles ont lieu, telles que celles de Bourgogne, Poitou, Nivernois, &c. les biens acquis par les compersonniers conjointement, ou par l'un d'eux pour le compte de la société, sont de véritables *conquêts*.

Mais on entend plus ordinairement par ce mot, les acquisitions faites par le mari & la femme conjointement ou séparément, pendant la durée de la communauté conjugale ; & c'est dans cette acception particulière que nous allons en parler.

Nous avons établi ci-dessus au mot ACQUÊT, la différence qui se trouve entre ce terme & celui de *conquêt*, qui tous les deux sont opposés au mot *propre*, & constituent une espèce de biens différente.

Comme il y a souvent lieu à la question, si un héritage ou autre immeuble est *conquêt* ou propre de communauté, nous allons établir quelques règles, d'après lesquelles il sera facile de distinguer les *conquêts* d'avec les propres.

Première règle. Il n'y a que les acquêts, qui puissent être *conquêts* de la communauté conjugale, tous les immeubles qui sont propres de succession, sont également propres de communauté, quoique les choses qui sont propres de communauté, ne soient pas toujours propres de succession. *Voyez* PROPRE.

1°. Il suit de ce principe que tous les héritages qui adviennent à un conjoint, à titre de succession d'un parent soit en ligne directe, soit en ligne collatérale, étant des propres de succession, sont également propres de communauté, & ne sont jamais réputés *conquêts*.

Il en est de même des offices, & des rentes dans les coutumes qui réputent ces derniers immeubles; mais si, par la coutume du lieu, elles sont mises au rang des meubles, elles deviennent *conquêts de communauté*, quand bien même celui qui en hérite seroit domicilié dans une coutume qui les déclare immeubles.

Il n'est pas nécessaire pour qu'un héritage soit propre de communauté, que celui à qui le conjoint a succédé, l'ait possédé à titre de propre; il n'est pas même nécessaire qu'il en ait été pleinement propriétaire, il suffit qu'il se soit trouvé dans les effets de sa succession. Ce qui est si vrai, que si un tiers en avoit prétendu la propriété, & avoit formé contre le conjoint héritier la demande en révendication, l'héritage seroit toujours censé propre de communauté, quand bien même le conjoint auroit transigé & payé une somme d'argent au demandeur. Il est simplement tenu, dans ce cas, d'indemniser la communauté, lors de sa dissolution, des deniers qu'il a employés pour assoupir le procès.

Un héritage n'est point aussi *conquêt* de communauté, lorsque des conjoints le possède en vertu d'une possession ou d'un droit auxquels il a succédé. Ainsi un héritage vendu au défunt, par celui qui n'en étoit pas le propriétaire, ou par un mineur, est propre de communauté, quoique la vente n'ait été ratifiée qu'après la mort de l'acquéreur, soit par le propriétaire, soit par le mineur. Il en est de même & j'ai trouvé dans la succession d'un parent un droit qui lui étoit acquis sur un héritage, en vertu duquel je me le suis fait livrer, parce que le droit à une chose, est censée, par l'effet du droit & de l'événement, la chose même, suivant cette règle de droit: *qui actionem habet, ipsam rem habere videtur, l. 15, ff. de R. j.*

Mais il faut observer que cette décision n'a lieu que dans le cas où le droit auquel j'ai succédé, a été la cause prochaine & immédiate de mon acquisition, comme dans le cas d'un réméré apposé dans un contrat de vente fait par le défunt, ou d'un immeuble qu'il auroit acquis, & qui ne lui auroit pas été livré, &c. Il en seroit autrement si le droit, auquel j'ai succédé, n'en a été qu'une cause éloignée. Ainsi celui qui succède à une seigneurie ne peut mettre au rang des propres de communauté ce qu'il acquiert par retrait féodal ou censuel, par confiscation ou déshérence. La raison en est que le droit de directe n'est pas la cause prochaine & immédiate de l'acquisition; mais la vente faite à un étranger qui donne ouverture au retrait féodal, & la mort ou la condamnation qui la donnent à la confiscation ou au droit de déshérence, lesquels droits sont des fruits civils de la seigneurie, qui les produit de la même manière que la terre produit les fruits naturels.

Il en est autrement de la réunion du fief servant au fief dominant, pour cause de désaveu ou de félonie de la part du vassal: ces acquisitions suivent la nature du fief, parce qu'elles sont moins une ac-

quisition qu'une reversion, qui se fait par l'extinction de la féodalité.

C'est par cette raison que, dans la coutume de Bretagne, les héritages réunis au fief dominant, par le droit de déshérence particulier à cette province, sont propres de communauté, lorsque le fief dominant étoit également propre. *Voyez* DÉSHÉRENCE, (*Coutume*).

2°. Les héritages & les autres immeubles donnés & légués à un enfant par ses père & mère ou autres ascendans, étant propres de succession, sont aussi propres de communauté, quand même le don ou le legs auroient été faits pendant la communauté; ce qui a lieu dans le cas 1°. où l'enfant auroit depuis renoncé à la succession du donateur; 2°. où les héritages donnés excéderoient sa portion héréditaire; 3°. où il ne seroit pas l'héritier présomptif du donateur; 4°. où l'héritage ne passeroit pas directement du père au fils, mais par le canal d'un autre que le père auroit chargé de substitution envers son fils; 5°. enfin, lorsque le débiteur envers son fils d'une somme d'argent, même pour constitution de dot, lui donne en paiement un immeuble, cet immeuble est un propre de communauté, à la charge néanmoins de la récompense de la somme promise qui y seroit entrée, si le conjoint n'avoit pas reçu l'héritage à la place.

Les legs ou donations faites par des collatéraux, même à leurs héritiers présomptifs, sont des acquêts & par conséquent *conquêts* de communauté, parce que les collatéraux à la différence des ascendans, ne nous doivent pas leur succession, & que ce qu'ils nous donnent est autant le fruit de leur libéralité que de leur attachement. Il faut cependant excepter de cette décision les coutumes d'Anjou & du Maine, qui considèrent comme des avancement d'hoirie, les donations faites par les collatéraux à leurs héritiers présomptifs.

Mais lorsqu'un collatéral rappelle, par son testament, à sa succession les enfans d'un parent, qui eût été son héritier, s'il ne fût pas prédécédé, les immeubles, qu'ils auront dans cette succession, leur seront-ils propres ou *conquêts*? La jurisprudence a établi à cet égard une distinction, le rappel se fait *intra* ou *extra terminos juris.*

On appelle *intra terminos juris*, le rappel de parens, qui, suivant la novelle de Justinien, auroient dû être appellés à la succession du défunt, par représentation de leur père: & *extra terminos juris*, celui des personnes auxquelles les loix romaines ne donnent pas le droit de représentation.

Dans les coutumes, telles que celles de Blois & de Meaux, qui n'admettent aucune représentation en ligne collatérale, le rappel des neveux & nièces d'un testateur, pour succéder conjointement avec leurs oncles & tantes, frères & sœurs du défunt, est censé *intra terminos juris*, & conséquemment regardé comme un titre de succession; mais celui des petits-neveux & des petits-cousins, étant fait *extra terminos juris*, n'est valable que par forme de legs.

3°. Tous les immeubles que l'un des conjoints acquiert pendant la communauté, soit par accommodement de famille, par partage ou licitation, est propre de communauté, & par conséquent ne peut être rangé dans la classe des *conquêts*. Ainsi, lorsqu'un héritage passe du père au fils, pour acquitter le père envers lui, ou à la charge de payer des dettes pour une somme, soit moindre, soit égale à la valeur du bien, cet accommodement est regardé comme un avancement d'hoirie. La raison qu'on donne de cette décision, par rapport aux partages, est fondée sur ce que notre droit françois ne les regarde pas comme des titres d'acquisition, ils déterminent seulement la part de chaque héritier aux effets qui sont tombés dans son lot, ensorte qu'ils ont un effet rétroactif au temps de la mort du défunt, & que l'héritier est censé avoir été saisi dans ce moment des effets qui lui sont tombés en partage, à la charge des retours, s'il est tenu d'en donner à ses co-héritiers. Ces principes ont été étendus aux licitations qui sont de véritables partages, & qui ont été introduites pour faire cesser la communauté & l'indivision des biens d'une succession. *Voyez* LICITATION, PARTAGE.

Seconde règle. Les acquêts d'un conjoint ne sont *conquêts* de communauté, que lorsque le titre de l'acquisition n'a pas précédé le temps de la communauté. Dèlà il suit, 1°. que l'héritage acquis par le conjoint avant son mariage, est propre de communauté, quoiqu'il n'en ait été mis en possession, qu'après la célébration du mariage; 2°. qu'il en est de même d'un immeuble dont le temps de la prescription, commencée avant le mariage, a été accompli pendant la durée de la communauté; 3°. des immeubles légués sous condition, lorsque la condition n'a eu son accomplissement que depuis la communauté, pourvu néanmoins que le testateur soit décédé avant le mariage; 4°. que cette règle a lieu dans toutes les acquisitions dont le titre a précédé le mariage, quoiqu'il fût d'abord invalide & sujet à rescision, & n'ait été confirmé que durant la communauté.

Troisième règle. Tout héritage acquis par l'un des conjoints, en vertu d'un droit qui de sa nature n'est pas cessible, est propre de communauté, quoique le droit soit né pendant sa durée. Cette règle s'applique au retrait lignager. L'héritage ainsi acquis, demeure propre au conjoint qui a exercé le retrait; sauf à indemniser la communauté, de ce qu'il en a coûté pour le retrait. Mais il n'en est pas de même du retrait conventionnel, parce que ce droit, étant cessible de sa nature, est capable d'entrer en communauté.

Quatrième règle. Les immeubles donnés à l'un ou l'autre des conjoints, entre-vifs ou par testament, sont *conquêts* de communauté, à l'exception de trois cas, 1°. lorsque la donation est antérieure au mariage, parce qu'ordinairement ce n'est pas le con-

trat, mais la célébration du mariage qui établit la communauté dans laquelle il ne se forme des *conquêts* qu'à compter du jour de la bénédiction nuptiale; 2°. lorsque les choses sont réputées données en avancement d'hoirie, ou par des actes qui en tiennent lieu, par la raison qu'on ne peut pas dire que la communauté a procuré à un conjoint, ce qu'il auroit toujours eu par droit successif, quand même il n'auroit point été marié; 3°. lorsque la libéralité est faite à condition que les choses données seront propres au donataire; en ce cas l'intention du donateur, étant que l'objet donné n'entre point en communauté, l'autre conjoint ne peut rien y prétendre. La règle que nous venons d'établir est fondée sur l'article 246 de la coutume de Paris, qui, à cet égard, est devenue la loi générale de tout le pays coutumier.

Il y a plus; c'est que si la donation étoit faite par le contrat de mariage aux *futurs époux*, elle formeroit un propre dont moitié seroit pour chacun d'eux, sans que le mari, comme chef de la communauté, pût en disposer comme d'un *conquêt*. Dumoulin nous enseigne aussi que, quoique cette donation fût faite au futur époux seul, si néanmoins le donateur étoit un ascendant de la future ou son proche parent collatéral dont elle fût l'héritière présomptive, la donation seroit toujours censée faite à la future, & le futur époux ne seroit considéré qu'en cette qualité seule pour accepter ce qui seroit donné à cause de sa future épouse.

Si, après le mariage fait, un père donnoit à son gendre & à sa fille un héritage pour leur appartenir à chacun pour moitié, la moitié de la femme lui seroit un propre, parce qu'elle le tiendroit en ligne directe, & la moitié du mari seroit un vrai *conquêt*, parce que cette moitié seroit réellement pour lui l'effet d'une pure libéralité.

Si dans une donation faite à l'un des conjoints, après la célébration du mariage, l'héritage donné étoit grevé d'une substitution, cette clause n'empêcheroit pas que cet héritage ne fût un *conquêt*, pour en jouir jusqu'à l'ouverture de la substitution par celui auquel il seroit destiné par le partage de la communauté. Il faudroit pour que ce fût un propre décidé, que la donation le conférât au donataire pour en jouir comme tel.

Si la donation avoit lieu de la part d'un collatéral, avec mention que c'est en avancement d'hoirie, cette explication suffiroit pour empêcher que l'héritage donné ne fût un *conquêt*. Il est vrai que cet héritage ne laisseroit pas d'être un acquêt dans la succession du donataire, mais cet acquêt auroit l'effet d'un propre à l'égard de la communauté, parce que l'intention du donateur seroit marquée d'empêcher que l'autre conjoint n'en profitât; ce qui est tellement vrai, que le donataire, lors de l'ouverture de la succession, seroit tenu de précompter à ses co-héritiers l'héritage donné, puisqu'il ne l'auroit reçu qu'en avancement d'hoirie.

Au reste, observez que quoique les choses données ne tombent pas toujours dans la communauté, les fruits ou revenus ne laissent pas d'en faire partie.

Une autre observation relative aux libéralités que l'on reçoit, est que si la chose donnée ou léguée à l'un des conjoints, est de nature à ne pouvoir subsister que dans la personne de celui qui en est gratifié, sans pouvoir être communiquée à l'autre conjoint, elle demeure propre au donataire. Ainsi quand un créancier, par son testament, fait remise à son débiteur d'une certaine somme, comme cette remise ne peut subsister que dans la personne du débiteur, celui-ci n'est point obligé de tenir compte à la communauté de la moitié de cette somme, tout comme il n'est pas obligé de lui faire raison de la moitié de la valeur d'un droit de passage, que lui accorde un voisin sur son héritage, pour aller dans un pré qui ne fait point partie de la communauté ; il suffit que ce droit ne puisse appartenir qu'au propriétaire du pré, pour que le conjoint, qui n'a rien à réclamer dans ce pré, n'ait rien à prétendre à raison du passage accordé.

Cinquième règle. Il ne faut pas mettre au rang des *conquêts* les héritages dans lesquels un conjoint rentre durant le mariage, par la voie de la rescision, de la résolution ou de la simple cessation de l'aliénation qui en avoit été faite auparavant : mais l'objet d'une rétrocession devient un *conquêt* quand même cette rétrocession seroit faite pour le même prix, lorsque les choses étoient consommées & qu'il n'y avoit aucune cause pour y donner lieu forcément. Si cette rétrocession cependant provenoit, par exemple, d'un défaut de paiement, elle seroit regardée comme une résolution du contrat, parce qu'en fait de vente le prix est une des trois choses, sans lesquelles le contrat ne peut subsister, & dès-lors l'héritage ne peut être regardé comme un *conquêt*, parce que le vendeur, en y rentrant, n'y rentre point par un droit nouveau : le défaut de paiement remet simplement les choses dans l'état où elles étoient avant l'aliénation.

Sixième règle. Ce qui est uni à un héritage, par une union réelle & naturelle, en suit la nature, parce qu'il ne fait qu'un seul & même corps, qu'une seule & même chose avec l'héritage auquel il est uni. Ainsi il ne faut pas regarder comme *conquêt* ce qui accroît naturellement à un propre, tel que seroit l'accroissement que procureroit une alluvion ou toute autre cause étrangère. Mais l'accroissement qui a pour principe une cause civile ne produit pas le même effet. Ainsi l'héritage qu'un seigneur acquiert pour ajouter à son fief ne laisse pas d'être un *conquêt*, de même que le seroit celui qu'il acquerroit pour accommoder ou pour aggrandir une de ses terres voisines.

A l'égard d'un édifice construit sur un propre de communauté, comme l'union de cet édifice avec le propre est telle qu'elle peut être regardée comme naturelle, tous les auteurs conviennent que l'édifice suit la propriété du fonds, suivant la maxime *superficies*

solo cedit. Cependant comme cette union naturelle a été déterminée par une cause morale & civile, qui est la construction, le conjoint à qui reste l'héritage est obligé d'indemniser la communauté d'une moitié de ce qu'il en a coûté pour parvenir à cette construction.

Mais supposé que le bâtiment ait été construit avant l'établissement de la communauté, & que durant cette même communauté il vienne à tomber en ruine, les matériaux, les mazures entreront-ils dans la communauté en les regardant comme objets mobiliers ?

Lorsque le propriétaire du fonds est dans le dessein de faire rétablir le bâtiment, il est décidé que les matériaux, dont il s'agit, conservent la nature de propre qu'ils avoient auparavant, & qu'ils deviennent acquets mobiliers pour lui, lorsqu'il renonce à une nouvelle construction ; mais dans ce cas-ci ils n'entrent point pour cela dans la communauté, par la raison, suivant les jurisconsultes, qu'il ne faut point laisser lieu aux conjoints de se favoriser l'un aux dépens de l'autre.

Septième règle. Les héritages & autres immeubles, quoique acquis pendant la communauté, en sont propres, par la fiction de la subrogation, lorsqu'ils ont été acquis à la place d'un propre de communauté & pour en tenir lieu. Ainsi les héritages que l'on acquiert par échange contre un propre de communauté, prennent la qualité du propre échangé, & par conséquent ne forment point de *conquêt*. On doit seulement indemniser la communauté de ce qu'on peut en avoir tiré pour un retour en argent si l'échange y a donné lieu.

Quand la chose donnée en échange pour un propre est un objet mobilier, cet objet, quoique tel, ne laisse pas d'être réputé propre de communauté ; car il faut bien faire attention à la différence qu'il y a entre un propre de communauté & un propre de succession. Un objet mobilier ne peut point, par la force d'un échange, devenir un propre de succession, mais il peut devenir un propre de communauté, par la raison qu'en fait de communauté, on peut établir telles fictions que l'on juge à propos ; ce qu'on ne peut pas faire de même en matière de succession. C'est par cette raison que si j'ai vendu un propre pour de l'argent, & que quelque chose de mobilier, je serai en droit, lors de la dissolution de ma communauté, de prélever sur la masse de cette même communauté le prix de l'aliénation qui y sera entré.

Mais si, au lieu de mettre cet argent en masse dans la communauté, je me suis réservé par le contrat d'aliénation d'employer le prix de mon propre vendu, en achat d'un ou de plusieurs autres héritages, & qu'effectivement cet achat ait été fait, les héritages nouvellement acquis doivent me tenir lieu du propre aliéné. Observez toutefois, que si le prix de cette nouvelle acquisition excédoit de beaucoup le prix de la première aliénation, les nouveaux objets acquis ne me seroient propres que

jufqu'à concurrence de la fomme pour laquelle j'aurois aliéné mon propre, & ils feroient *conquêts*
pour le furplus. Cet excès eft déterminé au tiers
en fus du prix de la première aliénation.

Huitième règle. Un héritage ou autre immeuble
dont on ne trouve pas le titre d'acquifition, eft
dans le doute préfumé *conquêt*, lorfqu'aucune des
parties ne peut juftifier qu'il lui appartenoit avant
le mariage, & qu'il lui étoit propre. Cette preuve
peut fe faire non-feulement par titres, mais à défaut
de titres par la preuve teftimoniale, ainfi que l'obferve
très-bien le nouveau commentateur de la coutume de
la Rochelle. En effet, il feroit dangereux de n'admettre que la preuve par titres, qu'on peut fupprimer.

Des offices. Tous ceux qui ont été acquis durant
la communauté forment des *conquêts*; mais le mari
a droit de les retenir en indemnifant la communauté. S'il fe trouve pourvu de plufieurs de ces offices, il peut abandonner ceux qu'il juge à propos
& conferver les autres, pourvu que cette féparation puiffe fe faire fans qu'il en réfulte une perte
confidérable.

Pour ce qui eft des offices qu'on ne poffède que
pour le revenu qui y eft attaché, le mari peut bien
les retenir lorfqu'il en eft pourvu; mais il faut qu'il
en tienne compte à la communauté fuivant ce qu'ils
valent actuellement. C'eft ce qui a été jugé pour
un office d'infpecteur fur les veaux, par un arrêt du
7 juillet 1745, rapporté par Denizart. Il en eft de
même des offices domaniaux tels que les greffes;
comme ces offices peuvent être poffédés en propriété par des femmes & par des mineurs, en les
faifant exercer par des commis, on les compte dans
un partage de communauté pour ce qu'ils valent
alors.

Quant aux offices de la maifon du roi & autres
femblables, auxquels il n'y a aucune finance attachée, ils font regardés fimplement comme des commiffions que le mari peut retenir fans indemnité,
par la raifon, fuivant Pothier, que des offices de
cette efpèce ne font pas une chofe qu'on puiffe
dire faire partie d'une communauté. Sa décifion eft
conforme à un édit de 1678. Mais obfervez que
fi le mari, durant la communauté, avoit obtenu
du roi un brevet de retenue fur un office de cette
nature, ce brevet feroit un effet de communauté,
& les héritiers de la femme auroient leur part dans
la fomme que paieroit le fucceffeur à l'office.

Les offices proprement dits, qui font donnés
en pur don par le roi au mari, appartiennent à
ce dernier feul, & n'entrent point dans la communauté.

Pour ce qui eft des offices en général fur lefquels la communauté a des droits, le mari eft obligé
de déclarer, trois mois après la confection de l'inventaire, s'il entend les retenir, fans quoi ils demeurent à fes rifques & périls; & qu'il les retienne
ou non, jamais les frais de provifion, de réception,
ni de centième denier pour la confervation de ces
offices, ne fe précomptent fur la communauté, parce

que ce font toujours des frais perdus dans l'un
comme dans l'autre cas; frais d'ailleurs qui étoient
néceffaires, & fur lefquels la communauté eft
cenfée s'être indemnifée, ou fur lefquels elle
avoit efpérance de s'indemnifer par les profits,
les émolumens & les privilèges attachés à chaque
office.

Du droit du mari fur les conquêts. Le mari a un plein
& entier pouvoir fur les *conquêts* de la communauté:
il peut les vendre, aliéner, hypothéquer & en difpofer à fa volonté, fans le confentement de fa
femme; il peut même les donner par difpofitions
entre-vifs, à titre gratuit, pourvu que ce ne foit
point à des perfonnes auxquelles il foit défendu
de donner, ou interpofées pour couvrir la fraude.
Mais par teftament ou autre acte de dernière volonté, il ne peut difpofer des biens de la communauté au préjudice de la moitié qui en appartient
à fa femme; & c'eft à ce fujet qu'on peut dire
que le mari vit comme maître & qu'il meurt
comme affocié: *vivit ut dominus, moritur ut focius.*
Voyez COMMUNAUTÉ.

Il nous refte à obferver que s'il y a des *conquêts*
faits en différentes coutumes, ils fe règlent tous
par le contrat de mariage, ou par la loi qui en tient
lieu, relativement à la communauté; du refte ils
fe règlent chacun par la loi de leur fituation.

Les *conquêts* faits en Normandie, où la communauté de biens n'a pas lieu, ne laiffent pas d'entrer
dans une communauté ftipulée à Paris ou autre
coutume femblable; ce qui a lieu en vertu de la
convention expreffe ou tacite, qui ne permet pas que
l'on donne atteinte à la communauté en faifant des
acquifitions dans une coutume qui ne l'admet pas.
Voyez RÉCOMPENSE, REMPLOI.

CONQUÊTE, f. f. (*Droit des gens.*) acquifition de la fouveraineté par la fupériorité des armes
d'un prince étranger, qui réduit enfin les vaincus
à fe foumettre à fon empire.

Il eft très-important d'établir le jufte pouvoir du
droit de *conquête*, fes loix, fon efprit, fes effets,
& les fondemens de la fouveraineté acquife de cette
manière. Mais pour ne point m'égarer faute de lumière, dans des chemins obfcurs & peu battus, je
prendrai des guides éclairés, connus de tout le
monde, qui ont nouvellement & attentivement
parcouru ces routes épineufes, & qui, me tenant
par la main, m'empêcheront de tomber.

On peut définir le droit de *conquête*, un droit
néceffaire, légitime & malheureux, qui laiffe toujours à payer une dette immenfe, pour s'acquitter
envers la nature humaine.

Du droit de guerre dérive celui de *conquête*,
qui en eft la conféquence. Lorfqu'un peuple eft
conquis, le droit que le conquérant a fur lui fuit
quatre fortes de loix: la loi de la nature, qui fait
que tout tend à la confervation des efpèces; la loi
de la lumière naturelle, qui veut que nous faffions
à autrui ce que nous voudrions qu'on nous fît;
la loi qui forme les fociétés politiques, qui font

telles que la nature n'en a point borné la durée; enfin, la loi tirée de la chose même.

Ainsi, un état qui en a conquis un autre, le traite d'une des quatre manières suivantes; ou il continue à le gouverner selon ses loix, & ne prend pour lui que l'exercice du gouvernement politique & civil; ou il lui donne un nouveau gouvernement politique & civil; ou il détruit la société, & la disperse dans d'autres; ou enfin il extermine tous les citoyens.

Les deux premières manières sont conformes au droit des gens que nous suivons aujourd'hui. J'observerai seulement sur la seconde, que c'est une entreprise hasardée, de la part du conquérant, de vouloir donner ses loix & ses coutumes au peuple conquis : cela n'est bon à rien, parce que dans toutes sortes de gouvernemens on est capable d'obéir. Les deux dernières manières sont conformes au droit des gens des Romains; sur quoi l'on peut juger à quel point nous sommes devenus meilleurs. Il faut rendre hommage à nos temps modernes, à la raison présente, à la religion chrétienne, à notre philosophie, à nos mœurs. Nous savons que la conquête est une acquisition, & que l'esprit d'acquisition porte avec lui l'esprit de conservation & d'usage, & non pas celui de destruction.

Les auteurs de notre droit public, fondés sur les histoires anciennes, étant sortis des cas rigides, sont tombés dans de grandes erreurs; ils ont donné dans l'arbitraire; ils ont supposé dans les conquérans un droit, je ne sais quel, de tuer; ce qui leur a fait tirer des conséquences terribles comme le principe, & établir des maximes que les conquérans eux-mêmes, lorsqu'ils ont eu le moindre sens, n'ont jamais prises. Il est clair que lorsque la conquête est faite, le conquérant n'a plus le droit de tuer, puisqu'il n'est plus dans le cas de la défense naturelle & de sa propre conservation.

Ce qui a fait penser ainsi nos auteurs politiques, c'est qu'ils ont cru que le conquérant avoit droit de détruire la société; d'où ils ont conclu qu'il avoit celui de détruire les hommes qui la composent; ce qui est une conséquence faussement tirée d'un faux principe : car de ce que la société seroit anéantie, il ne s'ensuivroit pas que les hommes qui la forment dussent aussi être anéantis. La société est l'union des hommes, & non pas les hommes; le citoyen peut périr, & l'homme rester.

Du droit de tuer dans la conquête, les politiques ont tiré le droit de réduire en servitude; mais la conséquence est aussi mal fondée que le principe.

On n'a droit de réduire en servitude, que lorsqu'elle est nécessaire pour la conservation de la conquête. L'objet de la conquête est la conservation : la servitude n'est jamais l'objet de la conquête; mais il peut arriver qu'elle soit un moyen nécessaire pour aller à la conservation.

Dans ce cas, il est contre la nature de la chose que cette servitude soit éternelle; il faut que le peuple esclave puisse devenir sujet. L'esclavage dans la conquête est une chose d'accident; lorsqu'après un certain espace de temps toutes les parties de l'état conquérant se sont liées avec celles de l'état conquis, par des coutumes, des mariages, des loix, des associations, & une certaine conformité d'esprit, la servitude doit cesser. Car, les droits du conquérant ne sont fondés que sur ce que ces choses-là ne sont pas, & qu'il y a un éloignement entre les deux nations, tel que l'une ne peut pas prendre confiance en l'autre.

Ainsi, le conquérant qui réduit le peuple en servitude, doit toujours se réserver des moyens (& ces moyens sont sans nombre) pour l'en faire sortir le plutôt qu'il est possible.

Ce ne sont point-là, ajoute M. de Montesquieu, des choses vagues, ce sont des principes; & nos pères, qui conquirent l'empire romain, les pratiquèrent. Les loix qu'ils firent dans le feu, dans l'action, dans l'impétuosité, dans l'orgueil de la victoire, ils les adoucirent : leur loix étoient dures, ils les rendirent impartiales. Les Bourguignons, les Goths & les Lombards vouloient toujours que les Romains fussent le peuple vaincu : les loix d'Euric, de Gondebaud & de Rotharis, firent du barbare & du romain des concitoyens.

Au lieu de tirer, du droit de conquête, des conséquences si fatales, les politiques auroient mieux fait de parler des avantages que ce droit peut quelquefois apporter au peuple vaincu. Ils les auroient mieux sentis, si notre droit des gens étoit exactement suivi, & s'il étoit établi dans toute la terre. Quelquefois la frugalité d'une nation conquérante l'a mise en état de laisser aux vaincus le nécessaire que leur ôtoit leur propre prince. On a vu des états opprimés par les traitans, être soulagés par le conquérant, qui ne se trouvoit pas dans les engagemens ni les besoins qu'avoit le prince légitime. Une conquête peut détruire des préjugés nuisibles, & mettre, si on ose le dire, une nation sous un meilleur génie. Quel bien les Espagnols ne pouvoient-ils pas faire aux Mexicains ? & par leurs conquêtes destructives quels maux ne leur firent-ils pas? Je supprime les détails sur les règles de conduite que doivent observer les divers états conquérans, pour le bien & la conservation de leurs conquêtes; on les trouvera dans l'illustre auteur de l'Esprit des loix.

Il y auroit plusieurs remarques à faire sur la conquête considérée comme un moyen d'acquérir la souveraineté; je dois encore me borner aux principales.

1°. La conquête considérée en elle-même, est plutôt l'occasion d'acquérir la souveraineté, que la cause immédiate de cette acquisition. La cause immédiate de l'acquisition de la souveraineté, c'est toujours le consentement du peuple ou exprès ou tacite : sans ce consentement l'état de guerre subsiste toujours entre deux ennemis, & l'on ne sauroit dire que l'un soit obligé d'obéir à l'autre. Tout ce qu'il y a, c'est que le sentiment du vaincu est extorqué par la supériorité du vainqueur.

2°. Toute *conquête* légitime suppose que le vainqueur ait eu un juste sujet de faire la guerre au vaincu ; sans cela, la *conquête* n'est pas elle-même un titre suffisant ; car on ne peut pas s'emparer de la souveraineté d'une nation par la loi du plus fort, & par la seule prise de possession, comme d'une chose qui n'est à personne. Que l'on ne parle point de la gloire du prince à faire des *conquêtes*, sa gloire seroit son orgueil ; c'est une passion, & non pas un droit légitime. Ainsi, lorsqu'Alexandre porta la guerre chez les peuples les plus éloignés, & qui n'avoient jamais entendu parler de lui, certainement une pareille *conquête* n'étoit pas un titre plus juste d'acquérir la souveraineté, que le brigandage n'est un moyen légitime de s'enrichir. La qualité & le nombre des personnes ne changent point la nature de l'action, l'injure est la même, le crime est égal.

Mais si la guerre est juste, la *conquête* l'est aussi ; car, premièrement, elle est une suite naturelle de la victoire ; & le vaincu qui se rend au vainqueur, ne fait que racheter sa vie. D'ailleurs, les vaincus s'étant engagés, par leur faute, dans une guerre injuste, plutôt que d'accorder la juste satisfaction qu'ils devoient, ils sont censés avoir tacitement consenti d'avance aux conditions que le vainqueur leur imposeroit, pourvu qu'elles n'eussent rien d'injuste ni d'inhumain.

Que faut-il penser des *conquêtes* injustes, & d'une soumission extorquée par la violence ? Peut-elle donner un droit légitime ? Puffendorf (*liv. VII. ch. 7.*) répond qu'il faut distinguer si l'usurpateur a changé une république en monarchie, ou bien s'il a dépossédé le légitime monarque. Dans le dernier cas, il est indispensablement obligé de rendre la couronne à celui qu'il en a dépouillé, ou à ses héritiers, jusqu'à ce que l'on puisse raisonnablement présumer qu'ils ont renoncé à leurs prétentions ; & c'est ce que l'on présume toujours, lorsqu'il s'est écoulé un temps considérable, sans qu'ils aient voulu ou pu faire effort pour recouvrer la couronne.

Cette distinction est à-peu-près inutile, à moins qu'on ne regarde la souveraineté comme un bien acquis au souverain. Mais puisque ce n'est que du peuple que le souverain légitime tient la souveraineté, c'est le peuple qui doit être principalement consulté pour décider si la *conquête* injuste donne ou ne donne pas un droit légitime à l'usurpateur. Dans toute usurpation c'est le peuple qui perd le droit d'être gouverné par son légitime souverain ; le souverain étant fait pour le peuple, & non le peuple pour lui. Si donc le peuple, après avoir soutenu ses droits & son souverain autant qu'il a pu, reçoit la loi du plus fort, & s'y soumet volontairement, ce choix du peuple rend légitime la *conquête*, qui dans son origine étoit injuste. Mais si le peuple ne s'en accommode pas, s'il ne se soumet

qu'à force, soit que l'usurpateur ait changé la forme du gouvernement, soit qu'il l'ait laissé subsister tel qu'il étoit, la *conquête* n'en deviendra jamais légitime ; le conquérant sera toujours un usurpateur, & ses prétendus sujets pourront le chasser du pays lorsqu'ils en trouveront le moyen.

Néanmoins le droit des gens admet une espèce de prescription entre les rois ou les peuples libres, par rapport à la souveraineté ; c'est ce que demande l'intérêt & la tranquillité des sociétés. Il faut qu'une possession soutenue & paisible de la souveraineté, la mette une fois hors d'atteinte, autrement il n'y auroit jamais de fin aux disputes touchant les royaumes & leurs limites ; ce qui seroit une source de guerres perpétuelles ; & à peine y auroit-il aujourd'hui un souverain qui possédât légitimement l'autorité.

Il est effectivement du devoir des peuples de résister, dans les commencemens, à l'usurpateur de toutes leurs forces, & de demeurer fidèles à leur souverain ; mais si, malgré tous leurs efforts, leur souverain a du dessous, & qu'il ne soit plus en état de faire valoir son droit, ils ne sont obligés à rien de plus, & ils peuvent pourvoir à leur conservation.

Les peuples ne sauroient se passer de gouvernement ; & comme ils ne sont pas tenus de s'exposer à des guerres perpétuelles pour soutenir les intérêts de leur premier souverain, ils peuvent rendre légitime, par leur consentement, le droit de l'usurpateur ; & dans ces circonstances, le souverain dépouillé doit se consoler de la perte de ses états comme d'un malheur sans remède.

Au reste, rien ne doit mieux corriger les princes de la folie des usurpations & des *conquêtes* lointaines, que l'exemple des Espagnols & des Portugais, & de toutes autres *conquêtes* moins éloignées, que leur inutilité, leur incertitude & leurs revers. Mille exemples nous apprennent combien peu il faut compter sur ces sortes d'acquisitions. Il arrive tôt ou tard qu'une force majeure se sert des mêmes moyens pour les enlever à celui qui les a faites, ou à ses enfans. C'est ainsi que la France perdit, sous le règne de Jean, ce que Philippe-Auguste & S. Louis avoient conquis sur les Anglois ; & qu'Edouard III perdit les *conquêtes* qu'il avoit lui-même faites en France. On vit ensuite un des successeurs d'Edouard (Henri V) réparer avantageusement toutes les pertes de ses prédécesseurs ; & enfin les François à leur tour recouvrer peu de temps après tout ce que ce prince leur avoit enlevé.

Les *conquêtes* se font aisément, parce qu'on les fait avec toutes ses forces & qu'on profite de l'occasion ; elles sont difficiles à conserver, parce qu'on ne les défend qu'avec une partie de ses forces. L'agrandissement des états d'un prince conquérant montre de nouveaux côtés par où on peut les prendre, & on choisit pour cet effet des conjonctures favorables. C'est le destin des héros de se ruiner

à

à conquérir des pays qu'ils perdent ensuite. La réputation de leurs armes peut étendre leurs états ; mais la réputation de leur justice en augmenteroit la force plus solidement. Ainsi, comme les monarques doivent avoir de la sagesse pour augmenter légitimement leur puissance, ils ne doivent pas avoir moins de prudence afin de la borner. *Art. de M. le chevalier de JAUCOURT.*

Les politiques ont considéré les *conquêtes* comme la source & l'origine des gouvernemens. Mais elles sont aussi éloignées d'en être la source & le fondement, que la démolition d'une maison est éloignée d'être la vraie cause de la construction d'une autre à la même place. La destruction de la forme d'un état prépare souvent la voie à une nouvelle ; mais il est certain que, sans le consentement du peuple, on ne peut jamais ériger aucune nouvelle forme de gouvernement. Un agresseur qui se met dans l'état de guerre avec un autre, & qui envahit ses droits, ne peut jamais avoir aucun droit sur ce qu'il a conquis par une guerre injuste.

Des voleurs, des pirates, ont-ils un droit de domination sur tout ce dont ils ont pu se rendre maîtres, ou sur ce qu'on a été contraint de leur accorder par force ? Un voleur qui enfonce ma maison, & qui, le poignard à la main, enlève mes biens, ou me contraint à lui en faire une donation par écrit, y a-t-il aucun droit ? Un conquérant injuste, qui me soumet à lui par la force, n'en a pas davantage. L'injure est la même, le crime est égal : la qualité de celui qui fait tort, ou le nombre de ceux qui le suivent, ne changent ni le tort ni l'offense.

Ces principes sont exactement vrais dans les *conquêtes* injustes. Le conquérant, loin d'acquérir aucun droit sur les peuples soumis & sur leurs biens, est tenu à la réparation des dommages qu'il a causés. Mais dans une guerre juste quel pouvoir acquiert-il, & sur qui ?

Il est certain que le conquérant a un droit despotique sur la personne de ceux qui sont entrés en guerre avec lui, & sur ceux qui ont concouru à la guerre qu'on lui a faite. Il peut, & il a droit, de faire réparer par le travail & le bien des vaincus, le dommage qu'il a reçu & les frais qu'il a faits ; ensorte néanmoins qu'il ne nuise aux droits de personne. C'est pourquoi il n'a, en vertu de sa *conquête*, aucun droit de domination sur ceux qui n'ont, ni consenti, ni concouru à la guerre, sur les femmes & les enfans des prisonniers, sur les possessions des uns & des autres. Il ne peut avoir de pouvoir sur eux que par leur consentement, & son autorité ne sauroit être légitime, tandis que la force, non le choix, les oblige de se soumettre.

Ainsi, nous avions raison de dire que ce n'est pas la *conquête* qui a donné naissance aux gouvernemens, mais les traités, les conventions, qui ont donné au conquérant un droit légitime & une autorité réelle par le consentement tacite ou exprimé des peuples. Ce consentement une fois

donné ne peut plus être révoqué par les successeurs & héritiers de ceux qui se sont soumis, ou alors il faudroit qu'ils renonçassent à tous les avantages de la société politique dont ils sont membres, & qu'ils abandonnassent toutes les possessions qu'ils y ont.

CONSANGUIN, (*Jurispr.*) ce terme désigne un parent du côté paternel. On appelle *freres & sœurs consanguins*, ceux qui sont enfans d'un même père, à la différence des frères & sœurs utérins, qui sont ceux issus d'une même mère. Lorsqu'ils sont tous procréés des mêmes père & mère, on les appelle *frères & sœurs germains.* Chez les Romains on appelloit *consanguins* en général, tous les parens du côté paternel. Les *consanguins* ou *agnats* formoient le premier ordre d'héritiers *ab intestat*, au défaut d'enfans héritiers de leur père & mère. Parmi nous on ne donne la qualité de *consanguins* qu'aux frères & sœurs qui sont enfans d'un même père. (*A*)

CONSANGUINITÉ, s. f. (*Jurispr.*) est la parenté & la liaison qui est entre plusieurs personnes sorties d'un même sang.

Chez les Romains, le lien de *consanguinité* avoit lieu, suivant la loi des douze tables, entre tous les descendans d'un même père, soit mâles ou femelles.

Dans la suite, par la loi *Voconia*, les femmes furent exclues des privilèges de l'agnation, & conséquemment de succéder avec les mâles, à moins qu'elles ne fussent dans le degré de *consanguinité*, c'est-à-dire excepté la sœur de celui qui étoit mort *ab intestat*. Justinien rétablit les femmes dans les droits de l'agnation.

Mais le droit de *consanguinité* n'étoit pas précisément la même chose que le droit d'agnation en général, c'étoit seulement une des espèces d'agnation ; car il y avoit deux sortes d'agnats ou parens du côté paternel, les uns naturels & les autres adoptifs, & pour pouvoir qualifier les agnats de *consanguins*, il falloit qu'ils fussent frères naturels & non adoptifs ; qu'ils fussent procréés d'un même père, il importoit peu qu'ils fussent de la même mère ou non.

On ne connoît point parmi nous ces différences d'agnation ni de cognation, & l'on entend ordinairement par le terme de *consanguinité*, la parenté qui est entre ceux qui sont sortis d'un même sang.

Lorsque le terme de *consanguinité* est opposé à la qualité de frères & sœurs germains, ou de frères & sœurs utérins, il s'entend de la parenté qui est entre frères & sœurs procréés d'un même père, mais non pas d'une même mère.

Le privilège du double lien, c'est-à-dire des frères & sœurs germains, dans les coutumes où il a lieu, est plus fort que le droit de *consanguinité* proprement dite, au moyen de quoi, dans ces coutumes, les frères & sœurs germains excluent

les frères & sœurs consanguins. *Voyez* SUCCES-
SION.

Lorsqu'on parle des degrés de *consanguinité*, on
entend ordinairement les degrés de parenté en général ; & comme le terme de *consanguinité* est présentement moins usité en ce sens que celui de *parenté*, qui est plus générique, nous expliquerons
au mot PARENTÉ, la manière de compter les degrés de *consanguinité* ou de *parenté* ; ce qui est la
même chose. (*A*)

CONSCIENCE, s. f. (*Droit naturel. Morale.*)
c'est la connoissance ou le sentiment intime que
nous avons des jugemens que notre ame porte
sur la convenance ou la disconvenance morale des
actions. Ainsi, *agir suivant la conscience*, c'est faire
une action, parce qu'on la juge moralement
bonne : & *agir contre la conscience*, c'est aller contre
le jugement que nous avons porté sur la moralité
d'une action ; & la faire comme convenable,
quoique nous ayons jugé qu'elle ne l'étoit pas.
Nous ne nous étendrons pas sur cet article, qui
est plus du ressort du moraliste que du jurisconsulte.

CONSCIENCE, (*liberté de*) *Droit public*, on entend par ces mots, la liberté ou le droit que chacun a de suivre, en matière de religion, ce qu'il
juge en *conscience* & avec sincérité, lui être le
plus avantageux pour son salut éternel : c'est par
conséquent la liberté de choisir la religion qu'il
trouve la meilleure pour sa consolation, sa perfection & son bonheur, & d'y persévérer aussi
long-temps qu'il en juge de même.

Cet article présente plusieurs questions importantes du droit public, que nous traiterons sous
le mot TOLÉRANCE.

CONSÉCRATION, s. f. (*Droit ecclés.*) ce
mot, dans un sens général, signifie les cérémonies
instituées par l'église, pour rendre une chose sacrée. Il s'applique aux objets qui sont particulièrement consacrés au service de Dieu, ou à l'usage
des saints mystères.

Il se dit absolument, & par excellence, de la
consécration du pain & du vin, que les prêtres
font en célébrant la messe, pour opérer le mystère
ineffable de l'eucharistie.

On l'emploie pour signifier la bénédiction des
saintes huiles, que les évêques font le jeudi de
la semaine-sainte. On s'en sert aussi pour désigner
l'action par laquelle on confère à un évêque élu,
la plénitude du sacerdoce & tous les attributs de
la dignité épiscopale. *Voyez* le *Dictionnaire de
Théologie*.

Les rois catholiques, & particulièrement les
rois de France, sont consacrés par l'onction de
l'huile sainte : nous en parlerons sous le mot SACRE.

CONSEIL, s. m. (*Jurisprudence.*) ce mot a parmi
nous plusieurs significations.

1°. Il signifie simplement un avis que quelqu'un
donne sur une affaire.

2°. On entend par ce terme celui ou ceux qui

donnent un avis, & c'est en ce sens qu'on appelle
un avocat *un conseil*.

3°. *Conseil* se dit de la décision d'un jurisconsulte
sur une question qui lui a été exposée, ou qu'il
traite de lui-même. Nous avons plusieurs ouvrages
de jurisprudence sous ce titre. Tels sont les *conseils*
de Decius, de Dumoulin, *&c.*

4°. On désigne par le mot *conseil* une assemblée
de plusieurs personnes, qui délibèrent sur certaines
affaires : tel est un *conseil* de tutèle & autres semblables.

5°. Ce mot signifie aussi quelquefois le rapport
d'une instance appointée. L'usage en est fort ancien,
puisque dans une ordonnance de Philippe-de-Valois,
du mois de février 1327, pour le châtelet, il est
parlé du cas où le procès doit être mis au *conseil*,
pour y être fait droit. Il est aussi fait mention de
conseil ou rapport au parlement dès l'an 1344, dans
une ordonnance rendue pour le service de cette
cour. *Voyez* APPOINTEMENT *au conseil*.

6°. Ce terme se trouve usité dans plusieurs
ordonnances, pour signifier un corps d'officiers de
justice. Lorsque la justice appartenoit au roi, ce
corps s'appelloit *le conseil du roi*, comme le *conseil*
du roi au châtelet & au parlement ; dans les endroits
où la justice appartenoit à des seigneurs particuliers,
ce *conseil* portoit le nom du seigneur ou de son juge,
ainsi on disoit le *conseil du comte de Montfort* ; le
conseil du sénéchal de Carcassonne.

7°. Enfin, le terme de *conseil* est le titre que
prennent plusieurs tribunaux & compagnies : tels
sont le *conseil du roi*, le *grand-conseil*, les *conseils
d'Alsace, d'Artois, de Roussillon*, &c.

En style de procédure, on appelle *droit de conseil*, un émolument que les procureurs ont droit
d'exiger de leurs parties pour avoir délibéré sur les
défenses, repliques, interrogatoires & autres procédures les plus essentielles ; ce droit s'emploie dans
la taxe des dépens, il est différent du droit de consultation. *Voyez* CONSULTATION.

Conseil se prend aussi quelquefois au palais dans
le sens d'opinion des juges ; par exemple, lorsqu'ils
opinent à diverses reprises, cela s'appelle le *premier
& second conseil*, comme on dit le premier & le
second bureau, lorsqu'ils opinent en plusieurs parties.

Nous allons traiter d'abord du mot *conseil* dans
la signification d'avis, d'avocat, de personnes assemblées pour délibérer sur certaines affaires. Nous
parlerons ensuite des *conseils du roi*, du *grand-conseil* & des corps de judicature, connus sous cette
dénomination.

CONSEIL. Avis que l'on donne à quelque personne sur ce qu'elle doit faire ou ne pas faire.

Le *conseil* que l'on donne dans une affaire où l'on
est sans intérêt n'est point obligatoire, & celui qui l'a
donné ne répond pas des suites qu'il peut avoir. C'est
ce qui résulte de la maxime *nemo ex consilio tenetur*.

Cette règle reçoit néanmoins quelques exceptions :
1°. si le *conseil* étoit donné par dol ou par fraude, il

feroit jufte d'en rendre l'auteur refponfable & de le condamner à réparer le dommage que fa fraude auroit occafionnée à la perfonne confeillée. En pareil cas, la décifion doit dépendre de la qualité du fait & des circonftances, *l. 47, ff. de R. j.*

En fecond lieu, celui qui confeille de commettre un délit quelconque, eft non-feulement repréhenfible, mais il peut encore être confidéré comme complice, & en conféquence être condamné à la même peine que l'auteur du délit. C'eft auffi ce qui dépend de la qualité du fait & des circonftances.

Ainfi, lorfqu'il paroît que, fans le *confeil* donné le crime n'eût pas été commis, il eft conftant que l'auteur du *confeil* doit être puni comme l'auteur du crime, fur-tout fi celui-là a indiqué à celui-ci les moyens de réuffir dans cet objet.

Cette règle s'obferve particulièrement dans les crimes atroces, tels que celui où une femme a confeillé à fon amant de tuer fon mari.

Non-feulement on infligeroit, en pareil cas, à l'auteur du *confeil* la même peine qu'à l'auteur du crime, mais ils feroient encore tenus l'un & l'autre folidairement des dommages & intérêts de la partie civile.

Il doit en être différemment fi le *confeil* de commettre un crime a été donné par légèreté, fans que l'auteur en fentît les fuites, ou que ce *confeil* ait été fufceptible d'une interprétation favorable & non criminelle; ou fi celui qui a donné le *confeil* n'a pas confeillé directement le crime, mais un autre fait qui en étoit une caufe éloignée. Dans tous ces cas, l'auteur du *confeil* ne doit pas être puni de la même peine que l'auteur du crime.

Il faut fuivre la même règle, lorfque le *confeil* n'a pas été exécuté, fi ce n'eft toutefois lorfqu'il s'agit d'un crime atroce, tel que celui de lèfe-majefté, d'affaffinat prémédité. Dans ce cas, celui qui a donné le *confeil* doit être condamné à la même peine que celui qui a tenté de commettre le crime.

CONSEIL ou *avocat*. Il eft d'ufage que les avocats, dans leurs confultations par écrit, fe qualifient eux-mêmes de *confeil*; la confultation commence ordinairement par ces mots, *le confeil fouffigné,* &c. On ne doit pas confondre un avocat confultant avec un avocat au *confeil*: tout avocat qui donne une confultation eft avocat confultant en cette partie, & y prend le titre de *confeil*; au lieu que par le terme d'*avocat au confeil*, on ne doit entendre que ceux des avocats qui font pourvus d'un office d'avocat ès *confeils* du roi, en vertu duquel ils peuvent feuls occuper dans les affaires contentieufes, qui font portées aux *confeils* du roi.

La juftice nomme auffi quelquefois un avocat pour *confeil* à diverfes fortes de perfonnes: favoir 1°. à un téméraire plaideur, à l'effet qu'il ne puiffe plus entreprendre aucun procès, fans l'avis par écrit de l'avocat, qui lui eft nommé pour *confeil*; 2°. à un homme interdit pour caufe de démence ou de diffipation, auquel cas l'interdit ne peut rien faire fans l'avis de fon *confeil*; quelquefois on nomme

un *confeil* à quelqu'un fans l'interdire abfolument; &, en ce cas, celui à qui on a donné ce *confeil* ne peut faire aucun acte entre-vifs qu'en la préfence & par l'avis de fon *confeil*, mais il n'eft pas affujetti à l'appeller pour faire un teftament; 3°. on donnoit anciennement un *confeil* à tous les accufés; mais l'ordonnance de 1670, *tit. 14, article 8*, ordonne que les accufés, de quelque qualité qu'ils foient, feront tenus de répondre, par leur bouche, fans miniftère de *confeil*, & qu'on ne pourra leur en donner, même après la confrontation, nonobftant tous ufages contraires, fi ce n'eft pour crime de péculat, concuffion, banqueroute frauduleufe, vol de commis ou affociés en affaires de finances ou de banque, fauffeté de pièces, fuppofition de part & autre crime où il s'agira de l'état des perfonnes, ou à l'égard defquels les juges pourront ordonner, fi la matière le requiert, que les accufés, après l'interrogatoire, communiqueront avec leur *confeil* ou leur commis.

Il eft auffi d'ufage, quand le criminel eft pris en flagrant délit dans l'auditoire, & qu'on lui fait fon procès fur le champ, de lui nommer un avocat pour *confeil*, avec lequel on lui permet de conférer de ce qu'il doit dire pour fa défenfe. On rapporte à ce fujet qu'un célèbre avocat plaidant, ayant été nommé pour *confeil* à un homme qui avoit commis un vol dans l'audience de la grand-chambre, dit tout bas à l'accufé que le meilleur *confeil* qu'il pouvoit lui donner étoit de fe fauver; comme on faifoit mauvaife garde, l'accufé profita de l'avis de fon *confeil*. Le premier préfident ayant demandé ce qu'étoit devenu l'accufé, l'avocat déclara ingénument le *confeil* qu'il lui avoit donné; & qu'au furplus n'étant point chargé de l'accufé, il ne favoit ce qu'il étoit devenu; le procès commencé en demeura là. *(A)*

CONSEIL *de tutèle*, eft une affemblée compofée de magiftrats, d'anciens avocats & procureurs qui font choifis pour veiller à la tutèle des mineurs & pour délibérer dans les affaires qui concernent leurs biens.

C'eft aux parens du mineur à nommer les perfonnes qui doivent compofer ce *confeil*; & cette nomination fe fait ordinairement par l'acte même de tutèle. S'il arrivoit que les parens ne s'accordaffent pas entre eux fur le choix, ce feroit alors au juge à le régler. Le fouverain lui-même, fuivant l'état & la qualité du mineur, veut bien quelquefois choifir les perfonnes qui doivent former le *confeil de tutèle*; car il faut obferver que ce *confeil* n'a lieu qu'à l'égard de la minorité des princes & des grands du royaume, ou lorfqu'il s'agit d'un mineur dont la fortune & les poffeffions font confidérables.

Dans ces fortes de *confeils* on traite de tout ce qui eft convenable à l'intérêt du mineur; on y rédige, par écrit, les délibérations qui s'y font en conféquence, afin que le tuteur onéraire s'y conforme dans fa geftion, parce que c'eft là ce qui opère fa décharge.

Les *placités* du parlement de Rouen, de 1666, proposent l'établissement d'un *conseil de tutèle*, afin que le tuteur ne puisse intenter de procès qu'avec raison ou du moins avec apparence de raison. L'article 32 de ces *placités* porte que, lors de l'institution de la tutèle, les nominateurs pourront choisir deux ou trois parens du mineur, des avocats ou autres personnes, par l'avis desquels le tuteur sera obligé de se conduire dans les affaires ordinaires de la tutèle, sans qu'ils puissent néanmoins rien décider sur la demeure, l'éducation ou le mariage du mineur, qu'en la présence de ceux qui ont nommé le conseil.

L'article 513 de la coutume de Bretagne a aussi une disposition précise sur cet objet, suivant laquelle le tuteur ne peut intenter de procès sans l'avis du *conseil*, à peine d'être tenu de l'indemnité du mineur s'il vient à succomber.

C'est avec le *conseil de tutèle* qu'on passe les baux des héritages du mineur, & qu'on ordonne les réparations qui y sont à faire. Les comptes de l'administration du tuteur onéraire se rendent aussi dans ce *conseil* & y sont réglés.

Il faut observer que, dans les pays où les tutèles sont datives comme à Paris, les *conseils* ne peuvent être nommés que par un avis de parens, homologué par le juge; ainsi la nomination d'un *conseil de tutèle*, faite par testament, ne vaudroit pas. Denisart cite, à ce sujet, un arrêt du parlement de Paris, du 11 février 1760, qui l'a jugé ainsi pour la succession du sieur Hatte, fermier-général.

CONSEIL *du roi*. C'est une assemblée de personnes choisies par le roi, pour connoître de tout ce qui intéresse l'administration générale du royaume, tant pour l'intérieur que pour l'extérieur.

L'établissement de ce *conseil* est presque aussi ancien que la monarchie, & tous les monumens attestent que nos rois ont eu dans tous les temps un *conseil* à leur suite. On le trouve désigné dans les anciennes ordonnances, sous les noms de *grand-conseil*, de *conseil étroit* ou *secret*, de *conseil du cabinet*, de *conseil d'en-haut*, & présentement de *conseil d'état*.

L'impossibilité où ils étoient de remplir par eux-mêmes tous les objets de l'administration générale de l'état, les obligeoit d'appeller auprès de leurs personnes des sujets distingués par leur capacité & par leurs lumières, sur lesquels ils se reposoient d'une partie des soins du gouvernement; ils en choisissoient d'autres en même temps pour rendre, en leur nom, la justice à leurs peuples.

De-là, la distinction qu'on faisoit dans ces premiers temps entre le *conseil* commun du roi & le *conseil* privé; on entendoit par *conseil* commun, tantôt le parlement qui émanoit originairement du *conseil* du roi, & qu'on appelloit par cette raison le *conseil commun du parlement*; tantôt une assemblée composée de divers membres du *conseil* privé & de ceux du parlement ou de la chambre des comptes, que le roi chargeoit de l'examen & de la discussion de certaines matières relatives au gouvernement de l'état.

Mais, sous le roi Jean, les choses changèrent à cet égard. Ce prince craignant que l'usage d'appeller les cours à l'administration des affaires du royaume, ne tirât à conséquence, & ne les détournât du soin de rendre la justice aux particuliers, qui faisoit l'objet de leur institution, réserva à son *conseil d'état* exclusivement la connoissance des affaires relatives au gouvernement de l'état.

La multitude & la diversité des affaires qui se traitent au *conseil* ont obligé nos rois de le diviser en plusieurs départemens.

Ces départemens ont été plus ou moins multipliés en différens temps, suivant l'exigence des cas & des circonstances particulières relatives à l'administration du royaume, & on donnoit à chacun de ces départemens le nom de la matière qui devoit y être traitée.

Louis XI fut le premier qui partagea ainsi son *conseil* en trois séances. Cet arrangement subsista jusqu'en 1526, que François I réunit les diverses séances du *conseil* en une seule. Henri II en forma deux, & sous Louis XIII il y en avoit cinq, comme encore à présent: mais il est arrivé plusieurs changemens, tant par rapport à l'objet de chaque séance que pour leur dénomination.

Celles qui subsistent présentement sont le *conseil des affaires étrangères*, ou *conseil d'état* proprement dit, celui *des dépêches*, le *conseil royal des finances*, le *conseil royal de commerce*, & le *conseil d'état privé* ou *des parties*; de cette dernière séance dépendent encore plusieurs autres assemblées particulières appellées *la grande direction des finances*, *la petite direction*, *l'assemblée qui se tient pour la signature des contrats avec le clergé*, & le *conseil de chancellerie*.

Toutes ces différentes séances ou assemblées du *conseil*, quoique distinguées chacune par une dénomination qui lui est propre, ne forment qu'un seul & même *conseil d'état du roi*, ensorte que tout ce qui émane de chacune de ces séances à la même autorité, étant également au nom du roi. Le rang de tous ceux qui composent ces différentes séances est le même, & dépend uniquement du jour qu'ils ont pris place pour la première fois dans l'une de ces séances.

Le *conseil du roi* ne diffère pas moins dans son objet que dans sa forme extérieure, des tribunaux de justice, son objet n'étant point, comme le leur, la justice distributive, mais seulement la manutention de l'ordre établi pour la rendre, & pour l'administration de l'état; c'est la raison pour laquelle on ne met point ici le grand-*conseil* au nombre des différentes séances du *conseil du roi*. En effet, quoique, dans son origine & dans sa forme présente, il ait similitude avec les autres séances du *conseil du roi*, qu'il soit en certaines parties occupé, comme le *conseil* privé, au réglement des tribunaux de justice, qu'il soit à la suite du roi, & qu'il ait le chancelier de France pour chef, néanmoins il en

CON

CON 213

diffère en ce qu'il eſt en même temps tribunal de juſtice ordinaire ; c'eſt pourquoi l'on traitera ſéparément ce qui le concerne, dans une des ſubdiviſions du préſent article. *Voyez* CONSEIL (grand-).

Ceux qui ſont du *conſeil du roi* ne forment point une compagnie comme les cours; ils ne marchent jamais en corps comme elles ; ils ſont toujours à la ſuite du roi, & s'acquittent des devoirs de cour chacun en particulier, comme les autres courtiſans.

C'eſt le roi qui tient chaque aſſemblée de ſon *conſeil*, & en ſon abſence, le chancelier de France, qui eſt le chef du *conſeil*. Depuis long-temps nos rois ſe ſont ordinairement repoſés ſur ce premier officier de la couronne, du ſoin de tenir la ſéance du *conſeil* des parties, & ſe ſont réſervé de tenir eux-mêmes toutes les autres, comme touchant encore de plus près aux objets les plus intéreſſans du gouvernement : cependant le feu roi a tenu quelquefois lui-même ſon *conſeil* des parties.

Lorſqu'il y a un garde des ſceaux, il a ſéance en tous les *conſeils* après le chancelier de France. *Voyez* GARDE DES SCEAUX.

La ſéance du *conſeil*, appellée *conſeil des affaires étrangères*, ou *conſeil d'état* proprement dit, eſt deſtinée à l'examen de tout ce qui peut avoir trait aux négociations avec les étrangers, & par conſéquent à la paix & à la guerre. Le roi a coutume de choiſir un petit nombre de perſonnes les plus diſtinguées de ſon royaume, en préſence deſquelles le ſecrétaire d'état, qui a le département des affaires étrangères, rend compte au roi de celles qui ſe préſentent; le choix du roi imprime à ceux qui aſſiſtent à ce *conſeil* le titre de *miniſtre d'état*, qui s'acquiert par le ſeul fait & ſans commiſſion ni patentes, c'eſt-à-dire, par l'honneur que le roi fait à celui qu'il y appelle de s'y trouver; & ce titre honorable ne ſe perd plus, quand même on ceſſeroit d'aſſiſter au *conſeil* : mais il ne donne d'autre rang dans le *conſeil*, que celui que l'on a d'ailleurs, ſoit par l'ancienneté au *conſeil*, ſoit par la dignité dont on eſt revêtu lorſqu'on y prend ſéance.

Ce département exiſtoit dès le temps de Louis XI, il ne fut plus diſtingué ſous François I, depuis qu'en 1526, il eut ordonné qu'il n'y auroit plus qu'une ſeule ſéance du *conſeil* ; mais celle-ci fut rétablie par Charles IX, en 1568. Elle ſe tient ordinairement dans la chambre du roi, les dimanches & les mercredis.

On appelle *conſeil des dépêches*, l'aſſemblée en laquelle ſe portent les affaires qui concernent l'adminiſtration de l'intérieur du royaume : il paroît avoir été établi en 1617, & a pris ce nom de ce que les déciſions qui en émanent ſe donnoient en forme de dépêches, par des lettres ſignées en commandement, par un des ſecrétaires d'état ; ce ſont eux qui y rapportent les affaires de leur département. Ce *conſeil* eſt compoſé du chancelier de France, des quatre ſecrétaires d'état, du contrôleur-général :

tous ceux qui ſont miniſtres, comme étant du *conſeil* des affaires étrangères, y aſſiſtent auſſi. Il ſe tient le ſamedi.

La troiſième ſéance du *conſeil* eſt établie pour les affaires concernant l'adminiſtration des finances, d'où elle a été nommée le *conſeil royal des finances*. Elle eſt compoſée du chancelier ou garde des ſceaux, d'un des principaux ſeigneurs de la cour, auquel le roi donne le titre de *chef du conſeil royal*, du contrôleur-général des finances & de deux conſeillers d'état de robe, choiſis parmi les autres pour aſſiſter à ce *conſeil*. Les affaires y ſont rapportées par le contrôleur-général. Il s'aſſemble ordinairement le mardi.

Ce département fut formé par Louis XI, & ſubſiſta juſqu'à la réunion des différens départemens du *conſeil*, faite en 1526. Il fut rétabli ſous Henri II. Ce *conſeil* ne ſe tint pas tant que la charge de ſurintendant des finances ſubſiſta, c'eſt-à-dire, depuis Charles XI juſqu'en 1661 ; mais dès qu'elle eut été ſupprimée, il fut rétabli par un réglement du 15 ſeptembre 1661, & a toujours ſubſiſté depuis.

La ſéance du *conſeil* où ſe portent les affaires qui concernent le commerce, ſe nomme le *conſeil royal de commerce* : il ne paroît avoir été établi que depuis 1730. Il eſt compoſé du chancelier ou garde des ſceaux, du contrôleur-général, du ſecrétaire d'état qui a le commerce dans ſon département, du conſeiller d'état, qui tient le bureau où ce genre d'affaires s'examine avant qu'elles ſoient portées au *conſeil*, & quelquefois d'un autre des conſeillers d'état de ce bureau. Le contrôleur-général y rapporte les affaires comme au *conſeil* royal des finances. Il ſe tient tous les quinze jours.

Il y a auſſi un bureau du commerce qui paroît avoir été établi pour la première fois en 1607, ſous Henri IV. Ayant ceſſé à ſa mort, il fut rétabli ſous le miniſtère du cardinal de Richelieu. On ne voit pas qu'il y en ait eu depuis la mort de Louis XIII juſqu'en 1700, que Louis XIV forma celui qui ſubſiſte aujourd'hui. Il eſt compoſé de quatre conſeillers d'état, de l'intendant de Paris, du lieutenant de police & des intendans du commerce; il y aſſiſte auſſi des députés des principales villes de commerce du royaume & des colonies françoiſes ; ſavoir deux de Paris, un de chacune des villes de Rouen, Bordeaux, Lyon, Marſeille, la Rochelle, Nantes, Saint-Malo, Lille, Bayonne & Dunkerque; un de Saint-Domingue, un de la Martinique & un de la Guadeloupe. Lorſque la nature des affaires le demande, on y appelle deux des intéreſſés dans les fermes générales.

Ces députés ſont nommés tous les ans, dans une aſſemblée des officiers municipaux, des marchands & négocians des villes, qui ont droit d'y envoyer, leur choix doit tomber ſur des perſonnes d'une probité, capacité & expérience reconnues. L'objet de ce bureau conſiſte dans la diſcuſſion & l'examen des propoſitions, mémoires, affaires & difficultés, qui ſurviennent ſur le fait du commerce de terre

& de mer, intérieur ou extérieur du royaume. On y porte également tout ce qui intéresse les fabriques & manufactures du royaume. Le secrétaire attaché à ce bureau doit tenir un registre exact de toutes les propositions, affaires & mémoires qui y sont portés, ainsi que des délibérations qui y sont prises. D'après le rapport de ces mêmes délibérations, le roi, en son *conseil*, ordonne ce qui est le plus expédient pour l'avantage du commerce.

Le nombre de ceux qui assistent aux quatre séances du *conseil* dont on vient de parler, dépend de la volonté du roi. Indépendamment de ceux qu'il nomme pour y assister habituellement, il y appelle assez souvent quelques-uns des conseillers d'état, pour lui rendre compte d'affaires importantes qu'il les a chargés d'examiner, pour lui en dire leur avis : alors c'est l'un d'eux qui en fait le rapport, assis & couvert; mais le plus ordinairement cette fonction est donnée à un maître des requêtes, qui la remplit debout & découvert, au côté droit du fauteuil du roi.

L'on porte, dans une autre assemblée du *conseil*, appellée *le conseil des parties* ou *le conseil d'état privé*, certaines affaires contentieuses qui se meuvent entre les sujets du roi. Ces affaires sont celles qui ont un rapport particulier à la manutention des loix & des ordonnances, & à l'ordre judiciaire; telles que les demandes en cassation d'arrêts rendus par les cours supérieures, les conflits entre les mêmes cours, les contestations & les réglemens à faire entre elles, ou même quelquefois entre leurs principaux officiers, les évocations sur parentés & alliances; les oppositions au titre des offices & autres matières de ce genre, sur lesquelles il n'y a que le roi qui puisse statuer.

La séance du *conseil* des parties est beaucoup plus nombreuse que celle dont on a parlé précédemment. Elle est composée des trente conseillers d'état, des quatre secrétaires d'état, du contrôleur-général, des intendans des finances, qui y ont entrée & séance, ainsi que les doyens de quartier des maîtres des requêtes; mais il n'y a que le grand-doyen qui jouisse de cette prérogative toute l'année, les trois autres ne l'ont qu'après les trois mois qu'ils font de quartier au conseil. L'ordre de la séance se règle entre eux comme entre tous ceux qui sont au *conseil*, du jour qu'ils y ont pris leur place.

Les maîtres des requêtes ont aussi entrée & voix délibérative au *conseil* des parties, & y servent par quartier; mais depuis long-temps ils ont le droit d'y entrer, même hors de leur quartier. Comme le roi y est toujours réputé présent, ils y assistent, & rapportent debout, à l'exception de leur grand doyen, qui a la prérogative de remplir cette fonction, assis & couvert. *Voyez* MAÎTRES DES REQUÊTES.

Il est permis aux deux agens généraux du clergé d'entrer au *conseil* des parties, pour y faire les représentations & réquisitions qu'ils jugent à propos dans les affaires qui peuvent intéresser le clergé;

ils se retirent ensuite avant que les opinions soient ouvertes.

Il n'est, au surplus, permis à personne d'entrer dans la salle où se tient le *conseil*, à l'exception seulement des deux premiers secrétaires du chancelier de France, du greffier & des deux huissiers qui y sont de service : les premiers se tiennent debout derrière le fauteuil du chancelier, pour y recevoir ses ordres, & son premier secrétaire y tient la plume en l'absence du greffier : les huissiers sont aux portes de la salle en-dedans.

C'est au *conseil* des parties que les nouveaux conseillers d'état prêtent serment; les autres personnes qui ont seulement entrée & séance en ce *conseil*, n'y prêtent point de serment.

Le doyen du *conseil* y est assis vis-à-vis du chancelier de France; & s'il est absent, sa place n'est point remplie, il ne la cède qu'aux officiers de la couronne.

Des vingt-quatre conseillers d'état de robe, douze servent en ce *conseil* pendant toute l'année, & sont appellés *ordinaires*; les douze autres ne sont obligés d'y servir que pendant six mois, & sont appellés *semestres*; mais il est d'usage depuis long-temps qu'ils servent aussi pendant toute l'année.

Les conseillers d'état d'église & d'épée, servent pendant toute l'année, & sont par conséquent ordinaires.

Le *conseil* des parties suit toujours le roi, & s'assemble dans une salle du palais qu'il habite : lorsque le roi est à l'armée ou à quelque maison de plaisance, & qu'il dispense son *conseil* de le suivre; le chancelier de France tient ce *conseil* dans son appartement.

Ce *conseil* s'assemble, au moins, une fois la semaine, aux jours & heures qu'il plaît au chancelier : les affaires y sont rapportées par les maîtres des requêtes, à côté du fauteuil du roi; les commissaires qui les ont examinées auparavant opinent les premiers; le doyen du *conseil* opine le dernier, & le chancelier se couvre en lui demandant son avis.

Il n'y a point de nombre de juges déterminé pour pouvoir rendre arrêt au *conseil*; les affaires s'y jugent à la pluralité des suffrages : les voix ne s'y confondent point en certains cas, entre ceux qui sont parens, comme dans les cours : il n'y a jamais de partage, une seule voix de plus suffit pour faire arrêt; & en cas d'égalité, la voix du chancelier est prépondérante.

La grande direction des finances est une assemblée où se portent les affaires contentieuses qui peuvent intéresser le domaine & les finances; c'est le principal des départemens dépendans du *conseil* des parties.

Suivant l'usage actuel, elle est composée du chef du *conseil* royal, du contrôleur-général des finances, des deux conseillers d'état qui sont ordinaires au *conseil* royal, & des autres conseillers qui sont des bureaux où ces deux sortes d'affaires sont examinées.

Tous les maîtres des requêtes y ont entrée & séance, parce que le roi n'est point censé y être présent; mais celui d'entre eux qui rapporte est debout.

Cette assemblée, au surplus, est tenue par le chancelier, comme le *conseil* des parties, dans le même lieu, & les arrêts s'y expédient dans la même forme.

Le contrôleur-général opine toujours après les commissaires, & il a le droit de demander au chancelier, avant que les opinions soient ouvertes, de lui faire remettre l'affaire pour en rendre compte au roi.

C'est aussi en la grande direction que se fait la réponse au cahier des états des provinces; le gouverneur de la province y a séance, & c'est le secrétaire d'état dans le département duquel est cette province, qui fait le rapport des demandes portées par les cahiers : la réponse y est délibérée en la forme ordinaire; ensuite le chancelier fait entrer les députés, qui se tiennent vis-à-vis de lui debout & découverts : quand ils entrent, il se découvre, ainsi que tous les conseillers d'état, & se couvre pendant la réponse qu'il leur fait, où il leur annonce que le *conseil* a délibéré sur le cahier, & que sa majesté leur fera savoir la réponse. Il n'est pas d'usage que les maîtres des requêtes assistent à cette assemblée.

La petite direction des finances est encore une assemblée dépendante du *conseil* des parties : on y expédie des affaires de la même nature que celles qui sont portées à la grande direction, c'est-à-dire, concernant le domaine & les finances ; si ce n'est que l'on porte ici celles que les commissaires des bureaux où elles sont portées d'abord, trouvent trop légères pour être portées à la grande direction : c'est pourquoi on appelle celle-ci *la petite direction des finances.*

Le chef du *conseil* royal la tient dans son appartement, dans le palais où le roi habite; & il n'y a que le contrôleur-général, les deux conseillers d'état ordinaires au *conseil* royal, les deux qui sont à la tête des bureaux du domaine & des finances, qui y assistent.

Les maîtres des requêtes y ont entrée, ils y rapportent aussi; mais le rapporteur y a seul voix délibérative.

Les contrats que le roi passe avec le clergé se signent dans une autre assemblée, qui se tient chez le chancelier, composée du chef du *conseil* royal, du secrétaire d'état, qui a le clergé dans son département, du contrôleur-général des finances, & de ceux des conseillers d'état & intendans des finances que le chancelier fait avertir de s'y trouver. Ordinairement ils sont en nombre égal à celui des prélats : ils sont assis à la droite du bureau, les prélats à la gauche, tous sur des fauteuils, & les

députés du second ordre, sur des chaises derrière les prélats.

Le notaire du clergé fait la lecture du contrat ; le chancelier le signe le premier, & ensuite il est signé alternativement par l'un de ceux du *conseil* & par l'un des prélats, chacun suivant son rang : les premiers signent à la droite au-dessous de la signature du chancelier, sur la même colonne; les prélats signent à la gauche, & les ecclésiastiques du second ordre après eux.

Cette assemblée est précédée d'une conférence entre les mêmes personnes, qui se tient aussi chez le chancelier, pour y discuter les articles du cahier.

Les affaires qui concernent l'imprimerie & la librairie, l'obtention des lettres en relief de temps pour pouvoir agir après l'expiration des délais des ordonnances, la distribution du prix des offices qui se vendent au sceau, & les contraventions aux réglemens des chancelleries, sont examinés dans un bureau particulier & sont jugés sur le compte que les commissaires en rendent au chancelier, dans une assemblée qui se tient chez lui, & qu'on appelle le *conseil de chancellerie.*

C'est le chancelier qui nomme ceux qui y assistent; ils n'y ont que voix consultative & les arrêts qui en émanent, portent qu'ils sont rendus de *l'avis de monsieur le chancelier.*

Les conseillers d'état sont ceux que le roi choisit pour servir dans son *conseil*, & y donner leur avis sur les affaires qui s'y traitent.

On les appelle en latin *comites consistoriani*, à l'exemple de ces comtes qui étoient du consistoire ou *conseil* des empereurs.

Anciennement le nombre des conseillers d'état varioit suivant la volonté du roi; mais comme il s'étoit trop augmenté, il fut réduit à quinze, par l'article 207 de l'ordonnance de 1413 : en 1664, il fut porté à vingt ; enfin il fut fixé irrévocablement, par le réglement de 1673, à trente conseillers ; savoir trois d'église, trois d'épée & vingt-quatre de robe.

La place de conseiller d'état n'est point un office, mais un titre de dignité qui est donné par des lettres-patentes, adressées à celui que le roi a choisi en considération de ses services. Sa majesté mande, par ces lettres, au chancelier de France, de recevoir son serment ; il le reçoit au *conseil*, où le greffier fait d'abord la lecture des lettres du nouveau conseiller d'état ; & après qu'il a prêté serment debout & découvert, M. le chancelier lui dit de prendre sa place. C'est de ce jour que le rang est réglé entre les conseillers d'état, d'église, d'épée & de robe, quelque rang qu'ils eussent d'ailleurs, à l'exception de ceux qui sont officiers de la couronne, qui conservent entre eux le rang de cette dignité, & précèdent ceux qui ne le sont pas.

Lorsqu'il vaque une des douze places de conseiller d'état ordinaire, sa majesté la donne à l'un des semestres; le plus ancien est ordinairement préféré,

216 CON

& on lui expédie de nouvelles lettres-patentes, mais il ne prête point de nouveau serment.

Le doyen du *conseil* jouit de plusieurs prérogatives, dont quelques-unes ont déjà été remarquées en leur lieu : on ajoutera seulement ici, que la place de chancelier étant vacante par la mort de M. Seguier, le roi ordonna, par un réglement du *conseil*, du 8 février 1673, que le *conseil* d'état, tant pour les finances que pour les parties, *continueroit comme par le passé*, & qu'il seroit tenu par le sieur d'Aligre, doyen de ses *conseils*, dans l'appartement de son château de Saint-Germain, destiné à cet effet. Le doyen du *conseil* assista à la signature d'un traité de renouvellement d'alliance avec les Suisses, en robe de velours violet, comme représentant le chancelier de France, qui étoit indisposé.

Après le décès de M. d'Ormesson, doyen du *conseil*, M. de Machault, conseiller d'état de robe, prit la place de doyen, sans aucune contestation de la part de M. de Chaumont, conseiller d'état d'épée, qui avoit pris séance au *conseil* long-temps avant lui.

En 1680, M. Poncet, conseiller d'état ordinaire, & M. de Villayer, seulement conseiller d'état semestre, prétendirent respectivement le titre de *doyen*; & par l'arrêt du conseil du 9 décembre 1680, il fut ordonné qu'ils feroient les fonctions de doyen chacun pendant six mois; que cependant M. de Villayer précéderoit M. Poncet en toutes assemblées, & qu'à l'avenir le plus ancien seroit doyen seul; que s'il n'étoit que semestre de ce jour, il deviendroit ordinaire.

Il fut décidé par arrêt du *conseil*, rendu en 1704 en faveur de M. l'archevêque de Rheims, qu'un conseiller d'état d'église qui se trouve le plus ancien du *conseil* d'état, a son rang, jouit de la place & de la qualité de doyen, & des prérogatives qui y sont attachées. Pour ce qui concerne le service des conseillers d'état, nous venons d'en parler, en traitant des différentes séances du *conseil*.

Le roi accorde quelquefois à certaines personnes de simples brevets de conseillers d'état : on les appelle *conseillers d'état à brevet* ou *par brevet*; mais ce n'est qu'un titre d'honneur, qui ne donne point d'entrée au *conseil* du roi, ni aucune autre fonction.

Habillement des personnes du conseil. Henri III avoit fait un réglement sur les habits dans lesquels on devoit assister au *conseil*, qui n'est plus observé. L'usage présent est que les conseillers d'état de robe & les doyens des maîtres des requêtes y assistent avec une robe de soie en forme de simarre, qui étoit autrefois l'habit ordinaire des magistrats; les conseillers d'état d'église, qui ne sont pas évêques, en ont une pareille depuis quelque temps, & ceux qui sont évêques, y viennent en manteau long; les intendans des finances, en manteau court; les conseillers d'état d'épée, aussi bien que les secrétaires d'état & le contrôleur-général, avec leurs habits ordinaires; les maîtres des requêtes en robe de soie, pareille, au surplus, à celle des officiers des parlemens. Les conseillers d'état de robe, &

les maîtres des requêtes, font leur cour au roi en manteau court, ou en manteau long dans les occasions de deuil, où les personnes qui sont à la cour se présentent avec cet habillement.

Au sacre du roi les conseillers d'état de robe ont des robes de satin avec une ceinture garnie de glands d'or, des gants à frange d'or, & un cordon d'or à leur chapeau : ils portent des robes de satin sans ces ornemens, lorsqu'ils accompagnent le chancelier aux *Te Deum* : l'habit des conseillers d'état d'épée, dans ces occasions, est le même que celui des gens d'épée qui ont séance au parlement; le rochet & le camail est l'habit de cérémonie de ceux qui sont d'église, du moins s'ils sont évêques.

Dans tous les *conseils*, les ministres, conseillers & secrétaires d'état, ont toujours été assis en présence du roi. Autrefois les dépêches s'expédioient ordinairement dans la forme d'un simple travail particulier dans le cabinet du roi, à qui chaque secrétaire d'état rendoit compte debout des affaires de son département, & ils ne prenoient séance que quand sa majesté assembloit un *conseil* pour les dépêches; ce qui arrivoit principalement quand il y appelloit quelque conseiller d'état pour des affaires importantes dont il leur avoit renvoyé l'examen. A présent les ministres sont assis pendant leur travail particulier, ainsi que les conseillers d'état qui en ont un avec le roi, comme pour les œconomats, S. Cyr, &c. Le roi ayant fait asseoir le chancelier le Tellier, à cause d'une indisposition, accorda depuis la même grace au maréchal de Villeroi, chef du *conseil* royal. *Mémoires de Choisi*, tom. I, page 131 & 132.

Instruction des affaires au conseil. La manière d'instruire & de juger les affaires, est la même dans tous les départemens du *conseil* des parties. Aucune affaire n'y est portée qu'elle n'ait été auparavant discutée, à-peu-près comme on la voit, de petit commissaire, dans les cours, par un petit nombre de conseillers d'état, commis à cet effet par le chancelier, & qui forme ce que l'on appelle les *bureaux du conseil*, ou par les maîtres des requêtes de quartier au *conseil*.

Forme des arrêts du conseil. Les arrêts qui émanent des différens départemens du *conseil* du roi, étoient originairement expédiés en forme de résultat ou récit de ce qui y avoit été proposé & arrêté par sa majesté; c'est pourquoi l'on n'y parle qu'en style indirect, c'est-à-dire en marquant ce qui s'y est passé en ces termes : *vu par le roi*, &c. ou *le roi étant informé*, &c. Lorsqu'ils sont rendus de son propre mouvement, souvent ils sont suivis de lettres-patentes, dans lesquelles le roi parle directement en y répétant les dispositions de l'arrêt. Les arrêts du *conseil* sont tous signés par le chancelier & par le rapporteur; leur expédition est signée ou par un secrétaire d'état, ou par un secrétaire des finances, ou par un greffier du *conseil*, chacun dans leur département.

Les

Les matières qui font examinées par des perfonnes du *conseil*, donnent fouvent lieu de rédiger des édits, déclarations, ordonnances, & autres loix générales. Elles font toutes regardées comme des décisions données par fa majefté après avoir confulté les perfonnes de fon *conseil*; c'eft pourquoi elles portent toujours, *de l'avis de notre conseil*, &c.

Les affaires contentieufes, dont le *conseil* connoît, exigeant une inftruction & quelque procédure, il y a eu au *conseil*, de toute ancienneté, des avocats, des greffiers & des huiffiers pour le fervice des parties qui font obligées d'y avoir recours.

Avocats aux conseils. Voyez AVOCAT AUX CONSEILS.

Greffier du conseil. L'on voit qu'avant 1300 il y a eu des officiers au *conseil* fous le nom de *notaires de France*, de *clercs du fecret*, de *fecrétaires du roi*, & de *clercs de notaires*, chargés de figner & expédier les lettres & arrêts émanés du *conseil*.

De ces offices, les uns ont formé le collège des fecrétaires du roi, qui fignent & expédient les lettres de chancellerie fignées par le roi en fon *conseil*.

Les autres font reftés attachés au fervice particulier du *conseil*. Dès 1519 quatre d'entre eux faifoient toutes les expéditions des finances, comme ils les font encore aujourd'hui fous le nom de *fecrétaires du conseil d'état & direction des finances*; ils y font la même fonction que les greffiers du *conseil* font au *conseil* des parties.

Le furplus des fecrétaires des finances étoit deftiné au fervice du *conseil* des parties; & ce ne fut qu'en 1676 que le nombre en fut réduit aux quatre qui rempliffent aujourd'hui ces fonctions fous le titre de *fecrétaires des finances & greffiers du conseil d'état privé*; elles confiftent à tenir regiftre de tout ce qui émane de ce *conseil*, & à expédier les ordonnances & arrêts : ces quatre greffiers font à la nomination du chancelier de France, & lui paient le droit de furvivance.

Ils ont fous eux huit clercs-commis & quatre greffiers garde-facs, qui fervent par quartier au greffe du *conseil* : ils ont réuni à leurs charges différens autres offices de greffiers particuliers créés en différens temps pour le *conseil*; tous ces officiers font commenfaux de la maifon du roi.

Huiffiers du conseil. Ces huiffiers ne font pas moins anciens. Il y en avoit quatre en titre d'office dès le règne de François I. Ils réunirent en 1604 l'office d'huiffier garde-meuble du *conseil*, qui n'avoit d'autre fonction que d'en préparer la falle; & il en fut créé fix autres en 1655, enforte qu'ils font actuellement au nombre de dix.

Leur fonction eft, en premier lieu, de garder en dedans les portes de la falle du *conseil* & de la grande & petite direction des finances; & ils y ont été confirmés par un arrêt du 15 mai 1657 contre les gardes-du-corps du roi, qui ont été reftreints à

Jurifprudence. Tome III.

les garder en dehors feulement, quand fa majefté affifte au *conseil*. Ils gardent auffi, mais en dehors feulement, les portes de la falle où le chancelier tient le *conseil* des dépêches & des finances en l'abfence du roi, & ils ont quelquefois fait ces mêmes fonctions chez fa majefté même, en l'abfence des huiffiers du cabinet.

En fecond lieu, ils font dans les affemblées du *conseil* toutes les publications qui peuvent y être à faire, foit pour des ventes d'offices, foit pour adjudications.

En troifième lieu, ils font toutes les fignifications des oppofitions au fceau, des procédures & arrêts du *conseil*, même des jugemens des commiffions qui en font émanées, & ils exécutent par tout le royaume les arrêts & jugemens, fans qu'ils foient revêtus d'une commiffion du grand fceau.

Il y a auffi quatre huiffiers de la grande chancellerie, dont un créé dès 1473, un autre en 1597, & les derniers en 1655. Le premier eft en même temps premier huiffier du grand-*conseil*; il en remplit les fonctions en robe de foie, rabat plat, & toque de velours, & jouit des privilèges de la nobleffe.

La fonction de ces quatre huiffiers eft, 1°. de garder en dedans les portes de la falle où fe tient le fceau : 2°. d'y faire les publications qui doivent y être faites, & de dreffer les procès-verbaux d'affiches, de publications, remifes, & adjudications, parce qu'il n'y a pas de greffier pour le fceau : 3°. de faire, avec les huiffiers du *conseil*, les fignifications & exécutions dont on a parlé.

Dans les cérémonies où le chancelier de France affifte, il eft toujours précédé de deux huiffiers du *conseil*, & de deux de la grande chancellerie : ces deux derniers portent fes maffes. Leur habillement eft la robe de fatin noir, le rabat pliffé, la toque de velours à cordon d'or, les gants à frange d'or, & des chaînes d'or à leur cou; ceux du *conseil* ont de plus une médaille d'or pendante à leur chaîne, & ceux de la grande chancellerie ne peuvent la porter, fuivant un arrêt de 1676. Ce fut Henri II qui leur donna ces chaînes d'or un jour qu'il fortoit du *conseil*. Louis XIII y ajouta fa médaille, qui leur a été donnée depuis par Louis XIV & par Louis XV à leur avènement à la couronne. Hors les cérémonies, ils font leur fervice en manteau court & rabat pliffé : ils font tous commenfaux de la maifon du roi, & à la nomination du chancelier à qui ils paient un droit de furvivance.

Commiffions extraordinaires du conseil. On appelle ainfi des attributions paffagères que l'importance de certaines affaires, ou des circonftances particulières déterminent le roi à confier à des juges, qui foient à portée de les terminer avec plus de célérité & moins de frais qu'elles ne le feroient dans les tribunaux ordinaires. Elles ne s'accordent que rarement; & fi on les a vu dans des temps fe multiplier, on a vu auffi qu'elles ont été réduites aux feuls cas qui méritent une exception.

E e

Le choix de ceux qui composent ces commissions se fait le plus ordinairement parmi les personnes qui ont l'honneur de servir dans le *conseil* ; alors elles sont composées de quelques conseillers d'état & de quelques maîtres des requêtes. On leur associe quelquefois des officiers du grand-*conseil*, & d'autres tribunaux ; quelquefois aussi les parties conviennent entre elles de magistrats ou d'avocats qu'elles proposent au roi pour être leurs juges, & sa majesté les autorise par un arrêt du *conseil* ; cela arrive sur-tout entre des proches parens qui veulent terminer des affaires de famille avec plus de célérité & moins d'éclat.

Il y a aussi des cas où les intendans & commissaires départis sont commis pour juger certaines affaires avec des officiers dont le choix leur est ordinairement confié ; & toutes ces différentes espèces de commissions sont établies, ou pour juger en dernier ressort, ou pour ne juger qu'à la charge de l'appel au *conseil*.

Enfin le roi établit aussi quelquefois, mais beaucoup plus rarement, des commissions pour juger des affaires criminelles : mais c'est alors une espèce de chambre criminelle qu'il forme à cet effet par lettres-patentes, soit à l'arsenal ou ailleurs, & la procédure s'y fait en la forme ordinaire.

En matière civile, les affaires s'instruisent dans les commissions du *conseil*, dans la forme la plus sommaire qui est pratiquée au *conseil*.

Il y a eu des greffiers particuliers créés pour les commissions extraordinaires du *conseil*, qui s'exercent à sa suite ou à Paris. Ils sont au nombre de six, & ils remettent au dépôt du louvre leurs minutes dès que la commission est finie.

Les huissiers du *conseil* servent dans ces commissions, de même qu'au *conseil*, pour les publications & les significations ; il n'y a, comme on a vu, que les avocats au *conseil* qui puissent y instruire les affaires quand la commission s'exécute à Paris ou à la suite du *conseil*.

Outre les différentes séances du *conseil* dont nous venons de parler, il y avoit encore celle du *conseil* de marine, & dans les temps de guerre le roi crée un *conseil* des prises.

CONSEIL de la marine, étoit une séance particulière du *conseil* du roi, dans laquelle on traitoit de toutes les affaires qui concernoient la marine.

On voit dès 1608 il y avoit un *conseil* pour la marine, comme il paroît par un arrêt du *conseil* d'état du 19 janvier 1608, rendu par le roi étant en son *conseil*, concernant le fait de la marine. *Voyez* Fontanon, *tom. IV, pag.* 667.

Après que la charge d'amiral eut été supprimée en 1626, il fut établi un *conseil* de marine qui se tenoit chez M. le chancelier : il en est fait mention dans l'*Histoire du conseil* par Guillard, *pag.* 88, il fut supprimé en 1669, lorsque la charge d'amiral fut rétablie.

Pendant la minorité du roi il fut encore établi

un *conseil* de marine, par ordonnance du 3 novembre 1715.

La forme de ce conseil fut changée par deux autres ordonnances des 11 juillet 1716 & 31 août 1720.

Suivant le dernier de ces réglemens, ce *conseil* se tenoit deux fois la semaine, & même plus souvent s'il étoit nécessaire.

Il étoit composé du comte de Toulouse, amiral, du maréchal d'Estrées, qui avoit la qualité de président du *conseil*, de plusieurs seigneurs, officiers de marine & autres, & de quelques magistrats.

Il étoit chargé, 1°. de tout ce qui concernoit la marine du Levant & du Ponant, les galères, les consulats, les colonies, pays & concessions des Indes orientales & occidentales & d'Afrique, les fortifications des places maritimes, la construction, entretien & réparations des arsenaux, quais, formes, bassins, écluses, jettées & batteries, pour la conservation, l'entrée & la défense des ports & rades, & l'entretien des corps-de-garde dans les capitaineries-garde-côtes.

2°. De l'inspection sur les négocians qui composent en chaque échelle le corps de la nation en tout ce qui ne regardoit point le détail de leur commerce.

3°. De maintenir le privilège des négocians sous la bannière de France, de réprimer les abus du pavillon & les fraudes de ceux qui prêtent leur nom aux étrangers.

4°. De la direction des compagnies des Indes orientales du Sénégal & autres, pour tout ce qui regardoit la guerre & les établissemens où il y a des troupes & des commandans.

5°. Du soin de faciliter aux vaisseaux marchands les secours dont ils auroient besoin dans les pays étrangers, & de faire cesser les troubles & les obstacles qu'ils y pourroient recevoir par des saisies ou autres empêchemens dans leur navigation.

6°. Il devoit proposer l'expédition des ordres nécessaires pour ouvrir & fermer les ports, & de ceux pour l'envoi des escadres, ou escortes destinées à la protection du commerce & à la sûreté des côtes & des bâtimens marchands ; & les ordres expédiés pour ouvrir & fermer les ports devoient être envoyés par le *conseil* de marine aux commandans, intendans & ordonnateurs des ports, & par l'amiral, aux officiers de l'amirauté.

7°. Il étoit aussi chargé des négociations & traités avec les puissances d'Alger, de Tunis, de Tripoli, & avec le roi de Maroc ; du rachat & de l'échange des esclaves, & de la protection des saints lieux de Jérusalem.

Les mémoires en forme d'instruction concernant la marine pour les ambassadeurs & envoyés, devoient être donnés par ce *conseil*, & portés par le comte de Toulouse au *conseil* de régence ; & après y avoir été approuvés, ils étoient communiqués au secrétaire d'état ayant le département des affaires étrangéres.

Les marchés pour les fournitures générales & particulières de la marine, se faisoient à ce *conseil*; ou s'il convenoit de faire quelque marché dans les ports, il devoit être approuvé par le *conseil*.

Les comptes de recette & dépense des invalides de la marine y étoient arrêtés chaque année.

Les affaires étant délibérées dans le *conseil*, le comte de Toulouse devoit recueillir les voix. S'il y avoit partage, la sienne étoit prépondérante, de même qu'en son absence celle du président, & en l'absence du président, celle du conseiller qui avoit présidé.

Le comte de Toulouse devoit se rendre aux jours ordonnés chez le régent, pour lui rendre compte des affaires sur lesquelles il étoit nécessaire de recevoir ses ordres.

Lorsqu'il y en avoit qui ne concernoient que les galères, le comte de Toulouse en avertissoit le chevalier d'Orléans, général des galères, qui se rendoit avec lui chez le régent, & y faisoit le rapport.

Le comte de Toulouse rapportoit au *conseil* de régence les affaires qui dévoient y être rapportées, avec les délibérations du *conseil* de marine sur chaque affaire. Il pouvoit néanmoins, quand il le jugeoit à propos, proposer au régent d'appeller, au *conseil* de régence, le maître des requêtes conseiller au *conseil* de marine, pour y faire le rapport des affaires qui lui avoient été distribuées.

Les dépêches & autres expéditions faites au nom du *conseil*, étoient signées par le comte de Toulouse seul, à l'exception de celles concernant le service des galères, qui étoient signées conjointement par lui & par le général des galères, & de celles concernant les fortifications des places maritimes, qui étoient aussi signées conjointement par lui & par le marquis d'Asfeld, qui étoit aussi de ce *conseil*.

Tel étoit le dernier état de ce *conseil* jusqu'au mois de mars 1723, que les fonctions de secrétaire d'état de la marine furent rétablies en faveur du comte de Morville, comme elles étoient à la fin du règne de Louis XIV, au moyen de quoi le *conseil* de marine fut supprimé. (*A*)

Depuis cette époque, on appelle *conseil de marine*, une assemblée des principaux officiers de la marine établie dans chacun des ports de Brest, Toulon & Rochefort, pour délibérer & statuer sur les opérations relatives à la construction des vaisseaux & au service de la marine royale.

Par l'ordonnance du 8 novembre 1774, le roi a ordonné que le *conseil* de construction, établi par les ordonnances de 1689 & 1765, prendroit le titre de *conseil de marine*, & se conformeroit provisoirement à ce qui étoit prescrit par l'ordonnance du 25 mars 1765, jusqu'à ce qu'il eût plu à sa majesté d'en régler définitivement les fonctions; ce qui a eu lieu par une autre ordonnance du 27 septembre 1776.

Les officiers qui composent ce *conseil*, sont le commandant du port, qui y préside toujours, l'intendant, qui prend séance après le président, le directeur général de l'arsenal, le commissaire général des ports & arsenaux de marine, qui prend séance après le directeur général, soit qu'il la prenne en sa qualité de commissaire général, ou qu'il supplée l'intendant en cas d'absence; & le major de la marine & des armées navales.

Le contrôleur de la marine est secrétaire du *conseil*; il n'a voix délibérative que dans les cas où il s'agit de marchés ou d'adjudication.

L'intention du roi étant que les membres permanens du *conseil* soient toujours au nombre de cinq, le commandant du port doit être suppléé, en cas d'absence, par le directeur général; celui-ci par le directeur particulier le plus ancien dans l'ordre des capitaines de vaisseau; l'intendant par le commissaire général; celui-ci par le plus ancien des commissaires ordinaires; & le major de la marine, par le major de la division du corps royal d'infanterie de la marine, ou par l'officier qui le supplée dans l'ordre du service. Les commissaires doivent prendre rang après les capitaines de vaisseau.

Indépendamment des cinq membres perpétuels, le *conseil* peut appeller les directeurs & sous-directeurs des trois détails, & les commissaires départis aux cinq bureaux de l'arsenal, suivant la nature des objets qui doivent être examinés & discutés dans le *conseil*, ou des comptes qui doivent y être rendus. Il peut pareillement appeller des capitaines de vaisseau, excepté ceux qui sont attachés aux trois directions, & des lieutenans, en évitant toutefois le trop grand nombre & la confusion. Les directeurs, sous-directeurs, capitaines ou lieutenans de vaisseau, & commissaires ainsi appellés pour être membres du *conseil*, y ont voix délibérative.

Lorsqu'il s'agit de constructions ou d'objets qui y ont rapport, le *conseil* doit appeller l'ingénieur-constructeur en chef, ou en son absence le plus ancien des ingénieurs-constructeurs ordinaires, lequel, dans ce cas, a voix délibérative.

Lorsque les autres officiers, ingénieurs-constructeurs, ou entretenus dans le port, sont appellés au *conseil*, ils sont tenus de s'y rendre pour y donner leur avis ou répondre aux questions qu'on à à leur faire relativement aux objets concernant le détail auxquels ils sont attachés, ou sur lesquels on leur suppose des connoissances particulières: les officiers ingénieurs-constructeurs ainsi appellés, ne peuvent pas prendre séance; ils doivent être assis hors du rang à côté du président, & se retirer lorsqu'ils ont donné leur avis ou répondu aux questions qu'on leur a faites.

Lorsqu'il doit être délibéré sur certains objets, le commandant du port peut donner entrée dans la salle du *conseil* à quelques lieutenans & enseignes qui doivent y assister, pour leur instruction, debout & en silence.

Il doit être tenu un *conseil* tous les quinze jours

dans l'hôtel du préfident : & indépendamment des *confeils* fixes , le commandant doit en faire tenir d'extraordinaires toutes les fois qu'il le juge convenable au bien du fervice, ou lorfqu'il en eft requis par l'intendant.

Le préfident eft chargé d'annoncer à la fin de chaque féance , les queftions prévues qui doivent être agitées à la féance fuivante.

Indépendamment du *confeil de marine* permanent dont nous venons de parler, le roi s'eft réfervé de faire affembler extraordinairement une autre forte de *conseil de marine*, dont l'objet fera d'examiner, lorfque fa majefté l'ordonnera, la conduite des officiers généraux , capitaines de vaiffeau & autres officiers qu'elle aura chargés du commandement de fes efcadres , divifions ou vaiffeaux particuliers , relativement aux miffions qui leur auront été données. Les fonctions de ce *conseil* font déterminées par le tit. 19 de l'ordonnance de 1775 , dont nous venons de parler.

Dans ce cas, le *conseil de marine* ne peut être compofé que du nombre d'officiers généraux , ou anciens capitaines de vaiffeaux, que fa majefté juge à propos de nommer.

L'affemblée de ce *conseil* doit être tenue chez l'officier le plus ancien, qui doit y préfider, les autres membres prennent féance fuivant leur ancienneté dans leurs grades refpectifs.

CONSEIL DES PRISES eft une commiffion extraordinaire que le roi établit , en temps de guerre, près de l'amiral, pour juger en première inftance les prifes qui font faites en mer fur les ennemis , foit par les vaiffeaux du roi, foit par les vaiffeaux de fes fujets qui ont commiffion pour armer en courfe.

Cette commiffion eft compofée de l'amiral, qui en eft le chef & chez qui fe tient, de neuf ou dix confeillers d'état, quatre ou cinq maîtres des requêtes, du fecrétaire général de la marine, qui y a voix délibérative, d'un greffier, & autres officiers néceffaires.

Les ordonnances ont toujours attribué à l'amiral la connoiffance des prifes; mais anciennement c'étoit en la jurifdiction de l'amirauté que les prifes étoient jugées.

Dans la fuite on a établi, en divers temps, une commiffion appellée *conseil des prises*, pour connoître de ces fortes de matières.

Le plus ancien réglement que j'ai trouvé, qui concerne le *conseil des prises* , confifte dans des lettres-patentes du 20 décembre 1659 , portant que le *conseil des prises* réglera le falaire des officiers de l'amirauté.

La minorité du comte de Vermandois, amiral de France , donna lieu d'établir, en 1672, une commiffion du *conseil*, où les prifes étoient jugées fouverainement, & les arrêts expédiés au nom du roi. Cette commiffion ceffa lorfque M. le comte de Touloufe, amiral de France, fut, par fa majorité, rétabli dans le droit de juger les prifes.

L'ordonnance de la marine du mois d'août 1681 ne fait cependant point mention du *conseil des prises*, quoiqu'elle contienne un titre exprès des prifes. Cette matière y eft traitée comme étant de la compétence des officiers de l'amirauté.

Le *conseil des prises* fut rétabli en 1695 , & il fut fait le 9 mars un réglement, qui eft le premier que l'on trouve avoir donné une forme certaine à cette commiffion.

Il eft dit dans le préambule de ce réglement, que la minorité du comte de Vermandois, & enfuite celle du comte de Touloufe, avoient fufpendu jufqu'à fa réception, une partie des fonctions, les plus honorables, attachées à la charge d'amiral au fujet des prifes qui fe font en mer ; que le roi defirant maintenir l'amiral de France dans fon ancienne jurifdiction, vu que le comte de Touloufe étoit alors en âge de l'exercer par lui-même, s'étoit fait repréfenter les ordonnances, tant anciennes que nouvelles, arrêts & réglemens rendus fur la manière d'inftruire & de juger les prifes ; & en conféquence il fait un nouveau réglement dont voici la fubftance.

Il eft dit que les prifes feront jugées par les ordonnances, qui feront rendues par l'amiral & par les commiffaires, qui feront choifis & nommés de nouveau, par fa majefté, pour tenir *conseil* près de l'amiral , fans qu'il y ait un procureur pour fa majefté dans cette commiffion.

Les commiffaires doivent s'affembler à cet effet dans la maifon de l'amiral, foit qu'il foit préfent ou abfent, aux jours & heures par lui indiqués.

L'amiral préfide à ce *conseil*, & en cas de partage d'opinions, fa voix doit prévaloir.

Il diftribue les procès & requêtes à ceux des commiffaires qu'il juge à propos, & en fon abfence le plus ancien des commiffaires préfide & diftribue comme lui.

L'amiral & les commiffaires connoiffent auffi des partages des prifes & de tout ce qui leur eft incident, même des échouemens des vaiffeaux ennemis qui arrivent pendant la guerre.

Si l'amiral & les commiffaires ordonnent quelques eftimations ou liquidations par experts , ils doivent commettre les officiers de l'amirauté pour donner leur avis.

Toutes les requêtes font adreffées à l'amiral feul: les ordonnances font intitulées de fon nom & fignées de lui & des commiffaires, de manière que la fignature de l'amiral eft feule fur la première colonne, & toutes les autres fignatures font fur la feconde ; & en fon abfence, les ordonnances font fignées de même, & toujours intitulées de fon nom.

Les inftructions qui concernent les échouemens ou les prifes , partages d'icelles, circonftances & dépendances , doivent être faites par les officiers de l'amirauté dans le reffort defquels elles font amenées, fans néanmoins qu'ils puiffent les juger : ils peuvent feulement, pour les prifes qui font

conftamment ennemies, faire vendre judiciairement les marchandifes & cargaifon pour en empêcher le dépériffement & prévenir la diminution du prix.

L'appel des ordonnances rendues au *confeil des prifes* eft portée & jugée au *confeil royal des finances*, où l'amiral affifte & prend le rang que fa naiffance & fa charge lui donnent.

Le fecrétaire d'état ayant le département de la marine, rapporte feul, dans le *confeil* royal, les affaires qui s'y portent par appel ou autrement, & les oppofitions ou autres incidens qui peuvent furvenir ; & les arrêts qui interviennent fur ces matières fon expédiés en commandement par le même fecrétaire d'état.

Le *confeil des prifes* fut continué par un arrêt du *confeil* d'état du 12 mai 1702, qui rappelle le réglement de 1695, & il eft dit que fa majefté ayant été fatisfaite des fervices rendus par les commiffaires, qui furent alors nommés pendant le cours de la précédente guerre, elle eftimoit néceffaire de les continuer pour le jugement des affaires que la conjoncture lors préfente pouvoit faire naître ; & en conféquence cet arrêt ordonne l'exécution du réglement de 1695, & des arrêts & réglemens rendus depuis fur le fait des prifes.

Jufqu'alors c'étoit le fecrétaire général de la marine qui expédioit les ordonnances données par l'amiral & par les commiffaires : il fignoit auffi les expéditions qui en étoient délivrées aux parties : mais, par un arrêt du *confeil d'état* du 13 août 1707, il fut ordonné que le fecrétaire général de la marine auroit, à l'avenir, féance & voix délibérative dans les affemblées qui fe tiendroient pour juger les prifes ; & le roi nomma un greffier de l'affemblée pour dreffer en cette qualité les ordonnances, en figner les expéditions en parchemin, & faire toutes les fonctions néceffaires, fans avoir néanmoins entrée ni féance dans cette affemblée. Il fut auffi ordonné que chacun des commiffaires écriroit dorénavant, de fa main, tout ce qui feroit jugé fur chacune des affaires dont il auroit fait le rapport, le roi dérogeant à cet égard au réglement de 1695.

La guerre ayant été déclarée à l'Espagne au mois de janvier 1719, le roi voulant pourvoir à l'inftruction & au jugement des prifes qui pourroient être faites fur les Efpagnols, fit un réglement le 12 février fuivant pour l'établiffement d'un *confeil des prifes*.

Ce réglement eft affez conforme aux précédens ; il ordonne feulement de plus, que fi les commiffaires font partagés en l'abfence de l'amiral, l'affaire lui fera rapportée au confeil fuivant, & qu'en cas de voyage ou de maladie, elle feroit portée au *confeil* de régence qui fubfiftoit alors, pour y être fait droit comme fur les appels ; enfin il étoit dit que les appellations des ordonnances du *confeil des prifes* feroient rapportées au *confeil* de régence par ceux des commiffaires du *confeil des prifes* qui avoient entrée au *confeil* de régence.

Il y eut, le 3 novembre 1733, un nouveau réglement pour l'établiffement du *confeil des prifes*, à l'occafion de la guerre déclarée à l'empereur le 10 octobre précédent. Ce réglement eft en tout point conforme aux précédens, fi ce n'eft qu'au lieu de porter les appels au *confeil* de régence, comme il étoit dit par le dernier réglement, il eft dit par celui-ci que les appels feront portés & jugés au *confeil royal des finances*, où l'amiral affiftera, comme il eft dit par le réglement de 1695.

Le roi ayant déclaré la guerre le 15 mars 1744 au roi d'Angleterre, électeur d'Hanovre, fit un réglement, le 22 avril de la même année, pour l'établiffement du *confeil des prifes*, qui rappelle tous les précédens réglemens, à partir de celui de 1695, & eft conforme à celui de 1733.

La guerre que la France vient de foutenir contre l'Angleterre, pour le maintien de la liberté des mers, & des treize Etats-Unis de l'Amérique feptentrionale, a donné lieu de créer un nouveau *confeil des prifes*, que le roi a établi par un réglement du 19 juillet 1778, qui contient les mêmes difpofitions que les réglemens antérieurs dont nous avons rendu compte, à l'exception néanmoins que dans le cas de partage d'opinion, pendant l'abfence de l'amiral, pour caufe de voyage ou de maladie, il fera rendu une ordonnance de partage, qui fera vuidé au *confeil royal des finances*, dans la même forme que les appels des ordonnances pour les prifes. Ce réglement renferme auffi la forme de procéder au jugement des prifes. *Voyez* PRISES.

CONSEIL *de confcience*. Il a exifté autrefois une féance particulière du *confeil* du roi, fous le nom de *confeil de confcience*, deftinée à examiner ce qui concernoit la religion & l'églife, & principalement à l'effet de pourvoir aux bénéfices étant à la nomination du roi. Elle fut établie pour la première fois après la mort de Louis XIII. Le cardinal Mazarin, premier miniftre, préfidoit à ce *confeil* : on y faifoit la propofition de la vacance des évêchés & abbayes, & on délibéroit d'y nommer ; fur quoi le cardinal de Mazarin faifoit un billet de fa main comme une efpèce de certificat de la nomination faite par le roi, lequel étoit délivré au fecrétaire d'état pour expédier le brevet & les lettres de nomination.

Louis XIV avoit auffi fon *confeil de confcience*, où l'archevêque de Paris affiftoit avec le confeffeur du roi : dans les derniers temps le confeffeur du roi étoit feul avec lui. C'étoit là que le roi fe déterminoit pour la nomination des bénéfices, évêchés, abbayes & autres bénéfices de nomination royale. Ce *confeil* fe tenoit tous les vendredis, & auffi les jours que le roi communioit. L'origine de cet ufage étoit fort ancienne ; car on trouve dès 1352, & dans les années fuivantes, plufieurs lettres de fauvegarde accordées à des abbayes par le roi dans fon *confeil*, auquel étoit préfent fon confeffeur.

Après la mort de Louis XIV, le *confeil* du roi fut divifé en plufieurs féances particulières, l'une desquelles étoit le *conseil de conscience*, qui se tenoit à l'archevêché. Il étoit composé du cardinal de Noailles, de l'archevêque de Bordeaux, de M. le procureur-général, & de M. l'abbé Pucelle ; il y avoit un secrétaire du *conseil* : ce *conseil* fut supprimé au mois d'octobre 1718. (*A*)

CONSEIL *de régence*. Dans les temps de minorité on établit un *conseil* d'état, sous le nom de *conseil de régence*, pour aider le régent ou la régente du royaume dans l'administration des affaires d'état, tant du dedans que du dehors.

L'établissement de ces sortes de *conseils* est fort ancien.

En effet, on voit que Philippe III, ayant nommé en décembre 1271 Pierre de France, comte d'Alençon, pour tuteur de ses enfans & régent du royaume, voulut que du *conseil* du royaume fussent les évêques de Langres & de Bayeux, les archidiacres de Dunois & de l'église de Chartres, & de Bayeux, Jean d'Acre, bouteiller de France, Erard sieur de Valery, chambrier de France, connétable de Champagne, Ymbert de Beaujeu, connétable de France, Simon de Nesle, Julien de Peronne, & Geoffroi de Villette, chevaliers, Jean Sarrazin & Pierre de la Brosse, avec ceux que le comte d'Alençon, ou celui de Blois, après lui, voudroient appeller.

Charles V, voulant pareillement pourvoir à la conservation de l'état, en cas qu'il décédât avant la majorité de son fils, qu'il venoit de fixer à quatorze ans, nomma, au mois d'octobre 1374, la reine Jeanne, sa femme, tutrice principale, gouvernante & garde de leurs enfans & du royaume, avec Philippe, duc de Bourgogne, son frère, & Louis, duc de Bourbon, frère de sa femme, & leur donna pour *conseil* les archevêques, grands officiers & seigneurs dénommés dans la liste qu'il en fit, où il comprit deux présidens & deux conseillers au parlement, quatre maîtres des comptes, un général des aides, Mᵉ. Jean Day, avocat, & six bourgeois de la ville de Paris, tels que la reine, & les tuteurs choisiroient.

Cet exemple fut suivi par Charles VI, en 1392, & par Louis XII, en 1505.

Après la mort de Louis XIV, arrivée en 1715, il fut établi un *conseil de régence* pendant la minorité du roi, composé de M. le duc d'Orléans, régent du royaume, de plusieurs autres princes du sang, de M. le chancelier, plusieurs autres seigneurs, un évêque, & un secrétaire d'état ; ce *conseil* avoit inspection sur tous les autres *conseils* particuliers qui furent établis en même temps, tels que le *conseil* de conscience, le *conseil* des affaires étrangères, celui de la guerre, celui des finances, le *conseil* du dedans du royaume, celui de la marine, & celui du commerce. Le *conseil de régence* cessa à la majorité du roi, arrivée le 15 février 1724. *Voyez* Dutillet, *chap. des régences*, & l'*Histoire du conseil par* Guillard, *pag.* 31.

CONSEIL *de la reine*, n'est pas un tribunal comme celui du roi, mais seulement un *conseil* œconomique & d'administration pour la maison & finances de la reine. Il est composé du chancelier de la reine, du surintendant des finances, des secrétaires des commandemens, maison & finance, du procureur-général & de l'avocat-général, des secrétaires du *conseil*, & autres officiers nécessaires. La reine Jeanne, veuve de Philippe V, dans des lettres par elle données le 10 février 1367, parle d'une information vue par les gens de son *conseil*, en son hôtel, à bonne & mûre délibération, & qu'elle avoit eu avis avec eux sur cela. *Voyez le tom. VI des ordonnances*, *pag.* 472, & CHANCELIER DE LA REINE. (*A*)

CONSEIL *des princes du sang*, sont des assemblées composées de certains officiers de leur maison & finances.

Le droit d'avoir un *conseil* en titre n'appartient qu'aux enfans & petits-enfans de France, & au premier prince du sang, qui ont une maison couchée sur l'état du roi.

Le *conseil* des princes qui ont un apanage, est composé d'un chancelier garde des sceaux, qui est chef du *conseil*, d'un surintendant des maisons, domaines & finances : quelquefois cette fonction de surintendant est unie à celle de chancelier ; deux secrétaires des commandemens & du cabinet, un contrôleur-général des finances, deux intendans des finances, un trésorier, plusieurs conseillers, il y en a ordinairement quatre ou cinq ; deux secrétaires du *conseil*, qui servent par semestres, un audiencier-garde des rôles de la chancellerie, un chauffe-cire, deux agens des affaires, & deux huissiers servans par semestre.

C'est dans ce *conseil* que l'on fait toutes les délibérations & expéditions nécessaires pour l'apanage, comme les provisions & commissions d'officiers, l'adjudication des baux des terres, maisons & autres biens.

Ce *conseil* est ordinairement appellé le *conseil des finances*, pour le distinguer du *conseil* particulier qui se tient pour les affaires contentieuses que le prince peut avoir. Les officiers de ce *conseil* des finances ont, pour cette fonction, un brevet signé du prince, & prêtent serment entre les mains de son chancelier, s'il en a un, sinon entre les mains du surintendant des finances.

Les princesses douairières des princes qui avoient un apanage, ont aussi un *conseil* pour leur maison & finances ; mais elles n'ont point de chancelier parce qu'elles n'ont point d'apanage. Leur *conseil* est composé d'un chef du *conseil*, un secrétaire des commandemens, deux conseillers, un trésorier des maison & finances, deux agens des affaires, & un secrétaire du *conseil*.

On délibère dans ce *conseil* sur tout ce qui concerne les maison & finances de la princesse.

Ces *conseils* des princes & princesses du sang, qu'on appelle ordinairement *conseil des finances*, sont des délibérations, des résultats & des décisions ; ils donnent des mandemens & font diverses expéditions; mais ils ne rendent aucun jugement & n'ont point de jurisdiction. (*A*)

CONSEIL *du roi* (*grand-*) étoit dans son origine le *conseil* d'état & privé du roi : il connoît présentement de plusieurs matières, tant civiles que bénéficiales & criminelles.

Le titre de *grand* que l'on a donné à ce *conseil*, tire son origine, tant du nombre des conseillers qui y étoient admis, que de l'importance des matières qui y étoient traitées; car il y avoit dès-lors un *conseil* secret ou étroit, c'est-à-dire, peu nombreux, dans lequel se traitoient les affaires qui demandoient plus de secret.

Cette compagnie est la seule de son espèce dans le royaume, elle n'a point de territoire particulier; mais sa jurisdiction s'étend dans tout le royaume; c'est pourquoi sa devise est *unica universis*.

Avant l'établissement du *conseil du roi* dont nous venons de parler, le *grand-conseil* connoissoit principalement des affaires d'état, du domaine & des finances; on y portoit peu d'affaires contentieuses, si ce n'est celles qui sont de nature à être portées au *conseil du roi*, telles que les cassations, les réglemens de juges, & toutes les matières que le roi évoquoit à soi.

Ce fut dans ce tribunal que se traita, en 1302, la question de rendre le parlement sédentaire à Paris : & on lit dans Bonfons, à l'article du parlement, une ordonnance du *grand-conseil* à cette fin, qui est ainsi intitulée : *ci est l'ordonnance du parlement faite par le grand-conseil*.

Le premier établissement des cours des aides a été fait par ordonnances rendues par le *grand-conseil*; & la cour des aides de Paris a eu, dans son institution recours au *grand-conseil*, pour avoir un réglement de discipline intérieure, ainsi qu'on le voit par les registres du *grand-conseil*.

Tout ce qui concernoit la guerre, la marine, l'amirauté, les prises sur mer, les prisonniers, leur rançon, les lettres d'abolition pour défection au service du roi ou pour rébellion, & la réintégration des coupables dans leurs biens & honneurs par la grace du prince; ce qui avoit rapport aux tailles, au commerce, tout cela étoit du ressort du *grand-conseil* : la raison est qu'il y avoit alors peu d'offices particuliers, & notamment qu'il n'y en avoit point pour ces sortes d'affaires, qui se traitoient sommairement.

Dans la suite nos rois instituèrent successivement divers officiers de la couronne & autres, à chacun desquels ils attribuèrent la direction de certaines matières, dont le *grand-conseil* avoit coutume de connoître : on attribua à un maréchal de France & au connétable tout ce qui a rapport au militaire; les gens des comptes, le grand-trésorier de France & le grand-maître des eaux & forêts, eurent chacun leur département.

Les grands baillifs, qui sont devenus par la suite des officiers ordinaires, étoient appellés au *grand-*

conseil, & y prenoient séance lorsqu'il s'agissoit d'affaires de leur ressort.

La coutume où l'on étoit de traiter au *grand-conseil* les affaires dont la connoissance étoit attribuée à ces divers officiers, donna lieu à de fréquentes évocations au *grand-conseil*.

D'un autre côté, le bouleversement que les guerres des Anglois, sous le règne de Charles VI, avoient occasionné dans les possessions des particuliers, donna lieu à une multitude infinie de demandes, qui furent toutes portées au *grand-conseil*, & y restèrent pour la plupart indécises, pendant tout le règne de Louis XI, à cause de l'absence continuelle des maîtres des requêtes & autres officiers du *conseil*, qui étoient occupés aux ambassades & autres commissions importantes du dedans & du dehors du royaume.

Toutes ces différentes affaires, dont le *grand-conseil* étoit surchargé, donnèrent lieu aux états, assemblés à Tours en 1483, à l'avénement de Charles VIII à la couronne, de demander que le roi eût auprès de soi son *grand-conseil* de la justice, auquel présideroit le chancelier assisté de certain nombre de notables personnages, de divers états & pays, bien renommés & experts au fait de la justice; que ces conseillers prêteroient serment & seroient raisonnablement stipendiés.

Ce fut ce qui engagea Charles VIII, quelque temps après, à établir dans ce *conseil* un corps, cour & collège d'officiers en titre; ce qu'il fit par un édit du 2 août 1497, par lequel il fut ordonné que le chancelier présideroit au *grand-conseil*, qu'il y seroit assisté des maîtres des requêtes ordinaires de l'hôtel, qui y présideroient en son absence selon leur rang d'ancienneté; & il fut en même temps créé dix-sept conseillers ordinaires, tant d'église que lays.

Charles VIII, étant décédé le 7 avril 1498, Louis XII, par un édit du 13 juillet suivant, confirma l'établissement du *grand-conseil*, & augmenta le nombre des conseillers d'un prélat & de deux autres conseillers, ce qui composoit, en tout, le nombre de vingt conseillers, qu'il distribua en deux semestres.

Le *grand-conseil*, ainsi composé & réformé par Louis XII, continua de connoître de toutes les mêmes affaires dont il avoit connu auparavant. Son occupation la plus continuelle étoit celle du réglement des cours & des officiers; il connoissoit aussi de tous les dons & brevets du roi, de l'administration de ses domaines, de toutes les matières qui étoient sous la direction des grands & principaux officiers, & des affaires, tant de justice que de police de la maison du roi, & des officiers de la suite de la cour : beaucoup d'affaires particulières y étoient aussi introduites, soit par le renvoi que le roi lui faisoit des placets qui lui étoient présentés, soit du consentement des parties.

Depuis ce temps, nos rois lui ont attribué exclusivement la connoissance de plusieurs matières, presque toutes relatives à sa première institution.

Ainsi, c'est en vertu de sa première destination que le *grand-conseil* connoît encore aujourd'hui des contrariétés & nullités d'arrêts, nonobstant l'établissement qui a été fait depuis du *conseil* d'état. Cette attribution semble lui avoir été faite par des lettres-patentes de 1531 & de 1537; mais ces lettres ne sont que la confirmation de l'ancien usage.

C'est relativement à la véritable institution du *grand-conseil*, que la conservation de la jurisdiction des présidiaux & des prévôts des maréchaux, qui s'exerce par la voie de réglement de juges, avec les parlemens, lui a été attribuée.

Il en est de même de l'attribution exclusive des procès, concernant les archevêchés, évêchés & abbayes, à laquelle donna lieu la résistance que le parlement fit à l'exécution du concordat. Depuis que la nomination de tous les grands bénéfices a été accordée au roi, le *grand-conseil* a dû connoître de l'exécution de ses brevets : c'est par la même raison qu'il connoît de l'indult du parlement, qui est regardé comme étant de nomination royale; des brevets de joyeux avénement & de serment de fidélité; de l'exercice du droit de litige dans la Normandie; & en général de tous les brevets que le roi accorde pour des bénéfices.

L'attribution qui lui fut faite, par une déclaration du 15 septembre 1576, de la connoissance des droits de francs-fiefs & nouveaux acquêts, est une suite de la part qu'il a pris de toute ancienneté à l'administration & régie des domaines du roi, ainsi que l'attribution des affaires, concernant les droits de tabellionage, par déclaration du 7 août 1548.

Les contestations pour le paiement des dix livres tournois, qui sont dues par les prélats, après leur nomination, celles concernant les oblats, ainsi que la réformation des hôpitaux & maladreries, ont été attribuées au *grand-conseil* du chef du grand aumônier.

De même toute la police des eaux minérales, & des brevets pour vendre les remèdes, & de la chirurgie & barberie, lui a été attribuée du chef du premier médecin & du premier chirurgien.

Le roi a encore de tout temps employé le *grand-conseil*, pour établir une jurisprudence uniforme dans tout le royaume sur certaines matières, telles que les usures, les banqueroutes, les récélés des corps morts des bénéficiers.

C'est par une raison à-peu-près semblable que la plupart des grands ordres ont obtenu le droit d'évocation au *grand-conseil*, afin que le régime & la discipline de ces grands corps ne soient point intervertis par la diversité de jurisprudence, & qu'ils ne soient pas obligés de disperser leurs membres dans tous les tribunaux.

Les secrétaires du roi ont de tout temps joui du même droit : les trésoriers de France l'ont aussi obtenu.

Enfin, le *grand-conseil* a souvent suppléé les cours souveraines, pour le jugement de certaines affaires qui en ont été évoquées : on lui attribua même, au mois de février 1659, tous les procès du ressort du parlement de Dijon.

Il ne seroit pas possible d'entrer ici dans le détail de toutes les attributions différentes dont le *grand-conseil* a joui plus ou moins long-temps; il suffit d'avoir donné par quelques exemples l'idée de celles qui conviennent à son institution.

On doit seulement encore ajouter que la jurisdiction de la prévôté de l'hôtel y ressortit en matière civile; & cette attribution fort ancienne, est en même temps un privilège pour les officiers de la maison du roi, la conséquence de la destination du *grand-conseil* à connoître des matières qui sont sous la direction des grands & principaux officiers, & la preuve de la confiance que les rois ont eue de tout-temps en ce tribunal pour les affaires de leur cour & suite.

Le *grand-conseil* a continué d'être ambulatoire à la suite de nos rois, & il jouit en conséquence du droit d'avoir à sa suite un marchand & un artisan privilégiés de chaque art & métier.

Il a tenu ses séances à Paris, en différens endroits, notamment au Louvre, aux Augustins & dans le cloître de saint Germain de l'Auxerrois.

Par un arrêt du *conseil* d'état, du 6 juillet 1686, le roi permit aux officiers du *grand-conseil* d'établir leur séance en l'hôtel d'Aligre, & d'en passer bail aux clauses & conditions qu'ils aviseroient bon être; il y eut le 17 du même mois des lettres-patentes pour la translation du *grand-conseil*, & il a toujours tenu ses séances en ce lieu, jusqu'au temps où le roi lui a accordé un emplacement dans les salles du Louvre, qu'il occupe aujourd'hui.

Lorsqu'en 1771 les compagnies souveraines de la magistrature éprouvèrent la disgrace du feu roi, le *grand-conseil* fut supprimé par un édit du mois d'avril de la même année; les affaires, dont la connoissance lui étoit attribuée, furent renvoyées les unes au *conseil* d'état privé du roi, d'autres aux requêtes de l'hôtel, & le surplus au parlement de Paris qu'il suppléoit. Mais après que Louis XVI eut rendu à la nation ses anciens magistrats, en rétablissant le parlement de Paris, par un édit du 12 novembre 1774, le *grand-conseil* fut également rétabli, suivant sa forme ancienne, par un édit du même jour, enregistré au parlement & au *grand-conseil*.

Ce tribunal est composé aujourd'hui de M. le chancelier ou M. le garde des sceaux, qui en sont les véritables chefs & présidens-nés, d'un premier président, nommé par le roi, de cinq autres présidens créés & érigés en titre d'offices formés & héréditaires, de plusieurs conseillers d'honneur, dont le nombre n'est pas fixe, & qui sont nommés par le roi, de cinquante-quatre conseillers, distribués également en deux semestres, & dont deux sont en même temps grands rapporteurs & correcteurs des lettres du sceau; de deux avocats-généraux & un procureur-général, de plusieurs substituts

du

du procureur-général ; d'un greffier en chef, de quatre autres greffiers, un pour l'audience, un pour la chambre, un pour les préfentations & affirmations, & un greffier garde-facs ; quatre fecrétaires du roi, fervant près le *grand-confeil* ; un premier huiffier, vingt-quatre procureurs, dix-fept huiffiers ; un aumônier, plufieurs médecins, deux chirurgiens pour les vifites & rapports ; un maréchal des logis, un fourrier, un juré trompete, & autres officiers fubalternes.

Tous ces officiers jouiffent de plufieurs privilèges, notamment de ceux des commenfaux de la maifon du roi & des officiers des cours fouveraines. Les doyens de chaque femeftre ont entrée & voix délibérative au *confeil* d'état privé. Quatre confeillers peuvent accompagner M. le chancelier ou M. le garde des fceaux, dans toutes les occafions où il juge à propos de les appeler. La nobleffe a été accordée aux officiers du *grand-confeil*, par un édit du mois d'août 1717, & par une déclaration du 22 mai 1719.

Les audiences des grand & petit rôles fe tenoient ci-devant le lundi & mardi matin ; elles ont été transférées au vendredi & famedi, par une déclaration du 6 mars 1738.

L'audience des placets, qui fe tenoit autrefois les jeudis, a été transférée par la même déclaration aux mercredis.

Après les grandes audiences qui finiffent à onze heures, les mêmes juges donnent une audience pour les caufes d'inftruction.

Le lieu deftiné à faire les exécutions des arrêts rendus au *grand-confeil* en matière criminelle, & qui emportent peine afflictive, eft la place de la Croix-du-Trahoir.

Le roi adreffe fouvent à cette compagnie fes ordonnances, édits, déclarations, pour y être enregiftrés.

Lorfqu'il s'agit de quelque réception d'officier, ou de délibérer fur quelque point de difcipline de la compagnie, les deux femeftres s'affemblent.

Le *grand-confeil* n'eft point dans l'ufage d'affifter en corps, ni par députés aux cérémonies publiques ; mais il va en députation nombreufe complimenter le roi, la reine, & les princes & princeffes de la famille royale, fur les événemens remarquables, & jetter l'eau-bénite à ceux qui font décédés.

Préfidens. Le chancelier a été de tout temps & eft encore le feul & premier préfident du *grand-confeil.*

Suivant l'édit de 1497, il devoit être affifté des maîtres des requêtes, lefquels avoient droit de préfider en fon abfence, fuivant leur rang d'ancienneté.

En l'abfence des maîtres des requêtes, c'étoit le plus ancien confeiller-lai qui préfidoit à l'audience, & le plus ancien confeiller d'églife qui préfidoit au *confeil*, comme on voit par un réglement qui fut fait par les confeillers en 1521.

Au mois d'octobre 1540, il fut créé un office de préfident au *grand-confeil*, en faveur de Guy de Breflay, pour préfider en l'abfence du chancelier : mais, par un édit du 6 mars 1543, cet office fut révoqué, & les maîtres des requêtes rétablis dans leur droit de préfider au *grand-confeil*, comme ils faifoient auparavant.

Quelque temps après, le roi créa deux offices de préfidens, & le premier mai 1557, on en créa encore deux autres ; mais au mois de feptembre 1559, François II, à fon avénement à la couronne, fupprima les offices de préfidens au *grand-confeil*, jufqu'à ce qu'ils fuffent réduits au nombre de deux, vacation arrivant par mort ou forfaiture.

L'ordonnance de Blois, *art.* 221, les fixa à deux : mais Hénri III, par un édit du 12 juillet 1586, créa quatre offices de préfidens au *grand-confeil*.

En 1610 & en 1634, il y avoit huit préfidens, & en 1635 on en créa encore deux, qui furent difpenfés d'être maîtres des requêtes, comme cela étoit alors néceffaire pour pofféder ces offices.

Mais tous ces offices de préfidens furent depuis fupprimés, &, par édit du mois de février 1690, il fut créé un office de premier préfident, & huit autres offices de préfidens, auxquels le roi donna rang de maîtres des requêtes.

Les chofes font demeurées dans cet état jufqu'à l'édit de janvier 1738, qui a encore fupprimé toutes les charges de préfidens, & a établi un confeiller d'état, commis pour faire la fonction de premier préfident, en l'abfence de M. le chancelier, pendant un an, & huit maîtres des requêtes pour faire la fonction de préfidens pendant quatre ans. L'édit de 1774, dont nous avons parlé ci-deffus, a rétabli les chofes fur le pied où elles étoient par l'édit de 1690.

Les préfidens du *grand-confeil* ont toujours été diftribués en deux femeftres, dont l'un commence en janvier & l'autre en juillet, au lieu que ceux des confeillers commencent en avril & octobre.

L'habit des préfidens à l'audience, en hiver, eft la robe de velours, en été, la robe de fatin. En la chambre du *confeil*, ils portent la robe & le chaperon de laine, avec la fimarre & la ceinture de foie.

Confeillers. Anciennement les confeillers au *grand-confeil* étoient des officiers des cours fouveraines ou des principaux fièges, auxquels le roi accordoit des brevets d'honneur, avec entrée au *grand-confeil.*

Au commencement du quinzième fiècle, le *grand-confeil* fe trouva chargé de tant d'affaires, que l'on fut obligé d'augmenter le nombre des confeillers : la première création d'officiers en titre, fous ce nom eft celle de 1497, qui fut de dix-fept confeillers, tant clercs que lais.

Louis XII, en confirmant cet établiffement en 1498, augmenta le nombre des confeillers d'un prélat & de deux autres confeillers, ce qui faifoit en tout le nombre de vingt, qu'il diſtribua en deux ſemeſtres ; & il défendit qu'aucuns autres conſeillers, de quelque dignité ou condition qu'ils fuſſent, entraſſent dorénavant au *grand-conſeil*, même au jugement des procès, à moins qu'ils n'y fuſſent appellés par le chancelier.

Le nombre des conſeillers fut dans la ſuite augmenté juſqu'à quarante ; on en créa encore quatre en 1547, mais ils furent auſſi-tôt ſupprimés.

L'ordonnance de Blois, *art. 221*, les réduiſit à vingt-quatre.

Mais en 1597, on en créa ſix, & deux en 1631. Il y en avoit plus de quarante en 1634 ; on en créa encore dix en 1635, & préſentement le nombre eſt de cinquante-quatre.

Outre ces cinquante-quatre offices de conſeillers, il y a ordinairement pluſieurs conſeillers d'honneur, dont le nombre n'eſt pas fixe. Ils ſiègent les premiers du côté des préſidens.

En l'abſence de M. le chancelier & des autres préſidens, c'eſt le plus ancien conſeiller-lai qui doit préſider à l'audience, & le plus ancien conſeiller d'égliſe qui doit préſider en la chambre du *conſeil*, comme il eſt dit dans le réglement fait par les conſeillers en 1521, ce qui fut auſſi ordonné par Henri III, en 1586.

Ils ſont partagés en deux ſemeſtres, dont l'un commence en avril, & l'autre en octobre.

Leur habit de cérémonie eſt la robe de ſatin noir.

Ils jouiſſent de tous les privilèges accordés aux conſeillers de cour ſouveraine, & ont, en outre, pluſieurs droits qui leur ſont propres : ſavoir,

1°. Ils ont entrée, ſéance & voix délibérative dans toutes les cours ſouveraines : cet uſage n'a cependant plus lieu au parlement de Paris.

2°. Ils peuvent préſider dans tous les préſidiaux où ils ſe trouvent.

Grands rapporteurs & correcteurs des lettres du ſceau. Il y a deux charges, dont l'une exiſte de toute ancienneté ; la ſeconde a été créée par Henri II, au mois de mai 1552 : elles ſont affectées aux conſeillers du *grand-conſeil*. Ils rapportent les lettres au ſceau, & anciennement ils venoient ſouvent au *grand-conſeil* prendre l'avis de la compagnie ſur les affaires qui paroiſſoient ſouffrir quelque difficulté.

Avocats généraux. Il y en a deux qui ſervent par ſemeſtre ; mais depuis 1738 le roi a donné une déclaration, qui les autoriſe à porter la parole hors le temps de leur ſervice, le choix des cauſes demeurant à celui qui eſt de ſemeſtre. Le premier office fut créé en 1522, l'autre du temps de Henri II : ce ſecond office fut ſupprimé en 1583 ; il a depuis été rétabli.

Procureur-général. L'édit de 1498, portant confirmation de l'établiſſement du *grand-conſeil*, prouve qu'il y avoit déjà un procureur-général : il y ſert toute l'année. Comme les avocats-généraux n'avoient la parole chacun que dans leur ſemeſtre, c'étoit au procureur-général à la porter dans celui

qui étoit vacant ; mais ordinairement il commettoit pour cette fonction un de ſes ſubſtituts, comme il fait encore en cas d'abſence ou autre empêchement des avocats-généraux.

Greffier en chef. Il fut créé par Louis XII, en 1498. Il y a, en outre, un greffier de l'audience, un greffier de la chambre, un greffier des préſentations & affirmations & un greffier des dépôts, civil & criminel.

Subſtituts du procureur-général, furent créés premiérement, en 1586, au nombre de huit ; mais ces charges n'ayant pas été alors levées, on les créa de nouveau en 1672. Ils ſont actuellement au nombre de ſept, & portent la parole aux audiences, en l'abſence ou autre empêchement de MM. les avocats-généraux.

Par une autre déclaration, regiſtrée le 28 octobre 1674, on leur a accordé le titre de *conſeillers du roi*, *ſubſtituts*, &c. un minot de ſel de franc-ſalé, & tous les droits & privilèges des officiers du *grand-conſeil*, *committimus* au grand-ſceau. Ils ſont reçus au droit annuel ſans prêt. En l'abſence ou récuſation du procureur-général, ils ſignent les concluſions, & aſſiſtent, avec les conſeillers du *grand-conſeil*, aux deſcentes & à toutes inſtructions des procès civils & criminels, auxquelles les fonctions du procureur-général ſont néceſſaires.

Secrétaires du roi. Il y en avoit anciennement deux attachés au *grand-conſeil*, dont l'un faiſoit la fonction de greffier. Ils ont enſuite été augmentés juſqu'au nombre de cinq, ſans compter le greffier en chef, qui doit être ſecrétaire du roi du grand collège. L'un des cinq exiſtoit dès l'année 1498 ; les quatre autres furent créés par édit du mois de février 1635, confirmés par un autre édit du mois d'août 1636, portant qu'ils jouiront des honneurs, prérogatives, droits, privilèges & exemptions dont les ſecrétaires du parlement de Paris jouiſſent. L'édit de 1774 les a recréés au nombre de quatre.

Premier huiſſier, eſt auſſi ancien que l'établiſſement du *grand-conſeil* ; il eſt en même temps, par le droit de ſa charge, le premier des huiſſiers ordinaires du roi, en ſa grande chancellerie.

Pour ce qui eſt des autres huiſſiers, originairement c'étoient les ſergens d'armes, qui exécutoient les mandemens & arrêts du *grand-conſeil*. En 1513, on créa vingt huiſſiers ſergens ordinaires, qui furent réduits à huit aux états de Blois en 1579. Il y eut encore depuis quelque changement ; car le 25 juin 1582, on en créa cinq pour faire le nombre de vingt, outre le premier huiſſier ; on en créa encore quatre en 1635. Ils ne ſont préſentement en tout que dix-ſept, ſans compter le premier huiſſier.

Tréſorier payeur des gages, avoit été établi par l'édit de Charles VIII, en 1497. Il y avoit trois contrôleurs, dont les édits de 1628 & 1635 font mention, ainſi que des droits des receveurs des amendes & payeur des gages du *grand-conſeil*. Tous ces officiers avoient été rétablis par l'édit de 1774.

mais ils ont été supprimés par l'article 20 d'un autre édit, donné au mois de mai 1775.

Procureurs. Il y en avoit au *grand-conseil* dès 1489, comme il paroît par un réglement du 13 octobre de cette année, qui fut fait pour leur réception, portant que les clercs qui auroient servi dix ans les procureurs seroient préférés aux autres.

Le 8 avril 1524, le *grand-conseil* leur donna un style, en attendant qu'il y eût été pourvu par le roi & par M. le chancelier.

Au mois de septembre 1679, ils ont été créés en titre d'office, au nombre de vingt-trois. L'édit de 1774 en avoit porté le nombre à vingt-quatre; mais il n'en existe aujourd'hui que quatorze.

La justice se rend gratuitement au *grand-conseil*, & pour tenir lieu d'épices & de vacations aux officiers qui composent ce tribunal, le roi leur a accordé une somme annuelle de 75000 livres, outre les gages & pensions attribués à chaque office.

Sur cette somme, on prélève 1°. celle de six mille huit cens livres pour les substituts du procureur-général; 2°. celle de mille livres pour celui que le *grand-conseil* a commis à la recette & distribution des soixante-quinze mille livres; 3°. les gages du garde des titres, archives & bibliothèque du *grand-conseil*; le surplus se partage également entre tous les conseillers.

CONSEIL, (*compagnie de judicature.*) parmi les différens corps de magistrats connus en France sous la dénomination de *conseil*, les uns sont qualifiés de *souverains*, les autres de *supérieurs*; & les autres de *provinciaux*.

Il y avoit autrefois trois *conseils* souverains, ceux d'Alsace, de Nanci & de Roussillon; celui de Nanci a obtenu le titre de *parlement*, par un édit du mois de septembre 1775, ensorte qu'il n'existe plus que le *conseil* souverain d'Alsace, dont les séances se tiennent à Colmar, & celui de Roussillon établi à Perpignan. Nous avons parlé du *conseil* d'Alsace, sous le mot ALSACE, nous traiterons de celui de Perpignan, sous le mot ROUSSILLON. La justice souveraine est aussi administrée en Corse, depuis sa réunion à la couronne de France, par un tribunal appelé *conseil souverain*. *Voyez* CORSE.

CONSEIL *supérieur*, c'est le nom qu'on a donné aux tribunaux établis par Louis XV, en 1771, dans les villes d'Arras, Blois, Châlons, Clermont-Ferrand, Lyon, Poitiers, Nîmes, Bayeux, Douai & Rouen, pour y rendre la justice au souverain & en dernier ressort, dans toutes les matières civiles & criminelles, chacun suivant l'étendue des bailliages dont leur arrondissement étoit composé. Mais, après le rappel des magistrats dispersés par la révolution de 1771, ces *conseils* supérieurs ont été supprimés par les édits de novembre 1774 & de février 1775, & l'ordre des jurisdictions a été rétabli de la même manière qu'il existoit auparavant.

On donne particuliérement le nom de *conseils*

supérieurs, aux cours souveraines qui jugent en dernier ressort les causes civiles & criminelles des habitans des colonies françoises, soit des Indes orientales, soit de l'Amérique. Ces *conseils* supérieurs sont composés, ainsi que les cours souveraines de France, de présidens, de conseillers, d'avocats & procureur généraux, de substituts du procureur-général, de greffiers, de procureurs postulans, & d'huissiers, sans parler des officiers des petites chancelleries établies près de ces *conseils*. *Voyez* COLONIES.

CONSEIL *provincial d'Artois*, est un tribunal qui tient ses séances à Arras, & dont nous avons parlé sous le mot ARTOIS.

Il y a encore plusieurs corps & compagnies auxquels on donne le nom de *conseil*; nous allons en donner la notice par ordre alphabétique.

CONSEIL *aulique*, (*Droit public allemand.*) la qualification d'*aulique* pourroit se donner généralement à toute espèce de *conseil* d'une cour, car ce mot vient du latin *aula*, qui signifie la cour d'un prince. Mais dans une signification particulière, & dans l'usage ordinaire, on appelle *conseil aulique*, le tribunal suprême siégeant à la cour de l'empereur d'Allemagne. Ce *conseil*, dont le nombre des membres n'est déterminé par aucune loi, est composé d'un président, d'un vice-président, que présente l'électeur de Mayence, du vice-chancelier de l'empire, & de quinze assesseurs, à la suite desquels viennent deux secrétaires, qui sont en même temps référendaires, un protonotaire, un huissier, deux fiscaux, l'un pour l'Allemagne & l'autre pour l'Italie.

Ce tribunal a encore à sa suite, & comme ses dépendances immédiates, la chancellerie de l'empire, les agens propres du *conseil* aulique, au nombre de dix-sept, & un grand nombre de personnes qui, soit comme agent, soit comme résidens, soit comme solliciteurs, sont auprès de ce *conseil* les affaires des princes, villes, familles, & particuliers de l'empire, en litige, & peuplent à ces divers titres la ville de Vienne, ou tout autre lieu de résidence affecté à l'empereur, le *conseil* aulique, par son institution, étant toujours censé se tenir auprès de sa majesté impériale.

Érigé sous le règne de Maximilien I, par la diète qui fut transférée de Trèves à Cologne l'an 1512, & muni par les états de l'empire de l'instruction générale de vaquer, dans le palais de l'empereur, au bien du corps germanique, ce *conseil* prenoit alors, mais sur un meilleur pied, la place du grand-juge établi dans le treizième siècle par Frédéric II; ce grand juge lui-même, & les adjoints qu'on lui avoit donnés, avoient dû leur existence à la cessation des fonctions des comtes palatins devenus des seigneurs trop puissans, pour demeurer grands-justiciers; & le tribunal de ce grand-juge à son tour, étant tombé dans une langueur aussi déshonorante pour la dignité de l'empire, que pernicieuse pour le bien-être de ses membres, il en avoit résulté le besoin de former le *conseil* aulique,

F f 2

& de lui donner une confiftance affortie à l'importance de fa vocation.

Lors de fa première inftitution, il fut compofé feulement de huit membres, & on ne lui donna qu'une inftruction affez vague. Bientôt après, le choix & la nomination de fes membres furent remis à l'empereur feul, qui fe chargea de les falarier convenablement. A la paix de Weftphalie, il fut réglé que, dans le nombre indéterminé de fes affeffeurs, entreroient conftamment à l'avenir fix proteftans, dont les fuffrages réunis équivaudroient toujours à ceux des catholiques, en quelque nombre qu'ils fuffent. Tous les affeffeurs font à la nomination de l'empereur, & font tirés de deux claffes, qui forment deux bancs différens, favoir les comtes & feigneurs d'un côté, & de l'autre les jurifconfultes. L'ordonnance qu'ils fuivent actuellement, leur a été donnée en 1654, par l'empereur Ferdinand III.

Le *confeil aulique* eft différent de la chambre impériale : cette dernière eft le tribunal fuprème de l'empire, au lieu que le premier eft le *confeil* de l'empereur; mais fon autorité eft de même force que celle de la chambre. Il n'y a aucun appel de fes fentences, la feule voie d'en revenir eft par requête à l'empereur immédiatement, dans le but d'obtenir la revifion des actes. Ce tribunal fe croit même tellement attaché à la perfonne de l'empereur, qu'il lui fait rapport de fes délibérations, avant fentence rendue, lorfque les matières font jugées dignes de fon attention.

Les affaires qui font de la compétence de ce *confeil*, & qui ne peuvent pas être portées pardevant la chambre impériale, fe réduifent à ces trois chefs : 1°. les affaires féodales : 2°. toutes celles qui concernent ce que l'on appelle *refervata cæfaris* : 3° tout ce qui regarde l'Italie. Les inveftitures des comtés fe demandent à ce tribunal, & en font reçues avec cette différence, que pendant la cérémonie, les comtes allemands fe tiennent debout, & les italiens à genoux. Par le traité de Weftphalie, il a été ordonné que l'électeur de Mayence auroit le droit de vifiter le *confeil aulique*, de même qu'il vifite la chambre impériale, & c'eft par cette raifon qu'il en nomme le fecond membre.

Le pouvoir de ce confeil ceffe à la mort de l'empereur, & dans le cas de l'interrègne, chacun des deux vicaires de l'empire peut en établir un dans fon département. C'eft par cette raifon que la chambre impériale, qui fubfifte pendant la vacance de l'empire, prétend ne pas l'être le *confeil aulique*. Au refte, il ne connoît pas des affaires d'état, il n'enregiftre aucuns édits, mais feulement fes propres jugemens. Pollnitz, dans fes *Mémoires*, tom. II, prétend qu'il n'a pas le droit de faire des remontrances, & que fon pouvoir eft plus borné que celui des parlemens de France.

CONSEIL *d'adminiftration*, c'eft le titre que l'ordonnance du roi du 25 mars 1776 a donné à une affemblée compofée dans chaque régiment, tant d'infanterie que de cavalerie, dragons ou huffards, du colonel ou meftre-de-camp commandant, du colonel ou meftre-de-camp en fecond, du lieutenant-colonel, du major & du plus ancien capitaine, lefquels ont tous voix délibérative pour ftatuer fur les affaires qui peuvent intéreffer le corps.

Le colonel ou meftre-de-camp commandant eft nommé chef du *confeil d'adminiftration*. Lorfqu'il eft abfent, fes fonctions doivent être fuppléées par le colonel en fecond; & à fon défaut, par l'officier qui commande le régiment. C'eft ce qui réfulte de l'article 2 du titre premier de l'ordonnance citée.

L'article 3 veut que le *confeil* s'affemble chez le chef, & qu'il foit toujours compofé de cinq perfonnes. Les membres abfens doivent être remplacés par les plus anciens capitaines préfens.

Suivant l'article 4, l'affemblée du *confeil* doit avoir lieu une fois chaque femaine; & extraordinairement, toutes les fois que celui qui doit y préfider le juge néceffaire.

Le cinquième ordonne que le lieutenant-colonel, & en fon abfence le major, faffe le rapport des objets à mettre en délibération; qu'il en foit rédigé un précis par le quartier-maître, qui eft tenu de l'infcrire, ainfi que les décifions du *confeil*, dans un regiftre deftiné pour cet effet, & appellé *regiftre du confeil* : les cinq officiers doivent figner fur ce regiftre à la fin de chaque féance.

Comme le *confeil d'adminiftration* eft établi pour veiller au bon ordre, à l'économie, à toutes les fournitures néceffaires au corps, pour ordonner, vérifier, approuver les marchés & les dépenfes, & pour juger de la conduite de ceux qu'il a chargés de quelque détail, l'article 6 a ordonné qu'aucun des membres du *confeil* ne pourroit être perfonnellement chargé d'aucun achat.

Tous les officiers du régiment devant concourir à l'avantage & au bien général du corps, le *confeil* peut charger de l'exécution de fes ordres ceux qui ont les talens néceffaires, & il en doit être fait note fur le regiftre. Aucun officier ne peut fe difpenfer de donner fes foins à la partie de détail que le *confeil* lui a confiée.

CONSEIL *de guerre*, eft de deux efpèces : la première eft le *confeil* que le roi tient avec fes miniftres & principaux confeillers fur le fait de la guerre. Cette matière fe traite ordinairement dans le *confeil d'état*, où l'on difcute auffi d'autres affaires; mais lorfqu'on y délibère fur ce qui concerne la guerre, on dit que le roi a tenu *confeil de guerre*. Il appelle quelquefois extraordinairement, dans ce *confeil*, des maréchaux de France & autres principaux officiers, pour donner leur avis. Il y eut même pendant la minorité du roi, une féance particulière du *confeil* du roi, établie fous le titre de *confeil de guerre*, compofée de feigneurs & officiers, & du fecrétaire d'état ayant le département de la guerre; il y avoit un préfident & un vice-préfident. Ce *conseil* se tenoit au louvre trois fois la semaine ; on y traitoit non-seulement de la guerre, mais de tout ce qui y avoit rapport, & aux troupes : ce *conseil* ou bureau fut supprimé au mois d'octobre 1718.

L'autre espèce de *conseil de guerre* est celui que les officiers tiennent à l'armée, en garnison ou quartier, soit pour délibérer entre eux sur le parti qu'ils doivent prendre dans le service en quelque rencontre difficile, soit pour attaquer ou pour défendre, ou autrement, soit pour faire quelque acte de justice militaire, comme faire quelque réglement pour la police & la discipline des troupes, ou pour juger quelque délit militaire.

Les règles établies pour l'administration de la justice militaire dans le *conseil de guerre*, sont :

Que les officiers ne peuvent tirer de prison leurs soldats emprisonnés pour quelque excès ou désordre, sans la permission du gouverneur de la place, ou qu'ils n'aient été jugés au *conseil de guerre*, si le cas le requiert.

Dès qu'un soldat est arrêté prisonnier, le sergent-major de la place, &, en son absence, celui qui en fait la fonction, doit lui faire faire son procès, sans qu'aucun soldat prisonnier, pour crime, puisse sortir de prison, qu'il n'en ait été ordonné par le *conseil de guerre*.

Les juges ordinaires des lieux où les troupes tiennent garnison, connoissent de tous crimes & délits qui peuvent y être commis par les gens de guerre, de quelque qualité & nation qu'ils soient, lorsque les habitans des lieux ou autres sujets de sa majesté y ont intérêt, nonobstant tous privilèges à ce contraires, sans que les officiers des troupes en puissent connoître en aucune manière; & néanmoins les juges ordinaires sont tenus d'appeler le prévôt des bandes ou du régiment, en cas qu'il y en ait, pour assister à l'instruction & au jugement des procès de tout crime de soldat à habitant ; & s'il n'y a point de prévôt, on doit appeler le sergent-major ou l'aide-major, ou l'officier commandant le corps de la troupe.

Les officiers des troupes connoissent seulement des crimes ou délits qui se commettent de soldat à soldat, à l'égard desquels, s'ils ont été constitués prisonniers, les officiers ne peuvent pas les retirer ou faire retirer des prisons où ils auroient été mis, sous prétexte qu'ils doivent connoître de leurs crimes ; ils peuvent seulement requérir les juges de l'autorité desquels ils ont été emprisonnés, de les leur faire remettre ; &, en cas de refus, ils doivent se pourvoir devers le roi.

Les chefs & officiers ne peuvent s'assembler pour tenir *conseil de guerre*, sans la permission expresse du gouverneur ou commandant.

Lorsqu'il s'agit de tenir *conseil de guerre* dans une place pour la punition des crimes des soldats, ou pour empêcher qu'il ne s'en commette à l'avenir, l'assemblée qui se fait pour le jugement, doit être tenue dans le logis du gouverneur, &, en son absence, dans celui du lieutenant de roi ou commandant en la place où est la compagnie dont le soldat accusé est membre.

Tous les officiers de la garnison, de quelque corps qu'ils soient, peuvent assister au *conseil de guerre* ; & le gouverneur ou, en son absence, le lieutenant de roi ou commandant y doit présider.

S'il ne se trouve pas dans la place des officiers en nombre suffisant pour le jugement des soldats, il est permis au gouverneur, &, en son absence, à celui qui commande, d'y appeler le nombre nécessaire d'officiers d'infanterie, étant dans les garnisons les plus voisines, lesquels sont tenus de s'y rendre lorsqu'ils en sont requis.

A défaut de nombre suffisant d'officiers d'infanterie, on appelle de même des officiers de cavalerie, soit de la place ou des places voisines, lesquels prennent leur séance à gauche de celui qui préside, & opinent les premiers.

A défaut d'officiers, le commandant peut admettre dans le *conseil de guerre* des sergens de la garnison jusqu'au nombre nécessaire.

S'il s'agit de juger un cavalier, & qu'il n'y ait pas assez d'officiers de cavalerie dans la place, les officiers d'infanterie de la place ou des places voisines sont obligés d'assister au *conseil de guerre* quand ils en sont requis, & ils siègent & opinent comme il a déjà été dit.

La justice qui se fait pour les soldats d'infanterie est exercée au nom du roi, comme colonel-général de l'infanterie ; & pour les cavaliers, elle est rendue au nom du colonel-général de la cavalerie.

Les sergens-majors des places donnent les conclusions nécessaires dans les *conseils de guerre* pour le jugement des procès, préférablement & à l'exclusion des sergens-majors des régimens.

Les jugemens rendus dans le *conseil de guerre*, même ceux qui emportent peine de mort, ou autre peine afflictive, n'emportent point de confiscation ni même d'infamie. *Voyez le Code militaire* du baron de Sparre, *liv.* 4, *tit.* 6. (*A*)

CONSEIL *de la marée*, étoit une assemblée composée de plusieurs personnes choisies pour avoir l'inspection sur le commerce du poisson de mer, du temps de S. Louis. Ce *conseil* étoit composé du prévôt de Paris & de quatre jurés ou prudhommes, dont l'élection se faisoit tous les ans devant le prévôt de Paris : il recevoit leur serment, c'étoit à son tribunal qu'ils faisoient leur rapport des contraventions. Il étoit très-étroitement défendu à toutes personnes de les troubler ou de leur dire des injures, dans l'exercice de leurs fonctions, & ils étoient sous la protection & sauve-garde du roi & du parlement, pendant l'année de leur jurande. On leur accordoit la moitié des amendes prononcées sur leurs rapports, & ils étoient exempts du service du guet de nuit, que les bourgeois faisoient en ce temps-là. Le nombre de ces jurés ou prudhommes fut depuis augmenté jusqu'à six ; on les choisissoit parmi les marchands de poisson les plus estimés pour leur probité. Le roi Jean, par son ordonnance du 30 janvier 1350, y joignit le procureur du roi du châtelet, les jurés-vendeurs, & ceux des plus notables habitans que le prévôt de Paris jugeroit à propos d'y appeler. Le commerce de la marée ayant été interrompu pendant la guerre, le roi Jean, par des lettres du mois d'avril 1361, ordonna au prévôt de Paris, conservateur & gardien du commerce de la marée, de pourvoir à ce qui seroit nécessaire pour le maintenir; le prévôt de Paris permit en conséquence aux marchands & voituriers de poisson de mer, de s'assembler pour prendre avec leur *conseil* toutes les mesures nécessaires pour la police de leur commerce & la manutention de leurs privilèges. L'assemblée se fit le 19 novembre 1363; les marchands nommèrent douze d'entre eux, dont le prévôt de Paris en choisit quatre, deux de Picardie & deux de Normandie : ces élus choisirent ensuite pour leur *conseil* quatre des plus célèbres avocats de ce temps-là, ce qui fut confirmé par des lettres-patentes du 23 avril 1364. L'un de ces quatre avocats, qui étoit Guillaume de Saint-Romain, ayant été pourvu de l'office de procureur-général au parlement, Charles V subrogea en sa place au *conseil de la marée*, maître Etienne de Mareuil, par des lettres-patentes du 28 juin 1364. Les réglemens qui sont au premier volume des métiers de la ville de Paris, portent que les quatre élus prêteroient serment en présence des commissaires du parlement, du prévôt de Paris & de son lieutenant; qu'ils s'informeroient soigneusement des torts & griefs qui pourroient être faits aux marchands forains ou voituriers, pour le faire savoir en diligence au conservateur & au *conseil de la marée*.

Il y est dit aussi, qu'outre les quatre élus, il y auroit pour le *conseil* de la marchandise, trois avocats & un procureur de la cour, qui se nommeroit le *procureur général* de la marchandise de poisson de mer, deux avocats & un procureur au châtelet; leurs fonctions & droits y sont expliqués.

C'étoit alors les plus notables habitans des villes maritimes qui frettoient des vaisseaux pour la pêche, & faisoient le commerce de la marée; mais depuis que ce négoce n'a plus été exercé que par de simples voituriers, connus sous le nom de *chasse-marée*, l'usage du *conseil* de la marée s'est insensiblement aboli. Les jurés prudhommes n'ont plus d'autre soin, que de visiter les maisons où se font les ventes, pour en empêcher les falsifications, & autres abus préjudiciables à la santé, & de visiter les marchés les jours des dimanches & fêtes qui arrivent en carême, pour y interdire le commerce des salines. Le surplus de la police sur le commerce de marée & sur les officiers qui y sont préposés, appartient aux commissaires de la marée & au prévôt de Paris. *Voyez* CHAMBRE *de la marée*, & *le Traité de la police*; tome III, *liv. V, chap. 1.* (*A*)

CONSEIL *politique*, c'est le nom que l'on donne, dans quelques villes de Languedoc, aux officiers qui composent le corps de ville. Il y a un *conseil* de cette espèce à Lusignan; il en est fait mention dans un arrêt du *conseil* d'état du roi, du 17 octobre 1733, qui casse un arrêt de la cour des aides de Montpelier, au sujet de la nomination de ce *conseil politique* de la communauté de Lusignan, & confirme l'ordonnance rendue à ce sujet par l'intendant. *Voyez* CONSEIL DE VILLE & CORPS DE VILLE, MAIRE & ECHEVINS, PRÉVÔT DES MARCHANDS, CAPITOULS, JURATS, SYNDICS, CONSULS, BAILE. (*A*)

CONSEIL *de santé*, est une assemblée composée de magistrats & autres personnes choisies que l'on établit ordinairement, en conséquence d'un arrêt du parlement, dans les villes qui sont affligées de la contagion, pour régler & ordonner tout ce qui peut être nécessaire, soit dans les lieux infectés, pour en chasser la maladie, soit dans les lieux sains, pour empêcher qu'elle n'en approche. *Voyez le Traité de la police*, tom. I, *liv. IV., tit. 14.* (*A*)

CONSEIL *de Valenciennes*, étoit un *conseil* provincial établi pour cette ville & ses dépendances; par édit du mois d'avril 1706. Ce *conseil* a depuis été supprimé; l'appel du bailliage de Valenciennes, & autres justices royales, est porté au parlement de Douai.

Il y a encore deux autres *conseils* à Valenciennes, mais qui ne sont que des *conseils* de ville, & seulement pour l'administration des affaires communes : l'un nommé le *conseil particulier*, est composé de vingt-cinq notables, l'autre qu'on nomme *général* ou *grand-conseil*, est composé de deux cens personnes; mais il ne s'assemble jamais que pour les affaires extraordinaires. (*A*)

CONSEIL *de ville*, est l'assemblée des officiers municipaux d'une ville qui s'assemblent pour délibérer de leurs affaires communes. A Paris & dans quelques autres villes, ce *conseil* est composé du prévôt des marchands & des échevins; dans d'autres villes, c'est un maire qui est le chef de cette assemblée; à Toulouse, ceux qui composent le *conseil* de ville sont nommés *capitouls*; à Bordeaux, & dans quelques autres villes, on les appelle *jurats*: dans d'autres, *bailes & consuls*, *syndics*, &c.

A Paris, outre les échevins, il y a des conseillers de ville; mais ces sortes de charges ne sont qu'*ad honores*, & ces conseillers n'ont point entrée au bureau où l'on tient *conseil* sur les affaires de la ville. *Voyez* CONSEILLERS DE VILLE.

CONSEILLER, s. m. (*Jurispr.*) dans sa signification propre est celui qui est établi pour donner ses conseils sur une certaine matière.

Il y a plusieurs sortes de *conseillers*, les uns que le prince choisit pour l'aider de leurs conseils dans le gouvernement de l'état; d'autres qui portent aussi le titre de *conseillers du roi*, qui ne sont pas néanmoins auprès du roi directement, mais auprès des juges royaux; d'autres qui prennent ce même titre par honneur, sans faire aucune fonction de judicature. Les juges des seigneurs & les principaux offi-

tiers des villes, ont auffi leurs *confeillers*; & chaque claffe de ces *confeillers* fe fubdivife encore en
plufieurs efpèces que nous expliquerons dans les
articles fuivans.

L'origine des *confeillers* proprement dits qui affiftent le principal juge de leurs confeils, eft fort ancienne; elle remonte jufqu'au temps des Hébreux.
Dieu, ayant établi Moyfe pour conducteur & juge
de fon peuple, lui ordonna de fe choifir un confeil
qui feroit compofé de foixante-dix des anciens &
maîtres du peuple, de les amener à l'entrée du ta-
bernacle de l'alliance, où ils demeureroient avec lui.
Moyfe ayant exécuté cet ordre divin, le Seigneur,
dit l'écriture, defcendit dans la nuée, parla à Moyfe,
prit de l'efprit qui étoit en lui, & le donna à ces
foixante-dix hommes. Ainfi les premiers *confeillers*
furent d'inftitution divine, de même que les juges,
& reçurent de Dieu la grace du même efprit dont
Moyfe étoit rempli. On les nomma *zekeniem*, c'eft-
à-dire les anciens du peuple, *feniores*; d'où l'on a
fait enfuite le titre de *fenatores*, pour marquer que
la fageffe & l'expérience qui fe trouvent dans un
âge avancé, eft néceffaire aux juges & à ceux qui
les affiftent de leurs confeils.

Moyfe & ceux qui lui fuccédèrent en la fonction
de juge, eurent toujours de même des *confeillers*;
& ce confeil fuprême, qui fut dans la fuite nommé
fanhedrin, a fubfifté dans Jérufalem tant que l'état
des Juifs a fubfifté.

Les autres villes des Juifs avoient auffi deux fortes de *confeillers*, les uns prépofés pour l'adminiftration des affaires communes; les autres qui étoient
au nombre de fept dans chaque ville, rendoient
la juftice en première inftance, & de leurs
jugemens étoit porté au fanhedrin: ils étoient élus
par le peuple, qui prenoit ordinairement ceux qui
étoient diftingués par leur fageffe & leur probité;
on y ajouta dans la fuite deux lévites, parce que
ceux de cette tribu étoient les plus verfés dans l'é-
tude des loix. C'eft peut-être à l'imitation de cet
ancien ufage, qu'eft venu, long-temps après, celui
d'admettre un certain nombre de *confeillers*-clercs
dans les fièges royaux. Nous en parlerons plus particuliérement ci-après.

Il y eut auffi toujours des *confeillers* chez les Grecs
pour rendre la juftice; le nom qu'on leur donnoit,
du temps des rois, fignifioit *amis du roi*; & en
effet, ils rendoient la juftice avec lui; & quand il
étoit abfent, l'un d'eux préfidoit à fa place.

Sous les archontes, ces *confeillers* prirent un nom
équivalent à celui d'*affeffeurs*.

Du temps des républiques de la Grece, les Athéniens avoient deux tribunaux fupérieurs: l'un appellé *fénat des cinq cens*, qui étoit pour le gouvernement civil & la manutention des loix; l'autre
étoit ce fameux aréopage où préfidoit un des archontes avec trois cens *confeillers*, qu'on appelloit
aréopagites: il connoiffoit de la police, des matières
criminelles, & de quelques autres affaires privilégiées. Il y avoit encore alors dans Athènes huit autres

tribunaux, compofés chacun d'un préfident & de
plufieurs *confeillers*, dont le nombre étoit de deux
jufqu'à cinquante: ceux-ci étoient nommés fimplement *affeffeurs*; ils devoient être âgés de trente ans,
gens de bien & fans aucun reproche, d'une famille
notable de citoyens. On n'y admettoit point ceux
qui étoient comptables au tréfor public; & avant
de les recevoir, ils étoient examinés fur leur conduite paffée devant le fénat des cinq cens. Le
premier magiftrat ou préfident interrogeoit les parties & les témoins; le procès étant ainfi inftruit,
le juge le donnoit à fes affeffeurs pour l'examiner,
& enfuite ils lui donnoient confeil pour le jugement.

Il y eut pareillement des *confeillers* chez les Romains dès le temps de leur premier établiffement.
Romulus fe forma un confeil de cent notables citoyens, dont il prenoit l'avis dans les affaires qu'il
avoit à décider: il les nomma *fénateurs*. C'eft de
ces cent premiers *confeillers* ou *fénateurs*, que toutes
les anciennes familles patriciennes tiroient leur origine & leur nobleffe.

Les rois, fucceffeurs de Romulus, & après eux
les confuls, rendirent de même la juftice avec leurs
confeillers ou *fénateurs*; le peuple connoiffoit cependant de certaines affaires, & alors chacun opi-
noit, ou bien l'affemblée établiffoit un confeil pour
juger l'affaire.

Les confuls fe trouvant affez occupés du gouvernement de l'état, établirent le préteur pour rendre
la juftice en leur place. On ne lui donna point de
confeillers; mais il choififfoit lui-même, pour chaque affaire, des juges qui faifoient près de lui la
fonction de *confeillers*: il ne les prenoit d'abord
que parmi les fénateurs ou les chevaliers; enfuite
il y admit auffi des plébéïens.

Le préteur forma encore une autre claffe de *confeillers*, qu'il tira d'entre ceux qui s'appliquoient à
l'étude des loix, & qui prenoient le titre de *jurifconfultes*, parce qu'on les confultoit fouvent fur les
procès qui étoient à juger. Il en prit cinq des plus
habiles dans chacune des trente-cinq tribus, ce qui
faifoit en tout cent foixante-quinze: on les appella
cependant par abréviation les *centumvirs*. Lorfque
le préteur avoit à décider quelque queftion de droit,
il prenoit des juges ou *confeillers* parmi les centumvirs; au lieu que pour les queftions de fait, il prenoit des juges dans les trois ordres de citoyens indifféremment.

Les proconfuls, préteurs ou préfidens qui étoient
les gouverneurs & magiftrats des provinces, avoient
auffi la liberté de choifir eux-mêmes leurs affeffeurs
ou *confeillers*. Ils en prenoient à Rome ou dans les
provinces; mais fi c'étoit dans leur gouvernement,
ces affeffeurs devoient être changés au bout de quatre mois, & il falloit enfuite qu'ils en fiffent venir
d'ailleurs. Les uns & les autres devoient être choifis
parmi ceux qui avoient étudié les loix; ils affiftoient
le magiftrat de leurs confeils dans les jugemens, &
le repréfentoient en fon abfence. C'eft pourquoi on

les qualifioit *confiliarii & comites magiftratuim*; le magiftrat leur renvoyoit l'inftruction & l'examen des
procès; mais il étoit obligé de juger lui-même,
ce qu'il faifoit fur le rapport & l'avis de fes *confeillers*.

On voit par ce qui vient d'être dit, que chez les
Romains les fimples *confeillers* ou affeffeurs des magiftrats n'étoient point eux-mêmes confidérés
comme magiftrats; ce n'étoient que des affeffeurs
que le magiftrat appelloit pour l'aider de leurs confeils, & qui par eux-mêmes n'avoient aucun caractère d'officiers publics.

Nous avons déjà obfervé ci-devant, au mot
CONSEIL *du roi*, qu'en France nos rois ont toujours
eu près d'eux, dès le commencement de la monarchie, un confeil compofé de perfonnes choifies pour
les aider dans le gouvernement de l'état & dans
l'adminiftration de la juftice; que ceux qui font
admis dans ce confeil, ont été appellés fucceffivement *confeillers du roi* ou *grands confeillers du roi*,
confeillers du fecret, *confeillers d'état*.

Les comtes des provinces & des villes ayant fuccédé en France aux magiftrats romains, on établit
auffi près d'eux un confeil pour les affifter dans leurs
jugemens, tant au civil qu'au criminel, & pour
repréfenter le magiftrat en cas d'empêchement de
fa part. La loi falique nomme ces confeillers *rachinburgi*, mot dérivé de l'allemand, & qui fignifioit *juges*. Ils conferverent ce nom fous les rois de
la première race, & en quelques endroits, jufqu'à
la fin de la feconde : on les appelloit plus communément en d'autres endroits *fcabini*, échevins,
c'eft-à-dire *juges* ou *hommes favans*.

Ces rachinbourgs ou échevins étoient élus par le
magiftrat avec les principaux citoyens. On ne prenoit que des gens d'une fageffe & d'une probité
reconnues; ils prêtoient ferment entre les mains du
magiftrat de ne jamais commettre fciemment aucune
injuftice. Si par la fuite on en reconnoiffoit quelqu'un qui n'eût pas les qualités ou les fentimens
convenables, il pouvoit être deftitué par les commiffaires du roi, appellés *miffi dominici*, qui en pouvoient mettre en place un autre, dont le choix fe
faifoit de la même manière qu'il a été expliqué. On
envoyoit au roi les noms de ceux qui étoient élus,
foit pour qu'il confirmât l'élection, foit afin qu'il
connût ceux qui étoient en place; le juge en appelloit deux ou trois, & quelquefois jufqu'à douze,
plus ou moins, felon l'importance de l'affaire; &
quand ils n'étoient pas en nombre fuffifant, le magiftrat pouvoit y fuppléer, en appellant d'autres
citoyens des plus capables, à fon choix.

Sous la troifième race, les baillis, prévôts, châtelains, vicomtes & viguiers, qui fuccédèrent aux
comtes pour l'adminiftration de la juftice, n'avoient
point d'abord de *confeillers* en titre. Les affaires
légères étoient décidées par le bailli ou autre juge
feul; quant à celles qui étoient plus importantes &
qui méritoient de prendre l'avis de quelqu'un, le
juge appelloit avec lui deux, trois ou quatre-per-

fonnes telles qu'il vouloit, d'autant que les loix
étoient alors dans l'oubli, & qu'on ne fe conduifoit
que fuivant des ufages & coutumes que chacun
connoiffoit.

Le juge pouvoit, en cas d'abfence, déléguer
un certain nombre d'affeffeurs pour rendre la juftice; mais il étoit refponfable des fautes de ceux
qu'il avoit commis; & les affeffeurs eux-mêmes
étoient punis. Dès que le juge reprenoit fes fonctions, ces affeffeurs délégués devenoient perfonnes
privées. A chaque affaire qui méritoit quelque
difcuffion, le juge fe choififfoit un nouveau confeil.

Comme les nobles avoient le privilège de ne
point être jugés que par leurs pairs ou égaux, le
feigneur ou fon bailli, quand il s'agiffoit des caufes
des nobles, appelloit avec lui pour *confeillers*, un
certain nombre des pairs du feigneur; au lieu que
pour les caufes des roturiers, le juge appelloit pour
affeffeurs telles perfonnes qu'il vouloit, lefquelles
faifoient ferment, à chaque caufe, de juger en leur
confcience. On les appelloit alors *prudhommes* ou
jugeurs.

On voit, dans les établiffemens de S. Louis &
dans les auteurs contemporains, que le nombre des
juges devoit toujours être de deux, trois, quatre
ou fept, felon l'importance de la matière; que fi
le feigneur n'avoit pas affez de vaffaux pour fournir
ce nombre de pairs, on avoit recours au feigneur
le plus proche; & en cas de refus, au feigneur
fuzerain, que les nobles qui refufoient cet emploi
étoient contraints de l'accepter par faifie de leurs
fiefs, & les roturiers par prifon; que le miniftère
des uns & des autres étoit purement gratuit; que
les juges, & par conféquent ceux qui faifoient fonction de *confeillers*, étoient garans de leurs jugemens;
qu'en cas de plainte, les nobles étoient obligés de
les foutenir par gages de bataille, & les roturiers
par de bonnes raifons; qu'autrement ils étoient condamnés aux dommages & intérêts des parties.

L'adminiftration de la juftice étant devenue plus
paifible fous Philippe-le-Bel, les baillis & autres
juges eurent la liberté de choifir un confeil tel que
bon leur fembloit, fans avoir égard à la qualité des
parties, mais feulement à la nature de l'affaire : ils
appelloient ordinairement des avocats de leur fiège;
mais tous ces *confeillers* n'avoient que des fonctions
paffagères.

Le prévôt de Paris étoit le feul, au commencement de la troifième race, qui eût confervé fon
confeil ordinaire, compofé de l'avocat & du procureur du roi, & de plufieurs *confeillers*, dont les
uns étoient appellés *auditeurs*, les autres *examinateurs*, ainfi qu'on l'expliquera ci-après à l'article des
CONSEILLERS AU CHATELET.

La première création de *confeillers* en titre d'office, eft celle qui fut faite par Philippe de Valois
en 1327, de huit *confeillers* au châtelet, quatre clercs
& quatre laïcs; le nombre en fut enfuite augmenté
en différens temps.

Lorfque le parlement eût été rendu fédentaire à
Paris,

Paris, le roi envoyoit tous les ans, au commencement de la tenue des parlemens, l'état des présidens & conseillers, tant clercs que lais, qui devoient y siéger; mais vers l'an 1400, les rôles ou états ayant cessé d'être envoyés, les officiers du parlement ne sachant à qui s'adresser à cause des troubles, se continuèrent d'eux-mêmes & devinrent perpétuels.

Les baillis & sénéchaux ayant perdu, par succession de temps, la liberté qu'ils avoient de choisir leurs conseillers, & le roi s'étant réservé le droit de les nommer, ceux-ci prirent le titre de conseillers du roi : il y en avoit dès le commencement du quatorzième siècle.

Pour ce qui est des sièges royaux ressortissant aux bailliages & sénéchaussées, Charles IX fut le premier qui y créa des conseillers par édit du mois d'octobre 1571.

A l'égard des conseillers des autres sièges, voyez ce qui en est dit sous les noms qui leur sont propres.

Les fonctions des conseillers étant les mêmes que celles des autres juges en général, on n'entrera ici dans aucun détail à ce sujet.

Ce sont eux qui font le rapport des instances & procès appointés : ils ont ordinairement des clercs ou secréraires qui en font l'extrait; mais il y en a peu qui se fient à cet extrait, dans la crainte qu'il ne soit défectueux ou infidèle. C'est pourquoi les ordonnances les obligent d'écrire eux-mêmes leurs extraits, tellement qu'on voit, dans le style de chancellerie de Dufault, un modèle de dispense à ce sujet pour cause d'incommodité. (A)

CONSEILLER à l'amirauté. Voyez AMIRAUTÉ & TABLE DE MARBRE. (A)

CONSEILLER - AUDITEUR. Voyez AUDITEUR & CHAMBRE DES COMPTES. (A)

CONSEILLER-AVOCAT, advocatus consiliarius ; les avocats consultans sont ainsi qualifiés dans les ordonnances de l'an 1344. (A)

CONSEILLERS au châtelet, sont des magistrats qui sont revêtus d'un office de conseiller du roi au châtelet de Paris.

Leur établissement est aussi ancien que celui du tribunal du châtelet, & par conséquent l'on peut dire qu'il est aussi ancien que celui de la ville de Paris.

En effet, cette ville ayant été considérée, dès sa naissance, comme un poste important par rapport à sa situation, il y eut sans doute dès-lors des officiers préposés pour rendre la justice. Jules César, après avoir fait la conquête des Gaules, y transféra le conseil souverain des Gaules, qui devoit s'assembler tous les ans. Le proconsul, gouverneur général des Gaules, qui présidoit à ce conseil, établit sa demeure à Paris. Ce proconsul avoit sous lui un préfet à Paris pour y rendre la justice, appellé præfectus urbis, qui, en 666, prit le titre de comte ; & celui-ci, dans la suite, se déchargea du soin de rendre la justice, sur un prévôt, lequel, par l'événement, demeura seul au lieu & place du comte.

Ainsi, comme chez les Romains les préfets des villes se choisissoient eux-mêmes des conseillers ou

assesseurs, que l'on appelloit consiliarii seu assessores, inquisitores, discussores, il est à croire aussi que ces usages passèrent dans les Gaules avec la domination des Romains, & que le magistrat de Paris eut toujours des conseillers, soit par rapport à la dignité de la capitale, soit par rapport au grand nombre d'affaires dont il étoit chargé, & sur-tout à cause de l'importance & de la difficulté des affaires de grand criminel.

Les conseillers du magistrat de Paris furent aussi sans doute appellés de différens noms, comme ceux des autres comtes, c'est-à-dire que, sous la première race de nos rois, on les appella rachinburgi, & sous la seconde, scabini : c'est de-là qu'il est dit en quelques endroits, que le comte de Paris ou son prévôt jugeoit avec les échevins ; mais par ce terme scabini, on entendoit alors des conseillers & non pas des officiers municipaux, tels que les échevins d'aujourd'hui, qui n'ont été établis que long-temps après.

Pendant les troubles qui agitèrent la France au commencement de la troisième race, les juges, même royaux, n'avoient point d'assesseurs ou conseillers ordinaires ; ils n'en appelloient que dans les affaires difficiles.

Le prévôt de Paris fut le seul qui conserva son conseil ordinaire, qui étoit composé de l'avocat & du procureur du roi, qui faisoient aussi fonction de conseillers, & de plusieurs autres conseillers.

Il est à présumer que, du temps de S. Louis, le prévôt de Paris choisissoit lui-même ses conseillers.

Depuis ils furent électifs. Suivant l'ordonnance de 1327, ils devoient être mis par le prévôt de Paris & quatre maîtres du parlement ; ils étoient ordinairement tirés du corps des avocats au châtelet.

Enfin, le roi s'en est réservé la nomination.

Le prévôt de Paris, qui, dans le premier âge de ces offices, avoit le droit d'y nommer, pouvoit sans doute les faire révoquer; mais ce pouvoir fut ensuite modifié, & il lui a enfin été entièrement ôté, de même que par rapport à ses lieutenans.

Dans l'origine, il pouvoit juger seul les causes légères ; mais dans la suite il se déchargea vraisemblablement de l'expédition de ces petites causes sur deux conseillers de son siège, auxquels il fut donné une commission particulière à cet effet, d'où est venue la jurisdiction du juge-auditeur.

A l'égard des autres affaires, il paroît que le prévôt de Paris a toujours été assisté de conseillers.

Leurs fonctions étoient de trois sortes, comme le sont encore celles des conseillers des cours supérieures : les uns assistoient à l'audience avec le prévôt de Paris, & on les appelloit auditeurs de causes ; les autres étoient commis pour l'instruction des affaires, & on les appelloit enquêteurs-examinateurs ; d'autres enfin entendoient les rapports qui étoient faits au conseil, & on les appelloit jugeurs.

L'administration des prévôts de Paris, fermiers, ayant pris fin sous S. Louis, & ce prince ayant nommé, en 1235, pour prévôt de Paris, Etienne Boileau, il assigna dans le même temps des gages aux *conseillers* ainsi qu'au prévôt de Paris ; ce qui prouve que les *conseillers* au châtelet étoient déjà établis plus anciennement, & qu'ils étoient dès-lors officiers royaux ; & il est à croire que depuis qu'ils eurent ce titre ils étoient à la nomination du roi, & que le prévôt de Paris avoit seulement conservé le droit de présenter des sujets pour remplir les places vacantes.

On trouve énoncé dans un arrêt du 5 août 1474, que les *conseillers* du châtelet étoient plus anciens que les examinateurs ; & dans un autre arrêt du 10 mai 1502, il est dit que de tout temps & d'ancienneté, plus de deux cens ans avant l'érection des examinateurs, les lieutenans civil & criminel de la prévôté avoient accoutumé de faire les enquêtes, & qu'il n'y avoit qu'eux qui les fissent, n'étoient les *conseillers* ou avocats auxquels ils les commettoient ; ce qui confirme qu'il y avoit des *conseillers* dès avant l'an 1300.

On trouve aussi, dès 1311, des *conseillers* au châtelet dénommés dans des actes publics, qui sont ainsi qualifiés *tous du conseil du roi au châtelet.* Il y en a quatre nommés dans l'enregistrement des lettres de Philippe-le-Bel, du 18 décembre 1311 ; sans compter le procureur du roi, qui faisoit aussi alors la fonction de *conseiller.*

Les lettres données par Charles IV, le 25 mai 1325, pour la réformation du châtelet, qui font mention des plaintes faites contre différens officiers du châtelet, n'imputent rien aux *conseillers.*

Quelques auteurs ont cru par erreur que les *conseillers* au châtelet n'avoient été institués que par les lettres de Philippe VI, du mois de février 1327, qui en fixent le nombre à huit : mais il est évident par ces lettres même, qu'ils étoient déjà plus anciens, & qu'il ne fit qu'en réduire le nombre. *Quant à ceux,* dit-il, *qui sont de par nous à notre conseil du châtelet, dont ils étoient plusieurs clercs & lais, nous ordonnons qu'il y en ait huit tant seulement, desquels il y en aura quatre clercs & quatre lais ; & s'y assembleront au châtelet deux jours en la semaine, pour voir d'un accord & d'un assentiment les procès & les causes avec notre prévôt, & viendront au mandement dudit prévôt toutes les fois qu'il les mandera.*

A prendre littéralement ce qui est dit ici des quatre *conseillers*-clercs, on pourroit croire que c'étoient des places affectées à des ecclésiastiques, & l'on ne trouve aucun édit qui en ait changé la qualité. Cependant on tient communément que comme alors le terme de *clerc* signifioit également l'*homme d'église* & l'*homme lettré* ou *gradué*, les quatre places de *conseillers*-clercs du châtelet étoient seulement affectées à des gradués. Quoi qu'il en soit, on ne voit point qu'aucun de ces quatre anciens offices de *conseillers*-clercs soit demeuré affecté à des ecclésiastiques, soit qu'en effet dans l'origine ils ne fussent réellement pas affectés à des ecclésiastiques, soit que dans la suite de simples clercs y ayant été admis, les aient fait insensiblement passer dans l'état laïc, en se mariant, au préjudice du serment qu'ils faisoient, à leur réception, de prendre les ordres dans l'année.

Les lettres de Philippe VI, du mois de février 1327, dont on a déjà parlé, portent encore que les *conseillers* du châtelet ne seront avocats, procureurs, ni pensionnaires de personnes demeurant en la vicomté de Paris ni ès ressorts, ni d'autres qui aient affaire audit siège, de quelque état & condition qu'ils soient ; qu'ils prendront chacun quarante livres parisis de pension par an, & qu'ils y seront mis par le chancelier, appellés avec lui quatre du parlement & le prévôt de Paris.

Qu'ils seront tenus de rapporter dans quinze jours les procès où il y aura lieu à un interlocutoire, & dans un mois, ceux qui peuvent être jugés définitivement, ou plutôt si faire se peut.

Que les procès leur seront donnés si secrétement par le prévôt, que les parties ne puissent savoir ceux à qui ils seront donnés ; & qu'ils ne recevront rien des parties, par aucune voie, pour mettre les actes, si ce n'est par le prévôt.

Charles V, étant régent du royaume, commit le prévôt de Paris, en 1359, pour donner des statuts aux teinturiers de la ville de Paris, en appellant avec lui son conseil du châtelet, c'est-à-dire les *conseillers* ; ce qui fut ainsi exécuté. Ils ont encore concouru, avec le prévôt de Paris, pour donner divers autres statuts aux arts & métiers.

Le nombre des procureurs au châtelet ayant été réduit à quarante par Charles V, en 1378, ce prince ordonna qu'ils seroient choisis par le prévôt de Paris, avec deux ou trois *conseillers* des plus expérimentés.

Lorsque Charles VI fit un réglement, en 1396, portant que, dorénavant le sacrement de pénitence seroit offert aux criminels condamnés à mort, il fit appeller pour cet effet, dans son conseil, des princes du sang, les gens du grand-conseil, & plusieurs *conseillers*, tant du parlement que du châtelet.

Le nombre des *conseillers* au châtelet, qui avoit été réduit à huit en 1327, fut augmenté jusqu'à douze. On ne trouve point l'édit de création ; mais deux arrêts des... mai 1481 & 11 août 1485, font mention qu'il y avoit alors douze *conseillers* en la prévôté.

Les choses demeurèrent dans cet état jusqu'au mois de mai 1519, que le roi créa douze nouveaux offices de *conseillers.* Les douze anciens *conseillers* s'opposèrent à la vérification de cet édit. Au mois de février 1522, le roi *éclipsant* de la prévôté de Paris, la jurisdiction de la conservation des privilèges royaux de l'université, qu'on appella aussi le *bailliage de Paris*, ordonna que les douze *conseillers* nouvellement créés serviroient en la conservation, quoique la création n'en fût pas vérifiée.

Ce nouveau tribunal fut réuni à la prévôté de Paris par édit du mois de mai 1526, qui ne fut registré au parlement que le 23 décembre 1532.

Cet édit porte que les douze offices de *conseillers*, en la conservation, s'éteindroient à mesure qu'ils vaqueroient par le décès des titulaires. Il y en avoit déja quatre d'éteints par mort, lorsqu'en 1543 les huit restans furent réunis & incorporés aux douze de la prévôté par édit du mois de mai de ladite année. Suivant cet édit, les vingt offices devoient s'éteindre par mort indistinctement, jusqu'à ce que le nombre en fût réduit à seize.

Lors de la création des présidiaux en 1551, il subsistoit encore quelques offices de *conseillers* créés pour la conservation, en 1522, mais qui n'avoient plus d'autre titre que celui *de conseillers en la prévôté*. Il y avoit alors en tout dix-neuf offices remplis.

L'article 32 de l'édit des présidiaux, porte établissement, au châtelet & siége présidial de Paris, de vingt-quatre *conseillers*, compris les anciens déja créés; ainsi, comme il y en avoit alors dix-neuf, le nombre ne fut augmenté que de cinq.

Il ne subsiste plus présentement que quinze de ces anciens offices; savoir, dix de la prévôté, un de la conservation, & quatre de ceux créés, en 1551, pour le présidial. On ne voit pas comment les autres ont été éteints, excepté un, qui fut supprimé comme vacant par mort en 1564.

Il y en eut deux autres créés par édit d'avril 1557; mais ils furent supprimés peu de temps après.

En 1567, il en fut créé sept par édit du mois d'octobre audit an.

En 1573, sur les représentations du clergé, fut créé l'office de *conseiller*-clerc; ce qui justifie que les quatre places de *conseillers*-clercs, mentionnés en l'ordonnance de 1327, n'étoient pas dans l'origine affectées à des ecclésiastiques, ou que par succession de temps on les avoit réputées offices laïcs.

Au mois de mai 1581, il fut créé un autre office de *conseiller*-lai, pour tenir lieu des deux offices créés en 1578, qui devoient être affectés aux deux avocats du roi. Ces deux offices n'avoient pas été levés.

Il y eut encore au mois de septembre 1586, une création de quatre *conseillers*, mais qui n'eut lieu que pour deux seulement.

Au mois de février 1622, il en fut encore créé deux autres, & autant au mois de mars 1634.

En décembre 1635 il en fut encore créé quatre, dont deux laïcs & deux clercs; mais par déclaration du 10 juillet 1645, ces deux derniers offices furent déclarés laïcs.

Il avoit été créé au mois d'avril 1635, un office de *conseiller* honoraire, qui fut supprimé en 1678, & qui d'ailleurs avoit toujours été uni à un des offices créés en 1634, & possédé par un seul & même titulaire, suivant un concordat fait dans la compagnie, revêtu de lettres-patentes, depuis enregistrées au parlement.

Ainsi, en 1635 il y avoit trente-quatre offices de *conseillers* au châtelet.

Les choses étoient encore au même état en 1674, lors de la création qui fut faite d'un nouveau châtelet, avec pareil nombre d'officiers qu'à l'ancien, si ce n'est que dans l'ancien châtelet il n'y avoit qu'un office de *conseiller*-clerc, au lieu que pour le nouveau il en fut créé deux, lesquels furent compris dans la suppression faite en 1684, dont on parlera dans un moment.

On créa aussi, par le même édit de 1674, deux offices de *conseillers* garde-scel, un pour l'ancien châtelet, & l'autre pour le nouveau, avec les mêmes droits & prérogatives des autres *conseillers*; ce qui faisoit en tout trente-cinq *conseillers* pour l'ancien châtelet, & autant pour le nouveau, y compris les deux *conseillers* garde-scel.

En 1684, lors de la suppression du nouveau châtelet, on supprima l'office de *conseiller* garde-scel de l'ancien châtelet, & on laissa subsister celui du nouveau châtelet, mais sous le titre de *conseiller* seulement, suivant l'édit de 1685 : enfin on supprima treize offices de *conseillers* du nouveau châtelet, au moyen de quoi le nombre fut fixé à cinquante-six, tel qu'il est aujourd'hui, dont onze sont d'ancienne création, & les quarante-cinq autres ont été créés en divers temps, soit en 1551, lors de l'établissement du présidial, ou depuis.

Ces cinquante-six *conseillers* sont divisés en quatre services ou quatre colonnes; savoir, le parc civil, le présidial, la chambre du conseil, & le criminel : ils passent successivement d'un service à l'autre, suivant l'ordre de ces quatre colonnes, qui changent tous les mois.

Ces quatre colonnes se réunissent dans les occasions, soit pour affaires de la compagnie, réceptions d'officiers, ou autres matieres importantes; & alors l'assemblée se tient en la chambre du conseil.

Les *conseillers* au châtelet assistent à certaines cérémonies, notamment aux publications de paix & aux services qui se font à S. Denis, où ils ont la droite sur les officiers de ville.

Ceux qui sont de la colonne du parc civil assistent, avec le prévôt de Paris & le lieutenant-civil, à l'audience de la grand'chambre du parlement, à l'ouverture du rôle de Paris. (*A*)

CONSEILLER-CLERC ou CONSEILLER *d'église*, est un *conseiller* d'un siége royal, dont l'office est affecté à un ecclésiastique. Tous les clercs ou ecclésiastiques qui sont *conseillers*, ne sont pas pour cela *conseillers*-clercs. Ceux qui sont pourvus d'office de *conseillers*-lais, sont *conseillers*-lais, & il n'y a véritablement de *conseillers*-clercs que ceux qui sont pourvus d'un office affecté à un clerc.

Dans les tribunaux où il y a deux sortes d'offices de *conseillers*, les uns affectés à des laïcs, les autres à des clercs, les offices de chaque espece doivent être remplis par des personnes de la même qualité, c'est-à-dire que les offices de *conseillers*-lais doivent être remplis par des lais, & les offices de *conseillers*-clercs, par des clercs, conformément à une déclaration faite pour le parlement le 23 mars 1484.

L'objet que l'on a eu en créant ainsi deux sortes de *conseillers-clercs* & lais, a été sans doute que les deux ordres concouruffent également à l'administration de la justice; qu'il y eût des clercs pour soutenir les privilèges des eccléfiaftiques, & des laïcs pour soutenir le droit de l'état contre les entreprises des eccléfiaftiques : c'eft pourquoi les *offices de conseillers*-lais, ne peuvent, fans difpenfe, être remplis par des clercs, de même que ceux de clercs ne peuvent aussi, fans difpenfe, être remplis par des laïcs.

L'établiffement des *conseillers*-clercs eft fort ancien : les premiers *conseillers*-clercs ont été les évêques & archevêques, qui, en cette qualité, avoient autrefois tous entrée au conseil du roi & au parlement, d'où ils ont encore confervé le titre de *conseillers du roi en fes conseils*. Dans la fuite il fut ordonné qu'il n'y auroit, au conseil du roi, que ceux qui y feroient appellés : & Philippe VI, fe faifant confcience d'empêcher que les prélats ne vaquaffent à leurs fpiritualités, ordonna qu'il n'y en auroit plus au parlement; il n'y eut que l'évêque de Paris & l'abbé de S. Denis qui y confervèrent leur entrée, comme étant plus à portée que les autres d'y venir fans manquer à leurs autres fonctions.

Les fix pairs eccléfiaftiques qui ont auffi confervé leur féance au parlement, font auffi proprement des *conseillers*-clercs, puifque ces places ne peuvent être remplies que par des eccléfiaftiques; mais ils font diftingués par le titre de *ducs* & de *comtes & pairs eccléfiaftiques*, & l'on n'a pas coutume de les défigner fous le titre de *conseillers*, quoiqu'ils en faffent réellement la fonction; ce font des *conseillers*-clercs nés en vertu de leur dignité de pair.

L'archevêque de Paris & l'abbé de Cluny font encore des *conseillers*-clercs du parlement, mais ils font diftingués des autres par le titre de *conseillers d'honneur-nés*.

Le châtelet de Paris eft peut-être le premier tribunal où il y ait eu des places de *conseillers* affectées à des clercs fans autre dignité. En effet, on a déjà remarqué, en parlant de ce tribunal, qu'en 1327 il y avoit huit clercs & huit lais; mais, foit que par ce terme de *clercs* on entendît alors feulement des *gens lettrés*, ou que les offices de clercs aient, par fucceffion de temps, paffé à des laïcs, il eft certain qu'il ne fubfifte aucun veftige de ces anciens offices de *conseillers*-clercs, & que l'on n'y en connoît point d'autre que les deux qui y furent créés, de même que dans tous les autres préfidiaux, par édit du mois d'août 1575.

Depuis que le parlement a été rendu fédentaire à Paris, il y a toujours eu, outre ces prélats, qui y avoient alors entrée, des places de *conseillers* affectées à des clercs. Le nombre en a varié felon les conjonctures; il eft préfentement de douze à la grand'chambre, & de douze, qui font diftribués aux enquêtes.

Il y en a auffi un certain nombre dans les autres parlemens.

Pour poffeder un office de *conseiller*-clerc, il faut régulièrement être dans les ordres facrés; mais on accorde quelquefois à de fimples clercs, des difpenfes pour poffeder ces offices.

Les *conseillers*-clercs ne vont point à la tournelle; ils n'inftruifent point les procès criminels, & n'affiftent point à leur jugement : cet ufage eft fort ancien; car on voit, au regiftre du parlement de l'an 1475, une proteftation faite le 23 août par les gens d'églife, fur ce qu'étant préfens à la prononciation du jugement du connétable Saint-Pol, qui fut fait à la baftille, *quod non erant per modum confilii, auxilii, autoritatis, confenfus feu appunctamenti*.

Cependant au parlement de Grenoble il eft d'ufage que les *conseillers*-clercs inftruifent les procès criminels, & affiftent même au jugement, comme juges, fi la peine des accufés ne doit point être afflictive au corps.

Les *conseillers*-clercs des parlemens qui font en même temps chanoines, font difpenfés de la réfidence à leur canonicat, & ne laiffent pas de gagner les gros fruits. Les jours de fêtes ils portent la robe rouge au chœur fous leur furplis.

A la grand'chambre du parlement, où les *conseillers*-clercs fiègent tout de fuite, leur place eft à la gauche des préfidens : ils ne font nommés qu'après les *conseillers*-laïcs; ils opinent cependant les premiers avec les préfidens. Dans les autres chambres & tribunaux, ils n'ont rang que du jour de leur réception.

Un *conseiller*-clerc qui fe trouve le plus ancien des *conseillers* de fa compagnie, peut décanifer, c'eft-à-dire jouir de tous les honneurs & privilèges de doyen, & préfider la compagnie en cas d'abfence des préfidens ou autres chefs. *Voyez le tr. de M.* Petitpied, *du droit & des prérogatives des eccléfiaftiques dans l'adminiftration de la juftice féculière.* (A)

CONSEILLERS-*commiffaires députés des diocèfes.* Voyez BUREAU DES DÉCIMES. (A)

CONSEILLERS-*commiffaires aux audiences.* On appelle ainfi, au parlement de Douai, deux *conseillers* chargés de préfider à l'inftruction des caufes.

On a vu à l'article COMPARUTION, la manière dont s'inftruifent, au parlement de Douai, les caufes privilégiées ou que les parties veulent faire décider bien vite. A l'égard des autres, on ne préfente point requête à la cour, mais on lève une commiffion en la chancellerie, & l'on fait affigner la partie à comparoir à l'audience des *conseillers*-commiffaires.

Cette audience ne fe tient qu'une fois la femaine, c'eft le vendredi; & fi ce jour étoit une fête, ce feroit le famedi.

On met fur le rôle toutes les caufes qui doivent s'inftruire à l'audience, fuivant l'ordre de la préfentation qu'en font les procureurs au greffe; mais on donne la préférence à celles où le procureur-général eft partie.

Le jour de l'affignation venu, les deux parties comparoiffent pardevant les deux confeillers-commiffaires, & y déduifent fommairement leurs moyens, jufqu'à la duplique inclufivement. Alors la caufe eft retenue en avis, & l'on remet le procès au premier préfident, qui y nomme un rapporteur. *Voyez l'article* COULER EN AVIS.

Si l'une des deux parties fait défaut le jour de l'audience, on obferve la même chofe que dans les comparutions.

Les commiffaires peuvent prononcer fur tous les incidens qui s'élèvent entre les parties fur la forme de la procédure, & leurs jugemens ont la force & le nom d'arrêts, lorfqu'il n'en a point été appellé en pleine cour, ou qu'en cas d'appel ils ont été confirmés.

Il n'eft point permis d'en appeller en leur préfence, mais feulement au greffe. Il faut que cet appel foit interjetté dans le troifième jour de la prononciation du jugement. Dans ce délai font même comptés les jours de dimanche & de fête.

L'appellant doit relever fon appel dans les dix jours, & configner douze livres pour l'amende, à peine de voir déclarer l'appel défert, & l'amende encourue au profit de fa majefté.

Ces fortes d'appel fe plaident à l'audience de la cour; & s'il fe trouve égalité de voix, le jugement eft confirmé, fuivant un arrêté du premier mars 1687.

Les confeillers-commiffaires aux audiences jugeoient des provifions en matière poffeffoires.

Leurs fonctions ne fe bornent pas à l'inftruction des caufes; ce font eux qui reçoivent le ferment des nouveaux avocats, c'eft à leur audience que fe fait la lecture & la publication des édits, ordonnances & déclarations nouvellement enregiftrées.

La publication des fubftitutions fe fait également à leur audience. Autrefois elle fe faifoit dans les jurifdictions fubalternes. L'ordonnance du mois d'août 1747 veut qu'elle fe faffe dans les fièges royaux; mais comme il ne s'en trouve point dans quelques villes du reffort de ce parlement, le roi ordonna, par une déclaration du 12 juillet 1749, que la publication & l'enregistrement des fubftitutions fe feroient en la cour feulement, dans tous les cas où les biens fubftitués fe trouveroient dans fon reffort, & que l'auteur de la fubftitution y auroit auffi fon domicile au jour de l'acte qui la contiendroit, fi elle étoit faite par un acte entre-vifs, ou au jour fon décès fi elle étoit faite par une difpofition à caufe de mort.

L'article 21 du titre 16 de l'ordonnance criminelle, porte que les impétrans des lettres d'abolition & de rémiffion feront tenus de les préfenter à l'audience, tête nue & à genoux. On a douté fi au parlement de Flandres cette cérémonie devoit fe

faire à l'audience des confeillers-commiffaires, ou à celle de la cour. Un arrêté, que rapporte M. de Blye, fans en citer la date, a décidé qu'elle devoit fe faire à l'audience de la cour.

Dumées dit, en fon *Traité des Jurifdictions*, que la renonciation des veuves à la communauté, fe fait à l'audience des confeillers-commiffaires pour la partie du Hainaut françois qui eft régie par les chartes générales. Si cet ufage fubfiftoit de fon temps, on peut affurer qu'aujourd'hui il n'en refte pas la moindre trace. La critique qu'il en a faite n'a peut-être pas peu contribué à l'abolir. Il n'étoit fondé que fur l'article 2 du chapitre 33 des chartes générales, qui porte que les renonciations des veuves doivent fe faire à la cour de Mons, dans les pleins plaids qui fe tiennent quatre fois l'an. Mais comme les juges royaux font fubrogés à ce tribunal dans toutes les matières qui lui font attribuées par les chartes générales, fuivant l'arrêt du confeil du 18 juin 1703, pourquoi les renonciations de veuves feroient-elles exceptées de la règle générale? D'ailleurs ce ne feroit pas à l'audience des confeillers-commiffaires qu'elles devroient fe faire, ce feroit devant tout le parlement affemblé, puifqu'à Mons elles ne peuvent fe faire que dans les pleins plaids.

L'ufage d'inftruire les caufes par le miniftère de deux confeillers, n'eft pas particulier au parlement de Douai, il eft adopté dans tous les confeils provinciaux & fouverains des Pays-Bas, à l'exception de celui d'Artois, où l'on fuit l'ordonnance de 1667.

CONSEILLERS *communs & publics;* ce font les avocats confultans qui font ainfi nommés dans une ordonnance de Charles V, de l'an 1356, qui défend aux juges royaux de les prendre pour leurs lieutenans, ne voulant pas qu'une même perfonne exerce deux offices. (*A*)

CONSEILLERS *de la commune de Rouen & de Falaife,* font les confeillers municipaux de ces deux villes: ils font ainfi qualifiés dans des lettres du mois de novembre 1204, rapportées dans le *tom. V des ordonnances de la troifième race, page 671.* (*A*)

CONSEILLER *au confeil royal,* eft le titre que l'on donne à ceux qui ont entrée & féance au confeil royal des finances. *Voyez ci-devant au mot* CONSEIL DU ROI. (*A*)

CONSEILLERS *députés des marchands forains du poiffon de mer en la ville de Paris:* Charles V leur adreffa des lettres du 23 avril 1364, concernant le falaire des vendeurs de marée; il les autorife à augmenter ou diminuer ce falaire, après s'être informé de l'état des chofes, & avoir pris l'avis des marchands; & il ordonne au prévôt de Paris, confervateur, gardien & commiffaire général de la marée, de faire obferver ce qui auroit été réglé par eux. Il paroît que ces confeillers n'étoient que des députés des marchands de poiffon, auxquels on donnoit la qualité de *conseillers* relativement à la commiſſion dont ils étoient chargés. (*A*)

CONSEILLERS *de la douane*, ſont les aſſeſſeurs des juges de la juriſdiction des traites foraines de Lyon, qu'on appelle communément en ce pays *la juriſdiction de la douane*. Ils ſont au nombre de ſix. Leur création eſt en titre de l'année 1692, de même que celle des autres officiers de ce ſiège qui étoient auparavant en commiſſion. L'un de ces *conſeillers* a le titre de *garde des ſceaux*, parce qu'il a la fonction de ſceller les expéditions de ce tribunal. Le lieutenant en la maîtriſe des ports, ponts & paſſages de la même ville, eſt le dernier de ces ſix *conſeillers*, & ce droit eſt attaché à ſon office de lieutenant en la maîtriſe. *Voyez* DOUANE & TRAITES. (*A*)

CONSEILLERS *d'égliſe*, eſt la même choſe que *conſeiller-clerc*, & on leur donne plus communément ce dernier nom. *Voyez* CONSEILLER-CLERC. (*A*)

CONSEILLER *à l'élection* ou *en l'élection*, eſt un des *conſeillers* d'un ſiège d'élection, c'eſt-à-dire, d'un de ces tribunaux qui connoiſſent en première inſtance des conteſtations au ſujet des tailles. *Voy.* ÉLECTION & ÉLUS. (*A*)

CONSEILLERS *d'épée*, ſont des officiers d'épée qui ont entrée, ſéance & voix délibérative, en qualité de *conſeillers*, dans quelque compagnie de juſtice.

On peut mettre dans cette claſſe les princes du ſang & les ducs & pairs qui ſiègent au parlement l'épée au côté, les *conſeillers d'état d'épée* qui ſont du conſeil du roi, les chevaliers d'honneur qui ſont établis dans certaines compagnies; il y a auſſi quelques officiers d'épée, tels que des gouverneurs de province qui ſont *conſeillers-nés* dans certaines cours ſouveraines. Enfin les baillis & ſénéchaux, les grands-maîtres des eaux & forêts, & autres qui ſiègent en épée à la tête de certains tribunaux, ſont bien des juges d'épée, mais on ne les déſigne pas ordinairement ſous le titre de *conſeillers d'épée*. *Voyez* ce qui eſt dit ci-devant des *conſeillers d'état d'épée*, à l'article du CONSEIL DU ROI. (*A*)

CONSEILLERS - *facteurs de la ville de Verdun*, étoient deux officiers municipaux que les bourgeois de cette ville, voulant former une eſpèce de république, choiſirent en 1340, & auxquels ils attribuèrent la même autorité que les conſuls avoient chez les Romains. *Voyez l'hiſt. de Verdun*, p. 334. (*A*)

CONSEILLER *garde-note*. *Voyez* NOTAIRE. (*A*)

CONSEILLER *garde-ſcel*. *Voyez* NOTAIRE. (*A*)

CONSEILLERS *du royaume* (*grands*), c'eſt le nom que l'on donnoit quelquefois aux *conſeillers* du grand-conſeil ou conſeil ſecret du roi, comme on voit dans une ordonnance de Charles V, alors régent du royaume, du mois de mars 1356. (*A*)

CONSEILLER *au grand-conſeil*. *Voyez* CONSEIL-

LERS (*grands*), & CONSEIL (*grand*), où il eſt parlé des *conſeillers* de cette cour. (*A*)

CONSEILLER *au grenier-à-ſel*, eſt un des *conſeillers* d'un ſiège royal où ſont portées en première inſtance les conteſtations qui s'élèvent au ſujet de l'impoſition, vente & diſtribution du ſel. *Voyez* GABELLES & GRENIER-A-SEL. (*A*)

CONSEILLERS *d'honneur*, ſont des perſonnes qui, ſans être ni avoir été titulaires d'un office de *conſeiller*, ont néanmoins entrée & voix délibérative dans une cour ſouveraine, avec le titre de *conſeiller d'honneur*, & une ſéance diſtinguée au-deſſus de tous les *conſeillers* titulaires, à la différence des *conſeillers* honoraires, qui ſont des officiers vétérans & ne prennent dans la compagnie que leur rang ordinaire. Il y a encore d'autres *conſeillers* honoraires ou *ad honores*, différens des *conſeillers d'honneur*. *Voyez* CONSEILLERS *honoraires*.

Il y a des *conſeillers d'honneur-nés*, c'eſt-à-dire, qui le ſont en vertu de quelque autre dignité à laquelle le titre & la fonction de *conſeiller d'honneur* ſont attachés; d'autres qui le ſont en vertu d'un brevet du prince qui leur confère cette qualité. Il y a des *conſeillers d'honneur* dans la plupart des cours ſouveraines; le parlement de Paris eſt la première où il y en ait eu & où ils ſont encore en plus grand nombre.

L'origine des *conſeillers d'honneur* au parlement, vient de ce que cette cour ayant été tirée du conſeil du roi, il y eut pendant long-temps beaucoup de relation entre ces deux compagnies; les gens du parlement étoient ſouvent appellés au conſeil du roi, & réciproquement les gens du conſeil venoient ſouvent au parlement. Ils n'étoient cependant pas membres du parlement, ce n'étoit qu'une ſéance d'honneur qui leur étoit accordée : mais il devoit toujours y en avoir au moins un ou deux, & tous y avoient entrée quand ils jugeoient à propos d'y venir; c'eſt ce que dénote le grand nombre de *conſeillers* dénommés dans les anciens regiſtres du parlement, qui ſont qualifiés en même temps *conſeillers au conſeil-privé* & *conſeillers en la cour*.

Comme cette affluence de monde cauſoit de l'embarras & de la confuſion, le parlement voulut, en 1551, exclure de ſes aſſemblées tous les gens du conſeil; c'eſt pourquoi les *conſeillers* d'état ſe pourvurent devers Henri II, lequel, par des lettres du 26 mars 1556, les confirma dans le droit dont ils avoient joui juſqu'alors.

Le parlement ayant fait des remontrances ſur ces lettres, elles furent preſque auſſi-tôt révoquées, le roi ſe contentant que ceux de ſon conſeil auxquels il accorderoit des lettres fuſſent reçus en la cour; c'eſt ce qui a donné à ces places la forme qu'elles ont aujourd'hui.

Cet arrangement fut obſervé paiſiblement, tant que nos rois n'accordèrent des lettres de *conſeiller d'honneur* qu'à des perſonnes de leur conſeil ou qui étoient revêtues d'emplois honorables; mais, comme la faveur & le crédit faisoient accorder trop facilement de ces lettres à toutes sortes de personnes, on fit difficulté au parlement de recevoir tous ceux qui se présentoient ; on exigea qu'ils fussent actuellement *conseillers* au conseil-privé & de service au conseil, & l'on ne voulut les admettre que pendant le temps qu'ils seroient de quartier.

Il ne paroît pas que l'on eût encore fait difficulté sur le nombre de ces *conseillers*, ni que l'on demandât un réglement sur cette matière.

Ce ne fut qu'au mois de janvier 1627, lorsque M. de Bullion, surintendant des finances, fut reçu *conseiller d'honneur*, qu'il fut arrêté que la cour ne délibéreroit plus sur de pareilles lettres, qu'il n'eût été fait un réglement à ce sujet, attendu la conséquence de l'affaire.

Cet arrêté ne fut pourtant pas suivi, & quoiqu'il n'eût pas été fait de réglement, on reçut dans le même temps plusieurs *conseillers d'honneur*, entre autres le cardinal de Richelieu, le 27 mars 1627.

En 1632, lorsqu'on enregistra des lettres semblables, accordées à M. de la Ville-aux-clercs, secrétaire d'état, il fut de nouveau arrêté qu'on ne recevroit plus aucun *conseiller d'honneur*, soit d'épée ou de robe longue, au-delà du nombre qu'il y en avoit alors ; ils étoient au moins dix : on arrêta même qu'on n'en recevroit plus que de robe longue.

Mais cela ne fut point encore exécuté, & l'on en reçut aussi-tôt de toute espèce, & sans que le nombre en eût été fixé.

En 1651, lorsque l'on reçut MM. les maréchaux de Villeroi & d'Estampes, on arrêta encore qu'à l'avenir il ne seroit plus reçu aucun maréchal de France ni autre, qu'il n'eût été fait réglement sur le nombre des *conseillers d'honneur*.

Cependant, au mois de juillet suivant, M. Amelot de Chaillou, *conseiller* d'état, fut reçu *conseiller d'honneur*, mais avec arrêté que l'on n'en recevroit plus aucun que le nombre ne fût réduit à six.

On reçut encore, le 20 février 1652, MM. d'Aligre & de Barillon, & même sans faire aucun arrêté pour l'avenir.

Mais, le 17 juin 1654, lorsqu'on reçut M. d'Estampes, qui étoit *conseiller* d'état, & M. de Mesgrigni, président au parlement de Rouen, il fut ordonné que dorénavant il n'y auroit que six *conseillers d'honneur* d'épée & six de robe longue ; qu'on n'en recevroit plus aucun, qu'ils ne fussent réduits à ce nombre ; qu'il faudroit avoir exercé pendant vingt-cinq ans quelque emploi distingué ; enfin qu'ils n'auroient séance en la cour que quatre de chaque ordre ensemble, c'est-à-dire, quatre d'épée & autant de robe.

Il y en avoit pourtant alors quatorze, savoir MM. Molé de Champlâtreux, de Bullion de Bonnelle, de Mesme d'Irval, d'Ormesson, d'Aligre,

Barillon de Morangis, d'Estampes, de Mesgrigni, de Bellievre, MM. les maréchaux de Grammont, de Villeroi, d'Etrées & d'Etampes, & M. de la Ville-aux-clercs, secrétaire d'état.

En 1657, on reçut encore MM. de Roquelaure, du Plessis-Praslin, & de la Meilleraye.

On tint néanmoins ensuite pendant quelque temps la main à la réduction déjà tant de fois proposée.

En effet, MM. de Seve & Boucherat qui avoient présenté leurs lettres dès 1659, ne furent reçus qu'en 1671 ; & l'on réitera l'arrêté précédemment fait, qu'il n'en seroit plus reçu aucun que le nombre ne fût réduit à six.

Ce dernier arrêté n'a pourtant pas été mieux exécuté que les précédens, puisque depuis ce temps il y en a toujours eu huit, neuf, dix, & quelquefois davantage : & au lieu que, suivant l'ancien usage, ces places étoient affectées principalement à des *conseillers* d'état ; qu'on n'en donnoit extraordinairement qu'à des cardinaux, des maréchaux de France, des amiraux, des secrétaires d'état, à des premiers présidens des cours souveraines ; elles sont présentement la plupart remplies par des maîtres des requêtes, des présidens aux enquêtes, & même quelquefois par de simples *conseillers*.

Ces *conseillers d'honneur* ont entrée, séance & voix délibérative dans toutes les assemblées ; mais ils ne rapportent point, & n'ont aucune part aux épices & autres émolumens.

Il y a, au parlement de Paris, deux *conseillers d'honneur-nés* ; savoir l'archevêque de Paris, & l'abbé de Cluni. Les autres *conseillers d'honneur* qui acquièrent cette qualité par lettres du roi, sont tous de robe, tels que les *conseillers* d'état, des présidens, des maîtres des requêtes ; on a vu aussi quelques évêques *conseillers d'honneur*, notamment en 1720, M. Fontaine, évêque de Nevers.

Il y a aussi des *conseillers d'honneur* dans les autres parlemens, & dans quelques-uns il y a de ces *conseillers-nés*, tels que l'abbé de Citeaux qui est *conseiller d'honneur-né* au parlement de Dijon.

On ne voit point de *conseillers d'honneur* dans les chambres des comptes, mais il y en a au grand-conseil ; il y en a aussi dans les cours des aides & autres compagnies supérieures ; on a vu récemment dans la cour des aides de Paris M. de Lamoignon de Malesherbes, depuis ministre d'état, y remplir une place de *conseiller d'honneur*, tandis qu'il n'avoit encore que la survivance de celle de premier président, qui étoit alors remplie par M. de Lamoignon son père, décédé chancelier de France.

Ceux auxquels le roi accorde des lettres de *conseillers d'honneur* dans ces cours, sont la plupart d'anciens avocats & procureurs-généraux de ces cours même, ou d'anciens premiers présidens de quelques autres cours ; c'est pourquoi le nombre n'en est point fixe.

Au présidial de Nantes, on appelle *conseillers*

d'honneur, deux *conseillers* qui font pourvus d'offices de *conseillers* honoraires ou *ad honores*; ce font des offices qui peuvent être poffédés par des non-gradués, ils peuvent fiéger en robe ou en habit court avec l'épée au côté; ils n'ont rang & féance qu'après les quatre plus anciens *conseillers*. *Voyez* ce qui eft dit ci-après de ces *conseillers* honoraires. (*A*)

CONSEILLERS *honoraires*, font ceux qui ont obtenu des lettres d'honoraires au bout de 20 ans de fervice : on leur en accorde quelquefois plutôt. Ils ont entrée, féance, & voix délibérative aux audiences & confeils, tant civils que criminels; mais ils ne peuvent inftruire ni rapporter aucune affaire, & ne prennent aucune part aux épices ni autres droits.

Suivant l'ufage du châtelet, les *conseillers* honoraires marchent fuivant l'ordre de leur réception dans les rencontres particulières de proceffions, offrandes & enterremens où les *conseillers* au châtelet ne fe trouvent point en corps. Lorfque la compagnie des *conseillers* fe trouve en corps, le doyen des *conseillers honoraires* doit céder le pas au plus ancien des *conseillers* titulaires qui font préfens, quoique le doyen des honoraires fût plus ancien en réception que le plus ancien des *conseillers* titulaires préfens : il en eft de même pour la féance aux faudiences & confeils. Il faut même obferver qu'aux audiences, les honoraires ne peuvent fe trouver qu'au nombre de deux, au lieu qu'ils peuvent tous affifter à la chambre du confeil & aux affemblées de la compagnie, & y prendre féance, fuivant l'ordre de leur réception, fous la condition toutefois ci-deffus exprimée, que le doyen des honoraires ne pourra avoir en aucun cas la préféance fur le plus ancien des *conseillers* préfens. *Voyez* HONORAIRES & LETTRES D'HONORAIRES. (*A*)

Conseillers honoraires, font auffi des offices particuliers quafi *ad honores*, & néanmoins différens de ceux des *conseillers* d'honneur.

Au mois d'avril 1635, Louis XIII créa en chaque bailliage & fiège préfidial un office de *conseiller honoraire*. Cet édit porte que ces offices pourront être poffédés par toutes fortes de perfonnes eccléfiaftiques ou féculières, nobles ou autres, gradués ou non gradués; que les pourvus de ces offices auront rang & féance immédiatement après les quatre anciens du fiège, en habit long ou court, avec l'épée au côté ou fans épée, felon leur profeffion & qualité; qu'ils feront exempts de toutes tailles, taillon, crües & autres levées de deniers, & qu'il fera procédé à leur réception & inftallation par les juges préfidiaux de chaque reffort, & à leur refus, par le premier des maîtres des requêtes ou autres juges royaux trouvés fur les lieux, après une information de vie & mœurs, & fans aucun autre examen.

Leurs droits, de même que celui des autres *conseillers honoraires* ou vétérans, fe bornent à avoir entrée, féance & voix délibérative aux audiences & confeils, tant civils que criminels; ils ne peuvent pas non plus inftruire ni rapporter, & n'ont point de part aux épices & émolumens des procès.

Il fubfifte encore de ces offices dans plufieurs bailliages & fièges préfidiaux ; dans d'autres, ils ont été réunis aux autres offices de *conseillers*.

Au châtelet, l'office de *conseiller honoraire* fut uni en 1638 à un autre office de *conseiller* créé en 1634, fans aucune réferve de préféance que celle d'ancienneté en l'ordre de réception ; & par une déclaration du 28 octobre 1679, cet office fut totalement fupprimé. Au mois de février 1674, le roi, en créant le nouveau châtelet, y avoit auffi créé un office de *conseiller honoraire*, comme dans l'ancien châtelet; mais ce nouvel office n'ayant pas été levé, le roi le fupprima & en créa un pour les deux châtelets, avec pouvoir, au cas qu'il fût gradué, d'inftruire & rapporter toutes fortes de procès, fans néanmoins participer aux épices & émolumens, ni en percevoir à fon profit pour les procès jugés à fon rapport. Les deux châtelets ayant été réunis en un en 1684, & le nombre des *conseillers* réduits à 56, fans parler de l'office de *conseiller honoraire*, cet office qui n'avoit pas été levé depuis 1683, eft demeuré tacitement éteint.

Au préfidial de Nantes, il y a deux de ces offices de *conseillers honoraires*; on les appelle dans le pays *conseillers d'honneur*, quoique leur vrai titre, fuivant les édits de création, foit *conseiller honoraire* : ils n'ont rang & féance qu'après les quatre plus anciens *conseillers. Voyez* CONSEILLER D'HONNEUR. (*A*)

CONSEILLERS *Jugeurs*: on appelloit ainfi anciennement les affeffeurs d'un juge, dont la fonction étoit fpécialement de juger avec lui les procès, à la différence de ceux qu'on appelloit *rapporteurs*, qui faifoient fimplement l'expofition des enquêtes, c'eft-à-dire, non-feulement des enquêtes proprement dites, mais auffi des informations, de l'examen des titres, & en général de toutes les preuves de fait: on les appelloit auffi quelquefois *jugeurs* fimplement.

L'ordonnance du mois de juillet 1316, contenant le rôle de ceux qui devoient compofer le parlement, met après la grand chambre les jugeurs des enquêtes, qui étoient au nombre de 14, les quatre premiers clercs, favoir deux évêques & deux abbés, & les autres lais; enfuite font nommés les huit rapporteurs d'enquêtes.

Dans l'ordonnance du mois de décembre fuivant, les *jugeurs* clercs, qui font au nombre de fix, font nommés féparément, & enfuite les jugeurs lais au nombre de fept.

Il y avoit alors, comme on voit, au parlement deux fortes de *conseillers*, les jugeurs & les rapporteurs, dont les uns étoient tirés de la nobleffe, les autres choifis parmi les citoyens; ce qui demeura dans cet état jufqu'à l'ordonnance du 11 mars 1344 (que M. le préfident Henault date du 10 avril), par laquelle les *conseillers jugeurs* & les rapporteurs furent unis en un même corps, le roi ayant ordonné que

que tous les *conseillers* des enquêtes rapporteroient, s'ils n'étoient excufés par leurs préfidens ; car tous , dit cette ordonnance, doivent être rapporteurs & jugeurs. *Voyez* DUTILLET, *rec. des rangs* , &c.

Il y avoit auffi dès-lors en la chambre des comptes deux fortes de *conseillers* , comme au parlement ; les jugeurs, qui font les maîtres des comptes , & les rapporteurs ou petits clercs des comptes, appellés préfentement *auditeurs*. *Voyez* CHAMBRE DES COMPTES.

Il en étoit à-peu-près de même dans la plupart des fièges royaux où il y avoit des *conseillers*, comme au châtelet ; les uns étoient occupés au fiège pour juger avec le prévôt de Paris, les autres faifoient fimplement la fonction d'auditeurs & examinateurs, & ne jugeoient point. *Voyez* CHATE-LET, JUGEUR. (*A*)

CONSEILLERS *jurés de la ville de Poitiers*, font les *conseillers* du corps de cette ville, qui ont féance après les échevins. *Voyez* les lettres de Charles V du mois de décembre 1372, qui leur accordent la nobleffe. (*A*).

CONSEILLERS - *Magiftrats*, eft le titre que le roi donna en 1551 aux *conseillers* des préfidiaux, ils le portent encore préfentement. *Voyez ce* qui en eft dit ci-après à l'article CONSEILLERS DU ROI. (*A*)

CONSEILLERS *au parlement*. *Voyez* PARLEMENT. (*A*)

CONSEILLERS-*penfionnaires*, ce font des officiers établis dans les villes des Pays-Bas, pour donner leur avis aux échevins , fur les caufes foumifes à leur décifion. Comme les échevins même des villes ne doivent pas néceffairement être verfés dans le droit, on a prévenu les abus que pourroit faire naître leur inexpérience, en agrégeant à leur corps deux gradués qui portent le titre de *conseillers-penfionnaires*, & font à leur égard ce que font les échevins de Mons & de Valenciennes à l'égard des gens de loi des villages de leur territoire.

Les échevins ne font pas obligés de conformer leurs jugemens à l'avis de leurs *conseillers ;* ceux-ci n'ont pas même voix délibérative. C'eft la différence qu'il y a entre les échevins des villes & ceux des villages.

On a vu à l'article CHARGE *d'enquête*, que les officiers municipaux des villes fituées dans le chef-lieu de Valenciennes, font obligés de prendre & de fuivre l'avis des échevins de cette ville, dans les caufes qui s'inftruifent pardevant eux. Cela provient de ce qu'il n'y a point de *conseillers-penfionnaires* dans leur corps.

Avant la réunion de la Flandres à la France, les charges de *conseillers-penfionnaires* étoient à la difpofition des corps de ville ; mais, par un édit du mois de novembre 1695, elles furent érigées en titre d'offices formés & héréditaires, & il fut permis à ceux qui en feroient pourvus, de prendre la qualité de *conseillers du roi*, & d'exercer en même temps d'autres charges publiques.

Jurifprudence. Tome III.

CONSEILLERS *de police*, furent créés par édit de novembre 1706, au nombre de deux dans chacun des bailliages, fénéchauffées, & autres fièges où il y a des lieutenans de police ; mais par une déclaration du 18 octobre 1707, ils furent réunis aux corps & communautés d'officiers, tant à bourfe commune que d'arts & métiers. (*A*)

CONSEILLER *au préfidial*. *Voy.* PRÉSIDIAL. (*A*)

CONSEILLERS-PRÉSIDIAUX, font les mêmes que les *conseillers* au préfidial. *Voyez ci après l'article* CONSEILLERS DU ROI & PRÉSIDIAL. (*A*)

CONSEILLER-RAPPORTEUR, anciennement étoit un de ceux qui étoient employés uniquement à faire le rapport des enquêtes, c'eft-à-dire, des titres & preuves. Ces *conseillers* ne jugeoient point ; cela étoit réfervé à ceux que l'on appelloit *jugeurs*. *Voyez ci-devant au mot* CONSEILLERS-JUGEURS.

Préfentement on appelle *conseiller-rapporteur* ou *rapporteur* fimplement, celui des *conseillers* qui eft chargé de faire le rapport d'une affaire appointée. *Voyez* RAPPORT & RAPPORTEUR. (*A*)

CONSEILLERS *rapporteurs des criées*, étoient des officiers créés par Henri IV, dans chaque jurifdiction royale de Normandie, auxquels il avoit attribué le droit de faire feuls les rapports des criées , & de rapporter les affaires d'une autre nature concurremment avec les officiers du fiège. Ces offices furent fupprimés, de même que toutes les anciennes charges de rapporteurs & de vérificateurs des faifies & criées, par l'édit du mois d'octobre 1694, par lequel le roi créa en même temps de nouvelles charges de certificateurs des criées. *Voyez* CERTIFICATEURS & CRIÉES. (*A*)

CONSEILLER *du roi*, eft un titre commun à plufieurs fortes d'officiers de juftice ; on l'a auffi communiqué à plufieurs officiers militaires & de finances, & même à des gens de lettres.

Ce titre pris dans fa véritable fignification, ne convient naturellement qu'à ceux dont le roi prend confeil pour fes affaires. Et en effet, ceux qui font des confeils d'état & privé du roi, font les premiers qui aient porté ce titre de *conseiller du roi* qui eft jufte à leur égard, puifque le roi les affemble pour donner leur avis en fa préfence fur les affaires qu'il fait mettre en délibération dans fon confeil. Les eccléfiaftiques, les gens d'épée, & ceux de robe, dont ce confeil eft compofé, prennent tous également le titre de *conseiller du roi en fes confeils ;* les évèques prennent encore tous cette qualité, parce qu'autrefois ils avoient tous entrée au confeil du roi.

Loyfeau, *en fon Traité des offices, liv. I, chap. vij, n. 57*, dit que le titre de *conseiller du roi* étoit autrefois fi honorable, que les moindres officiers qui le portoient, étoient les baillis & fénéchaux ; que ce titre valoit autant qu'à préfent celui de *conseiller d'état*, parce qu'au commencement ceux qui portoient ce titre, étoient des gens du confeil du roi ; qui étoient envoyés pour gouverner les provinces & rendre la juftice ; que depuis il

H h

fut communiqué aux lieutenans-généraux des baillis , lorsqu'ils furent érigés en titre d'office , &
qu'ils succédèrent au fait de la justice en la fonction entière des baillis & sénéchaux ; qu'encore
en 1551 , lors de l'érection des *conseillers*-prési-
diaux , on ne voulut pas leur communiquer ce
titre ; qu'on aima mieux en forger exprès un autre ,
& emprunter pour eux des Romains la qualité de
magistrat , quoique en effet ils ne soient pas vrais
magistrats ; que cela fut fait ainsi , ou afin qu'il y eût
une distinction d'honneur entre eux & leurs chefs,
qui sont les lieutenans du siége , ou plutôt afin
de les distinguer d'avec les anciens avocats , qui
auparavant servoient d'assesseurs & *conseillers* aux
magistrats , & que par cette raison on appelloit
anciennement en France *conseillers*. De sorte , dit-
il , que les *conseillers*-présidiaux furent appellés *con-
seillers-magistrats* , c'est-à-dire *conseillers en titre
d'office*.

Mais Loyseau ajoute que , depuis , ce titre a été
communiqué pour de l'argent (& , pour ainsi dire,
par impôt) aux élus , & à d'autres petits financiers
dont on a voulu parer les offices de ce titre , afin
de les mieux vendre ; qu'il en est arrivé comme
des anneaux d'or , qui étoient jadis l'enseigne de
la noblesse romaine , laquelle les jetta & quitta par
dépit , d'un commun consentement , lorsque Flavius,
affranchi d'Appius Clodius , fut fait édile-curule ,
& par ce moyen acquit le droit de porter l'anneau
d'or ; de même que les honnêtes femmes de
France quittèrent la ceinture d'or , qui étoit autrefois leur marque & ornement , lorsqu'elles virent
que les femmes publiques affectoient d'en porter,
contre la prohibition du roi S. Louis , dont est
venu le proverbe , *bonne renommée vaut mieux que
ceinture dorée* ; que de même le titre de *conseiller
du roi* fut tellement méprisé , que les *conseillers*-
présidiaux le refusèrent , lorsqu'on voulut le leur
attribuer pour de l'argent.

Loyseau ne parle pas des *conseillers* au châtelet
de Paris ; ce sont néanmoins les premiers après
les gens du conseil qui ont porté le titre de *conseiller du roi*. Ce tribunal est le premier où il y ait
eu des *conseillers* ; & le titre de *conseiller du roi*
leur convenoit d'autant mieux , que nos rois , entre
autres S. Louis , alloient souvent en personne
rendre la justice au châtelet ; & c'est sans doute
par cette raison que le prévôt de Paris , avec les
conseillers de son siége , s'appelloient le *conseil du
roi au châtelet*.

Depuis que le roi eut fixé à Paris une portion de
son conseil d'état , sous le titre de *parlement* , ceux
qui ont été établis pour former cette compagnie,
ont aussi pris le titre de *conseiller du roi* , pour
lequel ils sont fondés en double titre : l'un , en
ce qu'ils ont été tirés du conseil du roi , & qu'ils
en ont encore fait long-temps les fonctions , lorsque le roi assembloit son conseil étroit & privé
avec le parlement pour tenir son conseil commun ;
l'autre titre est que , depuis l'institution du parle-

ment , nos rois ont coutume de venir , quand ils
jugent à propos , tenir leur lit de justice au parlement , & d'y délibérer de leurs affaires avec
ceux qui composent le parlement , lequel , par
cette raison , est nommé dans les anciens titres &
auteurs , *la cour du roi*. Dans des lettres du roi
Jean , du 16 novembre 1353 , les *conseillers du
roi au parlement* sont dits *tenant le parlement*.

Nos rois ayant , par succession de temps , établi
des *conseillers* dans les bailliages & sénéchaussées,
& dans la plupart des autres siéges royaux , on
donna aussi aux *conseillers* de ces différens siéges le
titre de *conseillers du roi* , à l'instar de ceux du
châtelet. Ceux qui l'avoient d'abord négligé , l'ont
dans la suite reçu , & présentement ce titre est
commun à tous les *conseillers* des siéges royaux.

Il a été attribué , non-seulement à tous les *conseillers* proprement dits , établis dans les siéges royaux,
mais encore à beaucoup d'autres officiers de justice,
dont le titre propre & principal n'est cependant
pas celui de *conseiller* , tels que les présidens des
cours souveraines , des conseils souverains & provinciaux , & des présidiaux , les maîtres des requêtes & maîtres des comptes , les correcteurs-
auditeurs, les lieutenans-généraux, civils, particuliers,
criminels & de police , les assesseurs , les greffiers
en chef des cours , & autres siéges royaux ; les
trésoriers de France , les secrétaires du roi , les
notaires , les commissaires au châtelet de Paris , &
beaucoup d'autres officiers des justices royales.

Le connétable prenoit aussi le titre de *conseiller
du roi* ; & on trouve des exemples qu'on l'a donné
anciennement à quelques maréchaux de France.

La plupart des trésoriers , receveurs & payeurs
des deniers royaux , & leurs contrôleurs ont aussi
le titre de *conseillers du roi*.

Enfin il y a encore quelques officiers du roi,
qui ne sont ni de justice , ni militaires , ni de finances , mais que l'on peut plutôt placer dans la
classe des gens de lettres , qui ont aussi le titre de
conseiller du roi , comme le premier médecin,
& ceux qui ont un brevet d'historiographe de
France.

Il n'est pas vrai , comme quelques-uns se l'imaginent , que ce titre ait été communiqué jusqu'aux
langayeurs de porcs. C'est une plaisanterie par laquelle on a voulu faire entendre que ce titre,
fort honorable en lui-même , a été prodigué à
beaucoup de petits officiers , & que chacun a eu
l'ambition d'en être décoré. (*A*)

CONSEILLERS *du roi réformateurs généraux*. On
donnoit ce titre à ceux que le roi envoyoit avec
une commission dans quelque province , pour y
réformer l'administration de la justice. Cette qualité est donnée à Bertrand , prieur de S. Martin-
des-champs , dans des lettres du mois de décembre 1351. (*A*)

CONSEILLERS *à la table de marbre. Voyez* TABLE
DE MARBRE. (*A*)

CONSEILLERS *du roi généraux trésoriers sur le*

fait de l'aide pour la rançon du roi. Dans des lettres de Charles V, du 28 juin 1364, cette qualité est donnée à ceux qui avoient été ordonnés sur le fait de l'aide pour la rançon du roi Jean. (*A*)

CONSEILLERS *vérificateurs & rapporteurs des défauts faute de comparoir & de défendre.* Par édit du mois de mars 1691, Louis XIV créa deux de ces offices de *conseillers* en chaque présidial, bailliage & sénéchaussée du royaume, avec attribution de trente sols en toutes affaires excédentes 20 liv. & exemption de la taille, & autres impositions généralement quelconques; logement de gens de guerre, guet & garde, tutèle & curatelle, & autres charges publiques. Le motif exprimé dans cet édit, étoit d'éviter les surprises fréquentes qui proviennent de ce que la plupart des juges n'examinent que légérement les pieces justificatives des demandes en profit de défaut. Peu de temps après, le roi, par une déclaration du 7 août 1691, réunit ces *conseillers* au corps des officiers de chaque siège. Ces offices ont depuis été totalement supprimés, par édit du mois d'août 1716. Au châtelet de Paris, chaque *conseiller* rapporte à son tour, pendant une semaine, les défauts faute de comparoir. (*A*)

CONSEILLERS *de ville*, sont ceux qui sont du conseil d'une ville: ils sont aussi appellés *prudhommes* & *élus*, & en quelques autres endroits, *consuls-bailes.* Il y en avoit quarante à Aurillac, comme il paroît par une ordonnance de Charles V, de 1359. A Villefranche en Périgord, on les appelloit *jurés*. (*A*)

CONSENS, s. m. (*Droit ecclésiastique.*) c'est la mention faite sur des provisions, données à Rome sur résignation, du consentement du résignant ou de son fondé de procuration. Cette mention se fait par une note sommaire, portant que tel procureur constitué par la procuration pour résigner, a l'expédition de la présente signature, & que l'original de la présente procuration est demeuré à la chancellerie ou à la chambre apostolique.

Le *consens* a été introduit pour obvier à certaines fraudes que les petites dates avoient occasionnées, c'est du jour que le *consens* a été donné que l'on part pour compter le temps, après lequel la date retenue est devenue surannée.

On distingue le *consens* simple & le *consens* étendu. Le premier n'est autre chose que le consentement présumé, par la retenue de la date & la remise de la procuration. Il précede l'obtention de la grace demandée; le second est la mention du consentement, mise sur la provision, lorsqu'elle est signée & expédiée; en voici la formule :

Die quintâ junii 1724, retroscriptus Petrus per D. Franciscum N. in Rom. cur. sollicitatorem suum resignationi & litterarum expeditioni, consensit, &c. juravit, &c... Est in camer. apostolicâ.

Le banquier porteur de la procuration *ad resignandum*, peut faire étendre le *consens*, ou par le notaire de la chambre ou par ceux de la chancel-lerie. Quand on se sert des derniers, il y a au bas de la note, *est in cancellariâ.*

La date du *consens* étendu, se reporte au jour du petit *consens*, qui est le même que celui de l'admission de la résignation, ainsi la date de la résignation, & celle du *consens*, qui est au dos de la signature sont toujours du même jour.

Si la résignation est à la charge d'une pension, & que le résignataire n'y ait point donné son consentement dans la procuration *ad resignandum*, on ajoute au *consens* la clause suivante, *& cum derogatione regulæ de præstando consensu, attento quod resignatarius absens, & orator qui pacificè possidet, aliter resignare non intendit.*

Si le résignataire a donné son consentement à l'établissement de la pension, on ne met point cette clause. Mais en même temps que l'on fait étendre le *consens* sur la résignation, le même notaire étend le *consens* au dos de la signature de pension, en cette maniere : *die*, &c. (si c'est à la chambre) & si c'est à la chancellerie; *anno incarnationis dominicæ*, &c. *retroscriptus D. Petrus per illustrem virum D. procuratorem suum, reservationi retroscriptæ & litterarum expeditioni consensit, &c. juravit*, &c.

Le *consens* ne se met qu'aux résignations, signatures de pensions & cessions.

L'édit des petites dates, les déclarations du contrôle & l'édit des insinuations, sont, pour la France, des remparts plus forts contre les abus qui se commettoient à Rome, dans les expéditions des résignations, que ne peut l'être l'établissement du *consens*, qui fait partie de la quarante-cinquieme regle de la chancellerie romaine. (*Article de M. l'abbé* BERTOLIO)

CONSENTEMENT, s. m. (*Jurisprud.*) c'est le concours naturel de la volonté des parties sur un fait dont elles ont connoissance, & sur lequel elles veulent traiter.

Le *consentement* est ou vrai ou présumé. On appelle *consentement vrai*, celui qui est exprimé au-dehors, par les signes ordinaires de la parole, des écrits & même des mouvemens de la tête, qui marquent l'approbation, ou celui qui peut s'induire des actes que l'on fait.

De-là il suit que le *consentement* vrai, est ou exprès ou tacite. Il est exprès, toutes fois qu'on l'exprime clairement par paroles, par écrit ou par signe: il est tacite, lorsque, par un fait actuel, on présume qu'une convention antérieure nous est agréable. Par exemple, si quelqu'un, en ma présence & sans aucun signe de *consentement* de ma part, a vendu une chose qui m'appartient, en recevant moi-même le prix de la vente, je serai censé donner mon *consentement* à la vente faite antérieurement, parce que l'acceptation du prix prouve que j'ai la vente dont est question pour agréable.

Le *consentement* présumé, est celui que la loi par équité suppose être intervenu entre deux personnes, qui n'ont pu le donner, parce qu'elles n'ont pas contracté directement entre elles. Il a lieu dans les obligations qui naissent des quasi-contrats, &

la loi le suppose, par la raison, 1°. que l'équité ne souffre pas qu'un tiers s'enrichisse au détriment d'un autre ; 2°. que celui qui approuve un acte antérieur, est contraint d'approuver ce qui en est une suite nécessaire ; 3°. qu'on doit supposer qu'une personne donnera son agrément à ce qui peut lui être utile.

Dans la plupart des actes, le *consentement* tacite ou présumé suffit ordinairement ; mais il faut que le *consentement* soit exprès dans quelques actes de rigueur, tels que les donations entre-vifs, l'autorisation d'une femme ou d'un mineur. *Voyez* AUTORISATION, DONATION & *généralement toutes les espèces d'obligations.*

Le *consentement* n'est valable, qu'autant qu'il est donné volontairement, & il est toujours présumé volontaire jusqu'à ce qu'il soit prouvé qu'il a été arraché par la crainte, les menaces, le dol, la fraude, la violence. *Voyez tous ces mots,* & celui ERREUR.

La suggestion est encore un vice destructif du *consentement,* mais ce moyen ne s'emploie guère qu'au sujet des actes faits à l'article de la mort. *Voyez* SUGGESTION.

La validité du *consentement* donné à un acte dépend encore du pouvoir de consentir qui doit résider dans la personne du contractant. Ainsi, une femme, sous puissance de mari ; un pupille, un mineur, un insensé, un interdit ne peuvent donner un *consentement* valable, quoique volontaire de leur part, sans l'autorisation du mari, tuteur ou curateur, parce que la loi les empêche de contracter sans elle un engagement solide.

Il faut aussi que le *consentement* soit donné pour une chose qui ne soit contraire, ni aux loix, ni aux bonnes mœurs. Car la maxime *volenti & consentienti non fit injuria,* ne doit s'entendre que d'un *consentement* libre & honnête, & non d'un *consentement* forcé ou contraire aux loix & aux bonnes mœurs. *Voyez* CONTRAT.

CONSERVATEUR, s. m. (*Jurisprudence.*) est un officier public établi pour la conservation de certains droits ou privilèges. Il y en a de plusieurs sortes : les uns qu'on appelle *greffiers-conservateurs,* dont la fonction est de tenir registre de certains actes, pour la conservation des droits de ceux que ces actes intéressent, tels que les *conservateurs* des hypothèques, les *conservateurs* des rentes, les *conservateurs* du domaine, les *conservateurs* des privilèges des bourgeois de Paris ; d'autres qu'on appelle *juges-conservateurs,* qui ont jurisdiction pour conserver certains droits & privilèges, tels que les *conservateurs* des privilèges royaux & apostoliques des universités, les *conservateurs* des foires, &c. Nous parlerons de chacun de ces *conservateurs* par ordre alphabétique.

CONSERVATEUR *apostolique,* ou *des privilèges apostoliques des universités.* Les universités ont deux sortes de privilèges, savoir apostoliques & royaux, & elles ont aussi des *conservateurs* différens pour chaque sorte de privilèges. On entend par *privilèges*

apostoliques, ceux qui ont été concédés par les papes. L'université de Paris a pour *conservateur* de ses privilèges royaux, le prévôt de Paris, & pour *conservateurs* de ses privilèges apostoliques, les évêques de Beauvais, Senlis & Meaux, quand elle fait choix de l'un d'eux, & qu'il veut bien accepter la commission au nom du pape. Charles V, dans des lettres du 18 mars 1366, portant confirmation des privilèges de l'université de Paris, fait mention, en plusieurs endroits, du *conservateur* de ces privilèges ; ce qui ne peut s'entendre du prévôt de Paris, comme la suite le fait connoître. Il est parlé d'abord en général des privilèges accordés à l'université, tant par le saint siège que par les prédécesseurs de Charles V, & il est dit que le *conservateur* des privilèges, le garde du scel de cette cour, sont exempts de tout péage & exaction ; qu'en vertu des privilèges qui leur ont été accordés par le saint siège, il doit connoître du refus fait aux écoliers étudians dans l'université, de leur donner les fruits de leurs bénéfices, & des contestations qu'auront les écoliers & principaux officiers de l'université au sujet des péages dont ils sont exempts, même quand les parties adverses de ces écoliers & officiers résideroient hors du royaume ; qu'il peut employer les censures ecclésiastiques contre les parties adverses de ces écoliers & officiers ; que néanmoins le parlement, le prévôt de Paris & autres juges, troubloient journellement le *conservateur* dans la connoissance de ces matières, disant qu'elles étoient réelles. Sur quoi Charles V déclare que, quoique la connoissance de ces matières appartienne à lui & à sa jurisdiction, cependant, par grace pour l'université, il permet au *conservateur* d'en connoître, pourvu que la conclusion du libelle soit personnelle ; & en conséquence il ordonne à tous ses juges, & nommément au prévôt de Paris, de faire jouir le *conservateur* de cette concession. Le prévôt de Paris, étant alors *conservateur* des privilèges royaux de l'université, on ne peut entendre ce qui est dit dans ces lettres, que du *conservateur* des privilèges apostoliques. Urbain VI, à la prière de Charles V, ordonna, par une bulle du 14 mars 1367, que quand le pape seroit en Italie, nul ecclésiastique ne pourroit faire assigner aucun habitant de France hors du royaume, devant les *conservateurs* à lui accordés par les papes, dans la forme prescrite par le concile de Vienne ; & que nul ecclésiastique, en vertu d'une cession de droits, ne pourroit faire assigner, même en France, devant ces *conservateurs,* aucun habitant du royaume. L'exécution de cette bulle fut ordonnée dans le même temps par Charles V. (*A*)

CONSERVATEUR *des castillans trafiquans dans le royaume.* Charles V, dans les privilèges qu'il accorda à ces marchands au mois d'avril 1364, leur donne pour *conservateurs* de ces privilèges, le doyen de l'église de Rouen, & le bailli & le vicomte de cette ville. (*A*)

CONSERVATEUR *des décrets volontaires,* furent

créés par édit du mois de janvier 1708, sous le titre de *commiſſaires-conservateurs-généraux des décrets volontaires*; on créa auſſi, par le même édit, des contrôleurs de ces *commiſſaires-conservateurs*. Suivant cet édit, tous ceux qui vouloient faire un décret volontaire, pour purger les hypothèques de leur vendeur, étoient obligés de faire enregiſtrer par le *commiſſaire-conservateur* & par ſon contrôleur la ſaiſie-réelle & le contrat de vente, avant que le pourſuivant pût faire procéder aux criées, à peine de nullité & de 500 livres d'amende; & l'acqué-reur devoit payer un certain droit au *conservateur* & au contrôleur. On ne pouvoit délivrer la groſſe du décret volontaire, que ce droit n'eût été préa-lablement payé, à peine du triple droit contre les acquéreurs, leurs procureurs, & contre les greffiers & ſcelleurs.

Mais les droits attribués à ces officiers, ayant paru trop onéreux au public, leurs offices ont été ſupprimés, par édit du mois d'août 1718 : le roi a ſeulement réservé la moitié des droits pour être per-çus à ſon profit, & être employés au rembourſe-ment des anciens offices. (*A*)

CONSERVATEURS *du domaine*, furent créés par édit du mois de mai 1582, pour la conservation du domaine du roi. Ils avoient le titre de *conser-vateurs & gardes des fiefs, domaines, titres & pan-cartes du roi*; il y en avoit un dans chaque bail-liage & ſénéchauſſée. Ces offices furent ſupprimés par édit du mois de mai 1639, & rétablis par un autre édit du mois de ſeptembre 1645. Il paroît que ceux-ci furent encore ſupprimés; car on recréa de nouveau un office de *conservateur des domaines aliénés* dans chaque province & généralité, par édit du mois d'octobre 1706; & le 27 ſeptembre 1707 il y eut une déclaration pour l'exécution de l'édit de 1706, portant création des offices de *conserva-teurs des domaines aliénés*; mais, par édit du mois de juillet 1708, ces offices furent encore ſuppri-més; & en leur place, on créa, par le même édit, des *inſpecteurs-conservateurs généraux des domaines du roi aliénés*, qui font entre ſes mains; & leurs fonctions & droits furent réglés par une déclaration du 13 août 1709. Ces *inſpecteurs-conser-vateurs du domaine* furent auſſi depuis ſupprimés; on a établi deux, par commiſſion au conſeil, ſous le titre d'*inſpecteurs-généraux du domaine de la couronne*, qui font chargés de pourſuivre & défen-dre au conſeil les affaires qui concernent le do-maine. *Voyez* DOMAINE *&* INSPECTEURS DU DOMAINE.

Les receveurs-généraux des domaines & bois, font tenus de rapporter tous les cinq ans dans leurs comptes, des états détaillés des domaines, confor-mément à ceux qui leur font fournis par les fer-miers, ſous-fermiers, engagiſtes & receveurs particuliers.

CONSERVATEURS *des études*, font les mêmes que les *conservateurs des universités* ou *des privilè-ges royaux des universités*. Ils font ainſi nommés

dans des lettres de Charles VI, du 6 juillet 1388, *Voyez ci-après au mot* CONSERVATEUR DES PRI-VILÈGES ROYAUX. (*A*)

CONSERVATEUR *des foires* ou *juge-conservateur des privilèges des foires*, eſt un juge établi pour la manutention des franchiſes & privilèges des foi-res, & pour connoître des conteſtations qui y ſur-viennent entre marchands & autres perſonnes fré-quentant les foires de ſon reſſort, & y faiſant négoce.

Les anciens comtes de Champagne & de Brie furent les premiers inſtituteurs de ces ſortes d'of-ficiers, auſſi-bien que des foires franches de Brie & de Champagne, dont ils les établirent *conser-vateurs*.

On les nomma d'abord ſimplement *gardes des foires*, enſuite *gardes-conservateurs*; & vers la fin du quinzième ſiècle, ils prirent le titre de *juges-conser-vateurs des privilèges des foires*, comme on les ap-pelle encore préſentement.

Quoiqu'ils ne priſſent pas d'abord le titre de *juges*, ils avoient néanmoins la juriſdiction contentieuſe ſur les marchands fréquentant les foires.

Il y avoit dans chaque foire deux gardes ou *con-ſervateurs*, un chancelier qui étoit dépoſitaire du ſceau particulier des foires, & deux lieutenans, un pour les gardes, l'autre pour le chancelier.

Aucun jugement ne pouvoit être rendu par un des gardes ſeul; en l'abſence de l'un, le chancelier avoit voix délibérative avec l'autre.

Dans les cauſes difficiles, on appelloit quelques notables marchands, ou autres qui avoient long-temps exercé le commerce.

Les *conservateurs* avoient ſous eux pluſieurs no-taires pour expédier les actes, & des ſergens pour exécuter leurs mandemens.

Les gardes ou *conservateurs* & leur chancelier de-voient, à peine de perdre leurs appointemens, ſe trouver à l'ouverture des foires de leur reſſort, & y reſter juſqu'à ce que les plaidoiries fuſſent finies. Après quoi ils pouvoient y laiſſer leurs lieu-tenans, à la charge d'y revenir lors de l'échéance des paiemens.

C'étoit à eux à viſiter les halles & autres lieux où l'on expoſoit les marchandiſes. Ils avoient auſſi le droit de nommer deux prudhommes de chaque métier pour viſiter ces mêmes marchandiſes.

L'appel de ces *conservateurs* étoit dévolu aux gens tenans les jours de ſa majeſté, c'eſt-à-dire, tenans les grands jours, comme il eſt dit dans les lettres-patentes de Philippe de Valois de l'an 1349.

Les gardes ou *conservateurs* des foires de Brie & Champagne, transférées depuis à Lyon, avoient une telle autorité, qu'on arrêtoit en vertu de leurs ju-gemens, même dans les pays étrangers.

Préſentement la conservation des privilèges des foires, dans la plupart des villes, eſt unie à la juſ-tice ordinaire.

Par exemple, à Paris, c'eſt le prévôt de Paris qui eſt le *conservateur* des privilèges des foires, qui fe tiennent dans cette ville : & en conféquence c'eft le lieutenant - général de police qui en fait l'ouverture.

Dans quelques villes, la confervation des privilèges des foires eft unie au tribunal établi pour le commerce ; comme à Lyon, où la jurifdiction des confuls, le bureau de la ville & la confervation des foires, font unis fous le titre de *confervation. Voyez ce dernier mot.*

CONSERVATEUR *de la gabelle.* C'étoit le juge des gabelles ; il en eft parlé dans une ordonnance du roi Jean, du 20 avril 1363. (*A*)

CONSERVATEUR *des hypothèques fur les offices,* dont le vrai titre eft *greffiers-confervateurs des hypothèques,* font des officiers établis pour la confervation des hypothèques fur les offices, qui, par les édits de leur création ou par des arrêts du confeil rendus en conféquence, peuvent être exercés fans provifions.

Pour bien entendre quelle eft la fonction de ces fortes d'officiers, & en quoi ils reffemblent & diffèrent avec les gardes des rôles, il faut obferver que par édit du mois de mars 1631, le roi créa en titre d'office des gardes des rôles des offices de France, pour conferver les hypothèques & droits des créanciers fur les offices. Ceux qui prétendent quelque droit fur un office, pour l'exercice duquel on a befoin de provifions prifes en chancellerie, forment oppofition au fceau ou au titre des provifions, à ce que les provifions ne foient fcellées qu'à la charge de l'oppofition, le fceau ayant pour les offices l'effet de purger les hypothèques, de même que le décret pour les autres immeubles.

Mais comme il y a grand nombre d'offices qui font poffédés, en vertu de fimples quittances de finances, pour lefquels on n'a pas befoin de provifion, & qui font d'un prix trop médiocre pour fupporter les frais d'un décret, les créanciers & autres prétendant droit à ces offices, ne favoient de quelle manière fe pourvoir pour conferver leurs droits fur ces fortes d'offices.

L'édit du mois de mars 1673, portant établiffement d'un greffe des enregistremens, ou, comme on l'appelloit communément, un *greffe des hypothèques,* dans chaque bailliage & fénéchauffée, fembloit y avoir pourvu, en ordonnant en général, que tous ceux qui auroient hypothèque, en vertu de quelque titre que ce fût, fur héritages, rentes foncières ou conftituées, domaines engagés, offices domaniaux & autres immeubles, pourroient former leurs oppofitions au greffe des hypothèques de la fituation des immeubles auxquels ils auroient droit. L'objet de cet édit étoit de rendre publiques toutes les hypothèques, & de faire en ce point une loi générale de ce que quelques coutumes particulières ont ordonné de faire par la voie des faifies & des nantiffemens ; mais les inconvéniens que l'on trouva dans cette publicité des hypothèques, furent caufe que l'édit de 1673 fut révoqué par un autre du mois d'avril 1674, qui ordonna que pour la con-

fervation des hypothèques, on en uferoit comme pour le paffé.

On créa auffi, par un autre édit du mois de mars 1673, des *confervateurs des hypothèques fur les rentes,* dont nous parlerons dans un article fuivant.

Ce ne fut qu'au mois de mars 1706, que le roi créa dans chaque province & généralité un confeiller du roi, *greffier-confervateur des hypothèques* fur les offices, qui, par les édits de création ou arrêts donnés en conféquence, peuvent être exercés fans provifion.

Cet édit ordonne que dans un mois les propriétaires de ces offices & droits y réunis, foient tenus de faire enregiftrer au greffe du *confervateur,* par extrait feulement, leurs quittances de finance, ou autres titres concernant la propriété d'iceux, à peine d'interdiction de leurs fonctions & privation de leurs gages & droits.

Que toutes les oppofitions qui feront formées à la vente de ces offices, & les faifies-réelles qui en pourront être faites, feront enregiftrées dans ce greffe, à peine de nullité des oppofitions & faifies.

Qu'à cet effet les *greffiers-confervateurs* tiendront deux regiftres paraphés de l'intendant, fur l'un defquels ils écriront les faifies & oppofitions qui leur auront été fignifiées, & dont ils garderont les exploits & main-levées, & que fur l'autre regiftre ils mettront les enregiftremens des titres de propriété.

Qu'en cas d'oppofition au titre des offices & droits, il ne fera point procédé à l'enregistrement des titres de propriété, que l'oppofition n'ait été jugée.

Qu'à l'égard des oppofitions pour deniers, les enregiftremens ne pourront être faits qu'à la charge d'icelles, à peine, par les *greffiers-confervateurs des hypothèques,* d'en demeurer refponfables en leurs noms pour la valeur des offices & droits.

Les créanciers oppofans à l'enregistrement des titres de propriété des offices & droits y réunis, font préférés fur le prix aux autres créanciers non oppofans, quand même ils feroient privilégiés.

Les offices & droits y réunis, dont les titres de propriété ont été enregiftrés fans oppofition, demeurent purgés de tous privilèges & hypothèques, excepté néanmoins des douaires & des fubftitutions.

Toutes oppofitions qui feroient faites ailleurs qu'entre les mains des *confervateurs,* pour raifon de ces fortes d'offices & droits, font nulles.

Les notaires qui paffent des actes contenant vente ou tranfport de ces fortes d'offices, doivent en donner dans quinzaine des extraits au *confervateur des hypothèques.*

L'édit de création attribue au *confervateur* un droit pour l'enregistrement de chaque quittance de finance & oppofition des gages, un minot de franc-falé à chacun, exemption de taille, tutèle, curatelle, guet & garde. (*A*)

CONSERVATEURS *des hypothèques sur les immeubles.* Ce sont des officiers créés dans chaque bailliage & sénéchaussée, par édit du mois de juin 1771, pour recevoir les oppositions des créanciers, qui prétendent quelque droit d'hypothèque ou privilège sur les immeubles réels ou fictifs de leurs débiteurs.

L'article 15 de cet édit porte, que les créanciers qui voudront conserver leurs privilèges ou hypothèques sur les immeubles, tant réels que fictifs de leurs débiteurs, seront tenus de former leurs oppositions entre les mains des *conservateurs des hypothèques,* lors des mutations de propriété de ces immeubles, & des lettres de ratification prises sur ces mutations par les nouveaux propriétaires.

L'article 21 veut que les *conservateurs des hypothèques* tiennent un registre en papier timbré, dont les feuillets doivent être cotés sans frais, par premier & dernier, & paraphés à chaque page par le lieutenant-général du siège ou autre officier, suivant l'ordre du tableau, & que dans ce registre ils insèrent de suite, sans aucun blanc ni interligne, toutes les oppositions formées entre leurs mains, à peine de faux, de quinze cens livres d'amende, & de tous dépens, dommages & intérêts des parties.

L'opposition doit être datée & visée par le *conservateur,* & il est tenu de faire mention si elle a été formée avant ou après midi : il faut qu'elle contienne les nom, surnom, qualités & demeure de l'opposant, avec élection de domicile dans le lieu de l'enregistrement, sans que ce domicile puisse cesser par le décès du procureur, chez lequel il aura été élu : ce domicile ne peut être changé que par une nouvelle élection, qui doit être enregistrée à la marge de l'opposition, & visée par le *conservateur* de la même manière que l'opposition ; le tout à peine de nullité. C'est ce qui résulte de l'article 22.

L'exécution de cet article a, en outre, été ordonnée, par un arrêt du conseil, du 4 décembre 1774, qui a enjoint aux huissiers & sergens de signer l'acte d'enregistrement des oppositions qu'ils signifient aux *conservateurs des hypothèques.*

Le créancier est tenu, par l'article 23, de déclarer dans son opposition le nom de famille, les titres, qualités & demeure de son débiteur, à peine d'être déchu du droit d'exercer contre le *conservateur* le recours spécifié par l'article 27, & dont nous parlerons dans un instant.

Les *conservateurs* sont obligés de délivrer, quand ils en sont requis, les extraits de leurs registres, & d'y coter le jour & la date des oppositions, ainsi que le registre & le feuillet où elles ont été enregistrées, ou de donner des certificats portant qu'il n'en a été formé aucune, à peine de privation de leurs offices, de quinze cens livres d'amende & des dommages & intérêts des parties. Telles sont les dispositions de l'article 24.

L'article 25 attribue aux *conservateurs* entrée au sceau des chancelleries près desquelles ils sont établis, de la même manière qu'elle est attribuée aux *conservateurs des hypothèques* créés près de la grande chancellerie. Le même article veut qu'ils aient seuls le droit de présenter au sceau les lettres de ratification.

Avant de présenter au sceau les lettres de ratification, les *conservateurs* doivent, selon l'article 26, faire mention sur le repli de ces lettres s'il y a des oppositions subsistantes : dans ce cas, les lettres ne peuvent être scellées qu'à la charge de ces oppositions, qui doivent subsister sans être renouvellées, comme cela se pratique relativement aux lettres de ratification obtenues à la grande chancellerie.

Lorsqu'il n'y a aucune opposition subsistante, les lettres de ratification doivent être scellées purement & simplement : si, avant le sceau, il avoit été formé quelque opposition, dont les *conservateurs* n'eussent pas fait mention, ils demeureroient responsables, en leur propre & privé nom, des sommes, auxquelles pourroient monter les créances des opposans, qui seroient venus en ordre utile, & cela jusqu'à concurrence de la valeur de l'immeuble mentionné aux lettres de ratification : la finance de chaque office de *conservateur* est déclarée affectée, par préférence à cet effet, comme fait de charge. C'est ce qui résulte de l'article 27.

Il est attribué aux *conservateurs des hypothèques* un sou six deniers par cent livres du prix de chaque vente d'immeubles réels ou fictifs, pour vérification d'opposition, avant de présenter au sceau les lettres de ratification.

Il est dû aux mêmes officiers pour l'expédition, enregistrement & rapport de chaque lettre de ratification, trente sous.

Dans les droits de trois livres dus pour la réception des oppositions au sceau des lettres de ratification, de vingt-quatre sous dus pour la main-levée de chaque opposition, & de pareille somme de vingt-quatre sous pour l'extrait de chaque opposition subsistante, il y a un sixième pour le roi, & le surplus est abandonné aux *conservateurs des hypothèques.*

Ces officiers sont obligés de marquer sur les lettres de ratification, sur les oppositions, ainsi que sur les main-levées & extraits de ces oppositions, les droits qu'ils ont reçus.

Les droits réservés au roi, par le tarif annexé à l'édit dont il s'agit, doivent être payés entre les mains des *conservateurs des hypothèques,* & ceux-ci sont tenus d'en compter mois par mois à sa majesté.

CONSERVATEURS *des hypothèques sur les rentes,* sont des officiers établis par édit du mois de mars 1673, pour la conservation des hypothèques que les particuliers peuvent avoir sur les rentes dues par le roi, appartenantes à leurs débiteurs. L'édit de création veut que pour conserver à l'avenir les hypothèques sur les rentes dues par le roi sur les domaines, tailles, gabelles, aides, entrées, décimes & clergé, dons gratuits & autres biens & revenus du roi, les créanciers ou autres prétendans

droit fur les propriétaires & vendeurs de ces rentes, feront tenus de former leur oppofition entre
les mains du *conservateur des hypothèques* fur lefdites
rentes; que les oppofitions conferveront pendant
une année les hypothèques & droits prétendus fur
lefdites rentes, fans qu'il foit befoin de faire d'autres diligences; que pour fûreté de ceux qui demeureront propriétaires de ces rentes par acquifitions, partages ou autres titres, ils feront feulement
tenus à chaque mutation de prendre fur leurs contrats ou extraits d'iceux, des lettres de ratification
fcellées en la grande chancellerie; que fi, avant le
fceau de ces lettres, il ne fe trouve point d'oppofition
de la part des créanciers ou prétendans droit, &
après qu'elles feront fcellées fans oppofition, les
rentes feront purgées de tous droits & hypothèques, à moins qu'il ne s'agiffe d'un douaire ou d'une
fubftitution non ouverte. Pour recevoir les oppofitions qui peuvent être formées au fceau de ces
lettres, par les créanciers & autres prétendans droit
fur lefdites rentes pour la confervation de leurs
hypothèques, & délivrer des extraits des oppofitions à ceux qui en ont befoin, l'édit crée quatre
offices de *greffiers-conservateurs des hypothèques* defdites rentes, & à chacun un commis. Il eft dit
que ces *confervateurs* auront chacun entrée au
fceau, & exerceront les offices par quartier; qu'ils
tiendront fidèle registre des oppofitions formées
entre leurs mains, & garderont les exploits pour
y avoir recours au befoin, & qu'avant que les lettres
foient préfentées au fceau, ils feront tenus de vérifier fur leurs registres s'il y a des oppofitions.
L'édit attribue à ces officiers une certaine rétribution pour l'enregistrement des oppofitions, & pour
délivrer les extraits, & les mêmes privilèges qu'ont
les officiers de la grande chancellerie. Cette dernière prérogative leur a été confirmée par un édit
du mois de juillet 1685 : les quatre offices de *confervateurs des hypothèques fur les rentes*, ont été
été réunis, & font exercés par un feul & même
titulaire; il y a néanmoins un *conservateur* particulier pour les hypothèques des rentes fur l'hôtel de
ville de Paris. (*A*)

CONSERVATEUR *des Juifs* ou *des privilèges des
Juifs*, étoit un juge particulier que le roi Jean avoit
accordé aux Juifs, étant dans le royaume, pour la
confervation de leurs privilèges. Il en eft parlé
dans une ordonnance de ce prince du mois de mars
1360, où il eft dit, que toutes lettres contre les
privilèges des Juifs ne feront d'aucune force & vertu,
fi elles ne font vues ou acceptées par le *confervateur* ou gardien qu'il leur a accordé par fes autres
lettres. Charles V, par des lettres du 4 octobre 1364,
permit au comte d'Eftampes, gardien & *confervateur*-général des Juifs & Juives, & leur juge en
toutes les caufes qu'ils avoient contre les chrétiens
dans le royaume, ou les chrétiens contre eux, de
nommer des commis en fa place, & à ceux-ci de
nommer des fubftituts pour juger les affaires des
Juifs. La charge de *conservateur des Juifs* fut abolie, & les Juifs foumis à la jurifdiction du prévôt
de Paris, & des autres juges ordinaires du lieu de
leur demeure, par des lettres de Charles VI, du
15 juillet 1394. (*A*)

CONSERVATEUR ou *juge-conservateur de Lyon.
Voyez* ci-après CONSERVATION DE LYON. (*A*)

CONSERVATEUR *des marchandifes*; on établiffoit
autrefois des commiffaires-généraux, auxquels on
donnoit le titre de *gardiens & confervateurs* fur les
vivres & les marchandifes. (*A*)

CONSERVATEUR *de la marée*; le prévôt de Paris fut établi juge, conservateur, gardien & commiffaire des affaires des vendeurs de marée, par des
lettres du roi Jean, du mois d'avril 1361, comme
il l'étoit anciennement; mais cela fut attribué, en
1369, à la chambre fouveraine de la marée. Il
rentra encore dans fes fonctions en 1379; mais les
commiffaires de la marée continuèrent à connoître
de certaines conteftations fur cet objet, & enfin
depuis 1678, le châtelet n'a retenu que les réceptions des jurés-compteurs, déchargeurs & vendeurs
de marée. *Voyez* CHAMBRE *de la marée*. (*A*)

CONSERVATEUR ou *juge-conservateur des privilèges royaux de l'université de Paris*, eft le juge établi
par nos rois pour la confervation des privilèges
qu'ils ont accordés à cette univerfité; cette fonction eft préfentement réunie à celle de prévôt de
Paris; mais les chofes n'ont pas toujours été à cet
égard dans le même état.

Ceux qui prétendent faire remonter jufqu'à Charlemagne la fondation de l'université de Paris, lui
attribuent également le premier établiffement du
conservateur de fes privilèges royaux. Ils difent que
ce prince étant obligé d'être prefque toujours hors
du royaume pour contenir les peuples voifins,
établit deux juges pour les affaires de fa maifon &
de fon état, l'un defquels appellé *comes facri palatii*,
avoit l'intendance de la juftice fur tous les fujets
laïques, nobles & roturiers; l'autre, appellé *apo-
crifiarius* ou *archicapellanus*, *cuftos palatii* ou *refpon-
falis negotiorum ecclefiafticorum*, rendoit la juftice à
ceux de la maifon du prince, & à tous les eccléfiaftiques & religieux.

Adhelard, autrefois abbé de Corbie & parent de
Charlemagne, fit un livre de l'*ordre du palais*, que
Hincmar, miniftre d'état fous Charles-le-Chauve,
mit en lumière : on y voit que des trois ordres
qui étoient dans le palais, le fecond étoit des maîtres
& écoliers; enforte que cet ordre étoit, comme les
autres, fous la direction de l'apocrifiaire.

Les révolutions qui arrivèrent dans la forme du
gouvernement depuis environ l'an 900, furent fans
doute la caufe de l'extinction du titre & office d'a-
pocrifiaire; & il eft à croire que dans ces temps
de trouble les affaires de l'univerfité allèrent très-
mal.

Mais Hugues Capet étant monté fur le trône,
Robert, fon fils, qui lui fuccéda en 997, aimant
les lettres & ceux qui en faifoient profeffion, en
rétablit les exercices, & probablement conftitua le
prévôt

prévôt de Paris juge des différends de l'université, au moins en ce qui concernoit les procès civils & criminels.

Cet établissement dura jusqu'en l'an 1200, que l'université s'étant plaint à Philippe-Auguste contre Thomas, prévôt de Paris, dont les sergens avoient emprisonné quelques écoliers & en avoient tué d'autres, ce prince ordonna que déformais le prévôt de Paris prêteroit ferment à l'université en ce qui regarde le fait de la police, & au surplus renvoya la décision des procès à l'évêque de Paris.

Mais l'université n'ayant pas été contente de l'évêque de Paris ni de ses officiaux, la connoissance des procès de ses membres fut rendue au prévôt de Paris, par des lettres du 31 décembre 1340, confirmées par d'autres lettres du 21 mai 1345.

On voit, par ce qui vient d'être dit, que l'origine du ferment que le prévôt de Paris prêtoit à l'université, remonte jusqu'à l'an 1200, & qu'elle vient de la qualité de *juge-conservateur des privilèges royaux de l'université*, attribuée au prévôt de Paris. En effet, l'ordonnance de 1200 porte que le prévôt de Paris & ses successeurs, chacun à son avènement, seront tenus, sous quinzaine, à compter du jour qu'ils auront été avertis, de faire ferment dans une des églises de Paris, en présence des députés de l'université, qu'ils conserveront les privilèges de la même université.

Cette ordonnance fut confirmée par S. Louis au mois d'août 1228, par Philippe-le-Hardi en janvier 1275, & par Philippe-le-Bel en 1285.

Ce dernier ordonna encore, en 1301, que tous les deux ans, le premier dimanche après la Toussaints, lecture seroit faite, en présence du prévôt de Paris, de ses officiers, & des députés de l'université, du privilège de l'université; qu'ensuite le prévôt de Paris feroit faire ferment à ses officiers de ne point donner atteinte à ce privilège. Cette ordonnance fut faite à l'occasion de l'emprisonnement de Guillaume-le-Petit, fait par ordre de Guillaume Thibouft, lors prévôt de Paris.

Le vendredi après l'octave de l'Épiphanie 1302, Philippe-le-Bel ordonna que la lecture & le ferment ordonnés l'année précédente, seroient faits dans l'église S. Julien-le-Pauvre; & au mois de février 1305, il renouvella son ordonnance de 1285.

Le 10 octobre 1308, Pierre-le-Feron, prévôt de Paris, prêta ferment dans l'église des Bernardins; le recteur observa que le prévôt de Paris n'avoit point comparu au jour indiqué par l'université, qu'il s'étoit absenté malicieusement, & conclut en disant que le prévôt de Paris devoit être puni très-sévèrement pour sa désobéissance & son mépris des privilèges de l'université; le prévôt de Paris proposa ses excuses, qui furent reçues.

On trouve, dans l'*Histoire de l'université*, par du Boulay, les actes de prestation de ce ferment par les prévôts de Paris qui ont succédé à Pierre-le-Feron, en date des 8 mai 1349, 13 juin 1361, 10

octobre 1367; 23 juin 1370, 29 mai 1421, 24 mars 1446, 23 avril 1466, 29 juin 1479, 21 novembre 1509, 24 avril 1508, 13 avril 1541, & 13 juin 1592.

Il y a eu de temps en temps des contestations de la part des prévôts de Paris pour se dispenser de ce ferment; le dernier acte qui y a rapport est celui du 2 mars 1613, par lequel le sieur Turgot, proviseur du collège d'Harcourt fut député pour aller trouver le nouveau prévôt de Paris (Louis Séguier), & l'avertir de venir prêter le ferment que tous ses prédécesseurs ont prêté à l'université. Il paroît que depuis ce temps l'université a négligé de faire prêter ce ferment, quoiqu'il n'y ait eu aucune ordonnance qui en ait dispensé les prévôts de Paris.

Au mois de février 1522, le titre de bailli *conservateur des privilèges royaux de l'université*, fut démembré de la charge de prévôt de Paris, par l'érection du tribunal de la conservation. Ce nouveau tribunal fut composé d'un bailli, un lieutenant, douze conseillers, & autres officiers nécessaires.

L'office de bailli-*conservateur* fut réuni à la charge de prévôt de Paris, après la mort de Jean de la Barre, seul & unique titulaire de cette charge de bailli-*conservateur*; il mourut en 1533.

Le siège du bailliage, ou conservation des privilèges royaux de l'université avoit d'abord été établi en l'hôtel de Nesle; il fut, de-là, transféré au petit châtelet, & réuni à la prévôté de Paris par édit de 1526, qui ne fut registré au parlement qu'en 1532. Mais nonobstant cette réunion & translation, les officiers de la conservation continuoient de connoître seuls des causes de l'université, & s'assembloient dans une des chambres du grand châtelet, que l'on appelloit *la chambre de la conservation*. Ce ne fut qu'en 1543 que la réunion fut pleinement exécutée par le mélange qui se fit alors des huit conseillers restans de ceux qui avoient été créés pour la conservation avec les conseillers de la prévôté.

Depuis cette réunion il y a toujours eu des jours particuliers d'audience, destinés pour les causes de l'université. Un édit du mois de juillet 1552 ordonne que le prévôt de Paris tiendroit l'audience deux fois la semaine, pour y juger par préférence les causes de l'université.

On trouve, dans le recueil des privilèges de l'université, des actes des 5 mai 1561, 5 mai 1569, 7 octobre 1571, & 19 avril 1583, par lesquels l'université a député au prévôt de Paris, pour l'avertir qu'il étoit obligé de donner deux jours par semaine pour les causes de l'université.

Enfin, l'on voit que le 3 mars 1672, M. le Camus, lieutenant-civil, rendit une ordonnance portant que, pour décider les procès que pourroient avoir les recteur, régens, docteurs, suppôts, écoliers, jurés, messagers, & autres de l'université ayant privilège, dont le châtelet est le juge *conservateur*, il leur fera donné, par préférence, audience le mercredi pour les caufes du préfidial, & le famedi pour les caufes qui fe devront traiter à la chambre civile.

L'univerfité jouit toujours de ce privilège d'avoir fes caufes commifes au châtelet; c'eft ce que l'on appelle *le privilège de fcholarité.*

Depuis 1340, que la connoiffance des caufes de l'univerfité a été attribuée au châtelet, fans aucune interruption jufqu'à préfent, le prévôt de Paris a toujours pris le titre de *confervateur des privilèges royaux de l'univerfité de Paris;* on en trouve un exemple en 1458 dans un acte rapporté au livre rouge vieil du châtelet, du 10 février de cette année.

Il y a de femblables *confervateurs* des privilèges royaux des univerfités, dans les autres villes où il y a univerfité. Cet office de *confervateur* eft joint prefque par-tout à celui de prévôt, & depuis la fuppreffion des prévôtés, à ceux des chefs des bailliages. (A)

CONSERVATEURS *des faifies & oppofitions faites au tréfor royal,* font des officiers établis pour la confervation des droits des créanciers fur les rembourfemens ou autres paiemens qui font à recevoir au tréfor royal. Ils furent premièrement créés au nombre de trois, par édit du mois de mai 1706, fous le titre de *greffiers-confervateurs,* mais plus connus fous le nom feul de *confervateur des faifies* & oppofitions qui fe font ès mains des gardes du tréfor royal, à l'inftar des greffiers-*confervateurs* des hypothèques des rentes fur la ville; il fut ordonné qu'à l'avenir ces faifies & oppofitions fe feroient entre les mains de ces nouveaux officiers, à peine de nullité, à la réferve des rembourfemens des rentes fur la ville, & des augmentations de gages, dont les oppofitions & faifies ont toujours dû être faites entre les mains des greffiers-*confervateurs* des hypothèques fur les rentes. Ces trois *confervateurs* des faifies & oppofitions, concernant les rembourfemens & paiemens au tréfor royal, furent fupprimés par édit du mois d'août 1716. On en recréa deux feulement, en 1719, fous le titre d'*ancien* & d'*alternatif,* parce qu'il n'y avoit alors que deux gardes du tréfor royal; mais ayant été créé un troifième garde du tréfor royal en 1722, on créa auffi, en 1723, un greffier-*confervateur* triennal des faifies & oppofitions, avec les mêmes droits qui étoient attribués par l'édit de 1706: préfentement il n'y a que deux de ces *confervateurs,* ayant réuni à leurs offices la troifième charge. (A)

CONSERVATEURS *des villes ou des privilèges des villes,* font des juges royaux qui ont été établis en certaines villes pour la confervation des privilèges accordés à ces villes par nos rois. Il eft parlé dans différentes ordonnances des ces *confervateurs,* entre autres du *confervateur* & juge des bourgeois de Montpellier. En un autre endroit, il eft dit que le fénéchal de Cahors fera *confervateur* des privilèges de cette ville. On trouve auffi que le fénéchal & le connétable de Carcaffonne furent établis confer-

vateurs & juges de cette ville pour une affaire particulière. *Voyez les ordonnances de la troifième race, tome III, pag. 327, 421 & 621.*

Cette fonction de *confervateur* des villes a quelque rapport avec celle des officiers appellés, chez les Romains, *defenfores civitatum,* lefquels étoient les juges du menu peuple & confervoient fes privilèges contre les entreprifes des grands; mais ils ne connoiffoient que des affaires fommaires & de la fuite des efclaves: à l'égard des affaires importantes, ils les renvoyoient devant les gouverneurs des provinces.

Lorfque les Gaules eurent paffé fous la domination des Romains, on y adopta infenfiblement leurs loix & leurs ufages. On voit, dans les capitulaires de nos rois, que les officiers des villes étoient pareillement nommés *defenfores civitatis, curatores urbis, fervatores loci;* il y a beaucoup d'apparence que les *confervateurs,* établis dans plufieurs villes fous la troifième race, fuccédèrent à ces officiers appellés *fervatores loci,* dont le nom a été rendu en notre langue par celui de *confervateur.*

CONSERVATION *des Arts, Maîtrifes, & Jurandes, (Jurifprud.)* eft une jurifdiction de police pour les arts & métiers: il y en a dans plufieurs villes qui font établies fous ce titre de *confervation;* par exemple, à Nantes; le tribunal de la police, & voirie qui fe tient à l'hôtel-de-ville, a auffi le titre de *confervation des arts, maîtrifes & jurandes.* Il eft compofé du lieutenant-général de police, du préfident-préfidial-fénéchal-maire, des fix échevins, du procureur du roi fyndic, d'un autre procureur du roi, un greffier, cinq commiffaires de police, & deux huiffiers. A Lyon, le confulat a auffi une direction & une jurifdiction contentieufe fur tous les arts & métiers de la ville, dans chacun defquels il choifit tous les ans deux maîtres & deux gardes pour veiller aux contraventions qui fe font aux ftatuts & réglemens, & en faire le rapport à celui de MM. les échevins qui eft particulièrement prépofé pour le fait des contraventions, fur lefquelles il donne fes décifions, & règle les parties à l'amiable, fi non il les renvoie au confulat, dont les ordonnances s'exécutent en dernier reffort jufqu'à la fomme de cent cinquante liv. & au-deffous. L'appel des affaires plus confidérables ou par parlement. Mais l'on n'a pas donné à cette jurifdiction le titre de *confervation,* fans doute à caufe que ce nom eft donné au tribunal qui connoît des matières de commerce, on l'appelle fimplement la *jurifdiction des arts & métiers.* A Paris, c'eft le procureur du roi du châtelet qui connoît de tout ce qui concerne le corps des marchands, arts & métiers, maîtrifes, réceptions de maîtres, & jurandes. Il donne fes jugemens qu'il qualifie d'*avis;* il faut enfuite faire confirmer ces avis par le lieutenant-général de police, qui les confirme ou infirme. Lorfqu'il y a appel d'un avis, on le relève au parlement. (A)

CONSERVATION *de Lyon,* qu'on appelle auffi

souvent *la conservation* simplement, est une jurif-diction établie en la ville de Lyon pour la con-fervation des privilèges des foires de Lyon, & gé-néralement pour le fait du commerce qui se fait en cette ville, & pour décider les contestations entre les marchands & négocians qui ont contracté sous le fcel des foires de Lyon, ou dont l'un s'est obligé en paiement, c'est-à-dire de payer à l'un des quatre termes ou échéances des foires de Lyon.

Cette jurifdiction est la première des jurifdictions de commerce établie dans le royaume, par rapport à l'étendue de sa compétence & de ses privilèges.

Elle a succédé à la jurifdiction du juge-con-fervateur des foires de Brie & de Champagne, les-quelles, comme l'on fait, furent rétablies dans leur ancien état, par Philippe de Valois, le 6 août 1349, pour le bien & le profit commun de toutes les provinces, tant du royaume qu'étrangères. On leur donna pour juges & confervateurs de leurs privi-lèges deux gardes & un chancelier, qui prêtoient ferment à la chambre des comptes. Tous les prin-ces chrétiens & *mécréans*, (ce sont les termes des lettres) en confidération des privilèges & franchi-ses que le roi donnoit dans ces foires à leurs sujets, & de la liberté qu'ils avoient de négocier en toute sûreté dans le royaume, & de venir franchement à ces foires, donnèrent leur consentement à leur créa-tion & établissement, & aux ordonnances & statuts d'icelles, & à ce que leurs sujets fussent soumis à la jurifdiction de ces foires, & que même étant de retour en leur pays, ils fussent obligés de compa-roir & plaider devant le juge conservateur des privi-lèges de ces foires, toutes fois & quantes ils y seroient appellés; ce qui est encore si ponctuelle-ment observé sous l'autorité de la *conservation* de Lyon, qui a succédé au conservateur des foires de Brie & de Champagne, que les sentences & com-miffion de cette jurifdiction sont exécutées sans aucune difficulté, dans tous les pays étrangers, du consentement de ceux qui en sont souverains.

Charles VII, n'étant encore que régent du royaume, sous le roi Charles VI, son père, donna, en cette qualité, des lettres-patentes, le 4 février 1419, portant établissement de deux foires fran-ches, à Lyon, de six jours chacune, avec mêmes privilèges que celles de Champagne, Brie, & du Landi.

Ces privilèges furent encore augmentés par dif-férentes lettres-patentes & édits.

Louis XI, au mois de mars 1462, accorda qu'il y auroit quatre foires par an de quinze jours cha-cune, & il établit pour conservateur & gardien de ces foires le bailli de Mâcon, qui étoit alors, en cette qualité, sénéchal de Lyon, ou son lieu-tenant présent & à venir; il leur donna pouvoir de juger & de terminer, sans long procès & figure de plaids, tous les débats qui se pourroient mou-voir entre les officiers du roi & les marchands fré-quentant ces foires, & durant le temps d'icelles,

ainsi qu'ils verroient être à faire par raison : il donna en même temps pouvoir aux conseillers de Lyon, c'est-à-dire aux échevins, d'établir deux grabeleurs pour lever les droits accoutumés sur les marchandi-ses d'épicerie qui se vendent à ces foires.

Dans d'autres lettres du 14 novembre 1467, confirmatives des mêmes privilèges, il mande au bailli de Mâcon, sénéchal de Lyon, qu'il qualifie de *gardien confervateur desdites foires*, & à tous autres juges, chacun en droit foi, de tenir la main à l'exécution de ces lettres.

Par un édit du mois de juin 1594, Charles VIII donna pouvoir aux conseillers de Lyon d'élire & commettre un prudhomme suffifant & idoine, toutes les fois qu'il seroit nécessaire, qui prendroit garde, pendant les foires, qu'aucun sergent ni autre offi-cier ne fît aucune extorsion ou vexation aux mar-chands; que ce garde commis appointeroit, c'est-à-dire régleroit toutes les questions & débats qui surviendoient entre les marchands durant les foires & à cause d'icelles; qu'il les accorderoit amiable-ment, s'il étoit possible, sinon qu'il leur feroit élire deux marchands, non suspects, pour les régler; & que si ceux-ci ne pouvoient y parvenir, ils ren-verroient les parties devant le juge auquel la con-noissance en devoit appartenir, & certifieroient ce qui auroit été fait par eux.

Il donna pareillement pouvoir, à ces mêmes con-seillers de Lyon, d'élire un prudhomme sur chaque efpèce de marchandise qui seroit vendue aux foires, pour connoître de tous les débats qui se pourroient mouvoir entre ces marchands, durant les foires, au sujet des marchandises que l'on prétendroit n'être pas de bonne qualité.

Qu'ils pourroient également élire & nommer, au bailli de Mâcon, sénéchal de Lyon, ou son lieutenant, les courtiers qu'il conviendroit d'élire pour la facilité des négociations dans ces foires; que le bailli de Mâcon, sénéchal de Lyon, ou son lieutenant seroit tenu de les confirmer.

On a vu ci-devant que la garde & *conservation* des privilèges des foires de Lyon, avoit été confiée au bailli de Mâcon, sénéchal de Lyon; & suivant des lettres de François I, du 11 février 1524, il paroît que c'étoit toujours le sénéchal de Lyon qui, en cette qualité, étoit conservateur des privilèges des foires : mais il fut depuis établi un tribunal par-ticulier, qu'on appela *la conservation*, & le juge créé pour y rendre la justice, fut appellé *juge-con-fervateur*. On ne trouve point l'époque précise de cette création; on connoît seulement qu'elle doit avoir été faite peu de temps après les lettres de 1524; car l'édit du mois de février 1535, donné pour régler la compétence de ce juge-conservateur, en fait mention comme d'un établissement qui étoit antérieur de plusieurs années à cet édit. Ce tribunal y est qualifié de *cour de la conservation*, titre dont elle est encore en possession, & dans lequel elle paroît avoir été confirmée par l'édit de 1569, dont on parlera ci-après, qui lui donne pouvoir de juger souverainement jufqu'à cinq cens livres, & lui attribue, à cet effet, toute cour, jurifdiction, &c.

Le même édit de 1535 attribue au juge-confervateur, le droit de connoître de toutes les affaires faites à Lyon en temps de foire, ou qui y ont rapport, & l'autorife à procéder contre les débiteurs, leurs facteurs & négociateurs , jufqu'à fentence & exécution de garnifon , & confignation defdites dettes, à quelques fommes qu'elles montent, & ce, par prife de corps & de biens; & que les fentences provifionnelles de garnifon ou interlocutoires s'exécuteront par tout le royaume, fans *vifa* ni *pareatis*.

La jurifdiction du juge-confervateur fut confirmée, auffi bien que les privilèges des foires de Lyon, par divers édits & autres réglemens, notamment par un arrêt du confeil privé tenu à Lyon, du 15 feptembre 1542; par deux édits de Henri II, d'octobre 1547 & novembre 1550; par François II, en 1559, & par Charles IX, en 1569; par Henri III, le 18 février 1578; par Henri IV, le 2 décembre 1602; par Louis XIII, le 8 avril 1621; & par Louis XIV, le 6 décembre 1643.

En 1665, les prévôts des marchands & échevins de la ville de Lyon ayant acquis l'office de juge-confervateur des privilèges royaux des foires de la même ville, l'office de lieutenant, & ceux des deux avocats du roi & du greffier héréditaire des préfentations, ils en obtinrent la réunion au corps confulaire, par édit du mois de mai de la même année, qui porte que la *confervation* fera compofée du prévôt des marchands, des quatre échevins, & de fix juges, de deux defquels le roi fe réferve la nomination; on les appelle pour cette raifon *hommes du roi*. Il eft auffi ordonné qu'il y aura toujours deux gradués dans la jurifdiction; qu'ils ne prendront épices, falaires, ni vacations; qu'ils jugeront au nombre de cinq en matière civile, & de fept en matière criminelle.

Enfin, au mois de juillet 1669, Louis XIV donna encore un édit célèbre, portant réglement pour la jurifdiction civile & criminelle de la *confervation*.

Cet édit lui attribue le droit de connoître, privativement à la fénéchauffée & préfidial de Lyon & à tous juges, de tous procès mus & à mouvoir pour le fait du négoce & commerce de marchandifes, circonftances & dépendances, foit en temps de foire ou hors de foire, en matière civile & criminelle; de toutes les négociations faites pour raifon defdites foires & marchandifes, circonftances & dépendances, de toutes fociétés, commiffions, trocs, changes, rechanges, viremens de partie, courtages, promeffes, obligations, lettres-de-change, & toutes autres affaires entre marchands & négocians en gros & en détail, manufacture de chofes fervant au négoce, & autres de quelque qualité & condition qu'ils foient, pourvu que l'une des parties foit marchand ou négociant, & que ce foit pour fait de négoce, marchandife, ou manufacture.

Suivant ce même édit, tous ceux qui vendent des marchandifes & qui en achètent pour les revendre, qui portent bilan & tiennent livre de marchand, ou qui ftipulent des paiemens en temps de foire, font jufticiables de la *confervation* pour raifon defdits faits de marchandifes, de foire, ou paiemens.

La *confervation* connoît auffi, privativement à la fénéchauffée & préfidial, & à tous autres juges, des voitures des marchandifes & denrées dont les marchands font commerce feulement.

Elle connoît pareillement de toutes lettres de répit, banqueroutes, faillites & déconfitures de marchands, négocians, & manufacturiers; ce qui a lieu quoique les faillis demeurent hors la ville de Lyon; des chofes fervant au négoce, de quelque nature qu'elles foient; & en cas de fraude, elle peut feule procéder extraordinairement contre les faillis & leurs complices; mettre le fcellé, faire inventaire & vente judiciaire des meubles & effets, même de leurs immeubles, par faifies, criées, vente & adjudication par décret, & diftribution des deniers en provenans, fans qu'aucune des parties puiffe fe pourvoir ailleurs, fous prétexte de *committimus*, incompétence, ni autrement, à peine de trois mille livres d'amende, de tous dépens, dommages & intérêts; à la charge feulement que les criées feront certifiées par les officiers de la fénéchauffée.

La *confervation* connoît de toutes ces matières fouverainement & en dernier reffort, jufqu'à la fomme de cinq cens livres; & pour les fommes excédentes cinq cens livres, les fentences font exécutées par provifion.

Toutes les fentences de ce tribunal, foit provifionnelles ou définitives, font exécutées dans toute l'étendue du royaume fans *vifa* ni *pareatis*, comme fi elles étoient fcellées du grand fceau.

Il eft défendu à la fénéchauffée & fiège préfidial de Lyon, de prononcer par contrainte par corps & exécution provifionnelle de leurs ordonnances & jugemens, conformément aux rigueurs de la *confervation*, à peine de nullité, caffation, &c. la faculté de prononcer ainfi, étant réfervée à la *confervation*.

L'édit du mois d'août 1714 a encore expliqué que les contraintes par corps, émanées de la *confervation*, s'exécutent par tout le royaume.

Ce tribunal eft donc compofé du prévôt des marchands & échevins, & de fix autres juges bourgeois ou marchands, dont le premier eft toujours un avocat ancien échevin, le fecond & troifième font les deux hommes du roi. Les gens du roi du bureau de la ville fervent auffi à la *confervation*, & le fecrétaire de la ville y exerce, en cette qualité, les droits & fonctions de greffier en chef; il a fous lui un commis greffier. Il y a auffi pour le fervice de ce tribunal, deux huissiers-audienciers & jurés-crieurs, & un juré-trompette.

Les avocats ès cours de Lyon avoient été admis à plaider à la *conservation* dès 1689, par un arrêt du 23 avril de ladite année ; ils avoient néanmoins négligé pendant un certain temps de fréquenter ce tribunal, d'où les procureurs se prétendoient en droit de les en exclure : mais par arrêt du 20 août 1738, enregistré au siège le 24 novembre suivant, les avocats ont été confirmés dans le droit de plaider à la *conservation*, comme ils font depuis cet arrêt.

Outre la jurisdiction principale de la *conservation*, il y a aussi, dans l'enclave du même tribunal, la jurisdiction du parquet, qui fait partie de la cour de la *conservation*. Par arrêt du conseil d'état du roi & lettres-patentes en forme d'édit enregistré au parlement, les charges d'avocat & de procureur-général de la ville de Lyon, ont été réunies à celle de procureur du roi en la *conservation*, & c'est en cette dernière qualité que le procureur-général de la ville, juge gratuitement & en dernier ressort jusqu'à la somme de cent livres de principal. Ses sentences sont aussi exécutoires par corps. (*A*)

CONSERVER, v. act. (*Jurisprudence*) opposition afin de *conserver*. Voyez OPPOSITION, SAISIE-RÉELLE.

CONSES ou CONSULS, s. m. pl. (*Jurisprud.*) comme par abréviation & contraction de *consules*: c'est le nom que l'on donne en Provence aux échevins. (*A*)

CONSIGNATION, s. f. (*Jurisprud.*) est un dépôt de deniers que le débiteur fait, par autorité de justice, entre les mains de l'officier public destiné à recevoir ces sortes de dépôts ou *consignations*, à l'effet de se libérer envers celui auquel les deniers sont dûs, lorsque celui-ci ne veut pas les recevoir, ou qu'il n'est pas en état d'en donner une décharge valable, ou qu'il n'offre pas de remplir les conditions nécessaires.

Le terme *consigner*, d'où l'on a fait *consignation*, vient du latin *consignare*, qui signifie *cacheter*, *sceller ensemble*; parce qu'anciennement on scelloit & cachetoit dans des sacs l'argent que l'on déposoit par forme de *consignation*.

Les Athéniens étoient tellement soigneux de ces sortes de dépôts judiciaires, qu'ils les mettoient en leur trésor ou palais public, appellé *prytanée*; d'où les choses ainsi consignées, étoient aussi appellées *prytanées*, ainsi que Budée l'observe dans ses commentaires.

Chez les Romains on faisoit du dépôt judiciaire un acte de religion; c'est pourquoi Varron l'appelle *sacramentum*, & on le mettoit dans les temples, de même que le trésor public.

Ainsi, chez ces deux nations, ce n'étoient pas les personnes, mais les lieux que l'on choisissoit pour assurer le dépôt judiciaire. On ne livroit pas non plus les deniers déposés par compte numéraire; on les scelloit & cachetoit, comme on a dit, dans des sacs; ce qu'ils appelloient *obsignatio* ou *consignatio*; de sorte qu'alors la *consignation* étoit une formalité & une précaution qui précédoit le dépôt judiciaire; & néanmoins comme le dépôt suivoit immédiatement la *consignation*, on s'accoutuma insensiblement à prendre la *consignation*, proprement dite, pour le dépôt même; & le dépôt judiciaire fut appellé *consignation*. Celui qui retiroit les deniers consignés ne les demandoit pas par compte de somme; il ne s'agissoit que de lui représenter le même nombre de sacs, & de reconnoître les sceaux & cachets entiers.

En France, on a retenu le terme de *consignation* pour exprimer le dépôt judiciaire, quoiqu'il n'y soit pas d'usage de cacheter les sacs, mais de donner les deniers en compte au dépositaire : il doit néanmoins rendre les mêmes deniers *in specie*; & il ne lui est pas permis de les détourner, ni de s'en servir, ni d'y substituer d'autres espèces; quand elles seroient de même valeur. Le dépôt doit être inviolable; & le dépositaire doit rendre en nature le même corps qui lui a été confié : c'est pourquoi la perte ou diminution qui survient sur les effets consignés, n'est point à sa charge; il ne profite pas non plus de l'augmentation qui peut arriver sur les espèces; la perte & le gain ne regardent que celui qui est propriétaire des deniers consignés.

Anciennement il étoit libre aux parties intéressées à la *consignation*, de choisir le lieu & la personne auxquels on remettoit les deniers. Avant l'érection des receveurs des *consignations*, & dans les lieux où il n'y en a point encore, le greffe a toujours été naturellement le lieu où les *consignations* doivent être faites, & le greffier est le dépositaire-né de ces sortes de dépôts; car le greffe est la maison d'office & la maison publique où l'on doit garder, non-seulement les actes publics, mais aussi toutes les autres choses qui font mises sous la main de la justice, autant que faire se peut. C'est pourquoi, en droit, *consigner* s'appelle *apud acta deponere*. Cependant autrefois il étoit libre aux parties de convenir d'un notaire, d'un marchand ou d'un autre notable bourgeois, entre les mains duquel on laissoit les deniers. On avoit égard pour ce choix à ce qui étoit proposé par le plus grand nombre; mais si les parties ne s'accordoient pas, la *consignation* se faisoit au greffe : c'est ce que les anciennes ordonnances appellent *consigner en cour* ou *en mains de cour*, ou *en justice*.

Loiseau dit que de son temps il étoit encore d'usage, dans quelques justices subalternes, que la *consignation* se faisoit entre les mains du juge : ce qui étoit aussi indécent, par rapport à son caractère, que dangereux pour les parties, les juges étant toujours de difficile discussion, & ceux de village sur-tout, contre lesquels il y a ordinairement peu de ressource. Mais cet abus paroît avoir été réprimé depuis par divers arrêts de réglemens, qui ont défendu à tous juges d'ordonner aucuns dépôts, non-seulement entre leurs mains, mais même en celles de leurs clercs, parens & domestiques, ni de s'intéresser directement ni indirectement dans la recette.

Il n'y a guère plus de sûreté avec la plupart des greffiers de village, qui sont communément de simples praticiens peu solvables. Il est vrai que Loyseau, *liv. II. chap. 6*, prétend que le seigneur est responsable subsidiairement de la *consignation*; mais au chapitre suivant, où il s'explique plus particuliérement à ce sujet, il convient que le propriétaire du greffe n'est pas responsable du fait du greffier, quand celui-ci a été reçu solemnellement en justice, mais seulement que l'office de greffier répond des dommages & intérêts des particuliers.

L'édit de 1580, qui rendit les greffes héréditaires, dit que c'est afin que les *consignations*, & autres choses que les greffiers ont en garde, soient mieux assurées; de sorte que les *consignations* étoient alors confiées ordinairement aux greffiers, à la différence des commissaires & des huissiers, qui ne sont chargés qu'extraordinairement de certains dépôts.

On n'a cependant jamais considéré les greffiers comme des officiers, dont le principal ministère fût de garder des effets consignés. C'est pourquoi l'ordonnance de l'an 1548, *art. 34*, & celle de l'an 1535, *art. 6*, portent que les greffiers ne seront tenus des *consignations*, que comme simples dépositaires, c'est-à-dire non pas comme des officiers comptables. C'est pourquoi Loyseau dit qu'il n'y a pas hypothèque sur leurs biens, du jour de leur réception, pour la restitution des effets consignés, mais seulement du jour de chaque *consignation* : ils en sont néanmoins chargés par corps, & sans être admis au bénéfice de cession, de même que tous dépositaires de biens de justice.

Henri III est le premier qui ait établi des receveurs des *consignations* en titre d'office. Le préambule de l'édit de création, qui est du mois de juin 1578, nous apprend de quelle manière on en usoit alors pour les *consignations*. Il y est dit que le roi avoit reçu plusieurs plaintes des abus qui se commettoient au maniement des deniers consignés par ordonnance de justice ès mains des greffiers, notaires, tabellions, commissaires-examinateurs, huissiers, sergens, & autres : que quoique par l'établissement de leurs offices on ne leur eût pas donné le pouvoir de garder des deniers de cette espèce, cependant jusqu'alors les *consignations* étoient faites à l'option des juges, qui y commettoient telles personnes que bon leur sembloit, lesquelles, pour être payé de la garde des deniers, commettoient beaucoup d'exactions; que l'on consignoit aussi quelquefois entre les mains de marchands, qui la plupart étoient parens & alliés des juges; que si les parties ne leur accordoient pas ce qu'ils vouloient exiger d'eux, ils se faisoient faire des taxes excessives, trafiquant des deniers avec les officiers publics; qu'ils prolongeoient le plus qu'ils pouvoient les procès pour se servir des deniers; que les procès finis, on étoit contraint le plus souvent de faire procéder contre

les dépositaires par saisies & emprisonnemens de leurs personnes & biens ; que pendant ces poursuites il arrivoit que les marchands faisoient cession & s'enfuyoient avec les deniers, ou que les ayant prêtés on avoit de la peine à en retirer une partie; que les huissiers & sergens, pour garder les deniers, recevoient toutes sortes d'oppositions, & même en suscitoient de simulées ; qu'ils se trouvoient le plus souvent insolvables, & qu'il y avoit peu de ressource dans leur caution, qui n'excédoit pas deux mille livres au plus.

Pour éviter tous ces inconvéniens, le roi crée, par cet édit, un receveur des *consignations*, en chaque justice royale ou seigneuriale, pour faire la recette & se charger, comme pour deniers du roi, de tous ceux qui seront consignés par ordonnance. Cet édit leur attribuoit même le droit de recevoir tous dépôts volontaires entre marchands & particuliers, tous sequestres & exécutions, même tous deniers arrêtés entre les mains des huissiers ou sergens; mais leur fonction a depuis été restreinte, comme on le dira dans un moment.

L'édit leur attribuoit pour tous droits six deniers pour livre, ce qui a depuis été augmenté par divers édits & déclarations, & fixé différemment selon les divers cas, dans lesquels se font les *consignations*.

Les receveurs sont obligés de donner caution pour eux & leurs commis, laquelle étoit fixée pour le parlement à 15000 livres, pour les présidiaux à la moitié, & dans les autres siéges inférieurs à l'arbitrage du juge : mais elle a depuis été fixée, pour les cours souveraines à 20000 livres, pour les requêtes de l'hôtel & du palais, bailliages & sénéchaussées à 6000 livres, & pour les autres justices à 1000 livres. Ils donnent cette caution en se faisant recevoir dans la jurisdiction de leur exercice. Il est aussi défendu, par l'édit de 1578, d'ordonner aucune *consignation* au dépôt, si ce n'est entre les mains de ces receveurs.

Ces offices de receveurs des *consignations* furent dans la suite divisés en plusieurs autres, de receveurs anciens, alternatifs, triennaux & quatriennaux, de contrôleurs & principaux commis, ce qui causoit beaucoup d'embarras dans leur exercice. Ces motifs engagèrent Louis XIV à donner un édit au mois de février 1689, par lequel il réunit tous ces offices en un seul office de receveur des *consignations*, qu'il établit dans chaque jurisdiction royale, avec le titre de *receveur héréditaire & domanial*.

Comme on faisoit difficulté de consigner entre les mains de ces receveurs royaux, le prix des biens vendus, par décret, dans les justices seigneuriales, il y eut une déclaration le 2 août suivant, qui ordonna que l'on consigneroit entre les mains de ces receveurs, le prix des biens vendus dans les justices seigneuriales & autres sommes sujettes à *consignation*, avec défenses aux juges des seigneurs d'ordonner ailleurs aucune *consignation*, à peine d'en répondre en leur nom ; & aux greffiers & à tous autres de s'y ingérer, à peine de 3000 livres d'amende. Quelques seigneurs de grandes terres ont acquis l'office de receveur des *consignations*, & le font exercer par des commis, ou l'ont réuni à leur greffe. Dans les autres justices seigneuriales où ces offices ne sont pas réunis, on ne peut ordonner de *consignations* qu'entre les mains du receveur royal du ressort.

Par une déclaration du mois de décembre 1633, on leur donna le titre de *conseillers du roi*; ils furent aussi déchargés de l'obligation de donner caution, & on les autorisa à rembourser les commissaires aux saisies réelles, pour les réunir & incorporer à leurs offices; mais ces deux dernières dispositions n'ont point eu lieu.

Suivant les déclarations des 29 février 1648, 13 juillet 1659, 16 juillet 1669, 27 novembre 1674, l'édit du mois de février 1689, la déclaration du 12 juin 1694, l'arrêt en forme de règlement du 16 juin 1770, l'édit de rétablissement du receveur des *consignations* de Paris, du mois d'avril 1775, & autres déclarations & arrêts, portant réglemens pour les fonctions & droits des receveurs des *consignations*, tous adjudicataires ou acquéreurs d'immeubles saisis réellement, vendus ou délaissés par le débiteur ou ses créanciers, dont le contrat d'abandonnement ou de vente est homologué par arrêt ou jugement, sont tenus d'en consigner le prix entre les mains du receveur.

Le délaissement fait en justice à un héritier bénéficiaire d'immeubles saisis réellement, & qui lui sont donnés en paiement de son dû, comme créancier, n'est point sujet au droit de *consignation*; mais si le prix du délaissement excède les créances pour lesquelles il est colloqué utilement, & qu'il soit tenu d'en payer l'excédent aux créanciers suivant l'ordre qui en sera fait, il est tenu de consigner le surplus du prix, & le droit de *consignation* de ce qui appartiendra aux créanciers sera payé.

Les adjudicataires ou acquéreurs sont tenus de consigner, ès mains des receveurs des *consignations*, le prix des immeubles saisis réellement, qui seront vendus ou adjugés dans les assemblées de créanciers, en vertu de contrats d'abandonnement, homologués en justice, ou dans le cas de faillite ouverte, & les droits doivent être payés au receveur, pourvu néanmoins que la saisie réelle ait été enregistrée, & qu'elle soit encore subsistante, lors du contrat d'abandonnement ou de la faillite ouverte. Il est cependant permis aux créanciers de choisir telle personne qu'ils jugeront à propos, ès mains de laquelle les deniers provenans du prix des immeubles seront déposés; en payant au receveur le droit de *consignation*.

Mais les receveurs ne peuvent exiger aucun droit de *consignation* pour le prix des immeubles non saisis réellement, qui sont vendus & adjugés dans les assemblées de créanciers, en vertu de contrats d'abandonnement, même homologués en justice.

Il leur est pareillement défendu d'exiger aucun droit sur le prix des immeubles saisis réellement, qui sont vendus & adjugés dans les assemblées de créanciers, en vertu de contrats d'abandonnement non homologués en justice.

En général, le prix de tout immeuble adjugé en justice doit être consigné, sans qu'il soit nécessaire que cet immeuble ait été saisi réellement : c'est ce qui résulte du règlement du 16 juin 1770 & de l'édit de 1775, qui renferment indéfiniment toutes les adjudications faites judiciairement, par ces termes : *adjugés en justice par décret forcé ou autrement*. Cette disposition est fondée sur ce que toutes les fois que la justice adjuge un immeuble, c'est à elle que le prix en doit être remis, parce que c'est elle qui en doit disposer, d'où il suit que l'argent doit être remis entre les mains du dépositaire qu'elle a choisi.

Les deniers mobiliers pour lesquels il y a instance de préférence, doivent être déposés entre les mains des receveurs des *consignations*, & les droits leur en sont dus suivant les édits.

Les adjudications par licitation, qui sont faites en justice, à des co-héritiers ou co-propriétaires, ne sont point sujettes à *consignation* ni à aucuns droits; mais lorsqu'elles sont faites au profit d'autres personnes que des co-héritiers ou co-propriétaires, il doit être payé pour droit de *consignation* six deniers pour livre, sans néanmoins que dans ce cas les adjudicataires soient tenus de consigner le prix, si ce n'est qu'au jour de l'adjudication, il y eut saisie réelle ou des oppositions subsistantes sur le total ou sur partie du prix, auquel cas la *consignation* doit être faite du total ou de partie, à moins que dans quinzaine après l'adjudication, on ne rapportât mainlevée pure & simple de la saisie réelle & des oppositions.

Lorsqu'aux termes de l'adjudication le prix doit rester entre les mains de l'adjudicataire ou une partie dudit prix, on ne peut pas obliger l'adjudicataire de consigner ce qui doit rester entre ses mains, mais le droit en est dû au receveur.

Tous deniers provenans du prix des meubles vendus par ordonnance des juges royaux, doivent être déposés entre les mains du receveur des *consignations* un mois après la vente achevée, pourvu que la somme excède 100 livres, & qu'il y ait au moins deux opposans.

Il résulte de tout ce que nous venons de dire, que la *consignation* du prix d'un immeuble, n'a lieu que lorsqu'il a été vendu par ordonnance de justice ou en direction, en vertu de contrats d'abandonnement homologués en justice. Elle est néanmoins quelquefois la suite d'une vente volontaire; par exemple, un particulier achète un immeuble, il prend sur son contrat des lettres de ratification au greffe des hypothèques : il survient sur le vendeur plusieurs oppositions : l'acquéreur, pour se libérer, fait des offres du prix; sur le refus de les accepter, il les fait réaliser à l'audience; il peut, en attendant le jugement des oppositions, se faire autoriser par justice à consigner le prix entre les mains du receveur des *consignations*. Mais celui-ci ne peut le recevoir qu'en vertu d'un jugement qui l'ordonne, & qui doit lui être signifié pour qu'il en suive exactement les dispositions dans sa quittance; parce que étant un dépositaire judiciaire, il ne peut se charger que des dépôts ordonnés par la justice ou indiqués par les réglemens.

Il ne suffit pas à un débiteur, qui veut se libérer, de faire des offres réelles pour être déchargé des intérêts, il faut que ces offres soient suivies d'une *consignation* effective.

Il n'est dû aucun droit de *consignation* en conséquence d'adjudication ou de contrats qui sont annullés, & le receveur, en ce cas, doit restituer le droit.

Il est défendu aux receveurs des *consignations*, par un arrêt de réglement du parlement de Paris, du 3 septembre 1667, de se rendre adjudicataires directement ni indirectement des biens vendus pour dettes, par vente publique au siège de leur recette, ni de les acquérir des adjudicataires, sinon, après trois ans de la vente, à peine de nullité de l'adjudication & de perte du prix; ils peuvent néanmoins acquérir par contrat, & ensuite faire un décret volontaire.

Dans les pays où l'ordre se fait avant l'adjudication, & où l'on ne consigne que ce qui est contesté entre les créanciers, le droit est dû en entier au receveur, même pour ce qui n'a point été consigné.

Il en est de même dans les pays où l'on ne fait point de décret, le droit est dû au receveur, sur le pied de l'estimation pour laquelle on adjuge au créancier des biens en paiement.

Les secrétaires du roi sont exempts des droits de *consignation* pour les immeubles qui se vendent sur eux en justice, mais ils doivent les droits pour ceux dont ils se rendent adjudicataires.

Un adjudicataire ou toute autre personne qui est dans le cas de faire une *consignation* judiciaire, ne peut se servir, pour s'en dispenser, de lettres d'état, ni d'arrêt de surséance.

Les receveurs des *consignations* doivent recevoir en entier, soit le prix des adjudications, soit les sommes dont les jugemens ordonnent la *consignation*. Des paiemens à compte ne rempliroient pas l'intention de la loi, & ne libéreroient pas les adjudicataires des intérêts de la somme entière, jusqu'à la perfection de la *consignation*.

Il arrive quelquefois qu'un adjudicataire créancier de la partie saisie, pour une somme égale, même supérieure au prix de son adjudication, demande à être dispensé de la *consignation*. Cette dispense s'accorde rarement; mais si la justice l'accorde d'après le consentement de toutes les parties intéressées, c'est toujours à la charge que les droits en seront payés aux officiers auxquels ils sont attribués. Ces demandes en dispense de *consignation*, doivent être jugées contradictoirement, avec les receveurs des *consignations*.

Les droits attribués à ces officiers, sont du sou pour livre de la totalité du prix de l'adjudication, pour les biens vendus par décret forcé; & de six deniers pour livre seulement, sur les *consignations* des biens vendus volontairement, dont on a ordonné le dépôt entre leurs mains. Les droits des *consignations* mobilières ne sont que de deux deniers par livre, quand il n'y a pas d'ordre du prix. Les mineurs, ainsi que les hôpitaux, en sont affranchis, sur les deniers mobiliers qui leur appartiennent ou qui leur sont adjugés.

Les droits de *consignation* se prennent sur les deniers consignés, par préférence à toute autre créance, même aux frais de justice.

Les quittances données par les receveurs des *consignations*, ne sont sujettes ni au scel, ni au contrôle: elles se signifient sans ces formalités. Comme ils exercent les fonctions d'un office public, ils donnent eux-mêmes l'authenticité à leurs signatures, sans le concours d'aucun autre officier.

Dans les demandes en retrait, lorsque le défendeur, après le jugement qui accorde le retrait, ne veut pas recevoir les offres qui lui sont faites par le retrayant, ce dernier l'assigne à jour & heure fixes au bureau des *consignations*, pour être présent au dépôt qu'il entend faire de la somme offerte. *Voyez* RETRAIT, *voyez aussi* OFFRES, ORDRE, RAPPORT, SAISIE-RÉELLE.

CONSIGNATION *d'amende*, est le paiement que l'on fait entre les mains du receveur, d'une amende, qui, par l'événement d'une contestation, peut être encourue. Ainsi, il n'est pas permis de poursuivre le jugement d'un appel, que l'on n'ait consigné l'amende. De même, en matière de requête civile, les impétrans, en présentant leur requête, doivent consigner l'amende, & en matière de faux-incident, le demandeur en faux doit consigner une amende; toutes ces amendes ne sont consignées que par forme de dépôt & de caution; car s'il n'y a pas lieu par l'événement, elles sont rendues à celui qui les a consignées. *Voyez* AMENDE, APPEL, CASSATION, FAUX-INCIDENT & REQUÊTE CIVILE. (*A*)

CONSIGNATION *de la dot en Normandie*, est un emploi ou remplacement de la dot de la femme, fait & stipulé vis-à-vis de son mari par le contrat de mariage ou par la quittance des deniers dotaux de la femme. Une simple promesse de remplacer, n'est pas réputée une *consignation* actuelle. Cette *consignation* ou emploi se fait sur tous les biens du mari. La femme acquiert, par ce moyen, une hypothèque spéciale sur tous les biens de son mari, parce que le mari constitue par-là sur lui & sur ses biens les deniers dotaux de sa femme. Mais pour que la femme jouisse de ce droit, il faut que la dot ait été réellement constituée, qu'on justifie qu'elle a été réellement payée, & que la quittance en soit produite. Alors, suivant l'article 365 de la coutume de Normandie, la femme en prenant part aux conquêts faits par son mari, constant le mariage, demeure neanmoins entière à demander sa dot sur

les

les autres biens de son mari, en cas qu'il y ait *consignation* actuelle de la dot faite sur les biens du mari; mais s'il n'y a point de *consignation*, la dot se prend sur les meubles de la succession, & s'ils ne suffisent pas, sur les conquêts, & à leur défaut seulement, sur les biens propres du mari. Le cas dont parle cet article, où il n'y auroit point de *consignation*, c'est-à-dire, s'il n'y avoit qu'une simple promesse par le mari, dans le contrat du mariage, de faire emploi ou remplacement des deniers dotaux de la future épouse, à la femme, en ce cas, ne prendroit ses deniers dotaux que sur les meubles trouvés après le décès de son mari, & s'ils ne sont pas suffisans, sur la part que le mari a dans les conquêts immeubles; les propres n'y sont sujets que subsidiairement. L'article 366 ordonne que, si le mari reçoit, constant le mariage, le rachat des rentes qui lui ont été baillées pour la dot de sa femme, la dot est tenue pour consignée, encore que, par le traité de mariage, ladite *consignation* n'eût été stipulée; c'est ce qu'on appelle la *consignation tacite*. Enfin, l'article 69 du réglement de 1666 veut que le douaire soit pris sur l'entière succession, & la dot sur ce qui revient à l'héritier, après la distraction du douaire, pourvu qu'il y ait *consignation* actuelle de ladite dot. Et, en effet, cessant cette *consignation* actuelle, la dot ne seroit pas reprise sur les biens des héritiers du mari, & la veuve qui prendroit part aux meubles & acquêts de son mari, seroit tenue de contribuer elle-même au remploi de sa dot, à proportion de ce qu'elle prendroit aux meubles & acquêts, au lieu qu'elle n'y contribueroit point si sa dot avoit été actuellement consignée sur les biens de son mari. La dot actuellement consignée ou non, tient toujours nature d'immeubles & retourne aux héritiers des propres, ou aux héritiers des acquêts, lorsqu'elle tient nature d'acquêts, comme il fut jugé par arrêt du 26 mars 1607, qui a changé à cet égard l'ancienne jurisprudence, suivant laquelle la dot non-consignée étoit regardée comme un objet purement mobilier, & adjugée en conséquence au plus proche parent, héritier quant aux meubles.

La *consignation* donne tellement une détermination fixe à la dot, qu'elle demeure toujours au prix auquel elle a été constituée, de sorte que si le mari l'avoit remplacée à un denier moindre que le denier actuel, ses héritiers seroient tenus d'en compter sur le pied de la constitution.

CONSIGNATION *des vacations*, est le paiement qui se fait par anticipation entre les mains du receveur des épices & vacations d'un tribunal, d'une certaine somme, pour les vacations des juges qui doivent voir un procès de grand ou de petit commissaire, pour leur être délivrée à chacun, à proportion du nombre des vacations qu'ils y auront employées. *Voyez* COMMISSAIRES, RECEVEUR *des épices & vacations*, & VACATIONS. (*A*)

CONSISTANCE, *en terme de Pratique*, ce en quoi consistent ou à quoi montent les effets d'une

succession; ou les domaines & dépendances d'un héritage, en un mot, la totalité d'une chose quelconque. (*H*)

CONSISTOIRE, s. m. (*Droit ecclésiastique.*) ce mot signifie parmi nous, 1°. l'assemblée des cardinaux convoquée par le pape; 2°. un tribunal établi dans les états qui suivent la religion P. R. pour connoître des affaires purement ecclésiastiques.

Consistoire du pape. Il y a deux sortes de *consistoires*; le *consistoire* public, & le *consistoire* secret. Le *consistoire* public est celui dans lequel le pape, revêtu de ses ornemens pontificaux, reçoit les princes & donne audience aux ambassadeurs; il est assis sur un trône fort élevé, couvert d'écarlate, & son siège est de drap d'or: il a les cardinaux prêtres & évêques à sa droite, & à sa gauche les cardinaux diacres; les prélats protonotaires, auditeurs de rote & autres officiers, sont assis sur les degrés du trône. Le *consistoire* secret est celui où le pape pourvoit aux églises vacantes; il y procède aussi à la canonisation des saints, & il y juge certaines contestations sur la plaidoirie des avocats consistoriaux.

On appelle *bénéfices consistoriaux*, les archevêchés, les évêchés & les abbayes taxés dans les livres de la chambre apostolique au-dessus de soixante-six florins deux tiers. Ils sont ainsi appellés, à cause que le pape n'en accorde ordinairement des provisions qu'après une délibération faite dans le *consistoire* secret.

La cédule consistoriale est un abrégé du rapport fait en *consistoire*, par le cardinal proposant; il fait savoir par cette cédule, au cardinal vice-chancelier, que le pape a accordé la provision d'un évêché ou d'une abbaye, avec les conditions ordonnées par sa sainteté: & la contre-cédule est un acte semblable tiré de la cédule, par lequel le cardinal vice-chancelier notifie aux officiers de la chancellerie la même provision, afin qu'ils ne fassent aucune difficulté de procéder à l'expédition des bulles.

Ceux qui sont nommés aux bénéfices consistoriaux, sont proposés au pape en plein *consistoire*, par le cardinal protecteur des affaires de France, en présence des cardinaux qui sont alors à Rome, auxquels il est obligé de donner des mémoires la veille du jour qu'ils doivent entrer au *consistoire*. On explique dans ces mémoires le genre de vacance du bénéfice, & le nom, surnom, qualité & capacité de celui qui est nommé par le roi.

Les bénéfices consistoriaux sont à la nomination du roi. Le pourvu doit obtenir des bulles, & pour cela, il paie un droit d'annate. Ces bénéfices se donnent en forme gracieuse, c'est-à-dire, sans que l'impétrant soit obligé de se présenter à l'ordinaire & d'être examiné. Ils ne peuvent être conférés par dévolution. Si l'incapacité du pourvu les fait vaquer, on ne peut les impétrer que du roi. Ils ne sont point sujets aux règles de chancellerie, à la prévention, aux gradués, ni aux autres expectatives.

K k

Quoique réguliérement les abbayes confiftoriales doivent être propofées au *confiftoire*, cependant le pape s'en difpenfe fouvent, fur-tout lorfque ceux qui en doivent être pourvus ont quelque défaut d'âge, ou d'autre qualité & capacité requifes qui obligeroit les cardinaux à refufer la grace demandée : en ce cas, le pape donne au pourvu des provifions par daterie & par chambre, avec dérogation expreffe à la confiftorialité, & il accorde les difpenfes néceffaires.

Il faut donc, pour expédier par *confiftoire*, que le pourvu ait toutes les qualités requifes ; car le *confiftoire* ne fouffre même aucune expreffion douteufe ni conditionnelle dans les provifions.

Quand les expéditions font faites hors *confiftoire* & par la daterie, la fupplique eft fignée du pape feul, & les provifions font expédiées en la forme des bénéfices inférieurs.

On prend fouvent la voie de la daterie plutôt que celle du *confiftoire*, foit pour obvier au défaut de quelque qualité néceffaire, foit parce que l'on trouve de cette manière plus de facilité pour l'expédition des provifions ; car elle fe fait tous les jours par la daterie, au lieu que la voie du *confiftoire* eft plus longue, le *confiftoire* fe tenant que dans certains temps ; mais il en coûte un tiers de plus pour faire expédier par la chambre.

Confiftoire des proteftans. Nous avons déjà dit que c'eft parmi les proteftans un tribunal qui, comme nos officialités, connoît des matières purement eccléfiaftiques.

En Allemagne, l'appel des fentences des *confiftoires* fe porte, fans fortir de l'état, à un autre tribunal du même genre, qu'on appelle *confiftoire fupérieur*, & dont les jugemens ont force d'arrêt.

Le traité de Munfter ayant maintenu en Alface la religion proteftante telle qu'elle étoit en 1624, on a confervé les *confiftoires* établis dans cette province : il y en a à Strasbourg, à Colmar, à Landaü & ailleurs. Les appels des fentences qu'ils rendent fe portent au confeil fouverain d'Alface.

Au refte, les *confiftoires* d'Alface ne peuvent pas, comme ceux d'Allemagne, prononcer la diffolution des mariages & admettre le divorce : cela leur a été défendu par un fameux arrêt rendu au confeil fouverain d'Alface, le 23 juin 1722.

Les mêmes défenfes avoient déjà été faites en 1692, par ordre du roi, au *confiftoire* de Strasbourg.

Il y avoit auffi des *confiftoires* dans d'autres provinces de France, quand la religion proteftante y avoit un libre exercice : mais cet exercice ayant ceffé par la révocation de l'édit de Nantes, ces *confiftoires* ont été fupprimés, & les biens qu'ils poffédoient réunis au domaine, par un édit du mois de janvier 1688.

CONSISTORIAL, adj. (*Jurifprudence.*) eft ce qui appartient au confiftoire. Cela fe dit ordinairement des bénéfices qui s'expédient par la voix du confiftoire. *Voyez ci-devant* CONSISTOIRE *du pape.*

CONSISTORIALITÉ, f. f. (*Jurifprud.*) s'entend de la qualité de ce qui eft confiftorial, ou de la forme obfervée dans les expéditions du confiftoire. *Voyez ci-devant* CONSISTOIRE *du pape.* (*A*)

CONSOLAT, f. m. (*Jurifprudence.*) *confolatus Vapinci* ; c'eft ainfi qu'on appelle un droit, qui fe lève dans la ville de Gap, fur tous les grains qu'on y apporte pour être vendus au marché. Ce même droit eft nommé *coffe* ou *layde* en d'autres endroits. *Voyez* l'*Hiftoire de Dauphiné*, par M. de Valbonay, *aux preuves*, n. 202. (*A*)

CONSOLIDATION, (*Jurifprud.*) eft la réunion de l'ufufruit à la propriété d'un bien ; ce qui arrive quand l'ufufruitier en acquiert la propriété, *aut vice verfâ* ; en l'un & l'autre cas, l'ufufruit eft éteint. Ce terme eft peu ufité, il fignifie la même chofe que celui de *confufion*, dont nous avons parlé. En effet, la *confolidation* de la propriété avec l'ufufruit, opère néceffairement entre eux une confufion fondée fur ce qu'une même chofe ne peut pas devoir une fervitude à celui à qui elle appartient, fuivant la règle *nemini res fua fervit*, *l.* 17, *ff. quibus mod. ufusfr. vel uf. amit. Voyez* CONFUSION, USUFRUIT.

CONSOMMATION *du mariage*, (*Jurifprud.*) eft l'union charnelle du mari & de la femme.

Suivant les anciens canoniftes, l'effet de la *confommation* étoit de rendre indiffoluble le mariage autrement que par la mort de l'un des conjoints ; car, difoient-ils, avant la *confommation*, il peut être diffous par la profeffion monaftique de l'un d'eux. Mais cette doctrine eft contraire à la nature du mariage, & n'eft plus fuivie dans la pratique, ainfi que nous le prouverons au mot MARIAGE.

Il y a quelques coutumes fingulières, dans lefquelles il ne fuffit pas que le mariage ait été célébré, pour que la femme gagne fes conventions matrimoniales, & qui veulent que le mariage ait été confommé, ou du moins foit réputé l'avoir été ; telles que la coutume de Normandie, *art.* 367, qui porte que la femme gagne fon douaire au coucher, & celle de Bretagne, qui dit que la femme gagne fon douaire, lorfqu'elle a mis le pied au lit. *Voyez* DOUAIRE, MARIAGE.

CONSORTS, f. m. pl. (*Jurifprudence.*) font ceux qui ont le même intérêt, ou qui font engagés dans une même affaire, dont l'événement doit leur être commun ; comme fi on vouloit dire par-là que le fort des uns eft lié à celui des autres.

On appelle quelquefois *conforts* ceux qui vivent en communauté ou fociété, de même qu'on appelle *comperfonniers*, les co-tenanciers folidaires d'un même tenement, foit à titre de cens, emphytéofe ou loyer. On appelle auffi *conforts* tous ceux qui plaident conjointement, par le miniftère d'un même procureur, ou qui ont le même intérêt dans un procès. Il eft d'ufage, dans le ftyle judiciaire, que le procureur ne dénomme qu'une de fes parties, & fe contente de défigner les autres fous le nom de *& conforts*. Cela eft bon pour abréger les qualités dans le courant des écritures ; mais il eft important que toutes les parties foient dénommées ; du moins au commencement & dans les premiers & principaux actes, tels que dans les demandes, dans les appels & dans les jugemens ; autrement il pourroit arriver que celui qui auroit obtenu une condamnation contre plufieurs adverfaires, fous le titre de *conforts*, feroit arrêté pour l'exécution par quelques-uns d'entre eux, qui prétendroient n'avoir pas été parties dans les contestations, pour n'y avoir pas été dénommés.

Quand on a une action à former contre un particulier & fes *conforts* pour le même fait, c'eft une erreur de croire qu'il fuffife de lui donner l'affignation, *tant pour lui que pour fes conforts* : ces derniers ne peuvent être valablement condamnés qu'autant qu'ils font nommément défignés & que chacun a reçu fa copie de l'exploit ; parce que l'acquiefcement fur la contestation fur la demande, ne doit pas dépendre d'un feul, au préjudice des autres qui y font intéreffés : cependant lorfqu'il y a des titres, des actes ou des pièces à fignifier, il fuffit d'en laiffer copie fimplement à celui qui peut être regardé comme le chef de tous fes *conforts*, foit parce qu'il eft l'aîné ou autrement, avec déclaration à chacun des autres que cette copie lui a été laiffée, tant pour eux que pour lui, & cela pour éviter les frais de fignification, que d'autres copies pourroient occafionner.

Si chacun de ces *conforts* affignés, affectoit de conftituer un procureur différent, il fuffiroit, dans le cours de la contestation, de fignifier au procureur du plus ancien des affignés les pièces, titrés & autres actes, dont on feroit dans le cas de donner copie, avec fommation à chacun des autres procureurs d'en prendre communication.

En fait de commerce, lorfqu'il s'agit d'obtenir une condamnation folidaire contre plufieurs débiteurs, les huiffiers ne doivent donner l'affignation fur un billet foufcrit ou endoffé par plufieurs, qu'à l'un d'eux, tant pour lui que pour les autres ; & cela à peine de concuffion & de cinq cens livres d'amende, fuivant ce qui réfulte d'un arrêt du confeil, du 13 juillet 1709, qu'on trouve dans le nouveau recueil de M. Jouffe. Ce même arrêt porte que les fentences, qui feront ainfi prononcées, feront exécutées contre tous les particuliers qui auront figné ou endoffé les billets, en fignifiant à chacun d'eux ces fentences.

CONSTATER, v. act. (*Jurifprudence.*) fignifie *établir un fait, le rendre conftant & certain.* On conftate des faits par des titres, par une enquête, par un procès-verbal. *Voyez ci-après* CONSTER. (*A*)

CONSTER, v. neut. (*Jurifprud.*) eft un ancien terme de pratique, qui fignifie la même chofe que *conftater.* Les praticiens de Provence difent encore *il confte par tel acte*, pour dire qu'un tel fait eft conftaté par cet acte. (*A*)

CONSTITUANT, adj. (*Jurifprud.*) ce terme eft ufité dans deux fortes d'actes, favoir dans les procurations qui fe donnent, foit *ad lites* ou *ad negotia.* Le *conftituant* eft celui qui donne pouvoir à un autre d'agir pour lui. On s'en fert auffi dans les contrats de conftitution, pour exprimer celui qui conftitue la rente au profit d'un autre. Le terme *conftituant* fignifie auffi quelquefois *établiffant.* C'eft ainfi que, dans certains actes, on met *conftituant à cet effet pour procurer le porteur des préfentes*, &c. *Voyez ci-après* CONSTITUER *&* CONSTITUTION *de rente*, PROCURATION. (*A*)

CONSTITUER, v. act. (*Jurifprud.*) ce terme a, dans cette matière, plufieurs fignifications différentes.

1°. On dit *conftituer* en dot un bien ou une fomme. Le père *conftitue* tant en dot à fa fille ; là femme fe *conftitue* en dot tous fes biens ou feulement une partie. *Voyez* DOT *&* PARAPHERNAUX.

2°. *Conftituer* une rente, fignifie la *créer*, l'*établir.* Cela ne fe dit guère que des rentes créées à prix d'argent ou des rentes de libéralités, & non des rentes véritablement foncières. *V.* RENTES *conftituées.*

3°. On dit auffi *conftituer* une fervitude fur fon bien, c'eft-à-dire, l'*impofer* fur fon bien & s'y *foumettre.*

4°. *Conftituer* procureur *ad lites*, ou cotter procureur, c'eft déclarer, par un exploit, qu'un tel procureur occupera. Le procureur fe *conftitue* enfuite lui-même par un acte d'occuper. *Voyez ci-après* CONSTITUTION *de procureur &* CONSTITUTION *de nouveau procureur.*

5°. *Conftituer* quelqu'un pour fon procureur *ad negotia*, c'eft lui donner pouvoir d'agir. On fe fert de ce terme, tant pour les procurations *ad negotia*, que pour celles *ad lites. Voyez* PROCURATION. (*A*)

CONSTITUT, f. m. (*Droit civil, romain & françois.*) on trouve dans les loix romaines deux efpèces de conventions, défignées par le nom de *conftitut* d'argent, *pecunia conftituta*, la feconde le *conftitut* poffefloire.

Le *conftitut* d'argent étoit un fimple pacte, par lequel quelqu'un s'engageoit à donner ou à faire une chofe, déjà due ou promife par une obligation antérieure, foit naturelle, civile ou mixte. Suivant les loix romaines, le fimple pacte ne produifoit, ni obligation civile, ni action, il falloit avoir recours aux formules folemnelles de la ftipulation, pour pouvoir contraindre fon débiteur à faire ou à payer ce qu'il avoit promis. Cependant l'ufage fondé fur l'utilité publique, avoit introduit entre les changeurs & banquiers de Rome, qu'ils pourroient s'obliger, fans ftipulation, à payer dans un certain lieu, à certain jour nommé, l'argent ou autres effets, qu'on auroit dépofés entre leurs mains. Le préteur, fondé fur cet exemple, déterminé d'ailleurs par le motif, qu'il eft indigne de manquer à une promeffe itérée, étendit le *conftitut* à tous les citoyens indiftinctement, & à toutes les chofes mobilières ou immobilières : enforte que, fuivant les loix contenues dans le digefte & le code au titre de *pecuniâ conftitutâ*, le *conftitut* eft une feconde promeffe de faire ou de payer ce qui eft déjà dû par une promeffe antérieure, qui tire ſa force de la réitération de la promeſſe, & qui s'étend à toute eſpèce de choſe.

En France, on n'a jamais admis les formules de ſtipulation, connues dans le droit romain ; auſſi nous n'avons pas connu ces diſtinctions du *conſtitut* & de la ſtipulation proprement dite, & nous n'avons pas de formule particulière pour chaque convention : elles obligent toutes, de quelque manière qu'elles ſoient exprimées. Mais nous avons admis le *conſtitut poſſeſſoire*, dont il eſt parlé dans la loi *18*, *ff. de acq. vel amit. poſſ. 77*, *ff. de rei vindic. 28*, *c. de donat.*

Cette eſpèce de *conſtitut* étoit, chez les Romains, une fiction de droit, par laquelle on ſuppoſoit que celui qui ſe conſtituoit poſſéder au nom d'un autre, la choſe qu'il détenoit lui-même, en tranſmettoit la poſſeſſion à ce tiers, qui la faiſoit paſſer enſuite au conſtituant.

Nous n'avons admis aucune de ces fictions, & parmi nous le *conſtitut* eſt une clauſe, par laquelle celui qui poſſède naturellement & corporellement un bien meuble ou immeuble, reconnoît que c'eſt ſans aucun droit de propriété ou de poſſeſſion civile, & que la jouiſſance ne lui a été donnée ou laiſſée par le propriétaire, qu'à ce titre de *conſtitut*.

Cette clauſe ſe met dans la donation ou dans la vente d'un fonds qui eſt donné ou vendu, avec réſerve d'uſufruit au profit du donateur ou du vendeur, leſquels déclarent, par cette clauſe, qu'ils ne retiennent la choſe qu'à titre de *conſtitut* ; on y ajoute auſſi ordinairement ces termes, *& de précaire*, c'eſt-à-dire, par ſouffrance & comme par emprunt.

Quoique l'on joigne ordinairement ces termes, *conſtitut* & *précaire*, ils ne ſont pas ſynonymes ; car toute poſſeſſion à titre de *conſtitut* eſt bien précaire : mais la ſimple poſſeſſion précaire, telle, par exemple, que celle d'un fermier ou de celui auquel on a prêté une choſe, n'eſt pas à titre de *conſtitut*.

La clauſe de *conſtitut* produit deux effets : l'un, de faire enſorte que le donateur ou le vendeur jouiſſent de l'uſufruit qu'ils ſe ſont réſervé ; l'autre eſt de transférer en la perſonne du donataire ou de l'acheteur une poſſeſſion feinte, par le moyen de laquelle ils acquièrent la poſſeſſion civile qui produit le même effet que produiroit la poſſeſſion réelle & actuelle.

Mais pour transférer ainſi la poſſeſſion civile par le moyen de la clauſe de *conſtitut* ou de *précaire*, il faut que le contrat ſoit valable ; que l'objet en ſoit certain & déterminé, & non pas un droit vague dans la choſe ; que le donateur ou le vendeur ſoit réellement alors en poſſeſſion, & qu'il ſoit préſent à la ſtipulation du *conſtitut* ou *précaire*.

L'article 275 de la coutume de Paris, dit que ce n'eſt pas donner & retenir, quand il y a clauſe de *conſtitut* ou *précaire*.

Cette clauſe n'eſt point valable par rapport à des meubles vendus ou donnés, à moins que le con-

trat n'en contienne un état, ou qu'il n'en ſoit fait un ſéparément.

On appoſe quelquefois la clauſe de *conſtitut* ou *précaire* dans les contrats de conſtitution de rentes à prix d'argent. Celui qui conſtitue ſur lui la rente y oblige tous ſes biens, ſpécialement certains fonds dont il déclare qu'il ſe deſſaiſit juſqu'à concurrence du capital de la rente, & qu'il ne jouira plus de ces fonds hypothéqués ſpécialement qu'à titre de *conſtitut* & de *précaire* ; mais cette clauſe a peu d'effets ; car quand on n'a pas fait au créancier une tradition réelle de l'héritage, la clauſe n'empêche pas un tiers d'agir ſur ce même fonds ; & quand on y ajouteroit la défenſe d'aliéner, le créancier ſeroit toujours obligé de diſcuter les autres biens du débiteur, excepté dans la coutume de Paris, à cauſe de l'article 101, qui diſpenſe formellement le créancier hypothécaire de faire aucune diſcuſſion.

CONSTITUTION, ſ. f. (*Juriſprudence.*) ſignifie en général *établiſſement* de quelque choſe. Ce terme s'applique, en droit, à différens objets.

CONSTITUTION *de dot*, eſt un acte ou une clauſe d'un acte qui établit ce que les futurs époux apportent en dot. La dot peut être *conſtituée*, c'eſt-à-dire, *promiſe* par les père & mère ou autres parens, ou même par un étranger ; les futurs conjoints peuvent auſſi eux-mêmes ſe *conſtituer en dot* leurs biens ou une partie ſeulement. Dans les pays coutumiers où il n'y a point de paraphernaux, tout ce qu'une femme apporte en mariage forme ſa dot ; mais, dans les pays de droit écrit, il n'y a de biens dotaux, que ceux qui ſont *conſtitués* nommément en dot ; les autres ſont réputés paraphernaux. *Voyez* DOT & PARAPHERNAUX. (*A*)

CONSTITUTION, *loi*, eſt le nom qu'on donne ſouvent aux ordonnances & réglemens faits par autorité du prince ou des ſupérieurs.

On les diſtingue en civiles & eccléſiaſtiques. Les *conſtitutions eccléſiaſtiques* ſont des loix faites pour le gouvernement de l'égliſe, par ceux qui ont le pouvoir d'en faire.

Anciennement on ne donnoit pas le nom de *loix* aux *conſtitutions eccléſiaſtiques* ; on les appelloit communément *règles* : mais comme l'égliſe a ſes prélats, & ſes cenſures qui ſe prononcent contre ceux qui ſont réfractaires à ces règles, on les a appellés *conſtitutions* ou *loix eccléſiaſtiques*, droit canonique ou eccléſiaſtique. *Voyez* CONCILE, DROIT CANONIQUE, LOIX ECCLÉSIASTIQUES & STATUTS SYNODAUX.

Sous le nom de *conſtitutions civiles*, on comprend tout ce qu'il plaît au prince d'ordonner, ſoit par forme d'ordonnances, édits & déclarations, ſoit par lettres-patentes ou autrement. C'eſt ainſi que chez les Romains tout ce que les rois & les empereurs jugeoient à propos d'ordonner, ſoit par lettres ou par édit, avoit force de loi, & cela s'appelloit *conſtitutiones principum*, comme il eſt dit dans les *inſtit. tit. 2, §. 6, quod principi placuit legis habet vigorem... quodcumque ergo imperator per epiftolam conftituit, vel cognofcens decrevit, vel edicto praecepit, legem effe conftat : haec funt quae conftitutiones appellantur.*

Les conftitutions font générales ou particulières.

Les *conftitutions générales*, font des loix de l'église qui obligent tous les fidèles, ou des loix de l'état qui obligent tous les fujets, à la différence des *conftitutions particulières* qui n'obligent que certaines perfonnes. Cette diftinction eft du droit romain aux *inftitut. liv. 1, tit. 2, §. 6.*

Ainfi, entre les loix de l'église, les conciles œcuméniques font des *conftitutions générales*; au lieu que les conciles nationaux & provinciaux ne font que des *conftitutions particulières* pour les nations ou pour les provinces, dont le clergé a tenu ces conciles.

En fait de loix politiques, les *conftitutions générales* font les ordonnances, édits & déclarations, qui obligent tous les fujets du prince. C'eft pourquoi elles font publiées & enregiftrées dans les cours fupérieures & autres tribunaux, afin que la loi foit certaine & connue.

Les *conftitutions particulières*, font des réglemens particuliers qui ne fe publient point, & qui ne concernent que certaines perfonnes, corps ou communautés & compagnies; enforte qu'elles n'ont point force de loi à l'égard des autres; tels font les lettres-patentes & les brevets accordés à certaines perfonnes. *Voyez* LETTRES-PATENTES, LOIX, RESCRITS, ORDONNANCE.

CONSTITUTION *de procureur*, eft l'acte ou la claufe d'un exploit par lequel on déclare qu'un tel procureur occupera. Dans les juftices où le miniftère des procureurs eft néceffaire, tout premier exploit de demande doit contenir une *conftitution de procureur* de la part du demandeur, fuivant l'article 16 du titre 2 de l'ordonnance de 1667.

Outre cette *conftitution de procureur* qui eft faite par la partie, il faut que le procureur qui eft coté par l'exploit fe *conftitue* enfuite lui-même pour fa partie, en fe préfentant & faifant fignifier au défendeur, ce que l'on appelle un *acte d'occuper*, lequel fe fignifie de procureur à procureur.

Il faut auffi que le défendeur *conftitue procureur*, ce qui fe fait de même par un acte d'occuper.

CONSTITUTION *de nouveau procureur*, eft celle qui fe fait quand le procureur d'une des parties eft décédé. Si cette partie ne *conftitue* pas un autre procureur, en ce cas, la partie adverfe peut l'affigner en *conftitution de nouveau* dans le même tribunal, où la conteftation s'inftruifoit avec le procureur décédé. Cette demande doit être formée par un exploit à perfonne ou domicile, & avec les mêmes formalités que les autres demandes principales.

Il eft bon néanmoins d'obferver qu'aux termes de l'article 16, titre 2 de l'ordonnance de 1667, la *conftitution de nouveau procureur* n'eft néceffaire que dans le cas où l'inftance ou procès ne font pas en état d'être jugés. Si, au contraire, ils s'y

trouvent, le décès ou la réfignation du procureur conftitué ne peuvent retarder le jugement.

Prêt à conftitution, eft un prêt d'argent dont le principal eft aliéné, & pour lequel le débiteur *conftitue* fur lui une rente au profit du prêteur. (*A*)

CONSTITUTION *de rente*, fignifie en général l'établiffement d'une rente, foit de libéralité ou à prix d'argent. Celui qui donne une rente, la *conftitue* fur foi & fur fes biens; celui qui emprunte de l'argent à *conftitution de rente*, *conftitue* pareillement fur foi une rente que l'on appelle *conftituée* à prix d'argent, ou fimplement *rente conftituée*, pour la diftinguer des rentes foncières ou de libéralité. *Voyez* RENTES *conftituées*. (*A*)

CONSUL, f. m. (*Jurifprudence.*) eft un titre commun à plufieurs fortes d'officiers de juftice : tels que les *confuls* de la nation françoife dans les pays étrangers, & les *confuls* des nations étrangères dans les pays de la domination de France; les *confuls* des villes, & les *confuls* des marchands. (*A*)

CONSULS *des communautés d'arts & métiers*, eft le titre que prennent, en certains lieux, les fyndics & officiers de ces communautés. Il y en a quelques-unes dans le Languedoc, qui ont leurs *confuls* comme les villes. Il eft parlé des *confuls* des tailleurs de Montpellier dans des lettres du roi Jean, du 22 janvier 1351. *Voyez* CONSULS *des villes & bourgs*. (*A*).

CONSULS *des marchands*, qu'on appelle auffi les *juge & confuls*, & plus communément les *confuls* fimplement, font des marchands & négocians faifant actuellement commerce, ou qui l'ont fait précédemment; lefquels font choifis pour faire pendant un an la fonction de juges dans une jurifdiction confulaire, & y connoître, dans leur reffort, de toutes les conteftations entre marchands & négocians, pour les affaires qui ont rapport au commerce. *Voyez* le *Dictionnaire du Commerce*.

CONSULS *des villes & bourgs*. Ce font des officiers municipaux, choifis d'entre les bourgeois du lieu, pour adminiftrer les affaires communes. Leurs fonctions font les mêmes que celles des échevins de la plupart des villes du royaume, des capitouls de Touloufe, des jurats de Bordeaux, des confeillers de l'hôtel-de-ville en Lorraine. *Voyez* ECHEVIN, HÔTEL-DE-VILLE.

CONSULAIRE, adj. (*Jurifprudence.*) fe dit de tout ce qui appartient à la qualité de *conful des marchands* ou de *conful des villes*.

Billets confulaires, font ceux dont on peut pourfuivre le paiement aux confuls, & qui emportent la contrainte par corps. Tels font les billets caufés pour valeur reçue en une lettre-de-change fournie, ou pour une lettre à fournir. Tels font encore les billets à ordre ou au porteur entre marchands & négocians, & les billets pour valeur reçue, faits par les traitans & gens d'affaire.

Charges confulaires, font les places & fonctions des confuls, tant de marchands que des villes.

Condamnation confulaire, eft celle qui eft émanée

d'une jurifdiction *confulaire* de. marchands, & qui emporte la contrainte par corps.

Corps confulaire, fe dit pour défigner l'affemblée des prévôts des marchands & échevins des villes, dont les officiers municipaux font appellés *confuls*. L'édit du mois de mai 1655, en uniffant la jurif-diction de la confervation de Lyon au corps municipal de la même ville, l'appelle *corps confulaire*.

Corps confulaire, fe dit plus particuliérement des juge & confuls des marchands.

Délibération confulaire, c'eft celle qui eft formée dans l'affemblée des confuls des villes.

Dette confulaire : on appelle ainfi toute dette pour laquelle on peut être affigné devant les juges & confuls des marchands ; telles que font toutes les dettes entre marchands pour fait de leur commerce, & les dettes contractées pour lettres-de-change entre toutes fortes de perfonnes.

Droit confulaire : on entend, par ce terme, les ordonnances, édits, déclarations, lettres-patentes, arrêts & autres. réglemens, concernant la jurifdic-tion *confulaire*, & les règles qui doivent être ob-fervées entre marchands & négocians pour raifon de leur commerce. *Voyez* les *Inftitut. du droit con-fulaire* : ou les *Elémens de la jurifprudence des mar-chands*, par TOUBEAU.

Election confulaire, s'entend de l'élection des juge & confuls des marchands, & auffi de l'élection des confuls des villes dans les lieux où leurs officiers portent ce nom.

Faftes confulaires, voyez FASTES.

Hôtel confulaire, c'eft la maifon où les juge & confuls des marchands rendent la juftice : ils la qualifient ordinairement ainfi dans les procès-verbaux & délibérations qu'ils y font hors de l'audience.

Jurifdiction confulaire, eft une juftice royale qui eft exercée par les juge & confuls des marchands élus pour ce fait.

Jugement confulaire, fignifie en général tout ju-gement émané de la jurifdiction des confuls des marchands : mais on entend plus particuliérement par-là les jugemens rendus par les confuls qui pro-noncent des condamnations qui doivent être exé-cutées par corps.

Juftice confulaire, eft à-peu-près la même chofe que *jurifdiction confulaire*, fi ce n'eft que par le terme de *juftice*, on peut entendre plus particulié-rement le *tribunal confulaire* ; & par le terme de *jurifdiction*, le pouvoir que les confuls exercent.

Livrée confulaire, c'eft la robe, le chaperon & autres ornemens que les confuls des villes ont droit de porter. Il ne leur eft pas permis de porter in-différemment des robes ou *livrées confulaires* mi-parties de rouge & de noir ; ils doivent porter les livrées accoutumées, comme il a été réglé par plufieurs arrêts. *Voyez* la *Bibliothèque de Bouchel*, au mot *confuls*.

Maifon confulaire ou *hôtel confulaire*, c'eft le lieu

où s'affemblent les confuls, où ils délibèrent de leurs affaires & rendent la juftice.

Manteaux confulaires, font les robes que portent les confuls, foit des villes ou des marchands. *Voyez* ci-devant *Livrée confulaire*, & ci-après *Robe confulaire*.

Matieres confulaires, font toutes les affaires de la compétence des confuls des marchands. *Voyez* CONSULS.

Ornemens confulaires, voyez ci-devant *livrée*.

Robe confulaire, eft une robe d'une forme par-ticulière affectée aux confuls des villes & des mar-chands. Cette robe n'eft proprement qu'un manteau, & non une robe ample ni à grandes manches. Les confuls de quelques villes fe font ingérés de por-ter la robe de palais comme les gradués, fous pré-texte que plufieurs d'entre eux l'étoient. Les con-fuls des marchands de Paris ont fait la même chofe depuis quelques années, quoiqu'aucun d'eux ne foit gradué par état, de forte que c'eft une nouveauté introduite de leur part fans aucun titre.

Sentence confulaire, eft la même chofe que *ju-gement confulaire* : on dit plus communément *une fentence confulaire* ou *des confuls*.

CONSULAT, f. m. (*Jurifprud. Finance.*) en droit, on entend par ce terme, 1°. la jurifdiction des juges & confuls ; 2°. la charge des confuls ; 3°. la durée de cette même charge. *Voyez* le *Dic-tionnaire de Commerce*.

En terme de finance, on donne ce nom à un cer-tain droit que l'on percevoit, principalement à Mar-feille, fur la plupart des bâtimens, fous prétexte d'une procédure qui fe pratique à l'effet d'en conftater les avaries. Ce droit a été fupprimé par les lettres-patentes du 10 janvier 1770, & par un arrêt du confeil, du 24 mars 1771.

Un fecond arrêt du 9 décembre 1776, en fup-primant les caiffes nationales de toutes les échel-les du Levant & de Barbarie, en a affecté une à la chambre du commerce de Marfeille, qu'il auto-rife à lever du premier janvier 1777, fous le nom de droit de *confulat*, un droit de deux pour cent fur les marchandifes de France, à leur arrivée dans les échelles du Levant & de Barbarie, & de trois pour cent fur celles qui arriveront à Marfeille des ports de Turquie & de Barbarie, afin de tenir lieu de toutes les impofitions établies précédemment fur ce commerce.

CONSULTANT, f. m. (*Médécine & Jurifpr.*) c'eft en droit & en medécine, un homme très-expérimenté, dont on va prendre l'avis dans les circonftances épineufes.

CONSULTATION, f. f. (*Jurifprudence.*) nous entendons par ce mot l'opinion d'un jurifconfulte, donnée en réponfe à une queftion de fait ou de droit, foumife à fes lumières & à fa fageffe.

Il feroit bien à defirer que le plaideur, trop fouvent aveuglé fur fa propre caufe, ne portât point de demande en juftice ou ne défendît à aucune de celles qui font formées contre lui, fans auparavant s'être affuré par l'avis d'un confeil éclairé de l'évidence de fon droit & de la marche qu'il doit fuivre.

Mais il feroit également à fouhaiter que tous les jurifconfultes fe fiffent un fcrupule de ne jamais donner leur opinion légérement, & qu'ils apportaffent le plus grand foin à préferver celui qui fe confie à leurs lumières du préjudice qu'entraîne avec elle une demande téméraire ou mal dirigée.

Des jurifconfultes doivent fe regarder comme autant de fanaux placés dans l'ordre de la fociété, pour faire connoître aux hommes leurs véritables droits, & leur découvrir de loin les écueils de la chicane.

Malheur à celui auquel un fordide intérêt feroit trahir un auffi augufte miniftère ! Des générations auroient à lui reprocher la ruine de leur père ; des veuves, des orphelins maudiroient fa mémoire, en l'accufant d'être l'auteur de leur indigence.

Le jurifconfulte exerce, dans fon cabinet, une fuperbe magiftrature. Lorfqu'il eft tout-à-la-fois éclairé & vertueux, il eft le premier & le plus fûr des oracles. Sa grandeur eft dans fa fimplicité & fes lumières.

Si fes décifions ne font pas fuivies, comme elles portoient toutes fur la loi ou fur une interprétation fage ; tant pire pour les magiftrats qui ont prononcé un jugement, qui leur foit oppofé ; mais on fent qu'il eft impoffible d'acquérir ce caractère impofant, d'attirer à foi cette confiance publique, fans s'être livré auparavant à un travail conftant & à une profonde méditation fur les ordonnances, fur les diverfes coutumes & fur la jurifprudence des tribunaux du royaume.

Auffi combien des gens prennent le titre de jurifconfulte, qui ne devroient jamais fe hazarder à donner une confultation !

Chez les Romains, les décifions des jurifconfultes étoient appellées responfa prudentum, ce qui les caractérifoit. Ce font ces décifions qui ont fervi à former le digefte.

Il y a plufieurs cas où les ordonnances prefcrivent aux plaideurs de ne fe préfenter à la juftice qu'avec une confultation fignée d'anciens avocats.

L'article 13 du titre 35 de l'ordonnance de 1667, exige qu'aux lettres de requête civile foit attachée une confultation fignée de deux anciens avocats & de celui qui aura fait le rapport.

Par un réglement dicté dans la même vue, les avocats aux confeils ne doivent pas préfenter de requêtes, foit en caffation, foit en révifion, fans que la demande n'ait également le fuffrage de deux anciens avocats des mêmes tribunaux.

Il faut auffi pour les appels d'abus une confultation fignée de deux anciens avocats, & ces confultations s'attachent aux lettres de la chancellerie.

La plupart des commiffaires départis dans les provinces font dans l'ufage de ne point autorifer les communautés d'habitans à intenter de demande, que fur une confultation d'avocat, afin de les garantir du danger de s'engager dans de mauvaifes conteftations.

Enfin ceux qui font interdits, ou auxquels on a donné un confeil, ne peuvent intenter aucune demande fans la confultation par écrit de l'avocat qui leur a été nommé pour confeil.

Suivant les anciennes ordonnances, la qualité d'ancien avocat s'acquéroit au bout de dix ans d'exercice, préfentement on ne jouit de ce titre qu'après vingt années de profeffion.

Il exifte encore au palais un point de la grande-falle que l'on appelle le pilier des confultations ; mais il n'en a conferve que le nom, autrefois d'anciens avocats s'y réuniffoient tous les jours depuis onze heures du matin jufqu'à une heure, les plaideurs, les procureurs & les jeunes avocats choififfoient, parmi ces oracles publics, ceux dont l'opinion leur paroiffoit la plus fûre ; & ces avocats défignés fe retiroient dans une chambre particulière pour donner la décifion qu'on leur demandoit : aujourd'hui les avocats, fatigués fans doute de cette apparente oifiveté, ont préféré d'attendre dans le filence & l'étude de leurs cabinets que le plaideur vînt les confulter.

Une inftitution très-fage & qui honore beaucoup l'ordre des avocats de Paris, c'eft que l'on nomme les confultations de charité. Elles fe donnent en la bibliothèque des avocats, un jour de chaque femaine. Ce tribunal, érigé en faveur des pauvres, doit être compofé, au moins, de fix jurifconfultes invités à s'y rendre à leur tour, & devant lefquels le plus jeune d'entre eux fait le rapport de l'affaire, pour laquelle il demande l'avis des anciens, il le rédige enfuite & le donne gratuitement au plaideur indigent.

Le roi Staniflas, duc de Lorraine, fentant tout le bien qui devoit réfulter de cette inftitution, en a formé une femblable dans fes états à Nancy.

Nous terminerons cet article par une obfervation que l'intérêt général nous a feul fait naître. Le légiflateur, en autorifant les procureurs à comprendre, dans leurs mémoires de frais, un droit de confultation pour les demandes introductives fur un interrogatoire, &c. ne leur indiqueroit-il pas la néceffité de faire précéder leurs requêtes & leurs procédures d'une confultation d'avocats ? fon intention étoit-elle qu'ils exigeaffent ce droit de confultation fans en avoir procuré la lumière à leurs parties ? Cet abus eft encore un de ceux qui mériteroit d'être réformé par les magiftrats qui s'occupent dans ce moment-ci de diminuer la maffe des frais fuperflus & de préferver le plaideur du malheur de fuccomber fous le fardeau que l'efprit de cupidité aggrave de jour en jour. (Article de M. DE LA CROIX, avocat.)

CONTENDANT, f. m. (Jurifprudence.) ce mot fignifie compétiteur, concurrent, qui difpute quelque chofe ; mais il ne s'emploie guère qu'en matière bénéficiale, pour défigner plufieurs clercs qui prétendent à un bénéfice. *Voyez* COMPLAINTE, CONCURRENCE.

CONTENTIEUX, adj. (*Jurisprudence.*) se dit de ce qui fait l'objet d'une contestation, comme un héritage *contentieux.* On dit aussi un *bénéfice contentieux*, mais plus ordinairement *un bénéfice en litige.* On dit aussi, par opposition, en parlant de pouvoir & de jurisdiction, le *gracieux* & le *contentieux.*

Le *gracieux* est ce qui ne dépend que de la volonté de celui qui l'accorde, lorsqu'il peut le faire sans nuire à personne ; le *contentieux* est ce qui est lié à un tiers, & sur lequel on ne peut statuer sans l'avoir entendu ou du moins sans l'avoir appelé.

De-là naît la distinction de la jurisdiction, en *gracieuse* ou volontaire, & en *contentieuse. Voyez* JURISDICTION, ÉVÊQUE, INTENDANT.

CONTENTOR, (*Jurisprudence.*) dans l'usage s'entend d'un droit de registre, qui appartient aux audienciers des chancelleries. Ce terme tire son étymologie de *contentare*, qui dans la basse latinité signifioit *contenter*. L'officier écrivoit ce mot *contentor* comme une quittance de son droit, pour dire *je suis content, on m'a satisfait*, sans dire ce que l'on avoit payé ; & comme cette forme de quittance étoit propre aux audienciers des chancelleries, on s'est imaginé que *contentor* signifioit le droit même qui étoit payé. L'usage de ce droit est fort ancien, puisqu'on trouve une ordonnance du mois d'août 1363, à la fin de laquelle il y a ces mots, *visa contentor.* Henri II, par son édit du mois de janvier 1551, autorise l'ancien audiencier à prendre pour droit de registre ou *contentor* de chaque chartre, la somme de quarante sous tournois, comme il faisoit dès-lors. Il donne le même droit aux autres audienciers nouvellement créés. Anciennement cette mention du *contentor* se mettoit aussi par les audienciers de la grande chancellerie. Présentement il n'est plus usité que par les audienciers des petites chancelleries sur les lettres, sur lesquelles ils perçoivent en particulier un droit ; tel que les rémissions & provisions d'officiers qui s'y reçoivent.

L'édit du mois d'octobre 1571, & celui du mois d'août 1576, en parlant de ce même droit, l'appellent *droit de registrata.* (*A*)

CONTESTATION, s. f. (*Jurisprud.*) signifie, en général, *dispute, querelle, débat, procès.* On dit au palais, que tel ou tel objet fait la matière d'une *contestation*, quand il donne lieu à un procès.

On appelle, au palais, *contestation en cause*, le premier réglement, appointement ou jugement qui intervient sur les demandes & les défenses des parties. C'est la disposition de l'ordonnance de 1667, *titre* 14, *art.* 13 ; ainsi les défenses ne suffisent pas pour former la *contestation en cause*, il faut un jugement quelconque, même préparatoire, ne fût-il rendu qu'à l'effet de continuer ou de remettre la cause à un autre jour.

En matière criminelle, l'opinion commune est que la *contestation en cause* n'est formée que par le récolement & la confrontation. Mornac & Cujas

pensent qu'elle a lieu immédiatement après l'interrogatoire de l'accusé.

Dans les affaires civiles, on ne peut point appeller avant la *contestation en cause* ; mais après qu'elle est introduite, on ne peut plus récuser le juge, parce qu'il est saisi de l'affaire, & qu'on a procédé volontairement devant lui ; c'est pourquoi le déclinatoire doit être proposé avant la *contestation en cause.* Dans les affaires criminelles, les juges doivent faire droit dans les trois jours sur le renvoi demandé par l'accusé, avant de subir interrogatoire, & il ne peut être forcé de répondre avant ce jugement. *Voyez* DÉCLINATOIRE.

Chez les Romains, on n'étoit constitué en fraude, que du jour de la *contestation en cause*, &, par conséquent, ce n'étoit que de ce moment qu'on étoit obligé à la restitution des fruits. Mais dans notre jurisprudence les fruits ou les intérêts sont dus du jour de la demande. Il faut néanmoins en excepter le cas du déguerpissement fait par un tiers-détenteur, poursuivi pour raison d'une rente, dont étoit chargé l'héritage par lui acquis, & dont il n'avoit aucune connoissance.

Lorsqu'il déguerpit avant la *contestation* en cause, il n'est tenu ni du principal de la rente, ni des arrérages échus pendant sa jouissance ; mais s'il ne déguerpit qu'après, il est tenu des arrérages jusqu'à concurrence des fruits qu'il a perçus, si mieux il n'aime les rendre.

La péremption d'instance n'avoit lieu autrefois qu'après la *contestation en cause* ; mais aujourd'hui la cause contestée ou non, tombe en péremption par le laps de trois ans.

Contestation plus ample, signifie *une plus ample instruction.* Lorsque le juge ne trouve pas sa religion suffisamment instruite pour juger sur ce qui a été plaidé ou produit devant lui, il ordonne une plus ample *contestation*, ou que les parties contesteront plus amplement. Il en est de même en matière criminelle, où dans le même cas on ordonne un plus amplement informé.

Mauvaise contestation, signifie celle qui est faite depuis que celui qui la soutient a été constitué en mauvaise foi par la communication des pièces justificatives de la demande : on conclut aux dépens du jour de la mauvaise *contestation* seulement, lorsque l'on ne peut pas prétendre les dépens du jour de la première demande, parce qu'elle n'étoit pas suffisamment établie.

Téméraire contestation, est celle qui est évidemment mal fondée ; celui qui s'en plaint demande que, pour la téméraire *contestation*, son adversaire soit condamné aux dépens, & même quelquefois en des dommages & intérêts, si le cas y échet. Cette demande en dommages & intérêts a souvent lieu dans les instances pendantes au conseil, pour suppléer aux condamnations de dépens, qui ne s'y adjugent pas toujours au profit de la partie qui obtient gain de cause.

CONTINUATION DE COMMUNAUTÉ, s. f. (*Droit*

(*Droit coutumier.*) c'eſt la durée non interrompue de la communauté qui ſubſiſtoit entre deux conjoints, & qui ſe perpétue entre leurs enfans & le ſurvivant, faute par celui-ci d'avoir fait bon & fidèle inventaire.

On diſtingue deux eſpèces de *continuation de communauté,* la ſimple & la compoſée. La ſimple eſt celle que nous venons de définir, qui n'a lieu qu'entre le ſurvivant & les héritiers du prédécédé : la compoſée eſt celle à laquelle le ſurvivant a aſſocié des tiers.

Il eſt néceſſaire de traiter ſéparément de ces deux eſpèces de *continuation de communauté.*

SECTION PREMIÈRE.

De la continuation de communauté ſimple.

Il paroît qu'anciennement on ne connoiſſoit pas la *continuation de communauté.* Pluſieurs de nos coutumes n'ont aucune diſpoſition à cet égard : celle d'Orléans, *art.* 216, ne l'établit qu'entre les conjoints non nobles : celles de Montargis & de Sens la font ſubſiſter, non-ſeulement entre le ſurvivant & les enfans du prédécédé, mais encore avec ſes héritiers collatéraux.

L'ancienne coutume de Paris, *art.* 118, l'a introduite dans ſon reſſort, & elle a été confirmée par les articles 240 & 241 de la nouvelle. La juriſprudence en a étendu les diſpoſitions aux coutumes qui ne s'en ſont pas expliquées, ainſi qu'on peut s'en convaincre par pluſieurs arrêts de réglement, rapportés par Brodeau ſur Louet, *lettre C, ch.* 30. Le queſtion s'en étant renouvellée en 1704 pour la coutume de la Rochelle, un arrêt de réglement du 20 juin de la même année, a ordonné que la *continuation de communauté* devoit y avoir lieu de la même manière que dans la coutume de Paris.

La raiſon de cette juriſprudence eſt fondée ſur ce qu'il eſt impoſſible de ſubvenir autrement aux enfans mineurs des conjoints, que le ſurvivant, par le défaut d'inventaire, met le plus ſouvent dans l'impoſſibilité d'établir à quoi montoit leur part dans le mobilier de la communauté, lors de la mort du prédécédé auquel ils ont ſuccédé, & dont le ſurvivant doit leur rendre compte.

Nous nous appliquerons, dans cet article, à ſuivre les diſpoſitions de la coutume de Paris, qui fait le droit commun, en obſervant néanmoins ce que les autres coutumes peuvent avoir de différent dans quelques endroits.

Pour mettre de l'ordre dans cette matière, nous verrons d'abord ce que c'eſt que la *continuation de communauté;* 2°. en quels cas elle a lieu, & entre quelles perſonnes; 3°. les choſes dont elle eſt compoſée; 4°. ſes charges; 5°. le pouvoir du ſurvivant ſur cette *continuation de communauté;* 6°. la manière dont elle ſe diſſout.

Nous avons parlé du droit d'accroiſſement entre les enfans, ſous le mot ACCROISSEMENT : nous traitons du partage & de la renonciation ou ac-

Juriſprudence. Tome III.

ceptation de la *continuation de communauté* aux mots ACCEPTATION, PARTAGE, RENONCIATION.

I. *Ce que c'eſt que la continuation de communauté.*
Selon les principes de la coutume de Paris, la *continuation de communauté* eſt une ſorte de peine qu'elle impoſe au ſurvivant des conjoints, pour avoir négligé de faire conſtater par un inventaire, après la mort du prédécédé, la part que cette mort a tranſmiſe aux enfans communs dans les biens de la communauté.

Cette peine conſiſte dans le droit & faculté, accordés aux enfans, de demander au ſurvivant part dans tous les biens meubles dont il ſe trouve poſſeſſeur au moment de l'inventaire qui diſſout la communauté, ainſi que dans les immeubles qu'il a acquis juſqu'à cette époque, & depuis la mort du prédécédé.

Il ſuit de ces principes que, dans la coutume de Paris, la *continuation de communauté* eſt la même que celle qui avoit lieu entre les conjoints, qui n'a point été diſſoute par le prédécès de l'un d'eux, & qui a toujours continué en faveur des enfans mineurs, ſous certaines modifications, juſqu'au temps de l'inventaire; & que ce n'eſt pas une de ces ſociétés taiſibles, que notre ancien droit françois faiſoit réſulter entre proches, de la cohabitation & du mélange des biens.

Dans la coutume d'Orléans & quelques autres ſemblables, la *continuation de communauté* n'y eſt point établie en forme de peine, car elle a lieu même avec les enfans majeurs, & même dans celle de Montargis, avec les collatéraux; c'eſt pourquoi elle n'y eſt pas une véritable *continuation de la communauté* qui a exiſté entre les conjoints, mais une nouvelle communauté qui ſe contracte entre le ſurvivant & les héritiers du prédécédé, qui n'eſt appellée *continuation de communauté,* que parce qu'elle ſuccède ſans intervalle à celle qui étoit entre les conjoints.

Lorſque, depuis le mariage, les conjoints ont établi leur domicile dans une coutume différente de celle ſous laquelle ils avoient, en ſe mariant, contracté une communauté de biens, la *continuation de communauté* entre le ſurvivant & les héritiers du prédécédé doit-elle ſe régler ſelon la coutume où le mariage s'eſt contracté? ou bien doit-on ſe conformer à cet égard à la coutume ſous laquelle les conjoints étoient domiciliés lors de la mort du prédécédé?

M. Pothier, qui propoſe cette queſtion, la décide par la diſtinction ſuivante. Si le mariage & la communauté ont été contractés dans une coutume où la communauté ne ſe diſſout point par la mort du prédécédé, cette communauté qui continue, étant la même que celle que les conjoints ont contractée lors du mariage, elle doit ſe régler conformément à la loi du lieu où ils avoient leur domicile en ſe mariant. Si au contraire le mariage a eu lieu dans une coutume où la communauté ſe trouve diſſoute par la mort du prédécédé, la nouvelle communauté qui se forme alors entre le survivant & les héritiers du prédécédé, étant l'effet de la loi du nouveau domicile, c'est par cette loi que la *continuation de communauté* doit se régler.

II. *Dans quel cas a lieu la continuation de communauté?* Il faut, selon la coutume de Paris, 1°. qu'au temps de la mort du prédécédé, il y ait eu une communauté de biens qui existât entre les conjoints; en effet, il n'y a que ce qui existe qui puisse continuer. C'est pourquoi, si, durant le mariage, la communauté des conjoints avoit été dissoute par une sentence de séparation exécutée, il ne pourroit y avoir lieu à une *continuation de communauté*.

2°. Il faut que le prédécédé ait laissé pour héritiers un ou plusieurs enfans mineurs, & qu'il leur ait transmis le droit de prendre part dans la communauté. Car un enfant exhérédé, une fille qui, par son contrat de mariage, auroit renoncé à la succession de ses père & mère en recevant sa dot, ne peuvent demander la *continuation de communauté*. Il en est de même d'un enfant qui auroit renoncé à la succession du prédécédé, à moins qu'il ne se fasse restituer contre sa renonciation.

On doit comprendre, parmi les enfans, les petits-enfans qui viennent à la succession du conjoint prédécédé par représentation de leur père ou de leur mère, enfant de ce conjoint & mort avant lui.

Si les enfans héritiers du conjoint prédécédé sont majeurs, ils ne peuvent exiger la *continuation de la communauté*. Cette différence entre le droit des enfans mineurs & celui des enfans majeurs est fondée sur ce que les premiers n'étant pas en état de veiller à leurs intérêts, le conjoint survivant doit y veiller pour eux, & faire constater par un inventaire la part qu'ils ont dans les biens de la communauté: ainsi, lorsqu'il a négligé cette formalité, il est juste qu'il supporte la peine de la *continuation de communauté*. Mais comme les enfans majeurs peuvent veiller par eux-mêmes à leurs intérêts, ils ne doivent s'en prendre qu'à eux, lorsque leur part, dans les biens de la communauté, ne se trouve pas constatée par un inventaire; le conjoint survivant n'étant point obligé de veiller à leurs intérêts, il ne doit point être assujetti à la peine de la *continuation de communauté*.

On demande si cette dernière décision doit s'appliquer aux enfans qui, sans avoir atteint vingt-cinq ans, sont néanmoins réputés majeurs par certaines coutumes, dont les dispositions sont conformes à celles de la coutume de Paris sur la *continuation de communauté?* Il faut répondre que non. La raison en est que cette majorité coutumière est une majorité imparfaite qui n'attribue à l'enfant que le droit d'administrer ses biens sans pouvoir les aliéner, & qui ne le prive pas du bénéfice de restitution en entier en matière importante. Ainsi, il faut conclure que de tels majeurs au-dessous de vingt-cinq ans doivent être réputés mineurs relati-

vement à l'objet de la *continuation de communauté.* C'est l'avis de le Brun & de Dumoulin.

Il faut étendre cette jurisprudence, non-seulement aux enfans mâles mineurs, mariés & émancipés par le mariage, mais encore à une fille mineure, quoique mariée à un mari majeur. La raison en est que la coutume admet indistinctement la *continuation de communauté* quand le conjoint prédécédé délaisse quelque enfant mineur.

Mais y aura-t-il lieu à la *continuation de la communauté*, si l'enfant, qui est mineur lors du décès du conjoint prédécédé, est devenu majeur avant l'expiration des trois mois accordés au survivant pour faire inventaire? Quelques-uns ont adopté la négative, & ils se sont fondés sur ce que la *continuation de communauté* étant, dans la coutume de Paris, la peine du défaut d'inventaire, le survivant ne pouvoit, dans le cas dont il s'agit, être assujetti à cette peine, attendu qu'il n'avoit pas été en demeure de faire inventaire pendant la minorité de l'enfant, puisqu'elle avoit cessé avant l'expiration des trois mois accordés pour le faire, & qu'il n'avoit pas non plus été en demeure depuis la majorité de cet enfant, puisqu'il ne doit inventaire qu'à ses enfans mineurs & non aux majeurs.

Quelque spécieux que paroissent les moyens qui appuient cette opinion, M. Pothier n'a pas moins cru devoir la rejetter: en effet, la coutume ayant dit, *quand l'un des conjoints délaisse en mourant quelque enfant mineur*, elle a fait entendre que c'est au moment de la mort du conjoint qu'il faut considérer si les enfans sont mineurs, pour qu'il y ait lieu à la *continuation de communauté*: c'est par conséquent à cette époque que le survivant a contracté l'obligation de la *continuation de communauté*, si dans le délai fixé il ne faisoit pas l'inventaire prescrit pour se décharger de cette obligation: or dès qu'elle a été une fois contractée envers l'enfant mineur, elle ne doit pas s'éteindre par la majorité de cet enfant, survenue postérieurement.

Dans les coutumes qui, ainsi que celle d'Orléans, fondent la *continuation de communauté* sur le mélange des biens, elle a lieu non-seulement entre le survivant & les enfans mineurs du prédécédé, mais encore avec ses enfans majeurs, & même avec ses héritiers quels qu'ils soient: la seule qualité de successeur établit avec eux une société ou communauté de biens.

Le défaut d'inventaire donne lieu à la *continuation de communauté* relativement aux enfans majeurs qui sont en démence, comme à l'égard des mineurs. La raison en est que le majeur qui est en démence, n'est pas plus qu'un mineur en état de veiller par lui-même à ses intérêts; c'est donc au conjoint survivant à y veiller. Tel est l'avis de le Brun.

Quand un enfant a été doté par son père & par sa mère, avec la clause qu'il ne pourra exiger ni inventaire ni partage du survivant, & que lors du décès du conjoint prédécédé, il se trouve encore mineur, cette clause dispense-t-elle le survivant de faire inventaire pour empêcher la *continuation de communauté* ?

M. Pothier, qui propose cette question, répond fort bien que non : en effet, la clause dont il s'agit, n'attribue au conjoint survivant que le droit de jouir de la part de l'enfant dans les biens de la communauté, comme cela est autorisé par l'article 281 de la coutume de Paris : ainsi l'enfant conserve la propriété de cette part, & par conséquent il est nécessaire que le conjoint survivant en fasse conster par un inventaire, sinon il doit rester assujetti à la *continuation de communauté*.

3°. Pour empêcher la *continuation de communauté*, il faut, suivant la coutume de Paris, que le survivant fasse faire bon & fidèle inventaire de tous les effets communs qui sont à sa connoissance, tels que les meubles, les titres, papiers, enseignemens, &c.

Il faut aussi que les meubles soient estimés par un huissier-priseur, ou par des experts, dans les lieux où il n'y a point d'huissier-priseur.

Si l'inventaire étoit infidèle ou frauduleux, il ne pourroit pas empêcher la *continuation de communauté*. C'est ce qui résulte de différens arrêts rapportés par l'auteur de la collection de jurisprudence.

Cette jurisprudence est d'ailleurs conforme aux avis de Renusson, de Duplessis & de Pothier. Ce dernier jurisconsulte s'étonne, avec raison, que dans un acte de notoriété du châtelet de Paris, du 18 janvier 1701, M. le Camus, lieutenant-civil, ait été d'avis contraire, & ait pensé qu'un inventaire infidèle empêchoit la *continuation de communauté* lorsqu'il étoit revêtu des formes extérieures, & que l'infidélité, en ce cas, donnoit seulement lieu à l'action *rerum amotarum*. Il est évident que la fin que la coutume se propose, en exigeant un inventaire, ne sauroit être remplie par un inventaire infidèle.

Au surplus, lorsque c'est par oubli & sans dessein prémédité qu'on omet d'inventorier quelques effets, l'inventaire ne laisse pas d'être valable, & d'empêcher la *continuation de communauté* : la raison en est que la coutume n'a voulu obliger le conjoint survivant, qu'à un inventaire des effets dont il avoit connoissance.

Mais, quelles règles doit-on suivre pour connoître si les omissions ont eu lieu par oubli ou de dessein prémédité ?

Les omissions sont présumées faites par oubli & sans dessein prémédité, lorsqu'avant que personne s'en soit plaint, le conjoint survivant a ajouté à l'inventaire les meubles ou titres qu'il avoit omis d'y comprendre.

On les présume encore innocentes, quoique découvertes par les héritiers du prédécédé, lorsqu'il ne s'agit que d'objets modiques, ou qu'il paroît, par les circonstances, que les choses omises ont pu facilement échapper à la connoissance du survivant.

On présume au contraire que les omissions ont eu lieu de dessein prémédité, lorsque la multitude des choses omises, & la qualité de ces choses, qui étoient en évidence & d'un usage journalier, ne permettent pas de penser qu'elles aient pu échapper à la connoissance du survivant.

La fraude paroît sur-tout constante, lorsque depuis la mort, ou pendant la dernière maladie du prédécédé, les effets omis dans l'inventaire ont été par le survivant détournés du lieu où ils étoient, & portés hors de la maison, ou cachés dans quelque endroit.

Quant à la forme de l'inventaire, il doit, selon le règlement rendu pour Paris, le 6 avril 1632, être fait devant notaires, & écrit de la main du notaire ou de son clerc, & non de celle de l'une ou de l'autre des parties : il faut aussi qu'il soit revêtu des formalités prescrites pour la validité des actes passés devant notaires. Renusson cite un arrêt qui a déclaré un inventaire nul & la communauté continuée, parce qu'il n'étoit signé que du notaire & des parties.

Lorsque le conjoint survivant laisse passer trois mois sans faire & parachever son inventaire, tout ce qui peut être fait postérieurement ne sauroit empêcher qu'il n'y ait eu *continuation de communauté* depuis la mort du prédécédé : il ne peut qu'arrêter le cours de cette *continuation*.

Il faut aussi, pour empêcher la *continuation de communauté*, que le conjoint survivant fasse faire l'inventaire avec un légitime contradicteur. C'est ce que prescrit l'article 240 de la coutume de Paris, & plusieurs arrêts ont étendu cette disposition aux coutumes muettes à cet égard.

Le légitime contradicteur est le tuteur des mineurs. Quand le tuteur est le conjoint survivant lui-même, il doit faire nommer par le juge un subrogé tuteur, qu'on appelle autrement *curateur pour le fait d'inventaire*.

L'inventaire qui seroit fait avec les plus proches parens des mineurs, même avec leur aïeul du côté du conjoint prédécédé, ne suffiroit pas pour empêcher la *continuation de communauté*, si cet aïeul n'avoit point été nommé par le juge pour subrogé tuteur aux mineurs : la raison en est qu'on ne répute légitime contradicteur que celui que le juge a nommé, & que les formalités prescrites par les coutumes, doivent être observées littéralement.

Ce qui vient d'être dit de l'aïeul des mineurs doit aussi s'appliquer à la partie publique : sa présence à l'inventaire fait par le conjoint survivant, ne suppléeroit pas à l'absence du légitime contradicteur, avec qui la coutume a voulu que cet inventaire fût fait.

Il faut encore, pour empêcher la *continuation de communauté*, que le survivant fasse clorre son inventaire, dans les trois mois, après qu'il a été fait.

Cette clôture se fait en présence du légitime contradicteur, qui en doit signer l'acte, conformément à un arrêt de réglement de 1655, rapporté par Joui.

La formalité de la clôture d'inventaire introduite par la coutume de Paris, a été étendue aux coutumes qui requièrent un inventaire sans parler de la clôture. C'est ce qui résulte d'un arrêt du 5 mars 1722, rendu en forme de réglement pour la coutume de Senlis.

Il faut observer que le défaut & le vice des formalités que la coutume a établies pour que l'inventaire puisse empêcher la *continuation de communauté*, ne peuvent être opposés que par les enfans mineurs du conjoint prédécédé, & nullement par le survivant : la raison en est que ces formalités n'ont été introduites qu'en faveur de ces mineurs. Ainsi, dans le cas où ils demanderoient au survivant leur part dans les biens de la communauté, conformément à un inventaire fait sans légitime contradicteur & sans avoir été clos, le défaut de ces formalités n'autoriseroit pas le survivant à prétendre que la communauté a continué, & qu'il faut faire un nouvel inventaire.

Dans la coutume d'Orléans, la confection d'un inventaire n'est rigoureusement requise, pour empêcher la *continuation de communauté*, que dans le cas où elle a lieu avec des mineurs ; entre majeurs on y supplée par toute autre espèce d'acte par écrit, qui donne suffisamment à entendre que les parties ne veulent pas rester en *continuation de communauté*. Dans cette même coutume, la clôture de l'inventaire n'y est pas exigée, comme dans celle de Paris.

4°. Pour qu'il y ait *continuation de communauté*, suivant la coutume de Paris, il faut qu'elle ait été demandée : la raison en est que les droits qui consistent dans une pure faculté, n'ont lieu que quand les personnes, auxquelles elles appartiennent, veulent en user.

Il en est autrement dans la coutume d'Orléans, & autres semblables, la *continuation de communauté* y a lieu de plein droit & sans être demandée, les majeurs même ne peuvent s'en dispenser, parce qu'elle est une suite de la communauté établie par notre ancien droit françois, entre les personnes dont les biens sont restés mêlangés pendant l'an & jour.

La disposition de la coutume de Paris, qui, comme on l'a vu, n'établit la *continuation de communauté* que dans le cas où il y a des enfans mineurs héritiers du conjoint prédécédé, a fait naître la question de savoir si, à la faveur de ces mineurs, leurs frères ou sœurs majeurs pouvoient demander avec eux cette *continuation*.

Quelques auteurs, tels que Bacquet & Ricard, ont pensé que non. Ils se sont appuyés sur ce que la *continuation de communauté* étant une peine introduite contre le conjoint survivant, pour dédommager les mineurs de ce qu'il n'a pas veillé, comme il l'auroit dû, à leurs intérêts, en faisant constater par un inventaire la part qui leur revenoit dans les effets de la communauté, cette peine ne pouvoit pas être étendue en faveur des majeurs, attendu que c'étoit à eux & non au conjoint survivant, à veiller à leurs intérêts : mais la jurisprudence a rejetté cette opinion, & l'on tient aujourd'hui pour maxime que quand le conjoint prédécédé a laissé pour héritiers des enfans dont les uns sont majeurs & les autres mineurs, ceux-là peuvent, à la faveur de ceux-ci, demander *continuation de communauté*. On trouve, dans Renusson & Pothier, les raisons qui appuient cette décision.

Les auteurs ont encore été divisés sur la question de savoir s'il suffit, pour donner ouverture à la *continuation de communauté* en faveur des mineurs, que l'enfant mineur ait existé au temps de la mort du conjoint prédécédé, quoiqu'il soit mort depuis sans avoir demandé cette *continuation* ? Auzanet a adopté l'affirmative, & le Brun la négative. Mais cette dernière opinion est préférée à la première, parce que ce n'est que l'exercice que le mineur fait de son droit à la *continuation de communauté*, qui donne lieu à un droit pareil en faveur des majeurs.

III. *Quels sont les effets qui entrent dans la continuation de communauté* ; les meubles & effets mobiliers dont la communauté étoit composée à l'instant de la mort du conjoint prédécédé, entrent, sans difficulté, dans la *continuation de communauté*.

Il en est de même des revenus de tous les immeubles, soit du conjoint survivant, soit de la succession du prédécédé qui entroient dans la communauté.

Il en est de même encore des revenus des conquêts faits pendant la communauté entre les deux conjoints ; mais la propriété de ces conquêts est exclue de la *continuation de communauté*. C'est ce qui résulte d'un arrêt rendu en forme de réglement par le parlement de Paris le 10 juillet 1627. Cette jurisprudence est fondée sur ce qu'il ne seroit pas juste que le conjoint survivant pût disposer d'un bien que la mort du prédécédé a rendu propre naissant à ses enfans pour la moitié à laquelle ils succèdent.

M. Pothier observe à ce sujet qu'il faut avoir égard au temps de la mort du prédécédé, pour décider si les rentes constituées, qui appartenoient à la communauté, doivent faire partie de la *continuation de communauté* comme meubles, ou en être exclues comme immeubles. Ainsi, lorsqu'au moment de la mort du prédécédé, les conjoints étoient domiciliés sous une coutume où les rentes constituées sont réputées meubles, elles entrent dans la *continuation de communauté* comme les autres meubles ; mais si la coutume du domicile des conjoints les répute immeubles, elles doivent être exclues de la *continuation de communauté*, quant à la propriété du capital, comme les autres conquêts immeubles.

Quant aux immeubles qui adviennent au survivant pendant la *continuation de communauté*, il faut faire une diſtinction : ſi ces immeubles viennent par ſucceſſion au ſurvivant, ou que quelqu'un de ſes parens, de la ligne directe aſcendante, lui en ait fait un don ou un legs, ils n'entrent pas dans la *continuation de communauté;* mais ils doivent y entrer lorſque le ſurvivant les a acquis, à quelque autre titre que ce ſoit, même à titre de donation, à moins que le donateur n'ait appoſé à ſa libéralité la condition que la choſe donnée n'entreroit pas dans la *continuation de communauté.* Cette déciſion eſt fondée ſur ce que l'article 240 de la coutume de Paris autoriſe l'enfant à demander la *continuation de communauté,* en tous les biens meubles & conquêts immeubles du ſurvivant.

Cette diſpoſition a lieu quand bien même, par le contrat de mariage des conjoints, il auroit été ſtipulé que tout ce qui adviendroit à l'un d'eux par donation, legs, ou autrement lui ſeroit propre, & *vice verſâ,* lorſqu'il a été ſtipulé que les ſucceſſions ſeroient communes. La raiſon en eſt, dans le premier cas, que la ſtipulation de propre eſt une clauſe de droit étroit, qui n'eſt ſuſceptible d'aucune extenſion : dans le ſecond, que la *continuation de communauté* ne ſe règle pas par la convention expreſſe ou tacite des parties, mais par la loi qui détermine ſeule ce qui doit ou ne doit pas y entrer.

Les droits & créances qui étoient propres de communauté pour chacun des conjoints, tels que la repriſe des deniers dotaux, le remploi du prix des propres aliénés, quoique effets mobiliers, n'entrent point dans la *continuation de communauté.* Il en eſt de même de la créance que le ſurvivant a pour ſon préciput.

Bacquet s'eſt trompé quand il a prétendu que ce que les enfans acquéroient durant la *continuation de communauté* devoit y entrer : il eſt certain qu'ils ne mettent, dans cette *continuation,* que ce qui leur advient de la ſucceſſion du prédécédé, & dont le conjoint ſurvivant ſe trouve en poſſeſſion ; tout ce qui leur appartient d'ailleurs, ſoit en meubles ou en immeubles, n'y entre pas. Cette doctrine eſt fondée ſur la manière dont la coutume s'eſt expliquée. En effet, en attribuant aux enfans le droit de demander *continuation de communauté,* au ſurvivant, dans les meubles & les conquêts dont il ſe trouve poſſeſſeur, elle n'attribue pas un droit pareil au ſurvivant dans ce qui peut appartenir aux enfans. S'il en étoit autrement, & que les enfans fuſſent obligés de mettre, dans la *continuation de la communauté,* autre choſe que ce qui leur advient de la ſucceſſion du conjoint prédécédé, ce ne ſeroit pas une *continuation* de l'ancienne communauté, mais une ſociété nouvelle compoſée de nouveaux fonds.

Dans la coutume d'Orléans, & celles qui lui ſont ſemblables, les effets mobiliers qui adviennent au ſurvivant par ſucceſſion, legs ou autrement, n'entrent point dans la *continuation de communauté,* à l'exception ſeulement des gains qui proviennent de ſon commerce, de ſon art, de ſa profeſſion. Auſſi

lors de la diſſolution de la *continuation de communauté,* il prélève le mobilier qui lui eſt échu pendant ſa durée, pourvu qu'il en juſtifie par un inventaire, ou par quelque autre acte qui puiſſe en tenir lieu. Il a même le droit de retenir les fruits des héritages qui lui ſont advenus dans le même temps, lorſqu'ils ſont encore en nature, quoique perçus pendant la *continuation de communauté :* il peut même retenir le prix de ceux qu'il auroit vendus, s'il eſt encore dû. Mais lorſque ces fruits ſont conſommés, il ne peut en prétendre la repriſe, parce qu'on préſume que la ſociété ne s'en eſt pas enrichie, & qu'ils ont ſervi à lui procurer une vie plus aiſée & plus commode.

La règle que le mobilier échu au ſurvivant par ſucceſſion, pendant la *continuation de communauté,* lui eſt propre, reçoit une exception dans le cas du décès ſans enfans d'un des héritiers du prédécédé, avec leſquels il eſt en *continuation de communauté.* La portion mobilière du défunt n'appartient en propre au ſurvivant, en qualité d'héritier aux meubles de ſes enfans, que dans le cas où dans l'année de la mort de cet enfant, il fait diſſoudre la *continuation de communauté* par un inventaire. S'il néglige cette formalité, il eſt privé de la part que cet enfant auroit eu dans le mobilier de la *continuation de communauté,* & elle accroît aux autres enfans. Mais ſi l'enfant qui prédécède, laiſſe des enfans habiles à lui ſuccéder, ils le repréſentent dans ſa part à la *continuation de communauté.*

IV. *Des charges de la continuation de communauté.* Puiſque les effets mobiliers de la communauté des conjoints paſſent, après la mort du prédécédé, dans la *continuation de communauté,* il faut en conclure que cette *continuation* eſt obligée aux dettes qui étoient auparavant à la charge de la communauté des conjoints.

Cette déciſion s'étend aux repriſes que le conjoint ſurvivant & les héritiers du prédécédé, ont à exercer ſur la communauté. Mais elle ne comprend pas les frais funéraires du prédécédé, le deuil dû à la veuve, les legs portés au teſtament du défunt.

La *continuation de communauté* eſt pareillement tenue des dettes que le conjoint ſurvivant peut contracter tandis qu'elle n'eſt pas diſſoute ; ce qui a lieu, non-ſeulement pour les dettes mobilières, mais même pour les rentes conſtituées, tant en principaux qu'arrérages.

Mais cette règle ne s'applique pas, 1°. aux dettes relatives à des affaires qui ne concernent que le ſurvivant : ainſi, dans le cas où, durant la *continuation de communauté,* il feroit conſtruire un bâtiment ſur un héritage qui lui ſeroit propre, & s'obligeroit, pour cet effet, de payer, à l'entrepreneur du bâtiment, une ſomme de dix mille francs, il ſeroit ſeul chargé de cette dette, par la raiſon qu'il profiteroit ſeul de la choſe pour laquelle elle auroit été contractée.

2°. Aux dettes qui ont pour cauſe une pure donation, parce que, ainſi que nous le dirons plus bas, le survivant n'a pas le droit de disposer, par donation, des effets qui composent la *continuation de communauté*.

3°. A la garantie que le survivant auroit contractée en vendant, pendant sa durée, un bien propre de ses enfans, sans leur consentement, ou sans l'autorité de justice.

La dette contractée par le survivant, pour des dommages & intérêts, auxquels il auroit été condamné envers un tiers, ne sont pas à la charge de la *continuation de communauté*. Il en est de même par rapport à la gestion de la tutèle d'un mineur. Ces dettes sont entièrement étrangères à la *continuation de communauté*.

Les alimens du conjoint survivant & ceux des héritiers du prédécédé, sont encore une charge de la *continuation de communauté*; mais le survivant n'est pas obligé de fournir ces alimens ailleurs que dans sa maison, si ce n'est dans le lieu où il a jugé à propos d'envoyer les héritiers du prédécédé pour leur éducation.

Les dettes d'une succession qui échoit au conjoint survivant, sont pareillement à la charge de la *continuation de communauté*, attendu qu'elle profite du mobilier de cette succession. Mais cette décision, conforme à l'esprit de la coutume de Paris, ne s'applique pas aux coutumes qui, comme celle d'Orléans, n'attribuent pas à la *continuation de communauté*, le mobilier des successions qui viennent à échoir au conjoint survivant.

Les réparations & les frais d'entretien des immeubles dont jouit la *continuation de communauté*, sont aussi, sans difficulté, une charge qu'elle est tenue d'acquitter.

Il en est de même de tous les frais qu'il faut faire, tant pour dissoudre la *continuation de communauté*, que pour parvenir au partage des effets dont elle est composée.

V. *Du pouvoir du survivant sur les biens de la continuation de communauté*. Le survivant est le chef de la *continuation de communauté*, de la même manière que le mari l'étoit de la communauté. Renusson prétend que ce pouvoir est entièrement pareil à celui du mari; mais, suivant le sentiment commun, il est de même nature, mais moins étendu que celui du mari. Ce dernier dispose en maître absolu des biens de la communauté, même à titre gratuit; le survivant au contraire n'en peut disposer par donation pure & simple, en faveur d'un tiers, au préjudice de la part qu'y ont les héritiers du prédécédé.

Il a, sur les biens qui composent la *continuation de communauté*, le pouvoir d'un administrateur libre, c'est-à-dire celui que donne un droit d'administration dont on ne doit aucun compte. Il peut en conséquence disposer de tous les effets de la *continuation de communauté*, tant pour sa part que pour celle des héritiers du prédécédé, à quelque titre que bon lui semble, sauf celui de donation, qui lui est interdit. Il peut même y associer un tiers,

qui deviendra l'associé des héritiers du prédécédé, sans qu'il ait besoin pour cela de leur consentement, comme nous le dirons ci-après, section seconde.

VI. *Comment se dissout la continuation de communauté*. Non-seulement les enfans, mais encore le conjoint survivant, sont fondés à demander la dissolution de la communauté. Lorsque c'est le survivant qui la demande, & que quelques-uns des enfans sont encore mineurs, il faut qu'il leur fasse nommer un subrogé tuteur, pour procéder avec lui à l'inventaire des effets dont la *continuation de communauté* se trouve composée.

Si les enfans étoient majeurs, & qu'ils ne voulussent point accéder à la demande du survivant, celui-ci pourroit les faire assigner & obtenir une sentence contradictoire ou par défaut, par laquelle il seroit dit qu'un tel jour, qu'elle fixeroit, il seroit procédé, tant en présence qu'absence, à l'inventaire nécessaire pour parvenir à la dissolution de la *continuation de communauté*.

Cet inventaire exige les mêmes formalités que celui qu'il faut pour empêcher la *continuation de communauté*: c'est pourquoi il doit contenir une description exacte & fidelle de tous les meubles & effets mobiliers, ainsi que des titres & papiers concernant les biens de la *continuation de communauté*. Il faut aussi qu'il soit fait pardevant notaires, avec un légitime contradicteur, dans l'espace de trois mois, & qu'il soit ensuite clos & affirmé dans les trois mois suivans, à compter du jour qu'il a été achevé.

Quand la clôture a eu lieu dans ces trois mois, la *continuation de communauté* est censée avoir cessé du jour que l'inventaire a été fini: c'est ce que le parlement a jugé en 1689, par un arrêt que rapporte Lemaître.

Si la clôture n'avoit lieu qu'après les trois mois, il faudroit, pour dissoudre la *continuation de communauté*, que le survivant fît dresser, avec le légitime contradicteur, un état, tant des choses acquises postérieurement à l'inventaire, que de celles qui y auroient été comprises & qui n'existeroient plus. Il seroit d'ailleurs nécessaire que cet état fût, ainsi que l'inventaire, présenté au juge & affirmé par le survivant. Le parlement a jugé, par arrêt du 12 mai 1749, qu'à défaut de cet état, une clôture d'inventaire, faite après les trois mois, n'avoit pas dissous la *continuation de communauté*.

Il faut tirer de cette décision la conséquence que, quand un inventaire n'est pas revêtu des formalités prescrites, les enfans sont en droit de prétendre qu'il ne peut pas opérer la dissolution de la *continuation de communauté*. Au reste, il n'y a que les enfans, & non le survivant, qui soient fondés à opposer les défauts de l'inventaire: c'est pourquoi ils peuvent, nonobstant ces défauts, faire prononcer que la *continuation de communauté* a été dissoute au moment où cet inventaire a été terminé; & cela n'empêche pas qu'ils n'aient le droit d'obliger le survivant d'ajouter au même in-

CON

CON

271

ventaire les effets qu'ils peuvent juſtifier y avoir été omis.

La mort du conjoint ſurvivant diſſout la *continuation de communauté* ; mais il n'en eſt pas de même de la mort d'un ou de pluſieurs enfans du prédécédé ; c'eſt aſſez qu'il en reſte quelqu'un pour que la communauté continue ; ce qui n'eſt pas contraire au principe de droit, *morte ſocii ſolvitur ſocietas* ; car ce principe n'a d'application que lorſque l'aſſocié qui eſt mort, faiſoit ſeul une tête dans la ſociété. Dans l'eſpèce de la *continuation de communauté*, chacun des enfans ne forme pas une tête, mais tous enſemble ils n'en ont qu'une.

SECTION II.

De la continuation de communauté compoſée.

'La *communauté compoſée* eſt une ſuite de la *continuation de communauté* dont nous venons de parler : elle a lieu lorſque le ſurvivant, chef de la *continuation de communauté*, convole en ſecondes noces, & aſſocie la ſeconde femme, ou le ſecond mari, à la communauté qui ſubſiſte entre lui & les enfans du prédécédé, conformément au pouvoir qu'il en a.

Cette communauté s'appelle *compoſée*, parce qu'elle eſt effectivement compoſée de trois têtes, le ſurvivant, les enfans du premier lit, la ſeconde femme ou le ſecond mari. On la nomme auſſi par cette raiſon, *communauté tripartite*.

Elle devient quadripartite, lorſque le ſurvivant, qui eſt en *continuation de communauté* avec les enfans de ſon premier mariage, épouſe une perſonne veuve, qui eſt également en *continuation de communauté* avec les enfans d'un premier lit.

Cette communauté peut encore ſe former entre un plus grand nombre de perſonnes, lorſque les conjoints, qui ſe remarient, ſont veufs de pluſieurs femmes ou de pluſieurs maris, & ont des enfans de chacun, avec leſquels ils ſont en *continuation de communauté*.

L'établiſſement de la *communauté compoſée* paroît contraire à la règle de droit, *ſocii mei ſocius, meus ſocius non eſt* ; mais elle ne doit pas s'appliquer à la *continuation de communauté* qui eſt entre le ſurvivant & ſes enfans. Cette ſociété eſt d'une eſpèce particulière. L'aſſocié, dans les ſociétés ordinaires, n'a aucun droit de diſpoſer des portions de ſes co-aſſociés, & par conſéquent il ne peut, ſans leur conſentement, faire participer un tiers à la part qu'ils ont dans la ſociété. Mais il en eſt autrement de la *continuation de communauté*, le ſurvivant en eſt ſeul le chef, il en a ſeul la libre adminiſtration, il peut diſpoſer également de la part de ſes enfans & de la ſienne ſans leur conſentement, & c'eſt par cette raiſon qu'en contractant une communauté avec un tiers, il l'aſſocie à celle qu'il a avec ſes enfans, tant pour leur part que pour la ſienne.

La *communauté compoſée* réunit & forme une ſeule communauté de la ſeconde communauté conjugale &

de la *continuation de communauté* : elle renferme les choſes & les charges qui ſont de l'une & de l'autre, en conſervant néanmoins, à chacune d'elles, leur être propre & leur nature particulière.

Nous obſerverons, avant d'aller plus loin, que tout ce que nous allons dire de la communauté tripartite, doit s'appliquer à celles qui ſont compoſées d'un plus grand nombre de têtes.

Des choſes qui compoſent la communauté compoſée. En général, cette communauté eſt compoſée des choſes qui entrent dans l'une & dans l'autre des communautés qui la forment, c'eſt-à-dire des choſes qui entrent, tant dans la communauté conjugale, que dans celle qui eſt entre le ſurvivant & ſes enfans ; mais les choſes qui n'entrent que dans l'une ou dans l'autre de ces communautés, ne ſont pas de la *communauté compoſée*.

De-là il ſuit, 1°. que le mobilier qui ſe trouve dans la communauté d'entre le ſurvivant & ſes enfans, fait partie de la communauté compoſée, ſi le ſurvivant le fait entrer, ſuivant le droit qu'il en a, dans la communauté conjugale qu'il contracte ; mais ſi, par une clauſe du ſecond contrat de mariage, il n'y entre que juſqu'à la concurrence d'une certaine ſomme, le ſurplus eſt exclus de la communauté tripartite, & demeure ſeulement commun entre le ſurvivant & les enfans du prédécédé.

Par la raiſon contraire, ſi le ſurvivant apporte, dans la ſeconde communauté conjugale, le mobilier qu'il s'étoit réſervé propre dans la première, il entrera dans la ſeconde communauté conjugale, ſans faire partie de la communauté compoſée, parce qu'il n'a jamais appartenu à la *continuation de communauté* qui eſt entre le ſurvivant & ſes enfans.

2°. Les conquêts de la *continuation de communauté*, faits antérieurement au ſecond mariage, reſtent ſeulement communs entre le ſurvivant & ſes enfans, & n'entrent point dans la communauté conjugale. Mais ſi le ſurvivant les ameublit par une clauſe du contrat de ſon ſecond mariage, ils appartiendront à la communauté tripartite, parce qu'il a le droit, ainſi que nous l'avons dit, d'en diſpoſer ſans le conſentement de ſes enfans, & d'y aſſocier un tiers. Il en ſeroit autrement ſi le ſurvivant ameubliſſoit quelques-uns de ſes propres de la première communauté, ils entreroient dans la communauté conjugale, ſans faire partie de la communauté compoſée, parce qu'ils n'ont jamais été de la *continuation de communauté*.

3°. Les revenus des biens du ſurvivant, des biens dépendans de la ſucceſſion du prédécédé, des biens du ſecond conjoint, entrent dans la communauté tripartite, à compter du jour du ſecond mariage, parce qu'ils ſont également de l'une & de l'autre communauté.

4°. Le mobilier que la ſeconde femme fait entrer dans la communauté conjugale, fait partie de la communauté tripartite. Il en eſt de même des immeubles qu'elle y ameublit, parce que le ſurvivant, les acquérant à titre de communauté, les acquiert à la communauté qu'il a avec ses enfans.

5°. Toutes les choses qui adviennent à la femme pendant la durée des deux communautés, & qui tombent dans la communauté conjugale, font également de la communauté composée, quand bien même elles lui écherroient par succession ou donation, parce que le mari acquiert ces choses en vertu de la communauté qu'il a contractée avec sa femme, que ce titre est un titre de commerce, & tout ce que le survivant acquiert à ce titre, il l'acquiert à la communauté qu'il a avec ses enfans.

6°. Suivant la coutume de Paris, le mobilier qui advient au survivant, à quelque titre que ce soit, appartient à la communauté composée, parce qu'il tombe également dans l'une & dans l'autre des communautés qui la composent : mais, suivant la coutume d'Orléans, le mobilier qui advient au survivant par donation, succession ou legs, étant exclus de la communauté du survivant & de ses enfans, ne peut faire partie de la communauté composée, quoiqu'il appartienne à la seconde communauté conjugale. Il en est de même des immeubles qui lui adviennent, pourvu qu'ils ne lui aient pas été donnés par ses pere & mere, ou autres parens de la ligne ascendante ; car dans ce cas ils ne font pas même partie de la communauté conjugale, à moins que par une clause expresse du contrat de mariage les successions immobilieres ne soient déclarées communes.

Enfin, la communauté composée comprend les créances qu'elle a à exercer contre des tiers, même celles qu'elle a contre la seconde femme, contre le survivant, contre les enfans du prédécédé, soit pour le paiement de leurs dettes propres, soit pour impenses faites sur leurs héritages propres, autres que celles de simple entretien, soit pour quelque autre affaire qui leur fût particuliere, & dont l'un d'eux a seul profité.

Des charges de la communauté composée. 1°. toutes les dettes mobilieres de la *continuation de communauté,* font dettes de la communauté tripartite. La raison en est que le survivant, en associant sa seconde femme au mobilier de sa *continuation de communauté,* la rend participante de toutes les dettes passives mobilieres de cette communauté, qui font une charge nécessaire des biens qu'elle renferme, *cum bona non intelligantur, nisi deducto aere alieno.*

Ces dettes s'entendent, non-seulement de celles que la communauté d'entre le survivant & ses enfans a contractées envers des tiers, mais encore de celles dont elle est chargée, soit envers le survivant, soit envers ses enfans.

Mais il en seroit autrement si, par le contrat de mariage avec la seconde femme, il y avoit clause de séparation de dettes ; car, dans ce cas, elles n'entrent pas dans la seconde communauté conjugale, & elles font seulement partie de la *continuation de communauté.*

Les dettes passives mobilieres, propres au survivant, entrent bien dans la seconde communauté conjugale, lorsqu'il n'y a pas clause de séparation de dettes, mais elles ne font point dettes de la communauté composée. Il en est de même, à plus forte raison, des dettes mobilieres propres aux enfans du prédécédé.

Les rentes dues par la *continuation de communauté,* ne tombent pas, quant aux principaux, dans la communauté composée, à moins que le survivant n'établisse, par son contrat de mariage avec sa seconde femme, une communauté de tous ses biens tant meubles qu'immeubles.

2°. On doit appliquer tout ce que nous venons de dire aux dettes mobilieres & immobilieres de la seconde femme.

3°. Les dettes contractées par le chef de la communauté composée, tant qu'elle subsiste, font dettes de cette communauté, à l'exception de celles dont il ne peut charger ni la communauté conjugale, ni la *continuation de communauté,* ainsi que nous l'avons dit *section premiere de cet article,* & au mot COMMUNAUTÉ.

4°. Les créances, tant de la seconde femme, que du survivant & de ses enfans, pour la reprise du mobilier stipulé propre par le second contrat de mariage, pour le préciput du second mariage, pour la reprise des propres aliénés pendant la durée de la communauté tripartite, & dont elle a reçu le prix, font charges de cette même communauté.

5°. Elle est également chargée de l'entretien de tous les héritages dont elle perçoit les revenus ; des alimens des conjoints, & des enfans des différens lits, ainsi que des frais de leur éducation.

6°. Enfin, il faut comprendre dans les charges de cette communauté, les frais d'inventaire & des autres actes qui se font pour parvenir à en partager les biens.

Quel est le chef de la communauté composée, & quel est son pouvoir ? Il faut distinguer deux cas : ou c'est le mari qui a survécu sa femme, & qui est resté en *continuation de communauté* avec ses enfans, ou c'est la femme qui a survécu son mari.

Lorsque le mari est resté chef de la *continuation de communauté,* comme il est nécessairement le chef de la communauté conjugale qu'il contracte avec sa seconde femme, il ne peut y avoir de difficulté à ce qu'il devienne le chef de la communauté tripartite, formée par l'union des deux autres communautés.

Lorsque la femme, restée en *continuation de communauté,* convole en secondes noces, elle unit à la communauté conjugale qu'elle contracte, celle qui subsistoit entre elle & ses enfans, & tant que dure cette union, elle perd la qualité qu'elle avoit de chef de la *continuation de communauté,* & la transfere à son mari, qui, étant nécessairement le chef de la communauté conjugale, le devient de la communauté composée.

Mais, dans l'un ou l'autre cas, le chef de la communauté tripartite n'a pas, vis-à-vis des enfans, *qui*

qui font une tête dans cette communauté, le même pouvoir fur les biens qui la composent, qu'il a vis-à-vis de la femme. Par rapport à la femme, il est maître absolu des biens de la communauté, ainsi que nous l'avons dit en parlant du pouvoir du mari sur les biens de la communauté ; mais par rapport aux enfans, il n'a qu'un pouvoir de libre administrateur, tel que nous l'avons expliqué ci-dessus.

De la dissolution de la communauté tripartite. Il est évident que cette communauté se dissout lorsqu'il n'en reste plus que l'une ou l'autre des communautés qui la composent ; car il ne peut plus y avoir de communauté composée, lorsqu'il n'en reste plus qu'une. Mais la dissolution de l'une des deux n'entraîne pas la dissolution de l'autre.

Par exemple, lorsque, du vivant de la seconde femme, le mari, qui étoit en *continuation de communauté* avec ses enfans de sa première, la fait dissoudre par un inventaire, la communauté conjugale continue de subsister. Au contraire, lorsque cette dernière communauté est dissolue, soit par la mort de la seconde femme, soit par une sentence de séparation, si l'inventaire, fait en exécution de cette dissolution, n'a pas été fait avec les enfans du premier lit, la communauté d'entre eux & le survivant continue toujours : & même dans le cas où la *continuation de communauté* a eu lieu entre la femme survivante & les enfans de son premier mari, elle reprend la qualité de chef de la *continuation de communauté*, qu'elle avoit perdue par son second mariage, dès l'instant que cesse sa communauté conjugale. *Voyez* ACCEPTATION, PARTAGE, RAPPORT, RENONCIATION.

CONTINUATION, (*lettres de*) c'est ainsi qu'on a quelquefois appellé les lettres d'état. Dans une ordonnance du roi Jean, du 28 décembre 1355, il est accordé, en faveur de ceux qui paieront l'aide octroyée ci-devant, que toutes dettes seront poursuivies, nonobstant lettres d'état, de répit & de *continuation*, accordées par le roi, ses lieutenans ou autres, pourvu qu'il paroisse que les débiteurs y aient renoncé. (*A*)

CONTINUER, v. a. on s'en sert au palais dans cette phrase : *continuer l'audience à un tel jour*, pour signifier que la cause commencée *continuera* à être plaidée le jour est indiqué ; ce qui est fort différent de remettre l'audience ou la cause à un tel jour.

La continuation d'une cause annonce qu'elle a été commencée, la remise ne fait pas qu'elle soit réputée commencée, & n'est pas regardée comme une journée de la cause. Cette distinction est de conséquence dans certaines matières, comme en retrait lignager, où, suivant quelques coutumes, il faut renouveller les offres à chaque journée de la cause. (*A*)

CONTR'ABOUT, (*Jurisprudence.*) M. de Laurière, dans son glossaire, dit que c'est un héritage qui appartient à un preneur à cens ou rente, & qu'il affecte & hypothèque au bailleur, outre l'héritage qui lui est accensé, pour sûreté du paiement de la rente & du cens.

CONTRACTUEL, adj. (*Jurispr.*) se dit de ce qui dérive d'un contrat. On appelle une succession, institution ou substitution *contractuelle*, celle qui est réglée par contrat de mariage ou autre acte entre-vifs ; & héritier *contractuel*, celui qui est appellé, par ce contrat, à recueillir la succession.

CONTRADICTEUR, s. m. (*Jurisprudence.*) est celui qui contredit ou peut contredire un acte judiciaire ou extrajudiciaire.

Un acte est fait sans *contradicteur*, lorsqu'il est fait par défaut, ou que l'on n'y a point appellé ceux qui auroient eu intérêt de le contredire.

Légitime *contradicteur*, est celui qui a intérêt ou qualité pour contredire.

On ne peut pas diriger des actions contre une succession vacante, sans qu'il y ait un *contradicteur* ; c'est pourquoi on y fait nommer un curateur.

De même, lorsque le tuteur a des intérêts à discuter avec son mineur, il ne le peut faire valablement sans un légitime *contradicteur* qui veille aux intérêts du mineur : c'est pour cet effet que l'on nomme un subrogé tuteur qui assiste à l'inventaire. Les mineurs peuvent demander continuation de communauté, si leur père ou mère survivant ne fait faire inventaire avec personne capable & légitime *contradicteur*.

Les procureurs généraux sont légitimes *contradicteurs* dans les affaires qui intéressent l'église & le domaine.

CONTRADICTION, s. f. (*Droit civil, criminel & féodal.*) c'est l'action de contredire un avis, une opinion, une chose quelconque.

En matière civile, la *contradiction*, entre plusieurs dispositions d'un même arrêt, donne ouverture à la requête civile, ainsi qu'il est expressément porté par l'ordonnance de 1667, tit. 35, art. 34. Cette règle est sagement établie, parce que les arrêts étant des jugemens souverains, doivent s'expliquer d'une manière claire, précise, & ne donner aucun lieu aux subterfuges de la chicane & de la mauvaise foi. Ils doivent être uniformes dans leurs décisions, & toutes leurs dispositions doivent être concordantes sans qu'elles se choquent, comme le dit Bornier, & qu'elles forment une espèce de guerre civile dans les registres. *Voyez* CONTRARIÉTÉ.

En matière criminelle, la *contradiction* dans les réponses de l'accusé, relatives à des faits importans, qui sont d'ailleurs constatés par la procédure, forme contre lui une preuve presque aussi concluante, que la reconnoissance de ces mêmes faits.

En matière féodale, la possession précédée de *contradiction*, a la vertu d'anéantir les droits les plus imprescriptibles. Il n'en est aucun qui lui survive. Les corvées, les bannalités, les servitudes, telles qu'elles soient, le cens même, tout disparoît après une possession de cette espèce. Cette décision réunit les suffrages les plus respectables.

« Si la possession du seigneur, dit Salvaing, est » intervertie par le refus du vassal, il n'est pas de » doute qu'il suffit de trente ans pour prescrire con-

Mm

» tre, parce que dès-lors le vaſſal a commencé de
» poſſéder *nomine ſuo non alieno*, & ce déſaveu
» étant une interverſion du droit du ſeigneur, il
» acquiert au vaſſal la poſſeſſion de la liberté, à
» quoi ſe trouvent conformes les docteurs du Droit
» françois & coutumier ». *Uſage des fiefs, ch. 15.*

« Il eſt hors de doute, dit Dunod, que le cens
» en directe, quoiqu'impreſcriptible par la ſeule
» ceſſation de paiement & défaut de reconnoiſ-
» ſance, peut être preſcrit après une *contradiction*
» capable d'intervertir la poſſeſſion du ſeigneur ».
Des preſcrip. 3, chap. 10.

Dans le chapitre ſuivant, le même auteur s'occupe de la main-morte, de tous les droits ſeigneuriaux les plus impreſcriptibles, & il dit : « il faut
» cependant excepter le cas auquel le main-mor-
» table ſe ſeroit mis en poſſeſſion de la liberté par
» un acte de *contradiction*, *ſciente & patiente domino*;
» car il pourroit preſcrire en ce cas ». M. le préſident Bouhier penſe de même. « Un ſujet ne ſau-
» roit, parmi nous, s'affranchir d'aucun droit ſei-
» gneurial par la voie de la preſcription, s'il n'y
» a quelque jugement ou preſcription de trente ans
» au moins, précédée de *contradiction* ». *Sur la
coutume de Bourgogne, chap. 45.*

Initium præſcriptionis, dit d'Argentré, *non fit à
ſimplici ſolutionis ceſſatione. Sed ab eo die quo vaſ-
ſallus petente domino debitum negaverit ; ſi dominus
non interceſſit, & ita vaſſallo in poſſeſſione libertatis
conſtituto ſecuta ſit præſcriptio decennalis ex titulo, aut
quindecennalis noſtra, aut appropriamentum.* Sur l'art.
281 de la coutume de Bretagne, n°. 3.

On trouve dans les auteurs ſuivans, la même
déciſion conçue dans les mêmes termes : Boerius,
ſur la coutume de Bourges, *tit. de preſcrip.* §. 4,
verbo item. Buridan, ſur l'art. 212 de Vermandois,
&c.

« Suppoſons, dit Henrys, *tom.* 2, *liv. III, queſt.*
» 2, que le vaſſal déſavoue le ſeigneur ; c'eſt,
» ſans doute, que par cette *contradiction* le vaſſal
» peut preſcrire ».

Coquille, *coutume de Nivernois, titre des fiefs,
art.* 13, accorde la même efficacité à la *contradiction* : « quand il y a *contradiction* du vaſſal, dit cet
» auteur, après laquelle il eſt demeuré trente ans
» ſans être inquiété, la preſcription ordinaire de
» trente ans, eſt ſans difficulté ». Telle eſt encore
la déciſion de Struvius, feudiſte allemand, très-
connu; il s'exprime ainſi en parlant du cenſitaire :
De feudis, chap. 5, *ſi poſſeſſionem dominii directi in-
terverterit, & in poſſeſſione libertatis per 30 annos fuerit dominium directum erit præſcriptum.*

La Peirère nous atteſte que telle eſt également
la juriſprudence du parlement de Bordeaux : il décide, *déciſ. ſomm. lett.* P. n°. 55, « que le droit
» ſeigneurial ne ſe preſcrit point contre le ſeigneur
» par le vaſſal, non pas même par cent ans, s'il
» n'y a *contradiction*; auquel cas ſuffit les 30 ans.
» La juriſprudence de notre reſſort eſt conforme à
» cette déciſion ».

Cette opinion, ſi univerſelle, n'eſt pas, comme
tant d'autres, fondée uniquement ſur l'autorité des
juriſconſultés; elle eſt conſacrée par la diſpoſition
expreſſe de pluſieurs coutumes. « Le contrediſant
» ſeigneur ou vaſſal reſpectivement, preſcrivent par
» l'eſpace de trente ans, à compter du jour de la
» *contradiction* tolérée ». *Coutume de Nivernois, tit.
des fiefs, art.* 14, « après laquelle *contradiction* la
» preſcription commence ». *Bourbonnois, chap.* 3,
art. 29.

Cette déciſion, dans les principes, nous paroît
devoir être admiſe, non-ſeulement dans les coutumes allodiales, mais dans les provinces aſſujetties
à la règle, *nulle terre ſans ſeigneur.* Pour s'en convaincre, il ne faut que ſe rappeller les motifs ſur
leſquels eſt établie l'impreſcriptibilité de la directe
& des droits qui en dérivent.

Le premier motif de l'impreſcriptibilité de la directe, dans les coutumes cenſuelles, eſt que le
propriétaire eſt toujours cenſé poſſéder conformément à la loi du territoire. Cette impreſcriptibilité
eſt encore fondée ſur un autre principe. Tout le
monde connoît la diſtinction du domaine direct &
du domaine utile; ce dernier ſeul appartient au
vaſſal; le premier eſt reſté dans les mains du ſeigneur; ce domaine eſt un droit incorporel, facul-
tatif, & par un privilège particulier aux droits de
cette eſpèce, celui qui en eſt propriétaire les conſerve
ſolo animo poſſidendi. Ainſi, un ſeigneur une fois
en poſſeſſion d'une directe, continue de la poſſéder
ſolo animo, quand même il ne feroit aucun uſage
des facultés qui en dérivent. Mais ſi le tenancier
annonce qu'il poſſède & qu'il continuera de poſſéder allodialement, alors il n'eſt plus poſſible de lui
ſuppoſer une intention conforme au vœu de la
loi; une déclaration auſſi préciſe détruit toute préſomption contraire : de même s'il déclare formellement au ſeigneur, qu'il méconnoît ſa directe,
qu'il tient & entend tenir dans ſa main, & le domaine direct & le domaine utile de ſes héritages,
il eſt pareillement impoſſible que le ſeigneur ſe
prévale contre lui de la poſſeſſion intellectuelle dont
on vient de parler. Or, la *contradiction* opère ce
double effet; elle intervertit la poſſeſſion du ſeigneur, elle détermine le caractère de la poſſeſſion
du vaſſal. La *contradiction* habilite donc le cenſitaire
à preſcrire la libération de la directe, même dans
les coutumes cenſuelles.

On peut donc regarder comme une maxime reconnue, que la *contradiction* a l'efficacité d'habiliter
le cenſitaire à preſcrire les droits ſeigneuriaux &
même le cens. Mais ſuffit-il que cette dénégation
ſoit faite par un acte extrajudiciaire ? ou bien eſt-
il néceſſaire qu'elle ſoit faite en jugement?

Oui, répond Catelan, « la dénégation de la
» mouvance néceſſaire pour l'interverſion de la
» poſſeſſion, & pour la preſcription de la liberté,
» doit être expreſſe & faite en jugement ou dans
» le procès intenté ». *Recueil d'arrêts, liv. III, ch.* 30.

M. de la Roche penſe de même, *traité des droits*

seigneuriaux, chap. 20, art. premier, « jamais, dit-
» il, emphytéote ne preſcrit la directe contre ſon
» ſeigneur foncier, ſauf au cas qu'il y eût interver-
» ſion de poſſeſſion ; ſavoir, quand après avoir
» l'emphytéote, formellement dénié & conteſté en
» juſtice, au ſeigneur, le fonds demandé n'être
» point mouvant de ſa directe, & qu'après le ſeigneur
» eſt ſi négligent que de laiſſer jouir paiſiblement
» & franchement l'emphytéote ; ſans lui rien deman-
» der par l'eſpace de trente ans, auquel cas la preſ-
» cription a lieu, & ne pourra, après, le ſeigneur
» lui rien demander.

Nous penſons, comme ces auteurs, qu'il faut
que la contradiction ſoit faite en jugement ; un acte
extrajudiciaire ne ſuffiroit pas. Il y a malheureuſement trop de moyens de dérober la connoiſſance
de ces ſortes d'actes, à ceux auxquels on veut les
oppoſer. (Article de M. Henrion, avocat au parlement.)

CONTRADICTOIRE, adj. (Juriſpr.) ſe dit
de ce qui eſt fait en préſence des parties intéreſſées. Un inventaire, un procès-verbal de viſite, un
rapport d'experts ſont contradictoires, lorſque toutes
les parties y ſont préſentes, ou du moins qu'il y
a quelqu'un qui ſtipule pour elles. Un jugement eſt
contradictoire, lorſqu'il eſt prononcé en préſence de
la partie, ou de ſon avocat ou de ſon procureur,
qui ſe ſont préſentés pour défendre la cauſe. Les
actes faits par défaut ſont oppoſés aux actes contradictoires. Voyez DÉFAUT. (A)

CONTRAIGNABLE, adj. (Juriſpr.) ſe dit de
celui qui peut être forcé par quelque voie de droit
à donner ou faire quelque choſe. L'obligé peut être
contraignable par différentes voies ; ſavoir, par ſaiſie & exécution de ſes meubles, par ſaiſie-réelle
de ſes immeubles, même par corps, c'eſt-à-dire
par empriſonnement de ſa perſonne, ce qui dépend
de la qualité du titre & de l'obligé. Les femmes ne
ſont point contraignables par corps, ſi ce n'eſt qu'elles
ſoient marchandes publiques, ou pour ſtellionat
procédant de leur fait. Quand on dit qu'un obligé
eſt contraignable par les voies de droit, on entend
par-là toutes les contraintes qui peuvent être exercées contre lui. Voyez ci-après CONTRAINTE. (A)

CONTRAINTE, ſ. f. (Juriſprudence) eſt un
terme de pratique, dont on ſe ſert pour exprimer
les différentes voies permiſes que l'on prend pour
forcer quelqu'un de faire ce à quoi il eſt obligé ou
condamné.

Les commandemens, les ſaiſies & arrêts, ſaiſie-
exécution, & vente de meubles, ſaiſies-réelles &
adjudication par décret, l'empriſonnement du débiteur, qu'on appelle contrainte par corps, ſont autant de contraintes différentes dont on peut uſer
contre l'obligé : mais il n'eſt pas toujours permis
d'en uſer indifféremment ni de les cumuler toutes ;
par exemple on ne peut pas ſaiſir-exécuter, ni ſaiſir
réellement ou empriſonner, que l'on n'ait fait un
commandement préalable pour mettre l'obligé en
demeure. Si le débiteur eſt mineur, il faut diſcuter

ſes meubles avant de ſaiſir réellement ſes immeubles ; & l'on ne peut prendre la voie de la ſaiſie
réelle, que pour une dette qui ſoit au moins de
200 livres. Enfin, la contrainte par corps n'a lieu
qu'en certains cas & contre certaines perſonnes, ainſi
qu'on l'expliquera ci après ; du reſte, lorſqu'on a
droit d'uſer de pluſieurs contraintes, on peut les
cumuler toutes, c'eſt-à-dire que pour une même
dette on peut tout à la fois ſaiſir & arrêter, ſaiſir-
exécuter, ſaiſir réellement, & même empriſonner
ſi le titre emporte la contrainte par corps.

On entend auſſi par contrainte, le titre même qui
autoriſe à uſer de contrainte, tel qu'un jugement ou
ordonnance qui permet de ſaiſir, de vendre, ou
empriſonner.

Enfin, on appelle encore plus particuliérement
contraintes, des mandemens ou commiſſions décernées par certains officiers publics, auxquels ce pouvoir eſt attribué par le roi chacun dans leur diſ-
trict, tels que les fermiers, receveurs & autres
prépoſés au recouvrement des deniers royaux, &
les receveurs des conſignations, leſquels décernent
des contraintes contre ceux qui ſont redevables de
quelques droits ; les commiſſaires aux ſaiſies-réelles
en décernent auſſi contre les fermiers judiciaires
pour le prix de leurs baux, & celles-là emportent
la contrainte par corps, parce que les fermiers judiciaires ſont conſidérés comme dépoſitaires de
deniers de juſtice.

Pour décerner ces ſortes de contraintes, il faut
avoir ſerment à juſtice.

Les officiers qui n'ont point de juriſdiction, ne
peuvent faire exécuter leurs contraintes, ſi elles ne
ſont viſées d'un juge ; par exemple, les élus vi-
ſent celles que les receveurs des aides décernent
contre les redevables, ce qui doit être fait ſans
frais de la part de ces officiers. S'ils refuſent de
les viſer, il ſuffit de leur faire une ſommation
préalable, & enſuite de les ſignifier au greffe de
l'élection. Pluſieurs arrêts de la cour des aides
enjoignent aux mêmes officiers de viſer les contraintes dans le moment où elles leur ſont préſentées, & leur défendent de les retenir plus que le
temps néceſſaire pour les préparer, à peine des
dommages & intérêts du fermier, même d'interdiction.

Les contraintes viſées s'exécutent par proviſion,
nonobſtant toute oppoſition & ſans y préjudicier.
Les oppoſitions doivent ſe juger à l'audience, ſur
la première aſſignation, ſans délai ni remiſe, ou
tout au plus ſur un vu de pièces, ſans épices.

Le fermier, en vertu des contraintes, peut faire
ſaiſir les meubles des redevables, & les laiſſer en
leur garde, à la charge de les repréſenter lorſqu'il
ſera ordonné par juſtice, à quoi même ils peuvent être contraints par corps, comme dépoſitaires
de bien de juſtice. Il peut également faire ſaiſir
entre les mains de leurs débiteurs, les deniers
qui leur ſont dus. Mais il ne peut procéder à la
ſaiſie de leurs immeubles, qu'en vertu d'une ſen-

tence de l'élection, ou d'un arrêt de la cour des aides.

Les *contraintes* décernées par les commis du fermier, relativement aux droits de contrôle, d'amende, de centième-denier, de franc-fief, de vente des bois, de domaine, &c. doivent être visées par les intendans, ou les tréforiers de France, chacun en ce qui les concerne, avant d'être mifes à exécution. Elles font conservatoires des droits, & ne font sujettes ni à la péremption, ni à la preícription. *Voye*\z SAISIE.

CONTRAINTES *par corps*, fe prend, tantôt pour le jugement, ordonnance ou commiffion qui permet au créancier de faire emprisonner fon débiteur en matière civile, tantôt pour le droit que le créancier a d'ufer de cette voie contre fon débiteur, tantôt enfin pour l'arrêt & emprisonnement qui eſt fait en conféquence de la personne du débiteur.

Il n'étoit pas permis chez les Egyptiens de s'obliger par corps; Boccoris en avoit fait une loi, & Séfoſtris l'avoit renouvellée.

Les Grecs au contraire, permettoient d'abord l'obligation & la *contrainte par corps*; c'eſt pourquoi Diodore dit qu'ils étoient blâmables, tandis qu'ils défendoient de prendre en gage les armes & la charrue d'un homme, de permettre de prendre l'homme même; aufli Solon ordonna-t-il à Athènes qu'on n'obligeroit plus le corps pour dettes, loi qu'il tira de celles d'Egypte.

La *contrainte par corps* avoit lieu chez les Romains contre ceux qui s'y étoient foumis ou qui y étoient condamnés, pour ſtellionat ou dol : mais fi le débiteur faiſoit ceffion, on ne pouvoit plus l'emprisonner; on ne pouvoit pas non plus arrêter les femmes pour dettes civiles, même pour deniers du fiſc.

En France, autrefois il étoit permis de ſtipuler la *contrainte par corps*, dans toutes fortes d'actes; elle avoit lieu de plein droit pour dettes fiſcales, & il y avoit aufli certains cas où elle pouvoit être prononcée par le juge, quoiqu'elle n'eût pas été ſtipulée.

L'édit du mois de février 1535, concernant la conſervation de Lyon, ordonne que les fentences de ce tribunal feront exécutées par prife de *corps* & de biens, dans tout le royaume, fans *vifa* ni *pareatis*, ce qui s'obſerve encore de même préfentement.

Charles IX, en établiffant la jurifdiction conſulaire de Paris, par fon édit de 1563, ordonna que les fentences des conſuls, proviſoires ou définitives, qui n'excéderont la fomme de 500 liv. tournois, feront exécutées par corps.

La *contrainte par corps* n'avoit point encore lieu pour l'exécution des autres condamnations; mais, par l'ordonnance de Moulins, *art.* 48, il fut dit que pour faire ceffer les fubterfuges, délais & tergiverfations des débiteurs, tous jugemens & condamnations de fommes pécuniaires, pour quelque chofe que ce fût, feroient promptement exécutés par toutes *contraintes* & cumulations d'icelles, jufqu'à l'entier paiement & fatisfaction; que fi les condamnés n'y fatisfaiſoient pas dans les quatre mois après la condamnation à eux fignifiée à personne ou domicile, ils pourroient être pris au corps & tenus prisonniers jufqu'à la ceffion & abandonnement de leurs biens, & que fi le débiteur ne pouvoit pas être pris ou que le créancier le demandât, il feroit procédé par le juge pour la contumace du condamné, au doublement & tiercement des fommes adjugées.

Les prêtres ne pouvoient cependant être *contraints par corps* en vertu de cette ordonnance, ainſi que cela fut déclaré par l'*art.* 57 de l'ordonnance de Blois.

L'uſage des *contraintes par corps* après les quatre mois, qui avoit été établi par l'ordonnance de Moulins, a été abrogé pour les dettes purement civiles, par l'ordonnance de 1667, *tit.* 34, *art.* 1, qui défend aux cours & à tous juges de les ordonner, à peine de nullité, & à tous huiffiers & fergens de les exécuter, à peine de dépens, dommages & intérêts.

La *contrainte par corps* peut néanmoins, fuivant l'*art.* 2 *du même tit.* être ordonnée après les quatre mois, pour dépens adjugés, s'ils montent à 200 liv. ou au-deffus; ce qui a lieu pareillement pour la reſtitution des fruits & pour les dommages & intérêts au-deffus de 200 liv. on excepte néanmoins de la rigueur de la loi, quelques personnes. Une femme, par exemple, ne peut pas ufer de la *contrainte par corps*, pour les dépens qu'on lui a adjugés contre fon mari.

Les tuteurs & curateurs peuvent aufli être *contraints par corps* après les quatre mois, pour les fommes par eux dues à cauſe de leur adminiſtration, lorfqu'il y a fentence, jugement ou arrêt définitif, & que la fomme eſt liquide & certaine.

En matière criminelle, la *contrainte par corps* peut être exercée dans le même cas, tant pour dépens que pour dommages & intérêts, quoiqu'ils foient au-deffous de 200 liv. à l'exception néanmoins du parlement de Bretagne, ainſi qu'il paroît par un arrêt du 13 mai 1718, rapporté par Devolant. Cet arrêt réforme un exécutoire de dépens, montant à cent cinquante-fix liv. en ce qu'il avoit ordonné la *contrainte par corps*, & fait défenses aux juges criminels de l'ordonner dans les exécutoires au-deffous de deux cens livres.

Pour obtenir la *contrainte par corps* après les quatre mois, dans les cas exprimés en l'*art.* 2 de l'ordonnance, le créancier doit faire fignifier le jugement à la personne ou domicile de la partie, avec commandement de payer, & déclaration qu'il y fera *contraint par corps* après les quatre mois.

Les quatre mois paffés, à compter du jour de la fignification, le créancier lève au greffe un jugement portant que dans la quinzaine la partie fera *contrainte par corps*, & il le fait fignifier; au moyen de quoi, la quinzaine étant expirée, la *contrainte par corps* peut être exécutée sans autres procédures.

Il faut seulement observer que toutes les significations dont on a parlé, soient faites avec toutes les formaltés ordonnées pour les ajournemens.

Si le débiteur appelle de la sentence ou s'oppose à l'exécution de l'arrêt ou jugement portant condamnation par corps, la *contrainte* doit être sursise jusqu'à ce que l'appel ou l'opposition aient été jugés; mais si avant la signification de l'appel ou opposition, les huissiers ou sergens s'étoient saisis de la personne du condamné, il ne seroit point sursis à la *contrainte*.

Les poursuites & *contraintes par corps* n'empêchent pas les saisies, exécutions & ventes des biens de ceux qui sont condamnés.

Les juges même supérieurs ne peuvent prononcer aucune condamnation par corps en matière civile, si ce n'est en cas de réintegrande, pour délaisser un héritage en exécution d'un jugement, pour stellionat, dépôt nécessaire, consignation faite par ordonnance de justice ou entre les mains de personnes publiques, représentation de biens par les sequestres, commissaires ou gardiens, lettres-de-change, quand il y a remise de place en place, billets de change, dettes entre marchands pour fait de la marchandise dont ils se mêlent, même pour dettes qu'un marchand contracte relativement à son commerce envers des particuliers qui ne sont pas marchands. Il en est de même de celui qui n'étant pas marchand par état, fait un commerce momentané de quelques marchandises, il est soumis pour cet objet à la *contrainte par corps*.

L'ordonnance de 1667, en défendant de passer à l'avenir aucuns jugemens, obligations, ou autres conventions portant *contrainte par corps* contre les sujets du roi, à tous greffiers, notaires & tabellions de les recevoir, & à tous huissiers & sergens de les exécuter, encore que les actes aient été passés hors le royaume, à peine de tous dépens, dommages & intérêts, déclare ne point déroger au privilège des deniers royaux, ni à celui des foires, ports, étapes, marchés & des villes d'arrêt. Elle permet aussi aux propriétaires des terres & héritages situés à la campagne, de stipuler par les baux les *contraintes par corps*.

Les femmes & filles ne peuvent s'obliger ni être *contraintes par corps*, à moins qu'elles ne soient marchandes publiques, ou pour cause de stellionat provenant de leur fait. *Voyez* STELLIONAT.

L'édit du mois de juillet 1680, explique en quel cas les femmes & les filles peuvent être emprisonnées pour stellionat procédant de leur fait, savoir, lorsqu'elles sont libres & hors la puissance de leurs maris, ou qu'étant mariées, elles se sont réservées par leur contrat de mariage l'administration de leurs biens, ou qu'elles sont séparées de biens d'avec leurs maris; sans que les femmes qui se seroient obligées conjointement avec leurs maris, avec lesquels elles sont en communauté de biens,

puissent être réputées personnellement stellionataires, mais qu'elles seront solidairement sujettes au paiement des dettes pour lesquelles elles se feront obligées avec leurs maris par saisie & vente de leurs biens propres, acquêts ou conquêts, mais qu'elles ne pourront être *contraintes par corps*.

Au parlement de Toulouse, on n'ordonne point la *contrainte par corps* contre une femme marchande publique, à moins qu'il n'y ait du dol, l'ordonnance de 1667 ayant seulement dit que les femmes pourront, en ce cas, être *contraintes par corps*. On suit dans ce parlement, la disposition du droit & celle de l'ordonnance de 1629, qui déchargent les femmes de la *contrainte par corps* pour dettes civiles.

Les septuagénaires ne peuvent être emprisonnés pour dettes purement civiles, si ce n'est pour stellionat, pour recelé & pour dépens en matière criminelle, & que les condamnations soient par corps; le privilège de la conservation de Lyon l'emporte néanmoins sur celui des septuagénaires.

Tous dépositaires de justice sont contraignables par corps, à la représentation des effets dont ils sont chargés: néanmoins, par arrêt du conseil & lettres-patentes des 25 janvier & 23 août 1737, registrés en la cour des monnoies & au grand-conseil, les 3 & 10 septembre 1737, il a été fait défenses à tous juges de prononcer aucunes condamnations par corps contre les maîtres & gardes des six corps des marchands de la ville de Paris, pour la représentation & restitution des marchandises qui auront été saisies dans le cours de leurs visites, & à tous huissiers & autres personnes de les y contraindre; la raison est sans doute qu'ils ne sont point personnellement dépositaires des effets saisis.

Les billets d'une communauté n'assujettissent pas non plus à la *contrainte par corps*, ceux qui les ont signés au nom de la communauté.

La *contrainte par corps* n'a pas lieu non plus entre associés, à cause de l'espèce de fraternité que la société forme entre les associés, ce qui a lieu même pour les fermes du roi, à moins que l'un des associés n'eût fait des avances au roi pour les autres, suivant la déclaration du 13 juin 1705.

La *contrainte par corps* pour dettes civiles ne peut être mise à exécution les dimanches & fêtes, à moins que, dans des cas urgens, les juges n'aient accordé la permission d'arrêter le débiteur ces jours-là. Un arrêt de réglement du 19 décembre 1702, avoit défendu de prendre le débiteur dans sa maison; mais un édit du mois de novembre 1772 a créé pour Paris dix places d'officiers-gardes du commerce, auxquels il attribue le pouvoir exclusif de mettre à exécution dans Paris & dans la banlieue, les *contraintes par corps* pour dettes civiles, prononcées par arrêts ou jugemens des cours ou autres tribunaux, & leur permet de les mettre à exécution dans l'intérieur des maisons, tous les jours & à toutes heures, à l'exception des fêtes & dimanches.

Pour se servir du ministère des officiers-gardes du

commerce , les arrêts ou jugemens portant *contraintes par corps*, doivent être fignifiés par les huiffiers commis par ces mêmes arrêts ou fentences , à peine de nullité de la fignification. L'officier-garde , à qui on a remis cette fignification , doit porter une marque diftinctive en forme de baguette , la faire apparoître au débiteur , & lui enjoindre , de la part du roi , de le fuivre dans l'une des prifons de Paris. Les refufans doivent être pourfuivis, à la requête du miniftere public , comme coupables de rébellion à juftice. Ces officiers peuvent mettre à exécution les *contraintes par corps* , dans les maifons royales & autres lieux privilégiés , en requérant les gouverneurs ou autres premiers officiers de ces lieux , de faire expulfer le débiteur , ou de leur permettre que la *contrainte par corps* y foit exercée. Ils font auffi autorifés à arrêter les débiteurs la nuit dans leurs maifons ; mais il faut qu'ils fe faffent affifter d'un commiffaire. *Voyez* AGE (*exemptions*) , ARRÊT (*villes d'*) , ITÉRATO.

CONTRAINTE *folidaire*, eft ou le mandement pour exécuter folidairement contre chacun de plufieurs débiteurs , ou l'exécution même qui eft faite folidairement contre l'un d'eux. Les receveurs des tailles ne peuvent décerner de *contrainte folidaire* contre aucun des habitans, pour le paiement de la taille , fi ce n'eft en cas de rébellion des habitans , ou qu'ils euffent négligé d'élire les affeeurs & collecteurs, ou que ceux qu'ils auroient nommés fe trouveroient infolvables, ce qui doit être jugé préalablement par les élus ; & afin qu'il n'y ait point d'abus dans l'exécution de ces *contraintes*, les principaux de la paroiffe, qui doivent être *contraints* folidairement pour la communauté, doivent être nommés par noms, furnoms & qualités, dans les *contraintes* des receveurs & ordonnances des élus. *Voyez* le réglement pour les tailles , du mois de janvier 1634, art. 55. (*A*)

CONTRAIRE, (*Jurifpr.*) il y a *action contraire* & *faits contraires*.

Action contraire, en droit, étoit oppofée à l'action directe ; elle avoit lieu dans tous les contrats fynallagmatiques , tels que le louage , la vente , &c. Par exemple , dans le contrat de location , celui qui donnoit quelque chofe à loyer , avoit une action directe contre le preneur, pour être payé du prix de la location ; & l'action contraire étoit donnée au preneur, pour obliger le bailleur de le faire jouir de la chofe à lui donnée à loyer. *Voyez inftit. lib. 3 , tit. 25 , in princip.* Il y avoit auffi une action *contraire* en matière de tutele ; *voyez* au *ff. de contrariâ tutelæ actione*.

Etre contraire en faits, c'eft lorfqu'une partie allègue que les chofes fe font paffées d'une façon , & que l'autre partie allègue que les chofes fe font paffées autrement.

Faits contraires, font des faits oppofés les uns aux autres, comme lorfqu'une partie foutient qu'elle a poffédé l'héritage contentieux , & que l'autre partie prétend auffi l'avoir poffédé.

Etre appointé en faits contraires, c'eft lorfque les parties font appointées à faire preuve refpective de leurs faits. *Voyez* ENQUÊTE , FAITS , PREUVE. (*A*)

CONTRARIÉTÉ, f. f. (*Jurifpr.*) *appointement de contrariété*, c'eft lorfque les parties fe trouvant contraires en fait, elles font appointées à faire preuve refpectivement de leurs faits.

CONTRARIÉTÉ *d'arrêts*, eft un moyen & une voie de droit pour fe pourvoir au grand-confeil contre un arrêt, lorfqu'il s'en trouve un précédent rendu dans un autre tribunal entre les mêmes parties , pour raifon du même fait, dont les difpofitions font contraires en tout ou partie au premier arrêt.

La connoiffance des *contrariétés d'arrêts* a été attribuée au grand-confeil, par édit du mois de feptembre 1552, & confirmée par l'ordonnance de 1667 , tit. 25 , art. 34.

La forme en laquelle on y procède eft que fur la requête qui lui eft préfentée, s'il trouve qu'il y ait une *contrariété* apparente, il accorde une commiffion pour affigner les parties. Cette commiffion furfeoit l'exécution des deux arrêts ; & fi par l'événement, le grand-confeil juge qu'il y a de la *contrariété* entre les deux arrêts , c'eft toujours le dernier qu'il caffe , & il ordonne l'exécution du précédent. Si au contraire , il n'y a pas de *contrariété*, le demandeur peut être condamné à des dommages & intérêts envers la partie adverfe, & même à une amende.

Lorfque deux arrêts rendus dans une même cour, mais en deux chambres différentes, fe trouvent contraires, on fe pourvoit au grand-confeil, comme s'ils étoient émanés de deux cours différentes. Mais fi l'on prétend qu'il y a *contrariété* entre un arrêt d'une cour fouveraine & un arrêt du grand-confeil, il faut fe pourvoir au confeil du roi. Il en eft de même lorfque la *contrariété* fe trouve entre un arrêt d'une cour & un arrêt du confeil du roi, ou un jugement émané foit des commiffaires du confeil, foit des maîtres des requêtes de l'hôtel.

La *contrariété* entre deux arrêts rendus par les juges d'une même chambre, donne ouverture à la requête civile.

CONTRAT, f. m. (*Jurifprud.*) eft une efpèce de convention que prefque tous les peuples ont revêtue de certaines formalités. Ainfi, pour favoir ce que c'eft qu'un *contrat*, il eft néceffaire de connoître ce que c'eft qu'une convention.

Une convention ou un pacte, car ces deux mots font fynonymes, eft le confentement de deux ou plufieurs perfonnes, foit pour former entre elles quelque engagement, foit pour en réfoudre un précédent, foit pour le modifier : *duorum vel plurium in idem placitum confenfus. l. 1, §. 1, ff. de pact.*

L'efpèce de convention qui a pour objet de former quelque engagement, eft celle qu'on appelle *contrat*. Dans l'état de nature , l'exécution des *contrats* dépendoit de la bonne-foi seule des parties, mais à mesure que les sociétés se sont formées & augmentées, la loi civile a enveloppé les *contrats* de plusieurs formalités extérieures, afin d'en constater l'existence & les clauses, d'empêcher qu'il ne fussent révoqués & de réprimer la mauvaise foi, qui auroit voulu en éluder l'effet.

Les premières nations, que l'histoire nous fait connoître, n'avoient sûrement pas d'autre manière de contracter, que celle qu'on trouve encore en usage parmi les peuples sauvages. On se rend dans le lieu le plus fréquenté, on traite, on conclut, on somme les passans de se souvenir de ce qu'ils ont vu & entendu, & d'en rendre témoignage au besoin.

C'est ainsi qu'en usoient les Juifs dans les premiers siècles. Les *contrats* se passoient devant des témoins & publiquement à la porte des villes, qui étoit le lieu où se rendoit la justice. L'écriture en fournit plusieurs exemples, entre autres celui d'Abraham, qui acquit une pièce de terre dans le territoire de Chanaan, en présence de tous ceux qui entroient dans la ville d'Hebron. L'histoire de Ruth fait mention de quelque chose de semblable. Moyse n'avoit ordonné l'écriture que pour l'acte de divorce. Il y avoit cependant des *contrats* que l'on rédigeoit par écrit, & la forme de ceux-ci y est marquée dans le *contrat* de vente dont il est parlé au *chap. 32 de Jérem. v. 10.* « J'achetai de Hanaméel, fils de mon » oncle, dit ce prophète, le champ qui est situé à » Anathoth, & je lui donnai l'argent au poids sept » sicles & dix pièces d'argent; j'en écrivis le *con-* » *trat* & le cachetai en présence des témoins, & » lui pesai l'argent dans la balance, & je pris le » *contrat* de l'acquisition cacheté, avec ses clauses, » selon les ordonnances de la loi, & les sceaux » qu'on avoit mis au-dehors, & je donnai ce *con-* » *trat* d'acquisition à Baruch, fils de Neri, fils de » Massias, en présence d'Hanaméel mon cousin- » germain, & des témoins dont les noms étoient » écrits dans le *contrat* d'acquisition ».

Vatable, sur ce passage, dit qu'il fut fait deux actes : l'un, qui fut plié & cacheté; l'autre, qui demeura ouvert; que dans le premier, qui tenoit lieu de minute ou original, outre le nom de la chose vendue & le prix, on inféra les conditions de la vente & le temps du rachat ou réméré; que pour les tenir secrètes & éviter toute fraude, on cacheta cet acte d'un sceau public; & qu'après qu'il fut cacheté, les parties & les témoins signèrent au dos; qu'à l'égard de l'autre double, on le présenta ouvert aux témoins, qui le signèrent aussi avec les contractans, comme on avoit coutume de faire en pareille occasion.

Vatable ajoute qu'en justice on n'avoit égard qu'au *contrat* cacheté; que les contractans écrivoient eux-mêmes le *contrat* & le signoient avec les témoins; qu'on se servoit pourtant quelquefois d'écrivains ou tabellions publics, suivant ce passage, *lingua mea calamus scribæ velociter scribentis.*

Les Grecs qui empruntèrent leurs principales loix des Egyptiens, & peut-être des Hébreux, en usoient aussi à-peu-près de même pour leurs *contrats ;* les Athéniens les passoient devant des personnes publiques, que l'on appelloit, comme à Rome, *argentarii.* Ces actes, par écrit, avoient leur exécution parée, & l'on n'admettoit point de preuve au contraire.

Les Romains qui empruntèrent aussi beaucoup de choses des Grecs, passoient leurs *contrats* devant des argentiers, qui étoient des espèces de banquiers auxquels on donnoit encore différens autres noms, tels que *nummularii, coactores,* &c.

Leurs *contrats* étoient d'abord écrits en notes par les notaires, qui étoient ordinairement des esclaves publics, ou bien par les clercs des tabellions. Cette première rédaction n'étoit point authentique, & les *contrats* n'étoient point obligatoires ni parfaits qu'ils n'eussent été transcrits en lettres & mis au net par un tabellion, ce qu'on appelloit mettre un *contrat in purum seu in mundum,* c'étoit proprement la grosse du *contrat.* Tant que cette seconde rédaction n'étoit pas faite, il étoit permis aux contractans de se départir du *contrat.*

Quand l'acte étoit mis au net, les contractans le souscrivoient, non pas de leur nom, comme on fait aujourd'hui, mais en écrivant ou faisant écrire au bas de la grosse qu'ils approuvoient le *contrat,* & en mettant leur sceau ou cachet à la suite de cette souscription.

Le tabellion devoit écrire le *contrat* tout au long; mais il n'étoit pas nécessaire qu'il le souscrivît non plus que les témoins, il suffisoit de faire mention de leur présence.

En France, les minutes des notaires sont les véritables *contrats,* les grosses & expéditions n'en sont que des copies.

Avant l'ordonnance d'Orléans, on étoit obligé d'écrire les *contrats* jusqu'à trois fois. Les tabellions les écrivoient d'abord en plumitif ou minute, ce qui avoit assez de rapport aux notes que faisoient les notaires de Rome; ils les transcrivoient ensuite dans leurs registres reliés, qui devoient être écrits tout de suite, c'est-à-dire, sans aucun blanc & à mesure que les actes étoient passés, ce que l'ordonnance de 1535 appelle *écrire tout d'un dactyle,* terme qui, en le prenant à la lettre, voudroit dire *tout d'une main,* mais on entendoit seulement par-là écrire tout de suite; enfin les tabellions écrivoient les *contrats* en grosse pour les délivrer aux parties.

Présentement les notaires ou tabellions ne sont plus obligés de tenir de registre des *contrats ;* ils les reçoivent seulement en minute ou brevet, selon qu'il plaît aux parties & que les actes le demandent; & sur la minute, ou brevet déposé pour minute, ils en délivrent des expéditions ou copies, tant en papier qu'en parchemin, suivant que les parties le demandent.

La première expédition d'un *contrat* qui est en forme exécutoire, s'appelle *grosse ;* on la délivre ordinairement en parchemin; il y a néanmoins des pays où on ne les fait qu'en papier. Il y a des expéditions ou copies tirées sur la minute, d'autres qui sont seulement collationnées sur une précédente expédition. Les premières sont les plus authentiques.

Les principes du droit romain, sur les différentes espèces de pactes ou conventions, & sur la distinction des *contrats* & des simples pactes, n'étant pas fondés sur le droit naturel & étant très-éloignés de sa simplicité, ne sont pas admis dans notre droit; c'est par cette raison que nous ne rapporterons pas ici toutes les subtilités & les formalités dont il est fait mention au titre du digeste *de pactis*.

Nous ne dirons pas avec les loix romaines & leurs interprètes, qu'un *contrat* est une convention à laquelle le droit civil donne un nom ou une cause; mais nous définirons le *contrat* avec Pothier : une convention par laquelle les deux parties réciproquement, ou seulement l'une des deux, promettent & s'engagent envers l'autre à lui donner quelque chose, ou à faire ou à ne pas faire quelque chose.

Nous disons *promettent & s'engagent*, car il n'y a que les promesses que nous faisons avec l'intention de nous engager, & d'accorder à celui à qui nous les faisons, le droit de nous contraindre à les accomplir, qui forment un *contrat*. Car il y a effectivement des promesses que nous faisons de bonne-foi, & avec la volonté actuelle de les accomplir, mais sans intention d'accorder à celui à qui nous les faisons, le droit de nous contraindre à les exécuter; or, ces promesses ne sont pas de véritables engagemens, des *contrats* proprement dits. Ce sont des obligations imparfaites que le droit naturel nous oblige d'accomplir, pourvu qu'il ne soit survenu aucune cause, qui, si elle eût été prévue, en eût empêché l'effet; mais elles ne donnent à celui à qui elles ont été faites aucun moyen pour contraindre celui qui a promis; telle est, par exemple, la promesse qu'un père fait à son fils de lui donner une somme d'argent, s'il remplit ses devoirs avec exactitude pendant un certain temps.

Tout *contrat* renferme, suivant la définition que nous en avons donnée, le concours des volontés de deux personnes, dont l'une promet quelque chose à l'autre, & la seconde accepte la promesse qui lui est faite. De-là il suit qu'un *contrat* diffère essentiellement de la pollicitation, qui n'est qu'une promesse, non encore acceptée par celui à qui elle est faite. *Pollicitatio est solius offerentis promissio, l. 3, ff. de pollic.*

Dans le droit naturel, la pollicitation ne produit aucune obligation proprement dite, & celui qui l'a faite peut s'en dédire tant qu'elle n'a pas été acceptée par celui à qui elle est offerte, parce qu'il ne peut y avoir d'obligation, sans un droit acquis à la personne à qui elle est faite, contre la personne obligée.

Les loix romaines avoient rendu la pollicitation obligatoire dans deux cas : 1°. lorsqu'elle avoit été faite en vertu d'une juste cause; 2°. lorsqu'on avoit

commencé à la mettre à exécution, *l. 1, §. 1 & 2, ff. de pollic.* Mais parmi nous la pollicitation ne peut produire aucun effet civil, sur-tout depuis l'ordonnance de 1731, qui ne reconnoît, *art. 3*, que deux manières de disposer de ses biens à titre gratuit, la donation entre-vifs & le testament.

On distingue dans les *contrats* trois différentes choses, les unes sont de son essence, les autres tiennent seulement à sa nature, les dernières y sont purement accidentelles.

Les choses qui sont de l'essence du *contrat* sont différentes, suivant les diverses espèces de *contrats*, par exemple, dans la vente il est de l'essence du *contrat*, qu'il y ait une chose vendue, & un prix pour lequel elle est vendue : dans les *contrats* de prêt, de mandat & de dépôt, qu'ils soient gratuits, &c. Dans tous les *contrats* il est absolument nécessaire que le consentement des parties y intervienne.

C'est une règle presque générale que le défaut de l'une des choses, qui sont de l'essence du *contrat*, empêche qu'il n'y ait réellement de *contrat*, & par conséquent d'obligation. Néanmoins il arrive quelquefois que l'effet de cette absence d'une chose essentielle, fait seulement changer le *contrat* apparent en une autre espèce. Par exemple, dans la vente, si je vous achète un cheval pour des livres, il n'y a réellement point de *contrat* de vente, puisqu'il est de son essence qu'il y ait un prix en argent, mais la convention n'est pas nulle; elle change d'espèce & rentre dans le *contrat* d'échange; de même si le mandataire ou le dépositaire exigent un salaire pour leurs peines, le *contrat* du mandat ou du dépôt ne subsiste plus, mais il devient *contrat* de louage.

Les choses qui sont seulement de la nature du *contrat* sont celles qui, sans être de l'essence du *contrat*, en font néanmoins partie, quoique les contractans ne s'en soient pas expliqués, parce qu'il est de la nature du *contrat* qu'elles y soient renfermées & sous-entendues. Ces choses tiennent un milieu entre celles qui sont de l'essence du *contrat* & celles qui y sont accidentelles : elles diffèrent des unes & des autres.

Elles diffèrent des premières, en ce que le *contrat* peut subsister sans elles, qu'elles peuvent même en être exclues par la convention des parties. Elles diffèrent des secondes, en ce qu'elles font partie du *contrat*, sans avoir été expressément convenues. C'est ce qui s'éclaircira par des exemples.

Dans le *contrat* de vente, l'obligation de garantie, que le vendeur contracte envers l'acheteur, est de la nature du *contrat* de vente, & par cette raison, il n'est pas nécessaire que les parties l'aient exprimée nommément dans le *contrat*; mais comme elle n'est pas de son essence, & qu'il peut subsister sans elle, on peut convenir que le vendeur ne sera pas tenu de la garantie. On peut apporter une infinité d'autres exemples sur les différentes espèces de *contrats*, ainsi que nous le faisons remarquer sous chacun de leurs noms propres.

Les

Les chofes accidentelles au *contrat*, font celles qui, n'étant pas de la nature du *contrat*, n'y font renfermées que par les claufes particulières qu'on y ajoute. Par exemple, le terme accordé pour le paiement de la chofe ou de la fomme due, la facilité de payer en plufieurs parties, celle de payer quelque autre chofe à fa place, de payer en d'autres mains que celles du créancier, & autres femblables, font des chofes accidentelles aux *contrats*, qui n'en font partie que parce qu'elles y ont été ajoutées par des conventions particulières.

Divifions des contrats. Nous ne nous arrêterons pas à donner celles que contient le droit romain, qui divife les *contrats* en *contrats* du droit des gens, & du droit civil, en *contrats* nommés & innommés, en *contrats* de bonne-foi & de droit étroit. Nous ne fommes pas afservis à ces fubtilités, & ces divifions font inutiles parmi nous.

Tous les *contrats* y font en même temps de droit étroit & de bonne-foi; il n'eft pas permis de s'écarter du fens qu'ils préfentent, à moins qu'il ne choque la raifon. Ici la juftice. Nous les divifons, 1°. en *contrats* fynallagmatiques ou bilatéraux, & en *contrats* uni-latéraux.

Les fynallagmatiques ou bilatéraux, font ceux par lefquels chacun des contractans s'engage envers l'autre. Tels font ceux de vente, de louage, &c.

Les uni-latéraux font ceux par lefquels il n'y a que l'un des contractans qui s'engage envers l'autre, comme dans le prêt de confomption, qu'on appelle en droit *mutuum.*

On diftingue dans les *contrats* fynallagmatiques ceux qui le font parfaitement, d'avec ceux qui le font moins parfaitement. On doit ranger dans la première efpèce ceux dans lefquels l'obligation de chacun des contractans eft également principale. Dans la vente, par exemple, l'obligation du vendeur de livrer la chofe vendue, & celle de l'acheteur d'en payer le prix, font deux obligations également principales, & rendent ce *contrat* parfaitement fynallagmatique.

Dans les *contrats* qui font moins parfaitement fynallagmatiques, il n'y a qu'une des parties qui contracte une obligation principale, l'autre ne contracte, pour-ainfi dire, qu'une obligation incidente. Tels font les *contrats* de mandat, de dépôt, de prêt à ufage, de nantiffement. Dans ceux-ci l'obligation du mandataire de rendre compte de fa commiffion, du dépofitaire de rendre le dépôt qu'on lui a confié, de l'emprunteur ou du créancier de rendre ce qu'on leur a prêté ou donné en nantiffement, font les feules obligations principales de ces *contrats.*

De-là eft née la différence des actions que le droit accorde à chacun des contractans, pour contraindre le refufant à l'exécution du *contrat.* Dans les *contrats* parfaitement fynallagmatiques, chacun des contractans a une action directe contre l'autre: dans ceux qui le font moins parfaitement, l'action qui naît de l'obligation principale, s'appelle *action directe*, & on donne le nom d'*indirecte* ou de *con-*

traire, à celle qui naît des obligations incidentes.

2°. Les *contrats* fe divifent en *contrats* confenfuels & *contrats* réels. On appelle *confenfuels* ceux qui fe forment par le feul confentement des parties, tels que ceux de vente, de louage, &c. & réels ceux dans lefquels, outre le confentement des parties, il eft néceffaire qu'intervienne la tradition de la chofe qui fait l'objet de la convention: de ce nombre font les *contrats* de prêt, de dépôt, de nantiffement.

Dans les *contrats* confenfuels, la rédaction de l'acte par écrit, même par un inftrument authentique dreffé par un notaire, n'ajoute aucune force à l'obligation, le feul confentement donné par les parties lui donne fa perfection. Cependant, fi les contractans avoient fait dépendre l'exécution du *contrat* de l'obligation d'en paffer acte, il feroit libre à chacun d'eux de s'en dédire, jufqu'au moment où l'acte en feroit reçu par un notaire. C'eft la décifion de la loi 17, *C. de fid. inftrum.*

3°. On divife les *contrats* en *contrats* intéreffés de part & d'autre, en *contrats* de bienfaifance & *contrats* mixtes.

Les *contrats* intéreffés de part & d'autre, font ceux qui fe font pour l'utilité & l'intérêt réciproque des contractans, tels font ceux de vente, d'échange, de fociété, de conftitution de rente, &c.

Ceux de bienfaifance font ceux qui ne fe font que pour l'utilité d'une des parties, tels que le prêt à ufage & de confomption, le dépôt, le mandat.

Les *contrats* mixtes font ceux par lefquels une des parties, en accordant un bienfait à l'autre, en exige quelque chofe qui eft au-deffous de la valeur qu'elle lui donne. Telles font les donations faites fous quelque charge impofée au donataire.

Les *contrats* intéreffés fe fubdivifent en *contrats* commutatifs & *contrats* aléatoires. Dans les commutatifs, chacune des parties donne & reçoit l'équivalent, ainfi que dans la vente, le louage, &c. On les diftribue en quatre claffes: *do ut des, do ut facias, facio ut facias, facio ut des.* Dans les *contrats* aléatoires, l'un des contractans, fans rien donner de fa part, reçoit quelque chofe de l'autre, non par libéralité, mais comme le prix du rifque qu'il a couru. Tels font les jeux, les gageures, les *contrats* d'affurance & de groffe aventure.

4°. On divife les *contrats* en ceux qui font affujettis, par le droit civil, à certaines règles & à certaines formes, & ceux qui fe règlent par le pur droit naturel. Ceux qui parmi nous font affujettis à une certaine forme, font les *contrats* de mariage, de donation, de lettre-de-change, de conftitution de rente, tous les autres ne font aftreints par la loi civile, à aucune forme arbitraire, il fuffit que dans leurs claufes ils ne contiennent rien de contraire aux loix & aux bonnes mœurs, & fi nos loix ordonnent que ceux dont l'objet excède la fomme de cent livres, foient rédigés par écrit, c'eft moins pour la fubftance du *contrat*, que pour régler la manière dont les conventions peuvent être prouvées, dans le cas où on difconviendroit qu'elles

fussent intervenues. L'écrit même est si peu nécessaire pour la validité d'un *contrat*, que souvent on
défère le serment décisoire à celui qui nie l'existence d'une convention.

On trouvera, sous le nom propre de chaque *contrat*, les règles particulières qui concernent chacun
d'eux en particulier ; c'est pourquoi nous allons nous
borner à donner les principes généraux sur les vices qui peuvent se rencontrer dans les *contrats*, sur
les personnes qui peuvent contracter, sur l'objet,
l'effet & l'interprétation des *contrats*.

Des vices des contrats. Les vices ordinaires, qui
se rencontrent dans les *contrats*, sont l'erreur, la
violence, le dol, la lésion, le défaut de cause
dans l'engagement, le défaut de lien.

I. L'erreur est le plus grand vice des conventions,
car elles ne sont formées que par le consentement des parties, & il ne peut y avoir de consentement, lorsque les parties ont erré sur l'objet
de leur convention. *Non videntur qui errant consentire*,
l. 116, §. 2, ff. de R. j. l. 57, ff. de oblig. & action.
L'erreur annulle la convention, non-seulement
lorsqu'elle tombe sur la chose même, mais lorsqu'elle
tombe sur la qualité de la chose que les contractans ont eu principalement en vue, & qui fait la
substance de la chose. C'est ce qui disent les jurisconsultes Julien & Ulpien dans les loix *14 & 41*,
§. 1, ff. de oblig. & action. Il en est autrement lorsque l'erreur ne tombe que sur une qualité accidentelle de la chose, parce qu'il suffit que les parties
n'aient pas erré sur ce qui fait l'objet du *contrat*.

L'erreur sur la personne avec laquelle on contracte, détruit-elle le consentement & annulle-t-
elle le *contrat* ? Pothier répond qu'il faut distinguer,
& décide que toutes les fois que la considération de
la personne, entre pour quelque chose dans le
contrat, l'erreur sur elle détruit le consentement,
& rend ce *contrat* nul ; qu'au contraire si la considération de la personne n'a influé en rien sur le
contrat, qu'on auroit également consenti vis-à-vis
d'un autre, le *contrat* est valable.

On demande encore, si l'erreur, dans le motif,
peut annuller le *contrat* ? Malgré l'avis de Puffendorf, *liv. 3, chap. 6, n. 7*, il faut décider, avec
Barbeirac & Pothier, que cette espèce d'erreur ne
donne aucune atteinte au *contrat*. En effet, si la
fausseté du motif d'un legs n'en empêche pas la
validité, de même & à plus forte raison doit-on
décider à l'égard des *contrats* que l'erreur dans le
motif, qui a porté l'une des parties à contracter,
ne peut influer sur la convention, parce qu'il y a
beaucoup moins lieu de présumer que les contractans aient voulu faire dépendre leur convention de
la vérité de ce motif, comme d'une condition : par
la raison que les conventions doivent s'interpréter
suivant le sens & la signification des mots, avec
lesquels elles sont exprimées, que les conditions
ne peuvent y être apposées que de la volonté des
deux parties, & qu'on doit les y suppléer bien
plus difficilement que dans les legs.

II. Le consentement qui est de l'essence de tous
les *contrats*, doit être entierement libre, ensorte que,
s'il est extorqué par violence, le *contrat* est vicieux.
Il n'en est pas de-même de la violence que de
l'erreur : cette derniere rend le *contrat* absolument
nul, la premiere, au contraire, l'infecte seulement
d'un vice, qui peut le faire annuller, parce que,
comme le remarque très-bien la glosse, *ad leg. 21, §. 5,
ff. quod met. cau.* le consentement arraché par force
est toujours une espèce de consentement, *volontas
coacta est voluntas* : & si, depuis que la violence
a cessé, le contractant qui l'a éprouvée ratifie le *contrat* expressément ou tacitement, en laissant écouler
le temps de la restitution, que les loix ont fixé à
dix ans, le vice du *contrat* se trouve purgé.

Au reste, toute espèce de violence ne rend pas
le *contrat* vicieux. Il faut, suivant les loix romaines, dont on doit adopter les principes pleins de
sagesse, que la violence soit capable de faire impression sur une ame courageuse, qu'elle contienne
la menace d'un grand mal, soit en la personne du
contractant, soit en celle de ses enfans, ou de quelqu'un de ses proches, & que le mal dont on est menacé soit imminent, car si les menaces sont vagues
& pour l'avenir, le *contrat* doit subsister, quoique
néanmoins l'auteur de pareilles menaces ne doive
pas rester impuni. Il faut enfin que la violence soit
injuste, *contra bonos mores*. Les voies de droit ne
peuvent jamais passer pour telles ; c'est pourquoi
un débiteur ne seroit pas reçu à se plaindre que
son créancier l'eût menacé d'exercer contre lui la
contrainte par corps, ni même qu'il auroit contracté
avec lui en prison.

On ne met pas au rang des violences injustes,
la crainte de déplaire à un père, à une mère ou
autres personnes à qui on doit des égards. On peut
consulter, sur que nous disons de la violence, les
titres du digeste & du code *quod metûs causâ.*

III. Le dol, dont on donne le nom à toute espèce d'artifice dont quelqu'un se sert pour tromper
un autre, ne rend pas absolument & essentiellement nul un *contrat* ; parce qu'un consentement,
quoique surpris, n'en est pas moins un consentement. Mais le *contrat* est vicieux, & la partie qui
a été surprise peut, dans les dix ans, en prenant
des lettres de rescision, le faire rescinder.

Mais on ne peut obtenir cette rescision, que
lorsque le dol a donné lieu au *contrat*, c'est-à-dire
lorsque l'une des parties a engagé, par dol, l'autre
partie à contracter, qui, sans ce dol, ne l'auroit pas
fait. Tout autre dol, intervenu dans le *contrat*, donne
seulement lieu à des dommages & intérêts, pour
la réparation du tort qu'on a causé à la partie
trompée.

Il est aussi nécessaire que le dol ait été commis
par la personne avec laquelle j'ai contracté, ou du
moins qu'elle en ait été participante. Car s'il a été
commis sans sa participation, & que d'ailleurs je
n'aie pas souffert une lésion énorme, mon engagement est valable, & j'ai seulement action contre

le tiers qui m'a trompé, pour mes dommages & intérêts.

IV. La léfion que fouffre l'un des contractans, quand même l'autre n'auroit recours à aucun artifice pour le tromper, eft feule fuffifante pour rendre un *contrat* vicieux. Car l'équité ne permet pas que l'égalité foit bleffée dans les conventions, & que l'une des parties donne plus qu'elle ne reçoit. Il y a d'ailleurs de l'imperfection dans le confentement de la partie léfée, qui n'a voulu donner ce qu'elle a effectivement donné par le *contrat*, que dans la fauffe fuppofition, que ce qu'elle recevoit à la place étoit un équivalent de ce qu'elle donnoit.

Toute léfion oblige, dans le for intérieur, à fuppléer le jufte prix; mais dans le for extérieur, elle ne donne lieu à la refcifion du *contrat* entre majeurs, que lorfqu'elle eft énorme, ce qui a été fagement établi par les loix, pour la fûreté & la liberté du commerce.

Dans les *contrats* intéreffés de part & d'autre, on appelle *léfion énorme* celle qui excede la moitié du jufte prix, elle donne lieu de prononcer la reftitution, fi mieux n'aime l'autre partie fuppléer le jufte prix, lorfqu'il eft demandé dans les dix ans de la date du *contrat*. Dans les partages entre co-héritiers ou co-propriétaires, on y exige plus d'égalité, & on y regarde comme léfion énorme celle qui excede le quart du jufte prix.

Suivant l'édit du mois d'avril 1560, il n'y a pas lieu à la reftitution pour caufe de léfion, dans les tranfactions fur procès mû ou prêt à mouvoir, parce que par la nature même de ces actes, les contractans ont intention d'éviter un procès, même aux dépens de ce qui leur appartient.

On n'admet guere non plus la reftitution pour caufe de léfion dans les *contrats* de vente de chofes, dont le prix eft extrêmement incertain, à caufe des rifques qu'elles renferment. Tels font les *contrats* de vente de droits fucceffifs, les ventes à rente viagere, les affurances, &c. ni même lorfque ce qui excede le prix intrinfeque de la chofe, eft le prix de l'affection.

Les *contrats* qui n'ont pour objet que des chofes mobiliaires, ne font pas auffi fujets à refcifion pour caufe de léfion, quelle qu'elle foit; la coutume d'Orléans, *article 446*, en a une difpofition expreffe. La raifon de cette jurifprudence eft fondée, foit fur ce que nos peres faifoient confifter la richeffe dans les biens fonds & eftimoient peu les meubles, foit plutôt fur le fréquent commerce des chofes mobiliaires, qui en peu de temps fe fait paffer en plufieurs mains, & qui feroit troublé fi on admettoit la reftitution pour caufe de léfion à l'égard des meubles. C'eft auffi par la raifon que les fruits des héritages font regardés comme des meubles, qu'on n'accorde pas la reftitution pour caufe de léfion, contre les baux à ferme ou à loyer.

Les mineurs font admis à la reftitution des engagemens qu'ils ont pris, non-feulement pour caufe d'une léfion énorme, mais encore pour quelque léfion que ce foit, & même dans les cas où nous avons dit que les majeurs n'y étoient pas admis. Mais s'ils font émancipés, ainfi que les majeurs, ils ne font pas reçus à fe faire reftituer pour l'aliénation ou l'acquifition des chofes mobiliaires. L'ordonnance de 1539, *article 134*, leur permet de demander cette reftitution jufqu'à l'âge de trente-cinq ans accomplis.

V. Tout engagement doit avoir une caufe honnête. Dans les *contrats* intéreffés, la caufe de l'engagement de l'une des parties, eft ce que l'autre s'oblige de donner ou de faire. Dans les *contrats* de bienfaifance, la libéralité que l'une des parties veut exercer envers l'autre, eft une caufe fuffifante de l'engagement qu'elle contracte. Mais lorfqu'il n'y a pas de caufe, ou, ce qui eft la même chofe, lorfque la caufe eft fauffe, le *contrat* eft nul; & même fi l'obligation qui en réfulte avoit été accomplie, j'aurois une action pour me faire rendre ce que j'aurois donné. *Voyez le titre ff. de condict. fine caufâ.*

Il en eft de même, fi la caufe du *contrat* bleffe la juftice, la bonne-foi ou les bonnes mœurs. Il faut néanmoins diftinguer, fi la caufe bleffe feulement la juftice de la part de la partie qui y ftipule, ou de la part des deux. Dans le premier cas, il y a lieu à la répétition de ce qui a été donné en exécution de la convention : dans le fecond, la demande en reftitution ne feroit pas admife, parce que celui qui la demande s'eft rendu indigne du fecours des loix. *Voyez le titre ff. de condic. ob turpem caufam.*

Une promeffe a-t-elle une caufe licite, lorfqu'elle eft faite à quelqu'un pour qu'il donne ou faffe une chofe qu'il étoit déjà obligé de donner ou de faire? Puffendorf diftingue, avec raifon, entre les obligations parfaites ou imparfaites; lorfqu'elle eft imparfaite, la promeffe a une caufe licite & eft obligatoire. Si, au contraire, l'obligation étoit parfaite, la promeffe eft illicite & nulle, fi elle a été exigée par le débiteur, mais elle eft valable fi je l'ai faite volontairement, parce que c'eft une libéralité que j'ai voulu exercer envers lui.

VI. Il eft de l'effence des *contrats* de produire, dans la perfonne qui a fait une promeffe, une obligation qui la force à s'en acquitter. Si donc on fuppofe que, par le même acte, l'un des contractans s'oblige à donner une chofe, & fe réferve l'entiere liberté de la faire ou de ne la pas faire, ce *contrat* contient une véritable contradiction, & doit être abfolument nul par le défaut de lien. Mais il ne faut pas étendre cette difpofition aux conditions poteftatives en la perfonne de celui qui promet, parce qu'il n'eft pas entiérement en fon pouvoir de ne pas exécuter la convention, puifque, pour s'en difpenfer, il faut qu'il s'abftienne de faire ou de ne pas faire ce qui eft porté par la condition.

Des perfonnes capables de contracter. Un premier principe à cet égard confifte en ce que le confentement étant de l'effence de tout *contrat*, il faut, par conféquent, pour contracter, être capable de confentir,

& avoir l'ufage de raifon. Ainfi, ni les enfans, ni les fous, ni les infenfés, pendant la durée de leur folie, ne peuvent contracter par eux-mêmes, mais feulement par le miniftère de leurs tuteurs & curateurs.

Les corps & communautés, les hôpitaux & fabriques peuvent également contracter par le miniftère de leurs fyndics ou adminiftrateurs, parce que ces corporations, autorifées par les loix, font réputées perfonnes civiles.

Il fuit encore de notre principe, que l'ivreffe portée au point de faire perdre la raifon, rend la perfonne qui eft en cet état, incapable de confentir & de contracter.

Les incapacités dont nous venons de parler, réfultent en même temps de la loi civile & naturelle; mais il en eft qui naiffent de la loi civile feulement: telle eft, 1°. dans le pays coutumier, celle des femmes, fans l'autorifation de leurs maris, & celle des interdits pour caufe de prodigalité.

L'incapacité des femmes, en puiffance de mari, eft telle qu'elles ne peuvent ni s'obliger, ni obliger les autres envers elles, pas même, fuivant l'ordonnance de 1731, *article 9*, accepter une donation. Les interdits, au contraire, pour caufe de prodigalité, ainfi que les mineurs, peuvent, fans l'autorité de leurs tuteurs ou curateurs, obliger les autres envers eux, quoiqu'ils ne puiffent eux-mêmes s'obliger.

De l'objet des contrats. Ils ont pour objet, ou des chofes que l'une des parties contractantes ftipule qu'on lui donnera, & que l'autre partie promet de lui donner, ou quelque fait que l'une ftipule que l'on fera ou qu'on ne fera pas, & que l'autre promet de faire ou de ne pas faire.

Nous traiterons, fous le mot OBLIGATION, les chofes ou les faits qu'il eft permis ou défendu de promettre de donner ou de faire. Nous nous bornerons ici à expofer le principe général fur l'objet des contrats.

Ce principe confifte en ce qu'il n'y a que ce que l'une des parties contractantes ftipule pour elle-même, & que ce que l'autre partie promet pour elle-même, qui puiffe être l'objet d'un contrat. *nec pacifcendo, nec legem dicendo, nec ftipulando, quifquam alteri cavere poteft. l. 73, §. ult. de R. j.* ou comme s'explique la loi 83, *ff. de verb. oblig. alius pro alio promittens daturum facturumve, non obligatur, nam de fe quemque promittere oportet.*

La raifon en eft fenfible; 1°. lorfque je ftipule quelque chofe en faveur d'un tiers, fans pouvoir de fa part, & fans me faire fort pour lui, il eft évident que la convention eft nulle, puifqu'on ne contracte aucune obligation ni envers ce tiers, ni envers moi. Il n'y a point d'obligation vis-à-vis le tiers, puifque les conventions ne peuvent avoir d'effet qu'entre les parties contractantes: il n'y en a point vis-à-vis de moi, parce que n'ayant aucun intérêt qui puiffe être appréciable en argent, il ne peut réfulter en ma faveur aucuns dommages &

intérêts du défaut d'accompliffement de votre promeffe. Or, comme nous l'avons déjà dit, il n'y a rien de plus contradictoire qu'une convention qui laiffe le pouvoir d'y contrevenir impunément.

2°. Il eft également évident qu'on ne peut promettre que pour foi; car, lorfque j'ai promis qu'un autre vous donneroit ou feroit quelque chofe, fans me faire fort de lui, fans rien promettre de ma part, cette convention ne peut obliger ni ce tiers ni moi: le tiers, parce qu'il n'eft pas en mon pouvoir d'obliger un autre fans fon fait: je ne fuis pas de même obligé, puifqu'on fuppofe que j'ai promis pour un autre & non pour moi, d'où il fuit que je n'ai pas entendu m'engager.

Il eft cependant quelques efpèces dans lefquelles on peut ftipuler ou promettre valablement pour un autre; mais alors, quoique la convention faffe mention d'un autre, nous ftipulons ou promettons effectivement pour nous.

1°. Ce n'eft pas ftipuler pour un autre que d'inférer dans un *contrat* la claufe que la chofe ou la fomme que je ftipule fera délivrée ou payée à un tiers, que je défigne. En effet, la créance ne réfide pas dans la perfonne de ce tiers, mais dans la mienne, & lorfqu'il reçoit, il ne le fait que de ma part & en mon nom. Il fe forme alors entre lui & moi, ou un *contrat* de mandat, fi mon intention étoit qu'il m'en rendît compte, ou une donation, fi j'avois deffein de lui donner la chofe.

2°. Il en eft de même lorfque je ftipule qu'on donnera ou fera quelque chofe à un tiers, fi j'ai un intérêt perfonnel & appréciable en argent, que la chofe foit ainfi, dans le cas par exemple où je ferois moi-même obligé envers lui pour la même chofe. Tel feroit le marché par lequel je conviendrois avec un entrepreneur, de conftruire la maifon de Paul, que je m'étois engagé à bâtir.

3°. C'eft ftipuler, ou promettre pour foi & non pour autrui, lorfque nous ftipulons ou promettons pour nos héritiers, puifqu'ils font en quelque façon la continuation de nous-mêmes, fuivant cet axiome de droit, *hæres perfonam defuncti fuftinet.* Nous fommes ordinairement cenfés ftipuler ou promettre pour eux, quoique cela ne foit pas exprimé, *qui pacifcitur, fibi, hæredique fuo pafcifci intelligitur.* Mais il faut que nous contractions pour nos héritiers en tant que nos héritiers; car fi nous contractons pour une telle perfonne, la ftipulation ne feroit pas valable, quand bien même par la fuite cette perfonne deviendroit notre héritier.

Ce que nous difons des ftipulations faites en faveur des héritiers, ne doit pas s'entendre de celles qui contiennent un fait perfonnel à celui envers qui l'obligation eft contractée. Il doit également fe reftreindre à la part pour laquelle chacun d'eux eft héritier, à moins qu'il ne s'agiffe d'une obligation indivifible, qu'on peut ftipuler nommément pour un tel héritier, parce que rien n'empêche qu'il ne fuccède pour le total, à la créance qui réfulte de cette obligation, puifque par fa nature, n'étant pas susceptible de parties, chacun des héritiers avoit droit d'y succéder pour le total.

4°. Ce que nous stipulons par rapport aux choses qui nous appartiennent, nous pouvons valablement le stipuler pour nous & nos héritiers, & pour tous nos successeurs, à titre singulier dans cette chose, & c'est ce qu'on entend par le terme d'*ayant cause*, usité dans les *contrats*. Nous sommes même censé l'avoir fait, quoique cela ne soit point exprimé, soit que la convention soit conçue *in rem*, comme lorsqu'il est dit dans une transaction, que vous vous engagez de ne jamais faire valoir les prétentions que vous pourriez avoir sur un tel héritage, soit qu'elle soit conçue *in personam*, comme lorsqu'il est dit que vous vous engagez de ne jamais faire valoir vos prétentions contre moi. Dans l'un & l'autre cas je suis censé avoir stipulé pour tous mes successeurs, même à titre singulier, même à titre de donation. *L.* 17, §. 5, *ff. de pact.* Mais si j'avois stipulé pour mes héritiers seulement, je ne serois pas censé avoir étendu ma stipulation à mes autres successeurs, à titre singulier, car l'expression, *de mes héritiers*, les exclut.

Quoiqu'il soit vrai de dire qu'on ne peut stipuler utilement pour un tiers, on peut néanmoins le faire par forme de condition ou de mode; ainsi, par exemple, je peux stipuler que si vous ne donnez pas telle chose à la personne que je vous désigne, vous me paierez une somme de trois cens livres, ou si je vous aliène ma chose à la charge que vous en donnerez une autre, ou une somme d'argent à Titius, le *contrat* est valable, parce que, dans le premier cas, j'ai intérêt d'avoir l'argent que vous vous êtes obligé de me payer si vous n'accomplissez pas la condition apposée à notre convention, & dans le second, parce que j'ai pu imposer les charges que je jugeois à propos à l'aliénation que je vous ai faite.

Cependant, en s'attachant aux termes précis des loix romaines, il ne résulteroit pas, en faveur du tiers, qui n'étoit pas partie dans le *contrat*, un engagement, une obligation proprement dite; aussi les jurisconsultes ne lui donnoient pas une action directe. Mais, comme l'équité naturelle ne permet pas qu'une personne retienne une chose qui lui a été donnée, sans accomplir les charges & les conditions sous lesquelles elle lui a été donnée, & auxquelles elle s'est soumise, ils accordoient au tiers une action utile, qui avoit pour fondement la justice & l'équité, & dont le but étoit de lui faire obtenir ce qu'il ne pouvoit demander suivant la subtilité du droit.

Tout ce que nous avons dit jusqu'à présent de l'impuissance où nous étions de stipuler & de promettre pour autres que pour nous-mêmes, doit s'entendre dans le sens seulement où nous contractons en notre nom. Mais rien n'empêche que nous ne puissions prêter notre ministère, à une autre personne, pour contracter, stipuler & promettre pour elle; car en ce cas ce n'est pas nous

proprement qui contractons, mais cette personne qui contracte par notre ministère.

Par cette raison, un tuteur peut stipuler & promettre pour son mineur, dans tous les *contrats* qui concernent l'administration de la tutèle, parce que le mineur est censé contracter, stipuler & promettre par le ministère de son tuteur; la loi donnant un caractère au tuteur, qui fait réputer le fait du tuteur, pour le fait du mineur.

Il faut dire la même chose d'un curateur, & de tout autre administrateur légitime, ainsi que d'un fondé de procuration; car la procuration fait regarder celui qui l'a donnée, comme contractant par le ministère de son procureur. Il en est de même de celui qui a contracté pour un autre sans procuration, dès l'instant que celui pour lequel on a contracté, a ratifié; car la ratification équipolle à procuration : *ratihabitio mandato æquiparatur.*

Nous contractons encore valablement, par le ministère d'un autre, quoiqu'il contracte lui-même en son nom, lorsqu'il le fait pour des affaires auxquelles nous l'avons préposé; car par cela même nous sommes censés avoir approuvé d'avance tous les *contrats* qu'il feroit pour nos affaires, comme si nous avions contracté nous-mêmes. C'est le fondement des actions exercitoires & institoires.

Par la même raison, nous contractons valablement, par le ministère de nos associés, lorsqu'ils contractent ou sont censés contracter pour les affaires de la société.

De l'effet des contrats. Leur effet principal est de produire une obligation. *Voyez* OBLIGATION. Mais, en outre, il est de principe qu'ils n'ont d'effet qu'à l'égard des choses qui font l'objet de la convention, & seulement entre les parties contractantes. *L.* 27, §. 4, *ff. de pact.*

1°. On ne peut révoquer en doute qu'un *contrat*, n'étant formé que par la volonté des parties, il ne peut avoir d'effet que sur ce qu'elles ont voulu & ont eu en vue : ainsi la clause d'un *contrat* de mariage, par laquelle l'un des contractans se réserve propre le surplus des biens qui constituent sa dot, & qu'il ne fait pas entrer en communauté, n'en exclut pas le mobilier des successions qui lui écherront pendant la durée de son mariage, parce qu'elle n'a pour but que d'en exclure le surplus des biens qu'il possédoit au moment de son mariage.

2°. Il est également évident qu'un *contrat* formé par la volonté des parties, ne peut, ni obliger un tiers, ni lui accorder aucun droit, puisque sa volonté n'a pas concouru à établir la convention. C'est pourquoi la loi 25, *C. de pact.* déclare que la convention par laquelle l'un des cohéritiers se charge seul de l'acquit d'une dette de la succession, ne peut empêcher le créancier de l'exiger des autres cohéritiers, chacun pour la part pour laquelle ils sont héritiers.

Ce qui s'observe dans les *contrats* d'atermoiement, paroît opposé au principe que nous venons de poser. Les termes & les remises accordés au débiteur par les trois quarts des créanciers en fommes, font valablement oppofés aux créanciers qui n'ont pas été parties au *contrat*, & le débiteur peut les faire affigner, pour le déclarer commun avec eux.

Cette oppofition n'eft qu'apparente. En effet, ce n'eft pas la convention du plus grand nombre des créanciers, qui oblige par elle-même ceux qui n'ont pas été parties au *contrat*, mais elle indique au juge que l'intérêt commun des créanciers, eft que le *contrat* d'atermoiement foit exécuté, parce qu'il eft préfumable que c'eft pour leur propre avantage qu'ils ont accordé des termes & des remifes, & qu'il n'eft pas jufte que la rigueur de quelques-uns d'entre eux, nuife à l'intérêt commun de tous.

Mais il y a une véritable exception à notre principe : 1°. à l'égard des cautions : 2°. à l'égard des fubftitutions. *Voyez* CAUTION, SUBSTITUTION.

Règles générales pour l'interprétation des contrats.

1°. Dans les *contrats* on doit avoir plus d'égard à l'intention des parties, qu'au fens grammatical des termes. Par exemple, vous m'écrivez que vous acheterez ma maifon toute meublée, j'exprime mon confentement par une réponfe, & nous convenons de prix : l'acte que nous paffons porte la vente de la maifon *telle qu'elle fe comporte* : cette expreffion doit, fuivant l'intention des parties, s'entendre également des meubles. *L. 219, ff. de ver. fig.*

2°. Toute claufe ambiguë doit s'entendre plutôt dans le fens où elle doit avoir quelque effet, que dans celui où elle ne pourroit en avoir aucun. Par exemple, il eft convenu entre Pierre & Paul, *que Pierre pafferoit fur fes héritages* : le mot *héritage*, doit s'entendre de ceux de Paul; car il n'étoit pas befoin de convention pour autorifer Pierre à paffer fur fes propres héritages. *L. 80, ff. de verb. oblig.*

3°. Lorfqu'une claufe eft fufceptible de deux fens, on doit l'entendre dans celui qui convient le plus à la nature du *contrat*. Il eft dit, dans le bail d'un héritage, fait pour neuf ans, que vous me paierez la fomme de trois cens livres; fera-ce une fomme de trois cens livres une fois payée, ou une pareille fomme annuelle? Cette claufe s'interprétera d'une fomme annuelle, parce que la nature du *contrat* de louage confifte dans une ferme annuelle.

4°. Les chofes douteufes s'interprètent par l'ufage du pays, *L. 34, ff. de R. j.* Ainfi, dans le marché fait en général, avec un vigneron, pour la culture de ma vigne, nous fommes cenfés être convenus qu'il donneroit le nombre de labours qu'on a coutume de donner dans le pays.

5°. Les chofes d'ufage n'ont pas befoin d'être exprimées, fuivant cet axiome de droit : *in contractibus tacitè veniunt ea quæ funt moris & confuetudinis.*

6°. Une claufe obfcure s'interprète par les autres claufes de l'acte qui la précèdent ou qui la fuivent. La loi *126, ff. de verb. fig.* en fournit des exemples. Les contrariétés apparentes doivent fe lever par des conjectures, qui fe tirent ordinairement

de l'intention des parties, de l'enfemble des difpofitions, ou des termes de l'acte, de la nature de la convention, des fuites qui réfulteroient des divers fens, parmi lefquels on doit préférer ceux qui s'accordent avec les vues & l'intérêt des parties, ou avec le bien public.

7°. Dans le doute, une claufe doit toujours s'interpréter contre celui qui a ftipulé, & à la décharge de celui qui a contracté l'obligation. Le créancier doit s'imputer de ne s'être pas mieux expliqué. *L. 38, §. 18, & 99, ff. de verb. fign.*

8°. Quelque généraux que foient les termes d'une convention, ils n'ont jamais rapport qu'aux objets fur lefquels les parties fe font propofé de contracter, & non fur ceux auxquels elles n'ont pas penfé. Ainfi, en tranfigeant avec vous fur certains droits, quoiqu'on infère dans l'acte une claufe générale par laquelle je vous tiens quitté de tout, je ne préjudicie en rien à d'autres droits que je peux avoir contre vous, & dont je n'avois pas encore connoiffance. *L. 3, §. 1, l. 9, §. ult. l. 12, ff. de tranf.*

9°. La convention faite fur une univerfalité de chofes, comprend toutes celles qui la compofent, même celles dont les parties n'avoient pas connoiffance. Ainfi, la vente d'une fucceffion s'étend à tout ce qui en dépend, à moins que mon cohéritier ne m'ait caché plufieurs chofes; car dans ce cas il y a de fa part un dol, qui donne lieu à revenir contre fa convention. *L. 29, C. de tranfaci.*

10°. L'expreffion d'un cas, afin de lever tout doute, s'il vient à arriver, ne reftreint point une claufe à l'étendue de ce cas feulement, elle doit également s'entendre de tous ceux qui ne font pas exprimés. *Quæ dubitationis tollendæ caufâ, contractibus inferuntur, jus commune non lædunt. L. 81, ff. de R. j. l. 56, ff. mand.*

On ftipule, dans un *contrat* de mariage, que les futurs époux feront communs en biens, & on ajoute que le mobilier des fucceffions qui leur écherront entrera en communauté, cette claufe n'eft que pour lever le doute que des perfonnes peu inftruites pourroient avoir, fi le mobilier des fucceffions entre effectivement dans la communauté ; mais elle n'empêche pas que la communauté ne foit compofée de toutes les chofes qui de droit commun y entrent.

11°. Dans les *contrats*, de même que dans les teftamens, une claufe conçue au pluriel fe diftribue fouvent en plufieurs chofes fingulières. Par exemple, fi par le *contrat* de donation, que j'ai fait à Pierre & à Paul, d'un héritage, il eft dit : *à la charge qu'après leur mort fans enfans, ils les reftitueront au donateur ou à fa famille,* cette claufe conçue au pluriel, fe divife en plufieurs, & elle a le même effet que s'il étoit dit, *à la charge qu'après la mort de Pierre fans enfans, la portion qu'il avoit dans l'héritage reviendra au donateur ou à fa famille,* & pareillement, *à la charge qu'après la mort de Paul fans enfans, fa portion retournera au donateur ou à fa famille.*

12°. Ce qui eſt à la fin d'une phraſe ſe rapporte ordinairement à toute la phraſe, & non pas ſeulement à ce qui précède immédiatement, pourvu néanmoins que cette fin convienne en genre & en nombre à toute la phraſe. Par exemple, dans la vente d'une métairie, on ſtipule qu'on vend en même temps les bleds, menus grains, fruits & vins *qui y ont été récoltés cette année*. Il eſt clair que ces derniers mots ne doivent pas s'appliquer aux vins ſeulement, mais qu'ils doivent s'entendre des grains & des fruits. Mais il en ſeroit autrement s'il étoit dit : *& le vin qui y a été recueilli cette année*. Ces termes, mis au ſingulier, ne ſe rapportent qu'au vin, & non au reſte de la phraſe.

Du ſerment que les parties ajoutent quelquefois aux contrats. Il étoit anciennement très-commun que les notaires, qui pour la plupart étoient clercs, inſéraſſent, dans les *contrats* qu'ils paſſoient, que les parties avoient fait ſerment de ne pas contrevenir aux clauſes du *contrat*. Ce ſerment étoit ainſi ajouté pour aſſurer aux juges d'égliſe la connoiſſance de l'exécution du *contrat*, ſous le prétexte que le ſerment étoit un acte de religion, que le refus d'exécuter une convention confirmée par ſerment, étoit une violation du ſerment, & que la religion étoit intéreſſée dans les conteſtations qui naiſſoient de l'exécution de pareils engagemens.

Les juges laïcs ont eu beaucoup de peine à forcer les juges d'égliſe d'abandonner ces prétentions, auxquelles l'ignorance avoit donné lieu. Mais depuis qu'ils ont recouvré la juriſdiction qui leur appartenoit, l'uſage des ſermens a ceſſé dans les *contrats* des particuliers. Néanmoins, comme il arrive encore quelquefois que des perſonnes employent le ſerment pour aſſurer l'accompliſſement futur de leurs promeſſes, il ne ſera pas inutile d'examiner ſommairement quel en peut être l'effet.

Dans le for extérieur le ſerment n'a que peu ou point d'effet. Si l'obligation eſt valable par elle-même, il eſt ſuperflu, puiſque ſans lui le créancier a une action contre ſon débiteur pour en exiger l'accompliſſement, le ſerment n'y ajoute rien & ne donne pas plus de droit au créancier.

Lorſqu'au contraire l'obligation eſt du nombre de celles pour leſquelles la loi civile a jugé à propos de dénier l'action, le ſerment eſt nul ; car la loi civile n'en dénie pas moins l'action au créancier, parce que, 1°. la loi réputant l'engagement nul, elle doit également regarder comme nul le ſerment, qui n'en eſt qu'un acceſſoire ; ſuivant cette règle de droit, *cum principalis cauſa non conſiſtit ; ne ea quidem quæ ſequuntur locum habent. L.* 129, §. 1, *ff. de R. j.*

2°. Parce qu'il ne doit pas dépendre des parties de valider, par l'interpoſition du ſerment, des engagemens que la loi civile rejette.

Ces principes ſe trouvent conſacrés dans les loix romaines, comme on le voit par la loi 7, §. 16, *ff. de pact.* & l'authentique *ſacramenta C. ſi adv. vend.* Cependant l'empereur Alexandre-Sévère

décide, dans la loi première, au même titre, qu'un mineur ne peut être reſtitué contre la vente faite par lui d'un héritage, ſi elle a été confirmée par ſerment.

Le motif allégué par l'empereur, tiré de la perfidie & du parjure du mineur, peut être très-reſpectable ; mais il n'en eſt pas moins vrai que ſa déciſion eſt fondée ſur une mépriſe. La loi qui aſſure la reſtitution aux mineurs, contre les engagemens qu'on leur fait contracter en minorité, eſt ſage & prévoyante, néceſſaire même pour les garantir des pièges qu'on ne ceſſeroit de leur tendre. Ainſi, on ne doit avoir aucun égard au ſerment par lequel on leur fait confirmer leurs engagemens ; car autrement on éluderoit tous les jours la loi faite en leur faveur. Automne, ſur cette loi, nous apprend qu'elle n'eſt point ſuivie dans les pays de droit écrit. La coutume de Bretagne, *art. 471*, décide formellement que les *contrats* des mineurs ne ſont pas valables par leur ſerment.

L'effet du ſerment ne peut avoir lieu, d'après ce que nous venons de dire, que par rapport au for intérieur de la conſcience. Son effet véritable eſt de rendre plus étroite l'obligation, & plus coupable celui qui y contrevient. Car, en manquant volontairement à ſon engagement, il ajoute le crime de parjure à l'infidélité qui réſulte de toute contravention volontaire à ſes promeſſes.

Ainſi, toutes les fois que l'engagement eſt valable par rapport au for intérieur, le ſerment oblige de l'accomplir. Mais ſi l'engagement eſt nul, même dans le for de la conſcience, le ſerment lui-même eſt nul. Car, dès-lors qu'un engagement eſt illicite, il n'eſt point obligatoire, on commet même un mal en le promettant, l'accomplir en ſeroit un ſecond beaucoup plus grand ; c'eſt le cas de dire *ſcelus eſt fides*. Cette déciſion a lieu, non-ſeulement lorſque la choſe eſt illicite par le droit naturel, mais même lorſqu'elle l'eſt par le droit civil ; car nous ſommes obligés en conſcience d'obéir à la loi civile, & le ſerment ne peut nous diſpenſer de cette obligation.

Mais que doit-on penſer d'un ſerment arraché par violence ou par dol ? Les auteurs ſont partagés ſur cette queſtion. Grotius, d'après S. Thomas, décide qu'une promeſſe extorquée par violence, ne produit aucune obligation en faveur de celui qui l'a extorquée ; car, quand bien même il y en auroit une, elle ſe trouveroit compenſée par l'obligation où il eſt envers moi de réparer la violence qu'il m'a faite : mais lorſque cette promeſſe a été confirmée par ſerment, Grotius prétend qu'on eſt obligé, envers Dieu, de l'accomplir, parce qu'on eſt cenſé lui avoir promis, & qu'en ne l'exécutant pas, c'eſt lui promettre en vain, & ſe rendre coupable de parjure.

S. Thomas ajoute, à ſa déciſion, une reſtriction ſingulière, il veut qu'après avoir exécuté ſa promeſſe, par reſpect pour le ſerment, on dénonce à la juſtice la violence qu'on a éprouvée, & qu'on poursuive la répétition de ce qu'on a payé. Grotius combat, avec raison, ce sentiment, parce que si le serment oblige, à cause de la promesse faite à Dieu, l'obligation qui en résulte doit s'entendre simplement, & produire un effet.

Grotius donne aussi une restriction à son sentiment. Il ajoute que l'obligation qui résulte du serment, est propre à celui qui l'a faite, qu'elle ne passe pas à l'héritier, parce qu'il ne succède qu'à la personne civile, & conséquemment qu'aux obligations contractées envers les hommes dans le commerce de la société civile; & qu'il ne succède pas aux obligations du défunt envers Dieu.

Cette restriction de Grotius ne nous paroît pas plus fondée que celle de S. Thomas. L'héritier succède à toutes les obligations du défunt, & si par la loi civile il n'est forcé qu'à remplir les engagemens civils & obligatoires du défunt, les loix de l'équité naturelle & de la religion lui imposent l'obligation d'accomplir les obligations naturelles de son auteur. Et qui doute que dans le for intérieur l'héritier ne soit tenu d'acquitter un vœu fait par le défunt, & que la mort l'a empêché d'accomplir?

Le pape Alexandre III, & Célestin III, ont porté le même jugement sur les promesses extorquées par violence; mais en déclarant le serment valide, ils se sont réservé le pouvoir d'en dispenser, *non eis dicatur ut juramenta non servent, sed si non ea attenderint non ob hoc tamquam pro mortali crimine puniendi. Cap. 8 & 15, ♃. de jurej.*

Puffendorf pense au contraire qu'une promesse extorquée par violence, & confirmée par serment, n'est pas plus obligatoire devant Dieu que devant les hommes: le serment, dit-il, n'est qu'une attestation solemnelle & religieuse de la promesse que je fais, ce n'est pas un vœu que je fais à Dieu, une obligation que je contracte avec lui. D'ailleurs quand on supposeroit même qu'il contiendroit une promesse faite à Dieu, elle ne peut être obligatoire qu'autant qu'on peut croire qu'elle auroit été acceptée par Dieu. Or, imaginera-t-on que Dieu agrée & accepte la promesse forcée que lui fait un innocent pour échapper à la violence d'un scélérat.

On ne peut pas disconvenir, avec S. Thomas, que c'est manquer au respect dû au saint nom de Dieu, & pécher grièvement, que de promettre avec serment, quoique par violence, ce qu'on n'a pas intention de tenir. Mais il y a plutôt ici une faute grave à expier, qu'une promesse à accomplir, & Puffendorf ajoute qu'il seroit beaucoup mieux, dans la crainte de scandaliser les foibles, d'appliquer à des œuvres pies la somme promise, que de la donner à celui qui a extorqué la promesse, parce qu'elle ne lui est pas due, & qu'elle seroit la récompense de son crime.

Les promesses extorquées par dol, quoique confirmées par serment, ne sont pas plus obligatoires que celles qui ont été arrachées par la violence. Dans l'opinion de Grotius & de S. Thomas, dont nous venons de parler, elles ne le sont point du

tout, lorsque le serment a pour fondement la fausse supposition de quelque fait, sans laquelle la promesse n'auroit pas été faite. La raison en est que celui qui promet, quoique contraint, promet absolument, & sans faire dépendre sa promesse d'aucune condition: au lieu que dans le cas du dol, celui qui s'oblige à intention de faire dépendre sa promesse de la vérité du fait qu'il suppose & qui lui sert de fondement. *Voyez* CONVENTION, OBLIGATION, *& les mots particuliers de chaque contrat.*

CONTRAT *en jugement*, est la convention qui se forme en justice par le mutuel consentement des parties & l'autorité du juge.

Lorsqu'une des parties ou son procureur fait quelque déclaration ou reconnoissance, ou donne quelque consentement à l'audience ou par écrit, que l'autre partie en a demandé acte, & que le juge le lui a octroyé, cela forme un *contrat en jugement;* c'est-à-dire que celui qui a déclaré, reconnu, ou consenti quelque chose, est lié par sa déclaration, reconnoissance ou consentement, de même que s'il l'avoit fait par un acte devant notaire: c'est pourquoi l'on dit communément que l'on *contracte en jugement* aussi-bien que dehors.

Mais le *contrat* n'est point formé par une simple déclaration, reconnoissance ou consentement d'une des parties, quand même ce seroit par écrit; il ne suffit pas non plus que l'autre partie en ait demandé acte, il faut que le juge l'ait octroyé: jusque-là celui qui a fait quelque déclaration ou reconnoissance, ou donné quelque consentement, peut les révoquer, les choses étant encore entières, même quand l'autre partie en auroit déjà demandé acte; parce qu'il se peut faire que la déclaration, reconnoissance ou consentement, eussent été tirés par surprise, & que celui qui les a donnés ne sentît pas alors l'avantage qu'on en pourroit tirer contre lui. Il dépend donc de la prudence du juge, de donner acte de la déclaration, reconnoissance ou consentement, ou de le refuser; ce qui dépend des circonstances. (*A*)

CONTRAT *perpétuel*, signifie en général tout *contrat* qui est fait pour perpétuelle durée, & non pour un temps seulement; ainsi la vente est un *contrat perpétuel*, au lieu que la location est un *contrat à temps.*

Il y avoit, chez les Romains, une espèce particulière de *contrat*, appellé *perpétuel, contractus perpetuarius*, qui étoit un bail à location perpétuelle; c'est pourquoi on l'appelloit aussi *locatio perpetua.* C'est de ce *contrat* qu'il est parlé en la loi 10, au code, *de locato conducto, l. 11, §. qui in perpetuum si ager vectigalis vel emphit. pet.* Au commencement, ce *contrat* étoit différent de l'emphytéose, parce que celle-ci étoit alors seulement à temps; mais depuis que l'on eut admis l'emphytéose perpétuelle, il n'y eut plus de différence entre cette sorte d'emphytéose & le *contrat perpétuel*, ou la location perpétuelle. Ce même *contrat* est encore usité au parlement de Toulouse, sous le titre de *bail à locaterie perpétuelle.*

perpétuelle. Boutaric en fait mention dans fon *Traité des droits feigneuriaux.* C'eft une efpèce d'emphytéofe ou de bail à rente. Il diffère du *contrat* emphytéorique, connu dans les pays coutumiers, en ce que dans ceux de droit écrit, pour donner un fonds à titre d'emphytéofe, il faut le poffeder allodialement, & indépendamment de toute feigneurie directe, au lieu que pour donner à bail à locaterie perpétuelle, il fuffit d'en avoir le domaine utile, parce que dans ces provinces on donne le nom d'emphytéofe à ce qu'on appelle, en pays coutumier, *bail à cens,* & par conféquent ce bail ne peut être fait que par le feigneur direct de l'héritage.

Le bail à locaterie perpétuelle, y eft donc un véritable bail à rente, qui ne transfère pas la propriété, & par conféquent ne donne ouverture à aucun droit de lods & ventes. Effectivement cette efpèce de *contrat* n'eft qu'une divifion du domaine, dont une partie demeure, à titre de propriété, à celui qui donne le fonds, & dont l'autre paffe, à titre d'ufufruit, au locataire. Mais fi le preneur paie, pour droit d'entrée, une fomme d'argent, les lods & ventes font dus au feigneur direct, jufqu'à la concurrence de cette fomme.

CONTRAT, (*quafi-*) on appelle ainfi le fait d'une perfonne, permis par la loi, par lequel elle s'oblige envers une autre, ou oblige une autre perfonne envers elle, fans qu'il intervienne aucune convention entre elles.

Dans les *contrats* c'eft le confentement des parties contractantes qui produit l'obligation; dans les *quafi-contrats* il n'intervient aucun confentement, & c'eft la loi feule ou l'équité naturelle qui produit l'obligation, en rendant obligatoire le fait d'où elle réfulte. C'eft pour cela que ces faits font appellés *quafi-contrats,* parce que fans être des *contrats,* ils produifent des obligations comme en produifent les *contrats.*

On met dans la claffe des *quafi-contrats,* les obligations réciproques, l'obligation du tuteur & de fon mineur, celles du pro-tuteur, du curateur & autres adminiftrateurs.

Quand un homme abfent n'a point laiffé de procuration pour agir dans fes affaires, & que fes parens ou fes amis en prennent foin, il y a une obligation réciproque; favoir, de la part de celui qui a géré, de rendre compte de fa geftion; & de la part de celui pour qui on a géré, de rembourfer les dépenfes néceffaires ou utiles qui ont été faites pour lui. Cette obligation réciproque eft un *quafi-contrat.*

Celui qui fe fert de la chofe commune, eft obligé à récompenfer les autres, & ils font tous obligés de fe rembourfer mutuellement ce qu'ils ont dépenfé pour la confervation de la chofe commune, quoique fouvent ils n'aient point contracté enfemble, comme il arrive entre cohéritiers ou co-légataires qui fe trouvent en communauté fans leur participation.

L'adition ou acceptation d'hérédité eft auffi une efpèce de *quafi-contrat;* l'héritier fe foumet par-là à payer toutes les dettes du défunt; ou s'il ne fe porte héritier que par bénéfice d'inventaire, il s'oblige tacitement de les payer jufqu'à concurrence de ce qu'il amende, & de rendre compte. Il s'oblige également envers les légataires, au paiement des legs qui ont été laiffés par le teftament du défunt.

Il fe forme auffi un *quafi-contrat,* entre celui qui paie par erreur, une fomme qu'il ne devoit pas, & celui qui reçoit cette fomme; le premier a action contre l'autre, pour répéter ce qu'il lui a payé.

Les jugemens forment pareillement une efpèce de *quafi-contrat* contre ceux qui y font condamnés à donner ou faire quelque chofe. Ils font obligés de les exécuter, quand même ils fe prétendroient condamnés injuftement, fauf les voies de droit qu'ils peuvent avoir pour fe pourvoir contre ces jugemens.

Enfin, celui qui a employé un autre à fes affaires ou à quelque ouvrage, doit lui payer fon falaire, quoiqu'il ne lui ait rien promis: c'eft encore un *quafi-contrat.*

Toutes perfonnes, même les enfans & les infenfés, qui font incapables de confentement, peuvent, par le *quafi-contrat* qui réfulte d'un fait de quelqu'un, être obligées envers lui, ou l'obliger envers elles. Car ce n'eft pas le confentement qui forme ces obligations, & elles fe contractent par le fait d'un autre fans aucun fait de notre part. Il fuffit que la perfonne, dont le fait donne lieu au *quafi-contrat,* ait l'ufage de la raifon; mais il n'eft pas néceffaire dans les perfonnes par qui, ou envers qui les obligations qui réfultent de ce fait, font contractées.

Par exemple, lorfque quelqu'un a géré les affaires d'un enfant ou d'un infenfé, cette geftion, qui eft un *quafi-contrat,* oblige cet enfant ou cet infenfé, à rembourfer, à celui qui a géré fes affaires, ce qu'il a utilement dépenfé; & oblige réciproquement ce dernier à rendre compte de fa geftion.

Les femmes fous puiffance de mari, ne peuvent, fans autorifation de leurs maris, s'obliger envers les autres, ni obliger les autres envers elles. Mais elles peuvent être obligées, fans cette autorifation, par un *quafi-contrat.* Car, la loi qui leur défend de s'obliger, & de rien faire que dépendamment de leurs maris, & avec leur autorité, n'annulle que ce qu'elles feroient fans cette autorité, & non les obligations qui font formées fans aucun fait de leur part.

CONTRAVENTION, f. f. (*Jurifprudence.*) eft ce qui eft fait au mépris de quelque loi, règlement, jugement, convention, teftament, ou autre acte.

On appelle finguliérement *contravention,* les fraudes qui font commifes au préjudice des droits du roi.

Les *contraventions* aux réglemens de police & aux droits du roi, font punies de différentes peines pécuniaires, & même de peines afflictives, felon la nature du délit. Les *contraventions* aux actes qui n'intéreffent que les particuliers, fe réduifent ordinairement en dommages & intérêts.

Lorfque les ordonnances n'ont pas fixé la peine qu'on doit infliger à ceux qui tombent en *contravention*, elle eft alors arbitraire, & le juge doit, fuivant les circonftances, condamner les contrevenans aux dommages & intérêts, à une amende ou à toute autre peine. *Voyez* AMENDE, CONTRE-BANDE, FRAUDE.

CONTRE-AUGMENT, f. m. (*Droit écrit.*) c'eft une image imparfaite du gain de furvie que l'ancien droit romain accordoit, dans certain cas, au mari, fur la dot de fa femme qui le prédécédoit, fur-tout lorfque la dot étoit adventive, c'eft-à-dire, provenant d'ailleurs que du père de la femme.

Les plus anciennes coutumes qui parlent du *contre-augment* font celles de la ville & viguerie de Touloufe, redigées en latin & confirmées en 1289, par Philippe-le-Bel.

Dans ces endroits, ainfi qu'à Bordeaux & dans la fénéchauffée de Guienne, la pratique de ftipuler un *contre-augment* eft tellement ufitée que quand cette ftipulation eft omife, on la préfume toujours.

La même chofe s'obferve pour ceux qui réfident dans le reffort du parlement de Touloufe, hors de la ville & de la viguerie, quand, par leur contrat de mariage, ils adoptent la coutume de Touloufe, pour régler leurs conventions matrimoniales, ce qui fe pratique fréquemment. Par ce moyen, le mari peut gagner le *contre-augment* comme s'il avoit été expreffément ftipulé.

Selon l'article 18 des ftatuts de Montpellier, le mari qui furvit à fa femme doit jouir fa vie durant de l'ufufruit des immeubles, dont la dot avoit été compofée.

M. le Bret nous apprend que, dans la ville de Montauban, le mari jouit d'un droit coutumier qui confifte dans le gain de la dot, en tout ou en partie.

M. Benoit, profeffeur de droit dans l'univerfité de Cahors & depuis confeiller au parlement de Touloufe, dit dans fon commentaire fur le chapitre *Raynutius* aux décrétales *de teftamentis*, qu'à Cahors auffi-bien qu'à Touloufe, le mari furvivant gagne une partie de la dot.

L'article 47 des coutumes générales de Bordeaux & de la fénéchauffée de Guienne, porte que le mari gagne la dot & les meubles quand il furvit à la femme.

Plufieurs coutumes locales d'Auvergne, telles que celles de Gimaux, de Sardon, de la Motade, de la prévôté de Cuffet, &c. attribuent au mari, pour gain de furvie, la moitié de la dot.

Quoique les coutumes & les auteurs qu'on a cités n'emploient pas le terme de *contre-augment*, pour défigner le gain de furvie dont il s'agit, il

n'eft pas moins certain que c'eft de cela qu'ils ont prétendu parler : on l'a d'abord appellé *gain de la dot*, parce qu'il étoit appellé, en droit, *lucrum dotis*; enfuite on l'a appellé *gain de furvie*, & enfin on l'a nommé *augment du mari*, augment réciproque ou *contre-augment*, parce qu'il eft oppofé à l'augment de la femme. Toutes ces dénominations font employées indifféremment pour fignifier le même droit : c'eft ce que prouvent les déclarations du roi, des 20 mars 1708 & 25 juin 1729, concernant les infinuations, l'ordonnance du mois de février 1731, rendue fur la matière des donations, & la déclaration du 17 du même mois, qui concerne encore les infinuations : dans toutes ces loix le gain de la dot eft défigné fous les noms de *gain de noces*, de *furvie* & de *contre-augment*.

Dans les autres provinces de droit écrit, telles que le Lyonnois, le Forez, le Beaujolois; dans la principauté de Dombes & dans les parlemens de Grenoble & de Pau, il n'eft dû de plein droit aucun *contre-augment* au mari; mais on a coutume d'en ftipuler un par le contrat de mariage, fur-tout entre les gens de campagne.

Il réfulte donc de ce qu'on vient de dire, qu'il y a deux fortes de *contre-augment*; l'un coutumier ou légal qui eft dû en vertu de la coutume & fans ftipulation, comme à Touloufe, & l'autre qu'on appelle *conventionnel* qui n'eft dû que quand il eft expreffément ftipulé par le contrat de mariage.

Dans les coutumes où le *contre-augment* n'eft dû que lorfqu'il a été ftipulé, on le règle ordinairement par le contrat; s'il ne l'a pas été, l'ufage eft de l'accorder du tiers de l'augment. Par exemple, fi l'augment eft de trois mille livres, le *contre-augment* fera de mille livres.

Le *contre-augment* légal eft dû au mari furvivant, même lorfqu'il y a des enfans nés de fon mariage avec fa défunte femme. Il n'en eft pas de ce gain de furvie comme de l'augment de dot qui n'eft dû à la femme que proportionnément à fa dot; le *contre-augment* eft dû au mari, quoiqu'il n'ait aucun bien de fon chef, & même quand il feroit dit par le contrat de mariage que la femme n'aura point d'augment.

Mais il faut remarquer que le mari ne peut prétendre de *contre-augment* que fur les biens dotaux; les biens paraphernaux en font exempts, à moins qu'ils n'y aient été affujettis par une convention expreffe. Les biens fubftitués de la femme y font affujettis, s'il n'y a pas affez de biens libres pour le payer.

Quoique, dans les provinces où le *contre-augment* eft dû fans ftipulation, la quotité en foit réglée par la coutume, & que le mari gagne cette portion, foit qu'il y ait des enfans ou qu'il n'y en ait point, on peut, par le contrat de mariage, convenir que le *contre-augment* fera plus fort ou moindre que le coutumier. C'eft ce qu'obferve Bernard Automne fur l'article 47 de la coutume de Bordeaux; on peut même, selon la remarque de Maynard, stipuler que le *contre-augment* n'aura pas lieu.

Le *contre-augment*, tant légal que conventionnel, appartient au mari survivant, à l'exclusion des héritiers de la femme, & même à l'exclusion du père & de toute autre personne qui a pu constituer la dot, quand même le constituant seroit vivant lors de la dissolution du mariage. C'est ce qui résulte de plusieurs textes de loix.

Si le mari & la femme venoient à mourir ensemble, sans qu'on pût savoir lequel des deux seroit prédécédé, les héritiers du mari auroient le droit de retenir sur la dot reçue le *contre-augment* coutumier ou conventionnel. Cette décision n'est pas fondée sur ce que la femme est présumée morte la première, mais c'est que pour révoquer la donation du *contre-augment* il faut que le donateur survive : or, dans l'espèce proposée, le droit des héritiers du mari & celui des héritiers de la femme paroissant égaux pour prétendre respectivement le gain de survie, la condition des héritiers du mari qui tiennent la dot est la meilleure conformément à la règle, *in pari causâ, causa melior est possidentis* : ils doivent donc être autorisés à retenir le *contre-augment*. Il en seroit différemment si le mari n'avoit pas reçu la dot : ses héritiers ne pourroient point exiger de ceux de la femme le *contre-augment*, à moins qu'ils ne justifiassent que le mari lui a survécu.

Quand la femme a survécu au mari, les héritiers de celui-ci ne peuvent prétendre de *contre-augment*, dans aucun cas, ni sous quelque prétexte que ce puisse être. La raison en est que les conventions qui empêchent la restitution de la dot de la femme vivante ne doivent point être autorisées.

Si, pendant le mariage, on a obligé le mari à rendre la dot de sa femme pour empêcher qu'elle ne la perdît, il ne doit point, pour cette raison, être privé du *contre-augment*, soit coutumier, soit conventionnel.

La même décision doit s'appliquer au cas où le mariage se feroit dissous avant que le terme, accordé par le mari pour le paiement de la dot, fût échu, parce que le terme qu'il a donné, par une honnête condescendance, ne peut ni ne doit être rétorqué contre lui.

Mais si le mari avoit tué sa femme, il feroit privé de plein droit du *contre-augment*, quand même il l'auroit surprise en adultère. *Arrêt du 10 avril 1603.*

Il faudroit encore prononcer cette peine contre le mari, s'il avoit négligé de poursuivre la vengeance de la mort de sa femme, quand même il n'auroit eu aucune part à cette mort.

Aussi-tôt que le *contre-augment* est acquis au mari, il l'est aussi à ses héritiers, s'il vient à mourir avant de l'avoir recueilli.

Le *contre-augment*, soit de la dot entière ou d'une partie, appartient en propriété aux enfans nés du mariage, quand même ils renonceroient à la succession de leur père. Celui-ci n'en a que l'usufruit sa vie durant, excepté néanmoins qu'il peut disposer d'une virile en propriété, lorsqu'il ne se remarie point : mais s'il vient à se remarier, il est réduit au simple usufruit, comme cela se pratique relativement à l'augment, lorsque la femme survivante se remarie. Si les enfans meurent avant leur père, & pendant sa viduité, il leur succède, & le *contre-augment* lui appartient en entier.

Au reste, le *contre-augment* appartient au mari en toute propriété, quand il ne se trouve point d'enfans vivans lors du décès de sa femme, & il peut disposer de ce gain de survie comme bon lui semble.

CONTREBANDE, s. f. (*Droit public. Finances.*) on entend par le mot *contrebande*, le commerce qui se fait en contravention d'une loi prohibitive.

On doit distinguer la fraude d'avec la *contrebande*.

La première n'a pour but que de se soustraire à l'acquittement des droits, imposés par le roi, sur des denrées dont le commerce & la consommation sont permis à tous les individus; c'est, quoi qu'on en puisse dire, un véritable délit, puisque son effet est d'altérer une branche du revenu de l'état.

Comme il a moins le caractère de la désobéissance qu'il n'a celui d'une basse lésinerie & d'une obscure avidité, on a cru ne devoir le réprimer que par la confiscation & une amende proportionnée à la valeur de l'objet saisi.

La seconde tend à l'introduction & à la vente d'un objet de commerce prohibé, ou dont le roi s'est réservé, à lui ou à ses commettans, le droit exclusif d'en faire le débit.

Cette contravention ayant un caractère de rébellion plus marqué, & pouvant tarir deux des plus grandes sources du revenu du roi, on a cherché à l'étouffer sous l'effroi des châtimens.

N'envisageant ici la *contrebande* que sous l'aspect de la législation, nous nous bornerons à faire connoître les ordonnances opposées à l'indocilité & à la témérité des contrebandiers, sans nous permettre d'en critiquer la sévérité. Nous ne serons que l'écho de la loi.

L'article premier de la déclaration du 2 août 1729, veut « que les particuliers convaincus d'avoir porté » du tabac ou d'autres marchandises prohibées, en » *contrebande* ou en fraude, par attroupement » au nombre de cinq, au moins, avec port d'ar- » mes, soient punis de mort avec confiscation de » biens, même dans les lieux où la confiscation » ne se prononce pas pour les autres cas ». Si les contrebandiers sont sans armes & au-dessous de cinq personnes, ils doivent, selon le même arti- cle, « être condamnés aux galères pour cinq ans, » & à une amende de mille livres chacun, paya- » ble solidairement ».

S'il arrivoit que des contrebandiers forçassent les portes ou les corps-de-garde établis dans les villes ou à la campagne, & gardés par les employés des fermes, ils encourroient, d'après l'article 3, la peine de mort, quand même ils seroient moins de cinq perfonnes, & qu'ils n'auroient alors aucune mar-chandife de *contrebande*.

Dans le cas de rébellion de la part des contre-bandiers contre les commis des fermes, ceux-ci font tenus d'en dreffer leur procès-verbal fur le champ, & d'en donner avis aux juges qui en doi-vent connoître, à peine d'être déclarés incapables de tout emploi, & même d'être punis corporelle-ment, s'il y échet. Et dans les vingt-quatre heures, après avoir reçu cet avis, les juges font obligés d'informer de la rébellion, à la requête du fermier ou du miniftère public, à peine d'interdiction & d'une amende de trois cens liv. C'eft ce que leur enjoignent les articles 4 & 5.

L'article 6 de la même déclaration, veut que ceux qui portent ou débitent du tabac ou d'autres marchandifes de *contrebande* dans le royaume, foient, ainfi que leurs complices ou fauteurs, condamnés, pour la première fois, à une amende de cinq cens liv. & à trois ans de galères; & dans le cas de récidive, à une amende de mille livres & aux galères per-pétuelles.

La même loi prononce contre les femmes cou-pables des mêmes délits, la peine du fouet, de la fleur-de-lys, un banniffement de trois ans & une amende de cinq cens livres, pour la première fois; & dans le cas de récidive, elles doivent être condamnées au banniffement perpétuel & à une amende de mille livres ou à être renfermées pour toute leur vie dans la maifon de force ou l'hôpital le plus prochain du lieu où la condamnation aura eu lieu.

Il eft défendu, par l'article 7, aux cabaretiers, fermiers & autres gens de la campagne, de donner retraite aux contrebandiers ou de recevoir leurs marchandifes, fous peine d'une amende de mille livres, pour la première fois, & de banniffement en cas de récidive. Cet article veut même qu'ils foient pourfuivis & punis comme complices des contrebandiers, fi, dans les vingt-quatre heures au plus tard, ils n'ont pas requis le juge le plus pro-chain ou les officiers de la maréchauffée de fe tranf-porter chez eux, pour y dreffer procès-verbal de la violence que les contrebandiers ont pu faire, dans le deffein de fe procurer l'entrée de leurs maifons. Il eft enjoint aux juges & aux officiers de maréchauffée de fatisfaire fur le champ à cette requifition, à peine d'interdiction. D'ailleurs, les cabaretiers doivent faire avertir, fous les peines ci-deffus, & dans le même délai de vingt-quatre heures, les brigades de la ferme les plus voifines du lieu de leur demeure, afin qu'elles pourfuivent & arrêtent les contrebandiers.

L'article 8 ordonne aux syndics & habitans des bourgs & villages de fonner le tocfin lorfqu'il y paffe des contrebandiers attroupés avec armes, & ayant des ballots fur leurs chevaux, fous peine d'une amende de cinq cens livres, contre la com-munauté.

L'exécution de ces deux derniers articles a été ordonnée par l'article 3 de la déclaration du 2 fep-tembre 1776, qui, en outre, fait défenfe au fermier des ponts & paffages, & à tout autre par-ticulier ayant bac ou bateau fur les rivières, de paffer les contrebandiers, fous les peines portées par les réglemens.

Par l'article 5 de la déclaration du 12 juillet 1723, tout prévôt des bandes eft tenu d'arrêter les fol-dats, condamnés à quelque peine afflictive ou pé-cuniaire pour avoir fait la *contrebande* ou fraudé les droits du roi, auffi-tôt que le jugement de condam-nation lui aura été notifié à la requête du fer-mier, & de les conduire dans les prifons. Il eft défendu à tout officier de donner le congé à ces foldats; en cas d'abfence, ils doivent être pour-fuivis & jugés comme déferteurs.

L'article fuivant défend de faire des pourfuites con-tre les commis, brigadiers & gardes, lorfqu'il leur arrive de tuer, aux entrées de Paris, les fraudeurs ou contrebandiers qui leur font violence ou ré-bellion.

Les commis & employés des fermes, qui font d'intelligence avec les contrebandiers & favorifent leurs paffages, doivent être punis de mort. C'eft la difpofition de l'article 2 de la déclaration de 1729. Et fuivant l'article 9, ceux qui ont été employés dans les fermes, en qualité de commis ou de gar-des, & qu'on arrête enfuite avec du tabac ou d'au-tres marchandifes de *contrebande*, doivent être con-damnés aux galères pour cinq ans, & à une amende de cinq cens livres, quoiqu'ils ne foient ni attrou-pés ni armés.

Par l'article 2 de la déclaration du 30 janvier 1717, il eft défendu, fous peine de la vie, aux gens de guerre, tant de cavalerie que d'infanterie, ainfi qu'aux valets des officiers, des gardes-du-corps & autres, de troubler en rien les fermiers ou leurs commis dans la perception des droits du roi, ainfi que dans leurs vifites, & de prêter main-forte aux fraudeurs pour introduire des denrées ou marchandifes de *contrebande*, en quelque lieu que ce foit.

La même loi leur défend de commettre aucun genre de fraude pour leur profit particulier, à peine de deux cens livres d'amende. Et elle enjoint aux commandans & officiers des corps de contenir leurs foldats & leurs valets, & de prêter fecours pour em-pêcher les fraudes, lorfqu'ils en feront requis par le fermier ou par fes commis, ou qu'ils en feront avertis par les intendans des provinces ou par leurs fubdélégués; le tout fous peine d'être caffés & condamnés aux dommages & intérêts du fermier.

Lorfque les contrebandiers ne paient point l'amende à laquelle ils ont été condamnés, le fermier peut faire convertir cette peine en celle des galères; c'eft ce qui réfulte de l'article 8 du titre 17 de l'ordon-nance des gabelles, du mois de mai 1680, & de l'article 2 de la déclaration du 30 janvier 1710.

Suivant cette dernière loi, la peine de l'amende peut être convertie en cinq années de galères, fur la fimple requête du fermier, par les juges qui ont rendu la fentence, & fans nouvelle inftruction. Il fuffit pour cela que le contrebandier n'ait ni payé ni configné, dans le mois, l'amende à laquelle il a été condamné.

Au reste, ceux qui font ainfi condamnés aux galères, faute d'avoir payé l'amende prononcée contre eux, ne doivent pas être flétris des lettres G A L. Ils peuvent d'ailleurs faire annuller en tout temps le jugement de converfion, & recouvrer leur liberté en payant cette amende, quand même ils auroient commencé de fubir la peine des galères. Cet adouciffement à une loi trop févère eft configné en l'article 3 de la déclaration du 15 février 1744, & dans l'article premier de la déclaration du 30 mars 1756.

L'article 2 de cette dernière déclaration veut que l'article 6 du titre 26 de l'ordonnance du mois d'août 1670 foit exécuté, lorfque les fentences des premiers juges, qui reffortiffent aux cours, ont prononcé contre les contrebandiers la peine de mort ou une autre condamnation emportant mort civile. La même règle doit être obfervée à l'égard des fentences, qui prononcent des peines infâmantes contre les eccléfiaftiques, les gentilshommes, les pourvus d'offices royaux & toute autre perfonne, qui jouit des privilèges de la nobleffe. Ainfi, ces fentences ne peuvent point être mifes à exécution qu'après avoir été confirmées par arrêt. Mais, dans tous les autres cas, l'article 26 du titre 17 de l'ordonnance de 1680, doit être exécuté felon fa forme & teneur; c'eft pourquoi l'appel interjetté par les contrebandiers, condamnés à des peines corporelles ou afflictives, ne peut être reçu qu'après qu'ils ont exécuté les fentences de condamnation relativement aux peines pécuniaires qu'elles prononcent contre eux; & fi cette exécution n'a pas eu lieu dans le mois, à compter du jour de la fignification de ces fentences, elles doivent paffer en force de chofe jugée. Pour cet effet, l'article 2, dont il s'agit, déroge, en tant que de befoin, à l'ordonnance de 1670, & à toute autre loi contraire aux difpofitions qu'on vient de rapporter.

Un arrêt du confeil, du 14 mars 1747, revêtu de lettres-patentes enregiftrées à la cour des aides, a ordonné que les commis & gardes des fermes pourroient, dans le cours de leurs fonctions, arrêter les contrebandiers, en vertu des décrets ou jugemens de condamnation rendu contre eux, pour fait de *contrebande*, de quelque efpèce qu'elle fût, & même ceux qui, après avoir été emprifonnés, fe feroient évadés des prifons; mais il a été en même temps défendu à ces commis de mettre à exécution aucune fentence ni arrêt, dans d'autres cas, que ceux qui font fpécifiés par cette loi.

Le 2 feptembre 1776, le roi a donné une déclaration que la cour des aides a enregiftrée le 28 février 1777, dont l'objet a été de renouveller les difpofitions des anciennes ordonnances, pour empêcher la *contrebande*.

Mais comme cette loi récente doit fixer la jurifprudence dans une matière auffi importante, & où l'arbitraire a fouvent pris la place de la loi, nous allons en rapporter les articles.

ARTICLE I. Nos fermiers, leurs commis & employés, chargés de la perception & confervation des droits de nos fermes, feront & continueront d'être fous notre protection & fauve-garde, & fous celle des juges, prévôts des maréchauffées, maires, échevins, jurats, capitouls, fyndics & principaux habitans des villes & lieux où ils font leur réfidence, & où ils feront leur exercice. Enjoignons à nos gouverneurs, lieutenans-généraux, commandans & autres officiers qu'il appartiendra, d'y tenir la main, & aux prévôts & officiers de nos maréchauffées de prêter main-forte & affiftance auxdits employés, toutes les fois qu'ils en feront par eux duement requis.

II. Ordonnons que les lettres-patentes du 26 mars 1720, rendues fur l'arrêt du 15 du même mois, feront exécutées felon leur forme & teneur; qu'en conféquence & conformément à icelles, tous juges royaux, comme auffi tous officiers des maréchauffées, prévôts & autres, pourront, en cas d'abfence ou de refus des juges qui connoiffent des droits de nos fermes, fe tranfporter en tous lieux & à toute heure que lefdits commis le requerront, pour y faciliter leurs exercices, fonctions, & qu'ils en feront même tenus dans le cas prefcrit par les réglemens, à peine de demeurer refponfables des dommages & intérêts du fermier.

III. Ordonnons pareillement que l'article 29 de la déclaration du premier août 1721, portant réglement pour la ferme du tabac; les lettres-patentes du 16 juillet 1722, rendues fur l'arrêt du 7 du même mois, & les articles 7 & 8 de la déclaration du 2 août 1729, feront exécutés felon leur forme & teneur; en conféquence réitérons les expreffes inhibitions & défenfes y portées, à tous particuliers, cabaretiers, fermiers & autres, de donner fciemment retraite aux contrebandiers & faux-fauniers ou à leurs marchandifes, comme auffi à tous fermiers des ponts & paffages, & autres ayant bac & bateau fur les rivières, de paffer lefdits fraudeurs, fous les peines portées auxdits réglemens.

IV. Voulons auffi que la déclaration du 27 juin 1616, foit exécutée felon fa forme & teneur, & conformément à icelle, en y ajoutant même, *en tant que de befoin;* faifons très-expreffes inhibitions & défenfes à tous particuliers, de quelque qualité & condition qu'ils foient, de troubler directement ou indirectement les employés de nos fermes dans leurs exercices & fonctions; comme auffi de compofer, écrire, imprimer, vendre, diftribuer & afficher aucun placard ou libelle, contenant des déclamations ou injures contre lefdits employés, ou tendant à exciter contre eux & contre la perception de nos droits, la prévention & l'animofité de nos peuples; le tout à peine de cinq cens livres d'amende, des dommages & intérêts envers nos fermiers, leurs commis & employés, & de punition corporelle s'il y échoit. Voulons qu'il soit informé & procédé, suivant l'exigence des cas, contre les auteurs, écrivains, imprimeurs, colporteurs, distributeurs & afficheurs defdits placards & libelles.

V. Confirmons les difpofitions des réglemens, qui prononcent des peines contre les contrebandiers, faux-fauniers & autres fraudeurs & particuliers qui forceront les portes des employés, & leur feront rébellion dans l'exercice de leurs fonctions.

VI. Confirmons également les difpofitions des lettres-patentes du 4 mai 1723, rendues fur les arrêts du 30 feptembre 1719 & 26 mars 1720; voulons, en conféquence, qu'en cas de rébellion & voie de fait contre les employés à la perception & à la confervation de nos droits, lefdits employés puiffent arrêter & emprifonner les contrevenans dans l'inftant de la rébellion, fans autre permiffion particulière; & que le procès-foit inftruit, fait & parfait aux prévenus & complices, fuivant la rigueur des ordonnances, par les juges auxquels la connoiffance en eft attribuée par nos édits & réglemens. Faifons défenfes auxdits juges de mettre en liberté lefdits prévenus & complices, qu'après l'inftruction & jugement définitif, & en cas d'appel, qu'après le jugement dudit appel, à peine de répondre par lefdits juges, en leur propre & privé nom, des dommages & intérêts du fermier, même des amendes & confifcations encourues par les fraudeurs.

Suivant les arrêts du confeil, des 25 mai & 14 septembre 1728, les intendans & les officiers de l'amirauté connoiffent conjointement des conteftations relatives aux faifies des marchandifes de contrebande ou prohibées, faites fur des vaiffeaux ou dans les ports, rades, côtes & rivages de la mer.

Les officiers des élections, ceux des greniers à fel, les maîtres des ports & les juges des traites connoiffent des autres matières de contrebande, chacun en ce qui le concerne, & à la charge de l'appel aux cours des aides.

En Lorraine, ces fortes de matières fe portent en première inftance pardevant les bailliages royaux, & par appel à la chambre des comptes.

Il y a d'ailleurs, dans le royaume, cinq commiffions particulières pour juger les contrebandiers. La première, établie en vertu d'un arrêt du confeil, du 31 mars 1733, a fon fiège à Valence; la feconde a été établie à Saumur, par des lettres-patentes du 23 août 1764; la troifième à Reims, par des lettres-patentes du 21 novembre 1765; la quatrième à Caen, par des lettres-patentes du 9 octobre 1768, & la cinquième à Paris, par des lettres-patentes du 29 août 1775.

Suivant l'article premier du titre 6 de l'ordonnance du mois de février 1687, toutes les marchandifes de contrebande doivent être confifquées, avec l'équipage qui a fervi à les conduire, & les marchands & voituriers condamnés à cinq cens livres d'amende, fans préjudice des peines afflictives portées par les ordonnances, fuivant la qualité de la contravention.

La confifcation doit pareillement avoir lieu, en vertu de la même loi, à l'égard des marchandifes qui font avec celles de contrebande, lorfqu'elles appartiennent au même marchand; mais fi ces marchandifes & l'équipage qui les a conduites appartenoient à des perfonnes qui n'euffent point contribué à la fraude, elles ne pourroient point être comprifes dans la confifcation.

En exécution d'un arrêt de la cour des aides de Paris, du 8 août 1749, & de plufieurs arrêts du confeil, il a été permis, par un nouvel arrêt du confeil, du 19 décembre 1774, à l'adjudicataire des fermes, de faire procéder à la vente des chevaux & des autres effets faifis fur toutes fortes de contrebandiers, fans qu'il foit affujetti à d'autres formalités que celles d'obtenir du juge une fimple permiffion, qu'il doit donner fans frais au bas de la requête qui lui eft préfentée pour cet effet.

Lorfqu'après s'être pénétré de la rigueur de ces ordonnances, on penfe que, tous les jours, des malheureux qui ofent les braver font entraînés dans les prifons, dépouillés des meubles qui garniffoient leur chaumière, conduits, s'ils n'ont pas de quoi payer l'amende, à la chaîne des galériens, & condamnés à mort s'ils ont eu la hardieffe de repouffer la force par la force; lorfqu'on confidère que, pour faire exécuter ces mêmes ordonnances, il faut entretenir dans le royaume une milice toujours fubfiftante, toujours en guerre contre des fujets que l'intérêt & peut-être un befoin irréfiftible pouffent vers la fraude & la contravention; on regrette que des hommes très-éclairés, très-verfés dans la partie économique & politique, n'aient pas été chargés de balancer les avantages & les inconvéniens d'une libre & générale importation; de chercher les moyens d'affeoir indiftinctement les revenus de l'état fur tous les objets de confommation; d'en rendre la perception affez facile pour que les frais n'en abforbent pas la plus grande partie; d'oppofer à la contrebande des obftacles pris dans fa fource même; de la punir avec une telle modération, qu'elle ne fût jamais couverte de l'intérêt public, ni foutenue d'une rébellion meurtrière: nous avons hafardé à ce fujet quelques idées dans le premier volume de nos Réflexions philofophiques fur la civilifation, en parlant de la loi qui condamne les enfans de quatorze ans aux galères, lorfqu'ils ont été pris en récidive faifant la contrebande du fel. Puiffent ces idées, dictées dans des vues de juftice & d'humanité, n'être pas toujours ftériles! Voyez les articles CONTREBANDE & FAUX-SAUNAGE dans le Dictionnaire de Commerce. (Article de M. DE LA CROIX, Avocat.)

CONTRE-CHANGE, f. m. (Jurifpr.) eft l'abandonnement que l'on fait d'une chofe au profit de celui qui en a cédé une autre à titre d'échange. Ce terme eft ufité particulièrement en fait d'échange d'un immeuble contre un bien de même qualité. *Voyez* ÉCHANGE. (*A*)

CONTREDITS, f. m. pl. (*Jurifprudence.*) *quaſi contraria dicta*, font des écritures ou procédures intitulées *contredits*, qui font fignifiées par une partie contre la production de l'autre, par lefquelles elle débat les inductions que l'autre a tirées de fes pièces dans fon inventaire de production.

L'ufage des *contredits* eft fort ancien, puifque l'ordonnance de François I, de l'an 1539, enjoint la communication des productions, pour les contredire.

On ne fournit de *contredits* que dans les affaires appointées. Le juge appointe les parties à écrire, produire & contredire dans les délais de l'ordonnance, qui font de huitaine en huitaine.

Il y a deux fortes de *contredits*; favoir, les *contredits de production* fimplement; & les *contredits de production nouvelle*. Les *contredits* de production font ceux que l'on fournit contre la première production qui eft faite dans une inftance appointée; chaque partie a la liberté de contredire la production de fon adverfaire. Les *contredits* de production nouvelle font ceux que l'on fournit contre les productions qui furviennent depuis la première production. On ne *contredit* point, en caufe d'appel, la production de caufe principale, parce qu'elle doit avoir été déjà contredite. Les requêtes de production nouvelle font répondues d'une ordonnance, portant que les pièces feront communiquées à la partie, pour y fournir, fi bon lui femble, de *contredits*: le délai n'eft quelquefois que de trois jours. Quelquefois on met *dans hui*, c'eft-à-dire dans le jour, cela dépend de l'état de l'inftance; mais ces délais ne font ordinairement que comminatoires. Ce font les avocats qui font les *contredits*; quand les procureurs en font, ils les mettent en forme de requête. Les réponfes aux *contredits* s'appellent *falvations*.

On fourniffoit autrefois des *contredits* contre les dépofitions des témoins; mais l'ufage en a été aboli, ou plutôt on y a fubftitué celui de fournir des reproches contre les témoins.

Le terme de *contredits* eft quelquefois pris pour celui d'*oppofition*: par exemple, en la coutume d'Artois, art. 23, il eft parlé de l'oppofition ou *contredit* que l'héritier peut former à la faifie féodale.

Autrefois en Bretagne le terme de *contredit* fignifioit auffi *appel* de la fentence d'un juge inférieur devant le juge fupérieur. *Voyez* APPOINTEMENT.

CONTRE-EMPLOI, *terme de Pratique*, ufité dans le reffort du parlement de Flandres. Pour en entendre la fignification, il faut fe rappeler l'ordre de la procédure qu'on y obferve, & dont nous avons parlé aux mots COMPARUTION & CONSEILLERS-COMMISSAIRES *aux audiences*.

Dans l'inftruction d'une caufe d'appel, il arrive fouvent que l'appellant ne fournit pas les griefs fur le champ, & pour éviter la forclufion, il déclare qu'ils font établis par les pièces & les écrits produits devant le premier juge. Cette forme de procéder s'appelle, *faire emploi des pièces de première inftance*.

L'intimé, de fon côté, pour ne rien dire de ce qui peut juftifier la fentence rendue en fa faveur, déclare auffi que les écrits produits devant le premier juge, la juftifient fuffifamment. C'eft ce dire qu'on appelle *faire contre-emploi des pièces de première inftance*.

L'intimé peut auffi faire le *contre-emploi*, lorfque l'appellant a fourni des griefs; & dans ce cas il fert de réponfe.

Au moyen de l'emploi & du *contre-emploi* dont nous parlons, la caufe fe trouve conclue en droit.

L'effet du *contre-emploi* eft encore de couvrir tous les défauts de l'appellant, & d'écarter toutes les fins de non-recevoir que l'intimé auroit pu lui oppofer. C'eft ce qui réfulte d'un arrêt du 20 octobre 1684, rendu au parlement de Flandres, toutes les chambres affemblées.

CONTRE-ENQUÊTE, *terme de Pratique*, qui fe dit d'une enquête faite par oppofition à une autre, & qu'elle a pour objet de contredire. *Voyez* ENQUÊTE.

CONTREFAÇON, f. f. (*Arts & Métiers. Police.*) on entend par ce mot le genre de délit dont fe rendent coupables ceux qui font imprimer un livre au préjudice de l'auteur, ou du libraire auquel cet auteur a cédé fon droit de propriété & fon privilège.

Cette efpèce de crime étoit inconnue avant la découverte de l'imprimerie, & il étoit libre à toute perfonne de copier ou de faire copier un ou plufieurs exemplaires d'un ouvrage, fans crainte d'être recherchée comme contrefacteur. Un réglement de l'univerfité de Paris, de 1323, fait même défenfes aux écrivains jurés, qui étoient foumis à fa jurifdiction, de refufer un livre, même à celui qui defiroit en faire faire une copie. *Nullus ftationarius denegabit exemplaria alicui, etiam volenti per illud aliud exemplar facere.*

Les premiers libraires & imprimeurs, dit l'auteur de l'origine de l'imprimerie, ignorèrent également & les privilèges exclufifs & la *contrefaçon*. Ce fut, ajoute-t-il, Erafme qui en donna l'idée à la cour de l'empereur en faveur de Jean Frobin.

Ce favant écrivit le 28 janvier 1522, à Bilibaldus Parcheimerus, qu'on devoit accorder à Frobin, par édit impérial, le privilège de débiter feul pendant l'efpace de deux ans, les ouvrages imprimés chez lui, & de défendre à toute autre perfonne de les réimprimer pendant le même temps, ni même après l'expiration de ce délai, lorfque l'auteur feroit des additions à fon premier ouvrage. Erafme donnoit pour motif de cet édit, les dépenfes confidérables de Frobin, pour la correction & la perfection des ouvrages qui fortoient de fes preffes.

On eut en France les mêmes idées qu'Erafme, & l'on penfa également qu'il étoit néceffaire d'accorder aux imprimeurs des privilèges exclusifs, pour la vente des ouvrages qu'ils imprimoient, afin de les mettre en état de recouvrer leurs frais & mises, & les engager par ce moyen à donner des soins plus particuliers aux travaux de l'imprimerie.

Tels sont les motifs d'un arrêt du parlement de Paris, du 22 mai 1521, par lequel on permet à Pierre Viard, libraire, d'imprimer la nouvelle addition & ampliation de l'histoire de Gaquin, avec défenses à tous autres de l'imprimer, *jusqu'à deux ans après, en suivant la perfection de ladite impression.*

Depuis cette époque, il n'a plus été permis d'imprimer en France des livres, sans en avoir préalablement obtenu la permission, soit par des lettres en la grande chancellerie, soit par une ordonnance des juges royaux. Ces permissions portent en même temps défenses à d'autres que l'impétrant de contrefaire les mêmes livres, sous peine de confiscation des exemplaires, & d'amende, soit arbitraire, soit fixée à une somme déterminée.

La *contrefaçon* d'un ouvrage n'étoit répréhensible qu'autant qu'elle avoit lieu pendant la durée du privilège, accordé pour la première impression, dès qu'une fois un livre avoit été publié ou imprimé, soit dans le royaume, soit au dehors, aucun ne pouvoit obtenir un privilège particulier pour le réimprimer, à moins qu'il n'y eût une augmentation aux livres dont les privilèges étoient expirés. Un arrêt du parlement de Paris, rendu le 7 septembre 1657, entre les libraires de Paris & de Rouen, défend par réglement général, d'obtenir des continuations de privilèges, *à moins qu'il n'y ait dans le livre augmentation d'un quart.*

Cet arrêt étoit conforme aux statuts des libraires & imprimeurs de Paris, présentés par dix-huit députés, nommés par le corps de la librairie, & par sentence du châtelet, à l'effet d'en dresser le projet, confirmés ensuite par des lettres-patentes du mois de juin 1618, & vérifiés au parlement par arrêt du 9 juillet suivant.

Il est dit dans l'article 33, qu'il sera défendu à tous imprimeurs, libraires & relieurs, de contrefaire les livres, desquels il y aura privilège obtenu, d'en acheter aucun, ainsi contrefaits, même de marchands forains, ni d'en faire venir en aucune forme & manière que ce soit, sur les peines portées par les privilèges: qu'il sera également défendu à tous imprimeurs, libraires & relieurs de Paris, d'obtenir aucune prorogation de privilège pour l'impression des livres, s'il n'y a augmentation aux livres desquels les privilèges sont expirés.

Il est certain d'après les loix & réglemens dont nous venons de parler, que les *contrefaçons* n'étoient regardées comme telles que pendant la durée des privilèges obtenus pour la première impression d'un livre, qu'à l'expiration de ce privilège, tous les libraires & imprimeurs avoient le droit d'obtenir des permissions de le réimprimer, sur un exemplaire de la première édition, & que le premier

éditeur ne pouvoit obtenir une continuation de privilège, que lorsqu'il y avoit des additions & augmentations considérables.

Nous pourrions rapporter un grand nombre de jugemens, & d'arrêts rendus conformément à ces principes, mais nous nous contenterons d'insérer ici une des dispositions de l'arrêt du conseil du 27 février 1665, portant réglement sur les privilèges & continuation d'iceux, pour l'impression & réimpression de livres, tant anciens que nouveaux, dans les villes de Paris, Lyon, Rouen, &c.

« Il y est dit: que ceux qui auront obtenu des
» lettres de privilège pour imprimer, & voudront
» en obtenir des continuations, pour se récom-
» penser des avances, frais & travail, ou autre-
» ment, seront tenus de se pourvoir devant sa
» majesté pour cet effet, un an avant l'expiration
» des lettres. Leur fait sa majesté défenses d'en
» demander ni obtenir après ledit temps passé,
» ensemble de demander aucunes lettres, privilèges
» ou continuation pour imprimer les auteurs an-
» ciens, à moins qu'il n'y ait augmentation consi-
» dérable ou correction, sans que pour ce sujet
» il soit défendu aux autres d'imprimer les ancien-
» nes éditions, non augmentées ni revues, & en
» cas qu'elles soient obtenues ci-après, demeure-
» ront nulles.

» Ordonne néanmoins que ceux qui auront ob-
» tenu les lettres de continuation de privilège,
» seront tenus de les faire signifier aux syndic
» adjoints, ou maîtres & gardes des libraires, de
» Lyon, Rouen, Toulouse, Bordeaux & Greno-
» ble seulement, afin que nul n'en prétende cause
» d'ignorance, & ne puisse imprimer & contre-
» faire lesdits livres, sous prétexte de l'expiration
» dudit privilège ».

Ces dispositions ont été confirmées par un second arrêt du conseil du 11 septembre de la même année 1665.

Les peines portées contre les *contrefaçons*, par les réglemens dont nous avons fait mention, consistoient, ainsi que nous l'avons observé, dans la confiscation des exemplaires contrefaits, & dans une amende. Elles ne furent pas suffisantes pour arrêter l'espèce de vol que le contrefacteur commet envers l'auteur ou l'éditeur d'un ouvrage, tant est violent l'amour de l'argent, qui porte à l'injustice la plupart des hommes, des citoyens mêmes, qui exercent des professions honnêtes, telles que l'imprimerie & la librairie.

On crut pouvoir prévenir & arrêter les *contrefaçons* par des loix plus rigoureuses. Un arrêt du conseil du 27 février 1682, fit défenses aux libraires & imprimeurs de Lyon & autres, de contrefaire les livres qui auroient été imprimés par d'autres libraires, avec privilège, *à peine de punition corporelle.*

Cette loi a été depuis adoucie par l'édit du mois d'août 1686, qui n'a prononcé la punition corporelle qu'en cas de récidive. Défendons, y est-il

dit,

dit, *article 65*, à tous imprimeurs & libraires, de contrefaire les livres, pour lesquels il a été accordé des privilèges ou continuations de privilèges, de vendre & débiter ceux qui font contrefaits, fous les peines portées par lesdits privilèges, qui ne pourront être modérées ni diminuées par les juges, & en cas de récidive les contrevenans feront punis corporellement, & feront déchus de la maîtrise.

Ces dispositions font répétées dans l'article 109, du réglement du 28 février 1723, qui étend à ceux qui vendent des livres contrefaits, les peines prononcées contre les contrefacteurs. Cette rigueur paroît avoir eu pour fondement l'idée, accréditée par plusieurs écrivains, que la *contrefaçon* est un vol plus grave, que ne le feroit celui d'un homme, qui, s'étant introduit chez son voisin, en auroit enlevé les meilleurs effets, parce que, dit-on, dans ce dernier cas on peut inculper de négligence, celui qui laisse entrer un voleur dans sa maison, & que dans le premier, le vol est d'une chose confiée à la foi publique.

En partant de ce principe, on a dû regarder les colporteurs & vendeurs de livres contrefaits, comme les complices & les fauteurs de la *contrefaçon*, & ils ont dû être sujets aux mêmes peines que les contrefacteurs, par la même raison que dans les autres espèces de vols, les complices & receleurs font punis de la même manière que les voleurs. On pourroit cependant observer, contre la disposition de cette loi, qu'il y a une grande différence entre les complices & receleurs d'un vol, & ceux qui débitent un livre contrefait. Les premiers ont une parfaite connoissance du vol, & y participent volontairement; les colporteurs au contraire, & autres débitans des livres, ignorent très-souvent, & font même dans l'impossibilité de découvrir, si le livre qu'ils exposent en vente est contrefait, ou s'il a été acquis en premier lieu du véritable propriétaire du privilège.

Quoi qu'il en foit, la rigueur des peines n'a pu arrêter les *contrefaçons*, elles se multiplioient journellement au détriment des auteurs & des légitimes propriétaires des livres. Les libraires de Lyon, dans un mémoire imprimé & présenté au roi, ont même soutenu que l'auteur d'un ouvrage, ou le libraire qui en est l'acquéreur, devoit cesser d'en être le propriétaire, aussi-tôt que le temps accordé par le privilège, pour le publier, étoit expiré, & qu'à cette époque tout libraire devoit être en droit d'imprimer & de vendre ce même ouvrage.

La prétention des libraires de Lyon, l'intérêt particulier des auteurs, la justice qui doit protéger le libraire ou imprimeur qui a obtenu un privilège pour l'impression d'un ouvrage, ont déterminé le roi à donner de nouveaux réglemens sur les *contrefaçons*.

Ils font contenus dans deux arrêts du conseil d'état, du 30 août 1777, qui forment actuellement le véritable état de la jurisprudence sur cet objet.

Par le premier arrêt, le législateur s'est proposé

de concilier les intérêts des auteurs avec ceux du commerce de la librairie. Il a d'abord distingué le droit qu'un homme de lettres a fur son ouvrage, & celui qu'a le libraire par l'acquisition du manuscrit composé par un auteur qui n'existe plus.

En conséquence, par l'article 4 de l'arrêt, il a étendu la jouissance d'une vente exclusive, non-seulement à la durée du privilège obtenu, mais encore à la durée de la vie de l'auteur.

Mais par l'article 6, il autorise « tous libraires » & imprimeurs à obtenir, après l'expiration du » privilège d'un ouvrage & la mort de son auteur, » une permission d'en faire une édition, fans que » la même permission, donnée à un ou plusieurs, » puisse empêcher aucun autre d'en obtenir une » semblable ».

Après cette loi favorable au commerce en général, & qui ne blesse que quelques intérêts particuliers, le législateur, dans le second arrêt, fait connoître sa volonté à l'égard des *contrefaçons* des livres, soit antérieures, soit celles qui feroient faites en contravention de cette loi récente.

Par l'article premier « sa majesté défend à tous » imprimeurs-libraires du royaume de contrefaire » les livres pour lesquels il aura été accordé des » privilèges, pendant la durée desdits privilèges, » ou même de les imprimer fans permission après » leur expiration & le décès de l'auteur, à peine » de 6000 livres d'amende pour la première fois, » de pareille amende & de déchéance d'état en cas » de récidive ».

Il est dit, par le second article, que « les édi- » tions faites en contravention à l'article premier, » feront saisissables sur le libraire qui les vendra, » comme fur l'imprimeur qui les aura imprimées; » & le libraire qui en aura été trouvé saisi, sera » soumis aux mêmes peines ».

Par le troisième, que « les peines portées en » l'article premier, n'empêcheront pas les posses- » feurs du privilège, au préjudice duquel une édi- » tion aura été faite, de former, tant contre l'im- » primeur qui aura contrefait l'ouvrage, que con- » tre le libraire qui aura été trouvé saisi d'exem- » plaires de ladite *contrefaçon*, sa demande en dom- » mages-intérêts, & d'en obtenir de proportionnés » au tort que ladite *contrefaçon* lui aura fait éprouver » dans son commerce ».

Par l'article 4, « sa majesté autorise tout posses- » feur de privilège, à se faire assister, fans autre » permission, d'un inspecteur de librairie, ou, à » son défaut, d'un juge ou d'un commissaire de » police, pour faire visiter, à ses risques, les im- » primeries ou magasins où il croiroit trouver des » exemplaires contrefaits de l'ouvrage dont il a le » privilège; mais, d'un autre côté, pour arrêter le » trouble & l'abus qui pourroient résulter de ces » visites faites imprudemment ou par méchanceté, » sa majesté autorise ceux chez lesquels elles au- » roient été faites, à se pourvoir en dommages & » intérêts contre ceux qui les auroient importunés

» de leurs recherches, s'ils ne trouvent pas des » *contrefaçons* des ouvrages dont ils auront exhibé » le privilège ».

Par cette loi, sa majesté relève ceux qui sont trouvés convaincus de *contrefaçons* antérieures, des peines portées par les réglemens, à la condition qu'ils les représenteront, dans le délai de deux mois, à l'inspecteur & à l'un des adjoints de la chambre syndicale, dans l'arrondissement de laquelle ils sont domiciliés, pour être, la première page de l'exemplaire, extanpillée par l'adjoint, & visée par l'inspecteur.

L'article 9 de cet arrêt, portoit « que l'inspec- » teur seroit tenu d'envoyer, à M. le garde-des- » sceaux, l'extanpille qu'il en a reçu, avec le procès- » verbal de ses opérations; & que dès ce moment » tous les livres contrefaits qui seront dénués de » la signature de l'inspecteur, & de cette marque, » seront regardés comme nouvelle *contrefaçon*, & » ceux sur lesquels ils auront été saisis, seront » soumis aux peines portées par l'article premier». Nous terminerons cet article par une réflexion simple.

Quelque édit qu'on publie, on ne parviendra jamais à détruire absolument la *contrefaçon*, à moins que tous les souverains ne s'entendent pour l'étouffer : & en effet, comment empêcherons-nous que les presses de la Hollande, de la Suisse, de l'Angleterre ne s'emparent d'un ouvrage fait en France ? Ni l'auteur, ni le libraire ne peuvent s'opposer à ce que ces corsaires ne s'enrichissent de leur propriété ! heureux encore s'ils ne la défigurent pas & s'ils ne ravissent pas tout à la fois, à l'homme de lettres, une partie de sa gloire & de sa fortune ! Mais l'intérêt particulier de chaque nation s'opposera toujours à cet accord. Les imprimeries, les fabriques de papiers gagnent trop à ces usurpations pour qu'elles soient jamais arrêtées par ceux qui sont intéressés à les protéger.

On pourra peut-être arrêter en France la *contrefaçon* des ouvrages qui s'y impriment, ainsi que le débit des *contrefaçons* étrangères, en poursuivant par la voie de plainte & d'information ceux qui seront accusés d'avoir contrefait un livre imprimé dans le royaume, ou d'avoir introduit une contrefaçon. Cette nouvelle forme de procéder contre les contrefacteurs, a été prescrite par l'article 3 de l'arrêt du conseil d'état, du 30 juillet 1778, & doit être exécutée dans toute sa rigueur par les tribunaux. (M. D. L.)

CONTREFERME, terme de Pratique, dont il est fait mention dans la coutume d'Aix, *tit.* 16. On y appelle *ferme*, l'action par laquelle le défendeur, en touchant dans la main du baile, affirme qu'il a bon droit, & *contreferme* l'action par laquelle le demandeur affirme de la même manière qu'il a bon droit.

L'usage de la ferme & de la *contreferme* avoit lieu dans presque tous les interlocutoires, & le baile prenoit pour chacune onze sous trois deniers. Mais cet usage a été aboli, & le baile ne prend rien jusqu'à sentence définitive.

CONTRE-FEU, *ou* CONTRE-CHŒUR *de cheminée*, s. m. (*Jurispr.*) c'est une plaque de fer ou de fonte, que l'on adosse à une cheminée pour préserver le mur voisin de l'activité du feu.

La plupart des coutumes, & particulièrement celle de Paris, exigent qu'on fasse faire un *contremur*, de l'épaisseur d'un demi-pied, lorsqu'on pratique un foyer près du mur de séparation d'un héritage voisin; pour éviter cette dépense on emploie ordinairement un *contre-feu* de fer ou de fonte.

CONTRE-GAGE, s. m. (*Jurispr.*) est un droit en vertu duquel un seigneur peut se saisir des effets d'un autre seigneur ou de ceux de ses sujets, lorsque ce dernier seigneur a commencé à s'emparer des effets du premier ou de ceux de ses sujets, ou lui a fait quelque tort. *Voyez* Ducange, au mot *Contragagium*, & Laurière, au mot *Gage*. Il en est parlé dans les privilèges de la ville d'Aigues-Mortes, du mois de février 1350. *Voyez* le vol. IV des *ordonnances de la troisième race.* (*A*)

CONTRE-GARDE, s. m. (*Monnoies.*) c'est un officier créé pour avoir, dans l'hôtel des monnoies, une inspection générale sur tout le travail qui s'y fait. Il a rang immédiatement après les juges-gardes, dont il fait toutes les fonctions en cas d'absence. *Voyez* MONNOIES.

CONTRE-LETTRE, s. f. (*Jurispr.*) du latin *contra litteras*, est un acte secret par lequel on fait quelque paction ou déclaration contraire à un acte précédent, comme quand celui au profit de qui on a passé une obligation, reconnoît que la somme ne lui est point due.

La déclaration qui est passée au profit d'un tiers, diffère de la *contre-lettre*, en ce qu'elle ne détruit pas l'acte, & ne fait qu'en appliquer le profit à une autre personne; au lieu que la *contre-lettre* est une reconnoissance que le premier acte n'étoit pas sérieux.

Avant que l'usage de l'écriture fût devenu commun, on appelloit *lettres* toutes sortes d'actes : quelques-uns ont encore conservé ce nom, comme les lettres royaux ou lettres de chancellerie, les lettres-patentes, les lettres de cachet, les lettres de garde-gardienne; & dans quelques tribunaux, comme au châtelet de Paris, on dit encore *donner lettres*, pour dire *donner acte*.

C'est de-là que s'est formé le mot *contre-lettre*, pour exprimer un acte par lequel on reconnoît qu'un acte précédent ou quelques-unes de ses clauses sont simulées.

Comme la vérité est une dans son langage, & que l'on ne devroit jamais en tenir d'autre dans les actes, les *contre-lettres* devroient être proscrites, étant presque toujours faites pour tromper quelqu'un; c'est pourquoi Pline le jeune, *liv. V, ep.* 1, rapporte qu'étant sollicité par son fils, de passer un acte simulé dont son fils offroit de faire une *contre-lettre*, il le refusa.

Il y a néanmoins des cas où les *contre-lettres*

peuvent avoir un objet fort légitime & fort innocent, comme quand un homme qui veut faire faire sur lui un décret volontaire, passe à cet effet une obligation simulée au profit du poursuivant, dont celui-ci lui passe une *contre-lettre*.

Quoi qu'il en soit, les *contre-lettres* sont permises en général; il en est parlé dans la coutume de Paris, *art. 258*; dans celles de Berri, *tit. 5, art. 51*; & Calais, *art. 59*. Elles sont même souvent relatives à des objets dont la publicité pourroit causer du préjudice aux contractans. Cependant, comme elles peuvent servir à couvrir des pratiques frauduleuses, la justice les voit toujours d'un œil défavorable, lorsqu'elles donnent lieu à quelque contestation.

On passe ordinairement la *contre-lettre* devant notaire, & au même instant que l'acte auquel elle est relative, afin de lui donner une date certaine contre des tiers, & que la relation des deux actes soit mieux marquée. On peut cependant passer la *contre-lettre* quelque temps après; car il est permis en tout temps, de reconnoître la vérité : la *contre-lettre* est seulement plus suspecte, lorsqu'elle est ainsi faite après coup; & lorsqu'elle est seulement sous-seing privé, elle n'a point de date contre un tiers.

Au reste, comme les *contre-lettres* sont de véritables contrats, elles obligent toujours ceux qui les ont signées, lors même qu'elles sont annullées dans les dispositions qui font préjudice à des tiers.

Les contrats de mariage sont les actes les plus importans de la société. C'est sur la foi des dispositions qu'ils renferment, que deux personnes s'unissent, & que deux familles s'allient entre elles. C'est aussi dans ces actes, où les *contre-lettres* peuvent être plus préjudiciables, en altérant ou changeant les clauses du contrat de mariage, qui fait la loi des deux familles. Mais les loix ont pris de justes précautions pour prévenir les abus qui pourroient en naître.

On exige d'abord que les *contre-lettres* qui tendent à anéantir ou à changer les clauses d'un contrat de mariage, soient passées devant notaires, afin qu'elles aient une date certaine, & que les conjoints ne puissent se faire aucun avantage, ou déroger à leurs conventions matrimoniales, après la célébration du mariage.

L'*art. 258* de la coutume de Paris veut que les *contre-lettres* soient passées en présence de tous les parens, qui ont assisté au contrat de mariage : elle présume, lorsqu'on en agit autrement, que le contrat n'a été fait que pour en imposer à la famille; & par cette raison, elle déclare nulle la *contre-lettre*, même par rapport aux conjoints qui l'ont signée.

En effet, la dot promise par un père, pourroit être réduite à la somme dont il seroit convenu secrètement avec son fils. On pourroit faire évanouir des institutions contractuelles : des époux épris d'une folle passion l'un pour l'autre, renonceroient inconsidérément à tout ce que les parens auroient

stipulé pour leurs intérêts. D'ailleurs, les contrats de mariage ne regardent pas seulement les futurs conjoints, mais aussi les enfans qui en peuvent venir, & même tous les parens des deux familles.

On doit appeler à la *contre-lettre* les parens, tant du mari que de la femme, qui ont signé au contrat, lorsque la *contre-lettre* les intéresse également. Mais si l'avantage résultant de la *contre-lettre* n'est qu'au profit d'un des conjoints, il suffit d'appeler les parens de l'autre conjoint qui ont signé au contrat de mariage.

Les arrêtés de M. le premier président de Lamoignon, *tit. de la commun. des biens, art. 5 & 6*, portent que toutes *contre-lettres* faites au préjudice de ce qui a été convenu & accordé par le contrat de mariage, sont nulles, & même à l'égard de ceux qui ont signé les *contre-lettres*; que les conjoints ne peuvent, durant le mariage, y déroger par aucun acte, de quelque qualité qu'il soit, même en la présence & par l'avis de tous les parens qui ont assisté au contrat de mariage, quand même la réformation seroit faite pour réduire les conventions au droit commun de la coutume; mais que les *contre-lettres* faites devant notaires, avant la célébration du mariage, du consentement des futurs conjoints, en présence de leurs principaux & plus proches parens, sont valables.

Il résulte de tout ce que nous venons de dire, que les contrats de mariage, après la célébration, ne sont plus susceptibles de changemens, mais que dans le temps intermédiaire entre le contrat & la célébration, les futurs conjoints peuvent y ajouter ou y déroger par une *contre-lettre*, mais seulement en présence de tous les parens qui ont signé le contrat. Cette règle, fondée sur la disposition des coutumes de Paris & d'Orléans, est rigoureusement suivie dans la jurisprudence, ainsi qu'il paroît par un arrêt du 21 mai 1759, rapporté par Denisart. Cette rigueur s'applique même aux donations faites peu de jours avant le contrat, par les personnes qui doivent s'épouser, lorsque elles ont caché ces dispositions à leurs familles. C'est ce qui a été jugé par arrêt du 19 février 1716, qui a déclaré nulle une donation faite entre les époux, la veille de leur contrat de mariage.

Pothier ne veut pas qu'on outre la disposition de la loi, & il pense qu'une *contre-lettre* ne doit pas être nulle par le défaut d'absence d'un seul parent, sur-tout si l'absent n'étoit qu'un parent éloigné, & que les plus proches, que ceux qui ont le plus d'intérêt & d'autorité dans la rédaction des conditions du contrat de mariage, eussent assisté à la *contre-lettre*. Cette opinion est judicieuse, & doit être suivie dans la pratique.

Au reste, les conditions & formalités que l'on exige pour ces sortes de *contre-lettres*, ne sont nécessaires que quand il s'agit d'un acte qui donne atteinte au contrat de mariage; car si la *contre-lettre* étoit, par exemple, une promesse de la part des parens, d'augmenter la dot, ou seulement une explication de quelque clauſe obſcure & douteuſe ; ſans préjudicier aux droits réſultans du contrat, l'acte ſeroit valable, & ſeroit moins conſidéré comme une *contre-lettre* que comme une addition faite au contrat de mariage.

Il y a des cas où les *contre-lettres* ſont prohibées, ſavoir :

1°. Pour l'acquiſition des charges & pratiques de procureurs, ſuivant les arrêts des 7 décembre 1691, & 8 août 1714.

2°. Les comptables ne peuvent uſer de *contre-lettres*, dans tout ce qui concerne le fait de leurs charges, à peine d'amende arbitraire, ſuivant la déclaration du 16 mai 1532.

3°. Un arrêt du 3 mars 1663, rapporté au journal des audiences, défend de faire aucune *contre-lettre* contre les contrats de fondation & dotation des couvens & communautés ſéculières & régulières, à peine de dix mille livres d'amende contre les contractans, & à peine de faux & de deux mille livres d'amende contre les notaires qui auront reçu les *contre-lettres*.

4°. Un arrêt rapporté au tome premier du journal des audiences, a jugé qu'une *contre-lettre* ou déclaration qu'une rente n'eſt pas due, n'a point d'effet contre le tiers à qui la rente a été cédée.

5°. On n'admet point auſſi, au châtelet de Paris, de *contre-lettres* contre les devis & marchés pour bâtir, ainſi qu'il réſulte d'un réglement du châtelet, en date du 3 décembre 1690, qu'on trouve dans le recueil des actes de notoriété de Deniſart.

Enfin, les *contre-lettres* n'ont aucun effet, lorſqu'il n'en exiſte pas de minute, ou lorſqu'elle eſt en la poſſeſſion de celui contre lequel elle paroît donnée.

Un acte de notoriété, donné par MM. les gens du roi du parlement d'Aix, le 2 juillet 1698, nous apprend qu'en Provence, les *contre-lettres*, ou déclarations volantes, ſecrètes & clandeſtines, qui ne ſont pas couchées & inſinuées dans les regiſtres des notaires, n'ont leur effet & leur date à l'égard des tiers, & ne produiſent hypothèque que du jour de leur enregiſtrement.

CONTRE-MAND, ſ. m. (*Juriſpr.*) étoit une raiſon propoſée en juſtice pour remettre ou différer l'aſſignation ; il différoit de l'exoine en ce que celui qui contremandoit remettoit l'ajournement à un jour certain, ſans être obligé d'affirmer ni d'alléguer aucune autre raiſon ; au lieu qu'en cas d'exoine, il falloit affirmer qu'elle étoit vraie ; & comme on ne pouvoit pas ſavoir quand elle ceſſeroit, la remiſe, par cette raiſon, n'étoit jamais à un jour certain.

Beaumanoir, *chap.* 3, dit qu'il y a grande différence entre *contre-mans* & *eſſoines* ; qu'en toutes querelles (cauſes) où il échet *contre-mand*, on en peut prendre trois avant que l'on vienne à cour, dont chacun des trois contient quinze jours ; qu'il n'eſt pas néceſſaire de faire ſerment ni de dire pourquoi, mais que pour l'*exoinement* (exoine)

on n'en peut avoir qu'un entre deux jours de cour ; qu'il doit être fait ſans jour, parce que nul ne ſait quand il doit être hors de ſon exoine, & qu'il faut jurer l'exoine, ſi la partie le requiert, quand on vient à cour. Qu'en toutes querelles, où il y a *contre-mand*, l'on peut exoiner une fois, s'il y a lieu ; mais que dans toutes les querelles où l'on peut exoiner, l'on ne peut pas *contre-mander*, parce qu'on ne peut *contre-mander*, ſi la ſemonce n'eſt faite ſimplement, &c.

Celui qui étoit obligé d'uſer de *contre-mand* ou d'exoines, ne pouvant les propoſer lui-même, avoit recours au miniſtère d'un meſſager pour les propoſer, s'il ne vouloit pas avoir de procureur, & en ce cas, il ne lui falloit ni grace, ni le conſentement de ſon adverſaire. (*A*)

CONTRE-MARQUE, ſ. f. (*Monnoie. Finance.*) c'eſt une ſeconde marque appliquée par les gardes, aux ouvrages d'orfèvrerie, déjà marqués du poinçon du maître chez lequel ils ont été travaillés. Cette *contre-marque* eſt une double atteſtation du titre des matières.

Cette précaution contre la fraude concerne non ſeulement les orfèvres, mais encore tous les ouvriers qui fabriquent des ouvrages d'or & d'argent. Elle eſt d'une date fort ancienne : la première loi qui en fait mention, eſt une ordonnance de Philippe-le-hardi, du mois de décembre 1275 : ſon établiſſement a été confirmé depuis, par les ordonnances, édits & réglemens de Philippe-lebel, du mois de juin 1313 ; de Louis XII, du 22 novembre 1506 ; de François I, du 21 ſeptembre 1543 ; de Henri III, du mois de ſeptembre 1577 ; de Henri IV, du 22 décembre 1608 ; par un réglement général du 30 décembre 1679, une déclaration du 23 novembre 1721, des lettres-patentes du même mois 1733, & un arrêt de réglement de la cour des monnoies, du 24 mars 1734.

On ne doit pas attendre que les ouvrages ſoient finis, pour les envoyer à la *contre-marque* ; car l'article 12 du réglement de 1679, fait défenſes aux orfèvres d'avoir chez eux aucun ouvrage monté, aſſemblé, frappé en bord ou plané, qu'il n'ait été marqué & *contre-marqué*. La contravention à cet article eſt punie, comme le défaut de titre, par la confiſcation de l'ouvrage, & une amende de cinquante livres pour la première fois, de cent livres pour la ſeconde, &, pour la troiſième, d'interdiction de la maîtriſe, ſans remiſe ni modération.

La marque & la *contre-marque* doivent être appliquées à la partie la plus apparente de l'ouvrage, & le plus près l'une de l'autre qu'il eſt poſſible, ſans cependant qu'elles puiſſent occaſionner une difformité.

Lorſque les orfèvres envoient à la *contre-marque* des ouvrages de différentes fontes, ils doivent le déclarer, afin qu'on en faſſe différens eſſais, autrement ils encourent la confiſcation de l'ouvrage & cent livres d'amende.

Les ouvrages ſont *contre-marqués* en préſence

du fermier des droits de marque fur l'or & l'argent, ou de fon commis. Ils ont, à cet effet, une clef du coffre qui renferme les poinçons de *contre-marque.* Le fermier applique auffi fur les mêmes ouvrages, une marque particulière qu'on appelle *le contrôle & poinçon de décharge.* Cette marque justifie feulement que les droits dus au roi ont été acquittés, mais elle ne fert de rien pour affurer la bonté du titre des ouvrages; il est même défendu au fermier, à peine de trois mille livres d'amende, applicables moitié au roi, moitié aux hôpitaux, d'appliquer fon poinçon fur les ouvrages d'or & d'argent, avant qu'ils aient été marqués & *contre-marqués. Voyez* ORFÈVRE, MARQUE.

CONTRE-MUR, f. m. (*Jurifp.*) on donne ce nom à un petit mur que, dans quelques circonstances, on est obligé de construire, jufqu'à une certaine élévation, au devant d'un mur plus confidérable, & faifant féparation de deux héritages voifins.

Plufieurs de nos coutumes parlent de différens cas où les *contre-murs* font néceffaires; mais celle de Paris, *tit. 9,* s'est expliquée à cet égard avec plus d'étendue que les autres, & fes difpofitions font loi dans celles qui n'ont établi aucune règle fur cette matière.

Suivant cette coutume, 1°. celui qui fait conftruire une étable ou une écurie le long d'un mur voifin, est tenu d'élever un *contre-mur* de huit pouces d'épaiffeur, au moins à la hauteur de la mangeoire des animaux, & de le fonder de manière que le mur voifin ne foit point expofé aux inconvéniens des fumiers.

2°. On doit élever un *contre-mur* dans les endroits deftinés aux trempis des morues que l'on veut faire deffaler, ou à faire des magafins de fel.

3°. Les *contre-murs* font néceffaires lorfqu'on conftruit, près d'un mur voifin, des caves, des cheminées, des fours, des puits, puifets à latrines, & foffés d'aifance. *Voyez* ces différens mots & ceux ATRE, & CONTRE-FEU.

L'obligation de conftruire des *contre-murs,* dans tous les cas dont nous venons de parler, est la même, foit qu'il s'agiffe d'un mur mitoyen, foit que le mur appartienne en pleine propriété au voifin, parce qu'il lui importe également que le mur ne foit pas endommagé & détérioré par les ufages aux-quels on le feroit fervir.

La coutume de Paris exige encore un *contre-mur* du côté des jardins qui joignent le mur d'autrui ou un mur mitoyen, à moins que ce mur ne forme la féparation de deux jardins; car alors les propriétaires fe déchargent mutuellement de cette obligation. Cependant dans les campagnes, les propriétaires des champs qui aboutiffent au long des murs d'un parc, ne font pas tenus de conftruire un *contre-mur* le long de leurs terres; mais on les oblige de laiffer un petit efpace entre le mur & leurs terres.

Lorfqu'un particulier fait rapporter des terres jectices le long d'un mur voifin, il est obligé d'élever un *contre-mur* de fon côté pour en foutenir l'effort;

& lorfqu'il fait baiffer fon terrein le long d'un mur, il est également tenu de faire un *contre-mur,* pour foutenir le pied du mur de féparation.

CONTRE-ORDRE, *ou* CONTRE-MANDEMENT, f. m. (*Jurifp.*) c'est la révocation d'un ordre antérieur, par un ordre poftérieur.

CONTRE-PAN, f. m. (*Jurifprud.*) fignifie en général *contre-gage.* Ce mot est formé du latin *contra,* & de *panum,* qui fignifie *gage.*

Contre-pan fignifie quelquefois *hypothèque;* c'est en ce fens que la coutume de Hainaut, *chap. 95,* parle d'héritage mis en *contre-pan,* & que dans le ftyle des cours féculières de Liège, *chap. 4, art. 17,* il est dit *gage* ou *contre-pan,* & au *ch. 18,* œuvres de *contre-pan.*

Contre-pan fignifie auffi, en certains pays, ce que l'on donne pour être admis au rachat d'un héritage. Par exemple, dans le même ftyle de Liège, *ch. 18,* l'ordinaire & coutumier *contre-pan,* est la huitième de la valeur de l'héritage, donné à cens ou à rente, que l'on paie pour être admis au rachat conventionnel. (*A*)

CONTRE-PANNER, v. a. c'est compenfer, fuivant Boutillier, en fa *Somme rurale.*

Rentes contre-pannées fur héritages, font des rentes foncières hypothéquées fur d'autres héritages que ceux qui font donnés à la charge de la rente; il en est parlé dans la coutume de Hainaut, *ch. 95,* & dans celle de Mons, *chap. 34.* C'est la même chofe que ce que la coutume de Namur, *art 11,* appelle *avoir une rente, contre-pans & héritage.* (*A*)

CONTRE-PLEIGE, f. m. (*Jurifprudence.*) est le certificateur de la caution, dans les pays où la caution est nommée *pleige,* comme en Normandie. *Voyez* CAUTION, CERTIFICATEUR, PLEIGE. (*A*)

CONTRE-PROMESSE, f. f. (*Jurifp.*) est une déclaration de celui au profit duquel une promeffe est faite, que cette promeffe est fimulée, ou qu'il ne prétend point s'en fervir : c'est la contre-lettre d'une promeffe. *Voyez ci-devant* CONTRE-LETTRE. (*A*)

CONTRE-SCEL, f. m. (*Jurifp.*) est un petit fceau différent du grand, que l'on applique à gauche des lettres de chancellerie, fur un tiret ou lacet qui attache enfemble plufieurs pièces.

Les *contre-fceaux* ont été établis pour affurer la vérité des fceaux; les plus anciens font du treizième fiècle. Le P. Montfaucon, *tome II de fes Monumens de la monarchie françoife,* dit que Philippe Augufte est le premier qui fe foit fervi d'un *contre-fcel,* & que celui de ce prince étoit une fleur-de-lys.

CONTRE-SEING, f. m. (*Jurifprudence.*) est la fignature d'une perfonne fubordonnée, au-deffous de celle d'un fupérieur. *Voyez* CONTRE-SIGNER. (*A*)

CONTRE-SIGNER, v. act. (*Jurifpr.*) fignifie appofer une fignature contre une autre. Tout ce que le roi figne en finance ou autrement, est *contre-*

figné par un fecrétaire d'état, qui figne, *par le roi*, N.... Ce fut fous Louis XI, en 1481, qu'il fut arrêté que le roi ne figneroit rien fans qu'il ne le fît *contre-figner* par un fecrétaire d'état, fans quoi on n'y auroit aucun égard.

Les princes font auffi *contre-figner* leurs expéditions par les fecrétaires de leurs commandemens.

Les archevêques & évêques font pareillement *contre-figner* leurs dépêches par leur fecrétaire.

Les officiers de judicature & autres perfonnes publiques, font auffi *contre-figner* les expéditions qu'ils donnent, ou par leur fecrétaire, ou par les greffiers des jurifdictions auxquels ils font attachés.

CONTRE-SOMMATION, f. f. (*terme de Pratique.*) eft un acte oppofé à la fommation. Ce terme eft ufité en matière de garantie. La demande qui eft formée contre le garant, s'appelle *demande en recours de garantie*, ou *demande en fommation*, parce que le garant eft fommé de prendre le fait & caufe de garantie. Si celui qui eft affigné en garantie prétend avoir lui-même un garant, il lui dénonce la demande en recours ou fommation qui eft formée contre lui, & le fomme de fa part de prendre fon fait & caufe; il dénonce enfuite cette nouvelle demande au premier demandeur en garantie, & cette dénonciation s'appelle *contre-fommation* : il contrefomme, même quelquefois au premier demandeur en garantie, fa propre demande. (*A*)

CONTRE-VISITE, f. f. (*terme de Pratique. Arts & Métiers.*) dans les matières où il échet de faire vifiter les lieux par experts, lorfqu'une partie a fait faire une première vifite, & que l'autre partie prétend que le rapport eft nul ou défectueux, elle demande ordinairement une nouvelle vifite pour établir le contraire de la première, & cette feconde vifite eft ce que l'on appelle quelquefois *contre-vifite.* (*A*)

On appelle auffi *contre-vifite*, les fecondes vifites non prévues ni annoncées, que font les infpecteurs des manufactures, les commis des droits du roi, les maîtres-gardes, ou jurés des communautés d'arts & métiers, pour empêcher ou découvrir les fraudes qui pourroient avoir été faites dans les vifites fixées & ordonnées par les ftatuts & réglemens. *Voyez* VISITE.

CONTRIBUTION, f. f. (*Droit civil. Code militaire. Finance.*) dans une fignification générale, on appelle *contribution*, la repartition d'une chofe fur plufieurs perfonnes.

En terme de guerre, *contribution* fe dit de ce que l'on paie à l'ennemi, foit en argent, foit autrement, pour fe garantir du pillage & des autres exécutions militaires. *Voyez le Dictionnaire de l'art militaire.*

En terme de finances, ce mot s'entend de toutes fortes d'impofitions en général, & il fe dit particuliérement de la *contribution aux tailles. Voyez le Dictionnaire des finances.*

En droit, le mot de *contribution*, s'applique principalement à la répartition, entre cohéritiers, aux dettes d'un défunt, & à la répartition au fou ou au marc la livre d'une fomme d'argent, foit à payer, foit à recevoir entre plufieurs perfonnes.

La *contribution aux dettes d'un défunt* entre héritiers & aux autres fucceffeurs à titre univerfel, eft la répartition qui fe fait fur eux de la maffe des dettes, afin que chacun d'eux en fupporte la portion qui eft à fa charge.

Suivant le droit romain, les dettes fe paient *in viriles*, c'eft-à-dire que chacun paie fa part des dettes à proportion de celle qu'il prend dans la fucceffion, mais fans compter les prélegs; de forte que fi deux perfonnes font inftituées héritières conjointement, & que l'une d'elles ait un prélegs, ou que chacune d'elles en ait un, mais qu'ils foient inégaux, elles contribuent néanmoins également aux dettes, fans confidérer que l'une tire plus d'avantage que l'autre de la fucceffion. *Leg. ex facto 35*, §. *unde fcio, ff. de hæred. inftit.*

En pays coutumier, les héritiers, donataires & légataires univerfels, contribuent aux dettes, chacun à proportion de l'émolument, comme il eft dit dans la coutume de Paris, *art.* 334, qui fait le droit commun par rapport aux coutumes qui n'ont aucunes difpofitions à cet égard.

Lorfque le défunt a abforbé par des legs ou des donations antérieures, la légitime due à fes enfans ou autres héritiers, il ne fe fait point de *contribution* entre les différens donataires ou légataires; mais elle fe prend fur la dernière donation ou legs, & en cas d'infuffifance fur la donation ou legs précédent, & ainfi en remontant de degré en degré. *Voyez* LÉGITIME, LEGS, QUINT, DONATION.

La *contribution au fou ou au marc la livre*, fe dit de la diftribution d'une fomme mobilière, foit entre plufieurs créanciers faififfans & oppofans, lorfqu'il y a déconfiture, à proportion de ce qui eft dû à chacun d'eux, foit entre plufieurs perfonnes qui doivent contribuer au paiement d'une fomme, en raifon de ce que chacun d'eux profite dans l'évenement qui donne lieu à la *contribution*.

Cette dernière efpèce de *contribution* a lieu lorfque plufieurs perfonnes font obligées au paiement de dommages ou indemnités, & principalement entre les marchands & négocians intéreffés dans le chargement d'un navire, lorfque l'on a été obligé de jetter à la mer une partie des marchandifes, ou qu'elles ont effuyé quelques autres avaries. *Voyez* AVARIE, JET, NAUFRAGE.

La *contribution entre créanciers faififfans & oppofans*, a lieu entre les créanciers chirographaires d'un failli, lorfqu'ils n'ont aucun privilège fur les deniers provenans de la vente des meubles, & fur le prix des immeubles entre tous ceux qui n'ont point d'hypothèque. Dans le cas de la *contribution* aucun des créanciers n'eft ni préféré, ni payé en entier; chacun d'eux reçoit, en proportion de fa créance & de la fomme qui eft à contribuer, une fomme plus ou moins forte. *Voyez* DISTRIBUTION, DETTE, HYPOTHÈQUE, PRIVILÈGE.

CONTROLE, f. m. (*Jurifpr.*) eft un regiftre double que l'on tient de certains actes de juftice, de finances, & autres, tant pour en affurer l'exiftence que pour empêcher les antidates. Ce terme *contrôle*, a été formé des deux mots, *contre*, *rôle*.

Les regiftres de *contrôle* en général ne font point publics, c'eft-à-dire qu'on ne les communique pas indifféremment à toutes fortes de perfonnes, mais feulement aux parties dénommées dans les actes & à leurs héritiers, fucceffeurs ou ayans caufe; à la différence des regiftres des infinuations, qui font deftinés à rendre public tout ce qui y eft contenu, & que par cette raifon on communique à tous ceux qui le requièrent. *Voyez l'arrêt du conseil du 6 février 1725.*

Il y a plufieurs fortes de *contrôle* qui ont rapport à l'adminiftration de la juftice; tels que le *contrôle* des actes des notaires, celui des exploits, celui des dépens, & autres que l'on va expliquer dans les fubdivifions fuivantes, & au mot CONTRÔLEUR.

CONTRÔLE *des actes eccléfiaftiques*. *Voyez* ci-après CONTRÔLE DES BÉNÉFICES.

CONTRÔLE *des actes devant notaires*. *Voyez* ci-après CONTRÔLE DES NOTAIRES.

CONTRÔLE *des actes fous feing-privé*. *Voyez* dans les fubdivifions fuivantes à l'*s*.

CONTRÔLE *des actes de voyage*. *Voyez* ci-après CONTRÔLE DES GREFFES, & AFFIRMATION *de voyage & féjour*.

CONTRÔLE DES AMENDES, eft le double regiftre que l'on tient de la recette des amendes qui fe perçoivent pour différentes caufes dans les tribunaux.

CONTRÔLE *des arrêts au parlement*, eft un droit qui fe perçoit pour l'expédition de chaque arrêt, à proportion du nombre de rôles qu'elle contient; le greffier en peau qui a fait l'expédition, la porte au contrôleur, lequel en fait mention fur un regiftre deftiné à cet ufage, & perçoit le droit de *contrôle*.

CONTRÔLE *des aides*, eft le double regiftre que l'on tient de la recette des aides.

CONTRÔLE *des bans de mariage*, étoit un double regiftre que l'on tenoit ci-devant de la publication des bans de mariage; il fut établi par édit du mois de feptembre 1697, fuivant lequel on devoit enregiftrer tous les bans de mariage, foit qu'ils fuffent en effet publiés, ou obtenus par difpenfe, de manière que les parties ne pouvoient fe marier qu'après l'enregiftrement & *contrôle des bans*, & il étoit défendu à tous curés, vicaires & autres, de célébrer aucun mariage qui ne leur fût apparu de ce *contrôle*. Il fut à cet effet créé, par le même édit, des offices héréditaires de contrôleur des bans de mariage dans toutes les principales villes & bourgs du royaume. Ces offices de contrôleurs des bans de mariage furent fupprimés par édit du mois de mars 1702, portant que le droit de *contrôle* feroit doré-navant perçu au profit du roi. Ce droit a depuis été fupprimé.

CONTRÔLE *des baptêmes*, étoit un double regiftre des actes de baptême, qui étoit tenu par des contrôleurs établis à cet effet par édit du mois d'octobre 1706, dont l'exécution fut ordonnée par autre édit du mois de février 1707; ce qui a été depuis fupprimé. Préfentement les curés font obligés de tenir deux regiftres des baptêmes, mariages & fépultures; mais ce n'eft pas un contrôleur qui tient le double regiftre, ce font les curés eux-mêmes. *Voyez* BAPTÊMES, REGISTRES, MARIAGES, SÉPULTURES.

CONTRÔLE *des bénéfices* ou *actes eccléfiaftiques*, fut établi par édit du mois de novembre 1637, pour prévenir les fraudes qui fe commettoient dans les procurations *ad refignandum*, & autres actes concernant les bénéfices. Cet édit ordonne de faire contrôler ces actes; favoir, les procurations pour réfigner avant de les envoyer à Rome, & les préfentations, collations, & autres actes concernant les bénéfices, l'impétration, & poffeffion d'iceux, & les capacités requifes pour les pofféder, dans un mois au plus tard après la date de ces actes.

Cet édit a été enregiftré au grand-confeil, & y eft obfervé; n'ayant été adreffé au parlement dans le temps, il n'y fut point enregiftré, & n'y eft point obfervé. Le roi donna une déclaration au mois d'octobre 1646, contenant plufieurs modifications fur l'édit de 1637, par laquelle, entre autres chofes, il fupprima tous les contrôleurs qui avoient été établis pour les bénéfices, & ordonna que les actes feroient infinués ès greffes des dioceses. Cette déclaration fut enregiftrée au parlement avec plufieurs modifications, notamment que l'infinuation fera faite au greffe des infinuations, & non pas des dioceses.

CONTRÔLE *des billets*. *Voyez* ci-après CONTRÔLE *des actes fous fignature privée*.

CONTRÔLE *des bois du roi*. *Voyez* CONTRÔLE *des domaines & bois*.

CONTRÔLE *des chancelleries*, eft le double regiftre que l'on tient des lettres qui s'expédient, tant en la grande chancellerie de France, que dans les autres chancelleries près les cours & préfidiaux. *Voyez* la déclaration du 24 avril 1664, pour le *contrôle* de ces lettres. *Hiftoire de la chancellerie, tome I. pag. 563.*

CONTRÔLE *des dépens*, a été établi par édit du mois de décembre 1635. Par cet édit & par celui du mois de mars 1739, il fut créé des contrôleurs des tiers-référendaires dans tous les parlemens, cours & jurifdictions du royaume, à l'effet de faire le *contrôle*, c'eft-à-dire tenir regiftre de tous les dépens taxés par les tiers-référendaires.

Le motif apparent de cet établiffement a été que les contrôleurs des dépens en examineroient les taxes, pour voir fi elles étoient juftement ordonnées; mais dans l'exécution ce *contrôle* fe borne à la perception d'un droit pour chaque article de la déclaration de dépens.

Par l'édit du mois d'avril 1667, ces offices de contrôleurs & les droits de *contrôle* furent réunis au domaine du roi, pour être perçus à son profit par le fermier général de ses domaines.

Au mois de mars 1694, il y eut un édit qui supprima tous les offices de contrôleurs des tiers-référendaires créés en 1635 & 1639, & en créa de nouveaux sous le titre de contrôleurs des déclarations de dépens ; savoir, huit pour les conseils du roi, avec attribution de dix-huit deniers pour livre, & vingt contrôleurs pour le parlement de Paris, cour des aides & cour des monnoies. Il en fut aussi créé pour tous les autres tribunaux, & on leur attribua à tous le droit de six deniers pour livre du montant de tous les dépens, frais, dommages & intérêts ; le tout exigible lorsque les déclarations ont été signifiées.

Mais par plusieurs édits des années 1694, 1695 & 1698, tous ces offices de contrôleurs des dépens ont été réunis aux communautés des procureurs de chaque tribunal. *Voyez* PROCUREUR, TIERS-RÉFÉRENDAIRE.

CONTRÔLE *du domaine*, ou *des domaines & bois*, est le double registre que l'on tient de la recette du domaine dans chaque bureau ou généralité.

Il fut créé un office de contrôleur du domaine dans chaque recette, par édit du 24 janvier 1522, mais qui ne fut registré que le 15 mai 1535.

Il y a eu depuis diverses créations de contrôleurs généraux, provinciaux & particuliers, anciens & alternatifs des domaines & bois dans chaque généralité, & notamment par édit du mois de décembre 1689, qui leur a attribué le titre de contrôleurs généraux des domaines & bois.

Ces offices des contrôleurs des domaines ont été unis à ceux de contrôleurs généraux des finances de chaque généralité, par une déclaration du 15 mai 1692, à l'exception néanmoins de ceux des généralités de Paris, Amiens, Dijon, Montpellier, & des provinces de Bretagne & de Dauphiné.

CONTRÔLE *des élections*, fut établi par édit du 24 janvier 1522, dans chaque élection & recette des aides, tailles, octrois équivalens, impositions & fermes. On a depuis attribué aux contrôleurs la qualité d'élu & les mêmes droits.

CONTRÔLE *des exploits* : ce mot signifie principalement la mention qui est faite d'un exploit sur un registre public destiné à cet effet ; il signifie aussi la mention qui est faite de cet enregistrement ou *contrôle* de cet exploit même.

Par un édit du mois de janvier 1654, suivi d'une déclaration du 18 août 1655, registrée le 7 septembre suivant, il fut ordonné qu'il seroit tenu un contrôle des exploits de première demande de principal & intérêts, saisies réelles & mobilières, significations de transports, &c. mais ces édit & déclaration n'eurent point d'exécution.

L'ordonnance de 1667, tit. des ajournemens,

art. 2, avoit ordonné que tous huissiers ou sergens seroient tenus, en tous exploits d'ajournement, de se faire assister de deux témoins ou records, qui signeroient avec eux l'original & la copie des exploits.

L'édit du mois d'août 1669, qui a dispensé les huissiers & sergens de se faire assister de deux témoins ou records, a en même temps ordonné que tous exploits, à l'exception de ceux qui concernent les procédures de procureur à procureur, seront enregistrés, c'est-à-dire *contrôlés*, dans trois jours après leur date, à peine de nullité, & de l'amende portée par cet édit ; avec défenses aux juges de rendre aucun jugement sur des exploits non *contrôlés*, & donnés soit pour interruption de prescription, adjudication d'intérêt, ou autrement.

Par un arrêt du conseil du 30 mars 1670, donné en interprétation de cet édit, le roi a déclaré que les exploits sujets au *contrôle*, sont les ajournemens & assignations devant tels juges & pour telle cause que ce soit, faits par huissiers, sergens, archers, & autres ayant droit d'exploiter en toutes matières criminelle, civile & bénéficiale, à personne ou domicile des parties, ou autres domiciles élus ou indiqués en première instance ou d'appel, interventions, anticipations, désertions, intimations de juges, renvois, réglemens de juges, ou évocations ; exploit d'ajournement pour ouïr & confronter témoins, nomination de tuteurs & avis de parens ; les assignations sur défaut obtenu en la jurisdiction des consuls, significations de tous arrêts, sentences, jugemens & ordonnances contradictoires, définitifs ou provisoires, rendus par forclusion ou par défaut faute d'avoir constitué procureur ; les exploits de sommation, déclarations, empêchemens, protestations ; protêts de lettres & billets de change, ou offres, désistemens, renonciations, significations de transport & autres actes ; dénonciations, commandemens itératifs, emprisonnement, recommandations, exécutions, gageries, saisies-arrêts, oppositions pour quelque cause que ce soit ; main-levée & consentemens, exploit de retrait lignager ou féodal ; de requêtres, saisies féodales, réelles, significations d'icelles, criées & appositions d'affiches, sans néanmoins dispenser les exploits des saisies féodales, réelles, criées & appositions d'affiches, des autres formalités de témoins & records, prescrites par les coutumes & anciennes ordonnances ; les exploits faits à la requête des procureurs du roi, & pour le recouvrement des tailles, impôt du sel, don gratuit, & autres impositions, pour les fermes des gabelles, aides, entrées, cinq grosses fermes, & tous autres deniers & revenus de sa majesté sans exception.

Les actes que les notaires signifient aux parties, tels que les actes de protestation, saisies, offres, oppositions & réquisitions, sommations & autres actes, ont été déclarés sujets au *contrôle* par un arrêt du conseil du 14 avril 1670.

Les actes judiciaires qui ne sont pas assujettis à la formalité

formalité du *contrôle*, font, 1°. ainsi que nous l'avons déjà dit, les actes d'instruction, qui se signifient de procureur à procureur : 2°. ceux qui sont faits par les huissiers du conseil du roi : 3°. ceux faits pour l'instruction & les jugemens des affaires civiles & criminelles, dans lesquelles les procureurs généraux ou leurs substituts, les promoteurs ecclésiastiques & les procureurs fiscaux sont seuls parties ; & lorsqu'il s'agit d'objets concernant la police générale, ou des contraventions aux ordonnances : 4°. les exploits faits par les collecteurs pour le recouvrement des impositions royales, lorsqu'ils ne contiennent, ni assignation, ni saisie entre les mains d'un tiers.

On a assujetti à la formalité du *contrôle*, mais avec exemption de droits, 1°. les exploits & autres actes faits à la requête des procureurs du roi, aux bureaux des finances, pour obliger les fermiers ou sous-fermiers à remettre les états des ventes & aliénations des domaines, & généralement tous ceux qui concernent les domaines du roi : 2°. les significations faites à la requête des procureurs du roi des maîtrises des eaux & forêts, en conséquence des rapports & procès-verbaux des délits commis dans les bois du roi ou des gens de main-morte. Mais à l'égard de ces derniers actes, s'il y est fait mention de restitutions ou de dommages adjugés, le fermier est en droit d'exiger les droits de *contrôle* & autres.

Le *contrôle* doit être fait dans les trois jours après la date de l'exploit, quand même il se trouveroit dans ces trois jours un dimanche ou fête, suivant un arrêt du conseil du 12 décembre 1676 ; ce qui a été confirmé par une déclaration du 23 février 1677.

Cette déclaration excepte seulement les procès-verbaux & exploits qui sont faits à la requête des receveurs ou commis au recouvrement des tailles, fermiers-généraux ou sous-fermiers des gabelles, aides, cinq grosses fermes, & autres deniers & revenus, dans les paroisses de la campagne écartées des lieux où les bureaux du *contrôle* sont établis, lesquels peuvent être contrôlés dans les sept jours qui suivent leur date.

Il est dû autant de droits de *contrôle* qu'il y a de personnes dénommées dans l'exploit. Cela souffre cependant quelques exceptions ; mais ce détail, peu intéressant, nous meneroit trop loin : ceux qui en auront besoin, le trouveront dans la déclaration de 1677.

La formalité du *contrôle des exploits* n'a pas été établie dans tout le royaume en même temps.

Il ne fut établi en Dauphiné que par l'édit de février 1691.

Au mois de février 1696, il fut établi dans les provinces de Flandres, Artois, Hainaut, Alsace, duché de Luxembourg, comté de Chini, gouvernement de la Saarre & pays de Roussillon.

Par édit du mois de juin 1708, il fut créé des contrôleurs d'exploit dans le comté de Bourgogne.

Sur les droits du *contrôle*, *voyez le Dictionnaire des finances*.

CONTRÔLE *des finances*, il y avoit un contrôleur général des finances & domaines de Dauphiné dès 1510.

Par édit du mois de février 1554, on en créa un dans chaque recette générale des finances.

En quelques endroits, on y a uni les offices de contrôleurs des domaines & bois. *Voyez ci-devant* CONTRÔLE DU DOMAINE. *Voyez ci-après* CONTRÔLEUR GÉNÉRAL DES FINANCES.

CONTRÔLE *des gabelles*, est le double registre de la recette des gabelles.

CONTRÔLE *général*, ce titre a été donné à plusieurs sortes de *contrôles*, comme le *contrôle général* des domaines & bois, des finances de chaque généralité, &c. mais quand on dit *contrôle général* simplement, par exemple, porter une quittance de finance au *contrôle général*, on entend le *contrôle général* des finances de tout le royaume. *Voyez ci-après* CONTRÔLEUR *général des finances*.

CONTRÔLE *des gens de main-morte*, est l'enregistrement que toutes les communautés séculières & régulières de l'un & de l'autre sexe, bénéficiers & autres gens de main-morte, sont obligés de faire faire tous les dix ans, dans le bureau destiné pour cet objet, de la déclaration de tous leurs biens & revenus, suivant les édits & réglemens qui l'ont ainsi ordonné. *Voyez* BAIL *des biens des gens de main-morte*.

CONTRÔLE *des greffes*, ou plutôt *des greffiers*, est celui qui se tient des expéditions des greffiers. Ce *contrôle* fut établi par édit du mois de juin 1627. Outre les contrôleurs établis dans les jurisdictions ordinaires, il fut créé des contrôleurs des greffiers des hôtels-de-ville, par édit de janvier 1704. Au mois de septembre suivant, on créa des contrôleurs des actes d'affirmation de voyage. En 1707, on désunit de la fonction de contrôleur des greffes, celle de contrôleur des présentations, & on l'unit aux offices de contrôleurs des actes de voyage.

Par un édit de décembre 1708, on supprima tous les offices de contrôleurs des actes d'affirmation de voyages, présentations, défauts & congés, créés par les édits de septembre 1704 & décembre 1707, & ceux de contrôleur des greffes, établis par l'édit de janvier 1707 ; de sorte qu'il n'est resté que ceux qui étoient établis avant cet édit.

CONTRÔLE *des greniers à sel*, fut établi au mois de mai 1577. On a depuis créé des contrôleurs alternatifs & triennaux dans chaque grenier à sel : en quelques endroits ces offices ont été réunis en un seul. *Voyez* GRENIER A SEL.

CONTRÔLE *de Normandie*. *Voyez ci-après* CONTRÔLE *des notaires*.

CONTRÔLE *des notaires*, ou *des actes devant notaires*, est une formalité établie pour assurer de plus en plus la date & l'authenticité de ces actes. Ce *contrôle* avoit été établi dans tout le royaume par édit de l'an 1581, qui fut révoqué en 1588 ; il y eut néanmoins, en 1606, une déclaration du roi, particulière pour la province de Normandie, qui y rétablit le *contrôle*, & qui s'y eſt depuis toujours obſervée, tellement que les actes non contrôlés n'y produiſent point d'hypothèque. L'article 134, des placités, porte qu'il ſuffit de contrôler les contrats au bureau du lieu où ils ſont paſſés, ou du lieu du domicile de l'obligé; mais il eſt dit, par l'article ſuivant, que les contrats paſſés hors de Normandie, ont hypothèque ſur les immeubles ſitués en Normandie, encore qu'ils ne ſoient pas contrôlés.

Pour ce qui eſt du *contrôle* des actes des notaires dans les autres provinces du royaume, il fut rétabli par un édit de Louis XIV, donné en 1693; il eſt abſolument néceſſaire, pour la validité de l'acte, & non pas ſeulement pour aſſurer l'hypothèque.

Il doit être fait dans la quinzaine de la date de l'acte. Le contrôleur, après avoir enregiſtré l'acte par extrait, fait mention du contrôle ſur la minute.

Le *contrôle* eſt différent de l'inſinuation laïque, qui a été établie par édit du mois de décembre 1703. L'un eſt pour tous les actes des notaires, l'autre eſt une double formalité qui n'eſt néceſſaire que pour les actes tranſlatifs de propriété; ainſi un même acte peut être contrôlé & inſinué, auquel cas il eſt porté ſur deux regiſtres différens. Les regiſtres des inſinuations ſont publics, c'eſt-à-dire qu'on les communique à tout le monde; au lieu que les regiſtres du *contrôle* ſont ſecrets, de même que les actes devant notaires, & ne ſe communiquent qu'aux parties contractantes, leurs héritiers, ſucceſſeurs ou ayans cauſe.

Les actes reçus par les notaires au châtelet de Paris, avoient été aſſujettis à la formalité du *contrôle*, comme ceux des autres notaires; par une déclaration du 29 ſeptembre 1722; mais par une autre déclaration du 7 ſeptembre 1723, ils en ont été exemptés, ce qui s'étend à tous les actes qu'ils reçoivent, ſoit à Paris ou ailleurs.

Le *contrôle* des actes des notaires n'a point été établi dans les provinces d'Alſace, de Flandres, du Hainaut & de l'Artois. Il n'eſt pas auſſi d'uſage dans les colonies françoiſes.

La perception des droits de *contrôle* eſt établie & fixée par l'édit de 1693, la déclaration du 20 mars 1708, & le tarif annexé à celle de 1722. *Voyez le Dictionnaire des finances.*

CONTRÔLE *des octrois*, ou *des deniers d'octroi & ſubvention*, fut établi dans chaque province & ville, par édit du mois de janvier 1707.

CONTRÔLE *des ouvrages d'or & d'argent*, eſt une marque ou poinçon qui s'applique ſur tous les nouveaux ouvrages d'or & d'argent, avant qu'ils puiſſent être expoſés en vente. La néceſſité de cette marque a été établie par l'ordonnance du mois de juillet 1681. *Voyez ci-après* CONTRÔLE *de la vaiſſelle*, MARQUE, CONTRE-MARQUE.

CONTRÔLE *des actes ſous ſignature privée*, eſt une formalité établie pour donner une date certaine à ces ſortes d'actes du jour du *contrôle*, &

pour aſſurer l'identité de l'acte qui eſt repréſenté.

Il fut introduit par une déclaration du 14 juillet 1699, ſuivant laquelle on n'étoit alors tenu de faire contrôler les actes ſous ſeing-privé, qu'après qu'ils avoient été reconnus, ſoit par défaut, ſoit contradictoirement, auquel cas celui qui en avoit pourſuivi la reconnoiſſance, étoit tenu de le porter chez un notaire, pour être par lui délivré expédition du tout, après avoir fait contrôler l'écrit.

Mais, par un édit du mois d'octobre 1705, il a été ordonné qu'à l'avenir tous actes paſſés ſous ſeing-privé, à l'exception des lettres-de-change, billets à ordre ou au porteur, faits par les marchands, négocians & gens d'affaires, ſeront contrôlés avant qu'on en faſſe aucune demande en juſtice, & les droits payés ſuivant la qualité des actes, & à proportion des ſommes y contenues.

En cas de contravention à ce réglement, non-ſeulement la procédure eſt nulle, mais il y a une amende de 300 liv. tant contre la partie que contre l'huiſſier, ſergent ou procureur qui auront fait quelque procédure ſans avoir préalablement fait contrôler l'écrit, qui y donne lieu.

CONTRÔLE *des tailles*, fut établi dès 1522, comme on l'a dit à l'article du *contrôle des élections*. Il y eut encore d'autres créations de contrôleurs des tailles en 1574, 1587, 1597, 1616 & 1622, & autres années. Tous ces contrôleurs des tailles furent ſupprimés par édit du mois de décembre 1701, portant création d'un office d'élu-contrôleur des quitances que les receveurs des tailles donnent aux collecteurs. Ces nouveaux offices furent encore ſupprimés par édit du mois d'août 1715; mais par une déclaration du mois d'août 1718, on excepta de cette ſuppreſſion les deux contrôleurs des tailles de l'élection de Paris, aux conditions portées par cette déclaration.

CONTRÔLE *des titres*. Au mois de juin 1581, il fut créé un office de contrôleur des titres en chaque ſiège royal, pour enregiſtrer les contrats au-deſſus de 500 écus de principal, ou 30 ſous de rente foncière, les teſtamens, décrets, ou autres expéditions entre-vifs & de dernière volonté.

Ce *contrôle* n'a eu ſon exécution qu'en Normandie, en vertu d'un édit du mois de juin 1606. *Voyez ci-devant* CONTRÔLE *des notaires*.

CONTRÔLE *des traites*, eſt celui des droits qui ſe paient pour les marchandiſes qui entrent dans le royaume, ou qui en ſortent. Il y avoit des contrôleurs dès 1571, ès ports & havres de Normandie & de Picardie.

CONTRÔLE *de la vaiſſelle d'or & d'argent*, eſt une marque établie par l'ordonnance du mois de juillet 1687, & édit du mois d'août 1696, & lettres-patentes du 18 juin 1697. (*A*)

CONTROLEUR, ſ. m. (*Juriſpr.*) eſt celui qui contrôle les actes, c'eſt-à-dire qui les inſcrit ſur un double regiſtre, & fait mention de cette formalité ſur l'original de l'acte.

Il y a diverſes ſortes de *contrôleurs*, qu'on diſtingue par des épithètes particulières ; nous allons en parler par ordre alphabétique.

CONTRÔLEURS *des affirmations*, font ceux qui tiennent un double regiftre des actes d'affirmation de voyage. Ces officiers furent établis par édit du mois de septembre 1704, fuivant lequel ces actes doivent être contrôlés le même jour qu'ils ont été délivrés. *Voyez* AFFIRMATION *de voyages.*

CONTRÔLEUR *ambulant*, eft un prépofé des fermiers-généraux, qui fait une ronde dans plufieurs bureaux dont il a le département, & dont il contrôle les regiftres & la recette. *Voyez le dictionnaire des finances.*

CONTRÔLEURS *des baillis & sénéchaux*, c'étoient les procureurs & receveurs de chaque bailliage & fénéchauffée qui faifoient cette fonction à l'égard des baillis & fénéchaux, auxquels ils donnoient un certificat de la réfidence qu'ils avoient faite dans leur jurifdiction, & les baillis n'étoient payés de leurs gages qu'à proportion du temps qu'ils avoient réfidé : c'eft ce que l'on voit dans les lettres de Charles VI, du 28 octobre 1394.

CONTRÔLEUR *de la boîte aux Lombards*, étoit celui qui faifoit le contrôle de la recette des droits que l'on percevoit à Paris fur les Lombards. *Voyez les lettres de Charles V, du 10 juin 1368.*

CONTRÔLEUR *des boîtes, à la monnoie*, eft un officier prépofé pour la fûreté des deniers des boîtes, lorfqu'ils ont été remis entre les mains du receveur des boîtes.

CONTRÔLEUR *des bons d'états du confeil*, eft un officier prépofé pour pourfuivre au confeil le recouvrement de tous les débets de ceux qui ont été jugés reliquataires par arrêt du confeil. Cette fonction eft ordinairement jointe à celle de contrôleur des reftes de la chambre des comptes. *Voyez* CONTRÔLEURS *des reftes, dans l'article* CHAMBRE *des comptes.*

CONTRÔLEUR-CONTRE-GARDE, *à la monnoie ;* officier pour veiller aux opérations du directeur, & à la fûreté de la caiffe. Il y en a un dans chaque monnoie. *Voyez* MONNOIE.

CONTRÔLEUR *des décimes. Voyez* DÉCIMES.

CONTRÔLEURS *des décrets volontaires. Voyez* CONSERVATEURS *des décrets volontaires.*

CONTRÔLEUR *des eaux & forêts*, furent créés par édit du mois de mars 1635 : il y en avoit trois dans chaque grande maîtrife ; favoir, un ancien, un alternatif & un triennal ; & trois pareillement dans chaque maîtrife particulière. Ils étoient établis pour connoître, chacun en droit foi, des différends qui fe traitent devant les grands-maîtres ou devant les maîtres particuliers, concernant les eaux & forêts du roi ; ils affiftoient, concurremment avec eux, aux ventes & adjudications des bois de leur département, & en fignioient les procès-verbaux avec les grands-maîtres & maîtres particuliers. Ils étoient intitulés en toutes fentences, jugemens & adjudications, & généralement en tous les actes qui émanent des grandes-maîtrifes & maîtrifes particulières, & jouiffoient des mêmes privilèges que les autres officiers des eaux & forêts. Ces offices ont depuis été fupprimés.

CONTRÔLEUR *& garde des médailles & jettons.* C'eft le titre d'un officier créé par édit du mois de juin 1696, dont les fonctions confiftoient à tenir regiftre des fontes, & de la quantité de marcs, de médailles ou jettons qui fe fabriquent. Il jouiffoit du titre de confeiller du roi, il devoit garder la clef des balanciers après le travail fini ; il devoit auffi avoir une clef des poinçons, matières & carrés fervant à la fabrication des médailles & jettons ; l'autre clef devoit être entre les mains du directeur des pièces fabriquées. Cet office a été réuni à celui de directeur de la monnoie des médailles, par un arrêt du confeil du 3 novembre 1696.

CONTRÔLEUR *général des fermes*, eft le titre d'un employé dont les fonctions font très-importantes, & dont on trouvera le détail dans le *Dictionnaire des finances.*

CONTRÔLEUR *général des finances*, (*Hiftoire ancienne & moderne, & Jurifprud.*) eft celui qui a en France la direction & adminiftration générale de toutes les finances ordinaires & extraordinaires du royaume.

Ce titre de *contrôleur général* vient de ce qu'il contrôle & enregiftre tous les actes qui ont rapport aux finances du roi.

Il n'étoit anciennement que le fecond officier des finances ; mais il en eft devenu le chef depuis la fuppreffion de l'office de furintendant des finances, ordonnée par l'édit du 15 feptembre 1661.

Il eft, par le droit de fa place, confeiller ordinaire au confeil royal des finances ; & en cette qualité il a entrée & féance dans tous les confeils du roi, excepté au confeil d'état proprement dit, ou des affaires étrangères, auquel il n'eft admis que quand le roi lui fait l'honneur de l'y appeller nommément, ce qui lui attribue le titre de *miniftre*, de même qu'aux autres membres de ce confeil.

Il prête ferment entre les mains de M. le chancelier, & en la chambre des comptes où il eft reçu & inftallé, & y a féance & voix délibérative en toutes affaires au-deffus des maîtres des comptes.

Il fiège au confeil avec fes habits ordinaires, à moins qu'il ne foit en même temps revêtu de quelque dignité plus éminente. Dans ce cas, il porte l'habit convenable à fa principale dignité.

C'eft lui feul qui fait le rapport de toutes les affaires au confeil royal des finances.

Il opine le premier, après les commiffaires, dans les affemblées de la grande & de la petite direction des finances, qui ne peuvent fe tenir fans lui ; & lorfqu'on y rapporte quelque affaire qui paroît intéreffer les finances du roi, il peut, après l'expofition du fait & des moyens, avant que les opinions foient ouvertes, demander que les pièces lui foient remifes, ce que M. le chancelier ordonne,

& enfuite le *contrôleur général* rapporte l'affaire au conseil royal des finances.

Il a aussi entrée & séance aux assemblées qui se tiennent chez M. le chancelier pour les cahiers du clergé & pour la signature du contrat que le roi passe avec lui.

Ses fonctions hors du conseil sont :

1°. De vérifier & parapher les enregistremens faits par les gardes des registres du contrôle général des finances ; de tous les actes qui concernent les finances du roi, tels que les quittances comptables qui sont délivrées par les gardes du trésor royal aux officiers comptables, pour raison des paiemens qu'ils y font des deniers de leurs maniemens destinés au trésor royal. Les quittances des finances, aussi délivrées par les gardes du trésor royal pour constitutions de rentes, & généralement pour tous paiemens de finances, à l'exception de celles qui concernent les offices ; les quittances de finances qui sont délivrées par le trésorier des revenus casuels pour paiemens de finances ou droits, pour raison de toutes charges & offices du royaume, de tous les baux des fermes générales & leurs cautionnemens, des traités des vivres, des munitions, & autres qui concernent le roi directement ; de toutes les lettres de don fait par le roi, lettres de privilèges, commissions des tailles, arrêts du conseil portant impositions, commissions pour faire la recette des deniers du roi, & autres expéditions mentionnées dans la déclaration du roi du 6 mars 1716, & de signer les certificats d'enregistrement au contrôle au dos de ces pièces.

Il a droit par sa charge, & notamment par l'édit du mois d'août 1637, & par la déclaration du 16 mai 1655, de commettre les gardes des registres du contrôle général des finances, à l'exercice des fonctions que les continuelles & importantes occupations qu'il a au conseil pour les affaires & service du roi, ne lui permettent pas de remplir. L'édit du mois d'août 1669, & la déclaration du 6 mars 1716, lui donnent celui de commettre aux fonctions des offices de *contrôleurs* des finances, domaines & bois, dans toute l'étendue du royaume, en cas de décès, absence, maladie, ou autres empêchemens des titulaires. Il commet tous les ans un officier dans chaque province, pour exercer le contrôle de la recette du prêt & annuel, sans que ceux qui sont ainsi commis, en vertu d'un pouvoir signé de lui, soient tenus de se pourvoir en chancellerie pour obtenir lettres du grand sceau.

2°. Les intendans des finances lui font le rapport de toutes les affaires des départemens dont chacun d'eux est chargé. Il donne, en matière de finance, tous les ordres nécessaires aux commissaires du roi, départis dans les provinces, aux trésoriers des deniers royaux, fermiers, receveurs & payeurs du roi pour le domaine, tailles, capitation, aides, & autres droits compris dans les fermes générales ; octrois, dixième, vingtième, &c.

Outre l'inspection générale qu'il a sur tous les officiers de finance, il a lui-même le principal département des affaires de finances qui comprend le trésor royal, les parties casuelles ; la direction générale de toutes les fermes du roi, le clergé, le commerce de l'intérieur du royaume, & extérieur par terre ; la compagnie des Indes, & les différens commerces maritimes dont elle a le privilège ; l'extraordinaire des guerres ; le pain de munition & les vivres de l'artillerie ; toutes les rentes, les pays d'états, les monnoies, les parlemens du royaume, & cours supérieures ; les ponts & chaussées, les turcies & levées, le barrage & pavé de Paris, les manufactures, les octrois des villes, les dettes des communautés, les ligues suisses, les deux sous pour livre du dixième, le vingtième, & la caisse générale des amortissemens.

Enfin, c'est lui qui, sous le bon plaisir du roi, donne l'agrément de toutes les charges de finance.

Ce qui vient d'être dit, fait connoître que le *contrôleur général* n'est pas seulement le chef de toutes les finances du roi, mais qu'en cette qualité il a aussi part, dans les conseils du roi, à l'administration de la justice & au gouvernement de l'état en général.

Pour juger encore mieux de l'importance de cette place, & avoir une juste idée de ses fonctions, il est nécessaire de remonter même au-delà de son premier établissement, d'expliquer quels étoient anciennement, chez les Romains, & en France, les divers officiers dont le *contrôleur général* réunit les fonctions, & les changemens qui sont arrivés dans l'état de cette place.

Jusqu'à l'empire d'Auguste, la recette & l'administration des finances étoient confiées à des questeurs, appellés *quæstores ærarii*, qui furent d'abord choisis entre les sénateurs. Le nombre de ces officiers s'étant dans la suite beaucoup accrû, on surnomma *urbani* les deux qui étoient de la première création ; d'autres, *provinciales*, parce qu'ils suivoient les gouverneurs des provinces ; d'autres *militares*, parce qu'ils accompagnoient les consuls à l'armée.

Les uns & les autres étoient encore chargés de différentes fonctions, telles que l'inspection des monnoies, la connoissance des crimes & des confiscations, la garde des registres publics & des arrêts du sénat, le soin de loger les ambassadeurs & de les reconduire hors de la ville ; enfin cette place embrassoit tant de fonctions importantes, qu'elle conduisoit aux premières dignités de l'état.

Ils avoient près d'eux des scribes ou *contrôleurs* des finances que l'on choisissoit entre les personnes d'une fidélité reconnue, tellement que ceux mêmes qui avoient été consuls tenoient à honneur de remplir cette place.

Du temps de Néron, on ôta aux questeurs la garde du trésor public & des registres, pour la donner à des préfets qui avoient été préteurs. On appella le préfet du trésor ou des finances, *præfectus ærarii*;

il y en avoit un particulier pour les vivres, appellé *præfectus annonæ*.

Sous Constantin & ses successeurs, les préfets prirent, comme tous les autres officiers de l'empire, le titre de *comites*, d'où l'on a fait, en notre langue, celui de *comtes* : il y en avoit trois pour les finances.

Le premier & le plus considérable qui avoit le titre de *comes sacrarum largitionum*, étoit le gardien des deniers publics, & le dispensateur des libéralités que le prince faisoit sur ces deniers.

Le second, appellé *comes rerum privatarum*, avoit soin des biens particuliers du prince, c'est-à-dire qui lui étoient propres, & qui passoient à ses enfans par succession.

Le troisième, enfin, appellé *comes sacri patrimonii*, avoit la surintendance des revenus que l'état donnoit à l'empereur pour l'entretien de sa maison, & pour soutenir, d'une manière convenable, la dignité impériale.

Le gouvernement des finances étoit ainsi distribué chez les Romains, lorsque nos rois jetterent les fondemens de la monarchie françoise. Ils n'établirent, pour les finances, aucuns officiers sous les titres de *questeurs*, de *préfets* ou *comtes* ; mais comme les empereurs avoient, pour le gouvernement de leur maison, un premier officier appellé *magister palatii*, les rois de la première & de la seconde race établirent, à leur imitation, un maire du palais, lequel réunissoit en sa personne la surintendance des armes, celle de la justice, & celle des finances.

Il avoit sous lui, pour la **garde** du trésor, c'est-à-dire des revenus du domaine, un trésorier royal, dont il est fait mention dans *Grégoire de Tours*, *liv. I*.

Au commencement de la troisième race, la dignité de maire du palais fut supprimée, & sa fonction partagée entre trois différens officiers. Le connétable eut le commandement des armes, le chancelier, la surintendance de la justice, & le trésorier, celle du trésor ou domaine qui formoit alors le principal revenu du roi.

Il y eut un temps que le trésor du roi étoit déposé au temple où plusieurs de nos rois faisoient leur demeure, entre autres Philippe-le-Bel. La garde du trésor étoit alors confiée à un des chevaliers templiers, qui se qualifioit *trésorier du roi au temple*.

Il n'y avoit d'abord qu'un seul trésorier du roi : dans la suite il en fut établi un second, puis un troisième, & par succession de temps le nombre en fut encore augmenté.

Celui qui étoit au-dessus des trésoriers s'appelloit le *souverain des trésoriers*. C'est ainsi qu'il est nommé dans une ordonnance de Philippe-le-Bel du 3 janvier 1316 ; on l'appella depuis le *grand trésorier*.

Il y avoit dès-lors au trésor du roi un *contrôleur* appellé *clerc du trésor*, qui tenoit un registre où il marquoit l'origine & le prix de toutes les monnoies apportées au trésor ; il en apportoit chaque jour l'état au souverain des trésoriers.

La fonction de ce contrôleur approchoit en quelque sorte de celle du *contrôleur général des finances*, si ce n'est que le premier n'avoit aucune inspection sur les deniers extraordinaires, pour lesquels il y avoit un receveur & un *contrôleur* particulier ; dans la suite, lorsque l'on établit un *contrôleur général des finances*, le *contrôleur* du trésor n'étoit plus qu'un simple officier de la chambre des comptes dont la fonction étoit de vérifier les *debentur*, & de poursuivre les comptables pour les restes de leurs comptes ; mais les *debentur* n'ayant plus lieu, & la poursuite des comptables ayant été attribuée au *contrôleur général des restes*, le *contrôleur* du trésor a été supprimé par édit du mois d'août 1669.

Après la mort tragique de Jean de Montaigu, qui étoit grand trésorier sous Charles VI, cet office fut supprimé, & l'on créa en sa place, en la même année 1409, celui de grand-général souverain gouverneur de toutes les finances, avec cette différence que celui-ci n'eut plus le maniement des finances, comme l'avoit auparavant le grand trésorier.

Cette commission fut remplie successivement par différens magistrats & autres personnes distinguées. En 1413, c'étoit Henri de Marle, premier président au parlement & chancelier de France, avec Juvénal des Ursins, chancelier du duc de Guienne, fils aîné du roi : l'année suivante ce fut le duc de Guienne lui-même qui exerça seul cette commission ; en 1424, c'étoit Louis de Luxembourg, évêque de Térouane & président des comptes, &c.

On établit dans la suite deux intendans des finances, & au-dessus d'eux un surintendant.

Le premier qui eut ce titre fut Jacques de Semblançay, en 1518. Cette place a été remplie successivement par les personnes les plus qualifiées, des premiers magistrats, des grands seigneurs, des maréchaux de France, des ducs, des cardinaux, des princes même.

L'office de surintendant fut supprimé une première fois, en 1549, ensuite rétabli ; supprimé une seconde fois en 1594, rétabli en 1596 ; & enfin supprimé pour la troisième fois en 1661.

Les gouverneurs des finances, & après eux, les intendans & surintendans, ont toujours eu des *contrôleurs* pour vérifier ce qu'ils arrêtoient.

Au mémorial de la chambre des comptes coté *h*, *fol. 122*, du 8 août 1419, on voit que deux maîtres des comptes furent commis & établis généraux *contrôleurs* sur toutes les finances.

Etienne Chevalier étoit *contrôleur des finances*, sous Charles VII. *Voyez* M. Hénault, *Abrégé chronol.*

On voit aussi au *cinquième journal coté* Q R, *part.* H, *fol. 210*, *du 28 novembre 1506*, que Jacques le Roi, *contrôleur général*, demanda à messieurs des comptes d'être conservé dans sa fonction de mettre les bons fur les rôles des officiers, comptans par rôles.

Sous le règne de François I, ceux qui avoient la garde du trésor, ayant pris le titre de *trésoriers de l'épargne*, leurs *contrôleurs* furent pareillement nommés *contrôleurs de l'épargne* : ils avoient une clef de l'épargne ou trésor. On trouve au *Mémorial II, D, fol. 249 v°.* la création & provision de deux *contrôleurs de l'épargne*, qui étoient des clercs-auditeurs de la chambre des comptes : ce qui y fut regiftré le 7 juin 1527, à la charge que dans fix mois ils opteroient.

Henri II établit pareillement, en 1547, deux *contrôleurs de l'épargne*, l'un pour fuivre la cour & l'autre pour demeurer à Paris : mais dans la fuite ce dernier demeura fans fonctions : il ne fut pourtant fupprimé que par édit du mois d'octobre 1554, portant création d'un feul office de *contrôleur général des finances*, dont fut pourvu André Blondet, à condition feulement qu'il auroit à fes dépens un commis attaché à fa charge.

Me Guillaume de Marillac fut créé, en 1568, confeiller & *contrôleur général des finances* ; c'eft la première fois que le titre de *confeiller* fut donné au *contrôleur général* ; l'année fuivante on lui donna auffi des lettres d'intendant des finances.

L'office de *contrôleur général des finances* fut fupprimé en 1573, & uni aux quatre charges d'intendans des finances.

On trouve en 1574, que les quatre *contrôleurs généraux* qui exerçoient conjointement, étoient Jean Lecamus, Claude Marcel, Benoît Milon & Olivier Lefevre.

En 1581 c'étoit le fieur Miron, & en 1588 le fieur Betremole.

En 1594 Henri IV, ayant fupprimé l'office de furintendant des finances, après la mort de M. d'O, qui en étoit pourvu, établit un confeil des finances & huit offices d'intendans *contrôleurs généraux des finances* ; qui furent remplis par Charles de Sardaigne, le fieur Marcel, Jacques Vallée, Louis Guibert, Octavien-Louis d'Atigny, Louis Picot, Jean de Vienne & Pierre Pireque : on en trouve deux autres en 1595, favoir les fieurs Perot & Sublet. Cet arrangement fubfifta jufqu'en 1596, que ces huit intendans & *contrôleurs généraux* furent fupprimés, la charge de furintendant rétablie en faveur de Rofny, duc de Sully, avec un feul *contrôleur général*, par commiffion.

Le premier fut le fieur de Saldagne, auquel, en 1599, fuccéda Jean de Vienne, fieur d'Incarville, qui prêta ferment entre les mains de M. le chancelier : il eut pour fucceffeur le fieur Duret, en 1603.

Le préfident Jeannin eut cette commiffion en 1611, le fieur Barbin en 1616, M. de Maupeou, intendant des finances, en 1618, & le fieur de Caftille en 1619, ce fut ce dernier qui introduifit les billets de l'épargne les plus anciens de tous les effets royaux.

M. de Champigny fut commis au contrôle général en 1623 ; fes lettres font regiftrées fans preftation de ferment.

Simon Marion, préfident au grand-confeil, lui fuccéda en 1626.

Les chofes demeurèrent en cet état jufqu'en 1629, que le fieur de Caftille, intendant des finances, fut commis avec les fieurs de Chevry, Sublet, Malier & Duhouffay, pour faire chacun, pendant une partie de l'année, le contrôle général.

Le fieur Chevry fut commis feul, en 1633, & le fieur Corbinelly lui fuccéda en 1636.

On en remit quatre en 1637 ; favoir, les fieurs Macré, Duhouffay, Cornuel, & le fieur d'Hemery.

Ce dernier fut commis feul, en 1638, pour cette fonction ; le fieur Duret lui fuccéda en 1639.

Peu de temps après, les intendans des finances furent rétablis jufqu'au nombre de douze, tant en titre que par commiffion, & le 25 février 1641, il fut donné une commiffion à maître Jacques Tubeuf pour la charge d'intendant & *contrôleur général des finances*.

Au mois de novembre 1643, l'office de *contrôleur général* fut rétabli en titre : le fieur d'Hemery en fut pourvu, à la charge de prêter ferment, avec féance & voix délibérative avant les maîtres clercs (les maîtres des comptes). M. le Camus lui fuccéda en 1649.

Claude Menardeau & Antoine Camus le furent conjointement en 1656.

Après la paix des Pyrénées, faite en 1659, le roi remboursa tous les intendans des finances & les réduifit à l'ancien nombre de deux, qui, depuis 1660 jufqu'en 1690, exercèrent par commiffion, le roi ayant laiffé à la difpofition du *contrôleur général* d'employer fous fes ordres telles autres perfonnes qu'il voudroit choifir, qui, fans avoir la qualité d'intendans des finances, ne laiffoient pas d'en remplir une partie des fonctions.

A la mort du cardinal Mazarin, arrivée le 9 mars 1661, il y avoit un furintendant des finances, deux intendans, & deux *contrôleurs généraux*, qui étoient les fieurs le Tonnelier de Breteuil & Hervard. Le roi créa une troifième charge d'intendant pour M. Colbert.

La difgrace de M. Fouquet, furintendant des finances, donna lieu à l'édit du 15 septembre 1661, qui fupprima cette charge pour la troifième fois, & depuis elle n'a point été rétablie ; au moyen de quoi le *contrôleur général* eft devenu le chef de toutes les finances.

M. Colbert (J. B.) régit d'abord les finances en qualité d'intendant jufqu'au 15 avril 1663, qu'il prit celle de *contrôleur général*, le roi ayant remboursé les deux charges de *contrôleurs généraux*, qui fubfiftoient alors, pour faire M. Colbert feul *contrôleur-général* par commiffion, & ayant en même temps attribué à cette qualité, une place de confeiller au confeil royal des finances.

Tel est le dernier état par rapport à cette place, qui est devenue une des plus importantes du royaume, tant par la suppression des autres *contrôleurs généraux*, que par celle du surintendant.

Le *contrôleur général* est, comme on voit présentement, ce qu'étoient, chez les Romains, les questeurs, les préfets, & les comtes du trésor & des finances; il tient aussi la place des grands trésoriers, des gouverneurs généraux & surintendans qui avoient autrefois en France la direction générale des finances; il réunit en sa personne leurs fonctions & celles de leurs *contrôleurs*.

M. Colbert, l'un des plus grands génies qu'ait eu la France, donna encore à cette place un nouveau lustre, par la profonde capacité & le zèle avec lesquels il en remplit les fonctions.

Il fut reçu en la chambre des comptes, le 9 novembre 1667, avec séance & voix délibérative en toutes affaires, droit que ses successeurs ont aussi conservé; il fut le premier qui, sans être ordonnateur, régit les finances en chef jusqu'à sa mort, arrivée le 6 septembre 1683.

Personne n'ignore combien son ministère fut glorieux & utile pour la France; non-seulement il réforma les abus qui s'étoient glissés dans l'administration des finances, mais encore il rétablit la marine & le commerce, fit fleurir les sciences & les arts, & procura l'établissement de plusieurs académies.

En 1777, la place de *contrôleur général* étant devenue vacante par la retraite de M. Taboureau des Réaux, le roi nomma, pour en remplir les principales fonctions, M. Neker, sous le titre de *directeur général des finances*.

Par un édit du mois de juin de la même année il établit un comité particulier, composé de trois membres du conseil, sous les yeux desquels devoient passer les affaires contentieuses relatives aux finances. L'objet de ce comité étoit d'obvier aux inconvéniens inséparables du trop grand nombre de décisions, abandonnées précédemment au *contrôleur général*, d'assurer l'observation des règles & des formes, & de procurer aux décisions plus de confiance & d'autorité.

Des lettres-patentes du 29 du même mois de juin, ont, en conséquence de la vacance de la place de *contrôleur général*, accordé une ampliation de pouvoir aux gardes des registres du *contrôleur général*, supprimé au profit du trésor royal & des particuliers, les droits de contrôle que percevoit auparavant le *contrôleur général*.

Les choses ont subsisté dans cet état jusqu'en 1782. A cette époque, M. Neker ayant obtenu la permission de se retirer, le roi a confié l'administration des finances à M. Joli de Fleury, conseiller d'état, sous le titre de ministre des finances. Il vient de rétablir le titre de *contrôleur général*, en faveur de M. Lefebvre d'Ormesson, en le mettant à la tête des finances. La nation a lieu d'espérer que la bonté & la bienfaisance de son roi lui procureront bientôt un soulagement au fardeau des impositions, en voyant les intentions de sa majesté secondées par un ministre actif, vigilant & laborieux, issu d'une famille également recommandable dans la finance & dans la robe, & qui trouve dans ses ancêtres des exemples frappans de probité, de désintéressement, & d'amour du bien public.

Je ne puis mieux terminer ce qui concerne le *contrôleur général*, qu'en rapportant ici le précis de ce que dit M. le Bret en son *Traité de la souveraineté*, *liv. II*, *chap. iv*, des qualités nécessaires à celui qui a la direction générale des finances. Quoiqu'il parle en cet endroit du surintendant, on peut également appliquer ce qu'il dit au *contrôleur général*, puisqu'il est présentement le chef de toutes les finances, comme l'étoit le surintendant. Cette place, dit M. le Bret, est une des plus relevées de l'état, & qui désire le plus de parties en celui qui a l'honneur d'en être pourvu : outre la bonté de la mémoire, la vivacité de l'esprit, & la fermeté du jugement, il est nécessaire encore qu'il ait une fidélité & une affection particulières au service de son prince, afin qu'il puisse dignement satisfaire aux deux principaux points de sa charge.

Le premier est d'entretenir soigneusement le crédit du roi, d'accomplir les promesses, & de garder la foi qu'il a donnée à ceux qui l'ont secouru de leurs moyens durant la nécessité de ses affaires, & qui se sont obligés pour son service.

L'autre, est de subvenir, à point nommé, aux occasions pressantes de l'état, de prendre garde d'avoir de l'argent prêt pour le paiement des armées qui sont sur pied, & d'avoir l'œil qu'il ne soit point détourné à autre usage; parce que l'on a vu souvent que, faute d'avoir fidellement employé les deniers que sa majesté avoit ordonnés pour les frais de la guerre, la France a reçu plusieurs désastres signalés, témoins la déroute de la Bicoque, la perte du duché de Milan, les fréquentes révoltes des Suisses.

Il évite facilement tous ces malheurs, ajoute M. le Bret, par une parfaite probité & par une grande prudence : celle-ci lui fait trouver des moyens justes & tolérables pour satisfaire aux dépenses publiques & nécessaires; elle lui donne l'industrie de pourvoir également à toutes les affaires du royaume, de disposer utilement des deniers du roi, d'empêcher le divertissement, & de retrancher tous les abus qui pourroient se commettre dans l'administration des finances. *Voyez le recueil des ordonnances de la troisième race*; Loyseau, *des offices*, *liv. IV*; Sauval, *antiq. de Paris*; *l'Hist. du conseil*, par Guillard; *Abrégé chron. de M. le président Henault.*

Gardes des registres du contrôle général des finances. Ces officiers sont au nombre de deux en titre d'offices, qu'ils exercent alternativement sous le nom de *conseillers du roi, gardes des registres du contrôle général des finances de France.* Ils prêtent serment entre les mains du garde des sceaux de France.

Ils sont les dépositaires des registres du contrôle général des finances : ce sont eux qui font faire les enregistremens des quittances & actes qui doivent y être enregistrés ; ils les collationnent, & présentent toutes les semaines ces registres au *contrôleur général des finances*, qui paraphe chaque enregistrement qui y est fait, & en signe le certificat au dos de ces pièces.

Les *contrôleurs* des finances & ceux des domaines & bois, sont tenus d'envoyer tous les ans, au *contrôleur général des finances*, le double des registres du contrôle qu'ils ont tenus ; duquel envoi il signe une certification, sans la représentation de laquelle ces officiers ne peuvent être payés de leurs gages.

Les *contrôleurs* du prêt & droit annuel établis dans les provinces, lui envoient aussi, chaque année les contrôles originaux qu'ils ont tenus de la recette de ces droits, après qu'ils les ont fait clorre & arrêter, le premier janvier de l'année qui suit leur exercice, par les trésoriers de France du chef-lieu de la province où ils sont établis.

Tous ces registres sont renvoyés par le *contrôleur général des finances*, au garde des registres du contrôle général des finances en exercice ; ensorte que tout ce qui concerne le recouvrement des deniers royaux, soit ordinaires, soit extraordinaires, se trouve dans leurs dépôts, composé de plus de quatre mille volumes.

Le *contrôleur général* ne pouvant remplir par lui-même tout le détail des fonctions de sa place, les gardes des registres du contrôle général des finances remplissent celles dont il juge à propos de se décharger sur eux, en vertu des commissions particulières qu'ils en reçoivent.

Lorsque ces commissions particulières leur sont données à l'occasion des recouvremens de deniers extraordinaires, la date des édits qui ordonnent ces recouvremens, détermine le choix de celui qui se trouve alors en exercice pour remplir ces fonctions, qu'il continue, tant en exercice qu'hors d'exercice, jusqu'à l'exécution finale de ces recouvremens ; ensorte que la date de chacun de ces édits, indique, d'une manière précise, quel est celui de ces deux officiers qui a dans son dépôt les registres dans lesquels les quittances ou actes qui en sont la suite, se trouvent enregistrés.

Lorsque la perception des deniers du roi est faite en vertu de rôles arrêtés au conseil, dont l'exécution est suivie d'expédition de quittances, soit des gardes du trésor royal ou du trésorier des revenus casuels, il est fourni, au garde des registres du contrôle général des finances, une expédition de ces rôles, sur lesquels il vérifie si les sommes portées par les quittances, sont les mêmes pour lesquelles les particuliers y dénommés sont compris dans ces rôles ; ou si les droits qui leur sont attribués par les quittances, sont tels qu'ils sont portés dans ces rôles, pour faire réformer ces quittances avant leur enregistrement au contrôle,

en cas qu'il s'y soit glissé quelque différence préjudiciable à l'intérêt du roi ou à celui des particuliers.

La déclaration du 6 mars 1716 défend aux gardes du trésor royal, & à tout autre comptable, de faire aucun remboursement, que la quittance dont le remboursement aura été ordonné, n'ait été préalablement déchargée du contrôle, à l'exception seulement des quittances de finances pour la constitution des rentes, pour lesquelles il auroit été expédié des contrats. Cette décharge du contrôle consiste en une mention que fait la garde des registres du contrôle général des finances sur son registre, en marge de l'enregistrement du titre à rembourser ; laquelle mention est faite en vertu de la loi qui ordonne le remboursement, sur la représentation de la quittance dont le remboursement est ordonné sur quittance de remboursement passée par le propriétaire, & des titres de sa propriété ; de laquelle mention ainsi faite par le garde des registres du contrôle général des finances, il signe le certificat ou décharge du contrôle sur le titre à rembourser, copie duquel titre, faisant mention de cette décharge, il envoie à l'intendant des finances qui a dans son département la confection des états du roi, où l'intérêt du titre à rembourser se trouve employé, afin de rejet de ces intérêts de l'état du roi, en conséquence de cette décharge.

Lorsque l'original de la quittance de finances dont le remboursement est ordonné, se trouve perdu, le garde des registres du contrôle général des finances en délivre un *duplicata* tiré de son registre, & signé de lui, sur lequel il signe le certificat de décharge du contrôle ; & en conséquence le propriétaire en est remboursé sans autre formalité, comme il auroit pû l'être sur l'original.

Lorsqu'il se présente quelque difficulté au remboursement projeté, qui en empêche l'exécution, le garde des registres du contrôle général des finances rétablit sur les registres les quittances qui en avoient été déchargées, en annullant la décharge qui en avoit été faite ; en conséquence duquel rétablissement, dont il signe le certificat sur la quittance, les intérêts y portés sont employés de nouveau dans les états de sa majesté.

Le roi ayant, par déclaration du 15 septembre 1715, établi un conseil pour la direction & administration des finances, la place de *contrôleur général des finances* étant alors restée vacante, les gardes des registres du contrôle général des finances furent établis par lettres-patentes du 25 des mêmes mois & an, pour en exercer par eux-mêmes les fonctions sous la direction de M. Rouillé du Coudray, conseiller d'état, directeur des finances & du contrôle général, & ensuite sous celle de M. d'Argenson, garde des sceaux de France, & chargé seul en même temps de l'administration des finances ; fonction qui fut conservée aux gardes des registres du contrôle général des finances, jusqu'à la nomination, qui fut faite le 12 décembre 1722, de M.

le

le Pelletier de la Houſſaye, à la place de *contrôleur* *général.*

Nous venons de voir que, par les lettres-patentes du 29 juin 1777, le roi avoit augmenté les pouvoirs des gardes des regiſtres pendant la vacance de la place de *contrôleur général.* Si, par rapport au rétabliſſement de cet office, il arrive quelques changemens dans les fonctions de gardes des regiſtres, nous aurons ſoin de les faire connoître.

Leurs privilèges conſiſtent au droit de *committimus* en grande & petite chancellerie, logement à la cour & ſuite de ſa majeſté, & à jouir de tous les honneurs, privilèges, exemptions & prérogatives dont jouiſſent les officiers commenſaux de la maiſon du roi, du corps deſquels ils ſont réputés, & de tous les autres avantages qui leur ſont attribués par les édits des mois de mars 1631, & d'août 1637, de la déclaration du roi du 16 mai 1655, & de l'édit du mois de février 1689. (*A*)

CONTRÔLEURS *généraux des domaines, bois &* *finances,* ſont les *contrôleurs* de chaque receveur des domaines & bois.

Ces officiers, ainſi que nous l'avons déjà obſervé ſous le mot CONTRÔLE *du domaine,* ont eſſuyé beaucoup de variation par rapport à l'étendue de leurs fonctions & de leurs privilèges. Ils jouiſſoient ſans contradiction, de l'entrée, rang & ſéance aux bureaux des finances, ainſi qu'aux ſièges qui connoiſſent des domaines, dans les lieux où il n'y a point de bureaux des finances. Un arrêt du conſeil du 16 mai 1730, leur permettoit d'établir des commis, dans les lieux éloignés du chef-lieu de la généralité, pour contrôler les enſaiſinemens & enregiſtremens preſcrits par l'art. 5 de l'édit de décembre 1727. Ces offices ont été ſupprimés par édit du mois d'août 1777, à l'exception de ceux qui dépendent des apanages de monſieur, de monſeigneur comte d'Artois, & de M. le duc d'Orléans.

CONTRÔLEURS *généraux des finances,* ſont auſſi ceux qui font le contrôle près des receveurs généraux des finances de chaque généralité.

CONTRÔLEUR *général des monnoies de France.* *Voyez* MONNOIES.

CONTRÔLEURS *des guerres,* ſont des officiers chargés de tenir regiſtre & contrôle des montres & revues des troupes. *Voyez le Dictionnaire de l'art militaire.*

CONTRÔLEUR *de la marine;* c'eſt un officier de la marine dont les fonctions ſont détaillées dans l'ordonnance de LOUIS XIV, pour les armées navales & arſenaux de marine, de 1689. Suivant cette loi :

Le *contrôleur* aura inſpection ſur toutes les recettes & dépenſes, achat & emploi de marchandiſes & travail des ouvriers; & il aſſiſtera à tous les marchés & comptes qui ſeront faits par l'intendant.

Il ſera préſent tous les jours, par lui ou ſes commis, dont le nombre ſera réglé par les états de ſa majeſté, à l'ouverture des magaſins, deſquels il aura une clef, & le ſoir il les fera fermer en ſa préſence.

Jurisprudence. Tome III.

L'un de ſes commis tiendra deux regiſtres dans le magaſin général, dans un deſquels il écrira la recette de tout ce qui y entrera; & dans l'autre tout ce qui en ſortira, pour le ſervice des vaiſſeaux & autres uſages.

Il tiendra un regiſtre particulier de tous les marchés qui ſe feront avec les marchands ou ouvriers, pour fournir des marchandiſes aux magaſins de ſa majeſté, ou pour faire quelques ouvrages; & il aura ſoin de pourſuivre l'exécution des marchés, & d'avertir l'intendant des défauts & manquemens qu'il pourroit y avoir, afin qu'il y ſoit pourvu.

Il aſſiſtera à l'arrêté des comptes du tréſorier & du munitionnaire général de la marine, comme auſſi à tous les contrats & marchés qui ſeront faits par l'intendant, & les ſignera avec lui.

Il ſera préſent aux montres & revues des équipages, prendra garde que le nombre des matelots & ſoldats ſoit complet, & qu'il n'y ait aucun paſſevolant, & qu'ils ſoient tous en état de ſervir.

Comme auſſi aux revues des officiers de marine & officiers mariniers entretenus dans les ports, qui doivent être faites à la fin de chaque ſemaine, dont il ſignera les extraits conjointement avec l'intendant, & prendra garde qu'il n'y ait que les préſens qui y ſoient employés, à peine d'interdiction.

Il examinera ſi les vivres qui ſont embarqués ſur les vaiſſeaux de ſa majeſté, ſont en la quantité ordonnée, & de la qualité requiſe.

Il viſitera tous les ouvrages que ſa majeſté fera faire, aſſiſtera aux toiſés & à leur réception.

Il tiendra deux regiſtres, l'un regiſtre pour les délibérations qui ſe tiendront dans le conſeil des conſtructions, & l'autre pour les radoubs à faire aux vaiſſeaux.

Il ſe fera remettre, par le commis du tréſorier général de la marine, les copies collationnées des états & ordre de fonds qui lui auront été envoyés; & à la fin de chaque année il enverra au ſecrétaire d'état ayant le département de la marine, le regiſtre qu'il doit tenir de la recette & dépenſe qui aura été faite dans le port. (*Z*)

CONTRÔLEUR *du receveur au change,* à la monnoie; officier pour veiller aux opérations du receveur au change. C'eſt le public qui le paie en province; à Paris, c'eſt le roi. Son droit eſt de ſix deniers par marc d'or, & de trois deniers par marc d'argent & de billon.

CONTRÔLEUR *des rentes ſur la ville,* eſt un officier royal établi pour tenir un double regiſtre du paiement des rentes dues par le roi & par le clergé, qui ſe paient à bureau ouvert à l'hôtel de ville de Paris, afin d'aſſurer la vérité & la date des paiemens.

Le premier établiſſement de ces officiers n'eſt que de l'année 1576, quoique depuis 1515 il y eût des rentes aſſignées ſur les aides & gabelles & autres revenus du roi, & que depuis 1562 il

R r

y eût des rentes affignées fur les revenus temporels du clergé.

Le receveur de la ville étoit feul chargé du paie-ment de toutes ces rentes, qui montoient, en 1576, à environ trois millions 140 mille livres par an.

Plufieurs bourgeois de Paris & autres particuliers fe plaignirent au roi de la confufion & de la lon-gueur du paiement des rentes : d'un autre côté, les premiers prélats avec les fyndics généraux du clergé de France, firent des remontrances au roi, tendantes à ce qu'il lui plût de retirer des mains du receveur de la ville de Paris, le maniement des finances deftinées au paiement des rentes affignées fur le clergé, afin qu'à l'avenir ces deniers ne fuf-fent plus confondus avec ceux d'une autre nature : le clergé demanda en même temps au roi qu'il lui plût, pour établir le bon ordre dans la recette & le paiement des rentes, de revêtir de fon autorité quelque notable perfonnage pour tenir le contrôle defdites recette & dépenfe.

Le roi n'accepta pas pour lors la propofition de détacher le paiement des rentes du clergé, du ma-niement du receveur de la ville ; mais il fit expé-dier un premier édit au mois de décembre 1575, pour la création de deux contrôleurs.

Le parlement ayant ordonné que cet édit feroit communiqué au bureau de la ville, où il y eût une affemblée générale, non-feulement des officiers de la ville, mais des députés de tous les corps & états intéreffés aux rentes ; comme on crut trouver quelques inconvéniens dans ce nouvel établiffement, la ville s'y oppofa. Le parlement fit auffi des remontrances à ce fujet, & ce premier édit fut retiré.

Au mois d'avril 1576, le roi donna un autre édit portant création de deux contrôleurs, un pour les rentes, fur les revenus du roi, un autre pour les rentes fur le clergé. La ville voulut encore s'oppofer à l'enregiftrement de cet édit ; mais il fut regiftré le 14 mai fuivant, & à la chambre des comptes le 21.

Cet édit portoit auffi création d'un payeur des rentes fur le clergé ; mais comme, fuivant la mo-dification mife par les cours à l'enregiftrement, la création de cet office de payeur n'eut pas lieu, & que celui qui devoit faire le contrôle de ce payeur fe trouvoit fans fonction, le roi, par une décla-ration du 23 mai, ordonna que les deux contrô-leurs généraux des rentes exerceroient alternative-ment & par année.

Dans la fuite, les rentes fur la ville s'étant peu-à-peu accrues, on a augmenté le nombre des contrôleurs. La première augmentation fut faite par édit de 1615, qui ne fut vérifié qu'en 1621. Louis XIII en créa encore peu de temps après, mais qui furent deftinés particuliérement au con-trôle des rentes du fel ; & depuis ce temps-là cha-que partie de rente a eu fes contrôleurs qui y font attachés.

Il y eut encore dix créations de ces contrôleurs fous le même règne, & trente fous celui de Louis XIV ; ce qui fait en tout quarante-trois créations depuis la première jufqu'à celle du mois d'octobre 1711, qui eft la dernière.

Le rembourfement qui a été fait en divers temps de quelques parties de rentes, & les nouveaux arrangemens qui ont été pris pour le paiement, ont occafionné divers retranchemens de contrôleurs : le premier fut fait en 1654, & le dernier eft du mois de juin 1714. Ils font préfentement au nom-bre de cinquante-deux.

Le contrôle des rentes des tontines, qui avoit d'abord été donné à des fyndics onéraires, fut, quelques années après, réuni à des contrôleurs créés à cet effet, qui font corps avec les autres contrôleurs.

Les contrôleurs des rentes ont le titre de confeillers du roi. A la vérité, le premier édit de création ne le leur attribuoit pas ; mais on le leur donna dans leurs provifions, & l'édit de novembre 1624 le leur attribue formellement.

Ils font appellés contrôleurs généraux des rentes, parce qu'ils contrôlent toute forte de nature de rente.

Il y en a eu de triennaux, mitriennaux, & même de quatriennaux, fuivant la diftribution du paiement des rentes ; ce qui a beaucoup varié : préfentement on ne les diftingue qu'en deux claffes, anciens, & alternatifs.

Suivant la déclaration de Henri III, du 28 jan-vier 1576, ils jouiffent, & leurs veuves pendant leur viduité, des mêmes privilèges, franchifes & exemptions dont jouiffent les tréforiers de France & généraux des finances ; & en conféquence ils font exempts de toutes charges, tant ordinaires qu'ex-traordinaires, aides, tailles, emprunts, fubfides, & impofitions quelconques, faites ou à faire, pour quelque caufe que ce foit.

Leurs privilèges ont été exceptés des révocations faites en 1705 & en 1706 de différens privilèges : ils ont même été étendus par différens édits pofté-rieurs, qui leur donnent l'exemption de toutes charges & emplois publics, comme de collecte, tutèle, curatelle, de police, guet & garde, exemp-tion du ban & arrière-ban, de la milice, & de la contribution pour le fervice actuel de ces trou-pes, du logement des gens de guerre, uftenfiles & fubfiftances ; droit de committimus au grand & au petit fceau, droit de franc-falé ; & ils jouiffent de ces privilèges en quelques lieux qu'ils faffent leur réfidence ou faffent valoir leurs biens.

Ils font feuls en droit de délivrer des extraits certifiés d'eux des regiftres de leur contrôle.

L'hérédité de leurs offices leur fut accordée par édit de janvier 1634, qui fut confirmé par deux autres édits du mois de juin 1638 & juillet 1654. Ils ne paient plus de paulette.

Le droit de vétérance qui étoit établi parmi eux dès 1683, fut autorifé par un édit du mois de fep-tembre 1712, qui accorda aux veuves le committi-mus au grand & au petit fceau, la moitié du franc-falé, & la jouiſſance des autres exemptions & privilèges.

Les *contrôleurs des rentes* ſont reçus à la chambre des comptes ; mais enſuite pour leurs fonctions ils ſont ſoumis à la juriſdiction du bureau de la ville.

Ils doivent être préſens au paiement des rentes, & inſcrire les parties de rente dans le même ordre qu'elles ſont appellées. En cas d'abſence ou de maladie, ils peuvent ſuppléer l'un pour l'autre.

Chaque *contrôleur* doit envoyer en la chambre des comptes ſon regiſtre de contrôle, trois mois après l'expiration de l'année.

Dès 1654, les *contrôleurs*, qui étoient alors au nombre de ſoixante, ſe réunirent en corps de compagnie, afin d'obſerver entre eux une meilleure diſcipline : leurs aſſemblées furent autoriſées par le conſeil; & en 1657 la compagnie dreſſa des ſtatuts en dix articles, qui s'obſervent encore préſentement.

CONTRÔLEUR *général des reſtes. Voyez* CHAMBRE *des comptes.* (*A*)

CONTUMACE, ſ. f. (*Juriſpr.*) ce mot vient du latin *contumacia*, déſobéiſſance ; on l'emploie, en terme de pratique, pour ſignifier le refus que quelqu'un fait de comparoître en juſtice, ſoit en matière criminelle, ſoit en matière civile. On ſe ſert plus ordinairement, dans la procédure civile, du terme de *défaut*, & de celui de *contumace*, en matière criminelle. *Se laiſſer contumacer*, c'eſt laiſſer faire contre ſoi pluſieurs pourſuites, & laiſſer obtenir des jugemens par défaut.

Chez les Romains on appelloit *contumax* celui qui avoit refuſé de comparoître nonobſtant trois citations conſécutives, ou une ſeule citation péremptoire. Il n'étoit pas d'uſage de faire le procès au *contumax* dans la première année; on annotoit ſeulement ſes biens, & s'il mouroit dans l'année, il mouroit *integri ſtatus* : ſi c'étoit après l'année, il étoit réputé coupable. Lorſqu'il ſe repréſentoit pour ſe défendre, il devoit refonder les dépens avant d'être écouté; on l'obligeoit même auſſi de donner caution qu'il pourſuivroit le jugement du procès. Il ne pouvoit point appeller, ou s'il appelloit, le juge d'appel connoiſſoit de la *contumace*. Il pouvoit être contraint par trois voies différentes, par empriſonnement, par ſaiſie de ſes biens , & par une condamnation définitive; le juge pouvoit même ordonner la démolition de ſa maiſon. Il étoit réputé infame de fait en matière criminelle, mais non pas en matière civile. Son abſence étoit regardée comme un aveu du fait dont étoit queſtion, mais il n'étoit pas pour cela condamné de plein droit, il falloit que la cauſe fût jugée, & quoiqu'abſent on ne devoit le condamner définitivement que quand il avoit tort. Il ne pouvoit recouvrer la poſſeſſion de ſes biens, même en ſe repréſentant, à moins que les choſes ne fuſſent encore entières, & qu'il ne fît la refuſion des frais de contumace. La contumace étoit excuſée lorſque l'abſent étoit malade, ou qu'il étoit occupé ailleurs à une cauſe plus importante, ou à un tribunal ſupérieur. On ne condamnoit même jamais l'abſent, quand il s'agiſſoit de peine capitale. *L. abſentem, ff. de pœnis.*

Suivant la loi ſalique & celle des ripuaires, celui qui étoit cité en jugement & qui refuſoit de comparoître, étoit appellé devant le roi; s'il perſiſtoit dans ſa *contumace*, il étoit mis hors de la protection du roi; perſonne ne pouvoit le recevoir dans ſa maiſon, ni même lui donner du pain : s'il étoit d'une condition ordinaire, ſes biens étoient confiſqués ; ils ne l'étoient pas s'il étoit vaſſal du roi : le premier, par la *contumace*, étoit cenſé convaincu du crime, & non pas le ſecond.

Aujourd'hui les principes ſur la *contumace* ſont différens. On appelle parmi nous *frais de contumace* en matière civile, ceux qui ont été faits pour faire juger un défaut faute de comparoir, ou faute de défendre. On eſt reçu oppoſant en tout temps à ces ſortes de jugemens par défaut, en refondant, c'eſt-à-dire rembourſant les frais de *contumace*, qui ne ſe répètent point en définitif, quand même la partie défaillante & oppoſante réuſſiroit au fond ſur la demande. *Voyez* DÉFAUT.

En matière criminelle, on appelle *contumace*, tout ce qui s'appelle *défaut* en matière civile : elle a lieu lorſque l'accuſé eſt décrété & ne ſe repréſente point.

La forme de procéder contre l'accuſé abſent ou *contumax*, eſt preſcrite par l'ordonnance de 1670, *tit. 10 & 17*; par une déclaration du mois de décembre 1688, & par un édit du mois de juillet 1773. L'inſtruction qui ſe fait contre un accuſé préſent, & celle qui ſe fait par *contumace*, ſont à-peu-près ſemblables en général, ſi ce n'eſt que dans la première, en parlant de l'accuſé, on ajoute ces mots, *ci-préſent* ; c'eſt pourquoi Ménage diſoit , en badinant, que ce qui déplaiſoit le plus, à l'accuſé, de tout un procès criminel, étoient ces deux mots, *ci-préſent.*

Il faut diſtinguer, en matière criminelle, deux eſpèces de *contumace*, la première, qu'on appelle *contumace de préſence*, qui a lieu lorſque l'accuſé ne comparoît pas ſur un décret de *ſoit ouï*, ou ſur un décret d'ajournement perſonnel; la ſeconde, qu'on nomme proprement *contumace*, & qui donne lieu à la procédure dont nous allons parler, eſt le défaut de comparution d'un accuſé décrété originairement de priſe-de-corps, qui n'a pu être appréhendé.

La peine de la *contumace de préſence* eſt la converſion du décret originaire, en un décret plus rigoureux, c'eſt-à-dire que le décret de *ſoit ouï* eſt converti en décret d'ajournement perſonnel, & ce dernier en décret de priſe-de-corps à l'échéance de l'aſſignation donnée ſur chacun de ces décrets, ſans qu'il ſoit néceſſaire d'attendre les délais pour lever le défaut & le faire juger, dont l'uſage a été abrogé par l'article 8 de l'édit de 1773. Suivant le même édit la même conversion de décrets a lieu lorsque l'accusé décrété de soit ouï, ou d'ajournement personnel, après avoir subi interrogatoire, ne comparoît pas dans les récolemens, confrontations, & autres instructions : s'il ne comparoît pas au dernier interrogatoire lors du jugement du procès, on doit passer outre au jugement, sans qu'il soit besoin de perquisition de sa personne, sur le simple certificat d'absence, délivré par le greffier de la géole, ou justifié par le procès-verbal de l'huissier chargé de l'appeller.

Lorsque l'accusé a été originairement décrété de prise-de-corps, & que le décret n'a pu être exécuté contre lui, on commence la procedure de contumace par la perquisition de sa personne, la saisie & annotation de ses biens, sans qu'il soit besoin d'aucun jugement.

La perquisition se fait au domicile ordinaire de l'accusé ; ou si l'on est encore dans les trois mois que le crime a été commis, elle peut être faite au lieu de sa résidence, s'il en a une dans le lieu où s'instruit le procès, & on lui laisse au même endroit copie du procès-verbal de perquisition.

Si l'accusé n'a ni domicile connu, ni résidence dans le lieu du procès, on affiche la copie du décret à la porte de l'auditoire.

La saisie & annotation des biens se fait en la même forme que les saisies & exécutions en matière civile. Voyez ANNOTATION.

On saisit aussi les fruits des immeubles du contumax, & on y établit un commissaire, qui ne doit être parent ni domestique des receveurs du domaine, ou des seigneurs auxquels appartient la confiscation.

Après la saisie & annotation, l'accusé est assigné à quinzaine, à son domicile. Si l'on est encore dans les trois mois que le crime a été commis, on peut l'assigner dans la maison où il résidoit en l'étendue de la jurisdiction ; hors ce cas, & s'il n'a point de domicile connu, on affiche l'exploit à la porte de l'auditoire.

Faute de comparoir dans la quinzaine, on l'assigne par un seul cri public la huitaine franche.

Ce cri se fait à son de trompe en place publique, & à la porte du tribunal & devant le domicile ou résidence de l'accusé, par un huissier assisté de deux témoins.

Après l'échéance des assignations, la procedure est communiquée au ministère public, qui donne des conclusions préparatoires.

Si la procedure se trouve valable, le juge ordonne que les témoins seront récolés, & que le récolement vaudra confrontation.

Après le récolement le ministère public donne ses conclusions définitives.

Enfin intervient le jugement définitif, qui déclare la contumace bien instruite, en adjuge le profit, & prononce la condamnation ou absolution de l'accusé.

Lorsqu'un accusé s'évade des prisons avant d'avoir

subi interrogatoire, la contumace s'instruit contre lui de la manière dont nous venons de l'expliquer, parce que son emprisonnement doit être regardé comme non avenu : si sa fuite n'a lieu qu'après avoir subi interrogatoire, on continue simplement l'instruction commencée après une sommation de se présenter, faite au domicile qu'il est tenu d'élire, en vertu de l'édit de 1773, soit au greffe de la géole, s'il en existe, soit au greffe criminel de la jurisdiction où le procès s'instruit; mais si l'évasion de l'accusé est la suite d'un bris de prison, c'est un nouveau crime, qui doit s'instruire par une procédure particulière de contumace. Voyez BRIS.

Les jugemens par contumace doivent être également fondés que ceux que l'on appelle contradictoires. C'est une erreur de droit, avec quelques criminalistes, & sur-tout d'Italie, qu'un accusé fugitif doit être réputé coupable, & que sa contumace est un motif d'augmenter contre lui la peine attachée au délit dont il est accusé. C'est pourquoi on doit l'absoudre s'il n'existe pas de preuves suffisantes contre lui, ainsi que le fut, en 1734, le sieur de Beaurepaire, accusé d'assassinat.

Mais lorsque le délit est constaté, & qu'il y a lieu de prononcer contre l'accusé quelque peine capitale, c'est-à-dire qui doit emporter mort naturelle ou civile, on la prononce contre lui, quoique absent, à la différence de ce qui se pratiquoit chez les Romains. Cet usage est fort ancien parmi nous, comme on en peut juger par un passage de Matthieu Paris dans la vie de Jean-sans-terre, pag. 196, où il dit, en parlant d'une accusation pour meurtre, que : « si l'accusé ne se représente pas, » & n'a point d'excuse légitime, il est tenu pour » convaincu, & est condamné à mort ».

Les condamnations à mort par contumace s'exécutent par effigie ; & celles des galères, amende honorable, bannissement perpétuel, flétrissure & du fouet, sont écrites dans un tableau exposé en place publique, mais sans effigie. Les autres condamnations par contumace sont seulement signifiées avec copie au domicile ou résidence du condamné, sinon affichées à la porte de l'auditoire.

Autrefois les condamnations par contumace s'exécutoient réellement contre le condamné, dès qu'il étoit pris. Dans la suite on distingua s'il se représentoit volontairement ou forcément ; dans le dernier cas on l'exécutoit sans autre forme de procès, mais non pas dans le premier.

Présentement, soit que le contumax se représente volontairement, ou qu'il soit arrêté prisonnier après le jugement, même après les cinq années, soit dans les prisons du juge qui l'a condamné, ou autres prisons, la contumace est mise au néant en vertu de l'ordonnance, sans qu'il soit besoin pour cet effet de jugement, ni d'interjetter appel de la sentence de contumace.

Les frais de la contumace doivent être payés par l'accusé ; cependant on ne doit pas, faute de paiement, furfeoir à l'inftruction ou jugement du procès.

On procède enfuite à l'interrogatoire de l'accufé, & à la confrontation des témoins.

La dépofition de ceux qui font décédés avant le récolement, ne doit point être lue lors de la vifite du procès, fi ce n'eft que ces dépofitions aillent à la décharge de l'accufé.

Si le témoin qui a été récolé, eft décédé ou mort civilement pendant la *contumace*, ou qu'il foit abfent pour caufe de condamnation aux ga-lères, banniffement à temps ou autrement, fa dé-pofition fubfifte, & on en fait confrontation lit-térale à l'accufé, & en ce cas les juges n'ont point d'égard aux reproches, s'ils ne font juftifiés par titres.

Quand le condamné fe repréfente ou eft conf-titué prifonnier dans l'année de l'exécution du ju-gement de *contumace*, on lui accorde main-levée de fes meubles & immeubles; & le prix provenant de la vente de fes meubles lui eft rendu, à la déduc-tion des frais de juftice, & en confignant l'amende à laquelle il a été condamné.

L'état du condamné eft en fufpens pendant les cinq années qui lui font accordées pour purger la *contumace*; de forte que s'il décède pendant ce temps, les difpofitions qu'il a faites font valables; il recueille & tranfmet à fes héritiers les biens qui lui font échus. Il meurt *integri ftatus*, c'eft-à-dire en poffeffion de fon état, parce qu'on préfume qu'il n'auroit pas laiffé paffer les cinq ans fans fe repré-fenter pour établir fa juftification.

Si ceux qui font condamnés ne fe repréfentent pas, ou ne font pas conftitués prifonniers dans les cinq ans de l'exécution de la fentence de *contumace*, les condamnations pécuniaires, les amendes & con-fifcations font réputées contradictoires, & ont le même effet que fi elles étoient ordonnées par arrêt; ils peuvent cependant être reçus à efter à droit, en obtenant, à cet effet, en chancellerie, des lettres pour purger la *contumace*; & fi le jugement qui intervient enfuite, porte abfolution, ou n'emporte pas de confifcation, les meubles & immeubles qui avoient été confifqués fur les accufés, leur font rendus en l'état qu'ils fe trouvent, fans pouvoir prétendre aucune reftitution des amendes, intérêts civils, & des fruits des immeubles.

Ceux qui ont été condamnés par *contumace* à mort, aux galères perpétuelles, ou au banniffement perpétuel hors du royaume, & qui décèdent après les cinq ans, fans s'être repréfentés ou avoir été conftitués prifonniers, ne font réputés morts civi-lement que du jour de l'exécution de la fentence de *contumace*; de forte que fi la condamnation eft à mort, il faut que la fentence foit exécutée par effigie; fi c'eft aux galères perpétuelles ou au ban-niffement perpétuel, il faut que la condamnation ait été affichée dans un tableau en place publique: une fimple fignification de ces fortes de condam-nations n'eft pas regardée comme une exécution du

jugement, & ne fuffit pas pour faire déchoir le condamné de fon état.

Quand la condamnation par *contumace* a été exécutée, le crime, c'eft-à-dire la peine prononcée par le jugement, ne fe prefcrit que par trente ans; au lieu que fi la condamnation n'a pas été exécutée, le crime fe prefcrit par vingt ans.

Mais cette prefcription ne remet au condamné que la peine corporelle, & ne le réhabilite pas dans les effets civils, lorfqu'il les a perdus par l'exécu-tion de la fentence.

Les receveurs du domaine, les feigneurs, ou autres auxquels la confifcation appartient, peuvent, pendant les cinq ans, percevoir les fruits & re-venus des biens des condamnés, des mains des fermiers, redevables & commiffaires; mais ils ne peuvent s'en mettre en poffeffion, ni en jouir par leurs mains, à peine du quadruple, & des dépens, dommages & intérêts des parties.

Le roi ni les feigneurs hauts-jufticiers ne peuvent faire aucun don des confifcations qui leur appar-tiennent, pendant les cinq années de la *contumace*, finon pour les fruits des immeubles feulement.

Après les cinq années expirées, les receveurs du domaine, les donataires & les feigneurs auxquels la confifcation appartient, doivent fe pourvoir en juftice pour avoir permiffion de s'en mettre en pof-feffion; & avant d'y entrer, ils doivent faire dreffer procès-verbal de la qualité & valeur des meubles & effets mobiliers, à peine, contre les donataires & feigneurs, d'être déchus de leur droit, & con-tre les receveurs du domaine, de 10000 livres d'amende.

Pour purger la *contumace*, il faut que l'accufé fe préfente & fe conftitue prifonnier dans les pri-fons du juge qui l'a condamné; cependant, 1°. fi ce juge étoit incompétent, l'accufé pourroit fe met-tre en état dans celles du juge compétent, pour connoître de l'accufation: 2°. fi l'affaire a été portée par appel devant le juge fupérieur, il peut fe conftituer prifonnier dans les prifons de ce juge, fauf à ce dernier à le renvoyer, s'il y a lieu, par-devant le premier juge. Mais s'il s'agit de purger une *contumace* inftruite contre un accufé décrété originairement de foi ouï, ou d'ajournement per-fonnel, il n'eft pas obligé de fe mettre en prifon, fa comparution fuffit pour faire ceffer cette efpèce de *contumace*, & le décret qui en eft la fuite. *Voyez* DÉCRET, CONFISCATION.

CONTUMAX, (*Jurifpr.*) ce mot, qui eft pu-rement latin, a été retenu dans le ftyle judiciaire pour fignifier celui qui refufe de comparoître en juftice; il ne fe dit guère qu'en matière criminelle. *Voyez* CONTUMACE.

Selon les établiffemens de S. Louis, *ch. 26*, le baron, en la terre duquel avoit été commis le délit, devoit faire femondre le *contumax* par jugement, felon le droit écrit & au monftier de la paroiffe du *contumax*, qu'il vînt en droit dans les fept jours ou les sept nuits, pour connoître (avouer) ou défendre, & le faire appeler en plein marché : s'il ne venoit pas dans les sept jours & les sept nuits, on le faisoit semondre derechef par jugement, qu'il vînt dans les quinze jours & les quinze nuits, & derechef qu'il vînt dans les quarante jours & les quarante nuits ; & s'il ne venoit point alors, on le faisoit bannir, c'est-à-dire crier en plein marché : s'il venoit ensuite, & qu'il ne pût montrer une raisonnable exoine, comme d'avoir été en pélerinage ou autre lieu raisonnable, alors le baron faisoit ravager la terre du *contumax*, & s'emparoit de ses meubles. (*A*)

CONVAINCU, adj. (*Jurisp.*) en matière criminelle, quand il y a preuve suffisante contre un accusé, le juge le déclare duement atteint & *convaincu* du crime qu'on lui impute. Ce style paroît assez bisarre : en effet, c'est plutôt le juge qui est *convaincu* du crime, que non pas l'accusé, lequel dénie ordinairement le crime. Quand il il en seroit intérieurement *convaincu*, on ne peut pas l'assurer, parce qu'il ne le manifeste pas extérieurement. Il arrive même quelquefois, mais rarement, que des innocens sont condamnés comme coupables, soit sur de fausses dépositions, ou sur des indices trompeurs. Il est bien certain, dans ce cas, que l'accusé n'est point *convaincu* intérieurement du crime. Il semble donc que la forme de déclarer un accusé atteint & *convaincu*, ne conviendroit que dans le cas où il avoue le crime, & que quand il le nie, on devroit seulement le réputer coupable ; cependant on ne fait aucune distinction à cet égard ; & l'usage a prévalu. (*A*)

CONVENANCE, s. f. (*Jurisp.*) est un ancien terme de coutume, qui signifie une *convention*. Loysel, en *ses instit. coutum. liv. IV, tit. 1, reg. 1*, dit que *convenances vainquent la loi*, c'est-à-dire que par convention on peut déroger à ce qui est établi par la loi ; ainsi, quoique la coutume de Paris établisse la communauté de biens entre conjoints, on peut convenir par contrat de mariage qu'il n'y en aura point : mais la *convenance* ou convention ne peut pas prévaloir sur un statut prohibitif négatif, tel par exemple que l'*article 282* de la coutume de Paris, qui défend aux maris & femmes de s'avantager l'un l'autre, soit entre-vifs ou par testament. *Voyez* CONVENTION.

CONVENANCE *de succéder*, est une convention apposée dans un contrat de société, à l'effet que les associés se succèdent mutuellement dans le cas où ceux qui viennent à décéder ne laissent point d'enfans.

La coutume d'Auvergne, *chap. 15, art. 1*, admet ces sortes de conventions. L'*art. 2* permet de stipuler que le pacte ou *convenance de succéder* subsistera, nonobstant la mort d'un des associés ; & l'*article 3* porte que ce pacte finit par la mort d'un des associés, quand il n'y a point de convention au contraire ; l'*article 4* décide que la *convenance de succéder* est entièrement révoquée, par

la survenance des enfans, sinon qu'il y ait une convention expresse au contraire.

Henrys, *tom. 2, liv. 6, quest. 16*, (édit. de 1708) établit que la survenance d'enfans à l'un des associés détruit le pacte de succéder, non seulement par rapport à cet associé, mais aussi pour tous les autres.

La *convenance de succéder* peut être expresse ou tacite. *Voyez* CONVENTION *de succéder*, & le mot SUCCESSION. (*A*)

CONVENANT, adj. pris subst. on le trouve dans l'art. *361* de la coutume de Normandie, dans le sens de convention. La femme, y est-il dit, ne peut avoir en douaire plus que le tiers de l'héritage, quelque *convenant*, c'est-à-dire quelque stipulation ou convention qui ait été insérée au contrat de mariage, pour lui en accorder un plus considérable. Toute convention qui excède le tiers accordé par la coutume, peut être révoquée par les héritiers du mari, après son décès.

CONVENT, s. m. (*terme usité dans plusieurs coutumes des Pays-Bas.*) il est dérivé du mot latin *conventus*, qui signifie *assemblée.*

Dans les chartres générales du Hainaut, on l'emploie pour désigner une assemblée de juges féodaux ou fonciers, dans laquelle se font les devoirs de loi, nécessaires en pays de nantissement, pour transférer d'une personne à une autre la propriété d'un immeuble, ou l'assujettir à une hypothèque, une servitude ou toute autre charge réelle ; mais le plus souvent il désigne les devoirs de loi même.

Dans ces mêmes chartres, & dans la coutume du chef-lieu de Valenciennes, le mot de *convent* se trouve joint à celui de mariage, & il a la même signification que *contrat de mariage*. Ce sens est très-conforme à l'étymologie du mot ; car les contrats de mariage se font ordinairement dans les assemblées des parens de chacun des futurs époux.

CONVENTICULE, s. m. (*Police.*) diminutif & mot formé du latin *conventus*, assemblée. *Conventicule* se prend toujours en mauvaise part, pour une assemblée séditieuse ou irrégulière, ou au moins clandestine. En France, tout attroupement fait sans la permission & l'aveu du souverain, est un *conventicule* prohibé par les loix. (*G*)

CONVENTION, s. f. (*Jurisp.*) est le consentement mutuel de deux ou de plusieurs personnes, pour former entre elles quelque engagement ou pour en résoudre un précédent, ou pour y changer, ajouter, ou diminuer quelque chose, *duorum vel plurium in idem placitum consensus.*

On distinguoit, chez les Romains, deux sortes de *conventions*, savoir les pactes & les contrats proprement dits.

Les pactes étoient de simples *conventions* qui n'avoient point de nom propre ni de cause, de sorte qu'elles ne produisoient qu'une obligation naturelle qui n'engendroit point d'action, mais seulement une exception, au lieu que les contrats proprement dits étoient ceux qui avoient un nom propre, ou du moins une cause; car il y avoit des contrats innommés, ainsi que nous l'avons dit ci-devant au mot CONTRAT ; & ces *conventions* produisoient une obligation civile, & celle-ci une action.

On ne s'arrête point, parmi nous, à toutes ces distinctions inutiles de forme entre les *conventions*, les contrats, les pactes & les stipulations: le mot *convention* est un terme général qui comprend toutes sortes de pactes, traités, contrats, stipulations, promesses & obligations. Il est vrai que chacun de ces termes convient plus particulièrement pour exprimer une certaine *convention* ; par exemple, on ne se sert guère du terme de *pacte* que pour les *conventions* qui concernent les successions. On dit un *traité de société* : on appelle *contrats*, les *conventions* par lesquelles deux personnes s'obligent réciproquement, & qui ont un nom propre, comme un contrat de vente, d'échange, &c. *Obligation*, proprement dite, est l'engagement d'une personne envers une autre, par un acte authentique ; & *promesse* est un engagement verbal ou sous seing privé : mais tous ces engagemens produisent également une obligation civile & une action.

Les *conventions* sont proprement des loix privées que les contractans s'imposent, & auxquelles ils s'obligent de se conformer.

L'usage des *conventions* est une suite naturelle de la société civile & des besoins mutuels que les hommes ont les uns des autres, & des différentes choses qu'ils possèdent chacun en propre; c'est ce qui donne lieu aux traités de louage, de prêt, de vente, d'échange, & à toutes les autres *conventions* en général.

Toutes personnes capables de contracter peuvent faire des *conventions* telles qu'elles jugent à propos, pourvu qu'elles ne soient point contraires aux bonnes mœurs ou à quelque statut prohibitif.

Ce n'est pas seulement entre présens que l'on peut faire des *conventions* ; elles se peuvent faire entre absens, soit par l'entremise d'un fondé de procuration, ou de quelqu'un se portant fort pour l'absent, ou même par lettres missives.

Celui qui a charge d'un absent, ne peut l'engager au-delà du pouvoir qui lui a été donné.

Si un tiers se porte fort pour l'absent, sans avoir charge de lui, l'absent n'est engagé que du jour qu'il a ratifié la *convention*.

Les tuteurs, curateurs & autres administrateurs, les chefs des corps politiques & des sociétés particulières, ne peuvent engager ceux qu'ils représentent, au-delà du pouvoir qu'ils ont en leur qualité d'administrateurs.

Toutes les choses qui entrent dans le commerce, & tout ce qui peut dépendre de l'industrie ou du fait de quelqu'un, peut faire la matière des *conventions*.

On les rapporte communément toutes en droit à quatre espèces principales, savoir; *do ut des, facio ut facias, facio ut des, do ut facias* ; mais dans notre usage, ces deux dernières espèces sont proprement la même.

Toute *convention*, pour être valable, doit avoir une cause légitime, soit que l'engagement soit gratuit ou non de part & d'autre, & que les deux contractans s'obligent réciproquement l'un envers l'autre, ou qu'un seul s'oblige envers l'autre; ainsi, dans l'obligation pour cause de prêt, les deniers prêtés sont la cause de la *convention* : une donation doit pareillement avoir une cause, comme de récompenser le mérite ou les services du donataire, ou pour l'amitié que le donateur lui porte.

On distinguoit chez les Romains les *conventions* ou contrats de bonne-foi, de ceux qu'on appelloit *de droit écrit* ; mais, parmi nous, en toutes *conventions*, la bonne-foi est nécessaire, tant envers les contractans qu'envers les tiers qui peuvent se trouver intéressés, & cette bonne-foi doit avoir toute l'étendue que l'équité demande, selon la nature de l'engagement.

Il y a des *conventions* qui tirent leur origine du droit des gens, comme le prêt, le louage, l'échange, &c. d'autres qui tirent leur origine du droit civil, comme les transactions, cessions, subrogations. *Voyez* CONTRAT.

Plusieurs *conventions* ont un nom qui leur est propre, & forment ce que l'on appelle en droit des *contrats nommés*, telles que celles dont on vient de parler, telles encore que la vente, la société, &c. d'autres n'ont point de nom qui leur soit propre, & forment des *contrats innommés*.

On comprend, sous le terme de *conventions*, non seulement le contrat principal qui contient quelque engagement, mais aussi toutes les clauses charges, conditions, & réserves que l'on peut ajouter au contrat.

La plupart des *conventions* s'accomplissent par le seul consentement mutuel des parties, sans qu'il soit accompagné de tradition de la chose qui fait l'objet de la *convention* ; il y en a néanmoins qui ne sont parfaites que par la délivrance de la chose, telles que le prêt & la vente des choses qui se livrent par poids, nombre & mesure.

Anciennement la bonne-foi tenoit lieu d'écrit dans les *conventions* ; l'écriture même, lorsqu'elle commença à être en usage, ne servoit que de mémoire; on ne signoit point les *conventions*. Pline s'émerveille de ce que, de son temps, dans tout l'Orient & l'Egypte, on n'usoit point encore de sceaux, on se contentoit de l'écriture seule; au lieu qu'à Rome chacun marquoit l'écrit de son sceau ou cachet particulier, pour dire qu'il adoptoit ce qui étoit écrit, soit de sa main ou d'une main étrangère.

Quoiqu'on doive admirer la bonne-foi des anciens, il est cependant plus sûr d'écrire & de signer les *conventions*, parce que la mémoire est infidelle, & que l'on évite par-là l'embarras de la preuve.

Les *conventions* par écrit se font pardevant notaire ou autre officier public, ou sous seing-privé: on peut aussi faire des *conventions* ou contrats en jugement, lesquels engagent les parties comme si elles avoient signé.

Chez les Romains, toute *convention* étoit valable sans écrit, mais dans notre usage cela souffre quelques exceptions: 1°. suivant l'*article 54 de l'ordonnance de Moulins*, & l'*art. 2 du tit. 20* de l'ordonnance de 1667, toute *convention* pour chose excédant la somme de 100 livres, doit être rédigée par écrit, si ce n'est en certains cas exceptés par l'ordonnance: 2°. il y a certaines *conventions* qui, par leur nature, doivent être rédigées par écrit, & même devant notaire, & avec minute, telles que les contrats de mariage, les prêts sur gage, &c.

Les billets sous signature privée, au porteur, à ordre ou autrement, causés pour valeur en argent, sont nuls, si le corps du billet n'est écrit de la main de celui qui l'a signé, ou du moins si la somme portée au billet n'est reconnue par une approbation écrite en toutes lettres aussi de sa main: on excepte seulement les billets faits par les banquiers, négocians, marchands, manufacturiers, artisans, fermiers, laboureurs, vignerons, manouvriers & autres de pareille qualité, dont la signature suffit pour la validité de leur engagement. *Voyez la déclaration du 22 septembre 1733.*

Lorsque la *convention* se fait devant un officier public, elle n'est parfaite que quand l'acte est achevé en bonne forme, que les parties, les témoins & l'officier public ont signé: si la signature de celui-ci manquoit, la *convention* seroit nulle & ne vaudroit même pas comme écriture privée, n'ayant pas été destinée à valoir en cette forme; ce seroit seulement un commencement de preuve par écrit.

Une *convention* authentique n'a pas besoin de preuve, à moins qu'il n'y ait inscription de faux contre l'acte. *Voyez* FAUX & INSCRIPTION DE FAUX.

Les signatures apposées au bas des *conventions* sous seing-privé, sont sujettes à vérification.

Pour ce qui est des *conventions* verbales, on en peut faire la preuve tant par titres que par témoins, suivant les règles portées par le *titre 20 de l'ordonnance de 1667. Voyez* PREUVE.

Ce qui se trouve d'obscur dans les *conventions*, doit être à la rigueur interprété contre celui qui a dû s'expliquer plus clairement: on incline surtout en ce cas pour l'obligé, & son engagement doit s'entendre de la manière qui lui est la plus favorable.

On doit néanmoins tâcher de découvrir quelle a été l'intention des parties, à laquelle il faut toujours s'arrêter plutôt qu'à la lettre de l'acte; ou si l'on ne peut découvrir quelle a été leur intention, on s'en tient à ce qui est de plus vraisemblable suivant l'usage des lieux & les autres circonstances.

Les différentes clauses & *conventions* d'un acte s'interprètent mutuellement; on doit voir la suite de l'acte, le rapport qu'une partie avec avec l'autre, & ce qui résulte du corps entier de l'acte.

L'effet des *conventions* valables est d'obliger non seulement à ce qui y est exprimé, mais encore à tout ce qui en est une suite naturelle, ou fondée sur la loi.

Dans les *conventions* qui doivent produire un engagement réciproque, l'un ne peut être engagé que l'autre ne le soit pareillement, & la *convention* doit être exécutée de part & d'autre, de manière que si l'un refuse de l'exécuter, l'autre peut l'y contraindre; & en cas d'inexécution de la *convention* en tout ou partie, il est dû des dommages & intérêts à celui qui souffre de cette inexécution.

Il est permis d'insérer dans les *conventions* toutes sortes de clauses & conditions, pourvu qu'elles ne soient point contraires aux loix ni aux bonnes mœurs. Ainsi, l'on peut déroger à son droit particulier & aux loix qui ne sont pas prohibitives; mais les particuliers ne peuvent, par aucune *convention*, déroger au droit public.

L'événement de la condition opère l'accomplissement ou la résolution de la *convention*, suivant l'état des choses & ce qui a été stipulé. *Voyez* CLAUSE RÉSOLUTOIRE, CLAUSE PÉNALE, CONDITION.

Les *conventions* nulles sont celles qui, manquant des caractères essentiels qu'elles devroient avoir, ne produisent aucun effet.

La nullité des *conventions* peut procéder de plusieurs causes différentes: 1°. de l'incapacité des personnes, comme quand elles n'ont pas la faculté de s'obliger; 2°. lorsqu'il n'y a point eu de consentement libre; 3°. lorsqu'il y a eu erreur de fait; 4°. lorsque l'acte n'est pas revêtu des formalités nécessaires; 5°. si la chose qui fait l'objet de la *convention* n'est pas dans le commerce; 6°. si la *convention* est contraire au droit public, ou à quelque loi prohibitive, ou aux bonnes mœurs.

Celles qui sont dans cette dernière classe ne sont pas seulement nulles, elles sont illicites, tellement que ceux qui y ont eu part, peuvent être punis pour les avoir faites.

Il y a des *conventions* qui ne sont pas nulles de plein droit, mais qui peuvent être annullées, comme quand il y a eu dol ou lésion. *Voyez* NULLITÉ, RESCISION & RESTITUTION EN ENTIER.

Une *convention* parfaite peut être résolue, soit par un consentement mutuel des parties, ou par quelque clause résolutoire, ou par la voie de la rescision; & dans tous ces cas, les *conventions* accessoires, telles que l'hypothèque, les cautionnemens, &c. suivent le sort de la *convention* principale. *Voyez* au digeste, les titres *de pactis* & *de obligat.* & *action. Voyez aussi* ENGAGEMENT, OBLIGATION.

Nous allons donner une explication sommaire de

de plufieurs termes que, dans l'ufage ordinaire, on joint au mot *convention*.

CONVENTION *compromiffaire*, eft celle qui contient un compromis, à l'effet d'en paffer par l'avis d'arbitres. *Voyez* ARBITRES & COMPROMIS.

CONVENTION *du droit des gens*, c'eft celle qui tire fon origine de ce droit; c'eft la même chofe que *contrat du droit des gens*.

CONVENTION *expreffe*, eft tout contrat fait foit par écrit ou verbalement, ou par la tradition de quelque chofe, à la différence des *conventions* tacites formées par un confentement, non pas exprès, mais réfultant de quelques circonftances qui le font préfumer.

CONVENTION *illicite*, eft celle qui eft contre les bonnes mœurs, ou contraire à quelque ftatut prohibitif négatif.

CONVENTION *innommée*: on dit plus volontiers *contrat innommé*.

CONVENTION *inutile*, en droit, eft celle qui ne doit point avoir fon exécution, telles que les *conventions* faites contre les bonnes mœurs. *Voyez au dig. liv. XVI, tit. 3, l. 1, §. 7.*

CONVENTION *légitime*, (*en Droit.*) eft celle qui eft confirmée par quelque loi. *Voyez au digefte, l. II, tit. 14, l. 6.* On entend auffi quelquefois par-là une *convention* qui tire fon origine de la loi, c'eft-à-dire, du droit civil; & en ce fens la *convention légitime* eft oppofée à la *convention* ou contrat du droit des gens.

CONVENTION *licite*, eft toute *convention* qui n'eft ni prohibée par les loix, ni contraire aux bonnes mœurs.

CONVENTION *de mariage*, ce font toutes les claufes que l'on infère dans un contrat de mariage, relatives au mariage ou au droit que les conjoints doivent avoir fur les biens l'un de l'autre: telles font les claufes par lefquelles les futurs conjoints promettent de fe prendre pour mari & femme; celles qui concernent la dot de la femme & fes paraphernaux, la communauté de biens, le douaire ou l'augment de dot, le préciput, les dons de furvie, les dettes créées avant le mariage, le remploi des propres aliénés, &c. On peut, par contrat de mariage, faire telles *conventions* que l'on juge à propos, pourvu qu'elles ne foient pas contraires aux bonnes mœurs, ou à quelque ftatut prohibitif qui régiffe les futurs conjoints ou leurs biens.

CONVENTIONS *matrimoniales*: on confond fouvent cet objet avec les *conventions de mariage*. Il y a cependant quelque différence, car l'objet des *conventions de mariage* eft plus étendu: on entend ordinairement par-là toutes les claufes contenues dans le contrat de mariage, telles que celle qui concerne la célébration même du mariage, & autres claufes dont on a parlé dans l'article précédent; au lieu que par le terme de *conventions matrimoniales*, proprement dites, on n'entend ordinairement autre chofe que les avantages, ftipulés en faveur de la femme par le contrat de mariage. On joint communément le terme de *reprifes* avec celui de *conventions matrimoniales*. Les reprifes font ce qui appartient à la femme *de fuo*, comme fa dot, fes propres, remplois de propres, &c. Les *conventions matrimoniales* font ce qu'elle gagne en vertu du contrat exprès ou tacite, comme fa part dans la communauté des biens, fon préciput, fon douaire ou fon augment de dot & autres avantages, portés par la loi ou par le contrat. La femme a pour fes reprifes & *conventions matrimoniales* hypothèque fur les biens de fon mari du jour du contrat; ou à défaut de contrat écrit, du jour de la célébration du mariage.

CONVENTION *naturelle*, qu'on appelle auffi *convention fans titre*, ou *fimple promeffe*, ou *pacte nud*, étoit chez les Romains une manière de contracter, qui ne produifoit qu'une obligation naturelle fans aucuns effets civils. Cette *convention* n'étoit fondée ni fur un écrit, ni fur la tradition d'aucune chofe; mais fur le feul confentement des parties, & fur une promeffe verbale qui formoit un fimple pacte ou pacte nud, qu'il dépendoit de la bonne-foi des parties d'exécuter ou de ne pas exécuter, parce qu'il ne produifoit point d'action civile. On ne connoît plus parmi nous cette diftinction fubtile des contrats d'avec les fimples *conventions*; toute *convention* licite produit une action civile pour en demander l'exécution. *Voyez* PACTE.

CONVENTION *nue*, eft la même chofe que *convention naturelle*; elle ne produifoit point d'action, à moins qu'elle ne fût accompagnée de tradition ou de ftipulation, *ff. liv. II, tit. 14, l. 45. Voyez ci-devant* CONVENTION *naturelle*, PACTE & STIPULATION.

CONVENTIONS *ordinaires*, font tous les contrats qui produifent une obligation civile: on les appelloit ainfi chez les Romains, pour les diftinguer des *conventions* fimples ou naturelles. *Voyez* CONTRAT.

CONVENTION *privée*, eft toute *convention* faite entre particuliers & pour des objets qui les concernent feuls, ou qui ne concernent en général que des particuliers, & non le public. Ces fortes de *conventions* ne peuvent déroger au droit public; elles font oppofées à ce que l'on appelle *conventions publiques*. *Voyez l'article fuivant,* & au 50e. liv. du dig. tit. 17, l. 45.

CONVENTION *publique*, eft celle qui concerne le public, & qui engage l'état envers une autre nation: tels font les trèves, les fufpenfions d'armes, les traités de paix & d'alliance. *Voyez la loi 5 ou ff. de pactis*, & ci-devant CONVENTION *privée*.

CONVENTION *prohibée*, eft celle qui eft expreffément défendue par quelque loi, comme de ftipuler des intérêts à un denier plus fort que celui permis par l'ordonnance, de s'avantager entre conjoints.

CONVENTIONS *royales de Nifmes*, eft une jurifdiction royale, établie dans cette ville par Philippe-Augufte en 1272. Ce prince, par une *convention* faite avec des marchands de différentes villes, donna à cette jurifdiction plufieurs privilèges, à l'inftar de ceux des foires de Champagne & de Brie, & des bourgeoifies royales de Paris ; il accorda entre autres chofes, à ceux qui étoient foumis à cette jurifdiction, de pourfuivre leurs débiteurs de la même manière que le faifoient les marchands des foires de Champagne & de Brie, & de ne pouvoir être jugés par aucun autre juge que celui de Nifmes. Philippe de Valois, par des lettres du 19 août 1345, accordées à la requête des marchands Italiens demeurant à Nifmes, & étant du corps des *conventions royales*, confirma ces privilèges qui étoient conteftés par les bourgeois de la baftide nouvelle de Beauvais, qui prétendoient avoir des privilèges contraires. Ces lettres ne doivent fervir que pendant un an. Le juge des *conventions* a fon principal fiège à Nifmes ; mais il a des lieutenans dans plufieurs lieux de la fénéchauffée : il eft juge cartulaire, ayant fcel royal, authentique & rigoureux. Il connoît des exécutions faites en vertu des obligations paffées dans fa cour, il peut faire payer les débiteurs par faifie de corps & de biens ; mais il ne peut connoître d'aucune caufe en action réelle ou perfonnelle, pas même par adreffe de lettres royaux, fuivant l'ordonnance de Charles VIII, *du 28 décembre 1490.*

CONVENTION *fimple, voyez ci-devant* CONVENTION *naturelle.*

CONVENTION *de fuccèder*, eft un contrat par lequel on règle l'ordre dans lequel on fuccédera à un homme encore vivant ; c'eft la même chofe que ce que l'on appelle *fucceffion contractuelle. Voyez* SUCCESSION *contractuelle.*

CONVENTION *tacite*, eft celle qui fe forme par un confentement, non pas exprès, mais feulement préfumé, telles que font les quafi-contrats. *Voyez ci-devant* au mot CONTRAT, à la fubdivifion des *quafi-contrats.*

CONVENTION *verbale*, eft celle qui eft faite par parole feulement, fans aucun écrit. Chez les Romains, on diftinguoit les *conventions* qui fe formoient par la tradition d'une chofe, de celles qui fe formoient par paroles feulement. Parmi nous on appelle *convention verbale*, toute *convention* expreffe, faite fans écrit.

CONVENTION *ufuraire*, eft celle qui renferme quelque ufure au préjudice d'une des parties contractantes. *Voyez* USURE. (*A*)

CONVENTION, (*Hift. mod.*) nom donné par les Anglois à l'affemblée extraordinaire du parlement, faite fans lettres-patentes du roi l'an 1689, après la retraite du roi Jacques II, en France. Le prince & la princeffe d'Orange furent appellés pour occuper le trône prétendu vacant, & auffi-tôt la *convention* fut convertie en parlement par le prince d'Orange. Les Anti-Jacobites fe font efforcés de juftifier cette innovation : on a foutenu contre eux que cette affemblée dans fon principe étoit illégitime, & contraire aux loix fondamentales du royaume. (*G*)

CONVENTIONNEL, adj. (*Jurifprud.*) fe dit de ce qui dérive d'une convention.

Par exemple, on dit *un bail conventionnel* par oppofition au *bail judiciaire*, qui eft émané de la juftice, & non d'une convention.

Fermier ou *locataire conventionnel*, eft ainfi nommé par oppofition au *fermier judiciaire. Voyez ci-après* CONVERSION *de bail conventionnel.*

Rachat ou *retrait conventionnel*, eft la même chofe que la *faculté de réméré. Voyez* RÉMÉRÉ. (*A*)

CONVENTUALITÉ, f. f. (*Droit ecclés.*) confidérée par rapport à ceux qui y font foumis, c'eft l'obligation de vivre en commun, & d'obferver la règle dans un monaftère : elle eft de l'effence des corps religieux, & depuis leur origine, l'églife a toujours veillé à ce qu'elle fût exactement obfervée dans les maifons où elle n'avoit point été éteinte, & rétablie dans celles où l'oubli des conftitutions primitives l'avoit fait difparoître.

Nous n'entrerons point ici dans le détail des caufes qui ont infenfiblement néanti la *conventualité*, dans plufieurs maifons religieufes, elles font plutôt du reffort de l'hiftorien que du jurifconfulte.

Pour que la *conventualité*, dans le fens fous lequel nous l'envifageons dans ce moment, puiffe fubfifter, il faut 1°. un nombre fuffifant de religieux, pour obferver la règle & célébrer les faints offices ; 2°. des revenus affez confidérables pour leur entretien. On ne croit pas devoir infifter fur la néceffité de ces deux conditions, il n'eft perfonne qui puiffe le contefter.

La *conventualité* peut être confidérée comme étant un état des bénéfices réguliers, & c'eft fous ce dernier point de vue que nous allons nous en occuper.

On a vu, au mot BÉNÉFICE, que les bénéfices fe divifoient en réguliers & en féculiers. Les réguliers font de droit conventuels, c'eft-à-dire qu'il doit, felon les conftitutions canoniques, y avoir dans tous un certain nombre de religieux, afin d'y remplir leur règle, & d'en conferver l'efprit ; ce qui feroit impoffible à un feul religieux ifolé & éloigné de fon cloître : c'eft pourquoi nous voyons des conciles ordonner aux abbés, d'en entretenir au moins trois dans les prieurés ruraux dépendans de leurs abbayes.

L'inobfervation de ces fages réglemens a introduit dans la pratique, la diftinction importante de la *conventualité* actuelle & de la *conventualité* habituelle.

La *conventualité* actuelle des caractères aufquels il feroit difficile de la méconnoître. Il faut une communauté actuellement fubfiftante, un réfectoire commun, un dortoir, un cloître, un fceau commun, une vie commune, *clauftrum, arca communis & figillum.*

Un feul religieux dans un monaftère, ou un prieuré, ne fuffiroit donc pas pour y conferver la *conventualité* actuelle. En cela, nous ne fuivons pas en France les principes de quelques canoniftes qui ont penfé le contraire, & qui ont pofé en maximes que, *tres faciunt collegium, fed in uno re-*

tinetur jus collegii.... in ipso solo residet tota potentia collegii. C'est ce qui a été jugé au grand-conseil, sur les conclusions de M. de Saint-Port, avocat-général, le 11 juin 1714. Dans cette espèce, le sieur Perrain avoit impétré par dévolut, le prieuré de S. Laurent de Grenoble, sur le fondement que dom Gaudeville, qui en étoit possesseur, l'avoit obtenu à Rome, par simple signature, comme conventuel *habitu*, quoiqu'il le fût *actu*, puisqu'il y avoit actuellement un religieux résidant en titre de sacristain, dans ce prieuré : il en rapportoit même plusieurs provisions précédentes, comme d'un prieuré conventuel *actu*. Mais d'un autre côté, depuis un long laps de temps, il n'y avoit qu'un religieux dans ce prieuré, & un seul religieux ne suffisant pas pour conserver la *conventualité* actuelle, le prieuré fut jugé conventuel seulement *habitu*, & le dévolutaire fut débouté.

De cet arrêt & de plusieurs autres rendus au grand-conseil, il résulte que la *conventualité* actuelle peut se perdre : elle se change alors en *conventualité* habituelle. Mais à quels caractères pourra-t-on la reconnoître ? Une suite de provisions du bénéfice, accordées sous la qualité de *conventuel habitu* ; des lieux réguliers subsistans & en état de recevoir dix ou douze religieux, & des revenus suffisans pour les entretenir, établissent une *conventualité* habituelle.

Cette *conventualité* peut encore se perdre, c'est-à-dire, que si les caractères désignés cessent d'appartenir au bénéfice, il cesse alors d'être conventuel même *habitu*, & il devient un bénéfice simple.

Nous invoquerons, à l'appui de ces principes, un arrêt du 29 mars 1719, rendu au sujet du prieuré de Touvet, diocèse de Grenoble. Un sieur Gavet s'étoit fait pourvoir en cour de Rome, avec la clause *pro cupiente profiteri*, d'un titre de sacristie qu'il supposoit exister dans ce prieuré ; il se fit ensuite donner des provisions par le vicaire-général de l'abbé de Cluny, d'une place monachale dans ce même prieuré.

Le sieur de Michel, prieur de Touvet, fut assigné au grand-conseil par le sieur Gavet, qui conclut à ce que, dans le cas où le conseil feroit difficulté de le maintenir dans la sacristie, il fût maintenu subsidiairement dans la place monachale.

Indépendamment des vices qui se trouvoient dans les deux provisions du sieur Gavet, le sieur de Michel prouva que le prieuré de Touvet n'étoit pas conventuel. Il fit valoir une suite de provisions depuis 1510, qui toutes portoient *prioratus sancti Desiderii de Tuveto non conventualis*, ou *curâ conventuque carens*. Il ajoutoit qu'il étoit impossible de regarder sous aucun point de vue, le prieuré comme conventuel. Il ne l'étoit pas *actu*, puisqu'il n'y avoit ni cloître, ni dortoir, ni réfectoire, ni mense commune, ni sceau : il ne l'étoit pas non plus *habitu*, puisqu'il n'y avoit pas même de vestiges de lieux réguliers, ni revenus suffisans pour entretenir dix ou douze religieux.

Malgré d'anciennes provisions de places monachales dans le prieuré de Touvet, & d'autres pièces qui prouvoient qu'il avoit été autrefois conventuel, le sieur Gavet fut débouté. Comment concilier ces arrêts avec le principe généralement reçu, que la *conventualité* est imprescriptible de sa nature ? Comment, sur-tout, les concilier avec la déclaration du 6 mai 1680 ?

Il faut d'abord prendre une idée exacte des termes. La *conventualité* est l'état d'un bénéfice ; cet état est imprescriptible, c'est-à-dire que la possession seule ne peut le faire changer. Mais tout changement d'état suppose que la chose existe toujours. Si elle cesse d'exister, ce ne sera pas la possession qui aura produit cet effet, puisque au contraire la possession produit nécessairement la conservation de la chose possédée. La *conventualité* ne peut donc être imprescriptible que dans ce sens, c'est-à-dire que la possession seule ne peut la faire changer tant qu'elle existera.

D'un autre côté ; ce n'est pas à la *conventualité* actuelle que l'on peut appliquer l'imprescriptibilité : car dire que la *conventualité* actuelle est imprescriptible, ce seroit dire que, tant qu'il y auroit dans un monastère ou prieuré des lieux réguliers, des religieux, une vie commune, un réfectoire, une mense, &c. ce monastère seroit conventuel, ce qui n'auroit point de sens. Il est évident que la *conventualité* actuelle ne peut cesser, que par le défaut de religieux & de vie commune.

N'y ayant plus de religieux & de vie commune dans une maison, le changement qui s'y opère produit la *conventualité* habituelle, qui consiste principalement dans l'existence des lieux réguliers, & dans les revenus capables d'entretenir un certain nombre de religieux. C'est cette espèce de *conventualité* qui est imprescriptible. Les lieux réguliers & les revenus ayant été possédés par des titulaires seuls & sans *conventualité* actuelle, cette possession, quelque longue qu'elle soit, ne peut influer sur l'état du bénéfice, & le rendre non conventuel. En vertu de cette imprescriptibilité, les supérieurs de l'ordre dont il dépend, peuvent toujours le faire occuper par leurs religieux, & y rétablir la *conventualité* actuelle.

Mais ce que ne peut faire la prescription, la destruction des lieux réguliers & la perte d'une grande partie des revenus peuvent le faire, & le bénéfice cessera alors d'être conventuel, même *habitu* ; il deviendra un bénéfice simple. Ce ne sera pas par un effet de la prescription, mais par des circonstances particulières qui auront influé sur l'existence même de la *conventualité*. En la déclarant imprescriptible, les législateurs n'ont eu d'autre vue que de conserver aux ordres religieux la faculté de la rétablir dans les maisons où elle avoit cessé, & où elle pouvoit être rétablie. Mais lorsque les lieux réguliers ont été détruits, & les revenus dissipés ou aliénés, il n'y a plus de *conventualité* possible. Dès-lors, la loi de l'imprescriptibilité ne peut plus recevoir d'application. Pour qu'une chose soit imprescriptible, il faut nécessairement qu'elle existe.

Ainsi, en général, il est vrai que la *conventualité* est imprescriptible ; mais cette règle ne peut s'appliquer qu'à la *conventualité habitu*, & elle cesse lorsque la *conventualité habitu* cesse. C'est ce qui résulte de la déclaration du 2 mai 1680. Elle a été rendue à l'occasion d'une instance pendante au parlement de Toulouse, au sujet du rétablissement de la *conventualité* dans le prieuré de Francoulés, au diocèse de Cahors, & afin d'établir une loi certaine qui terminât toutes les contestations qui pourroient naître à l'avenir sur cette matière, à l'égard des autres prieurés & abbayes du royaume. Le législateur déclare & ordonne « que la *conven-* » *tualité* ne pourra être prescrite par aucun laps de » temps, tel qu'il puisse être, *lorsque les condi-* » *tions requises & nécessaires pour ladite conventua-* » *lité se rencontreront dans lesdits prieurés ou abbayes,* » *particulièrement lorsqu'il y aura des lieux régu-* » *liers subsistans, pour y recevoir des religieux jus-* » *qu'au nombre de dix ou douze au moins, suivant* » *les conciles, arrêts & réglemens, & que les revenus* » *desdits bénéfices seront suffisans pour les y entre-* » *tenir* ». Cette loi, comme on le voit, est conditionnelle : elle ne dit pas que la *conventualité* est absolument & toujours imprescriptible, elle fixe les cas dans lesquels elle le sera. C'est en général lorsque les conditions requises pour la *conventualité* se rencontreront dans les prieurés ou abbayes, & principalement lorsqu'il y aura des lieux réguliers subsistans pour y recevoir dix ou douze religieux au moins, & qu'il y aura des revenus suffisans pour les y entretenir. Il est encore évident que cette loi ne peut pas s'appliquer à la *conventualité* actuelle, elle ne regarde donc que l'habituelle, & ne la suppose imprescriptible que tant qu'elle existera.

La *conventualité* est donc imprescriptible dans le sens que l'on vient de l'exposer, & les arrêts ci-dessus cités n'ont point jugé le contraire. Ils ont décidé, conformément à la loi, que les prieurés dont il s'agissoit n'ayant plus les conditions requises pour la *conventualité*, n'étoient plus conventuels même *habitu*, quoiqu'ils l'eussent été autrefois *actu*.

Il faut donc tenir pour constant, que l'imprescriptibilité de la *conventualité* dépend de l'existence des conditions nécessaires, pour qu'un prieuré ou une abbaye soient conventuels ou du moins censés tels, aux yeux de la loi. Car on ne peut disconvenir que la *conventualité habitu* ne soit une véritable fiction, c'est pourquoi dans l'usage on met les prieurés conventuels *habitu*, dans la classe des prieurés simples, & les provisions de cour de Rome sont les mêmes pour les uns & les autres.

La distinction de la *conventualité actu* ou *habitu* intéressoit sans doute les ordres monastiques, dans ces temps où ils pouvoient espérer de se rétablir dans les maisons, que des circonstances particu-

lières les avoient forcés d'abandonner. Mais aujour-d'hui que le nombre des religieux diminue, & qu'on s'occupe sérieusement de la suppression des communautés peu nombreuses, dans les ordres qui subsistent encore, les questions sur la *conventualité* ne sont plus importantes que pour les particuliers qui se font pourvoir des prieurés réguliers. Ils sont obligés d'exprimer dans les provisions de cour de Rome, les qualités du bénéfice impétré, s'il est conventuel *actu* ou *habitu*. L'erreur sur une de ces qualités, ou l'omission de celle qui convient, rendroit les provisions obreptices & subreptices, & par conséquent radicalement nulles. Nos recueils d'arrêts en contiennent une foule qui les ont déclarées telles, parce qu'on avoit demandé au pape un prieuré comme conventuel *actu*, tandis qu'il l'étoit *habitu* ou *vice versâ*. Nous nous contenterons de citer ici celui rendu au grand-conseil, le 2 août 1749, & rapporté par M. Piales, *Traité de la Prévention*, tom. I, chap. 29. La jurisprudence est même si sévère à cet égard, qu'elle n'admet point à corriger une erreur commise dans un premier envoi ; on ne peut la réparer par de secondes provisions, avec la clause *jura juribus addendo*, ni par un *perindè valere*.

Il est sans doute difficile de se tromper sur la *conventualité actu*, mais il n'en est pas de même de celle *habitu*. Rien de si aisé que de confondre un prieuré conventuel *habitu* avec un prieuré simple : c'est ce qui occasionne tous les jours des procès. Ne seroit-il pas sage d'en étouffer le germe, en anéantissant la distinction de la *conventualité actu* & *habitu*, & en établissant qu'il n'y auroit plus que deux espèces de prieurés réguliers, ceux qui seroient réellement conventuels, & les simples ? Le motif qui a fait admettre la *conventualité* habituelle ne subsiste plus. Bien loin que les ordres monastiques puissent espérer de repeupler leurs prieurés, ils ont beaucoup de peine à se procurer le nombre suffisant de religieux pour leurs grandes maisons, & pour celles où la *conventualité* est encore observée. Personne n'a donc plus d'intérêt à la conservation de la *conventualité habitu*. Il n'y auroit donc aucun inconvénient à déclarer simples tous les prieurés conventuels *habitu* ; on est déjà accoutumé à les regarder comme tels, & ce seroit couper une des têtes de l'hydre des procès. (*Article de M. l'Abbé Bertolio.*)

CONVERS, Converse, (*Droit canonique.*) ce mot vient du latin *conversus*, qui signifie, dans les canons & les décrétales, une personne convertie à la vie religieuse. C'étoit ainsi qu'on appelloit, dans l'origine, les laïcs, qui dans l'âge de raison embrassoient la vie monastique, pour les distinguer des enfans que leurs parens offroient à Dieu dès leurs premières années, & que l'on nommoit *oblats*. Ainsi, dans les premiers siècles de l'établissement des moines, tous les religieux étoient *convers*, c'est-à-dire, des personnes converties.

Lorsque, dans la suite des temps, on appella aux

ordres sacrés la plupart des religieux, il s'en forma deux espèces différentes ; on appella *frères clercs*, *fratres clerici*, ceux qu'on admit à la cléricature, & *fratres laici*, frères lais, les religieux non lettrés, qui, par cette raison, ne pouvoient aspirer aux saints ordres.

Ces deux espèces de moines formoient un même ordre de religieux, ils étoient assujettis aux mêmes devoirs & aux mêmes règles, autant que le permettoit la différence des fonctions auxquelles ils étoient appellés, ils étoient tous *convers*, c'est-à-dire, convertis ; mais l'usage restreignit cette dénomination aux seuls religieux laïques, qu'on a aussi appellés par la suite *frères lais*.

Leur nombre étoit très-considérable autrefois, mais il a diminué insensiblement, & les frères lais, véritablement religieux & égaux, en qualité de moines, aux religieux prêtres, ne subsistent guère que dans l'ordre de saint François, & principalement dans la réforme des capucins. Nous avons appellé *convers* ces frères lais, sous le mot CAPUCIN ; mais cette expression ne seroit pas exacte, si on confondoit ces frères lais avec les *convers* dont nous allons parler.

Ces derniers ont commencé chez les chartreux. Ces solitaires, voués à une clôture exacte, se trouvoient dans l'impossibilité de gérer leur temporel & les affaires du dehors ; pour y remédier, ils s'aggregèrent de pieux séculiers, à qui ils commirent ce soin : cette institution passa à Cîteaux & à d'autres ordres, où les religieux prêtres s'affilièrent également une espèce inférieure de religieux, pour être employés au travail des mains.

Ce sont ces derniers qu'on appelle aujourd'hui proprement *convers*, & même aussi *frères lais* ; mais ils sont totalement distingués des religieux prêtres.

Ils sont censés religieux véritables & morts civilement, lorsqu'ils ont prononcé les vœux prescrits par les statuts de l'ordre dans lequel ils entrent : ils ont à-peu-près le même habillement que les religieux prêtres. Destinés au travail des mains, ils ne sont pas assujettis aux offices du chœur, lorsqu'ils y assistent, ils n'ont rang & séance qu'à la suite des religieux, & occupent des places séparées qu marquent la différence qui existe entre eux & les religieux engagés dans les ordres. Ils sont incapables de posséder aucun bénéfice.

Il y encore, dans quelques ordres, & sur-tout chez les capucins, des *garçons-donnés*, qui ressemblent beaucoup aux premiers *frères convers*, dont nous avons parlé. Ce sont des pieux solitaires qui s'adonnent au service des religieux. Ils ne reçoivent aucun gage de leurs travaux, ils sont les maîtres de se retirer quand bon leur semble ; mais pendant leur séjour la maison s'engage à les nourrir & à les entretenir sains & malades. Ils sont traités dans leur vieillesse, comme les autres religieux, soit prêtres, soit lais.

Dans les communautés de filles, on distingue les religieuses en *dames de chœur* & en *sœurs con-*

verses ; ces dernières sont religieuses de la même manière, mais elles ne sont reçues qu'à condition d'être employées au travail des mains dans la maison. Une bulle de Pie V avoit défendu de recevoir des *converses*, & avoit même prononcé la nullité de leur profession. Plusieurs conciles ont inutilement prononcé les mêmes défenses ; l'usage a prévalu & on continue, dans presque tous les couvens de religieuses du royaume, de recevoir des *converses*.

Les fonctions augustes de la cléricature peuvent servir de prétexte pour établir quelques distinctions entre les religieux clercs & les religieux laïques. Mais quel peut être le motif de la différence que les religieuses mettent entre les dames de chœur & les converses, puisque elles ont également renoncé aux rangs & aux prérogatives, que l'ordre social exige entre les membres qui le composent, qu'elles ont fait également profession d'humilité & vœu de pratiquer la pauvreté évangelique ? ne pourroit-on pas dire que cette inégalité entre les religieuses d'une même maison, affoiblit l'esprit de concorde & de charité, nourrit dans les unes l'orgueil & la paresse, pendant que les autres sont accablées sous le poids des travaux & des humiliations ?

CONVERSION, s. f. (*Jurisprudence.*) c'est, en général, le changement d'une chose en une autre. On se sert de ce mot, ainsi que de celui de *convertir*, tant en matière civile qu'en matière criminelle.

En matière civile, on convertit un appel en opposition, un bail conventionnel en bail judiciaire.

En matière criminelle, on convertit un décret, en un plus rigoureux, une information en enquête, un procès criminel en procès civil, ou un procès civil en criminel.

Conversion d'appel en opposition, est lorsque celui qui a interjetté appel d'une sentence par défaut, veut néanmoins procéder devant le même juge ; en ce cas il fait signifier à son adversaire un acte, par lequel il convertit son appel en opposition. On prenoit autrefois des lettres de chancellerie pour faire cette *conversion* ; mais présentement elle se fait par requête, ou par un simple acte.

Conversion de bail conventionnel en judiciaire, se fait lorsqu'un héritage est saisi réellement. Le commissaire aux saisies-réelles doit sommer le locataire ou fermier de déclarer, s'il veut que son bail conventionnel soit converti en judiciaire pour ce qui reste à expirer. Le locataire ou fermier, & la partie saisie, peuvent aussi demander la même chose. On convertit ordinairement le bail conventionnel, pourvu que le prix de ce bail ne soit pas en grain, & qu'il ne soit pas fait à vil prix ni frauduleux ; & comme la condition du fermier ou locataire ne doit pas, par la saisie-réelle, devenir plus dure qu'elle n'étoit auparavant, il n'est ni tenu de donner caution, ni contraignable par corps, à moins qu'il ne le fût déjà par le bail conventionnel.

Lorsque le bail judiciaire est adjugé, les fermiers ou locataires conventionnels ne sont plus recevables à demander la *conversion* de leurs baux, suivant le réglement du 12 août 1664. *Voyez* BAIL *judiciaire*.

Conversion de décret, c'est lorsque, pour la contumace de l'accusé ou à cause des charges qui se trouvent contre lui, on prononce un décret plus rigoureux. Le décret d'assigné pour être oui, peut être converti en ajournement personnel, & celui-ci en prise-de-corps : on peut même, de l'assigné pour être oui, passer *recta* au décret de prise-de-corps.

Conversion d'information en enquête, est un jugement qui civilise un procès criminel, & à cet effet convertit les informations en enquêtes. Le même jugement doit permettre à l'accusé qui devient défendeur simplement, de faire preuve contraire dans les délais ordinaires : on ordonne en même temps qu'il lui sera donné un extrait des noms, surnoms, âge, qualités & demeure des témoins, afin qu'il puisse les connoître pour fournir de reproches. Cette *conversion d'information en enquête*, ne peut être faite après la confrontation. *Voyez* CIVILISER.

Conversion d'un procès civil en procès criminel, est un jugement qui ordonne qu'un procès commencé par la voie civile sera poursuivi extraordinairement; ce qui se pratique, lorsque dans l'instruction d'une affaire, le juge découvre des faits qui méritent une instruction plus grave, & peuvent donner lieu à prononcer des peines afflictives. En convertissant le procès civil en criminel, on ne convertit pas pour cela les enquêtes en informations, mais on fait répéter les témoins, par forme d'information.

CONVERSION, (*Droit féodal.*) Un seigneur peut-il convertir en fief les rotures de son enclave? De quelle manière cette *conversion* peut-elle se faire, & quels en sont les effets?

Un seigneur peut incontestablement convertir en fief les terres censuelles soumises à sa directe. Cette décision est fondée sur les autorités les plus graves. Les jurisconsultes qui ont examiné la question, décident qu'un seigneur peut imprimer le caractère de la féodalité, aux rotures soumises à sa directe, & qu'il suffit, pour opérer cette *conversion*, que le tenancier reporte même une seule fois la roture comme fief, pourvu que le seigneur reçoive cet hommage sciemment & avec l'intention de disposer. Telle est l'opinion de Dumoulin, après avoir dit qu'une seule reconnoissance pure & simple ne suffit pas pour convertir la roture en fief. *Si fit simplex recognitio non immutatur qualitas rei.* Cet auteur ajoute : « il en seroit autrement si » cette reconnoissance étoit portée par le tenancier » & reçue par le seigneur, *animo novum statum rei* » *inducendi*; sur l'article 35 de l'ancienne coutume » de Paris ». Ainsi, aux termes de Dumoulin, cette *conversion* s'opère par la volonté seule du seigneur & du tenancier. On retrouve la même décision dans Pontanus : « lorsqu'il n'y a ni fraude » ni erreur, dit-il, je ne vois pas ce qui pourroit » s'opposer à cette *conversion* », *uti omnis error*

dolusve cessaret.... non video quid obstat quominus eam feudalem effici dicamus cum licuerit rei suæ legem quam voluerit imponere. Sur la coutume de Blois, *tit. 4, de juribus dom. article 37, §. 5.*

Tronçon & Ferrière, sur l'article 12 de la coutume de Paris, pensent de même qu'un seul acte d'hommage suffit pour convertir la roture en fief, pourvu que cet acte ait les qualités requises par Dumoulin, c'est-à-dire qu'il soit fait & reçu, *animo novum statum inducendi.*

Il seroit facile d'appuyer d'un plus grand nombre d'autorités, cette proposition que le seigneur peut inféoder les rotures de son enclave : on voit, par exemple, la plupart des feudistes s'occuper de la question de savoir quel est le préciput de l'aîné, dans le partage de ce nouveau fief, entre les enfans de celui qui a fait la *conversion*; question qui suppose la possibilité & la légitimité de cette *conversion*.

Ajoutons encore que cette décision est fondée sur la nature des choses. Toutes les terres censuelles sont présumées avoir fait originairement partie du fief duquel elles sont mouvantes ; ainsi leur inféodation ne fait autre chose que les replacer dans leur état primitif : *res facilè redit ad primam naturam.*

Mais ces inféodations, qui obligent à tous égards le seigneur & le nouveau vassal, sont cependant sans effet contre le suzerain ; non pas qu'il puisse les faire annuller, mais lorsque le fief s'ouvrira à son profit, il exploitera la roture inféodée comme si elle n'avoit pas changé de nature, du moins jusqu'à ce qu'il ait ratifié l'inféodation ; & c'est par cette raison là même qu'il ne peut pas critiquer ces *conversions* de rotures en fiefs : en effet, elles ne lui portent aucune espèce de préjudice. Cependant M. le Camus, dans ses observations sur l'article 12 de la coutume de Paris, pense que ces sortes de *conversions* obligent le seigneur dominant, parce que, dit-il, *il n'en souffre aucun préjudice & même elles lui sont avantageuses.* Cela est vrai ; il est plus avantageux à un seigneur d'avoir des fiefs dans sa mouvance que des rotures. Mais ce n'est pas au vassal à décider de l'intérêt de son seigneur ; & si, malgré cet avantage, le seigneur refuse de ratifier l'inféodation, elle est nulle à son égard ; c'est une règle générale que l'on ne peut, sans l'agrément du seigneur, changer la nature du fief servant.

Ces *conversions* ont fréquemment lieu dans les domaines de la couronne. Il faut, pour les obtenir, présenter requête au conseil, contenant que l'exposant possède roturiérement & sous la censive de sa majesté, un domaine considérable, composé de tant d'arpens ; qu'il en desireroit l'inféodation à l'effet de tenir ce domaine de sa majesté à foi & hommage, & sous les autres droits & devoirs portés & établis par la coutume des lieux. Sur cette requête interviennent des lettres d'érection, adressées à la chambre des comptes du ressort ; l'enregistrement de ces lettres conforme l'inféodation. Ces sortes de demandes sont très-bien accueillies au conseil, parce que, en effet, il est plus avantageux pour le roi d'avoir des fiefs dans sa mouvance, que des tenures censuelles.

Nous venons de dire que le seigneur dominant peut refuser de reconnoître & ratifier la *conversion* de la roture en fief, lorsque le fief, dans l'enclave duquel s'est faite cette *conversion*, vient à s'ouvrir à son profit; cela est sans difficulté pour les fiefs ordinaires: mais à l'égard des grandes seigneuries, telles que les pairies, duchés & autres fiefs de dignité relevant nuement de la couronne, on peut soutenir que le dominant, & même le roi, est obligé de reconnoître ces sortes d'inféodations. En effet, il est certain que dans l'origine les grands vassaux avoient le droit d'inféoder dans l'étendue de leur enclave. Cet usage est attesté par le livre des fiefs, *liv.* 1, *chap.* 1, §. 5. Et Loiseau estime que ces grands vassaux doivent encore jouir de cet avantage. « La quatrième prérogative des grandes » seigneuries, dit cet auteur, qui est d'une notable » importance, & toutefois mal-tenue en notre » usage, est que ceux qui les ont, & non autres, » peuvent créer des fiefs & des censives..... Ce » qu'il faut entendre qu'il n'y a qu'eux qui les » puissent concéder de leur propre autorité & sans » permission du souverain, en telle sorte qu'ils » soient distraits de sa tenure immédiate, & soient » faits arrière-fiefs ou cens inféodé..... ce que » j'entends à l'égard du roi même & à son pré- » judice; sans qu'avenant l'ouverture de leur fief » le roi puisse comprendre dans la saisie d'icelui, » les terres ainsi sous-inféodées & accensivées, ni » en la taxe de son relief ». *Des seigneuries, ch.* 6, *n°.* 21.

Il faut cependant convenir que les articles 51 & 52 de la coutume de Paris, paroissent bien contraires à l'opinion de ce jurisconsulte. Ces articles établissent que le jeu de fief, les sous-inféodations, &c. ne peuvent, en aucun cas, préjudicier au seigneur dominant; & la disposition de ces articles est générale sans aucune espèce d'exception.

Cette *conversion* de roture en fief, peut encore s'opérer d'une autre manière; par la voie de la prescription.

Lorsque le propriétaire d'un héritage censuel l'a reporté à son seigneur, comme féodal, pendant le temps nécessaire pour acquérir la prescription; par cela seul la nature de la mouvance est changée; de censuelle elle est devenue féodale, & le tenancier a acquis le droit d'obliger son seigneur de le reconnoître désormais comme son vassal.

Le plus grand obstacle contre cette espèce de prescription, celui qui se présente d'abord à l'esprit, résulte de cette règle si connue, *le vassal & le seigneur ne peuvent prescrire l'un contre l'autre.*

Cette maxime, *le seigneur ne prescrit pas contre son vassal, & vice versâ,* telle qu'on la trouve écrite dans différentes coutumes, présente à la vérité le

sens le plus absolu; mais il s'en faut bien que ses effets aient la même étendue. Etablies dans des temps d'ignorance, dans des temps où les loix féodales avoient la plus grande extension, on ne pensa pas d'abord aux justes restrictions dont elle étoit susceptible. Dumoulin parut; ses premiers regards tombèrent sur la matière féodale, & la règle que nous discutons fut une de celles qu'il examina avec le plus de soin. C'est dans son commentaire sur l'article 7 de l'ancienne coutume de Paris, que l'on trouve le véritable sens de cette règle, & les justes modifications dont elle est susceptible. Voici le précis de la doctrine de cet auteur.

Le seigneur & le vassal ne peuvent prescrire l'un contre l'autre, c'est-à-dire qu'ils ne peuvent réciproquement altérer le lien féodal, qu'ils ne peuvent par la prescription anéantir la foi respective qu'ils se doivent l'un à l'autre; ainsi le seigneur ne peut prescrire le fief de son vassal qu'il retient en sa qualité de seigneur, par exemple, en vertu d'une saisie féodale: d'un autre côté, le vassal ne prescrit jamais la directe du domaine qu'il tient en fief, parce que cette prescription détruiroit la féodalité; il ne peut pas non plus s'affranchir par cette voie des devoirs attachés à la tenure féodale, parce que ce seroit déroger à la nature du fief: ainsi deux choses seulement imprescriptibles entre le seigneur & le vassal: le domaine utile de la part du premier, & le domaine direct de la part du second. Voici les termes même de Dumoulin: *Patronus non potest prescribendo acquirere feudum, five utile dominium à se concessum clienti; nec vice-versâ cliens dominium directum patroni, & jura feudalia, & hoc est quod intendit nostra consuetudo & non aliud.* Telle est la doctrine de Dumoulin; elle n'interdit, comme l'on voit, la prescription au seigneur contre son vassal, qu'à l'égard de la propriété du domaine utile, *utile dominium à se concessum clienti.*

C'est d'après ces principes que les magistrats préposés à la réformation de la coutume de Paris en 1580, ont rédigé l'article 12 de cette coutume. Cet article est conçu en ces termes: *le seigneur féodal ne peut prescrire contre son vassal le fief sur lui saisi ou mis en sa main par faute d'hommes, droits & devoirs non faits, ou dénombrement non baillé.* Cet article qui, par sa sagesse & sa conformité avec l'opinion de Dumoulin, forme aujourd'hui le droit commun du royaume, ne met, comme l'on voit, le seigneur dans l'impossibilité de prescrire contre son vassal, qu'une seule chose & dans un seul cas, la propriété du domaine utile saisi faute d'hommes ou de dénombrement: à l'égard de tout le reste, les choses sont demeurées dans les termes du droit commun.

Ainsi cette règle, *le seigneur ne peut prescrire contre son vassal,* loin d'être aussi absolue qu'elle le paroît au premier coup-d'œil, n'est au contraire qu'une exception très-resserrée à la loi générale des prescriptions. C'est ce que Bretonnier a très-judicieusement remarqué. « La prescription, dit-il,

» n'a pas lieu entre le feigneur & le vaffal ; cepen-
» dant, à bien prendre la chofe, c'eft moins une
» maxime qu'une exception bien bornée..... La
règle de l'imprefcriptibilité des fiefs ainfi modifiée,
il eft clair qu'elle ne peut être appliquée au cas que
nous examinons, c'eft-à-dire à la *converfion* de la
roture en fief par la voie de la prefcription. En
effet, ce cas n'eft point compris dans la prohibition prononcée par Dumoulin & par la coutume
de Paris ; il eft donc foumis aux règles générales
& ordinaires de la prefcription.

Auffi les auteurs qui ont examiné cette queftion,
décident-ils que la prefcription peut convertir un
fief en roture, & réciproquement une roture en fief.
Un pareil changement, dit Fontanus, peut s'opérer
par la convention, à plus forte raifon par la prefcription, *cum feudi natura poffit pacto alterari, magis
prefcriptionis vis id poteft, in conf. Blef. tit. 4, de
juribus, dom. art. 37.*

Tronçon tient la même opinion fur l'article 12
de la coutume de Paris,

« Un héritage féodal, dit Ferrière, peut deve-
» nir cenfuel, parce que le propriétaire d'icelui
» aura pris faifine telle qu'elle fe prend pour les
» héritages roturiers, payé les lods & poffédé cet
» héritage en cette qualité pendant trente ans,
» *fur l'article 12 de Paris, gl. 3 n°. 18* ». La preftation des droits cenfuels pendant trente ans fuffit
donc, fuivant cet auteur, pour mettre en roture
ce qui précédemment étoit féodal, & conféquemment inféoder ce qui précédemment étoit cenfuel
& roturier. Legrand, dans fon *Commentaire fur la
coutume de Troies*, examine cette queftion, & il la
décide conformément à ce que nous venons de
dire. Voici comme il s'exprime :

« Encore que nous ayons dit que le feigneur ne
» peut prefcrire contre fon vaffal, ni le vaffal con-
» tre fon feigneur ; néanmoins fi un vaffal avoit
» reconnu tenir certaines terres & héritages en fief
» d'un feigneur, quoique ladite terre fût de
» roture, & en avoit fait la foi & hommage au
» feigneur qui l'auroit admis comme fon vaf-
» fal, & reçu les droits de lui & de fes fucceffeurs
» de trente ans, depuis lefquels avoit foi & hom-
» mage auroient été faits & droits payés, & dé-
» nombrement baillé enfuite par le vaffal au fei-
» gneur, non pas une feule fois ni par une
» feule reconnoiffance, *cùmque feuda, neque alia
» jura per fimplicem recognitionem conftituantur*,
» par deux ou trois reconnoiffances ; le vaffal aura
» acquis prefcription contre le feigneur féodal qui
» fera déformais tenu de le reconnoître & recevoir
» pour fon vaffal. Mais avant le temps de trente
» ans, les aveux & reconnoiffances faites par erreur,
» pourront être révoquées ; & ce que deffus aura
» lieu, pourvu que le feigneur fupérieur n'y foit
» point intéreffé, ou bien qu'il y ait prêté confen-
» tement, ou ait reçu plufieurs aveux & dénom-
» bremens conformes, enforte que l'on ait pref-
» crit contre lui ; autrement tout ce qui aura été

» fait contre fon vaffal & arrière-vaffal, ne lui
» pourra préjudicier. Legrand, *fur l'article 24 de
» la coutume de Troies, gl. 3, n°. 14* ».

CONVERTI (*Nouveau-*), *Droit public*, on
donne, en France, ce nom à ceux qui ont abjuré
la religion proteftante, pour embraffer la catholique romaine. Différentes loix, renouvellées ordinairement de trois ans en trois ans, défendent aux
nouveaux-convertis d'aliéner leurs biens immeubles
& l'univerfalité de leurs meubles, fans en avoir
obtenu la permiffion du roi, lorfque la vente excède trois mille livres, ou de l'intendant de la
province fi elle eft au-deffous. *Voyez* CALVINISME.

CONVICTION, f. f. (*Jurifprudence.*) en ftyle
judiciaire, eft la preuve d'un fait ou d'un point de
droit controverfé.

L'ordonnance de 1670, *tit. 4, art. 1*, veut que
les juges dreffent procès-verbal de tout ce qui peut
fervir pour la décharge ou *conviction* de l'accufé.
La *conviction* doit être pleine & entière pour le
condamner. *Voyez* PREUVE. (*A*)

CONVOCATION, f. f. (*Jurifprud.*) fignifie
invitation donnée à plufieurs perfonnes pour les
raffembler,

On dit, par exemple, la *convocation* du ban &
de l'arrière-ban. *Voyez* BAN & ARRIÈRE-BAN.

Les billets de *convocation* font l'avertiffement
par écrit, que l'on envoie à ceux que l'on veut
raffembler.

On dit auffi *convoquer* ou *affembler* le chapitre.
Voyez CHAPITRE.

L'affemblée d'une communauté d'habitans doit
être *convoquée* au fon de la cloche. *Voyez* ASSEM-
BLÉE, COMMUNAUTÉ, HABITANS.

On *convoque* les pairs au parlement dans les affaires qui intéreffent l'honneur de la pairie ou l'état
d'un pair. *Voyez* PAIR. (*A*)

CONVOI, f. m. (*Code milit. Finance.*) dans
l'art militaire, on appelle *convoi*, le tranfport des
vivres, munitions, artillerie, équipages, &c. qu'on
mène dans un camp, ou dans une place.

Autrefois tous les *convois* militaires fe faifoient
par des corvées très-onéreufes aux habitans des
campagnes ; mais ils en ont été affranchis par les
arrêts du confeil des 29 août 1775, & 23 juillet
1776, qui, pour y fuppléer, ont impofé les vingt
généralités d'élection à une fomme d'un million
feize mille cent quarante-fix livres, & les départemens de Metz, Bourgogne & Lorraine, à celle
de cent quatre-vingt-trois mille huit cens cinquante-
quatre livres, fur le fecond brevet des impofitions
acceffoires de la taille.

En terme de finance, on appelle *convoi de Bordeaux*, un droit qui fe perçoit au profit du roi,
dans la généralité de Bordeaux, fur certaines marchandifes. Nous en avons parlé fous le mot
BORDEAUX.

CONVOL, f. m. CONVOLER, v. a. (*Jurifpr.*)
le terme *convol* eft fynonyme à celui de fecond
mariage,

mariage, de secondes noces, & *convoler à de secondes noces*, ou *convoler* simplement, se dit du mari ou de la femme qui passent à la célébration du second mariage.

Le *convol* a toujours paru odieux, lorsqu'il existe des enfans du premier mariage. Le philosophe Athénagore l'appelle un *honnête adultère*, *decorum adulterium*, un germe de discorde, *rixatum semen* : il ajoute que la femme qui convole à de secondes noces, commet trois maux; le premier, contre elle-même, en ne gardant pas la continence, si recommandable aux veuves; le second, contre son mari, en violant la foi & la fidélité qu'elle lui avoit jurée; le troisième, contre ses enfans, en les abandonnant jeunes, & souvent à la mamelle, entre des mains étrangères, & en laissant en proie à un beau-père leurs biens & revenus. *Voyez* MARIAGE & SECONDES NOCES.

COOBLIGÉ, adj. (*Jurispr.*) est celui qui est obligé avec une ou plusieurs autres personnes à une même chose. Les *coobligés* sont appellés dans le droit romain, *correi debendi seu promittendi* : cette matière est traitée principalement dans les institutes de Justinien, *liv. III, tit. 17, de duobus reis stipulandi & promittendi*. On voit dans ce titre que chez les Romains il pouvoit y avoir plusieurs *coobligés*, de même que plusieurs cocréanciers; mais ce qui est de remarquable dans leur usage, c'est que les *coobligés* étoient toujours solidaires, lorsque chacun avoit répondu séparément qu'il promettoit de payer la dette: cependant l'un des *coobligés* pouvoit-être obligé purement & simplement, un autre à terme, ou sous condition, & les délais dont l'un pouvoit exciper, n'empêchoient pas que l'on ne pût poursuivre celui qui étoit obligé purement & simplement: si l'un des *coobligés* étoit absent ou insolvable, les autres étoient obligés de payer pour lui. Cet ancien droit fut corrigé par la novelle 99, qui explique que, quand il y a plusieurs condéjusseurs, ils ne sont point tenus solidairement, à moins que cela n'ait été expressément convenu. Parmi nous, il y a deux sortes de *coobligés*, les uns solidaires, les autres sans solidité. On tient pour principe qu'il n'y a point de solidié, si elle n'est exprimée. *Voyez* OBLIGATION *solidaire*, SOLIDITÉ, CAUTION.

COPAGE, s. m. (*Jurispr.*) est dit en quelques endroits, par erreur pour *capage*, *capagium*, c'est-à-dire droit de cheffage, qui se payoit par chaque chef de maison. Il en est parlé dans des lettres du roi Jean, du mois d'août 1356, accordées aux habitans d'Alzonce en Languedoc, où ce droit est nommé *copagium* : mais il est nommé plus communément & plus régulièrement *capage*. *Voyez* CHEFFAGE. (*A*)

COPAGINAIRES, s. m. pl. (*Jurispr.*) on appelle ainsi, dans certaines provinces, plusieurs cotenanciers d'un même hériiage, & qui en ont passé conjointement déclaration ou reconnoissance au

Jurisprudence. Tome III.

terrier du seigneur, *in eâdem paginâ* du terrier. C'est de-là qu'on les appelle *copaginaires*.

COPARTAGEANT, adj. (*Jurispr.*) est celui qui partage une chose avec un autre; des héritiers, légataires universels, & autres copropriétaires, deviennent *copartageans*, lorsqu'ils procèdent à un partage de quelque bien commun qu'ils possédoient par indivis. *Voyez* PARTAGE. (*A*.)

COPERMUTANT, s. m. (*Droit canoniq.*) il se dit de deux ecclésiastiques qui se résignent réciproquement leurs bénéfices.

COPIE, s. f. (*Jurispr.*) est la transcription d'un acte, d'un.écrit d'après un autre.

Le terme de *copie* est quelquefois opposé à celui d'*original* ; par exemple, on dit l'*original* d'un exploit qui reste au demandeur, & la *copie* que l'on laisse au défendeur.

Ce même terme de *copie* est quelquefois opposé à celui de *minute*, lorsque la *copie* est tirée sur l'original d'un acte que l'on qualifie de *minute*, tel que la minute d'un acte passé devant notaire, la minute d'une consultation, ou autre écriture du ministère d'avocat. Le terme de *copie* est aussi quelquefois opposé à celui de *grosse*; par exemple, l'original d'une requête s'appelle la *grosse*, & le double que l'on en fait, est la *copie*. En Bretagne, au lieu de *copie*, on dit *un autant*, parce qu'en effet celui qui a la *copie* d'un acte, en a autant qu'il y en a dans l'original.

On distingue dans certains actes la *copie* de la *grosse* & de l'*expédition*. La *grosse* d'un acte devant notaire, ou d'un jugement, est bien une *copie* tirée sur la minute; mais c'est une *copie* revêtue de plus de formalités : elle est en forme exécutoire, & pour la distinguer des autres *copies*, on l'appelle *grosse*. L'expédition est aussi une *copie* de l'acte, mais distinguée de la simple *copie*, parce qu'elle est ordinairement en parchemin. Il y a cependant aussi des expéditions en papier, mais elles sont encore distinguées des simples *copies*, soit parce qu'elles sont sur du papier différent, soit parce qu'elles sont tirées sur la minute; au lieu qu'une simple *copie* d'un acte devant notaire, n'est ordinairement tirée que sur une expédition; il y a pourtant des *copies* collationnées à la minute.

Copie collationnée en général, est celle qui, après avoir été tirée sur un acte, a été relue & reconnue conforme à cet acte. Les notaires délivrent des *copies collationnées* des actes dont ils ont la minute, ou qui leur sont présentés. Les secrétaires du roi ont aussi le droit de collationner des *copies* de toutes sortes d'actes. Les huissiers & sergens, lorsqu'ils compulsent des pièces, en tirent aussi des *copies*, soit entières ou par extrait, collationnées à l'original. L'ordonnance de Charles V, alors régent du royaume, du mois de février 1356, veut qu'on ajoute la même foi aux *copies* de cette ordonnance, collationnées sous le scel royal, que si c'étoit l'original même. *Voyez* COLLATION, (*Droit civil.*).

T t

Copie correcte & lisible, est celle où il n'y a point de faute, qui n'est point tronquée, & qui est aisée à lire. Lorsqu'une partie affecte de donner des *copies* de pièces tronquées ou indéchiffrables, l'autre partie demande qu'on lui donne d'autres *copies correctes & lisibles*; & si on le refusoit mal-à-propos, le juge ne manqueroit pas de l'ordonner.

Copie entière, ne signifie pas celle qui est entière & finie en elle-même, mais celle qui contient la transcription d'un acte en entier.

Copie par extrait, c'est proprement un extrait d'un acte que l'on donne au lieu d'une *copie entière*, lorsque l'acte est trop long, ou qu'il n'y a qu'une partie de l'acte qui intéresse celui auquel on donne cette *copie par extrait*.

Copie figurée, est celle qui non seulement contient la transcription d'un acte en entier, mais qui le représente dans la même forme qu'il est. C'est une *copie* sur du papier de même grandeur, page pour page, ligne pour ligne, où l'on représente en leur lieu jusqu'aux points & aux virgules, les renvois & apostilles, les ratures, interlignes & les signatures. Ces sortes de *copies* sont ordinairement demandées & ordonnées, lorsque l'original est soupçonné d'être faux, ou d'avoir été altéré après coup.

Copie sur papier commun, ces sortes de *copies* ne sont point reçues en justice, dans tous les pays où le papier timbré est en usage.

Copie signifiée, est celle que l'huissier laisse à la partie ou à son procureur, en signifiant un acte. Conformément à la déclaration du mois de juillet 1691, à un arrêt de réglement du parlement de Paris, du 25 novembre 1688, & à un arrêt de réglement du parlement de Toulouse, du 25 juin 1755, qui renouvelle les dispositions des anciennes ordonnances, toutes les *copies* de pièces ou autres actes de procédure, doivent être écrites lisiblement, & celles qui sont signifiées de procureur à procureur, ne peuvent l'être qu'à eux-mêmes, à leurs clercs, & en cas d'absence, à leurs substituts. Les huissiers qui les signifieroient aux domestiques des procureurs ou autres personnes, sont condamnés à une amende de vingt-cinq livres.

Copie tronquée, est celle laquelle l'acte n'est point transcrit exactement, & où l'on a affecté de passer quelque partie de l'acte. *Voyez* Copie correcte.

Copie vidimée, se disoit anciennement, & se dit encore en certains pays, pour *copie collationnée*. Ce terme vient de *vidimus*, par lequel on commençoit autrefois toutes les collations & confirmations de lettres de chancellerie. (*A*).

Quelle foi doit-on accorder aux copies d'un acte? Il faut distinguer plusieurs espèces: la *copie* est tirée d'un acte privé, ou d'un acte authentique; elle est en forme authentique, ou elle n'y est pas; elle n'est enfin qu'une *copie* collationnée, tirée sur d'autres *copies* collationnées.

Suivant la doctrine de Dumoulin, dans son *Traité des Fiefs*, & sur l'art. 5 de l'ancienne Cou-

tume de *Paris*, admise par le suffrage unanime de tous les jurisconsultes, lorsqu'une *copie* est tirée d'un acte privé, quelque authentique qu'elle puisse être, elle ne prouve pas plus que l'original. Si elle est tirée d'un original authentique, ou d'un original conservé dans des archives publiques, & qu'elle ait été délivrée en forme authentique, elle fait foi contre toutes sortes de personnes, même contre celles avec lesquelles elle n'a point été collationnée contradictoirement.

Mais une *copie* collationnée sur une autre *copie* collationnée, ne fait pas plus de foi en justice que la déposition d'un témoin qui dépose d'après un simple oui-dire.

Ces principes ne souffrent d'exception que lorsqu'une *copie* est très-ancienne, qu'elle contient des faits anciens, elle fait alors une demi-preuve, dont il faut se contenter pour suppléer au défaut des titres, dont les ravages occasionnés par les guerres & autres accidens, ont rendu presque impossible la conservation.

Les tribunaux se sont quelquefois écartés de la sagesse de ces règles établies par Dumoulin; on en a un exemple récent dans un arrêt de la troisième des enquêtes, du 23 juillet 1763, qui maintient la princesse de Nassau dans un droit de mainmorte universel, mentionné dans une chartre du 24 juin 1279, quoique elle ne rapportât qu'une *copie* de cette chartre, collationnée sur une *copie* collationnée elle-même en 1486, faite encore sur une première *copie* collationnée en 1429; mais ces décisions, fondées sur quelques motifs particuliers, ne doivent porter aucune atteinte aux principes.

COPROPRIÉTAIRE, s. m. (*Jurispr.*) est celui qui possède avec un autre la propriété d'une maison, d'une terre ou d'un autre immeuble, ou même de quelque effet mobilier.

Les *copropriétaires* possèdent par indivis ou séparément; ils possèdent par indivis, lorsque la chose commune n'est point partagée, & qu'aucun d'eux n'a sa part distincte des autres; ils possèdent séparément, lorsque la part de chacun est fixée & distinguée des autres.

Un effet mobilier ne peut appartenir à plusieurs *copropriétaires* que par indivis; car si l'effet est partagé, & que les parts soient distinguées, il n'y a plus de copropriété; au lieu que pour certains immeubles, tels qu'un corps de bâtiment, un fief, il est toujours vrai de dire que les possesseurs sont *copropriétaires*, quoique leurs parts soient distinguées.

Il est libre à chacun des *copropriétaires* par indivis, de provoquer le partage, ou la licitation, si l'effet ne peut pas se partager commodément.

Le nombre des *copropriétaires* auxquels peut appartenir une même chose, n'est point limité.

Les *copropriétaires* peuvent posséder chacun, en vertu d'un titre particulier, ou en vertu d'un titre commun: ils sont *copropriétaires* à titre particulier, lorsque chacun d'eux a acquis séparément sa part, ou que l'un d'eux a eu la sienne par succession,

& que l'autre a acquis la sienne d'un héritier ; ils font *copropriétaires* à titre commun, lorsqu'ils font devenus propriétaires par le même titre, comme des cohéritiers, colégataires, codonataires, & des coacquéreurs par le même contrat. Cette distinction du titre commun d'avec le titre particulier est fort importante, en ce que quand les *copropriétaires* à titre commun par indivis font une licitation, celui d'entre eux qui se rend adjudicataire ne doit point de droits seigneuriaux ; au lieu que si les *copropriétaires* ne font devenus tels qu'à titre particulier, celui qui se rend adjudicataire doit les lods & ventes. *Voyez* LICITATION, PROPRIÉTÉ, DROITS SEIGNEURIAUX. (*A*)

Lorsque le roi est *copropriétaire* d'une justice haute, moyenne ou basse, il a droit d'en nommer les officiers ; mais les profits s'en partagent entre tous les *copropriétaires*, à moins qu'il n'y ait titre contraire en faveur du roi. Dans ce cas, les droits de petit scel y sont dus, mais ils ne se perçoivent pas, lorsque la justice est exercée au nom des seigneurs *copropriétaires*. C'est ce qui résulte d'un arrêt du conseil, du 10 novembre 1699.

La jurisprudence du conseil a également établi, que les biens possédés en commun par le roi & par des particuliers, soit qu'ils consistent en maisons & héritages, ou en droits de péage, travers, barrage, pontonage, &c. doivent être affermés par les officiers royaux, à la charge de payer aux *copropriétaires* ce qui leur en revient, à proportion de la part qu'ils ont dans la chose commune.

COPULE charnelle, (*Jurispr.*) se dit en droit pour exprimer la cohabitation qu'il y a entre deux personnes de différent sexe. *Voyez* COHABITATION. (*A*)

CORBEAU, f. m. (*Droit coutumier.*) en terme de maçonnerie, on appelle *corbeaux* des pierres ayant saillie, de forme presque quadrangulaire, & un peu arrondie dans la partie supérieure ou inférieure. Il en est parlé dans les coutumes de Paris, *art.* 207 ; d'Orléans, *art.* 241 ; de Bretagne, *art.* 717.

Ces *corbeaux* servent à déterminer si le mur mitoyen, sur lequel ils sont appuyés, est commun ou propre aux propriétaires des deux maisons qu'il sépare. Lorsque les *corbeaux* sont arrondis également dans leur partie supérieure & inférieure, & qu'ils ont été ainsi placés de bonne foi, & en faisant l'œuvre, ils prouvent que le mur est totalement commun.

Il en est de même, lorsqu'ils sont *accamusés*, c'est-à-dire, arrondis par-dessous, parce que cette forme de les tailler arrondie dans leur partie inférieure, & plate dans la partie supérieure, annonce qu'ils sont destinés à recevoir des poutres ou autres faix qu'il plaira au voisin d'y imposer, car cette assiette est droite, & en leur sens naturel.

Mais s'ils sont *accamusés* par-dessus, c'est-à-dire si la partie plate est renversée, & si la partie arrondie se trouve en-haut, cela signifie que le mur est seulement commun jusqu'à la hauteur de ces *corbeaux*.

CORBINAGE, f. m. (*Jurispr.*) est un droit singulier, en vertu duquel les curés d'un canton situé vers Mesle en Poitou, prétendent avoir droit de prendre le lit des gentilshommes décédés dans leur paroisse. Il en est parlé dans Boërius, en son commentaire sur la coutume de Berri, *tit. des coutumes* concernant les mariages, *art.* 4, vers la fin, *fol.* 62, *col.* 1 ; & dans Constant, *sur. l'art.* 99 de la coutume de Poitou, *page* 111 ; & dans le *glossaire* de M. de Laurière. (*A*)

CORDELIER, f. m. (*Droit ecclés.*) c'est le nom qu'on donne à une branche de l'ordre de S. François, dont les religieux sont ainsi appellés à raison de la *corde* qui leur sert de ceinture. Nous réunirons sous le mot général FRANCISCAIN, tout ce qui concerne les différentes familles & réformes qui ont partagé cet ordre.

CORDEUR, f. m. *terme de coutume* en usage dans la Bretagne, pour désigner un arpenteur. L'étymologie de ce mot vient de celui de *corde*, dont la coutume de cette province, *tit.* 14, se sert au lieu de celui de *perche*, usité ailleurs, pour déterminer l'étendue d'un arpent de terre.

Le journal en Bretagne est de vingt cordes de long, sur 4 de large, la corde de vingt-quatre pieds, le pied de douze pouces, & le pouce de douze lignes.

Cette coutume oblige les arpenteurs ou *cordeurs* à signer & parapher sur le lieu même, l'arpentage & estimation de chaque pièce de terre qu'ils ont arpentée & estimée, avant de passer à l'arpentage & estimation d'une autre pièce : elle veut aussi qu'en cas de faute notable par eux commise, ils soient tenus de procéder à un nouvel arpentage à leurs frais, même condamnés à une amende arbitraire pour la première fois, & privés de leur état pour la seconde. *Voyez* ARPENTAGE.

CORNAGE, f. m. (*Jurispr.*) ou *droit de cornage*, est une espèce de tribut, de prestation, de redevance annuelle, dont il est fait mention dans plusieurs chartres angloises, & qui n'est pas inconnue dans quelques provinces de France.

La Thomassière en parle, *liv.* 1, *chap.* 65. Ce droit consiste dans une certaine redevance sur les bêtes à corne, & c'est de-là que le nom de *cornage* lui a été donné. Il a lieu en faveur de quelques seigneurs du Berri, pour chaque bœuf qui laboure dans leur vignoble, par ceux qui sèment le bled d'hiver : le seigneur châtelain de Berri, ressort de Bourges, perçoit ce droit en bled ; il prétend aussi un droit pour les petits bleds ou bleds de mars, qui se sèment au printemps.

Dans la coutume de troy locale de Berri, ce droit de *cornage* est de quatre sous parisis par couple de bœufs. *Voyez* aussi la coutume de Château-Dun, *tit.* 2, *art.* 2.

Galland dit qu'au cartulaire de S. Denis de Nogent-le-Rotrou, il y a une lettre de Hugues, vicomte de Château-Dun, de l'an 1168, qui fait mention d'un droit de cornefage, *cornefagium*, qui appartient au vicomte, fur ce que chaque habitant du bourg Saint-Sépulcre vend hors de ce bourg; mais il ne paroît pas que ce droit fe paie pour chaque bœuf, ni par conféquent que ce foit, comme il le dit, la même chofe qu'en quelques contrées de Champagne, on appelle *droit de cornage*, lequel fe paie par les roturiers, à proportion des bêtes à corne *trahiantes*, c'eft-à-dire, travaillant à la charrue; c'eft pourquoi il eft appellé dans les anciens titres *boagium*, *bovagium*.

Au cartulaire de Champagne eft un accord de l'an 1216, entre les religieux de S. Denis & leurs hommes de B.... où ce droit eft appellé en latin *garbagium*, & en françois *cornage*, à B.... & à C.... Dans la même province de Champagne, le seigneur de Retz a un droit de *cornage*, qui eft tel que les habitans lui doivent par an, pour chaque animal de trois ans, excepté les taureaux, au jour de S. Jean, trois deniers, & pour chaque bœuf trayant, *feu trahens*, douze deniers. On donne encore ailleurs différens noms à ce même droit; en Lorraine & dans le Barrois, on l'appelle *droit d'affife*; & dans le vicomté de Lautrec, *droit de bladade*; au duché de Thouars, *droit de fromentage*.

Littleton, *fect. 156*, nous apprend qu'en Angleterre le *cornage* ou *tenir par cornage*, eft une efpèce de tenure féodale, par laquelle certains propriétaires de fief, dans les marches de Scotland, étoient tenus de veiller aux invafions des Ecoffois, ou autres ennemis, & de fonner du cor à l'inftant qu'ils les appercevoient, à l'effet d'avertir les habitans du pays de leur irruption, & de leur faire prendre les armes. Il ajoute que cet ufage venoit des Romains, qui avoient établi des gardes fur le mur conftruit aux extrémités de l'Angleterre, afin de leur faire favoir les démarches & les entreprifes des nations voifines qu'ils n'avoient pu réduire fous le joug. Littleton dit auffi que le *cornage* eft un service de grande fergenterie.

CORNAU, *terme de coutume*, ufité en Gafcogne, & principalement dans le pays d'Acs. Il fignifie *bourg*, *village*, *quartier*, *diftrict* d'une paroiffe.

CORNICHE, f. f. (*Jurifpr. Voirie.*) c'eft une forte d'ornement d'architecture, qui faille en-dehors d'un bâtiment, d'une colonne, &c. & qui reçoit différentes formes.

Par une ordonnance du bureau des finances de la généralité de Paris, du 29 mars 1776, on ne peut conftruire des *corniches* en pierre ou maçonnerie, aux murs de face des maifons de Paris, fans en avoir obtenu la permiffion de la voirie: les *corniches* conftruites dans une maifon neuve, doivent être bâties en pierres de taille faillantes, & incorporées dans le mur même de face: celles que l'on conftruit pour orner une maifon anciennement bâtie, doivent être faites avec le meilleur plâtre poffible, foutenues de broches & crampons de fer, recouvertes de minces dalles de pierre, le tout encaftré de 4 à 5 pouces dans le mur de face.

Les *corniches* ne peuvent avoir plus de huit pouces de largeur ou faillie fur la voie publique.

Il eft défendu, par la même ordonnance, aux commiffaires de la voirie, de donner aucune permiffion de conftruire des auvents en bois, aux maifons où on a placé des *corniches* en plâtre ou en pierre.

Les contraventions à cette ordonnance font punies par la démolition des *corniches* & cinquante livres d'amende.

CORPORATION, f. f. (*Jurifpr. Police. Hift. mod.*) corps politique, ainfi nommé parce que les membres dont il eft compofé ne forment qu'un corps; qu'ils ont un fceau commun, & qu'ils font qualifiés pour prendre, acquérir, accorder, attaquer ou être attaqués en juftice au nom de tous. Ce terme eft ufité en Angleterre, & nous n'en avons point qui lui réponde directement; celui de *communauté* en approche, mais ce n'eft pas la même chofe: il n'a pas une fignification fi étendue.

Une *corporation* peut être établie de trois façons, favoir, par prefcription, par lettres-patentes, & par un acte du parlement.

Les *corporations* (*corporation* fignifie ici *communauté*) font ou eccléfiaftiques ou laïques; les eccléfiaftiques font ou régulières, comme les abbayes, les prieurés conventuels, les chapitres, &c. ou féculieres, comme les évêchés, les doyennés, les archidiaconats, les cures, &c. & les univerfités, les collèges & les hôpitaux. *Voyez* ABBAYE, PRIEURÉ, CHAPITRE, HÔPITAL, &c. les laïques font les cités, les villes, les mairies, les bailliages, les compagnies ou fociétés de commerçans, &c. *Voyez* COMPAGNIE, &c.

De plus, une *corporation* eft ou unique, ou un compofé de plufieurs; c'eft cette dernière que les jurifconfultes appellent un *collège*. *Voyez* COLLÈGE, COMMUNAUTÉ.

CORPS, f. m. (*Jurifpr.*) eft l'affemblage de plufieurs membres ou parties qui forment ensemble un tout complet. Ce terme s'applique à différens objets qui vont être expliqués dans les fubdivifions fuivantes. (*A*)

CORPS & COMMUNAUTÉS. Ce terme comprend tous les *corps* politiques en général, c'eft-à-dire, toutes les perfonnes auxquelles il eft permis de s'affembler & de former un *corps*; car on ne peut faire aucunes affemblées fans permiffion du prince, & ceux mêmes auxquels il permet de s'affembler ne forment pas tous un *corps* ou *communauté*. Par exemple, les ordres de chevalerie ne font pas des *corps politiques*, mais feulement un ordre, c'eft-à-dire un rang & titre commun à plufieurs particuliers; les avocats forment de même un ordre, fans être un *corps politique*.

Pour former un *corps* ou *communauté*, il faut que ceux qui doivent le compofer aient obtenu pour cet effet des lettres-patentes duement enreg'ftrées, qui les établiffent nommément en *corps* & *communautés*, fans quoi ils ne feroient toujours confidérés que comme particuliers. Il ne leur seroit pas permis de prendre un nom collectif, ni d'agir sous ce nom, & l'on pourroit leur ordonner de se séparer : ce qui est fondé sur deux motifs légitimes, l'un d'empêcher qu'il ne se forme des associations qui puissent être préjudiciables au bien de l'état ; l'autre, d'empêcher que les biens qui sont dans le commerce des particuliers ne cessent d'y être, comme il arrive lorsqu'ils appartiennent à des *corps & communautés.* Voyez COMMUNAUTÉ. (*A*)

CORPS *de droit*, est la collection des différentes parties du droit; il y a deux sortes de *corps de droit*, savoir le canonique & le civil. (*A*)

CORPS *de droit canonique*, est la collection des différentes parties qui composent le droit canonique romain : savoir le décret de Gratien, les décrétales de Grégoire IX, le sexte, les clémentines, les extravagantes communes, les extravagantes de Jean XXII. (*A*)

CORPS *des canons*, est la collection ou code des canons des apôtres & des conciles. Voyez CANON & CONCILE. (*A*)

CORPS *de droit civil romain* ou *de droit civil simplement*, est la collection des différens livres de droit composés par ordre de l'empereur Justinien, qui sont le code, le digeste, les instututes, les novelles, treize édits du même empereur ; on y comprend aussi les novelles de Justin, quelques constitutions de Tibère, quelques-unes de Justinien & de Justin, les novelles de Léon, & celles de plusieurs autres empereurs, les livres des fiefs, les constitutions de l'empereur Frédéric II, les extravagantes d'Henri VII, le livre de la paix de Constance. Dans quelques éditions du *corps de droit*, on a encore compris les fragmens de la loi des douze tables, qui est en effet la source de tout le droit romain, quelques fragmens d'Ulpen, les institutions de Caïus. (*A*)

CORPS, (*contrainte par*) voyez ci-devant CONTRAINTE. (*A*)

CORPS *de cour*, c'est le *corps* d'une compagnie de justice, soit souveraine ou autre. Le terme de *cour* étant pris en cet endroit pour *compagnie de justice* en général, celui de *corps* est opposé à *députation.* Les compagnies vont aux cérémonies en *corps de cour* ou *par députation.* Elles sont en *corps de cour*, lorsque toute la compagnie y est censée présente, quoiqu'elle n'y soit pas toujours complette. Elles vont par députation, lorsque la compagnie commet seulement quelques-uns de ses membres pour la représenter. Une compagnie qui va en *corps de cour*, marche avec plus de pompe & de cérémonie, & on lui rend de plus grands honneurs qu'à de simples députés. (*A*)

CORPS *de délit*, est l'existence d'un délit qui se manifeste de manière qu'on ne peut douter qu'il ait été commis, & qu'il n'est plus question que d'en découvrir l'auteur, & ensuite de le convaincre. Par exemple, on trouve le cadavre d'un

homme assassiné, ou des portes enfoncées la nuit, voilà un *corps de délit.*

Il n'en faut pas davantage au juge du lieu pour informer de ce délit & en poursuivre la vengeance, quand il n'y auroit ni dénonciateur, ni partie civile, parce qu'il importe pour le bien public que les crimes ne demeurent point impunis.

Quand il n'y a point de *corps de délit* bien constaté, on doit être fort circonspect à ne pas se déterminer trop légèrement par des présomptions, même pour ordonner la question, parce qu'il peut arriver que l'on impute à quelqu'un un délit qui ne soit point réel. On a vu plusieurs fois des gens accusés, & même condamnés pour prétendu assassinat de personnes qui ont ensuite reparu. (*A*)

CORPS, (*femmes de*) sont des femmes de condition servile. Voyez SERFS & MORTAILLABLES. (*A*)

CORPS *du fief*, c'est le domaine du fief, tant utile que direct ; il est opposé aux droits incorporels du fief. On appelle aussi *corps du fief*, ce qui en fait la principale portion relativement à celles qui en ont été démembrées, ou dont le seigneur s'est joué. Voyez FIEF, DÉMEMBREMENT, JEU DE FIEF. (*A*)

CORPS, (*gens de*) c'est un des noms que l'on donne en quelques endroits aux serfs de mainmorte. (*A*)

CORPS *héréditaires*, signifient des biens de la succession tels qu'ils sont en nature. La légitime doit être fournie en *corps héréditaires*, c'est-à-dire que le légitimaire doit avoir sa part des meubles & immeubles en nature, & qu'on ne peut, au lieu de meubles & immeubles, lui donner de l'argent. (*A*)

CORPS *d'héritages*, se dit dans le même sens que *corps héréditaires.* (*A*)

CORPS, (*hommes de*) sont des serfs. Voyez SERFS & MORTAILLABLES. (*A*)

CORPS *d'hôtel*, signifie une maison entière. Plusieurs coutumes disent que l'aîné, pour son précipput, a droit de prendre un *corps d'hôtel.* (*A*)

CORPS *des marchands*, c'est la réunion en communauté des personnes qui s'occupent du même négoce.

On appelle aussi *corps de métiers*, les artisans & ouvriers qui suivent la même profession, & qui exercent le même art. Voyez le *Dictionnaire de Commerce.*

CORPS *de preuve*, c'est l'assemblage de plusieurs sortes de preuves, qui toutes ensemble forment une preuve complette. Voyez PREUVE. (*A*)

CORPS, (*six*) c'est le nom qu'on donne à Paris aux six communautés principales des marchands de cette ville. Voyez JURANDE, & le *Dictionnaire de Commerce.*

CORPS *de ville*, c'est le nom qu'on donne aux compagnies composées des officiers municipaux, tels que sont à Paris, & dans quelques autres villes, les prévôt des marchands & échevins, & autres officiers; ailleurs, les maire & échevins; à Toulouse, les capitouls; à Bordeaux, & dans quelques autres villes, les jurats; & ailleurs, les confuls, les bailes, syndics, &c. (A)

CORRATIER, f. m. (*terme de Coutume.*) on le trouve dans l'*art. 131* de celle de Bourbonnois, dans la fignification de *courtier*. Suivant la difposition de cet article, les *corratiers* & autres commis chargés de la vente des marchandifes ou autres meubles, peuvent être contraints par corps à la reftitution des chofes dont on leur a confié la vente, ou du prix qu'ils en ont reçu. La coutume d'Orléans, *art. 429*, qui les appelle *couratiers*, défend de les faire jouir d'aucun répit, ni du bénéfice de ceffion. Ces difpofitions des coutumes d'Orléans & Bourbonnois font regardées, fuivant Loyfel, comme une maxime certaine du droit françois, confirmée par plufieurs arrêts. La raifon en eft que le refus du courtier, de rendre la marchandife ou l'argent, eft une efpèce de larcin.

CORRECTEUR *des comptes*, f. m. (*Droit public.*) c'eft le titre de certains officiers des chambres des comptes. *Voyez* CHAMBRE *des comptes.*

CORRECTION, f. f. (*Jurifpr.*) ce mot a en droit plufieurs acceptions. 1°, En matière de compte, on entend par *correction*, la revifion & la vérification des comptes que les receveurs des deniers royaux font tenus de rendre, & qui fe fait par les correcteurs des comptes. *Voyez* CHAMBRE *des comptes*, COMPTE, COMPTABILITÉ.

2°. En matière d'imprimerie, on appelle *correction*, les changemens qu'un auteur fait dans les ouvrages qu'il met à l'impreffion. Les réglemens de la librairie défendent aux auteurs de faire des *corrections*, & aux imprimeurs de les imprimer, fi elles n'ont été approuvées par le cenfeur de l'ouvrage.

3°. L'acception la plus ordinaire du mot de *correction*, s'entend du droit que les fupérieurs ont d'infliger des punitions aux perfonnes foumifes à leur autorité.

Les pères ont droit de *correction* fur leurs enfans, ils avoient même droit de vie & de mort fur eux par l'ancien droit romain; mais cela a été réduit à une *correction* modérée, & s'ils s'écartent de l'autorité paternelle, & que cela foit prouvé, les enfans peuvent avoir recours à celle du magiftrat, pour fe fouftraire à un empire tyrannique.

La jurifprudence autorife encore les pères à faire enfermer leurs enfans, jufqu'à l'âge de 25 ans, dans quelque maifon de *correction*, telle que celle de S. Lazare à Paris; mais fi les pères font remariés, ils ne peuvent faire renfermer les enfans de leur premier mariage, fans une ordonnance du juge, qui prend ordinairement l'avis des parens paternels & maternels, à ce fujet.

Les mères tutrices, ainfi que les tuteurs & curateurs, ont également le droit de faire enfermer les enfans ou mineurs, après avoir obtenu une ordonnance du juge à cet effet, en conféquence d'une affemblée de parens. On peut voir au *Jour-*

nal des audiences, les arrêts des 9 & 13 mars 1673, 14 mars 1678, 27 octobre 1690, & celui du 30 juillet 1699.

Les maris ont auffi droit de *correction* fur leurs femmes. Par l'ancien droit romain fi le mari battoit fa femme à coups de fouet, ce qui étoit une injure pour une femme ingénue, c'étoit une caufe de divorce; mais par le dernier droit, il eft feulement dit que le mari qui le feroit fans caufe, feroit obligé de donner dès-lors à fa femme une fomme égale au tiers de la donation, à caufe des noces, *leg. 8, cod. de repud.* Cette loi n'eft point fuivie parmi nous, on en a fans doute fenti l'inconvénient : bien des femmes fe feroient battre pour augmenter leur douaire ou augment de dot. Le mari doit traiter fa femme avec douceur & avec amitié : cependant fi elle s'oublie, il doit la corriger modérément ; il peut même, s'il ne trouve point d'autre remède, la faire enfermer dans un couvent, & fi elle a une mauvaise conduite, la faire mettre dans une maifon de *correction*. Mais s'il la maltraite à tort, foit de coups, foit de paroles, ce qui eft plus ou moins grave, felon la qualité des perfonnes, ces mauvais traitemens font une caufe de féparation. *Voyez* SÉPARATION.

Les maîtres ont auffi droit de *correction* fur leurs efclaves & domeftiques, mais modérément. Le droit de vie & de mort que les Romains avoient anciennement fur leurs efclaves, fut abrogé par le droit du code, *liv. 9, tit. 14, l. 1.* L'authentique *ad hoc* dit que le maître peut châtier fes efclaves *plagis mediocribus*. Parmi nous, l'humanité met encore des bornes plus étroites à ce droit de *correction*. Les nègres ont le droit de réclamer le pouvoir de la juftice, pour fe fouftraire aux violences de leurs maîtres. On trouve dans les auteurs plufieurs jugemens conformes à cette doctrine, & confirmés par arrêts. En 1776, la table de marbre reçut la plainte du miniftère public, & lui permit d'informer des violences commifes par un juif, envers un nègre & une nègreffe efclaves, qu'il avoit amenés en France.

Enfin, les fupérieurs des monaftères ont droit de *correction* fur leurs religieux ou religieufes; ils n'ont cependant aucune jurifdiction : c'eft pourquoi ils ne peuvent infliger que des peines légères, telles que le jeûne, le fouet, le renfermement dans leur prifon privée : il ne leur eft pas permis de traiter leurs religieux avec inhumanité; s'ils le font, leurs religieux peuvent s'en plaindre à leurs fupérieurs, & même à la juftice féculière, & demander d'être transférés dans un autre monaftère. La juftice féculière peut même d'office en prendre connoiffance, lorfqu'il fe paffe quelque chofe de grave, & y mettre ordre, en faifant infirmer des abus d'autorité, & en pourfuivant ceux qui s'en font rendus coupables.

Les chapitres & les communautés religieufes, exempts de la jurifdiction de l'ordinaire, ont auffi le droit de *correction* fur les membres qui les composent; mais ce droit ne s'étend qu'aux peines légères & canoniques.

CORRUPTION, f. f. (*Droit public.*) c'est le crime dont se rendent coupables tous ceux qui sont revêtus de quelque autorité, lorsqu'ils succombent à la séduction, & le crime en même temps de ceux qui cherchent à les corrompre.

La *corruption* n'est malheureusement pas sans exemple dans ceux qui sont préposés à l'administration de la justice; continuellement exposés aux pièges de l'erreur, du mensonge & de la calomnie, leur unique sauve-garde contre tous les dangers qui les environnent, est un cœur noble, ferme & incorruptible; quand cette ressource leur manque, à quels maux ne sont pas exposés ceux qui sont obligés de défendre auprès d'eux leur honneur, leur fortune & leur vie? Un juge qui porte dans le sanctuaire de la justice un cœur corrompu, est un monstre dont l'aspect fait horreur & dont le souffle empoisonne l'air qu'il respire. La main qui extermine les scélérats insignes ne sauroit trop s'appesantir sur lui. Quel ménagement peut-il mériter, quand il fait servir à ses passions ou à son avarice les loix les plus sacrées; quand pitié & sans remords, il entend les cris de l'oppression & voit tomber les larmes de l'innocence? Il est l'opprobre de la justice & le fléau de l'humanité.

L'amour déréglé des richesses & des plaisirs est la principale source de *corruption* dans un juge; s'il a l'ambition d'accroître sa fortune, il n'est rien qu'il ne sacrifie à ce desir. En se présentant avec les dehors du crédit & de l'opulence, on est assuré de trouver auprès de lui l'accès le plus facile; s'il n'ose pas recevoir directement les offrandes des malheureux plaideurs, il a ses confidens & ses complices qui les reçoivent pour lui; la balance de la justice est toujours chez lui en équilibre: l'or est la seule puissance qui la fait pencher.

Si au lieu d'être l'esclave de la cupidité, il l'est de cette autre passion qui fait rechercher le plaisir dans le sein de la volupté, de quelles prévarications ne deviendra-t-il pas coupable, si l'objet de ses ardeurs criminelles a le cœur flétri & corrompu? Qu'il en coûte peu de sceller un jugement du sceau de l'iniquité, lorsque des plaisirs offerts par la beauté doivent en être la récompense! Un juge qui ne craint point de déshonorer son ministère, en se livrant à l'appétit de ses sens déréglés, est aussi dangereux que celui qui est corrompu par toute autre passion dominante.

Pour être jugé coupable de *corruption*, il n'est pas nécessaire que les effets s'en soient manifestés, il suffit qu'il y ait des preuves qu'on s'est laissé corrompre, en recevant des présens par soi ou par des gens interposés, ou qu'on ait promis son suffrage sur des sollicitations & des promesses. Il suffit même qu'on s'expose au danger de la *corruption*, pour qu'on soit répréhensible; & ce danger n'est pas équivoque, lorsqu'on se permet des

habitudes & des familiarités qui pour l'ordinaire n'ont d'autre principe que celui de la séduction. Il est de l'intérêt de la justice que le public ait l'opinion la plus favorable de ceux qui sont préposés pour la lui administrer, & cette opinion, on ne sauroit l'avoir d'un magistrat connu par des foiblesses qui sont au moral comme au physique des signes d'un danger prochain de *corruption*.

Ce que nous disons des juges en général s'applique à tous ceux qui sont revêtus de l'autorité publique, dans quelque genre d'administration que ce soit : le serment de fidélité qu'on leur fait prêter est le serment de l'incorruptibilité qu'on exige d'eux. Un magistrat, car sous ce nom on peut entendre tous ceux qui sont constitués en pouvoir & en autorité, un magistrat incorruptible est le plus ferme appui de la loi; il est l'effroi des méchans, l'espoir de l'innocent & de l'opprimé, le génie tutélaire de la justice, de l'honneur & de la vertu. Toutes les belles qualités qui peuvent le rendre recommandable aux yeux des hommes sont dans son cœur; & sa résistance aux efforts de la contagion est la preuve la plus convaincante de sa grandeur d'ame & de son courage.

L'incorruptibilité n'est pas une vertu essentielle aux magistrats seuls, elle l'est encore particulièrement à ceux qui, comme les greffiers & les secrétaires, coopèrent directement à leurs fonctions. Elle l'est aussi aux notaires, sur la probité desquels repose la foi publique; elle l'est aux procureurs, aux huissiers, en un mot, à tous les agens ministériels de la justice, parce qu'il n'en est aucun qui, en se laissant corrompre, ne puisse produire des maux infinis.

Ceux qui sont commis pour des opérations judiciaires se rendent coupables aussi de *corruption*, lorsqu'ils trahissent leur ministère, en succombant à la séduction.

Il en est de même des témoins qui, après avoir juré de dire la vérité, ou la passent sous silence, ou déposent le mensonge & la calomnie. En général on doit regarder l'incorruptibilité, comme une qualité essentielle à tous les états, & à tous les citoyens. La *corruption* est plus ou moins punissable, suivant le caractère de ceux qui s'en rendent coupables, & suivant les maux qui en résultent. Les corrupteurs qui ont provoqué le crime sont également coupables, & doivent être punis. Aucune loi n'a déterminé le genre de punition que chaque cas particulier peut mériter; tout est laissé sur cet article, à la prudence & à la sagesse des magistrats. Les circonstances seules peuvent adoucir ou augmenter les peines. *Voyez* CONCUSSION, FAUX, MALVERSATION, &c.

CORSAIRE, f. m. (*Code maritime.*) ce mot se prend dans plusieurs significations différentes. 1°. On donne souvent le nom de *corsaire* à celui qui arme un vaisseau pour croiser sur les ennemis de l'état, & alors *corsaire* est synonyme à *armateur*.

2°. On appelle *corsaire*, tout bâtiment armé en

courfe : c'eft en ce fens qu'on dit les *corfaires* de Dunkerque, de Bayonne, de S. Malo, &c. *Voyez* ARMATEUR, PRISE.

3°. *Corfaire* fe prend en mauvaife part, & a la même fignification que le mot *pirate*, & tous deux défignent un écumeur de mer, qui vole indiftinctement les vaiffeaux amis ou ennemis : tels font les *corfaires* barbarefques. *Voyez* PIRATE.

CORSE, f. f. (*Droit public.*) ifle de la Méditerranée, fituée entre les côtes de Provence & celles d'Italie.

La république de Gênes l'a cédée à la France, par le traité de 1768. La nation *Corfe*, dans une affemblée générale tenue en 1770, s'eft foumife à la domination du roi, en renouvellant le ferment de fidélité que lui avoient prêté les pièves & diftricts de l'ifle, à mefure qu'ils avoient été foumis par les armes françoifes.

Depuis l'époque de leur réunion à la couronne de France, les *Corfes* font régis par leurs anciens ftatuts civils, rédigés avant l'année 1571, & autorifés par la république de Gênes & par les ordonnances du royaume, dont l'enregiftrement a été ordonné au confeil fupérieur établi à Baftia.

SECTION PREMIÈRE.

De l'adminiftration civile.

1°. *Etabliffement du Confeil fupérieur.* Par édits du mois de juin 1768, janvier 1772 & juin 1773, le roi a établi à Baftia un confeil fupérieur, pour rendre la juftice au fouverain & en dernier reffort à tous fes fujets *Corfes*. Ce tribunal eft compofé d'un premier & fecond préfidens, de dix confeillers, dont fix gradués françois & quatre naturels du pays, d'un procureur & d'un avocat-général, d'un fubftitut, d'un greffier, de deux huiffiers & de deux fecrétaires-interprètes, dont le fervice fe faifoit également auprès du confeil fupérieur & de l'intendant. Mais par des lettres-patentes du 6. mai 1773, l'un des deux interprètes a été attaché particuliérement au fervice du confeil fupérieur, & le fecond au fervice de l'intendance.

Les magiftrats qui compofent ce tribunal n'ont point encore été érigés en titre d'office formé & héréditaire, ils exercent leurs fonctions fur une commiffion expédiée en la chancellerie de France, & ils font affujettis feulement à un droit de marc d'or, proportionné à la valeur de leurs gages. Ils font confidérables, & les moindres font fixés à une fomme de 2000 liv. parce qu'ils font obligés de rendre la juftice gratuitement & fans frais, à l'exception néanmoins des vacations, qu'ils peuvent être obligés d'employer en campagne, & qui font modérées à dix livres pour les confeillers, fept livres dix fous pour le fubftitut du procureur général, & cent fous pour le greffier.

Le confeil fupérieur reçoit les appels de tous les tribunaux de la *Corfe*, ainfi que les appels

comme d'abus ; il eft particuliérement chargé de la reconnoiffance des titres de nobleffe.

Il connoiffoit, en première & dernière inftance, de toutes les conteftations, procès & différends, en matière civile, des habitans de la province de Baftia, avant l'établiffement d'une jurifdiction royale, pour cette partie de l'ifle. Il continue de connoître, en première inftance, des conteftations qui concernent la propriété des bois, forêts & domaines du roi, lorfque l'infpecteur général des domaines & bois eft partie dans la caufe.

Un édit du mois de feptembre 1769 a établi près du confeil fupérieur de Baftia, une chancellerie femblable à celles qui exiftent en France près les cours fouveraines.

2°. *Jurifdictions royales.* Par édits des mois de feptembre 1769, avril 1770, février 1771, avril 1772 & une déclaration du 2 juillet fuivant, le roi a créé en *Corfe* onze jurifdictions royales, la première eft établie à Corte, pour la province de ce nom ; la feconde à Baftia, pour la partie de cette province qui eft en-deçà du Golo ; la troifième à Ajaccio, pour la province & jurifdiction de ce nom ; la quatrième à Rogliano, pour la province & jurifdiction du cap *Corfe* ; la cinquième, pour la province & jurifdiction du Nebbio, tient fes féances à Saint-Florent, & pendant quatre mois de l'année, au Poggio d'Oletta ; la fixième à Vico, pour le diftrict de ce nom ; la feptième à Sartenne, pour la province de ce nom ; la huitième à Campoloro, pour la province d'Aleria ; la neuvième à Calvi, pour la province de la Balagne ; la dixième à Bonifacio, pour la province de ce nom, & la onzième à la porta d'Ampugnani, pour la partie de la province de Baftia, fituée au-delà du Golo.

Ces jurifdictions font compofées d'un juge royal, d'un affeffeur civil & criminel, d'un procureur du roi & d'un greffier, à l'exception de celle de Baftia, dans laquelle il a été établi un fecond affeffeur par un édit de feptembre 1771.

Les officiers de ces jurifdictions connoiffent en première inftance, & à la charge de l'appel au confeil fupérieur, de toutes les conteftations perfonnelles & mixtes qui s'élèvent entre les habitans de leur diftrict & territoire : les actions réelles font portées devant le juge du lieu de la fituation des biens. Lorfque la conteftation a lieu entre des habitans de différentes jurifdictions, elle eft portée devant le juge du domicile du défendeur.

Ils connoiffent également en première inftance de tous les crimes & délits commis dans l'étendue de leur territoire, & dans le cas où un accufé eft prévenu de plufieurs crimes commis en différens diftricts, le procureur du roi de la jurifdiction qui a été faifie de la première plainte ou accufation, doit en donner avis au procureur général du confeil fupérieur, qui, fur fes conclufions, fait rendre un arrêt de jonction des différentes plaintes, & en renvoie l'inftruction dans le fiège qu'on eftime le plus convenable.

Les

Les affeffeurs ont voix délibérative avec le juge royal ; en cas de partage , ce dernier a la voix prépondérante , fi mieux il n'aime , pour départager , appeller le procureur du roi dans les caufes où il ne prend pas de conclufion , ou un gradué non fufpect.

Les affeffeurs fuppléent le juge royal dans toutes fes fonctions. Ils font obligés de fe rendre dans les jurifdictions voifines, lorfqu'ils font appellés par les juges à l'effet de procéder aux jugemens définitifs en matière de grand criminel , à moins de légitime empêchement reconnu tel par les juges royaux de leur fiège.

Le chap. 25 des ftatuts civils de Corfe , chargeoit le magiftrat de chaque diftrict de faire nommer un tuteur ou curateur aux mineurs , lorfque le père n'y avoit pas pourvu par fon teftament. L'édit du mois de novembre 1770 a attribué cette dation de tutèle aux procureurs du roi des fièges royaux , en faifant appeller pardevers eux cinq ou fix parens des mineurs , & à leur défaut , un pareil nombre d'amis ou voifins.

Le même édit les autorife à appofer , même d'office , les fcellés , dans toutes les fucceffions où des mineurs font intéreffés , à les lever , & à faire les inventaires. Dans tous les autres cas , l'appofition des fcellés & la confection des inventaires eft déférée aux juges royaux exclufivement.

Les appels des ordonnances rendues par les procureurs du roi , fe portent aux fièges de leurs jurifdictions refpectives.

3°. *Jurifdiction prévôtale.* Par l'édit du mois de juin 1768 , le roi avoit créé dans l'ifle de Corfe deux fièges de maréchauffée , l'un établi à Baftia & le fecond à Ajaccio : chacun de ces fièges étoit compofé d'un prévôt particulier , d'un lieutenant , de deux affeffeurs gradués , d'un procureur du roi auffi gradué , & d'un greffier ; le prévôt commis par la cour , pour les troupes , devoit avoir le titre & la qualité de *prévôt général.*

Cet établiffement a fouffert quelques changemens par les édits de feptembre & décembre 1769 , & août 1772. Le corps de la maréchauffée eft aujourd'hui compofé d'un prévôt général , d'un lieutenant , d'un fous-lieutenant , douze à treize bas-officiers & cavaliers , & d'un trompette. Le prévôt ou fes lieutenans font tenus de fe transporter dans toutes les parties de l'ifle où il échoit d'inftruire & de juger des procès criminels de leur attribution.

Le prévôt a entrée & voix délibérative au confeil fupérieur, dans toutes les affaires criminelles , après le doyen des confeillers ; fon lieutenant , après le dernier des confeillers. Dans les juftices royales , les lieutenans de maréchauffée ont rang, féance & voix délibérative après celui qui préfide.

Le confeil fupérieur & les jurifdictions royales doivent faire avertir par le greffier , le prévôt ou fon lieutenant , des jours & heures où l'on procède au jugement des procès criminels , à l'effet d'y

affifter s'ils le jugent à propos , & dans ce cas , leur voix eft comprife dans le nombre des fept juges requis pour la validité des jugemens criminels rendus au confeil fupérieur , & de trois requis dans les jurifdictions royales.

L'ordonnance pour l'inftruction des procédures criminelles , rendue pour la *Corfe*, au mois de juin 1768 , avoit déclaré les officiers de maréchauffée compétens pour connoître de tous les crimes & délits commis dans les villes , bourgs & territoire de cette ifle. Mais cette difpofition a été révoquée par l'édit de feptembre 1769, qui a établi les jurifdictions royales , & par le titre fecond de l'édit du mois d'août 1772.

Suivant cette dernière loi , le prévôt des maréchaux ou fes lieutenans font autorifés , fans jugement préalable de compétence , à inftruire & juger les procès des fugitifs déclarés félons par jugement de la junte , contre les bandits infracteurs du ban de port d'armes , contre les bandits & fugitifs prévenus de violence publique , d'attroupemens avec port d'armes , & d'affaffinats depuis leur abfence des communautés dont ils étoient membres.

Les autres bandits , même les fugitifs prévenus de crimes commis avant leur fuite , pour lefquels ils peuvent être condamnés à une peine plus grande , doivent être renvoyés aux juges ordinaires.

4°. *Des juntes nationales.* Les troubles dont la *Corfe* avoit été agitée pendant plus de quarante ans , les maux qui fuivent les diffenfions civiles, avoient plongé dans la mifère une grande partie des *Corfes.* Les factions qui s'étoient opprimées tour-à-tour , avoient forcé plufieurs des habitans à fe réfugier dans les pays étrangers ; d'autres s'étoient cantonnés dans les montagnes & dans les bois appellés *makis* , d'où ils fe répandoient dans les plaines & les villages , où ils commettoient des affaffinats multipliés & toute efpèce de brigandage.

Pour y remédier efficacement , le roi , par l'édit du mois d'août 1772 , crut devoir ériger dans quatre points principaux de l'intérieur de l'ifle , fous le nom de *juntes nationales*, & fous l'autorité du commandant en chef, du premier préfident & du procureur général du confeil fupérieur , en qualité de commiffaires du roi , une jurifdiction de difcipline & de correction , un tribunal paternel & patriotique , deftiné à prévenir la fuite des habitans & à ramener les fugitifs à leurs foyers , avant de les livrer à la vengeance des loix.

Chacune de ces juntes eft compofée de fix commiffaires corfes , domiciliés dans le diftrict de la junte , & choifis indiftinctement dans la nobleffe ou le tiers-état. Ces fix commiffaires exercent leurs fonctions pendant trois ans confécutifs , enforte que dans l'affemblée des états de l'ifle , on élit tous les ans quatre corfes , entre lefquels le roi choifit les deux qui doivent entrer en exercice.

Deux des fix commiffaires font obligés de réfider pendant quatre mois entiers & confécutifs dans le lieu deftiné à l'exercice de leur jurifdiction , ils font compétens pour faire tous les actes d'inf-truction, le plus ancien rempliffant les fonctions de juge, le plus jeune celles de fyndic. Les jugemens définitifs doivent être rendus par cinq commiffaires, le dernier faifant toujours fonction de fyndic. Ils font tenus de s'affembler à la requifition des deux commiffaires en exercice, ou fur la convocation des trois commiffaires du roi.

Aucun corfe, excepté les nobles, les eccléfiaf-tiques & officiers du roi, ne peut s'abfenter du lieu de fon domicile, fans congé du podeftat; finon, huit jours après fon abfence fans congé, le podeftat faifit fes biens & envoie fon fignalement à la junte, qui le fait affigner & fommer publi-quement de fe rendre à fon domicile dans un mois au plus tard.

L'affigné qui fe préfente dans ce délai, eft ren-voyé dans fes biens, en payant les frais & trente livres d'amende.

Faute de fe préfenter, il doit être déclaré fugi-tif, par un jugement de la junte, qui le décrète de prife-de-corps, avec nouvelle injonction de comparoître dans les fix mois.

S'il eft conftitué prifonnier dans ce délai, & n'eft prévenu d'aucun crime, il eft condamné par la junte à autant d'années de détention qu'il a été de mois fugitif; s'il fe rend volontairement pri-fonnier, il eft exempt de la moitié de la peine. Après fix mois, s'il ne fe préfente pas, il eft dé-claré félon. Au refte, les jugemens des juntes, portant condamnation, ne font exécutés qu'après avoir été confirmés par le commandant en chef, le premier préfident & le procureur général.

L'autorité des juntes ne préjudicie pas à la jurif-diction ordinaire, qui ftatue toujours fur toute ef-pèce d'action dont elle eft faifie par les demandes, plaintes ou dénonciations des parties.

Les juntes font également autorifées à prévenir les querelles & diffenfions entre les familles, à empêcher les voies de fait & les excès qui pour-roient s'enfuivre, à reconcilier les familles divifées, à faire donner par les contendans les paroles d'hon-neur, à fournir les cautionnemens qu'elles jugent à propos, à punir par une amende de cent livres, ou même par prifon, jufqu'à trente jours, par forme de correction, ceux qui cités devant elles refufent de s'y rendre, ou qui manquent à leur parole donnée pour la paix.

Dans ces cas, les jugemens des juntes s'exécu-tent par provifion, nonobftant toutes oppofitions qui font portées devant les trois commiffaires dont nous avons parlé.

5°. *Police & municipalité.* Ces objets ont été ré-glés par l'édit du mois de mai 1771. Le roi, en confervant l'ancien ufage des corfes, établi par le chap. 2 des ftatuts civils, a ordonné que chaque année, l'affemblée générale de chaque pieve fe-roit choix, parmi les plus diftingués & les plus confidérables citoyens, d'une perfonne âgée au moins de trente ans, pour furveiller, en qualité de

podeftat major de la pieve, les podeftats particu-liers & les pères du commun.

Le premier août de chaque année, chaque com-munauté des pieves élit, à la pluralité des voix, un podeftat & deux pères du commun, dont les fonctions font de veiller à la police non feule-ment des villes, bourgs ou villages de leur com-munauté, mais même des campagnes qui en dé-pendent.

Ils font fpécialement chargés d'affurer le repos public & des particuliers. Ils peuvent rendre des réglemens provifoires fur tous les objets attribués en France aux lieutenans de police: ils doivent avertir les magiftrats des crimes graves commis dans leur diftrict, ils ont le droit de faire arrêter les délinquans pris en flagrant délit, ils doivent même dreffer les procès-verbaux néceffaires pour affurer la vérification du corps de délit.

Ils connoiffent, en première inftance, de toutes les matières fommaires, & des caufes civiles des habitans de leur communauté, jufqu'à la valeur de cinquante livres.

Les juges royaux ne peuvent en connoître que par appel des podeftats & des pères du commun.

Le podeftat peut juger feul les caufes pure-ment perfonnelles qui n'excèdent pas la valeur de douze livres.

L'appel de cette jurifdiction fe relève pardevant les juges royaux, mais il doit être relevé dans le mois, finon, à l'expiration de ce délai, il demeure défert & périmé. L'appel n'eft que dévolutif, car les jugemens rendus par les podeftats & pères du commun, s'exécutent par provifion, en donnant par la partie bonne & fuffifante caution.

Ces officiers font les procureurs, les agens, les économes de leur communauté, & pour tout dire, en un mot, ils réuniffent dans leurs perfonnes les fonctions attribuées en France aux lieutenans de police, & aux officiers municipaux.

6°. *Eaux & forêts.* On n'a point établi en *Corfe* de jurifdictions femblables à celles que nous con-noiffons en France fous le nom de *maîtrifes des eaux & forêts:* d'ailleurs les eaux n'y font encore foumifes à aucune infpection; mais pour la con-fervation & l'aménagement des bois qui appar-tiennent au domaine, & ceux qui appartiennent aux gens de main-morte & autres, le roi, par édit du mois de mars 1772, a accordé au commiffaire départi le titre d'ordonnateur, *confervateur & réfor-mateur général des bois & forêts.*

En cette qualité, il eft autorifé à vifiter les bois toutes les fois qu'il le juge à propos, à procéder, dans le cours de fes vifites, contre les officiers qu'il trouve en fraude, les interdire & commettre en leur place, à inftruire leur procès par lui ou fes fubdélégués, jufqu'à fentence définitive, pour laquelle il doit renvoyer les accufés dans la juftice royale du reffort, & à l'égard des bûcherons, charretiers & autres ouvriers employés à l'exploi-tation des bois, il peut parfaire leur procès, en fe faisant assister de gradués non suspects, au nombre & dans les cas prescrits par l'ordonnance.

La connoissance de tous les délits, & des différends qui concernent la matière des bois & forêts, entre toutes espèces de personnes, appartient en première instance, aux justices royales dont nous avons parlé ci-dessus, sauf l'appel au conseil supérieur: à l'exception néanmoins, ainsi que nous l'avons dit plus haut, des contestations qui regardent la propriété des bois, & dans lesquelles le domaine du roi peut être intéressé, dont la connoissance est dévolue en première instance au conseil supérieur.

On a établi sous les ordres de l'intendant, un inspecteur & deux conservateurs des bois, l'un pour la partie d'en-deçà, & l'autre pour la partie d'au-delà des monts, dont les fonctions ont rapport à celles qu'exercent en France les grands-maîtres & les maîtres particuliers. Il y a aussi deux gardes-marteau, un pour chaque partie, deux gardes généraux à cheval, un garde-forestier dans chaque canton & deux arpenteurs. Les greffiers des jurisdictions royales sont obligés de tenir quatre registres particuliers pour les bois & forêts, l'un pour l'enregistrement des édits, &c. l'autre pour les procès-verbaux de visite, le troisième pour l'enregistrement des rapports, & le quatrième pour les causes d'audience & les jugemens des procès par écrit.

Au reste, l'édit dont nous venons de faire mention, a établi en Corse les règles prescrites par l'ordonnance des eaux & forêts de 1669, avec les tempéramens qu'exigent la situation de l'isle, l'utilité des habitans & les usages locaux.

7°. *Amirautés*. Par un règlement du 21 août 1768, confirmé par des lettres-patentes du 4 octobre suivant, le roi a établi dans l'isle de *Corse* deux sièges d'amirauté, composés d'un lieutenant, d'un procureur du roi, d'un greffier & du nombre d'huissiers nécessaires. Les commissions de ces officiers doivent être expédiées au grand sceau, sur la nomination de l'amiral de France. Ces offices peuvent être remplis par les officiers des jurisdictions ordinaires, sans être obligés de prendre des lettres de compatibilité. On suit dans ces tribunaux les loix de la marine de France, & les appels de leurs jugemens se relèvent au conseil supérieur de Bastia.

Loix civiles & criminelles. La *Corse*, ainsi que nous l'avons remarqué au commencement de cet article, étoit régie, tant au civil qu'au criminel, par des statuts particuliers, confirmés & approuvés par la république de Gênes.

L'intention du roi, en acceptant la souveraineté de la *Corse*, étant d'en traiter les habitans aussi favorablement que ses sujets françois, son premier soin a été de leur donner les loix actuellement en vigueur en France. Dès le mois de juin 1768, un édit a prescrit en *Corse* une procédure criminelle semblable à l'ordonnance de 1670, & autres loix postérieures: cette même loi contient

l'énumération des crimes qui donnent lieu à la vengeance publique, & fixe les peines dont ils seront punis; ses dispositions n'ont rien de particulier, si on en excepte néanmoins le port d'armes & une espèce d'assassinat.

On se rappelle que la *Corse* a été agitée par quarante ans de troubles & de guerres civiles, qui ont donné lieu à des haines héréditaires entre les familles, & par conséquent aux vengeances & aux assassinats. Pour en arrêter le cours, on a cru devoir faire punir avec plus de rigueur cette espèce d'assassinat, & interdire aux habitans le port d'armes.

En conséquence, l'art. 2 du titre 3 veut que tout assassinat prémédité & de guet-à-pens, commis par vengeance de querelle de famille & haine transmise, soit puni du supplice de la roue, que la maison du coupable soit rasée, & sa postérité déclarée incapable de remplir jamais aucune fonction publique.

Pour tarir entièrement la source des meurtres & des homicides, l'ordonnance du 23 août 1769 & la déclaration du mois de mars suivant, vouloient que tout corse arrêté avec des armes à feu, ou dans la maison duquel il s'en trouvoit, fût puni de mort, à moins qu'il ne rapportât une permission expresse & par écrit du commandant pour le roi dans l'isle. Mais cette rigueur a été adoucie par une loi postérieure, & la peine de mort n'a plus lieu pour le simple port d'armes.

Une déclaration du mois d'août 1771 défend encore aux corses de porter sur eux, & de garder dans leurs maisons des stilets, ou couteaux pointus, même des couteaux sans pointe qui excéderoient la longueur d'un pied avec le manche, sous peine de cinquante livres d'amende pour la première fois, & en cas de récidive, outre l'amende, d'être condamné au blâme, au carcan, ou aux galères à temps, suivant la qualité des personnes & l'exigence des cas.

La même loi défend aux ouvriers de fabriquer de pareilles armes, & aux marchands d'en introduire dans l'isle, à peine de cent livres d'amende pour la première fois, & de trois ans de galère, en cas de récidive.

Après avoir pourvu à la sûreté publique par l'ordonnance criminelle de 1768, les soins paternels du roi se sont étendus sur la procédure civile, & sur les loix qui doivent assurer à chaque citoyen la conservation de ses biens. Un premier édit, donné au mois de septembre 1769, avoit établi en *Corse* un nouvel ordre de procédure, conforme à celui qui est prescrit par l'ordonnance de 1667. Mais la difficulté d'en suivre exactement les dispositions, qui ne pouvoient être aussi familières aux corses que le style ancien qu'ils suivoient conformément aux statuts de leur nation, a engagé le roi à conserver une partie de cet ancien style, par l'édit du mois de juin 1771.

En conséquence de ces deux édits, les juges

établis en *Corse* font obligés de se conformer à toutes les loix françoises enregistrées au conseil supérieur de Bastia, & il leur est en même temps permis de suivre les anciens statuts de l'isle, conservés par l'édit de 1771, ou, auxquels il n'a point été dérogé par une loi précise ; ensorte qu'on doit regarder ces statuts comme les coutumes particulières des provinces de France, dont les juges sont tenus de suivre les dispositions, lorsqu'elles ne sont pas contraires aux réglemens généraux & aux ordonnances.

Les statuts civils de *Corse* sont de deux sortes, les uns fixent les règles de conduite que chaque particulier doit observer, les autres règlent le style judiciaire : nous nous bornerons à faire connoître ceux d'entre eux qui sont entièrement particuliers aux habitans de la *Corse*.

Le chap. 26 laisse les femmes dans une tutèle perpétuelle, & ne leur permet de s'obliger, même après la majorité de quatorze ans, que jusqu'à la concurrence de dix livres. Au-delà de cette somme, il leur faut le consentement de leur père & aïeul, & de deux de leurs plus proches parens, si elles sont sous la puissance paternelle, & celui de leur mari lorsqu'elles sont mariées, avec celui de deux de leurs plus proches parens ou voisins, & dans le cas où elles n'ont ni père ou aïeul, ni mari, le consentement de trois parens, & à défaut de parens, celui de trois voisins. Ce consentement doit être autorisé par le magistrat, & doit contenir l'affirmation donnée par serment, par laquelle les parens ou voisins attestent qu'ils croient l'engagement avantageux à la femme.

Les immeubles des mineurs ne peuvent être vendus qu'en place publique, après des affiches & criées faites pendant dix jours.

Mais cette forme de décret n'a pas lieu pour les ventes forcées faites sur des majeurs, lesquelles se font par la voie d'estimation & non par encan.

Des appréciateurs nommés tous les ans par les podestats, ou convenus par les parties, font cette estimation.

Le créancier prend les biens sur ce pied, en déduisant le quart du prix estimé.

Le débiteur peut exercer le rachat de ses biens, pendant un mois pour les meubles, & deux mois pour les immeubles ; il a huit mois, s'il est absent.

Le *retrait lignager* a lieu en faveur des parens paternels jusqu'au troisième degré.

A leur défaut, les plus proches voisins peuvent exercer le retrait de bienséance.

Le délai est d'un mois pour les présens, & d'un an pour les absens de l'isle ; il ne court que du jour de la publication faite à l'église, dans une assemblée, un jour de fète.

Un gentilhomme qui a des vassaux, ne peut former contre eux de prétentions, & réciproquement ses vassaux n'en peuvent former contre lui, qu'à l'aide d'un titre ou du témoignage de quatre témoins.

Le possesseur de bonne-foi qui a fait des améliorations utiles & nécessaires sur l'héritage d'autrui, n'en peut être évincé qu'après avoir été indemnisé.

Si les dépenses ont été faites par un vassal ou un censitaire, dans son fief ou son accensement, & qu'elles soient considérables, comme si les terres incultes ont été défrichées, plantées de vignes ou d'arbres, le propriétaire direct a la faculté d'y rentrer ; mais il doit payer en totalité les améliorations des édifices, & laisser la moitié des terreins au vassal ou censitaire, à moins que les améliorations n'aient été faites, malgré lui, ou qu'il n'y ait eu des conventions contraires.

Lorsque les améliorations sont en terres de communes, le chap. 39 en accorde seulement la jouissance pendant trois années, après lequel temps celui qui y a fait les améliorations, n'y a plus de droit ni d'action.

Les mâles ont la faculté de tester à quinze ans, & les filles à treize, cependant avec le consentement de leur père ou aïeul, s'ils sont sous leur puissance.

Toutes les dispositions à cause de mort, & les institutions d'héritiers doivent être faites pardevant notaire, en présence de cinq témoins.

A défaut de notaire, on peut déclarer sa volonté devant six témoins *idoines* ; mais il faut que quinze jours après le décès du testateur, les légataires ou héritiers fassent entendre les témoins & rédiger leurs dépositions pardevant le juge ordinaire. Le chap. 42 veut que les témoins attestent que le testateur a l'esprit sain.

Lorsqu'il n'y a point de testament, les chap. 43 & 44 du statut appellent :

1°. Les enfans mâles & descendans légitimes en ligne masculine.

Ils excluent les filles, les petites-filles & leurs descendans, qui doivent s'en tenir à leur dot.

Si les filles, les petites-filles & leurs représentans ne sont pas enfans du double lien, & n'ont été dotés que sur les biens d'une de leur ligne, ils ne peuvent répéter sur ceux de l'autre ligne ce qui a été laissé par le testament des ascendans de cette ligne.

Soit qu'ils soient du double lien ou non, s'il ne leur a rien été donné entre-vifs ni par testament, par les ascendans des deux lignes, il faut s'en tenir à l'arbitrage des trois plus proches parens de la ligne des biens de laquelle il s'agit, & à leur défaut, à ce qui sera ordonné par le magistrat.

Les religieux & les religieuses peuvent demander des pensions alimentaires, lorsqu'il ne leur est rien laissé par le testament de leurs parens.

2°. La loi appelle les filles, les petites-filles de la ligne masculine & leurs descendans, en rapportant leur dot.

3°. S'il n'y a point de filles, les petits-enfans de la ligne féminine ne succèdent que concurrem-

ment avec les frères germains ou confanguins du
défunt, en prélevant cependant leur dot, ou ce qui
doit en tenir lieu, fuivant l'eftimation des parens,
homologuée par le magiftrat.

4°. A plus forte raifon, s'il n'y a ni enfans, ni
defcendans, les frères germains & les confanguins
fuccèdent aux biens de la ligne paternelle & à
ceux d'acquêt.

A l'égard des biens maternels, les frères germains y fuccèdent feuls, & à leur défaut les frères utérins, & s'il n'y en a point, les fœurs utérins.

Les neveux, enfans des frères germains ou confanguins fuccèdent avec leurs oncles, ou feuls à
leur défaut, par fouche & non par tête.

Le cinquième ordre de fuccéder eft en faveur
des pères, & à leur défaut, des aïeuls & bifaïeuls
paternels.

Ils fuccèdent au défaut d'enfans, de frère & de
fils de frères, & lorfqu'ils ne fuccèdent pas, ils
ont l'ufufruit de la fucceffion, à la charge de la
nourriture & de l'entretien des enfans du défunt.

La mère, au contraire, & à fon défaut l'aïeul
maternel ne peuvent prétendre de légitime qu'autant qu'il n'y a ni petits enfans, ni père, ni aïeul,
ni bifaïeul paternels.

Cette légitime n'eft même qu'un ufufruit dont
ils ne peuvent difpofer au préjudice des héritiers
de leurs enfans, jufqu'au quatrième degré de la
computation canonique.

5°. Les fœurs germaines & confanguines, les
filles des frères, les fils & les filles des fœurs
font enfuite appellés par fouche & non par tête,
en obfervant ce qui vient d'être dit pour les biens
maternels.

6°. La loi appelle les oncles & les coufins germains & confanguins avec les defcendans des fœurs
par fouche, en obfervant toujours la diftinction
des biens maternels.

7°. Les agnats mâles au quatrième degré, fuivant la computation canonique.

8°. Les bâtards, lorfqu'il y a des enfans légitimes, font réduits, par le chap. 45, aux avantages
qui leur ont été faits par leurs pères, entre vifs
ou à caufe de mort, fans préjudice de la légitime
des fils légitimes & des dots des filles.

Si le père n'a pas difpofé en faveur de ces bâtards, les mâles d'entre eux peuvent demander
des alimens, & les filles des dots convenables.

Mais fi leur père n'a point laiffé de parens légitimes, jufqu'au troifième degré de la computation
canonique inclufivement, ils font appellés à la fucceffion dans l'ordre qui vient d'être tracé pour les
enfans légitimes.

9°. Ce font les héritiers des femmes qui fuccèdent à leur dot, à l'exclufion du donateur, à moins
qu'il n'y ait eu dans la donation des ftipulations
contraires.

Lorfqu'il y a des enfans, le père a l'ufufruit de
la fucceffion de fa femme, à la charge de leur
nourriture & entretien.

Suivant le chap. 31, les contrats & teftamens paffés
hors de l'ifle ont la même force que s'ils étoient
paffés dans l'ifle, pourvu qu'ils foient authentiques,
fignés d'un notaire, & revêtus de leur légalifation ordinaire.

Tout homme qui n'auroit point de paffage pour
aller à fa maifon ou à fon héritage, & pour y
conduire des eaux, eft autorifé par le chap. 41,
de forcer fon voifin à lui en livrer un, en le
payant à dire d'experts.

Celui qui n'eft pas de terre de commune, ne
peut y acquérir d'héritage, à moins d'aller y habiter.

Les ftatuts civils, relatifs à la procédure, &
confervés en exécution de l'édit de 1771, font
ceux qui forment les chap. 1, 5, 7, 9, 12, 14,
15, 16, 19 & 58 de ces mêmes ftatuts. Le chap. 4
contient une difpofition fingulière par rapport aux
procureurs *ad lites*, qui a été confirmée en partie
par l'art. 5 de l'édit de 1771.

Quoique l'édit de 1769 ait établi des procureurs, officiers publics dans les différentes jurifdictions de l'ifle, celui de 1771 permet à toutes
perfonnes, de quelque état, rang & condition
qu'elle foit, à l'exception des juges, greffiers,
notaires & autres perfonnes publiques, de comparoître, occuper, défendre, plaider & folliciter
pour les autres, dans les caufes civiles feulement,
en juftifiant d'un pouvoir fpécial, & fe conformant au furplus, aux ftatuts de *Corfe* & aux édits
& réglemens.

S E C T I O N I I.

De l'adminiftration & jurifdiction eccléfiaftique.

L'ifle de *Corfe*, quant au fpirituel, eft divifée
en cinq évêchés, ceux de Sagone & de Nebbio,
dépendans de la métropole de Gênes, & ceux
d'Ajaccio, Aleria, Mariana & Accia unis, dépendans de celle de Pife.

En vertu d'un indult du pape Clément XIV, du
14 mars 1770, revêtu de lettres-patentes enregiftrées au confeil fupérieur le 22 mai fuivant, le
roi nomme à ces évêchés, & à tous les bénéfices
confiftoriaux de l'ifle, conformément aux loix &
ufages du royaume, aux prérogatives & privilèges
de la couronne.

Un édit du mois de feptembre 1769 a étendu
fur l'ifle de *Corfe* le droit de régale qui appartient au roi dans toute l'étendue des terres &
pays de fon obéiffance, pour en être ufé de la
même manière que dans les autres provinces du
royaume.

Par un fecond édit du même mois, l'adminiftration du temporel de tous les bénéfices à la nomination du roi, pendant leur vacance, eft confiée aux prépofés & commis par l'économe-fe-
queftre général de France, qui doivent fe conformer aux réglemens établis fur cette matière,
que ce même édit rend propres à la *Corfe*.

Un troifième édit du même mois règle la jurifdiction ecclésiastique dans l'isle, conformément aux dispositions de l'édit d'avril 1695, dont la plupart font rapportées mot à mot, & font jouir le clergé corse des mêmes privilèges que le clergé de France, & l'assujettissent aux mêmes règles & aux mêmes loix.

Pour l'instruire des vrais principes sur l'indépendance de la couronne des rois, & particulièrement de celle de France, ce même édit ordonne l'enregistrement & la publication des quatre articles rédigés par l'assemblée du clergé de France, en 1682, & de l'édit de Louis XIV, du mois de mars de la même année, qui en prescrit l'enseignement dans les universités, collèges, maisons religieuses & séminaires.

Un cinquième édit du mois d'octobre de la même année 1769, a ordonné l'exécution en Corse, des canons, loix & ordonnances du royaume, concernant les mariages. Il y a introduit la publication des bans, les règles sur les oppositions qu'on peut y former, la nécessité de la célébration en présence du curé des parties, le consentement des pères, mères, tuteurs ou curateurs, les peines portées contre les mariages clandestins, &c.

L'édit du mois de décembre 1771 a rendu communes à la Corse les dispositions de l'édit du mois de mars 1768, sur l'âge d'entrée en profession dans les ordres monastiques & réguliers des deux sexes, sur l'exclusion à profession de tous étrangers non naturalisés, sur la défense d'admettre des sujets qui auroient fait profession dans des monastères situés hors de l'obéissance du roi, sur la visite & réformation des monastères, de leurs statuts, réglemens & constitutions, sur le nombre des religieux dont chaque maison doit être composée, sur celui des maisons que chaque ordre ou congrégation pourra conserver, enfin sur l'exécution de l'art. 27 de l'ordonnance de Blois, au sujet des monastères, qui, n'étant point sous chapitres généraux, se prétendent exempts de la visite des évêques diocésains.

En exécution de cette loi, le conseil supérieur, par arrêt du 9 décembre 1774, a écrit aux évêques de l'isle, pour savoir jusqu'à quel point ils se sont conformés à ce qui leur étoit prescrit par l'art. 4 & a ordonné à tous les supérieurs des maisons religieuses des deux sexes, d'envoyer au greffe de la cour un état certifié véritable des religieux qui composent leurs maisons, en distinguant chacun d'eux par le nom de baptême, de famille & de religion, la patrie, l'âge, la date du noviciat & de la prise d'habit.

L'édit de septembre 1769, tit. 17, art. 5 & suivans, avoit établi en Corse les règles suivies en France, pour la preuve des actes de baptême, mariage & sépultures. Ses dispositions ont été renouvellées par un second édit du mois de juillet 1770, afin de prévenir tout prétexte d'ignorance de la

part du clergé; en conséquence, il a été plus particulièrement enjoint aux piévans ou curés, aux vicaires & desservans, de tenir deux registres authentiques, pour y inscrire de suite les actes de baptême, sépulture & célébration de mariage, & aux supérieurs des maisons religieuses de l'un & l'autre sexe de tenir de pareils registres des actes de vêture, noviciat & profession.

Une déclaration du 10 décembre 1775, concernant le respect dû aux églises, ordonne l'exécution en Corse de toutes les ordonnances rendues sur cet objet, & fait défenses à toutes personnes, de quelque qualité, état, sexe & condition qu'elles soient, de se comporter avec irrévérence dans les églises, par paroles, menaces, gestes ou autres actions indécentes, ni d'y exciter aucun trouble ou scandale, comme aussi d'y occuper le sanctuaire des autels, & autres places qui puissent gêner le service, à peine d'être poursuivies extraordinairement.

Il paroît qu'en Corse les sépultures s'y faisoient avec beaucoup de précipitation, & qu'on laissoit à peine un intervalle de six heures entre le décès apparent d'une personne & son inhumation. Cet abus criant & barbare, qui exposoit la sûreté de la vie des citoyens, a excité l'attention du conseil supérieur de Bastia. Sur la réclamation d'un de ses membres, & sur les conclusions du ministère public, il a été rendu arrêt le 4 mars 1773, qui fait défenses à tous curés, vicaires & autres personnes préposées pour les enterremens, d'ensevelir & inhumer les morts avant les vingt-quatre heures d'après leur décès, à moins qu'il n'y ait putréfaction certifiée par les médecins ou chirurgiens du lieu, & à leur défaut, par les podestats, à peine pour la première fois de quarante livres d'amende, & de plus grande, en cas de récidive, payable moitié par les curés ou vicaires, & l'autre par les particuliers qui auront fait ensevelir & inhumer quelqu'un avant les vingt-quatre heures.

SECTION III.

De l'administration politique & économique.

La Corse est gouvernée par un commandant général ou gouverneur pour le roi, & par un intendant commissaire départi.

Le commandant général y jouit des mêmes droits, honneurs & prérogatives dont jouissent les commandans pour le roi, dans les autres provinces du royaume. La seule particularité qui le regarde, est la qualité de chef de la commission établie pour juger définitivement les oppositions ou les appels des quatre juntes nationales, créées par l'édit du mois d'août 1772.

L'intendant & commissaire départi jouit également des mêmes prérogatives dont jouissent les autres intendans de province. Au moment de l'érection du conseil supérieur à Bastia, il en avoit été nommé premier président ; mais par lettres-patentes du mois de juin 1771, le roi a désuni les fonctions de premier président & d'intendant, & a nommé un autre premier président.

L'intendant, ainsi que nous l'avons dit plus haut, exerce dans l'isle de *Corse* les fonctions attribuées en France aux grands-maîtres des eaux & forêts, en qualité d'ordonnateur & réformateur général pour l'administration des bois. Une déclaration du 22 janvier 1771, lui attribue la connoissance des contestations qui concernent la régie & perception des droits d'insinuation laïque, du contrôle des actes & du papier timbré. Celle du 28 juillet 1772 lui accorde la connoissance des délits & malversations dans la régie des domaines & droits du roi.

Etats de Corse. Avant la soumission des *Corses* à l'autorité du roi, ces peuples étoient dans l'usage de régler les affaires communes dans une assemblée générale de la nation, à laquelle on donnoit le nom de *consulte générale.* L'arrêt du conseil du 2 novembre 1772, a ordonné la continuation de ces assemblées, sous la dénomination d'*états de Corse.*

Ces états, ainsi que ceux qui s'assemblent dans plusieurs provinces de France, sont composés de trois ordres, du clergé, de la noblesse & du tiers-état.

Chacun de ces ordres fournit vingt-trois députés : ceux du clergé sont 1°. les cinq évêques de l'isle, qui, en cas d'empêchement légitime, peuvent se faire représenter par un grand-vicaire ; 2°. dix-huit piévans ou curés choisis, savoir trois par la province de Bastia, un par celle de Nebbio, deux par celle du Cap *Corse,* un par celle d'Aleria, trois par celle de Corté, un par celle de Calvi, un par celle de Balagne, trois par celle d'Ajaccio, un par celle de Vico, & deux par celle de Sartene, Bonifacio, &c.

Les vingt-trois députés de la noblesse & du tiers-état sont également nommés & choisis par leurs provinces respectives, dans la même proportion que les députés ecclésiastiques, excepté néanmoins que la province de Bastia en nomme six, & celle d'Ajaccio cinq, ce qui forme le nombre de vingt-trois, égal à celui des députés du clergé.

Les provinces prennent rang entre elles suivant la somme qu'elles paient à la subvention dans l'ordre suivant, Bastia, Ajaccio, Sartene, Balagne, Aleria, Corté, Nebbio, Cap *Corse,* Calvi, Vico. Les députés de chaque province siégent entre eux suivant leur âge, les évêques suivant le rang d'ancienneté dans l'épiscopat.

Les assemblées d'ouverture, clôture, & autres auxquelles les commissaires du roi ont à notifier ses ordres, se tiennent dans l'ordre suivant : le commandant en chef, ou en son absence, l'officier général qui commande à sa place, préside l'assemblée assis sous un dais ; hors du dais & à sa droite,

l'intendant commissaire du roi aux états, les évêques présens, les grands-vicaires des absens & les dix-huit piévans ; à sa gauche les vingt-trois députés de la noblesse ; après tous ceux-ci, sur les mêmes hauts sièges, à droite, les onze députés du tiers-état de Bastia & d'Ajaccio ; & à gauche, les douze députés des autres provinces.

Les assemblées ordinaires sont présidées par le plus ancien des évêques, & les députés des trois ordres y prennent les places qu'ils occupent dans les assemblées extraordinaires.

Les députés sont tenus de déposer au greffe des états le titre de leur députation, signé de tous les délibérans à leur élection ; leurs pouvoirs doivent être vérifiés avant de mettre les matières en délibération.

Chaque député a la liberté de proposer à l'assemblée ce qui est utile aux intérêts de la nation, en justifiant du pouvoir & de la mission expresse de ses commettans : mais les commissaires du roi peuvent s'opposer à ce que ces objets soient mis en délibération.

Les matières mises en délibération doivent être discutées & arrêtées à la pluralité des voix en pleine assemblée, sans former des comités particuliers, qui ne peuvent avoir lieu que pour y traiter des calculs & des opérations de détail, dont les principes & les règles ont été adoptés par l'assemblée générale, à qui dans la suite il en doit être référé.

Aucune résolution ne peut être exécutée avant d'avoir reçu l'approbation du roi, & pour l'obtenir un député de chaque ordre est chargé d'apporter le cahier des états, & de recevoir les ordres de sa majesté.

L'absence d'un ou de plusieurs députés ne peut suspendre l'activité de l'assemblée à laquelle ils manquent ; & si leur absence n'a aucune cause légitime, les défaillans sont condamnés à une amende de cent livres, prononcée par les commissaires du roi, & applicable aux dépenses communes des assemblées.

L'assemblée générale est autorisée à choisir douze de ses membres dans l'ordre de la noblesse, huit des provinces d'en deçà, & quatre des provinces d'au-delà des monts, pour, alternativement & à tour de rôle, résider deux, & pendant deux mois, auprès des commissaires du roi, y entretenir correspondance avec les dix autres, suivre l'exécution de ce qui a été délibéré dans la précédente assemblée, & préparer les matières à mettre en délibération dans la suivante. On appelle cet établissement *la commission des douze nobles.*

Les deux députés qui se trouvent en tour près les commissaires du roi, lors de la tenue de l'assemblée générale, y ont de droit entrée & séance, sans néanmoins y avoir voix délibérative.

Les députés à l'assemblée générale sont nommés dans une assemblée de chaque province, qui est elle-même compofée de trois députés de chaque piève, un pour chaque ordre, élus & choifis dans une affemblée particulière, compofée du piévan, des nobles reconnus comme tels, des podeftats & des pères du commun.

Les affemblées des pièves fe tiennent dans le lieu principal de la piève, d'après les ordres du commandant général dans l'ifle; elles ne doivent durer que trois jours. Celles des provinces, dont la durée eft fixée à quatre jours, fe tiennent dans l'endroit indiqué par le commandant général, fous la protection de l'officier des troupes qu'il a choifi pour y veiller au bon ordre & à la tranquillité, & fous la police du fubdélégué. Les affemblées des états durent le temps que les commiffaires du roi jugent à propos.

De la nobleffe. On ne peut douter que la Corfe, ainfi que les autres états de l'Europe, n'ait renfermé dans fon fein des nobles ou gentilshommes. Les guerres & les défaftres auxquels cette ifle a été expofée pendant une longue fuite d'années, avoient occafionné une grande confufion dans cet état comme dans tous les autres. Le roi, pour rétablir la nobleffe Corfe dans fes privilèges & prérogatives, & pour empêcher l'introduction, dans cet ordre, aux perfonnes qui n'ont aucun titre pour y être admifes, a cru devoir établir des règles fixes pour la reconnoiffance de la nobleffe, par un édit du mois d'avril 1770.

Suivant cette loi le confeil fupérieur de Baftia eft établi juge compétent pour connoître des titres & preuves de nobleffe. On y tient quatre regiftres différens pour les quatre diverfes claffes de nobles qui en compofent tout l'ordre.

La première eft compofée de ceux qui peuvent juftifier par titres & preuves fuffifantes, pendant une filiation fuivie & non interrompue au moins deux cens ans de nobleffe. Ils doivent dépofer leurs titres au greffe du confeil fupérieur; & fi, d'après le rapport de deux confeillers, l'un françois & l'autre corfe, communiqué au procureur-général, ils font trouvés valides & fuffifans, le confeil fupérieur rend arrêt qui contient par extrait les titres fournis, & qui eft enregiftré fur le *regiftre des familles nobles ayant fait preuves.*

Ceux que les malheurs des temps ont privé de la totalité ou d'une parrie de leurs titres, doivent fe pourvoir devant le roi, & en obtenir des lettres qui fuppléent au défaut des titres & preuves, qui font adreffées au confeil fupérieur, où elles font enregiftrées fur un fecond regiftre, appellé *regiftre des familles avouées nobles.* Ces nobles forment la feconde claffe de l'ordre.

L'article neuf de l'édit dont nous parlons, admet dans la même claffe les Corfes qui, fuivant les difpofitions de l'édit de novembre 1750, & de la déclaration du 22 janvier 1752, auront acquis la nobleffe militaire, & auront obtenu des lettres du grand fceau, fous le titre de *lettres d'approbation de fervice.*

La troifième claffe de la nobleffe eft compofée de tous les fujets corfes qu'il plaira au roi d'annoblir, foit pour fervices, foit pour toutes autres caufes, après que leurs lettres d'annobliffement auront été enregiftrées au confeil fupérieur fur un troifième regiftre, appellé le *regiftre des familles annoblies.*

Dans la quatrième claffe font comprifes les familles corfes qui, avant l'époque de la domination françoife, ont obtenu la nobleffe de la grace de fouverains & de puiffances étrangères, ont joui de cette prérogative, & ont été reconnues pour nobles. Le roi les conferve dans leurs honneurs & privilèges, en repréfentant leurs titres au confeil fupérieur, & s'ils font jugés fuffifans, ils font tranfcrits dans un quatrième regiftre, intitulé *regiftre des familles nobles d'annobliffement étranger.*

Ces quatre claffes ne forment qu'un feul & même ordre de nobleffe, leurs membres peuvent être choifis concurremment & indiftinctement pour députés de la nobleffe à l'affemblée des états, en tenant rang entre eux fuivant les diftinctions dont nous venons de parler.

Des impofitions. Nous avons vu fous le mot CADASTRE, que le roi, après la prife de poffeffion de l'ifle de Corfe, avoit ordonné de travailler à la confection d'un cadaftre, à l'effet de parvenir à l'établiffement d'un impôt réel & territorial, qui fit difparoître les inconvéniens attachés en France à la répartition de la taille & autres impofitions.

En attendant la confection du cadaftre, le roi a ordonné une fubvention annuelle, repréfentative de l'impôt cadaftré, qui, fuivant un règlement du mois de juin 1771, devoit être répartie fur toutes les productions animales & végétales, ou foumifes à l'infpection du magiftrat au moment de leur recolte, ou énoncées par les déclarations fpécifiques des habitans, de tout ce que leurs terres & leurs beftiaux avoient produit.

La peine des fauffes déclarations, & de ceux qui auroient refufé d'en faire, étoit le double de ce que le coupable auroit payé.

L'arrêt du confeil, du 24 octobre 1772, a réduit cette fubvention aux deux vingtièmes de toutes les productions animales & végétales, à l'exception des feules volailles; mais cette exception a été étendue par un fecond arrêt du 18 juillet 1773, aux mulets, ânons & poulains, ainfi qu'aux veaux & aux géniffes gardés par les propriétaires.

Ces productions devoient être mefurées & nombrées dans chaque communauté, par les officiers de la communauté & deux notables, & la fubvention payée fur l'eftimation de chaque production, faite dans les affemblées provinciales, fur le prix commun des marchés publics tenus pendant les fix femaines qui auront fuivi immédiatement la déclaration de chaque production.

La fubvention ne doit être perçue qu'après la défalcation des frais de femence & de culture. Le règlement

règlement de juin 1771, avoit établi pour règle générale qu'on diminueroit sur les bleds, orges, seigles & millets, les trois cinquièmes de la récolte; moitié sur les haricots, lentilles, fèves, pois, & autres légumes; deux tiers sur les lins & chanvres; le quart sur les noix & amandes; moitié sur le tabac, les figues, le vin & le foin; sur l'huile, un tiers pour les frais de cueillette des olives, & un dixième pour la fabrication; un tiers sur les châtaignes, & moitié sur les bestiaux & les profits qui en proviennent.

Au moyen de l'observation des formalités prescrites par l'arrêt du 24 octobre 1772, & des opérations faites en conséquence, le gouvernement a acquis une connoissance suffisante des facultés respectives des provinces, pièves & communautés. Ces raisons ont déterminé le roi à dispenser, à l'avenir, les contribuables & les officiers municipaux, des déclarations, mesurages & registres ordonnés par l'édit du mois de mai 1771, & par l'arrêt du conseil du 24 octobre 1772; & à abonner à la nation la subvention pour quatre années moyennant la somme de 120000 liv. à la charge que le bénéfice de l'abonnement seroit employé à acquitter les frais de collecte & de recette, attribués aux podestats & aux receveurs, les frais des assemblées de provinces, ceux de la députation à la cour, les rentes dues pour indemnité des terreins employés aux chemins, & enfin le *déficit* de la taxe générale sur les maisons, pour acquitter les loyers des logemens des gens de guerre, conformément à l'article 20 de l'arrêt du 24 octobre 1772. *Arrêt du conseil du 30 septembre 1774.*

Le défaut de commerce dans l'isle de *Corse*, le petit nombre des espèces numéraires qui y circulent, rendoient très-onéreux, à la plupart des cultivateurs, le paiement de la subvention qui se faisoit en argent à deux termes fixes. Ces motifs avoient engagé plusieurs pièves à demander d'être admises à payer cette imposition en nature de fruits. Le roi, par arrêt du conseil du 23 août 1778, a étendu cette facilité à tous les habitans de l'isle, & à compter des premières récoltes de l'année 1779, la subvention est levée en *Corse*, en nature de fruits, à raison de la vingtième partie de tout ce qui est recueilli sur toutes les terres, sans aucune distraction de dixme, champart, cens, & autres redevances quelconques.

Toutes les terres de l'isle sont assujetties au paiement de la subvention, sans aucune exception ni privilège, même celles du domaine du roi, du clergé & de la noblesse, à l'exception des bois de haute futaie, des arbres fruitiers & des jardins potagers, jusqu'à ce qu'il en ait été autrement ordonné.

La subvention des mûriers se paie en cocons à raison du vingtième; on paie également le vingtième de la cire & du miel.

Les propriétaires ou fermiers des terres labourables, vignes, plantations, bois taillis, & autres

héritages, sont obligés d'avertir les préposés à la levée de la subvention, vingt-quatre heures avant d'enlever leur récolte, à peine de payer le quadruple. A l'expiration de ce délai, si le préposé ni personne de sa part ne se présente, il est libre au propriétaire ou fermier d'enlever sa récolte en laissant le vingtième sur le champ.

Le vingtième des terres laissées à *erbatico*, se paie à raison du prix des baux; la subvention sur les bestiaux est fixée à raison de huit sous par vache, quatre sous par truie, & un sou par chaque chèvre, brebis ou mouton; elle est payable en deux termes égaux, le premier septembre, & le premier février de chaque année.

La pêche des lacs, étangs & rivières, les forges & autres usines, qui mettent en valeur les produits de la terre, sont taxées au vingtième du prix des baux, sinon elles doivent être imposées à dire d'experts, au vingtième de leur produit, déduction faite des frais d'exploitation & autres, dont les fermiers & locataires ont coutume d'être chargés.

Le roi a continué à la nation l'abonnement de la subvention à la somme de cent vingt mille livres par an, sous la même condition que le bénéfice en sera employé à l'acquittement des charges du pays, & des dépenses d'utilité publique. Cette espèce d'imposition produit aujourd'hui environ deux cens quarante mille livres, & formera un objet beaucoup plus considérable, en proportion de l'augmentation de la culture des terres.

Nous nous sommes un peu étendus sur la forme de cette subvention, parce qu'elle nous a paru conforme au projet de la dixme royale, proposée par le maréchal de Vauban; qu'elle établit entre les contribuables la proportion la plus juste & la plus exacte; qu'elle épargne aux habitans de la *Corse* les frais énormes des contraintes, auxquels, dans d'autres provinces, sont exposés les colons qu'on force d'acquitter les impôts en argent, quoique souvent ils en manquent, par l'impossibilité où ils sont de vendre les fruits de leurs récoltes. Enfin, la subvention en nature de fruits, tarit jusque dans sa source les procès & les contestations que l'imposition arbitraire de la taille fait naître entre les habitans des campagnes, & qui surchargent les communautés & les particuliers de frais considérables.

Peut-être que cet établissement en *Corse* est un essai que fait le gouvernement pour l'introduire avec plus de facilité & d'avantage dans les provinces du royaume. Puisse cette idée se réaliser! Les peuples se trouveroient à l'abri des vexations qu'ils éprouvent, & je ne doute pas qu'il ne soit facile de démontrer qu'une pareille subvention produiroit au trésor royal une somme plus considérable, que la taille & ses impositions accessoires.

Des autres droits qui se lèvent en Corse. Les habitans de cette isle paient, 1°. en vertu de différentes ordonnances des intendans, des droits d'entrée & de sortie sur les marchandises qui y entrent

X x

& qui en fortent : 2°. ils font affujettis aux droits de contrôle, d'infinuation laïque & de papier timbré. Mais ces droits y font réduits à leur véritable deftination, celui d'affurer la date des actes; & le roi, loin d'en retirer aucun produit, fupporte même quelque perte fur le papier timbré.

Les maifons qui ne font pas impofées à la fubvention, foit qu'elles appartiennent au roi, au clergé, aux communautés laïques, ou aux particuliers, paient une taxe des deux vingtièmes de leur produit, conformément au prix des baux, à la déduction de dix pour cent pour les réparations. Les maifons occupées par les propriétaires ont été déchargées de cette contribution par l'article 2 de l'arrêt du confeil du 30 feptembre 1774. Les maifons conftruites à neuf depuis les fondemens en font affranchies pendant l'efpace de dix ans. Le produit de cette taxe eft deftiné à fubvenir au paiement des loyers & réparations des bâtimens employés aux logemens des foldats, & aux magafins, écuries & hôpitaux des troupes.

Des chemins & corvées. Les réglemens fur ces objets font renfermés dans un arrêt du confeil du 24 octobre 1772. On y diftingue les chemins en trois claffes; la première compofée de ceux qui traverfent l'ifle, & font appellés *chemins royaux;* la feconde, de ceux qui ne traverfent qu'une province en tout ou en partie, appellés *chemins provinciaux;* la troifième, des chemins de communication d'une communauté à une autre, & font appellés *chemins communaux.*

La première conftruction des chemins royaux s'eft faite jufqu'à préfent, à prix d'argent & aux frais du roi. Les réparations, autres que celles de fimple entretien, ainfi que celles des ponts, qui peuvent s'exécuter par corvées, doivent être faites par les corvéables des piéves les plus voifines des lieux où les réparations doivent fe faire; mais les journées des corvéables doivent être payées par la nation entière, fur laquelle on en fait la répartition en fus, & au marc la livre, de la fubvention. Le fimple entretien de ces chemins fe fait gratuitement & par corvées, à la charge des communautés voifines, conformément à la délibération prife par les états dans leur affemblée du mois de mai 1772.

La première conftruction des chemins provinciaux fe fait à prix d'argent. Le roi s'étoit chargé d'en payer le quart jufqu'à la fin de l'année 1782; le fecond quart étoit à la charge de la nation entière, le furplus à la charge de la province. Leurs réparations & entretiens fe font comme pour les chemins royaux, aux frais néanmoins de la feule province qu'ils traverfent.

La première conftruction, les réparations & entretiens des chemins communaux, font entièrement à la charge des communautés.

On doit indemnifer à dire d'experts les propriétaires, foit à raifon des terreins qu'on eft obligé de prendre pour la confection des nouveaux chemins, foit par rapport à l'extraction des matériaux qu'on enlève fur leurs héritages. Pour ne pas furcharger la nation par le paiement des capitaux, elle eft autorifée à en conftituer la rente aux propriétaires, à raifon du denier vingt, feul intérêt légal que l'on puiffe ftipuler en *Corfe,* d'après l'édit du mois de juin 1770.

Le roi a déclaré exempts de la corvée les gens d'églife, les nobles, les officiers de juftice, les fubdélégués, les employés pour les revenus de fa majefté & pour le fervice de fes troupes, les pères & mères de huit enfans vivans, les nouveaux mariés pendant la première année de leur mariage, les nouveaux habitans françois & étrangers, pendant les trois premières années de leur habitation, les podeftats majors des piéves, ceux des communautés, & les pères du commun, pendant la durée de leurs fonctions.

Univerfité, Collège. Le gouvernement & les états fe font beaucoup occupés des moyens de pourvoir à l'inftruction publique. Les biens des jéfuites qui poffédoient en *Corfe* deux collèges, font affectés à cet objet, mais ils n'y fuffifent point, & le roi y fupplée; on a établi quatre collèges, à Baftia, Ajaccio, Calvi & Cervioni. On a formé de plus, aux frais du roi, dans l'univerfité d'Aix en Provence, un penfionnat de vingt étudians corfes, qui font choifis par fa majefté, fur la préfentation des évêques. Ces élèves y font entretenus jufqu'à ce qu'ils aient pris leurs grades, dont ils fupportent perfonnellement les frais. L'état de l'inftruction publique va changer inceffamment par l'érection d'une univerfité promife depuis plufieurs années, & à laquelle le roi a fait donation des biens confifqués fur ceux des corfes qui, lors de la foumiffion de l'ifle, ont refufé de vivre fous la domination françoife & fe font retirés en pays étranger.

CORVÉABLES, adj. pris fubft. (*Jurifpr.*) font les fujets d'un feigneur qui font tenus de faire pour lui certains ouvrages, comme de faucher ou faner fes foins, fcier fes bleds, faire les vendanges, curer les foffés du château, réparer les chemins, &c. Ils font appellés *angarii* ou *angararii* par Frédéric II, roi de Sicile, *lib.* 1, *conftitut. tit. xlvij; lib.* 2. *tit. xxxij,* & *lib. tit.* x & lx. *Voyez le Gloffaire* de M. de Laurière, au mot *Corvéables,* & ce qui eft dit ci-après au mot CORVÉE.

CORVÉABLES à *merci* ou à *volonté,* font ceux qui doivent des corvées indéfiniment, fans que le temps ni le nombre en foit limité. *Voyez ci-après* CORVÉES à *la fubdivifion,* CORVÉES à *merci,* & le *Gloffaire* de M. de Laurière, au mot *Corvéables.*

CORVÉE, f. f. (*Jurifpr.*) eft un fervice que le fujet doit à fon feigneur, tel que l'obligation de faucher ou faner fes foins, de labourer fes terres & fes vignes, de fcier fes bleds, faire fes vendanges, battre fes grains, faire des voitures & charrois pour lui-même, lui fournir à cet effet des bœufs, chevaux & autres bêtes de somme ; des charrettes & autres harnois ; curer les fossés du château, réparer les chemins & autres œuvres semblables.

Dans la basse latinité, la *corvée* étoit appellée *corvata* : quelques-uns prétendent que ce terme vient à *curvando*, parce que celui qui doit la *corvée* se courbe pour l'acquitter ; d'autres tiennent que ce terme est composé de deux mots, *cor* & *vée*, dont le dernier, en vieil langage lyonnois signifie, *peine* & *travail*. Cette étymologie paroît d'autant plus naturelle, que la *corvée* est en effet ordinairement un ouvrage de corps, & que l'origine de ces servitudes vient des pays de droit écrit & du droit romain.

Les *corvées*, chez les Romains, étoient de deux sortes ; savoir, celles qui étoient dues à des particuliers ; celles que l'on mettoit au nombre des charges publiques, & que tout le monde devoit.

La première sorte de *corvées*, c'est-à-dire celles dues à des particuliers, étoient principalement dues aux patrons par leurs affranchis, appellés *liberti*.

C'étoient des conditions & des devoirs imposés aux esclaves lors de leur affranchissement. Cette matière est traitée dans plusieurs titres du droit ; savoir, au digeste *de muneribus & honoribus patrim. de excusatione & vacatione munerum*, & au code *de muneribus patrim.* & autres titres.

Les *corvées* y sont appellées *operæ*, & les loix les regardent comme un travail d'un jour, & qui se fait de jour, *diurnum officium*. Il y avoit pourtant des *corvées* dues de jour & de nuit, comme le guet & garde, *vigiliæ, excubiæ*.

Les loix distinguent les *corvées* en *officiales* & en *fabriles, seu artificiales*. Les premières consistoient à rendre certains devoirs d'honneur au patron, comme de l'accompagner où il alloit. Les autres consistoient à faire quelque ouvrage ; & sous ce point de vue les loix comprenoient même ce qui dépendoit de certains talens particuliers, comme de peindre, d'exercer la médecine, même de jouer des pantomimes.

Les *corvées* appellées *officiales*, n'étoient point cessibles, & ne pouvoient être dues qu'au patron personnellement ; au lieu que les *corvées* fabriles ou artificielles pouvoient être dues à toutes sortes de personnes, & étoient cessibles ; le patron pouvoit en disposer, & les appliquer au profit d'une tierce personne.

Il n'étoit dû aucune *corvée*, qu'elle n'eût été réservée lors de l'affranchissement. Celles que l'affranchi faisoit volontairement, ne formoient pas un titre pour en exiger d'autres ; mais l'affranchi les ayant faites, ne pouvoit en répéter l'estimation, étant censé les avoir faites en reconnoissance de la liberté à lui accordée : ce qu'il faut sur-tout entendre des *corvées* obséquiales ou officiales qui ne gissent point en estimation ; car pour les œuvres serviles, si elles avoient été faites par erreur, & que le sujet en eût souffert une perte de temps con-

sidérable, eu égard à sa fortune, il pouvoit en répéter l'estimation dans l'année, *conditione indebiti*.

Les loix romaines nous enseignent encore qu'on ne peut stipuler de *corvées* où il y ait péril de la vie, ni *corvées* deshonnêtes & contraires à la pudeur.

Que l'âge ou l'infirmité du corvéable est une excuse légitime pour les travaux du corps, & que dans ce cas les *corvées* n'arréragent point, quoiqu'elles aient été demandées, parce que le corvéable n'est pas en demeure, *per eum non stetit*.

Que la dignité à laquelle est parvenu le corvéable, l'exempte des *corvées* personnelles, comme s'il a embrassé l'état ecclésiastique.

Que l'affranchi doit se nourrir & se vêtir à ses dépens pendant la *corvée* ; mais que s'il n'a pas de quoi se nourrir, le patron est obligé de le lui fournir, ou du moins de lui donner le temps de gagner sa nourriture.

Que les *corvées* n'étoient point dues sans demande, & qu'elles devoient être acquittées dans le lieu où demeuroit le patron ; que si l'affranchi demeuroit loin du patron, & qu'il lui fallût un jour pour venir & autant pour s'en retourner, ces deux jours étoient comptés comme s'ils eussent été employés à faire des *corvées* : de sorte que si l'affranchi devoit quatre jours de *corvées*, il n'en restoit plus que deux à acquitter ; & le patron ne pouvoit les exiger que dans un lieu fixe, & non pas se faire suivre par-tout par son affranchi.

Quand l'affranchi s'étoit obligé par serment de faire autant de *corvées* que le patron voudroit, cela devoit s'exécuter modérément, sinon on les régloit *arbitrio boni viri*.

Les *corvées* officieuses ne passoient point aux héritiers du patron ; mais seulement celles qu'on appelloit *fabriles* ; & à l'égard de celles-ci, lorsqu'il en étoit dû plusieurs, & que l'affranchi laissoit plusieurs héritiers, l'obligation se divisoit entre eux.

Telles sont les principales règles que l'on observoit chez les Romains pour les *corvées* dues par les affranchis à leurs patrons, ou entre d'autres particuliers.

À l'égard des charges publiques, appellées tantôt *munus publicum*, tantôt *onus*, & aussi *obsequia*, c'est-à-dire, *devoirs*, par où l'on désignoit tous les travaux publics, c'étoit aussi des espèces de *corvées*, & qui étoient dues par tous les sujets. On les distinguoit en charges personnelles, patrimoniales & mixtes. On appelloit *corvées* ou *charges personnelles*, celles qui ne consistoient qu'en travail de corps ; *patrimoniales* ou *réelles*, celles où le possesseur d'un fonds étoit taxé à fournir tant de chariots, ou autres choses suivant la valeur de son héritage. Le droit de gîte, par exemple, étoit une *corvée réelle* ; les pauvres qui ne possédoient point de fonds n'étoient pas sujets à ces *corvées réelles*. On ne connoissoit alors d'autres *corvées réelles*, que

Xx 2

celles qui étoient établies par une taxe publique ; il n'y en avoit point encore d'établies par le titre de concession de l'héritage : enfin, les *mixtes* étoient des travaux de corps, auxquels chacun étoit taxé à proportion de ses fonds.

Personne n'étoit exempt des *corvées* ou *charges publiques patrimoniales*, c'est-à-dire réelles, ni les forains, ni les vétérans, ni les ecclésiastiques, même les évêques, aucune dignité ou qualité n'en exemptoit ; les philosophes, les femmes, les mineurs, tous étoient sujets aux *corvées réelles*, c'est-à-dire, dues à cause des fonds. On ne pouvoit s'en exempter que quand c'étoient des ouvrages du corps, que l'âge ou l'infirmité ne permettoit pas de faire.

L'origine des *corvées*, en France, vient des loix romaines que les Francs trouvèrent établies dans les Gaules lorsqu'ils en firent la conquête. Les rois de la première & de la seconde race, puisèrent la plupart de leurs ordonnances dans ces loix ; & elles continuèrent d'être le droit principal de plusieurs provinces, qu'on appella de là *pays de droit écrit*. Il y eut même plusieurs dispositions adoptées dans nos coutumes, qui avoient aussi été empruntées du droit romain.

Il ne faut donc pas s'étonner si les *corvées* usitées en France, même dans les pays coutumiers, sont une imitation du droit romain. Les seigneurs qui, dans les commencemens de la monarchie, ne tenoient leurs seigneuries qu'à titre d'offices & de bénéfices à vie ou à temps, vers la fin de la seconde race & au commencement de la troisième, se rendirent propriétaires de leurs seigneuries ; ils usurpèrent la puissance publique & tous les droits qui en dépendoient. Ils traitèrent leurs sujets comme des esclaves ; ou s'ils les affranchirent, ce ne fut qu'à des conditions onéreuses, & sous la réserve de certaines *corvées*. Ils s'attribuèrent ainsi les devoirs dont les affranchis étoient tenus envers leurs patrons ; ils appliquèrent de même à leur profit particulier, les charges dont leurs sujets étoient tenus envers l'état, & par ce moyen s'attribuèrent toutes les *corvées* publiques & particulières : aussi trouve-t-on, dans le droit romain, toutes les mêmes *corvées* qui sont présentement en usage parmi nous, soit en pays de droit écrit, soit en pays coutumier.

On distingue parmi nous, comme chez les Romains, deux sortes de *corvées* ; savoir, publiques & particulières.

Les *corvées* publiques sont celles qui sont dues pour le service de l'état, ou pour l'intérêt commun d'une province, d'une ville ou d'une communauté d'habitans ; le prince est le seul qui puisse les ordonner quand il le juge à propos.

Les *corvées* particulières sont celles qui sont dues à quelques seigneurs, en vertu de la loi du pays ou de quelque titre particulier, ou d'une possession qui tient lieu de titre.

La plupart des *corvées* particulières ont été acquises, comme on l'a dit, par usurpation ; mais depuis que les coutumes ont été rédigées par écrit, on a eu l'attention de n'admettre aucunes de ces servitudes, si elles ne paroissent fondées sur une cause & un titre légitime.

Les capitulaires de nos rois, & les ordonnances d'Orléans & de Blois, défendent de les exiger, si elles ne sont fondées en titre.

Tous les auteurs, tant des pays de droit écrit que des pays coutumiers, conviennent unanimement que la possession sans titre ne suffit pas pour les établir.

En pays de droit écrit, les *corvées* peuvent être stipulées par le bail à fief, & sont réputées un droit seigneurial ; elles sont reportées dans les terriers, comme étant des droits de la seigneurie, & néanmoins elles n'y entrent pas dans l'estimation des rentes seigneuriales. On peut les acquérir du jour de la contradiction, lorsque les sujets les ont servis depuis pendant trente ou quarante ans sans réclamer.

En Auvergne, les *corvées* de justice qui sont à merci & à volonté, sont seigneuriales ; mais non celles qui sont de convention.

En pays coutumier, on ne les considère point comme un droit ordinaire des seigneuries & justices ; mais comme un droit exorbitant & peu favorable, qui ne reçoit point d'extension, & doit être renfermé dans ses justes bornes.

Le droit commun veut qu'on ne puisse les exiger sans titre : il y a néanmoins quelques coutumes qui semblent se contenter de la possession, telle que Bassigny, *art. 40*, qui admet titre ou haute possession ; de même Nivernois, *ch. 8, art. 4 & 5*. On tient aussi en Artois, que vingt ans de possession suffisent.

La coutume de Paris, *art. 71*, requiert titre valable, aveu & dénombrement ancien.

Le titre, pour être valable, doit être consenti par tous ceux contre lesquels on prétend s'en servir.

Il faut aussi que cet acte ait une cause légitime, & qui ait tourné au profit des corvéables, tel qu'un affranchissement ou une concession de communes, bois, pâtures.

Un aveu seul, quelque ancien qu'il fût, ne formeroit pas seul un titre, étant, à l'égard des corvéables, *res inter alios acta* ; il faut qu'il y en ait au moins deux conformes, passés en différens temps, & qu'ils aient été suivis d'une possession publique & non interrompue, & qu'il y ait preuve par écrit que les *corvées* ont été servies à titre de *corvées*, & non autrement.

Toutes ces preuves ne seroient même admissibles que pour des *corvées* établies avant la réformation de la coutume ; car, l'art. 186 portant, *que nulle servitude sans titre*, cela doit présentement s'appliquer aux *corvées*, qui sont de véritables servitudes.

On ne connoît plus parmi nous ces *corvées* appellées *fabriles* chez les Romains. On pouvoit stipuler que l'affranchi qui avoit quelque talent particulier, comme de peindre, ou d'exercer la médecine ou autre art libéral, seroit tenu d'en travailler pour son patron ; mais en France, où les *corvées* sont odieuses, on les restreint aux travaux serviles de la campagne : c'est pourquoi, par arrêt rendu en la tournelle civile le 15 août 1735, on jugea qu'un notaire n'étoit point tenu, pendant les jours de *corvées*, de recevoir à ce titre tous les actes du seigneur, quoique l'aveu portât que chaque habitant devoit trois jours de *corvée* de son métier, comme le laboureur de sa charrue, &c.

On tient communément, en pays de droit écrit, que toutes *corvées* y sont imprescriptibles, si ce n'est du jour de la contradiction. La raison est que dans ces pays elles sont seigneuriales ; mais pour leur donner ce privilège d'être imprescriptibles, il faut qu'elles tiennent lieu de cens, autrement la prescription est toujours favorable de la part des corvéables.

En pays coutumier, les *corvées* à volonté ne se prescrivent que du jour de la contradiction, parce que ce sont des droits de pure faculté, qui ne se perdent point par le non-usage, à moins que le seigneur n'eût été cent ans sans s'en être servi.

Pour ce qui est des autres *corvées*, soit réelles ou personnelles, elles se prescrivent par trente ou quarante ans, de même que toutes actions & droits personnels ou réels. Les servitudes sont odieuses, la liberté au contraire est toujours favorable.

Les corvéables sont obligés de se fournir des outils & instrumens nécessaires à la *corvée* qu'ils doivent ; ils sont aussi obligés de se nourrir à leurs dépens pendant le temps même de la *corvée* ; tel est l'usage le plus général du pays coutumier, à moins que le titre ou la coutume du lieu ne soit contraire, telles que les coutumes d'Auvergne & la Marche, & quelques autres voisines des pays de droit écrit. Si le titre paroît charger le seigneur, il doit être interprété favorablement pour les habitans, qui sont déjà assez grevés de travailler gratuitement, pour qu'il soit juste, de la part du seigneur, de les nourrir, pour peu que la coutume ou le titre y incline.

A l'égard des chevaux, bœufs & autres bêtes de labour ou de somme que le corvéable fournit, c'est au seigneur à les nourrir pendant la *corvée*.

Les *corvées* ne doivent être acquittées en général que dans les limites de la seigneurie ou justice à laquelle elles sont dues ; il y en a cependant quelques-unes, telles que la bohade ou vinade, que le corvéable doit faire même hors des limites, mais toujours de manière qu'elle se puisse faire sans découcher. Cela dépend au surplus des termes de la coutume, des titres & de la possession.

Quand les *corvées* sont dues avec charroi & bestiaux, si les corvéables n'en ont pas, ils sont obligés de les faire avec une bête de somme,

s'ils en ont une ; ou s'ils n'en ont pas non plus, de faire ce qu'ils peuvent avec leurs bras.

Toutes les *corvées*, soit de fief ou de justice, réelles ou personnelles, ne sont point dues qu'elles ne soient demandées ; elles ne tombent en arrérages que du jour de la demande, depuis lequel temps on les évalue en argent : hors ce cas, il n'est pas permis au seigneur de les exiger en argent.

Il y a seulement une exception pour le fermier du domaine, à l'égard duquel on a évalué les charrois à vingt sous, & chaque manœuvre ou *corvée* de bras, à cinq sous.

Quoique les *corvées* à merci ou à volonté annoncent un droit indéfini de la part du seigneur, il ne lui est pas permis cependant d'en abuser pour vexer ses sujets ; non-seulement il ne peut en demander que pour son usage, mais elles doivent être réglées modérément, *arbitrio boni viri*. Si la coutume n'en détermine pas le nombre, on les fixe ordinairement à douze par an. En Pologne, les paysans travaillent cinq jours de la semaine pour leur seigneur, & le dimanche & le lundi pour eux.

Le droit du seigneur, par rapport aux *corvées*, est un usage personnel, de sorte qu'il ne peut le céder à un autre.

Pour ce qui est des exemptions qui peuvent avoir lieu en faveur de certaines personnes, les ecclésiastiques & les nobles sont exempts des *corvées* personnelles, dont le ministère est vil & abject ; mais quant aux *corvées* réelles, personne n'en est exempt, parce que c'est le fonds qui doit : ainsi les ecclésiastiques & les nobles y sont sujets comme les autres ; ils doivent fournir un homme à leur place, ou payer l'estimation de la *corvée* en argent.

Il ne nous reste plus qu'à donner dans les subdivisions suivantes, une notion sommaire des différentes sortes de *corvées*.

Corvée d'animaux, est celle où le sujet est tenu de fournir son bœuf, cheval ou âne, soit pour labourer les terres du seigneur, ou pour voiturer quelque chose pour lui. Le corvéable est quelquefois tenu de mener lui-même ses bêtes, & de les faire travailler : cela dépend du titre.

Corvées artificielles, en latin *artificiales seu fabriles*, sont celles qui consistent à faire quelque œuvre servile pour le seigneur, comme de faucher ou faner ses foins, labourer ses terres ou ses vignes, scier ses bleds, & autres ouvrages semblables.

Corvées à bras, sont celles où le corvéable n'est tenu de fournir que ses bras, c'est-à-dire le travail de ses mains, à la différence de celles où le corvéable doit fournir quelque bête de somme, ou une charrette ou autre ustensile.

Corvée de charroi, est celle qui consiste à fournir quelques voitures, & à charroyer quelque chose pour le seigneur. *Voyez* CHARROI.

Corvées de convention, sont celles qui sont fondées fur une convention expreffe ou tacite, faite entre le feigneur & les corvéables; elle eft expreffe, quand on rapporte le titre originaire; tacite, lorfqu'il y a un grand nombre de reconnoiffances conformes les unes aux autres, antérieures à la réformation des coutumes, & foutenues d'une poffeffion conftante & non interrompue, qui font préfumer un titre conftitutif confenti par les habitans, foit en acceptant les claufes d'un affranchiffement, foit en acceptant des communes, ou pour quelque autre caufe légitime.

Corvées de corps, font celles où le corvéable eft obligé de travailler de fon corps & de fes bras à quelque œuvre fervile, comme de faner, labourer, fcier, vendanger, &c. Toutes corvées en général font de leur nature des *corvées de corps*; il y en a néanmoins où le corvéable n'eft pas cenfé travailler de corps, telles que les *corvées obféquiales*, où il eft feulement obligé d'accompagner fon feigneur, ou lorfqu'il eft feulement tenu de lui fournir quelques bêtes de fomme ou voitures pour faire des charrois.

Corvées fabriles, du latin *fabriles*, font les mêmes que les *corvées* artificielles ou d'œuvre fervile.

Corvées de fief, font celles qui ont été réfervées pour le feigneur par le bail à cens ou autre conceffion par lui faite aux habitans, à la différence des *corvées* de juftice, qui font impofées en conféquence de la puiffance publique que le feigneur a comme haut-jufticier.

Corvées d'hommes & de femmes, font celles qui font dues par tête de chaque habitant, & non par feu & par ménage, ni à proportion des fonds.

Corvées de juftice, ou dues au feigneur à caufe de la juftice; il y en a en Auvergne, en Languedoc, en Bourbonnois. *Voyez ci-devant Corvées de fief*.

Corvées à merci ou à volonté, font celles que le feigneur peut exiger quand bon lui femble, & pendant tout le temps qu'il en a befoin, fans que le temps ni le nombre en foit limité. La jurifprudence des arrêts les réduit néanmoins à douze par an.

Corvées mixtes, font celles qui font en partie réelles & en partie perfonnelles; il y en a peu qui foient véritablement mixtes; car elles font naturellement ou réelles, c'eft-à-dire dues à caufe des fonds; ou perfonnelles, c'eft-à-dire dues par les habitans, comme habitans: cependant on en diftingue deux fortes de mixtes; favoir, les réelles mixtes, telles que les *corvées à bras*, dues par les détenteurs des fonds qui en peuvent être chargés; & les mixtes perfonnelles, qui font dues par chaque habitant, comme habitant, mais par charrois & par chevaux; ce qui a toujours rapport au plus ou moins de fonds qu'il fait valoir.

Corvées obféquiales, font celles qui confiftent en certains devoirs de déférence envers le feigneur, telles que celles qui étoient dues aux patrons chez les Romains, & qui confiftoient à *adeffe patrono, cómitari patronum*.

Corvées officieufes ou *officiales*, en latin *officiales*, font la même chofe que les *corvées obféquiales*; elles font oppofées à celles qu'on appelle *fabriles*.

Corvées particulières. *Voyez Corvées publiques*.

Corvées perfonnelles. Toutes *corvées* font dues par des perfonnes; mais on entend fous ce nom celles qui font dues principalement par la perfonne, c'eft-à-dire par l'habitant, comme habitant, & indépendamment des fonds, foit qu'il en poffède ou qu'il n'en poffède pas. *Voyez ci-devant Corvées mixtes, & ci-après Corvées réelles*.

Corvées publiques, font celles qui font dues pour quelques travaux publics, comme pour conftruire ou réparer des ponts, chauffées, chemins, &c. à la différence des *corvées* qui font dues au feigneur pour fon utilité particulière. *Voyez plus bas CORVÉES, Ponts & Chauffées. (A)*

Corvées réelles, font celles que le fujet doit à caufe de quelque fonds qu'il poffède en la feigneurie. *Voyez ci-devant Corvées mixtes & perfonnelles*.

Corvées feigneuriales, font celles qui font ftipulées dans les terriers ou reconnoiffances, comme un droit du fief, ou comme un droit de juftice, à la différence de celles qui peuvent être impofées par convention fur des fonds.

Corvées taillablières, font celles qui procèdent de la taille réelle, & que l'on regarde elles-mêmes comme une taille. Ces fortes de *corvées* ont lieu dans les coutumes de Bourbonnois & de la Marche. En Bourbonnois, celles qui procèdent de la taille perfonnelle, & fur le chef-franc ou ferf, le corvéable doit quatre charrois par an; ou s'il n'a point de charrette & de bœufs, il doit quatre *corvées* à bras; au lieu que les *corvées* qui procèdent de la taille réelle & à caufe des hérirages, & que l'on appelle *taillablières*, font réglées à trois charrois par an; ou, à défaut de charrois, à trois *corvées* à bras.

Corvées à terrier, font les *corvées* feigneuriales qui font établies par le bail à fief, & relatives dans le terrier.

Corvées à volonté. *Voyez ci-devant Corvées à merci*.

ADDITION au mot CORVÉE feigneuriale. Coquille définit cette *corvée*: « l'œuvre d'un homme, un » jour durant, pour l'aménagement du feigneur aux » champs, foit de la perfonne feule, foit avec » bœufs & charrettes, comme à faucher, moiffon- » ner, charroyer ». *Sur l'article 5 du ch. 8 de la coutume de Nivernois*.

Cette définition eft très-jufte. Ces mots, *pour le fervice du feigneur aux champs*, font remarquables. Nous ne connoiffons pas cette efpèce de *corvée*, fi commune chez les Romains, qui avoit pour objet le fervice auprès de la perfonne même du feigneur.

Commençons par examiner l'origine du droit de *corvées*; on verra s'il eft auffi odieux qu'on le répète tous les jours.

La plupart des auteurs du seizième & même du dix-septième siècle, ne voient, dans les *corvées seigneuriales*, que l'effet de la force & de la tyrannie ; mais alors nous avions des jurisconsultes & très-peu de publicistes. On connoissoit les loix, & l'on ignoroit absolument l'histoire. Les savans n'avoient pas encore tiré du cahos ces monumens des deux premières races, qui seuls pouvoient porter la lumière sur l'ancien état des personnes & des choses. Cet état est aujourd'hui connu, & cette connoissance a fixé les idées sur les *corvées* comme sur quantité d'autres points.

Les Romains nous ont fourni le modèle des *corvées*. Lorsque le maître affranchissoit un esclave, il avoit coutume de le grever de différentes prestations envers lui, notamment de l'obligation de faire tels ou tels travaux. C'est ce que l'on voit en différens endroits des loix romaines, notamment au titre *de operis libertorum*. Ainsi l'affranchissement n'emportoit pas une liberté absolue ; mais constituoit un état mitoyen entre la servitude & la liberté. Cet usage étoit général dans tout l'empire. Il existoit conséquemment dans les Gaules à l'époque de la conquête, & les Francs l'y trouvèrent établi. Ils avoient amené des serfs avec eux, & le droit de la guerre les multiplia prodigieusement. Ils ne tardèrent pas à les affranchir. Mais cet affranchissement fut à-peu-près semblable à celui dont ils avoient le modèle sous les yeux. Le serf ne fut pas rendu à une liberté absolue. Il passa de la servitude de la glèbe, dont parle Tacite, à ce que depuis on a nommé *main-morte* ; espèce de demi-affranchissement qui porte encore l'empreinte de la servitude primitive, mais qui tient cependant beaucoup de la liberté.

Ces main-mortables, comme les affranchis des Romains, étoient par-tout soumis à des prestations, à des devoirs manuels ; en un mot, à ce que nous nommons *corvées*. C'étoit une des conditions de ces conversions de la servitude en main-morte, & cette condition étoit générale. C'est aujourd'hui encore une maxime de notre droit françois : *tout main-mortable est corvéable.*

Depuis, la plupart des seigneurs ont eu la bienfaisance d'abolir la main-morte dans leurs terres. Quelques-uns ont porté la générosité jusqu'à remettre aux habitans tous les droits résultant de cette main-morte, & notamment les *corvées*. D'autres ont jugé à propos de les conserver, & en jouissent encore aujourd'hui.

Dans quelques seigneuries, le droit de *corvée* a une autre origine. Le seigneur avoit des terres vacantes ; les habitans l'ont engagé à les leur céder pour servir de pâturages à leurs bestiaux ou pour d'autres usages ; & de leur côté, ils se sont soumis à faucher ses foins, & à transporter ses bois, &c.

Il est cependant très-vraisemblable que dans quelques endroits les *corvées* sont l'effet de la force & de la tyrannie du seigneur ; mais il est encore plus vrai de dire que presque par-tout elles doivent leur origine aux deux premières causes ; c'est-à-dire à la convention & à la conversion de la servitude en main-morte, sur-tout à cette dernière circonstance. On n'en sauroit douter, pour peu qu'on connoisse les usages du royaume sous la première & sous la deuxième race.

Ainsi, l'on peut dire qu'en général les *corvées* ne sont rien moins qu'odieuses, & même l'on doit ajouter, à l'égard des seigneuries autrefois main-mortables, qu'elles sont un bienfait des anciens seigneurs ; puisqu'un droit de *corvée*, quel qu'il soit, est bien moins onéreux que les charges & les entraves de la servitude, à laquelle ce droit a été subrogé.

Nous avons M. le président Bouhier pour garant de cette opinion. « Il étoit tout naturel, dit ce » savant magistrat, que les seigneurs, en accordant » la franchise à leurs main-mortables, ils se retins- » sent le droit de *corvées*. Voilà au vrai l'origine » de ce droit, auquel on ne sauroit, sans injustice, » donner les noms odieux d'*usurpation* & d'*extor-* » *sion* ». *Comment. sur la cout. de Bourgogne*, ch. 60.

Ce judicieux écrivain fait ensuite une observation qui explique très-bien le silence des anciennes coutumes sur le droit de *corvée*. « De là vient » encore, ajoute-t-il, qu'il n'est point parlé de » *corvées* dans nos anciennes coutumes. La raison » en est que quand elles ont été écrites, presque » toutes les seigneuries de la province étoient en- » core en main-morte, ensorte que tous les sujets » en étoient corvéables. Cela étoit de droit, de » même que les tailles ».

On se rappelle cet ancien axiome : *tout main-mortable est taillable & corvéable.*

Telle paroît être l'origine des *corvées*. Voyons maintenant quelles en sont les différentes espèces.

Les *corvées* sont de trois sortes ; personnelles, réelles ou mixtes. On lit, dans les anciens auteurs, que les personnelles, sont celles qui sont dues par les personnes ; les réelles, celles qui sont servies par des chevaux ou des bœufs ; les mixtes, celles où les charrois & les bestiaux sont conduits par les corvéables. Cette définition n'est rien moins que exacte.

Les *corvées* établies sur les personnes, sur les habitans d'une seigneurie, sans considérer s'ils sont détenteurs d'héritages, ou s'ils n'en possèdent pas, sont personnelles. Les *corvées* sont réelles toutes les fois qu'elles sont imposées sur les fonds. Enfin, elles sont mixtes, lorsqu'elles sont établies à raison des fonds, mais avec quelques circonstances personnelles, si les titres portent, par exemple, que les tenanciers, exploitans avec chevaux ou bœufs, seront assujettis à la *corvée*, mais que ceux qui cultiveront avec leurs bras en seront affranchis.

Les *corvées* personnelles & les réelles diffèrent en deux points très-notables.

Première différence. Les *corvées* personnelles augmentent ou diminuent comme le nombre des habitans chefs de familles ; enforte que les enfans du corvéable, établis dans la seigneurie, deviennent individuellement débireurs d'autant de *corvées* qu'en doit leur père.

Nous difons les habitans *chefs de familles*, parce que l'on ne doit compter ni les femmes mariées, ni les enfans demeurant avec leur père. Ces enfans ne doivent faire nombre que lorfqu'ils vivent féparément de leur père.

Il y a cependant un cas où les *corvées* personnelles ne peuvent ni augmenter ni diminuer. C'est lorfqu'elles font dues par le corps des habitans, & que le nombre en est déterminé par les titres ; fi les titres portent, par exemple, que le corps de la communauté doit au feigneur cent journées de travail par chaque année.

A l'égard des *corvées* réelles, impofées fur les fonds ; invariables comme eux, il est vrai de dire en général qu'elles ne font fufceptibles ni d'augmenter ni de diminuer. Il y a cependant une diftinction à faire.

La *corvée* peut avoir été impofée de deux manières : fur un fonds circonfcrit & limité, ou en général fur quiconque feroit détenteur d'héritage dans l'enclave de la feigneurie.

Dans le premier cas, le droit est invariable ; dans le fecond, il fe multiplie autant de fois que les héritages fe divifent.

Lorfque des héritiers ont partagé un fonds chargé de *corvées* réelles de la première efpèce, ils ne font pas admis à les fervir par parties, & proportionnellement à ce que chacun poffède dans l'héritage. Par exemple, celui qui en a le tiers, n'est pas reçu à travailler le tiers d'un jour. Il faut que les différens propriétaires fe concilient entre eux pour fervir chacun à leur tour, ou qu'ils donnent au feigneur un homme qui les remplace. S'ils n'ont pris aucun de ces tempéramens, le feigneur peut fommer celui d'entre eux qu'il juge à propos, en obfervant néanmoins de les faire marcher fucceffivement.

Deuxième différence. Les nobles & les forains font affranchis des *corvées* personnelles. La franchife qui conftitue effentiellement l'état des premiers, s'oppofe à cette efpèce de fujétion. A l'égard des feconds, il n'y a aucun motif pour les y afferir, n'étant pas domiciliés dans la feigneurie.

L'annotateur de Boutaric prétend que les infirmes & les vieillards font pareillement difpenfés de ces *corvées* personnelles, & la raifon qu'il en donne paroît très-fatisfaifante. « On ne peut pas, dit cet » auteur, leur dire qu'ils n'ont qu'à les faire fervir » par leurs métayers, leurs domeftiques ou autres ; » parce que comme c'est en eux que fe forme » l'obligation, il s'enfuit que les raifons particu-» lières qui donnent lieu de les difpenfer, éteignent cette obligation en entier ». *Note fur le* n°. 9 du ch. 12 du *Traité des droits feigneuriaux de Boutaric*.

Les prêtres partagent-ils cette exemption avec les nobles ? Le chapitre 17, de la novelle 123 de Juftinien, décide cette queftion. Cette loi porte que celui qui étoit grevé d'une fervitude, par exemple, de l'obligation de cultiver la terre, n'en étoit pas affranchi par fa promotion aux ordres.

En France, où les rois, les réformateurs des coutumes, & les jurifconfultes fe font fait une efpèce de devoir de favorifer l'églife, le prêtre est *affranchi des corvées de fon corps*, comme dit Loifel. Cependant on a cru devoir apporter une modification à ce privilège. L'eccléfiaftique est exempt du fervice perfonnel ; il n'est pas tenu, comme chez les Romains, de travailler en perfonne ; mais il est tenu de fubroger une perfonne à fa place, ou de payer en argent la valeur de fon travail ; de fervir le feigneur par fes deniers, puifqu'il ne le fert pas de fon corps.

« Il est exempt des *corvées* de fon corps, contre » la difpofition du droit romain, dit le favant » de Laurière ; mais il faut qu'il dédommage le fei-» gneur, & qu'il fubroge à fa place une perfonne » pour faire fes *corvées* : ce qui est bien expliqué » par l'article 7 de la coutume du châtelet » *Sur la maxime 81, tit. 1, liv. I, des inftitutes de Loifel*.

Cet article 7 de la coutume du châtelet, dont parle M. de Laurière, porte, en parlant des clercs : *font tenus de l'intérêt du feigneur & de donner un fubrogé pour fervir ledit feigneur des droits qui font & étoient dus envers ledit feigneur*.

La coutume de Nivernois a une difpofition expreffe fur ce point. On y lit : *quant aux corvées, a le feigneur fon recours, pour fes intérêts, à l'encontre defdits gens de condition, clercs ou prêtres. Art. 17 du chap. 8.*

Coquille rend ainfi l'efprit de cet article : « que » la coutume dit des *corvées*, s'entend que le » clerc n'est tenu de les faire en perfonne ; mais il » les peut faire par fubftitut ».

A l'égard des *corvées* réelles, attachées à la glèbe, elles la fuivent, comme toutes les charges réelles, en quelque main qu'elle paffe. Tous les propriétaires y font affujettis ; nul n'en est exempt, ni les clercs, ni les forains, pas même les nobles. Tous font obligés de les fervir ou de les faire fervir à leurs dépens.

L'annotateur de Boutaric ajoute que les nobles ont le droit de faire eftimer les *corvées* dont leurs fonds font chargés, s'ils aiment mieux en payer la valeur en argent que de les faire fervir en nature. Cet auteur doute que les eccléfiaftiques aient le même avantage.

Le favant annotateur du *Traité du domaine* de M. de la Planche, établit, à l'égard des eccléfiaftiques, une maxime générale, fondée fur les raifons les plus folides. « On peut, dit-il, donner pour » maxime générale que les eccléfiaftiques font fujets » à tous les droits de fiefs, excepté les *corvées* » perfonnelles, dont leur état, qui les appelle à » d'autres fonctions, les affranchit. Depuis que le » droit commun a diftingué le droit de feigneurie » du droit de propriété fur les hommes, qui les » rendoit

» rendoit ferfs & main-mortables de leur feigneur,
» le terme de *fujet*, n'emportant point idée de fer-
» vitude, s'applique au droit de juftice, & à ce
» titre les eccléfiaftiques, reconnoiffant la juftice
» des feigneurs, ne peuvent fe défendre de ce
» nom. D'ailleurs, pour répondre à ce qui eft dit
» ci-deffus de leur dignité, qui ne permet pas de
» les confondre avec les payfans qui compofent
» la communauté, la réponfe eft que cette dignité
» leur donne une diftinction & une prééminence
» qui fait qu'ils font dans cette communauté habitans
» diftingués; mais ils font habitans avec droit de
» fuffrage dans les délibérations de la communauté,
» & foumis aux charges communes aux membres
» de cette communauté ». *Traité du domaine*, note
fur le chap. 5 du liv. X.

Voilà les perfonnes fujettes au droit de *corvée*.
Maintenant examinons quels font les titres néceffaires pour l'établir.

La plupart, ou pour mieux dire, la généralité
des coutumes gardent le filence fur cette queftion.
Mais on eft dans l'ufage de fuppléer à leur filence
par celle de Paris, qui forme, à cet égard, notre
droit commun. L'art. 71 porte : *que nul ne peut
avoir bannalité, ni exiger corvée, qu'il n'en ait un
titre valable ou dénombrement ancien.*

On voit au premier coup d'œil combien cet article laiffe de chofes à defirer. Qu'entend la coutume par titre valable? Les dénombremens font-ils
toujours l'équivalent de ce titre? Sont-ils fuffifans
dans tous les cas? Combien en faut-il? Suffit-il que
le droit de *corvée* y foit fimplement énoncé, ou
la caufe doit-elle être exprimée? Enfin, n'y a-t-il
pas d'autres actes également propres à établir l'exiftence & la légitimité de ce droit? C'eft fur quoi
la coutume ne s'exprime pas. Les auteurs ont beaucoup écrit fur ces différentes queftions; mais on
ne trouve dans la plupart qu'incertitude, diffufion
& obfcurité. Néanmoins, fi on pèfe attentivement
les diverfes opinions, & fur-tout fi on les rapproche
les unes des autres, on s'apperçoit aifément que
tout fe réduit, fur ce point, à quelques principes
infiniment fimples.

On doit confidérer d'abord fi celui qui prétend
le droit de *corvée* eft, ou n'eft pas feigneur direct
du territoire.

Dans le fecond cas, la repréfentation du titre
primitif eft néceffaire, & il faut en outre que ce
titre contienne la caufe, & une caufe jufte & légitime de l'établiffement de cette fervitude. Nous
nous fervons ici de cette expreffion *fervitude*, parce
que effectivement la *corvée* ne peut être confidérée
que comme telle, lorfqu'elle eft prétendue par
d'autres que par le feigneur direct du territoire.
Des jugemens peuvent néanmoins tenir lieu de la
convention primitive, pourvu cependant qu'ils
l'énoncent & qu'ils en indiquent la caufe.

Si au contraire celui qui prétend la *corvée* eft feigneur direct du territoire, la preuve alors devient
plus facile à faire. La préfomption eft que la *corvée*

a été établie lors de la conceffion des terres; en
conféquence on la range dans la claffe des autres
droits feigneuriaux. Cependant cette préfomption
cède à des preuves contraires.

Si le bail à cens eft produit & que le droit n'y
foit pas réfervé; fi cet acte primitif n'exiftant plus,
on voit néanmoins par les anciennes reconnoiffances, que la *corvée* n'avoit pas originairement lieu,
alors on ne préfume pas qu'elle ait été établie lors
de la tradition du fonds; & dans ce cas le droit
n'a rien de feigneurial, ce n'eft encore qu'une
fimple fervitude. Des dénombremens poftérieurs,
dans lefquels il feroit énoncé, font infuffifans pour
l'établir, & on le regarde comme une furcharge,
impofée après coup, que le temps n'a pu légitimer.
Il faut donc que le feigneur prouve que cette furcharge doit fon origine à une convention particulière, faite pour caufe légitime entre lui & fes
tenanciers, & cette preuve ne peut fe faire que
par la repréfentation du titre qui renferme la convention, ou par des jugemens & autres actes contradictoires, qui rappellent cette convention & qui
en indiquent la caufe.

Mais c'eft toute autre chofe fi l'on peut préfumer
que la *corvée* a été établie lors de la tradition des
fonds, c'eft-à-dire lors de l'établiffement de la directe. Alors elle ceffe d'être une fervitude; elle
n'a plus rien d'odieux, elle rentre dans la claffe
des autres droits feigneuriaux; & de fimples dénombremens fuffifent pour l'établir, parce qu'il eft
de règle que ces fortes d'actes fixent l'état de la
feigneurie & la quotité des droits feigneuriaux; &
ces dénombremens, lorfqu'ils font anciens, qu'ils
énoncent la *corvée*, que rien ne les contredit, forment feuls la preuve que ce droit a été établi *in
traditione fundi*. On exige cependant encore que
la poffeffion fe joigne à ces aveux. Peut-être eft-
ce aller trop loin; car on ne voit aucun motif qui
puiffe empêcher un droit de *corvée* de participer à
l'imprefcriptibilité des autres droits feigneuriaux,
puifqu'ici on le fuppofe établi comme eux lors de
la conceffion primitive. Quoi qu'il en foit, c'eft avec
ces diftinctions qu'il faut entendre l'art. 71 de la
coutume de Paris. Elle parle indiftinctement du
titre & des aveux. Mais, comme on le voit, ces
deux objets ne font rien moins qu'identiques. Il y a
des cas où de fimples dénombremens fuffifent; il y
en a d'autres où il faut rapporter le titre primitif,
ou au moins des actes contradictoires qui le repréfentent parfaitement.

Cet article 71 ajoute : « & n'eft réputé titre valable,
s'il n'eft avant vingt-cinq ans. Quel eft le fens de
ces mots? La coutume a-t-elle voulu profcrire indiftinctement tous les titres qui ne feroient pas antérieurs de vingt-cinq ans à la date de fa rédaction? La plus légère attention fuffit pour faire
fentir que cela ne peut pas être; un titre légal,
revêtu de toutes les formes, en un mot, un titre
valable eft valable, quelle que foit l'époque de fa
confection. Quel eft donc fur ce point l'efprit de

la coutume de Paris ? Ouvrons les commentateurs ; les plus distingués sont, sans contredit, Brodeau & M. le Camus ; écoutons-les.

« J'estime , dit Brodeau , que l'intention de » MM. les commissaires a été que l'on ne peut » réputer valable le titre que l'on rapporteroit..... » s'il n'étoit passé vingt-cinq ans auparavant la réfor- » mation de la coutume qui fut faite en 1580, » c'est-à-dire en un temps innocent & non suspect, & » avant les troubles de la ligue & des guerres civiles » de la France, qui ont commencé avant la mort » de Henri II, souverain en 1559; de sorte qu'à » présent le temps de vingt-cinq ans n'est plus requis ; » un titre de deux, quatre & cinq ans, non contesté, » ni argué de force ni autre nullité, est valable pour » l'établissement d'une bannalité, sans qu'il soit suivi » d'une possession de vingt-cinq ans ».

M. le Camus s'exprime d'une manière encore plus énergique : « les réformateurs de la coutume, » dit ce savant magistrat , nous ont induit dans » l'erreur, parce qu'ils ont rédigé l'article, ne pen- » sant pas qu'ils travailloient pour des siècles à » l'avenir ; & comme la réforme s'est faite en 1580, » vingt-cinq ans avant, remontant justement dans » les troubles & les guerres civiles, pendant les- » quelles les seigneurs s'étoient rendus les maîtres , » & avoient imposé sur leurs tenanciers telle ser- » vitude qu'ils avoient voulu ; & pour ne pas don- » ner lieu de confirmer des titres passés par la vio- » lence, la coutume a dit : qu'aucun titre ne soit » valable, s'il n'étoit fait vingt-cinq ans avant » 1580, c'est-à-dire en 1555, que les troubles » commencèrent..... Mais quand un aveu, ou un » dénombrement, ou un terrier sont faits cent ans » avant les troubles, alors les titres, quoiqu'ils ne » soient pas faits avec les tenanciers, sont réputés » titres valables, & acquièrent un droit au seigneur » lorsqu'il n'a jamais été troublé dans la jouissance ».

Ferrière pense de même : « un titre, dès qu'il » est passé avec ceux qui y ont intérêt, est va- » lable pour l'établissement du droit de bannalité, » sans qu'il soit nécessaire qu'il soit suivi d'une » possession de vingt-cinq ans. Ainsi, ces termes, » & n'est réputé, &c. sont inutiles.

Rien de plus judicieux, que les titres passés pen- dant les troubles qui ont déchiré la France , sous le règne des derniers Valois, soient nuls ; cela est juste. Mais, peut-on supposer que les réformateurs aient eu l'intention d'annuller des titres qui n'exis- toient pas encore, qui pouvoient être justes, ré- guliers, & fondés sur les motifs les plus légiti- mes ? Cela choqueroit les premières notions.

Ce même article 71 ne parle pas des terriers, & c'est une omission importante ; mais les auteurs y ont suppléé. Il est certain que des déclarations émanées des habitans ont plus de force que de simples aveux rendus par le seigneur à la seigneurie dominante. Ainsi, quand on peut présumer que la corvée a été établie lors de la concession du fonds, les terriers équivalent au moins aux dénombremens

dont parle la coutume ; mais si cette présomption ne peut pas avoir lieu , comme il ne s'agit plus d'un droit seigneurial , ces terriers ne prouvent rien, à moins qu'ils ne rappellent la convention primi- tive , & qu'ils n'en indiquent la cause.

La possession est, comme l'on voit, insuffisante en cette matière. Fût-elle immémoriale, elle ne supplée pas au titre. Elle ne donne pas au seigneur le droit de contraindre à l'avenir ses prétendus cor- véables. Il y en a deux raisons décisives, remarquées par les auteurs. La première, prise de l'ordonnance de Blois, qui veut que l'on regarde comme con- cussion l'exaction qui se fait des corvées sans titre légitime. La deuxième, est puisée dans la disposi- tion du droit romain, qui défend aux patrons d'exiger des affranchis d'autres devoirs ou services, que ceux qui ont été expressément réservés lors de l'affranchissement.

Les ecclésiastiques se prétendent dans une excep- tion à cette règle. Ils soutiennent qu'en vertu de la possession seule, ils sont en droit d'exiger des corvées. Voici leurs raisons.

Par l'édit de Melun, de l'année 1580, il est dit que les ecclésiastiques seront maintenus dans tous leurs droits sur l'exhibition des anciens baux, red- dition de comptes & autres documens, & sur la simple possession, sans être obligés de rapporter des titres primordiaux & constitutifs. Ce privilège est renouvellé par l'édit de 1695, qui s'explique en ces termes, dans l'art. 49 : « voulons que lesdits » ecclésiastiques jouissent de tous les droits, biens, » dixmes, justices & de toutes autres choses ap- » partenantes à leursdits bénéfices. Enjoignons à » nos cours de les maintenir sous notre protection, » quand même ils ne rapporteroient pas des titres » & preuves de possession ».

Ces édits ont deux motifs : l'un est que les ec- clésiastiques sont encore plus exposés que les autres seigneurs à la perte de leurs anciens titres par les injures du temps , & que ne donnant point d'aveux & dénombremens, ils ne sont plus en état de réparer cette perte par de nouveaux titres.

L'autre motif est que les rédacteurs de ces loix ont cru leur qualité les mettoit à couvert de tout soupçon de violence ; & comme ils ne peu- vent contraindre leurs vassaux la force à la main, il est très-clair que quand ils ont joui paisiblement pendant plusieurs siècles du droit de corvée , c'est que leurs vassaux y étoient originairement soumis par un titre ancien & constitutif.

On répond que ces deux édits ne peuvent pas être appliqués aux corvées ni aux bannalités pour lesquelles toutes les loix exigent un titre positif ; mais seulement à des prestations , qui de droit commun peuvent être établies par la possession seule.

L'église replique que les termes de ces deux édits étant très-généraux, sans exception & sans réserve, pour tous les biens & droits des ecclésiastiques, il n'y a pas de raison pour les restreindre aux droits réels & aux charges purement foncières, puisque ce feroit réduire les eccléfiastiques à la condition ordinaire & commune de tous les autres feigneurs; ce qui ne peut pas être, parce que le clergé étant le premier corps de l'état, il eft dans l'ordre naturel des chofes que les loix gardent avec lui des ménagemens proportionnés au rang qu'il occupe dans la fociété.

Quoi qu'il en foit de la prétention des gens d'églife, dont il eft facile d'apprécier le mérite, paffons à une autre queftion, celle de favoir fi les corvéables peuvent acquérir la libération des *corvées* par la prefcription.

Coquille, dans fes inftitutes au droit françois, diftingue fi la *corvée* eft certaine, ou fi elle eft due à volonté. Dans le premier cas, il la regarde comme prefcriptible, & prétend que dans le deuxième, le corvéable ne peut pas en acquérir l'affranchiffement par la prefcription. « la raifon de » la diverfité, dit cet auteur, que la *corvée* due » fur héritage certain, eft comme redevance annuelle » due par chacun an. La corvée à volonté git en » la volonté du feigneur, eft de faculté, & par-» tant ne fe prefcrit, finon après contradiction. » *chap. des prefcriptions* ».

Nous ne penfons pas qu'on doive admettre cette diftinction. Quand on dit que les droits de pure faculté font imprefcriptibles, on entend ceux qui dérivent de la nature, comme la faculté d'ufer des grands chemins, &c. Au contraire, tout ce qui dérive de la convention, peut être prefcrit fans confidérer fi l'exercice du droit dépend de la volonté du propriétaire; fuivant cet axiome : *tout ce qui tombe en convention, tombe en prefcription.*

Il faut donc laiffer à l'écart la diftinction de Coquille, pour examiner la queftion dans la thèfe générale.

Brodeau, fur l'art. 71 de la coutume de Paris, décide cette queftion de la manière la plus tranchante. Voici fes termes : « je dis que la coutume » defire titre & poffeffion conjointement; car, fi » le feigneur, quoique fondé en titres valables, » n'avoit point joui de fon droit de bannalité & » de *corvée* pendant trente ans, entre âgés & non » privilégiés, il l'auroit perdu *per non ufum*, fup-» pofé même qu'il n'y eût point eu de contradic-» tion, fuivant la décifion de l'art. 186, qui dit » que bien que le droit de fervitude ne s'acquiere » point par longue jouiffance fans titres, la liberté » fe peut réacquérir, contre le titre, par trente » ans entre âgés & non privilégiés ». Cette décifion eft la plus commune. Il y a cependant des autorités contraires.

On lit, dans la Peyrère, *lett. P. n°. 88, corvée ne fe peut prefcrire que du jour de la contradiction.* Mornac eft du même avis, *ad tit. ff. de oper. ferv.* & l'on trouve un arrêt conforme dans M. d'Olive.

Ces contradictions peuvent fe concilier. Toutes les fois que la *corvée* dérive, ou eft préfumée dériver d'une fimple convention, elle tombe en pref-

cription. Elle fe prefcrit également lorfque le feigneur du territoire l'a établie & réfervée lors de la conceffion du territoire, mais à titre & en forme de furcens feulement. Au contraire, elle eft imprefcriptible toutes les fois que par le bail des héritages le feigneur l'a impofée cumulativement avec le cens, & pour en jouir au même titre & avec les mêmes prérogatives.

Guyot, *des corvées, chap. 4*, penfe que la *corvée* eft imprefcriptible, lorfqu'elle eft le prix de l'affranchiffement des habitans; *parce que*, dit-il, *la liberté dont ils jouiffent eft un titre qui fe renouvelle chaque jour, & eft un obftacle à la prefcription.*

Il faudra donc, fuivant le même auteur, fe décider contre la prefcriptibilité toutes les fois que la *corvée* fera le prix de quelque conceffion de la part des feigneurs, & que la communauté fe trouvera en être encore en jouiffance. Voilà une reftriction qui peut avoir de grandes conféquences; mais n'eft-il pas vrai de dire qu'elle choque les principes & l'ufage? Le vendeur qui a reçu le prix & n'a pas délivré la chofe vendue, prefcrit par trente ans l'action en reftitution du prix; cela eft fans difficulté. La jouiffance de la chofe n'eft donc pas un obftacle à la prefcription de la charge qui en eft le prix.

M. Bouguier, *lett. O, arrêt 8*, rapporte un arrêt du 30 avril 1608, qui juge qu'un feigneur n'eft point tenu de s'oppofer au décret de l'héritage de fon corvéable, pour la confervation du droit de *corvée porté par fes aveux & chartres anciens*; ce droit étant *perfonnel & général fur tous les habitans de la feigneurie.*

Guyot, *des corvées, chap. 4*, parlant de cet arrêt, fait une remarque fort judicieufe. *La corvée étant due par le général des habitans, un particulier ne la purge pas par fon décret. Peut-être qu'elle étoit due par la feule réfidence.*

Une maxime certaine, c'eft que le feigneur ne peut demander, à titre de *corvée*, que des chofes honnêtes & licites. La coutume d'Auvergne en a une difpofition expreffe.

Une autre règle non moins certaine, c'eft que les corvéables doivent être avertis de remplir leur obligation avant de pouvoir y être contraints. L'intervalle entre l'avertiffement & la contrainte, n'eft pas uniformément déterminé; il varie dans les différentes provinces. Il y a des arrêts du parlement de Bourgogne qui jugent que cet intervalle doit être de deux jours. Cette jurifprudence paroît fort raifonnable. La Thaumaffière penfe de même fur *les anciennes coutumes du Berry, chap. 12.*

Dans quelle forme doit être fait cet avertiffement? C'eft encore un point fur lequel il y a beaucoup de variétés. Dans la plupart des feigneuries l'avertiffement fe donne verbalement par un prépofé de la part du feigneur : « & reguliérement le » feigneur, fon ferviteur & commis, font crus à » leur ferment, de la femonce, de faire *corvée* ». La Thaumaffière, *loco-citato.*

De l'obligation du seigneur d'avertir ses corvéables, il résulte que les *corvées* ne sont dues que de l'instant où elles sont demandées ; & conséquemment qu'elles ne tombent point en arrérages. Voici les preuves de ces deux propositions.

La loi 24, *ff. de operis lib.* le dit expressément. *Operas, quas patronus à liberto postulat, confestim non cedunt, quia id agi inter eos videtur, ne ante cederent quàm indictæ fuerint.*

Les coutumes de Bourbonnois, d'Auvergne & de la Marche, disent expressément que les *corvées* ne s'arréragent point ; si elles ne s'arréragent pas, elles doivent être demandées. *Non petitæ pereunt domino.*

Dupineau, en ses observations sur l'art. 499 de la coutume d'Anjou, dit : si les *corvées* ne sont point indiquées, demandées ni exigées, l'estimation ne peut s'en demander faute de les avoir faites. Le Grand, sur l'art. 64 de la coutume de Troyes, s'exprime dans les mêmes termes : encore, dit-il, que les habitans & justiciables doivent corvées, néanmoins les seigneurs sont tenus de les demander. Cet auteur ajoute ; « mais ayant été demandées » par le seigneur, au jour qu'elles sont dues, les » redevables qui ont été négligens de les faire, » en doivent payer l'estimation ».

Guyot, qui a traité cette matière avec beaucoup d'étendue, nous assure « que telle est la jurispru- » dence de tous les tribunaux ; & que la maxime » générale, & non contredite, est que les *corvées* » doivent être demandées, & qu'elles ne tombent » en arrérages, que quand elles ont été deman- » dées, & alors elles s'évaluent en argent ». *Des corvées, chap. 8.*

Sur le temps auquel les *corvées* peuvent être demandées, M. le président Bouhier établit une règle très-sage : « en cas que le seigneur, dit ce savant » magistrat, puisse demander les *corvées* en tel » temps & saison que bon lui semble, il ne doit » pas néanmoins les demander dans un temps qui » soit trop incommode pour les corvéables, comme » quand ils sont occupés aux semailles & aux ré- » coltes ». Cette règle est puisée dans un ancien arrêt du parlement de Paris, que les auteurs rapportent, & à la sagesse duquel tous rendent hommage.

Il faut cependant excepter le cas où la *corvée* auroit pour objet l'ensemencement & la récolte des terres de la seigneurie.

La règle générale est que les *corvées* ne peuvent être exigées que pour le lieu où elles sont dues. Ainsi, lorsque le titre a fixé le lieu de la *corvée*, le seigneur ne peut pas imposer à ses corvéables l'obligation de travailler ailleurs. Il faut s'en tenir à la lettre du titre. Mais s'il est muet sur ce point, la règle est, dans ce cas, que régulièrement les *corvées* ne sont dues que dans les limites de la seigneurie. Cependant, on lit dans l'art. 18 du chap. 25 de la coutume d'Auvergne, *soit dedans ladite châtellenie ou dehors.* Cette disposition, prise littéralement, présente une grande injustice. Eh quoi !

un seigneur pourroit envoyer de pauvres corvéables où bon lui sembleroit !

La manière dont les auteurs interprètent cet article, en efface ce qu'il a de trop dur.

« Le seigneur, dit Despeisses, *des justices, tit.* » 6, *sect.* 2, ne peut pas obliger ses corvéables à » lui faire ses *corvées* qu'au lieu où il fait sa ré- » sidence & non ailleurs..... sinon qu'il les veuille » obliger à faire lesdites *corvées* en quelque lieu » proche son domicile, dont ils puissent le même » jour, au soleil couchant, retourner en leurs » maisons ; car alors ils y peuvent être contraints ». Bretonnier tient la même opinion : « soit dans » l'étendue ou hors de la terre, pourvu qu'ils puissent » retourner de jour en leurs maisons, à la com- » modité du seigneur, à la réserve des temps de » la récolte & des semences ». *Sur Henrys, liv. III, quest. 32.*

La coutume d'Auvergne, ainsi modifiée, n'a plus rien de dur ; elle peut même, sans injustice, servir de droit commun. Qu'importe, en effet, à des corvéables, de travailler en tel ou tel lieu, pourvu qu'ils ne soient pas obligés de découcher.

C'est encore une loi de la matière, que les corvéables ne peuvent être contraints de travailler avant le soleil levé, ni après son coucher.

Par une suite du même principe, le seigneur ne peut obliger son corvéable à partager sa journée, ensorte qu'il en exige la moitié dans un temps & l'autre moitié dans un autre. Ce seroit souvent lui faire perdre deux journées entières. D'ailleurs, suivant les loix, la *corvée, officium diurnum est,* elle ne peut se faire que pour le service d'une journée. Cette judicieuse décision est de M. le président Bouhier.

Nous venons de dire que pour le lieu où les *corvées* doivent être faites, il faut se conformer à la disposition du titre. Il faut également y déférer pour le nombre de ces mêmes *corvées.* Mais s'il n'a pas fixé le nombre ; s'il porte simplement *corvées à volonté,* le seigneur pourra-t-il disposer, toutes les fois qu'il le jugera à propos, du temps & des bras de ses corvéables ?

Non, l'on supplée au titre : on ajoute volonté *raisonnable,* & les auteurs & les arrêts ont déterminé l'exercice de cette *volonté raisonnable.*

Corvées à la volonté, sont limitées à douze l'année ; se doivent faire d'un soleil à l'autre. On n'en peut prendre plus de trois en un mois & en diverses se- maines. Loisel, *liv. VI, tit. 6, nº. 7.*

Sur cette règle le savant Laurière a mis la note suivante : « au lieu que chez les Romains les pa- » trons pouvoient exiger les *corvées* de leurs af- » franchis quand ils vouloient ; parmi nous les » *corvées* à volonté sont dues *arbitrio boni viri,* & » ont été fixées à douze par an ».

On retrouve la même décision dans presque tous les auteurs. Si les *corvées* sont indéfinies, il faut, dit Coquille, suivre la coutume d'Auvergne, qui les règle à douze par an. *Cout. de Nivern. ch. 8*, *art. 5*.

A l'égard de la jurisprudence, la Roche-Flavin, *des droits seigneuriaux*, rapporte un arrêt du parlement de Toulouse, du 6 juillet 1558, qui règle de même les *corvées* au nombre de douze.

La même chose a été jugée au parlement de Paris, en faveur du seigneur de la terre de Grezieu, par arrêt du 26 mai 1671. Pareil arrêt en faveur du seigneur de Chevrières du 21 août 1674. Autre arrêt semblable au profit du seigneur de Saint-Polgue, du 22 août 1689.

Bretonnier, qui rapporte ces arrêts *loco citato*, ajoute : « dans tous ces cas, je crois que les sei- » gneurs ont droit de demander, à leurs emphy- » téotes, douze charrois, si tant ils en ont be- » soin ».

On peut donc tenir, comme maxime générale, que lorsque le nombre de *corvées* n'est pas déter- miné par le titre, il faut le fixer à douze par cha- que année.

Cependant Bouvot rapporte un arrêt du parle- ment de Bourgogne qui juge bien différemment. Par cet arrêt les habitans de Leffot, corvéables à la volonté de leur seigneur, n'ont été condamnés qu'à faire chaque année six *corvées* à bras, pour ceux qui n'ont point de bétail, & six *corvées* de char- rois pour ceux qui en ont. Bouvot, *tom. I*, sous le mot *Corvéables à volonté*.

On peut concilier ces variétés, & même ap- porter, à la jurisprudence du parlement de Paris, une modification qui paroît fort sage. Lorsque le titre se tait, & que le seigneur a coutume d'exiger plus de douze *corvées*, ou même qu'il n'y a pas d'usage déterminé, la jurisprudence reçue peut être regardée comme très-juste. Mais si les habi- tans sont dans l'usage de ne servir que six ou huit *corvées*, il seroit injuste de les obliger à un nom- bre plus considérable, à douze par exemple. A la vérité le titre de la seigneurie porte *corvées à vo- lonté*. Mais l'usance d'une seigneurie est elle-même un titre, du moins elle doit faire présumer que la disposition trop vague du premier, a été déterminée par une seconde que le temps a détruit.

Nous ne devons pas omettre de dire qu'il y a des circonstances où ces règles sont sans applica- tion. Lorsque l'objet de la *corvée* est déterminé ; que le titre porte, par exemple, que les corvéa- bles seront tenus de transporter au château tout le bois dont le seigneur aura besoin pour son chauf- fage, alors la *corvée* n'a d'autre mesure que les besoins du seigneur ; alors les habitans n'en doi- vent ni six ni douze, mais autant qu'il en faut pour remplir l'objet de la *corvée*. Guiot en rapporte un arrêt en faveur de l'évêque de Metz.

Mais si la convention a été passée avec un simple gentilhomme, & que la terre ait passé depuis en- tre les mains d'un grand seigneur qui juge à propos d'y faire sa résidence habituelle, les besoins de ce nouveau seigneur seront-ils la mesure de l'obli-

gation des corvéables ? Cela ne seroit pas juste. Les contractans n'ont pas eu l'intention de s'assu- jettir à une charge indéfinie, ils ont calculé sur ce qui se passoit sous leurs yeux ; il faudroit donc modérer la *corvée* aux besoins d'un seigneur or- dinaire.

Le seigneur doit-il nourrir ses corvéables pen- dant le temps que dure la *corvée* ?

L'annotateur de Boutaric décide, de la manière la plus précise, que le seigneur est tenu de cette obligation. « L'usage & les arrêts, dit-il, ont tou- » jours décidé que c'étoit au seigneur à les nourrir, » à moins que le contraire ne soit établi par de » bons titres ».

Une assertion aussi tranchante ne devroit laisser aucun doute, au moins pour les pays de droit écrit. Cependant nous lisons dans Despeisses : « le » seigneur qui a droit de *corvée* n'est pas tenu de » nourrir ses vassaux, ni leur bétail, pendant qu'ils » travaillent pour lui, comme il a été jugé au par- » lement de Toulouse. Telles *corvées* sont dues » au seigneur comme charges, il doit lui en résulter » un avantage, & s'il étoit tenu de nourrir les » corvéables, elles lui seroient plus onéreuses que » profitables ». Cet auteur cite la Roche & Bouvot, & un arrêt du parlement de Dijon, conforme à sa décision. Cet arrêt est du 14 janvier 1560.

Guipape, examinant la même question pour la province de Dauphiné, dit que le seigneur a cou- tume de nourrir les corvéables de ses terres ; que cependant l'usage est contraire dans beaucoup d'au- tres seigneuries. *Quest. 217*. Mais Ferrières, sur cette question de Guipape, décide affirmativement, que le corvéable est obligé de se nourrir. *Certissimum est debere operas præstare suo sumptu..... sive simpliciter obligatus sit operas præstare, nec adjutum sit quod id faciat suis sumptibus.*

Papon, en ses arrêts, *liv. XIII*, *tit. 6*, en rap- porte trois, dont deux imposent au corvéable l'obli- gation de se nourrir, & le troisième rejette cette obligation sur le seigneur.

Ajoutons que, suivant les loix romaines, l'af- franchi est obligé de se nourrir pendant le temps des *corvées*.

Il est donc au moins très-douteux que dans les pays de droit écrit, le seigneur soit obligé de nour- rir ses corvéables.

La question est décidée en faveur de ces der- niers, par M. le président Bouhier, pour la pro- vince de Bourgogne. C'est une règle, dit-il, dans notre Bourgogne, que le seigneur, pendant la *corvée*, doit nourrir ses corvéables, & les bêtes dont ils se servent dans cette occasion. Ceux qui ont embrassé le sentiment opposé, continue ce ma- gistrat, n'ont pas fait attention à la différence in- finie qui est entre les affranchis des Romains & les villageois de notre temps ; les premiers étoient riches. Peut-on leur comparer nos villageois, qui sont la plupart dans la misère, & ne vivent que du travail de leurs mains ? Notre jurisprudence, dit. enfin M. Bouhier, est, depuis plus de deux siècles, si uniforme sur ce point, que j'ai été fort surpris d'un arrêt contraire, qui fut rendu en la chambre des enquêtes le 16 novembre 1658.

Les auteurs du ressort du parlement de Paris pensent bien différemment. Pontanus, Lalande, Legrand, Basnage, Coquille, Livonière, Baquet, Brodeau, Trençon, Ferrière, &c., tiennent unanimement que le corvéable doit se nourrir, à moins que la coutume ou le titre n'en disposent autrement.

Despeisses, *loco citato*, apporte à cette règle deux modifications remplies d'équité. Lorsque les corvéables, dit-il, sont si pauvres, qu'ils n'ont pas de quoi se nourrir, le seigneur est obligé de leur donner des alimens pendant qu'ils travaillent pour lui : & ainsi a été jugé au parlement de Toulouse. « Voire même, ajoute cet auteur, en cas que » lesdits vassaux soient fort pauvres, & qu'ils ne » ne puissent pas se nourrir d'eux-mêmes sans » leur travail, lesdits vassaux ne sont pas tenus à » faire lesdites *corvées*, & à se nourrir à leurs pro- » pres dépens, bien qu'elles lui eussent été impo- » sées avec le pacte qu'ils se nourriroient eux- » mêmes; car tel pacte est inutile ».

La seconde modification de notre auteur est pour les cas où les corvéables travaillent si loin de la seigneurie, qu'ils ne peuvent pas retourner en leur maison le même jour : « le seigneur est tenu de » les nourrir, & leur bétail, à la soupée, & de » leur donner gîte. Comme il a été jugé au par- » lement de Paris, le 22 décembre 1543 ».

Malgré la règle générale qui oblige le corvéable de se nourrir, il y a cependant, comme l'on voit, des circonstances où le seigneur est tenu de cette obligation. Cela est sur-tout incontestable lorsque le titre le porte; mais quelle est la nature & la quantité des alimens que doit le seigneur? Si cela est déterminé par le titre, il faut s'y conformer. Si le titre est muet, la chose est assez difficile à régler. Voici comme s'exprime à cet égard Jabelly, sur l'article 136 de la coutume de la Marche : « comme il n'y a rien de certain sur cette dépense, » il faut suivre l'usage qui est différent; il y a des » seigneurs qui donnent du pain & du salé, & du » foin tout ensemble pour les bœufs; d'autres ne » donnent que pour le manger du corvéable, & » rien pour les bœufs; d'autres ne donnent que » du bled pour le pain du corvéable, à raison » d'un boisseau par paire de bœufs, comme il a » été jugé par arrêt du 30 juillet 1639, en faveur » du commandeur de Maissonisses contre les ha- » bitans de Membut; si bien que dans une si grande » diversité d'usage, il est difficile de déterminer » rien de certain; il en faut demeurer au dernier » état, & à ce qui a été pratiqué depuis les trente » ans derniers ».

Le corvéable est en outre obligé de se fournir des outils nécessaires pour le travail qui fait l'objet de la *corvée*. L'auteur que nous venons de citer

dit, sur l'article 137 de la même coutume de la Marche, que si pendant la *corvée* il meurt quelques bœufs, s'il se brise quelques charrettes, s'il se perd des outils, s'il s'en casse ou s'il en est volé, le seigneur n'est pas tenu de ces cas fortuits.

Les jurisconsultes donnent comme une règle certaine, que si le titre constitutif porte que le corvéable fera la *corvée* ou paiera une certaine somme, le choix lui en est déféré, à moins que cette option n'ait été expressément réservée au seigneur. Cette décision est fondée sur cette règle du droit romain, reçue parmi nous : *in alternativis electio est debitoris*. Cela est ainsi jugé par arrêt du parlement de Paris, pour un cas où la *corvée* avoit été abonnée à six deniers.

Cet arrêt est du 18 janvier 1582. M. le président Bouhier, qui le rapporte, fait cette remarque importante. « il est vrai que comme depuis les an- » ciens abonnemens de cette nature, la valeur de » l'argent est prodigieusement diminuée, ensorte » que le droit du seigneur seroit presque anéanti, » si l'on suivoit à la lettre ces estimations; le par- » lement de Paris y apporte, par le même arrêt, » un tempérament fort équitable. Il réserve au sei- » gneur de faire payer les six deniers en monnoie » forte, c'est-à-dire suivant ce que les anciens » deniers pouvoient valoir au temps de la passation » de l'acte. Cela est conforme au sentiment des » jurisconsultes ».

Bacquet, *des droits de justice*, ch. 29, n°. 43, rapporte l'espèce de cet arrêt, de 1582, dont parle M. le président Bouhier. « Etant porté par la chartre » de Château-Vilain de l'an 1286, que les habi- » tans du lieu sont tenus faire chacun an trois » *corvées* de bras, pour les réparations des murailles » de la ville & du château, ou pour chacune cor- » vée payer six deniers; le comte de Château-Vi- » lain disant qu'il étoit dans son option de con- » traindre lesdits habitans à faire lesdites *corvées* ou » lui payer lesdits six deniers, les habitans sou- » tenant au contraire que l'option leur appartenoit, » suivant la disposition du droit par arrêt donné » en plaidoirie le 18 janvier 1582, fut dit que les » manans & habitans de Château-Vilain demeu- » reroient quittes de la *corvée* de mur mentionnée » en la chartre, en payant au comte de Château- » Vilain six deniers, & sans dépens, sauf & ré- » servé audit comte de pouvoir demander en exé- » cution de l'arrêt, que les six deniers soient payés » en forte monnoie, non en deniers qui ont cours » à présent; & auxdits habitans leurs défenses au » contraire. Ledit comte disoit que lesdits six de- » niers valent à présent trois sous tournois ».

Corvées ne peuvent être vendues ni transportées à autrui. Loisel, *Livre VI, tit. 6, règle 10.* La raison en est, dit M. de Laurière, qu'elles sont dues pour la *nécessité du seigneur.* Cette règle est écrite dans plusieurs coutumes. Bourbonnois, *art.* 159 : *les seigneurs ne peuvent contraindre leurs sujets faire charrois pour autres que pour eux.* La Marche, art.

165. : ne peut ledit seigneur vendre & transporter à autrui la commodité d'iceux binade & arban ; mais faut qu'il les emploie à son usage & de son hôtel & non ailleurs.

De ces derniers mots, *& de son hôtel*, Guiot conclut que les *corvées* peuvent être comprises dans le bail à ferme, pour faire valoir les terres & domaines du seigneur ; car, en faisant cette location il en fait usage pour les terres que son fermier laboure à son profit ; on ne doit pas contraindre un seigneur d'exploiter lui-même ses domaines afin qu'il puisse exercer son droit de *corvée*.

Cependant le commentateur anonyme de la coutume de Bretagne, rapporte, sur l'art. 91, un arrêt du 3 novembre 1676, qui juge que le droit d'envoyer chercher les provisions du seigneur jusqu'au plus prochain port de mer, ne peut être exercé par le fermier de la seigneurie.

Mais on ne pense pas que cet arrêt soit contraire à la maxime que nous établissons. Nous parlons des *corvées* dues à la seigneurie ; & dans l'espèce jugée par l'arrêt du parlement de Bretagne, il s'agissoit d'un service qui avoit pour objet la personne & l'usage même du seigneur. Une *corvée* de cette espèce est du nombre de celles que les Romains appelloient *obséquiales*, & l'on convient qu'elles ne peuvent être cédées au fermier.

Le fermier pourra donc exiger les *corvées*, mais pour l'aménagement de la seigneurie seulement, & non pour ses affaires & ses besoins personnels.

Bacquet, qui établit les mêmes principes, rapporte un arrêt conforme, dont voici l'espèce telle qu'il nous l'a transmise : « par la coutume de Bourbonnois, est porté que les sujets doivent chacun » an, à leur seigneur féodal, trois jours de *corvées*, » le domaine de Bourbonnois étant baillé à ferme » par le roi, par arrêt de la cour, les sujets ont » été condamnés faire lesdites trois journées de » *corvées* au profit du fermier du roi, après qu'il » a affirmé que c'étoit pour faire la collecte des » fruits des terres dépendantes du domaine du roi, » ou bien pour réparer le château dudit seigneur », *loco citato.*

Suivant l'annotateur de Boutaric, les engagistes qui n'ont ni château ni domaine, ne peuvent exiger les *corvées* dues à la seigneurie.

Le même auteur examine la question de savoir si le seigneur peut convertir les *corvées* en argent. Rien, dit-il, n'est plus contraire aux arrêts & réglemens, & notamment à l'article 20 du réglement général des grands jours de Clermont, que la conversion des *corvées* en argent, & de s'abonner avec les paysans pour les en exempter. Les *corvées* doivent absolument se prendre en nature.

Nul doute qu'il faut entendre cette décision du cas où la conversion est du fait du seigneur. Rien n'empêche assurément que le seigneur & les corvéables réunis ne transigent sur cet objet, & ne conviennent de substituer à la *corvée* en nature, une redevance annuelle de telle ou telle somme.

Une pareille transaction, revêtue des formalités requises, auroit certainement son exécution. Il y en a d'ailleurs beaucoup d'exemples.

Sur la question de savoir de quelle manière les *corvées* doivent être servies, lorsque ceux qui sont obligés de les faire avec chevaux, bœufs & charrettes, n'en ont pas ; on trouve, dans Henrys, *liv.* VII, *quest.* 32, un arrêt du 18 août 1671, confirmatif d'une sentence des requêtes du palais, conçue en ces termes : « condamne (les habitans) » à faire à l'avenir douze *corvées* chacun par cha- » cun an ; savoir, ceux qui auront bœufs, vaches » & chariots, feront lesdites *corvées* à charrois avec » toute leur puissance ; ceux qui n'auront que bêtes » à bâts, les feront avec bêtes à bâts ; ceux qui » n'auront bêtes ni chariots, feront lesdites *cor- » vées* à bras ; & ce, quand ils seront requis, en » temps commode & accommodable, depuis le soleil » levant jusqu'au soleil couchant, hors des temps » de semailles & de récolte ».

Cet arrêt juge, comme l'on voit, que le corvéable n'est tenu de servir la *corvée* qu'avec ce qu'il a & suivant son pouvoir. La coutume d'Auvergne en a une disposition expresse : « & sont charriables » à la raison dessus dite, ceux qui ont bœufs, à » charrois ou à journées de bœufs ; & ceux qui » n'ont bœufs, mais bêtes à bâts, à *corvée* ; & ceux » qui n'ont bœufs ni bêtes à bâts, à manœuvrer » à bras au service du seigneur ». *Titre des Tailles art.* 19.

Je crois, dit Guiot, cette limitation très-sage & fondée en l'exacte équité.

Encore une autorité. Nous croyons ne pouvoir trop appuyer sur tout ce qui tend à la décharge des malheureux corvéables. « Les corvéables, dit M. » le président Bouhier, qui sont tenus à des jour- » nées de bétail, n'en ayant point, ne sont pas » tenus d'en louer pour les faire ; mais alors ils » feront les *corvées* de leurs bras, comme il a été » jugé au parlement de Dijon, le dernier juin » 1507 ».

Le seigneur qui a un droit de *corvée* sur un corps d'habitans, doit l'exiger successivement de chacun d'eux, sans aucune espèce de préférence.

Le seigneur doit faire un rôle contenant les noms de tous les corvéables en état de travailler, & suivre ce rôle de manière que celui qui aura été employé, ne puisse plus l'être qu'après que le rôle aura été épuisé.

Du Volant, qui examine ce point sur l'art. 91 de la coutume de Bretagne, exige que ce rôle soit mis au greffe. Cette précaution est très-sage. Par là chacun sait le nombre & le temps de ses obligations, & personne n'a à craindre que le seigneur le surcharge pour en favoriser un autre.

Lorsque les titres de la seigneurie ne fixent pas le nombre des bêtes tirantes que le corvéable doit employer ; peut-il être contraint à servir avec tous les chevaux & bœufs qu'il emploie à labourer ?

L'arrêt de 1671, dont nous venons de parler,

juge l'affirmative. On s'en rappelle les termes : *feront lesdites corvées à charrois avec toute leur puissance.* Un arrêt du 17 février 1624, avoit jugé la même chose. Il est rapporté par Brodeau, sur l'art. 71 de Paris.

Cette décision n'est pas universellement adoptée ; il y a des auteurs qui pensent le contraire. Ils se fondent sur l'article 20 du réglement des grands jours de Clermont, qui fait défenses aux seigneurs d'exiger, *même sous prétexte de consentement volontaire des redevables, le charroi de plus d'une paire de bœufs.* Il faut voir sur cette question l'annotateur de Boutaric.

Le même auteur examine la question de savoir de combien pesant on doit charger les charrettes des corvéables. Il y a, dit-il, un réglement au profit du sieur de Levi, pour la seigneurie de Changi, confirmé par arrêt contradictoire du 13 août 1675, qui paroît très-équitable, & qui peut servir de réglement dans tous les pays où l'on se sert de bœufs. Suivant ce réglement, chaque chariot traîné par quatre bœufs, doit être chargé de 1200 ; la charrette attelée de quatre vaches ou de deux bœufs, de 600 ; la charrette traînée par deux vaches, de 300 pesant.

Nous avons dit plus haut, que lorsque le nombre des *corvées* n'est pas déterminé par les titres, la jurisprudence le fixe le plus communément à douze par an. Le seigneur peut-il les exiger de suite & sans intervalle ? C'est encore une question à laquelle la précédente nous conduit naturellement.

C'est une maxime reçue que le seigneur ne peut exiger plus de trois *corvées* par mois. Ces trois *corvées* sont-elles consécutives ? Il y a sur ce point diversité de jurisprudence & d'opinions. *Ne peut-on en prendre plus de trois en un mois & en diverses semaines ?* dit Loisel. Cette règle est tirée de la coutume d'Auvergne. On trouve la même décision dans la Thaumassière, *ancienne coutume de Berri,* chap. 12. » *Corvées* à volonté, dit Coquille, sont limitées » à douze par an, doivent être faites d'un soleil » à l'autre ; à usage honnête ; peuvent être prises » trois pour un mois, selon la nécessité du sei- » gneur, *& à diverses semaines* ».

On ne peut pas des autorités plus respectables ; cependant le parlement de Paris juge que le seigneur peut exiger les trois jours de *corvées* consécutivement, Brodeau sur l'art. 71 de Paris, en rapporte un arrêt du 17 février 1624, dont voici le dispositif tel qu'il nous l'a transmis : la cour, par cet arrêt, a réglé la prestation des *corvées,* ayant condamné le corvéable, tant & si longuement qu'il demeureroit au terroir de la seigneurie, à faire par chacun an, l'espace de trois jours, & sans intervalle de jour, si bon semble au seigneur, les *corvées* , &c.

La jurisprudence, comme nous venons de le dire, n'est pas la même dans tous les parlemens. Bouvot rapporte un arrêt de celui de Dijon, qui

juge que d'une *corvée* à l'autre, il sera laissé un intervalle de deux jours.

C'est une maxime qui paroît généralement adoptée, que nous ne connoissons plus les *corvées* nommées *fabriles,* que les Romains étoient dans l'usage de retenir de leurs affranchis, de quelque profession qu'ils fussent ; médecins, chirurgiens, peintres, notaires, &c. ensorte que parmi nous la *corvée* ne peut plus avoir pour objet que des travaux de corps ou des charrois pour le service du seigneur, ou l'aménagement de la seigneurie.

Rousseau de la Combe, dans son recueil, au mot *corvée,* confirme cette règle par un arrêt qu'il rapporte en ces termes : « ministère de notaire » n'est sujet au droit de *Corvées.* Arrêt du samedi » 13 août 1735, confirmant la sentence de Rethel, » décharge un notaire de la demande de son sei- » gneur, à ce qu'il fût tenu de venir pendant trois » jours dresser procès-verbal de ceux qui seroient » refusans d'aller à la *corvée,* aux offres de lui » rembourser le papier, contrôle & autres droits » du roi ».

Dans l'espèce jugée par cet arrêt, le seigneur rapportoit un aveu du 24 juillet 1714, dans lequel il étoit dit : que les habitans devoient trois jours de *corvées,* à quoi ils étoient propres. La demande du seigneur étoit donc exactement calquée sur son titre, puisqu'il ne demandoit au notaire que la confection d'un procès-verbal auquel il étoit incontestablement propre. Ainsi, l'on peut dire, d'après cet arrêt, qu'il est jugé que l'exercice des fonctions de notaire ne peut pas être un objet de *corvée.*

Nous ne pensons cependant pas que l'on doive tirer cette conséquence de l'arrêt. Il est très-douteux qu'il ait jugé cette question. Guiot en rapporte l'espèce, nous l'avons examinée avec soin, & nous y avons remarqué deux circonstances qui peuvent très-bien avoir déterminé les suffrages.

1°. Le notaire ne tenoit sa commission du seigneur de la terre ; mais du dominant. 2°. Le seigneur n'établissoit sa demande que sur un seul aveu, encore étoit-il très-récent. Cet aveu étoit du 24 juillet 1714. Un acte de cette espèce étoit insuffisant pour l'établissement du droit, sur-tout n'étant pas appuyé sur la possession, comme l'articuloit le notaire. Dans cette espèce, l'objet de la *corvée,* la qualité de notaire peuvent donc très-bien n'avoir pas influé sur le jugement, puisque l'on peut dire que la cour auroit prononcé de même en faveur de tout autre habitant du lieu, s'il se fût refusé à la corvée.

Nous ne pouvons, en parlant de cet arrêt, dissimuler notre étonnement de voir dans Lacombe cette assertion : *le seigneur se fondoit sur d'anciens aveux qui l'autorisoient,* &c. Guiot, qui a recueilli soigneusement l'espèce & les moyens des parties, dit au contraire très-expressément que le seigneur ne produisoit qu'un seul aveu. *On n'avoit que l'aveu de 1714.* Ce sont les termes de Guiot. A la vérité le seigneur en alléguoit d'autres plus anciens ; mais il

Il n'en produifit pas. La manière dont Lacombe rapporte cet arrêt, eſt, comme l'on voit, bien différente de l'eſpèce ſur laquelle il a été rendu; & voilà comme les arrêtiſtes nous égarent. (*Cette addition eſt de M. HENRION, avocat au parlement.*)

CORVÉES, (*Droit public. Ponts & Chauſſées.*) ſous ce point de vue, on appelle *corvées*, les ouvrages publics que l'on fait faire aux particuliers, dont on demande, dans les ſaiſons mortes, quelques journées de leur temps, ſans ſalaire.

Une telle conduite eſt dure ſans doute pour chacun d'eux, elle indique par conſéquent toute l'importance dont il eſt de les bien conduire, pour tirer des jours précieux qu'on leur demande ſans ſalaire, le plus d'utilité que l'on peut, afin de ne point perdre à la fois & le temps du particulier & le fruit que l'état en doit retirer.

On peut donc établir ſur cette ſeule conſidération, que la perfection de la conduite des *corvées* doit conſiſter à faire le plus d'ouvrage poſſible dans le moins de temps poſſible; d'où il s'enſuit qu'il faut de toutes les voies choiſir la plus prompte & la plus expéditive, comme celle qui doit être la meilleure.

On n'a déjà que trop éprouvé en pluſieurs provinces, qu'une *corvée* languiſſante étoit un fardeau immenſe ſur les particuliers, & une ſervitude dans l'état, qui, ſans produire le fruit que l'on avoit en vue, fatiguoit ſans ceſſe les peuples, & gênoit pendant un grand nombre d'années la liberté civile des citoyens. Il ſuffit, pour en être plus convaincu, de joindre à un peu d'expérience, quelques ſentimens de commiſération pour les peuples. Il ne s'agit donc que de chercher quelle eſt la méthode qui répond le mieux à ces principes, premièrement pour la diſtribution & la conduite des travaux, & enſuite pour la police avec laquelle on doit régir les travailleurs.

De la conduite & diſtribution des travaux. Toutes les actions des hommes ont un mobile; l'argent & l'intérêt ſont ceux qui les conduiſent aux travaux, mais ce ſont des mobiles dont les *corvées* ſont privées; il a fallu y en ſubſtituer d'autres pour tenir lieu de ceux-là. Ceux qui ont été reconnus devoir être employés, ſont les tâches que l'on donne & qu'il faut indiſpenſablement donner aux corvoyeurs; on a vu que c'étoit l'unique moyen de les intéreſſer au progrès de l'ouvrage, & de les engager à travailler d'eux-mêmes avec diligence, pour ſe décharger promptement du fardeau qui leur étoit impoſé. Ces tâches ſont ordinairement naître une telle émulation, au milieu d'un attelier ſi ingrat pour celui qui y travaille, qu'il y a eu des *corvées* ſi bien conduites, que leur progrès l'emportoit même ſur celui des travaux à prix d'argent.

On peut diſtribuer ces tâches de différentes manières, & c'eſt le choix que l'on en doit faire qu'on aura ici particulièrement en vue, parce que l'on doit encore ſe ſervir de ce moyen avec quel-

ques réſerves, la diſtribution de tout ouvrage public en pluſieurs ouvrages particuliers pouvant quelquefois ſe faire de telle ſorte, qu'au lieu d'y trouver l'avantage que l'on y cherche, l'ouvrage public languit & dégénère, parce qu'il change trop de nature.

Un eſprit d'équité qu'on ne ſauroit trop louer, joint à l'habitude que l'on a de voir les tailles & les impoſitions annuelles, réparties ſur les communautés & réglées pour chaque particulier, eſt ce qui a fait ſans doute regarder les travaux publics comme une autre ſorte de taille que l'on pouvoit diviſer de même en autant de portions qu'il y avoit d'hommes dans les communautés, ſur leſquelles le tout étoit impoſé. Rien ne paroît en effet plus naturel, plus ſimple & en même temps plus juſte que cette idée; cependant elle ne répond point du tout dans l'exécution, au principe de *faire le plus d'ouvrage poſſible dans le moins de temps poſſible*, & de plus, elle entraîne des inconvéniens de toute eſpèce.

Il ſuffiroit, pour s'en convaincre, de conſidérer l'état de la route de Tours au Château-du-Loir; cette route a été commencée, il y a quinze à dix-huit ans, par conſéquent long-temps avant l'arrivée de M. l'intendant & de M. Bayeux dans cette généralité; elle a été diviſée en pluſieurs milliers de tâches, qui ont été réparties ſur tous les particuliers: néanmoins ce n'eſt encore aujourd'hui qu'avec mille peines qu'on en peut atteindre la fin. On a dû penſer vraiſemblablement, dans le commencement de cette route, que par une voie ſi ſimple & ſi équitable en apparence, chaque particulier pouvant aiſément remplir en trois ou quatre ans au plus la tâche qui lui étoit donnée, la communication de ces deux villes devoit être libre & ouverte dans ce même terme; puis, donc que l'exécution a ſi peu répondu au projet, il eſt bon d'examiner de près ce genre de travail, pour voir s'il n'y a point quelque vice caché dans la méthode qui le conduit.

Il ſemble, au premier coup-d'œil, que le défaut le plus conſidérable, & celui duquel tous les autres ſont dérivés, eſt d'avoir totalement fait changer de nature à un ouvrage public, en le décompoſant à l'infini, pour n'en faire qu'une multitude ſans nombre d'ouvrages particuliers; d'avoir par-là trop diviſé l'intérêt commun, & rendu la conduite de ces travaux d'une difficulté étonnante & même inſurmontable.

Un ſeul ouvrage, quoique conſidérable par le nombre des travailleurs, comme ſont ordinairement tous les travaux publics, ne demande pas beaucoup de perſonnes pour être bien conduit; un ſeul ouvrage, une ſeule tête, le nombre des bras n'y fait rien; mais il faut qu'avec l'unité d'eſprit, il y ait auſſi unité d'action: ce qui ne ſe rencontre point dans tout ouvrage public que l'on a déchiré en mille parties différentes, où l'intérêt particulier ne tient plus à l'intérêt général, & où il faut par conséquent, un bien plus grand nombre de têtes pour pouvoir les conduire tous ensemble avec quelque succès, & pour les réunir malgré le vice de la méthode qui les désunit.

Puisque la distribution de la taille avoit conduit à la distribution de toute une route en tâche particulière, on auroit dû sentir que, comme il falloit plusieurs collecteurs par communauté pour lever une imposition d'argent, il auroit fallu au moins un conducteur sur chacune pour tenir les rôles & les états de cette *corvée tarifée*, & pour tracer & conduire toutes les portions d'ouvrage assignées à chaque particulier. On aura pu faire sans doute cette réflexion simple ; mais l'économie sur le nombre des employés ne permettant pas, dans un état où il se fait une grande quantité de ces sortes d'ouvrages, de multiplier autant qu'il seroit nécessaire, sur-tout dans cette méthode, les ingénieurs, les inspecteurs, les conducteurs, &c. il est arrivé que l'on n'a jamais pu embrasser & suivre tous ces ouvrages particuliers, pour les conduire chacun à leur perfection.

Quand on supposeroit que tous les particuliers ont été de concert dès le commencement, pour se rendre sur toute l'étendue de la route, chacun sur sa partie, un inspecteur & quelques conducteurs ont-ils suffi le premier lundi pour marquer à un chacun son lieu, pour lui tracer sa portion, pour veiller pendant la semaine à ce qu'elle fût bien faite, & enfin pour recevoir toutes ces portions les unes après les autres le samedi, & en donner à chacun le reçu & la décharge ? Qui ne voit qu'il y a de l'impossibilité à conduire ainsi chaque particulier, lorsque l'on a entrepris de la sorte une route divisée dans toute son étendue ? Ces inconvéniens inévitables dès la première semaine du travail, ont dû nécessairement entraîner le désordre de la seconde ; de saisons en saisons & d'années en années, il n'a plus fait que croître & augmenter jusqu'au point où il est aujourd'hui. De l'impossibilité de les conduire, on est tombé ensuite dans l'impossibilité de les contraindre ; le nombre des réfractaires ayant bientôt excédé tout moyen de les punir.

J'ai tous les jours, dit l'auteur de cet article, des preuves de cette situation étrange pour un ouvrage public, où depuis environ dix mois de travail, je n'ai jamais trouvé plus de trois corvoyeurs ensemble, plus de dix ou douze sur toute l'étendue de la route, & où le plus souvent je n'ai trouvé personne. Je n'ai pas été long-temps sans m'appercevoir, que le principe d'une telle désertion ne pouvoit être que dans la division contre nature d'une action publique en une infinité d'actions particulières, qui n'étoient unies ni par le lieu, ni par le temps, ni par l'intérêt commun : chaque particulier, sur cette route, ne pense qu'à lui, il choisit à sa volonté le jour de son travail, il croit qu'il en est comme de la taille que chacun

paie séparément & le plus tard qu'il peut, il ne s'embarrasse de celle des autres que pour ne pas commencer le premier, & comme chacun fait le même raisonnement, personne ne commence.

Je peux dire que je n'ai point encore été sur cette route avec un but ou un objet déterminé, soit d'y trouver telles ou telles communautés, soit de me rendre sur tel ou tel attelier, pour y tracer l'ouvrage. Dans le printemps dernier, par exemple, où je n'ai point laissé passer de semaine sans y aller, je ne me suis toujours mis en marche qu'à l'aventure, & parce qu'il étoit du devoir de mon état d'y aller, situation où je ne me suis jamais trouvé dans mes autres travaux, pour lesquels je ne montois jamais à cheval sans en avoir auparavant un sujet médité, & sans avoir un objet fixe & un but réfléchi qui m'y appelloit.

Ce n'est point faute d'ordonnantes néanmoins, & faute de réglemens de la part de l'autorité publique, si ces travaux se trouvent dans une telle situation ; ils n'ont même été peut-être que trop multipliés : les bureaux qui en sont occupés & qui entrent dans les petits détails de cette partie, en sont surchargés & même rebutés depuis long-temps ; mais malgré la sagesse de ces réglemens, & quel que soit leur nombre, ce n'est pas la quantité des loix & les écritures qui conviennent pour le progrès des travaux, mais plutôt des loix vivantes à la tête des travailleurs ; & pour cela, il me paroît qu'il faut donc les réunir, afin qu'ils soient tous à portée de voir la main qui les conduit, & afin qu'ils sentent plus vivement l'impression de l'ame qui les fait mouvoir.

L'intention des ordonnances est dans le fond, que tous les particuliers aient à se rendre au reçu desdits ordres, ou au jour indiqué, sur les atteliers, pour y remplir chacun leur objet ; mais c'est en cela même que consiste ce vice qui corrompt toute l'harmonie des travaux, puisque s'ils y vont tous, on ne pourra les conduire, & que s'ils n'y vont pas, on ne pourra les punir d'une façon convenable.

La voie de la prison, qui seroit la meilleure, ne peut être admise, parce qu'il y a trop de réfractaires, & que chaque particulier ne répondant que pour sa tâche, il faudroit autant de cavaliers de maréchaussée qu'il y a de réfractaires. La voie des garnisons est toujours insuffisante, quoiqu'elle ait été employée une infinité de fois ; elle se termine par douze ou quinze francs de frais, que l'on répartit avec la plus grande précision sur toute la communauté rebelle, enforte que chaque particulier en est ordinairement quitte pour trois, six, neuf, douze ou quinze sols : or, quel est celui qui n'aime mieux payer une amende si modique, pour six semaines ou deux mois de désobéissance, que de donner cinq à six jours de son temps pour finir entièrement sa tâche ? Aussi sont-ils devenus généralement insensibles à cette punition, si c'en est une, & aux ordonnances réglées des saisons.

On n'a jamais vu plus d'ouvriers sur les travaux après les garnisons, jamais plus de monde sur les routes dans la huitaine ou quinzaine, après l'indication du jour de la *corvée*, qu'auparavant ; on ne reconnoît la saison du travail que par deux ou trois corvoyeurs que l'on rencontre par fois, & par les plaintes qui se renouvellent dans les campagnes, sur les embarras qu'entraînent les *corvées* & les chemins.

Il n'est pas même jusqu'à la façon dont travaillent le peu de corvoyeurs qui se rendent chacun sur leur partie, qui ne découvre les défauts de cette méthode ; l'un fait son trou d'un côté, un autre va faire sa petite butte ailleurs, ce qui rend tout le corps de l'ouvrage d'une difformité monstrueuse : c'est sur-tout un coup-d'œil des plus singuliers, de voir au long de la route, auprès de tous les ponceaux & aqueducs qui ont demandé des remblais, cette multitude de petites cases séparées ou isolées les unes des autres, que chaque corvoyeur a été faire depuis le temps qu'on travaille sur cette route, dans les champs & dans les prairies, pour en tirer la toise ou la demi-toise de remblai, dont il étoit tenu par le rôle général. Une méthode aussi singulière de travailler, ne frappe-t-elle pas tout inspecteur un peu versé dans la connoissance des travaux publics, pour lesquels on doit réunir tous les bras, & non les diviser ? On ne désunit point de même les moyens de la défense d'un état ; on n'assigne point à chaque particulier un coin de la frontière à garder, ou un ennemi à terrasser : mais on assemble en un corps ceux qui sont destinés à ce service, leur union les rend plus forts ; on exerce sur un grand corps une discipline que l'on ne peut exercer sur des particuliers dispersés, une seule ame fait remuer cent mille bras. Il en doit être ainsi des ouvrages publics qui intéressent tout l'état, ou au moins toute une province. Un seul homme peut présider sur un seul ouvrage, où il aura cinq cens ouvriers réunis, mais il ne pourra suffire pour cinq cens ouvrages épars, où sur chacun il n'y aura néanmoins qu'un seul homme. Il ne convient donc point de diviser cet ouvrage, & la méthode de partager une route entière entre des particuliers, comme une taille, ne peut convenir tout au plus qu'à l'entretien des routes, quand elles sont faites, mais jamais quand on les construit.

Enfin, pour juger de toutes les longueurs qu'entraînent les *corvées tarifées*, il n'y a qu'à regarder la plûpart des ponceaux de cette route : ils ont été construits, à ce qu'on dit, il y a plus de douze ou treize ans, néanmoins, malgré toutes les ordonnances données en chaque saison, malgré les allées, les venues des ingénieurs-inspecteurs, des garnisons, les remblais qui ont été répartis toise à toise, ne sont point encore faits sur plusieurs, les culées en sont isolées presque en entier, le public n'a pu jusqu'à présent passer dessus d'une façon commode ; & il pourra arriver, si cette route est encore quelques saisons à se finir, qu'il y aura plusieurs de ces ouvrages auxquels il faudra des réparations, sur des parties qui n'auront cependant jamais servi ; chose d'autant plus surprenante, que pour le déshonorer aux yeux de ses supérieurs, ne demandoient pas chacun plus de dix à douze jours de *corvée*, avec une trentaine de voitures au plus, & un nombre proportionné de pionniers.

Peut-on s'empêcher de représenter ici en passant l'embarrassante situation d'un inspecteur, que l'on croit vulgairement être l'agent & le mobile de semblables ouvrages ? N'est-ce point un poste dangereux pour lui, qu'une besogne dont la conduite ne peut que le déshonorer aux yeux de ses supérieurs & du public, qui, prévenus en faveur d'une méthode qu'ils croient la meilleure & la plus juste, n'en doivent rejetter le mauvais succès que sur la négligence ou l'incapacité de ceux à qui l'inspection en est confiée ?

Non seulement les *corvées tarifées* sont d'une difficulté insurmontable dans l'exécution, elles sont encore injustes dans le fond. 1°. Soient supposés dix particuliers ayant égalité de biens, & par conséquent égalité de taille, & conséquemment égalité de tâches, ont-ils aussi tous les dix égalité de force dans les bras ? C'est sans doute ce qui ne se rencontre guère ; ainsi, quoique sur les travaux publics ces dix manouvriers ne puissent être tenus de travailler suivant leur taille, mais suivant leur force, il doit arriver, & il arrive tous les jours, qu'en réglant les tâches suivant l'esprit de la taille, on commet une injustice, qui fait faire à l'un plus du double ou du triple, à un autre plus de la moitié ou du tiers qu'à un autre. 2°. Si l'on admet pour un moment que les forces de tous ces particuliers soient au même degré, ou que la différence en soit légère, le terrain sur leur est distribué par égale portion, est-il lui-même d'une nature assez uniforme, pour ne présenter sous volume égal, qu'une égale résistance à tous ? Cette homogénéité de la terre ne se rencontrant nulle part, il naît donc de-là encore cette injustice dans les répartitions que l'on vouloit éviter avec tant de soin. Il est à présumer qu'on a bien pu dans les commencemens de cette route, avoir quelques égards à la différente nature des contrées ; mais ce qu'il y a de certain, c'est qu'il ne reste plus nul vestige qu'on ait eu primitivement cette attention : bien plus, quand on l'auroit eue, comme c'est une chose que l'on ne peut estimer toise à toise, mais par grandes parties, il ne doit toujours s'ensuivre que de la disproportion entre toutes les tâches, injustice où l'on ne tombe encore que parce que l'on a choisi une méthode qui paroissoit être juste.

Enfin, si l'on joint à tant de défauts essentiels, l'impossibilité qu'il y a encore d'employer une telle méthode dans des pays montueux & hors de plaines, c'est un autre sujet de la désapprouver, & d'en prendre une autre dont l'application puisse

Z z 2

être générale par fa fimplicité. Il eft facile de comprendre que les tâches d'hommes à hommes ne peuvent être appliquées aux defcentes & aux rampes des grandes vallées, où il y a en même temps des remblais confidérables à élever, & des déblais profonds à faire dans des terreins inconnus, & au travers de bancs de toute nature qui fe découvrent à mefure que l'on approfondit. Ce font-là des travaux qui, encore moins que tous les autres, ne doivent jamais être divifés en une multitude d'ouvrages particuliers. On préfentera pour exemple, la route de Vendôme, qu'il eft queftion d'entreprendre dans quelque temps. Il y a fur cette route deux parties beaucoup plus difficiles que les autres à traiter par la quantité de déblais, de remblais, de roches, & de bancs de pierre qu'il faudra démolir fuivant des pentes réglées, & néceffairement avec les forces réunies de plufieurs communautés; l'un de ces endroits eft cette grande vallée auprès de Villedôme, qu'il faut defcendre & remonter; l'autre eft la montagne de Château-Renaud. Ces deux parties, par où il conviendra de commencer, parce qu'elles feront les plus difficiles, demanderont la plus grande affiduité de la part des infpecteurs, & le concours d'un grand nombre de travailleurs & de voitures, afin que ces grands morceaux d'ouvrage puiffent être terminés dans deux ou trois faifons au plus, fans quoi, il eft prefque évident qu'ils ne feront point faits en trente années, fi on divife la maffe des déblais & des remblais en autant de portions qu'il y aura de particuliers: puis donc que la corvée, fur le ton de la taille, eft défectueufe en elle-même partout, & ne convient point particuliérement aux endroits les plus difficiles & les plus confidérables des ouvrages publics, il convient préfentement de chercher une règle générale qui foit conftante & uniforme, pour tous les lieux & pour toutes les natures d'ouvrage.

On ne propofera ici que ce qui a paru répondre au principe de faire le plus d'ouvrage poffible dans le moins de temps poffible, & l'on n'avancera rien qui n'ait été exécuté fur de très-grands travaux avec le plus grand fuccès, & à la fatisfaction des fupérieurs; cependant comme il peut arriver que la fituation & l'économie des provinces foient différentes, & que le génie & le caractère des unes ne répondent pas toujours au génie & au caractère des autres, l'on foumet d'avance tout ce que l'on expofera aux lumières & aux connoiffances des fupérieurs.

L'acte de la corvée n'étant pas un acte libre, c'eft dans notre gouvernement une des chofes dont il paroît, par conféquent, que la conduite & les réglemens doivent être fimples & la police brève & militaire. Un acte de cette nature ne fupporte point non plus une juftice minutieufe, comme tous les autres actes qui ont directement pour objet la liberté civile & la fûreté des citoyens. La conduite en doit être d'autant plus fimple, que l'on ne peut

prépofer pour y veiller qu'un très-petit nombre de perfonnes, & la police en doit être d'autant plus concife, qu'il faut que ces ouvrages foient exécutés dans le moins de temps poffible, pour n'en point tenir le fardeau fur les peuples pendant un grand nombre d'années.

La véritable occupation d'un infpecteur chargé d'un travail public, eft de réfider fur fon ouvrage, d'y être plus fouvent le piquet d'une main pour tracer, & l'autre main libre pour pofter les travailleurs & les conduire, fans qu'ils fe nuifent les uns aux autres, que d'avoir une plume entre les doigts pour tenir bureau au milieu d'un ouvrage qui ne demande que des yeux & de l'action.

Suivant ces principes, il ne me paroît pas convenable d'entreprendre en entier & à la fois la conftruction de toute une route; les travailleurs y feroient trop difperfés, chaque partie ne pourroit être qu'imparfaitement faite: l'infpecteur, obligé de les aller chercher les uns après les autres, pafferoit tout fon temps en tranfport de fa perfonne & en courfes, ce qui multiplieroit extrêmement les inftans perdus pour lui, & pour les travailleurs qui ne font rien en fon abfence, ou qui ne font rien de bien. Il devient donc indifpenfable de n'entreprendre toute une route que parties à parties, en commençant toujours par celles qui font les plus difficiles & les plus urgentes, & en réuniffant à cette fin les forces de toutes les communautés chargées de la conftruction. On ne doit former qu'un ou deux atteliers au plus, fur chacun defquels un infpecteur doit faire fa réfidence. Les communautés y feront appelées par détachement de chacune d'elles, qui fe releveront toutes de femaine en femaine; ces détachemens travailleront en corps, mais à chacun d'eux il fera affigné une tâche particulière, qui fera déterminée fuivant la quantité de jours qu'on leur demandera, fur la force du détachement, dont les hommes robuftes compenferont les foibles, & enfin fur la nature du terrein.

On évitera avec grand foin tout ce qui peut multiplier les détails & attirer les longueurs; les ordonnances adreffées aux communautés, une feule fois chaque faifon, indiqueront tout fimplement le jour, le lieu, la force du détachement, & la nature des outils & des voitures.

Sur ces ordres, les détachemens s'étant rendus au commencement d'une femaine fur l'attelier indiqué, on diftribuera d'abord à chaque détachement une longueur de foffés proportionnée à fes forces, & on les poftera de fuite les uns au bout des autres. On fuivra cette manœuvre jufqu'à ce que les foffés foient faits, fur toute la partie que l'on aura cru pouvoir entreprendre dans une faifon ou dans une campagne. On fouillera enfuite l'encaiffement de même, & lorfqu'il fera ouvert & dreffé fur ladite longueur, on en ufera auffi de la même forte pour l'empierrement, en donnant chaque femaine pour tâche, à chaque détachement une longueur fuffifante d'encaiffement à remplir, qui fera proportionnée à la facilité ou à la difficulté du tirage & de la voiture de la pierre. Cet empierrement fe fera à l'ordinaire, couche par couche. Les tâches hebdomadaires feront marquées les unes au bout des autres. Le cailloutis ou jard fera amené & répandu enfuite, & les bermes feront ajuftées & réglées auffi fuivant la même méthode.

Si l'ouvrage public confifte en déblais, & en remblais dans une grande & profonde vallée, on place les détachemens fur les côtes qu'il faut trancher; on les difpofe fur une ou plufieurs lignes; on fait marcher les tombereaux par colonnes, ou de telle autre façon que la difpofition du lieu le permet; & comme dans ce genre de travail il ne fe voiture de terre qu'autant que l'on en fouille par jour, & qu'il feroit difficile d'apprécier ce que les pionniers peuvent fouiller pour une quantité quelconque de voitures, eu égard à la diftance du transport; c'eft par la quantité de voyages que chaque voiturier peut faire chaque jour, que l'on règle le travail du journalier. Un piqueur placé fur le lieu de la décharge, donne à cette fin une contre-marque à chaque voiturier pour chaque voyage; & comme chacun d'eux cherche à finir promptement la quantité qui lui eft prefcrite pour le jour & pour la femaine, chaque voiturier devient un piqueur qui preffe le manouvrier, & chaque manouvrier en eft un auffi vis-à-vis de tous les voituriers.

C'eft à l'intelligence de l'infpecteur à proportionner au jufte, chaque jour (parce que l'emplacement varie chaque jour ou au moins chaque femaine), la quantité de pionniers au nombre des voitures, & le nombre des voitures à la quantité de pionniers, de façon qu'il n'y ait point trop de voitures pour les uns, & trop peu de manouvriers pour les autres, fans quoi il arriveroit qu'il y auroit, ou une certaine quantité de voitures, ou une certaine quantité de manouvriers qui perdroient leur temps, ce qu'il eft de conféquence de prévoir & d'éviter dans les corvées. C'eft dans de tels ouvrages que les talens d'un infpecteur fe font connoître s'il en a, ou qu'il eft à portée d'en acquérir & de fe perfectionner dans l'art de conduire de grands atteliers. Enfin, de femblables travaux, par le nombre des travailleurs, par la belle difcipline que l'on y peut mettre, par le progrès furprenant qu'ils font chaque femaine & chaque faifon, méritent le nom d'ouvrages publics.

J'ai toujours évité, dit l'auteur de cet article, dans les travaux où je me fuis trouvé, compofés de quatre & cinq cens travailleurs, & d'un nombre proportionné de voitures, de faire mention, dans les ordonnances dont la difpenfation m'étoit confiée, de toutes les différentes parties dont l'ouvrage d'une grande route eft compofé, ainfi qu'on le pratique depuis long-temps fur la route de Tours au Château-de-Loir: on y donne fucceffivement des ordonnances pour les foffés, pour les déblais, pour les remblais, pour le tirage de la pierre, pour fa voiture,

& enfin pour le tirage & l'emploi du jard. Ou je me trompe, ou quand on multiplie ainfi aux yeux des peuples, que l'on fait travailler fans falaire, tous les différens objets de la corvée, on doit encore par-là la leur rendre plus à charge & plus infupportable. Et comment ne leur feroit-elle pas à charge, puifque pour ceux mêmes qui les conduifent, ces détails ne peuvent être que pénibles & laborieux? ces ordonnances mènent néceffairement à un détail infini; elles deviennent une pépinière immenfe d'états, de rôles, & de bien d'autres ordonnances qui en réfultent. Autant d'ordonnances, autant enfuite de diverfes branches de réfractaires qui pullulent de jour en jour. Une ordonnance pour cent toifes de pierre n'en produit que quatre-vingts; une ordonnance pour deux cens toifes de foffés, n'en produit que cent foixante; autant il en arrive pour les déblais & pour les remblais: on eft enfuite obligé de recourir à des fupplémens, & à de nouvelles impofitions qu'il faut encore faire & répartir fur le général: & tout ceci eft inévitable, non-feulement parce qu'il y a autant de petites fraudes qu'il y a de particuliers & de différens objets dans leurs tâches, mais encore parce que cette méthode ne pouvant manquer d'entraîner des longueurs, & demandant un nombre d'années confidérable pour une entière exécution, il y a fans ceffe des abfens dans les communautés, il y arrive un grand nombre de morts, & il fe fait de nouveaux privilégiés & des infolvables.

De l'expérience de tant d'inconvéniens, il en réfulte, ce me femble, que les ordonnances pour les corvées doivent fe borner à demander des jours, & que l'emploi de ces jours doit être laiffé à la direction des infpecteurs qui conduifent les ouvrages, pour qu'ils les appliquent fuivant le temps & le lieu, qui varient fuivant le progrès des travaux. Si les détachemens font au nombre de cinquante, il ne faut, le premier jour de la femaine, qu'une demi-matinée au plus, pour leur donner à chacun une tâche convenable. Les appels fe font par brigade le foir & le matin; on commence à cinq heures le matin, on finit à fept le foir; l'heure des repas & du repos eft réglée comme fur les ouvrages à prix d'argent. Dans tout ce qui peut intervenir chaque jour & chaque inftant, l'infpecteur ne doit vifer qu'au grand dans le détail, & éviter toutes les languiffantes minuties. Sa principale attention eft, comme j'ai dit, de mettre & de maintenir l'harmonie dans tous les mouvemens de ces bras réunis.

Les différens conducteurs dont il fe fert peuvent eux-mêmes y devenir très-intelligens; ces ouvrages feuls font capables d'en former d'excellens pour la conduite de travaux de moindre importance. Il n'en eft pas de même des corvées tarifées, les conducteurs qu'on y trouve n'ont pas même l'idée d'un ouvrage public; ils ne font que marcher du matin au foir, ils courent quatre lieues pour enregiftrer une demi-toife de pierre, qui fera peut-être volée le lendemain comme il arrive souvent, & ils font ensuite deux ou trois autres lieues, pour trois ou quatre toises de fossés ou quelques quarts de remblais, ils font devenus excellens piétons & grands marcheurs; mais ils seroient incapables, quoiqu'ils soient employés depuis bien du temps, de conduire un attelier de vingt hommes réunis, & de leur tracer de l'ouvrage.

La simplicité de l'autre méthode n'a pas besoin d'être plus développée, quant à présent, pour être conçue; passons à la manière d'administrer la police sur les corvoyeurs de ces grands atteliers, pour les contraindre quand ils refusent de venir sur les travaux, pour les maintenir dans le bon ordre quand ils y sont, & pour punir les querelleurs, les déserteurs, &c.

C'est une question qui a souvent été discutée, si cette police devoit être exercée par les inspecteurs, ou si l'autorité publique devoit toujours s'en réserver le soin. Pour définir & limiter l'étendue de leur ressort, il paroît que c'est la nature même de la chose sur laquelle réside la portion d'autorité qui leur est confiée, qui en doit déterminer & régler l'étendue; ainsi, on n'a qu'à appliquer ce principe à la police particulière que les corvées demandent, pour savoir jusqu'à quel point l'autorité publique doit en prendre elle-même le détail, & où elle peut ensuite s'en rapporter aux inspecteurs qu'elle a cru capables de les conduire, & qu'elle n'a choisis qu'à cette fin.

Les travailleurs dont on se sert dans les travaux publics, font, ou volontaires ou forcés. S'ils font volontaires, comme dans les travaux à prix d'argent, le soin de leur conduite semble devoir appartenir à ceux qui président directement sur l'ouvrage; ces travailleurs font venus de gré se ranger sous leur police & sous leurs ordres, & ceux qui les commandent, connoissent seuls parfaitement la nature & la conséquence des désordres qui peuvent y arriver.

S'ils font forcés, comme dans les corvées, alors il est très-sensible que l'autorité publique, qui veille sur les peuples où les travailleurs forcés sont pris, doit entrer nécessairement pour cette partie qui intéresse tout l'état, dans le détail du service des corvées. C'est parce que ces travailleurs font peuples, qu'il n'y a d'avoir que les intendances & les subdélégations qui puissent décider du choix des paroisses, en régler la quantité, étendre ou modérer la durée de l'ouvrage, & en donner le premier signal; il n'y a que dans ces bureaux où l'on soit parfaitement instruit de la bonté ou de la misère du temps, des facultés des communautés, & des vues générales de l'état. Mais lorsque ces peuples font ensuite devenus travailleurs par le choix de la puissance publique, ils deviennent en même temps & par cette même raison, soumis à l'autorité particulière qui préside sur le travail; il conviendra donc que pendant tout le temps qui aura été désigné, ils soient directement alors sous la police

des ingénieurs & des inspecteurs, sur qui roule particuliérement le détail de l'ouvrage, qui doivent faire l'emploi convenable, suivant le temps & suivant le lieu, de tous les bras qu'on ne leur donne que parce que leur talent & leur état est d'en régler l'usage & tous les mouvemens.

Par la nature de la chose même, il paroîtroit ainsi décidé que les corvoyeurs, comme peuples, seroient appellés & rappellés des travaux par le canal direct de l'autorité supérieure, & qu'en qualité de travailleurs ils seront ensuite sous la police des ingénieurs & inspecteurs; que ce doivent être ces derniers qui donneront à chacun sa part, sa tâche, & sa portion de la façon que la disposition & la nature de l'ouvrage indiqueront être nécessaire, pour le bien commun de l'ouvrage & de l'ouvrier; que ce seront eux qui feront venir les absens, qui puniront les réfractaires, les paresseux, les querelleurs, &c. & qui exerceront une police réglée & journalière sur tous ceux qui leur auront été confiés comme travailleurs. Eux seuls en effet peuvent connoître la nature & la conséquence des délits, eux seuls résident sur l'ouvrage où les travailleurs font rassemblés; eux seuls peuvent donc rendre à tous la justice convenable & nécessaire. Bien entendu néanmoins que ces inspecteurs feront indispensablement tenus vis-à-vis de l'autorité publique (qui ne peut perdre de vue les travailleurs parce qu'ils font peuples), à lui rendre un compte fidèle & fréquent de tout ce qui se passe parmi les travailleurs, ainsi que du progrès de l'ouvrage.

Ce qui m'a presque toujours porté, dit l'auteur, à regarder ces maximes comme les meilleures; ce n'est pas uniquement parce qu'elles font tirées de la nature des choses, c'est aussi parce que j'en ai toujours vu l'application heureuse, & que je n'ai reconnu que des inconvéniens fort à charge aux peuples, & très-contraires aux ouvrages, quand on s'est écarté de ce genre de police.

Comment, en effet, les bureaux d'une intendance, ou un subdélégué dans son cabinet, peuvent-ils pourvoir au bon ordre des travaux dont ils font toujours éloignés? Les délits qui s'y commettent font des délits de chaque jour, qu'il faut punir chaque jour; ce font des délits de chaque instant, qu'il faut réprimer à chaque instant; l'impunité d'une seule journée fait en peu de temps, d'un ouvrage public, une solitude, ainsi qu'il est arrivé sur la route de Tours au Château-du-Loir, à cause de la police composée & nécessairement languissante qui y a toujours été exercée: on y punit à la vérité, mais c'est par crise & par accès; il n'y a point une police journalière; & elle ne peut y être, parce qu'il faut recourir, suivant la position des élections, à des autori & disperfées. Les subdélégués ou autres personnes sur qui l'autorité supérieure se décharge de ce soin, trouvent souvent, dans la bonté de leur cœur, des raisons & des moyens d'éluder ou de suspendre les actes d'une police qui ne doit jamais être interrompue. On pense même qu'une police est rigoureuse, lorsqu'elle n'est cependant qu'exacte; elle ne devient véritablement rigoureuse, que par faute d'exactitude dans son exercice journalier. Quand on a une fois imprimé l'esprit de subordination & de discipline, lorsqu'on a réglé dès le commencement la régie des travaux publics, comme le font les convois militaires & les pionniers dans les armées, les grands exemples de sévérité n'ont presque plus lieu; parce qu'il ne se trouve que point ou peu de réfractaires. J'ai bien plus souvent fait mettre, sur mes travaux, des corvoyeurs en prison parce qu'ils étoient venus tard, ou qu'ils s'étoient retirés le soir avant l'heure, que parce qu'ils n'étoient point venu du tout. C'est un des plus grands avantages de la méthode que je propose, & qui lui est unique, d'être ainsi peu sujette aux réfractaires, parce que le brigadier de chaque détachement, apportant au commencement de la semaine le rôle de sa brigade, arrêté par le syndic, il ne peut s'absenter un seul homme qui ne soit, en arrivant, dénoncé par tous les autres; ce qui ne peut jamais arriver dans la *corvée divisée*, parce que chacun travaillant séparément l'un de l'autre, & ayant des tâches distinctes, l'intérêt commun en est ôté, & qu'il importe peu à chaque corvoyeur en particulier, que les autres travaillent ou ne travaillent pas: on peut juger par cela seul combien il est essentiel de ne jamais déchirer les travaux publics.

Il n'est pas étonnant au reste, que des bureaux ayant rarement réussi quand ils ont été chargés du détail de cette police; le service des travaux publics demande une expérience particulière, que les personnes qui composent ces bureaux n'ont point été à portée d'acquérir, parce qu'elles n'ont jamais vu de près le détail & la nature de ces ouvrages. Il faut pour les conduire un art qui leur est propre, auquel il est difficile que l'esprit & le génie même puissent suppléer, puisqu'il ne s'acquiert que sur le lieu, par la pratique & par l'expérience. J'ai par-devers moi plusieurs exemples des singuliers écarts où l'on a donné dans ces bureaux, quand on y a voulu, la plume à la main & le cœur plein de sentimens équitables, régler les punitions & les frais de garnison que l'on avoit envoyée dans les paroisses. On y demande, par exemple, qu'en répartissant sur tous les réfractaires, ces frais qui montent ordinairement à douze, quinze, ou dix-huit francs, on ait égard aux divers espaces de temps que les particuliers auront été sans travailler, au plus ou au moins d'exactitude avec laquelle ils y seront revenus, en conséquence des ordres dont le cavalier aura été le porteur, enfin, sur la quantité de la tâche qu'ils redoivent chacun, & sur la nature, qui consiste, ou en déblais, ou en remblais, ou en fossé, ou en tirage, ou en voiture des pierres, & qui quelquefois est composée de plusieurs de ces objets ensemble. Ces calculs se font avec la plus grande précision, & l'on m'a même

renvoyé un jour une de ces répartitions à calculer de nouveau, parce qu'il y avoit erreur de quelques sous, sur un ou deux particuliers. Une telle précision est sans doute fort belle: mais, qui ne peut juger cependant que de tels problèmes sont beaucoup plus composés qu'ils ne sont importans, &, que, quoiqu'ils soient proposés par esprit de détail & d'équité, on s'attache trop néanmoins à cette justice minutieuse dont j'ai parlé, que ne supportent point les grands travaux, à des scrupules qui choquent la nature même de la *corvée*, & à des objets si multipliés, qu'ils font perdre de vue le grand & véritable objet de la police générale, qui est l'accélération des travaux dont la décharge du peuple dépend? Leur bien, en ce qui regarde les *corvées* qu'on leur fait faire, consistent, autant que mes lumières peuvent s'étendre, à faire ensorte que le nom du roi soit toujours respecté; que l'autorité publique, représentée par l'intendant & dans ses ordres, ne soit jamais compromise; que ses plus petites ordonnances aient toujours une exécution ponctuelle, & que le corvoyeur obéisse enfin sans délai, & se rende sur l'heure à l'atteler à l'heure & au jour indiqués. De telles attentions, dans des bureaux, sont les seuls soins & les seules vues que l'on doit y avoir, parce qu'ils visent directement à la décharge des peuples par la prompte exécution des travaux qu'on leur impose.

Comme on n'a point encore vu en cette généralité une telle police en vigueur, on pourra peut-être penser d'avance qu'un service aussi exact & aussi militaire, doit extrêmement troubler la tranquillité des paroisses & la liberté des particuliers, & qu'il est indispensable, dans la conduite des *corvées*, de n'user au contraire que d'une police qui puisse se prêter au temps, en fermant plus ou moins les yeux sur les abus qui s'y passent. Le peuple est si misérable, dit-on: je conviens à la vérité de sa misère; mais je ne conviens point que pour cette raison la police puisse jamais fléchir, & qu'elle doive être dans des temps plus ou moins exacte que dans d'autres; elle ne peut être, sujette à aucune souplesse sans se détruire pour jamais. Ainsi, ce ne doit point être quant à l'exactitude & à la précision du service, qu'il faut modérer la *corvée*; c'est seulement quant à sa durée. Dans les temps ordinaires le travail peut durer deux mois dans le printemps, & autant dans l'automne: si le temps est devenu plus dur, on peut alors ne faire que six semaines ou qu'un mois de *corvée* en chaque saison, & ne travailler même que quinze jours s'il le faut; mais pour la discipline elle doit être la même, aussi suivie pour quinze jours que pour quatre mois de travail, parce que l'on doit tirer proportionnellement autant de fruit de la *corvée* la plus courte que de la *corvée* la plus longue. Enfin, il vaut mieux passer une campagne ou deux sans travailler, si les calamités le demandent, que de faire dégénérer le service.

Ce mémoire est de M. *Boulanger*, sous-ingénieur

des ponts & chaussées dans la généralité de Tours, lui fait honneur par la vérité de ses vues, & n'en fait pas moins au supérieur auquel il a été présenté, par la bonté avec laquelle il l'a reçu. Nous n'avons pas cru y devoir rien changer, quoique composé il y a plus de trente ans, parce que les *corvées* subsistant encore à-peu-près dans le même état où elles étoient lorsqu'il l'écrivoit, les vues & les précautions qu'il indique peuvent être utiles aux administrateurs des ponts & chaussées.

Pour ne rien laisser à desirer sur cette matière nous observerons que les auteurs qui, depuis plusieurs années, ont écrit sur les matières politiques & économiques, se sont élevés avec zèle contre les *corvées*.

Ils ont soutenu que la *corvée* en nature étoit un des plus grands obstacles à l'agriculture & au bonheur des nations où elle est exigée. Ils ont dit qu'elle étoit un impôt mis directement sur ceux qui n'y avoient que peu ou point d'intérêt ; que cet impôt ne portoit que sur une partie de ceux qui devoient y contribuer ; qu'il étoit inégalement reparti ; que les paroisses limitrophes des chemins en supportoient seules un fardeau trop lourd pour elles ; que cet impôt coûtoit réellement en sommes pécuniaires, en journées d'hommes & de d'animaux, en dépérissement de voitures, & autres frais inévitables, le double de la valeur du travail qui en résulte ; qu'enfin cet impôt, en détournant les cultivateurs de leurs travaux productifs, anéantissoit, avant leur naissance, les productions qui auroient été le fruit de ces mêmes travaux ; & que par cette déprédation on faisoit coûter aux cultivateurs, aux propriétaires, à l'état, cent fois peut-être la valeur du travail des corvéables.

Ces considérations adoptées par M. Turgot, alors contrôleur général des finances, produisirent au mois de février 1776, un édit enregistré au parlement le 12 mars suivant, par lequel le roi défend d'exiger à l'avenir, d'aucuns de ses sujets, aucun travail gratuit ni forcé, sous le nom de *corvée*, ou sous quelque autre dénomination que ce puisse être, soit pour la construction des chemins, soit pour tout autre ouvrage public, si ce n'est en temps de guerre pour la défense du pays.

Il ordonne qu'à l'avenir les constructions & entretiens des routes se feront à prix d'argent, en vertu de devis & adjudications, dans la forme qui sera arrêtée dans son conseil ; que pour satisfaire au paiement de ces dépenses, ainsi qu'aux indemnités dues aux propriétaires des héritages qu'il sera nécessaire de traverser, des bâtimens qu'il faudra démolir, de ceux qui seront dégradés par l'extraction des matériaux, il sera arrêté tous les ans au conseil un état des dépenses de chaque généralité, dont la contribution sera imposée sur tous les propriétaires de biens-fonds & droits réels, sujets aux vingtièmes, en proportion de leur cotisation au rôle de cette imposition ; qu'il sera fait quatre ex-

péditions de chaque état, qui seront déposées, la première, au greffe du parlement, la seconde, à celui de la chambre des comptes, la troisième, à celui de la cour des aides, la dernière à celui du bureau des finances de la généralité pour laquelle il aura été fait.

Cet édit, dont le préambule sera, pour la postérité, un témoignage éclatant de la bonté, de la bienfaisance, & de l'amour de Louis XVI pour ses sujets, essuya des contradictions.

Le parlement de Paris crut devoir y opposer des remontrances. Elles sont fondées d'abord, sur ce que l'impôt, mis à la place de la corvée, est un impôt territorial, qui anéantiroit la distinction des ordres de l'état, & produiroit par-là le renversement de la société civile, qui ne se maintient que par une gradation de pouvoirs, d'autorités, de prééminences, de distinction, qui garde chacun à sa place, & garantit tous les états de la confusion.

On y établit ensuite que, dans le droit, la *corvée* a fait partie, dans tous les temps, des droits annexés à la couronne, & dans le fait, qu'elle a toujours été portée par la dernière classe des citoyens, sans que les deux ordres supérieurs, le clergé & la noblesse, y aient été assujettis. D'où l'on conclut que c'est d'après cet examen qu'on eut recours, en 1726, aux *corvées*.

On cherche ensuite à effrayer le roi sur les suites de l'établissement du nouvel impôt : 1°. par la crainte des procès qu'il peut occasionner entre les propriétaires & les fermiers des biens de campagne : 2°. par la raison qu'il se percevra sur le pauvre manouvrier, qui ne possède ni fonds ni propriété, & qui n'étoit tenu qu'à donner quelques journées dans les saisons mortes : 3°. parce que cette charge subsistera perpétuellement, puisque son objet exigera toujours des fonds nécessaires pour subvenir à ses dépenses ; enfin, parce qu'il est à craindre que dans les besoins de l'état l'on n'applique à un nouvel emploi le produit de cette imposition ; ainsi qu'il est arrivé pour la taille, taillon, turcies & levées, ponts & chaussées, hôpitaux, dixième, quinzième d'amortissement, dont la majeure partie des fonds n'est plus employée à leur destination primitive.

Dans ce cas la *corvée* en nature sera rétablie, & le corvéable se trouvera chargé d'un double fardeau.

On y discute enfin les immunités & exemptions, qui, de tout temps, ont appartenu au clergé & à la noblesse, fondés sur la maxime généralement admise, que *nul n'est corvéable s'il n'est taillable* ; & on les termine en représentant au roi que l'établissement du nouvel impôt, & la suppression de la *corvée*, tendent évidemment à l'anéantissement des franchises primitives des nobles & des ecclésiastiques, à la confusion des états, & à l'interversion des principes constitutifs de la monarchie.

Ces remontrances eurent bientôt leur effet sous le

le ministère de M. de Clugny, qui succéda à M. Turgot; une déclaration du roi, du mois d'août 1776, rétablit par provision la *corvée* sur l'ancien pied.

Nous ne ferons aucune réflexion sur la manière si différente de voir l'imposition de la *corvée*, qu'on rencontre entre les écrits des économistes & les remontrances du parlement, & nous terminerons cet article par l'extrait d'un mémoire sur les *corvées*, présenté aux états de Bretagne par M. le vicomte de Toustain, & déposé en 1776, au greffe de ces mêmes états, par une délibération unanime des trois ordres.

Telle est la marche de cet ouvrage, connu sous le titre de *pro aris & focis*. L'auteur le consacrant à l'utilité des trois ordres de l'état, entre lesquels il veut de l'émulation & point de rivalité; le dédie à trois citoyens, dont un ecclésiastique, un noble, un roturier. En vous le présentant, dit-il, je crois l'offrir aux lumières, au patriotisme & à l'amitié.

L'auteur parcourt succinctement les causes de la dépopulation de la Bretagne, & après avoir montré le remède à côté du mal, il trouve que cette province compte plus de cent cinquante mille de ses enfans dans la foule d'êtres intelligens & sensibles, directement intéressés, d'un bout du royaume à l'autre, à reconnoître & bénir la suppression des *corvées*. Il détaille les motifs en vertu desquels les ecclésiastiques, comme ministres de l'évangile & comme membres de l'état; la noblesse, corps antique & généreux; le tiers-état, représenté par des hommes recommandables & choisis, doivent applaudir au bien que le gouvernement veut faire à la multitude, dans le bonheur de laquelle les principes humains de l'auteur font consister la prospérité générale. Mais il apperçoit de grands inconvéniens dans la nature de l'impôt établi la quinzième année de paix, par l'édit de suppression des *corvées*, quoique, de son aveu, cet édit opère la suppression même d'un plus grand impôt. Après avoir déduit l'origine, l'utilité, les rangs des différentes classes, il cherche un moyen qui, ménageant également les personnes & les corps, pourvoie à l'ouverture, à l'entretien, à la confection des routes, sans revenir contre l'abolition très-louable des *corvées*, sans fouler les contribuables, sans léser les ordres. Il rejette, par des raisons énergiquement développées, la ressource meurtrière des péages & des barrières. La taxe sur les seuls propriétaires, la taxe répartie sur les fonds & l'industrie, la taxe sur les personnes & les effets ou denrées qui voyagent, sont trois impositions qu'il ne songe point à proposer. D'après un calcul raisonné sur le nombre & l'emploi de nos troupes, il trouve qu'elles ne pourroient fournir plus de trente-cinq mille auxiliaires au travail des routes; (nombre très-insuffisant) qu'à l'argent nécessaire pour la haute paie qu'on ne pourroit leur refuser, il faudroit joindre celui que pourroient coûter les hommes qu'on leur associeroit dans ce travail, &

que ces frais doivent aussi comprendre les outils, voitures & charrois.

Pour trouver cet argent, l'auteur, après avoir peint des plus vives couleurs les effets contraires de la considération & de la décadence du mariage chez les peuples anciens & modernes qui ont joué de grands rôles sur la scène du monde, propose un doublement de capitation dans le tiers-état, sur tous les célibataires de chaque sexe au-dessus de vingt-cinq ans; & par une suite de combinaisons il range, dans cette classe de contribuables, tous les veufs & veuves de l'âge de trente-quatre à quarante-six ans, qui n'auroient jamais eu d'enfans, avec attention de ne jamais les imposer avant ni après ce terme. L'auteur expose avec force & vérité les avantages politiques & moraux qui ne manqueroient pas de résulter de la faveur rendue à l'état du mariage, par les détails, l'influence & les suites d'une opération, qui, n'imposant aux célibataires qu'une taxe modique & légitime, & point du tout une amende onéreuse & flétrissante, rendroit leur état aussi cher, aussi profitable qu'il puisse jamais l'être à la société. M. de Toustain ne pense à contraindre qui que ce soit aux chaînes matrimoniales, encore moins à indiquer une nouvelle source d'impôts. Mais il dit que toutes les fois qu'il y aura nécessité d'établir des levées nouvelles, il est juste & raisonnable de les faire porter de préférence sur les têtes déjà moins chargées.

Bien que par les raisons alléguées dans son livre, le troisième ordre lui paroisse en état de supporter seul la taxe établie pour l'extinction ou supplément de la *corvée*, à laquelle il étoit seul assujetti, M. de Toustain propose aux deux ordres supérieurs de venir fraternellement, par les moyens à la fois les plus doux & les plus proportionnels, au secours du troisième. Il croit l'immunité sacerdotale, inhérente à la seule personne du prêtre, & nullement à ses possessions territoriales ou pécuniaires, lesquelles, à son avis, ne sont qu'instantanées, précaires & gratuites. Son parallèle du clergé catholique & de la tribu de Lévi, démontre assez l'erreur de ceux qui confondent mal-à-propos la loi nouvelle avec l'ancienne, font parler Jesus-Christ comme Moyse, oublient que le divin fils de Marie paya le tribut pour lui-même & pour S. Pierre, & s'imaginent que les revenus de notre clergé sont plus particulièrement, plus expressément de droit divin, que toute espèce de fondation, possession, donation, institution, convention humaines. Il est persuadé que les véritables droits des ecclésiastiques, bienfaiteurs temporels des peuples dont ils sont les pasteurs spirituels, ne recevroient aucune atteinte de l'assujettissement de leurs bénéfices, aux dispositions de l'édit de suppression des *corvées*.

Il en vient ensuite aux prérogatives de la noblesse, qu'il établit sur la base même d'un bon gouvernement. Mais il veut, ainsi que le président de Montesquieu & le comte du Buat, que cet ordre illuftre, auquel, du côté des richeffes, il permet de conferver plutôt que d'acquérir, fe nourriffe, fe contente principalement d'objets analogues à l'éclat & à l'honneur. Et comme il parle pour un pays d'état & d'abonnement, où la capitation de la nobleffe & celle du tiers-état forment deux maffes diftinctes, voici les défalcations & reverfemens qu'il propofe d'un ordre à l'autre, & qui prouvent fon impartialité. Il rejette dans le rôle & à la décharge du tiers-état, moitié à la maffe de la capitation de cet ordre, moitié à la fomme que les célibataires fourniroient pour les chemins, 1°. toute nobleffe dormante ou ayant dormi jufqu'à la dixième année de la déclaration au greffe, qu'on peut appeller fon réveil; 2°. tous les annoblis ou defcendans d'annoblis, par finance ou par charge, qui n'auront pas encore atteint la cinquième génération, ou l'époque néceffaire pour fiéger aux états; 3°. jufqu'au premier partage noble, ou jufqu'à la troifième génération, tous les annoblis ou defcendans d'annoblis, fans finance, par fervices fignalés, ou par décoration, foit d'épée, foit de haute magiftrature.

Si la raifon ou l'humanité prefcrivent de plus grands égards pour les gentilshommes mariés, la politique défend aucune manœuvre contre les célibataires nobles. D'ailleurs une taxe proportionnelle fur eux, produiroit moins que la défalcation propofée de plufieurs cotes riches & nouvelles de la capitation de la nobleffe; défalcation qui tourne réellement au refoulement peu dur de toute la nobleffe, & au foulagement très-fenfible de tout le tiers-état. Point d'antipathie, dit M. de Touftain, entre les claffes & les profeffions : toutes font fœurs, comme les hommes qui les exercent font des frères; toutes font refpectables & chères, en raifon des fruits qu'elles rapportent, des talens, du courage, des vertus, des facrifices qu'elles exigent. L'ordre inftructeur, ajoute-t-il, (l'églife) lié toujours aux deux autres par la naiffance & la parenté, ne leur refufera jamais l'exemple de la juftice, de la bienfaifance & du défintéreffement. L'ordre protecteur & privilégié (la nobleffe) doit avoir des limites, fans lefquelles néceffairement il tombe & fe confond. L'ordre nourricier (le tiers-état) ne fauroit être affez nombreux.

M. le vicomte de Touftain n'ayant été combattu ni par le clergé, ni par la nobleffe, auxquels il préfente, pag. 48 à 50, une récapitulation frappante de fes motifs, & dont il défend avec zèle les véritables prérogatives, nous nous contenterons de rapporter la réponfe qu'il fait d'avance à plufieurs citoyens, dont il attendoit plutôt le confentement que les objections.

« Ce projet répugneroit-il au tiers-état ? Nous » n'en ferions pas moins furpris qu'affligés. Voyez » combien, par nos difpofitions, cet ordre, qui » compofe, non les premières claffes, mais les » plus nombreufes & les plus actives de la fociété, » acquiert d'avantages favorables à fa tranquillité, » à fa confidération, à fon aifance, à fa popula-» tion : à fa tranquillité, par l'affranchiffement des » corvées & de toutes les vexations qu'elles en-» traînent; à fa confidération, par le frein qu'on » impofe à l'ambition de fes principaux membres, » pour empêcher leur paffage fubit & précipité » dans l'ordre fupérieur ; à fon aifance, par le » double foulagement que lui procurent la con-» tribution du clergé, & la capitation des familles » nobles qui n'auront point encore fait fouche; » à fa population, puifque la taxe ne porte que » fur les célibataires ».

M. de Touftain croit encore que des amendes févères, fur la foule de ceux qui, depuis vingt ans ont, au mépris des loix & des réglemens, ufurpé le port d'armes & la qualité d'écuyer, fourniroient un contingent fenfible à la confection & à l'entretien des routes. Il cite auffi l'opinion de ceux qui fe perfuadent qu'on parviendroit au même but par une taxe fur les terres vagues ou abandonnées, attendu qu'elles font, à l'agriculture, ce que les célibataires font à la population, & qu'il faut donner autant d'aiguillon à la pareffe, que de frein à l'avidité. Mais pour ne point s'écarter des principes de juftice & d'encouragement favorables à cette dernière vue, il voudroit, en diminuant les autres impôts, étendre à vingt-cinq ou trente ans le terme pendant lequel une terre, nouvellement défrichée ou mife en valeur, feroit exempte de toute dixme & redevance eccléfiaftique.

Dans une des differtations du même volume, l'auteur infinue avec quels avantages & à quelles conditions on pourroit profiter du rappel des proteftans pour les corvées itinéraires du royaume. Il réfute fans détour & fans aigreur les principes & les affertions, par lefquels l'abbé de Caveyrac a cru faire l'apologie de la révocation de l'édit de Nantes, & pallier les horreurs de la faint-Barthélemi.

La dernière partie de ce livre patriotique démontre auffi combien, par les jours à rendre au travail, & par les fommes à remettre en circulation, l'on pourroit augmenter les fubfiftances en raifon de l'accroiffement de peuple qui proviendroit de la diminution du célibat.

Dans un autre mémoire de M. le vicomte de Touftain, fur différens objets d'économie politique, on trouve ces mots, relatifs à l'article que nous traitons : « en attendant l'exécution de quelques-» uns des moyens qu'on a voulu fubftituer à la » corvée, ne pourroit-on pas en borner l'exercice » à quelques jours de fêtes, & même conduire » en proceffion, avec une allégreffe religieufe, les » travailleurs à l'attelier ? Gardons-nous de ridicu-» lifer ce confeil pieux & patriotique. C'eft de » tels moyens, & dans des jours ainfi confa-» crés, que du quatrième au treizième fiècle, la » dévotion des fidèles élevoit gratuitement des » églifes & des monaftères. Or, certes un grand » chemin vaut bien un couvent.... C'eft une de

» nos contradictions, à la fois plaisantes & perni-
» cieuses, que la protection accordée aux ordres
» mendians, lorsqu'on cherche de toutes parts la
» suppression de la mendicité. Quant aux autres
» sociétés claustrales, de deux choses l'une. Elles
» peuvent ou ne peuvent pas suffire à l'entretien
» de leurs membres. Dans le second cas, qui les
» oblige à recevoir des novices? Dans le premier,
» la société civile, pour s'indemniser, au moins
» en partie, du sujet qu'elle va perdre, ne pour-
» roit-elle pas retenir, à chaque profession monas-
» tique, pour l'exécution des routes ou autres ou-
» vrages publics, l'argent destiné aux dots, sur-
» tout à celles des religieuses, dots contraires à
» plusieurs canons, & sur-tout à l'esprit & à la
» lettre du vœu de pauvreté » ?

CO-SEIGNEUR, f. m. (*Jurispr.*) est celui qui
a droit, avec quelque autre, à une même justice ou
seigneurie directe; ainsi, ceux auxquels appartient
un droit de justice par indivis, sont *co-seigneurs*
justiciers du lieu sur lequel s'étend ce droit de
justice : ceux auxquels appartient un même fief,
sont *co-seigneurs* féodaux. Les *co-seigneurs* sont ordinairement tous égaux quant à la qualité du droit,
mais non pas quant à la quotité; l'un peut avoir les
deux tiers, un autre le tiers, ou autres portions plus
ou moins grandes, ce qui n'empêche pas qu'ils
ne soient *co-seigneurs*. S'il n'y a point de partage
du fief entre eux, ils sont *co-seigneurs* par indivis;
si le fief est partagé quant au domaine, ils sont
toujours *co-seigneurs*, parce que le partage n'empêche pas que ce ne soit toujours le même fief dont
ils possèdent chacun une portion. Mais si le fief
étoit démembré, & que ce démembrement fût
permis par la coutume, ou approuvé par le seigneur dominant, ceux qui possèdent les différentes
portions du fief servant, ne sont point *co-seigneurs*,
parce que le démembrement dit d'un
seul fief, en fait plusieurs distincts & séparés. Si
le seigneur s'est seulement joué de son fief, soit
par son inféodation, soit à titre de cens ou rente,
ou par vente, ceux qui tiennent leur droit de lui,
ne sont point ses *co-seigneurs*, n'étant point ses égaux
pour la qualité en laquelle ils le possèdent.

Lorsque, dans une même paroisse, il y a plusieurs
seigneurs de fief & seigneurs hauts-justiciers, le
seigneur qui a la haute justice sur le terrein sur
lequel est bâtie l'église, est seul en droit de se dire
seigneur de la paroisse; les autres seigneurs justiciers ou féodaux ne sont point ses *co-seigneurs*, &
ne peuvent pas se qualifier seigneurs du même lieu,
non pas même seigneurs en partie, mais seulement
d'un tel fief ou justice assis dans ce lieu. Lorsque
le même fief ou justice est partagé entre plusieurs,
celui qui a le château ou principal manoir, ou qui
a la plus considérable partie du fief ou de la justice,
peut se dire seigneur du lieu, sans aucune restriction; les autres *co-seigneurs* ne peuvent se dire que
seigneurs en partie.

Celui qui a la plus grande portion de la seigneurie

ou justice, a droit de garder les titres communs,
à la charge d'en aider ses *co-seigneurs*; s'ils étoient
tous seigneurs par égales portions, & qu'ils ne con-
vinssent pas à l'amiable lequel d'entre eux gardera
les titres, il faudroit les tirer au sort. *Voyez* Gosson
sur l'art. 15 de la *coutume d'Artois*, n. 8.

L'un des *co-seigneurs* peut, faute de foi & hommage, saisir seul féodalement tout le fief mouvant
de lui & de ses *co-seigneurs*, sans qu'il ait besoin
pour cela d'un pouvoir ou consentement de leur
part; mais il ne peut recevoir la foi & hommage,
& tenir le fief couvert pour la part de ses *co-seigneurs*, sans leur consentement.

Quant à la manière dont les *co-seigneurs* jouissent
des droits honorifiques, *voyez le Traité de* Maréchal
& celui de M. Guyot. (*A*)

COTE, f. f. (*Jurispr.*) a plusieurs significations
différentes; quelquefois ce terme se prend pour une
lettre ou chiffre que l'on met au bas de chaque
pièce mentionnée dans un inventaire ou dans une
production, pour les distinguer les unes des autres,
& les reconnoître & trouver plus aisément. Le mot
cote, en ce sens, vient du latin *quot* ou *quota*, parce
que la lettre ou le chiffre marque si la *cote* est la
première ou la seconde, ou autre subséquente.
On comprend ordinairement sous une même *cote*,
toutes les pièces qui ont rapport au même objet; &
alors la lettre ou chiffre ne se met sur aucune des pièces
en particulier, mais sur un dossier auquel elles sont
attachées ensemble. Ce dossier, qu'on appelle aussi
cote, contient ordinairement un titre qui annonce
la qualité des pièces attachées sous cette *cote*; & si
c'est d'une production, le nom des parties pour
& contre, le numéro du sac dont ces pièces font
partie, le nom des procureurs, & enfin la *cote*
proprement dite, qui est la lettre ou chiffre relatif
aux pièces de cette liasse. *Voyez ci-après* COTER.

Cote signifie aussi la part que chacun doit payer
d'une dépense, dette, ou imposition commune;
cela s'appelle *cote* ou *cote-part*, quasi *quota pars*. (*A*)

Cote d'un dossier, est une feuille de papier qui
enveloppe des pièces, & sur laquelle on met en
titre, les noms des parties, de l'avocat, des procureurs. *Voyez ci-après* COTER. (*A*)

COTE d'inventaire, est la lettre ou chiffre qui
est marqué sur chaque pièce inventoriée, ou sur
chaque liasse des pièces attachées ensemble. On *cote*
ainsi les pièces dans les inventaires qui se font après
le décès de quelqu'un, ou en cas de faillite, séparation, &c. On les *cote* pareillement dans les inventaires de production qui se font dans les instances appointées, & dans les productions nouvelles
qui se font par requête; dans les procès-verbaux
qui se font pour la description, reconnoissance,
& vérification de certaines pièces. (*A*)

COTE mal-taillée, se dit d'un compte qu'on a
arrêté sans exiger tout ce qui pouvoit être dû,
& où l'on a rabattu quelque chose de part & d'autre.
Ce terme *mal-taillée*, vient de ce qu'anciennement,
lorsque l'usage de l'écriture étoit peu com-

mun en France, ceux qui avoient des comptes à faire ensemble, marquoient le nombre des fournitures ou paiemens sur des tailles de bois, qui étoient un léger morceau de bois refendu en deux, dont chacun gardoit un côté; & lorsqu'il étoit question de marquer quelque chose, on rapprochoit les deux parties qui devoient se rapporter l'une à l'autre, & l'on faisoit, en travers des deux pièces une taille ou entaille dans le bois avec un couteau, pour marquer un nombre : quand ces deux parties ou pièces ne se rapportoient pas pour le nombre de tailles ou marques, cela s'appelloit *une cote mal-taillée*, c'est-à-dire que la quantité dont il s'agissoit étoit mal marquée sur la taille. De même aussi ceux qui trouvent de la difficulté sur quelques articles d'un compte, lorsqu'ils veulent se concilier & arrêter le compte, en usent comme on faisoit des *cotes mal-taillées*, c'est-à-dire que chacun se relâche de quelque chose. (*A*)

COTE-MORTE, (*Droit ecclésiastique.*) c'est le nom que l'on donne à la succession d'un religieux curé; celle de tout autre religieux bénéficier, ou non bénéficier, se nomme *pécule*.

Les principes sur les successions des religieux curés, sont différens de ceux qui règlent les successions des religieux non curés. Nous parlerons de ces dernières sous le mot PÉCULE, & nous ne nous occuperons ici que des premières.

Dans les premiers siècles du christianisme, les biens que les clercs laissoient à leur décès, appartenoient aux églises qu'ils avoient desservies; leurs héritiers civils n'y avoient aucun droit, & si à leur mort il y avoit des fruits échus ou à percevoir, leur successeur les recueilloit, suivant l'ancienne maxime *fructus successori servantur*.

Ces principes supposoient que les clercs ne possédoient rien en propriété; qu'ils n'étoient que les simples administrateurs des biens que l'église leur confioit l'emploi; que, s'ils n'en avoient pas fait usage pendant leur vie, l'église, qui n'avoit pas cessé d'en être propriétaire, avoit le droit d'en disposer, soit en les remettant à leurs successeurs, soit en les distribuant aux pauvres.

Mais par la suite des temps les clercs ne se dépouillant point de leurs biens patrimoniaux, héritant de leurs parens décédés, & faisant des acquisitions, leurs héritiers naturels ont réclamé leurs successions, comme n'étant pas composée de biens qui avoient appartenu à l'église. La justice sembloit exiger que l'on distinguât ce qui provenoit de leur famille, d'avec ce qui devoit être regardé comme le fruit des épargnes illicites faites sur le patrimoine des pauvres. Cette distinction eût entraîné de grandes difficultés & des contestations multipliées. On en coupa la racine, en établissant que les successions des clercs seroient réglées par les loix civiles; qu'à cet égard ils seroient dans la classe de tous les autres citoyens; qu'ils pourroient faire des dispositions à cause de mort ou testamentaires, &

qu'en cas de décès *ab intestat*, l'ordre de la nature & de la loi ne seroit point interrompu.

Mais il s'étoit élevé dans le sein du clergé une classe de clercs, qui, astreints à des loix particulières & autorisées, faisoient profession de ne rien posséder en propre : quoique morts civilement, ils formèrent certaines corporations reconnues dans l'état, & qui eurent la faculté de devenir propriétaires d'immeubles & d'autres biens. Les membres furent, par rapport au corps, ce qu'étoient à Rome les fils de famille, par rapport à leurs pères, & les esclaves, par rapport à leurs maîtres. Tout ce que les religieux & les moines purent acquérir, appartint au monastère. Ce qui fit naître l'axiome *quidquid acquirit monachus, monasterio acquirit*. L'incapacité de posséder rien en propre, n'eut pas, pour les religieux, la même cause que pour les fils de famille & les esclaves chez les Romains; ce ne fut point l'effet de la puissance du corps sur les membres, mais l'exécution d'une espèce de contrat contenu dans l'émission du vœu de pauvreté, qui est un de ceux que prononcent les religieux & les moines. Ce vœu, admis par la religion & par l'état, leur impose la nécessité d'être, non pas même les usufruitiers, mais les simples usagers de tout ce qui se trouve entre leurs mains. Cette pauvreté volontaire, & le dépouillement de toute propriété, si nécessaires à la perfection religieuse, furent en vigueur jusqu'à l'introduction des bénéfices en titre dans les ordres monastiques. Quoique les principes restassent toujours les mêmes, & que les obligations des religieux n'eussent pas changé, on vit cependant les titulaires des bénéfices réguliers, se conduire comme s'ils eussent possédé pour eux & non pas pour leur ordre. En vain les conciles leur avoient défendu de rien amasser & d'avoir même un pécule, sous peine d'excommunication & d'être privés de la sépulture ecclésiastique, la cupidité l'emporta sur les loix, & l'on vit fréquemment des religieux bénéficiers, laisser après eux des successions assez opulentes pour être réclamées & faire naître des contestations entre différens prétendans.

Mais, parmi les bénéfices réguliers, ceux qui paroissent les plus intéressans pour la religion & pour l'état, ce sont les cures. L'ordre de S. Augustin sur-tout en possède beaucoup : les religieux curés laissent des mobiliers souvent assez considérables, & quelquefois même des immeubles. A qui leurs successions doivent-elles appartenir ?

Il y a sur cette question deux opinions. Selon l'une, les monastères doivent hériter de la *cotemorte* des curés; selon l'autre, elle doit appartenir à la fabrique & aux pauvres de la paroisse.

La principale raison sur laquelle se fondent les partisans de cette dernière opinion, paroît très-solide. Ils disent que, suivant les anciennes règles de l'église, la succession des bénéficiers, & sur-tout des curés, a toujours été appliquée à l'église ou aux pauvres, & que le changement qui s'y est fait par rapport aux séculiers, & qui a eu pour motif la crainte de voir les biens des familles confondus avec ceux de l'église, ne concerne point les religieux qui y ont renoncé par leur profession, & n'en possèdent jamais aucuns.

Les communautés opposent les lettres de leurs fondations, les bulles des souverains pontifes & les lettres-patentes des rois qui ont incorporé les revenus des cures à leurs maisons, pour les doter & fournir à la subsistance des religieux. On trouve effectivement, dans la plupart des donations des cures aux monastères, cette clause *in sustentationem fratrum*. Elles joignent à cette première raison, les décrets de quelques conciles, entre autres de celui de Lillebonne, diocèse de Rouen, tenu en 1080 ou 1162, qui enjoignent aux religieux curés de rendre compte aux abbés & aux monastères, des revenus temporels de leurs bénéfices, & de ne retenir pour eux que ce qui est nécessaire à leur subsistance. Enfin, elles invoquent la maxime si connue, *quidquid acquirit monachus acquirit monasterio.*

Les défenseurs des fabriques & des pauvres répondent que les réglemens cités sont antérieurs au partage ou à la séparation qui s'est faite de la manse des monastères & de celle des curés : qu'on ne conteste point aux communautés les biens qui composent la première, telles que sont les grosses dixmes qu'elles perçoivent dans les paroisses; que la *cote-morte* d'un curé est moins le fruit des biens de la paroisse, que des épargnes qu'il a faites sur la portion assignée, tant à sa subsistance qu'à celle des pauvres, & que n'ayant point distribué pendant sa vie, aux indigens ce qu'il leur devoit, c'est une justice de payer sa dette après sa mort; que c'est mal-à-propos que les communautés invoquent la maxime, *quidquid acquirit monachus, monasterio acquirit.* Elle ne regarde que les simples religieux, qui, étant sous la puissance de leurs supérieurs, sont présumés avoir acquis, avec le bien de leur maison, tout ce qu'ils possèdent. Il n'en est pas de même des curés, sur-tout depuis qu'ils sont établis en titre, & qu'ils ont cessé d'être amovibles à la seule volonté de leurs chefs. Ils sont en quelque façon émancipés, & ne sont plus comptables qu'aux évêques de la conduite, soit temporelle, soit spirituelle, de leurs paroisses. Après la déclaration de 1686, le général d'un ordre ou congrégation de chanoines réguliers, exigea, dans un chapitre, un serment de ses religieux, par lequel ils s'engagèrent, dans le cas où ils seroient nommés curés, à laisser à leurs communautés l'entière disposition de leurs revenus. Les docteurs en théologie, consultés sur ce serment, le déclarèrent nul & contraire au droit commun. Ils prétendirent de plus, que les nominations faites en conséquence étoient simoniaques, parce qu'il y avoit au moins un pacte implicite entre le supérieur qui avoit donné les cures, & les particuliers qui les avoient acceptées.

Ces deux opinions, qui ont chacune leurs défenseurs, ont introduit une diversité de jurisprudence entre le parlement de Paris & le grand-conseil. Ce dernier tribunal décide en faveur des communautés, sur-tout lorsque leurs bulles ou lettres-patentes y ont été enregistrées : c'est ce qui résulte de plusieurs de ses arrêts, dont quelques-uns sont rapportés par Brillon au mot *Pécule.* Celui du 6 novembre 1712 que l'on trouve dans M. Piales, *Traité des réparations, tom. 2, pag. 466,* a été rendu au profit des Prémontrés, de l'abbaye de Notre-Dame d'Ardaine, & leur a adjugé la *cote-morte* de frere Norbert du Saussay, décédé prieur-curé de la paroisse du Breuil, & cela sans égard à la demande formée par les paroissiens. Celui du 17 novembre 1718, contient une espèce de règlement qui porte, que dès qu'un curé religieux sera mort, le scellé sera apposé, dans sa maison, par les officiers de la justice du lieu, à la requête du supérieur ou procureur-général de la maison dont dépend la cure, & que les deniers provenans de la vente des effets, seront remis entre ses mains pour acquitter préalablement les dettes & les charges de la succession.

Le parlement de Paris juge au contraire, que la *cote-morte* des religieux curés, appartient aux fabriques & aux pauvres des paroisses. Plusieurs de ses anciens arrêts, rapportés par Chopin, Soëfve & Bardet, l'avoient ainsi décidé, non pas sur les demandes des paroissiens, mais sur les conclusions du ministère public. La question y fut décidée contradictoirement, le 4 février 1710, entre les habitans de la paroisse de S. Léger, diocèse d'Amiens, & les religieux de l'abbaye de Selincourt, ordre de Prémontré, à l'occasion de la *cote-morte* d'un de leurs religieux, décédé en possession de cette cure. Sa dépouille se portoit à 5000 liv.; une sentence des requêtes du palais l'avoit adjugée aux religieux, à la charge de donner par eux 500 liv. à la fabrique, & pareille somme aux pauvres de la paroisse. Sur l'appel interjetté par les habitans, la sentence fut infirmée; la cour leur adjugeant les effets délaissés par frere Firmin Caron, ordonne que dès à présent, il en seroit distribué 300 liv. aux pauvres de la paroisse, & que le surplus seroit distribué à la fabrique & aux pauvres, suivant l'avis de l'évêque d'Amiens, &c. Cet arrêt, avec le mémoire fait par M. Tartarin, pour les habitans de S. Léger, se trouve dans les mémoires du clergé, *tom. 4, col. 1381;* dans Duperrai, *Traité des partages des fruits des bénéfices, pag. 293;* & M. Piales, *Traité des réparations, tom. 2, pag. 450.*

« Le clergé de France a désiré faire cesser cette diversité de jurisprudence, & faire adopter celle du parlement de Paris. Dans son assemblée de 1735 il demanda au roi une déclaration, qui ordonnât, qu'à l'avenir la *cote-morte* des religieux curés seroit partagée entre l'église & les pauvres, de l'avis de l'évêque diocésain; elle lui fut promise. Mais elle est restée parmi d'autres projets de loix, dont l'administration n'a pas sans doute pu s'occuper, & qui cependant seroient très-utiles.

Duperrai propose un tempérament entre la jurisprudence du parlement de Paris & celle du grand-conseil, par lequel, dit-il, elles pourroient se concilier. Il voudroit qu'on donnât quelque chose du pécule du religieux décédé, pour des meubles à l'usage du successeur, à condition que le prix & la valeur en seroient pris, par privilège, sur les meubles qu'il laisseroit. Il faudroit aussi lui laisser de quoi vivre jusqu'à la récolte; ce seroit, ajoute-t-il, un tempérament d'équité, les religieux n'ayant rien.

Ces vues de Duperrai sont sages; & si l'on s'occupoit de la déclaration sollicitée en 1735 par le clergé, peut-être seroit-il utile d'y apporter la modification proposée par ce jurisconsulte. On ne peut se dissimuler qu'en général les ecclésiastiques pourvus de cures, & sur-tout les religieux, sont obligés de contracter des dettes, & d'engager quelquefois une portion considérable de leurs revenus, pendant plusieurs années, pour se meubler d'une manière décente & convenable à leur état. Cet inconvénient, qui en est un réel, & presque inévitable pour les religieux, cesseroit si l'on ordonnoit que les presbytères resteroient garnis d'une certaine quantité de meubles meublans, dont les curés actuels seroient toujours chargés, & qui formeroient, en faveur de leurs successeurs, une espèce de substitution perpétuelle. Nous soumettons ces idées à la sagesse du gouvernement.

Au reste, que les *cotes-mortes* appartiennent, soit aux communautés religieuses, soit aux habitans des paroisses, il est certain que personne ne peut s'en approprier rien qu'après l'acquittement de toutes les charges, & la principale est celle des réparations dont étoit tenu le titulaire décédé. *Voyez les articles* COMMANDE & PÉCULE. (*Article de M. l'abbé* BERTOLIO, *avocat au parlement.*)

COTE *de sel*, est la quantité de sel que chacun est obligé de prendre à la gabelle, dans les pays voisins des salines, où le sel se distribue par impôts.

On appelle aussi *cote de sel*, l'article où chacun est employé sur le rôle de la répartition du sel.

La *cote de sel* de chaque particulier se règle à proportion de son état & de la consommation qu'il peut faire, à raison de quatorze personnes par minot. *Voyez* GABELLE, GRENIER A SEL, GRENIER D'IMPÔT, & SEL. (*A*)

CÔTÉ, s. m. (*Jurispr.*) on se sert en droit de ce terme pour désigner la parenté d'une personne, & l'ordre de sa succession. On distingue deux *côtés*, le paternel & le maternel.

Par les loix romaines, observées en pays de droit écrit, on ne distingue point deux *côtés* dans une même succession, c'est-à-dire que tous les biens d'un défunt, qui lui sont échus, tant du *côté* paternel que du *côté* maternel, appartiennent indifféremment au plus proche parent, soit paternel ou maternel, habile à succéder.

Dans les pays coutumiers au contraire, on distingue, dans les successions, les parens & les biens

du *côté* paternel, d'avec ceux du *côté* maternel. Le vœu général des coutumes est de conserver les biens de chaque *côté*, aux parens qui en sont, suivant la règle *paterna paternis, materna maternis*. Les coutumes ne sont cependant pas uniformes à ce sujet: on les divise en trois classes; savoir, les coutumes de simple *côté*, les coutumes de *côté* & ligne, & les coutumes souchères.

Le terme de *côté*, en cette occasion, signifie *la famille* en général de celui *de cujus*; & le terme *ligne*, désigne la branche particulière dont il est issu. *Voyez* PROPRE, SUCCESSION, RETRAIT LIGNAGER.

CÔTÉ *droit* & CÔTÉ *gauche*. A l'église & à la procession, le *côté droit* est ordinairement estimé le plus honorable; quelques-uns prétendent que c'est le *côté gauche* du chœur, parce qu'il répond à la droite du prêtre lorsqu'il se retourne vers le peuple: cela dépend beaucoup de la façon d'envisager les choses, & de l'usage du lieu. En Normandie le *côté gauche* du chœur est le plus estimé; suivant le droit commun, c'est le *côté droit*. Pour la position du banc du seigneur, cela dépend beaucoup de la disposition des lieux; le seigneur a le choix du *côté* qui lui convient le mieux.

Dans les tribunaux le *côté droit* est le plus honorable: on regarde comme *côté droit*, celui qui est à la droite du président. (*A*)

COTER, v. a. (*Jurispr.*) est marquer une pièce ou une liasse de pièces, d'un chiffre ou d'une lettre, pour distinguer ces pièces ou liasses les unes des autres, & les reconnoître & trouver plus facilement.

On *cotoit* autrefois les pièces par les paroles du *Pater*; de sorte que la première étoit *côté Pater*, la seconde, *noster*, & ainsi des autres successivement. Il y a, à la chambre des comptes, des registres qui sont ainsi *cotés*, & cela se pratique encore dans quelques provinces. En Bretagne, on dit *coter* & *millesimer*, pour dire qu'en *cotant* les pièces on les marque de chiffres depuis un jusqu'à mille.

L'usage à Paris, & dans la plupart des provinces, est de *coter* par chiffres les pièces & liasses, dans les inventaires qui se font après le décès d'un défunt; mais dans les inventaires de production & requêtes de productions nouvelles, on les *cote* par lettres. (*A*)

COTER *procureur*, c'est déclarer, dans un exploit, qu'un tel procureur occupera pour celui à la requête de qui l'exploit est donné. (*A*)

COTER *un sac ou dossier*. Nous avons expliqué ci-devant ce que c'est que la *cote* d'un *sac* ou *dossier*; mais lorsqu'on parle d'un *sac* ou *dossier*, *coté* tel procureur, on entend que le procureur qui occupe, a marqué son nom sur ce *sac* ou *dossier*; il marque son nom à droite, & celui de ses confrères, qui occupent contre lui, à gauche. (*A*)

COTERIE, s. f. ou COTIER, s. m. (*terme de Coutume.*) ces termes sont en usage dans la coutume d'Artois, où ils ont la même signification que celui de *main-ferme* dans celle du Hainaut; ils sont synonymes à ceux de *roturier* ou *censuel*: ainsi une *coterie*, ou un héritage *cotier*, & une *main-ferme* signifient un héritage roturier ou tenu à cens.

Suivant la coutume d'Artois les *coteries* doivent être relevées & droiturées dans sept jours, sinon elles sont réunies de plein droit à la table du seigneur. Les héritages *cotiers*, qui sont la même chose que *coteries*, ne peuvent, lorsqu'ils sont patrimoniaux, être aliénés, sans le consentement de l'héritier apparent. Les héritiers en égal degré succèdent aux *coteries* par égales portions; la femme à la moitié des *coteries* acquises par son mari. La dessaisine & saisine, & la saisie seigneuriale des *coteries* ou rotures mouvantes de la seigneurie vicomtière, doivent être faites en présence des hommes de fief & non des hommes *cotiers*, qui ne doivent point desservir les plaids de la justice du vicomte, puisqu'il y a des vassaux pour l'exercer.

On appelle *seigneur cotier* ou *foncier*, celui qui n'a, dans sa mouvance, que des rotures; & la *justice cotière* ou *foncière*, celle qui ne s'étend que sur des rotures; les hommes ou juges *cotiers* sont les propriétaires des héritages tenus en censive; pour ce qui concerne leur obligation par rapport à l'exercice de la justice, & leurs droits pour recevoir les contrats d'aliénation des héritages *cotiers* & les testamens, *voyez* HOMMES COTIERS, JUGES COTIERS, MAIN-FERME.

La coutume de Cambrai, *tit. 1, art. 74*, paroît attribuer au mot *coterie*, un sens inconnu dans les autres. Les *coteries* sont en cette province des espèces de fiefs, mais qui ont leurs règles particulières. Les véritables fiefs sont indivisibles en succession. S'il s'en trouve plusieurs dans une succession directe, & qu'il y ait aussi plusieurs héritiers mâles, le partage s'en fait par choix, & chaque choix emporte la totalité d'un fief. Dans une succession collatérale ils appartiennent tous au plus âgé des héritiers mâles. Il en est autrement des fiefs *cotiers*: ils se partagent également entre tous les héritiers, sans distinction de sexe ni de succession directe ou collatérale. Ils ne doivent pas plus de relief, ni d'autres droits seigneuriaux, que les main-fermes ou rotures, de sorte qu'ils approchent plus de la nature de cette dernière espèce de biens, que de celle des véritables fiefs. C'est ce qui a fait douter si les dispositions que la coutume renferme par rapport aux rotures, ne doivent pas plutôt s'appliquer aux fiefs *cotiers*, que celles qui concernent les fiefs véritables.

En conséquence on a demandé si un fief *cotier* pouvoit être sujet au droit de maineté qui n'a lieu que sur les main-fermes & point sur les fiefs. Cette question a souffert de la difficulté. D'un côté, l'art. 74, du titre premier de la coutume dont il s'agit, déclare que *fiefs cotiers tiennent nature d'autres terres que l'on dit main-fermes, & se partissent entre les cohéritiers, & ne doivent relief ni droits seigneuriaux autres que les terres de main-ferme de la seigneurie où*

ils sont situés: termes qui semblent insinuer que les fiefs *cotiers*, ne sont fiefs que de nom, & que par leur nature ils ne forment point une classe de biens séparée de celle des main-fermes. D'un autre côté, suivant l'article 8 du titre 8, *la maineté se prend seulement en héritage de main-fermes*. Ce mot *seulement*, exclut tous les héritages qui ne sont pas tels; & de peur que ces termes ne soient pas assez clairs, la coutume répète la même disposition à l'article 12, où elle dit: *maineté n'a point lieu sur les héritages de fiefs*. Cette proposition indéfinie enveloppe toutes sortes de fiefs, de quelque dénomination qu'ils soient. Tout l'objet que la coutume se propose dans l'article 74 du titre premier, est de déroger aux articles précédens, & d'affranchir les fiefs *cotiers* des droits de relief & de lods & ventes, tels que les doivent les autres fiefs, &. de les soumettre à un partage égal entre tous les héritiers, sans prérogative d'âge ni de sexe, tant en ligne directe que collatérale. Cette divisibilité absolue, exclut nécessairement tout préciput, & par conséquent la maineté. En effet, le fief *cotier* ne peut être affranchi, du préciput de l'aîné, par les termes de l'article 74, qu'il ne le soit en même temps du préciput du cadet: la coutume n'abolit pas l'un pour introduire l'autre, puisqu'elle déclare le fief *cotier* divisible dans tous les cas & sans restriction. Il n'en est pas de même des main-fermes; elle les soumet, à la vérité, à un partage égal, mais elle a soin d'ajouter, *sauf le droit de maineté*. C'est la restriction que renferme l'article premier du titre 2. La coutume ne pouvoit exempter plus clairement les fiefs *cotiers* de ce préciput, qu'en omettant d'ajouter, à l'article 74 du titre premier, la réserve dont elle use à l'article premier du titre 2.

Enfin, ce qui prouve clairement que la coutume ne confond pas les *coteries* avec les main-fermes, c'est la différence réelle qu'elle met entre ces deux espèces de biens, dans l'article 2 du titre 3, dont voici les termes: *pour lesquels devoirs de loi faire, quant aux héritages de main-ferme de la cité & banlieue, il suffit deux échevins pour nombre compétent; mais hors la cité est besoin d'avoir le maire & la plupart des échevins de la seigneurie; & pour les héritages féodaux, est requis quatre hommes de fief avec le bailli de la seigneurie de laquelle ils sont tenus; & pour la coterie, trois hommes cotiers*.

Ces moyens ont donné lieu à l'arrêt du 14 février 1775, par lequel le parlement de Flandres a jugé que la maison qu'avoit occupé Jean Boniface, n'étoit pas sujette au droit de maineté, parce que c'étoit un fief *cotier*, & en conséquence qu'elle devoit être comptée dans la masse des biens du défunt, pour régler la légitime de Marie-Guislaine Patou, sa petite-fille.

COTISATION, s. f. (*Jurispr.*) est l'imposition qui est faite sur quelqu'un, de la cote-part qu'il doit supporter d'une dette, charge, ou imposition commune à plusieurs.

La taille, le sel, dans les lieux où il s'impose, & les autres charges & subventions doivent être supportées par chaque habitant suivant sa cotisation, telle qu'elle est faite sur le rôle qui contient les différentes cotes assignées à chacun. *Voyez* COTE, TAILLE, GABELLE, SEL, RÔLE. (*A*)

COTISER, v. act. (*Jurispr.*) signifie *comprendre quelqu'un dans un rôle*, & lui imposer sa part des charges auxquelles il doit contribuer. Ce terme est sur-tout usité en matière de tailles. On ordonne ou on défend aux asséeurs & collecteurs de comprendre ni *cotiser* quelqu'un dans leur rôle des tailles. (*A*)

COULER *en droit & en avis* : termes usités dans le ressort du parlement de Flandres & dans les Pays-Bas, pour signifier l'état de la cause après la duplique : elle est alors *coulée en droit*, c'est-à-dire qu'elle est en état d'être jugée ; de sorte qu'il n'est pas permis de donner un écrit de triplique sans en avoir obtenu la permission : telle est du moins la disposition de l'article 13 du chapitre premier du style du parlement de Flandres ; mais on ne l'observe pas à la rigueur ; l'usage permet aux plaideurs d'écrire tant qu'il leur plaît, après la *conclusion en droit*.

Il y a une différence entre une cause qui n'est que *coulée en droit*, & celle qui est en même temps *coulée en avis*. Pour qu'une cause simplement *coulée en droit*, soit en état d'être jugée, il ne faut plus à la vérité que les parties fournissent de nouveaux écrits ; mais il faut qu'elles aient remis respectivement toutes leurs pièces, soit au greffe, soit entre les mains du rapporteur, ou que celle qui s'est mise en règle ait fait débouter l'autre de rapporter les siennes. C'est ce qu'a jugé un arrêt du parlement de Flandres, rapporté dans le recueil de M. Pollet.

Quand une cause est tout à la fois *coulée en droit & en avis*, elle est mise en état d'être jugée par le seul fournissement, que fait la partie la plus diligente, de ses pièces, pourvu qu'il soit duement signifié à l'autre. Le juge peut faire droit sur ces pièces, sans attendre que l'autre ait fourni, ou soit débouté de fournir les siennes.

La *conclusion en droit* produit plusieurs effets remarquables. Quand une cause est *coulée en droit*, elle ne tombe plus en interruption ni en péremption, comme l'a jugé le grand-conseil de Malines, par arrêts du 2 juin 1590, & du 13 octobre 1622. *Voyez les articles* PÉREMPTION & INTERRUPTION.

On ne peut, après la *conclusion en droit*, alléguer de nouveaux faits, si ce n'est par le moyen de lettres de requête civile ; & dans ce cas, la partie doit être prête à les alléguer au jour où elle conclut à l'entérinement de ses lettres : si la partie adverse y consent ; la preuve des nouveaux faits doit être faite dans un terme bref que le juge prescrit. Mais si l'entérinement de la requête civile est contesté, on procède par contredits, réplique & duplique, & le juge prononce ensuite sur l'inci-

dent. C'est ce que prescrivent les articles 43, 44, 45 & 46 du style du parlement de Flandres.

On a mis en question si après la *conclusion en droit* on peut produire de nouveaux titres sans lettres de requête civile. Fachini, en son recueil de controverses, soutient la négative ; & telle est la jurisprudence du conseil souverain de Mons, comme le prouvent l'article 391 de l'ordonnance rendue le 7 décembre 1611, pour l'institution de cette cour, & l'article 5 du chapitre 79 des chartres générales du Hainaut. Le style du parlement de Flandres ne décide rien sur cette question, & n'exige de requête civile que pour alléguer faits nouveaux. C'est ce qui donne lieu à une distinction qui paroît juste : si les titres que l'on produit après la *conclusion en droit*, renferment de nouveaux faits, il est clair que le juge ne peut les admettre sans lettres de requête civile : mais s'ils ne font que prouver & éclaircir les faits allégués auparavant, ils doivent être reçus sans cette formalité, parce qu'il est de principe que les lettres de requête civile ne sont point nécessaires quand il ne s'agit que d'éclaircissement ou d'interprétation. Ce point de procédure a été long-temps contesté ; mais le parlement de Flandres a mis fin aux disputes par un arrêt de réglement du 5 décembre 1691, dont la décision est conforme à ce que l'on vient de dire.

Un des principaux effets de la *conclusion en droit*, est que quand un procès se trouve en cet état, si l'une des parties vient à mourir, il n'est pas nécessaire d'assigner des héritiers pour reprendre les erremens de la cause. C'est ce que décident l'article 375 de l'ordonnance du 7 décembre 1611, rendue pour le conseil de Mons, l'article premier du chapitre 82 des chartres générales du Hainaut, & l'article 47 du style du parlement de Flandres. Deghewiet rapporte un arrêt rendu en 1684, conforme à ces dispositions.

La raison de cette pratique est qu'on n'assigne les héritiers en reprise que pour défendre leur cause & la mettre en état d'être jugée ; or, après la *conclusion en droit* le juge peut prononcer.

Il faut observer cependant que pour que la *conclusion en droit* exempte de l'obligation d'assigner les héritiers de la partie décédée, en reprise d'erremens, il faut qu'elle soit suivie du fournissement des deux parties, ou du déboutement de la partie défaillante, à moins que la cause ne soit aussi *coulée en avis*, suivant ce que l'on a dit ci-dessus.

COULETAGE, s. m. & COULETIER ou COULTIER, s. m. (*Jurispr.*) dans la coutume de Lille paroissent être synonymes de *courtage* & *courtier* : l'article 66 de cette coutume dit que pour vendition, droit de *couletage* n'est dû. M. de Ragueau, en son *Glossaire*, prétend que ce droit est la même chose que celui de *tonlieu*, de *maille*, & de *vendition* ; que c'est une collecte d'un denier ou obole qui se perçoit en quelques lieux, sur toutes les marchandises que l'on vend & achète, ensorte que *couletage*

seroit

feroit dit par corruption de *colletâge* ou *collecte*.

COUPE, (*Jurifpr.*) mefure ufitée pour les grains en certaines provinces : en Auvergne, par exemple, le feptier de bled contient huit cartons, & le carton quatre *coupes*. Mais il y a trois mefures différentes dans cette province ; favoir, celle de Clermont, celle de S. Flour, & celle de Brivadois & Langhadois. *Voyez* les lettres-patentes du mois de feptembre 1510, fur la réformation des poids & mefures d'Auvergne, qui font à la fuite du procès-verbal de rédaction des coutumes de cette province. (*A*)

COUPE de bois, (*terme d'Eaux & Forêts.*) c'eſt un bois fur pied que l'on coupe ou qui eſt deſtiné à être coupé.

L'article 40 du titre 15 de l'ordonnance des eaux & forêts, veut que les bois de futaie, ainſi que les taillis, foient coupés & abattus depuis le mois d'octobre juſqu'au 15 avril de chaque année, & qu'ils foient enlevés dans le temps réglé par le grand-maître, à peine d'amende arbitraire & de confiſcation des marchandiſes contre les adjudicataires, fans que les officiers des eaux & forêts puiſſent proroger le délai fixé, foit pour couper ou pour enlever ces marchandiſes, fous pareille peine d'amende arbitraire & de privation de leurs charges : à moins, dit l'article 41, que de juſtes confidérations n'engagent de proroger le délai ; ce qui ne peut avoir lieu que par une permiſſion du conſeil, d'après l'avis des grands-maîtres.

Suivant l'article 42, les futaies doivent être coupées le plus bas que faire fe peut, & les taillis abattus à la coignée à fleur de terre, en prenant foin de ne les point écuiſſer ni faire éclater, enforte que les brins des cépées n'excédent pas la fuperficie de la terre, s'il eſt poſſible, & que tous les anciens nœuds, recouverts & cauſés par les précédentes coupes, ne paroiſſent aucunement.

Les arbres de futaie doivent être coupés de manière qu'en tombant dans les ventes, ils n'endommagent point les arbres retenus, à peine contre les marchands, d'être condamnés à payer le dommage occaſionné par la chûte des arbres coupés.

Les bois de cépées ne doivent être coupés que avec la coignée, & non avec la ferpe ni avec la fcie, à peine, contre les marchands contrevenans, de cent livres d'amende, & de confiſcation de leurs marchandiſes & des outils des ouvriers.

L'article 45 enjoint aux adjudicataires de faire couper le plus près de terre qu'il eſt poſſible les fouches ou étocs des bois rabougris qui peuvent fe trouver dans les ventes, à quoi les officiers doivent tenir la main, fous peine de fufpenſion de leurs charges.

Lorſque pendant la *coupe* des ventes, les vents ou les orages abattent des arbres réſervés, les marchands ou leurs facteurs doivent les laiſſer fur place, & en avertir le fergent à garde ; celui-ci doit en inſtruire & donner avis au garde-marteau,

& ils doivent enſemble fe rendre fur les lieux, afin d'y dreſſer leurs procès-verbaux du fait, leſquels ils font tenus de préſenter promptement aux officiers de la maîtriſe pour qu'ils marquent d'autres arbres, le tout fans frais. C'eſt ce que porte l'article 46.

Lorſque le temps de la *coupe* des bois & de la vuidange eſt expiré, & qu'il fe trouve des bois fur pied ou abattus dans les ventes, ils doivent être confiſqués au profit du roi. Cette diſpoſition de l'article 47 a été confirmée par un arrêt du conſeil du 29 janvier 1692, qui a déclaré valable une faiſie de dix-huit arpens de bois, faite par le grand-maître du département de Caen, faute par l'adjudicataire de les avoir abattus avant le 15 avril.

La même règle doit être obſervée à l'égard des bois des particuliers. La table de marbre de Paris l'a ainſi jugé le 4 janvier 1678, en faveur de la dame de Saint-Victor. M. Chailland obſerve fort bien à ſujet que cette jurisprudence eſt fondée fur la loi générale que les particuliers peuvent faire obſerver, à l'égard de leurs bois, toutes les formalités preſcrites pour l'exploitation des bois du roi, & faire punir les contrevenans, comme ils le feroient pour abus commis dans les forêts de fa majeſté.

Les *coupes des bois* des communautés doivent être faites à fleur de terre, fans laiſſer aucun intervalle entre l'ancienne *coupe* & la nouvelle. Chaque communauté doit payer pour cet effet des gens entendus & capables de répondre de la mauvaiſe exploitation. Lorſque la *coupe* eſt finie, les bois doivent être diſtribués ſuivant la coutume ; & dans le cas de conteſtation fur le partage, le grand-maître doit y pourvoir en faiſant fes viſites. C'eſt ce qui réſulte de l'article 11 du titre 25 de l'ordonnance citée.

Des lettres-patentes du roi du 5 mai 1772, ont ordonné que la délivrance des *coupes* ordinaires des bois taillis & de futaie de M. le comte de Provence, aujourd'hui *Monſieur*, lui feroit faite par les grands-maîtres des eaux & forêts, ou par les officiers des maîtriſes qu'ils peuvent commettre à cet effet, pour enſuite être les mêmes bois exploités par économie, ou vendus au choix de *Monſieur*, en fon conſeil, conformément aux diſpoſitions des ordonnances & réglemens. *Voyez* BOIS, FUTAIE, TAILLIS.

COUPE-ORBE, c'eſt le nom par lequel la coutume de Senlis, rédigée en 1539, déſigne les coups & meurtriſſures que l'on donne & reçoit dans une rixe, lorſqu'il n'y a ni effuſion de fang, ni plaie ouverte. Elle en attribue la connoiſſance au moyenjuſticier.

COUPIERS, *Voyez* ARBRES COUPIERS.

COUP-POUR-COUP, terme particulier de l'ancienne coutume du Hainaut, qui ſignifie la peine du talion. Avant la réformation de cette coutume en 1534, celui qui en avoit maltraité un autre, étoit puni ſuivant la loi du talion, & ſupportoit les mêmes coups & les mêmes bleſſures qu'il avoit faits. Mais en cette année, l'empereur Charles V ordonna qu'à l'avenir l'offenſant ne ſeroit plus ſujet à la peine de *coup-pour-coup*, mais qu'il ſatis-feroit civilement à l'offenſé, ſoit à l'amiable, ſoit à l'arbitrage de juſtice; & que s'il étoit dans l'im-poſſibilité de payer la réparation civile, & l'amende due à juſtice, il ſeroit puni au corps & en ſa per-ſonne, ſoit par priſon, fuſtigation, banniſſement ou autrement, ſans diminution ou mutilation de membre. *Coutume du Hainaut, chap. 15.*

COUR, ſ. f. (*Droit public.*) ce mot a, dans notre langue, pluſieurs ſignifications. En droit on donne, 1°. le nom de *cour*, au lieu qu'habite un ſouverain & aux perſonnes qui l'environnent. La *cour*, dans ce ſens, eſt compoſée des princes & princeſſes, des miniſtres, des grands, & des prin-cipaux officiers. Ce terme alors correſpond aux mots latins, *curia, comitatus, palatium.*

2°. On entend par *cour*, un tribunal, une juriſ-diction où les parties pourſuivent les droits qui leur appartiennent, & reçoivent la déciſion de leurs con-teſtations.

Dans notre ancien droit françois, ce nom ſe donnoit indiſtinctement à tous les tribunaux laïques ou eccléſiaſtiques, ſupérieurs ou inférieurs. C'eſt par cette raiſon qu'on trouve dans les anciènnes ordonnances ce mot employé pour ſignifier les juſtices inférieures, & les bailliages, ſoit du roi, ſoit des ſeigneurs. Ainſi, dans des lettres de Philippe-de-Valois, du premier juillet 1328, la juriſdiction du Gévaudan eſt appellée *la cour commune;* les lettres de Charles V du mois de décembre 1355, & no-vembre 1364, appellent les juſtices royales de Berri & de Beziers, la *cour de Berri*, & la *cour royale de Beziers.*

La juriſdiction eccléſiaſtique s'appelloit également *cour d'égliſe* & *cour de chrétienté.* Paſquier, *Recher-ches de la France, liv. III, chap. 26,* rapporte que dans les vieux regiſtres du viguier de Toulouſe, il eſt dit vers l'an 1290, le roi permit aux veuves & aux orphelins de ſe pourvoir pardevant ſes juges, ou en la *cour de chrétienté*, c'eſt-à-dire en *cour d'égliſe. Voyez ce dernier mot.*

Dans l'uſage actuel, les compagnies ſouveraines ſont les ſeules juriſdictions qui doivent être qualifiées de *cour*, & qui puiſſent prononcer leurs jugemens en ces termes : *la cour ordonne*, &c.

3°. *Cour* ſignifie quelquefois ſimplement juriſ-diction, comme lorſque le roi renvoie à un juge la connoiſſance d'une affaire, il lui attribue pour cet effet toute *cour* & juriſdiction. C'eſt auſſi dans ce ſens qu'un juge, même inférieur, met les parties *hors de cour*, pour dire qu'il les renvoie & les met hors de procès.

Les tribunaux auxquels le nom de *cour* appartient aujourd'hui, ſont ceux qui connoiſſent ſouveraine-ment & ſans appel des matières dont la connoiſ-ſance leur eſt attribuée, & dont les jugemens ne

peuvent être réformés que par le roi ou ſon con-ſeil, ſur une demande en caſſation. Tels ſont les parlemens, le grand-conſeil, les chambres des comptes, les *cours des aides*, les *cours des mon-noies*, & les conſeils ſupérieurs, ou ſouverains éta-blis dans quelques provinces. Mais on déſigne par-ticuliérement par le mot *cour*, les juriſdictions ſou-veraines établies pour connoître des impôts extraor-dinaires & des monnoies.

Nous traiterons ſeulement ici des *cours des aides*, nous renvoyons ce que nous avons à dire des *cours des monnoies*, ſous le mot MONNOIE.

COURS DES AIDES, (*Droit public.*) c'eſt le nom qu'on donne en France aux *cours* ſouveraines, éta-blies à l'inſtar des parlemens, pour juger & déci-der en dernier reſſort les procès civils &. criminels qui naiſſent au ſujet des aides, gabelles, traites, tailles, & autres impoſitions extraordinaires.

On doit ſe reſſouvenir que le mot *aide* ſignifie tout ſecours, tout ſubſide en argent, accordés par les ſujets ou les vaſſaux, au roi ou aux ſeigneurs dans des circonſtances imprévues, & pour des néceſſités urgentes. *Voyez* AIDES.

Il eſt vrai qu'aujourd'hui, en terme de finance, on appelle particuliérement *droits d'aides*, les droits impoſés ſur les vins & autres boiſſons; mais on ſe tromperoit groſſiérement, ſi par rapport à cette acception reſſerrée du mot *aide*, on en concluoit que la juriſdiction de la *cour des aides* ne s'étend que ſur cette eſpèce d'impôt; elle embraſſe toutes les impoſitions extraordinaires, que nos rois ont été obligés d'exiger de leurs ſujets, pour ſubvenir aux beſoins de l'état, pour leſquels leurs domaines, les droits domaniaux, & les aides coutumières étoient devenus inſuffiſans.

L'origine des *cours des aides* ne ſe confond pas comme celle du parlement & de la chambre des comptes, avec les premiers ſiècles de la monarchie: elle ne remonte qu'au règne du roi Jean, en 1355, parce que ce n'eſt que depuis cette époque que les impoſitions extraordinaires ont été conſtamment perçues, & qu'il a été néceſſaire de continuer l'exercice des juriſdictions établies pour connoître des conteſtations que ces impôts faiſoient naître.

Mais ſi les *cours des aides* ne ſont pas très-anciennes, elles peuvent ſe glorifier que l'autorité qu'on leur a confiée leur eſt abſolument propre, & n'a point été démembrée des compagnies ſouveraines créées & érigées avant elles.

Outre la *cours des aides* de Paris, nos rois en ont établi dans différentes villes, pour la commo-dité de leurs ſujets, & pour la plus prompte expé-dition des affaires. Quelques-unes, comme celles de Bordeaux, de Montauban, de Clermont, for-ment des compagnies particulières; d'autres ont été réunies aux parlemens & chambres des comptes, telles que celles de Montpellier, Rennes, Dijon, Aix, &c. La juriſdiction des unes & des autres eſt la même; c'eſt pourquoi nous traiterons parti-culiérement de la *cour des aides de Paris*: & ce que nous en dirons s'appliquera aisément aux autres *cours des aides*, dont nous donnerons néanmoins une courte notice dans une dernière section.

Avant d'entrer dans le détail de ce qui concerne cette *cour*, nous croyons à propos de jetter un coup-d'œil sur l'état des finances du royaume avant & sous le règne du roi Jean, nous y découvrirons les motifs de l'érection des *cours des aides*.

SECTION PREMIÈRE.

De l'établissement de la cour des aides.

Les Francs, ainsi que tous les peuples qui, sortis des forêts de la Germanie, s'emparèrent des Gaules, de l'Italie & des Espagnes, étoient des peuples simples, pauvres, libres, guerriers & pasteurs, qui vivoient sans industrie, & ne tenoient à leurs terres que par des cases de jonc.

Ils suivoient des chefs à la guerre pour faire du butin, & non pour payer des tributs; l'art de la finance leur étoit inconnu, & tous les monumens de notre histoire attestent qu'ils n'étoient assujettis à aucun impôt.

Les domaines des rois, aussi anciens que la monarchie, la portion qui leur appartenoit dans le butin fait sur l'ennemi, les dons qui leur étoient offerts volontairement tous les ans dans l'assemblée du champ de Mars, suffirent pendant long-temps aux dépenses ordinaires du souverain & de la monarchie; les guerres même que la nation avoit à soutenir pour repousser les ennemis ne donnoient lieu à aucune surcharge, à aucune imposition : ceux qui tenoient du prince, à titre de bénéfice, des terres du domaine, le suivoient à l'armée à leurs frais; les hommes libres, possesseurs de quatre manoirs, étoient également obligés au même service militaire; ceux qui en possédoient moins se réunissoient pour fournir un homme par quatre manoirs. Tous, en outre étoient obligés de fournir en proportion de leurs facultés, les chevaux & les charriots nécessaires pour le service du roi & de l'état; aussi lisons-nous dans nos anciens historiens, que le tribut passager d'une cruche de vin par arpent, fut regardé comme une vexation de Chilperic & de Frédégonde; & Grégoire de Tours nous apprend que Parthénius pensa être mis à mort par les Francs pour leur avoir imposé des tributs.

Il est donc certain que sous les deux premières races de nos rois les revenus de la couronne ne consistoient que dans les domaines du roi, & dans les droits de gîte & de voitures. L'introduction du système féodal produisit quelques aides extraordinaires, que les rois, & à leur exemple les seigneurs particuliers levoient sur leurs vassaux dans quatre cas principaux, ainsi que nous l'avons dit sous le mot AIDE, *droit féodal*. Mais ces aides ne donnèrent lieu à l'établissement d'aucun nouvel office, elles furent régies & perçues, ainsi que les domaines, par les officiers royaux, c'est-à-dire, en premier lieu, par les comtes, & ensuite par les baillis

& sénéchaux, qui succédèrent aux fonctions des comtes dans l'exercice de la justice. *Voyez* COMTE, BAILLI, BUREAU *des finances*.

Ce n'est que sous le règne de S. Louis, qu'on trouve l'établissement d'une imposition perpétuelle; ce prince, en permettant aux roturiers de posséder des biens nobles, les obligea par ses lettres de 1255, au paiement du droit de franc-fief: & par d'autres lettres de 1275, il assujettit les ecclésiastiques au droit d'amortissement pour leurs nouvelles acquisitions.

Les démêlés de Philippe-le-Bel, avec le pape Boniface VIII, les guerres que lui & ses successeurs, jusqu'au règne de Charles VII, eurent à soutenir contre les Flamands & les Anglois, engagèrent ces princes à convoquer les états généraux du royaume, & souvent même les états particuliers de chaque province, pour en obtenir des subsides auxquels on donna indifféremment les noms d'*aides*, *taille*, *gabelle*, &c.

Ces aides & subsides ne furent jamais réunis au domaine particulier des rois, les délibérations des états, les lettres-patentes, & ordonnances rendues sur leur établissement, portent expressément qu'ils ont été accordés volontairement ou par le clergé & la noblesse, ou par les trois états, & par une libéralité, qu'ils ne pourront leur préjudicier à l'avenir, qu'il n'en sera acquis aucun droit au roi ou à ses successeurs. Aussi la plupart de ces aides n'étoient imposées que pour un an, ou tout au plus pour la durée de la guerre qui y donnoit lieu.

Comme ces impositions étoient extraordinaires, on nommoit à chaque fois des commissaires pour en faire la répartition, veiller à la recette, & juger les débats & les contestations que la levée de ces droits occasionnoit.

Philippe de Valois ayant aboli les impositions établies au pays de Carcassonne sur les draps, & accepté en la place une somme de cent cinquante mille livres, donna par des lettres-patentes du 11 mars 1331, pouvoir à quatre commissaires de distribuer & départir cette somme en cinq années, de contraindre les rebelles ou contredisans, toutes dilations & appellations rejettées, & commanda à tous justiciers de leur obéir.

Le même prince ayant établi la gabelle, ou impôt sur le sel, dans tout le royaume, nomma par ses lettres du 20 mars 1342, trois maîtres des requêtes ecclésiastiques, trois chevaliers, & un septième commissaire, pour maîtres souverains, commissaires, conducteurs & exécuteurs des greniers & gabelles; « leur donnant pouvoir d'établir tels commissaires, greneters, gabelliers, clercs & autres » officiers, que de les destituer à leur volonté, & de » pourvoir de tel remède que bon leur semblera » sur tous doutes, empêchemens, excès ou défaut, » attribuant à eux seuls la connoissance, correction » & punition du tout, quant aux choses touchant » le fait dudit sel ».

Ces mêmes lettres portent qu'il y aura toujours

à Paris deux de ces commiffaires fouverains, qui ne feront refponfables qu'à lui, & qu'on ne pourra fe pourvoir par voie d'appel ou autrement que devant eux.

Les lettres du roi Jean, du 5 juillet 1354, & d'autres qu'il eft inutile de rapporter, font toutes mention de commiffaires extraordinaires, nommés pour l'affiette, la perception des aides & fubfides, & le jugement fouverain des conteftations. Les lettres de juillet 1355, ajoutent que les évêques d'Angers & du Mans, les quatre chevaliers, & les bourgeois d'Angers & du Mans, nommés pour veiller au recouvrement de l'aide impofée dans l'Anjou, doivent entendre les comptes des receveurs, fans que le roi, le comte d'Anjou, la chambre des comptes de Paris ou autres puiffent s'en mêler.

Le règne du roi Jean nous fournit plufieurs époques intéreffantes fur lefquelles il eft néceffaire de s'arrêter; 1°. la divifion de la France en *Languedoil* & en *Languedoc*; 2°. le premier établiffement de la *cour des aides*.

Jufqu'à l'année 1350, les aides avoient été établies par l'ordre des états généraux, ou par les affemblées particulières des provinces. Mais dans l'année fuivante, le roi Jean ayant affemblé les états généraux à Paris, il paroit qu'il y eut deux féances différentes, l'une des états de la Languedoil, l'autre des états de la Languedoc: effectivement leurs délibérations eurent un effet différent. Les états de la Languedoc offrirent un fubfide de cinquante mille florins, payables dans le cours d'un an, & ceux de la Languedoil accordèrent une impofition de fix deniers pour livre fur toutes les marchandifes.

On appelloit *Languedoil* la partie feptentrionale de la France, qui s'étendoit jufqu'à la Dordogne, & comprenoit en outre l'Auvergne & le Lyonnois. La Bretagne & la Bourgogne n'en faifoient pas partie; parce que ces provinces étoient fous la domination particulière de leurs ducs.

La Languedoc comprenoit le Languedoc proprement dit, le Rouergue & le Quercy; la Guienne & quelques pays adjacens, appartenoient encore aux rois d'Angleterre. Cette portion de la France étoit regardée prefque comme étrangère au refte de la monarchie, par fes ufages & fon gouvernement. Les provinces qu'on comprenoit fous cette dénomination étoient rentrées dans le domaine des rois, par des traités, des contrats de mariage, des acquifitions, des teftamens ou des donations particulières, à la charge qu'elles feroient gouvernées par leurs propres loix, & par les états du pays, fous les ordres d'un lieutenant général, commis par le roi.

Le roi Jean & Charles V fon fils, depuis 1351, n'affemblèrent plus conjointement les états de la Languedoil & de la Languedoc, ils les affemblèrent féparément lorfqu'ils eurent befoin de fubfides, & plus fouvent ceux de la Languedoil: c'eft pour cette raifon que l'autorité des généraux des aides

dont nous allons parler, & qui forment le premier établiffement de la *cour des aides* de Paris, s'étendoit principalement fur la partie de la France appellée *Languedoil*, & que cette portion compofe encore aujourd'hui le principal reffort de la *cour des aides*, à quelques différences près, que nous ferons remarquer en donnant la notice des autres *cours des aides*.

En 1355, la guerre s'étant rallumée entre la France & l'Angleterre, le roi Jean fit affembler à Paris les états de la Languedoil, ou pays coutumier, & il en obtint une gabelle fur le fel, & une impofition de huit deniers pour livre, fur toutes les chofes qui feroient vendues, à l'exception des ventes d'héritages feulement.

Mais cette libéralité des états ne fut pas gratuite, pour empêcher que les deniers qui en proviendroient ne fuffent employés à un ufage différent de celui pour lequel ils étoient deftinés, ils demandèrent à nommer eux-mêmes les receveurs particuliers qui feroient établis en chaque pays pour la perception des aides, & au-deffus d'eux neuf perfonnes, trois du clergé, trois de la nobleffe, trois du tiers-état, pour être *généraux & fuperintendans* fur tous les autres.

Le roi confentit à la demande des états, & par une ordonnance du 28 décembre de la même année, il établit dans les provinces les receveurs élus par les députés des états, & au-deffus d'eux neuf généraux fuper-intendans des finances. Le même édit enjoint à toute perfonne, de quelque qualité & condition qu'elle foit, nonobftant tout privilège, d'obéir aux députés généraux & particuliers; il ordonne que les élus particuliers ajournent pardevant les généraux, ceux qui refuferont de payer l'aide, & qu'ils ne pourront contraindre: « & pourront, » ajoute l'édit, les généraux députés, contraindre » & punir les rétractaires, & vaudra ce qui fera » fait & ordonné par eux, comme arrêt de parle- » ment, fans que l'on en puiffe appeller; ou que, » fous ombre de quelconque appel, l'exécution de » leurs fentences ou ordonnances foit retardée en » aucune manière ».

Suivant la même loi, les généraux fuper-intendans devoient prêter ferment entre les mains du roi, ou de ceux qu'il commettroit, de bien & loyalement exercer leur office; les députés particuliers, & autres officiers qui fe mêloient aux aides, devoient prêter le même ferment aux trois états, ou aux généraux fuper-intendans, ou à ceux qu'ils commettoient à cet effet.

Les généraux élus & nommés par les états, confirmés par le roi, & recevant de lui les provifions de leur office, étoient en même temps & officiers royaux, & une émanation de l'affemblée des états généraux du royaume, enforte qu'ils réuniffoient dans leurs mains le pouvoir des états, & l'autorité royale.

Leurs fonctions s'étendoient d'abord fur la perception de l'aide; 2°. fur l'emploi des denier qui en provenoient ; 3°. fur toutes les conteftations qu'elle pouvoit occafionner, & leurs jugemens fur tous ces objets étoient également fouverains. L'ordonnance qui les avoit établis, les obligeoit à rendre compte du maniement des deniers aux états, qui, en vertu des ordres du roi, devoient être affemblés l'année fuivante.

Quoique l'aide impofée en 1355, ne dût avoir lieu que pour un an, on n'en regarde pas moins l'ordonnance du mois de décembre de la même année, comme la véritable époque de l'inftitution de la *cour des aides*, & des élections. Le nom d'*élu*, par lequel on défigna les députés particuliers établis dans les provinces, eft demeuré aux officiers des élections, & celui de *généraux des aides*, eft refté aux généraux fuper-intendans prépofés à Paris pour avoir la direction générale du fubfide, & recevoir l'appel des députés particuliers.

L'aide impofée en 1355, fut continuée dans la fuite par la délibération des états, & les ordonnances du roi ; les généraux des aides continuèrent de remplir les mêmes fonctions, & s'il fe rencontre quelque différence, elle n'a rapport qu'à leur nombre, qu'on trouve varier depuis fix jufqu'à dix.

Les chofes reftèrent dans cet état jufqu'à la paix de Bretigny en 1360 ; par ce traité le roi Jean s'étoit obligé de payer en fix ans, une fomme de trois millions d'écus pour fa rançon : pour remplir cet engagement, & pour fe mettre en état de châtier & de faire fortir du royaume les compagnies de pillards, qui depuis les troubles en défoloient toutes les provinces, ce prince impofa dans toute la Languedoil une aide, qui confiftoit en douze deniers pour livre fur la vente des marchandifes & denrées, le cinquième fur le fel, & le treizième fur le vin. Une pareille aide fut également impofée dans la Languedoc, ainfi qu'il paroît par une ordonnance du mois de mai 1361.

Il eft nécessaire de remarquer que l'aide dont nous parlons, ayant pour but principal, le paiement de la rançon du roi, elle fut établie de fon autorité feule, fans le concours des états, par la raifon que cette aide n'étoit une aide coutumière, légitime, & conforme aux loix féodales. Auffi par cette raifon le roi fe réferva-t-il le droit de choifir ceux qu'il députeroit pour veiller à la perception & à l'emploi des deniers.

Mais ce changement dans la perfonne des généraux établis fur le fait des aides accordées antérieurement par les états, & dont le paiement devoit ceffer pendant la levée de l'aide créée en 1360, conformément aux lettres royaux du 5 mars 1361, n'en apporta aucun dans les fonctions attribuées aux généraux des aides.

Le roi Jean continua d'avoir dans les provinces des députés particuliers, qui reffortiffoient aux députés généraux à Paris, qui prirent enfuite le nom de *généraux tréforiers*, ou *tréforiers généraux*, qu'ils quittèrent peu après pour reprendre leur première dénomination.

C'eft à cette époque que les *généraux des aides*, ou généraux tréforiers, commencèrent à être ordinaires, à être regardés comme une *cour* particulière, & à en avoir tous les attributs. En effet, les lettres de 1361, 1362 & 1363, font adreffées à *nos amés & féaux confeillers, les généraux tréforiers fur le fait des aides, par nous ordonnées.*

Charles V, à fon avènement à la couronne, met les *généraux des aides*, au même rang que les officiers du parlement & de la chambre des comptes, dans l'ordonnance qu'il rendit pour la confirmation des offices du royaume. L'adreffe de ces lettres du 17 avril 1364, porte : *à nos amés & féaux les préfidens & autres gens de notre parlement & enquêtes, gens de nos comptes, les généraux tréforiers fur le fait de la délivrance de Monf. & de la défenfe du royaume,* &c.

Les généraux tréforiers avoient dès-lors dans Paris, un lieu particulier où ils s'affembloient pour rendre la juftice ; on trouve une commiffion donnée le 24 août 1366, par le receveur des aides à Paris, à un fergent du roi au châtelet, à l'effet d'affigner des oppofans, à certain & compétent jour, pardevant les commiffaires généraux députés par le roi fur le fait des aides, à Sainte-Croix à Paris, pour aller en avant fur ladite oppofition.

Nous n'entrerons pas dans le détail des différentes efpèces d'aides que les peuples payèrent fous le refte du règne du roi Jean, & fous celui de Charles V. Nous obferverons néanmoins que ce prince, au moment de mourir, abolit, par des lettres du 16 feptembre 1380, les fouages, qui faifoient partie des aides, & recommanda aux ducs d'Anjou, de Berri & de Bourgogne, fes frères, & au duc de Bourbon, de diminuer les impôts dont le peuple avoit été furchargé pour fubvenir à la rançon du roi, & aux dépenfes de la guerre contre les Anglois.

Le duc d'Anjou, pendant le temps de fa régence, loin de fatisfaire au defir du feu roi, fit continuer les impôts avec une telle rigueur, que le peuple fe fouleva à Paris & dans plufieurs endroits.

Le confeil crut devoir accorder la fuppreffion des aides, qui furent révoquées par une ordonnance du 16 novembre 1380, malgré les befoins preffans de l'état, occafionnés par la continuité de la guerre.

On effaya en vain de faire confentir les états à les rétablir. Le duc d'Anjou, après avoir épuifé inutilement la voie des careffes & des promeffes, fit adjuger fecrètement la ferme des impôts, dans l'enceinte du châtelet de Paris, au mois de février 1382.

Les prépofés de la ferme fe préfentèrent pour les percevoir ; mais le peuple s'émut & courut aux armes, & affomma fur le champ le receveur, qui avoit voulu exiger les droits à la halle.

Charles VI apprit cette révolte de Paris dans le temps qu'il étoit occupé à faire rentrer dans le devoir la ville de Rouen, où il y en avoit eu une semblable. Il accourut vers la capitale, dont les habitans revenus de leur emportement, lui députèrent quelques-uns d'entre eux, pour obtenir leur pardon. Le roi touché de leur repentir, leur accorda une amnistie & consentit à la suppression des impôts.

On chercha pendant le cours de 1382, à faire consentir les états qui furent assemblés à Compiegne, au rétablissement des aides. Toutes les tentatives furent inutiles, à cause de l'insolence du petit peuple, les Parisiens appuyèrent même la révolte des Flamands contre leur comte.

Enfin le roi se détermina à punir les outrages faits à la majesté royale, il revint de la Flandre à la tête de son armée, il fit arracher les portes de Paris par ses troupes, enlever les chaînes qu'on tendoit dans les rues, qu'on transporta à Vincennes, désarmer tous les habitans, & punir les plus coupables. Il fit publier ensuite, de l'avis des princes de son sang, des prélats, des nobles & autres, & de sa souveraineté, le rétablissement des aides & de la gabelle.

Cette époque est à remarquer dans l'établissement des impositions extraordinaires : jusqu'alors les rois ne les avoient imposées que de l'aveu & du consentement des états ; mais depuis 1383, Charles VI & ses successeurs n'assemblèrent plus les états pour leur demander les subsides que les circonstances rendoient nécessaires. Dès ce moment, les aides devinrent ordinaires, & on les trouve nommées avec cette qualification dans des instructions du 11 mars 1389.

En 1383, Charles VI nomma cinq généraux conseillers pour lesdites aides mettre sus, gouverner & maintenir. Il leur attribua les pouvoirs dont avoient joui les anciens généraux des aides, ou généraux trésoriers : comme eux ils furent chargés de l'administration de la finance des aides & de celle de la justice. Les ordonnances sur la finance devoient être signées par trois d'entre eux, mais deux suffisoient pour le fait de la justice.

Ils pouvoient donner les aides à ferme, ou les faire régir pour le compte du roi. Ils faisoient venir les deniers entre les mains du receveur général à Paris, ils taxoient les gages des officiers, faisoient telles compositions qu'ils jugeoient convenables. Ils pouvoient donner répi aux redevables. Les notaires du roi étoient obligés de signer les lettres sous le grand sceau, & les lettres closes sous le scel secret.

A eux seuls appartenoit la connoissance de tous débats & questions touchant les aides, leurs circonstances & dépendances ; ils pouvoient même évoquer à eux les causes pendantes devant les élus & greniers des provinces. La noblesse, le clergé, le bourgeois, étoient également soumis à leur jurisdiction. Il étoit défendu à tous les juges de connoître des affaires des aides, directement ou indirectement. Leurs jugemens étoient souve-

rains, & ne pouvoient être réformés ni par le parlement, ni par la chambre des comptes. Il falloit s'adresser à eux pour obtenir la réformation d'un jugement, en cas d'erreur ou autrement, & alors ils appelloient avec eux des membres du conseil.

Les deniers des aides ne pouvoient être distribués qu'en vertu d'ordonnances signées d'eux, & scellées de leurs sceaux, les comptes n'en étoient clos à la chambre des comptes qu'en présence d'un des généraux des aides. Mais comme ces officiers étoient souvent absens, à cause des chevauchées qu'ils faisoient ensemble ou séparément, pour visiter dans les provinces l'état & le gouvernement des aides, il fut ordonné en 1395, que les comptes des aides pourroient entre clos, à la charge que les fins, restes & conclusions de ces mêmes comptes leur seroient montrés, *toutes & quantes fois qu'ils le requerroient.*

Les généraux des aides avoient le pouvoir d'établir les élus, receveurs, greniers, contrôleurs, commissaires, sergens & autres officiers, de les substituer & renouveller, de les corriger & punir. Ils avoient aussi l'exercice de la jurisdiction criminelle, ainsi qu'il paroît par une instruction du 6 juillet 1388, & par différens arrêts rendus en 1390 & 1396, dont le premier enterine des lettres de grace accordées à Guillaume Mautrempé, chevalier, & le second condamne deux fauxsauniers à être pendus.

Les généraux des aides prêtoient serment entre les mains du roi, ils assistoient quelquefois en son conseil, ainsi qu'on le voit par plusieurs ordonnances, dans lesquelles on lit qu'elles ont été données *par le roi en son conseil, où étoient les généraux conseillers sur le fait des aides ordonnées pour la guerre ;* & dans plusieurs autres qui sont dites rendues *par le roi, à la relation du conseil étant en la chambre des aides.*

Comme les généraux des aides tiroient leur origine de l'assemblée des états, & avoient été choisis d'abord par eux dans les trois ordres qui les composent, on trouve parmi leur nombre le nom des personnes les plus distinguées d'entre les ecclésiastiques & la noblesse.

Tous avoient indistinctement la qualité de *généraux conseillers*, & il paroît que ce n'est qu'en 1398, que Gerard d'Athies, archevêque de Besançon, fut décoré du titre de *président en la chambre de la justice des aides,* qualité à laquelle étoit toujours jointe celle de *général conseiller.*

Charles d'Albret, connétable de France, fut commis par lettres du mois d'octobre 1401, pour présider outre & pardessus les généraux conseillers. Louis, duc d'Orléans, frère du roi, obtint de pareilles lettres le 18 avril 1402. Philippe de France, duc de Bourgogne, oncle du roi, en eut de semblables le 14 juin suivant : & le duc de Berri, aussi oncle du roi, obtint en même temps le même titre. On trouve un mandement de la même année ; par lequel il paroît que ces trois princes exerçoient cette fonction conjointement.

Sous le règne des rois Jean , Charles V & Charles VI , les généraux des aides étoient choisis parmi les députés des états, ainsi que nous l'avons remarqué , & c'est par cette raison que les ecclésiastiques ont été pendant long-temps à la tête de cette compagnie , puisqu'ils formoient le premier ordre dans l'assemblée des états-généraux.

Dans l'origine, un seul des principaux prélats étoit décoré du titre de *président* ; mais par les lettres de 1403 , qui destituèrent les ducs d'Orléans, de Bourgogne & de Berri , de la qualité de *présidens des généraux conseillers* , l'archevêque de Besançon fut institué président sur le fait des aides , & l'archevêque de Sens président sur le fait de la justice.

Les ecclésiastiques sont restés seuls en possession du titre de *présidens des aides* jusqu'en 1470, que Mathurin Barton, ancien général, fut pourvu d'un office de président laïc , pour présider au lieu de l'évêque de Troyes , lorsqu'il s'agiroit d'affaires criminelles : ils ont enfin cessé d'être mis à la tête de cette compagnie , & en 1513 la place de président fut donnée à Louis Picot , ci-devant conseiller au parlement. François I en 1522 créa un second office de président , & alors Louis Picot prit la qualité de *premier président*.

SECTION II.

Séparation de l'administration de la justice & de la finance.

Depuis 1355 jusqu'en 1388, les généraux des aides , en quelque nombre qu'ils fussent , & sous quelque dénomination qu'ils fussent désignés, jouissoient des mêmes droits & prérogatives , & connoissoient indistinctement de la justice & de l'administration des finances. Mais les lettres du 9 février 1388, qui nommèrent quatre généraux des aides , en chargèrent deux particulièrement du gouvernement des finances , & deux du soin de rendre la justice.

De nouvelles lettres du mois de février 1389, ordonnèrent que les généraux conseillers sur la justice ne pourroient s'entremettre de la distribution de la finance des aides , & qu'ils ne pourroient y commettre aucun officier ou préposé, sans la présence & le consentement des généraux conseillers sur la finance.

En 1390 les fonctions de la finance & de la justice furent réunies, ensorte que tous les généraux des aides se trouvèrent jouir des mêmes droits & prérogatives dont ils avoient précédemment joui. Mais, par de nouvelles lettres du 21 avril de la même année, le roi établit trois nouveaux offices, auxquels on attribua seulement le titre de *conseiller* , sans celui de *général* , & qui n'eurent rang qu'après tous les autres généraux.

Les fonctions de ces conseillers se bornoient à assister les généraux dans l'audition des causes & plaidoiries des parties, & dans l'administration de la justice sur le fait des aides ; à visiter , conseiller, rapporter, & juger les procès agités en la *cour* & *auditoire*. Ils étoient distingués des généraux ; ce qui a subsisté jusqu'en 1550 , que Henri II , par édit du mois d'août, ordonna qu'il n'y auroit plus de différence entre les généraux & les conseillers, & que les uns & les autres auroient également le titre de *généraux conseillers*.

Le 11 mars 1391 , de nouvelles lettres changèrent encore la forme des généraux des aides. L'administration de la finance des aides fut encore séparée de celle de la justice , ensorte que cette compagnie , au nombre de onze personnes , renfermoit dans son sein trois ordres d'officiers : savoir , trois généraux des aides sur la finance , quatre généraux & un président sur le fait de la justice , & trois conseillers rapporteurs créés en 1390.

On voit, par des lettres du 26 février 1414, que tel étoit le nombre des officiers de la *cour des aides* , puisqu'elles défendent d'en recevoir un plus grand nombre ; cependant on voit dans les registres de cette compagnie, que depuis 1400 jusqu'en 1415 il y avoit un officier sous le titre d'*élu sur le fait du clergié ou diocèse de Paris*.

Dans cet ordre de choses , les généraux conseillers sur le fait de la finance jouissoient de plusieurs prérogatives, que n'avoient pas les généraux préposés seulement sur le fait de la justice , & ces derniers de supérieures aux simples conseillers.

Les généraux sur la finance exerçoient l'administration de la justice conjointement avec les généraux sur la justice : mais ils avoient en outre le droit d'établir & de destituer les élus, receveurs, & autres officiers des aides, de faire verser à la caisse du receveur-général à Paris les deniers perçus en province; de donner les aides à ferme, ou de les faire régir pour le compte du roi ; de taxer les salaires de tous les employés : ils partageoient entre eux les différentes provinces soumises à l'imposition des aides , & ils faisoient chacun dans leur département les chevauchées qu'ils jugeoient nécessaires pour le service du roi.

Le pouvoir des généraux sur le fait de la justice se bornoit à l'exercice de la justice , à la correction & punition des élus, receveurs , & autres officiers qui prévariquoient. Ils ne pouvoient s'entremettre de la distribution des finances, si ce n'est dans les cas seulement qui touchoient le fait de la justice ; ils n'instituoient aucun officier sans la présence & le consentement des généraux sur la finance.

Les conseillers n'ayant été créés que pour soulager les généraux dans l'administration de la justice, n'avoient d'autres fonctions que de visiter & rapporter les procès.

Les troubles & les factions qui agitèrent le règne de Charles VI, produisirent la confusion & l'anarchie dans toutes les parties de l'administration du royaume. Les *cours* de justice, & particuliérement la *cour des aides*, se ressentirent de ces maux.

Jusqu'en 1414 les finances provenant des aides avoient été distinctes & séparées de celles que produisoient les domaines. La perception & la régie des premières avoient été confiées aux généraux des aides, les revenus des domaines étoient sous la direction des trésoriers de France. Mais dans cette année on confondit les deux recettes, & l'on établit des commissaires sur le fait & gouvernement, tant du domaine que des aides.

Cette nomination n'apporta d'abord aucun changement à l'égard des généraux des aides; ceux d'entre eux, qui étoient ordonnés sur le fait de la finance, continuèrent à régir cette partie, à laquelle ils ajoutèrent l'administration des domaines; & les nouveaux commissaires qu'on leur avoit joint, exerçoient les mêmes fonctions. Tous avoient droit d'assister en la chambre des aides, ainsi qu'on le voit par l'assistance de Guillaume le Clerc, un des nouveaux commissaires des aides & domaines, & par l'article 8 de l'ordonnance du 25 mai 1413.

Depuis cette époque, les troubles ne firent qu'augmenter dans le royaume, & les différens partis, qui le déchiroient, voulant gagner l'affection des peuples, leur proposèrent l'abolition des aides.

La reine de concert avec le duc de Bourgogne, par ses lettres des 30 janvier 1417 & 3 avril 1418, ordonna la cessation de la levée des impôts, à l'exception de la gabelle, de manière que les généraux des aides se trouvèrent sans fonction dans la partie du royaume qui lui obéissoit.

Dans la même année 1417, elle établit à Troyes un parlement & une chambre des comptes, en destituant les *cours* de Paris, & ne fit aucune mention des généraux des aides. Lorsqu'en 1418 elle rétablit, ou plutôt recréa à Paris un parlement & une chambre des comptes, elle ne s'occupa pas des officiers des aides, qui restoient sans fonctions: il paroit même qu'on les regardoit comme supprimés par les lettres du 16 juillet 1418, qui avoient destitué généralement tous les offices antérieurement créés.

Dans le même temps, Charles, dauphin, depuis roi, sous le nom de *Charles VII*, abolit également la perception des aides en Auvergne, & enjoignit aux généraux commissaires & aux élus de cesser à cet égard toutes connoissances de causes & procès à mouvoir.

Il y a lieu de croire que quoique les lettres de Charles, dauphin, dont nous parlons, & qui ont pour date le 9 juillet 1418, ne paroissent avoir été données que pour l'Auvergne, leur disposition s'étendit à toutes les provinces méridionales qui étoient sous sa domination.

Il paroit certain que dans le fait les généraux des aides n'eurent aucunes fonctions depuis 1418, jusqu'à la mort de Charles VI en 1422. Il y eut,

à la vérité, de nouveaux impôts établis pendant cet espace de temps; mais leur administration passa en d'autres mains.

Le décès de Charles VI ne fit qu'augmenter les factions dans le royaume. Charles VII son fils ne fut reconnu roi de France que dans les provinces d'au-delà de la Loire; Paris & toutes les provinces septentrionales obéirent à Henri VI, roi d'Angleterre. Chacun de ces princes établit pour les provinces de sa domination une *cour des aides*.

Le fait est certain par rapport à Henri VI; car on trouve au greffe de la *cour des aides* de Paris, des lettres de ce roi, du 24 octobre 1424, adressées à *notre amé & féal cousin & conseiller l'évêque de Théroane, trésorier & gouverneur général de nos finances de France, & à nos autres conseillers sur le fait de la justice*. Ces lettres sont enregistrées à la chambre des comptes, *& in curiâ juvaminum*.

Charles VII, de son côté, ayant obtenu des provinces qui le reconnoissoient, des aides & subsidés, pour le mettre en état de chasser les Anglois de son royaume, établit aussi à Poitiers en 1425 une *cour des aides*. Mais alors il divisa les deux administrations de la justice & des finances; il commit des commissaires particuliers pour la régie des finances, & il créa à Poitiers des généraux conseillers, seulement pour connoître en souveraineté, quant au fait de la justice, des aides & gabelles, circonstances & dépendances, & il leur donna pour président l'évêque de cette même ville.

Ces deux *cours* subsistèrent jusqu'en 1436, que Charles VII rentra dans sa capitale, après en avoir chassé les Anglois, & qu'il réunit les *cours des aides* de Paris & de Poitiers, par une ordonnance du 6 novembre de la même année.

Le règne de Charles VII forme une époque remarquable dans l'histoire de la *cour des aides*. C'est à dater de l'établissement fait à Poitiers, que les généraux des aides n'eurent plus de part à l'administration de la finance des aides, qu'ils s'occupèrent uniquement de l'exercice de la justice; & c'est de-là que cette compagnie a été appelée la *cour des généraux sur la justice des aides*.

Il est nécessaire aussi de remarquer que la *cour des aides* de Poitiers étendoit sa jurisdiction, non-seulement sur les provinces de la Languedoil soumises à Charles VII, mais encore sur celles de la Languedoc, dont les généraux des aides avoient probablement été supprimés pendant les troubles antérieurs. Mais après la réunion des *cours* de Paris & de Poitiers, le roi, par des lettres du 20 avril 1437, institua six généraux conseillers & souverains sur le fait de la justice des aides, des pays de Languedoc & duché de Guienne, par la raison, y est-il dit, que ce seroit chose insupportable aux sujets desdits pays d'aller à Paris pour obtenir remède de justice souveraine.

Ces généraux conseillers furent les maîtres de choisir les lieux où ils tiendroient leurs séances; mais

mais Louis XI, par un édit de 1467, les rendit sédentaires à Montpellier.

SECTION III.

Etat actuel de la cour des aides de Paris.

Les généraux confeillers fur la juſtice des aides, par leur établiſſement à Poitiers & enſuite à Paris, font devenus une cour ordinaire & ſouveraine de juſtice, comme les parlemens, & n'ont plus été connus que fous la dénomination de cour des généraux de la juſtice ſur les aides, & plus briévement cour des aides. La qualification de cour leur avoit déjà été donnée dans des lettres de 1413, & dans l'ordonnance de 1436, qui réunit à Paris ceux de Poitiers, ils la prenoient bien antérieurement comme il paroît, entre autres, par un arrêt de 1389.

Sous Charles VII, la cour des aides fut compoſée d'un préſident & de cinq généraux confeillers. Quelques années après, on leur joignit trois confeillers, en faveur deſquels on vit revivre les trois offices de confeillers créés en 1390. Il y eut auſſi, fous le même règne, un procureur & un avocat-général, un greffier, un receveur des exploits & amendes, & deux huiſſiers.

Louis XI, peu après fon avénement à la couronne, ſupprima la juſtice des aides, par des lettres-patentes enregiſtrées en cette cour le 4 mai 1462. Mais s'appercevant bientôt du préjudice que cette ſuppreſſion cauſoit à ſes affaires, il la rétablit par des lettres du 3 juin 1464, & par d'autres du 29 décembre 1470. Il fixa les officiers de cette compagnie à un préſident, quatre généraux confeillers, trois confeillers, un avocat, un procureur du roi, un greffier, un receveur des amendes, & deux huiſſiers.

La cour des aides n'eſſuya aucune variation, fous les règnes de Charles VIII & de Louis XII; mais, fous François I, le nombre de ſes membres fut augmenté d'un ſecond préſident, de cinq généraux confeillers, d'un ſecond avocat-général, d'un payeur des gages, & d'un troiſième huiſſier, qui furent tous reçus avec finance.

Henri II, par édit de 1550, ordonna que les trois offices de confeillers, créés en 1390, feroient érigés en offices de généraux, afin qu'il n'y eût, dans la cour des aides, comme dans le parlement, que deux ordres & degrés, ceux de préſidens & de confeillers. Par un autre édit du mois de mars 1552, il créa une ſeconde chambre en la cour des aides, qu'il compoſa de deux nouveaux préſidens & de huit généraux confeillers, & d'un premier huiſſier.

Ce même prince avoit déjà porté le nombre des généraux confeillers à douze, en y comprenant les trois confeillers de 1390; enſorte qu'à ſa mort la cour des aides étoit compoſée d'un premier préſident, de trois autres préſidens, de vingt généraux confeillers, deux avocats & un procureur généraux, un greffier, un receveur & payeur

Juriſprudence. Tome III.

des gages, un receveur des amendes, un premier huiſſier & quatre autres huiſſiers.

Pendant les fureurs de la ligue, Henri III, après avoir transféré le parlement de Paris à Tours, en février 1589, y transféra auſſi la cour des aides, par déclaration du 4 mai de la même année. Les ligueurs empêchèrent la plus grande partie des officiers de cette compagnie d'obéir aux ordres du roi, enſorte que ce prince attribua au parlement féant à Tours, la connoiſſance des matières attribuées à la cour des aides.

Mais Henri IV fon ſucceſſeur, ayant réuni un nombre ſuffiſant des officiers de cette cour, il la rétablit dans ſa juriſdiction, par édit de janvier 1592, & révoqua l'attribution qui avoit été faite au parlement féant à Tours & à Châlons, pour la néceſſité du temps & l'abſence des officiers.

Une déclaration du 24 mars ſuivant enjoint au greffier du parlement, de délivrer à celui de la cour des aides tous les procès, en quelque état qu'ils fuſſent, qui avoient été portés au parlement, en vertu de l'attribution qui lui en avoit été faite.

Cette cour des aides tint d'abord ſes féances à Chartres, & peu après à Tours, juſqu'en 1594, qu'après la réduction de Paris, elle y fut rappellée par déclarations des 28 mars, & 2 avril de la même année. Dans ce temps, Henri IV voulut bien conſerver les officiers qui avoient continué de réſider à Paris, accorder même de nouvelles proviſions à ceux qui en avoient obtenu du duc de Mayenne; mais comme il lui paroiſſoit juſte de conſerver ceux qui l'avoient ſuivi à Tours, où qu'il y avoit créés, pour rendre complette la cour féante en cette ville, le nombre des confeillers fut porté à vingt-ſix, où ils reſtèrent pendant tout le règne de ce prince.

Louis XIII augmenta les officiers de la cour des aides, de deux confeillers & d'un huiſſier, par un édit du mois d'août 1631. En février 1635, il y créa quatre notaires & ſecrétaires du roi, à l'inſtar des quatre ſemblables offices établis pour le parlement. Au mois de décembre ſuivant, il créa une troiſième chambre pour la cour des aides, qu'il compoſa de deux préſidens & de douze confeillers.

Cette nouvelle création ſouffrit d'abord quelques difficultés, ce qui engagea le miniſtère à créer au mois de juin 1636 une cour des aides à Lyon; mais, ſur les remontrances de celle de Paris, l'édit fut révoqué par un ſecond du mois de juillet ſuivant, & l'établiſſement de la troiſième chambre fut confirmé.

Dans les proviſions accordées à ces derniers officiers, on ne leur donna que le titre de confeiller, ſans ajouter celui de général, qui ne fut plus conſervé que dans les proviſions de ceux qui furent pourvus des anciens offices. Il s'eſt même aboli tout-à-fait par la ſuite, & les dernières proviſions, où ſe trouve le titre de général, ſont celles d'Abel de Sainte-Marthe, du 22 décembre 1654.

Depuis le règne de Louis XIII, il y a eu ſucceffivement des créations de nouveaux offices dans la *cour des aides*, dont il eft inutile de donner le détail ; nous remarquerons feulement qu'en 1771, époque de la révolution que la magiftrature éprouva, la *cour des aides* de Paris fut fupprimée. Mais elle a été rétablie au mois de novembre 1774, par un des édits publiés au lit de juftice tenu par Louis XVI, le 12 de ce mois, à l'effet de rendre à leurs fonctions les anciens officiers des *cours* fouveraines.

Dans le moment préfent, la *cour des aides* eft compofée d'un premier préfident, de neuf autres préfidens, de cinquante-deux confeillers, de trois avocats & d'un procureur généraux, de quatre fubftituts du procureur-général, de deux greffiers en chef, de plufieurs autres greffiers civils, criminels & des préfentations, de cinq fecrétaires du roi, d'un tréforier payeur des gages, d'un receveur des épices, d'un premier huiffier & de plufieurs autres.

On trouve dans la *cour des aides*, ainfi que dans le parlement, des confeillers d'honneur, qui ont entrée & voix délibérative aux audiences, chambre du confeil, & affemblées générales de la *cour*, rang & féance du côté & au-deffus du doyen des confeillers, & qui jouiffent des mêmes privilèges dont jouiffent les confeillers d'honneur du parlement. Leur établiffement n'eft pas ancien ; le premier qui a été décoré de ce titre, eft François le Haquais, qui y fut reçu le 2 décembre 1700, après s'être démis de la charge d'avocat-général, qu'il avoit exercée pendant long-temps. Ceux des membres de cette *cour* qui font promus à l'épifcopat, jouiffent des prérogatives de confeiller d'honneur. Il y en a eu un exemple en 1659, dans la perfonne de M. Pingré, qui avoit été nommé à l'évêché de Toulon. Au refte, le nombre des confeillers d'honneur de cette *cour* n'eft pas fixé.

SECTION IV.

Compétence & reffort de la cour des aides, privilèges & prérogatives de cette compagnie & de chacun de fes membres.

Compétence de la cour des aides. Conformément aux édits, ordonnances, lettres-patentes, &c. que nous avons rapportés dans les fections précédentes, la *cour des aides* de Paris a droit de connoître & décider en dernier reffort tous procès, tant civils que criminels, entre toutes perfonnes, de quelque état, rang, qualité & condition qu'elles foient, & de quelques privilèges qu'elles jouiffent, au fujet des aides, gabelles, tailles, octrois, droits fur les fers & fur les cuivres, & autres droits, fubfides & impofitions.

Cette *cour* reçoit les appels interjettés des fentences des élections, greniers à fel, juges des dépôts des fels, juges des traites ou maîtres des ports, juges de la marque des fers, & autres fièges de fon reffort, même les appels des fentences rendues fur le fait des droits d'octrois ou autres, dont la connoiffance eft attribuée en première inf-

tance au bureau de la ville ou autres juges, par les édits & déclarations, fauf l'appel en la *cour des aides*.

Elle connoît auffi des appels des ordonnances & jugemens des intendans & commiffaires départis dans les provinces & généralités, au fujet des cotes d'offices par eux faites, & des autres matières qui font de la compétence de cette *cour*.

Elle eft feule compétente pour juger du titre de nobleffe ; & non-feulement elle en juge fur les conteftations des parties, mais fon procureur-général eft en droit d'obliger tous ceux qui fe difent nobles, à produire les pièces fur lefquelles ils fondent cette qualité. Elle vérifie les lettres d'annobliffement & de réhabilitation, & elle connoît des exemptions & privilèges dont les nobles & les eccléfiaftiques doivent jouir par rapport aux aides, tailles, gabelles & autres impofitions. Les nobles, qui font troublés dans leur nobleffe, par l'impofition aux tailles, peuvent fe pourvoir en première inftance en la *cour des aides*.

Les états de la maifon du roi, ceux des maifons de la reine, des enfans & petits-enfans de France, & du premier prince du fang, font vérifiés à la *cour des aides* de Paris, & dépofés dans fon greffe ; & tous les officiers compris dans ces états, n'ont pour juges en dernier reffort (pour ce qui regarde leurs exemptions) que cette *cour*, quoiqu'ils foient domiciliés dans l'étendue du reffort des autres *cours des aides*, où l'on n'envoie que des copies de ces états.

Elle connoît pareillement, & privativement aux autres *cours*, en première inftance & dernier reffort, tant au civil qu'au criminel, de tous les différends, pour raifon des finances dont le calcul, audition & clôture des comptes appartiennent à la chambre des comptes ; du paiement des debets de ces comptes, & des exécutoires de cette chambre ; & en conféquence de tous débats, difcuffion, vente d'immeubles, privilèges & hypothèques concernant les comptables, & le maniement & adminiftration des deniers royaux, entre les tréforiers, receveurs généraux & particuliers, leurs commis & leurs cautions : pareillement de toutes conteftations concernant les baux, fous-baux, traités, tranfports, affociations dans les affaires du roi ; entre les fermiers, fous-fermiers, munitionnaires, entrepreneurs des vivres & étapes, traitans, leurs affociés, croupiers, cautions, participes, commis & autres intéreffés, fous quelque fcel, privilégié ou non, que les actes ayent été paffés, à Paris ou ailleurs : ce qui eft fondé fur l'édit de Henri II, du mois de mars 1551.

Elle connoît auffi en première inftance & dernier reffort, exclufivement à toutes autres *cours* & juges, de la difcuffion des biens de tous les comptables & gens d'affaires du royaume & de leurs defcendans & héritiers à perpétuité, en quelque lieu de l'obéiffance du roi que leurs biens foient fitués, lefquels ne peuvent être purgés de l'hypothèque du roi , que par des décrets faits en la *cour des aides* de Paris.

La saisie réelle , soit des offices , soit des immeubles des comptables , ne se peut faire ailleurs qu'en la *cour des aides*. Cette saisie se fait , à la requête du procureur général de la *cour des aides*, poursuite & diligence du contrôleur général des restes ; c'est en la *cour des aides* qu'elle est enregistrée , & que le décret s'en poursuit ; & la compétence de cette *cour* s'étend tellement sur toutes les affaires & personnes dont l'on vient de parler, qu'elle a le droit de les évoquer des requêtes du palais , du châtelet & de tous les autres tribunaux, quand même les parties y auroient des attributions particulières ; ainsi que toutes les affaires dans lesquelles les fermiers-généraux , ou le contrôleur général des restes , sont parties ; & , en conséquence de l'évocation , de juger les appels , s'il y a eu des sentences rendues.

L'hôpital général , suivant les édits du mois d'avril 1637 & 1656, a ses causes commises directement & en première instance en la *cour des aides* de Paris, pour tous les procès & différends mus au sujet de ses privilèges & exemptions des droits d'aides & autres , dont la connoissance appartient à cette *cour*. Il en est de même de l'hôtel-Dieu.

La *cour des aides* de Paris a également le droit de connoître seule des appellations des sentences rendues sur le fait des aides , gabelles , & autres droits, par les prévôts & officiers de M. le prince de Condé dans l'étendue du Clermontois , sans que les appellations puissent être relevées au bailliage ni en aucune autre cour ; ce qui fut d'abord réclamé par l'enregistrement fait en la *cour des aides* de Paris le 15 janvier 1661, des lettres-patentes du mois de décembre 1648, par lesquelles , Louis XIV fit don à M. le prince de Condé du Clermontois, qui avoit été cédé à S. M. par le traité de paix du duc de Lorraine du 29 mars 1641, & depuis a été confirmé par la déclaration du 4 juin 1704, qui fixe & détermine la compétence de chacune des deux *cours* du parlement & de la *cour des aides*. Par lettres-patentes du 10 décembre 1715, registrées en la *cour des aides* le 15 janvier suivant, le roi a attribué à la première chambre, à l'exclusion des deux autres, la connoissance de toutes les contestations des affaires du Clermontois, qui jusques-là , pouvoient être indistinctement portées dans les trois chambres.

Il y a eu aussi plusieurs autres attributions faites à la *cour des aides*, par différens édits & déclarations. Par déclaration du 15 décembre 1639, elle fut commise pour exercer la justice en la *cour des aides* de Rouen. Par l'édit de mars 1717, portant suppression de la chambre de justice, & par les lettres-patentes du 29 mai suivant, le roi a renvoyé en la première chambre de la *cour des aides*, les saisies réelles ou mobiliaires faites ou à faire en exécution des rôles & des condamnations prononcées en la chambre de justice ; ensemble les adjudications & discussions qui pourroient être faites en conséquence ; & les appellations & exécutions des sentences rendues par les subdélégués de la chambre de justice ; & des saisies faites à la requête des substituts du procureur général de cette chambre.

Cette *cour* a le droit, ainsi que les autres cours souveraines, de faire des réglemens pour l'exercice & manutention de la justice, ainsi que pour l'exécution & interprétation des loix & ordonnances dans toute l'étendue de son ressort : elle vérifie les ordonnances, édits , déclarations & lettres-patentes, qui forment le droit général du royaume. Beaucoup de traités de paix y ont été enregistrés. Elle enregistre aussi les provisions des chanceliers; & c'est à ses grandes audiences qu'elle en fait faire la publication, dans la même forme que cela se pratique au parlement.

Par l'édit de mars 1551, portant création de la seconde chambre, & par celui de juin 1636, qui confirme la troisième chambre , cette *cour* a le même privilège que le parlement, de pouvoir seule juger les officiers qui la composent lorsqu'ils sont poursuivis extraordinairement pour crimes; ce qui a été entr'autres confirmé sous Louis XIV, par le renvoi fait à la *cour des aides*, du procès de M. le président de Maridor, qui avoit été commencé en la chambre de justice de l'année 1661. Ce privilège ne peut recevoir aucune atteinte depuis l'édit de novembre 1704, adressé au parlement & à la chambre des comptes, & enregistré au parlement le 30 janvier 1705. En effet, cet édit en confirmant généralement les attributions & privilèges accordés à la *cour des aides*, confirme particulièrement les dispositions contenues dans les declarations de 1551, 1636 & 1691.

Suivant toutes les anciennes ordonnances , elle a toute jurisdiction & correction, non-seulement sur les officiers des sièges de son ressort, mais aussi sur les trésoriers, receveurs, collecteurs, & leurs commis dans ce qui regarde les fonctions de leurs charges, offices , & commissions.

La *cour des aides* a pour cet effet son pilori ou poteau dans la cour du palais, au bas de l'escalier de la Sainte-Chapelle, comme le parlement a le sien au bas de l'escalier du mai ; & ses jugemens portant condamnation de mort ou autres peines, s'exécutent aussi , tant à Paris que dans toutes les autres villes & lieux de son ressort, dans les places où l'on a coutume de faire les autres exécutions.

Ressort de la cour des aides de Paris. L'étendue de son ressort est la même que celle du parlement de Paris, à l'exception de l'Auvergne qui en a été distraite, pour former une *cour des aides* particulière à Clermont. Mais d'un autre côté, elle anticipe sur les limites du parlement de Bordeaux, puisque sa jurisdiction s'étend sur la Saintonge.

Elle reçoit les appels des élections, des greniers à sel, des juges de la marque des fers, des juges des traites foraines, ou maîtres des ports, établis dans les généralités d'Amiens & d'Artois, de Bourges, du duché de Bourgogne, de la Champagne, de Limoges, de Lyon, de Moulins, d'Orléans, de Paris, de Poitiers, de la Rochelle, de Soissons, & de Tours; & comme nous l'avons remarqué plus haut en parlant de la compétence de cette *cour*, elle reçoit aussi les appels des prévôtés du Clermontois, dépendantes des domaines de M. le prince de Condé dans les matières d'aides & subsides.

Privilèges & prérogatives de la cour des aides. Les présidens, conseillers, avocats & procureur généraux, les greffiers en chef, les secrétaires du roi près cette *cour*, & le premier huissier, jouissent de la noblesse au premier degré. Ce privilège leur avoit été accordé, ainsi qu'au parlement & à la chambre des comptes, dès 1645, & il avoit été renouvellé en 1659. Il fut révoqué par l'édit de juillet 1669, portant réglement pour les offices de judicature du royaume, mais il a été depuis rétabli pour le parlement, par édit de novembre 1690; pour la *cour des aides* par édit de mars 1691; pour la chambre des comptes, par celui d'avril 1704. Il faut observer néanmoins que la noblesse n'a été accordée aux substituts du procureur-général, que par un édit de novembre 1704.

Les officiers de cette *cour* jouissent du franc-salé : ils sont commensaux de la maison du roi, & à ce titre, ils ont droit de deuil à la mort des rois, & assistent à leur enterrement en robes noires, à la différence du parlement qui y assiste en robes rouges. En 1683, la lettre de cachet adressée à cette *cour* pour l'inviter à l'enterrement de la reine, épouse de Louis XIV, portoit qu'elle y assisteroit en robes rouges. La *cour* fit remontrances que ce n'étoit pas son usage; le roi déclara que son intention n'étoit pas d'innover, & en conséquence la *cour* assista en robe de deuil aux services célébrés à S. Denis & à Notre-Dame.

Les présidens, conseillers, avocats & procureur généraux, ne sont reçus dans leurs offices, qu'après avoir été interrogés & avoir subi un examen sur la loi, dans la même forme que les officiers du parlement. Cette obligation leur a été imposée par l'édit de juin 1549, par la raison que « cette *cour* » est souveraine, & juge en dernier ressort de » toutes les causes dont la connoissance lui est at » tribuée, & de si long-temps qu'il n'est mémoire » du contraire ».

La déclaration du 27 avril 1627, enregistrée au parlement le 20 décembre 1635, leur accorde le privilège d'être reçus, sans subir de nouvel examen, lorsqu'ils sont pourvus d'offices du parlement, ou de maître des requêtes.

Des lettres du 9 avril 1597 ordonnent que dans les assemblées, où se trouvent des officiers des compagnies souveraines, les présidens de la *cour des aides* auront rang, marcheront, & seront assis immédiatement après les présidens de la chambre des comptes, sans que cette séance puisse leur

être contestée par les conseillers soit du parlement, soit des autres *cours*.

La *cour des aides* assiste en robes de cérémonies, aux entrées des rois & des reines, aux *te Deum*, processions, & autres cérémonies publiques. Le 10 mai 1625, elle assista avec les autres *cours*, dans l'église de Notre-Dame, à la bénédiction nuptiale du roi d'Angleterre, avec madame Henriette-Marie de France.

Dans ces occasions publiques, la *cour des aides* ne prend rang qu'après le parlement, & la chambre des comptes, parce qu'elle est de moins ancienne création que ces compagnies. Car c'est la date de leur érection, qui règle le rang entre les compagnies souveraines; ce qui est si vrai, que la chambre des comptes de Montpellier, établie par édit de mars 1522, à l'instar de celle de Paris, ayant voulu disputer la préséance à la *cour des aides* de la même ville, qui existoit depuis 1437, cette *cour* y fut maintenue par arrêts du conseil contradictoires, des 16 & 23 juillet 1557, & 28 mars 1558.

Les officiers de la *cour des aides* ne peuvent être jugés que par elle en matière criminelle, ainsi qu'il résulte des édits de 1552, 1635, & 1636.

Le premier président prend la qualité de chevalier. Il paroît par les lettres de Henri II, du 9 décembre 1548, que cette qualité avoit toujours été donnée aux premiers présidens, depuis Louis Picot. Ce prince par les mêmes lettres l'accorde à Jacques l'Huillier, & il la donna encore en 1557 à Pierre de la Place, successeur de l'Huillier.

Un arrêt du conseil du mois de janvier 1673, confirme également le titre & la qualité de conseiller-d'état au premier président de la *cour des aides*, ainsi qu'il en avoit joui de temps immémorial.

L'habit de cérémonie de MM. de la *cour des aides* est, pour M. le premier président & pour les autres présidens, la robe de velours noir, avec le chaperon de la même étoffe fourré d'hermine. Les conseillers, gens du roi, & greffier en chef, portent la robe rouge; & suivant l'ancien usage, ils doivent porter sur la robe rouge un chaperon noir à longue cornette, ainsi que cela fut réglé par Henri II le 7 janvier 1552. Ce chaperon, quoique noir, n'est pas une marque de deuil; & l'on ne doit pas croire que la couleur du chaperon en diminue la dignité, parce que cela vient de ce que MM. de la *cour des aides* ont toujours conservé l'ancien usage, & porté la robe rouge avec le chaperon noir, comme on les portoit vers le milieu du seizième siècle. En effet, l'on voit sur d'anciennes vitres plusieurs conseillers au parlement qui sont ainsi représentés, c'est-à-dire, en robes rouges avec le chaperon noir. Dans l'église de Champigni sur Marne, l'on y voit un Bochart ainsi habillé; & à S. Benoît à Paris, au bas d'un retable d'autel d'une chapelle, deux conseillers au parlement que l'on a découverts par leurs armes se nommer d'Origni, font auffi en robes rouges avec un chaperon noir fourré d'hermine. Cela fe pratiquoit ainfi, parce que le chaperon étant alors la couverture de la tête & des épaules, on ne vouloit pas expofer à la pluie de l'écarlate ; & c'eft de-là que le premier préfident du parlement étant réputé venir de fon hôtel, qui avant M. de Harlai n'étoit pas dans l'enclos du palais, porte le chaperon noir fans hermine fur fa robe rouge aux petites audiences qui fe donnent avant le rôle. Préfentement, les confeillers de la *cour des aides* portent la robe rouge fans chaperon.

SECTION V.

De la police intérieure de la cour des aides.

La *cour des aides* eft compofée de trois chambres. La première, que l'on appelloit anciennement *la chambre des généraux*, ou *des généraux de la juftice des aides*, étoit autrefois le feul fiège de cette *cour*. C'eft préfentement celle où fe tiennent les audiences, & par cette raifon elle eft appellée dans plufieurs ordonnances *la chambre des plaidoyers* ou *plaidoiries*.

C'eft en cette chambre que fe portent, ainfi qu'il fe pratique à la grand'chambre du parlement, toutes les appellations verbales des jugemens rendus dans les fièges de fon reffort, toutes les requêtes introductives d'inftances, ou autres qui font préfentées directement en la *cour des aides* pour y former de nouvelles demandes. Tous les incidens qui furviennent dans les procès ou inftances avant que le partage en ait été fait entre les trois chambres, font auffi portés en la première.

La première chambre a auffi quelques attributions qui lui font particulières, comme les appels des fentences rendues fur le fait des aides & gabelles & autres droits par les juges du Clermontois ; la connoiffance en première inftance des affaires de l'hôpital-général & de l'Hôtel-Dieu de Paris, au fujet de leurs privilèges & exemptions des droits d'aides & autres ; la pourfuite des faifies réelles & mobiliaires faites en exécution des rôles & jugemens de la chambre de juftice, &c.

C'eft en cette chambre que fe font les enregiftremens de toutes les ordonnances, édits, déclarations, lettres-patentes, lettres de nobleffe, & autres : ce qui ne concerne que les particuliers, eft enregiftré en la première chambre feule ; ce qui contient des réglemens généraux & concerne tout le royaume, eft enregiftré les trois chambres affemblées ; fur le refte on fuit le même ufage qu'au parlement. C'eft auffi en cette chambre que le grand-maître des cérémonies vient apporter les lettres de cachet du roi qui invitent la *cour* d'affifter à quelque cérémonie.

Lorfque les princes viennent apporter des édits en la *cour des aides*, ils ont féance en la première chambre fur les bancs des préfidens, après M. le premier préfident, & avec les autres préfidens. Les

maréchaux de France qui les accompagnent fe mettent fur le banc à la droite des préfidens, au-deffus du doyen des confeillers, & les confeillers-d'état prennent place fur le banc, vis-à-vis, au-deffus des confeillers.

Les préfidens, confeillers, & gens du roi, font reçus & inftallés en la première chambre, toutes les chambres affemblées. A l'égard des autres officiers de la *cour*, ils y font reçus fans affembler les deux autres chambres, ainfi que tous les officiers reffortiffans en cette *cour*, qui y font examinés & y prêtent ferment.

Il y a par an deux rentrées de la *cour des aides*. La première fe fait le lendemain de la S. Martin. Après la meffe du S. Efprit, toutes les chambres s'étant raffemblées en la première, on y fait la lecture des ordonnances. M. le premier préfident y prononce un difcours, & fait prêter ferment aux greffiers & aux huiffiers, & enfuite un de MM. les gens du roi prononce une harangue. La feconde rentrée fe fait le lendemain de Quafimodo. On y fait auffi la lecture des ordonnances.

L'ouverture des audiences de la *cour des aides* fe fait en la première chambre, le mercredi de la première femaine après la S. Martin.

Les grandes audiences qui fe tiennent fur les hauts fièges, font celles des appellations, tant du rôle ordinaire que du rôle extraordinaire. Les plaidoiries du rôle ordinaire font les mercredis & vendredis matin. Depuis l'Afcenfion jufqu'au 8 feptembre, lorfqu'il y a une fête le jeudi, l'audience du vendredi matin eft remife au famedi. Celles du rôle extraordinaire font les mardis & vendredis, & ceffent après la S. Jean. Ces rôles font fignifiés à la communauté des procureurs ; & de-là vient l'ufage qui fe pratique, comme au parlement, de ne point accorder de défauts aux grandes audiences avant que le huiffier ait appellé & rapporté ; c'eft-à-dire, qu'avant que la *cour* adjuge le défaut, l'huiffier fe tranfporte au haut de l'efcalier de la *cour des aides*, d'où il appelle à haute voix dans la grand'falle la partie contre laquelle on prend le défaut & fon procureur, & vient rapporter enfuite qu'ils n'ont point répondu. L'ancien des préfidens tient les audiences des mardis de relevée, à l'exception de la première & de la dernière qui font tenues par M. le premier préfident.

Les audiences fur les demandes, que les anciennes ordonnances appellent *audiences à huis clos*, fe tiennent fur les bas fièges, les mardis matin & vendredis de relevée.

Toutes ces audiences ceffent, paffé le 7 feptembre, & ne recommencent qu'après la S. Martin.

Les gens du roi aux grandes audiences font affis en la même place que ceux du parlement, c'eft-à-dire au banc qui eft au-deffous des préfidens. Les fecrétaires du roi près la *cour* ne fe mettent point fur ce banc. A l'égard des petites audiences, ils font placés fur le banc qui eft à la gauche des préfidens, qui eft la même place qu'avoient autrefois au parlement les gens du roi, fur le banc des baillis & fénéchaux.

La première chambre eſt compoſée du premier préſident, de trois préſidens, des conſeillers d'honneur dont le nombre n'eſt pas fixe, & qui ont ſéance au-deſſus du doyen des conſeillers, & de dix-huit conſeillers. Les préſidens & conſeillers des deux autres chambres montent à la première par rang d'ancienneté, ainſi que les conſeillers des enquêtes du parlement montent à la grand'chambre.

Par l'article 3 de la déclaration du 10 août 1748, deux conſeillers de chacune de la ſeconde & troiſième chambres doivent à tour de rôle ſervir pendant ſix mois en la première.

La ſeconde & troiſième chambre ſont compoſées chacune de trois préſidens & de dix-ſept conſeillers. Elles donnent audience les mercredis & vendredis matin, ſur les demandes incidentes aux procès qui y ſont diſtribués. Les avocats-généraux y portent la parole dans les affaires qui requièrent leur miniſtère. Il y a quelquefois des affaires qui ſont attribuées en particulier à l'une de ces deux chambres.

La diſtribution des procès & inſtances civiles ſe fait également entre les trois chambres, par M. le premier préſident, aſſiſté d'un préſident de chacune des deux autres chambres. Lorſqu'un conſeiller de la ſeconde ou troiſième chambre monte à la première par droit d'ancienneté, il peut, pendant le cours d'une année, rapporter en la chambre d'où il eſt ſorti les procès & inſtances dont il étoit chargé; mais après l'année révolue, il les remet au greffe, pour être rediſtribués en cette même chambre. Les procès criminels ſe jugent indiſtinctement dans les trois chambres.

Lorſque dans les affaires de rapport il y a partage d'opinions en quelqu'une des chambres, le rapporteur & le compartiteur, c'eſt-à-dire, celui qui a le premier ouvert l'avis contraire à celui du rapporteur, vont départager l'affaire dans une autre chambre en cet ordre : les partages de la première chambre vont en la ſeconde, ceux de la ſeconde en la troiſième, & ceux de la troiſième en la première. Et s'il arrive quelquefois que des affaires s'étant trouvées ſucceſſivement partagées dans toutes les chambres de la cour, le roi a donné des lettres-patentes pour les aller départager dans quelqu'une des chambres des enquêtes du parlement, comme firent MM. Quatrehommes & Bouette, les 3 & 4 décembre 1614, en la première des enquêtes; & le 8 janvier 1633, MM. Gourreau & Bourgoin, en la ſeconde des enquêtes.

La chambre des vacations commence le 9 ſeptembre, & finit le 27 octobre. Elle tient ſes ſéances en la première chambre, où elle donne ſes audiences ſur les bas ſièges les mercredis & vendredis matin. Elle ne connoît que des affaires ſommaires ou proviſoires, des affaires criminelles, & de celles qui concernent le roi. Elle eſt compoſée de deux préſidens & de quinze conſeillers, ſavoir,

cinq de chacune des chambres. L'ouverture s'en fait par M. le premier préſident, qui a droit d'y aſſiſter quand il le juge à propos.

Cinq fois par an, ſavoir, la ſurveille de Noël, le mardi de la ſemaine-ſainte, la ſurveille de la Pentecôte, la veille de l'Aſſomption, & la veille de S. Simon, la cour des aides va tenir ſes ſéances à la conciergerie, & y donne audience pour les priſonniers. C'eſt un ſubſtitut qui y porte la parole. Quelques jours auparavant ces ſéances, deux conſeillers commiſſaires, aſſiſtés d'un ſubſtitut & d'un greffier, vont faire leur viſite dans toutes les priſons de Paris, où il ſe trouve des priſonniers de ſon reſſort, & en font enſuite leur rapport à la cour.

Les avocats du parlement plaident & écrivent en la cour des aides. Les procureurs ſont les mêmes pour le parlement & pour la cour des aides.

Avant la déclaration du 10 août 1748, les conſeillers rouloient pour le ſervice dans les trois chambres en cet ordre. Chaque ſémeſtre ou bimeſtre il ſortoit de chacune des chambres quatre conſeillers, qui ſe partageoient dans les deux autres; les trimeſtres étoient celui de novembre & de décembre, & celui de juillet & août; les bimeſtres étoient celui de janvier & celui de juillet. On appelloit ces changemens de ſervice, migrations. Leur origine venoit de l'édit de mars 1551, portant établiſſement de la ſeconde chambre, qui ordonnoit que, de ſix mois en ſix mois, ſix généraux conſeillers de la première fuſſent députés par ordre, & ſucceſſivement en la ſeconde chambre. La création de la troiſième chambre ayant obligé de changer l'ordre qui avoit été établi juſqu'alors, il y fut pourvu par différens arrêtés de la cour. La déclaration du 10 août 1748 a abrogé ces migrations; elle veut ſeulement que tous les ſix mois, deux conſeillers des ſeconde & troiſième chambres, viennent, à tour de rôle, ſervir en la première; mais les conſeillers de la première ne vont plus ſervir, comme auparavant, dans les autres chambres.

Tous les officiers de la cour des aides ſervent pendant toute l'année.

Les avocats généraux, qu'on appelloit anciennement les avocats du roi en la cour des aides, jouiſſent de ce titre depuis qu'il a été donné à Louis Galoppe, dans ſes proviſions du 9 novembre 1578. Ils aſſiſtent à toutes les audiences de la première chambre; ils portent auſſi la parole dans les autres chambres, toutes les fois que les affaires y exigent leur miniſtère.

Le procureur-général n'avoit dans les commencemens que le titre de procureur du roi; celui de procureur-général fut donné, pour la première fois, à Iſambert le Franchomme, & il eſt ainſi appellé dans le regiſtre des plaidoiries du 10 avril 1404. Ses ſucceſſeurs ont été ainſi qualifiés depuis. Il a pour ſubſtituts dans les tribunaux inférieurs, les procureurs du roi des élections, greniers à ſel, traites, & autres juriſdictions reſſortiſſantes à la cour des aides. Dans les cas de décès de ces officiers ou d'abfence, il a droit d'y commettre, suivant la déclaration du 22 septembre 1663, qui ordonne que ceux, qui feront par lui commis, feront reçus, & exerceront en la manière accoutumée.

Henri III avoit créé, par édit du mois de mai 1586, dans toutes les *cours souveraines*, des substituts du procureur-général, pour être du corps des compagnies où ils seroient établis; il y en avoit quatre pour la *cour des aides*.

L'exécution de cet édit fut suspendue, sur les remontrances du parlement. Mais enfin les charges de substituts du procureur-général de la *cour des aides* furent levées en 1606, & ont toujours été remplies depuis. Leurs fonctions font de faire leurs rapports devant le procureur-général, des requêtes, des défauts, des procès, tant civils que criminels, dans lesquels le procureur-général doit donner des conclusions. En cas d'absence de ce magistrat, elles font fignées par le plus ancien des substituts. Un d'entre eux accompagne MM. les commissaires de la *cour*, à la visite des prisons; il porte la parole aux féances que la *cour* tient à la conciergerie, ainsi qu'à la chambre des vacations, dans les affaires où le ministère public est nécessaire.

Dans les conflits de jurisdiction que la *cour des aides* peut avoir avec les autres compagnies souveraines, elle suit les règles que nous avons rapportées, fous le mot CONFLIT *de jurisdiction*.

Les huissiers audienciers de cette *cour* y font le même service, & jouissent des mêmes prérogatives que ceux des autres *cours souveraines*.

SECTION VI.

Des autres cours des aides.

Nous avons dit ci-dessus, *section première*, qu'on divisoit la France en deux portions différentes, fous les noms de *Languedoc* & de *Languedoil*: que les rois Jean & Charles V, assemblèrent séparément les états de ces deux parties pour en obtenir des aides & subsides: il paroit par plusieurs de leurs lettres & ordonnances, qu'ils conférèrent aux généraux des aides à Paris, l'administration & la justice des aides de la Languedoil, & qu'ils établirent à différentes reprises des généraux des aides fur la Languedoc. Ainsi on peut dire que dès le commencement de l'établissement des généraux des aides, il y eut deux *cours* de ce nom, l'une à Paris, dont le reffort s'étendoit fur toutes les provinces septentrionales, & fur les méridionales qui dépendoient du parlement de Paris: la feconde, dont l'autorité étoit bornée aux provinces que nous avons dit composer la Languedoc.

Nous avons aussi observé que la *cour des aides*, établie à Poitiers par Charles VII, embrassoit fous fa jurisdiction toute la partie du royaume, qui obéissoit à ce prince. Mais lorsqu'après avoir chassé les Anglois de Paris, il réunit à Paris la *cour des aides* de Poitiers, il fe détermina à créer une fe-

conde *cour des aides*, pour le Rouergue le Quercy, le Languedoc & la partie du duché de Guienne, foumife au reffort du parlement du Toulouse, à cause de la difficulté qu'il y avoit pour les habitans de ces provinces de venir devant les généraux-conseillers fur le fait de la justice à Paris, pour obtenir remède de justice souveraine.

Cette *cour des aides* est la première établie après celle de Paris, & forme la feconde de ces *cours souveraines*. Son établissement en *cour ordinaire de justice*, est fondé fur une ordonnance du 20 avril 1437. Il lui fut permis de tenir fon fiège & fon auditoire, où bon lui fembleroit, dans le pays foumis à fa jurisdiction.

Elle tint d'abord fes féances à Montpellier, puis à Toulouse, & enfin Louis XI, par édit du 12 Décembre 1467, la fixa à Montpellier, où elle a toujours réfidé depuis. On y a uni en juillet 1629, la chambre des comptes qui avoit été établie dans la même ville en mars 1522, & que cette *cour des aides*, avant leur réunion, avoit toujours précédée dans toutes les cérémonies publiques & particulières, comme étant de plus ancienne création. Elle partage avec la *cour des aides* de Montauban, le reffort du parlement de Toulouse.

La troisième est celle de Bordeaux. Henri II, par édit de mars 1550, avoit établi en la ville de Périgueux une *cour des aides*, où reffortissoient les généralités d'Agen, Riom en Auvergne, & Poitiers, & qui avoit le titre de *cour des aides de Guienne, Auvergne & Poitou*. Ce prince, par édit de mai 1557, la fupprima, rendit à la *cour des aides* de Paris l'Auvergne & le Poitou, & attribua au parlement de Bordeaux le reffort des élections qui fe trouvoient dans l'étendue de ce parlement. Louis XIII, par édit d'août 1637, établit une *cour des aides* à Bordeaux. Louis XIV, la transféra à Saintes en novembre 1647, & la rétablit à Bordeaux en juillet 1659. Elle fut ensuite transférée à Libourne en novembre 1675, & enfin rétablie à Bordeaux par édit de septembre 1690. Elle est partagée en deux femestres. Son reffort est le même que celui du parlement de Bordeaux, à l'exception de la Saintonge, qui reffortit à la *cour des aides* de Paris.

La quatrième est celle de Clermont en Auvergne, qui fut d'abord établie à Montferrand par édit de Henri II, du mois d'août 1557, pour la généralité de Riom en Auvergne, que cet édit distrait de la *cour des aides* de Paris. Elle a été ensuite transférée à Clermont par édit d'avril 1630. Son reffort s'étend dans toute l'Auvergne.

En 1771, cette *cour* fut fupprimée, les officiers qui la composoient, firent partie du conseil supérieur établi dans cette ville. Ce tribunal fut rétabli par l'un des édits enregistrés au lit de justice le 12 novembre 1774.

En 1782, le roi, par une déclaration du 19 février, interdit tous les officiers qui la composoient; fon reffort fut ajouté à celui de la *cour des aides* de

Paris par lettres patentes du 5 mars. Mais cette *cour* est rentrée dans ses fonctions, par une déclaration du 3 août suivant.

La cinquième est celle de Montauban, établie d'abord à Cahors par édit de juillet 1642, & ensuite transférée à Montauban par édit d'octobre 1661. Son ressort comprend une partie de celui du parlement de Toulouse.

Outre ces cinq *cours des aides*, il y en a encore huit autres qui sont unies, soit aux parlemens, soit aux chambres des comptes; savoir, celle de Grenoble. Louis XIII, par édit de mars 1628, avoit établi une quatrième chambre au parlement de Grenoble, avec titre de *jurisdiction de cour des aides.* Ce prince, par édit de janvier 1638, créa une *cour des aides* à Vienne en Dauphiné. Louis XIV l'a supprimée & unie au parlement de Grenoble par édit d'octobre 1658.

Dijon, unie au parlement.

Rennes, unie au parlement.

Pau. Elle avoit été établie par édit de mai 1632, sous le nom de *cour des aides de Navarre.* Elle fut supprimée l'année suivante par édit de septembre 1633. Sa jurisdiction est exercée par le parlement.

Metz, unie au parlement.

Rouen. Son origine est attribuée au roi Charles VII. Louis XIII, par édit de juillet 1637, en sépara la basse Normandie, & pour cet effet créa une *cour des aides* à Caën, qui fut depuis réunie à celle de Rouen par édit de Janvier 1641. La *cour des aides* de Rouen a été unie à la chambre des comptes de cette ville, par édit d'octobre 1705.

Aix en Provence, unie à la chambre des comptes.

Dole en Franche-Comté, unie à la chambre des comptes.

Ces *cours des aides* ont le même ressort que celui des parlemens de ces provinces.

Il y a eu plusieurs autres *cours des aides* établies, qui ont été supprimées ou réunies à d'autres, comme celle de Périgueux, créée en mars 1553, supprimée en mai 1557; celle d'Agen, créée en décembre 1629, dont le ressort est aujourd'hui joint à celle de Bordeaux; celle de Lyon, qui fut créée par édit de juin 1636, mais dont l'établissement n'eut point lieu, & fut révoqué par l'édit de juillet 1636, portant confirmation de la troisième chambre de la *cour des aides* de Paris.

COUR complette. La coutume de Boulonnois, qui se sert de cette expression, *art.* 97, nous apprend que dans le territoire qu'elle régit on donne le nom de *cour* aux justices féodales, & que ces justices sont *complettes* lorsqu'elles sont composées de cinq hommes de fief, & qu'alors le seigneur féodal peut exercer toute justice en son fief.

COUR des comptes. Ce terme est peu usité en notre langue, quoiqu'en parlant de la chambre des comptes on dise que c'est une *cour souveraine,* & qu'on dise en latin *regiarum rationum curia.* Il y a néanmoins quelques chambres des comptes auxquelles il y a *cour* des aides & bureau des finances

unis, & que l'on appelle par cette raison *cour des comptes, aides & finances. Voyez* CHAMBRES DES COMPTES. (*A*)

COUR d'église, signifie *jurisdiction ecclésiastique* non pas la jurisdiction spirituelle, qui ne s'étend que sur les ames, mais la jurisdiction temporelle que des ecclésiastiques ont en certaines matières, par la concession du prince, tant sur les ecclésiastiques que sur les laïcs qui leur sont soumis. Le terme de *cour* n'est pas ici un titre d'honneur, comme pour les *cours souveraines* auxquelles seules il appartient de se qualifier de *cour.* Le terme de *cour d'église* signifie seulement *jurisdiction ecclésiastique,* & est opposé à *cour laïque,* ou justice séculière: car on comprend sous le terme de *cour d'église,* toutes les jurisdictions ecclésiastiques, telles que les officialités ordinaires, les officialités primatiales, la jurisdiction que les archiprêtres, archidiacres, grands-chantres & autres dignitaires, ont en certaines églises; les bureaux ecclésiastiques, tant généraux que particuliers, qu'on appelle aussi *chambres ecclésiastiques,* les unes diocésaines, & les autres souveraines; mais les chambres ecclésiastiques, même souveraines, ne peuvent pas se qualifier de *cour.*

Il y avoit autrefois au châtelet un procureur du roi en *cour d'église. Voyez* PROCUREUR DU ROI. *Voyez aussi* JURISDICTION ECCLÉSIASTIQUE, OFFICIALITÉ, PRIMATIE, PROMOTEUR, VICE-GÉRENT. (*A*)

COUR des finances, est un titre qui ne convient proprement qu'aux chambres des comptes, lesquelles connoissent seules souverainement de toutes les matières des finances; cependant il y a quelques autres compagnies qui prennent ce même titre, à cause que le bureau des finances de la généralité où elles sont établies, y est uni: tel est le parlement de Pau, auquel la chambre des comptes, *cour* des aides & finances sont unies: telles sont aussi les chambres des comptes de Rouen & de Dole. *Voyez* BUREAU DES FINANCES & TRÉSORIERS DE FRANCE. (*A*)

COUR foncière, c'est la basse justice du seigneur pour les droits fonciers. *Voyez le stile de Liège, ch.* 26, au commencement. (*A*)

COUR féodale ou *feudale,* c'est la justice du seigneur dominant, en laquelle les vassaux sont jugés par leurs pairs. *Voyez le style de Liège, chapitre* 25. (*A*)

COUR de France. Le parlement est ainsi nommé dans plusieurs ordonnances, entre autres une de Philippe V, du 17 novembre 1318, & dans des lettres de Charles VI, du mois de janvier 1392. (*A*)

COUR LAIE signifie *jurisdiction séculière:* ce terme est opposé à celui de *cour d'église.* Il est employé dans quelques coutumes, comme dans celle de Paris, *art.* 106, qui porte que reconvention n'a lieu en *cour laie,* si elle ne dépend de l'action, &c. (*A*)

COUR

COUR *majeure* ou *plénière de Béarn*, appellée anciennement, en langage du pays, *cort-major Béarn, tit. 3*, étoit la justice supérieure, que l'on appelloit ainsi pour la distinguer de la *cour* ou justice inférieure ou subalterne, dans laquelle la justice s'expédioit aussi au nom du prince souverain de Béarn. La *cour majeure* étoit composée de deux évêques, des abbés & des gentilshommes du pays: on y traitoit de toutes les grandes affaires qui regardoient l'intérêt général du pays, & les causes particulières y étoient décidées souverainement par le prince, les évêques & les vassaux, ou par ceux d'entre eux que les parties choisissoient, qui sont appellés *les jurats de la cour* dans le for de Morlas, & dans les anciens titres latins, *conjuratores & legitimi proceres. Voyez* au mot CONJURE. On jugeoit aussi les appels des *cours* subalternes, les matières qui regardoient la liberté & la condition des personnes, & les matières réelles. M. de Marca, en *son Hist. de Béarn, liv. V, chap. 3, n°. 2 & 3; & liv. VI, chap. 23, n°. 7*, explique comment les souverains de Béarn convoquoient leur *cour majeure. Voyez le Glossaire* de M. de Laurière. (*A*)

COUR *des maréchaux*. On donnoit autrefois ce nom à la jurisdiction des maréchaux de France, qu'on appelle aujourd'hui *connétablie & maréchaussée de France;* un arrêt du parlement, du 22 janvier 1361, intervenu sur l'appel d'une sentence de cette jurisdiction, la qualifie, *sentence de l'audience de la cour des maréchaux. Voyez* CONNÉTABLIE. (*A*)

COUR *des monnoies. Voyez* au mot MONNOIE, où il sera parlé de cette *cour* à la suite de ce qui sera dit sur les monnoies en général. (*A*)

COUR *des mortes-mains*, c'est ainsi que la coutume du Hainaut, *chap. 83 & 84*, appelle les plaids du receveur-général des main-mortes. *Voyez* MAIN-MORTE & MORTE-MAIN. (*A*)

COUR *des pairs* ou *parlement de Paris. Voyez* PAIR & PARLEMENT.

COUR *de parlement. Voyez* PARLEMENT.

COUR *personnelle*, on entendoit par-là anciennement toute justice où les parties étoient obligées de comparoître & procéder en personne, & non par procureur; ce qui n'étoit pas permis alors sans lettres du prince. Il en est parlé dans la coutume locale de Saint-Sevère, *tit. 1, article 22.* (*A*)

COUR *du petit scel*, à Montpellier. *Voyez* SCEL.

COUR *des pieds-poudreux*, en Angleterre, COUR *of pi-pouders, pedis pulverisati curia;* est une jurisdiction qui se tient à Londres en temps de foire, pour rendre justice aux marchands forains désignés sous ce terme de *pieds-poudreux*. Bracconus, *liv. V, traité* I, *chap. 6*, dit : *propter personnas quæ celerem debent habere justitiam, sicut sunt mercatores quibus exhibetur justitia pepoudroux. Voyez les origines de de Brieux, pag. 76.* (*A*)

COUR *du roi*, c'est ainsi que le parlement est qualifié dans plusieurs ordonnances, notamment dans celle de Charles V, alors régent du royaume, du mois de mars 1356. (*A*)

COUR *des salines*, à la Rochelle étoit une *cour* souveraine qui fut établie par édit du mois de décembre 1639, pour connoître des procès qui concernent le sel & les marais salans : elle fut supprimée par édit du mois de septembre 1643. *Voyez le Recueil des ordonnances* par Blanchard. (*A*)

COUR *séculière*. Ce terme comprend toutes sortes de jurisdictions laïques, soit *cours* souveraines ou autres tribunaux inférieurs. Il est opposé à *cour d'église*. (*A*)

COUR *du seigneur*, c'est sa justice. *Voyez* ci-devant COUR *féodale*.

COUR *ordinaire*, c'est ainsi que l'on appelloit la jurisdiction royale ordinaire de Nismes, pour la distinguer de celle des conventions. Il en est parlé dans un arrêt du parlement du 25 mai 1341, rapporté dans le recueil des ordonnances de la troisième race, *tom. III, pag. 605.* (*A*)

COUR *souveraine*, est un tribunal supérieur & du premier ordre, qui connoît souverainement & sans appel des matières dont la connoissance lui est attribuée par le roi, & dont les jugemens ne peuvent être cassés que par le roi ou par son conseil: tels sont les parlemens, le grand-conseil, les chambres des comptes, les *cours* des aides, les *cours* des monnoies, les conseils supérieurs, établis dans certaines provinces.

Si ces *cours* ou compagnies de justice sont appellées *souveraines*, ce n'est pas qu'elles aient aucune autorité qui leur soit propre, car elles tiennent leur autorité du roi, & c'est en son nom qu'elles rendent la justice; c'est parce qu'elles représentent la personne du roi plus particulièrement que dans les autres tribunaux, attendu que leurs jugemens sont intitulés de son nom & qu'il est censé y être présent, & il vient en effet quelquefois au parlement tenir son lit de justice; enfin, toutes ces *cours* en général jugent souverainement & sans appel; & hors le cas de cassation, leurs jugemens ont autant de force que si c'étoit une loi faite par le prince même.

Les *cours souveraines* sont composées de magistrats; savoir, de présidens & de conseillers, pour rendre la justice; d'avocats & procureurs généraux, pour faire les réquisitoires convenables; & de greffiers, secrétaires, huissiers, & autres officiers, pour remplir les différentes fonctions qui ont rapport à l'administration de la justice.

L'autorité des *cours souveraines* ne s'étend pas au-delà de leur ressort, ni des matières dont la connoissance leur est attribuée; elles sont indépendantes les unes des autres, & ont chacune un pouvoir égal pour ce qui est de leur ressort.

S'il arrive un conflit entre deux *cours souveraines*, elles tâchent de se concilier par la médiation de quelques-uns de leurs officiers; s'ils ne s'accordent pas, il faut se pourvoir au conseil du roi en réglement de juges, pour savoir où l'on procédera. *Voyez* CONFLIT.

Le pouvoir des *cours souveraines* est plus grand

D d d

que celui des autres juges.: 1°. en ce que les *cours souveraines* ne font pas aftreintes à juger toujours felon la rigueur de la loi; elles peuvent juger felon l'équité, pourvu que leur jugement ne foit point contraire à la loi : 2°. il n'appartient qu'aux *cours souveraines* de rendre des arrêts de réglemens, qui s'obfervent dans leur reffort fous le bon plaifir du roi, jufqu'à ce qu'il plaife à fa majefté d'en ordonner autrement : 3°. les *cours fouveraines* ont feules droit de bannir hors du royaume; les autres juges ne peuvent bannir chacun que hors de leur reffort.

Les officiers de *cour fouveraine* jouiffent de plufieurs privilèges; quelques-uns font réputés commenfaux de la maifon du roi. (*A*)

Comme l'adminiftration de la juftice eft une des fonctions les plus importantes qu'il y ait à remplir dans la fociété, la qualité de noble a toujours été infêparable de celle de juge fouverain. C'eft ce que atteftent, entre autres auteurs, Chopin, Loyfeau, Bacquet & le Bret. Cette prérogative leur a été d'autant plus aifément accordée, qu'anciennement les juges fouverains étoient choifis dans le corps de la nobleffe & parmi les plus grands feigneurs; & que la fucceffion des légiftes & non nobles, aux perfonnes de qualité, s'eft faite infenfiblement.

Ainfi, fans le fecours d'aucun édit, & en vertu des anciens ufages du royaume, les principaux officiers des *cours fouveraines* ont toujours joui de la nobleffe perfonnelle, & même de la prérogative de la tranfmettre à leur poftérité, quand leur père & leur aïeul avoient été pourvus d'offices tels que les leurs.

Par édit du mois de juillet 1644, Louis XIV déclara les préfidens, les confeillers, les avocats généraux, le procureur général, le greffier en chef & les quatre notaires & fecrétaires du parlement de Paris, nobles, ainfi que leur poftérité, pour jouir des mêmes droits, privilèges, franchifes, immunités, rang, féances & prééminences, que les autres nobles de race, barons & gentilshommes du royaume, pourvu que ceux de ces officiers qui ne feroient point nés nobles, euffent fervi vingt ans ou qu'ils décédaffent revêtus de leurs offices. Le même édit ordonna que ces officiers & leurs veuves, tandis qu'elles demeureroient en viduité, feroient exempts des droits feigneuriaux dus au roi.

La nobleffe au premier degré fut pareillement accordée en 1644 & 1645 aux autres *cours fouveraines* de Paris, & le même privilège eut auffi lieu en faveur de la plupart des officiers des *cours fouveraines* des provinces.

Ces prérogatives furent confirmées par une déclaration du 6 novembre 1657 : mais par l'édit du mois de juillet 1669, portant réglement fur l'adminiftration de la juftice & fur les offices de judicature, ces attributions furent révoquées, enforte que les officiers du parlement de Paris & des autres *cours fouveraines*, furent remis à la nobleffe perfonnelle

ou graduelle comme auparavant. Dans la fuite, les longues guerres que le roi eut à foutenir l'ayant obligé de recourir à des moyens extraordinaires pour fe procurer des fonds, il augmenta le nombre des officiers des *cours fouveraines*, & leur attribua de nouveau la nobleffe au premier degré & l'exemption des droits feigneuriaux. C'eft ce qui réfulte de différentes loix publiées en 1690, 1691 & 1704.

Un édit du mois d'août 1715, révoqua encore cette nobleffe au premier degré; mais les officiers du parlement de Paris, ceux de la chambre des comptes & ceux de la cour des aides furent exceptés de cette révocation. A l'égard des officiers des autres *cours* fupérieures & des bureaux des finances, ils furent maintenus par l'article 4 du même édit, dans la nobleffe graduelle & dans tous les autres honneurs, privilèges & prérogatives, que les ordonnances, édits, déclarations & réglemens intervenus avant le premier janvier 1689, avoient attribués à leurs charges.

Il fuit de ce qui vient d'être dit, 1°. que les principaux officiers des *cours fouveraines* de Paris jouiffent de la nobleffe au premier degré, & la tranfmettent à leur poftérité, pourvu qu'ils aient exercé leurs offices pendant vingt ans, ou qu'ils en aient été titulaires lors de leur décès.

2°. Que les principaux officiers des autres *cours fouveraines* jouiffent de la nobleffe graduelle, c'eft-à-dire, d'une nobleffe perfonnelle qui fert de premier degré à l'un de leurs enfans mâles pour acquérir une nobleffe tranfmiffible à la poftérité de cet enfant, lorfque lui & fon père ont exercé pendant vingt ans un office dans ces *cours* ou qu'ils font décédés revêtus de cet office.

3°. Que les prérogatives de la nobleffe ne doivent point être étendues aux officiers des *cours fouveraines* qui ne prennent aucune part aux fonctions publiques, & auxquels ces prérogatives n'ont point été attribuées d'une manière fpéciale. La raifon en eft que les expreffions génériques, felon lefquelles ces officiers inférieurs doivent jouir des mêmes privilèges que les officiers qui adminiftrent la juftice & rendent les arrêts, ne peuvent s'appliquer qu'aux graces dont ces officiers inférieurs font fufceptibles & non à la nobleffe, attendu que pour pouvoir réclamer ce privilège éminent, il faut une attribution expreffe en leur faveur, finon ils reftent dans la claffe des roturiers. Cette doctrine a été confirmée par un arrêt du confeil, du 9 octobre 1759, rendu contre les filles d'un payeur des gages du parlement de Paris.

COUR *fpirituelle de l'évêque d'Auxerre*, c'eft la juftice eccléfiaftique ou officialité de cet évêque : elle eft ainfi appellée dans des lettres de Charles V du mois de janvier 1364. *Ordonnance de la troifième race, tom. IV, pag. 574.*

COUR *fubalterne & inférieure*, fe dit pour exprimer une jurifdiction inférieure. Le terme de *cour*, en cette occafion, ne fignifie autre chofe que *jurif-*

diction, & non pas une compagnie fouveraine : il eft au contraire défendu à tous juges inférieurs aux *cours* fouveraines, de fe qualifier de *cour*. (*A*)

Cour *fujette* & Cour *fuzeraine*. La coutume d'Anjou diftingue par ces mots les différentes efpèces de juftice qui appartiennent aux feigneurs. Sous le mot de *cour fujette*, elle comprend les juftices baffes & moyennes, & même les hautes juftices attachées à des terres non titrées. Elle appelle *cour fuzeraine*, 1°. la juftice ou *cour* du roi, comme duc d'Anjou : 2°. les juftices attachées aux châtellenies, baronnies, comtés & vicomtés, qui reçoivent les appels des juftices inférieures.

Cour *fupérieure*, eft la même chofe que *cour* fouveraine.

COURBATURE, f. f. efpèce de maladie des chevaux, qui donne lieu à la refcifion de la vente de ces animaux. *Voyez* CHEVAL.

COURGE, (*terme de Coutume & de Maçonnerie.*) *Voyez* CORBEAU.

COURIER, (*Jurifpr.*) *correarius* ou *conrearius*, étoit le procureur ou intendant d'un évêque, abbé, prieur, ou communauté eccléfiaftique. On appelle encore *courier*, chez les Chartreux, celui qui fait la fonction de procureur dans la maifon. Le *courier* des évêques ou autres eccléfiaftiques, faifoit quelquefois les fonctions de juge, ou celles de procureur fifcal. On voit, dans une fentence arbitrale, rendue en 1294 par Raymond des Baux, prince d'Orange, entre l'évêque de Die & les habitans de la même ville, que le *courier* y avoit une jurifdiction réglée; que le chapitre de Die avoit auffi un *courier*, dont la jurifdiction ne s'étendoit que fur ceux du même corps & fur leurs domeftiques, au lieu que celui de l'évêque rendoit la juftice aux étrangers auffi-bien qu'aux habitans de la ville, & connoiffoit de toutes fortes d'affaires.

L'archevêque de Vienne, comme abbé de S. Bernard de Romans, avoit auffi un *courier* qui exerçoit fa juftice dans la ville; cela réfulte d'une fentence arbitrale de 1294, par laquelle il paroît que cet officier avoit la police & la correction des mœurs; qu'il pouvoit réprimer la licence & les défordres, comme la proftitution des femmes mariées.

Le *courier* que ce même archevêque avoit à Vienne, n'avoit prefque d'autre fonction que de tenir la main à l'exécution des jugemens, & à la punition des criminels qui étoient condamnés; il prenoit quelquefois auffi le titre de vice-gérent ou lieutenant.

Lors du procès que l'archevêque de Vienne eut en 1339 contre le dauphin Humbert, il prétendoit que fon *courier* pouvoit en outre informer de toutes fortes de crimes & de malverfations, faire emprifonner les accufés, établir des gardes pour la fûreté de la ville, avoir infpection fur la police de la ville, & plufieurs autres droits.

A Grenoble, le *courier* de l'évêque avoit droit de convoquer l'arrière-ban & les milices, faire mettre les habitans fous les armes au nom de l'évêque; c'eft ce qui paroît par une affignation donnée au crieur public, pour comparoître en jugement au fujet d'une proclamation faite par ordre du *courier* de l'évêque, dans laquelle il avoit excédé les limites de la jurifdiction, & entrepris fur celle du dauphin.

Il eft parlé de ces *couriers* & de leur jurifdiction, dans une ordonnance du roi Jean du mois d'octobre 1358. *Voyez l'Hiftoire du Dauphiné*, par M. de Valbonay. (*A*)

COURIR, v. a. (*Jurifpr.*) a dans cette matière plufieurs fignifications.

On dit, par exemple, qu'une procédure empêche la péremption ou la prefcription de *courir*.

Il faut une demande expreffe pour faire *courir* les intérêts.

On dit auffi *courir un bénéfice*, pour dire envoyer à Rome pour l'obtenir. *Voyez* COURSE AMBITIEUSE. (*A*)

COURS, (*Jurifpr.*) a plufieurs fignifications. Le *cours du change*, c'eft le taux de ce que les banquiers prennent pour droit de change, à raifon de tant pour cent, pour faire tenir de l'argent d'un lieu dans un autre. *Voyez* CHANGE.

Cours d'eau, fignifie une certaine étendue d'eau courante.

Cours des intérêts, c'eft le temps pendant lequel les intérêts s'accumulent. *Voyez* INTÉRÊT.

Cours de la place, eft la même chofe que *cours du change*. *Voyez* CHANGE & le *Dictionnaire du Commerce*.

Cours de la péremption, c'eft le temps qui eft compté pour acquérir la péremption. *Voyez* PÉREMPTION.

Cours de la prefcription, eft le temps qui fert pour la prefcription. *Voyez* PRESCRIPTION. (*A*)

Suivant l'ordonnance de 1669, & autres réglemens concernant les eaux & forêts, on ne peut nuire en aucune manière au *cours* de l'eau des rivières navigables, foit en l'affoibliffant par des tranchées, foffés ou canaux, foit en y conftruifant des moulins & autres édifices, foit enfin en y jettant quelque chofe qui puiffe y nuire. Dans tous ces cas les contrevenans font condamnés à une amende arbitraire, & à remettre les chofes dans l'état où elles étoient.

Les propriétaires d'héritages peuvent détourner, à leur utilité particulière, les fources qui y naiffent, quoiqu'elles forment des ruiffeaux. Les particuliers qui font au-deffous d'eux ne peuvent s'en plaindre, quand bien même ils feroient en poffeffion immémoriale d'ufer du *cours* de cette eau, à moins qu'il n'y ait à cet égard quelque convention entre eux. C'eft la difpofition des loix romaines, & la jurifprudence conftante des *cours*.

COURSE *ambitieufe*, (*Droit ecclef.*) Les ufurpations de la cour de Rome, fur les droits des ordinaires dans la difpofition des bénéfices, ont fans doute introduit dans l'églife beaucoup d'abus & beaucoup de défordres. Il faut cependant avouer que les fouverains pontifes ont fouvent travaillé à les prévenir ou à les arrêter. On en peut qu'applaudir à la fagelle de plufieurs règles de la chancellerie romaine. Telles font entre autres les règles *de impetrantibus beneficia viventium* & *de verifimili notitiâ obitus*. La première déclare nulles toutes provifions demandées *per obitum*, lorfque le titulaire fera encore vivant, & cette nullité s'étend même fur celles que l'on pourroit obtenir après fon décès; parce que la demande formée pendant fa vie, rend pour cette fois inhabile au bénéfice, *eft enim inhabilis pro hac vice, nifi probet de juftâ caufâ ignorantiæ*. La feconde, déclare auffi nulles toutes provifions accordées *per obitum*, lorfqu'il ne fe fera pas écoulé, entre le décès du dernier titulaire & les provifions, un temps fuffifant pour que le pape ait pu vraifemblablement être inftruit de la vacance. Dumoulin dit qu'elles font plutôt le droit commun & naturel, que des règles de la chancellerie. *Prior verò magis eft verum jus commune quàm regula cancellariæ, pofterior quoque ex jure communi imo etiam naturali decifa*.

Ces deux règles, que nous avons admifes parmi nous, font devenues des loix du royaume, & le pape ne peut pas y déroger fans commettre abus.

Elles ont eu pour principale fin d'empêcher les *courfes ambitieufes*, c'eft-à-dire les demandes prématurées; & elles le feront toutes foifque l'on demandera, comme vacant par mort, un bénéfice qui ne le fera pas, ou que la demande fera formée avant que la vacance ait pu être vraifemblablement connue du pape.

Rien de plus facile à conftater que le premier cas, c'eft-à-dire fi l'impétration a été faite avant la vacance du bénéfice, l'extrait mortuaire du dernier titulaire décidera la queftion.

Il n'en eft pas tout-à-fait de même du temps néceffaire pour que le pape foit cenfé avoir vraifemblablement connu la vacance. Naturellement il doit être proportionné à la diftance des lieux. Il faut plus de temps pour que les nouvelles parviennent de Breft ou de Paris à Rome, que de Lyon ou de Grenoble.

Si l'on n'emploie que la voie ordinaire de la pofte, on connoît le temps dans lequel les lettres parviennent d'un lieu à un autre, & il eft aifé alors de décider fi la *courfe* eft *ambitieufe* ou non; fi l'envoi à Rome eft poftérieur au décès du titulaire, & fi fa mort a pu frapper les oreilles du pape.

Mais fi l'on emploie un moyen extraordinaire, un courier dépêché exprès, ce que nos auteurs appellent *per velociffimos curfores*, alors comment fixer le temps néceffaire pour que la règle *de verifimili notitiâ obitus*, ne foit point enfreinte?

Dumoulin, fur cette règle, n°. 27, nous apprend que de fon temps il falloit fept jours de Paris à Rome. *Sciendum autem quod apud nos tempus verifimilis notitiæ obitus ab hac Parifiorum urbe, Romam, prout per curfores male refpectu papæ ufurpatum, non eft minus quàm feptem dierum & adhuc tempore æftivo quo viæ funt faciles*. Dumoulin ne favorifoit

pas les *courfes* extraordinaires, & il foutenoit, malgré l'avis des premiers avocats du barreau, qu'elles ne pouvoient avoir lieu vis-à-vis des légats. *Ego verò, dico hoc, tum re, tum exemplo, perniciofiffimum effe: eft enim viam aperire parvis datis, ne dicam falfitatibus artificiofis*. Il répondoit à l'autorité de deux arrêts qui venoient d'être rendus contre fon opinion. *Itaque non obftantibus prætenfis quibufdam novis arreftis (fupervenerunt enim multi inexperti veteris ftili & moris ignari), fto in fententia, cum veteribus melioribus arreftis*.

Malgré toutes les bonnes raifons de Dumoulin, la voie des couriers extraordinaires, foit à Rome, foit auprès des légats, eft admife en France. Mais on exige un temps pour la *courfe*, & des formalités. Il faut, pour qu'elle ne puiffe point être regardée comme ambitieufe, & qu'il n'y ait point de contravention à la règle *de verifimili notitiâ*, qu'il fe trouve, entre la vacance & l'arrivée du courier de Rome, un intervalle de fept jours, fi le courier eft parti de Paris ou de Touloufe, de cinq s'il eft parti de Lyon, & ainfi des autres villes à proportion: il faut de plus, que l'envoi du courier extraordinaire foit juftifié par un acte public. On envoie, par exemple, de Paris un courier extraordinaire à Rome, pour demander un bénéfice vacant par mort. Il arrive le huitième jour. Quoique huit jours foient plus que fuffifans pour que la nouvelle de la mort du dernier titulaire ait pu vraifemblablement parvenir de Paris à Rome, cependant la *courfe* fera déclarée *ambitieufe*, fi l'impétrant ne prouve pas, par acte public, qu'il s'eft fervi d'une voie extraordinaire. Pourquoi cela? C'eft qu'il arriveroit autrement, que toutes les fois qu'un bénéficier feroit attaqué d'une maladie dangereufe, on pourroit, en faifant retenir à Rome une date chaque jour, faire expédier enfuite les provifions du cinquième, fixième ou feptième jour après le décès. Pour empêcher cet abus, on exige que le départ du courier foit conftaté par un acte public. Telle eft l'opinion de Boutaric, dans fes *Inftitutions canoniques*, chap. 10.

Drapier, *dans fes décifions fur les matières bénéficiales*, tom. I, pag. 183, penfe qu'il n'eft pas néceffaire qu'il s'écoule un efpace de fept jours, depuis le départ jufqu'à l'arrivée du courier, lorfqu'il eft envoyé de Paris. Il ne fe fait jamais, dit-il, de *courfe* extraordinaire, pour impétrer un bénéfice, que le départ du courier ne foit conftaté par un marché fait avec lui devant notaire; & cette preuve eft fuffifante. Ainfi, quand le courier ne feroit que cinq jours à aller à Rome, n'étant parti qu'après la mort, & le juftifiant, la *courfe* feroit déclarée bonne & non *ambitieufe*; il y a des exemples de couriers qui ont fait la route en fix jours. Ce n'eft pas l'arrivée du courier à Rome, mais fon départ pour Rome qu'il faut prouver; quand il y a conteftation au fujet d'une date retenue, les provifions prouvent fuffifamment l'arrivée du courier.

Nous penfons qu'il eft affez difficile de donner

des règles générales bien sûres à ce sujet, & que tout dépend des circonstances. S'il n'y a aucun soupçon de fraude, l'arrivée du courier sera suffisamment prouvée par les provisions. Il faut cependant avouer, comme l'observe Boutaric, qu'il est possible de faire partir un courier extraordinaire après la mort d'un bénéficier, & d'avoir des provisions avant son arrivée à Rome ; il suffiroit pour cela d'avoir fait retenir des dates pendant sa maladie, & de faire lever celle du sixième jour après sa mort, quoique le courier ne fût arrivé que le huitième. Dans ce cas on gagneroit deux jours & on préviendroit l'ordinaire qui auroit conféré le septième. Pour éviter toutes les fraudes qui sont assez fréquentes dans cette matière, il faudroit exiger que le départ & l'arrivée du courier extraordinaire, fussent également constatés par des actes publics.

On peut se servir de l'occasion d'un courier extraordinaire, envoyé par un autre, & le charger de son envoi ; il suffit alors que le registre du banquier porte, que l'occasion s'étant trouvée d'un tel, courant extraordinairement, il l'a chargé d'une telle expédition, à tel jour & à telle heure, & que le registre du correspondant à Rome, soit conforme à celui du banquier de France, & contienne les mêmes notes. Il n'est pas alors nécessaire de prouver un marché particulier avec le courier. Ainsi jugé au parlement de Paris au mois de juillet 1700. *Mémoires du clergé, tome X, col. 1323.*

Il y a donc deux espèces de *course ambitieuse.* L'une, lorsque l'on impètre le bénéfice pendant la vie du titulaire. La règle *de impetrantibus beneficia viventium,* déclare nulles les provisions obtenues dans ce cas, & de plus, celles obtenues par le même impétrant après la vacance. L'autre espèce de *course ambitieuse,* est lorsque l'impétration est faite avant que le pape ait pu vraisemblablement connoître la vacance, alors la règle *de verisimili notitiâ,* annule les provisions sans frapper l'impétrant d'aucune espèce d'incapacité pour le bénéfice impétré, comme dans le premier cas. (*Article de M. l'abbé Bertolio, avocat au parlement.*)

COURTIER, f. m. qu'on appelloit autrefois *couretier,* & *couratier,* ou *corratier.* Ce terme est d'usage dans le commerce, dans la marine, & dans les finances.

En finance, on appelloit *courtiers-jaugeurs,* des commissionnaires en titre d'office, préposés pour jauger, exclusivement à tout autre, les futailles, & pour faciliter le commerce des vins. *Voyez le Dictionnaire des finances.*

Dans le commerce, on appelle *courtiers,* les personnes qui s'entremettent pour faciliter la vente & l'achat des marchandises ; ils font même les fonctions d'agens de change, dans les villes où il n'y a point de ces agens établis en titre d'office.

A l'exception des villes de Paris & de Bordeaux, où il y a des *courtiers* en titre d'office, il est libre à toute personne d'exercer cette profession. L'or-

donnance de 1673, *tit. 2, art. 3,* en déclare incapables ceux qui ont obtenu des lettres de répit, qui ont atermoyé ou fait faillite.

Les *courtiers* ne peuvent exercer la marchandise pour leur compte, tenir caisse chez eux pour en faire commerce sur la place, signer des lettres-de-change par aval. La raison de ces défenses, consignées dans l'ordonnance du commerce, est fondée sur ce que les *courtiers* pourroient abuser de la confiance qu'on est contraint d'avoir en eux, pour s'approprier les bons marchés qu'ils font pour d'autres.

Une déclaration du 10 février 1731, défend aux marchands fabricans d'Amiens, d'acheter & de vendre aucune marchandise ou étoffe, par le ministère des *courtiers,* de crainte que leur intelligence avec les fabricans ne tourne au préjudice du public.

Les *courtiers* sont regardés comme personnes publiques, & pour cette raison, ils sont contraignables par corps, à rendre compte des marchandises & des commissions pour lesquelles ils ont été employés. Plusieurs coutumes en ont une disposition expresse. *Voyez le Dictionnaire de Commerce.*

Dans les ports de mer, outre les marchands-commissionnaires qui font le courtage, l'ordonnance de la marine, *liv. I, tit. 7,* a établi des interprètes-*courtiers,* dont les fonctions sont d'assister exclusivement à tous autres, les capitaines & marchands étrangers qui ne savent pas la langue françoise, & de leur servir d'interprètes, pour faire leurs déclarations dans les greffes des amirautés, dans les bureaux, & généralement tous actes publics. *Lettres-patentes du 16 juillet 1776.*

COUSIN, f. m. (*Jurispr.*) qualité relative de parenté qui se forme entre ceux qui sont issus de deux frères ou de deux sœurs, ou d'un frère & d'une sœur. Les *cousins* sont paternels ou maternels ; on appelle *cousins paternels,* ceux qui descendent d'un frère ou sœur du père de celui dont il s'agit ; les *cousins maternels,* sont ceux qui descendent des frères ou sœurs de la mère.

Les *cousins* paternels ou maternels sont en plusieurs degrés.

Le premier degré est des *cousins-germains,* c'est-à-dire enfans de frères & sœurs.

Les *cousins* du second degré, qu'on appelle *issus de germains,* sont les enfans que les *cousins-germains* ont chacun de leur côté.

Dans le troisième degré, on les appelle *arrière-issus de germains ;* ce sont les enfans des *cousins issus de germains.*

Au quatrième degré, on les appelle simplement *cousins au quatrième degré ;* & ainsi des autres degrés subséquens.

Les *cousins* peuvent se trouver en degré inégal, par exemple, un *cousin-germain* & un *cousin issu de germain ;* en ce cas, on dit que *le premier a le germain sur l'autre,* & c'est ce que l'on appelle *oncle ou tante à la mode de Bretagne.* Si les deux *cousins* sont encore plus éloignés d'un degré, en ce cas, le plus proche de la tige commune est, à la mode de Bretagne, le grand-oncle du plus éloigné.

On voit, dans une ordonnance de Charles V, du 5 septembre 1368, qu'à Douay deux *cousins-germains* ne pouvoient en même temps être échevins; & dans une autre du 28 janvier suivant, il est dit qu'entre les trente personnes qui éliront le maire & échevins de Péronne, il ne pourra pas y en avoir plus de deux qui soient parens, si cela est possible; que si cela ne se peut, & qu'il y en ait plus de deux qui soient parens, du moins il ne pourra y en avoir plus de deux qui soient *cousins-germains.* (*A*)

En France, le roi, dans ses lettres, traite de *cousins* non-seulement les princes de son sang, mais encore quelques princes étrangers, les cardinaux, les pairs, les ducs, les maréchaux de France, les grands d'Espagne, & quelques seigneurs du royaume.

COUSTAGE, s. m. (ancien mot qu'on trouve dans la coutume de Bretagne, rédigée en 1575, art. 392.) il signifie les frais & dépenses employés à une chose. Dans l'article ci-dessus cité, lorsqu'un propriétaire fait construire sur son terrein un bâtiment qui peut porter préjudice à ses voisins, elle autorise ceux-ci à faire opposition avant la perfection du bâtiment; s'ils ne l'ont pas fait, elle leur donne pendant un an, la permission de se pourvoir par action, pour obtenir la démolition de l'édifice, mais à la charge d'en payer les mises & *coustages.*

COUSTEMENT, est aussi un ancien terme françois qu'on trouve dans quelques coutumes, pour signifier frais, dépenses, loyaux-coûts.

COUTEAU, s. m. (*Code criminel.*) l'usage des *couteaux* pointus a souvent occasionné des désordres. La Flandre est une des provinces où ils ont été les plus fréquens, c'est ce qui détermina Louis XIV à défendre, par une ordonnance du 12 janvier 1668, le port des *couteaux pointus*, à peine d'amende.

Cette peine légère n'ayant pu réprimer les excès qui se commettoient tous les jours, dans la chaleur de l'ivresse, un édit du mois de juin 1669 ordonna que celui qui porteroit des *couteaux* pointus, & les tireroit à dessein d'en frapper, seroit condamné au carcan ou banni du royaume, lorsque le coup ne seroit suivi d'aucune blessure; aux galeres, s'il y avoit effusion de sang; & à la mort, si le coup étoit suivi de mort, se réservant à lui seul d'accorder des lettres de rémission dans ce dernier cas.

Le même édit défend à tous ouvriers & marchands, de faire ou vendre aucun poignard, stilet, baïonnette ou *couteau* pointu, à peine de confiscation & de cent écus d'amende; & aux hôtes, cabaretiers & particuliers, de se servir sur leurs tables, dans leurs logis ou ailleurs, d'aucun *couteau* pointu, & leur enjoint de faire émousser ceux qu'ils peuvent avoir.

Un arrêt du parlement de Flandre, du 9 mars 1678, a étendu la prohibition de porter des *couteaux*, & de s'en servir pour frapper, aux *couteaux* non pointus.

Au reste, pour encourir les peines prononcées par l'édit, il faut, suivant la jurisprudence du même parlement, que l'accusé ait porté un *couteau* dans sa poche, & ait eu un dessein prémédité d'en frapper.

Nous avons remarqué sous le mot CORSE, que le roi y avoit pareillement défendu la fabrication, la vente & le port des *couteaux* pointus. *Voyez* ARMES.

COUTRE, s. m. ce mot a dans notre langue deux significations totalement différentes.

1°. On appelle *coutre*, un instrument de labourage, composé d'un morceau de fer un peu courbé par le bout & aiguisé, qui s'attache à la charrue au-dessus du soc, pour servir à ouvrir la terre & à y faciliter l'entrée du soc.

Plusieurs réglemens, renouvellés ordinairement tous les ans par les commissaires départis dans les provinces, défendent aux laboureurs & gens de campagne, de laisser dans les champs les *coutres* & les socs de charrue; autorisent les cavaliers de maréchaussée à emporter ceux qu'ils trouvent, & condamnent les propriétaires des socs & *coutres* en dix liv. d'amende. Ces réglemens ont pour but d'ôter aux malfaiteurs les moyens de se servir des *coutres* pour briser ou enlever les portes des maisons, & des armoires ou autres fermetures.

2°. Dans quelques églises cathédrales, on donne le nom de *coutres* à certains officiers, dont les fonctions consistent particuliérement dans la garde des choses qui appartiennent à l'église. Les *coutres* de l'église de Reims ont une mense distincte de celle du chapitre, & sont subordonnés aux chanoines.

COUTUME, s. f. (*Jurispr.*) en latin *consuetudo*, est en général un droit non écrit dans son origine, & introduit seulement par l'usage, du consentement tacite de ceux qui s'y sont soumis volontairement, lequel usage après avoir été ainsi observé pendant un long espace de temps, acquiert force de loi.

En France, nous appellons principalement *coutume*, un certain droit municipal, qui s'étant autorisé par l'usage & par la commune pratique d'une ville, d'une province, d'un canton, y a force de loi, & que les praticiens sont dans l'habitude d'opposer au droit romain, qui, à proprement parler, doit être considéré comme la *coutume* particuliere des provinces qui le suivent.

La *coutume* est donc une sorte de loi; cependant elle différe de la loi proprement dite, en ce que celle-ci est ordinairement émanée de l'autorité publique & rédigée par écrit dans le temps qu'on la publie; au lieu que la plûpart des *coutumes* n'ont été formées que par le consentement des peuples & par l'usage, & n'ont été rédigées par écrit que long-temps après.

Il y a beaucoup de rapport entre *usage* & *cou-*

tume; c'est pourquoi on dit souvent les *us* & *coutumes* d'un pays. Cependant, par le terme d'*usage*, on entend ordinairement ce qui n'a pas encore été rédigé par écrit ; & par *coutume*, un usage qui étoit d'abord non écrit, mais qui l'a été dans la suite.

En quelques occasions, on distingue aussi les us des *coutumes*; ces us sont pris alors pour les maximes générales, & les *coutumes*, en ce sens, sont opposées aux us, & signifient les droits des particuliers de chaque lieu, & principalement les redevances dues aux seigneurs.

On dit aussi quelquefois les *fors* & *coutumes*, & en ce cas, le terme de *coutume* signifie *usage*, & est opposé à celui de *fors*, qui signifie les privilèges des communautés & ce qui regarde le droit public.

Les *coutumes* sont aussi différentes des franchises & privilèges ; en effet, les franchises sont des exemptions de certaines servitudes personnelles, & les privilèges sont des droits attribués à des personnes franches, outre ceux qu'elles avoient de droit commun; tels sont le droit de commune & de banlieue, l'usage d'une forêt, l'attribution des causes à une certaine jurisdiction.

L'origine des *coutumes* en général est fort ancienne; tous les peuples, avant d'avoir des loix écrites, ont eu des usages & *coutumes* qui leur tenoient lieu de loix.

Les nations les mieux policées, outre leurs loix écrites, avoient des *coutumes* qui formoient une autre espèce de droit non écrit: ces *coutumes* étoient même en plusieurs lieux qualifiées de *loix*; c'est pourquoi on distinguoit deux sortes de loix chez les Grecs & chez les Romains, savoir les loix écrites, & les loix non écrites. Les Grecs étoient partagés à ce sujet, car à Lacédémone il n'y avoit pour loi que des *coutumes* non écrites; à Athènes, au contraire, on avoit soin de rédiger les loix par écrit. C'est ce que Justinien explique dans le titre second de ses institutes, où il dit que le droit non écrit est celui que l'usage a autorisé : *nam diuturni mores consensu utentium comprobati legem imitantur.*

Les *coutumes* de France qui sont opposées aux loix proprement dites, c'est-à-dire au droit romain, & aux ordonnances, édits & déclarations de nos rois, étoient, dans leur origine, des usages non écrits, qui par succession de temps ont été rédigés par écrit.

La plupart des auteurs prétendent qu'elles ont été formées des usages des anciens Gaulois, du droit romain, des usages des Germains dont les François sont issus, des anciennes loix des Francs, & autres qui ont été recueillies dans le code des loix antiques, savoir des loix des Visigoths, celle des Bourguignons, la loi salique & celle des Ripuariens, celle des Allemands, Bavarois, Saxons, Anglois, Frisons, Lombards, & des capitulaires de nos rois.

Il est bien vrai que quelques-unes des matières contenues dans nos *coutumes*, paroissent être tirées

des loix & *coutumes* des anciens peuples : telle est par exemple, la communauté de biens, qui paroît venir des Gaulois, le douaire qui nous vient des Germains, &c.

Cependant il n'est guère possible de se ranger à cet avis, si l'on considère, en premier lieu, que nos *coutumes* n'ont presque rien de conforme aux dispositions du code théodosien, des loix salique, ripuaire, visigothe, lombarde, saxonne & autres, & des capitulaires donnés par les rois de la première & de la seconde races. Il est même certain que les ressemblances de nos *coutumes* avec quelques parties des loix romaines, doivent être attribuées aux réformateurs des *coutumes*, qui, remplis de leurs principes, en ont fait beaucoup d'usage dans la rédaction dont ils étoient chargés.

En second lieu, la loi romaine, & la loi particulière de chaque tribu de Germains, qui ont habité les Gaules, l'Italie & l'Espagne, n'étoient affectées à aucun pays ; elles étoient particulières à chaque nation, & elles en régissoient les membres dans quelques provinces qu'ils habitassent, ensorte que ces loix étoient plutôt personnelles que réelles, & c'est ce que justifient tous les anciens monumens de notre histoire.

Il n'y a donc pas de raison d'attribuer l'origine d'aucune de nos *coutumes* à l'une de ces anciennes loix, plutôt qu'à une autre. Il seroit certainement difficile de justifier que les *coutumes* de Bourgogne par exemple, soient tirées de la loi gombette, qui avoit été rédigée & publiée par les Bourguignons.

Nous apprenons encore de tous les auteurs contemporains, que chaque particulier, domicilié dans l'empire françois, étoit le maître de choisir la loi, sous laquelle il vouloit vivre, il lui étoit même libre d'en changer lorsqu'il le jugeoit à propos, il suffisoit qu'il en fît publiquement sa déclaration. La loi des Bourguignons, *chapitre 60*, porte : *si quis post hoc barbarus, vel testari voluerit, vel donare, aut romanam consuetudinem, aut barbaricam esse servandam sciat.*

Lothaire II ordonna en 824 : *volumus ut cunctus populus Romanus interrogetur quali lege vult vivere : ut tali lege, quali professi sunt vivere, vivant ; illisque denuntietur ; ut hoc unusquisque tam judices, quam duces, vel reliquus populus sciat, quod si offensionem contra eandem legem fecerint, eidem legi quâ profitentur vivere..... subjaceant.* Aussi Agobard dit-il que dans une même maison on suivoit quelquefois cinq loix différentes.

Il résulte clairement de tous ces faits, que nos *coutumes* ne doivent leur origine ni au droit romain, ni aux anciens usages des Gaulois, ni aux loix appellées *barbares*. On voit par les formules de Marculfe, la loi des Lombards, & la vie de S. Léger, qu'il y avoit des *coutumes* locales dès la première & la seconde race. Du temps du roi Pepin, elles avoient moins de force que les loix, ce prince ordonna même que par-tout où il n'y auroit point de loi, on fuivroit la *coutume*, mais que la *coutume* ne feroit pas préférée à la loi. Il y avoit donc dans chaque pays une loi dominante & des ufages reçus, qui fervoient de fupplément à la loi dominante, lorfqu'ils ne la choquoient pas. Ces *coutumes* s'introduifirent probablement par les jugemens rendus en chaque endroit dans les efpèces qui ne fe trouvoient pas réglées par le texte des loix, que fuivoient les différens peuples qui compofoient la monarchie.

Telle eft la première origine de nos *coutumes*, mais elles doivent plus particuliérement leur naiffance à la révolution qui arriva en France à la fin de la feconde race, & au commencement de la troifième. Dans ces temps de trouble & d'anarchie, les malheurs qui accablèrent les defcendans de Charlemagne, les invafions des Normands, les guerres inteftines, les ufurpations des grands vaffaux, plongèrent la France & l'Allemagne dans les ténèbres, d'où Charlemagne les avoit tirées. On ne fut plus ni lire, ni écrire, & on oublia, dans le tumulte des armes, le droit romain, les loix barbares, & les capitulaires. Les eccléfiaftiques confervèrent feulement quelques connoiffances des canons, & autres règles eccléfiaftiques, dont nous trouvons beaucoup de traces dans nos *coutumes*, fur-tout par rapport à la manière de procéder, aux formalités des teftamens, à l'établiffement des rentes, & des contrats de conftitution.

On trouve, dans ces temps d'anarchie, trois caufes principales qui ont donné lieu aux *coutumes*, & qui fervent à expliquer leur prodigieufe diverfité : 1°. l'établiffement de la féodalité, 2°. l'introduction prefque générale de la fervitude & de la main-morte, 3°. les affranchiffemens & les chartres tant générales que particulières des rois & des grands feigneurs.

La nature des fiefs, telle qu'elle exifta au commencement de la troifième race, & leur perpétuité dans la même famille, à titre de fucceffion, inconnues dans les temps antérieurs, produifirent un nouvel ordre de chofes, & donnèrent lieu néceffairement à de nouvelles loix, puifqu'on n'en trouvoit point dans la loi romaine, ni les loix barbares, qui puffent s'appliquer à cette efpèce de biens. La féodalité fit d'ailleurs des progrès fi grands & fi rapides, que la France fe trouva partagée prefque toute entière en fiefs, & que toutes les terres étoient ou des fiefs, ou des dépendances des fiefs, ce qui introduifit dans toutes les provinces les loix féodales, avec des différences entre elles, qu'y mit néceffairement la différence des génies des feigneurs, & de l'autorité qu'ils ufurpèrent.

Les ducs, les comtes, & les autres officiers royaux, s'étant rendus les maîtres de leurs gouvernemens, & s'en étant formé comme autant de petites fouverainetés, ils afferviffent prefque toutes les campagnes, & même une grande partie des villes, foit parce qu'il y avoit déjà beaucoup de fiefs & d'efclaves, foit parce que les hommes

libres furent contraints de fe donner eux-mêmes aux feigneurs, pour en être protégés contre la violence des gens de guerre, & trouver des retraites fûres dans leurs châteaux, foit enfin parce que les fréquentes famines qui défolèrent la France fur le déclin de la feconde race, forcèrent une partie des habitans à racheter leur vie aux dépens de leur liberté.

Le pouvoir des feigneurs fut extrême dans ces temps-là, & en effet, tous ceux qui habitoient dans l'étendue de leurs feigneuries, dépendoient abfolument d'eux, ou comme vaffaux ou comme ferfs. Or il n'eft pas furprenant que leur pouvoir abfolu, qui les empêchoit de reconnoître d'autre loi que leur volonté, ait donné naiffance à des ufages nouveaux, puifque la jurifdiction qu'ils exerçoient fur leurs hommes, ne pouvoit avoir lieu que pour des cas continuellement fortuits, & dont on ne trouvoit aucun exemple antérieur. Auffi les ufages particuliers des feigneurs, confervés dans la mémoire des habitans, en formèrent le droit civil, & chaque feigneur avoit fon droit civil tellement propre & particulier à fa feigneurie, que Beaumanoir nous affure qu'il ne croyoit pas qu'il y eût dans le royaume deux feigneuries qui fuffent gouvernées de tout point par la même loi.

L'affranchiffement des ferfs donna lieu auffi à de nouvelles loix, qui font aujourd'hui partie de nos *coutumes*. En effet, les feigneurs en donnant la liberté à leurs ferfs, leur donnèrent en même temps des biens, & il fallut régler par des loix civiles & la difpofition de ces biens, & les droits que les feigneurs fe réfervoient pour leur équivalent.

Dans le neuvième & le dixième fiècle on fe fervoit de *coutumes* non écrites ; ce ne fut guère que dans le onzième & le douzième, que les rois & les feigneurs commencèrent à les faire rédiger par écrit dans les chartres particulières ou générales.

Les nations voifines de la France commencèrent fur la fin du onzième fiècle, à mettre par écrit leurs *coutumes*. Celles de Barcelonne font de 1060, celles d'Angleterre de 1080, celles de Bearn de 1088 ; le *livre des Fiefs* parut en 1150, & le *Miroir du droit de Saxe* en 1120 ; les *Affifes de Jérufalem* font de 1099, & contiennent un précis du droit coutumier, qui s'obfervoit alors en France, mais qui n'y étoit point encore rédigé par écrit.

C'eft à Philippe Augufte & à S. Louis que nous devons le commencement de nos *coutumes* écrites, qu'on trouve réunies dans les établiffemens ou ordonnances qu'ils publièrent. Cependant les chartres accordées par Louis VII à plufieurs villes & bourgs, pour y établir une commune, contenoient déjà une ébauche de la rédaction de leurs *coutumes*, en rappellant & confirmant celles qui y étoient déjà établies.

Sous le règne de S. Louis & de fes fucceffeurs, Desfontaines, Beaumanoir, & autres praticiens habiles,

habiles, rédigèrent par écrit les *coutumes* de leurs bailliages, & c'est ainsi que furent recueillies celles
de Paris, d'Anjou, d'Orléans & de Beauvoisis,
les *coutumes* notoires du châtelet de Paris, qui sont
la plupart des résultats d'enquêtes par turbes, faites
depuis l'an 1300 jusqu'en 1387. L'objet de ces
auteurs étoit plutôt de donner une pratique judiciaire, que les usages de leurs temps sur la disposition des biens; mais tout s'y trouve, & quoique
ces auteurs particuliers n'eussent d'autorité que par
la vérité & la publicité des choses qu'ils disoient,
on ne peut douter que leurs écrits n'aient beaucoup servi à la renaissance de notre droit françois.

Ils étoient encore insuffisans, & avant la rédaction des *coutumes* par écrit, rien n'étoit plus incertain que le droit coutumier; dans toutes les contestations, chacun alléguoit pour soi la *coutume*;
les juges ordonnoient des enquêtes par turbes,
qui souvent induisoient en erreur, & quelquefois
laissoient le juge dans l'incertitude, parce qu'il arrivoit souvent que moitié des témoins alléguoit
la *coutume* d'une façon, & que l'autre moitié attestoit
une *coutume* toute contraire; ce qui dépendoit beaucoup de la bonne ou mauvaise foi des témoins,
qui étoient souvent gagnés pour attester une coutume contraire à la véritable. Ces inconvéniens
firent sentir la nécessité de rédiger les *coutumes*
par écrit.

On tient communément que Charles VII fut le
premier qui ordonna cette rédaction: il est néanmoins certain que Philippe IV avoit ordonné dès
1302, que dans chaque bailliage ou sénéchaussée
on assembleroit plusieurs personnes capables pour
informer des anciennes *coutumes* du royaume, &
de quelle manière on en usoit du temps de S. Louis;
voulant que si depuis ce temps, outre les bonnes
coutumes qui avoient été approuvées, on en avoit
introduit qui eussent déjà été abolies ou qui fussent injustes, elles seroient révoquées & réduites
à leur ancien état, & que pour mémoire des bonnes *coutumes* elles seroient registrées. Il ordonna
aussi, dans un autre article, que les juges garde-
roient soigneusement les usages des lieux & les
coutumes approuvées. Il y avoit par conséquent dès-
lors des *coutumes*, & l'on pensoit que pour avoir
force de loi elles devoient être approuvées.

On trouve en effet quelques *coutumes* qui furent
rédigées par écrit à-peu-près vers ce temps, comme celle de Toulouse en 1285, celle de Provence
& de Forcalquier en 1366, celle de Bragerac en
1368, & plusieurs autres qui ont depuis été réformées, comme les anciennes *coutumes* de Champagne, de Bourgogne, de Normandie, d'Amiens;
la plupart de ces anciennes rédactions sont en latin, telles que les *coutumes* de Toulouse, de
Provence, & de Forcalquier. On tient communément que l'ancienne *coutume* de Normandie est la première qui fut rédigée en langue
vulgaire.

L'autorité des *coutumes* devint si grande, que
Charles IV fit défenses d'alléguer les loix romaines contre la *coutume*; un ancien arrêt dont Bodin
fait mention, *liv.* I. *chap.* 8, le défendit aussi en
ces termes: *les avocats ne soient si hardis de mettre
droit écrit contre la coutume.*

Quoiqu'il soit vrai de dire qu'avant le règne de
Charles VII, on avoit commencé à rédiger par écrit
quelques *coutumes*, il est néanmoins certain que
c'est à ce prince, qu'on doit leur principale rédaction. Après avoir chassé les Anglois du royaume,
il donna en 1453 une ordonnance, par laquelle il
renouvella le projet formé avant lui, de faire rédiger par écrit toutes les *coutumes*, & qui n'avoit
été exécuté que pour un très-petit nombre. Il ordonna donc que toutes les *coutumes* seroient écrites
& accordées par les praticiens de chaque pays,
puis examinées & autorisées par le grand-conseil
& par le parlement; & que les *coutumes* ainsi rédigées & approuvées seroient observées comme
loix, sans qu'on en pût alléguer d'autres.

Il n'y eut cependant aucune *coutume* rédigée sous
Charles VII, & la première qui le fut en exécution de son ordonnance, fut celle de Ponthieu
en 1495, sous Charles VIII.

Le travail de la rédaction des *coutumes* avança
peu jusqu'au temps de Louis XII, sous lequel on
rédigea les *coutumes* d'Anjou, du Maine, de Chartres & de Dreux, celles de Meaux, de Vitry, de
Chaumont en Bassigny, de Troyes, d'Auvergne,
d'Acqs, Saint-Sever, Labourd, Bayonne, la Rochelle & Angoumois.

Les autres *coutumes* ont été rédigées sous François I & sous ses successeurs, depuis 1518 jusqu'en 1609.

Quelques-unes, après avoir été rédigées par
écrit, ont été dans la suite réformées, comme
celles de Paris, d'Orléans, de Normandie, de
Bretagne, d'Artois & plusieurs autres.

Les seules qui aient été réformées bien postérieurement, & presque de nos jours, sont les *coutumes* locales d'Artois & les *coutumes* locales de
Saint-Omer.

Toutes les *coutumes* du royaume ont été rédigées ou réformées en vertu de lettres-patentes du
roi, dans une assemblée des trois états de chaque
province. On ordonna dans une première assemblée à tous les juges royaux, greffiers, maires &
échevins, d'envoyer mémoires sur les *coutumes*,
usages & styles qu'ils avoient vu pratiquer
d'ancienneté. Les états choisirent ensuite un petit
nombre de notables, auxquels on remit ces mémoires pour les mettre en ordre, & en composer
un seul cahier qu'on lut dans l'assemblée des états,
& où l'on examina si les *coutumes* étoient telles
qu'on les présentoit dans le cahier. A chaque
article, chacun des députés des trois états eut la
liberté de faire ses observations; & enfin les articles furent adoptés, rejettés ou modifiés, suivant ce qui étoit arrêté dans l'assemblée: & les

E e e

coutumes ainsi rédigées, furent apportées au parlement pour y être regiftrées, fi faire fe devoit.

On voit dans l'hiftoire de Lorraine, que quand le duc de Lorraine eut fait rédiger la coutume de Bar, le procureur général du roi au parlement de Paris interjetta appel de fa rédaction; que le duc de Lorraine fut partie fur l'appel, en qualité d'intimé; & qu'après que fon avocat eut été entendu, il intervint arrêt le 4 décembre 1581, qui ordonna la publication de cette coutume.

La coutume de Ponthieu fut rédigée par les officiers des lieux, feuls. La plupart des autres l'ont été par des commiffaires nommés par le roi, & tirés ordinairement du corps du parlement, lefquels ont préfidé à l'affemblée des états, & arrêté les articles en la forme où ils font; mais n'ayant pas eu le temps de compofer eux-mêmes les cahiers des coutumes, ni de les corriger à loifir, ce font les officiers du pays qui ont eu le plus de part à la rédaction; c'eft pourquoi le ftyle de la plupart de ces coutumes eft fi groffier, & il s'y trouve fi peu d'ordre & de méthode; ce qui n'empêche pas que les commiffaires qui y ont préfidé, ne fuffent des gens de mérite.

Plufieurs des commiffaires ont beaucoup imprimé de leur génie dans les coutumes qu'ils ont fait rédiger: par exemple, le premier préfident Lizet, qui affifta à la rédaction de celle de Berry en 1539, la rendit, autant qu'il put, conforme au droit romain, quoique cette province fût purement coutumière: M. le Maiftre, au contraire, qui fut depuis premier préfident, ne fouffrit pas que les principes du droit romain fuffent inférés dans les coutumes à la rédaction defquelles il affifta.

On compte environ foixante coutumes générales dans le royaume, c'eft-à-dire, qui font obfervées dans une province entière; & environ trois cens coutumes locales qui ne font obfervées que dans une feule ville, bourg ou village.

Il n'y a point de province où il y ait tant de bigarrure à cet égard, que dans la province d'Auvergne; les coutumes locales y font en très-grand nombre; chaque ville, bourg ou village y a fa coutume particulière. D'autres font régies par le droit écrit; & les lieux régis par le droit coutumier, font entre-mêlés avec ceux qui fuivent le droit écrit.

Louis XI avoit, dit-on, deffein de réduire toutes les coutumes du royaume en une feule, & de faire ufer par-tout du même poids & de la même mefure. Ce louable deffein eft demeuré jufqu'à préfent fans exécution. Quelques-uns ont cru qu'il avoit été renouvellé par M. le premier préfident de Lamoignon; que c'étoit dans cette vue qu'il avoit fait compofer ces arrêtés célèbres, auxquels il ne manque que d'être revêtus de l'autorité publique: mais M. Auzanet, qui y avoit eu beaucoup de part, affure que l'objet de M. de Lamoignon étoit feulement de fixer la jurifprudence dans le reffort du parlement de Paris. Il convient que

l'on a propofé plufieurs fois d'établir une loi, un poids & une mefure qui fuffent communs pour toute la France: que cela ne feroit pas difficile à exécuter pour les poids & mefures; mais de faire une loi générale pour tous les pays de coutume & de droit écrit, c'eft à quoi il prétend que l'on ne peut pas parvenir: il en allègue pour raifon que plufieurs provinces fe font données à la France, à la charge d'être maintenues dans l'ufage de leurs loix & coutumes; que les habitans de chaque pays croient que leurs loix font les meilleures; & enfin que fi on changeoit les coutumes, cela cauferoit beaucoup de trouble dans les familles, par rapport aux conventions & difpofitions qui ont été faites fuivant ces coutumes.

Ces confidérations ne paroiffent cependant pas capables de balancer l'avantage commun que l'on retireroit de n'avoir qu'une feule loi. N'eft-il pas étrange de voir dans un même royaume tant de coutumes différentes; que dans une même province il fe trouve plufieurs coutumes locales dont le reffort n'eft féparé que par une rivière ou par un chemin; & que ce qui eft réputé jufte d'un côté, foit réputé injufte de l'autre? La prévention des peuples pour leurs anciens ufages, n'eft pas ce que l'on doit confulter, mais le bien public. En rendant toutes les coutumes uniformes pour l'avenir, on ne changeroit rien à ce qui auroit été fait par le paffé; ainfi il n'y auroit nul inconvénient, & il ne feroit pas plus difficile de réduire tout à une même coutume, que de réduire tout à un poids & une mefure.

Les différentes coutumes du royaume ont été raffemblées en plufieurs volumes, que l'on appelle le coutumier général; & les coutumes générales & particulières de certaines provinces ont été pareillement raffemblées avec leurs commentateurs, ce qui a formé plufieurs coutumiers particuliers, que l'on a diftingués chacun par le nom de la province dont ils contiennent les coutumes, tels que les coutumiers de Picardie, de Vermandois, de Poitou, &c. Voyez COUTUMIER.

Quelque foin que l'on ait pris pour la rédaction ou réformation des coutumes, il s'en faut beaucoup que ces coutumes aient prévu toutes les matières & toutes les queftions qui fe préfentent: les difpofitions même qu'elles contiennent, ont befoin d'interprétation; c'eft ce qui a fait naître les commentaires, obfervations, conférences & autres ouvrages fur le texte des coutumes.

Je ne fais où M. Caterinot a pris que la coutume de Berry eft la première qui ait été commentée par Boërius, car ce commentaire eft moins ancien que celui de Dumoulin fur la coutume de Paris, & il y en a encore de plus anciens fur d'autres coutumes; tels que le Commentaire fur la coutume de Normandie, imprimé en 1483, & un volume in-12 fur la coutume de Bretagne, par Dalier & autres, qui fut imprimé en gothique à Rennes en 1484.

Il n'y a guère de *coutume* qui n'ait en quelque commentateur. Celle de Paris en a eu environ vingt-cinq plus ou moins confidérables, dont le premier & le plus recommandable eft Mr Charles Dumoulin, qui a auffi fait des notes fommaires fur les autres *coutumes*.

La plupart des autres commentateurs n'ont travaillé que fur la *coutume* de leur pays; & il eft en effet difficile de bien commenter une *coutume*, d'en bien poffèder l'efprit, & de connoître tous les ufages d'un lieu, fans y être né, ou du moins fans y être établi depuis long-temps.

Quelques auteurs, au lieu de commentaires, ont fait des conférences de *coutumes*: Guenois, par exemple, a fait une conférence générale de toutes les *coutumes* du royaume, qu'il a arrangée par matières; ce qui eft fort utile pour comparer les *coutumes* les unes aux autres, voir quel eft le droit commun fur une matière, & ce que chaque *coutume* a de fingulier.

D'autres ont fait des conférences particulières pour une feule *coutume*; c'eft-à-dire, que pour l'éclaircir, ils ont rapporté fous chaque article les difpofitions des autres *coutumes* qui ont rapport au même objet.

M. Berroyer a fait la bibliothèque des *coutumes*, qui eft un catalogue raifonné des *coutumes* par ordre chronologique.

Enfin, plufieurs auteurs ont fait divers traités fur certains titres, articles ou matières dépendantes des *coutumes*.

On a vu que, chez les Romains, les *coutumes* n'étoient point écrites; elles imitoient néanmoins les loix écrites, les interprétoient, & quelquefois même les corrigeoient & abrogeoient, tant par un non-ufage de la loi écrite, que par un ufage contraire qui y fuccédoit, & qui acquéroit force de loi : tels font les principes que l'on trouve dans les loix 36 & 37. ff. *de legibus*.

Il n'en eft pas tout-à-fait de même parmi nous : on appelle *ufage* toute *coutume* qui n'eft point écrite, & l'on ne reconnoît de *coutume*, proprement dite, que celle qui eft rédigée par écrit & autorifée par le prince.

L'ufage eft confidéré comme le meilleur interprète des loix; nous avons même des ufages non écrits qui ont, en quelque forte, force de loi; mais tout cela n'a lieu qu'autant qu'ils ne font point contraires à une loi fubfiftante.

A l'égard des *coutumes*, depuis que l'ordonnance de 1667 a abrogé les enquêtes par turbes, on n'admet plus les parties à la preuve d'une *coutume* non écrite.

Il ne fuffit même pas parmi nous, pour la validité d'une *coutume*, qu'elle foit rédigée par écrit; il faut qu'elle l'ait été par l'autorité du prince : car il n'en eft pas ici comme anciennement chez les Romains, où le peuple avoit le pouvoir de faire des loix. En France, toute la puiffance légiflative réfide en la perfonne du roi, & lui feul peut don-

ner force de loi aux *coutumes*. Les députés des trois états des provinces ne peuvent s'affembler que par fon ordre; leurs mémoires & cahiers, les dirés & obfervations qu'ils font dans les procès-verbaux de rédaction, ne font que des avis, auxquels les commiffaires du roi ont tel égard que de raifon : ce font les commiffaires du roi qui arrêtent les articles, en vertu du pouvoir qui leur en eft donné par les lettres-patentes & par leur commiffion; & fi la difficulté eft trop grande, & mérite une inftruction en forme, ils doivent renvoyer les parties au parlement, la *coutume* fubfiftant néanmoins par provifion, comme il eft dit dans les lettres-patentes données à Moulins le 2 feptembre 1497, portant commiffion à Thibault Baillet, préfident au parlement de Paris, & autres, pour faire publier dans chaque bailliage & fénéchauffée les *coutumes* qui étoient arrêtées par les commiffaires du roi.

Lorfque les *coutumes* font arrêtées par les commiffaires du roi, il faut qu'elles foient enregiftrées au parlement; car la loi ne prend fon exécution que du jour de la publicité qu'elle acquiert par l'enregiftrement.

Quand une *coutume* eft ainfi revêtue de l'autorité publique, elle tient lieu de loi pour tous ceux qui lui font foumis, foit par rapport à leurs perfonnes, ou par rapport aux biens qu'ils poffèdent fous l'empire de cette *coutume*.

Toutes perfonnes, de quelque qualité qu'elles foient, font foumifes à une *coutume*, les mineurs comme les majeurs, les nobles comme les roturiers, les eccléfiaftiques, les hôpitaux, les princes : le roi lui-même s'y foumet, de même qu'aux autres loix.

Le parlement peut déclarer nulles de prétendues *coutumes* qui ne font point revêtues des formalités néceffaires pour leur donner le caractère de *loi*; & il y en a plufieurs exemples affez récens.

Hors ce cas, tous juges font tenus de juger conformément aux *coutumes*.

Le roi peut y déroger par une ordonnance contraire, & n'a pas befoin pour cela du confentement des états de la province.

Les particuliers peuvent auffi, par leurs conventions & autres difpofitions, déroger pour ce qui les concerne, aux difpofitions des *coutumes*, pourvu qu'elles ne foient que pofitives ou négatives, & non pas prohibitives.

On appelle *difpofition pofitive* ou *négative* d'une *coutume*, celle qui règle les chofes d'une façon, fans néanmoins défendre de les régler autrement, foit que cette difpofition foit conçue en termes négatifs ou en termes pofitifs feulement, ou même abfolus & impératifs.

Par exemple, l'*article 220 de la coutume* de Paris, qui porte que homme & femme conjoints enfemble par mariage, font communs en biens, &c. eft une difpofition conçue en termes fimplement pofitifs, ou même, fi l'on veut, abfolus & impératifs; mais il n'eſt pas défendu par la *coutume* d'exclure cette communauté : la diſpoſition n'eſt pas prohibitive.

L'*article 389 de la coutume* de Normandie, qui dit au contraire que *les perſonnes conjointes par mariage ne ſont communes en biens, &c.* eſt conçu en termes négatifs; néanmoins il n'eſt pas non plus prohibitif, c'eſt pourquoi on peut ſtipuler qu'il y aura communauté.

Les diſpoſitions de *coutumes*, qu'on appelle *prohibitives*, ſont celles qui défendent de diſpoſer autrement qu'il n'eſt réglé par la *coutume*, ſoit que la diſpoſition de la *coutume* ſoit conçue en termes négatifs, *ne peut*, ou autres termes équipollens.

Par exemple, dans la *coutume* de Paris, l'*art. 292* qui permet de diſpoſer par teſtament des meubles & acquêts, & du quint des propres, *& non plus avant*, eſt prohibitif pour la quotité que l'on peut donner de ſes propres.

De même en Normandie, l'*art. 330* eſt prohibitif négatif; il porte que, quelque accord ou convenant qui ait été fait par contrat de mariage, & en faveur d'icelui, les femmes ne peuvent avoir plus grande partie aux conquêts faits par le mari, que ce qui leur appartient par la *coutume*, à laquelle les contractans ne peuvent déroger.

C'eſt une queſtion fort controverſée entre les auteurs, de ſavoir ſi les *coutumes* ſont le droit commun de la France, ou ſi c'eſt le droit romain. La plupart de ceux qui ont traité cette queſtion, en ont parlé ſelon l'affection qu'ils avoient pour le droit romain, ou pour le droit coutumier : quelques auteurs ſur-tout qui étoient originaires des pays de droit écrit, ont marqué trop de prévention pour la loi de leur pays.

Ce n'eſt pas que le droit romain ne mérite toujours beaucoup de conſidération, comme étant une loi fort ſage; mais par rapport à l'autorité qu'il doit avoir en France, il faut diſtinguer les temps & les lieux.

Nous avons prouvé ſous le mot CODE, *ſection 2 & 3*, qu'au commencement de l'établiſſement de la monarchie, on ne faiſoit uſage que du code théodoſien, & encore que cet uſage étoit borné aux Romains & Gaulois; nous venons de dire ci-deſſus que ſous la première race des rois, chaque particulier déclaroit s'il vouloit vivre ſuivant cette loi, ou conformément à celles des Francs, des Bourguignons, &c. Ainſi dans ces temps le droit romain n'a pu être conſidéré comme une loi générale pour toute la France.

Nous venons de voir encore que ſur la fin de la ſeconde race, & ſous le commencement de la troiſième, la loi romaine, ainſi que les loix barbares furent entièrement oubliées. Cependant les diſpoſitions du code théodoſien ſe conſervèrent plus aiſément dans l'Italie, qui fut couverte de ténèbres moins épaiſſes, que la France & l'Allemagne, & dans les provinces méridionales de la France. M. de Monteſquieu en donne pour cette partie de la France, une raiſon aſſez ſenſible; là loi des Goths, dit-il, qui dominèrent dans ces contrées, n'ayant donné à ces peuples aucun avantage ſur les Romains, ces derniers n'eurent aucune raiſon de ceſſer de vivre ſous leur propre loi; & lorſque ces provinces furent ſoumiſes par Pepin & Charles Martel, elles demandèrent & obtinrent de conſerver leurs loix, enſorte que le droit romain, qui n'avoit été qu'une loi perſonnelle, fut regardé comme une loi réelle & territoriale de ces pays.

C'eſt en effet, à cette époque, qu'on peut aſſigner la diſtinction de la France coutumière, d'avec la France régie par le droit écrit; car cette diſtinction ſe trouve établie par l'édit donné à Piſtes l'an 864., dans lequel Charles-le-Chauve diſtingue les pays dans leſquels on jugeoit par le droit romain, d'avec ceux où on n'y jugeoit pas. Cependant, quoique l'uſage du droit romain paroiſſe avoir entièrement ceſſé dans la neuvième & dixième ſiècle, & qu'il ne reſtât aux provinces méridionales que le nom de pays de droit écrit, & quelques diſpoſitions du droit romain, retenues dans la mémoire des hommes, c'en fut aſſez pour produire un grand effet parmi ces provinces, lorſque la compilation de Juſtinien fut trouvée en Italie, & apportée en France.

S. Louis chercha à l'accréditer par les traductions qu'il en fit faire; Philippe-le-Bel en permit l'enſeignement, ſeulement comme raiſon écrite, dans les pays de la France qui ſe gouvernoient par les *coutumes*; mais les provinces de l'ancien domaine des Goths & des Bourguignons, l'adoptèrent pour loi, avec d'autant plus de raiſon, qu'elles conſervoient la mémoire des loix romaines, qu'elles regardoient comme leur loi territoriale, & comme une eſpèce de privilège.

Aujourd'hui dans toute la partie coutumière de la France, les *coutumes* confirmées par le ſouverain en forment ſeules le droit commun, & le droit romain n'y eſt cité, que comme raiſon écrite, il n'a le caractère de *loi* que pour les pays de droit écrit, où l'uſage en a été continué, ou rétabli.

Cependant il y a auſſi quelques ſtatuts & *coutumes* locales dans ces pays, tels ſont les ſtatuts de Provence, les *coutumes* de Toulouſe & de Bordeaux; mais ces *coutumes* ne ſont que des exceptions au droit romain, qui forme le droit commun de ces pays.

Il y a même quelques *coutumes* qui, quoique qualifiées de *générales*, telles que celles du duché & du comté de Bourgogne, ne ſont pareillement que des exceptions au droit romain, que l'on doit ſuivre pour tous les cas qui ne ſont pas prévus dans ces *coutumes*, ainſi qu'il eſt dit dans le préambule.

Dans les autres provinces purement coutumières, le droit romain n'a point force de loi; on n'y a recours que comme à une raiſon écrite.

On tient auſſi communément que les *coutumes*

font de droit étroit, c'eſt-à-dire, qu'elles ne reçoivent point d'extenſion d'un cas à un autre, quoique quelques auteurs ſe ſoient efforcés de ſoutenir le contraire.

Lorſqu'il ſe trouve un cas non prévu par les *coutumes*, la difficulté eſt de ſavoir à quelle loi on doit avoir recours; ſi c'eſt au droit romain, on aux *coutumes* voiſines, ou à celle de Paris.

Quelques-uns veulent que l'on défère cet honneur à la *coutume* de Paris, comme étant la principale *coutume* du royaume; mais quoique ce ſoit une des mieux rédigées, elle n'a pas non plus tout prévu, & elle n'a pas plus d'autorité que les autres hors de ſon territoire.

Il faut diſtinguer les matières dont il peut être queſtion : ſi ce ſont des matières inconnues dans les *coutumes*, & qui ne ſoient prévues que dans les loix romaines, on doit y avoir recours comme à une raiſon écrite.

S'il s'agit d'une matière de *coutume*, il faut ſuppléer de même ce qui manque dans l'une par la diſpoſition d'une autre, ſoit la *coutume* de Paris ou quelque autre plus voiſine, en s'attachant principalement à celles qui ont le plus de rapport enſemble, & qui paroiſſent avoir le même eſprit; ou s'il ne s'en trouve point qui ait un rapport plus particulier qu'une autre, en ce cas il faut voir quel eſt l'eſprit général du droit coutumier ſur la queſtion qui ſe préſente.

Les *coutumes* ſont en général réelles, c'eſt-à-dire, que leurs diſpoſitions ne s'étendent point hors de leur territoire; ce qui eſt exactement vrai par rapport aux biens fonds qui y ſont ſitués. A l'égard des perſonnes, les *coutumes* n'ont auſſi d'autorité que ſur celles qui leur ſont ſoumiſes; mais elles ont leur effet ſur ces perſonnes en quelque lieu qu'elles ſe tranſportent.

Lorſque pluſieurs *coutumes* paroiſſent être en concurrence, & qu'il s'agit de ſavoir laquelle on doit ſuivre, il faut diſtinguer ſi l'objet eſt réel ou perſonnel.

S'il s'agit de régler l'état de la perſonne, comme de ſavoir ſi un homme eſt légitime ou bâtard, noble ou roturier, majeur ou mineur, s'il eſt fils de famille ou jouiſſant de ſes droits, & s'il peut s'obliger perſonnellement; dans tous ces cas & autres ſemblables, où la perſonne eſt l'objet principal du ſtatut, & les biens ne ſont que l'objet ſubordonné, c'eſt la *coutume* du domicile qu'il faut ſuivre.

Cette même *coutume* règle auſſi le ſort des meubles, & de tous les droits mobiliers & immobiliers qui ſuivent la perſonne.

Pour ce qui eſt des immeubles réels, tels que les maiſons, terres, prés, bois, &c. les diſpoſitions que l'on en peut faire, ſoit par donation entre-vifs ou par teſtament; comme auſſi les partages, ventes, échanges, & autres aliénations ou hypothèques, ſe règlent par la *coutume* du lieu de la ſituation de ces biens.

Les formalités extérieures des actes ſe règlent par la loi du lieu où ils ſont paſſés.

Tels ſont en ſubſtance les principes que l'on ſuit en cas de concurrence de pluſieurs *coutumes*, pour déterminer celle que l'on doit ſuivre; mais comme ces queſtions s'élèvent pour toutes ſortes de ſtatuts en général, ſoit loix, *coutumes*, ſtatuts proprement dits, ou uſages, nous expliquerons ces principes plus au long au mot STATUT. Nous allons donner une notice alphabétique des différentes qualifications données aux *coutumes*, & tirées des diſpoſitions que ces loix renferment.

COUTUME ANNUELLE, eſt une redevance en grain, vin, ou autres denrées, qui ſe paie annuellement au ſeigneur pour raiſon de quelque héritage donné à cette condition, ou pour les denrées & marchandiſes vendues dans les foires & marchés. *Voyez* ci-après COUTUME DE BLÉ, &c.

Bacquet, en ſon traité *des droits de juſtice, chap. x*, n°. 5, dit que par ce mot *coutume*, on ne doit pas entendre l'accoutumance ou uſage de lever tels droits, mais que ce mot eſt pris pour un tribut ou redevance qu'on a coutume de lever en certain temps chaque année ſur certaines denrées & marchandiſes, qui ſe vendent & débitent aux foires & marchés.

Ce terme de *coutume* pris dans ce ſens, vient du droit romain, où les tributs ordinaires étoient appellés *coutumes*. La loi dit *conſuetudinem praeſtare*, pour *tributum praeſtare*, comme on voit en la loi 9, §. *earum, ff. de public.*

Philippe I s'exprime de même dans le privilège qu'il accorda à ceux de Chalo-Saint-Mas, *ut in totâ terrâ regiâ nullam conſuetudinem praeſtent*; ce qui s'entend des tributs ordinaires qui ſe levoient en ce temps-là, ſoit au profit du roi ou des ſeigneurs, ce que la *coutume* d'Anjou appelle la *grande* & la *petite coutume. Voyez* ci-après GRANDE & PETITE COUTUME, COUTUME DU PIÉ ROND.

COUTUME DE BAYONNE, (*Juriſp. Hiſt. & Fin.*) eſt un droit local qui ſe perçoit dans le pays de Labour, dans l'élection des Landes & une partie du Bazadois. Les bourgeois de Bayonne en ſont perſonnellement exempts, & toutes les marchandiſes qui leur appartiennent, en conſéquence des privilèges qu'ils ſe ſont conſervés par leur capitulation avec le roi Charles VII. Ce prince accorda la moitié de ce droit en propriété à la maiſon de Grammont, qui étoit alors très-puiſſante dans ce pays, en échange du château de Humblières qui lui appartenoit dans la ville de Bordeaux. L'autre moitié de ce droit qui ſe perçoit au profit du roi, eſt compriſe nommément dans le bail des fermes générales.

COUTUMES *de blé, vin, volailles, beſtiaux & autres denrées*, ſont des preſtations de blé, vin & autres choſes, qui ſe font au ſeigneur pour différentes cauſes.

Il y en a qui ſe paient pour la vente qui ſe

fait de ces marchandises, soit au marché ou en la seigneurie.

D'autres se paient par forme de péage, lorsque des marchandises passent sur un pont ou sous une porte.

D'autres enfin se paient annuellement pour raison de quelque héritage qui a été concédé à cette charge.

Il en est parlé dans plusieurs *coutumes*, comme Tours, Anjou, Maine, Loudunois, grand Perche. *Voyez ci-après* GRANDE *&* PETITE COUTUME.

COUTUME BLEUE, est un surnom que les praticiens ont donné aux articles *placités* ou *réglement* de 1666, du parlement de Normandie. Ce réglement étant fait pour décider plusieurs cas qui n'étoient pas prévus par la *coutume*, on l'a regardé comme un supplément ou une seconde *coutume*; & comme l'imprimé ne formoit qu'un petit livret, que l'on vendoit broché & couvert d'un papier bleu, cela a donné occasion d'appeler ce réglement la *coutume bleue de Normandie.*

COUTUMES CENSUELLES, on donne cette dénomination aux *coutumes* assujetties à la règle *nulle terre sans seigneur*; ces *coutumes* sont en très-grand nombre. On place dans cette classe toutes celles qui n'établissent pas le franc-aleu par des dispositions précises; ainsi la règle *nulle terre sans seigneur*, forme le droit commun du royaume. Il est donc très-intéressant de connoître cette règle : voici sur son origine, ses progrès & sur la manière dont elle a été reçue parmi nous, quelles sont nos conjectures, que nous ne donnons que pour des conjectures.

Il est difficile de fixer, précisément, l'origine de cette règle : cependant, si l'on jette les yeux sur l'ancien état des choses, on la voit naître dans le cahos du gouvernement féodal, en sortir à pas lents, s'avancer à l'abri de la puissance des seigneurs ; faire de rapides progrès, à la faveur de l'ignorance des légistes ; & vers le commencement du 17e siècle, exiger despotiquement que l'on rende à son ancienneté le respect que l'on ne doit qu'à la raison.

Il est certain que cette règle étoit inconnue sous les deux premières races : tous les monumens qui nous restent de ces temps reculés, déposent qu'alors on n'en avoit pas même l'idée.

Les Gaulois demeurèrent libres sous la domination des Romains. Leurs sujets, après avoir été si souvent leurs vainqueurs, ils ne furent jamais leurs esclaves. Les Germains, qui portoient la liberté jusqu'à la licence, étoient encore plus éloignés de l'esclavage : mais les uns & les autres avoient des serfs, & les premiers rois Francs se réservèrent une partie des terres conquises, qu'ils donnoient en *bénéfice.* C'est sur ces deux faits que porte tout le système de la servitude, tant des personnes que des choses.

A l'égard des serfs, on étoit dans l'usage de leur donner quelques portions de terre, modiques, sans doute, dont ils rendoient une espèce de tri-

but en denrées ; *frumenti modum dominus aut pecoris, aut vestis injungit colono* : ces terres, ainsi que les personnes qui les cultivoient étoient à la vérité, grevées de servitudes, mais certainement elles étoient en très-petit nombre, & les parties données en bénéfice par les premiers rois, étoient encore en plus petite quantité ; mais ces dernières eussent-elles embrassé tout le royaume, on va voir qu'il n'en résulte rien contre la franchise des héritages. Ces terres étoient absolument libres ; on dit communément qu'elles étoient grevées du service militaire ; c'est une erreur, ce service étoit d'obligation pour tous les hommes en état de porter les armes, le bénéficier devoit combattre & mourir à côté de la personne du prince ; ce devoir étoit le seul qu'imposât la possession du bénéfice, & l'on étoit bien éloigné de regarder cet honneur comme une servitude. Au surplus, par le traité de Paris de l'année 615, tous ces bénéfices furent rendus héréditaires, ceux qui en étoient pourvus, les possèdèrent au même titre & aussi librement que le reste de leur patrimoine, & depuis cette époque, jusqu'aux guerres de Charles-Martel contre les Sarrasins, à l'exception de la petite quantité des terres distribuées aux serfs ou colons, il n'exista pas dans toute l'étendue du royaume, le moindre vestige de ce que nous appellons aujourd'hui *servitudes féodales.*

Charles-Martel trouva l'expédient très-simple de payer le soldat avec les biens du clergé ; il le dépouilla d'une partie de ses terres, qu'il donna aux principaux officiers de l'armée, sous la charge expresse du service militaire ; voilà l'origine des fiefs & de nos droits seigneuriaux. Il est clair qu'ils n'étoient pas alors en grand nombre. Tel fut l'état des choses jusques sur la fin de la seconde race ; la franchise des héritages étoit donc alors générale dans tout le royaume ; la servitude n'y formoit, comme l'on voit, qu'une exception & même une exception très-resserrée ; ainsi la présomption étoit certainement alors en faveur de la liberté.

Cette règle, aujourd'hui si universellement adoptée, est comme l'on voit, absolument contraire à l'état primitif des choses, puissant motif pour la suspecter. Née depuis la formation du gouvernement féodal, comment est-elle parvenue à dominer cette matière ? Voici comment on peut conjecturer que les choses se sont passées.

La foiblesse des derniers rois de la seconde race, remplit la France d'une multitude de petits souverains : la couronne étoit tombée aux pieds de ces rois, nommés à si juste titre *fainéans*, & tous ceux qui étoient assez près pour y atteindre, s'empressoient d'en arracher des lambeaux. Toutes les terres qui n'avoient point été données en bénéfice, étoient divisées en duchés & en comtés. Ces terres étoient allodiales, & formoient au moins les deux tiers du royaume. Au gouvernement de chaque duché ou comté, étoit préposé un officier, sous le titre de duc ou de comte, dont les fonctions étoient de rendre la justice, & de conduire à la guerre les

hommes domiciliés dans leur diftrict. Ces officiers, d'abord amovibles, rendirent leurs gouvernemens héréditaires, en firent autant de feigneuries patrimoniales. Un capitulaire de l'an 877, autorifa cette ufurpation, qu'il n'étoit plus temps de réprimer, & ces officiers fe trouvèrent par-là dans la claffe des feigneurs patrimoniaux; mais ils n'avoient encore que la juftice dans leurs nouvelles feigneuries; leur ambition n'en fut pas fatisfaite: ils voyoient à côté d'eux, les propriétaires des anciens bénéfices jouir, fur les habitans de leurs terres, des droits qu'ils s'étoient réfervés lors de la tradition des héritages: auffi puiffans qu'eux, pourquoi n'auroient-ils pas les mêmes prérogatives? C'étoit la logique du temps. Ce fyftême d'oppreffion ne marcha d'abord que fort lentement. On avançoit, on reculoit, on s'arrêtoit, fuivant la force ou la foibleffe de ceux qu'on vouloit afferviir: un événement en accéléra les progrès: ce fut la révolution qui porta les Capétiens fur le trône. Ce changement opéra, pour quelquestemps, une efpèce d'anarchie. On vit de tous côtés la prérogative royale reculer devant celle des feigneurs; la plupart fe firent de leurs feigneuries des fouverainetés réellement indépendantes, ne tenant plus au fyftême général, que par la vaine formalité de l'hommage. Quelle extenfion tous les droits feigneuriaux ne dûrent-ils pas recevoir dans ce moment de crife & d'oppreffion? Alors le gouvernement féodal changea de forme, & la France n'eut prefque plus rien de commun, à cet égard, avec les nations voifines. Ces hommes, d'abord fimples officiers amovibles, devenus depuis propriétaires des juftices & des gouvernemens, dont ils n'étoient que les adminiftrateurs, fe firent alors, du moins pour la plupart, feigneurs de fief; c'eft-à-dire, qu'ils exigèrent de leurs jufticiables les droits féodaux que les feigneurs de fief percevoient dans leurs terres. L'auteur des obfervations fur l'hiftoire de France, le judicieux abbé de Mably, préfente ce tableau d'une manière auffi vraie que touchante. « Quand les comtes eurent changé leurs gouver-
» nemens en des principautés héréditaires, ces nou-
» veaux feigneurs exercèrent fur les bourgeois la
» même autorité que les autres feigneurs avoient
» acquife fur les vilains de leurs terres: les péages,
» les droits d'entrée, d'efcorte & de marché fe
» multiplièrent à l'infini; les villes furent fujettes,
» comme les campagnes, à une taille arbitraire.
» Vivres, meubles, chevaux, voitures, tout étoit
» enlevé: on eût dit que les maifons des bourgeois
» étoient au pillage ».
On voit déjà naître la règle que nous examinons. Long-temps concentrée dans le cœur des feigneurs, perfonne n'ofoit la mettre en maxime; mais on fe conduifoit comme fi elle eût été univerfellement reconnue. Guillaume le conquérant, fut le premier qui en fit une loi. A peine affermi fur le trône d'Angleterre, il priva la plupart des terres de fon nouveau royaume, de leur ancienne franchife, & impofa aux propriétaires l'obligation

de les relever du roi ou des feigneurs qui leur étoient défignés. Ce fait nous eft attefté par Polydore Virgile, *liv. 8. Ac primum omnium legem agrariam tulit, quâ fe poffeffionum multarum dominum dixit; quâ priores domini eas poftea redimerent, quarum partis proprietatem retinuit; fic ut qui in pofterum tempus poffiderent, velut fructuarii, in fingulos annos aliquid vectigalis fibi, & poft modum fucceffioribus, dominii caufâ, perfolverent: & id juris voluit alios dominos in fuos habere fructuarios, quos tenentes vocant.* Spelleman appelle les ordonnances de Guillaume, fur cet objet: *novas confuetudines, quas jure feodali atrociter fufcitavit.* Spelleman avoit raifon de dire que ces *coutumes* étoient nouvelles: les loix d'Edouard le confeffeur, que l'on fuivoit à l'époque de la conquête, ne contenoient rien de pareil. Guillaume avoit apporté le germe de cette *coutume* de fes anciens états, & il lui donna toute l'extenfion que les circonftances permirent. C'eft déjà un violent préjugé contre cette règle, de s'être montré, pour la première fois, fous les aufpices de la force & dans la confufion des conquêtes.

Ses progrès ne furent pas auffi rapides en France; malgré les mouvemens irréguliers du corps politique, on confervoit encore la mémoire des anciens ufages. Un événement en prolongea la durée. C'eft un des biens qu'ont fait les croifades. L'éloignement des feigneurs, laiffa quelque temps refpirer leurs fujets; mais le retour fit renaître la vexation. Les feigneurs ruinés par la guerre & les voyages, prirent toutes fortes de moyens pour donner de l'extenfion à leurs droits. Une innovation politique leur fournit enfin le prétexte d'ériger en maxime cette règle, que l'on tentoit depuis long-temps d'introduire. Le droit des appels s'introduifit pendant le 13e & 15e fiècles. Les établiffemens de S. Louis, préparèrent les efprits à ce changement; l'habileté de Philippe-le-Bel y familiarifa, & les efforts du parlement pour reffaifir le roi de la puiffance légiflative, achevèrent la révolution. Dans la vue de ramener tout à ce principe d'unité, qui fait la force & l'effence des monarchies, ce tribunal établit pour loi-fondamentale, qu'il n'y avoit pas de juftice allodiale. Cette loi devint bientôt un axiome de notre droit françois, & les praticiens prirent l'habitude de l'exprimer par ces mots: *nulle terre fans feigneur.* A peine cette règle fut-elle établie, que l'on en abufa. Perdant de vue fon objet primitif & vraiment facré, on appliqua à la directe ce qui n'avoit trait qu'à la juftice.

Dans le 15e fiècle, on procéda à la réformation des coutumes, les feigneurs, les eccléfiaftiques, tous les propriétaires de fief fe préfentèrent armés de cette règle, & firent les plus grands efforts pour la faire prévaloir. Il ne faut que lire les procèsverbaux des coutumes, pour voir combien cette règle révoltoit encore les efprits. Dans la plupart on voit les feigneurs & les tiers-états, aux prifes fur cet objet; le tiers-état affurer que cette règle eft auffi nouvelle que pernicieufe, & les commiffaires réformateurs, incertains, renvoyer au parlement la décision d'une difficulté si nouvelle.

Il paroît cependant que dès le milieu du 15ᵉ siècle, la règle avoit déjà acquis une sorte de consistance; les seigneurs de Bretagne parvinrent à la faire insérer dans la *coutume* de cette province, rédigée en 1440: elle y étoit conçue en ces termes: *homme ne peut tenir terre sans seigneur*. Cependant, il s'en falloit bien qu'à cette époque & même long-temps après, cette opinion fut universellement adoptée. On ne trouve rien dans la rédaction de la *coutume* de Paris, faite en 1510, qui ait trait à un asservissement général. Dans la réformation de la *coutume* de Bretagne, en 1539, on alla même jusqu'à supprimer l'article *homme ne peut tenir, &c.* inséré dans la rédaction de 1440. Alors parut une foule de praticiens, qui réunirent leurs efforts en faveur de cette règle: ils étoient intéressés à la faire prévaloir; les règles générales servent de point d'appui à l'esprit & d'asyle à l'ignorance. Au milieu d'eux s'éleva Dumoulin, seul, il se mit au-devant du préjugé, il voulut arrêter ce torrent qui alloit effacer les derniers vestiges de nos anciens usages, il fit voir l'équivoque dans laquelle on étoit tombé, il rappella le principe à son véritable objet, il fit voir qu'il ne pouvoit avoir d'application qu'à la justice. On attribuoit cette règle au chancelier Duprat; on disoit qu'il l'avoit fait insérer dans les registres de la chambre des comptes. Dumoulin vérifia ce fait important, & il assure que les premiers magistrats de cette cour lui ont unanimement répondu, qu'ils n'en avoient aucune connoissance. Il y avoit trop de personnes intéressées à ce que Dumoulin eût tort; le cri de la justice fut étouffé par celui de la multitude, & la règle s'enracina, plus que jamais, dans les esprits: presque toutes les *coutumes* réformées depuis le milieu du 16ᵉ siècle, en portent l'empreinte, & même on la rétablit, en 1580, dans la *coutume* de Bretagne.

Les seigneurs ne furent pas satisfaits de l'avantage qu'ils avoient remporté sur le tiers-état, dans les rédactions des *coutumes*; aux états de Blois, ils combinèrent leurs efforts pour asservir, d'un seul coup, toutes les terres du royaume. Dans le cahier présenté au roi, le 30 janvier 1577, ils demandèrent que toutes les terres fussent déclarées féodales ou censuelles: le roi ne crut point devoir accueillir cette demande; mais les seigneurs ont continué d'agir comme si leur prétention, à cet égard, étoit autorisée par une loi précise, & la règle, *nulle terre sans seigneur*, est aujourd'hui dans toutes les bouches.

Tels sont & l'origine & les progrès de cette règle, aujourd'hui si universellement reçue. Je ne dis pas qu'elle soit injuste à tous égards, & que tous les seigneurs en ont abusé pour se faire des censitaires; je sais qu'il y a des censives légitimes; que dans tous les temps, il s'est trouvé des hommes justes & sensibles; que même encore aujourd'hui,

la plupart des habitans de la campagne ne connoissent leurs seigneurs que par les bienfaits qu'ils en reçoivent. Je remarque simplement que, sous la première race, les deux tiers de la France, au moins, étoient francs & libres; que ces terres allodiales étoient soumises au gouvernement des ducs & des comtes; que si, dans le 9ᵉ siècle, ces officiers rendirent leurs gouvernemens héréditaires, ils ne devinrent pas pour cela, seigneurs directs; parce que toutes les terres qui n'avoient pas été données en bénéfice, étoient demeurées libres, & que, n'étant dépositaires que de la justice, ils ne purent usurper que la justice. Je demande après cela, si en rapprochant de l'ancien état des choses, le grand nombre des censives actuellement existantes, il est possible de douter que la plupart doivent leur existence à l'injustice & à la force: je demande si, loin de donner de l'extension à la règle, *nulle terre sans seigneur*, il ne seroit pas beaucoup plus prudent de la restreindre dans les bornes les plus étroites. Je demande enfin si la présomption générale de directe, qui dérive de cette règle, n'est pas une suite de l'injustice qui l'a fait établir. Encore un mot, qu'est-ce que cette prétendue règle? un simple brocard de droit, sans aucune espèce d'authenticité, également contraire, & à la loi naturelle, & aux monumens de notre histoire, & à l'ancien état des choses; reçu par tradition, adopté sur parole, & dans tous les temps, combattu par les hommes les plus éclairés. (*Article de M. HENRION, Avocat.*)

COUTUMES DE CÔTÉ ou DE SIMPLE CÔTÉ, sont celles où pour succéder aux biens immeubles d'un défunt, il suffit d'être parent du côté d'où ils lui sont provenus; si ce sont des biens paternels, il suffit d'être parent du côté paternel, & de même pour les biens maternels. On suit dans ces *coutumes* la règle *paterna paternis, materna maternis. Voyez* ci-après COUTUMES DE CÔTÉ & LIGNE.

COUTUMES DE CÔTÉ & LIGNE, sont celles où pour succéder à un propre, il ne suffit pas d'être parent du défunt du côté d'où il lui est venu, mais où il faut encore être le plus proche parent du défunt du côté & ligne du premier acquéreur de ce propre, c'est-à-dire, du premier qui l'a mis dans la famille. La *coutume* de Paris & plusieurs autres semblables, sont des *coutumes de côté & ligne.*

COUTUME DÉCRÉTÉE, est celle qui est homologuée par lettres-patentes duement enregistrées. *Voyez* ci-après COUTUME HOMOLOGUÉE & HOMOLOGATION.

COUTUMES DOMESTIQUES, ou PRIVÉES, ou FAMILIÈRES, *familiares*, sont des usages & arrangemens particuliers, introduits par convention dans certaines familles. Ces sortes de *coutumes* n'ont point lieu quand elles sont contraires à la *coutume* générale écrite, comme il fut jugé par arrêt prononcé en robe rouge par M. le président Seguier, le 9 avril 1565, au sujet du partage du comté de Laval,

& rapporté par Brodeau fur M. Louet, *lettr. R, n°. 37. Voyez* PACTE DE SUCCÉDER.

COUTUMES D'ÉGALITÉ, font celles qui défendent d'avantager un de fes héritiers plus que les autres.

De ces *coutumes*, les unes font ce qu'on appelle *d'égalité fimplement*, les autres *d'égalité parfaite*. Les premières défendent bien d'avantager un de fes héritiers au préjudice des autres, mais elles n'obligent pas les héritiers de rapporter ce qu'ils ont reçu ; ou bien elles permettent au père de difpenfer fes enfans du rapport, au moyen de quoi la prohibition d'avantager peut être éludée, & l'égalité bleffée. Telles font les *coutumes* de Paris, *art. 304 & 307 ;* Nivernois, *chap. xxvij, art. 11 ;* Berri, *tit. xix, art. 42 ;* Bourbonnois, *art. 308,* au lieu que les *coutumes d'égalité parfaite* obligent l'héritier à rapporter ce qu'il a reçu en avancement d'hoirie, & défendent de difpenfer de ce rapport : telles font les *coutumes* d'Anjou & Maine.

Entre les *coutumes d'égalité parfaite*, il y en a quelques-unes qui le font, tant en ligne directe qu'en collatérale ; d'autres en directe feulement, & non en collatérale : par exemple la *coutume* de Vitri n'eft *d'égalité* qu'en directe, fuivant un arrêt du 4 juillet 1729.

Dans toutes les *coutumes d'égalité* lorfque le rapport a lieu, ce n'eft qu'en faveur des cohéritiers qui le demandent, parce qu'il n'a été introduit qu'en leur faveur, & non au profit des créanciers qui ne font pas recevables à le demander.

COUTUMES D'ENTRECOURS (*Jurifpr.*). Voyez COUTUMES DE PARCOURS, & *les mots* ENTRECOURS & PARCOURS.

COUTUMES FAMILIÈRES ou DOMESTIQUES. *Voy. ci-devant* COUTUMES DOMESTIQUES.

COUTUMES DE FERRÊTE, eft une efpèce de communauté de biens, ufitée entre conjoints dans la plus grande partie de la haute Alface, & même dans la baffe, tout ce que les conjoints apportent en mariage, ou leur échet par fucceffion ou autrement, ou qu'ils acquièrent pendant le mariage, compofe une maffe dont le mari ou fes héritiers prennent les deux tiers, & la femme ou les fiens l'autre tiers, avec environ foixante livres pour gain nuptial. Cette confufion ou fociété de tous biens, eft appellée la *coutume de ferrête.* Cette *coutume* n'eft point écrite ; elle n'eft fondée que fur un ufage qui a force de loi, & qui a lieu de plein droit & fans aucune ftipulation. *Voyez mon traité des gains nuptiaux, chap. ix, pag. 91,* & la confultation des avocats au confeil fouverain d'Alface, qui y eft inférée, *pag. 261.* (A)

COUTUME DES FILLETTES, eft un droit fingulier ufité dans le comté de Dunois, qui eft que, quand une fille ou une veuve fe trouve enceinte, ou même une femme mariée, s'il eft notoire que ce foit du fait d'un autre que de fon mari, elle eft tenue de le déclarer à la juftice du lieu, afin qu'il en foit fait regiftre, fur peine d'un écu d'amende.

Ce droit eft affermé avec les autres fermes muables du comté de Dunois ; & fi la perfonne qui eft enceinte n'a pas fait fa déclaration à la juftice, le receveur-fermier étant averti de l'accouchement, fe tranfporte avec un balai au lieu auquel la fille, femme, ou veuve eft accouchée, demande l'amende, & ne quitte point la porte du logis jufqu'à ce qu'il foit fatisfait de l'amende à lui due. *Voyez* Bacquet, *traité du droit de bâtardife, chap. ij, n°. 2.*

COUTUMES DE FRANC-ALEU, font celles où le franc-aleu eft naturel & de droit, c'eft-à-dire, où tout héritage eft réputé franc, fi le feigneur dans la juftice duquel il eft fitué, ne prouve le contraire. Il y a d'autres *coutumes* où le franc-aleu n'eft point reçu fans titre, & enfin d'autres qui n'ont point de difpofitions fur cette matière. Les *coutumes* où le franc-aleu a lieu fans titre, font les feuls qu'on appelle *coutumes de franc-aleu. Voyez* FRANC-ALEU.

On indiquera fur ce mot FRANC-ALEU, quelles font les *coutumes* & les provinces qui jouiffent de la prérogative de l'allodialité. Quant à préfent, nous nous bornons à deux queftions, que leur généralité place naturellement ici.

Les difpofitions des coutumes allodiales fuffifent-elles contre le roi, pour établir la franchife des héritages ? ne faut-il pas à ceux qui poffèdent dans les feigneuries du domaine, un titre d'allodialité émané du roi lui-même ?

Là *coutume* fuffit même contre le roi. C'eft la jurifprudence du parlement & du confeil ; & cette jurifprudence eft érigée en loi par un édit de Louis XIV, enregiftré au parlement le 13 août 1692.

Par cet édit, Louis XIV a confirmé les propriétaires d'héritages en franc-aleu dans leur franchife & liberté, pour en jouir par eux à perpétuité, à la charge de payer la jufte valeur d'une année de leur revenu.

Le motif de cette loi eft configné dans le préambule, c'eft que le roi ayant la directe univerfelle de fon royaume, le franc-aleu n'a pu s'introduire fans lettres émanées de lui ; que néanmoins les feigneurs fuzerains ayant donné des affranchiffemens, ou ayant négligé de fe faire rendre des hommages & paffer des reconnoiffances des droits qui leur étoient dus par leurs vaffaux & cenfitaires, ces derniers ont prétendu avoir prefcrit leur liberté, ce qui n'a pu préjudicier au roi.

Cependant on a rendu hommage aux *coutumes* allodiales ; on a reconnu que dans ces *coutumes* l'allodialité n'eft pas un privilège, que les héritages tiennent leur franchife du droit même de la nature : en conféquence on les a nommément excepté du paiement du droit établi par cet édit. Cette exception eft conçue en ces termes :

Voulons néanmoins que l'arrêt de notre confeil, du 22 mai 1667, foit exécuté, « à l'égard des » poffeffeurs en terres de franc-aleu roturier de

» notre province de Languedoc, lesquels nous
» n'entendons comprendre en la présente recher-
» che, non plus que ceux qui possèdent sembla-
» bles terres en franc - aleu roturier dans le pays
» de droit écrit ou coutumier, dans lesquels le
» franc-aleu se trouvera établi & autorisé par les
» coutumes & par une jurisprudence constante,
» fondée sur les arrêts de nos cours ».

Nonobstant cette exception, le traitant ayant décerné des contraintes contre les propriétaires d'héritages allodiaux, situés dans l'étendue de la coutume de Troyes, les maire & échevins de Troyes
se pourvurent au conseil, rapportèrent différens
arrêts rendus au parlement, & deux arrêts du
conseil des 21 août & 18 novembre 1672, au
profit du sieur Moinat & consorts, de Nogent-sur-
Seine, du sieur Regnard & consorts, de Saint-
Florentin, lieux régis par la coutume de Troyes,
contre Claude Vialet, chargé du recouvrement des
francs-fiefs.

Il intervint arrêt le 26 février 1694, par lequel
le roi déclare les biens & héritages, situés dans les
lieux régis par la coutume de Troyes, compris dans
l'exception portée en l'édit du mois d'août 1692,
en faveur des détenteurs d'héritages en franc-
aleu, dans les lieux où il est reconnu par la coutume, & autorisé par la jurisprudence des arrêts des
cours.

« Sa majesté ordonne, en conséquence (ce
» sont les termes de l'arrêt), que les détenteurs
» des maisons & héritages roturiers, continueront
» de les posséder franchement & allodialement,
» sans être tenus de justifier de leur franchise &
» liberté par aucuns titres ».

Quels titres faut-il au seigneur, dans les coutumes
allodiales, pour assujettir au cens les héritages assis
dans l'enclave de sa seigneurie ? suffit-il que sa seigneurie soit circonscrite & limitée ? suffit-il, au moins,
qu'il perçoive le cens sur une partie du territoire ?
suffit-il, enfin, qu'il prouve l'assujettissement de tous
les héritages qui environnent celui qu'il veut asservir ?

Dans les pays de franc-aleu, la charge imposée sur
les héritages voisins, ne fait aucune preuve contre ceux
qui les touchent, ne suffisant pas qu'il y ait des reconnoissances de la plus grande partie d'un territoire
uniforme, continu, limité & en droit d'enclave ; il
faut qu'il apparoisse, par titres, que toute la terre a
été baillée en fief ou emphytéose par des confrontations
générales, ou du moins que le seigneur rapporte
des titres particuliers, tels que des baux à cens, des
actes récognitifs qui s'appliquent individuellement à
chaque partie du territoire.

Cette proposition est fondée sur les autorités les
plus graves & sur les arrêts de la cour : on ne
rapportera pas tous les monumens de cette jurisprudence, il y a trop de danger à citer sur la foi des
arrêtistes ; on s'est procuré les mémoires imprimés
dans deux affaires récemment jugées ; on croit devoir se borner à ces deux espèces.

Le premier de ces arrêts est du 17 juin 1758, en
faveur des habitans de Fougon, coutume de Troyes,
contre le comte de Pont, leur seigneur.

Le comte de Pont réclamoit la directe universelle : différens particuliers refusoient de la reconnoître : cependant la majeure partie des héritages
y étoit assujettie ; cette circonstance, disoit le seigneur, me donne le droit d'enclave ; il invoquoit,
à l'appui de cette assertion, tous les moyens propres à la faire prévaloir. Le défenseur des habitans
répondoit : « la directe même sur la plus grande
» partie du territoire ne suffit pas dans les coutumes
» allodiales, pour autoriser le seigneur à réclamer
» la directe universelle sur tout le territoire ; il
» faut qu'il prouve, par des titres particuliers, la
» directe sur chaque partie, si ce n'est dans un cas
» où il y a un titre exprès & spécial de seigneu-
» rie universelle ». Le comte de Pont ne produisoit pas ce titre spécial de directe universelle :
l'arrêt la lui refuse, & le renferme dans ses titres
particuliers.

Le deuxième arrêt est peut-être encore plus décisif. M. le prince de Listenois demandoit la directe
universelle sur le territoire de Césy, coutume de
Troyes ; il avoit pris des lettres à terrier : refus de
la part des habitans. Nous offrons, disoient-ils au
seigneur, de vous reconnoître, à raison des héritages que vous justifierez tenus en censive par des
titres particuliers, mais point de seigneurie universelle. Le prince de Listenois avoit usé d'un expédient qui n'est que trop commun ; il n'avoit d'abord
fait assigner qu'un tenancier ; mais la communauté
bien conseillée étoit intervenue : l'affaire ainsi engagée, le seigneur déploya la défense la plus vigoureuse ; il produisit une multitude de titres : voici
l'énumération des principaux.

1°. Acte du 7 juin 1366, portant donation de
la terre de Césy, par Charles V, à Bureau de la
Rivière, conçue en ces termes : les terre, ville &
forteresse de Césy, avec toutes les rentes, foi & hommage, vasselag- & autres noblesses, rentes en deniers,
en vins, en grains, chapons, oublis, corvées, &c.

2°. Contrat de vente du 8 mars 1474, de la terre
de Césy, avec les cens, rentes, prés fiefs, seigneuries, tailles, corvées d'hommes & femmes à corps tous
& un chacun les droits & seigneuries quelconques.

3°. Procès-verbal d'estimation de la terre, de l'an
1508, dans lequel les experts constatent que les cens
de Césy & dépendances valent 40 liv. 11 s. 7 den.
tournois par an.

4°. En 1511, dénombrement de la terre, portant que les mêmes censives peuvent valoir 60 liv.
par an.

5°. Différens baux à cens depuis 1513 jusqu'en
1559.

6°. Trois terriers de la seigneurie, des années
1530, 1690 & 1749.

Dans le premier, 1064 arpens reconnus en censive ; la terre en embrasse 3000 ; sur quoi on en
déduisoit 1095 pour les parties non susceptibles de
cens, tels que le domaine du seigneur, les che-

mins, les eaux; ainfi tout le territoire étoit reconnu, moins 881 arpens, ce qui ne formoit pas le tiers des héritages cenfables.

A l'égard du terrier de 1630, on lit dans le mémoire imprimé du feigneur, qu'il comprend la majeure partie des héritages cenfables.

Enfin le feigneur de Céfy rapportoit, non pas un bail unique, mais plufieurs des années 1611, 1615, 1618, 1722 & 1755. Dans tous ces actes, on affermoit en termes généraux les droits & profits de vente, cenfive, défaut, &c.

Cependant le feigneur de Céfy a fuccombé par arrêt du .... 1778, au rapport de M. l'abbé Tándeau; il a été jugé qu'il n'avoit ni le droit d'enclave, ni la directe univerfelle fur le territoire de Céfy, fauf à lui à exiger le cens fur les héritages qu'il pourra prouver par des titres particuliers être mouvans de lui en cenfive.

Ceux qui prétendent que dans les coutumes allodiales, il fuffit, pour être fondé à réclamer la directe univerfelle, de prouver l'affujettiffement d'une grande partie du territoire, citent à l'appui de leur affertion, les arrêts de Chaource de l'Ifle-fous-Montréal & de Tonnerre.

Ces arrêts ne prouvent ici que l'abus que l'on peut faire de la jurifprudence.

M. le duc de Praflin & M. l'abbé Chauvelin, produifoient des titres généraux, notamment plufieurs chartes des anciens comtes de Champagne, qui annonçoient une tierce univerfelle fur le territoire de Chaource, omnia terragio ejufdem villæ & totius finagii. Un procès-verbal de prifée fait en 1466, par des commiffaires du roi, qui faifoit mention des lods & ventes qui fe payoient tant de la ville que du finage & territoire.

La princeffe de Naffau, alors dame de l'Ifle-fous-Montréal, produifoit également des titres généraux, notamment une chartre de l'an 1179, dont les expreffions indéfinies embraffoient toute la circonfcription du territoire, & c'eft ce que la cour a jugé.

A l'égard des habitans de Tonnerre, la cour ne s'eft pas décidée par les titres, mais par le fait que le comté de Tonnerre eft fous l'empire de la coutume de Sens, coutume où règne la maxime, nulle terre fans feigneur : c'eft en effet cette coutume qui régit le comté de Tonnerre, & fes habitans ont comparu au procès-verbal de fa rédaction.

COUTUME DE FRANCE, fe dit quelquefois pour exprimer le droit commun & général de France, le droit françois, ou certains ufages non écrits, obfervés en France.

COUTUME GÉNÉRALE, eft celle qui eft faite pour fervir de loi dans toute une province. Quelques coutumes font intitulées coutumes générales, comme celles du haut & bas pays d'Auvergne; & cela par oppofition aux coutumes locales ou particulières de certaines châtellenies, villes, ou cantons, qui font inférées à la fuite des coutumes générales. Voyez ci-après COUTUMES LOCALES.

COUTUME, (grande) eft un droit qui fe paie au feigneur fur les denrées vendues dans fa feignenrie, comme bled, vin & autres chofes : on appelle ce droit la grande coutume ou droit de prévôté, parce qu'il eft plus fort que celui qui fe lève ailleurs fur ces menues marchandifes, & qu'on appelle la petite coutume. Il en eft parlé dans l'art. 20 de la coutume d'Anjou.

COUTUMES LOCALES ou PARTICULIÈRES, font celles qui ne font loi que dans l'étendue d'un bailliage, châtellenie, ou autre jurifdiction, ou dans une feule ville, bourg, ou canton, à la différence des coutumes générales, qui font loi pour toute une province. Il y a un grand nombre de coutumes locales dans le royaume; on en compte plus de cent dans la feule province d'Auvergne, c'eft auffi la province où il y en a le plus.

Les coutumes locales ne font que des exceptions à la loi générale du pays; ainfi ce qu'elles n'ont pas prévu, doit être décidé par la coutume générale, ou par le droit romain, fi c'eft dans un pays où l'on fuive le droit écrit, comme il s'en trouve en effet plufieurs où il y a quelques coutumes locales ou ftatuts particuliers, tels que la coutume de Touloufe, celle de Bordeaux, & autres femblables.

COUTUME LOUABLE ou LOUABLE COUTUME, laudabilis confuetudo : dans l'ufage, on entend par-là certains droits & rétributions que les eccléfiaftiques exigeoient des laïcs, & qui ne font fondés fur d'autre titre qu'une longue poffeffion.

Quand ces coutumes n'ont rien d'exorbitant, elles dégénèrent par fucceffion de temps en une efpèce de contrat dont l'exécution eft d'obligation; mais lorfqu'elles introduifent des droits infolites, exceffifs, ou deshonnêtes, elles font rejettées.

Joannes Galli, queft. 273, fait mention d'un arrêt par lequel le facriftain de la ville d'Agde, comme curé, fut maintenu felon l'ancienne & louable coutume, à prendre le lit de fes paroiffiens décédés, ou la valeur du lit, felon la qualité du paroiffien.

Aufrerius, décif. 388, traite la queftion du curé qui eft fondé, en louable coutume, à prendre l'habit de fon paroiffien décédé, & décide que le curé peut prendre un habit neuf qui eft encore chez le tailleur, pourvu qu'il fût deftiné à fervir d'habit ordinaire & journalier.

Il y a quelques curés qui font fondés en louable coutume, de prendre le drap mortuaire qui eft mis fur le cercueil du décédé, & les arrêts les y ont maintenus, felon l'article 51 de l'ordonnance de Blois; avec ce tempérament néanmoins, qu'il feroit permis à la veuve & héritiers de le retirer moyennant une fomme raifonnable.

On profcrit fur-tout les droits de fépultures & enterremens infolites & exceffifs, que des curés voudroient exiger fous prétexte de louable coutume.

Dans quelques diocèfes on exigeoit auffi des droits extraordinaires des laïcs nouvellement mariés, pour leur donner congé de coucher avec leurs femmes la première, seconde & troisième nuits de leurs noces : mais par arrêt du parlement du 19 mars 1409, rendu à la pourfuite des habitans & échevins d'Abbeville, il fut fait défenses d'exiger de tels droits. *Voyez* CULLAGE.

COUTUMES DE NANTISSEMENT, font celles où les contrats passés devant notaires n'emportent point hypothèque contre des tierces personnes fur les biens situés dans ces *coutumes*, si les contrats ne font nantis & réalisés par les officiers des lieux d'où relèvent les biens hypothéqués : cette formalité du nantissement est une espèce de tradition feinte & simulée de l'héritage pour y acquérir hypothèque.

La *coutume* d'Amiens, *article 137*, celle de Vermandois, *article 119*, celle d'Artois, *article 72*, font des *coutumes de nantissement*. *Voyez* NANTISSEMENT.

COUTUMES NON ÉCRITES, font des usages qui n'ont point encore été rédigés par écrit. Toutes les *coutumes* étoient autrefois de cette espèce ; préfentement elles font la plupart écrites : il est néanmoins encore dans certaines provinces quelques usages non écrits.

COUTUME HOMOLOGUÉE, est lorsque le prince, par ses lettres-patentes, a adopté & autorisé les usages que ses sujets ont rédigés par écrit.

COUTUMES DE PARCOURS, font celles entre lesquelles le parcours & entrecours a lieu, c'est-à-dire, dont les habitans roturiers, mais libres, peuvent réciproquement établir leur domicile dans l'une ou dans l'autre de ces *coutumes*, sans devenir ferfs du seigneur. Cette liberté dépend des traités faits entre les seigneurs voisins. *Voyez* ENTRECOURS & PARCOURS.

COUTUME PARTICULIÈRE, est la même chose que *coutume locale*. *Voyez* COUTUME LOCALE.

COUTUMES PERPÉTUELLES, font dans la *coutume de Meaux*, les devoirs ou redevances annuelles de bled, feigle, avoine, poules, &c. payables de toute ancienneté à certain jour de l'année.

COUTUME, (*petite*) est un droit qui se paie en certains endroits au seigneur, pour les grains, vins, bestiaux, volailles, & autres denrées qui se vendent en sa seigneurie. On l'appelle *petite coutume*, par opposition à la *grande coutume*, qui est un droit plus fort, que quelques seigneurs ont droit de percevoir.

Les *coutumes* d'Anjou & du Maine font mention des droits de *petite coutume* & de *levage*, qui y font quelquefois confondus comme termes fynonymes. Il y a cependant quelque différence entre ces deux droits, en ce que la *petite coutume* se paie en général pour les petites denrées vendues dans le fief ; le droit de *levage* n'est proprement que pour les denrées qui ont féjourné, ou pour le bien des fujets qui vont demeurer hors le fief.

La *coutume* du Maine, *art. 10*, dit que les seigneurs bas-justiciers ont la *petite coutume* des den-

rées vendues en leur fief, comme bled, vin, bêtes, & autres meubles ; lequel *levage* & *petite coutume* est un denier par bœuf & par vache, pipe de bled, vendus & tirés hors le fief ; & pour autre menu bétail, comme moutons, brebis, porcs vendus, & qui auroient féjourné huit jours, fera payé une maille ; & pour les autres meubles, quatre deniers par charrette, deux deniers pour charge de cheval, & un denier (le tout tournois) pour faix d'homme.

L'article fuivant parle du *levage* dû par l'acheteur pour les denrées qui ont féjourné huit jours, & ont été ensuite vendues, ou autrement transportées hors du fief. Ce même article ajoute que fi le seigneur prenoit prévôté ou grande *coutume*, ne pourra prendre ni demander la *petite coutume* ; ce qui suppose que *levage* & *petite coutume* font fynonymes dans le Maine.

L'*art. 35* porte que celui qui tient à foi & hommage son hébergement, foit noble ou coutu-nier, ne paie à son seigneur aucunes *petites coutumes* ni levages.

La *coutume* du Maine s'explique à-peu-près de même, mais elle marque mieux la différence qu'il y a entre *petite coutume* & *levage*.

L'*art. 8* dit que les seigneurs bas-justiciers ont la *petite coutume* des denrées vendues en leur fief, comme bled, vin, bêtes & autres chofes.

Art. 9. Pareillement ont levage des denrées qui y ont féjourné huit jours, vendues & autrement transportées en mains d'autrui hors le fief, lequel levage est dû par l'acheteur . . . . aussi ont le levage des fiens de leurs fujets, qui vont demeurer hors leur fief.

L'*art. 10* dit que le *levage* & *petite coutume* est un denier pour bœuf, vache, pipe de vin, & charge de bled ; que pour autre menu bétail, comme porcs, moutons & brebis vendus, & qui auroient féjourné huit jours, fera payé une obole ; que le levage des biens de ceux qui vont demeurer hors le fief, ne pourra excéder cinq fous ; que comme en plusieurs lieux on n'a point accoutumé d'ufer de ces droits de *petites coutumes* & *levages*, il n'y est en rien dérogé, & que fi aucun seigneur prenoit droit de prévôté ou de grande *coutume*, il n'auroit la petite.

L'*art. 30* est semblable à l'*art. 55* de la *coutume* du Maine. *Voyez* COUTUME (*grande*) & COUTUME de bled, &c.

COUTUME du pied rond, fourché, ou du pied, fignifie l'imposition que l'on a coutume de payer au roi pour chaque animal qui entre dans la ville de Paris, ou qui est vendu au marché aux chevaux.

Dans les anciens baux des fermes du roi, il est parlé de la ferme & *coutume du pied rond*, qui étoit autrefois d'un carolus pour chaque cheval entrant dans la ville de Paris, ou vendu au marché aux chevaux. *Voyez* Bacquet, *des droits de justice*, *chap. x, n. 5.*

COUTUMES de *prélegs*, font celles qui défèrent les droits d'ainesse *per modum prælegati*, à la différence des autres *coutumes* qui les défèrent à titre d'universalité, *& per modum quotæ.*

Dans les *coutumes* où l'aîné prend seul tous les fiefs, & dans celles où le droit d'aînesse se prend *per modum quotæ*, le père peut préjudicier aux droits de l'aîné, c'est-à-dire, qu'il peut par testament réduire le droit d'aînesse jusqu'à concurrence de ce dont il est permis de disposer par testament; & sauf la légitime, l'aîné contribue aux dettes, à proportion de tout ce qu'il prend, en qualité d'aîné : telle est la *coutume* d'Amiens, *art.* 71.

Mais dans les *coutumes de prélegs*, c'est-à-dire, où le droit d'aînesse est réduit par la loi & laissé *per modum prælegati*, comme dans la *coutume* de Paris, *art.* 15, on estime que l'aîné tient ce droit de la loi même, & que le père n'y peut aucune atteinte, en disposant au profit des puînés : car si la disposition étoit en faveur d'un étranger, même à titre purement gratuit, elle seroit valable, sauf la légitime de l'aîné. Dans ces mêmes *coutumes de prélegs*, l'aîné ne contribue pas aux dettes plus que les autres pour son droit d'aînesse, & c'est la raison pour laquelle on y considère le droit d'aînesse comme un prélegs fait par la *coutume*, & ce qui a fait appeler ces *coutumes de prélegs. Voyez* Louet, *lett.* C, *somm.* 24, & *les dissertations de* M. Boullenois, *sur les questions qui naissent de la contrariété des loix & des coutumes, quest.* 21.

COUTUMES privées. *Voyez* COUTUMES domestiques.

COUTUMES de saisine, sont celles dans lesquelles, pour assurer l'acquisition que l'on fait du droit de propriété ou d'hypothèque sur un héritage, il faut prendre saisine, c'est-à-dire, prendre possession de l'héritage, en notifiant le contrat au seigneur dont l'héritage relève. Les *coutumes* de Clermont en Beauvoisis, celles de Senlis & de Valois sont des *coutumes* de saisine. Cette formalité a quelque rapport avec le *nantissement*, qui, dans certain pays, est nécessaire pour que le contrat produise hypothèque. Mais dans les *coutumes de saisine*, le contrat ne laisse pas de produire hypothèque, quoiqu'il ne soit pas ensaisiné; la saisine sert seulement à donner la préférence aux rentes constituées qui sont ensaisinées sur celles qui ne le sont pas; les rentes ensaisinées sont préférées aux autres sur le prix de l'héritage du débiteur, lorsqu'il est décrété; & entre ceux qui ont pris saisine, les premiers ensaisinés sont préférés.

Les *coutumes* de la province de Picardie, & celles d'Artois sont aussi des *coutumes de saisine* : mais la saisine est une des voies nécessaires pour y acquérir droit réel, ou hypothèque sur l'héritage.

Suivant l'art. 8 de la *coutume* de Paris, ne prend saisine qui ne veut.

COUTUMES souchères, sont celles où pour succéder à un propre, il faut être descendu du premier acquéreur qui a mis le propre dans la famille; au lieu que dans les *coutumes* de simple côté, il suffit d'être le plus proche parent du côté

d'où le propre est venu; & dans les *coutumes* de côté & ligne, il suffit d'être le plus proche parent du côté & ligne du premier acquéreur.

La *coutume* de Mantes est une de ces *coutumes* souchères. *Voyez* l'art. 167.

Dans ces *coutumes*, lorsqu'il ne se trouve personne descendu en ligne directe du premier acquéreur, le plus proche parent du défunt succède au propre, comme si c'étoit à un acquêt. *Voyez le Traité des successions de* Lebrun, *liv. II, chap.* 1, *sect.* 2, & au mot PROPRES.

COUTUMES de subrogation, sont celles qui, pour assurer quelque chose aux héritiers, subrogent-les meubles & acquêts au lieu des propres, & ne permettent point à un testateur de disposer de la totalité de ses meubles & acquêts, lorsqu'il n'a point de propres. *Voyez* Lebrun, *des success. liv. II. chap.* 4, *n.* 33 & *suiv.*

COUTUMES de vest & de dévest, sont la même chose que *coutume* de saisine & dessaisine; car vest signifie *possession*, & dévest, *dépossession. Voyez* COUTUME de saisine.

COUTUME du Vexin françois, dont il est parlé dans les *art.* 3, 4 & 33 de la *coutume* de Paris, n'est point une *coutume* qui en soit distincte & séparée, c'est un usage particulier qui ne consiste qu'en ce qui en est énoncé dans ces articles de la *coutume* de Paris; savoir, que dans les fiefs qui se règlent suivant cette *coutume du Vexin françois*, il n'est jamais dû de quint au seigneur pour les mutations de fief par vente; mais aussi il est dû relief à toute mutation : au lieu que dans la *coutume* de Paris il est dû le quint pour vente ou contrat équipollent à vente d'un fief, pour succession, donation & substitution en collatérale; & en quelques autres cas il est dû relief : mais aussi en succession, donation & substitution en directe, il n'est dû au seigneur par le nouveau vassal que la bouche & les mains. Cette *coutume du Vexin françois* n'a point de territoire circonscrit & limité; elle n'est suivie que dans quelques fiefs.

COUTUME, (*sage*) est un surnom que l'on donne à la *coutume* de Normandie, non pas pour signifier que les autres *coutumes* soient moins sages que celle-ci dans leurs dispositions, mais pour exprimer que la *coutume* de Normandie est une *coutume* savante; le terme *sage* étant synonyme en cet endroit à celui de *savant*, de même que les sept sages de la Grèce furent ainsi nommés, parce qu'ils étoient les plus savans du pays; & de même aussi que les sages-femmes ou matrones ont été ainsi appellées, comme plus expérimentées que les autres femmes au fait des accouchemens. Il est dit, dans le *Journal du palais*, tom. I, pag. 663, que la *coutume* de Normandie est appellée la *sage coutume*, parce qu'en effet il n'y a guère de cas importans qu'elle n'ait prévus. Je ne sais néanmoins si ce surnom de *sage* ne viendroit pas plutôt de ce que cette *coutume* a emprunté plusieurs de ses dispositions des loix romaines, telles que celles qui concernent les dots, les paraphernaux, l'obligation des femmes mariées pour le bénéfice d'inventaire, les prescriptions, &c. (*A*)

COUTUMES *volontaires*, (*Droit féod.*) c'étoit un droit qui entroit dans les revenus de nos rois, sous les deux premières races. Ce droit étoit dû par les vassaux, dans quatre cas extraordinaires ; savoir, quand le roi faisoit son fils aîné chevalier, lorsqu'il marioit sa fille aînée, lorsqu'il survenoit une guerre, & lorsqu'il étoit fait prisonnier. Les seigneurs des fiefs exerçoient aussi ces quatre droits sur leurs terres. *Voyez* AIDES, *droit féodal.*

COUTUMES, (*Comm.*) ce sont les droits qui se paient sur les côtes de Guinée, & sur-tout dans les rivières de Gambie & de Sénégal, pour obtenir des rois nègres la permission de commercer sur leurs terres.

Ces *coutumes* sont plus ou moins fortes, selon les pays : il y en a qui vont jusqu'à deux mille livres, monnoie de France, mais qu'on ne paie qu'en marchandises propres au pays, comme du fer, de l'eau-de-vie, des toiles, des couteaux, &c.

Coutumes, se dit aussi de certains droits qui se paient à Bayonne pour la sortie ou entrée des marchandises.

Coutumes, signifie encore un droit que les voituriers & passagers paient, à l'entrée de quelques villes, bailliages & vicomtés de France, pour l'entretien des ponts, chaussées, passages, grands chemins.

COUTUMES, *grande & petite coutumes*, sont les droits qui composent la recette de comptablie de Bordeaux : ils montent ensemble à quatorze deniers maille pour livre de l'appréciation des marchandises, outre les deux sols pour livre de contrôle. *Voyez* COMPTABLIE.

Se mettre en coutume, se dit, à Bordeaux, des barques & autres bâtimens chargés de sel, qui font leurs déclarations aux bureaux de la comptablie & du convoi, pour être visités, & leur sel mesuré. *Voyez* CONVOI. (*G*)

COUTUMERIE, s. f. (*Jurispr.*) c'est la péagerie, c'est-à-dire, l'étendue de la seigneurie dans laquelle un seigneur perçoit un droit de coutume ou péage. Il en est fait mention dans les art. 50 & 54 de la coutume d'Anjou & dans celle du Maine, art. 58 & 62. *Voyez* COUTUME *de bled, vin*, & COUTUME (*grande & petite*).

COUTUMIER, (*Jurispr.*) est tout ce qui a rapport à la coutume, comme l'augment *coutumier*, le douaire *coutumier*, le droit *coutumier*, les instituts *coutumières*, le pays *coutumier*, le tiers *coutumier*. *Voyez* l'explication de chacun de ces mots à leurs lettres.

COUTUMIER *de France*, est le recueil des différentes coutumes du royaume. On dit plus communément *coutumier général. Voyez* COUTUMIER *général.*

COUTUMIER *des Gaules*, est le titre que l'on a donné aux premières éditions du *coutumier général.*

COUTUMIER *général*, est la collection de toutes les coutumes de France, tant générales que locales ou particulières. On en a fait plusieurs éditions, dont la dernière, donnée par M. de Richebourg en quatre volumes *in-fol.*, est la plus ample & la plus utile. Elle contient les anciennes & les nouvelles rédactions des coutumes : on y compte environ cent coutumes générales, & plus de deux cens coutumes locales. Il y manque néanmoins encore plusieurs coutumes locales & statuts particuliers. Il seroit aussi à souhaiter que l'on y eût compris toutes les chartes de commune des villes, que l'on peut regarder comme l'origine des coutumes.

COUTUMIER *de France*, (*grand*) est la même chose que *coutumier général.* C'est aussi le titre d'un ancien traité contenant la pratique du droit civil & canon observé en France, composé par Jean Bouteiller, sur lequel Charondas a fait des annotations.

COUTUMIER *de Picardie*, est une collection des commentateurs des coutumes de cette province, en deux vol. *in-fol.*

COUTUMIER *de Poitou*, est une compilation des différens commentateurs de la coutume de Poitou, que Boucheul a faite dans son nouveau commentaire.

COUTUMIER *de Vermandois*, est une collection des commentateurs des différentes coutumes générales de cette province, en la cité, ville banlieue, & prévôté foraine de Laon, & des coutumes particulières de Ribemont, Saint-Quentin, Noyon, & Coucy.

COUTUMIER, dans certaines coutumes, signifie aussi *non-noble*, *roturier* ; il signifie aussi quelquefois celui qui est sujet aux coutumes, c'est-à-dire aux prestations ordinaires envers le seigneur, en quoi les hommes *coutumiers* sont exempts. Les francs sont ordinairement les nobles, ou du moins les bourgeois ; & les *coutumiers* sont les serfs, ou au moins les roturiers sujets aux impositions & coutumes. *Voyez* COUTUMIER (*serf*).

COUTUMIER, (*homme*) en Anjou & au Maine, signifie celui qui est roturier. *Voyez* COUTUMIER, (*serf*) & au mot HOMMES.

COUTUMIER, (*serf*) en la coutume de la Marche, est celui qui doit les tailles ordinaires à son seigneur. *Voyez les* art. 126, 127 & 128. Le premier de ces articles dit que quiconque doit à son seigneur à cause d'aucun héritage, argent à trois tailles, payables à trois termes, avoine & geline chacun an, il est réputé *serf coutumier*, s'il doit tels devoirs à un homme lai ; que s'il les doit à l'église, il est réputé homme mortaillable.

COUTUMIER, (*villain*) est un roturier qui tient quelque héritage en villenage, c'est-à-dire, chargé de rente ou de champart envers le seigneur. *Voyez* au livre de l'*Etablissement le roi*, que les prévôts de Paris & Orléans tiennent en leurs plaids.

COUTUMIÈRE, (*amende*) c'est l'amende de coutume, c'est-à-dire, réglée par la coutume. On entend quelquefois aussi par ce terme l'amende accoutumée, qui eſt oppoſée à l'amende arbitraire ; comme dans la coutume de Tours , *art. 55*, qui porte que le haut - juſticier peut prendre amendes, tant *coutumières* qu'arbitraires.

COUTUMIÈRE, (*bourſe*) acquêts de *bourſe coutumière* , dans les coutumes de Tours, Loudunois, Anjou & Maine, ſont tous biens , ſoit nobles ou non, qui ſont acquis par un roturier. *Voyez* BOURSE , *terme de coutume.*

COUTUMIÈRE, (*femme* ou *fille*) dans les coutumes d'Anjou & Maine , c'eſt celle qui eſt roturière.

COUTUMIÈRE, (*priſe*) en la coutume de la Ferté-Imbaut , *art. 7* , ſignifie l'amende ordinaire , qui eſt fixée par la coutume du lieu.

COUTUMIERS, dans *les ordonnances des eaux & forêts* , ſignifie les *uſagers* ; c'eſt-à-dire , ceux qui ont droit de coûtume, pâcage , & uſage dans les bois.

COUTUMIERS, *au ſtyle du pays de Liège, chap. 3. art. 20.* & dans Froiſſard , *liv. I. chap. 147* , & ailleurs , ſignifie les anciens *praticiens* , qui rendent témoignage en juſtice du droit ou de l'uſage que l'on a coutume d'obſerver dans le pays.

COUTUMIERS, (*ſujets étagers*) dans les coutumes d'Anjou, Maine & Loudunois , ſont les ſujets roturiers d'un ſeigneur, qui ont étage & maiſon en ſon fief.

COUVENT , ſ. m. (*Droit eccléſ.*) on donne, dans l'uſage actuel, ce nom aux maiſons ou monaſtères dans leſquels des religieux de l'un ou de l'autre ſexe vivent en commun ſous la même règle.

On ne peut établir en France aucun *couvent*, ſans lettres-patentes duement enregiſtrées & ſans la permiſſion de l'évêque diocéſain. Le conſentement des villes, des habitans & des ſeigneurs, eſt encore néceſſaire. Toutes ces conditions ſont exigées par les loix préciſes. Les déclarations du 21 novembre 1629, du mois de juin 1659, & l'édit du mois de décembre 1666, en ont des diſpoſitions formelles. Dans le dernier édit , ſa majeſté déclare que s'il ſe faiſoit quelque établiſſement ſans avoir été ſatisfait à toutes les conditions énoncées , ces ſortes de communautés prétendues ſeront incapables d'eſter en jugement , de recevoir aucuns dons & legs de meubles & immeubles , & de tous autres effets civils : comme auſſi toutes diſpoſitions tacites ou expreſſes faites en leur faveur , ſeront nulles & les choſes par elles acquiſes ou données, confiſquées aux hôpitaux des lieux. *Voyez* MAIN-MORTE, MONASTÈRE.

Les articles 18 & 19 de l'édit de 1695 déterminent l'étendue de la juriſdiction des évêques ſur les *couvens* de l'un & l'autre ſexe, exempts ou non exempts. *Voyez* CLÔTURE, EXEMPTION.

Les juges ſéculiers ont prétendu qu'ils avoient droit de forcer les ſupérieurs des *couvens* de religieuſes, d'y recevoir des filles ou des veuves, ſans être obligés de demander la permiſſion de l'ordinaire ; mais il a été décidé qu'ils n'avoient pas ce droit, & que le concours de l'ordinaire étoit indiſpenſable. C'eſt ce qui réſulte de deux

arrêts du conſeil, rendus le 9 janvier & le 18 décembre 1696.

On appelle *petit couvent*, les biens qui ont été acquis par les religieux ou qui leur ont été donnés ou aumônés pour fondations particulières. Ces biens doivent-ils entrer dans les partages qui ſe font entre les religieux & les abbés commendataires ? On diſtingue s'ils ont été donnés ou acquis avant l'introduction de la commende, ou s'ils ne l'ont été que depuis. Dans le premier cas , ils ſe partagent entre l'abbé commendataire & les religieux ; dans le ſecond , ils reſtent en toute propriété aux religieux. Mais dans le premier cas, l'abbé eſt obligé de payer aux religieux, l'honoraire, pour les meſſes , obits & fondations qui s'acquittent dans l'abbaye : cette juriſprudence eſt fondée ſur ce que, dans le temps que les fondations ont été faites, l'abbé régulier & les religieux poſſédoient ces biens en commun, & que ce qu'on donnoit à l'abbaye regardoit l'abbé régulier comme les autres religieux, ſous l'obligation ſolidaire d'acquitter les fondations. Ainſi jugé au parlement de Paris, le 22 janvier 1706, pour l'abbaye de S. Nicolas-lès-Angers.

A l'égard des biens aumônés depuis la commende, ils demeurent au profit des religieux, & n'entrent point en partage. On ſuppoſe que depuis l'introduction de la commende & la diviſion des manſes, les donateurs n'ont voulu gratifier que les religieux. Arrêt du parlement de Paris, du 6 ſeptembre 1654, pour l'abbaye de Moleſme.

Si les religieux acquièrent dans la mouvance de l'abbaye, des fonds pour leur *petit couvent*, ils ne peuvent ſe diſpenſer de payer à l'abbaye le droit d'indemnité dû par les gens de main-morte. C'eſt ce qui a été jugé par l'arrêt du 13 avril 1726, ſur le partage des biens de l'abbaye de Jumiège.

Au reſte, lorſque les religieux réclament ces biens comme dépendans du *petit couvent*, c'eſt à eux à prouver par titres, qu'ils ont été donnés , aumônés, ou acquis avant l'introduction de la commende. Au défaut de cette preuve, les biens ſont cenſés faire partie de la maſſe commune, & ſont ſoumis au partage. *Voyez* MANSE , PARTAGE , TIERS-LOT. (*Art. de M. l'Abbé* BERTOLIO , *Avoc.*)

COUVRIR, v. a. (*Juriſprud.*) ce terme a au palais pluſieurs ſignifications, & on l'emploie dans un grand nombre de phraſes.

COUVRIR *une enchère*, ſignifie enchérir au-deſſus de quelqu'un.

COUVRIR *un fief ou arrière-fief*, c'eſt prévenir & empêcher la ſaiſie féodale d'un fief qui eſt ouvert, en faiſant la foi & hommage, ou offrant de la faire, & de payer les droits , ſi aucuns ſont dus.

COUVRIR *une fin de non-recevoir*, c'eſt la parer, l'écarter de manière qu'elle ne peut plus être oppoſée. La fin de non-recevoir, que l'on pouvoit oppoſer au demandeur, eſt *couverte*, lorſque le défendeur a procédé volontairement au fond, ſans oppoſer la fin de non-recevoir, & ſans qu'elle ait été réfervée par aucun jugement : c'eſt pourquoi l'ordonnance de 1667, *tit. 5. art. 5.* veut que l'on emploie, dans les défenſes, les fins de non-recevoir, nullités des exploits, ou autres exceptions péremptoires, ſi aucunes y a, pour y être préalablement fait droit.

COUVRIR *une nullité*, c'eſt l'écarter par une eſpèce de fin de non-recevoir ; ce qui arrive, lorſque celui qui pouvoit débattre de nullité un exploit, jugement ou acte, a approuvé cet acte, & a procédé volontairement en conſéquence. *Voyez* l'article précédent.

COUVRIR *la péremption*, c'eſt la prévenir de manière qu'elle ne puiſſe plus être oppoſée. Lorſqu'il y a eu ceſſation de procédures pendant trois ans, celui qui a intérêt de faire anéantir ces procédures, peut en demander la péremption ; mais ſi, avant qu'elle ſoit demandée, il ſe fait de part ou d'autre la moindre procédure, quoique ce ſoit depuis les trois ans, la péremption eſt *couverte*. *Voyez* PÉREMPTION.

COUVRIR *la preſcription*, c'eſt lorſque, par quelque acte de poſſeſſion, ou par quelque procédure, on interrompt la preſcription qui commençoit à courir. *Voyez* PRESCRIPTION.

C R

CRAINTE, ſ. f. (*Juriſpr.*) c'eſt un mouvement inquiet, qui affecte douloureuſement l'ame, par l'image d'un mal préſent ou à venir. On diſtingue en droit deux ſortes de *craintes*, la crainte grave & la *crainte légère*.

La *crainte grave*, qu'on appelle *metus cadens in conſtantem virum*, eſt celle qui ne vient point de puſillanimité, mais qui eſt capable d'ébranler l'homme courageux ; comme la *crainte* de la mort, de la captivité, de la perte de ſes biens. Cette *crainte* ſuffit pour la reſciſion d'un acte, même d'une tranſaction.

La *crainte légère* eſt celle qui ſe rencontre dans l'eſprit de quelque perſonne timide, & pour un ſujet qui n'ébranleroit point un homme courageux, comme la *crainte* de déplaire à quelqu'un, d'encourir ſa diſgrace.

On met au rang des *craintes légères*, la *crainte révérentiale*, telle que la déférence qu'une femme peut avoir pour ſon mari, le reſpect qu'un enfant a pour ſes père & mère, & autres aſcendans, même pour un parent d'un degré ſupérieur en ligne collatérale, tel qu'un oncle, une tante ; celui que l'on doit avoir pour ſes ſupérieurs, & notamment pour les perſonnes conſtituées en dignité ; la ſoumiſſion des domeſtiques envers leurs maitres, & autres ſemblables conſidérations, qui ne ſont pas réputées capables d'ôter la liberté d'eſprit néceſſaire, pour donner un conſentement valable ; à moins qu'elles ne ſoient accompagnées d'autres circonſtances qui puiſſent avoir fait une impreſſion plus forte : ainſi le conſentement qu'un fils donne au mariage que ſon père lui propoſe, ne laiſſe

pas d'être valable, quand même il ſeroit prouvé que ce mariage n'étoit pas du goût du fils, *voluntas enim remiſſa tamen voluntas eſt.*

Les loix romaines nous donnent encore pluſieurs exemples de *craintes graves & légères.* Elles décident que la *crainte* de la priſon eſt juſte, & que la promeſſe qui eſt faite dans un tel lieu, eſt nulle de plein droit. Parmi nous, une promeſſe qui ſeroit faite pour éviter la priſon, ou pour obtenir ſa liberté, ſeroit en effet nulle ; à moins qu'il ne s'agiſſe d'un débiteur ſujet à la contrainte par corps, qui contracteroit avec ſon créancier, pour éviter ou pour ſortir de priſon, ainſi que nous l'avons obſervé ſous le mot CONTRAT.

Cependant, dans nos uſages, lorſqu'on fait paſſer un acte obligatoire à une perſonne conſtituée priſonnière, on obſerve de la faire venir entre deux guichets, comme étant réputés lieu de liberté.

La *crainte* d'un procès mu ou à mouvoir, ne vicie pas la ſtipulation ; il en eſt de même de l'appréhenſion que quelqu'un a d'être nommé à des charges publiques & de police ; ce qui eſt fait pour obéir à juſtice, n'eſt pas non plus cenſé fait par *crainte*. Mais lorſqu'il y a du danger de la vie, ou que l'on eſt menacé de ſubir quelque peine corporelle, c'en eſt aſſez pour la reſciſion d'un acte, fût-ce même une tranſaction.

Un nouveau conſentement, ou une ratification de l'acte, répare le vice que la *crainte* y avoit apporté.

Chez les Romains, aucun laps de temps ne validoit un acte qui avoit été fait par une *crainte grave* ; mais dans notre uſage, il faut réclamer dans les dix années du jour qu'on a été en liberté de le faire, autrement on n'y eſt plus recevable.

Tels ſont les principes généraux qui peuvent ſervir à la déciſion des procès que font naître les demandes en reſciſion d'actes, pour cauſe de *crainte.* On doit conſulter à cet égard, les titres *ff. & C. quod metûs cauſâ*, ainſi que les articles particuliers ſous leſquels nous traitons de chaque contrat.

CRAND, ſ. m. (*terme de Coutume.*) il eſt employé dans les ordonnances de Metz, & dans les chartes générales du Hainaut, dans la ſignification de ſûreté.

M. Merlin, avocat au parlement de Flandres, nous aſſure, dans le *Répertoire univerſel & raiſonné de Juriſprudence*, qu'il n'eſt plus uſité que dans les contrats, où il eſt de ſtyle de s'obliger à *renforcer le crand*, c'eſt-à-dire à donner de nouvelles ſûretés à celui avec lequel on contracte ; que cette clauſe, ſans aucune mention particulière des ſûretés à donner, équivaut à une promeſſe de fournir bonne & valable caution ; que néanmoins cette clauſe reſte ſans effet, lorſqu'on peut juger par les termes dans leſquels elle eſt conçue, qu'elle a été ſurpriſe à l'ignorance des contractans.

CRÉANCE, ſ. f. (*Droit public & civil. Commerce.*) ce terme vient du mot latin *credere*, prêter, confier. En prêtant, en confiant quelque choſe à

quelqu'un

quelqu'un, on acquiert un droit fur lui, & c'eſt ce droit qu'on appelle *créance*.

En droit civil, on entend par ce terme toute dette active, c'eſt-à-dire tout droit qu'un créancier a de ſe faire payer d'une ſomme d'argent, d'une rente, d'une redevance, ſoit en argent, ou en grains, ou autre eſpèce. Ce droit naît de différentes cauſes, telles qu'un prêt, un dépôt, une donation, un legs, un partage, une vente, &c. Cependant, dans l'uſage commun, on entend par *créance* une dette active, c'eſt-à-dire le droit qu'a un créancier de répéter une ſomme d'argent, au paiement de laquelle un débiteur s'eſt obligé envers lui.

Il y a pluſieurs ſortes de *créances*.

Créance caduque, eſt celle dont il n'y a rien à eſpérer.

Créance chirographaire, eſt celle qui eſt fondée ſur un titre ſous ſignature privée, qui n'emporte point d'hypothèque. On met dans la même claſſe les *créances* pour leſquelles il n'y a aucun titre écrit, parce que c'eſt la même choſe vis-à-vis des créanciers hypothécaires, de n'avoir point de titre, ou de n'en avoir qu'un ſous ſeing privé. Entre créanciers chirographaires, le premier ſaiſiſſant eſt préféré ſur le prix des effets ſaiſis ; parce qu'il a conſervé le gage commun ; mais s'il y a déconfiture, le premier ſaiſiſſant vient, comme les autres, par contribution au ſol la livre, parce que, par une fiction auſſi prudente que judicieuſe, tout ce que le débiteur poſſède eſt cenſé appartenir à tous ſes créanciers, du jour de ſa faillite, & que le premier ſaiſiſſant ne fait en ce cas que de ſauver la choſe commune de la dilapidation que le débiteur auroit pu en faire.

On diſtingue néanmoins deux ſortes de *créances chirographaires*, les unes ordinaires, d'autres privilégiées : les *créances chirographaires ordinaires* ſont toutes celles qui n'ont point de privilège : les *créances chirographaires privilégiées* ſont celles qui ſont privilégiées par leur nature, ſoit qu'il y ait un titre ou non ; & les unes ont un privilège ſpécial ſur une certaine choſe, comme le privilège du nanti de gages, le propriétaire de la maiſon ſur les meubles des locataires ; les autres ont un privilège général ſur tous les effets du débiteur, comme les frais de juſtice, les frais de la dernière maladie du débiteur, les frais funéraires.

Créance déléguée, eſt celle qu'un tiers eſt chargé de payer en l'acquit d'un autre. *Voyez* DÉLÉGATION.

Créance douteuſe, eſt celle dont le recouvrement eſt incertain, par rapport au peu de ſtabilité du débiteur.

Créance hypothécaire, eſt celle qui réſulte d'un titre authentique, tel qu'un jugement ou un acte paſſé devant notaire, & qui emporte hypothèque au profit du créancier, ſur les biens de l'obligé. *Voyez* HYPOTHÈQUE.

Créance ordinaire, eſt celle qui n'eſt point privilégiée. *Voyez* PRIVILÈGE.

Créance perſonnelle, eſt celle à laquelle la perſonne eſt principalement obligée, à la différence d'une *créance* hypothécaire, qui ne donne droit contre un tiers que comme détenteur d'un bien hypothéqué.

Créance privilégiée, eſt celle à laquelle les loix accordent une faveur particulière & une préférence ſur les *créances* ordinaires ; tels ſont les frais de juſtice, frais funéraires, les *créances* d'un maçon ſur la maiſon qu'il a conſtruite ou réparée. *Voyez* PRIVILÈGE.

Créances privilégiées hypothécaires, ſont celles que l'on paie ſur les immeubles par préférence entre les hypothécaires, & par conſéquent avant toutes les *créances* chirographaires, même privilégiées : telle eſt la *créance* du bailleur de fonds pour le prix de la vente. *Voyez* PRIVILÈGE.

Créance ſolidaire, eſt celle qui appartient en commun à pluſieurs perſonnes qui ſont chacune en droit d'en exiger la totalité, comme il arrive lorſque le débiteur s'eſt obligé de payer à chacun des créanciers la totalité de la dette, ſans aucune diviſion. Néanmoins lorſque l'un d'eux a exigé la totalité de la dette, les autres ne peuvent pas en exiger une ſeconde fois le paiement, ſauf leur recours contre celui qui a reçu.

En droit public, on appelle *lettre de créance*, la lettre par laquelle le ſouverain qui la donne, prie le ſouverain à qui elle eſt adreſſée, d'ajouter foi à ce que le miniſtre qui la porte, lui dira de ſa part. C'eſt cette lettre de confiance ou de *créance*, qui eſt le titre du miniſtre public, qui le conſtitue tel, & qui autoriſe ſa négociation.

En terme de commerce, on appelle *lettre de créance*, celle qu'un banquier ou autre commerçant donne à un homme qui voyage, afin de le faire connoître de ſes correſpondans, & les engager à lui fournir l'argent dont il pourra avoir beſoin. C'eſt proprement une lettre de crédit. *Voyez* CRÉDIT.

On appelle auſſi *créance* à la chambre des comptes, le rapport qui eſt fait verbalement à la chambre, de ce qui s'eſt paſſé en quelque députation ou autre commiſſion.

CRÉANCIER, ſ. m. (*Juriſpr.*) eſt celui auquel il eſt dû quelque choſe par un autre, comme une ſomme d'argent, une rente, du grain, ou autre eſpèce, à quelque titre & pour quelque cauſe que ce ſoit. Mais pour pouvoir ſe dire véritablement *créancier* de quelqu'un, il faut que celui qu'on prétend être ſon débiteur, ſoit obligé du moins naturellement.

On devient *créancier* en vertu d'un contrat ou quaſi-contrat, en vertu d'un jugement, d'un délit, ou d'un quaſi-délit : *creditorum appellatione*, dit la loi 11, *ff. de verb. oblig. non hi tantùm accipiuntur, qui pecuniam crediderunt, ſed omnes quibus ex quâlibet cauſâ debetur.*

Tous *créanciers* ſont chirographaires ou hypo-

G gg

thécaires, & les uns & les autres font ordinaires ou privilégiés. *Voyez* CRÉANCE.

Un *créancier* peut avoir plufieurs actions pour la même créance, favoir une action perfonnelle contre l'obligé & fes héritiers, une action réelle, s'il s'agit d'une charge foncière, une action hypothécaire contre les tiers-détenteurs d'héritages hypothéqués à la dette.

Il eft permis au *créancier*, pour fe procurer fon paiement, de cumuler toutes les contraintes qu'il a droit d'exercer, comme de faire des faifies & arrêts, & en même temps de faifir & exécuter les meubles de fon débiteur, même de faifir réellement les immeubles, s'il s'agit d'une fomme au moins de 200 liv. & d'ufer auffi de la contrainte par corps, fi le titre de la créance y autorife.

Mais il n'eft pas permis au *créancier* de fe mettre, de fon autorité, en poffeffion des biens de fon débiteur; il faut qu'il les faffe faifir & vendre par autorité de juftice. La raifon en eft que le *créancier* n'a aucun droit dans la chofe qui appartient à fon débiteur. Il n'a pas fur cette chofe ce que les jurifconfultes appellent *jus in re*, il n'a qu'un droit à la chofe, *jus ad rem*, c'eft-à-dire, il n'a que la puiffance de pourfuivre fon débiteur ou fes fucceffeurs à le payer ou à lui remettre la chofe.

Les *créanciers* font en droit, pour la confervation de leur dû, d'exercer les droits de leur débiteur, comme de faifir & arrêter ce qui lui eft dû, de former oppofition en fous-ordre fur lui; de prendre de fon chef des lettres de refcifion contre un engagement qu'il a contracté à fon préjudice, & de faire révoquer tout ce qu'il a fait en fraude des *créanciers*; enfin d'accepter en fon nom une fucceffion malgré lui, en donnant caution de l'acquitter des charges.

On ne peut pas contraindre un *créancier* de morceler fa dette, c'eft-à-dire, de recevoir une partie de ce qui lui eft dû, ni de recevoir en paiement une chofe pour une autre, ni d'accepter une délégation & de recevoir fon paiement dans un autre lieu que celui où il doit être fait.

Lorfque plufieurs prêtent conjointement quelque chofe, chacun d'eux n'eft cenfé *créancier* que de fa part perfonnelle, à moins qu'on n'ait expreffément ftipulé qu'ils feront tous *créanciers* folidaires, & que chacun d'eux pourra feul, pour tous les autres, exiger la totalité de la dette.

La qualité de *créancier* eft un moyen de reproche contre la dépofition d'un témoin; ce feroit auffi un moyen de récufation contre un arbitre & contre un juge.

Il faut encore remarquer ici quelques ufages finguliers qui fe pratiquoient autrefois par rapport au *créancier*.

A Bourges, un bourgeois qui étoit *créancier* pouvoit fe faifir des effets de fa caution, & les retenir pour gages, fans la permiffion du prévôt ou du voyer.

En pourfuivant le paiement de fa dette, à Or-

léans, le *créancier* ne payoit aucun droit comme étranger.

Enfin, au Périgord & dans le Quercy, le *créancier* qui avoit obtenu des lettres royaux pour appeller fes débiteurs devant les juges royaux, n'étoit pas obligé de faire les fergens royaux porteurs de ces lettres; ce qui eft contraire à l'ufage préfent, felon lequel l'huiffier ou fergent doit être porteur de tous les titres en vertu defquels il inftrumente. *Voyez* ABANDONNEMENT, CESSION, CRÉANCE, FAILLITE, HYPOTHÈQUE, PRIORITÉ, PRIVILÈGE, SAISIE. (A)

CRÉDIT, f. m. (*Jurifpr.*) fignifie en général, ou l'ufage de la puiffance d'autrui, ou ce qui eft confié à un autre.

Dans la première fignification, le terme *crédit* regarde particuliérement cette efpèce d'ufage qu'un particulier fait de l'autorité & de la puiffance d'un grand, qu'un grand fait de celles d'un miniftre, & qu'un miniftre fait de celles d'un fouverain, foit pour fon propre intérêt, foit pour rendre fervice à d'autres perfonnes.

Crédit, dans la feconde acception, s'emploie en fait de commerce & de finance, & n'eft autre chofe que la faculté d'emprunter, fur l'opinion conçue de l'affurance du paiement. Son effet eft de multiplier les reffources du débiteur par l'ufage des richeffes d'autrui. Sa caufe immédiate eft l'opinion conçue par le prêteur, de la certitude du paiement de ce qu'il confie à la bonne foi de l'emprunteur. Cette opinion a pour motifs des fûretés réelles ou perfonnelles, ou l'union des unes & des autres. Les fûretés réelles font les capitaux en terres, les revenus, les meubles, l'argent: les perfonnelles font le degré d'utilité qu'on peut retirer de la faculté d'emprunter; l'habileté; la prudence, l'économie, l'exactitude de l'emprunteur.

Il nous fuffit d'indiquer feulement les objets qui appartiennent plus particuliérement aux *Dictionnaires de Commerce* & d'*Economie*, nous nous bornerons à l'explication de quelques phrafes aufquelles on ajoute le mot *crédit*, & qui font d'un ufage journalier.

Faire crédit, *vendre à crédit*, c'eft donner quelque chofe & accorder terme pour le paiement, foit que ce terme foit fixé ou indéfini.

En matière de commerce, le terme *crédit* eft oppofé à celui de *débit*; le *crédit* eft ce qui eft dû au marchand, le *débit* eft ce qu'il doit de fa part, il diftingue l'un & l'autre fur le grand livre de raifon, qui contient autant de comptes particuliers que le marchand a de débiteurs. On fait un article pour chacun; le *crédit* du marchand eft marqué au verfo d'un feuillet du grand livre, & le *débit* de ce même marchand, à l'égard de fon créancier, eft marqué fur le recto du feuillet fuivant, de forte que l'on peut voir d'un coup-d'œil le *crédit* marqué à gauche & le *débit* à droite.

Donner crédit fur foi, c'eft fe reconnoître débiteur envers quelqu'un. Quand le roi crée des rentes fur fes revenus, il donne *crédit* au prévôt des marchands & échevins de Paris, fur lui, pour aliéner de fes rentes au profit des acquéreurs, juſqu'à concurrence d'une certaine ſomme. Le clergé & les états des provinces accordent auffi quelquefois *crédit* fur eux, au roi, comme on voit dans l'arrêt du conſeil & lettres-patentes du 15 décembre 1746, qui autoriſent le traité fait entre les commiſſaires du roi & ceux des états de Languedoc, le premier décembre 1746, au ſujet du *crédit* que cette province avoit accordé fur ſoi à S. M. pour ſix millions.

Prêter ſon crédit, ſignifie prêter ſon nom & fournir ſon obligation pour emprunter des deniers qui doivent tourner au profit d'une autre perſonne ; on en voit un exemple dans un arrêt du conſeil, du 25 août 1733, concernant un emprunt de deux millions, pour lequel la province de Languedoc avoit prêté ſon *crédit* à S. M.

Lettre de crédit, eſt une lettre miſſive qu'un marchand, négociant ou banquier adreſſe à un de ſes correſpondans établi dans une autre ville, & par laquelle il lui mande de fournir à un tiers, porteur de cette lettre, une certaine ſomme d'argent, ou bien indéfiniment tout ce dont il aura beſoin.

Ceux qui ont reçu de l'argent en vertu de ces ſortes de lettres, ſont contraignables au paiement de même que ſi c'étoient des lettres-de-change.

Il eſt facile d'abuſer de ces lettres, quand l'ordre de fournir de l'argent eſt indéfini, ou quand il eſt au porteur ; car la lettre peut être volée : on doit donc prendre des précautions pour limiter le *crédit* que l'on donne, & pour que le correſpondant paie ſûrement, en lui déſignant la perſonne de façon qu'il ne puiſſe être trompé.

CRÉDIT, (*droit de*) la plupart des ſeigneurs avoient ce droit dans leurs terres, qui conſiſtoit en ce qu'ils pouvoient prendre chez eux des vivres & autres denrées à *crédit*, c'eſt-à-dire, ſans être obligés de les payer fur le champ, mais ſeulement après un certain temps marqué : ils étoient quelquefois obligés de donner des gages pour la ſûreté du paiement.

Il eſt parlé de ce droit de *crédit* dans pluſieurs anciennes chartres, entre autres, dans celle que Philippe-Auguſte accorda en 1209 pour l'établiſſement de la commune de Compiègne. Il ordonne que les habitans feront *crédit* à l'abbé pendant trois mois, de pain, chair & poiſſon ; que s'il ne paie pas au bout de ce terme, on ne ſera pas obligé de lui rien donner qu'il n'ait payé.

Robert, comte de Dreux & de Montfort, ſeigneur de Saint-Valery, ordonna, par des lettres de l'an 1219, que toutes les fois qu'il ſéjourneroit à Dieppe, on ſeroit tenu de lui faire *crédit* pendant quinze jours, de 10 liv. de monnoie uſuelle.

A Boiſcommun, & dans pluſieurs autres endroits, le roi avoit *crédit* pendant quinze jours pour les vivres qu'il achetoit des habitans ; & celui auquel il avoit donné des gages pour ſa ſûreté, & en général quiconque avoit reçu des gages de quelqu'un, pouvoit, en cas qu'il ne fût pas payé, les vendre huit jours après l'échéance du paiement, comme il paroît, par des lettres du roi Jean, du mois d'avril 1351.

Pluſieurs ſeigneurs particuliers avoient droit de *crédit* pendant le même temps, tels que le comte d'Anjou, le ſeigneur de Mailly-le-château & ſa femme, & le ſeigneur d'Evry.

Ce qui eſt de ſingulier, c'eſt que, dans quelques endroits, de ſimples ſeigneurs avoient, pour leur *crédit*, un terme plus long que le roi ne l'avoit à Boiſcommun & autres lieux du même uſage.

Par exemple, à Beauvoir, le dauphin avoit *crédit* pendant un mois pour les denrées qu'il achetoit pour la proviſion de ſon hôtel ; mais il étoit obligé de donner au vendeur un gage qui valût un tiers de plus que la choſe vendue.

Quelques ſeigneurs avoient encore un terme plus long.

Les ſeigneurs de Nevers avoient droit de prendre dans cette ville des vivres à *crédit*, ſans être obligés de les payer pendant quarante jours, paſſé leſquels, s'ils ne les payoient pas, on n'étoit plus obligé de leur en fournir à *crédit*, juſqu'à ce qu'ils euſſent payé les anciens. Il en eſt parlé dans une ordonnance de Charles V, alors régent du royaume, au mois de février 1356.

La même choſe s'obſervoit pour les comtes d'Auxerre : on trouve ſeulement cela de particulier pour eux, que s'ils étoient un an ſans payer, celui qui leur avoit fourni des vivres, en recevoit le prix ſur le produit du cens.

Le ſeigneur d'Auxonne en Bourgogne ne pouvoit rien prendre à *crédit* dans les jardins potagers de la ville, à moins qu'il ne donnât des gages. Lorſqu'il prenoit à *crédit* des denrées pour les revendre, il devoit auſſi donner des gages ; & ſi après quarante jours il ne payoit pas ce qu'il avoit pris, le marchand qui avoit reçu les gages, pouvoit les vendre, comme il paroît, par des lettres du roi Jean, du mois de janvier 1361.

Il y avoit, comme on voit, une différence entre les denrées provenant du crû de celui chez qui on les avoit priſes à *crédit*, & celles qu'il avoit achetées pour les revendre. Le terme que le ſeigneur avoit pour payer les premières, n'étoit pas marqué, & il n'étoit pas dit que, faute de paiement, le vendeur pourroit vendre les gages ; au lieu que pour les denrées qui n'étoient pas de ſon crû, ſi on ne les payoit pas, dans le terme de quarante jours, il pouvoit vendre les gages. Cette différence étoit fondée ſur ce que celui qui vend des denrées de ſon crû, n'ayant rien débourſé, peut attendre plus long-temps ſon paiement ; au lieu que celui qui a acheté des denrées pour les revendre , ayant débourfé de l'argent, il eft jufte qu'il foit payé dans un temps préfix, & que , faute de paiement il puiffe faire vendre les gages.

Le feigneur de Chagny avoit *crédit* , comme les précédens , pendant quarante jours , paffé lefquels , s'il n'avoit pas payé , on n'étoit pas obligé , jufqu'à ce qu'il l'eût fait , de lui donner autre chofe à *crédit*. Si quelqu'un cachoit fa marchandife , de peur d'être obligé de la donner à *crédit* au feigneur , on le condamnoit à l'amende ; ce qui feroit penfer que le *crédit* du feigneur étoit apparemment déjà bien ufé. Si les officiers du feigneur nioient qu'on leur eût fait *crédit*, celui qui prétendoit l'avoir fait , étoit reçu à le prouver par témoins , & les officiers étoient admis à faire la preuve contraire : mais les officiers du feigneur ne pouvoient acheter des vivres des habitans , qu'ils n'en donnaffent le prix courant & ordinaire , & ne les payaffent fur le champ.

A Dommart (diocèfe d'Amiens) le feigneur pouvoit prendre du vin chez un bourgeois pour le prix qu'il revenoit à celui-ci , & ce feigneur n'étoit obligé de le payer que lorfqu'il fortoit de la ville ; s'il ne le payoit pas alors , il étoit obligé de le payer au prix que le vin fe vendoit dans le marché , & il avoit *crédit* de quinze jours. S'il achetoit une pièce de vin , il n'en payoit que le prix qu'elle avoit coûté au bourgeois ; mais il falloit qu'il payât fur le champ. Lorfqu'il n'avoit point d'avoine , il pouvoit faire contraindre , par le maïeur , les bourgeois à lui en vendre au prix courant , & il avoit *crédit* de quinze jours , en donnant caution ; s'il ne payoit pas à ce terme , il n'avoit plus de *crédit* , jufqu'à ce qu'il eût fatisfait au premier achat.

A Poix en Picardie , les bourgeois , qui vendoient des denrées , étoient obligés une fois en leur vie , d'en fournir à *crédit* au feigneur , lorfqu'il le mandoit , fans qu'il fût tenu de leur donner des gages ; mais cette charge une fois acquittée par les bourgeois , il ne pouvoit plus prendre des denrées fans gages , & dans ces deux cas il ne pouvoit fe fervir du *droit de crédit* fur les denrées qui excédoient la valeur de cinq fols , à moins que le vendeur n'y confentît.

L'archevêque de Vienne avoit moins de *crédit* que les autres feigneurs ; car il ne pouvoit rien acheter qui ne fût en vente , & qu'il n'en payât le prix qu'un autre en donneroit.

Dans les lieux où le feigneur n'avoit point ce *droit de crédit* , il y avoit des réglemens pour qu'il ne pût obliger les habitans de lui porter des denrées , qu'il ne pût les prendre , fi elles n'étoient expofées en vente ; que s'il étoit obligé d'en ufer autrement , ce ne feroit que par les mains des confuls , & en payant le prix , fuivant l'eftimation.

Tous ces ufages finguliers , quoique différens les uns des autres , prouvent également la trop grande autorité que les feigneurs particuliers s'étoient arrogée fur leurs fujets ; & préfentement que le royau-

me eft mieux policé , aucun feigneur ni autre perfonne ne peut rien prendre à *crédit* que du confentement du vendeur. *Voyez le recueil des ordonnances de la troifième race , tomes IV , V , VI , VII & VIII , à la table , au mot* CRÉDIT.

Credit vel non : on appelloit réponfes par *credit vel non* , celles où le témoin fe contentoit de répondre qu'il croyoit qu'un fait étoit tel , fans dire affirmativement fi le fait étoit vrai ou non. Ces fortes de réponfes ont été abrogées par l'ordonnance de 1539, *art. 36.*

CRI *d'armes* , ou CRI *de guerre* , (Cod. milit.) s'eft dit autrefois de certaines paroles , que les François & tous les autres peuples de l'Europe avoient coutume anciennement de crier , & de mettre dans leurs drapeaux , & fur leurs cottes d'armes , pour animer les foldats aux combats , ou pour fe faire connoître dans les batailles ou tournois.

Le *cri de guerre* étoit une fuite du droit de bannière , c'eft-à-dire , que nul gentilhomme n'avoit droit de *cri* , s'il n'avoit celui de lever bannière.

Dans les batailles , chaque banneret donnoit fon *cri* , enforte que dans une armée il y avoit autant de *cris* qu'il y avoit de bannières ou d'enfeignes. Mais outre ces *cris* particuliers , il y en avoit un général pour toute l'armée : celui des François étoit *montjoie faint Denis*.

Dans les tournois , les hérauts d'armes faifoient le *cri* , lorfque les chevaliers étoient fur le point d'entrer en lice.

L'établiffement des compagnies d'ordonnances , fous Charles VII , ayant difpenfé les bannerets d'aller à la guerre avec leurs vaffaux , il ne fut plus queftion du *cri d'armes* , qui ne s'eft confervé que dans les armoiries.

CRI ou CRY *de la fête* , (Jurifp. & Hift.) eft un droit qui fe paie en certains endroits au feigneur , pour l'annonce de la fête du lieu. Dans l'origine , c'étoit la rétribution que l'on payoit à celui qui alloit de porte en porte pour annoncer la fête ; enfuite on fe contenta de l'annoncer feulement dans la place publique , & par fucceffion de temps , les feigneurs ont appliqué à leur profit la rétribution qui fe payoit à leur prépofé , & l'ont converti en un droit feigneurial. Il en eft parlé dans l'*Hiftoire de Verdun. (A)*

CRI *public* , (Jurifp.) fe prend quelquefois pour *clameur publique*. Un homme pris en flagrant délit , peut être arrêté à la clameur publique , fans décret ni ordonnance de juftice préalable.

Cri public fignifie auffi la proclamation , ban , publication qui fe fait , après avoir amaffé le peuple à fon de trompe ou de tambour , dans les places publiques & carrefours d'une ville , bourg & autres lieux , à l'effet de rendre une chofe publique.

Cet ufage eft fort ancien dans la plupart des villes. Il eft dit , dans des lettres du roi Jean , du 7 août 1351 , que les confuls de Fleurence en la fénéchauffée de Touloufe , ont droit d'y faire des *cris publics* dans les affaires qui regardent leur jurifdiction.

Les réglemens de police se publient encore par *cri public* ; il n'y avoit point d'autre manière de les rendre vraiment publics jusqu'en 1461, que commença l'usage des affiches au coin des rues ; & encore présentement on ne laisse pas de publier, à son de trompe, certains réglemens qui concernent jusqu'au menu peuple, afin que ceux qui ne savent pas lire ne puissent prétendre cause d'ignorance des affiches. Ces sortes de publications ne peuvent être faites que par le juré-crieur de la justice, accompagné des jurés-trompettes, ou tambours commis à cet effet.

En matière criminelle, en cas d'absence de l'accusé, après qu'il a été assigné à la quinzaine par affiche à la porte de l'auditoire, il est assigné à la huitaine par un seul *cri public*. Cette assignation & ce *cri public* se font dans la place publique ; & dans la place qui est au-devant de la jurisdiction où le procès s'instruit, & encore au-devant du domicile ou résidence de l'accusé. L'huissier qui donne cette assignation à *cri public*, se fait accompagner de plusieurs jurés-trompettes, & après que ceux-ci ont assemblé le peuple par leurs chamades, l'huissier fait, à haute voix, la lecture de l'assignation. Le parlement de Rouen a jugé, par arrêt du 14 août 1736, qu'un official ne pouvoit pas faire citer, par *cri public* un accusé. *Voyez* CONTUMACE, CRIEUR PUBLIC. *(A)*

CRIAGE, ou CRIE *de la ville*, dans une ordonnance de Charles VI de 1413, & dans les coutumes de Sole & de Bayonne, c'est ainsi qu'on appelle le crieur juré & public, qui, après avoir assemblé le peuple à son de trompe ou de tambour, publie ce dont il est chargé par le roi ou par la justice.

CRIE, (*pierre de la*) est celle où l'on fait les publications, & sur laquelle on vend à l'encan les meubles saisis. Il y avoit autrefois à Paris la pierre de marbre dans la cour du palais, qui servoit à cet usage ; & il y a encore dans le même lieu une pierre, où l'on fait les exécutions, quand la cour fait brûler quelque libelle par la main du bourreau. A Bourges, & en plusieurs autres endroits, où il y a de semblables pierres, on les appelle *pierre de la crie. Voyez le Gloss.* de Laurière, *au mot* CRIE. *(A)*

CRIÉE, s. f. (*Jurisp.*) est une proclamation publique, qui se fait par un huissier ou sergent, pour parvenir à la vente par décret de quelque immeuble.

On usoit chez les Romains de semblables proclamations, qui étoient appellées *bonorum publicationes, præconia.*

Ces proclamations se faisoient *sub hastâ*, de même que la vente forcée des effets mobiliers ; d'où est venu le terme de *subhastation*, qui est encore usité dans quelques provinces : on en parlera en son lieu.

Les titres du droit qui ont rapport à nos *criées*, sont *de rebus auctoritate judicis possidendis seu vendendis*, au Digeste & au Code ; & le titre *de fide & jure hastâ fiscalis & adjectionibus*, au Code.

L'usage des *criées* en France est fort ancien, com-

me il paroît, par le style du parlement dans Dumoulin, qui en fait mention sous le titre *de credidis & subhastationibus.*

La plupart des coutumes ont réglé la forme des *criées*. Celle de Ponthieu, qui fut la première rédigée par écrit, en exécution de l'ordonnance de Charles VII, y a pourvu.

Les ordonnances anciennes & nouvelles contiennent aussi plusieurs dispositions sur cette matière. Il y a entre autres l'ordonnance de Henri II, du 23 novembre 1551, connue sous le nom d'*édit des criées*, qui fait un réglement général pour la forme des *criées*.

On confond quelquefois parmi nous les *criées* avec la saisie réelle, & même avec toute la poursuite de la saisie réelle, & la vente & adjudication par décret. En effet, on dit souvent que l'on met un bien en *criées*, pour exprimer, en général, qu'on le fait saisir réellement, & que l'on en poursuit la vente par décret ; & dans la plupart des coutumes on a mis sous le titre des *criées*, tout ce qui y est ordonné par rapport aux saisies réelles & ventes par décret. C'est aussi dans ce même sens que quelques auteurs, qui ont traité des saisies réelles, *criées* & vente par décret, ont intitulé leurs traités simplement *traité des criées*, comme M. le Maître, Gouget, Forget & Bruneau.

Il paroît que dans ces occasions on a pris la partie pour le tout, & que l'on a principalement envisagé les *criées* comme étant la plus importante formalité de la poursuite d'un décret.

Au reste, il est constant que les *criées* sont des procédures totalement distinctes & séparées de la saisie réelle qui les précede toujours, & de la vente par décret, qui ne peut être faite qu'après les *criées*.

Aussi les derniers auteurs qui ont traité cette matière, n'ont-ils pas intitulé leurs ouvrages *traité des criées*, mais *traité de la vente des immeubles par décret* ; tels que M. d'Héricourt, qui en a donné un fort bon traité ; & M. Thibaud, procureur au parlement de Dijon, qui en a donné aussi un suivant l'usage du duché de Bourgogne.

Les *criées* proprement dites ne sont donc parmi nous qu'une des formalités des décrets ; ce sont des proclamations publiques qui se font après la saisie réelle, à certains jours, par le ministère d'un huissier ou sergent, pour faire savoir à tous ceux qui peuvent y avoir intérêt, que le bien saisi réellement sera vendu & adjugé par décret.

On appelle *poursuivant criées*, celui qui poursuit la vente par décret.

Dans quelques provinces, les *criées* sont connues sous le terme d'*inquants*.

L'édit des *criées* ne dit point qu'il y ait aucun délai à observer entre la saisie réelle & la première *criée* ; c'est pourquoi on peut commencer la première *criée* aussi-tôt après la saisie réelle, pourvu que ce soit un dimanche.

Il est seulement ordonné, par l'édit, qu'incontinent après la saisie réelle, & avant que de faire la première *criée*, il sera établi un commissaire au régime & gouvernement des choses *criées*, à peine de nullité des *criées*; ce qui doit s'entendre, au cas que l'exploit de saisie réelle ne contînt pas d'établissement de commissaire, à quoi l'on ne manque guère ordinairement; en tout cas, cette formalité pourroit être suppléée après-coup avant les *criées*.

Il faut aussi faire signifier la saisie réelle & l'établissement de commissaire à la partie saisie, après quoi on peut procéder à la première *criée*, quand même la saisie réelle ne seroit pas encore enregistrée.

Il faut encore, avant de procéder aux *criées*, que l'huissier ou sergent appose une affiche ou panonceau aux armes du roi, où l'on marque quand se feront les *criées* des biens saisis, & où l'on avertit ceux qui prétendent quelques droits sur les biens saisis, de former leur opposition. Le procès-verbal d'apposition de cette affiche doit être signifié à la partie saisie.

Le nombre des *criées* n'est point fixé par l'édit de 1551, ainsi il faut suivre à cet égard la coutume du lieu & l'usage.

Il y a des pays où l'on fait trois *criées* de huitaine en huitaine: le parlement de Bretagne l'a ainsi ordonné par provision en 1545. On en use de même au parlement de Toulouse. On ne fait aussi que trois *criées* en Auvergne, de quinzaine en quinzaine, ou, pour parler plus exactement, de quatorzaine en quatorzaine, comme le disent quelques coutumes; ainsi la première *criée* étant faite un dimanche, la seconde ne peut être faite que le second dimanche ensuite.

La coutume d'Amiens, *art.* 255, veut que l'on fasse quatre *criées* par quatre quinzaines; ce qui doit s'entendre de la manière qui vient d'être expliquée.

Celle de Paris ne règle rien pour le nombre des *criées*, ni pour le délai que l'on doit observer entre les *criées*; mais on a toujours pratiqué l'usage des quatre *criées*, de quatorzaine en quatorzaine, suivant l'ancienne coutume, où le titre des *criées* étoit aussi intitulé, *des quatre quatorzaines.*

Quand on craint qu'il ne manque quelque chose aux *criées*, pour la régularité, on ordonne souvent qu'il sera fait une quinte & surabondante *criée*.

Au surplus, tel nombre de *criées* que l'on soit obligé de faire, & tel délai que l'on y doive observer, suivant la coutume ou l'usage, il faut les faire, suivant l'édit des *criées*, aux jours de dimanche, à l'issue de la messe paroissiale, ce qui s'observe dans les villes aussi bien que dans les villages. Il n'est plus d'usage de les faire au marché ni à l'audience, comme cela se pratiquoit autrefois dans quelques provinces, avant l'édit de Henri II; car ce qu'on appelle au châtelet l'*audience des criées*, n'est pas le lieu où elles se font, mais celui où elles se certifient.

En quelques pays, comme en Bretagne & à Ne-

vers, on fait une quatrième *criée* au marché; mais l'édit des *criées* ne l'ordonnant point, on ne croit pas qu'il y eût nullité, pour avoir omis cette formalité.

L'obligation de faire les *criées* le dimanche, est une exception aux canons & ordonnances, qui défendent de faire ces jours-là aucunes procédures; & une dérogation à quelques coutumes qui défendent spécialement de faire les *criées* le dimanche, comme celle de Nevers. Cette exception a été introduite à cause de la nécessité qu'il y a de faire les *criées* dans le lieu où le peuple se trouve assemblé en plus grand nombre; ensorte qu'une *criée* faite le jour même de la Pentecôte, a été jugée valable: on excepte seulement le jour de Pâques, ensorte que l'huissier doit s'arranger de manière qu'aucune de ces *criées* ne tombe en ce jour.

Cependant si une *criée* se rencontroit avec ce jour, on peut, suivant la jurisprudence du parlement de Normandie, la faire le lendemain: en Lorraine, elle est remise au dimanche suivant. Par rapport au ressort du parlement de Paris, on trouve, au *Journal des audiences*, un arrêt du 29 juillet 1658, qui, sans annuller des *criées*, relativement à une qui, tombant le jour de Pâques, avoit été faite le lendemain, ordonna une quinte & surabondante *criée*.

Les *criées* doivent être faites, à l'issue de la messe paroissiale, & non à l'issue des vêpres, même dans les coutumes qui paroissent l'autoriser ainsi, attendu que l'édit veut, à peine de nullité, que ce soit, à l'issue de la messe de paroisse.

Le procès-verbal, que l'huissier fait pour chaque *criée*, doit contenir en substance, qu'il s'est transporté à la grande porte & principale entrée de l'église paroissiale, à l'issue de la grande messe, les paroissiens sortant en grand nombre; & l'huissier doit en nommer & désigner le plus qu'il peut, & ajouter qu'en leur présence il a fait lecture de l'affiche pour la première *criée*; laquelle affiche il transcrit dans son procès-verbal.

Cette affiche commence par ces mots: *De par le roi*, & l'on ajoute le nom du juge, de l'autorité duquel se poursuit le décret: ensuite que l'*on fait à savoir à tous qu'il appartiendra, que* ... (En cet endroit de l'affiche est transcrit le procès-verbal dont on vient de parler). L'huissier déclare que c'est la première, seconde, troisième ou quatrième *criée*; que les autres se continueront sans interruption à pareille jour de dimanche, à ce que si quelqu'un prétend droit de propriété ou créance sur les biens saisis réellement, il ait à le déclarer & s'opposer pendant le cours des *criées*, sinon que le décret étant scellé & délivré, nul n'y sera plus reçu.

L'huissier fait aussi mention, dans son procès-verbal, si, en procédant aux *criées*, il est survenu ou non quelque opposition.

Lorsque les biens saisis réellement, soit fief ou roture, sont situés en différentes paroisses, on se sert de différens huissiers pour faire les *criées*.

S'il y a des biens dans le territoire d'une église succursale, & que l'on y dise une messe de paroisse, il faut y faire les *criées* pour ces biens.

Au cas que la messe de paroisse manquât un dimanche, l'huissier doit en dresser son procès-verbal, signé de témoins, afin de pouvoir continuer les *criées* le dimanche suivant, & qu'il n'y ait point d'interruption.

En Normandie, il y a quelques formalités particulières pour les *criées* des héritages : celles des rotures se font quarante jours après la saisie ; si la paroisse où sont les biens est hors le ressort de Normandie, les *criées* se font au jour ordinaire du marché plus prochain du lieu où sont les biens saisis. Les *criées* des fiefs ne peuvent y être faites que trois mois après la saisie ; & si le fief porte le nom d'une paroisse, & que le principal manoir soit dans une autre, il faut faire les *criées* dans les deux paroisses. Le sergent doit aussi, dans toutes *criées*, appeller trois témoins, outre ses records ordinaires.

Les *criées* des rentes assignées sur les hôtels-de-ville, doivent être faites à la porte de la paroisse de l'hôtel-de-ville, comme l'ordonne la coutume d'Orléans.

Celles des rentes foncières se font en la paroisse de l'héritage chargé de la rente.

Pour ce qui est des rentes sur particuliers, les coutumes de Paris, Orléans & Calais veulent que les *criées* s'en fassent en la paroisse de la partie saisie ; ce qui s'observe de même dans les coutumes qui n'y ont pas pourvu. En Normandie, elles se font en la paroisse du débiteur, suivant l'art. 4 du réglement de 1666.

A l'égard des offices, l'édit de février 1683 veut qu'on en fasse trois publications ou *criées* de quinzaine en quinzaine aux lieux accoutumés ; savoir, à la paroisse du lieu où se fait le principal exercice, & au lieu où la saisie réelle est enregistrée.

Les *criées* des vaisseaux doivent être faites par trois dimanches consécutifs, à la porte de la paroisse du lieu où le vaisseau est amarré.

En Artois, où l'édit de 1551 n'est point observé, les *criées* doivent être faites dans l'année de la mise à prix, sinon la saisie réelle tombe en péremption : on ne peut les commencer avant le huitième jour de la mise à prix. On les fait au marché *bretèque*, c'est-à-dire, destiné pour les proclamations. L'intervalle est de huitaine en huitaine, pour les rotures, & de quinzaine pour les fiefs & pour les rotures saisies avec un fief. Le dimanche qui suit chaque *criée* faite au marché, on en fait une à l'issue de la messe paroissiale. Il en faut quatre, tant au marché qu'à la porte de l'église.

En Franche-Comté les quatre *criées* se font au marché de quinzaine en quinzaine, & après les proclamations on met une affiche générale à la porte de l'église paroissiale.

Quand l'échéance est un jour de fête, on re-

met la *criée* au marché suivant, en indiquant la remise.

Suivant l'usage commun il n'est pas nécessaire de signifier les *criées* à la partie saisie, si ce n'est dans les coutumes qui l'ordonnent expressément.

Les *criées* finies, on doit les faire certifier. La certification est une sentence qui les déclare bien & valablement faites. Cette formalité étoit déjà usitée long-temps avant l'ordonnance de 1539. L'édit de 1551 veut que les *criées* soient certifiées devant les juges des lieux, après que la lecture en aura été faite au jour des plaids, & iceux tenant.

Quoique le décret se poursuive dans une jurisdiction d'attribution particulière, la certification des *criées* se fait toujours devant le juge ordinaire du lieu.

Le juge de seigneur peut certifier les *criées* qui se font dans sa justice, pourvu qu'il y ait un nombre suffisant de praticiens pour examiner si elles sont bien faites.

Le châtelet de Paris jouit à cet égard d'un droit singulier, qui est que l'on y certifie les *criées* de tous les biens saisis réellement dans la prévôté de Paris, en quelque jurisdiction royale, ordinaire, ou seigneuriale, qu'ils soient situés. *Voyez* CERTIFICATION.

Quand les biens saisis sont situés dans différentes jurisdictions, & que l'on veut éviter de multiplier les frais des certifications, on obtient des lettres en chancellerie, qui renvoient toutes les *criées* devant le juge qui a la plus grande partie des biens dans son ressort.

Les coutumes de Nevers & de Bourbonnois exigent, outre les deux records, dont l'assistance est nécessaire de droit commun pour les *criées*, la présence d'un notaire de cour laïque.

L'édit des *criées* n'est pas connu en Lorraine ; mais, suivant le *titre 18* de l'ordonnance du duc Léopold de 1707, on y fait quatre *criées* de quinzaine en quinzaine, les jours de dimanche à l'issue de la messe paroissiale.

L'ordonnance des eaux & forêts, *tit. 27, art. 7*, enjoint aux poursuivans *criées*, lorsque les biens décrétés sont situés dans l'enclos, aux rives & à cent perches des forêts, bois & buissons du roi, de mettre au greffe des maîtrises, les procès-verbaux des *criées*, des affiches & des publications, afin que les gens du roi puissent en prendre communication, & veiller à la conservation des intérêts de sa majesté : elle déclare nulle toute adjudication faite, sans avoir observé cette formalité, ou sans avoir fait juger les oppositions, que le procureur du roi peut avoir formées. Le juge même en ce cas, encourt une amende de mille livres pour la première fois, de deux mille pour la seconde, & de privation de sa charge en cas de récidive.

Pendant que l'on procède aux *criées*, le commissaire établi à la saisie doit, de sa part, faire procéder au bail judiciaire, ou s'il y en a un conventionnel, le faire convertir en judiciaire.

Celui qui se fait subroger à la saisie & *criées*, n'a pas besoin de reprendre l'instance au greffe; le jugement qui le subroge le met aux droits du poursuivant.

Les *criées* tombent en péremption, comme les autres procédures, par le laps de trois ans sans poursuites.

S'il survient quelques oppositions aux *criées* ou au décret, ce qui est la même chose, il faut y faire statuer avant de passer outre à l'adjudication.

Les *criées* finies & duement certifiées, sans aucune opposition subsistante, on obtient le congé d'adjuger.

Pour la suite de la procédure, *voyez* CONGÉ D'ADJUGER, ENCHÈRE DE QUARANTAINE, ADJUDICATION, SAISIE RÉELLE, VENTE PAR DÉCRET. (*A*)

Dans le ressort du parlement de Flandres, on fait précéder le décret de trois *criées* de quinzaine en quinzaine à la suite de la messe paroissiale du lieu, & d'affiches mises aux portes du palais, de l'hôtel-de-ville du lieu, des églises & autres endroits publics. Après que les *criées* sont effectuées, l'huissier les signifie, même le jour du dimanche de la dernière.

Dans le Hainaut, il faut, pour parvenir au décret, faire six *criées* de huitaine en huitaine : le débiteur peut s'opposer à la troisième, mais il n'y est plus reçu après la quatrième.

CRIER, v. a. (*Jurisp.*) *Voyez* PUBLIER ENCAN.

CRIER *haro*. *Voyez* CLAMEUR DE HARO.

CRIEUR, s. m. (*Jurisp.*) c'est un homme chargé d'annoncer à cri public, les choses auxquelles on veut donner de la publicité.

Il existoit dès 1350 un *crieur* pour les ordonnances, & pour les *bancs* ou proclamations & cris publics. Un réglement de la même année fait mention des *crieurs* de corps & de vin, & l'on voit qu'il y en avoit dès-lors dans la plupart des villes.

Ils s'attribuoient différens droits & émolumens. Ils prétendoient exiger à Bois-commun un droit lors du mariage des habitans, ce qui leur fut défendu par une ordonnance du roi Jean du mois d'avril 1351 : des lettres de Charles VI des 3 janvier 1381, & 5 mars 1398, leur défendent de faire aucune prise de vivres sur les habitans du Bourg-la-Reine, & autres lieux qui y sont nommés.

Dans ces mêmes lettres, ces *crieurs* sont nommés *crieurs des bans*, dans d'autres des 2 juillet 1388, & 16 février 1389, ils sont appellés *crieurs du roi*; & *crieurs publics* : celles du roi Jean de 1352, parlent d'un *crieur* qui faisoit les encans, *incantater*.

Des lettres de Charles V, du 9 mai 1365, nous apprennent que le *crieur public* annonçoit par la ville l'heure des enterremens & des vi-

giles. C'est aujourd'hui la communauté des *crieurs-jurés*, dont nous allons parler.

D'autres lettres de 1366 justifient qu'à Pontorson, le valet du roi, *famulus regis*, qui publioit & crioit le vin qui étoit à vendre, avoit un denier pour chaque cri de vin, une obole pour chaque cri de bière, & un droit pour le cens dont il faisoit la recette.

Aujourd'hui, les publications judiciaires des ordonnances, arrêts, sentences, réglemens, se font par un huissier, assisté de ceux qui sont préposés pour assembler le peuple au son de la trompette ou du tambour. Il existe encore à Paris un *crieur public*, dont l'office est possédé par un huissier, à qui il appartient aussi de donner les assignations à cri public.

Les publications extrajudiciaires, les affiches qui n'ont pour objet que de satisfaire la curiosité publique, & le colportage des édits, arrêts, &c. se font par des particuliers présentés par le corps de la librairie, & reçus par la police. *Voyez* AFFICHEUR, COLPORTEUR.

CRIEURS *jurés*, forment à Paris, & dans quelques autres villes, une communauté d'officiers, dont les fonctions s'étendent principalement à fournir les tentures & autres choses qu'on a coutume d'employer pour les pompes funèbres.

Charles VI les érigea en titre d'office par une ordonnance du mois de février 1415. Il y a eu successivement plusieurs créations d'offices dans cette communauté, mais elles n'ont point eu lieu au moyen des supplémens de finance payés par les premiers titulaires.

Dans les villes où ces offices n'ont point été levés, les maires & échevins des lieux commettent qui bon leur semble, pour en remplir les fonctions.

Par leur première institution, ils étoient établis, pour crier les vins & les tavernes, crier les corps morts, aller quérir & rapporter les robes, manteaux & chaperons, pour les obsèques & funérailles, crier les denrées à vendre & choses perdues, avec défenses à d'autres particuliers de s'immiscer dans ces fonctions.

On n'entend plus aujourd'hui le cri de ces officiers; quand on veut faire savoir quelque chose au public, on se sert d'affiches ou de billets imprimés avec permission. Au reste, les *crieurs*, soit en titre d'office, soit par commission, ne peuvent rien crier ni annoncer publiquement, qu'ils n'en aient obtenu la permission de la police.

Leurs fonctions se bornent aujourd'hui aux cérémonies funèbres. Les arrêts & réglemens les autorisent à fournir aux obsèques les tentures, les manteaux & les habits de deuil, & généralement tout ce qui sert aux pompes funèbres, à l'exception de la croix, du bénitier, du poële, & d'une certaine quantité de chandeliers, que les fabriques peuvent fournir.

Par arrêt du parlement de Paris du 28 avril 1741,

1741, les *frippiers* peuvent concurremment avec les *jurés-crieurs*, fournir les habits de deuil, le jour des obsèques & pompes funèbres, mais la fourniture des tentures & manteaux appartient exclusivement à ces derniers.

A l'égard de l'impression des billets d'enterrement, les particuliers peuvent s'adresser indistinctement aux imprimeurs & aux *jurés-crieurs*, suivant qu'ils le jugent à propos, c'est ce qui résulte d'un arrêt du conseil du 17 janvier 1752.

Les *jurés-crieurs* ne peuvent pas taxer à leur volonté le prix des objets qu'ils fournissent : ils sont obligés dans les provinces de se conformer pour leurs droits & vacations, aux tarifs qui ont été dressés par les intendans, en exécution d'un arrêt du conseil du 13 janvier 1691 : & à Paris, au tarif réglé par une sentence du bureau de la ville, du 23 octobre 1760, homologué par arrêt du 4 décembre suivant.

Les *jurés-crieurs* ont des statuts enregistrés au parlement le 26 février 1681.

Suivant l'article 7, nul ne peut être reçu, s'il n'est âgé de 20 ans, né en légitime mariage, de bonnes mœurs, & s'il ne professe la religion catholique.

La jurisprudence a mis les *jurés-crieurs* au rang des privilégiés sur les biens des défunts. Le port du cadavre, & l'ouverture de la fosse sont compris au nombre des frais funéraires, les autres sont en concurrence avec les frais de maladie. On peut voir à ce sujet un acte de notoriété du châtelet du 24 mai 1694. Ils doivent former leur demande dans l'année ; car passé ce délai, on peut leur opposer la fin de non-recevoir, ainsi qu'il résulte d'un arrêt du 28 juillet 1393, cité par Lacombe, & rapporté au journal des audiences.

CRIEUR *de hardes & galons*, on désigne par cette dénomination les frippiers & autres personnes qui se mêlent du colportage des vieilles hardes. On peut consulter ce que nous en avons dit sous le mot COLPORTEUR. Nous ajouterons seulement que ceux d'entre eux qui achètent des galons, sont soumis à la jurisdiction des officiers de la monnoie, ainsi que les ouvriers & marchands qui trafiquent des matières d'or & d'argent. Ils doivent obtenir une permission de la monnoie, qui les autorise à faire ce commerce, & ils ne peuvent vendre l'or & l'argent qu'ils tirent des galons qu'aux maîtres des monnoies. C'est la disposition de plusieurs arrêts & réglement des monnoies, renouvellés par un dernier du 17 septembre 1750.

CRIME, s. m. (*Droit naturel. Code criminel.*) c'est une action atroce, commise par dol, & qui blesse directement l'intérêt public, ou les droits du citoyen.

Le terme de *crime* comprend toutes sortes de délits & de maléfices : ces deux derniers termes, pris dans une signification étendue, comprennent aussi toutes sortes de *crimes*. Les jurisconsultes ro-

mains se servent plus communément du mot *délit* pour exprimer toute espèce de *crime*, ainsi qu'on peut le voir dans les livres du *Digeste* & du *Code* ; cependant, dans l'usage ordinaire de la langue & du barreau, les termes de *crime*, *délit* & *maléfice* ont une signification propre.

On entend par *crime* les délits les plus graves qui intéressent la vindicte publique.

Sous le nom de *délits* proprement dits, on n'entend que les moindres délits, dont la réparation n'intéresse que quelque particulier.

Enfin on appelle proprement *maléfice*, l'action par laquelle on procure du mal, soit aux hommes ou aux animaux, ou aux fruits de la terre, en employant le sortilège, le poison, ou autres choses semblables.

Tout ce qui est défendu par la loi n'est pas réputé *crime*, il faut que le fait soit tel qu'il mérite punition.

Pour qu'il y ait un *crime*, il faut que le fait soit commis par dol & avec connoissance de cause : ainsi ceux qui sont incapables de dol, tels que les insensés & les impuberes, ne peuvent être poursuivis pour *crime*, parce qu'on ne présume point qu'ils aient *animum delinquendi*.

Il y a des actions qui sont réputées criminelles, selon la religion & selon la morale, mais que les loix civiles ne punissent pas ; parce que ces actions sont du ressort du for intérieur, & que les loix civiles ne règlent que ce qui touche le for extérieur. On parlera plus amplement de ces actions criminelles, sous le mot CRIME & CRIMINEL du *Dictionnaire diplomatique, économique & politique.*

I. *Différentes espèces de crimes, & des moyens de juger de leur grandeur.* On peut ranger tous les *crimes* sous quatre classes : ceux de la première choquent la religion ; ceux de la seconde, les mœurs ; ceux de la troisième, la tranquillité ; ceux de la quatrième, la sûreté des citoyens. Mais cette division n'est pas la seule qu'on puisse faire ; les jurisconsultes en ont même une autre dont nous parlerons ci-dessous. En conséquence, les peines que l'on inflige, doivent dériver de la nature de chacune de ces espèces de *crimes*. C'est le triomphe de la liberté, dit M. de Montesquieu, lorsque les loix criminelles tirent chaque peine de la nature particulière du *crime*, tout l'arbitraire cesse ; la peine ne dépend point du caprice du législateur, mais de la nature de la chose ; & ce n'est point l'homme qui fait violence à l'homme.

Dans la classe des *crimes* qui intéressent la religion, sont ceux qui l'attaquent directement ; tels sont, par exemple, l'impiété, le blasphème, les sacrileges. Pour que leur peine soit tirée de la chose, elle doit consister dans la privation de tous les avantages que donne la religion ; l'expulsion hors des temples, la privation de la société des fidèles, pour un temps ou pour toujours, les conjurations, les admonitions, les exécrations, & ainsi des autres.

H h h

La feconde claffe renferme les *crimes* qui font contre les mœurs : tels font la violation de la continence publique ou particulière, c'eſt-à-dire, des loix établis fur la manière de jouir des plaiſirs attachés à l'uſage des ſens & à l'union des corps. Les peines de ces *crimes* doivent être encore tirées de la nature de la choſe : la privation des avantages que la ſociété a attachés à la pureté des mœurs, les amendes, la honte, la contrainte de ſe cacher, l'infamie publique, l'expulſion hors de la ville & du territoire, enfin toutes les peines qui font du reſſort de la juriſdiction correctionnelle, ſuffiſent pour réprimer la témérité des deux ſexes ; témérité qui eſt fondée ſur les paſſions du tempérament, ſur l'oubli ou le mépris de ſoi-même.

Les *crimes* de la troiſième claſſe font ceux qui choquent la tranquillité des citoyens ; les peines en doivent être tirées de la nature de la choſe, & ſe rapporter à cette tranquillité, comme la priſon, l'exil, les corrections, & autres peines qui ramènent les eſprits inquiets, & les font rentrer dans l'ordre établi.

Les *crimes* de la quatrième claſſe font ceux qui, troublant la tranquillité, attaquent en même temps la ſûreté des citoyens : tels font le rapt, le viol, le meurtre, l'aſſaſſinat, l'empoiſonnement, &c. La peine de ces derniers *crimes* eſt la mort : cette peine eſt tirée de la nature de la choſe, puiſée dans la raiſon & les ſources du bien & du mal. Un citoyen mérite la mort, lorſqu'il a violé la ſûreté au point qu'il a ôté la vie, ou même qu'il a entrepris, par des voies de fait, de l'ôter à un autre citoyen : cette peine de mort eſt comme le remède de la ſociété malade. *Voyez* PÉINE.

Comme tous les *crimes*, renfermés même ſous chacune des claſſes particulières dont nous venons de parler, ne ſont pas égaux, on peut juger de la grandeur de ces *crimes* en général par leur objet, par l'intention & la malice du coupable, par le préjudice qui en revient à la ſociété ; & c'eſt à cette dernière conſidération que les deux autres ſe rapportent en dernier reſſort. Il faut donc mettre au premier rang les *crimes* qui intéreſſent la ſociété humaine en général ; enſuite ceux qui troublent l'ordre de la ſociété civile ; enfin ceux qui regardent les particuliers ; & ces derniers ſont plus ou moins grands, ſelon que le mal qu'ils ont cauſé, eſt plus ou moins conſidérable, ſelon le rang ou la liaiſon du citoyen avec le coupable, &c. Ainſi celui qui tue ſon père, commet un homicide plus criminel que s'il avoit tué un étranger ; un prêtre ſacrilège eſt plus criminel qu'un laïc ; un voleur qui aſſaſſine les paſſans eſt plus criminel que celui qui ſe contente de les dépouiller ; un voleur domeſtique eſt plus coupable qu'un voleur étranger, &c.

Le degré plus ou moins grand de malice, les motifs qui ont porté au *crime*, la manière dont il a été commis, les inſtrumens dont on s'eſt ſervi, le caractère du coupable, la récidive, l'âge, le

ſexe, le temps, les lieux, &c. contribuent pareillement à caractériſer l'énormité plus ou moins grande du *crime* ; en un mot, l'on comprend ſans peine que le différent concours des circonſtances, qui intéreſſent plus ou moins la ſûreté des citoyens, augmente ou diminue l'atrocité des *crimes*.

Les mêmes réflexions doivent s'appliquer aux *crimes* qui ont été commis par pluſieurs ; car 1°. on eſt plus ou moins coupable, à proportion qu'on eſt plus ou moins complice des *crimes* des autres ; 2°. dans les *crimes* commis par un corps, ou par une communauté, ceux-là ſont coupables qui ont donné un conſentement actuel, & ceux qui ont été d'un avis contraire, ſont abſolument innocens ; 3°. en matière de *crimes* commis par une multitude, la raiſon d'état & l'humanité demandent une grande clémence. Enfin le degré de malice ſe déduit des divers motifs qui portent les hommes au *crime*. Toutes les circonſtances qui peuvent accompagner une action criminelle, ont été compriſes dans un ſeul vers latin, & ſe réduiſent à ſavoir qui a fait le *crime*, quel il eſt, où il a été commis, par quels moyens, pourquoi, de quelle manière, & quand.

Quis, quid, ubi, quibus auxiliis, cur, quomodo, quando.

II. *Diviſion des crimes ſuivant les juriſconſultes & les criminaliſtes.* Les *crimes*, ſuivant le droit romain, ſe diviſent en *crimes privés & publics*.

Les *crimes*, ou *délits privés*, ſont ceux qui ne regardent que les particuliers, & dont la pourſuite n'eſt permiſe par les loix romaines qu'à ceux qui y ſont intéreſſés, & auxquels la réparation en eſt due.

Les *crimes publics* ſont ceux qui troublent l'ordre public, & dont la réparation intéreſſe le public. Chez les Romains, la pourſuite en étoit permiſe à toutes ſortes de perſonnes, quoique non intéreſſées. Parmi nous, la pourſuite n'en eſt permiſe qu'aux parties intéreſſées, ou au miniſtère public ; mais toutes ſortes de perſonnes ſont reçues à les dénoncer.

On diſtinguoit auſſi chez les Romains les *crimes publics* ou *privés*, en *crimes ordinaires* ou *extraordinaires*. Les premiers étoient ceux dont la peine étoit fixée par les loix, & qui ſe pourſuivoient par la voie ordinaire ou civile. Les *crimes extraordinaires* étoient ceux dont la peine n'étoit point fixée par les loix, & qui ſe pourſuivoient par la voie extraordinaire de la plainte & accuſation.

En France on n'obſerve point cette diſtinction ; la réparation publique de tous *crimes* & délits ne peut être pourſuivie que par la voie extraordinaire : néanmoins les dommages & intérêts peuvent être pourſuivis par la voie civile contre le coupable.

A l'égard des peines, on dit communément qu'elles ſont arbitraires en France ; ce qui ne ſignifie pas que les juges puiſſent prononcer des peines qui ne ſont point décernées par la loi contre le *crime* dont il s'agit ; ils ne peuvent au contraire prononcer contre chaque *crime* une peine plus grave que celle qui eſt établie par la loi : ainſi ils ne peuvent condamner à mort , dans un cas où il n'y a point de loi qui prononce la peine de mort ; mais l'application des peines plus ou moins rigoureuſes eſt arbitraire , c'eſt-à-dire qu'elle dépend des circonſtances , & de la prudence du juge, lequel peut abſoudre ou infliger une peine plus légère, s'il ne croit pas que l'accuſé ſoit préciſé- ment dans le cas d'une peine plus rigoureuſe.

On diſtingue parmi nous, de même que chez les Romains, les *crimes capitaux*, c'eſt-à-dire , qui emportent peine de mort naturelle ou civile , de ceux qui ne le ſont pas , & donnent ſeulement lieu à quelque condamnation moins grave.

Les *crimes* les plus légers , que l'on qualifie or- dinairement de *délits* ſimplement , ſont les injures faites , ſoit verbalement , ou par écrit , ou par geſtes, comme en levant la canne ſur quelqu'un, ou par effet en le frappant de ſoufflets, de coups de poing ou de pied , ou autrement.

Les autres *crimes* plus graves, qui ſont les plus connus , ſont les vols & larcins , les meurtres, homicides & parricides, l'homicide de ſoi-même , le crime des femmes qui cèlent leur groſſeſſe & ſe font avorter , la ſuppoſition de part , le *crime* de lèſe-majeſté divine & humaine , les empoiſonne- mens, les *crimes* de concuſſion & de péculat, les *crimes* de débauche publique , adultère, rapt , & autres procédant de luxure ; le *crime* de faux , fauſſe monnoie , les ſortilèges , juremens & blaſ- phèmes, l'héréſie & pluſieurs autres , de chacun deſquels on parlera en leur lieu.

Nous obſerverons ſeulement ici que les *crimes* en général ſont réputés plus ou moins graves , eu égard aux circonſtances qui les accompagnent: par exemple, l'injure eſt plus grave , lorſqu'elle eſt faite à un homme qualifié , & par un homme de néant, lorſqu'elle eſt faite en public ; & ainſi des autres circonſtances qui peuvent accompagner les différens *crimes*.

III. *Qualifications qu'on joint au mot* Crime, ſui- *vant les circonſtances différentes.*

Crime atroce, eſt celui qui bleſſe grièvement le public , & qui mérite une punition des plus ſévères.

Crime capital, eſt celui qui emporte peine de mort naturelle ou civile.

Crime double, les loix romaines donnent ce nom aux actions qui renferment tout-à-la-fois deux *cri- mes* différens , tel que l'enlèvement d'une femme mariée, dont l'auteur commet en même temps le *crime* de rapt & celui d'adultère. Le *crime double* eſt oppoſé au *crime ſimple*. *Voyez* au *Cod. liv. IX, tit. 13, l. 1.*

Crimen duorum , eſt celui qu'une perſonne ne peut commettre ſeule , & ſans qu'il y ait deux cou- pables, tel que le *crime* d'adultère.

Crime énorme , ou atroce , eſt la même choſe.

Crimes extraordinaires, chez les Romains, étoient oppoſés aux *crimes* qu'on appelloit *ordinaires*. On entendoit par ceux-ci les *crimes* qui avoient une peine certaine & fixée par les loix romaines , & dont la pourſuite ſe faiſoit par la voie ordinaire des demandes & des défenſes ; au lieu que les *crimes extraordinaires* , tant privés & publics , étoient ceux dont la peine n'étoit point détermi- née par les loix , dont par conſéquent la puni- tion étoit arbitraire , & qui ſe pourſuivoient par la voie extraordinaire de la plainte & de l'accuſa- tion. Parmi nous , on fait peu d'attention à ces diſtinctions de *crimes* privés & publics , & de *cri- mes* ordinaires & extraordinaires ; on ne s'arrête principalement qu'à la diſtinction des *crimes* qui ſont capitaux d'avec ceux qui ne le ſont pas ; & quoique nos loix aient réglé la peine des *crimes* les plus connus , on tient cependant qu'en France toutes les peines ſont arbitraires , c'eſt-à-dire , qu'el- les dépendent beaucoup des circonſtances & de la prudence du juge. Quant à la voie par laquelle on pourſuit la vengeance des *crimes* , le miniſtère public le fait toujours par la voie de la plainte. Les particuliers, intéreſſés à la vengeance du *crime*, peuvent auſſi prendre la voie de la plainte ou de la dénonciation ; mais ils peuvent auſſi prendre la voie civile pour les intérêts civils.

La voie de la plainte eſt bien regardée comme une voie & procédure extraordinaire : cependant la procédure criminelle commencée par une plainte, quoiqu'elle ſoit ſuivie d'information & de décret, n'eſt vraiment réglée à l'extraordinaire que quand il y a un jugement qui ordonne le récolement & la confrontation, qui eſt ce que l'on appelle le *règlement à l'extraordinaire* ; car juſqu'à ce règle- ment l'affaire peut , ſur le vu des charges , être civiliſée , ou du moins renvoyée à l'audience. *Voyez au Digeſte 47, tit. 11 , de extraordinariis cri- minibus.*

Crime graciable, eſt celui pour lequel on peut obtenir des lettres de grace du prince , tel qu'un homicide que l'on a commis involontairement, ou à ſon corps défendant.

Crime grave , eſt un *crime* qui eſt de qualité à mériter une punition rigoureuſe.

Crime ordinaire. Voyez ci-devant *Crime extraor- dinaire.*

Crime parfait, eſt celui qui a été conſommé , à la différence du *crime imparfait* , qui n'a été que projeté ou exécuté ſeulement en partie. *Voyez* ce qui eſt dit ci-devant des *crimes* en général , & com- ment on punit la volonté.

Crime preſcrit, eſt celui dont la peine eſt remiſe par le laps de 20 ans , ſans pourſuites contre le coupable. *Voyez* PRESCRIPTION.

Crime privé, chez les Romains , on diſtinguoit tous les *crimes* en publics & privés ; les premiers étoient ceux qui regardoient le public , & dont la pourſuite étoit permiſe à toutes ſortes de perſonnes, quoi- que non intéreſſées, *cuilibet è populo* ; au lieu que les *crimes privés* étoient ceux qui ne regardoient que les particuliers, & dont la pourſuite n'étoit permiſe par les loix qu'à ceux qui y étoient intéreſſés, & à qui la réparation en étoit due. Tous crimes & délits étoient réputés privés, à moins que la loi ne les déclarât publics ; mais on regardoit alors comme *crime* public un mariage prohibé. Parmi nous, on ne qualifie ordinairement de *crimes*, que ceux qui bleſſent le public ; ceux qui n'intéreſſent que des particuliers, ne ſont ordinairement qualifiés que de *délits*. Toutes perſonnes ſont reçues à dénoncer un *crime* public, mais il n'y a que les parties intéreſſées ou le miniſtère public qui puiſſe en rendre plainte, & en pourſuivre la vengeance. A l'égard des *crimes* ou délits privés, les parties intéreſſées ſont les ſeules qui puiſſent en demander la réparation.

Crime public. Voyez ci-devant *Crime privé.*

Crimen repetundarum, c'eſt ainſi qu'on appelloit chez les Romains, le *crime* de concuſſion. *Voyez* CONCUSSION.

Crime ſimple eſt oppoſé à *crime double. Voyez* ci-devant *Crime double.* (*A*)

IV. *Manière dont les crimes ſe commettent.* Les *crimes* & délits peuvent ſe commettre de quatre manières différentes ; ſavoir, *re*, *verbis*, *litteris*, & *ſolo conſenſu. Re*, lorſque le *crime* eſt commis par effet, & par quelque action extérieure, comme les homicides, aſſaſſinats, empoiſonnemens, ſacrilèges, vols, larcins, battures, excès & violences, & autres choſes ſemblables. *Verbis :* on commet des *crimes* par paroles, en proférant des convices & injures verbales, en chantant des chanſons injurieuſes. *Litteris :* les *crimes* ſe commettent par écrit, en fabriquant quelque acte faux, ou en compoſant & diſtribuant des libelles diffamatoires. *Conſenſu :* on commet un *crime* par le ſeul conſentement, en participant au *crime* d'un autre, ſoit par ſuggeſtion, mauvais conſeils ou complicité.

Celui qui tue quelqu'un par mégarde, & contre ſon intention, ne laiſſe pas d'être puniſſable ſuivant les loix civiles ; par la raiſon que le meurtre, même involontaire, rend l'homicide au moins coupable d'imprudence : c'eſt pour cette raiſon que les Romains puniſſoient dans ce cas le meurtrier par l'abannation, & que dans nos mœurs on l'oblige à prendre des lettres de grace. *Voyez* ABANNATION.

La volonté qu'un homme peut avoir eu de commettre un *crime* dont l'exécution n'a point été commencée, n'eſt point punie en juſtice : *cogitationis pœnam nemo patitur.* La punition de ces *crimes* cachés eſt réſervée à la juſtice de Dieu, qui connoît ſeul le fond des cœurs. Il y a cependant une exception à cette règle pour le *crime* de haute trahiſon. *Voyez* LÈSE-MAJESTÉ.

Mais celui qui, ayant deſſein de commettre un *crime*, s'eſt mis en état de l'exécuter, quoiqu'il en ait été empêché, mérite preſque la même peine que ſi le *crime* avoit été conſommé ; la volonté dans ce cas eſt réputée pour le fait : *in maleficiis voluntas ſpectatur, non exitus.*

L'ordonnance de Blois, *art. 195*, veut que l'on puniſſe de mort ceux qui ſe louent pour tuer, outrager, & excéder quelqu'un, enſemble ceux qui auront fait avec eux de telles conventions, ou qui les y auront induits : dans ce cas on punit la ſeule volonté, quoiqu'elle n'ait été ſuivie d'aucune exécution ; parceque la convention eſt un acte complet & un commencement d'exécution de la volonté : tout eſt même déjà conſommé par rapport à celui qui donne charge à un autre d'exécuter le *crime* ; & celui qui ſe charge de le faire, commet auſſi un *crime*, en faiſant une telle convention qui bleſſe l'ordre de la ſociété. Cette convention eſt un acte extérieur de la volonté, dont on peut avoir la preuve, à la différence d'une ſimple volonté qui n'a point été manifeſtée, & que par cette raiſon l'on ne punit point.

V. *Principes généraux ſur la légiſlation des crimes.* Nous avons dit ci-deſſus que les peines doivent dériver de la nature de chaque eſpèce de *crime.* Ces peines ſont juſtes, parce que celui qui viole les loix de la ſociété, faites pour la ſûreté commune, devient l'ennemi de cette ſociété. Or, les loix naturelles, en défendant le *crime*, donnent le droit d'en punir l'auteur dans une juſte proportion au *crime* qu'il a commis ; elles donnent même le pouvoir de faire ſouffrir à l'auteur du *crime* le plus grand des maux naturels, je veux dire, la mort, pour balancer le *crime* le plus atroce par un contrepoids aſſez puiſſant.

Mais d'un autre côté, l'inſtinct de la nature, qui attache l'homme à la vie, & le ſentiment qui le porte à fuir l'opprobre, ne ſouffrent pas que l'on mette un criminel dans l'obligation de s'accuſer lui-même volontairement, encore moins de ſe préſenter au ſupplice de gaieté de cœur ; & auſſi le bien public, & les droits de celui qui a en main la puiſſance du glaive, ne le demandent pas.

C'eſt par une conſéquence du même principe, qu'un criminel peut chercher ſon ſalut dans la fuite, & qu'il n'eſt pas tenu de reſter dans la priſon, s'il apperçoit que les portes en ſont ouvertes, qu'il peut les forcer aiſément, & s'évader avec adreſſe. On ſait comment Grotius ſortit du château de Louveſtein, & l'heureux ſuccès du ſtratagème de ſon épouſe, auquel il crut pouvoir innocemment ſe prêter ; mais il ne ſeroit pas permis à un coupable de tenter de ſe procurer la liberté par quelque nouveau *crime* ; par exemple, d'égorger les gardes ou de tuer ceux qui ſont envoyés pour ſe ſaiſir de lui.

Quoique les peines dérivent du *crime* par le droit de nature, il eſt certain que le ſouverain ne doit jamais les infliger qu'en vue de quelque utilité : faire ſouffrir du mal à quelqu'un, ſeulement parce qu'il en a fait lui-même, eſt une pure cruauté, condamnée par la raiſon & par l'humanité. Le but des peines eſt la tranquillité & la ſûreté publique. Dans la punition, dit Grotius, on doit toujours avoir en vue ou le bien du coupable même , ou l'avantage de celui qui avoit intérêt que le *crime* ne fût pas commis , ou l'utilité de tous généralement.

Ainsi le souverain doit se proposer de corriger le coupable, en ôtant au *crime* la douceur qui sert d'attrait au vice, par la honte, l'infamie, ou quelques peines afflictives. Quelquefois le souverain doit se proposer d'ôter aux coupables les moyens de commettre de nouveaux *crimes*, comme en leur enlevant les armes dont ils pourroient se servir, en les faisant travailler dans des maisons de force, ou en les transportant dans des colonies; mais le souverain doit sur-tout pourvoir, par les loix les plus convenables, aux meilleurs moyens de diminuer le nombre des *crimes* dans ses états. Quelquefois alors, pour produire plus d'effet, il doit ajouter à la peine de la mort que peut exiger l'atrocité du *crime*, l'appareil public, le plus propre à faire impression sur l'esprit du peuple qu'il gouverne.

Finissons par quelques-uns des principes les plus importans, qu'il est bon d'établir encore sur cette matière.

1°. Les législateurs ne peuvent pas déterminer, à leur fantaisie, la nature des *crimes*.

2°. Il ne faut pas confondre les *crimes* avec les erreurs spéculatives & chimériques, qui demandent plus de pitié que d'indignation, telles que la magie, le convulsionisme, &c.

3°. La sévérité des supplices n'est pas le moyen le plus efficace pour arrêter le cours des *crimes*.

4°. Les *crimes* contre lesquels il est le plus difficile de se précautionner, méritent plus de rigueur que d'autres de même espèce.

5°. Les *crimes* anciennement commis ne doivent pas être punis avec la même sévérité que ceux qui sont récens.

6°. On ne doit pas être puni pour un *crime* d'autrui.

7°. Il seroit très-injuste de rendre responsable d'un *crime* d'autrui, une personne qui, n'ayant aucune connoissance de l'avenir, & ne pouvant, ni ne devant empêcher ce *crime*, n'entreroit d'ailleurs pour rien dans l'action de celui qui le doit commettre.

8°. Les mêmes *crimes* ne méritent pas toujours la même peine, & la même peine ne doit pas avoir lieu pour des *crimes* inégaux.

9°. Les actes purement intérieurs ne sauroient être assujettis aux peines humaines; ces actes connus de Dieu seul, ont Dieu pour juge & pour vengeur.

10°. Les actes extérieurs, quoique criminels, mais qui dépendent uniquement de la fragilité de notre nature, exigent de la modération dans les peines.

11°. Il n'est pas toujours nécessaire de punir les *crimes* d'ailleurs punissables; & quelquefois il seroit dangereux de divulguer des *crimes* cachés par des punitions publiques.

12°. Il seroit de la dernière absurdité, comme le remarque l'auteur de l'*Esprit des loix*, de violer les régles de la pudeur dans la punition des *crimes*, qui doit toujours avoir pour objet le rétablissement de l'ordre.

13°. Un principe, qu'on ne peut trop répéter, est que, dans le jugement des *crimes*, il vaut mieux risquer de laisser échapper un criminel que de punir un innocent. C'est la décision des meilleurs philosophes de l'antiquité; celle de l'empereur Trajan & de toutes les loix chrétiennes. En effet, comme le dit la Bruyère, un coupable puni est un exemple pour la canaille; un innocent condamné est l'affaire de tous les honnêtes gens.

14°. Les peines ne doivent s'étendre ni d'un cas à l'autre, ni d'une personne à une autre. Il est juste & nécessaire de les renfermer dans les bornes les plus étroites, & de ne les appliquer qu'à ceux qu'elles regardent en particulier, & contre lesquels elles sont nommément établies. Dans l'interprétation des loix, les peines doivent être plutôt diminuées qu'augmentées.

15°. On ne doit jamais commettre de *crimes* pour obéir à un supérieur: à quoi je n'ajoute qu'un mot, pour détourner du *crime* les personnes qu'un malheureux penchant pourroit y porter; c'est de considérer mûrement l'injustice qu'il renferme, & les suites qu'il peut avoir.

VI. *Juge compétent des crimes*, *manière de les poursuivre*, *des preuves*, *de la prescription*. La connoissance des *crimes* appartient à certains juges, privativement à d'autres, ainsi qu'on le verra aux mots COMPÉTENCE, JUGES, LIEUTENANS-CRIMINELS, PRÉVÔTS *des maréchaux*, PRÉVENTION, & PROCÉDURE *criminelle*.

La manière de poursuivre les *crimes* est expliquée aux mots ACCUSATION, ACCUSATEUR, ACCUSÉ, DÉNONCIATION, PLAINTE, PROCÉDURE *criminelle*, & autres termes qui appartiennent à la procédure extraordinaire.

Il y a aussi plusieurs choses à observer par rapport aux preuves nécessaires en matière criminelle. Il faut, en premier lieu, que le *crime* soit constant; ainsi dans le cas d'assassinat, d'incendie, de vol avec effraction, il est absolument nécessaire de constater l'existence du *crime* par la représentation du cadavre de la personne assassinée, par l'inspection des lieux incendiés, des portes & des serrures brisées. On dresse un procès-verbal ou rapport de ces objets, tel que les circonstances l'exigent. Lorsqu'il s'agit de ces espèces de *crimes*, ou autres, dont il subsiste des traces apparentes, la confession de l'accusé ne suffiroit pas pour le condamner. Mais, outre l'existence du *crime* & la confession de l'accusé, il faut encore des preuves très-claires, sur-tout lorsqu'il s'agit de condamner un homme à mort.

Il y a néanmoins de certains *crimes* qui ne laissent aucune trace après eux, parce qu'ils se commettent en secret, tels que l'adultère, l'inceste & autres. Dans ces espèces, il n'est pas néceſſaire de conſtater le corps du délit, on n'exige même pas des témoins oculaires ; mais on a égard aux autres circonſtances qui fourniſſent des indices du *crime*, comme la fréquentation & la grande familiarité, les privautés, les diſcours libres tenus verbalement, & par écrit, qui annoncent la débauche. *Voyez* ADMINICULE, INDICE, INFORMATION &-PREUVES.

Les différentes peines que l'on peut infliger aux accuſés, ſelon la qualité des *crimes* & délits, tels que les amendes, aumônes, peines du carcan, du fouet, d'être marqué, le banniſſement, les galères, la peine de mort, ſeront expliquées en général au mot PEINE, & plus particuliérement chacune au mot qui leur eſt propre.

Tous *crimes* en général ſont éteints par la mort de l'accuſé, pour ce qui eſt de la peine corporelle & de la peine pécuniaire appliquable au fiſc ; mais quant aux réparations pécuniaires qui peuvent être dues à la partie civile, les héritiers de l'accuſé ſont tenus à cet égard de ſes faits.

Il y a même certains *crimes* dont la réparation publique n'eſt point éteinte par la mort de l'accuſé, tels que l'homicide de ſoi-même, le duel, le *crime* de lèſe-majeſté.

La peine portée par le jugement peut être remiſe par des lettres de grace, qu'il dépend de la clémence du prince d'accorder. *Voyez* ABOLITION, LETTRES DE GRACE.

Mais ſans le ſecours d'aucunes lettres, le *crime*, ou plutôt la peine publique, & les condamnations pécuniaires prononcées pour raiſon du *crime*, ſe preſcrivent au bout d'un certain temps, ſavoir, après 20 ans, lorſque la condamnation n'a pas été exécutée, & au bout de 30 ans, lorſqu'elle a été exécutée ſoit par effigie ou par ſimple ſignification, ſelon la qualité du jugement. *Voyez* PRESCRIPTION.

VII. *Des moyens de prévenir les crimes.* Tous ceux qui ont écrit ſur la matière des *crimes*, conviennent unanimement qu'il ne ſuffit pas de proportionner les peines aux différens genres de délit, & de régler la manière dont on doit procéder à leur pourſuite ; qu'il vaut mieux prévenir les *crimes* que de les punir, & que la légiſlation qui les prévient, eſt ſans contredit beaucoup plus parfaite que celle dont la juſtice criminelle s'obſerve avec le plus grand ordre.

M. Vermeil, dans ſon *Eſſai ſur les réformes à faire dans notre légiſlation criminelle*, indique quatre ſources principales des *crimes*, que le légiſlateur pourroit tarir par des réglemens ſages, propres à modifier les mœurs, & à rendre à l'homme la pratique des vertus plus facile ; en éloignant de lui les motifs qui le portent au vice, & les occaſions dangereuſes, qui ſont comme le foyer de leur fermentation.

Ces quatre cauſes ſont 1°. les beſoins réels de la pauvreté, qui engagent à des vols & à des rapines ; 2°. les beſoins factices du luxe, qui conduiſent à l'eſprit d'intrigue & à l'infidélité, 3°. le goût du célibat produit par le luxe, & père à ſon tour des atteintes portées à la fidélité conjugale & aux mœurs, 4°. l'inſuffiſance de notre éducation publique.

Le gouvernement s'occupe depuis pluſieurs années des moyens de ſupprimer une partie de ces cauſes des crimes. Les atteliers de charité, établis dans preſque toutes les provinces, aſſurent l'exiſtence des ouvriers & artiſans les plus pauvres, dans les ſaiſons de l'année où ils trouvent difficilement l'emploi & le prix de leurs journées. Le plan d'une éducation nationale, dont on a toujours ſenti la néceſſité, commence à ſe conſolider par les différens réglemens donnés ſur cette matière depuis 1762, & que nous ferons connoître ſous le mot ÉDUCATION.

Mais il reſte encore à fixer le degré d'utilité dont le luxe peut être dans une grande monarchie, & à le reſſerrer dans de juſtes bornes, en conciliant l'amour-propre des particuliers avec leur intérêt perſonnel mieux entendu, & mieux ſenti.

On peut réprimer le célibat, & couper à la racine de tous les *crimes* qu'il fait naître, en honorant le mariage, en donnant, à mérite égal, la préférence pour les charges & les emplois aux gens mariés ; en diminuant leurs taxes publiques, dans la proportion des accroiſſemens de leurs charges domeſtiques, & en faiſant ſupporter cette diminution par les célibataires.

Le légiſlateur qui veut prévenir les *crimes*, doit faire enſorte que les loix qui les concernent, ſoient préciſes, claires & ſimples. La préciſion dont nous parlons, ne doit pas ſeulement regarder l'énoncé de la loi, mais auſſi la ſanction, c'eſt-à-dire, la peine décernée contre celui qui la viole. Cette peine doit être prononcée ſi clairement, qu'elle ne laiſſe rien à la diſpoſition du juge, & que le citoyen connoiſſe avec certitude les ſuites de ſes propres actions ſur ſa perſonne & ſur ſa liberté. La certitude du châtiment qui ſuit le *crime*, eſt plus capable de l'arrêter, que l'appareil effrayant du ſupplice d'un criminel.

Un dernier moyen de prévenir les *crimes*, ſeroit peut-être celui de récompenſer la vertu. Les loix de toutes les nations modernes décernent des peines contre toutes les actions criminelles, & ne propoſent aucune récompenſe pour les bonnes. Nos codes offrent beaucoup de loix pénales, & pas une loi rémunérative. Si l'on a cru devoir fortifier, par la crainte des ſupplices, l'horreur naturelle de l'homme pour le mal, pourquoi n'a-t-on pas ſecondé, par l'eſpoir des récompenſes, ſon amour pour le bien ? Les prix académiques augmentent le nombre des bons livres & des bons auteurs ; les récompenſes propoſées aux bonnes actions en augmenteroient le nombre, ainſi que celui des hommes vertueux.

CRIMINEL, adj. pris quelquefois ſubſt. Ce mot, comme adjectif, ſe joint à tout ce qui a rapport aux crimes ; foit lorfqu'on les confidère en eux-mêmes, comme lorfque l'on dit *une action criminelle* ; foit lorfqu'on parle de la pourfuite & de la punition des crimes ; pour défigner les juges qui en connoiffent, la manière dont s'en inftruit la procédure : c'eft par cette raifon qu'on joint l'épithète de *criminel*, aux mots *affeffeur, juge, lieutenant, greffier, matière, procédure, &c.*

On entend par *criminel*, pris fubftantivement, celui qui eft atteint & convaincu de quelque crime.

On confond quelquefois le terme de *criminel* avec celui d'*accufé* ; on en trouve plufieurs exemples dans les anciennes ordonnances ; cependant c'eft improprement que les accufés font qualifiés de *criminels* avant leur condamnation, n'étant point jufques-là convaincus du crime qu'on leur impute, ni jugés *criminels*.

L'inftinct de la nature, qui attache l'homme à la vie, & le fentiment qui le porte à fuir l'opprobre, ne fouffrent pas que l'on mette un *criminel* dans le cas de s'accufer lui-même volontairement, & de fe préfenter au fupplice de gaieté de cœur. Par une fuite du même principe, le *criminel* peut chercher fon falut dans la fuite, & n'eft pas tenu de refter dans les prifons, s'il peut s'en échapper fans commettre un nouveau crime ; tel par exemple, que d'égorger fes gardes.

Il paroît par le concile de Carthage en 395, & par le fixième de Conftantinople, qu'on adminiftroit alors aux *criminels*, même condamnés à mort, les facremens de pénitence & de l'euchariftie. Les conciles d'Agde & de Wormes, le fecond de Mayence, & celui de Tibur, tenus en 506, 770, 848, & 1035, ordonnent de communier les *criminels*. Alexandre IV ordonna la même chofe. Clément V, en 1411, leur accorda feulement la confeffion. Sous les papes Pie IV, Pie V, & Grégoire XIII, les pères affemblés à Rome décidèrent que, puifque les conciles commandent de confeffer ceux qui s'accufent fimplement de leurs péchés, & de les communier quand ils en ont un fincère repentir, on ne doit pas non plus le refufer à ceux à qui leurs péchés attirent une mort violente. Cependant en France il n'étoit point d'ufage d'accorder, même la confeffion, aux *criminels* condamnés à mort, jufqu'à Charles VI, qui ordonna qu'on leur offriroit le facrement de pénitence avant de fortir de prifon : on tient que ce fut à la perfuafion de Pierre de Craon ; mais l'ordonnance dit feulement que ce fut à la perfuafion de fon frère & de fes oncles, par l'avis de fon confeil & de quelques confeillers du parlement & du châtelet. On exécutoit autrefois les *criminels* les dimanches & fêtes, de même que les autres jours.

Par rapport à ce qui concerne la faculté que peuvent avoir les *criminels*, de difpofer de leurs biens avant ou après leur condamnation, & la confifcation de leurs biens, *voyez* ACCUSÉ, CONDAMNÉ, CONFISCATION.

CROISER, v. a. (*Jurifp.*) en matière de taxe de dépens, fignifie *marquer d'une croix fur la déclaration de dépens, les articles dont on fe plaint.* Lorfqu'il y a appel de la taxe, l'intimé fait mettre au greffe la déclaration de dépens, avec les pièces juftificatives ; & en conféquence il fomme l'appellant de *croifer* les articles dont il fe plaint, & ce dans trois jours fuivant l'ordonnance : faute par le procureur de l'appellant de *croifer* dans ce délai, on peut fe pourvoir pour faire déclarer l'appellant non-recevable en fon appel. Après que le procureur de l'appellant *a croifé*, l'intimé peut fe faire délivrer exécutoire des articles non *croifés*, dont il n'y a pas d'appel.

Si l'appel eft fous deux croix, ou chefs d'appels feulement, il faut fe pourvoir à l'audience ; mais s'il y a plus de deux croix, il faut prendre au greffe l'appointement de conclufion, pour inftruire l'appel comme procès par écrit.

L'ordonnance veut que l'appellant foit condamné en autant d'amendes qu'il y aura de croix & chefs d'appels fur lefquels il fera condamné, à moins qu'il ne foit appellant des articles *croifés* par un moyen général.

L'appellant réunit fouvent fous deux chefs d'appel fept ou huit articles de la déclaration dont il fe plaint, foit pour éviter l'appointement, foit pour éviter la multiplicité des amendes, au cas qu'il fuccombe.

Si la taxe eft infirmée, on ordonne que les articles *croifés* feront reformés ; favoir, l'article tel, fous la première croix, taxé à,.. fera réduit à... & ainfi des autres. *Voyez* DÉPENS.

CROIST du bétail (*Jurifp.*), fe dit pour accroiffement ou multiplication : les veaux & les agneaux qui proviennent des troupeaux de vaches & de brebis, font le *croift du bétail*. Le droit du propriétaire du troupeau & du fermier ou cheptelier par rapport au *croift du bétail*, dépend de la coutume ou ufage du lieu, & auffi des claufes du bail à cheptel. *Voyez* CHEPTEL. (*A*)

CROIX, (*Jurifp.*) eft la marque que le procureur de celui qui eft condamné aux dépens, met fur les articles de la déclaration dont il eft appellant. *Voyez ci-devant* CROISER.

CROIX, marquée par quelqu'un qui ne fait pas écrire, autrefois tenoit lieu de fignature. Heribald, comte du palais, fous le règne de Louis-le-Débonnaire, dans un cartulaire du monaftère de Cafaure, mit ainfi fa foufcription, *fignum Heribaldi comitis facri palatii, qui ibi fui, & proter ignorantiam litterarum S. crucis feci.* Depuis que l'ufage des lettres eft devenu commun, cela ne fe pratique plus guère que parmi des gens du peuple, & furtout de la campagne ; mais une fimple *croix* ou *marque* n'eft plus regardée comme une fignature qui ait l'effet de rendre un acte valable ; ceux qui ne favent point figner ne peuvent s'obliger par écrit que pardevant notaire.

CROIX, peinée ; autrefois, à S. Geniez dans le Languedoc, on bouchoit d'une *croix* la porte de ceux qui refufoient de payer la taille. *Ordonnance du roi Jean, du 3 mars 1356.* (*A*).

CROIX (*filles de la*) forment une congrégation, dont l'inftitut a pour objet l'inftruction des jeunes perfonnes de leur fexe.

Leur premier établiffement eut lieu en 1625 à Roye en Picardie. Appellées à Paris par la dame de Villeneuve, veuve d'un maître des requêtes, leur fociété fut confirmée par l'archevêque de cette ville, & autorifée par des lettres-patentes, vérifiées au parlement en 1642.

Cette congrégation eft divifée en deux fociétés particulières, les unes font liées par les vœux fimples de chafteté, de pauvreté, d'obéiffance, & de ftabilité; les autres, fans faire aucun vœu, font unies dans les maifons qu'elles habitent fous la direction d'un fupérieur. Les unes & les autres, outre l'inftruction des jeunes perfonnes de leur fexe, reçoivent encore chez elles les pauvres qui veulent s'inftruire de leur religion, & fe difpofer à un changement de vie. Elles portent le même habit, avec cette différence néanmoins, que celles qui font des vœux, portent une petite *croix* d'argent, & les autres une petite de bois.

CROIX *des chemins*, (*Police. Eaux & Forêts.*) l'ordonnance des eaux & forêts, *tit. 28, art. 6*, défend, fous peine d'amende, même de punition exemplaire, de rompre, emporter, déchirer les *croix* & poteaux qui font fur les grandes routes dans les bois, & d'effacer les infcriptions & marques qui y font imprimées ou gravées, à l'effet d'indiquer aux voyageurs l'endroit où chaque chemin conduit.

CRU, f. m. (*Finances.*) en matière de droits d'aides, on fait une différence entre le vin du *crû* & le vin d'achat. On appelle *vin du crû*, celui qu'un particulier recueille fur fes héritages.

Le vin du *crû* eft exempt de plufieurs droits, auxquels eft fujet le vin d'achat, & plufieurs perfonnes jouiffent à l'égard des vins du *crû* de divers privilèges, dont ils ne peuvent faire aucun ufage pour les vins d'achat.

Les exemptions & privilèges accordés aux vins du *crû*, font ou locales ou perfonnelles. Les exemptions locales ne peuvent s'étendre hors des lieux auxquels elles font attachées, mais celles qui font accordées à la perfonne, fuivent le vin du *crû* partout où il eft tranfporté.

Les perfonnes privilégiés en France pour le vin du *crû*, font les eccléfiaftiques & les économes pour les biens d'églife, les nobles, les officiers de plufieurs cours fouveraines & autres tribunaux, les fecrétaires du roi, les commenfaux de la maifon du roi & des maifons royales, de la reine, des fils & petits-fils de France, & du premier prince du fang, les membres & fuppôts des univerfités.

Ces privilégiés & autres, quels qu'ils foient, font tenus de fournir chaque année, au fermier des aides ou fes prépofés, une déclaration fignée d'eux, & de l'étendue des vignes, qui fait l'objet de leur pri-

vilège, & de la quantité de vin qu'ils ont recueillie, à peine de déchéance de leur privilège pour le tems qu'ils n'y ont pas fatisfait.

A l'égard des eccléfiaftiques, on regarde comme vin du *crû*, celui qui provient des dixmes & preffoirs bannaux, & des fonds donnés pour fervir de titre facerdotal. Dans ce dernier cas, le fermier peut fe faire délivrer une copie du titre, pour favoir s'il n'y a point de collufion, & exiger même l'affirmation du donataire & du donateur.

Les fermiers des privilégiés ne jouiffent d'aucune exemption. L'eau-de-vie, & les autres boiffons dénaturées ne font plus regardées comme vins du *crû*, & font fujettes à tous les droits d'aides.

CRUE, f. f. (*Droit civil.*) c'eft une augmentation ou fupplément de prix, qui, dans quelques pays & en certains cas, eft due, outre le montant de la prifée des meubles, par ceux qui en doivent rendre la valeur.

On écrivoit autrefois *creüe*, à préfent on écrit & on prononce *crue*: ce terme tire fon étymologie du mot *croître*.

La *crue* a été introduite pour fuppléer ce qui eft préfumé manquer à la prifée des effets mobiliers compris dans un inventaire. Les auteurs la nomment en latin *incrementum mobilium*, *quinum affem*, *accretionem*, *acceffionem*; & en françois quelques-uns l'appellent *plus value* ou *plus valeur des meubles*, *quint en fus* ou *cinquième denier parifis*, mais plus communément on dit *crue*, & ce nom lui convient mieux en général, parce que la *crue* n'eft pas partout du parifis ou quart en-fus, comme on le dira dans un moment.

Cet ufage étoit inconnu aux Romains. Le nom de *parifis des meubles*, qui paroît le plus ancien qu'on lui ait donné, vient du rapport que la *crue* a ordinairement avec la monnoie parifis, qui valoit un quart en-fus plus que la monoie tournois; la feule coutume qui en faffe mention eft celle de Berry, réformée en 1539, qui en parle à l'occafion des tuteurs, curateurs, & autres adminiftrateurs, qu'elle charge, lorfqu'ils rendront compte, d'augmenter la prifée du tournois au parifis, pour les meubles prifés dans la ville & feptaine de Bourges; ainfi cela n'eft pas ordonné pour toutes fortes de perfonnes ni dans toute l'étendue de la coutume, mais feulement pour la ville & feptaine de Bourges, ce qui eft apparemment fondé fur ce que, dans la ville & feptaine de Bourges, il y a plus d'enchériffeurs, & que les meubles s'y vendent plus cher que dans le refte de la province, & qu'on a préfumé que fi les meubles prifés euffent été vendus, ils auroient été portés au-deffus de la prifée. C'eft donc parce que la prifée eft cenfée faite à bas prix, que l'on y ajoute la *crue*, ce qui paroît un circuit affez inutile : il feroit plus naturel d'eftimer tout-d'un-coup les meubles à leur jufte valeur : cependant comme les huiffiers & autres qui font la prifée des meubles ont peur de la faire trop haute, depuis que l'édit de Henri II, du mois de février 1556,

les

les rend garans de leur prisée, & que les meubles ne peuvent être vendus au-deſſous. ſans une ordonnance de juſtice ; pour éviter ces inconvéniens, on fait ordinairement la priſée à bas prix, & c'eſt ſans doute de-là qu'eſt venu l'uſage de la *crue*.

Il eſt encore inconnu dans pluſieurs provinces du royaume, telles que les parlemens de droit écrit, dans le Rouſſillon & l'Alſace, & dans pluſieurs coutumes, comme Artois, Normandie, Blois, Lorraine & S. Quentin.

A Paris, la *crue* eſt du quart en-ſus ; il en eſt de même dans les coutumes d'Abbeville, Amiens, Anjou, Beauvais, Berry, Bourbonnois, Bourgogne, Bretagne, Châlons, Chartres, Chaumont-en-Baſſigny, Dourdan, Mantes & Meulan, Mont-Didier, Roie & Péronne, Orléans, Montargis, Nivernois, Poitou, Ponthieu, Reims, Senlis, Sens, Vitry & quelques autres.

On obſerve la même choſe dans les provinces de Lyonnois, Forez, Beaujolois & Mâconnois, qui ſuivent le droit écrit, & ſont du reſſort du parlement de Paris.

Dans quelques coutumes, la *crue* n'eſt que du demi-pariſis ou huitième en ſus de la priſée, comme au bailliage de Melun, dans celui d'Etampes, & à Troyes.

A Meaux elle n'eſt que de trois ſols pour livre.

Lorſqu'il s'agit de régler ſi la *crue* eſt due, & ſur quel pied, on doit ſuivre l'uſage du lieu où les meubles ont été inventoriés.

Les priſées faites à juſte valeur entre majeurs, ne ſont pas ſujettes à *crue*. Il en eſt de même des priſées qui ne ſont pas deſtinées à être ſuivies de la vente des meubles, telles que celles qui ſe font par contrat de mariage ; parce que ces ſortes de priſées ſont toujours réputées faites à juſte valeur.

Il y a certains meubles qui ne ſont point ſujets à la *crue*, tels que ceux qui ſont mis pour perpétuelle demeure, parce qu'on ne les eſtime pas avec les meubles ; ils ſont cenſés faire partie du fonds. Tels ſont encore ceux qui ont un prix certain, comme les eſpèces monnoyées, la vaiſſelle, les matières d'or & d'argent, les billets, obligations, ſentences & autres jugemens ; les actions de la compagnie des Indes, les gros fruits, lorſqu'ils ſont eſtimés ſuivant les mercuriales, le ſel, les glaces, le verre, le bois, le charbon, & les fonds de librairie & imprimerie, attendu qu'ils ſont toujours priſés à juſte valeur.

L'ordonnance des ſubſtitutions, *tit. 2*, porte : que l'inventaire contiendra la priſée des meubles, livres, tableaux, pierreries, vaiſſelle, équipages, & autres choſes ſemblables, même dans les pays où il n'eſt pas d'uſage de faire de ſemblables priſées, & qu'à l'égard des pays où la priſée ſe fait avec *crue*, la *crue* ſera toujours cenſée faire partie de la priſée, en ce qui concerne la liquidation des droits & charges de ceux qui ſont grevés de ſubſtitution.

Juriſprudence. Tome III.

Quoique la *crue* paroiſſe avoir été introduite d'abord en faveur des mineurs contre leurs tuteurs, préſentement les majeurs peuvent auſſi la demander, quand même ils auroient fait faire la priſée, ou priſé eux-mêmes les meubles, & qu'il y auroit eu un expert priſeur de part & d'autre ; les créanciers peuvent la demander contre l'héritier de leur débiteur, auſſi-bien que ceux qui ont droit de propriété aux meubles.

Tous tuteurs, curateurs, gardiens & autres adminiſtrateurs doivent tenir compte de la *crue* lorſqu'ils n'ont pas fait vendre les meubles, à moins qu'ils n'euſſent droit d'en profiter.

Les héritiers, légataires univerſels, exécuteurs teſtamentaires, curateurs à ſucceſſion vacante, ſequeſtres, gardiens, ſont auſſi tenus de la *crue* envers les créanciers & envers leurs co-partageans, faute d'avoir fait vendre les meubles, & de les repréſenter en nature & en bon état.

Entre conjoints, ou entre le ſurvivant & les héritiers du prédécédé, la *crue* n'eſt pas due pour les meubles priſés par contrat de mariage, mais ſeulement pour ceux inventoriés après décès, au cas qu'ils ne ſoient pas vendus ou repréſentés en bon état.

On ſtipule ordinairement entre conjoints un préciput pour le ſurvivant, en meubles, pour la priſée & ſans *crue*, auquel cas le ſurvivant peut prendre juſqu'à concurrence des meubles pour la priſée ; mais s'il prend de l'argent ou des meubles non ſujets à *crue*, il perd le bénéfice qu'il avoit droit de prétendre d'avoir des meubles pour la priſée & ſans *crue*, & ne peut pas demander pour cela une indemnité.

Le conjoint donataire mutuel qui a droit de jouir des meubles, doit les faire vendre ou les faire eſtimer à juſte valeur, ſans s'arrêter à l'eſtimation portée par l'inventaire, autrement il en devroit la *crue* outre la priſée.

Si la priſée étoit frauduleuſe, on n'en ſeroit pas quitte en ajoutant la *crue*, ce ſeroit le cas de recourir aux preuves de la véritable valeur des meubles.

La *crue* étant un ſupplément à la priſée des meubles, tient lieu de capital, de même que la priſée, & par cette raiſon les intérêts en ſont dus, & ils commencent à courir en même temps que ceux de la priſée. *Voyez* INTÉRÊT, INVENTAIRE, PRISÉE.

C U

CUEILLERET, ſ. m. (*Juriſpr.*) eſt un extrait du papier terrier d'une ſeigneurie qui ſert de mémoire au receveur pour faire payer les cens & rentes dus à la ſeigneurie. Ce terme vient de *cueillette*, qui ſignifioit autrefois recette, comme on voit en l'*article 86* de l'ancienne coutume de Bretagne. Les cueilleréts ſont la même choſe que ce qu'on

Iii

appelle ailleurs *lièves* ou *papiers de recette*. *Voyez*
LIÈVE. (*A*)

CUEILLEURS *d'or de paillole*, c'est ainsi qu'on
nomme ceux qui ont la permission de cueillir des
paillettes d'or & d'argent qu'on trouve dans quelques
cantons du Languedoc.

Il se recueilloit autrefois, suivant que le fait observer
l'auteur du nouveau traité des monnoies,
beaucoup de cet or dit *de paillole*, dans différens
endroits du royaume. On en tiroit notamment du
Languedoc cinquante à soixante marcs par année.
Cet or se trouvoit dans les sables de certains ruisseaux
proche les Pyrénées. La rivière qui se joint
à la Garonne au-dessus de Toulouse, donnoit aussi
de cet or. Les pauvres gens du pays qui s'occupoient
à le ramasser, furent troublés dans cette occupation
par les seigneurs hauts-justiciers riverains,
qui exigèrent un droit nommé de *grazalaige*. La
chambre des monnoies, informée de l'imposition
de ce droit, fit des représentations au roi sur le
préjudice qui en résultoit pour ses sujets & pour les
intérêts de sa majesté.

Sur ces représentations il y eut des lettres-patentes
du 23 mai 1472, par lesquelles un des généraux
de la chambre des monnoies du Languedoc
fut commis pour arranger les *cueilleurs d'or de paillole*
avec les seigneurs, & il fut fait défense à ceux-ci
de troubler ceux-là dans leurs recherches.

Depuis ce temps, la cour des monnoies a eu
une jurisdiction privative sur les *cueilleurs d'or de*
paillole; & cette jurisdiction lui a été confirmée
par différentes loix, notamment par un édit du
mois de janvier 1551, par des lettres-patentes du
3 mars 1554, par deux autres édits, l'un du
mois de juin 1635, & l'autre du mois de décembre
1638.

Le réglement le plus récent que nous ayons sur
l'or *de paillole*, est un arrêt du conseil, revêtu de
lettres-patentes du 9 novembre 1751. Par cet arrêt
il est ordonné que l'or & l'argent de paillole de
la province de Languedoc, seront portés au change
de la monnoie de Toulouse; & pour les autres
provinces, dans les monnoies les plus prochaines
pour y être convertis en espèces. Il est fait défenses
à toute personne de faire la cueillée de ces matières,
même d'en acheter, d'en vendre ou d'en employer
sans commission valable de sa majesté ou
de ses cours des monnoies, où des juges qui y ressortissent.
Ceux qui sont pourvus d'une commission
ne peuvent porter ni vendre leur or ou argent ailleurs
qu'aux hôtels des monnoies ou aux changes
les plus prochains, à peine contre les uns & les
autres d'être punis comme billonneurs. Il est en
même temps fait défense aux seigneurs & aux propriétaires
des biens aboutissans aux lieux où se recueillent
l'or & l'argent dont il s'agit, de troubler
dans leurs recherches ceux qui sont pourvus de
commissions, ni d'exiger aucun droit, sous quelque
dénomination que ce soit, à peine d'être poursuivis
comme concussionnaires & comme usurpateurs
des droits du roi. Il est cependant permis par cet
arrêt de se pourvoir pour les dommages causés,
mais on ne peut le faire que devant les cours des
monnoies ou devant les juges qui y ressortissent; il
est défendu à tout autre juge d'en connoître.

CULAGE, CULLAGE *ou* CULIAGE, s. m.
(*Droit féodal.*) étoit un droit que certains seigneurs
exigeoient autrefois de leurs vassaux & sujets qui
se marioient. Plusieurs seigneurs exerçant dans leurs
terres un pouvoir arbitraire & tyrannique, s'étoient
arrogé divers droits, même honteux & injustes, à
l'occasion des mariages, tels que la coutume infame
qui donnoit à ces seigneurs la première nuit des
nouvelles mariées.

Le seigneur de S. Martin-le-Gaillard dans le
comté d'Eu, étoit un de ceux qui s'étoient attribué
ce prétendu droit, comme on le voit dans un
procès-verbal fait par M. Jean Faguier, auditeur
en la chambre des comptes, en vertu d'arrêt d'icelle
du 7 avril 1507; pour l'évaluation du comté d'Eu,
tombé en la garde du roi pour la minorité des enfans
du comte de Nevers & de Charlotte de Bourbon
sa femme. Au chapitre du revenu de la baronnie de
S. Martin-le-Gaillard, dépendant du comté d'Eu,
il est dit: *Item*, *a ledit seigneur, audit lieu de S.*
Martin, droit de cullage quand on se marie.

Les seigneurs de Sonloire avoient autrefois un
droit semblable; & l'ayant omis en l'aveu par eux
rendu au seigneur de Montlevrier, seigneur suzerain,
l'aveu fut blâmé: mais par acte du 15 décembre
1607, le sieur de Montlevrier y renonça formellement,
& ces droits honteux ont été par-tout convertis
en des prestations modiques.

On tient que cette coutume scandaleuse fut introduite
par Éven, roi d'Écosse, qui avoit permis
aux principaux seigneurs d'Écosse d'en user ainsi;
mais les suites fâcheuses qu'avoit ordinairement le
ressentiment des maris, dont l'honneur étoit blessé
en la personne de leurs femmes, engagèrent Marcolm
III, roi d'Écosse, à abolir cette coutume, &
à la convertir en une prestation appellée *marcheta*,
consistant en une somme d'argent ou un certain
nombre de vaches, selon la qualité des filles.

Les seigneurs de Prelley & de Parsanny en Piémont,
jouissoient d'un pareil droit, qu'ils appelloient
carragio; & ayant refusé à leurs vassaux de
commuer ce droit en une prestation licite, ce refus
injuste les porta à la révolte, & fit qu'ils se donnèrent
à Amé, sixième du nom, quatorzième comte
de Savoie.

On voit encore plusieurs seigneurs en France &
ailleurs, auxquels il est dû un droit en argent pour
le mariage de leurs sujets; lequel droit pourroit bien
avoir la même origine que celui de *culage*. Mais
il y en a beaucoup aussi qui perçoivent ces droits,
seulement à cause que leurs sujets ne pouvoient
autrefois se marier sans leur permission, comme
font encore les serfs & mortaillables dans certaines
coutumes.

L'évêque d'Amiens exigeoit auſſi autrefois un droit des nouveaux mariés, mais c'étoit pour leur donner congé de coucher avec leurs femmes la première, ſeconde & troiſième nuits de leurs noces. Ce droit fut auſſi aboli par arrêt du 19 mars 1409, rendu à la pourſuite des habitans & échevins d'Abbeville.

CULTE, ſ. m. (*Droit public, civil & eccléſ.*) c'eſt l'aſſemblage des ſentimens intérieurs de l'ame, que les perfections de Dieu produiſent dans notre eſprit, & de tous les actes extérieurs qui en ſont une ſuite, & par leſquels nous témoignons ces ſentimens.

Le *culte* eſt donc en même temps intérieur & extérieur. L'intérieur conſiſte principalement dans l'adoration, dans l'amour, dans la crainte de Dieu, & dans une diſpoſition actuelle de lui obéir en toutes choſes, comme à notre créateur, & à notre maître tout-puiſſant & tout bon.

Le *culte* extérieur conſiſte dans les actions par leſquelles nous rendons à Dieu publiquement les hommages qui lui ſont dus, & nous faiſons connoître aux autres hommes les ſentimens de reſpect que nous avons pour lui.

Les loix civiles n'ont aucune inſpection ſur l'ame & la volonté des hommes, ni par conſéquent ſur le *culte* intérieur.

Les miniſtres ſeuls de la religion peuvent nous inſtruire des règles qui doivent le diriger pour le rendre agréable à Dieu.

Mais à l'égard du *culte* extérieur, le roi, comme protecteur de l'égliſe & des canons, & les magiſtrats revêtus de ſon autorité doivent veiller au maintien du *culte* public, reçu & autoriſé par les loix civiles & eccléſiaſtiques, empêcher ce qui peut en troubler les cérémonies, & punir ceux qui le frondent publiquement, ou qui manquent au reſpect qui lui eſt dû. *Voyez* CÉRÉMONIES, PROFANATION, SACRILÈGE.

CULVERTAGE, ſ. m. (*Droit féodal.*) la ſignification de ce terme eſt fort incertaine, & preſque inconnue aux plus habiles grammairiens des langues françoiſes & angloiſes. M. Ducange fait entendre que ce mot ſignifioit une ſervitude très-ignominieuſe. En effet, il eſt parlé dans l'ancienne coutume d'Anjou de *cuverts*, & une gloſe jointe au texte, explique ce terme par celui de *ſerf de main-morte*.

Mathieu Paris, ſous l'an 1212, dit : que le roi ordonna à tous ceux qui étoient capables de porter les armes, de ſe trouver avec des chevaux, ſous peine de *culvertage*, *ſub nomine culvertagii*, & *perpetuæ ſervitutis*; il ajoute que chacun ne craignoit rien tant, *nihil magis quàm opprobrium culvertagii metuentes*.

Quelques auteurs penſent auſſi que le terme de *culvertage* ſignifie la confiſcation du fief du vaſſal; le paſſage de Mathieu Paris, que nous venons de citer, n'eſt point oppoſé à cette opinion.

CUMUL, ſ. m. *ou* CUMULATION, ſ. f. (*termes de Coutumes.*) c'eſt un droit ſingulier, qui n'a lieu que dans quelques coutumes, qui l'établiſſent expreſſément, telles que celles de S. Jean d'Angeli & de Poitou.

Il conſiſte, ſuivant la coutume de S. Jean d'Angeli, dans la faculté que les héritiers des propres, lorſque les meubles & acquêts ſont conſidérables, & que les propres ſont en petite quantité, de demander que l'on accumule le tout, & qu'on leur en donne les deux tiers.

Suivant l'eſprit de cette coutume, nul ne peut diſpoſer par teſtament que de ſes meubles & acquêts, & du tiers de ſes propres; lorſqu'il n'a pas de propres, il ne peut donner que ſes meubles & le tiers des immeubles; & à défaut d'immeubles, il diſpoſe ſeulement du tiers de ſes meubles : dans ces deux derniers cas, les acquêts & les meubles ſont regardés comme propres, & en cette qualité la coutume veut que les héritiers du ſang en reçoivent les deux tiers francs & quittes de tous dons ou legs.

Le droit de *cumul* n'a lieu qu'en faveur des enfans, & non des collatéraux, & dans le cas ſeulement où les meubles & acquêts excèdent des trois quarts la valeur des propres.

Suivant la coutume de Poitou, ainſi que nous l'apprend Boucheul, ſur *l'article 208*, lorſque le père & la mère ont peu de propres, & qu'ils ont fait donation à l'un de leurs enfans de leurs meubles & acquêts, les autres ont le choix ou de prendre les deux tiers des propres, ou de faire une maſſe de tous les immeubles propres & acquêts, & d'en prendre un tiers pour eux.

Le *cumul* n'a pas lieu dans les coutumes de ſubrogation, telles que celles d'Anjou & du Maine, parce qu'en ſubrogeant les acquêts aux propres, elles ont ſuffiſamment pourvu à l'intérêt des héritiers du ſang. *Voyez* PROPRES.

CUMULER, v. act. (*Juriſpr.*) ſignifie *réunir & joindre enſemble pluſieurs objets*. On ne peut pas *cumuler* en ſa perſonne deux cauſes lucratives; ce n'eſt pas à dire néanmoins qu'il ſoit défendu de réunir deux titres pour avoir une même choſe : on *cumule* au contraire tous les jours droit ſur droit & différens titres pour avoir une même choſe; mais on ne peut pas demander deux fois la même choſe en vertu de deux titres différens.

CURATELLE, ſ. f. CURATEUR, ſ. m. (*Droit civil.*) on appelle *curatelle* la commiſſion, le pouvoir donné à quelqu'un d'adminiſtrer les biens de celui qui, par rapport à la foibleſſe de ſon âge, ou par quelque autre empêchement, ne peut le faire par lui-même : le *curateur* eſt celui qui eſt établi pour veiller aux intérêts de celui qui ne peut y veiller lui-même.

Ces deux mots viennent du latin *curare*, qui ſignifie prendre ſoin. On trouve, dans quelques anciennes ordonnances, le mot *curé*, employé pour celui de *curatelle*.

La *curatelle* a lieu dans plusieurs cas, ainsi qu'il résulte de la définition que nous venons d'en donner. On donne un *curateur*, 1°. à un mineur de vingt-cinq ans, lorsqu'il n'a point de tuteur; 2°. aux fous, aux insensés, aux sourds & muets, aux prodigues interdits, & généralement à tous ceux qui font attaqués d'une maladie perpétuelle, qui les empêche de veiller à leurs affaires; 3°. aux biens vacans, déguerpis & confisqués; 4°. dans le cas de la grossesse d'une femme, lorsqu'il est nécessaire de s'assurer de l'état & de la naissance de l'enfant; 5°. en matière criminelle, lorsqu'on fait le procès aux corps & communautés, aux cadavres, ou à la mémoire d'un défunt.

Les fonctions du *curateur*, ainsi que celles du tuteur, font de droit public. L'intérêt de la société a exigé que ceux qui ont besoin de secours pour la conservation de leur personne & de leurs biens, le trouvassent dans le zèle de leurs semblables, & que ceux-ci fussent même contraints à s'acquitter d'un devoir que la nature leur impose, lorsqu'ils cherchent à s'y souftraire sans cause légitime.

Les fonctions du *curateur* ont quelque rapport avec celles du tuteur, mais elles en diffèrent dans un point essentiel; car le tuteur est donné principalement pour prendre soin de la personne du mineur, & l'administration de ses biens n'est à son égard qu'un objet subordonné: le *curateur* au contraire est donné principalement pour la régie & administration des biens, ensorte qu'un mineur sans biens, n'auroit pas besoin d'un *curateur*, s'il n'existoit d'autres cas dans lesquels la présence d'un *curateur* est nécessaire.

Curatelle des mineurs, le cas le plus ordinaire de la *curatelle*, c'est lorsque les mineurs font sortis de tutèle. En pays de droit écrit, où la tutèle finit à l'âge de puberté, les mineurs pouvoient autrefois se passer de curateurs. La loi des douze tables n'avoit rien ordonné par rapport à ceux qui étoient sortis de tutèle; ils s'enroient, par la puberté, dans l'administration de leurs biens; & l'on ne pouvoit pas les forcer de prendre un *curateur*, excepté pour les assifter en jugement lorsqu'ils avoient un procès, ou pour recevoir un paiement, ou pour entendre un compte de tutèle. La loi *lætoria* ordonna que l'on donneroit des curateurs aux adultes qui se gouverneroient mal. Mais Marc Antonin poussa la chose plus loin, & ordonna que tous les mineurs sans distinction auroient des *curateurs* jusqu'à l'âge de vingt-cinq ans. C'est pourquoi Ulpien, *dans le §. 3, de la loi 1, au ff. de minor.* dit que présentement les mineurs ont des *curateurs* jusqu'à vingt-cinq ans, & qu'avant cet âge on ne doit pas leur confier l'administration de leurs biens, *quamvis bene rem suam gerentibus*; de sorte que le mineur qui sort de tutèle en pays de droit écrit, lorsqu'il a atteint l'âge de puberté, ne peut refuser de re-

cevoir un *curateur*, qu'au cas qu'il soit émancipé en sortant de la tutèle; encore lui en donne-t-on un en l'émancipant, non pas à la vérité pour l'administration de ses biens, mais pour l'assifter en jugement lorsqu'il a des procès, soit en demandant ou en défendant, ou pour l'autoriser à recevoir un rembourfement, ou enfin pour entendre & régler un compte de tutèle.

En pays coutumier, la tutèle dure jusqu'à la majorité: mais si les mineurs font émancipés plutôt, on leur donne aussi un *curateur* pour les assifter en jugement, c'est-à-dire dans les causes qu'ils peuvent avoir; c'est pourquoi on l'appelle *curateur à l'émancipation*, ou *curateur aux causes*. Voyez ÉMANCIPATION.

On donne quelquefois un *curateur* au pupille non émancipé, pour faire les fonctions du tuteur, ce qui arrive lorsque le tuteur a des actions à diriger contre son pupille: ou si le tuteur n'est pas idoine, & néanmoins qu'il soit non suspect, on lui adjoint un *curateur*. Il en est de même quand le tuteur n'est excusé que pour un temps, le juge nomme en attendant un *curateur*.

Les *curateurs* comptables diffèrent en peu de chose des tuteurs; c'est pourquoi, dans les pays coutumiers, l'on ne donne guère de *curateurs* comptables aux mineurs qui se font émanciper; on leur donne seulement un *curateur* aux causes, pour les assifter en jugement. Si on ne juge pas à propos de les faire émanciper, la tutèle continue de droit jusqu'à la majorité. Mais en pays de droit écrit, où la tutèle finit à l'âge de puberté, quand les mineurs ne font pas encore en état d'administrer eux-mêmes leurs biens, comme il est rare qu'ils le soient, les parens ont ordinairement soin de leur faire nommer un *curateur* comptable; ce que le juge peut ordonner malgré le mineur, quand cela paroit nécessaire.

Quelques coutumes ordonnent que les mineurs, en sortant de tutèle, feront pourvus de *curateurs*: d'autres ne font aucune distinction entre la tutèle & la *curatelle*; quelques-unes même disent que tutèle & *curatelle* n'est qu'un.

Nous avons déjà annoncé que la tutèle & la *curatelle* se rapportent en plusieurs points, savoir, que l'une & l'autre font données en la même forme & par les mêmes juges; que les tuteurs & *curateurs* comptables font tenus, suivant le droit romain, de donner caution; ce qui ne se pratique point en pays coutumier. Les mêmes causes qui exemptent de la tutèle, exemptent aussi de la *curatelle*. Les *curateurs*, comme les tuteurs, pouvant être exclus & même destitués lorsqu'ils font suspects, on peut aussi contraindre les uns & les autres à gérer. Ce qui est jugé contre le *curateur*, s'exécute contre le mineur, de même que ce qui a été jugé contre le tuteur. Il faut néanmoins observer que si le mineur est émancipé, le jugement doit être rendu avec lui, assifté de son *curateur*, &

qu'il ne feroit pas régulier de procéder contre le *curateur* feul.

Pour ce qui eft des différences qui font entre la tutèle & la *curatelle*, elles confiftent en ce que le *tuteur* eft donné principalement à la perfonne, au lieu que le *curateur* eft donné principalement aux biens. On comptoit auffi autrefois comme une des différences entre la tutèle & la *curatelle*, que le tuteur fe donne au pupille *etiam invito*, au lieu que, fuivant l'ancien droit qui s'obfervoit en pays de droit écrit, le *curateur* ne fe donnoit au mineur pubère qu'autant qu'il le demandoit. Mais on a vu que, fuivant le dernier état du droit romain, on peut obliger les mineurs pubères de recevoir des *curateurs*.

On ne donne pas de tuteur pour une affaire en particulier, mais on donne quelquefois en ce cas un *curateur* : on ne donne pas non plus de tuteur à celui qui en a déjà un ; mais en cas de befoin on lui donne un *curateur*. On peut auffi, quoique le mineur ait déjà un *curateur*, lui en donner un autre pour quelque objet particulier.

Le tuteur que l'on donne au pofthume ne commence à gérer qu'après la naiffance de l'enfant ; c'eft pourquoi en attendant on lui nomme un *curateur* pour avoir foin des biens. Le pupille ne peut pas rendre plainte contre fon tuteur, au lieu que le mineur peut fe plaindre de fon *curateur* s'il le trouve fufpect. Enfin la nomination d'un tuteur faite par teftament eft valable par elle-même, au lieu que celle d'un *curateur* doit être confirmée par le juge.

Lorfqu'un mineur eft émancipé, foit par mariage ou par lettre du prince, le *curateur* qu'on lui donne n'eft point comptable ; mais fi le mineur émancipé fe conduit mal, on peut lui ôter l'adminiftration de fes biens, & la donner au *curateur*, lequel en ce cas devient comptable.

S'il n'y a pas eu d'inventaire du mobilier du mineur avant la geftion du *curateur* comptable, il doit faire inventaire & faire vendre les meubles du mineur, de même que le tuteur, & fous les mêmes peines.

La fonction du *curateur* comptable eft de recevoir ce qui eft dû au mineur, en donner quittance, pourfuivre les débiteurs ; défendre aux actions intentées contre le mineur, faire les baux de fes biens, veiller à l'entretien & aux réparations, fournir ce qui eft néceffaire à l'entretien du mineur felon fes facultés, en un mot, faire la même chofe que le tuteur feroit obligé de faire par rapport aux biens.

Le mineur, même émancipé, ne peut valablement recevoir un rembourfement d'un principal, fans être affifté & autorifé de fon *curateur*.

Le *curateur* ne peut aliéner les immeubles de celui qui eft fous fa *curatelle*, fans un avis de parens, homologué en juftice.

La *curatelle* eft une charge civile & publique, de même que la tutèle ; & l'on peut être contraint de l'accepter, foit qu'il y ait adminiftration de biens, ou que ce ne foit que pour affifter la perfonne en jugement ou dans quelque autre acte.

Il y a certaines incapacités perfonnelles qui excluent de la *curatelle*.

Par exemple, les femmes, en général, font incapables de cette charge, excepté la mère & l'aïeule.

La femme ne peut être curatrice de fon mari furieux ou prodigue.

Le mari ne peut être *curateur* de fa femme en pays de droit écrit, parce qu'elle ne peut en avoir befoin que pour fes paraphernaux, dont le mari ne doit point avoir l'adminiftration.

En pays coutumier, le mari ne peut pas non plus être *curateur* de fa femme, lorfqu'elle eft féparée de biens d'avec lui, foit par contrat de mariage ou depuis, quand même elle tomberoit en démence.

Les mêmes caufes qui exemptent de tutèle, exemptent auffi de la *curatelle* Voyez TUTÈLE. A quoi il faut ajouter que celui qui a été tuteur, peut s'excufer d'être enfuite *curateur*.

Lorfque les *curateurs* malverfent dans leurs fonctions, ils peuvent être deftitués, de même que le tuteur. Voyez TUTEUR.

La *curatelle des mineurs* finit à leur majorité. La mort naturelle ou civile du *curateur* ou de celui qui eft en *curatelle*, foit mineur ou majeur, fait auffi finir la *curatelle*.

Il y a certaines *curatelles* qui, n'étant données que pour une caufe ou affaire particulière, finiffent lorfque leur objet eft rempli.

Les *curateurs* comptables des mineurs doivent rendre compte de leur geftion, lorfque le mineur eft devenu majeur ; & fi ces comptes ne peuvent être réglés à l'amiable, ils doivent être rendus devant le juge qui a déféré la *curatelle*.

Curatelle pour fait d'interdiction. L'interdiction peut avoir lieu à l'égard des majeurs pour plufieurs caufes, telles que la démence, la fureur, la prodigalité, &c.

Lorfqu'un homme a le malheur de tomber dans la démence, & qu'on le voit incapable de prendre foin de fa perfonne & de fes biens, on lui donne un *curateur* qui devient pour lui un vrai tuteur comptable de fa geftion & de fon adminiftration. Les actions qui concernent l'infenfé ou le furieux fe dirigent contre ce *curateur* ; & celui-ci, en cette qualité, pourfuit de même celles qui regardent les intérêts de l'interdit.

Lorfqu'il s'agit de diffipation & de prodigalité, en réduifant celui qui tombe dans ce genre de déréglement à l'état d'un mineur émancipé, on lui laisse simplement la jouissance de ses revenus, & on lui interdit la faculté de former aucun engagement qui ait trait à l'aliénation de ses fonds, à moins que ce ne soit de l'aveu & du consentement de celui qu'on lui donne pour *curateur*. Quelquefois, au lieu d'un *curateur*, on se contente de lui donner un conseil, avec défenses de contracter & d'intenter aucun procès sans l'avis par écrit de ce conseil, ou sans son intervention dans l'acte.

Lorsque le *curateur* du prodigue est mort, & qu'on néglige de lui en nommer un autre, il rentre dans sa première liberté, au lieu que la mort du *curateur* de l'insensé ou du furieux ne change point leur état, ils demeurent toujours interdits. Au surplus, *voyez* à l'article INTERDICTION, pour quelles causes, & de quelle manière elle a lieu, combien elle dure, quels en sont les effets, & comment elle finit. Les *curateurs* des furieux & autres majeurs interdits, ne doivent pas attendre la fin de leur *curatelle* pour rendre compte: on peut les obliger à le faire de temps en temps, & s'ils ne peuvent être rendus à l'amiable, ils doivent l'être devant le juge qui a déféré la *curatelle*.

Curateur pour biens vacans, confisqués & déguerpis. Lorsqu'une succession est ouverte, & qu'il ne se présente pas d'héritiers, ou lorsque ceux qui sont appellés à la recueillir, jugent à propos d'y renoncer, les créanciers, qui ont intérêt d'être payés sur les biens de cette succession, y font nommer un *curateur*. Cette nomination n'exige point d'assemblée de parens: on présente une requête au juge, expositive du fait, & l'on demande qu'il soit nommé un *curateur* aux biens vacans; cette requête est communiquée au ministère public, qui indique une personne pour *curateur*. Ce *curateur* se présente, & l'on reçoit de lui le serment de s'acquitter fidèlement de sa commission. La *curatelle* s'insinue, & le *curateur* entre en fonctions. On emploie ordinairement d'anciens praticiens pour ces fortes de fonctions; on leur passe quelques salaires, au moyen de quoi, on n'est jamais en peine de trouver des *curateurs* en pareille occasion.

Au bailliage de Nevers, il y a un usage singulier; on assigne sept procureurs, qui, après en avoir conféré entre eux, nomment le *curateur*.

Si plusieurs personnes font créer chacune de son côté un *curateur* à des biens vacans, il est d'usage de donner la préférence à la *curatelle* la plus ancienne en date du côté de l'insinuation. Cependant s'il y avoit des raisons pour préférer la *curatelle* la moins ancienne, eu égard au plus ou moins d'aptitude & de capacité de la part des *curateurs* nommés, il resteroit à la prudence du juge de faire prévaloir celle qu'il croiroit le plus avantageuse pour la conservation des biens.

Le *curateur* nommé représente le défunt ou l'ancien propriétaire. C'est contre ce *curateur* qu'on doit diriger toutes les actions qu'on a à exercer.

Le *curateur*, de son côté, est partie capable, en cette qualité, pour intenter toutes celles qui ont rapport aux intérêts qui lui sont confiés. S'il y a du mobilier, il peut le vendre; mais pour que la vente soit régulière, elle doit être faite par l'autorité de justice après publication & affiches, c'est-à-dire, à-peu-près de la manière qu'on procède à la vente du mobilier des mineurs. L'*article* 344 de la *Coutume* de Paris contient des dispositions à cet égard.

Tous les frais légitimes que fait le *curateur*, sont des frais qui doivent lui rentrer, par préférence aux créances même les plus privilégiées.

Si, après qu'un *curateur* s'est immiscé dans l'administration des biens qui lui ont été confiés, il survenoit un héritier inconnu auparavant, tout ce qui auroit été fait avec le *curateur* ne seroit pas regardé comme nul; cet héritier seroit obligé de prendre les choses dans l'état où elles se trouveroient; c'est ce qui a été jugé au parlement de Paris, par un arrêt du 28 mars 1702.

Nous remarquerons ici, d'après de Ferrières, sur l'art. 34 de la coutume de Paris, que lorsque le *curateur* est donné à un fief saisi, à la requête des créanciers du vassal, ce *curateur* est bien reçu, à la vérité, à faire la foi & hommage au seigneur, pour avoir main-levée de la saisie féodale; mais par la mort de ce *curateur*, il n'y a ni mutation de vassal, ni ouverture de fief, parce que le débiteur en conserve toujours la propriété jusqu'à une adjudication par décret.

Quand le *curateur* est nommé à une succession vacante ou à un fief abandonné, la chose est différente, il n'y a plus alors de propriétaire connu: ainsi le seigneur peut, dans ce cas, obliger les créanciers à lui donner ce qu'on appelle un homme vivant & mourant; car le *curateur* n'est point regardé comme tel, par sa simple qualité de *curateur*.

Mais observez qu'en fait de saisie réelle, les fonctions de *curateur* aux biens saisis appartiennent aux commissaires des saisies réelles où il y en a de créés en titre d'office.

Ce que nous venons de dire du *curateur* aux biens vacans & déguerpis, s'applique au *curateur* des biens confisqués; car après une confiscation acquise, celui auquel elle doit profiter, n'étant point partie capable pour défendre aux droits des créanciers, il faut qu'il fasse créer un *curateur* aux biens qui font l'objet de la confiscation. On peut voir ce que dit Auzanet à ce sujet sur l'art. 183 de la coutume de Paris.

Curateur en matière criminelle. Lorsqu'il s'agit de faire le procès à un accusé muet ou tellement sourd qu'il ne puisse rien entendre, le juge, sans aucune requisition ni de la partie publique, ni de la partie civile, doit lui nommer d'office un *curateur* qui sache lire & écrire; & il doit être fait mention dans le procès-verbal de nomination de ce *curateur*, à peine de nullité, du ferment qu'on est tenu de lui faire faire de bien & fidellement défendre l'accufé.

Pour que ce *curateur* s'acquitte, comme il faut, de fa commiffion, l'ordonnance lui permet de s'inftruire fecrètement avec l'accufé par fignes, ou autrement, des moyens qui peuvent fervir à la juftification de celui-ci. C'est par cette confidération que le juge doit avoir l'attention de lui donner pour *curateur* une perfonne qui le connoiffe particuliérement, & qui ait vècu ou qui ait eu des habitudes avec lui.

Si l'accufé eft muet fans être fourd, ou fourd fans être muet, on peut lui donner à écrire toutes fes réponfes, ainfi que fes dires & reproches contre les témoins, lorfqu'il a l'ufage de l'écriture. Mais ce qu'il a écrit doit être figné de lui & du *curateur* tout enfemble, ou il doit être fait mention de la raifon pour laquelle l'un ni l'autre n'ont figné.

Si ce fourd ou ce muet ne veut écrire ni figner, le *curateur* doit répondre en fa préfence, & fournir des reproches contre les témoins. Ce *curateur* eft reçu à faire tous les actes que pourroit faire l'accufé; on obferve à fon égard les mêmes formalités que celles qu'on obferve ordinairement à l'égard de celui de la défenfe duquel il eft chargé, avec cette différence feulement que le *curateur* ne fe met jamais fur la fellette, il refte debout, & tête nue, lors du dernier interrogatoire.

Au refte, que l'accufé foit fourd ou muet fimplement, ou qu'il foit tout enfemble fourd & muet, il n'en doit pas moins être fait mention dans tous les actes de la procédure de l'affiftance de fon *curateur*, & cela à peine de nullité, & des dépens, ainfi que des dommages-intérêts des parties contre les juges; mais dans le difpofitif du jugement, il ne doit être fait mention que de l'accufé.

On ne donne point de *curateur* aux accufés qui entendent, & qui, pouvant répondre, ne veulent rien dire.

Ce que nous venons d'obferver, au fujet des fourds & des muets, eft tiré du tit. 18 de l'ordonnance criminelle de 1670.

L'article 11 du titre 14 de la même ordonnance a prévu le cas où un accufé n'entendroit pas le françois; elle veut, dans cette occafion, qu'il lui foit donné un interprète, qui fait alors à-peu-près les fonctions du *curateur*. *Voyez* INTERPRETE.

Quand un corps où une communauté fe font rendus coupables de rebellion, de violence, ou de quelque autre crime, & qu'il s'agit d'inftruire leur procès, le titre 21 de l'ordonnance que nous venons de citer, veut que ce corps ou communauté foient tenus de fe nommer un fyndic ou un député, fuivant que le prefcrira l'ordonnance du juge, à l'effet de les repréfenter dans le procès, & de les défendre; & lorfqu'ils refufent de faire cette nomination, le juge eft autorifé à nommer d'office un *curateur*.

Ce *curateur* fubit les interrogatoires pour la communauté; c'eft avec lui que fe font les confrontations; & il eft employé, en cette qualité, dans tous les actes de la procédure. Mais on ne le comprend point dans le difpofitif du jugement, qui fe rend feulement contre la communauté.

Un autre cas, en matière criminelle, où les fonctions d'un *curateur* font néceffaires, c'eft lorfqu'il s'agit de faire le procès au cadavre ou à la mémoire d'un défunt, foit pour crime de lèfe-majefté divine ou humaine, foit pour duel, ou pour homicide de foi-même, ou pour rébellion à juftice avec force ouverte, quand l'accufé eft mort dans la chaleur de cette rébellion.

Comme l'accufé n'eft plus en état de fe défendre, l'ordonnance veut que le juge nomme d'office un *curateur* au cadavre ou à la mémoire du défunt, & qu'on prenne par préférence un parent de ce dernier, s'il s'en offre quelqu'un pour faire cette fonction.

La procédure s'inftruit contre ce *curateur* de la même manière qu'elle s'inftruit contre celui qui eft nommé à une communauté.

Ce *curateur* au cadavre ou à la mémoire d'un défunt, a la faculté d'interjetter appel de la fentence rendue dans l'affaire pour laquelle il a prêté fon miniftère; il peut même être forcé par l'un des parens à l'interjetter; mais alors ce parent eft tenu d'avancer les frais de l'appel.

Obfervez que fur cet appel les cours peuvent élire un autre *curateur* que celui qui a été nommé par les premiers juges.

Ce que nous difons à ce fujet, réfulte du titre 22 de l'ordonnance de 1670. *Voyez* au furplus ce que nous avons dit à l'article CADAVRE.

Curateur au ventre, ou pour fait de groffeffe. Ce *curateur* a lieu lorfque la femme fe trouve enceinte, lors de la mort de fon mari, & ce *curateur*, s'appelle ordinairement *curateur au ventre*. Ses fonctions font de veiller aux intérêts de l'enfant à naître. Quelquefois auffi les héritiers, lorfqu'ils ont de juftes raifons de craindre, de la part de la veuve, une fuppofition de part, pour les fruftrer de la fucceffion, font créer ce *curateur* pour s'affurer en même temps de la naiffance de l'enfant, & de l'état où il fe trouve au moment où il viendra au monde. Si cet enfant eft dans le cas de vivre, on lui donne un tuteur, auquel le *curateur* rend compte de fon adminiftration pendant la groffeffe; mais ce même *curateur* peut être continué pour cette adminiftration, en qualité de tuteur.

Il nous refte, pour terminer cet article, à faire connoître certaines qualifications ajoutées au mot *curateur*, qu'on trouve dans les loix & les auteurs, & dont nous n'avons pas pu parler.

Curateur du calendrier, *curator kalendarii*, étoit chez les Romains, le tréforier ou receveur des deniers de la ville. Il en eft parlé au *Code théo-*

dofien, *lib.* 12, *tit.* 11, & au *Digefte*, *liv. L, tit. 8*, *l.* 9, §. 7.

Curateur aux caufes, eft celui qui eft nommé au mineur émancipé, à l'effet feulement de l'affifter en jugement.

Curateur datif, dativus, eft celui qui eft nommé par le juge. On le diftinguoit, chez les Romains, des *curateurs* légitimes & teftamentaires. Mais en France toutes les tutéles & *curatelles* font datives.

Curateur de l'empereur, ou de la maifon de l'empereur, & curateur du prince, chez les Romains, étoit celui qui avoit foin du revenu de l'empereur & de fa dépenfe. *Voyez* ce qui eft dit dans la loi 3 au *Cod. de quadriennali præfcriptione*, où Juftinien l'appelle *curator nofter* : c'étoit proprement l'intendant de la maifon.

Curateur ad hoc, c'eft celui qui n'eft établi que pour une fonction paffagère, comme pour entendre un compte, faire une liquidation, autorifer le mineur pour recevoir un rembourfement.

Curateur à l'inventaire, eft celui qui eft créé pour affifter à un inventaire, & y fervir de légitime contradicteur, vis-à-vis de quelque partie intéreffée à l'inventaire. On l'appelle ainfi en Bretagne. A Paris, on l'appelle *fubrogé tuteur*.

Curateur légitime, c'étoit, chez les Romains, celui qui, fuivant la loi, étoit le *curateur* né du mineur ou du majeur furieux ou prodigue, comme fon plus proche héritier. Le père étoit *curateur légitime* de fon fils émancipé devenu furieux ou en démence ; le frère l'étoit pareillement de fon frère ou de fa fœur, dans le même cas : au défaut du père & du frère, c'étoit le plus proche agnat. Le *curateur légitime* ne venoit cependant qu'après le teftamentaire, & s'il n'avoit pas lui-même la capacité néceffaire, il étoit exclu. *Voyez Code liv. V, tit.* 70, *l.* 7.

Curateur des ouvrages publics, chez les Romains, étoit celui qui en avoit l'intendance & l'infpection. Il étoit garant des défauts de ces ouvrages pendant quinze ans : il en eft parlé au *Code liv. VIII, tit.* 12, *l.* 8.

Curateur au prifonnier de guerre; on lui en donnoit un chez les Romains pour la confervation de fes biens. *Voyez* au *Code, liv. VIII, tit.* 51, *l.* 3.

Curateur d'une province, chez les Romains, étoit proprement l'intendant de cette province. *Voyez* au *Code, liv. V, tit* 40, *l.* 2.

Curateur d'un pupille, eft celui qu'on lui donne pour fuppléer à fon tuteur, qui fe trouve hors d'état de veiller à fes intérêts, à caufe de quelque longue maladie ou infirmité. *ff. liv. XXVI, tit.* 1, *l.* 13 *in princip.*

Curateurs des quartiers, curatores regionum, chez les Romains, étoient des officiers publics, dont la fonction revenoit à-peu-près à celle des commiffaires au châtelet de Paris, entre lefquels la police de la ville eft diftribuée par quartiers.

Curateur de la république, curator reipublicæ, feu procurator, étoit, chez les Romains, celui qui avoit foin des travaux & lieux publics ; il devoit veiller à ce que les maifons ruinées fuffent rétablies, de crainte que l'afpect de la ville ne fût déshonoré. *Voyez au ff. liv. XXXIX, tit.* 2, *l.* 46.

Curateur teftamentaire, c'eft celui qui eft nommé par le teftament du père à fes enfans mineurs ; mais il ne peut pas exercer qu'il ne foit confirmé par le juge. *Voyez* §. 1, *inftit. de curat. Voyez* ci-devant *Curateur datif* & *Curateur légitime*.

Curateur en titre, on appelle ainfi en Lorraine des officiers prépofés pour veiller à l'intérêt des abfens & à la confervation des biens des fucceffions vacantes.

Avant que le roi Staniflas, dernier duc de Lorraine, eût fupprimé, par fon édit du mois de juin 1751, les anciens bailliages & les autres fièges fubalternes de cette province pour en créer de nouveaux, les fonctions des *curateurs en titre* étoient exercées par des officiers, auxquels le fouverain accordoit des provifions pour cet effet.

Ces officiers ayant été fupprimés, par l'édit qu'on vient de citer, il n'en fut point établi de nouveaux. Cette circonftance détermina le procureur-général de la cour fouveraine de Lorraine & Barrois, qui eft aujourd'hui le parlement de Nancy, à préfenter un requifitoire pofitif que les créations nouvelles de tribunaux & d'officiers de juftice, contenues dans l'édit de juin 1751, ayant été faites, à l'inftar des tribunaux, offices & ufages de France auxquels elles avoient été affimilées, il n'y avoit point eu de création nouvelle de l'office de *curateur en titre* qui étoit inconnu dans le royaume de France, & dont les fonctions s'y exerçoient par le miniftère public, enforte que, s'il n'y étoit pourvu, l'adminiftration de la juftice feroit interrompue, ou une grande partie des procédures expofée à des nullités effentielles : qu'ayant fait à cet égard fes remontrances à fa majefté, il en avoit reçu l'ordre d'y apporter un expédient provifionnel. En conféquence la cour rendit le 22 novembre 1751, en conformité des conclufions de ce magiftrat, un arrêt par lequel elle ordonna que dans tous les bailliages, prévôtés & fièges de fon reffort, il feroit établi par les officiers de ces fièges, fur les requifitions des fubftituts du procureur-général, un *curateur* aux abfens & aux fucceffions vacantes, lequel feroit du nombre des avocats des mêmes fièges, & prêteroit ferment pardevant ces officiers, pour faire par provifion, fous le bon plaifir du roi, & jufqu'à ce qu'il en eût autrement ordonné, les fonctions des *curateurs en titre* fupprimés, exercer les droits que l'ordonnance du mois de novembre 1707 leur avoit attribués, & remplir les obligations que cette loi leur avoit impofées : il fut en outre ordonné qu'immédiatement après la preftation de ferment de ces nouveaux officiers, tous les regiftres, titres, lettres, papiers, procédures & deniers concernant les *curatelles*, leur feroient remis par les anciens *curateurs en titre*, fous inventaire fommaire, qui en feroit dreffé fans frais par les juges, au pied duquel les

les nouyeaux *curateurs* s'en chargeroient, & en donneroient décharge à leurs prédécesseurs ou à leurs héritiers, sur un duplicata de cet inventaire.

Les fonctions du *curateur en titre* sont déterminées dans l'ordonnance du duc Léopold de Lorraine, du mois de novembre 1707, par un chapitre particulier du réglement, concernant les droits, fonctions & attributions des officiers de justice.

Suivant l'article premier, les *curateurs en titre* ne peuvent pas s'immiscer dans la gestion des successions prétendues vacantes & abandonnées, si ce n'est en vertu d'une ordonnance de justice, intervenue sur une requête présentée, soit par eux, soit par les autres parties intéressées, & cette ordonnance doit leur prescrire ce qu'ils ont à faire.

Les juges peuvent, sur la requisition du *curateur en titre*, obliger les parties qui font des poursuites contre des absens, ou relativement à des successions vacantes & abandonnées, de lui avancer une certaine somme de deniers pour être employée aux. frais nécessaires, sauf à la partie qui a fait ces avances, à les recouvrer comme frais privilégiés. C'est ce qui résulte de l'article 2.

L'article 3 veut que le *curateur en titre* tienne un registre exact de toutes les poursuites actives & passives concernant la *curatelle*, par chapitre séparé pour chaque affaire, & sans aucune confusion des unes avec les autres.

Il est tenu, par l'article 4, de faire tout ce qui lui est possible pour avertir les absens des poursuités dirigées contre eux.

Suivant l'article 5, il doit exercer pendant le temps de sa commission les droits dépendans des successions vacantes.

L'article 6 attribue aux avocats-*curateurs en titre* des bailliages & sièges inférieurs le droit de précéder les autres avocats dans les marches & actions publiques.

Il est dit, par l'article 7, que les registres, papiers & procédures concernant les *curatelles*, seront remis par inventaire, & moyennant décharge valable, entre les mains du successeur en charge, à condition que, dans le cas du remboursement des émolumens des poursuites, ils appartiendront à la veuve ou aux héritiers du prédécesseur. *Voyez* ABSENT, SUCCESSION.

CURATRICE, s. f. (*Jurisprud.*) est celle qui est chargée de la curatelle d'une autre personne. Les femmes en général ne peuvent être *curatrices*, parce que la curatelle, de même que la tutèle, est un office civil. La mère & l'aïeule peuvent néanmoins être *curatrices* de leurs enfans & petits-enfans, de même qu'elles en peuvent être nutrices. La femme ne peut être *curatrice* de son mari, soit prodigue ou furieux, ni pour aucune autre cause. La coutume de Bretagne, *art.* 523, permet cependant de donner la femme pour *curatrice* au mari prodigue; ce qui est une exception au droit

commun, & contre l'ordre naturel, suivant lequel la femme est en la puissance du mari. *Voyez* ci-devant CURATELLE & CURATEUR. (*A*)

CURE, s. f. CURÉ, s. m. (*Droit ecclés.*) on appelle *cure*, un bénéfice ecclésiastique qui demande résidence, & dont le titulaire a soin, quant au spirituel, d'un certain nombre de personnes renfermées dans une étendue de pays qu'on appelle *paroisse*, & l'on nomme *curé* le prêtre qui est pourvu d'une *cure*.

Il n'est pas étonnant que les ministres de la religion influent souvent sur l'état des citoyens, & qu'ils soient à la fois les interprètes de la loi divine, & les hommes de la loi civile. Ce double caractère se rencontre sur-tout dans la personne des *curés*. Le législateur ayant attaché à l'administration de plusieurs sacremens, des effets civils de la dernière importance, les *curés* qui sont ministres nés de ces sacremens, se trouvent chargés de l'exécution d'une partie des loix; & si la religion s'en sert pour conduire les fidèles à la vie éternelle, par l'accomplissement des préceptes révélés, l'état à son tour s'en sert pour assurer & fixer l'existence légale des citoyens. Aux yeux du politique, comme du chrétien, le rang & l'état de *curé* ne peuvent donc manquer d'être infiniment respectables.

Le nom de *curé* vient-il du mot *cura* ou *curio*? peu importe. On trouve l'un & l'autre également employés dans les conciles des onzième & douzième siècles, où tantôt on appelle les *curés*, *curati*, & tantôt *curiones*. *Parochus*, *plebanus*, *rector* ont encore servi à les désigner. Il y a des pays où ils ont conservé quelques-unes de ces dénominations; en Bretagne, on les nomme *recteurs*.

Une autre question qui mérite plus d'attention, & qui a souvent agité les esprits, est de savoir quelle est leur origine; s'ils ont été institués par J. C. lui-même, ou s'ils ont été établis par l'église. Sont-ils de droit divin? sont-ils de droit positif ecclésiastique? ont-ils reçu leur caractère & leur jurisdiction du Fils de Dieu, ou sont-ils de simples délégués des évêques? Les partisans des droits de l'épiscopat ont cru en relever l'éclat & la splendeur, en réduisant l'état des *curés* à celui de simples mandataires révocables *ad nutum*. Ils n'ont vu dans ces hommes respectables & laborieux, qui supportent le poids & la chaleur du jour, & qu'on peut à juste titre appeler les *colonnes de l'église*, que des ouvriers pour ainsi dire étrangers à la vigne du seigneur, des mercenaires qui n'exerçoient les pouvoirs du saint ministère que par procuration, & qui ne remplissant leurs fonctions ni en vertu de leur ordre, ni en vertu de leur caractère, ne pouvoient tenir aucun rang dans la hiérarchie ecclésiastique. Au contraire, les défenseurs des droits des *curés* ont soutenu leur indépendance des évêques, & quant à la puissance d'ordre, & quant à celle de jurisdiction, & faisant remonter leur origine jusqu'à J. C. ils les ont

Kkk

regardés comme les successeurs des 72 disciples. Les passions qui se glissent jusques dans le sanctuaire & sur l'autel même, ont animé les deux partis, & les ont fait sortir des bornes que la religion & la raison leur prescrivoient.

Les évêques ont cherché à opprimer les *curés*, en leur refusant une institution divine ; & malheureusement les *curés*, en réclamant une origine qu'on ne peut leur contester, ont voulu se délivrer d'une subordination que le divin auteur de notre religion a lui-même établie & qui fait la base de tout le gouvernement ecclésiastique.

J. C. pendant sa vie mortelle, a établi deux ordres de ministres. On ne peut se refuser à cette vérité, lorsqu'on voit dans les livres saints la vocation des apôtres & la mission des disciples. Il est certain que les uns & les autres ont été institués pour le même but & le même objet, la prédication de l'évangile. Il est encore certain que les apôtres étoient d'un rang supérieur aux disciples. Leur institution étoit la même : ils tiroient leurs pouvoirs de la même source ; mais ces pouvoirs étoient subordonnés entre eux, & les disciples ne les exerçoient que sous l'inspection & la surveillance des apôtres.

Si les *curés* sont les successeurs des disciples, comme les évêques sont ceux des apôtres, tout est décidé ; ils sont de droit divin. Or, cela paroît incontestable. En vain dit-on que l'on ne trouve point de paroisses établies dans les premiers siècles de l'église, ce n'est pas saisir l'état de la question : il ne pouvoit point y avoir de paroisses, lorsqu'il n'y avoit point de chrétiens. La religion a commencé à s'établir dans les villes ; les fidèles, d'abord en petit nombre, n'avoient qu'un temple, & étoient gouvernés par l'évêque ; mais cet évêque avoit avec lui un certain nombre de prêtres, & lorsque le christianisme, en multipliant les prosélytes, eut converti les habitans des villes, & se fut répandu dans les campagnes, les prêtres qui assistoient les évêques, & qui demeuroient avec eux, les quittèrent & s'établirent dans les différens quartiers des grandes villes & dans les campagnes peuplées de chrétiens. Voilà l'origine des paroisses & des *curés*.

Les *curés* ne sont donc que ces prêtres qui, dans les premiers commencemens du christianisme, ne quittoient point les évêques & étoient les compagnons de leurs travaux apostoliques. Comment nier que ces prêtres ne fussent les successeurs des disciples ? Où trouve-t-on leur origine dans l'histoire de l'église ? Les actes des apôtres auroient-ils manqué de nous rapporter leur institution, comme ils nous ont transmis celle des diacres ? Au contraire, ces mêmes actes supposent par-tout les prêtres aussi anciens que la religion. S. Paul assemble à Milet les prêtres de l'église d'Ephèse : *majores natu ecclesiæ*. Le discours qu'il leur adresse prouve qu'il les regardoit comme d'institution divine ; *attendite vobis & universo gregi in quo vos spiritus sanctus*

posuit episcopos regere ecclesiam Dei quam acquisivit sanguine suo. Il n'est pas possible de traduire ici le mot *episcopos* par *évêques*, dans le sens que nous lui donnons aujourd'hui. Il n'y avoit certainement qu'un évêque à Ephèse, il n'y en a jamais eu plusieurs dans une même ville : c'est donc de tous les prêtres de cette église qu'il faut entendre ce que dit l'apôtre. Cela souffre d'autant moins de difficulté, que le texte grec, au lieu de *majores natu*, porte *les prêtres de cette église*. Or, ne dit-il pas en termes formels qu'ils doivent leur institution à Dieu même ? *in quo vos spiritus sanctus posuit episcopos*. Ce ne sont point les hommes, c'est l'esprit saint qui les a établis, pour être les inspecteurs & les surveillans de l'église de Dieu, acquise par son sang. On ne peut donc, sans contredire S. Paul, donner aux prêtres une institution positive ecclésiastique.

Mais si cette opinion a toujours été admise dans l'église, si les pères, les conciles & les docteurs ont toujours regardé les prêtres-*curés* comme les véritables successeurs des disciples, alors il n'y aura plus de difficulté. La tradition, règle sûre & infaillible, dissipera les obscurités que pouvoit présenter le texte sacré.

Or, on trouve dans tous les auteurs qui ont traité cette matière, des passages précis de S. Ignace, de S. Irénée, de S. Chrysostôme, &c. qui ne laissent aucune difficulté sur l'institution divine des prêtres & des *curés*. Le clergé de France a toujours tenu la même doctrine ; ses plus célèbres évêques, dès le huitième siècle, ont déclaré positivement qu'ils reconnoissoient les *curés* comme leurs associés dans les travaux apostoliques, & les successeurs des 70 disciples. C'est également la doctrine de Gerson & de S. Thomas. La faculté de théologie de Paris a toujours eu le soin le plus attentif, à condamner toutes les propositions qui pouvoient y donner quelque atteinte. Nous laissons aux théologiens à rapporter & à discuter les preuves de tous ces faits : ce sont des objets absolument étrangers au jurisconsulte.

A ce précis des preuves de l'origine des *curés*, nous nous contenterons d'ajouter qu'ils exerçoient autrefois, & de droit commun, une jurisdiction beaucoup plus étendue qu'ils ne l'exercent aujourd'hui. Le père Thomassin, dans sa discipline ecclésiastique, prouve, d'après les anciens monumens, qu'ils conféroient à leurs paroissiens les ordres que nous appellons *mineurs* ; on voit dans la vie de S. Seine, qu'il reçut vers l'an 540, la tonsure par les mains du *curé* de Maymond, nommé *Eustade*. Ils avoient aussi le droit de porter des censures tant contre le clergé que contre le peuple de leurs paroisses. Ils pouvoient enfin donner des pouvoirs aux simples prêtres pour entendre les confessions de leurs paroissiens, preuves incontestables que la jurisdiction qu'ils exerçoient n'étoit point une jurisdiction déléguée, mais une jurisdiction qu'ils ne tenoient que de leur ordination, & par conséquent que de J. C. lui-même, premier auteur du sacrement de l'ordre.

Si les *curés* ne jouissent plus de tous ces droits, on n'en peut rien conclure contre eux, parce qu'on reconnoît, & on a toujours reconnu, que l'église a le droit de limiter & de restreindre l'exercice des pouvoirs de ses ministres, selon les circonstances & ses besoins. Si les *curés* ne confèrent plus les ordres mineurs, s'ils ne portent plus de censures, s'ils ne délèguent plus pour entendre les confessions, on ne peut pas dire pour cela que ces pouvoirs ne sont point attachés à leur ordre & à leur caractère ; on en doit seulement conclure que l'exercice en est limité ou suspendu par les ordres supérieurs de l'église. Les évêques qui ont abandonné au pape beaucoup de droits épiscopaux, n'en tiennent pas moins ces droits de J. C. lui-même, quoiqu'ils ne les exercent plus, & comme un changement dans la discipline pourroit leur rendre ce que leur foiblesse ou leur complaisance leur ont fait perdre, de même les *curés* pourroient rentrer dans leurs anciennes prérogatives, si l'on abrogeoit les loix récentes qui les ont réduits à l'état où nous les voyons aujourd'hui.

Mais de ce que les *curés* sont d'institution divine, il ne s'ensuit pas qu'ils ne doivent point être soumis & subordonnés aux évêques, & qu'ils leur soient égaux en pouvoirs & en jurisdiction. Nous ne voyons jamais dans l'écriture, les disciples marcher de pair avec les apôtres ; ceux-ci, au contraire, sont les chefs de toutes les assemblées, par-tout ils portent la parole. Les 17, 18, 19ᵉ versets de l'épître de S. Paul à Timothée, prouvent la supériorité des évêques sur les prêtres, & jamais la discipline de l'église n'a varié sur ce point. Au reste, leur institution divine & les pouvoirs qu'ils tiennent immédiatement de J. C. n'ont rien d'incompatible avec la subordination aux évêques, & s'il est permis de comparer les choses sacrées aux profanes, ils sont comme nos tribunaux inférieurs qui tiennent leur jurisdiction du souverain, & ne l'exercent cependant que sous l'inspection & la dépendance des cours supérieures. Nous nous ferons donc un devoir de dire ici avec le concile de Trente, *si quis dixerit episcopos non esse presbiteris superiores anathema sit.*

A peine le christianisme se fut-il répandu dans les villes & dans les campagnes, que l'on voit des *curés* dans l'exercice de leurs fonctions. S. Paul, dans son épître aux Romains, *chap. 16, vers. 1,* indique qu'il y avoit une église à Cénérée ; cette église avoit seulement un ministre. Théodoret assure qu'il n'y a jamais eu d'évêque : ce ne pouvoit donc être qu'un *curé.* Eusèbe, *liv. II, chap. 16,* rapporte que les différentes paroisses qui étoient à Alexandrie, avoient été établies par S. Marc même ; Sozomène en parle comme d'un établissement fort ancien. S. Denis, qui en fut évêque l'an 248, rassembla les prêtres qui étoient dans les vil-

lages de la province d'Arsinoé, pour combattre l'erreur des millénaires.

Les *curés* ont la même ancienneté dans l'église d'Occident que dans celle d'Orient. Si l'on en croit Hermas, auteur contemporain des apôtres, il y avoit à Rome, dans le temps de S. Clément, qui a succédé presque immédiatement à S. Pierre, des prêtres qui gouvernoient sous lui les églises de cette capitale du monde. On lit dans le pontifical attribué au pape Damase, que le pape Evariste, qui mourut l'an 108 de J. C. la partagea en différens quartiers, & qu'il en distribua les titres à ces prêtres qu'on nommoit alors *cardinaux,* & qui n'étoient que de simples *curés.* Enfin, ce qui ne laisse aucun doute sur leur ancienneté, c'est le 36ᵉ canon des apôtres, qui défend aux évêques d'ordonner des prêtres dans les villes & villages qui ne sont pas de leurs diocèses. L'auteur de la fausse décrétale, attribuée au pape S. Denis, s'est donc évidemment trompé, lorsqu'il a placé sous le pontificat de ce saint, la formation & l'établissement des paroisses, il est beaucoup plus ancien. En effet, il a dû y avoir des *curés* en titre, dès le moment où le nombre des chrétiens & la distance de leurs habitations de la ville épiscopale, a exigé que les prêtres qui vivoient avec l'évêque, s'en éloignassent & fixassent ailleurs leurs demeures, pour distribuer le pain de la parole & administrer les sacremens. Nous ne nous arrêterons point à citer une foule de conciles qui prouvent l'ancienneté des *curés* en titre, c'est un point de fait qu'on ne peut plus contester.

Un *curé* doit être prêtre, âgé de 25 ans accomplis, & être gradué, si sa *cure* est dans une ville murée.

Selon l'ancien droit, on pouvoit être nommé à une *cure,* lorsqu'on pouvoit être ordonné prêtre dans l'an de la paisible possession ; il suffisoit donc d'avoir 23 ans accomplis, puisque à 24 ans également accompli, on est capable de recevoir la prêtrise. Il en étoit de même pour les dignités qui emportent le soin des ames.

Nos rois, protecteurs-nés des canons & de la discipline ecclésiastique, & comme tels ayant droit de faire des loix sur tout ce qui ne touche ni à la doctrine ni aux matières purement spirituelles, ont cru devoir abroger un usage qui pouvoit entraîner avec lui de grands inconvéniens, & dont le moindre étoit de confier les paroisses aux soins peu vigilans des prêtres mercenaires qui les desservoient, jusqu'à ce que les vrais titulaires fussent parvenus à l'âge de 24 ans : ils ont donc voulu que nul ne pût être nommé *curé* qu'il ne fût actuellement prêtre. Ils ont porté plus loin leur attention pour le bien de l'église ; ils ont cru qu'un prêtre nouvellement ordonné n'avoit encore ni un âge assez mûr, ni une expérience assez consommée pour exercer dignement les fonctions pastorales, & ils ont voulu qu'un *curé* eût au moins 25 ans accomplis ; ils ont supposé qu'une année d'exercice dans le ministère étoit au moins nécessaire pour être *curé*. Cette loi est renfermée dans la déclaration du 13 janvier 1742, enregistrée au parlement de Paris, le 26 du même mois & de la même année.

C'est donc actuellement une jurisprudence certaine, qu'il faut être prêtre & âgé de 25 ans accomplis, pour être *curé*. Sans ces deux qualités, toute espèce de collation & de provision seroit radicalement nulle, la *cure* seroit impétrable, & la possession même triennale ne pourroit couvrir ce défaut.

En est-il de même du degré, pour être *curé* dans les villes murées? le concordat en porte une disposition formelle. Nous ordonnons, y est-il dit, que les églises paroissiales qui se trouvent dans les cités, ou dans les villes murées, ne soient conférées qu'à des ecclésiastiques qualifiés comme ci-dessus, ou du moins qui aient étudié pendant trois ans en théologie ou en droit, ou qui soient maîtres-ès-arts: voilà la loi, elle est positive. Pour être *curé in civitatibus*, c'est-à-dire, dans les villes épiscopales, & *in villis muratis*, c'est-à-dire, dans les villes ou bourgs qui sont entourés de murailles, il faut être docteur, licencié ou bachelier dans quelqu'une des trois facultés supérieures; c'est ce qu'il faut entendre par ces mots *qualifiés comme ci-dessus: præmisso modo qualificatis*. Le concordat n'exige pour ceux qui n'ont point acquis ces degrés, que trois ans d'étude, soit en théologie, soit en droit, ou bien la maîtrise ès-arts.

Cette disposition du concordat est absolument semblable à celle de la pragmatique-sanction, sur le même sujet, & à l'ordonnance de Louis XII, de l'an 1499.

A ne consulter que la lettre de ces différentes loix, il paroît bien clair que trois ans d'étude en théologie ou en droit, suffisent pour pouvoir posséder une *cure* dans une ville murée. Cependant beaucoup d'auteurs prétendent que ce temps d'étude est insuffisant, si l'on n'y ajoute le degré, qui se soit donnant que sur des examens, peut seul fournir une preuve de capacité. Ils s'appuient sur l'ordonnance de Henri II, de 1551. Mais en faisant attention à cette ordonnance, on ne voit pas que le législateur déroge à celle de Louis XII, ni à la pragmatique-sanction, ni au concordat. Il ordonne que « les procès mus sur les *cures* des villes » murées, seront jugés suivant la teneur des sta- » tuts, décrets & concordats, & sans avoir égard » aux impétrations qui pourroient être faites, & » subrepticement obtenues par personnes non-gra- » duées, & de la qualité contenue auxdits con- » cordats ». Henri II se réfère aux concordats précédens, qu'il veut être exécutés, & auxquels par conséquent il ne déroge point; il veut qu'on n'ait aucun égard aux impétrations faites par ceux qui ne seront point gradués & *qui n'auront point les qualités contenues esdits concordats*. Or, une de ces qualités est d'avoir étudié trois ans, soit

en théologie, soit en droit. Il n'y a donc dans cet article de l'ordonnance de Henri II, rien de contraire au concordat & aux autres loix qui l'ont précédé, qui ne demandent que trois ans d'étude dans les facultés de droit ou de théologie, pour pouvoir posséder une *cure* dans une ville murée.

Cependant Dumoulin est d'une opinion contraire; & il rapporte un arrêt de 1536, rendu toutes les chambres assemblées, qui a jugé que trois ans d'étude, soit en théologie, soit en droit, sont insuffisans sans le degré. Beaucoup d'auteurs respectables ont embrassé l'opinion de Dumoulin. Les mémoires du clergé disent que sur cette question, il n'y a aucun préjugé dans les arrêts, qu'elle ne s'est pas encore présentée, & que la raison en est que ceux qui ont trois ans d'étude en théologie ou en droit, peuvent facilement acquérir un degré, ce qu'ils aiment mieux faire que de risquer un procès douteux.

Mais si trois ans d'étude en théologie ou en droit, paroissent, selon la loi, suffire sans le grade, pour posséder une *cure* dans une ville murée, il n'en est pas de même du grade sans le temps d'étude: il est certain qu'il ne mettroit point le *curé* à l'abri d'une impétration, & qu'il seroit dans le cas de se voir enlever sa *cure*, quelque longue que fût sa possession. Cela ne souffre plus de difficulté, depuis la déclaration de 1736, enregistrée à Paris & à Toulouse. Elle veut « que tous ceux » qui obtiendront à l'avenir des degrés dans les » universités du royaume, soient tenus de se con- » former exactement, soit en ce qui concerne le » temps d'étude & en ce qui regarde les examens » & actes probatoires nécessaires pour obtenir le » titre de maîtres-ès-arts, ou les degrés de bache- » lier, ou de licencié, ou du doctorat, aux régles » établies par le concordat, par les ordonnances » du royaume, statuts & réglemens particuliers » de chaque université, le tout à peine de nullité » des titres ou degrés qui leur seront accordés » contre- lesdites régles, & en outre, de dé- » chéance des dignités, *cures* & autres bénéfices » qu'ils obtiendroient en vertu, ou sur le fonde- » ment desdites lettres ou degrés ».

Une question non moins importante, & sur laquelle il y a une grande diversité d'opinions, est de savoir dans quel temps il faut avoir le degré requis par le concordat, pour être *curé* dans une ville murée. Faut-il être gradué avant les provisions? suffit-il de l'être avant la prise de possession? Pour traiter ces questions avec clarté, il faut établir différentes hypothèses qui pourront fournir différentes solutions.

La collation d'une *cure* dans une ville murée, faite par l'ordinaire à un non-gradué, n'est pas radicalement nulle, suivant le sentiment le plus commun des auteurs; ce défaut se trouve couvert, si le pourvu acquiert le degré avant sa prise de possession: c'est ce qui a été jugé par des arrêts du parlement de Paris, des 9 février 1699, 12 juillet 1700 & 15 mars 1701, qu'on trouve rapportés dans les mémoires du clergé. Il faut cependant remarquer que si un tiers, dans l'intervalle de la collation à l'adeption du degré, avoit acquis un droit au bénéfice, alors le premier pourvu ne seroit plus admis à purger la demeure, & un dévolutaire qui auroit intenté sa complainte avant que son adversaire eût obtenu le degré, devroit être maintenu. Quand on accorde au pourvu d'une *cure* dans une ville murée, un délai pour se faire graduer, on donne au degré obtenu postérieurement aux provisions, un effet retroactif qui les complette & les perfectionne. C'est une pure faveur que les cours ont cru pouvoir accorder, parce qu'elles ont pensé qu'il étoit indifférent que la capacité du pourvu fût prouvée avant ou après ses provisions. Mais il seroit de toute injustice, qu'une pareille faveur qui n'est point l'ouvrage de la loi, portât préjudice à un tiers qui auroit un droit acquis. Nous remarquerons en passant qu'un dévolutaire n'a de droit au bénéfice dévolué que du jour qu'il a intenté sa complainte & mis sa partie en cause.

Les provisions pour une *cure* d'une ville murée, obtenues en cour de Rome par la voie de la prévention, deviennent nulles, si l'ordinaire a conféré à un gradué avant que le pourvu par le pape se soit mis en règle. Ces provisions deviennent nulles, parce que, comme dit Dumoulin, *concordatis papa ipse ligatis est & non videtur jure preventionis conferre posse hujusmodi parrochiales ecclesias, nisi qualificatis.* Il faut donc dire avec Boutaric, qu'il ne paroît pas qu'on puisse donner au grade un effet retroactif au temps de la provision, au préjudice du droit acquis au gradué pourvu par l'ordinaire, & que tout ce qu'on peut admettre de plus favorable, est de faire subsister la provision du pape, si lors de l'obtention du grade les choses sont dans leur entier du côté de l'ordinaire. Si l'on passe quelque chose au préventionnaire, il ne doit pas en être de même du dévolutaire: Son rôle aussi défavorable qu'il puisse être, ne permet pas qu'on tempère en rien pour lui la rigueur des loix. D'ailleurs, comment demander au pape un bénéfice fondé sur une incapacité dont on ne se voit pas soi-même exempt ? Comment un non gradué demanderoit-il une *cure*, en apportant pour raison que le titulaire actuel n'est pas gradué ? Cela impliqueroit contradiction, ce seroit dire au pape : *dépouillez tel titulaire qui ne s'est pas conformé à la loi, pour revêtir un autre qui n'y a pas plus satisfait que lui.* C'est bien le cas de dire une seconde fois avec Dumoulin, *concordatis papa ipse ligatus est.* Nous avouons que ces principes sur les dévolutaires ne sont appuyés sur aucun arrêt, l'espèce ne s'est pas présentée; mais nous pensons qu'ils seroient non recevables, si avant d'impéter des *cures* de villes murées sur des non gradués, ils ne s'étoient mis en règle du côté des degrés.

Il est bien rare qu'un résignataire donne lieu à la question que nous agitons : comme avant sa prise de possession le bénéfice est encore censé résider sur la tête du résignant, il paroît, d'après l'esprit de la jurisprudence actuelle, qu'il lui suffit de prendre le grade avec son visa ou sa prise de possession.

Mais après la prise de possession, peut-on acquérir le grade & se garantir par-là des impétrations ? Un arrêt du parlement de Paris, du 8 janvier 1738, semble avoir jugé l'affirmative. Le sieur Cadot, *curé* de la Ville-l'Evêque, qui n'avoit obtenu son degré que postérieurement à sa prise de possession, fut maintenu contre le sieur de Lacoste, dévolutaire, qui ne l'avoit assigné & mis en cause qu'après lui avoir donné le loisir de se faire graduer. Mais, comme l'observe l'annotateur de d'Héricourt, cet arrêt rendu sur des circonstances particulières, ne peut pas servir de préjugé décisif. En effet, ne seroit-ce pas trop étendre l'interprétation que l'on donne au concordat ? Ne seroit-ce pas introduire une jurisprudence qui tendroit insensiblement à la destruction de la loi même ? Un *curé* de ville murée pourroit donc rester dix à vingt ans, sans prendre des degrés, & lorsqu'il craindroit d'être inquiété, il se les procureroit & se mettroit par-là sous la protection des loix, après les avoir éludées si long-temps. L'intention des deux puissances de qui le concordat est émané, a été d'assurer aux paroisses dont les peuples sont plus nombreux & plus instruits, des pasteurs qui eussent fait preuve d'une capacité plus qu'ordinaire. Elles ont voulu pour *curés*, dans les villes murées, des ministres sur les lumières & les talens desquels il n'y a, ni ne peut y avoir de doute, & qui eussent par conséquent subi les épreuves auxquelles est attachée non la certitude, mais au moins la juste présomption d'un mérite suffisant. C'est donc aller contre l'esprit & l'intention des législateurs, que d'admettre en tout temps les *curés* des villes murées à prendre les degrés exigés par le concordat.

Ces principes ne peuvent-ils pas conduire à la solution de la question de savoir si la possession triennale peut couvrir, dans un *curé* de ville murée, le défaut de grade ? Il faut d'abord distinguer celui qui auroit trois ans d'étude en théologie ou en droit, sans degré, de celui qui n'auroit ni le temps d'étude ni le degré. Pour le premier, la question retombe dans celle que nous avons déjà examinée, si les trois années d'étude en théologie ou en droit sont suffisantes sans le degré. Quant au second, la possession triennale lui seroit absolument inutile; il ne pourroit invoquer le décret de *pacificis possessoribus.* Il seroit évidemment *intrus*, on ne pourroit le considérer autrement sans renverser le concordat, dont l'esprit & la lettre concourent également à exiger pour les villes murées, des *curés* qualifiés; cela se prouve en outre par la déclaration de 1736. Quoique cette décision ne s'y lise pas formellement, on la tire cependant par une induction néceſſaire. Le roi maintient pour le paſſé ceux qui ont acquis la poſſeſſion triennale, & auxquels on ne peut oppoſer d'autres défauts ou incapacités que ceux qui réſultent de la nullité ou de l'irrégularité de leurs titres ou degrés obtenus avant cette déclaration: donc la poſſeſſion triennale ne pourroit plus être une raiſon de maintenir ceux qui n'en auroient point du tout, autrement il faudroit dire que les proviſions d'une cure dans une ville murée, jointes à des dégrés nuls ou irréguliers, ne formeroient point un titre coloré, tandis que ces mêmes proviſions ſans degré, en formeroient un; ce qui eſt abſurde, parce qu'une incapacité qui réſulte d'une irrégularité dans le degré, réſulte à bien plus forte raiſon du défaut abſolu de ce même degré.

Au reſte, toutes les différences que nous venons de traiter, diſparoîtroient bientôt, ſi l'on vouloit s'attacher uniquement aux loix qui régiſſent cette matiere: elles ſont claires, elles ſont préciſes. Qu'on examine attentivement la pragmatique-ſanction, l'ordonnance de 1499, le concordat, la déclaration de 1551, & l'on ſera facilement convaincu qu'il faut être gradué ou avoir au moins trois ans d'étude en théologie, ou en droit, au moment même des proviſions, & que par conſéquent tout titre d'une cure dans une ville murée fait à un prêtre qui n'auroit pas ces qualités, eſt radicalement nul, & ne peut être couvert par la poſſeſſion triennale.

La pragmatique-ſanction, §. 13. du chap. 11, ordonne de placer dans les cures des villes murées, des perſonnes qui ſoient qualifiées. L'expreſſion inſtituantur que l'on inſtitue, ne laiſſe aucune équivoque; elle eſt auſſi impérative qu'elle puiſſe être; elle eſt ſûrement relative au moment de l'inſtitution, & ne ſuppoſe point qu'on puiſſe valablement conférer les cures des villes murées à des non-gradués. Il n'eſt plus permis de douter de l'intention de la loi, lorſqu'on voit qu'au §. 19, elle prononce le décret irritant contre toutes les collations faites au mépris des décrets qu'elle vient de porter, & parmi leſquels ſe trouve celui des cures des villes murées.

L'ordonnance de Louis XII de 1499, s'explique auſſi clairement. « Seront tenus les gradués voulant avoir les égliſes paroiſſiales étant dedans des » villes murées, avoir étudié, par le temps ci-deſſus, » & faire ce que deſſus eſt dit ». Ces expreſſions, les gradués voulant avoir les égliſes paroiſſiales, ne peuvent s'entendre que du temps qui précede les proviſions. Il ne s'agit que des perſonnes qui veulent avoir les cures des villes murées: c'eſt à elles ſeules que la loi impoſe des conditions. Si elles n'y ont pas ſatisfait, elles ſont incapables, parce que c'eſt un préliminaire néceſſaire à remplir. « A tout le moins ſeront tenus avoir étudié en » théologie, en droit civil ou canon par trois ans, » ou ſeront tenus d'être maîtres ès arts en univer- » ſité fameuſe ». L'ordonnance ne dit pas que les

pourvus des cures dans les villes murées ſeront tenus d'étudier ou de devenir maîtres ès arts, mais d'avoir étudié & d'être maîtres ès arts. Ce qui ſuppoſe néceſſairement le temps d'étude & le grade antérieur aux proviſions. Rien de plus abſolu que ces expreſſions: ſeront tenus d'avoir étudié ou d'être maîtres ès arts. Comment les concilier avec la prétendue juriſprudence moderne, qui non-ſeulement admettroit les curés des villes murées à prendre leurs grades après leurs proviſions & leur priſe de poſſeſſion, mais encore qui feroit couvrir le défaut de grade par la poſſeſſion triennale?

Cette prétendue juriſprudence ne ſeroit pas moins oppoſée au concordat, qui défend poſitivement de conférer les cures des villes murées à d'autres qu'à des perſonnes qualifiées. Non niſi perſonis præmiſſo modo qualificatis.... conferantur. On ne conférera les cures des villes murées qu'à des perſonnes duement qualifiées. Ces termes ſont prohibitifs & équivalent à un décret irritant; donc toute collation d'une cure dans une ville murée faite à d'autres qu'à des gradués, eſt, ſelon l'intention du concordat, radicalement nulle. D'ailleurs, c'eſt un principe univerſellement adopté en France, que toutes les diſpoſitions de la pragmatique-ſanction qui n'ont point été ſpécialement abrogées par le concordat, doivent être maintenues dans toute leur vigueur. C'eſt une ſuite de notre inviolable attachement à ce précieux monument de nos libertés. Or la pragmatique-ſanction porte le décret irritant contre les proviſions des cures des villes murées, faites à des non-gradués; le concordat ne l'a point abrogé; donc il doit être exécuté.

La déclaration de Henri II de l'an 1551, eſt tout auſſi formelle que les loix précédentes, « L'univerſité de Paris nous a fait dire & remon- » trer (expoſe le roi dans le préambule), que » par les décrets & concordats faits entre le » ſaint ſiege apoſtolique, & de feu mémoire » le roi François.... eſquels ſoit par exprès, con- » tenu que les bénéfices, cures & égliſes paroiſſiales » deſdites villes cloſes & murées de notre royau- » me, ne ſeront conférées ſinon à des perſonnes » graduées & qualifiées de la qualité contenue éſdits » ſaints décrets & concordats ». L'univerſité demande que les cures des villes murées ne ſoient conférées qu'à des gradués. Elle invoque les ſaints décrets & les concordats; elle rapporte même les raiſons qui les ont déterminés à porter cette loi, C'eſt qu'aux villes cloſes & fermées y a grande affluence de peuple, pour la conduite & inſtruction duquel, & pour le conſerver & entretenir à la religion, eſt beſoin qu'en icelles villes ſoient prépoſées perſonnes graduées, &c. Ces remontrances ne ſuppoſent point que l'on puiſſe être pourvu de ces ſortes de cures ſans être gradués ou qualifiés, & que l'on puiſſe s'exempter du grade en appellant à ſon ſecours la poſſeſſion triennale. Il y a plus: elles tendent à empêcher le pape de diſpenſer des degrés, & le légiſlateur les décide abſolument néceſſaires, en ordonnant *qu'on n'ait aucun égard aux impétrations qui pourroient être faites par personnes non-graduées & de la qualité contenue ésdits concordats.* Des provisions d'une cure dans une ville murée, données par le pape aux non-gradués, sont donc radicalement nulles; pourquoi celles données par l'ordinaire ne le seroient-elles pas aussi? Les concordats l'obligent-ils moins que le pape? Ce n'est point ici une de ces circonstances où le droit des ordinaires soit plus favorable que celui du souverain pontife; ce n'est point le maintien de la jurisdiction épiscopale qui a déterminé la loi; mais le bien des peuples. Cette raison est toujours la même, soit que les provisions émanent du pape, soit qu'elles émanent de l'ordinaire. Si elle rend nulles les provisions du pape, il doit en être de même de celles de l'ordinaire. Le grade est donc une capacité essentielle à un *curé* d'une ville murée. Or, il est de principe que le défaut d'une capacité essentielle rend le titre radicalement nul, & qu'un titre radicalement nul ne peut être validé par la possession triennale; d'où nous tirerons deux conséquences. La première, que le décret *de pacificis* ne peut être d'aucune utilité à un *curé* d'une ville murée qui ne seroit pas gradué; la seconde, qu'il ne peut être admis postérieurement son titre à prendre le degré, parce que ce titre étant radicalement nul, ne peut devenir un titre légitime suivant cet axiome, *quod ab initio nullum est ex post facto convalescere nequit.* Il est donc bien vrai que si l'on s'en tient à la loi sans se permettre des interprétations qui sont presque toujours arbitraires, un *curé* d'une ville murée doit avoir le grade au moment de ses provisions; qu'il ne peut être admis à l'acquérir, soit avant, soit après la prise de possession, & que ce défaut ne peut être couvert par la possession triennale. Ces principes suivis dans la pratique, feroient évanouir une foule de difficultés, qui sont la source d'une infinité de procès.

Si l'on y oppose l'autorité de la chose jugée, qu'il nous soit permis de dire avec d'Hericourt, page 427 de la dernière édition: « cette juris- » prudence ne seroit-elle pas du nombre de celles » qu'on voit s'introduire quelquefois au palais sur » des matières délicates, & qu'on abandonne après » pour revenir aux *anciennes regles* »? A d'Hericourt nous joindrons Vaillant, qui soutient que le grade pris après les provisions, ne peut couvrir l'incapacité du pourvu, parce que *si provisus erat in-habilis tempore provisionis, & postea fiat habilis, provisio non convalescit & necesse est obtinere novam provisionem*: Rebuffe, sur le §. *statuimus* du concordat, remarque, comme nous avons fait, que ces termes, *non nisi personis prædicto modo qualifi-catis conferantur,* supposent visiblement le degré obtenu avant les provisions, de même que ceux dont se sert la pragmatique, *instituantur personæ qui gradum magisterii adepti fuerint.* Louet & Dumoulin sont du même avis. Ne pourroit-on pas dire que la jurisprudence moderne que l'on suppose opposée

à ces principes, n'est pas aussi certaine que le prétendent quelques auteurs; des arrêts contraires aux véritables maximes ne sont ordinairement que des arrêts de circonstances; on est toujours forcé de revenir à la loi, quand même on s'en seroit écarté quelquefois.

Le parlement de Toulouse a une jurisprudence qui paroît détruire les principes que nous venons d'établir; mais dans le fond, ses arrêts favorisent notre opinion: il ne regarde les provisions de cour de Rome, que comme de simples mandats *de providendo.* Selon lui, le *visa* forme les véritables provisions; ainsi en admettant le pourvu en cour de Rome à prendre ses degrés avant son *visa,* il ne juge pas que ces degrés puissent être obtenus après les provisions.

Après avoir examiné l'origine, l'ancienneté & les qualités nécessaires aux *curés,* nous nous occuperons de leurs devoirs & de leurs droits.

Nous ne parlerons point ici des devoirs qui regardent le for interne. Nous laissons cette matière aux théologiens & aux moralistes. Nous ne parlerons que de ceux qui, étant prescrits par les loix civiles & canoniques, peuvent être du ressort du jurisconsulte.

Parmi les principaux devoirs d'un *curé,* la résidence est sans doute un des plus essentiels. Le relâchement & les changemens introduits dans la discipline, ont contraint l'église à porter des loix pour obliger, tant les premiers que les seconds pasteurs, à résider dans leurs bénéfices. Il est inutile de rapporter les canons que les conciles ont faits à ce sujet. Nous nous contenterons de citer le concile de Trente dans la *section XXIII de reformatione, chap. 1.* Il soumet les *curés* non-résidens aux mêmes peines que les évêques, c'est-à-dire, à la perte des fruits, à proportion du temps qu'ils n'auront pas résidé. Il ne leur permet de s'absenter que pendant deux mois, encore avec la permission de l'évêque, qui ne peut accorder un temps plus long, à moins qu'il n'y ait des raisons graves: *nisi ex gravi causâ.* Si un *curé* transgresse ces loix, le concile veut qu'après l'avoir fait citer & avoir établi la contumace, l'ordinaire puisse procéder contre lui par le sequestre & soustraction de fruits, & par toute autre voie de droit, même par la privation du bénéfice.

Nos rois ont adopté ces sages dispositions. L'ordonnance de Blois, *art. 14,* porte: « à semblable » résidence & sous pareille peine, seront tenus les » *curés* & tous autres ayant charge d'ames, sans » se pouvoir absenter que pour causes légitimes, » & dont la connoissance appartiendra à l'évê- » que diocésain, duquel ils obtiendront par écrit, » licence ou congé, qui leur sera gratuitement ac- » cordé & expédié, & ne pourra ladite licence, » sans grande occasion, excéder l'espace de deux » mois ».

L'article II de l'ordonnance de 1629 renouvelle celle de Blois en ces termes: « les *curés* seront

» tenus de résider en personne sur les lieux,
» nonobstant la proximité des villes; & à faute de
» ce faire, ordonne S. M. en conséquence de
» l'art. 14 de l'ordonnance de Blois, & de l'art. 7
» de l'édit de Melun, les fruits desdits *curés* être
» saisis au profit des hôpitaux du lieu prochain,
» pour autant de temps qu'ils auront manqué à la
» résidence. Ils seront sommés à la requête des pro-
» cureurs-généraux ou de leurs substituts, par ex-
» ploits faits aux domiciles & lieux desdits béné-
» fices de satisfaire à ladite résidence; & à faute de
» ce faire actuellement, dans un mois, ou plus
» ou moins, selon la distance des lieux, sera pro-
» cédé auxdites saisies ».

Le clergé, qui trouvoit que ces loix le mettoient
sous l'influence trop immédiate des tribunaux séculiers, se plaignit & en demanda la révocation.
Mais elles furent seulement modifiées par l'art. 23
de l'édit de 1695; & ces modifications font que
rarement un *curé* peut voir son revenu saisi à la
requête du procureur-général pour cause d'absence.
Pour ne pas anticiper sur les matières & intervertir l'ordre que nous nous sommes prescrit, nous
ne nous étendrons pas davantage sur ces ordonnances. Nous nous réservons de le faire lorsque
nous traiterons de la résidence en général : notre
but dans ce moment est de ne parler que de ce
qui regarde les *curés* en particulier.

Selon le concile de Trente & l'ordonnance de
Blois, l'évêque est juge de la légitimité des causes
qui peuvent permettre à un *curé* de s'absenter. Un
arrêt du conseil d'état du 12 décembre 1639,
rendu sur la requête de l'archevêque de Bordeaux,
ordonne que les *curés* de ce diocèse ne pourront,
pour quelque cause & occasion que ce soit, se
dispenser de la résidence actuelle sans le congé
exprès ou par écrit de l'archevêque ou de ses
grands-vicaires. Quoique l'évêque soit juge de la légitimité des causes d'absence de ses *curés*, il ne
peut cependant pas refuser arbitrairement la permission qu'ils sont obligés de lui demander, parce
que la même loi qui impose aux *curés* l'obligation
de prendre le congé de l'évêque, ordonne certainement à celui-ci de l'accorder lorsqu'il n'aura pas
de motifs pour le refuser; & s'il se conduisoit autrement, il s'exposeroit à un appel bien fondé,
soit simple, soit comme d'abus.

Mais dans le cas d'une absence considérable &
sans permission, un évêque peut-il faire faire le
procès à un *curé* par son official? Si l'on suit le
concile de Trente, cela ne pourra souffrir aucune
difficulté : mais comme sa discipline n'est point reçue en France, on pourroit dire que l'esprit de
nos ordonnances est qu'en ce cas, le procès soit
fait par les juges royaux. Celle de 1629 veut
que les poursuites contre les *curés* non-résidans
soient faites à la requête des procureurs-généraux
ou de leurs substituts. *Ils seront sommés à la requête de nos procureurs-généraux, ou de leurs substituts.* L'art. 23 de l'édit de 1695 n'est pas si impé-

ratif; il semble n'accorder aux juges royaux qu'une
simple faculté qui ne leur attribue pas une jurisdiction exclusive. « Nos cours de parlement, nos baillis
» & sénéchaux.... pourront les avertir.... nos-
» dites cours, nos baillis & sénéchaux, pourront,
» à la requête des procureurs-généraux ». Cette expression *pourront*, employée deux fois dans cet
article, ne prouve-t-elle pas que l'intention du législateur n'est pas de dépouiller les évêques d'une
jurisdiction qui dérive naturellement de leur droit
de surveillance & d'inspection, mais seulement de
les rendre plus soigneux & plus attentifs, en leur
joignant les procureurs-généraux & leurs substituts
pour veiller à l'exécution des loix portées sur la
résidence, de sorte que dans ce cas, les juges
royaux exercent sur les ecclésiastiques une jurisdiction cumulative avec les évêques & leurs officiaux?
D'ailleurs, les peines portées contre la résidence
ne sont point d'une nature à n'être point prononcées par le juge d'église. La privation des revenus
& la déchéance des bénéfices sont des peines canoniques que l'official peut imposer lorsqu'il a rempli toutes les formalités prescrites par les loix du
royaume.

Si les *curés* doivent résider, c'est principalement
pour administrer les sacremens à leurs paroissiens.
Parmi ces sacremens il en est sur-tout deux qui
intéressent particuliérement le jurisconsulte par l'influence qu'ils ont sur l'état civil des citoyens. Si
le baptême est l'entrée dans le christianisme, c'est
qui le constate est aussi le premier titre par lequel
nous tenons à la société. Un *curé* ne peut donc
apporter trop de soin pour que cet acte soit en
règle & ne contienne aucun vice qui puisse faire un
jour contester à l'enfant qu'il baptise un état que
la nature lui a donné; mais que la loi ne lui assure que lorsqu'il est attesté par le ministre des
autels qui, dans cette occasion, est encore le ministre de la société. Un *curé* se garantira de commettre à ce sujet des fautes dont les suites sont si
importantes, en se conformant exactement aux loix
qui ont été prescrites sur cette matière, & que
nous rapporterons au mot REGISTRE.

Le sacrement de mariage, quant à ses effets civils, est d'une aussi grande conséquence que le
baptême. Une connoissance parfaite des loix de
l'église & de l'état, est le seul moyen que puisse
employer un *curé* pour se comporter de manière
à ne pas s'attirer les punitions portées contre leurs
infracteurs. Il doit sur-tout faire attention à l'âge
& au domicile des parties. Il seroit coupable s'il
marioit des mineurs sans le consentement de leurs
pères, mères, tuteurs, ou curateurs. Il ne commettroit pas une moindre faute s'il unissoit des
personnes qui ne sont pas domiciliées depuis six
mois dans sa paroisse, si elles sont de son diocèse;
ou depuis un an si elles sont d'un diocèse étranger;
mais rien ne pourroit l'excuser si, se prêtant au
rapt & à la séduction, il employoit son ministère
sacré pour favoriser des enlèvemens que la loi
veut

vent qu'on puniffe de mort. L'art. 39 de l'ordonnance de 1629 « fait défenfes à tous les *curés* & »autres prêtres féculiers ou réguliers, fous peine »d'amende arbitraire, de célébrer aucun mariage »de perfonnes qui ne foient de leurs paroiffes, »fans la permiffion de leurs *curés* ou de leurs évê-»ques; & feront tenus les juges d'églife juger »les caufes defdits mariages, conformément à cet »article ».

L'édit du mois de mars 1697 ajoute à cette difpofition : « voulons que fi aucuns defdits *curés* »ou prêtres, tant féculiers que réguliers, célèbrent »ci-après fciemment & avec connoiffance, des »mariages entre des perfonnes qui ne font pas ef-»fectivement de leur paroiffe, fans en avoir la »permiffion par écrit des *curés* de ceux qui les »contractent, ou de l'archevêque ou évêque dio-»céfain, il foit procédé contre eux extraordinai-»rement, & qu'outre les peines canoniques que »les juges d'églife pourront prononcer contre eux, »lefdits *curés* & autres prêtres, tant féculiers que »réguliers, qui auront des bénéfices, foient privés, »pour la première fois, de la jouiffance de tous »les revenus de leurs *cures* & bénéfices pendant »trois ans, à la réferve de ce qui eft abfolument »néceffaire pour leur fubfiftance, ce qui ne pourra »excéder la fomme de 600 livres dans les plus »grandes villes, & celle de 300 livres par-tout »ailleurs, & que le furplus defdits revenus foit »faifi, à la diligence de nos procureurs, & diftri-»bué en œuvres pies par l'ordre de l'archevêque ou »évêque diocéfain; qu'en cas d'une feconde con-»travention, ils foient bannis pendant le temps »de 9 ans des lieux que nos juges eftimeront à »propos,.... &que lefdits *curés* & prêtres puiffent »en cas de rapt fait avec violence, être condam-»nés à plus grandes peines, lorfqu'ils prêteront »leur miniftère pour célébrer des mariages en cet »état ».

Nous ne nous étendrons pas davantage fur ce fujet; on trouvera au mot MARIAGE tout ce qui pourroit manquer ici.

Les *curés*, comme nous l'avons déjà dit, avoient autrefois le pouvoir de déléguer des prêtres pour entendre les confeffions de leurs paroiffiens, c'eft-à-dire, qu'ils fe choififfoient eux-mêmes des vicaires qui n'avoient pas befoin d'autres pouvoirs que ceux qu'ils leur conféroient. Le concile de Trente, *fection 23, de reformatione*, a introduit à cet égard un droit nouveau; il a voulu qu'il n'y eût que les *curés* ou les prêtres, approuvés par l'évêque, qui puffent entendre les confeffions, & cela nonobftant tout privilège & toute coutume contraire, même immémoriale.

L'édit de 1695 a adopté cette difpofition. Il a ordonné, par les articles 10 & 11, que nul ne pourroit prêcher & confeffer fans l'approbation de l'évêque; il n'a excepté de cette prohibition que les *curés* & autres bénéficiers à charge d'ames. C'eft donc une loi générale, & établie par le concours

des deux puiffances, que les *curés* ne peuvent plus donner de pouvoir pour prêcher & confeffer dans leurs églifes. Ils délèguent encore pour l'adminiftration des facremens de baptême & de mariage.

Ils ont en outre confervé le droit de faire faire par qui ils le jugent à propos, les inftructions familières qu'ils doivent à leurs paroiffiens. L'édit de 1695 ne parlant que de la prédication & de la confeffion, il s'enfuit, par une raifon toute naturelle, qu'il a laiffé aux *curés* tous les pouvoirs dont ils jouiffoient autrefois. L'évêque d'Auxerre ayant donné deux ordonnances qui exigeoient fon approbation par écrit pour les catéchifmes, les prières du foir, & les inftructions familières, les *curés* de la ville d'Auxerre furent reçus appellans comme d'abus de ces ordonnances, par arrêt du 9 mars 1756, qui fit défenfes provifoires de les exécuter. Le moyen employé par les *curés*, étoit que les catéchifmes, les prières du foir, les prônes & les autres inftructions familières, ne font point compris dans les articles 10 & 11 de l'édit de 1695.

Mais fi les *curés* ne peuvent plus déléguer des prêtres pour les aider dans l'adminiftration du facrement de pénitence, l'évêque peut-il les forcer à prendre des vicaires qui leur foient défagréables? Peut-il nommer *invito parocho* ? C'eft encore ici une de ces queftions qui n'auroient jamais dû s'élever, fi les pafteurs du premier & du fecond ordre ne cherchoient, comme ils le doivent, que le bien de l'églife. Il eft certain que ce bien ne peut s'opérer qu'autant que les miniftres des autels y concourent par la bonne harmonie & animés par le même efprit. Cette raifon, puifée dans le bien général, doit feule décider la queftion. Jamais une paroiffe ne fera bien gouvernée que quand le *curé* & le vicaire, unis par le lien de la confiance, de l'eftime & de l'amitié, travailleront de concert, auront les mêmes vues & fe concilieront pour les moyens qu'ils doivent employer. Donc on ne doit point donner à un *curé* un vicaire qu'il ne regardera que comme fon ennemi, ou du moins comme fon délateur & fon efpion, dès qu'il fera contre fon choix ou fa volonté.

Ainfi, de droit commun, un *curé* eft le maître du choix de fes vicaires. Le fils d'un prêtre avoit été ordonné fous-diacre. Son évêque lui refufa la prêtrife & ne voulut point lui confier l'adminiftration d'une *cure*, à laquelle un patron laïque l'avoit préfenté. Alexandre III, à qui le fous-diacre porta fes plaintes, ordonna que l'évêque placeroit pour defervir la *cure*, du confentement du fous-diacre, un prêtre avec lequel il partageroit les revenus. La conféquence toute naturelle de ce décret du pape, eft que, fi pour faire defervir une *cure*, il falloit le confentement d'un titulaire non prêtre, à plus forte raifon faudra-t-il celui du véritable *curé* pour lui affocier un coopérateur.

Les conciles laiffent toujours aux *curés* la liberté de fe choifir un vicaire, foit pendant leur abfence, soit qu'ils en aient besoin pour les seconder. C'est de que supposent évidemment celui de Vicheler de l'an 1240, *canon 26*; celui de Cognac de l'an 1226, *canon 10*; celui de Chichester de l'an 1289, *canon 8*; celui de Salsbourg de 1420, *canon 5*; ceux de Cologne de 1536, de Mayence de 1549, de Cambray de 1565, ne sont pas moins formels. Celui de Trente lui même, qui a dépouillé les *curés* du droit de déléguer pour les confessions, leur a certainement laissé celui de choisir leurs vicaires. Il leur enjoint, *section 23, chap. I*, de mettre à leur place des vicaires capables & approuvés par l'évêque, lorsqu'ils s'absentent pour cause légitime. Dans la *sect. 21, chap. 4*, il ordonne aux évêques de contraindre les *curés* de s'associer autant de prêtres qu'il sera nécessaire pour l'administration des sacremens & la célébration du culte divin. Si le concile eût pensé que les évêques avoient le droit de placer les vicaires malgré les *curés*, il eût tenu un langage bien différent.

Ce sont ces autorités qui ont déterminé les canonistes ultramontains, tels que Pirring, *liv. I, tit. 28; de officio vicarii*, & Fagnan, sur le *chap. consultationibus, tit. de clerico. ægrot.* à décider que les *curés* avoient la liberté de choisir leurs vicaires. On peut joindre Van-Espen, *partie première, tit. 3, chap. 2, n°. 2*. Parmi nous Bouchel, un de nos plus anciens auteurs, a embrassé cette opinion; & Rebuffe, *dans sa pratique, au titre de dispens. de non residen.* atteste que de son temps c'étoit l'usage général du royaume.

Nos ordonnances n'ont fait, à ce sujet, que répéter, pour ainsi dire, les décisions des conciles. Par-tout elles ordonnent aux *curés* absens de commettre des vicaires capables & approuvés par l'ordinaire. C'est la disposition précise de l'art. 5 de celle d'Orléans, & de la déclaration de 1562, rendue à la sollicitation du clergé. La chambre ecclésiastique des états du royaume assemblés en 1614, demanda que les *curés* qui, pour quelques justes causes, se trouveroient absens & légitimement dispensés de résider, fussent tenus de mettre à leur place un vicaire suffisant, au gré néanmoins de l'ordinaire & avec son expresse approbation. Enfin, l'article 90 de la coutume de Paris prouve que les *curés* ont toujours eu le choix de leurs vicaires, & que même autrefois ils leur donnoient des lettres de vicariat. Il n'accorde aux vicaires la faculté de recevoir des testamens que lorsqu'ils ont des lettres de vicariat de leurs *curés*, & qu'ils les ont fait enregistrer au greffe de la jurisdiction de leur domicile.

Les cours souveraines ont adopté l'opinion favorable aux *curés*, & l'ont confirmée par leurs arrêts. Chenu, dans son *recueil de réglemens, tit. 1, chap. 12*, en rapporte un du parlement de Paris de 1567, où il est enjoint au *curé* de Lonjumeau de mettre en son absence un vicaire qui soit de bonne vie, doctrine & exemple. On en lit un dans Chopin, *de sacrâ politiâ*, de 1585, qui confirme

une sentence de l'official de Paris, par laquelle il avoit été ordonné au *curé* de saint Benoît de commettre un prêtre approuvé par l'ordinaire, pour desservir l'église de saint Jacques-du-Haut-Pas, alors succursale ou annexe de sa paroisse. On en trouve encore plusieurs autres rendus dans le même esprit. Les parlemens de Rennes, de Toulouse & d'Aix, suivent la même jurisprudence : cependant il faut convenir qu'aucun de ces arrêts n'a été rendu entre un évêque & un *curé*; ce n'est que par une induction, très-forte à la vérité, qu'on les regarde comme décisifs en faveur des *curés*. La question s'est présentée *in terminis* en 1731 au parlement de Paris. Le *curé* de la paroisse de Galuis s'étoit rendu appellant comme d'abus de la nomination d'un vicaire que M. l'évêque de Chartres avoit faite malgré lui. M. Gilbert de Voisins, avocat général, ne balança pas à se déclarer contre l'évêque & à conclure à ce que sa nomination fût déclarée abusive; mais des considérations particulières déterminèrent la cour à appointer la cause, & elle n'a point été jugée.

Les circonstances doivent avoir beaucoup d'influence sur le jugement d'une pareille contestation. Le droit des *curés* de se choisir leurs vicaires est sans doute incontestable, & d'autant plus incontestable, qu'il ne nuit en rien à la subordination due aux évêques. S'ils ne peuvent pas forcer les *curés* à accepter, malgré eux, des vicaires, de leur côté, les *curés* ne peuvent pas en choisir malgré les évêques, puisqu'ils sont les maîtres de ne pas accorder les pouvoirs nécessaires pour être vicaire. La nomination d'un vicaire, faite *spreto parocho*, lorsque le *curé* propose à l'évêque des sujets capables & suffisans, seroit abusive; ce seroit un véritable excès de pouvoir qui tendroit à dépouiller sans raison un *curé*, d'un droit que lui donne son état de *curé* : mais aussi, si un *curé* refusoit opiniâtrément de recevoir des mains de l'évêque un vicaire, si s'obstinant à demander pour son coopérateur un sujet auquel on auroit des reproches bien fondés à opposer, & mettoit ses paroissiens dans le cas de manquer des secours spirituels qu'il leur doit par lui-même ou par autrui; alors, l'évêque pourroit nommer un vicaire, & cette nomination nécessaire dans les circonstances, devroit être maintenue malgré les réclamations du *curé*. Il se trouveroit dans la position d'un collateur ordinaire, qui ayant négligé de nommer à un bénéfice, ou y ayant nommé un incapable, auroit pour cette fois consommé son droit, & le verroit passer *jure devolutionis*, dans les mains de son supérieur : ce seroit une juste punition de son humeur ou de son caprice. Il ne faut jamais perdre de vue, que si d'un côté, les supérieurs ne doivent point excéder les bornes de leurs pouvoirs, d'un autre côté, les inférieurs ne peuvent user de leurs droits que conformément à la raison & aux loix.

Il est certain, qu'excepté l'évêque diocésain, qui, dans toute l'étendue de son diocèse, est toujours le premier pasteur, personne ne peut, sans la permission du *curé*, célébrer la messe dans son église, y prêcher ou exercer les autres fonctions du saint ministère. Il ne faut pas conclure de-là que, par caprice & sans raison, il puisse empêcher un prêtre approuvé par l'évêque, de dire la messe. Nous pensons que si ce prêtre est né sur la paroisse, il ne peut, sans des motifs dont il est responsable, l'éloigner des saints autels : ce seroit prononcer contre lui une espèce d'interdit déshonorant & infamant : ce seroit le cas de se pourvoir contre le *curé* par les voies de droit. Concluons donc qu'un *curé* n'est pas plus un despote dans sa paroisse qu'un évêque dans son diocèse. L'un & l'autre ne doivent agir que pour le bien des fidèles confiés à leur sollicitude ; & s'ils doivent veiller à la conservation de leurs droits, ils ne sont pas moins obligés de s'abstenir de ce qui pourroit nuire & préjudicier à leurs inférieurs quand ils n'ont rien à leur reprocher. C'est sans doute dans cet esprit qu'a été rendu au parlement de Paris l'arrêt du 14 juillet 1700, par lequel deux prêtres habitués à saint Roch & approuvés par l'archevêque pour confesser, célébrer la messe, assister au chœur & prendre place dans les stales, *etiam invito parocho*, furent maintenus dans l'exercice de ces pouvoirs malgré le *curé*. Goard, *tome I. de son traité des bénéfices, page 755*, assure que cet arrêt fut rendu par défaut & en l'absence du *curé*, qui étoit exilé par ordre du roi.

Un *curé*, en vertu de son titre, peut-il confesser dans tout le diocèse ; & l'évêque peut-il le restraindre à sa paroisse & à ses paroissiens ? Les principes sont contraires aux prétentions des *curés*. En effet, quoiqu'ils aient reçu, ainsi que tout prêtre par leur ordination, le pouvoir de lier & de délier, il faut cependant convenir que, selon les loix canoniques, ce pouvoir, quant à l'exercice, est suspendu ; il a besoin, pour qu'il soit mis en activité, hors le cas de nécessité, que l'église assigne des sujets à celui qui en est revêtu. C'est ce qu'elle fait par le ministère de l'évêque lorsqu'il donne à un prêtre des provisions d'une *cure*, ou qu'il lui en accorde l'institution autorisable.

Le pouvoir de lier & de délier, suspendu relativement à tous les fidèles, cesse de l'être par rapport à ceux qui lui sont confiés ; certainement par le *visa*, l'évêque n'assigne au prêtre auquel il le donne, que les sujets qui se trouvent dans l'étendue de sa paroisse. Lacombe, dans son *Recueil de jurisprudence canonique*, verbo *confesseur*, a donc tort d'avancer que de même qu'un prêtre qui a une approbation générale & sans limitation, peut confesser dans tout le diocèse, de même le *curé* par son seul *visa*, peut confesser par-tout. Le *visa* n'est qu'un titre particulier borné & limité de sa nature ; autrement il faudroit dire qu'un *curé* seroit non-seulement *curé* de sa paroisse, mais encore de celles de tout le diocèse, puisqu'en vertu de son titre il pourroit exercer par-tout une des principales fonctions curiales ; c'est encore une erreur de prétendre, comme le fait le même auteur, que l'évêque, en approuvant le *curé* par le *visa*, lève l'obstacle & le met dans ses anciens droits, qui sont indéfinis dans son diocèse. Les sujets assignés au *curé* par son *visa*, ne sont que ceux de la paroisse dont il est fait *curé* ; c'est donc sur eux seuls qu'il acquiert des droits. Dans les diocèses où les *curés* sont dans l'usage de confesser par-tout indifféremment, les évêques, par le consentement tacite qu'ils donnent à cet usage, l'approuvent, & c'est de cette approbation que les absolutions tirent leur force & leur validité.

L'évêque peut donc empêcher un *curé* de confesser hors de sa paroisse & le limiter à ses seules provisions. S. Charles Boromée, dans son *onzième Synode*, défend aux *curés* des villes d'appeller ceux de la campagne pour les aider dans le tribunal de la pénitence, à moins qu'ils n'aient un pouvoir par écrit de confesser hors de leurs paroisses. La congrégation des cardinaux a décidé qu'un *curé* n'étoit approuvé que pour le lieu où sa paroisse est située, & qu'il ne l'est pas pour tout le diocèse indifféremment.

L'art. 12 de l'édit de 1695, porte : « n'entendons » comprendre dans les articles précédens les *curés*, » tant séculiers que réguliers, qui peuvent prêcher & » administrer le sacrement de pénitence *dans leurs* » *paroisses* ». Ces dernières expressions, *dans leurs paroisses*, décident la question, & selon Gibert, dans sa *Conférence sur cet édit*, il n'y a plus de doute qu'un *curé* ne peut confesser hors de sa paroisse, sans l'approbation ou la permission de l'évêque. Ce canoniste détruit le fondement de l'opinion contraire, qui est qu'un homme une fois reconnu capable de confesser, est reconnu capable de confesser par-tout, en remarquant avec raison que le *curé* dont les lumières & les talens suffisent pour conduire & diriger des paysans, seroit très-déplacé à confesser dans une ville. Mais il nous paroît se tromper & n'être pas conséquent avec lui-même, lorsqu'il prétend que l'article de l'édit de 1695, qui défend aux *curés* de confesser hors de leurs paroisses, sans le consentement de l'évêque, leur permet de confesser dans leurs églises les autres paroissiens qui s'adressent à eux avec l'agrément seul de leur *curé*. Circonscrire un territoire à un tribunal quelconque, c'est évidemment borner sa jurisdiction aux habitans de ce territoire : c'est ce que fait l'édit de 1695, en disant que les *curés* pourront, sans l'approbation de l'évêque, confesser dans leurs paroisses. Leur territoire est limité ; & comme la fonction ne peut s'exercer que sur les personnes, il eût été inutile de borner leurs pouvoirs à leurs paroisses, si par paroisse on eût entendu leurs paroissiens. L'argument qu'emploie Gibert ne nous paroît pas victorieux. *Un curé peut*, dit-il, *confesser les paroissiens des autres qui le lui permettent, de même qu'il peut marier les paroissiens des autres qui le lui permettent*. La comparaison n'est rien moins qu'exacte ; les *curés* font en poffeffion de déléguer pour l'adminiftration du facrement de mariage & non pour celui de la pénitence ; & s'ils ne peuvent déléguer pour la confeffion fur leurs propres paroiffes, comment le peuvent-ils fur celles des autres ? D'ailleurs, la raifon de ce que les lumières & les talens des *curés* doivent être proportionnés à l'état de ceux qu'ils confeffent, revient ici dans toute fa force, s'il n'eft pas raifonnable qu'un *curé* de la campagne, par exemple, puiffe, fans l'approbation de fon évêque, adminiftrer la pénitence dans une ville, parce que la capacité requife pour une ville doit être différente de celle qui eft requife pour un village, cette même raifon doit empêcher que le *curé* de la campagne ne puiffe, fans approbation, confeffer les habitans de la ville lorfqu'ils viendront le chercher dans fa paroiffe ; parce qu'il n'y a aucune différence entre le confeffer à la ville, ou les confeffer à la campagne. Enfin, un *curé* confeffera les habitans d'une autre paroiffe en vertu de fon titre ou en vertu du confentement de leur propre *curé*. Ce n'eft pas en vertu de fon titre, puifqu'il ne lui donne de pouvoirs que fur fes paroiffiens ; ce n'eft pas en vertu du confentement de leur propre *curé*, puifqu'il ne peut déléguer à cet effet. Donc un *curé* ne peut, fans l'approbation, foit tacite, foit expreffe, de l'évêque, confeffer les habitans d'une autre paroiffe.

Nous ne diffimulerons pas que beaucoup d'auteurs font contraires à l'opinion que nous venons d'embraffer. Elle nous a paru plus conforme aux principes, & nous avons pefé les raifons plutôt que les autorités. Nous avons cru appercevoir qu'elle s'approchoit le plus de l'efprit de notre jurifprudence ; & l'événement de la conteftation qui s'eft élevée en 1737 entre M. de Saléon, évêque de Rhodèz, & le fieur de Brillan, *curé* de la cathédrale de cette ville, nous a confirmé dans notre fentiment. M. l'évêque de Rhodèz lui avoit défendu, par une ordonnance, d'entendre en confeffion d'autres perfonnes que fes paroiffiens, à peine de nullité. Le *curé* interjetta appel comme d'abus de cette ordonnance ; il obtint même du parlement de Touloufe permiffion d'intimer l'évêque & de le prendre à partie, quoique l'article 43 de l'édit de 1695 le défende expreffément pour tout ce qui dépend de la jurifdiction volontaire. Le prélat fe pourvut au confeil du roi & y obtint le 14 mars 1740, un arrêt qui confirme fon ordonnance, & déclara l'appel du *curé* abufif. Cet arrêt fe trouve dans le rapport que firent les agens généraux du clergé à l'affemblée de cette année. Il eft vrai qu'il ne fur pas contradictoire avec le fieur de Brillan, décédé pendant le cours de l'inftance ; mais feulement par défaut contre un autre *curé*, fon voifin, qui fe trouvoit dans le même cas. Quoiqu'il n'ait eu les caractères néceffaires pour faire regarder la chofe comme jugée, c'eft cependant un préjugé favorable à l'opinion que

nous venons de défendre, parce que le roi promit alors aux évêques les mêmes marques de fa protection, lorfque la conduite de leurs *curés* les mettroit dans la néceffité de la réclamer. Au refte, dans les diocèfes, où l'ufage eft que les *curés* confeffent indifféremment leurs paroiffiens & ceux de leurs confrères avec leur confentement, les abfolutions font bonnes & valides, parce que l'ufage autorifé par le filence des évêques, vaut une approbation fpéciale ; & s'ils peuvent déroger à cet ufage, c'eft un droit qu'ils n'exercent pas fouvent & dont ils ne doivent ufer qu'avec beaucoup de modération & pour des raifons très-graves.

L'auteur du *Dictionnaire de droit canon*, rapporte au mot *Miffion*, plufieurs arrêts du confeil d'état, qui maintiennent les évêques dans le droit de faire faire des miffions dans les paroiffes de leurs diocèfes, malgré les *curés*. Nous obferverons qu'une miffion à laquelle un *curé* ne coopéreroit pas & même s'oppoferoit, pourroit difficilement produire les fruits que l'églife defire. Un évêque doit donc rarement employer des miffionnaires contre le gré des pafteurs ordinaires ; c'eft encore un de ces droits qu'il eft fouvent prudent & fage de ne pas exercer. Si la queftion fe préfentoit devant les parlemens, il pourroit arriver qu'ils fe détermineroient par les circonftances. Le filence de l'édit de 1695 fur cette matière fembleroit les y autorifer. C'eft ce que Gibert infinue dans fa *Conférence* fur l'art. 10 de cet édit.

Doit-on excepter de la règle générale à laquelle tous les fidèles font foumis, relativement aux *curés*, les monaftères d'hommes & de femmes ? Les religieux font dans l'ufage de s'adminiftrer les facremens entre eux fans l'approbation des évêques & fans recourir aux *curés*. Cet ufage feroit difficile à combattre ; il paroît que l'églife a donné aux fupérieurs de chaque maifon un pouvoir général pour confeffer & adminiftrer leurs religieux : mais il n'en eft pas de même de leurs domeftiques & des autres féculiers qui pourroient habiter parmi eux ; rien ne les difpenfe des devoirs *parochiaux* ; & il eft fûr que le *curé* a feul le droit de les confeffer, de leur adminiftrer le viatique & d'en faire l'inhumation. On trouve dans Lacombe un arrêt du parlement de Bretagne de 1672, qui l'a ainfi décidé en faveur du *curé* de faint Paterne à Vannes, contre les jacobins de cette ville.

La difficulté eft plus grande pour les monaftères de filles. En général, tout ce qui eft extérieur à la clôture, tout ce qui n'habite pas l'intérieur de la maifon ne peut être fouftrait à la jurifdiction du pafteur ordinaire. Quant à l'intérieur des monaftères, on diftingue ceux qui font exempts de ceux qui ne le font pas. Les maifons exemptes reçoivent les facremens des mains de leurs chapelains qui font auffi les inhumations. Elles ont même le droit d'enterrer chez elles les penfionnaires qui y décèdent : mais cela n'a pas lieu pour celles qui font foumifes à l'ordinaire. Le *curé* peut y exercer lés droits curiaux & y faire les inhumations; les penfiónnaires doivent être enterrées à la paroiffe. Dire que les *curés* violeroient la clôture en venant adminiftrer les malades, c'eft faire une bien foible objection, puifque les chapelains la violeroient tout de même. D'ailleurs, eft-ce enfreindre la clôture que d'entrer dans vn monaftère lorfqu'on y eft appellé par une néceffité auffi urgente que l'adminiftration des facremens ? Il feroit fage à un *curé* de déléguer pour ces fonctions le chapelain de la communauté. Ce feroit tout à la fois veiller à la confervation de fes droits & à la tranquillité du monaftère. Nous obferverons que pour adminiftrer le facrement de pénitence à des religieufes, il faut même à un *curé* des pouvoirs particuliers de l'évêque, tant il eft vrai qu'un fimple *vifa* n'eft pas un titre général qui lève, par rapport à toute forte de fujets, l'empêchement que l'églife a mis à l'exercice des pouvoirs qu'un prêtre reçoit par fon ordination.

Il y a quelques maifons religieufes qui ont droit d'exercer les fonctions curiales, & d'adminiftrer les facremens à leurs fermiers, domeftiques & à tous ceux qui habitent les enceintes & les baffescours de leurs monaftères. C'eft un privilège accordé à l'ordre de Cîteaux dans lequel il a été maintenu par plufieurs arrêts; privilège, au refte, qui confirme les principes que nous venons d'établir.

On a tellement confidéré en France les *curés* comme des miniftres auffi attachés à l'état qu'à la religion, qu'ils avoient autrefois le pouvoir de recevoir des teftamens, concurremment avec les notaires & les autres officiers publics. L'article 250 de la coutume de Paris les y autorife. « Pour réputer un teftament folemnel, eft re- » quis qu'il foit écrit & figné de la main du tef- » tateur, ou qu'il foit paffé devant deux notaires, » ou pardevant le *curé* de la paroiffe du teftateur, » ou fon vicaire-général & un notaire, ou dudit » *curé* ou vicaire, & de trois témoins. L'article » 291 ajoute : feront auffi tenus lefdits *curés* & vi- » caires-généraux, de porter & faire mettre de » trois mois en trois mois ès greffes, comme def- » fus, les regiftres de baptêmes, mariages, les tef- » tamens & fépultures, fous peine de tous dom- » mages & intérêts, & pour ce ne doivent rien » payer au greffe ».

L'ordonnance des teftamens du 31 août 1735, s'exprime ainfi, *article 25.* « Les *curés* féculiers ou » réguliers, pourront recevoir des teftamens ou » autres difpofitions à caufe de mort dans l'éten- » due de leurs paroiffes, & ce feulement dans les » lieux où les coutumes & ftatuts les y autorifent » expreffément, & en y appellant avec eux deux » témoins; ce qui fera pareillement permis aux » prêtres féculiers, prépofés par l'évêque à la def- » ferte des *cures* pendant qu'ils les defferviront, » fans que les vicaires & autres perfonnes ecclé- » fiaftiques puiffent recevoir des teftamens & au- » tres dernières difpofitions. N'entendons rien in-

nover aux réglemens & ufages obfervés dans » quelques hôpitaux par rapport à ceux qui peu- » vent recevoir des teftamens ».

L'article 26 continue : « le *curé* ou deffervant » feront tenus, immédiatement après la mort du » teftateur, s'ils ne l'ont fait auparavant, de dé- » pofer le teftament ou autre dernière difpofition » qu'ils auront reçus, chez le notaire ou tabellion » du lieu; & s'il n'y en a point, chez le plus » prochain notaire royal dans l'étendue du bail- » liage ou fénéchauffée dans laquelle la paroiffe eft » fituée, fans que lefdits *curés* ou deffervans puif- » fent en délivrer aucune expédition, à peine de » nullité defdites expéditions & des dommages- » intérêts des notaires ou tabellions, & des parties » qui pourroient en dépendre ».

Ces deux articles ont dérogé à l'ancien droit en trois chofes; 1°. ils ont ôté aux vicaires le droit de recevoir des teftamens; 2°. ce droit pour les *curés* eux-mêmes, eft reftraint & limité aux lieux où les coutumes & les ftatuts les y autorifent expreffément; 3°. ils font obligés de dépofer les tef- tamens qu'ils ont reçus, chez le tabellion du lieu ou chez le plus prochain notaire royal, & ils ne peuvent en délivrer aucune expédition. L'article 33 de la même ordonnance excepte le temps des peftes, pendant lequel tout *curé*, vicaire, deffer- vant, foit régulier, foit féculier, peut recevoir des teftamens. Les *curés* font tenus, ainfi que les autres officiers publics, d'obferver toutes les formalités prefcrites par l'ordonnance & les ftatuts locaux.

Nous ne parlerons pas ici de beaucoup d'autres droits des *curés* que nous aurons occafion de traiter par la fuite, & qui trouveront néceffairement leur place fous les différens mots qui fe préfenteront, comme DIXME, MONITOIRE, PORTION *congrue*, SÉPULTURES, &c.

Comme premiers pafteurs & chefs de leurs dio- cèfes, les évêques ont un droit d'infpection & de furveillance qui entraîne néceffairement après lui le pouvoir de punir & de corriger; pouvoir fans lequel ils ne pourroient maintenir le bon or- dre & la difcipline qu'ils font chargés de con- ferver. Un des moyens les plus efficaces pour y réuffir eft fans doute la tenue des fynodes : c'eft dans ces affemblées où l'on peut remédier aux abus généraux qui s'introduifent dans un diocèfe. C'eft-là que les *curés*, les moins zélés & les moins fervens, viennent puifer dans les exemples & les difcours de leurs fupérieurs & de leurs confrères, l'efprit & les vertus eccléfiaftiques. Auffi voit-on que, dans tous les fiècles, les conciles ont févi contre les *curés* qui cherchoient à fe fouftraire à ce joug falutaire. Le concile de Metz de l'an 756, condamne ceux qui, fans raifon, refufent de s'y rendre, à 60 livres d'aumônes, & celui de Saintes de l'an 1280, prononce contre eux la peine d'in- terdit. Le concile de Trente en a auffi une difpo- fition formelle. Cette loi de difcipline a été adop- tée dans nos tribunaux. Ils ont donné plufieurs arrêts pour contraindre les *curés* à se rendre aux synodes. Les *curés* réguliers qui se prétendent exempts de la jurisdiction ordinaire, sont soumis à cette loi générale. On voit dans Bardet un arrêt du 23 février 1637, qui confirma une condamnation à 8 livres d'aumônes portée par l'évêque de Beauvais contre un *curé* de l'ordre de Malthe. M. Bignon, qui porta la parole dans cette cause, avança que l'obligation d'assister au synode ne pouvoit être anéantie ni par l'exemption, ni par la prescription. Un arrêt du grand-conseil, rapporté par l'auteur des mémoires du clergé, *tome III*, *pag 723*, enjoint au *curé* de la paroisse du Mont-Saint-Michel, diocèse d'Avranches, d'assister au synode diocésain, toutes les fois que les évêques le convoqueront, & ce nonobstant sa prétendue exemption de la jurisdiction épiscopale.

Parmi les peines dont un évêque peut punir un *curé*, il en est qu'il prononce lui-même sans aucune espèce de formes juridiques. Il en est d'autres qu'il ne peut infliger qu'après une information en règle & une procédure légale. L'évêque ne peut pas lui-même prononcer ces dernières. Elles sont uniquement réservées à son official; nous n'en parlerons point ici. Parmi les premières, la plus commune est l'envoi au séminaire pour quelque temps. Nos rois ont cru digne de leur attention de donner des bornes à ce pouvoir des évêques, & d'empêcher que sous le spécieux prétexte de conserver la discipline, les *curés* ne fussent exposés à des vexations & à des actes de despotisme. Une déclaration du 15 décembre 1698, enregistrée dans toutes les cours, porte, « que les ordonnances » par lesquelles les évêques auront estimé néces- » saire d'enjoindre à des *curés* ou autres ecclésias- » tiques ayant charge d'ames dans le cours de leurs » visites, & sur procès-verbaux qu'ils auront dres- » sés, de se retirer dans des séminaires pour le » temps de trois mois & pour causes graves, mais » qui ne mériteront pas une instruction dans les » formes de la procédure criminelle, seront exécu- » tées nonobstant toute appellation ».

D'après cette déclaration, il est certain, 1°. qu'un évêque, sans employer la procédure criminelle, ne peut condamner un *curé* au séminaire que pour trois mois; 2°. qu'il ne le peut que dans le cours de sa visite; 3°. qu'il doit dresser un procès-verbal qui est le fondement de son ordonnance; 4°. qu'il faut que la faute soit grave; 5°. enfin que l'ordonnance étant exécutoire nonobstant appel, y est cependant sujette. Il faut encore conclure de cette déclaration, que si l'évêque ordonnoit trois mois de séminaire hors du cours de sa visite ou sans avoir dressé de procès-verbal, son ordonnance pourroit être attaquée par la voie de l'appel comme d'abus : il y a apparence que dans ce cas un *curé* obtiendroit facilement un arrêt de défense. Il y a donc deux moyens d'appel comme d'abus d'une ordonnance d'un évêque qui enjoindroit à un *curé* d'aller au séminaire pendant un certain temps. Le

premier tiré du défaut des formalités prescrites par la déclaration de 1698; le second, pris dans le fond même de l'ordonnance. Le premier moyen peut être suspensif, c'est-à-dire, que les cours peuvent accorder un arrêt de défenses. Mais si l'abus n'est fondé que sur l'injustice même de l'ordonnance, il n'est que dévolutif, & l'ordonnance doit être exécutée nonobstant l'appel. Pour mettre le *curé* dans le cas de se justifier s'il est innocent, ou de se corriger s'il est coupable, on doit lui donner copie du procès-verbal dressé contre lui. S'il parvenoit à démontrer que l'évêque n'a sévi contre lui que par passion, il seroit dans le cas de demander des dommages & intérêts. On en a vu plusieurs en obtenir & distribuer aux pauvres de leurs paroisses les sommes qui leur avoient été adjugées.

Un arrêt du parlement d'Aix du 28 mars 1740, nous apprend qu'un *curé* peut être envoyé au séminaire pour un terme moins long que trois mois, quoique l'évêque ne soit pas dans le cours de sa visite. Alors on ne considère point le séminaire comme une peine, mais simplement comme une correction paternelle & un remède salutaire pour rappeller à un ecclésiastique le souvenir de ses devoirs. On conteste aux grands-vicaires le droit de condamner dans le cours de leurs visites, un *curé* au séminaire. Les auteurs qui leur sont favorables, conviennent qu'il faut que ce pouvoir soit exprimé dans leurs lettres de vicariat. Le clergé, pour prévenir toute contestation sur ce point, crut devoir, en 1726, demander à ce sujet une déclaration qui n'a pas encore paru.

Nous connoissons en France plusieurs espèces de *curés*; il y a des *curés* primitifs & des *curés* vicaires perpétuels, dont les charges & les droits sont totalement différens. Il y a en outre des *curés* séculiers & des *curés* réguliers. Les obligations des uns & des autres, par rapport aux fidèles, sont absolument les mêmes. Mais les devoirs qu'impose la vie monastique & l'obéissance due à la règle dans laquelle ils se sont engagés, ont fait soumettre les *curés* réguliers à des loix qui leur sont particulières, & qui ne regardent en rien les séculiers. Nous en rendrons compte, lorsque nous aurons parlé des *curés* primitifs & des *curés* vicaires perpétuels.

Des curés primitifs, & des curés vicaires perpétuels. Il n'y avoit autrefois dans l'église qu'une espèce de *curé*; ce n'est que vers le septième siècle que l'on commença à distinguer les *curés* primitifs & les *curés* subalternes. Il paroît qu'il faut attribuer à différentes causes l'origine de cette distinction. La première, & sans doute la plus favorable, est la destination que les évêques firent de plusieurs *curés* de la campagne qu'ils appellèrent auprès d'eux, pour les seconder dans l'administration du diocèse, & composer une partie du clergé de la cathédrale. Ces prêtres conservèrent les revenus de leurs *curés*, en se chargeant de les faire desservir par d'autres prêtres, qui étoient, pour ainfi dire, à leurs gages, & fur lefquels ils s'attribuèrent une fupériorité. Voilà pourquoi tant de chapitres font encore *curés primitifs.*

Vers le neuvième fiècle, l'ignorance & la barbarie féodale ayant régné jufque fur le clergé féculier, qui auroit pu difficilement fe préferver de la corruption au milieu d'un peuple corrompu, on fut obligé de recourir aux moines. Les mœurs & les fciences réfugiées dans les cloîtres, furent alors d'un grand fecours à l'églife : mais bientôt le clergé féculier fortit de fon état d'aviliffement, & l'on s'apperçut que les fonctions du miniftère étoient incompatibles avec la vie monaftique. Alors l'églife, qui ne s'étoit fervie de moines, que comme on fe fert de troupes auxiliaires, que de fâcheufes circonftances forcent d'employer, les rendit à leur premier état, & les fit rentrer dans leurs cloîtres. A cette époque, ils étoient maîtres de prefque toutes les *cures.* Les évêques leur en avoient confié une partie, & les feigneurs laïcs qui, pendant deux fiècles, s'étoient emparés des biens eccléfiaftiques, & fur-tout des paroiffes, crurent fatisfaire à leur confcience, & faire une reftitution fuffifante, en les remettant à des monaftères à qui ils n'avoient jamais appartenu. Les moines, en fe retirant dans leurs cloîtres, n'abandonnèrent pas les revenus des églifes paroiffiales ; on toléra même qu'ils en jouiffent, à la charge toutefois de faire deffervir les *cures* par des prêtre féculiers qui étoient amovibles. Il y eut beaucoup d'évêques, qui, pour permettre ce partage inouï, par lequel les charges fe trouvoient d'un côté, les richeffes & l'oifiveté de l'autre, fe faifoient payer à chaque mutation de deffervant, ce droit fi connu fous le nom de *rachat des autels, altarium redemptio.* Telle eft l'origine de la fupériorité que beaucoup de monaftères prétendent fur plufieurs *cures.*

Il faut cependant convenir qu'il y en a quelques-unes qui ont fervi à la fondation & à la dotation de certains monaftères, & que quelques autres ne font que les chapelles que les moines avoient élevées dans leurs granges & dans leurs fermes, & qui dans la fuite font devenues des paroiffes. Ces dernières font en petit nombre. C'eft pourquoi nos loix, en diftinguant les chapitres & les monaftères *curés primitifs,* ont traité bien plus favorablement les chapitres que les monaftères, au moins quant aux droits honorifiques.

C'étoit fans doute un grand défordre que de voir les peuples confiés aux foins de pafteurs amovibles, & à qui les *curés* primitifs refufoient prefque le néceffaire. L'églife tonna contre cet abus intolérable ; mais fes réglemens & fes menaces furent inutiles, & la cupidité trouva pendant long-temps les moyens de les éluder. Nos princes, protecteurs de la religion, lui ont prêté, à cette occafion, un bras fecourable, & leurs loix ont enfin mis les canons en vigueur. L'article 12 de

l'ordonnance de 1629 eft conçu en ces termes : « les *cures* qui font unies aux abbayes, prieurés, » églifes cathédrales ou collégiales, feront doré- » navant tenues à part, & à titre de vicaire per- » pétuel, fans qu'à l'avenir lefdites églifes puiffent » prendre fur icelles *cures,* autres droits qu'hono- » raires, tout le revenu demeurant au titulaire, » fi mieux lefdites églifes ou autres bénéfices dont » dépendent lefdites *cures,* n'aiment fournir aux- » dits vicaires la fomme de 300 livres par an, » dont fera fait inftance auprès de notre S. Père » le pape ». Il paroît que cet article ne fut point exécuté, ou du moins fouffrit beaucoup de difficulté. On en peut juger par le grand nombre de déclarations que Louis XIV & Louis XV ont données à ce fujet.

Le préambule de celle du 29 janvier 1686 nous apprend que, dans quelques provinces du royaume, plufieurs *curés primitifs* & autres, à qui la collation des *cures* & des vicaires perpétuels appartenoit, commettoient des prêtres pour les deffervir, pendant le temps qu'ils jugeoient à propos de les y employer, avec une rétribution très-médiocre. Le roi, pour remédier à un abus tant de fois condamné par les canons, ordonne « que les *cures* qui font » unies à des chapitres ou autres communautés » eccléfiaftiques, & celles où il y a des *curés* pri- » mitifs, foient deffervies par des *curés* ou des » vicaires perpétuels qui feront pourvus en titre, » fans qu'on y puiffe mettre à l'avenir des prêtres » amovibles, fous quelque prétexte que ce puiffe » être ».

Il n'eft guère poffible à un légiflateur de tout prévoir, & il eft peu de loix nouvelles qui ne donnent lieu à de nouvelles conteftations. Il s'en éleva beaucoup entre les *curés* primitifs & les vicaires perpétuels : il faut convenir que jufqu'alors leurs droits refpectifs n'avoient pas encore été réglés. En payant la portion congrue aux vicaires perpétuels, les *curés* primitifs les troubloient dans la perception des oblations, offrandes & autres droits cafuels. La déclaration du 30 juin 1690 eut pour but de terminer toutes ces conteftations fcandaleufes. « Voulons, y eft-il dit, que les vicaires » & *curés* perpétuels jouiffent à l'avenir de toutes » les oblations & offrandes, tant en cire, qu'en » argent, & autres rétributions qui compofent le » cafuel de l'églife, enfemble des fonds chargés » d'obits & fondations pour le fervice divin, fans » aucune diminution de leur portion congrue, & » ce, nonobftant toute tranfaction, abonnement, » poffeffion, fentences & arrêts, auxquels nous » défendons à nos cours & juges d'avoir aucun » égard. Pourront néanmoins lefdits *curés* primitifs, » s'ils ont titre ou poffeffion valable, continuer de » faire le fervice divin aux quatre fêtes folemnel- » les, & le jour du patron, auquel jour ils pour- » ront percevoir la moitié des oblations & offran- » des, tant en cire qu'en argent, & l'autre moitié » demeurera au *curé* vicaire perpétuel, & fera au

» surplus notre déclaration du mois de janvier 1686
» exécutée, selon sa forme & teneur, en ce qui
» n'y est pas dérogé par ces présentes ». L'édit de
1695, *art.* 24, ordonne aux évêques d'établir,
suivant les déclarations de 1686 & 1690, des vicaires perpétuels où il n'y a que des prêtres amovibles.

Malgré ces loix réitérées, il s'élevoit journellement une infinité de procès entre les *curés* primitifs & les *curés* vicaires perpétuels. Deux déclarations du 5 octobre 1726 & du 15 janvier 1731
ont enfin posé des limites qu'il n'est plus permis
de franchir. Tout y est prévu, tout y est déterminé. Les prétentions excessives des abbés, prieurs
& communautés y sont réprimées, les droits des
chapitres conservés, & l'état des *curés* vicaires perpétuels fixé d'une manière convenable à l'importance & à la dignité de leurs fonctions. La déclaration
de 1726 ne contient que 7 articles: celle de 1731
est beaucoup plus étendue. Comme c'est elle qui
forme la jurisprudence actuelle, nous allons en
rendre compte, en la conférant avec celle de 1726.
Par ce moyen on connoîtra toutes les loix qui
régissent la matière que nous traitons.

L'article 1 assure aux vicaires perpétuels le titre
de *curés-vicaires perpétuels*, qu'ils pourront prendre
en toute occasion, même en contractant avec le
curé primitif: c'est ce que signifient évidemment
ces expressions *en tous actes & en toutes occasions.*
L'article 11 de la déclaration de 1726 porte une
disposition semblable.

Plusieurs communautés & des bénéficiers particuliers prenoient sans fondement le titre de *curés
primitifs*; l'article 11 de notre déclaration détermine ceux qui pourront le prendre à l'avenir.
« Ne pourront prendre le titre de *curés primitifs*,
» que ceux dont les droits seront établis, soit par
» des titres canoniques, actes ou transactions vala-
» blement autorisés, arrêts contradictoires, soit
» sur des actes de possession centenaire. N'enten-
» dons exclure les moyens & les voies de droit
» qui pourroient avoir lieu contre lesdits actes &
» arrêts, lesquels seront cependant exécutés jus-
» qu'à ce qu'il en ait été autrement ordonné,
» soit définitivement, ou par provision, par les
» juges qui en doivent connoître, suivant ce qu'il
» sera dit ci-après ». L'article 4 de la déclaration
de 1726 s'expliquoit en ces termes: « le titre &
» les droits de *curés* primitifs ne pouvant être ac-
» quis légitimement qu'en vertu d'un titre spécial,
» ceux qui prétendent y être fondés, seront tenus
» en tout état de cause, de représenter les titres,
» faute de quoi, ils ne pourront être reçus à le
» prendre, au préjudice des vicaires perpétuels,
» à qui la provision demeurera pendant le cours
» de la contestation; & ne seront réputés vala-
» bles, à cet effet, autres titres que les bulles
» du pape, décrets des archevêques ou évêques,
» ou actes d'une possession avant 100 ans, & non
» interrompue; & sans avoir égard aux transac-

» tions, ou autres actes; ou aux sentences & ar-
» rêts qui pourroient avoir été rendus, en faveur
» des *curés* primitifs, si ce n'est que, par leur au-
» thenticité & l'exécution qui s'en seroit suivie,
» ils eussent acquis le degré d'autorité nécessaire,
» pour les mettre hors d'atteinte ».

La différence entre ces deux articles, consiste
en ce que, selon celui de 1726, pendant le cours
de la contestation, la provision doit demeurer aux
curés, vicaires perpétuels, & que par celui de 1731,
les titres des *curés* primitifs doivent être exécutés
provisoirement, quoique les *curés*, vicaires perpétuels se pourvoient contre ces titres par les moyens
de droit.

Une autre différence, c'est que toutes transactions, ou arrêts, non exécutés, ne peuvent faire
titre aux *curés* primitifs, suivant la déclaration de
1726, au lieu que, selon celle de 1731, tout arrêt
contradictoire, ou transaction valablement autorisée
fait titre, indépendamment de l'exécution. La déclaration de 1726 étoit en ce point plus favorable aux *curés*, vicaires perpétuels. Elle nous paroît aussi se rapprocher davantage des principes,
en rendant plus difficiles les preuves sur lesquelles
on doit établir la qualité de *curé primitif*. Devroit-
on, en cette matière, permettre de suppléer le
titre constitutif par des actes possessoires ou autres
actes équivalens? Les *curés* primitifs sont aussi contraires à la discipline de l'église & au droit commun, que les exemptions. On n'admet point pour
celles-ci, de titres qui puissent suppléer le titre
constitutif. La possession même, quelque longue
qu'elle soit, est inutile sans ce titre; pourquoi n'en
est-il pas de même pour les *curés* primitifs? Leur
possession avec un titre est non-seulement une dérogation au droit commun & à la saine discipline
de l'église, mais encore une violation de la loi
évangélique, qui ne veut pas que celui qui ne
sert point à l'autel, vive de l'autel, & la loi
naturelle qui lui défend de se nourrir & de s'en-
graisser des sueurs & des travaux de ses frères:
dès-lors, cette possession sans titre n'est-elle pas le
plus intolérable des abus? On dira peut-être que
ce seroit anéantir tous les *curés* primitifs, que de
les obliger à représenter leurs titres constitutifs.
Peut-on regarder comme un inconvénient, une
loi qui tendroit à rétablir l'ancienne discipline &
à guérir en partie une plaie dont l'église gémit encore? D'ailleurs, cela ne feroit que les rendre
moins communs sans les détruire entièrement. Il
en seroit comme des exempts; qui se sont conservés malgré la rigueur des loix portées contre eux.

L'article 3 détermine à qui appartiendra le titre
& les fonctions de *curés* primitifs, relativement
aux communautés religieuses. Les moines les dis-
putoient à leurs abbés, prieurs réguliers ou commendataires, & à leurs supérieurs claustraux. Ils
prétendoient être en droit de venir, quand bon
leur sembloit, officier dans les églises, dont leur
communauté étoit *curé* primitif, & cela malgré le

curé,

curé, vicaire perpétuel. Notre article remédie aux inconvéniens qui pouvoient naître de pareilles prétentions. Il porte : « les abbés, prieurs & autres » pourvus, soit en titre, soit en commende, du » bénéfice auquel la qualité de *curé primitif* sera » attachée, pourront seuls & à l'exclusion des » communautés établies dans leurs abbayes, prieu- » rés, ou autres bénéfices, prendre ledit titre de » *curé primitif*, & en exercer les fonctions, les- » quelles ils ne pourront remplir qu'en personne, » sans qu'en leur absence, ou pendant la vacance, » lesdites communautés puissent faire lesdites fonc- » tions, qui ne pourront être exercées dans lesdits » cas que par les *curés*, vicaires perpétuels ; & à » l'égard des communautés, qui n'ayant point d'ab- » bés, ni de prieurs en titre ou en commende, au- » ront les droits de *curés primitifs*, soit par union de » bénéfices, ou autrement, les supérieurs desdites » communautés pourront seuls en faire les fonc- » tions, le tout nonobstant tous actes, jugemens » & possessions à ce contraires, & pareillement » sans qu'aucune prescription puisse être alléguée » contre les abbés, prieurs, ou autres bénéficiers, » ou contre les supérieurs des communautés qui » auront négligé, ou qui négligeront de faire les- » dites fonctions de *curés primitifs*, par quelque » laps de tems que ce soit ». Ces dispositions sont entièrement conformes à l'article 5 de la déclaration de 1726.

L'article 4 règle quelles seront les fonctions que pourront exercer les *curés primitifs*. « Les curés » primitifs, s'ils ont titre ou possession valable, » pourront continuer de faire le service divin les » quatre fêtes solemnelles & le jour du patron ; à » l'effet de quoi, ils seront tenus de faire avertir » les *curés*, vicaires perpétuels, la surveille de la » fête, & de se conformer au rit & au chant du » diocèse, sans qu'ils puissent même auxdits jours » administrer les sacremens, ou prêcher sans une » mission spéciale de l'évêque ; & sera le contenu au » présent article exécuté, nonobstant tous titres, » jugemens, ou usages à ce contraires ». Cet arti- cle est encore absolument conforme à la déclaration de 1726. Il faut en conclure que pour exer- cer les fonctions qui y sont désignées, le *curé pri- mitif* doit avoir ou titre ou possession. L'un sans l'autre est suffisant, parce que l'intention du légis- lateur est que la possession supplée le titre, & qu'il a ordonné par l'article précédent que la prescrip- tion ne pourroit anéantir le titre. On doit encore en conclure que le titre de *curé primitif* & les char- ges qui y sont attachées, ne donnent pas le droit d'exercer les fonctions que cet article accorde en général aux *curés primitifs*. Il faut en effet, outre le titre de *curé primitif*, en avoir un particulier qui emporte le droit de célébrer le service divin, ou du moins prouver la possession. C'est ce que sup- pose évidemment notre déclaration, puisque dans l'article 2, elle parle du titre nécessaire pour pren- dre la qualité de *curé primitif*, & que dans celui

que nous examinons, elle ne s'occupe que du titre & de la possession requise pour pouvoir officier les quatre fêtes solemnelles & le jour du patron. Cette distinction est fondée sur ce que la qualité générale de *curé primitif* n'emporte pas essentiel- lement les droits honorifiques, parce que rien n'em- pêche qu'ils ne soient séparés des droits utiles. Cette doctrine est appuyée sur deux arrêts remar- quables ; l'un du grand-conseil, rendu le 20 septem- bre 1676, a maintenu l'abbé Despreaux dans le titre de *curé primitif* de la paroisse de Cambon, diocèse de Paris, & cependant lui fait défense d'y officier aucun jour de l'année ; l'autre, du 26 mars 1691, est du parlement de Paris : il déboute les religieux de Mont-Didier, diocèse d'Amiens, de leurs prétentions, quant à la célébration du service divin dans une paroisse dont ils étoient reconnus pour *curés* primitifs. Ce dernier arrêt est d'autant plus important, qu'il est postérieur à la déclaration de 1690, qui maintient en général les *curés* primi- tifs dans le droit d'officier certains jours de l'année.

L'article 5 fixe les droits utiles des *curés* primi- tifs, lorsqu'ils officieront : « les droits utiles desdits » *curés primitifs*, demeureront fixés, suivant la dé- » claration du 30 juin 1690, à la moitié des obla- » tions & offrandes, tant en cire qu'en argent, » l'autre moitié demeurant au *curé*, vicaire perpé- » tuel, lesquels droits ils ne pourront percevoir » que lorsqu'ils feront le service divin en personne, » aux jours ci-dessus marqués ; le tout à moins que » lesdits droits n'aient été autrement réglés en fa- » veur des *curés primitifs* ou des vicaires perpétuels, » par des titres canoniques, actes ou transactions, » valablement autorisés, arrêts contradictoires ou » actes de possession centenaire ». Cet article dé- roge à la clause portée dans l'article 3 de la décla- ration de 1726. Le législateur y ordonnoit que la moitié des offrandes présentées les jours que les *curés* primitifs officieroient, appartiendroit aux *curés*, vicaires perpétuels, « nonobstant tous usages, » abonnemens, transactions, jugemens & autres » titres à ce contraires ». Il seroit à desirer que cet obstacle n'eût pas été réformé, non-seulement parce qu'il est favorable aux *curés*, vicaires perpétuels, mais encore parce qu'il obvieroit à beaucoup de pro- cès que font naître les prétendus titres ou actes possessoires allégués par les *curés primitifs*, & qu'on leur conteste ordinairement.

Les articles 6 & 7 conservent les usages parti- culiers & locaux des paroisses qui ont coutume de s'assembler certains jours de l'année dans les églises des monastères ou prieurés, soit pour la célébra- tion de l'office divin, soit pour des *te Deum*, ou processions générales, &c. Ces deux articles ne se trouvent point dans la déclaration de 1726.

Il y a des paroisses qui sont desservies dans des églises de religieux ou de chanoines qui en sont *curés* primitifs. On voyoit tous les jours des diffi- cultés s'élever entre les religieux ou chanoines & leurs vicaires perpétuels. Ce qui y donnoit le plus fouvent lieu, étoit l'ufage du chœur & des bancs, les fépultures dans l'églife & les heures des offices. Les articles 8 & 9 de la déclaration fixent fur ces objets les droits des uns & des autres, en diftinguant avec foin ce qui eft de pure police extérieure, & ce qui tient au fpirituel qu'elle laiffe à l'entière difpofition des évêques. Ces deux articles font encore ajoutés à la déclaration de 1726. Les voici :

Article 8. « Voulons que dans les lieux où » la paroiffe eft deffervie à un autel particulier de » l'églife dont elle dépend, les religieux ou cha- » noines réguliers de l'abbaye, prieurs ou autres » bénéficiers, puiffent continuer de chanter feuls » l'office canonial dans le chœur, & de difpofer » dès bancs ou fépultures dans leurfdites églifes, » s'ils font en poffeffion paifible & immémoriale de » ces prérogatives ».

Article 9. « Les difficultés nées & à naître fur » les heures auxquelles la meffe paroiffiale ou d'au- » tres parties de l'office divin doivent être célébrées » à l'autel & lieux deftinés à l'ufage de la paroiffe, » feront réglés par l'évêque diocéfain, auquel feul » appartiendra auffi de prefcrire les jours & heures » auxquels le faint facrement fera ou pourra être » expofé audit autel, même à celui des religieux » ou réguliers de la même églife, & les ordon- » nances par lui rendues fur le contenu du pré- » fent article, feront exécutées par provifion pen- » dant l'appel fimple ou comme d'abus, fans y pré- » judicier, & ce nonobftant tous privilèges & » exemptions, même fous prétexte de jurifdiction » quafi-épifcopale, prétendue par lefdites abbayes, » prieurés ou autres bénéfices, lefdites exemptions » ou jurifdictions ne devant avoir lieu en pareille » matière ».

Après avoir déterminé par l'article 4 quels étoient les droits honorifiques que pourroient exer- cer les curés primitifs, conformément à leur titre & à leur poffeffion, le légiflateur craignant de ne s'être pas expliqué affez clairement, & voulant qu'ils ne puiffent prétendre aucune efpèce de fu- périorité ni fur le fpirituel ni fur le temporel des églifes paroiffiales, leur défend, par l'article 10, de préfider, fous quelque prétexte que ce foit, aux affemblées que pourront tenir les curés, vicaires perpétuels avec leur clergé, par rapport aux fonc- tions ou devoirs auxquels ils font obligés, ou au- tre matière femblable, en leur défendant pareille- ment de fe trouver aux affemblées des curés, vi- caires perpétuels & marguilliers qui regardent la fabrique, ou le droit d'en conferver les clefs en- tre leurs mains, & ce nonobftant tous actes, arrêts & ufages à ce contraires.

L'article 11 eft extrêmement important. Il fixe le feul cas dans lequel les curés primitifs peuvent être déchargés du paiement de la portion congrue. « Les abbayes, prieurés ou communautés ayant » droit de curés primitifs, ne pourront être déchar- » gés du paiement des portions congrues des curés, » vicaires perpétuels, ou de leurs vicaires, fous

» prétexte de l'abandon qu'ils pourroient faire des » dixmes à eux appartenantes, à moins qu'ils n'a- » bandonnent auffi tous les biens ou revenus qu'ils » poffèdent dans lefdites paroiffes, & qui font de » l'ancien patrimoine des curés ; enfemble le droit » & titre de curé primitif ; le tout fans préjudice » du recours que les abbés, prieurs ou religieux, » pourront exercer réciproquement les uns contre » les autres, felon que les biens abandonnés fe » trouveront être dans la menfe de l'abbé ou » prieur, ou dans celle des religieux ». Cette dif- pofition fe trouve dans l'article 7 de la déclaration de 1726, & a été renouvellée par l'article 8 de l'édit de 1768, conçu en ces termes : « voulons en outre, » conformément à nos déclarations des 5 octobre » 1726, & 15 janvier 1731, que le curé primitif » ne puiffe être déchargé de la contribution à la- » dite portion congrue, fous prétexte de l'abandon » qu'il auroit ci-devant fait ou qu'il pourroit faire » auxdits curés, ou vicaires perpétuels, des dixmes » par lui poffédées, mais qu'il foit tenu d'en four- » nir le fupplément, à moins qu'il n'abandonne » tous les biens fans exception qui compofoient » l'ancien domaine de la cure, enfemble le titre & » les droits de curé primitif ». Ces différens articles donnent lieu à beaucoup de queftions que nous traiterons fous les mots DIXME & PORTION congrue.

L'article 12 décide quels font les juges qui doi- vent prononcer fur les conteftations concernant la qualité de curé primitif, les droits qui en dépen- dent, & en général, toutes les demandes formées entre les curés primitifs, les curés, vicaires perpé- tuels, & les gros décimateurs. Ce font en première inftance les baillis & les autres juges royaux ref- fortiffans nuement aux cours de parlement, & ce nonobftant toutes évocations, lettres-patentes & déclarations à ce contraires.

L'article XIII porte que les fentences & juge- mens qui feront rendus fur les conteftations men- tionnées dans l'article précédent, foit en faveur des curés primitifs, foit au profit des vicaires per- pétuels, feront exécutés par provifion, nonobftant appel & fans y préjudicier.

L'article XIV, après avoir foumis à l'exécution de la déclaration dont il s'agit, tous les ordres, congrégations, corps ou communautés féculières ou régulières, même l'ordre de Malthe & celui de Fontevrault, fait une exception en faveur des chapitres. Voici comme il s'exprime : « fans néan- » moins que les chapitres des églifes collégiales ou » cathédrales foient cenfés compris dans la précé- » dente difpofition, en ce qui concerne les prée- » minences, honneurs & diftinctions, dont ils font » en poffeffion, même de prêcher avec la permif- » fion de l'évêque certains jours de l'année ; def- » quelles prérogatives ils pourront continuer de » jouir ainfi qu'ils ont bien & duement fait par le » paffé ». Le légiflateur traite bien plus favorable- ment les chapitres qui font curés primitifs, que les monaſtères, abbés, prieurs, & autres bénéficiers. Il leur conſerve des honneurs & des prérogatives, qu'il refuſe à ceux-ci. On peut apporter pour raiſon de cette différence, que les unions des *cures* aux chapitres, ont quelque choſe de moins odieux & de moins contraire à l'eſprit de l'égliſe que celles qui ont été faites aux monaſtères. L'avantage du dioceſe & le bien des fidèles a été le motif des premières, & les autres n'ont, pour l'ordinaire, d'autre origine que la cupidité des moines, qui en reſtituant la deſſerte des paroiſſes au clergé ſéculier, ont trouvé le ſecret de n'abandonner que le travail & les charges, & de conſerver l'utile & l'honorifique. Nous diſons pour l'ordinaire, parce qu'il faut convenir, comme on l'a déjà dit, qu'il y a quelques *cures*, qui, dans l'origine, ont été légitimement unies à des monaſtères, ſoit par donation ou fondation, ſoit qu'elles doivent leur naiſſance aux anciennes fermes & granges qui dépendoient des abbayes.

L'article 15 & dernier, veut que la déclaration du 29 janvier 1686, celle du 30 juin 1690, & l'article premier de la déclaration du 30 juillet 1710, ſoient exécutés ſelon leur forme & teneur, en ce qui n'eſt point contraire à celle dont nous parlons. Nous avons rapporté les deux déclarations de 1686 & de 1690; & pour ne rien laiſſer à deſirer ſur ce qui concerne cette matière, nous allons rapporter l'article premier de la déclaration de 1710. « Vou- » lons que les mandemens des archevêques ou » évêques, ou de leurs vicaires généraux qui ſe- » ront purement de police extérieure eccléſiaſtique, » comme pour les ſonneries générales, ſtations » du jubilé, proceſſions & prières pour les né- » ceſſités publiques, actions de graces & autres » ſemblables ſujets, tant pour les jours & heures, » que pour la manière de les faire, ſoient exécutés » par toutes les égliſes & communautés eccléſiaſ- » tiques ſéculières & régulières, exemptes & non » exemptes, ſans préjudice à l'exemption de celles » qui ſe prétendent exemptes en autre choſe ».

Quelques auteurs ont penſé que la déclaration de 1731 avoit dérogé à celle de 1726. Ils ſe fondent ſur ce que le roi, dans l'article 15, ne rappelle que celles de 1686, 1690, & 1710, qu'il veut être exécutées. Le ſilence qu'il a gardé ſur celle de 1726 eſt, diſent-ils, une preuve qu'elle doit être regardée comme non-avenue. Mais en conſultant le préambule de la déclaration de 1731, on voit qu'elle ne doit faire qu'une même loi avec celle de 1726 & celles qui l'ont précédée. « C'eſt » pour faire ceſſer ces inconvéniens que nous avons » jugé à propos de réunir dans une ſeule loi les » diſpoſitions de la déclaration du 5 octobre 1726 » & celles des loix précédentes, en y ajoutant tout » ce qui pouvoit manquer à la perfection de ces » loix ». Le légiſlateur s'explique bien clairement. Son intention n'eſt point d'abroger la déclaration de 1726, mais ſeulement d'y ajouter & de la perfectionner: on ne peut donc pas la regarder comme

non avenue; elle eſt dans toute ſa force, & on n'en peut douter lorſqu'on la voit rappellée dans l'article VIII de l'édit de 1768 avec celle de 1731. » Voulons en outre, conformément à nos décla- » tions des 8 octobre 1726, & 15 janvier 1731 ». Ces deux déclarations ont donc une égale autorité.

Ces loix ſemblent ne rien laiſſer à deſirer ſur les droits & prérogatives des *curés* primitifs. Il nous reſteroit à parler de leurs charges, qui ſont le paiement de la portion congrue, les fournitures de ce qui eſt néceſſaire pour le ſervice divin & les réparations des chœurs & cancels des égliſes. Mais toutes ces matières viennent naturellement ſous les mots DÉCIMATEUR, & PORTION *congrue*. Nous paſſerons donc à ce qui regarde les *curés* réguliers.

De droit commun, les religieux ſont incapables de poſſéder des *cures*; la vie commune & l'obéiſſance à des ſupérieurs particuliers, ont paru trop oppoſées aux fonctions paſtorales, pour qu'on les leur confiât. Cependant, pluſieurs congrégations connues ſous le nom de *chanoines réguliers* de l'ordre de ſaint Auguſtin, ſe ſont maintenues dans la poſſeſſion des *cures* qu'elles deſſervoient dans ces ſiècles où l'ignorance du clergé ſéculier avoit forcé l'égliſe de recourir aux moines. Lorſqu'ils rentrèrent dans leurs cloîtres & quittèrent les *cures*, les chanoines réguliers ſoumis à une règle moins auſtère, parvinrent à faire faire une exception en leur faveur. Nous voyons Innocent III, au chapitre, *cum dei timorem*, *de ſtatu monach.* décider que, quoiqu'ils ſoient véritablement compris dans le nombre des moines, *à ſanctorum monachorum conſortio non putantur ſejuncti*. Cependant, leur règle moins auſtère que celle des autres religieux, *regulæ laxiori*, ne pouvoit être un obſtacle à ce qu'ils deſſerviſſent des *cures*, pourvu qu'ils euſſent toujours avec eux un de leurs confrères pour conſerver, autant qu'il eſt poſſible, l'eſprit de la règle *ad cautelam*, dit ce pape. Le père Thomaſſin rapporte des ſtatuts faits par un légat du pape, de concert avec le comte de Toulouſe en 1232, qui ordonnent qu'il y ait au moins trois chanoines réguliers dans chacune des égliſes paroiſſiales qu'ils deſſervent. L'établiſſement de la règle *ſæcularia ſæcularibus, regulara regularibus*, a confirmé la capacité des chanoines réguliers à poſſéder les *cures* dépendantes des abbayes de leurs ordres, & on ne la leur diſpute plus aujourd'hui.

Les *curés* réguliers, quoique jouiſſant de tous les droits & prérogatives attachés à la qualité de *curé*, ſoit pour le ſpirituel, ſoit pour le temporel, diffèrent cependant en un point bien eſſentiel des autres *curés*. Ils ne ſont point inamovibles; leurs ſupérieurs réguliers peuvent les rappeller dans leur cloître, ſans forme de procès; il n'eſt pas même néceſſaire qu'une conduite reprehenſible ſoit le motif de ce rappel, le bien de l'ordre ſuffit; & dès-lors on voit qu'il dépend abſolument de la volonté du ſupérieur, mais cependant avec la reſtriction dont on parlera tout à l'heure. Cette amovibilité ne prouveroir-elle pas que les bénéfices-*cures* ne font point impreſſion ſur la tête des réguliers; & qu'ils ne font point les vrais titulaires, les vrais époux de leurs égliſes? Des proviſions qui n'attachent point inſéparablement un *curé* à un bénéfice, ne peuvent guère être conſidérées que comme de ſimples commiſſions, & non pas comme de véritables titres.

Le droit des ſupérieurs réguliers de rappeller, quand bon leur ſembloit, les religieux *curés*, dans le cloître, pouvoit avoir bien des inconvéniens. Rien de plus contraire au bon gouvernement des paroiſſes que les changemens multipliés des paſteurs; comme il eſt important qu'un ſujet peu propre à la conduite des ames ne reſte pas long-temps dans une *cure*, de même, il eſt très-avantageux qu'un bon *curé* ne ſoit point enlevé à ſes paroiſſiens : pour concilier le bien des paroiſſes avec les droits des ſupérieurs réguliers, pour ne pas rompre tous les liens qui attachent un religieux à ſon ordre, & pour prévenir en même temps des changemens dangereux, nos loix ont voulu que les *curés* réguliers en demeurant toujours dans la dépendance de leurs ſupérieurs, ne puſſent cependant être révoqués & retirés de leurs bénéfices que du conſentement de l'évêque diocéſain. Un évêque intéreſſé à conſerver un bon *curé* ne conſentira à ſon rappel que lorſque les motifs des ſupérieurs lui paroîtront juſtes; & il y donnera volontiers les mains, lorſque la conduite de ce régulier demandera ſon rappel ou ſa retraite. Ces loix ſemblent avoir paré à tous les inconvéniens. Elles mettent les *curés* réguliers à l'abri des caprices de leurs ſupérieurs, & leur préſentent une prompte punition s'ils oublient leurs devoirs. Tel eſt l'objet des lettres-patentes du mois d'octobre 1679, enregiſtrées le 6 décembre ſuivant au grand-conſeil, & données pour la congrégation de ſainte Geneviève; de celles du 9 août 1700 pour les religieux de l'étroite & de la commune obſervance de Prémontré; du 27 février pour l'ordre de la Trinité & Rédemption des captifs; & du 22 octobre 1710 pour les religieux de la Chancelade. Un arrêt du grand-conſeil du 6 octobre 1697, a jugé que les *curés* de l'ordre de Fontevrault ne pouvoient être révoqués ſans le conſentement de l'évêque.

Les réguliers ne peuvent accepter de *cure* ſans la permiſſion de leur ſupérieur. C'eſt ce que portent expreſſément les déclarations & lettres-patentes dont nous venons de parler. Ce conſentement eſt ſi eſſentiel que, ſelon les loix qui ont été données pour les Genovéfins, ce défaut ſeroit une nullité radicale qui rendroit le bénéfice vacant & impétrable.

Au reſte, quelque exempts de la juriſdiction que ſoient les réguliers, ils ſont ſoumis, en qualité de *curés*, à tous les réglemens du diocèſe. L'évêque a ſur eux la même juriſdiction que ſur les *curés* ſéculiers; il peut viſiter leurs égliſes, leur impoſer les peines canoniques lorſqu'ils commettent quelques fautes; & ſi ces fautes exigeoient une inſtruction criminelle, il n'eſt pas douteux qu'ils ne fuſſent juſticiables de l'official diocéſain.

Pour traiter tout ce qui a rapport à cet article, il nous reſte à parler des *cures*. Une *cure* ou paroiſſe eſt, comme on l'a dit en commençant cet article, un certain territoire circonſcrit & limité, dont les habitans ſont confiés, pour le ſpirituel, aux ſoins d'un prêtre attaché à une égliſe bâtie ſur ce territoire, & dans laquelle ces habitans ſont obligés de venir remplir les devoirs & aſſiſter aux cérémonies du chriſtianiſme. Les limites de ce territoire ſont impreſcriptibles, c'eſt-à-dire, que toutes les fois que le titre d'érection ou de bornage eſt repréſenté, il fait évanouir toutes les prétentions qui ne ſeroient appuyées que ſur la poſſeſſion. Mais, en l'abſence &. au défaut du titre, une poſſeſſion immémoriale ſuffit à un *curé* pour réclamer un canton ou une portion du territoire comme une dépendance de ſa *cure*. Il y a même beaucoup d'auteurs qui ne demandent qu'une poſſeſſion quarantenaire, & leur ſentiment paroit aſſez fondé.

Lorſque les maiſons ſont ſituées ſur les confins de deux paroiſſes, ce n'eſt que la ſituation de la porte d'entrée qui décide de quelle paroiſſe elles ſont. Il ſuit delà qu'on peut changer de paroiſſe en changeant l'entrée de ſa maiſon. Cela a été ainſi jugé par un arrêt du parlement de Paris du 6 mars 1650, rapporté par Dufreſne, *liv. VI, chap.* 1. Le *curé* & les marguilliers de la paroiſſe qu'on quitte, n'ont aucune indemnité à demander. C'eſt ce qui a encore été décidé par un arrêt du même parlement du 3 mai 1670. Si par ce changement, un *curé* perd quelque partie de ſon revenu, il eſt en même temps déchargé d'une partie de ſon fardeau; ainſi tout ſe trouve compenſé. C'eſt auſſi ſur l'ouverture principale des portes, qu'on a réglé les limites des paroiſſes de ſaint Sulpice & de ſaint Côme. Ce réglement a été homologué au parlement par arrêt du 18 janvier 1677. On peut conclure de ces arrêts, que quoique l'érection d'une paroiſſe & les bornes de ſon territoire dépendent de la puiſſance épiſcopale, les conteſtations qui s'élèvent à cette occaſion entre les paroiſſes établies, ſont de la compétence des juges royaux.

Il n'y a que les évêques qui aient droit d'ériger des *cures* : « les archevêques ou évêques, porte » l'article XIV de l'édit de 1695, pourront, avec » les ſolemnités & les procédures accoutumées, » ériger des *cures* dans les lieux où ils l'entendront » néceſſaires ».

Dans l'état actuel des choſes, toute érection de *cure* eſt néceſſairement un démembrement d'une autre paroiſſe. Cet établiſſement eſt donc en même temps une ſection de bénéfice; opération que l'égliſe n'a jamais permiſe que pour de grandes raiſons, & des motifs d'une néceſſité reconnue. D'après le chapitre *ad audientiam, tit. de ecleſ. ædif.* & le décret du concile de Trente, *ſect.* 21.

ch. 4, une des principales raisons pour ériger une *cure*, c'est lorsque la distance des lieux & la difficulté des chemins empêchent une partie des paroissiens de se rendre à l'église paroissiale, & mettent obstacle à l'administration des sacremens.

Le grand nombre de paroissiens n'est pas une raison pour ériger une nouvelle *cure*, selon beaucoup d'autres auteurs, parce que, disent-ils, dans ce cas, un *curé* peut s'associer des coopérateurs & des vicaires. Il faut convenir que cette raison n'est pas solide : un *curé* ne peut pas se multiplier à l'infini, & quelque vertueux & habiles que soient ses vicaires, ils n'ont jamais sur l'esprit des peuples le même degré d'autorité que le *curé*. C'est pourquoi, lorsque les évêques ont érigé en *cure* quelques succursales, auxquelles, absolument parlant, un vicaire pouvoit suffire, leurs décrets ont été confirmés par les parlemens. C'est ce qui est arrivé en 1672 par rapport à saint Roch, qui jusques-là, avoit été succursale de saint Germain-l'Auxerrois. Il fut dit n'y avoir abus dans cette érection, quoiqu'on prouvât qu'un simple vicaire pouvoit suffire pour la desserte.

Les évêques sont juges de la nécessité ou de la grande utilité de l'érection des *cures*. Il ne faut cependant pas croire que leurs décisions sur ce point puissent être arbitraires. L'édit de 1695 les astreint à observer les solemnités & les procédures accoutumées. La principale & la plus importante de ces procédures est l'enquête *de commodo & incommodo*. C'est par elle seule qu'on peut s'assurer de la légitimité des motifs qui ont déterminé à ériger la nouvelle *cure*. Il faut entendre les parties intéressées. Le *curé* & les marguilliers de la paroisse dont on fait le démembrement, sont de ce nombre. Il en est de même des patrons : si cette paroisse est en patronage, leur consentement n'est pas nécessaire, il suffit qu'ils aient été appellés & entendus. On a assez fait pour la conservation de leurs droits. Il paroît qu'autrefois on ne recouroit point au prince pour l'érection des nouvelles *cures* ; cependant l'usage a prévalu, & l'on obtient ordinairement des lettres-patentes : c'est le plus sûr, & beaucoup d'auteurs prétendent que sans cela, le nouveau titulaire ne pourroit poursuivre & défendre en justice les droits de son bénéfice. Elles sont indispensablement nécessaires, lorsque les habitans se chargent de fournir sur leurs propres biens la portion congrue du nouveau *curé*.

L'évêque doit pourvoir à la dotation de la nouvelle *cure*. Il le peut, dit l'article XIV de l'édit de 1695, par union de dixmes & autres revenus ecclésiastiques. Si le *curé* de l'ancienne paroisse est gros décimateur, il doit contribuer à la portion congrue du nouveau *curé*, au prorata de ce qu'il lève dans les dixmes. Cette nouvelle création de *cure* ne changeant rien aux droits des décimateurs, il s'ensuit que le *curé* n'a aucun droit sur les dixmes, à moins qu'on ne lui en abandonne une partie pour le remplir de sa portion congrue. Si les dixmes ne suffisent pas pour cela, l'évêque doit y pourvoir par l'union de quelques bénéfices simples. Si l'érection s'est faite à la sollicitation du seigneur & des habitans, c'est à eux à assurer la subsistance de leur nouveau *curé*. Dans les villes où les droits casuels sont considérables, & appartiennent aux fabriques, elles doivent payer la portion congrue ; c'est ce que nous voyons dans l'érection de la *cure* de sainte Marguerite, fauxbourg saint Antoine ; la fabrique est chargée de payer 300 livres par an au nouveau *curé*.

Cette érection, faite en 1712, par le cardinal de Noailles, nous apprend encore que l'on conserve à l'église matrice, des droits utiles & honorifiques. Les marguilliers de la nouvelle paroisse de sainte Marguerite doivent rendre tous les ans le pain béni dans l'église de saint Paul, le dimanche dans l'octave de la fête de cet apôtre, aux dépens de la fabrique de leur église, & payer ce jour-là 10 livres à la fabrique de saint Paul & 10 livres au *curé*, lequel peut en outre, si bon lui semble, venir tous les ans le jour de sainte Marguerite avec son clergé y célébrer l'office divin & faire, mais seulement en personne, les fonctions curiales, auquel cas il a le droit de partager avec l'autre, toutes les offrandes & honoraires. M. de Harlay avoit suivi à-peu-près les mêmes règles, en érigeant en 1673, la *cure* de Bonne-Nouvelle, qui étoit succursale de saint Laurent. Cette nouvelle *cure* fut chargée d'une redevance annuelle de 1200 livres en faveur du *curé* de saint Laurent, à qui il fut accordé en outre, la moitié des offrandes que le nouveau titulaire recevroit aux fêtes de Pâques & de Noël.

Lorsque l'église matrice est à la pleine collation de l'évêque, il devient collateur de la nouvelle *cure* ; cela s'est observé pour la *cure* de sainte Marguerite. M. de Noailles s'en réserva la collation en qualité de collateur de saint Paul. Lorsque la nouvelle *cure* est dotée aux dépens des fonds de l'ancienne, l'ancien *curé* devient *curé* primitif & patron. Il est encore dans l'usage que les *curés* primitifs deviennent patrons des églises paroissiales qui s'érigent dans leur territoire. C'est pourquoi le prieur de saint Martin-des-Champs a acquis le patronage de la *cure* de Notre-Dame de Bonne-Nouvelle, érigée dans le fauxbourg saint Laurent. C'est aussi pourquoi M. de Harlay a abandonné aux religieux de Saint-Germain, le patronage de toutes les *cures* qu'on pourroit établir dans le fauxbourg Saint-Germain. Il en est de même lorsqu'une chapelle est érigée en *cure* ; le patron de la chapelle devient patron de la *cure*. C'est en conséquence de cette pratique que les abbés de l'abbaye du Bec, en Normandie, sont patrons des églises paroissiales de saint Jean en Grève & de saint Gervais de Paris. On a cependant trouvé un moyen pour ne pas accorder aux patrons des chapelles érigées en *cure*, le patronage de la *cure* : c'est de laisser le titre de la chapelle attaché à l'autel où il étoit, & d'annexer celui de la *cure* à un autre ; par ce moyen, l'évêque s'en réserve la collation, & les droits du patron font entiérement confervés. Cet expédient qui nous est venu de Rome, a été mis en ufage, lorfqu'on a érigé en *cure* la chapelle de fainte Marguerite. M. de la Fayette en étoit patron laïc, il prétendit, en cette qualité, devoir l'être de la nouvelle paroiffe érigée dans fa chapelle. L'affaire fut évoquée au confeil. Elle eft reftée indécife jufqu'en 1740, que madame l'abbeffe de Saint-Antoine, à qui M. de la Fayette avoit remis tous fes droits, la perdit au parlement de Paris. M. de Vintimille fut maintenu dans la pleine collation de la nouvelle *cure.*

S'il eft des circonftances où il eft permis de divifer une *cure*, ce n'eft jamais pour en former un bénéfice fimple & une vicairie perpétuelle. Cette divifion, abfolument contraire à l'efprit de l'églife & à nos loix, ne pourroit manquer d'être déclarée abufive. Il en feroit de même des unions des *cures* à des bénéfices fimples. En général, l'union d'une *cure* eft plus défavorable que fon démembrement. Il eft cependant arrivé qu'on en a uni à des féminaires ou à des chapitres. Nos ordonnances & le concile de Trente rendent les unions très-difficiles. Les articles XXII & XXIII de l'ordonnance de Blois, prouvent clairement que l'union des *cures* à tout autre bénéfice qu'à des *cures*, eft contraire à l'intention du légiflateur. Ces fortes de bénéfices, pour nous fervir des expreffions de M. Talon, font d'une fonction trop éminente & trop néceffaire pour les unir à d'autres bénéfices qui font d'une dignité inférieure & moins utile dans la hiérarchie ; ce feroit élever les membres avec le chef, & mettre la fille au même rang que la mère.

On a vu des paroiffes entiérement dépeuplées par les guerres, la pefte ou la famine. Le peu de paroiffiens qui pouvoient refter ne fuffifant point pour l'entretien d'un *curé*, ces bénéfices ont été réunis aux *cures* les plus voifines. Mais cette union qui ne fe fait point par l'extinction d'un des deux titres, doit ceffer lorfque la caufe qui l'avoit occafionnée ne fubfifte plus ; & ces paroiffes venant à fe rétablir & à fe repeupler, les chofes doivent retourner dans leur premier état. C'eft moins alors la divifion d'une *cure* que le rétabliffement d'une ancienne. Rien de plus favorable dans le droit canon que cette divifion ; & fi les évêques ne s'y prêtoient pas, foit pour favorifer les gros décimateurs, foit pour ne pas payer eux-mêmes une portion congrue, nous penfons que le titre de la *cure* n'étant point éteint, & revivant par le rétabliffement de la paroiffe, feroit dans le cas d'être impétré en cour de Rome, ou d'être conféré par le fupérieur, *jure devolutionis,* par droit de dévolution.

On a beaucoup difputé pour favoir à quelle marque on pouvoit reconnoître une églife paroiffiale. On lit dans le journal des audiences un arrêt rendu le 12 février 1682, qui a admis des habitans à prouver que leur églife avoit autrefois été paroiffe, par les anciens veftiges, tant du cimetière que des fonts baptifmaux. Corradus, Lacombe & plufieurs autres auteurs remarquent avec raifon que ces preuves ne font pas décifives, parce qu'il y a beaucoup de fimples fuccurfales qui ont des cimetières & des fonts baptifmaux. Ce font cependant des préfomptions qui peuvent fe convertir en preuves, s'il eft certain d'ailleurs que le lieu dont il eft queftion a été autrefois confidérable, & qu'il a fouffert des défaftres & des calamités.

Quant au rang que les paroiffes doivent tenir dans les cérémonies publiques, voici les règles qui s'obfervent. Toute paroiffe doit céder le pas à la cathédrale, elle le doit auffi dans le concours avec une collégiale. Quand il n'y a que des paroiffes, la plus ancienne doit l'emporter fur les autres. Si les *curés* marchent fans leur paroiffe, celui de la plus ancienne doit avoir le premier rang, quoiqu'il foit le plus jeune ou le plus nouveau des *curés.* Il n'en eft pas de même dans les fynodes ou affemblées du clergé. Le temps de l'ordination fixe l'ordre des rangs, c'eft la règle générale. Il y a cependant des diocèfes, où des ufages particuliers ont prévalu, on eft obligé de s'y conformer. Les conteftations qui peuvent naître à ce fujet doivent être portées devant les juges royaux. Elles ne fe traitent que poffefforiement, ce qui eft de leur compétence. Deux arrêts des parlemens de Paris & de Rennes du 15 juillet 1602, & du mois de mai 1603, ont déclaré abufives des procédures d'officiaux qui avoient voulu en connoître. (*Article de M. l'abbé* REMI).

CURIAL, (*Jurifprud.*) fignifie tantôt ce qui eft relatif à une cure, tantôt ce qui eft relatif à une cour de juftice, foit fouveraine ou fubalterne.

Droit curial, eft l'honoraire dû aux curés pour les mariages & convois, fuivant les ftatuts du diocèfe, homologués au parlement.

Eglife curiale, eft celle où l'on fait toutes les fonctions *curiales. Voyez* l'article fuivant.

Fonctions curiales, font celles qui font propres aux curés, comme de baptifer, marier, inhumer les paroiffiens, dire la meffe de paroiffe, bénir le pain qui y eft deftiné, faire le prône, &c.

Maifon curiale, eft celle qui eft deftinée à loger le curé ; c'eft la même chofe que *presbytère. Voyez* PRESBYTÈRE.

Curiaux, en Breffe, font des officiers ou commis qui fervent de fcribes ou greffiers, aux châtelains ou autres juges. Ces *curiaux* font obligés de réfider fur les lieux : en cas d'empêchement de leur part, ils peuvent commettre quelqu'un en leur place. Les châtelains font obligés d'avoir des *curiaux* pour écrire les actes, & ces *curiaux* ne peuvent pas rendre de jugemens, mais feulement écrire fous les ordres du juge. *Voyez* Collet fur *les ftatuts de Breffe,* pag. 174 & *fuiv.*

Dépens curiaux, font les frais de juftice. L'artile 35 de la coutume de Normandie porte que le feigneur contre le vaffal, & le vaffal contre le feigneur, étant en procès en la cour dudit feigneur, ne peuvent avoir aucuns dépens que les *curiaux* ; ce qui fignifie les fimples débourfés de cour, tels que le coût des fentences, actes du greffe, fignifications, & autres débourfés qui auroient été faits par le feigneur ou le vaffal ; celui qui a fuccombé ne doit point d'autres dépens que ces débourfés ; mais s'ils plaidoient en un autre tribunal, celui qui fuccomberoit pourroit être condamné en tous les dépens. Banafge, *fur le tit. de jurifdict. art.* 35. (*A*)

CUSSONÉ, (*bois*) terme qu'on trouve dans la coutume de Bordeaux, *art.* 115, pour fignifier une efpèce de bois défectueux, qu'elle défend d'employer à la fabrication des vaiffeaux propres à contenir le vin. Elle accorde pendant un an une action au propriétaire du vin, contre le vendeur de futailles *cuffonées*, pour le rendre refponfable du prix du vin qui a été gâté par le défaut de la futaille. *Voyez* ARTISONNÉ.

CUSTODE, (*Droit canonique.*) dans certaines églifes, eft la même chofe que *curé*. L'ufage du terme de *cuftode* pris dans ce fens, eft fort ancien ; car on voit dans la règle de S. Chrodegand, évêque de Metz, qui vivoit vers le milieu du huitième fiècle, qu'entre les membres du chapitre de la cathédrale, il y avoit des *cuftodes* ou gardiens des trois principales églifes de la ville. *Voyez* le chapitre 27.

Dans le chapitre de Lyon, il y a un chanoine qui a le titre de *grand-cuftode* ; & l'églife paroiffiale de Sainte-Croix, qui eft la première paroiffe de la ville, & unie à l'églife cathédrale dont elle fait partie, eft deffervie conjointement par deux curés, qui font qualifiés *cuftodes de Sainte-Croix*. Dans d'autres églifes, on donnoit le nom de *cuftodes*, à ceux qui avoient foin des cloches, des ornemens, des linges, & des autres meubles dont on fait ufage dans les églifes. Cet office étoit fubordonné à l'archidiacre : les fonctions qui y étoient attachées, furent fixées par un concile de Tolède.

Cuftode eft le nom qu'on donne, dans certains ordres religieux, à ceux qu'on nomme ailleurs *prieurs*, *recteurs* ou *gardiens. Voyez* ces différens mots, & celui de MINIME.

CUSTODERIE, f. f. (*Jurifp.*) à Lyon, eft la maifon où logent les cuftodes ou curés de Sainte-Croix ; c'eft la même chofe que *presbytère*. Cette *cuftoderie* de Lyon, ou la paroiffe de Sainte-Croix, eft dans la dépendance de la métropole, & le chapitre en eft le curé primitif.

Il s'eft élevé, il y a quelques années, une conteftation entre les prêtres deffervans la *cuftoderie*, & le chapitre de Lyon, pour favoir s'ils avoient le droit 1°. d'affiftance, 2°. de s'abfenter, 3°. d'avoir le fel, 4°. d'exemption des droits d'entrée fur le vin. Ces quatre queftions ont été décidées en faveur des cuftodes, par arrêt du parlement de Paris en 1764.

CUSTODINOS, ce mot s'emploie quelquefois en matière canonique, pour marquer l'efpèce de convention fimoniaque, par laquelle le titulaire d'un bénéfice prête fon nom à un autre, pour en recueillir les fruits. Nous avons parlé de cette efpèce de fimonie, fous le mot CONFIDENCE.

C Y

CYMÈSES. *Voyez* CIMAIZE.

DAN

DAN

D, quatrième lettre de l'alphabet françois & latin, se met sur les pièces de monnoie fabriquée à Lyon. Les banquiers & négocians l'emploient dans leurs journaux & regiftres, pour abréger certains mots qu'il faudroit répéter trop souvent.

DA

DALLE, s. f. (*terme de Coutume*) celles de Clermont, *art. 221*, & de Bretagne, *art. 698.* appellent *dalles* les fosses & conduits qui servent à recevoir les eaux d'une maison, ou à les conduire au dehors. Suivant la coutume de Clermont, nul ne peut construire de *dalles* contre un mur mitoyen, sans faire un contremur, d'un pied d'épaisseur, afin d'éviter tout dommage au mur mitoyen. Celle de Bretagne défend aux propriétaires des maisons de faire sortir sur le pavé de la ville & fauxbourgs les *dalles*, privés & ouvertures de caves.

DAMIANISTE. *Voyez* CLAIRE (*religieuse de sainte*).

DANGER. *Voyez* TIERS ET DANGER.

DANGER. *Voyez* FIEF *de danger.*

DANGEREUX. *Voyez* SERGENT *dangereux.*

DANSE, s. f. (*Jurisp. Morale*). est un exercice du corps, composé de mouvemens & de pas réglés, exécutés au son des instrumens ou de la voix.

La *danse*, dans son origine, faisoit partie du culte public, qui a toujours été rendu à la divinité; l'homme, dès les premiers âges du monde, se servit du chant & de la *danse* pour rendre graces à Dieu, l'honorer & publier ses louanges.

Les Egyptiens, les Grecs, & les Romains, avoient inftitué, en l'honneur de leurs faux dieux, des *danses*, qu'on exécutoit ou dans les temples, comme celles des sacrifices, des myftères d'Ifis, de Cérès, &c. ou dans les places publiques, comme celles des bacchanales, ou enfin dans les bois, comme les *danses* ruftiques.

Les Juifs inftituèrent également plusieurs fêtes solemnelles, dont la *danse* faisoit une partie principale. Après le passage de la mer Rouge, Moyse & sa sœur rassemblèrent deux grands chœurs de musique, l'un composé d'hommes, l'autre de femmes, qui chantèrent & dansèrent un ballet solemnel d'action de graces.

Les filles de Silo dansoient dans les champs, suivant l'usage, quand les jeunes gens de la tribu de Benjamin, à qui on les avoit refusées pour épouses, les enlevèrent, sur l'avis des vieillards d'Ifraël.

Les prêtres & les lévites exécutoient des *danses* solemnelles, lorsqu'on célébroit quelque événement heureux. C'eft dans une de ces circonftances que le saint roi David se joignit aux miniftres des autels, & qu'il dansa en préfence de tout le peuple Juif, en accompagnant l'arche du seigneur depuis la maison d'Obededom, jufqu'à la ville de Bethléem.

Dans prefque tous les pseaumes on trouve des traces de la *danse* sacrée des Juifs, & tous les interprètes de l'écriture sont sur ce point d'un avis unanime.

Les Gaulois, les Espagnols, les Allemands, les Anglois, & généralement tous les peuples anciens & modernes ont eu leurs *danses* sacrées. Dans toutes les religions anciennes, les prêtres étoient danseurs par état, parce que la *danse* a été regardée par tous les peuples de la terre, comme une des parties effentielles du culte qu'on devoit rendre à la divinité.

Lorsque le christianisme commença à s'établir, l'église en réunissant les fidèles, en leur inspirant un dégoût légitime des vains plaisirs du monde, cherchoit à les remplir d'une joie pure dans la célébration des fêtes qu'elle avoit établies, pour leur rappeller les bienfaits d'un Dieu sauveur; mais elle ne crut pas devoir en exclure les feftins & la *danse*.

Les agapes, ou feftins de charité, mêlés de *danse*, malgré les abus qui s'y étoient gliffés dès le temps de saint Paul, fubfiftoient encore lors du concile de Gangres en 320, où on tâcha de les réformer, & ne furent totalement abolis qu'au concile de Carthage en 397, sous le pontificat de Grégoire-le-Grand.

Dans les temps de trouble & de perfécution, il se forma des congrégations d'hommes & de femmes, qui à l'exemple des Thérapeuthes, se retirèrent dans les déferts, où, les dimanches & fêtes, ils se rassembloient près des hameaux, & dansoient pieusement en chantant les prières de l'église; ainfi que le rapporte le P. Heliot, *Hiftoire des ordres monaftiques.*

Lorsque le calme eut fuccédé à l'orage, & que l'église put bâtir des temples, & y célébrer paifiblement ses assemblées, on y pratiqua un terrein élevé, auquel on donna le nom de *chœur*, & qui étoit une efpèce de théâtre féparé de l'autel, tel qu'on le voit encore à Rome aujourd'hui dans les églifes de saint Clément & de saint Pancrace. C'étoit dans ce lieu, que les prêtres, les laïcs & tous les fidèles, dansoient pour honorer Dieu. Scaliger veut même que le titre de *præfules*, donné aux évêques, vienne du latin *præfilire*, parce qu'ils commençoient la *danse*.

Au refte, il eft certain que pendant long-temps les chrétiens les plus zélés s'affembloient la nuit

La

la veille des grandes fêtes, devant la porte des églises, & qu'ils y dansoient en chantant les cantiques, les pseaumes, & les hymnes du jour.

Mais comme la foiblesse & la bizarrerie des hommes fait naître des abus des meilleures institutions, la danse sacrée des chrétiens dégénéra bientôt en des pratiques dangereuses, qui alarmèrent la piété des papes & des évêques : delà les constitutions & les décrets, qui ont frappé d'anathèmes les danses, & qui les ont successivement retranchées des cérémonies de l'église.

Cependant elles en font partie dans quelques pays catholiques. En Portugal, en Espagne, dans le Roussillon, on exécute des danses solemnelles en l'honneur des mystères & des saints. Le cardinal Ximenès rétablit de son temps, dans la cathédrale de Tolède, l'ancien usage des messes mosarabes, pendant lesquelles on danse dans le chœur & dans la nef, avec autant d'ordre que de dévotion.

En France même, on voyoit, vers le milieu du dernier siècle, les prêtres & tout le peuple de Limoges, danser en rond dans le chœur de saint Léonard en chantant : sant marciau pregas per nous, & nous epingaren per bous.

Le P. Menestrier, jésuite, qui écrivoit son Traité des ballets, en 1682, assure, dans la préface de cet ouvrage : « qu'il avoit vu encore les chanoines de » quelques églises, qui, le jour de Pâques, pre-» noient par la main les enfans de chœur, & » dansoient dans le chœur en chantant des hymnes » de réjouissance ».

C'étoit aussi un usage reçu autrefois, que les prêtres devoient danser le jour qu'ils célébroient leur première messe. Cette coutume fut abolie par un arrêt du parlement de 1547 : elle a néanmoins subsisté dans l'Albigeois jusqu'en 1704, qu'elle fut réformée, & entièrement supprimée par M. d'Olbene.

Les loix ecclésiastiques & civiles actuellement en vigueur, défendent la danse à tous les fidèles les jours de fêtes & dimanches. C'est la disposition des conciles de Rheims, de Tours, de Bourges, d'Aix, d'Aquilée, de Milan, de Bordeaux & autres. Celui de Trente défend même aux clercs, d'assister aux danses qui se font les jours de noces.

Les ordonnances d'Orléans & de Blois, l'édit de 1698, les arrêts des cours souveraines, les réglemens de police, ont défendu les danses publiques les jours de dimanches & de fêtes, même des patrons des paroisses, & particulièrement les danses dans les cimetières. Ces loix cependant ne doivent s'entendre à la rigueur, que des danses faites pendant le service divin. Voyez BALADOIRES.

Nous finirons cet article en observant que les mahométans ont fait entrer la danse dans une partie de leur culte religieux; mais elle est réservée aux seuls ministres de la religion, il en est une, qui est en grande considération parmi les dervis,

qui s'exécute en pirouettant avec une extrême rapidité au son de la flûte.

DATAIRE, s. m. (Droit ecclés.) est le premier & le plus important des officiers de la daterie de Rome, où il a toute autorité. Quand cette commission est remplie par un cardinal, comme elle est au-dessous de sa dignité, on l'appelle prodataire, c'est-à-dire, qui est au lieu du dataire.

Cet officier représente la personne du pape pour la distribution de toutes les graces bénéficiales & de tout ce qui y a rapport, comme les dispenses & autres actes semblables.

Ce n'est pas lui qui accorde les graces de son chef; tout ce qu'il fait relativement à son office, est réputé fait par le pape.

C'est lui pareillement qui examine les suppliques & les graces avant de les porter au pape.

Son pouvoir dans ces matières est beaucoup plus grand que celui des réviseurs; car il peut ajouter ou diminuer ce que bon lui semble dans les suppliques, même les déchirer, s'il ne les trouve pas convenables.

C'est lui qui fait la distinction des matières contenues dans les suppliques qui lui sont présentées; c'est lui qui les renvoie où il appartient, c'est-à-dire à la signature de justice ou ailleurs, s'il juge que le pape ne doive pas en connoître directement.

Le dataire ou le sousdataire, ou tous deux conjointement, portent les suppliques au pape pour les signer. Le dataire fait ensuite l'extension de toutes les dates des suppliques qui sont signées par le pape.

Il ne se mêle point des bénéfices consistoriaux, tels que les abbayes consistoriales, à moins qu'on ne les expédie par daterie & par chambre; ni des évêchés, auxquels le pape pourvoit de vive voix en plein consistoire.

Le sousdataire, qui n'est aussi que par commission, n'est point un officier dépendant du dataire; c'est un prélat de la cour romaine, choisi & député par le pape.

Il est établi pour assister ordinairement le dataire, lorsque celui-ci porte les suppliques au pape pour les signer.

Sa principale fonction est d'extraire les sommaires du contenu aux suppliques importantes, qui sont quelquefois écrites de la main de cet officier ou de son substitut; mais ce sommaire au bas de la supplique est presque toujours écrit de la main du banquier ou de son commis, & signé du sousdataire qui enregistre le sommaire, sur-tout quand la supplique contient quelque absolution, dispense, ou autres graces qu'il faut obtenir du pape.

Le sousdataire marque au bas de la supplique les difficultés que le pape y a trouvées; par exemple, quand il met cum sanctissimo, cela signifie qu'il en faut conférer avec sa sainteté.

Lorsqu'il s'agit de quelque matière qui est de nature à être renvoyée à quelque congrégation,

N n n

comme à celle des réguliers, des rites, des évêques & autres, que le pape n'a point coutume d'accorder sans leur approbation, le *sousdataire* met ces mots, *ad congregationem regularium*, ou autres, selon la matière.

Quand l'affaire a été examinée dans la congrégation établie à cet effet, le billet contenant la réponse & la supplique, sont rapportés au *sousdataire* pour les faire signer au pape.

Si le pape refuse d'accorder la grace qui étoit demandée, le *sousdataire* répond au bas de la supplique, *nihil*, ou bien *non placet sanctissimo*.

La fonction du *sousdataire* ne s'étend pas sur les vacances par mort des pays d'obédience, lesquelles appartiennent au *dataire per obitum* dont on va parler. *Voyez* DATERIE. (*A*)

DATAIRE ou REVISEUR *per obitum*, est un officier de la daterie, & dépendant du *dataire* général ou préfet des dates. Ce *dataire per obitum* a la charge de toutes les vacances *per obitum* dans les pays d'obédience, tel qu'est en France la Bretagne, où le pape ne donne point les bénéfices au premier impétrant, mais à celui que bon lui semble.

C'est à cet officier que l'on porte toutes les suppliques des vacances par mort en pays d'obédience, pour lesquelles on ne prend point de date à cause des réserves du pape.

Il est aussi chargé de l'examen des suppliques par démission, privation & autres en pays d'obédience, & des pensions imposées sur les bénéfices vacans, en faveur des ministres & autres prélats courtisans du palais apostolique. (*A*)

DATAIRE ou REVISEUR *des matrimoniales*, est aussi un officier de la daterie de Rome, & dépendant du *dataire* général. La fonction de ce *dataire* particulier est de revoir les suppliques des dispenses matrimoniales, avant & après qu'elles ont été signées ; d'en examiner les clauses, & d'y ajouter les augmentations & restrictions qu'il juge à propos. C'est lui qui fait signer au pape ces dispenses, & qui y fait mettre la date par le *dataire* général, lorsque les suppliques sont conformes au style de la daterie. (*A*)

DATAIRE, (*pro*) *Voyez* ci-devant DATAIRE.

DATE, s. f. (*Droit civil & canon.*) c'est l'indication que l'on fait du tems & du lieu où un acte a été passé. Cette formalité est nécessaire pour la perfection & validité des actes judiciaires, & extrajudiciaires : elle sert encore à éclaircir des faits importans, & à prévenir des fraudes & des suppositions.

Nous devons considérer ce mot sous un double rapport, c'est-à-dire, en matière civile, & en matière bénéficiale.

DATE *en matière civile* : on *date* communément les actes judiciaires ou extrajudiciaires, de l'année, du mois, du jour & du lieu où ils sont passés.

Depuis l'ordonnance de Roussillon, donnée par Charles IX, l'année commence en France au premier janvier. Avant cette époque elle commençoit au jour de Pâques : delà viennent les contrariétés apparentes qui se trouvent dans les *dates* des chartres anciennes. Ces difficultés ont donné lieu à l'ouvrage curieux d'un savant bénédictin, *sur l'art de vérifier les dates*.

Le jour civil commence parmi nous, comme chez les Romains, à minuit : ainsi tous les actes dressés dans les vingt-quatre heures qui s'écoulent depuis minuit jusqu'à minuit suivant, sont censés avoir été faits dans le jour.

Quelques ordonnances exigent encore plus de précision. Celle de Blois veut, *article 167*, que les notaires déclarent dans les contrats, testamens & autres actes, si c'est avant ou après midi qu'ils les ont passés. L'article 173 veut que les huissiers ou sergens énoncent aussi, dans les exploits de saisies, exécutions ou arrêts, le jour, & si c'est avant ou après midi qu'ils les ont faits, sous peine d'amende & de suspension de leurs offices.

Cette disposition a été renouvellée par l'article 15 du titre 19, & par l'article 4 du titre 33 de l'ordonnance de 1667, qui veut même, *art. 8*, *titre 26*, que les sentences, jugemens & arrêts soient datés du jour qu'ils ont été rendus, & que cette *date* soit écrite de la main du rapporteur, ensuite du *dictum* ou dispositif, avant de le mettre au greffe, à peine des dépens, dommages & intérêts des parties.

La déclaration du 14 juillet 1699, & l'arrêt du conseil du 15 septembre 1719, l'un & l'autre concernant les droits de contrôle, ordonnent aux notaires de dater les actes qu'ils rapportent, avant de les faire signer par les parties, & avant de les signer eux-mêmes, à peine de deux cens livres d'amende, & d'être procédé contr'eux extraordinairement.

Enfin l'article 20 de l'ordonnance du mois d'août 1735 porte que les testamens, codicilles & autres dernières dispositions olographes seront entièrement écrits, datés & signés de la main de celui ou de celle qui les aura faits.

D'après ces dispositions on ne peut douter que les actes judiciaires ou extrajudiciaires ne doivent être datés : mais comment doivent-ils l'être ? & quels effets peuvent résulter d'une *date* défectueuse, d'une erreur ou d'un défaut absolu de *date* ?

Nous observerons, sur la première question, que la priorité de tems a lieu en matière civile, non-seulement pour le jour & le demi-jour, mais encore pour l'heure, suivant presque tous les jurisconsultes ; d'où il suit qu'un contrat hypothécaire passé avant midi seroit préféré à un titre de même nature qui seroit seulement daté du jour ; & qu'un acte qui porteroit la *date* de onze heures du matin, auroit la préférence sur le contrat qui porteroit celle d'avant midi.

Ainsi les officiers publics ne devroient pas seulement marquer, comme ils le font souvent, l'année, le mois

& le jour qu'ils ont rapporté un acte ; il seroit aussi à desirer qu'ils indiquassent l'heure de la passation, ou du moins si elle s'est faite avant ou après midi.

De Ferrière, dans son *Dictionnaire de Droit*, pense que cette dernière énonciation suffit, & que l'expression de l'heure est inutile, attendu que l'ordonnance de Blois ne l'exige pas.

Il est certain qu'un acte qui ne seroit pas daté de l'heure, n'en seroit pas moins authentique, & si de Ferrière s'étoit borné à cette induction, son sentiment n'auroit rien que de juste ; mais il prétend qu'un contrat daté de dix ou onze heures du matin, n'auroit aucune préférence sur un titre qui porteroit la *date* d'avant midi, & c'est en quoi il paroît s'être trompé ; du moins son opinion est-elle contraire à celle de M. Boucher d'Argis dans les premières éditions de l'Encyclopédie, & au sentiment de tous les anciens jurisconsultes, tels que Charondas, Mornac, Papon, Louet, &c.

Elle n'est pas moins opposée au droit romain, que ces jurisconsultes ont pris pour règle, & où il est expressément dit : *prioritas temporis intelligitur non solùm de prioritate diei, sed etiam prioritate horæ, cùm à momento in momentum tempus spectatur, si de horâ constat. L. 3. ff. de minor.* Elle est également opposée à l'esprit des ordonnances du royaume, qui ont eu constamment pour objet de favoriser le créancier le plus diligent en matière de saisies & d'hypothèques.

Au reste, l'omission de l'heure ne nuit point à l'authenticité d'un acte passé devant notaires ; elle peut seulement porter préjudice à un créancier par rapport à la priorité d'hypothèque dans le cas où un autre créancier produit un titre daté d'avant midi.

L'ordonnance de Blois porte des peines contre les huissiers qui négligent de marquer dans leurs exploits de saisies & arrêts s'ils ont été faits avant ou après midi : mais si l'omission qu'on en auroit faite, ne rendroit pas ces actes nuls, suivant M. Jousse, dans son commentaire sur l'ordonnance de 1667, quoique l'article 19 du titre 33 semble annoncer le contraire. Ce jurisconsulte pense avec raison que l'article 4 du même titre 33, ainsi que l'article 15 du titre 19, n'ont pour objet que d'empêcher la concurrence entre deux créanciers saisissans, dont l'un seroit plus diligent que l'autre ; d'où il résulte que si l'un avoit fait saisir avant midi & l'autre après, leurs exploits seroient valides, quoiqu'ils ne fussent datés que du jour : mais il y auroit contribution entre eux. Cependant comme ces exploits sont de rigueur, & que l'ordonnance enjoint expressément aux huissiers de marquer s'ils les ont faits avant ou après midi, ils sont sujets aux peines prononcées par l'ordonnance, & doivent en outre être tenus des dommages & intérêts de la partie à qui ils ont porté préjudice, en manquant à un devoir essentiel de leur profession.

A l'égard des testamens passés devant notaires, ils doivent être datés, non-seulement de l'année, du mois & du jour, mais il faut encore y déclarer s'ils ont été faits avant ou après midi. Mais l'omission de la *date* n'emporte pas la nullité du testament, ainsi que l'observoit en 1707 M. l'avocat général le Nain dans la cause de M. Saintot. Effectivement l'article 167 de l'ordonnance de Blois porte seulement que les notaires énonceront dans les testamens, s'ils ont été faits avant ou après midi ; d'où l'on doit inférer, *à fortiori*, que ces actes doivent être datés de l'année, du mois & du jour, mais non pas qu'ils seroient nuls si cette formalité n'avoit pas été remplie.

Basnage a aussi remarqué sur l'article 422 de la coutume de Normandie, que la *date* n'étoit pas nécessaire pour la validité des testamens, lorsque le testateur ne donnoit que les choses dont il pouvoit disposer dans tous les momens de sa vie, & sans aucune limitation de temps ; mais lorsqu'il s'agissoit d'une donation d'acquêts, qui ne pouvoit valoir, si le testateur n'avoit pas survécu le temps fixé par la coutume, le défaut de *date* rendoit la donation nulle, & le donataire n'étoit pas recevable à prouver autrement que par écrit, que le testateur avoit fait son testament trois mois avant sa mort, comme l'exige la coutume de Normandie.

Basnage rapporte, sur l'article cité, un arrêt du mois de mars 1666, par lequel le parlement de Rouen a confirmé un testament olographe sans *date*, au préjudice d'un testament devant notaires daté. Le motif de ce jugement est, suivant ce jurisconsulte, que d'après l'énoncé du testament olographe, on ne pouvoit douter qu'il ne fût postérieur au testament devant notaire. Cependant cet arrêt paroissoit d'autant plus remarquable à M. l'avocat général le Nain, que, suivant l'esprit de la coutume de Normandie, les testamens olographes doivent être datés, sur-tout lorsqu'ils contiennent une donation d'acquêts. Ce magistrat observoit que le parlement de Rouen n'avoit vraisemblablement jugé de la manière qu'on vient de le rapporter, que parce qu'il avoit statué sur un testament fait à Paris.

En effet l'article 96 de la coutume de Paris exige seulement que les testamens olographes soient écrits & signés de la main du testateur ; d'où l'on inféroit que la *date* n'étoit pas nécessaire, & c'est ce qui a été décidé en différentes occasions ; mais on ne laissoit pas, suivant le témoignage de M. l'avocat général le Nain, de déclarer nuls les testamens olographes non datés, lorsqu'il y avoit lieu de présumer qu'ils avoient été faits avant la majorité du testateur ou après sa profession religieuse.

Il est aisé de juger que le silence de la coutume, au sujet de la *date* des testamens olographes, occasionnoit bien des contestations ; & c'est à quoi il étoit nécessaire de remédier ; comme on l'a fait par l'article 20 de l'ordonnance de 1735. Mais si cette disposition veut, à peine de nullité, que ces testamens soient datés de la main du testateur, elle n'exige pas qu'il y soit énoncé s'ils ont été faits avant ou après midi. En effet, cette précision seroit d'autant plus inutile dans les testamens olographes, que l'on peut y apposer la *date* que l'on veut : on peut même les antidater, pourvu que ce soit sans fraude. Il a été jugé, dans la cause de M. de Saintot, que l'antidate ne rendoit pas nul un testament olographe, lorsqu'elle n'avoit pas pour objet de prévenir les exceptions que l'on pourroit tirer de l'incapacité du testateur ou des suggestions par lesquelles on l'auroit engagé à tester.

Mais il paroît que la *date* postérieure au décès du testateur occasionneroit la nullité d'un testament olographe, à moins qu'il n'y eût erreur. Dumoulin consulté sur la question de savoir si M. Gilbert, conseiller au parlement, étant mort dans le mois d'août, le testament qu'il avoit daté du mois d'octobre suivant, étoit valable; ce jurisconsulte déclara que cet acte étoit nul, parce que la *date* étant écrite tout au long, il n'étoit pas à présumer qu'il y eût erreur, & que M. Gilbert étant connu pour un homme savant, il y avoit lieu de croire qu'en datant son testament du mois d'octobre, son intention étoit que cet acte n'eût son exécution qu'autant qu'il vivroit jusqu'à cette époque.

Il paroît résulter de l'observation de Dumoulin, qu'une erreur de *date* ne vicieroit pas un testament. C'est aussi le sentiment de Guypape, de Chopin & de plusieurs autres jurisconsultes, quand même cet acte auroit été passé devant notaires. Mais il est nécessaire que l'erreur provienne du fait du notaire & non de la fraude du testateur. Elle peut en ce cas être corrigée sur la déposition de deux témoins. Brillon fait mention d'un procès dans lequel il s'agissoit de deux testamens, dont l'un étoit daté du 6 juin, & l'autre devoit l'être du 6 juillet, quoiqu'il portât une autre *date*. Cette erreur fut vérifiée par la déposition de neuf témoins, & ratifiée par arrêt du parlement de Grenoble de l'an 1457. Brillon observe que deux témoins auroient suffi pour faire la preuve requise, attendu que l'erreur ne pouvoit être imputée qu'au notaire.

La dame de Goësbriant avoit fait un testament daté *du mardi 9 mai 1736*, & étoit décédée *le mardi 8 mai* de la même année. Le parlement de Paris ne laissa pas de déclarer ce testament valable, par arrêt de grand'chambre du 19 mai 1738. Le motif de l'arrêt fut que la dame de Goësbriant avoit signé son testament, & que le notaire ayant mis *mardi 9 mai* au lieu de *mardi 8 mai*, cette erreur ne devoit pas porter atteinte à la validité de l'acte.

Par arrêt du 11 mars 1675, rapporté dans le journal des audiences, le même parlement décida qu'en matière de substitution, un testament sans *date* devoit être censé daté du jour du décès du testateur. M. l'avocat général Talon, dont la cour suivit les conclusions, observa que les testamens différoient des contrats, en ce que ceux-ci étoient parfaits le jour même qu'ils avoient été passés,

tandis que les testamens ne pouvoient acquérir leur perfection que par la mort du testateur. En effet, disoit-il, si le testateur survit au premier substitué, on ne commence pas à compter les degrés de la substitution par le dernier, mais par celui auquel la la substitution doit passer après sa mort.

Mais la *date* est-elle dans les contrats une formalité de rigueur comme dans les testamens ? Belordeau, Ricard & de Ferrière pensent que des actes devant notaires ne produiroient aucun effet pour ceux en faveur de qui ils auroient été passés, s'ils n'étoient pas datés. On allègue pour raison qu'un acte sans *date* est présumé avoir été fait précipitamment, sans délibération ou par violence. De Ferrière, qui fait cette observation, ne laisse pas d'ajouter que cette omission de *date* ne pourroit être opposée que par un tiers, & qu'elle n'empêcheroit pas que le contrat n'eût son exécution contre celui qui l'auroit passé; mais il est plus simple de dire, avec l'auteur de *la Science parfaite des notaires*, qu'un acte de l'espèce dont il s'agit, n'auroit aucune authenticité, & cependant qu'il faudroit le considérer comme écriture privée, sur-tout s'il n'y avoit aucun soupçon de fraude ou de violence.

On sait que les écritures privées n'ont pas besoin de *dates* pour être valables. Les billets sous seing privé sont même censés n'en avoir une que du jour qu'ils ont été reconnus en justice.

Mais on doit remarquer que les actes sous seing privé sans *date*, ne peuvent être valables qu'autant qu'il est certain qu'ils ont été faits dans un temps où les parties étoient capables de contracter. On trouve dans le journal du parlement de Rennes, un arrêt du 27 mars 1738, conforme à cette jurisprudence.

Il en est des lettres-de-change comme des simples billets : il n'est pas absolument nécessaire qu'elles soient datées; & quand il y auroit erreur dans la *date*, ceux à qui elles seroient adressées, ne pourroient pas, sous ce prétexte, en refuser l'acceptation & le paiement.

Mais les signatures au dos des lettres-de-change ne peuvent servir que d'endossemens & non d'ordres, si elles n'ont point de *dates*. C'est la disposition formelle de l'article 23 du titre 5 de l'édit de 1673. D'où l'on peut inférer qu'un ordre, qui ne seroit pas daté, ne tiendroit lieu que d'une simple procuration pour recevoir le contenu du billet & en rendre compte à celui qui en seroit le propriétaire. C'est ce qui a été décidé par un arrêt du parlement de Paris rendu le 2 mars 1681. La cour ordonna que cet arrêt seroit affiché à la porte du change, & publié aux audiences du Châtelet & des juges & consuls de Paris. Si l'on en croit Bornier, le motif qui détermina le parlement en cette occasion, est fondé sur la facilité que procureroient le défaut de *date* & l'incertitude du temps où l'ordre auroit été passé, pour frauder les créanciers, en cas de faillite.

Nous n'avons confidéré la *date* des actes , que par rapport au temps où ils font paffés ; mais l'énonciation du lieu n'eft pas moins effentielle, du moins pour les actes publics. Ils doivent être datés du lieu particulier où ils ont été rédigés : ainfi il ne fuffiroit pas de dire , *fait & paffé dans la ville de Paris* ; il faut encore fpécifier fi c'eft dans l'étude de l'un des notaires ou dans la maifon de l'un des contractans , ou fi c'eft dans quelque autre endroit. Tel eft le fentiment de l'auteur de *la Science parfaite des notaires*.

Cependant Chopin , fur la coutume de Paris, penfe, *liv. II , tit. 4 , nomb. 5* , que l'expreffion du lieu dans une *date* n'eft pas néceffaire pour la validité d'un acte , & qu'il eft feulement utile de l'énoncer pour éviter toute conteftation.

Mais il paroît que ce jurifconfulte fe trompe : il eft plus raifonnable de dire avec Rebuffe , en fa préface fur les ordonnances royaux, *nomb. 95* , que le lieu doit être énoncé dans les actes publics, 1°. parce que cette précaution peut obvier à bien des fraudes & des fuppofitions ; 2°. parce qu'un notaire ne pouvant exercer fon office que dans les lieux de fon arrondiffement , ou de la juftice où il a été reçu, il importe de favoir fi l'acte a été rédigé par un notaire compétent ; 3°. parce que l'art. 167 de l'ordonnance de Blois porte, en termes formels, que les notaires feront tenus de déclarer dans les teftamens, contrats & autres actes, la maifon où ils les ont rapportés. Cette énonciation de lieu n'eft pas néceffaire dans les écritures privées.

DATE, f. f. (*Matière bénéfic.*) c'eft en général la mention faite , fur les provifions d'un bénéfice , du jour , du mois & de l'année où elles ont été expédiées. Nous ne parlerons dans cet article que de la *date* des provifions émanées de cour de Rome ; quant à celle des provifions accordées par les collateurs ordinaires , nous renvoyons au mot PROVISION.

Lorfqu'un François veut demander un bénéfice au pape, il doit s'adreffer à un banquier expéditionnaire en cour de Rome, qui y envoie un mémoire , auquel il joint la procuration *ad refignandum*, fi la maifon fe fait fur réfignation ou permutation. Son correfpondant , le jour même qu'il a reçu le paquet , dreffe un petit mémorial , dans lequel la demande eft fommairement expofée , & le porte chez le préfet des *dates* ou chez fon fubftitut. Ces deux officiers ont fait pratiquer à leur logis une ouverture par où l'on peut jetter à toute heure les mémoires qui tombent dans une boëte, que l'on ouvre exactement tous les jours à minuit. On en retire les mémoires , on les date , en abrégé, du jour qui vient de finir , & on les met en liaffe. On voit par là combien il eft important de porter les mémoriaux à la boëte avant minuit. Autrement on n'auroit date que du lendemain de l'arrivée du courier.

La *date* ainfi retenue , le correfpondant du banquier françois dreffe fa fupplique conformément au mémoire qui lui a été envoyé, & la préfente aux officiers de la daterie pour la fignature & l'expédition. *Voyez* SIGNATURE & SUPPLIQUE. La *date* appofée en abrégé au mémoire eft mife dans fon entier. On l'appelle alors *date étendue* , ou *pouffée au regiftre*. Il eft une troifième efpèce de date que l'on nomme *date courante*. Nous allons examiner chacune de ces *dates* en particulier. La chancellerie romaine fuit l'ancien calendrier des Romains , c'eft-à-dire , qu'elle date par nones , ides & kalendes.

Date retenue , c'eft , comme nous l'avons dit , la *date* mife en abrégé par le préfet de la daterie ou fon fubftitut , au mémorial que le correfpondant du banquier françois remet à ces officiers le jour qu'il reçoit la demande que l'on fait de tel bénéfice. On l'appelle auffi quelquefois *petite date* , par oppofition à la grande *date* ou à la *date* étendue. Il ne faut pas la confondre avec une efpèce de fraude qui fe commettoit autrefois dans les réfignations , & dont on va bientôt parler.

Les *dates retenues* reftent fecrètes tant qu'elles ne font point levées , & les officiers de la daterie ne donnent jamais de certificat de leur exiftence ; on ne peut en obtenir que lorfqu'elles ont été étendues , & les provifions expédiées. C'eft pourquoi lorfqu'on fait faire des perquifitions à la daterie pour favoir fi perfonne ne s'eft fait pourvoir d'un bénéfice , on vous répond ; *nihil fuit expeditum per dictum tempus* ; & quelques jours après fi l'on fait de nouvelles recherches , on trouvera qu'il y aura des perfonnes pourvues dans le même temps , à la même date , à laquelle on avoit déjà répondu qu'il n'y avoit perfonne de pourvu. Ceux qui ne connoiffent pas le ftyle de la daterie , feroient portés à croire dans ce cas que les provifions font fauffes. Mais voici le mot de l'énigme : c'eft que lors de la première perquifition , les *dates retenues* n'avoient point été levées , & que lors de la feconde elles avoient été levées & étendues. Auffi , au bas des premières perquifitions , l'officier des *dates* ne met pas , *nulla fuit data retenta per fupradictum tempus* , parce qu'il ne donne point de certificat de la rétention des dates , mais il dit feulement *nihil fuit expeditum*.

Nous avons toujours regardé en France comme un abus ce refus des officiers de la daterie , de donner des certificats des *dates retenues* ; nous y avons fuppléé d'une manière bien fimple. L'extrait du regiftre du banquier expéditionnaire en tient lieu. On verra bientôt qu'il y a une infinité de cas où il eft effentiel de prouver fi les *dates* ont été retenues , & quel jour elles l'ont été. C'eft pourquoi nos loix ont pris toutes les précautions poffibles pour obliger les banquiers à tenir leurs regiftres en règle , & à y porter exactement la *date* de leur envoi à Rome , & celle de fon arrivée. On ne fera pas furpris que les loix veillent avec tant d'attention fur cet objet , lorfqu'on connoîtra quels font les effets d'une *date retenue*.

Si on a laissé subsister en France une partie du pouvoir que les papes se sont arrogé dans la disposition des bénéfices, on y a mis des limitations qui arrêtent en quelque manière l'exercice de ce pouvoir. Nous avons à ce sujet des privilèges dont ne jouissent pas les autres nations : pour nous, le pape est presque toujours collateur forcé, c'est-à-dire, qu'il ne peut refuser à un François les provisions du bénéfice qu'il lui demande. Cette maxime est consacrée par l'article 47 des libertés de l'église gallicane, conçu en ces termes : « quand un » François demande au pape un bénéfice assis en » France, vacant par quelque sorte de vacation » que ce soit, le pape est tenu lui en faire expé- » dier la signature, au jour que la requisition & » supplication lui en est faite, sauf à disputer par » après de la validité ou invalidité pardevant les » juges du roi auxquels la connoissance en appar- » tient ; &, en cas de refus fait en cour de Rome, » peut celui qui y prend intérêt, présenter sa re- » quête à la cour, laquelle ordonne que l'évêque » diocésain, ou autre, donnera sa provision, pour » être de même effet qu'eût été la date prise en » cour de Rome, si elle n'eût été lors refusée ».

De cet article de nos libertés est né cet axiome si connu, date retenue, grace accordée. Ainsi du moment que la date est retenue, le pape ne peut refuser les provisions, & elles doivent être expé- diées du jour que la date est retenue. Voilà pour- quoi il est si essentiel de ne pas perdre de temps pour porter le mémorial aux officiers de la daterie.

La grace est tellement accordée du jour de la rétention de la date, que nous tenons en France que tout est consommé pour le droit de l'impétrant. Il est censé titulaire dès ce moment. En consé- quence la date retenue opère la prévention en fa- veur du pourvu par le pape contre les collateurs ordinaires : elle donne cours à la règle des vingt jours, encore observée en France à l'égard des cardinaux, c'est-à-dire, que la résignation est cen- sée admise du jour de la rétention de la date, & qu'il faut partir de ce jour pour compter le temps que le résignant doit vivre après l'admission de la résignation ; il en est de même pour la règle de- publicandis ; les six mois donnés au résignataire pour prendre possession, courent dès l'instant de la date retenue. L'impétrant peut résigner son droit sur la seule date retenue : il peut prendre posses- sion, former complainte, intervenir dans une ins- tance. Il n'a pas besoin pour cela de provisions ; le certificat du banquier, par lequel il paroît que la date a été retenue, lui suffit ; il est vrai que le procès étant terminé, si l'impétrant est maintenu, il est obligé de rapporter des provisions dans un délai qu'on lui prescrit.

Toutes ces conséquences sont une suite nécessaire de l'article 47 des libertés de l'église gallicane, que l'on vient de rapporter ; le pape est tenu lui en faire expédier la signature au jour que la requisition & supplication lui en est faite. La grace est donc ac-

cordée du jour de la demande. Si l'ordinaire ne confère qu'après ce jour, il est donc prévenu par le pape : la résignation est donc censée admise de ce jour ; c'est donc de ce jour que doivent avoir leur effet les deux règles de chancellerie de viginti diebus & de publicandis résignationibus. En cas de refus en cour de Rome, peut celui qui y prend in- térêt, présenter sa requête à la cour, laquelle ordonne que l'évêque diocésain, ou autre, donnera sa provision pour être de même effet qu'eût été la date prise en cour de Rome, si elle n'eût été lors refusée. L'impé- trant a donc un droit acquis du jour de la date. Il l'a tellement que, sur la plainte du refus qu'on lui fait essuyer, les tribunaux peuvent ordonner que l'évêque diocésain donnera des provisions qui au- ront le même effet que si, sur la date retenue, on en eût expédié à Rome. Mais si l'impétrant a un droit acquis, il peut le céder ou le résigner, in- tenter complainte, & faire, en un mot, tous les autres actes que peut faire un véritable titulaire.

Depuis long-temps ces principes sont suivis par- mi nous, & la jurisprudence de tous les tribunaux y est conforme. On trouve dans les preuves des libertés de l'église gallicane, des arrêts de 1580, 1582, 1583, qui ordonnent que les évêques dio- césains bailleront provision pour valoir de date du jour du refus qui a été fait en cour de Rome d'expé- dier la provision .... & servir ce que de raison.

Au premier coup d'œil, il paroît surprenant que nous comptions parmi nos privilèges & nos liber- tés, l'obligation où est le pape d'accorder aux François les bénéfices qu'ils demandent, & du jour qu'ils en ont fait la demande. Cette obliga- tion n'est-elle pas contraire aux anciens canons, de l'observation desquels nous sommes si jaloux ? En refusant des provisions sur résignation, par mort ou dévolut, ne seroit-ce pas se conformer aux sa- ges réglemens, qui veulent que les évêques soient les collateurs de tous les bénéfices de leurs dio- cèses, & qu'ils aient six mois pour choisir des personnes habiles & capables pour remplir ceux qui sont vacans ? Cependant l'usage & les loix du royaume ayant introduit que le pape pouvoit admettre les résignations in favorem, & qu'il pou- voit, dans les autres vacances, prévenir les ordi- naires, il y a beaucoup moins d'inconvéniens de l'obliger à accorder des provisions du jour qu'on les lui demande, qu'il n'y en auroit de lui per- mettre de les accorder ou de les refuser arbitrai- rement. Id præcipuè statutum, dit M. Louet, ad reg. de public. resign. n°. 211, ad vitandas nundinationes beneficiorum quæ Romæ procul dubio fierent apud sol- licitatores curiæ, & ideo hoc servandum, & inter li- bertates regni enumeratur. Tant que le pape voudra user du droit de conférer les bénéfices du royaume, il importe qu'il le fasse sans liberté de choix.

Mais tandis que, pour éviter des inconvéniens, on rendoit le pape collateur forcé des bénéfices qu'on impétroit, & qu'on l'obligeoit à déli- vrer les provisions du jour de la demande, il s'é-

toit introduit dans les réfignations un abus confidérable , que les deux puiſſances réunies ont eu
bien de la peine à déraciner.

Les titulaires qui vouloient difpofer , comme
par fucceſſion, de leurs bénéfices , fans cependant
s'en dépouiller pendant leur vie , paſſoient une
procuration *ad refignandum* en faveur de quelqu'un
qu'ils affectionnoient. Ils gardoient la procuration
par devers eux , & faifoient feulement retenir une
date à Rome , fouvent même à l'infu du réfignataire. S'ils décédoient dans les fix mois, on envoyoit la procuration , & on faifoit expédier des
provifions fur la *date retenue :* fi le réfignant ne
mouroit point dans les fix mois, il paſſoit une nouvelle procuration , & faifoit retenir une nouvelle
date , & ainſi de fix mois en fix mois. Il arrivoit
même, comme l'atteſte Dumoulin, qu'on faifoit
retenir des *dates* à l'infu du titulaire , & que des
notaires apoſtoliques , fous prétexte de l'aller viſiter pendant fa maladie, dreſſoient , à l'inſtant de
fon décès, de fauſſes procurations que l'on faifoit
partir fur le champ pour Rome : par ces fraudes
la plupart des bénéfices étoient conférés en cour de
Rome fur réfignation ; ils devenoient héréditaires :
les collateurs du royaume étoient privés de l'exercice de leur droit de collation , & les expectans
de leurs expectatives.

Pour obvier à cet abus, Henri II donna en
1550 l'édit communément appellé *des petites dates* ,
par lequel il ordonna 1°. que les banquiers ne
pourroient écrire en cour de Rome pour retenir
des *dates* fur réfignations , à moins qu'ils n'en-
voyaſſent les procurations *ad refignandum* par le
même courier, par lequel ils envoyoient leurs
mémoires ; 2°. que les réfignations expédiées fur
procurations furannées feroient nulles. *Voyez* PRO-
CURATION *ad refignandum.*

L'édit de 1550 ne remédia pas entiérement au
mal. En multipliant les procurations , & en les
envoyant à Rome tous les fix mois , on fe fervoit
de la dernière , lorſque le réfignant venoit à décéder. En 1634 , Urbain VIII fit une règle de chancellerie, par laquelle il déclara que , dans le cas
où les procurations pour réfigner n'euſſent pas été
accomplies & exécutées dans les vingt jours, c'eſt-
à-dire , remifes au notaire de la chambre ou de
la chancellerie pour appofer le *confens* au dos des
provifions, elles ne feroient datées que du jour
où elles feroient expédiées. Il ordonna de plus
qu'à la fin de toutes les fignatures ou provifions
fur réfignation , on appoferoit le décret ; *& dum-
modò fuper refignatione talis beneficii antea data capta
& confenfus extenfus non fuerit , aliàs præfens gratia
nulla fit eo ipfo.* Cette règle de chancellerie étoit
trop fage & trop conforme à l'eſprit de l'édit de
1550, pour ne pas être reçue en France. Louis XIV,
par la déclaration de 1646, ordonna qu'elle feroit
obſervée dans le royaume , de même que celles
de *publicandis refignationibus* , & *de infirmis refignantibus.* Enfin les édits du contrôle & des infinua-

tions ont abfolument aboli l'abus des petites *dates*
en fait de réfignation , en aſſurant par les formalités qu'ils preſcrivent, la *date* de tous les actes ec-
cléfiaſtiques, & particuliérement de ceux qui concernent la difpofition des bénéfices. *Voyez* CON-
TRÔLE, INSINUATION.

On ne peut donc plus retenir de petites *dates*
fur réfignation , c'eſt-à-dire , que l'on eſt obligé
de faire expédier les provifions fur une feule *date*, fans
pouvoir en retenir plufieurs de fuite, comme dans
les vacances par mort ou par dévolut.

Date pouſſée au regiſtre , les impétrans peuvent
faire retenir plufieurs *dates* de fuite , & c'eſt ce
qu'ils font ordinairement pour éviter le concours
dont nous parlerons bientôt. Mais ils ne les pouſ-
fent pas toutes au regiſtre : ils choiſiſſent celle qu'ils
croient devoir leur être utile.

On appelle *date pouſſée au regiſtre* celle fur laquelle on demande que les provifions foient expédiées. On l'appelle encore *date levée*, ou *date
étendue.* Le mémoire préfenté eſt inſcrit fur un
regiſtre , & la petite *date*, ou abrégée miſe d'abord
fur le premier mémorial , eſt miſe en entier fur
la fupplique , qui paſſe à la fignature.

Nous avons dit que tous les jours à minuit on
ouvre la boëte qui eſt chez le préfet des *dates* &
chez fon fubſtitut , & qu'après en avoir retiré les
mémoriaux, on y inſcrit en abrégé la *date* du jour,
& qu'on les met en liaſſe. On ne les pouſſe pas
toutes au regiſtre , ce qui déplaît aux officiers de
la daterie. Pour y forcer les impétrans , ils avoient
d'abord établi qu'on ne pourroit en faire ufage après
le mois expiré ; ce délai a été porté juſqu'à fix
mois ; il eſt aujourd'hui d'un an. Ce temps une
fois révolu , ils brûlent tous les mémoriaux des
dates retenues , & il eſt alors impoſſible de les lever. Selon leur fyſtème , ce n'eſt que par la fupplique qu'eſt fixée la véritable époque de la demande du bénéfice. La petite *date*, ou *date* abrégée ,
ne parvenant pas juſqu'au fupérieur, n'a que le
feul effet de faire dater plutôt les provifions , en
apprenant que le courier eſt plutôt arrivé que la
fupplique n'a été préfentée , étant impoſſible de
faire en même temps toutes les expéditions néceſſaires.

Ce fyſtème eſt abfolument oppofé aux principes admis en France , & à la maxime fi connue ,
date retenue , grace accordée. Dès que pour un François *date* retenue vaut provifion , on ne voit pas
de quel droit les officiers de la daterie ont introduit une preſcription annale qui anéantit la provifion en anéantiſſant la *date* , que l'on ne peut
plus pouſſer au regiſtre , puiſqu'elle eſt brûlée.
Mais , dit Lacombe , verbo *Date* , cette pratique
de cour de Rome , de brûler les mémoriaux après
l'année , n'a été imaginée que pour forcer de pouſ-
fer les *dates* au regiſtre , & pour procurer de l'argent aux officiers de la daterie ; elle ne peut pas
nuire au privilège des François , & favorifer les
fraudes : on juge que les regiſtres des banquiers

établis en France font feuls foi en juftice , & qu'après l'année, comme dans l'année, on eft en droit , fur le certificat du refus , de pouffer les *dates* au regiftre , & de faire expédier les provifions , d'obtenir arrêt portant que le refus vaudra titre , du jour de la *date* prouvée retenue par le regiftre du banquier de France.

M. Piales, *Traité de la prévention*, tom. *II* , à la note de la page 43 , dit qu'il n'eft pas fans exemple que les officiers de la daterie expédient des provifions fur une *date* qui n'auroit pas été pouffée au regiftre dans l'année ; il cite celui du fieur Cardonnet qui , ayant retenu *date* le 4 juin 1753 , pour la cure d'Ingroville, diocèfe de Coutance , obtint fur cette *date* des provifions au mois de juillet ou d'août 1754.

D'un autre côté, le même auteur rapporte , *pag.* 280 du volume cité, un arrêt du grand-confeil du 26 janvier 1754 , qui a jugé que des *dates* non pouffées au regiftre pendant l'année , ne font point titre , & font inutiles à l'impétrant. Cet arrêt fembleroit prouver que le grand-confeil n'a opte point les principes établis par la Combe. La queftion ne paroît point avoir été jugée *in terminis* au parlement. Nous obferverons feulement que M. Gilbert de Voifins, avocat-général en cette cour, portant la parole dans une caufe jugée par arrêt du 29 février 1745 , pofa en principe , qu'on étoit fûr d'obtenir des provifions fur les *dates* retenues, en envoyant de l'argent à Rome ; qu'il étoit contraire à l'intérêt de la nation d'obliger à les lever, & qu'au furplus on avoir 30 ans pour les faire expédier.

Date courante , l'article 47 des libertés de l'églife gallicane reçoit des exceptions. Le pape n'eft pas collateur forcé toutes les fois qu'un François lui demande un bénéfice : il ne l'eft point lorfque l'impétrant a befoin d'une difpenfe pour en devenir légitime titulaire ; comme il eft le maître d'accorder ou de refufer la difpenfe , il eft dans ce cas collateur libre. Rien ne l'oblige à dater les provifions du jour de la demande , il peut les faire dater de celui de leur expédition. C'eft ce qu'on appelle *date courante*, & qu'il faut bien diftinguer de la *date* retenue ou petite *date*. Il eft vrai qu'affez ordinairement les provifions, même avec difpenfe, font datées du jour de la demande ; mais c'eft une grace , & non un acte de juftice. Les *dates courantes* ont lieu pour les bénéfices confiftoriaux, pour ceux que l'on demande fur démiffion pure & fimple, & pour ceux de Bretagne & des autres provinces de la domination françoife, qui ne fe font point foumifes au concordat, telle que la Bretagne , que l'on appelle à Rome , *pays d'obédience.*

Concours de dates, les principes que l'on vient d'établir , & les diftinctions des différentes *dates* , ferviront à éclaircir & à décider les queftions qu'a fait naître le *concours de dates*. Ce n'eft que depuis peu de temps que plufieurs principes fur cette matière difficile ont été fixés, plutôt par la jurifprudence des tribunaux que par des loix pofitives.

Il n'y a rien de fi contraire à la nature même que le concours , difoit en 1624 M. l'avocat-général Bignon ; il eft impoffible que deux hommes occupent le même bien. Auffi, fuivant le droit, il eft impoffible que *duo fint ejufdem rei in folidum domini* : deux *dates* retenues par deux perfonnes le même jour , pour le même bénéfice , & fur le même genre de vacance , équivalent , felon nos principes, à deux provifions. Il eft impoffible que le même bénéfice foit poffédé par deux titulaires à la fois. Il eft impoffible que le pape ait voulu les en pourvoir tous les deux en même temps. L'impoffibilité de l'exécution des deux provifions, & le défaut fenfible de volonté dans le collateur, ont fait établir que le *concours des dates* les détruifoit. *Mutuo concurfu fe fe impediunt.*

La cour de Rome & les impétrans n'ont rien négligé pour empêcher l'effet de cette maxime inviolablement obfervée parmi nous. Les papes ont publié des règles de chancellerie, qui, fi elles étoient fuivies, rendroient fort rare le *concours des dates*. D'abord ils ont voulu que les provifions accordées par le mot *fiat*, fuffent préférées à celles accordées par le *conceffum*. Cette préférence eft fondée fur ce que le *fiat* eft la fignature du pape, au lieu que le *conceffum* n'eft que celle du préfet des *dates* : en cas de concours, le pourvu *motu proprio* doit l'emporter fur celui qui l'a été fur requifition ; le gradué , fur le non gradué ; le poffeffeur qui a un titre coloré , fur celui qui n'eft pas en poffeffion ; le préfent *in curiâ* fur celui qui eft abfent ; fi les deux impétrans étoient préfens, celui qui n'a point de bénéfice fur celui qui en a déjà un. Il feroit trop long de rapporter ici toutes les différences que les papes ont voulu mettre entre les impétrans , pour éviter le concours. Mais toutes ces règles font regardées en France comme non avenues. Il fuffit que les *dates* foient retenues le même jour pour qu'elles concourent. L'indication de l'heure à laquelle elles ont été retenues, feroit même inutile. L'ufage d'ajouter l'heure au jour de la *date* étoit obfervé à la daterie d'Avignon ; ce qui s'appelloit *inftrumentum de horâ.* Mais il a été abrogé par la déclaration du 10 novembre 1748 , enregiftrée au grand-confeil & au parlement de Provence. Ainfi à Avignon, comme à Rome , c'eft la *date* feule du jour que l'on confidère , & l'on ne s'arrêteroit point à celle de l'heure.

Les impétrans font quelquefois plus heureux pour fe fouftraire aux effets du concours. Ils font pour cela retenir plufieurs *dates* de fuite , dans l'efpoir que fi les unes concourent avec d'autres retenues, par des concurrens auffi diligens qu'eux, ils pourront l'emporter à force de conftance , & qu'enfin il s'en trouvera une de libre. On en a vu retenir jufqu'à trois cens foixante & douze.

Mais toutes les *dates* concourent-elles enfemble ,
&

& concourent-elles dans toutes les circonstances ? c'est ce que nous allons examiner, en reprenant les distinctions que nous avons faites ci-devant.

Il est constant que les petites *dates* ou *dates* abrégées, c'est-à-dire, celles auxquelles on applique l'axiome *date retenue, grace accordée*, concourent, si elles sont du même jour; mais il faut pour cela que le bénéfice soit demandé sur le même genre de vacance. Si un des impétrans le demandoit sur résignation en faveur, & l'autre *per obitum*, il n'y auroit point de concours: la faveur de la résignation l'emporte, même sur les provisions de l'ordinaire données le même jour.

On a regardé d'un œil si favorable les effets du concours, que l'on juge depuis long-temps, qu'une *date* nulle détruit une *date* légitime. « C'est » une maxime certaine, disoit M. Talon, dans » la cause jugée au parlement de Paris, par arrêt » du 16 mars 1661, que deux provisions du mê- » me bénéfice, en même jour, à deux diverses » personnes, *mutuo concursu se se impediunt*, & le » concours doit avoir lieu, nonobstant que l'une » des deux provisions se trouve nulle, parce que » le concours vient *ex parte pontificis*, à l'égard » duquel une provision est toujours une provi- » sion, qui n'est nulle que par le fait de l'impé- » trant, comme au fait particulier, où la provi- » sion n'étoit nulle que parce que l'on avoit envoyé » à Rome, du vivant du titulaire. Mais cette pro- » vision se trouvant de même jour avec une au- » tre, elles faisoient concours, & se détruisoient » toutes deux ». L'arrêt prononça conformément à ces principes.

On cite ordinairement deux autres arrêts, l'un du grand-conseil, & l'autre du parlement de Paris, pour prouver que ces principes sont généralement adoptés. Le premier, du 27 mars 1725, pour la prévôté d'Arnac; & l'autre, du 29 janvier 1745, pour le prieuré de Sixte.

Quelque respect que nous ayons pour l'autorité de la chose jugée, nous nous permettrons cependant quelques observations sur cette maxime générale, *une date nulle concourt avec une date légitime*, que l'on dit être consacrée par tant d'arrêts. Doit-elle être prise dans toute son étendue, de manière que de quelque nature que soit la nullité de la *date*, elle concoure avec une *date* légitime, & la détruise ? On distingue ordinairement deux espèces de nullités, les unes absolues & radicales, & les autres relatives ou accidentelles. Ce qui est radicalement nul, ne peut produire aucun effet; *quod nullum est, nullum producit effectum*. Il n'en est pas de même des nullités relatives; par exemple, la réquisition d'un gradué, qui seroit nulle d'une nullité relative, ainsi que la collation de l'ordinaire, empêchent la prévention. Mais si l'une ou l'autre est radicalement & absolument nulle, l'exercice du droit du pape n'est point arrêté. Quelque défavorable que soit la prévention, on n'a pas cru devoir fouler aux pieds cette vérité éter-

Jurisprudence. Tome III.

nelle, *ce qui est nul ne peut produire aucun effet*. Pourquoi donc une *date*, qui seroit radicalement nulle, concourroit-elle avec une valide, & la détruiroit-elle ? Dira-t-on que c'est en haine de la prévention ? Mais quelque odieux que l'on suppose ce droit dans les mains du pape, il ne reçoit aucune atteinte par la réquisition d'un gradué & la collation de l'ordinaire, lorsqu'elles sont radicalement nulles. D'ailleurs c'est souvent un préventionnaire même, qui fait valoir le concours d'une *date* nulle avec une *date* canonique, contre deux autres préventionnaires. Il faudroit donc au moins restreindre ce principe, & ne le rendre applicable qu'en faveur du pourvu par l'ordinaire. Dira-t-on que le pape n'est pas censé vouloir conférer le même bénéfice à deux personnes à la fois, & que dans l'incertitude quel est celui qui doit avoir la préférence, l'un & l'autre doivent être également évincés ? 1°. Le pape est collateur forcé, ce n'est pas sa volonté qui constitue l'essence des provisions, puisqu'elle n'est pas libre. Un collateur ordinaire peut conférer le même jour le même bénéfice à deux gradués qui le requerront. Il n'a certainement pas la volonté que tous les deux possèdent le même bénéfice à la fois. Cependant le concours des deux provisions ne les annulle pas, & l'on maintiendra celui qui aura le plus de droit. 2°. Il ne peut y avoir proprement de concours que lorsqu'il y a égalité de droit. *Vires æquales se se mutuò elidunt*. Or il n'y a pas égalité de droit, lorsque les *dates* d'un des impétrans sont radicalement nulles. 3°. L'incertitude que l'on suppose dans l'intention du pape cesse, du moment qu'il y a une des deux *dates* radicalement nulle. On ne peut supposer qu'il veuille enfreindre les loix de l'église, pour conférer à un incapable ou à un indigne. La maxime *date retenue, grace accordée*, ne peut certainement être appliquée qu'à l'impétrant, qui est susceptible de cette grace.

Malgré tous les arrêts que l'on dit avoir jugé qu'une *date* radicalement nulle anéantissoit une *date* légitime du même jour, on a cependant agité au grand-conseil en 1752 la question de savoir si une *date* retenue par quelqu'un coupable de recelé de corps pouvoit former le concours. Elle ne fut pas jugée, parce que celui qui argumentoit de ce concours, ne put pas en fournir la preuve. Mais M. l'avocat général de Tourni établit qu'il n'est pas certain dans le droit que des *dates* retenues par un homme coupable de recelé de corps, opéraffent le concours avec des *dates* retenues par d'autres impétrans. Il peut donc n'être pas toujours vrai, qu'une *date* nulle concourt avec une *date* valide. Peut-être, lorsque la matière sera plus éclaircie, admettra-t-on pour les *dates* la distinction des nullités absolues & intrinsèques, & des nullités relatives & extrinsèques, comme on l'a enfin admise pour les collations des ordinaires, par rapport à la prévention, malgré la généralité de la maxime fi chère aux François, & fi fouvent répétée, *collatio etiam nulla impedit præventionem.*

Une *date* non pouffée au regiftre opère le concours avec une *date* qui auroit été levée, & fur laquelle on auroit fait expédier des provifions. C'eft une fuite néceffaire du principe *date retenue, grace accordée,* d'après lequel il n'y a aucune différence effentielle quant au droit des impétrans, entre la *date* retenue & celle qui eft pouffée au regiftre. D'ailleurs s'il falloit cette formalité pour produire le concours, ce feroit forcer les impétrans à des dépenfes énormes qui tourneroient uniquement au profit des officiers de la daterie. Il faudroit quelquefois faire expédier plus de cent *dates,* & au lieu de 40 livres que coûte une fignature, il en faudroit dépenfer plus de 4000; ce feroit en outre favorifer les fraudes & la collufion; les impétrans feroient des pactes illicites; on acheteroit l'abandon qu'ils feroient de leurs *dates,* & l'on verroit le concours fe détruire, & la fimonie faire de rapides progrès. C'eft pourquoi dès qu'une *date* eft retenue, il ne dépend plus du rétentionnaire d'en arrêter l'effet. Qu'il veuille s'en fervir ou non, elle opère toujours le concours.

On a même jugé au parlement de Paris & au grand-confeil, que quoique l'année pour pouffer la *date* au regiftre, fût expirée, elle n'en opéroit pas moins le concours avec une provifion expédiée en faveur d'un autre impétrant, fur une *date* du même jour. Il eft vrai que le parlement ne confidère pas la *date* comme furannée, pour n'avoir pas été étendue, & levée pendant l'année, tandis qu'au grand-confeil on a décidé, par l'arrêt de 1752 cité ci-deffus, qu'une *date* non pouffée au regiftre pendant l'année devenoit inutile pour celui qui l'avoit retenue; mais dans ce cas l'inutilité de la *date* provenant du fait de l'impétrant, qui n'a pas voulu s'en fervir, ne change pas fa nature, & ne l'empêche pas de produire, vis-à-vis des tiers, l'effet qui lui eft effentiel; c'eft ainfi qu'une requifition faite par un gradué, quoiqu'elle devienne inutile pour lui par l'abandon qu'il en fait, profite aux autres gradués, & empêche la prévention.

Les *dates courantes* opèrent-elles le concours? Le pape, comme nous l'avons déjà obfervé, n'eft pas toujours collateur forcé. Il n'eft pas toujours obligé d'accorder des provifions le jour même de la demande. Cela arrive toutes les fois que l'impétrant a befoin, pour pofféder le bénéfice, d'une difpenfe qu'il eft le maître de refufer: dans ce cas on ne peut pas dire *date retenue, grace accordée;* & alors la *date* retenue n'opérera pas feule le concours. Elle n'eft point ce que l'on appelle *date en abrégé,* ou *petite date.* Ainfi, fi un féculier retient *date* pour un bénéfice régulier vacant en règle, & le demande en commende, fa *date* feule ne concourra pas avec celle retenue le même jour par

un régulier qui demandera le même bénéfice. Mais s'il plaît au pape d'accorder au féculier des provifions en commende, & qu'il les faffe dater du jour même de la demande, ces provifions concourront avec la *date* retenue par le régulier, & elles fe détruiront mutuellement. Il en feroit de même fi l'on datoit les provifions en commende poftérieurement à la demande; mais du jour où le régulier retiendroit *date;* la collation libre concourroit alors avec la collation forcée qui remonte néceffairement au jour de la *date* retenue. Lorfque le pape n'eft pas collateur forcé, la fimple *date,* ou *date courante* ne peut donc par elle-même concourir avec une autre *date,* & la rendre nulle. Elle ne produit cet effet que lorfqu'elle eft fuivie d'une provifion expédiée du jour même de la demande. Il y a encore concours entre une provifion libre, quoique poftérieure au jour où elle a été demandée, & une *date* qui rend le pape collateur forcé, lorfque l'une eft expédiée le même jour où l'autre eft retenue.

Pour prouver la rétention des *dates,* il n'eft pas néceffaire d'en rapporter une expédition des officiers de la daterie; cela même feroit fouvent impoffible, puifque, comme nous l'avons dit, elles demeurent fecretes jufqu'à ce qu'elles foient étendues ou pouffées au regiftre, & qu'on les brûle à la fin de l'année. La preuve légale de leur rétention fe tire du regiftre du banquier qui a été chargé de les faire retenir. Mais il ne fuffit pas que ce regiftre faffe mention qu'il a été donné commiffion pour faire retenir des *dates,* il faut encore qu'il porte expreffément que le courier eft arrivé à Rome tel jour, & que les *dates* ont été effectivement retenues. De l'exactitude du banquier dépend donc prefque toujours le fort des complaintes qui fe forment, foit entre les impétrans en cour de Rome, foit entre eux & les pourvus par les ordinaires. De-là les différentes loix & les arrêts de réglement du grand-confeil, concernant les banquiers & la manière dont leurs regiftres doivent être tenus. On les trouvera au mot BANQUIER, & dans M. Piales, *Traité de la prévention,* tom. II.

Si un impétrant avoit obtenu des provifions fur une *date* annullée par l'effet du concours, mais qu'il en eût des poftérieures qui fuffent utiles, il feroit maintenu fur ces dernières: dans ce cas, il n'auroit pas befoin de lever de nouvelles provifions, ni même de réitérer fa prife de poffeffion. Les provifions & la prife de poffeffion doivent s'appliquer aux *dates* valables. Lorfqu'on maintient un impétrant fur une *date* qui n'a point été fuivie de provifions, on ne le fait qu'à la charge par lui d'en obtenir dans un délai fixé. *Beneficium ecclefiafticum non poteft licité fine canonica inftitutione obtineri.* (*Art. de M. l'abbé* BERTOLIO.)

DATERIE, (*Droit eccléf.*) eft un lieu à Rome près du pape, où s'affemblent le dataire, le fous-dataire, & autres officiers de la *daterie,* pour exerter leur office & jurifdiction, qui confiftent à faire, au nom du pape, la diftribution des graces bénéficiales & de tout ce qui y a rapport, comme les difpenfes des qualités & capacités néceffaires, & autres actes femblables, On y accorde auffi les difpenfes de mariage. Les réferves & les autres droits, que les papes fe font attribués fur les bénéfices dans le quatorzième fiècle, ont donné lieu à cet établiffement.

On a donné à ce tribunal le nom de *daterie*, des dates des provifions que le pape confère fur des fuppliques, hors du confiftoire. Il y a deux *dateries*, l'une à Rome, l'autre à Avignon.

La *daterie* eft compofée de plufieurs officiers; favoir, le dataire ou prodataire, les référendaires, le préfet de la fignature de grace, celui de la fignature de juftice, le fous-dataire, l'officier ou préfet des petites dates, le fubftitut de cet officier, deux revifeurs, les clercs du regiftre, les regiftrateurs, le maître du regiftre, le dépofitaire ou tréforier des componendes, le dataire appellé *per obitum*, le dataire ou revifeur des matrimoniales: il y a auffi l'officier appellé *de miffis*. La fonction de chacun de ces officiers fera expliquée à leur article particulier.

La *daterie* eft un des trois tribunaux où s'expédient ce qui concerne les bénéfices, & généralement toutes les matières eccléfiaftiques & bénéficiales. Nous avons parlé des deux autres fous les mots CHAMBRE *apoftolique*, & CHANCELLERIE *romaine*. C'eft à la *daterie* que l'on donne les petites dates, à l'arrivée du courier, & que l'on donne enfuite date aux provifions & autres actes, quand les fuppliques ont été fignées.

Il y a ftyle particulier pour la *daterie*, c'eft-à-dire, pour la forme des actes qui s'y font, dont Théodore Amidonius, avocat confiftorial, a fait un traité exprès. Ce ftyle a force de loi, & ne change jamais; ou fi, par fucceffion de temps, il s'y trouve quelque différence, elle eft peu confidérable. Il fert de règle en France pour juger de l'authenticité des expéditions de cour de Rome.

Le cardinal de Luca, dans fa relation de la cour forenfe de Rome, affure que les ufages de la *daterie* font fort modernes.

Les François ont des privilèges particuliers dans la *daterie*, tels 1°. que celui des petites dates, qu'on leur accorde du jour de l'arrivée du courier à Rome; 2°. que les bénéfices non confiftoriaux s'expédient pour eux par fimple fignature; & non par bulles fcellées en plomb. *Voyez* DATE.

Rebuffe, dans fa *Pratique bénéficiale*, rapporte un ancien décret de la *daterie*, qui s'obferve encore aujourd'hui touchant les dates de France; favoir, le décret de Paul III, de l'an 1544, qui défend d'étendre les dates de France après l'année expirée.

Il y a quatre regiftres à la *daterie*, l'un public, l'autre fecret, où font enregiftrées toutes les fupplications apoftoliques, tant celles qui font fignées par *fiat*; que celles qui font fignées *per conceffum*.

Il y a auffi un regiftre dans lequel font enregiftrées les bulles qui s'expédient en chancellerie, & un quatrième où font enregiftrés les bref & les bulles qu'on expédie par la chambre apoftolique. Chacun de ces regiftres eft gardé par un officier appellé *cuftos regiftri*.

On permettoit autrefois à la *daterie* de lever juridiquement des extraits des regiftres, partie préfente ou duement appellée: mais préfentement les officiers de la *daterie* ne fouffrent plus cette procédure, ils accordent feulement des extraits ou *fumptum*, en papiers extraits du regiftre, & collationnés par un des maîtres du regiftre des fuppliques apoftoliques.

Les dates prifes à la *daterie* font fecrètes, & jufqu'à ce qu'elles aient été expédiées, les officiers n'en donnent pas de certificat. *Voyez* DATE.

La *daterie* d'Avignon eft compofée d'un dataire, d'un fecrétaire, d'un garde des fceaux, d'un regiftrateur & d'un correcteur des bulles; fon reffort ne s'étend en France que fur les provinces eccléfiaftiques d'Arles, Aix, Vienne & Embrun.

Il y avoit autrefois un regiftre dans lequel on marquoit l'heure & même l'inftant où les dates étoient retenues; on l'appelloit *inftrumentum de horâ*. Il a été aboli par une déclaration du 10 novembre 1748.

Les provifions qu'on lève à cette *daterie*, font nulles, lorfqu'elles font expédiées avant la vérification faite au parlement de Provence, des facultés du vice-légat.

On ne retient point de date à Rome, lorfque le faint fiège eft vacant, la *daterie* eft alors entièrement fufpendue. L'ufage ordinaire, pour tous les pays catholiques, eft de dater les provifions demandées pendant la vacance, du jour du couronnement du pape; mais les François ont le privilège de les faire dater du jour de fon élection. La raifon en eft que l'élection confère au pape toute l'autorité attachée à fa dignité, à laquelle la cérémonie du couronnement ne peut rien ajouter, de la même manière qu'en France la cérémonie du facre du roi ne lui confère aucun droit nouveau.

La *daterie* d'Avignon étoit dans l'ufage d'expédier pendant la vacance du faint fiège; mais un arrêt récent, rendu au parlement de Paris, entre un régalifte & un préventionnaire, en la vice-légation d'Avignon, a jugé que cette *daterie* devoit être également fufpendue, que celle de Rome. En effet, les raifons font les mêmes pour l'une & l'autre. *Voyez* BANQUIER *expéditionnaire en cour de Rome*, & DATAIRE.

DATIF, adj. (*Jurifprud.*) fe dit de ce qui eft donné par juftice, à la différence de ce qui eft déféré par la loi ou par le teftament, comme la tutèle & la curatelle *datives*, qui font oppofées aux tutèles & curatelles légitimes & teftamentaires: on dit, dans le même fens, un *tuteur* ou *curateur datif*. En France toutes les tutèles & curatelles comptables font *datives*, & doivent être déférées par le juge, fur l'avis des parens. *Arrétés* de M. de La-moignon. (*A*)

DATION, f. f. (*Jurifprud.*) eft l'acte par lequel on donne quelque chofe. La *dation* diffère de la donation en ce que la donation eft une liberalité entiérement gratuite, au lieu que la *dation* confifte à donner quelque chofe, fans qu'il y ait aucune liberalité; il y a, par exemple, la *dation en paiement*, la *dation de tuteur*, &c.

Dation en paiement, appellée, chez les Romains, *datio in folutum*, eft l'acte de donner quelque chofe en paiement. La *dation en paiement* en général eft un contrat qui équipole à une véritable vente, fuivant la loi 4 au code, *de eviccionibus*. On y rencontre en effet tout ce qui eft effentiel à une vente, favoir, le confentement, la chofe & le prix. C'eft pourquoi elle produit les mêmes droits feigneuriaux qu'une vente, du moins quand elle eft faite entre étrangers.

Si le débiteur donne fon héritage, & que le créancier faffe remife de fa créance, c'eft une vente déguifée fous la forme d'une donation.

L'abandonnement de biens qu'un débiteur fait à fes créanciers, ne fait cependant pas ouverture aux droits feigneuriaux; les créanciers, en ce cas, ne font que les mandataires du débiteur pour vendre, & le débiteur demeure propriétaire jufqu'à la vente; & en payant avant la vente, il peut toujours rentrer en poffeffion. *Voyez* ABANDONNEMENT *de biens*.

Si on donne à la femme, en paiement de fes remplois, des propres du mari, comme elle eft étrangère à ces biens, c'eft une vente dont elle doit les droits feigneuriaux: mais fi on lui donne des conquêts, comme elle y avoit un droit habituel, elle n'en doit point de droits, quand même elle auroit renoncé à la communauté.

Le propre du mari donné à la femme pour fon douaire préfix, eft auffi une vente à fon égard.

Mais fi c'eft aux enfans qu'on le donne, foit pour le douaire, foit en paiement de la dot qui leur a été promife, ou d'un reliquat de compte de tutele, ils ne doivent point de droits, parce que tôt ou tard ils auroient eu ces biens par fucceffion, s'ils ne les avoient pas pris à autre titre; cependant fi le père faifoit une véritable vente à fon fils, il feroit dû des droits. On cite néanmoins dans le *Répertoire univerfel & raifonné de jurifprudence*, un arrêt du parlement de Paris du 5 mai 1744, par lequel il a été jugé que les lods & ventes étoient dûs pour un conquêt de communauté, donné par le furvivant, après le partage de cette même communauté, pour remplir les enfans du reliquat de compte de la communauté & de la tutele. *Voyez* DROITS SEIGNEURIAUX, VENTE, LODS ET VENTES, QUINT, MUTATIONS.

Dation, ad medium plantium, eft un bail de quelque fonds ftérile & inculte que le preneur s'oblige de cultiver, à la charge d'en rendre la moitié au bailleur au bout de cinq ou fix années, l'autre moitié demeurant incommutablement acquife au pre-

neur, fauf la préférence au bailleur & à fes fucceffeurs en cas de vente. *Voyez* Salvaing, *de l'ufage des fiefs*, ch. lxxxxvij, p. 492.

Dation de tuteur & curateur, eft l'acte par lequel le juge nomme un tuteur ou un curateur. *Voyez* TUTELE, CURATELLE, TUTEUR, CURATEUR, DATIF. (*A*)

DAUPHIN, f. f. (*Droit public.*) titre diftinctif du fils aîné de France, héritier préfomptif de la couronne. *Voyez* le *Dict. Diplom. Econom. & Polit.*

DAUPHINÉ, (*Droit public.*) province de France dont Grenoble eft la capitale. Nous laiffons au Dictionnaire Diplomatique, Economique & Politique, le foin de rapporter la manière dont le *Dauphiné* a été réuni à la couronne de France; nous nous bornerons à ce qui concerne les loix, l'ordre judiciaire, & les privilèges des habitans.

Le *Dauphiné* eft une des provinces du royaume, qui fe régit par le droit romain, enforte qu'il y eft la règle des jugemens & décifions dans tous les cas où les ordonnances royales n'y ont pas dérogé.

C'eft par cette raifon que la confifcation n'y a pas lieu au profit du roi, excepté pour les crimes de lèze-majefté & d'héréfie, ainfi que l'attefte Gui-Papé, dans fes queftions 153, 413 & 447. Ce privilège a été confirmé par une déclaration du 13 août 1539, enregiftrée à la chambre des comptes le premier feptembre fuivant; il s'étend même au crime de duel, ainfi que le rapporte Baffet, & qu'il le confirme par plufieurs arrêts du parlement de Grenoble. Il eft cependant d'ufage dans ce cas, d'adjuger une amende du quart des biens du condamné, au profit des hôpitaux; un arrêt du 16 feptembre 1769 a même porté cette amende aux deux tiers des biens.

Le droit de bâtardife n'a point également lieu dans cette province au profit du roi. On avoit cherché à l'établir par un édit du mois de mars 1565; mais le procureur général, fyndic des états, s'oppofa à la vérification de cette loi, & en empêcha l'effet. Il eft de maxime conftante & certaine, que la mère & le bâtard recueillent la fucceffion l'un de l'autre, & c'eft en conféquence que le parlement de *Dauphiné*, en procédant à l'enregiftrement de l'édit de création du bureau des tréforiers de France de cette province en 1627, déclara par arrêt du 15 feptembre 1628, que le droit commun, de tout temps fuivi en *Dauphiné* à l'égard de la fucceffion des bâtards, feroit obfervé.

Cette province eft un pays de franc-aleu; cette allodialité eft établie d'une manière fans replique dans la jurifprudence de Gui-Pape, & dans le traité des fiefs de Salvaing. Les fonds y font exempts de lods, & autres devoirs & fervitudes, s'il n'y a titre formel qui les y affujettiffe, ou une poffeffion qui ait force de titre: ce qui même a lieu vis-à-vis du roi, dans les terres & directes domaniales, qu'il poffède en qualité de dauphin. C'eft la jurifprudence conftante du parlement, ainfi que le prouvent un arrêt, portant réglement, rendu toutes les

DAU

autres arrêts, rendus pour le diftrict de Moras, les
31 juillet 1652 & 12 août 1666.

Par une fuite néceffaire de cette allodialité, la
maxime *nulle terre fans feigneur*, n'a pas lieu en
Dauphiné, non-feulement pour la jurifdiction, mais
même à l'égard des cens & rentes. Quoique Louis
XIII eût ordonné par l'article 383, de l'édit de
janvier 1629, que tous les héritages relevans de la
couronne, foit en pays coutumier, foit en pays
de droit écrit, feroient fujets aux droits de lods,
ventes, quint, requint & autres droits ordinaires,
felon la nature des héritages, & les coutumes particulières des lieux où ils étoient fitués ; & que
les héritages, qui ne relevoient d'aucuns feigneurs
particuliers, feroient cenfés relever du roi, à-moins
que les propriétaires ne juftifiaffent du contraire
par titres : le parlement de Grenoble n'enregiftra
l'édit qu'avec la modification, qu'il en feroit ufé
dans la province felon l'ancien ufage, & conformément à l'ordonnance du 15 janvier 1555, parce
que le franc-aleu en *Dauphiné* eft fondé fur une
poffeffion immémoriale, & fur les libertés de la
province.

Les habitans ne peuvent être tirés hors de leur
reffort & province, au préjudice de la jurifdiction
de leurs juges naturels, pour quelque caufe que ce
puiffe être, excepté le crime de lèze-majefté. Ce
privilège leur a été accordé par le dauphin Humbert II, & ils y ont été confirmés par des lettres-
patentes de François I, du 7 mars 1543, regiftrées
en la chambre des comptes de Grenoble, le 23 avril
fuivant.

L'édit des contrôles n'a eu lieu dans cette province, que depuis l'édit du mois d'août 1706. Quoiqu'elle ne foit pas affujettie aux droits d'aides, on
y perçoit néanmoins les droits d'infpecteurs aux
boucheries, qui ont été établis à Grenoble par l'édit
du mois de février 1704.

Le dauphin Humbert II avoit créé une cour
fouveraine, le 22 février 1337, dans la ville de
S. Marcellin. Ce prince voulut depuis que ce confeil réfidât à Beauvoir dans le Royans, & enfin, par
lettres-patentes de 1340, il le transféra à Grenoble.

Cette cour fut confervée par les rois de France,
fous le nom de *confeil delphinal*, avec la qualité
de *cour fouveraine*, comme on le voit par des lettres
de Charles VI, de l'année 1422. Louis XI, n'étant
encore que dauphin, l'érigea en parlement au mois
de juin 1453, ce qui fut confirmé depuis par Charles VII, dans les états généraux tenus à Vienne
en 1456, quatre ans avant l'établiffement du parlement de Bordeaux. Ainfi ce parlement eft le troifième, & fuit immédiatement ceux de Paris & de
Touloufe.

Le reffort de ce parlement a été confidérable-
ment diminué par différentes ceffions & échanges
faites par le roi de France en faveur des ducs de
Savoie, & par l'attribution au parlement de Paris,
du fauxbourg de la Guillotière de Lyon. Pour lui

tenir lieu d'indemnité à cet égard, le roi par arrêt
de fon confeil & lettres-patentes des 23 & 29 avril
1715, a accordé aux officiers de ce parlement deux
mille livres par an, fur les deniers communs & octrois de la ville de Grenoble : il a ordonné en
outre, que ces mêmes officiers, & leurs veuves demeurant en viduité, jouiroient à l'avenir de l'exemption de tous droits de lods, ventes, quints, requints,
reliefs & autres, pour les fiefs & terres nobles &
roturières qu'ils acquerroient dans la mouvance du
domaine du roi, même pour les fiefs & terres qu'ils
vendroient dans les pays & lieux où ces fortes de
droits font dus par les vendeurs, fuivant les difpofitions de la coutume ou du droit. Mais fi ces
biens font fitués dans un pays où les droits font
dus par l'acquéreur, le fermier du domaine eft fondé
à les exiger de tout acquéreur qui n'eft pas privilégié.

Cette exemption des droits feigneuriaux dus au
roi, à caufe des mutations de biens affis dans fa
mouvance, a été révoquée par un arrêt du confeil de 1771.

DE

DÉBARQUEMENT, f. m. (*Marine.*) l'ordonnance de 1685, *liv. IV, tit. 1, art. 7*, enjoint
aux propriétaires des marchandifes débarquées, de
les faire enlever des quais, trois jours après leur
débarquement. A l'expiration de ce délai, ils peuvent être condamnés à l'amende, & les maîtres
des quais font obligés d'y veiller, & de faire les
diligences néceffaires à cet égard.

DÉBAT, f. m. (*Jurifpr.*) fignifie en général
une conteftation que l'on a avec quelqu'un, ou la
difcuffion par écrit de quelque point contefté. Ce
terme s'applique principalement à deux objets, aux
comptes & aux tenures féodales ou cenfuelles.

DÉBAT *de compte*, on appelle ainfi les conteftations que l'oyant forme fur les articles du compte
qu'on lui préfente, foit en la recette, dépenfe ou
reprife.

On entend, auffi par le terme de *débats de compte*,
les écritures qui renferment les conteftations dont
on vient de parler.

Lorfqu'il y a conteftation fur un compte, & que
le nombre des articles débattus eft trop confidérable
pour être jugé à l'audience, on appointe les parties
à fournir *débats* & foutenemens, ce qui eft conforme à l'*art. 13, tit. 29* de l'ordonnance de 1667.

Le réglement du 17 juillet 1693 autorife indiftinctement les avocats & procureurs à faire ces fortes
d'écritures.

Anciennement les *débats* & foutenemens d'un
compte fe faifoient par procès-verbaux en préfence du juge ou du commiffaire, avec les parties
& le miniftère de leurs procureurs. On les mettoit
par apoftille, en marge de chaque article, & c'eft
encore aujourd'hui l'ufage du châtelet de Paris dans
les redditions de compte.

Cette forme a été juftement abolie par-tout ailleurs;

1°. parce qu'il peut aifément échapper des moyens décififs, qu'une défenfe plus réfléchie auroit fait appercevoir ; 2°. parce que cette forme emploie fouvent autant de temps que l'inftruction prefcrite par l'ordonnance ; 3°. parce qu'elle eft auffi difpendieufe pour les parties, par rapport à la multiplicité des vacations.

Les délais fur un appointement de *débat de compte*, font d'abord de huitaine, à compter du jour de la fignification de l'appointement, pour fournir des *débats* de la part de l'oyant, d'une autre huitaine, à compter de la fignification des *débats*, pour fournir par le rendant fes foutenemens ; d'une troifième huitaine, à compter du jour de la fignification des foutenemens, pour produire de part & d'autre ; & enfin d'une quatrième & dernière huitaine, à compter du jour de chaque production, pour contredire. Si l'on obfervoit à la lettre l'ordonnance, un mois fuffiroit, à partir du jour de l'appointement, pour inftruire & juger une inftance de compte.

DÉBAT *de tenure*, eft la conteftation qui fe meut entre deux feigneurs, pour la mouvance d'un héritage, foit en fief ou en cenfive.

On entend auffi quelquefois par *débat de tenure*, un mandement donné au vaffal ou cenfitaire, par le juge royal, à l'effet d'affigner les deux feigneurs qui conteftent fur la mouvance, pour s'accorder entre eux. (*A*)

Le poffeffeur d'un fief étoit autrefois tenu d'avouer ou défavouer tout feigneur qui en réclamoit la mouvance. Lorfqu'il défavouoit le feigneur réclamant, en prétendant relever d'un autre, les deux feigneurs étoient tenus de comparoître à l'audience, & celui que le vaffal avouoit prenoit le fait & caufe du vaffal, ou l'autorifoit à combattre pour lui. Si le vaffal étoit vaincu, le feigneur pour qui il combattoit, perdoit fa *tenure*, & le tenant fa terre, fauf le recours contre le feigneur.

Tel a été le principe du mandement en *débat de tenure*, dont parle l'art. 42 de la coutume de Normandie. Mais aujourd'hui le vaffal n'eft point obligé d'opter entre les deux feigneurs, & de reconnoître fous ce titre aucun des deux. La *tenure* eft confignée en main du roi, pour être adjugée à celui à qui elle appartient. Par le fequeftre de la *tenure*, le vaffal eft difpenfé d'avouer ou défavouer, & éviter de tomber en commife. *Voyez* Glanville, *liv. III, chap. 1, n°. 6, dans le Traité des loix anglo-normandes, tome I, p. 427, & le Dictionnaire du droit normand*, au mot *Débat de tenure*.

Au refte, la connoiffance des mandemens de tenure en Normandie, n'eft pas toujours un cas royal. L'art. 42 de la coutume, après avoir dit que *la connoiffance des mandemens de tenure appartient au juge royal*, ajoute que néanmoins les *hauts-jufticiers en connoiffent entre leurs fujets, pourvu que la tenure du haut-jufticier ne foit point débattue*. Il n'eft point néceffaire d'obtenir des lettres de chancellerie, pour être autorifé à jouir durant le *débat*, il fuffit de préfenter requête au juge. *Voyez*, au

furplus, les articles COMBAT DE FIEF, DÉSAVEU & MAIN SOUVERAINE. (*Art. de M. GARRAN DE COULON.*)

DÉBAUCHE, f. f. (*Droit naturel, public. Morale.*) on donne ce nom en général à tout ce qui eft excès, dans quelque genre que ce foit. Mais on l'applique plus particulièrement aux excès du vin & des femmes.

Tout excès nuit à l'ame comme au corps, en énervant l'un, & en affoibliffant les facultés de l'autre. Un excès conduit à l'autre, & quand la paffion a ufurpé l'empire dû à la raifon, elle s'en prévaut, abufe de la foibleffe de l'ame, & ne reconnoît plus de frein.

Nous laiffons aux moraliftes le foin de faire connoître les maux irréparables que la *débauche* entraîne avec elle ; mais nous ne pouvons nous difpenfer de faire obferver aux hommes d'état, & aux magiftrats, que tout gouvernement doit veiller avec la plus grande exactitude à la pureté des mœurs, & prendre les mefures les plus convenables pour bannir de la fociété le libertinage & la *débauche*.

Ces vices confidérés du côté du fexe, attaquent les fources de la génération, dégoûtent du mariage, empêchent la population, & font périr une multitude incroyable d'individus, qui font la vraie richeffe de tout état. Les débauchés font pareffeux : leur ame engourdie n'a ni la force de penfer, ni celle d'agir. Ce font des confommateurs oififs, incapables de remplir convenablement les fonctions des emplois & des dignités dont ils font revêtus.

C'eft la *débauche* & la corruption des mœurs, qui multiplient les crimes, les friponneries & les banqueroutes ; qui banniffent du commerce la probité & la bonne foi ; qui ôtent aux militaires le courage & la bravoure ; qui font naître le dégoût des fonctions pénibles de la magiftrature ; qui éteignent dans le peuple le défir du travail ; & en chaffent la frugalité & l'économie.

DEBENTUR, f. m. (*Jurifpr.*) terme latin qui étoit ufité à la chambre des comptes, pour exprimer le certificat que chaque officier des cours fouveraines donnoit au payeur des gages de la compagnie pour toucher les gages qui lui étoient dus. On l'appelle ainfi, parce que dans le temps qu'on rédigeoit les actes en latin, ce certificat commençoit par ces mots, *debentur mihi*, &c. Le contrôleur du tréfor vérifioit ces *debentur*. Ils n'ont plus lieu depuis que l'on a fait des états des gages des officiers. (*A*)

DÉBET, f. m. (*Jurifpr.*) eft encore un terme emprunté du latin, pour fignifier ce qui refte dû entre les mains d'un comptable, après l'arrêté de fon compte. *Voyez* RÉLIQUAT.

On dit de quelqu'un qu'il a payé en *débets*, lorfqu'il paie les acquifitions qu'il fait, en fe chargeant d'acquitter les dettes de fon vendeur.

DÉBET *de clair*, fe dit, en ftyle de la chambre des comptes, du *débet* d'une fomme liquide.

DÉBET *de quittance*, fe dit auffi, en ftyle de la

chambre des comptes, de l'obligation où est un comptable de rapporter une quittance.

DÉBET, se dit encore, en terme de payeur des rentes sur la ville, & autres payeurs publics, des anciens arrérages qui sont dus, outre le paiement courant.

DÉBITEUR, s. m. (*Jurisprud.*) est celui qui doit quelque chose à un autre, & celui qui est tenu de payer quelque chose en argent, grain, liqueur, ou autre espèce, soit en vertu d'un jugement ou d'un contrat écrit ou non, d'un quasi-contrat, délit ou quasi-délit.

Le *débiteur* est appellé dans les loix romaines *debitor* ou *reus debendi*, *reus promittendi*, & quelquefois *reus* simplement ; mais il faut prendre garde que ce mot *reus* quand il est seul, signifie quelquefois le coupable ou l'accusé. L'Ecriture défend au créancier de vexer son *débiteur*, & de l'opprimer par des usures. *Exod.* 22, *v.* 25.

Ce précepte a cependant bien mal pratiqué chez plusieurs nations. Chef les Juifs, par exemple, le créancier pouvoit, faute de paiement, faire emprisonner son *débiteur*, même le faire vendre, lui, sa femme & ses enfans : le *débiteur* devenoit en ce cas l'esclave de son créancier.

La loi des douze tables étoit encore plus sévère, car elle permettoit de déchirer en pièces le *débiteur*, & d'en distribuer les membres aux créanciers, par forme de contribution au sol la livre. Cette loi leur donnoit aussi l'option d'envoyer vendre leur *débiteur* comme esclave hors du pays, & d'en partager le prix ; s'il n'y avoit qu'un créancier, il ne pouvoit ôter la vie à son *débiteur*, ni même la liberté qui lui étoit plus chère que la vie. On ne trouve même pas d'exemple que des créanciers aient été assez inhumains pour mettre en pièces leur *débiteur*, il s'en trouvoit toujours quelqu'un qui aimoit mieux que le *débiteur* fût vendu que tué, pour en tirer de l'argent : malgré cette espèce d'adoucissement dans l'exécution d'une loi cruelle, il est cependant certain que cette sévérité envers les *débiteurs*, a mis plusieurs fois en danger la république romaine.

Le pouvoir de vendre son *débiteur* insolvable, & celui de le retenir en servitude dans sa maison, fut ôté aux créanciers par le tribun Petilius, qui fit ordonner que le *débiteur* ne pourroit plus être adjugé comme esclave au créancier. Cette loi a été depuis renouvellée & amplifiée 700 ans après, par l'empereur Dioclétien, qui prohiba totalement cette manière de servitude temporelle, appellée *nexus*, dont il est parlé dans la loi *ob æs alienum, codice de obligat.* & les créanciers, depuis l'an 428 de Rome, ont seulement eu la faculté de retenir leurs *débiteurs* dans une prison publique jusqu'à ce qu'ils eussent payé.

Enfin Jules César touché de commisération pour les *débiteurs* malheureux, leur accorda le bénéfice de cession, afin qu'ils pussent se tirer de captivité en abandonnant tous leurs biens ; & afin qu'ils ne perdissent pas toute espérance de se rétablir à l'avenir, il ordonna que les biens qu'ils acquerroient depuis la cession, ne pourroient leur être ôtés, qu'au cas qu'ils eussent au-delà de leur nécessaire.

Ainsi la peine de mort & la servitude étant abolies, il ne resta plus contre le *débiteur* que la contrainte par corps, dans les cas où l'on pouvoit en user ; & le *débiteur* eut la triste ressource de faire cession, qui étoit toujours accompagnée d'une sorte d'ignominie, & suivie de la proclamation générale des biens du *débiteur*.

La contrainte par corps avoit lieu chez les Romains contre le *débiteur*, lorsqu'il s'y étoit soumis ou qu'il y étoit condamné pour cause de stellionat : mais les loix veulent que le créancier ne soit point trop dur pour son *débiteur* ; qu'il ne poursuive point un homme moribond ; qu'il n'affecte rien pour faire outrage à son *débiteur* : elles veulent aussi que le *débiteur* ne soit pas trop délicat sur les poursuites que l'on fait contre lui ; elles regardent comme une injure faite à quelqu'un de l'avoir traité de *débiteur* lorsqu'il ne l'étoit pas ; ce qui ne doit néanmoins avoir lieu que quand la demande paroît avoir été formée à dessein de faire injure, & qu'elle peut avoir fait tort au défendeur, par exemple, si c'est une personne constituée en dignité, ou un marchand auquel on ait voulu faire perdre son crédit.

Chez les Gaulois, les gens du peuple qui ne pouvoient pas payer leurs dettes, se donnoient en servitude à leurs créanciers, qui acquéroient par-là sur eux les mêmes droits que les maîtres avoient sur leurs esclaves ; c'est ce que les Latins appelloient *addicti homines.*

En France, nous ne suivons pas sur cette matière tous les principes du Droit romain.

Le *débiteur* ne peut s'obliger ni être condamné par corps, que dans les cas où cela est autorisé par les ordonnances. *Voyez* CONTRAINTE PAR CORPS.

Il falloit, chez les Romains, discuter les meubles du *débiteur* avant d'en venir à ses immeubles, & ensuite à ses dettes actives, au lieu que parmi nous la discussion préalable des meubles & effets mobiliers n'est nécessaire qu'à l'égard des mineurs ; du reste on peut cumuler contre le *débiteur* toutes sortes de poursuites, saisie & arrêt, saisie & exécution, la saisie réelle pourvu qu'il s'agisse au moins de 200 livres, & la contrainte par corps, si c'est un cas où elle ait lieu.

Le principal *débiteur* doit être discuté avant ses cautions, à moins qu'ils ne soient tous solidaires. *Voyez* DISCUSSION.

Le *débiteur* peut se libérer en plusieurs manières ; 1°. par un paiement effectif, ou par des offres réelles suivies de consignation ; ce qui peut se faire en tout temps, à moins qu'il n'y ait clause au contraire ; 2°. par compensation, ce qui équivaut à un paiement ; 3°. par la perte de la chose qui étoit due, si c'est un corps certain & qu'il n'y ait point eu de la faute du *débiteur* ; 4°. par la prescription ;

5°. par la ceſſion de biens, &c. Voyez ces différens mots.

Celui qui eſt en état d'oppoſer quelque exception péremptoire, telle que la compenſation ou la preſcription, n'eſt pas véritablement débiteur.

Celui qui eſt débiteur envers la même perſonne, de pluſieurs ſommes différentes, peut imputer les paiemens qu'il lui fait, ſur celle que bon lui ſemble. Si le débiteur ne fait pas cette imputation dans l'inſtant du paiement, le créancier peut la faire, en imputant néanmoins la ſomme reçue ſur la dette la plus onéreuſe. Voyez IMPUTATION.

Quand le créancier n'a point de titre, on défère ordinairement l'affirmation au débiteur; cela ſouffre néanmoins quelques exceptions. Voyez au mot SERMENT.

La ceſſion de biens ne libère pas abſolument le débiteur; car il peut être pourſuivi ſur les biens qui lui ſont advenus depuis la ceſſion.

Le débiteur qui ſe trouve hors d'état de payer, pouvoit, chez les Romains, obtenir terme & délai de deux ans, même juſqu'à cinq années. En France, ſuivant l'ordonnance de 1669, les juges, même ſouverains, ne peuvent donner répit ni délai de payer, ſi ce n'eſt en vertu de lettres du grand ſceau appellées lettres de répit; mais ces ſortes de lettres ne ſont plus guère uſitées: les juges accordent quelquefois un délai de trois ou ſix mois & même plus, pour payer en deux ou trois termes; il n'y a point de règle certaine là-deſſus, cela dépend de la prudence du juge & des circonſtances.

Il n'eſt pas permis au débiteur de renoncer, en fraude de ſes créanciers, aux droits qui lui ſont acquis; il lui étoit cependant libre, chez les Romains, de renoncer à une ſucceſſion déjà ouverte, afin qu'il ne fût pas expoſé malgré lui aux dettes; mais cela n'eſt pas obſervé parmi nous; les créanciers peuvent à leurs riſques exercer tous les droits acquis à leur débiteur: il lui eſt ſeulement libre de ne pas uſer des droits qui conſiſtent en une ſimple faculté, comme celle d'intenter un retrait.

La réunion des qualités de créancier & de débiteur dans une même perſonne, opère une confuſion d'action qui les éteint. Voyez CONFUSION.

On trouve dans l'Hiſtoire générale des voyages, quantités d'uſages ſinguliers, ſur la manière dont on traite les débiteurs, dans pluſieurs gouvernemens. On rapporte que dans la Corée, le créancier a droit de donner chaque jour quinze coups de bâton ſur les os des jambes du débiteur qui n'a pas payé à l'échéance: & que les parens ſont tenus de payer les dettes de leur allié mort inſolvable. Voyez DETTE.

DEBITIS, ſ. m. pl. (Juriſpr.) on appelloit anciennement lettres ou mandement de debitis, des lettres à-peu-près ſemblables à celles que nous appellons aujourd'hui lettres de committimus. C'étoit un mandement général, fait au premier huiſſier ou ſergent ſur ce requis, de faire payer à l'impétrant toutes les ſommes qui lui étoient dues par ſes débiteurs, & contenues dans des actes authentiques,

mais deſtitués d'une exécution parée. C'eſt du mot débiteur que ces lettres ont été appellées, lettres de debitis.

Au commencement on avoit le choix d'obtenir les debitis en chancellerie ou du juge royal; & l'archevêque de Rheims, en qualité de premier pair de France, fut maintenu par arrêt du 6 avril 1418, dans le droit de faire expédier des debitis généraux d'autorité royale; mais en 1540 il fut jugé que le roi auroit ſeul le pouvoir d'accorder des lettres de debitis.

Quand il y avoit appel de debitis, il reſſortiſſoit au parlement, & non devant le juge royal.

Préſentement ces ſortes de lettres ne ſont plus en uſage, ſi ce n'eſt en Franche-Comté, comme il paroît par un arrêt de règlement du parlement de Beſançon, du 19 novembre 1700, qui fait défenſes à tous créanciers de ſe pourvoir pour obtenir permiſſion de faire contraindre leurs débiteurs, en vertu de contrats obligatoires, & leur enjoint de laiſſer au greffe du bailliage royal, un mandement de debitis, à peine de nullité.

DÉBLAER ou DÉBLAVER, v. n. (Juriſpr.) c'eſt couper les bleds pendans par les racines, faire la récolte des bleds. Coutume d'Auxerre, art. 117. Ce terme eſt oppoſé à emblaver, qui ſignifie mettre les bleds en terre, les ſemer. Voyez ci-après DEBLÉE & DEBLEURE. (A)

DEBLÉE, ſ. f. (Juriſpr.) dans quelques coutumes, ſignifie les emblaves, c'eſt-à-dire, les bleds pendans par les racines. (A)

DEBLEURE ou ENBLEURE, ſ. f. (Juriſp.) eſt la même choſe que deblée, ce ſont les bleds pendans par les racines; debleure ou deblée ſe prend ſouvent pour la levée ou récolte que l'on fait des bleds. Voyez Auxerre, art. 22. (A)

DÉBOUTER, v. n. DÉBOUTÉ, adj. (termes de procédure.) débouter, ſignifie déclarer par ſentence ou arrêt, que quelqu'un eſt déchu de la demande, ou prétention, qu'il avoit formée en juſtice. Débouté ſe dit de celui qui a été déclaré déchu de ſa demande.

Du temps que les jugemens ſe rendoient en latin, on diſoit en latin barbare, debotare pour débouter, ce qui donna lieu à une plaiſanterie d'un gentilhomme, qui étant interrogé par François I, du ſuccès d'un procès pour lequel il étoit venu en poſte à Paris, répondit qu'auſſi-tôt ſon arrivée la cour l'avoit débouté, faiſant alluſion à l'arrêt, qui portoit dicta curia dictum actorem debotavit & debotat; le roi ſurpris d'un langage ſi bifarre, ordonna peu de temps après que les contrats, teſtamens, & actes judiciaires ſeroient rédigés en françois. (A)

DÉBOUTÉ de défenſes, étoit un jugement qui ſe rendoit autrefois contre le défendeur, lorſque ayant comparu ſur l'aſſignation, il n'avoit pas fourni de défenſes dans le temps de l'ordonnance; ces déboutés de défenſes ont été abrogés par l'ordonnance de 1667, tit. 5, art. 2. (A)

DÉBOUTÉ

DÉBOUTÉ *fatal*, est un jugement par défaut qui déboute quelqu'un d'une demande ou d'une opposition, & qui n'est plus susceptible d'opposition. Dans la plupart des tribunaux, le premier *débouté* d'opposition est *fatal*; dans quelques autres, comme aux requêtes du palais, il n'y a que le second *débouté* d'opposition qui produise cet effet.

Dernier débouté, est la même chose que *débouté fatal*; mais cette dénomination ne convient véritablement qu'au second *débouté* d'opposition.

DÉBOUTÉ *d'opposition*, en général est un jugement qui déclare quelqu'un déchu de l'opposition par lui formée à un précédent jugement, ou à quelque autre acte judiciaire ou extrajudiciaire. *Voyez* OPPOSITION.

Premier débouté, est le jugement qui déboute de la première opposition.

Second débouté, est le jugement qui déboute de la seconde opposition. (*A*)

DÉBRIGUER le *fief*, (*Droit féodal.*) ce terme est usité en Savoie, pour dire *vérifier*. Si l'héritage contentieux est dans l'étendue du fief d'un seigneur ou d'un autre, c'est proprement dégager le fief de la contestation qui le tenoit en suspens. *Voyez* le Traité des Fiefs, de M. Guyot, *tome III*, dit du droit de quint. chap. 14, *p. 560*, & ci-après au mot DÉSIMBRINGUER, dont *débriguer* paroît avoir été formé par corruption ou contraction. (*A*)

On voit, dans Ducange, que dans la basse latinité *briga* signifioit *querelle*, *contestation* : *imbrigare*, mettre en procès, & *desbrigare*, tirer de querelle ou de procès. (*Art. de M. GARRAN DE COULON.*)

DÉBRIS, s. m. (*Code maritime.*) on dit plus communément *bris* que *débris* : ces deux mots signifient les effets naufragés qu'on trouve en pleine mer, ou qu'elle rejette sur le rivage.

L'ordonnance de 1681, *liv. VI, tit. 9*, en parlant des *bris* & naufrages, règle tout ce qui concerne cette matière, tant pour les secours à donner, que pour retirer les marchandises & les conserver aux propriétaires. *Voyez* NAUFRAGE.

DÉCALOGUE, s. m. (*Droit naturel & ecclésiastique.*) c'est le nom que portent les dix commandemens de Dieu, qui furent gravés sur deux tables de pierre, & donnés à Moyse sur le mont Sinaï. Ces dix commandemens sont l'abrégé de tous les préceptes de la loi naturelle; les trois premiers regardent Dieu, les sept autres ont rapport au prochain. *Voyez* le Dictionnaire de Théologie.

DÉCANAT, s. m. (*Jurispr. & Hist.*) est la qualité & la fonction de doyen d'une compagnie; dans un chapitre on dit le *doyenné*; dans les compagnies laïques on dit le *décanat*. Dans les chapitres, le doyenné est ordinairement une dignité, dans les compagnies laïques, le *décanat* n'est communément attaché qu'à la qualité de plus ancien. On parvient à son tour au *décanat*; & quoiqu'il n'y ait point d'autre mérite à être plus ancien que les autres, & qu'en ce sens, la qualité de doyen

ne soit point du tout flatteuse ni honorable, si ce n'est parce qu'elle peut faire présumer plus d'expérience que dans ceux qui sont moins anciens, cependant comme l'homme tire vanité de tout, celui qui est le plus ancien d'une compagnie ne manque point de prendre la qualité de *doyen*.

Du mot *décanat* on a fait le verbe *décaniser*, qui signifie *remplir la place de doyen*, en faire les fonctions. Il n'y a que le doyen d'une compagnie qui ait droit de *décaniser*; mais en son absence le sous-doyen, ou à défaut de celui-ci, le plus ancien suivant l'ordre du tableau, *décanise*. *Voyez* DOYEN, DOYENNÉ. (*A*)

DÉCAPITER, v. a. (*Code criminel.*) c'est trancher la tête de celui qui a été condamné par autorité de justice à subir cette peine.

Ce genre de supplice est très-ancien. Il est d'usage en Allemagne où on l'emploie indistinctement envers les roturiers & les nobles. Il en étoit de même en France, ce qui a fait dire à la Roque, dans *son Traité de la noblesse*, que ce supplice n'étoit pas une preuve de noblesse, pour les descendans de celui qui a été décapité. Mais depuis 1678, on auroit peine à trouver des exemples d'autres que des gentilshommes qui aient été condamnés en France à être *décapités*, à moins que ce ne soit en Alsace, parce que cette province a conservé une partie de la jurisprudence civile & criminelle de l'Allemagne.

On entend dire assez ordinairement, que la peine d'être *décapité* n'emporte aucune note d'infamie, contre les parens de ceux qui l'ont subie. C'est une erreur. Les autres genres de supplice ne font encourir aucune note d'infamie contre les parens d'un condamné à mort. Aucune loi ne la prononce, elle n'est l'effet que d'un préjugé barbare qui enveloppe toute la famille d'un coupable, & il est très-vrai que le fils ou le frère d'un malheureux attaché au gibet, conserve dans la société ses prérogatives, & ses droits de citoyen.

Puisse ce siècle éclairé, déraciner entièrement un préjugé aussi horrible, & qui porte un préjudice aussi notable aux citoyens, sans diminuer le nombre des crimes! *Voyez* INFAMIE.

DÉCEPTION, s. f. (*Jurispr.*) ce terme est employé au palais, pour signifier *fraude, surprise, tromperie, séduction*. Il est relatif à celui de lésion : la *déception* est l'ouvrage de celui qui trompe, la lésion est le tort qu'éprouve celui qui est trompé. *Voyez* DOL, ERREUR, LÉSION.

DÉCEMVIR, s. m. (*Droit public*) magistrat romain créé avec autorité souveraine, pour faire des loix dans l'état. *Voyez* le Dictionnaire économique, diplomatique & politique.

DÉCERNER, v. a. (*Jurispr.*) ce terme signifie *ordonner, prononcer* : il est usité dans plusieurs phrases.

Décerner un décret contre quelqu'un, c'est le décréter, prononcer contre lui un décret, soit de prise de corps, ou d'ajournement personnel, ou d'affigné pour être oui. Un commiffaire *décerne* auffi fon ordonnance. Les receveurs des confignations, les commiffaires aux faifies réelles, les fermiers-généraux & leurs prépofés, *décernent* des contraintes contre les redevables, pour les obliger de payer. *Voyez* CONTRAINTE, DÉCRET.

DÉCÈS, f. m. (*Jurifpr.*) terme particuliérement ufité au palais pour fignifier *la mort naturelle d'une perfonne.*

Le *décès* fe prouve par les regiftres mortuaires des paroiffes, monaftères, hôpitaux & autres lieux, où celui dont il s'agit eft décédé, ou a été inhumé : en cas de perte de ces regiftres, il fe prouve par des actes équipollens, & par témoins.

Suivant la déclaration du 9 avril 1736, *art.* 10, l'acte de fépulture doit faire mention du jour du *décès*, du nom & de la qualité de la perfonne décédée, ce qui doit s'obferver également à l'égard des enfans, de quelque âge qu'ils foient. Il feroit même à propos qu'on y fît auffi mention de l'âge s'il eft connu. Cet acte doit être figné par deux des plus proches parens ou amis préfens, s'ils favent figner, finon il fera fait mention de ce qu'ils déclarent à cet égard.

Le *décès* d'un juge, d'une partie, ou de fon procureur, apporte divers changemens dans la procédure. Il faut à cet égard confulter les mots ARBITRE, JUGE, CRIME, ÉVOCATION, PROCUREUR.

Il eft défendu de cacher le *décès* des bénéficiers. *Voyez* CADAVRE.

Dans le cours d'une procédure fur la pleine maintenue d'un bénéfice, fi celui qui avoit obtenu provifoirement la poffeffion actuelle des fruits, vient à décéder, l'état & la main-levée de ces mêmes fruits doivent être donnés à l'autre partie fur une fimple requête, ou demande judiciairement faite à l'audience, en rapportant l'extrait mortuaire, & les preuves juftificatives de la litifpendance. *Ordonn. de 1667, tit.* 15, *art.* 11.

DÉCHARGE, f. f. (*Jurifpr.*) en général, eft un acte par lequel on tient quitte quelqu'un d'une chofe, dont il étoit chargé, comme d'une obligation, d'une redevance.

Donner une décharge à quelqu'un d'un billet ou obligation, c'eft lui donner une reconnoiffance comme il a payé, ou le tenir quitte du paiement.

On donne auffi une *décharge* à un procureur ou à un homme d'affaires, par laquelle on reconnoît qu'il a remis les deniers & papiers dont il étoit chargé.

Obtenir fa décharge, c'eft obtenir un jugement qui libère de quelque dette ou de quelque charge réelle, comme d'une rente foncière, d'une fervitude, ou de quelque charge perfonnelle, telle qu'une tutelle ou curatelle.

Décharge de la contrainte par corps; c'eft lorfque le débiteur qui n'eft pas quitte de la dette, eft affranchi de la contrainte par corps.

Décharge d'un accufé; c'eft le jugement qui le déclare pleinement abfous du crime qu'on lui imputoit. Quand on met feulement *hors de cour* fur l'accufation, cela n'emporte pas la *décharge de l'accufé,* il n'eft pas pleinement juftifié. La *décharge d'un accufé* n'emporte pas toujours une condamnation de dépens contre l'accufateur. *Voyez* ACCUSATEUR, ACCUSÉ, DÉPENS. (*A*)

DÉCHÉANCE, f. f. (*Jurifpr.*) fignifie exclufion. C'eft une peine qui confifte à être privé de l'exercice d'un droit que l'on avoit. Le juge prononce la *déchéance* d'une action ou d'une demande, d'une oppofition ou appel, lorfqu'il déboute le demandeur, oppofant ou appellant de fon oppofition, de fa demande, ou appel.

Emporter la déchéance d'une action ou d'un droit, c'eft opérer une fin de non-recevoir qui empêche de l'exercer; ainfi le défaut d'offres à chaque journée de la caufe, emporte la *déchéance* du retrait; la péremption d'inftance emporte la *déchéance* de la demande.

La *déchéance* eft quelquefois de rigueur & de fait, mais elle n'eft quelquefois que comminatoire. Elle eft de rigueur dans les matières de droit étroit, telles que les retraits, les prefcriptions, l'infcription de faux contre les procès-verbaux des employés du roi. Dans ces cas & autres femblables, celui qui n'a point exercé fon droit dans le temps & fuivant les formalités prefcrites, n'eft plus recevable à l'exercer.

La *déchéance* eft encore de rigueur contre celui qui a laiffé écouler les dix années de fa majorité, fans fe pourvoir contre un acte qu'il avoit intérêt de faire refcinder. Il peut néanmoins obtenir des lettres de relief de laps de temps, pour les caufes que nous expliquerons au mot LETTRES.

La *déchéance* fimplement comminatoire, eft celle qui ne s'opère pas de plein droit, & qu'il faut faire prononcer judiciairement, après l'expiration du temps pendant lequel on avoit la faculté de faire telle ou telle chofe en matière ordinaire. *Voyez* CLAUSE comminatoire.

DÉCHU, part. (*Jurifpr.*) fignifie *exclus.* Être *déchu* de fes droits, c'eft les avoir perdus. On eft *déchu* de fon appel, lorfqu'il y a un jugement par défaut qui donne congé à l'intimé; & pour le profit, déclare le défaillant *déchu* de fon appel : cela s'appelle, en ftyle de palais, *un congé déchu de l'appel.* (*A*)

DÉCIMABLE, adj. (*Jurifpr.*) fignifie *qui eft fujet à la dixme.* Il y a des fruits *décimables,* & d'autres qui ne le font pas : ce qui dépend des titres & de l'ufage de chaque pays. *Voyez ci-après,* DIXME. (*A*)

DÉCIMAL, adj. (*Jurifpr.*) fe dit de ce qui a rapport à la dixme. Par exemple, le droit d'un décimateur s'appelle fon *droit décimal,* comme le droit d'un curé s'appelle fon *droit curial.* On dit une *matière décimale.* L'article 3 de la coutume de Normandie porte que le bailli connoît des matières bénéficiales, *décimales*, &c. *Voyez* DÉCIMATEUR & DIXME. (*A*)

.DÉCIMATEUR, f. m. (*Jurifpr.*) eft différent du *dixmeur*. Le premier eft celui qui a droit de percevoir une dixme, foit eccléfiaftique ou inféodée; au lieu que le dixmeur eft celui qui lève la dixme pour un autre.

On appelle *gros-décimateurs*, ceux qui ont les groffes dixmes, les curés n'ayant en ce cas que les menues & vertes dixmes, & les novales.

Décimateur eccléfiaftique, eft un eccléfiaftique qui, à caufe de fon bénéfice, a droit de dixme.

Décimateur laique, eft un feigneur direct qui tient en fief d'un autre feigneur des dixmes inféodées.

Les *gros-décimateurs* font tenus, à caufe des dixmes, à plufieurs charges; favoir, de faire les réparations du chœur & cancel, & de fournir les ornemens & livres néceffaires.

Ils font auffi obligés de fournir la portion congrue au curé & à fon vicaire, fi mieux ils n'aiment abandonner tout ce qu'ils poffèdent des dixmes.

Quand il y a plufieurs *gros-décimateurs*, ils contribuent aux charges, chacun à proportion de leur part dans les dixmes. *Voyez* DIXME. (*A*)

DÉCIMATION, f. f. DÉCIMER, v. a. (*Code criminel*) on entend par *décimation* la peine que les Romains infligeoient aux foldats, qui de concert, avoient abandonné leur pofte, s'étoient comportés lâchement dans le combat, ou avoient excité quelque fédition dans le camp. Dans ce cas, au lieu de punir de mort tous les coupables, on les faifoit affembler, on mettoit leurs noms dans une urne, ou dans un cafque, & fuivant la nature du crime, on condamnoit à périr le cinquième, le dixième, le quinzième ou le vingtième, que le fort dénommoit. Par ce fage tempérament, tous les coupables étoient dans la crainte, quoiqu'il y en eût très-peu de punis. Cette manière de punir un corps, une multitude, eft d'ailleurs très-conforme à la juftice, qui veut que les peines qui retombent fur un corps, foient très-douces & de courte durée. Nous obferverons néanmoins que la *décimation* nous paroît ne devoir être employée que dans le cas où il eft difficile, même impoffible de reconnoître les auteurs du crime. Car il eft certain que la faute commife par une communauté, eft l'effet de fon état de communauté, & de l'influence de quelques membres qui ont le crédit ou l'art de perfuader les autres.

La *décimation* a eu lieu quelquefois en France à l'exemple des Romains. En 1675, la garnifon de Trèves, pour avoir capitulé & s'être rendue contre les ordres du maréchal de Créqui, fut décimée en punition de fon infidélité, ou du moins, de fon manque de foumiffion.

DÉCIMES, f. f. (*Hift. anc. & mod. Jurifpr.*) ce mot, dans l'acception propre, fignifie *dixième partie des biens*. On l'a appliqué particuliérement à un ancien droit, fubvention, ou fecours de deniers, que nos rois levoient autrefois fur tous leurs fujets, tant eccléfiaftiques que laïques, pour les befoins extraordinaires de l'état. Dans la fuite, ce terme eft demeuré propre aux fubventions que les eccléfiaftiques paient au roi, & ces *décimes* font devenues annuelles & ordinaires; le clergé paie auffi de temps en temps au roi des *décimes* ou fubventions extraordinaires.

Ce mot *décime* vient du latin *decima*, qui fignifie en général, la *dixième partie d'une chofe*. Les peuples anciens s'en font fervis dans cette fignification. Cyrus, après la prife de la capitale des états de Créfus, mit des gardes aux portes pour empêcher qu'on n'emportât rien du butin, avant que la *décime* en eût été donnée à Jupiter. Les Athéniens, au rapport de Diogène Laerce, mettoient à part la dixme de leur revenu pour les facrifices, les befoins publics & les frais de la guerre. Les Romains avoient auffi coutume de vouer aux dieux la *décime* du butin.

Chez le même peuple, on appelloit encore *décime*, un impôt qui confiftoit dans la dixième partie des fruits des terres du domaine public, que l'on affermoit ou que l'on concédoit à des citoyens pauvres; de-là on donnoit à ces terres le nom d'*agri decumates*, à l'impofition le nom de *decumæ*, & à ceux qui prenoient à ferme ces *décimes* celui de *decumani*.

Dans notre droit françois, on a d'abord appliqué le mot de *décime*, *decima*, à la dixme, parce que dans l'origine elle étoit par-tout du dixième des fruits: ce même mot *decima* a auffi été appliqué aux impofitions appellées *décimes*, parce que les premières levées qui furent faites de cette efpèce, étoient auffi du dixième des fruits & revenus; enforte que le mot latin *decima* fignifie également parmi nous *dixme* & *décime*, quoique ce foient deux chofes fort différentes, puifque la dixme fe paie à l'églife, au lieu que les *décimes* font fournies au roi par le clergé: c'eft pourquoi dans notre langue on a eu l'attention de diftinguer ces deux objets en appellant *dixme* la portion des fruits que les fidèles donnent à l'églife; & *décime*, ce que l'églife paie au roi par forme de fubvention.

La première levée faite par nos rois qui ait été qualifiée de *décime*, & dont les autres levées femblables ont emprunté le même nom, eft celle qui fut faite fous Philippe-Augufte. Saladin, foudan d'Egypte, ayant le 26 feptembre 1187, pris la ville de Jérufalem, & chaffé les chrétiens de prefque toute la Paleftine, toute la chrétienté prit les armes; l'empereur, le roi d'Angleterre & Philippe-Augufte fe croiférent, & tout ce qu'il y avoit de plus illuftre dans le royaume.

Pour fournir aux frais de cette expédition, il fut ordonné, dans une affemblée d'états, tenue à Paris au mois de mars 1188, qu'on leveroit fur les eccléfiaftiques le dixième d'une année de leur revenu, & fur les laïques qui ne feroient point le

voyage, le dixième de tous leurs biens-meubles
& de tous leurs revenus. Cette levée fut appellée
la *dixme* ou *décime saladine*, à caufe qu'elle étoit
du dixième & qu'elle fe faifoit pour la guerre contre Saladin. Pierre de Blois écrivit contre cette levée pour le clergé; cependant elle fut payée par
tous les fujets du roi. Il y en eut une femblable
en Angleterre.

Depuis ce temps, prefque toutes les levées que
l'on fit fur le clergé pour les croifades ou autres
guerres, que l'on appelloit *faintes*, furent nommées
dixièmes ou *décimes*.

Il y en eut en effet dans la fuite encore quelques-
unes qui furent pareillement du dixième; mais il
y en eut auffi beaucoup d'autres qui furent moindres, comme du cinquantième, du centième: on
ne laiffa pas de leur donner à toutes le nom de
décimes; de forte, par exemple, que la levée du
centième fut appellée la *décime-centième*, & ainfi
des autres; & pour diftinguer de celles-ci les *décimes* qui étoient réellement du dixième, on les
appelloit *décimes entières*. Il y eut auffi des *doubles
décimes* & des *demi-décimes*, c'eft-à-dire, qui fe levoient pendant deux années, ou pendant une de-
mi-année. Enfin ce nom de *décimes* eft demeuré à
toutes les levées ordinaires & extraordinaires qui
fe font fur le clergé, quoiqu'elles foient communément beaucoup au-deffous du dixième de leur
revenu.

Les croifades pour lefquelles on faifoit ces levées fur le clergé, n'avoient lieu d'abord que
contre les infidèles. On en fit enfuite contre les
hérétiques & contre les excommuniés; & ce fut
autant d'occafions pour lever des *décimes*.

Les papes en levoient auffi pour les guerres
qu'ils avoient perfonnellement contre quelques
princes chrétiens, qu'ils faifoient paffer pour ennemis de l'églife. Les fouverains qui partageoient ordinairement le profit de ces impofitions, confen-
toient qu'elles fuffent levées dans leurs états par
les officiers du pape. On voit par une lettre de
Philippe-Augufte aux églifes de Sens, datée de
l'an 1210 au mois de mars, qu'il accorda une
aide fur le clergé de France à Innocent III pour
la guerre que celui-ci avoit contre l'empereur
Othon IV. On ne peut pas dire à quoi montoit
cette aide; car le pape & le roi s'en remettoient à
la difcrétion du clergé.

Boniface VIII impofa en 1295 fur les églifes de
France une *décime-centième*, & voulut s'approprier
certains legs; il avoit même déjà commis deux
perfonnes pour en faire la perception, mais Philippe-le-Bel ne le voulut pas fouffrir; & le
pape ayant confenti que cet argent demeurât en
fequeftre, le roi défendit à ceux qui en étoient
dépofitaires d'en rien donner que par fes ordres.
On verra dans un moment la fuite qu'eut cette
affaire, en parlant des *décimes* levées par Philippe-
le-Bel.

Pendant que le faint fiége fut à Avignon, les

papes traitant de guerres faintes celles qu'ils avoient
contre leurs compétiteurs, tentèrent plufieurs fois
de lever des *décimes* en France, mais ce fut le
plus fouvent fans fuccès; ou s'ils en obtinrent quelqu'une, ce fut par la permiffion du roi.

Dans une pareille circonftance, Jean XXII
follicita long-temps Charles IV, dit le Bel, pour
obtenir de lui la permiffion de lever des *décimes*
en France. Ce prince, après l'avoir plufieurs
fois refufée, la lui accorda enfin en 1326; mais à
condition de partager par moitié le produit de ces
décimes.

L'anti-pape, Pierre de Lune, qui prit le nom
de Benoît XIII, accorda en 1399, du confentement du roi Charles VI, une *décime* fort lourde au
patriarche d'Alexandrie, pour le rembourfer des
dépenfes qu'il difoit avoir faites pour l'églife. Les
eccléfiaftiques s'y oppofèrent; mais les grands du
royaume, qui pendant la maladie de Charles VI,
avoient tout pouvoir, tinrent la main à cette
levée, dont on prétend qu'ils eurent la meilleure part.

Ce même Benoît XIII impofa en 1405 fur le
clergé de France, une *décime* pour l'union de l'é-
glife qui étoit alors agitée par un fchifme qui
dura près de 50 ans; mais le parlement de Paris
par un arrêt de 1406, défendit à tous les eccié-
fiaftiques & autres, de payer aucune fubvention
au pape, au moyen de quoi, cette *décime* ne fut
point levée.

Alexandre V fit auffi demander au roi par fon
légat en 1409, deux *décimes* fur le clergé pour
les néceffités du faint fiége; à quoi l'univerfité
s'oppofa au nom de toutes les églifes du royaume,
& la demande du légat fut rejettée.

La même chofe fut encore tentée par Jean XXIII
en 1410, & ce fut pour cette fois fans fuccès:
mais en 1411, il obtint, du confentement du roi,
des princes, des prélats, & de l'univerfité, un
demi-dixième payable moitié à la Madeleine, moitié à la Pentecôte fuivante.

Le concile de Bâle ordonna en 1433 la levée
d'un demi-dixième fur le clergé; & il y a lieu
de croire que cette levée fe fit dans toute la
chrétienté, vu que le concile travailloit pour toute
l'églife.

Calixte III obtint auffi en 1456 de Charles VII,
la permiffion de lever une *décime* fur le clergé de
France pour la guerre contre les Turcs; il écrivit
au roi le premier mai de la même année, pour
le remercier d'avoir permis cette levée. M. Patru,
en fon *Mémoire fur les décimes*, croit pourtant que
celle-ci n'eut pas lieu.

Mais on trouve une preuve du contraire dans
ce qui fe paffa par rapport à Pie II; car ce pape
ayant demandé en 1459 aux ambaffadeurs de Charles VII, qu'on lui accordât une nouvelle taxe fur
le clergé de France, les ambaffadeurs lui répondirent qu'ils n'avoient point de pouvoir, & que fon
prédéceffeur ayant obtenu depuis peu une pareille

levée, on ne lui en accorderoit pas une nouvelle ; & en effet, celle qu'il proposoit n'eut pas lieu.

On trouve encore qu'en 1469, Louis XI, à la recommandation du cardinal Ballue, permit au pape de lever en France une *décime* qui montoit à 127 mille livres ; & depuis ce temps, les *décimes papales* n'ont plus eu lieu en France.

Pour revenir aux *décimes royales*, on a déjà vu que les premières levées auxquelles on donna le nom de *décime*, furent faites sur tous les sujets du roi indiftinctement.

Pour ce qui eft des fubventions fournies par le clergé en particulier, quelques-unes furent appellées *aides* & non pas *décimes*, foit parce qu'elles n'étoient pas du dixième, ou plutôt parce qu'on ne donnoit alors le nom de *décimes* qu'aux levées qui fe faifoient pour les guerres faintes.

Toutes les *décimes* & autres fubventions payées par les eccléfiaftiques, foit pour les guerres faintes, foit pour les autres befoins de l'état, ont toujours été levées de l'autorité de nos rois, & jufqu'au règne de Charles IX, elles fe faifoient fans attendre le confentement du clergé. Il n'y avoit même point encore d'affemblées particulières du clergé, telles que celles qui fe font aujourd'hui pour traiter de fes contributions ; car les conciles & les fynodes ayant pour objet les matières de foi & de difcipline eccléfiaftique ; fi l'on y traitoit quelquefois du temporel de l'églife, ce n'étoit que par occafion ; ou fi le clergé s'affembloit quelquefois pour délibérer fur les fubventions qui lui étoient demandées, une ou deux affemblées confommoient l'affaire ; & ces affemblées n'avoient rien de fixe, ni pour le temps de leur féance, ni pour la forme.

Les premières *décimes* ayant été levées pour des croifades ou guerres faintes, les papes, pour étendre leur pouvoir, prirent de-là occafion de donner des bulles pour approuver ces fortes de levées, comme fi leur permiffion ou confentement eût été néceffaire ; ils avoient auffi quelquefois pour but d'obtenir une partie de ces *décimes*, ou la permiffion d'en lever quelque autre pour eux.

Nos rois permettoient la publication de ces bulles, tant par refpect & par déférence pour le faint fiege, que pour engager plus facilement les eccléfiaftiques à leur fournir les fubventions dont ils avoient befoin ; mais elles étoient toujours toutes levées de l'autorité du roi & par fes officiers ; il y eut même dès-lors plufieurs occafions où on en leva de la feule autorité du roi fans l'intervention d'aucune bulle des papes, ceux-ci ont eux-mêmes reconnu folemnellement que nos rois font en droit de faire de telles levées fur le clergé pour les befoins de l'état, fans la permiffion du faint fiege ; & depuis plus de deux fiècles il n'a paru en France aucune bulle des papes pour autorifer les *décimes* & autres fubventions, foit

ordinaires ou extraordinaires qui fe lèvent fur le clergé.

Quelques exemples de ce qui s'eft paffé à ce fujet fous chaque règne juftifieront ce que l'on vient d'avancer.

Nous reprendrons la fuite des faits à Philippe-Augufte, fous lequel il y eut quatre *décimes* levées en France.

La première fut la dixme faladine en 1188, qui fe leva, comme on l'a vu ci-devant, fur toutes fortes de perfonnes.

La feconde fut l'aide qu'il accorda en 1210 à Innocent III pour la guerre que ce pape avoit contre Othon IV.

Il y en eut une troifième à l'occafion d'un fecond voyage d'outremer, pour lequel le pape & le roi permirent de lever fur toutes fortes de perfonnes le vingtième de leurs biens. Baudouin, comte de Flandres, s'étant croifé avec plufieurs princes & feigneurs de tous les états chrétiens, au lieu d'aller à la terre fainte, s'étant par occafion arrêté à Conftantinople, prit cette ville, & fe rendit maître de l'empire d'Orient : Innocent III, pour faciliter cette expédition, fe taxa lui-même auffi-bien que les cardinaux, & ordonna que tous les eccléfiaftiques paieroient pendant trois ans le vingtième de tous leurs revenus ; il modéra depuis cette taxe au quarantième, du moins pour les églifes de France.

Honorius III, fon fucceffeur, dans une lettre par lui écrite aux archevêques du royaume en 1217 ou 1218, dit que pour la guerre d'outremer, il avoit, dès fon avènement au pontificat, ordonné la lévée d'un vingtième fur tous les biens du clergé de France & de tous les autres états de la chrétienté ; que le roi qui s'étoit croifé pour la guerre des Albigeois lui demandoit le vingtième qui devoit fe prendre fur les eccléfiaftiques de fon royaume ; & après avoir exprimé fon embarras, ne voulant ni éconduire le roi, ni détourner les deniers de leur deftination, il applique la moitié de ce vingtième pour la guerre d'outremer, & l'autre pour la guerre des Albigeois.

Enfin, il paroît par des lettres de Philippe-Augufte, de l'an 1214, qu'en faveur de la croifade entreprife par Jean, roi d'Angleterre, il y eut fous ce règne une quatrième *décime* ; que le roi avoit promis d'employer la quarantième partie de fes revenus d'une année ; que cela fe fit à la prière des croifés & de tout le clergé ; que perfonne ne devoit être exempt de cette contribution, mais que le roi, en s'engageant d'envoyer ce fecours, marqua que c'étoit *abfque confuetudine*, c'eft-à-dire, fans tirer à conféquence pour l'avenir.

Le règne de Louis VIII, qui ne fut pas de longue durée, ne nous offre qu'un feul exemple de levée faite fur le clergé en 1226, & qui fut probablement employée à la guerre des Albigeois.

Depuis ce temps, les befoins de l'état fe mulpliant, les levées sur le clergé devinrent aussi plus fréquentes.

Les mémoriaux de la chambre des comptes font mention que S. Louis s'étant croisé en 1245, le pape lui accorda en cette considération, premiérement les *décimes* de six années, & ensuite de trois autres années.

Innocent IV, dans une bulle de l'an 1252, dit qu'il avoit ci-devant accordé à ce prince pour sa délivrance deux *décimes entières*, c'est-à-dire, qui étoient réellement du dixième du revenu du clergé, au lieu que la plupart des *décimes* étoient beaucoup moindres; le pape ajoute que ces deux *décimes* n'étoient pas encore tout-à-fait payées, & il permet d'achever de les lever en la manière que le royaume avisera, à condition que ceux qui avoient payé les deux *décimes* ne paieroient rien sur ce nouvel ordre de levée, & que ceux qui paieroient sur ce nouvel ordre ne paieroient en des deux *décimes*.

Urbain IV accorda, du consentement de S. Louis, à Charles d'Anjou son frère, comte de Provence, & depuis roi de Naples, une autre *décime* pour la guerre contre Mainfroy qui avoit usurpé le royaume de Naples; c'est ce que l'on voit dans deux lettres écrites par Urbain IV à S. Louis, vers l'an 1263 ou 1264, dans lesquelles le pape prie le roi d'avancer à son frère l'argent qui devoit revenir de cette *décime*, qui ne pourroit être levée qu'avec beaucoup de temps, ce que l'état des affaires ne permettoit pas d'attendre.

Dans une autre lettre que ce même pape écrivit encore à S. Louis à-peu-près vers le même temps, on voit qu'Alexandre IV, son prédécesseur, avoir, du consentement du roi, imposé un centième sur le clergé pour la terre-sainte; en effet, le pape prie S. Louis d'aider au plutôt d'une partie de ce centième, Godefroi de Sarcenes qui soutenoit alors presque seul les affaires d'outremer.

Ainsi en moins de 20 ans, S. Louis tira du clergé treize *décimes* ou subventions.

Sous Philippe III, dit le Hardi, son fils & son successeur, il y en eut deux différentes.

L'une fut celle qu'il obtint de Grégoire X au concile de Lyon en 1274: elle étoit destinée pour la terre-sainte, & fut accordée pour six années: l'exécution en fut donnée au cardinal Simon, alors légat en France, qui fut depuis le pape Martin IV.

L'autre lui fut accordée en 1283 dans une célèbre assemblée d'états tenus à Paris, où le roi accepta pour son fils le royaume d'Arragon, & prit la croix des mains du cardinal Cholet, légat du pape.

Les longues guerres que Philippe-le-Bel eut à soutenir, tant contre Pierre d'Arragon que contre les Flamands, l'Angleterre & l'Empire, l'obligèrent de lever plusieurs *décimes*, tant sur le clergé que sur ses autres sujets. On en compte au moins 21

dans le cours de son règne, qui fut d'environ 28 années.

On voit dans l'histoire de Verdun que Martin IV accorda à ce prince une *décime* sur toutes les églises du diocèse de Verdun, & de plusieurs autres de l'Allemagne; & qu'Honorius IV en accorda la quatrième partie à l'empereur Rodolphe.

Nicolas IV en accorda une autre à Philippe-le-Bel en 1289 pour la guerre d'Arragon, & suivant le mémorial *Crux*, le roi prêta au pape le quart des deniers de cette *décime* qui n'avoit été accordée qu'à condition que le pape en auroit 200,000 liv.

Le même mémorial fait mention d'une autre *décime* de quatre ans qui fut accordée au roi pour les affaires d'Arragon & de Valence.

Ce même prince, pour subvenir, tant aux frais de la guerre contre les Anglois, qu'aux autres nécessités de l'état, fit en 1295 une imposition d'abord du centième, & ensuite du cinquantième sur tous les biens du royaume, tant du clergé que de ses autres sujets: ces impositions ne se percevoient pas seulement à proportion du revenu, mais du fonds des biens-meubles & immeubles, de sorte que le centième du fonds revenoit à-peu-près à la *décime* ou dixième du revenu, & le cinquantième à une double *décime*.

Boniface VIII voulut, de sa part, lever aussi pour lui une *décime*, mais Philippe-le-Bel s'y opposa, comme on l'a déjà observé en parlant des *décimes* papales: le ressentiment que le pape en conçut contre Philippe-le-Bel, fit qu'il chercha à le traverser dans la levée du centième & du cinquantième, du moins par rapport au clergé; ce fut dans cette vue qu'il donna en 1296 la fameuse bulle *clericis laicos*, par laquelle il défendoit aux ecclésiastiques de payer aucun subside aux princes sans l'autorité du saint siège, à peine d'excommunication dont l'absolution seroit réservée au pape seul. Cette bulle fit agiter pour la première fois, si les biens de l'église étoient tenus de contribuer aux charges de l'état. Edouard, roi d'Angleterre, irrité de ce que le clergé refusoit de lui accorder un subside dans la crainte de l'excommunication portée par la bulle *clericis laicos*, fit saisir tous les biens ecclésiastiques qui se trouvoient sur les fiefs laïques: la bulle n'excita pas moins de murmures en France.

Enfin en 1297, à la prière des prélats, le pape en donna une autre datée du dernier juillet, en explication de la précédente, par laquelle, après en avoir rappellé la teneur, il déclare que cette constitution ne s'étend point aux dons, prêts &. autres choses volontaires que les ecclésiastiques peuvent donner au roi, pourvu que ce soit sans aucune contrainte ni exaction: il excepte aussi les droits féodaux, censuels, & autres qui peuvent avoir été retenus dans la cession des biens ecclésiastiques, ou autres services dus, tant de droit que de coutume, au roi & à ses succeſſeurs, ainſi qu'aux comtes, barons, nobles, & autres ſeigneurs temporels.

Il ajoute que ſi le roi ou ſes ſucceſſeurs, pour la défenſe générale ou particulière du royaume, ſe trouvoient dans une néceſſité preſſante, la précédente bulle ne s'étend point à ce cas de néceſſité; mais que le roi & ſes ſucceſſeurs peuvent demander aux prélats & autres perſonnes eccléſiaſtiques, & recevoir d'eux, pour la défenſe du royaume, un ſubſide ou contribution, & que les prélats & autres perſonnes eccléſiaſtiques ſeront tenus de le donner au roi & à ſes ſucceſſeurs, ſoit par forme de quotité ou autrement, même ſans conſulter le ſaint ſiège, & nonobſtant toute exemption ou autre privilège, tel qu'il pût être. Si le roi & ſes ſucceſſeurs reçoivent quelque choſe au-delà de ce qui ſera néceſſaire, il en charge leur conſcience.

Enfin il déclare que par cette bulle, ni par la précédente, il n'a point eu intention de faire aucune diminution, changement, ni dérogation aux droits, libertés, franchiſes, ou coutumes, qui, au temps de la première bulle, ou même avant, appartenoient au roi & au royaume, aux ducs, comtes, barons, nobles, & autres ſeigneurs, ni d'impoſer aucunes nouvelles ſervitudes ni ſoumiſſions, mais de conſerver en leur entier ces mêmes droits, libertés, franchiſes & coutumes.

Les derniers termes de cette bulle méritent d'autant plus d'attention, que Boniface VIII y reconnoît formellement que l'uſage dans lequel eſt le roi de demander au clergé des ſubventions, n'eſt point un privilège, mais un droit attaché à la couronne, dont il peut uſer, même ſans conſulter le pape; droit dont nos rois ne ſe ſont jamais dépouillés, comme ont pu faire quelques autres ſouverains, qui ſe ſont ſoumis au décret du concile de Latran, tenu ſous le pape Innocent III.

Ainſi nos rois n'ont pas beſoin de s'aider de cette ſeconde bulle de Boniface VIII, ni d'une troiſième qu'il donna l'année ſuivante, par laquelle il étendit encore l'exception, au cas où les ſubventions ſeroient levées pour la rançon du roi, de la reine ou de leurs enfans; étant inconteſtable que nos rois, par le droit de leur couronne, & ſuivant les principes du droit naturel, ſont fondés à lever, comme ils ont toujours fait, ſur le clergé, de même que ſur leurs autres ſujets, des ſubventions, ſoit ordinaires, ſoit extraordinaires, toutes les fois que les beſoins de l'état le demandent.

Après la reconnoiſſance authentique, faite par Boniface VIII, que le roi pouvoit, ſans ſon conſentement, lever des ſubſides ſur le clergé de France, il lui accorda, dans la même année, des décimes, qui continuèrent juſqu'en 1300 ou environ.

Benoît XI, ſucceſſeur de Boniface VIII, accorda encore à Philippe-le-Bel trois années de décimes, ſavoir, depuis Noël 1304 juſqu'à Noël 1307.

Clément V ajouta d'abord deux années à cette concesſion, ce qui fit cinq années; & par une bulle du 6 février 1309, il lui accorda encore une année de décime.

Indépendamment de ces différentes décimes accordées par les papes à Philippe-le-Bel, il en leva encore une autre en 1303 pour la guerre de Flandres; c'étoit alors le fort des démêlés du roi avec Boniface VIII; auſſi cette décime fut-elle levée de l'autorité ſeule du roi, ſans le conſentement du pape: il avoit écrit des lettres circulaires à tous les évêques & archevêques de ſon royaume, pour qu'ils euſſent à ſe rendre à ſon armée de Flandres; & par d'autres lettres du 3 octobre de la même année, il ordonna que tous archevêques, évêques, abbés & autres prélats, doyens, chapitres, couvens, collèges, & tous autres gens d'égliſe, religieux & ſéculiers, exempts & non exempts, ducs, comtes, barons, dames, damoiſelles, & autres nobles du royaume, de quelque état & condition qu'ils fuſſent, ſeroient tenus de lui faire ſubvention & aide du leur pour la guerre pendant quatre mois; ſavoir, juin, juillet, août & ſeptembre lors prochains: que ceux qui auroient cinq cens livres de terre, fourniroient un homme d'armes, ou gentilhomme bien armé & monté; que celui qui auroit mille livres de terre, en fourniroit deux, & ainſi des autres à proportion.

Philippe-le-Bel demanda auſſi dans le même temps aux prélats & barons un ſubſide en argent, qui lui fut accordé.

Ce ſubſide en argent fut qualifié de décime, par rapport aux eccléſiaſtiques, comme il paroît par des lettres de Philippe-le-Bel, du 15 août 1303, adreſſées à l'évêque d'Amiens, portant ordonnance de faire lever une décime dans ſon diocèſe, comme elle ſe payoit dans les autres, pour ſubvenir aux dépenſes de la guerre de Flandres.

Il y eut auſſi une double décime, ou cinquième, impoſée par Philippe-le-Bel ſur tous ſes ſujets en 1305. Il paroît, par des lettres de ce prince, du 10 octobre, que, pour tenir lieu de ce cinquième, on lui offrit une certaine ſomme, & que ces offres ſont qualifiées de don gratuit; mais cette expreſſion ne concerne pas les eccléſiaſtiques en particulier, elle eſt également relative aux offres des ſujets laïques. Cette décime, levée de l'autorité ſeule du roi, ne doit point être confondue avec celle que Benoît XI lui accorda en 1304 juſqu'en 1307: on peut voir les raiſons qu'en donne M. Patru en ſon mémoire ſur les décimes.

Philippe-le-Bel leva encore d'autres décimes dans les années ſuivantes: en effet on trouve une commiſſion du 25 août 1313, adreſſée par ce prince au collecteur des décimes, qui ſe levoient alors dans le pays bordelois. Ordonn. de la troiſième race, tom. I, pag. 527.

M. Patru, loc. cit. a cru que, ſous Louis Hutin, il n'avoit été fait aucune levée de cette eſpèce: il paroît néanmoins qu'en 1315 on levoit encore des décimes pour le voyage d'outre-mer, ſuivant des lettres de ce prince, du 3 août de cette année ; par lesquelles il permet au collecteur des *décimes* qui étoient levées dans le diocèse de Reims, de créer des sergens & de les révoquer.

On en levoit encore fur tout le clergé en 1316, ainsi que l'obferve M. le préfident Hénault.

Philippe V, dit *le Long*, frère & fuccefleur de Louis Hutin, obtint dans la même année de Jean XXII la permiffion de lever aufli des *décimes* pour le paflage d'outre-mer ; mais celles-ci n'eurent pas lieu, le roi s'en étant déporté volontairement par des raifons d'état. La difficulté que firent les eccléfiaftiques de payer cette levée, ne fut pas fondée fur une exemption particulière pour eux ; car les hiftoriens de ce temps font mention que le peuple fe défendit aufli de payer certains impôts qu'on avoit voulu établir.

Jean XXII, voulant obtenir de Charles IV, dit *le Bel*, la permiffion de lever des *décimes* en France, lui accorda de fa part deux *décimes*, c'eft-à-dire, une levée proportionnelle au revenu des eccléfiaftiques, qui devoit fe faire pendant deux années confécutives.

La mort de Charles IV étant arrivée en 1328, avant que ces *décimes* fuffent entièrement levées, Jean XXII les confirma en faveur de Philippe VI, dit *de Valois*, fuccefleur de Charles-le-Bel ; il lui en accorda encore d'autres vers l'an 1335, à l'occafion de la croifade projettée par Philippe VI. Benoît XII lui accorda aufli en 1338 les *décimes* de deux années ; ce font fans doute ces dernières dont il eft parlé dans des lettres de ce prince du 5 novembre 1343, où il règle en quelle monnoie on devoit lui payer les *dixièmes* ; c'eft ainfi qu'il appelle les *décimes* que le pape lui avoit, dit-il, octroyées dernièrement pour la néceffité de fes guerres. Enfin Clément VI lui accorda encore en 1348 deux *décimes* pour les néceffités de l'état ; & dans une lettre que ce prince lui écrivit, il marque que les prélats & ceux qui compofent fon confeil, lui ont dit qu'il pouvoit lever des *décimes* pour les befoins de l'état. Il y a lieu de croire que celles qu'il avoit déjà levées précédemment, étoient aufli chacune pour plufieurs années, les hiftoriens difant de ce prince qu'il chargea exceffivement le clergé de *décimes*, pour fubvenir à la néceffité de fes affaires.

Il y eut pareillement plufieurs levées de *décimes*, fous le règne du roi Jean.

Il falloit qu'il y en eût déjà d'établies dès 1350 ; puifque, dans des lettres de ce prince, du dernier novembre de cette année, adreffées au prieur de S. Martin des Champs, il eft parlé des collecteurs & fous-collecteurs des *décimes* du pays de Languedoc.

Innocent VI lui accorda en 1353 les *décimes* de deux années. Ces levées font appellées *dixièmes*, dans des lettres du roi Jean, de même que dans celles de Philippe VI.

Les trois états aflemblés à Paris au mois de mars 1355, ayant octroyé au même prince une aide pour la guerre contre les Anglois, il donna dans le même temps fon ordonnance, portant que les gens d'églife paieroient cette aide felon la valeur de leurs revenus, fauf que l'on n'eftimeroit point leurs biens meubles ; que les revenus de leurs bénéfices feroient prifés felon le taux du dixième ; que s'ils avoient rentes ou revenus de patrimoine ou autres que d'églife, on en eftimeroit la jufte valeur comme pour les autres perfonnes ; que l'on auroit égard à la valeur de leurs revenus jufqu'à cinq mille livres, &, non plus ; que pour le premier cent ils paieroient quatre livres, & pour chaque autre cent 40 fols.

Que l'aide feroit payée de même par toutes fortes de religieux, hofpitaliers ou autres quelconques, excepté les mendians ; fauf que les religieux cloîtrés ne paieroient rien, mais feulement que les chefs des églifes paieroient, ainfi que ceux qui avoient rentes, revenus, ou qui auroient office ou adminiftration.

Enfin que toutes perfonnes d'églife paieroient ce fubfide, & ne s'en pourroient exempter, pour quelque privilège que ce fût, de même qu'on payoit les dixièmes ; que l'aide feroit ainfi payée par les religieux & nonnains qui auroient du moins dix livres de rente, & que ceux dont le revenu feroit au-deflous, ne paieroient rien.

L'inftruction qui fut envoyée pour la perception de cette aide, marque, par rapport aux gens d'églife, que toutes perfonnes de cette qualité, exemptes & non exemptes, hofpitaliers & autres quelconques ayant temporalité, paieroient pour cette année aux termes ordonnés un dixième & demi de leurs revenus, felon le taux auquel leurs bénéfices étoient taxés au dixième ; & pour les bénéfices non taxés, qu'ils paieroient de même fuivant l'eftimation, & que les gens d'églife qui auroient des rentes à vie, à volonté, ou à héritage, paieroient pareillement une dixième & demie pour cette année.

Une partie des habitans du Limoufin & des pays voifins, ayant pareillement octroyé au roi Jean une aide pour les délivrer des ennemis qui étoient dans leur pays, le roi fit, à ce fujet, une ordonnance au mois de juillet 1355, portant entre autres chofes, que les gens d'églife avoient avifé que tout homme d'églife paieroit pour cette aide, une fois, telle fomme qu'il avoit coutume de payer pour une année, à caufe du dixième, & il eft dit que c'étoit *libéralement & pour charité en aumofne, fans compulfion, & de leur bon gré* ; ce qui annonce bien que les eccléfiaftiques payoient, fans que l'on fût obligé d'ufer contre eux de contrainte ; mais il ne s'enfuit pas de-là qu'ils ne fuffent pas obligés de payer.

Le roi Jean fit encore une autre ordonnance au mois de mai 1356, en conféquence d'une aflemblée des états, pour l'établiflement de deux fubfides, qui devoient être payés confécutivement : elle porte que ces deux fubfides feront payés par toutes fortes de perfonnes, gens d'églife & autres, *excepté*

excepté les gens d'église payant dixième : il paroît par là que l'on qualifioit de *dixièmes* ou *décimes* les levées qui étoient faites sur le clergé, du confentement du pape ; au lieu que les levées qui étoient faites, de l'autorité feule du roi, tant fur le clergé que fur le refte du peuple, étoient feulement qualifiées d'*aides* ou *fubfides*, lorfqu'elles n'étoient pas employées à des guerres faintes.

Il y eut plufieurs de ces aides levées fur le clergé pendant la captivité du roi Jean.

Le dauphin Charles, régent du royaume, fit une ordonnance à Compiegne le 3 mai 1358, en conféquence d'une affemblée des trois états du royaume de France de la Languedoil, portant établiffement d'une aide pour la délivrance du roi & la défenfe du royaume ; au moyen de quoi toutes autres aides, impofitions, dixièmes, & autres octroyés au roi ou au dauphin pour le fait de la guerre, devoient ceffer, excepté ce qui pouvoit être dû des dixièmes octroyés par le pape fur les prélats & autres gens d'église, avant l'affemblée de Paris faite au mois de février 1356, qui fe leveroit par les ordinaires, felon la forme des bulles fur ce faites.

Il eft dit, par la même ordonnance, que les gens d'église exempts & non exempts, hofpitaliers, & autres, de quelque état, condition ou religion qu'ils fuffent, avoient octroyé au roi un plein & entier dixième de tous leurs bénéfices taxés ; que quant aux bénéfices non taxés, les ordinaires y pourvoiroient de fubfide convenable, & le feroient lever *par leur main*, excepté toutefois les hofpitaliers, qui paieroient le dixième entier de toutes leurs poffeffions & revenus, encore qu'ils ne fuffent pas taxés.

Les trois états d'Artois, du Boulonnois & du comté de Saint-Pol, octroyèrent auffi en 1362 une aide pour la délivrance du roi Jean & de fes otages : ils accordèrent encore une autre pour la même caufe en 1365. Les eccléfiaftiques payoient ces aides de même que les précédentes ; en effet, Charles V, par une ordonnance du 27 août 1365, leur accorda le privilège de ne pouvoir être contraints au paiement de leur contingent *que par les bras de l'église* ; mais il met cette reftriction, *à moins qu'il n'y eût négligence notable de la part des bras de l'église* ; auquel cas il fe réferve d'y pourvoir de remède convenable, avec le moins de dommage que faire fe pourra.

Les privilèges que Philippe le Bel avoit accordés en 1304 à l'évêque de Mende & aux eccléfiaftiques de ce diocèfe, & qui furent confirmés par Charles V, au mois de juillet 1373, contiennent, entre autres difpofitions, que pendant le temps que l'évêque de Mende & les eccléfiaftiques de fon diocèfe paieront les *décimes* & fubventions qu'ils ont accordées au roi, ils ne paieront point les autres *décimes* que le pape pourra lui octroyer ; ce qui fournit une nouvelle preuve

que nos rois levoient des *décimes* & autres fubventions fans le confentement du pape.

Clément VII, qui fiégeoit à Avignon, accorda en 1382 des *décimes* à Louis, duc d'Anjou, qui étoit régent du royaume, à caufe du bas âge du roi Charles VI fon neveu ; ces *décimes* furent employées à la guerre que le régent entreprit pour conquérir le royaume de Naples.

Il accorda encore en 1392 à ce même duc d'Anjou, qu'il venoit de couronner roi de Naples, une autre *décime* fur le clergé de France ; ce qui fut fait du confentement de Charles VI. L'univerfité de Paris s'y oppofa vainement ; cette *décime* fut levée.

Le duc d'Orléans & le duc de Bourgogne, qui eurent fucceffivement le gouvernement du royaume, tentèrent en 1402 de faire une levée fur le clergé, de même que fur les autres fujets du roi ; mais l'archevêque de Reims & plufieurs autres prélats s'y étant oppofés, celle-ci n'eut pas lieu à l'égard du clergé.

Quelques auteurs difent que, du temps de Charles VI, le clergé divifa fes revenus en trois parts, une pour l'entretien des églifes & bâtimens, l'autre pour les eccléfiaftiques, & la troifième pour aider le roi dans fes guerres contre les Anglois : mais les chofes changèrent par rapport aux Anglois, au moyen de la trève faite avec eux en 1383 ; & depuis ce temps ils devinrent fi puiffans en France, qu'en 1421 les états du royaume accordèrent à Charles VI & à Henri V, roi d'Angleterre, qui prenoit la qualité d'héritier & de régent du royaume, attendu la maladie de Charles VI, une taille de marcs d'argent, tant fur les eccléfiaftiques, que fur les nobles, bourgeois, & autres perfonnes aifées : cette taille fut impofée par les commiffaires des deux rois.

Le duc de Bethford, régent du royaume pour le roi d'Angleterre, voulut en 1428 prendre les biens donnés à l'église depuis 40 ans ; mais le clergé s'y oppofa fi fortement, que le duc changea de deffein.

Aux états affemblés à Tours en 1468, le clergé promit à Louis XI de le fecourir de prières & oraifons, & de *fon temporel*, pour la guerre de Bretagne, laquelle n'eut pas de fuite ; ce qui fait croire à quelques-uns que les offres du clergé n'eurent pas d'effet ; mais ce qui peut faire penfer le contraire, eft que le roi accorda l'année fuivante au pape une *décime*, comme nous l'avons dit, en parlant des *décimes papales*.

On publia, fous Louis XII, en 1501, une croifade contre les Turcs, qui faifoient la guerre aux Vénitiens, & on leva à cette occafion une *décime* fur le clergé de France.

Jufqu'ici les *décimes* n'étoient point encore ordinaires ; les fubventions que le clergé payoit dans les befoins extraordinaires de l'état, étoient qualifiées tantôt de *dixme* ou *décime*, & tantôt d'*aide* ou *fubfide*, de *dixième*, *centième*, *cinquantième*, *taille*, &c.

Les assemblées du clergé, par rapport à ces contributions, étoient peu fréquentes, & n'avoient point de forme certaine ni de temps préfix; mais en 1516 les choses changèrent de face; la négociation du concordat passé entre Léon X & François I donna lieu à une bulle du 16 mai 1516, par laquelle, sous prétexte que le Turc menaçoit la chrétienté, le pape permit au roi la levée d'une *décime* sur le clergé de France; le motif exprimé dans la bulle est que le roi avoit dessein de passer en Orient; mais ce motif n'étoit qu'un prétexte, François I ne pensant guère à passer les mers. On fit, à cette occasion, un département, ou répartition de cette *décime* par chaque diocèse sur tous les bénéfices; & ce département est souvent cité, ayant été suivi, du moins en partie, dans des assemblées du clergé; il y a cependant eu depuis un autre département en 1641, qui fut rectifié en 1646.

On tient communément que c'est depuis ce temps que les *décimes* sont devenues annuelles & ordinaires; il paroît cependant qu'elles ne l'étoient point encore en 1557, puisque Henri II, en créant alors des receveurs des deniers extraordinaires & casuels, leur donna pouvoir, entre autres choses, de recevoir les dons gratuits & charitatifs équipollens à *décimes*.

Ce qui est de certain, c'est que la taxe imposée en 1516 sur tous les bénéfices, fut réitérée plusieurs fois, sous le titre de *don gratuit* & de *charitatif équipollent à décime*.

Les lettres-patentes de François I, du 24 septembre 1523, font mention que le roi avoit demandé depuis une un subside de 1200000 livres tournois à tous archevêques, évêques, prélats & autres gens ecclésiastiques, pour la solde des troupes levées pour la défense du royaume: on trouve même dans ces lettres qu'il y avoit eu une imposition dès 1518, & il ne paroît point qu'il y eût aucun consentement du pape.

En 1527, lorsqu'il fut question des affaires d'Espagne pour le traité de Madrid, en l'assemblée du parlement où étoient le chancelier & les députés de six parlemens, la cour, du consentement, vouloir & opinion des présidens & conseillers des autres parlemens, & d'un commun accord, ordonna que la réponse seroit faite au roi, qu'il pouvoit saintement & justement lever sur ses sujets, savoir, l'église, la noblesse, peuple, exempts & non exempts, deux millions d'or pour la délivrance de ses enfans (qui étoient restés prisonniers), & pour le fait de la guerre contre l'Empire.

Au lit de justice tenu le 20 décembre de la même année, où étoient plusieurs évêques, le cardinal de Bourbon dit que l'église pourroit donner & faire présent au roi de 130000 livres.

Le premier président répliqua qu'il n'étoit homme qui n'eût dit que le roi devoit lever les deux millions d'or sur l'église, la noblesse, &c. Il voulut traiter si les gens d'église pouvoient être contraints de contribuer; mais le cardinal de Bourbon craignit l'examen d'une prétention que le clergé avoit toujours cherché à éviter par des offres: *le cardinal*, dit le registre, *lui a clos la bouche, vu l'offre qu'il a fait, & de traiter & entretenir l'église en sa liberté, & ses prérogatives, prééminences & franchises,* disant que le roi le devoit faire, *mais qu'ils peuvent & doivent raisonnablement contribuer pour le cas qui s'offre, sans se conseiller, ni attendre le consentement du pape.*

Il y eut là-dessus deux avis: l'un de demander en particulier aux évêques & prélats ce qu'ils voudroient donner de leur chef, & de les exhorter d'assembler ensuite leur clergé pour imposer sur eux ce qu'ils pouvoient raisonnablement porter; l'avis le plus nombreux fut que l'église & la noblesse devoient contribuer, & n'en devoient point être exempts; combien, est-il dit, qu'ils soient francs; que la portion du clergé devoit se lever par *décimes* pour accélérer; qu'il convenoit que le roi choisît cinq ou six archevêques & évêques, autant de princes & nobles, & autant des cours souveraines, pour faire la distribution, assiète & départ de l'imposition, & ensuite dépêcher des mandemens aux archevêques, évêques & autres prélats, pour faire lever sur eux & sur leur clergé les sommes qui leur seroient imposées, pourquoi le roi leur donnera main-forte.

La guerre qui se préparoit contre la France en 1534, obligea encore François I de s'aider du revenu temporel de l'église: il témoigne, à la vérité, par ses lettres-patentes du 12 février, que c'est à son très-grand regret; mais il marque en même temps le danger qui menaçoit le royaume, & le service auquel seroient tenus les propriétaires des fiefs, s'ils étoient hors les mains des ecclésiastiques; & par ce motif il enjoint à tous les officiers royaux de faire saisir pour cette fois seulement, & sans tirer à conséquence, le tiers du temporel des chapitres, collèges & communautés, & la moitié de celui des archevêques, évêques, abbés, prieurs, & de leurs couvens.

Les ecclésiastiques n'eurent main-levée de cette saisie qu'en offrant, suivant leur usage, trois *décimes*, payables moitié à la Toussaints, & moitié à Noël; & le roi, par une déclaration du 28 juillet 1535, en exempta les conseillers-clercs du parlement.

Il est vrai que cette déclaration & une autre du 19 août suivant, en faveur du commis au greffe civil du parlement, qualifient ces trois *décimes* de *don gratuit & charitatif équipollent à trois décimes* accordées par le clergé: mais François I se mettoit peu en peine de ces qualifications, pourvu qu'il eût ce qu'il demandoit; & l'adresse de ces deux déclarations qui est faite à la chambre des comptes ou autres commissaires, commis & députés par le roi pour ouïr les comptes du don gratuit, fait assez sentir que l'imposition se levoit par autorité du roi.

On continua de lever des *décimes* jusqu'au décès de François I, comme il paroît par trois déclarations des 7 décembre 1542, février 1543, & 19 mai 1547, dont la première ordonne que les *décimes* des gens d'église & autres deniers extraordinaires seront portés ou envoyés aux recettes générales des finances par les receveurs de ces deniers, aux dépens des gens d'église ; la seconde attribue la connoissance des comptes des *décimes* à la chambre des comptes, ce qui prouve de plus en plus que ces impositions étoient faites de l'autorité du roi ; & la troisième donnée par Henri II fait mention des *décimes* levées en l'année précédente qui étoit 1546.

Les *décimes* subsistèrent pareillement sous Henri II, puisque, par la déclaration dont on vient de parler, du 19 mai 1547, il en exempte les conseillers-clercs du parlement de Paris, & que par une déclaration du 15 février de la même année, il en exempte de même les conseillers-clercs du parlement de Rouen.

La déclaration du 19 septembre 1547, contient un réglement pour les *décimes* du diocèse de Bourges ; & celle du 21 avril 1550 contient un semblable réglement pour le diocèse de S. Brieux.

Lors du lit de justice tenu par Henri II, le 22 février 1551, ce prince ayant exposé la nouvelle guerre qu'il étoit prêt d'avoir, le cardinal de Bourbon dit, en s'adressant au roi, qu'oyant les grandes offres que lui faisoit la noblesse de sa vie & de ses biens . . . que le clergé avoit deux choses, l'une l'oraison & prière, & que la seconde étoient les biens temporels dont le roi & ses prédécesseurs les avoient si libéralement départis ; que la veille ils s'étoient assemblés jusqu'à six cardinaux & environ trente archevêques & évêques, qui tous, d'un commun accord, avoient arrêté de donner au roi si grande part en leurs biens, qu'il auroit matière de contentement, assurant S. M. que si les corps n'étoient voués à Dieu & à la religion, ils ne lui en feroient moindres offres que la noblesse.

Les déclarations des 6 & 20 janvier 1552, contiennent des réglemens pour la perception des *décimes* dans les diocèses de Chartres & d'Evreux, ce qui suppose que dans le même temps on en levoit aussi dans les autres diocèses.

Le clergé accorda encore à Henri II en 1557 six cens mille écus ; le roi, de son côté, par un édit du mois de juin, créa un office de receveur pour le roi de toutes les impositions extraordinaires, y compris les dons gratuits des ecclésiastiques ; &, par ses déclarations des 8 décembre, 3 & 4 janvier 1558, il exempta les conseillers au parlement & quelques autres personnes, des *décimes*, dons, octrois charitatifs équipollens *à icelles* à lui accordés, & qu'il avoit ordonné être levés sur le clergé de son royaume pour cette année (1558).

C'est ainsi que les *décimes* furent levées jusqu'en 1561, sans qu'il y eût aucune assemblée fixe du clergé, ni aucun contrat passé à ce sujet avec le roi ;

& l'on voit, par l'analyse qui a été faite des différens réglemens intervenus sur cette matière, que l'on confondoit alors avec les *décimes*, les dons gratuits ou dons charitatifs, que l'on qualifioit d'*équipollens à décimes*.

Ce ne fut que depuis le contrat de Poissy, en 1561, que ces deux objets commencèrent à être distingués.

Les prélats, qui étoient alors assemblés à Poissy pour le fameux colloque qui se tint avec les ministres de la religion prétendue réformée, firent, au nom de tout le clergé de France, un contrat avec le roi, qu'on a appelé *le contrat de Poissy*, par lequel ils s'engagèrent à payer au roi 1600000 livres par an pendant six années, & de racheter dans dix ans 630 mille livres de rente au principal de sept millions cinq cens soixante mille livres dont l'hôtel-de-ville de Paris étoit chargé envers divers particuliers qui avoient prêté de l'argent au roi : c'est-là l'origine des rentes sur le clergé, qui ont depuis été augmentées, au moyen des divers contrats passés entre le roi & le clergé. Nous n'entrerons point ici dans le détail de ces rentes, qui sera mieux placé au mot RENTES.

Le clergé ayant été obligé de s'assembler plusieurs fois, tant pour l'exécution du contrat de Poissy, que par rapport aux nouvelles subventions qui lui furent demandées, dans l'intervalle de l'exécution du contrat de Poissy ; ses assemblées devinrent depuis ce temps plus fréquentes, sans néanmoins qu'il y eût encore rien de fixé pour le temps de leur tenue.

Ce ne fut qu'au commencement du siècle dernier qu'il fut réglé que les assemblées générales, qui se tiennent pour renouveller le contrat de Poissy, se feroient tous les dix ans, d'où on appelle *décennales* : les assemblées qui se font pour régler les comptes, se tenoient d'abord tous les deux ans, ensuite on les a fixé de cinq ans en cinq ans.

Dans l'assemblée du clergé tenue à Melun en 1579, où fut établie la forme d'administration qui subsiste encore présentement, le clergé prétendit avoir rempli tous les engagemens qu'il avoit pris par le contrat de Poissy, & que ses députés n'avoient pu l'engager au-delà par des actes postérieurs.

Cependant au mois de février 1680, il fut passé un nouveau contrat avec le roi, par lequel le clergé s'obligea de payer pendant six ans 1300000 livres pour satisfaire au paiement de 1206322 livres de rentes dues sur les hôtels-de-ville de Paris & de Toulouse, & le surplus être employé au rachat de partie de ces rentes.

Le terme pris par le contrat de Poissy & par celui de 1580, qui étoit en tout de seize années, étant expiré, il fut renouvellé à Paris par le clergé le 3 juin 1586 pour dix années, & depuis ce temps il a toujours été renouvellé de dix ans en dix ans.

Ces contrats ne diffèrent les uns des autres, qu'en ce que les rentes dont le clergé est chargé, ont augmenté ou diminué, selon les divers engagemens pris par le clergé avec le roi : elles ne montoient, suivant le contrat de Poissy qu'à 630000 livres ; elles furent depuis augmentées jusqu'à 1300000 livres par différens contrats passés par les députés du clergé, lequel protesta contre cette augmentation de charges, prétendant que les députés avoient excédé leur pouvoir. Néanmoins, par le contrat de 1586, le clergé s'est obligé à la continuation de ces rentes ; & ce contrat a depuis été renouvellé tous les dix ans, excepté que par le contrat de 1636 & autres contrats postérieurs, les rentes furent réduites à 1296961 livres, à cause de deux parties remboursées par les diocèses de Bourges & de Limoges. Elles montent présentement à une somme très-considérable, malgré les remboursemens annuels faits par le clergé.

Ces rentes dont le clergé est chargé forment ce que l'on appelle *les anciennes décimes* ou *les décimes du contrat*, c'est-à-dire, qui dérivent du contrat de Poissy.

Les *décimes* extraordinaires, selon l'usage présent, sont de deux sortes ; les unes qui sont aussi des impositions annuelles, de même que les *décimes* ordinaires, mais qui ont une origine différente ; les autres sont les dons gratuits que le clergé paie au roi tous les cinq ans, & autres subventions extraordinaires qu'il paie de temps en temps, selon les besoins de l'état.

Le contrat que le clergé passe avec le roi pour les anciennes *décimes* ou rentes qu'il s'est obligé de payer, se renouvelle, comme nous l'avons observé, tous les dix ans, & les autres subventions ou *décimes* extraordinaires sont accordées & réglées par un contrat séparé qui se passe tous les cinq ans, & quelquefois plus souvent. Nous expliquerons plus particulièrement ce qui concerne ces *décimes* extraordinaires, aux mots DON *gratuit*, & SUBVENTION. *Voyez* ASSEMBLÉE *du clergé*.

Ce que le clergé en corps paie au roi pour les anciennes *décimes* ou *décimes* ordinaires, est imposé sur tous les membres du clergé, tant du premier que du second ordre, chacun selon le revenu de leurs bénéfices.

Les *décimes* extraordinaires se paient quelquefois de même au roi par voie d'imposition : quelquefois pour en accélérer le paiement, le clergé fait un emprunt à constitution de rente ; & en ce cas les sommes nécessaires, tant pour payer les arrérages de ces rentes que pour faire le remboursement & fournir aux frais d'administration, sont levées sous le nom de *décimes* & autres subventions, par contribution sur tous les membres du clergé en la forme qu'on l'a déjà dit.

L'imposition des *décimes* & autres subventions, tant ordinaires qu'extraordinaires, ne peut être faite sur les membres du clergé, qu'en vertu de lettres-patentes duement enregistrées.

Le rôle des aides, dixièmes, *décimes*, & autres impositions sur le clergé, se faisoit autrefois par des élus, de même que l'assiette des tailles. L'ordonnance de Charles VI du 7 janvier 1400, dit qu'il n'y aura à Paris sur le fait des aides que trois élus, & un sur le fait du clergé, lesquels auront les gages accoutumés sans aucun don ; que dans chaque ville du royaume & autres lieux où il y a siège d'élus, il n'y aura dorénavant que deux élus au plus avec celui du clergé, ès lieux où il y a coutume d'y en avoir un, avec un receveur ; que ces élus & receveurs seront pris entre les bons bourgeois, par l'ordonnance des généraux des aides & par le conseil de la chambre des comptes.

La répartition des *décimes* & autres impositions se fait sur chaque diocèse dans l'assemblée générale du clergé ; & la répartition sur chaque bénéficier du diocèse se fait par le bureau diocésain ou chambre des *décimes*, qui est composée de l'évêque, du syndic, & des députés des chapitres, de ceux des curés & des monastères. Ces bureaux diocésains ont été établis par lettres-patentes, suivant les conventions du contrat de 1615.

Chaque diocèse en général & chaque bénéficier en particulier, est imposé suivant la proportion du département de 1516, excepté pour ceux qui depuis trente ans, ont été cotisés sur un autre pied, ou lorsqu'il y a eu des jugemens ou transactions qui en ont disposé autrement.

Les bénéfices qui avoient été omis dans le département de 1516, ou qui ont été établis depuis, sont taxés en vertu d'un édit de 1606, & les nouveaux monastères en vertu d'un édit de 1635. Ce qui est imposé en vertu de ces réglemens doit être à la décharge des curés les plus chargés. A l'égard des bénéfices qui se trouvent annexés à d'autres bénéfices ou à des communautés, ils sont taxés au chef-lieu, même pour ceux situés dans des provinces qui ne sont pas du clergé de France, ni sujettes aux *décimes* ; à moins que ces bénéfices ne soient employés & taxés séparément au rôle des *décimes* ordinaires, suivant le département de 1641, rectifié en 1646.

Les hôpitaux, les maladreries, les fabriques, les communautés de mendians, & quelques autres communautés de nouvelle fondation, ne sont point compris dans les rôles des *décimes* ordinaires ; mais ils sont quelquefois compris dans les rôles des subventions extraordinaires, suivant ce qui est porté dans les contrats faits avec le roi.

Léon X exempta aussi des *décimes* l'ordre de Saint-Jean de Jérusalem qui résidoit alors à Rhodes ; mais depuis que les *décimes* sont devenues ordinaires, on les y a compris ; sur quoi il y a une transaction en 1686, qu'on appelle *la composition des Rhodiens*.

Le clergé exempte quelquefois des *décimes* les ecclésiastiques qui sont fils de chanceliers de France ou de miniftres d'état; mais c'eft toujours avec la claufe que cela ne tirera point à conféquence.

Les *décimes* ont lieu dans toutes les provinces du royaume, même dans celles qui ont été réunies à la couronne depuis le département de 1516, excepté dans les évêchés de Metz, Toul, Verdun, & leurs dépendances, l'Artois, la Flandres françoife, la Franche - Comté, l'Alface, & le Rouffillon.

Entre les pays qui ne font pas fujets aux *décimes*, il y en a quelques - uns où les eccléfiaftiques fe prétendent exempts de toute impofition, d'autres où ils paient quelques droits : en Artois, par exemple, l'impofition fur les fonds eft de du centième, qui fut établi par les Efpagnols en 1569. Dans les befoins extraordinaires de l'état on double & on triple ce droit. Les eccléfiaftiques féculiers & réguliers le paient comme les laïques, excepté qu'ils ne paient jamais qu'un centième par an.

Dans le Hainaut, les eccléfiaftiques font fujets à tous les droits qu'on lève fur les fonds, fur les beftiaux & denrées.

A Lille, le clergé & la nobleffe accordent ordinairement au roi le vingtième & demi des biens qu'ils font valoir par leurs mains.

Il y a quelques provinces du nombre de celles où les *décimes* ont lieu, qui font abonnées avec le clergé à une certaine fomme, tant pour les *décimes* ordinaires que pour les fubventions extraordinaires; ce font des arrangemens qui ne concernent que le clergé.

Les curés à portion congrue ne pouvoient, fuivant la déclaration de 1690, être taxés qu'à 50 livres de *décimes*, ils pouvoient être augmentés pour les autres fubventions à proportion. Mais fuivant le contrat paffé avec le clergé le 27 mai 1742, ils ne peuvent être taxés que jufqu'à 60 livres par an, pour toutes impofitions généralement quelconques faites en vertu des précédentes délibérations, à moins que les curés ou vicaires perpétuels n'aient des cafuels confidérables, novales ou vertes dixmes; auquel cas ils peuvent être augmentés felon la prudence & confcience des archevêques, évêques & députés des bureaux diocéfains, fans aucun recours contre les gros décimateurs.

On peut demander au bénéficier trente années de *décimes* ordinaires & extraordinaires, lorfqu'elles font échues de fon temps; fes héritiers en font pareillement tenus : mais s'il y a trois quitances confécutives, les années antérieures font cenfées payées, à moins qu'il n'y eût quelques pourfuites faites à ce fujet.

Les fucceffeurs au bénéfice peuvent être contraints de payer trois années de *décimes*, tant ordinaires qu'extraordinaires, échues avant leur prife de poffeffion, fauf leur recours contre l'ancien titulaire ou fes héritiers; mais on n'en peut demander que deux au pourvu *per obitum*.

Les *décimes* font payables en deux termes, février & octobre; & faute de payer à l'échéance, l'intérêt des fommes eft dû par le contribuable au denier feize, à compter du jour du terme, d'autant que le receveur particulier eft lui-même obligé, en cas de délai, de payer de même les intérêts au receveur général du clergé.

La répartition des *décimes* ou fubventions extraordinaires fe fait fur les diocèfes & bénéficiers, felon le département fait en l'affemblée tenue à Mantes en 1641.

Ceux qui ont des penfions fur bénéfices, font tenus de contribuer aux fubventions extraordinaires fur le pied qui eft réglé par l'affemblée générale, ce qui a changé plufieurs fois. Aucun concordat ne peut difpenfer de cette contribution, excepté pour les curés qui ont réfigné au bout de quinze années, ou à caufe de quelque infirmité notable.

Les faifies pour *décimes* font privilégiées; & dans la diftribution des deniers le receveur des *décimes* eft préféré à tous oppofans & faififfans, excepté pour ce qui concerne le fervice divin.

Pour ce qui eft des perfonnes prépofées à la levée des *décimes* ordinaires ou extraordinaires, la recette des *décimes* papales, dans le temps que nos rois les permettoient, fe faifoit par des perfonnes commifes par le pape.

A l'égard des *décimes*, aides ou fubfides que nos rois ont en divers temps levés fur le clergé, la recette s'en faifoit anciennement par des collecteurs & fous - collecteurs des *décimes*, qui n'étoient pas des officiers en titre, mais des perfonnes prépofées par le roi; ils avoient auffi le pouvoir d'établir des fergens pour contraindre les redevables: ils ont encore la faculté d'en établir & de les révoquer.

Nos rois permettoient quelquefois aux évêques de faire eux - mêmes la répartition & levée des aides, *décimes*, ou autres fubventions dans leur diocèfe; on en trouve des exemples fréquens fous Philippe - le - Bel & fous le roi Jean. Ce dernier autorifa les ordinaires à faire lever *par leur main* un fubfide convenable fur les bénéfices non taxés; & l'on a déjà vu qu'en 1365 il accorda aux eccléfiaftiques le privilège de ne pouvoir être contraints au paiement de leur contingent que par *les bras de l'églife*, mais avec réferve d'y pourvoir, s'il y avoit négligence de la part de l'églife.

Les eccléfiaftiques ne jouirent pas toujours de ce privilège, puifque la taille de marcs d'argent accordée par les trois états à Charles VI & à Henri V, roi d'Angleterre, fut impofée, comme on l'a vu ci - devant, par les commiffaires des deux rois.

Les receveurs des *décimes* & autres fubventions, prépofés par le roi, n'étoient que par commiffion, jufqu'au temps de Henri II, lequel par édit du mois de juin 1557, créa dans chaque ville principale des archevêchés & évêchés du royaume, un receveur en titre d'office des deniers extraordinaires & cafuels, & notamment des dons gratuits & charitatifs équipollens à *décimes*; & par les lettres de jussion données pour l'enregistrement, il les qualifia de *receveurs des décimes*. Il leur attribua pour tous gages & droits un sou pour livre, qui seroit levé sur les ecclésiastiques outre le principal des *décimes*. Présentement les receveurs diocésains n'ont que trois deniers pour livre de leur recette, quand l'imposition des *décimes extraordinaires* est à long terme, & six deniers pour livre quand l'imposition se paie en deux ou trois ans ou environ.

Ces officiers furent supprimés au mois de mars 1559, ensuite rétablis par édit de janvier 1572; puis de nouveau supprimés, sur les instances du clergé, lequel les remboursa suivant la permission que le roi lui en avoit donnée, ainsi que cela est énoncé dans un édit du 14 juin 1573, par lequel Charles IX créa de nouveau dans chaque diocèse des receveurs des *décimes*, dont il laissa la nomination aux évêques, & permit au clergé de chaque diocèse d'acquérir ces charges, pour les faire exercer par les particuliers que ce même clergé nommeroit, & de rembourser quand il le jugeroit à propos, ceux qui s'en seroient fait pourvoir.

On créa aussi par édit du mois de février 1588, un receveur particulier des *décimes*, alternatif; & par un autre édit du mois de juin 1628, on en créa un triennal.

Tous ces receveurs particuliers furent supprimés par arrêt du conseil du 26 octobre 1719, & mis en commission jusqu'en 1723, que l'on a rétabli un receveur diocésain en titre d'office.

Ces receveurs, lorsqu'ils sont en titre, ont des provisions; ils donnent caution devant les trésoriers de France; ils sont exempts du marc d'or, du quart-denier de la confirmation d'hérédité, des recherches de la chambre de justice, des taxes sur les officiers de finance, de taille, & de logement de gens de guerre. Ils sont vraiment officiers royaux : on les regarde cependant communément comme des officiers du clergé, parce qu'en créant ces charges on a donné au clergé la faculté de les rembourser, auquel cas le clergé en peut commettre d'autres en titre ou commission.

Il y a eu aussi des contrôleurs anciens, alternatifs, triennaux des *décimes* dans chaque diocèse, qui ont été créés & supprimés en même temps que les receveurs particuliers, alternatifs & triennaux.

Outre les receveurs particuliers, Henri III par édit du 15 juillet 1581, créa des receveurs provinciaux dans les dix-sept anciennes généralités. Ces offices furent supprimés par édit du mois de mars 1582, puis rétablis, & rendus héréditaires par autre édit du mois de septembre 1594. En 1621 on en créa d'alternatifs, & en 1625 de triennaux : on leur donna aussi à chacun des contrôleurs. Les receveurs particuliers des *décimes* étoient obligés de remettre les deniers de leur recette entre les mains de ces receveurs provinciaux, tant pour

les *décimes* ordinaires que pour les subventions extraordinaires, dont le produit devoit passer par les mains de ces receveurs provinciaux, & ceux-ci remettoient le tout au receveur général; mais tous ces offices de receveurs provinciaux & leurs contrôleurs ayant été supprimés, les receveurs diocésains portent présentement les deniers de leur recette directement au receveur général du clergé.

Il avoit aussi été créé par édit du mois de novembre 1703, des offices de commissaires pour le recouvrement des *décimes* dans tous les diocèses du royaume : mais ces offices furent unis à ceux de receveurs & contrôleurs généraux & particuliers des *décimes*, par une déclaration du 4 mars 1704.

Les receveurs des *décimes* comptoient autrefois de leur recette à la chambre des comptes; présentement ils doivent donner tous les six mois à l'évêque & aux députés du diocèse, un état de leur recette & des parties qui sont en souffrance, & six mois après l'expiration de chaque année, rendre compte au bureau diocésain.

La place de receveur général du clergé, n'est qu'une commission que le clergé donne à une personne qu'il choisit, & avec laquelle il fait un contrat pour percevoir les *décimes* pendant les dix ans que dure l'exécution du contrat passé entre le roi & le clergé; dans l'assemblée générale de 1726 le clergé donna à M. de Senozan la qualité d'*intendant général des affaires temporelles du clergé*, avec pouvoir de faire la recette pendant les dix années du contrat; présentement celui qui est chargé de cette même recette n'a d'autre qualité que celle de *receveur général du clergé*; il rend compte de sa gestion aux députés du clergé tous les cinq ans.

Les contestations qui peuvent naître au sujet des *décimes* ordinaires & extraordinaires, étoient autrefois portées au conseil du roi : elles furent renvoyées à la cour des aides, d'abord à celle de Paris, par édit du mois de mars 1551; & ensuite à celle de Montpellier, par édit du mois de février 1553, & dernier septembre 1555. Quelque temps après, la connoissance de ces matières fut attribuée aux syndics généraux du clergé. L'assemblée de Melun, tenue en 1579, supprima ces syndics, & demanda au roi l'établissement des bureaux généraux des *décimes*, qui furent créés par un édit de 1580. *Voyez* BUREAUX *des décimes*, DON *gratuit*, SUBVENTION, TAXE, IMMUNITÉS. (*A*)

DÉCIMES *des clameurs*, c'étoit le dixième des sommes dûes au créancier par son débiteur, que l'on percevoit au profit du roi pour l'expédition des clameurs ou contraintes expédiées sous le scel rigoureux de Montpellier. L'ordonnance de Louis XII du mois de mars 1498, défend aux lieutenans de la garde du petit scel de Montpellier, de prendre la *décime* des *décimes* & émolumens du petit scel; & ordonne que pour la *décime*, il ne sera levé que la juste & vraie *décime* de la somme

DEC

pour laquelle la clameur a été exposée, avec l'émolument d'une maille pour livre quand la dette excédera la somme de 20 livres tournois. (*A*)

DÉCIME *entière*, est une subvention payée par le clergé, montante au dixième de ses revenus. Les premières *décimes* furent ainsi appellées, parce qu'elles étoient du dixième. Les autres levées de deniers qui ont été faites depuis sur les ecclésiastiques, ont toutes retenu delà le nom de *décimes*, quoique la plupart soient beaucoup au-dessous du dixième; c'est pourquoi lorsqu'on en a fait quelques-unes qui étoient effectivement du dixième, on les a nommées *décimes entières*; telles furent celles qu'Innocent IV accorda à S. Louis pour sa délivrance en 1252. (*A*)

DÉCIME *extraordinaire* : toutes les *décimes* eccléfiastiques étoient extraordinaires jusqu'en 1516, qu'elles commencèrent à devenir annuelles & ordinaires; présentement sous le nom de *décimes extraordinaires*, on entend les dons gratuits ou subventions que le clergé donne au roi de temps en temps outre les *décimes* annuelles. *Voyez* DONS *gratuits* & SUBVENTIONS. (*A*)

DÉCIMES *ordinaires*, sont les *décimes* annuelles dont le contrat se renouvelle de dix ans en dix ans. *Voyez ci-devant* DÉCIME. (*A*)

DÉCIMES *papales*, étoient des levées de deniers qui se faisoient sur le clergé au profit du pape : il y en a eu plusieurs en France, sur-tout pendant que les papes siégeoient à Avignon. Ces levées se faisoient par la permission du roi; mais il n'y en a point eu depuis le concile de Constance. *Voyez ci-devant* DÉCIME. (*A*)

DÉCIME *paschaline*, est le nom que l'on donne vulgairement aux *décimes* annuelles & ordinaires.

DÉCISION, s. f. (*Jurispr.*) jugement, résolution prise sur quelque question qui étoit controversée ou en doute. Ce terme se dit également des personnes qui décident, & des matières qui sont décidées.

On dit la *décision* d'une loi, d'un jugement, c'est-à-dire, portée par une loi ou par un jugement. Plusieurs arrêtistes nous ont donné des précis d'arrêts sous le titre de *décisions notables*, *décisions forenses*, *décisions du palais*, *décisions sommaires*. Les arbitres donnent aussi des *décisions* qui ont l'autorité des jugemens; les avocats consultans donnent des *décisions* sur les questions qui leur sont proposées, mais elles n'ont d'autre autorité que celle d'un avis doctrinal. (*A*)

DECISIONES BURDIGALENSES, sont des arrêts du parlement de Bordeaux donnés par Boerius. (*A*)

DÉCISIONS *de la chapelle de Toulouse*, sont un recueil des jugemens rendus dans la chapelle archiépiscopale de Toulouse, sous le titre de *decisiones capellæ Tolosanæ* : l'auteur est Jean Corserius, official de Toulouse; son recueil contient 101 *décisions* qui regardent principalement les matières eccléfiastiques, & la forme de procéder dans les cours d'église : il y a aussi quelques autres questions de droit qui y sont traitées, mais légérement. Aufrerius, professeur en droit, official de Toulouse, & conseiller au parlement, a fait des additions sur presque toutes ces *décisions*.

DÉCISIONS *du conseil*, se disent des résolutions prises au conseil des finances, sur les requêtes, mémoires & placets qui y sont présentés; ce sont des arrêts sommaires qui se mettent au bas des placets & mémoires, sans rendre de jugement en forme. Cet usage s'est introduit, 1°. par rapport à la multiplicité des affaires qui sont portées au conseil des finances, 2°. pour éviter aux parties qui succombent les frais du coût & de l'expédition d'un arrêt, & de la commission au grand sceau.

Une *décision* n'est point exécutoire comme un arrêt. Le fermier des droits du roi, qui, muni d'une *décision* contre une partie, ne peut obtenir à l'amiable le paiement de ce qui lui est dû, doit avant toute poursuite, décerner une contrainte dans la forme ordinaire, y faire mention de la *décision*, & faire signifier le tout, afin d'agir ensuite valablement par saisie & exécution, en vertu de la contrainte.

Il peut aussi s'adresser au conseil, & en obtenir arrêt, & dans ce cas, le débiteur est ordinairement condamné aux dépens de l'arrêt, qu'il a occasionné par sa résistance.

DÉCISIONS *de Justinien*, on appelle de ce nom cinquante ordonnances rendues par cet empereur, après la première compilation de son code, pour décider les questions qui partageoient les différentes écoles des jurisconsultes romains, & établir sur ces objets l'uniformité de la jurisprudence. Elles sont insérées dans la seconde édition du code, qui est celle dont nous nous servons.

DÉCISIONS *de la rote*, sont les jugemens rendus par le tribunal de la rote à Rome : il y en a un recueil sous le titre de *decisiones rotæ novæ & antiquæ*, imprimé en 1515. *Voyez* ROTE. (*A*)

DÉCISOIRE, adj. (*Jurispr.*) signifie ce qui sert à la décision d'une contestation. Ce terme ne s'emploie ordinairement qu'en parlant du serment d'une des parties litigantes, dont dépend la décision du procès. On l'appelle *serment décisoire*, pour le distinguer des autres sermens qu'on prête en justice, sans que la contestation soit encore terminée. *Voyez* SERMENT.

DÉCLARATION, s. f. (*Jurispr.*) se dit en général de tout acte, par lequel on déclare quelque chose. Il y a en droit plusieurs sortes de *déclarations*, dont nous allons parler successivement, en observant d'abord que toutes les fois qu'on emploie ce mot sans y ajouter d'autre qualification, il signifie ordinairement ce qui est déclaré par quelqu'un dans un acte, soit judiciaire ou extrajudiciaire. On demande acte ou lettres de la *déclaration* d'une partie ou de son procureur, & le juge en donne acte; quand il l'a fait, la *déclaration* ne peut plus être révoquée. (*A*)

DÉCLARATION *cenfuelle*, c'eſt un acte par lequel un cenſitaire fournit au ſeigneur direct une énumération détaillée des héritages qu'il poſſede dans ſa cenſive, & des redevances auxquelles ces biens ſont ſujets.

Ces actes ſe nomment auſſi *reconnoiſſances*, *rapports*, *confeſſions*, &c. ſuivant les différens pays. L'importance dont ils ſont pour la propriété des ſeigneurs & des particuliers, exige qu'on entre dans quelques détails ſur cet objet.

§. I. *De l'origine des déclarations cenſuelles.* L'uſage de ces ſortes d'actes n'eſt pas très-ancien, quoiqu'on ait ſenti dans tous les temps la néceſſité de conſtater par écrit les droits des domaines du roi, & ceux des ſeigneurs particuliers. On voit dans les capitulaires, que les *miſſi dominici* étoient chargés de dreſſer des états des fonds & des droits appartenant au domaine dans chaque province, & de les renouveller. On y écoutoit ſans doute les tenanciers, pour acquérir des lumieres ſur leurs poſſeſſions; mais on ne recevoit point, par des actes ſéparés, la *déclaration* de chacun d'eux, & les rôles dreſſés par ces commiſſaires, contenoient d'ailleurs beaucoup d'autres objets.

Les autres ſouverains & les grands vaſſaux de la couronne ſuivirent cet exemple. On voit dans Britton, que les rois d'Angleterre, ducs de Normandie, envoyoient des officiers de la couronne, nommés, par cette raiſon, *coroners*, dreſſer des états de leurs domaines, ſous le nom de *chapitres*, & qu'ils y détailloient les redevances dues au ſouverain, & les poſſeſſions de chaque particulier. Un de ces regiſtres dreſſé par les ordres de Guillaume I, eſt encore aujourd'hui d'un grand uſage en Angleterre. *Voyez Doom's-Day-Book.*

Les ſeigneurs particuliers de la Normandie adoptèrent le même uſage. Ils faiſoient tenir tous les ans une aſſiſe générale, à laquelle tous leurs tenanciers étoient tenus de comparoître, pour déclarer les redevances par eux dues, & les héritages ſur leſquels elles étoient dues. Ces aſſiſes ſe tiennent encore en Normandie, où on les connoît ſous le nom de *gage-pleiges*. On en tient auſſi de ſemblables en Bretagne, mais ſeulement tous les dix ans, pour y renouveller les rôles rentiers. *Voyez ces deux mots.*

Les anciens comtes de Provence envoyoient de même dans tous les lieux de la province, des maîtres rationaux, pour prendre des informations ſur tous les droits appartenant au domaine, & en dreſſer un procès-verbal, qui étoit enſuite dépoſé aux archives. Ces procès-verbaux, qui y ſont encore conſervés, ſont regardés comme des preuves authentiques qui forment titre en faveur du domaine, à moins qu'on n'oppoſe des preuves contraires aux énonciations qui y ſont contenues. Latouloubre donne l'intitulé d'un de ces procès-verbaux fait en 1378, pour la ville d'Aix, ſon terroir & ſa viguerie. Voici comme il eſt conçu : *In nomine domini, amen. Regiſtrum continens omnia*

jura, redditus & proventus & juriſdictiones, quæ & quas reginalis curia habet & percipit, tam in civitate Aquenſi, quam in ejus territorio, nec non & in burgo ipſius civitatis Villaturrium & locis aliis omnibus exiſtentibus infrà vicariam & judicaturam civitatis Aquenſis, factum & compoſitum, &c.

On donne ici le nom des deux maîtres rationaux, qui ont dreſſé ce recueil en vertu d'une commiſſion du chancelier de Provence.

C'eſt à-peu-près dans ce temps-là que l'uſage des *déclarations cenſuelles* a commencé à avoir lieu. Deux édits, l'un donné le 23 août 1389, par Charles VI, l'autre le 28 mai 1486, par Henri VI, roi d'Angleterre, lorſqu'il occupoit une partie de la France, ordonnent aux détenteurs cenſiers de dreſſer des *déclarations* de leurs héritages roturiers, devant les officiers du roi à Paris.

Bouteiller, qui écrivoit ſous Charles VII, dit que le nouveau ſeigneur peut exiger de ſes cenſitaires des rapports, où ils doivent *dénombrer les piéces qu'elles contiennent, quantes tenances il y a, quelle charge, quelle rente & quelle redevance, ſoit à mort, ſoit à vie* (Somme rurale, liv. I, tit. 91.)

A-peu-près dans le même temps, les ſeigneurs des grandes terres firent faire des terriers généraux. Freminville remarque même que ceux des quinziéme & ſeiziéme ſiecles ſont communément beaucoup mieux faits que ceux du ſiecle ſuivant, parce que les premiers ont preſque tous été rédigés par des commiſſaires qui ſe tranſportoient ſur les lieux pour vérifier les *déclarations*, tandis que les derniers ont tous été faits dans le cabinet, ſur l'indication de quelques payſans, qui ſe trompoient ſouvent ou qui s'expliquoient mal.

On ne doit pas néanmoins s'attendre à trouver dans les *déclarations* de ces anciens terriers, les mêmes formes qu'on y obſerve aujourd'hui. Les notaires n'ont pas toujours été dans l'uſage de faire ſigner les actes aux parties qui ſavoient ſigner. Ils ne les ſignoient pas eux-mêmes autrefois. Les art. 174 & 175 de l'ordonnance de 1539, leur impoſerent bien cette obligation ; mais l'art. 83 de l'ordonnance d'Orléans, en réitérant cette injonction, ſuppoſe aſſez qu'on ne s'y étoit pas conformé. L'art. 84 de la même ordonnance leur enjoint auſſi de faire ſigner les actes par les parties & par les témoins qui les aſſiſteroient, ou de déclarer qu'ils ne ſavoient pas ſigner. Les articles 165 & 166 de l'ordonnance de Blois ont exigé qu'un des témoins ſût ſigner.

§. II. *Des frais des déclarations & quand elles doivent être fournies.* Suivant l'ancien uſage de France, les *déclarations* étoient toujours aux frais des ſeigneurs, & cela étoit aſſez raiſonnable, puiſqu'elles ſont principalement fournies pour la conſervation de leurs droits. L'art. 81 de la coutume de Bretagne, porte encore aujourd'hui que les ſeigneurs & leurs officiers ne pourront rien prendre pour la réception de ces ſortes d'actes, ſous peine de rembourſer le quadruple, & d'être punis

punis comme exacteurs, *sauf que si le sujet veut prendre relation, il paiera au procureur & greffier, ou à celui d'eux qui signera lad. relation, 2 s. monnoie, & non plus.*

Cet usage s'observe encore dans quelques pays, & particulièrement dans le Beaujolois, suivant un acte de notoriété donné par le bailliage de Villefranche, le 30 juin 1692. Un autre acte de notoriété donné pour le Ponthieu, le 10 janvier 1680, porte que « le seigneur est tenu payer les » frais des papiers terriers, si ce n'est qu'il lui » soit dû par celui qui passe sa *déclaration*, au- » quel cas le vassal paie les notaires, la *déclara- » tion* servant aveu ».

Dans le droit commun, on peut demander une *déclaration* aux frais du tenancier, à chaque mutation de sa part. Le seigneur peut même se faire reconnoître dans les intervalles des mutations, au bout d'un certain temps, qui varie suivant les usages des différens pays.

Au parlement de Toulouse, le seigneur peut faire renouveller les reconnoissances aux frais des déclarans, de dix ans en dix ans, suivant Boutaric. C'est aussi le terme que l'art. 74 de la coutume de Bretagne a marqué pour le renouvellement des livres rentiers.

Quelques auteurs enseignent que la même chose se pratique au parlement de Provence, mais cela est au moins très-douteux, suivant la Touloubre; cet auteur pense qu'il suffit de les pouvoir faire renouveller dans les trente ans, pour arrêter la prescription.

Un acte de notoriété donné par M. le lieutenant civil le Camus, le 5 août 1689, adopte la même règle.

Le dernier article de l'arrêt de réglement, rendu aux grands jours de Clermont, le 11 janvier 1666, porte, que les frais des reconnoissances seront payés par les seigneurs, « quand lesdites recon- » noissances auront été faites dans les vingt an- » nées des précédentes, & qu'il n'y aura muta- » tion de tenanciers; & s'il y a mutation de tenan- » ciers, ou que du jour de la précédente recon- » noissance il y ait plus de vingt années, en ce » cas, & non autrement, les frais desdites *décla- » rations* seront supportés par lesdits tenanciers ».

C'est l'usage suivi dans le ressort du parlement de Paris. Le même article du réglement des grands jours de Clermont, porte encore, « que si les » seigneurs veulent faire de nouveaux terriers, » faire passer nouvelles reconnoissances à leurs » tenanciers, ne sera payé pour chacune *déclara- » tion*, contenant un seul article, que 5 s. & s'il » y a plus d'un article, sera augmenté 2 s. 6 d. » pour chacun des autres jusqu'au nombre de cinq » articles; mais s'il y en a plus, & quelque nom- » bre qu'il y ait au-delà, ne pourra être prétendu » que 15 s. ».

La même fixation se trouve dans un arrêt du parlement de Toulouse, du 28 février 1659. Elle

se retrouve aussi dans trois actes de notoriété du châtelet, des 5 mars & 5 août 1689, & du 20 janvier 1708. Mais on n'y distingue point les *dé- clarations* qui passent cinq articles, d'avec celles qui n'ont que ce nombre ou au-dessous. L'acte de notoriété de 1708, dit même expressément, que *si, dans une déclaration, il y a vingt articles, ce sera 52 s. 6 d. qui seront dus au notaire, au moyen de quoi*, ajoute-t-il, *la minute demeurera au notaire, pour composer le terrier de toutes les minutes rassemblées, & sera donné au censitaire une copie de sa déclaration, sans en rien payer que les 5 s. & les 2 s. 6 d.*

L'article premier d'un arrêt rendu au conseil le 17 janvier 1736, pour la confection du terrier des domaines de Versailles, Marly, Saint-Germain & Meudon, ordonne que les vassaux & censitaires ne paieront que la seule minute des *déclarations* par eux fournies; S. M. voulant bien prendre sur son compte la dépense des expéditions qu'elle fera faire dans la forme la plus convenable pour le bon ordre de son terrier.

L'article 3 porte, qu'il sera payé aux notaires qui recevront les *déclarations* pour les maisons & autres emplacemens, dans les villes de Versailles, Marly, Meudon & Saint-Germain, 50 s. pour chacun, outre le coût du papier, le droit de scel & de contrôle. Quant aux maisons & héritages situés hors lesdites villes, l'article 4 ordonne qu'il sera payé 30 s. pour le premier article, & 5 s. pour chacun des autres, non compris le papier, le contrôle & le scel.

Enfin l'article 6 ordonne que, outre ces sommes, les expéditions que les particuliers voudroient avoir de leurs *déclarations*, seront par eux payées selon le nombre des rôles que contiendroient les *déclarations*, suivant les réglemens.

Ce qui est dit ici du coût du papier & des droits de scel & de contrôle, doit être sous-entendu dans les actes de notoriété du châtelet, qu'on vient de rapporter.

Les *déclarations* qui sont au-dessous de dix articles ne doivent que 5 s. de droit de contrôle; mais lorsqu'elles sont de dix articles & au-dessus, elles doivent 10 s. Cela résulte de l'art. 41 du tarif du 29 septembre 1722.

Par arrêt du 30 avril 1718, le conseil a déclaré nulle une *déclaration* judiciaire rendue aux assises de la commanderie de S. Remi d'Angers, faute d'avoir été contrôlée, & a prononcé l'amende de 200 liv. contre chacun des contrevenans.

Il n'est dû qu'un seul droit de contrôle pour une *déclaration* passée par plusieurs tenanciers solidaires; mais si les tenanciers ne sont pas solidaires, il est dû autant de droits qu'il y a de tenanciers différens. Le conseil l'a ainsi réglé par deux décisions des 15 juillet 1730 & 15 mai 1734.

Lorsque le censitaire ne satisfait pas à l'obligation de fournir sa reconnoissance, après l'interpellation qui lui en a été faite, Freminville pense que le seigneur pourroit conclure à la commise & l'obtenir.

Mais uné peiné fi grave n'a pas lieu pour les rotures , fuivant le droit commun.

Plufieurs coutumes autorifent le feigneur à faifir cenfuellement dans ce cas ; & la Touloubre
dit que leur difpofition fut adoptée par un arrêt
rendu au parlement de Provence le 16 mars 1665.
Un autre arrêt du 15 avril 1711 , cité par le même auteur, prononça une amende de 100 livres
contre chacun des contrevenans. Ordinairement le
feigneur fe contente de faire affigner les propriétaires , pour être condamnés à le reconnoître &
à lui payer les devoirs qui lui peuvent être dus;
il peut auffi demander des dommages-intérêts , fuivant les circonftances.

§. III. *Du lieu où les déclarations doivent être
rendues.* Les abus que les feigneurs ont trop fouvent faits de leur autorité , ont fait douter s'ils
pouvoient exiger que les *déclarations cenfuelles*
leur fuffent préfentées dans leur château. D'Argentré , fur l'article 20 de la coutume de Bretagne , penfe qu'elles doivent être reçues en un lieu
fûr & libre , comme feroit la place publique.
Cette opinion a même été adoptée de nos jours
par Dunod, dans fes favantes obfervations fur la
coutume du comté de Bourgogne. « Il a été jugé,
» dit-il , que des reconnoiffances faites dans le
» château du feigneur, ou en fa préfence, étoient
» nulles , parce que les fujets n'y font pas pré-
» fumés libres ».

Dunod ne donne ni la date ni l'efpèce de ces
jugemens. Il y a lieu de croire qu'ils font, ou bien
anciens , ou rendus dans des circonftances particulières. Il peut encore arriver fans doute que les
feigneurs, ou leurs gens d'affaires, abufent de leur
autorité fur leurs cenfitaires. Mais ce ne peut guère
être à force ouverte; & les voies qu'ils pourroient
mettre en ufage pour les intimider ou les féduire,
réuffiroient à-peu-près également par-tout. Le château du feigneur , lors du moins qu'il forme de
toute ancienneté le chef-lieu de la feigneurie,
eft particuliérement deftiné à la réception de tous
les actes qui ont pour objet de reconnoître la directe & la fupériorité du feigneur. C'eft-là que les
redevances feigneuriales font prefque toujours portables ; que les exhibitions des acquifitions doivent être faites , & que l'hommage doit être offert; il n'y a pas de motif fuffifant pour en agir
différemment par rapport aux *déclarations*.

C'eft fur ce principe que la queftion a été jugée
en faveur du feigneur, par un arrêt de la chambre
de l'édit de Grenoble, le 6 mai 1638, par trois
arrêts du parlement de Provence , du 28 juin
1586, du 30 avril 1607 & du 30 avril 1614,
& par un dernier arrêt rendu au parlement de
Paris le 19 juin 1728.

On trouvera ces arrêts dans la Roche-Flavin,
Traité des droits feigneuriaux, chap. 1, art. 3; dans
du Perrier, *tom. II, pag. 470,* & dans le premier
volume de Freminville, *chap. 4, fect. 3, §. 1,
queft. 5.*

§. IV. *Quelles perfonnes doivent fournir les déclarations.* Tout acquéreur, poffeffeur ou détenteur d'un héritage cenfuel peut être contraint à en
donner une *déclaration.* Si le cenfitaire eft mineur,
la *déclaration cenfuelle* , donnée par fon tuteur au
feigneur, eft fuffifante ; & le mineur, devenu
majeur, n'eft pas tenu de la renouveller.

Celui qui époufe une femme ou une fille, qui
a déjà fait fa *déclaration* au feigneur, peut être
obligé d'en donner une nouvelle, quoiqu'il ne
foit point tenu de fournir un nouveau dénombrement des fiefs. La raifon qu'on donne de cette
différence eft , qu'ordinairement les fiefs ne doivent des droits au feigneur qu'en cas de mutation,
tandis que les domaines roturiers doivent prefque
toujours des redevances annuelles. Le mari qui
a le droit de recevoir les revenus de fa femme,
devient le cenfitaire du feigneur, & doit par conféquent lui fournir un titre , en vertu duquel il
puiffe fe faire payer de ce qui lui eft dû.

On peut ajouter que la *déclaration* eft le feul
titre commun entre le feigneur & le cenfitaire,
tandis qu'outre le dénombrement, la foi & hommage, elle eft auffi due pour les fiefs , à chaque mutation. Le mari la doit prefque toujours pour les
fiefs de fa femme ; le feigneur n'a donc pas befoin
de dénombrement pour connoître fon vaffal,
comme il a befoin d'une *déclaration* roturière pour
connoître fon cenfitaire.

Si la femme étoit féparée de biens par fon contrat de mariage , & autorifée à toucher elle-même
fes revenus , le mari ne devroit aucune *déclaration cenfuelle* au feigneur. La veuve n'en doit pas
non plus après la mort de fon mari, lorfqu'elle
en avoit déjà donné une.

Lorfque l'ufufruit du domaine roturier eft féparé
de la propriété, ou lorfque l'on a vendu à faculté
de réméré , le feigneur peut exiger que l'ufufruitier fe joigne au propriétaire , ou le vendeur à
l'acquéreur, pour fournir la *déclaration cenfuelle* ;
l'ufufruitier, parce qu'il doit être chargé du paiement de la cenfive, tant que durera l'ufufruit ;
& le vendeur, parce qu'il peut redevenir propriétaire , par l'exercice du droit de réméré.

Par la même raifon , il eft plus régulier de faire
rendre les *déclarations* fournies durant le mariage,
par le mari & la femme conjointement.

Quand un tenement eft divifé entre plufieurs
propriétaires, tous font obligés de fournir ensemble
ou féparément une *déclaration* au feigneur ; mais
dans un cas , comme dans l'autre, ils ne peuvent
pas divifer le cens & les autres redevances folidaires. C'eft ainfi qu'on l'a jugé au parlement de
Touloufe , le 9 mai 1749 , en faveur du chapitre de S. Surin, fuivant l'*Additionnaire* de Boutaric, & cette queftion n'en devoit pas faire une.

On voit fouvent dans des *déclarations* particulières des droits de taille ou d'autres charges qu'on
y fuppofe dues par toute la communauté. Mais
quoique Freminville adopte ces fortes d'énoncia-

tions, lorsqu'elles font fondées fur des titres valables, il feroit dangereux de s'y arrêter dans les cas ordinaires. Si les titres allégués dans ces reconnoiffances fubfiftent encore, le feigneur peut les invoquer, pourvu que la prefcription n'en ait pas détruit l'effet. Si ces titres ne fubfiftent plus, l'énonciation ne fuffit pas pour en faire la preuve, quelque anciens qu'ils puiffent être.

Ce ne feroit pas même ici le cas d'alléguer la maxime, que *les énonciations font preuve dans les titres anciens*; car cela ne doit avoir lieu qu'autant que l'énonciation étoit de nature à entrer dans l'acte qui la contient. Celle des droits généraux ne doit point fe trouver dans les reconnoiffances particulières. Les feigneurs peuvent & doivent fe faire donner des *déclarations* de ces fortes de droits par la communauté affemblée. Ils ne doivent s'en prendre qu'à eux, s'ils ont négligé cette précaution. Tout ce que des énonciations femblables pourroient produire, feroit d'empêcher la prefcription de courir contre les déclarans feulement, fi le devoir porté par les *déclarations* étoit dû par les particuliers, & non par la communauté en corps.

Les *déclarations* générales doivent être fournies par la communauté affemblée. On fuit à cet égard des règles fort fages au parlement de Toulouse. On rejette ces reconnoiffances, fuivant Graverol & Boutaric, fi le corps du terroir n'y eft pas bien confronté & bien limité, & fi elles n'ont pas été paffées en vertu d'une délibération, de laquelle il doit confter par la remife même de la délibération, ou par l'énoncé de la reconnoiffance, fi elle eft extrêmement ancienne. On juge enfin qu'il n'eft permis de comprendre dans ces déclarations que les droits univerfels, qui font les mêmes fur tous les habitans, ou ceux dont toute la communauté eft chargée en corps.

Cependant Dunod rapporte un arrêt du 31 juillet 1744, rendu au parlement de Befançon, qui a condamné la communauté de Géfincour à reconnoître en corps aux demoifelles d'Ambly, dames d'une portion diftincte de cette paroiffe, les droits de lods & de retenue, tailles, corvées & poules, qui étoient dus dans leur portion de feigneurie, & non dans le furplus du territoire. On a cru qu'un canton, lorfqu'il eft confidérable, pouvoit être confidéré comme un tout.

Le même auteur obferve que les communautés peuvent faire inférer dans le terrier les bois & communaux qui leur appartiennent, pour conferver la preuve de leur propriété. Le feigneur ne feroit pas fondé à refufer de recevoir cette énonciation, lorfqu'elle eft exacte, parce que les reconnoiffances font des titres communs entre lui & fes cenfitaires.

On a beaucoup agité la queftion, fi un feul habitant ou un feul propriétaire peut critiquer les reconnoiffances générales qui ont été confenties par la communauté. Salving rapporte un arrêt du parlement de Grenoble, qui a jugé l'affirmative. Bac-

quet, dans fon *Traité des droits de juftice*, chap. 29, rapporte des arrêts du parlement de Paris, qui ont jugé au contraire que la communauté devoit être appellée pour déclarer fi elle adhéroit à la conteftation. Boutaric & la Touloubre font une diftinction qui paroît judicieufe. Ils adoptent la divifion des arrêts cités par Bacquet, lorfqu'il s'agit d'un droit dû par la communauté en corps. Mais s'il eft queftion de droits qui doivent être acquittés par chaque habitant ou propriétaire en particulier, quoiqu'on prétende que tous y font foumis, ces auteurs penfent qu'on ne peut refufer à chaque particulier le droit de contefter ce qui l'intéreffe perfonnellement.

§. V. *Du contenu des déclarations.* Le cenfitaire doit y donner l'énumération, article par article, de tout ce qu'il poffède, dans la directe du feigneur, en maifons, terres, ou autres héritages, avec la fituation, la continence, les tenans & aboutiffans, & les charges de chaque objet, foit qu'elles foient ordinaires & annuelles, foit qu'elles foient extraordinaires & dues dans de certaines circonftances feulement.

Il eft de l'intérêt du feigneur de ne point fouffrir qu'on infère, dans les *déclarations*, les furcharges que les cenfitaires peuvent avoir laiffé impofer fur leurs héritages, parce que cette énonciation pourroit être regardée comme une inféodation de ces droits qu'il ne pourroit plus contefter, fi le domaine rentroit dans fes mains à titre de déguerpiffement ou autrement.

Les nouvelles *déclarations* doivent relater le bail à cens qui a tranfmis le domaine au cenfitaire, s'il exifte encore; & s'il n'exifte pas, rappeller les anciennes *déclarations*, dont on donnera la date, avec le nom de ceux qui les ont paffées, celui du notaire qui les a reçues, & le folio du terrier lorfqu'elles fe trouvent dans un recueil de cette efpèce. C'eft le moyen de prévenir les difficultés que l'on pourroit élever dans la fuite, fur la conformité du nouveau titre avec les précédens.

Si l'on vouloit faire quelques changemens aux conditions de la tenure, il ne fuffiroit pas de les énoncer dans la nouvelle *déclaration*. Il faudroit y inférer expreffément que ces changemens ont été faits d'un commun accord, & dans l'intention de déroger aux anciennes conditions de la tenure. Autrement celle des parties qui auroit intérêt à fuivre le premier état des chofes, feroit fondée à s'en tenir aux plus anciens titres, parce que les *déclarations* ne font par elles-mêmes que des titres récognitifs, où l'on ne doit pas préfumer l'intention d'innover. *Non interponuntur*, dit Dumoulin, *animo faciendæ novæ obligationis, fed folùm animo recognofcendi, unde fimplex titulus novus non eft difpofitorius* (ad confuet. Parif. §. 18, glof. 1, n°. 19).

On doit néanmoins faire une diftinction à cet égard; fi les nouvelles *déclarations* font plus onéreufes au cenfitaire que les anciennes, il lui fuffit de rapporter le titre primordial, pour être libéré de cette furcharge. Cette décifion a lieu, quand bien même la furcharge fe trouveroit dans une longue fuite de reconnoiffances, on fuivroit toujours le titre le plus ancien, & l'on regarderoit tous les fuivans, comme le fruit de l'erreur ou de la furprife : *probatâ primâ inveftiturâ, vel concefſione*, dit encore Dumoulin, *ei ftandum & fequentes recognitiones, quatenus contrariæ funt rejiciendæ.*

Lors au contraire, que les nouvelles *déclarations* font moins onéreufes pour le tenancier que les précédentes, s'il y a plufieurs de ces nouvelles *déclarations*, qui foient uniformes, il faudra les prendre pour règle, pourvu que la première remonte au temps nécefſaire pour opérer la prefcription, c'eft-à-dire, à trente ans entre majeurs, contre les feigneurs ordinaires, & à 40 ans contre les communautés & les eccléfiaftiques.

La faveur de la libération, & la facilité qu'ont les gens d'affaires des feigneurs pour augmenter des droits déjà trop onéreux, a fait introduire cette diftinction, quelque contraire qu'elle paroiffe d'abord aux règles de la juftice diftributive.

Il n'y a qu'un cas, où les dernières reconnoifſances, quoique moins favorables au tenancier, doivent être exécutées, & ne peuvent pas être regardées comme une furcharge. C'eft lorfque le feigneur eft en état de juftifier que depuis les premières reconnoiffances, il y a eu un déguerpiffement, ou que par les circonftances, ce déguerpiffement peut être raifonnablement préfumé. Il en eft de même, à plus forte raifon, s'il paroît un nouveau bail à cens dans l'intermédiaire des anciennes reconnoiffances & des nouvelles. Les anciennes ne doivent plus alors fervir de règle. Il faut s'en tenir au bail à cens & aux *déclarations* faites en conféquence.

Dans prefque tous les autres cas, le feigneur ne peut pas argumenter des anciens titres, s'ils font prefcrits, quoique fes cenfitaires les lui puifſent oppofer, s'ils leur font plus favorables. Ce principe s'étend à toutes les furcharges qu'on pourroit impofer au cenfitaire. C'en feroit une de rendre portable une redevance que le bail à cens déclareroit quérable. Un arrêt, rendu au parlement de Touloufe, le 28 mars 1673, a néanmoins fait une diftinction, que Freminville trouve *judicieufe*. Il s'agiffoit, dans l'efpèce de cet arrêt, de diverfes redevances, tant en grains qu'en argent, que les plus anciens titres déclaroient quérables, & que les nouveaux déclaroient portables. Il fut jugé « que les » dernières reconnoiffances ne contenoient pas fur- » charges, pour les rentes en argent, mais qu'elles » contenoient furcharge pour les rentes en grains ».

Cet arrêt eft rapporté par M. de Catellan, liv. 3, *chap.* 4. Il fut rendu après partage *fur le dernier article* feulement, & l'on peut d'autant moins révoquer en doute l'exactitude du compte qu'en a rendu un magiftrat fi éclairé, qu'il fut lui-même le compartiteur lors du partage. La raifon de la différence

n'eft, dit-il, que ce n'eft pas une furcharge à » un emphytéote, qui habite dans le lieu, de por- » ter à fon feigneur la rente en argent. C'eft un » devoir que l'honnêteté femble exiger de lui ; mais » la portabilité de la rente en grains eft incommode » à l'emphytéote, & d'ailleurs onéreufe, parce » qu'elle le foumet au paiement des arrérages, au » plus haut prix de l'année ».

On pourroit encore dire que la portabilité du cens en argent eft de droit commun, quoique Boutaric ait enfeigné le contraire. Des arrêts ont même jugé cette portabilité imprefcriptible par le cenfitaire ; d'où l'on pouvoit conclure ici que le retour au droit commun étoit favorable. Mais il feroit dangereux de former une règle générale fur un feul arrêt.

Freminville penfe auffi, que fi le feigneur fait reconnoître en un feul tenement plufieurs articles de fon terrier, qui étoient diftincts & féparés, & dont les cens étoient fur chaque corps d'héritages, enforte qu'il n'y ait plus qu'un cens qui demeure folidaire fur toutes les parties du tenement, on ne doit point regarder cette réunion comme une furcharge. Un tel arrangement eft, dit-il, utile au cenfitaire, parce que les confins & les limites d'un grand tenement fe trouvent plus facilement qu'un nombre de parcelles éparfes de côté & d'autre, & que le cenfitaire paiera beaucoup moins au terrier pour la reconnoifſance d'un feul article, que pour celle de plufieurs.

Cela feroit tout au plus admiffible fi la nouvelle *déclaration* qui réunit les différens articles en un feul, portoit que le cens feroit divifible. La folidité eft un droit fi onéreux au tenancier, lors furtout que le devoir eft confidérable, qu'un tel changement formeroit une furcharge très-confidérable. La féparation de chaque article laiffe au tenancier le droit de déguerpir ceux qui feroient les plus chargés, relativement à leur valeur, & de difpofer d'une partie de fon domaine avec bien plus de facilité. Si, malgré des avantages fi précieux, des circonftances particulières rendoient l'arrangement contraire plus favorable au cenfitaire, il faudroit donner à l'acte qui contient ce changement la forme nécefſaire pour conftater cette novation, & non pas celle d'une reconnoifſance pure & fimple.

Lorfque les différences qui fe trouvent entre les nouvelles *déclarations* & les anciennes n'ont pour objet que d'interpréter les titres primordiaux, elles ne doivent pas être rejetées. On peut, par exemple, & l'on doit même expliquer plus précifément, la nature, les confins & la continence des héritages, lorfque les anciennes *déclarations* ne les énonçoient pas affez clairement, & qu'il eft furvenu des changemens dans le local. On peut de même y éclaircir ce que le titre primitif a laiffé d'obfcur fur les redevances dont les domaines font chargés. Mais ces additions doivent être faites avec beaucoup de circonfpection.

La Roche Flavin rapporte un arrêt de l'an 1405, *qui n'a eſtimé ſurcharge, ni augmentation de cenſive une reconnoiſſance de ſix boiſſeaux d'avoine groſſe, bien que l'inféodation ne portât ſimplement que ſix boiſſeaux avoine (Traité des droits ſeigneuriaux, chap. 1, art. 23.).* Mais Freminville penſe qu'on doit décider le contraire, à moins que l'uſage général du pays ſût de recueillir de la groſſe avoine.

C'eſt effectivement une règle de droit d'interpréter ce qui peut paroître ambigu dans un contrat, par ce qui eſt d'uſage dans un pays; *ſemper in ſtipulationibus & in cæteris contractibus id ſequimur quod actum eſt, aut ſi non appareat quod actum eſt, erit conſequens ut id ſequamur quod in regione in quâ actum eſt frequentatur.* (l. 34, ff. de R. J).

Suivant cette maxime, l'arrêt de règlement rendu aux grands jours de Clermont, le 19 janvier 1666, ordonne dans l'article 8 « que, pour empêcher » l'exaction de l'une des eſpèces de grains pour » l'autre, en cas que par les terriers & anciens » titres des ſeigneurs précédant 30 années, la qua- » lité deſdites eſpèces ne ſoit point ſpécifiée, leſ- » dites eſpèces ne ſeront dues que de la qualité de » celles qui ſe recueilleront communément dans » les héritages ſujets au cens ».

Lorſque la différence qui ſe trouve dans les *déclarations,* a pour objet la continence des domaines, ſi par exemple, un article porté à 10 arpens dans les anciennes *déclarations,* n'eſt énoncé que pour huit dans les nouvelles, l'affranchiſſement des deux arpens ne ſeroit point admis dans les pays où le franc-aleu n'a pas lieu, ſans titre. Il ne le ſeroit pas même dans les pays de franc-aleu, ſi les confrontations portées par les nouvelles *déclarations* ſe trouvoient conformes à celles des anciennes, & qu'ils compriſſent une étendue de 10 arpens. Il en faudroit dire autant ſi d'autres circonſtances faiſoient préſumer qu'on a entendu comprendre la totalité du terrein dans les nouvelles *déclarations.*

§. VI. *De la forme des déclarations.* Les *déclarations cenſuelles* ſe paſſent ordinairement devant notaires, quoiqu'elles fuſſent valables à la rigueur, ſous ſignature privée, ſi les parties s'en contentoient. En Normandie & en Bretagne, celles qui ſont faites aux aſſiſes de la ſeigneurie, ſont des actes judiciaires, dont ces deux coutumes ont réglé la forme.

Lorſque les *déclarations* ſont paſſées devant notaires, elles ſont ſujettes aux formalités générales de ces ſortes d'actes. Elles doivent être ſignées du cenſitaire, s'il ſait ſigner. Lorſqu'elles ſont fournies au terrier que le ſeigneur fait faire de la ſeigneurie, elles doivent être néceſſairement reçues par le commiſſaire à terrier. Hors ce cas-là il dépend du cenſitaire de la paſſer pardevant quel notaire il juge à propos.

Quand le cenſitaire a fourni ſa *déclaration,* le ſeigneur doit l'accepter & en donner ſon récépiſſé, ſoit par lui, ſoit par ſes officiers ou ſon fondé de procuration, ſi elle eſt exacte & conforme aux anciennes. Dans le cas contraire, il doit en demander la réformation, & ſi ſon cenſitaire & lui ne s'accordent pas à cet égard, il doit faire aſſigner le cenſitaire en ſa juſtice, s'il en a une, ou devant tout autre juge ordinaire des lieux; le cenſitaire a le même droit, quand le ſeigneur refuſe de recevoir ſa *déclaration.* Le jugement qui interviendra ſur cette demande, doit condamner le cenſitaire à réformer ſa *déclaration* dans un délai preſcrit, à défaut de quoi le jugement vaudra cette réformation, ou condamner de la même manière le ſeigneur à recevoir la *déclaration,* ſelon qu'elle ſera trouvée régulière ou non.

Lorſque la ſeigneurie eſt en pariage avec le roi, ou par indivis avec lui, les ſeigneurs particuliers ne peuvent ſe faire rendre de nouvelles reconnoiſſances, qu'en préſence du procureur du roi, ou des fermiers du domaine. Des arrêts de 1540, 1541 & 1566, l'ont ainſi jugé contre différens ſeigneurs qui étoient en pariage avec le roi. Un autre arrêt du 6 mai 1666, a annullé, ſur ce fondement, des reconnoiſſances faites par le co-ſeigneur de Verfuel en Rouergue. Une *déclaration* du 15 juillet 1671, a ordonné la même choſe. Mais cette règle ne s'obſerve point entre des ſeigneurs particuliers. (Graverol, ſur la R. Flavin, chap. 1, n°. 12).

Les *déclarations cenſuelles* ſont des actes communs entre le ſeigneur & les cenſitaires. Il doit donc en reſter des minutes. Cependant, comme la plupart ſe paſſent devant des notaires de village, & même devant ceux des ſeigneuries qu'elles ont pour objet, il arrive très-ſouvent que les minutes en ſont remiſes, ſoit par les notaires, ſoit par leurs héritiers, aux ſeigneurs même à qui les *déclarations* ſont rendues.

Cet abus eſt extrêmement commun, quelque redoutables qu'en ſoient les ſuites. Il n'y a point de province, & pour ainſi dire, point de ſeigneurie, où les exemples n'en ſoient multipliés. Bien des ſeigneurs n'ont eu en vue que la conſervation de leurs droits dans l'acquiſition de ces minutes, qui pourroient ſe diſperſer après la mort des notaires. Mais rien n'eſt plus facile que de ſe ſervir de cette voie, pour ruiner des cenſitaires.

Il arrive ſouvent, par exemple, que des domaines revenus dans les mains des ſeigneurs à titre de déguerpiſſement, de déshérence, ou autrement, ont été redonnés à cens, ſous des redevances beaucoup moins onéreuſes que celles portées par le premier bail. Souvent encore des domaines main-mortables ont été affranchis par les ſeigneurs. Si les minutes de tous ces actes leur ſont remis, il dépendra preſque toujours de leurs ſucceſſeurs, de rétablir le droit de main-morte, ou les redevances les plus onéreuſes, parce que les cenſitaires conſervent bien rarement les expéditions qui leur ont été remiſes de ces actes.

Ne pourroit-on pas obvier à ces abus, en ordonnant qu'on tranſcriroit toutes les *déclarations cenfuelles* fur des regiftres qui feroient dépofés au greffe du fiège royal où reffortit chaque feigneurie ; ces regiftres pourroient être tenus par le greffier de la jurifdiction des lieux. Un établiffement de cette efpèce feroit peu coûteux & infiniment utile. C'eft par des dépôts femblables, qu'on a affuré l'état des perfonnes, & la confervation des propriétés n'eft un objet guère moins précieux. *Voyez les articles* DÉMEMBREMENT & TERRIER. (*M. GARRAN DE COULON*).

DÉCLARATION *des confins*, c'eft l'explication & la défignation des limites d'un héritage. *Voyez* CONFINS.

DÉCLARATION *des coupes de bois*, fuivant l'ordonnance des eaux & forêts, & plufieurs arrêts du confeil intervenus depuis, les particuliers, propriétaires de bois, n'étoient obligés à faire *déclaration* de ceux qu'ils vouloient abattre, qu'autant qu'ils étoient fitués près de la mer & des rivières navigables. Mais par un réglement du premier mars 1757, ils font tenus de faire aux greffes des maîtrifes où les bois font fitués, fix mois avant l'exploitation, une *déclaration* des bois qu'ils veulent faire couper, à peine de confifcation des bois & de trois mille livres d'amende.

Cette *déclaration* ne peut être reçue par les juges ou greffiers des feigneurs, à peine de mille livres d'amende contre les juges, de cinquante contre les greffiers, & de cent contre les particuliers, qui fe ferviroient de pareilles *déclarations*, & en outre, à peine de confifcation des bois abattus.

La *déclaration* doit contenir la quantité, qualité, effence, âge & fituation des bois à couper. Elle ne dure qu'un an : ceux qui ont négligé d'en faire ufage pendant cet efpace de temps, font obligés d'en faire une nouvelle, ou d'obtenir une permiffion nouvelle.

Les particuliers, qui ont des bois taillis joignant les forêts du roi, font tenus de déclarer au greffe de la maîtrife du reffort, la qualité & quantité qu'ils veulent en vendre chaque année.

DÉCLARATION *de dépens*, eft l'état des dépens adjugés à une partie. Le procureur de celui qui a obtenu une condamnation de dépens, fignifie au procureur adverfe fa *déclaration de dépens*, contenant un état de fes dépens détaillés article par article ; & après qu'ils ont été réglés, on en délivre un exécutoire. La *déclaration de dépens* diffère du mémoire de frais, en ce que celle-ci ne comprend que les dépens qui ont été adjugés à une partie contre l'autre, & qui paffent en taxe ; au lieu que le mémoire de frais eft l'état que le procureur donne à fa partie de tous fes frais, faux frais & débourfés qu'il a faits pour elle. *Voyez* DÉPENS, TAXE. (*A*)

DÉCLARATION *de dommages & intérêts*, eft l'état qu'une partie fait fignifier à l'autre des dommages & intérêts qui lui ont été adjugés, lorfque le jugement ne les a point fixés à une fomme certaine, mais a feulement condamné une partie aux dommages & intérêts de l'autre, à donner par *déclaration*, c'eft-à-dire, fuivant la *déclaration* qui en fera donnée, & fur laquelle le juge fe réferve de ftatuer.

L'ordonnance de 1667, *tit. 32, art. 1*, oblige celui qui pourfuit la liquidation des dommages & intérêts qui lui font adjugés, à donner au défendeur, copie du jugement qui les ordonne, de la *déclaration* qui en contient la quotité, & des pièces juftificatives, & de lui en communiquer les originaux fous le récépiffé de fon procureur. Ceux-ci peuvent garder les pièces en communication pendant quinzaine. Mais après l'expiration de ce délai, le procureur qui s'en eft chargé, peut être contraint par corps à les rendre, & à payer une amende de foixante livres, outre les dommages & intérêts des parties, réfultans du féjour ou autres caufes. Le procureur en eft refponfable en fon propre & privé nom, & aucune de ces peines ne peut être remife ou modérée, fous quelque prétexte que ce foit.

DÉCLARATION *des droits d'aides. Voyez le Dictionnaire des finances.*

DÉCLARATION *d'héritages. Voyez* DÉCLARATION *cenfuelle.*

DÉCLARATION *d'hypothèque*, eft ce qui tend à déclarer un héritage affecté & hypothéqué à quelque créance. On forme une demande en *déclaration d'hypothèque*, lorfque l'on a un droit acquis & exigible fur l'héritage ; au lieu que lorfqu'on n'a qu'un droit éventuel, par exemple, un droit qui n'eft pas encore ouvert, on forme feulement une action ou demande en interruption pour empêcher la prefcription. La demande en *déclaration d'hypothèque* doit être formée avant que la prefcription de l'hypothèque foit acquife. *Voyez* HYPOTHÈQUE. (*A*)

DÉCLARATION *en jugement*, eft celle qui eft faite devant le juge, *pro tribunali fedente.* (*A*)

DÉCLARATION *à faire par les nouveaux poffeffeurs d'immeubles.* L'édit de décembre 1703, *art. 25*, la *déclaration* du 19 juillet 1704, *art. 16*, celle du 20 mars 1708, *art. 10*, l'arrêt du confeil rendu en forme de réglement le 15 feptembre 1722, ordonnent à tous nouveaux poffeffeurs de biens immeubles, héritiers en collatérale, donataires, légataires, inftitués, fubftitués, héritiers purs & fimples, ou bénéficiaires, de faire au bureau des infinuations laïques, dans les fix mois de leur propriété, la *déclaration* des biens dont ils font nouveaux poffeffeurs, même de ceux qui font tenus en franc-aleu, franc-bourgage, franc-bourgeoifie, ou qui, fuivant les coutumes & ufages, ne font fujets à aucun droit lors des mutations, à l'effet d'en payer les droits de centième denier.

Cette *déclaration* doit contenir la valeur & la confiftance des biens, être fignée & certifiée véritable par les propriétaires, avec affirmation qu'on n'y a rien omis, & que la valeur déclarée eft la jufte valeur des biens. Le fermier de fon côté, peut faire procéder, si bon lui semble, par experts convenus, ou nommés d'office, à l'estimation des biens déclarés. En cas d'omission ou de fausse *déclaration*, le propriétaire supporte les frais de l'estimation, est condamné, en outre, au paiement du triple droit, & à une amende de trois cens livres, sans que ces peines puissent être remises, modérées, ni réputées comminatoires.

DÉCLARATION *de tenure*, & DÉCLARATION *au papier terrier. Voyez* DÉCLARATION *censuelle.*

DÉCLARATION *au profit d'un tiers*, on appelle ainsi l'acte, ou la clause d'un acte, par laquelle un particulier reconnoît, que le bien acquis en son nom, que la constitution faite à son profit, que l'obligation qu'il a acceptée, ne lui appartiennent pas, mais à un autre auquel il a prêté son nom, & qu'il déclare. *Voyez* ACQUÉREUR, COMMAND.

DÉCLARATION *pure & simple*, on appelle ainsi en droit celle que donne une personne intéressée dans le fait dont est question, lorsque cette *déclaration* n'est ni translative ni attributive d'aucun droit à un tiers. Telles sont, une *déclaration* pure & simple qui n'a rapport à aucun acte ou contrat, celle d'appel sur un jugement de juges inférieurs, celle que les usagers fournissent aux maîtrises des eaux & forêts sur le nombre de leurs bestiaux, celle faite par un particulier que les biens d'une autre personne sont francs & quittes de toutes dettes, &c.

DÉCLARATION *en matière de traites. Voyez le Dictionnaire des finances.*

DÉCLARATION *de guerre*, (*Droit public.*) c'est un acte public fait par les officiers d'une nation, de vive voix, ou par écrit, par lequel on fait savoir à une autre nation, que l'on va commencer contre elle les actes d'hostilité, pour obtenir la réparation de l'injure ou du dommage reçu. *Voyez le Dictionnaire diplom. écon. & polit.*

DÉCLARATION *du roi*, est en France une sorte de loi par laquelle le roi explique, réforme ou révoque une ordonnance ou édit.

Les *déclarations du roi* sont des lettres-patentes de grande chancellerie qui commencent par ces mots, *à tous ceux qui ces présentes lettres verront*, elles sont scellées du grand sceau de cire jaune, sur une double queue de parchemin, & sont datées du jour, du mois & de l'année ; en quoi elles diffèrent des ordonnances & édits qui commencent par ces mots, *à tous présens & à venir*, & sont signés du roi ; visés par le chancelier, scellés du grand sceau en cire verte sur des lacs de soie verte & rouge, & ne sont datés que du mois & de l'année. Il y a néanmoins quelques édits où ces différences n'ont pas été bien observées, & auxquels on a donné la forme d'une *déclaration*, tel que l'édit de Cremieu du 19 juin 1539. (*A*)

DÉCLARATION *roturière* ; c'est la même chose que *déclaration censuelle. Voyez ce mot.* (M. GARRAN DE COULON).

DÉCLARATION *de tenure*, est celle que le censitaire rend à son seigneur. *Voyez* DÉCLARATION *censuelle.* (M. GARRAN DE COULON).

DÉCLARATION, (*Lettres de*) sont des lettres-patentes accordées à ceux qui, après avoir été long-temps absens hors du royaume, & avoir, en quelque sorte, abdiqué leur patrie, reviennent en France ; comme ils ne sont pas étrangers, ils n'ont pas besoin de lettres de naturalité, mais de *lettres de déclaration*, pour purger le vice de la longue absence. Bacquet, *tr. du droit d'aubaine, chap. 9.* (*A*)

DÉCLARATOIRE, adj. (*Jurispr.*) on appelle *acte déclaratoire*, celui qui ne tend simplement qu'à faire une déclaration d'un fait, ou à expliquer quelque chose, sans contenir aucune nouvelle obligation ou disposition. *Voyez ci-devant* DÉCLARATION.

DÉCLINATOIRE, s. m. (*Jurisprud.*) est une exception par laquelle le défendeur refuse de procéder en la jurisdiction où il est assigné, & demande son renvoi devant un autre juge, qu'il prétend être seul en droit de connoître de l'affaire pour laquelle le *déclinatoire* est proposé.

On dit quelquefois *exception déclinatoire*, & quelquefois simplement *un déclinatoire*. Proposer un *déclinatoire*, c'est proposer son exception *déclinatoire*.

On doit proposer le *déclinatoire*, *in limine litis*, c'est-à-dire avant d'engager le fond, conformément à la loi 33, *au digest. liv. V, tit. j.*

On doit aussi statuer préalablement sur le *déclinatoire*, avant de statuer sur le fond. Le *déclinatoire* doit être jugé à l'audience, où en cas de difficulté on ne peut ordonner qu'un délibéré, & non un appointement. Les *déclinatoires* se jugent ordinairement au parquet de la jurisdiction où ils sont proposés. Lorsque celui qui demande son renvoi obtient à ses fins, le juge du *déclinatoire* ordonne que les parties se pourvoiront devant le juge que l'on réclame, si c'est un juge qui lui soit inférieur ; si c'est un juge supérieur ou qui ne dépende pas de lui, le juge du *déclinatoire* ordonne que les parties se pourvoiront devant les juges qui en doivent connoître. Si le *déclinatoire* est mal fondé, le juge prononce que sans s'arrêter au *déclinatoire*, les parties procéderont pardevant lui, & alors le défendeur est obligé de défendre au fond. *Voyez l'ordonnance de 1667, tit. vj, & aux mots* COMPÉTENCE, EXCEPTION DÉCLINATOIRE, RENVOI, INCOMPÉTENCE, PRIVILÈGE. (*A*)

DÉCLINER *la jurisdiction d'un juge*, (*Jurispr.*) c'est refuser de procéder pardevant lui, & demander son renvoi devant un autre. *Voyez ci-devant* DÉCLINATOIRE. (*A*)

DÉCOMPTE, s. m. (*Jurispr.*) signifie ce qu'un comptable a droit de déduire & retenir par ses mains sur ce qu'il doit.

Le *décompte* se prend aussi pour le *bordereau* des sommes qui ont été dépensées par le comptable pour l'oyant. *Voyez* COMPTE, DÉPENSE & RELIQUAT.

DÉCONFÉS *ou* DESCONFÉS, f. m, (*Jurifpr.*) c'eft celui qui ne s'eft pas confeffé. Notre droit féodal accordoit autrefois au feigneur haut-jufticier la confifcation des meubles de ceux qui mouroient dans cet état, & fans avoir fait de legs pieux. On trouve tant de traces de cet ancien droit, dans les loix de prefque toute l'Europe, qu'il faut bien dire ici quelque chofe des révolutions qu'il a effuyées.

Dès que Conftantin eut permis de tefter en faveur des églifes, leur patrimoine fut regardé comme celui des pauvres, & prefque aucun fidéle ne décéda fans leur laiffer une partie de fes biens. L'avidité des eccléfiaftiques, les calamités de l'empire, & fur-tout le nombre des captifs faits par les Barbares, qui en dévaftoient les frontières, rendirent bientôt ces liberalités fi exceffives, que les héritiers refufoient très-fouvent d'exécuter les dernières volontés des défunts.

C'étoit principalement les évêques qui fe chargeoient de la rédemption des captifs, & les empereurs Léon & Anthémius leur permirent d'abord d'exiger les legs faits pour cet objet, lorfque les teftateurs n'auroient pas défigné par qui la rédemption devoit être faite.

Juftinien alla beaucoup plus loin : par une conftitution de l'an 530, il fixa un temps dans lequel les heritiers feroient tenus d'accomplir les intentions du défunt, après quoi il les déclaroit privés du profit des fucceffions, & laiffoit aux évêques le pouvoir d'en difpofer, foit que le teftateurs l'euffent ainfi ordonné, ou qu'ils l'euffent défendu expreffément. (*Voyez l. 28, §. 1, cod. de epifcopis, &c. l. 48, cod. eod. Novel. 131, cap. 11 & Julian. conft. 119, cap. 117, 118.*)

On regarda bientôt que c'étoit une obligation de faire, en mourant, quelque legs aux églifes, & lorfque quelqu'un décédoit *ab inteftat* & fans enfans, Conftantin Porphyrogenète ordonna que la troifième partie de fes biens feroit employée en œuvres pies. (*Voyez Balzamon. ad can. 84, conc. Carthag.*)

Des caufes femblables firent établir le même ufage chez nos aïeux. Un capitulaire permet aux évêques de fe mettre en poffeffion des biens du défunt, & d'en dépouiller les héritiers, fi ceux-ci perfiftent à refufer d'accomplir ce qui leur étoit ordonné par le teftateur. (*Capitul. addit. 3, cap. 57, cap. 6. X de teftament.*)

Divers décrets des papes ont confirmé ce droit aux évêques. Le concile de Trente même les déclare tous exécuteurs teftamentaires, comme délégués du faint fiège, quand il n'y a point d'exécuteurs nommés dans le teftament. (*Voyez la feffion 22, canon 8.*)

Les legs pieux furent portés encore à de plus grands abus dans l'Occident que dans l'Orient, l'obligation en devint fi indifpenfable, que, depuis l'onzième jufqu'au quinzième fiècle, on regardoit comme excommuniés ceux qui ne laiffoient rien

à l'églife en mourant. On leur refufoit l'abfolution, le viatique & même la fépulture.

On accordoit d'ailleurs la plus grande faveur à ces legs, il fuffifoit de les faire verbalement. On trouve encore des reftes de cette ancienne faveur dans plufieurs de nos coutumes, (*Voyez la Coutume de Paris, art. 292 à la fin ; & celle de Loudun, tit. 25, art, 1.*)

D'après cela, il n'eft pas étonnant qu'on ait regardé les morts fubites, qui ne permettoient pas de faire des legs à l'églife, comme un effet de la vengeance divine, que le défunt s'étoit attiré par fa mauvaife vie. Les feigneurs, qui s'étoient attribué la fucceffion de ceux qui décédoient *ab inteftat*, fans laiffer d'héritiers de leur famille, avoient étendu ce droit de déshérence le plus qu'il leur avoit été poffible. Ils recueilloient les propres de ceux qui ne laiffoient point d'héritiers du côté & ligne d'où ces biens leur étoient venus ; ce droit fubfifte encore dans la coutume d'Anjou, & dans quelques autres. Ils recueilloient également la fucceffion de ceux qui fe tuoient eux-mêmes. Ils ne tardèrent pas à réclamer auffi le mobilier de ceux qui mouroient *déconfés* & *ab inteftat*, foit parce qu'ils les regardoient comme des efpèces de défefpérés, fuivant le préjugé qui régnoit alors, foit parce qu'ils fuppofoient que leur fucceffion étoit fans héritiers pour le mobilier, puifqu'on n'en avoit point difpofé fuivant l'ufage.

Quelques feigneurs accordèrent néanmoins l'exemption de ce droit rigoureux, à leurs fujets. La charte des privilèges de la Rochelle, de l'an 1227, publiée par Befly, dans fes preuves de l'hiftoire des comtes de Poitou, porte entre autres chofes, que les héritiers des *déconfés* leur fuccéderont fans difficulté, *quòd quicumque ex illâ five teftatus, five inteftatus, idest, five confeffus, five non morietur, omnes ejus res & poffeffiones integrè & quietè remaneant hæredibus fuis & generi fuo.*

Ce droit fubfiftoit d'ailleurs dans toute fa force du temps de S. Louis. Tout ce que put faire ce roi fage & pieux, ce fut de le reftreindre. Il ordonna que tous les meubles de celui qui mourroit *déconfés* après huit jours de maladie, appartiendroient au baron, ou au feigneur haut-jufticier, s'il y avoit un feigneur de cette efpèce au-deffous du baron, *mès que s'il moroit defconfés de mort fubite, la juftice ne la feigneurie n'y auroit riens.* (*Etabliffemens de S, Louis, liv. I, chap. 89.*)

On trouve une difpofition peu différente dans le chap. 21 de l'ancien coutumier latin de Normandie. Il y eft dit que les héritiers de ceux qui meurent fans confeffion & communion, après neuf jours de maladie, ne feront pas privés de leurs terres, mais que leurs chaftels refteront dans la main du prince. On lit à-peu-près la même chofe dans l'ancienne coutume d'Anjou, glofée.

Dans bien des endroits, pour éluder plus fûrement l'avidité des feigneurs, l'ufage s'introduifit de feindre que celui qui étoit mort fubitement, avoit

avoit remis sa dernière volonté à l'évêque, qui commettoit, soit par lui, soit par ses officiaux, des personnes ecclésiastiques pour faire un testament au défunt, conjointement avec ses parens & amis. On trouve un de ces testamens dans les anciennes coutumes de Berry, *partie 5, chap. 12, p. 708.*

Lorsque les héritiers ne vouloient rien donner, les évêques les y contraignoient par censures ecclésiastiques, & refusoient cependant la sépulture aux défunts ; ils étoient juges & parties dans cette matière, parce qu'ils s'étoient attribué la connoissance des causes testamentaires. Ainsi les héritiers étoient obligés de souscrire aux testamens que les ecclésiastiques faisoient pour les défunts, & même d'abandonner aux évêques les meubles du décédé, comme ils les abandonnoient auparavant aux seigneurs.

Enfin, le parlement proscrivit cet étrange abus avec plusieurs autres entreprises de la jurisdiction ecclésiastique. Un arrêt du 19 mars 1409, rendu à la requête du procureur général, contre l'évêque & les curés d'Amiens, ordonna « que un chacun » desdits habitans pourroit coucher *cum uxoribus* » *suis*, la première nuit de leurs noces, sans le » congé de l'évêque, & que les habitans qui mouroient pourroient être enterrés sans le congé de » l'évêque & de ses officiers, s'il n'y a empêchement canonique, & outre que les héritiers » du testament d'aucun trépassé ne pourront estre » contraints de obéir, ne accomplir les ordonnances » faites par les officiers dudit évêque, *ne par lui* » *au regard des testamens faits par* (ou pour) *lesd.* » *intestaux* ; mais les pourra led. évêque admonester charitablement qu'ils fassent bien pour » l'ame dud. intestat, & que les héritiers ou exécuteurs du testament d'aucun trépassé pourront » dedans l'an du trépassement soumettre l'exécution d'icelui à la justice laï ou d'église ».

Tout cet ancien droit est aujourd'hui aboli en France. Mais Louis XIV l'a, pour ainsi dire, renouvellé contre les nouveaux convertis, par sa déclaration du 9 avril 1686, qui prononce des peines encore plus sévères contre ceux qui mouroient en refusant les sacremens.

Des abus peu différens s'étoient introduits en Espagne. L'église y levoit un tribut sur ceux qui décédoient sans tester en sa faveur ; ce que l'on appelloit *mourir sans langue, sin lengua.* Cette entreprise fut réprimée dans les fameuses loix connues sous le nom de *siette partidas, partid. 1, tit. 13, ley 6.*

En Angleterre & en Ecosse, le roi & les seigneurs confisquèrent aussi tous les biens meubles des *décédés.* La loi *regiam majestatem,* au titre 53, *de intestato decedente,* porte : *ejus qui intestatus decedit, omnia catalla sua domini sui erunt, si verò plures habuerit dominos, quilibet illorum catalla recuperabit quæ in suo reperiet dominio.*

On trouve la même décision dans les anciens jurisconsultes d'Angleterre. Mais les prélats, sous prétexte de réprimer cet abus, s'y mirent aussi sur le pied de faire des testamens pour les défunts. Par la coutume de quelques endroits, le testateur étoit obligé de reconnoître son seigneur & l'église dans la disposition de ses biens, & de leur laisser ses deux meilleurs effets, sous le nom d'*hériot & mortuaries.*

Ces droits ne subsistent plus aujourd'hui. Mais si le défunt est mort *ab intestat,* ses plus proches parens & sa veuve sont encore obligés de recourir à l'ordinaire, qui leur accorde la possession des biens du défunt, sous le titre d'*administrateurs.* *Voyez Blackston'es commentaries book 2, chapt. 32.* (*M. GARRAN DE COULON.*)

DÉCONFITURE, s. f. (*Jurispr.*) signifie l'insolvabilité du débiteur, dont les biens sont insuffisans pour payer tous ses créanciers.

Le cas de la *déconfiture* est prévu dans les loix romaines, au digeste de *tributoriâ actione,* & aux *inst. l. IV, tit. vij, §. 3,* par rapport à un esclave qui fait commerce au vu & au su de son maître. Ces loix veulent qu'il se fasse une contribution, comme en effet cela se pratique pour toutes sortes de débiteurs insolvables, quand il y a lieu à la contribution.

L'*article 179* de la coutume de Paris porte, qu'en cas de *déconfiture* chaque créancier vient à contribution au sou la livre sur les biens meubles du débiteur, & qu'il n'y a point de préférence ou prérogative pour quelque cause que ce soit, encore qu'aucun des créanciers eût fait premier saisir.

L'*article 180* dit, que le cas de *déconfiture* est quand les biens du débiteur, tant meubles qu'immeubles, ne suffisent aux créanciers apparens, & que si pour empêcher la contribution se meut différend entre les créanciers apparens de la suffisance ou insuffisance desdits biens, les premiers en diligence qui prennent les deniers des meubles par eux arrêtés, doivent bailler caution de les rapporter pour être mis en contribution, en cas que lesdits biens ne suffisent.

Quand il y a *déconfiture,* on commence par contribuer les meubles entre tous les créanciers, soit hypothécaires ou chirographaires ; ce qui est plus avantageux aux créanciers hypothécaires, que si on les colloquoit d'abord sur le prix des immeubles, puisque par ce moyen ils toucheroient moins sur le prix des meubles.

Dans le cas de *déconfiture,* le premier saisissant n'a aucun privilège, si ce n'est pour les frais qu'il a faits utilement pour la conservation du gage commun des créanciers.

L'usage des pays de droit écrit est conforme à celui de pays coutumier, dans le cas de la *déconfiture.*

Mais en Normandie on n'a point d'égard à la *déconfiture* ; les biens meubles & immeubles se distribuent toujours par ordre d'hypothèque, quand il y a des créanciers hypothécaires. *Voyez* CONTRI-

BUTION, FAILLITE, HYPOTHÈQUE, PRIVILÈGE, SAISISSANT. (*A*)

DÉCOUSTEMENT, f. m. terme ancien, que l'on trouve dans les coutumes de Bayonne & Bordeaux, dans la signification de loyaux coûts, que le retrayant en exerçant le retrait, eſt obligé de payer au-delà du prix principal de l'acquiſition.

DÉCOUVERT (*d*), *Juriſpr.* c'eſt lorſque l'on fait exhibition de quelque choſe. Ce terme s'emploie principalement dans les retraits, & dans les occaſions où l'on eſt contraint de faire des offres réelles. L'huiſſier ou autre officier public chargé de faire les offres, doit montrer *à découvert* les deniers, ou autres choſes offertes, afin que l'on voie que les offres ſont réelles & ſérieuſes. *Voyez* OFFRES RÉELLES.

DÉCRET, ſi m. ce mot ſignifie en général, ordre, ordonnance, jugement. Il ſe prend encore pour les délibérations de certaines compagnies, & pour certaines contraintes décernées contre les accuſés.

Ce terme appartient à la juriſprudence canonique, civile & criminelle. Nous allons en parler ſous ces trois rapports.

DÉCRET, ſi m. (*Juriſpr. canoniq.*) on appelle ainſi pluſieurs compilations d'anciens canons; tels ſont le *décret* de Bouchard de Worms, ceux d'Yves de Chartres, & de Gratien : nous allons donner une idée de chacune de ces collections.

Bouchard, évêque de Worms, s'eſt rendu célèbre, non-ſeulement par le zèle avec lequel il rempliſſoit tous les devoirs de l'épiſcopat, mais encore par le recueil de canons qu'il compoſa vers l'an 1008, & qu'il nous a laiſſé. Pluſieurs ſavans avec leſquels il étoit lié, l'aidèrent dans ce travail. Les anciens exemplaires de cet ouvrage ne portent aucun titre; néanmoins divers paſſages de Sigebert, *chronicon; circa annum 1008*, & *de ſcriptor. eccleſ.* donnent lieu de croire qu'il eut celui de *magnum decretorum volumen*, comme faiſant un volume plus conſidérable que la collection de Réginon & autres précédentes. Mais par la ſuite on ſe contenta de l'appeller *décret*, & c'eſt ce qui eſt pareillement arrivé aux compilations d'Yves de Chartres & de Gratien, quoique dans l'origine ces auteurs leur euſſent donné d'autres titres.

A la tête de la collection de Bouchard, on trouve une énumération des principales ſources où il a puiſé. Ces ſources ſont le recueil des canons, vulgairement appellé *le corps des canons*; les canons des apôtres, les conciles d'outremer, par leſquels il entend ceux qui ont été tenus *en Grèce, en Afrique & en Italie*, les conciles d'Allemagne, des Gaules, & d'Eſpagne; les conſtitutions des ſouverains pontifes, les évangiles, & les écrits des apôtres, l'ancien teſtament, les écrits de S. Grégoire, de S. Jérôme, de S. Auguſtin, de S. Ambroiſe, de S. Benoît, de S. Baſile, de S. Iſidore, le pénitentiel romain, ceux de Théodore, archevêque de Cantorbery, & de Bède prêtre, dit *le vénérable*.

Bouchard diviſe ſon ouvrage en 20 livres. Il traite d'abord de l'autorité du pape, de l'ordination des évêques, de leurs devoirs, & de la manière de les juger. Il paſſe enſuite aux autres ordres du clergé, aux égliſes, à leurs biens temporels, & aux ſacremens. Dans le ſixième livre & les ſuivans, il traite des crimes & des pénitences qu'on doit impoſer pour leur expiation. Il entre à cet égard dans le plus grand détail : il explique la manière d'impoſer & d'obſerver la pénitence, & les moyens de la racheter, lorſqu'on ſe trouve dans l'impoſſibilité de l'accomplir. Tout ceci compoſe la plus grande partie du *décret* de Bouchard, & conduit juſqu'au dix-ſeptième livre. Dans le dix-huitième, il eſt parlé de la viſite, de la pénitence, & de la réconciliation des malades. Le dix-neuvième, ſurnommé *le correcteur*, traite des mortifications corporelles, & des remèdes pour l'ame que le prêtre doit preſcrire à chacun, ſoit clerc, ſoit laïque, pauvre ou riche, ſain ou malade; en un mot aux perſonnes de tout âge, & de l'un ou de l'autre ſexe. Enfin dans le vingtième, qu'on appelle *le livre des ſpéculations*, il eſt queſtion de la providence, de la prédeſtination, de l'avènement de l'antechriſt, de ſes œuvres, de la réſurrection, du jour du jugement, des peines de l'enfer, & de la béatitude éternelle.

Cette collection de Bouchard eſt extrêmement défectueuſe. Premièrement, l'auteur n'a pas conſulté les originaux des pièces dont il l'a compoſée, mais il s'eſt fié aux compilations antérieures; de-là vient qu'ayant fait uſage, ſur-tout de celle de Réginon, connue ſous le titre *de diſciplinis eccleſiaſticis & religione chriſtianâ*, d'où il a tiré, ſuivant la remarque de M. Baluze, 670 articles, il en a copié toutes les fautes. Il lui eſt même arrivé d'en ajouter qui lui ſont propres, parce qu'il n'a pas entendu ſon original, & c'eſt ce que nous allons rendre ſenſible. Le recueil de Réginon eſt partagé en deux livres; chacun d'eux commence par divers chefs d'information, auxquels l'évêque doit avoir égard dans l'examen qu'il fait de la conduite des clercs & des laïques de ſon diocèſe. Ces différens chefs ſont appuyés ſur l'autorité des canons que Réginon a ſoin de rapporter. S'il ſe fonde ſur pluſieurs canons, après en avoir cité un, il ajoute ſouvent dans l'article qui ſuit ces paroles *unde ſuprà*, pour marquer qu'il s'agit en cet endroit du même chef d'information dont il étoit queſtion à l'article précédent. Mais Bouchard s'eſt imaginé que par ces paroles, *unde ſuprà*, Réginon vouloit indiquer la ſource d'où l'article étoit tiré, & qu'ainſi elle étoit la même pour lors, que celle du précédent. Cela eſt cauſe que les inſcriptions de ces articles ſont ſouvent fauſſes : par exemple, Réginon, *lib. II. cap. ccclxiij.* cite un canon du concile d'Ancyre, & dans l'article ſuivant il cite un autre canon avec l'inſcription *unde ſuprà*. Bouchard rapportant ce dernier canon, *lib. X, cap. j.* l'attribue, dans l'idée dont nous venons de parler, au concile d'Ancyre.

C'eſt par une ſemblable erreur qu'au *liv. II, ch. ij*

& *iij*, où il rapporte les articles 407 & 408 du liv. II de Reginon, il les attribue au concile de Rouen, parce qu'ils suivent immédiatement l'article 406 tiré de ce concile, & qu'ils sont accompagnés de la note *undè suprà*. En second lieu, on peut reprocher à Bouchard son affectation à ne point citer les loix civiles, sur-tout les capitulaires de nos rois, & en cela il n'a pas pris Reginon pour modèle. Ainsi ce qu'il emprunte réellement des capitulaires, il l'attribue aux conciles même dont les capitulaires ont transcrit les canons, ou aux fausses décrétales qu'ils ont adoptées en plusieurs endroits. Bouchard va même jusqu'à citer à faux, plutôt que de paroître donner quelque autorité aux loix des princes. Nous nous contenterons d'indiquer ici au lecteur *le chap. xxxvij*, *du liv. VII*, où il rapporte un passage tiré de l'article 105 du premier livre des capitulaires, comme étant d'un concile de Tolède, sans dire néanmoins de quel concile de Tolède, quoique, suivant la remarque des correcteurs romains au *décret* de Gratien sur le canon 34 de la cause 27, question 2, le passage ne se trouve dans aucun de ces conciles.

Si on consulte M. Baluze dans ses notes sur Reginon, §. 22, & dans celles sur les capitulaires, on trouvera beaucoup d'autres exemples de cette espèce. Il n'y a qu'une seule occasion où Bouchard cite les capitulaires de Charlemagne; savoir au *liv. II*, *chap. cclxxxj*, & même il ne le fait que comme ayant été confirmés par les évêques assemblés à Aix-la-Chapelle. On ne peut rendre d'autre raison de cette conduite, sinon que dans la décadence de la race de Charlemagne, l'empire des François étant divisé en partie orientale & occidentale, & l'Allemagne s'étant soustraite à la domination de nos rois Carlovingiens, un Allemand rougissoit de paroître respecter les *décrets* des rois & des prélats de France. Enfin cette collection est parsemée de fausses décrétales; mais en ceci Bouchard n'a fait que suivre le torrent de son siècle, pendant lequel l'autorité de ces décrétales s'établissoit de plus en plus.

L'importance & la multiplicité de ces imperfections n'ont point empêché Sigebert, *chap. cxlj, de scriptor. ecclesi.* de prodiguer à cet ouvrage les éloges les plus outrés, comme si en effet Bouchard n'eût jamais employé que des monumens authentiques, & qu'il eût apporté à cet égard la plus scrupuleuse exactitude. Mais telle étoit l'ignorance de ces temps-là, qu'on recevoit sans aucun examen tout ce qui étoit recueilli par des auteurs de quelque réputation. Il n'est donc pas étonnant si ceux qui ont fait après lui de nouveaux recueils de canons, ont négligé de remonter aux véritables sources, & ont par cette raison conservé les mêmes erreurs dans leurs compilations. Passons maintenant au *décret* d'Yves de Chartres.

Yves de Chartres, né au diocèse de Beauvais, d'une famille illustre, entra dans sa jeunesse dans l'abbaye du Bec, & y fit de tels progrès dans l'étude de la Théologie, sous le célèbre Lanfranc, qu'il

fut bientôt en état de l'enseigner. Guy, évêque de Beauvais, ayant rassemblé des chanoines dans un monastère qu'il avoit fait bâtir en l'honneur de S. Quentin, mit Yves à leur tête : cet abbé renouvella avec zèle les pratiques austères de la vie canoniale, qui étoit tombée dans le relâchement. Dans la suite Urbain II, après avoir déposé Geoffroi, évêque de Chartres, nomma Yves à sa place, & le sacra évêque : plusieurs prélats, sur-tout l'archevêque de Sens, s'opposèrent d'abord à cette entreprise du pape, & chassèrent Yves de son siège; mais il y fut rétabli. Dans le temps qu'il gouvernoit l'église de S. Quentin à Beauvais, & qu'il y enseignoit la théologie, il composa, vers l'an 1110, son grand recueil des canons, connu sous le nom de *décret*, quoiqu'il l'eût intitulé, *Excerptiones ecclesiasticarum regularum*. Ce titre étoit d'autant plus convenable, qu'on ne trouve dans ce recueil aucun *décret* d'Yves de Chartres, mais seulement des extraits tirés, soit des actes de divers conciles, soit des lettres des souverains pontifes, des écrits des SS. peres, ou bien enfin des ordonnances des princes chrétiens.

La préface qu'il y a jointe, annonce dans quelle vue il a ramassé ces monumens : c'est, dit-il, afin que ceux qui sont hors d'état de se procurer tous ces écrits, puisent dans cette collection ce qui peut leur être utile; nous commençons, ajoute-t-il, par ce qui concerne la foi, comme étant la base de la religion chrétienne; nous mettons ensuite sous différens titres ce qui regarde les sacremens, la morale, la discipline; & de cette façon chacun trouvera facilement ce qu'il lui importe de connoître. Cette préface mérite d'être lue; elle montre un grand fonds d'érudition dans son auteur, & fait sentir avec force combien il est nécessaire aux prélats d'être versés dans la discipline ecclésiastique.

L'ouvrage est divisé en dix-sept parties, dont chacune renferme un nombre considérable d'articles : elles répondent aux 20 livres de Bouchard, & sont rangées à-peu-près dans le même ordre. La première partie traite du baptême & de la confirmation. La seconde, de l'eucharistie, du sacrifice de la messe, & des autres sacremens. La troisième, de l'église & des choses qui lui appartiennent, & du respect qu'on doit avoir pour elles. La quatrième, des fêtes, des jeûnes, des écritures canoniques, des coutumes, & de la célébration des conciles. La cinquième, de la primatie de l'évêque de Rome, du droit des primats, des métropolitains, & des évêques. La sixième, de la vie, de l'ordination, & de la correction des clercs, & des cas où elle a lieu. La septième, de la tranquillité & de la retraite prescrites aux religieux & religieuses, & des peines que méritent ceux qui n'ont point gardé le vœu de continence. Dans la huitième, il est parlé des mariages légitimes, des vierges, & des veuves non voilées, de ceux qui les ravissent, des concubines. Dans la neuvième, des différentes espèces de fornication; du degré dans lequel les fidèles peuvent se marier, ou doivent être séparés. Dans la dixième, des homicides volontaires ou involontaires. Dans la onzième, de la magie, des sorciers. Dans la douzième, du mensonge, du parjure, des accusateurs, des juges, des faux-témoins. Dans chacune de ces parties, on voit aussi quelle est la pénitence qu'on impose à ceux qui sont dans l'un de ces différens cas. Les voleurs, les médisans, l'ivrognerie, les furieux, & les Juifs, sont la matière de la treizième. La suivante traite de l'excommunication, des causes pour lesquelles on l'encourt, & de la procédure suivant laquelle elle doit être lancée. La quinzième, de la pénitence de ceux qui sont en santé ou malades, & comment elle peut être adoucie. La seizième, des devoirs & des causes des laïques. Enfin la dernière contient les sentences des SS. PP. sur la foi, l'espérance, & la charité.

Yves a emprunté dans sa collection beaucoup de choses de Bouchard de Worms; souvent même il se contente de le copier mot à mot, & il ne l'abandonne totalement qu'en deux circonstances: 1°. sur ce qui regarde l'hérésie de Berenger qui s'étoit élevée de son temps, & qu'il réfute en rapportant dans sa seconde partie beaucoup de passages des conciles & des SS. PP. pour confirmer le dogme catholique sur la présence réelle de J. C. dans le sacrement de l'eucharistie; au lieu que Bouchard a gardé sur cette matière un profond silence: 2°. en ce que dans sa seizième partie, à l'occasion des causes des laïques dont il parle, il cite souvent le code Théodosien, les pandectes, le code, les novelles, les instituts de Justinien, & les capitulaires de nos rois; ce que Bouchard n'a point fait. Yves est même regardé comme le premier qui dans l'Occident ait joint le droit civil au droit canonique; il a été imité en cela par les compilateurs qui l'ont suivi.

Nous avons un autre recueil de canons d'Yves de Chartres, divisé en huit livres, qui porte le nom de pannormie. Ce nom est composé des mots grecs π α ν & νόμος, ou à la place de ce dernier, du mot latin norma, & il indique que cette compilation renferme toutes les règles de la discipline ecclésiastique: quelques-uns doutent que cette collection soit d'Yves de Chartres, & i s se fondent, 1°. sur ce que la préface est la même que celle du décret, d'où ils concluent que l'un des deux ouvrages n'est point de cet auteur; 2°. sur ce qu'on y trouve des décrets des papes Calixte II & Innocent II, qui n'ont cependant occupé le saint-siège que depuis la mort d'Yves de Chartres; 3°. sur ce que les livres de Justinien y sont cités. Or ces livres n'ont été recouvrés, suivant Jacques Godefroi in manuali juris, qu'en l'année 1136, dans les ruines de Melphi, ville de la Pouille, lorsque l'empereur Lothaire II chassa les Normands d'Italie, & Yves de Chartres est mort en 1115: ainsi ils croient qu'il faut l'attribuer à un certain Hugues de Châlons-sur-Marne, ou à quelque autre écrivain qui aura fait un extrait du décret d'Yves.

Ils allèguent le témoignage de Vincent de Beauvais, qui dit, lib. XXV Speculi historialis, cap. lxxxiv. que d'après le décret d'Yves de Chartres, Hugues a composé un petit livre portatif, intitulé la somme des décrets d'Yves de Chartres. Mais M. Baluze, dans sa préface sur les dialogues d'Antoine Augustin, de emendatione Gratiani, rapporte qu'il a consulté un manuscrit très-ancien de l'abbaye de S. Victor de Paris, & deux autres manuscrits du monastère de S. Aubin d'Angers; que cette collection y est appellée par-tout pannormie, & jamais somme des décrets d'Yves; d'où il paroît, dit-il, que le livre dont Vincent de Beauvais fait mention, est différent de celui-ci. Il présume même que le manuscrit de S. Victor est antérieur au temps d'Hugues de Châlons, & il juge ainsi sans doute par le caractère de l'écriture: ajoutez à cela que, selon la remarque d'Antoine Augustin, évêque de Lérida, puis archevêque de Tarragone en Espagne, la pannormie ne peut être un extrait du décret d'Yves, puisque ces deux collections se ressemblent en très-peu de choses.

Quant aux objections précédentes, on répond à la première qui naît de la répétition de la préface, qu'elle n'est point dans plusieurs exemplaires de la pannormie; voyez Antoine Augustin, lib. I, de emendat. Gratiani, cap. j. D'ailleurs l'auteur a pu se servir de la même préface pour deux ouvrages qui ont le même objet, quoique distribués & traités différemment. La seconde objection est détruite par le P. Mabillon: ce savant Bénédictin, dont on ne peut sans injustice soupçonner la bonne foi, assure avoir vu deux manuscrits très-anciens de ce recueil, où le nom d'Yves de Chartres est écrit, & où les décrets des papes Calixte II & Innocent II ne sont point. En troisième lieu, si les livres de Justinien se trouvent cités dans ce recueil, cela prouve simplement qu'ils ont été connus en France avant la prise de Melphi, quoique ce soit là l'époque où on ait commencé à les enseigner publiquement dans les écoles.

Nous ne balançons donc point à reconnoître la pannormie pour être d'Yves de Chartres, mais on ignore si elle a précédé le décret ou non; on est obligé de s'en tenir sur ce sujet à des conjectures bien légères. Les uns disent qu'il est assez vraisemblable que la pannormie étant d'un moindre volume, & son auteur la voyant reçue favorablement, & entre les mains de ceux qui s'appliquoient à l'étude du droit canonique, il se soit dans la suite proposé un plus grand ouvrage, tel que le décret, pour y traiter les choses avec plus d'étendue. Les autres prétendent au contraire, que par cela même que la pannormie est plus abrégée, il y a lieu de croire qu'elle a été faite depuis, & avec plus de soin. D'ailleurs elle a, dit-on, dans plusieurs exemplaires cette inscription, decreta parva Yvonis, qui semble avoir rapport à quelque ouvrage antérieur plus considérable, qu'on aura simplement appellé decreta. Quoi qu'il en soit, ces deux compilations d'Yves de Chartres font recommandables, en ce qu'il y traite avec précision tout ce qui regarde la discipline eccléfiastique, & qu'il les a enrichies de décisions tirées du droit civil, comme nous l'avons déjà obfervé : de plus, elles font d'un grand ufage pour réformer Gratien : & Dumoulin, profeffeur en droit de Louvain, qui nous a donné en 1561 la première édition du *décret* d'Yves de Chartres, déclare s'en être utilement fervi à cet égard. Mais Yves de Chartres eft repréhenfible d'avoir fuivi les fauffes decrétales, & de n'avoir pas confulté les véritables fources.

Ce que nous venons de dire fur ces deux collections nous paroît fuffire ; nous nous étendrons davantage fur celle de Gratien comme plus importante, & faifant partie du corps du droit canonique.

Gratien de Chiufi en Tofcane, embraffa la règle de S. Benoît, dans le monaftère de S. Félix de Bologne. Vers l'an 1151, fous le pontificat d'Eugène III, & le règne de Loüis VII, dit le Jeune, il publia un nouveau recueil de canons, qu'il intitula *la concorde des canons difcordans*, parce qu'il y rapporte plufieurs autorités qui femblent oppofées, & qu'il fe propose de concilier. Dans la fuite, il fut appellé fimplement *décret*.

La matière de ce recueil font les textes de l'écriture, les canons des apôtres, ceux d'environ 105 conciles, favoir des neuf premiers conciles œcuméniques, en y comprenant celui de Trulle ou le Quini-Sexte, & de 96 conciles particuliers ; les décrétales des papes, les extraits des SS. PP. comme de S. Ambroife, S. Jérôme, S. Auguftin, S. Grégoire, Ifidore de Séville, &c. les extraits tirés des auteurs eccléfiaftiques, les livres péniténtiaux de Théodore, de Bede & de Raban-Maur, archevêque de Mayence ; le code Théodofien, les fragmens des jurifconfultes Paul & Ulpien, les capitulaires de nos rois, l'hiftoire eccléfiaftique, le livre appellé *pontifical*, les mémoires qui font reftés fur les fouverains pontifes, le diurnal & l'ordre romain.

A ces autorités, il joint fréquemment fes propres raifonnemens, dont la plupart tendent à la conciliation des canons : il met auffi à la tête de chaque diftinction, caufe ou queftion, des efpèces de préfaces qui annoncent en peu de mots la matière qu'il va traiter. Au refte, l'énumération des fources qu'emploie Gratien, prouve qu'il étoit un des hommes les plus favans de fon fiècle, malgré le grand nombre de fautes qu'on lui reproche avec raifon, comme nous le démontrerons inceffamment.

L'ouvrage de Gratien eft divifé en trois parties. La première renferme cent & une diftinctions ; il nomme ainfi les différentes fections de cette première partie & de la troifième, parce que c'eft fur-tout dans ces deux parties qu'il s'efforce de concilier les canons qui paroiffent fe contredire, en diftinguant les diverfes circonftances des temps & des lieux, quoiqu'il ne néglige point cette méthode dans la feconde. Les vingt premières dif-

tinctions établiffent d'abord l'origine, l'autorité & les différentes efpèces du droit, qu'il divife en droit divin & humain, ou naturel & pofitif ; en droit écrit & coutumier, en droit civil & eccléfiaftique.

Il indique enfuite les principales fources du droit eccléfiaftique, fur lefquelles il s'étend depuis la quinzième diftinction jufqu'à la vingtième : ces fources font les canons des conciles, les décrétales des papes, & les fentences des SS. PP. Delà il paffe aux perfonnes, & on peut fous-divifer ce traité en deux parties, dont l'une qui tient depuis la vingt-unième diftinction jufqu'à la quatrevingt-douzième, regarde l'ordination des clercs & des évêques ; & l'autre, qui commence à la quatrevingt-treizième diftinction & conduit jufqu'à la fin, parle de la hiérarchie & des différens degrés de jurifdiction.

La feconde partie du *décret* contient trente-fix caufes, ainfi nommées de ce qu'elles font autant d'efpèces & de cas particuliers, fur chacun defquels il élève plufieurs queftions. Il les difcute ordinairement en alléguant des canons pour & contre, & les termine par l'expofition de fon fentiment. Cette partie roule entièrement fur les jugemens eccléfiaftiques, il en diftingue de deux fortes, les criminels & les civils.

Il traite en premier lieu des jugemens criminels, comme plus importans, puifqu'ils ont pour fin la punition des délits, & paffe enfuite aux jugemens civils inftitués pour décider les conteftations qui naiffent entre les particuliers.

Dans cette feconde partie, Gratien obferve peu d'ordre ; non feulement il interrompt celui que d'abord il femble s'être prefcrit, & s'éloigne de fon objet, mais quelquefois même il le perd entiérement de vue : c'eft ce qui lui arrive à la queftion 3 de la trente-cinquième caufe ; il avoit commencé dans la vingt-feptième caufe, à parler du mariage, & avoit deftiné dix caufes à cette matière, qui eft très-abondante ; mais à l'occafion d'un raifonnement qu'il fait avant le douzième canon, *queft.* 2, *caufe 3*, il quitte fon fujet pour examiner s'il eft permis aux pénitens de contracter mariage. Une pareille digreffion n'étoit peut-être pas tout-à-fait déplacée, à caufe que, fuivant l'ancienne difcipline, la pénitence publique étoit un des empêchemens du mariage ; du moins on pouvoit l'excufer, fur-tout Gratien reconnoiffant au commencement de la troifième queftion, qu'il s'étoit un peu écarté : mais dans cet endroit-là même il fait un autre écart bien plus confidérable, car à l'occafion de cette troifième queftion dont le *fujet eft, fi on peut fatisfaire à Dieu par la feule contrition intérieure, fans aucune confeffion de bouche*, il s'étend fur la pénitence d'une manière fi prolixe, que les interprètes ont jugé à propos de fous-divifer ce traité en fept diftinctions : enfuite à la quatrième queftion, il reprend le mariage, & continue d'en parler jufqu'à la trente-fixième caufe, où finit la feconde partie du *décret*.

La troifième partie eft divifée en cinq diftinctions, & eft intitulée *de la confécration*. Dans la première, il s'agit de la confécration des églifes & des autels; dans la feconde, du facrement de l'euchariftie; dans la troifième, des fêtes folemnelles; dans la quatrième, du facrement de baptême; & dans la dernière, du facrement de la confirmation, de la célébration du fervice divin, de l'obfervation des jeûnes, & enfin de la très-fainte Trinité.

Cette troifième partie n'eft point entremêlée des raifonnemens de Gratien, fi ce n'eft au cinquantième canon de la première diftinction, & aux dix-neuvième & vingtième canons de la quatrième: la raifon qu'en donne l'auteur de la glofe, eft qu'il faut parler fobrement & avec retenue des facremens; un pareil motif dans Gratien eût été extrêmement fage, & mériteroit fans-doute nos éloges: mais nous croyons être en droit de les lui refufer à ce fujet, & c'eft de dont le lecteur jugera, lorfque dans la fuite nous lui aurons rendu compte de la réflexion que fait cet auteur fur les canons de la première diftinction *de pænitentiâ*.

L'obfervation que nous venons de faire fur la troifième partie du *décret*, étant particulière à cette partie, il convient de joindre ici celles qui regardent toutes les trois également, excepté néanmoins que fur la manière de citer les canons, nous envoyons au mot CITATIONS *du droit canonique*.

La première qui fe préfente eft que Gratien n'a point mis à fes diftinctions ou caufes, des rubriques, c'eft-à-dire des titres qui annoncent le fujet de chacune, comme on avoit déjà fait dans les livres du droit civil, & comme les compilateurs des décrétales, qui font venus après lui, l'ont pratiqué; mais les interprètes y ont fuppléé dans Gratien, & ont foin de placer à la tête de chaque diftinction ou queftion, des fommaires de ce qui eft traité dans le courant de la fection.

En fecond lieu, on trouve fouvent dans le *décret*, des canons avec cette infcription, *palea*: les canoniftes ne s'accordent pas entre eux fur la fignification de ce mot, quelques-uns penfent qu'il eft métaphorique, & fert à défigner que les canons ainfi appellés méritent peu d'attention, & doivent être féparés du refte comme la paille doit l'être du bon grain; d'autres ont cru qu'il dériveroit du mot gecr τὰ παλαία, c'eft-à-dire *antiqua*, comme fi cette infcription indiquoit que ces canons renferment des points de difcipline entièrement abrogés par l'ufage: plufieurs enfin le font defcendre de l'adverbe grec πάλιν, en latin *iterum*, & veulent lui faire fignifier que ces canons ne font autre chofe que des répétitions d'autres canons; mais ces différentes étymologies font toutes fans aucun fondement, puifqu'en effet ces canons contiennent fouvent des chofes importantes, qui ne fe trouvent point répétées ni contraires à

l'ufage moderne: ainfi nous préférons comme plus vraifemblable, le fentiment de ceux qui croient que le mot *palea* eft le nom propre de celui qui a fait ces additions, qu'il étoit un des difciples de Gratien, qu'on l'éleva par la fuite à la dignité de cardinal.

Antoine Auguftin, qui penche vers cette dernière opinion, *lib. I, de emendatione Gratiani, dialog. 2, in fine*, nous dit que de fon temps il y avoit à Crémone une famille qui portoit le nom de *Palea*. Il conjecture que Palea, le difciple de Gratien & l'auteur des canons qui ont cette infcription, étoit de la même famille. Quoi qu'il en foit, les correcteurs romains, dans leur avertiffement, nous apprennent qu'il y a très-peu de ces canons dans trois exemplaires manufcrits de Gratien, fort anciens, qui paroiffent écrits peu de temps après lui; que dans un manufcrit très-corrigé, ils font en marge fans aucune note particulière, mais qu'on n'y trouve point tous ceux qui font dans les exemplaires imprimés, & réciproquement qu'il y en a plufieurs dans celui-ci qui manquent dans les imprimés; que dans un autre manufcrit dont le caractère eft très-antique, tous les canons font dénommés à la tête du volume, & d'une écriture plus récente; que dans un autre exemplaire, ils y font tous, ou du moins la plupart, les uns avec l'infcription *palea*, & les autres fans rien qui les diftingue. Ils concluent de ces diverfes obfervations, que ces additions ne font point toutes du même temps; qu'elles ont d'abord été mifes en marge; que plufieurs font peut-être de Gratien lui-même; qu'enfuite par l'inattention des libraires, les unes auront été omifes, les autres inférées dans le texte, tantôt en les joignant aux canons précédens, tantôt en les en féparant. Antoine Auguftin, dans l'endroit cité ci-deffus, va plus loin, il prétend qu'aucune de ces additions n'eft de Gratien, qu'elles ont toutes été mifes après coup, & que même pour la plus grande partie, elles n'étoient point inférées dans le *décret* du temps de Jean Semeca, furnommé le *teutonique*, un des premiers interprètes de Gratien, attendu qu'on trouve peu de glofes, parmi celles qu'il a écrites fur le *décret*, qui aient rapport à ces canons.

Mais ce qu'il importe le plus de remarquer dans cette collection, ce font les imperfections dont elle eft remplie; il fuffira de les réduire ici à quelques chefs principaux, & d'en indiquer les caufes. Premièrement, Gratien a fait ufage de la compilation d'Ifidore & de plufieurs autres monumens fuppofés. Il nous a propofé comme la vraie difcipline de l'églife, celle qui a pour bafe ces fauffes décrétales & ces monumens apocriphes, & parce qu'elle ne s'accorde pas avec la difcipline établie fur les écrits de S. Léon, de S. Grégoire & des autres pères pendant l'efpace de plus de huit fiècles, il les a fouvent altérés, lorfqu'il les a cités, en y ajoutant, retranchant ou changeant quelque chofe; ou bien il a employé des moyens de conciliation abſolument incompatibles, tant avec ces écrits qu'avec la diſcipline dont ils nous donnent l'idée.

Il s'eſt pareillement ſervi, ſans aucun examen, de tout ce qui pouvoit contribuer à étendre la juriſdiction eccléſiaſtique, & à ſouſtraire les clercs à la juriſdiction ſéculière. C'eſt dans cette vue qu'il mutile des canons ou des loix, ou qu'il leur donne un ſens contraire à celui qu'ils préſentent. De plus, il a inſéré dans ſon *décret* touchant l'ordre judiciaire eccléſiaſtique, beaucoup de choſes empruntées du droit civil, & entièrement inconnues pendant les premiers ſiècles. Bien loin de rappeler à ce ſujet les anciens canons & les écrits des SS. PP. il n'a cherché qu'à fomenter la cupidité des juges eccléſiaſtiques, en autoriſant, à la faveur des fauſſes décrétales, la coutume déjà introduite dans leurs tribunaux, d'adopter toutes les formalités des loix civiles, & les abus pernicieux qui en réſultent.

Outre les altérations & les fauſſes interprétations dont nous venons de parler, il a mis ſouvent de fauſſes inſcriptions à ſes canons; il attribue aux papes ceux qui appartiennent à des conciles ou à de ſimples évêques. C'eſt ainſi qu'il rapporte des canons comme étant du pape Martin tenant concile, qui ſont ou des conciles orientaux, ou de Martin de Prague, auteur d'une compilation. Il ſe trompe encore fréquemment ſur les noms des perſonnes, des villes, des provinces & des conciles. Enfin, il cite, comme d'auteurs recommandables, tels que S. Grégoire, S. Ambroiſe, S. Auguſtin & S. Jérôme, des paſſages qui ne ſe trouvent nulle part.

Ce ſeroit néanmoins une imprudence de rejetter ſans exception comme apocryphe ce que Gratien rapporte, par la raiſon qu'on ne trouve point le paſſage dans l'auteur ou le concile qu'il cite. Gratien a pu ſans doute voir beaucoup de choſes qui ont péri dans la ſuite par l'injure des temps, ou qui demeurent enſevelies dans les bibliothèques. Pour rendre ſenſible la poſſibilité de ce fait, nous nous contenterons d'un ſeul exemple. Le quatrième canon, *cauſ.* 1, *queſt.* 3, a pour inſcription, *ex concilio Urbani papæ habito Arverniæ* : le P. Sirmon, ſavant jéſuite, n'ayant pas trouvé ce canon parmi ceux de ce concile qui ont été publiés, mais parmi les canons non imprimés d'un concile, que tint à Nîmes Urbain II, à la fin du ſecond ſiècle, il avertit, *in antirrhetico ſecundo adverſus Petrum Aurelium*, p. 97, que l'inſcription de ce canon eſt fauſſe dans Gratien, & qu'on doit l'attribuer au concile de Nîmes. Mais ce reproche eſt mal fondé, car les anciens manuſcrits prouvent que ce canon a d'abord été fait au concile de Clermont en Auvergne, tenu ſous Urbain II, & enſuite renouvellé dans celui de Nîmes. *Voyez les notes de Gabriel Coſſard, tome X, col.* 530.

Les erreurs de Gratien proviennent en partie de ce qu'il n'a pas conſulté les conciles même, les

mémoires ſur les ſouverains pontifes, ni les écrits des SS. PP. mais uniquement les compilateurs qui l'ont précédé, dont il a adopté toutes les fautes que leur ignorance, leur inattention, ou leur mauvaiſe foi leur ont fait commettre, & en cela, il eſt lui-même inexcuſable; mais d'un autre côté, on doit en imputer le plus grand nombre au ſiècle où il vivoit. En effet, l'art de l'imprimerie n'étant pas alors découvert, on ne connoiſſoit les ouvrages des ſavans que par les manuſcrits; les copiſtes dont on étoit obligé de ſe ſervir pour les tranſcrire, étoient ordinairement des gens peu exacts & ignorans : les fautes qu'ils avoient faites ſe perpétuoient, lorſque ſur un même ouvrage on n'avoit pas pluſieurs manuſcrits, afin de les comparer enſemble, ou lorſqu'on négligeoit de prendre cette peine.

D'ailleurs, du temps de Gratien, on recevoit avec vénération des pièces ſuppoſées, entre autres les fauſſes décrétales ; la diſcipline qu'elles renferment étoit généralement reconnue pour celle de l'égliſe, ſur-tout dans l'univerſité de Bologne. Avouons de plus, pour n'être pas injuſtes, qu'au milieu des fauſſes autorités qu'il allègue, ou de celles qu'il interprète mal, il rapporte des canons & des paſſages des SS. PP. qui ſont un miroir fidèle de l'ancienne diſcipline : ainſi en ſéparant le vrai d'avec le faux, ſon ouvrage eſt d'une grande utilité pour bien connoître cette diſcipline que l'égliſe a preſcrite autrefois, qu'elle a toujours ſouhaité & qu'elle ſouhaite encore de retenir, autant que les circonſtances des temps & des lieux le permettent, ou de rétablir dans les points qui ſont négligés. Elle a dans tous le temps exhorté les prélats de travailler à cette réforme, & a fait des efforts continuels pour remettre en vigueur la pratique des anciens uſages.

Après le tableau que nous venons de tracer, & où nous avons raſſemblé ſous un point de vue facile à ſaiſir, les imperfections du recueil de Gratien, qui ne s'étonnera de la prodigieuſe rapidité avec laquelle il parvint au plus haut degré de réputation ? cependant à peine vit-il le jour, que les juriſconſultes & les théologiens ſe réunirent à lui donner la préférence ſur toutes les collections précédentes : on l'enſeigna dans les écoles, on le cita dans les tribunaux, on en fit uſage dans les nouveaux traités de juriſprudence & de théologie ſcholaſtique ; les compilations des décrétales qui lui ſuccédèrent, en empruntèrent pareillement beaucoup de choſes, ou y renvoyèrent, comme au code univerſel des canons.

On s'embarraſſa peu ſi Gratien étoit conforme aux originaux qu'il citoit, ſi ces originaux étoient eux-mêmes authentiques & non ſuppoſés, ou du moins interpolés ; il parut ſuffiſant de l'avoir pour garant de ce que l'on avançoit. Nous voyons que dans le *cap.* 1 *de capellis monachorum in primâ collectione*, on attribue au concile de Clermont, ſous Urbain II, un *décret* qui ne ſe trouve dans aucun des conciles tenus fous ce pape, fuivant la remarque des correcteurs romains, au deuxième canon, *cauſe* 16, *queſt.* 2 ; mais dans cet endroit, Gratien avoit rapporté ce canon comme appartenant à ce concile, & dans le *cap.* 11 *extra de renuntiat.* le pape Innocent III objecte l'autorité du faux concile de Conſtantinople, tenu fous Photius contre Ignace, ancien patriarche de ce fiège, parce que Gratien avoit cité le deuxième canon de ce conciliabule fous le nom du vrai concile de Conſtantinople.

C'eſt ainſi que l'autorité de Gratien en impoſoit, & pour en concevoir la raiſon, il faut recourir aux circonſtances. Premiérement, la méthode dont il ſe ſert lui fut avantageuſe; avant lui, les compilateurs s'étoient contentés de rapporter ſimplement les canons des conciles, les *décrets* des papes, & les paſſages tirés ſoit des ſaints pères, ſoit des autres auteurs : mais Gratien voyant qu'il régnoit peu de conformité entre ces canons & ces paſſages, inventa pour les concilier, de nouvelles interprétations, & c'eſt dans cette vue qu'il agite différentes queſtions pour & contre, & les réſout enſuite. Or la ſcholaſtique qui traite des matières dans ce goût, avoit pris naiſſance environ vers ce temps-là ; c'eſt pourquoi la méthode de Gratien dut plaire aux docteurs de ſon ſiècle.

En ſecond lieu, Gratien ayant emprunté beaucoup de choſes des livres de Juſtinien, retrouvés en 1137, & qu'on commençoit de ſon temps d'enſeigner publiquement dans les écoles de l'univerſité de Bologne, les docteurs de cette univerſité ne purent qu'accueillir favorablement un pareil ouvrage : or cette univerſité étant la ſeule alors où floriſſoit le droit romain, le concours des étudians qui y venoient de toutes parts étoit prodigieux. Ils virent que ſur le droit canonique, les profeſſeurs ſe bornoient à expliquer & commenter le *décret*, & de-là ils eurent inſenſiblement pour ce recueil une grande eſtime. Lorſque après avoir fini leur cours d'études ils retournèrent dans leur patrie, ils y répandirent l'idée favorable qu'ils avoient priſe du *décret*, & de cette manière il devint célèbre chez toutes les nations policées.

Mais ce qui contribua le plus à ſon ſuccès, ce fut l'uſage que fit Gratien des fauſſes décrétales fabriquées par Iſidore, à deſſein d'augmenter la puiſſance du pape, & des autres pièces ſuppoſées, tendantes au même but, que celui-ci n'avoit oſé hazarder de ſon temps; ainſi l'ouvrage de Gratien fut extrêmement agréable aux ſouverains pontifes & à leurs créatures : ils n'eſt donc pas étonnant qu'ils ſe ſoient portés à le faire recevoir par-tout avec autant d'ardeur qu'ils en avoient eu auparavant pour la collection d'Iſidore.

La célébrité même du *décret* fut ce qui excita dans la ſuite pluſieurs ſavans à le revoir avec ſoin, pour en corriger les fautes. Il parut honteux que ce qui faiſoit le corps du droit canonique, demeurât ainſi défiguré. Vers le milieu du ſeizième

ſiècle, MM. de Monchy & Leconte, l'un théologien & l'autre profeſſeur en droit, furent les premiers qui ſe livrèrent à ce pénible travail. Ils enrichirent cette collection de notes pleines d'érudition, dans leſquelles ils reſtituèrent les inſcriptions des canons, & diſtinguèrent les vrais canons des apocryphes.

M. Leconte avoit joint une préface où il montroit évidemment que les lettres attribuées aux ſouverains pontifes qui ont précédé le pape Sirice, étoient ſuppoſées. Il confia ſon manuſcrit à une perſonne, qui le fit imprimer à Anvers l'an 1570, mais entièrement mutilé & imparfait. Cette édition eſt défectueuſe, en ce qu'on y a confondu les notes de MM. de Monchy & Leconte, quoique elles ſoient très-différentes, & ſe combattent quelquefois. De plus, le cenſeur des livres s'imaginant que la préface portoit atteinte à l'autorité légitime du pape, en retrancha beaucoup de morceaux; il s'y prit néanmoins ſi mal-adroitement, qu'il nous reſte des preuves certaines de ſa ſupercherie.

Cette préface de M. Leconte eſt rappellée dans quelques-unes de ſes notes. Par exemple, ſur le premier canon, *cauſe* 30, *queſt.* 5, qui eſt tiré de la fauſſe décrétale du pape Evariſte, M. Leconte fait cette remarque : *tous les décrets qui portent le nom de ce pape, doivent être regardés comme ſuppoſés, ainſi que je l'ai fait voir dans ma préface.* Nous avons d'ailleurs un long fragment de cette même préface à la tête du *tome IV des Œuvres de Charles Dumoulin, édit. de Paris de 1681.* On y retrouve le jugement que porte M. Leconte, ſur les fauſſes décrétales & les autres monumens apocryphes employés par Gratien. Un pareil jugement lui fait d'autant plus d'honneur, que le flambeau de la critique n'avoit pas encore diſſipé les ténèbres profondes de l'ignorance où l'on étoit plongé à cet égard.

On vit bientôt ſuccéder d'autres corrections, tant à Rome qu'en Eſpagne, à celle qu'avoient faite MM. de Monchy & Leconte. Les papes Pie IV & Pie V avoient d'abord conçu ce deſſein, & choiſi pour l'exécuter quelques perſonnes habiles; mais les recherches qu'entraînoit après elle une reviſion exacte, étoient ſi conſidérables, que du temps de ces ſouverains pontifes on ne put rien achever.

A la mort de Pie V, on éleva ſur le ſaint ſiège Hugues Buoncompagno, qui prit à ſon avénement le nom de *Grégoire XIII.* Il étoit de Bologne, & y avoit profeſſé le droit canonique. Etant enſuite parvenu au cardinalat, il fut un de ceux qu'on chargea de corriger le *décret.* Ce fut ſous ſon pontificat qu'on mit la dernière main à cette grande entrepriſe.

Dans le temps qu'on s'y appliquoit à Rome, Antoine Auguſtin travailloit de ſon côté en Eſpagne, & écrivit ſur ce ſujet deux livres de dialogues. Il étoit à la fin de ſon ouvrage, quand on on lui apporta l'édition de Rome, ce qui lui fit composer des additions qu'il plaça à la suite de chaque dialogue, & on y retrouve les corrections romaines. Ces deux livres de dialogues ont été réimprimés par les soins de M. Baluze, qui y a joint des notes, tant sur Antoine Augustin que sur Gratien. Elles servent sur-tout à indiquer les différentes leçons des plus anciens exemplaires de Gratien, soit imprimés, soit manuscrits.

Pour parvenir au but qu'on se proposoit à Rome, de purger le recueil de Gratien de toutes les fautes dont il étoit rempli, on fouilla dans la bibliothèque du Vatican, dans celle du monastère de S. Dominique, & dans plusieurs autres. On invita les savans de tous les pays à faire la même chose, & à envoyer à Rome leurs découvertes. Ces précautions ne furent point inutiles; on réussit en grande partie à remettre chaque chose dans le vrai rang qu'elle devoit occuper dans cette collection, c'est-à-dire qu'on distingua avec assez d'exactitude ce qui appartenoit aux conciles généraux, aux papes, aux conciles provinciaux & aux saints pères.

L'avertissement au lecteur, qui est à la tête du décret, annonce le plan qu'on a suivi dans la revision qu'on en a faite, soit pour restituer les véritables inscriptions des canons, soit pour corriger le texte même. A l'égard de la restitution des inscriptions, si l'erreur étoit évidente, & si quelques exemplaires de Gratien s'accordoient avec la véritable inscription & la citation faite par les autres compilateurs, on ne balançoit pas, dans ce cas, d'ôter la fausse inscription, & de substituer la vraie à sa place. Si le canon, quoique de l'auteur cité par Gratien, se trouvoit pareillement dans un autre auteur (car souvent les mêmes sentences se rencontrent dans plusieurs auteurs), alors on retenoit la citation de Gratien, & on se contentoit d'indiquer l'endroit où l'on trouvoit le même canon dans un autre auteur, & comme quelquefois il arrive qu'une partie du canon soit de l'auteur cité, & l'autre n'en soit pas, ou du moins que les paroles en soient fort changées, on a eu soin de prévenir le lecteur sur toutes ces choses; & de plus, on a noté en marge les endroits où se trouvoit le même canon dans les autres compilateurs, sur-tout dans ceux qui ont beaucoup servi à réformer Gratien.

Quant à la correction du texte, voici la méthode qu'on a observée. 1°. On n'a point changé les commencemens des canons, mais lorsqu'ils différoient de l'original, on a mis à la marge ou dans une note la vraie leçon. La précaution de retenir les commencemens des canons étoit nécessaire, parce que jusqu'au temps de M. Leconte, qui le premier a distingué les canons par chiffres, on les citoit par les premiers mots; ensorte que sans cette précaution on auroit eu peine à trouver dans les compilateurs plus anciens, les endroits de Gratien rapportés par M. Leconte. 2°. On a eu

cet égard pour la glose, qu'on n'a point changé le texte, toutes les fois que le changement pouvoit empêcher de sentir ce que la glose avoit voulu dire, mais on a indiqué seulement la faute à la marge ou en note.

Si le changement du texte ne produisoit pas cet inconvénient, on se déterminoit pour lors suivant l'intention que Gratien paroissoit avoir eue. S'il sembloit avoir voulu rapporter les propres termes des auteurs qu'il citoit, on les corrigeoit d'après l'original; quelquefois même, si cela étoit très-utile, on ajoutoit quelques mots; mais si la leçon vulgaire paroissoit la meilleure, on la conservoit, & on mettoit en marge le texte original. Si l'intention de Gratien n'étoit pas de rapporter les mêmes paroles, mais seulement un sommaire qu'il eût fait lui-même, ou Yves de Chartres, ou quelque autre compilateur, alors on corrigeoit, ou on n'ajoutoit presque rien, à moins qu'il ne parût très-utile de restituer la leçon de l'endroit d'où Gratien avoit tiré ce qu'il rapportoit.

Enfin on a répété très-souvent cette note, qu'on a rapporté les termes de l'original, afin que cela n'échappe point au lecteur, & qu'il puisse s'épargner la peine d'aller consulter les originaux. Tel est le plan auquel les correcteurs romains se sont conformés exactement, & dont on a la preuve dans le texte des notes, & dans les différences qui se rencontrent entre le décret corrigé & celui qui ne l'est pas.

On présume aisément que la correction du décret de Gratien fut agréable aux savans, mais ils trouvèrent qu'on avoit péché dans la forme en plusieurs points. Ils auroient sur-tout désiré qu'on n'eût pas altéré les anciennes & vulgaires leçons de Gratien, & qu'on se fût contenté d'indiquer les variantes, en laissant au lecteur la faculté de juger par lui-même laquelle de ces leçons étoit la plus vraie.

Cette variété de leçons auroit quelquefois servi, soit à éclaircir l'obscurité d'un canon, soit à lever les doutes qu'il présente, soit à découvrir l'origine de la leçon employée par des auteurs plus anciens. On crut encore qu'il n'étoit pas convenable que les correcteurs romains eussent pris sur eux de changer l'inscription de Gratien, quoiqu'elle se trouvât quelquefois constamment la même dans tous les exemplaires, soit imprimés, soit manuscrits. En effet, il est arrivé de-là qu'on a souvent fait dire à Gratien autre chose que ce qu'il avoit en vue; le troisième canon de la cinquante-quatrième distinction en fournit une preuve.

Dans toutes les anciennes éditions, il y a cette inscription, ex concilio Moguntiensi, si ce n'est que MM. de Monchy & Leconte; au lieu de Moguntiensi mettent Guntinensi, & ils remarquent à la marge que ce canon est tiré du huitième canon du premier concile de Carthage. Les correcteurs romains voyant que cette observation étoit juste, ont effacé l'inscription qui se trouve dans toutes les éditions, & ont substitué celle-ci, *ex concilio Carthaginensi primo*, ce qui ne doit être mis qu'en marge, comme avoient fait MM. de Monchy & Leconte. A la vérité, dans la note qui est au-dessous, ils font mention de l'ancienne inscription, & indiquent la source d'où la correction est tirée, mais ils n'ont pas toujours eu pareille attention dans toutes les occasions.

Prenons pour exemple le trente-quatrième canon de la cinquantième distinction, qui a cette inscription dans toutes les anciennes éditions, *Rabanus archiepiscopus scribit ad Heribaldum*. Les correcteurs romains ont ajouté, *lib. pœnitentiali, cap. 1*, sans faire aucune mention que c'étoit une addition de leur part. Or, cette inscription non seulement n'est point celle de Gratien, mais elle est fausse en elle-même, tandis que l'inscription de Gratien étoit la vraie. Il n'y a aucun livre pénitenciel de Raban qui soit adressé à Héribalde; mais nous avons une lettre de lui à ce même Héribalde, où l'on trouve ce canon au chap. 10 & non au premier. *Voyez* là-dessus M. Baluze, tant dans ses notes sur ce canon, que dans sa préface sur cette lettre de Raban.

De même, l'inscription du quatrième canon de la soixante-huitième distinction, suivant la correction romaine, est: *de his ita scribit Leo primus ad episcopos Germaniæ & Galliæ*. Cette inscription est non-seulement contraire à celle de toutes les éditions de Gratien, elle est encore manifestement fausse. Il est certain par la teneur de la lettre, qu'on ne peut l'attribuer à S. Léon, comme l'observe M. Baluze, dans ses notes sur ce canon, & comme le prouve très-solidement le P. Quesnel, dans sa onzième dissertation, qui est jointe aux œuvres de S. Léon, où il avertit qu'elle est, selon les apparences, de Léon III, & conséquemment que l'inscription de Gratien qui la donne simplement à Léon, sans marquer si c'est au premier ou au troisième, peut être vraie.

Ces exemples font voir qu'on se plaint avec raison de ce qu'on a ôté les inscriptions de Gratien pour en substituer d'autres; mais on se plaint encore plus amèrement de ce qu'on n'a point laissé le texte même du canon, tel que Gratien l'avoit rapporté. C'est ainsi que dans le troisième canon, *cause 8, quest. 1*, après ces mots, *judicio episcoporum*, les correcteurs romains ont effacé, de leur aveu, celles-ci qui suivoient, *& electione clericorum*, qu'on trouvoit dans tous les exemplaires de Gratien, même manuscrits. Ils justifient cette licence en disant que ces paroles ne sont ni dans la source originale, ni dans les autres compilateurs. Mais n'eût-il pas été plus à propos de conserver le texte en entier, & d'avertir seulement dans les notes que cette addition ne se trouvoit nulle part? Peut-être Gratien avoit-il vu quelque exemplaire du concile d'Antioche, d'où est tiré ce troisième canon, qui contenoit cette addition.

Quelquefois ils ont changé le texte, en aver-

tissant en général qu'il y a quelque chose de changé, sans dire en quoi consiste ce changement, comme dans le septième canon, *cauf. 36, quest. 1*. Enfin ils ont fait des additions sans faire mention d'aucune correction, comme au quatrième canon de la vingt-deuxième distinction, dans lequel, après ces paroles, *de Constantinopolitanâ ecclesiâ quod dicunt, quis eam dubitet sedi apostolicæ esse subjectam*, on lit celles-ci, *quod & D. piissimus imperator, & frater noster Eusebius ejusdem civitatis episcopus, assiduè profitentur*. Or, cette phrase n'est ni dans les anciennes éditions de Gratien, ni dans les manuscrits, ni dans l'édition de MM. de Monchy & Leconte, d'où il est évident qu'elle a été ajoutée par les correcteurs romains, quoiqu'ils ne l'insinuent en aucune manière.

Il s'ensuit, de ces divers changemens d'inscriptions & de textes, que c'est moins l'ouvrage de Gratien que nous avons, que celui des correcteurs romains. Il s'ensuit encore que beaucoup d'autres passages cités d'après Gratien, par d'autres auteurs, ne se trouvent plus aujourd'hui dans sa collection. En un mot, il est hors de doute que les fautes même des auteurs ne servent souvent qu'à éclaircir la vérité, sur-tout celles d'un auteur qui, pendant plusieurs siècles, a été regardé dans les écoles, dans les tribunaux, & par tous les théologiens & canonistes, comme un recueil complet de droit ecclésiastique.

Concluons donc que quoique le *décret* corrigé soit plus conforme en plusieurs endroits aux textes des conciles, des pères & des autres auteurs où Gratien a puisé, cependant, si on veut consulter la collection de Gratien, telle qu'elle a été donnée par lui, reçue & citée par les anciens théologiens & canonistes, il faut alors recourir aux éditions qui ont précédé celle de Rome.

Lorsque la revision du *décret* fut finie à Rome, Grégoire XIII donna une bulle qui en fait l'éloge, & où il ordonne à tous les fidèles de s'en tenir aux corrections qui ont été faites, sans y rien ajouter, changer ou diminuer. Mais les éloges du souverain pontife n'empêchent pas qu'il ne soit resté dans le *décret* beaucoup de fautes qui ont échappé à la vigilance des correcteurs romains, & de pièces supposées qu'ils ont adoptées, & c'est ce dont Bellarmin lui-même convient, *de script. eccl. in Gratian*. En effet, qui ne sait que le *décret* est parsemé de fausses décrétales fabriquées par Isidore, sans qu'il ait essayé à cet égard la censure des correcteurs romains? Ils y renvoient même souvent, comme à des sources pures; & bien loin de regarder ces décrétales comme supposées, ils un omis de dessein prémédité les notes de M. Leconte, qui les rejettoit pour la plupart.

Que dirons-nous des canons que Gratien rapporte sous le nom du concile d'Elvire, & sur lesquels les correcteurs romains ne forment aucun doute, quoique le savant Ferdinand Mendoza, *lib. 1, de confirm. conc. Eliberit. cap. 6*, fasse voir évidemment qu'ils font fuppofés, & que plufieurs d'entre eux font des canons de divers conciles confondus en un feul? Qui ignore que dans ces derniers fiècles nous avons eu des éditions corrigées de plufieurs faints pères, où l'on rejette comme fauffes beaucoup de chofes que Gratien a rapportées fous le nom de ces pères, & que les correcteurs romains ont cru leur appartenir?

Cela étant ainfi, on ne doit point, d'après la correction romaine, admettre comme pur & conforme aux fources originales, tout ce dont Gratien a fait ufage, ni les changemens & les notes que les correcteurs ont faits. Il faut convenir en même temps que depuis cette correction, celle de M. Leconte n'eft point inutile, 1°. parce qu'il a rejetté plufieurs canons dont tout le monde reconnoît aujourd'hui la fauffeté, quoique les correcteurs romains les aient retenus; 2°. parce qu'il a mis en marge bien des chofes d'après l'original, pour fuppléer aux fragmens de Gratien, lefquelles ont été omifes par les correcteurs; 3°. parce que les mêmes correcteurs ont quelquefois fuppléé, d'après l'original, aux canons rapportés par Gratien, fans faire aucune diftinction du fupplément & du texte de Gratien, enforte qu'on ne peut favoir précifément ce que Gratien a dit. Mais lorfque M. Leconte fupplée quelque chofe, d'après les fources ou d'ailleurs, foit pour éclaircir ou rendre le texte complet, il diftingue le fupplément du refte du texte, par un caractère différent. La liberté néanmoins qu'il prend de fuppléer, quoique avec cette précaution, lui eft reprochée par Antoine Auguftin, parce que, dit-il, la chofe eft dangereufe, les libraires étant fujets à fe tromper dans ces occafions, & à confondre ce qui eft ajouté avec ce qui eft vraiment du texte. Nous avons vu en quoi confiftent les diverfes corrections du décret, il nous refte à examiner quelle eft l'autorité de cette collection.

Il n'eft pas douteux que le recueil de Gratien n'a reçu de fon auteur aucune autorité publique, puifqu'il étoit un fimple particulier, & que la légiflation eft un des attributs de la fouveraine puiffance. On ne peut croire pareillement que le fceau de cette autorité publique ait été donné au décret, parce qu'on l'enfeigne dans les écoles; autrement la pannormie auroit été dans ce cas, puifque avant Gratien on l'expliquoit dans plufieurs univerfités, & c'eft néanmoins ce qui n'a été avancé par qui que ce foit.

Plufieurs écrivains ont prétendu que le décret avoit été approuvé par Eugène III, fous le pontificat duquel Gratien vivoit: mais ils ne fe fondent que fur le feul témoignage de Trithème, qui en cela paroît très-fufpect, puifque S. Antonin, archevêque de Florence, dans fa fomme hiftorique, Platina, de vitis pontificum, & les autres auteurs qui font entrés fur l'hiftoire des papes, dans les plus grands détails, n'en font aucune mention. Auffi voyons nous qu'Antoine Auguftin, dans

fa préface fur les canons pénitenciaux, n'héfite point à dire que ce qui eft rapporté par Gratien, n'a pas une plus grande autorité qu'il n'en avoit auparavant.

C'eft ce que confirme une differtation de la faculté de théologie de Paris, écrite en 1227, & qu'on trouve à la fin du maître des fentences. Le but de cette differtation eft de prouver que ce que difent S. Thomas, le maître des fentences, & Gratien, ne doit pas toujours être regardé comme vrai; qu'ils font fujets à l'erreur; qu'il leur eft arrivé d'y tomber, & on en cite des exemples.

S'il étoit permis d'avoir quelque doute fur l'autorité du décret de Gratien, il ne pourroit naître que de la bulle de Grégoire XIII, dont nous avons parlé ci-deffus, par laquelle il ordonne que toutes les corrections qu'on y a faites foient fcrupuleufement confervées, avec défenfes d'y rien ajouter, changer ou retrancher. Mais fi l'on y fait attention, cette bulle n'accorde réellement aucune autorité publique à la collection, elle défend feulement à tout particulier d'entreprendre de fon autorité privée de retoucher à un ouvrage qui a été revu par autorité publique. Si l'on entendoit autrement les termes de cette bulle, comme ils regardent indiftinctement tout le décret de Gratien, il s'enfuivroit que non feulement ce que Gratien cite fous le nom de canons, d'après les conciles, les lettres des papes, les écrits des faints pères & autres monumens, devroit avoir cette autorité, mais encore fes opinions particulières & fes raifonnemens, ce qui feroit abfurde, & ce que perfonne n'a ofé foutenir.

En effet, lorfque Gratien, dans la dift. 1 de pœnitentiâ, après avoir difcuté pour & contre, s'il eft néceffaire de fe confeffer au prêtre, ou s'il fuffit de fe confeffer à Dieu, pour obtenir la remiffion des péchés mortels dans le facrement de pénitence, conclut à la fin du canon 89, après avoir cité de part & d'autre une infinité de paffages, qu'il laiffe au lecteur la faculté de choifir celle de ces deux opinions qu'il croit être la plus convenable, mais que toutes deux ont leurs partifans gens fages & très-religieux: dira-t-on que ce jugement de Gratien, qui flotte entre ces deux opinions, a été approuvé par l'églife? ne dira-t-on pas au contraire avec les correcteurs romains, qu'on doit être perfuadé de la néceffité de fe confeffer au prêtre, ainfi que le prefcrit le concile de Trente après les autres conciles?

Il réfulte de tout ceci, que le recueil de Gratien n'a aucune autorité publique, ni par lui-même, ni par aucune approbation expreffe des fouverains pontifes; que ce qui y eft rapporté n'a d'autre autorité que celle qu'il a dans l'origine, c'eft-à-dire, que les canons des conciles généraux ou particuliers, les décrétales des papes, les écrits des faints pères qu'on y trouve, ne tirent aucune force de la collection où ils font raffemblés, mais ne confervent que le degré d'autorité qu'ils avoient déjà par eux-mêmes ; que les raisonnemens insérés par Gratien dans cette collection, n'ont d'autre poids que celui que leur donne la vérité, & qu'on ne doit tirer aucune conséquence des rubriques ajoutées par les docteurs, qui sont venus après lui, aux différentes sections de cet ouvrage.

Après avoir rempli les divers objets que nous nous étions proposés pour donner une idée exacte du *décret* de Gratien, nous croyons ne pouvoir mieux terminer cet article, pour ceux qui cherchent à s'instruire dans Gratien de l'ancienne discipline, qu'en leur indiquant les meilleurs auteurs qu'on puisse consulter sur cette collection. Nous les réduisons à trois, savoir ; Antoine Augustin, *de emendatione Gratiani*, avec les notes de M. Baluze : Vanespen, nouvelle édition de Louvain 1753, qui non seulement a fait sur le *décret* de Gratien un commentaire abrégé très-bon, mais encore des remarques fort utiles sur les canons des anciens conciles, tels que les premiers conciles œcuméniques, ceux d'Ancyre, de Néocésarée, de Gangres, d'Afrique, &c. dont beaucoup de canons sont rapportés dans Gratien ; voyez le troisième volume de Vanespen : enfin M. Dartis, qui a commenté assez au long tout le *décret*, est le troisième auteur que nous indiquons, en avertissant néanmoins qu'il est inférieur aux deux premiers. (*M. Bouchaud*.)

DÉCRETS DES CONCILES, sont toutes les décisions des conciles, soit généraux, nationaux ou provinciaux. Le concile prononce ordinairement en ces termes, *decrevit sancta synodus* ; c'est pourquoi ces décisions sont appellées *décrets*.

On comprend sous ce nom toutes les décisions, tant celles qui regardent le dogme & la foi, que celles qui regardent la discipline ecclésiastique : on donne cependant plus volontiers le nom de *canon* à ce qui concerne le dogme & la foi, & le nom de *décrets* aux réglemens qui ne touchent que la discipline.

Les *décrets des conciles*, même œcuméniques, qui concernent la discipline, n'ont point force de loi dans le royaume, qu'ils n'aient été acceptés par le roi & par les prélats, & publiés de l'autorité du roi. En les acceptant, le roi & les prélats peuvent y mettre telles modifications qui leur paroissent nécessaires pour le bien de l'église & la conservation des droits du royaume. C'est en conséquence de ce principe, que le concile général de Basle fit présenter ses *décrets* sur la discipline, au roi Charles VII & aux évêques de l'église gallicane, pour les prier de les recevoir & de les accepter.

Le concile de Trente n'a point été reçu en France, quoique les papes aient fait proposer plusieurs fois de le recevoir sans préjudice des droits du roi & des libertés de l'église gallicane. Il ne laisse pas d'y être observé pour les canons qui regardent la foi & le dogme, mais il ne l'est pas pour les *décrets* qui regardent la discipline. Il a été reçu dans les états du roi d'Espagne, mais avec des modifications.

Les *décrets des conciles* nationaux & provinciaux doivent aussi être présentés au roi, pour avoir la permission de les publier ; autrement ils n'ont point force de loi dans le royaume, parce que le roi, en qualité de protecteur de l'église gallicane, a le droit de veiller à ce que les règles ecclésiastiques que l'on veut établir, ne contiennent rien de contraire aux droits de sa couronne, ni aux libertés de l'église gallicane dont il est le défenseur. *Voyez* CONCILE. (*A*)

DÉCRET *dans les bulles*, est une clause par laquelle le pape ordonne quelque chose au sujet du bénéfice qu'il confère, ou pour mieux dire, c'est une loi qu'il impose au bénéficier. *Voyez* BULLE. (*A*)

DÉCRETS, (*faculté des*) est le nom que l'on donne quelquefois à la faculté de droit de l'université de Paris, *consultissima facultas decreti*. Le terme *décret* est pris en cet endroit pour le droit en général, ou peut-être singuliérement pour les saints *décrets* ou droit canon ; & ce nom lui a été donné parce que autrefois cette faculté étoit bornée à l'enseignement du droit canonique. *Voyez* UNIVERSITÉ.

DÉCRETS *des facultés*, sont des délibérations & décisions formées dans l'assemblée d'une faculté, pour régler quelque point de sa discipline.

DÉCRET *irritant*, ce terme est également en usage en droit civil & canonique : on appelle ainsi la disposition d'une loi ou d'un jugement qui déclare nul de plein droit, tout ce qui pourroit être fait au contraire de ce qu'elle ordonne par une précédente disposition ; par exemple, le concordat fait entre Léon X & François I, après avoir expliqué le droit des gradués, leur accorde le *décret irritant* en ces termes : *si quis verò cujuscumque statûs.... contra prædictum ordinem... de dignitatibus... officiis seu beneficiis:... aliter quàm prædicto modo disposuerit, dispositiones ipsæ sint ipso jure nullæ.*

Le terme *décret irritant* ou *clause irritante*, est fort usité en matière de bulles, de provisions des bénéfices, & autres matières bénéficiales, & il se dit de toutes les clauses dont les conditions doivent être remplies, à peine de déchéance de la grace accordée.

DÉCRET *de Sorbonne*, se dit d'une décision de la faculté de théologie de Paris, dont les assemblées se font en la maison de Sorbonne, sur quelques matières de théologie.

DÉCRET *de l'université*, est une délibération, ou décision d'une université, sur quelque point de doctrine ou de sa discipline. *Voyez* UNIVERSITÉ.

DÉCRETS, (*saints*) on entend sous ce nom les canons des conciles.

DÉCRET, (*Jurisprudence criminelle*.) c'est le nom qu'on donne aux contraintes décernées contre un accusé, à l'effet de l'obliger à comparoître devant le juge. Il y en a de trois sortes : le *décret d'as-*

figné pour être ouï, celui d'ajournement perfonnel & celui de prife-de-corps.

Sur le premier, *voyez* ASSIGNÉ *pour être ouï*:
fur le fecond, *voyez* AJOURNEMENT *perfonnel*.
Nous ajouterons feulement que, quoique ordinairement le *décret* d'ajournement perfonnel doive
être précédé des conclufions du miniftère public,
le juge peut néanmoins décréter d'office, lorfqu'en
voyant un procès il trouve qu'il y a lieu à prononcer le *décret*.

Les procès-verbaux des juges inférieurs ne peuvent occafionner qu'un *décret* d'ajournement perfonnel, jufqu'à ce que leurs affiftans aient été répétés : il en eft de même des procès-verbaux des
fergens & huiffiers, même des cours fouveraines, dans les cas de rébellion. Mais quand ils ont
été répétés, ainfi que leurs records, le juge
peut décréter de prife-de-corps, s'il y échet.

Le *décret de prife-de-corps*, eft un jugement rendu
en matière criminelle, qui ordonne qu'un accufé
fera pris & appréhendé au corps, fi faire fe peut,
& conftitué prifonnier, pour être ouï & interrogé
fur les faits réfultans des charges & informations
& autres fur lefquels le procureur du roi voudra
le faire ouïr ; finon qu'après la perquifition de fa
perfonne, il fera affigné à comparoir à quinzaine, & par un feul cri public à la huitaine en-
fuivant. Le *décret* porte auffi que les biens de l'accufé feront faifis & annotés, au lieu que les jugemens rendus en matière civile, qui condamnent
un débiteur, & par corps, à payer ou rendre
quelque chofe, ordonnent feulement que, faute d'y
fatisfaire, il fera conftitué prifonnier & détenu
dans les prifons jufqu'à ce qu'il ait fatisfait.

On ordonne le *décret de prife-de-corps* dans plufieurs cas, favoir :

1°. Lorfque l'accufé n'a pas comparu fur l'ajournement perfonnel à lui donné.

2°. Sur la feule notoriété publique pour un crime
de duel.

3°. Contre les vagabonds & gens fans aveu, fur
la plainte du procureur d'office, ou fur celle des
maîtres contre leurs domeftiques, lorfqu'il s'agit
de vol ou autre délit domeftique.

4°. Lorfque l'accufé eft pris en flagrant délit,
ou arrêté à la clameur publique, auquel cas après
qu'il a été conduit dans les prifons, le juge ordonne qu'il fera arrêté & écroué, & l'écroue lui
eft fignifié parlant à fa perfonne.

5°. L'ufage a encore admis qu'on peut, fans information préalable, décréter de prife-de-corps un
garçon qui n'a point de domicile certain, lorfqu'une
fille fe plaint d'avoir été féduite par lui.

Hors les cas dont on vient de parler, on n'ordonne le *décret de prife-de-corps* que fur le vu des
charges & informations, & il eft néceffaire que
les accufés paroiffent coupables de quelque crime
grave & qui mérite peine afflictive ou au moins
infamante, & qu'il réfulte au moins une femi-
preuve de l'information.

Le juge peut, fi le cas le requiert, décréter
de prife-de-corps des quidams non connus, fous
la défignation de leur habit & autres marques, &
même fur l'indication qui en fera faite par certaines perfonnes.

Quand l'accufé eft domicilié, on ne décerne
pas facilement le *décret de prife-de-corps*, fur-tout
fi c'eft contre un officier public, afin de ne pas
compromettre trop légèrement l'état d'un homme
qui peut fe trouver innocent, il faut que le titre
d'accufation foit grave ou qu'il y ait foupçon de
fuite.

Les *décrets de prife-de-corps* emportent de droit
interdiction contre les officiers, & s'exécutent
nonobftant toutes appellations, même comme de
juge incompétent ou récufé, & toutes autres, fans
demander permiffion ni *pareatis*. Il en eft de même
des *décrets* prononcés par les officiaux, qui s'exécutent même hors du reffort de l'officialité, fans
pareatis des juges royaux, pourvu qu'ils foient mis
à exécution par un huiffier royal. *Edit de 1695*.

Les lieutenans généraux des provinces & villes,
les baillis & fénéchaux, les maires & échevins,
les prévôt de maréchaux, vice-baillis, vice-fénéchaux, leurs lieutenans & archers, font tenus de
prêter main-forte à l'exécution des *décrets* & autres
ordonnances de juftice.

Les accufés qui font arrêtés, doivent être inceffamment conduits dans les prifons publiques,
foit royales ou feigneuriales, fans pouvoir être
détenus dans des maifons particulières, fi ce n'eft
pendant leur conduite & en cas de péril d'enlèvement, dont il doit être fait mention dans le
procès-verbal de capture & de conduite.

Les procureurs du roi des juftices royales doivent envoyer aux procureurs généraux, chacun
dans leur reffort, au mois de janvier & de juillet
de chaque année, un état figné par les lieutenans
criminels & par eux, des écroues & recommandations faites pendant les fix mois précédens, dans
les prifons de leurs fièges, & qui n'ont point été
fuivies de jugement définitif, contenant la date des
décrets, écroues & recommandations, le nom,
furnom, qualité & demeure des accufés, & fommairement le titre d'accufation & l'état de la procédure : les procureurs fifcaux des juftices feigneuriales font obligés de faire la même chofe à l'égard
des procureurs du roi des fièges royaux où ces
juftices reffortiffent.

Aucun prifonnier pour crime ne peut être élargi
que par ordonnance du juge, & après avoir vu
les informations, l'interrogatoire, les conclufions
du miniftère public, & les réponfes de la partie
civile, s'il y en a une, ou les fommations qui lui
ont été faites de fournir fes réponfes.

Les accufés ne peuvent pas non plus être élargis
après le jugement, s'il porte condamnation de peine
afflictive, ou que le miniftère public en appelle,
quand les parties civiles y confentiroient, & que

les amendes, aumônes & réparations auroient été consignées. *Voyez* AMENÉ *fans fcandale.*

DÉCRET, (*Jurifpr. civile.*) on appelle quelquefois en droit *décret du prince*, tout ce qui eft ordonné par le fouverain, & *décret du juge*, ce qu'il ordonne, tant en matière civile que criminelle; mais on défigne plus particuliérement par ce terme les ventes d'immeubles faites par autorité de juftice.

On diftingue deux efpèces de *décret* d'immeubles, le volontaire & le forcé.

Le *décret volontaire* eft une pourfuite par faifie réelle, & adjudication par *décret*, qu'un acquéreur fait faire d'un immeuble qu'il a acquis, fur lui ou fur fon vendeur, pour purger les hypothèques, droits réels ou fervitudes que quelqu'un pourroit y prétendre. *Voyez* ADJUDICATION *par décret volontaire.*

Nous ajouterons feulement que le vendeur qui eft léfé d'outre-moitié, peut revenir dans les dix ans de la date du contrat, nonobftant qu'il y ait eu un *décret volontaire.*

Un juge qui a fait une acquifition dans l'étendue de fon reffort, peut pourfuivre devant le tribunal dont il eft membre, le *décret volontaire*, & fe faire adjuger l'héritage par lui acquis, quoiqu'il ne puiffe pas fe rendre adjudicataire d'un bien qui y eft vendu par *décret forcé.*

On avoit créé en 1708, des commiffaires confervateurs généraux des *décrets volontaires*, & des contrôleurs de ces commiffaires; mais ces offices furent fupprimés en 1718, & les droits que l'on payoit pour les *décrets volontaires* réduits à moitié.

L'édit du mois de juin 1771 a fubftitué à la formalité des *décrets volontaires*, celle des lettres de ratification, que les acquéreurs peuvent prendre dans les chancelleries établies à ce fujet, pour purger les hypothèques & privilèges, & a abrogé l'ufage des *décrets volontaires*, dont on ne peut plus fe fervir à peine de nullité. *Voyez* HYPOTHÈQUE, RATIFICATION.

En Bretagne, où les *décrets volontaires* font inconnus, on y fuppléoit par l'appropriement dont nous avons parlé en fon lieu, & fur lequel nous avons reçu de M. de Cétray, avocat à Nantes, des détails qui nous ont paru néceffaires pour l'intelligence du droit particulier de cette province.

L'appropriement dont l'art. 269 de la coutume de Bretagne règle la forme, eft une forte de *décret*, où, fans faifir, ni feindre de faifir l'héritage, on appelle tous les créanciers, ou prétendans intérêt à la vente qui en a été faite, ou au transport capable d'en transférer la propriété, qui a pu s'en faire par donation, legs ou autrement.

Son effet eft de purger les retraits, & les hypothèques dont il eft chargé. Pour qu'il foit valable, le vendeur doit avoir poffédé, par lui ou fes auteurs, l'objet vendu par an & jour; & l'on n'examine point fi la poffeffion eft jufte ou injufte, il fuffit qu'elle foit à titre de propriété annale & fans trouble. Le contrat de vente fait, il

doit être infinué, & l'acquéreur prend poffeffion par acte rapporté par deux notaires. On laiffe écouler trois mois depuis l'infinuation, enfuite on fait trois bannies de huitaine en huitaine, fans intervalle, après l'iffue de la grande meffe, des paroiffes où font fitués les objets vendus. Après huit jours francs depuis la dernière bannie, l'huiffier ou fergent qui y a procédé, préfente le contrat en l'audience des prochains plaids généraux, à l'endroit de la menée du fief, & la affirme lui avoir fait les bannies, & fes records ou affiftans les avoir entendu publier, de tout quoi le juge décerne acte & déclare l'acquéreur approprié, en faifant mention des oppofans, s'il s'en eft préfenté. Le juge doit avoir la moyenne juftice au moins, & comme on a la faculté de s'approprier dans la jurifdiction proche ou dans la fupérieure, pourvu que ce foit de fupériorité féodale, & non fupériorité de reffort, les bannies doivent exprimer dans quelle jurifdiction on doit s'approprier.

L'appropriement ainfi fait, l'acquéreur eft défendu de toutes perfonnes, abfens, mineurs, même impourvus, églife; fors de ceux qui font hors du duché de Bretagne au temps de la certification des bannies, lefquels ont un an & jour pour s'oppofer, *art.* 274. Mais les fervitudes, les rentes cenfives & foncières, de retour de lot ou partage, les rentes de fondations perpétuelles, les devoirs feigneuriaux font confervés pour le fond, même fans oppofition; cet appropriement n'en purge que les arrérages antérieurs, *art.* 280. Il n'a d'effet que contre les tiers, & n'empêche point les contractans d'excepter des vices de fraude ou de léfion dont le contrat de vente peut être infecté. S'il n'y a qu'une bannie après la prife de poffeffion & l'infinuation, l'acquéreur eft approprié après dix ans, qui fe comptent du jour que la bannie a été certifiée en jugement, *art.* 271. Et s'il n'y a point eu de bannie, il faut une poffeffion de quinze ans, pourvu toujours que le contrat ait été infinué, & que l'acquéreur ait pris poffeffion par acte devant notaires.

Il faut remarquer qu'il ne fuffiroit pas que cette certification fût faite à une audience ordinaire, mais à une audience de plaids généraux. *Voyez ce mot.*

Cette formule n'eft pas toute entière de la coutume, il y en a une partie réglée par l'édit des infinuations, donné à Nantes au mois d'août 1626; les formalités qui en font tirées font l'infinuation, la néceffité de la publier avec le contrat & la prife de poffeffion, enfin l'intervalle d'entre l'infinuation & la première bannie. L'édit l'avoit porté à fix mois; mais cette difpofition fut modifiée dans l'arrêt de vérification, qui limita le délai à trois mois. Il y a eu quelques difficultés à cet égard, mais la modification a prévalu, & l'on ne voit pas que dans l'ufage perfonne ait à s'en plaindre.

Il n'eft point néceffaire d'appropriement fur une licitation, cet acte approprie par lui-même : arrêt des chambres affemblées, du 24 mars 1707. *Devolant.*

Dans l'appropriement, ainſi que dans les *décrets* volontaires, les créanciers qui prétendent que le bien a été vendu au-deſſous de ſa valeur, ſont admis à s'oppoſer à fin d'enchères, & l'effet de cette oppoſition eſt de faire faire une publication de l'héritage, & d'admettre enſuite les enchères.

Dans ce cas, ſi l'héritage eſt adjugé à un autre que l'acquéreur, le contrat eſt anéanti à ſon égard, il ne doit aucuns lods & ventes, le ſeigneur ne peut prétendre qu'un ſimple droit de celui à qui l'héritage eſt reſté. Duparc Poullain, *Principes du Droit*, tome II, p. 258, *n°. 366.*

Le *décret forcé* eſt celui par le moyen duquel les créanciers qui ont fait faiſir réellement les biens de leur débiteur, les font vendre judiciairement au plus offrant & dernier enchériſſeur.

Il diffère du *décret volontaire* en ce que dans celui-ci le créancier pourſuivant eſt un ſimple prête-nom, ou agit de concert avec l'acquéreur ; au lieu que le *décret forcé* ſe pourſuit par un créancier véritable, ſans aucun concert avec la partie ſaiſie.

Nous avons puiſé dans les loix romaines les principes ſur leſquels eſt fondée la vente par autorité de juſtice, des biens d'un débiteur, qui ne ſatisfait pas volontairement aux obligations qu'il a contractées avec ſes créanciers.

Suivant les diſpoſitions contenues dans les titres 4 & 5 *ff. lib.* 42, toutes les fois qu'un débiteur étoit en retard de ſatisfaire à ſes créanciers, le préteur, par une première ordonnance, abandon-noit à ceux-ci la poſſeſſion de ſes biens, & fixoit un délai dans l'eſpace duquel il les paieroit. Après l'expiration de ce délai, il autoriſoit par une ſe-conde ordonnance, les créanciers à vendre les biens, après différentes proclamations faites par les crieurs publics, & l'adjudication s'en faiſoit au plus offrant & dernier enchériſſeur, ſur la place publique, auprès d'une pique que l'on mettoit en terre, pour marquer l'autorité en vertu de laquelle la vente ſe faiſoit. De-là les juriſconſultes romains ont donné à ces ventes les noms de *proclamation,* à cauſe des criées publiques, & de *ſubhaſtation,* à cauſe de la pique auprès de laquelle les ventes ſe faiſoient, & qu'on appelle en latin *haſta.* Le mot de *ſubhaſtation* eſt encore en uſage parmi nous dans la Breſſe & le Bugey. *Voyez* SUBHAS-TATION.

Cette forme de procéder étoit généralement en uſage du temps de S. Louis. On lit dans ſes éta-bliſſemens, que le créancier, après avoir fait ſom-mer ſon débiteur de vendre ſon bien pour acquitter ſa dette, étoit autoriſé quarante jours après à le vendre lui-même ; & Beaumanoir nous apprend que dans la coutume de Beauvoiſis, quarante jours après la ſommation faite au débiteur, le ſeigneur haut-juſticier faiſoit vendre ſes biens, & en diſtri-buoit le prix aux créanciers.

Depuis cette époque, l'uſage de faire vendre en

juſtice les biens d'un débiteur, eſt devenu univer-ſel ; mais les formalités qu'il a été néceſſaire d'é-tablir, ſoit en faveur des créanciers pour qu'ils puſſent veiller à la conſervation de leurs droits, ſoit en faveur des débiteurs pour que les biens ne fuſſent point adjugés à trop vil prix, ont été diffé-rentes, ſuivant les coutumes ; il y avoit même plu-ſieurs coutumes qui gardoient le ſilence ſur des points eſſentiels dans une matière ſi importante, d'autres n'en parloient point du tout : dans cet em-barras, il y avoit ſur la même queſtion des uſages différens dans les tribunaux ; ces uſages étoient même toujours incertains, & un créancier qui avoit fait de grands frais pour être payé de ce qui lui étoit dû, ſe voyoit ſouvent condamné aux dépens pour des défauts de procédure qu'il lui étoit preſque impoſſible d'éviter.

Il étoit de l'intérêt de l'état d'apporter quelque remède à ce déſordre. François I commença cette réformation par quelques diſpoſitions de ſes or-donnances, ſur-tout de celle de 1539 ; mais le réglement le plus important ſur cette matière, eſt celui du roi Henri II, de l'an 1551, dont nous avons parlé, à l'article CRIÉE.

Il faut joindre à cet édit, par rapport aux juriſ-dictions qui ſont du reſſort du parlement de Paris, les édits & les déclarations poſtérieurs, ſur la vente par *décret* des offices, ſur les fonctions des com-miſſaires aux ſaiſies-réelles, & ſur quelques autres ſujets. Quant aux diſpoſitions des coutumes ſur les ſaiſies réelles & ſur les *décrets,* elles ne doivent point être ſuivies, quand elles ſont contraires aux diſpoſitions de l'édit de 1551 & des ordonnances poſtérieures, parce que toute ordonnance déroge tacitement à toute coutume contraire ; mais ſi la coutume oblige à certaines formalités qui peuvent ſe concilier avec celles que preſcrivent l'édit de 1551 & les ordonnances poſtérieures, il faut les obſerver exactement, parce que l'édit de Henri II & les ordonnances poſtérieures n'abrogent pas les loix, les ſtyles & les uſages différens, comme le fait l'ordonnance de 1667 pour la procédure. Ou-tre les ordonnances & la coutume, on doit encore ſuivre, dans le reſſort du parlement de Paris, les arrêts de réglement de ce parlement, rendus en dif-férentes occaſions ſur des queſtions qui ont rapport à cette matière.

On excepte de ces règles générales pour le reſ-ſort du parlement de Paris, le comté d'Artois, parce que François I ayant cédé, par le traité de Madrid, à l'empereur Charles V, la ſouveraineté de ce comté, il reſta ſous la domination de la mai-ſon d'Autriche juſqu'à ce que le roi Louis XIV, ayant pris les villes d'Arras, d'Heſdin, de Lens & de Bapaume, rentra dans tous les droits de ſou-veraineté qui lui furent conſervés, par le traité des Pyrénées du 7 novembre 1659 ; c'eſt pour-quoi l'édit de 1551 n'a point été publié en Artois : au lieu de cet édit, on y ſuit les placards ou or-donnances qui ont été publiés en différens temps fur la matière des *décrets* par les princes de la maifon d'Autriche , & les ordonnances générales de France enregiftrées au confeil d'Artois depuis 1659.

Il en eft de même des villes & des feigneuries qui compofent à préfent le reffort du parlement de Flandres : on y fuit pour les *décrets* les difpofitions des coutumes des lieux , & les placards des princes de la maifon d'Autriche , pourvu qu'il n'y ait point été dérogé par des ordonnances de France , enregiftrées au parlement de Flandres , depuis la réunion de ces pays à la couronne. *Voyez* CLAIN.

Le parlement de Normandie n'a jamais fuivi l'édit de 1551 , fous prétexte que les Normands avoient pour les *décrets* des formalités particulières prefcrites par l'ordonnance de l'échiquier, de l'an 1462, qui avoit été inférée dans la nouvelle rédaction de leur coutume ; c'eft pourquoi , quand le parlement de Rouen procéda à l'enregiftrement de l'article 49 de l'ordonnance de Moulins, qui prefcrit l'exécution de l'édit de 1551, il ajouta , par l'arrêt du 31 août 1568 , que l'ufage jufqu'alors obfervé dans la Normandie pour les *décrets* , feroit exactement fuivi. S'étant préfentée au parlement de Paris la queftion de favoir fi un *décret* fait en Normandie fuivant le réglement de 1462, étoit valable , la caufe fut appointée au confeil le 8 août. Mais depuis ce temps-là, le roi Henri IV ayant donné des lettres-patentes pour faire réformer le titre des *décrets* du parlement de Rouen , fans affujettir cette province à l'édit de 1551; les différentes difpofitions de ce titre font exactement fuivies au parlement de Rouen, & les *décrets* des biens , faits en Normandie , fuivant les formalités prefcrites par la coutume & par l'arrêt de réglement du parlement de Rouen, de l'année 1666, ne peuvent être conteftés dans un autre parlement , fous prétexte que l'on n'a point fuivi l'édit de 1551.

Hevin dit avoir vu agiter la queftion de favoir fi en Bretagne l'édit de 1551 devoit être fuivi : la raifon qui en faifoit douter , étoit que le parlement de cette province n'avoit été établi qu'en 1553 : mais cette difficulté fe trouve levée, par la vérification que cette cour a faite le 30 octobre 1566 , de l'ordonnance de Moulins, dont l'article 49 porte que les criées de 1551 fera exactement obfervé. D'ailleurs le même parlement a révoqué , par l'arrêt d'enregiftrement, le réglement provifionnel fait fur cette matière en 1543. Ainfi tout *décret* fait en Bretagne fans les formalités prefcrites par l'édit de 1551, feroit abfolument nul.

On a été long-temps avant que l'édit de 1551 s'obfervât dans les reffors des parlemens de Touloufe & de Bordeaux ; mais cette loi y eft aujourd'hui fuivie : on y a néanmoins confervé quelques ufages , fur-tout au parlement de Touloufe, qui , fur quelques points des *décrets* , en rendent la ju-

rifprudence différente de celle du parlement de Paris.

C'eft pour fixer fur ces articles la jurifprudence du parlement de Touloufe, & pour la rendre uniforme avec celle de la chambre des comptes de Montpellier , que le roi a donné une déclaration le 16 janvier 1736, portant réglement pour les adjudications par *décret* en Languedoc.

Par rapport au parlement de Dauphiné, il faut obferver que l'article 49 de l'ordonnance de Moulins n'y a été enregiftré qu'avec la modification, que les créanciers qui voudroient fe faire payer de ce qui leur feroit dû , pourroient fe pourvoir fur les immeubles de leurs débiteurs , fuivant la forme prefcrite par l'ordonnance de 1551, ou par la voie de la fimple fubhaftation , en fuivant le réglement de Dauphiné fait en 1547 ; mais dans la fuite on a trouvé plus d'avantage à faire vendre les biens fuivant les formalités prefcrites par l'édit de Henri II , que fuivant le réglement de Dauphiné , parce que les acquéreurs font bien aifes de fe mettre à couvert des actions hypothécaires, qui ne font point éteintes par la fimple fubhaftation.

L'édit de 1551 n'eft pareillement pas fuivi en Provence, comme on a pu le remarquer à l'article COLLOCATION.

Cette loi n'eft pas connue non plus en Lorraine : on y fuit, en matière de *décrets* d'immeubles, les difpofitions de l'ordonnance du duc Léopold, du mois de novembre 1707.

Mais devant quel juge le *décret* d'un immeuble doit-il être pourfuivi ? Pour réfoudre cette queftion , il faut d'abord examiner le titre en vertu duquel on veut pourfuivre : fi c'eft une obligation paffée pardevant notaires, le *décret* doit fe faire pardevant le juge à qui la connoiffance de l'obligation même eft attribuée ; c'eft-à-dire , que fi le fcel fous lequel l'obligation a été paffée , eft attributif de jurifdiction , il faut faire le *décret* dans le tribunal , fous le fcel duquel l'acte a été paffé. Si le fcel de l'obligation n'eft point attributif de jurifdiction, on peut procéder au *décret* devant le juge du domicile du débiteur , ou devant le juge du lieu où les biens font fitués, attendu que l'action pour fe faire payer d'une dette par la faifie réelle, eft une action mixte pour laquelle on doit fuivre le tribunal du défendeur , ou celui de la fituation du fonds. Si l'on a faifi réellement , en vertu d'une fentence d'un juge fubalterne, royal ou feigneurial, qui n'ait point le privilège de connoître de ce qui concerne l'exécution de fes jugemens, on pourfuit le *décret* devant le juge ordinaire de la partie. Mais fi l'on a faifi , en vertu d'un arrêt, faut-il porter le *décret* devant les juges qui ont rendu cet arrêt, ou faut-il ne le regarder que comme un *décret* fait fous autre titre , & procéder devant le juge du défendeur ?

Sur cette queftion, on peut dire, en faveur des premiers juges , qu'un arrêt de cour fouveraine eft,

eft, par rapport à celui qui l'a obtenu, un titre qui n'eft point différent, quant à l'effet, d'une obligation que fon débiteur auroit volontairement paffée pardevant notaire, & par conféquent que la faifie réelle faite en exécution de l'arrêt, doit être portée devant le juge naturel des parties. Dès que le juge fupérieur a prononcé fur l'appel, il a rempli fon miniſtère, il a confommé fon droit; c'eft pourquoi l'ordonnance de Blois défend aux préfidiaux & aux cours fouveraines de fe retenir l'exécution de leurs arrêts & jugemens, & elle leur enjoint de renvoyer cette exécution au juge dont eft appel, s'il a bien jugé, ou au plus prochain, lorfque la fentence a été infirmée. L'ordonnance de 1629 veut auffi que les exécutions d'arrêts des cours fouveraines, intervenus fur les fentences définitives des juges fubalternes, foient faites par les juges des lieux du domicile des parties, ou de la fituation des biens dont il eft queſtion, ou par le plus prochain, en cas de récufation, fans que les parties puiffent être obligées de procéder au parlement pour l'exécution des arrêts, à moins qu'il n'y foit queſtion de les interpréter.

Ceux qui foutiennent que les juges fupérieurs doivent demeurer juges des *décrets* faits en vertu de leurs jugemens, difent que, de droit commun, tout juge a le pouvoir de faire mettre fon jugement à exécution; c'eft pourquoi Louis XI a voulu que les arrêts, condamnations & appointemens du parlement de Paris, & les fentences des requêtes du palais, circonftances & dépendances, fuffent exécutés en tout lieu contre toutes fortes de perfonnes, fans qu'aucun autre juge dans le reffort de qui on voudroit les faire exécuter, pût en retenir cour, jurifdiction, ni connoiffance en aucune manière, à peine de nullité de tout ce qui pourroit être fait.

Si l'on objecte, contre ce dernier fentiment, qu'il eft de l'intérêt des parties que le *décret* fe faffe devant les premiers juges, afin que les frais foient moins confidérables, on répond, de la part de ceux qui croient qu'en ce cas il faut procéder au parlement, que cette augmentation de dépenfe fe trouve bien compenfée par l'avantage qu'ont les parties d'éviter la multiplicité des degrés de jurifdiction, qui confument fouvent en frais la portion la plus confidérable du prix des biens décrétés.

Dans cette diverfité de raifons, & même de difpofitions d'ordonnances, il faut fuivre l'ufage du plus grand nombre des tribunaux du royaume, où l'on tenoit pour maxime avant l'ordonnance de Blois, que les *décrets* devoient être portés devant les juges fupérieurs, quand le bien avoit été faifi en vertu de leurs jugemens. L'ordonnance de Blois, qui a été fi ponctuellement exécutée en d'autres articles, n'ayant pu faire changer cette ancienne maxime, il n'eft point furprenant que l'ordonnance de 1629 qui avoit été enregiſtrée en un lit de juſtice, fans obferver les formalités qui étoient alors en ufage, n'ait point été fuivie en

cette difpofition, non plus qu'en plufieurs autres.

Il faut donc regarder à préfent comme un principe de droit commun, fur-tout pour le parlement de Paris, ce que porte l'article premier de l'arrêt de réglement de ce parlement, publié en jugement le 23 novembre 1598 : que *les adjudications par décret des immeubles mis en criées, en exécution d'arrêts & exécutoires de la cour, feront faites en icelle . . . . & ce qui fera mis en criées par vertu d'obligations & contrats, pardevant les juges auxquels l'exécution d'iceux appartient.* Meffieurs des requêtes de l'hôtel & du palais étoient auffi en poffeffion, comme étant du corps du parlement, de connoître des *décrets* qui fe pourfuivent en exécution de leurs jugemens. Mais cette connoiffance leur a été ôtée par l'article 9 de l'édit de juillet 1775.

La déclaration du roi, du 21 août 1732, portant réglement entre le parlement de Bretagne, les requêtes du palais & les préfidiaux de cette province, défend de faifir d'autorité de la jurifdiction royale, en vertu de lettres de chancellerie, fauf aux parties à fe pourvoir au parlement, pour être ftatué fur la jurifdiction où fe pourfuivra la faifie réelle, lorfque les biens font fitués fous différens refforts. Le parlement & les requêtes du palais de cette province, fe font maintenus dans le droit de connoître des *décrets* en exécution de leurs jugemens, malgré l'arrêt du confeil du 8 août 1683, qui ne paroît pas avoir été enregiſtré au parlement.

Ces règles générales fur la compétence des juges, en matière de *décret*, fouffrent plufieurs exceptions; 1°. par rapport aux juges, entre lefquels il y en a plufieurs qui ne peuvent connoître des *décrets*; 2°. par rapport à plufieurs efpèces d'immeubles, dont le *décret* ne doit être fait devant les juges auxquels la connoiffance en eft particuliérement attribuée; 3°. par rapport à la fituation des biens dans des pays d'où les *décrets* ne peuvent être évoqués, ou dans des coutumes où ils font tellement regardés comme réels, qu'il n'eft pas permis de les faire devant d'autres juges que celui dans le territoire duquel le bien eft fitué.

Entre les juges devant lefquels les *décrets* ne peuvent être portés, il faut d'abord mettre ceux des officialités eccléfiaftiques; car nos rois n'ont donné & confervé à l'églife la jurifdiction contentieufe, qu'à condition qu'elle ne connoîtroit, entre quelques perfonnes que ce fût, d'aucune action réelle ou mixte, c'eft-à-dire, de celles où la réalité eft mêlée avec quelque droit perfonnel; d'où vient que, fuivant l'article 92 de l'ordonnance de 1559, le juge d'églife n'eft point compétent pour prononcer fur la reconnoiffance d'une obligation, quand cette reconnoiffance doit emporter hypothèque fur les biens du clerc qui a paffé l'obligation. L'action en pourfuite d'un *décret* a plus de réalité qu'une fimple reconnoiffance de billets.

Ainfi quand le bien d'un clerc eft faifi réellement, en vertu d'une obligation qu'il a paffée pardevant notaire , ou en exécution d'une sentence du juge d'église , suivie d'un paréatis du juge laïque , il faut porter la saisie réelle & le *décret* devant le juge laïque qui en connoîtroit entre des laïques.

Il en est de même des juges-consuls établis pour décider tous les différends entre marchands au su-jet de leur commerce ; car quoique les saisies & les ventes des biens puissent être faites , en vertu des sentences des jurisdictions consulaires , s'il faut passer outre , les criées & l'interposition des *décrets* se font par l'autorité des juges des lieux , auxquels le roi enjoint expressément de tenir la main à la perfection des criées & à l'adjudication des héri-tages saisis. C'est la disposition de l'article 12 de l'édit du mois de novembre 1563 , portant éta-blissement d'une jurisdiction consulaire dans la ville de Paris ; les autres jurisdictions consulaires du royaume ont été établies à l'exemple de celles de Paris , avec les mêmes droits & les mêmes res-trictions.

Il faut excepter de cette règle la conservation de Lyon , qui , quoique justice consulaire , a le droit de connoître des *décrets* poursuivis en vertu des jugemens qu'elle a rendus. C'est ce qui résulte de l'art. 4 de l'édit du mois de juillet 1660.

Mais cette exemption ne s'étend pas aux prieurs & consuls des bourses de Rouen , de Bordeaux & de Toulouse , quoiqu'ils aient été créés à l'ins-tar de la conservation de Lyon. Ces juges ne con-noissent point des *décrets* faits en vertu de leurs jugemens , parce qu'il n'a pas été dérogé en leur fa-veur à l'art. 12 de l'édit du mois de novembre 1563. Le parlement de Toulouse l'a ainsi jugé par arrêt du premier mai 1647 contre un marchand de Carcas-sonne.

On a aussi jugé au conseil privé du roi , au profit du présidial de Rennes , que le prévôt de cette ville ne pouvoit connoître des *décrets* , parce que cet officier n'avoit été établi en 1456, que pour décider les causes mobiliaires des habitans de Rennes.

Il en est de même des lieutenans - criminels , qui ne sont établis que pour instruire le procès aux accusés & pour punir les coupables. S'il y a quelque saisie réelle à faire , en exécution de leurs jugemens , même pour une condamnation pronon-cée contre un criminel , la poursuite s'en doit faire devant un autre juge. C'est sur ce principe qu'est intervenu un arrêt célèbre rendu en la quatrième chambre des enquêtes , au mois de février 1578 , par lequel une adjudication par *décret* a été cas-sée , sur le seul motif que l'adjudication & la pro-cédure , pour y parvenir , avoient été faites devant le lieutenant-criminel d'Angers.

Les prévôts des maréchaux & plusieurs autres juges ne peuvent connoître des *décrets*. En général, les criées ne peuvent être portées devant les ju-ges dont la jurisdiction est restreinte à certaines espèces d'affaires particulières , à moins que les ordon-nances ou un usage constant ne leur donnent cette prérogative.

A l'égard des présidiaux , les *décrets* peuvent être portés devant eux , mais ils ne doivent point en connoître en dernier ressort ; car pour que les présidiaux jugent une affaire sans appel , il faut que tout ce que l'on demande au défendeur soit limité à la somme de deux mille livres ou de quatre-vingts livres de rente , conformément à l'édit du mois de novembre 1774 , & que les juges déclarent par le premier appointement , qu'ils prétendent en con-noître sans appel ; ce qui ne peut se faire en ma-tière de *décret* , attendu qu'il n'est pas possible de fixer à quoi sera porté l'héritage décrété , & à quelle somme monteront les oppositions que l'on pourra former au *décret*. Cette doctrine est d'ail-leurs fondée sur un arrêt du premier juillet 1602 , par lequel le parlement de Paris a fait défense au présidial du Mans de prononcer en dernier ressort dans le cas d'adjudication par *décret*.

Les *décrets* peuvent aussi être portés devant les juges des seigneurs hauts-justiciers , quoique plu-sieurs auteurs aient prétendu que cette règle ne devoit avoir lieu qu'à l'égard des justices seigneu-riales dont les appellations se portoient directe-ment au parlement. Ces auteurs se sont , à la vé-rité , fondés sur deux arrêts de réglement , dont l'un rendu aux grands jours tenus à Clermont le 30 janvier 1666 , porte que les *décrets* ne peuvent être faits que devant les juges royaux ou dans les justices des duchés - pairies qui ressortissent au par-lement. Le second , qui est du 31 mai 1683 , ren-voie à la prévôté du Mans un *décret* commencé devant le juge de Tours ; puis il ajoute que les arrêts & réglemens qui portent que les *décrets* ne pourront être poursuivis que dans les jurisdictions royales ou dans les justices des pairies nuement ressortissantes en la cour , seront exécutés , & que l'arrêt sera lu & publié , l'audience tenant , en la sénéchaussée & prévôté du Mans.

Mais , malgré ces autorités , les auteurs les mieux instruits de nos usages ont toujours pensé que les *décrets* pouvoient se poursuivre devant les juges des seigneurs hauts-justiciers. En effet , le roi ayant donné le droit de haute - justice à un très - grand nombre de seigneurs , les officiers de ces seigneurs peuvent connoître de toutes les affaires dont le roi n'a pas réservé la connoissance à ses officiers par ses ordonnances , ou qu'un usage constant & immémorial n'a point mises au nombre des cas royaux ; or , le *décret* des biens d'un particulier n'est pas regardé comme un cas royal , & on ne l'a point jugé tel , lorsque les arrêts de 1666 & de 1683 ont été rendus , puisqu'on en a conservé la connoissance aux juges des pairies. Il n'y a point non plus d'ordonnance qui attribue les *dé-crets* aux juges royaux , à l'exclusion de ceux des seigneurs hauts-justiciers ; si ces officiers manquoient à observer les formalités prescrites pour cette pro-cédure par les ordonnances ou par les coutumes , on interjetteroit appel de leurs sentences , comme on le pourroit faire de celles des juges royaux qui n'auroient point obfervé ces loix. Dira-t-on que les enchères feront plus nombreufes dans une juftice royale ? mais ceux qui ont intérêt que le bien décrété foit porté par les enchères à fon jufte prix, doivent avoir foin de faire trouver un nombre fuffifant d'enchériffeurs dans la juftice où le *décret* fe pourfuit.

Le lieutenant général de Noyon ayant fait défenfes au juge de Magny, & à tout autre juge haut-jufticier, de faire aucune adjudication par *décret*, la dame de Magny interjetta appel de ce réglement. M. Talon, avocat général, qui porta la parole en cette affaire, dit qu'il n'y avoit point de doute que les feigneurs hauts-jufticiers ne puffent valablement connoître des *décrets* concernant les héritages fitués dans l'étendue de leur jurifdiction, & l'arrêt intervenu fur cette conteftation le 18 décembre 1629, renvoya le *décret* dont il s'agiffoit devant le juge de Magny.

La Thaumaffière, fur l'article 58 du titre 9 de la coutume de Berry, rapporte un arrêt du 2 feptembre 1675, qui a renvoyé les faifies réelles & les criées de la terre d'Enjoint, pardevant le juge de Graçay, & qui a fait défenfe aux officiers du bailliage d'Iffoudun, d'évoquer les *décrets* pendans en la juftice feigneuriale de Graçay. Il y a eu un arrêt pareil au précédent, rendu en faveur du bailli de l'évêché d'Amiens : celui qui a été rendu le 24 mars 1688 en faveur du chapitre de Brioude contre les officiers de la fénéchauffée de Riom, mérite une attention particulière ; car après avoir fait des défenfes aux officiers de la fénéchauffée de connoître, en première inftance, des criées & des adjudications par *décret* des immeubles faifis dans l'étendue de la juftice de Brioude, on a ordonné que l'arrêt feroit lu en la fénéchauffée & fiège préfidial de Riom.

Enfin le parlement de Paris rendit un arrêt célèbre le 7 août 1690, par lequel, en infirmant une fentence du juge de Bellême, il renvoya les procédures d'une faifie réelle pardevant le juge de Nogent-le-Rotrou.

Ainfi le réglement des grands jours de Clermont, & celui de 1683, qui étoient contraires à l'ancienne jurifprudence, ont été abrogés par d'autres réglemens plus conformes aux véritables principes.

On a jugé au parlement de Metz le 14 novembre 1639, en faveur des officiers de Vappy, que les juges des feigneurs hauts-jufticiers font compétens pour faire les *décrets* des biens fitués dans leurs feigneuries, à la charge de mettre des pannonceaux aux armes du roi.

Il faut cependant obferver que dans les lieux où les juges royaux ont un droit de prévention en toutes fortes de matières fur ceux des feigneurs, ils peuvent ufer de ce droit pour les *décrets* comme pour les autres affaires.

L'édit du mois d'août 1669 & la déclaration du 21 janvier 1685, attribuent aux cours des aides le *décret*, l'adjudication, l'ordre & la diftribution du prix des offices & des autres biens immeubles des comptables qui font redevables, tant pour refte de leurs comptes & maniement, que pour toute autre fomme due au roi, foit par des rôles arrêtés au-confeil, foit par des arrêts du confeil ou des chambres des comptes.

Lorfque la faifie réelle des immeubles des officiers comptables eft faite pour le roi à la requête des procureurs généraux de la cour des aides, on la porte directement à ce tribunal ; mais lorfque la faifie réelle a été commencée à la requête des créanciers particuliers des comptables, les faififfans peuvent pourfuivre devant les juges ordinaires. La déclaration du 21 janvier 1685, les a même difpenfés de la formalité à laquelle les affujettiffoit l'article 8 de l'édit de 1669, de faire fignifier la faifie au procureur général de la cour des aides, & de retirer fon confentement par écrit, à peine de nullité de l'adjudication. C'eft aux procureurs généraux des cours des aides à veiller à ce que les biens des comptables qui fe trouvent redevables envers le roi ne foient point décrétés en d'autres tribunaux, & à en faire évoquer les faifies réelles. Lorfqu'ils préfentent leur requête à l'effet de l'évocation des criées, des *décrets* ou des ordres, ils doivent y attacher des extraits en bonne forme, des jugemens de clôture des comptes contenant les *décrets* & charges, ou les arrêts de condamnation rendus contre les comptables ; fi l'on n'avoit point fatisfait à ces formalités, les cours des aides ne pourroient évoquer les *décrets*. L'arrêt qui contient l'évocation doit fubroger le procureur général à la pourfuite du *décret*.

C'eft la cour des aides, dans le reffort de laquelle la partie faifie a exercé fon office de comptable, qui a droit d'évoquer le *décret* ; car le roi a dérogé par la déclaration de 1585, à l'article 6 de l'édit de 1669, qui attribuoit les *décrets* des biens des comptables aux cours des aides féantes dans les villes où les chambres des comptes étoient établies.

Il n'y a que les immeubles ou les biens réputés immeubles qui puiffent être vendus par *décret*. Par exemple, les uftenfiles mis dans une maifon par le propriétaire pour perpétuelle demeure, & qu'on ne peut tranfporter fans fraction & fans détérioration, ou fans en défaffembler les parties, tels qu'un preffoir, font regardés comme ne faifant qu'un tout avec la maifon, & peuvent être vendus par *décret* avec elle. Plufieurs jurifconfultes ont étendu cette règle, conformément aux coutumes de Nivernois & de Rheims, à l'artillerie deftinée pour la défenfe d'un château & aux ornemens qui fervent à la chapelle.

Il n'en eft pas de même des effets mobiliers qui font réputés immeubles par fiction, fans faire partie du fonds. Ainfi, quelque ftipulation qu'on ait faite dans un contrat de mariage pour rendre propre une fomme mobiliaire à une femme, à fes enfans & à fes parens collatéraux, les créanciers de la femme ne peuvent jamais faire faifir cette fomme réellement, parce que la fiction qui n'a été faite que pour empêcher que cette somme ne tombât dans la communauté, ou que le mari n'en profitât dans la succession de ses enfans, n'a pu rendre cet effet immeuble hors du cas de la fiction. On doit décider par la même raison, qu'une somme qui provient du remboursement d'une rente propre à un mineur, ne peut être saisie réellement ; car le principe du droit coutumier, qui fait regarder cette somme comme un immeuble, même comme un propre, ne regarde que la succession du mineur.

Mais pour qu'un fonds puisse être vendu par *décret*, il faut qu'il soit dans le commerce. Ainsi le *décret* d'une église ou d'un monastère ne peut avoir lieu pour la dette d'une communauté religieuse, parce que ces biens étant consacrés à Dieu sont hors du commerce, conformément aux principes du droit romain & du droit canonique.

Observez toutefois que si le fonds sur lequel on a construit une maison religieuse n'étoit point payé, ou que le prix des bâtimens fût dû aux ouvriers, elle pourroit être saisie réellement par le propriétaire du fonds ou par les ouvriers. C'est ce que le parlement a jugé par arrêt du 15 février 1650, contre les religieuses de l'Annonciade des dix Vertus, établies à Paris dans le fauxbourg Saint-Germain.

On ne permet pas non plus de décréter les biens appartenans aux communautés tant qu'on peut faire payer les créanciers par des impositions sur les particuliers : la raison en est qu'on ne doit point aliéner ces biens sans nécessité, sur-tout quand ils sont destinés pour la nourriture des troupeaux. C'est sur ce principe que par un arrêt du 23 avril 1651, la cour des aides de Paris donna main-levée aux habitans de Saint-Souplet de la saisie réelle de leurs communes. On ordonna, par le même arrêt, que l'on imposeroit la somme de cinq cens livres sur les habitans de la paroisse pour acquitter la dette qui avoit donné lieu à la saisie réelle.

Il est de principe qu'un immeuble ne peut être décrété que sur celui qui en est propriétaire : mais cette règle exige l'explication suivante :

Lorsque l'immeuble a été saisi réellement sur celui qui n'en étoit pas propriétaire, & que celui à qui il appartenoit en est resté paisible possesseur jusqu'à l'adjudication, la saisie réelle, les criées, & l'adjudication ne peuvent faire aucun préjudice au véritable propriétaire : car pour qu'un bien puisse être valablement adjugé par *décret*, il faut qu'il soit devenu le gage de la justice & des créanciers de la partie-saisie ; ce qui ne peut se faire que quand le commissaire se met en possession par le fermier judiciaire, tant pour la justice que pour les créanciers.

Mais si le propriétaire avoit été dépossédé par le fermier judiciaire, & qu'on eût procédé à l'adjudication, il ne pourroit la faire rétracter & rentrer en possession de son bien. Il ne lui resteroit en ce cas qu'un recours de garantie à exercer sur

la personne & sur les autres biens de la partie saisie. La raison de cet usage est que celui qui sachant que son propre bien est saisi réellement sur un tiers, & qui en étant instruit par la voie que la loi prescrit, c'est-à-dire, par la possession du fermier judiciaire, ne s'y est point opposé, est censé avoir consenti au *décret* ; c'est du moins de sa part une très-grande négligence, une faute grave qui le rend inexcusable. Il n'y a point en ce cas plus d'injustice de priver le propriétaire de son bien que de le lui faire perdre, quand il en a laissé un tiers en possession pendant le temps marqué par les loix, pour acquérir la prescription.

Quoiqu'une vente par *décret* soit une aliénation nécessaire faite sans le consentement du propriétaire, il est de droit commun que les lods & ventes en sont dus, parce qu'il y a une mutation effective moyennant un certain prix.

Cependant en Beaujolois & dans la coutume de Saint-Sever, cette sorte d'aliénation ne produit point de lods. *Voyez* CRIÉES, SAISIE-RÉELLE, CONSIGNATION.

DÉCRÉTALES, s. f. (*Droit canonique.*) les *décrétales* sont des lettres des souverains pontifes, qui, répondant aux consultations des évêques, ou même de simples particuliers, décident des points de discipline. On les appelle *décrétales*, parce qu'elles sont des résolutions qui ont force de loi dans l'église. Elles étoient fort rares au commencement, & on s'en tenoit à l'autorité des canons des premiers conciles : aussi voyons-nous que les anciens recueils de canons ne renferment aucune de ces *décrétales*. Denis le Petit est le premier qui en ait inséré quelques-unes dans sa collection ; savoir, celles depuis le pape Sirice jusqu'à Anastase II, qui mourut en 498 : la première *décrétale* que nous ayons du pape Sirice est datée du 11 février de l'an 385, & est adressée à Hymerius, évêque de Tarragone. Les compilateurs qui ont succédé à Denis le Petit jusqu'à Gratien inclusivement, ont eu pareillement l'attention de joindre aux canons des conciles les décisions des papes : mais ces dernières étoient en petit nombre. Dans la suite des temps, diverses circonstances empêchèrent les évêques de s'assembler, & les métropolitains d'exercer leur autorité : telles furent les guerres qui s'élevèrent entre les successeurs de l'empire de Charlemagne, & les invasions fréquentes qu'ils occasionnèrent. On s'accoutuma donc insensiblement à consulter le pape de toutes parts, même sur les affaires temporelles ; on appella très-souvent à Rome, & on y jugea les contestations qui naissoient non-seulement entre les évêques & les abbés, mais encore entre les princes souverains. Peu jaloux alors de maintenir la dignité de leur couronne, & uniquement occupés du soin de faire valoir par toutes sortes de voies les prétentions qu'ils avoient les uns contre les autres, ils s'empressèrent de recourir au souverain pontife ; & eurent la foiblesse de se soumettre à ce qu'il ordonnoit en pareil cas.

comme fi la décifion d'un pape donnoit en effet un plus grand poids à ces mêmes prétentions. Enfin l'établiffement de la plupart des ordres religieux & des univerfités qui fe mirent fous la protection immédiate du faint fiège, contribua beaucoup à étendre les bornes de fa jurifdiction ; on ne reconnut plus pour loi générale dans l'églife, que ce qui étoit émané du pape, ou préfidant à un concile, ou affifté de fon clergé, c'eft-à-dire, du confiftoire des cardinaux. Les *décrétales* des fouverains pontifes étant ainfi devenues fort fréquentes, elles donnèrent lieu à diverfes collections, dont nous allons rendre compte.

La première de ces collections parut à la fin du douzième fiècle : elle a pour auteur Bernard de Circa, évêque de Faenza, qui l'intitula *Brèviarium extrà*, pour marquer qu'elle eft compofée de pièces qui ne fe trouvent pas dans le décret de Gratien. Ce recueil contient les anciens monumens omis par Gratien ; les *décrétales* des papes qui ont occupé le fiège depuis Gratien, & fur-tout celles d'Alexandre III ; enfin les décrets du troifième concile de Latran, & du troifième concile de Tours, tenus fous ce pontife. L'ouvrage eft divifé par livres & par titres, à-peu-près dans le même ordre que l'ont été depuis les *décrétales* de Grégoire IX. On avoit feulement négligé de diftinguer par des chiffres les titres & les chapitres : mais Antoine Auguftin a fuppléé depuis à ce défaut. Environ douze ans après la publication de cette collection, c'eft-à-dire, au commencement du treizième fiècle, Jean de Galles, né à Volterra dans le grand duché de Tofcane, en fit une autre, dans laquelle il raffembla les *décrétales* des fouverains pontifes, qui avoient été oubliées dans la première ; ajouta celles du pape Céleftin III, & quelques autres beaucoup plus anciennes, que Gratien avoit paffées fous filence. Tancrède, un des anciens interprètes des *décrétales*, nous apprend que cette compilation fut faite d'après celles de l'abbé Gilbert, & d'Alain, évêque d'Auxerre. L'oubli dans lequel elles tombèrent, fut caufe que le recueil de Jean de Galles a confervé le nom de *feconde collection* : au refte elle eft rangée dans le même ordre que celle de Bernard de Circa, & elles ont encore cela de commun l'une & l'autre, qu'à peine virent-elles le jour, qu'on s'empreffa de les commenter : ce qui témoigne affez la grande réputation dont elles jouiffoient auprès des favans, quoiqu'elles ne fuffent émanées que de fimples particuliers, & qu'elles n'euffent jamais été revêtues d'aucune autorité publique. La troifième collection eft de Pierre de Benevent ; elle parut auffi au commencement du treizième fiècle par les ordres du pape Innocent III, qui l'envoya aux profeffeurs & aux étudians de Bologne, & voulut qu'on en fît ufage tant dans les écoles que dans les tribunaux : elle fut occafionnée par celle qu'avoit fait Bernard, archevêque de Compoftelle, qui, pendant fon féjour à Rome, avoit ramaffé & mis en ordre les

conftitutions de ce pontife : cette compilation de Bernard fut quelque temps appellée *la compilation romaine* ; mais comme il y avoit inféré plufieurs chofes qui ne s'obfervoient point dans les tribunaux, les Romains obtinrent du pape qu'on en fît une autre fous fes ordres, & Pierre de Benevent fut chargé de ce foin : ainfi cette troifième collection diffère des deux précédentes, en ce qu'elle eft munie du fceau de l'autorité publique. La quatrième collection eft du même fiècle ; elle parut après le quatrième concile de Latran célébré fous Innocent III, & renferme les décrets de ce concile & les conftitutions de ce pape, qui étoient poftérieures à la troifième collection. On ignore l'auteur de cette quatrième compilation, dans laquelle on a obfervé le même ordre de matières que dans les précédentes. Antoine Auguftin nous a donné une édition de ces quatre collections, qu'il a enrichies de notes. La cinquième eft de Tancrède de Bologne, & ne contient que les *décrétales* d'Honoré III, fucceffeur immédiat d'Innocent III. Honoré, à l'exemple de fon prédéceffeur, fit recueillir toutes fes conftitutions ; ainfi cette compilation a été faite par autorité publique. Nous fommes redevables de l'édition qui en parut à Touloufe en 1645, à M. Ciron, profeffeur en droit, qui y a joint des notes favantes. Ces cinq collections font aujourd'hui appellées *les anciennes collections* ; pour les diftinguer de celles qui font partie du corps de droit canonique. Il eft utile de les confulter, en ce qu'elles fervent à l'intelligence des *décrétales*, qui font rapportées dans les compilations poftérieures où elles fe trouvent ordinairement tronquées, & qui par-là font très-difficiles à entendre, comme nous le ferons voir ci-deffous.

La multiplicité de ces anciennes collections, les contrariétés qu'on y rencontroit, l'obfcurité de leurs commentateurs, furent autant de motifs qui firent defirer qu'on les réunît toutes en une nouvelle compilation. Grégoire IX, qui fuccéda au pape Honoré III, chargea Raimond de Pennaford d'y travailler ; il étoit fon chapelain & fon confeffeur, homme d'ailleurs très-favant, & d'une piété fi diftinguée, qu'il mérita dans la fuite d'être canonifé par Clément VIII. Raimond a fait principalement ufage des cinq collections précédentes ; il y a ajouté plufieurs conftitutions qu'on y avoit omifes, & celles de Grégoire IX ; mais pour éviter la prolixité, il n'a point rapporté les *décrétales* dans leur entier ; il s'eft contenté d'inférer ce qui lui a paru néceffaire pour l'intelligence de la décifion. Il a fuivi dans la diftribution des matières le même ordre que les anciens compilateurs ; eux-mêmes avoient imité celui de Juftinien dans fon code. Tout l'ouvrage eft divifé en cinq livres, les livres en titres, les titres non en chapitres, mais en capitules, ainfi appellés de ce qu'ils ne contiennent que des extraits des *décrétales*. Le premier livre commence par un titre fur la fainte Trinité, à l'exemple du code de Juftinien ; les trois suivans expliquent les diverses espèces du droit canonique, écrit & non écrit : depuis le cinquième titre jusqu'à celui des pactes, il est parlé des élections, dignités, ordinations, & qualités requises dans les clercs ; cette partie peut être regardée comme un traité des personnes : depuis le titre des pactes jusqu'à la fin du second livre, on expose la manière d'intenter, d'instruire, & de terminer les procès en matière civile ecclésiastique, & c'est de-là que nous avons emprunté, suivant la remarque des savans, toute notre procédure. Le troisième livre traite des choses ecclésiastiques, telles que sont les bénéfices, les dixmes, le droit de patronage : le quatrième, des fiançailles, du mariage, & de ses divers empêchemens ; dans le cinquième, il s'agit des crimes ecclésiastiques, de la forme des jugemens en matière criminelle, des peines canoniques, & des censures.

Raimond avoit mis la dernière main à son ouvrage, le pape Grégoire IX lui donna le sceau de l'autorité publique, & ordonna qu'on s'en servît dans les tribunaux & dans les écoles, par une constitution qu'on trouve, à la tête de cette collection, & qui est adressée aux docteurs & aux étudians de l'université de Bologne : ce n'est pas néanmoins que cette collection ne fût défectueuse à bien des égards. On peut reprocher avec justice à Raimond de ce que, pour se conformer aux ordres de Grégoire IX, qui lui avoit recommandé de retrancher les superfluités dans le recueil qu'il feroit des différentes constitutions éparses en divers volumes, il a souvent regardé & retranché comme inutiles des choses qui étoient absolument nécessaires pour arriver à l'intelligence de la décrétale. Donnons-en un exemple. Le cap. 9, extra de consuetud. contient un rescrit d'Honoré III, adressé au chapitre de Paris, dont voici les paroles : Cùm consuetudinis, ususque longævi non sit levis autoritas, & plerumque discordiam pariant novitates ; autoritate vobis præsentium inhibemus, nè absque episcopi vestri consensu, immutetis ecclesiæ vestræ constitutiones & consuetudines approbatas, vel novas etiam inducatis ; & quas forté fecistis, irritas decernentes. Le rescrit, conçu en ces termes, ne signifie autre chose, sinon que le chapitre ne peut faire de nouvelles constitutions sans le consentement de l'évêque : ce qui étant ainsi entendu dans le sens général, est absolument faux. Il est arrivé de-là que ce capitule a paru obscur aux anciens canonistes ; mais il n'y auroit point de difficulté, s'ils avoient consulté la décrétale entière, telle qu'elle se trouve dans la cinquième compilation, cap. 1, eod. tit. Dans cette décrétale, au lieu de ces paroles, si quas forté (constitutiones) fecistis, irritas decernentes, dont Raimond se sert, on lit celles-ci : irritas decernentes (novas institutiones) si quas forté fecistis in ipsius episcopi præjudicium, postquam est regimen parisiensis ecclesiæ adeptus. Cette clause omise par Raimond ne fait-elle pas voir évidemment qu'Honoré III

n'a voulu annuller que les nouvelles constitutions faites par le chapitre sans le consentement de l'évêque, au préjudice du même évêque ? & alors la décision du pape n'aura besoin d'aucune interprétation. On reproche encore à l'auteur de la compilation d'avoir souvent partagé une décrétale en plusieurs ; ce qui lui donne un autre sens, ou du moins la rend obscure. C'est ainsi que la décrétale du cap. 5, de foro competenti, dans la troisième collection, est divisée par Raimond en trois différentes parties, dont l'une se trouve au cap. 10, extrà de consi., la seconde, dans le cap. 3, extrà ut lite pendente nihil innovetur ; & la troisième, au cap. 4, ibid. Cette division est cause qu'on ne peut entendre le sens d'aucun de ces trois capitules, à moins qu'on ne les réunisse ensemble, comme ils le sont dans l'ancienne collection. De plus, en rapportant une décrétale, il omet quelquefois la précédente ou la suivante, qui, jointe avec elle, offre un sens clair ; au lieu qu'elle n'en forme point, lorsqu'elle en est séparée. Le cap. 3, extrà de consiit. qui est tiré du cap. eod. in primâ compilat. en est une preuve. On lit dans les deux textes ces paroles : translato sacerdotio, necesse est ut legis translatio fiat ; quia enim simul & ab eodem, & sub eâdem sponsione, utraque data sunt, quod de uno dicitur, necesse est ut de altero intelligatur. Ce passage, qui se trouve isolé dans Raimond, est obscur, & on ne comprend pas en quoi consiste la translation de la loi ; mais si on compare le même texte avec le cap. 3 & 5 de la première collection, que Raimond a omis dans la sienne, alors on aura la véritable espèce proposée par l'ancien compilateur, & le vrai sens de ces paroles, qui signifient que les préceptes de l'ancienne loi ont été abrogés par la loi de grace ; parce que le sacerdoce & la loi ancienne ayant été donnés en même temps, & sous la même promesse, comme il est dit dans notre capitule, & le sacerdoce ayant été transféré, & un nouveau pontife nous étant donné en la personne de Jesus-Christ, il s'ensuit de-là qu'il étoit nécessaire qu'on nous donnât aussi une nouvelle loi, & qu'elle abrogeât l'ancienne quant aux préceptes mystiques & aux cérémonies légales, dont il est fait mention dans ces cap. 3 & 5, omis par Raimond. Enfin il est répréhensible, pour avoir altéré les décrétales qu'il rapporte, en y faisant des additions ; ce qui leur donne un sens différent de celui qu'elles ont dans leur source primitive. Nous nous servirons pour exemple du cap. 1, extrà de judiciis, où Raimond ajoute cette clause, donec satisfactione præmissâ fuerit absolutus, laquelle ne se trouve ni dans le canon 87 du Code d'Afrique, d'où originairement la décrétale est tirée, ni dans l'ancienne Collection, & qui donne au canon un sens tout-à-fait différent. On lit dans le Canon même & dans l'ancienne Collection : nullus eidem Quod-Vulti-Deo communicet, donec causâ ejus, qualem potuerit, terminum sumat ; ces paroles font assez connoître le droit qui étoit autrefois en vigueur, comme le remarque très-bien M. Cujas sur ce capitule. Dans ces temps-là on n'accordoit à qui que ce soit l'absolution d'une excommunication, qu'on n'eût instruit juridiquement le crime dont il étoit accusé, & qu'on n'eût entièrement terminé la procédure. Mais dans les siècles postérieurs, l'usage s'est établi d'absoudre l'excommunié qui étoit contumacé, aussi-tôt qu'il avoit satisfait, c'est-à-dire, donné caution de se représenter en jugement, quoique l'affaire n'eût point été discutée au fond; & c'est pour concilier cet ancien canon avec la discipline de son temps, que Raimond en a changé les termes. Nous nous contentons de citer quelques exemples des imperfections qui se rencontrent dans la collection de Grégoire IX; mais nous observerons que dans les éditions récentes de cette collection, on a ajouté en caractères italiques ce qui avoit été retranché par Raimond, & ce qu'il étoit indispensable de rapporter pour bien entendre l'espèce du capitule. Ces additions qu'on a appellées depuis dans les écoles *pars decisa*, ont été faites par Antoine le Conte, François Pegna, espagnol, & dans l'édition romaine : il faut avouer néanmoins qu'on ne les a pas faites dans tous les endroits nécessaires, & qu'il reste encore beaucoup de choses à desirer ; d'où il résulte que, nonobstant ces suppléments, il est très-avantageux non-seulement de recourir aux anciennes *décrétales*, mais même de remonter jusqu'aux premières sources, puisque les anciennes collections se trouvent souvent elles-mêmes mutilées, & que les monumens apocryphes y sont confondus avec ceux qui sont authentiques : telle est en effet la méthode dont MM. Cujas, Florent, Jean de la Coste, & surtout Antoine Augustin, dans ses notes sur la première collection, se sont servis avec le plus grand succès.

Grégoire IX, en confirmant le nouveau recueil des *décrétales*, défendit, par la même constitution, qu'on osât en entreprendre une autre sans la permission expresse du saint siège, & il n'en parut point jusqu'à Boniface VIII ; ainsi pendant l'espace de plus de 70 ans, le corps du droit canonique ne renferma que le décret de Gratien & les *décrétales* de Grégoire IX. Cependant après la publication des *Décrétales*, Grégoire IX, & les papes ses successeurs, donnèrent en différentes occasions de nouveaux rescrits ; mais leur authenticité n'étoit reconnue, ni dans les écoles, ni dans les tribunaux : c'est pourquoi Boniface VIII, la quatrième année de son pontificat, vers la fin du treizième siècle, fit publier, sous son nom, une nouvelle compilation ; elle fut l'ouvrage de Guillaume de Mandagotto, archevêque d'Embrun, de Berenger Fredoni, évêque de Beziers, & de Richard de Senis, vice-chancelier de l'église romaine, tous trois élevés depuis au cardinalat. Cette collection contient les dernières épîtres de Grégoire IX, celles des papes qui lui ont succédé ; les décrets des deux conciles généraux de Lyon, dont l'un s'est tenu en l'an 1245, sous Innocent IV, & l'autre en l'an

1274, sous Grégoire X, & enfin les constitutions de Boniface VIII. On appelle cette collection *le Sexte*, parce que Boniface voulut qu'on la joignît au livre des *décrétales*, pour lui servir de supplément. Elle est divisée en cinq livres, sous-divisés en titres & en capitules, & les matières y sont distribuées dans le même ordre que dans celle de Grégoire IX. Au commencement du quatorzième siècle, Clément V, qui tint le saint siège à Avignon, fit faire une nouvelle compilation des *décrétales*, composée en partie des canons du concile de Vienne, auquel il présida, & en partie de ses propres constitutions ; mais surpris par la mort, il n'eut pas le temps de la publier, & ce fut par les ordres de son successeur Jean XXII, qu'elle vit le jour en 1317. Cette collection est appellée *clémentines*, du nom de son auteur, & parce qu'elle ne renferme que des constitutions de ce souverain pontife : elle est également divisée en cinq livres, qui sont aussi sous-divisés en titres & en capitules, ou clémentines. Outre cette collection, le même pape Jean XXII, qui siégea pareillement à Avignon, donna différentes constitutions pendant l'espace de dix-huit ans que dura son pontificat, dont vingt ont été recueillies & publiées par un auteur anonyme, & c'est ce qu'on appelle *les extravagantes de Jean XXII*. Cette collection est divisée en quatorze titres, sans aucune distinction de livres, à cause de son peu d'étendue. Enfin l'an 1484 il parut un nouveau recueil qui porte le nom d'*extravagantes communes*, parce qu'il est composé des constitutions de vingt-cinq papes, depuis le pape Urbain IV (si l'inscription du *cap. 1 de simoniâ*, est vraie), jusqu'au pape Sixte IV, lesquels ont occupé le saint siège pendant plus de deux cens vingt ans, c'est-à-dire, depuis l'année 1262 jusqu'à l'année 1483. Ce recueil est divisé en cinq livres ; mais attendu qu'on n'y trouve aucune *décrétale* qui regarde le mariage, on dit que le quatrième livre manque. Ces deux dernières collections font l'ouvrage d'auteurs anonymes, & n'ont été confirmées par aucune bulle, ni envoyées aux universités ; & c'est par cette raison qu'on les a appellées *extravagantes*, comme qui diroit *vagantes extrà corpus juris canonici*, & elles ont retenu ce nom, quoique par la suite elles y aient été insérées. Ainsi le corps du droit canonique renferme aujourd'hui six collections, savoir, le décret de Gratien, les *décrétales* de Grégoire IX, le *sexte* de Boniface VIII, les clémentines, les extravagantes de Jean XXII, & les extravagantes communes. Nous avons vu, dans l'article DÉCRET, de quelle autorité est le recueil de Gratien, nous allons examiner ici quelle est celle des diverses collections des *décrétales*.

Nous avons dit, en parlant du décret de Gratien, qu'il n'a par lui-même aucune autorité, ce qui doit s'étendre aux extravagantes de Jean XXII & aux extravagantes communes, qui sont deux ouvrages anonymes, & destitués de toute autorité publique. Il n'en est pas de même des *décrétales* de Grégoire IX , du sexte & des clémentines , composées & publiées par ordre des souverains pontifes ; ainsi , dans les pays d'obédience , où le pape réunit l'autorité temporelle à la spirituelle , il n'est point douteux que les *décrétales* des souverains pontifes , & les recueils qu'ils en ont fait faire , n'aient force de loi ; mais dans les autres pays libres , même catholiques , dans lesquels les constitutions des papes n'ont de vigueur qu'autant qu'elles ont été approuvées par le prince , les compilations qu'ils font publier, ont le même sort, c'est-à-dire, qu'elles ont besoin d'acceptation, pour qu'elles soient regardées comme loix. Cela posé, les jurisconsultes françois demandent si les *décrétales* de Grégoire IX ont jamais été reçues en France. Charles Dumoulin , dans son *Commentaire sur l'édit de Henri II* , vulgairement appellé *l'édit des petites dates* , observe , *Glose 15 , num. 250,* que dans les registres de la cour, on trouve un conseil donné au roi par Eudes, duc de Bourgogne, de ne point recevoir dans son royaume les nouvelles constitutions des papes. Le même auteur ajoute qu'en effet elles ne sont point admises dans ce qui concerne la jurisdiction séculière , ni même en matière spirituelle , si elles sont contraires aux droits & aux libertés de l'église gallicane ; & il dit que cela est d'autant moins surprenant, que la cour de Rome elle-même ne reçoit pas toutes les *décrétales* insérées dans les collections publiques. Conformément à cela, M. Florent , dans sa préface *de auctoritate Gratiani & aliarum collectionum,* prétend que les *décrétales* n'ont jamais reçu en France le sceau de l'autorité publique , & quoiqu'on les enseigne dans les écoles , en vertu de cette autorité, qu'il n'en faut pas conclure qu'elles ont été admises, mais qu'on doit les regarder du même œil que les livres du droit civil qu'on enseigne publiquement , par ordre des rois de France , quoiqu'ils ne leur aient jamais donné force de loi. Pour preuve de ce qu'il avance , il cite une lettre manuscrite de Philippe-le-Bel , adressée à l'université d'Orléans , où ce monarque s'exprime en ces termes : *Non putet igitur aliquis nos recipere vel primogenitores nostros recepisse consuetudines quaslibet, sive leges , ex eo quòd eas in diversis locis & studiis regni nostri per scholasticos legi sinatur : multa namque eruditioni & doctrinæ proficiunt, licèt recepta non fuerint , nec ecclesia recepit quamplures canones qui per desuetudinem abierunt , vel ab initio non fuère recepti, licèt in scholis à studiosis propter eruditionem legantur. Scire namque sensus , ritus & mores hominum diversorum locorum & temporum , valdè proficit ad cujuscumque doctrinam.* Cette lettre est de l'année 1312. On ne peut nier cependant qu'on ne se soit servi des *décrétales,* & qu'on ne s'en serve encore aujourd'hui dans les tribunaux, lorsqu'elles ne sont pas contraires aux libertés de l'église gallicane ; d'où l'on peut conclure que dans ces cas là elles sont reçues, du moins tacitement, par

l'usage , & parce que les rois de France ne s'y sont point opposés : & il ne faut point , à cet égard , séparer le *Sexte* de Boniface VIII des autres collections, quoique plusieurs soutiennent que celle-là spécialement n'est point admise , à cause de la fameuse querelle entre Philippe-le-Bel & ce pape. Ils se fondent sur la glose du capitule 16 *de elect. in Sexto,* où il est dit nommément que les constitutions du *Sexte* ne sont point reçues dans le royaume ; mais nous croyons, avec M. Doujat, *lib. IV, prænot. canon. cap. 24 , num. 7,* devoir rejetter cette opinion comme fausse ; premièrement parce que la compilation de Boniface a vu le jour avant qu'il eût eu aucun démêlé avec Philippe-le-Bel. De plus, la bulle *Unam sanctam,* où ce pape, aveuglé par une ambition démesurée, s'efforce d'établir que le souverain pontife a droit d'instituer , de corriger & de déposer les souverains , n'est point rapportée dans le *Sexte* , mais dans le *cap.* 1, *de majoritate & obedientiâ, extravag. comm.* où l'on trouve en même temps, *cap. 2 , ibid.* la bulle *Meruit* de Clément V , par laquelle il déclare qu'il ne prétend point que la constitution de Boniface porte aucun préjudice au roi ni au royaume de France , ni qu'elle les rende plus sujets à l'église romaine, qu'ils l'étoient auparavant. Enfin il est vraisemblable que les paroles attribuées à la glose sur le *cap.* 16 , *de electione in Sexto,* ne lui appartiennent point , mais qu'elles auront été ajoutées après coup, par le zèle inconsidéré de quelque docteur françois. En effet , elles ne se trouvent que dans l'édition d'Anvers, & non dans les autres , pas même dans celle de Charles Dumoulin , qui certainement ne les auroit pas omises, si elles avoient appartenu à la glose.

Au reste, l'illustre M. de Marca, dans son traité *de concordiâ sacerdotii & imperii , lib. III , cap. 6 ,* prouve la nécessité & l'utilité de l'étude des *décrétales.* Pour réduire en peu de mots les raisons qu'il en apporte , il suffit de rappeller ce que nous avons déjà remarqué au commencement de cet article ; savoir, que l'autorité des conciles provinciaux ayant diminué insensiblement, & ensuite ayant été entièrement anéantie, attendu que les assemblées d'évêques étoient devenues plus difficiles, après la division de l'empire de Charlemagne, à cause des guerres sanglantes que ses successeurs se faisoient les uns aux autres, il en étoit résulté que les souverains pontifes étoient parvenus au plus haut degré de puissance , & qu'ils s'étoient arrogé le droit de faire des loix, & d'attirer à eux seuls la connoissance de toutes les affaires ; les princes eux-mêmes , qui souvent avoient besoin de leur crédit, favorisoient leur ambition. Ce changement a donné lieu à une nouvelle manière de procéder dans les jugemens ecclésiastiques : de-là tant de différentes constitutions touchant les élections, les collations des bénéfices, les empêchemens du mariage , les excommunications , les maisons religieuses, les privilèges, les exemptions, & beaucoup

d'autres

d'autres points qui subsistent encore aujourdhui ; ensorte que l'ancien droit ne suffit plus pour terminer les contestations, & qu'on est obligé d'avoir recours aux *décrétales* qui ont engendré ces différentes formes. Mais s'il est à propos de bien connoître ces collections, & de les étudier à fond, il est encore nécessaire de consulter les auteurs qui les ont interprétées ; c'est pourquoi nous croyons devoir indiquer ici ceux que nous regardons comme les meilleurs. Sur les *décrétales* de Grégoire IX, nous indiquerons Van-Espen, *tome IV de ses œuvres, édit. de Louvain 1753.* Cet auteur a fait d'excellentes observations sur les canons du concile de Tours & ceux des conciles de Latran III & IV, qui sont rapportés dans cette collection. Nous ajouterons M. Cujas, qui a commenté les second, troisième & quatrième livres presque en entier ; MM. Jean de la Coste & Florent, qui ont écrit plusieurs traités particuliers sur différens titres de cette même collection ; Charles Dumoulin, dont on ne doit pas négliger les notes, tant sur cette collection que les suivantes ; M. Ciron, qui a jetté une grande érudition dans ses Paratitles sur les cinq livres des *décrétales* ; M. Hauteserre, qui a commenté les *décrétales* d'Innocent III. On y peut joindre l'édition qu'a faite M. Baluze des épîtres du même pape, & celle de M. Bosquet, évêque de Montpellier ; enfin Gonzalès, dont le grand commentaire sur toute la collection de Grégoire IX est fort estimé : cet auteur néanmoins étant dans les principes ultramontains, doit être lu avec précaution. Sur le *Sexte*, nous nous contenterons d'indiquer Van-Espen, *tome IV, ibid.*, qui a fait également des observations sur les canons des deux conciles généraux de Lyon, qu'on trouve répandus dans cette collection ; sur les *Clémentines*, le commentaire qu'en a fait M. Hauteserre. A l'égard des deux dernières collections, on peut s'en tenir à la lecture du texte & aux notes de Charles Dumoulin.

DÉCRÉTALES (*fausses*) les *fausses décrétales* sont celles qu'on trouve rassemblées dans la collection qui porte le nom d'*Isidore Mercator* ; on ignore l'époque précise de cette collection, quel en est le véritable auteur, & on ne peut à cet égard que se livrer à des conjectures. Le cardinal d'Aguirre, *tome I des conciles d'Espagne, dissertat. j* croit que les *fausses décrétales* ont été composées par Isidore, évêque de Séville, qui étoit un des plus célèbres écrivains de son siècle ; il a depuis été canonisé, & il tient un rang distingué parmi les docteurs de l'église. Le cardinal se fonde principalement sur l'autorité d'Hincmar de Rheims, qui les lui attribue nommément, *epist. vij, cap. 12* ; mais l'examen de l'ouvrage même, réfute cette opinion. En effet, on y trouve plusieurs monumens qui n'ont vu le jour qu'après la mort de cet illustre prélat ; tels sont les canons du sixième concile général ; ceux des conciles de Tolède, depuis le sixième jusqu'au dix-septième ; ceux du concile de Merida, & du

second concile de Brague. Or, Isidore est mort en 636, suivant le témoignage unanime de tous ceux qui ont écrit sa vie, & le sixième concile général s'est tenu l'an 680 ; le sixième de Tolède, l'an 638, & les autres sont beaucoup plus récens. Le cardinal ne se dissimule point cette difficulté ; mais il prétend que la plus grande partie, tant de la préface où il est fait mention de ce sixième concile, que de l'ouvrage, appartient à Isidore de Séville, & que quelque écrivain plus moderne y aura ajouté ces monumens. Ce qui le détermine à prendre ce parti, c'est que l'auteur dans sa préface annonce qu'il a été obligé à faire cet ouvrage par quatre-vingts évêques & autres serviteurs de Dieu. Sur cela, le cardinal demande quel autre qu'Isidore de Séville a été d'un assez grand poids en Espagne, pour que quatre-vingts évêques de ce royaume l'engageassent à travailler à ce recueil ; & il ajoute qu'il n'y en a point d'autre sur qui on puisse jetter les yeux, ni porter ce jugement. Cette réflexion est bientôt détruite par une autre qui s'offre naturellement à l'esprit ; savoir, qu'il est encore moins probable qu'un livre composé par un homme aussi célèbre & à la sollicitation de tant de prélats, ait échappé à la vigilance de tous ceux qui ont recueilli ses œuvres, & qu'aucun d'eux n'en ait parlé. Secondement, il paroît que l'auteur de la compilation a vécu bien avant dans le huitième siècle, puisqu'on y rapporte des pièces qui n'ont paru que vers le milieu de ce siècle ; telle est la lettre de Boniface I, archevêque de Mayence, écrite l'an 744 à Ethelbald, roi des Merciens, en Angleterre, plus de cent années par conséquent après la mort d'Isidore. De plus, l'on n'a découvert jusqu'à présent aucun exemplaire qui porte le nom de cet évêque. Il est bien vrai que le cardinal d'Aguirre dit avoir vu un manuscrit de cette collection dans la bibliothèque du Vatican, qui paroît avoir environ 830 années d'ancienneté, & être du temps de Nicolas I, où il finit, & qu'à la tête du manuscrit on lit en grandes lettres, *incipit præfatio Isidori episcopi* : mais comme il y ajoute point *Hispalensis*, on ne peut rien en conclure ; & quand bien même ce mot y seroit joint, il ne s'ensuivroit pas que ce fût véritablement l'ouvrage d'Isidore de Séville : car si l'auteur a eu la hardiesse d'attribuer faussement tant de *décrétales* aux premiers papes, pourquoi n'auroit-il pas eu celle d'usurper le nom d'Isidore de Séville, pour accréditer son ouvrage ? Par la même raison, de ce qu'on trouve dans la préface de ce recueil divers passages qui se rencontrent au cinquième livre des étymologies d'Isidore, suivant la remarque des correcteurs romains, ce n'est pas une preuve que cette préface soit de lui, comme le prétend le cardinal. En effet, l'auteur a pu coudre ces passages à sa préface, de même qu'il a cousu différens passages des saints pères aux *décrétales* qu'il rapporte. Un nouveau motif de nous faire rejetter le sentiment du cardinal, c'est la barbarie du style qui règne dans cette compilation, en cela différent de celui d'Isidore de Séville, verfé dans les bonnes lettres, & qui a écrit d'une manière beaucoup plus pure. Quel fera donc l'auteur de cette collection? Suivant l'opinion la plus généralement reçue, on la donne à un Ifidore furnommé *Mercator*, & cela à caufe de ces paroles de la préface, *Isidorus Mercator fervus Christi, lectori conservo suo*: c'eft ainfi qu'elle eft rapportée dans Yves de Chartres, & au commencement du premier tome des conciles du P. Labbe; elle eft un peu différente dans Gratien fur le canon IV de la diftinction xvj, où le nom de *Mercator* eft fupprimé; & même les correcteurs romains, dans leur feconde note fur cet endroit de Gratien, obfervent que dans plufieurs exemplaires, au lieu du furnom de *Mercator*, on lit celui de *Peccator*: quelques-uns même avancent, & de ce nombre eft M. de Marca, *lib. III, de concordiâ facerd. & imp. cap. v*, que cette leçon eft la véritable, & que celle de Mercator ne tire fon origine que d'une faute des copiftes. Ils ajoutent que le furnom de *Peccator* vient de ce que plufieurs évêques foufcrivant aux conciles, prenoient le titre de *pécheurs*, ainfi qu'on le voit dans le premier concile de Tours, dans le troifième de Paris, dans le fecond de Tours, & dans le premier de Mâcon; & dans l'églife grecque, les évêques affectoient de s'appeller ἁμαρτωλοί. Un troifième fyftème des *fauffes décrétales*, eft celui que nous préfente la chronique de Julien de Tolède, imprimée à Paris dans le fiècle dernier, par les foins de Laurent Ramirez, Efpagnol. Cette chronique dit expreffément que le recueil dont il s'agit ici, a été compofé par Ifidore Mercator, évêque de Xativa (c'eft une ville de l'ifle Majorque, qui relève de l'archevêché de Valence en Efpagne); qu'il s'eft fait aider dans ce travail par un moine, & qu'il eft mort l'an 805; mais la foi de cette chronique eft fufpecte parmi les favans, & avec raifon. En effet, l'éditeur nous apprend que Julien, archevêque de Tolède, eft monté fur ce fiège en l'an 680, & eft mort en 690; qu'il a préfidé à plufieurs conciles pendant cet intervalle, entr'autres au douzième concile de Tolède, tenu en 681. Cela pofé, il n'a pu voir ni raconter la mort de Xativa, arrivée en 805; non-feulement fuivant l'hypothèfe où lui Julien feroit décédé en 690, mais encore fuivant la date de l'année 680, où il eft parvenu à l'archevêché de Tolède; car alors il devoit être âgé de plus de 30 ans, felon les règles de la difcipline, & il auroit fallu qu'il eût vécu au-delà de 155 ans pour arriver à l'année 805, qui eft celle où l'on place la mort de cet Ifidore Mercator: & on ne peut éluder l'objection en fe retranchant à dire qu'il y a faute d'impreffion fur cette dernière époque, & qu'au lieu de l'année 805, on doit lire 705; car ce changement fait naître une autre difficulté. Dans la collection il eft fait mention du pape Zacharie, qui néanmoins n'eft parvenu au fouverain pontificat qu'en

741. Comment accorder la date de l'année 705, qu'on fuppofe maintenant être celle de la mort d'Ifidore, avec le temps où le pape Zacharie a commencé à occuper le faint fiège? Enfin David Blondel, écrivain proteftant & habile critique, foutient dans fon ouvrage intitulé: *Pfeudo-Ifidorus*, *chap. iv & v de fes prolégomènes*, que cette collection ne nous eft point venue d'Efpagne. Il infifte fur ce que, depuis l'an 850 jufqu'à l'an 900, qui eft l'efpace de temps où elle doit être placée, ce royaume gémiffoit fous la cruelle domination des Sarrafins, fur-tout après le concile de Cordoue tenu en 852, dans lequel on défendit aux chrétiens de rechercher le martyre par un zèle indifcret, & d'attirer par-là fur l'églife une violente perfécution. Ce décret, tout fage qu'il étoit, & conforme à la prudence humaine que la religion n'exclut point, étant mal obfervé, on irrita fi fort les Arabes, qu'ils brûlèrent prefque toutes les églifes, difperfèrent ou firent mourir les évêques, & ne fouffrirent point qu'ils fuffent remplacés. Telle fut la déplorable fituation des Efpagnols jufqu'à l'année 1221, & il eft hors de toute vraifemblance, felon Blondel, que dans le temps même où ils avoient à peine celui de refpirer, il fe foit trouvé un de leurs compatriotes affez infenfible aux malheurs de la patrie, pour s'occuper alors à fabriquer des pièces fous les noms des papes du fecond & du troifième fiècles. Il foupçonne donc qu'un Allemand eft l'auteur de cette collection, d'autant plus que ce fut Riculphe, archevêque de Mayence, qui la répandit en France, comme nous l'apprenons d'Hincmar de Rheims dans fon Opufcule des 55 chapitres contre Hincmar de Laon, *ch. 4*. Sans adopter précifément le fyftème de Blondel, qui veut que Mayence ait été le berceau du recueil des *fauffes décrétales*, nous nous contenterons de remarquer que le même Riculphe avoit beaucoup de ces pièces fuppofées. On voit au *livre VII des capitulaires, cap. ccv*, qu'il avoit apporté à Worms une épître du pape Grégoire, dont jufqu'alors on n'avoit point entendu parler, & dont par la fuite il n'eft refté aucun veftige. Au refte, quoiqu'il foit affez conftant que la compilation des *fauffes décrétales* n'appartient à aucun Ifidore, comme cependant elle eft connue fous le nom d'*Ifidore Mercator*, nous continuerons de l'appeller ainfi.

Cette collection renferme les cinquante canons des apôtres, que Denis-le-Petit avoit rapportés dans la fienne; mais ce n'eft point ici la même verfion. Enfuite viennent les canons du fecond concile général, & ceux du concile d'Ephèfe, qui avoient été omis par Denis. Elle contient auffi les conciles d'Afrique; mais dans un autre ordre, & beaucoup moins exact que celui de Denis, qui les a copiés d'après le code des canons de l'églife d'Afrique. On y trouve encore dix-fept conciles de France, un grand nombre de conciles d'Efpagne, & entr'autres ceux de Tolède jufqu'au dix-feptième, qui s'eft tenu en 694. En tout ceci Ifidore n'eft point reprehenfible, fi ce n'eft pour avoir mal obfervé l'ordre des temps, fans avoir eu plus d'égard à ce-lui des matières, comme avoient fait avant lui plu-fieurs compilateurs. Voici où il commence à de-venir coupable de fuppofition. Il rapporte fous le nom des papes des premiers fiècles, depuis Clé-ment I jufqu'à Sirice, un nombre infini de *décré-tales* inconnues jufqu'alors, & avec la même con-fiance que fi elles contenoient la vraie difcipline de l'église des premiers temps. Il ne s'arrête point là, il y joint plufieurs autres monumens apocry-phes : tels font la fauffe donation de Conftantin ; le prétendu concile de Rome fous Sylveftre ; la lettre d'Athanafe à Marc, dont une partie eft citée dans Gratien *diftinct. xvj, canon* 12 ; celle d'Ana-ftafe, fucceffeur de Sirice, adreffée aux évèques de Germanie & de Bourgogne; celle de Sixte III, aux orientaux. Le grand faint Léon lui-même n'a point été à l'abri de fes téméraires entreprifes; l'im-pofteur lui attribue fauffement une lettre touchant les privilèges des chorévêques. Le P. Labbe avoit conjecturé la fauffeté de cette pièce, mais elle eft démontrée dans l'onzième differtation du P. Quef-nel. Il fuppofe pareillement une lettre de Jean I, à l'archevêque Zacharie, une de Boniface II, à Eulalie d'Alexandrie, une de Jean III, adreffée aux évèques de France & de Bourgogne, une de Gré-goire-le-Grand, contenant un privilège du mo-naftère de S. Médard, une du même, adreffée à Félix, évèque de Meffine : & plufieurs autres qu'il attribue fauffement à divers auteurs. *Voyez* le recueil qu'en a fait David Blondel dans fon *faux Ifidore*. En un mot, l'impofteur n'a épargné per-fonne.

L'artifice d'Ifidore, tout groffier qu'il étoit, en impofa à toute l'église latine. Les noms qui fe trouvoient à la tête des pièces qui compofoient ce recueil, étoient ceux des premiers fouverains pon-tifes, dont plufieurs avoient fouffert le martyre pour la caufe de la religion. Ces noms ne purent que le rendre recommandable, & le faire recevoir avec la plus grande vénération. D'ailleurs, l'objet principal de l'impofteur avoit été d'étendre l'auto-rité du faint fiège & des évèques. Dans cette vue il établit que les évèques ne peuvent être jugés définitivement que par le pape feul, & il répète fouvent cette maxime. Toutefois on trouve dans l'*Hiftoire eccléfiaftique* bien des exemples du con-traire; & pour nous arrêter à un des plus remar-quables, Paul de Samofate, évèque d'Antioche, fut jugé & dépofé par les évèques d'Orient & des provinces voifines, fans la participation du pape. Ils fe contentèrent de lui en donner avis après la chofe faite, comme il fe voit par leur lettre fyno-dale, & le pape ne s'en plaignit point. Eufeb. *liv. VII, chap. xxx.* De plus, le fauffaire repré-fente comme ordinaires les appellations à Rome. Il paroît qu'il avoit fort à cœur cet article, par le foin qu'il prend de répandre dans tout fon ouvrage,

que non-feulement tout évèque, mais tout prêtre, & en général, toute perfonne opprimée, peut en tout état de caufe, appeller directement au pape. Il fait parler fur ce fujet jufqu'à neuf fouverains pontifes, Anaclet, Sixte I, Sixte II, Fabien, Cor-neille, Victor, Zephirin, Marcel & Jules. Mais S. Cyprien qui vivoit du temps de S. Fabien & de S. Corneille, non-feulement s'eft oppofé aux appellations, mais encore a donné des raifons fo-lides de n'y pas déférer, *epift. lix.* Du temps de S. Auguftin, elles n'étoient point encore en ufage dans l'église d'Afrique, comme il paroît par la lettre du concile tenu en 426, adreffée au pape Céleftin; & fi en vertu du concile de Sardique, on en voit quelques exemples, ce n'eft, jufqu'au neuvième fiècle, que de la part des évèques des grands fièges qui n'avoient point d'autre fupérieur que le pape. Il pofe encore un principe inconteftable, qu'on ne peut tenir aucun concile, même provincial, fans la permiffion du pape. Nous avons démontré ail-leurs qu'on étoit bien éloigné d'obferver cette règle pendant les neuf premiers fiècles, tant par rap-port aux conciles œcuméniques, que nationaux & provinciaux.

Les *fauffes décrétales* favorifant l'impunité des évèques, & plus encore les prétentions ambitieufes des fouverains pontifes, il n'eft plus étonnant que les uns & les autres les aient adoptées avec em-preffement, & s'en foient fervis dans les occafions qui fe préfentèrent. C'eft ainfi que Rotade, évè-que de Soiffons, qui dans un concile provincial tenu à S. Crefpin de Soiffons en 861, avoit été privé de la communion épifcopale pour caufe de défobéiffance, appella au faint fiège. Hincmar de Rheims fon métropolitain, nonobftant cet appel, le fit dépofer dans un concile affemblé à S. Mé-dard de Soiffons, fous le prétexte que depuis il y avoit renoncé & s'étoit foumis au jugement des évèques. Le pape Nicolas I, inftruit de l'affaire, écrivit à Hincmar, & blâma fa conduite. « Vous » deviez, dit-il, honorer la mémoire de S. Pierre, » & attendre notre jugement, quand même Rotade » n'eût point appellé ». Et dans une autre lettre au même Hincmar fur la même affaire, il le menace de l'excommunier s'il ne rétablit pas Rotade. Ce pape fit plus encore ; car Rotade étant venu à Rome, il le déclara abfous dans un concile tenu la veille de Noël en 864, & le renvoya à fon fiège avec des lettres. Celle qu'il adreffe à tous les évèques des Gaules eft digne de remarque ; c'eft la lettre XLVIIe de ce pontife : voici comme le pape y parle : « ce que vous dites eft abfurde (nous nous » fervons ici de M. Fleuri) que Rotade, après » avoir appellé au faint fiège, ait changé de lan-» gage pour fe foumettre de nouveau à votre ju-» gement. Quand il l'auroit fait, vous deviez le » redreffer & lui apprendre qu'on n'appelle point » d'un juge fupérieur à un inférieur. Mais encore » qu'il n'eût pas appellé au faint fiège, vous n'avez » dû en aucune manière dépofer un évèque fans

» notre participation, au préjudice de tant de *décrétales* de nos prédécesseurs ; car si c'est par leur » jugement que les écrits des autres docteurs sont » approuvés ou rejettés, combien plus doit-on res- » pecter ce qu'ils ont écrit eux-mêmes pour déci- » der sur la doctrine ou la discipline ? Quelques- » uns de vous disent que ces *décrétales* ne sont » point dans le code des canons ; cependant quand » ils les trouvent favorables à leurs intentions, ils » s'en servent sans distinction, & ne les rejet- » tent que pour diminuer la puissance du saint siège. » Que s'il faut rejetter les *décrétales* des anciens » papes, parce qu'elles ne sont pas dans le code » des canons, il faut donc rejetter les écrits de » S. Grégoire & des autres papes, même des saintes » écritures ». Là-dessus, M. Fleuri fait cette obser- vation, que quoiqu'il soit vrai que de n'être pas dans le corps des canons ne fût pas une raison suf- fisante pour les rejetter, il falloit du moins exa- miner si elles étoient véritablement des papes dont elles portoient les noms ; mais c'est ce que l'igno- rance de la critique ne permettoit pas alors. Le pape ensuite continue & prouve par l'autorité de saint Léon & de saint Gélase, que l'on doit rece- voir généralement toutes les *décrétales* des papes. Il ajoute : « vous dites que les jugemens des évê- » ques ne sont pas des causes majeures ; nous sou- » tenons qu'elles sont d'autant plus grandes, que » les évêques tiennent un plus grand rang dans » l'église. Dites-vous qu'il n'y a que les affaires des » métropolitains qui soient des causes majeures ? » Mais ils ne sont pas d'un autre ordre que les évê- » ques, & nous n'exigeons pas des témoins ou des » juges d'autre qualité pour les uns & pour les au- » tres ; c'est pourquoi nous voulons que les causes » des uns & des autres nous soient réservées ». Et ensuite : « se trouvera-t-il quelqu'un assez dé- » raisonnable pour dire que l'on doive conserver » à toutes les églises leurs privilèges, & que la » seule église romaine doit perdre les siens » ? Il conclut en leur ordonnant de recevoir Rotade & de le rétablir. Nous voyons dans cette lettre de Nicolas I, l'usage qu'il fait des *fausses décrétales* ; il en prend tout l'esprit & en adopte toutes les maxi- mes. Son successeur Adrien II, ne paroît pas moins zélé dans l'affaire d'Hincmar de Laon. Ce prélat s'étoit rendu odieux au clergé & au peuple de son diocèse par ses injustices & ses violences. Ayant été accusé au concile de Verberie, en 869, où pré- sidoit Hincmar de Rheims, son oncle & son mé- tropolitain, il appella au pape & demanda la per- mission d'aller à Rome, qui lui fut refusée. On suspendit seulement la procédure, & on ne passa pas outre. Mais sur de nouveaux sujets de plaines que le roi Charles-le-Chauve & Hincmar de Rheims eurent contre lui, on le cita d'abord au concile d'Attigni où il comparut, mais bientôt après il prit la fuite ; ensuite au concile de Douzi, où il re- nouvella son appel. Après avoir employé divers subterfuges pour éviter de répondre aux accusa-

tions qu'on lui intentoit, il y fut déposé. Le con- cile écrivit au pape Adrien une lettre synodale, en lui envoyant les actes dont il demande la con- firmation, ou que du moins si le pape veut que la cause soit jugée de nouveau, elle soit renvoyée sur les lieux, & qu'Hincmar de Laon demeure cependant excommunié : la lettre est du 6 septem- bre 871. Le pape Adrien, loin d'acquiescer au ju- gement du concile, désapprouva, dans les termes les plus forts, la condamnation d'Hincmar de Laon, comme il paroît par ses lettres, l'une adressée aux évêques du concile, & l'autre au roi de France ; *tome VIII des conciles, pag. 932 & suiv.* Il dit aux évêques, que puisque Hincmar de Laon croit dans le concile qu'il vouloit se défendre devant le saint siège, il ne falloit pas prononcer de condamnation contre lui. Dans sa lettre au roi Charles, il répète mot pour mot la même chose, touchant Hincmar de Laon, & veut que le roi l'envoie à Rome avec escorte. Nous croyons ne pouvoir nous dispenser de rapporter la réponse vigoureuse que fit le roi Charles. Elle montre que ce prince, justement ja- loux des droits de sa couronne, étoit dans la ferme résolution de les soutenir. Nous nous servirons encore ici de M. Fleuri. « Vos lettres portent, dit » le roi au pape, *nous voulons & nous ordonnons* » *par l'autorité apostolique, qu'Hincmar de Laon* » *vienne à Rome, & devant nous, appuyé de votre* » *puissance.* Nous admirons où l'auteur de cette » lettre a trouvé qu'un roi obligé à corriger les » méchans, & à venger les crimes, doive en- » voyer à Rome un coupable condamné selon les » règles, vu principalement qu'avant sa déposition » il a été convaincu dans trois conciles d'entreprises » contre le repos public, & qu'après sa déposition » il persévère dans sa désobéissance. Nous sommes » obligés de vous écrire encore, que nous autres, » rois de France, nés de race royale, n'avons » point passé jusqu'à présent comme vous venez » des évêques, mais pour les seigneurs de la terre. » Et, comme dit S. Léon & le concile romain, » les rois & les empereurs que Dieu a établis pour » commander sur la terre, ont permis aux évê- » ques de régler les affaires suivant leurs ordon- » nances : mais ils n'ont pas été les économes des » évêques ; & si vous feuilletez les registres de » vos prédécesseurs, vous ne trouverez point » qu'ils aient écrit aux nôtres comme vous nous » de nous écrire ». Il rapporte ensuite deux lettres de S. Grégoire, pour montrer avec quelle modestie il écrivoit non-seulement aux rois de France, mais aux exarques d'Italie. Il cite le passage du pape Gélase dans son *Traité de l'anathème,* sur la dis- tinction des deux puissances spirituelle & tempo- relle, où ce pape établit que Dieu en a séparé les fonctions. « Ne nous faites donc plus écrire, » ajoute-t-il, des commandemens & des menaces » d'excommunication contraires à l'écriture & aux » canons ; car, comme dit S. Léon, le privilège » de S. Pierre subsiste quand on juge selon l'équité ;

» d'où il s'enfuit que quand on ne fuit pas cette
» équité, le privilège ne fubfifte plus. Quant à
» l'accufateur que vous ordonnez qui vienne avec
» Hincmar, quoique ce foit contre toutes les règles,
» je vous déclare que fi l'empereur mon neveu,
» m'affure la liberté des chemins, & que j'aie la
» paix dans mon royaume contre les païens, j'irai
» moi-même à Rome me porter pour accufateur,
» & avec tant de témoins irréprochables, qu'il pa-
» roîtra que j'ai eu raifon de l'accufer. Enfin, je
» vous prie de ne me plus envoyer à moi ni aux
» évêques de mon royaume de telles lettres, afin
» que nous puiffions toujours leur rendre l'honneur
» & le refpect qui leur convient ». Les évêques
du concile de Douzi répondirent au pape à-peu-
près fur le même ton; & quoique la lettre ne
foit pas reftée en entier, il paroît qu'ils vouloient
prouver que l'appel d'Hincmar ne devoit pas être
jugé à Rome, mais en France par des juges délégués, conformément aux canons du concile de
Sardique.

Ces deux exemples fuffifent pour faire fentir
combien les papes dès-lors étendoient leur jurifdiction à la faveur des *fauffes décrétales* : on s'apperçoit néanmoins qu'ils éprouvoient de la réfif-
tance de la part des évêques de France. Ils n'ofoient
pas attaquer l'authenticité de ces *décrétales*, mais
ils trouvoient l'application qu'on en faifoit odieufe
& contraire aux anciens canons. Hincmar de Rheims,
fur-tout, faifoit valoir, que n'étant point rapportées dans le code des canons, elles ne pouvoient
renverfer la difcipline établie par tant de canons
& de décrets des fouverains Pontifes, qui étoient,
& poftérieurs, & contenus dans le code des canons.
Il foutenoit que lorfqu'elles ne s'accordoient pas
avec ces canons & ces décrets, on devoit les regarder comme abrogées en ces points-là. Cette
façon de penfer lui attira des perfécutions. Flodoard,
dans fon hiftoire des évêques de l'églife de Rheims,
nous apprend, *liv. III, chap. xxj*, qu'on l'accufa
auprès du pape, Jean VIII, de ne pas recevoir
les *décrétales* des papes; ce qui l'obligea d'écrire une
apologie que nous n'avons plus, où il déclaroit
qu'il recevoit celles qui étoient approuvées par les
conciles. Il fentoit donc bien que les *fauffes décrétales* renfermoient des maximes inouies; mais, tout
grand canonifte qu'il étoit, il ne put jamais en démêler la fauffeté. Il ne favoit pas affez de critique
pour y voir les preuves de fuppofition, toutes fenfibles qu'elles font, & lui-même allègue ces *décrétales* dans fes lettres & fes autres opufcules. Son
exemple fut fuivi de plufieurs prélats. On admit
d'abord celles qui n'étoient point contraires aux
canons plus récens; enfuite on fe rendit encore
moins fcrupuleux : les conciles eux-mêmes en firent
ufage. C'eft ainfi que dans celui de Rheims tenu
l'an 992, les évêques fe fervirent des fauffes *décrétales* d'Anaclet, de Jules, de Damafe, & des
autres papes, dans la caufe d'Arnoul, comme fi
elles avoient fait partie du corps des canons. *Voyez*

M. de Marca, *lib. II, de concordiâ facerdot. & imp.
cap. xj. §. 2*. Les conciles qui furent célébrés dans
la fuite, imitèrent celui de Rheims. Les papes du
onzième fiècle, dont plufieurs furent vertueux &
zélés pour le rétabliffement de la difcipline eccléfiaftique, un Grégoire VII, un Urbain II, un Paf-
cal II, un Urbain III, un Alexandre III, trouvant
l'autorité de ces *fauffes décrétales* tellement établie
que perfonne ne penfoit plus à la contefter, fe
crurent obligés en confcience à foutenir les maximes qu'ils y lifoient, perfuadés que c'étoit la difcipline des beaux jours de l'églife. Ils ne s'apper-
çurent point de la contrariété & de l'oppofition qui
règnent entre cette difcipline & l'ancienne. Enfin,
les compilateurs des canons, tels que Bouchard
de Worms, Yves de Chartres, & Gratien, en
remplirent leur collection. Lorfqu'une fois on eut
commencé à enfeigner le décret publiquement dans
les écoles & à le commenter, tous les théologiens
polémiques & fcholaftiques, & tous les interprètes
du droit canon, employèrent à l'envi l'un de l'autre
ces *fauffes décrétales*, pour confirmer les dogmes
catholiques, ou établir la difcipline, & en parfe-
merent leurs ouvrages. Ainfi pendant l'efpace de
800 ans, la collection d'Ifidore eut la plus grande
faveur. Ce ne fut que dans le feizième fiècle que
l'on conçut les premiers foupçons fur fon authenticité. Erafme & plufieurs avec lui la révoquèrent
en doute, fur-tout M. le Conte dans fa préface fur
le décret de Gratien, *voyez l'article* DÉCRET; de
même Antoine Auguftin, quoiqu'il fe foit fervi de
ces *fauffes décrétales* dans fon *Abrégé du Droit canonique*, infinue néanmoins dans plufieurs endroits
qu'elles lui font fufpectes; & fur le capitule 36 de
la collection d'Adrien I, il dit expreffément que
l'épître de Damafe à Aurelius de Carthage, qu'on
a mife à la tête des conciles d'Afrique, eft regardée par la plupart comme apocryphe, auffi bien
que plufieurs épîtres de papes plus anciens. Le cardinal Bellarmin, qui les défend dans fon traité *De
Romano Pontifice*, ne nie pas cependant *lib. II,
cap. xiv*, qu'il ne puiffe s'y être gliffé quelques
erreurs, & n'ofe avancer qu'elles foient d'une autorité inconteftable. Le cardinal Baronius dans fes
Annales, & principalement *ad annum 865, num. 8
& 9*, avoue de bonne foi qu'on n'eft point fûr de
leur authenticité. Ce n'étoit encore là que des conjectures; mais bientôt on leur porta de plus rudes
atteintes : on ne s'arrêta pas à telle ou telle pièce
en particulier, on attaqua la compilation entière :
voici fur quels fondemens on appuïa la critique
qu'on en fit. 1°. Les *décrétales* rapportées dans la
collection d'Ifidore, ne font point dans celles de
Denis-le-Petit, qui n'a commencé à citer les *décrétales* des fouverains pontifes qu'au pape Sirice. Cependant il nous apprend lui-même dans fa lettre à
Julien, prêtre du titre de Saint-Anaftafe, qu'il avoit
pris un foin particulier de les recueillir. Comme il
faifoit fon féjour à Rome, étant abbé d'un monaftère de cette ville, il étoit à portée de fouiller dans

les archives de l'église romaine ; ainsi elles n'au-roient pu lui échapper si elles y avoient existé. Mais si elles ne s'y trouvoient pas, & si elles ont été inconnues à l'église romaine elle-même, à qui elles étoient favorables, c'est une preuve de leur fausseté. Ajoutez qu'elles l'ont été également à toute l'église ; que les peres & les conciles des huit premiers siècles, qui alors étoient fort fréquens, n'en ont fait aucune mention. Or, comment accorder un silence aussi universel avec leur authenticité ? 2°. La matière de ces épîtres que l'imposteur suppose écrites dans les premiers siècles, n'a aucun rapport avec l'état des choses de ce temps-là : on n'y dit pas un mot des persécutions, des dangers de l'église, presque rien qui concerne la doctrine : on n'y exhorte point les fideles à confesser la foi : on n'y donne aucune consolation aux martyrs : on n'y parle point de ceux qui sont tombés pendant la persécution, de la pénitence qu'ils doivent subir. Toutes ces choses néanmoins étoient agitées alors, & sur-tout dans le troisième siècle, & les véritables ouvrages de ces temps-là en sont remplis : enfin, on ne dit rien des hérétiques des trois premiers siècles, ce qui prouve évidemment qu'elles ont été fabriquées postérieurement. 3°. Leurs dates sont presque toutes fausses : leur auteur suit en général la chronologie du livre pontifical, qui, de l'aveu de Baronius, est très-fautive. C'est un indice pressant que cette collection n'a été composée que depuis le livre pontifical. 4°. Ces *fausses décrétales* dans tous les endroits des passages de l'écriture, emploient toujours la version des livres saints appellée *vulgate*, qui, si elle n'a pas été faite par S. Jérôme, a du moins pour la plus grande partie été revue & corrigée pour lui : donc elles sont plus récentes que S. Jérôme. 5°. Toutes ces lettres sont écrites d'un même style, qui est très-barbare, & en cela très-conforme à l'ignorance du huitième siècle. Or, il n'est pas vraisemblable que tous les différens papes dont elles portent le nom, aient affecté de conserver le même style. Il n'est pas encore vraisemblable qu'on ait écrit d'un style aussi barbare dans les deux premiers siècles, quoique la pureté de la langue latine eût déjà souffert quelque altération. Nous avons des auteurs de ces temps-là qui ont de l'élégance, de la pureté, & de l'énergie, tels sont Pline, Suétone & Tacite. On en peut conclure avec assurance, que toutes ces *décrétales* sont d'une même main, & qu'elles n'ont été forgées, qu'après l'irruption des Barbares & la décadence de l'empire romain. Outre ces raisons générales, David Blondel nous fournit dans son *faux Isidore* de nouvelles preuves de la fausseté de chacune de ces *décrétales* ; il les a toutes examinées d'un œil sévère, & c'est à lui principalement que nous sommes redevables des lumières que nous avons aujourd'hui sur cette compilation. Le P. Labbe, savant jésuite, a marché sur ses traces dans le tome I de sa *Collection des conciles*. Ils prouvent tous deux sur chacune de ces pièces en particu-

lier, qu'elles sont tissues de passages de papes, de conciles, de pères & d'auteurs plus récens que ceux dont elles portent le nom ; que ces passages sont mal cousus ensemble, sont mutilés & tronqués pour mieux induire en erreur les lecteurs qui ne sont pas attentifs. Ils y remarquent de très-fréquens anacronismes ; qu'on y fait mention de choses absolument inconnues à l'antiquité : par exemple, dans l'épître de S. Clément à S. Jacques, frère du Seigneur, on y parle des habits dont les prêtres se servent pour célébrer l'office divin, des vases sacrés, des calices & autres choses semblables, qui n'étoient pas en usage du temps de S. Clément. On y parle encore des portiers, des archidiacres, & autres ministres de l'église, qui n'ont été établis que depuis. Dans la première *décrétale* d'Anaclet, on y décrit les cérémonies de l'église d'une façon qui alors n'étoit point encore usitée : on y fait mention d'archevêques, de patriarches, de primats, comme si ces titres étoient connus dès la naissance de l'église. Dans la même lettre on y statue qu'on peut appeller des juges séculiers aux juges ecclésiastiques ; qu'on doit réserver au saint siège les causes majeures, ce qui est extrêmement contraire à la discipline de ce temps. Enfin chacune des pièces qui composent le recueil d'Isidore, porte avec elle des marques de supposition qui lui sont propres, & dont aucune n'a échappé à la critique de Blondel & du P. Labbe : nous ne pouvons mieux faire que d'y renvoyer le lecteur.

Au reste les *fausses décrétales* ont produit de grandes altérations & des maux pour ainsi dire irréparables dans la discipline ecclésiastique ; c'est à elles qu'on doit attribuer la cessation des conciles provinciaux. Autrefois ils étoient fort fréquens : il n'y avoit que la violence des persécutions qui en interrompît le cours. Si-tôt que les évêques se trouvoient en liberté, ils y recouroient, comme au moyen le plus efficace de maintenir la discipline : mais depuis qu'en vertu des *fausses décrétales*, la maxime se fut établie de n'en plus tenir sans la permission du souverain pontife, ils devinrent plus rares, parce que les évêques souffroient impatiemment que les légats du pape y présidassent, comme il étoit d'usage depuis le douzième siècle ; ainsi on s'accoutuma insensiblement à n'en plus tenir. En second lieu, rien n'étoit plus propre à fomenter l'impunité des crimes, que ces jugemens des évêques réservés au saint-siège. Il étoit facile d'en imposer à un juge éloigné, difficile de trouver des accusateurs & des témoins. De plus, les évêques cités à Rome n'obéissoient point, soit pour cause de maladie, de pauvreté ou de quelque autre empêchement, soit parce qu'ils se sentoient coupables. Ils méprisoient les censures prononcées contre eux ; & si le pape, après les avoir déposés, nommoit un successeur, ils le repoussoient à main armée ; ce qui étoit une source intarissable de rapines, de meurtres & de séditions dans l'état, de troubles & de scandales dans l'église. Troisièmement, c'est dans les *fausses décrétales* que les papes ont puisé le droit de transférer seuls les évêques d'un siège à un autre, & d'ériger de nouveaux évêchés. A l'égard des translations, elles étoient en général sévèrement défendues par les canons du concile de Sardique & de plusieurs autres conciles: elles n'étoient tolérées que lorsque l'utilité évidente de l'église les demandoit, ce qui étoit fort rare; & dans ce cas, elles se faisoient par l'autorité du métropolitain & du concile de la province. Mais depuis qu'on a suivi les *fausses décrétales*, elles sont devenues fort fréquentes dans l'église latine. On a plus consulté l'ambition & la cupidité des évêques, que l'utilité de l'église; & les papes ne les ont condamnées que lorsqu'elles étoient faites sans leur autorité, comme nous voyons dans les lettres d'Innocent III. L'érection des nouveaux évêchés, suivant l'ancienne discipline, appartenoit pareillement au concile de la province, & nous en trouvons un canon précis dans les conciles d'Afrique; ce qui étoit conforme à l'utilité de la religion & des fidèles, puisque les évêques du pays étoient seuls à portée de juger quelles étoient les villes qui avoient besoin d'évêques, & en état d'y placer des sujets propres à remplir dignement les fonctions. Mais les *fausses décrétales* ont donné au pape seul le droit d'ériger de nouveaux évêchés; & comme souvent il est éloigné des lieux dont il s'agit, il ne peut être instruit exactement, quoiqu'il nomme des commissaires & fasse faire des informations de la commodité & incommodité, ces procédures ne suppléant jamais que d'une manière très-imparfaite à l'inspection oculaire & à la connoissance qu'on prend des choses par soi-même. Enfin une des plus grandes plaies que la discipline de l'église ait reçue des *fausses décrétales*, c'est d'avoir multiplié à l'infini les appellations au pape: les indociles avoient par-là une voie sûre d'éviter la correction, ou du moins de la différer. Comme le pape étoit mal informé, à cause de la distance des lieux, il arrivoit souvent que le bon droit des parties étoit lésé; au lieu que dans le pays même, les affaires eussent été jugées en connoissance de cause & avec plus de facilité. D'un autre côté, les prélats rebutés de la longueur des procédures, des frais & de la fatigue des voyages, & de beaucoup d'autres obstacles difficiles à surmonter, aimoient mieux tolérer les désordres qu'ils ne pouvoient réprimer par leur seule autorité, que d'avoir recours à un pareil remède. S'ils étoient obligés d'aller à Rome, ils étoient détournés de leurs fonctions spirituelles: les peuples restoient sans instruction, & pendant ce temps-là l'erreur ou la corruption faisoit des progrès considérables. L'église romaine elle-même perdit le lustre éclatant dont elle avoit joui jusque alors par la sainteté de ses pasteurs. L'usage fréquent des appellations attirant un concours extraordinaire d'étrangers, on vit naître dans son sein l'opulence, le faste & la grandeur: les souverains pontifes, qui d'un côté enrichissoient Rome, &

de l'autre la rendoient terrible à tout l'univers chrétien, cessèrent bientôt de la sanctifier. Telles ont été les suites funestes des *fausses décrétales* dans l'église latine; & par la raison qu'elles étoient inconnues dans l'église grecque, l'ancienne discipline s'y est mieux conservée sur tous les points que nous venons de marquer. On est effrayé de voir que tant d'abus, de relâchement & de désordres, soient nés de l'ignorance profonde où l'on a été plongé pendant l'espace de plusieurs siècles: & l'on sent en même temps combien il importe d'être éclairé sur la critique, l'histoire, &c. Mais si la tranquillité & le bonheur des peuples, si la paix & la pureté des mœurs dans l'église, se trouvent si étroitement liés avec la culture des connoissances humaines, les princes ne peuvent témoigner trop de zèle à protéger les lettres & ceux qui s'y adonnent; comme étant les défenseurs nés de la religion & de l'état. Les sciences sont un des plus solides remparts contre les entreprises du fanatisme, si préjudiciables à l'un & à l'autre, & l'esprit de méditation est aussi le mieux disposé à la soumission & à l'obéissance.

DÉCRÉTÉ, adj. (*Jurispr.*) se dit communément de celui contre qui on a ordonné un décret. On dit, par exemple, *l'accusé a été décrété de prise-de-corps.*

En Normandie, le *décrété* c'est la partie saisie, c'est-à-dire, celui sur qui on poursuit l'adjudication par décret d'un bien saisi réellement. *Coutume de Normandie*, art. 567. (*A*)

DÉCRÉTER, v. a. (*Jurispr.*) signifie *ordonner un décret*. On *décrète* l'accusé d'assigné pour être oui, ou d'ajournement personnel, ou de prise-de-corps.

Décréter les informations, c'est ordonner un décret sur le vu des charges & informations.

Décréter une coutume, c'est l'autoriser, la revêtir de lettres-patentes pour lui donner force de loi. (*A*).

DÉCRÉTISTE, (*Jurispr.*) dans quelques provinces, comme en Languedoc, est celui qui poursuit la vente & adjudication par décret d'un bien saisi réellement. (*A*)

DÉCRI, s. m. (*terme de Monnoie*) qui signifie l'ordonnance & le cri public, par lequel on défend de faire usage dans le commerce de certaines monnoies d'or & d'argent. *Voyez* MONNOIE.

DÉCURIE. *Voyez* DIXAINE.

DÉDICACE, s. f. (*Droit ecclésiastique.*) c'est la cérémonie par laquelle on consacre une église, ou un autel au culte public de la religion. On trouvera ce qui concerne cette matière dans le *Dictionnaire de Théologie*, nous nous contenterons de remarquer, que suivant la disposition du canon *nemo, dist. 1, de consec.* l'évêque seul a droit de consacrer une église, & que, suivant les usages de l'église de France, le pape n'a pas le droit de déléguer pour cette cérémonie un commissaire au préjudice de l'évêque diocésain.

DÉDOMMAGEMENT, f. m. (*Droit naturel & civil.*) c'eſt l'indemnité due à celui qui a ſouffert du dommage dans ſa perſonne, dans ſon honneur, ou dans ſes biens : il eſt fondé ſur les principes immuables de l'équité naturelle, qui exige de celui qui a occaſionné le dommage, de le réparer dans toute l'étendue qu'il eſt poſſible, & d'indemniſer en entier la perſonne à qui il a cauſé du tort.

Cette matiere ſera traitée ſous les mots, DOMMAGE, DOMMAGES & INTÉRÊTS, INDEMNITÉ, RÉPARATION, &c.

DÉDUCTION, f. f. (*Juriſpr.*) ce mot eſt preſque ſynonyme à celui de *compenſation*, & on ſuit les mêmes principes à l'égard de l'une comme de l'autre. Il y a néanmoins entre ces deux termes cette différence, qu'on ſe ſert de celui de *déduction*, lorſqu'il s'agit de précompter ſur une créance, la partie qui en a été acquittée, & de celui de *compenſation*, lorſqu'on oppoſe une créance à une autre d'un genre différent.

Ainſi *déduction* eſt, à proprement parler, le droit qu'a un débiteur de précompter ſur la créance dont il eſt débiteur, une ſomme qui lui eſt due par le créancier, ou une dépenſe qu'il a faite pour lui.

Un fermier déduit ſur le prix de ſon bail, les vingtiemes, les réparations, les rentes qu'il a été obligé de payer à l'acquit du bailleur, & dont il n'étoit pas chargé par ſon bail.

Un tuteur, un curateur, un gardien, un adminiſtrateur, déduiſent ſur les ſommes qu'ils ont reçues, les avances légitimes qu'ils ont faites, ſoit pour l'entretien & la régie des biens, ſoit pour le paiement des dettes, ſoit pour les frais des comptes qu'ils rendent.

DÉFAILLANT, part. pris ſubſt. (*Juriſpr.*) c'eſt ainſi qu'on appelle celui qui ne comparoît pas en juſtice, ſur l'aſſignation qu'on lui a donnée. On donne également ce nom à celui qui ne comparoît pas à quelque acte extrajudiciaire, quoiqu'il ait été ſommé de s'y trouver.

Défaillant ſignifie auſſi quelquefois *manquant*. C'eſt en ce ſens qu'on dit, en parlant des différentes lignes qui conſtituent la parenté, qu'une ligne eſt défaillante, pour dire une ligne éteinte.

DÉFAIX ou DEFFAIX, f. m. (*Juriſpr.*) ſont des lieux en défenſes, tels que la garenne & l'étang du ſeigneur. *Voyez* TOURAILLE, *ſur l'art.* 171 *de la coutume d'Anjou.* (A)

Quelques commentateurs de la coutume d'Anjou ont cru qu'il falloit lire *deffaux* ou *deffens*, au lieu de *deffaix*. Mais le mot *deffaix* doit ſubſiſter, non ſeulement parce qu'il ſe trouve dans les art. 171 & 192 de la coutume d'Anjou, mais auſſi parce que la coutume du Maine s'en eſt également ſervie dans les articles 190 & 210. Il a d'ailleurs été reconnu par Ménage, dans ſon *Dictionnaire étymologique*, & par l'auteur du *Dictionnaire de la langue Romance*,

Le chap. 150 du premier livre des *Etabliſſemens de S. Louis*, d'où l'art. 192 de la coutume d'Anjou

paroît être tiré en partie, ſe ſert du mot *deffoix* dans le même ſens. Toutes ces loix n'emploient ces différens mots que comme ſynonymes de celui d'*étang*. Elles prononcent des amendes contre celui qui *chaſſe en la garenne, ou pêche en l'étang ou deffaix de ſon ſeigneur.* (GARRAN DE COULON.)

DÉFAUT, f. m. (*Juriſpr.*) appellé chez les Romains *contumacia rei abſentis*, ou *eremocidium*, ſignifie, en terme de pratique, l'*omiſſion* de quelque choſe : mais on entend plus particuliérement par ce mot le jugement rendu ſur la demande de l'une des parties, ſans que l'autre ait été ouie, par la raiſon qu'elle n'a point comparu, ni procureur pour elle.

On appelle *donner défaut*, donner acte du *défaut*, *prendre defaut*, obtenir un jugement qui donne *défaut.*

Il y a des *défauts* que l'on prend à l'audience, il y en a que l'on leve au greffe, nous les ferons connoître en parlant des différens *défauts* qu'on obtient en juſtice.

Les commiſſaires, notaires, huiſſiers, & autres officiers publics, donnent *défaut* dans leurs actes & procès-verbaux contre ceux qui ne comparoiſſent pas.

Le profit du *défaut*, c'eſt ce que l'on ordonne ſur le fond ; en conſéquence du *défaut* on adjuge ordinairement au demandeur ſes concluſions, pourvu qu'elles ſoient juſtes & bien vérifiées, autrement il doit être débouté de ſa demande, quoique ce ſoit par *défaut* contre l'autre partie. Le demandeur prend *défaut* contre le défendeur, & celui-ci prend congé, c'eſt-à-dire ſon renvoi, lorſque le demandeur eſt défaillant. Le défaillant peut revenir par oppoſition dans la huitaine contre le *défaut* que l'on a pris contre lui, à moins que le *défaut* ne ſoit obtenu à tour de rôle ou fatal. Le défaillant peut auſſi, ſoit dans la huitaine ou après, ſe pourvoir par appel, ſi le *défaut* n'eſt qu'une ſentence, rendue par un juge dont on peut appeller.

DÉFAUT *faute de comparoir*, eſt un jugement que le demandeur obtient contre le défendeur qui ne ſe préſente pas au greffe dans les délais de l'ordonnance. *Voyez* PRÉSENTATION.

Ce *défaut* ſe prend au greffe, huitaine après l'échéance de l'aſſignation, on en fait juger le profit après une autre huitaine pour ceux qui ſont ajournés à huitaine ; & à l'égard de ceux qui ſont ajournés à plus longs jours, le délai pour faire juger le *défaut*, outre celui de l'aſſignation & de huitaine pour défendre, eſt encore de la moitié du temps porté par l'aſſignation.

Le défaillant eſt reçu oppoſant à ce *défaut*, même après huitaine, en refondant les frais de contumace.

Avant l'ordonnance de 1667, la procédure uſitée pour obtenir un *défaut* faute de comparoir, étoit très-longue & très-compliquée. On diſtinguoit alors deux ſortes d'ajournement, le ſimple, & celui avec intimation. Ce dernier avoit lieu dans

les

les matières sommaires & privilégiées, & le *défaut* qui intervenoit sur cet ajournement, en adjugeoit à l'instant le profit.

Mais dans les ajournemens simples, qui avoient lieu dans toutes les matières ordinaires, on obtenoit un premier *défaut*, après lequel on réajournoit le défendeur avec intimation. S'il ne comparoissoit pas, on levoit un second *défaut*, le demandeur produisoit ensuite les deux ajournemens, & les deux *défauts*; le tout vu, le juge déclaroit les deux *défauts* bien obtenus, déboutoit le défaillant de toute exception & défense, & admettoit le demandeur à vérifier sa demande; en vertu du débouté de défenses on ajournoit encore le défaillant pour voir produire titres & exploits, & ce n'étoit qu'après ce long circuit de procédures qu'intervenoit la sentence définitive, qui faisoit droit sur le fond de la demande.

Ces réajournemens, & ces déboutés de défenses ont été abrogés par l'*art. 2, tit. 5* de l'ordonnance; & l'expiration des délais, que nous avons rapportés, suffit pour obtenir un *défaut*, & en faire juger le profit.

Si dans l'espace de temps qui s'écoule entre le *défaut* faute de comparoir, pris au greffe, & le jugement de ce *défaut*, le défendeur constitue procureur, & fournit ses défenses, le demandeur ne peut plus faire juger le *défaut*, mais il peut en demander les dépens.

DÉFAUT *faute de conclure*, est celui que l'on obtient lorsque le procureur d'une des parties refuse de passer l'appointement de conclusion dans un procès par écrit. En conséquence de ce *défaut*, & après qu'il a été signifié, on forme la demande en profit du *défaut*. Si c'est l'intimé qui refuse de passer l'appointement de conclusion, le profit du *défaut* est que l'intimé est déchu du profit de la sentence : si c'est au contraire l'appellant qui refuse de conclure le procès, le profit de ce *défaut* est qu'on déclare l'appellant déchu de son appel. *Voyez* APPOINTEMENT, PROCÈS *par écrit.*

DÉFAUT *contumace*, est celui que l'on prononce contre l'accusé qui est en demeure de se représenter à justice. *Voyez* CONTUMACE.

DÉFAUT *découplé* au parlement de Bourgogne, est la même chose que *défaut rabattu. Voyez* DÉFAUT *rabattu.*

DÉFAUT *descendu*, dans la coutume de la Rochelle, signifie *défaut légitimement obtenu.*

DÉFAUT *fatal*, est celui contre lequel l'opposition n'est point recevable, tel qu'un jugement donné par *défaut* dans une cause continuée, ou un arrêt par *défaut* donné à tour de rôle, où un second débouté d'opposition.

DÉFAUT *faute de défendre*, est celui que le demandeur obtient contre le défendeur qui s'est présenté sur l'assignation, mais qui n'a pas fourni de défenses dans les délais de l'ordonnance. Celle de 1667, *tit. 5, art. 3*, autorisoit le demandeur à prendre ce *défaut* à l'audience, mais depuis la dé-

Jurisprudence. Tome III.

claration du 12 juillet 1695; ce *défaut*, ainsi que ceux faute de comparoir ou faute de conclure, doivent, à peine de nullité, être pris aux greffes des présentations. Un arrêt du conseil du 8 novembre 1701 prononce une amende de 300 livres contre les procureurs qui poursuivroient à l'audience le jugement d'un *défaut* avant de l'avoir levé au greffe, pareille amende contre le greffier qui expédieroit le jugement, & la peine d'interdiction contre le juge qui le prononceroit. On les signifie ensuite au procureur du défendeur, & huitaine après on les donne à juger.

L'opposition est reçue à ce *défaut*, de même qu'à celui de comparoir, en refondant les frais de contumace, & à la charge de fournir de défenses dans le délai prescrit par le juge.

DÉFAUT *faute de produire*, s'appelle plus communément *forclusion* : c'est la déchéance ou exclusion de la faculté que l'on avoit en procès par écrit de produire ou contredire, faute de l'avoir fait dans le temps prescrit par l'ordonnance ou par le juge. *Voyez* FORCLUSION.

DÉFAUT *en matière criminelle*, est appellé communément *contumace. Voyez* CONTUMACE.

DÉFAUT *aux ordonnances*, étoit accordé par simple ordonnance du juge, & non à l'audience ni au greffe. Ces sortes de *défauts* ont été abrogés par l'ordonnance de 1667, *tit. 5, art. 7*, néanmoins au châtelet de Paris, où les *défauts* faute de comparoir sont rapportés par un conseiller, on les qualifie encore de *défauts aux ordonnances. Voyez* le *style du châtelet.*

DÉFAUT (*petit*) c'est le premier *défaut* qu'on lève au greffe pour obtenir un *défaut* faute de comparoir : ce *petit défaut* ne porte autre chose, sinon *défaut à un tel demandeur contre un tel défendeur & défaillant faute de comparoir*, après que le délai porté par l'ordonnance est expiré. *Fait ce....*

DÉFAUT *sur pièces vues*. Lorsque l'assignation contient plus de trois chefs de demande, le profit du *défaut* peut être jugé sur les pièces vues & mises sur le bureau, sans néanmoins que les juges puissent prendre aucunes épices. *Ordonnance de 1667, tit. v. article 4.*

DÉFAUT *faute de venir plaider*, est celui qui se donne à une partie contre l'autre, qui s'étant présentée & ayant fourni ses défenses, manque de comparoir à l'audience pour plaider.

Pour que ce *défaut* soit obtenu régulièrement, il faut que l'on ait signifié un avenir ou sommation de plaider ce jour-là.

Si c'est le défendeur qui ne compare pas, le demandeur, son avocat ou son procureur demande *défaut* contre le défaillant, & pour le profit ses conclusions; si c'est le défendeur qui prend *défaut*, il demande congé, & pour le profit d'être renvoyé de la demande.

Il est nécessaire d'observer, que si la partie contre laquelle on a obtenu *défaut* se présente à la même audience, & demande que ce *défaut* soit rabattu, le juge peut l'ordonner, & dans ce cas le *défaut* ne produit aucun effet. *Voyez* DÉFAUT *rabattu*.

DÉFAUT (*premier*) est le premier jugement obtenu par *défaut* à l'audience contre la partie défaillante; le second est ordinairement fatal : dans quelques tribunaux ce n'est que le troisième. Il n'est pas vrai, comme le disent quelques praticiens, qu'un *premier défaut* ne soit proprement qu'un avenir en parchemin; car quoiqu'on ait la faculté de s'y opposer, l'opposition ne l'anéantit pas totalement, quand ce ne seroit que pour l'hypothèque qui prend date du jour du premier jugement, lorsque par l'événement il est confirmé. *Voyez* DÉFAUT *fatal*, DÉFAUT *second*, OPPOSITION.

DÉFAUT *emportant profit*, étoit usité dans les jurisdictions consulaires; quand l'une des deux parties ne comparoissoit pas à la première assignation, les juges & consuls donnoient *défaut* ou *congé emportant profit*, suivant *l'article 5 du tit. xvj de l'ordonnance de 1667*; c'est-à-dire qu'on ne levoit point d'abord de petit *défaut* au greffe, & que le même jugement qui donnoit *défaut*, en adjugeoit le profit. Mais différens arrêts du conseil des 23 décembre 1721, 14 juillet 1722, & 11 décembre 1725, ont ordonné dans les jurisdictions consulaires, l'exécution des édits, déclarations & réglemens, concernant les présentations, *défauts* & *congés*, & ont défendu aux juges-consuls de prononcer des jugemens, & aux greffiers d'en expédier, avant le paiement des droits & contrôle de ces mêmes actes.

On appelle *défaut emportant profit*, tous congés & *défauts* qui s'obtiennent à l'audience à tour de rôle ou sur avenir, non-seulement sur des appellations, mais aussi sur des demandes qui s'y portent directement, emportent profit & gain de cause définitivement, même aux requêtes civiles, qui vont contre l'autorité des choses jugées. Louet, *let. c, son. 55*.

DÉFAUT *pur & simple*, est celui qui est adjugé dès-à-présent sans aucune condition ni restriction.

DÉFAUT *rabattu*, c'est celui que le juge a révoqué; les *défauts*, même à tour de rôle, peuvent être rabattus dans la même audience en laquelle ils ont été prononcés; le juge prononce en ce cas simplement le *défaut rabattu*. Il est fort différent de se faire recevoir opposant à un jugement par *défaut* ou de le faire rabattre; car dans le premier cas, le jugement subsiste, sans néanmoins qu'il puisse préjudicier; au lieu que quand le *défaut* est rabattu, c'est la même chose que s'il n'avoit point été accordé; & l'on n'en délivre point l'expédition, non plus que du jugement qui en ordonne le rapport ou rabat, à peine de nullité, & de 20. liv. d'amende, contre chacun des procureurs & greffiers qui les auroient obtenus & expédiés. *Art. 5 du tit. xjv de l'ordonnance de 1667*.

DÉFAUT *faute de reprendre*, est celui que l'on accorde contre un héritier, donataire ou légataire

universel, ou autre successeur à titre universel, qui étant assigné en reprise d'instance au lieu & place du défunt, refuse de mettre son acte de reprise au greffe; on ordonne en ce cas que dans trois jours pour tout délai le défaillant sera tenu de reprendre, sinon pour le profit du *défaut* on ordonne que l'instance sera tenue pour reprise. *Voyez* REPRISE *d'instance*.

DÉFAUT *sauf l'heure*, est un jugement qui se donne à l'audience par *défaut* faute de venir plaider : le juge en prononçant *défaut*, ajoute ces mots, *sauf l'heure*; c'est-à-dire, que si le défaillant se présente dans une heure, le *défaut* pourra être rabattu : il est néanmoins d'usage de les rabattre jusqu'à la fin de l'audience, à moins qu'il n'y eût une suite marquée de la part du défaillant.

DÉFAUT (*sauf*) étoit une forme de jugement par *défaut* usité avant l'ordonnance de 1667. Le juge donnoit *défaut*, mais avec une clause commençant par ce mot *sauf*, qui laissoit au défaillant une voie pour empêcher l'exécution du *défaut*. Un *défaut* levé sans aucun *sauf* étoit nul, aussi-bien que le jugement donné dans le délai ordinaire du *sauf*. Ces sortes de *défauts* ont été abrogés par l'ordonnance de 1667, *tit. xj, art. 7*.

DÉFAUT (*second*) c'est le débouté d'opposition au premier *défaut*. Ce second *défaut* est fatal; au parlement & dans les autres cours souveraines, on n'a que la voie de cassation ou de requête civile, pour en faire anéantir l'effet.

L'usage des requêtes du palais étoit d'admettre successivement des oppositions aux deux premières sentences par *défaut*, la troisième seule étoit réputée fatale. Mais l'article 3 des lettres-patentes du 24 mai 1770, a ordonné que toute sentence intervenue sur opposition à une première, ne pourroit être attaquée que par la voie d'appel.

DÉFAUT *tillet*, au parlement de Toulouse étoit un second *défaut* qui se levoit au greffe sur une réassignation. *Voyez le style du parlement de Toulouse* par Cayron, *lex. IV, tit. j*.

DÉFAUT *à tour de rôle*, est un arrêt par *défaut* obtenu à l'appel de la cause sur le rôle. Ces sortes de *défauts* ne sont pas susceptibles d'opposition, parce que le défaillant est suffisamment averti par la publication du rôle sur lequel la cause a été appellée à son tour.

Observations. Nous avons dit que l'on pouvoit se pourvoir dans la huitaine contre les jugemens rendus par *défaut* faute de comparoir, de défendre & de plaider. Cette huitaine s'entend du jour que ces jugemens ont été signifiés.

Au parlement de Paris, les oppositions se reçoivent même après la huitaine, en refondant les dépens de contumace, pour les *défauts* faute de comparoir & de défendre; mais cette indulgence n'a pas lieu pour ceux faute de plaider.

Plusieurs arrêts du parlement de Rouen permettent de donner des requêtes d'oppositions contre les arrêts par *défaut*, le neuvième jour après leur signification. Suivant un arrêt de règlement de cette cour du 18 novembre 1722, les procureurs ne peuvent présenter une requête en opposition aux arrêts rendus par *défaut* à l'audience, qu'ils n'aient auparavant consulté un avocat, qui se charge de soutenir l'opposition, & dont ils déclarent le nom par la requête.

Au châtelet de Paris, on admet même après la huitaine l'opposition aux sentences par défaut qui n'ont pas été rendues présidialement, sans distinguer comme au parlement si le *défaut* a été prononcé faute de comparoir, ou faute de plaider. Mais toute sentence présidiale est réputée contradictoire après la huitaine, & l'on ne peut revenir contre que par requête civile.

Divers arrêts ont jugé que les jugemens rendus par *défaut*, & susceptibles d'opposition, ne pouvoient être mis à exécution qu'après la huitaine. Le parlement de Rennes, par arrêt du 10 décembre 1710, a même ordonné que les premiers arrêts par *défaut* ne seroient délivrés qu'aux procureurs, & que ceux-ci ne les remettroient à leurs parties, qu'après l'expiration de la huitaine, pendant laquelle on a la liberté de former opposition; mais cette règle ne s'étend pas aux sentences consulaires, qui peuvent être mises à exécution aussitôt qu'elles ont été signifiées. *Voyez* OPPOSITION, & le *Dictionnaire des finances*, par rapport aux droits auxquels les *défauts* sont assujettis.

En Lorraine on suit pour les *défauts* les formes prescrites par l'ordonnance du duc Léopold, du mois de novembre 1707, qui ne diffère de l'ordonnance de 1667, qu'en ce qu'elle oblige de faire réassigner le défendeur, contre lequel le demandeur a obtenu un *défaut*, & qu'elle condamne le premier aux dépens préjudiciaux, qui doivent être taxés sur le champ, sans pouvoir être remis en définitive, si la procédure est valable.

La procédure qui s'observe aux conseils du roi, par rapport aux *défauts*, est contenue dans le titre second de la seconde partie du règlement du conseil, du 28 juin 1738.

DEFAUX, (*terme de Coutume*) ce mot a deux sens différens dans nos coutumes & dans nos anciens praticiens. La coutume de Nivernois, *tit.* 5, *art.* 1, 9, 10 & 16; & celle de Romorentin, locale de Blois, *art.* 5, entendent par là l'amende due au seigneur censier, par défaut de cens non payé. Quelques auteurs s'en servent pour désigner un lieu en défense. *Voyez* DEFFAIX. (M. GARRAN DE COULON.)

DÉFENDEUR, s. m. (*Jurispr.*) qu'on appelle en droit romain *reus*, est celui qui est assigné en justice pour défendre, c'est-à-dire, répondre à une demande formée contre lui; on lui donne la qualité de *défendeur* dès qu'il est assigné, même avant qu'il ait fourni ses défenses.

Le *défendeur* doit être assigné devant son juge,

suivant la maxime, *actor sequitur forum rei.* S'il n'est pas assigné devant son juge, ou devant un juge compétent pour connoître de la matière, il peut demander son renvoi, à moins qu'il n'y ait quelque raison de privilège ou connexité pour le traduire ailleurs.

On doit laisser au *défendeur* copie de l'exploit & des pièces justificatives de la demande.

A l'échéance de l'assignation, le *défendeur* doit se présenter & ensuite fournir ses défenses, faute de quoi on obtient défaut contre lui.

Quand le demandeur ne comparoît pas, le *défendeur* demande congé contre lui, c'est-à-dire, défaut; & pour le profit, d'être renvoyé de la demande. *Voyez* DÉFAUT & CONGÉ.

Lorsqu'il y a du doute sur la demande, on incline plutôt pour le *défendeur* que pour le demandeur, par la raison qu'on se porte plus volontiers à décharger qu'à obliger. L. *125*, ff. *de regul. jur.* & leg. *38*, ff. *de re judic.*

On appelle *défendeur au fond*, ou *défendeur au principal*, celui qui est *défendeur* à la première demande, & incidemment demandeur par rapport à quelque demande incidente.

On appelle *défendeur originaire*, en matière de garantie, celui contre lequel on a formé quelque demande, pour laquelle il prétend avoir un garant auquel il a dénoncé la demande; il est *défendeur originaire* ou à la demande originaire, & devient demandeur en garantie. On l'appelle *défendeur originaire*, pour le distinguer du *défendeur* à la demande en garantie. *Voyez* GARANTIE. (*A*)

DÉFENDS, terme de coutume & d'eaux & forêts, qui signifie *une chose en défense*, c'est-à-dire, dont l'usage est défendu. On dit en ce sens, *des bois, des terres, des vignes, des prés en défends;* on dit aussi que des animaux sont en *défends* pour exprimer qu'il est défendu de les mener en certains endroits.

La coutume de Normandie contient un titre de *banon* & *défends; banon* signifie *ce qui est permis,* & *défends* est opposé à *banon.*

Dans cette coutume le terme de *défends* se prend aussi pour le temps pendant lequel les terres sont en défenses.

Les dispositions de ce titre sont que toutes terres cultivées & ensemencées, sont en *défends* en tout temps, jusqu'à ce que les fruits soient recueillis.

Que les prés, terres vuides & non cultivées sont en *défends* depuis la mi-mars jusqu'à la sainte Croix en septembre, & qu'en autre temps elles sont communes, &c.

Que les chèvres, porcs & autres bêtes malfaisantes, sont en tout temps en *défends.*

Enfin que les bois sont toujours en *défends*, à la réserve de ceux qui ont droit de coutume & usage, lesquels en peuvent user, suivant l'ordonnance.

L'ordonnance des eaux & forêts, *tit.* 25, *art.* 13, veut que les bois abroutis, & qui ont été récépés;

foient tenus en *défends*, comme les autres taillis, jufqu'à ce que le rejet ait atteint l'âge de fix ans.

DÉFENSABLES, adj. (*Droit coutumier. Eaux & Forêts.*) les coutumes appellent *héritages défenfables*, ceux dont l'ufage n'eft pas abandonné à chacun pour y faire paître fes beftiaux, ou du moins qui font en défends pendant un certain temps. Les coutumes contiennent diverfes difpofitions à ce fujet, & impofent des peines à ceux qui font paître leurs beftiaux dans des héritages *défenfables*, pendant le temps qu'ils font en défends.

L'ordonnance des eaux & forêts appelle *bois défenfables*, les taillis qui ne font pas affez forts, pour être à l'abri de l'attaque des beftiaux; mais elle n'a pas fixé le temps jufqu'auquel ils font en défends, elle paroît s'en rapporter fur ce point à la prudence des grands-maîtres.

Il y a cependant un réglement de la maîtrife des eaux & forêts d'Orléans du 20 janvier 1720, qui fixe ce temps à cinq ans pour les bêtes aumailles, & à trois ans pour les chevaux.

DÉFENSE, f. f. (*Droit naturel & civil.*) ce terme a plufieurs fignifications : on entend par-là, 1°. l'action par laquelle on repouffe une attaque, un outrage, ou on y réfifte : 2°. la prohibition portée par une loi, par un jugement ou autre acte de faire quelque chofe : 3°. les différens moyens qu'on emploie pour foutenir fon droit.

Nous traiterons d'abord fous le mot DÉFENSE *de foi-même*, des cas où l'on peut repouffer la force par la force, & fous celui de DÉFENSES, des *défenfes judiciaires*.

DÉFENSE *de foi-même*. La défenfe de foi-même eft de droit naturel ; car la loi qui nous défend de fortir de la vie par l'effort de nos propres mains, nous ordonne de la fauver de la violence de nos ennemis. C'eft une loi naturelle & générale, difent d'une voix unanime les jurifconfultes & les philofophes, que, lorfque notre vie eft attaquée, ou par des pieges, ou à force ouverte, qu'elle eft expofée aux infultes d'un brigand ou d'un ennemi, tout moyen de fe tirer d'affaire eft légitime. C'eft un droit, dit Cicéron, *pro Milone, cap.* 11, que la raifon enfeigne aux perfonnes éclairées, la néceffité aux ignorans & aux barbares, la coutume aux nations, la nature aux bêtes mêmes, de mettre en ufage tous les moyens poffibles pour fe garantir d'une violence qui menace leur corps, leur tête ou leur vie.

Ce droit eft fondé non-feulement fur le foin de nôtre propre confervation, que la nature nous recommande, mais encore fur le crime de l'agreffeur.

Le crime de l'agreffeur nous autorife à repouffer la force par la force, parce qu'il n'eft pas permis à perfonne de violer les loix naturelles, & d'être en même temps à l'abri des mêmes loix qu'elle enfreint; que tout agreffeur qui fe porte à des entreprifes d'où il réfulteroit un préjudice confidérable contre nous, nous met en droit de ne

fonger qu'au danger dont nous fommes menacés de fa part ; que tous les avantages que nous tenons de la nature, nous feroient inutiles, fi un injufte raviffeur pouvoit nous les enlever, fans que nous euffions le droit de nous garantir de fa violence ; que les gens de bien feroient en proie aux méchans, fi ceux-ci pouvoient impunément faire des entreprifes à leur préjudice ; que celui qui, par une injufte violence, déclare la guerre aux hommes, doit être regardé comme un lion, un tigre, une bête féroce qu'on peut légitimement détruire.

Le foin de notre propre confervation nous autorife également à repouffer le mal que l'on veut nous faire ; ce foin même ne doit pas ceffer dans le cas où l'agreffeur eft innocent, par exemple, lorfqu'il nous prend pour un autre, lorfqu'il eft hors de fon bon fens. En effet, il ne fuffit pas que l'agreffeur ne foit pas injufte, c'eft affez qu'il entreprenne de nous faire quelque mal ; le droit d'une légitime *défenfe* fubfifte alors en fon entier, parce que nous ne fommes pas plus obligés de fouffrir le mal qu'il nous veut faire, que nous fommes tenus de fouffrir les attaques d'un animal furieux. Mais il fe préfente ici deux queftions importantes. La première, quels font les cas où l'on peut employer la force pour repouffer un injufte agreffeur : la feconde, quelles font les bornes & les conditions de la *défenfe de foi-même*.

Des cas où la défenfe de foi-même a lieu. 1°. Toutes les fois que nous fommes attaqués, & que nous courons rifque de la vie, il nous eft permis de rejetter le danger fur celui qui nous l'a préparé, & de repouffer la force par la force.

2°. Lorfque l'on entreprend actuellement fur notre perfonne, de manière que nous foyons en danger de perdre l'un de nos membres, nous pouvons légitimement nous en garantir en tuant l'agreffeur, parce que la mutilation eft un grand mal, & prefque auffi fâcheux que la perte de la vie ; parce que d'ailleurs celui qui fe défend, n'a aucune affurance que la perte d'un de fes membres n'entraînera pas celle de fa vie.

3°. La confervation de la liberté eft un jufte fujet de repouffer par la force celui qui tâche d'ufurper un pouvoir abfolu fur un autre, & de le réduire en fervitude, parce que dès-lors l'agreffeur entre dans un état de guerre avec l'opprimé ; que d'ailleurs celui-ci peut préfumer que fon ennemi, après l'avoir foumis à fon empire, difpofera de fa vie fuivant fon caprice ; qu'enfin la liberté eft un bien auffi précieux que la vie. *Voyez* ESCLAVAGE, SERVITUDE.

4°. La *défenfe de foi-même* nous permet d'employer la force pour la confervation du véritable honneur, dont la perte emporte infamie, & qui fe trouve dans l'attachement à la vertu. Car nul n'eft en droit de nous engager dans le crime, & plutôt que d'offenfer le créateur, nous devons faire périr celui qui veut nous déshonorer. Mais ce seroit s'abuser que de croire qu'on peut user de la violence pour repousser un déshonneur purement arbitraire, c'est-à-dire, pour se garantir de la privation de cette sorte d'honneur qui ne tient qu'à l'opinion des hommes. *Voyez* DUEL.

5°. La *défense de soi-même* a pour objet la conservation des biens qui nous appartiennent légitimement. Cette *défense* n'est pas moins de droit naturel, que celle de notre vie, de notre liberté, de notre honneur, sur-tout lorsque les biens qu'on s'efforce de nous enlever, sont considérables, & qu'on ne peut autrement en empêcher le vol : ce moyen est légitime ; car s'il n'étoit pas permis au propriétaire de conserver par la force le bien qu'on lui ravit, il ne lui seroit pas également permis de le défendre, jusqu'à se mettre dans la nécessité de tuer le voleur, qui, plutôt que de lâcher prise, attaqueroit sa vie. Aussi dans ce cas on ne doit employer la force que lorsque se défend, & emploie la violence pour emporter les effets volés. C'est par cette raison que la loi des douze tables permettoit de tuer un voleur de nuit, de quelque manière qu'il se défendît, & un voleur de jour, qui se défendroit avec une épée.

Enfin la loi d'une juste *défense* autorise tout homme à sauver la vie d'un innocent attaquée par un injuste agresseur, même en ôtant la vie à ce dernier, lorsqu'il n'est pas possible de défendre autrement la personne qu'il attaque. Elle permet même à tout homme, dans l'état de nature, de punir l'injuste agresseur du crime qu'il a consommé. En effet, dans cet état, chaque homme est en droit de punir le violement du droit naturel, afin que personne n'entreprenne d'envahir les droits d'autrui, & afin qu'on observe les loix naturelles qui ont pour but la tranquillité & la conservation du genre humain. Ces loix seroient inutiles, si personne n'avoit le pouvoir de les faire exécuter, de protéger l'innocent, & de réprimer ceux qui lui font tort : or, comme dans cet état, qui ne connoît ni rois, ni magistrats, un homme en peut punir un autre à cause du mal qu'il a fait, il est nécessaire que chacun puisse exercer le même droit. Car dans une situation de parfaite égalité, où personne n'a de supériorité ni de jurisdiction sur un autre, ce que l'un peut faire, tout autre a nécessairement le droit de le pratiquer. C'est sur cela qu'est fondée cette loi générale de la nature : *si quelqu'un répand le sang d'un homme, son sang sera aussi répandu par un homme.* Caïn, au rapport de Moïse, étoit si convaincu que chacun étoit en droit de détruire & d'exterminer un coupable, qu'il craignoit les attaques des autres hommes, après le meurtre de son frère, & qu'il s'écrioit : *quiconque me trouvera, me tuera.*

Mais il en est autrement dans l'ordre civil. Si la loi d'une juste *défense* autorise à garantir la vie d'un innocent, même par la mort de l'injuste agresseur, lorsqu'il n'y a pas d'autres moyens de le faire, il n'en est pas moins vrai qu'après la con-

sommation du crime personne n'a la liberté de venger l'innocent ; il faut dans ce cas porter ses plaintes aux magistrats qui seuls ont le pouvoir de poursuivre les coupables, & de punir les injustices & les violences.

Des bornes & conditions de la défense de soi-même. Il y en a trois essentielles, que nous trouvons dans les loix romaines, & auxquelles on doit se conformer, parce qu'elles sont l'expression véritable de la loi naturelle.

1°. Il faut que l'agresseur soit un agresseur injuste, c'est-à-dire, qu'il en veuille à notre vie, sans qu'il y ait de notre faute.

2°. Que la *défense* soit proportionnée à l'attaque, c'est-à-dire, qu'elle ne soit pas poussée au-delà de ce qu'exige proprement la *défense de soi-même*, ensorte qu'en repoussant la force par la force, nous ne cherchions pas notre vengeance, mais seulement notre conservation.

3°. Que nous n'excédions jamais les bornes de la modération & d'une simple *défense* ; ce qui n'a lieu que lorsqu'il est impossible d'éviter le péril qui nous menace, autrement qu'en faisant du mal, ou même en tuant son adversaire.

Pour faire l'application de ces principes aux différens cas qui peuvent se présenter, il faut d'abord distinguer l'état de nature d'avec l'état civil ; ce n'est pas que le droit de se défendre ne soit égal dans l'un & dans l'autre ; mais la manière de s'en servir & de le faire valoir n'est pas la même.

Dans le premier, le droit de se défendre à main armée est beaucoup plus étendu, parce que personne n'est proprement chargé du soin de notre conservation que nous-mêmes, ce qui nous oblige d'y employer toutes nos forces, & de la manière la plus efficace. Mais dans l'état civil, le souverain & les magistrats sont chargés du soin de défendre les particuliers contre tout injuste agresseur, & par conséquent ceux-ci doivent recourir à sa protection, toutes les fois que les circonstances le leur permettent.

D'après cette observation, on peut établir pour règle générale dans l'un & l'autre état, 1°. que la prudence & la modération, recommandées par la loi naturelle & civile dans la *défense de soi-même*, obligent, avant de repousser la force par la force, de tenter les voies de la douceur plutôt que celle des armes ; 2°. que toutes les fois qu'on peut éviter le combat par une fuite sans danger, ou en mettant son adversaire hors d'état de nuire, sans le combattre, on est tenu de choisir cette voie.

Par exemple, si un homme paroît disposé à venir fondre sur nous, & si on peut lui fermer les avenues, lui opposer une porte, une muraille, ce seroit non-seulement une folie, mais même une faute grave, que de le laisser approcher, & de se battre avec lui sans nécessité ; car, comme s'exprime la loi 45, §. *penul. ff. ad leg. aquil. Tunc non intelligimur exceffiffe moderamen inculpatæ tutelæ, cùm aliter periculum evitare non potuimus.* Cependant cette règle ne doit pas être prife à la rigueur, mais avec quelque étendue, telle que la demande, le trouble où jette ordinairement la vue d'un grand péril, qui ôte à celui qui en eft menacé les moyens de chercher & d'appercevoir toutes les voies poffibles de s'échapper, que des perfonnes de fang-froid & hors de crainte pourroient trouver.

Dans l'état de nature, on peut pofer pour fecond principe, qu'auffi long-temps qu'un homme perfifte à nous faire du mal, ou à nous outrager, nous avons un droit indéfini de le repouffer par la force, & même de le tuer, s'il eft néceffaire, & cela jufqu'à ce que nous foyons à couvert du péril, que nous ayons obtenu la réparation du tort qui nous a été fait; & que notre adverfaire, s'il y a lieu, nous ait donné des fûretés pour l'avenir.

La troifième règle confifte dans le droit illimité de nous défendre, foit qu'on attaque directement notre vie, foit qu'on veuille nous faire fouffrir quelque autre mal confidérable, que nous ne fommes pas obligés d'endurer, foit qu'enfin on cherche à nous dépouiller de notre bien; la raifon en eft que tout homme qui fe déclare notre ennemi, de quelque manière que ce foit, nous donne, autant qu'il eft en lui, une pleine & entière liberté d'agir contre lui à toute outrance, & fans garder aucunes bornes.

Mais quel eft le temps où l'on peut commencer à fe défendre foi-même, & à repouffer la force par la force? Il n'eft pas toujours néceffaire d'attendre, & c'eft une quatrième règle, que l'agreffeur ait commencé les actes d'hoftilité, & porté un premier coup qui pourroit être mortel. Il fuffit qu'il paroiffe par des indices manifeftes, que quelqu'un travaille actuellement à nous faire du mal, quoique fes deffeins n'aient point encore éclaté. La loi naturelle permet de prévenir l'agreffeur au milieu de fes préparatifs, pourvu qu'il ne refte d'ailleurs aucune efpérance de le ramener par des exhortations amiables, ou qu'en ufant de cette voie de douceur, on ne porte préjudice à fes propres intérêts. De fimples foupçons, fondés fur la malice des hommes, ne peuvent autorifer à employer la violence, ils autorifent feulement à prendre des mefures innocentes pour nous mettre en fûreté. En effet, dans la vie humaine, les dangers auxquels on eft expofé de la part d'autrui, ne font pas fi inévitables, que l'on foit toujours réduit à la néceffité de faire du mal, pour prévenir celui qu'on peut recevoir.

Enfin lorfque l'agreffeur, touché de repentir, vient de lui-même nous demander pardon, & qu'il offre en même temps de réparer le mal qu'il nous a caufé, la loi naturelle nous ordonne de nous réconcilier avec lui, fans exiger d'autres affurances, qu'une nouvelle proteftation de vivre déformais paifiblement avec nous. Mais fi on n'arrache cet aveu que par la violence, fi l'injufte agreffeur ne fe reconnoît que lorfqu'il n'eft plus affez fort pour nous tenir tête, fa parole n'eft plus un garant fuffifant de fa fincérité, & l'offenfé peut le mettre hors d'état de lui nuire, ou le lier par quelque chofe de plus fort qu'une fimple promeffe.

Pouffer les actes d'hoftilité au-delà des bornes que nous venons de marquer, s'écarter des règles que nous venons d'établir, ce n'eft plus *défenfe* légitime autorifée par les principes de la loi naturelle, mais vengeance odieufe, & févérement condamnée par cette même loi.

Ces règles & ces principes n'ont point lieu à l'égard des hommes réunis en fociétés civiles & politiques; mais ils fervent encore à décider les cas où une nation peut légitimement employer la force des armes, foit pour repouffer les attaques d'un peuple ennemi, foit pour le forcer à la réparation des dommages qu'il a caufés. *Voyez* GUERRE.

Dans l'état civil, les loix ont ôté à chaque particulier le droit de la jufte *défenfe de foi-même*, qu'il avoit dans l'état d'indépendance naturelle. Il ne lui eft plus permis de tirer raifon par lui-même des injures qu'il a reçues, de fe faire rendre par force ce qui lui eft dû, ni de prévenir l'agreffeur au milieu de fes préparatifs. Il faut recourir à la protection des loix, & implorer le fecours du magiftrat, qui feul eft chargé du foin de procurer aux perfonnes léfées la réparation de l'injure & du dommage, les fûretés néceffaires pour l'avenir, & de faire jouir chacun de fes droits: en agir autrement, eft un attentat contre l'autorité fouveraine, un défordre qui produit néceffairement la licence & l'anarchie, une fubverfion totale de l'inftitution des fociétés & de l'établiffement des magiftrats.

Puifque la loi & le fouverain veillent pour la confervation des citoyens, puifque le droit de punir un injufte agreffeur, eft paffé entre les mains du magiftrat, il s'enfuit néceffairement que la *défenfe de foi-même* eft, dans l'état civil, circonfcrite dans des bornes très-étroites.

Le feul cas où il nous foit permis de repouffer la force par la force, eft celui où nous fommes actuellement infultés, où nous fommes menacés de la perte de la vie, des biens ou de l'honneur, & où il nous eft impoffible d'avoir recours au fouverain. Tels font, par exemple, celui où un voleur nous attaque fur un grand chemin, ou pendant la nuit; celui où un furieux, un homme ivre vient fondre fur nous à main armée: alors il eft permis non-feulement de repouffer la force par la force, on peut même prévenir l'agreffeur, pour ne pas demeurer en proie à fa rage. C'eft ce que décide avec raifon la loi 1, c. *quando liceat unicuique finè judice fe vindicare*, &c. en difant qu'il vaut mieux prévenir à propos l'agreffeur; que d'attendre qu'il ait exécuté ses mauvais desseins ; *melius est occurrere in tempore , quàm post exitum vindicare.*

Mais dans ces circonstances, il ne faut pas perdre de vue les règles que nous avons établies ci-dessus, qu'il vaut mieux fuir que de tuer son adversaire , si la fuite peut se faire sans s'exposer à ses traits ; qu'en tout cas la *défense* doit être irréprochable , & ne point excéder les bornes de la modération. On entend par une *défense* irréprochable celle qui a lieu lorsqu'on est attaqué injustement, & qu'on ne peut conserver sa vie qu'aux dépens de celle de son adversaire.

Par cette raison , un homme surpris en adultère, qui , pour se soustraire à la fureur du mari offensé, se saisit de son épée , & le met à mort, est coupable d'homicide, parce que, étant le premier coupable, s'étant mis, par son crime, dans le cas d'exciter la fureur du mari , il ne peut pas être regardé comme repoussant une attaque injuste. Il en est de même de celui qui repousseroit à main armée les ministres de la justice, exécuteurs de ses décrets ; parce que toute *défense* contre l'autorité publique, loin d'être une *défense* légitime , est elle-même un nouveau crime , qui devient beaucoup plus grave si elle est suivie d'un homicide.

Au moyen des principes que nous venons d'établir, on peut satisfaire à toutes les questions particulières que peut faire naître la *défense de soi-même*, & qu'on trouve dans Grotius, Puffendorf, & les autres auteurs du droit naturel. Il ne nous reste plus qu'à examiner si ces mêmes principes sont d'accord avec les maximes de l'évangile.

Quelques pieux jurisconsultes ont prétendu que la loi divine nous ordonnoit de nous laisser égorger, ravir notre honneur, enlever nos biens, plutôt que de nous défendre contre l'injuste agresseur. Ils croient fonder leur opinion sur la doctrine de Jesus-Christ, qui veut qu'on abandonne son manteau à celui qui cherche à enlever la tunique; qu'on se laisse donner un second soufflet, plutôt que de faire aucun mal à l'agresseur; qu'on aime son prochain comme soi-même, précepte qui ne paroît guère s'accorder avec les principes de la *défense de soi-même* poussée aux dernières extrémités. Ils s'appuient également sur l'autorité de S. Paul, qui veut que l'on souffre quelque injustice , plutôt que d'entrer en procès avec quelqu'un, *epist. 1, ad Corinth. cap. 6, ⍩ 7.* Ils ajoutent que l'agresseur , en mourant en péché mortel, court risque de son salut, & que les loix de la justice ne permettent pas de se garantir d'un moindre mal, en causant à autrui un mal plus considérable.

Ces difficultés & autres semblables ne portent aucune atteinte à la vérité des principes de la *défense de soi-même.* L'évangile, d'accord avec la loi naturelle , nous ordonne d'aimer notre prochain comme nous-mêmes, mais non pas plus que nous-

mêmes. Il n'existe aucun commandement qui nous oblige de préférer la vie de notre prochain à la nôtre. Les maximes générales de l'évangile ne peuvent servir à décider aucun cas particulier, & revêtu de circonstances singulières , telles que celui où se trouve un innocent injustement attaqué ; la seule conclusion légitime qu'on en puisse tirer, est qu'il peut se rencontrer des cas où on doit préférer la conservation d'autrui à la sienne propre , & qu'en général, lorsqu'il s'agit d'un mal léger, nous devons plutôt le supporter que de nous en venger.

D'ailleurs ces passages doivent s'interpréter, ou de la vengeance, qui, ainsi que nous l'avons dit, n'est jamais permise , ou des amis , pour le bonheur desquels la loi naturelle ne nous empêche pas de nous sacrifier, ou enfin d'une *défense* outrée pour de petites injures & des affronts peu considérables.

Enfin ceux qui objectent l'état de damnation de l'agresseur, n'ont certainement pas considéré que, dans l'épouvante où jette un danger pressant, dans la chaleur d'un combat où il s'agit de la vie, toutes les pensées de l'ame aboutissent à chercher les moyens d'éviter la mort, sans faire attention aux suites de celle de l'agresseur. D'ailleurs peut-on être obligé de penser au salut de celui qui ne s'en met pas en peine lui-même, & de racheter son ame au péril de la sienne propre, ou de ce que l'on a de plus précieux , & dont la perte est irréparable ?

Au reste, l'opinion que nous combattons, est elle-même contraire à l'évangile & à la loi naturelle , puisqu'elle tendroit à rendre la condition des méchans meilleure que celle des gens de bien. En effet, si un agresseur injuste étoit, pour ainsi dire, une personne sacrée & inviolable , les gens de bien seroient toujours réduits à la dure nécessité de se laisser patiemment égorger par les scélérats. Cette idée est entièrement opposée à la justice divine, dont celle des hommes n'est qu'une émanation. Ce seroit en vain que le magistrat seroit armé du glaive pour punir les méchans ; car son droit n'est fondé que sur celui que les hommes avoient , dans l'état de nature , de repousser la force par la force , & d'exiger la réparation des torts & dommages causés par un injuste agresseur.

DÉFENSES , sont une procédure que le procureur du défendeur signifie , contenant sa réponse sur le fond de la demande formée contre lui. Ce qui caractérise ces *défenses* proprement dites , est qu'après les qualités en ces termes, *un tel défendeur contre un tel demandeur*, on met ces mots : *dit pour défenses, &c.*

Les exceptions diffèrent des *défenses* en ce que les premières sont sur la forme, au lieu que les *défenses* sont sur le fond. Quand le défendeur fournit des exceptions déclinatoires ou dilatoires, il faut y statuer préalablement, avant de pouvoir obliger le défendeur à fournir des *défenses*. Lorsque le défendeur n'a point d'exception à proposer, ou que l'on y a fatisfait, ou ſtatué auttrement, il doit fournir ſes *défenſes* dans le délai de l'ordonnance; autrement on peut prendre contre lui un défaut, faute de défendre. Dans les *défenſes*, on peut également employer les fins de non-recevoir, nullités des exploits, ou autres exceptions péremptoires & dilatoires, s'il y en a, pour y être préalablement fait droit.

Le demandeur peut, ſi bon lui ſemble, fournir des repliques aux *défenſes* : mais elles ne ſont pas néceſſaires; car dès qu'il y a eu des *défenſes* fournies, on peut porter la cauſe à l'audience. L'uſage des dupliques, tripliques, additions premières & ſecondes, & autres écritures ſemblables, a été abrogé par l'ordonnance, qui défend aux juges d'y avoir égard, & de les paſſer en taxe. Dans les tribunaux où le miniſtère des procureurs n'eſt pas néceſſaire, le défenſeur n'eſt pas non plus obligé de fournir de *défenſes*. A l'échéance de l'aſſignation, les parties peuvent ſe préſenter à l'audience, où le défendeur propoſe verbalement ſes exceptions, *défenſes* & autres moyens.

En matière criminelle, l'accuſé propoſe ſes *défenſes* par ſes réponſes aux interrogatoires qu'on lui fait ſubir, il peut dire dans ce moment tout ce qu'il ſait pour ſa juſtification. Lorſque l'affaire eſt renvoyée à l'audience, on peut ſe contenter d'y plaider les moyens qui ſe préſentent en ſa faveur, ſans ſignifier préalablement des *défenſes* : lorſqu'elle eſt réglée à l'extraordinaire, il propoſe ſes faits juſtificatifs, après le récollement & la confrontation. *Voyez* FAITS *juſtificatifs*.

DÉFENSES, *ſentence*, ou *arrêt de défenſes*, qu'on appelle communément *défenſes* ſimplement, ſont des jugemens émanés du juge ſupérieur, devant lequel on s'eſt pourvu par la voie d'appel, portant *défenſes* d'exécuter une ſentence, ſoit indéfiniment ou juſqu'à ce qu'il en ait été autrement ordonné. Ces *défenſes* ont lieu en matière civile & criminelle.

Suivant l'ordonnance de 1667, les juges ſupérieurs ſont autoriſés à donner des *défenſes* d'exécuter proviſoirement les ſentences d'un juge inférieur, lorſque la condamnation n'eſt fondée ſur aucun titre, ou que l'objet n'en eſt ni ſommaire ni proviſoire, parce qu'alors le juge en a mal-à-propos ordonné l'exécution, nonobſtant l'appel. Mais la même ordonnance leur avoit expreſſément défendu d'accorder des *défenſes* dans ces cas; & *ſi aucunes*, ajoute le légiſlateur, *avoient été obtenues, nous les déclarons nulles, & voulons que, ſans y avoir égard, & ſans qu'il ſoit beſoin d'en demander main-levée, les ſentences ſoient exécutées . . .* & *que les parties qui auront préſenté les requêtes à fin de défenſes ou de ſurſéances, & les procureurs qui les auront ſignées, ou qui en auront fait demande à l'audience, ou autrement, ſoient condamnés chacun en cent livres d'amende*, &c.

Cette diſpoſition de l'ordonnance eſt claire & préciſe, & cependant il n'y en a peut-être pas

qui ait été plus mal exécutée. Sous le prétexte que le juge ſupérieur eſt en droit d'examiner ſi l'exécution proviſoire d'une ſentence a été régulièrement prononcée, les cours & autres juges ne refuſoient preſque jamais des *défenſes* ou des ſurſéances dans les cas, même les plus proviſoires; & malgré l'ordonnance qui les déclare nulles, on y déféroit toujours, & l'uſage étoit tel, qu'il falloit néceſſairement y former oppoſition, & les faire lever.

L'abus étoit immenſe, mais le parlement de Paris vient de le réformer par un arrêt de réglement du 26 août de la préſente année 1783, rendu toutes les chambres aſſemblées.

Il y eſt fait *défenſes* à tous les procureurs de la cour de préſenter des requêtes, & d'obtenir des arrêts de *défenſes* ou ſurſéances, contre les jugemens intervenus en matière civile, ſavoir:

1°. *En matières eccléſiaſtiques*, ſur les appels comme d'abus, s'il n'y a incompétence notoire, ou qu'il ne s'agiſſe de cas non réparables en définitif.

Ou ſi ce n'eſt que les juges ſupérieurs ſur les appels ſimples des inférieurs, aient refuſé ou donné des *défenſes* contre les diſpoſitions des règles civiles ou canoniques, ou autres cas dans leſquels il pourroit y avoir entrepriſe par les juges eccléſiaſtiques ſur la puiſſance temporelle.

Et en outre, dans les cas où l'appel, comme d'abus, ſeroit interjetté par le miniſtère public.

2°. *Pour ce qui concerne les jurídictions ordinaires*, ſur tout ce qui regarde l'inſtruction, à moins que l'interlocutoire ne préjuge le fond, & ne puiſſe ſe réparer en définitif, ou qu'il y eût incompétence évidente.

Sur les ſentences qui permettent de faire enquête, ſi elles ne préjugent le fond, ou qu'il y ait incompétence notoire.

Sur les dations des tutèles & curatelles, encore qu'il paroiſſe y avoir incompétence : pourront toutefois les *défenſes* être accordées en cas d'inſolvabilité évidente du tuteur ou curateur autoriſé à recevoir.

Sur les oppoſitions de ſcellés & levée d'iceux; à moins qu'elle ne ſoit ordonnée chez un homme vivant, ſans banqueroute ni autre crime, ou au cas d'incompétence apparente.

Sur la confection d'inventaires & clôture d'iceux; à moins qu'il n'y ait incompétence évidente.

Sur les interdictions de prodigues & inſenſés, quand même l'incompétence paroîtroit évidente.

Sur les ſaiſies réelles, lorſque les criées ſont commencées, quand même il y auroit incompétence évidente.

Sur les baux judiciaires, faits après une ſaiſie réelle, encore qu'il y ait incompétence évidente.

Sur les baux judiciaires ſur ſaiſie féodale, quand même il y auroit incompétence évidente.

Sur les adjudications par décret, quand il y a eu arrêt confirmatif des criées ou de congé d'adjuger.

Suꝛ

Sur les fentences portant *défenses* de changer l'état des lieux, continuer des ouvrages, ou autres cas de dénonciations de nouvelle œuvre, à moins qu'il n'y ait incompétence évidente.

Sur les jugemens portant condamnation de vuider les lieux quand il n'y a point de bail, ou quand le bail eft expiré, ou lorfque le propriétaire a donné congé comme nouvel acquéreur, ou pour occuper en perfonne, le tout après le congé de fix femaines, de trois mois, ou de fix mois, fuivant la qualité des appartemens, ou tel autre délai compétent, pour les biens de campagne, le tout s'il n'y a incompétence évidente.

Sur les ordonnances pour la réfection des ponts & paffages, s'il n'y a incompétence évidente.

Sur les fentences de condamnations fondées fur obligations authentiques ou reconnues.

Ou fur des condamnations portées par des fentences dont il n'y a point eu d'appel, ou qui feroient exécutoires, nonobftant l'appel, le tout s'il s'agit des obligés perfonnellement, ou leurs héritiers & ayans caufe, autres que les fimples tiers détenteurs, & s'il n'y a point incompétence évidente.

Ne pourront pareillement être ordonnées des *défenses* contre les pourfuites faites en vertu de contrats, obligations & autres actes authentiques en forme exécutoire.

Sur les jugemens de condamnation pour frais funéraires.

Sur la reftitution des beftiaux pris en juftice, & autres chofes qui peuvent fe confommer, quand même il y auroit incompétence évidente.

Sur les fentences de main-levée, de faifies fur perfonnes non obligées, ou contre lefquelles il n'exifte point de titres, s'il n'y a incompétence évidente.

Sur tous jugemens définitifs en matières fommaires n'excédant, favoir, aux pairies & autres juftices feigneuriales reffortiffantes nuement en la cour, la fomme de 40 livres : aux bailliages, fénéchauffées, connétablie, table de marbre, 100 : aux amirautés 150 : & aux requêtes du palais & de l'hôtel, quand il n'y auroit aucun titre, s'il n'y a incompétence évidente, 300.

Sur les fentences de provifion qui n'excédent 200 livres en toutes jurifdictions, encore qu'il n'y eût de titres & malgré incompétence évidente, fi le renvoi n'a été demandé avant la fentence de provifion.

Sur les fentences de provifion n'excédant 1000 livres, quand il n'y auroit aucuns titres, lorfqu'il s'agit d'achats, ventes, fournitures & provifions de maifons : de ventes faites ès ports, foires & marchés : de loyer de maifons & fermes, foit qu'il y ait bail ou non : d'impenfes utiles & néceffaires, améliorations, détériorations, labours & femences : de prifes de chevaux ou beftiaux en délit, faifie, nourriture, dépenfe ou louage, de gage de ferviteurs, peines d'ouvriers, journées de gens de travail : de parties d'apothicaires, de chirurgiens, & vacations de médecins : de frais & falaires de procureurs, huiffiers, fergens, & autres officiers : d'appointemens & récompenfes : d'oppofitions aux faifies-exécutions, ventes de meubles, préférence & privilège fur le prix : de fentences fur main-levée de faifies mobiliaires : d'établiffemens ou décharges de gardiens : le tout même en cas d'incompétence évidente, à moins qu'on n'eût demandé le renvoi avant la fentence de provifion.

Sur les fentences de provifion à quelque fomme qu'elles puiffent monter ; s'il y a contrat, obligation, promeffe reconnue, ou condamnation prononcée par fentence dont il n'y a point eu d'appel, ou qui foit exécutoire nonobftant l'appel, à moins toutefois qu'il n'y ait incompétence évidente.

Sur les fentences de police, définitives ou provifoires, à quelque fomme qu'elles puiffent monter, foit qu'elles foient rendues par les officiers de police ou par tous autres juges ordinaires, même ceux des feigneurs, des hôtels-de-ville, de la maçonnerie & autres, en matière de police ; pourvu cependant que la chofe ne foit pas irréparable en définitif, & qu'il n'y ait pas d'incompétence évidente.

Sur les fentences de fequeftres, à moins qu'il n'y ait incompétence évidente, où que le cas ne fût pas réparable en définitif.

Sur les fentences fur complainte & réintégrande, quand même il y auroit incompétence évidente, à moins qu'elle n'eût été alléguée avant la fentence.

Sur les fentences fur récufation au nombre de cinq ou de trois juges, fuivant les fièges, à moins qu'il ne s'agiffe d'une defcente, information ou enquête, fi ce n'eft que la récufation n'eût pas été faite trois jours avant le départ du commiffaire, le tout fi la fentence n'eft évidemment incompétente.

Sur les exécutoires de dépens, s'ils font contradictoires.

Sur les fentences fur réception de caution, & fur celles de provifion faute de rendre compte, s'il n'y a incompétence évidente.

Sur les fentences de récréance à la caution juratoire, & fur celles rendues fur les complaintes, fi elles font données par cinq juges, ou fi elles ont été rendues aux requêtes du palais ou de l'hôtel, s'il n'y a incompétence évidente.

Sur le vu d'un contrat d'atermoiement, s'il n'eft accompagné, 1°. d'un bilan ; 2°. d'un certificat du greffier des confuls ou des hôtels-de-ville, pour les lieux où il n'y a point de jurifdiction confulaire, portant que les regiftres du failli ont été dépofés au greffe ; 3°. des procès-verbaux de vérification ; 4°. des procès-verbaux d'affirmation par tous les créanciers fignataires ; 5°. à moins qu'il ne paroiffe par le calcul des créanciers fignataires, qu'elles forment les trois quarts des créances portées au bilan.

Sur le vu des lettres de ceſſion, à moins qu'elles ne ſoient accompagnées d'un bilan & d'un certificat du greffier des conſuls ou du greffier des hôtels de ville pour les lieux où il n'y a point de conſuls, portant que celui qui a obtenu des lettres de ceſſion y a dépoſé ſes livres de commerce.

3°. *Pour ce qui concerne les juriſdictions extraordinaires.* Ne pourront être données de *défenſes* contre les jugemens rendus par les juges-conſuls, s'il n'y a incompétence évidente, & qu'elle ait été propoſée.

Et à l'égard des juges ordinaires, qui jugent en matière conſulaire, il en ſera uſé à leur égard comme dans les autres matières.

Et en outre, lorſqu'il s'agit de billet de change entre négocians ou marchands, ou dont ils devront la valeur.

De lettres-de-change entre toutes perſonnes, s'il y a remiſe de place en place.

De ventes par marchands, artiſans & gens de métier, à autres de même qualité, pour travailler de leur profeſſion.

De gages, ſalaires, penſions de commiſſionnaires, facteurs ou ſerviteurs de marchand, pour fait de trafic.

De commerce maritime, de commerce de foires aux lieux de leur établiſſement.

De ventes par gentilshommes, gens d'égliſe & bourgeois, laboureurs, vignerons & autres, de bleds, vins & autres fruits de leur crû, faites à des marchands de la profeſſion de vendre ces denrées, ſi le bourgeois eſt demandeur, le tout à moins qu'il n'y ait incompétence évidente.

Sur les ſentences rendues en la conſervation de Lyon, pour fait de tout négoce, marchandiſe ou manufacture, pourvu qu'un des deux partis ſoit marchand ou négociant.

Pour voitures de marchandiſes & denrées, dont les marchands font commerce.

Pour faits de banqueroute de marchands, négocians, manufacturiers, même par la voie criminelle, ſaiſies, inventaires de meubles, criées d'immeubles ; le tout à moins qu'il n'y ait incompétence évidente.

Sur les ſentences des ſièges des eaux & forêts dans toutes les matières ci-deſſus, où il ne doit être accordé *défenſes* ni ſurſéances contre les ſentences des autres juges ordinaires.

Et en outre, quand il s'agit de jugemens interlocutoires des grands-maîtres, ſi la choſe eſt réparable en définitif quand l'appel ſeroit qualifié comme de juges incompétens, à moins que l'incompétence ne ſoit évidente.

Comme auſſi lorſqu'il s'agit de ſentences définitives rendues par les grands-maîtres ou leurs lieutenans généraux, ſi elles n'excèdent point deux cens livres de principal, ou vingt livres de rente, s'il n'y a incompétence évidente.

Et en matière de chaſſe, ſi la condamnation n'eſt

que de ſoixante livres pour reſtitution & réparations, ſans autre peine ni amende.

Sur les ſentences rendues par amirautés, lorſque les condamnations y portées n'excéderont pas la ſomme de 150 livres, & à l'égard de tous autres jugemens, il en ſera uſé à leur égard comme pour les jugemens rendus par les juges ordinaires ; ſi ce n'eſt lorſqu'il s'agit de jugemens définitifs concernant les droits de congé & autres appartenans à l'amiral.

Et encore quand il s'agit de jugemens concernant la reſtitution des choſes déprédées ou pillées pendant les naufrages, & de ſentences arbitrales.

Et enfin, ſur les ſentences du conſeil provincial d'Artois, lorſqu'il s'agit d'alimens, de ſaiſines, de taxes de dépens, de ſalaires & gages de ſerviteurs, de novellité, de récréance, de 300 livres en principal, ou de 20 livres de rente, ou de 500 florins, ou de 30 florins de rente, même quand il s'agiroit de matière réelle, fonds & héritages, à condition que les jugemens ſoient rendus par cinq juges, & que le conſeil ajoute qu'il entend que la ſentence ſoit exécutable par proviſion, & qu'il conſte évidemment que l'action n'excède la ſomme.

Comme auſſi ſur toutes ſentences de proviſion, ſur toutes ſentences interlocutoires réparables au définitif, & ſur toutes ſentences de maintenue en matières bénéficiales.

Le même arrêt fait pareillement *défenſes* aux procureurs de cumuler dans leurs requêtes l'appel d'incompétence avec l'appel ſimple.

Fait défenſes aux juges inférieurs d'ordonner l'exécution proviſoire de leurs ſentences, ſi ce n'eſt ès cas preſcrits par les ordonnances, auxquels cas les juges ſeront tenus de coter l'article en vertu duquel ils ordonnent ladite exécution proviſoire.

Leur enjoint de ſtatuer ſur les déclinatoires avant de prononcer ſur le fond, & d'en faire mention dans leur ſentence.

Enjoint pareillement à tous juges, en matière conſulaire, lorſqu'ils ſtatueront ſur une lettre-de-change, de faire mention dans leur ſentence ſi elle a tous les caractères requis aux termes de l'ordonnance de 1673.

A l'égard des jugemens des préſidiaux, ordonne que les édits du mois de novembre 1774, du mois d'août 1777, & la déclaration du roi du 29 août 1778, regiſtrés en la cour, ſeront exécutés.

En matière criminelle, les cours peuvent accorder des *défenſes* d'exécuter un décret prononcé par le juge inférieur, de continuer une procédure criminelle commencée ; après que les charges & informations ont été apportées au greffe de la cour, qu'elles ont été vues & examinées, & communiquées au miniſtère public. Lorſqu'il s'agit d'obtenir des *défenſes* contre une proviſion, adjugée à un bleſſé, il faut joindre aux charges & informations le rapport des médecins & chirurgiens.

L'ordonnance déclare nulles les *défenſes* qu'on obtiendroit, 1°. contre l'exécution d'un jugement qui déboute de l'opposition formée à la publication d'un monitoire ; 2°. contre l'exécution provisoire d'une sentence, qui ne porte que des condamnations pécuniaires, lorsqu'elles n'excèdent pas, dans les justices seigneuriales, 40 livres envers la partie, & 20 livres envers le seigneur : dans les justices royales qui ne ressortissent pas nuement au parlement, 50 livres envers la partie, & 25 envers le roi : dans les bailliages & sénéchaussées où il y a présidial, dans les duchés-pairies, & autres siéges ressortissans nuement au parlement, 100 livres envers la partie, & 50 livres envers le roi. *Voyez* ARRÊT de *défense*.

DÉFENSES *par atténuation*, sont des exceptions en matière criminelle, proposées par l'accusé pour détruire les preuves & moyens dont se sert l'accusateur pour prouver que l'accusé a commis le crime dont est question.

Ces sortes de *défenses* ont été abrogées par le *tit. xxiij.* de l'ordonnance criminelle, *art. 1*; mais l'accusé peut répondre par requête signifiée, avec copie de ses pièces justificatives, sans néanmoins que le défaut de donner une telle requête, de la part de l'accusé, puisse retarder le jugement du procès. *Ibid. art. 3.* (-A)

DÉFENSES *au contraire*, c'est une clause que l'on insère dans des jugemens qui contiennent quelque réglement provisoire, sans statuer sur les incidens formés respectivement par les parties ; par exemple, sur un appel, lorsque l'intimé soutient que l'appellant est non-recevable, & que sans statuer sur les fins de non-recevoir, on appointe les parties : en ce cas, le même jugement joint les fins de non-recevoir de l'intimé, *défenses au contraire*, c'est-à-dire, que le juge réserve aussi à l'appellant la liberté de proposer ses *défenses* contre les prétendues fins de non-recevoir ; de manière que par cette clause les choses restent entières, & que l'appointement ne fait aucun préjugé ni pour ni contre les fins de non-recevoir. (*A*)

DÉFENSES *générales*, sont des lettres de chancellerie, ou un jugement obtenu par un débiteur contre tous ses créanciers pendant un temps, pour faire homologuer le contrat qu'il a fait avec la plus grande partie d'entr'eux, ou pour faire entériner les lettres de répi qu'il a obtenues.

Ceux qui ont obtenu de telles *défenses*, ne peuvent plus être consuls, administrateurs d'hôpitaux, échevins, ni parvenir à aucunes charges ou fonctions publiques, à moins qu'ils n'obtiennent des lettres de réhabilitation, & ne prouvent qu'ils ont depuis entièrement payé leurs créanciers. *Voyez* RÉPI, & l'*ordonn.* de *1673, tit. ix.* (*A*)

DÉFENSEUR, s. m. (*Jurispr.*) les loix romaines donnoient le nom de *défenseur* à celui, qui sans mandement ou procuration, se chargeoit volontairement de la défense d'un accusé. Il en est parlé au digeste, *liv. 3, tit. 3.* Parmi nous ce terme appartient principalement à l'avocat, & subsidiairement au procureur d'une partie, dans le moment où l'un d'eux en plaide la cause à l'audience. *Voyez* AVOCAT, PROCUREUR.

On trouve aussi dans le code de Justinien le terme de *défenseur* employé pour signifier un office, une dignité connus dans l'église & dans l'empire, dont les fonctions étoient de veiller au bien public, de protéger les pauvres & les malheureux, & de défendre les intérêts des églises & des monastères.

On appelloit aussi du temps de Justinien, *défenseur*, un homme préposé pour tenir registre des différens actes qui concernoient l'église.

DEFFAUX, *bien venus, duement descendus*, on trouve ces expressions ; *chap. 10* de la coutume de la Rochelle, rédigée en 1514 : elles signifient les défauts obtenus légitimement & après l'expiration des délais prescrits par les loix, réglemens, & usages.

DEFFOIX, s. m. (*Jurispr.*) c'est un lieu de défenses, tel que l'étang du seigneur. *Voyez* DEFFAIX. (*M.* GARRAN DE COULON.)

DÉFI, s. m. (*Jurispr.*) *Voyez* COMBAT *judiciaire* & *singulier*, DUEL.

DÉFICIT, s. m. (*Jurispr.*) terme latin usité au palais pour exprimer quelque chose qui manque. On dit, par exemple, qu'une telle pièce ou une cote entière d'un inventaire ou d'une production est en *deficit* ; on dit aussi qu'une telle somme est en *deficit* dans la caisse d'un trésorier ou receveur public. *Voyez* PRODUCTION, RECEVEUR.

DÉFINITEUR, s. m. (*Jurisprudence.*) *definitor seu consultor*, est le titre que l'on donne, dans certains ordres religieux, à ceux qui sont choisis dans le nombre des supérieurs & religieux du même ordre, assemblés pour le chapitre général ou provincial, à l'effet de régler les affaires de l'ordre ou de la province ou congrégation. Pendant la tenue du chapitre, toute l'autorité est commise aux *définiteurs* pour faire les réglemens, définitions, statuts, décrets qu'ils jugeront convenables au bien du corps : ce sont eux aussi qui font les élections des supérieurs pour les maisons de leur ordre.

Le lieu où s'assemblent les *définiteurs* s'appelle le *définitoire* ; on donne aussi quelquefois ce nom à l'assemblée des *définiteurs* ; c'est proprement le tribunal de l'ordre par lequel toutes les affaires purement régulières sont jugées.

Il y a deux sortes de *définiteurs* ; savoir, les *définiteurs généraux*, & les *définiteurs particuliers*. Les *définiteurs généraux* sont ceux que chaque chapitre provincial députe au chapitre général pour régler les affaires de tout l'ordre ; l'assemblée de ces *définiteurs* s'appelle le *définitoire général*. Les *définiteurs particuliers* sont ceux que chaque monastère députe au chapitre provincial, pour y tenir le *définitoire* dans lequel se règlent les affaires de la province.

L'usage des différens ordres religieux n'est pas uniforme pour l'élection, ni pour le nombre & les prérogatives des *définiteurs*.

Dans plusieurs ordres & congrégations, les *définiteurs* sont ordinairement choisis en nombre impair de sept, neuf, quinze, & plus grand nombre : dans l'ordre de Cîteaux il y en a vingt-cinq, dans celui de Cluny quinze, dans la congrégation de S. Maur neuf, dans celle de S. Vanne il n'y en a que sept.

Dans cette dernière congrégation, ils font choisis par tous ceux qui composent le chapitre, soit supérieurs, soit députés des communautés ; mais ces derniers ne peuvent être élus *définiteurs*, ils n'ont que voix active.

L'élection des *définiteurs*, dans la congrégation de S. Maur, se fait par les seuls supérieurs qui sont députés au chapitre général par des assemblées particulières qui se font avant la tenue du chapitre, & qu'on appelle *diètes*.

Dans l'ordre de Cluny, ils font choisis par ceux qui étoient *définiteurs* au chapitre précédent, & ainsi successivement d'un chapitre à l'autre ; ensorte que ceux qui étoient *définiteurs* au chapitre précédent, n'ont plus au chapitre suivant que voix active, & ne peuvent être choisis pour être de nouveaux *définiteurs*. Comme il y a deux observances dans l'ordre de Cluny, des quinze *définiteurs*, huit font de l'ancienne observance, & sept de l'étroite ; ils s'unissent tous pour connoître des affaires communes à l'ordre, & se séparent pour connoître ce qui regarde chaque observance ; tous les réglemens, statuts, &c. font rapportés ensuite dans un seul corps au définitoire commun, & font signés de tous les *définiteurs*. Dans l'intervalle d'un chapitre à l'autre, il n'y a ni droit ni prérogative attachée au titre de *définiteur*, si ce n'est celui d'assister au chapitre suivant.

Les chanoines réguliers de la congrégation de France s'assemblent tous les trois ans par députés dans l'abbaye de sainte Geneviève, pour y faire l'élection d'un abbé général : ce chapitre, composé de vingt-huit députés, est partagé en trois chambres.

La première & principale, qu'on appelle le *définitoire*, & à laquelle préside l'abbé, est composée de dix *définiteurs* choisis par suffrages secrets parmi les députés. Ils font ainsi nommés, parce qu'ils mettent la dernière main aux réglemens qui doivent être observés dans cette congrégation, & nomment les supérieurs des maisons : leur fonction ne dure, de même que dans les autres ordres dont on a parlé, que pendant la tenue du chapitre, qui est ordinairement d'environ douze ou quinze jours.

La seconde chambre, appellée *des décrets*, est celle où l'on forme d'abord les réglemens, qui sont ensuite portés au définitoire, lequel les adopte ou rejette ; & y met la dernière main.

La troisième chambre enfin, qu'on appelle *chambre des comptes*, est celle où l'on examine les comptes des maisons. Les députés qui composent cette chambre, après un examen des comptes, en font le rapport au définitoire, c'est-à-dire en la chambre des *définiteurs*, lesquels règlent ces comptes.

Pour être *définiteur* dans cette congrégation, il faut avoir au moins neuf années de priorature. Les

définiteurs ont la préséance sur les autres députés pendant la tenue du chapitre.

Suivant les constitutions de l'étroite observance pour les réformés de l'ordre des Carmes, approuvées & confirmées par Urbain VIII, avec les articles ajoutés par Innocent X, publiées par décret du chapitre général tenu à Rome en 1645, dont la troisième partie traite du chapitre provincial, après avoir parlé de la manière en laquelle doit être tenu ce chapitre provincial : voici ce qui s'observe par rapport aux *définiteurs*, suivant le chap. iij, intitulé *de electione definitorum* :

Il est dit que l'on élira pour *définiteurs*, ceux qui seront les plus recommandables par leur prudence, expérience, doctrine & sainteté : qu'ils seront les aides du provincial, lequel sera tenu de se servir de leur secours & de leur conseil pour le gouvernement de la province, de manière qu'il ne pourra point sans raison s'écarter de leur avis : que cette élection sera faite par tous ceux qui sont *de gremio* : que les suffrages seront secrets ; & que l'on choisira quatre des religieux, aussi du même ordre, qui n'aient point été *définiteurs* au dernier chapitre : que celui qui aura le plus de voix, sera le premier ; celui qui en aura ensuite le plus, sera le second, & ainsi des autres : que si plusieurs se trouvent avoir égalité de suffrages, le plus ancien en profession sera *définiteur*.

L'élection étant faite, elle doit être publiée par le président du chapitre, lequel déclare que les *définiteurs* élus ont autorité de décider toutes les affaires qui se présenteront pendant la tenue du chapitre ; ensorte que ces *définiteurs* ainsi élus ont tout pouvoir de la part du chapitre, excepté lorsqu'il s'agit de faire des réglemens qui concernent toute la province : car en ces matières, tous ceux qui sont du chapitre ont droit de suffrage ; & l'on y doit même procéder par suffrages secrets, si cela paroît plus convenable.

Les *définiteurs* ainsi élus & annoncés commencent aussi-tôt à être comme assistans auprès du provincial & du président. On publie aussi les noms de ceux qui ont eu après eux le plus de suffrages, & on les inscrit dans le livre de la province, selon le nombre des suffrages que chacun d'eux a eu, afin que l'on puisse en prendre parmi eux pour suppléer le nombre des *définiteurs*, si quelqu'un d'eux venoit à être élu provincial ou à décéder, ou se trouvoit absent par quelque autre empêchement.

Aucun ne peut être élu *définiteur*, qu'il ne soit prêtre, qu'il n'ait cinq années accomplies de profession, qu'il ne soit âgé de trente ans au moins.

Pendant le chapitre & les congrégations ou assemblées annuelles, les *définiteurs* tiennent le premier rang après le provincial ; hors le chapitre, ils ont rang après le prieur, le sous-prieur & le maître des novices : dans leurs couvens, ils font néanmoins soumis en tout, & doivent recevoir de leurs prieurs les monitions & corrections, comme les autres religieux, auxquels ils doivent l'exemple. Les constitutions ne veulent pas qu'on les appelle *définiteurs* dans le couvent, mais ce dernier article ne s'obferve pas.

Ceux qui ont eu voix dans l'élection du difcret ou religieux qui accompagne le prieur ou vicaire au chapitre provincial, ne peuvent avoir voix dans le chapitre pour l'élection des *définiteurs*, excepté le préfident & fon affiftant, qu'il choifira lui-même felon fa confcience, pourvu qu'il foit de la province, & du nombre de ceux qui obfervent ces ftatuts. Enfin le préfident & fon affiftant doivent avoir voix & féance dans le chapitre, quoiqu'ils aient eu voix dans l'élection de quelque difcret.

Telles font les règles prefcrites pour les *définiteurs* par les conftitutions dont on vient de parler. On n'entrera pas ici dans un plus grand détail de ce qui fe pratique à cet égard dans les autres ordres; les exemples que l'on vient de rapporter fuffifent pour en donner une idée. (*A*)

DÉFINITIF, adj. *terme de Palais*, qui veut dire ce qui décide, ce qui termine une conteftation; un arrêt, une fentence *définitifs* font oppofés aux arrêts & fentences interlocutoires, qui ordonnent quelque chofe pour l'inftruction, ou en attendant le jugement du fond des conteftations. On dit auffi en *définitive*, pour exprimer par jugement *définitif*.

DÉFINITOIRE, (*Jurifpr.*) eft l'affemblée des définiteurs, où fe règlent les affaires d'un ordre religieux, ou d'une province du même ordre. *Voyez* ci-devant DÉFINITEUR. (*A*)

DÉFLORATION, f. f. (*Code criminel.*) c'eft le crime par lequel on ravit à une fille fa virginité. Il fe commet avec violence ou par féduction, il a lieu vis-à-vis une fille formée, ou une jeune perfonne qui n'eft pas encore nubile. Il faut avoir égard à ces circonftances différentes, pour juger de l'énormité du crime, & de la peine qu'on doit infliger au coupable.

La *défloration* avec violence eft mife au rang des crimes capitaux, elle prend alors le nom de *viol*, nous en parlerons fous ce mot. Celle qui s'exerce fans violence eft ce qu'on appelle *fornication*, *féduction*.

Ce crime eft contraire aux bonnes mœurs, & eft plus ou moins févérement puni fuivant la qualité des perfonnes & les fuites qu'il a eues.

Lorfqu'il a été commis envers une jeune perfonne, qui n'eft pas encore nubile, le coupable peut être puni de mort, quand bien même la jeune perfonne fe feroit prêtée aux defirs de fon féducteur. Un arrêt du parlement de Paris, de l'année 1775, a condamné un particulier à être pendu, pour avoir *défloré* une fille d'environ neuf ans. Un arrêt du 30 août de la préfente année 1783, a condamné un autre particulier, coupable d'avoir commis des indécences avec des petites filles, à être attaché au carcan, flétri d'un fer chaud, & aux galères à perpétuité.

Lorfque la *défloration* s'exerce envers une fille formée & fans violence, fi le tort fait à la fille n'eft pas réparé par le mariage, la punition s'en borne ordinairement à une aumône & à des dommages & intérêts. Elle entraîne cependant quelquefois des peines capitales.

Un valet, par exemple, qui féduit la fille de fon maître, dans un temps où une jeune perfonne n'a aucune expérience, peut être puni de mort, aux termes de l'art. 3 d'une déclaration du 22 novembre 1730. *Voyez* FORNICATION, SÉDUCTION.

DÉFRÊCHEMENT ou DÉFRESCHEMENT, f. m. (*Jurifpr.*) lorfque l'un des co-frêcheurs, ou des co-propriétaires d'un tenement fujet à l'une de ces rentes folidaires, que l'on nomme *frêches* dans la coutume d'Anjou & dans quelques coutumes voifines, à été admis au rachat de fa part & portion, on appelle cela *défrêchement*. Cet affranchiffement partiaire fait fouvent naître des difficultés; la principale eft de favoir fi le *défrêchement* fait perdre au feigneur le droit d'agir folidairement contre les autres frêcheurs.

La loi *fi creditores*, au code *de pactis*, femble décider la queftion. Elle déclare que, dans ce cas, le créancier ne peut pas exiger que l'un des débiteurs paie pour l'autre. *Si creditores veftros*, y eft-il dit, *ex parte debiti admififfe quemquam veftrum pro fuâ perfonâ folventem probaveritis, aditus rector provinciæ pro fua gravitate ne alter pro altero exigatur, providebit.*

Prefque tous les auteurs ont conclu de là, que la décharge de la folidité étoit une fuite naturelle de cet affranchiffement partiaire. Quelques-uns ont même enfeigné que le feigneur ne pouvoit conferver la folidité, quelques réferves qu'il fît dans la quittance.

La plupart ont cru, au contraire, que cette décifion devoit fouffrir diverfes limitations. Voici celles que Pocquet de Livonnière a propofées dans fon *Traité des fiefs*, liv. *VI*, chap. 1, fect. 3, n°. 15.

1°. La décharge de la folidité n'eft fondée que fur la préfomption qui naît du rachat d'une portion de la rente; or la préfomption cède à la vérité. La folidité doit donc fubfifter à l'égard des autres co-frêcheurs, lorfque le feigneur a déclaré expreffément qu'il n'entendoit point y déroger.

2°. Il en eft de même, fi le feigneur a reçu d'un co-frêcheur une fomme pour le rachat d'une portion de la frêche égale à celle qu'il y devoit fupporter, fans dire nommément que c'eft pour la part & portion de ce co-frêcheur. Ces termes de la loi, *fi creditores pro fuâ perfonâ folventem*, indiquent qu'elle ne s'applique qu'au cas où il y a eu expreffion de la part & portion du co-obligé. C'eft l'avis commun des interprètes, & là décifion d'un arrêt du 27 novembre 1570, rapporté par Charondas, & approuvé par Mefnard.

3°. Quand bien même la quittance porteroit qu'elle a pour objet la part & portion de l'un des co-frêcheurs, fi l'on y ajoute qu'on en a ufé ainfi, pour le gratifier ou pour lui faire plaisir, cette clause de gratification personnelle ou d'autres semblables excluent l'intention de diviser, à l'égard des autres co-frêcheurs, qui ne doivent pas profiter de la faveur particulière accordée à l'un d'eux. Cela se trouve ainsi jugé par deux arrêts, l'un du 25 mai 1584, rapporté par Anne Robert; & l'autre de l'année 1559, rapporté par Mesnard.

4°. La moindre clause d'où l'on peut faire résulter une intention, même implicite, de ne point diviser la rente, suffit pour conserver la solidité. On a jugé, par cette raison, qu'elle étoit implicitement réservée dans un acte de *défrêchement*, qui portoit qu'au moyen de ce que le frêcheur en question avoit affranchi sa part & portion, les autres co-frêcheurs ne pourroient plus le prendre au solide.

Toutes ces restrictions sont assez généralement adoptées. Mais ne peut-on pas aller plus loin, & soutenir que le *défrêchement* ne doit pas, par lui-même, décharger les co-frêcheurs de la solidité, lorsqu'il en reste plusieurs outre celui à qui l'on a donné quittance de sa part & portion? C'est l'avis du savant auteur des *pandectæ Justinianæ*, & du *Traité des obligations*, à qui l'on ne reprochera pas assurément de n'avoir pas assez bien connu les loix romaines, ou de n'en avoir pas fait assez de cas. Il observe que Pierre Stella ou l'Etoile, célèbre professeur d'Orléans, avoit proposé le premier cette opinion.

Son sentiment, ajoute Pothier, paroît être le meilleur & le plus conforme aux principes du droit. La loi *si creditores* bien entendue, n'y est pas contraire. Elle est fondée sur une convention qu'on présume tacitement intervenue, pour la décharge de la solidité, entre le créancier & celui des débiteurs à qui il a donné quittance. Or, c'est un des principes de droit les plus constans, que les conventions ne peuvent faire acquérir de droit qu'entre les parties entre qui elles interviennent, d'où il suit que celle-ci n'a pu procurer la décharge de la solidité qu'au débiteur à qui le créancier a donné quittance, & non pas aux autres débiteurs avec lesquels il n'a pas eu de convention. Il faut dire la même chose, lorsque le créancier a fait condamner l'un des co-débiteurs à payer sa part de la dette.

La loi *si creditores* n'a aucun rapport à la question, il y a même apparence que dans l'espèce de cette loi il n'y avoit que deux débiteurs. S'il y en avoit eu plusieurs, l'empereur auroit dit *rector providebit ne unus pro cæteris exigatur*. Ces termes *ne alter pro altero exigatur*, désignent deux débiteurs seulement, & s'entendent en ce sens, *ne alter qui solvit pro altero qui nondum solvit exigatur*.

« Il faut néanmoins avouer, continue Pothier, » que Bacquet, *Traité des droits de justice*, n° 245, » après avoir dit que l'opinion de l'Etoile lui pa- » roit équitable, avoue que l'opinion contraire, » qui est celle des anciens docteurs, est suivie au

» châtelet de Paris; mais je crois que c'est une » erreur qu'il faut réformer, si elle ne l'a déjà » été ». (*Traité des obligations*, n° 278.)

Ainsi, toutes les distinctions proposées par Pocquet de Livonnière, doivent valoir seulement entre le créancier & le co-frêcheur auquel il a donné quittance. La réception d'une somme équivalente à la portion de ce co-frêcheur ne le déchargera pas lui-même de la solidité pour le surplus, si le créancier l'a expressément réservée, ou si cette réserve résulte de quelques autres expressions de la quittance; car personne n'est facilement présumé renoncer à ses droits.

Pothier observe enfin que la décision de Stella doit être suivie avec ce tempérament, que si parmi les débiteurs qui restent il y en avoit quelqu'un d'insolvable, *les autres devroient être déchargés de la part que celui qui a été déchargé de la solidité, auroit supporté dans l'insolvabilité*. Car, dit-il, s'ils ne devoient pas profiter de cette décharge, elle ne doit pas leur préjudicier, Mais ce tempérament ne paroît pas non plus trop nécessaire, lors du moins qu'il s'agit d'une frêche ou d'une redevance dues solidairement, sur tout un tenement, Car si les co-frêcheurs perdent un de leurs consorts, qui supporteroit sa part de l'insolvabilité, ils n'ont plus à courir les risques de l'insolvabilité de celui que le seigneur a défrêché: tout est donc égal de part & d'autre. La redevance & la solidité ne sont ici dues qu'autant que l'on est co-possesseur du tenement, & chacun des possesseurs peut aliéner sa portion quand il lui plaira. Il n'y avoit donc pas plus à compter sur la solidité d'un co-frêcheur que d'un autre, *Voyez* FRÊCHE & PAGÉSIE. (*M. GARRAN DE COULON.*)

DÉFRICHEMENT, f. m. (*Droit public & civil, Eaux & Forêts*.) c'est l'action d'arracher les brousailles, les épines, &c. d'une terre inculte pour la mettre en valeur.

On trouvera dans le *Dictionnaire écon. diplom. & polit.* ce qui concerne les avantages que l'état peut retirer des *défrichemens*; nous nous bornons à donner la notice des loix en vigueur sur cette matière, qui doivent fonder la décision des contestations qui peuvent avoir lieu à cet égard.

Les ordonnances de janvier 1518, avril 1588 & août 1669, ont défendu aux propriétaires des bois sujets aux droits de gruerie, grairie, tiers & danger, de défricher aucune partie de leurs bois, sans une permission expresse du roi. Elles défendent également aux grands-maîtres de permettre aucun *défrichement* dans les forêts du roi, sous peine d'amende arbitraire, & de tous dépens, dommages & intérêts.

Les arrêts du conseil, des 28 juin 1701, 9 novembre 1703, 7 novembre 1713, 16 mars 1724, 22 février 1729, 29 mars 1735, 25 février 1749, ont étendu à toutes personnes, même aux gens de main-morte, & aux commandeurs & procureurs de l'ordre de Malte, les défenses de défricher leurs bois,

soit futaie, soit taillis, ainsi que les pâtis appartenans aux communautés & paroisses, sans une permission expresse du roi, à peine de trois mille
livres d'amende pour chaque arpent de futaie, de
trois cens par chaque arpent de taillis, & de rétablir les bois à leurs frais. Les communautés qui
auront défriché sans permission leurs pâtis, doivent
être condamnées en mille livres d'amende, & au
rétablissement des lieux à leurs frais. Les habitans
encourent en outre la confiscation des terres défrichées, & la peine de la prison.

Un arrêt du conseil, du 12 octobre 1756, rendu
sur les représentations du syndic général de la
province du Languedoc, a défendu d'y faire aucun
défrichement de landes, bruyeres, garrigues, &
autres terreins plantés en bois sur le penchant des
montagnes ou collines, & dans les plaines, ainsi
que les terres dont les communautés ont la propriété ou l'usage pour nourrir leurs bestiaux.

A l'exception des bois & des pâtis communs,
les particuliers peuvent défricher toute espèce de
terres incultes, & les mettre en valeur. Nos rois
ont même accordé à cet sujet, plusieurs exemptions
& privilèges proportionnés à l'utilité des travaux,
& propres à encourager les défrichemens.

On trouvera sur cet objet un édit de Henri IV,
du mois d'avril 1599; un de Louis XIII, d'août
1613; deux déclarations des 4 mai 1641 & 20
juillet 1643; enfin deux déclarations de Louis XV,
des 14 juin 1764 & 13 août 1766, qui forment
le dernier état de notre jurisprudence sur cette
matière, en y joignant un arrêt du conseil, du 2
octobre 1766, donné en interprétation de la dernière déclaration; les lettres-patentes du 30 mai
1767, pour les défrichemens & dessèchemens de la
province d'Artois; la déclaration du 6 juin 1768,
pour la province de Bretagne, & celle du 7 novembre 1775.

D'après les loix que nous venons de citer, on
appelle terres incultes, celles qui, selon la notoriété des lieux, n'ont donné depuis quarante ans
aucune espèce de récolte.

Les propriétaires de ces terres, leurs cessionnaires, successeurs ou ayans-cause, qui entreprennent de les mettre en valeur, doivent jouir, pour
raison de ces mêmes terres, de l'exemption des
dixmes, de la taille & de toute autre imposition,
même des vingtièmes, pendant l'espace de quinze
ans, à compter du mois d'octobre qui a suivi la
déclaration qu'ils ont faite des terres qu'ils prétendoient défricher.

Les entrepreneurs roturiers de défrichemens de
terreins nobles, sont exempts pendant quarante
ans des droits de francs-fiefs : les églises paroissiales
ou succursales, érigées dans l'étendue des défrichemens, sont exemptes du droit d'amortissement,
pour raison de leur établissement.

Le roi s'est réservé la faculté de proroger la
durée des exemptions, suivant la nature & l'im-

portance des défrichemens, après avoir néanmoins
entendu les décimateurs, les curés & les habitans.

Les propriétaires des terreins à défricher, leurs
cessionnaires, fermiers, &c. ne doivent aucun droit
d'insinuation, centième ou demi-centième denier,
pour les baux par eux faits relativement à l'exploitation de ces terreins, quoiqu'ils soient pour un
terme de vingt-sept ou vingt-neuf années. Les actes
passés pour raison de ces mêmes terreins, de quelque nature ou espèce qu'ils soient, ne sont sujets
qu'au contrôle, pour raison duquel on ne peut
exiger qu'une somme de dix sous.

Les étrangers occupés aux défrichemens, soit
comme entrepreneurs, soit en qualité de fermiers
ou de journaliers, sont réputés régnicoles, &
comme tels jouissent de tous les avantages dont
jouissent les sujets du roi. Pour cet effet, il
faut qu'ils aient élu leur domicile ordinaire sur les
lieux où se font les défrichemens; qu'ils aient déclaré devant les juges royaux du ressort, qu'ils
entendent y résider au moins six ans; qu'ils justifient après ce temps, par un certificat en bonne
forme du curé, & de deux syndics ou collecteurs
de leur paroisse, qu'ils ont été employés sans discontinuation aux travaux dont il s'agit. Si ces étrangers viennent à décéder dans le cours des six années qui suivent la déclaration dont on vient de
parler, leur succession est délivrée à leurs enfans ou parens domiciliés en France, & le mobilier seulement à ceux qui sont domiciliés en pays
étranger.

Au surplus, ceux qui entreprennent des défrichemens, & qui veulent jouir des privilèges &
exemptions qui leur sont accordés, sont tenus de
déclarer aux greffes de la justice royale & de l'é-
lection des lieux, la quantité de terres qu'ils prétendent défricher, d'en indiquer les tenans & aboutissans; de faire afficher une copie de cette déclaration, à la principale porte de l'église, issue de
la messe paroissiale, un jour de fête ou de dimanche, par un huissier, sergent ou autre officier
public, requis à cet effet, dont il doit être dressé
procès-verbal.

Les seigneurs, les décimateurs, les curés & habitans peuvent se faire délivrer, quand ils le jugent
à propos, des copies de ces déclarations, pour
être en état de les vérifier & de les contredire.
La déclaration du 7 novembre 1775, leur accorde
un délai de six mois, à partir du jour de l'affiche
de la déclaration, pour être admis à la contredire.
Mais après ce temps, les entrepreneurs de défrichement ne peuvent plus être inquiétés au sujet de
la dixme, ni pour raison de la taille.

DÉGAGEMENT, s. m. DÉGAGER, v. a. (terme
de Coutume.) ils sont communément joints à ceux
de prise & de prendre. On les trouve employés
dans la signification de saisie de bestiaux surpris en
dommage dans les lieux défensables. Suivant l'esprit & le texte de plusieurs coutumes, tout propriétaire ou fermier qui trouve sur ses héritages

des beftiaux étrangers qui lui caufent du dommage, eft autorifé de les faifir & de les emmener à juftice: mais s'il ne peut en venir à bout, ou qu'il en foit empêché par les gardiens des beftiaux. ou autres perfonnes, il peut prendre ou faire prendre un gage de celui qui eft pris en faute, à l'effet de prouver qu'effectivement les beftiaux étrangers lui portoient dommage.

C'eft de ce gage, que cette efpèce de faifie a été nommée *dégagement*, & l'action de faifir *dégager*.

Quelques-unes de ces coutumes adjugent au *dégageur*, fur fon ferment, une amende de cinq fous tournois, pour réparation du tort qui lui a été fait; d'autres exigent la dépofition d'un témoin idoine & fuffifant, même pour cette légère fomme. Mais lorfque le dommage eft plus confidérable, & que la réparation doit excéder l'amende de cinq fous, le *dégagement* ne fuffit pas pour intenter une action contre le propriétaire des bêtes *dégagées*, à moins que le plaignant ne puiffe juftifier du tort qu'il a reçu dans les formes ordinaires de la juftice. *Voyez* DÉGAT.

DÉGAT, f. m. (*Droit public & privé.*) en droit public, on entend par *dégât* les maux que l'on peut caufer à l'ennemi, en ravageant, par le droit de la guerre, fes biens & fes domaines. *Voyez le Dictionnaire écon. diplom. & polit.*

En droit privé, *dégât* fignifie le dommage que commettent les beftiaux de quelqu'un fur les héritages d'autrui. *Voyez* AGATIS & BESTIAUX.

DÉGRADATION, f. f. (*Droit civil & canon. Code criminel.*) ce terme a plufieurs acceptions: en matière civile, il fignifie le dommage ou la détérioration qu'on a fait à un héritage; en matière criminelle, il fignifie une deftitution ignominieufe d'un ordre, d'une qualité, d'une dignité.

DÉGRADATION, (*Droit civil.*) les détériorations que l'on caufe à un héritage, à une maifon, à un immeuble, donnent ouverture à une action en dommages & intérêts, dont le but principal eft d'obtenir la réparation du dommage caufé par les *dégradations*.

Un fermier qui néglige de cultiver les terres, qui les deffaifonne; un vigneron qui manque à tailler & à labourer la vigne qui lui eft confiée; un ufufruitier qui néglige d'entretenir les bâtimens, qui abbat des bois de haute-futaie, &c. dégradent les biens des propriétaires, qui par cette raifon peuvent les pourfuivre, & les faire condamner envers eux à des dommages & intérêts.

Pour en fixer la valeur, & eftimer le tort occafionné par les *dégradations*, les juges ont coutume d'ordonner la vifite des lieux par experts, & d'après les procès-verbaux d'eftimation, ils prononcent en faveur des propriétaires, contre les auteurs des *dégradations*, des condamnations plus ou moins fortes. *Voyez* DOMMAGE, RÉPARATION.

DÉGRADATION, (*Code criminel.*) nous en connoiffons trois efpèces, favoir: la *dégradation* des

eccléfiaftiques; celle de nobleffe; celle des officiers civils & militaires.

DÉGRADATION *d'un eccléfiaftique*, eft lorfqu'étant condamné pour crime, à fubir quelque peine afflictive ou infamante, on le dégrade avant l'exécution, c'eft-à-dire qu'on le dépouille de toutes les marques extérieures de fon caractère.

La *dégradation* des perfonnes confacrées au culte divin, a été en ufage chez différens peuples dans les temps les plus reculés; il n'y avoit pas jufqu'aux veftales chez les païens, qui ne pouvoient être exécutées à mort qu'elles n'euffent été folemnellement dégradées par les pontifes, qui leur ôtoient les bandelettes & autres ornemens du facerdoce.

Chez les Juifs, les prêtres convaincus de crime étoient dégradés.

L'écriture fainte nous en fournit un premier exemple bien remarquable en la perfonne d'Aaron, que Dieu ayant condamné à mort pour fon incrédulité, ordonna à Moyfe de le dégrader auparavant du facerdoce, en le dépouillant pour cet effet de la robe de grand-prêtre, & d'en revêtir Eléazard, fils d'Aaron; ce que Moyfe exécuta comme Dieu le lui avoit ordonné. *Nomb. chap. xx.*

Il y avoit auffi une autre forte de *dégradation*, femblable à celle que les Romains appelloient *regradatio*, dont l'effet étoit feulement de reculer la perfonne à un grade plus éloigné, fans la priver totalement de fon état.

C'eft ainfi que dans Ezechiel, *ch. xliv*, il eft dit que les lévites qui auront quitté le feigneur pour fuivre les idoles, feront employés dans le fanctuaire de Dieu à l'office de portiers.

S. Jérôme. *in chronicis*, fait mention de cette *dégradation* ou *regradation*, il dit qu'Héraclius, d'évêque fut réduit à être fimple prêtre, *in presbyterum regradatus eft.*

Pour ce qui eft de la *dégradation* telle que nous l'entendons préfentement, c'eft-à-dire celle qui emporte privation abfolue de la dignité ou office, on a penfé dès les premiers fiècles de l'églife, qu'elle étoit néceffaire avant de livrer un prêtre à l'exécuteur de la juftice, à caufe de l'onction facrée qu'il avoit reçue par l'ordination. On croyoit auffi que cette raifon ceffoit par la *dégradation*, parce qu'alors l'onction leur étoit ôtée & effuyée; & que l'églife elle-même les rendoit au bras féculier, pour être traités felon les loix comme le commun des hommes.

Au commencement, les évêques & les prêtres ne pouvoient être dépofés que dans un concile ou fynode; mais comme on ne pouvoit pas toujours attendre la convocation d'une affemblée fi nombreufe, il fut arrêté au fecond concile de Carthage, qu'en cas de néceffité, ou fi l'on ne pouvoit pas affembler un fi grand nombre d'évêques, il fuffiroit qu'il y en eût douze pour juger un évêque, fix pour un prêtre, & trois avec l'évêque du lieu pour dégrader un diacre.

Boniface VIII, *ch. ij, de pænis, in-6°*, décide que

que pour exécuter la *dégradation* il faut le nombre d'évêques requis par les anciens canons.

Mais cette décifion n'a jamais été fuivie parmi nous, & l'on a toujours penfé avec raifon qu'il ne falloit pas plus de pouvoir pour dégrader un prêtre que pour le confacrer ; auffi le concile de Trente , *feff. 13, cap. iv.* décide-t-il qu'un feul évêque peut dégrader un prêtre , & même que le vicaire général de l'évêque, *in fpiritualibus,* a le même pouvoir, en appellant toutefois fix abbés , s'il s'en trouve affez dans la ville , finon fix autres perfonnes conftituées en dignité eccléfiaftique.

La novelle 83 de Juftinien, ordonne que les clercs feront dégradés par l'évêque avant d'être exécutés. Il étoit d'ufage chez les Romains, que l'eccléfiaf- tique dégradé étoit incontinent *curiæ traditus ;* ce qui ne fignifioit pas qu'on le livroit au bras fécu- lier pour le punir, comme quelques eccléfiaftiques ont autrefois voulu mal-à-propos le faire entendre, puifque ce criminel étoit déjà jugé par le juge fé- culier, mais cela vouloit dire qu'on l'obligeoit de remplir l'emploi de décurion, qui étoit devenu une charge très-onéreufe, & une peine fur-tout pour ceux qui n'en avoient pas les honneurs, comme cela avoit lieu pour les prêtres dégradés & pour quelques autres perfonnes. En effet, Arcadius or- donna que quiconque feroit chaffé du clergé, feroit pris pour décurion ou pour collégiat, c'eft-à-dire du nombre de ceux qui dans chaque ville étoient choifis entre les affiftans pour fervir aux néceffités publiques.

En France, fuivant une ordonnance de l'an 1571, les prêtres & autres promus aux ordres facrés, ne pouvoient être exécutés à mort fans *dégradation* préalable.

Cette *dégradation* fe faifoit avec beaucoup de cérémonie. L'évêque ôtoit en public les habits & ornemens eccléfiaftiques au criminel, en proférant certaines paroles pour lui reprocher fon indignité. La forme que l'on obfervoit alors dans cet acte paroît affez femblable à ce qui eft prefcrit par le chapitre *de pœnis, in 6°,* excepté par rapport au nombre d'évêques que ce chapitre requiert.

Juvenal des Urfins rapporte un exemple d'une *dégradation* de deux auguftins, qui ayant trompé le roi Charles VI, fous prétexte de le guérir, furent condamnés à mort en 1398, & auparavant dégradés en place de Grève en la forme qui fuit.

On dreffa des échaffauts devant l'hôtel-de-ville & l'églife du S. Efprit, avec une efpèce de pont de planches, qui aboutiffoit aux fenêtres de la falle du S. Efprit, de manière qu'une de ces fenêtres fervoit de porte; l'on amena par-là les deux au- guftins habillés comme s'ils alloient dire la meffe.

L'évêque de Paris en habits pontificaux leur fit une exhortation, enfuite il leur ôta la chafuble, l'étole, le manipule, & l'aube; puis en fa préfence on rafa leurs couronnes.

Cela fait, les miniftres de la jurifdiction fécu- lière les dépouillèrent & ne leur laiffèrent que leur

Jurifprudence. Tome III.

chemife & une petite jacquette par-deffus ; enfuite on les conduifit aux halles, où ils furent décapités.

M. le Prêtre tient qu'un eccléfiaftique condamné à mort pour crime atroce, peut être exécuté fans *dégradation* préalable ; ce qui eft conforme au fenti- ment des canoniftes, qui mettent l'affaffinat au nom- bre des crimes atroces.

Quelques évêques prétendoient que pour la *dé- gradation,* on devoit fe conformer au chapitre *de pœnis,* & qu'il falloit qu'elle fût faite par le nombre d'évêques porté par ce chapitre; d'autres faifoient difficulté de dégrader en conféquence du jugement de la juftice féculière, prétendant que pour dégra- der en connoiffance de caufe, ils devoient juger de nouveau, quoiqu'une fentence confirmée par arrêt du parlement fuffife pour déterminer l'églife à dégrader le condamné, autrement ce feroit ériger la juftice eccléfiaftique au-deffus de la juftice fécu- lière. Comme toutes ces difficultés retardoient beau- coup l'exécution du criminel, & que par-là le crime demeuroit fouvent impuni, les magiftrats ont pris fagement le parti de fupprimer l'ufage de la *dégra- dation,* laquelle au fond n'étoit qu'une cérémonie fuperflue, attendu que le criminel eft fuffifamment dégradé par le jugement qui le condamne à une peine afflictive.

Les dernières *dégradations* qui aient eu lieu en France, font celles des nommés Bellon, Michel & Martin, prêtres des diocèfes de S. Malo, d'Apt & d'Aix. Elles font des années 1607, 1613 & 1633. Borellus, dans fon traité *de Præftantiâ regis catholici,* affure que la *dégradation* ne précède plus le fup- plice des clercs en Efpagne, lorfque leurs crimes font fi atroces que leur énormité les dépouille des privilèges de leur état. Cette cérémonie eft encore en ufage en Portugal. Le jugement des inquifiteurs de Lifbonne, du 20 feptembre 1761, qui condamne Malagrida au fupplice du feu, ordonne qu'il feroit préalablement dégradé de fes ordres felon la difpo- fition & la forme des facrés canons : fa *dégradation* fut exécutée le même jour par l'archevêque de Lacédémone.

On ne doit point confondre la *dégradation* avec la fimple fufpenfion, qui n'eft que pour un temps, ni même avec la dépofition qui ne prive pas ab- folument de l'ordre ni de tout ce qui en dépend, mais feulement de l'exercice. *Voyez* DÉPOSITION & SUSPENSION. (*A*)

DÉGRADATION *de nobleffe,* eft la privation de la qualité de noble, & des privilèges qui y font attachés.

Cette dégradation a lieu de plein droit contre ceux qui font condamnés à mort naturelle ou civile, à l'exception néanmoins de ceux qui font condamnés à être décapités, & de ceux qui font condamnés à mort pour fimple délit militaire par un jugement du confeil de guerre, qui n'emporte point infamie.

Elle a auffi lieu, lorfque le condamné eft ex- preffément déclaré déchu de la qualité & des pri- vilèges de nobleffe, ce qui arrive ordinairement lorfque le jugement condamne à quelque peine af-flictive ou qui emporte infamie. (*A.*)

L'ancienne Encyclopédie ajoute ici, que toute condamnation qui emporte *dégradation de nobleffe* contre le condamné, en fait auffi déchoir fes defcendans qui tenoient de lui la qualité de noble. Mais Coquille obferve dans fa *queftion 256*, que « les » enfans qui font nés ou conçus au ventre de la » mère, avant que le père perde fa nobleffe, de-» meurent nobles ». Il cite la loi *Paulus, de ftatu hominum*, & la loi *emancipatum*, §. *fi quis*, ff. *de fenatoribus*. C'eft d'ailleurs un principe que la nobleffe une fois acquife à quelqu'un ne peut pas fe perdre par le fait d'autrui ; or la nobleffe eft acquife de plein droit à celui qui naît d'un père noble ; & c'eft un autre principe dicté par l'humanité même, que les enfans conçus font réputés nés, dès qu'il s'agit de leur avantage. (*M. GARRAN DE COULON.*)

DÉGRADATION *d'un office*, elle confifte à dépouiller ignominieufement quelqu'un de fon office, ordre ou dignité, pour fes démérites, & le priver des honneurs, fonctions & privilèges qui y font attachés.

Cette peine a lieu lorfque l'officier a fait quelque chofe contre l'honneur de fa place, quelque prévarication dans fes fonctions, & en général quelque action contraire aux règles de la délicateffe & de l'honnêteté que fa charge exige.

L'ufage de cette forte de *dégradation* eft fort ancien ; on en trouve nombre d'exemples dans l'antiquité : mais il faut bien prendre garde que par le terme de *dégradation*, les anciens n'entendoient pas la même chofe que nous.

Il y avoit, par exemple, chez les Romains, trois fortes de peines contre les foldats qui avoient démérité ; favoir, *militiæ mutatio, de gradu dejectio feu regradatio*, & *ignominiofa miffio*.

La première de ces peines étoit lorfqu'on paffoit d'un corps dans un autre, comme quand de chevalier on devenoit fantaffin, ou qu'un fantaffin étoit tranféré dans les troupes auxiliaires des frondeurs, comme il eft dit dans Ammian Marcellin, *liv. xxix*, que Théodofe, pour punir des chevaliers qui s'étoient révoltés, & néanmoins voulant marquer qu'il fe contentoit d'une légère peine, les remit tous au dernier grade de la milice. Il y en a beaucoup d'autres exemples dans le code Théodofien & dans celui de Juftinien.

Ce qui vient d'être dit des foldats & officiers militaires, avoit auffi lieu pour les autres officiers qui étoient dans le même cas : on les tranféroit pareillement d'un corps dans un autre corps inférieur.

La *dégradation* que les Romains appelloient *de gradu dejectio, feu regradatio quafi retrogradatio*, & non pas *degradatio* qui n'eft pas latin, étoit lorfque quelqu'un perdoit le grade ou rang qu'il avoit dans fa compagnie, comme quand de tribun il étoit fait fimple foldat, *ex tribuno tyro fiebat* ; ou comme on voit dans Lampride, *in Alexand. Sever.*

qu'un fénateur qui avoit donné un mauvais avis étoit reculé à la dernière place du fénat, *in ultimum rejiciebatur locum*.

La dernière peine, qu'ils appelloient *ignominiofa miffio* ou *exauctoratio*, étoit une expulfion entière de la perfonne à laquelle on ôtoit toutes les marques d'honneur qu'elle pouvoit avoir.

C'eft ainfi que l'on traitoit les foldats & officiers militaires qui s'étoient révoltés, ou qui avoient manqué à leurs devoirs dans quelque autre point effentiel : on leur ôtoit les marques d'honneur militaires, *infignia militaria*.

On en ufoit de même pour les offices civils ; les officiers qui s'en étoient rendus indignes étoient dégradés publiquement.

Plutarque, en la vie de Cicéron, rapporte que le préteur Lentulus, complice de la conjuration de Catilina, fut dégradé de fon office, ayant été contraint d'ôter en plein fénat fa robe de pourpre, & d'en prendre une noire.

Sidoine Apollinaire, *liv. I, épître 7*, rapporte pareillement qu'un certain Arvandus, qui avoit été préfet des Gaules pendant cinq ans, fut dégradé, *exauctoratus* ; qu'il fut déclaré plébéïen & de famille plébéïenne, & condamné à l'exil.

Les loix romaines, & notamment la loi *judices*, au code *de dignit.* veulent que les juges qui feront convaincus de quelque crime, foient dépouillés de leurs marques d'honneur, & mis au nombre des plébéïens.

Il en eft à-peu-près de même en France.

Les foldats & officiers militaires qui ont fait quelque chofe contre l'honneur, font caffés à la tête de leurs corps, & dépouillés de toutes les marques d'honneur qu'ils pouvoient avoir ; c'eft une efpèce de *dégradation*, mais qui ne les fait pas déchoir de nobleffe, à moins qu'il n'y ait eu un jugement qui l'ait prononcé.

Lorfqu'une perfonne conftituée en dignité eft condamnée à mort ou à quelque peine infamante, on lui ôte, avant l'exécution, les marques d'honneur dont elle eft revêtue ; ce fut ainfi qu'avant l'exécution du maréchal de Biron, M. le chancelier lui ôta le collier de l'ordre du S. Efprit. Il lui demanda auffi fon bâton de maréchal de France, mais il lui répondit qu'il n'en avoit jamais porté.

La *dégradation* des officiers de juftice fe fait auffi publiquement.

Loifeau, dans fon *Traité des ordres*, dit avoir trouvé dans les recueils de feu fon père, qu'en l'an 1496, un nommé *Chanvreux*, confeiller au parlement, fut privé de fon état, pour avoir falfifié une enquête ; qu'il fut en l'audience du parlement, dépouillé de fa robe rouge, puis fit amende honorable au parquet & à la table de marbre.

Il rapporte auffi l'exemple de Pierre Ledet, confeiller clerc au parlement, lequel, en 1528, fut par arrêt *exauctoré* folemnellement, fa robe rouge lui fut ôtée en préfence de toutes les chambres, puis il fut renvoyé au juge d'églife.

On trouve encore un exemple plus récent d'un conseiller au parlement, dégradé publiquement le 15 avril 1693, pour les cas résultans du procès. Il fut amené de la conciergerie en la grand'chambre, sur les neuf heures, toutes les chambres du parlement étant assemblées & les portes ouvertes; il étoit revêtu de sa robe rouge, le bonnet quarré à la main: il entendit debout la lecture de son arrêt qui le bannissoit à perpétuité, ordonnoit que sa robe & autres marques de magistrature lui seroient ôtées par les huissiers de service, avec condamnation d'amende envers le roi, & réparation envers la partie. Après la lecture de l'arrêt, il remit son bonnet entre les mains d'un huissier, sa robe tomba comme d'elle-même; il sortit ensuite de la grand'chambre par le parquet des huissiers, descendit par le grand escalier, & rentra en la conciergerie. Voyez Brillon, au mot Conseiller, n° 6.

Quand on veut imprimer une plus grande flétrissure à un juge que l'on dégrade, on ordonne que sa robe & sa soutane seront déchirées par la main du bourreau.

Loiseau distingue deux sortes de dégradations, suivant ce qui se pratiquoit chez les Romains; l'une qu'il appelle verbale, & l'autre réelle & actuelle.

Il entend par dégradation verbale, la simple déposition ou destitution qui se fait d'un officier, sans cause ni note d'infamie, semblable au congé que l'empereur donnoit verbalement à certains soldats, qui n'étoient pas pour cela notés d'infamie; par exemple, lorsqu'ils avoient fini leur temps ou qu'ils étoient hors d'état de servir.

La dégradation réelle, qui est la seule proprement dite, dans le sens ordinaire que l'on donne parmi nous aux termes de dégradation, est celle qui est faite par forme de peine & avec ignominie. Voyez DÉPOSITION, DESTITUTION.

DEGRÉ, s. m. (Jurispr.) ce terme, en droit, s'applique à plusieurs objets. Il y a des degrés d'affinité & de parenté, des degrés de jurisdiction, des degrés de noblesse, des degrés de succession & de substitution; enfin, on prend des degrés dans les universités.

DEGRÉ d'affinité, c'est la distance qu'il y a entre deux personnes alliées par mariage ou par une conjonction illicite, ou par le sacrement de baptême, qui produit une affinité spirituelle.

Les degrés de parenté se comptent par générations; ce qui ne peut avoir lieu entre les alliés, attendu que l'affinité ne se forme pas par génération, mais elle suit la parenté pour la computation des degrés; de sorte que tous les parens du mari sont alliés de la femme au même degré qu'ils sont parens du mari, & vice versâ. Voyez DEGRÉ de parenté, & AFFINITÉ.

DEGRÉ de jurisdiction, c'est la supériorité qu'une jurisdiction a sur une autre. Il y a plusieurs degrés dans l'ordre des jurisdictions, tant séculières que ecclésiastiques.

D'abord, quant au pouvoir, il y a trois degrés de jurisdiction seigneuriale, savoir, la basse, la moyenne & la haute justice; mais on n'appelle point de la basse justice à la moyenne, on va directement à la haute justice; ce qui est une exception à la règle, qui veut que tout appel soit porté par gradation au juge supérieur, non omisso medio: ensorte que pour le ressort d'appel, & pour parvenir jusqu'au juge royal, il n'y a proprement que deux degrés de justices seigneuriales. La basse & la moyenne justice forment le premier degré, & la haute-justice le second.

Il y a trois degrés de justices royales.

Le premier est celui des châtelains, prévôts royaux ou viguiers, qui connoissent des appellations interjettées des sentences des hauts-justiciers.

Le second est celui des baillis, sénéchaux & présidiaux, qui connoissent des appellations interjettées des sentences des châtelains & prévôts royaux. Depuis quelques années, on a supprimé presque toutes les prévôtés ou châtellenies royales, dans les villes où il y a un bailliage royal, afin que dans une même ville il n'y eût pas deux degrés de jurisdiction royale.

Le troisième degré est celui des parlemens, qui jugent souverainement & en dernier ressort les appellations des baillis & sénéchaux.

Dans les matières que les présidiaux jugent au premier chef de l'édit, ils sont le dernier degré des justices royales.

Quoique dans certains cas on puisse se pourvoir au conseil du roi, contre les arrêts des cours souveraines & autres jugemens en dernier ressort, le conseil ne forme pas un quatrième degré de jurisdiction, attendu que les requêtes en cassation ne sont point une voie ordinaire, & qu'elles sont rarement admises.

Dans certaines matières dont la connoissance est attribuée à des juges particuliers, le nombre des degrés de jurisdiction se compte différemment. Par exemple, en matière d'eaux & forêts, le premier degré est la gruerie, le second est la maîtrise, le troisième est la table de marbre, & le quatrième le parlement.

En matière d'amirauté, il n'y a que trois degrés, savoir, les amirautés particulières, l'amirauté générale & le parlement.

En matière de tailles, de gabelles & d'aides, il n'y a que deux degrés de jurisdiction; le premier est celui des élections, greniers à sel, juges des traites foraines, juges de la marque des fers, &c. le second est celui des cours des aides.

Pour les monnoies, il n'y a pareillement que deux degrés; savoir, les prévôtés des monnoies, & les cours des monnoies.

Dans les matières où il y a plus de deux degrés de jurisdiction, on n'observe pleinement l'ordre de ces degrés que dans les appellations interjettées pour affaires civiles, car dans les matières criminelles, quand la condamnation est à peine afflictive, l'appel des premiers juges ressortit toujours aux cours supérieures chacune en droit soi, *omisso medio*. Ordonnance de 1670, *tit. xxvj, art. 1.*

Les appels comme de juge incompétent sont aussi portés directement aux cours, *omisso medio*. Il en est de même des appels comme d'abus.

Dans la jurisdiction ecclésiastique, il y a quatre *degrés*; le premier est celui de l'évêque, le second celui du métropolitain, le troisième celui du primat, & le quatrième celui du pape.

Ces *degrés* de la jurisdiction ecclésiastique doivent toujours être gardés; on ne va point même par appel devant un juge supérieur, *omisso medio*.

Il y a seulement une exception, qui est le cas d'appels comme d'abus, lesquels sont portés directement aux parlemens, chacun dans leur ressort.

Quelques évêques & archevêques sont soumis immédiatement au saint siège, ce qui abrège à leur égard le nombre des *degrés* de jurisdiction.

Quand il y a en cour d'église trois sentences définitives conformes les unes aux autres, on ne peut plus appeler; ensorte que si ces sentences sont émanées des trois premiers *degrés* de jurisdiction, on n'est pas obligé d'en essuyer un quatrième, qui est celui du pape. *Voyez* APPEL, JURISDICTION. (*A*)

DEGRÉ *de noblesse* est la distance qu'il y a d'une génération à l'autre, depuis le premier qui a été ennobli. Ces *degrés* ne se comptent qu'en ligne directe, ascendante & descendante; de manière que l'ennobli fait dans sa ligne le premier *degré*, ses enfans font le second, les petits-enfans le troisième, & ainsi des autres.

Il y a des offices qui transmettent la noblesse au premier *degré*, c'est-à-dire, qui communiquent la noblesse aux enfans de l'officier qui meurt revêtu de son office, ou qui a acquis droit de vétérance. Tels sont les offices de présidens & conseillers des parlemens de Paris, de Dauphiné & de Besançon; ceux du conseil & du parlement de Dombes; ceux des sénats, conseils & cours souveraines de toute l'Italie; les offices de secrétaires du roi du grand collège; les offices d'échevins, capitouls & jurats, dans les villes où ils donnent la noblesse. La plupart des autres offices qui ennoblissent celui qui en est pourvu, ne transmettent la noblesse aux descendans de l'officier, qu'au second *degré*, ou comme on dit ordinairement, *patre & avo consulibus*, c'est-à-dire, qu'il faut que le père & le fils aient rempli successivement un office noble pendant chacun vingt ans, ou qu'ils soient décédés revêtus de leur office, pour transmettre la noblesse aux petits-enfans du premier qui a été ennobli.

Pour entrer dans certains chapitres & monastères, & dans certains ordres militaires, tels que celui de Malthe & celui du Saint-Esprit, il faut faire preuve d'un certain nombre de *degrés de noblesse*. (*A.*)

Cette preuve est encore nécessaire pour jouir à la cour de certains honneurs, tels que ceux de monter dans les carosses du roi, & de chasser avec lui; & pour être admis à l'école royale militaire, &

dans la maison de saint-Cyr. La qualité des preuves & la manière de les établir varient dans ces différentes circonstances, & dépendent de la volonté des généalogistes chargés de l'examen des titres, sur lesquels le récipiendaire appuie ses preuves de noblesse. Il seroit à souhaiter que le roi fixât par une loi la forme de cette enquête, en ordonnât le dépôt dans un tribunal public, & évitât par ce moyen à sa noblesse des frais immenses qu'elle est obligée de renouveller dans toutes les occasions où elle a besoin de justifier de ses titres. Souvent même il arrive que les preuves admises par un généalogiste, paroissent insuffisantes à un autre.

C'est par cette raison que nous croyons devoir insérer ici un traité de M. le vicomte de Toustain, sur cet objet.

§. I. *Nouvelles remarques sur la noblesse, & la manière d'en prouver les degrés.* La nature & le plan de l'Encyclopédie, par ordre de matières me paroit en exclure toute espèce de controverse en forme, ou de dissertation approfondie sur des points historiques. Mais aurois-je tort de me flatter qu'au défaut d'une réfutation complète, méthodique & suivie, l'on me permettra d'y consigner l'indication simple, claire & palpable de quelques erreurs glissées dans un recueil qu'on achève d'imprimer. En reconnoissant l'utilité de la critique, je condamne trop cordialement le fiel de quelques diatribes modernes pour être tenté ni de les provoquer, ni moins encore d'en faire usage : & si par hasard il m'échappe, dans la chaleur des discussions, quelques mots désagréables aux savans & aux jurisconsultes que mon estime pour eux me porte à combattre, je les rétracte d'avance. Peut-être aurai-je le bonheur de présenter quelques vues praticables, & intéressantes pour tous les ordres de l'état, dans l'examen sommaire que j'entreprends de l'article NOBLESSE *du nouveau Répertoire de Jurisprudence*, article d'environ six cens pages, en joignant aux deux cens quarante-cinq remplies sur ce mot, ce qu'on trouve dans les autres volumes aux mots analogues, tels qu'*Annoblissement, Chevalier, Écuyer, Fief, Gentilhomme, Nom, &c.*

Et d'abord seroit-on fort blâmable de s'étonner un peu de la légèreté avec laquelle les éditeurs ou rédacteurs de ces compilations faites pour rectifier ou suppléer les autres, y laissent subsister des inadvertences, & même quelquefois des contradictions propres à déconcerter la confiance du lecteur? Sans sortir de l'objet qui nous occupe, lisez seulement, *p. 413 & 414 du tome X*, ce passage du mot *Chevalier*. « Ordre de la chevalerie, dite d'*Harfleur*. Guillaume le Roux, dite le » Conquérant, fils de Richard, duc de Normandie, » institua cet ordre en 997, lorsqu'il partit pour » conquérir l'Angleterre. Il n'est pas bien sûr non » plus que cet ordre ait existé ». Autant de mots, autant de fautes. 1°. Guillaume le Roux ne fut jamais surnommé le Conquérant; 2°. ni son père, ni fon ayeul ne s'appelloient Richard ; 3°. ce n'eſt point en 997, c'eſt en 1066 que Guillaume-le-Conquérant, fils naturel de Robert-le-Libéral, & père légitime de Guillaume le Roux, partit pour l'Angleterre ; 4°. l'exiſtence de cet ordre n'eſt pas un problème. J'ai vu de mes propres yeux, vers 1764, toute la cavalcade & la cérémonie de la *machine d'Harfleur*, à laquelle les deux ſeigneurs de Coſſé-Briſſac, employés en Normandie ſous Charles IX, avoient, dit-on, donné beaucoup de relief à cauſe de la reſſemblance de leurs armes avec la ſcie qui fait l'inſtrument & la figure de cette *machine*. Comme preſque tout dégénère, elle n'eſt plus honorée ni portée que par une aſſociation d'artiſans & de ces petits citadins, qui font la claſſe intermédiaire entre la haute bourgeoiſie & le menu peuple.

Mais voici d'autres inattentions plus conſidérables. Le tome XLII, *art.* Nom, préſente une contradiction des pages 135 & 136 avec les 140, 141 ſur le ſens de *nomen, prænomen, agnomen,* & *cognomen.* Combien de noms de baptême ou de fantaiſie, devenus noms de famille, en mémoire des ancêtres qui les avoient rendus recommandables par leurs actions, leurs talens, leurs emplois ou leurs vertus! combien de noms portés d'abord ou tranſmis comme ſobriquets non fixes, puis devenus noms de baptême & redevenus enſuite noms héréditaires & patronimiques! tels ſont Achard en Angoumois; Grimoard en Gévaudan ; Adhémar en Provence; Hingant, Alain, Eon & Conan en Bretagne; Raoul, Oſmont, Radulphe & Touſtain en Normandie. On rempliroit facilement un gros Dictionnaire de pareils exemples. Parmi les nombreuſes autorités qu'il ſeroit aiſé d'accumuler, on peut conférer l'hiſtoire de la maiſon d'Harcourt, par la Roque, *p.* 2027; le Traité du même ſur l'origine des noms; le *T.* IV de la diplomatique de deux Bénédictins, *page* 562 & *ſuiv.* l'Eſſai ſur l'hiſtoire de France, *notes* 14 & 45 *bis*; les Recherches de Paſquier, *l. IV, c. 23*; & l'Hiſtoire des ſacremens de D. Chardon, *tom. I, part.* 2, *chap.* 6. N'eſt-il pas encore arrivé que le nom de baptême s'eſt mis après le nom propre, ainſi qu'on le voit dans Orderic Vital & autres anciens auteurs? Il n'eſt pas inutile de répéter ici que l'omiſſion ou l'emploi des articles *de* ou *du* ſont indifférens pour la nobleſſe d'un nom. A l'égard des variations d'orthographe & de prononciation, c'eſt une choſe ſi commune que de vrais connoiſſeurs n'en feront jamais un motif de reproche, lorſque rien d'ailleurs ne contredit l'identité de perſonne ou de race. Quel généalogiſte auroit l'abſurdité de nier le ſynonyme de la Tremoëlle & la Trimouille, de Glaſquin & Guéclin, de Goyon & Gouéon, de Herecourt & Harcourt, de Reuz & Rieulx, &c? Comme je n'ai jamais fait uſage de mes foibles connoiſſances (*a*)

dans le genre aride des généalogies que pour tâcher de rendre ſervice, ſans flatter ni chagriner qui que ce ſoit, je n'indiquerai pas la page, où une famille, à la vérité illuſtre, eſt citée de pair avec d'autres de la plus ancienne chevalerie: mais j'en dois faire l'obſervation.

Il y a, *p.* 150, une petite erreur de fait. Ce fut un Montigny qui fut ſurnommé *le Boulanger* pour avoir approviſionné la capitale ou nourri le peuple. Ses deſcendans reprirent leur nom de famille ſans rougir d'un ſurnom glorieux par ſa cauſe, mais privatif à celui qui en avoit été honoré. *Voyez* Sain-Foix, *Eſſais ſur Paris,* & Blanchard, *Hiſtoire des préſidens.*

On lit, *p.* 167, une phraſe peu juſte en ce qu'elle feroit entendre que l'auteur du Traité des noms, imprimé à la ſuite du Traité de la nobleſſe, de la Roque, n'eſt pas le même que celui-ci. On aſſure à la *p.* 171, que les noms de famille des femmes n'ont commencé qu'au dernier ſiècle à paroître dans les actes. Il falloit dire que cette règle, ſuivie dans quelques familles, au moins par intervalles, dès le treizième ſiècle, & qui commençoit à s'obſerver aſſez communément dans le ſeizième, n'eſt devenue générale & abſolue que dans le dix-ſeptième. Mais pour ne pas nous appeſantir, il eſt temps de paſſer à l'article *Nobleſſe.*

Je lis au *T.* 41, §. *II, p.* 295. « Tous les nobles tiennent leur prérogative du roi ». Diſtinguons : les prérogatives des charges, emplois ou dignités : oui. Celles de la naiſſance : non. Autant vaudroit dire que tous les ſujets tiennent leur propriété du bon plaiſir de ſa majeſté, maxime injurieuſe à tout ſouverain qui n'affecte pas la tyrannie; maxime qu'on ne toléreroit pas même à Conſtantinople. C'eſt donc bien à tort que l'on avance, *p.* 296, que nulle famille ne tient ſa nobleſſe que

---

Roque, Goth-d'Epernon, Sanzay, Loberan, Baſſompierre, Prunelé, Bragelogne, de Brie, Jaucourt, Vulſon, de Sade, du Buat, Luſignan, d'Alès, Baſchy-d'Aubais & de tant d'autres perſonnages diſtingués à la fois dans la littérature & dans la nobleſſe (ſans parler des maiſons qui ont eu des hiſtoriographes) fait planche pour tout gentilhomme françois qui s'occuperoit un peu des études généalogiques que nos formes modernes lui rendent ſouvent plus néceſſaires que la connoiſſance même de ſes revenus, & dont l'aridité peut être compenſée par le plaiſir de trouver de nouveaux motifs d'union entre les hommes que tant de mal-entendus diviſent. Le ſage & ſavant Fleury conſeille à tout homme de condition d'apprendre l'hiſtoire & la filiation de ſa famille. Atticus, Pline le jeune & Cicéron en diſoient autant chez les Romains. Cornélius Nepos & Plutarque mentionnent l'extraction des grands hommes dont ils écrivent la vie. Callicratidas & Cénœrhon écrivirent ſur les familles de la Grèce. Des compoſitions ſemblables intéreſſèrent les peuples les plus anciennement civiliſés, tels que les Phrygiens, les Egyptiens, les Phéniciens, les Perſes & les Indiens. Le plus ſaint & le plus authentique de nos livres eſt plein de généalogies. Cette ſcience a pris originairement ſa ſource dans la tendreſſe réciproque des pères & des enfans, & dans le louable deſir d'une bonne renommée.

de la volonté du roi, & qu'il n'y a pas de noble qui n'ait été annobli. Qui vous a fait comte, demandoit au seigneur de Périgord, Hugues Capet, nouvellement élevé par ses pairs sur le trône de France? Qui vous a fait roi, répondit le vassal? C'est en vertu de nos loix fondamentales, c'est en vertu de la primitive, de la plus antique & de la plus inviolable constitution de l'état, & non par la volonté passagère & variable du prince, que la noblesse existe avec une sorte de distinction. Les annoblis, au bout d'une possession centenaire, doivent conserver leur état sans trouble & sans surcharge, comme une propriété non moins sacrée que leur patrimoine. Et même avant ce terme, il ne seroit ni de la justice, ni de la grandeur du souverain, d'effacer le caractère de prééminence transmissible qu'il leur auroit imprimé. Mais & sa justice & sa grandeur permettroient que pendant le premier siècle, les annoblis de finance ou de faveur vinssent au secours & de l'ordre qui les reçoit, & de celui qu'ils abandonnent, en supportant seuls quelques taxes extraordinaires, quelques supplémens de subsides dans les besoins imprévus de l'état, pourvu néanmoins que ces taxes ou supplémens conservassent toujours une certaine proportion avec leurs facultés.

Reprenons la fin de cette phrase extraite de la p. 295. « Il n'y a de différence entre les nobles » que celle de l'ancienneté de leur origine ». C'est ici qu'il y a des nuances très-fines & très-nombreuses. Malgré la force du préjugé, je doute qu'à mérite égal le gentilhomme de cinquante pistoles de rente, encore lieutenant au bout de vingt-cinq ans de service, se croie une supériorité civile, qu'il prétend l'ombre d'une prééminence quelconque sur son jeune colonel moins ancien gentilhomme que lui, mais jouissant des honneurs du Louvre, du titre de pair, & de cent mille écus de rente. Donc en pensant qu'il est raisonnable de regarder l'ancienneté comme la première des décorations de la noblesse, il ne faut pas s'imaginer que les honneurs, & malheureusement la fortune qui en est trop souvent la source, n'établissent des compensations. Je crois que les cinq principales gradations qu'on peut admettre dans cet ordre, sans altérer son unité, se trouvent passablement désignées, p. 13 & 27 du précis historique, moral & politique sur la noblesse françoise, Amsterdam, in-12. 1777.

Comme il n'est pas en moi de me plaire à la critique, je saisis avec empressement l'occasion d'applaudir au système de la page 296, sur les preuves de S. Lazare. Mais en convenant par résultat d'autres lectures que les Traités d'Andeli en 587, de Paris en 615, & de Mersen en 847, furent des époques de multiplication pour la noblesse (j'ajouterois même de classification) je suis loin d'accorder que l'ordre n'ait pris naissance qu'à la première de ces époques. Et reprenant ici la page 282, je crois bien que la conversion des aleux en

bénéfices prouvoit certains avantages considérables dans ceux-ci, mais non spécialement celui de la noblesse héréditaire, qui certainement étoit antérieure. Afin d'éviter des discussions peu faites pour ce Dictionnaire, je me contenterai d'appuyer mon opinion non-seulement de Boulainvilliers & de Montesquieu que l'auteur croit battre avec les armes de l'abbé Mably (b), mais :

1°. Du Répertoire même de jurisprudence T. XXII, art. Ecuyer, où je lis p. 299 : « les princes qui vin- » rent de Germanie établir dans les Gaules la mo- » narchie françoise, imitèrent les Romains pour la » distribution des terres conquises ».

2°. Du profond ouvrage de M. l'abbé de Gourcy, sur l'état des personnes en France, in-12, 1768, p. 161, 162, 171, 205, l'auteur établit victorieusement contre Adrien de Valois & l'abbé du Bos, que la noblesse de race étoit connue chez les Francs comme chez les Gaulois, chez les Bourguignons, les Visigoths, &c.

3°. Des lettres sur la noblesse françoise, publiées en 1765, in-12, en réponse à celles qu'on avoit imprimées à Lyon. On y voit avec quelle force de loyaux & savans gentilshommes réfutent les serviles hypothèses des du Bos & de leurs imitateurs.

4°. Des lettres anonymes imprimées en 1775, en observations sur le Traité des usemens ruraux de Basse-Bretagne, lettres qui n'en auroient pas moins valu sans le ton mordant & persiffleur qui les dépare.

5°. Des Elémens de la politique de M. le comte du Buat (6 vol. in-8°.) qui préféreroit encore, avec Boulainvilliers, cette conquête surannée des braves guerriers qui nous ont transmis les prérogatives,

(b) Cet auteur dont j'ai lu tous les ouvrages avec beaucoup d'intérêt, ainsi que ceux de son illustre frère, a la sagesse de sentir qu'en datant la formation de la noblesse françoise du règne de Clotaire II, cela n'autoriseroit point à dire aujourd'hui que les nobles en France ne tiennent leur privilège que du roi; car puisque dans cette hypothèse, la seconde & sur-tout la troisième dynastie sortiroient d'annoblis d'assez fraîche époque pour une race royale, elles n'en feroient que plus obligées de respecter toute noblesse, tant ancienne que moderne. Les familles bénéficiaires, sous Clotaire II, purent se donner une prééminence sur le reste de la noblesse, prééminence à-peu-près semblable à celle que nos familles de ducs & pairs croient ou peuvent avoir acquise depuis la première création que Henri II, en cela repris par l'abbé de Saint-Pierre, fit de pairies héréditaires pour des gentilshommes non grands vassaux. Mais cette prééminence ne formoit ni un commencement ni une séparation de l'ordre de la noblesse, dont les leudes, ainsi que nos pairs, restoient membres, en devenant ses chefs ou ses aînés. Les antrustions ou fidèles, dit l'auteur de l'Esprit des Loix, n'étoient pas tels, parce qu'ils avoient un fief; mais on leur donnoit un fief, parce qu'ils étoient antrustions ou fidèles. Les apologistes & les censeurs de la noblesse doivent méditer, entre autres passages de ce livre immortel, les ch. 9 du l. 5; c. 6 du l. 11; ch. 23 du l. 20; & c. 25 du l. 30.

& l'opinion de la naiſſance, à cette conquête récente & journalière par laquelle des races obſcures
& nouvelles s'emparent des richeſſes, des charges, des grandes terres, ſans excepter de cette
invaſion générale les titres, les emplois, les attributs, & généralement tous les droits de la nobleſſe.

6°. Du chapitre 51 de la Roque, qui regardant
notre forme conſtitutionnelle comme une ſuite
ou continuation des trois ordres connus chez les
Gaulois, rétracte en quelque ſorte l'erreur d'avoir
ailleurs daté de l'établiſſement des fiefs, l'époque
de notre nobleſſe, qui très-évidemment les avoit
de beaucoup précédés.

7°. De la plupart des hiſtoriens de France, &
parmi les plus modernes, de l'abbé Velly, qui malgré la faute où l'avoit peut-être entraîné dans ſon
deuxième volume (édition in-12), l'autorité quelquefois douteuſe du préſident Hénaut, rend à la
fin du ſixième un juſte hommage aux auteurs originaux, recueillis par Don Bouquet, & convient
qu'il exiſte de tout temps une nobleſſe en France.
Voyez auſſi les Recherches de Paquier, *l. 1, c. 1.*
& *l. 2, c. 7.*

8°. Des termes exprès & poſitifs de Céſar ſur
la nobleſſe des chevaliers Gaulois, & de ceux de
Tacite ſur celle des rois électifs des Germains.

9°. Sur ces vieilles légendes, ces chroniques
anciennes, ces mythologies allégoriques, ces inſcriptions runiques, & généralement ſur tous ces antiques monumens du Nord qui prouvent des diſtinctions héréditaires chez nos pères Celtes &
Septentrionaux. *Voyez* entre autres les Annales bé-
nédictines de Mabillon, la Diplomatique de Taſſin
& Touſtain, l'Introduction à l'Hiſtoire de l'univers
de Puffendorf, & l'Hiſtoire moderne de M. Richer.

10°. Sur l'opinion de haute naiſſance, adoptée
chez toutes les (c) nations & dans tous les ſiè-

<hr>

(c) A Rome même où la diſtinction héréditaire des
patriciens n'a pas empêché des modernes à paradoxes,
de nier qu'il y exiſtoit un ordre de nobleſſe ; à Rome
où l'on conſervoit encore des ſouvenirs de naiſſance,
lors même que la décadence du gouvernement, l'oubli
des loix & la corruption des mœurs n'y laiſſoient plus
d'autre claſſification que celle de riches & de pauvres ;
à Rome, Jules-Céſar ſe vantoit de tirer ſon origine
d'Anchiſe ; Sergius Catilina, de Serg-ſte, compagnon
d'Enée, &c. les familles de plébéiens illuſtrés, qui
avoient du rapport avec nos bonnes familles annoblies,
ſe rélioient même, comme pluſieurs de celles-ci, à
d'illuſtres origines. Antoine ne prétendoit-il pas ſortir
d'Anthon, fils d'Hercule, & Cicéron, d'un des rois de
Rome ? On récite encore dans nos collèges le com-
pliment d'Horace à Mécène, ſur ſa naiſſance : *at vis
edite regibus.* Par envie, par ignorance ou par incon-
ſidération, trop de frondeurs confondent les principes
qui forment la baſe de la ſociété avec les préjugés qui
en ſont le fléau. Dans tout état qui n'a pas admis l'é-
galité des conditions & la communauté des biens, il
importe à l'ordre, au repos & à la juſtice, d'enviſager
du beau côté la ſource des propriétés civiles ; & pour
y étouffer les funeſtes germes de la diſcorde, de la
révolte & de l'envie, l'on doit y conſidérer générale-

cles, mentionnée chez tous les poëtes depuis Ho-
mère, chez tous les hiſtoriens depuis Moyſe, &
à laquelle, même les Chinois & les Turcs ne
forment pas une véritable exception. Les premiers,
outre le reſpect dont ils ſont pénétrés pour la famille impériale, révèrent les deſcendans de Con-
fucius & de ſes premiers diſciples, comme nous
révérerions ceux de Pharamond ou de Clovis, &
de leurs premiers officiers : ils témoignent une
conſidération particulière aux familles qui conſervent la mémoire d'une longue ſuite d'ancêtres recommandables : les ſeconds, outre leur vénération
pour le ſang d'Oſman, en ont pour toute la race
de ces chérifs, que l'on croit iſſus des premiers
apôtres du mahométiſme, autant & plus que nous
n'en aurions pour les deſcendans reconnus des premiers fondateurs de la monarchie françoiſe ; & la
nobleſſe héréditaire, cette inſtitution immémoriale
& preſque univerſelle, ne ſeroit pas ſi reſtreinte
dans les vaſtes empires de l'Orient, ſi l'ingénuité
d'un gentilhomme étoit compatible avec la ſervitude
du ſujet d'un deſpote.

En Bretagne ſous Conan, en Normandie ſous
Rollon, les partages purent ſe faire à-peu-près
comme ils s'étoient faits dans les premières conquêtes des Francs ; mais ſi Conan, ſi Rollon diſtinguèrent, s'ils enrichirent, ſi même ils augmen-
tèrent en nombre l'ordre de la nobleſſe, ce n'eſt
pas à dire qu'ils lui donnèrent naiſſance. Je ſerois
aſſez tenté de croire que cette diſtinction du noble
& du roturier eſt auſſi ancienne dans l'univers
que celle du maître & du ſerviteur, ou même de
l'homme libre & de l'eſclave. Elle me paroît participer aux convenances de la première & point à
l'odieux de la ſeconde.

Notez qu'il ne s'agit pas ici de faire une perqui-
ſition ſatyrique dans la généalogie de qui que ce
ſoit ; qu'il eſt queſtion de l'ordre en général, exiſ-
tant de la plus haute antiquité, quoiqu'avec des variations de nombre, de puiſſance & de forme,
mais non des familles en particulier, leſquelles y
ſont entrées plutôt ou plus tard. Ceux qui ſavent combien l'ancienneté forme un titre précieux
pour les ordres, tels que celui de la nobleſſe, pour
les corps tels que ceux de la magiſtrature ; en un
mot, pour toutes les grandes inſtitutions qui ont
eſſentiellement contribué à la puiſſance, à l'éclat
& au maintien d'une vaſte & ancienne monarchie,
combien cette ancienneté reſpectable ſert ſouvent
de frein & de contre-poids aux tentatives perni-
cieuſes des eſprits turbulens & novateurs ; ceux-là,
dis-je, qui ont bien médité notre hiſtoire & notre conſtitution, ſentiront que les vérités que j'é-

<hr>

ment la fortune comme le fruit du travail, de l'intelligence & d'une ſage économie, la nobleſſe comme le
prix de l'héroïſme, des grands talens & des ſervices.
Un gouvernement ſage préviendra la trop grande multiplication de celle-ci, comme il réprimera les richeſſes
mal acquiſes.

nonce, intéreffent toutes les familles de l'état, anciennes & nouvelles, nobles & roturières. Dans le précis déjà cité fur la nobleffe françoife & dans les *lettres économiques* (*d*) qui le fuivent, *p.* 145 *& fuivantes*, on a balancé les apologies & les cenfures, les inconvéniens & les avantages de cette inftitution, qui, par-tout où règne l'inégalité de fortunes, forme la moins fragile des barrières contre les excès du defpotifme & contre les écarts de l'anarchie, en même temps qu'elle paroît une des meilleures fources d'émulation pour le patriotifme & pour la gloire, & l'un des moins foibles obftacles à l'arrogance de la richeffe, ainfi qu'à l'aviliffement de l'indigence. L'égalité civile, dit *l'ami des hommes*, eft le champ de bataille des tribuns volontaires du peuple qui en font en effet les véritables oppreffeurs. Quel bien le corroyeur Cléon faifoit-il dans Athènes en opprimant les principales familles? A Rome, la plus faine portion des Plébéiens ne revenoit-elle pas au parti du fénat dans la plupart des grandes crifes? Dans les républiques modernes de l'Italie, & fur-tout à Florence, la maffe du peuple s'eft-elle bien trouvée des horreurs exercées par les citadins contre les nobles? En France, les Paftoureaux, la Jacquerie, les Gauthiers, foulevés contre la nobleffe, ainfi que l'étoient récemment les payfans de Bohême, n'ont-ils pas auffi vexé la plus nombreufe partie de la nation? La fupériorité du noble fur les autres citoyens eft comme le droit d'aîneffe entre frères. C'eft l'oubli fatal & paffager de cette fraternité primitive & conftante, de ces droits, de ces devoirs & de ces égards refpectifs, ce font les paffions bouillantes, les prétentions mal-entendues, en un mot, les foibleffes humaines, qui plus d'une fois ont altéré l'ordre & l'harmonie de la fociété, tant par la hauteur ou la tyrannie des grands, que par l'infolence ou la mutinerie des petits. Attaquons l'abus, refpectons la chofe.

Le Laboureur (*Hiftoire manufcrite de la pairie*) regarde les écuyers, & les vavaffeurs, comme une

pépinière de recrues & d'ufurpateurs de la nobleffe. Affurément il s'en eft gliffé de tels, principalement dans les provinces méridionales du royaume. Mais le Laboureur, prenant l'abus ou l'exception pour la règle, eft abfolument démenti par les anciennes liftes de ces gentilshommes de la feconde claffe, & prefque tous du même ordre que les feudataires plus puiffans dont plufieurs étoient des mêmes race, nom & armes. Certes, Alain de Rouffy dans le treizième fiècle, & Bertrand du Guefclin dans le quatorzième, ne croyoient pas déroger à leur ancienne & illuftre extraction, quand ils faifoient ce modefte aveu, le premier qu'il n'étoit qu'un *pauvre vavaffeur*, le fecond, qu'un *petit écuyer*. Retenez donc bien que le mot *claffe* tient aux accidens de la fortune, & que celui d'*ordre* exprime le droit commun & indeftructible de la naiffance.

Sans difconvenir que les fiefs, les armes, & fur-tout les alliances, ont élevé tacitement beaucoup de familles & d'individus à la nobleffe, nous n'en foutiendrons pas moins que cet ordre avoit une exiftence (*e*) brillante, folide & reconnue, contemporaine, inhérente, & même antérieure à la formation de notre monarchie. M. l'abbé Mably (*Obfervations fur l'Hiftoire de France*, *I*. 1, *ch.* 3, *rem.* 3.) revient en quelque forte, lui-même à cette opinion, lorfqu'il convient que les *leudes*, chez les François, repréfentoient les *fuivans* ou les *compagnons* du prince chez les Germains. Ecoutons ici Tacite dans fa propre langue : *infignis nobilitas, aut magna patrum merita, principis dignationem etiam adolefcentulis affignant*, &c. Il feroit très-poffible que plufieurs de nos anciennes maifons, même de celles dont la preuve littérale ne s'étend pas au-delà de trois ou quatre fiècles, euffent effectivement les deux ou trois mille ans de nobleffe que prétendent les gentilshommes d'Irlande. *Voyez* l'Hiftoire de cette ifle, par M. l'abbé MacGéoghegan. De ce que la ville de Rennes, mentionnée chez les anciens géographes, fous le nom de *Condate*, n'a point confervé dans fes archives de titres antérieurs à l'année 1410, s'enfuit-il qu'on doive borner au quinzième fiècle, l'époque de fon exiftence? De ce que l'on n'a jamais exhibé les actes de mariage de Manlius & de Brutus, quelqu'un feroit-il fondé à démentir le témoignage des hiftoriens fur la condamnation que ces Romains prononcèrent contre leurs propres fils? En général, toutes les fois qu'après une production remontée, bien avant la vénalité des charges, rien ne peut

---

(*d*) Ce volume de 300 pages, eft dédié aux nobles citoyens, non que tout citoyen foit obligé d'être noble, mais parce que tout noble doit être fpécialement citoyen. Auffi l'auteur infifte-t-il beaucoup plus fur les devoirs du gentilhomme que fur fes droits. Pas une de fes idées ni de fes expreffions ne tend à d'autre but qu'à refferrer, par tous les liens de la fraternité naturelle & civile, toutes les profeffions, les conditions les races & les individus de la fociété. A l'égard de la fupériorité prefque purement honorifique, réclamée pour la nobleffe, elle n'eft qu'une fuite de nos conftitutions fondamentales, combinées avec tous les moyens poffibles de nourrir l'émulation, & de prévenir les déplacemens & la confufion, fans infulte, animofité, ni mépris pour qui que ce foit. On peut voir, entre autres, les différens paffages relatifs aux droits féodaux, juftices feigneuriales, états provinciaux, fervitude, célibat, tolérance, &c. L'auteur a cherché des correctifs aux bouleverfemens que le fyftême de Lafs & les progrès du luxe ont opérés dans les fortunes, dans les conditions, dans les mœurs & dans les idées.

(*e*) Il étoit compofé, fous Clovis, de tous les guerriers francs, des plus illuftres gaulois & des principales familles romaines établies dans les Gaules. De ce que les amendes réparatoires envers un gaulois, *convive du roi*, étoient plus fortes que celles affignées pour un fimple franc, on n'eft pas plus en droit de nier la nobleffe de celui-ci qu'on ne le feroit de contefter celle du gentilhomme ordinaire, auquel les arrêts & tarifs de nos cours fouveraines fixent, pour fes voyages & féjours, une moindre fomme qu'aux perfonnes en place, quelle que foit l'extraction de celles-ci.

faire découvrir le tuf, la conjecture favorable doit l'emporter sur la présomption contraire. L'auteur des *Elémens de la politique* a fort sagement dit (*t. 3.*) qu'il ne faut pas supposer la fraude sans de fortes vraisemblances, & qu'on doit croire à l'ancienneté des familles dont le principe se perd, comme l'on compte sur la sagesse des mères que leurs maris n'accusent point. Ce seroit une absurdité de croire que les guerres & les croisades, qui ont, à la vérité, prodigieusement diminué l'ancienne noblesse, l'aient presque totalement éteinte. Tous les ordres de l'état ont à-peu-près également souffert de ces fléaux, mais ils se sont repeuplés avec le temps; & celui de la noblesse étoit encore très-nombreux à l'époque des premiers annoblissemens par lettres. D'ailleurs, il s'est considérablement recruté par la réunion successive de plusieurs provinces à la couronne, & par la naturalisation de beaucoup de familles étrangères.

Page 307, des mêmes tome & article du *Répertoire de jurisprudence*, pourquoi marquer Jean de Cadomo qui n'a jamais existé, au lieu de traduire Jean Gougoil ou Gougeul de Caen, tige des seigneurs de Rouville en Normandie éteints, & que de superficiels faiseurs de notes ont confondus avec les seigneurs actuels de Rouville en Beauce de l'ancienne maison italienne de Féra ou Fiéra ? Tous les compatriotes de Gougeul pouvoient s'intituler *de Cadomo*.

Page 378, parlant des écrivains sur la noblesse locale & douteuse de Perpignan, l'auteur n'auroit-il pas voulu dire *Xaupy* au lieu d'*Expilly* ?

Page 414, j'approuverois très-volontiers l'application ou l'assignation des qualifications pompeuses. Mais où est la loi ? Quelle est l'autorité ?

Quoique la simple qualité de *miles* n'ait pas toujours été marque de noblesse, ainsi qu'on le prouve à la *page 341*, d'après la Roque, cependant par le caprice, l'ignorance ou la prévention de la plupart des examinateurs, elle a été aussi souvent favorable à la postérité de ceux qui l'ont prise, que celle de *bourgeois*, qui n'est pas non plus une marque de roture, a été nuisible aux descendans de quelques gentilshommes qui avoient eu l'imprévoyance de se contenter de cette dernière qualité purement indicative du privilège & du domicile des habitans des villes. Dénuée de tout accessoire, elle est aussi indifférente que le titre de *sieur*, & ne doit pas plus nuire que servir dans une preuve de noblesse. La maxime d'Horace *notandi sunt mores*, convient au généalogiste comme au poëte. Il n'est pas douteux, avoue le comte du Buat, que le passage ne fût possible de la franche bourgeoisie dans l'ordre militaire, comme la chûte étoit facile de cet ordre dans la franche bourgeoisie. *Voyez aussi* la Dédicace de la dernière édition de Basnage, sur la coutume de Normandie, par MM. Lallemant; les preuves de l'*Histoire de Lorraine*, par Calmet; la préface du *Trésor généalogique* de dom Caffiaux; l'article *Braque* dans l'*Armorial général*

de France; les préfaces ou dissertations préliminaires des tomes XI & XII des ordonnances du Louvre; les chapitres 40, 68 & 74 du *Traité de la noblesse* de la Roque, &c. &c.

L'auteur de l'article sur lequel mes observations ne sont pas toujours des critiques, avance, *p. 298*, que les preuves de la cour sont limitées à 1400. Il auroit été plus exact de dire que la filiation doit être suivie de tête en tête & justifiée par titres originaux jusques & compris l'année 1400, avec *emplois & services distingués* (expression vague & qui prête beaucoup aux interprétations arbitraires) sans ombre ni trace d'annoblissement antérieur, ensorte que, dans la rigueur de la loi, les descendans de Raoul l'Orfèvre ou l'Argentier, annobli en 1272, en seroient aussi bien exclus que ceux d'un annobli de 1401. Et pour ne pas confondre les races annoblies par lettres avec les plus anciennes, rien de plus inutile que d'exiger la preuve rigoureuse jusqu'au commencement du quatorzième siècle; ainsi que le conseilleroit l'auteur, attendu que les annoblissemens de 13 à 1400 sont tous connus, par la double raison qu'ils étoient rares & justes. Observons en passant que les premiers annoblis, leurs fils ou petits-fils, parvenoient presque toujours à la chevalerie, & contractoient souvent les plus hautes alliances par cela seul que leur élévation provenoit de grands emplois, & de services ou talens reconnus. On pouvoit leur appliquer la définition de l'orateur romain faite de la noblesse : *cognita virtus*. Mais par le relâchement progressif des siècles suivans, on a tellement prodigué, prostitué les lettres de noblesse qu'elles deviennent quelquefois un titre d'humiliation, soit pour les anciennes familles bourgeoises qui les obtiennent par de grands & réels services, soit pour les citoyens de toute classe dont elles couronnent l'héroïsme, en ce que dès-lors ces familles dignes d'égards, & ces généreux citoyens risquent d'être confondus avec des intriguans de la lie du peuple, auxquels une opulence bien ou mal acquise a procuré parité de rang & de décorations.

Quant à ce réglement *non-imprimé* des preuves de la cour, bien des gens aussi impartiaux qu'éclairés, pensent que malgré les difficultés de la preuve actuelle de 400 ans, il vaudroit encore mieux en exiger 500 (*f*) (auxquelles tout le

(*f*) Ce correctif ne feroit pourtant que substituer un moindre abus à un plus grand. Ne tient-il pas à la constitution françoise que tout gentilhomme dont la famille a fait souche, c'est-à-dire, atteint seulement la troisième génération, s'il est revêtu d'un grade, ait l'honneur d'approcher quelquefois de la personne du roi ? Philippe-Auguste, Henri IV se plaignoient-ils d'être entourés dans leur cour de cette noblesse qui les pressoit un jour de bataille ? Est-ce en France qu'on peut reconnoître ou faire des nobles pour les humilier ? Quelle contradiction n'est-ce pas encore de vendre dispenses de preuves pour l'ancien ordre du roi, celui de S. Michel, & de n'exiger que quatre générations pour le premier ordre actuel, celui du S. Esprit, tandis qu'on veut une noblesse antique & immémoriale,

B B b b

monde pourroit fucceffivement atteindre) que de fixer une époque irrévocable, qui non - feulement élève un mur de féparation entre les différentes claffes d'un feul & même ordre, mais qui fouvent même attire, par les formes qu'on y a mifes, plus de défagrémens à l'ancienne nobleffe qu'à la nouvelle. Ces formes font onéreufes par l'excès des dépenfes auxquelles on affujettit les vivans pour faire revivre la mémoire des morts. Non content de rejeter les procès - verbaux de preuves admifes par tout autre commiffaire, le généalogifte refufe très - fouvent les expéditions & fecondes groffes des actes, enforte qu'indépendamment des informations & recherches difpendieufes tirées de tous les cantons où la famille s'eft difperfée, il faut encore payer les voyages de ce généalogifte ou de fes commis dans les lieux divers & très-éloignés où font confervés les dépôts des minutes. Ainfi nous voyons tous les jours la preuve de l'ancienne nobleffe coûter plus cher que l'achat de la nouvelle. A Dieu ne plaife qu'on me foupçonne de répandre ici le moindre vernis fâcheux fur la conduite de qui que ce foit. Il s'agit uniquement de la chofe & nullement de l'homme.

Ces formes que l'on croiroit inventées au détriment de la vraie nobleffe par des travailleurs avides & mercenaires, ne font pas feulement onéreufes. Elles peuvent encore devenir très - humiliantes par l'efpèce de rebuffades que des gens d'un étage extrêmement inférieur s'amuferont quelquefois à faire effuyer à des gentilshommes de la plus ancienne roche auxquels il pourroit manquer, pour le complément de la preuve, une dixaine d'années de titres originaux, foit à caufe des calamités publiques & particulières dont nulle province & nulle famille ne font exemptes, foit tout uniment parce que leurs pères auroient plus manié l'épée que le parchemin. Et fous des examinateurs moins fages que ceux à qui la nobleffe a maintenant affaire, ne pourroit - il pas arriver que plufieurs defcendans des chevaliers de Bouvine & de Taillebourg ne paroîtroient à la cour que dans un rang très-fubalterne & pas même fecondaire, tandis que les honneurs dont leurs ancêtres auroient fouvent joui, mais qu'ils réclameroient vainement pour eux-mêmes, feroient le partage non - feulement de quelques-uns de leurs fupérieurs & de beaucoup de leurs égaux en naiffance, mais encore des familles affez nouvelles & médiocrement méritantes que le caprice du généalogifte ou le crédit d'un homme en faveur, auroient fait admettre à ces diftinctions?

Il n'y a pas, je crois, en France, de vrai gentilhomme qui n'applaudiffe & ne foufcrive au vœu de l'auteur (p. 473.) pour une recherche contre les ufurpateurs. Il me femble que la forme de

prouvée dans la forme la plus ruineufe & la plus difficile, pour la croix de S. Lazare, ou pour monter dans les carroffes?

---

preuves indiquée, p. 87 à 92 du Précis fur la nobleffe, pourroit éviter également la furprife ou la faveur, la tracafferie ou l'oppreffion. Il feroit à defirer qu'en vertu d'une déclaration enregiftrée, les trois principaux généalogiftes du royaume (MM. d'Hozier, Chérin & de Gevigney), fiffent enfemble cette recherche; & que, pour leur propre tranquillité, comme pour la perfection de la chofe, ils euffent un certain nombre d'affociés ou d'adjoints, tels que ceux qu'on va propofer (g).

1°. Deux ou trois membres de l'académie des infcriptions & belles - lettres, auffi verfés dans la connoiffance des titres & de notre hiftoire que MM. de Bréquigny, Moreau, de Sibert, Deformeaux & Garnier.

2°. Deux confeillers - clercs & deux confeillers-laïcs du parlement de chaque province, que ces vérificateurs parcourroient.

3°. Deux confeillers de la cour des aides & deux maîtres de la chambre des comptes de la même province.

4°. Le fubdélégué général de l'intendance, & un commandeur de Malte, natif & originaire de la même province, lequel auroit déjà fait les preuves de quelque récipiendaire de fon ordre.

5°. Dans les pays d'états, un commiffaire de chaque ordre, affifté du procureur-fyndic ou du héraut d'armes. Dans les pays de pure élection, un lieutenant des maréchaux de France, un préfident & deux confeillers de l'élection. Voyez la note (h).

Il faudroit enfuite que les inventaires ou procès-

(g) J'efpère que ce plan d'un tribunal héraldique fera d'autant mieux accueilli, malgré fes imperfections, que tout le monde s'apperçoit combien il répugneroit à la juftice & au bon fens, qu'un ou deux hommes devinffent juges d'un ordre entier.

(h) Il faut efpérer qu'un faux point d'honneur ne traverferoit pas une opération fi effentielle. Ce mélange de perfonnes de différente naiffance & de différens états, n'en conftateroit que mieux une vérification qui ne fauroit être trop publique & trop authentique. Dans les comités ou commiffions d'états provinciaux, un évêque & un lieutenant-général des armées travaillent fans peine & fans fcrupule, avec un procureur de jurifdiction quelconque.

Un illuftre premier préfident de la cour des aides de Paris, a fait, à l'occafion d'une ordonnance de 1760, des reproches très-graves aux prépofés des anciennes recherches, qui, tous à la vérité (même dans celle de 1666) n'avoient pas montré l'intelligence & l'intégrité de fon grand-oncle, intendant de Languedoc. Pour fouftraire les commiffaires futurs à l'ombre d'un foupçon (redoutable encore malgré leur nombre, leurs qualités & leur diverfité), leurs honoraires feroient payés par le roi. Les maintenus ne paieroient abfolument rien, fi ce n'eft pour les expéditions qu'ils voudroient retirer de leurs preuves, & dont le prix feroit modique & fixé. L'amende des déboutés feroit verfée dans le tréfor royal; l'enregiftrement des armes & généalogies fe feroit fans frais quelconques de la part des familles. On délivreroit gratuitement une groffe du vu des titres, à chaque aîné ou chef de nom & armes.

verbaux de titres auffi authentiquement conftatés à la pluralité des voix de tous les fufdits mentionnés, fuffent confignés dans un nobiliaire général du royaume, qui pourroit former une quarantaine de volumes. On le feroit imprimer, foit par ordre alphabétique, foit avec une bonne table, & de foixante en foixante ans on infcriroit, par forme d'addition, tous les defcendans, tant de ceux qui auroient prouvé (bien entendu qu'on établiroit la jonction), que de ceux qui auroient été réhabilités, annoblis, ou naturalifés durant l'intervalle. On dépoferoit au tribunal des maréchaux de France ou du point d'honneur, à la bibliothèque du roi, au greffe de toute cour fouveraine & de chaque jurifdiction royale, un exemplaire de ce nobiliaire, lequel, à la première & à la dernière page, feroit figné, fcellé & paraphé de MM. d'Hozier, Chérin & de Gevigney ou de leurs repréfentans & fucceffeurs, pour avoir en juftice & ailleurs force d'original. La communication n'en feroit ni coûteufe ni difficile. La minute écrite fur papier feroit dépofée à la cour des pairs. Mais le juge d'armes & le généalogifte de la cour en conferveroient chacun une groffe manufcrite fur vélin. Le roi & l'état regagneroient bientôt cette dépenfe par la multitude d'ufurpations préjudiciables & choquantes, qu'elle réprimeroit & préviendroit, ainfi que par la vente de quinze mille exemplaires de ce grand armorial qu'on pourroit faire débiter, revêtus de la fignature de l'imprimeur privilégié. Par la multitude de branches & de matières qu'il embrafferoit, & par les détails immenfes qu'il renfermeroit fur l'hiftoire des mœurs, des ufages & des révolutions, il exciteroit l'intérêt & la curiofité de bien d'autres que des feuls gentilshommes. C'eft alors que la nobleffe, pour toutes les preuves qu'elle feroit dans le cas de fournir, n'importe en quel lieu, quel ordre, ni quel corps du royaume, auroit fa befogne toute préparée, fi ce n'eft pour les quartiers maternels, que cette befogne faciliteroit encore beaucoup, en mettant au jour toutes fes alliances & confanguinités. Un gentilhomme ne feroit plus aftreint à ces inquiétudes, recherches & dépenfes fans fin qu'exige la réproduction continuelle des originaux. Il fuffiroit à la poftérité du produifant, dont les titres auroient été vifés, d'y prouver fon attache ou fa jonction. C'eft par une fuite de ce principe d'équité que les commiffaires réformateurs n'exigeroient rien de plus de ceux qui, lors de leur opération, fe joindroient à un jugement de maintenue, rendu fur preuves fpécifiées ou relatées, & dans la forme requife par les déclarations, édits, & lettres-patentes de Henri IV, Louis XIII, Louis XIV & Louis XV, pourvu toutefois que ces premiers jugemens n'effuyaffent la plainte ou contradiction de perfonne, & ne renfermaffent point d'erreur manifefte, comme d'avoir greffé quelque famille fur une autre, à l'abri du nom, ou par une autre rufe.

Pour tous ceux qui, fans maintenue ni déboutement antérieurs, prétendroient à la nobleffe, fans avouer ni produire d'annobliffement, & fans qu'on pût leur en découvrir, il faudroit au moins une jouiffance d'état noble, fans interruption depuis 1614, aux termes de la déclaration de 1714. Ceux dont les familles auroient été déboutées, lors des recherches, ne pourroient s'en relever que par un annobliffement ou par une preuve bien établie depuis 1560. Mais il y auroit ordre aux commiffaires de recevoir tous les titres antérieurs à ces époques, qui leur feroient fournis & préfentés en bonne forme, ceux-mêmes dont ils pourroient avoir ou connoiffance ou communication, autrement que par les familles intéreffées. Ils feroient encore obligés de marquer en tête ou au bas de chaque procès-verbal de preuves, foit qu'il remontât à 1300 & au-deffus, foit qu'il s'arrêtât à 1614 & au-deffous : *cette famille a (ou n'a pas) d'annobliffement connu ;* ou bien encore pour quelques-unes, ils fe ferviroient de ce protocole : » *les annoblis du même nom, à telle époque, appartiennent (ou n'appartiennent pas) à cette famille, dont la différence (ou l'identité) paroît marquée par telle & telle raifon.* En un mot, hiftoire & traditions, preuves & probabilités, certitude & vraifemblance, droits & prétentions, chaque chofe feroit alléguée pour ce qu'elle eft & pour ce qu'elle vaut : & l'expofé des fimples conjectures ou préfomptions fe feroit foit au préambule, foit en réfumé, foit dans le corps de la généalogie.

Ceux qui favent que depuis Louis XI jufqu'à Henri II les francs-fiefs ont annobli plus de huit cens familles en Normandie, n'ignorent pas auffi que dans ce nombre il y en eut près de quatrevingts d'ancienne nobleffe, à qui la modicité de leur fortune, la négligence de leurs archives, ou la difperfion de leurs titres, ou la recherche auroit plus coûté que la taxe, fit prendre improprement des lettres d'annobliffement (i) au lieu de lettres de confirmation. Cette méprife impoferoit aux defcendans directs de ces gentilshommes l'obligation de prouver leur filiation noble au-delà de 1470, s'ils ne vouloient paffer pour iffus d'annoblis. Par la même raifon, les defcendans directs des francs-archers ou francs-taupins, établis fous Charles VII en 1444 & 1445, feroient obligés d'en dater leur nobleffe, ou de remonter leur preuve à 1443. Il y auroit pour chaque province des obfervations ou particularités à-peu-près dans ce genre.

Remarquons ici que quantité de noms font homonimes, & que fur cinq cens familles d'ancienne roche, au nombre defquelles plufieurs maifons

---

(i) Dans plufieurs relaxes d'intendans, à la recherche de 1666, des gentilshommes connus dès 1100, n'ont produit que deux, trois, & quatre générations ; d'autres y ont leurs armoiries défigurées. Un ancien noble fut déchargé comme capitoul de Touloufe. *Voyez* entre autres *le Littérateur impartial*, de juin 1760, pag. 35, 36, 37 & 84.

ſouveraines ; près du quart retrouveroient leurs noms chez les races annoblies, & plus de moitié chez des roturiers. Cette remarque ne bleſſera perſonne quand on ſaura qu'elle pourroit s'appliquer aux noms auguſtes de France, de Bourbon, de Valois, de Dreux, de Saxe, de Maurienne, de Stuart, & à une foule de grandes maiſons, tant éteintes que ſubſiſtantes, telles que Rieux, Goyon, du Merle, Clément, Beaumont, Bertrand, Grammont, Creſpin, d'Aumont (k), la Tour, de Bonne, l'Hôpital, Baſſompierre, d'Epinay, Maillé, Budes, Beaumanoir, Albert, d'Aubuſſon, Rouxel, Foucault, Monchi, Félix, Paſté, le Flamenc, Corbeil, Noyers, Trie, Hangeſt, du Blé, Neuville (ſous le roi Jean); Mouton, Motier, Berrie, Bouton, Deſprés, Mailly, Clérambaud, Caſtelnau, Villiers, &c. &c. tant il eſt vrai que la ſeule identité de nom, dépourvue d'autres rapports, tels que ceux d'armoiries & de rang, n'a jamais établi l'identité des familles. Combien de gens de médiocre ou même de baſſe condition, ſe ſont jadis approprié les noms de la ville ou campagne qu'ils habitoient, & ceux des ſeigneurs ou protecteurs dont ils dépendoient! & combien d'hommes de même rang, mais de race différente, ont échangé ou mélangé leurs noms par motifs d'attachement, d'aſſociation, d'eſtime & d'alliance! Un exemple notable de changement de nom, fondé ſur la ſeule fraternité d'armes, eſt conſtaté dans un arrêt de la cour des aides de Paris du 7

(k) J'aurois pu nommer encore Chabot, d'Eſtaing, Damas, Grimoard, Achard, Mallet, Martel, Dumoulin, Berenger, Foucault, la Noue, Tilly, le Roux, d'Ailly, Bailleul, Châteigner, Pierres, Tournebu, Turpin, Villeneuve, d'Oſmont, Savary, Dufay, la Rivière, le Sénéchal & autres de cette haute diſtinction, pareillement à l'abri de toute atteinte du côté de l'illuſtration & de l'ancienneté. Mais n'ayant choiſi mes citations du texte que parmi quelques-unes des maiſons qui ſoignent à la gloire d'inſignes décorations, celle d'avoir produit des maréchaux de France, chefs & premiers juges de la nobleſſe, j'écarterai plus ſûrement tout ſoupçon d'une malignité qui, non ſeulement répugneroit à mon goût & à mon caractère, mais qui, dans le cas préſent, n'auroit aucun but & ne tourneroit qu'à la honte & au préjudice de celui qui s'en rendroit coupable. Toute la France a conſervé le ſouvenir de ces mémoires fameux qui renverſèrent, il y a environ ſoixante ans, les prétentions inſoutenables de quelques grands. Pluſieurs de ces mémoires ont été imprimés ou extraits dans des livres connus depuis plus de quarante ans. Le plus vif de tous n'a vu le jour que très-récemment: les vérités dures qu'on y dit à quelques familles perdent de leur amertume, à cauſe des reproches mal fondés qu'on y fait à d'autres. Qu'importe à la ſplendeur & à l'antiquité d'une maiſon, qu'un de ſes rejettons, encore enfant, qualifié baron dans le bouquin même où l'on a puiſé l'anecdote, & fils d'un ſeigneur revêtu d'une charge que ni la robe ni la nobleſſe n'ont le droit de décrier, qu'importe, dis-je, que ce jeune écolier, accompagné de ſes camarades, les uns nobles, les autres roturiers, ait répandu des fleurs ſur le paſſage d'un roi qui faiſoit ſon entrée dans la ville (c'étoit François I, & non pas Henri IV)? Que fait à l'extraction d'un autre, que ſes ancêtres n'aient été connus, pendant quelques générations, que dans leur territoire, comme ſi le mérite étoit incompatible avec la retraite & l'obſcurité; comme ſi Loiſeau même, dans ſon Traité des ſeigneuries, ch. 71, ne louoit pas la nobleſſe d'avoir choiſi la demeure des champs pour vaquer à l'exercice des armes? J'ai prouvé dans un autre ouvrage, que nos beaux-eſprits, à force de confondre l'inutilité de la vie campagnarde avec la ſageſſe & le travail de la vie champêtre, étoient malheureuſement parvenus à ravaler & dégoûter le gentilhomme cultivateur & bienfaiteur, en même temps que beaucoup d'inſpecteurs & de colonels, à force d'exiger élégance & fortes penſions, ont écarté du ſervice militaire quantité de leurs égaux en naiſſance. De combien d'autres reſſources & d'appuis n'a-t-on pas privé cet ordre précieux, en faiſant ceſſer la commenſalité fraternelle que la nobleſſe riche & puiſſante pratiquoit encore ſous la minorité de Louis XIV, envers la nobleſſe foible & pauvre, commenſalité louable & généreuſe que certains déclamateurs ont décriée comme une domeſticité ſervile, au point qu'il n'y a preſque plus que des gentilshommes ſans pain qui puiſſent ſe réſoudre à devenir officiers des gardes des commandans de province & des gouverneurs non princes du ſang, ou à placer leurs fils parmi les pages de ces ſeigneurs? Revenons: quel ſouci peut prendre en troiſième, de ce que ſa généalogie ne paſſe ou n'atteigne pas tout-à-fait trois ſiècles en forme probante, ſi rien ne peut indiquer ni découvrir le tuf? Pourquoi s'étonner encore qu'un gentilhomme, originaire d'une cité commerçante de l'Italie, ait allié ſans dérogeance, en 1414, la profeſſion du commerce & des fonctions municipales & militaires? & puiſqu'on reconnoît que trois frères ſes deſcendans alloient au Louvre, la nobleſſe de ces trois frères, à qui l'amitié rendoit tout commun juſqu'à s'entreprêter leur manteau, n'étoit-elle pas bien plus reſpectable que le faſte de ceux qui ſe couvroient des dépouilles du peuple? Prenons garde d'exciter, d'autoriſer les extorſions ou l'avidité des gens en place, par notre penchant déraiſonnable à prendre la repréſentation pour la grandeur, & la ſimplicité noble pour une économie ſordide.

Mes remarques ſur quelques mémoires concernant des familles de la cour, ſont applicables en partie à l'hiſtoire qu'un généalogiſte célèbre compoſa, par ordre de Louis XIV, des familles qui compoſoient le parlement de Paris en 1706, ainſi qu'aux annotations portées de ſa main ſur pluſieurs des livres qu'il a légués au roi. Cette longue note prouvera bien que je ne ſuis pas moins en garde contre la ſatyre que contre l'adulation. Je la terminerai par des exemples étrangers, conſolans pour ceux de mes compatriotes qui auroient la foibleſſe de s'affliger de ce que le temps n'auroit point caché le principe de leur nobleſſe. Les Doria, les Spinola étoient de gros marchands, en 1248; les Frégoſes, les Adornes, les Juſtiniani, les La Rovere étoient plébéiens en 1506; &, comme dit Coulange,

L'un a dételé le matin,
L'autre l'après-dînée.

D'ailleurs quels ſeroient ici les vrais motifs de gloire ou de honte? que ſont huit cens années ou huit jours de nobleſſe, en comparaiſon de l'antiquité du monde & de la rapidité des ſiècles? ô curas hominum! ô quantum eſt in rebus inane! Cependant le philoſophe citoyen ne dédaignera pas de s'occuper, de temps en temps, de ces objets, parce qu'il ſait que tous petits qu'ils ſont par eux-mêmes, ils ne laiſſent pas que d'acquérir une importance relative & proportionnelle à notre chétive exiſtence.

octobre 1581 , & dans un jugement des requêtes de l'hôtel du roi du 23 avril 1636.

Le nobiliaire général que l'on propose, offriroit beaucoup d'avantages. En même temps qu'il constateroit aux yeux du roi, de la nation , & l'on peut bien ajouter des étrangers qui n'ont jamais été si chicaneurs que nous sur cette forme ; en même temps , dis-je , qu'il manifesteroit par-tout l'état & les droits de chaque famille noble , il feroit tourner au profit ou du moins au soulagement des enfans & des vassaux de la noblesse, tout l'argent , toute l'aisance que sa délicatesse lui consume en sacrifices faits à l'opinion. Combien de gentilshommes n'auroient pas dissipé le modique patrimoine de leurs ancêtres pour la poursuite des stériles honneurs de la cour ! combien auroient continué de répandre de nobles largesses sur une portion précieuse des sujets du roi, au lieu de se rendre eux-mêmes les plus nécessiteux solliciteurs des graces pécuniaires de sa majesté ! combien enfin n'auroient pas souillé la splendeur & la pureté de leur origine par des alliances scandaleuses, s'ils n'avoient eu la vraie ou fausse opinion que la notoriété de leur naissance , appuyée des meilleurs jugemens de maintenue & de belles productions dans les corps & chapitres de noblesse , devoit perdre de son éclat & de sa force, tant qu'ils n'auroient pas satisfait encore à toutes les formes ruineuses des preuves de la cour , preuves qui dans le fait ne prouvent rien , puisque la famille même n'en obtient pas toujours un double, & que si l'on en excepte un petit nombre de noms tranchans, le public ne sait jamais si l'impétrant a réussi par règle ou par grace, avec ou sans preuves , sur mémoire ou sur certificat ! Par la publicité de toutes les généalogies, on gagneroit le grand point de ne plus tourner par la fumée de la vanité des têtes qui ne doivent s'exalter que du feu de la gloire. Les généalogistes du roi & ceux des princes seroient désormais exempts d'une besogne aussi fastidieuse pour eux que pour les produisans. Ils n'auroient plus à demander à chaque aspirant aux preuves de leur compétence que sa jonction pure & simple à celles de la famille dont l'enregistrement dans le nobiliaire général annonceroit, au premier coup-d'œil, s'il y a suffisamment ou trop peu d'ancienneté.

Exposons maintenant de quelle manière il nous semble qu'on pourroit régler les qualités de la noblesse.

1°. Tout noble ou annobli seroit *écuyer* de droit.

2°. Tout gentilhomme de quatre *degrés* seroit *messire*.

3°. Le titre de *chevalier* s'acquerroit , ou par lettres du prince , ou par quatre générations de noblesse , soutenues de l'une des conditions suivantes.

1e. Seigneurie de deux terres à clocher.

2e. Décoration d'ordre noble ou militaire.

3e. Grade au service au-dessus de capitaine.

4e. Charge d'avocat-général & de conseiller dans les cours souveraines , ou de premier magistrat dans les plus importantes jurisdictions royales , telles que présidiaux , &c. Ne sait-on pas que les premiers nobles étoient juges & guerriers ?

. . . . *Utrique aptissimus ensi*
Themidis & Martis.

Voyez au mot MAGISTRATURE.

5e. Place à l'une des trois premières académies de France , ou à la première d'un royaume étranger. Puisque nous avons la justice d'accorder des prérogatives civiles aux roturiers distingués uniquement par des travaux scientifiques ou littéraires, pourquoi refuserions-nous le même encouragement à des gentilshommes ? N'oublions pas , comme l'observe M. le comte de Tressan , que , dans les temps d'ignorance, la noblesse étoit le moins ignorant des ordres , témoins Joinville & Comines. *Voyez Lettre d'un François sur l'Histoire de France* , pag. 11 , & *mes Rêves*, pag. 85 à 106.

6e. Mairie des villes épiscopales.

Par une erreur dont la noblesse n'est point coupable, & dont elle souffre encore plus que le tiers-état qui s'en trouve surchargé , l'on a si fort multiplié le corps des nobles , qu'il est trop juste d'augmenter ses ressources & ses débouchés. On a d'ailleurs l'expérience que la bonne bourgeoisie elle-même n'en reçoit que plus de lustre , & le commun du peuple que plus de service lorsque les charges municipales sont occupées par des gentilshommes. Il y en a des exemples à Troyes , Arras, Bordeaux , Rouen , Metz , Bourges , Orléans, Toulouse , & peut-être dans plus de mille villes du royaume. D'une foule de tant de titres & d'écrits qui prouvent que ce genre de services ne doit pas répugner à la noblesse , je me contenterai de citer le mémoire *in-4°.* imprimé en 1780 pour M. le marquis de Mailly-Conronnel.

7e. Lieutenances du tribunal des maréchaux de France.

8e. Office ou commissariat intermédiaire pour la noblesse des pays d'états, ou d'assemblée provinciale. M. Necker (*Mém. au roi*) compte au nombre des plus grands avantages celui d'attacher les propriétaires dans leurs provinces , en leur procurant quelques occupations publiques dont ils se croient honorés. Cette petite part à l'administration, dit ce ministre philosophe , relève le patriotisme abattu , & porte vers le bien de l'état une réunion de lumières & d'activité dont on éprouve les meilleurs effets. Quoi de plus propre , avance-t-il dans un autre ouvrage (*Compte rendu*), à exciter le patriotisme , que des administrations provinciales , où chacun peut à son tour espérer d'être quelque chose , où l'on apprend à aimer & à connoître le bien public , & où l'on forme ainsi de nouveaux liens avec la patrie ?

9e. Toute place à preuves de cent ans au moins.

10°. Filiation de quatre *degrés* fans mère née roturière, enforte que fi les dernières n'étoient pas nobles, on pourroit les fuppléer par un pareil nombre tiré des filiations précédentes, ce qui néceffiteroit une preuve afcendante plus reculée.

N'eft-il pas jufte de faifir tous les moyens honnêtes de conferver ou fortifier l'efprit de concorde & de fraternité parmi les races d'un même ordre, & de les faire participer réciproquement à leurs diftinctions, comme à leurs fortunes ?

4°. Pour le titre de *haut & puiffant feigneur*, & préfuppofant toujours l'extraction de quatre *degrés*, on exigeroit en alternative une de ces conditions.

Première. Lettres-patentes de marquis, comte, vicomte ou baron, fimple poffeffion d'une baronnie de pays d'états, ou grande députation de la nobleffe de ces pays.

Seconde. Grade de colonel au fervice, ou de capitaine de vaiffeaux.

Troifième. Intendance, brevet de confeiller d'état, préfidence de cour fouveraine, charge de procureur-général, places d'envoyé, réfident, on miniftre plénipotentiaire.

Quatrième. Filiation de huit *degrés* fans mère roturière, avec permiffion de remonter au-delà pour ceux qui trouveroient dans des générations antérieures l'indemnité ou la compenfation des méfalliances modernes.

5°. Les qualifications de *très-haut & très-puiffant feigneur* conviendront dans les cas fuivans.

Premiérement. Pairs, ducs, grands officiers de la couronne, gouverneurs & commandans en chef des provinces, miniftres d'état, préfidens nés ou électifs de la nobleffe des pays d'états, ambaffadeurs ordinaires ou extraordinaires.

Secondement. Cordon bleu, grand-croix de S. Louis, décorations équivalentes chez l'étranger, acquifes de l'agrément du roi.

Troifiémement. Officiers généraux, ou premiers-préfidens, qui joindroient à ces grades ou dignités les quatre générations nobles, fans lefquelles point de fuperlatif dans ce troifième cas.

Quatrièmement confanguinité du feptième *degré* avec quelque branche de la maifon régnante, du fixième avec celles de toute autre maifon royale ou impériale, du cinquième avec celles d'une maifon fimplement électorale, du quatrième avec les potentats du troifième rang, en y joignant toutefois l'extraction paternelle de quatre degrés. Quant aux fouverains du quatrième rang, les anciens gentilshommes françois les confidèrent comme des égaux plus fortunés à qui les révolutions de leur pays ont confervé la puiffance feudataire, que l'autorité monarchique en France a fucceffivement détruite ou abforbée, quoique de l'aveu du favant auteur de la partie moderne de l'*Hiftoire des hommes*, ce gouvernement féodal ait fait chez nous beaucoup de bien qu'on affecte d'oublier, & pas tout le mal qu'on lui reproche. Montefquieu (*Grandeur & déc.*

des Rom. c. 18) remarque fagement que les Barbares mêmes, qui rendirent en Gaule tant de citoyens efclaves de la glèbe, n'introduifirent guère rien qui n'eût été plus cruellement exercé avant eux. La plupart des adverfaires de la nobleffe ont plus le defir de la domination que l'amour de l'égalité. Peut-on retenir un fouris d'indignation, lorfqu'on voit tout gentilhomme de campagne indiftinctement repréfenté comme un petit tyran par ces benins créoles qui reviennent d'exercer dans nos colonies le plus inhumain, le plus dénaturé des pouvoirs fur leurs efclaves nègres ?

Cinquièmement. Filiation de douze *degrés* fans mère roturière.

N'oublions pas que toutes les qualifications ci-devant mentionnées, comme fupérieures à celles d'*écuyer* & de *meffire*, feroient perfonnelles, & ne fe tranfmettroient qu'aux defcendans pourvus d'une des conditions requifes pour s'en décorer, précaution néceffaire à l'union & à l'unité de l'ordre, j'ajouterois même, à fa confiftance & à fa dignité.

Rien ne prouve mieux la nobleffe que d'avoir toujours époufé des femmes nobles. Mais c'eft auffi par-là que bien des familles fe plongent de plus en plus dans la mal-aifance & l'obfcurité. C'eft pour les confoler avec juftice de cette pauvreté honorable, que, fous chacun de ces paragraphes relatifs aux qualifications éminentes, on propofe les preuves maternelles en alternative d'autres illuftrations. De peur de multiplier inutilement les embarras & la dépenfe, on ne demanderoit point les mères des mères. La petite-fille d'un annobli par charge, ou moyennant finance, & la fille d'un annobli par fervices, clairement fpécifiés & conftatés, auroient la qualité fuffifante.

Toutes ces combinaifons & modifications prouveront invinciblement que nos efforts pour refferrer les liens naturels & réciproques de toute la nobleffe, pour la porter à s'entre-refpecter & s'entre-foutenir, comme elle le doit, ne tendent point à pofer une barrière d'alliance & de rang infranchiffable entre elle & le tiers-état, moins encore à lui faire oublier les rapports phyfiques & moraux de toute l'efpèce humaine, ni l'enchaînement politique & civil de toutes les claffes de la fociété.

6°. Dans tous les actes non litigieux & dans le commerce ordinaire de la fociété, l'on pourroit tolérer les titres de *marquis, comtes, vicomtes & barons*, pour tous rejettons de familles dont quelques branches l'auroient obtenu par lettres-patentes, & pour tous les gentilshommes qui prouveroient ou dix générations de nobleffe, ou cinq fans méfalliance. On pourroit encore obferver pour ces titres les alternatives propofées fous le quatrième paragraphe, pour la qualification de *haut & puiffant feigneur*. Mais on ne reconnoîtroit en juftice réglée que les branches ou les perfonnes véritablement décorées par brevets ou lettres-patentes.

Rendre quelquefois les titres & les honneurs

indépendans d'un certain crédit ou d'une certaine faveur, sans jamais se soustraire à l'autorité royale, c'est contenir ou réprimer les aveugles partisans du gouvernement arbitraire & despotique ; c'est conserver les vrais principes d'une monarchie bienfaisante & tempérée. Pourquoi n'annobliroit-on pas tous les débouchés & les moyens convenables à toutes les classes de la noblesse ? N'est-il pas souvent arrivé que les ancêtres obscurs avoient de plus grandes qualités personnelles que leurs descendans élevés ? Et, si l'on n'y prend garde, n'arrivera-t-il pas encore que la jalousie du pouvoir ministériel fera des graces & des emplois le prix d'une assiduité de solliciteur & de courtisan ? Alors celui qui travaillera dans le silence à perfectionner ses talens, restera dans l'oubli : celui qui méritera les places ne les obtiendra point : & celui que le manège & la faveur y auront élevé, ne sera guère capable de les remplir, après avoir dissipé son esprit & son temps en intrigues.

Cet article étant déjà trop long, je ne répéterai pas ici ce qu'on lit, *pag. 33 à 42 du Précis sur la noblesse*, concernant les réhabilitations, les annoblissemens, les dérogeances, & sur-tout les extensions abusives qu'on donne journellement aux articles 561 de la coutume de Bretagne & 200 de la coutume d'Artois. Il me suffira d'indiquer le passage, ainsi qu'un autre non moins remarquable, relativement à l'article indiqué de la première de ces coutumes. On le trouve dans les preuves de l'*Histoire* de dom Morice, préf. du tom. I, ch. 7. pag. 14, avant-dernier alinea. Sans approuver la sévérité du duc François II, qui faisoit imposer aux fouages tout noble commerçant, & ne lui permettoit de rentrer dans l'ordre, qu'en quittant le commerce, & prenant des lettres expresses de réhabilitation, il ne me paroît ni glorieux à la noblesse, ni supportable au tiers-état, ni convenable au gouvernement, ni conforme à la justice, qu'après une léthargie continuée de huit ou dix générations, dont souvent quelques-unes plongées dans des états abjects, une famille, par le seul retour d'un peu d'aisance ignoblement acquise, & sans nécessité préalable de belle action, de mérite éminent, ou de place qui le suppose, puisse obtenir le droit de se remettre au niveau & quelquefois au-dessus d'une race qui aura courageusement veillé, & que les revers auront bien, à la vérité, privée d'un certain éclat, mais n'auront jamais fait descendre de son rang, n'auront jamais fait sortir de son ordre. C'est une distinction très-marquée pour la noblesse, dit le comte du Buat, que le courage avec lequel elle se soutient au-dessus des professions lucratives, & se réserve pour la pauvreté, ou pour les professions qu'elle croit lui convenir. Le même auteur remarque avec trop de fondement qu'il semble que depuis long-temps on ait voulu exercer la plus nombreuse & quelquefois la plus ancienne partie de cet ordre à la patience & à l'humilité, comme on exerçoit

autrefois à ces vertus de pieux cénobites, en leur donnant des supérieurs bourrus & imbécilles. Saint François de Sales compare noblement le gentilhomme courageux dans l'infortune à la palme qui se relance sous son faix. Ce seroit concilier les secours dus à l'indigence avec le respect que la noblesse se doit à elle-même, avec sa vraie constitution, que de restreindre le sommeil sans dérogeance au commerce maritime & en gros, à la navigation marchande, à l'exploitation des moyennes fermes à bail, à quelques emplois passables de finance, à l'exercice de quelques arts méchaniques les plus relevés. Pourquoi tant de nos ministres, pourquoi tant de nos militaires eux-mêmes, généraux, supérieurs, & subalternes ont-ils si souvent, si cruellement avili l'état de soldat, que nos loix ont la sagesse de compter au rang des états nobles ? Pourquoi certains corps, tels que la gendarmerie, ne seroient-ils pas uniquement composés de gentils-hommes, ou de fils d'officiers ?

L'esquisse ou le plan que j'ai tracé, tant des preuves & maintenues, que des qualifications, classifications & destinations de la noblesse, peut être fort susceptible de corrections, restrictions & modifications. Mais j'avoue de bonne foi que le fonds de mes idées ne me paroît pas indigne d'être exposé & consigné dans ce vaste & intéressant dépôt des institutions & des connoissances humaines.

Je laisse à d'autres le soin de s'étendre sur les prérogatives (*l*) de cet ordre supérieur. La plus

_____

(*l*) Ce débris de prérogatives, dont quelques-unes ne sont pas moins onéreuses qu'honorables, est assez bien exposé dans la nouvelle méthode du blason de M. L***, in-8°, 1770. « Les princes, dit la Beaumelle, » doivent le pouvoir & le droit de commander aux » mêmes principes qui donnent à la noblesse le droit » d'obéir les premiers, & la plus noble des maisons » souveraines du monde n'est la plus puissante que » parce qu'elle a su mieux qu'aucune autre ce que » c'étoit qu'un gentilhomme ». Philippe-Auguste, S. Louis, Charles V, Charles VII, Louis XII, François I, Henri IV, Louis XIV, Louis XV n'ont jamais dissimulé les obligations qu'ils avoient à leur noblesse, les égards & l'appui que méritoit ce corps illustre, & plusieurs de ces monarques se sont glorifiés du titre de gentilhomme. Les princes qui ont régné avec le plus de gloire, chez les étrangers, ont agi & pensé de même. Si nous remontons chez les anciens, Pline le jeune & Cicéron nous disent que l'exacte probité ne parle pas moins que la saine politique en faveur de la noblesse. Le vertueux Rollin (*Hist. anc. T. I.*), approuve beaucoup la méthode des Egyptiens qui, pour n'inspirer à leurs rois que des sentimens nobles, ne plaçoient auprès d'eux que des hommes qui réunissoient la distinction d'une haute naissance aux avantages d'une excellente éducation. Le grand nombre d'aspirans, de surnuméraires & d'officiers à la suite de tous les corps militaires de terre & de mer, prouve incontestablement trois choses : la première, que rien ne décourage & ne rallentit l'ardeur belliqueuse de la noblesse ; la seconde, que beaucoup de sujets de l'ordre inférieur l'ont supplantée dans les emplois qui lui conviennent le mieux ; la troisième, qu'il y auroit sagesse & justice à lui réserver les premières places des autres chère, & presque la seule qui lui reste, est la considération. L'auteur des *Elémens de la politique* défie le plus envenimé des envieux de la noblesse de prouver que tous ses privilèges ensemble lui donnent autant de supériorité sur le reste de la nation, qu'en a un bourgeois de la plus petite ville sur les habitans qui ne sont pas bourgeois, & qu'en donne sur les étrangers l'honneur d'être maître & fils de maître dans un corps de métier. Conservons donc au gentilhomme le souvenir de ses obligations morales & patriotiques par celui de la dignité de son titre héréditaire ; & sachons pénétrer ces détracteurs de la noblesse ordinaire, courbés devant les grands, prosternés devant les riches, insolens devant le gentilhomme sans fortune & sans crédit, & voyant néanmoins que la postérité des premiers seigneurs peut un jour descendre à la position non pas honteuse, mais obscure de ce simple gentilhomme dont les ancêtres ont tenu quelquefois le rang le plus élevé.

Il y auroit un moyen très-simple, très-naturel & très-satisfaisant de rendre ou de conserver un lustre convenable à tout l'ordre des nobles. Ce seroit premiérement de protéger, favoriser & surveiller l'éducation de leur jeunesse, ensorte qu'elle apprît de bonne heure à se rendre aussi utile & chère, que respectable & précieuse par l'heureux mélange des talens & de la sagesse, du courage & des lumières, de la modestie & de l'élévation. En second lieu, l'on s'abstiendroit dorénavant de donner à cet ordre tant d'intrus qui partageant ses prérogatives & ses emplois, affoiblissent sa prééminence & ses ressources, en même temps que leur passage subit & trop facile enlève au tiers-état des membres qui contribueroient à ses charges & à sa splendeur.

Il est temps de finir cette espèce de dissertation, que je n'aurois pas eu la témérité d'entreprendre, si plusieurs circonstances, qui m'ont porté de temps en temps à l'étude & à la comparaison des chartres, des titres & des auteurs originaux, ne m'avoient donné quelque espérance d'éviter les erreurs où sont tombés des écrivains d'ailleurs bien plus graves & bien plus instruits, mais qui, sur cette importante matière, ne s'étoient peut-être vus à même de connoître que des arrêts & des livres, que des opinions & des systèmes. Cherchant également le bien de toutes les classes & de toutes les conditions de la société, j'aurois desiré traiter mon sujet avec assez d'intérêt & d'impartialité tout-à-la-fois, pour que le lecteur, en s'appercevant que l'article sortoit de la plume d'un bon François,

professions distinguées. Car, demanderai-je après Plutarque, si la noblesse ne pouvoit imposer & contenir par les honneurs & l'autorité, que seroit-elle auprès des artisans qui l'emporteroient par le nombre, des financiers qui l'écraseroient de leurs richesses, des négocians qui l'éclipseroient ou de leur luxe ou de leur faste, & des laboureurs qui se prévaudroient de leur utilité ?

n'eût pu deviner si l'auteur étoit de naissance ancienne ou nouvelle, illustre ou médiocre, s'il étoit gentilhomme ou bourgeois, riche ou pauvre, militaire ou magistrat. Mais la liberté que j'ai prise de critiquer des auteurs vivans, m'impose d'autant plus la nécessité de me nommer, que je n'ai point cessé de reconnoître leur mérite. Puissé-je les convaincre de la droiture & de la pureté de mes intentions !

P. S. Au moment où nous envoyons cet article, on nous communique le huitième tome du *Monde primitif.* Les savantes dissertations de M. Court de Gebelin prouvent & confirment notre opinion sur l'antiquité, le droit & l'utilité de la noblesse. Notre estime pour cet auteur nous encourage à lui observer que, dans une liste de maisons qui portent des armes parlantes, il est plus excusable d'avoir omis beaucoup d'anciennes, que d'avoir cité quelques nouvelles. Celles-ci ne pourroient qu'affoiblir le systême incontestablement établi par celles-là. Il ne nous saura point mauvais gré non plus de relever l'expression de *12 quartiers,* improprement substituée à celle de *12 degrés* ou *12 générations,* qui fourniroient 2048 quartiers, s'il étoit possible de les retrouver. Les quartiers doublent toujours en cette progression géométrique, 4, 8, 16, 32, &c. Je tiens d'un généalogiste qu'une branche de la maison d'Aché en avoit prouvé 256 sans lacune & sans mésalliances, exemple très-difficile, très-rare même en Allemagne, & peut-être unique en France. Il n'est permis qu'à Candide de parler des 72 quartiers du baron de Thonder-Ten-Tronckt. Un homme de l'art auroit dit 64 ou 128.

Tout ce qui précède a été composé en 1780. Ce qui va suivre immédiatement s'écrivit au printemps de 1781, époque de la décision des preuves de noblesse pour les aspirans aux places d'officiers dans les troupes du roi ; décision qui mériteroit d'être convertie en loi solemnellement enregistrée.

§. II. *Des preuves de noblesse.* La connoissance de l'art héraldique & de tout ce qui a rapport à la noblesse, tient à nos loix, à nos constitutions, à nos mœurs, au point que les rédacteurs de l'Encyclopédie méthodique, se sont justement empressés d'annoncer que cette matière, omise dans le prospectus, ne le seroit pas dans l'ouvrage. Nos formes & nos usages obligent la plupart des seigneurs de connoître les titres de leur extraction, comme ceux de leurs possessions. Le gentilhomme le plus philosophe sur le hazard de la naissance, pour peu qu'il conserve l'émulation convenable à son rang, est journellement forcé de sacrifier à l'opinion ; heureux encore lorsque les formalités de la généalogie des morts ne dévorent point la subsistance des vivans ! plus heureux lorsque cette étude & ces recherches, beaucoup moins agréables que nécessaires, compensent par les leçons qu'elles lui retracent, le temps qu'elles lui enlèvent, lorsqu'elles servent à remplir son cœur d'une élévation généreuse, sans étourdir sa tête d'une vanité puérile ; lorsqu'enfin l'aînesse l'aîneſſe politique & civile, la ſupériorité ſociale & conventionnelle de ſon ordre lui rend plus ſenſible & plus chère la fraternité naturelle & conſtante des conditions, des familles & des individus.

Cet article de l'Encyclopédie nous paroît le meilleur canal par lequel nous puiſſions faire parvenir à la nobleſſe des provinces, quelques avis utiles ſur les preuves de nobleſſe qu'elle eſt ſouvent dans le cas de faire à Paris.

1°. *Ordre du S. Eſprit.* Quatre *degrés*, y compris le récipiendaire, ordinairement choiſi dans la trèshaute & très-ancienne nobleſſe; mais quelquefois auſſi tiré de ces familles, devenues illuſtres auſſi-tôt que nobles, leſquelles ont à peine le néceſſaire de la preuve. Elle ſe fait par deux chevaliers, qui prononcent au rapport de M. Cherin, ſucceſſeur de MM. Beaujon & Clérambaut. Le même généalogiſte ſeroit auſſi rapporteur des trois *degrés*, que fourniroit, devant un chevalier des deux ordres, le gentilhomme qui s'en tiendroit à celui de S. Michel. Depuis que cette dernière décoration s'accorde aux gens à talens, on les annoblit au préalable, & ils reçoivent diſpenſe des deux premiers *degrés*. Tous les chevaliers font preuve de mérite ou de ſervices; mais il y a quelques années qu'on n'en comptoit que cinq ou ſix ayant fait celle de naiſſance, & nous croyons ce nombre actuellement réduit à deux ou trois. Il eſt bien rare que l'avis des commiſſaires de réception, tant pour les ordres du roi, que pour celui de S. Lazare, ne ſoit pas conforme aux concluſions du généalogiſte, enſorte que beaucoup de gentilshommes croient pouvoir le regarder comme ſimple rapporteur, de droit, & comme vrai juge, de fait.

2°. *Honneurs de la cour*, c'eſt-à-dire préſentation pour les femmes, chaſſe & caroſſes du roi pour les hommes, avec ſuſceptibilité pour les deux ſexes d'être invités aux repas de leurs majeſtés & des princes du ſang. Cette preuve qui ſe fait devant M. Cherin, exige trois titres originaux de tête en tête, ſur ligne directe & maſculine, juſqu'à l'année 1400 incluſivement, ſans veſtige d'annobliſſement antérieur; enſorte qu'à la rigueur, un deſcendant de Raoul l'orfèvre, qui reçut les premières lettres de nobleſſe en 1272, ne ſeroit pas admis. A cette filiation noble, il faut joindre des décorations particulières, ſur-tout dans les premiers *degrés*. Telle eſt, dit-on, la règle. On ſe ſert ici de l'expreſſion *dit-on*, parce que rien n'eſt imprimé, ni même à beaucoup près aſſez expliqué pour éviter les humiliations ou compromiſſions de quantité de bonne nobleſſe, à qui les exceptions ou les graces accordées à pluſieurs familles & perſonnes en faveur, font négliger de ſe préſenter avec une quantité ſuffiſante de vieux parchemins. Il eſt ſouvent arrivé que des maiſons très-anciennes, rebutées par les vétilleries de la forme, ſe ſont empreſſées, comme pluſieurs familles aſſez nouvelles, de ſolliciter des exceptions ſecrètes à la règle publique. Ces exceptions, quand elles ſeroient auſſi connues

qu'elles ſont ignorées, ne les humilieroient pas, d'autant que la règle ne date que de 1760, & n'a pas eu d'effet rétroactif contre les perſonnes & les deſcendans de ceux qui, ſans avoir litéralement articulé leur généalogie juſqu'en 1399, étoient alors en poſſeſſion des honneurs de la cour.

Relativement à ce que nous venons d'avancer, & ſur-tout à ce qui nous reſte à dire, obſervons que les états de Bretagne ſe ſont apperçus que le terme équivoque & verſatile d'*illuſtration*, au lieu d'établir une balance raiſonnable entre toutes les claſſes de la nobleſſe, devenoit quelquefois contraire à certaines races de chevalerie, & trop favorable à pluſieurs familles d'aſſez fraîche date. En conſéquence, ils ont jugé que les illuſtrés jouiſſant aſſez de cet éclat par ſes propres avantages, (comme ſes effets directs & immédiats, ne devoient point s'en faire un titre de prééminence héréditaire, ni même de ſimple préférence dans les cas où la conſtitution politique donne le droit de concurrence au reſte de l'ancienne nobleſſe. De-là vient les conditions généalogiques exigées par eux, du gentilhomme qui veut y préſider comme baron de la province, ſe bornent à l'ancienne extraction, c'eſtà-dire à l'antiquité de poſſeſſion noble vraiment immémoriale, enſorte que la filiation ſoit articulée par titres au moins depuis 1426 à 1449, époque de la première réformation faite en Bretagne, ſans que le commencement ultérieur puiſſe être apperçu.

3°. *L'ordre de S. Lazare* a le même généalogiſte que les ordres du roi, & demande neuf générations, y compris le produiſant. Mais l'interprétation trop variable du mot trop vague d'*illuſtration* (m), jointe aux difficultés biſarres, aux objections gothiques faites à ceux dont quelques ancêtres ont ſervi l'état dans la magiſtrature (comme ſi des charges aſſez honorables pour annoblir un citoyen du tiers-état, étoient aſſez viles pour dégrader un gentilhomme); enfin les défauts de publicité & de clarté dans la marche néceſſaire à ſuivre, ſont cauſe qu'il n'y auroit pas ſûreté de concourir, à moins de jouir préalablement des honneurs de la cour, & que des familles d'ancienne race, qui juſtifieroient bien au-delà des neuf générations requiſes, ont été poliment averties de ne pas ſolliciter cette décoration, qui néanmoins s'eſt accordée à d'autres, dont le principe n'eſt point caché ſous les ſiècles.

4°. C'eſt encore M. Cherin qui reçoit les preu-

_____

(m) Perſonne ne réclame contre la rigueur de la règle, & tout le monde ſe plaint de l'arbitraire de l'interprétation, parce qu'on peut appliquer à ce cas, la célèbre maxime du marquis de Vauvenargues: *Quiconque eſt plus ſévère que la loi, eſt un tyran.* Des novateurs ont propoſé d'exclure la poſtérité des écuyers de l'aptitude aux honneurs de la chevalerie, choſe auſſi raiſonnable qu'il le ſeroit d'empêcher les fils de capitaines de parvenir aux lieutenances-colonelles, & les enfans de conſeillers d'occuper les préſidences. Oublie-t-on que ce titre ſimple d'*écuyer* étoit la qualification générique & primordiale de la nobleſſe?

ves néceffaires pour le paffage de la cavalerie aux grades fupérieurs de la maifon du roi. L'ordonnance rendue & imprimée en 1775, prefcrivoit 200 ans. On affure que des gentilshommes qui prouvoient au-delà de ces deux fiècles, ont été refufés, parce qu'il en faut trois, fuivant un ordre manufcrit & fecret, non montré, mais allégué par le généalogifte. Cependant, à ce qu'on ajoute, il eft encore arrivé que des gentilshommes de plus de 300 ans de preuves, ont été prévenus, que foit à caufe du peu d'illuftration, foit à caufe du trop de robe (n), ils s'expoferoient au refus; enforte que le moyen le plus fûr de vifer avec fuccès à ces places, ainfi qu'aux emplois fupérieurs de la gendarmerie, eft la jouiffance préliminaire des honneurs de la cour, bien que par un fyftême inconcevable & qui pourroit laiffer fur les louches fur les preuves de la plus antique & de la plus haute nobleffe, il n'exifte aucun monument ou dépôt authentique & public de la production des familles, & que même depuis une dixaine d'années, elles n'obtiennent prefque jamais un double figné du procès-verbal de leurs titres. On ne peut regarder comme dépôt ou monument, les regiftres confervés dans le cabinet d'un généalogifte, dont nul autre, pas même fon fucceffeur, n'eft tenu d'adopter le travail.

5°. *Ecuyers & pages de la grande écurie du roi*; preuves remontées au moins à 1550. 300 ans fixes pour ces places, au lieu de 233 cette année (1783), qui en feront 234 l'année prochaine; & 450 pour

(n) On ne fauroit diffimuler qu'à pareille ancienneté de nobleffe, les defcendans non feulement de bas-officiers de juftice, mais de citoyens paffagerement tombés dans les dernières conditions, n'aient quelquefois l'avantage fur la poftérité des magiftrats, parce que les premiers rougiffant de leur état, n'en prenoient pas le titre dans leurs actes de famille, au lieu que les feconds, en toutes circonftances, fe décoroient des charges qu'on reproche maintenant à leur mémoire. Nobleffe, nation françoife que gagnâtes-vous jadis, lorfqu'on fupplanta vos chevaliers par des légiftes? Que gagnerez-vous aujourd'hui lorfqu'on humiliera vos magiftrats par des légionnaires? Hommes aveugles ou légers, qui fubftituez les petites prétentions de l'efprit de corps aux grandes vues de l'efprit de patrie, fouvenez-vous du falutaire avertiffement que le profond abbé de Condillac, dans fon cours d'hiftoire, & l'éloquent auteur d'un grand livre tout récent, donnent aux miférables fauteurs ou partifans de ces puériles & folles rivalités.

Quant au fimple manque d'illuftration, fi l'on parvient une fois à le regarder ou traiter comme une efpèce de dérogeance, on ne tardera pas à tomber dans l'inconvénient qui défola Rome aux jours de fa chûte. Alors par un renverfement de principes, qui étouffoit bien plus le défintéreffement, la délicateffe & toute vertu qu'il n'excitoit le patriotifme & l'émulation; alors, dis-je, les patriciens qui n'avoient pas le bien néceffaire pour être compris dans les rôles des chevaliers, demeuroient confondus parmi le petit peuple, malgré les fervices de leurs aïeux & l'antiquité de leur race, tandis que des plébéiens, fans autre mérite que l'intrigue & l'opulence, étoient décorés de toutes les marques d'honneur, & revêtus des plus hautes dignités.

les honneurs de la cour, au lieu de 383, vaudroient peut-être mieux que d'irrévocables déterminations d'époques, qui fubftituent des murs infranchiffables de féparation aux fimples lignes de démarcation convenables généralement entre tous les ordres, & principalement entre toutes les claffes & nuances de ce feul & même ordre de nobleffe, de l'enfemble duquel rien ne doit altérer l'unité, ni l'union; l'aîneffe devant protéger & non détruire la fraternité. Pourquoi rendre aux illuftres rejettons de l'héroïque chevalerie, leurs parchemins plus précieux que leur épée? pourquoi perpétuer l'infériorité du gentilhomme ancien fans titres, ou du defcendant d'annobli pour fervices, en leur ôtant l'adouciffement naturel & légitime qu'apporteroit à leurs privations préfentes cette jouiffance d'anticipation, qu'ils goûteroient dans la perfpective de leur poftérité future? voudroit-on confacrer l'inconféquence par laquelle une perte de vieux titres ou un principe d'annobliffement deviendroient motifs d'humiliation? comme c'eft un abus funefte de tolérer les ufurpateurs ou de favorifer les intrus, n'eft-ce pas une injuftice fenfible d'éternifer les noviciats?

Les preuves des écuyers & des pages du roi & de la reine, fe font devant M. le préfident d'Hozier.

6°. *Les écuyers & pages de la petite écurie, pages de la chambre du roi; écuyers & pages de la reine*, ne font tenus depuis fept à huit années de prouver que 200 ans, enforte que le noble qui n'aura de titres ou d'ancienneté que jufqu'en 1584, ceffera l'année prochaine d'être inadmiffible. Il paroît que ces preuves jadis fixées, comme les précédentes, à 1550, ont été réduites ou changées par des principes analogues à ceux que nous venons d'expofer, & que nous avons développés, il y a quelques années, dans des ouvrages d'une certaine étendue.

7°. *Ecuyers & pages de Monfieur & Madame*, ainfi que de Monfeigneur le comte d'Artois, 200 ans. Le généalogifte actuel de L. L. A. A. R. R. eft M. le Maître, fucceffeur de M. l'abbé de Gevigney, maintenant garde du cabinet des généalogies de la bibliothèque du roi, & connu dans la république des lettres par l'hiftoire des Sires de Salins.

8°. *Ecuyers & pages des maifons d'Orléans & de Condé*; mêmes preuves qu'à la grande écurie du roi, c'eft-à-dire jufques & compris 1550. L. L. A. A. S. S. ont confervé l'ancienne règle, & chargé M. Cherin de l'examen de ces preuves.

9°. *Ecuyers & pages de Monfeigneur le Duc de Penthièvre*; 200 ans qui fe prouvent chez M. le préfident d'Hozier.

Peut-être feroit-il à defirer que la règle des preuves fût uniforme pour toutes ces écoles de pages, pour tous ces jeunes gens que les rapports de lieux, de fang, & d'état mettent continuellement enfemble. Mais une remarque plus frappante, eft celle de la preuve du premier ordre (celui du S. Efprit), plus que doublée par celle d'un ordre fecondaire comme celui de S. Lazare. Par ces mots *premier* & *fecondaire*, nous diftinguons le rang & non la date.

10°. Pour S. Cyr, 140 ans devant M. le préſident d'Hozier.

11°. Pour les chevaux-légers de la garde, 100 ans devant M. Cherin. Pour être garde du roi, il fuffit d'être noble & d'en apporter un certificat ſigné de quatre gentilshommes, dont un officier du corps.

12°. Pour l'école militaire, quatre générations, y compris le préfenté. Cette preuve ſe fait chez M. d'Hozier de Serigny.

13°. Pour les emplois de début au ſervice, tels que fous-lieutenances pour les troupes de terre, & places d'aſpirant pour la marine, quatre *degrés* ainſi qu'à l'école militaire.

La déciſion du roi diſpenſe de preuves, les fils de chevaliers de S. Louis; une lettre interprétative du miniſtre, en diſpenſe également les petits-fils, quand les pères de ceux-ci ont ſervi quelques années. Ces louables modifications ont complété l'excellence d'une loi bien précieuſe. Jointes à la compoſition toujours ſubſiſtante des officiers de fortune, elles laiſſent pluſieurs portes ouvertes au mérite dénué de naiſſance, ainſi qu'aux annobliſſemens prévus par la déclaration de 1750. De plus, le reſte de la bourgeoiſie notable, ſans avoir le droit de débuter dans les troupes du roi, par un commandement ſur aucun de leurs concitoyens, conſerve l'avantage de pouvoir entrer dans la gendarmerie avec rang d'officier, avantage qui, même pour la diſtinction ou conſolation des ſimples ſoldats, n'appartenoit jadis qu'à des nobles.

Cette preuve pour le ſervice, ainſi que toutes les précédentes, exige la production des originaux. Elle ſe fait devant M. Cherin : un de ſes principaux avantages, eſt de tenir lieu d'une recherche ou réformation de nobleſſe avec moins d'inconvéniens que ces ſortes d'opérations n'en ont ordinairement. Elle eſt d'ailleurs conforme aux anciens réglemens ſur le militaire françois. *Voyez*, entr'autres, *les ordonnances de* 1575 & 1579, pour les hommes d'armes & les archers. *Voyez* auſſi les *Recherches hiſtoriques ſur l'ancienne gendarmerie*, par le vicomte d'Alès de Corbet; l'éloquent & judicieux *Examen du développement du ſyſtème de la nobleſſe commerçante*, par le marquis de Vento Deſpennes; pluſieurs paſſages des *diſcours politiques & militaires*, de la Noue Bras-de-fer; du *Traité de Tactique*, de Joly-Maizeroy; des *Nouvelles conſtitutions militaires*, du comte de la Noue de Vair, &c. Montaigne a tranché toutes les difficultés, en diſant que le mérite doit l'emporter ſur tout le reſte; mais qu'à mérite égal, certaines places doivent s'accorder de préférence à la nobleſſe.

Pour en revenir aux moyens d'aſſurer plus complétement l'effet ſalutaire que le gouvernement a lieu d'attendre de la juſte & bienfaiſante réſurrection des anciens principes opérée par la déciſion

royale du 22 mai 1781; il eſt certain que tant qu'il n'exiſtera point de tribunal héraldique compétent pour tout le royaume, un commiſſaire noble & juré dans chaque province, ou même dans chaque diocèſe, rempliroit mieux les auguſtes intentions de S. M., que ne pourra le faire un ſeul homme pour toute la nation, ſur-tout lorſque ce ſeul homme eſt déjà chargé d'autres détails extrêmement laborieux. M. Diderot compare ingénieuſement les manuſcrits oubliés chez un cenſeur, avec ces pauvres ames errantes ſur les bords du Styx, qui prioient long-temps Caron de les paſſer. N'en pourroit-on pas dire autant de cette foule de titres gaſcons, provençaux, normands, lorrains, picards, alſaciens, francs-comtois, flamands, bas-bretons, &c. qui riſquent de moiſir dans la pouſſière avant d'obtenir leur tour à l'examen du ſeul juge en ce point de toute la nobleſſe d'un royaume, d'environ 36000 lieues quarrées? Quels que ſoient ſes talens, ſa délicateſſe & ſon activité, je ne croirois pas l'offenſer par l'application de ces paroles de Jethro à Moyſe : *ultrà vires tuas eſt negotium ; ſolus illud non poteris ſuſtinere, exod. xviij. 18.* Ces conſidérations ont fait prendre aux états de Bretagne le 17 janvier 1783, une délibération très-motivée, dont l'auteur de cet article a rendu compte dans le *n°. xj de la gazette des tribunaux* de 1783, après en avoir dit un mot dans le *n°. ix du journal de littérature* de la même année. Ce n'eſt peut-être qu'en France que le procèsverbal ou certificat d'un généalogiſte eſt nul auprès de ſon confrère, ſouvent même auprès de ſon ſucceſſeur. Soit hoſpitalité, ſoit politique, la nobleſſe étrangère a, dans ce genre, beaucoup d'avantages ſur la nobleſſe nationale. Une pancarte, une atteſtation du généalogiſte de ſon pays, ſuffit pour lui procurer à la cour un rang que n'obtiendroit pas le gentilhomme françois arrivant de province avec les meilleures maintenues, même de cours ſouveraines, s'il n'y joignoit les titres juſtificatifs. Puiſque c'eſt une juſtice d'aſſurer l'état du noble Irlandois, Anglois, Ecoſſois, Allemand, Portugais, Eſpagnol, Hongrois, Suédois, Pruſſien, Ruſſe, Italien, &c. n'en ſeroit-ce pas une d'éviter au noble François cette néceſſité de reproduction continuelle, qui ſembleroit rendre ſon état douteux & précaire? Encore faut-il ſouvent que ce bon gentilhomme & bon François, calme les ſcrupules des généalogiſtes, en payant les voyages d'un vérificateur de leur choix, dans les divers cantons & dépôts où ſont leurs minutes ſi elles exiſtent encore. Auſſi pour les nonfavoriſés, rien de plus difficile & de plus diſpendieux, que certaines preuves gratuites. *Experto crede Roberto.*

14°. MM. de la Croix & Tiron poſſèdent & méritent la confiance de *l'ordre de Malthe*, pour les mémoriaux de preuves dans le grand-prieuré de France. Mais cet ordre, ainſi que les grands chapitres, n'a proprement de vrais généalogiſtes, que les commiſſaires tirés de ſon propre ſein. Cet ordre, plus heureux ou plus ſage que pluſieurs de ces chapitres, a confervé la preuve des quartiers, que ceux-ci ont changée en plus longue afcendance directe, comme fi, généalogiquement parlant, la pureté n'équivaloit pas au moins à l'ancienneté; comme fi par-tout, & principalement entre les familles de l'ordre unique & indivifible de la nobleffe, l'efprit de fraternité ne convenoit pas mille fois mieux que les prétentions ou les chocs de la rivalité; comme fi enfin la méthode qui tend à réunir les races, ne l'emportoit pas fur celle qui les ifole ou les divife? Jadis les méfalliés étoient exclus des tournois & de la chevalerie. Hélas! qui ne béniroit ces modernes rapprochemens de conditions & de familles, fi les nouveaux liens du fang n'avoient d'autre but que de raffurer l'antique fraternité des hommes! Mais, qui ne gémiroit, fi les progrès du luxe & de la cupidité, croiffoient au point que l'or feul nivellât ou confondît les rangs, tandis qu'on enleveroit cette propriété à l'amitié, le plus noble & le plus délicieux des fentimens, à l'amour, la plus ardente & la plus excufable des paffions? Que de nobleffe languiffante & flétrie fous le poids de la mifère fortiroit enfin de fon ignominieufe inutilité, de fon involontaire inaction, fi des parens riches, mais dont l'ame a contracté la dureté du métal qu'ils ont recherché, ne la perdoient de vue depuis les alliances qui prouvent l'abaiffement d'un ordre, l'élévation de l'autre, peut-être les malheurs & les écarts de tous deux?

Non moins partifan qu'Horace, Montaigne & Montefquieu, des fyftêmes tempérés & mitoyens, nous approuvons dans l'ordre de Malthe jufqu'aux exceptions par lefquelles il modifie fa noble règle. Ainfi nous fommes loin de reprocher la difpenfe de quelques quartiers, fur-tout lorfque ce *déficit* eft racheté par quelques décorations particulières des quartiers exiftans. Notre fincérité préferve nos louanges de reproche d'adulation, comme elle garantira les remarques fuivantes du foupçon de fatyre.

Ne devroit-il pas fuffire pour la preuve teftimoniale & littérale des huit quartiers, de joindre une atteftation de deux ou quatre gentilshommes à la production des titres, foutenue foit de jugemens de maintenue, foit d'autres procès-verbaux reçus compétemment. N'eft-ce pas une méthode abufive d'exiger la révifion des greffes, des paroiffes, des notariats, en un mot de toutes les minutes d'actes civils & eccléfiaftiques; enforte que la multiplicité ruineufe des commiffions rogatoires, bien plus encore que les brefs difpendieux de minorité, éloigne fouvent de la concurrence aux places de Malthe des familles du nombre de celles qui, dans l'efprit de l'inftitution de cet ordre militaire & hofpitalier, feroient le plus dans le cas d'y prétendre? On fait tel gentilhomme dont les huit quartiers font tous d'ancienne extraction avec les plus hautes confanguinités, & qui, vu le nombre de fes enfans, feroit heureux d'en faire un chevalier de Malthe, où fon nom, décoré d'ailleurs, ne paroîtroit point pour la première fois. Mais c'eft en vain qu'à force

de dépenfes, de travail & de foins, il a raffemblé les actes des huit familles prefque toutes de provinces différentes. N'ayant hérité de fes ancêtres, & de ceux de fa femme, guère d'autres fucceffions que l'honneur, il ne pourra fatisfaire à cette forme écrafante de fept ou huit commiffions particulières, qui coûteroient le quadruple de fix brefs de difpenfe, enforte que fi fes enfans ne fe relèvent par une méfalliance économique, difparate avec tous les mariages qu'il trouve dans les lignes de fon père, de fa mère, de fon beau-père & de fa belle-mère, fon arrière-poftérité pourra fouffrir encore de l'inconféquence d'un fyftême, qui pour une des plus célèbres chevaleries, vend à la richeffe moins noble des difpenfes de preuves, & ne cède pas à la nobleffe moins riche des difpenfes de frais.

Peut-être objectera-t-on la jufte néceffité des précautions à prendre contre les rufes journalières des ufurpateurs & des fauffaires? A Dieu ne plaife auffi que ces franches réclamations répétées à deffein contre un excès révoltant de formalités nuifibles, tendent à favorifer le plus légèrement les tentatives de la fraude. Sans trop chicaner ou vexer la vraie nobleffe, ne fe mettra-t-on pas à l'abri de toute furprife en exigeant d'elle non plus les ruineux voyages, commiffions & tranfports à chaque dépôt des minutes de titres dont elle préfentera des groffes & des expéditions en bonne forme; mais l'atteftation de l'intendant ou du fubdélégué général de chacune des généralités dans le diftrict de laquelle aura été maintenu chacun des quartiers, laquelle atteftation porteroit qu'on ne fait rien de contraire ou de préjudiciable à la nobleffe de telle ou telle famille, depuis l'arrêt ou l'ordonnance de maintenue rendue à telle époque? Dans les pays d'états, un de leurs principaux officiers pourra fuppléer l'intendant pour ces fortes de certificats, auxquels on joindra toujours celui de deux ou quatre gentilshommes, qui fe deshonoreroient, ainfi que ces perfonnes en place, s'ils avoient la baffe complaifance de figner un faux. On voit donc qu'avec de tels garans, on ne fera point compromis d'accepter des groffes ou même des expéditions en bonne forme, & des extraits de paroiffe revêtus de légalifation, en fe difpenfant de courir les églifes, les greffes & les notariats des différentes provinces. C'eft alors que l'ordre de Malthe remplira le double but d'affurer les preuves de fes membres, & de les dégager de cet appareil & entaffement de difficultés, qui, fans ajouter à la valeur des titres, forcent, comme nous l'avons dit & comme nous pourrons le répéter encore, l'ancienne nobleffe à plus de dépenfes pour fe conftater, qu'il n'en coûte à la nouvelle pour s'acheter.

15°. C'eft cette ancienne nobleffe qui, avec plus ou moins de preuves maternelles, doit être admife à Maubeuge, Remiremont, Denain, Brioude, Lyon, S. Claude, Pouffay, Neuville, Epinal, Largentière, &c. *L'état du clergé* ou *la France eccléfiaftique*, préfente affez fidèlement le genre de preuves requises dans la plupart des chapitres subsistans sous la domination du roi. Plusieurs, tels que Neuville, Poussay, Largentière, &c. ont donné un bel exemple de franchise & de publicité sur leur manière de produire & de recevoir les titres. Mais l'espèce de mystères que quelques autres affectent sur la méthode de leurs preuves, le louche & l'irrégularité de leurs formulaires manuscrits, leur ignorance des vrais principes en fait de noblesse, ignorance qui leur a fait commettre bien des *qui pro quo* dans le choix de leurs admissions & de leurs interlocutions; toutes ces défectuosités leur rendent très-applicable ce 37ᵉ verset du xjᵉ chapitre de S. Luc: *Nemo lucernam accendit, & in abscondito ponit, neque sub modio: sed suprà candelabrum, ut qui ingrediuntur lumen videant.*

Il seroit à souhaiter que tous ces établissemens, à l'exemple de celui de Maubeuge parmi les chepitres à quartiers, & de celui de Metz parmi les chapitres de simple ascendance paternelle, présentassent un asyle, une perspective, un sort honorable, sans exiger de vœux indiscrets. Il faudroit qu'on ne perdît jamais de vue que l'esprit des fondateurs & fondatrices, notamment celui de sainte Aldegonde, a réservé ces ressources pour les rejettons de la noblesse militaire & nécessiteuse. On peut avoir des services militaires sans prétendre à la noblesse, mais non pas une ancienne noblesse sans qu'elle n'annonce des services militaires. Ceux-ci consistoient principalement dans le service féodal, qui présume & suppose la profession des armes, tandis que cette profession, telle qu'on l'entend aujourd'hui, ne suppose jamais nécessairement ni la noblesse ni la possession ancienne des fiefs militaires. Considérons encore qu'une qualification, qu'un acte valables, légitimes & nobles dans leur pays, le sont par-tout, ce qui tient au droit naturel. Ainsi ne manquons jamais dans une preuve, d'avoir égard aux circonstances de lieux, de temps, d'usages & de personnes. N'exigeons même pas trois actes pour chaque degré, quand deux ou même un seul seront en forme probante, établissant noblesse & filiation, sur-tout pour les temps reculés. Pour les preuves de l'Ecole-militaire, du service, de S. Cyr, des pages, des écuyers, des ordres & des honneurs de la cour, des assemblées d'états, bien qu'il seroit à désirer par la multitude de puissans motifs exposés & développés ci-dessus, que le certificat ou procès-verbal d'un généalogiste ne fût pas nul pour l'autre; cependant pour tous ces objets on peut, à toute force, donner une couleur presque plausible à l'usage ou plutôt à l'abus de représenter les originaux déja visés; & l'excuse de cette méthode sera sensible, parce que dans ces cas il n'est question que de la seule ascendance paternelle. Mais pour une preuve à *quartiers*, devenue si rare & si difficile en France, il est de la justice & de l'intérêt des chapitres de s'attacher les races qui peuvent la fournir, & cela d'une manière qui n'ait rien de choquant pour d'autres races illustres & anciennes.

Ce n'est pas à la noblesse à s'entre-déchirer, à s'entre-humilier, à provoquer par de misérables rivalités & divisions l'espèce de ruine qui la menace de toutes parts. Ils ne doivent donc être ni plus sévères ni plus faciles que la loi. Et pour écarter la chicane ou l'arbitraire, autant que la fraude & l'usurpation, ils doivent avoir un réglement clair, précis & inviolable, qui du premier coup-d'œil, enseigne à tout gentilhomme de quoi il sera ou ne sera pas susceptible en matière chapitrale. En attendant la manifestation de ce réglement si desirable, nous allons soumettre aux lumières de nos lecteurs, le canevas ou l'apperçu d'un projet que quelques-uns d'eux pourront corriger & faire valoir auprès du gouvernement. Sa majesté, dont l'attention paternelle veille sans cesse sur tous les ordres & tous les corps de ses états, croira peut-être ne pouvoir mieux concilier le lustre respectif & souvent commun des chapitres à fortes preuves, & de l'ancienne noblesse, qu'en dégageant les productions de celle-ci de formalités inutiles, vagues & arbitraires, qui sans rien ajouter à l'authenticité & à la décoration des preuves, en augmentent prodigieusement l'embarras, la dépense & la difficulté. Voici donc l'esquisse de notre plan.

ART. I. Les membres des chapitres, capitulairement assemblés avec leurs conseils, continueroient d'être juges des preuves qui seroient préliminairement examinées par les officiers du chapitre. Lorsqu'un seul titre en bonne forme & hors de soupçon justifieroit clairement noblesse & filiation, l'on pourroit s'en contenter sans en exiger de rigueur un plus grand nombre sur le *degré*. S'il survenoit des altercations généalogiques entre les familles & le chapitre, sa majesté se réserveroit à les décider en son conseil, où, pour ces cas seulement, seroient appellés conjointement le juge d'armes de France, le généalogiste de la cour, & le garde des généalogies de la bibliothèque du roi. Leurs vacations seroient payées par la partie qui succomberoit.

ART. II. Les preuves seroient de huit quartiers de noblesse, dont quatre du côté paternel & quatre du côté maternel, en remontant jusqu'à la neuvième génération, à partir inclusivement du sujet présenté pour les ascendans des deux lignes directes du père & de la mère, & simplement à 200 ans, à compter du jour de sa naissance pour les six autres quartiers.

ART. III. Ceux qui sur les huit quartiers n'en auroient que sept, que six, & même que cinq de francs, seroient encore admissibles en rejettant à leur choix partiellement sur les bons quartiers une addition solidaire, qui augmenteroit au moins d'un tiers le nombre d'années qu'auroient de moins les quartiers non nobles ou pas assez nobles. Si par hasard il manquoit deux quartiers, ce qui feroit 400 ans, il faudroit les remplacer par six siècles ainsi repartis sur les bons quartiers.

ART. IV. Ceux qui auroient moins de cinq quartiers sur les huit, seroient encore admissibles à la

preuve & aux chapitres, fous les conditions fuivantes.

Si leur mère avoit huit générations de noblesse,
ils remonteroient l'ascendance paternelle à l'année
1399, sans vestige d'annoblissement ultérieur. Si la
mère avoit moins de huit générations, mais étoit
au moins arrière-petite-fille d'annobli, ils remonteroient la ligne directe paternelle à 1349, toujours
sans commencement connu, même au-delà.

Si la mère n'étoit que fille d'annobli, ils remonteroient dans la même forme à 1299. Si la mère
n'étoit point noble, mais seulement fille de rou-
rier, possédant par charges de robe ou d'épée la
noblesse personnelle, ils remonteroient dans la même
forme à 1249. Enfin, si la mère est d'une roture
inférieure, ils porteront leur preuve paternelle à
1199.

Il est bien entendu que si dans un de ces cas,
la mère étoit fille ou petite-fille de demoiselle noble,
chaque quartier qu'elle pourroit fournir ainsi lui
seroit compté, & diminueroit d'autant la nécessité
d'augmenter l'ascendance paternelle du sujet présenté; ces combinaisons qui ne prononcent de l'exclusion contre personne, tendent à compenser les
alliances & l'antiquité. Hormis ces cas de balance
& de compensation, on ne fixera jamais une époque irrévocable, & tout annoblissement de date
antérieure au nombre d'années ou de générations
nécessaires, ne sera jamais sujet d'obstacle ni de
reproche. Celui qui écrit ceci, pense que l'expression sans annoblissement, ne doit s'entendre que du
nombre de siècles ou de degrés exigés, sans qu'il
convienne de fouiller au-delà, pour les sujets qui
n'auroient rien de plus à produire, parce qu'un titre
d'annoblissement ne doit pas être un motif perpétuel d'humiliation. Cette observation, dictée par la
justice & l'impartialité, est d'autant moins suspecte
de sa part, qu'il jouit du chétif & fortuit avantage
de l'ancienne extraction sur chacun de ses huit quartiers, lesquels remontés à douze degrés en forme
probante, lui forment une preuve solidaire de 96
degrés nobles, sans vestige de commencement. Mais
il n'ignore pas que ces douze mêmes générations
donneroient 2048 quartiers, parmi lesquels il se trouveroit vraisemblablement des rois & des esclaves.
Hommes de tous les climats, de toutes les nations,
de tous les rangs, ne perdez jamais de vue l'identité de votre origine, l'unité de votre espèce, la
fraternité de vos familles!

Art. V. Les familles auroient l'option du genre
de preuves qu'elles se proposeroient de faire; &
dans aucun cas, l'on ne seroit plus difficile ni plus
relâché que la loi. Ce ne seroit qu'après avoir été
admises à produire, que les familles seroient tenues
de déclarer leur genre ou choix de production. Le
nombre des chanoines & chanoinesses honoraires
seroit illimité; & sauf le seul cas de mœurs ou
d'actions scandaleuses (cas peut-être impossible,
puisqu'on ne recevroit que depuis 5 jusqu'à 15 ans),
l'on ne refuseroit l'agrément de faire ses preuves

à aucun des sujets qui se présenteroient pour obtenir ce titre & cette décoration, bien entendu que
nul ne seroit de deux chapitres à la fois.

Art. VI. Les prébendes seroient toujours à la
nomination de l'abbesse & de l'abbé ou doyen,
suivant le sexe du chapitre, lesquels prendroient
l'avis préalable du chapitre. Mais afin de remplir
l'esprit & le but de ces établissemens consacrés à
la portion la moins riche de la noblesse la plus
pure, toute demoiselle & tout gentilhomme proposés pour ces prébendes, attesteroit, ainsi que
deux des gentilshommes qui, conformément à
l'article 10 ci-dessous, auroient vérifié la noblesse
de ses quartiers, qu'elle ou qu'il n'a pas 1050 livres
de rente. Et tout sujet prébendé, à qui des successions ou d'autres circonstances viendroient à procurer d'ailleurs un revenu excédent 3400 livres,
se démettroit sur le champ de sa prébende, & deviendroit simple honoraire. Dans tous les cas de
concurrence, à parité de preuves & de mérite,
on donneroit la préférence au plus pauvre.

Art. VII. Dans les chapitres exempts de vœux
(& il seroit à desirer qu'ils le fussent tous), les
seuls sujets prébendés seroient assujettis à résidence,
laquelle, passé l'âge de 25 ans, ne seroit que de
quatre mois par an. Les honoraires seroient libres
de demeurer où ils voudroient. Mais quand ils se
trouveroient au chapitre, ils auroient également
séance & voix délibérative à toutes les affaires &
assemblées, pourvu qu'ils eussent l'âge de 21 ans
accomplis.

Art. VIII. Et comme la publicité de ce réglement peut adapter à toutes les provinces, & géné-
raliser dans tout le royaume, des institutions, qui
jusqu'à présent paroissent n'être utiles & connues
que dans un petit nombre de cantons assez bornés;
sa majesté pourroit achever d'ôter toute espèce d'arbitraire dans le genre & la forme des preuves, en
ordonnant que dans toutes celles où se trouveroit
l'ancienneté requise, on ne fît aucune difficulté
sur les qualités plus ou moins illustres, pourvu
qu'elles suffisent à constater la noblesse. Et comme
il est notoire que beaucoup d'anciens gentilshommes
ont servi l'état dans la magistrature, pendant que
leurs parens de même nom & armes, nom & armes, suivoient la carrière des armes; sa majesté qui n'entendroit nourrir aucune rivalité entre ces deux professions importantes, statueroit que les degrés de
robe passassent comme ceux d'épée, pourvu que
d'ailleurs leur état & leurs qualités de noblesse fussent articulés & constatés dans les actes.

Art. IX. Chaque degré de chaque quartier se
prouveroit par les actes, soit publics, soit d'église,
ordinairement reçus en matière généalogique. Mais
c'est ici que sa majesté viendroit au secours d'une
portion très-précieuse & souvent peu-fortunée de
sa noblesse, en dispensant de reproduire les actes
& degrés déjà relatés dans des procès-verbaux de
preuves, dressés compétemment, soit par d'autres
chapitres, corps, assemblées ou collèges de no-

bleſſe, ſoit en jugemens & arrêts de maintenue; ſoit par les généalogiſtes ou des ordres ou de la maiſon de ſa majeſté : leſdits procès-verbaux ſeroient admis reſpectivement dans tous les corps, ordres & chapitres où ſe fait la preuve des quartiers, ſans néceſſité d'autres titres pour le nombre de générations qu'ils rapporteroient, bien entendu que les familles produiſantes auxdits corps, ordres & chapitres, établiroient leur jonction avec les ſujets produiſans deſdits procès-verbaux. Cette méthode ſimplifiante & légitime, ſur laquelle nous avons cru devoir nous permettre beaucoup d'inſtances & de répétitions, conviendroit également à l'ordre de Malthe, où les vices de la forme actuelle ont quelquefois rendu plus diſpendieuſe la preuve d'un quartier noble, que la diſpenſe d'un quartier de roture, où même ils ont forcé plus d'une fois de payer des brefs pour des quartiers réellement plus nobles & plus anciens que d'autres, ſur leſquels il n'y avoit pas eu de difficulté.

Art. X. Par ſurabondance à la preuve littérale, au moins deux gentilshommes non néceſſairement de familles chapitrées, mais indiſpenſablement de la province de chaque quartier, certifieroient implicitement, ſous leur cachet & ſignature, qu'ils ne connoiſſent ni dérogeance, ni rien de contraire à la bonne & ancienne nobleſſe de ce quartier.

Art. XI. Et pour donner une marque inconteſtable & notoire du reſpect qu'ils ſe doivent à eux-mêmes, aux chapitres, à la nobleſſe & au public; tous les ſujets, dont les preuves auroient été admiſes, ſeroit tenus de faire imprimer leur mémorial juſqu'au nombre d'exemplaires au moins ſuffiſant pour les diſtributions ſuivantes.

A l'abbé ou à l'abbeſſe, c'eſt-à-dire au ſupérieur ou nominateur quelconque, un.

Tant aux dignitaires qu'aux principaux officiers du chapitre, ſix.

Bibliothèque du roi, un

Chancelier de France, un.

Doyen des maréchaux de France, un.

Doyen des pairs du royaume, un.

Miniſtre de la guerre, un.

Miniſtre de la marine, un.

Gouverneur de la province de la ligne directe ou du premier quartier paternel, un.

Premier préſident du parlement de la même province, un.

Procureur général du roi audit parlement, un.

Même ordre pour la cour des aides, ſi elle eſt différente du parlement, deux.

Intendant de la généralité de ladite province, un.

Evêque ou archevêque du dioceſe où eſt né le ſujet, un.

Juge d'armes de France, un.

Généalogiſte de la cour, un.

Directeur de la gazette de France, qui annonceroit la réception, un.

Le total monte à vingt-trois exemplaires paraphés, outre ceux que les familles ſeroient libres de donner

à volonté. De cette manière, il eſt évident que ſi, par impoſſible, quelque famille avoit employé des moyens de fraude ou d'uſurpation, elle en recevroit le châtiment convenable par la honte qui réſulteroit tôt ou tard de la publicité de ſa preuve.

Terminons ce tableau des preuves, qui ſe font en France, par l'expoſition de celles qu'exigent les pays d'états, pour ceux qui veulent y voter comme nobles. On ſe renferme ici dans les loix & uſages du royaume, parce qu'au mot NOBLESSE, on parlera ſuccinctement des pays étrangers qui nous intéreſſent moins.

Languedoc, environ 380 ans, avec baronnie.

Bretagne, ou la plus mince poſſeſſion, ou ſeulement ſoit mariage, ſoit naiſſance, ſoit origine dans le pays, avec cinq générations qu'il faut doubler ou tripler ſi l'on veut y recevoir une reconnoiſſance d'extraction de chevalerie, laquelle eſt néceſſaire pour concourir à certaines charges & pour jouir de la préſidence attachée aux hautes baronnies.

Bourgogne, cinq générations avec un fief.

Aſſemblées provinciales, formées ſous le miniſtère de M. Necker, cinq générations avec quelques biens fonds.

Artois, ſept générations, avec une terre à clocher.

Béarn, ſimple annobli avec une ſeigneurie.

Il eſt peut-être inutile de parler des aſſemblées éphémères de Provence, de Cambrai, &c. non plus que du ſyndicat de la nobleſſe de Dauphiné, dont les états reſtent ſuſpendus comme ceux de Normandie, &c.

P. S. Le projet d'un tribunal héraldique me paroiſſoit ſi convenable, ſi ſimple & ſi naturel lorſque je l'ai formé, que je n'avois nul doute que la même idée n'en fût tombée dans quelques bons eſprits. Ces conjectures ſe ſont réaliſées d'abord dans pluſieurs converſations avec des hommes recommandables par leurs places & leurs lumières; en ſecond lieu, lors de la communication qui m'a été faite depuis peu de jours d'un manuſcrit de M. le Baron de Bordes du Châtelet, qui plus récemment encore (août 1783.) vient d'en faire imprimer une partie ſous le titre de *Mémoire au gouvernement en faveur de la nobleſſe de France, ſur la néceſſité d'établir un tribunal héraldique, un dépôt général & un maréchal d'armes.* Ce reſpectable gentilhomme, avec qui je me félicite bien de m'être rencontré ſur le point capital d'une cour ſouveraine généalogique, jugera lui-même à la lecture de cet article, par quels motifs je diffère de ſon opinion dans les détails de cette inſtitution, dans la compoſition de ce tribunal, & ſur-tout dans le tableau préliminaire de l'antiquité, de l'origine & de l'état de la nobleſſe. Cette diverſité d'avis partiels n'altère aucunement l'accord de nos ſentimens & de nos principes généraux ſur les moyens eſſentiels de prouver & de maintenir cette nobleſſe, dont la deſtination politique, les prérogatives patrimoniales & les devoirs civils intéreſſent toute la ſociété, dont les membres ſont faits pour allier la juſtice au courage, l'élevation à la modestie, & doivent, comme l'a dit M. le comte du Buat, être aussi exempts de servitude physique, qu'esclaves de besoins moraux.

DEGRÉ *de parenté*, c'est la distance qui se trouve entre ceux qui sont joints par les liens du sang. On la nomme aussi *degré de lignage*, si ce n'est que par ce terme on ne veuille exprimer plus particuliérement le *degré* qu'on occupe dans la ligne.

La connoissance des *degrés de parenté* est nécessaire pour régler les successions, & pour les mariages.

Dans quelques coutumes, comme en Normandie, on ne succède que jusqu'au septième *degré* inclusivement; mais suivant le droit commun, on succède à l'infini, pourvu que l'on puisse prouver sa parenté, & que l'on soit le plus proche en *degré de parenté*.

Les mariages sont défendus entre parens jusqu'au quatrième *degré* inclusivement.

Les titres que l'on donne à chacun de ceux qui forment les *degrés*, sont les mêmes dans le droit civil & dans le droit canon, tant en directe qu'en collatérale.

En ligne directe ascendante, les *degrés* sont les pères & mères, les aïeux & aïeules, les bisaïeux, trisaïeux, quatrièmes aïeux, & ainsi en remontant de *degré* en *degré*.

En ligne directe descendante, les *degrés* sont les enfans, petits-enfans, arrière-petits-enfans, &c.

En collatérale, les *degrés* ascendans sont les oncles & tantes, grands-oncles & grandes-tantes, &c. en descendant, ce sont les frères & sœurs, les neveux & nièces, les petits-neveux, arrière-petits-neveux, cousins-germains, cousins issus de germains, cousins arrière-issus de germains, &c. On désigne ordinairement les différentes générations de cousins, en les distinguant par le titre de *cousins au second, troisième, quatrième, cinquième* ou *sixième degré*, &c.

Il y a deux manières de compter le nombre des *degrés de parenté*, savoir, celle du droit romain & celle du droit canon; la première est observée pour les successions, & la seconde pour les mariages.

Les *degrés* en ligne directe se comptent de la même manière, suivant le droit civil & le droit canon. On compte autant de *degrés* qu'il y a de générations, dont on en retranche néanmoins toujours une, de sorte que le père & le fils sont au premier *degré*, attendu qu'ils ne font successivement que deux générations, dont il faut retrancher une pour compter une *degré* relatif de parenté. De même l'aïeul & le petit-fils sont au second *degré*, parce qu'il y a entre eux trois générations, l'aïeul, le fils & le petit-fils; le bisaïeul & l'arrière-petit-fils sont par conséquent au troisième *degré*, & ainsi des autres. Cela s'appelle *compter les degrés par générations*, au lieu qu'il y a certaines matières où

les *degrés* se comptent par têtes, comme dans les substitutions.

La manière de compter les *degrés de parenté* en collatérale, suivant le droit civil, est de remonter de part & d'autre à la souche commune de laquelle sont issus les parens dont on cherche le *degré*; & l'on compte autant de *degrés* entre eux qu'il y a de personnes, à l'exception de la souche commune, que l'on ne compte jamais; c'est pourquoi il n'y a point de premier *degré de parenté* en ligne collatérale.

Ainsi, quand on veut savoir à quel *degré* deux frères sont parens, on remonte au père commun, & de cette manière on trouve trois personnes; mais comme on ne compte point la souche commune, il ne reste que deux personnes qui composent le second *degré*.

Pour connoître le *degré de parenté* qui est entre l'oncle & le neveu, on remonte jusqu'à l'aïeul du neveu, qui est le père de l'oncle & la souche commune. On trouve, par ce moyen, trois personnes, sans compter l'aïeul, au moyen de quoi l'oncle & le neveu sont au troisième *degré*.

On compte de même les *degrés de parenté* entre les autres collatéraux, en remontant d'un côté jusqu'à la souche commune, & descendant de-là jusqu'à l'autre collatéral, dont on cherche le *degré* relativement à celui par lequel on a commencé à compter. De cette manière, les cousins-germains sont entre eux au quatrième *degré*, parce qu'en remontant de chacun d'eux, jusqu'à l'aïeul qui est la souche commune, on trouve quatre personnes sans compter l'aïeul.

Pour compter les *degrés* en collatérale, suivant le droit canon, il y a deux règles à observer.

L'une est que quand ceux dont on cherche le *degré de parenté*, sont également éloignés de la souche commune, on compte autant de *degrés* de distance entre eux transversalement, qu'il y en a de chacun d'eux à la souche commune.

L'autre règle est que quand les collatéraux dont il s'agit, ne sont pas également éloignés de la souche commune, on compte les *degrés* de celui qui en est le plus éloigné; ainsi l'oncle & le neveu sont parens entre eux au second *degré*, parce que le neveu est éloigné de deux *degrés* de son aïeul père de l'oncle, & ainsi des autres collatéraux.

Quand on veut mieux désigner la position de ces collatéraux, on explique l'inégalité de *degré* qui est entre eux, en disant, par exemple, que l'oncle & le neveu sont parens du premier au second *degré*, c'est-à-dire que l'oncle est distant d'un *degré* de la souche commune, & le neveu, de deux *degrés*, ce qui fait toujours deux *degrés* de distance entre eux.

Il eût sans doute été à propos de donner dans notre langue, des noms particuliers à tous les *degrés de parenté*. Dans la ligne directe ascendante, nous distinguons chaque *degré* d'ancêtres par le nom *d'aïeul*, d'*aïeul*, en ajoutant le terme numéraire qui défigne de combien font éloignées entre elles les deux perfonnes dont il s'agit : ainfi nous difons père, aïeul, bifaïeul, trifaïeul, &c. pour marquer le premier, le fecond, le troifième, le quatrième *degré* d'afcendance.

Dans la ligne directe defcendante, nous n'exprimons clairement que le troifième *degré*, auquel nous donnons le nom d'*arrière-petits-enfans*.

Dans la ligne collatérale, nous nommons les frères, les oncles, grands-oncles, les tantes, grandestantes, les coufins-germains, les coufins iffus de germains ; mais au-delà nous n'avons plus de termes pour exprimer les afcendans de cette ligne, & comme nous l'avons remarqué plus haut, nous diftinguons les coufins, en ajoutant du quatrième, du cinquième, du fixième *degré*.

Pour faire mieux comprendre ce que nous venons de dire fur la manière de compter les *degrés* en ligne directe & collatérale, nous allons mettre ici un tableau des *degrés de parenté*, fuivant le droit civil & le droit canonique.

Manière de compter les degrés en directe, fuivant le droit civil & canonique.

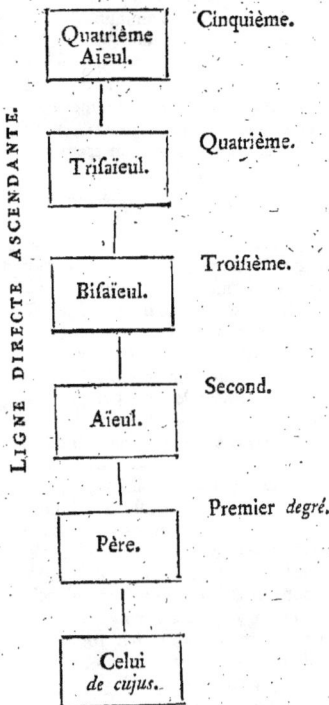

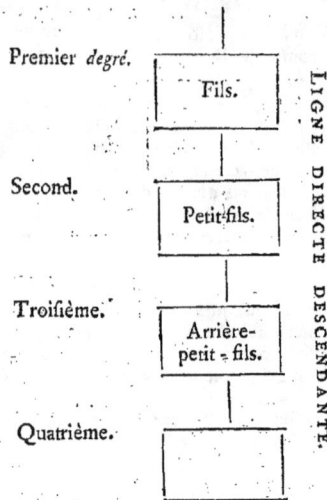

Manière de compter les degrés en ligne collatérale égale, fuivant le droit civil.

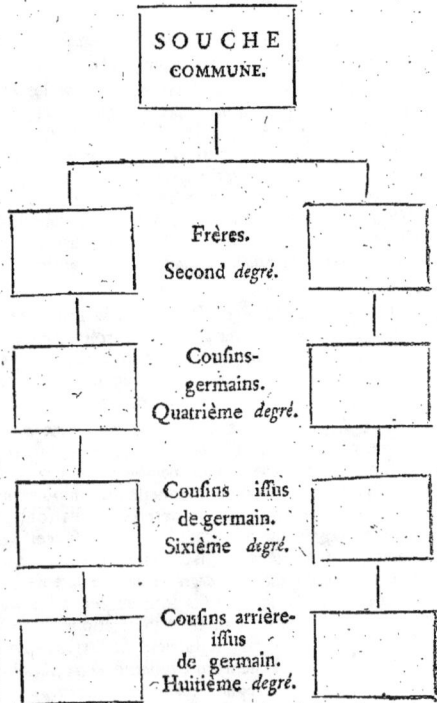

Manière de compter les degrés en collatérale, suivant le droit canon.

DEGRÉS *de substitutions*, sont les différentes parties de la durée des substitutions, laquelle se compte par *degrés*. Chacun de ceux qui recueillent la substitution, forme ce que l'on appelle un *degré*.

Les loix romaines n'avoient point fixé la durée des fidéi-commis, que nous appellons *substitutions*; elles pouvoient s'étendre à l'infini.

L'on en usoit aussi de même autrefois en France; mais l'ordonnance d'Orléans, faite en 1560, décida, art. 59, qu'à l'avenir les substitutions n'auroient plus lieu après deux *degrés*, non compris l'institution.

L'ordonnance de Moulins, en 1566, ordonna que les substitutions faites avant l'ordonnance d'Orléans, seroient restreintes à quatrième *degré*, outre l'institution & première disposition.

Dans les provinces qui ont été réunies à la couronne depuis les ordonnances d'Orléans & de Moulins, les substitutions peuvent encore s'étendre à l'infini, comme au parlement de Besançon & dans celui de Pau, & dans les provinces de Bresse, Bugey, Gex & Valromey.

L'ordonnance de 1629 est la première qui ait déterminé la manière de compter les *degrés* de substitution : elle porte, art. 124, qu'ils seront comptés par tête, & non par souches & générations; ensorte que plusieurs frères qui ont recueilli successivement la substitution, remplissent chacun un *degré*.

On observoit néanmoins le contraire au parlement de Toulouse.

La nouvelle ordonnance des substitutions ordonne l'exécution de celle d'Orléans ; &, en conséquence, que toutes substitutions, par quelque acte & en quelques termes qu'elles soient faites, ne pourront s'étendre au-delà de deux *degrés*, non compris l'institution, sans néanmoins déroger à l'article 57 de l'ordonnance de Moulins, par rapport aux substitutions qui seroient antérieures à ladite ordonnance.

Que dans les provinces où les substitutions auroient été étendues par l'usage jusqu'à quatre *degrés*, outre l'institution, la restriction à deux *degrés* n'aura lieu que pour l'avenir, & non pour les substitutions faites entre-vifs avant la publication de cette ordonnance; ou par testament, si le testateur est décédé avant ladite publication.

Enfin, que c'est sans rien innover, quant à présent, à l'égard des provinces où les substitutions n'ont pas encore été restreintes à un certain nombre de *degrés*, sa majesté se réservant d'y pourvoir par la suite. *Voyez* SUBSTITUTION. (*A*)

DEGRÉS *de succéder*, ou *de succession*, sont les *degrés* de parenté qui rendent habile à succéder. Le parent le plus proche du défunt en général, succède aux meubles & acquêts; celui qui est le plus proche en *degré* dans la ligne paternelle, succède aux meubles paternels; le plus proche de la ligne maternelle, succède aux propres de la ligne maternelle. *Voyez* ACQUÊTS, MEUBLES, PARENTÉ, PROPRES, SUCCESSION. (*A*)

DEGRÉS *dans les universités*, est une qualité que l'on confère aux étudians ou membres, comme un témoignage du progrès qu'ils ont fait dans les arts & les facultés : cette qualité leur donne quelques privilèges, droits, préséances, &c. *Voyez* UNIVERSITÉ, FACULTÉ, &c.

Les *degrés* sont à-peu-près les mêmes dans toutes les universités; mais les règles pour les obtenir, & les exercices qui doivent les précéder, sont différentes. Les *degrés* sont ceux de bachelier, de licencié & de docteur. Nous ne parlerons ici que des formalités dans l'université de Paris & dans celles d'Angleterre.

A Paris, après le *quinquennium* ou temps de cinq années d'étude, dont deux ont été consacrées à la philosophie, & trois à la théologie, le candidat, déjà reçu maître-ès-arts, & qui aspire au *degré* de bachelier, doit subir deux examens de quatre heures chacun, l'un sur la philosophie, l'autre sur la première partie de la Somme de S. Thomas, & soutenir pendant six heures une thèse nommée *tentative*. S'il la soutient avec honneur, la faculté lui donne des lettres de bachelier. On en reçoit en tout temps, mais plus communément depuis la S. Martin jusqu'à pâques. *Voyez* BA-CHELIER & TENTATIVE.

Le *degré* suivant est celui de licencié. La licence s'ouvre de deux ans en deux ans, & est précédée de deux examens pour chaque candidat, sur la seconde & la troisième partie de S. Thomas, l'écriture sainte, & l'histoire ecclésiastique. Dans le cours de ces deux ans, chaque bachelier est obligé d'assister à toutes les thèses, sous peine d'amende, d'y argumenter souvent, & d'en soutenir trois, dont l'une se nomme *mineure ordinaire*; elle roule sur les sacremens, & dure six heures. La seconde, qu'on appelle *majeure ordinaire*, dure dix heures; sa matière est la religion, l'écriture sainte, les conciles, & divers points de critique de l'histoire ecclésiastique. La troisième, qu'on nomme *sorbonique*, parce qu'on la soutient toujours en Sorbonne, traite des péchés, des vertus, des loix, de l'incarnation & de la grace; elle dure depuis six heures du matin jusqu'à six heures du soir. Ceux qui ont soutenu ces trois actes, & disputé aux thèses pendant ces deux années, pourvu qu'ils aient d'ailleurs les suffrages des docteurs préposés à l'examen de leurs mœurs & de leur capacité, sont licenciés, c'est-à-dire, renvoyés du cours d'études, & reçoivent la bénédiction apostolique du chancelier de l'église de Paris. *Voyez* LICENCE.

Pour le *degré* de docteur, le licencié soutient un acte appellé *vespéries*, depuis trois heures après midi jusqu'à six; ce sont les docteurs qui disputent contre lui. Le lendemain, il préside dans la salle de l'archevêché de Paris, à une thèse nommée *aulique*, *ab aulâ*, du lieu où on la soutient. Après quoi, il reçoit le bonnet de la main du chancelier de l'université, & six ans après, il est obligé de faire un acte qu'on nomme *resumpte*, c'est-à-dire, récapitulation de tous les traités de théologie, s'il veut jouir des droits & des émolumens attachés au doctorat. *Voyez* DOCTEUR & DOCTORAT.

Les facultés de droit & de médecine ont aussi leurs *degrés* de baccalauréat, de licence & de doctorat, qu'on n'obtient qu'après des examens, des thèses; & pour ceux qui se destinent à être membres de ces facultés, & quant aux fonctions académiques, par l'assiduité & l'argumentation fréquente aux actes publics. *Voyez* DROIT & MÉDECINE. La faculté des arts ne reconnoît que deux *degrés*; savoir, de bachelier ès-arts & de maître-ès-arts, qu'on acquiert par deux examens.

Dans les universités d'Angleterre, en chaque faculté, il n'y a que deux *degrés*; savoir, celui de bachelier & celui de docteur, qu'on appelloit anciennement *bachelier & maître*: & la faculté des arts n'en admet que deux, qui retiennent encore l'ancienne dénomination, savoir, bachelier & maître.

A Oxford, on ne donne les *degrés* de maître & de docteur qu'une fois l'an, savoir le lundi

après le 7 de juillet, & l'on fait pour cette cérémonie un acte solemnel.

Les frais du doctorat, dans toutes les facultés, se montent, tant en droits qu'en repas, à cent livres sterlings; & ceux de la maîtrise ès-arts, à vingt ou trente livres. On reçoit ordinairement, par an, environ cent cinquante docteurs & maîtres. *Voyez* DOCTEUR & MAÎTRE. On ne donne le *degré* de bachelier qu'en carême, & l'on en fait ordinairement deux cens par an. Il faut quatre ans d'études, pour prendre le *degré* de bachelier-ès-arts, & trois de plus, pour prendre celui de maître-ès-arts. *Voyez* BACHELIER.

A Cambridge, les choses sont à-peu-près sur le même pied. La discipline y est seulement un peu plus sévère, & les exercices plus difficiles. L'ouverture de ces exercices, qui répond à l'acte d'Oxford, se fait le lundi qui précède le premier mardi de juillet. On prend les *degrés* de bachelier en carême, en commençant au mercredi des cendres.

Ceux qui veulent prendre le *degré* de bachelier-ès-arts, doivent avoir résidé près de quatre ans dans l'université, & sur la fin de ce temps, avoir soutenu des actes de philosophie, c'est-à-dire, avoir défendu trois questions, de philosophie naturelle, de mathématiques ou de morale, & avoir répondu, en deux différentes occasions, aux objections de trois adversaires; ils doivent aussi avoir argumenté eux-mêmes trois fois. Après cela, le candidat est examiné par les maîtres & membres du collège, qui en font le rapport à l'université, & déclarent qu'il se présente pour recevoir les *degrés* dans les écoles. Il est ensuite sur les bancs pendant trois jours, afin d'y être examiné par deux maîtres-ès-arts députés à cet effet.

On ne donne le *degré* de maître-ès-arts que plus de trois ans après celui de bachelier. Durant cet intervalle, le candidat est obligé de soutenir trois différentes fois deux questions philosophiques, dans les écoles publiques, & de répondre aux objections que lui fait un maître-ès-arts; il doit aussi soutenir deux actes dans les écoles de bacheliers, & déclamer un discours.

Pour passer bachelier en théologie, il faut avoir été sept ans maître-ès-arts, avoir argumenté deux fois contre un bachelier, soutenu un acte de théologie, & prêché deux fois devant l'université, l'une en latin & l'autre en anglois.

Pour ce qui concerne le *degré* de docteur, *voyez* DOCTEUR & DOCTORAT.

Il ne sera pas inutile de faire ici une observation en faveur des personnes qui confondent ces deux manières de parler, *avoir des grades* & *avoir des degrés*, qui pourtant signifient des choses très-différentes: *avoir des grades*, c'est, en France, avoir droit à certains bénéfices, en vertu de temps d'études faites dans une université où l'on a reçu le titre de *maître-ès-arts*, ou celui de *bachelier, licencié* ou *docteur*, & avoir des degrés, c'est être simplement bachelier, licencié ou docteur, sans avoir aucun droit pour requérir ou posséder un bénéfice. Ainsi, l'expression *avoir des grades*, s'entend seulement des ecclésiastiques qui sont habiles à posséder des bénéfices, & celle *avoir des degrés* signifie la qualité donnée à tous ceux qui ont obtenu dans une université le titre de *maître-ès-arts*, ou autre dans une faculté supérieure : cependant *homme gradué* & *homme qui a des degrés*, sont des termes synonymes ; c'est pourquoi on appelle *gradués*, les avocats & autres officiers de judicature, qui sont bacheliers & licenciés en droit. *Voyez* GRADE, GRADUÉ. (*G*)

DÉGUERPISSEMENT, f. m. (*Jurispr.*) c'est le délaissement d'un héritage, fait par le détenteur actuel, à celui à qui il est dû sur ce même héritage des rentes ou autres charges foncières, pour l'exempter à l'avenir de leur prestation.

On ne doit pas confondre le *déguerpissement* avec les autres sortes de délaissement, qui ont été inventés pour libérer un débiteur de toutes poursuites, telles que la cession & l'abandonnement de bien, la renonciation, le désistement, & le délaissement par hypothèque. *Voyez ces différens mots.*

La cession ou abandonnement se fait de tous biens sans réserve, & néanmoins elle n'anéantit pas l'obligation, elle modère seulement les poursuites ; la renonciation se fait à des biens que l'on n'a point encore acceptés ; le désistement est d'une chose qui appartient à autrui : dans le délaissement par hypothèque, celui qui abandonne son immeuble en demeure propriétaire jusqu'à la vente, & retire le surplus du prix ; au lieu que dans le *déguerpissement* on abandonne dès-lors au bailleur la propriété & la possession de l'héritage que l'on tenoit de lui à rente.

Le terme de *déguerpissement* vient de l'allemand *werp* ou *querp*, qui signifie *prise en possession* ; de sorte que *déguerpissement* qui est le contraire signifie *délaissement de la possession.*

Les ordonnances ont exprimé le *déguerpissement* par le terme de *renonciation à l'héritage* ; quelques coutumes par celui d'*exponsion* ; celle de Paris le nomme *déguerpissement*, de même que la plupart des autres coutumes.

Le *déguerpissement*, tel que nous le pratiquons, étoit peu usité chez les Romains, d'autant qu'il y avoit chez eux fort peu de rentes entre particuliers ; ou s'il y en avoit, elles étoient fort petites, & seulement pour reconnoissance du domaine direct, chaque détenteur n'en étoit tenu qu'à proportion de ce qu'il possédoit ; c'est pourquoi il arrivoit rarement qu'il quittât l'héritage pour se décharger de la rente.

Cependant cette espèce de délaissement n'étoit pas absolument inconnue aux Romains, & l'on trouve plusieurs de leurs loix qui peuvent s'y adapter, notamment la loi *rura* au code *de omni agro deserto*, & les loix 3 & 5, code *de fundis patrim.* où l'on voit que *relinquere* & *refundere* signifient déguerpir.

Les dettes personnelles & hypothécaires ne font point l'objet du *déguerpissement* proprement dit ; on ne le fait que pour se libérer des charges foncières, soit seigneuriales, ou autres, telles que sont le cens, sur-cens, le champart, terrage agrier, & autres redevances semblables ; l'emphitéose, les simples rentes foncières, & de bail d'héritage.

On peut aussi, par la voie du *déguerpissement*, se libérer des charges foncières, casuelles, & extraordinaires, telles que sont les réparations à l'entretien de l'héritage ; les tailles réelles, & autres impositions semblables, telles que le dixième, vingtième, cinquantième ; l'entretien du pavé des villes & de leurs fortifications ; l'imposition pour les boues & lanternes ; les droits seigneuriaux, profits de fiefs, casuels, & autres charges semblables.

L'héritier, soit pur & simple ou bénéficiaire, ne peut *déguerpir* la succession entière pour se libérer des charges à cause de la maxime *semel hæres, semper hæres* ; mais il peut *déguerpir* l'héritage, chargé de rentes foncières ; & par ce moyen il se libère de ces rentes.

Les autres successeurs à titre universel, tels que sont les donataires & légataires universels, les seigneurs qui succèdent à titre de confiscation, deshérence, ou autrement, peuvent *déguerpir* toute la succession, pourvu qu'ils aient fait inventaire, quand même ils auroient déjà vendu une partie des biens, pourvu qu'ils en rapportent la véritable valeur & les fruits.

Mais ce délaissement universel est plutôt une renonciation qu'un *déguerpissement* proprement dit, lequel n'a véritablement lieu que pour les charges foncières dont on a parlé ci-devant.

Tout détenteur en général peut *déguerpir* ; cela demande néanmoins quelque explication.

Le tuteur ne peut *déguerpir* pour son mineur qu'en conséquence d'un avis de parens homologué en justice. ~

Le bénéficier ne le peut faire aussi qu'en cas de nécessité, & d'une autorisation de justice qui ne doit lui être accordée qu'après une enquête *de commodo & incommodo.*

Le *déguerpissement* du bien de la femme ne peut être fait par le mari sans son consentement.

La saisie réelle de l'héritage n'empêche pas le détenteur de le *déguerpir.*

Le preneur à rente & ses héritiers peuvent aussi *déguerpir*, quand même le preneur auroit promis de payer la rente, & qu'il y auroit obligé tous ses biens ; car une telle obligation s'entend toujours tant qu'il sera détenteur de l'héritage.

Mais si le preneur avoit expressément renoncé au *déguerpissement*, ou promis de ne point *déguerpir*, ou qu'il eût promis de fournir & faire valoir la rente, il ne pourroit pas *déguerpir* ni ses héritiers, parce que la clause de *fournir & faire valoir*, l'oblige personnellement, ainsi que ses héritiers, à faire ensorte que la rente soit toujours exactement payée, indépendamment de l'héritage qui en est chargé.

Si par le bail à rente il s'étoit obligé de faire quelque amendement, comme de bâtir, planter, &c. il ne pourroit pas *déguerpir* qu'il n'eût auparavant rempli son engagement.

Le *déguerpissement* doit être fait en jugement, partie présente, ou dûment appellée, à moins que ce ne soit du consentement des parties; auquel cas il peut être fait hors jugement.

On peut *déguerpir* par procureur, pourvu que celui-ci soit fondé de procuration spéciale; & il ne suffit pas de signifier la procuration, il faut qu'en conséquence le fondé de procuration passe un acte de *déguerpissement*.

Celui qui *déguerpit* doit fournir à ses frais l'acte de *déguerpissement*; il doit aussi remettre les titres de propriété qu'il peut avoir, sinon se purger par serment qu'il n'en retient aucun.

Le détenteur peut *déguerpir*, quand même il ne posséderoit pas tout ce qui a été donné à la charge de la rente : le preneur même ou ses héritiers qui auroient vendu une partie des héritages, pourroient toujours *déguerpir* l'autre, pourvu que le *déguerpissement* comprenne tout ce que le preneur ou détenteur possède des héritages chargés de la rente; & en *déguerpissant* ainsi sa portion, il est libéré de la totalité de la rente.

L'héritage doit être rendu entier; d'où il suit que le bailleur doit être indemnisé des hypothèques & charges réelles & foncières imposées par le preneur ou autre détenteur.

Lorsque le détenteur a acquis à la charge de la rente, ou qu'il l'a depuis reconnue, il est obligé en *déguerpissant* de rendre l'héritage en aussi bon état qu'il l'a reçu, d'y faire les réparations nécessaires, & de payer les arrérages de rente échus de son temps. Quelques coutumes veulent encore que celui qui *déguerpit* paie le terme suivant; comme celle de Paris, *art. 109*. Mais si le détenteur n'a point eu connoissance de la rente, il peut *déguerpir* l'héritage en l'état qu'il est, pourvu que ce soit de bonne foi & sans fraude, & il est quitte des arrérages, même échus de son temps, pourvu qu'il *déguerpisse* avant contestation en cause; s'il ne *déguerpit* qu'après la contestation, il doit payer les arrérages échus de son temps.

L'effet du *déguerpissement* est qu'à l'instant le détenteur cesse d'être propriétaire de l'héritage, & que la propriété en retourne au bailleur : mais ce n'est pas *ex antiquâ causâ*; de sorte que tout ce que le détenteur a fait comme propriétaire jusqu'au *déguerpissement* est valable, comme on l'a observé pour les hypothèques & charges foncières qu'il peut avoir imposées sur l'héritage, pour lesquelles le bailleur a seulement son recours contre celui qui a *déguerpi*. On peut consulter sur cette matière le *Traité du déguerpissement* de Loiseau. *Voyez* DÉLAISSEMENT, HYPOTHÈQUE, RENTE.

DÉLAI, s. m. (*Jurispr.*) est un temps accordé par la loi, ou par la coutume, ou par le juge, ou par les parties, pour faire quelque chose, comme pour communiquer des pièces, pour faire un paiement.

La matière des *délais* est traitée dans le droit romain, au digeste *de feriis & dilationibus*, & au code *de dilationibus*.

Dans notre usage il y a différens *délais* accordés par les ordonnances & par les coutumes, pour les ajournemens ou assignations; pour fournir de défenses; pour prendre un défaut; pour y former opposition; pour produire & contredire; pour faire enquête; pour interjetter appel; & généralement pour les diverses procédures. Il y en a aussi pour faire la foi & hommage, & fournir aveu & dénombrement, pour délibérer, faire inventaire. Il seroit trop long de détailler ici tous ces différens *délais*, qui seront expliqués chacun en leur lieu, & sous les mots propres de la matière à laquelle ils ont trait. *Voyez* AJOURNEMENT, APPOINTEMENT, APPEL, AVEU, DÉNOMBREMENT, FOI & HOMMAGE, INVENTAIRE, &c.

Les principes généraux en matière de *délais*, sont que l'on peut anticiper les *délais*, c'est-à-dire, que celui qui a huit jours pour se présenter, peut le faire dès le premier jour, ce qui n'empêche pas que les *délais* ne soient communs aux deux parties : de sorte que celui qui a fourni de défenses avant la huitaine, ne peut prendre défaut contre l'autre qu'après la huitaine.

Dans les *délais* des assignations & des procédures, ne sont point compris les jours des significations des exploits & actes, ni les jours auxquels échéent les assignations : mais tous les autres jours sont continus & utiles, c'est-à-dire, comptés dans les *délais*, même les dimanches & fêtes solemnelles, & les jours de vacations, & autres auxquels il ne se fait aucune expédition de justice.

Dans les matières de rigueur, comme en fait de retraits, de prescription, de péremption, de lettres de rescision, & autres semblables, le jour de l'échéance du *délai* est compté dans le *délai* : de sorte, par exemple, que celui qui doit se pourvoir dans dix ans, doit le faire au plus tard le dernier jour de la dixième année, & qu'il n'y seroit plus recevable le lendemain, à moins que la loi ne donne encore ce jour, comme dans les coutumes, qui pour le retrait lignager donnent le retrait d'an & jour.

On confond quelquefois ces mots *terme* & *délai* comme s'ils étoient synonymes, quoiqu'ils aient chacun un sens différent : le *délai* est un certain espace de temps accordé pour faire quelque chose : & le *terme*, proprement dit, est l'échéance du *délai*, le jour auquel on doit payer ou faire ce qui est dû.

On va maintenant expliquer les différentes sortes de *délais*, qui sont distingués les uns des autres par un surnom qui leur est propre. (*A*)

DÉLAI d'avis, dans la province d'Artois, est le temps accordé au seigneur pour délibérer s'il usera du retrait ou non. *Voyez* Maillard *sur Artois*, *article* 107.

DÉLAI (*bref*) est celui qui est plus court que les *délais* ordinaires : par exemple, une assignation donnée à comparoître du jour au lendemain, ou dans le jour même, comme cela se pratique dans les cas qui requièrent célérité, s'appelle une assignation à *bref-délai*.

DÉLAI pour délibérer. *Voyez* HÉRITIER, RENONCIATION, SUCCESSION.

DÉLAI *fatal*, est celui qui est accordé sans espérance de prolongation.

DÉLAI *franc*, est celui qui est accordé pleinement, sans compter le jour de la signification & celui de l'échéance, comme un *délai* d'une assignation à huitaine, qui est de dix jours, pour se présenter; au lieu qu'il y a des *délais* de rigueur qui se comptent *de momento ad momentum*.

DÉLAIS *frustratoires*, sont ceux qui sont demandés par affectation de la part d'une partie de mauvaise foi qui veut éluder.

DÉLAI *de grace*, est celui qui est accordé par le juge ou par les parties au-delà des *délais* ordinaires, par des considérations d'équité.

DÉLAI *de l'ordonnance*, c'est le temps dans lequel l'ordonnance veut que l'on fasse chaque procédure : ainsi quand on assigne quelqu'un dans les *délais de l'ordonnance*, sans expliquer le jour auquel il doit comparoître, cela est sous-entendu & suffisamment exprimé par ces termes, *dans les délais de l'ordonnance*.

DÉLAI *péremptoire*, est la même chose que *délai fatal*, c'est-à-dire, qu'il est préfix, & non pas simplement comminatoire. Le juge peut néanmoins, en connoissance de cause, proroger un *délai péremptoire*, sur-tout s'il ne s'agit pas d'une matière de rigueur. (*A*)

DÉLAISSEMENT, s. m. (*Jurispr.*) c'est en général l'abandonnement de quelque chose. On en connoit en droit six espèces différentes ; savoir, 1°. la cession ou abandonnement universel de biens, fait par un débiteur à ses créanciers ; 2°. la rénonciation à une succession ou à une communauté de biens ; 3°. le désistement d'un héritage ; 4°. le déguerpissement ; 5°. le *délaissement* par hypothèque ; 6°. le *délaissement* qu'un marchand, qui a fait assurer ses marchandises sur un vaisseau, en fait aux assureurs, avec sommation de lui payer le prix de l'assurance.

Nous traiterons seulement ici du *délaissement par hypothèque* ; il faut consulter sur les autres espèces les mots ABANDONNEMENT, ASSURANCE, CESSION, DÉGUERPISSEMENT, DÉSISTEMENT, RENONCIATION.

DÉLAISSEMENT *par hypothèque*, est l'abandonnement d'un immeuble, fait par celui qui en est propriétaire, à un créancier auquel cet héritage est hypothéqué, pour se libérer des poursuites de ce créancier.

Cette espèce d'abandonnement diffère du désistement qui se fait d'un héritage qui appartient à autrui. Il diffère aussi en plusieurs manières du déguerpissement : 1°. en ce que celui-ci n'a lieu que pour les charges & rentes foncières; au lieu que le *délaissement* ne se fait que pour de simples hypothèques & rentes constituées: 2°. le déguerpissement se fait au profit du bailleur de l'héritage; le *délaissement* à un simple créancier-hypothécaire: 3°. le déguerpissement se fait pour éviter l'action personnelle écrite *in rem* ; le *délaissement* pour exécuter & accomplir la condamnation de l'action hypothécaire : 4°. celui qui déguerpit, quitte non-seulement la possession, mais aussi la propriété de l'héritage ; au lieu que celui qui délaisse, quitte seulement la possession, & demeure propriétaire jusqu'à ce que l'héritage soit vendu par décret ; enfin celui au profit de qui le déguerpissement est fait, peut accepter & garder l'héritage ; au lieu que celui à qui on fait un *délaissement* par hypothèque, ne peut prendre l'héritage pour lui sans formalité de justice ; s'il veut être payé, il faut qu'il fasse vendre l'héritage par décret, & alors il peut s'en rendre adjudicataire, comme feroit un étranger.

Ce *délaissement* avoit lieu chez les Romains. En effet il paroît que c'étoit-là l'objet de l'action hypothécaire, en laquelle on concluoit *ut possessor rem pignoris jure dimittat* ; mais il se pratiquoit autrement qu'on ne fait parmi nous. Comme il n'y avoit point alors de rentes constituées à prix d'argent, les détenteurs d'héritages hypothéqués étant poursuivis pour quelque dette hypothécaire à une fois payer, n'offroient pas d'eux-mêmes de délaisser l'héritage, comme ils font aujourd'hui, pour se libérer des arrérages de la rente, & pour éviter d'en passer titre nouvel ; l'effet de l'action hypothécaire étoit seulement qu'ils étoient condamnés à délaisser l'héritage, non pas pour être régi par un curateur, comme on fait parmi nous, mais pour en céder la possession au créancier hypothécaire, qui en jouissoit par ses mains, jusqu'à ce que la dette eût été entièrement acquittée.

Le détenteur d'un héritage, qui est poursuivi hypothécairement, n'a pas besoin de déguerpir l'héritage, parce que ce seroit l'abandonner entièrement & sans retour ; il lui suffit d'en faire le *délaissement* pour être vendu sur un curateur, attendu que s'il reste quelque chose du prix de la vente après les dettes payées, c'est le détenteur qui en profite.

Si l'action hypothécaire n'est intentée que pour une somme à une fois payer, il n'est pas de l'intérêt du détenteur d'aller au-devant du créancier, & de lui faire le *délaissement* ; il peut attendre que le créancier fasse saisir l'héri***e.

Mais lorsqu'il s'agit d'une ***e, & qu'il ne veut ni en payer les arrérages, ni passer titre nouvel, en ce cas il est plus à propos qu'il fasse le *délaissement* de l'héritage.

L'effet de ce *délaissement* est de libérer le dé***

tenteur des pourſuites du créancier hypothécaire, à moins que ce détenteur ne ſoit ou obligé perſonnellement, ou héritier de l'obligé, ou qu'il ne ſoit encore bien tenant, c'eſt-à-dire, détenteur de quelque autre héritage hypothéqué à la dette ou rente conſtituée ; car comme l'hypothèque eſt *tota in toto*, & *tota in quâlibet parte*, il ſuffit que le détenteur poſſède encore la moindre portion des héritages hypothéqués au créancier, pour que le *délaiſſement* qu'il fait du ſurplus ne puiſſe le libérer.

Il eſt indifférent pour le *délaiſſement* qui ſe fait par rapport à des rentes conſtituées, que ces rentes aient été créées avec aſſignat ou non, attendu que l'aſſignat ne rendant point ces rentes foncières, c'eſt toujours le *délaiſſement*, & non le déguerpiſſement que le débiteur doit employer pour ſe libérer.

Celui qui fait le *délaiſſement*, ne quitte, comme on l'a déja dit, que la poſſeſſion de l'héritage, & en demeure toujours propriétaire juſqu'à la vente par décret ; tellement que juſqu'à l'adjudication, il peut reprendre ſon héritage, en payant les ſommes exigibles, & s'il s'agit de rentes, en payant les arrérages, & paſſant titre nouvel ; & ſi après la vente par décret, le prix qui en eſt provenu, n'étoit pas entièrement abſorbé, le reſtant du prix appartiendroit à celui qui a fait le *délaiſſement*, & lui ſeroit précompté ſur le prix de ſon acquiſition, & ſur les dommages & intérêts qu'il pourroit avoir à répéter contre ſes garans.

On ne peut plus pourſuivre la vente de l'héritage ſur celui qui en fait le *délaiſſement* ; il faut y faire créer un curateur, ſur lequel le créancier fait ſaiſir réellement l'héritage, & en pourſuit la vente.

Les hypothèques, ſervitudes & charges foncières impoſées ſur l'héritage par le détenteur, demeurent en leur force juſqu'à la vente ; de ſorte que ſes créanciers perſonnels peuvent y former oppoſition, & doivent être colloqués dans l'ordre qui ſe fait du prix de l'adjudication ; ce qui diminue d'autant le recours qu'il peut avoir contre ſes garans.

Le détenteur de l'héritage peut lui-même former oppoſition au décret de l'héritage qu'il a délaiſſé pour les hypothèques, ſervitudes & charges foncières, qu'il avoit à prendre ſur cet héritage avant de l'avoir acquis, la confuſion de ces droits ceſſant par le moyen du *délaiſſement* par hypothèque.

Ce *délaiſſement* opérant une véritable éviction, le détenteur a ſon recours contre ſon vendeur, tant pour la reſtitution du prix, que pour ſes dommages & intérêts ; il a même en ce cas deux avantages : l'un eſt que s'il avoit acheté l'héritage trop cher, ou que depuis ſon acquiſition il eût diminué de prix, il ne laiſſe pas de répéter contre ſon vendeur le prix entier qu'il lui a payé, quand même l'héritage délaiſſé ſeroit moins vendu par décret : l'autre avantage eſt que, ſi au contraire l'héritage délaiſſé eſt vendu par décret à plus haut prix que

le détenteur ou ſes auteurs ne l'avoient acheté, celui qui a fait le *délaiſſement*, eſt en droit de répéter contre ſes garans le prix entier de l'adjudication, parce que s'il n'eût point été évincé, il auroit pu faire une vente volontaire de l'héritage, dont le prix auroit été au moins égal à celui de l'adjudication.

Mais pour que le détenteur ait ce recours contre ſon vendeur, il faut qu'avant de faire le *délaiſſement* par hypothèque, il ait dénoncé à ſon vendeur les pourſuites faites contre lui pour les dettes & hypothèques de ce vendeur, & que celui-ci ne lui ait pas procuré ſa décharge ; car ſi le détenteur avoit attendu trop tard à dénoncer les pourſuites à ſon vendeur, il auroit bien toujours ſon recours pour la portion du prix qui auroit ſervi à acquitter les dettes du vendeur, mais du reſte, il n'auroit point de dommages & intérêts à prétendre.

Il en ſeroit de même ſi le *délaiſſement* par hypothèque n'avoit été fait qu'après que l'héritage étoit ſaiſi réellement pour les dettes perſonnelles du détenteur, quand même les créanciers du vendeur auroient par l'événement touché ſeuls tout le prix de l'adjudication ; il n'y auroit en ce cas de recours contre lui que pour ce qui auroit été payé en ſon acquit ſur le prix de l'héritage délaiſſé.

Le *délaiſſement* par hypothèque n'opère point ſeul de mutation de propriétaire, & ne produit point de droits ſeigneuriaux : mais la vente par décret, qui eſt faite après le *délaiſſement*, y donne ouverture, & le nouvel acquéreur eſt obligé au paiement de ces droits pour raiſon de ſon acquiſition, comme tout autre acquéreur. C'eſt une erreur de l'auteur de la *Collection de Juriſprudence*, d'avoir avancé que dans ces cas le ſeigneur avoit le choix d'exiger les droits de lods & ventes, ſoit ſur le pied de l'acquiſition faite par celui qui délaiſſe, ſoit ſur le pied de la vente par décret. Dans ce cas il lui eſt dû deux droits, parce qu'il y a véritablement deux mutations de propriétaire.

L'acquéreur qui a fait des impenſes & améliorations en l'héritage, ne peut pas pour cela ſe diſpenſer de le laiſſer, s'il ne veut pas reconnoître & payer les dettes ; mais il peut s'oppoſer au décret de l'héritage, afin de le conſerver, & afin de répéter la valeur de ces impenſes : il eſt même préféré à tous les autres créanciers ſur le prix de l'héritage, pour les réparations utiles & néceſſaires qu'il a faites. (*A*)

DÉLATEUR, ſ. m. (*Code criminel.*) c'eſt celui qui dénonce à la juſtice un délit, ou ſon auteur, ſans ſe rendre partie civile.

Les termes de *délateur*, *dénonciateur*, *accuſateur*, ſont à peu-près ſynonymes : ils ſont tous les trois relatifs à une même action, faite par différens motifs, qui conſiſte à révéler à un ſupérieur une choſe dont il doit être offenſé, & qu'il doit punir.

L'attachement févère à la loi, femble être le motif du dénonciateur : un fentiment d'honneur, ou un mouvement raifonnable de vengeance, ou de quelque autre paffion, celui de l'accufateur ; un dévouement bas, mercenaire & fervile, ou une méchanceté qui fe plaît à faire le mal, fans qu'il en revienne aucun bien, celui du *délateur*. On eft porté à croire que le *délateur* eft un homme vendu ; l'accufateur, un homme-irrité ; le dénonciateur, un homme indigné.

Quoique ces trois perfonnages foient également odieux aux-yeux du peuple, il eft des occafions où le philofophe ne peut s'empêcher de louer le dénonciateur, & d'approuver l'accufateur ; le *délateur* lui paroît méprifable dans toutes. Il a fallu que le dénonciateur furmontât le préjugé pour dénoncer ; il faudroit que l'accufateur vainquît fa paffion & quelquefois le préjugé, pour ne point accufer ; on n'eft point *délateur*, tant qu'on a dans l'ame une ombre d'élévation, d'honnêteté, de dignité.

Les loix romaines difent que les *délateurs* font la fonction d'accufateurs ; & en effet ils accufent le coupable ; mais on diftingue dans notre ufage les *délateurs* & dénonciateurs, d'avec les accufateurs proprement dits.

Le *délateur* eft celui qui, fans être intéreffé perfonnellement à la vengeance du crime, le dénonce à la juftice, qui fait feule la pourfuite ; au lieu que l'accufateur eft celui qui, étant intéreffé à la vengeance du crime, en rend une plainte à la juftice, & en pourfuit la réparation pour ce qui le concerne comme partie civile.

Il y a toujours eu des *délateurs*, fur-tout à Rome, fous les empereurs : leur conduite a été envifagée différemment felon les temps.

Les plus fameux *délateurs*, qui font connus dans l'hiftoire romaine, font ceux qui fe rendoient dénonciateurs du crime de lèfe-majefté ; ils avoient le quart du bien des condamnés.

Cneius Lentulus, homme qualifié, fut accufé par fon fils.

Caius permit aux efclaves d'accufer leurs maîtres.

Claude au contraire défendit d'écouter même les affranchis.

Galba fit punir les *délateurs* efclaves ou libres.

Ils furent pareillement punis fous l'empereur Macrin : les efclaves qui avoient accufé leurs maîtres, étoient mis en croix.

Conftantin, par deux loix faites en 312 & en 319, défendit abfolument d'écouter les *délateurs*, & ordonna qu'ils feroient punis du dernier fupplice.

Les chofes furent réglées tout différemment par le *Code théodofien* ; car outre les dénonciateurs particuliers, qui étoient autorifés, il y en avoit de publics appellés *curiofi* & *ftationarii* ; on y voit auffi qu'il y avoit des gens qui fe dénonçoient eux-mêmes pour avoir la part du dénonciateur.

Suivant les loix du *Digefte* & du *Code*, les *délateurs* étoient odieux ; & le nom en étoit tellement honteux, que c'étoit une injure grave d'avoir à tort traité quelqu'un de *délateur*.

Les efclaves ne pouvoient accufer leurs maîtres, ni les affranchis leurs patrons ; ceux qui contrevenoient à cette loi, devoient être punis.

Le patron qui avoit accufé fon affranchi, étoit exclus de la poffeffion de fes biens.

Cependant les *délateurs* non-feulement étoient autorifés, mais il y avoit plufieurs cas dans lefquels ils n'étoient point réputés infames ; c'eft ce qu'explique la loi 2 au digefte, *de jure fifci*, qui met dans cette claffe ceux qui ne s'étoient point rendus dénonciateurs par efpoir de récompenfe ; ceux qui avoient dénoncé leur ennemi pour en obtenir réparation, ou qui avoient eu pour objet l'intérêt public ; enfin ceux qui avoient été obligés de faire la dénonciation à caufe de leur miniftère, ou qui l'avoient faite par ordonnance de juftice.

L'empereur Adrien avoit même décidé que celui qui avoit des titres néceffaires à la caufe du fifc, & ne les repréfentoit pas, quoiqu'il pût le faire, étoit coupable de fouftraction de pièces.

En France, les *délateurs* font regardés peu favorablement ; leur miniftère y eft même peu néceffaire. Car, par une inftitution admirable, le prince, chargé de faire exécuter les loix, prépofe dans chaque tribunal un officier, pour pourfuivre en fon nom tous les crimes, enforte que la fonction de *délateur* y eft prefque inconnue. Le gouvernement françois eft en cela bien différent de celui de Venife, où une bouche de pierre eft perpétuellement ouverte à tout *délateur*, pour recevoir les billets qu'il veut y jetter.

On peut véritablement dire qu'en France n'exifte point de *délateurs*, & qu'ils ne font proprement que des dénonciateurs. En Provence, on les appelle *inftigateurs. Voyez* DÉNONCIATEUR.

DÉLÉGATION, f. f. (*Jurifprud.*) en général, eft l'acte par lequel quelqu'un fubftitue un autre en fa place.

Il y en a de deux fortes ; favoir, celle faite par un officier public, & celle qui fait un débiteur.

Nous allons expliquer chacune de ces deux *délégations* féparément.

DÉLÉGATION *faite par un officier public*, eft celle par laquelle cet officier commet quelqu'un pour exercer fes fonctions en tout ou en partie.

Pour bien entendre cette matière, il faut obferver qu'à Rome, où les magiftrats furent d'abord en petit nombre, & où les offices n'étoient que des commiffions annales ; tous officiers, grands ou petits, foit de juftice, militaires ou de finance, avoient la liberté de déléguer ou commettre à d'autres perfonnes tout ce qui dépendoit de leur office ; de forte que la plûpart déléguoient une partie de leurs fonctions, & pour cet effet fe choififfoient des commis ou lieutenans. Déléguer ainfi ou commettre, s'appelloit alors *mandare*.

Les

Les fonctions même de justice pouvoient presque toutes être déléguées par les magistrats à des personnes publiques ou privées ; c'est ce qu'on voit dans plusieurs textes des loix romaines, & singulièrement dans le titre *de officio ejus cui mandata est jurisdictio*. Le délégué général pour la justice, étoit celui auquel *mandata erat jurisdictio* ; quelquefois le magistrat ne faisoit qu'une *délégation* spéciale à quelqu'un pour juger une telle affaire, & celui-ci s'appelloit *judex datus*. On comprenoit aussi sous le même nom, celui qui étoit subdélégué par le délégué général pour certains actes.

Le délégué général prononçoit lui-même ses sentences, & avoit droit d'infliger des peines légères pour la manutention de sa jurisdiction, & l'exécution de ses sentences.

Le délégué particulier, ou subdélégué, ne donnoit proprement qu'un avis arbitral, & n'avoit pas le pouvoir de le faire exécuter ; il ne pouvoit subdéléguer.

L'appel du délégué général étoit relevé devant le juge supérieur du magistrat qui avoit délégué, attendu que le délégant & le délégué général n'avoient qu'un même auditoire & une même justice ; au lieu que l'appel du délégué particulier ou subdélégué se relevoit devant celui qui l'avoit commis.

Nous avons dit que les fonctions de justice pouvoient presque toutes être déléguées, & non pas toutes indistinctement, parce qu'en effet il y en avoit quelques-unes qui ne pouvoient pas être déléguées.

Le magistrat pouvoit déléguer tout ce qui étoit de simple jurisdiction, c'est-à-dire le pouvoir de juger, de prononcer les jugemens : le délégué général avoit aussi le pouvoir de les faire exécuter par des peines légères ; ce qui faisoit partie du pouvoir appellé chez les Romains *mixtum imperium*, qui tenoit plus du commandement que de la jurisdiction proprement dite ; mais il n'avoit pas le *mixtum imperium* tout entier, c'est pourquoi il ne pouvoit pas affranchir les esclaves, recevoir les adoptions, assembler le conseil.

A l'égard du pouvoir appellé chez les Romains *merum imperium*, qui consistoit en la puissance du glaive, & à infliger d'autres peines graves, ce qui revient à-peu-près à ce que l'on appelle en France *acte de haute justice*, le magistrat ne pouvoit pas le déléguer même par une commission générale, parce qu'il n'étoit réputé l'avoir lui-même que par *délégation* spéciale & particulière, & par conséquent ne le pouvoit subdéléguer.

Tel étoit l'usage observé chez les Romains par rapport aux *délégations*, tant que dura le gouvernement populaire. Comme les magistrats étoient en petit nombre, & qu'il étoit difficile d'assembler souvent le peuple pour commettre aux différentes fonctions publiques qu'ils ne pouvoient remplir par eux-mêmes, on leur laissa la liberté de commettre d'autres personnes pour les soulager dans la plupart de leurs fonctions.

Mais sous les empereurs on reconnut peu-à-peu l'abus de toutes ces *délégations*, en ce que des magistrats qui avoient été choisis pour leur capacité, commettoient en leur place des personnes privées, qui pouvoient n'avoir point les qualités nécessaires, & que d'ailleurs ceux auxquels l'exercice de la puissance publique est confié personnellement, ne peuvent pas transférer à d'autres un droit qu'ils n'ont pas de leur chef ; aussi ne trouve-t-on dans tout le code aucune loi qui autorise les magistrats à faire une *délégation* générale, & surtout à des personnes privées : on leur permit seulement de renvoyer les causes légères devant leurs conseillers & assesseurs, qui étoient des juges en titre d'office ; & comme ceux-ci n'avoient point de tribunal élevé, mais jugeoient *de plano, seu plano pede*, on les appella *juges pédanés*, & l'appel de ces délégués particuliers alloit au magistrat qui leur avoit renvoyé la cause.

En France, les ducs & comtes avoient autrefois, comme les présidens & proconsuls romains, le gouvernement militaire de leurs provinces & l'administration de la justice qu'ils déléguoient à des lieutenans. Les baillifs & sénéchaux qui succédèrent aux ducs & comtes pour l'administration de la justice, eurent bien le pouvoir de commettre des lieutenans de robe longue, mais ils ne pouvoient pas leur déléguer toute la jurisdiction ; ils étoient au contraire obligés de résider & d'exercer en personne. Louis XII leur ôta le pouvoir de destituer leurs lieutenans ; & François premier leur ôta ensuite le droit de les instituer, au moyen de la vénalité des charges qui fut introduite sous son règne. *Voyez* BAILLI.

Les juges ne peuvent donc plus aujourd'hui faire de *délégation* générale de leur jurisdiction.

A l'égard des *délégations* particulières, elles n'ont lieu qu'en certains cas ; savoir, 1°. lorsqu'il s'agit de faire quelque expédition de justice dans un endroit éloigné, comme de faire une enquête ou information : en ce cas, le juge, pour le soulagement des parties, les renvoie devant le juge royal plus prochain. 2°. Dans ce qui est d'instruction, comme pour une enquête, un interrogatoire, un procès-verbal de descente, on commet un des officiers du siège qui peut rendre seul des ordonnances sur le fait de sa commission. 3°. Le juge renvoie quelquefois les parties devant des experts, mais ceux-ci ne donnent qu'un avis ; il en est de même des renvois de certaines causes légères, faits devant un avocat ou devant un procureur. Les appointemens que donne l'avocat ou le procureur ne sont que des avis, à la réception desquels on peut former opposition.

Les procureurs généraux du roi dans les parlemens commettoient autrefois les procureurs du roi dans les bailliages & sénéchaussées ; c'est de là qu'au parlement on les qualifie encore de substituts du procureur général , quoique préfentement ils aient le titre de *procureurs du roi ;* ils commettoient auffi leurs fubftituts au parlement. Les procureurs du roi des bailliages & fénéchauffées commettoient pareillement des fubftituts pour eux dans les fièges inférieurs , c'eft pourquoi ils prenoient alors le titre de *procureurs généraux ;* mais depuis 1522 , on a érigé des procureurs du roi en titre d'offices dans tous les fièges royaux.

Les commiffaires départis par le roi dans les provinces font confidérés comme des *délégués généraux ;* c'eft pourquoi ils peuvent faire des fubdélégations particulières , comme en effet ils ont coutume d'en faire plufieurs à différentes perfonnes , qu'on appelle *leurs fubdélégués. Voyez* SUBDÉLÉGUÉS.

Les commiffions que donnent plufieurs autres officiers , foit de juftice ou de finance , font encore des efpèces de *délégations ;* mais ceux qui font ainfi commis pour quelque fonction particulière , n'ont point le caractère ni le pouvoir d'officiers publics , à moins qu'ils n'aient ferment en juftice , & ne foient inftitués publiquement pour le fait de la commiffion qui leur eft déléguée ; auquel cas , fi ce font des commis pour le fait des finances , ils peuvent faire des procès-verbaux , décerner des contraintes , &c.

La *délégation* ou fubdélégation ne finit pas par la mort du délégué , on fait fubroger une autre perfonne en fa place ; mais elle finit quand l'objet pour lequel elle a été établie fe trouve rempli.

Nous connoiffons auffi en matière eccléfiaftique les *délégations* du pape , pour juger les appellations à Rome , ou pour fulminer certains refcrits.

C'eft une maxime généralement reconnue en France , & à laquelle la cour de Rome ne peut donner aucune atteinte , qu'un François ne peut être tiré du royaume , & obligé d'aller plaider à Rome. Ainfi dans toutes les affaires où , fuivant les canons , on peut interjetter appel devant le pape , le fouverain pontife eft tenu de donner des délégués , ou commiffaires , gradués en droit ou en théologie , naturels François , ou naturalifés dans le royaume , & de les choifir domiciliés dans le reffort du parlement , où eft fituée la jurifdiction eccléfiaftique dont eft appel.

Lorfque le jugement donné par les délégués du pape , ne forme pas le troifième jugement conforme , on peut appeler une feconde fois d'eux au pape , qui commet de nouveaux délégués pour juger fur les lieux.

Les commiffaires apoftoliques doivent inftruire leur procédure , & prononcer le jugement en langue françoife. Il ne s'exécute même que fous l'autorité du fouverain , quoique les refcrits délégatoires contiennent ordinairement ces mots : *in omnibus autoritate apoftolicâ procedatis.* Cette claufe en effet eft regardée comme de ftyle , & ne diftrait point les fujets du roi , des mains de leurs juges naturels.

Ceux à qui le pape adreffe la fulmination d'un ref-

crit , la conceffion du *vifa* fur des provifions d'un bénéfice , font véritablement délégués du pape en cette partie : néanmoins la plainte du refus de fulminer le refcrit , ou d'accorder un *vifa* , ne fe porte pas devant le pape , mais devant le fupérieur eccléfiaftique immédiat de celui qui a refufé. *Voyez* JURISDICTION , COMMISSION.

DÉLÉGATION *d'un débiteur* , eft une efpèce de ceffion & tranfport que fait un débiteur au profit de fon créancier , en lui donnant à prendre le paiement de fon dû fur une autre perfonne , qui fe charge d'acquitter la dette.

Pour faire une *délégation* valable , il faut le confentement de trois perfonnes , favoir le débiteur qui délègue , celui qui eft délégué , & le créancier qui accepte la *délégation.*

Chez les Romains , une *délégation* pouvoit être faite par un fimple confentement verbal ; mais dans notre ufage il faut qu'elle foit par écrit.

Quand la *délégation* n'eft point acceptée par le débiteur délégué , ce n'eft qu'un fimple mandement que le délégué peut refufer d'acquitter ; mais quand il a confenti à la *délégation* , il fait fa propre dette de celle qui eft déléguée fur lui.

La *délégation* étant acceptée par le créancier , tient lieu de paiement à l'égard du premier débiteur ; elle éteint fon obligation & opère novation , à moins que le créancier n'ait réfervé fes privilèges & hypothèques , & fon recours , en cas d'infolvabilité du débiteur délégué.

Quoique le créancier n'ait pas été partie dans la *délégation* , elle ne laiffe pas d'obliger le débiteur délégué qui y a confenti , tant envers le déléguant qu'envers le créancier , lequel peut fe fervir de ce qui a été ftipulé pour lui , quoiqu'il fût abfent.

Le tranfport eft différent de la *délégation* , en ce qu'il ne produit point de novation ; qu'il fe peut faire fans le confentement du débiteur , & qu'il a befoin d'être fignifié. Le débiteur dont la dette a été tranfportée , peut oppofer au ceffionnaire les mêmes exceptions qu'il auroit oppofées au cédant ; au lieu que le débiteur délégué qui a confenti à la *délégation* , ne peut plus contefter le paiement de la dette qui eft déléguée.

L'ufage des *délégations* eft fréquent dans les contrats de vente. Lorfque le vendeur a des créanciers , il leur délègue ordinairement le prix. Cette *délégation* opère que le prix ne peut être faifi par d'autres créanciers , au préjudice de ceux qui font délégués ; & fi l'acquéreur fait faire fur lui un décret volontaire , & que la *délégation* ait été acceptée par les créanciers délégués avant le décret , ils font confervés dans leurs droits , de même que s'ils s'étoient oppofés. La *délégation* de la jouiffance d'un immeuble pour un temps indéfini , eft confidérée comme une efpèce d'aliénation ; & fuivant la jurifprudence du confeil , elle donne ouverture au droit de centième denier. *Voyez* NOVATION , TRANSPORT , & le *Dictionnaire des finances.*

DÉLÉGUÉ, adj. (*Jurifpr.*) cette qualité s'applique à deux objets différens : on dit *un juge délégué*, & *une fomme déléguée*.

Pour ce qui concerne les *juges délégués*, voyez *ci-devant. au mot* DÉLÉGATION faite par un officier public, & *au mot* JUGE & SUBDÉLÉGUÉ.

A l'égard des *fommes déléguées*, *voyez* ce qui eft dit *au mot* DÉLÉGATION *d'un débiteur.* (*A*)

DÉLESTAGE, f. m. (*Code maritime.*) c'eft l'action de décharger un navire de fon left. Elle eft foumife en France à des règles prefcrites par les ordonnances de 1681 & 1765.

1°. Tout capitaine ou maître de navire eft obligé, fous peine d'amende, en faifant fon rapport à l'amirauté, de déclarer la quantité de left qu'il a à bord. 2°. Aucun maître de bateau, ou gabarre, ne peut travailler au leftage & *déleftage* fans une permiffion par écrit du maître de quai, ou de la perfonne commife à cet effet par l'amiral. 3°. Le *déleftage* doit être porté dans les lieux défignés par les fyndics ou échevins des villes, fans pouvoir en jetter aucune partie dans les ports, canaux, baffins & rades. 4°. On ne peut travailler de nuit à cette opération.

Ces précautions ont pour objet d'empêcher les maîtres de navires & les délefteurs de jetter le left des bâtimens dans l'eau, & de combler par-là les ports & rades, & les entrées des rivières.

La connoiffance du fait du leftage & *déleftage* appartient aux intendans des ports, où il y a des établiffemens pour les vaiffeaux du roi, & dans les autres aux officiers de l'amirauté, à l'exception de Bordeaux, où elle appartient aux jurats.

DÉLIBÉRATION, f. f. (*Jurifpr.*) c'eft en général le confeil que l'on tient fur quelque affaire. Les ordonnances, édits & déclarations des princes fouverains portent ordinairement, qu'ils ont été donnés après avoir eu fur ce, grande & mûre *délibération*.

On dit qu'une compagnie délibère, quand elle eft aux opinions fur quelque affaire.

Délibération fignifie auffi *la réfolution qui eft prife dans une affemblée*, telle qu'un chapitre, une compagnie de juftice, un corps de ville, une communauté d'habitans, ou de marchands & artifans, & autres communautés & compagnies.

Pour qu'une *délibération* foit valable, il faut que l'affemblée ait été convoquée dans les règles ; que la *délibération* ait été faite librement & à la pluralité des voix ; & elle doit être rédigée par écrit fur le regiftre commun, conformément à ce qui a été arrêté. Ceux qui compofent la communauté ne peuvent contrevenir à fes *délibérations*, tant qu'elles fubfiftent & ne font point anéanties par autorité de juftice.

Les *délibérations* capitulaires ne peuvent être formées que par ceux qui font capitulaires, c'eft-à-dire, qui ont voix au chapitre. *Voyez* CHAPITRE.

Dans les affemblées de créanciers unis en corps de direction, les *délibérations* qui fe forment pour les affaires communes, doivent être arrêtées à la pluralité des voix ; & pour que ces *délibérations* fervent de règle contre ceux qui étoient abfens, ou qui ont refufé d'y foufcrire, il faut qu'elles foient faites par des créanciers dont les créances forment les trois quarts au total des fommes dues par le débiteur, & qu'elles foient homologuées en juftice avec ceux qui refufent d'y acquiefcer. *Voyez* BANQUEROUTE, DIRECTION.

Les *délibérations* de parens, pour autorifer un tuteur à vendre, à acheter, ou à paffer d'autres actes femblables, en fa qualité de tuteur, doivent être homologuées en juftice, avant que le tuteur puiffe s'en fervir. *Voyez* TUTEUR.

DÉLIBÉRATIVE, adj. (*Jurifpr.*) ce mot eft toujours joint au terme *voix* : on dit *avoir voix délibérative*, pour fignifier avoir fuffrage dans les délibérations d'une compagnie. La *voix délibérative* eft oppofée à la *voix confultative*, qui confifte fimplement dans le droit d'expofer fon avis, fans pouvoir influer fur la réfolution à prendre, & fans qu'on puiffe compter le fuffrage donné par *voix confultative*.

Dans les conciles, les évêques feuls ont *voix délibérative*, les députés du fecond ordre n'ont que la *voix confultative*. Dans les cours de judicature, les officiers n'ont point *voix délibérative* dans les affaires civiles avant l'âge de vingt-cinq ans, ni dans les matières criminelles avant celui de vingt-fept, à moins qu'ils n'obtiennent du prince des difpenfes d'âge.

DÉLIBÉRÉ, adj. pris quelquefois fubft. (*Terme de palais.*) il fe dit de tout ce qui a été arrêté & réfolu, après y avoir tenu confeil.

Les avocats font dans l'ufage de mettre à la fin de leurs confultations, *délibéré le jour, en tel endroit*, pour dire que la confultation a été faite en tel lieu, après un mûr examen.

Au palais, on donne le nom de *délibéré*, au jugement par lequel les juges, après la plaidoirie des parties à l'audience, trouvant difficulté à juger la caufe fur le champ, ordonnent qu'il en fera *délibéré*, afin de la difcuter & de l'examiner plus amplement.

On appelle auffi *délibéré*, le jugement définitif qui intervient après qu'il a été *délibéré*. On rappelle ordinairement dans ce jugement définitif, celui qui a ordonné le *délibéré* ; enfuite on ajoute ces mots : *& après qu'il en a été délibéré, la cour ordonne, &c.* ou fi c'eft un juge inférieur, *nous difons, &c.*

Un juge, quoique feul en fon fiège, peut ordonner un *délibéré*, pour avoir le temps de réfléchir fur l'affaire.

L'objet des *délibérés* eft d'approfondir les affaires, & néanmoins d'éviter aux parties les frais d'un appointement ; c'eft pourquoi les *délibérés* fe jugent en l'état qu'ils fe trouvent, c'eft-à-dire, que la caufe fe juge fur les pièces feulement dont on fe fervoit à l'audience : c'eft pourquoi on fait ordinairement laiffer fur le champ les facs & pièces fur le bureau.

Quelquefois on donne aux parties le temps de faire, fi bon leur femble, un mémoire pour joindre à leurs pièces & inftruire les juges, & en ce cas on leur laiffe auffi les pièces pour faire le mémoire.

Le *délibéré* fe juge quelquefois fur le champ, c'eft-à-dire, qu'après avoir fait retirer l'audience, on la fait rouvrir dans la même féance, pour prononcer le *délibéré*.

Souvent on remet le jugement *délibéré* à un autre jour, fans le fixer; & alors on nomme un rapporteur du *délibéré*, devant lequel on joint les pièces de la caufe & les mémoires; mais on ne peut ni produire de nouvelles pièces, ni former de nouvelles demandes : c'eft pourquoi l'on dit que les *délibérés* fe jugent en l'état qu'ils fe trouvent.

Lorfqu'une partie a quelque nouvelle demande à former depuis le *délibéré*, il faut la porter à l'audience; & fi on trouve qu'il y ait connexité, on ordonne fur cette nouvelle demande un *délibéré*, & joint au premier délibéré.

Le rapporteur ayant examiné l'affaire, en fait fon rapport au confeil; & quand on eft d'accord du jugement, on fait avertir les procureurs de faire trouver les avocats de la caufe à l'audience, pour reprendre leurs conclufions, enfuite on prononce le jugement : c'eft ce que l'on appelle un *délibéré fur pièces vues*.

A la cour des aides il y a certaines caufes légères, telles que les appels de fur-taux, où il eft d'ufage d'ordonner des *délibérés*. Il arrive quelquefois qu'au lieu de prononcer à l'audience le jugement qui intervient fur le *délibéré*, on le met tout-d'un-coup fur la feuille du greffier : c'eft ce que l'on appelle un *délibéré fur le regiftre*. Un arrêt de la cour des aides de Paris, du 14 décembre 1683, ordonne que les *délibérés* fur le regiftre dans les élections du reffort, feront jugés dans trois jours, & prononcés à l'audience fuivante, à peine par les officiers des élections d'en répondre en leurs propres & privés noms.

Les *délibérés* ne produifent point d'épices. (*A*)

DÉLIBÉRER, v. n. (*Jurifpr.*) fe dit des juges & autres perfonnes qui tiennent confeil fur une affaire.

On dit auffi qu'un héritier a le droit de *délibérer*, & un délai pour *délibérer*, c'eft-à-dire, pour fe déterminer s'il acceptera la fucceffion, ou s'il y renoncera.

Cette faculté de *délibérer* tire fon origine du droit romain. Le digefte & le code contiennent chacun un titre exprès *de jure deliberandi*.

Suivant les loix du digefte, fi un efclave étoit inftitué héritier, ce n'étoit point à lui qu'on accordoit un délai pour *délibérer*, mais à fon maître, parce que les efclaves étoient comptés pour rien par le préteur qui accordoit ce délai; que fi l'ef-

clave appartenoit à plufieurs maîtres, tous avoient le délai.

L'édit du préteur portoit que fi on lui demandoit un délai pour *délibérer*, il l'accorderoit; ce qui fait connoître que l'on n'avoit point ce délai fans le demander.

La durée de ce délai n'étant point fixée par l'édit, il étoit au pouvoir du juge de la fixer : on ne devoit pas accorder moins de cent jours, ce qui revient à un peu plus de trois mois. Le premier délai n'étant pas fuffifant, on en accordoit quelquefois un fecond, & même un troifième; mais cela ne fe devoit faire que pour une caufe importante.

Le délai pour *délibérer* fut introduit principalement en faveur de l'héritier. Car comme par l'acceptation de l'hérédité, il fuccède à tous les droits du défunt, & s'oblige à acquitter toutes fes obligations, la crainte de recevoir une fucceffion onéreufe, empêchoit fouvent l'héritier de l'accepter, ce qui pouvoit occafionner un tort confidérable aux créanciers & aux légataires; le préteur crut qu'il étoit de l'équité de donner à l'héritier un temps fuffifant, pour s'affurer des forces de la fucceffion, & choifir le parti qui lui paroîtroit le plus convenable.

Si l'hérédité étoit confidérable, & qu'il y eût des chofes fujettes à dépérir, comme certaines provifions de bouche, ou de trop grande dépenfe, comme des chevaux, on permettroit à l'héritier qui *délibéroit*, de les vendre.

Quand c'étoit pour un pupille que l'on donnoit du temps pour *délibérer*, on ne devoit point pendant ce délai permettre aucune aliénation, ni exercer aucune action qu'en grande connoiffance de caufe, ou pour une néceffité abfolue.

Le fils, héritier de fon père, devoit être nourri aux dépens de l'hérédité, pendant qu'il délibéroit.

Enfin, s'il y avoit plufieurs degrés d'héritiers inftitués au défaut les uns des autres, on devoit obferver dans chaque degré les mêmes règles par rapport au délai pour *délibérer*.

Les loix du code veulent qu'on accorde un délai modéré pour *délibérer*; que le droit de *délibérer* fe tranfmette à toutes fortes d'héritiers & fucceffeurs de celui qui délibère; que l'héritier qui ne fait point d'inventaire, renonce ou accepte dans trois mois du jour qu'il a eu connoiffance que la fucceffion eft ouverte à fon profit; que s'il veut faire inventaire, il doit le commencer dans trente jours au plus tard, & le finir dans les foixante jours fuivans; que fi les héritiers ne font pas dans le lieu où font les biens, ils auront un an pour faire inventaire; que le prince peut accorder délai d'un an, & le juge de neuf mois feulement.

L'ordonnance de 1667, *tit. vij*, porte que l'héritier aura trois mois depuis l'ouverture de la fucceffion, pour faire inventaire, & quarante jours pour *délibérer*; que fi l'inventaire a été fait avant les trois mois, le délai de quarante jours commencera du jour qu'il a été achevé.

Celui qui est assigné comme héritier en action nouvelle ou en reprise, n'a aucun délai pour *délibérer*, lorsqu'avant l'échéance de l'assignation il y a plus de quarante jours que l'inventaire a été fait, en sa présence ou de son procureur, ou lui duement appellé.

Si au jour de l'échéance de l'assignation les délais de trois mois pour faire inventaire, & de quarante jours pour *délibérer*, n'étoient pas encore expirés, l'héritier, en ce cas, a le reste du délai, soit pour faire inventaire, soit pour faire sa déclaration; & si les délais étoient expirés, il n'aura aucun délai pour *délibérer*, quand même il n'auroit point été fait d'inventaire.

Cependant si l'héritier justifioit que l'inventaire n'a pu être fait dans les trois mois, pour n'avoir point eu connoissance du décès du défunt, ou à cause des oppositions ou contestations survenues, ou autrement, on doit lui accorder un délai convenable pour faire inventaire, & quarante jours pour *délibérer*; & ce délai doit être réglé à l'audience, sans que la cause puisse être appointée.

Enfin, l'ordonnance veut que la veuve assignée en qualité de commune, ait les mêmes délais que l'héritier, & sous les mêmes conditions, pour faire inventaire & pour *délibérer*.

Quand on dit que l'héritier & la veuve ont quarante jours après l'inventaire pour *délibérer* s'ils accepteront ou s'ils renonceront à la communauté, cela doit s'entendre lorsqu'ils sont poursuivis pour prendre qualité; car hors ce cas, l'héritier peut en tout temps renoncer à la succession, & pareillement la veuve à la communauté, pourvu que les choses soient entières, c'est-à-dire, qu'ils ne se soient point immiscés. *Voyez* HÉRITIER, INVENTAIRE, RENONCIATION, COMMUNAUTÉ, VEUVE. (A)

DÉLINQUANT, adj. pris subst. (*Jurispr.*) est celui qui commet ou qui a déjà commis quelque crime ou délit. Ce terme vient du latin *delinquere*. *Voyez ci-après* DÉLIT. (*A*)

DÉLIT, s. m. (*Code criminel.*) signifie en général, tout fait illicite, admis volontairement, qui oblige à une réparation, si elle est possible, & qui, par les loix humaines, mérite une peine. Ce terme, ainsi que nous l'avons dit sous le mot CRIME, comprend généralement toutes sortes de crimes, graves ou légers.

Le *délit* grave est celui qui mérite une punition sévère: on l'appelle aussi *capital*, lorsqu'il donne lieu à une condamnation à mort. Dans l'usage, cette espèce est plus particulièrement appellée *crime*.

Cependant on a conservé le nom de *délit* aux crimes graves, commis par les ecclésiastiques, & on les distingue en *délits communs*, & en *délits privilégiés*: nous en traiterons séparément sous ce titre.

Le *délit* léger est celui qui ne mérite pas une peine rigoureuse: telles sont la plupart des injures, lorsqu'elles n'ont pas causé d'ailleurs un préjudice notable.

Les *délits* sont publics ou privés. Le *délit* public, suivant les loix romaines, étoit celui qui intéresse l'ordre public, qu'on poursuivoit par la voie de l'accusation, & d'une instruction solemnelle, & qui étoit puni d'une peine grave, déterminée par la loi, ou décernée extraordinairement, si la loi ne l'avoit point ordonnée.

Le *délit* privé étoit celui qui renfermoit un tort fait à un particulier, & dont la réparation étoit poursuivie par la voie des actions & jugemens ordinaires, pour obtenir la réparation du tort, & souvent une somme pécuniaire par forme de dommages & intérêts pour l'offensé, & de punition contre le délinquant.

Nous n'admettons pas dans nos mœurs cette distinction des *délits*, tirée de la forme des jugemens par lesquels on en poursuit la réparation. Tout *délit* parmi nous, est censé troubler la société civile & l'ordre public, & les délinquans sont poursuivis par plainte & accusation, à la requête du ministère public; le particulier auquel le *délit* a causé quelque dommage, n'a qu'une action civile pour en obtenir la réparation, & s'il emploie la voie de plainte, c'est principalement pour faciliter la preuve du *délit*.

Le *délit* est personnel, lorsqu'on prétend qu'il a été commis par celui auquel on en demande raison, à la différence de certains *délits*, dont un tiers peut être tenu civilement.

On appelle *flagrant délit*, le moment même où le coupable vient de commettre le crime ou le dommage dont on se plaint. C'est delà qu'est venue l'expression *d'un délinquant pris en flagrant délit*, pour signifier qu'il a été saisi & arrêté, ou du moins surpris en commettant le fait dont il s'agit.

Le terme de *délit* est principalement usité parmi nous, en matière d'eaux & forêts, pour désigner toute contravention aux ordonnances & réglemens, concernant la conservation & l'aménagement des bois du roi, des communautés laïques & séculières, & des particuliers, les faits de pêche & de chasse, les devoirs des gardes, arpenteurs, marchands de bois, & généralement tous les ouvriers employés à l'exploitation des forêts. *Voyez* AMENDE, BOIS, EAUX ET FORÊTS, &c.

Les principes généraux en matière de *délits*, sont que tous *délits* sont personnels, c'est-à-dire, que chacun est tenu de subir la peine & la réparation due pour son *délit*, & que le *délit* de l'un ne nuit point aux autres. Cette dernière maxime reçoit néanmoins trois exceptions: la première est que le *délit* du défunt nuit à son héritier pour les amendes, la confiscation, & autres peines pécuniaires qui sont à prendre sur ses biens: la seconde exception est que les pères sont tenus civilement des *délits* commis par leurs enfans étant en bas âge & sous leur puissance; les maîtres sont pareil-

lement tenus des *délits* de leurs efclaves & domeftiques, & du *délit* ou dommage caufé par leurs
animaux : la troifième exception eft qu'il y a quelques exemples qu'en puniffant le père pour certains
crimes très-graves, on a étendu l'ignominie jufque
fur les enfans, afin d'infpirer plus d'horreur de ces
fortes de crimes.

Perfonne ne doit profiter de fon *délit*, c'eft-à-
dire, qu'il n'eft pas permis de rendre par un *délit*
fa condition meilleure.

On dit communément qu'il n'y a point de compenfation en matière de *délits* ; ce qui doit s'entendre, quant à la peine afflictive qui eft due pour
la vindicte publique, mais non quant aux peines
pécuniaires & aux dommages & intérêts qui en
peuvent réfulter. Il y a même certains *délits* privés
qui peuvent fe compenfer ; par exemple, la négligence ou le dol commis réciproquement par des
affociés, *liv. II, ff. de compenf. & liv. XXXVI,
ff. dolo malo.* Il en eft de même des injures &
autres *délits* légers qui ne méritent point la peine
afflictive, on les compenfe ordinairement en mettant les parties hors de cour.

Le *délit* n'eft point excufé fous prétexte de colère ou de premier mouvement, ni fous prétexte
d'exemple ou de coutume ; l'erreur même ne peut
l'excufer que dans les cas où il y auroit *délit* fans
dol.

Il y a certains *délits* dont l'action eft annale,
tels que les injures.

La peine des autres *délits* en général fe prefcrivoit autrefois par dix ans, fuivant le droit du digefte ; mais par le droit du code, auquel notre
ufage eft conforme, il faut préfentement vingt
années.

La pourfuite du *délit* eft éteinte par la mort naturelle du coupable, quant à la peine, mais non
quant aux réparations pécuniaires.

Il y a même certains *délits* graves que la mort
n'éteint point, tels que le crime de lèfe - majefté
divine & humaine, le duel, l'homicide de foi-
même, la rébellion à juftice à force armée.

On eftime ordinairement la gravité du *délit*, par
la qualité de celui qui le commet, par l'habitude
où il peut être de le commettre, par la qualité de
celui envers qui il eft commis, par le lieu où les
chofes fe font paffées, par les perfonnes qui étoient
préfentes, & par toutes les autres circonftances qui
peuvent mériter attention. Tout ceci peut être utile
pour déterminer le juge à punir le délinquant plus
ou moins févérement.

Mais la véritable mefure de la gravité du *délit*,
eft le dommage qu'il apporte à la fociété. C'eft une
vérité évidente pour l'efprit le plus médiocre &
le moins attentif, & qui cependant, par une étrange
combinaifon de circonftances, n'eft connue avec
certitude que d'un petit nombre de penfeurs, dans
chaque fiècle, & dans chaque nation ; heureufe-
ment la lumière de notre fiècle nous ramène à ces
principes, nous les montre avec plus de certitude,

d'après un examen rigoureux, & des preuves appuyées fur l'expérience ; nous nous y attacherons
avec plus de fermeté, par l'oppofition même qu'ils
éprouvent à être reçus. *Voyez* CRIME, PEINE.

DÉLIT *d'animaux*, il y en a deux fortes ; favoir, le dommage qu'ils peuvent caufer à autrui,
en bleffant quelqu'un ; ce que les jurifconfultes
romains appellent *pauperiem facere* : & celui qu'ils
occafionnent, en paiffant fur les héritages d'autrui,
tels que les prés, les vignes, les jardins, les terres enfemencées, & les bois en défenfe.

Nous avons parlé de cette feconde efpèce de
délit, fous le mot AGATIS, & de la première,
fous celui ACCIDENT. Nous remarquerons ici feulement que, fuivant les titres *ff. & inft. Si qua-
drupes paup. feciffe dicatur*, que le maître de l'animal qui avoit bleffé une perfonne, & donné lieu
par conféquent au *délit*, appellé *pauperies*, étoit
quitte envers l'offenfé, en lui abandonnant la bête
qui lui avoit caufé dommage. Mais parmi nous le
maître eft obligé civilement à réparer le dommage
caufé par l'animal qui lui appartient, à moins
qu'on ne puiffe l'imputer à la perfonne qui l'a fouffert, comme dans le cas où quelqu'un auroit été
mordu par un chien qu'il auroit agacé.

DÉLIT *commis* ou *commun*, la coutume d'Angoumois, *chap. 1, art. 23*, dit que le clerc pour le *délit commun* fera renvoyé pardevant fon ordinaire.
Voyez la note de M. Angevin fur cet article, dans
le *Coutumier général*. (A)

DÉLIT *commun* ne fignifie pas un *délit* qui fe
commet fréquemment, mais un *délit* ordinaire &
non privilégié, c'eft-à-dire, qui n'eft point d'une
nature particulière, & dont la connoiffance n'appartient point au juge par privilège, mais au juge
ordinaire : ainfi dans la véritable fignification des
mots, le terme *délit commun* eft oppofé à *délit privilégié*, c'eft-à-dire, dont la connoiffance appartient
au juge par privilège.

Mais lorfqu'il s'agit de *délits* commis par des eccléfiaftiques, les termes de *délit commun* & de *délit
privilégié* ont une fignification bien différente. On les
diftingue pour régler la compétence du juge d'églife,
& celle du juge féculier ; la connoiffance du *délit
commun* appartient au juge d'églife, & celle du
délit privilégié au juge royal.

Telles font les notions vulgaires que l'on a de
ces termes de *délit commun* & *délit privilégié*;
mais pour bien entendre leur véritable fignification & l'abus que l'on en a fait, il faut remonter
jufqu'à l'origine de la diftinction du *délit commun*
& du cas privilégié.

On appelloit *délits communs*, chez les Romains,
tous ceux dont la punition appartenoit aux juges
ordinaires ; & *délits propres à une certaine profeffion*, ceux qui étoient commis contre les devoirs
de cette profeffion.

Ainfi pour les gens de guerre on appelloit *délits
communs*, ceux dont la vengeance étoit réglée par
les loix communes à tous les autres hommes ; &

délits propres ceux qui étoient contre les devoirs du service militaire, comme d'avoir quitté son poste.

On peut appliquer aux ecclésiastiques la même distinction, d'autant mieux que les loix romaines les appellent *la milice sacrée.*

Ce n'est pas ici le lieu de traiter de la jurisdiction ecclésiastique en général; cependant pour l'éclaircissement de ces termes, *délits communs &* *cas privilégiés*, on ne peut s'empêcher de remonter jusqu'aux premiers siècles de l'église, pour voir de quelles causes les juges d'église ont connu, selon les différens temps.

Dans la primitive église, où les ecclésiastiques n'avoient point de jurisdiction extérieure contentieuse, les prêtres & les diacres concilioient charitablement les différends qui s'élevoient entre les fidèles, lesquels se faisoient un scrupule de recourir à des juges païens; ce qui n'empêchoit pas que les chrétiens, & même les ecclésiastiques, ne fussent soumis à la justice séculière.

Constantin fut le premier qui fit un réglement entre les officiers ecclésiastiques & les séculiers; il ordonna que les causes légères, & celles qui concernoient la discipline ecclésiastique, se traiteroient dans les assemblées synodales; qu'à l'égard des causes ecclésiastiques, l'évêque en seroit juge entre ecclésiastiques; qu'en fait de crimes, les ecclésiastiques seroient jugés par les évêques, excepté pour les crimes graves, dont la connoissance étoit réservée aux juges séculiers; ce qui s'observoit même pour les évêques accusés. On distinguoit à leur égard, de même que pour les autres ecclésiastiques, le *délit civil & commun*, d'avec celui que l'on appelloit *ecclésiastique*.

Cette distinction des *délits communs* d'avec les *délits ecclésiastiques*, fut observée dans le jugement d'Athanase, évêque d'Alexandrie; il étoit accusé par deux évêques ariens d'avoir conspiré contre l'empereur Constantin; il étoit aussi accusé d'un homicide, & d'avoir voulu violer son hôtesse: l'empereur le renvoya pour ces crimes devant les juges séculiers qui l'interrogèrent. Mais lorsqu'il fut accusé d'avoir rompu des calices, d'avoir malversé dans la visite de ses églises, & d'avoir usé de violence envers les prêtres de son diocèse, il fut renvoyé au synode assemblé à Tyr.

Le même ordre fut observé sous les empereurs Constans & Constantius. En effet, Etienne, évêque d'Antioche, qui étoit arien, ayant fait un complot contre les ambassadeurs de Constans, ils demandèrent à l'empereur que le procès fût fait à cet évêque; & celui-ci ayant demandé son renvoi au synode des évêques, on lui soutint qu'étant accusé de crimes capitaux, il devoit être jugé en cour séculière; ce qui fut ainsi ordonné.

Il est vrai que les mêmes empereurs accordèrent par faveur spéciale aux évêques, de ne pouvoir, pour quelque crime que ce fût, être jugés que par les évêques; mais cela ne changea rien pour les autres ecclésiastiques; & depuis, les empereurs Valens, Gratien & Valentinien révoquèrent l'exception qui avoit été faite pour les évêques, & ordonnèrent que, pour crimes ecclésiastiques, tous clercs, soit évêques ou autres, seroient jugés dans le synode de leur diocèse; mais que pour les crimes communs & civils, qui sont précisément ceux que l'on appelle aujourd'hui improprement *cas privilégiés*, ils seroient poursuivis devant les juges séculiers.

Les empereurs Honorius & Théodose rétablirent le privilège qui avoit été accordé aux évêques, & l'étendirent même à tous ecclésiastiques en général pour quelque *délit* que ce fût.

Le tyran nommé *Jean*, qui essaya d'usurper l'empire d'Occident, révoqua tous ces privilèges, & soumit les ecclésiastiques à la justice séculière, tant pour le civil que pour toutes sortes de crimes indistinctement.

Mais Théodose & Valentinien II, qui succédèrent à Honorius, rendirent aux ecclésiastiques le privilège de ne pouvoir être jugés qu'en la jurisdiction ecclésiastique, tant pour le civil que pour le criminel.

Tel fut l'état de la jurisdiction ecclésiastique pour les matières criminelles jusqu'au temps de Justinien, lequel, par sa novelle 83, distingua expressément les *délits* civils des *délits* ecclésiastiques.

Par les *délits civils*, il entend les *délits* communs, c'est-à-dire, ceux qui sont commis contre les loix civiles, & dont la punition est réservée aux loix civiles. C'est ce que le docte Cujas a remarqué sur cette novelle, où il emploie comme synonymes ces deux mots *civil & commun*, & les oppose au *délit* ecclésiastique.

Justinien ordonna donc que si le crime étoit ecclésiastique, & sujet à quelqu'une des peines que l'église peut infliger, la connoissance en appartiendroit à l'évêque seul; que si au contraire le crime étoit civil & commun, le président, si c'étoit en province, ou le préfet du prétoire, si c'étoit dans la ville, en connoitroient, & que s'ils jugeoient l'accusé digne de punition, ils le livreroient aux ministres de la justice, après qu'il auroit été dégradé de l'état de prêtrise par son évêque.

Peu de temps après, Justinien changea lui-même cet ordre par sa novelle 123, où il permit à celui qui accuseroit un ecclésiastique, de se pourvoir, pour quelque *délit* que ce fût, devant l'évêque: si le crime se trouvoit ecclésiastique, l'évêque punissoit le coupable selon les canons; si au contraire l'accusé se trouvoit convaincu d'un crime civil, l'évêque le dégradoit; après quoi le juge laïque faisoit le procès à l'accusé.

L'accusateur pouvoit aussi se pourvoir devant le juge séculier; auquel cas, si le crime civil étoit prouvé, avant de juger le procès, on le communiquoit à l'évêque, & si celui-ci trouvoit que le *délit* fût commun & civil, il dégradoit l'accusé, qui étoit ensuite remis au juge séculier: mais si l'évêque ne trouvoit pas le *délit* suffisamment prouvé, ou que la qualité du *délit* lui parût équivoque, il suspendoit la dégradation, & les deux juges s'adressoient à l'empereur, qui, en connoissance de cause, ordonnoit ce qu'il croyoit convenable.

En France, sous les deux premières races de nos rois, & même encore assez avant sous la troisième, les ecclésiastiques, qui avoient beaucoup empiété sur la jurisdiction séculière, ne la reconnoissoient aucunement pour les matières criminelles, de telle nature que fût le *délit* ; c'est pourquoi Prétextat, archevêque de Rouen, étant accusé par Chilperic de crime de lèse-majesté, le roi permit qu'il fût jugé par les évêques & prélats du royaume; il leur observa néanmoins en même temps que les juges royaux auroient pu le condamner pour un tel crime.

Grégoire de Tours rapporte plusieurs exemples semblables, entre autres que Salonius & Sagittarius, accusés d'homicide, d'adultère, & autres crimes énormes, furent renvoyés au jugement des évêques.

On trouve aussi dans Monstrelet qu'en 1415, 1460, & (aux additions) en 1467, des clercs, accusés de lèse-majesté, sortilèges, homicides, étoient renvoyés au juge d'église, qui les condamnoit à une prison perpétuelle, & à jeûner au pain & à l'eau.

Les capitulaires de Charlemagne, de Louis le Débonnaire, & autres princes leurs successeurs, contiennent plusieurs défenses de poursuivre les ecclésiastiques dans les tribunaux séculiers, pour quel crime que ce fût.

Philippe III ordonna, en 1274, qu'on auroit recours au droit écrit, pour savoir si un clerc, accusé d'homicide, seroit poursuivi devant le juge ecclésiastique ou laïque.

De tous ces différens faits, il résulte que l'on n'ignoroit point dès-lors en France la distinction des *délits* civils & communs d'avec les *délits* ecclésiastiques, qui se trouve établie par les loix romaines, & notamment par les novelles de Justinien, qui forment le dernier état du droit romain sur cette matière; que si l'on renvoyoit aux évêques la connoissance de tous les *délits* commis par les ecclésiastiques, c'étoit par déférence pour les évêques, & par respect pour les anciens décrets des conciles.

Mais bientôt après, les gens d'église commencèrent à reconnoître l'autorité des juges séculiers pour les *délits* graves: on en trouve un exemple, sous le règne de Charles V. Pierre d'Estaing, évêque de Saint-Flour, & depuis archevêque de Bourges, & cardinal, ayant fait décider dans un synode qu'il convoqua à Bourges, que les clercs ne pouvoient être poursuivis en la justice séculière pour aucun crime, fut contraint de révoquer ce décret, & d'en donner sa déclaration par écrit en 1369, qui fut reçue par Jean, duc de Berri, & ensuite acceptée par le roi,

Il paroît donc par-là que les ecclésiastiques se reconnoissoient dès-lors sujets à la justice séculière, quant aux crimes graves, qu'ils appellèrent improprement *délits privilégiés*; comme si les juges séculiers n'en connoissoient que par privilège, quoique ce fût tout le contraire, les juges séculiers connoissant par droit commun de tous les *délits*, & les juges d'église seulement par privilège des *délits* ecclésiastiques.

L'exercice de la jurisdiction séculière sur les ecclésiastiques accusés de cas privilégiés, c'est-à-dire, de crimes graves, & dont la punition n'appartient qu'à la justice séculière, n'est même point un usage particulier à la France, mais un droit commun à toutes les nations chrétiennes.

En Espagne autrefois les ecclésiastiques ne pouvoient être poursuivis, pour quelque crime que ce fût, que devant le juge d'église ; mais l'impunité qui résultoit de ce privilège, fut cause que les rois d'Espagne le révoquèrent par rapport aux crimes atroces, tels que les assassinats, adultères, concubinages publics, & autres semblables, dont Philippe II, par un édit de 1597, donna pouvoir à ses juges d'informer contre toutes sortes de personnes sans exception.

La même chose est arrivée en Angleterre, où les ecclésiastiques, accusés de crimes, étoient aussi exempts de la justice séculière: ce privilège occasionnoit un tel désordre, que, sous le règne de Henri II, il y eut plus de cent assassinats commis par des clercs ; ce qui engagea ce prince à donner un édit, portant que les clercs accusés de crimes ecclésiastiques, répondroient devant les juges d'église, & devant les juges séculiers pour les crimes graves & qualifiés ; ce qui fut confirmé par Edouard II.

Damhoudère, en sa *Pratique de Flandre*, observe aussi que les ecclésiastiques y sont soumis à la justice séculière pour les crimes graves, tels que l'homicide, l'assassinat, port d'armes, & autres semblables.

Il est donc étrange que l'on traite de *délits* & *cas privilégiés*, des faits dont la connoissance appartient de droit commun au juge royal, & dont il est le juge naturel, & de traiter de *délits communs* ceux dont le juge d'église connoît seulement par exception & par privilège.

Cependant l'usage a prévalu au contraire, même dans les tribunaux séculiers, pour l'application de ces termes *délit commun* & *délit*, ou *cas privilégié*; & si nous avons relevé cette erreur, c'est moins pour réclamer la véritable signification de ces termes, que pour soutenir les vrais principes par rapport à la jurisdiction que le roi a de droit commun sur les ecclésiastiques, & non pas seulement par exception & par privilège.

Au reste, selon la façon commune de parler, on met dans la classe des *délits* privilégiés tous ceux qui se commettent contre le bien & le repos publics, & que le roi a intérêt de faire punir

pour

pour l'exemple & la fûreté de ſes ſujets, comme ſont les crimes de lèſe-majeſté divine & humaine, l'incendie, la fauſſe-monnoie, l'homicide de guet-à-pens, le vol ſur les grands chemins, le vol noc-turne, le port d'armes défendues, la force & la violence publique, la contravention aux défenſes faites par un juge royal, & autres *délits* ſemblables.

Les *délits communs* ſont ceux qui ne ſont point privilégiés, tels que le ſimple larcin, l'homicide fait ſans deſſein prémédité, les injures faites à des particuliers, & autres ſemblables *délits* dont les juges d'égliſe connoiſſent quand ils ſont commis par des eccléſiaſtiques.

Il y a auſſi des *délits* purement eccléſiaſtiques, c'eſt-à-dire, qui ſont des contraventions aux ſaints décrets & conſtitutions canoniques, tels que la ſi-monie, la confidence, le ſacrilège commis ſans violence ; tels ſont auſſi les *délits* commis par des eccléſiaſtiques, tant en omettant à faire ce qui eſt de leur devoir, ou en faiſant ce qui leur eſt dé-fendu, comme ſi un curé omettoit malicieuſement de dire la meſſe, & faire le ſervice divin les jours de fêtes & dimanches, s'il refuſoit d'adminiſtrer les ſacremens à ſes paroiſſiens, s'il célébroit les ſaints myſtères d'une manière indécente, s'il exer-çoit quelque art ou métier indigne de ſon carac-tère. Quoique ces *délits* ſoient de la compétence du juge d'égliſe, le juge royal en peut auſſi con-noître lorſqu'il y a ſcandale public, & que l'ordre public y eſt intéreſſé.

Un eccléſiaſtique peut donc, pour un même fait, être juſticiable du juge d'égliſe & du juge royal, lorſque le fait participe tout-à-la-fois du *délit commun* & du *délit* privilégié.

Les juges des ſeigneurs ne peuvent connoître d'aucuns *délits* commis par les eccléſiaſtiques, mais ſeulement en informer, & enſuite renvoyer l'in-formation au greffe royal.

Suivant l'ordonnance de Moulins, quand il y avoit *délit commun* & privilégié, le juge royal de-voit d'abord faire le procès à l'eccléſiaſtique pour le cas privilégié, & enſuite le renvoyer au juge d'égliſe pour le *délit commun* ; & en attendant le jugement de l'official, l'accuſé devoit tenir priſon pour la peine du cas privilégié, dont le juge d'é-gliſe étoit reſponſable, ſuppoſé qu'il élargît le pri-ſonnier.

Mais depuis, par l'édit de Melun, il a été or-donné que le procès pour le *délit commun* & le *délit* privilégié ſeroit fait par le juge d'égliſe & par le juge royal conjointement ; & en ce cas le juge royal doit ſe transporter au ſiège du juge d'égliſe, ils y inſtruiſent conjointement le procès ; mais ils rendent chacun ſéparément leur ſentence.

La forme de cette procédure a encore été réglée par deux déclarations des mois de février 1682 & juillet 1684, & par l'art. 38 de l'édit de 1695, qui ordonne l'exécution des précédentes ordon-nances, notamment de l'édit de Melun, & de la déclaration de 1684.

La déclaration du 4 février 1711 ordonne que dans les procès qui ſeront faits conjointement par le juge d'égliſe pour le *délit commun*, & par le juge royal pour le cas privilégié, le juge d'égliſe aura la parole, prendra le ſerment des accuſés & des témoins, & fera, en préſence du juge royal, les interrogatoires, récolement & confrontations.

Quand l'eccléſiaſtique eſt jugé par le juge d'é-gliſe ſeul, & condamné pour le *délit commun*, il peut, quoiqu'il ait ſatisfait à la condamnation, être encore repris par le juge royal, & puni de nouveau par lui pour le cas privilégié.

Il en ſeroit de même ſi l'eccléſiaſtique avoit été abſous par le juge d'égliſe ; le juge royal pour-roit néanmoins encore lui faire ſon procès.

Mais ſi l'eccléſiaſtique avoit été renvoyé abſous par le juge royal, ou qu'il eût obtenu grace du roi qui eût été entérinée, le juge d'égliſe ne pourroit plus intenter procès à l'accuſé pour le *délit commun* ; & s'il le faiſoit, il y auroit abus.

Les peines que le juge d'égliſe peut infliger pour le *délit commun*, ſont la ſuſpenſion, l'interdit, l'ex-communication, les jeûnes, les prières, la priva-tion pour un temps du rang dans l'égliſe, de voix délibérative dans le chapitre, des diſtributions ma-nuelles ou d'une partie des gros fruits, la priva-tion des bénéfices, la priſon pour un temps, & la priſon perpétuelle. L'égliſe n'a point de puni-tion qui puiſſe aller au-delà. *Voyez* JUGE *d'égliſe.*

DÉLIT *eccléſiaſtique*, eſt celui qui eſt commis ſingulièrement contre les ſaints décrets & conſtitu-tions canoniques, comme la ſimonie, la confi-dence, l'héréſie. *Voyez ce qui en eſt dit ci-devant au mot* DÉLIT *commun.* (*A*)

DÉLIT *militaire*, on donne ce nom aux *délits* commis par les gens de guerre dans les camps & armées, les garniſons, les marches, & générale-ment à l'occaſion des fonctions militaires. Ils ſont particuliérement ſpécifiés dans une ordonnance du premier juillet 1727. *Voyez* le *Dictionnaire de l'art militaire.*

DÉLIT *monachal*, ce ſont les fautes commiſes par un religieux contre ſa règle. *Voyez* MOINES & RELIGIEUX. (*A*)

DÉLIT *perſonnel*, eſt celui que l'on prétend avoir été commis par celui auquel on en demande rai-ſon, à la différence de certains *délits*, dont un tiers peut être tenu, comme le père eſt tenu civile-ment du *délit* de ſon fils, &c. (*A*)

DÉLIT *privé* eſt oppoſé à *délit public* ; c'eſt ce-lui dont la réparation n'intéreſſe point le public, mais ſeulement le plaignant, comme des injures ou une rixe. (*A*)

DÉLIT *privilégié*, ou *cas privilégié*, eſt oppoſé à *délit commun. Voyez ci-devant* DÉLIT *commun.* (*A*)

DÉLIVRANCE, ſ. f. (*Droit civil. Eaux & Forêts. Monnoie.*) dans les matières qui ont rap-port aux contrats & aux obligations, la *délivrance* eſt la remiſe que l'on fait d'une choſe à une autre perſonne. On accorde la *délivrance* d'une choſe

FFff

donnée , vendue ou léguée , d'un ufufruit , des deniers faifis , &c.

En matière d'eaux & forêts , le terme de *déli-vrance* s'entend des bois du roi que l'on marque , & qu'on délivre foit aux ufagers , foit aux marchands à qui les ventes en ont été faites , & des bois des communautés eccléfiaftiques ou féculières , qui ont obtenu la permiffion d'en faire abattre. Cette *délivrance* ne peut fe faire qu'en vertu d'un arrêt du conféil , & que par les grands-maîtres & les officiers des maîtrifes conjointement, à moins que l'un d'eux n'y foit expreffément autorifé par le conféil. *Voyez* BOIS , GRAND-MAITRE , &c.

Délivrance, en terme de monnoie, fe dit de la permiffion accordée par les juges-gardes aux maîtres des monnoies , d'expofer dans le public des efpèces d'or , d'argent & de billon nouvellement fabriquées , après qu'elles ont été pefées , pièce à pièce au trébuchet , dont on dreffe un afte , figné des juges-gardes , du contre-garde , de l'effayeur qui a fait l'effai , & du maître à qui la *délivrance* eft faite.

En matière civile , on diftingue deux efpèces de *délivrance* , l'une réelle , l'autre fiftive. La *délivrance* réelle eft celle par laquelle on donne la chofe même en nature , comme un meuble , du vin , du bled , des beftiaux , & autres chofes femblables. La *délivrance* fiftive a été imaginée pour fuppléer la réelle dans les cas où celle-ci ne peut avoir lieu phyfiquement. Ainfi on délivre un héritage , en donnant les clefs d'une maifon , les titres conftitutifs de la propriété des objets vendus. La *délivrance* d'un objet incorporel fe fait par la faculté qu'on accorde à l'acquéreur d'en ufer fuivant la convention. *Voyez* TRADITION.

La *délivrance* a lieu principalement dans le cas de legs : tous , foit en pays coutumiers & de droit écrit , font fujets à *délivrance* , c'eft-à-dire , qu'ils ne font point acquis de plein droit aux légataires , s'ils n'en obtiennent la *délivrance* de l'héritier ; ce qui même a lieu dans les chofes léguées , qui font déja en la poffeffion du légataire. Il doit alors former fa demande contre l'héritier , non pas précifément pour qu'on lui délivre la chofe , mais pour qu'elle lui demeure en propriété , en vertu du legs.

On n'excepte de cette règle que les legs faits aux héritiers de la ligne directe. L'héritier inftitué , dans les pays de droit écrit , n'a pas befoin de demander *délivrance* à l'héritier du fang , parce qu'il eft faifi par la loi. Mais il n'en eft pas de même en pays coutumiers , les héritiers teftamentaires n'y font regardés que comme des légataires , & tout legs , même univerfel , eft fujet à *délivrance*.

L'héritier n'eft point obligé à confentir à la *délivrance* des legs , qu'il ne foit lui-même en poffeffion de l'hoirie. Le légataire ne gagne les fruits de la chofe léguée , que du jour qu'il a formé fa demande en *délivrance. Voyez* LEGS.

DÉLIVRANCE des namps , eft un terme ufité en Normandie , pour exprimer la remife des effets faifis. *Namps* fignifie *meubles faifis* : ce mot vient de *nantir*.

Il y a un titre exprès de la *délivrance des namps* dans la coutume de Normandie , qui porte , entre autres chofes , que fi le feigneur , ayant faifi les namps de fon vaffal , eft refufant de les délivrer à caution ou plège , le fergent de la querelle peut les délivrer à caution , & affigner les parties aux prochains plaids ou affifes. *Voyez* NAMPS. (*A*)

DÉLIVRANCE tranchée , terme ufité dans le duché de Bourgogne , pour exprimer une *délivrance* définitive : cela fe dit , en matière d'adjudication par décret. (*A*)

DÉLOYAUTÉ, f. f. (*Droit féodal.*) ce mot fignifie en général *perfidie* , *infidélité*. On s'en eft fervi particulièrement dans la jurifprudence féodale , pour défigner la perfidie du feigneur envers fon vaffal , & ce terme eft alors le corrélatif de celui de *félonie*.

Quoique les obligations du feigneur envers le vaffal ne foient pas auffi étendues & auffi étroites , que celles du vaffal envers le feigneur , cependant le feigneur eft tenu , fuivant les loix féodales , de défendre & de protéger fon vaffal autant qu'il eft en lui. Aujourd'hui que prefque toutes les relations perfonnelles , qui dérivoient de la féodalité font abolies , la protection que le feigneur doit à fon vaffal , fe réduit à auffi peu de chofe , que la fidélité du vaffal envers lui. Mais comme le lien féodal fubfifte encore malgré les changemens furvenus dans nos mœurs , le feigneur doit toujours conferver des égards particuliers pour fon vaffal ; & s'il n'eft plus obligé de le défendre , il eft plus étroitement tenu d'éviter de lui nuire qu'à toute autre perfonne.

C'eft à ces obligations négatives qu'on a réduit , pour ainfi dire , tous les devoirs de la féodalité. Si donc le feigneur outrageoit fon vaffal , il feroit encore fujet aux peines de la *déloyauté* qui font plus ou moins graves , felon la nature & les circonftances de l'outrage. De même que la peine de la félonie eft la privation du fief , à vie ou à toujours ; celle de la *déloyauté* , eft la privation de la directe , qui peut auffi avoir lieu pour la vie , ou pour toujours.

On compte parmi les crimes de *déloyauté* à-peuprès les mêmes outrages , qui conftituent la félonie. Ce feroit une *déloyauté* que d'attenter aux jours du vaffal , ou à ceux de fon fils , de deshonorer fa fille , fa femme , ou fa mère , & même de les infulter d'une manière outrageante , fur-tout fi ces infultes étoient publiques.

Un arrêt du parlement de Touloufe a condamné un feigneur , qui avoit donné des coups de bâton à fon vaffal en 4000 livres d'amende , en affranchiffant le vaffal & fes parens de la juftice du feigneur. *Voyez* Brillon *au mot* SEIGNEUR , n°. 111.

La privation de la directe , qu'entraîne la *déloyauté* , n'a pas plus lieu de plein droit que la commife. Il faut recourir aux tribunaux ordinaires pour la faire prononcer, & les héritiers du seigneur contre qui l'on a négligé d'agir, sont sujets aux fins de non-recevoir que le seigneur pourroit opposer aux héritiers du vassal en cas de félonie.

De même encore, si le seigneur déloyal n'a que l'usufruit ou la jouissance à temps du fief dominant, la peine de la *déloyauté* cesse avec le droit qu'il avoit dans le fief, & les propriétaires reprennent dans toute sa plénitude la directe qu'il avoit forfaite durant sa jouissance.

Il y a néanmoins une différence très-importante entre la peine de la *déloyauté* & celle de la félonie. Le seigneur acquiert par la commise, tous les droits que le vassal avoit dans le fief servant, avant sa félonie. Mais le vassal, qui est affranchi de la dominance du seigneur déloyal, n'acquiert pas pour cela la franchise de son héritage. Son fief devient seulement le plein-fief de celui duquel il ne relevoit auparavant qu'en arrière-fief.

La raison de cette différence dérive de la nature même des fiefs. Le seigneur suzerain ne peut pas sans son fait, & par celui de son vassal seulement, être privé du droit de supériorité, & de directe originaire, qu'il avoit sur le fief de son arrière-vassal. Cet arrière-fief doit donc relever de lui nuement, lorsque la seigneurie intermédiaire, qui les éloignoit, est ôtée.

Si cependant le fief du vassal étoit mouvant d'un franc-aleu, comme cela arrive quelquefois, la privation de la directe entraîneroit l'affranchissement absolu du fief.

Lors même que le seigneur déloyal ne possède point sa terre en franc-aleu, on doit distinguer entre les différens droits qu'il pouvoit avoir sur le fief de son vassal. Il est bien certain que le seigneur les perd tous: *privatur*, dit du Moulin, *directo dominio & omni jure feudali & ejus juribus & pertinentiis.* Cela comprend tous les droits que le seigneur a, comme seigneur, & par conséquent ceux qu'il peut avoir en vertu de quelque clause particulière de l'inféodation, outre les droits seigneuriaux ordinaires, qui sont établis par la coutume des lieux. Mais le seigneur suzerain n'acquiert pas tous ces droits: il ne peut réclamer que les droits seigneuriaux ordinaires, qui sont établis par la coutume des lieux, parce qu'ils sont indépendans des clauses particulières du contrat d'inféodation, tandis que les droits seigneuriaux, qui dérivent de ces clauses particulières, s'éteignent & cessent avec le contrat d'inféodation que la *déloyauté* vient d'annuller.

Conformément à ces principes, un arrêt de l'échiquier, de l'an 1380, jugea que Guillaume Aubert, vassal de messire Guillaume d'Orbec, par lequel il avoit été maltraité, seroit déchargé des rentes & de toute autre redevance; mais que le roi auroit la cour & usages, quoique le procureur du roi réclamât les rentes & redevances. Basnage *sur l'art. 126 de la coutume de Normandie. Voyez au surplus l'article* DÉVOLUTION *de mouvance & de justice.*

A l'égard des servitudes & droits réels, non seigneuriaux, que le seigneur pouvoit avoir sur le fief de son vassal, il n'est pas douteux qu'il les conserve; car la *déloyauté* n'étant un crime relatif qu'aux obligations féodales, la peine ne doit s'en appliquer qu'aux objets sur lesquels la féodalité s'étendoit. Or, les droits purement fonciers & non seigneuriaux en sont indépendans. (*M.* GARRAN DE COULON.)

DELPHINAL, (*scel*). *Voyez* SCEL.

DEMANDE, s. f. (*terme de Palais*) est un acte par lequel le demandeur conclut contre le défendeur, à ce qu'il soit tenu de faire ou de donner quelque chose.

Il y a presque autant de sortes de *demandes*, qu'il y a de différentes choses qui peuvent en faire l'objet; c'est pourquoi nous contenterons d'indiquer ici les principales, & singulièrement celles qui ont une dénomination particulière; après quoi nous donnerons quelques notions générales sur les *demandes.*

DEMANDE *sur le barreau*, est celle que la partie ou son procureur, ou l'avocat assisté de la partie ou du procureur, forment judiciairement sur le barreau en plaidant la cause, sans qu'elle ait été précédée d'aucune *demande* par écrit.

DEMANDE *en complainte. Voyez* COMPLAINTE.

DEMANDE *en contre-sommation. Voyez* CONTRE-SOMMATION.

DEMANDE *connexe*, est celle dont l'objet est naturellement lié avec celui d'une autre *demande.*

DEMANDE *en déclaration d'hypothèque. Voyez* DÉCLARATION D'HYPOTHÈQUE, & HYPOTHÈQUE.

DEMANDE *en dénonciation. Voyez* DÉNONCIATION.

DEMANDE *en désistement. Voyez* DÉSISTEMENT.

DEMANDE *en évocation. Voyez* ÉVOCATION.

DEMANDE *en faux. Voyez* FAUX, FAUX PRINCIPAL, FAUX INCIDENT.

DEMANDE *en garantie. Voyez* GARANT & GARANTIE.

DEMANDE *incidente*, est celle qui est formée dans le cours d'une contestation, pour obtenir quelque chose qui a rapport à l'objet principal. Les *demandes incidentes* se forment par requête signifiée de procureur à procureur, au lieu que les *demandes* principales doivent être formées à personne ou domicile.

DEMANDE *indéfinie*, est celle dont l'objet, quoique certain, n'est pas fixe, comme quand on demande tout ce qui peut revenir d'une succession, sans dire combien.

DEMANDE *en interlocutoire. Voyez* INTERLOCUTOIRE.

DEMANDE *en interruption. Voyez* HYPOTHÈQUE & INTERRUPTION.

DEMANDE *en intervention. Voyez* INTERVENTION.

DEMANDE *introductive*, est la première *demande* qui a donné commencement à une contestation.

DEMANDE *judiciaire*, est celle qui est formée sur le barreau. *Voyez ci-devant* DEMANDE *sur le barreau*.

DEMANDE *libellée*, est celle dont l'exploit contient les moyens, du moins sommairement. L'ordonnance de 1667, *titre des ajournemens, art. 1*, veut que les ajournemens & citations en toutes matières & jurisdictions, soient libellées, & contiennent les conclusions, & sommairement les moyens de la *demande*, à peine de nullité.

DEMANDE *en main-levée. Voyez* MAIN-LEVÉE.

DEMANDE *nulle*, est celle qui est infectée de quelque vice de forme qui l'anéantit. *Voyez* NULLITÉ.

DEMANDE *originaire*, se dit, en matière de garantie, de la première *demande* qui a donné lieu à la *demande* en garantie. *Voyez* GARANTIE.

DEMANDE *en partage. Voyez* PARTAGE.

DEMANDE *en péremption. Voyez* PÉREMPTION.

DEMANDE *pétitoire. Voyez* PÉTITOIRE.

DEMANDE *possessoire*, est celle qui tend à conserver ou recouvrer la possession de quelque chose. *Voyez* PÉTITOIRE & POSSESSOIRE.

DEMANDE *préparatoire*, est celle qui tend seulement à faire ordonner quelque chose pour l'instruction; par exemple, que l'on communiquera des pièces, ou que l'on en donnera copie.

DEMANDE *principale*, est toute nouvelle *demande* qui donne commencement à une contestation; elle doit être formée à personne ou domicile, à la différence des *demandes* incidentes, qui peuvent être formées dans le cours de la contestation. *Voyez ci-devant* DEMANDE *incidente*.

DEMANDE *provisoire*, est celle qui ne tend pas à faire juger définitivement la contestation, mais seulement à faire ordonner quelque chose par provision, & en attendant le jugement de la contestation.

DEMANDE *en retrait. Voyez* RETRAIT.

DEMANDE *en revendication. Voyez* REVENDICATION.

DEMANDE *en sommation. Voyez* SOMMATION.

DEMANDE *subsidiaire*, est celle qui tend à obtenir une chose, au cas que la partie ou les juges fassent difficulté d'en accorder une autre. *Voyez* CONCLUSIONS *subsidiaires*. (*A*)

Une *demande* peut être formée par une requête, ou par un exploit dans les jurisdictions inférieures; mais dans les cours elle n'est régulièrement formée que par requête; au reste, de quelque manière qu'elle se fasse, elle doit être pour un objet certain, & contenir sommairement les moyens sur lesquels elle est fondée. On doit en laisser copie au défendeur, ainsi que des pièces justificatives. *Voyez* AJOURNEMENT.

On ne peut régulièrement demander que ce qui est dû. Les loix romaines avoient établi contre ceux qui demandoient au-delà, une peine qui consistoit à déclarer le demandeur entièrement déchu des fins de sa *demande*, sans espérance de restitution.

Mais dans nos usages la plus-pétition n'empêche pas la *demande* d'être valable pour ce qui est dû, & le défendeur n'en doit pas moins les dépens de la *demande*, jusqu'au jour de ses offres réelles de payer ce qu'il doit légitimement.

On peut réformer en tout état de cause les conclusions originaires de la *demande*, les diminuer ou les augmenter, sans que cela nuise au demandeur.

DEMANDEUR, s. m. (*Jurispr.*) est celui qui intente en justice une action contre quelqu'un, pour l'obliger de faire ou de donner quelque chose.

Chez les Romains, on l'appelloit *actor*, & il étoit d'usage chez eux de l'obliger, *in limine litis*, de prêter le serment que l'on appelloit *juramentum calumniæ*, autrement il étoit déchu de sa demande. On l'obligeoit aussi de donner caution de poursuivre le jugement dans deux mois, sinon de payer le double des dépens. S'il ne comparoissoit pas, on le mettoit en demeure par trois édits ou sommations qui portoient chacune un délai de trente jours; mais tout cela ne s'observe point parmi nous.

On observe néanmoins, à l'égard du *demandeur*, plusieurs autres règles qui sont tirées du droit romain.

Une des premières, est celle *actor sequitur forum rei*, c'est-à-dire, que le *demandeur* doit faire assigner le défendeur devant son juge naturel, qui est le juge ordinaire du lieu de son domicile.

Cette règle reçoit néanmoins quelques exceptions; savoir, lorsque le *demandeur* a droit de *committimus*, ou qu'il s'agit d'une matière dont la connoissance est attribuée à quelque juge autre que celui du domicile.

Le *demandeur* doit être certain de ce qu'il demande.

A l'égard de la forme de la demande, *voyez* DEMANDE, AJOURNEMENT, ACTION, CAUSE.

C'est au *demandeur* à prouver ce qu'il avance; & faute par lui de le faire, le défendeur doit être déchargé de la demande.

Mais quelquefois, dans l'exception, le défendeur devient lui même *demandeur* en cette partie, & alors l'obligation de faire preuve retombe sur lui à cet égard. *Voyez* PREUVE.

DÉMEMBREMENT D'UN FIEF, (*Droit féodal.*) c'est lorsque la foi & l'hommage d'un fief est divisée; que de ce même fief on en forme plusieurs indépendans les uns des autres, & qui sont tenus chacun séparément du même seigneur dominant.

Le *démembrement* est la même chose que ce que les coutumes de Picardie & d'Artois appellent *éclichement du fief*, comme qui diroit *éclipsement d'une partie du fief*: celle de Boulogne dit *éclécher*.

Les coutumes d'Anjou, du Maine & de Touraine, appellent *dépié de fief* ce que nous appellons *démembrement*.

Mais le *démembrement*, & le jeu même excessif de

fief, font deux chofes fort différentes, quoique quelques auteurs aient confondu le jeu excessif de fief avec le *démembrement*.

Le jeu de fief est lorsque le vassal aliène une partie de son fief fans en former un fief féparé & indépendant du sien, au lieu que le *démembrement* est lorsque d'un fief on en fait plusieurs féparés & indépendans les uns des autres. *Voyez* FIEF & JEU DE FIEF.

Par l'ancien usage des fiefs le vassal ne pouvoit difposer d'aucune portion de son fief, sans la permission & le consentement de son seigneur, parce qu'alors les fiefs n'étoient donnés qu'à vie; & après la mort du vassal, soit qu'il eût des enfans ou non, le fief retournoit au seigneur qui l'avoit donné, au moyen de quoi tout *démembrement* de fief étoit alors prohibé.

Quoique les fiefs soient devenus depuis héréditaires, néanmoins les seigneurs dominans ont confervé, autant qu'ils ont pu, les fiefs de leurs vassaux dans leur intégralité, soit afin que la dignité du fief ne soit pas diminuée, soit afin que le revenu du fief ne soit pas non plus diminué, & que le vassal soit plus en état de fecourir son seigneur; car c'étoit anciennement une condition imposée à la plupart des fiefs, que le vassal étoit obligé de fecourir son seigneur en cas de guerre générale ou privée: tels sont les motifs qui ont fait défendre le *démembrement* de fief dans la plupart des coutumes.

Préfentement que les guerres privées sont défendues, & que le service militaire ne peut plus être dû qu'au roi, le *démembrement* ne laisse pas d'être toujours défendu, & fingulièrement pour les fiefs de dignité, tels que les principautés, duchés, comtés, marquisats & baronnies; ce qui tire son origine de la loi falique, ou plutôt de l'interprétation qu'on lui a donnée.

La coutume de Paris, *art. 51*, porte que le vassal ne peut démembrer son fief au préjudice & sans le consentement de son seigneur, mais qu'il peut feulement se jouer de son fief, sans payer aucun profit au seigneur dominant, pourvu que l'aliénation n'excède pas les deux tiers, & qu'il retienne la foi entière, & quelque droit seigneurial & domanial fur ce qu'il aliène.

L'ancienne coutume contenoit déjà la même prohibition.

Elle est aussi portée dans plusieurs autres coutumes.

Il y a néanmoins plusieurs coutumes qui autorifent le *démembrement de fief*, proprement dit: telles font les coutumes de Picardie & d'Artois; mais la faculté qu'elles donnent au vassal de démembrer son fief, ne doit s'entendre que pour les fiefs simples, & non pas les fiefs de dignité qui doivent demeurer toujours en leur entier pour conserver la dignité du fief.

Le vassal peut donc dans ces coutumes partager un fief simple en autant de parties qu'il voudra, qui toutes releveront en plein-fief directement du fief

dominant, & feront tenues aux mêmes droits & prérogatives qu'étoit le corps entier du fief servant avant le *démembrement*.

Cette dévolution au seigneur dominant de la mouvance immédiate des portions *démembrées* du fief servant, est un usage très-ancien: elle est prononcée formellement par une ordonnance de Philippe-Augufte de l'an 1210, qui est en la chambre des comptes. Cette ordonnance fut faite, felon M. Bruffelles, pour ôter les parages qui constituoient dans la suite trop d'arriere-fiefs au préjudice du seigneur dominant. Mais cette vue ne fut par remplie; car on voit les parages autorifés *par l'article 44* des établissemens de S. Louis, de l'an 1270.

Le motif qui a fait admettre le *démembrement de fief* dans certaines coutumes, du moins pour les fiefs simples, est que l'on pense dans ces coutumes que ce *démembrement* ne fait aucun préjudice au seigneur, attendu que les droits de chaque portion démembrée du fief font payés au seigneur selon la nature de l'acquifition: on peut même dire que le *démembrement* est en quelque forte avantageux au seigneur, en ce que plus il y a de portions, plus il y a de vassaux, & plus il arrive de mutations & de profits de fiefs: mais aussi il faut avouer que l'on fait communément plus de cas d'une mouvance confidérable par son objet, que de plusieurs petites mouvances morcelées; c'est pourquoi il y a beaucoup plus de coutumes qui s'opposent au *démembrement*, qu'il n'y en a qui l'admettent.

On distingue deux fortes de *démembrement de fief*, favoir le *démembrement* forcé, & le *démembrement* volontaire.

Le *démembrement* forcé est celui qui se fait par partage entre co-héritiers, co-propriétaires & associés.

Le *démembrement* volontaire est celui qui se fait volontairement par vente, donation, échange, ou autrement.

La première de ces deux fortes de *démembrement*, c'est-à-dire, celui que l'on appelle *forcé*, ne laisse pas d'être fujet aux mêmes règles que le *démembrement* volontaire, de forte que si c'est dans une coutume qui défend le *démembrement*, comme celle de Paris, les co-partageans peuvent bien partager entr'eux le domaine du fief, mais ils ne peuvent pas diviser la foi; il faut qu'ils la portent tous ensemble, comme s'il n'y avoit point entre eux de partage.

Ce n'est pas feulement le domaine en fonds qu'il est défendu de démembrer; il n'est pas non plus permis de démembrer les mouvances, soit en fief ou en cenfive, ni de les donner en franc-aleu.

On ne peut pas non plus dans aucune coutume démembrer sans la permission du roi, la justice attachée au fief; ainsi un seigneur haut-justicier ne peut pas donner la haute, la moyenne, ni la basse-justice à un seigneur de fief son vassal qui ne l'avoit pas; car la justice suit toujours la glebe à laquelle le roi l'a attachée lors de la concession, & on ne peut pas la vendre ni la donner féparément.

La coutume de Paris ne prononce point de peine contre le vaſſal qui a fait un *démembrement* ſans le conſentement de ſon ſeigneur : on ne peut pas prétendre qu'un tel *démembrement* donne lieu à la commiſe, puiſque la coutume ne le dit pas ; mais il eſt ſenſible que le *démembrement* ne pouvant être fait ſans le conſentement du ſeigneur, il ne lui préjudicier ; de ſorte qu'à ſon égard il eſt comme non fait & non avenu : il n'eſt pas obligé de le reconnoître ; il peut même ſaiſir féodalement tout le fief ſervant, lorſqu'il apprend le *démembrement* d'une partie de ce fief, attendu que ce *démembrement* fait ouverture au fief. M. Guyot prétend même que le ſeigneur dominant peut agir pour faire déclarer le contrat nul ; en tout cas, il eſt certain qu'il eſt nul à ſon égard.

Dans les coutumes d'Anjou & du Maine, le vaſſal en ce cas perd la féodalité entière : en Touraine il la perd ſeulement ſur ce qu'il a démembré. *Voyez* DÉPIÉ DE FIEF.

Au reſte, ce n'eſt point démembrer ſon fief que d'en donner une partie à cens ou rente, ou même en faire des arriere-fiefs, pourvu que le tout ſoit fait ſans diviſion & démiſſion de foi ; c'eſt ce que les coutumes appellent *ſe jouer de ſon fief*, & que la coutume de Paris permet, pourvu que l'aliénation n'excéde pas les deux tiers, & que le vaſſal retienne la foi entière, & quelque droit ſeigneurial & domanial ſur ce qu'il aliène. *Voyez* FIEF & PARAGE. (*A*)

La difficulté de la matière exige qu'on donne quelques développemens à cet article, quelque bien fait qu'il ſoit d'ailleurs. Ils auront pour but de déterminer bien préciſément ce que c'eſt que le *démembrement*, & de diſcuter quelques queſtions particulières ſur cet objet.

§. I. *Qu'eſt-ce que le démembrement ?* L'article 51 de la coutume de Paris eſt ainſi conçu : « le vaſſal » ne peut démembrer ſon fief ſans le conſentement » de ſon ſeigneur. Bien ſe peut jouer & diſpoſer » & faire ſon profit des héritages, rentes ou cens » étant ſudit fief, ſans payer profit au ſeigneur do- » minant, pourvu que l'aliénation n'excéde les deux » tiers, & qu'il en retienne la foi entière & quel- » que droit ſeigneurial & domanial ſur ce qu'il » aliène ».

Pluſieurs coutumes ont des diſpoſitions ſemblables, où le *démembrement* eſt toujours en oppoſition avec le jeu de fief. Il s'en faut de beaucoup néanmoins que les juriſconſultes ſoient d'accord ſur le ſens de ces mots. Dumoulin, dont le génie a ſi ſouvent diſſipé les ténèbres de notre juriſprudence féodale, mais qui, en frayant des routes inconnues juſqu'à lui, a pu s'égarer quelquefois, a eu des idées tout-à-fait nouvelles ſur cet objet.

Suivant cet auteur, on doit diſtinguer dans le fief deux parties, les domaines qui en ſont *le ſujet matériel*, & la foi ou fidélité, qui en eſt *le titre*, & qui forme la condition eſſentielle de la conceſſion du fief. Tant que la foi n'eſt point diviſée, le fief reſte toujours dans ſon intégrité, quelque diviſion

que l'on faſſe des domaines qui le compoſent. Il n'y a point de *démembrement*, & l'on ne contrevient point à la prohibition de la coutume. Ainſi le vaſſal peut aliéner telle portion des domaines du fief qu'il jugéra à propos, pourvu qu'il ait ſoin de charger l'acquéreur de porter ſolidairement avec lui la foi & hommage, à raiſon de cette portion, comme ne faiſant qu'un ſeul fief avec la portion qu'il a retenue. Des co-héritiers peuvent également partager le domaine du fief trouvé dans la ſucceſſion, en ſe chargeant auſſi d'en porter la foi, comme d'un ſeul corps de fief. Il n'y a point de partage qu'une ſimple *aſſignation* de parties, ſans démembrement de fief, puiſque la foi qui eſt le titre du fief, n'eſt point diviſée. Les lods des co-propriétaires ſont toujours des portions d'un fief unique, qui ſubſiſte dans ſon individuité.

Lors au contraire que le titre du fief a été diviſé par un partage, ou que le vaſſal a aliéné une partie du domaine de ſon fief, à la charge par l'acquéreur de la relever du ſeigneur dominant, comme un fief ſéparé, c'eſt un véritable *démembrement* qui ne peut avoir lieu ſans le conſentement du ſeigneur. Il peut donc refuſer ceux qui ſe préſenteroient pour lui rendre un hommage ſéparé de chacun de ces prétendus fiefs. Il doit le faire, s'il ne veut pas conſentir au *démembrement* de ſon fief. Mais il ne ſera point cenſé y conſentir, quand bien même il recevroit ſéparément l'hommage de chaque co-propriétaire, pour ſa portion, ſi l'acte d'hommage ne lui apprend pas qu'ils ont prétendu diviſer le titre du fief.

Le fief eſt pareillement démembré, continue Dumoulin, quand l'hommage des fiefs qui en relèvent, ou ſeulement d'une partie de quelques-uns de ces fiefs, eſt porté à un autre ſeigneur qu'à celui duquel ils relevoient originairement ; car la foi qui forme l'eſſence du fief eſt perdue à cet égard pour l'ancien ſeigneur. Cette dernière ſorte de *démembrement* ne peut s'effectuer que par la preſcription. La négligence du ſeigneur qui laiſſe paſſer ſa mouvance à un autre, équivaut à un conſentement de ſa part. Ainſi, la preſcription qui a lieu de ſeigneur à ſeigneur n'eſt point contraire au principe, que le vaſſal ne peut démembrer ſon fief ſans le conſentement du ſeigneur.

Cette diſtinction ingénieuſe entre le titre & le domaine du fief, a eu l'avantage aſſez rare d'être adoptée avec toutes ſes conſéquences, par d'Argentré qui a ſi ſouvent pris à tâche de combattre les ſentimens de Dumoulin. Ce commentateur de la coutume de Bretagne l'a défendue par de nouvelles raiſons qu'il a principalement puiſées dans l'individuité de la foi qui eſt due pour le fief. Le ſeigneur, a-t-il dit, n'a concédé qu'un ſeul fief, il ne doit pas dépendre des héritiers ou des ayans cauſe du vaſſal, de changer la teneur du contrat d'inveſtiture, en partageant le fief.

D'Argentré ne s'écarte de l'opinion de Dumoulin que dans un ſeul point. Il penſe que l'hommage doit néceſſairement être rendu collectivement dans un feul & même acte, par tous les co-propriétaires du fief, tandis que Dumoulin pense qu'il peut se rendre solidairement par chaque héritier.

Malgré deux autorités si respectables, ce système paroît avoir resté long-temps dans l'oubli. Mais il a été renouvellé de nos jours par des jurisconsultes du plus grand poids, le président Bouhier, Guyot, Pothier, &c.

L'opinion contraire sur le véritable sens de la prohibition de démembrer, réunit un plus grand nombre de jurisconsultes. C'est celle de Ragueau dans son *Indice*; de Coquille dans ses différens ouvrages; de Ricard sur la coutume d'Amiens; de Duplessis, Ferrière, & de Laurière sur celle de Paris; de Vaslin sur la Rochelle; de M. le Camus d'Houlouve sur la coutume de Boulonnois, &c. Elle paroît aussi celle de MM. de la Mothe, dans la dissertation sur le *démembrement* & le jeu de fief, qu'ils ont donnée à la suite de leur commentaire sur la coutume de Bordeaux, quoiqu'il faille avouer qu'ils se sont expliqué d'une manière un peu vague, & qu'ils ne paroissent pas avoir saisi tout-à-fait la véritable doctrine de Dumoulin.

Tous ces auteurs rejettent dans cette matière la distinction entre le titre & le domaine du fief. Suivant eux, le *démembrement* & le *dépié* de fief sont synonymes. L'un & l'autre ont lieu, toutes les fois que le fief n'est plus possédé par un seul vassal, ou censé possédé par lui seul. Si donc le vassal, en se dépouillant d'une partie du fief, ne retient pas la foi sur la portion aliénée, pour la porter seul au seigneur direct, s'il charge l'acquéreur de la porter lui-même pour sa portion, il y a un véritable *démembrement*. En un mot, il y en a un toutes les fois qu'il y a plusieurs vassaux qui possèdent séparément des portions du fief primitif. De Laurière, qui avoit si bien approfondi notre droit féodal, comprend même la sous-inféodation sous le nom de *démembrement*, dans ses notes sur l'*art. 51* de la coutume de Paris.

Il semble que ce dernier système est le plus conforme à l'objet de l'établissement des fiefs, à nos anciens monumens, & à la lettre même, ainsi qu'à l'esprit général des coutumes. La fidélité du vassal est sans doute de l'essence du fief; c'est le retour qu'il doit au seigneur pour le bienfait de l'inféodation. Mais si, comme on n'en peut douter, l'inféodation forme un contrat synallagmatique, les fonds de terre, ou les droits qui composent le domaine du fief, ne lui sont pas moins essentiels: c'est le prix donné par le seigneur pour la fidélité promise par le vassal. Sans ce domaine, il n'y a point de fief, comme Dumoulin en convient lui-même. Si la fidélité formoit seule l'essence du fief, tous les souverains, en leur qualité de souverains, seroient des seigneurs féodaux, & les sujets des vassaux.

Mais quoique la fidélité du vassal, & le domaine pour lequel elle est due, soient de l'essence du fief, cette essence est indépendante du plus ou moins d'étendue du fief. Elle ne subsistera pas moins, lors-

que la foi sera due pour une portion de l'ancien domaine. Il y a eu des temps où cette division étoit permise au vassal. Elle l'est encore de la manière la plus claire dans les coutumes de dépié de fief, où elle est même la peine de la contravention du vassal aux règles de l'aliénation des fiefs. Ce ne peut donc pas être sur l'impossibilité de cette division que porte la prohibition des coutumes relativement au *démembrement*; elle porte sur l'intérêt du seigneur qui est également lésé, lorsque la division frappe sur le domaine, que lorsqu'elle frappe sur le titre du fief. Si l'on se reporte au temps de la vigueur du système féodal, on ne sera pas étonné que les seigneurs aient trouvé plus avantageux de n'avoir qu'un vassal en état de faire le service, au lieu de plusieurs qui n'auroient pas un revenu suffisant; & dans le dernier état des choses, il leur importe beaucoup plus de conserver la mouvance immédiate du domaine du fief, que de ne pas souffrir la division du titre du fief.

C'est une idée bien extraordinaire que celle d'une foi solidaire. En supposant qu'on y trouvât de la justesse & de la réalité en l'analysant, au moins n'y a-t-il guère d'apparence qu'une doctrine si métaphysique ait été imaginée par les rédacteurs de nos coutumes, ou plutôt par la nation dont les règles sur le *démembrement* formoient les usages avant d'être écrites. Personne n'ignore néanmoins que les termes des loix doivent s'interpréter suivant le sens le plus naturel qu'elles présentent.

Dumoulin, comme Vaslin l'a observé, n'aura sans doute eu recours à cette distinction subtile de la foi qui forme le titre du fief, & du domaine qui en est le sujet matériel, que pour empêcher qu'on n'appliquât aux partages entre co-héritiers la prohibition indéfinie du *démembrement*. Mais ce que Vaslin ne dit pas, c'est qu'une telle prohibition ne pouvoit jamais s'appliquer à ces partages. La coutume défend au vassal de démembrer le fief sans le consentement de son seigneur; mais ce n'est point le vassal qui divise le domaine du fief dans le partage; c'est la loi même, à laquelle les seigneurs sont censés avoir prêté leur consentement, lorsque la coutume a été rédigée, ou plutôt, lorsqu'ils ont laissé établir l'usage du partage des fiefs servans, au lieu d'en accorder une investiture restrainte aux aînés seuls.

La prohibition de démembrer le fief a donc un objet plus réel que cette division métaphysique de la foi due par le vassal. Elle porte sur le domaine même & sur toutes les dépendances du fief. Les coutumes n'ont pas voulu que le vassal pût les morceler, & sur-tout qu'il pût en ôter la mouvance immédiate du seigneur, sans son consentement. Toutes nos loix anciennes & modernes prouvent que cette division du domaine du fief, & cet *éloignement* de ses mouvances, sont ce que l'on doit entendre par *démembrement*. Mais pour bien saisir le sens de nos anciennes loix à ce sujet, il faut se rappeller que cet éloignement de mouvances n'a pas toujours été défendu. La quantité prodigieuse des arriere-fiefs qui subsiste dans tous les degrés, en donne la preuve, indépendamment des monumens de notre ancien droit.

Les assises de Jérusalem permettent au vassal de concéder une ou plusieurs portions du fief à la charge du service militaire, c'est-à-dire de les sous-inféoder, pourvu qu'il lui reste de quoi fief servir: & elles appellent cela *démembrer* « Nul, dit *le chap.* » *192*, ne peut *démembrer* par l'assise de cestui royau- » me sié, se le sié ne doit service de plus d'une che- » valerie, & qui veaut *démembrer* sié, qui doit service » de plusiors chevaliers, il doit donner partie de son » sié, pour partie dou service que le sié doit, & enci » que plus dou sié demoure au seigneur, qui le » *desmembre* en la manière devant dite, ... & » que se il le fait enci, il a le fief *desmembré*, si » com il doit par l'assise & l'usage doudit royaume, » & que ceaux dons sont valables, ... & qui » autrement le fait, les dons ne sont mie valables, » pour che que le fief n'est mie *desmembré*, si com » lon peut & doit *desmembrer* par l'assise & l'usage » doit dit royaume ».

Les coutumes notoires du Châtelet, & les déci- sions de Jean des Mares, que Brodeau a jointes à son commentaire, appellent *démembrement de fief* les charges & les hypothèques qu'on y imposoit, si le seigneur les inféodoit, comme il étoit nécessaire, pour qu'elles tinssent à son préjudice. « Chouses » féodaux, y est-il dit, chèent aussi bien en obli- » gation, & pueent aussi bien estre obligiez & hy- » pothéqués comme les héritages mouvans & te- » neus en censive : & n'y a point de différence quant » à ce ; & ce aucune différence y avoit, ce seroit » au cas du seigneur féodataire, & ou cas où il ne » voudroit pas son fief estre *desmembré*, ne chargié » de nouvelles charges ». (*Coutumes notoires,* §. *162, décisions de Jean des Mares,* §. *274.*)

Beaumanoir, *au chapitre 14* de ses coutumes de Beauvoisis, dit que le mari veuf peut exercer le re- trait de mi-denier sur ses enfans, à raison du fief acquis dans sa mouvance ; il ajoute qu'on a décidé qu'il n'y avoit qu'un seul hommage dans ce cas. *Mes voir est,* dit-il, *que si li enfans en eussent porté le moitié par reson dou conquest leur mère que le père ne l'eust pas retrait par le bourse, il y eust eu deux hommages.*

Beaumanoir donne deux autres exemples sem- blables, & toujours il suppose que lorsque le do- maine du fief est divisé, il y a plusieurs *hommages* ; ce qui signifie bien plusieurs *fiefs,* du moins dans son langage.

J'ai cherché avec le plus grand soin dans nos coutumes le but de leurs dispositions sur le partage ou l'aliénation des fiefs, relaivement au seigneur, & tout ce qui pouvoit jetter du jour sur le vrai sens du mot *démembrer.* Il m'a paru que toutes entendoient par-là, la division du domaine du fief entre plusieurs personnes, soit qu'elle ait lieu à titre de sous-in-

féodation ou d'accensement, soit qu'on en détache une portion, sans y retenir de mouvance.

L'art. 171 de la coutume de Châlons dit que *les fiefs peuvent être divisés & partagés entre enfans & hé- ritiers, sans le consentement du seigneur de fief.* L'*art.* 259 porte que si le seigneur qui a exercé le retrait féodal d'un fief mouvant du sien, le garde en sa main, & le comprend dans son dénombrement, au lieu de l'aliéner, comme il en a le droit : en ce cas, « le fief servant est réuni & consolidé avec » le fief, dont il est tenu, & n'est le tout qu'un » même fief, lequel ledit seigneur ne peut en après » *démembrer* sans le consentement du seigneur su- » zerain, *sinon ès cas qu'il est permis de démembrer* » *son fief* ». Ces cas ne peuvent être que ceux des partages entre co-héritiers.

La coutume de Rheims, *art.* 215 & 216, permet au père ou à l'aîné de ses fils, de sous-inféoder partie du fief à ses enfans ou à ses cadets, « & faire que » les *membres* d'icelui tiendront en foi & hommage » de lui, ou de son fils aîné, sans moyen & du » seigneur dudit fief en arrière-fief ; ce que ne » peuvent faire lesd. enfans en succession collatérale, » en laquelle aussi leur est permis partager entr'eux » un fief ».

L'art. 217 ajoute immédiatement après : « le vas- » sal ne peut sinon ès cas contenus ès deux articles » précédens, *démembrer* son fief au préjudice du » seigneur féodal ; peut toutefois s'en jouer jusqu'à » démission de foi ».

Le surplus de l'article explique le jeu de fief, comme *l'art.* 51 de la coutume de Paris. Voilà bien les deux espèces de *démembrement,* le partage & la sous-inféodation, mises en opposition avec le jeu de fief.

La coutume de Vitry, *art.* 23, permet au vassal d'accenser une partie de son fief, *pour l'augmenta- tion d'icelui,* mais *non de démembrer son fief, ne vendre partie d'icelui sans le congé du seigneur féodal.* Celle de Meaux, *art.* 166, porte, « qu'un vassal ne peut » *démembrer* au préjudice & sans le congé de son » seigneur, son fief, si ce n'est par succession ou » partage, car les deux sont causes forcées ». Les coutumes de Melun, *art.* 99, & de Sens ; *art.* 216, disent absolument la même chose. Celle de Laon, *art.* 191, décide que par tels partages se peuvent lesdits fiefs démembrer, & d'un par ce moyen en faire plusieurs. La coutume de Valois défend enfin au vassal, dans *l'art.* 50, *de charger son fief de rente, ne autrement, ne icelui démembrer aucunement au préjudice du sei- gneur.*

Ces coutumes qui entourent, pour ainsi dire, celle de Paris, sont, je crois, les seules où l'on puisse trouver l'interprétation du mot *démembrement :* toutes entendent par là la division du domaine du fief, de quelque manière qu'elle s'opère, soit par le partage, soit par la sous-inféodation. Elles supposent toutes que le fief est démembré, lorsqu'un seul vassal ne reporte pas au seigneur la totalité du fief dans son aveu.

La coutume de Clermont en Beauvoisis dit aussi dans l'article 95 , que « le vassal ne peut *ébran-* » *cher* son fief, en vendant partie & retenant l'au- » tre ». Ce mot d'*ébrancher* est bien synonyme de *démembrer*.

Guyot, qui a tant écrit sur cette matière , dans deux volumes de ses *Observations sur les matières féodales*, paroît avoir prévu une partie de ces ob- jections. Mais il ne les a point détruites. Il établit bien que plusieurs des coutumes qui disent que le par- tage opère le *démembrement*, décident aussi que le titre même du fief est alors divisé. Il conclut de- là qu'il n'y a point de *démembrement* dans le par- tage ou l'aliénation du fief, si la foi n'est pas di- visée. Mais ce n'est pas là le point de la difficulté. Ce point consiste à savoir si le partage ou l'alié- nation que le vassal fait d'une partie du fief, n'o- père pas cette division de foi de plein droit , en divisant le fief même; & si toutes nos coutu- mes ne le disent pas.

On peut voir dans Guyot même , comme il a forcé le sens des coutumes pour les faire cadrer avec son système. Il assure que celle de Valois n'a rien entendu autre chose par *démembrement* que le jeu de fief; &, sous le nom de *jeu de fief*, il comprend les partages entre cohéritiers , & toutes les aliénations partiaires du fief , dans lesquelles le vendeur, en chargeant l'acquéreur de porter la foi pour la portion aliénée, ne dit pas littérale- ment que la foi sera divisée. Il lui a fallu imagi- ner pour cela une nouvelle sorte de jeu de fief, qui se fait , dit-il , *avec démission de foi*, & *sans retenue de devoir*, quoique la coutume , dans l'art. 51, autorise le jeu de fief, qu'autant que le vas- sal *retient la foi entière*, & *quelque droit seigneurial & domanial sur ce qu'il aliéne*. Mais l'opposition que cet article a mise entre le jeu de fief & le *dé- membrement*, en rapprochant les art. 35 & 41 de l'ancienne coutume, annonce bien qu'il comprend , sous le nom de *démembrement*, tous les actes par lesquels le vassal s'exproprie d'une partie de son domaine , hors l'espèce de jeu de fief dont elle parle expressément.

Aussi, malgré l'explication forcée que Guyot donne aux coutumes, il est obligé souvent de re- connoître qu'elles ne sont pas d'accord avec son système, & de les critiquer.

On peut consulter ce qu'il a dit sur celles de Sens & de Meaux en particulier. Mais ne seroit- ce pas s'écarter du droit coutumier, que de rejet- ter la seule explication qu'il donne du mot *démem- brement*, pour y substituer un sens si peu naturel ?

Il ne faut pas même croire que le système de Dumoulin & de Guyot ait l'avantage de favori- ser le commerce , en autorisant l'aliénation libre des fiefs. Car outre que cette considération pour- roit bien influer sur l'opinion qu'on auroit de la loi , mais non pas en déterminer le sens , cet avantage n'est qu'apparent. Les droits de quint & de retrait dans les ventes, ceux de relief dans les

autres aliénations sont d'une utilité trop réelle, pour que les seigneurs refusent leur consentement à des aliénations partiaires.

La coutume d'Orléans est l'une de celles dont les dispositions pourroient se concilier le plus ai- sément avec le système de Dumoulin ; & Guyot l'a fort bien prouvé. Cependant Pothier, qui est aussi de l'avis de Dumoulin , assure dans son *Com- mentaire* sur l'art. 1 de cette coutume « qu'une per- » sonne très-éclairée , qui a dépouillé toutes les » archives de la province, lui a dit n'avoir pas » vu d'aveu par lequel l'acquéreur d'une portion » divisée d'un héritage féodal *en eût porté la foi* » *autrement que comme d'un fief séparé* ».

D'Argentré convient aussi que les seigneurs de Bretagne ont la même facilité. La prohibition des coutumes n'influe donc plus sur les aliénations partiaires qui ne sont pas faites avec retenue de mouvance. Ce qu'elle opère véritablement est d'em- pêcher qu'on ne puisse préjudicier aux seigneurs par des sous-inféodations ou des accensemens qu'ils n'auroient pas approuvés. Tel est l'objet actuel de la prohibition du *démembrement*. C'est dans ce sens que Loisel a dit : « *le vassal peut démembrer*, bail- » ler à cens & arrentement son fief, sans l'assens » de son seigneur, jusqu'au tiers de son domaine , » sans s'en dessaisir , ou la main mettre au bâton , » qui est ce que l'on dit, se jouer de son fief sans » démission de foi ; *mais ne le peut démembrer au* » *préjudice de son seigneur* ». (*Institutes coutumières* , *liv. 4, tit. 3, règle 90 & 91.*)

§. II. *Questions particulières sur le démembrement.* Ce que l'on vient de dire sur le véritable sens du mot *démembrement*, donne l'éclaircissement de bien des questions. Il suffit de dire un mot de quelques- unes des plus importantes.

1°. *La sous-inféodation est-elle un démembrement, ou un simple jeu de fief ?* Suivant Dumoulin & tous les auteurs , il n'est pas douteux que la sous-in- féodation, comme l'accensement , n'est qu'un simple jeu de fief , lorsqu'elle n'excède pas la portion de fief dont les coutumes permettent au vassal de se jouer, puisqu'elle suppose nécessairement la réten- tion de foi.

Suivant nos coutumes , il sembleroit au con- traire que la sous-inféodation devroit passer pour un *démembrement*. Pas une de celles qui expliquent le jeu de fief , n'énonce ni n'indique même la sous-inféodation. Elles ne parlent toutes que de cens, rente , ferme , pensions , sur-cens , & d'au- tres termes semblables qui supposent une tenure roturière. La sous-inféodation permise en certains cas dans les coutumes de dépît de fief , & dans quelques autres coutumes, comme dans celle de Vitry , & dans quelques coutumes de Picardie, est plutôt un *démembrement* qu'un jeu de fief, puis- qu'elle subsiste au préjudice du seigneur. Si l'on consulte les monumens de notre juris- prudence du moyen âge , on y verra que les sous-inféodations ont toujours été vues d'un œil

GGgg

défavorable ; une ordonnance de Louis Hutin octroya aux nobles de Champagne en 1315, comme un privilège, qu'ils pussent sous-inféoder, *mais que le fief ne soit trop amenuisé.* Ducange rapporte, au mot *Feudum*, une charte donnée en 1271 par Philippe-le-Hardi qui réserva cette faculté aux seigneurs des fiefs de dignité. Tout au contraire, les accensemens étoient regardés comme très-avantageux pour le fief. *Voyez les anciennes coutumes de Berry, de la Thaumassière, chap.* 143; & *Loisel*, *liv.* IV, *tit.* 1, *règle* 1.

La coutume de Paris même exige, dans le jeu de fief, que le vassal retienne *quelque droit seigneurial & domanial sur ce qu'il aliène* ; & quoiqu'on dise que ces termes sont simplement exemplatifs & non limitatifs, il est assez extraordinaire que pas une des coutumes qui parlent du jeu de fief, n'ait indiqué la sous-inféodation. Cependant la facilité du commerce, & le peu d'intérêt que les seigneurs auroient à contester les sous-inféodations plutôt que les accensemens, ont fait recevoir généralement l'opinion de Dumoulin, & l'on ne citeroit peut-être pas un jurisconsulte d'un avis différent, malgré les bonnes raisons qu'on pourroit trouver pour la défendre dans l'esprit & dans la lettre même de nos coutumes.

2°. *Est-ce démembrer le fief, que d'en aliéner les vassaux, en retenant le surplus du fief ?* Dumoulin s'est décidé pour l'affirmative. Il cite les livres des fiefs, qui néanmoins ne paroissent prohiber cette aliénation séparée, que lorsqu'elle est faite à un seigneur d'une qualité trop inférieure. Il rapporte quelques exemples où les vassaux de la couronne se sont opposés, sur ce fondement, à ce que la directe sur leur fief fût transportée à des princes étrangers. Il déclare que cela ne pourroit pas même se faire pour obtenir la paix.

D'Argentré a soutenu l'opinion contraire, que Guyot a depuis exposée avec la plus grande force. Ces auteurs prouvent très-bien que des questions qui tiennent aux principes les plus importans du gouvernement & du droit public des nations, ne doivent point se décider par des textes de coutume, ou par la compilation des deux sénateurs de Milan. Ils font voir que le droit de fief est aujourd'hui beaucoup plus réel que personnel, & qu'il n'y a pas plus d'inconvénient à transférer une mouvance quelconque à un simple bourgeois, qu'à lui transporter cette mouvance avec le surplus du fief, qui ne changera pas la condition de l'acquéreur.

Pour empêcher le *démembrement*, dit Guyot, il suffira que le vendeur & l'acquéreur fassent hommage, l'un du domaine, & l'autre des mouvances, comme ne composant qu'un seul & même fief. Il ajoute que cette faculté de disposer séparément des mouvances du fief doit s'induire de cela seul qu'elles peuvent s'acquérir par prescription. Il cite enfin quelques arrêts en faveur de cette opinion, & il rend le compte le plus exact de l'un d'entre eux,

qui a été rendu au parlement de Paris en 1739.

Mais ce dernier arrêt avoit pour objet les mouvances d'un fief situé dans la coutume du Maine, où le vassal peut accenser & sous-inféoder une partie de son fief au préjudice de son seigneur, & où l'espèce de *démembrement* de fief, connu sous le nom de *dévié*, bien loin d'être défendu, est la peine établie, en faveur du seigneur, contre le vassal qui excède les bornes prescrites par la coutume à la sous-inféodation & à l'accensement. Les autres arrêts cités par Guyot ne paroissent point avoir jugé la question bien précisément. On ne peut point argumenter non plus de la prescriptibilité des mouvances. La prescription est si peu soumise aux règles du jeu de fief, qu'elle peut effectuer le *démembrement*; de l'aveu même de Guyot.

Il faut avouer néanmoins que l'opinion de cet auteur sur l'aliénabilité des mouvances est une suite assez naturelle du système embrassé par Dumoulin sur le *démembrement*, quoique le président Bouhier & quelques autres auteurs, qui ont suivi ce système, n'aient point adopté l'application que Guyot en fait ici.

La plus grande objection qu'on puisse faire contre cette aliénation séparée des mouvances, doit être puisée dans l'intérêt du seigneur suzerain, à l'égard duquel une aliénation de cette sorte peut être considérée comme un *démembrement*.

On trouve dans le journal du palais une décision très-singulière, qu'on ne doit pas tirer à conséquence.

Un arrêt rendu au parlement de Bretagne le 5 mai 1686 a jugé que le donataire de la seigneurie d'Orbigny avoit pu redonner au puîné du donateur *la propriété des maisons, héritages, droits, fruits & revenus dépendans de cette seigneurie, en se réservant seulement le nom, la qualité & les honneurs dus au seigneur.* La seigneurie d'Orbigny est située en Normandie, où le *démembrement* des fiefs est bien défendu. Mais on voit dans l'arrêtiste, que la première donation avoit pour cause des services très-signalés, & qu'elle autorisoit expressément cette manière de disposer de la seigneurie d'Orbigny, afin d'éterniser la mémoire de ces services. Ce n'étoit point le seigneur dominant de la terre d'Orbigny qui contestoit la donation. C'étoit le fils aîné du donateur, qui se fondoit, entre autres moyens, sur ce que cet acte dérogeoit aux dispositions de la coutume de Normandie sur la division des fiefs nobles. Il ne pouvoit pas se prévaloir d'une prohibition qui ne concernoit que le seigneur dominant.

3°. *La vente à faculté de réméré d'une partie du fief est-elle un démembrement, lorsque le seigneur a soin de retenir la foi par devers lui ?* Les coutumes de Laon ou de Vermandois, de Vitry, de Troyes, &c. déclarent que ces sortes de contrats ne sont sujets aux droits seigneuriaux, que lorsque la faculté excède le terme de trois années. D'autres coutumes permettent de donner à la faculté de réméré un terme plus long. Quant aux coutumes muettes, Dumoulin décide que la vente à faculté de réméré ne doit pas excéder le terme de dix années, sans quoi la rétention de foi ne seroit qu'une véritable fraude.

On applique communément ces décisions au *démembrement*. Si néanmoins le vassal faisoit usage de la faculté de réméré, après le délai fixé par les coutumes, ou après les dix années, dans les coutumes muettes, il paroîtroit juste de donner à l'exercice de cette faculté un effet rétroactif qui révoqueroit le *démembrement* opéré par l'aliénation.

4°. *Quelle est la peine des aliénations faites au préjudice de la prohibition de démembrer?* On doit ajouter ici à ce que dit M. Boucher d'Argis, que Guyot, en n'accordant au seigneur qu'une simple action pour faire annuller le contrat, paroît s'écarter des principes du droit féodal, & supposer trop d'égalité entre le seigneur & le vassal. Au moyen de ce que le vendeur n'est plus en foi pour la portion démembrée, & que l'acquéreur ne peut pas forcer le seigneur à autoriser le *démembrement*, en recevant l'hommage pour la portion démembrée, il n'y a pas de motif pour refuser au seigneur le droit de saisir avec perte de fruits la portion démembrée, afin d'obliger l'acquéreur & le vendeur à se départir de leur contrat. C'est l'avis de Duplessis & de Bourjon, & la décision formelle de la coutume de Saint-Quentin, *art. 71*. La saisie de la totalité du fief semble trop rigoureuse & même destituée de fondement. Car la saisie féodale ne peut avoir lieu que dans les cas autorisés par la coutume, & le vassal ne doit pas y être sujet, tant qu'il est en foi & hommage.

M. le Camus pensoit que le *démembrement* devoit être considéré comme n'existant pas à l'égard du seigneur, ensorte qu'il pourroit saisir la totalité du fief, & jouir de ses droits sur les portions démembrées, comme pour le surplus, quand il y auroit ouverture de fief sur la portion retenue par l'ancien vassal. Mais si l'on suivoit cette opinion, il n'y auroit point de différence entre le *démembrement* & le jeu de fief permis par la coutume.

Ces questions ne se présentent plus guère dans les tribunaux, depuis que la subordination féodale est presque réduite à rien. Les droits de mutation font que les seigneurs consentent facilement aux arrangemens de leurs vassaux. Il leur importe peu d'avoir un ou plusieurs vassaux séparés. Mais ne suffit-il pas que ces loix puissent être le prétexte de quelques contestations, pour qu'on doive en desirer la réforme? Il est dangereux sans doute de faire légèrement de telles altérations aux loix anciennes, mais il y a des indications plus faciles encore à saisir dans le régime des corps politiques que dans l'hygiène. Quand les loix qui devroient être à la portée de tous les états, deviennent obscures pour ceux-mêmes qui se consacrent à les étudier, quand

la nation s'y soustrait par ses mœurs, en y substituant des usages plus simples, plus conformes à la liberté naturelle, qu'on ne doit jamais gêner sans nécessité, quel inconvénient la réforme pourroit-elle entraîner?

Ce besoin s'étoit fait sentir dès le siècle dernier à des jurisconsultes éclairés. On peut voir dans les arrêtés de M. de Lamoignon comment il avoit cru pouvoir concilier la liberté du commerce avec les droits des seigneurs. *Voyez* l'art. suivant, & les articles DÉMISSION *de foi*, DÉPIÉ *de fief*, DÉVOLUTION *féodale*, JEU *de fief*. (*M. GARRAN DE COULON*.)

DÉMEMBREMENT *de justice*, est lorsque d'une justice on en fait plusieurs, soit égales entre elles par rapport au pouvoir, ou que l'on réserve quelque droit de supériorité, au profit de l'ancienne justice, sur celles qui en sont *démembrées*.

Aucun seigneur, quelque qualifié qu'il soit, ne peut *démembrer* sa justice sans le consentement du roi.

Celui qui a haute, moyenne & basse justice, ne peut ni la partager avec ses vassaux ou d'autres, ni leur céder, en quelque façon que ce soit, la haute, ou la moyenne, ou la basse justice, à moins que ce ne soit avec la glèbe à laquelle le roi a attaché le droit de justice.

La coutume d'Anjou, *art. 62*, & celle du Maine, *art. 71*, portent néanmoins, que le comte, le vicomte & le baron peuvent donner haute justice, moyenne & basse à quelques-uns de leurs vassaux, & en retenir le ressort & suzeraineté.

Mais Dumoulin, en ses notes sur cet article, dit que cela ne s'observe plus. *Voyez* aussi Mornac, *sur la loi 8 in fine.*, cod. de episcop. aud. Brodeau *sur Paris, art. 51, n°. 14*; Loiseau, *des seigneuries, chap. 4*, & JUSTICE. (*A.*)

Comme notre droit actuel sur le *démembrement de justice*, diffère extrèmement de nos anciens usages à cet égard, il convient d'expliquer ici séparément ces deux états de notre jurisprudence.

§. I. *Histoire de notre ancien droit sur le démembrement de fief.* Bien des jurisconsultes ont cru que le fief & la justice avoient toujours été deux objets distincts, parce qu'ils le sont aujourd'hui, & que, suivant le droit commun, on ne peut plus argumenter de l'un à l'autre. C'étoit l'opinion de Loiseau qui n'en a donné pour preuve que des conjectures. Le comte de Boulainvillier, l'abbé Fleury, de Laurière, & le président de Montesquieu, qui connoissoient si bien notre ancien droit féodal, assurent tous au contraire que la jurisdiction dépendoit toujours du fief, & l'on ne peut se refuser aux preuves qu'en fournissent les premiers monumens du droit des fiefs.

Comme le système féodal formoit plutôt un état militaire, qu'un gouvernement civil, les chefs des guerriers étoient les magistrats de la nation. Presque toutes les contestations produisant des querelles & souvent des meurtres, il n'y avoit guère qu'une justice criminelle. Un des plus grands émolumens des fiefs confiftoit dans les profits judiciaires (*freda*) ; que le coupable donnoit au feigneur pour être garanti des pourfuites de l'offenfé, ou de fes parens, lorfqu'il leur avoit offert la compofition fixée par la loi. Le fief donnoit donc la juftice criminelle, puifqu'elle ne confiftoit que dans ces compofitions en faveur des parens, & dans des profits au feigneur.

Les formules de Marculfe & tous nos anciens monumens annoncent que ces *freda* étoient compris dans les inféodations. On y voit encore qu'il étoit défendu aux officiers du roi d'entrer dans le territoire des feigneurs, pour y exercer quelque acte de juftice que ce fût, ou y recueillir aucun émolument de juftice. Il n'y avoit donc que les feigneurs de fief, ou leurs officiers, auxquels on pût demander juftice dans leurs territoires.

Chaque feigneurie formoit une république fubordonnée à la feigneurie dont elle relevoit, & unie à l'état par les différens degrés de cette fubordination ; elle étoit adminiftrée comme l'état lui-même, où le camp des foldats étoit le parlement de la nation : les vaffaux étoient jugés par leurs co-vaffaux dans les plaids de la feigneurie. Ils n'étoient pas moins obligés d'y affifter leur feigneur, que de le fuivre dans les combats. Cet ufage étoit fi général, fi conforme à la nature de l'ordre féodal, que les caufes même des fujets, c'eft-à-dire, des emphytéotes & des cenfitaires, étoient auffi jugées par eux dans les cours foncières, par-tout où il reftoit quelque efpèce de liberté, & l'on accorda des privilèges femblables aux communautés que l'on affranchiffoit.

On peut en voir la preuve dans le livre des fiefs, dans les établiffemens de S. Louis, dans le confeil de Pierre des Fontaines, dans les affifes de Jérufalem & dans les monumens plus anciens de notre droit. Cette jurifprudence étoit celle de tous les peuples du Nord, où elle fubfifte même aujourd'hui à bien des égards, témoins les jurés d'Angleterre, d'Ecoffe & d'Irlande, les *Nampdes* ou *Nampdaires* de Suède, les *Dinckoffs*, les *Schulteiss* & *Schoepffen* d'Allemagne, &c.

On trouve encore en France des traces précieufes de ces anciens ufages dans les privilèges des pairs, dans les tribunaux d'Alface, de Flandres, d'une partie de la Picardie, &c. dans les coutumes de Bayonne, d'Acqs, de Bearn & de S. Sever, & dans quelques articles de plufieurs autres coutumes.

Diverfes caufes concoururent à changer ces anciens ufages. La plupart des feigneurs conférèrent l'adminiftration de la juftice à des officiers fous le nom de *vidames*, *vicomtes* & *châtelains*, &c. Ils inféodèrent ce droit, parce qu'on inféodoit tout, & fouvent le vaffal qui avoit été invefti du droit de rendre la juftice, le fous-inféodoit à un autre. *Voyez* Bruffel, *liv. II, chap. 40.*

Lorfque les fiefs fe furent multipliés prefque à l'infini, bien des vaffaux n'eurent pas un nombre fuffifant d'arrière-vaffaux, ou de cenfitaires, pour

exercer leur jurifdiction. Le vaffal qui manquoit d'hommes de fief, confervoit bien le droit de juftice, mais l'exercice en étoit dévolu au feigneur dominant. Encore aujourd'hui quelques coutumes, comme celle de Boulonnois, font dépendre l'exercice & non le droit de la jurifdiction, du nombre des hommes de fief que le vaffal a.

L'exemple de l'ordre judiciaire qui s'obfervoit dans les jurifdictions des eccléfiaftiques, leurs ufurpations dont il falloit fe défendre, l'étude du droit romain, qui devint général en France ; les entreprifes des baillis royaux qui faififfoient toutes les occafions de rappeller l'autorité dans les mains du roi, altérèrent par-tout les ufages des fiefs. On diftingua divers degrés de jurifdiction. Il y eut des droits de haute juftice, & des cas privilégiés de baronnie, comme des cas royaux. On multiplia les réglemens pour multiplier les amendes qui étoient dues prefque à chaque pas de la procédure. Il fallut avoir des officiers de robe-longue, pour faire adminiftrer la juftice. Les moindres vaffaux en négligèrent l'exercice & le droit.

L'office des pairs étoit devenu prefque inutile depuis que la juftice fut une fcience, & l'introduction des appels fimples qui devinrent d'un ufage commun, fit fentir les inconvéniens d'un fi grand nombre de jurifdictions. Voilà comment la juftice qui avoit été une dépendance du fief, en devint un objet diftinct.

Le *Speculum Saxonicum* condamne comme un abus les aliénations féparées de juftice ; ce qui prouve du moins qu'on en faifoit en Allemagne dès le quatorzième fiècle où il fut rédigé. Il paroit qu'en France les feigneurs étoient encore dans l'ufage de difpofer de leur jurifdiction, comme ils vouloient, dans le fiècle précédent. « Il eft moult de pays, dit Beaumanoir, là où aucuns ont les hautes juftices & » autres perfonnes les baffes. En Beauvoifis même » pourroit telle chofe avenir par vente, par échan » ge, ou par octroi de feigneur ». (*Coutumes de Beauvoifis, chap. 58.*)

Bodin *dans fa République*, Loifeau *dans fon Traité des abus des juftices de village*, & la Thaumaffière *fur les anciennes Coutumes du Berry*, difent, fans citer leurs garans, que Philippe-le-Bel fit une loi pour ordonner *qu'aucuns, même l'églife, fous prétexte de fief, ne pourroient prétendre la juftice, fi elle n'y étoit comprife nommément.* On ne trouve point cette ordonnance dans celles du Louvre. Mais il ne feroit pas étonnant que ce prince eût fait ce règlement, comme tant d'autres qui diminuèrent l'autorité des feigneurs.

La juftice ne ceffa pas néanmoins par-tout d'être une fuite de la directe, & l'ufage de fous-inféoder la jurifdiction, ou de la concéder aux fiefs qui en étoient privés, a été un des attributs de la baronnie prefque jufqu'à nos jours dans les provinces poffédées par les Anglois, ou par les autres grands vaffaux de la couronne. Les anciennes coutumes de Bordeaux que MM. de la Mothe ont jointes à leur commentaire, accordent encore au seigneur féodal toute jurisdiction dans son fief, quoiqu'elles aient été rédigées dans le quinzième siècle, ou à la fin du quatorzième.

En 1360, Eon de Mont-fort contractant mariage avec Jeanne de Rochefort, il fut convenu que Raoul de Mont-fort VIII du nom, & frère aîné du futur, obtiendroit du baron de la Roche-Bernard son beau-père, la concession de la justice haute, moyenne & basse, pour toutes les terres & fiefs que la future, sa mère & son oncle possédoient dans sa mouvance, avec stipulation qu'à saute d'obtenir cette concession de justice, il leur donneroit en désintéressement plusieurs terres en propriété. Un jugement arbitral, homologué au parlement de Paris en 1407, condamna Raoul de Mont-fort IX du nom, en sa qualité d'héritier de Raoul VIII, & du baron de la Roche-Bernard, à concéder la haute justice, comme elle avoit été promise. (*Hevin sur Frain, arrêt 86, n°. 22.*)

A mesure que les diverses provinces ont été réunies au domaine, les anciens usages y ont été abolis ; mais ces changemens n'ont pas été faits tout-à-coup. On voit dans le procès-verbal des coutumes d'Anjou & du Maine, qui permettent aux comtes, vicomtes & barons, de donner toute justice à leurs vassaux, en se réservant le droit de ressort, que le procureur du roi forma opposition aux articles qui le décidoient.

Ces coutumes avoient été rédigées en 1508, & elles n'ont point été réformées. Celle de Tours avoit la même disposition qu'on a conservée dans *l'art. 72 de la Réformation de 1559.* Mais on y ajouta que cette concession ne pouvoit être faite *au préjudice de ses sujets, ni des droits du roi, ou du ressort, tellement que les appellations du juge dudit seigneur à qui telle justice a été donnée, ne ressortissent pardevant le juge du seigneur supérieur de celui qui a donné.*

Dumoulin observe, dans son apostille sur cette dernière coutume, qu'une telle disposition doit être regardée comme non avenue, suivant l'esprit de l'article 24 de l'édit de Roussillon, qui défend d'avoir plusieurs jurisdictions dans le même lieu.

§. II. *Etat actuel de notre jurisprudence.* Il est certain aujourd'hui que le seigneur ne peut plus accorder de jurisdiction à son vassal, soit à la charge du ressort à sa propre justice, soit à la charge de ressortir au seigneur supérieur. Loiseau observe très-bien que la première sorte de concession blesseroit essentiellement les droits du roi, dont elle reculeroit l'autorité d'un degré, & que l'utilité publique, dont le soin appartient également au roi, est aussi intéressée à ce qu'une jurisdiction ne soit pas divisée en plusieurs autres, qui courroient risque d'être moins bien administrées. Brodeau sur *l'art. 51* de la coutume de Paris, cite une quantité d'arrêts qui ont jugé que la possession même centenaire ne pouvoit pas valider les érections de justices inférieures, faites par les seigneurs, lorsqu'on découvroit le vice du

titre qui les établissoit. Il faut même des lettres-patentes pour transférer la jurisdiction d'un lieu à un autre.

Mais il y a beaucoup de fiefs sans justice, & de justices sans fief, qui sont dans la libre disposition des seigneurs, & que l'on peut aliéner séparément. D'Argentré qui écrivoit sur une coutume où le fief & la justice sont presque toujours unis, a néanmoins soutenu que l'aliénation de la justice ne se présume même pas par l'aliénation *du fief, du manoir ou chef-lieu, ou de ses appartenances,* soit que la justice & le fief relèvent de différens seigneurs, soit qu'on les reporte au même seigneur par un seul hommage. Cujas & la Thaumassière sont du même avis.

Loiseau & presque tous les autres auteurs pensent au contraire que la vente du fief & de ses appartenances comprend la justice qui y est annexée, c'est à-dire celle qui relève d'un seul seigneur sous un même titre de fief. Hevin, dans ses *Notes* sur le quatre-vingt-sixième arrêt de Frain, prouve fort bien qu'on ne doit pas s'arrêter à l'opinion de d'Argentré.

Il paroît même que cette séparation du fief & de la justice, faite de la manière la plus expresse, ne pourroit pas valoir sans le consentement du seigneur dominant, dans les coutumes où le *démembrement* de fief est prohibé, parce que la justice est alors une dépendance du fief. Car la maxime que *fief & justice n'ont rien de commun,* ne signifie pas qu'ils ne puissent faire un tour, mais seulement que *l'un n'argue pas l'autre,* comme le dit la coutume de Berry, *tit. 5, art. 57.*

Il n'est pas douteux du moins que l'aliénation de la justice faite avec le consentement même du seigneur dominant, ne soit un *démembrement* de seigneurie, ensorte que le propriétaire du fief, qui n'a plus de justice, ne peut plus prendre la qualité absolue de *seigneur du lieu,* parce que la vraie & parfaite seigneurie est composée de deux parties nécessaires à son être, le fief & la justice. « Bref, » dit Loiseau, la justice est au château, comme » en son siège, en la terre, comme une annexe » ou pièce attachée à icelle ; au fief, comme une » dépendance séparable ; en la seigneurie, comme » une partie inséparable, & suit le territoire comme » son corrélatif ». (*Des Seigneuries, chap. 4, n°. 31.*)

Ce n'est point *démembrer* une justice, que de la partager entre plusieurs co-propriétaires. Il suffit que l'exercice n'en soit point divisé, & que suivant l'art. 26 de l'ordonnance de Roussillon, les seigneurs nomment alternativement des officiers, à moins qu'ils ne se concilient pour nommer les mêmes conjointement.

La justice se divise comme le fief, dans les partages entre co-héritiers. Des auteurs prétendent même encore aujourd'hui qu'elle se règle comme les fiefs dans les parages, & qu'à la fin de cette espèce de tenure, les puînés ont une justice particulière reſſortiſſante à la portion de l'aîné. *Voyez* *l'art.* PARAGE.

Dans les pays, tels que ceux de droit écrit, où l'on peut aliéner ſéparément chaque portion de fief ſans le conſentement du ſeigneur, on peut aliéner de même telle portion de juſtice qu'on juge à propos. Ce morcellement de juſtice eſt ſur-tout d'un grand uſage en Provence. Comme les biens nobles y tombent en roture ſuivant la dernière juriſprudence, lorſqu'ils ſont aliénés ſans une portion de la juſtice, on ne manque preſque jamais d'en comprendre une petite portion dans les contrats d'aliénation d'une partie du fief, afin de conſerver au domaine l'exemption des tailles qui eſt une ſuite de la nobleſſe du fonds. Cette diviſion de la juſtice eſt tellement illimitée, qu'il n'eſt pas rare de voir des juriſdictions dont l'exercice eſt diviſé par mois, jours & heures.

Il n'eſt pas néceſſaire que la portion de juſtice ſoit proportionnée à la quantité de domaine qu'on aliène : & par cette raiſon un co-ſeigneur peut acquérir de ſon co-ſeigneur ſa portion de domaine noble, ſans acquérir ſa portion de juſtice. Celle que l'acquéreur avoit déjà, ſuffit pour conſerver la nobleſſe du fonds. Quand on vend à un étranger, il ſuffit de lui céder un ſou, un denier même du droit de juſtice. Un arrêt du 10 juin 1686, a jugé « que la réſerve d'un denier de toute la juriſdiction » haute, moyenne & baſſe, ſuffiſoit, quoique l'on » eût ſtipulé expreſſément que le poſſeſſeur ne » pourroit pas nommer des officiers de juſtice ».

Le *denier* ſignifie ici *une portion aliquote de la juſtice,* ſuivant le livre-terrier des fiefs de Provence, la diviſion ayant été faite en florins, ſous & deniers par une computation à-peu-près ſemblable à ce qui ſe pratiquoit dans le partage des ſucceſſions romaines, & à ce qui ſe fait encore dans les entrepriſes où l'on intéreſſe un grand nombre d'actionnaires.

Il y a une autre eſpèce de diviſion de juriſdiction, qui approche plus du *démembrement,* mais qui n'en eſt pas moins autoriſée, quoiqu'elle ait bien des inconvéniens. « Chaque co-ſeigneur a ſes hommes ou juſticiables affectés; c'eſt par l'habitation » ou foyer que cette qualité eſt réglée. Aujourd'hui » l'on eſt juſticiable d'un co-ſeigneur; demain en » changeant de domicile, on le devient d'un autre. » Dans certains fiefs le co-ſeigneur ſuit toujours » ſes juſticiables, malgré le changement de de-» meure, tant qu'ils reſtent dans l'étendue du fief »…. *Voyez* plus de détails ſur cet objet dans *la Juriſprudence féodale de Provence,* par *la Touloubre,* part. *1, tit. 2 & 13.*

On peut douter raiſonablement que cette dernière diviſion de juſtice qui ne paroît pas avoir lieu hors de la Provence, fût autoriſée dans cette province même, pour les partages qu'on voudroit faire à l'avenir, quoique l'uſage en ſoit établi dans diverſes ſeigneuries. (M. GARRAN DE COULON.)

DÉMENCE, ſ. f. (*Droit civil.*) c'eſt l'état d'une perſonne dont la raiſon eſt affoiblie au point d'ignorer ſi ce qu'elle fait eſt bien ou mal.

La *démence,* l'imbécillité & la folie ſont à-peuprès ſynonymes ; il y a néanmoins cette différence entre la *démence* & l'imbécillité, que la première eſt une privation abſolue de raiſon, tandis que la ſeconde n'en eſt qu'un affoibliſſement. Toutes les deux différent de la folie, en ce qu'elles indiquent un état habituel de privation ou de foibleſſe de bon ſens, au lieu que la folie ne ſemble dénoter qu'un dérangement fougueux de l'imagination, qui ceſſe par intervalles.

Ceux qui ſont dans un état de *démence,* ne perdent pas pour cela les droits, privilèges, dignités & prérogatives qui leur appartiennent dans la ſociété : mais n'étant pas capables de donner leur conſentement en connoiſſance de cauſe, ils ne peuvent régulièrement ni contracter, ni teſter, ni eſter en jugement; c'eſt pourquoi on les fait interdire, & on leur donne un curateur pour adminiſtrer leurs biens.

A l'égard des actes paſſés avant l'interdiction, ils ſont valables, à moins que l'on ne prouve que la *démence* avoit déjà commencé au temps de l'acte.

La preuve de la *démence* ſe fait, tant par les écrits de la perſonne, que par ſes réponſes verbales aux interrogations qui lui ſont faites par le juge, par le rapport des médecins, & par la dépoſition des témoins qui atteſtent les faits de *démence.*

La déclaration faite par le notaire que le teſtateur étoit ſain d'eſprit & d'entendement, n'empêche pas la preuve de la *démence,* même ſans être obligé de s'inſcrire en faux ; parce que le notaire a pu être trompé par les apparences, ou qu'il peut y avoir eu quelque intervalle de raiſon.

La *démence* ſeule n'eſt pas une cauſe de ſéparation de corps, à moins qu'elle ne ſoit accompagnée de fureur : mais elle peut donner lieu à la ſéparation de biens, afin que la femme ne ſoit pas ſous la tutèle du curateur de ſon mari.

Ceux qui ſont en *démence* ne peuvent être promus aux ordres & bénéfices. Lorſque la *démence* ſurvient depuis la promotion, on donne au bénéficier un coadjuteur pour faire ſes fonctions.

La *démence* eſt une excuſe, pour n'être point expoſé aux peines capitales dues à un délit commis dans les momens où l'accuſé ne jouiſſoit pas de ſon bon ſens ; mais elle n'empêche pas qu'on ne le condamne aux dommages & intérêts qui en ſont la ſuite, & dont ſes biens répondent. *Voyez* FOLIE, FUREUR, IMBÉCILLITÉ, INTERDICTION.

DÉMENTI, ſ. m. (*Code criminel.*) c'eſt toute parole ou diſcours, par lequel on dit à quelqu'un *qu'il en a menti.* Le *démenti* eſt conſidéré parmi nous comme une injure plus ou moins grave, ſelon les circonſtances.

M. de Monteſquieu prétend avec raiſon, dans ſon livre de l'*Eſprit des loix,* que nos préjugés ſur le *démenti* doivent leur origine aux combats judiciaires, & que c'est de-là qu'est venue la maxime, qu'il faut se battre, après avoir reçu un *démenti*.

Cette injure a effectivement occasionné beaucoup de duels, mais depuis les loix sévères qui les ont réprimés, on a établi des loix pénales contre ceux qui donnent des *démentis*. Un premier réglement des maréchaux de France, du mois d'août 1653, condamne les gentilshommes & officiers qui auront donné un *démenti*, à deux mois de prison, & à demander pardon à l'offensé : cette peine a été portée à quatre mois, par un second réglement du 22 août 1670 : l'article 3 de la déclaration du 12 avril 1723 ordonne que celui qui aura donné un *démenti*, soit puni de deux ans de prison, & avant d'y entrer, demande pardon à l'offensé.

L'édit du mois de décembre 1604, ordonne que celui qui aura donné un *démenti* à un officier de robe, soit condamné à demander pardon, & à quatre ans de prison. L'officier de robe, qui donne un *démenti* à un autre officier de robe, ou à un gentilhomme, doit subir la même peine.

Il n'est pas non plus permis de donner un *démenti* à un avocat dans ses fonctions. Dufail (*liv. III, chap. 169*) rapporte un arrêt du 19 décembre 1565, qui, pour un *démenti* donné à un avocat par la partie adverse, condamna ce dernier à déclarer à l'audience, que témérairement il avoit proféré ces paroles, *tu as menti*, à en demander pardon à Dieu, au roi & à justice, & en 10 liv. d'amende, le tout néanmoins sans note d'infamie : cet adoucissement fut sans doute ajouté, à cause que le reproche qui avoit été fait à la partie, étoit fort injurieux, ce qui néanmoins ne l'autorisoit pas à insulter l'avocat.

Un vassal fut privé de son fief sa vie durant, pour avoir donné un *démenti* à son seigneur, & fut condamné à dire en jugement, que par colère il l'avoit démenti. Papon, *liv. XIII, tit. 1, n°. 18.*

Le *démenti* donné à quelqu'un n'est point excusé, sous prétexte qu'on auroit ajouté, *sauf son honneur.*

DEMEURE, s. f. (*Jurispr.*) ce terme a en droit deux significations différentes.

1°. Il se prend pour le lieu de l'habitation d'une personne, & il est alors synonyme au mot *domicile.* Ce que nous avons à dire à cet égard, se trouvera sous le mot DOMICILE.

2°. *Demeure* signifie retardement à faire une chose à laquelle on est obligé. C'est ce qu'on nomme en droit romain *mora* ; ainsi *être en demeure* (façon de parler très-commune au palais), c'est avoir laissé passer le temps dans lequel on auroit dû remplir son obligation.

Constituer, ou *mettre quelqu'un en demeure*, c'est le sommer juridiquement de faire ce qu'il doit. On peut mettre quelqu'un en *demeure* par un acte extrajudiciaire ; mais pour faire courir les intérêts,

il faut une demande judiciaire. *Voyez* INTÉRÊTS *moratoires.* Car dans nos usages, différens en cela du droit romain, un débiteur n'est exactement en *demeure* de payer, que du moment qu'il a été interpellé judiciairement de le faire.

Cependant il y a des cas où il n'est pas besoin de mettre son adversaire en *demeure* ; savoir, lorsque *dies interpellat pro homine* : tels sont les délais portés par les coutumes & par les ordonnances, pour faire quelque chose. *Voyez* DÉLAI. Il en est de même des affaires qui ont rapport au commerce, tel est, par exemple, l'envoi des marchandises dans un temps convenu ; & généralement de toutes les conventions qui exigent d'être exécutées dans le temps marqué, tel par exemple, que celle par laquelle un ouvrier se seroit engagé à étayer un bâtiment qui menace ruine.

On dit qu'*il y a péril en la demeure*, lorsqu'il s'agit de choses qui peuvent dépérir, comme des provisions de bouche ; ou lorsque le retardement d'une affaire peut causer quelque autre préjudice à une des parties.

DEMISELLAGE, *terme particulier de la coutume de Lille*, qui désigne les biens cottiers & en censives, acquis par un homme avant son mariage, ou pendant sa viduité, & avant un second mariage.

Suivant cette coutume, en succession directe, les biens propres d'un défunt appartiennent à ses enfans mâles, à l'exclusion des filles du même degré, qui ne peuvent partager que dans les acquêts roturiers & cottiers : en succession collatérale les mâles excluent les femmes, tant pour les acquêts que pour les propres.

Les biens en *demisellage* suivent en succession directe le même sort que les propres ; c'est-à-dire, que les biens acquis avant le mariage appartiennent exclusivement aux enfans mâles ; mais ceux qui ont été acquis par le défunt pendant sa viduité, sont regardés comme acquêts pour les enfans du premier lit, & se partagent comme *demisellage* entre les enfans du second lit.

DÉMISSION, s. f. (*Droit civil & canonique.*) en général c'est un acte par lequel on quitte quelque chose. Il y a *démission* d'un bénéfice, *démission* de biens, *démission* d'une charge ou office, & *démission* de possession.

DÉMISSION *de bénéfice*, est l'acte par lequel un ecclésiastique renonce à un bénéfice dont il est titulaire. Si cette renonciation est pure & simple, elle conserve le nom de *démission*, si elle est faite en faveur de quelqu'un, sous la condition, & non autrement qu'il sera pourvu du bénéfice, elle s'appelle *résignation*. Nous traiterons cette dernière espèce de *démission* sous le mot RÉSIGNATION, & nous ne parlerons ici que de la première.

Si nous vivions encore dans ces siècles où la discipline primitive de l'église étoit dans toute sa vigueur, il seroit facile de fixer les principes sur les *démissions* des bénéfices. Ils étoient alors fort simples. On ne connoissoit point d'ordinations vagues; quiconque étoit promu à un ordre, étoit en même temps attaché à ses fonctions dans une église; il ne pouvoit les quitter que par sa promotion à un ordre supérieur, ou que du consentement de l'évêque; cette stabilité avoit lieu non-seulement pour les évêques, mais même pour tous les clercs dans quelque ordre qu'ils fussent constitués. Les clercs inférieurs qui pouvoient alors se marier, n'en restoient pas moins attachés aux églises, pour lesquelles ils avoient été ordonnés. Les monumens ecclésiastiques les plus anciens attestent ces faits.

La stabilité dans les bénéfices, ou dans les églises, étoit telle, qu'il n'étoit pas permis aux clercs de changer de diocèse sans permission; c'étoit la discipline constante & générale. Les conciles tenus en Orient, en Afrique, & en Occident, l'ont également défendu. Le concile de Sardique, *can.* 18 & 19, porte; *nulli episcopo liceat alterius civitatis hominem ecclesiasticum sollicitare, & in suis parochiis ordinare, clericum. Quicumque, ex aliena parochia voluerit, alienum ministrum, sine consensu episcopi ipsius & sine voluntate ordinare, non sit rata ordinatio.*

Le troisième concile de Carthage, *can.* 21, est aussi formel, *ut alienum clericum, nisi concedente ejus episcopo, nemo audeat vel retinere, vel promovere in ecclesiá sibi creditá, Clericorum autem nomen, etiam lectores, & psalmistæ, & ostiarii retinent.*

Le concile d'Angers, tenu en 453, *can.* 1, fait un pareil réglement; *clericis non liceat, de loco ad alium sine episcopi permissione transire.* Celui de Tours en 462, *can.* 11, fait les mêmes défenses; *si quis clericus, absque episcopi sui permissu, derelictá ecclesiá suá, ad alium se transferre voluerit locum, alienus à communione habeatur.*

Non-seulement il étoit défendu aux clercs de passer d'un diocèse dans un autre, sans le consentement de leurs évêques, ils ne pouvoient pas même abandonner, sans motifs, les places qui leur avoient été confiées, & renoncer à leurs fonctions. *Si quis episcopus non receperit officium & curam populi sibi commissi, hic communione privetur quoad usque consentiat : similiter presbiter & diaconus, can. apost.* 37. Le concile de Nicée ordonne de priver de la communion, tous les ecclésiastiques qui abandonnent leurs églises, jusqu'à ce qu'ils soient rentrés dans leur devoir, *Omnem necessitatem convenit illis imponi, ut ad suas parochias revertantur, quod si non fecerint oportet eos communione privari, can.* 16.

Cependant il étoit permis de se démettre de son bénéfice pour des causes légitimes. L'Histoire ecclésiastique fait mention de plusieurs saints évêques qui ont quitté leur troupeau, forcés par des circonstances particulières, ou pour le bien de leurs églises.

Il y a même des cas où un ecclésiastique doit donner sa *démission*. On les exprime ordinairement par ces deux vers;

Debilis, ignarus, male conscius, irregularis, Quem mala plebs odit, dans scanda a, cedere possit.

Il n'est pas difficile d'appercevoir les motifs des réglemens que l'on vient de rapporter; le bien de l'église l'exigeoit. Les évêques, alors, seuls collateurs des bénéfices de leurs diocèses, devoient nécessairement être juges du mérite de ceux qu'ils employoient pour leurs coopérateurs. Un clerc, utile dans une fonction, ou dans un bénéfice, pourroit n'avoir pas les talens & les capacités requises pour un autre. Il ne devoit donc pas lui être libre de quitter le premier pour passer à un second; & comme l'évêque pouvoit seul disposer des bénéfices, il falloit son consentement pour parvenir à un autre que celui que l'on possédoit.

D'un autre côté, l'ordination & le bénéfice qui y étoit toujours joint, formoient une espèce de contrat sinallagmatique, dont une des obligations de la part du clerc ordonné, étoit de demeurer fixe dans le poste qui lui étoit assigné. Ce contrat passé avec l'église ne pouvoit se dissoudre que par l'évêque qui étoit son représentant; c'est ce qui a donné lieu d'appliquer aux *démissions* des bénéfices, les maximes, *ejus est solvere cujus est ligare: illius est destituere cujus est instituere.* Plusieurs canonistes ont même considéré les engagemens du bénéficier, comme un mariage spirituel, qu'il n'étoit pas le maître de dissoudre à sa volonté.

Il est bien certain que, suivant les vrais principes, il ne devroit pas être libre à un clerc d'abandonner ou de quitter à sa volonté le bénéfice dont l'église l'a pourvu; il doit s'y regarder comme placé par la providence, dont ses supérieurs sont l'organe & les ministres; & eux seuls l'ayant appellé à ses fonctions, eux seuls devroient avoir le droit de lui permettre de les abandonner.

Mais on est souvent obligé de faire céder aux circonstances, les loix les plus sages. C'est ce qui est arrivé par rapport à la stabilité des ecclésiastiques dans les postes qui leur avoient été confiés. Les ordinations vagues, c'est-à-dire, sans titre; l'introduction du patronage, soit ecclésiastique, soit laïque; les grades & autres expectatives; le partage de la collation des bénéfices, entre les évêques & les chapitres; une nouvelle espèce de collateurs ordinaires, tels que les abbés, les prieurs, ont dû nécessairement apporter du changement dans les principes sur les *démissions* des bénéfices.

Quoique les évêques ne puissent licitement ordonner sans lettres dimissoriales, que les sujets de leurs diocèses, ils peuvent cependant choisir indifféremment parmi tous les ecclésiastiques du royaume, ceux auxquels ils veulent donner des bénéfices de leur collation. Rien n'empêche ces ecclésiastiques de les quitter pour en accepter d'autres incompatibles : l'ancienne stabilité est entièrement abolie; il n'est pas rare de voir des clercs parcourir ainsi successivement plusieurs diocèses. Cette espèce de désordre a pris sa source dans les ordinations vagues. La division de l'ordre & du titre, a laissé laiffé les eccléfiaftiques libres de chercher des éta-bliffemens par-tout où ils voudroient, & l'impo-firion des mains de l'évêque a ceffé d'être un lien qui les attachât irrévocablement à fon fiège, ou du moins qui les mît dans l'obligation de ne point le quitter fans fon congé. Une collation faite long-temps après l'ordination, n'a plus eu la force de cet ancien contrat, qui lioit tout-à-la-fois à l'églife en général, & à telle églife en particulier; & on s'eft infenfiblement habitué à quitter fon bénéfice fans fuivre d'autres loix que celles de fon intérêt ou de fon inclination.

Le patronage & les expectatives ont rendu les évêques collateurs forcés. Quoiqu'ils foient toujours reftés juges de la doctrine & des mœurs des préfentés ou des expectans, ils ont fouvent été forcés d'ac-corder des provifions qu'ils auroient refufées, s'ils avoient été libres, & s'ils n'avoient pas craint des conteftations & des procès. Peu intéreffés à con-ferver ces fujets dans leurs diocèfes, ils n'ont point invoqué contre eux les loix de la ftabilité, lorf-qu'ils ont voulu les quitter. Les pourvus par les col-lateurs inférieurs, devenus collateurs ordinaires, ont été dans le même cas. Ces collateurs n'ont point eu fur leurs collataires, l'autorité des évê-ques; & ceux-ci les ont vu d'un œil indifférent occuper ou abandonner des places dont ils ne dif-pofoient pas.

A ces motifs du relâchement de l'ancienne dif-cipline fur la ftabilité des clercs, s'en font joints d'autres, puifés dans la nature même des bénéfi-ces. Il en eft beaucoup qui, à proprement parler, n'intéreffent l'églife, que par les revenus qu'ils pro-duifent au clergé. Les prieurés, les chapelles, en un mot, les bénéfices fimples qui fe font tant multipliés, n'influent en rien fur la conduite des peuples & l'adminiftration des facremens. Il importoit donc peu que leurs titulaires euffent la faculté de s'en démettre à volonté & fans le confentement des fupérieurs. D'ailleurs, les réfignations en faveur, une fois admifes, il eût été contre la raifon de gêner les démiffions pures & fimples, moins contraires aux loix primitives de l'églife. Dès qu'il a été per-mis de difpofer de fon bénéfice en fe donnant un fucceffeur, il a dû l'être bien davantage, de le re-mettre fans condition entre les mains des fupérieurs.

Dans l'état actuel des chofes, les bénéfices qui fembleroient exiger la ftabilité dans les titulaires, font les évêchés & les cures. Cependant nous ne voyons pas fouvent des évêques contraints par leurs fupérieurs dans la hiérarchie eccléfiaftique, à con-ferver un fiège qu'ils ne croient plus devoir occu-per. Quant aux curés, les évêques les plus zélés pour le bien de l'églife & les plus jaloux de con-ferver les bons fujets, fe contentent de les enga-ger à deffervir leurs bénéfices, de les en prier, de le leur enjoindre. Mais s'ils veulent abfolument fe retirer, les prélats ne font point ufage de leur autorité pour les forcer à demeurer dans leur pofte. On peut donc regarder comme un principe certain

Jurifprudence. Tome III.

que, felon notre difcipline actuelle, il eft libre à tout bénéficier de fe démettre purement & fim-plement de fon bénéfice. Nous allons examiner quels font ceux qui ont le droit de recevoir les *démiffions* : ce qui les rend parfaites & opère la vacance du bénéfice : & enfin les formalités auf-quelles elles font foumifes.

Une *démiffion* pure & fimple peut fe faire entre les mains du pape. Mais ces fortes de *démiffions* font extraordinaires, étant inutile de recourir à l'autorité du pape pour une fimple abdication qui peut fe faire par une voie bien plus courte entre les mains de l'ordinaire. On ne s'en fert que lorf-que le titulaire craint d'avoir commis quelque fimonie de fait, ou quelque confidence dans l'obtention du bénéfice. Il remet alors pour tranquillifer fa con-fcience, ou pour fa propre fûreté, purement & fimplement entre les mains du pape, & le fupplie enfuite de vouloir bien lui en faire expédier des provifions; ce qui entraîne deux fignatures; l'une qui admet la *démiffion* & déclare le bénéfice va-cant, & l'autre, qui eft la provifion. Ces fignatu-res ne font point datées du jour de l'arrivée du courier comme les autres qui fe donnent pour la France : elles le font feulement du jour qu'elles font expédiées, parce que dans ce cas, le pape n'eft pas collateur forcé.

Le vice-légat d'Avignon reçoit auffi les *démif-fions* des bénéfices, fitués dans les provinces où il exerce fes pouvoirs. Quoiqu'elles foient pures & fimples, elles font cependant de véritables réfignations en faveur. Le réfignant défigne tou-jours fon fucceffeur, & le vice-légat ne manque jamais d'expédier les provifions en faveur du fujet qui lui eft défigné.

Après le pape & fes légats lorfque leurs pou-voirs font reconnus, ceux qui peuvent recevoir des *démiffions* de bénéfices, font les collateurs or-dinaires. Les évêques devroient feuls exercer ce droit. Alexandre III écrivoit à l'évêque de Tour-nai de ne pas fouffrir qu'aucune perfonne fe mette en poffeffion des bénéfices fitués dans fon diocèfe & qui font à fa collation, fans fon confentement exprès : comme auffi qu'aucun titulaire renonce à fon bénéfice fans fon aveu. *Univerfis perfonis tui epifcopatus, fub diftrictione prohibeas, ne ecclefias tuæ diœcefis ad ordinationem tuam pertinentes, abfque affenfu tuo intrare valeant, aut detinere, aut te de-mittere inconfulto.*

Eudes de Sully, évêque de Paris, & contem-porain d'Alexandre III, défend dans fes *Conftitu-tions fynodales*, principalement aux curés, de ré-figner leurs bénéfices entre les mains des abbés & des autres patrons. *Inhibemus ne faciant refignationes in manibus abbatum vel quorumlibet patronorum.*

On peut inférer de ces défenfes que l'on trouve auffi dans d'autres *ftatuts fynodaux* du même fiècle, que les collateurs inférieurs aux évêques, n'avoient pas encore le droit de recevoir des *démiffions* de bénéfices. Mais fans chercher ici à fixer l'époque

HHhh

à laquelle ils ont commencé à en jouir, nous nous contenterons d'obſerver que tous les canoniſtes françois conviennent, qu'ils ſont préſentement en droit & dans la poſſeſſion de les admettre. Ainſi nous ne reconnoiſſons en France que le pape, ſon légat, & les collateurs ordinaires, ſoit évêques, ſoit prélats inférieurs, qui puiſſent recevoir les *démiſſions* ou les réſignations pures & ſimples. Les ordinaires ont ce droit en vertu de la maxime *illius eſt deſtituere cujus eſt inſtituere;* le pape & les légats en jouiſſent, comme une ſuite du droit de prévention qu'ils exercent préſentement ſur tous les collateurs ordinaires dans les pays régis par le concordat françois.

Si tous les ordinaires ont le droit de recevoir les *démiſſions* des bénéfices à leur collation, en eſt-il de même des patrons pour les bénéfices qui ſont à leur préſentation ? J'eſtime, dit Duperray, *moyen canon, tome III, chap. 4, n°. 9,* que la *démiſſion* doit être faite entre les mains des ordinaires. Ce ſont eux qui lient les titulaires aux bénéfices, & c'eſt une règle de l'un & de l'autre droit, que la même puiſſance qui a la force & l'autorité pour lier, l'a auſſi pour délier. *Nihil tam naturale eſt, unumquodque eodem jure diſſolvi quo colligatum eſt :* mais quand cette *démiſſion* eſt faite entre leurs mains, ils doivent donner l'inſtitution ſur la préſentation des patrons; leur collation ne ſeroit pas nulle, s'ils l'avoient donnée de plein droit, mais elle ſeroit annullée ſur la plainte du patron.

De Roye, Rebuffe & pluſieurs autres canoniſtes, ont ſoutenu les mêmes principes que Duperray, & ſe ſont appuyés ſur deux décrets d'Alexandre III, & ſur quelques autres textes du droit. Ils regardent tous comme nulle, une *démiſſion* faite entre les mains d'un patron, à moins qu'elle ne ſoit approuvée par l'ordinaire; & il eſt inconteſtable que juſqu'à cette approbation, le bénéfice n'eſt point cenſé vacant : que le titulaire peut révoquer ſa *démiſſion,* ou même ſans la révoquer, réſigner valablement, ſoit en faveur, ſoit pour cauſe de permutation.

Ces principes ont été développés dans une conteſtation célèbre au ſujet de la cure de ſaint Sulpice de Paris, jugée par arrêt de la grand'chambre, du 28 mars 1765. Le ſieur Dulau d'Allemans s'étoit démis de cette cure entre les mains de M. le comte de Clermont, qui, en qualité d'abbé de ſaint Germain-des-Prés, en étoit patron. En conféquence de cette *démiſſion,* M. le comte de Clermont donna ſa nomination ou préſentation au ſieur Noguez, qui étoit vicaire de cette paroiſſe depuis quinze ans. Le ſieur Noguez, muni de cette préſentation, requit l'archidiacre de le repréſenter à M. l'archevêque, ſelon l'uſage du dioceſe. Il en eſſuya un refus. Il ſe pourvut devant M. l'archevêque même, qui lui fit répondre par M. l'évêque de Sydon, ſon grand-vicaire, qu'il ne lui accorderoit point des proviſions de la cure de ſaint Sulpice, 1°. parce que la *démiſſion* étoit faite entre les mains de M. le Comte de Clermont, & qu'elle

auroit dû être faite entre les ſiennes, ſuivant ce principe, *illius eſt deſtituere cujus eſt inſtituere;* 2°. parce qu'il n'y avoit pas de liberté dans cette *démiſſion ;* 3°. par des raiſons relatives à ladite *démiſſion,* ſur leſquelles la charité chrétienne lui impoſoit ſilence dans ce moment, & ſur leſquelles il s'expliqueroit dans cette affaire, & pardevant qui il appartiendroit.

Le ſieur Noguez ſe retira pardevant M. l'archevêque de Lyon, qui, ſans lui faire un refus poſitif, lui demanda du temps pour examiner ſes titres. Pendant ce délai, le ſieur Dulau révoqua ſa *démiſſion,* & fit ſignifier ſa révocation, tant au ſieur Noguez qu'à M. l'archevêque de Lyon.

La cauſe fut portée à la grand'chambre du parlement; après pluſieurs plaidoiries, le ſieur Noguez donna ſon déſiſtement. Mais il y avoit un appel comme d'abus; c'eſt pourquoi on continua de plaider : M. Seguier, avocat général, établit pour principe certain, que la *démiſſion* de la cure avoit dû être faite entre les mains de M. l'archevêque; il adopta la maxime, *illius eſt inſtituere cujus eſt deſtituere.* Il obſerva que ſi M. l'archevêque eût voulu accepter la *démiſſion* faite entre les mains de l'abbé de Saint-Germain, il avoit cette liberté; mais qu'il ne pouvoit être forcé de donner des proviſions au ſieur Noguez, parce que celui-là ſeul avoit droit de recevoir la *démiſſion,* qui ſeul avoit le droit de donner l'inſtitution canonique; & que telle avoit toujours été la diſcipline de l'égliſe.

De ces principes, il ſuivoit que le ſieur Dulau n'avoit jamais ceſſé d'être véritable titulaire de la cure de ſaint Sulpice; que rien ne l'en avoit dépouillé; que ſa *démiſſion* étant nulle, & ayant même été révoquée avant aucune acceptation de la part de M. l'archevêque, qui ſeul pouvoit la valider, la préſentation faite par M. le comte de Clermont ne pouvoit avoir aucun effet en faveur de l'abbé Noguez. Auſſi, la cour par ſon arrêt ſuſdaté, donna acte au ſieur Noguez de ſon déſiſtement; ſans s'y arrêter, faiſant droit ſur l'appel comme d'abus, dit qu'il y a abus, déclara la révocation du ſieur Dulau bonne & valable : l'a maintenu en conſéquence dans la poſſeſſion & jouiſſance de la cure de S. Sulpice, & condamné l'abbé Noguez aux dépens.

Il ne peut donc plus être douteux qu'une *démiſſion* faite entre les mains d'un patron, eſt nulle & ne peut avoir aucun effet, ſi le collateur ne veut pas l'accepter. Les patrons laïques n'ont pas plus à ce ſujet de privilège que les patrons eccléſiaſtiques : les uns & les autres ſe plaignent de cette juriſprudence & prétendent qu'elle autoriſe les ordinaires à les fruſtrer ſouvent de leurs droits. Pluſieurs auteurs eſtimant leurs plaintes juſtes, ont obſervé que notre juriſprudence eſt ſur ce point défectueuſe. Brunet, dans ſon *Notaire Apoſtolique, tome 2, lib. 6, chap. 11,* dit que l'uſage de notifier les *démiſſions* aux patrons, n'eſt pas univerſel, mais qu'il devroit l'être. Il ſe fait, ajoute-t-il, tous les jours tant de fraudes pour éluder leurs droits, qu'il seroit à propos d'y pourvoir en imposant la nécessité de cet acte. La formalité de l'insinuation est insuffisante, on n'en consulte guère les registres que lorsqu'on a un intérêt particulier de le faire. D'ailleurs, seroit-il juste d'imposer cette obligation à des patrons, qui, pour l'ordinaire, demeurent dans des endroits fort éloignés des bénéfices de leurs patronages? Il seroit à souhaiter, continue le même auteur, que dans les vacances par *démission*, on fût tenu de faire envers les patrons & sur-tout les laïques, ce que l'on est obligé de faire à l'égard du roi pour les bénéfices qui sont de son patronage : savoir, deux procurations *ad resignandum*, l'une pour remettre les bénéfices entre les mains du collateur ; l'autre pour déclarer au roi cette remise. Il faudroit en outre ordonner que le temps de six ou de quatre mois, ne commenceroit à courir que du jour de cette notification : par-là les droits des patrons seroient mis à couvert, ils auroient un temps suffisant pour fixer leur choix sur le sujet qu'ils doivent présenter, & les vrais principes sur les *démissions* seroient observés, sans que personne pût être lésé.

Les *démissions* des bénéfices à patronage, peuvent être faites sans le consentement des patrons, soit ecclésiastiques, soit laïques. Celui des patrons laïques est nécessaire, pour les résignations en faveur.

Les collateurs laïques peuvent recevoir les *démissions* des bénéfices à leur collation.

Les grands-vicaires peuvent-ils admettre les *démissions* & conférer sur ce genre de vacance? On répond qu'ils ne le peuvent qu'autant que la faculté leur en aura été expressément donnée dans leurs lettres de vicariat. Il ne suffiroit pas même qu'ils eussent en général le pouvoir de conférer les bénéfices. C'est la décision de Boniface VIII, au *chap. 2 du titre de officio vicarii in sexto : potestatem, aliquos à suis beneficii amovendi nolumus in eum transferri, nisi specialiter hæc sibi committatur.* Gohard, *tome III, page 427*, cite deux arrêts rendus, l'un au parlement de Paris, le 4 mars 1735, l'autre au grand-conseil, en 1683, qui ont jugé suivant ces principes.

Le chapitre *sede vacante* ne peut point recevoir les *démissions* des bénéfices non-cures. On ne peut s'en démettre qu'entre les mains du roi, à qui la collation en appartient en vertu du droit de régale. Quant aux cures, le chapitre, pendant la vacance du siège peut en accepter les *démissions* & y pourvoir sur ce genre de vacance. Nous n'avons point adopté en France la disposition des décrétales, qui veulent que les bénéfices qui viennent à vaquer pendant que le siège épiscopal n'est pas rempli, soient réservés au futur évêque. Nous avons cru qu'elle favorisoit trop la prévention du pape, & que le bien de la religion exigeoit que les peuples ne restassent pas long-temps sans pasteurs.

Dans les provinces où l'alternative a lieu, les ordinaires peuvent admettre les *démissions* & con-

férer sur ce genre de vacance, dans les mois réservés au pape. Ainsi jugé pour la Bretagne par deux arrêts du parlement de Paris des 30 mars 1662, & 12 juin 1703; & pour les trois évêchés par un arrêt du grand-conseil du 20 avril 1671. La raison qu'on en apporte, c'est que les concordats, soit tacites, soit exprès, qui ont établi l'alternative en faveur du pape, ne font mention que des vacances par mort.

Après avoir vu quels sont ceux qui ont le pouvoir d'admettre ou de recevoir des *démissions*, examinons ce qui les rend parfaites & capables d'opérer la vacance des bénéfices.

Si on s'en tient à la rigueur des principes, une *démission* ne peut être parfaite & opérer la vacance du bénéfice, que lorsqu'elle a été admise par le collateur ordinaire; c'est une conséquence nécessaire de la maxime, *illius est destituere cujus est instituere.* Ils sont encore suivis pour les bénéfices du premier ordre, c'est-à-dire, pour les évêchés qui ne sont vacans que lorsque la *démission* est admise par le supérieur, qui, depuis le concordat, est le pape.

Les évêques se démettent entre les mains du roi. *Episcopatum suum cum juribus & pertinentiis universis in manibus.... Francorum regis, puré & simpliciter resignavit ut ad illum per majestatem suam S. D. N. N. papæ, persona capax & idonea nominetur :* cette *démission* ne dépouille point l'évêque de sa jurisdiction, & il ne perd le droit d'administrer le diocèse, que du jour qu'elle est agréée par le pape, ce qui se fait en plein consistoire à la préconisation de son successeur. Un arrêt du conseil d'état du 26 avril 1657, rendu à la requête du clergé, & par forme de règlement, fait défenses très-expresses aux chapitres des cathédrales, de troubler les évêques ou leurs officiers dans l'exercice de leurs jurisdictions & dans leurs fonctions, sous prétexte des procurations qu'ils ont passées pour résigner, avant que la résignation ait été admise par le pape, ensemble aux cours de parlement de donner des arrêts contraires.

Mais s'il est nécessaire que la *démission* d'un évêché, pour en opérer la vacance, soit acceptée par le supérieur, en doit-il être de même des bénéfices inférieurs à l'épiscopat? M. Piales, à la fin du chapitre 4 de son *Traité des résignations ou démissions*, s'exprime en ces termes « les avocats les plus habiles » qui ont plaidé ou consulté pour les différens pré- » tendans au prieuré de Renil, se réunissoient tous » en ce point, que l'admission de la *démission*, » par le supérieur, est nécessaire pour opérer la » vacance du bénéfice ». Cette maxime est donc au-dessus de toute atteinte.

Le même auteur, après avoir avoué que les deux arrêts qu'il vient de rapporter, l'un du grand-conseil & l'autre du parlement, n'ont pas décidé la question, & avoir rendu compte des motifs qui ont donné lieu au principe, qu'une *démission* non-acceptée ne fait pas vaquer le bénéfice, ajoute à

la fin de son *chap.* 5. « Les choses sont bien chan-
» gées, il y a une infinité de bénéfices qui ne sont
» plus à la disposition des évêques. Or, attribuera-
» t-on à ceux qui en ont la disposition la même
» autorité sur ceux en faveur de qui ils disposent,
» qui appartenoit aux évêques ? Un chanoine tour-
» naire qui confère *vice capituli*, ou un prieur qui
» n'est souvent qu'un simple clerc, sera-t-il en droit
» d'examiner, sera-t-il même en état de juger si la
» *démission*, faite entre ses mains, doit être admise
» ou rejettée ? Le bénéficier collateur aura-t-il l'au-
» torité nécessaire pour contraindre le démettant de
» demeurer dans le poste qui lui a été confié ? On
» n'oblige plus les ecclésiastiques d'avoir un em-
» ploi déterminé dans l'église. Il y a plus de clercs
» que de bénéfices, on n'est jamais embarrassé
» pour remplacer le titulaire d'un bénéfice simple.

» Par toutes ces considérations, il est manifeste,
» que la maxime qu'un bénéfice n'est vacant par
» *démission*, que quand la *démission* a été admise
» par le supérieur, quoique très-vraie en elle-mê-
» me, ne doit pas toujours être prise à la rigueur,
» ni entendue sans limitation ».

D'après ces réflexions de M. Piales, il paroît
qu'il voudroit que l'on distinguât entre les bénéfices-cures & autres importans, & les bénéfices simples : que pour les premiers, la *démission* n'en
opérât la vacance que lorsqu'elle seroit acceptée par
le supérieur ; & que pour les seconds, la *démission*
seule les fît vaquer. Il paroît que, de l'aveu même
de ce jurisconsulte éclairé, la question n'a pas encore été jugée *in terminis*, & que nous n'avons
pour la décider dans l'état présent des choses, ni
loi précise, ni jurisprudence constante.

Mais si la *démission* seule suffit pour opérer la
vacance des bénéfices simples, pourquoi n'opéreroit-elle pas celle des bénéfices-cures ? M. Piales
convient qu'on n'oblige plus les ecclésiastiques
d'avoir un emploi déterminé dans l'église : il ajoute
que les évêques ne sont plus aujourd'hui dans l'u-
sage d'user d'autorité, pour forcer ceux qui veulent se démettre, à conserver leurs bénéfices. Ce
n'est donc que la volonté seule des bénéficiers que
l'on considère. Lorsqu'elle est constante & libre,
elle suffit pour les dépouiller. Ils ont accepté librement, ils peuvent renoncer librement. *Quisque juri
suo renuntiare potest.* Quelque importans que soient
les bénéfices-cures, on ne manque point de sujets
pour les remplir, & puisque l'église n'oblige plus
les ecclésiastiques, en les ordonnant, d'avoir un
emploi déterminé, pourquoi les forceroit-on à conserver ceux dont ils ont volontairement consenti
de se charger ?

Nous croyons cependant nécessaire pour que la
démission opère la vacance des bénéfices même
simples, qu'elle soit accompagnée de circonstances
qui ne laissent aucun doute sur la volonté déterminée du résignant. Toutes les fois qu'un bénéficier aura remis son bénéfice entre les mains du

collateur par un acte authentique ; qu'il le lui aura
fait notifier ; qu'il l'aura fait insinuer ; & qu'il aura
cessé ses fonctions, le bénéfice sera vacant.

Tous les auteurs conviennent que la désertion
opère la vacance, & qu'après trois sommations,
le bénéfice est à la disposition du collateur. Ces
sommations ne sont nécessaires que pour s'assurer
que le titulaire persiste dans la volonté d'abdiquer.
Sa désertion est une *démission* tacite que les sommations constatent. Si elle suffit pour opérer la
vacance, pourquoi une *démission* expresse, notifiée,
insinuée, qui ne peut plus être regardée comme
un simple projet, ne l'opéreroit-elle pas, même
indépendamment de l'acceptation du supérieur ?
Cette acceptation ne doit plus être regardée comme
indispensable depuis que les collateurs ne peuvent
plus contraindre les titulaires à rester malgré eux
dans leurs bénéfices.

Mais, dit-on, selon nos usages, toute *démission*
ou toute résignation peut être révoquée jusqu'à ce
qu'elle ait été acceptée par le supérieur. Jusqu'à
ce moment le titulaire n'est donc pas dépouillé.
La *démission* n'est donc parfaite, & le bénéfice vacant, que par l'acceptation du supérieur.

Il est vrai, que selon nos usages, une résignation en faveur, peut être révoquée jusqu'à ce
qu'elle ait été admise en cour de Rome. Mais est-
ce l'acceptation du pape qui lui donne l'irrévocabilité ? Peut-on dire que son consentement ajoute
quelque chose à la résignation, considérée comme
un acte émané du résignant ? Il faudroit pour cela
que ce consentement fût libre, qu'il fût donné en
connoissance de cause, & que le bien de l'église
en fût le motif. La volonté aveugle & forcée du
supérieur est incapable de devenir le complément
d'une volonté réfléchie & déterminée de la part
du démettant. Si nos usages ont permis à un résignant en faveur, de révoquer sa procuration jusqu'à ce qu'elle ait été admise à Rome, c'est que
d'un côté on a voulu lui laisser quelque temps
pour revenir sur un acte, qui souvent est surpris
ou arraché à la foiblesse, & que d'un autre, la
rétention de la date à Rome, a été considérée
comme une provision qui remplit le bénéfice censé
vacant du moment que la procuration *ad resignandum* a été passée. Ainsi, le résignant en faveur,
ne peut plus révoquer sa procuration après la
date retenue, parce qu'alors il est dépouillé de
son bénéfice, & qu'un autre en est pourvu ; il le
peut jusqu'à la rétention de la date, parce que sa
démission n'étant pas encore parvenue au supérieur,
ne doit être regardée que comme un simple projet
qu'il est le maître de suivre ou d'abandonner. La
notification d'une *démission* simple, faite au collateur, est une preuve plus certaine de la volonté
du démettant, que l'arrivée d'un courier à Rome.
Cette volonté, manifestée par un acte authentique
& libre, n'est plus révocable, & la raison dicte
qu'une telle *démission* est aussi parfaite de la part
du démettant qu'elle le puisse être.

D'ailleurs il n'y a point de parité entre la réfignation en faveur & la *démiffion* pure & fimple. La réfignation en faveur eft fubordonnée à deux conditions, fans lefquelles elle n'a point lieu; la première, que le pape accorde des provifions au réfignataire; la feconde, que le réfignataire les accepte & prenne poffeffion : ce n'eft que la réunion de ces deux conditions qui dépouille entiérement le réfignant. Sa volonté de fe démettre n'eft que conditionnelle, & c'eft pourquoi elle eft révocable jufqu'à l'accompliffement de la première de ces deux conditions. Il n'en eft pas de même de la démiffion pure & fimple; elle eft l'effet d'une volonté abfolue & fans condition. Il n'y a donc aucune raifon pour qu'elle puiffe être révoquée, dès qu'elle eft revêtue des formalités que la loi prefcrit, & qu'elle a été notifiée au fupérieur. La notification eft pour la *démiffion* fimple, à l'égard de l'ordinaire, ce qu'eft pour la réfignation en faveur, la rétention de la date à l'égard du pape. L'un ne peut pas plus rejetter la *démiffion*, que l'autre ne peut refufer des provifions au réfignataire.

Tels font les motifs qui nous font eftimer que dans l'état actuel des chofes, l'acceptation expreffe de la part de l'ordinaire, n'eft pas néceffaire pour donner à une *démiffion* pure & fimple l'effet de rendre le bénéfice vacant. M. Piales en convient à l'égard des bénéfices fimples. Il en doit être de même pour les cures. Les évêques n'ont pas plus de droit de forcer un curé à refter attaché à fa paroiffe, qu'ils n'en ont de forcer tout autre bénéficier à garder fon bénéfice. Le principe contraire auroit des inconvéniens : on obligeroit par-là ceux qui veulent abfolument fe démettre, à recourir au pape, ou à réfigner en faveur. Il eft bien plus naturel de ne point gêner leur liberté. *Cùm enim omnibus liceat contemnere ea quæ pro fe funt introducta, liberum eft cuique, etiam in articulo mortis conftituto, majori tamen 14 annis, proprio fe abdicare beneficio.* Corras, *part. 1, ch. 8, n°. 5;* de Selve, & quelques autres auteurs embraffent le même fentiment, lorfqu'ils foutiennent qu'une *démiffion* faite entre les mains d'un notaire, ne peut plus être révoquée.

Parmi les formalités auxquelles font foumifes les *démiffions*, il y en a qui leur font intrinfèques, & qui tiennent à la fubftance même de l'acte, & d'autres qui leur font extrinfèques, &, pour ainfi dire, accidentelles. L'inobfervation des premières rend les *démiffions* abfolument nulles; celle des fecondes n'opère qu'une nullité relative, que toute perfonne indifféremment n'eft pas recevable à propofer.

Avant que les procédures fuffent introduites dans les matières bénéficiales, dit l'auteur des *Mémoires du clergé, tom. X, pag. 1657,* on ne demandoit pas même des *démiffions* par écrit; celles qui étoient faites de vive voix entre les mains du fupérieur légitime, étoient canoniques; & la preuve par écrit n'a été requife que dans les derniers temps où l'ancienne liberté des évêques dans la difpofition des titres eccléfiaftiques, a été reftreinte par des graces

expectatives & des prétendans droit aux bénéfices fur divers genres de vacances.

Il eft conftant qu'actuellement toute *démiffion* doit être rédigée par écrit. Les art. 1 & 3 de l'édit de Henri II. du mois de juin 1550, expliquent en détail les conditions requifes pour la validité des réfignations. Il faut que les notaires apoftoliques qui les reçoivent, difent leurs qualités & demeures, que ces actes foient faits en préfence du réfignant & de deux témoins pour le moins, gens domiciliés, connus dans le lieu, non parens jufqu'au degré de coufin-germain, ni domeftiques des réfignans, &c.

Dumoulin affure que cette loi doit être obfervée, même pour les *démiffions* fimples. *Dico quod hæc fancta conftitutio locum habet non folùm in refignationibus in favorem, fed etiam in fimplicibus, etiam apud ordinarium expediendis.*

Les difpofitions de l'édit de 1550, ont été renouvellées par l'article 9 de la déclaration du mois d'octobre 1646. Et il paroît réfulter de ces ordonnances, l'obligation de paffer les actes de *démiffion* pardevant des notaires apoftoliques, affiftés de deux témoins. Mais l'affiftance des témoins n'eft néceffaire qu'à l'égard des actes paffés devant un feul notaire. C'eft un ufage conftant à Paris & dans les grandes villes du royaume, dans lefquelles on peut commodément faire ces actes pardevant deux notaires, de les paffer fans témoins.

Selon l'auteur des Mémoires du clergé, ces ordonnances ne font pas fuivies à la rigueur : il eft des cas où le miniftère des notaires apoftoliques n'eft pas néceffaire pour la validité d'une *démiffion*. Si elle eft faite entre les mains de l'évêque, couchée fur le regiftre public des provifions des bénéfices du diocèfe, fignée par lui, par le démettant & par le fecrétaire de l'évêché, alors elle eft valide. Cet ufage eft fuivi dans plufieurs diocèfes, & on cite en fa faveur un arrêt du parlement de Paris, rendu au mois d'avril 1710, au fujet de la cure de Meulan, diocèfe de Rouen.

Cependant, depuis la déclaration du 14 février 1737, enregiftrée le 13 mars fuivant au parlement de Paris, il paroît bien difficile de foutenir cet ufage. Le légiflateur dans le préambule de fa loi explique trop clairement fes intentions. « Et comme il arrive fouvent, dit-il, que les *démiffions* pures & » fimples font une efpèce de réfignation fecrète » en faveur de celui qui en eft l'objet; & que les » permutations des bénéfices qui renferment tou- » jours une réfignation réciproque, font auffi fuf- » ceptibles de différens genres de fraude, qu'il eft » important d'empêcher; nous avons jugé à pro- » pos d'affujettir les unes & les autres à l'obfer- » vation des règles que nous établirons par notre » préfente déclaration ».

Par l'article 1, « les procurations pour réfigner » des bénéfices, ne pourront être faites que par des » actes paffés en préfence de deux notaires, ou en » préfence d'un notaire & de deux témoins au

» moins, de la qualité qui sera ci-après marquée, » & il sera fait mention dans lesdits actes, de l'é- » tat de santé & de maladie dans lequel sera le ré- » signant, le tout à peine de nullité ».

L'article 6 ordonne que » la disposition des 4 » articles précédens aura pareillement lieu pour les » procurations & actes qui sont à l'effet de permuter » les bénéfices, & pour les actes de *démiffion* pure & » simple ». Après une loi aussi précise, une *démiffion* sous seing-privé, ou pardevant tout autre officier qu'un notaire apostolique, ne doit-elle pas être re-gardée comme nulle? La déclaration n'est point bur-sale; elle n'a en vue que le bien général, & d'empê-cher les fraudes. On ne voit pas pourquoi les tribunaux ne s'y conformeroient point, & comment des usages particuliers pourroient y déroger. Cependant M. Piales paroît être d'avis qu'une *démiffion* sous seing-privé n'est pas radicalement nulle, qu'elle ne peut servir de fondement à un dévolut, & que les ex-pectans eux-mêmes ne peuvent en exciper qu'en cas du décès du démettant.

Le même motif qui a fait établir la nécessité des actes publics pour les *démiffions*, les a fait aussi sou-mettre à la formalité de l'insinuation. On a reconnu qu'elles n'étoient souvent que des résignations sé-crettes en faveur, par la complaisance des colla-teurs à suivre, quoique d'une manière libre & exempte de simonie, l'intention du démettant de faire passer son bénéfice à telle personne qu'il dé-signoit. Par ce moyen, les patrons, les gradués & autres expectans se trouvoient souvent privés de leurs droits. Nos rois ont plusieurs fois voulu re-médier à ces abus. Tel a été le but de l'article 19 de l'édit du contrôle de 1637, & de l'article 13 de la déclaration de 1646. Ces deux articles qui n'étoient pas parfaitement semblables, & qui n'é-toient pas exprimés en termes assez clairs, ont été confirmés & expliqués par le treizième de l'édit de 1691. « Déclarons les provisions des collateurs or-» dinaires, pour *démiffion* ou permutation, nulles » & de nul effet & valeur, en cas que par icelle » les indultaires, gradués, brévetaires de joyeux » avénement & de serment de fidélité, soient pri-» vés de leurs graces expectatives, ou les patrons » de leurs droits de présentation, si les procura-» tions pour faire les *démiffions* & permutations, » ensemble les provisions expédiées sur icelles par » les ordinaires, n'ont été insinuées deux jours francs » avant le décès du résignant ou permutant, le » jour de l'insinuation & celui du décès non com-» pris : ce que nous voulons être exactement » gardé par nos juges, sans y contrevenir, à peine » de nullité de leurs jugemens ».

C'est la loi qui s'observe aujourd'hui constam-ment dans le royaume. Mais, dit-on, elle n'a en vue, ainsi que les édits de 1636 & de 1646, que l'intérêt des expectans & des patrons, la nullité qu'elle prononce, n'est point une nullité radicale; elle pourroit être couverte par la posses-sion triennale, & les parties intéressées, c'est-à-

dire, les gradués, indultaires, brévetaires & patrons, peuvent seuls l'opposer au pourvu sur *démiffion*. La loi n'est faite que pour eux, *en cas que par icelles, les indultaires, gradués, brévetaires de joyeux avénement & de serment de fidélité soient privés de leurs graces expectatives, ou les patrons de leurs droits de présentation*. S'ils gardent le silence, la provision deviendra irrévocable.

Tel est le principe avancé par la presque-totalité des auteurs; & il faut avouer qu'il paroît une conséquence nécessaire des termes dans lesquels l'article 13 de l'édit de 1691 est conçu. Mais si l'on fait attention à la déclaration du 10 novembre 1748, enregistrée au parlement de Paris le 31 janvier 1749, il sera difficile de ne pas regarder le défaut d'insinuation deux jours francs avant le décès du résignant, comme une nullité radicale qui anéantit les provisions déjà accordées, & donne ouverture à la vacance par mort. L'article premier, en ordonnant l'exécution de l'article 13 de 1691, & en y ajoutant en tant que de besoin, déclare nulles & de nul effet & valeur, toutes provisions sur *démiffion* ou permutation émanées, soit de col-lateurs ordinaires ou de la vice-légation, en cas que les *démiffions* ou permutations, ensemble les provisions expédiées sur icelles n'aient pas été in-sinuées deux jours francs avant le décès du résignant ou du permutant, le jour de l'insinuation & celui du décès non compris.

Cet article ajoute à l'édit de 1691, en ce qu'il soumet les *démiffions* faites en la vice-légation d'Avignon, à la formalité de l'insinuation, comme celles faites entre les mains des ordinaires, ce qui n'avoit pas été jusqu'alors.

L'article 2 ajoute encore à l'édit de 1691, en ce qu'il prononce que la loi n'est pas établie seu-lement en faveur des expectans & des patrons, mais qu'elle doit être générale & s'étendre à tous les cas : « la disposition de l'article précédent aura » lieu, soit que les indultaires, gradués & autres » expectans ou les patrons y soient intéressés, *ou* » *autrement en quelque cas que ce soit*, & faute » d'avoir rempli la formalité de l'insinuation deux » jours francs avant le décès du titulaire, confor-» mément audit article, les collateurs ordinaires » pourront, nonobstant les provisions par eux ac-» cordées, disposer des bénéfices résignés ou per-» mutés, comme vacans par mort, & *lesdits béné-» fices pourront être conférés comme tels, par toutes » les autres voies légitimes & canoniques n*. Cet ar-ticle 2 de la déclaration de 1748, ne dit-il pas for-mellement que ce n'est point le seul intérêt des expectans & des patrons qui détermine le législateur à ordonner la formalité de l'insinuation? Il ne pa-roît pas possible d'en douter après ces expressions, *soit que les indultaires, gradués ou autres expectans, ou les patrons y soient intéressés*, OU AUTREMENT EN QUELQUE CAS QUE CE SOIT. Le défaut d'in-sinuation rend tellement le bénéfice vacant par mort, que non seulement le collateur ordinaire peut le conférer de nouveau, mais encore qu'il peut y être pourvu *par toutes les autres voies légitimes & canoniques*, ce qui comprend la prévention, la dévolution, &c. Nous croyons donc que dans les tribunaux où la déclaration de 1748 a été enregistrée, on ne peut plus regarder le défaut d'insinuation des *démissions* & des provisions données en conséquence, deux jours francs avant le décès des résignataires, comme n'opérant qu'une nullité relative, de laquelle les expectans ou les patrons peuvent seuls exciper.

Nous avons adopté en France, pour les *démissions* simples, comme pour les résignations en faveur, la règle de chancellerie, *de publicandis resignationibus*, selon laquelle, si le résignant vient à décéder après le mois de l'admission de la *démission* & de la provision accordée sur cette *démission*, avant que le nouveau pourvu ait pris possession & publié la résignation, le bénéfice vaquera par la mort du résignant. Alors non seulement les gradués, indultaires & brévetaires pourront le requérir comme vacant par mort, mais le collateur lui-même pourra le conférer de nouveau sur ce genre de vacance, & même librement, si aucun expectant ne le requiert, & s'il néglige de le conférer dans le temps qui lui est accordé, le droit de collation sera dévolu au supérieur. *Voyez* RÈGLES DE CHANCELLERIE & RÉSIGNATION.

L'article 12 de l'édit de 1691, a ordonné l'exécution de la règle *de publicandis resig.* & y a ajouté la formalité de l'insinuation deux jours avant le décès du résignant. Les pourvus par *démission* ou permutation, en la légation ou par l'ordinaire, qui auront différé leur prise de possession plus d'un mois, seront tenus de prendre ladite possession, & icelle faire publier & insinuer avec la provision, au plus tard, deux jours auparavant le décès du résignant ou compermutant, &c. Il est facile d'appercevoir, d'après toutes les loix que nous venons de citer, que la formalité de l'insinuation est importante dans les *démissions*. Il est rare qu'elle n'influe pas sur la validité des provisions données sur ce genre de vacance, sur-tout depuis la déclaration de 1748. Elle est également nécessaire, soit que la *démission* se fasse par une procuration *ad resignandum*, ou par un acte pur & simple entre les mains de l'ordinaire.

Dans le cas où la *démission* se fait dans un autre diocèse que celui où se trouve le bénéfice résigné, il suffit qu'elle soit insinuée dans le diocèse où elle a été passée, deux jours francs avant le décès du titulaire, & il n'est pas nécessaire qu'elle le soit dans les deux diocèses à la fois ; du moins c'est ainsi que l'ont décidé, en 1721, les plus fameux avocats de Paris, consultés sur cette question. Il y a beaucoup d'autres principes sur les résignations en faveur, qui s'appliquent aux *démissions* pures & simples. Pour éviter les répétitions, nous prions nos lecteurs de recourir au mot RÉSIGNATION. (*Art. de M. l'abbé* BERTOLIO.)

DÉMISSION *décrétée*, ou *ex decreto*, est une *démission* ordonnée par un décret du pape, dans des provisions d'un bénéfice qu'il accorde : par exemple, un impétrant fait mention dans sa supplique, de certains bénéfices qu'il possède & qui sont incompatibles avec celui qu'il demande : le pape, qui ne veut pas dispenser de l'incompatibilité, n'accorde à cet impétrant le nouveau bénéfice, qu'à condition qu'il se démettra dans l'espace de deux mois des autres bénéfices incompatibles. *Voyez* INCOMPATIBILITÉ.

DÉMISSION *de biens*, est un acte & une disposition par lesquels quelqu'un fait de son vivant un abandonnement général de ses biens à ses héritiers présomptifs.

Ces sortes d'abandonnemens se font ordinairement en vue de la mort, & par un motif d'affection du démettant pour ses héritiers. Quelquefois aussi le démettant, âgé & infirme, a pour objet de se débarrasser de l'exploitation de ses biens, à laquelle il ne peut plus vaquer, & de se procurer une vie plus douce & plus tranquille, au moyen des conditions qu'il ajoute à sa *démission*, comme de le nourrir, loger & entretenir sa vie durant, ou de lui payer une pension viagère.

La *démission de biens* doit imiter l'ordre naturel des successions ; car c'est une espèce de succession anticipée ; c'est pourquoi elle est sujette aux mêmes règles que les successions : par exemple, un des démissionnaires ne peut être plus avantagé que les autres, à l'exception du droit d'aînesse ; le rapport a lieu dans les *démissions* directe, comme dans les successions ; la *démission* fait des propres, & produit les mêmes droits seigneuriaux qu'auroit pu produire la succession.

La plus grande différence qu'il y ait entre une succession & une *démission*, c'est qu'aux successions c'est le mort qui saisit le vif, au lieu qu'aux *démissions* c'est une personne vivante qui saisit elle-même ses héritiers présomptifs, du moins quant à la propriété ; elle leur transmet aussi quelquefois la possession actuelle.

Ces sortes d'actes peuvent se faire dans toutes sortes de pays ; mais ils sont plus fréquens qu'ailleurs dans les provinces de Bourgogne, Bourbonnois, Nivernois, Normandie, & sur-tout en Bretagne.

Les *démissions* ne se pratiquent guère que de la part des père, mère, & autres ascendans en faveur de leurs enfans & petits-enfans, & sur-tout entre les gens de la campagne & autres d'un état très-médiocre.

On ne peut pas regarder la *démission* comme une véritable donation entre-vifs, attendu qu'elle est révocable jusqu'à la mort, du moins dans la plupart des parlemens où elle est en usage.

Elle peut bien être regardée, par rapport au démettant, comme une disposition de dernière volonté faite *intuitu mortis*, & semblable à cette espèce de donation à cause de mort, dont il est parlé dans la loi seconde, au digeste *de mortis causâ donat:* Cependant la *démission* n'est pas une véritable donation à cause de mort ; car, outre qu'elle n'est point sujette aux formalités des testamens, quoiqu'elle soit révocable, elle a un effet présent, sinon pour la possession, au moins pour la propriété.

On doit donc plutôt la mettre dans la classe des contrats innommés *do ut des*, puisque le démettant met toujours quelques conditions à l'abandonnement général qu'il fait de ses biens, attendu qu'il faut qu'il se réserve sa subsistance de façon ou d'autre, soit par une réserve d'usufruit, ou d'une pension viagère, ou en stipulant que ses enfans seront tenus de le loger, nourrir & entretenir sa vie durant.

Les conditions nécessaires pour la validité d'une *démission*, sont :

1°. Le consentement de toutes les parties, & l'acceptation expresse des démissionnaires ; car on n'est point forcé d'accepter une *démission*, non plus qu'une succession.

2°. Il faut qu'elle soit en faveur des héritiers présomptifs, sans en excepter aucun de ceux qui sont en degré de succéder, soit de leur chef, ou par représentation.

3°. Si la *démission* contient un partage, il faut qu'il soit entièrement conforme à la loi.

4°. Que la *démission* soit universelle comme le droit d'hérédité : le démettant peut néanmoins se réserver quelques meubles pour son usage, même la faculté de disposer de quelques effets, pourvu que ce qui est réservé soit fixe & certain.

5°. Que la *démission* soit faite à titre universel, & non à titre singulier ; c'est-à-dire, que si l'ascendant donnoit seulement tels & tels biens nommément, sans donner tous ses biens en général, ce ne seroit pas une *démission*.

6°. La *démission* doit avoir un effet présent, soit pour la propriété ou pour la possession, tant que la *démission* n'est point révoquée.

Quand le démettant est taillable, & veut se faire décharger de la taille qu'il payoit pour raison des biens dont il s'est démis, il faut que la *démission* soit passée devant notaires, qu'elle soit publiée à la porte de l'église paroissiale un jour de dimanche ou de fête, les paroissiens sortant en grand nombre ; que l'acte de *démission* soit ensuite homologué en l'élection dont le lieu du domicile dépend ; que cet acte & la sentence d'homologation soient signifiés à l'issue de la messe de paroisse, un jour de dimanche ou fête, en parlant à cinq ou six habitans, & au syndic ou marguillier de la paroisse à qui la copie doit en être laissée ; enfin, que le démettant réitère cette signification avant la confection du rôle.

Au moyen de ces formalités, le démettant ne doit plus être imposé à la taille que dans la classe des invalides & gens sans bien ; & ce qu'il payoit de plus auparavant, doit être rejetté sur les démissionnaires s'ils sont demeurans dans la paroisse, sinon les habitans peuvent demander une diminution.

La *démission*, proprement dite, est de sa nature toujours révocable jusqu'à la mort, quelque espace de temps qui se soit écoulé depuis la *démission*, & quand même les biens auroient déjà fait souche entre les mains des démissionnaires & de leurs représentans ; ce qui a été ainsi établi, afin que ceux qui se feroient dépouillés trop légérement de la totalité de leurs biens, pussent y rentrer, supposé qu'ils eussent lieu de se repentir de leur disposition, comme il arrive souvent, & c'est sans doute pourquoi l'écriture semble ne pas approuver que les pères & mères se dépouillent ainsi totalement de leurs biens de leur vivant : *melius est ut quam te rogent, quam te recipere in manus filiorum tuorum.* Eccles. cap. xxiij. v°. 22. *In tempore exitus tui distribue hæreditatem tuam.* Ibidem, v°. 24.

On excepte néanmoins les *démissions* faites par contrat de mariage, qui sont irrévocables, comme les donations entre-vifs.

La *démission* faite à un collatéral est révoquée de plein droit par la survenance d'un enfant légitime du démettant, suivant *la loi 8, au code de rev. donat.*

Quand la *démission* est faite en directe, la survenance d'enfant n'a d'autre effet, sinon que l'enfant qui est survenu est admis à partage avec les autres enfans démissionnaires.

La révocation de la *démission* a un effet rétroactif, & fait que la *démission* est regardée comme non-avenue, tellement que toutes les dispositions, aliénations & hypothèques que les démissionnaires auroient pu faire, sont annullées.

Lorsqu'un des démissionnaires vient à décéder du vivant du démettant, la *démission* devient caduque à son égard, à moins qu'il n'ait des enfans ou petits-enfans habiles à le représenter, s'il n'en a point, sa part accroît aux autres démissionnaires.

Il est libre aux démissionnaires de renoncer à la succession du démettant, & par ce moyen ils ne sont point tenus des dettes créées depuis la *démission* ; ils peuvent aussi accepter la succession par bénéfice d'inventaire, pour n'être tenus de ces dettes que jusqu'à concurrence de ce qu'ils amendent de la succession.

En Bretagne, on suit des principes particuliers pour les *démissions* de biens. Si on s'attachoit aux termes de l'art. 537 de la coutume, il paroîtroit qu'elles n'y sont permises qu'en faveur de l'héritier principal & noble, & non entre roturiers ; mais cet article est seulement démonstratif qu'entre nobles la *démission* doit être faite entre les mains de l'héritier principal, de même que la saisine de la succession lui seroit déférée à titre successif. Les commentateurs rapportent plusieurs arrêts qui ont jugé que la *démission* avoit également lieu entre roturiers. On peut faire une *démission* d'une partie de ses biens seulement. Les *démissions* doivent être bannies & publiées en la manière prescrite par le même article ; ce qui néanmoins n'est nécessaire

que

que par rapport aux créanciers. Les *démiſſions* y
ſont tellement irrévocables, que ſi le démettant ſe
marie, les biens dont il s'eſt démis ne ſont pas
ſujets au douaire. Dans les provinces où les *démiſſions* ont lieu, elles donnent ouverture aux droits
ſeigneuriaux, qui ne ſont exigibles qu'après le décès du démettant; & la raiſon en eſt que la *démiſſion* eſt révocable pendant ſa vie. La coutume de
Bretagne, *art. 537*, a admis la même diſpoſition,
quoiqu'elle ait ordonné, ainſi que nous l'avons dit,
que les *démiſſions* ſeroient irrévocables.

DÉMISSION *de foi*, c'eſt la renonciation faite par
le vaſſal à la foi qu'il doit à ſon ſeigneur. Il y en
a de deux eſpèces, l'abſolue & la relative.

La *démiſſion* de foi abſolue a lieu quand le vaſſal renonce entiérement à la fidélité qu'il devoit à
ſon ſeigneur. La relative a lieu, quand le vaſſal
ne renonce à cette fidélité que pour une partie de
ſon fief, qu'il aliène, en reſtant en foi pour une
autre partie du fief qu'il ſe réſerve.

On ne peut bien ſaiſir l'eſprit de nos coutumes
à cet égard, qu'en connoiſſant notre ancien droit.

§. I. *Hiſtoire de notre ancien droit ſur la démiſſion de foi.* La fidélité du vaſſal envers ſon ſeigneur, qui forme encore aujourd'hui l'eſſence du
vaſſelage, avoit bien plus d'importance, & bien
plus d'étendue, lors de la vigueur du ſyſtème féodal. Pour donner plus de force au lien que produit
l'inféodation, l'on avoit imaginé diverſes formalités
propres à frapper les ſens, tant pour marquer l'é-
poque où ce lien étoit contracté, que pour déſigner celle où il étoit rompu.

A l'exception des fiefs liges, pour leſquels on
prétend que le vaſſal devoit toujours la foi, lorſqu'il
avoit été une fois inveſti, quoiqu'il ſe fût depuis
deſſaiſi du fief, le devoir de la fidélité n'étoit qu'une
obligation *concomitante*, ſi l'on peut employer cette
expreſſion. Elle ceſſoit quand on ne poſſédoit plus
le fief, pour lequel on l'avoit due. Mais elle ne
pouvoit ceſſer autrement.

Lorſque le vaſſal prétendoit avoir été outragé
par ſon ſeigneur, il avoit le droit de lui en demander raiſon, & de lui offrir le gage du duel, ſuivant la juriſprudence féodale. Mais il falloit, avant
d'en venir-là, qu'il ſe fût dévêtu du fief & démis de la foi qu'il devoit à ſon ſeigneur en préſence de ſes pairs, dans la cour féodale où il avoit
été inveſti. S'il déſioit ſon ſeigneur avant que d'a-
voir fait cette renonciation, il n'y avoit point de
gage de bataille, dit Beaumanoir. Mais le vaſſal devoit une amende de 60 liv. tant à ſon ſeigneur pour
la vilainie qu'il lui avoit dite, qu'à la cour même.
Coutume de Beauvoiſis, chap. 61.

Les mêmes formalités ſe pratiquoient pour l'a-
liénation du fief. Celui qui vouloit en aſſurer la
poſſeſſion de ſon vivant, à l'un de ſes héritiers,
ou l'aliéner pour payer ſes dettes, venoit le réſigner entre les mains du ſeigneur, qui le déli-
vroit à ſon tour, au nouveau vaſſal, en lui mettant un bâton dans les mains. Tant que l'ancien

vaſſal ne s'en étoit point dévêtu dans la cour du
ſeigneur, l'aliénation n'étoit point valide, & l'acquéreur n'avoit ni propriété, ni poſſeſſion.

C'eſt delà que viennent les diſpoſitions de nos
coutumes, qui diſent que le vaſſal peut ſe jouer
de ſon fief, *ſans la main mettre au bâton. Voyez
les coutumes d'Amiens, art. 33; d'Artois, art. 136;
de Laon, art. 126, &c.*

Il paroît que cette *démiſſion de foi* étoit autrefois
la ſeule qui fût admiſe ſuivant le droit commun,
& qui pût donner ouverture aux droits de mutation. Quelque aliénation que pût faire le vaſſal,
elle étoit abſolument étrangère au ſeigneur juſqu'à
ce moment. On le pratiquoit ainſi dans la coutume
de Paris même.

C'eſt ce qui réſulte du chap. 32 *de la déclaration des fiefs, ſelon la coutume de France,* que la
Thaumaſſière a inſérée dans le *Recueil de ſes anciennes coutumes de Berry.* On y demande s'il eſt
dû *quint denier* de la vente d'un fief, lorſque l'acheteur & le vendeur la réſilient & *par ainſi le
marché ſe défait & reprend le vendeur ſon fief.*

L'auteur décide que non : « car, dit-il, tout
» homme qui tient en fief, par la coutume des
» fiefs, peut ſon fief vendre ou échanger, & ſi
» le peut prendre & tenir comme devant *juſques
» au démettre de la foi,* que le ſeigneur, de qui
» il eſt tenu, n'y peut rien demander *juſques au
» démettre de ladite foi,* mais qu'il n'y ait point de
» fraude contre le ſeigneur ».

Il y a lieu de croire que cette liberté de réſilier
les aliénations ſans payer de profit, tant qu'on ne
s'étoit pas démis du fief entre les mains du ſeigneur, étoit l'une des choſes que nos coutumes
entendoient autrefois, lorſqu'elles diſoient que le
vaſſal pouvoit ſe jouer de ſon fief, quoique Dumoulin, ſur l'*art. 51 de la coutume de Paris,* diſe
que cette interprétation du mot *démiſſion* eſt la pire
de toutes. Elle ſeroit effectivement inſoutenable
aujourd'hui.

Lorſque l'aliénabilité des fiefs fut ſolidement établie, on diſpenſa les vaſſaux de la néceſſité de ſe
deſſaiſir de la foi dans les mains des ſeigneurs.
Ceux-ci trouvoient leur avantage à faciliter les aliénations à cauſe des profits qu'elles produiſoient.
Mais il s'éleva bientôt des conteſtations ſur les
morcellemens de fief que les vaſſaux faiſoient, ſoit
à titre de partage, ſoit à titre de vente partiaire, ſoit de toutes les autres manières dont ils
diſpoſoient d'une partie du domaine de leur fief
en faveur d'un tiers. Dans quelques pays, il fut
permis de morceler ſon fief, pourvu que la mouvance de la portion aliénée reſtât dans les mains
du ſeigneur. Philippe Auguſte l'ordonna ainſi, de
concert avec pluſieurs ſeigneurs, par l'établiſſement
du mois de mars 1209, dont on parlera au mot
PARAGE.

Dans d'autres pays, on exigea ſeulement que
le vaſſal ſe réſervât une portion de domaine ſuffiſante pour faire le ſervice du fief, & qu'il

I I i i

retînt la foi fur les portions qu'il en détachoît, afin qu'elles ne fiffent qu'un tout, relativement au feigneur, avec la portion réfervée. Mais dans prefque toutes nos coutumes, on permit de difpo-fer d'une partie, ou même de la totalité de fon fief, à titre d'accenfement, parce que cette efpèce d'aliénation étoit regardée comme avantageufe pour le fief même. Ces baux à rente fubfiftoient par cette raifon, au préjudice du feigneur, quand ils étoient faits fans fraude. *Voyez l'art.* DÉMEM-BREMENT, §. I; & *Coquille, quest. 35.*

Cette jurifprudence fubfifta jufqu'à ce que l'ac-croiffement du commerce & le hauffement des ef-pèces euffent fait appercevoir, que les accenfe-mens faits fans fraude, pouvoient, à la longue, réduire à fort peu de chofe les droits des feigneurs. Ceux-ci prétendirent alors qu'on ne pouvoit faire d'accenfement fans leur aveu, & fans leur payer les droits de mutation. Ils prétendirent encore que la même chofe devoit avoir lieu, lorfqu'on enga-geoit le domaine du fief, & lors même qu'on af-fignoit deffus des rentes conftituées, ou qu'on l'hypothéquoit à des créances: ces réclamations étoient affez fondées, puifque ces engagemens, ces affignats, & ces hypothèques donnoient au-trefois au créancier le droit de jouir du domaine qui en étoit l'objet. Dans plufieurs lieux, on fe mit fur le pied de faire approuver le contrat dans la cour du feigneur en lui payant les droits de mutation, & c'eft à quoi fe rapportent les coutu-mes de nantiffement, dont l'édit de 1771, pour la purgation des hypothèques, a abrogé les difpofi-tions à cet égard, dans tous les tribunaux où il a été publié.

Dans d'autres lieux, il dépendoit des créanciers de faire inféoder leurs rentes & leurs hypothèques, ou de ne le pas faire. Il dépendoit également du feigneur d'approuver ou de méconnoître ces fortes de charges, en n'inféodant pas le contrat. C'étoit là ce qui fe pratiquoit autrefois dans la coutume de Paris. Mais comme on faifoit fouvent inféoder les rentes, afin qu'elles tinffent au préjudice même des feigneurs féodaux, ceux-ci voulurent bientôt convertir en droit cette faculté. Ils parvinrent mê-me à faire décider provifoirement que la confti-tution des rentes produiroient des droits de lods & ventes, lors de la première rédaction de la cou-tume de Paris. Cette difpofition fut changée dès avant la réformation par un arrêt folemnel du 10 mars 1557, rendu, pour ainfi dire, fur les con-clufions de Dumoulin. *Voyez* dans Brodeau, *les conftitutions du châtelet,* §. 162; & *les décifions de* Jean des Mares, §. 222 & 274, Dumoulin; *fur le* §. 58 de l'ancienne coutume de Paris; & Laurière, *fur l'art.* 83 *de la nouvelle.*

On établit donc comme une règle du droit commun, que le vaffal pouvoit difpofer de fon fief par accenfement, & le charger de rentes ou d'hypothèques, fans l'aveu de fon feigneur; mais on jugea auffi que ces difpofitions étant étrangères

au feigneur, ne pouvoient lui préjudicier, & que le vaffal devoit réferver la mouvance fur les por-tions aliénées, & faire hommage au feigneur; en-forte que le fief devoit toujours former à l'égard du feigneur un feul tout, dont il auroit droit de jouir fans réferve en cas de faifie féodale, & fur lequel il pourroit percevoir fes droits de mutation, lorfque la portion retenue par le vaffal y feroit fujette.

C'eft ce que nos coutumes ont indiqué, en dé-cidant que le vaffal pouvoit fe jouer de fon fief en tout ou en partie, en le baillant à cens & rente, en l'engageant & en l'hypothéquant, ou en conftituant des rentes, *jufques à démiffion de foi.*

§. II. *Droit actuel fur la démiffion de foi.* L'art. 51 de la coutume de Paris défend le *démembre-ment de fief.* Mais il ajoute que le vaffal « peut » fe jouer, & difpofer de fon profit des héri-» tages, rentes, ou cens étant dudit fief, fans » payer profit au feigneur dominant, pourvu que » l'aliénation n'excède les deux tiers, & *qu'il en re-*» *tienne la foi entière,* & quelque droit feigneurial » & domanial fur ce qu'il aliène ».

Il ne s'agit ici que d'expliquer la partie de cet article qui eft relative à la rétention de foi. Les autres parties font traitées aux mots DÉMEMBRE-MENT & JEU de fief. Plufieurs coutumes fe con-tentent de dire que le vaffal peut fe jouer de fon fief jufqu'à *démiffion de foi,* & cette expreffion qui fe trouvoit auffi dans l'ancienne coutume de Paris, eft, à bien des égards, la plus exacte.

La coutume de Paris même, admet la rétention de foi tacite dans les fous-inféodations & dans les baux à cens, parce que ces mots, cens & fief, fup-pofent une réferve de mouvance qui ne peut fub-fifter fans rétention de foi. Il faut en dire autant de tous les termes femblables, qui, fuivant les coutumes, ou les ufages des lieux, font contraires à l'idée de la *démiffion de foi.* Mais la rétention de foi eft néceffaire pour empêcher le démembre-ment dans les baux à rente, aux baux à terrage, les ventes, les donations, & les autres contrats, qui, par leur nature, n'en fuppofent pas la réferve.

On le juge ainfi dans les coutumes même, qui fe fervent du mot *démiffion de foi,* parce qu'il fuf-fit que le vaffal transfère à l'acquéreur tous fes droits, fans aucune réferve, pour que l'aliénation foit cenfée comprendre l'abandon de la mouvance, & par conféquent de la foi. C'eft même une maxi-me généralement adoptée aujourd'hui, qu'il n'eft pas néceffaire que le contrat ait été fuivi de tradi-tion pour donner ouverture aux droits de quint ou de lods & ventes.

Cette décifion, qui eft de Dumoulin, a telle-ment prévalu, quoiqu'elle ait été fortement com-battue par d'Argentré, qu'il feroit à-peu-près inu-tile d'alléguer les raifons qu'on pourroit y oppofer, quelque bien fondées qu'elles puffent être. On ob-ferve néanmoins le contraire dans quelques cou-tumes qui décident expreffément que le vaffal peut difpofer de fon fief, comme il lui plaira, & que les parties peuvent fe défifter du contrat, fans que le feigneur puiffe exiger de droit de mutation, tant que le contrat n'aura pas été reconnu devant lui. La coutume d'Amiens eft dans ce cas. *Voyez les art. 31, 33 & 34.*

On fuit la même règle dans le droit commun, pour toutes les autres mutations qui ne s'opèrent pas à titre de vente. La prife de poffeffion réelle ou feinte de l'acquéreur y eft néceffaire pour donner ouverture aux droits feigneuriaux. *Voyez les articles* MUTATION, LODS & VENTES, QUINT, RELIEF.

Depuis que la facilité du commerce a fait admettre que le vaffal pouvoit aliéner fon fief, & que l'acquéreur pouvoit s'en mettre en poffeffion, fans le confentement du feigneur, c'eft encore un principe généralement avoué que le devoir de la fidélité impofé au vaffal ne réfultoit pas feulement de la preftation d'hommage, mais auffi de la fimple poffeffion du fief. On a conclu delà que l'acquéreur d'un fief, fur lequel le vendeur ne s'étoit pas retenu la foi, pouvoit y réferver la foi, avant d'y avoir été reçu par le feigneur, lorfqu'il aliénoit le fief à un tiers, foit en tout, foit en partie, fuivant l'étendue que les coutumes donnent au jeu de fief. *Dumoulin, fur le §. 41, n°. 3, & Brodeau, fur l'art. 51, n°. 30 de la coutume de Paris.*

Il eft permis de retenir la foi & hommage, non-feulement lorfqu'on fait une aliénation à titre univerfel, avec réferve du domaine direct fur les portions aliénées, mais auffi, lorfqu'on ne conferve qu'une fimple action, pour rentrer un jour dans la propriété du fief. On tient même, dans la pratique, que la rétention de foi a lieu tacitement dans les ventes à faculté de réméré, & qu'il n'eft pas dû de droits de mutation, lorfque la faculté n'excède pas le terme de neuf années, fuivant quelques coutumes, telles que celle de Berry, *tit. 5, art. 49.* Mais d'autres coutumes exigent pour cela, que la faculté foit bornée à un terme plus court. La liberté naturelle & la faveur du commerce doivent, fuivant la plupart des auteurs, faire étendre la difpofition de la coutume de Berry aux coutumes muettes, telle qu'eft celle de Paris même. L'aliénation n'eft alors confidérée que comme un fimple engagement.

On doit remarquer enfin que la rétention de foi la plus expreffe, ne produit aucun effet dans deux cas : le premier eft lorfqu'on paffe les bornes prefcrites par les coutumes à la quotité du jeu de fief : le fecond eft quand il eft prouvé qu'on retient la foi frauduleufement, pour priver le feigneur de fes droits, & que dans l'intention des parties, l'expropriation de l'ancien vaffal étoit abfolue, quoique déguifée fous un contrat de bail à cens, ou fous telle autre forme d'acte que ce foit. *Voyez les articles* JEU *de fief* & FRAUDE *Normande.* (*M. GARRAN DE COULON*).

DÉMISSION *d'une charge, d'une commiffion, d'un office,* eft lorfque celui qui eft pourvu d'un office ou autre place, déclare purement & fimplement qu'il s'en démet, c'eft-à-dire, qu'il y renonce, & n'entend plus l'exercer ni en faire aucunes fonctions.

Un officier royal qui donne fa *démiffion* entre les mains de M. le chancelier, ne peut pas quitter fes fonctions que fa *démiffion* ne foit acceptée; ce qui eft conforme à ce qui fe pratiquoit chez les Romains pour les magiftratures; en effet, on voit que Dion fe plaint que Céfar avoit violé les loix du pays, en fe démettant du confulat, de fa propre autorité.

Depuis que la plupart des offices font devenus, parmi nous, vénaux & héréditaires, on n'en fait point de *démiffion* pure & fimple; mais celui qui veut fe démettre, fait une réfignation en faveur de celui auquel il veut tranfmettre fon office, de forte qu'il n'y a plus que les charges & commiffions non vénales dont on faffe quelquefois une *démiffion* pure & fimple.

Un officier de feigneur donne fa *démiffion* au feigneur duquel il tenoit fon pouvoir. *Voyez* OFFICE & RÉSIGNATION *d'office.* (A)

DÉMISSION *de poffeffion & de propriété* dans les coutumes de *vêt* & *dévêt,* eft une formalité néceffaire pour mettre en poffeffion le nouveau propriétaire : celui qui lui tranfmet la propriété, déclare dans le procès-verbal de prife de poffeffion que fait le nouveau propriétaire, qu'il s'eft démis & dévêtu en faveur de ce nouveau propriétaire de l'héritage dont il s'agit. *Voyez* VÊT & DÉVÊT. (A)

DEMI-SCEAU, (*Droit public anglois.*) c'eft celui dont on fe fert à la chancellerie d'Angleterre pour fceller les commiffions des juges délégués, fur un appel en matière eccléfiaftique ou de marine. Nous n'avons rien en France qui reffemble à ce *demi-fceau*; ce feroit tout au plus les petites chancelleries du palais, & près des autres cours fouveraines du royaume, qui expédient & fcellent des actes qui de droit ne vont point à la grande chancellerie : mais tous ces actes s'expédient toujours fous les ordres du chancelier de France. (G)

DÉMOCRATIE, f. f. (*Droit politique.*) c'eft l'efpèce de gouvernement, dans lequel le peuple en corps a la fouveraineté. *Voyez le Dictionnaire économ. diplom. & polit.*

DEMOISELLE, f. f. (*Droit féodal.*) ce titre défigne proprement une fille née de parens nobles, & il ne fe donnoit même autrefois qu'aux filles des princes, des chevaliers, &c. On fe contentoit d'appeler les autres par leur fimple nom de baptême. Mais actuellement toute fille, pour peu qu'elle foit de naiffance honnête, eft qualifiée de *demoifelle,* & ce titre eft à-peu-près fans conféquence.

A la cour, où les ufages fe perpétuent longtemps, le titre de *mademoifelle* par excellence, &

fans autre dénomination, eft réfervé pour la fille aînée du premier prince du fang. (*M. Garran de Coulon.*)

DÉMOLITION, f. f. (*Jurifpr. Police. Voirie.*) c'eft l'action d'abattre, de détruire un mur, un édifice. *Voyez* VOISINAGE, MUR *mitoyen*.

DÉMONSTRATIF, (*Jurifpr.*) eft ce qui fert à défigner une chofe. Bartole, fur la loi *démonf- tratio*, au digefte *de conditionibus & demonftrationi- bus*, définit la démonftration, *quædam ex inftanti- bus vel præteritis accidentibus notitia*, &c.

On dit un affignat *démonftratif*, un legs *démonf- tratif*, une difpofition *démonftrative*.

Ce qui eft fimplement *démonftratif*, eft fort dif- férent de ce qui eft limitatif; par exemple, un af- fignat eft *démonftratif*, lorfqu'en conftituant une rente à prix d'argent, on dit, à prendre fur un tel héritage; dans ce cas, rien n'empêche le créancier de fe pourvoir fur les autres biens du débiteur; au lieu que fi un homme lègue une rente à prendre fur un tel fonds, cet affignat eft limitatif.

Les principes en fait de démonftration & de claufes *démonftratives*, font qu'une fauffe démonf- tration ne vicie pas la difpofition lorfque l'objet de celle-ci eft d'ailleurs certain; par exemple, fi le teftateur dit, je lègue ma maifon de Paris *que j'ai achetée*, le legs de la maifon eft valable, quoi- que la maifon n'ait pas été achetée: il en eft de même fi l'erreur eft dans les qualités que l'on donne à l'héritier, au légataire ou autre perfonne, la difpofition eft toujours valable, pourvu qu'il pa- roiffe conftant de quelle perfonne on a entendu parler. *Voyez au ff. lib. 35, tit. 1.*

DÉMONSTRATION, f. f. (*Droit civil.*) les jurifconfultes romains appellent *démonftration*, la défignation d'une perfonne ou d'une chofe, par une qualité qui lui eft extrinfèque : ainfi, par exemple, dans cette claufe, je lègue Davus mon efclave, acheté de Sempronius, l'addition de ces mots *acheté de Sempronius*, eft une *démonftration*.

La *démonftration* eft principalement en ufage dans la matière des legs; elle a lieu, foit vis-à-vis la perfonne du légataire, foit vis-à-vis la chofe lé- guée : elle eft la même chofe que le nom, elle en remplit les fonctions, elle le fupplée même. C'eft par cette raifon que, fuivant les principes des loix romaines, contenues au tit. *ff. de condit.* & demonft. une fauffe *démonftration* ne rend pas nul le legs, pourvu qu'on foit certain de la chofe que le teftateur a voulu léguer, ou de la perfonne en faveur de laquelle le legs a été fait.

Ainfi, qu'un teftateur fe foit trompé en défignant, foit la chofe léguée, foit le légataire, en ajoutant à l'un ou à l'autre une qualité qu'ils n'ont pas; qu'il lègue, par exemple, un tel efclave cuifinier, peintre, ou fculpteur, qui n'a aucune de ces qua- lités; qu'il lègue à un tel, de tel état, condition, ville, ou pays, qui n'en eft pas; qu'il lui donne la qualité de fon ami, ou de fon allié, quoiqu'il n'y ait entre eux aucune liaifon d'amitié ou d'affi-

nité, lu chofe léguée n'en fera pas moins due au légataire, dès qu'on ne peut douter de la volonté du teftateur, foit par rapport à la chofe léguée, foit par rapport à la perfonne du légataire.

Cette règle générale reçoit néanmoins deux ex- ceptions; la première lorfque la volonté du tefta- teur ne peut être clairement connue; la feconde lorfque la *démonftration* eft prife d'un certain lieu, & que la chofe ainfi défignée ne s'y trouve pas. Par exemple, fi un teftateur lègue les cent écus qui font dans fa caffette, & qu'ils n'y foient pas, le legs eft inutile, parce qu'alors on regarde ce legs, comme celui d'un corps certain, qui n'exifte pas dans la nature, & qui par conféquent, ne peut faire la matière d'un legs.

DÉMOUVOIR, v. a. (*terme de Palais.*) qui fignifie *détourner quelqu'un de faire une chofe*, *l'en- gager à fe déporter d'une amende, d'une prétention.*

DÉNATURER, v. a. *en droit*, fignifie *faire changer de nature à fes créances, à fes biens.* Celui qui convertit une rente conftituée, en une obli- gation fimple, exigible, dénature fa créance, en la rendant mobilière, d'immobilière qu'elle étoit. Celui qui vend fes biens propres, pour les con- vertir en mobilier ou en achat de nouveaux hé- ritages, *dénature* fes immeubles, en fubftituant à des propres, ou une fomme d'argent ou des acquêts.

Tous ceux qui n'ont pas la faculté d'aliéner, font également privés de celle de *dénaturer* leurs biens ou leurs créances, parce qu'on ne peut les convertir en une autre efpèce, fans une forte d'a- liénation préalable.

DÉNÉGATION, f. f. (*Jurifpr.*) c'eft le refus que l'on fait de convenir d'une promeffe, d'une action, d'une obligation : c'eft auffi la déclaration par laquelle on foutient qu'un fait avancé par quel- que autre perfonne, n'eft pas véritable. La *dénéga- tion* eft oppofée à la conceffion. Une partie dénie un fait par fes défenfes, ou dans un interrogatoire, ou à l'audience, ou dans des écritures. Le juge ordonne quelquefois qu'une partie fera tenue d'avouer ou de dénier précifément & par écrit, la vérité d'un fait ou d'une pièce. Un témoin dénie un fait dans une enquête. Un vaffal qui dénie mal-à-propos la mouvance à fon feigneur dominant, tombe dans le cas du défaveu. *Voyez* DÉFENSES, INTERROGATOIRE, ENQUÊTE, DÉ- SAVEU, INSCRIPTION *de faux*. (*A*)

DÉNI, f. m. (*Jurifpr.*) fe dit en général de quelque chofe qu'on refufe d'accorder. En terme de palais on fe fert de ce mot pour fignifier le refus fait par un juge de rendre la juftice qui lui eft demandée, ou de renvoyer devant un autre juge la conteftation qui a été portée mal-à-propos devant lui : c'eft ce qu'on appelle *déni de juftice*, & *déni de renvoi*.

DÉNI *de juftice* ou *de droit*, eft lorfque les of- ficiers prépofés pour rendre juftice, refufent de faire ce qui dépend d'eux pour l'expédition de quelque affaire.

Ne pas rendre la justice quand elle est due, c'est de la part du juge trahir ses devoirs, manquer à ses concitoyens, & tromper le souverain, qui se repose sur lui de la portion la plus noble de son autorité.

L'ordonnance de 1667, *tit. 25*, enjoint à tous les juges, même aux officiaux, de procéder au jugement des causes & procès, qui sont en état de recevoir leur décision, à peine de répondre en leur nom des dépens, dommages & intérêts des parties : elle autorise celles-ci à sommer le juge, en cas de refus ou de négligence, & elle ordonne aux huissiers, sur ce requis, de faire les sommations nécessaires, à peine d'interdiction.

Quoique l'ordonnance ne parle que des juges inférieurs, il ne faut pas en conclure que les juges en dernier ressort soient autorisés à refuser de rendre justice. Mais dans ce cas, au lieu de sommations, on porte ses plaintes à M. le chancelier, & si après qu'il a donné des ordres de rendre la justice, les juges persistent dans leur *déni*, on peut se pourvoir au conseil.

Lorsque le *déni de justice* provient d'un juge seigneurial, & qu'il est prouvé qu'il a lieu par le fait du seigneur, il est répréhensible aussi-bien que ses officiers.

On voit dans les registres du parlement des années 1309 & 1311, qu'un appellant de *déni de justice* ayant gagné sa cause contre la comtesse d'Artois, fut déclaré exempt de sa jurisdiction, lui, sa femme, sa famille, & ses biens étant en sa seigneurie & justice ; il fut absous de la foi & obéissance qu'il lui devoit, & déclaré vassal du seigneur supérieur.

La même chose fut jugée contre le roi d'Angleterre, touchant l'hommage du château de Gimel, suivant les arrêts de la Toussaint en 1279, & pour le comte de Flandres contre ceux de Gand, par arrêt de l'an 1282.

Un appellant de *déni de justice* du comte de Bretagne, fut reçu à se départir de son appel, sauf son fief qu'il tenoit de ce comte, en payant l'amende, par arrêt de la Pentecôte de l'an 1285.

Le *déni de justice* donne lieu contre le juge à la prise à partie ; mais avant d'appeller comme de *déni de justice*, il faut faire au juge des sommations de juger. Anciennement il en falloit trois ; mais suivant l'ordonnance de 1667, *titre des prises à partie, art. 4*, deux sommations de huitaine en huitaine suffisent, si c'est un juge ressortissant nuement aux cours ; & de trois en trois jours pour les autres juges.

Ces sommations doivent être faites en forme de requisition, elles se signifient au greffe de la jurisdiction, en parlant au greffier ou à un commis. Huitaine ou quinzaine après la seconde, si le juge n'y a point eu égard, on peut interjetter appel comme de *déni de justice*, le faire signifier à la

partie adverse, & le dénoncer au juge dont est appel, afin que l'une ne puisse plus poursuivre devant le juge dont on appelle ; & que celui-ci ne rende pas par humeur un jugement, qu'on lui a demandé en vain.

Il y a néanmoins des cas, où le juge peut refuser de juger, notamment lorsque les parties n'ont pas satisfait à un premier jugement, ou que la décision de l'instance dont est question, dépend du jugement d'une autre.

Le *déni de justice* peut encore avoir lieu, lorsque le juge refuse de prêter son ministère pour dresser des procès-verbaux, apposer des scellés, & autres choses semblables. Dans ce cas, si l'affaire requiert célérité, une seule sommation suffit, & si le juge persiste dans son refus, on peut requérir sur le champ le ministère de celui des officiers d'un siège, qui suit le refusant dans l'ordre du tableau.

On peut assimiler au *déni de justice*, le refus fait par un officier inférieur de prêter son ministère aux actes pour lesquels il est nécessairement requis. Dans le cas où ce refus n'est fondé sur aucune raison légitime, on présente une requête au juge, & on obtient contre cet officier une injonction : s'il persiste dans son refus, on peut rendre plainte contre lui, le faire condamner aux dépens, dommages & intérêts, & même le faire interdire. Il n'est pas nécessaire d'injonction dans les cas où les ordonnances lui enjoignent de se prêter aux simples requisitions qui lui sont faites.

DÉNI *de renvoi*, est le refus que fait un juge d'accorder le renvoi qui lui est demandé par une des parties, soit pour cause d'incompétence, privilège, litispendance, ou autre cause.

Suivant l'ordonnance de 1667, les appels comme de *déni de renvoi* sont portés directement au parlement, & sont jugés au parquet par l'avis d'un des avocats généraux, sur lequel on obtient arrêt conforme. Cependant en matière criminelle un arrêt du 2 juin 1687, rapporté par Serpillon *en son Code criminel*, a jugé que l'appel d'un *déni de renvoi*, doit être porté à la grand'chambre. *Voyez* DÉCLINATOIRE, RÉVENDICATION, APPEL.

DÉNIER, v. a. (*Jurisprud.*) c'est soutenir qu'un fait n'est pas véritable. *Voyez* DÉNÉGATION.

DENIER, s. m. (*Jurisprud.*) ce terme reçoit plusieurs significations. 1°. Il signifie une pièce de monnoie ; 2°. une somme d'argent ; 3°. le taux des rentes & intérêts.

Nous allons suivre ces différentes significations, & nous expliquerons ensuite par ordre alphabétique plusieurs phrases dans lesquelles on emploie le mot *denier*.

DENIER, *pièce de monnoie*, c'est le nom d'une ancienne monnoie, dont la matière & la valeur ont souvent varié.

La première pièce de monnoie d'argent, que les Romains firent fabriquer vers l'an 485 de la fondation de Rome, fut appellée *denier*, elle étoit marquée d'un *X* pour annoncer qu'elle valoit dix *as*. Le *denier* se divisoit en deux quinaires, marqués chacun de la lettre *V*, & le quinaire étoit subdivisé en deux sesterces.

Le *denier* d'argent a été en usage sous les trois races des rois de France; sous la première il étoit d'argent fin, & pesoit environ vingt & un grains: sous Charlemagne, son poids fut porté à vingt-huit grains, & à trente-deux sous Charles-le-Chauve. Au commencement de la troisième race le *denier* d'argent fin n'étoit plus que de vingt-trois à vingt-quatre grains.

Vers la fin du règne de Philippe I, on commença à y mêler du cuivre; sous S. Louis, il étoit de billon, & ne contenoit qu'environ six à sept grains d'argent. Le degré de bonté en a toujours diminué depuis, ensorte que sous Henri III, & dans la suite, il n'a plus été composé que de cuivre.

On appelle aujourd'hui *denier*, une valeur numéraire, qui est la douzième partie d'un sou. Il est lui-même composé de plusieurs parties, car il se divise en deux oboles, l'obole en deux pites, le pite en deux semi-pites, de sorte qu'un *denier* vaut deux oboles, ou quatre pites, ou huit semi-pites. On ne distingue plus guère ces portions du *denier* que par rapport aux censives. Il y a des terres qui sont chargées envers certains seigneurs d'un *denier*, obole, pite & demi de cens par arpent; on additionne en ce cas ces *deniers*, oboles, & pites, & l'on en forme des sous.

A Paris, & presque dans toutes les villes du royaume, à l'exception de quelques-unes situées au-delà de la Loire, on ne reçoit plus dans le commerce cette petite monnoie de cuivre, on n'en fabrique même plus.

Il n'est pas inutile de remarquer qu'il y a eu des *deniers* d'or sous les règnes de S. Louis, & du roi Jean.

DENIER, *pris pour une somme d'argent en général*, signifie toute espèce ou monnoie que ce soit, qui circule dans le commerce, & qui tient lieu d'échange avec les choses qu'on reçoit à la place.

Dans cette signification, les *deniers* entrent dans le patrimoine de chaque citoyen, & sont par leur nature dans la classe des biens-meubles, à moins qu'ils n'aient été fictivement immobilisés par contrat de mariage. *Voyez* DENIERS *immobilisés*.

Les *deniers* se donnent en paiement des créances pécuniaires, & quand par les termes de l'obligation, c'est de l'argent que l'on doit, on dit qu'une somme est payable en *deniers* & non en billets, ni en grains ou autres espèces, c'est-à-dire, qu'on ne peut se libérer qu'avec des *deniers*, ce qui signifie avec de l'argent.

DENIER, *taux des rentes & intérêts*, l'argent comme métal ne produit rien par lui-même, mais il produit des intérêts lorsque le fonds a été aliéné, à la charge d'une rente annuelle, ou lorsque le débiteur d'une somme d'argent est en retard de payer. Ces intérêts prennent le nom de *denier*, & alors ce mot signifie *la quotité du principal de la dette*, qui est payée chaque année par forme de rente ou d'intérêt.

Delà la dénomination de *denier* huit, dix, douze, seize, dix-huit, vingt, vingt-cinq, trente, quarante, cinquante, cent, pour signifier que l'intérêt est de la huitième, dixième, douzième, seizième, &c. partie du principal. Suivant le taux fixé par les ordonnances, l'argent ne peut produire que la vingtième partie du principal, ce qu'on appelle *l'intérêt au denier vingt*. Tout *denier* exigé au-dessus par le créancier est usuraire. *Voyez* ARRÉRAGES, CONSTITUTION *de rentes*, RENTES, USURE.

DENIER-A-DIEU, est une pièce de monnoie que celui qui achète ou loue quelque chose donne au vendeur ou propriétaire, pour preuve de l'engagement qu'il a contracté avec lui verbalement.

On appelle cette pièce *denier-à-Dieu*, apparemment parce qu'autrefois on ne donnoit qu'un *denier*, & que cette pièce étoit destinée à faire quelque aumône, supposé qu'elle demeurât au vendeur ou propriétaire.

Il est d'usage, en fait de locations verbales, que celui qui est convenu de prendre à loyer peut retirer son *denier-à-Dieu* dans les vingt-quatre heures, au moyen de quoi la convention est comme non-avenue: au bout des vingt-quatre heures il n'est plus recevable à retirer le *denier-à-Dieu*, & la convention tient.

Ce *denier-à-Dieu* a quelque rapport avec les arrhes; mais celles-ci sont un à compte sur le prix, au lieu que le *denier-à-Dieu*, qui est ordinairement quelque pièce de monnoie d'une valeur modique, ne s'impute point sur le prix.

Denier-à-Dieu étoit aussi une pièce de monnoie de billon que les marchands billonneurs mettoient à part dans une boëte; on employoit ces *deniers* aux réparations des ponts & chaussées, & à faire certaines aumônes: mais comme on engageoit souvent le roi à faire des dons de ces *deniers*, il fut défendu par une déclaration du 13 octobre 1346 d'y avoir égard. (*A*)

DENIERS *ameublis*, sont ceux que la femme met en communauté, à la différence des *deniers* stipulés propres, qui n'y entrent point. Hors ce cas on ne parle pas des *deniers ameublis*, parce que tous les *deniers* sont meubles de leur nature. *Voyez* AMEUBLISSEMENT.

DENIERS *de boîte*, sont des pièces de monnoie, que les juges-gardes prennent au hasard & sans choix, lorsqu'ils font la délivrance des pièces d'or ou d'argent fabriquées dans un hôtel des monnoies, & qu'ils mettent à part dans une boîte pour servir au jugement que la cour des monnoies doit faire des espèces qui ont été fabriquées chaque année.

Le coffre ou les boîtes où sont renfermés ces *deniers*, doivent être mis en dépôt sous trois clefs différentes, dont la garde est confiée la première au maître de la monnoie, la feconde aux gardes, la troifième à l'effayeur; ces boîtes reftent en dépôt dans chaque hôtel des monnoies, jufqu'à ce que la cour des monnoies mande aux officiers de les envoyer ou de les apporter.

Le procès-verbal de la délivrance des efpeces monnoyées, & du dépôt des *deniers de boîte*, doit être fait & clos en préfence de tous les officiers de la monnoie. Telles font les difpofitions des ordonnances de 1586 & 1682, & des arrêts de la cour des monnoies des 22 août 1750, & 18 mai 1774. *Voyez* MONNOIE.

DENIER & *bourfe*: terme particulier que la coutume de Tours, *art. 154*, emploie pour fignifier l'efpace de temps qui s'écoule entre l'adjudication du retrait lignager & fon exécution entière. Lorfqu'un parent éloigné *du vendeur*, a donné, dit-elle, l'ajournement en retrait, que le retrait a été connu en jugement, & qu'il a été ordonné que le retrayant, fuivant l'ufage, apporteroit fes *deniers* dans la huitaine: fi un parent plus prochain lignager du vendeur vient au jour même de la huitaine entre *la bourfe & les deniers*, & fournit dedans le jour les fommes néceffaires pour acquitter le retrait, il fera préféré au parent plus éloigné.

La difpofition de cet article veut dire que le plus prochain lignager eft toujours préféré au plus éloigné pour le retrait, jufqu'au moment où le retrait eft entièrement confommé, enforte qu'il eft encore admis, lors même que les *deniers* font fortis de la bourfe du retrayant, pour être comptés & délivrés à celui fur lequel le retrait eft exercé.

DENIER, (*centième*) *voyez* CENTIÈME.

DENIER *Céfar*, c'eft un droit qui fe perçoit dans la châtellenie de Lille fur chaque chef de famille, à raifon de trois deniers par année. Sa dénomination prouve affez qu'il eft purement royal: mais il n'eft pas facile d'en fixer l'origine; tout ce que l'on peut conjecturer de plus vraifemblable, eft que ce droit nous repréfente un *cens* perfonnel, qui, fuivant l'auteur de l'efprit des loix, *liv. XXX, ch. xv*, étoit anciennement une efpèce de capitation à laquelle les ferfs feuls étoient affujettis. En effet le *denier Céfar* ne fe paie que par les habitans de la campagne qui ont fuccédé aux colons, dont les noms étoient infcrits dans le regiftre du cens. On dira peut-être que fous ce point de vue le *denier Céfar* pourroit être feigneurial, puifque les feigneurs avoient droit de lever le cens fur leurs ferfs; ce qui a fait dire à Loyfeau, *en fon traité du déguerpiff., liv. I, chap. iv*, que nous avons fort abufé en France du mot *cens*, qui chez les Romains n'a jamais été employé que pour exprimer une redevance due au fifc feul: redevance perfonnelle dans les premiers temps de la république, & proportionnée à la fortune de chaque citoyen d'après l'eftimation faite par les cenfeurs, & enfuite impofée fur les héritages pour être la marque de la feigneurie univerfelle du fifc fur les terres des particuliers. Mais nous avons à répondre que dans le fait, le droit dont il s'agit appartient au fouverain

feul; & que d'ailleurs ayant été impofé fur fes vaffaux, & à fon profit, il a très-bien pu arriver que l'on ait cherché à en conferver la preuve en le défignant par un terme exprès, pour ôter aux feigneurs particuliers tout prétexte de fe l'approprier, & cela précifément à caufe de l'extenfion donnée à la fignification du mot *cens*.

Au furplus le *denier Céfar* étant une redevance purement perfonnelle, ne doit pas être confondu avec *l'efpier*, qui eft un autre droit royal affigné fpécialement fur les terres de la Flandre. *Voyez* ESPIER.

On trouve quelquefois le terme de *denier Céfar* employé pour défigner le *tonlieu*, qui eft bien différent du droit qui fait l'objet de cet article. *Voyez* TONLIEU. *Article de M. de Lamotte Conflant, avocat au parlement.*

DENIER *de chantelle*. *Voyez* CHANTELLE.

DENIERS *clairs*: on fe fert de cette expreffion pour défigner les fommes les plus liquides; on dit qu'une fomme eft à prendre fur les plus *clairs deniers* qui rentreront. On fe fert encore de cette expreffion pour défigner, ou les *deniers* qui fe trouvent en nature dans une fucceffion, ou une créance établie par des titres inconteftables.

DENIERS *communs* font ceux qui appartiennent à plufieurs perfonnes; & notamment ceux des villes, collèges, ou communautés. *Voyez* OCTROI. (*A*)

DENIERS *comptans*, font ceux que l'on paie actuellement, à la différence des fommes que l'on promet payer dans un certain temps. (*A*)

DENIERS *à découvert*, font ceux que l'on offre réellement, & dont on fait exhibition en offrant le paiement. *Voyez* OFFRES RÉELLES. (*A*)

DENIER *dix*, eft un taux de rentes ou d'intérêts. *Voyez* RENTES. (*A*)

DENIER, (*dixième*) *voyez ci-après* DIXIÈME.

DENIERS *dotaux*, font les fommes que la femme fe conftitue en dot. *Voyez* DOT. (*A*)

DENIERS *d'entrée*, font ceux qu'un nouveau propriétaire a payés pour avoir la poffeffion d'un héritage. Cela fe dit principalement lorfque le contrat n'a point la forme d'une vente, & que néanmoins il y a eu quelque fomme payée pour y parvenir, foit à titre de pot-de-vin, épingles, ou autrement.

On appelle auffi quelquefois *deniers d'entrée*, ceux qu'un fermier paie d'avance en entrant dans une ferme. (*A*)

DENIER *de fin*, ou *de loi*, fe dit en terme d'orfèvrerie & de monnoyage, du titre de l'argent, de même que karat s'entend du titre de l'or. La monnoie d'argent au-deffous de dix *deniers de fin* eft regardée comme billon, & les ouvrages d'orfèvrerie, fuivant l'ordonnance de 1640, doivent être à onze deniers douze grains de fin, non compris les deux grains de remède. *Voyez* MONNOIE, ORFÈVRE.

DENIER *fort*, eft un taux qui excède le taux ordinaire des rentes & intérêts dans l'eftimation qu'on fait d'un objet par rapport à fon produit annuel. Par exemple, le taux de l'ordonnance étant préfentement au denier vingt, quand on veut estimer quelque chose au *denier fort*, on l'estime au denier trente ou quarante. Les terres seigneuriales s'estiment au *denier fort*, c'est-à-dire, qu'on ne les compte pas à raison du denier vingt sur le pied du revenu, mais au *denier fort*; ainsi une terre qui produit mille livres par an, sera estimée vingt-cinq ou trente mille livres, plus ou moins, à cause des droits honorifiques qui y sont attachés. *Voyez* ESTIMATION. (*A*)

DENIER, (*fort*) signifie aussi les modiques fractions qui excédent une somme; par exemple, vingt livres dix sous *deux deniers*, les deux deniers qui ne peuvent se payer sont ce qu'on appelle le *fort denier*. On dit communément que le *fort denier* est pour le marchand, c'est-à-dire, que s'il reste un *denier* à rendre à l'acheteur, le marchand le garde; si au contraire il est dû deux deniers au marchand, le débiteur est obligé de lui payer un liard qui vaut trois *deniers*, parce que dans les pays où les deniers n'ont pas cours, on ne peut pas payer deux *deniers* seulement. (*A*)

DENIERS *francs* ou *francs deniers*, sont une somme exempte de toute déduction. Quand on vend *francs deniers*, dans la coutume de Meaux, c'est à l'acquéreur à payer les lods & ventes, sans quoi ce seroit au vendeur. (*A*)

DENIER, (*huitième*) *voyez* HUITIÈME.

DENIERS *immobilisés*, sont ceux que l'on répute immeubles par fiction. *Voyez ci-après* DENIERS STIPULÉS PROPRES. (*A*)

DENIER *Mançais*, c'est une pièce de monnoie de la valeur d'un *denier*, telle qu'en faisoit autrefois fabriquer l'évêque du Mans. (*A*)

DENIERS *oisifs*, sont ceux dont on ne fait point d'emploi, & qui ne produisent point d'intérêts. (*A*)

DENIERS *d'octroi*. *Voyez* OCTROI.

DENIERS *parisis*, c'est un *denier* & le quart d'un *denier* en-sus. *Voyez* PARISIS.

DENIERS *patrimoniaux*, sont ceux qui appartiennent aux villes & communautés, autrement que par octroi du prince. *Voyez* OCTROI. (*A*)

DENIERS *propres* ou *stipulés propres*, sont ceux que l'on exclut de la communauté des biens. *Voyez* PROPRES FICTIFS. (*A*)

DENIERS *publics*, sont ceux qui appartiennent, soit au roi ou à des provinces, villes & communautés d'habitans. (*A*)

DENIERS *pupillaires*, sont les sommes d'argent qui appartiennent à des pupilles. On comprend aussi ordinairement sous ce nom ceux qui appartiennent à des mineurs.

Le tuteur ne doit point laisser les *deniers pupillaires* oisifs; il doit en faire emploi au bout de six mois, dès qu'il a entre ses mains une somme suffisante, autrement il en doit personnellement les intérêts. (*A*)

DENIER, (*quart*) *voyez au mot* QUART.

DENIER, (*quint*) *voyez* QUINT.

DENIERS *réalisés*, sont ceux dont on a fait emploi en fonds. On entend aussi quelquefois par-là ceux qui ont été offerts réellement & à découvert. (*A*)

DENIER (*rente au*) huit, dix, douze, &c. *Voyez* RENTE.

DENIERS *royaux* ou *du roi*, sont tous ceux qui appartiennent au roi, provenant soit de ses domaines ou des impositions qu'il lève sur ses sujets.

Ces sortes de *deniers* sont privilégiés; le roi passe avant tous les autres créanciers. *Voyez* HYPOTHÈQUE DU ROI, PRIVILÈGE, TAILLE & COMPTABLES.

Ceux qui ont le maniement des *deniers royaux*, en cas qu'ils les divertissent, sont punis de mort lorsqu'il s'agit d'une somme de 3000 livres & au dessus, & de telle peine afflictive que les juges arbitrent lorsqu'il s'agit d'une somme moindre de 3000 livres, suivant la déclaration du 5 mai 1690, conforme aux anciennes ordonnances.

On peut consulter encore sur cet objet un réglement du mois de février, & la déclaration du mois de décembre 1663, la déclaration du 7 février 1708, & l'arrêt du conseil du 23 avril suivant.

DENIER *S. André*, est un droit qui se lève dans quelques bureaux sur le Rhône, depuis le passage de Roquemorette en Vivarais, jusqu'au port de Caussade inclusivement. On croit qu'il a été établi pour fournir aux frais de la construction du fort S. André, ou de l'entretien de sa garnison. La perception s'en fait sur un tarif du 15 juillet 1634.

DENIER *de S. Pierre*, ou *taxe du denier de S. Pierre*, étoit une redevance consistante en un *denier* sur chaque maison, qui se payoit annuellement au pape par forme d'offrande ou d'aumône.

Ce droit fut établi en Angleterre en 740, par Offa, roi de Mercie, & par Ina, roi de Westsex. Une partie de cette taxe étoit employée à l'entretien d'une église de Rome, nommée *l'école des écoles*.

Un roi danois d'Angleterre, nommé Edelvof ou Etheluffe, s'y soumit en 852, & augmenta cette taxe. Grégoire VII. prit de-là occasion de demander à Guillaume le Conquérant, qu'il lui fit hommage de l'Angleterre. Cette prestation qui se payoit pour chaque maison revenoit à environ trois livres de notre monnoie. Elle cessa d'être payée lorsque Henri VIII se déclara chef de l'église anglicane.

Le *denier de S. Pierre* se payoit aussi dans plusieurs autres royaumes, comme en Pologne & en Bohême. (*A*)

DENIER *de service*, se dit dans la coutume de Poitou, *art.* 176, de la prestation annuelle que par les fiefs inféodés à la charge d'une rente annuelle. Le *denier de service annuel* abolit la prestation du cheval de service dû au seigneur par la mort du vassal, elle oblige seulement ce dernier à payer à son nouveau seigneur, lorsqu'il y a mutation par son décès, douze fois la valeur du *denier de service*, ensorte qu'un sou de service annuel en vaut douze.

DENIERS *stipulés propres*. *Voyez ci-devant* DENIERS PROPRES.

DENIERS *tournois*, étoient autrefois les *deniers* que l'archevêque de Tours faisoit frapper à son coin: ces *deniers* valoient un quart moins que les *deniers parisis* parifis qui étoient frappés à Paris. Aujourd'hui toutes les fommes fe comptent par livres, fous & *deniers tournois*, fuivant l'ordonnance de 1667. (*A*)

DENIERS *Viennois*, étoient ceux que le dauphin de Viennois faifoit frapper à fon coin : il en eft parlé dans plufieurs terriers de la province de Dauphiné & autres provinces voifines. Préfentement ce n'eft plus qu'une valeur numéraire. Le *denier viennois* eft le double du *denier tournois*. (*A*)

DÉNOMBREMENT, f. m. (*Droit féodal.*) Voyez le mot AVEU, où l'on a rapporté les principales queftions que préfente cette matière. L'objet de cet article eft d'entrer dans quelques détails qui appartiennent d'une manière plus fpéciale au mot *dénombrement*. Ces détails font relatifs à la forme dont les *dénombremens* rendus au roi, doivent être revêtus pour produire tous les effets dont ils font fufceptibles.

Le *dénombrement*, comme le mot le porte, n'eft autre chofe que la defcription du fief fervant. La définition de cet acte fuffit feule pour en faire fentir l'objet. Le vaffal doit un *dénombrement* à fon feigneur, afin que celui-ci fache en quoi confifte le fief qui relève de lui. Cette connoiffance lui eft néceffaire dans plufieurs circonftances, notamment lorfqu'il jouit du fief à titre de relief ou de faifie féodale, lorfqu'il rentre dans la propriété de ce fief par voie de commife. Enfin, il importe extrêmement au feigneur de connoître, même dans le plus grand détail, les fiefs mouvans de lui, afin que le vaffal ne puiffe les démembrer, les abréger, les dénaturer, en convertiffant en roturés des parties féodales.

L'intérêt du feigneur n'a pas été le même à cet égard dans tous les temps. Lorfque la difpofition des fiefs étoit arbitraire, lorfque le vaffal ne les poffédoit que pour un temps déterminé, ou à vie, leur retour périodique dans la main du feigneur le mettoit à portée de les connoître, & d'en conftater l'état : ainfi les *dénombremens* étoient peu néceffaires. Nous voyons cependant que les vaffaux avoient ainfi trouvé moyen de frauder les droits des feigneurs. Ils faifoient des ventes fimulées de partie des fiefs, les rachetoient, & prétendoient enfuite qu'ils les poffédoient à titre d'aleu.

Charlemagne à qui rien n'échappoit, tenta le premier de déraciner cet abus. Pour y parvenir, il fit deux ordonnances que l'on peut regarder comme l'origine & le modèle de nos *dénombremens*. Elles portent : *ut miffi noftri diligenter inquirent & defcribere faciant unufquifque in fuo miffario, quid unufquifque de beneficiis habeat, capit. liv. 2, tit. 86 ; ut fcire poffimus quantum de noftro, in unius cujufque legatione, habeamus, lib. 3, tit. 82.*.

C'eft à ces ordonnances que l'on peut référer l'origine des *dénombremens*. Alors, comme l'on voit, ces actes étoient l'ouvrage des feigneurs dominans. Les chofes dûrent changer & changèrent en effet, lorfque les fiefs devinrent patrimoniaux. Le fief ne rentrant plus dans les mains du feigneur, celui-ci ne put déformais en connoître l'étendue

& les appartenances, que par le miniftère de fon vaffal. L'ufage des *dénombremens*, tels que nous les connoiffons aujourd'hui, ne tarda pas à s'introduire ; & cet ufage fondé fur la plus exacte équité, devint bientôt une loi, une obligation pour tous les vaffaux.

Cependant ces actes n'eurent d'abord ni l'étendue ni la forme qu'ils ont aujourd'hui. Tout fe réduifoit à une énonciation fommaire du fief, & rien n'étoit plus fimple que leur forme. « Les anciens *dénombremens*, dit *la Thaumaffière*, fur l'article 24 de la Coutume de Berry, fe rendoient en termes généraux, & fans rien fpécifier en particulier, dont les exemples font fréquens dans les capitulaires de Champagne, & autres : en voici un exemple. *Comes Carnotenfis & Blefenfis tenet comitatum cum omnibus feodis appendentibus, à comite Campaniæ & eft fuus homo ligius.* »

Tels étoient les anciens aveux, plus reffemblans, comme l'on voit, à nos actes de foi & hommage, qu'à ce que nous nommons aujourd'hui *dénombremens* proprement dits. Trompé par cette reffemblance, M. le préfident Bouhier dit : « l'obligation de donner des *dénombremens* n'eft pas de l'ancien droit des fiefs ; elle ne s'eft même introduite que fort tard, puifqu'on n'en trouve aucun veftige avant le treizième fiècle », fur la Coutume de Bourgogne, ch. 44.

Cette opinion nous paroît être une équivoque dans laquelle ce magiftrat fera tombé par la reffemblance entre les hommages actuels & les anciens *dénombremens*. Quoique très-fommaires, ces actes n'en étoient pas moins des *dénombremens*, & le temps en a épargné beaucoup dont la date eft antérieure au treizième fiècle. Ainfi l'on peut regarder l'obligation impofée aux vaffaux, de donner le *dénombrement* de leur fief, comme de l'ancien droit féodal.

Mais ces actes trop fommaires ne rempliffoient pas l'objet des *dénombremens*. Le feigneur n'en étoit pas moins dans l'impoffibilité de connoître les détails du fief mouvant de lui, & par conféquent de réclamer contre les *dénombremens* illicites. Ces confidérations engagèrent enfin le feigneur à exiger des *dénombremens* détaillés, ou par fpécial, comme on parloit alors. Ce changement paroît s'être introduit dans le treizième fiècle. Depuis cette époque, ces actes ont été fucceffivement affujettis à plufieurs formalités, dont l'accompliffement eft aujourd'hui néceffaire pour la validité d'un *dénombrement*. Nous allons les parcourir. L'époque de l'établiffement de chacun eft fur-tout intéreffante à marquer, & l'on en fent la raifon.

La première ordonnance connue fur cette matière, eft du 26 juillet 1353. Elle eft du roi Jean, adreffée aux fénéchaux. Elle porte : « plufieurs » fois, comme nous l'avons appris, il vous a été » enjoint de vous faire rendre des déclarations » *exactes & détaillées* de tous les fiefs & arrière-» fiefs fitués dans l'étendue de votre jurifdiction, &

» d'envoyer lesdites déclarations à notre chambre
» des comptes de Paris, pour y être enregistrées;
» ce que vous avez absolument négligé de faire,
» à notre préjudice; c'est pourquoi nous vous
» commandons de nouveau que lesdites décla-
» rations vous ayez à vous faire rendre ». *Quo*
circa vobis iterato præcipiendo mandamus, districtius
injungentes, quatenùs prædicta, visis præsentibus,
faciatis, dictis præsentibus significando, ut, sub pœnâ
amissionis feodorum suorum, dicta advoamenta, feoda
& retrofeoda, seu tenementa sua & partes singulas
tùm valore eorumdem, vobis quam citò tradere non
omittant; quæ postmodum, dictis gentibus (cameræ
computorum) sub sigillo vestro fideliter transmittatis.

Cette ordonnance présente plusieurs observations.

1°. On voit qu'elle n'est pas la première qui
oblige les vassaux à donner le *dénombrement* de
leurs fiefs, & qui exige que ces *dénombremens* renferment une description détaillée du fief. C'est ce
qui résulte de ces expressions, *cum prout accepimus*
ex parte nostra vobis pluries datum fuit in manda-
tis....... quò circa vobis iterato præcipiendo mandamus.
On ne voit pas la date de ces ordonnances antérieures; mais on peut les référer à la fin du treizième siècle.

2°. On voit d'une manière très-distincte, dans
cette ordonnance de 1353, la forme alors nécessaire pour rendre un *dénombrement* authentique. Le
vassal devoit le présenter au bailli ou sénéchal de
l'arrondissement. Cet officier étoit obligé de l'envoyer, muni du sceau de sa jurisdiction, à la
chambre des comptes de Paris, & cette cour,
par son enregistrement, lui imprimoit le sceau de
l'authenticité; alors il n'en falloit pas davantage.
Nous reviendrons dans un instant sur ces dernières
formalités. Continuons de voir ce qui concerne
la nécessité de détailler les aveux.

L'ordonnance de 1353 exige, comme l'on voit,
les détails les plus circonstanciés. Elle veut même
que le vassal énonce la valeur des objets qui composent le fief. *Tenementa sua, & partes singulas,*
cum valore eorumdem. « Cette ordonnance, dit
» Guiot, n'eut pas d'abord son plein effet; on
» ne s'accoutuma pas à donner des aveux détaillés.
» J'en ai vu, ajoute cet auteur, pour la terre d'Es-
» tains, près Paris, rendus au grand prieur de
» France, où le détail des héritages n'y est pas,
» non plus que des censives. *Item*, dix livres de
» censives à prendre sur plusieurs héritages. *Item*,
» tant d'arpens en plusieurs pièces, sans désigna-
» tion; ils sont pour le grand prieuré, de 1393,
» de 1453, de 1579 ». Ce dernier détaille les
limites de la justice, *tome V, page* 14.

Le défaut d'exécution de l'ordonnance de 1353,
mit les rois successeurs de Jean, dans la nécessité
de la renouveller plusieurs fois: Il y en a deux
édits; le premier du 23 août 1389, le second du
8 mai 1486.

Hevin nous apprend, dans ses *Questions féodales*,

que l'usage de détailler les aveux ne s'est introduit
en Bretagne que depuis 1589. « Il y eut, dit M.
» auteur, des commissaires nommés, dont M.
» d'Argentré fut un, pour obliger les gens d'église
» à expliquer leurs droits & possessions par le
» menu. L'usage s'introdusit de-là en avant de spé-
» cifier toutes choses dans les aveux. Cela n'eut
» lieu que depuis la réformation de la coutume
» de 1580 ».

Il n'y a plus aujourd'hui aucune difficulté sur ce
point. La nécessité de détailler les aveux est de
droit commun & universel. Les actes doivent contenir par le menu, tout ce qui compose le fief en
bâtimens, en domaines, avec les tenans & aboutissans, en censives, avec la désignation des héritages assujettis, si la directe n'est pas universelle;
en un mot, ils doivent renfermer non-seulement
le corps matériel du fief, mais encore tous les
droits qui en dépendent, tels que la justice, la
chasse, la pêche, &c. & l'on peut dire que cet
usage est au moins aussi avantageux au vassal qu'au
seigneur. *Voyez le mot* AVEU.

Les fiefs mouvans de celui que l'on dénombre
doivent également être énoncés dans l'aveu. On
a même élevé la question de savoir si les arrière-
fiefs ne devoient pas être rapportés en détail. Mais
l'usage contraire a prévalu, & avec raison; s'il en
étoit autrement, les aveux des grandes terres formeroient des volumes immenses. Cet appareil
d'ailleurs seroit inutile, puisque le vassal est obligé
de communiquer tous ses titres au dominant,
lorsque celui-ci est dans le cas de jouir des arrière-
fiefs.

Voilà ce qui concerne le détail des aveux.
Passons à la présentation de ces mêmes actes. A
qui cette présentation doit-elle être faite?

En 1353, cette présentation se faisoit au bailli
ou sénéchal de l'arrondissement. Cet usage a continué jusques vers le milieu du quinzième siècle.
Par une ordonnance du 2 août 1445, Charles VII
donne pouvoir aux trésoriers de France de contraindre les vassaux du roi de faire la foi & hommage au bailli, avec *dénombrement*; & à cet effet
leur assigner tel lieu, & leur imposer telle peine
qu'ils aviseront, les contraignant par prise, arrêt
& détention des choses en sa main, comme il est
accoutumé de faire par défaut de foi & hommage
non faits & devoirs non payés. Cependant les
bailliages continuoient à recevoir les aveux concurremment avec les trésoriers de France; & même
un édit, vérifié au parlement le 7 septembre 1580,
créa dans chaque bailliage un clerc & un procureur, pour la manutention des fiefs mouvans de
la couronne. Chopin nous apprend qu'il y avoit
en Auvergne un procureur mortailler & garde
des fiefs. En 1582, il fut créé dans chaque bailliage un conservateur & garde des fiefs & domaines. Ces offices supprimés en 1639, furent
rétablis le 7 septembre 1645. Supprimés de nouveau, on ne les a pas recréés, & aucun de ces

offices ne fubfifte plus aujourd'hui. Ils font tous devenus inutiles par l'édit d'avril 1627, qui donne aux tréforiers de France la réception des fois & hommages privativement aux baillis & fénéchaux.

Malgré cet édit, les bailliages continuoient de recevoir les actes d'hommages & les aveux & *dénombremens*. Plufieurs arrêts du confeil ont réprimé cette espèce d'entreprife, enforte qu'aujourd'hui les tréforiers de France reçoivent les actes de féodalité, exclufivement à tous les bailliages. Il n'y a même plus de conteftation à cet égard.

Il n'a pas été aufli facile de tracer une ligne entre les bureaux des finances & les chambres des comptes. Il a fallu plus d'un réglement pour déterminer la compétence de ces tribunaux, relativement à la réception des hommages & des aveux. Il y a, entre autres, deux arrêts du confeil qui contiennent à cet égard des difpofitions très-précifes. Nous ne pouvons mieux faire que d'en préfenter ici l'analyfe.

Le premier, du 19 janvier 1668, portant réglement entre la chambre des comptes de Paris, & les tréforiers aux bureaux de Châlons & de Bourges, porte :

1°. Que la chambre des comptes continuera de recevoir les fois & hommages des vaffaux du roi, comme elle avoit ci-devant fait.

2°. Qu'elle aura le dépôt général des actes de foi qui feront rendus, foit à la perfonne du roi, foit à M. le chancelier, foit aux bureaux des finances.

3°. Que la chambre des comptes recevra les aveux qui feront fournis par les vaffaux du roi, après qu'ils auront été blâmés par les tréforiers de France, auxquels l'adreffe en fera faite.

4°. Qu'il fera permis aux vaffaux, pour leur plus grande commodité, de rendre leur foi & hommage, aveux & *dénombremens* à la chambre des comptes, quoique les fiefs ne foient pas affis dans la généralité de Paris.

5°. Que tous les originaux des aveux qui font préfentement aux greffes defdits bureaux des finances, feront envoyés dans trois mois à ladite chambre, qui en fera donner décharge à ceux qui les y porteront aux pieds des inventaires, qui feront pour cet effet dreffés & fignés par les greffiers defdits bureaux.

6°. Que les tréforiers de France des bureaux de Châlons & de Bourges continueront de recevoir la foi & hommage des vaffaux de leur reffort, à quelque fomme que les revenus des fiefs fe montent, à l'exception toutefois de tous les duchés, comtés, marquifats, vicomtés, baronnies & châtellenies vérifiées, dont les hommages feront rendus à la perfonne du roi, ou à M. le chancelier, ou à ladite chambre des comptes.

7°. Que les tréforiers de France recevront les aveux & *dénombremens* qui leur feront préfentés par les vaffaux qui auront fourni pardevant eux

leur foi & hommage, après avoir obfervé les formalités en tel cas requifes, pour être les originaux defdits hommages, aveux & *dénombremens*, envoyés par lefdits tréforiers à ladite chambre, trois mois après chaque année finie.

Un fecond arrêt du confeil du 26 juin de l'année 1688, rendu entre la chambre des comptes de Paris, & les tréforiers de France à Bordeaux, fait défenfes aux tréforiers de France de recevoir les fois & hommages, aveux & *dénombremens* des duchés, comtés, marquifats, vicomtés, baronnies & châtellenies, vérifiés & poffédés fous ce titre de temps immémorial, pourvu toutefois que cette poffeffion foit juftifiée par des aveux ou titres équipollens, à peine de nullité.

Cet arrêt veut en outre que les aveux foient communiqués, avant qu'il puiffe être procédé à leur réception, au procureur du roi des bureaux des finances & au fermier du domaine, lefquels feront tenus d'élire domicile à Bordeaux; que le chef-lieu du fief dont il fera rendu hommage & *dénombrement*, foit exprimé dans l'acte & diftingué par fénéchauffée; enfin, que les originaux des actes de foi & hommage, aveux & *dénombremens* foient envoyés à la chambre des comptes, & remis par les tréforiers de France au greffe de cette cour, dans le temps porté par l'arrêt du 19 janvier 1688.

L'obligation d'envoyer ces actes au dépôt de la chambre des comptes, eft encore impofée aux tréforiers de France par la déclaration du 18 juillet 1702. En voici les termes. « Les originaux » des hommages, aveux & *dénombremens* qui au-» ront été reçus par les tréforiers de France, feront » envoyés par eux en notre chambre des comptes, » ès mains de notre procureur général, trois mois » après chaque année finie...... & mettront nos » confeillers-auditeurs leurs reçus au bas des in-» ventaires des titres qui auront été envoyés par » les tréforiers de France à notre procureur-géné-» ral, pour leur fervir de décharge ».

Un commentaire à ces arrêts feroit fuperflu. En voilà fuffifamment pour faire connoître à quel tribunal les vaffaux du roi doivent préfenter leurs aveux. Voyons maintenant ce qui concerne la forme de ces actes.

Cette forme eft déterminée par l'arrêt du 26 juin, dont nous venons de rapporter plufieurs difpofitions. Cet arrêt porte qu'il fera fait deux doubles des actes de foi & hommage, aveux & *dénombremens* fignés du vaffal, fur parchemin timbré, dont l'un fera remis à la chambre des comptes, & l'autre au vaffal, fauf aux tréforiers de France à en retenir un par-devers eux, en papier, conforme & figné comme deffus.

A l'égard du terme auquel les vaffaux du roi font tenus de préfenter leur *dénombrement*, la déclaration du 18 juillet 1702 porte : après » que le vaffal aura rendu la foi & hommage » en notredite chambre des comptes, il fera tenu

» d'y préfenter fon aveu & *dénombrement*, s'il eft
» laïque; & s'il eft eccléfiaftique, la déclaration du tem-
» porel de fon bénéfice dans les termes portés par les
» coutumes, *art. 7* ». Ce délai eft pour l'ordinaire de
quarante jours après la préfentation de l'hommage.
Cet article n'eft autre chofe que la conféquence de
cette grande maxime, que toutes les fois que le
roi agit comme feigneur de fief, il eft foumis
aux difpofitions des coutumes, il ufe du droit
commun ; *jure communi utitur*, difoient les anciens
feudiftes. Les modernes n'ont que trop fouvent
perdu de vue ces principes. D'Argentré les énonce
dans les termes les plus énergiques, dans fes
notes fur la nouvelle coutume de Bretagne. Mais
ce n'eft pas ici le lieu de nous en occuper. Ache-
vons de parcourir les formalités que doit avoir
un *dénombrement* pour produire tout l'effet dont il
eft fufceptible.

La dernière de ces formalités confifte dans la
publication. Publier un *dénombrement*, c'eft en
faire la lecture à l'audience publique du bureau
des finances du reffort, & à l'iffue de la meffe
paroiffiale du chef-lieu de la feigneurie dénombrée.
Aujourd'hui cette publication eft indifpenfable.
Mais les chofes n'ont pas toujours été de même.
Il faut les reprendre dès l'origine, & fur-tout
marquer foigneufement les époques.

Il n'eft pas queftion de cette formalité dans l'ordonnance de 1353. Trois chofes fuffifoient alors
pour rendre un *dénombrement* authentique. La
préfentation au bailli, l'envoi par cet officier à la
chambre des comptes, & l'enregiftrement en cette
cour.

Point d'innovation à cet égard pendant un fiècle.
Bientôt on fentit la néceffité de furveiller de plus
près les feigneurs ; ou plutôt la puiffance royale,
& par conféquent celle des cours fe trouvèrent
enfin en état de réprimer leurs entreprifes, & l'on
introduifit l'ufage de faire publier les aveux dans
les bailliages de l'arrondiffement. On fe contenta
de quelques tentatives ifolées. Une loi générale
auroit averti les feigneurs de fe tenir fur leur
garde, & ils étoient encore affez puiffans pour
profiter de cet avis.

Cette innovation eft du milieu du quinzième
fiècle.

On trouve dans le quatrième tome de l'hiftoire
d'Harcourt, un arrêt de la chambre des comptes
du 20 février 1443, qui ordonne que le *dénom-*
brement préfenté par Mathieu d'Harcourt, de fes
terres de Vienno, Vaujours & Saint-Martin en
Brie, fera publié par le bailli de Melun.

« Voilà, dit Guiot, l'époque la plus ancienne
» des arrêts de vérification ».

Le 21 février 1509, la chambre des comptes
donna commiffion au bailli de Vitry, à l'effet de
vérifier & publier l'aveu du comté de Grandpré,
pour la terre & feigneurie de Saint-Jean de
Tourbes.

Le but & l'importance de cette formalité fe font

aifément fentir. La publication d'un aveu avertit
ceux qui font dans le cas d'y prendre intérêt, & ceux
qui peuvent avoir des connoiffances particulières
fur le fief dénombré. Les uns & les autres inftruits
de la teneur de l'acte, peuvent y former oppofition s'il préjudicie à leurs droits, ou donner des
renfeignemens utiles aux officiers prépofés à la
confervation du domaine.

Ces confidérations déterminèrent enfin la chambre
des comptes de Paris à donner un réglement fur
ce point. Il eft précieux & rare. Nous allons le
tranfcrire en entier, tel qu'il fe trouve en la
chambre des comptes, *Journal 5, fol. 156*.

« Pour ce que fouventes-fois eft advenu que
» plufieurs archevêques, évêques, abbés, prélats,
» prieurs, & autres gens-d'églife tenant du roi
» notre fire le temporel de leurs bénéfices en
» ferment de fidélité ; pareillement plufieurs vaffaux
» du roi notre fire, tenant de lui à foi & hom-
» mage, comtés, vicomtés, fiefs, terres & fei-
» gneuries, après qu'ils en ont fait le ferment de
» fidélité, foi & hommage deffufdits, ont apporté
» ou envoyé à la chambre de céans, leurs aveux
» & *dénombremens*, & déclarations de leurdit tem-
» porel, efquels plufieurs d'iceux fe font efforcés
» coucher & employer plufieurs terres, bois &
» cenfives, juftices & autres droits, dont néan-
» moins eux, ni leurs prédéceffeurs, n'eurent
» jamais aucun droit ne titres, tendant par tels
» moyens à ufurper, & indirectement à eux attri-
» buer par trait de temps, lefdits héritages & droits ;
» & defquels aveux & déclarations ainfi duement
» baillés, ont été par ci-devant faits plufieurs
» extraits à la requête d'aucune perfonne, pour
» eux en aider & les produire en diverfes caufes
» & auditoires ; auxquels extraits il eft vraifem-
» blable que foi ait été par ci-devant, & pourra
» être ci-après ajoutée, au moyen de la collation
» & fignature qui en eft faite à la chambre de
» céans, dont plufieurs inconvéniens fe font fui-
» vis, & plus pourroit ci-après.

» Meffieurs, pour obvier à ce qui eft dit, ont
» ordonné, en la préfence de maître Pierre Legendre,
» tréforier de France, que *dorénavant*, quand telles
» déclarations, reconnoiffances, aveux & *dénom-*
» *bremens* feront apportés céans, qu'on a toujours
» accoutumé d'apporter doubles, il en fera baillé
» commiffion adreffante aux officiers du bailliage
» des lieux dont lefdits fiefs feront tenus, attaché
» à l'un des doubles, collationné à l'autre, par
» laquelle il leur fera mandé, entre autres chofes,
» qu'ils voient fi le contenu efdires déclarations &
» aveux fera véritable ; s'il y a aucune chofe du
» domaine d'icelui feigneur, & fi ledit aveu ou
» déclaration a été duement baillé, ainfi qu'on a
» accoutumé de faire ; & cependant que lefdits
» officiers vérifieront ledit aveu, il en fera écrit
» fur le dos de l'autre double qui demeurera céans,
» ces mots qui fuivent : *le préfent aveu ou décla-*
» *ration n'eft encore reçu céans, jufqu'à ce que par*

» les officiers de tels lieux il ait été vérifié, auquel
» pour ce faire, il a été envoyé le semblable colla-
» tionné à ce présent original, avec commiſſion atta-
» chée, datée du, &c. & après que lesdits officiers
» auront vérifié, & qu'ils en auront averti la
» chambre de céans, lesdits mots ſeront raturés,
» s'ils ſont en lieu où commodément ils le puiſſent
» être ; ſinon, il en ſera écrit au-deſſous ce qui ſuit :
» ce préſent aveu a été depuis vérifié, ainſi qu'il eſt
» apparu par l'avis deſdits officiers, envoyé céans,
» tel jour & tel an ; pourquoi il eſt reçu comme bien
» & duement baillé ».

Ce réglement eſt très-ſage, mais il ne va pas
aſſez loin. Cette vérification ne donne à l'acte
aucune publicité ; & par-là ceux qui auroient intérêt de le contredire, ſont, comme auparavant,
dans une ſorte d'impoſſibilité de le faire. La chambre
des comptes ne tarda pas à s'appercevoir de cet
inconvénient ; & le lundi d'après pâques, de l'an
1531, elle fit un ſecond réglement qui porte :
« aujourd'hui la chambre a ordonné que doréna-
» vant quand ſera préſenté aucun aveu & dénom-
» brement, ſera pour la vérification d'icelui, mandé
» aux officiers des lieux, les publier à jour d'aſ-
» ſiſes, ou trois divers jours de plaidoierie », Extrait
du Journal Z de la chambre des comptes de Paris,
fol. 143.

Ces deux réglemens de 1511 & 1531 établiſſent,
comme l'on voit, deux formalités très-diſtinctes :
la vérification & la publication. Le premier ordonne
aux baillis d'examiner les dénombremens, de les
conférer avec ceux rendus précédemment pour
les mêmes fiefs ; voilà la vérification. Celui de 1531
va beaucoup plus loin. Il enjoint aux officiers des
lieux de publier les aveux à trois divers jours de
plaidoierie, & aux aſſiſes du tribunal.

Avant 1531, cette publication s'étoit déjà pratiquée plus d'une fois. Nous en avons rapporté des
exemples. Mais aucune loi ne l'avoit encore ordonnée ; c'eſt ce qu'il eſt très-eſſentiel de remarquer. Ainſi trois époques dans cette matiere. Juſqu'en 1511, la préſentation d'un aveu au bailliage
du reſſort, l'envoi de cet acte à la chambre des
comptes, l'enregiſtrement en cette cour, voilà
les ſeules formalités auxquelles les dénombremens
ſont aſſujettis. Il faut accorder à ceux qui en ſont
revêtus, toute la foi due aux actes les plus authentiques. Depuis 1511 juſqu'en 1531, il eſt en outre
néceſſaire que les dénombremens ſoient vérifiés dans
la forme preſcrite par le réglement. Enfin, depuis
1531, la publication de ces actes eſt indiſpenſable.
Le défaut de cette formalité ne peut ſe couvrir
ni par le laps de temps, ni même par le dépôt
à la chambre des comptes. On doit préſumer que
le vaſſal n'en a pas ſuivi l'accompliſſement dans
la juſte crainte que le jour qu'elle répandroit ne
découvrît des entrepriſes ou des erreurs. Ainſi le
dénombrement non publié ne doit paſſer que pour
un ſimple projet demeuré ſans exécution.

Suivons ce qui concerne cette publication. Nous

avons dit plus haut que, dans l'origine, les aveux
ſe préſentoient au bailli de l'arrondiſſement. Cet
uſage continuoit encore dans le ſeizieme ſiecle. Il
en reſtoit encore des traces dans le commencement
du dix-ſeptieme. Enfin, par édit d'avril 1627,
Louis XIII donna aux tréſoriers de France la réception des foi & hommage, & conſéquemment
des aveux, privativement aux baillis & ſénée-
chaux.

Cette attribution ſembloit devoir amener un
changement dans la publication des aveux. Il paroiſſoit naturel que les tréſoriers de France en
fiſſent la publication. Mais ces tribunaux ont des
arrondiſſemens ſi conſidérables, qu'une publication
à leur audience eût été inutile. On ſentit cet inconvénient ; en conſéquence il leur fut ordonné
de renvoyer les dénombremens dans les bailliages du reſſort, pour y être publiés. Le réglement du conſeil du 26 juin 1688, cité plus
haut, en a une diſpoſition expreſſe. Il ordonne
« que les aveux & dénombremens des fiefs dont les
» tréſoriers de France auront reçu l'hommage,
» ſeront par eux renvoyés dans les juriſdictions
» royales, dans le reſſort deſquelles ſes fiefs ſe
» trouveront ſitués ; pour être lus & publiés par
» trois différens jours d'audience, de huitaine en
» huitaine, deſquelles publications les greffiers des
» juriſdictions ſeront tenus de donner des actes
» ou certificats ſignés d'eux, au bas deſdits aveux
» & dénombremens, à peine d'interdiction ».

Ainſi les tréſoriers de France font la vérification, & les bailliages la publication.

Cependant la déclaration du 18 juillet 1702
ne parle pas de ce renvoi aux bailliages reſpectifs.
Après avoir dit dans l'article 6, que le vaſſal qui
aura rendu la foi & hommage à la chambre des
comptes, ſera tenu d'y préſenter ſon aveu & dénombrement, s'il eſt laïque ; & la déclaration du
temporel de ſon bénéfice, s'il eſt eccléſiaſtique, ajoute
au huitieme : « l'aveu ſera renvoyé pour être pu-
» blié & vérifié ; ſavoir, pour les fiefs ſitués en
» la généralité de Paris, devant les baillis & ſéné-
» chaux des lieux ; & pour ceux ſitués dans les
» autres généralités, devant les tréſoriers de France,
» & la déclaration ſera renvoyée devant les baillis
» & ſénéchaux des lieux où ſeront ſitués les béné-
» fices, conformément à notre déclaration du 29
» décembre 1673, & aux arrêts de notre conſeil
» rendus en conſéquence ; à l'effet de quoi l'at-
» tache de notredite chambre ſera délivrée en la
» maniere ordinaire ».

Cette déclaration ne parle pas, comme l'on
voit, du renvoi dans les bailliages pour la publication des aveux préſentés par les laïques. Mais le
réglement que nous venons de tranſcrire eſt précis
ſur ce point ; & l'on peut dire que rien n'eſt plus
ſage que cette diſpoſition.

Les choſes ſont demeurées dans cet état juſques
vers le milieu du ſiecle. La chambre des comptes
s'apperçut alors qu'elle n'étoit pas allée encore aſſez

loin ; que la publication même dans le bailliage du reſſort ne donnoit pas à l'aveu une publicité ſuffiſante. En conféquence, par des arrêts de réglement des 15 ſeptembre 1744 & 12 août 1746, cette cour a ordonné que les aveux & *dénombremens* préſentés au roi par ſes vaſſaux, ſeroient publiés & lus trois dimanches conſécutifs, à l'iſſue des meſſes des paroiſſes ſur leſquelles s'étendent les terres & les fiefs compris dans leſdits aveux, avant qu'ils puiſſent être reçus, ou par les officiers des bureaux des finances, ou par les juges royaux, & autres officiers qui en ont le droit.

Rien de plus ſage que cette diſpoſition. Les *dénombremens* d'une terre ſont titré contre les vaſſaux ; il faut donc qu'ils puiſſent en avoir connoiſſance. Et comment cette connoiſſance pouvoit-elle parvenir juſqu'à eux, lorſque la publication s'en faiſoit à l'audience d'un bailliage, ſouvent éloigné de vingt ou trente lieues de la ſeigneurie ? D'ailleurs, les droits reſpectifs du roi & de ſes vaſſaux ſont bien mieux connus ſur les lieux, & l'on eſt bien plus à portée de découvrir les entrepriſes de ces derniers. On doit donc regretter que ce réglement n'ait pas été rendu plutôt.

Lorſque l'aveu a été préſenté à la chambre des comptes, le vaſſal, après la vérification & publication ci-deſſus, doit le rapporter à cette cour, & préſenter requête, à l'effet d'en faire ordonner la réception. Sur cette requête & ſur les concluſions de M. le procureur-général, intervient arrêt qui ordonne que l'aveu ſera reçu. Il eſt enſuite envoyé aux conſeillers-auditeurs, qui en délivrent l'attache. Cette attache eſt le complément de toutes les formalités.

S'il ſurvient quelque oppoſition à la réception de cet aveu, il faut diſtinguer ſi l'oppoſition eſt du fait de M. le procureur-général de la chambre, ou de l'adminiſtrateur des domaines. Dans ce dernier cas, elle ſe juge par la chambre des comptes ; ſi elle eſt faite à la requête des particuliers, la connoiſſance en appartient aux juges ordinaires. Telle eſt la diſpoſition de la déclaration du 18 juillet 1702. L'art. 10 porte : « les oppoſitions qui ſe- » ront formées à la réception des aveux en notre » chambre des comptes, par notre procureur- » général, receveur & contrôleur de nos do- » maines, feront jugées en notredite chambre » en la manière ordinaire ; & où il feroit formé » aucunes oppoſitions par les particuliers à la ré- » ception, ſoit des hommages ou des aveux qui » ſe rendent en notredite chambre, auxquels nous » n'aurions aucun intérêt, elles ſeront renvoyées » par notredite chambre, pardevant les juges » ordinaires, pour y être jugées ».

Les oppoſitions jugées, il faut revenir à la chambre des comptes : « & ſera l'aveu déclaré » reçu par arrêt rendu ſur la requête du vaſſal, » & ſur les concluſions de notre procureur-géné- » ral ». C'eſt la diſpoſition de l'article 11 de la même déclaration.

En finiſſant ce qui concerne la forme des *dénombremens*, nous penſons qu'il ne ſera pas inutile de préſenter le tableau des frais auxquels la réception des hommages & aveux donne lieu. Ces frais ſont fixés par un arrêt de réglement de la chambre des comptes, du 28 août 1666, & par la déclaration de 1702. Ces détails ſont bons à connoître.

Ne ſeront taxées ni priſes aucunes épices ſur les concluſions & arrêts qui ſeront rendus pour raiſon de foi & hommage, aveux & dénombremens.

Les droits de chambellage dus au premier huiſſier, ſeront taxés au bureau, & prononcés lors de la réception des hommages.

Pour toutes les expéditions qui ſe feront au greffe ſur la requête de M. le procureur-général, ne ſera payé aucune choſe.

Pour l'expédition des arrêts qui ſeront obtenus & retirés par les vaſſaux, ſera payé pour les droits du greffier la ſomme de 36 ſols pour chacun deſdits arrêts, & pour le contrôle & pariſis à proportion, ſans aucuns autres frais.

Sera payé aux procureurs pour chacune requête, la ſomme de trente ſols.

Aux huiſſiers, ſera payé pour les ſignifications qui ſe feront dans l'enclos de la chambre, cinq ſols ; pour celles qui ſe feront aux domiciles des procureurs ou des parties, dans la ville & fauxbourgs de Paris, dix ſols.

L'arrêt de réglement que l'on vient de citer, ajoute, *article 18* : « fait ladite chambre défenſes » très-expreſſes auxdits greffiers, procureurs & » huiſſiers, de prendre plus grands droits des vaſ- » ſaux que ceux ci-deſſus réglés, *à peine de con-* » *cuſſion* ; & à toutes perſonnes, de quelque con- » dition qu'elles ſoient, d'exiger deſdits vaſſaux, » ou parties, aucune choſe, ſous prétexte de droits, » gratifications ordinaires, ou autrement, en quelque » manière que ce ſoit, à peine d'amende arbi- » traire, payable ſans déport, applicable à l'hôtel- » Dieu de Paris ».

Ces différens droits ſont réglés avec beaucoup de préciſion.

Il y en a cependant un que le réglement & la déclaration laiſſent à l'arbitrage de la chambre ; c'eſt le chambellage dû au premier huiſſier. Mais cette rétribution volontaire dans l'origine eſt réglée par une ordonnance de Philippe-le-Hardi, de l'an 1272. Cette ordonnance porte : « que les cham- » bellans auront droit de prendre de tous les » vaſſaux qui relèvent du roi, 20 ſols pour un » fief de 50 liv. de rente, & au-deſſus ; 50 ſols » pour un fief de 100 liv. de rente, & au-deſſus ; » & 100 ſols, le tout pariſis, pour un fief de » 500 liv. de revenu, & au-deſſus ».

Le droit de chambellage étoit, dans l'origine, un petit cadeau que le vaſſal faiſoit au chambellan, pour la peine qu'il prenoit de l'introduire dans la chambre du roi, à l'effet d'y rendre ſon hommage.

Les affifes de Jérufalem en parlent. On voit qu'a-lors cette efpèce de rétribution confiftoit dans l'épée & le manteau du vaffal.

On trouve dans l'édition de Denifart, de 1783, les arrêts fuivans.

Arrêt du 4 feptembre 1742, au rapport de M. Severe : après avoir oui M. le procureur-général partie intervenante, qui juge au profit de M. le duc de Cadrouffe, engagifte du domaine de Sezanne, que les terres de Mondement & de la Grange étoient chargées des droits de quint & requint por-tés par la coutume, quoique par d'anciens aveux rendus en la chambre des comptes, elles ne pa-ruffent chargées que d'un épervier à chaque mu-tation. La cour s'eft déterminée fur ce que les aveux n'avoient pas été vérifiés par les juges des lieux en conformité de l'arrêt du 4 février 1511. *Confeil, fol. 260, 271, n°. 10.*

Le même motif a fervi de fondement à un autre arrêt du 7 août 1743, rendu au rapport de M. Bochart, entre François Livier, fermier du do-maine, & la veuve de la Verrade, par lequel la cour, après que M. le procureur - général a été oui, a déclaré la terre du Hazoy & la gruerie de Bethify y jointe, fituées dans la coutume de Valois, être en la mouvance du roi, à caufe de la groffe tour de Compiegne, & fujettes, en cas de mutation, à tous les droits portés par la cou-tume, nonobftant d'anciens aveux de cette terre qui paroiffoient ne l'affujettir qu'à la foi & hom-mage. *Confeil, fol. 98 verfo.*

Le parlement de Normandie a rendu, fur ce même objet, le 30 mars 1519, un arrêt qui s'exécute journellement dans cette province. Il porte : « tous aveux & *dénombremens* des fiefs
» tenans & mouvans du roi, ne feront vérifiés
» qu'au préalable ils n'aient été montrés & com-
» muniqués aux gens du roi, & par eux diligem-
» ment vus & lus, & confrontés aux aveux &
» *dénombremens* anciens, pour favoir s'ils font con-
» formes ou femblables; & les témoins qui fe-
» ront produits fur la vérification defdits aveux,
» feront examinés féparément & en fecret l'un
» après l'autre, & duement & diligemment en-
» quis des caufes & raifons de leurs dires & dé-
» pofitions, & purgés du faon & reproches cou-
» tumiers, & le tout vu & rapporté en pleine
» affife, & la vérification faite par les officiers du
» roi unis, & par avis & opinion des affiftans;
» autrement feront lefdites vérifications tenues &
» réputées nulles, & n'y aura-t-on égard au pré-
» judice du roi, ni de quelque autre partie ».

On trouve cet arrêt à la fuite de la nouvelle édition de Bafnage. (*Cet article eft de M.* HENRION, *avocat au parlement.*)

DÉNONCEMENT, & DÉNONCIEMENT, f. m. termes anciens, qu'on trouve dans quelques tex-tes de coutumes, dans la fignification de plainte & dénonciation. *Voyez* DÉNONCIATEUR, PLAINTE.

DÉNONCIATEUR, f. m. (*Code criminel.* Fi-

nances.) c'eft celui qui fait en juftice la déclara-tion fecrète d'un crime, ou qui en dénonce l'auteur, fans fe rendre partie civile.

En France on regarde les *dénonciateurs* d'un œil auffi défavorable que les délateurs fous les empe-reurs romains. Cependant, comme nous l'avons remarqué, fous le mot DÉLATEUR, cette dernière qualification fe donne parmi nous aux dénoncia-tions les plus odieufes.

Il y a des cas où les *dénonciateurs* font publi-quement autorifés, & même récompenfés par une portion des amendes & confifcations : tels font les cas de contravention aux ftatuts & réglemens des arts & métiers, & aux édits qui concernent la perception des deniers publics.

Lors de la chambre de juftice établie en 1716, les *dénonciateurs* furent mis fous la protection & fauve-garde du roi, par un arrêt du confeil du 20 octobre de la même année, qui prononçoit peine de mort contre ceux qui pourroient les inti-mider, menacer, fequeftrer, féduire & détourner.

Il y a parmi nous deux fortes de *dénonciateurs*, les uns volontaires, les autres forcés : les premiers font ceux qui fe portent volontairement à faire une dénonciation, fans y être obligés par état ni par aucune loi, les *dénonciateurs* forcés font ceux qui par état font obligés de dénoncer les délits dont ils ont connoiffance ; tels font les fergens-foref-tiers, les meffiers & autres prépofés femblables, qui prêtent même ferment à cet effet. Il y a auffi certains cas où la loi oblige tous ceux qui ont connoiffance d'un crime, à le dénoncer, comme en fait de crimes de lèfe-majefté, ce qui comprend toutes les confpirations faites contre le roi ou contre l'état. Celui qui auroit connoiffance de ces fortes de crimes, & ne les dénonceroit pas, feroit puniffable aux termes des ordonnances.

Il y a néanmoins certaines perfonnes qui ne font pas obligées d'en dénoncer d'autres, comme la femme à l'égard de fon mari, *& vice verfâ*, le père à l'égard de fon fils, & le fils à l'égard de fon père.

On ne doit recevoir aucune dénonciation de la part des perfonnes notées d'infamie, c'eft-à-dire, que le miniftère public ne doit point affeoir une procédure fur une telle dénonciation ; il peut feu-lement la regarder comme un mémoire, & s'infor-mer d'ailleurs des faits qu'elle contient.

L'ordonnance criminelle veut que les procureurs du roi & ceux des feigneurs aient un regiftre pour recevoir & faire écrire les dénonciations, qui feront circonftanciées & fignées par les *dénon-ciateurs* ; finon qu'elles foient écrites en leur pré-fence par le greffier du fiège qui en fera réception : il n'eft pas permis de faire des dénonciations fous des noms empruntés, comme de Titius & de Mœvius ; il faut que le *dénonciateur* fe faffe con-noître.

Les *dénonciateurs*, dont la déclaration fe trouve mal fondée, doivent être condamnés aux dépens, dommages & intérêts des accusés, & à plus grande peine ; s'il y échet. S'il paroît que la dénonciation ait été faite de mauvaise foi, par vengeance, & à dessein de perdre l'accusé, le *dénonciateur* doit être puni comme calomniateur.

Un arrêt du parlement de Paris, du 4 janvier 1715, a condamné des *dénonciateurs* calomnieux, les uns au bannissement pour neuf ans, les autres à faire une espèce d'amende-honorable en la chambre de la Tournelle. Dans le même mois un autre *dénonciateur* calomnieux a été condamné à l'amende honorable & au bannissement perpétuel. Un troisième en 1734 a été puni par la peine du carcan.

Celui qui ne seroit plus recevable à se porter partie civile, parce qu'il auroit transigé avec l'accusé, peut encore se rendre *dénonciateur*.

Si le *dénonciateur* se désiste de sa dénonciation, il peut être poursuivi par l'accusé pour ses dommages & intérêts ; ce qui est conforme à la disposition du sénatusconsulte Turpillien, dont il est parlé au digeste, *liv. XLVIII, tit. 16*, & au code, *liv. IX, tit. 14*.

Les procureurs-généraux, les procureurs du roi, les procureurs fiscaux, & les promoteurs des officialités sont tenus en fin de cause de nommer leurs *dénonciateurs* à l'accusé, lorsqu'il est pleinement déchargé de l'accusation, mais non pas s'il est seulement reçu en procès ordinaire, ou renvoyé, à la charge de se représenter toutes fois & quantes.

Si le procureur du roi, ou fiscal, refusoit de nommer son *dénonciateur*, au cas qu'il en ait eu quelqu'un, il seroit tenu personnellement des dommages & intérêts & dépens des accusés ; mais le ministère public peut rendre plainte d'office sans *dénonciateur*.

Quoique le registre du ministère public ne fasse pas mention de celui qui s'est rendu *dénonciateur*, l'accusé peut être admis à en faire preuve, tant par titres que par témoins. *Voyez* ACCUSATEUR, ACCUSÉ, MINISTERE public, PLAINTE, &c.

DÉNONCIATION, s. f. ce mot a deux acceptions différentes, selon qu'il a rapport au droit civil ou au droit criminel.

DÉNONCIATION, *en matière criminelle*, est la déclaration que l'on fait à la justice ou au ministère public d'un crime ou délit ; ou de celui qui en est l'auteur, sans se porter partie civile. *Voyez* DÉNONCIATEUR.

DÉNONCIATION, *en matière civile*, se dit en général d'un acte par lequel on donne connoissance de quelque chose à un tiers. On dénonce une demande à son garant, à ce qu'il ait à prendre fait & cause, ou à se joindre pour faire cesser le trouble ; on dénonce une opposition ou une saisie à celui sur lequel ces empêchemens sont formés, à ce qu'il n'en ignore & ne puisse passer outre dans ses poursuites, avant d'avoir rapporté la main-levée des saisies & oppositions ; on dénonce de même plusieurs autres actes judiciaires & extra-

judiciaires dont on a intérêt de donner connoissance. (*A*)

DÉNONCIATION *de nouvel œuvre* est l'action par laquelle quelqu'un s'oppose en justice à la continuation de quelque nouvelle entreprise qu'il prétend lui être préjudiciable.

Cette action est ce que les Romains appelloient *novi operis nunciatio*, dont il y a un titre au Digeste, *liv. XXXIX, tit. 1*, & un au Code, *liv. VIII, tit. 11*.

Celui contre qui cette demande est formée, ne peut passer outre, sans avoir obtenu un jugement qui l'y autorise : comme on le fait quelquefois par provision, lorsque son droit paroît évident, ou que l'ouvrage est si avancé qu'il y auroit de l'inconvénient à le surseoir. En ce cas, on lui permet de l'achever, à la charge de donner caution de le démolir, si cela est ordonné en fin de cause.

La dénonciation de nouvel œuvre est différente de la complainte, en ce que celle-ci est pour un trouble qui est fait au demandeur en sa possession, au lieu que la *dénonciation de nouvel œuvre* peut être intentée pour un fait qui ne trouble pas le plaignant dans sa possession, mais qui pourroit néanmoins lui causer quelque préjudice, par exemple, si le voisin élève sa maison si haut, qu'il ôte par-là le jour au demandeur en *dénonciation*. (*A*)

La *dénonciation de nouvel œuvre* ne peut être faite que par le propriétaire, ou ceux qui en tiennent lieu, tels que l'usufruitier, le possesseur de bonne-foi, l'emphytéote, &c. elle a lieu pour les ouvrages qui tiennent au sol, & qui sont à faire, car lorsque l'ouvrage est entièrement fini, sans aucune opposition de la part de celui qui avoit intérêt de l'empêcher, on ne peut plus se pourvoir que par une action directe, qui répond à celles que les jurisconsultes romains désignent par le nom d'*interdit*.

Le but de la *dénonciation de nouvel œuvre*, est d'empêcher de construire l'édifice projeté, ou de faire démolir ce qui est déjà construit : son effet est d'arrêter toute entreprise nouvelle, jusqu'à ce que l'entrepreneur en ait obtenu la permission du juge, ou donné caution d'exécuter le jugement qui interviendra.

DENRÉE, s. f. (*Jurispr.*) ce terme vient du latin *denarium*, denier, d'où l'on a fait *denariata*, *denrées*, nom que l'on a donné à certaines marchandises, parce qu'on les achetoit au prix de quelques deniers.

On comprend aujourd'hui sous cette dénomination les fruits, les légumes, les vins, les grains & autres choses semblables, propres à la nourriture des hommes & des animaux. *Voyez* ACCAPAREMENT, APPROVISIONNEMENT, &c.

Dans quelques endroits, on donne le nom de *denrée* à une certaine quantité de terre, chargée ordinairement d'un ou deux deniers de cens. La *denrée* de terre est plus ou moins forte suivant les lieux

lieux. Dans la prévôté de Vitry-le-François, le journal contient six *denrées*, dans les comtés de Brienne & de Rosnay, il en contient huit.

DENT, f. m. (*Code criminel.*) c'étoit autrefois une sorte de punition en France, que d'être condamné à perdre une ou plusieurs *dents*. On trouve, dans le *Recueil des ordonnances*, des lettres du mois de mai 1391, par lesquelles Charles VI, en confirmant les privilèges de la ville de Vienne, ordonne que celui qui entrera dans les vignes ou dans les vergers des autres, pour y causer quelque dommage, sera tenu de le réparer, & qu'à son choix il paieroit une amende de trois sols six deniers, ou qu'on lui arracheroit une *dent*.

DÉODAND, c'est un mot anglois, tiré du latin. *deodanda*, qui signifie une chose donnée, ou consacrée à Dieu. On l'applique particulièrement à tous les corps animés ou inanimés, qui causent la mort d'un homme, par leur mouvement, sans la direction de personne. Ces sortes de choses sont confisquées de plein droit, au profit du roi, qui les fait vendre par son aumônier, pour en appliquer le prix à des œuvres pies. Mais le droit de *déodand* appartient aussi très-souvent aux seigneurs particuliers, lorsque le roi l'a inféodé en faveur de leurs prédécesseurs.

On trouve chez les peuples anciens, des usages peu différens, qui, sans doute, avoient pour objet, d'inspirer une grande horreur du meurtre. Suivant le chap. 21 de l'Exode, le bœuf qui avoit tué un homme devoit être lapidé, & l'on ne pouvoit pas en manger la chair. Chez les Athéniens, les corps inanimés qui avoient tué un homme, étoient jettés hors du territoire de la république.

Comme les *déodands* sont comptés au nombre des revenus des rois d'Angleterre, & qu'ils en ont inféodé le droit à bien des seigneurs particuliers, il peut être douteux si ces sortes de confiscations ont été consacrées à Dieu dès leur origine, & si elles ont même toujours porté ce nom. Quoi qu'il en soit, cette destination à des œuvres pies paroît dériver du dogme du purgatoire. Il paroît que, du temps de Littleton, la confiscation n'avoit pas lieu que lorsque la personne blessée n'avoit pas reçu l'extrème-onction. On employoit autrefois le produit de la vente des *déodands*, à faire prier Dieu pour l'ame du défunt & celles du roi & de ses ancêtres. On le distribue aujourd'hui en aumône.

Voici quelques décisions puisées dans les commentaires de Blackstone, dans le New-law-Dictionnary de Jacob, & dans Cowel.

Suivant la rigueur des règles, s'il arrivoit qu'un homme fût écrasé par une voiture chargée, ou par un bateau, & même par un navire sur une rivière, la charge de la voiture ou du navire étoit confisquée avec eux ; mais comme les *déodands* n'appartiennent au roi, que lorsqu'ils lui sont adjugés par les jurés, ceux-ci sont dans l'usage de mitiger la rigueur de la loi dans tous ces cas, en attribuant la cause de l'accident à une des dépendances de la

voiture ou du bâtiment, par exemple à la roue de la voiture ; le tribunal du banc du roi souffre cet adoucissement d'un droit, qui n'est pas vu d'un œil favorable. Lorsque l'accident est arrivé en pleine mer, la confiscation n'a pas lieu, attendu que le droit coutumier d'Angleterre n'a aucune force en mer.

On ne met point au nombre des *déodands*, tout ce qui appartient au roi, ni ce qui fait partie d'un immeuble (*Frec-hold*), comme la meule d'un moulin, quelque accident qui puisse résulter de leur mouvement, tant que ces corps sont unis à l'immeuble dont ils faisoient partie.

Mais on mettoit aussi au nombre des *déodands*, suivant Littleton, les meubles de celui qui se tuoit lui-même, du *felo de se*. Chez les Athéniens on se contentoit de couper la main qui avoit donné la mort au suicide, & de l'enterrer loin du surplus du corps. *Voyez l'article* DÉCONFÉS. (*M.* GARRAN DE COULON.)

DÉPARAGER, v. a. (*Droit féodal.*) c'est ôter le parage, le faire cesser ; un fief est *déparagé*, quand le parage est fini. *Voyez* FIEF & PARAGE. (*A*)

DÉPARAGER signifie aussi *marier une fille à quelqu'un d'une condition inférieure à la sienne*.

Dans la coutume de Normandie le frère ne doit pas *déparager* sa sœur ; s'il est noble, & qu'il la marie à un roturier, pour avoir meilleure composition du mariage de sa sœur, en ce cas elle est *déparagée*, & peut prendre des lettres de rescision, pour faire augmenter son mariage advenant. *Voyez les articles 251 & 357 de la coutume de Normandie. Voyez* MARIAGE *advenant*. (*A*)

Cet article exige des développemens qu'on peut rapporter à trois chefs principaux.

§. I. *Du déparagement des filles par leurs frères en Normandie.* Les dispositions de la coutume de Normandie sur cet objet tiennent essentiellement aux principes généraux que cette coutume a suivis en matière de succession. Il n'y a personne, dit M. Gréard, qui ne sache que cette coutume est toute mâle, & que son but principal est de conserver les biens dans les familles.

C'est pour cela qu'elle donne tant d'avantage aux aînés. C'est pour cela qu'elle n'admet point de communauté entre le mari & la femme, qu'elle veut que le mari soit le maître absolu des meubles & acquêts. C'est enfin, par ce même esprit, qu'elle traite les filles comme des étrangères, qu'elle les rend incapables de succéder à leurs parens collatéraux, tant qu'il y a des mâles ou de leurs descendans, qu'elle ne leur donne dans les successions paternelles & maternelles qu'une simple légitime, qu'on appelle, en langage du pays, *mariage advenant*.

Les pères & les frères sont traités fort différemment à ce sujet. Le père ne doit à sa fille qu'un mari ; la loi n'exige de lui aucune légitime, & si rien ne lui a été promis, dit l'art. 250, *rien n'aura*. La coutume ne prescrit pas même au père la nécessité de ne pas *déparager* sa fille, parce qu'elle suppofe que la piété paternelle fuppléera abondamment à tout.

A l'égard du frère, il doit une légitime à fa fœur, & il ne peut pas la *déparager*. Mais quelque peu qu'il lui donne, foit en meubles fans héritage, foit en héritage fans meubles, elle doit s'en contenter, *pourvu qu'elle ne foit pas déparagée*, dit l'article 251.

M. Houard obferve qu'il y a auffi déparagement fi l'époux eft eftropié, imbécille, frénétique, ou décrépit. *Diĉtionnaire du droit normand, au mot* DÉPARAGEMENT.

§. II. *Du déparagement des filles par leurs parens dans les autres coutumes.* Plufieurs autres coutumes ont des difpofitions fur le déparagement des filles : telles font les coutumes d'Anjou, du Maine, de Touraine & de Loudunois. Mais c'eft aux pères & mères qu'elles impofent l'obligation d'emparager leurs filles.

La fille noble qui n'a pas été emparagée, peut revenir à leur fucceffion, « en rapportant le don de » fon mariage à elle fait par héritage feulement, » finon que expreffément elle-eût renoncé à reve- » nir auxdites fucceffions ». Mais fi elle eft emparagée noblement, elle ne peut rien demander en fucceffion direĉte, à moins que ces fucceffions ne lui euffent été réfervées, lors de fon mariage, quand bien même *le père ne lui eût donné qu'un chapeau de rofe, c'eft à favoir quelque léger don de mariage.* Autre chofe feroit, fi les fœurs n'avoient pas été mariées par leur père. Elles pourroient toujours demander leur légitime ou mariage advenant.

La coutume de Bretagne a les mêmes difpofitions. Elle ajoute que cette exclufion a lieu, quand bien même les filles feroient mineures, & qu'elles n'auroient pas renoncé à la fucceffion de leurs père & mère.

Toutes ces difpofitions ont lieu en faveur de quelques nobles que ce foient, quoique elles ne concernaffent autrefois que la haute nobleffe & les hommes d'affife, fuivant la très-ancienne coutume de Bretagne, & que l'article 557 de la nouvelle ne parle que des *pères & mères nobles d'extraĉtion noble.*

C'eft l'obfervation de M. de la Bigotière-Perchambault. Ce magiftrat ajoute que l'exclufion opérée par l'emparagement, n'auroit pas lieu pour les filles qui ont droit d'aîneffe. Les coutumes d'Anjou, du Maine, de Touraine & de Loudunois difent même que l'exclufion n'a lieu, qu'autant qu'il y a des héritiers mâles ou de leurs defcendans. *Voyez les articles 557, 558 & 559 de la coutume de Bretagne, & les remarques fur ces articles que Hevin a jointes aux arrêts de Frain.*

§. III. *Du déparagement des filles par les feigneurs.* L'obligation du fervice militaire attachée à la poffeffion des fiefs, & l'incapacité des femmes pour ce fervice impofoient aux filles, qui fuccédoient à un fief, la néceffité de fe marier ; les veuves même n'étoient difpenfées de cette obligation qu'à l'âge

de foixante ans, fuivant les *Affifes de Jérufalem,* où l'on trouvera des détails très-curieux à ce fujet, dans les chapitres 177, 178, 179, 244 & fuivans.

Les feigneurs, à qui il importoit d'avoir des vaffaux affeĉtionnés à leur fervice, fe mirent fur le pied de choifir eux-mêmes les maris de leurs vaffales, ou du moins de concourir à ce choix, fuivant les ufages des lieux. On peut confulter encore là-deffus les *Affifes de Jérufalem* & les *Etabliffemens de S. Louis, liv. I, chap. 63.*

Le droit des feigneurs étoit-à-peu-près abfolu en Angleterre, en Ecoffe, en Normandie & en Bretagne, où ils avoient la garde de leurs vaffaux & de leurs vaffales mineurs. Les vaffaux même ne pouvoient fe marier fans le confentement de leur feigneur, ou refufer la femme qu'il leur offroit, fans payer un droit confidérable. Mais la fille ou la veuve, qui fe marioit fans le confentement du feigneur, perdoit fa tenure ou fon douaire.

Les feigneurs abuferent fouvent de ce droit, pour marier leurs vaffales à des gens fans naiffance, qu'ils vouloient favorifer, & même à leurs domeftiques ou à leurs vilains. Une des difpofitions de la grande chartre d'Angleterre ordonne expreffément que les feigneurs ne pourront *déparager* les héritières, ni les marier fans le confentement de leurs parens ; & l'on trouve une loi femblable pour l'Ecoffe, dans le chapitre 32 du *Quoniam Attachiamenta.*

Les articles 111 de l'ordonnance d'Orléans & 281 de celle de Blois défendent auffi aux feigneurs, fous peine de rapt & de privation de nobleffe, ces abus d'autorité ; & l'on y voit qu'ils obtenoient quelquefois des lettres de cachet pour écarter toutes les oppofitions.

Suivant l'article 231 de la coutume de Normandie, l'on n'eft plus obligé de demander le confentement des feigneurs pour le mariage des filles dont ils ont la garde, qu'afin de la faire ceffer, & ils ne peuvent le refufer. Le droit de garde feigneuriale, & tout ce qui a rapport, eft aujourd'hui aboli en Angleterre, en Ecoffe & dans la Bretagne. *Voyez Dalrymple's hiftory of feudal property, chapt. 2, feĉt. 2. Forbes & Mackenfie, on the Laws of fcotland, Blackftone,* & les commentateurs de la coutume de Normandie. (M. GARRAN DE COULON.)

DÉPAREILLEMENT DE FIEF, c'eft la poffef-fion d'un fief par un roturier.

Quoique les roturiers ne fuffent point incapables de pofféder des fiefs, ils en poffédoient néanmoins fort peu avant que l'enthoufiafme des croifades, l'établiffement des communes & la renaiffance du commerce, des arts & du luxe euffent mis les richeffes dans leurs mains, & obligé les feigneurs à vendre une partie de leurs plus beaux domaines. Les fiefs affujettiffoient encore leurs poffeffeurs au fervice militaire. Les roturiers qui les achetoient, demandoient fouvent à être difpenfés de cette obligation, & les feigneurs leur vendirent cette difpense comme tout le reste. C'est ce que l'on appelloit *abrégement de fief.*

Comme cet abrégement de fief diminuoit les droits, non seulement des seigneurs immédiats, mais même des seigneurs médiats, il fallut aussi avoir leur agrément pour empêcher la dévolution des services à leur profit. On traitoit donc avec eux tous, en remontant jusqu'au roi, ou jusqu'au duc ou au comte, &c. suivant les usages des lieux.

Nos rois érigèrent bientôt en impôt cette composition, & ils l'exigèrent indistinctement, soit que le service du fief fût abrégé, soit qu'il ne le fût pas. C'est-là l'origine du droit de *franc-fief*, comme on l'établit sous ce mot. Bien des seigneurs suivirent cet exemple, & de-là naquit le préjugé, que les roturiers étoient incapables de posséder des fiefs, & que ces tenures souffroient, pour ainsi dire, une dégradation & un *dépareillement*, en passant des mains des nobles dans les leurs.

Le chapitre 123 des coutumes de Dun-le-Roy, que l'on trouve dans le *Recueil de la Thaumassière*, établit d'abord qu'il étoit dû simple rachat dans cette seigneurie pour l'acquisition des fiefs ; « mais » ajoute-t-il, si la chose est acquise de noble à non- » noble, il y a *dépareillement de fief*, & y a plu- » sieurs droits, comme de chévir (c'est-à-dire, de » composer,) à chacun seigneur ; jusqu'au chef » seigneur ».

L'article 28 des mêmes coutumes dit aussi que, dans ce cas, l'acquéreur ne peut garder l'acquêt, s'il ne finance ; « de seigneur en seigneur jusqu'au » roi, se la chose n'est tenue de personne privilé- » giée qui tienne amorti, auquel cas que telle per- » sonne privilégiée *peut finer* à l'acheteur à lui, ou » autrement le mettre hors de sa main dedans l'an ».

Le texte imprimé porte ici *pour finer*, au lieu de *peut finer ;* mais c'est une faute. (*M. GARRAN DE COULON.*)

DÉPARTAGER, v. a. (*terme de Palais.*) c'est lever le partage d'opinions qui s'étoit formé entre des juges, des arbitres ou des consultans, par deux avis différens, appuyés chacun par un égal nombre de voix.

En matière civile, une seule voix de plus en faveur d'un des deux avis, suffit pour *départager* les juges. Dans les cours composées de plusieurs chambres, lorsqu'il y a partage d'opinions, on renvoie la cause dans une autre chambre, pour y être *départagée ;* dans les autres jurisdictions, on appointe l'affaire, ou l'on appelle un ancien gradué pour *départager.*

En matière criminelle, il ne peut y avoir partage d'opinions. Lorsqu'il y a deux avis différens, le plus doux doit prévaloir, à moins que le plus sévère ne le surpasse de deux voix.

Il n'y a jamais de partage au conseil du roi, parce que M. le chancelier ayant la voix prépondérante, *départage* toujours les opinions. *Voyez* COMPARTITEUR, OPINION, PARTAGE.

DÉPARTEMENT, s. m. (*Jurisp.*) signifie

distribution, répartition, partage qui se fait de certains objets entre plusieurs personnes. Il y a plusieurs sortes de *départemens* que nous allons indiquer.

DÉPARTEMENS *du conseil du roi*, sont les différentes séances ou assemblées du conseil, qui ont été établies par rapport au grand nombre & à la diversité des affaires que l'on y traite. Ces *départemens* sont ce que l'on appelle *le conseil d'état ou des affaires étrangères, le conseil des dépêches, le conseil royal des finances, le conseil royal de commerce, le conseil d'état privé ou des parties, la grande direction des finances, la petite direction, le conseil de chancellerie. Voyez* CONSEIL *du roi.*

DÉPARTEMENT *des secrétaires d'état*, se dit de la distribution qui leur est faite, par le roi, des différentes affaires de l'état, & des provinces & généralités pour lesquelles il peut se présenter des affaires au conseil.

DÉPARTEMENS *des finances*, sont la distribution qui est faite, par le roi, au contrôleur-général & aux intendans des finances, des différentes affaires de finances, qui se traitent au conseil royal des finances, & des provinces & généralités du royaume, relativement aux mêmes objets des finances.

DÉPARTEMENS *du commerce*, sont la distribution qui est faite par le roi, tant au contrôleur-général des finances qu'aux quatre intendans du commerce, des différentes provinces du royaume par rapport au commerce, & même de ce qui concerne le commerce extérieur par terre. Le secrétaire d'état de la marine a dans son *département* tout ce qui concerne le commerce maritime.

DÉPARTEMENS *des intendans des provinces & généralités du royaume*, sont la distribution qui est faite de ces officiers par le roi dans les différentes provinces & généralités du royaume, pour les affaires de justice, police & finances ; c'est pourquoi on les appelle aussi *commissaires départis dans les provinces. Voyez* INTENDANT.

DÉPARTEMENS *des intendans de marine*, sont la distribution qui est faite, de ces officiers par le roi, dans les principaux ports de France & provinces maritimes du royaume. Il y a quatre de ces *départemens*, savoir Brest & Bretagne, le Havre & la province de Normandie, Rochefort, Toulon & la Provence.

DÉPARTEMENS *des fermiers généraux*, sont la distribution qui se fait entr'eux dans les ans des objets de travail pour le service des fermes du roi : il y a par exemple le *département* des gabelles, celui du tabac, &c. Le nombre des fermiers généraux qui sont dans chaque *département* est plus ou moins grand, suivant la nature des affaires. Il y a aussi d'autres *départemens* des fermiers généraux arrêtés par le contrôleur général, pour le service & la correspondance des provinces. *Voyez* le *Dictionnaire des finances.*

DÉPARTEMENT *des décimes*, se dit de la répartition que l'on fait sur les bénéficiers, des sommes que le clergé accorde au roi pour fubvenir aux befoins de l'état. *Voyez* DÉCIMES.

DÉPARTEMENT *des tailles*, eft la répartition qui eft faite chaque année de la fomme à laquelle l'état des tailles a été arrêté au confeil, dans les différentes généralités & élections du royaume. *Voyez* TAILLE.

DÉPARTEMENT, *en terme militaire*, fe dit des quartiers qu'on diftribue aux troupes.

DÉPARTIR, v. act. (*Jurifpr.*) fignifie *partager* ou *diftribuer* quelque chofe entre plufieurs.

On *départit* les intendans dans les provinces, aux juges des procès, &c. *Voyez* DÉPARTEMENT.

Se départir, fignifie *fe déporter, quitter, abandonner* une prétention, un droit, une demande, une opinion. (*A*)

DÉPÊCHES, f. f. (*Droit public.*) on appelle ainfi les lettres d'affaire, que les miniftres & fecrétaires d'état envoient en diligence, par un courier exprès, pour quelque caufe importante qui concerne l'état.

LOUIS XIV a établi un confeil des *dépêches*, qui fubfifte aujourd'hui. *Voyez* CONSEIL du roi & le *Dictionnaire écon. diplom. polit.*

DÉPENDANCES, f. m. pl. (*Jurifpr.*) ce font les chofes qui appartiennent à une autre, comme en étant un acceffoire. Les *dépendances* d'un fief font les terres, prés, bois, qui en compofent le domaine, les cenfives, le droit de chaffe & autres femblables, qui en forment les droits utiles & honorifiques.

Les *dépendances* d'une affaire font les branches qui y font néceffairement liées. Quand on évoque une affaire, c'eft ordinairement avec toutes fes circonftances & *dépendances*.

Le terme de *circonftances* comprend tout ce qui peut avoir quelque rapport à l'affaire, & *dépendances*, tout ce qui en fait partie. Au refte, ces trois termes ufités en ftyle de pratique, *appartenances, circonftances* & *dépendances*, font à-peu-près fynonymes, & fignifient tout ce qui dépend & eft acceffoire d'une chofe ou d'un droit quelconque. *Voyez* ACCESSOIRE, VENTE.

Le mot *dépendance* fe dit auffi des hommes qui font réunis en fociété, & alors il fignifie l'affujettiffement des fujets au fouverain. *Voyez* le *Dictionnaire écon. diplom. polit.*

DÉPENS, f. m. (*Jurifpr.*) font les frais qui ont été faits dans la pourfuite d'un procès, qui entrent en taxe, & doivent être payés à celui qui a obtenu gain de caufe par celui qui a fuccombé, & qui eft condamné envers l'autre aux *dépens*.

Les *dépens* font appellés en droit *expenfæ litis*, ou fimplement *expenfæ*.

Ils font auffi appellés *pæna temerè litigantium*. Ifocrate étoit d'avis que l'on rendît les frais des procès très-grands, pour empêcher le peuple de plaider; fes vœux ont été bien remplis pour la première partie, les frais des procès étant devenus fi confidérables, qu'ils excèdent quelquefois le principal; ce qui

n'empêche pas que l'on ne plaide toujours. Au refte quoique les *dépens* foient une peine pour celui qui fuccombe, ils n'ont pas été établis dans ce point de vue, mais plutôt pour rendre indemne celui qui gagne fa caufe. Il y a d'autres peines contre les téméraires plaideurs, telles que les amendes, injonctions, &c.

Enfin les *dépens* font quelquefois appellés *fumptus*; qui fignifie en général *frais*; mais parmi nous les frais des procès font différens des *dépens*: car les *frais* comprennent tout ce qui débourfé à l'occafion du procès, même les faux-frais, tels que le port des lettres écrites au procureur, & autres femblables, que la partie eft obligée de rembourfer à fon procureur, & que néanmoins la partie adverfe ne peut pas répéter: au lieu que les *dépens* ne comprennent que les frais qui entrent en taxe contre la partie adverfe.

Les épices des juges & les falaires des huiffiers, qu'on appelloit d'un nom commun *fportulæ*, faifoient auffi chez les Romains partie des *dépens*: ce qui a lieu de même parmi nous.

On ne voit point qu'il foit parlé des *dépens* dans le digefte, mais feulement dans le code Théodofien, dans celui de Juftinien, dans fes inftituts, & dans les novelles. Ce que l'on peut recueillir de ces différentes loix, eft qu'en général les *dépens* étoient dus par celui qui fuccomboit, foit en première inftance ou en caufe d'appel; que les frais de contumace étoient toujours dus par celui qui y avoit donné lieu, quand même il auroit enfuite gagné au fond. Dans les affaires fommaires, on ne requéroit pas de *dépens*, & l'on n'en pouvoit jamais prétendre qu'il ne fuffent adjugés par le juge, lequel les taxoit équitablement; mais il dépendoit du prince de les diminuer. Enfin fuivant la novelle 112, le demandeur étoit obligé de donner caution au défendeur de lui payer la dixième partie de fa demande par forme de *dépens*, s'il perdoit fon procès.

Théodoric, roi d'Italie, par fon édit qui eft rapporté dans le code des loix antiques, *chap. ij.* ordonna que celui qui fuccomberoit, feroit condamné aux *dépens*, du jour de la demande, afin que perfonne ne fît de gaieté de cœur de mauvais procès.

En France, pendant long-temps, il n'y avoit que les juges d'églife qui condamnoient aux *dépens*; il n'étoit point d'ufage d'en accorder dans la juftice féculière: ce qui eft d'autant moins étonnant, que alors la juftice étoit fort fommaire, qu'il n'y avoit prefque point de procédures, & que les juges & les greffiers ne prenoient rien des parties.

Ce ne fut que fous Charles-le-Bel, en 1324, qu'il fut enjoint aux juges féculiers de condamner aux *dépens* la partie qui fuccombe.

L'ordonnance de 1667, *tit. des dépens*, veut pareillement que toute partie principale ou intervenante qui fuccombera, même fus renvois, déclinatoires, évocations, ou réglemens de juges, foit condamnée aux *dépens* indéfiniment, nonobftant la proximité ou autres qualités des parties, fans que,

Tous prétexte d'équité, partage d'avis, ou pour quelque autre cause que ce soit, elle en puisse être déchargée. Il est défendu à tous juges de prononcer par hors de cour sans *dépens* ; & l'ordonnance veut qu'ils soient taxés en vertu de sa disposition, au profit de celui qui aura obtenu définitivement, encore qu'ils n'eussent point été adjugés, sans qu'ils puissent être modérés, liquidés, ni réservés. Les juges peuvent néanmoins compenser les *dépens*, lorsque la raison & l'équité l'exigent.

Les arbitres doivent aussi condamner aux *dépens* celui qui succombe, à moins que par le compromis il n'y eût clause expresse, portant pouvoir de les remettre, modérer, & liquider.

Si dans le cours du procès il survient quelque incident qui soit jugé définitivement, les *dépens* doivent pareillement en être adjugés.

Dans les affaires où il y a plusieurs chefs de demande, une partie peut obtenir les *dépens* sur un chef, & succomber pour un autre ; c'est pourquoi on n'adjuge quelquefois que la moitié, un tiers ou un quart des *dépens*.

Le ministère public n'est jamais condamné aux *dépens*, lors même qu'il succombe dans ses demandes ; parce qu'il n'est point réputé avoir fait de mauvaises contestations : mais comme il ne paie point de *dépens*, il n'obtient pas non plus de condamnation de *dépens* lorsqu'on lui adjuge ses demandes.

La même règle s'applique aux inspecteurs généraux du domaine de la couronne ; mais elle n'a lieu vis-à-vis les receveurs généraux & les fermiers des domaines, que lorsque après la communication des titres, ils se sont désistés de leurs poursuites.

Les procureurs fiscaux dans les affaires où ils agissent pour l'intérêt des domaines, droits, & revenus des seigneurs hauts-justiciers, peuvent obtenir des *dépens* & y être condamnés ; mais dans ce dernier cas, c'est au seigneur à les payer. Cette règle s'applique aux seigneurs apanagistes & engagistes des domaines du roi.

Il en est des évêques à l'égard de leurs promoteurs, comme des seigneurs vis-à-vis leurs procureurs fiscaux, en cas d'appel simple ou comme d'abus, d'une cause où le promoteur étoit seul partie, l'évêque est condamné aux *dépens*, s'il y a eu abus dans le jugement dont est appel.

On comprend sous le nom de *dépens*, non-seulement les frais des procédures, qui se font dans le cours de l'instance, mais encore les frais de mise & exécution, qui se font en vertu d'un titre exécutoire, avant même de procéder & de contester en justice, tels que ceux de saisie, de vente, &c. ainsi que les frais de commandement, contrôle, & voyage de l'huissier, dans le cas où il y a lieu de passer le voyage en taxe.

Les *dépens* peuvent se compenser entre les parties litigantes, 1°. lorsque le demandeur sur plusieurs chefs de demande, gagne les uns & succombe dans les autres : 2°. lorsque sur plusieurs demandes ou des appellations respectives, chacune des parties obtient gain de cause dans quelques-unes.

On peut néanmoins dans ce cas condamner l'une des parties au paiement d'une portion des *dépens* ; parce qu'il est très-rare que la perte & le gain sur plusieurs chefs de contestation soient absolument égaux entre les deux plaideurs.

Lorsque les *dépens* sont compensés, aucune des parties ne peut répéter ses frais de voyage : celle qui a avancé le coût d'un arrêt ou jugement interlocutoire, d'un procès-verbal de visite, &c. n'en peut rien répéter, si cela n'est expressément porté par le jugement qui compense les *dépens*.

Celui qui se désiste d'un procès, qui fait des offres conformes à la demande de ses parties adverses, ou du moins suffisantes, doit les *dépens* jusqu'au jour du désistement ou des offres. C'est par cette raison, que celui qui demande plus qu'il ne lui est dû, n'est point condamné aux *dépens* jusqu'au jour des offres. *Voyez* PLUS-PÉTITION.

Quand une affaire est jugée définitivement, le procureur de celui qui a obtenu contre sa partie adverse une condamnation de *dépens*, en poursuit la taxe ; & pour cet effet, il signifie au procureur du défendeur en taxe le jugement qui les adjuge, & la déclaration ou état de ces *dépens*.

Le défendeur en taxe ou son procureur, doit dans les délais de l'ordonnance, & s'il est absent, à raison d'un jour pour dix lieues de la distance de son domicile, prendre communication des pièces justificatives des articles de la déclaration, par les mains & au domicile du procureur du demandeur en taxe sans déplacer ; & huitaine après faire ses offres au procureur du demandeur, de la somme qu'il croira devoir pour les *dépens* adjugés contre lui ; & en cas d'acceptation des offres, il en doit être délivré exécutoire. *Voyez* EXÉCUTOIRE.

Si, nonobstant les offres, le demandeur fait procéder à la taxe, & que par le calcul, en ce non compris les frais de la taxe, les *dépens* n'excèdent pas la somme offerte, le demandeur supportera les frais de la taxe.

Dans la déclaration de *dépens* on ne doit faire qu'un seul article de chaque pièce, tant pour l'avoir dressée, que pour la copie, signification, & autres droits.

Les procureurs ne peuvent employer qu'un seul droit de conseil pour toutes les demandes, tant principales qu'incidentes ; & un autre droit de conseil, en cas que les parties contre lesquelles ils occupent forment quelque demande.

Il n'entre pareillement en taxe aucun autre droit de consultation, encore qu'elle fût rapportée & signée des avocats, excepté dans les cas où elles sont nécessaires. *Voyez ci-devant* CONSULTATION.

Toutes écritures qui sont du ministère des avocats, n'entrent point en taxe, à moins qu'elles ne soient signées d'un avocat du nombre de ceux qui sont sur le tableau. *Voyez* ÉCRITURES & TABLEAU.

Lorſqu'il y a au procès des écritures & avertiſſemens, les préambules des inventaires faits par les procureurs en ſont diſtraits, de même que les rôles de leurs procédures où ils auroient tranſcrit des pièces entières, ou choſes inutiles. Il eſt auſſi défendu aux procureurs & à tous autres de faire des écritures, ni d'en augmenter les rôles après le procès jugé, à peine de reſtitution du quadruple.

Pour faciliter la taxe des *dépens*, l'ordonnance de 1667 avoit annoncé qu'il ſeroit mis dans tous les greffes un tableau ou regiſtre, dans lequel ſeroient écrits tous les droits qui doivent paſſer en taxe; ce qui n'a point encore été exécuté: c'eſt pourquoi l'on ſuit dans chaque tribunal les tarifs qui y ſont dreſſés, & les réglemens émanés du conſeil ou du parlement. On ſuit au parlement de Paris, l'arrêt de réglement rendu ſur cette matière le 26 août 1665, & un autre réglement de l'année 1691. Depuis cette époque ces réglemens ſont inſuffiſans à cauſe des changemens qu'ont occaſionnés l'abrogation de divers droits anciens, & l'établiſſement de nouveaux.

La confection d'un nouveau tarif de frais eſt abſolument néceſſaire, & il ſeroit à ſouhaiter que le gouvernement s'occupât ſérieuſement de cet objet, que par un ſage réglement, il aſſurât aux miniſtres de la juſtice les honoraires qui leur ſont légitimement dus à raiſon de leurs travaux, & offrît à ceux qui ont le malheur de plaider un tableau fidèle & invariable des frais qu'ils ſeroient obligés de payer.

Les voyages & ſéjours qui doivent entrer en taxe, ne peuvent être employés s'ils n'ont réellement été faits & dû être faits. *Voyez* VOYAGE & SÉJOUR.

Si le défendeur n'a point fait d'offres ſur la déclaration de *dépens*, ou qu'elles n'aient pas été acceptées dans les délais ci-devant expliqués, la déclaration doit être miſe entre les mains du procureur-tiers, avec les pièces juſtificatives; & dans les ſièges où il n'y a pas de procureurs-tiers en titre d'office, la communauté des procureurs doit en nommer un, enſorte que chacun à ſon tour rempliſſe cette fonction pendant un certain temps: ceci néanmoins n'a pas lieu dans les ſièges où il y a des commiſſaires-examinateurs.

Le procureur-tiers marque de ſa main au bas de la déclaration le jour qu'elle lui a été remiſe avec les pièces.

On ſignifie le tout au défendeur en taxe; & après deux ſommations qu'on lui fait de ſe trouver en l'étude du procureur-tiers, celui-ci arrête les *dépens*, tant en préſence qu'abſence, & met ſes arrêtés ſur la déclaration.

Quand elle contient deux cens articles & au-deſſus, le procureur-tiers doit la régler dans huitaine; & ſi elle eſt plus grande, dans quinzaine.

On paie un droit de contrôle pour chaque arti-

cle de la déclaration de *dépens*. On peut conſulter à ce ſujet les réglemens rapportés dans le *Recueil concernant les procureurs*.

Le procureur du défendeur ne peut prendre aucun droit d'aſſiſtance, s'il n'a écrit de ſa main ſur la déclaration les diminutions, à peine de faux & d'interdiction.

S'il y a pluſieurs procureurs pour les défendeurs en taxe, chacun ne peut prendre d'aſſiſtance que pour les articles qui le concernent; & à l'égard des frais auxquels les parties auroient un intérêt commun, le procureur plus ancien aura ſeul un droit d'aſſiſtance: les autres pourront néanmoins aſſiſter, ſans prendre aucun droit.

Quand la déclaration eſt arrêtée par le tiers, on ſomme le procureur du défendeur en taxe de ſigner les arrêtés; & faute par lui de le faire, le calcul eſt ſigné par le commiſſaire.

Le procureur-tiers met ſur chaque pièce qui eſt allouée, *taxé* & paraphe.

Les commiſſaires ſignent le calcul, ſans prendre aucun droit: leur clerc a ſeulement le droit de calcul, lorſqu'il eſt fait & écrit de leur main.

S'il n'y a point d'appel de la taxe, le demandeur obtient un exécutoire conforme, où il comprend les frais faits pour y parvenir, & la ſignification de l'exécutoire.

Lorſque le défendeur appelle de la taxe, ſon procureur doit croiſer dans trois jours ſur la déclaration les articles dont il eſt appellant; & faute de le faire, ſur la première requête il doit être déclaré non-recevable en ſon appel. *Voyez* CROISER.

Après que l'appellant a croiſé les articles dont il ſe plaint, l'intimé peut faire délivrer exécutoire des articles dont il n'y a point d'appel.

S'il n'y a que deux articles croiſés, l'appel doit être porté à l'audience; s'il y a plus de deux croix, on prend l'appointement au greffe.

L'appellant doit être condamné en autant d'amendes qu'il y a d'articles croiſés, dans leſquels il ſuccombe, à moins que ces différens articles ne fuſſent croiſés par un moyen général.

Dans les bailliages, ſénéchauſſées & préſidiaux, les *dépens* adjugés, ſoit à l'audience ou ſur procès par écrit, doivent être taxés, comme il vient d'être dit, par les juges ou par les commiſſaires-examinateurs des *dépens* dans les lieux où il y en a de créés à cet effet.

Mais dans les juſtices ſubalternes, ſoit royales ou ſeigneuriales, les *dépens* adjugés, ſoit à l'audience ou ſur procès par écrit, doivent être liquidés par la ſentence même qui les adjuge, ſans aucune déclaration de *dépens*.

Lorſqu'il y a appel d'une ſentence portant condamnation de *dépens*, & qu'elle eſt confirmée par arrêt, les *dépens*, tant de cauſe principale que d'appel ſe taxent en la cour ſur une ſeule & même déclaration, ſans qu'il ſoit beſoin de recourir au premier tribunal, pour la taxe des *dépens* qui y ont été faits.

Les procureurs au parlement ont le privilège, suivant la jurisprudence des arrêts, de demander la distraction à leur profit, des frais par eux faits, & faisant partie des *dépens* adjugés à leurs cliens, pour en obtenir exécutoire en leur nom, contre les parties condamnées. *Voyez* DISTRACTION.

Les *dépens* sont personnels en général, & non pas solidaires entre ceux qui sont condamnés, si ce n'est en matière criminelle.

La division des *dépens* en matière civile, se fait par têtes *& pro numero succumbentium*, & non pas à proportion de l'intérêt que chacun avoit de contester.

Ceux qui ne sont condamnés aux *dépens* que *procuratorio nomine*, comme les tuteurs, curateurs, sequestres, commissaires, héritiers bénéficiaires, *&c.* ne doivent pas les *dépens* en leur nom, à moins que pour leurs mauvaises contestations ils n'y aient été condamnés personnellement.

Celui qui reprend le procès au lieu d'un autre, tel qu'un héritier ou autre successeur, à titre universel, est tenu des *dépens* faits par son auteur; mais le successeur à titre particulier qui intervient dans un procès, n'est tenu que des *dépens* faits contre lui, à moins qu'il n'y ait convention au contraire entre lui & son prédécesseur.

Le garant ne doit les *dépens* au garanti, que du jour que la demande originaire lui a été dénoncée.

Les condamnations de *dépens* obtenues contre une communauté d'habitans, ne peuvent être mises à exécution contre chacun en particulier, que suivant le rôle de répartition qui en est fait par l'intendant. Quand le syndic entreprend une contestation sans y être autorisé, on le condamne aux *dépens* en son nom. Il arrive aussi quelquefois que pour éviter l'embarras d'une répartition sur la paroisse, on condamne aux *dépens* quatre ou cinq des principaux habitans qui paroissent avoir eu le plus de part à la contestation, sauf leur recours, comme ils aviseront, contre les autres habitans.

La contrainte par corps peut être obtenue pour *dépens*, en matière civile, après quatre mois, lorsque l'exécutoire excède 200 liv. mais cela n'a point lieu contre les femmes & les filles.

En matière criminelle, les *dépens* sont exigibles par corps, sans attendre les quatre mois.

Une partie qui se désiste d'un procès, doit en même temps offrir les *dépens* faits jusqu'au jour du désistement.

Les condamnations de *dépens* obtenues contre une femme en puissance de mari, soit pour son délit personnel, ou en matière civile, pour une contestation qu'elle a soutenue comme autorisée par justice au refus de son mari, ne peuvent être pris du vivant du mari sur les biens de la communauté, ni même sur les propres de la femme,

attendu que le mari a droit d'en joüir pour soutenir les charges du mariage.

Lorsque les avocats, procureurs, ou autres, ont bien voulu travailler gratuitement pour une partie, cela n'empêche pas qu'elle ne puisse répéter dans la taxe ce qu'il en auroit coûté pour leurs honoraires & droits.

L'hypothèque des *dépens* ne venoit autrefois que du jour de la condamnation, suivant l'ordonnance de Moulins, art. 52 & 53, & la déclaration du 10 juillet 1566 : ce qui s'observe encore au parlement de Toulouse, & dans ceux de Bordeaux & de Bretagne.

Mais au parlement de Paris, & dans ceux de Grenoble & de Provence, l'hypothèque des *dépens* est présentement du jour du contrat en vertu duquel la demande a été intentée.

En Normandie, l'hypothèque des *dépens* est du jour de la demande, suivant l'*article* 595 de la coutume. Les intérêts d'un exécutoire de *dépens* ne sont dus que du jour de la demande. La quittance du principal n'emporte point décharge des *dépens*.

Au parlement de Flandres, il faut pour obtenir une taxe de *dépens*, en donner une déclaration détaillée, sur laquelle le rapporteur ordonne qu'elle sera communiquée à la partie adverse pour y fournir des diminutions dans un délai fixé. A l'expiration du délai, le greffier fait la taxe au nom de la cour, & s'il trouve des difficultés dans quelques articles, il se règle sur l'avis du rapporteur. Quoique cette taxe porte le nom d'arrêt, le défendeur en taxe peut présenter requête en la cour, & la faire réformer.

Dans ce parlement, & dans les sièges inférieurs du Hainaut, les *dépens* sont dus solidairement par tous ceux qui y sont condamnés par le même arrêt, sauf leur recours entre eux pour leur portion virile. Mais dans les sièges inférieurs de la Flandres & du Cambresis, on se conforme au droit commun, qui divise les frais également entre tous ceux qui y ont été condamnés.

DÉPENS *de cause d'appel*, sont ceux qui ont été faits sur un appel. Quand l'appellant fait infirmer la sentence, on lui adjuge les *dépens des causes principale & d'appel*; quand on confirme, l'appellant est seulement condamné aux *dépens de la cause d'appel*, les premiers juges ayant déjà statué sur les *dépens de la cause principale*. (*A*)

DÉPENS *de cause principale*, sont ceux qui ont été faits devant les premiers juges. *Voyez ci-devant* DÉPENS *de cause d'appel*. (*A*)

DÉPENS *compensés*, sont ceux qui ne peuvent être répétés de part ni d'autre. On compense ordinairement les *dépens* entre les parties, lorsque l'une succombe en un chef de demande, & l'autre partie dans un autre chef dont les frais sont égaux; quelquefois entre très-proches parens & entre le mari & la femme, on les compense pour ne pas aigrir davantage les esprits. Quand les *dé-pens* font compenfés, on règle qui doit payer les épices & le coût du jugement. (*A*)

DÉPENS *de contumace*, font ceux que l'on a été obligé de faire pour obliger une partie de comparoitre ou de défendre. Le défaillant n'eft point recevable à contefter devant le même juge qu'il n'ait remhourfé ces frais. (*A*)

DÉPENS *curiaux*, font les frais qu'il en coûte pour les actes émanés du juge. *Voyez ci - devant* CURIAUX. (*A*)

DÉPENS *de l'incident*, font les frais faits fur quelque incident. Lorfqu'il eft jugé définitivement avant le fond, on doit ftatuer fur les *dépens*, & les adjuger, compenfer, ou réferver, fuivant qu'il y échet. (*A*)

DÉPENS *préjudiciaux*, font ceux qui précèdent le jugement du fond, tels que les *dépens* de contumace & autres faits, pour des inftructions préparatoires. *Voyez* FRAIS *préjudiciaux*. (*A*)

DÉPENS *de première inftance*, font ceux que l'on a faits devant les premiers juges. *Voyez ci - devant* DÉPENS *de caufe principale*. (*A*)

DÉPENS *provifionnels*, font la même chofe que DÉPENS *préjudiciaux*. (*A*)

DÉPENS *réfervés*, font ceux fur lefquels le juge a remis à faire droit, foit après que l'on aura rempli quelque préalable, ou lorfqu'on jugera le fond. Dans ce cas, il réferve les *dépens*; & lorfque enfuite il prononce fur ces mêmes *dépens*, s'il les adjuge, il les qualifie de *dépens réfervés*, pour les diftinguer des autres *dépens* qui n'avoient été réfervés. *Voyez* FRAIS, EXÉCUTOIRE, ITERATO, TAXE, &c. (*A*)

DÉPENSE, f. f. fe dit *en droit* de l'argent qu'on emploie à quelque chofe. On en diftingue trois efpèces, les *néceffaires*, les *utiles*, les *voluptuaires*.

Les *dépenfes néceffaires*, font par rapport aux biens de campagne, les frais de culture, de femence & de récolte; par rapport aux maifons, les réparations qui en empêchent la ruine ou la dégradation.

On appelle *dépenfes utiles*, celles qui faites fans néceffité urgente, procurent l'augmentation ou l'amélioration de l'héritage.

Les *dépenfes voluptuaires*, font celles qui n'ont pour objet que le plaifir & l'agrément, tels que des jets d'eau, des peintures, des fculptures, & autres embelliffemens d'une maifon, d'un jardin, &c.

Tout propriétaire de fonds eft le maître d'y faire les *dépenfes* qu'il juge à propos, fans être obligé d'en rendre compte; mais il eft des cas où la reftitution des *dépenfes* peut donner lieu à des conteftations. On peut demander, par exemple, quelles font les *dépenfes* que le propriétaire d'un héritage doit rembourfer à un poffeffeur qu'il vient d'évincer, un héritier à fon co-héritier, un affocié à fon co-affocié, une femme ou fes héritiers, après la diffolution de communauté, à fon mari ou fes héritiers, à l'égard de fes propres.

On doit regarder comme une maxime certaine & générale, que dans tous ces cas on doit reftituer les *dépenfes* néceffaires & utiles, mais qu'il n'eft dû aucun dédommagement pour les *dépenfes* de pur agrément. *Voyez* PARTAGE, POSSESSEUR *de bonne foi*, RÉCOMPENSE, SOCIÉTÉ.

DÉPENSE, fe dit auffi du chapitre d'un compte, où l'on fait mention de l'emploi qui a été fait de ce que l'on a reçu; ce chapitre fuit celui de la recette. La *dépenfe* ne doit point être allouée qu'elle ne foit juftifiée par des quittances ou autres pièces fuffifantes. *Voyez* COMPTE & RECETTE (*A*)

DÉPIÉ DE FIEF, ce mot eft dérivé du vieux terme françois *dépiécer*, c'eft-à-dire *dépécer*, mettre en pièces. Il fignifie la même chofe que *démembrement*, *ebranchement*, ou *éclichement de fief*; mais il eft particulièrement confacré par les coutumes d'Anjou, du Maine, de Tours & de Loudun, pour défigner une efpèce particulière de démembrement, qui a lieu, lorfque dans ces coutumes, le vaffal difpofe de plus du tiers de fon fief, ou ne retient pas la mouvance fur les portions aliénées.

La coutume de Poitou eft auffi à bien des égards une coutume de *dépié de fief*. Mais on y obferve des règles très-différentes fur beaucoup de points; & la faculté de difpofer d'une partie de fon fief y a bien plus d'étendue. On en parlera au mot EMPIREMENT DE FIEF.

Il réfulte de la définition qu'on vient de donner, qu'il y a deux efpèces de *dépié*, l'une qui s'opère lorfque le vaffal aliène plus du tiers de fon fief, quoiqu'il y retienne un devoir; la feconde, qui a lieu, quand le vaffal, en aliénant une portion de fon fief, même au-deffous du tiers, a manqué d'y retenir la mouvance.

Pocquet de Livonière prétend à la vérité qu'il n'y a pas de *dépié de fief* dans ce dernier cas, parce qu'il n'y a pas de dévolution au profit du feigneur; mais le fens littéral du mot *dépié*, la fin des art. 201 de la coutume d'Anjou, & 216 de celle du Maine, & les art. 2 & 3 du titre de *dépié de fief* des coutumes de Touraine & de Loudunois, prouvent trop évidemment le contraire. Si plufieurs articles de ces coutumes ne fe rapportent qu'à la première efpèce de *dépié*, c'eft qu'elle eft la plus fréquente & que les fuites en font bien plus importantes.

Malgré la fynonymie des mots *démembrement* & *dépié*, le droit des coutumes qui s'en fervent, eft très-différent; dans les coutumes de démembrement, la divifion des fiefs ne peut pas avoir lieu fans le confentement du feigneur dominant; & lorfque le vaffal fait de fon domaine fon fief par la fous-inféodation ou l'accenfement, ce jeu de fief ne préjudicie point au feigneur. Dans les coutumes de *dépié*, tout au contraire, le feigneur eft obligé d'approuver ces fortes de difpofitions faites par fon vaffal, lorfqu'elles n'excèdent pas les bornes prefcrites par la coutume, & le démembrement du fief eft la peine des aliénations qui excèdent ces bornes.

Pour

Pour mettre de l'ordre dans le développement de cette matière, qui présente beaucoup de difficultés, on traitera 1°. de la quotité des diminutions de fief qui peuvent avoir lieu sans *dépié* ; 2°. des droits dont la rétention peut empêcher le *dépié* ; 3°. des effets des diminutions de fief qui ne donnent pas lieu au *dépié* ; 4°. des effets & des suites du *dépié*.

SECTION PREMIÈRE.

De la quotité des diminutions de fief qui peuvent avoir lieu sans dépié.

Les loix sur le *dépié de fief*, sont une suite de celles qui ont été établies pour les parages, parce qu'on a commencé à partager les fiefs à titre de succession, avant de les diviser à titre d'aliénation. Les coutumes d'Anjou & du Maine, *art. 212 & 227*, disent à la vérité aujourd'hui que *la matière du parage dépend du dépié de fief*. Mais l'ancien coutumier des deux provinces porte au contraire, que *la matière des parages dépend dépié de fief*, & *en est la principale cause*.

Le mot *dépendre* est ici pris dans une signification active. Il signifie *avoir pour dépendance* ; les mots qui suivent ne permettent pas d'en douter. C'est donc par inadvertence, ou plutôt faute d'avoir entendu cette signification du verbe *dépendre*, qu'on a perverti le sens de cette phrase, en croyant la réformer lors de la rédaction des deux coutumes.

D'après cette observation, il faut voir ce qui se pratique dans les partages, pour bien décider jusqu'à quel point on peut diminuer un fief, sans *dépié*, par aliénation.

1°. *Quant aux partages*, il faut distinguer ceux des successions nobles, d'avec ceux des successions roturières. Entre nobles, les puînés tiennent à titre de parage le tiers qui leur appartient, & le parage opère une sous-inféodation, quand il est fini. Cette diminution de fief peut se réitérer sans *dépié*, tant dans le tiers des cadets, que dans les deux tiers de l'aîné à chaque partage dans les successions ultérieures. Mais quand le fief a été une fois diminué d'un tiers par les parages, on ne peut rien en distraire sans *dépié* par aliénation. C'est mal-à-propos que Pallu enseigne le contraire sur la coutume de Tours.

Entre roturiers, il n'y a point de parage, quand bien même les fiefs seroient parvenus à la tierce-foi, quoique alors ils se partagent noblement. Il faut donc, pour empêcher le *dépié*, donner tout le fief à un seul des héritiers, ou donner les deux tiers à l'un d'eux, avec rétention de devoir sur l'autre tiers, suivant les art. 280 & 282 de la coutume du Maine, & les articles correspondans de la coutume d'Anjou.

Cette manière de partager les fiefs entre roturiers, paroît tenir aux principes généraux des coutumes de *dépié*. Cependant l'article 120 de la coutume de Tours, dit en général, que *dépié de fief n'a point lieu en partage fait de droit successif*. Les derniers

Jurisprudence. Tome III.

commentateurs de la coutume de Touraine se sont fondés sur cette décision, pour soutenir qu'on peut partager également les fiefs entre roturiers, sans donner ouverture au *dépié*. Pallu dit qu'on l'a ainsi jugé par deux arrêts, dont l'un a confirmé une sentence rendue à son rapport.

Le savant de Laurière, qui avoit fait une étude particulière des coutumes de Tours & de Loudun, soutient que cette interprétation est abusive. La décision de l'article 120 de la coutume de Tours, dit-il, signifie seulement que lorsqu'un fief a été déjà partagé entre co-héritiers, avec garantie en parage, la partie, sous laquelle les autres sont garanties, peut être divisée dans un nouveau partage, des deux tiers au tiers, avec garantie en parage, parce que les partages sont nécessaires. Les art. 203 & 204 de la coutume d'Anjou, où l'art. 120 de la coutume de Tours a été puisé, le décident ainsi. Mais il y a toujours *dépié*, quand un fief est divisé par partage, à moins qu'il n'y ait garantie en parage, & il ne peut pas y avoir de parage, quand les fiefs sont partagés par tête entre roturiers. C'est ainsi que les anciens commentateurs de la coutume de Touraine l'ont entendu, & l'art. 3 de la coutume de Loudunois, qui suit presque mot pour mot celle de Touraine, dit au titre du *dépié de fief*, que *dépié de fief n'a point de lieu en partage fait par les deux parts & par le tiers des droits successifs*. *Voyez* le glossaire du droit françois, au mot DÉPIÉ.

Quelque frappantes que puissent paroître ces raisons, il faut avouer que le Proust sur la coutume même de Loudun, & Jacquet sur celle de Tours, suivent, pour cette dernière coutume, l'interprétation que Pallu en a donnée. Jacquet fait observer qu'il y a de la différence entre ces deux coutumes, en ce que dans celle de Loudun, la fille aînée a les deux tiers des fiefs comme l'aîné mâle ; tandis que dans celle de Tours, la fille aînée n'a d'autre avantage que l'hôtel principal & le chézé.

Mais cette différence ne fait rien à la question. Beaumanoir, cité par de Laurière, dit aussi que l'aînée de plusieurs sœurs a la mouvance des portions des puînées, quoiqu'elle n'ait d'autre avantage sur elles, que le principal manoir. Mais il observe en même temps qu'il ne dépendroit pas de l'aîné mâle, qui a droit aux deux tiers du fief, de donner à ses puînés plus du tiers que la coutume leur attribue.

Pour finir sur ce qui concerne cette question, il se pourroit fort bien que Pallu eût commis un abus de termes, & que les jugemens qu'il rapporte eussent seulement décidé que le partage égal d'un fief ne donnoit point d'ouverture aux droits seigneuriaux, sans examiner si les portions de chaque co-héritier ne formoient pas des fiefs séparés, relevant tous du même seigneur.

Plusieurs raisons semblent l'annoncer. 1°. Cette dernière question étoit à-peu-près indifférente au seigneur, s'il est vrai, comme Pallu le dit encore, que l'on tient dans sa province que le *dépié de fief* n'y opère jamais la dévolution. 2°. Rien n'indique que dans les partages confirmés par ces jugemens, l'un des co-partageans eût retenu la mouvance sur la portion des autres, comme il l'auroit fallu, du moins à défaut de parages, pour empêcher que le fief ne fût démembré ou dépiécé. 3°. La question des droits seigneuriaux, qui étoit bien autrement importante que celle du *dépié*, paroissoit alors problématique, & Pallu observe qu'on se fonda pour juger ainsi, sur plusieurs arrêts rapportés par M. Louet, qui ont décidé que l'exemption des droits seigneuriaux, prononcée par l'art. 80 de la coutume de Paris, avoit lieu pour la licitation des conquêts de communauté, comme pour celle des immeubles d'une succession. 4°. Enfin il est évident que, sans cette dernière interprétation, Pallu se contrediroit lui-même, comme on peut le voir, par ce qu'il dit sur l'art. 266.

II°. *Quant aux aliénations*, elles ne doivent pas non plus excéder le tiers. Mais il y a de la difficulté à déterminer ce que les coutumes entendent par ce tiers. Les coutumes d'Anjou & du Maine disent *la tierce-partie de la terre*, & plusieurs commentateurs ont conclu de là, qu'il falloit retenir les deux tiers du domaine, ou fonds de terre, pour servir de corps au fief réservé.

Cependant ce mot *terre*, peut aussi s'entendre de la totalité de la seigneurie, en y comprenant les cens, rentes, & autres devoirs, qui, avec les fonds, composent les terres féodales.

Les coutumes de Tours & de Loudun semblent favoriser cette dernière opinion, lorsqu'elles déclarent à l'art. 2 du titre du *dépié*, qu'il y a *dépié de fief*, quand on ne retient pas de devoir, & aussi quand on transporte plus du tiers, avec devoir, ou sans devoir, *pourvu que ledit devoir précompté, il y ait néanmoins plus du tiers aliéné*. Quelques auteurs ont cru d'après cette disposition, que le vassal pouvoit accenser la totalité du domaine de son fief, pourvu que les devoirs par lui retenus, égalent la valeur du tiers du fief.

Il paroît plus juste, & plus conforme à l'esprit général de notre droit féodal, de prendre un parti mitoyen. L'article 208 de la coutume d'Anjou, & l'article correspondant de la coutume du Maine, portent que le vassal « ne peut abonner ses cens, » rentes, devoirs & hommages, que jusqu'à la » tierce-partie du fief, c'est à savoir à la valeur » de la tierce-partie de la terre tenue à foi, & si plus » en aliénoit, le fief seroit dépiécé, comme dit » est ».

Les coutumes de Tours & de Loudun ont des dispositions semblables. Il en résulte bien, que c'est sur la valeur de ce que retient le vassal, en y comprenant même les mouvances, qu'on doit se décider, pour savoir s'il a aliéné plus des deux tiers; mais, d'un autre côté, l'esprit des coutumes de *dépié* ne paroît pas être qu'on aliène la totalité du domaine du fief, & notre jurisprudence paroît décidée à rejetter la constitution des fiefs en l'air

pour l'avenir, à moins que les coutumes ne l'autorisent de la manière la plus expresse.

Ce tempérament a été adopté, par Pocquet de Livonnière dans son traité des fiefs, & par Pallu même, sur la coutume de Touraine. On le juge ainsi dans celle de Poitou, quoiqu'en l'article 130, elle n'oblige à retenir que *la valeur du tiers du fief, ou domaine*, lorsqu'il n'y a pas de chef d'hommage, ou principal manoir.

III°. *Doit-on comprendre, dans la computation du tiers dont le vassal peut disposer, les fiefs même qui relèvent du sien depuis un temps immémorial*, ensorte que le seigneur ne puisse plus rien aliéner au-delà, sans opérer le *dépié*, s'ils équivalent au tiers du fief, en comprenant dans cette valeur les devoirs que le vassal a sur ces mouvances.

Dupineau & Pocquet de Livonnière sont ici d'un avis opposé. Le premier se décide pour l'affirmative. Il se fonde sur la présomption naturelle que tout ce qui relève actuellement d'un fief, en étoit autrefois le domaine. Pocquet de Livonnière prétend que cette supposition ne doit point être admise dans une matière aussi défavorable que le *dépié*, puisqu'il est prouvé qu'il y a eu un très-grand nombre de fiefs formés par la conversion des aleux en fiefs, que l'on appelle, à cause de leur origine, des *fiefs de protection* ou de *recommandation*.

Cette question est très-difficile à résoudre : cependant il faut avouer que les coutumes ne font aucune distinction dans ce qu'elles disent sur le *dépié* en général. Celles d'Anjou & du Maine portent simplement que *les contrats d'abonnemens de fief sont diminution & aliénation de seigneurie, & ne peut l'homme de foi abonner ses cens, rentes, devoirs & hommages, que jusqu'à la tierce-partie; c'est à savoir à la valeur de la tierce-partie de la terre tenue à foi*. Les coutumes de Touraine & de Loudunois ont la même disposition : elles ajoutent seulement qu'il n'y a point de *dépié pour abonner l'hommage à devoir*, & la raison en est sans doute, que l'hommage ne rapporte aucun revenu au fief. *Voyez l'art. 208 de la coutume d'Anjou, l'art. 223 de celle du Maine, & l'art. 5 du titre de dépié de fief de celles de Tours & de Loudun*.

Il suit bien de là que les coutumes de *dépié* n'admettent point la présomption qu'un fief ancien est un fief de protection, ou que cette qualité le puisse exempter des loix générales du *dépié*. Si cela étoit, les abonnemens de fief ne devroient entrer en ligne de compte, pour produire le *dépié*, qu'autant qu'on prouveroit, par le rapport du titre constitutif, que les fiefs que l'on abonne, proviennent d'une concession du vassal.

On ne voit pas même pourquoi la différence de l'origine des fiefs, produiroit une distinction relativement au *dépié*. N'est-il pas plus naturel de dire que le vassal immédiat, qui, par son dénombrement de lui, est censé, par cela seul, consentir que cet objet fuive les loix générales du fief immédiat, pour prix de la protection que le chef-seigneur lui accorde? Si le vaffal immédiat, & l'arrière-vaffal ne trouvoient pas leur compte à cet arrangement, il falloit faire de là mouvance fur ce nouveau fief un aleu, ou un fief diftinct, au lieu de la comprendre dans les dénombremens, comme une dépendance du fief immédiat.

Enfin, l'on peut ajouter à tant de raifons, que, fuivant les coutumes de *dépié*, le feigneur eft obligé de fouffrir que fes vaffaux portent dans leurs aveux, les fous-inféodations & les accenfemens, en leur qualité de mouvance, à la différence de ce qui fe pratique dans les coutumes de démembrement & de jeu de fief. On fent que cet ufage réduiroit au bout d'un certain temps le chef-feigneur à l'impoffibilité de prouver que ces mouvances ont été diftraites autrefois du fief de fon vaffal, & qu'elles ne proviennent pas de fiefs de protection.

Il paroîtroit néanmoins équitable de fuivre une autre règle pour les domaines cenfuels. On fait que les baux à cens étoient autrefois de véritables arrentemens, où le cens annuel équivaloit au revenu du fonds. On jugeoit pour lors que bien loin de diminuer le fief, ces aliénations en augmentoient le produit, comme on l'a déjà remarqué aux mots DÉMEMBREMENT & DÉMISSION *de foi*; fi les travaux des cenfitaires ont donné une plus grande valeur à des fonds incultes, fi les révolutions du commerce ont diminué celle des cens en argent; le vaffal, qui n'avoit point diminué la valeur de fon fief lors de l'accenfement, ne doit pas fouffrir de ces événemens, auxquels il n'a eu aucune part. Il fuffit qu'il n'ait point fait d'aliénations propres par leur nature à empirer fon fief, pour qu'il ait le droit de le faire à l'avenir, en fe renfermant dans les bornes de la coutume.

Une dernière queftion eft de favoir s'il eft permis au vaffal d'aliéner, fans dépié, les ⅔ de fon fief, en s'en réfervant le ⅓, à condition que le feigneur releveroit des deux tiers aliénés. Cela ne femble pas devoir faire de difficultés. On convient affez généralement, que dans les partages, il eft libre aux héritiers de divifer le fief en deux tiers au tiers, fans qu'il foit précifément néceffaire, entre nobles même, de donner les deux tiers à l'aîné, auquel la coutume les attribue, pourvu que l'on convienne que le propriétaire des deux tiers aura la mouvance fur l'autre tiers.

Cependant, Pocquet de Livonnière affure, d'après Dupineau, qu'on ne peut pas aliéner fans *dépié* les deux tiers du fief, avec la mouvance fur le tiers que l'on retient, parce qu'un pareil acte feroit fait en fraude du feigneur pour le priver de fes droits de mutation. Mais eft-ce bien là le point de la difficulté?

Il n'eft pas douteux qu'un pareil acte ne peut pas empêcher le feigneur de percevoir fes droits de mutation, fuivant la nature de l'aliénation. Mais lorfqu'on lui offre ces droits, on ne voit pas

fous quel prétexte il pourroit s'oppofer à cet arrangement pour l'avenir, & réclamer à titre de *dépié* la mouvance fur le tiers réfervé par l'ancien vaffal.

Puifque les coutumes de *dépié* ne font point coutumes de danger, puifqu'il y eft permis au nouveau vaffal d'aliéner fon fief en tout, ou en partie, avant d'être reçu en foi, l'ancien vaffal auroit bien le droit d'aliéner la totalité du fief, & de s'en faire immédiatement rétrocéder le tiers à titre de fous-inféodation, ou d'accenfement. Ce feroit exiger une formalité bien vaine que de l'obliger à recourir à tous ces détours, pour fe conferver le tiers du fief.

Enfin, la peine du *dépié* ceffe par la *réintégration* (comme on le verra fous ce dernier mot) lorfque le vaffal recouvre les portions aliénées avant que le *dépié* ait été prononcé en jugement. Il paroît donc conforme à l'efprit, comme à la lettre des coutumes de *dépié*, de ne pas admettre ce droit, lorfque les deux tiers du fief fe trouvent dans la même main.

SECTION II.

Des devoirs dont la rétention empêche le dépié de fief.

Hors les parages, dont on parlera dans un article particulier, tout ce que l'on va dire s'applique à toutes les rétentions, foit qu'on les faffe par partage ou par aliénation.

Suivant les coutumes d'Anjou & du Maine, il faut néceffairement retenir la foi & hommage, ou un devoir annuel, pour empêcher le *dépié* de fief. « Il ne fuffiroit point, difent les art. 203 & 216 » de ces coutumes, pour garantir icelle tierce-par-» tie, que ledit homme de fief, qui l'a donné, » ou autrement aliéné, y retiene juftice feule-» ment, mais il eft requis expreffément qu'il y re-» tiene foi & hommage, ou devoir annuel pour » le moins, comme dit eft ».

Cette décifion eft d'autant plus remarquable, que la baffe juftice ou jurifdiction foncière fuit le fief de plein droit dans les coutumes d'Anjou & du Maine. On ne la trouve point dans l'ancien coutumier des deux provinces. Mais lors de la rédaction de 1509, la maxime s'étoit déjà introduite, que *fief & juftice n'ont rien de commun*.

Quel fera donc l'effet de la rétention de la juftice, fans autre devoir, dans l'aliénation d'une portion de fief? Confervera-t-elle au moins au vaffal les degrés de jurifdiction au-deffus de la baffe juftice, ou jurifdiction foncière?

Les auteurs n'ont pas traité cette queftion. Mais lorfque la juftice du fief fervant, reffort à la jurifdiction du fief dominant, comme il eft d'ufage dans les coutumes d'Anjou & du Maine, tous les degrés de jurifdiction forment une partie du fief, & le vaffal perd toute efpèce de droits féodaux fur les parties dépiécées. Auffi ces deux coutumes décident-elles que dans la dévolution qui arrive par l'aliénation de plus du tiers, le fief, la justice & la seigneurie passent tous au chef-seigneur.

La même décision devroit s'appliquer aux coutumes de Tours & de Loudun, quand bien même il seroit vrai que le fief & la justice n'auroient rien de commun dans ces coutumes, comme Pallu l'a soutenu avec assez peu de fondement pour celle de Touraine.

Chopin pense que la simple rétention d'une rente foncière, suffit pour empêcher le *dépié de fief*. Pocquet de Livonnière & d'autres auteurs, s'élèvent avec raison contre cette opinion. La rente foncière est bien un droit annuel; mais elle n'est point un *devoir*. Ce mot indique évidemment un droit féodal, qui emporte nécessairement avec lui l'idée de la directe. Il est d'ailleurs manifeste que les coutumes de *dépié* veulent que la mouvance passe au chef-seigneur, lorsqu'elle n'est pas expressément retenue par celui qui fait l'aliénation. Or, la rente foncière suppose si peu la directe, qu'elle peut être imposée lors de l'aliénation par le simple censitaire.

SECTION III.

Des effets des diminutions de fief, qui ne donnent point lieu au dépié.

Les effets des diminutions de fief qui ne donnent pas lieu au *dépié*, sont fort bien décrits dans l'art. 201 de la coutume d'Anjou : « en ce cas, y est-» il dit, l'homme de foi fait de son domaine son » fief, & en aura les ventes & autres droits féo-» daux, & garantira icelle tierce-partie en son » hommage d'iceux droits féodaux, sauf les rachats. » & prises par défaut d'homme, dont ledit chef-» seigneur jouira sur la tierce-partie, pareillement » que sur les deux parts, & en celui cas sera tenu » celui qui tient lesdites deux tierces-parties dédom-» mager celui qui tient de lui l'autre tierce-partie, » & néanmoins jouira celui qui tient lesdites deux » tierces-parties, des rachats, s'il y a retenu hom-» mage & autres droits féodaux, sur celui qui tien-» dra ladite tierce-partie, quand le cas y écherra » qu'icelle tierce-partie cherra en rachat ».

L'art. 216 de la coutume du Maine a les mêmes dispositions. Ce que ces deux coutumes disent ici de la sous-inféodation doit pareillement s'observer pour l'accensement. Dans les deux cas, les droits du chef-seigneur se borneront à pouvoir comprendre dans la saisie du fief du vassal, les portions qui en auront été distraites, & à y prendre son droit de rachat. Le vassal qui a fait l'aliénation, jouira d'ailleurs de tous les droits de directe sur ces portions. Au lieu de porter dans son aveu les domaines mêmes qui ont été aliénés, comme cela se pratique dans les coutumes de jeu de fief, il y portera la mouvance qu'il a retenue sur ces domaines, en déclarant qu'il garantit sous son hommage les acquéreurs, ou leurs ayans cause, c'est-à-dire, qu'il fait hommage pour eux & qu'il se charge de les indemniser de tous les exploits de fief que le seigneur pourroit faire sur leurs domaines.

Il y a de la difficulté à décider si l'espèce d'indemnité accordée au chef-seigneur dans les coutumes d'Anjou & du Maine, doit aussi avoir lieu dans celles de Tours & de Loudun.

Les jurisconsultes de Touraine ont cru avec raison qu'ils pouvoient trouver la décision de cette difficulté dans ce qui se pratique pour les parages. C'est ce qui résulte d'une consultation de plusieurs anciens avocats de Tours, rapportée par Pallu, & approuvée par cet auteur. Mais ils ne paroissent pas bien avoir saisi le sens de leur coutume.

L'art. 264 porte que « l'aîné noble, pour le » droit qu'il prend plus que ses puînés, est chargé » de faire les foi & hommages, & garantir en » franc parage, sous son hommage, à ses puînés » leur tierce-partie, *franche de tout devoir féodal* » *ordinaire*, dû pour raison dudit hommage, en » retenant à soi les deux parts du fief, durant ledit » parage..... Mais que lesdits puînés contribueront, » pour leur regard avec ledit aîné, aux charges du » ban, arrière-ban, & loyaux-aides ».

L'art. 132 dit encore que le mari doit le rachat pour les fiefs de sa femme, *si ce n'étoit durant le parage d'elle & des siens*, auquel cas le mari ne doit aucun rachat ; un arrêt rapporté par Boulay l'a ainsi jugé.

Les avocats de Tours ont conclu de-là que le seigneur ne devoit point avoir le rachat des portions qui ont été distraites du fief, soit à titre de parage, soit à titre de sous-inféodation ou d'accensement. Le rachat, ont-ils dit, n'est point un *devoir ordinaire* dans la coutume de Tours, puisqu'il n'est dû ni pour les mutations en ligne directe, ni pour celles de ligne collatérale au premier degré, ni pour le premier hommage dû par parage failli. Cette expression ne comprend sans doute que de petites redevances dues à mutation de vassal, ou de seigneur, les roussins de service & les droits de garde, dont parle la coutume dans les art. 98 & 99. C'étoit l'avis de M. Sainxon, commentateur de l'ancienne coutume, & le mot *ordinaire* a même été ajouté à la nouvelle coutume, lors de la réformation de 1559. Enfin, la coutume de Tours est beaucoup moins rigoureuse que celle d'Anjou & du Maine, sur les *dépiés de fief*. Elle n'admet point la dévolution, quand la diminution de fief excède les deux tiers.

On verra au mot DÉVOLUTION *féodale*, que cette dernière décision souffre des difficultés; mais il paroît que les jurisconsultes cités par Pallu, n'ont pas bien pris le sens de ces mots *franche de tout devoir féodal ordinaire*. Il est peu naturel d'appeler *devoir ordinaire* les roussins de service & les droits de garde, & de refuser ce nom au rachat. § On doit reconnoître pour devoirs ordinaires tous ceux qui sont dus lors de certaines mutations, ou dans certains cas, en vertu de la seule force de la coutume.

Il est bien vrai que les puînés ne doivent aucun rachat pour leurs tiers. Cela résulte de l'art. 132, & de l'art. 164; mais il résulte aussi de ce dernier article, qu'ils ne sont exempts de ce droit, que parce que l'aîné doit les en affranchir dans les mutations où il a lieu, en payant le rachat, comme tous les autres devoirs ordinaires, non-feulement pour ses deux tiers, mais aussi pour le tiers échu à ses puînés. C'est ce que l'art. 264 entend par ces mots : « l'aîné noble, *pour le droit qu'il prend plus que ses* » *puînés,* . . . . *est chargé de garantir en franc pa-* » *rage,* sous son hommage à ses puînés, *leur tierce-* » *partie, franche* de tout devoir féodal ordinaire ».

Les établissemens de S. Louis, où la coutume de Tours a manifestement puisé ses décisions sur le parage, exemptent aussi les puînés des *services,* ou droits ordinaires de mutation, durant le parage, en chargeant l'aîné de les en garantir; & ils mettent expressément les rachats dans la même classe que les roussins de service. « Nus hom, y est-il dit, » qui tient en parage, ne met riens *en roncin de* » *service, ne en nus rachat, ne en nul service,* que » cil du quel il tient en parage, face au chief seigneur, » se ce n'est en ses loiaux aides ».

Il y est dit aussi que le mari doit rachat pour les fiefs de sa femme, mais qu'il en est exempt en cas de parage. Enfin, on y assujettit les puînés à contribuer aux loyaux aides, comme le fait la coutume de Tours. *Voyez le liv. I des Etablissemens, chap.* 22, 42 & 76, *avec les notes de Laurière.*

Il semble donc plus conforme à l'esprit de la coutume de Tours en particulier, & aux règles générales des parages & des *dépiés,* d'exempter du rachat & des autres devoirs ordinaires, les puînés durant le parage, en chargeant l'aîné de payer ce droit à leur acquit, & de décider la même chose pour les acquéreurs des portions sous-inféodées ou accensées par le vassal. Dumoulin, Beschet & de Laurière, l'ont ainsi décidé pour le parage. *Voyez la préface du tom. I des ordonnances du Louvre, n°.* 122 & suivans.

Si malgré tant de raisons & d'autorités, on pouvoit ne pas considérer le rachat comme un *devoir ordinaire,* il faudroit dire que les portions des puînés ou des acquéreurs sont immédiatement assujetties au droit de rachat envers le chef-seigneur, bien loin d'en être affranchies, comme le prétendent les jurisconsultes de Touraine, puisque la coutume n'exempte ces portions que de devoirs ordinaires.

Il paroît même qu'on doit ainsi le décider dans la coutume de Loudun. L'art. 9 du chap. 27 de cette coutume, charge bien aussi l'aîné de garantir les puînés, durant le parage, « de *tout devoir féodal* » *dû pour raison de l'hommage,* sinon ès cas, esquels » par autres coutumes ci-dessus posées, lesdits puî- » nés sont tenus contribuer avec l'aîné au paiement » desdits devoirs féodaux ». Mais l'article suivant déclare qu'on ne doit pas entendre sous ces mots de

tout devoir féodal, les rachats qui sont dus par mort; l'aîné n'est tenu d'en garantir ses puînés, que lorsque le rachat advient *par le fait de l'aîné, comme par vendition, mariage ou autre contrat d'aliénation, ou par coulpe.*

On peut voir au mot EMPIREMENT DE FIEF, combien il est conforme à l'esprit des coutumes de parage & de *dépié,* d'accorder une indemnité au chef-seigneur, pour les diminutions de fief.

Il est très-important de remarquer que, dans les coutumes même d'Anjou & du Maine, la garantie des droits de rachat & de saisie féodale n'a lieu que pour les acquéreurs proprement dits. Lorsque la diminution du fief a été faite à titre de partage entre roturiers, quoique des deux tiers au tiers & avec rétention de foi & hommage, ou de devoir, on y doit suivre la distinction proposée par la coutume de Loudun. L'aîné n'est tenu d'y garantir ses puînés, que des rachats & des saisies qui arrivent par son fait & coulpe. *Voyez l'art. 262 de la coutume d'Anjou,* l'art. 280 de celle du Maine, & *Duplessis sur cette dernière coutume.*

L'art. 216 de la coutume du Maine ajoute qu'après trente ans, le chef-seigneur ne peut plus prétendre aucun droit de rachat, ou autre émolument de fief sur les portions distraites du fief de son vassal, lors même que ce fief est ouvert.

L'art. 201 de la coutume d'Anjou, qui est d'ailleurs littéralement semblable à l'art. 216 de celle du Maine, n'a point cette disposition. Mais Dupineau & Pocquet de Livonnière assurent qu'on y suit la même règle, quoique d'anciens commentateurs aient prétendu le contraire.

On doit la recevoir aussi dans les coutumes de Tours & de Loudun, en admettant, contre l'avis de Pallu, qu'il y faille accorder au chef-seigneur une indemnité pour les diminutions de fief, faites par aliénation. Les dispositions des quatre coutumes annoncent assez que l'effet de ces aliénations, comme du parage, est d'assurer tôt ou tard au vassal qui les fait, l'intégrité de la mouvance que le chef-seigneur y avoit; en un mot, le vassal y fait de son domaine son fief.

SECTION IV.

Des effets & des suites du dépié.

Le premier effet du *dépié de fief,* est que la mouvance de la portion dépécée appartient au chef-seigneur, à l'exclusion du vassal, de quelque manière que le *dépié* ait été opéré. La portion dépécée forme désormais un fief distinct, sur lequel le chef-seigneur a droit de demander la foi & hommage, & tous les droits féodaux qui sont dus, suivant la coutume des lieux & sous les modifications que les titres particuliers du fief-servant, dont dépendoit la portion dépécée, peuvent mettre à la coutume. Lorsque le *dépié de fief* s'opère par l'aliénation de plus du tiers, non-feulement la directe des objets compris dans la dernière aliénation qui a donné lieu au *dépié*, mais auffi toutes les autres mouvances du fief, appartiennent déformais au chef-feigneur, fuivant les coutumes d'Anjou & du Maine. C'eft ce qu'on appelle *dévolution féodale. Voyez* ce mot.

Toutes les coutumes de *dépié* décident que ce droit tombe en action. Cette règle eft très-fage : comme les diminutions de fief y font permifes jufqu'à un certain point, le feigneur qui procéderoit par faifie féodale fur les portions dépécées, courroit rifque de faifir des fonds qui ne font plus dans fa mouvance, s'il ne faifoit pas d'abord conftater le *dépié* par un jugement. Mais, ajoutent les coutumes d'Anjou & du Maine, *art. 206 & 221*, le feigneur du fief, « en exécutant la fentence, peut » après la huitaine qu'icelle fentence a été faite à » favoir au condamné, prendre par défaut d'hom-» mes, & affigner fon fief ».

Si celui à qui on a tranfporté une portion du fief fervant, n'a été chargé ni de la foi & hommage, ni d'aucun devoir annuel envers le vaffal immédiat, il ne peut, fur la demande du chef-feigneur, refufer de faire la foi & hommage. Mais s'il a été chargé de quelqu'un de ces devoirs, il doit dénoncer au vaffal la demande du chef-feigneur, avec fommation de l'en garantir. Car ne pouvant refufer l'hommage au chef-feigneur, qu'autant que le vaffal a valablement retenu fur lui la mouvance, il doit fe faire revendiquer, pour juftifier cette exception.

Si les arriere-vaffaux, ou les cenfitaires avoient fait hommage au chef-feigneur, fans avoir dénoncé fa demande au vaffal, celui-ci ne fouffriroit aucun préjudice de cet acquiefcement ; il pourroit toujours revendiquer fes mouvances. Les coutumes le décident expreffément pour le cas où le chef-feigneur prétend que le vaffal n'a pas confervé avenant, c'eft-à-dire les deux tiers de fon fief. Ce cas eft celui qui donne le plus fouvent matière à des conteftations. Mais il eft évident que la même chofe devroit avoir lieu, dans le cas où le feigneur prétendroit qu'on n'a pas retenu le devoir réglé par la coutume.

On a voulu conclure de ce que le *dépié* tombe en action, que les effets n'en font pas acquis de plein droit au feigneur. Mais les commentateurs les plus eftimés conviennent que les profits de fief appartiennent au feigneur, depuis l'acte qui a donné lieu au *dépié*, à moins qu'ils n'euffent été payés au vaffal avant la demande. Dans ce dernier cas, ils font préfumés avoir été payés de bonne foi, & le chef-feigneur ne peut pas même les répéter du vaffal, fuivant cet axiome, *tant que le feigneur dort, le vaffal veille*.

Le vaffal peut oppofer trois fins de non-recevoir contre la demande en *dépié*. La première a lieu, lorfque depuis le *dépié de fief* il a acquis une partie ou la totalité des portions aliénées. On parlera de cette fin de non-recevoir au mot RÉINTÉGRATION.

La feconde fin de non-recevoir réfulte de la réception que le chef-feigneur auroit faite du dénombrement, où fon vaffal auroit porté la mouvance

fur les portions dont l'aliénation donnoit lieu au *dépié*. Comme ce droit n'eft pas favorable, le Prouft, fur l'art. 3 du titre des *dépiés* de la coutume de Loudunois, penfe qu'un feul aveu fuffit pour rendre le feigneur non-recevable à demander le *dépié*. Plufieurs coutumes, & celle de Paris même, *art. 52*, décident qu'en pareil cas le feigneur eft cenfé approuver le jeu de fief fait par fon vaffal.

La troifième fin de non-recevoir eft fondée fur la prefcription trentenaire. Les coutumes d'Anjou & du Maine font les feules qui parlent de cette prefcription ; mais on l'admet auffi par identité de raifon, dans celles de Tours & de Loudun.

Il eft de la nature de tout ce qui tombe en action de pouvoir être acquis, comme de pouvoir être éteint par la prefcription. Ainfi, lorfque le chef-feigneur a joui de la directe fur les portions aliénées par fon vaffal, durant trente années, le vaffal ne fera plus recevable à prétendre qu'il n'y a pas eu de *dépié de fief*, quand bien même le feigneur ne l'auroit pas fait prononcer en jugement, comme les coutumes l'exigent. Si, au contraire, le vaffal avoit joui durant trente ans de la mouvance fur les portions dépécées, depuis le jugement même qui adjugeoit le *dépié* à fon feigneur, le droit de ce dernier eft également éteint par la prefcription. (*M. GARRAN DE COULON.*)

DÉPORT, f. m. (*Droit canon. civil & féodal.*) ce mot a plufieurs acceptions. En droit canonique il fe dit d'une efpèce de droit d'annate dont jouiffent, en certains cas, les évêques, les archidiacres, & les archiprêtres. En matière féodale, c'eft une garde feigneuriale, connue dans les coutumes d'Anjou & du Maine. En terme de palais, ce terme fe dit de l'abftention d'un juge, qui ceffe de connoître d'une affaire, il fignifie auffi *délai*.

DÉPORT, *en matière bénéficiale*, eft une efpèce de droit d'annate dont les évêques, les archidiacres, les archiprêtres, les grands-vicaires & les chapitres jouiffent en quelques endroits, fur les bénéfices qui dépendent d'eux.

Ce droit paroît avoir la même origine que les annates, dont on attribue l'invention à Jean XXII. Cependant on ne trouve aucune preuve précife & certaine de l'origine de ce droit. Il exifte depuis plufieurs fiècles, mais cette ancienneté ne l'a pas mis à l'abri de la critique ; en effet, on a dans tous les temps prétendu que c'étoit un droit odieux, & on le regarde encore aujourd'hui, dans les diocèfes où il a lieu, comme défavorable. Mais malgré ces clameurs, il a continué d'être perçu dans plufieurs diocèfes du royaume, & fur-tout dans ceux de la province de Normandie.

Dans cette province, il attribue aux évêques & aux archidiacres, les fruits & les revenus des cures, pendant l'année de la vacance, à la charge par les prélats & leurs archidiacres, de commettre des prêtres pour defervir les bénéfices vacans.

Le nouveau titulaire eft, en divers endroits, préféré pour la defferte, & il a le droit d'exiger la portion congrue. Cette préférence, qui devroit être généralement accordée aux nouveaux titulaires des bénéfices sujets au *déport*, n'est fondée que sur l'usage local & particulier : car, il y a plusieurs diocèses en Normandie, tels que ceux de Bayeux, d'Evreux & de Séez, où l'on suit un usage contraire. Dans ces diocèses, les évêques peuvent choisir les desservans qu'ils jugent à propos, & leur fixer arbitrairement une somme pour leurs honoraires.

Les fruits du *déport* sont ordinairement vendus par adjudication, & le prix qui en provient se divise en deux portions, dont l'une appartient à l'évêque & l'autre à l'archidiacre. La portion de l'évêque consiste dans les deux tiers, & celle de l'archidiacre dans l'autre tiers.

Après avoir ainsi donné une idée générale du *déport* & de ses effets, nous allons discuter successivement les diverses questions qui peuvent naître de la perception de ce droit ; mais avant, nous pensons qu'il est indispensable de rapporter le sentiment des jurisconsultes qui ont écrit sur cette matière. Plusieurs auteurs disent que le *déport* est aussi ancien que l'église, d'autres l'assimilent au droit que le seigneur féodal lève sur son nouveau vassal mineur.

Ragueneau, dans son *Glossaire du droit françois*, au mot *Déport*, dit « que plusieurs évêques & archi- » diacres du royaume, appellent *déport* l'annate » qu'ils prennent par privilège sur le revenu de » la première année d'un bénéfice-cure ».

D'autres canonistes pensent avec plus de vrai- semblance, « que le *déport* est la représentation de » l'ancien droit que les évêques avoient dans les » premiers siècles de l'église, & qui leur accordoit » la libre disposition de tous les revenus de l'église ». C'est l'opinion de Jean de Fillesac, dans son *Traité de l'autorité des évêques*. Cet auteur dit « que » les évêques ayant été restreints à la quatrième » partie des revenus de l'église, ont conservé la » première ou la seconde année du revenu des » cures vacantes, & qu'ils en ont attribué le tiers » à leurs archidiacres ».

Dumoulin, dans sa note sur le chapitre 4, *cum vos*, aux décrétales *de officio jud.* prétend que l'ori- gine du *déport* « vient de la garde qu'avoient les » archidiacres des églises vacantes dans leurs archi- » diaconés, & qu'au lieu de réserver au futur suc- » cesseur ou à l'église, suivant la disposition du » concile de Calcédoine, tenu en 451 ; les fruits » des cures vacantes dont ils ne jouissoient que par forme » de dépôt, ils se les sont appropriés ». Il parle encore du *déport* de la même manière dans la sep- tième partie du style du parlement ; & il le re- garde comme un droit absolument abusif.

M. Dupireau, dans ses annotations sur les notes de Dumoulin, dit « que son opinion n'est pas suivie » sur ce point, & que ce droit, loin d'être abusif, » est confirmé non seulement par la coutume,

» mais encore par l'autorité des arrêts des cours » souveraines ».

L'établissement de ce droit n'a rien de contraire au droit canonique romain, ni à la disposition des canons des conciles, & sur-tout de celui de Constance, comme plusieurs auteurs l'ont prétendu, puisqu'il paroît fondé sur trois textes formels de ce concile ; savoir, le canon *prohibemus*, dist. 63, *bonæ memoriæ* 51, 10, *de appellat.* & le chap. *cum venissent* 10, *de instit.* Il paroît, à la vérité, par le chap. *tua de verb. signif.* des décrétales, qui est du pape Honoré III, & par le chap. *si propter de res.* in 6°, de Boniface VIII, que les papes accordoient quelquefois aux évêques & aux autres prélats inférieurs, tous les fruits des bénéfices dé- pendans de leur collation, qui vaquoient pendant un certain temps, pour leur fournir les moyens d'acquitter les dettes de leurs églises. De-là plu- sieurs auteurs ont conclu que ces prérogatives n'é- tant point perpétuelles, elles n'avoient pas pu se changer en un droit irrévocable ; mais Boniface VIII reconnoît dans sa décrétale, que les *déports* ou annates des bénéfices peuvent être fondés non seulement sur le privilège apostolique, mais encore sur la coutume « ou sur un statut, & dans ce cas, » il déclare que ces titres peuvent être légitimes, » & qu'il n'y veut pas déroger par ses décrets ».

Il ne désapprouve pareillement point la conduite des évêques & des autres prélats inférieurs qui jouissent de l'annate ou droit de *déport*, pourvu que ce ne soit pas une entreprise nouvelle de leur part, mais un usage établi par la coutume, par des privilèges, ou par quelque raison solide & canonique.

Cette décrétale veut en outre « que les évêques » n'aient cette jouissance qu'à condition de payer » les dettes, s'il y en a, & de fournir aux char- » ges & aux dépenses nécessaires jusques aux » nouveaux fruits, & de manière que le titulaire » desservant puisse avoir sa subsistance ».

Le concile de Vienne, & Clément V, successeur de Boniface VIII, ne s'opposèrent pas formelle- ment à l'exercice de ce droit. On voit, en effet, par le chapitre premier, §. *præterea de excess. prelat.* des clémentines, qu'ils blâmèrent seulement le mauvais usage que les abbés en faisoient, en dé- posant injustement les prieurs & autres bénéficiers qui dépendoient d'eux, afin de faire vaquer leurs bénéfices & de s'emparer de leurs dépouilles.

Le droit de *déport* paroît encore établi par l'ex- travagante *suscepti regiminis de election.* On y trouve trois moyens de prouver ce droit :

1°. Par statuts pour les chapitres.

2°. Par privilège pour les évêques.

3°. Par la coutume pour les archidiacres qui, à l'exemple des évêques, ont prétendu le droit de *déport*, sur le fondement que leur charge les oblige à desservir ou à faire desservir les cures qui n'ont point de titulaires.

Il est important d'observer que cette *extravagante*

limite le droit de *déport* à la même taxe que celle qui est réglée pour les décimes, si le bénéfice vacant paie les décimes, sinon à la moitié du revenu, s'il n'a jamais payé les décimes.

Plusieurs canonistes ont prétendu que le concile de Constance & le pape Martin V avoient aboli les *déports*; mais cette opinion n'est pas fondée, puisqu'il paroît au contraire, par la session 43 de ce concile, qu'il décide que les fruits des églises vacantes doivent être attribués à ceux qui ont droit d'en jouir suivant la coutume ou en vertu des privilèges particuliers, & qu'il défend formellement à la chambre apostolique de se les appliquer. Il résulte de cette session que le *déport* a été confirmé dans tous les lieux où il étoit établi par une coutume légitimement prescrite, ou par un privilège particulier.

Cependant il faut convenir que le *déport* est contraire au droit commun, parce que les bénéfices doivent être conférés sans aucune diminution, & qu'il est injuste d'enlever les fruits à un titulaire paisible, & sur-tout de le contraindre à se démettre pour un temps de l'exercice de son bénéfice.

C'est en conséquence de ces principes, que le concile de Basle a formellement condamné les annates & les *déports*, & qu'il a défendu d'avoir aucun égard à l'avenir aux privilèges, aux coutumes & aux statuts.

La pragmatique sanction, au titre des annates, s'est également élevée contre ce droit; mais il est important d'observer que la glose, qui n'a été rendue publique par Guymier que plus de 47 ans après la publication de la pragmatique, porte que, nonobstant cette défense de la part du concile & de la pragmatique, les *déports* ont toujours eu lieu, notamment dans la province de Normandie.

Le commentateur *Probus*, dans ses additions à cette glose, marque son étonnement de ce qu'un si grand abus s'est soutenu malgré la prohibition de ce concile & de la pragmatique; mais la surprise de cet auteur auroit cessé, s'il avoit su que les décrets du concile de Basle n'ont pas été universellement reçus, & que la Normandie en 1438, lors de la publication de la pragmatique, étoit soumise aux Anglois, & qu'elle ne fut réduite que douze ans après. D'ailleurs, depuis le concordat, on a permis au pape de rétablir les annates. On ne doit donc pas être surpris que cet usage se soit maintenu dans diverses provinces du royaume.

Le *déport* est tel en Normandie que pendant l'année qu'il dure, les fruits de la cure vacante ne peuvent être saisis, même pour les réparations de l'église paroissiale : c'est ce qui a été jugé le 3 août 1620, en faveur de M. l'évêque de Bayeux. Cet arrêt est cité par Brodeau sur Louet, *lettre D, som. 62*. Le droit de *déport* est si solidement établi dans cette province, qu'on n'a pu jusqu'ici l'abolir, malgré les atteintes qu'on y a portées. Le parlement de Rouen en demanda inutilement la suppression, par son arrêt rendu le 20 mars 1661, lors de la

vérification de l'ordonnance d'Orléans. Cet arrêt porte « qu'outre le contenu du second article de » ladite ordonnance concernant la suppression des » annates, le roi sera supplié de faire cesser & » supprimer les *déports* qui se prennent sur les bé- » néfices-cures en Normandie ».

On ne peut citer aucune loi postérieure qui ait aboli cet usage; il paroît même avoir été confirmé comme une louable coutume, par l'ordonnance de Blois, *article 51*, par l'édit de Melun, *article 27*, & par l'article 15 de l'édit des portions congrues de 1768.

Nous devons ajouter qu'on voit dans un concile provincial de Rouen, tenu en 1522, §. *des déports*, qu'on proposa de donner pour ce droit une pension aux évêques, afin de les engager à y renoncer, ou du moins pour les déterminer à laisser une partie du revenu pour la subsistance du bénéficier; mais on ne trouve aucune preuve que ce projet ait été adopté. On ordonna seulement dans ce concile que le titulaire qui desserviroit le bénéfice pendant l'année du *déport*, auroit une portion congrue. Ainsi, on peut dire que le droit de *déport* est fondé sur une possession immémoriale, & que cette possession a toujours été respectée.

On trouve dans les archives de l'archevêché de Rouen plusieurs titres qui établissent l'ancien usage de jouir par les prélats & leurs archidiacres, du *déport* des cures vacantes.

« Le premier de ces titres est un acte fait en 1227, » lors de l'union de l'église des Creus, doyenné » de Meulan, par Thibaut, archevêque de Rouen, » à l'abbaye de Sery, ordre des prémontrés, dio- » cèse d'Amiens, par lequel il est démontré que » les religieux & l'abbé de ladite abbaye s'obli- » gent de payer le *déport*; le cas arrivant de la va- » cance de la cure, ou par la mort, ou par la dé- » mission du titulaire, soit enfin par résignation, » permutation & autrement. Dans un autre titre » de l'année 1249, portant union de l'église de » Fauville au prieuré de la Magdeleine de Rouen, » confirmé par Odo Rigaut, alors archevêque, » il est dit que la coutume du diocèse étant que » l'archevêque & l'archidiacre eussent le *déport* des » cures vacantes, les deux tiers appartenoient à » l'archevêque & l'autre tiers à l'archidiacre, afin » de les indemniser l'un & l'autre de la remise » qu'ils faisoient de leur droit de *déport* sur ladite » cure, le prieur & le couvent s'obligent de leur » payer douze livres de rente annuelle, savoir, » huit livres à l'archevêque & quatre livres à » l'archidiacre.

» Un autre titre est le concordat fait entre l'ar- » chevêque de Rouen, l'abbé & les religieux de » S. Ouen, en 1257 : cet acte fait mention du » *déport* comme d'un droit ancien & usité dans » tout le diocèse. Par ce concordat, il paroît que » le pape ayant accordé un indult à cette abbaye, » pour qu'il fût permis aux religieux & à l'abbé, » pour l'acquit de leurs dettes, de prélever sur » les

» les bénéfices vacans qui dépendent de l'abbaye,
» jufques à la concurrence de 500 marcs fterlings,
» l'abbé & les religieux confentirent que leur in-
» dult ne pût avoir lieu qu'après l'année du *déport*,
» perçue par l'archevêque & fon archidiacre.

» L'archevêque de Rouen confentit, de fa part,
» que lefdits abbé & religieux de S. Ouen priffent
» fur l'églife paroiffiale de l'abbaye, & fur la cure
» de Saint-Vivien, une penfion annuelle.de cent
» livres, favoir, trente livres fur la paroiffe, &
» foixante-dix livres fur la cure.

» Un autre titre eft l'acte d'union de la cure de
» Fréville, doyenné de Saint Georges, au prieuré
» de Mont-aux-malades de Saint Auguftin, faite par
» Guillaume de Flavacour, archevêque de Rouen,
» en 1281, dans lequel on parle du *déport*, comme
» d'un droit établi & perçu depuis un temps im-
» mémorial dans l'archevêché de Rouen. L'arche-
» vêque & l'archidiacre du lieu, pour la ceffion
» & la remife de ce droit, retiennent fept livres
» dix fols de rente annuelle fur la cure de Fréville,
» que le prieur & le couvent s'obligent de payer
» tous les ans aux deux fynodes.

» Il exifte dans la facriftie de l'églife métropo-
» litaine de Rouen un ancien manufcrit dans lequel
» on trouve une déclaration du chapitre, datée du
» lendemain de la fête de Saint Martin de l'année
» 1299, qui fournit une nouvelle preuve de l'an-
» cienneté du droit de *déport* ».

Voici le fujet de la querelle qui donna lieu à
cette déclaration. Pierre de Nonancourt, archidiacre, avoit joui du *déport* des cures qui avoient
vaqué fous fon prédéceffeur. Cet ancien titulaire
répéta les fruits du *déport*, que Pierre de Nonancourt prétendit lui appartenir, fur le fondement
que la perception des *déports* des cures vacantes
fous fon prédéceffeur ne pouvoit avoir lieu en
faveur de l'ancien titulaire, dans un temps où il ne
poffédoit plus l'archidiaconé. Sur cette conteftation,
il intervint un acte du chapitre qui affigna à l'archidiacre les fruits du *déport* des cures vacantes
depuis le temps feulement qu'il étoit revêtu de cette
dignité.

En l'année 1327, Guillaume de Durfort, archevêque de Rouen, lors de l'union de l'églife de
Bléville, doyenné de Saint Romain, au prieuré
du Val-aux-malades, confirma l'ancienneté de l'ufage
du *déport*; puifqu'en déclarant cette cure exempte
de ce droit, il fe réferva douze livres de rente
annuelle; favoir, huit livres pour lui, & quatre
livres pour l'archidiacre du lieu.

En l'année 1333, Roger, archevêque de Rouen,
en uniffant l'églife paroiffiale de Formerot, doyenné
du Pont-Audemer, à l'abbaye de Jofaphat-lez-
Chartres, ordre de Saint Benoît, retint, pour fe
dédommager de la perte du droit de *déport* fur cette
cure, pour lui & fes fucceffeurs, une rente annuelle
de quinze livres, & il déclara que la vicairie perpétuelle feroit fujette au droit de *déport*, comme
les églifes de la ville & diocèfe de Rouen.

Jurifprudence. Tome III.

Dans l'acte d'union de la cure de Notre-Dame-
des-champs, doyenné de Gamaches, au chapitre
de Bayeux, faite en 1391, le chapitre de Bayeux
s'obligea de payer tous les ans, pour tenir lieu de
déport, la fomme de quatre livres à l'archevêque,
& de deux livres à l'archidiacre, & de fournir au
vicaire perpétuel une portion des fruits & revenus
de la cure.

Lorfqu'il fut queftion de réunir l'églife de Sainneville, doyenné de Saint Romain, au collège de
M. Gervais, Emery, évêque de Paris, après l'information, ne put paffer outre, à l'exécution de
la bulle d'union, fans avoir traité pour le droit de
déport. L'arrangement fut fait à condition que l'archevêque de Rouen percevroit à l'avenir fix livres
de rente annuelle fur la cure de Sainneville, pour
tenir lieu du *déport*; & l'archidiacre trois livres.
L'acte qui contient ces conditions eft du 10 avril
1374.

Dans l'acte d'union de l'églife de S. Euftache en
la Forêt, doyenné de S. Romain, au prieuré du
Val-aux-malades, qui a pour date le 28 avril 1387.
Guillaume de Leftranges, archevêque de Rouen,
fe réferva, au lieu du *déport*, une penfion annuelle
de neuf livres; favoir, pour lui fix livres, & trois
livres pour l'archidiacre.

On trouve la même condition dans l'acte d'union
de l'églife paroiffiale de S. Martin de la Poterie,
doyenné de S. Romain, au prieuré de Notre-Dame
Dubofque, ordre de S. Benoît, de l'année 1387.
Le même archevêque de Rouen fut commis pour
l'exécution de la bulle de Clément VII; & l'abbé
& les religieux de Valmont donnèrent pouvoir
au prieur & aux religieux de S. Martin, de confentir la réferve de trois livres de penfion; favoir,
deux livres pour l'archevêque, & une livre pour
l'archidiacre, pour tenir lieu du droit de *déport*; &
à la charge que la vicairie perpétuelle demeureroit
fujette au *déport* comme les autres bénéfices du
diocèfe.

Après la mort de Guillaume de Leftranges, il
s'éleva une conteftation entre fes héritiers, les
exécuteurs de fon teftament, Guillaume de Vienne
fon fucceffeur, & les collecteurs des annates de
Clément VII, pour la perception des *déports* des
cures qui avoient vaqué dans le temps où Guillaume de Leftranges étoit encore vivant. Chaque
partie prétendoit avoir le droit d'en percevoir les
fruits. Charles VI donna, en 1389, des lettres-
patentes par lefquelles il maintint les héritiers &
les exécuteurs teftamentaires. Ces lettres font en
original dans les archives de l'archevêché de Rouen;
& il eft important d'obferver qu'on y a rappellé
tous les titres qui établiffent l'ancien ufage du *déport* en Normandie, & les différens actes qui l'ont
confirmé. L'archevêque de Narbonne écrivit de
même, de l'ordre exprès de Clément VII, une
lettre aux collecteurs & fous-collecteurs des annates,
fur les plaintes que Guillaume de Vienne avoit
portées contre eux, parce qu'ils vouloient prendre

les annates du pape dans la première année de la vacance des bénéfices, & avant le *déport*; par cette lettre, l'archevêque de Narbonne leur déclara que la volonté du pape étoit que l'archevêque de Rouen jouît de son droit pendant la première année de la vacance des bénéfices, & qu'ils ne perçussent l'annate de la chambre apostolique que l'année suivante, & après la perception du droit de *déport* dû à l'archevêque. Cette lettre est du 8 mars 1394.

Après avoir rapporté les titres qui établissent l'ancien usage du *déport* dans la province de Normandie, avant la publication de la pragmatique, il nous reste à rappeler ceux qui attestent que ce droit a toujours été perçu depuis cette époque.

Les archives de l'archevêché de Rouen sont remplies de *cartulaires*, qui contiennent les comptes rendus d'année en année depuis un temps immémorial. On voit dans ces comptes que la recette des *déports* fait la portion la plus considérable des revenus de l'archevêché. On trouve aussi dans les registres des officialités une multitude de sentences d'adjudication de *déports*.

Si le *déport* a pour base une foule de titres particuliers, & une possession qui se perd dans la nuit du temps, il a encore été confirmé par la jurisprudence.

Forget, dans son *Traité des personnes & des choses ecclésiastiques*, chap. 41; Blondeau, dans sa *Bibliothèque canonique*, au mot *Déport*; Tournet, dans son *Recueil d'arrêts*, lettre D, n°. 80; Chopin, dans sa *Police ecclésiastique*, liv. I, tit. 8, n°. 9 & 10, & liv. 3, n°. 5, rapportent plusieurs arrêts; mais comme Brodeau sur Louet, *lettre D*, som. 62, n°. 6, en a fait un précis, nous croyons qu'il suffit de transcrire les expressions dont cet auteur se sert : « En toute la Normandie (dit-il) le *déport* a lieu & se lève indistinctement, non-seulement en cas de décès, mais même de résignation en faveur & démission pure & simple, comme il est remarqué à la glose de la *Pragmatique-sanction*, *titre des Annates* ».

Cet auteur ajoute que « ce droit de *déport* en Normandie, qui se lève par les évêques diocésains pour les deux tiers, & par les archidiacres pour l'autre tiers, a été confirmé par arrêt du parlement de Paris, donné au profit de M. Jacques Dangennes, évêque de Bayeux, contre M. Taron, prieur-curé de S. Vigor-le-Grand, le 7 mars 1617, sur les conclusions de M. l'avocat-général Servin, par lui insérées au cinquième volume de ses plaidoyers, plaidoyer 5. Ce magistrat allégua pour fondement de ces conclusions quatre arrêts, deux du parlement de Rouen, l'un de l'an 1517, portant que le fermier des terres dépendantes d'un bénéfice cure, situé dans le diocèse de Rouen, tombé en *déport*, seroit tenu d'en laisser la jouissance au déportuaire, en lui rendant les labours & semences; l'autre du 19 février 1576, au profit

de M. Bernardin de Saint-François, évêque de Bayeux, demandeur pour raison du *déport* de la cure de S. Oüen-des-Perriers en Bessin, vacante par la résignation d'un sieur Aubert, contre le sieur Jean de la Loude son successeur, & cita deux autres arrêts rendus au grand-conseil, le premier du 20 février 1585, en faveur de M. l'évêque de Séez; l'autre du 13 novembre 1586, en faveur de M. l'archevêque de Rouen; » Le même auteur ajoute encore qu'en Normandie, les bénéfices, tant cures qu'autres, sont d'un bon revenu; c'est pourquoi (dit-il) le droit de *déport* y a été favorablement reçu pour aider à entretenir la dignité des évêques, lequel droit est fondé en usage & possession immémorials. Ce droit en Normandie est si favorable, que pendant l'année d'icelui, les fruits de la cure ne peuvent être saisis, même pour les réparations de l'église paroissiale, comme il a été jugé au profit de M. l'évêque de Bayeux, par arrêt infirmatif de la sentence du bailli de Caen, le 3 août 1620 ».

Parcourons maintenant les différens genres de vacance des bénéfices qui peuvent donner ouverture au droit de *déport*.

La glose, sur la pragmatique-sanction, au mot *Permutation*, *titre des annates*, examine si le *déport* doit avoir lieu dans la vacance pour cause de permutation. Après avoir traité l'affirmative & la négative de cette proposition, elle décide qu'il ne doit point, selon l'exacte équité, avoir lieu dans ce cas, & elle cite à l'appui de cette décision plusieurs dispositions du droit canonique, qui ont déchargé de l'annate les bénéfices; mais elle ajoute *que le contraire est observé en Normandie*.

La jurisprudence du parlement de Paris n'est pas conforme à celle du parlement de Rouen. Soëfve rapporte en effet un arrêt du 3 décembre 1664, qui a jugé qu'il n'y avoit pas lieu au droit de *déport* réclamé par le chapitre de Lizieux, à cause d'une permutation faite par un chanoine de cette église, quoique le chapitre soutînt être fondé en privilège & en possession de prétendre ce droit, lors de la vacance des bénéfices qui dépendoient de lui.

On trouve un autre arrêt du parlement de Paris, du 17 décembre 1652, dans le journal des audiences, par lequel les archidiacres de Soissons ont été maintenus dans la jouissance du droit de *déport* sur toutes les cures régulières & séculières, excepté celles dont les titulaires auroient été pourvus par permutation ou résignation.

Hévin, dans ses remarques sur le *Recueil des arrêts du parlement de Bretagne*, par Frain, *tome premier*, *page 184*, dit : « qu'en Bretagne il n'y a point d'autres annates ou *déports* que ceux qui sont dus à quelques fabriques des églises cathédrales, pour être employés aux réparations desdites églises; & que le motif des bulles qui autorisent ce droit, est fondé sur ce que ces

» églifes font fituées dans le voifinage de la mer,
» ce qui les expofe à de fréquentes réparations.
» C'eft aux églifes ainfi fituées, qu'on doit attri-
» buer ce que dit M.' Louet, lettre D, n°. 62,
» qu'en Bretagne, la plupart des chapitres font
» fondés à percevoir des droits d'annates ».

Cependant la perception n'y eft pas uniforme,
& elle n'a pas lieu pour tous les genres de vacances, à moins que le titre ne le porte expreffément.
Le même auteur ajoute que cette efpèce de déport
ne fe lève qu'après avoir laiffé la portion congrue
au pourvu. C'eft ce qu'a jugé le parlement de
Rennes, par un arrêt du 17 août 1657, rendu
entre le chapitre de S. Malo & le vicaire perpétuel de Migni, qui avoit joui jufqu'alors par un
concordat, d'une fomme plus confidérable que la
portion congrue. Les prélats voulant étendre leurs
droits de déport, ont prétendu qu'ils devoient jouir
de ce droit à toute vacance. Ils ont même foutenu
que lorfqu'une cure vaquoit plufieurs fois pendant
une année, par différentes réfignations ou permutations, il leur étoit dû autant de déports qu'il y
avoit eu de vacances; mais c'eft un principe certain qu'on ne peut percevoir deux déports pendant
deux années confécutives, parce qu'il n'eft dû
qu'un feul déport, quoique dans une même année,
& même avant la fin de celle du déport, le bénéfice ait vaqué plufieurs fois. Ce principe eft
fondé fur la pragmatique, au titre des annates;
& la glofe au mot folvatur, le décide formellement. C'eft auffi le fentiment de Pinfon, dans fes
annotations fur cette glofe. Plufieurs auteurs, entre
autres Pontanus fur la coutume de Blois, font du
même avis. Ainfi, quoiqu'un bénéfice ait vaqué
deux fois dans une année, l'évêque ne peut prétendre qu'un feul déport. C'eft encore l'avis de
Forget dans fon Traité des perfonnes & des chofes
eccléfiaftiques; & de Blegnian dans fa Pratique bénéficiale.

On trouve dans les nouveaux Mémoires du clergé,
tome premier, page 1859, un arrêt du 30 décembre
1675, par lequel il a été jugé que dans le cas d'une
double vacance d'une même prébende de l'églife
de Paris, l'abbé de Saint-Victor ne peut prendre
qu'un feul droit de vacance; & qu'à l'égard de
l'annate, il n'en eft point dû deux dans le cas de
double vacance durant le cours d'une année.

Les deniers des annates du chapitre de Rouen
appartiennent à la fabrique, & doivent être employés aux réparations & aux ornemens de l'églife,
& non à groffir le revenu des canonicats.

L'annate ne fe paie à Rome qu'une fois; enforte que fi le titulaire mouroit dans la même
année, il n'y auroit qu'une annate; & s'il y avoit
des bulles expédiées, le fecond pourvu feroit
affranchi de cette dépenfe, il n'auroit que les
frais des régiftrateurs, fcripteurs & autres officiers qu'il
faudroit payer.

On a agité la queftion de favoir fi l'adjudicataire
du déport étoit obligé d'exécuter les baux du do-

maine de la cure, faits par le curé décédé; & cette
queftion a été décidée en faveur de l'adjudicataire.
Forget, dans fon Traité des perfonnes & des chofes
eccléfiaftiques, chap. 41, n. 7, rapporte en effet
un arrêt du parlement de Rouen, du 12 mai 1517,
par lequel « il a été jugé, après des informations
» faites fur l'ufage allégué, que le fermier des
» terres ou domaines des bénéfices en déport dans
» le diocèfe de Rouen, étoit tenu de laiffer la
» terre & l'ufufruit au déportuaire, quoique le
» fermier eût fait les labours, & employé les en-
» grais & femences fur la terre, & que le dé-
» portuaire feroit tenu feulement de rendre au
» fermier fes cultures, labours, femences &
» engrais.

» Mais (dit Routier) comme cette jurifprudence
» n'eft fondée que fur l'ufage établi au diocèfe de
» Rouen, il femble qu'elle ne doit point tirer à
» conféquence pour les autres diocèfes de la pro-
» vince, à moins que le même ufage n'y foit
» établi; 1°. en ce que le propriétaire même n'eft
» pas recevable à dédommager fon fermier pour
» les héritages de la campagne; 2°. parce que le
» fucceffeur par mort, qui n'eft point obligé d'en-
» tretenir le bail de fon prédéceffeur, s'y trouve
» obligé pour l'année courante; 3°. parce que
» par les édits portant création des économes fe-
» queftres, des mois de décembre 1691 & mars
» 1708, il eft porté qu'ils feront obligés d'entre-
» tenir les baux faits par le dernier poffeffeur du
» bénéfice pour l'année courante ».

On a fouvent élevé des difficultés pour favoir
devant quels juges on devoit porter les conteftations concernant les déports; mais c'eft un principe
certain que la compétence de ces différends appartient au juge royal, & non à l'official, quoique
l'adjudication puiffe être faite devant le juge eccléfiaftique.

Lorfque l'adjudication eft faite en Normandie,
après la S. Jean-Baptifte qui fuit l'ouverture du
déport, on ne l'envifage que comme un marché,
parce qu'alors les fruits font réputés meubles par
la coutume; c'eft pourquoi la ceffion en peut être
faite fous fignature-privée, & le droit de contrôle
n'en peut être exigé que conformément à l'article
61 du tarif du 29 feptembre 1722. C'eft ce qui
réfulte d'une décifion du confeil du 18 feptembre
1728.

Mais fi cette ceffion a lieu avant la S. Jean,
on la confidère comme un bail, & le droit du
contrôle en eft dû fur le pied réglé par l'article 15
du tarif.

Quand l'adjudication fe fait devant l'official ou
le vice-gérent, c'eft un acte volontaire du genre
de ceux qui peuvent être faits pardevant notaires:
ainfi le greffier eft obligé de la faire contrôler dans
la quinzaine. Le confeil l'a ainfi décidé le 29 juillet
1747, contre le fieur Philippe, greffier de l'officialité de Séez.

Une ordonnance de l'intendant de Rouen, du

15 novembre 1749, a enjoint au greffier de l'officialité d'Evreux, de remettre au fermier du domaine un état des adjudications de *déport*, faites devant l'official, pour en être les droits de contrôle acquittés : il a d'ailleurs été ordonné au même greffier de faire contrôler à l'avenir ces adjudications dans la quinzaine, & d'en payer les droits sous peine de nullité, & de 200 livres d'amende pour chaque contravention : la même ordonnance a en outre fait défense, sous les mêmes peines, au greffier des insinuations ecclésiastiques, d'insinuer ces sortes d'actes avant qu'ils aient été contrôlés.

Deux arrêts du conseil des 8 juin 1706, & 10 février 1711, ont déchargé les adjudicataires des fruits & droits de *déport* dans les diocèses de Rouen & de Séez, du paiement des sommes auxquelles ils avoient été imposés aux rôles des tailles, ou autres impositions, pour raison de leurs adjudications. Et par un autre arrêt du 19 septembre 1724, revêtu de lettres-patentes du 14 janvier 1725, enregistrées à la cour des aides de Normandie, la même chose a été décidée en faveur des adjudicataires du droit de *déport* dans le diocèse d'Evreux, à condition que l'adjudication n'auroit lieu qu'après la S. Jean-Baptiste, postérieure à l'ouverture du *déport*, attendu que le jour où les fruits sont réputés meubles en Normandie, & qu'il ne s'agit par conséquent que d'adjudications purement mobiliaires.

Il résulte par conséquent de ces arrêts que l'adjudication d'un *déport*, faite après que les fruits sont réputés meubles, est un simple marché ; & que quand elle a lieu avant cette époque, on doit la considérer comme un bail qui assujettit le preneur aux règles ordinaires établies pour les baux des revenus des gens de main-morte.

Le curé titulaire ne peut pas prétendre la préférence du *déport* après le bail ou l'adjudication, quoiqu'il offre le tiercement, parce que la lésion n'a point lieu dans ces sortes de baux, quand elle seroit *ultra dimidiaire*.

C'est ce qui a été jugé le 3 avril 1664, par un arrêt que rapporte Basnage, sur l'article 3 de la coutume de Normandie. Par cet arrêt, il fut ordonné que le bailli connoîtroit de la contestation, & non l'official, dont la procédure fut cassée ; il fut dit en outre, que le curé ne pouvoit demander la préférence, & qu'il avoit seulement le droit d'être préféré pour la desserte.

Quant à la durée du *déport*, elle dépend de l'usage particulier des diocèses. A Paris, les archidiacres prétendent le droit de *déport* sur toutes les cures qui vaquent depuis le jour des cendres jusqu'au jour de Sainte-Croix.

Dans la plupart des autres diocèses où le *déport* a lieu, il ne commence qu'au mois d'avril ; mais il ne subsiste que pendant la vacance, c'est-à-dire, jusqu'à ce que le bénéfice soit rempli, & que le titulaire ait pris possession. Quand il y a un litige

sans fraude, le *déport* ne subsiste que jusqu'à la recréance.

En Normandie, dans tout genre de vacance indistinctement, le *déport* dure un an ; c'est-à-dire, que l'évêque pour les deux tiers, & l'archidiacre pour un tiers, jouissent pendant une année entière de toutes les dîmes, profits, fruits, revenus & émolumens des bénéfices-cures qui deviennent vacans, & qui sont sujets à ce droit. Les cures de la ville & des fauxbourgs d'Evreux sont exceptés de cette règle ; le *déport* n'y a lieu que pendant six semaines.

Le commencement de la jouissance de l'année du *déport*, se règle en Normandie sur les différens usages des diocèses. L'année du *déport* commence dans le diocèse de Rouen la veille de Noël, & finit le même jour de l'année suivante. Il faut excepter de cette règle les cures de la ville de Rouen & du Vexin françois, où le *déport* commence le jour même de la mort du titulaire.

Dans le diocèse d'Evreux, l'usage est de fixer l'ouverture du *déport* au dimanche appelé *lætare*, & de le finir le même jour de l'année suivante.

A l'égard des autres diocèses, tels que Bayeux, Séez, Lizieux, Coutances, Avranches, le *déport* commence & finit la veille de la Circoncision dans les uns, & la veille de Pâques dans les autres.

C'est un principe certain que les fruits des bénéfices-cures sont acquis aux héritiers des titulaires décédés après le dimanche de Pâques, jour auquel ces titulaires gagnent les fruits de leurs bénéfices ; mais dans ce cas, les héritiers sont obligés de faire desservir les bénéfices jusqu'à la veille de Noël. Si le curé décède entre Noël & Pâques, & avant d'avoir acquis les fruits de son bénéfice à ses héritiers, dans ce cas, l'année du *déport* est ouverte du jour de son décès au profit de l'évêque & de son archidiacre, & ce sont eux qui sont obligés de faire desservir le bénéfice-cure.

En matière de vacance par démission pure & simple, dès l'instant qu'elle est admise par le supérieur, le *déport* est ouvert, & l'archidiacre est obligé de faire desservir le bénéfice.

On suit la même règle dans le cas de la résignation en faveur & de la permutation, quand le résignataire ou le co-permutant a pris possession du bénéfice résigné ou permuté.

En Normandie, le droit de *déport* se donne à l'encan au plus offrant & dernier enchérisseur ; ce qui s'appelloit autrefois *subhastation*. On trouve ce terme fréquemment employé dans les anciennes provisions, pour signifier l'exemption du droit de *déport*.

Dumoulin, dans ses notes sur le chapitre quatre des extravagantes, propose la question suivante : « Lequel, du titulaire ou de l'adjudicataire du » *déport*, doit payer pendant l'année du *déport* les » charges ordinaires des bénéfices, telles que les

» décimes & autres charges réelles, & particulié-
» rement les pensions » ?

Ce jurisconsulte célèbre décide que toutes ces
charges doivent être payées par l'adjudicataire du
déport.

En effet, quoique le droit de perception du
déport soit plus ancien que celui de la pension, ce
n'est pas une raison d'en décharger le déportuaire ;
car une pension canonique créée par le supérieur
légitime, & revêtue de toutes les formalités, est
considérée comme une charge du bénéfice : c'est
ce qui a été jugé par un ancien arrêt du parlement
de Rouen du 24 mars 1628, rendu contre le receveur des *déports* de ce diocèse. Ainsi, ceux qui
ont le droit de *déport* ne doivent pas prétendre
être déchargés de la pension, puisque les fruits de
l'année du *déport* ne leur appartiennent qu'aux conditions de payer les décimes, le don gratuit &
les autres charges imposées sur le bénéfice. Aussi
dans le bail ou dans l'adjudication du *déport* a-t-on
soin de charger le fermier déportuaire de toutes
les impositions. Si l'on n'a pas inséré cette clause
dans le bail, l'adjudicataire est pareillement obligé
de payer ; mais il a le droit d'imputer sur le prix
de son bail ce qu'il a payé.

Par arrêt du parlement de Rouen du 29 juillet
1627, il a été jugé que le *déport* étoit dû à celui
qui étoit fermier lors du *déport* échu, & non à
celui qui l'étoit en l'année où les fruits ont été
perçus.

Par un autre arrêt du même parlement du 20
mars 1696, rendu entre M. l'évêque de Bayeux
& madame l'abbesse de la Sainte-Trinité de Caen,
la cure séculière de saint Gilles (sur laquelle M.
l'évêque de Bayeux prétendoit le *déport*) fut déclarée exempte de ce droit, conformément aux
conclusions de M. l'avocat général de Ménibus.
Ce magistrat observa « que le *déport* n'étant fondé
» en Normandie que sur l'ancien usage, il falloit
» que l'évêque, pour y être maintenu, eût joui de
» ce droit sur l'église qu'il lui contestoit ; car on
» n'acquiert point de prescription sans possession ».

Par arrêt du parlement de Paris du 17 mars 1617,
l'évêque de Bayeux a été maintenu dans le droit
de *déport* sur la cure de Saint-Vigor.

Par un autre arrêt du même parlement du 3
décembre 1664, il a été jugé qu'il n'y avoit pas
lieu au droit de *déport* prétendu par le chapitre de
Lizieux, à cause d'une permutation faite par un
chanoine de ce chapitre contre un autre bénéfice.

Il y a en Normandie plusieurs cures régulières
exemptes du droit de *déport*. Nous allons rappeller
les arrêts qui établissent ce privilège.

Par arrêt du parlement de Rouen du 17 janvier
1603, rendu entre D. Antoine Belanger, religieux
de Sainte-Barbe en Auge, prieur de Bray, & le
sieur Jean Longuet, receveur des *déports* du diocèse de Bayeux, une sentence de l'official qui
avoit déclaré ce religieux soumis au droit de *déport*,
fut infirmée.

Par un autre arrêt du même parlement du 6
février 1632, rendu entre Julien Pégat, chanoine
régulier de Saint-Augustin, appellant comme d'a-
bus de la saisie & adjudication du *déport* du prieuré
de Précorbin, faite en l'officialité de Bayeux le
13 octobre 1629, renvoyé en ce parlement par
arrêt du conseil d'état privé du 27 juin 1631, &
Jacques d'Angennes, évêque de Bayeux, on prononça « qu'il avoit été mal, abusivement & nulle-
» ment procédé par l'official de Bayeux ; & cassant
» & annullant l'adjudication du *déport* par lui faite,
» & déclarant ledit dom Pégat, exempt du *déport* ».

Par un autre arrêt du parlement de Paris du 6
mai 1634, entre le sieur Jacques Chalot, pourvu
du prieuré de Saint-Front, appellant d'une sentence
rendue par le bailli d'Alençon, le sieur Noël
Goupil, & le sieur Nicolas Hairol, le premier
official, & le second archidiacre au Mans, l'appellation fut mise au néant, & le sieur Chalot fut
déchargé du *déport*.

Par un autre arrêt du parlement de Rouen du
5 décembre 1689, rendu en faveur de don Guillaume Auffray, religieux régulier de S. Augustin, curé de Tourville, appellant comme d'abus
de l'ordonnance de M. l'évêque de Coutances du
dernier décembre 1688, « il fut dit qu'il avoit été
» mal, nullement & abusivement jugé par l'ordon-
» nance dudit sieur évêque ; ce faisant, ledit Auf-
» fray, curé de Tourville, fut déchargé du droit
» de *déport* & renvoyé desservir ladite cure.

» Enfin, par un arrêt du grand-conseil du 23
» novembre 1708, rendu en faveur du sieur Jac-
» ques Morel, prieur-religieux de l'abbaye de Belle-
» Étoile, commis par le chapitre général de son
» ordre pour poursuivre l'exemption des droits de
» *déport* sur tous les bénéfices dépendans de l'ordre
» des Prémontrés de l'ancienne observance, deman-
» deur en requête & commission du conseil du 17 mai
» 1706, à ce que les bénéfices dudit ordre, dio-
» cèse de Séez, fussent déclarés exempts de tous
» droits de *déport* ; que les baux à ce contraires fus-
» sent déclarés nuls, comme contraires à l'exemp-
» tion immémoriale de son ordre ; qu'enfin les ins-
» titutions & collations de l'évêque de Séez &
» des grands-vicaires, portant que les pourvus des
» bénéfices de l'ordre ne pourroient, sous peine
» de suspense, les desservir sans une commission
» spéciale de lui, évêque de Séez ; le grand-con-
» seil faisant droit sur l'instance, cassa, révoqua,
» & annulla les baux & traités faits pour les pré-
» tendus droits de *déport*, & fit défense au sieur
» d'Aquin, évêque de Séez, ainsi qu'à l'archidia-
» cre, d'exiger les sommes mentionnées dans les-
» dits baux, & renvoya sur les autres demandes
» de Jacques Morel, les parties hors de cour &
» de procès ».

Cette jurisprudence du grand-conseil n'est pas
conforme à celle du parlement de Paris. En effet,
cette question s'étant présentée le 17 décembre
1652, elle fut jugée en faveur des archidiacres

de Soiſſons, ſur les concluſions de M. l'avocat général Bignon. « L'arrêt maintint & garda les ar-
» chidiacres dans la jouiſſance & la poſſeſſion du
» droit de *déport* ſur les cures, tant ſéculières que
» régulières, à l'exception de celles dont les titulaires
» ſeroient pourvus par réſignation en faveur & par
» permutation ».

Cet arrêt ſe trouve au *tome premier, partie première, titre premier, chapitre 3, numéro 14* des anciens Mémoires du clergé. Il eſt rapporté également
par Pinſon dans ſes notes marginales ſur la gloſe
de la pragmatique, *page 112*; dans le Journal des
audiences, *tome premier, livre 7, chapitre 12*; &
dans le Prêtre, *centurie 2, chap. 6.*

Suivant l'uſage de la province de Normandie,
tous les bénéfices-cures ſéculiers ſont ſoumis à ce
droit, s'il n'y a titre contraire émané de l'évêque
& de l'archidiacre, ou à moins qu'ils n'aient une
poſſeſſion immémoriale d'exemption. Mais ce droit
n'a point lieu pour les chapelles, ni pour les bénéfices ſimples, ni pour les hôpitaux. Les titulaires de ces bénéfices jouiſſent des fruits du bénéfice, à compter du lendemain du décès de leurs
prédéceſſeurs. C'eſt ce qui a été jugé par le parlement de Rouen le 20 janvier 1541, au profit
du ſieur de la Boiſſière, nouvellement pourvu de
la chapelle de Notre-Dame, fondée en l'autel de
l'abbaye de Saint-Amand de Rouen.

Il y a cependant pluſieurs bénéfices-cures du
dioceſe de Rouen qui ſont exempts du droit de
déport; tels que Déville, Freſne-l'Archevêque, les
cures d'Alliermont & de ſainte Agathe : l'archevêque étant ſeigneur temporel de ces paroiſſes,
leur fait remiſe du droit de *déport.*

Enguerrand de Marigny, fondateur de l'égliſe
d'Écour, a donné aux archevêques de Rouen &
aux archidiacres du Vexin, un dédommagement
en fonds de terre, pour l'exemption de cette cure.

Les quatre filles de Saint-Vandrille, ſavoir,
Caudebec, Saint-Vandrille, Vençon & Sainte-
Gertrude, ſont auſſi exemptes du droit de *déport.*
Ces égliſes étoient autrefois des chapelles deſſer-
vies par les religieux de l'abbaye Saint-Vandrille.

Les égliſes d'Andely & celle de Veſillon, dont
les archevêques étoient ſeigneurs temporels avant
l'échange qu'ils ont faite avec le roi, jouiſſent de
la même exemption.

Les cures dépendantes de la juriſdiction du chapitre, & celles de l'exemption de Saint-Claude-
le-vieil, ont le même privilège.

Il y a auſſi quelques cures qui ſont exemptes
du *déport*, moyennant une rente annuelle qu'elles
paient à l'archevêque ainſi qu'à l'archidiacre du
canton. Telles ſont les cures de Fauville, Fréville, ſainte Marie-des-champs & autres.

Les cures qui ſont de l'exemption de Fécamp,
ne ſont point non plus ſujettes au *déport*, même
dans le dioceſe de Bayeux.

Il n'a point lieu non plus pour les cures de
l'exemption de Montivilliers.

Il y a auſſi dans le dioceſe d'Evreux quelques
bénéfices exempts du droit de *déport*. Il ne dure
d'ailleurs, comme nous l'avons obſervé, que ſix
ſemaines pour les cures de la ville & des fauxbourgs.

Dans le dioceſe de Paris, il y a pluſieurs cures
exemptes du droit de *déport*. Toutes celles dépendantes de l'abbaye de S. Victor n'y ſont point ſoumiſes, les curés ſont plutôt de ſimples deſſervans
que de véritables titulaires. En 1627, la cure de
Roiſſy en a été déclarée exempte, par arrêt de la
grand'chambre du parlement de Paris. Le 20 août
1712, la même cour a débouté avec dépens le
ſieur Perochel, archidiacre de Paris, d'une demande en paiement du droit de *déport*, formée
contre le curé de Villiers-le-bel. Le ſieur de Ma-
laret, archidiacre, ayant formé la même demande
contre le ſieur Faydit de Terſac, curé de S. Sulpice, en a auſſi été débouté par ſentence des requêtes du palais, du 4 août 1779; le curé de S.
Sulpice ſe fondoit ſur la liberté qu'avoit toujours
conſervé ſon bénéfice pendant qu'il étoit à la pleine
collation de l'abbaye de S. Germain-des-prés. La
tranſaction de 1668, qui l'a fait paſſer entre les
mains de M. l'archevêque de Paris, n'avoit rien
changé à ſon ancien état, & depuis cette époque,
la cure n'avoit pas été plus ſoumiſe au *déport* qu'elle
ne l'étoit auparavant.

Nous finirons par obſerver qu'en matière de
déport, on ne peut point tirer de conſéquence de
ce qui ſe pratique dans un dioceſe, pour établir
une règle dans un autre dioceſe. La raiſon en eſt
que la poſſeſſion qui peut varier dans les différens
dioceſes, & même dans les diverſes paroiſſes d'un
dioceſe, eſt le ſeul principe à ſuivre ſur l'objet
dont il s'agit. C'eſt par conſéquent la poſſeſſion
qui fixe à tous égards le ſort du *déport*. (M. *l'abbé
Bertolio.*)

DÉPORT *de minorité*, c'eſt un droit particulier
aux coutumes d'Anjou & du Maine, en vertu
duquel le ſeigneur jouit pendant une année du revenu du fief de ſes vaſſaux mineurs, de minorité
féodale, lorſqu'ils ne ſont pas en bail, ou garde,
à la charge de donner une partie de ce revenu pour
leur nourriture.

On trouve peu de ſecours pour la connoiſſance
de ce droit dans les auteurs qui en ont traité. On
va tâcher d'en donner une idée plus juſte, en en
cherchant l'origine.

Lorſque la néceſſité de faire le ſervice du fief
pendant la minorité des vaſſaux, eut fait introduire
le droit de *garde* ou *bail*, les gardiens devinrent
les véritables vaſſaux du ſeigneur. Ils étoient obligés
de lui rendre hommage, & ſi la garde tomboit à
une veuve, elle étoit même tenue autrefois de ſe
remarier.

La garde opéroit donc une véritable mutation,
& le gardien devoit en conſéquence l'hommage &
le rachat. On n'exemptoit de cette charge que les

plus proches parens; encore cette exemption n'étoit-elle pas générale, & les père & mère même des mineurs devoient le rachat dans la très-ancienne coutume de Paris. *Voyez le procès-verbal de l'ancienne coutume, sur les art. 2 & 36.*

Le rachat n'étoit pas à beaucoup près la seule charge de la garde. Les gardiens étoient tenus d'élever les mineurs & d'entretenir leurs fiefs en bon état, sans pouvoir recourir aux biens roturiers, quelque mince valeur qu'eussent les fiefs. Enfin ils devoient acquitter leurs dettes, & on leur avoit abandonné, pour cela, les meubles des mineurs.

Toutes ces charges empêchoient souvent les parens d'accepter la garde. Alors le seigneur saisissoit, *par défaut d'homme*, jusqu'à ce que les mineurs eussent atteint leur âge. Mais il n'étoit pas tenu des charges de la garde. Il ne devoit même des alimens aux mineurs, qu'autant qu'il n'y avoit pas des biens roturiers suffisant pour les nourrir.

Pour parer à ces inconvéniens, on imagina divers moyens. Le principal fut d'autoriser les parens à prendre la garde sans profit, c'est-à-dire la tutèle des mineurs, & d'obliger le seigneur à leur donner souffrance. *Voyez la section II de l'article* GARDE NOBLE, *dans le Répertoire universel.*

Dans quelques provinces, & particulièrement dans celles qui touchoient à la Normandie & à la Bretagne, où le droit de garde seigneuriale étoit en usage, les seigneurs ne voulurent pas souffrir que personne prît l'administration des fiefs des mineurs à titre de tutèle ou de curatelle, à moins qu'on ne leur rendît la foi & hommage pour couvrir le fief; & comme cette prestation d'hommage opéroit une mutation, ils exigeoient des tuteurs, le droit de rachat, lorsqu'ils n'étoient pas assez proches parens du défunt pour en être exempts. &

Voilà l'origine du droit de *déport de minorité*, qui n'a pas toujours été borné aux coutumes d'Anjou & du Maine. Il avoit lieu dans plusieurs autres coutumes, quoique ce nom y fût inconnu. L'ancienne coutume de Montargis étoit dans ce cas, & les tuteurs doivent encore aujourd'hui le droit de rachat dans la partie du Berry, qui y est sujette. *Voyez la Thaumassière sur l'ancienne coutume de Montargis, tit. 1, art. 27.*

On trouve à la fin du traité du droit de garde de Renusson, une espèce de déclaration donnée par S. Louis en 1246, touchant le bail & le rachat, dans les coutumes d'Anjou & du Maine. On y voit que le droit de bail avoit lieu en faveur du parent le plus proche, que les mineurs avoient du côté du défunt; que tous ces baillistes devoient le rachat dans les cas où ils le doivent encore dans ces deux coutumes : les pères, mères, frères & sœurs en étoient exempts, mais les maris des filles & des veuves le devoient.

Cette jurisprudence subsista, sans altération, jusqu'à la nouvelle rédaction des deux coutumes en 1509. On avoit seulement exclu du bail les parens collatéraux trop éloignés; mais le rachat étoit tou-

jours dû dans les cas où il l'étoit autrefois, & même à chaque changement de bail : *car tant de bails, tant de rachats*, dit l'ancienne coutume d'Anjou; à plus forte raison étoit-il dû par les tuteurs des mineurs.

Lors de la rédaction de 1509, on conserva le droit de bail aux père & mère des mineurs seulement. Il ne fut donc plus question de rachat en cas de garde; mais on ne changea rien d'ailleurs aux anciens usages relativement au rachat des tuteurs & curateurs. C'est ce qu'on peut voir dans les art. 206, 207 & 208 de la coutume d'Anjou; l'art. 206 dit que le seigneur ne peut saisir avec perte de fruits (*prendre par défaut d'homme*), l'héritage du mineur, sur lui, quand il n'a ni bail, ni tuteur, mais seulement mettre l'héritage en sa main, à la charge d'en restituer les fruits au tuteur, qui sera tenu, de son côté, de lui *faire hommage & servir le fief.*

L'article suivant dit, comme autrefois, qu'après l'hommage, le seigneur *aura les deux parts des fruits d'un an desdites choses hommagées pour le déport*, & l'autre tiers pour la nourriture du mineur, en cas que le bail n'ait pas été recueilli; & qu'il sera tenu de faire nommer des tuteurs aux mineurs si leurs parens ne le font pas.

La coutume du Maine a les mêmes dispositions, si ce n'est qu'elle laisse au juge à fixer ce qu'il faudra pour l'entretien du mineur.

L'article 108 de la coutume d'Anjou ajoute enfin qu'on prélevera ce tiers dans tous les cas, pour la nourriture du mineur, si les biens roturiers ne suffisent pas pour cela.

Il paroit résulter de-là, que le rachat, ou le *déport de minorité* est dû dans tous les cas où le tuteur ou curateur n'est pas assez proche parent du défunt pour en être exempt, parce qu'il y a mutation dans sa personne.

Cependant la plupart des commentateurs des coutumes d'Anjou & du Maine, & Renusson d'après eux, disent que le *déport de minorité* ne peut pas être exigé lorsque les mineurs sont orphelins, & qu'il n'a lieu que lorsque leur père ou leur mère n'ont pas accepté la garde, quoique les art. 84 & 97 de ces deux coutumes exemptent expressément du rachat les pères, mères, frères & sœurs, en y assujettissant tous les autres parens.

Ils pensent encore que pour empêcher le *déport*, il suffit que la garde ait été acceptée, & que le gardien ait fait hommage en cette qualité, quand bien même il se désisteroit ensuite de la garde, quoique ce soit un principe de notre droit, qu'on ne peut pas se désister de la garde quand on l'a acceptée. Ils ajoutent qu'il n'en est dû non plus quand la veuve est privée de la garde pour cause de second mariage. Brodeau cite un arrêt sans date, qui l'a ainsi jugé dans ce dernier cas.

Ces auteurs vont même jusqu'à prétendre que le droit de *déport* est abrogé par non-usage, & il faut avouer que leurs restrictions équivaudroient à-peu-près à une abrogation. Mais on trouve dans le traité des fiefs de Jacquet & dans la collection de Denisart, quatre arrêts des années 1729, 1745, 1747 & 1756, qui ont jugé le contraire, dans les deux coutumes, soit en faveur du domaine, soit en faveur des seigneurs particuliers. Celui de 1745 a été rendu contre M. le duc de la Tremoille, quoiqu'il offrît de constater par acte de notoriété, que le *déport* étoit tombé en désuétude dans la coutume du Maine.

Deux arrêts, l'un sans date, rapporté par Chopin, l'autre rendu au grand-conseil, le 30 mars 1695, ont même adjugé le droit de *déport* aux ducs de Mayenne, contre une veuve, qui avoit accepté le bail de ses enfans mineurs. Ce dernier arrêt se trouve dans le journal du palais, & l'on y voit que les ducs de Mayenne avoient une possession immémoriale, que l'article 74 de la coutume du Maine semble autoriser en pareil cas.

Quant aux restrictions proposées par les commentateurs, elles ne sont fondées que sur la défaveur de ce droit. Mais il faudroit du moins une suite d'arrêts uniformes, ou l'autorité d'un arrêt de réglement, pour être sûr qu'elles doivent prévaloir sur le véritable sens des coutumes.

L'abolition du *déport* est proposée dans l'article 2 des arrêts de Lamoignon, au titre *de la garde.* Il n'y auroit pas d'inconvénient à supprimer ce droit, puisque les seigneurs qui en jouissent, y sont eux-mêmes sujets envers d'autres seigneurs, ou envers le roi, pour le domaine duquel ce droit est d'un produit bien médiocre.

Il n'est pas douteux du moins que le seigneur ne peut jouir du *déport*, qu'autant qu'il a fait nommer un tuteur aux mineurs s'ils n'en avoient pas. Les coutumes lui en imposent l'obligation, & sans cela, il n'y auroit pas de mutation. (*M. GARRAN DE COULON.*)

DÉPORT, (*terme de Palais.*) c'est l'acte par lequel un juge, un arbitre, un expert, ou autre officier commis par le juge, déclare qu'il n'entend point connoître d'une affaire pendante devant lui pour quelque raison particulière qui l'en empêche, comme pour cause de parenté ou alliance, ou parce qu'il a une affaire semblable en son nom.

Il est beaucoup plus séant à un juge de se déporter lui-même, que d'attendre qu'on le récuse. L'ordonnance de 1667, tit. 29, art. 17 & 18, lui ordonne de s'abstenir de juger, lorsqu'il sait des causes de récusation valables contre lui, sans attendre qu'elles lui soient proposées. Mais s'il s'agit du rapport d'un procès entre ses mains, il ne doit s'en déporter qu'après avoir déclaré à la chambre les causes, qui l'empêchent de demeurer juge, & qu'il a été ordonné qu'il s'abstiendra.

DÉPORT, dans la signification de délai, est en usage dans les jugemens, qui prononcent une condamnation, qui doit être exécutée sur le champ. Tel est par exemple, le cas où quelqu'un s'étant rendu coupable d'un délit à l'audience, le juge le

condamne à une amende payable sans *déport*, c'est-à-dire sans délai, sans désemparer.

Une pareille condamnation s'exécute sur le champ, ensorte que si le condamné ne satisfait pas à l'amende, il s'expose à être conduit en prison, pour y rester jusqu'à ce qu'il ait payé. Au reste, cette prononciation n'a lieu que dans des cas extraordinaires, qui exigent célérité, ou un exemple prompt & frappant qui en impose au peuple.

DÉPORTATION, (*Jurispr. romaine.*) c'étoit, chez les Romains, la peine de celui qui étoit condamné à passer dans les isles: cette peine succéda à celle de l'interdiction de l'eau & du feu, & elle étoit égale à la condamnation à perpétuité aux ouvrages publics. Les *déportés* étoient morts civilement; ils perdoient l'honneur & les droits de cité; ils ne pouvoient plus tester, & n'avoient point d'autre héritier que le fisc; ils conservoient cependant ce qui est du droit des gens, & demeuroient obligés pour la partie de leurs biens qui n'étoit pas confisquée. Lorsque le prince accordoit aux *déportats* des lettres de grace & de restitution, ils avoient la liberté de rentrer dans leur patrie, mais ils ne recouvroient pas pour cela l'ordre qu'ils tenoient dans la milice, ni l'honneur, ni les actions antérieures, à moins qu'ils n'eussent obtenu une pleine rémission, & qu'ils n'eussent été réintégrés dans tous leurs biens & droits anciens. Cette condamnation prononcée contre le mari, ne faisoit pas révoquer de plein droit la donation faite à la femme, mais il dépendoit du mari de la révoquer.

La *déportation* étoit différente de la rélégation; la première faisoit perdre les biens, & les droits de cité; la seconde n'ôtoit au condamné, ni les biens, ni le droit de bourgeoisie, ni la faculté de tester: le condamné étoit seulement tenu de se retirer dans l'endroit indiqué par sa condamnation, soit pour un temps, soit à perpétuité. La *déportation* est inconnue dans nos mœurs, elle avoit néanmoins quelque rapport avec le bannissement perpétuel, qui, suivant notre jurisprudence, emporte la mort civile du banni, le prive de tous les droits de famille & de citoyen. *Voyez* BANNISSEMENT.

DÉPORTER, (SE) c'est se départir, se désister d'une chose. *Voyez* DÉPARTIR, DÉPORT, *terme de palais.*

Il y a dans la jurisprudence des Pays-Bas, une particularité remarquable sur la faculté de se déporter.

En tout état de cause, le demandeur peut se *déporter* d'une instance avant le jugement, pour en intenter une nouvelle, soit sous une autre forme, soit devant un autre juge: un appellant peut se *déporter* de son appel. S'il le fait avant que l'appel soit relevé, il ne doit pas l'amende, & le déport peut se faire au greffe du juge dont est appel: après le relief, le déport doit se faire au greffe de la cour, & il est dû moitié de l'amende.

DÉPORTUAIRE, (*Droit canon.*) c'est celui qui jouit

jouit du droit de déport. *Voyez* DÉPORT, *matière bénéficiale.*

DÉPOSITAIRE, est celui qui est chargé d'un dépôt. *Voyez* DÉPÔT.

DÉPOSITION, s. f. (*Droit civil & canon.*) ce mot a une signification très-différente en matière civile, de celle qu'il a en matière canonique, c'est pourquoi nous en traiterons sous ces deux rapports.

DÉPOSITION, (*Droit eccléfiaftique.*) est un jugement canonique, par lequel le supérieur eccléfiaftique dépouille pour toujours un eccléfiaftique de son bénéfice & des fonctions qui y font attachées, sans néanmoins toucher au caractère de l'ordre.

Cette peine ne se prononce que pour des fautes graves ; elle est plus rude que la suspense, qui n'interdit l'eccléfiaftique de ses fonctions que pour un temps.

La dégradation est une *déposition*, mais qui se fait avec des cérémonies particulières, pour effacer le caractère de l'ordre, ce qui ne se fait point dans la simple *déposition. Voyez* DÉGRADATION.

Dans les premiers siècles de l'église, la *déposition* étoit fort commune. Dès qu'un prêtre étoit convaincu d'avoir commis quelque grand crime, comme un affaffinat, une fornication, on le dépofoit, & on le condamnoit à faire pénitence pour le reste de ses jours dans un monaftère.

Les jugemens qui intervenoient dans ce cas, étoient exécutés par provision : l'évêque qui avoit dépofé un bénéficier, pouvoit difpofer de son bénéfice ; mais on permettoit à ceux qui se prétendoient condamnés injuftement, de se pourvoir au concile de la province.

Les évêques, dit un concile tenu en Efpagne, en 590, peuvent donner seuls les honneurs eccléfiaftiques ; mais ils ne peuvent les ôter de même, parce qu'il n'y a point d'affront à n'être point élevé aux dignités, au lieu que c'eft une injure d'en être privé.

Un canon du dixième concile de Châlons, porte auffi que si un prêtre a été pourvu d'une église, on ne peut la lui ôter que pour quelque grand crime, & après l'en avoir convaincu en préfence de son évêque.

On ne connoiffoit point alors de crimes qui fiffent vaquer de plein droit les bénéfices, fans aucun jugement. Dans la fuite, les excommunications, les fufpenfes & les interdits de plein droit étant devenus très-communs, on y joignit la privation des bénéfices ; on en trouve plufieurs exemples dans le corps du droit canonique.

A préfent, la fufpenfe eft une peine beaucoup plus commune que la *dépofition.*

La *dépofition* des évêques eft mife par l'église au nombre des caufes majeures. Les plus anciens monumens que nous ayons fur la manière de juger les évêques, se trouvent dans l'*épître* 55 de S. Cyprien, *ad Cornel.* dans les *canons* 14 & 15 du concile d'Antioche, & dans les *canons* 3, 4 & 7 du concile de Sardique, tenu en 347.

Jurifprudence. Tome III.

Le concile d'Antioche dit que si un évêque eft accufé, & que les voix de ses comprovinciaux foient partagées, le métropolitain en appellera quelques-uns de la province voifine. Il n'eft point parlé de l'appel au pape, lequel ne paroît avoir été introduit que par Ozius, au concile de Sardique, tenu en 347.

Le premier concile de Carthage, tenu en 349, veut que pour juger un évêque, il y en ait douze.

L'ufage de France pour la *dépofition* des évêques, eft qu'elle ne peut être faite directement par le pape, mais feulement par le concile provincial, fauf l'appel au pape. C'eft ce qui a toujours été obfervé avant & depuis le concordat, lequel n'a rien ftatué fur cette matière. (*A*)

En 1727, le concile d'Embrun, préfidé par M. le cardinal de Tencin, fufpendit de ses fonctions d'évêque & de prêtre, M. de Soanen, évêque de Senez. C'eft le dernier exemple que nous ayons de la *dépofition* d'un évêque. M. de Soanen fut exilé à la Chaife-Dieu en Auvergne, & y mourut en 1740, âgé de 92 ans. Ses mœurs, ses vertus & ses talens le rendirent intéreffant dans fa difgrace, & on regretta un prélat auquel il ne manquoit que de penfer comme ses juges fur des queftions que l'on a difcutées de part & d'autre, avec un acharnement peu compatible avec la charité chrétienne. M. de Soanen ne fit point ufage de l'appel au pape, qui lui étoit ouvert, contre le jugement du concile.

Quant aux eccléfiaftiques du fecond ordre, les *dépofitions* font aujourd'hui très-rares. Les évêques font ufage contre eux de la fufpenfe, & par cet adouciffement, ils laiffent aux bénéficiers l'efpoir de rentrer dans leurs fonctions après un temps plus ou moins long.

« La *dépofition* d'un abbé, d'un fupérieur de mo-
» naftère, dit M. Gibert, eft foumife à des rè-
» gles différentes, parce qu'il y a plufieurs fortes
» d'abbés : les uns font exempts, les autres ne le
» font point. Parmi ceux qui font exempts, il y
» en a qui font foumis immédiatement au faint
» fiège, & d'autres qui font foumis à des fupérieurs
» réguliers. Il faut encore obferver qu'il y a des
» abbés nommés par le roi, d'autres qui font
» promis par élection faite avec la permiffion
» expreffe du roi, enfin des abbés électifs, fans
» que leur élection dépende du confentement du
» roi ».

Le canonifte que nous citons, prétend que ces différences exigent des formes particulières ; mais fon opinion n'eft pas fuivie ; on obferve le chap. 8 *de ftatu monachor.* Dans le cas où les abbés exempts ont commis quelque faute qui mérite la peine de *dépofition*, les vifiteurs généraux & les préfidens des chapitres généraux informent contre les coupables, & envoient au pape les informations & autres actes de la procédure, afin qu'il prononce la *dépofition*, s'il la croit jufte. Le chap. 8 *de ftatu monachor.* n'ayant réfervé au pape que la *dépofition* des abbés & des religieux exempts, il en réfulte que les évêques ont le droit de dépofer les abbés & les fupérieurs réguliers qui ne font pas exempts. Si les défordres étoient trop confidérables, & que les fupérieurs des exempts, ayant été avertis, n'y portaffent aucun remède, l'édit de 1695 rend aux évêques le droit de vifite & de correction dans les monaftères, même exempts.

Il eft important d'obferver, par rapport aux abbés & fupérieurs exempts, que fi leur élection a été faite avec la permiffion du roi, ou en pré-fence de fes commiffaires, on ne peut procéder à leur *dépofition* que du confentement de fa majefté.

Le juge royal peut-il prendre connoiffance de la *dépofition* des abbés ? M. Gibert fait dépendre la folution de la queftion de la nature du délit qui donne lieu à la *dépofition*. « Il faut, dit-il, » diftinguer fi c'eft un cas privilégié ou un délit » fimplement commun. Dans la première hypo-» thèfe, le juge royal peut intervenir, par la rai-» fon que les abbés ne jouiffent pas du privilège » des évêques. Dans la feconde, au contraire, il » ne peut prendre connoiffance de la *dépofition* » des abbés, parce qu'elle eft attribuée à leurs » fupérieurs eccléfiaftiques, foit au pape ou aux » évêques ».

DÉPOSITION, (*Droit civil.*) on appelle ainfi la déclaration qu'un témoin fait devant le juge, foit dans une enquête, foit dans une information; d'où l'on voit que la *dépofition* a également lieu en matière civile & criminelle. Les ordonnances de 1667 & 1670, prefcrivent à cet égard les mêmes règles & les mêmes principes.

Suivant ces deux loix, les *dépofitions* doivent conte-nir, à peine de nullité, le nom, furnom, qualité & demeure du témoin, & s'il eft parent, allié, ferviteur ou domeftique des parties.

Les témoins, excepté en matière criminelle le cas de flagrant délit, doivent avoir été affignés, & repréfenter au juge, avant d'être entendus, l'ex-ploit qu'ils ont reçu; & il faut faire mention de cette repréfentation.

Les *dépofitions* de chaque témoin doivent être reçues féparément & fecrétement, excepté dans les affaires fommaires & provifoires, où les témoins adminiftrés par les parties font entendus à l'au-dience.

Les *dépofitions* doivent être faites par la bouche du témoin, fans qu'il puiffe fe faire fuppléer par un fondé de procuration. Cependant fi le témoin eft muet, il peut écrire fa *dépofition* en préfence du juge, & la donner au greffier pour la tranf-crire: s'il eft étranger, fa dépofition fe reçoit par le moyen d'un interprète, auquel le juge fait prêter ferment.

Le juge peut rédiger la dépofition du témoin, mais fans y rien changer, ni l'altérer. Le greffier feul a le droit de l'écrire, ce qu'il eft tenu de faire de fuite & fans interligne.

Le juge, le greffier & le témoin, doivent figner la *dépofition*; approuver les ratures qui s'y trou-vent, parapher chaque page fur laquelle la *dépofi-tion* eft écrite, approuver & figner les renvois s'il y en a, faire mention que lecture a été faite au témoin de fa dépofition, & qu'il y perfifte. Si le témoin ne fait pas ou ne peut pas figner, il eft néceffaire d'en faire mention.

C'eft une règle générale, que tout particulier de quelque état & condition qu'il foit, eft tenu de dépofer, toutes les fois qu'il eft affigné pour déclarer ce qu'il fait des faits dont eft queftion. Cette maxi-me eft fondée fur l'intérêt public, qui exige que tout citoyen rende hommage à la vérité, dès qu'il en eft requis.

La punition du crime & le falut de l'innocence font trop importans, pour que qui que ce foit fe dif-penfe de concourir à cette grande œuvre de la juftice. Un arrêt du parlement de Touloufe a pro-noncé que l'évêque de Carcaffonne avoit eu tort de prétendre que le juge devoit fe transporter chez lui pour recevoir fa *dépofition*. Il eft de la prudence du juge de ne pas abufer de la faculté qu'il a de faire comparoître devant lui des perfonnes éloignées, retenues par des fonctions importantes, & dont le témoignage ne pourroit répandre aucune lumière fur le procès qu'il inftruit.

Cette règle fouffre néanmoins une exception à l'égard des confeffeurs; des confeils, c'eft-à-dire des avocats & procureurs d'une partie; des méde-cins, chirurgiens, apothicaires & fages-femmes, pour les faits relatifs à leur profeffion; du tuteur & du mineur vis-à-vis l'un de l'autre, du père & du fils, du mari & de la femme; & généralement de tous ceux qui n'ont connoiffance d'un fait que fous le fceau du fecret. Mais cette exception n'a plus lieu, lorfqu'il s'agit du crime de lèfe-majefté au premier chef. *Voyez* LÈSE-MAJESTÉ, SECRET.

Pour juger du mérite des *dépofitions*, on a égard à l'âge des témoins, à leur caractère, à la réputation d'honneur & de probité dont ils jouiffent, & aux autres circonftances qui peuvent donner du poids à leur *dépofition*, ou au contraire les rendre fufpectes; par exemple, fi elle paroît fuggérée par quelqu'un qui ait eu intérêt de le faire; ce qui fe peut recon-noître aux termes dans lefquels s'exprime le témoin; à une certaine affectation; à un difcours trop recherché, fi ce font des gens du commun qui dé-pofent.

Les *dépofitions* fe détruifent d'elles-mêmes, quand elles renferment des contradictions, ou quand elles ne s'accordent pas avec les autres: dans ce dernier cas, on s'en tient à ce qui eft attefté par le plus grand nombre de *dépofitions*, à moins que les autres ne méritaffent plus de foi.

Une *dépofition* qui eft feule fur un fait, ne forme point une preuve complète, il en faut au moins deux qui foient valables; ce qui eft conforme à l'axiome de droit, *teftis unus, teftis nullus*.

On doit ajouter plus de foi à deux témoins qui affirment, qu'à plufieurs dont les *dépofitions* font négatives. Car, comme le remarque la *L. 23, c. de prob. cùm per rerum naturam, factum negantis probatio nulla sit*, il est vrai de dire que celui qui nie une chose ne prouve rien. Cependant si une *déposition* négative contient en même temps l'affirmation du contraire, elle peut avoir autant de force qu'une affirmation. On doit en dire autant d'une dénégation qui est restrainte par les circonstances du lieu, du temps & des personnes, parce qu'elle cesse d'être vague.

Une *déposition* fausse dans un point, est censée fausse dans tout le reste, parce qu'un témoin convaincu de faux dans une partie, est par cela même censé coupable de corruption, de dol & de parjure. *Voyez* ENQUÊTE, INFORMATION, TÉMOIN.

ADDITION *à l'article* DÉPOSITION. Les *dépositions*, dans les affaires criminelles, sont d'une telle importance, elles ont une si terrible influence sur l'honneur & la vie des hommes, l'ignorance, la prévention de ceux qui déposent peuvent jetter la justice dans des erreurs si funestes, qu'on ne peut trop apporter de soin pour en écarter les exagérations & le mensonge. Mais que sera-ce, si elles sont reçues par un juge qui soit lui-même animé par le ressentiment & le desir de se venger; qui, au lieu de recueillir tout ce qui seroit à la décharge de l'accusé, ne fasse rédiger que ce qui peut lui nuire?

Un jurisconsulte estimé vient d'indiquer un moyen bien simple de prévenir les effets de cette partialité dangereuse: « Avec quelle légéreté, » dit-il, procède-t-on à la rédaction de l'acte le » plus important, *l'audition des témoins*! Ils vien-» nent déposer dans le secret d'un greffe ou d'un » cabinet, en présence d'un seul juge, ils appor-» tent même quelquefois leurs *dépositions* par écrit. » La tentative de la séduction, ajoute le même » auteur, ne peut-elle pas réussir vis-à-vis d'un » seul homme exerçant en vertu d'un office mo-» dique ou d'une simple commission? Rappellons-» nous que la loi ne donne aux présidiaux la fa-» culté de statuer souverainement qu'avec le con-» cours de sept juges, même sur l'objet d'intérêt » le plus léger. Comment donc a-t-elle pu vou-» loir confier à un seul juge une instruction d'où » dépendent l'honneur, l'état & la vie des citoyens? » car enfin n'est-ce pas cette instruction qui forme » la base des jugemens dans tous les tribunaux? » Nous proposerons donc le concours de trois » officiers, ou d'un juge & de deux gradués, pour » recevoir les *dépositions* des témoins. Si les sei-» gneurs qui font exercer la justice dans leurs » terres, trouvoient qu'il fût difficile de remplir » cette formalité par la disette de sujets, leur juge » seroit autorisé à faire appeler deux gradués des » environs ».

La *déposition* des témoins est dans l'information une lumière que l'on croit très-sûre, & qui malheureusement égare souvent les juges qui la suivent avec trop de confiance. Si l'on vouloit faire attention qu'il y a si peu de gens qui sachent voir & entendre!

Vous qui vous avancez à la voix de la justice, pour lui découvrir la vérité, tremblez. Celle qui vous appelle est armée, mais c'est vous qui lui marquez sa victime & dirigez ses coups. Vous avez entendu des cris, vous êtes accouru, mais le trouble vous agitoit; vous avez vu de loin l'assassin frapper un malheureux qui se débattoit sous sa fureur, & fuir tout sanglant, chargé des dépouilles qu'il emportoit. Quel étoit-il ce meurtrier? êtes-vous bien sûr de le reconnoître, lorsqu'il sera amené devant vous, pâle & timide? ce ne sera plus cet homme féroce, dont l'action vous a fait horreur; il n'aura plus ce geste menaçant, ce visage animé, son attitude ne sera plus la même: défiguré par la frayeur, par l'air qu'il a respiré dans les cachots, comment le reconnoîtrez-vous, au moment où il vous sera confronté? Avec quel sang-froid il auroit fallu l'observer, pour démêler ses traits!

Tant de gens ont entendu ce qui n'a jamais été dit, ont vu ce qui ne s'est jamais fait, que la *déposition* de deux témoins vulgaires devroit peut-être avoir moins de force aux yeux d'un juge qu'un concours de contradictions, de mensonges, dans lesquels s'embarrasse un accusé. Il n'y a là ni erreur, ni prévention, ni faux témoignages, c'est le crime qui se décèle & se trahit lui-même.

Je ne prétends pas dire pour cela que les juges doivent prononcer une peine de mort, & même une peine infamante contre le plus méprisable des sujets, sur des preuves morales. A Dieu ne plaise qu'une pareille maxime soit jamais adoptée, je veux seulement faire sentir que la preuve testimoniale, toute forte, toute décisive qu'elle paroisse, n'est pas la plus lumineuse aux yeux d'un juge, qui, en écartant même la mauvaise foi, les haines particulières, sait que les hommes sont presque toujours trompés par leurs sens. Si l'on veut se convaincre de cette vérité, qu'on lise au *chapitre* 22 de nos *Réflexions philosophiques sur la civilisation*, les détails de l'affaire du malheureux *Cahusac*, condamné à mort sur trois *dépositions*, & depuis réhabilité. On verra combien il est possible que de très-bonne foi des témoins égarent la justice, & lui fassent répandre le sang de l'innocence.

Comme c'est le récolement qui donne à la *déposition* du témoin, une force légale, les juges ne doivent avoir aucun égard à ce qui a été d'abord déposé, si le témoin ne le confirme au récolement. Voilà pourquoi l'article 21 du titre 17 de l'ordonnance de 1670, veut que la *déposition* des témoins décédés avant le récolement soit rejettée; mais par une distinction qui honore le législateur, il est dit que cette *déposition* sera lue lors de la visite du procès, dans le cas seulement *où elle seroit favorable à l'accusé*.

Notre jurisprudence défend aux juges d'interroger les témoins, en procédant à leur audition; la raison de cette défense a pour objet de laisser un libre cours à la *déposition*, & d'empêcher qu'elle ne soit surchargée, aggravée par l'artifice. Sous ce point de vue, on ne peut rendre trop d'hommage à l'esprit qui a dicté cette maxime ; cependant des juges circonspects qui représenteroient à des témoins grossiers & ignorans la nécessité d'être bien certains des faits qu'ils déposent, & qui, avant de faire transcrire leurs *dépositions*, s'assureroient du sens qu'ils attachent aux termes dont ils se servent, ne feroient rien que de très-louable, & pourroient prévenir beaucoup d'erreurs & de méprises. (*Cette addition est de M. DE-LA CROIX, avocat.*)

DÉPOSSÉDÉ, adj. (*Jurispr.*) est celui auquel on a enlevé la possession de quelque chose.

C'est une maxime fondamentale en cette matière, que *spoliatus ante omnia restituendus est* ; ce qui s'entend de celui qui a été *dépossédé* injustement & par voie de fait. *Voyez* COMPLAINTE, POSSESSION, RÉCRÉANCE, RÉINTÉGRANDE.

DÉPÔT, s. m. (*Droit civil.*) ce mot a plusieurs acceptions ; il signifie, 1°. un contrat par lequel on donne une chose en garde à quelqu'un, pour être rendue à la volonté de celui qui l'a donnée : 2°. la chose même donnée en garde : 3°. certains endroits destinés pour y mettre les *dépôts* ordonnés par justice, & les lieux destinés à conserver les actes publics. Nous traiterons du contrat de *dépôt* sous un premier mot, & de la troisième signification du même mot, sous celui de *dépôt public.*

DÉPÔT, (*Contrat.*) c'est un contrat réel, qui tire son origine du droit des gens, par lequel on donne à garder gratuitement une chose, à condition qu'elle sera rendue en nature, dès le moment que celui qui en fait le *dépôt* la redemandera, ou qu'elle sera rendue aux personnes & dans les temps qu'il a indiqués.

Cette convention est du nombre de celles qui se régissent par le droit naturel, & son origine est fort ancienne, car elle a nécessairement pris naissance des besoins des hommes. Dans tous les temps, il est arrivé que plusieurs personnes se sont trouvées dans de telles circonstances, qu'elles ne pouvoient garder les choses qui leur appartenoient ; il a bien fallu alors pourvoir à leur sûreté, en les remettant entre les mains de quelqu'un de fidèle, qui se chargeât de les garder & de les rendre.

Ce contrat est réel, parce qu'il ne peut être formé que par la tradition de la chose qui en fait l'objet. Il est aussi du nombre des contrats de bienfaisance, car il n'a pour but que l'utilité du déposant.

Il est encore synallagmatique, puisqu'il soumet chacun des contractans à des obligations réciproques. Il l'est cependant d'une manière imparfaite, car il n'y a d'obligation principale que celle du dépositaire envers le déposant, & que celui-ci n'en contracte qu'incidemment.

Les jurisconsultes romains distinguoient deux espèces de *dépôt*, le *simple* & le *misérable*. Ils appelloient *dépôt simple*, celui qui se fait sans nécessité, par la seule volonté du déposant ; & *misérable*,

celui qui a pour cause un tumulte, un incendie, une ruine, un naufrage.

Nous avons admis dans nos mœurs cette division du *dépôt*, que nous exprimons par les termes de *dépôt volontaire* & de *dépôt nécessaire* ou *forcé*.

Le *dépôt volontaire*, est celui que l'on fait librement, & entre les mains de telle personne que l'on juge à propos : le *forcé* ou *nécessaire*, est celui qui est fait dans un cas où l'on n'a pas le temps de délibérer, ni de choisir un dépositaire, comme en cas d'incendie, de ruine, de naufrage, &c.

Le *dépôt* est encore forcé, lorsqu'il est ordonné par justice.

La foi du *dépôt* a toujours été sacrée chez toutes les nations, & les Romains étoient si jaloux de la fidélité du *dépôt*, qu'ils vouloient qu'on le rendît à celui qui l'avoit fait, sans aucun examen ; quelques-uns même de leurs jurisconsultes vouloient qu'on rendît la chose déposée, quand bien même on auroit reconnu qu'elle avoit été volée : mais dans ce cas le dépositaire n'est point obligé de rendre le *dépôt* au voleur, il doit au contraire le rendre au légitime propriétaire ; car, comme le dit fort bien la *L. 1, §. 45, ff. depositi vel contra*, si la bonne foi nous oblige de rendre le *dépôt* à celui qui nous l'a confié, la justice qui nous ordonne de rendre à chacun ce qui lui est dû, exige que nous rendions à celui qui a été dépouillé, les objets qu'on lui a enlevés par un crime.

Il est encore une circonstance dans laquelle le dépositaire n'est pas tenu de rendre le *dépôt*, c'est celui où la remise de la chose déposée pourroit porter préjudice au dépositaire ou au déposant.

Supposons, par exemple, qu'on m'ait confié en *dépôt* des armes, & que le déposant vienne les redemander dans un accès de folie ou de frénésie. Dans ce cas, dit Cicéron, *lib. 3 offic. num. 35*, rendre le *dépôt* est un crime, & le retenir est un devoir. Il en seroit de même, ajoute-t-il, si on vous avoit confié une somme d'argent, & qu'on vînt vous la redemander pour faire la guerre à la patrie.

Hors ces cas singuliers, le dépositaire, suivant les loix romaines, ne pouvoit retenir la chose déposée, même sous prétexte des saisies faites en ses mains ; mais comme beaucoup de débiteurs abuseroient de ce privilège pour frustrer leurs créanciers, & déposeroient leurs effets pour les mettre à couvert des saisies, on a obligé avec raison, parmi nous, les dépositaires de garder le *dépôt* jusqu'à ce que le débiteur ait obtenu mainlevée des saisies. Le dépositaire devient alors une sorte de dépositaire de justice, & il doit attendre la décision de la contestation, pour rendre le *dépôt* à celui à qui le juge l'ordonnera. Il en est de même, s'il y a du doute sur le droit de celui qui réclame un *dépôt*, ou si son droit lui est contesté.

Le *dépôt* doit être purement gratuit, car si celui qui fait le *dépôt* en retiroit quelque émolument, ce seroit plutôt un louage qu'un véritable *dépôt* ; & si le dépositaire se faisoit payer des salaires pour la garde du *dépôt*, en ce cas, ce ne seroit plus un simple dépositaire, mais un préposé à gages, dont les engagemens se règlent différemment.

Il n'est pas permis au dépositaire de se servir de la chose déposée, pour son usage, & encore moins de la prêter, louer, engager ou aliéner, car il n'a que la garde du *dépôt*, en quoi ce contrat diffère de deux sortes de prêts appelés chez les Romains *mutuum* & *commodatum*. Ce seroit donc une infidélité de la part du dépositaire, de se servir du *dépôt* ou de s'en dessaisir : il doit être toujours en état de rendre la même chose qui lui a été donnée, les mêmes deniers, le même grain ou vin; il ne peut pas substituer une autre chose à la place, quand ce seroit de la même espèce.

Le dépositaire est tenu d'avoir le même soin pour les choses déposées, qu'il a pour les siennes. Par cette raison, il n'est pas responsable des cas fortuits qui arrivent à la chose déposée, il ne l'est pas aussi d'une légère négligence : mais il est tenu de tout ce qui arrive par son dol, ou par une négligence si grossière qu'elle approche du dol.

Ce seroit, par exemple, une faute inexcusable, s'il ne prenoit pas les précautions que tout autre prendroit : ainsi dans le cas où on lui auroit confié de l'argent ou des diamans, si, au lieu de les mettre dans un lieu de sûreté, il les laissoit à découvert dans un vestibule ou sur une table, il seroit responsable du vol qui en seroit fait.

Si le dépositaire est une personne de peu de sens, un mineur sans expérience, un homme négligent dans ses propres affaires, celui qui lui a confié un *dépôt* ne peut en exiger le soin d'un père de famille soigneux & vigilant : & si le *dépôt* vient à périr par quelque faute que cette personne n'ait pas été capable d'éviter, le propriétaire du *dépôt* doit s'imputer à lui-même d'avoir mal choisi son dépositaire.

Cependant, si le dépositaire, sans en être prié, s'est offert ou s'est chargé lui-même de la garde du *dépôt*, il est tenu non-seulement du dol & des fautes grossières, mais même de la faute légère, car celui qui vouloit déposer, auroit pu en choisir un autre plus sûr. Mais ce dépositaire ne sera pas tenu de ce qui pourroit arriver sans sa faute, par un cas fortuit.

L'héritier du dépositaire est tenu du fait du défunt, même de son dol; mais, si, ignorant le *dépôt* fait entre les mains du défunt, il a vendu la chose déposée avec des objets dépendans de la succession, dans la persuasion qu'elle en faisoit partie, on regarde cet événement comme un cas fortuit, qui le décharge de l'obligation de rendre le *dépôt* en nature, en donnant le prix qu'il en a reçu, sauf néanmoins au propriétaire le droit de revendiquer la chose, entre les mains de celui qui en est saisi.

Régulièrement le *dépôt* ne peut avoir lieu que pour des objets mobiliers, tels que l'or, l'argent, le bled, le vin, des meubles, &c. C'est même ce qu'indique le mot de *dépôt*, tiré du verbe *ponere*, *poser*, qui signifie proprement confier quelque chose à quelqu'un, afin de la retrouver chez lui, lorsqu'on le jugera à propos. Cependant quelques jurisconsultes ont pensé qu'on pouvoit également déposer des immeubles.

Mais cette opinion n'est pas fondée; on peut confier à quelqu'un la garde d'un immeuble & des fruits qui en proviennent; mais alors ce n'est point un *dépôt*, c'est un mandat, parce que celui qui accepte une pareille commission, ne reçoit pas dans sa maison la chose qui lui est recommandée, mais s'oblige seulement à y veiller & à porter ses soins pour sa conservation.

On peut mettre en *dépôt*, non-seulement ce qui appartient en propre, mais encore ce qui appartient à autrui, soit qu'on l'ait en sa puissance de bonne foi, ou qu'on le possède de mauvaise foi. Un voleur peut déposer des effets volés, mais, comme nous l'avons observé plus haut, le dépositaire doit les rendre au légitime propriétaire qui les réclame.

Les conditions sous lesquelles la chose a été déposée, sont ce que l'on appelle *la loi du dépôt*; loi que le dépositaire doit suivre exactement : mais s'il n'y en a point de preuve par écrit, il en est cru à son serment.

Il résulte de cette règle, que le *dépôt* par sa nature, étant une simple garde, la chose déposée doit être rendue dans le lieu où elle est gardée, & que le dépositaire n'est tenu de la délivrer dans un autre endroit, que lorsqu'il s'y est obligé par l'acte de *dépôt*.

Le *dépôt* produit deux actions; l'une que les Romains appelloient *directe*, qui appartient à celui qui a fait le *dépôt*, pour obliger le dépositaire de le rendre; l'autre qu'ils appelloient *contraire*, en vertu de laquelle le dépositaire peut agir contre celui qui a fait le *dépôt*, pour l'obliger de lui rendre les dépenses qu'il a faites pour la conservation de la chose déposée, conformément à cette règle de droit : *officium suum nemini debet esse damnosum. l. 7, ff. quemad. test. aper.*

La condamnation qui intervient contre le dépositaire, pour l'obliger de rendre le *dépôt*, lorsqu'il n'y a point d'empêchement entre ses mains, emporte une espèce d'infamie, y ayant en ce cas de la mauvaise foi de la part du dépositaire.

Le *dépôt* volontaire excédant 100 livres, ne peut être prouvé par témoins, à moins qu'il n'y en eût un commencement de preuve par écrit, suivant l'ordonnance de Moulins, art. 54, & celle de 1667, tit. 20, art. 2.

Mais si l'acte de *dépôt* étoit perdu, la preuve testimoniale de ce fait seroit admissible, à quelque somme que le *dépôt* monte.

On peut aussi, quand le dépositaire nie le *dépôt*, prendre la voie de l'information, parce qu'en ce cas la conduite du dépositaire est une espèce de vol & de perfidie. Cependant, dans ce cas, le juge doit avoir égard aux circonstances particulières : c'est le seul moyen de concilier, à cet égard, la jurisprudence des arrêts, qui ont permis ou refusé la preuve d'un *dépôt* par la voie de l'information, & de la procédure extraordinaire.

Les *dépôts* néceſſaires peuvent être prouvés par témoins, même lorſqu'on n'agit que par la voie ci-wile. *Ordonn. de 1667, tit. 20, art. 3.*

Pour ce qui eſt du *dépôt* fait dans une hôtellerie, il dépend de la prudence du juge d'en admettre ou refuſer la preuve teſtimoniale, ſelon les circonſtances. *Ibid. art. 4.* Mais nous ne pouvons nous empêcher de remarquer que dans cette eſpèce, ainſi que dans les *dépôts* pour cauſe de naufrage, d'incendie, de tumulte ou autres accidens, celui qui nie le *dépôt* commet un crime plus énorme que le larcin; car il foule aux pieds les loix les plus ſacrées de l'amitié, & les plus indiſpenſables devoirs de l'humanité.

Les Piſidiens puniſſoient de mort ceux qui ſe rendoient coupables de ce crime. Les Romains plus ſages, les condamnoient à rendre le double.

Le privilège du *dépôt* eſt ſi grand, que l'on ne peut point y oppoſer certaines exceptions, telles que le bénéfice de ceſſion & les lettres de répi.

La contribution qui ſe fait entre pluſieurs créanciers ſaiſiſſans & oppoſans, n'a pas lieu ſur le *dépôt*, lorſqu'il ſe trouve en nature. *Coutume de Paris, art. 182.*

La compenſation ne peut pas être oppoſée par le dépoſitaire, même de liquide à liquide, à cauſe de la bonne-foi qu'exige le *dépôt*.

La preſcription n'a pas lieu non plus pour le *dépôt* public; mais le *dépôt* particulier peut être preſcrit par trente ans, à moins que l'on ne retrouve encore le *dépôt* en nature, avec la preuve du *dépôt*.

Si le dépoſitaire eſt en demeure de rendre la choſe dépoſée, ſans qu'il y ait aucun empêchement légitime, on peut le faire condamner aux intérêts, du jour de la demande; il eſt même tenu des cas fortuits qui arrivent depuis ſon refus.

Le dépoſitaire néceſſaire peut même être condamné par corps à rendre le *dépôt*. Cette diſpoſition de l'ordonnance de 1667 a fait naître la queſtion de ſavoir: ſi la contrainte par corps peut avoir lieu, pour faire reſtituer à un procureur les deniers, que ſon client lui avoit confiés pour faire des offres réelles? L'affirmative a été jugée par arrêt du 31 août 1682, rapporté au journal des audiences, & par un autre arrêt du 20 mars 1767.

Lorſque le *dépôt* eſt fait ſous le ſceau du ſecret de la confeſſion ou autrement, les héritiers, créanciers ou autres parties intéreſſées, ne peuvent obliger le dépoſitaire à déclarer l'uſage qu'il en a fait; il lui ſuffit de déclarer qu'il s'eſt acquitté ou qu'il s'acquittera du *dépôt* qui lui a été confié, ſuivant les intentions de celui qui le lui a remis.

L'obligation de rendre le *dépôt* s'étend également à tout ce qui en dépend, & en fait un acceſſoire: c'eſt pourquoi, ſi la choſe dépoſée a produit des fruits ou des revenus, le dépoſitaire eſt chargé de les reſtituer avec le principal. Ainſi celui qui prend en

garde un troupeau de brebis, doit rendre la laine & les agneaux qu'il a produits.

Le *dépôt* fait par pluſieurs perſonnes enſemble, s'il eſt ſcellé ou cacheté, ne peut être ouvert & remis qu'en préſence de tous les intéreſſés, & s'il y a des abſens ou des conteſtations entre les préſens, le dépoſitaire ne peut le rendre ou le conſigner entre les mains de la juſtice, qu'en vertu d'une ordonnance du juge. Si le *dépôt*, fait par pluſieurs perſonnes, eſt indiviſible, il ne peut le rendre également qu'à tous enſemble. Mais, il en eſt autrement, lorſque le *dépôt* eſt diviſible, tel qu'une ſomme d'argent, & que les dépoſans conviennent des portions qui appartiennent à chacun.

Dans cette dernière eſpèce, ſi l'un d'entre eux retire la part qui lui appartient, & que le dépoſitaire devienne enſuite inſolvable, ſes co-dépoſans n'ont rien à répéter contre lui, parce que la diligence de celui qui a reçu n'a nui qu'à lui, & que les autres doivent ſupporter l'inſolvabilité du dépoſitaire, ou comme un effet de leur négligence, ou comme un cas fortuit, qui ne peut tomber que ſur eux.

Dépôt *public*. On appelle *dépôt public*, 1°. le lieu deſtiné à mettre les *dépôts* ordonnés par la juſtice. Sous ce rapport, les dépoſitaires publics ſont ceux qui ont la garde de ces *dépôts*, comme les notaires, les commiſſaires aux ſaiſies réelles, les receveurs des conſignations, &c. *Voyez ces mots.*

2°. Les lieux deſtinés à conſerver les actes publics, comme les greffes, les bureaux de contrôle & d'inſinuation, les études des notaires. *Voyez ces mots.* De-là les noms de *dépôt civil*, que l'on donne au greffe civil, où ſe portent les productions des parties dans les affaires civiles, où le rapporteur va s'en charger, & où les procureurs des parties viennent les retirer après le jugement: & celui de *dépôt criminel* où l'on dépoſe les procédures criminelles, & toutes les pièces qui ſervent aux procès des accuſés.

Par édit du mois de juin 1776, enregiſtré à la chambre des comptes le 15 avril 1777, le roi a établi à Verſailles, ſous le nom de *dépôt des chartres des colonies*, un lieu pour la conſervation & ſûreté des papiers publics de la colonie, ſavoir des enregiſtremens des loix émanées de l'autorité ſouveraine, des réglemens faits par les gouverneurs, intendans & conſeils ſupérieurs, des regiſtres des baptêmes, mariages & ſépultures, des actes paſſés pardevant notaires, des jugemens définitifs en matière civile, à l'exception de ceux qui ſont rendus ſur action purement perſonnelle, entre parties préſentes ou domiciliées dans la colonie; des conceſſions des terreins, des actes d'affranchiſſement. Pour cet effet, chacun des officiers de la colonie, dans la partie qui le concerne, doit remettre au greffe de l'intendance ou ſubdélégation de ſa réſidence, deux doubles des actes qu'il a reçus, dont l'un reſte en dépôt dans le greffe, & le ſecond eſt envoyé en France, par les ſoins de l'intendant de la colonie, au ſecrétaire d'état, qui a le département de la marine,

Celui-ci, après avoir vérifié l'envoi qu'il a reçu, le remet entre les mains du directeur du *dépôt général*, qui en reste chargé.

On trouve dans ce *dépôt* les titres qui intéressent le repos & la sûreté des familles, les renseignemens que le grand éloignement ne permet de se procurer qu'avec grande peine, & les preuves de l'existence des personnes qui passent dans les colonies. En effet, les officiers des classes doivent envoyer à ce *dépôt* un double des rôles d'équipages des navires, des noms & qualités des passagers, arrivés de France ou d'autres lieux dans la colonie; les noms des bâtimens sur lesquels ils ont passé, la date de leur arrivée, les noms & qualités de ceux qui repartent avec leur destination, soit pour la France, soit pour une autre colonie, soit pour quelque autre endroit.

Dépôt des loix. M. de Montesquieu, *Esprit des Loix*, liv. II, chap. 4, observe avec raison que, dans une monarchie, où l'autorité est limitée par des loix, il est nécessaire qu'il y ait un *dépôt des loix*, dont les membres veillent à leur conservation, empêchent qu'on ne les enfreigne, qu'on ne les oublie ou que l'on ne les abolisse, par des usages ou par des loix contraires à la constitution de l'état.

Ce *dépôt*, ajoute-t-il, ne peut être que dans les corps politiques, qui annoncent les loix lorsqu'elles sont faites, & qui les rappellent lorsqu'on les oublie. L'ignorance naturelle à la noblesse, son inattention, son mépris pour le gouvernement civil, exigent qu'il y ait un corps, qui fasse sortir sans cesse les loix de la poussière, où elles seroient ensevelies. Le conseil du prince n'est pas un *dépôt* convenable; il est par nature le *dépôt* de la volonté momentanée du prince qui exécute, & non pas le *dépôt des loix* fondamentales. De plus, le conseil du monarque change sans cesse; il n'est point permanent, il ne sauroit être nombreux, il n'a pas à un degré assez haut la confiance du peuple, il n'est donc pas en état de l'éclairer dans les temps difficiles, ni de le ramener à l'obéissance. Ce *dépôt* appartient donc à un corps de justice nombreux & permanent, qui, par la constitution même de l'état, admet dans son sein des citoyens de tous les ordres.

Dépôts des sels, sont les chambres où le sel est mis en *dépôt*, dans les pays où il est marchand. La chambre des *dépôts* est aussi une jurisdiction établie pour connoître des contestations qui peuvent s'élever par rapport à la vente & distribution du sel. Le premier juge de cette chambre s'appelle le *président des dépôts. Voyez* le *Dictionnaire des finances.* (*A*)

DÉPOUILLE *des clercs & bénéficiers*, (*Droit ecclésiast.*) on appelle droit de *dépouille* le droit de recueillir certains biens après la mort d'un ecclésiastique.

Dans les premiers temps du christianisme, les biens que les clercs laissoient après leur décès, appartenoient aux églises auxquelles ils étoient attachés.

On distingua bientôt ceux qu'ils possédoient avant leur ordination, de ceux qu'ils avoient acquis depuis. Ils purent disposer des premiers, mais les seconds devoient rester à l'église. Il paroît que les loix civiles & canoniques avoient également fait cette distinction. *Placuit*, dit le quarante-neuvième canon du troisième concile de Carthage, *ut episcopi, presbiteri, diaconi vel quicumque clerici, qui nihil habentes ordinantur, & tempore clericatus sui agros vel prædia, nomine suo comparant, tanquam rerum dominicarum invasionis crimine teneantur obnoxii, nisi admoniti ecclesiæ eadem contulerint.* Le concile d'Epaone a une disposition à-peu-près semblable. Celui de Paris, de l'an 809, canon 16, porte: *decernimus ut postquam episcopus factus est, quascumque res de facultatibus ecclesiæ, aut suo aut alterius nomine quâlibet ratione comparaverit, ut non in propinquorum suorum, sed in ecclesiæ cui præest jura deveniant, similiter & de presbiteris, qui ecclesiarum rebus quibus præsunt prædia eodem modo emunt, quoniam multos ex eis occasione taliter emptarum rerum, ecclesias expoliasse & se diabolo mancipasse cognovimus.* Les statuts synodaux d'Eudes de Sully, évêque de Paris, &, ceux que l'archevêque de Tolède donna en 1332, contiennent les mêmes défenses. Le concile de Latran de 1179, les renouvella par son quinzième canon. *Clerici quidam bona per ecclesias acquisita in alios usus præsumunt transferre. Hoc igitur quia antiquis canonibus constat inhibitum inhibemus. Indemnitati itaque ecclesiarum providere volentes, sive intestati decesserint sive aliàs conferre voluerint, penes ecclesias eadem bona præcipimus remanere.*

La discipline de l'église sur ce point étoit appuyée sur les loix civiles; Justinien, *cod. de episcop. lib. 1, leg. 33*, la confirme positivement. *Licentiam habeat episcopus, quæcumque ante episcopatum probatus fuerit habuisse & quæcumque post jure cognationis ad eum pervenerint, ad quos voluerit ultimâ voluntate transferre, cæteris rebus alio modo acquisitis ab eo, dominio ecclesiæ reservatis, nisi in utilitatem ecclesiæ vel opera pietatis consumpta sint, eadem distinctione habita in administratoribus cujuscumque loci religiosi.* On ne peut douter que cette loi ne fût suivie en France, comme on le voit par les capitulaires de Charlemagne, *liv. premier, chap. 156: empta per prælatum aut alium clericum beneficiato de reditibus ecclesiæ, nihil de eis disponere possit, nec eas hæredes vindicare, sed tantùm de bonis patrimonialibus, aut aliunde quæsitis, quæ tamen nullis existentibus hæredibus ad ecclesiam spectant.*

Par la suite des temps, les papes, en vertu de ce pouvoir absolu qu'ils s'arrogèrent dans le temporel comme dans le spirituel, prétendirent que les dépouilles des ecclésiastiques leur appartenoient. Charles VI, dans son ordonnance donnée à Paris le 6 octobre 1385, fait une ample description des désordres causés dans les églises du royaume par les collecteurs de la cour de Rome, qui se saisissoient des biens-meubles & immeubles des évêques & des abbés après leur décès. Ce prince ordonne plufieurs précautions pour faire ceffer ces abus. Malgré des lettres-patentes des 20 feptembre 1386, & 7 feptembre 1394, qui furent expédiées pour faire obferver l'ordonnance de 1385, le même prince fut obligé, en 1406, d'en donner une nouvelle, pour réprimer les officiers de cour de Rome, qui continuoient toujours à s'emparer des *dépouilles* des eccléfiaftiques. *Aliqui collectores, & alii officiarii romanorum pontificum, præfertim papæ moderni.... pluribus jugibus & importabilibus fervitutibus oppreßferunt & afflixerunt, potißimè bona prælatorum & virorum eccleßafticorum decedentium, tam fecularium quam regularium quæ fpolia defunctorum interdum nuncupantur, refervando & ufurpando.*

Les troubles du règne de Charles VI, les guerres que fon fils eut à foutenir pour chaffer les Anglois du royaume, firent probablement tomber ces ordonnances en défuétude, ou du moins donnèrent occafion aux officiers de cour de Rome de continuer leurs vexations. Louis XI les réprima de nouveau par des lettres de 1463 & de 1464. Dumoulin, qui rapporte celles de 1464, les appelle *remedium regium contra bullas & litteras apoftolicas fuper fucceßione eccleßafticorum.*

Pendant que nos rois arrêtoient les entreprifes des papes fur le temporel de leurs fujets, il s'introduifoit parmi nous des principes qui tendoient à faire rentrer dans le commerce les fucceffions des eccléfiaftiques. Il paroît par l'ordonnance de 1406, déjà citée, qu'alors les évêques étoient fondés en droit & en coutume de tefter à leur mort, & de nommer des exécuteurs de leurs teftamens. On leur avoit permis depuis long-temps, ainfi qu'aux autres eccléfiaftiques, de difpofer d'une partie de leur mobilier. Infenfiblement cette faculté s'étendit jufqu'à leurs immeubles. On ne diftingua même plus entre leurs biens patrimoniaux & ceux acquis avec les revenus des bénéfices. Et lors de la rédaction de la coutume de Paris en 1511, on y inféra un article qui porte abfolument: « les parens & lignagers des évêques, & autres » gens d'églife féculiers, leur fuccèdent ». Il a été confervé dans la réformation qui s'en fit en 1581. On en a feulement changé l'ordre; c'étoit le 151 de l'ancienne coutume, & il eft le 356e de la nouvelle.

Plufieurs autres coutumes l'ont adopté, & les arrêts ont jugé qu'il devoit s'obferver dans celles qui font muettes à ce fujet, à moins que les bénéficiers, en faifant des acquifitions, n'aient déclaré qu'ils les font de leurs deniers au nom de l'églife; car alors les acquifitions doivent lui appartenir fuivant Dumoulin, dans fa note fur l'article 151 de l'ancienne coutume, & l'arrêt du 10 janvier 1667; mais cette exception n'auroit plus lieu depuis l'édit de 1749.

Malgré les ordonnances de nos rois & les loix du royaume, la cour de Rome a encore fait quelques tentatives dans le dernier fiècle, pour conferver le droit de *dépouille* au moins fur les évêques dont les diocèfes s'étendent dans les pays étrangers. Cette prétention fut le fujet des plaintes portées en 1675, à l'affemblée du clergé de France par les évêques de Vence & de S. Paul-trois-châteaux. Sur quoi le préfident de l'affemblée obferva « que » ce droit *de fpolio* étoit nouveau, & comme il » eft fort odieux, que lorfque la chambre apofto- » lique a voulu l'établir en France, on s'y eft » toujours oppofé; qu'en 1650, feu Mgr. l'évêque » de Vence fut inquiété pour le même droit, mais » qu'à la fin on fe défifta des pourfuites qu'on » faifoit contre lui; & que cette affaire intéreffant » tous les évêques, & fa majefté elle-même, par » la fervitude qu'on veut établir fur des évêques » de fon royaume, la chofe mérite bien qu'on » lui en fît de très-humbles remontrances ». On ne voit pas que depuis ce temps la cour de Rome ait infifté fur fon prétendu droit de *dépouille*. Un appel comme d'abus des procédures de fes officiers, s'ils vouloient aujourd'hui l'exercer, en délivreroit facilement & fûrement les eccléfiaftiques qui feroient inquiétés à ce fujet.

Les évêques, les chapitres & les archidiacres ont auffi tenté de s'emparer de la *dépouille* des clercs; mais leurs prétendus droits ont été abolis comme ceux du pape. Il en refte cependant encore quelques veftiges.

Les archidiacres du diocèfe de Paris, & de quelques autres, prennent une certaine portion des effets mobiliers que les curés laiffent en décédant. Les premiers ont été maintenus par les arrêts des 20 juillet 1684 & 1700, dans la faculté de prendre, tant à la ville qu'à la campagne, le meilleur lit garni du curé décédé, fa foutane, fa ceinture, fon furplis, fon bonnet quarré, fon bréviaire, fon cheval, ou fa mule, s'il en a. Ils leur adjugent de plus la fomme de 3 liv. avec la cire & offrandes qui fe préfentent à l'enterrement, fi ce font eux qui le font; ce qui dépend de leur volonté. Un autre arrêt rendu le 18 mars 1711, leur accorda un privilège pour cette *dépouille* fur les créanciers du défunt, parce que, fuivant la maxime établie par M. de Lamoignon, avocat-général, qui porta la parole dans cette caufe, elle fait partie des droits & frais funéraires qui, felon les loix, paffent avant toutes autres dettes.

Les archidiacres de Saintes ont feulement l'option du lit ou du cheval des curés dépendans de l'évêque; mais ils n'ont aucun droit fur ceux qui dépendent du chapitre, & qui font au nombre de 24.

Quelques doyens ruraux ont voulu, dans le dernier fiècle, s'attribuer un droit fur la fucceffion mobiliaire des curés. Leur prétention a été profcrite par les arrêts des 20 décembre 1600, & 13 décembre 1602, rapportés par Tournet, *lettre A, n°. 136.* Ce dernier fut rendu par forme de réglement au parlement de Rouen, fur le requifitoire du procureur général. Forget, *ch. 28, n°. 3,* dit que les doyens ruraux prétendoient prendre la meilleure

meilleure foutane du curé défunt, ou 10 liv. tournois à la place. Des auteurs affurent que les évêques de Mâcon & de Luçon jouiffent paifiblement de ce droit dans leurs diocéfes.

On comptoit autrefois la *dépouille*, ou fucceffion mobiliaire des évêques décédés entre les fruits qui appartiennent au roi, en vertu de fon droit de régale. On a confervé plufieurs titres anciens qui prouvent que cet ufage a été pratiqué en France. Par une charte de 1147, Louis-le-jeune céda ce droit aux évêques de Châlons-fur-Marne, pour ce qui regarde cette églife, à l'exception cependant du vin, du bled, de l'or & l'argent, qu'il fe referva. Il paroît que cet ufage étoit très-ancien, puifque la charte porte, *juxta vetuftam confuetudinem, & manu & poteftate regiâ retinemus.* On connoît de pareils affranchiffemens du droit de *dépouille*, accordés par nos rois aux églifes de Paris, Mâcon, Chartres, Bourges, Nevers & Arras. Prefque toutes les autres églifes en obtinrent de femblables. Ce ne fut qu'après ces abandons d'une partie du droit de régale, que les papes voulurent s'en emparer, comme on l'a vu ci-deffus. Mais ils furent repouffés par de fages ordonnances, par la faculté qu'on donna aux évêques & autres eccléfiaftiques de difpofer par teftament de leurs biens-meubles & immeubles, & enfin par la loi qui mit dans la même claffe les fucceffions des clercs, & celles des autres citoyens.

Dans l'état actuel des chofes, il n'y a donc plus de droit de *dépouille* en faveur ni des églifes, ni du roi, ni du pape. Il s'en eft feulement conferyé de légères traces dans quelques diocéfes, où les évêques, les archidiacres, ou les chapitres, prennent encore quelque modique portion du mobilier après le décès de certains bénéficiers. Mais, en général, les parens & lignagers des évêques, & autres eccléfiaftiques féculiers, leur fuccèdent, s'ils décèdent *ab inteftat.* Il n'en eft pas de même des eccléfiaftiques réguliers. *Voyez* COTTE-MORTE & PÉCULE.

La politique du gouvernement a beaucoup influé fur les changemens arrivés dans la difcipline de l'églife, par rapport à la *dépouille* ou fucceffion des clercs. Si on eût continué de la laiffer aux églifes, le clergé eût infenfiblement envahi tous les immeubles de l'état. Il n'eût pas moins été dangereux de permettre à une puiffance étrangère d'hériter d'une foule de citoyens, dont la plupart décèdent dans l'opulence.

Au refte, les premières loix eccléfiaftiques fur cette matière étoient très-fages. Elles n'auroient pas eu befoin de réforme, fi les clercs avoient toujours vécu felon l'efprit des faints canons, qui n'a pas changé. Les bénéficiers auroient pris fur les revenus de leurs bénéfices leur fimple néceffaire, & diftribué le furplus aux pauvres. Par une fuite du défintéreffement dont les apôtres ont donné l'exemple, ils auroient abandonné à leurs familles leurs biens de patrimoine. Alors leur fucceffion

n'auroit tenté l'ambition de perfonne, & il n'y auroit point eu d'inconvéniens à la laiffer aux églifes qu'ils avoient deffervies, ou dont ils avoient été les titulaires. Mais ces loix, toutes refpectables qu'elles font, ne pouvoient plus fubfifter depuis que le relâchement & la corruption ont fuccédé à la ferveur des premiers miniftres de l'évangile. (*Cet article eft de M. l'abbé* BERTOLIO.)

DÉPOUILLEMENT, f. m. *en terme de pratique*, fignifie le relevé que l'on fait d'un regiftre, d'un inventaire, d'un compte ou autres pièces. (*A*)

DÉPRÉDATION, f. f. (*Code criminel.*) c'eft en général la même chofe que vol, ruine, pillage fait avec dégât. Ce terme eft ufité, en droit & en ftyle de palais, pour exprimer les malverfations commifes dans l'adminiftration d'une fucceffion, d'une fociété, d'une régie des terres, d'une exploitation de bois, & dans le maniement des deniers royaux. Fouquet, fur-intendant des finances, fut accufé, fous Louis XIV, de *déprédations.*

DÉPRI, f. m. (*Droit féodal.*) ce terme eft ufité dans plufieurs acceptions en matière féodale. Il défigne le plus communément une déclaration faite au feigneur, ou à fes officiers, pour obtenir la modération de quelques droits. On prétend qu'il vient du latin *deprecari*, qui fignifie *prier.* Il peut auffi venir de *depreliare*, qui, dans la baffe latinité fignifioit, *déprélier*, diminuer de prix.

Quoi qu'il en foit, plufieurs coutumes emploient ce mot pour défigner la déclaration que doit fournir celui qui fait paffer de la marchandife par un lieu où il y a péage ; cette déclaration a peut-être été nommée *dépri*, parce que le redevable dépréioit fa marchandife pour moins payer.

Dans ces coutumes, les perfonnes même exemptes de péage, doivent *dépri* à peine de 60 livres d'amende. Suivant quelques autres, le *dépri* eft la même chofe que le droit de péage ou de coutume. *Voyez* les coutumes d'Anjou, *art. 58* ; du Maine, *art. 66 & 67* ; de Loudun, *chap.* 7, *art.* 2, *3 & 6* ; & de Tours, *art.* 82, *83 & 86.*

Le mot *dépri* fignifie auffi, dans plufieurs coutumes, la notification du contrat qu'on eft tenu de faire au feigneur après une acquifition faite dans fa mouvance, ou le traité que l'on fait avec lui, avant une acquifition, ou même après, pour obtenir une diminution fur les droits de mutation.

La coutume de Mantes, *art. 46*, & quelques autres, emploient le mot *dépri* dans le premier fens. On en parlera aux mots NOTIFICATION & EXHIBITION.

La plupart des coutumes, comme celle d'Orléans, *art. 108*, fe fervent du mot *dépri* dans la dernière acception. Il eft alors fynonyme du mot *chévi*, employé par la coutume de Paris.

Le *dépri* eft d'un ufage fi général, que les chapitres, les communautés eccléfiaftiques, les adminiftrateurs des hôpitaux & les maifons de charité font en poffeffion de les accorder, fans qu'ils aient befoin d'y être autorifés, parce qu'on ne confidère

ces arrangemens que comme des actes d'administration. Il en est de même des tuteurs & des curateurs.
On convient généralement qu'ils peuvent faire remise jusqu'à concurrence du tiers, sans que le mineur puisse s'en faire relever, ni avoir de recours
contre eux à cet égard. Des auteurs ont même enseigné que cette remise pouvoit être de moitié.
Mais il est plus sûr, dans ce cas, que le tuteur
se fasse autoriser par un avis de parens; si la famille
juge effectivement cette remise convenable.

Le mineur émancipé peut aussi accorder le *dépri*;
mais le simple propriétaire ne peut pas le faire au
préjudice de l'usufruitier, ou de son fermier, à
qui les droits de mutation ont été cédés durant
son bail.

Quand le seigneur a fait cette remise, il ne peut
plus exercer le retrait seigneurial des biens pour
lesquels le *dépri* a été fait. C'est la décision de l'article 21 de la coutume de Paris & de quelques autres
coutumes.

Cette règle souffre néanmoins une exception en
Normandie, *Voyez* TREIZIÈME.

En un mot, le *dépri* produit à cet égard l'effet du
paiement des droits seigneuriaux, & c'est sur les
mêmes principes qu'on peut décider, si cette convention faite avec le fermier ou l'usufruitier, peut
exclure du retrait le propriétaire. *Voyez les articles*
LODS ET VENTES, QUINT, RETRAIT SEIGNEU-
RIAL, USUFRUIT.

La remise accordée par le *dépri*, est une faveur
personnelle à celui qui l'obtient, de sorte que le
retrayant lignager est obligé de rembourser à l'acquéreur, non-seulement ce qu'il a payé, mais aussi
la remise qui lui a été faite. L'article 354 de la
coutume de Poitou & quelques autres, le décident
expressément. *Voyez* LOYAUX COUTS.

On a beaucoup agité la question de savoir, si
lorsque le seigneur a reçu la somme fixée par le
dépri, avant que la vente ait été faite, il doit la
restituer en cas que le projet d'acquisition vienne
à manquer. On pense assez communément qu'il
n'y est pas obligé. Diverses décisions & un arrêt du
conseil du 24 novembre 1739, ont du moins jugé
que le *dépri* pour droits de francs-fiefs, n'est point
sujet à restitution de la part du fermier, lorsque
l'acquéreur est évincé par un retrayant noble ou
privilégié. Mais il seroit difficile de donner des
règles générales sur une question qui doit se décider uniquement sur l'intention des parties, & qui,
par conséquent, doit souffrir des solutions différentes, suivant la diversité des circonstances. (*M.* GAR-
RAN DE COULON.)

DÉPRIER, c'est faire un dépri. *Voyez* ce mot.

DEPS, (*terme de Coutume.*) *Voyez* ADEPTS.

DÉPUTATION, s. f. DÉPUTÉ, s. m. (*Droit
public.*) on appelle *députation* l'envoi de quelques
personnes choisies d'une compagnie ou d'un corps,
vers un prince ou une assemblée, pour traiter en
leur nom, ou pour suivre quelque affaire : &
députés les personnes qui sont ainsi envoyées.

On se sert aussi quelquefois du mot *député*, pour
signifier un envoyé d'une société politique quelconque, vers une puissance étrangère, mais qui n'est
pas revêtu du caractère de ministre public.

Nous renvoyons au *Dictionnaire Diplom. Econom.
Polit.* ce qui concerne les *députations* d'une nation
à une autre. Nous nous contenterons d'indiquer ici
les règles qu'on observe en France dans les *députations* des corps & compagnies.

Le mot *députation* ne peut être proprement
appliqué à une seule personne envoyée auprès
d'une autre, pour exécuter une commission, mais
seulement lorsqu'il s'agit d'un corps, & l'on députe toujours plusieurs membres de la compagnie.

En France, l'assemblée du clergé nomme des
députés pour complimenter le roi : les cours souveraines font aussi par *députés* leurs remontrances
au souverain : les pays d'état, à la fin de chaque assemblée, font une *députation* vers le roi,
pour lui présenter les cahiers de la province : les
corps municipaux & autres, députent aussi quelques-uns de leurs membres dans certaines circonstances, pour traiter avec les ministres du roi, les
gouverneurs & intendans des provinces, &c.

Nous connoissons encore en France les *députés*
du clergé, du commerce, & des états. Les *députés*
du clergé sont les ecclésiastiques du premier & du
second ordre, qui, dans les assemblées de ce
corps, représentent les provinces ecclésiastiques,
& en stipulent les intérêts. *Voyez* ASSEMBLÉE *du
clergé.*

Les *députés* des états sont de deux sortes, les
uns qui représentent la province assemblée; les
autres, députés par ceux-ci, pour présenter les cahiers au roi. *Voyez* ÉTATS *provinciaux.*

Les *députés* du commerce sont des négocians
habiles, qui résident à Paris de la part des principales villes maritimes & commerçantes, pour soutenir les intérêts, & poursuivre au conseil les affaires du commerce. *Voyez le Dictionnaire de commerce.*

Les *députations* qui se font au nom des compagnies, soit ecclésiastiques, soit séculières, doivent
être arrêtées dans une assemblée générale de tous
les membres, & à la pluralité des voix.

Les maires, échevins, jurats ou syndics d'une
communauté d'habitans, ne peuvent ordonner de
députation pour les affaires qui la concernent, sans
y être autorisés par une délibération des habitans,
confirmée & autorisée par écrit de l'intendant de
la province.

Les déclarations d'avril 1583, & d'août 1687,
défendent aux officiers municipaux, & de justice,
de se faire nommer *députés*, si ce n'est à condition d'exécuter gratuitement leur *députation*, sans
rien prétendre ni recevoir pour leurs frais de voyage,
à peine de restitution du quadruple.

Lorsqu'une communauté d'habitans est obligée
d'envoyer des *députés* à la suite d'une affaire, c'est
à l'intendant de la province à examiner si ce que

l'on paſſe aux *députés* pour leurs dépenſes eſt juſte & raiſonnable ; il eſt même autorſé à régler ſoit la dépenſe, ſoit la durée de la *députation*, toutes les fois que cet objet a été porté par la communauté à une ſomme trop forte.

Les *députés* d'un chapitre ſont cenſés préſens, pour les droits utiles de leur bénéfice.

On ne peut faire aucune *députation* vers le roi, ſans auparavant en avoir obtenu la permiſſion de ſa majeſté.

DERNIER ÉTAT, *terme uſité en matière béné-ficiale*, pour déſigner la dernière poſſeſſion d'un bénéfice, ſur. lequel il y a litige, ſoit par rapport à ſa nature, pour ſavoir s'il eſt ſéculier ou régu-lier, ſimple ou à charge d'ames, ſacerdotal ou non : ſoit par rapport au collateur ou patron, pour ſavoir à qui ces droits appartiennent, ou ſi le bé-néfice eſt en patronage, ou en collation libre : ſoit enfin par rapport à la manière de le poſſéder, c'eſt-à-dire, s'il eſt en règle, ou en commende libre ou décrétée.

Dans tous ces cas, lorſque le doute produit un concours de contendans, pourvus par différens col-lateurs & à différens titres, on a recours à l'exa-men du *dernier état*, pour décider ſur le poſſeſ-ſoire, & ſur-tout pour les bénéfices à charge d'a-mes, parce que l'intérêt public doit l'emporter ſur celui des particuliers. Mais lorſqu'il s'agit d'exami-ner au fond le véritable état d'un bénéfice, le *dernier état* ne ſuffit pas. *Voyez* BÉNÉFICE, COLLA-TION, COMMENDE, PATRONAGE, RECRÉANCE.

Nous obſerverons que la règle du *dernier état* ne s'applique qu'aux collateurs ordinaires, qui peuvent ſe maintenir dans leurs droits, & même en acquérir de nouveaux, & non au pape, parce qu'ayant droit de prévention ſur tous les collateurs, ce ſeroit in confondre la nature, ſi l'on ſe régloit par le *dernier état* à ſon égard. *Arrêt du 13 juillet 1734*, dans Bardet.

Le *dernier état* d'un bénéfice eſt d'une telle conſi-dération, qu'il a lieu même contre le roi, ainſi qu'il a été jugé par pluſieurs arrêts du grand con-ſeil, cités par Brillon.

DÉROGATION, ſ. f. (*Droit public & parti-culier.*) c'eſt un fait ou un acte, contraire à quelque acte précédent, ou par lequel on déroge à une loi, à une convention.

La *dérogation* peut avoir lieu de la part du ſou-verain, ou des particuliers.

Le ſouverain peut ſeul déroger aux loix anté-rieures, c'eſt-à-dire, les révoquer, ſoit expreſſé-ment par une clauſe inſérée dans une loi nouvelle, portant *dérogation* aux anciennes loix, ſoit tacite-ment en publiant une loi contraire. Nous voyons tous les jours en France, le roi déroger par des loix poſtérieures, non-ſeulement à des édits, or-donnances & déclarations de ſes prédéceſſeurs, mais encore aux coutumes & aux uſages des pro-vinces, qui ne ſe ſoutiennent que par la ſanction expreſſe ou tacite qu'il y donne. Il faut ſur cet

objet voir ce que nous avons dit au mot ABRO-GATION.

Les particuliers peuvent également déroger par leurs conventions aux diſpoſitions des coutumes & des ordonnances, & c'eſt de-là qu'on dit commu-nément que la diſpoſition de l'homme l'emporte ſur celle de la loi : mais cette règle n'a lieu qu'à l'égard des loix & coutumes qui regardent ſeule-ment l'intérêt particulier de chaque citoyen, & elle ne s'étend pas aux loix qui ſont de droit pu-blic, ni à celles qui contiennent des diſpoſitions prohibitives & irritantes.

Au reſte, il faut faire attention que nous ap-pellons *loix de droit public*, par oppoſition aux loix qui ne concernent que les particuliers, celles qui règlent la police générale de l'état, ou les droits acquis à des tiers, indépendamment des conventions arrêtées entre les contractans.

Il réſulte de cette obſervation, que les particu-liers peuvent, par leurs conventions, déroger aux loix qui introduiſent un droit en faveur des citoyens, conſidérés comme perſonnes privées, mais qu'ils ne peuvent déroger à cette portion des loix & des ordonnances qui ont rapport à l'ordre public. Ceci s'éclaircira par des exemples.

On ne peut pas dans un contrat, déroger aux règles établies ſur la preſcription, en donnant à une obli-gation plus de durée, que la loi ne lui en accorde ; il n'eſt pas également permis de ſtipuler un denier plus fort pour la preſtation des intérêts d'une rente, en dérogeant aux édits du prince, qui en a fixé le taux ; parce que dans ces deux eſpèces, il s'a-git d'objets qui tiennent à l'ordre public. Mais rien n'empêche un propriétaire de maiſon de renoncer au privilège de la loi *æde* ; un créancier de re-noncer à l'hypothèque, qu'imprime ſur les biens des obligés une acte paſſé devant notaire, parce que dans ce cas & autres ſemblables, la *dérogation* n'intéreſſe point l'ordre public, & ne nuit qu'à ce-lui qui l'a faite.

Il en eſt de même par rapport aux coutumes. On ne peut déroger par une convention particu-lière aux ſtatuts qui contiennent le droit public-municipal, ou qui regardent des tiers, tels que ſont ceux qui concernent les retraits, les donations, les ſucceſſions. Mais on peut déroger à ceux qui ne regardent que l'intérêt des perſonnes, pourvu néanmoins que ces ſtatuts ne ſoient pas prohibitifs-négatifs, c'eſt-à-dire, qu'ils ne portent pas une dé-fenſe de faire telle choſe.

Par exemple, il y a des coutumes qui diſent qu'il n'y a point de communauté entre les con-joints par mariage ; comme ce ſtatut ne porte pas défenſe expreſſe de l'établir, elle peut valablement être ſtipulée dans un contrat de mariage, de même qu'on ſtipule valablement toute ſéparation de biens dans les coutumes, qui déclarent les conjoints uns & communs. Mais ſi la coutume, telle que celle de Normandie, déclare qu'il *ne pourra* y avoir de communauté entre les conjoints, le ſtatut eſt prohibitif-négatif, & il n'eſt pas permis d'y déroger.

La *dérogation* aux loix & aux coutumes eſt ex-preſſe ou tacite. Elle eſt expreſſe, lorſqu'on y déroge formellement par une convention : elle eſt tacite, lorſqu'on inſère dans l'acte une clauſe, une ſtipulation entiérement contraire à la loi, ou à la coutume. L'une ou l'autre manière eſt ſuffiſante, pour que la diſpoſition de l'homme l'emporte ſur celle de la loi.

A l'égard des conventions, il eſt ſans difficulté que les contractans peuvent y déroger comme bon leur ſemble ; car rien n'eſt plus naturel que de laiſſer aux parties qui ſont ſeules intéreſſées, la liberté de changer, de modifier, même de ſupprimer leurs ſtipulations antérieures par de nouvelles.

Lorſque dans un acte on trouve des diſpoſitions inconciliables, on conjecture, & avec raiſon, que les parties ont entendu déroger aux premières, & c'eſt le cas d'appliquer la maxime reçue au palais, *poſteriora derogant prioribus*.

En matière canonique & bénéficiale, le pape peut déroger à certaines règles & à certains décrets, tandis que ſa puiſſance eſt bornée ſur un grand nombre d'autres, ainſi que nous l'expliquerons ſous les mots LIBERTÉS *de l'égliſe gallicane*, & RÈGLE. Mais dans le cas où il le peut faire, il faut que la *dérogation* ſoit expreſſe ; tacite, elle ne produiroit aucun effet.

Déroger à ſes droits, à ſes privilèges, c'eſt y renoncer. *Déroger à un acte*, ou à une clauſe particulière d'un acte, c'eſt les révoquer, ou y contrevenir en ſtipulant quelque choſe de contraire.

DÉROGATOIRE, adj. (*Juriſprud.*) eſt ce qui déroge à quelque droit ou acte précédent.

On appelle *clauſe dérogatoire*, celle qui contient une dérogation. Ces clauſes n'ont plus lieu dans les teſtamens, ainſi que nous l'avons dit ſous le mot CLAUSE.

En matière eccléſiaſtique, on appelle *clauſes dérogatoires*, différentes clauſes qui ne ſont proprement que de ſtyle, & dont le pape uſe aſſez ſouvent dans les reſcrits qu'il accorde aux particuliers. *Voyez* RÈGLE *de la chancellerie romaine*.

On donne, en ſtyle de chancellerie, le nom de *dérogatoire des dérogatoires*, à une clauſe qui déroge à des *dérogations* précédentes.

DÉROGEANCE, ſ. f. (*Juriſpr.*) c'eſt l'action par laquelle on déroge à un privilège.

Un eccléſiaſtique déroge à ſes privilèges de cléricature, lorſqu'il déguiſe ſon caractère, lorſqu'il fait un commerce prohibé par les canons & les loix du royaume. *Voyez* CLERGÉ, CLÉRICATURE.

Un gentilhomme déroge à ſa qualité, perd ſes privilèges, & eſt compris dans la claſſe des roturiers, toutes les fois qu'il s'adonne à une profeſſion vile, & s'occupe du commerce en détail. Comme la *dérogeance* eſt perſonnelle à celui qui déroge, les enfans nés avant l'acte de *dérogeance* de leur père, ne ſont pas privés de la nobleſſe qui

leur étoit acquiſe. Mais ceux qui naiſſent depuis, ſont obligés de demander des lettres de relief de nobleſſe, qui s'obtiennent facilement.

Lorſque le père & les enfans ont perſévéré dans l'état de *dérogeance* pendant cent ans, il leur faut de nouveaux titres de nobleſſe, de ſimples lettres de réhabilitation ſeroient inſuffiſantes. Un arrêt de la cour des aides de 1684, a déclaré obreptices des lettres de réhabilitation, & déclaré l'impétrant roturier, parce qu'on n'y avoit exprimé qu'une *dérogeance* au-deſſous de cent ans, quoiqu'elle fût beaucoup antérieure à cette époque. *Voyez* NOBLESSE.

Un gentilhomme qui omettroit de prendre dans les actes qu'il paſſe, la qualité d'*écuyer*, courroit le riſque d'être préſumé roturier ; mais cette omiſſion n'eſt point une *dérogeance*, pourvu qu'il juſtifie d'ailleurs des titres de ſa nobleſſe.

Les commenſaux de la maiſon du roi, les officiers de judicature, police & finances, dérogent à leurs privilèges, & en ſont privés, ou lorſqu'ils réuniſſent des fonctions incompatibles par leur nature, à moins qu'ils n'aient obtenu des lettres de compatibilité, ou lorſqu'ils s'adonnent en même temps à une profeſſion, dont les fonctions ſont aviliſſantes. *V.* COMMENSAL, OFFICIER, PRIVILÈGE.

Certaines profeſſions, telles que celles d'avocat, de médecin, de chirurgien, de profeſſeur dans une univerſité ou collège, & autres ſemblables, accordent aux membres qui les exercent certains privilèges, que l'on perd, auſſi-tôt qu'on y réunit des fonctions contraires aux vues publiques, qui leur avoient fait donner ces mêmes privilèges.

Au reſte, à l'exception des gentilshommes, tous ceux qui ont perdu la jouiſſance de leurs privilèges par un acte de *dérogeance*, en ſont remis en poſſeſſion, dès l'inſtant qu'ils ont quitté les profeſſions aviliſſantes, & qu'ils ſe conduiſent conformément à l'eſprit de la loi, qui leur avoit accordé des privilèges.

DÉROGER, v. a. (*Juriſpr.*) c'eſt faire quelque choſe de contraire à une loi, à une convention, à un privilège. *Voyez* DÉROGATION & DÉROGEANCE.

DESADVENANT, (*terme de Coutume.*) *Voyez* ADVENANT.

DESADVENIR, v. a. ancien mot françois, qu'on trouve dans la coutume de S. Sever, *tit. 11, art. 9*, dans la ſignification de l'événement du décès de quelqu'un. Le mari, dit cette coutume, ſurvivant ſa femme ſans enfans, ou avec enfans, ne peut rien garder de ſa dot, lit & robes ; & dans le cas où par la ſuite il *deſadvient* des enfans, c'eſt-à-dire, qu'ils viennent à décéder avant lui, la reſtitution de la dot doit ſe faire au plus prochain lignager, d'où elle eſt venue, ſauf les frais funéraires, pourvu qu'ils n'excèdent pas la tierce partie de la dot.

DÉSAIRER, c'eſt dénicher des oiſeaux de proie, dont on appelle le nid *aire*. L'art. 67 de la coutume de Bretagne, en ordonnant que le ſeigneur jouiſſe du rachat en bon père de famille, n'a pas dédaigné de décider, qu'il ne peut « pêcher étangs, » courir en garenne, ni en forêt, prendre ni dé-» fairer oiseaux de proie, hairons, palles, ni autres, » ni jouir des fuyes & colombiers ».

D'Argentré a fort bien observé dans son aitiologie sur cet article, que la décision n'en étoit pas aussi sage, en ce qui concernoit les étangs, les fuyes & colombiers, qu'en ce qui concerne les aires des oiseaux de proie. (M. GARRAN DE COULON.)

DÉSAISINE. Voyez DESSAISINE.

DESARMEMENT, f. m. (Code maritime & militaire.) en terme d'art militaire, c'est l'action d'ôter à quelqu'un l'usage de ses armes : en terme de marine, c'est le licenciement de l'équipage, & le transport des agrès, apparaux, & munitions de guerre & de bouche d'un vaisseau, dans les magasins. Voyez les Dictionnaires de l'Art militaire & de la Marine.

DÉSAVEU, f. m. (Jurispr.) en général, c'est l'acte par lequel on dénie une chose. Nous connoissons en droit deux espèces de désaveu, l'un par lequel le vassal dénie son seigneur, le second, par lequel une partie déclare que son mandataire, son procureur, ou autre officier qui paroissoit chargé pour elle, a excédé ses pouvoirs, ou n'en avoit point. Nous traiterons du désaveu sous ces deux points de vue.

DÉSAVEU d'un procureur, est un acte par lequel une partie prétend qu'un procureur n'a point eu commission d'occuper pour elle, ou qu'il a excédé les bornes de son pouvoir.

Un procureur ne peut former les demandes principales ou incidentes qui sont de son ministère, s'il n'y est autorisé par pouvoir spécial; autrement il s'expose au désaveu. Mais il n'a pas besoin de ce pouvoir, s'il est muni de l'exploit sur lequel le jugement intervient, pourvu qu'il se soit borné à défendre ou à suivre la demande formée par cet exploit, à moins cependant qu'il n'y eût lieu de croire que la remise de l'exploit entre ses mains, n'ait été faite à l'insçu de la partie, comme dans l'espèce d'un arrêt du 10 février 1742, qui a déclaré valable le désaveu d'un procureur, qui avoit occupé sur un exploit écrit de sa main, & qui lui avoit été donné par un huissier, son beau-père.

La manière de former un désaveu n'est pas uniforme dans toutes les jurisdictions. Dans les unes, il se fait par un exploit d'assignation, dans les autres, il se forme, ainsi qu'au châtelet de Paris, au greffe par la partie, ou par une personne fondée de procuration spéciale. On fait ensuite signifier l'acte du désaveu au procureur, & à la partie contre qui s'est faite la procédure désavouée. Aux conseils du roi, le désaveu s'y forme de la manière dont il est prescrit par le titre 9 de la seconde partie du réglement du 28 juin 1738.

On exige la signification du désaveu à la partie adverse, afin d'empêcher toute collusion entre la partie qui désavoue, & le procureur désavoué, pour revenir contre une demande formée, un consentement donné, ou une déclaration faite contre l'intérêt de la partie qui désavoue.

Quelques auteurs ont prétendu qu'on ne pouvoit désavouer un procureur après son décès ; mais cette opinion a été proscrite par plusieurs arrêts, & entre autres par celui du 18 mars 1744, cité par Lacombe dans sa Jurisprudence civile.

Le procureur désavoué valablement, doit indemniser la partie des condamnations qui ont été prononcées contre elle, & des dommages qu'il lui a occasionnés. Mais si le désaveu est mal fondé, on le regarde comme injurieux, & on condamne la partie à des dommages & intérêts envers le procureur.

Le désaveu se donne ou dans le cours d'une instance, ou après le jugement : le jugement est par défaut ou contradictoire, à la charge de l'appel, ou en dernier ressort. Dans tous ces cas, le désaveu produit des effets différens.

S'il est formé dans le cours d'une instance, c'est un incident qui tombe sur la procédure désavouée, & qui en arrête les effets, il s'introduit d'après une requête verbale.

Lorsque le jugement, intervenu sur une procédure qu'on veut désavouer, a été rendu par défaut, il suffit d'y former opposition, & de former à l'appui, le désaveu par une requête verbale. Si le jugement est contradictoire, mais à la charge de l'appel, on en interjette appel, & on forme le désaveu au greffe du juge supérieur.

Mais lorsque le jugement est en dernier ressort, & qu'on n'est plus à temps d'y former ou opposition s'il est par défaut, ou de se pourvoir par requête civile s'il est contradictoire, le désaveu se forme par une action principale contre le procureur.

Dans ce dernier cas, le désaveu jugé valable ne produit aucun effet contre la procédure désavouée, & n'empêche pas la partie adverse de poursuivre les condamnations qu'elle avoit obtenues, il n'en produit que vis-à-vis le procureur désavoué, qui est tenu de garantir, acquitter & indemniser le demandeur en désaveu, des condamnations prononcées contre lui, tant en principal, qu'intérêts & frais. Dans les autres cas, en déclarant le désaveu valable, on déclare en même temps nulle la procédure qui l'a précédé & suivi.

Les huissiers sont également sujets à être désavoués, lorsqu'ils agissent sans pouvoir. Mais on les regarde comme suffisamment autorisés, lorsqu'ils sont porteurs des titres, en vertu desquels ils agissent, ou que les parties sont présentes. Néanmoins il leur faut, outre les titres, un pouvoir spécial, à l'effet de mettre à exécution une contrainte par corps. Voyez HUISSIER, PROCUREUR, MANDATAIRE.

DÉSAVEU DU SEIGNEUR, est lorsque le vassal lui dénie la mouvance du fief. Il est appellé prodition, comme qui diroit trahison, dans un arrêt donné contre le comte de la Marche, aux enquêtes du parlement de la Toussaint, en 1293.

Le *désaveu* est opposé à l'*aveu*, lequel en cette occasion n'est pas la même chose que l'aveu & dénombrement : l'aveu dans ce sens seroit plutôt la foi & hommage qui est faite principalement pour reconnoître le seigneur.

Lorsqu'un fief est saisi féodalement, & que le vassal veut avoir main-levée, il doit, avant toutes choses, avouer ou désavouer le seigneur.

S'il reconnoît le seigneur, il doit lui faire la foi & payer les droits.

S'il le désavoue, le seigneur est obligé de prouver sa mouvance : & en ce cas le vassal doit pendant le procès avoir main-levée de la saisie ; à moins que le *désaveu* ne fût formé contre le roi, lequel plaide toujours main garnie, c'est-à-dire que la saisie tient toujours pendant le procès, nonobstant le *désaveu*.

Quand le vassal refuse d'avouer son seigneur jusqu'à ce que celui-ci l'ait instruit de la mouvance du fief, le juge doit ordonner que le vassal sera tenu d'avouer ou désavouer dans la huitaine ; & que faute de le faire dans le temps marqué, le refus de s'expliquer passera pour *désaveu*, & emportera la commise.

Si par l'événement le *désaveu* se trouve mal fondé, le vassal perd son fief, lequel demeure confisqué au profit du seigneur par droit de commise ; mais cette confiscation ou commise du fief ne se fait pas de plein droit, il faut qu'il y ait un jugement qui l'ordonne.

La confiscation du fief pour cause de *désaveu*, doit être demandée pendant la vie du vassal ; car le *désaveu* est une espece de délit personnel, dont la peine ne peut être demandée contre les héritiers.

Le vassal peut éviter la peine du *désaveu* en avouant d'abord le seigneur, & lui demandant ensuite la communication de ses titres ; & si par cette communication il paroît que le seigneur n'ait pas la mouvance, le vassal peut revenir contre sa reconnoissance, & passer au *désaveu*.

Si le *désaveu* se trouve bien fondé, le seigneur doit être condamné aux dépens, dommages, & intérêts de celui qui a dénié la mouvance ; & la saisie doit être déclarée nulle, injurieuse, tortionnaire, avec main-levée d'icelle.

Il y a trois cas où le vassal n'est pas obligé d'avouer ni de désavouer son seigneur.

Le premier est quand le seigneur a pris la voie de l'action, parce qu'en ce cas le seigneur doit instruire son vassal ; de même que tout demandeur est tenu de justifier sa demande : mais hors ce cas, le seigneur n'est point obligé de communiquer ses titres au vassal avant que celui-ci l'ait reconnu pour seigneur.

Le second cas où le vassal n'est pas obligé de passer au *désaveu*, c'est lorsque deux seigneurs se contestent réciproquement la mouvance : le vassal peut ne reconnoître aucun d'eux ; il suffit qu'il offre de faire la foi & payer les droits à celui qui obtiendra gain de cause, & qu'en attendant il se fasse recevoir en foi par main souveraine, & qu'il consigne les droits.

Le troisieme cas est lorsque le possesseur d'un héritage soutient qu'il est en roture, & que le seigneur prétend qu'il est en fief ; en ce cas le possesseur n'est point tenu d'avouer ni de désavouer le seigneur jusqu'à ce que celui-ci ait prouvé que l'héritage est tenu de lui en fief ; parce que toute terre est présumée en roture, s'il n'y a titre au contraire.

On n'est pas non plus obligé, dans les coutumes de franc-aleu, d'avouer ni de désavouer le seigneur jusqu'à ce qu'il ait établi sa mouvance, attendu que dans ces coutumes tous héritages sont présumés libres, s'il n'appert du contraire.

Le vassal qui avoue tenir du roi au lieu d'avouer son véritable seigneur, n'encourt point la commise. *Voyez* COMMISE.

Quand le *désaveu* est fait en justice, & que le seigneur a formé sa demande pour la commise, il n'y a plus pour le vassal *locus pœnitentiæ*. Carondas tient néanmoins que le vassal peut jusqu'au jugement révoquer son *désaveu*, & en éviter la peine en offrant la foi, les droits, & tous les frais.

Le roi ne peut pas remettre la peine du *désaveu* au préjudice du seigneur, à qui la commise est acquise.

Le *désaveu* formé par un tuteur, curateur ou autre administrateur, ne préjudicie pas au mineur, non plus que celui du bénéficier à son bénéfice ; parce que le *désaveu* emporteroit une aliénation du fief, qu'un simple administrateur ou usufruitier ne peut faire seul & sans y être autorisé.

Un main-mortable ne peut pas non plus désavouer valablement, sans observer les formalités prescrites par la coutume.

La peine du *désaveu* n'a pas lieu en pays de droit écrit, où l'on est moins rigoureux sur les devoirs des fiefs.

L'héritier bénéficiaire qui désavoue mal-à-propos, confisque le fief au préjudice des créanciers chirographaires : mais il ne préjudicie aux créanciers hypothécaires. (A)

Pour que le *désaveu* donne lieu à la commise, il faut non-seulement qu'il soit judiciaire, mais aussi qu'il soit parfait & inexcusable. Dumoulin a fort bien observé qu'on pouvoit distinguer trois sortes de *désaveux*, celui qui se rapporte à la personne seule du seigneur, celui qui se rapporte au fief seul, & celui qui a tout à la fois pour objet la personne & le fief.

La premiere espece a lieu, quand le vassal convient qu'il releve du fief, en vertu duquel on lui demande la foi & hommage, en niant seulement que celui qui le réclame pour son vassal en soit le propriétaire. La seconde a lieu quand le vassal reconnoît la personne du seigneur, mais en prétendant relever d'un fief de ce seigneur, autre que celui auquel il veut l'affujettir. La dernière efpèce qui confifte dans le refus de reconnoître tant la perfonne du feigneur que fon fief, eft la feule qui puiffe entraîner la commife. Les deux autres efpèces ne forment que des *défaveux* imparfaits.

Si néanmoins le fief duquel le vaffal prétend relever, n'appartient pas à celui qu'il reconnoît pour feigneur, comme cette efpèce de reconnoiffance eft dérifoire, le *défaveu* doit être regardé comme parfait. Il opère alors la commife. (*Molin*, §. *43*, *glof. 1*, *quef. 1.*)

Il faudroit néanmoins décider le contraire, fi le vaffal avoit eu des motifs plaufibles pour croire que le fief, dont il prétendoit relever, appartenoit au demandeur, pourvu qu'il reconnoiffe le feigneur dès que celui-ci l'aura éclairé fur fa non-propriété. On peut invoquer pour cette décifion l'article 81 de la coutume d'Orléans; cet article n'admet la commife pour *défaveu*, que lorfqu'il eft prouvé qu'il a été *fait frivolement & à tort*. Il ajoute même, que fi la directe n'étoit établie que fur un aveu ancien de plus de 100 ans, *le feigneur féodal qui n'eft chatelain* (& qui par conféquent n'a pas en fa faveur la préfomption d'une directe univerfelle), *eft tenu de s'en informer autrement que par ledit aveu ancien, avant que le vaffal confifque fon fief.*

Pothier obferve fur cet article, qu'un tel aveu « fuffit bien au feigneur, pour juftifier fa feigneurie » contre le vaffal, qui n'eft revendiqué par aucun » autre feigneur, & pour faire déclarer bonne la fai- » fie féodale avec reftitution de fruits, dont le vaffal » a eu provifion, mais qu'il ne fuffit pas pour la » commife, le *défaveu* pouvant en ce cas paffer » pour excufable ».

Au refte le *défaveu* ceffe de paffer pour excufable, lors même que l'on avoue tenir du roi, fi l'on y perfévère après avoir été abandonné par le procureur du roi. *Livonnière, liv. 2, chap. 2, fect. 4; Pothier, introduction au titre des fiefs de la coutume d'Orléans, n. 72.*

Dans les pays même de droit écrit, la commife eft admife fi le *défaveu* eft injurieux pour le feigneur. Mais alors c'eft moins à titre de *défaveu*, proprement dit, qu'à titre de *félonie. Voyez le quatrième volume des obfervations de Guyot, pag. 269 & fuivantes.*

Si le vaffal ne défavoue fon feigneur que pour une partie du fief, la commife n'aura lieu que pour cette partie. *Brodeau, fur l'article 43, n. 24.*

Le titre 13 de la coutume de Loudun, prononce la commife en cas de *défaveu*, même pour les rotures. Mais cette décifion eft contraire au droit commun. Il n'y a pas les mêmes relations de la part du cenfitaire, que de celle du vaffal envers le feigneur. *Voyez* FAUX AVEU & COMMISE. (*M. GARRAN DE COULON.*)

DESBAIL, (*terme de Coutume.*) *Voyez* BAIL & DESBAIL.

DESBOURSEMENT, f. m. *terme de Coutume,* qui fignifie vente faite à prix d'argent. Celle de Châteauneuf en Thimerais, *tit. du retrait lignager*, en fpécifiant le cas où le retrait a lieu, déclare que le plus proche parent lignager peut retrayer un héritage aliéné à un étranger, avec *desbourfement de deniers*, ou autres meubles.

DESCENDANCE, f. f. (*Jurifpr.*) fignifie la poftérité de quelqu'un, ceux qui font iffus de lui, tels que fes enfans, petits-enfans, arrière-petits-enfans & autres plus éloignés, tant qu'ils peuvent s'étendre, à l'infini. On n'entend ordinairement par le terme de *defcendance*, que la poftérité légitime. *Voyez ci-après* DESCENDANS. (*A*)

DESCENDANS, (*Jurifpr.*) font ceux qui font iffus de quelqu'un, comme les enfans, petits-enfans, & autres en degrés fubféquens, fans diftinction de fexe & de degré. Les *defcendans* forment ce que l'on appelle la *ligne directe defcendante*. Ce terme eft oppofé à celui d'*afcendans*, qui comprend père, mère, aieux & aïeules, bifaïeux & bifaïeules, &c.

Les *defcendans* font obligés de donner des alimens à leurs afcendans qui fe trouvent dans l'indigence. *Voyez* ALIMENT. Dans l'ordre des fucceffions, ils font préférés aux afcendans & aux collatéraux. *Voyez* SUCCESSION.

Les privilèges & honneurs accordés à quelqu'un & fes *defcendans*, fe bornent à ceux qui defcendent directement de lui, fans paffer à fes collatéraux, parce que les privilèges ne s'étendent pas des perfonnes défignées à d'autres. *Voyez* PRIVILÈGE.

DESCENDANS (*Collatéraux.*) c'eft improprement qu'on donne ce nom à ceux qui font au-deffous de celui *de cujus*, comme les neveux, petits-neveux, petits-coufins, à la différence des oncles & tantes, grands-oncles & grandes-tantes, que l'on appelle auffi improprement *collatéraux afcendans*, parce qu'ils font au-deffus de celui *de cujus*, & qu'ils lui tiennent en quelque forte lieu d'*afcendans*, proprement dits. Cette dénomination fignifie feulement que ces perfonnes font éloignées d'un ou plufieurs degrés, les unes des autres.

DESCENTE *du juge*, ou DESCENTE *fur les lieux*, (*Jurifpr.*) eft le tranfport du juge fur les lieux contentieux, & la vifite qu'il en fait pour s'inftruire par lui-même de l'état des lieux, & rendre en conféquence fon jugement.

Dans les queftions de fait, comme lorfqu'il s'agit de fervitudes, de dégradations & réparations, de partage ou licitation d'héritages; & autres objets femblables, les juges font fouvent obligés d'ordonner un rapport d'experts pour conftater l'état des lieux; mais ce rapport eft quelquefois infuffifant pour mettre le juge en état de fe déterminer. Il y a de certaines difpofitions pour le local, qui ne font jamais fi fenfibles par un rapport que par l'infpection des lieux. Il arrive auffi quelquefois que les experts ne s'accordent point dans l'idée qu'ils donnent de la difpofition des lieux. Dans ces différens cas, il eſt néceſſaire que le juge voie les choſes par lui-même, & qu'il entende les parties ſur le lieu, pour appliquer leurs dires & prétentions aux objets dont il s'agit, & pour cet effet il ordonne qu'il ſe tranſportera ſur les lieux : c'eſt ce que l'on appelle une *deſcente du juge*, ou une *deſcente ſur les lieux*, que le juge peut ordonner d'office, ſans en être requis par les parties, & qu'il peut faire, ſans être aſſiſté d'experts, dès que le cas n'exige pas leur viſite.

L'ordonnance de 1667 défend à tous juges, même des cours, d'ordonner une *deſcente* dans les matières où il n'échet qu'un ſimple rapport d'experts, à moins qu'ils n'en ſoient requis par écrit par l'une ou l'autre des parties, à peine de nullité, de reſtitution des droits qu'ils auroient perçus, & de tous dépens, dommages & intérêts des parties. Il paroît par l'ordonnance, qu'il ſuffit qu'une des parties requierre la *deſcente*, pour qu'elle ne ſoit pas refuſée : à moins cependant que la partie qui la demande, n'allègue aucun moyen raiſonnable pour la déterminer.

Quand la *deſcente ſur les lieux* eſt ordonnée dans une cour ſouveraine, ou aux requêtes de l'hôtel & du palais, le rapporteur du procès ne peut pas être commis pour la *deſcente*; il faut que ce ſoit un des autres juges qui ont aſſiſté au jugement, ou, à leur refus, un autre conſeiller de la même chambre.

Dans les autres ſiéges on ſuit l'ordre du tableau, & le rapporteur peut être nommé à ſon tour, ſuivant un arrêt du 6 ſeptembre 1712. Cependant le réglement du conſeil du 16 mars 1705, rendu pour le préſidial d'Autun, porte, *art. 4*, que les *deſcente ſur les lieux* ſeront diſtribuées, à commencer par le lieutenant général, *ſi ce n'eſt qu'elles aient été ordonnées à ſon rapport*, auquel cas elles ſeront diſtribuées aux autres officiers. Cette juriſprudence devroit être également ſuivie par-tout, parce que le motif qui l'a fait établir, eſt d'empêcher le rapporteur d'être trop facile à opiner pour une *deſcente*, dans l'eſpérance d'être nommé commiſſaire.

Le même jugement qui ordonne la *deſcente*, doit nommer le juge qui eſt commis pour la faire, & expliquer l'objet de ſa commiſſion.

Le commiſſaire nommé pour faire la *deſcente*, ne peut y procéder qu'à la requiſition d'une des parties, qui lui remet la requête & le jugement entre les mains; & le tout doit être ſignifié à la partie ou à ſon procureur.

Sur la requête préſentée au commiſſaire, il donne une ordonnance pour aſſigner les parties en ſon hôtel, à l'effet d'y indiquer le lieu, le jour & l'heure où ſe fera la *deſcente* & viſite.

Le procès-verbal du commiſſaire donne acte aux parties de leurs comparutions, dires & requiſitions; & quand une partie ne comparoît pas, le commiſſaire en fait mention dans ſon procès-verbal, & déclare qu'il procédera tant en préſence qu'abſence.

Le commiſſaire doit partir dans le mois, du jour de la requiſition à lui faite, autrement on en ſubrogera un autre en ſa place, ſans que le temps du voyage puiſſe être prorogé.

S'il y a des cauſes de récuſation contre le commiſſaire, elles doivent être propoſées trois jours avant ſon départ, pourvu que le jour du départ ait été ſignifié huit jours auparavant; autrement il ſera paſſé outre par le commiſſaire, nonobſtant toutes oppoſitions & empêchemens, même pour cauſes ſurvenues depuis, ſauf à y faire droit après le retour.

L'ordonnance de 1667 a abrogé l'uſage qui ſe pratiquoit autrefois, de faire recevoir en juſtice les procès-verbaux de *deſcente*, au moyen de quoi les parties peuvent ſimplement les produire, ou les conteſter, ſi bon leur ſemble.

Il eſt défendu aux commiſſaires de recevoir par eux ou par leurs domeſtiques, aucun préſent des parties, ni de ſouffrir qu'on les défraie directement ou indirectement, à peine de concuſſion & d'amende.

Les juges employés en même temps en différentes commiſſions hors le lieu de leur domicile, ne peuvent ſe faire payer qu'une fois de la taxe qui leur appartient par chaque jour; auquel cas les parties y contribuent par égale portion.

Si le voyage ou ſéjour eſt prolongé pour quelque autre commiſſion, l'augmentation ſera aux frais des parties intéreſſées à la nouvelle commiſſion.

Les commiſſaires doivent faire mention ſur la minute & la groſſe de leur procès-verbal, du temps qu'ils ont employé pour le voyage, ſéjour & retour, & de ce qu'ils auront reçu de chacune des parties pour leurs droits.

Lorſque les commiſſaires ſe trouvent ſur les lieux, ils ne peuvent rien prendre pour le voyage, s'ils ſont à une journée de diſtance, ils ne peuvent prendre que la taxe d'un jour, & autant pour le retour, outre le ſéjour.

Chaque partie eſt tenue d'avancer les vacations de ſon procureur, ſauf à répéter en fin de cauſe, s'il y échet; & ſi la partie veut en outre être aſſiſtée de ſon avocat ou autre conſeil, elle le peut faire, mais à ſes frais & ſans répétition : & au cas qu'une partie ſoit obligée d'avancer les vacations pour l'autre, il lui doit être délivré ſur le champ un exécutoire, ſans attendre l'iſſue du procès.

Quand les juges font des *deſcentes* hors la ville & banlieue de l'établiſſement de leur ſiége, ils ne peuvent prendre par jour que la taxe portée par les réglemens.

Le procès-verbal de *deſcente* étant fini & délivré aux parties, le procureur le plus diligent peut en donner copie à l'autre, & trois jours après pourſuivre l'audience, ou ſi l'affaire eſt appointée, *produire*

produire le procès-verbal. *Voyez* COMMISSAIRES & COMMISSION.

DESCOMPTER, v. a. on trouve ce mot dans la coutume de Montargis, *chap. 12, art. 2,* dans la fignification de celui de *précompter.* Dans cet endroit la coutume parle du rapport que les enfans, héritiers de leur père ou mère, font tenus de faire de ce qu'ils ont reçu en avancement d'hoirie, & elle les oblige de rapporter ou *defcompter,* c'eft-à-dire, *précompter* fur leur portion héréditaire, ce qui leur a été donné en mariage.

DESCRIPTION, f. f. (*Jurifpr.*) c'eft un état ou dénombrement fommaire des meubles, effets, titres & papiers, &c. fans prifée ni eftimation. C'eft en quoi elle diffère principalement de l'inventaire.

La *defcription* fe fait quelquefois fans y appeler les parties intéreffées : elle ne nuit ni ne préjudicie aux droits de perfonne : elle peut fe faire par le miniftère des officiers de juftice. Elle a lieu dans le tranfport du juge dans une maifon, pour y appofer les fcellés, dans le cas de la capture d'un accufé, & de l'enlèvement d'un cadavre.

Dans le premier cas, le juge dreffe un procès-verbal des chofes qu'il trouve en évidence, & de celles qu'il fait mettre fous le fcellé : dans le fecond, l'huiffier, ou les cavaliers de maréchauffée qui arrêtent une perfonne, font une *defcription* fommaire des effets qu'ils trouvent fur elle : dans le troifième, le juge fait pareillement *defcription* des effets trouvés avec le cadavre. *Voyez* INVENTAIRE, SCELLÉ.

DESDIT ou DÉDIT, f. m. (*Jurifpr.*) eft la peine ftipulée dans une promeffe de mariage, dans un marché, un contrat ou un compromis, contre celui qui ne voudra pas l'exécuter.

Cette peine confifte ordinairement dans une fomme d'argent qui doit être payée à l'autre partie, ou employée à quelque ufage pieux.

Chez les Romains, ceux qui fe fiançoient fe donnoient mutuellement des arrhes ou aires; & celui des futurs conjoints qui ne vouloit pas enfuite accomplir le mariage, perdoit fes arrhes, de même qu'en matière de vente. Quand le mariage avoit lieu, les arrhes données par la femme étoient imputées fur fa dot par le mari, & les arrhes du mari étoient imputées fur la donation à caufe de noces qu'il faifoit à fa femme.

Dans les établiffemens faits par S. Louis en 1270, on propofe, *chap. cxxiv,* l'efpèce d'un père qui ayant un fils impubère, demande pour lui la fille de fon voifin, auffi impubère, pour les marier enfemble lorfqu'ils feront en âge ; les deux pères fe donnent réciproquement des arrhes, favoir le père de la fille une pièce de terre, & le père du garçon dix livres : on décide que cette convention eft bonne, & que celui qui refufera de la tenir perdra fes arrhes; mais ce même chapitre porte que s'ils s'étoient obligés de rendre cent livres, plus ou moins, au cas que le mariage ne

Jurifprudence. Tome III.

fe fît pas, la peine ne feroit pas tenable de droit, ce qui paroit fondé fur ce qu'il eft contre la liberté du mariage, qu'une partie puiffe être forcée de fe marier par une ftipulation pénale. Cependant la perte des arrhes approche affez du paiement de la peine, fi ce n'eft qu'il eft quelquefois plus aifé de perdre les arrhes qu'on a données, que de payer une fomme promife, & que l'on n'auroit pas. *Voyez* ARRHES, MARIAGE, PEINE. (*A*)

DESDOMMAGE, f. m. (*terme de Coutume.*) celle de Bretagne, *tit.* 19, fe fert fouvent de cette expreffion dans le fens de dédommagement dû à un propriétaire, pour raifon du dégât caufé par des beftiaux étrangers fur fes héritages.

Elle oppofe le *dédommage* à l'affife, qui eft l'amende taxée par la coutume, pour bête prife en dommage. Dans ce cas on peut demander à fon choix, l'affife, ou le *dédommage.*

DESENFORESTER, (*Jurifpr.*) dans la jurifprudence angloife fignifie *affranchir,* & féparer de la forêt royale une terre qui y étoit enclavée, & par conféquent, foumife à toutes les loix des terres enforeftées. *Voyez* ENFORESTER. (*A*)

DESENGAGER, v. a. ce mot n'eft guère ufité, on le trouve cependant dans la coutume de S. Sever, *tit.* 14, *art.* 1, dans la fignification de retirer le gage qu'on a donné en nantiffement à un créancier, pour fûreté de fa créance. Elle autorife celui qui tient en gage la chofe d'autrui, & qui veut retirer fon argent, de faire affigner le propriétaire du gage, à l'effet ou de le *défengager,* ou de le voir vendre.

DÉSERTEUR, f. m. (*Code militaire.*) c'eft le nom qu'on donne à tout foldat qui quitte le fervice militaire fans congé. Ce crime étoit autrefois puni de mort; mais Louis XVI, par une ordonnance du 12 décembre 1775, n'a laiffé fubfifter la peine de mort, qu'à l'égard de ceux qui défertent en temps de guerre, foit de l'armée, foit d'un pofte avancé, foit d'une ville affiégée, pour fe rendre à l'ennemi. *Voyez* le *Dictionnaire de l'art militaire.*

DÉSERTION, f. f. (*Code militaire.*) c'eft le délit que commet celui qui abandonne le fervice fans congé. *Voyez* DÉSERTEUR.

DÉSERTION, (*Droit civil.*) fe dit d'un appel, d'un bénéfice, d'une maifon ou autre héritage.

DÉSERTION *d'appel,* c'eft la négligence de relever dans le temps marqué par la loi, l'appel qu'on a interjetté d'une fentence.

Un appel eft défert ou abandonné, lorfqu'il n'eft pas relevé dans le temps.

La peine de la *défertion d'appel* eft que l'appel eft déclaré nul & comme non-avenu.

On obfervoit la même chofe chez les Romains; l'appellant ne pouvoit pourfuivre fon appel qu'il n'obtint du juge *à quo* des apôtres. C'eft ainfi que l'on appelloit les lettres dimiffoires ou libelles appellatoires, par lefquels le juge *à quo* certifioit

QQqq

l'appel interjetté de fa fentence au juge où devoit reffortir l'appel; il falloit que l'appellant fit apparoir de ces lettres avant d'être reçu à la pourſuite de ſon appel. Ces lettres devoient être obtenues dans les trente jours de l'appel, faute de quoi l'appel étoit réputé déſert, & l'effet de cette *déſertion* étoit qu'on pouvoit mettre à exécution la ſentence, à moins que les parties n'euſſent tranſigé.

L'uſage de ces apôtres ou libelles appellatoires a été obſervé dans les provinces de France régies par le droit écrit, juſqu'à l'ordonnance de 1539, qui les a abrogés, art. 117. *Voyez* RELIEF *d'appel.*

Préſentement, l'uſage général eſt que l'appel doit être relevé par des lettres de chancellerie dans le temps de l'ordonnance, autrement il eſt déſert; mais cette *déſertion* n'eſt pas acquiſe de plein droit, il faut la faire prononcer; & pour cet effet l'intimé obtient en chancellerie des lettres de *déſertion*, en vertu deſquelles il fait aſſigner l'appellant pour voir déclarer ſon appel déſert.

Lorſque l'appellant a comparu ſur cette demande en *déſertion*, on lui offre un appointement devant un ancien avocat, conformément à l'ordonnance, qui veut que ces ſortes de demandes ſoient vuidées par l'avis d'un ancien avocat.

Si la *déſertion* eſt acquiſe, l'avocat donne ſon avis, portant que l'appel eſt déſert; ſi au contraire la *déſertion* n'eſt pas acquiſe, il convertit en anticipation, la demande en *déſertion*.

Le premier appel étant déclaré déſert, l'appellant en peut interjetter un autre, en refondant les dépens, pourvu qu'il ſoit encore dans le temps d'appeler. C'eſt en quoi la *déſertion* diffère de la péremption; car quand un appel relevé eſt péri par le défaut de pourſuites pendant trois ans, on ne peut ni le pourſuivre, ni en interjetter un autre.

Pour éviter le circuit d'un nouvel appel & accélérer, l'intimé au lieu de former ſa demande en *déſertion*, obtient des lettres d'anticipation : il a même été fait une délibération de la communauté des procureurs du parlement en 1692, portant que les procureurs paſſeront arrêt par lequel la *déſertion* ſera convertie en anticipation; & que les parties concluront comme en procès par écrit, joint les fins de non-recevoir, défenſes au contraire; au moyen de quoi l'on n'examine plus ſi la *déſertion* eſt acquiſe ou non, que pour la refuſion des dépens.

La *déſertion d'appel* n'a pas lieu dans les appels comme d'abus ni en matières criminelles; ce qui eſt conforme à la loi *properandum*, cod. *de judiciis*, & fondé ſur ce que la négligence d'un particulier ne doit pas préjudicier à l'intérêt public. *Voyez* APPEL, *ſect.* I.

Dans le reſſort du parlement de Flandres, la *déſertion d'appel* y a lieu, non-ſeulement faute par l'appellant d'avoir relevé ſon appel dans le temps fixé par la loi, mais encore lorſque dans le mois de l'appel, l'appellant n'a pas conſigné l'amende.

Dans ce même parlement la *déſertion d'appel*

s'accorde ſur la requête de celui qui a obtenu gain de cauſe en première inſtance, ſans aſſignation donnée à l'appellant, ſoit dans le cas où l'appel eſt déſert, faute d'avoir été relevé, ſoit dans celui où l'appellant n'a ni comparu ni conſigné l'amende.

DÉSERTION *d'un bénéfice*, eſt lorſqu'un bénéficier a diſparu, ſans que l'on ſache ce qu'il eſt devenu. Après un an d'abſence, on peut obtenir des proviſions du bénéfice comme vacant par *déſertion*; & celui qui eſt ainſi pourvu doit être maintenu préférablement à celui qui s'en feroit pourvoir *per obitum*, juſqu'à ce que la vérité du fait ſoit éclaircie, parce que la préſomption de droit eſt que le bénéficier abſent eſt vivant. Au reſte, cette maintenue n'eſt qu'une eſpèce de proviſion, qui ceſſe dès que l'ancien titulaire reparoît. *Voyez* le Journ. des aud. tom. V, pag. 1015, arr. du 14 juillet 1699, & le mot ABSENT.

DÉSERTION *des maiſons, terres & autres héritages*, c'eſt lorſque celui qui en étoit propriétaire ou poſſeſſeur, les abandonne, & les laiſſe vuides, vagues & en friche.

La *déſertion des héritages* eſt fort différente du déguerpiſſement qui ſe fait entre les mains du bailleur de fonds, & du délaiſſement ſoit par hypothèque ou délaiſſement ſimple *pro derelicto*, qui prive à l'inſtant le propriétaire de ſa choſe, & la défère au premier occupant. La *déſertion* ſe fait ſans aucun acte ou formalité, par la ſeule négligence du détenteur qui laiſſe les héritages vacans, & néanmoins ne laiſſe pas d'en demeurer toujours propriétaire, comme le remarque Cujas ſur le titre *de omni agro deſerto*.

Les terres déſertes ſont encore différentes de celles que les coutumes appellent *terres hermes*, *terres gayves, communes*, ou *vains pâturages*, qui ſont des terres ſtériles & de nulle valeur, ou qui n'ont jamais été occupées par aucun particulier.

Si des héritages déſerts ſont chargés de rentes foncières, le bailleur n'eſt pas pour cela en droit de rentrer auſſi-tôt dans ſon héritage : il faudroit qu'il y eût ceſſation de paiement pendant trois années; encore la peine n'eſt-elle que comminatoire, & ceſſe-t-elle par le paiement des arrérages.

Quelques coutumes portent que ſi le propriétaire eſt trois ans ſans labourer, le ſeigneur peut reprendre les héritages, & les réunir à ſon domaine : telles ſont les coutumes de la Marche, Berri, Vâtan, Clermont, Romorentin & Blois. Mais cela eſt particulier à ces coutumes; & ailleurs le ſeigneur ou bailleur n'a qu'une action pour ſon cens ou ſa rente, & pour ſes dommages & intérêts.

On fait ſeulement une différence pour les vignes tenues à rente; car ſi le détenteur eſt un an ſans les tailler, quelques-uns tiennent que le bailleur peut s'en faire envoyer en poſſeſſion, à cauſe qu'elles ſeroient ruinées pour toujours ſi on les négligeoit plus long-temps. C'eſt l'opinion de Balde sur l'auth. *qui rem*, & la disposition de la coutume de Poitou, *art. 61*; cependant cette loi pénale ne s'étendroit pas aux autres coutumes; le bailleur auroit seulement son action en dommages & intérêts comme pour les autres héritages.

Si la rente due sur l'héritage est à prendre en nature de fruits, en ce cas le bailleur seroit bien fondé à faire cultiver l'héritage pour assurer sa rente.

Il y a même quelques coutumes qui permettent au premier occupant de cultiver les terres désertes, & cela pour le bien public; mais hors ces coutumes, le cultivateur ne gagneroit pas les fruits, & seroit tenu de les rendre au propriétaire qui les réclameroit, à la déduction seulement des frais de labours & semences. *Voyez* TERRES *hermes*, TERRES *désertes.* (*A*)

DÉSERVEUR. *Voyez* DESSERVEUR.

DÉSERVIR, *ou* SERVIR *un fief*, c'est de la part d'un nouveau vassal, porter la foi & hommage au seigneur dont le fief relève. *Voyez* FIEF, FOI & HOMMAGE.

DESHÉRENCE, s. f. (*Droit féodal.*) ce mot venu du latin *deserere*, signifie en général une chose abandonnée. On l'a particulièrement consacré dans le droit françois, pour désigner le droit qui appartient au seigneur, de prendre les biens délaissés par un regnicole françois, né en légitime mariage, à défaut d'héritiers.

Pour éclaircir cette matière, on traitera 1°. de l'histoire du droit de *deshérence*; 2°. des cas où il a lieu; 3°. des personnes auxquelles il appartient; 4°. de l'appréhension des *deshérences*, des charges & de la prescription de ce droit.

§. I. *Histoire du droit de deshérence.* La propriété publique que chaque peuple a des fonds situés dans son territoire, est la source universelle d'où dérivent les propriétés particulières & à laquelle elles retournent. Lorsque ces propriétés particulières sont abandonnées par leurs possesseurs, & que les loix ou les usages qui en tiennent lieu n'appellent plus personne à les recueillir, elles rentrent nécessairement dans le domaine public, & le pouvoir souverain a le droit d'en disposer de la manière qu'il juge la plus convenable.

Voilà l'origine du droit de *deshérence*, tel qu'il a subsisté chez presque tous les peuples de la terre. La dévolution au fisc des successions vacantes, se retrouve chez les Grecs, & dans les loix des 12 tables. On voit dans ces dernières loix, que les successions ne se transmettoient qu'aux personnes de la même race, (aux *gentils*). Il paroit qu'on entendoit par là tous ceux, qui sans pouvoir prouver leur parenté, étoient reconnus parens, soit parce qu'ils portoient le même nom, sans être des affranchis de la famille, soit parce qu'ils participoient aux mêmes sacrifices domestiques. C'est une erreur du jurisconsulte Paul, d'avoir enseigné que la loi des 12 tables admettoit aux successions les descendans des filles, & que ce sont des loix postérieures qui les ont exclues. Il suffit de lire le texte de la loi des 12 tables pour s'assurer du contraire.

L'usage des testamens qui s'introduisit bientôt, donna les premières atteintes à ces règles. L'édit du préteur appella aux successions des parens par les femmes. Enfin diverses loix faites pour favoriser certains états ou certaines espèces de biens, restraignirent de plus en plus les droits du fisc. On voit dans le corps du droit, que les époux lui étoient préférés pour tous leurs biens; que l'église l'excluoit pour les biens des clercs, les compagnies (*vexillationes*) pour ceux des soldats, les collèges & les corps pour les biens de leurs membres.

Les nations qui s'élevèrent sur les débris de l'empire romain, conservèrent au fisc le droit de recueillir les successions vacantes, & ce droit y fut plus ou moins étendu. Mais l'établissement du système féodal apporta un changement considérable à cet égard.

Hauteserre, *lib. 2, de ducibus & comitib. provinc. cap. 11*, & Dumoulin dans son apostille sur l'article 99 de la coutume d'Anjou, ont enseigné que le droit de *deshérence* n'appartenoit qu'au roi seulsous la première & la seconde races, & qu'il a été usurpé depuis par les seigneurs, comme plusieurs autres droits de régale. Mais il paroit que ce droit, comme la plupart de ceux du fisc, fut compris dans la concession des fiefs, dont l'origine est bien plus ancienne. On a vu au mot DÉMEMBREMENT DE JUSTICE, que la jurisdiction étoit une dépendance du fief dans les premiers temps, & la jouissance des droits du fisc étoit une suite naturelle de quelque espèce de jurisdiction que ce fût.

Les biens vacans laissés par les hommes de serve condition, appartenoient par cette raison à leur maître; ceux des habitans de chaque terre à leur seigneur; ceux des pays de franc-aleu au roi, ou au vicomte de la province. L'église même prétendoit ceux des clercs sur le même fondement. *Voyez* la Thaumassière *sur les anciennes coutumes de Berry, chap. 33, pag. 43*, & Heineccius *elementa juris German. lib. 2, §. 275*.

Lorsque la séparation du fief & de la justice s'opéra dans la suite des temps, les propriétaires des fiefs & les seigneurs justiciers se disputèrent ce profit-là, comme tous les autres; & quoique les droits de fisc appartiennent plutôt à la seigneurie publique, que donne la jurisdiction, qu'à la seigneurie privée qui dépend de la directe, les prétentions des seigneurs féodaux n'étoient pas destituées de tout fondement. Non-seulement les concessions des fiefs & des tenures roturières n'étoient faites originairement que pour le vassal ou le censitaire & sa famille, suivant la remarque de d'Argentré; mais lorsque les seigneurs accordoient des affranchissemens particuliers, comme pour entrer dans l'état ecclésiastique, c'étoit presque toujours à condition que l'impétrant ne pourroit recueillir la succession de ses parens. Les affranchissemens généraux restraignoient aussi très-souvent la faculté

de fuccéder à un petit nombre de degrés peu éloignés, comme on peut le voir encore dans la Thaumaffière. D'autres fois les affranchiffemens réfervoient feulement aux feigneurs quelques droits fur
la fucceffion du défunt, & c'eft delà que le droit
de meilleur cattel tire fon origine. *Voyez* CATTEL.

Le droit de *deshérence* avoit autrefois beaucoup
d'étendue. On fuivoit principalement dans les fucceffions la règle *paterna patèrnis*, & l'on étoit alors
dans l'opinion que les héritiers d'une ligne étoient abfolument étrangers, par rapport aux biens, de l'autre
ligne, fuivant l'obfervation de d'Argentré, *coutume
de Bretagne, art. 218, gloff. ix, n°. 13, & art. 456,
gloff. j, n°. 5.*

Quiconque changeoit de diocèse pour aller habiter dans un autre, étoit réputé aubain, & s'il
ne payoit pas au feigneur un devoir plus ou moins
confidérable, fuivant les ufages des lieux, fa fucceffion étoit dévolue au fifc de la feigneurie. Il en
étoit ainfi s'il décédoit fans enfans, & lors même
qu'il en avoit, le feigneur prenoit la moitié de fes
meubles. *Voyez le premier volume des ordonnances du
Louvre, pag. 187 & 188.*

Les fucceffions des ladres ou *mézels*, appartenoient auffi au feigneur, fuivant l'ancienne coutume
de Normandie. *Voyez* Terrien, *liv. 6, chap. 1.*

Dans les derniers temps, le droit de *deshérence*
a été reftraint dans les bornes les plus étroites,
fuivant le droit commun, & on l'a diftingué du
droit d'aubaine & de celui de bâtardife. Mais plufieurs des anciens ufages fubfiftent encore dans
quelques coutumes.

§. II. *Des cas où le droit de deshérence a lieu.*
Suivant le droit commun, la *deshérence* peut avoir
lieu dans trois cas ; le premier eft lorfqu'il n'y a
pas d'héritiers conjoints, & c'eft ce que l'on appelle
proprement *deshérence*.

Le fecond cas eft lorfque les héritiers préfomptifs
renoncent à la fucceffion du défunt, ou feulement
négligent de l'appréhender ; il a été douteux
que le fifc eft en droit de la recueillir. Plufieurs
loix romaines le décident de cette manière, en
donnant un an aux héritiers de ligne directe, &
cent jours aux autres héritiers pour accepter. On
ne peut pas s'empêcher de fuivre cette décifion
parmi nous ; on y eft à la vérité dans l'ufage de
faire créer en ce cas un curateur à ces fortes de
fucceffions, parce que le feigneur lui-même n'eft
guère plus curieux que les héritiers, de recueillir
les fucceffions qu'ils ont jugées défavantageufes,
ou parce qu'on craindroit que la préfence des officiers du domaine ou des feigneurs ne troublât les
créanciers, & n'augmentât les longueurs & les frais
par le concours d'un nouvel adverfaire ; mais il n'en
eft pas moins vrai que le droit appartient toujours
au fifc. Un arrêt du 16 janvier 1725, ordonne aux
commiffaires au châtelet de donner avis au procureur du roi de la chambre des domaines, dans les
24 heures, des fcellés par eux appofés, *lorfqu'il
n'y a point d'héritiers apparens*, en faifant défenfes

aux notaires de faire inventaire fur autre requête
que celle du procureur du roi, à peine de tous
dépens, dommages & intérêts. Un autre arrêt du
28 juin 1769 a ordonné la même chofe, en faifant défenfe aux officiers du bailliage royal de Meudon, de connoître des fucceffions qui échéoient à
fa majefté à titre d'aubaine, bâtardife ou autrement,
ainfi que d'affifter à la levée des fcellés & aux inventaires des mêmes fucceffions.

On ne doit néanmoins admettre qu'avec précaution la maxime qui affure au fifc ces fortes de fucceffions, & l'on doit en modérer l'effet de manière
qu'il ne produife pas de vexation. C'eft fur la variété des circonftances que font motivés plufieurs
jugemens, dont les uns ont exclu le fifc ou fes
repréfentans, des conteftations relatives à ces fucceffions, & d'autres les y ont reçus intervenans.

La dernière efpèce de *deshérence* a lieu quand le
défunt laiffe des parens habiles à lui fuccéder, mais
fans pouvoir leur tranfmettre fa fucceffion, par
l'obftacle de fon incapacité perfonnelle. Cette incapacité fe rencontre dans la perfonne des religieux,
qui étant morts civilement, & ayant rompu, par
leur profeffion, les liens qui les tenoient attachés
à leur famille, ont perdu par ce retranchement
volontaire de la fociété, la capacité active & paffive des fucceffions, qui ne fe rétablit pas même
par la fécularifation. Le bien que le religieux laiffe
en ce cas, s'appelle *pécule*. Il a une deftinée différente, fuivant les efpèces qu'on en peut diftinguer.
Voyez PÉCULE.

Hors le cas de cette dernière efpèce de *deshérence*, le fifc eft exclu par tous les parens qui fe
préfentent & même par la femme ou par le mari
du défunt. Mais il eft très-douteux que cette fucceffion des conjoints ait lieu au profit du mari,
dont la femme a été obligée de fe faire féparer d'habitation, ou de la femme qui auroit abandonné fon
mari, & qui ne s'en feroit pas rapprochée dans fes
derniers momens. La loi unique au digefte *undè
vir & uxor*, le décide ainfi pour le cas du divorce.
Cependant les auteurs font partagés fur le point
de favoir fi cette règle s'obferve parmi nous. *Voyez*
Henrys, *tom. I, liv. VI, queft. 19.*

Il eft certain du moins qu'un étranger marié à
une françoife, ou une étrangère mariée à un françois, n'excluroient pas le fifc.

On a auffi douté autrefois, fi les parens pouvoient fuccéder au-delà du dixième degré, ou
même au-delà du feptième, parce que le droit
canonique avoit borné les effets de la parenté &
de l'affinité à ce degré là. Mais il eft certain aujourd'hui, que tous les parens, *en quelque degré que
ce foit*, font habiles à fuccéder à toutes fortes de
biens, fuivant l'article 330 de la coutume de Paris.

Dumoulin a même décidé fur l'article 32 de la
coutume de Tours, qu'il fuffifoit d'être *in quafi
poffeffione parentelæ*, & ce principe eft conforme
à ce qui fe pratiquoit autrefois à Rome en faveur
des perfonnes de la même race. *Voyez le* §. I.

Il paroît que notre jurisprudence a adopté cette décision, & qu'il n'est point nécessaire d'établir le degré de la parenté, pourvu qu'on la constate. Deux arrêts des 6 septembre 1756 & .... juillet 1763, l'ont ainsi jugé. *Voyez le traité des justices de Jacquet, liv. I, chap. 8, n°. 4.*

Il n'est pas même besoin d'un commencement de preuve par écrit dans ce cas. Lorsque l'aspirant à la succession n'a contre lui que le fisc, il n'a besoin que d'être parent pour l'exclure, & le simple possessoire suffit pour terminer toute dispute, bien entendu que le discernement sur l'étendue des dépositions des témoins & sur leur précision est livrée à la prudence du juge, qui saura distinguer des termes d'amitié ou de complaisance, que la familiarité aura introduits dans le commerce de la vie entre deux personnes, d'avec une véritable possession de parenté.

C'est là une des observations de M. Lorry, qui a discuté cette question avec sa sagacité ordinaire, dans une de ses notes sur le *chap. x du liv. I du traité du domaine*. On regrette que la nature de cet ouvrage ne permette de présenter ici que le simple aperçu de quelques-unes de ses remarques.

Il est certain enfin, que le fisc est exclu par les héritiers testamentaires, ou par les légataires universels du défunt, & qu'il ne peut pas même réclamer les réserves coûtumières, qui n'ont été établies qu'en faveur des héritiers de la ligne.

Tout ce que l'on vient de dire, est le résultat des principes du droit commun. Mais dans bien des coutumes, le droit de *deshérence* a beaucoup plus d'étendue. La coutume de Normandie par exemple, n'admet point la succession du mari ou de la femme. Les parens d'une ligne ne succèdent point aux biens d'une autre ligne, & ceux même de la ligne ne succèdent pas au-delà du septième degré. *Voyez les art. 146 & 245 de la coutume de Normandie, avec le commentaire de Basnage.*

L'article 328 de la coutume de Bourbonnois, préfère aussi le seigneur au mari & à la femme dans la succession de l'un d'entre eux.

Les coutumes d'Anjou, *article 268*, de Bretagne, *article 595*, du Maine, *article 286*, & plusieurs coutumes de la Flandre flamande, préfèrent les seigneurs aux parens d'une autre ligne. Dans ces dernières coutumes, il n'est pas même permis de disposer de ses propres au préjudice du seigneur, au-delà de la quotité dont la coutume permet de disposer au préjudice de ses héritiers. Un arrêt du parlement de Flandre du 17 décembre 1717, a réduit sur ce principe au tiers des propres, en faveur du seigneur, une disposition testamentaire, conformément au texte de la coutume de Berg-Saint-Winox. Mais le mari ou la femme y excluent le fisc, & sont préférés aux parens d'une autre ligne.

§. III. *A qui appartient le droit de deshérence.* Il n'est plus douteux que les *deshérences* appartiennent aux seigneurs hauts-justiciers suivant le droit commun, puisque c'est proprement en eux que réside la plénitude de la puissance publique, sur laquelle le droit de *deshérence* est fondé. Lorsqu'il se trouve des immeubles dans plusieurs jurisdictions, chaque seigneur a ceux qui sont situés dans sa justice.

Quant aux meubles, on suit à cet égard des maximes toutes différentes de celles des successions ordinaires. Les meubles de celui qui meurt sans héritier, se trouvant simplement vacans & semblables à tous les autres biens qui n'ont pas de maître, ils en doivent subir la destinée & appartenir de même aux seigneurs dans la justice desquels ils se trouvent. Les coutumes de Chauny, *article 43*, de Châlons, *article 99*, de Rheims, *article 346*, de Vermandois, *article 99*, & de Vitry, *article 15*, le décident ainsi. Celle de Nivernois donne la même règle, pour les confiscations, dans l'article 2 du titre 2, & cette disposition avoit été adoptée dans l'article 4 de ceux qui furent projettés pour le réglement des droits de justice, lors de la réformation de la coutume de Paris.

Cette règle, dit M. Lorry, a ses racines dans les plus profondes combinaisons du droit civil; pendant la vie du citoyen, la loi le revêt d'une personne civile & unit ensemble par des liens fictifs, les différens effets qu'il possède, sous le nom de *patrimoine*. Ces différens effets sont donc considérés comme des portions de ce patrimoine, dans lequel ils sont: malgré leur mobilité naturelle, la loi leur donne une assiette fictive dans le lieu de la situation de la masse totale; delà, l'empire de la loi ou domicile sur les effets mobiliers. Après la mort du citoyen, la loi veille à ce que ce lien ne soit pas brisé, & la masse du patrimoine est transportée avec la personne civile du défunt sur la tête de l'héritier, dont elle joint la possession à celle du défunt, de manière qu'il n'y ait point de temps intermédiaire. Mais s'il n'y a point d'héritier, toutes ces fictions tombent, comme n'ayant plus d'objet; les choses se retrouvent dans l'état où la nature les a placés, c'est-à-dire, que les débris épars de ce corps anéanti reçoivent l'impression de la loi sous l'empire de laquelle leur position physique les place; ce sont des épaves ou biens vacans livrés au premier occupant, c'est-à-dire au fisc qui en exerce les droits. *Traité du domaine, liv. x, chap. 1, n°. 9, note a.*

On n'est pas également d'accord sur la distribution des créances. Comme elles ne sont qu'un droit incorporel, & qu'elles n'ont aucune situation par leur nature, elles ne peuvent en avoir que par fiction. Coquille, en sa question 237, fixe cette assiette au lieu du domicile du débiteur. M. le Febvre de la Planche pense au contraire qu'on doit suivre ici la fiction admise dans les successions ordinaires, qui attache la créance au domicile du créancier. Il allègue une sentence de la chambre du trésor, qui l'a ainsi jugé le 28 février 1693. *Traité du domaine, liv. x, chap. 1, n°. 10.*

Mais M. Lorry pense qu'il est inutile de recourir

à une fiction qui ne répond plus à l'état des choses, & ses raisonnemens à cet égard paroissent puisés dans la nature même. Si le droit incorporel, dit-il, qui constitue la créance, n'a point de situation, le monument de la créance en a une. Lors donc que le défunt ne laisse pas d'héritier pour le représenter, la créance ne consiste plus que dans l'action dont le monument fait le titre. Le papier qui contient ce monument n'est point un papier mort & inutile, c'est la dette même destinée à être échangée contre le monument qu'elle représente. Ainsi le seigneur auquel la loi met ce gage entre les mains, a droit d'en user, suivant sa destination, c'est-à-dire de poursuivre le débiteur : de-là, il résulte que si l'obligation se trouvoit en autre lieu, qu'au domicile, le seigneur de ce lieu y auroit droit, ce qui n'est que plus conséquent à la décision générale qui règle le sort des effets mobiliers ; mais s'il n'y a point de monumens, si l'obligation est verbale, c'est le cas où il est nécessaire de recourir à la fiction d'un monument placé suivant la conjecture la plus probable dans le lieu du domicile.

Au surplus, ces règles générales souffrent encore diverses exceptions. Suivant l'article 7 de la coutume d'Artois & de plusieurs coutumes voisines, le seigneur vicomtier, qui n'a guère que la moyenne justice, a les *deshérences*. L'article 299 de la coutume de Poitou, & quelques autres coutumes, où la basse jurisdiction est attachée au fief, les attribuent au bas-justicier. D'autres coutumes distinguent entre les meubles & les immeubles, & quelques-unes parmi les immeubles, entre les propres & les acquêts ; elles attribuent les uns au seigneur bas-justicier, & les autres au moyen justicier. *Voyez les coutumes d'Anjou, art. 268 ; du Maine, art. 286 ; de Touraine, art. 18 & 44 ; de Loudun, &c.*

Les coutumes d'Amiens, *article 252*, de la Marche, *article 327*, d'Orléans, *article 344*, & quelques autres, attribuent les meubles au seigneur haut-justicier, & les immeubles aux seigneurs desquels ils sont tenus.

La coutume de Normandie attribue aussi les immeubles aux seigneurs dont ils sont mouvans. Les héritages situés en bourgage, & non mouvans de quelques seigneurs, & même les rentes constituées appartiennent au roi. *Voyez l'art. 145, & les art. 22 & 23 du réglement de 1666, avec les commentateurs.*

§. IV. *De l'appréhension des deshérences, des charges & de la prescription de ce droit.* On a douté autrefois si le seigneur haut-justicier étoit saisi de plein droit des *deshérences*, comme les héritiers du sang le sont des successions. Quelques anciens auteurs admettoient l'affirmative de cette question ; cette saisine légale leur paroissoit une suite naturelle du droit de retour de la propriété particulière à la propriété publique, sur lequel la *deshérence* est fondée.

On doit néanmoins décider le contraire ; il ne peut y avoir de retour à la propriété publique,

qu'autant qu'il est sûr que personne n'est appellé par la loi à la succession du défunt, ou que ceux qui y sont appellés ne veulent pas faire usage de la vocation de la loi. Telle est l'opinion de Dumoulin & de Brodeau sur l'article 63 de la coutume de Paris, & nos coutumes paroissent aussi avoir rejetté l'idée d'une saisine légale en faveur du seigneur ; elles veulent qu'il ne s'empare des *deshérences* qu'avec de certaines formalités, propres à assurer les droits des héritiers & ceux des créanciers s'il s'en présentoit dans la suite. L'article 167 de la coutume de Paris, dit en conséquence, « que » le haut-justicier en la haute justice duquel les » héritages sont assis, peut & lui est loisible iceux » héritages vacans & non occupés, saisir & mettre » en sa main ».

Dumoulin observe dans son apostille sur l'article correspondant de l'ancienne coutume, qu'il faut que le seigneur « en fasse inventaire ou exploit » portant déclaration, pour en bailler main-levée » à qui il appartiendra, ou les appliquer à soi par » connoissance de cause ».

Plusieurs coutumes ont des dispositions semblables à celle de la coutume de Paris ; celle d'Étampes, *article 154*, ajoute *jusqu'à ce que l'héritier soit apparu*. Les coutumes de Montfort, *article 156*, & de Mante, *article 190*, disent mieux encore, *à la conservation du droit de qui il appartiendra, à la charge d'en faire inventaire par le procureur du roi, ou procureur de seigneurie.*

La formalité de l'inventaire, lorsqu'il y a du mobilier, doit s'observer même dans les coutumes muettes. Deux arrêts de 1725 & 1769, dont on a parlé dans le §. 2, l'exigent ainsi dans la coutume de Paris pour le domaine du roi.

Dans quelques pays, on est dans l'usage de faire nommer à la succession vacante un curateur, sur lequel on la fait adjuger au roi ou au seigneur à titre de *deshérence* ; mais cela est au moins inutile, lorsque le fisc se présente pour recueillir la *deshérence*. Un arrêt du parlement de Bretagne l'a ainsi jugé le 30 décembre 1734, & cette formalité a été entièrement proscrite par l'article 2 d'un autre arrêt, rendu en forme de réglement le 11 avril 1753. Ces arrêts sont fondés sur ce que les procureurs du roi ou ceux des seigneurs, sont curateurs-nés des biens vacans. On peut encore consulter là-dessus les remarques de M. Lorry.

Il y a néanmoins en Lorraine un officier connu sous le nom de *curateur en titre*, sur lequel les poursuites relatives aux successions vacantes par *deshérence* doivent être faites par les parties intéressées.

Au reste, le fisc ne doit pas s'emparer des successions vacantes, lorsqu'il y a des héritiers connus qui ne sont pas à portée de se présenter, soit par absence ou autrement. On peut invoquer à ce sujet l'article 44 de la coutume de Tours, qui dit que le moyen justicier peut saisir les biens meubles du décédé, jusqu'à ce qu'il soit apparu héritier, *sinon qu'il y eût enfans, frères, cousins ou neveux appa-*

rens , & probablement connus au lieu de la demeure du décédé.

Les seigneurs sont chargés de l'accomplissement des testamens , dettes , obsèques & funérailles du défunt , & la formalité de l'inventaire est sur-tout nécessaire pour empêcher qu'ils ne puissent en être tenus au-delà de l'émolument. L'article 300 de la coutume de Poitou dit expressément , que si le seigneur prend iceux biens meubles sans les faire inventorier , il sera tenu de payer toutes les dettes mobiliaires , encore qu'iceux meubles ne fussent suffisans pour les payer. Bacquet assure que c'est-là une règle du droit commun. *Du droit de deshérence , chap. 3 , n°. 9.*

Corvin a néanmoins soutenu le contraire sur le titre du code *de bonis vacantibus* ; Burgundus est du même avis dans son traité 13 , & il faut avouer que la nature du droit de *deshérence* , peut rendre la question problématique.

Lorsque les biens de la succession sont situés dans plusieurs seigneuries , chaque seigneur paie sa part des charges de la succession à raison de l'émolument. Mais comme les créanciers ne peuvent pas savoir précisément la part que chaque seigneur prend dans la succession , & que pour la déterminer , il faudroit faire une ventilation , qui seroit sujette à beaucoup de frais , de longueurs & d'inconvéniens , on tient que tout créancier , soit hypothécaire , soit chirographaire , peut agir solidairement contre chaque seigneur , sauf le recours de celui-ci contre les autres. La position des différens seigneurs , dit fort bien M. Lorry , ne ressemble point à celle des héritiers ; les héritiers ont contracté avec les créanciers & sont débiteurs personnels. C'est cette dette personnelle qui se divise entre eux ; les seigneurs même qui sont en possession du mobilier , ne sont obligés que comme bientenans à raison de leur possession par une espèce d'action , sinon hypothécaire , au moins pignoratitienne. Il n'y a point d'hypothèque sur les meubles , c'est-à-dire , ils ne sont point susceptibles d'une impression réelle qui suive le meuble , en quelques mains qu'il soit porté. Mais le meuble , que le seigneur ne prend qu'à la charge de payer les dettes , est entre ses mains le gage de la dette , & chaque portion de la dette est affectée de cette qualité : donc le seigneur est tenu pour le tout , tant à raison des immeubles que des meubles.

Les seigneurs qui recueillent les *deshérences* , sont d'ailleurs sujets à toutes les charges qui sont une suite de la translation de la propriété ; ainsi lorsque le seigneur a la *deshérence* , à raison de la justice , il est tenu de reconnoître le seigneur de fief & de lui payer les reliefs ou les autres droits de mutation établis par la coutume. Lors même que les *deshérences* échues au roi , sont dans la mouvance d'un autre seigneur , le roi est tenu de vuider ses mains de ces biens , ou d'indemniser le seigneur de la perte de sa directe , qui a lieu dans ce cas ,

parce qu'il ne seroit pas séant que le roi relevât de ses sujets. *Voyez* INDEMNITÉ.

Mais si le seigneur haut-justicier est en même-temps seigneur direct des immeubles qui lui échoient par *deshérence* , il n'est dû aucun droit au seigneur supérieur. *Voyez* RÉUNION FÉODALE.

Les biens adjugés au roi pour *deshérence* , ne doivent point de centième denier. Il n'en est pas ainsi du droit de contrôle pour la prise de possession , qui en est faite ; le conseil l'a décidé le 19 mai 1726 : mais les seigneurs particuliers sont assujettis au droit de centième denier , pour les *deshérences* , comme pour tous les autres biens qu'ils réunissent à leur seigneurie , de quelque manière que ce soit , si ce n'est par retrait féodal. Le conseil l'a ainsi jugé par arrêt du 3 avril 1736 , sans avoir égard à l'intervention du procureur général , syndic des états de Bretagne , contre l'évêque de Saint-Malo & son chapitre , pour des biens qui leur avoient été adjugés à titre de *deshérence* , en leur qualité de seigneurs de fief.

Outre la saisie & l'inventaire , quelques coutumes ont prescrit d'autres formalités , qui ont pour objet d'assurer au seigneur la propriété des biens vacans au bout d'un certain temps , contre les prétentions même des héritiers.

La coutume de Tours , *article 44* , dit que le seigneur doit faire bannir les meubles de huitaine , quinzaine & quarantaine à jour de dimanche au prône de la messe paroissiale de la paroisse où lesdits biens sont trouvés , ou à l'issue d'icelle messe ou autre jour solemnel ; l'art. 45 ajoute : « & lesdites » bannies faites , sera le décret adjugé au profit du » moyen justicier à l'assise , & au-dedans de trois » ans après la mort du décédé , l'héritier pourra » demander à avoir lesdits biens meubles , en en-» formant de son droit , & payant les frais & mises ; » & lesdits trois ans passés , sera ledit héritier ex-» clus , & lesdits biens meubles du décédé , acquis » au seigneur ». Mais cela n'a lieu que pour les meubles ; le seigneur ne peut devenir propriétaire incommutable des immeubles , qu'après 30 ans de jouissance , suivant l'article 23.

L'article 3 de la coutume de Vitry veut aussi qu'on fasse crier & proclamer , à quatre quatorzaines , au domicile du défunt pour les meubles , & aux lieux de la situation pour les immeubles , *s'il y a aucun habile à soi porter héritier dudit défunt.* « Et en faisant suffisamment apparoir de ce , ajoute-» t-il , lesdits biens lui seront baillés & délivrés ; » & si dedans le temps desdites proclamations , ne » se trouve aucun habile à être héritier , & que » ledit seigneur ou autre , ayant droit de lui , jouisse » desdits héritages ainsi proclamés par l'espace de » 5 ans ; & en ce cas , après lesdits 5 ans , ne sera » aucun recevable à vendiquer ne poursuivre lesdits » biens comme héritier dudit défunt , ains en sera » & demeurera paisible possesseur , ledit seigneur » ou autre ayant de lui droit ; n'étoit que l'héri-» tier dudit défunt , à qui lesdits biens devroient

» appartenir, fût mineur ou absent pour cause lé-
» gitime, ou en pays lointain, auquel cas, tel
» héritier après lesdits 5 ans passés, pourroit re-
» quérir ladite succession &-l'avoir en payant les
» frais raisonnables ».

La coutume de Chauny exige seulement que le
seigneur fasse saisir, inventorier, régir & gouverner les biens vacans par gens solvables durant l'an
& jour, à compter du décès, après quoi il peut
s'en emparer & en jouir; mais l'héritier peut se
présenter dans les 10 années, & se faire restituer
la succession en payant les frais raisonnables. Les
mineurs & les absens peuvent même se présenter
après les 10 années.

Les coutumes de Châlons, *article 94*, de Rheims,
article 345, & de Vermandois, *article 85*, ont les
mêmes dispositions, si ce n'est qu'elles déclarent
aussi les héritiers non-recevables après 20 ans pour
les immeubles.

Les chartes générales du Hainaut prescrivent
seulement une proclamation pour les meubles &
effets mobiliers, & trois proclamations de quinzaine
en quinzaine pour les immeubles. Si personne ne
se présente après les proclamations, le seigneur
demeure en possession des biens; il fait les fruits
siens; il peut faire vendre les meubles & effets
mobiliers, & en employer le prix en constitution
de rentes, & dans ce cas, il profite des cours,
c'est-à-dire des arrérages; après 10 ans pour les
meubles & 30 ans pour les immeubles, il demeure
propriétaire incommutable. *Voyez les art. 7 & 21 du
chap. 30.*

Dans les coutumes muettes, il faut nécessairement 30 ans pour assurer au fisc la propriété des
biens vacans, tant pour les immeubles que pour
le mobilier. Cette règle a reçu une exception par
l'arrêt du conseil du 25 octobre 1754, qui a réglé
la forme & le délai dans lesquels les économes
sequestres sont tenus de rendre compte aux héritiers & aux successeurs des titulaires des bénéfices
consistoriaux. Cet arrêt ordonne aux héritiers de
se pourvoir contre l'économe sequestre, ou ses
préposés, dans le cours de trois années pour tout
délai, à compter du jour du décès du bénéficier,
afin de faire rendre compte des deniers & effets
de la succession du défunt, sinon, après ce délai
écoulé, ces deniers & effets doivent être adjugés
au roi par droit de *deshérence*, sur les poursuites
des fermiers de ses domaines ou de ses procureurs
au bureau du domaine le plus proche du lieu où
le bénéfice vacant est situé.

Tout au contraire, M. Houard assure que la
prescription, même trentenaire ou quarantenaire,
n'est point admise en Normandie, parce que la
deshérence y résulte, non de la jurisdiction, mais
de la féodalité. « Il incombe à la vérité, dit-il,
» au vassal, de prouver le titre en vertu duquel
» le seigneur possède; mais une fois cette preuve
» faite, le seigneur ne peut de bonne foi mécon-
» noître la cause de sa jouissance: il y a plus,

» lorsque le vassal exige la représentation de gages
» plèges du seigneur, ils ne peuvent lui être re-
» fusés: arrêt du 15 mars 1661, rapporté par Bas-
» nage sur l'*art. 117*; cet article s'applique en effet
» à tous les cas où le seigneur réunit les fonds
» de ses vassaux à son fief. *Dictionnaire du droit
» Normand*, au mot *Deshérence.*

On prescrit d'ailleurs contre le droit de *deshérence* par 30 années, même contre le roi, suivant
les principes établis dans l'article *Commise*. (*M. GAR-
RAN DE COULON.*)

DESHÉRITANCE, s. f. *ou* DESHÉRITEMENT,
s. m. (*Jurispr.*) signifie *dessaisine* ou *dépossession* d'un
héritage. Ce terme est opposé à celui d'*adhéritance* ou
adhéritement, qui signifie *saisine*, *possession*. Adhériter, c'est mettre en possession; déshériter, c'est
se dépouiller de sa possession pour la faire passer
à un autre. Ces termes sont usités dans les coutumes de Hainaut, Mons, Cambrai, Valenciennes,
Namur, & autres des Pays-Bas. Les actes d'adhéritance & de *déshéritance* se font par le ministère
des seigneurs, ou par les officiers de leur justice.
Ils ont lieu en cas de vente & achat d'héritages,
ou de charge d'hypothèque sur les biens. *Voyez*
ADHÉRITANCE, DEVOIRS *de loi.*

La *déshéritance* a encore un objet particulier dans
la coutume du Hainaut. Les biens qu'elle régit,
ne sont pas toujours disponibles à cause de mort.
Pour en disposer librement, il faut ou les conditionner, ou employer dans son testament la clause
privative des meubles, ou enfin en faire partage
entre ses enfans par avis de père & de mère.
Voyez CLAUSE *privative*, CONDITIONNER, PAR-
TAGE *entre enfans.*

Mais lorsque ces voies ne sont pas efficaces,
celui qui veut intervertir l'ordre de succession dans
ses immeubles, se déshérite de ceux qu'il a en
vue, entre les mains du juge foncier du lieu où
ils sont situés, & ordonne, par le même acte,
qu'à la diligence de ses exécuteurs testamentaires,
ces mêmes biens seront vendus dans l'an de sa
mort, pour le prix en être employé à l'accomplissement des legs contenus dans son testament. Cet
acte de *déshéritance* peut être fait avant ou après
le testament, mais il est nécessaire qu'il soit consigné dans le testament.

DÉSHÉRITER, v. a. *en droit*, c'est priver
quelqu'un d'une succession à laquelle il étoit appelé.
Ce terme est exactement synonyme de celui d'*ex-
héréder*, ce dernier même est plus usité au palais.
Voyez EXHÉRÉDATION.

Dans les Pays-Bas, *déshériter* signifie *quitter la
possession*. *Voyez* DÉSHÉRITANCE.

DÉSHONNÊTE, adj. (*Jurispr.*) *Voyez* CON-
DITION XV.

DÉSIGNATION, s. f. (*Droit civil.*) c'est l'action d'indiquer & de faire connoître une chose
par paroles ou par signes.

L'ordonnance de 1667 a enjoint aux demandeurs de désigner d'une manière claire & précise
les

les objets de leurs demandes. Dans l'action pure, personnelle, le demandeur est tenu d'énoncer dans l'exploit les causes de l'obligation, en vertu de laquelle il prétend que la chose lui est due : en matière réelle, il est tenu de désigner & déclarer la qualité, la situation, l'étendue, les tenans & aboutissans de l'héritage qu'il réclame, ou sur lequel il prétend un droit, afin que le défendeur ne puisse ignorer pour quel héritage il est assigné ; néanmoins s'il s'agit du corps d'une terre ou métairie, il suffit d'en désigner le nom & la situation, il suffit aussi de désigner les tenans & aboutissans d'une maison.

DÉSIMBRINGUER, v. a. (*Jurispr.*) ce terme, usité dans les provinces de droit écrit, & dans les isles françoises de l'Amérique, signifie *affranchir*, *libérer* ou *décharger* un héritage qui étoit affecté ou hypothéqué à quelque charge réelle ou hypothécaire. Il est opposé à *imbringuer*, qui signifie *charger*. On appelle *biens imbringués* ceux qui sont chargés de beaucoup de redevances ou de dettes. (*A*)

DÉSINTÉRESSEMENT, s. m. (*Droit public. Morale.*) c'est une disposition de l'ame qui nous rend contens de ce que nous possédons, & nous fait préférer dans toutes circonstances la justice & le bien public à nos propres intérêts. Cette vertu, qui est la sauve-garde de toutes les autres, doit principalement faire l'apanage de ceux qui remplissent les charges publiques dans la robe, dans l'épée ou à la cour.

DÉSISTAT, s. m. terme de pratique, en usage au parlement de Toulouse, qui signifie *désistement* ou *demande, pétitoire*.

DÉSISTEMENT, s. m. (*Jurispr.*) est une renonciation que l'on fait à quelque chose. Le *désistement* est de plusieurs sortes.

Il y a *désistement* par lequel on renonce à user d'un droit, d'une faculté, ou à faire valoir une prétention.

Désistement d'une action ou demande, d'un exploit, d'une requête, d'une plainte & autres conclusions & procédures, d'un appel, est l'acte par lequel on renonce à poursuivre ces procédures, & même à tirer avantage de ce qui a été fait.

Désistement d'un héritage, par lequel celui qui étoit détenteur d'un héritage, en quitte la possession & la propriété à celui qui le revendique, en qualité de propriétaire.

Cette dernière espèce de *désistement* diffère de l'*abandonnement* proprement dit, que le débiteur fait à ses créanciers : il diffère aussi du délaissement par hypothèque, qui est fait par le propriétaire de l'héritage à un créancier hypothécaire ; & enfin du déguerpissement qui est fait au bailleur à rente par le preneur ou ses ayans-cause, pour se décharger de la continuation de la rente.

Il ne suffit pas de se désister d'une demande ou de l'héritage qui est revendiqué ; il faut en même temps offrir les dépens jusqu'au jour du *désistement*.

Celui au profit duquel est fait le *désistement*, en

demande acte, si c'est en justice que les parties procèdent, & obtient un jugement qui le lui octroie ; & en conséquence lui permet d'user du droit que lui donne le *désistement*.

En matière de retrait lignager, le *désistement* du retrayant ne peut plus être admis sans le consentement de l'acquéreur, lorsque le retrait a été jugé par sentence.

Le *désistement* de la partie civile n'empêche pas le ministère public de poursuivre l'accusé pour la vindicte publique lorsqu'il s'agit d'un crime qui mérite peine afflictive ; mais il lui impose silence dans le cas d'un délit ou d'une injure légère. *Voyez* RENONCIATION.

DÉSOBÉISSANCE, s. f. (*Jurispr.*) c'est le défaut de soumission aux ordres des supérieurs. Il y a autant d'espèces de *désobéissance*, que de refus de satisfaire aux commandemens faits par un légitime supérieur. Le délit qui naît de la *désobéissance* est plus ou moins grave, suivant les circonstances dont elle est accompagnée, les personnes qui désobéissent, les ordres qui sont donnés, &c. c'est par cette raison que la peine en est presque toujours arbitraire.

On appelle en droit *désobéissance à justice*, le refus de se soumettre aux ordres & décrets du juge. On peut en distinguer plusieurs espèces. C'est *désobéissance à justice*, lorsqu'on ne comparoît pas sur les décrets & assignations donnés. *Voyez* CONTUMACE, DÉFAUT : lorsqu'un accusé ne répond pas aux interrogatoires qu'on lui fait. *Voyez* INTERROGATOIRE. Lorsqu'un condamné refuse d'exécuter la peine prononcée contre lui : dans ce cas il peut être condamné à une plus forte peine.

DESPOTISME, s. m. (*Droit politique.*) gouvernement tyrannique, arbitraire & absolu d'un seul homme. *Voyez* le *Dictionnaire diplom. écon. polit.*

DESSAISINE, s. f. (*Droit féodal.*) ce mot signifie *dépossession*, comme *saisine* signifie *possession*, ou *tradition*, selon qu'on prend ce mot activement ou passivement. Loisel dit que « la *dessaisine* & saisine, faite en présence de notaires & de témoins, vaut & équipolle à tradition & délivrance de possession ». *Institutes coutumières* liv. 5, tit. 4, règle 7.

Encore aujourd'hui on se sert du mot de *dessaisine-saisine*, pour désigner la tradition feinte que le vendeur, ou autre aliénateur, fait à l'acquéreur.

La *dessaisine* & la saisine des héritages roturiers se faisoient autrefois dans la cour du seigneur, avec beaucoup de formalités.

On appelloit *nouvelle dessaisine* ou *plainte de nouvelle dessaisine*, la demande en réintégrande formée par celui qui avoit été dépossédé par force de son héritage. C'est l'*interdictum unde vi recuperandæ possessionis* des Romains. On trouve des détails assez curieux à ce sujet, dans les *Etablissemens de S. Louis*, liv. 1, chap. 65, 93, & liv. 2, chap. 4. On doit y joindre les *Notes d'Eusèbe de Laurières*, tant sur cet ouvrage que sur les *Institutes de Loisel*,

R R r r

liv. 5, tit. 4, &c. fur-tout fa *Préface fur le titre 4* de la *Coutumé de Paris*. *Voyez* COMPLAINTE, DEVEST, DEVOIR DE LOI, INVESTITURE, NANTISSEMENT, NOUVELLETÉ, POSSESSION, RÉINTÉGRANDE, SAISINE & VEST. (*M. GARRAN DE COULON*).

DESSAISIR, (*fe*) (*Jurifpr.*) c'eft relâcher quelque chofe que l'on a en fa poffeffion. Quand on fait une faifie & arrêt, on fait défenfe au tiers faifi de fe *deffaifir* des deniers qu'il a en fes mains, jufqu'à ce que par juftice il en ait été ordonné. On fait les mêmes défenfes à un gardien ou autre dépofitaire de juftice : dans les contrats tranflatifs de propriété, on énonce ordinairement que celui qui aliène, s'eft *deffaifi* & dévêtu de l'héritage, & qu'il en a faifi & vêtu celui qui acquiert. *Voyez* SAISINE & POSSESSION. (*A*)

DESSAISISSEMENT, f. m. (*Jurifpr.*) c'eft lorfque l'on met hors de fes mains la propriété ou la poffeffion de quelque chofe pour la tranfmettre à une autre perfonne. *Voyez* DESSAISINE & DESSAISIR. (*A*)

DESSAISONNER, v. a, *Voyez* DESSOLER.

DESSÉCHEMENT de marais & de terres inondées. *Voyez* DÉFRICHEMENT ; & le *Dictionnaire diplom. économ. polit.*

DESSERPILLEUR, la coûtume d'Anjou, *art.* 44, donne ce nom aux voleurs ou brigands qui ôtent par force aux paffans les marchandifes qu'ils conduifent. La connoiffance de ce crime appartient, fuivant cet article, au feigneur châtelain.

DESSERTE, f. f. & DESSERVANT, f. m. (*Droit canon.*) eft l'acquittement que fait un eccléfiaftique du fervice d'une cure, d'une fuccurfale, d'un vicariat, d'une chapelle ou autre bénéfice, dont il n'eft ni titulaire, ni commendataire.

Celui qui fait la *defferte* d'un bénéfice, eft appellé *defervant*.

La *defferte* n'eft proprement qu'une commiffion révocable *ad nutum*.

Les évêques, leurs grands-vicaires & archidiacres commettent des *deffervans* aux cures pendant la vacance, & pendant l'interdit des curés. Les fupérieurs réguliers du titulaire peuvent auffi commettre à la *defferte* de fon bénéfice, aux termes de la déclaration du 29 janvier 1686.

La rétribution accordée à un *deffervant* fur une cure à portion congrue, ne peut être au-deffous des trois cinquièmes de cette même portion ; à l'égard de celles qui ont un revenu plus confidérable, les évêques font autorifés à donner une rétribution plus forte au *deffervant*, pourvu néanmoins qu'ils ufent modérément de ce pouvoir. *Edit du 15 mai 1768, art. 15, & arrêt d'enregiftrement. Voyez* CASUEL, DÉPORT.

DESSERVEUR, f. m. (*Droit féodal.*) on appelloit ainfi celui qui faifoit le fervice d'un fief pour un autre. La nature des devoirs impofés au vaffelage faifoit regarder autrefois, comme incompatible, la qualité de vaffal & de feigneur, dans

une même perfonne, vis-à-vis d'une autre. Le feigneur ne pouvoit donc pas acquérir dans la mouvance de fon vaffal, ou du moins il étoit tenu de vuider fes mains dans un court délai de ce qu'il avoit acquis. Dans la fuite on laiffa dans ce cas au feigneur l'alternative de vuider fes mains, ou de donner à fon vaffal un homme qu'il pût jufticier, & ce droit aboli dans prefque toute la France, fubfifte encore dans quelques coutumes. *Voyez celles d'Anjou, art. 287 ; & du Maine, art. 303.*

La même chofe s'obfervoit pour les acquifitions que le roi faifoit dans les mouvances de fes vaffaux. Louis Hutin promit aux nobles de Bourgogne & de Champagne qu'il n'acquerroit rien en leurs fiefs, fans leur confentement, par manière d'achat, ou par autre contrat volontaire. Mais il fe réferva le droit de retenir ce qui lui adviendroit par forfaiture, ou par échoite de lignage ; « efquels cas, » dit-il, nous baillerons au feigneur don fié *def-* » *ferveur* fouffifant que gouverneroit cette chofe » qui avenue nous feroit en la manière que cil » de qui elle nous feroit avenue la gouverneroit ». *Voyez* dans le recueil du Louvre les *ordonnances du mois d'avril 1315, & du 17 mai fuivant.*

Aujourd'hui la mouvance des feigneurs eft éteinte de plein droit dans ce cas, & le roi paie feulement une indemnité aux feigneurs. (*M. GARRAN DE COULON.*)

DESSOLER les terres, (*Jurifpr.*) c'eft changer leur état, & l'arrangement des foles & faifons pour leur culture. Ce terme vient du latin *folum :* en effet, *deffoler*, c'eft changer le fol, c'eft-à-dire, la fuperficie de la terre ; par exemple, mettre en terre ce qui étoit en vigne ou en bois. On appelle auffi *foles & faifons*, la diftribution qui eft faite des terres labourables en trois parties, qui rapportent chacune alternativement pendant une année du bled, l'année fuivante de l'avoine ou autres menus grains, & la troifième année fe repofent, afin de ne point épuifer la terre. Il eft d'ufage, dans les baux des biens de campagne, que le fermier s'oblige de labourer les terres par foles & faifons convenables, & de ne les point *deffoler* ni deffaifonner ; au moyen de quoi il ne peut mettre en bled toutes les terres à-la-fois, ni mettre en bled ce qui ne doit être qu'en avoine, ou qui doit fe repofer ; ni faire aucuns autres changemens de cette nature, tendant à déranger l'ordre des foles, & à épuifer ou fatiguer la terre. Si le fermier contrevient à cet égard à fon bail, le propriétaire peut obtenir contre lui des dommages & intérêts, parce que le deffolement des terres peut dans la fuite en diminuer le prix. (*A*)

DESTINATION, f. f. (*Jurifpr.*) c'eft la difpofition que l'on entend faire d'une chofe ; c'eft auffi la fin pour laquelle une chofe eft faite ou donnée.

La fimple *deftination*, quoique non remplie, ne laiffe pas de produire fon effet, quand elle eft suffisamment prouvée. C'est par cette raison que l'art. 93 de la coutume de Paris déclare propres de communauté, les deniers que dans le contrat de mariage on a stipulé devoir être employés en achat d'immeubles, quoique le mari n'ait point satisfait à cette obligation.

Lorsqu'une chose est donnée pour une fin quelconque, le donataire n'en peut profiter sans remplir les vues du donateur. Ainsi le titulaire d'un bénéfice chargé de prières, ne peut profiter des revenus, qu'en faisant les prières pour lesquelles ils sont destinés.

Les destinations sont ou perpétuelles ou à temps. La destination perpétuelle d'une chose la fait regarder comme une dépendance de celle à laquelle elle est destinée, & elle en suit la nature. C'est pourquoi une boiserie destinée par le propriétaire à l'embellissement d'un appartement, suit la nature de la maison où elle est posée, & devient immeuble, tandis que la même boiserie posée par un usufruitier ou un locataire, reste dans la classe des meubles, parce que dans le premier cas elle a une destination perpétuelle, qui n'existe pas dans le second.

DESTINATION de père de famille, est l'arrangement qu'un propriétaire a fait dans son héritage, pour les jours, les égouts, entrées, passages & autres dispositions, soit dans un même corps de bâtiment, ou dans deux maisons à lui appartenantes, & se joignantes l'une à l'autre. Ce propriétaire n'a pas besoin de titre pour disposer ainsi une partie de son héritage par rapport à l'autre; parce que ce n'est point à titre de servitude qu'il fait ces dispositions, mais par droit de propriété. Ces arrangemens faits dans un temps où la totalité des héritages appartient au même propriétaire, sont ce que l'on entend par destination du père de famille. Cette destination vaut titre pour les servitudes qui se trouvent imposées sur une partie de l'héritage en faveur de l'autre, lorsque ces deux portions d'héritage se trouvent ensuite entre les mains de deux différens propriétaires : mais pour que la destination vaille titre, il faut, dans ce cas, qu'elle soit par écrit, c'est-à-dire, que l'arrangement du père de famille soit expliqué dans quelque acte. Lorsqu'il met hors de ses mains une partie de son héritage, il doit, en le faisant, déclarer quelles servitudes il y retient, ou quelles servitudes il constitue sur la portion qu'il réserve, & cela nommément, tant pour l'endroit, grandeur, hauteur, mesure, qu'espèce de servitudes; autrement elles ne peuvent valoir : ce qui est conforme à la disposition des loix 3, 7 & 10, ff. communia prædiorum, &c. & des articles 215 & 216 de la coutume de Paris.

DESTITUTION d'un officier, (Jurispr.) c'est lorsqu'on lui ôte la place & la fonction publique qu'il avoit.

La destitution est différente de la suppression, en ce que celle-ci anéantit l'office, au lieu que la desti-

tution laisse subsister l'office, mais révoque celui qui en étoit pourvu.

Deux des sages de l'antiquité, Platon & Aristote, ont été partagés sur cette matière; l'un voulant que les offices fussent perpétuels, c'est-à-dire, à vie; l'autre qu'ils fussent annuels, ou du moins pour un bref espace de temps. Les raisons d'état qui peuvent militer pour l'un ou l'autre de ces deux partis, sont expliqués par Bodin en sa Républ. liv. IV, chap. 4.

Loyseau estime que dans les états démocratiques il convient mieux que la durée des offices soit pour peu de temps, de peur que les officiers enflés par l'exercice de la puissance publique, ne prétendent s'élever au-dessus de leurs concitoyens; & aussi afin que chacun ait part au gouvernement de l'état; mais que dans les monarchies où l'égalité des conditions n'est pas nécessaire, & où le prince n'a point à craindre que ses officiers s'élèvent au-dessus de lui, il est plus convenable que les officiers soient perpétuels, afin qu'une longue expérience les mette en état de faire mieux leurs fonctions, & aussi afin qu'ils y acquièrent plus d'autorité.

A Rome, du temps de la république, les offices étoient de leur nature annuels; mais ils ne laissoient pas d'être révocables avant l'expiration de l'année. En effet, on voit que Tarquin Collatin, le premier des consuls, fut destitué de son office, & Valerius Publicola mis à sa place; que Scipion Nasica & Caius Martius, consuls, furent rappellés des provinces où ils commandoient, sous prétexte qu'il manquoit quelque cérémonie à leur élection.

La destitution avoit aussi lieu dans les emplois du sacerdoce; témoins ces deux prêtres de Rome, Cornélius & Céthégus, qui furent destitués de leur prêtrise, pour n'avoir pas distribué par ordre les entrailles d'une victime. On destitua de même Quintus Sulpicius, parce que son bonnet étoit tombé de sa tête en sacrifiant.

Caius Flaminius fut destitué de l'office de maître de la cavalerie, parce que, lors de sa nomination, on avoit ouï le bruit d'une souris.

Les censeurs ôtoient aussi, & dégradoient du sénat & de l'ordre des chevaliers ceux qu'il leur plaisoit, pour des causes fort légères.

Enfin le sénat révoquoit, quand il le jugeoit à propos, les proconsuls.

Les empereurs révoquoient aussi les présidens & autres gouverneurs des provinces, en leur envoyant un successeur; de sorte que successorem mittere, signifioit révoquer l'ancien officier, le destituer.

Mais sous les empereurs, les offices, au lieu d'annales, comme ils l'étoient du temps de la république, devinrent presque tous à vie. Ce changement se fit insensiblement, & sans aucune loi; l'officier étoit obligé de continuer ses fonctions jusqu'à l'avénement de son successeur; de sorte que l'empereur ne lui nommant pas de successeur, il continuoit toujours ses fonctions.

Si les empereurs révoquoient quelquefois cer-tains officiers, ils ne le faifoient jamais fans caufe. Auffi Capitolin, en la *Vie d'Antonin*, lui donne cette louange, que *fuccefforem viventi bono judici nulli dedit*, qu'il ne voulut même deftituer aucun des officiers pourvus par Adrien fon prédéceffeur; & Lampride, en la *Vie d'Alexandre Sévère*, re-marque que quand cet empereur donnoit un fuc-cefleur à quelque officier, c'étoit toujours avec ces termes, *gratias tibi agit refpublica*, de manière que l'officier étoit remercié honnêtement.

Il y avoit auffi chez les Romains des commif-fions qui étoient différentes des offices, en ce que la fonction des offices étoit ordinaire, & l'autre feulement extraordinaire. Ceux qui étoient char-gés de commiffion, pouvoient auffi être deftitués fans attendre la fin de leur commiffion.

En France, au commencement de la monarchie, tous les offices étoient révocables, à la volonté du prince, de même que chez les Romains.

Il y avoit alors trois manières de conférer cer-tains offices, tels que les prévôtés; on les don-noit à ferme, en garde, ou à titre d'office: quand on ne vouloit pas les donner en titre d'office, ce qui étoit de foi perpétuel, on les donnoit en gar-de, c'eft-à-dire, par commiffion révocable. Dans la fuite tous les offices furent conférés en titre, mais avec la claufe *pour tant qu'il nous plaira*, au moyen de quoi ils étoient toujours révocables; & depuis l'invention de cette claufe, on ceffa de les donner en garde.

Les grands offices de France, quoiqu'on les qualifiât *offices de la couronne*, & que l'on en fît alors la foi & hommage au roi comme d'un fief, n'étoient pas à couvert de la *deftitution*. Dutillet rapporte plufieurs exemples de telles *deftitutions*, qu'il qualifie *décharges*, pour montrer qu'elles fe faifoient en termes honnêtes.

Les officiers du parlement, tant qu'il ne fut qu'ambulatoire, étoient auffi révocables à volonté, d'autant mieux qu'ils n'étoient pas alors vrais of-ficiers ordinaires, mais de fimples commiffaires, députés une fois ou deux l'année pour juger cer-taines affaires. Lorfque le parlement eût été rendu fé-dentaire à Paris par Philippe-le-Bel, les offices de cette cour furent d'abord annuels: pendant les troubles arrivés fous le règne de Charles VI, on négligea d'envoyer au commencement de chaque année l'état des nouveaux officiers qui dévoient compofer le parlement, ceux qui étoient en place, fe prorogèrent d'eux-mêmes pour le bien du fer-vice public, en attendant les ordres du roi: Louis XI, ainfi que nous le dirons plus bas, rendit ces offices perpétuels.

Les ducs & les comtes, qui étoient ancienne-ment les magiftrats des provinces, étoient d'abord révocables *ad nutum*; enfuite l'ufage vint de ne les point deftituer, à moins qu'ils ne fuffent con-vaincus de malverfation.

Les baillis & fénéchaux qui fuccédèrent aux

ducs & aux comtes, étoient auffi autrefois révo-cables; & jufqu'au temps de Louis XII, ils pou-voient, à leur gré, inftituer & deftituer leurs lieutenans, lefquels n'étoient proprement que des commiffaires par eux délégués, & non de vrais officiers. Mais comme les baillis & fénéchaux abufoient de ce pouvoir qu'ils avoient de defti-tuer leurs lieutenans, Louis XII le leur ôta en 1499, leur laiffant feulement la liberté d'avertir le roi ou le parlement des malverfations que pour-roient commettre leurs lieutenans.

Dans le temps même que les offices étoient ré-vocables à volonté, nos rois n'ufoient point fans fujet de cette faculté; & le roi Robert eft loué dans l'hiftoire de ce qu'il n'avoit jamais deftitué un feul officier.

Philippe-le-Bel fut le premier qui voulut rendre les offices perpétuels en France: ayant fait une réforme des officiers qui avoient malverfé, il con-firma les autres, & ordonna qu'ils ne pourroient être deftitués. Mais cela étoit perfonnel aux offi-ciers en place, & ne formoit pas une règle géné-rale pour l'avenir.

En effet, Charles V, dit *le Sage*, ayant, pen-dant la captivité du roi Jean, deftitué, par l'avis des trois états, plufieurs des principaux officiers du royaume, mais ayant bientôt reconnu que cela avoit accrû le parti du roi de Navarre, il vint au parlement, & y prononça lui-même un arrêt, par lequel il déclara que la *deftitution* de ces officiers avoit été faite contre raifon & juftice, & les réta-blit tous.

Louis XI, à fon avénement, changea auffi la plupart des principaux officiers; ce qui contribua beaucoup à la guerre civile, dite *du bien public*: c'eft pourquoi il ordonna en 1463, qu'à l'avenir les officiers ne pourroient être deftitués que pour forfaiture jugée; au moyen de quoi la claufe, *pour tant qu'il nous plaira*, que l'on a toujours continué de mettre dans les provifions, eft devenue fans effet; les officiers royaux ne pouvant plus être deftitués que pour forfaiture. Louis XI fit ju-rer à Charles VIII fon fils d'obferver cette ordon-nance, comme une des plus effentielles pour le bien & la fûreté de fon état, & envoya au par-lement l'acte de ce ferment.

Charles VIII, n'ofant caffer cette ordonnance, y apporta une grande limitation par fon édit de 1493, portant que les offices de finance ne feroient plus conférés en titre, mais par commiffion; d'où eft venue la diftinction des offices en titre d'avec les commiffions; & depuis ce temps une partie des fonctions publiques eft érigée en titre d'office, l'autre s'exerce par commiffion.

Les officiers royaux pourvus en titre d'office, ne peuvent plus être deftitués que pour forfaiture préalablement jugée; au lieu que ceux qui le font feulement par commiffion peuvent être deftitués *ad nutum*. Ces principes de notre droit public, établis par l'ordonnance de Louis XI, ont été confirmés par une déclaration de Louis XIV, du 22 octobre 1648, & par la réponse de Louis XV aux remontrances du parlement du 8 avril 1759.

Les engagistes ne peuvent destituer les officiers royaux, attendu qu'ils n'en ont que la nomination, & que c'est le roi qui leur donne des provisions.

Pour ce qui est des offices des justices seigneuriales, les seigneurs imitant le style de la chancellerie, ne les donnent communément qu'avec cette clause, *pour tant qu'il nous plaira*.

Loyseau prétend que dans les principes ce sont de vrais offices en titre, qui de leur nature, & pour le bien de la justice, devroient être perpétuels ; que les seigneurs ne pouvant avoir plus de pouvoir que le roi, ils ne devroient pas avoir la liberté de destituer leurs officiers, sinon pour cause de forfaiture.

Néanmoins il est constant que suivant l'ordonnance de Roussillon de 1563, *art. 27*, les seigneurs particuliers peuvent destituer leurs juges *à leur plaisir & volonté*. Ce sont les termes de l'ordonnance ; & ce qu'elle ordonne pour les juges a lieu également pour tous les autres officiers : c'est un usage constant, & autorisé par la jurisprudence des arrêts.

Il n'importe point que le seigneur ait pourvu lui-même les officiers, ou qu'ils l'aient été par ses prédécesseurs ; que les provisions fussent à vie, ou pour un temps limité ou indéfini, ni que l'officier ait servi pendant un grand nombre d'années, tout cela n'empêche point la *destitution*.

Mais les officiers des seigneurs doivent être destitués en termes honnêtes, ou du moins sans que l'acte de révocation contienne aucune expression ni aucune réticence injurieuse : par exemple, s'il y avoit, *pour raison à nous connue*, c'est ce que l'on appelle communément par ironie, une *destitution* faite *cum elogio* : lorsqu'elle est conçue de cette manière, l'officier qui prétend avoir droit de s'en plaindre, peut la faire déclarer nulle & injurieuse, & même obtenir des dommages & intérêts contre le seigneur ; ce qui n'empêche pas le seigneur de faire un autre acte de *destitution* en termes plus mesurés : & pour éviter toute contestation, quand il est mécontent d'un de ses officiers, il doit le destituer simplement, sans exprimer aucune autre cause dans l'acte, que celle de sa volonté.

L'ordonnance de Roussillon excepte deux cas, savoir si des officiers ont été pourvus pour récompense de services ou autre titre onéreux ; ce qui a fait croire autrefois à quelques-uns, que dans ce cas, les officiers des seigneurs ne pouvoient absolument être destitués.

Cependant les officiers des seigneurs pourvus à titre onéreux, c'est-à-dire, qui ont payé une finance au seigneur pour avoir leur office, ne laissent pas d'être destituables *ad nutum*, comme les autres ; avec cette différence seulement, que le seigneur doit, pour toute indemnité, leur rembourser la finance qu'ils ont payée ; & jusqu'au parfait remboursement, l'officier continue d'exercer.

Il n'est pas permis néanmoins au seigneur de destituer un officier pourvu à titre onéreux, pour revendre l'office plus cher à un autre ; ce seroit une indignité de la part du seigneur, qui rendroit nulle la *destitution*.

Si l'officier a été pourvu pour cause de services qui n'aient point été récompensés d'ailleurs, il ne peut être destitué qu'en lui donnant une indemnité proportionnée à ses services, pourvu qu'ils soient exprimés dans ses provisions, ou qu'ils soient justifiés d'ailleurs, à moins que les provisions qui énoncent ses services ne le dispensent expressément d'en faire la preuve. Cette jurisprudence n'est générale que depuis l'arrêt rendu en faveur de M. le duc de la Tremoille, le 13 février 1593. Dans le ressort du parlement de Normandie, on suit encore l'ancienne jurisprudence, de ne pas permettre aux seigneurs la *destitution* de leurs officiers, pourvus à titre onéreux, ou pour causes de services. C'est ce qu'attestent les commentateurs sur l'art. 13 de la coutume de cette province.

Les évêques, abbés, & autres bénéficiers, ont le même pouvoir que les seigneurs laïques, pour la *destitution* des officiers de leurs justices temporelles, & doivent y observer les mêmes règles.

Il faut seulement observer que le bénéficier qui destitue un officier, pourvu par son prédécesseur pour récompense de service ou autre titre onéreux, n'est tenu de l'indemniser qu'autant que les services, ou la finance qui a été donnée, ont tourné au profit de l'église & du bénéfice, & non pas au profit particulier du bénéficier.

Les évêques & abbés peuvent pareillement destituer *ad nutum*, leurs officiaux, vice-gérens, promoteurs, appariteurs, & autres officiers de leur jurisdiction ecclésiastique.

Le chapitre a aussi le droit, *sede vacante*, de destituer *ad nutum*, les grands-vicaires, officiaux, promoteurs, & autres officiers, soit ecclésiastiques ou laïques, de l'évêché.

On pensoit autrefois, que les offices dépendans des justices ecclésiastiques, vaquoient de droit par la mort du titulaire du bénéfice, mais aujourd'hui c'est un principe certain, qu'il faut une révocation expresse.

Les usufruitiers, douairiers, tuteurs & curateurs, & autres administrateurs, peuvent destituer les officiers des seigneuries dont ils jouissent ; & les mineurs & autres qui sont en tutèle ou curatelle, ne peuvent désavouer ce qui a été fait par leurs tuteurs : mais ils ont aussi la liberté, lorsqu'ils sont jouissans de leurs droits, de destituer les officiers qui ne leur conviennent pas.

Les officiers des villes & communautés, tels que les maires, échevins, syndics, ne peuvent être destitués sans cause légitime avant la fin du temps de leurs commissions. *Voyez* JUGE, OFFICIER. *(A)*

DESTRIER, f. m. (*Droit féodal.*) on entendoit autrefois par-là un cheval de combat, ou, comme le difent les coutumes d'Anjou & du Maine, *art. 47 & 53, un grand cheval de guerre, courfier, ou cheval de lance*, à la différence du *palefroy* qui n'étoit qu'un cheval de voyage. *Voyez le Dictionnaire étymologique de Ménage, au mot* DÉTRIER.

Les coutumes d'Anjou & du Maine réfervent aux barons l'épave du faucon & du *deftrier*. (*M. GARRAN DE COULON.*)

DÉSUÉTUDE, f. f. *en droit*, fignifie le non-ufage dans lequel fe trouvent une loi, une pratique, une coutume. Une loi eft tombée en *défuétude*, lorfqu'elle eft fi peu connue, qu'on peut la regarder comme oubliée, car l'oubli général eft la marque la moins équivoque, qu'elle n'eft plus en vigueur. Il en eft de même lorfqu'on ceffe généralement de l'obferver fous les yeux des magiftrats, qui en ont l'exécution, fans aucune réclamation de leur part. *Voyez* AUTORITÉ *des loix*, LOI, & USAGE.

DÉSUNION, f. f. (*Jurifpr.*) c'eft la féparation de deux chofes, qui étoient unies enfemble. Nous connoiffons en droit les *défunions* de bénéfices, de fief & de juftice. *Voyez* UNION *de bénéfices*, DÉMEMBREMENT & JEU *de fief*, JUSTICE, RESSORT.

DÉSUNION *de juftice*, f. f. (*Droit féodal.*) on réunit quelquefois plufieurs juftices enfemble pour en former une feule plus confidérable. Il arrive auffi quelquefois que l'on en diftrait ou défunit quelques-unes; il n'y a que le roi qui puiffe faire ces unions ou *défunions*. *Voyez* JUSTICE & RESSORT, DÉMEMBREMENT DE JUSTICE & DÉVOLUTION DE JUSTICE. (*A*)

DÉTAIL (*Droit de*) *Finances*, font ceux qui fe perçoivent fur la vente des boiffons en détail. *Voyez le Dictionnaire des finances.*

DÉTAIL (*Code maritime.*) c'eft le nom que l'ordonnance du 27 feptembre 1776, donne aux trois objets d'adminiftration des arfenaux de marine, qui comprennent les conftructions, les ports, & l'artillerie. *Voyez le Dictionnaire de marine.*

DÉTECE *de fervice*, f. f. (*Droit féodal.*) c'eft le défaut de fervice du fief. Autrefois les filles hors de garde, & les femmes en viduité qui poffédoient un fief, étoient obligées de fe marier fur la fommation de leur feigneur, pour lui donner un homme capable de faire le fervice du fief. Autrement le feigneur pouvoit faifir leur fief pendant an & jour, & renouveller enfuite cette faifie après une nouvelle fommation. Elles n'étoient quittes de cette obligation qu'à l'âge de 60 ans paffés, fuivant le chapitre 244 des *Affifes de Jérufalem.* « Car » ce feroit contre Dieu & contre raifon, y eft-il » dit, fe feignor *pour détece de fervice* peuft marier » les femes qui auroient 80 ans, ou 90, ou 100 ». *Voyez le §. III de l'art.* DÉPARAGEMENT, & les

articles DÉPORT DE MINORITÉ & GARDE SEIGNEURIALE. (*M. GARRAN DE COULON.*)

DÉTENTEUR, f. m. (*Jurifpr.*) eft tout poffeffeur, foit propriétaire, ufufruitier, ou autre, qui détient en fes mains un héritage, c'eft-à-dire, qui en a la poffeffion réelle & actuelle.

Ce terme n'eft guère ufité qu'en matière de rentes ou autres charges foncières ou hypothécaires, & par rapport au déguerpiffement & délaiffement par hypothèque, pour favoir quelles fortes de *détenteurs* font tenus de ces charges, & de quelle manière ils peuvent déguerpir ou délaiffer l'héritage.

On diftingue ordinairement à cet égard trois fortes de *détenteurs*, ou plutôt trois degrés différens de détention ou poffeffion, conformément à ce que les interprètes du droit ont appelé, *primus emphiteuta*; *fecundus emphiteuta*; favoir le preneur de l'héritage chargé ou hypothéqué, qui eft communément appelé *premier détenteur*; celui qui a acquis du preneur, qu'on appelle *tiers-détenteur*, ou *détenteur propriétaire*, à la différence du troifième, qui eft le fermier ou locataire, que l'on appelle vulgairement *détenteur*, ou bien *fimple détenteur*, lequel détient de fait l'héritage, mais non pas *animo domini*.

Les *détenteurs* propriétaires, c'eft-à-dire, tous ceux qui jouiffent *animo domini*, foit le preneur ou celui qui a acquis du preneur, à la charge de la rente foncière ou fans en avoir connoiffance, font tenus de payer les arrérages des charges foncières échus de leur temps; mais le *tiers-détenteur* qui n'a point en connoiffance de la rente, en déguerpiffant avant conteftation en caufe, eft quitte des arrérages, même échus de fon temps; & en déguerpiffant après conteftation, il eft quitte de la rente pour l'avenir, en payant les arrérages échus de fon temps.

Pour ce qui eft des fimples *détenteurs*, tels que les fermiers ou locataires qui ne poffèdent point *animo domini*, ils ne font point tenus perfonnellement des charges foncières, quoique quelques interprètes de droit aient prétendu le contraire.

A l'égard des fimples hypothèques, tous *détenteurs* propriétaires en font tenus hypothécairement fi mieux ils n'aiment délaiffer l'héritage. Le *détenteur* actuel d'un héritage eft tenu de payer au feigneur les lods & ventes, & autres droits feigneuriaux dus par fes prédéceffeurs, & le feigneur n'eft pas obligé de le reconnoître avant le paiement de ces droits. Mais le feigneur ne peut pourfuivre ce paiement par la voie de faifie, mais feulement par action perfonnelle contre le *détenteur*, & par action hypothécaire fur le fonds, fans être contraint de difcuter auparavant le véritable débiteur. *Voyez* DÉGUERPISSEMENT, DÉLAISSEMENT, POSSESSEUR, CENTIÈME-DENIER.

DÉTENTION, f. f. (*Jurifpr.*) fignifie l'état de celui qui eft privé de la liberté, foit qu'il foit prifonnier chez les ennemis, ou renfermé dans une prifon ordinaire pour crime ou pour dettes, ou dans une maifon de force & de correction. *Voyez* CHARTRE *privée*, EMPRISONNEMENT, PRISON, PRISONNIER.

DÉTENTION fignifie auffi la *poffeffion* de celui qui eft détenteur d'un héritage. *Voyez* DÉTENTEUR. (*A*)

DÉTÉRIORATION, f. f. (*Jurifpr.*) eft tout ce qui rend la condition d'une perfonne, ou la qualité d'une chofe moins bonne.

Le mineur qui contracte peut faire fa condition meilleure; mais il ne peut pas la *détériorer*, en contractant des engagemens qui lui foient préjudiciables.

Les *détériorations* en matière d'héritages, font les démolitions des bâtimens, le défaut de réparations, le deffolement des terres, l'abattement des bois, & autres dégradations femblables. Dans ce fens, le mot *détérioration* eft fynonyme à celui de *dégradation*. Mais celui-ci s'applique plus particuliérement aux immeubles, & le premier aux meubles.

Celui qui détériore le bien d'autrui, eft tenu de réparer le dommage, à moins que l'objet ne fe détériore par l'ufage auquel il eft deftiné. Par exemple, celui à qui on prête une voiture pour faire un voyage, n'eft point tenu de la *détérioration* qu'elle éprouve, par l'ufage qu'il en fait. *Voyez* DÉGRADATION & RÉPARATION.

DÉTRACTION (*Droit de*) Droit public, c'eft un droit connu en Allemagne fous le nom d'*abfchuff* ou *abzug*, & qui fe paie dans plufieurs états des princes de cette contrée fur l'exportation des effets, & du prix des immeubles d'une fucceffion.

En France, le roi, dans les différens traités conclus avec les princes Allemands, pour la fuppreffion du droit d'aubaine, dont nous avons parlé fous ce mot, s'eft réfervé fur les fucceffions que les fujets de ces princes viennent recueillir dans le royaume, un droit équivalent à celui de *détraction*, qui eft fixé par plufieurs conventions à cinq pour cent du capital de ces mêmes fucceffions. La raifon de l'établiffement de ce droit a été pour établir à tous égards la réciprocité la plus exacte entre les fujets refpectifs des puiffances.

DÉTRIMENT & ADVENANTE, ces termes, ainfi que le rapporte d'Argentré, fur l'art. 66 de l'ancienne coutume de Bretagne, étoient ufités dans cette province, pour défigner l'ufage, conforme à celui de Provence, qui y étoit autrefois en vigueur, par lequel, lorfqu'un débiteur ne payoit pas au terme, le créancier fe faifoit adjuger fes biens, fans autre formalité qu'une eftimation, qui évaluoit le fonds à douze années de fon revenu.

L'adjudication par enchères, & les formalités difpendieufes du décret, ont été fubftituées à l'ancien ufage du *détriment & advenante*. Les créanciers & les débiteurs ont-ils gagné à ce changement? La voix unanime de tous les officiers de judicature affurera le contraire. L'établiffement des confervateurs des hypothèques, formé par l'édit de février 1771, a

fupprimé les procédures inutiles des décrets volontaires, pourquoi ne pas effayer de rétablir l'ancien ufage de la Bretagne, & d'en étendre les difpofitions à tout le royaume, en l'accommodant aux changemens furvenus dans les biens immeubles? On procureroit un foulagement confidérable aux débiteurs, & on affureroit aux créanciers le paiement de leurs créances, dont ils font fouvent fruftrés par la multiplicité des frais, & la longueur des procédures.

Il exifte encore en Bretagne, un ufage particulier dans les décrets forcés. Un arrêt du 5 décembre 1685, rapporté par Sauvageau, *liv.* 1, *chap.* 275, permet aux créanciers reconnus de mettre enchère à valoir fur leur dû. Un créancier qui n'a aucune efpérance d'être colloqué en ordre pour fon paiement, & qui defire avoir l'héritage qui eft à adjudication, couvre la dernière enchère d'une fomme quelconque, & par ce moyen obtient la préférence pour l'adjudication. Mais fi un enchériffeur étranger couvre par une mife plus forte la dernière enchère, le créancier qui defire s'affurer la poffeffion du bien, doit offrir la même fomme, & en outre ce qu'il a offert à valoir fur fon dû.

Si l'on fuppofe l'enchère d'un bien décrété à trois mille livres, que le créancier qui veut être préféré, offre en outre deux cens livres, à valoir fur fon dû, & qu'un étranger porte la mife à trois mille cinquante livres, le créancier qui demande la préférence, doit offrir cette fomme & en outre les deux cens livres qu'il a déclarées valoir fur fon dû. (*Cet article eft dû aux obfervations que* M. Marie de Cétray, *Avocat à Nantes, m'a fait l'honneur de m'adreffer*).

DÉTRITAGE, f. m. (*Droit féodal.*) on appelle *droit de détritage* en Provence, la redevance due pour une efpèce de bannalité. Il paroît que c'eft celle du preffurage des olives. Il n'y a pas dans cette province un feul exemple d'une bannalité de preffoir à vendange; mais il y a plufieurs bannalités de preffoir, ou de moulin à l'huile. Cette efpèce de bannalité eft véritablement réelle, à la différence des bannalités de four & de moulin. Toutes les olives du terroir doivent y être portées. On fuit d'ailleurs à cet égard la jurifprudence générale du parlement de Provence pour les bannalités. *Voyez* la *Jurifprudence féodale de la Touloubre*, *part.* 2, *tit.* 7, §. 10, 11, 27 & *fuivans de l'édition de* 1756. (M. GARRAN DE COULON).

DÉTROIT, f. m. (*Droit public.*) mer étroite, ou refferrée entre deux terres, qui ne laiffe qu'un paffage plus ou moins large, pour aller d'une mer à l'autre.

On agite ordinairement trois grandes queftions fur les *détroits* & les golfes, qu'il importe de réfoudre.

On demande 1°. à qui appartiennent légitimement les *détroits* & les golfes. La réponfe eft unanime. Ils appartiennent à celui qui s'eft le premier

établi fur les côtes du *détroit*, qui y domine de
deffus terre, & qui en conferve la propriété, foit
par la navigation, foit par des flottes. En effet,
le premier occupant s'approprie par cela feul, &
fans fuppofer aucune convention, tout ce qui n'eft
à perfonne. Ainfi la prife de poffeffion eft en ce cas,
aujourd'hui, auffi-bien qu'autrefois, la feule manière
d'acquérir originairement la propriété d'une chofe.
Mais cette propriété ne peut s'entendre du droit
de refufer aux autres nations, la communication
des deux mers, dont la navigation eft commune
à toutes, pourvu que ce paffage foit innocent, &
fans danger pour la puiffance à qui le *détroit* appartient. C'eft pour cette raifon qu'elle peut ufer
de certaines précautions, & exiger des formalités,
établies ordinairement par le confentement exprès
ou tacite des autres nations.

On demande, en fecond lieu, fi un fouverain,
maître d'un *détroit*, peut avec juftice, impofer des
péages, des tributs, fur les vaiffeaux étrangers qui
paffent par ce bras de mer. Ce péage paroit très-
jufte, parce que s'il eft permis à un prince de
tirer du revenu de fes terres, il lui doit être également permis de tirer du revenu de fes eaux.
Perfonne ne peut s'en plaindre, puifqu'il ouvre
un paffage qui rend la navigation commode, le
commerce floriffant, & qui fait le profit des nations qui viennent fe pourvoir par ce paffage du
détroit, de diverfes chofes qui leur font néceffaires.

L'établiffement d'un pareil péage eft d'autant
plus jufte, qu'il eft un dédommagement néceffaire
de l'incommodité que lui caufe le paffage des vaiffeaux étrangers, & des dépenfes que lui occafionnent la garde du *détroit* pour en écarter les pirates, l'entretien des fanaux, des balifes, & autres
chofes néceffaires au falut des navigateurs. C'eft
par tous ces motifs, que le roi de Danemarck exige
un péage au *détroit* du Sund.

Enfin l'on demande fi le fouverain, maître du
détroit, pourroit également impofer des droits de
péage à un autre prince, dont les terres confine-
roient à la côte fupérieure ou inférieure de ce *détroit*. L'on répond qu'il le peut également, parce
que la pofition d'un tiers ne fauroit rien diminuer
des droits du fouverain, premier poffeffeur du *détroit*: Dès qu'une fois quelqu'un s'eft établi le
premier fur un des côtés du *détroit*, & qu'il a pris
poffeffion de tout le *détroit*, celui qui vient enfuite habiter de l'autre côté, n'eft maître que de
fes ports & de fes rivages; de forte que le premier occupant eft fondé à exiger le péage des vaiffeaux de l'autre, tout de même que fi ce dernier
étoit en deçà ou en delà du *détroit*, à moins qu'il
ne l'en ait difpenfé par quelque convention. En
vain le dernier prince établi fur le *détroit* replique-
roit, pour refufer le droit de paffage au premier,
que ce feroit fe rendre tributaire de l'autre fouverain, ou reconnoitre fa fouveraineté fur les
mers dont le *détroit* eft la clef: on lui répondroit

qu'il n'eft pas réellement par-là plus tributaire du
fouverain, maître du *détroit*, qu'un feigneur qui
voyage dans les pays étrangers, & qui paie le
péage d'une rivière, eft tributaire du maître de la
rivière; ou lui attribue par ce paiement, la fouveraineté fur-tout ce qui eft au-delà de cette rivière. Mais le lecteur, curieux d'approfondir ce
fujet, le trouvera favamment difcuté dans les
œuvres de M. Bynkershoek, imprimées à Utrecht
en 1730, *in-4°.*

DETTE, f. f. (*Jurifpr.*) ce terme pris dans fon
véritable fens, fignifie ce que l'on doit à quelqu'un.
Néanmoins on entend auffi quelquefois par-là ce qui
nous eft dû, & que l'on appelle plus régulièrement
une *créance*. Pour éviter cette confufion, on diftingue ordinairement les *dettes actives* des *dettes paffives*.
Voyez l'explication de ces deux termes ci-après en
leur rang.

Tous ceux qui peuvent s'obliger, peuvent contracter des *dettes*; d'où il fuit par un argument à fens
contraire, que ceux qui ne peuvent pas s'obliger
valablement, ne peuvent auffi contracter des *dettes*:
ainfi les mineurs non émancipés, les fils de famille,
les femmes en puiffance de mari, ne peuvent contracter aucune *dette* fans l'autorifation de ceux fous
la puiffance defquels ils font.

Perfonne ne peut contracter valablement des *dettes*
fans caufe légitime; il faut même de plus à l'égard
des communautés, qu'il y ait de leur part une néceffité d'emprunter ou de s'obliger autrement, parce
qu'elles font comme les mineurs, qui ne font pas
maîtres de détériorer leur condition.

On peut contracter des *dettes* verbalement & par
toutes fortes d'actes, comme par billet ou obligation,
fentence ou autre jugement, & même tacitement,
comme quand on eft obligé, en vertu de la loi, d'un
quafi-contrat, ou d'un délit ou quafi-délit.

Les caufes pour lefquelles on peut contracter des
dettes, font tous les objets pour lefquels on peut
s'obliger, comme pour alimens, pour argent prêté,
pour vente, ou louage de meubles, pour ouvrages
faits, pour vente d'un fonds, d'une charge, pour
arrérages de rentes, douaire, légitime, foulte de
partage, &c.

Le créancier pour obtenir le paiement de fa *dette*,
a différentes fortes d'actions, felon la nature de la
dette & du contrat, & felon les perfonnes contre
lefquelles il agit. Il a action perfonnelle contre
l'obligé & fes héritiers, hypothécaire contre le
tiers-détenteur d'un héritage hypothéqué à la *dette*,
& en certain cas il a une action mixte. *Voyez* ACTION
& OBLIGATION.

Les *dettes* s'acquittent ou s'éteignent en plufieurs
manières; favoir 1°. par le paiement, qui eft la
façon la plus naturelle de les acquitter; 2°. par
compenfation d'une *dette* avec une autre; 3°. par
la remife volontaire que fait le créancier; 4°. par
la confufion qui fe fait des qualités de créancier
& de débiteur, en une même perfonne; 5°. par
une confignation valable; 6°. par fin de non-
recevoir

recevoir ou prescription ; 7°. par la décharge que le débiteur obtient en justice.

Il est inutile d'entrer ici dans aucun des détails que ce mot exigeroit, on les trouvera nécessairement sous les mots propres de chaque obligation d'où naît une dette, & sous les mots PAIEMENT, CONSIGNATION, HYPOTHÈQUE, PRIVILÈGE, REMISE, PRESCRIPTION, &c. C'est pourquoi nous nous contenterons d'expliquer les dénominations qu'on a coutume de joindre dans l'usage au mot DETTE.

DETTE ACTIVE, est la *dette* considérée par rapport au créancier, ou pour mieux dire, c'est la créance. Le terme de *dette active* est opposé à *dette passive*, qui est la *dette* proprement dite, considérée par rapport au débiteur.

DETTE ANCIENNE, en matière d'hypothèque, est celle qui précède les autres ; & en matière de subrogation, c'est celle à laquelle le nouveau créancier est subrogé. En Normandie, *dette ancienne* signifie celle qui est antérieure à l'acquisition du tiers-acquéreur. *Voyez l'article 585 de la coutume de Normandie.*

DETTE ANNUELLE, est celle qui se renouvelle chaque année, comme une rente, une pension, un legs d'une somme payable chaque année, ce qui est appellé en droit, *debitum quot annis.*

DETTE CADUQUE, est celle qui est de nulle valeur, & pour le paiement de laquelle on n'a aucune espérance.

DETTE CHIROGRAPHAIRE, on appelle ainsi celle qui est contractée par un écrit sous seing privé, qui n'emporte point d'hypothèque. *Voyez* CHIROGRAPHAIRE.

DETTE CIVILE, est toute *dette* ordinaire qui n'est point pour fait de commerce, ni pour condamnations en matière criminelle. *Voyez ci-après* DETTE CONSULAIRE.

DETTE CLAIRE, est celle dont l'objet est certain ; on ajoute ordinairement & *liquide*, qui signifie que le montant de la créance est fixe & connu.

DETTE DE COMMUNAUTÉ, est celle qui est contractée pendant la communauté de biens entre mari & femme, & pour le compte de la communauté. *Voyez* COMMUNAUTÉ.

DETTE COMMUNE, est celle qui est à la charge de plusieurs personnes, comme une *dette* de communauté, une *dette* de succession, lorsqu'il y a plusieurs héritiers.

DETTE CONDITIONNELLE, est celle qui est due sous condition, par exemple, *si navis ex Asiâ venerit*: elle est opposée à *dette pure & simple*, qui ne dépend d'aucun évènement.

DETTE CONFUSE, est celle dont le droit réside en quelqu'un qui se trouve, tout à la fois, créancier & débiteur du même objet.

DETTE CONSULAIRE, s'entend de celle qui rend le débiteur justiciable des consuls, & qui emporte conséquemment contre lui la contrainte par corps.

Telles sont toutes les *dettes* créées entre marchands & négocians, banquiers, agens de change, traitans,

Jurisprudence. Tome III.

& gens d'affaires, pour raison de leur commerce, soit par lettres ou billets de change, billets à ordre ou au porteur, ou autrement.

Les personnes qui ne sont pas de la qualité de celles ci-dessus mentionnées, peuvent aussi contracter des *dettes consulaires*, mais non pas par toutes les mêmes voies ; ce ne peut être qu'en tirant, endossant, ou acceptant des lettres ou billets de change.

Les personnes constituées en dignité, les ecclésiastiques, & autres dont l'état exige une certaine délicatesse, ne doivent point contracter de *dettes consulaires*; parce que s'exposant par ce moyen à la contrainte par corps, elles dérogent à l'honneur de leur état, & se mettent dans le cas d'en être privées & d'être déclarées déchues de leurs privilèges. *Voyez* CONSULS, CONTRAINTE PAR CORPS.

DETTE DOUTEUSE, est celle qui n'est pas absolument caduque, mais dont le recouvrement est incertain.

DETTE ÉTEINTE, est celle que l'on ne peut plus exiger, soit qu'elle ait été acquittée, ou que l'on ne puisse plus intenter d'action pour le paiement par quelque autre raison. *Voyez* ce qui a été dit au commencement de cet article, sur les différentes manières dont s'éteignent les *dettes.*

DETTE EXIGIBLE, est celle dont on peut actuellement poursuivre le paiement, sans attendre aucun terme ou délai, ni l'événement d'aucune condition.

DETTE HYPOTHÉCAIRE, est celle pour laquelle on agit hypothécairement contre le tiers-détenteur d'un immeuble hypothéqué à la *dette.*

DETTE HYPOTHÉQUÉE, est celle pour laquelle le créancier a hypothèque sur quelque immeuble.

DETTE IMMOBILIAIRE, est celle qui est réputée immeuble, comme une rente foncière & une rente constituée, dans les coutumes où celles-ci sont réputées immeubles.

DETTE LÉGALE, est celle à laquelle on est obligé par la loi, comme la légitime des enfans, le douaire, les alimens dus réciproquement entre les ascendans & les descendans, &c.

DETTE LÉGITIME, s'entend d'une *dette* qui a une cause juste, & n'est point usuraire.

DETTE LIQUIDE, c'est celle dont l'objet est fixe & certain ; par exemple, une somme de 3000 liv. forme une *dette liquide*: au lieu qu'une portion de ce qui doit revenir d'un compte de société, est une *dette* non liquide, parce qu'on ne voit point à quoi monte cette portion, jusqu'à ce que le compte soit rendu & apuré.

DETTE NON-LIQUIDE, *voyez ci-devant* DETTE LIQUIDE.

DETTE LITIGIEUSE, est celle qui est contestée ou sujette à contestation.

DETTE MOBILIAIRE, est toute *dette* qui a pour objet quelque chose de mobilier, comme une somme d'argent à une fois payer, une certaine quantité de grain, ou autre denrée, &c.

SSss

DETTE PASSIVE, c'est la *dette* considérée par rapport au débiteur. *Voyez ci-devant* DETTE ACTIVE.

DETTE PERSONNELLE, s'entend de deux manières, ou d'une *dette* contractée par le débiteur personnellement, ou d'une *dette* pour laquelle le créancier a une action personnelle.

DETTE PRIVILÉGIÉE, est celle qui par sa nature est plus favorable que les créances ordinaires. Les *dettes privilégiées* passent avant les *dettes chirographaires*, & même avant les *dettes hypothécaires*. *Voyez* CRÉANCIER, PRIVILÉGIÉ & PRIVILÈGE.

DETTE PROPRE, c'est celle qui est due par l'un des conjoints, en particulier & sur ses biens, de manière que l'autre conjoint ni la communauté n'en sont point tenus.

DETTE PURE ET SIMPLE, c'est celle qui contient une obligation de payer sans aucun terme ou délai, & sans condition : elle est opposée à *dette conditionnelle*.

DETTE *quot annis* : on appelle ainsi en droit une *dette* qui se renouvelle tous les ans, telle que le legs d'une rente ou pension viagère.

DETTE RÉELLE, c'est celle qui est attachée au fonds, comme le cens, la rente foncière : on l'appelle aussi *charge foncière*. On comprend aussi au nombre des *dettes réelles*, celles qui suivent le fonds, comme les soutes & retours de partage.

DETTE SIMULÉE, c'est celle que l'on contracte en apparence, mais qui n'est pas sérieuse, & dont il y a ordinairement une contre-lettre.

DETTE DE SOCIÉTÉ, est celle qui est due par tous les associés à cause de la société, à la différence des *dettes* particulières que chaque associé peut avoir, qui sont *dettes* des associés, & non pas de la société.

DETTE SOLIDAIRE, c'est celle dont la totalité peut être exigée de l'un ou l'autre des co-obligés indifféremment. *Voyez* SOLIDITÉ.

DETTE SOLUE, se dit, en termes de droit & de pratique, *quasi soluta*, pour une *dette* acquittée ; on dit même souvent un *billet solu* & *acquitté* : ce qui est un vrai pléonasme.

DETTE DE SUCCESSION, c'est celle qui est due par la succession & par l'héritier, à cause de la succession, à la différence des *dettes* particulières de l'héritier. Les *dettes* actives & passives d'une succession se divisent de plein droit entre les différens héritiers & autres successeurs à titre universel, ou pour une certaine quotité ; de manière que les *dettes* passives affectent toute la masse des biens, & la diminuent d'autant, de sorte qu'il n'y a de bien réel qu'après les *dettes* déduites : ce qui est exprimé par cette maxime, *bona non æstimantur nisi deducto ære alieno*.

DETTE SURANNÉE, est celle contre laquelle il y a fin de non-recevoir, ou prescription acquise.

DETTE USURAIRE, est celle où le créancier a commis quelque usure ; par exemple si c'est un prêt à intérêt sur gage, ou si le créancier a exigé des intérêts ou une rente à un taux plus fort que

celui de l'ordonnance. *Voyez* USURE, CRÉANCIER, DÉBITEUR, QUITTANCE. (*A*)

DEVEST, & DEVESTISSEMENT, s. m. *termes de Coutumes*, qui signifient l'action par laquelle le propriétaire d'un héritage s'en dévestit, ou dessaisit, pour en transmettre la propriété & la possession à un autre. Ces mots sont opposés à celui de *vest*, qui signifie prise de possession. Ces termes sont synonymes à ceux de *saisine* & *dessaisine*. *Voyez* SAISINE, VEST.

DEUIL, s. m. (*Jurispr.*) il y a plusieurs objets à considérer dans cette matière, relativement à la jurisprudence ; savoir l'obligation respective de porter le *deuil* entre mari & femme ; les habits de *deuil* qui peuvent leur être dus ; les peines des femmes qui vivent impudiquement pendant l'année du *deuil*, ou qui se remarient avant ou après l'année du *deuil* ; enfin les réglemens qui ont été faits pour le temps du *deuil*, & le droit de *deuil* qu'ont les commensaux de la maison du roi.

Suivant les loix du digeste, la femme survivante étoit obligée de porter le *deuil* de son mari, *lugubria sumere*, pendant dix mois à peine d'infamie : *L.* 8, *ff. de his qui not. infam.*

Ce terme, dans le temps du règne d'Adrien, fut prolongé jusqu'à douze mois, parce que ce fut alors qu'on agita la question de savoir si l'enfant né dans le onzième mois étoit légitime. C'est ce qui nous fait voir que cette sévérité des loix romaines, eut pour motif d'obvier au mélange du sang, *præcipua causa hujus sanctionis est periculum turbandi sanguinis*, ainsi que s'explique la loi 11, §. 1, *ff. eod.*

Par droit du code, les femmes furent dispensées de porter les ornemens extérieurs du *deuil*, *L.* 15, *c. quib. ex cauf. infam. irrog.* Mais il leur fut toujours défendu de convoler en secondes noces avant l'année de *deuil*, excepté dans le cas où le prince le leur auroit permis, & dans celui où elles auroient accouché avant ce terme. *L.* 10, *pr. l.* 11, §. 2, *ff. de his qui not. infam.*

La raison qui avoit fait défendre aux femmes de se marier pendant l'année de *deuil*, ne pouvant avoir lieu vis-à-vis les hommes, on ne trouve aucune loi qui les ait obligés de porter le *deuil* de leurs femmes.

En France, dans les pays coutumiers, comme dans les pays de droit écrit, la femme est obligée de porter le *deuil* de son mari pendant un an ; & comme personne n'est obligé de porter le *deuil* à ses dépens, les héritiers du mari doivent fournir à la femme des habits & équipages de *deuil* pour elle & ses domestiques, selon la condition & les facultés du défunt : même pour les personnes riches & de qualité, la draperie du carrosse. Il faut néanmoins excepter de cette disposition générale, la province de Bretagne, où la veuve porte le *deuil* à ses dépens, lorsqu'elle accepte la communauté. Au reste les frais de *deuil* n'ont pas lieu pour les femmes du bas peuple ; elles sont aussi dispensées d'en porter les marques extérieures.

Ce que l'on donne à la femme pour son *deuil*, n'est point considéré comme un gain de survie, mais comme une indemnité & une créance pour laquelle elle a hypothèque du jour de son contrat de mariage ; cette reprise est même privilégiée, étant réputée faire partie des frais funéraires, excepté au parlement de Bordeaux, où la femme n'a point de privilège à cet égard.

Pour ce qui est du mari, il n'est point obligé de porter le *deuil* de sa femme, suivant ce que dit Tacite en parlant des mœurs des Germains, dont les François tirent leur origine ; *feminis lugere honestum est, viris meminisse* : de sorte que si le mari porte le *deuil* de sa femme, comme cela se pratique ordinairement parmi nous, c'est par bienséance, & sans y être obligé. Il n'y a que dans le ressort du parlement de Dijon où le mari y est obligé ; aussi les héritiers de la femme lui doivent-ils fournir des habits de *deuil*. La Combe dans son recueil de jurisprudence civile, dit que dans les coutumes du Maine & d'Anjou, le *deuil* du mari est à la charge des héritiers de la femme.

Outre l'obligation dans laquelle sont les femmes, de porter le *deuil* de leurs maris, il y a encore une observation essentielle à faire à cet égard ; c'est que dans les pays de droit écrit la femme qui vit impudiquement pendant l'année du *deuil*, ou qui se remarie avant la fin de cette année, perd non-seulement son *deuil*, mais tous les avantages qu'elle pouvoit prétendre sur les biens de son mari, à quelque titre que ce soit : elle est privée de la succession de ses enfans & de ses parens au-delà du troisième degré, incapable de toutes dispositions, & ne peut donner à son second mari plus du tiers de ses biens.

Ces peines étoient encore en usage dans le siècle dernier, & l'on peut s'en assurer par les arrêts rapportés dans Papon, Bouchel, la Roche-Flavin, Catelan & Taisand. Il paroît même que pour mettre la femme à l'abri des condamnations qu'on pouvoit prononcer contre elle, lorsqu'elle contractoit des secondes noces, dans son année de *deuil*, elle obtenoit pour cet effet des dispenses du roi. On en trouve au trésor des chartres, données sous le règne de Philippe-le-Long. M. Bretonnier en rapporte une semblable accordée sous Louis XIV.

On s'est relâché depuis de la rigueur de la loi, & à l'exception de quelques parlemens de droit écrit, on ne fait plus crime à une veuve de contracter un second mariage avant la fin de l'année de *deuil* ; on paroît s'en remettre à sa prudence pour ne pas contracter de nouveaux engagemens, lorsqu'elle prévoit qu'il pourroit en résulter des troubles pour une famille, & des inconvéniens pour son honneur. Mais dans ce cas-là même elle perd ses habits de *deuil*, & elle est tenue de rembourser les héritiers de son mari, s'ils lui en ont fourni la valeur. Basnage rapporte un arrêt du parlement de Rouen, qui l'a ainsi jugé le 3 novembre 1637 ; & les auteurs modernes remarquent deux sentences

conformes du châtelet de Paris, des années 1680 & 1698.

Suivant les arrêtés de M. de Lamoignon, la veuve qui se remarie dans l'année du *deuil*, devoit être privée de son douaire ; mais ce projet de loix n'a point reçu le caractère d'autorité publique, que méritoit la sagesse de leurs dispositions.

La femme qui s'abandonne à une vie déréglée pendant l'année de son *deuil*, perd tous les avantages qu'elle tenoit de son mari ; la jurisprudence ancienne est encore en vigueur à cet égard : elle perd aussi les privilèges attachés à la profession ou à la qualité de son mari, dont elle devoit jouir pendant sa viduité ; c'est ce qui résulte d'un arrêt de la cour des aides, du mois de décembre 1631, rapporté par Dufresne. Il est même singulier qu'on admette des étrangers à prouver l'inconduite de la femme. L'arrêt que nous venons de citer a été rendu à la requête de la communauté des habitans. Basset rapporte un arrêt du parlement de Grenoble, du 9 août 1630, qui déchargea un tiers-possesseur de l'obligation de payer à une veuve, dont il prouvoit l'inconduite, une pension de deux cens livres, hypothéquée sur l'héritage dont il étoit détenteur.

On a déjà vu ci-devant que l'année du *deuil* pour les femmes, qui n'étoit anciennement que de dix mois, fut mise sous les empereurs à douze mois, comme l'année civile.

En France, l'ordonnance du 23 juin 1716 a réduit à moitié le temps des *deuils* de cour & de famille ; & depuis, par une autre ordonnance du 8 octobre 1730, ils ont encore été réduits à moitié du temps réglé par l'ordonnance de 1716 ; ensorte qu'aujourd'hui les *deuils* de mari & femme, père, mère, beau-père & belle-mère, aïeux ou aïeules, & autres dont on est héritier ou légataire universel, ne doivent durer que six mois ; ce sont les seuls pour lesquels on peut drapper : ceux de frères & sœurs, beaux-frères & belles-sœurs, dont on n'est pas héritier, sont fixés à trois mois, sans que les autres *deuils* puissent excéder le temps d'un mois.

Les commensaux de la maison du roi, de la reine, des enfans de France, & des princes du sang qui ont une maison couchée sur l'état du roi, ont droit de manteaux ou habits de *deuil* lors du décès des rois & reines. Les officiers de la chambre des comptes, de la cour des aides & de la cour des monnoies, ont pareillement droit de *deuil*, comme étant réputés commensaux de la maison du roi.

DEVIN, s. m. (*Code criminel.*) c'est celui qui fait métier de prédire l'avenir, & de découvrir les choses cachées. *Voyez* DIVINATION.

DEVIS, s. m. (*Droit civil. Arts & Métiers.*) c'est un mémoire détaillé des différens ouvrages qui concernent les édifices, & du prix qu'ils doivent coûter.

Les *devis* sont nécessaires lorsqu'il s'agit 1°. de

réparations importantes, & de reconstructions des bâtimens qui appartiennent à des communautés d'habitans ; 2°. de réparations & reconstructions des églises, clôture de cimetières, logement des curés, à la charge des paroissiens ; 3°. de construction ou reconstruction des bâtimens qui appartiennent aux gens de main-morte, aux hôpitaux, aux maisons & écoles publiques de charité. Dans tous ces cas, les procès-verbaux dressés à ce sujet doivent être envoyés aux intendans des provinces, qui ordonnent en conséquence une visite par experts des réparations ou reconstructions à faire, & un *devis* estimatif devant eux ou leurs subdélégués, après quoi on procède à une adjudication au rabais. C'est aussi sur ces plans & *devis*, envoyés au conseil du roi par les intendans avec leur avis, qu'on y décide de la nécessité des constructions ou reconstructions à faire sur les biens des gens de main-morte, & des droits d'amortissement qui peuvent être dus. *Voyez* BATIMENT, RÉPARATION.

DEVISE, s. f. La coutume de Lille, *art. 140*, se sert de cette expression dans le sens de *convention*. Un débiteur, dit-elle, de plusieurs espèces de dettes, peut imputer les paiemens par lui faits à son créancier, sur celle qu'il juge à propos, s'il n'y a *devise* au contraire.

La coutume locale de Bayeux emploie ce même mot *devise*, pour signifier les désignations & indications des bornes & limites des héritages.

DEVOIR, s. m. (*Droit naturel & civil.*) on peut définir le *devoir*, toute action qu'on est en droit d'exiger, & que l'on exige effectivement, pour procurer la conservation, la perfection, la commodité & le bonheur réel, soit de l'être qui agit, soit des êtres sur lesquels cette action influe.

Ce mot *devoir* est corrélatif à celui d'*obligation* : mais le premier a seulement rapport à l'être qui a droit de prescrire une action, & en tant qu'il l'a prescrite : le second s'entend relativement à l'être qui est appellé à faire l'action, en tant qu'il juge lui-même qu'il ne sauroit la négliger, sans tenir une conduite que sa propre raison condamne. Le *devoir* est fondé sur les relations qui subsistent entre celui qui prescrit l'action, & celui de qui il l'exige : l'*obligation* a pour base la nature des choses, & l'influence de l'action sur celui qui doit la faire, & sur ceux qui en sont l'objet.

L'origine de tous les *devoirs* est la volonté connue d'un être supérieur, qui, prescrivant une telle manière d'agir, ne fait que disposer de ce qui lui appartient : ce qui suppose nécessairement que les êtres auxquels il prescrit des *devoirs*, tiennent de lui la capacité de faire ce qu'il exige. De-là résulte le droit de déterminer par des loix l'usage qu'il trouve à propos que l'on fasse des forces, des talens & des capacités que l'on ne tient que de lui.

Cet être supérieur, qui a pu & qui a dû nous prescrire des *devoirs*, n'est autre que l'être éternel & nécessaire, cause & principe intelligent, libre & parfait de tout, auteur de la

nature des choses, de leurs relations, & de leur destination. En effet, nous lui appartenons en propre ; nous tenons de lui notre existence, nos forces, nos talens, notre capacité & notre perfectibilité. Il est l'arbitre absolu & tout-puissant de notre sort. Il joint à la relation de créateur & à la qualité de maître, une bonté qui veut notre bien & celui de toutes ses créatures, une sagesse qui ne se trompe jamais, & qui veut toujours la plus grande perfection dans le but & dans les moyens ; une puissance qui exécute, sans obstacle efficace, ce que sa sagesse & sa bonté ont préféré ; une sainteté enfin, qui, ne pouvant approuver dans les êtres libres & moraux que ce qui est conforme à l'ordre, ne donnera jamais à ceux qui s'en écartent, des preuves de son approbation.

Mais quels peuvent être les moyens de connoître nos *devoirs*? Il en est deux : le premier nous est fourni par les leçons positives exprimées de vive voix, ou par écrit, de la part de Dieu même, qui veut nous apprendre par la voie la plus courte, ce qu'il exige que nous fassions. C'est ce qu'on désigne dans les instructions catéchetiques par la raison & la révélation, c'est-à-dire, par la publication surnaturelle que Dieu peut avoir faite de sa volonté, pour suppléer aux bornes de nos connoissances, pour prévenir les erreurs, où nos passions plus encore que notre ignorance, pourroient nous entraîner. Il étoit en effet de sa bonté de venir par sa parole au secours des jugemens de notre raison, de leur donner un poids qui fît pencher la balance en faveur de l'ordre & du devoir, qui fixât les doutes & les irrésolutions, qui suppléât par une instruction positive, brève & claire, à la froideur du raisonnement, & à la lenteur des recherches dont tous les hommes ne sont pas capables.

Le second moyen de connoître nos *devoirs* consiste dans l'examen de la nature des choses, de leurs rapports, & des conséquences qui en découlent. Cet examen n'exige pas des recherches profondes & des discussions épineuses ; il suffit de connoître quels ont été les vues & les desseins de l'auteur de la nature, en faisant exister ce qui est, & en fixant à chaque être la destination à laquelle il a voulu qu'il répondît. Il est certain que ce but est incontestablement le plus grand bien du tout & de ses parties.

Ainsi tout être moral peut conclure, sans crainte de se tromper, que tout ce dont l'effet immédiat est la conservation, la perfection & le bonheur réel des objets de son action, est un *devoir* pour lui ; qu'au contraire, tout ce qui ne peut procurer que le désordre dans le monde, tout ce dont l'effet immédiat est la destruction, l'imperfection & la misère des êtres que son action intéresse, est nécessairement mauvais, injuste, contraire à la volonté divine, & opposé à son *devoir* ; qu'enfin toute action, qui, sans avoir des suites immédiates nuisibles, est cependant une preuve d'imperfection chez celui qui l'a fait, n'est pas conforme à ce que Dieu exige.

D'après ce que nous venons de dire, on peut se former une juste idée du *devoir*, en disant que c'est toute action qui, par son rapport avec la nature & les relations des choses, tend plus que toute autre à procurer & à maintenir l'ordre dans l'univers, à conserver, à perfectionner & à rendre heureux les êtres capables de perfection & de bonheur, à faire que chaque être réponde mieux à sa destination, & emploie plus utilement & plus exactement ses facultés selon les vues de son créateur. En un mot, le *devoir* est la manière d'agir la plus conforme à la volonté de l'être suprême, qui n'aime & ne veut que le plus grand bien de ce qui existe.

Nous avons donc des *devoirs* à remplir ; il ne s'agit plus que de savoir quels ils sont. Nous n'entreprendrons pas de les parcourir tous en détail ; il suffit d'en présenter ici les branches principales, & d'exposer quelques principes, à l'aide desquels on puisse éviter de s'égarer dans la vaste étendue des *devoirs* naturels, & des *devoirs* d'institution, que l'essence & les relations des êtres divers, les circonstances des personnes, des temps & des lieux, varient presque à l'infini.

La division la plus naturelle des *devoirs* est celle qui est déterminée par les divers êtres qui peuvent devenir l'objet de nos actions. Chacune des classes, sous lesquelles on les range d'après leur nature, donne naissance à une branche déterminée de *devoirs*, puisqu'ils sont les actions assorties à la nature des êtres, qui, par leurs relations avec nous, doivent en être les objets.

Le premier être que l'homme apperçoit dans l'univers, c'est lui-même. C'est donc lui que concernent les premiers *devoirs* que la nature lui dicte, & ils ne peuvent avoir d'autres rapports qu'à la destination qu'elle lui indique, qu'elle lui rend présente par le sentiment le plus vif, & qui consiste dans sa conservation, sa perfection & son bonheur.

Sa perfection consiste dans le nombre & l'étendue de ses facultés ; donc tout ce qui peut les accroître, en faciliter l'exercice, en multiplier les effets avantageux, & en prolonger la durée, sera un devoir pour lui.

Son ame est capable de connoître le vrai, de goûter le bon & le beau, & de vouloir l'existence de ce qui est bien : c'est dans l'étendue de ces facultés, dans la facilité avec laquelle elles s'exercent, que consiste à cet égard sa perfection. C'est donc un *devoir* pour lui de s'instruire pour se tirer de l'ignorance, & se préserver de l'erreur ; de former son goût à n'approuver que ce qui est dans l'ordre, & à préférer toujours ce qui en porte plus complettement le caractère, & enfin de ne se déterminer jamais que pour ce qu'il connoît, & ce qu'il sent être le meilleur.

L'homme a un corps, qui sert à l'ame à saisir par les sens l'idée des objets extérieurs, & à exécuter au-dehors les volontés de l'ame, par le secours des organes dont il est doué. Plus ces sens sont délicats, plus ces organes sont souples, plus ces membres sont vigoureux & solides, plus aussi l'ame en tire de secours pour sa perfection. Ses *devoirs* sont donc de se servir de ces parties de lui-même, d'une manière assortie à leur destination ; de prévenir & d'éviter tout ce qui pourroit les altérer, les rendre incapables de leurs fonctions, & les détruire ; il doit faire au contraire tout ce qui peut les conserver, les perfectionner, & les faire répondre mieux & plus long-temps à leur destination.

Enfin l'homme composé d'un corps & d'une ame qui forment un tout, a, sous ce rapport, une destination particulière, celle d'arriver au bonheur le plus grand & le plus durable, par la route de la perfection : il doit donc rapporter l'exercice de chacune de ses facultés, & des parties de son individu, à ce but général & unique, & s'assurer pour toute la suite de son existence, le bonheur le plus grand dont il est susceptible. Le soin de sa conservation lui impose également le *devoir* de conserver sa vie, son corps, ses membres, & d'éviter tout ce qui pourroit leur nuire.

L'homme placé sur la terre sans sa participation & sa volonté, voit clairement que lui-même, ainsi que les êtres qui l'environnent, sont soumis à un pouvoir à qui tout cède, qu'il est un être supérieur de qui tout dépend, parce que rien n'existe que par lui, & que c'est de sa volonté que chaque être tient l'existence, la nature, les relations & la destination qui les caractérisent. Il y a donc nécessairement entre cet être suprême & l'homme, des relations, qui donnent naissance à un nouvel ordre de *devoirs*, que l'homme est tenu de remplir vis-à-vis de lui.

Le premier, dicté par l'intérêt que je prends à mon propre bonheur, est de m'instruire de ce qui regarde l'auteur de la nature, avec tout le soin, toute l'étendue, toute la certitude & la clarté dont je suis capable. Cette étude m'apprend bientôt que Dieu est pour l'homme l'être souverainement parfait, son créateur, son bienfaiteur, son législateur & son juge. Il résulte de cette connoissance que l'homme doit avoir pour Dieu des sentimens assortis à ces idées, & tenir une conduite qui y soit conforme, puisque par sa nature, il est capable de connoissances, de sentimens & d'actions.

Les *devoirs* de l'homme vis-à-vis de Dieu sont donc des sentimens de respect pour sa souveraine perfection, de résignation pour son empire sur lui, de reconnoissance & d'amour pour sa bonté bienfaisante, d'obéissance pour sa qualité de législateur, & de crainte pour sa relation de juge. Mais il ne suffit pas que l'homme renferme au-dedans de lui ces sentimens; il est tenu de les manifester au-dehors par ses actions, ce qui l'oblige encore à remplir vis-à-vis de Dieu, deux sortes de *devoirs*.

Le premier, qu'on désigne sous le nom de *culte*, consiste à exprimer directement les sentimens naturels dont nous venons de parler, par des signes connus pour en être l'expression, tels que les paroles & les gestes. Le second consiste à joindre, dans toutes les occasions, une conduite morale, qui soit la preuve que le culte extérieur est l'expression sincère des sentimens intérieurs de l'ame.

L'homme n'étant pas destiné à vivre seul & isolé sur la terre, puisqu'il y est placé avec une multitude d'êtres semblables, & doués des mêmes qualités & de talens qui peuvent lui être utiles, il suit nécessairement que tous les hommes ont entre eux une destination, des rapports & des relations, d'où découle une nouvelle source de *devoirs*.

Le premier consiste dans l'instruction, le bon exemple & la nécessité du culte public. La raison en est que tous les hommes étant semblables, & ayant la même destination, ils sont tous également tenus des mêmes *devoirs* envers Dieu, & que chaque homme en particulier, loin de mettre obstacle à ce que les autres se conforment aux obligations qui lui sont imposées personnellement, doit faire tous ses efforts pour qu'ils remplissent aussi parfaitement qu'il est possible, la vocation qui les appelle à la perfection & au bonheur.

L'homme seul est incapable de suffire à tous ses besoins, & de pourvoir suffisamment à sa conservation, à sa perfection, à son bonheur: sans l'assistance de ses semblables il seroit foible, pauvre & misérable. De-là naît une seconde espèce de *devoirs* des hommes entre eux, qui consiste dans l'obligation de donner à nos semblables tous les secours qui sont en notre pouvoir.

Divers penchans nous portent à former avec nos semblables des sociétés particulières, d'où naissent des associations plus resserrées, de nouveaux rapports, de nouvelles destinations, &, par conséquent, de nouveaux *devoirs*.

La première des sociétés est celle que forme l'amour, qui unit un homme à une femme: société si intime, que, selon le texte sacré, conforme à la loi naturelle, ils ne doivent faire ensemble qu'une même chair & une même personne. Il y a donc des *devoirs* réciproques entre les maris & les femmes.

De cette union naissent des enfans, qui augmentent cette première société contractée entre l'homme & la femme, qui en forment une nouvelle, qui donne également naissance à de nouveaux *devoirs* des pères & mères à l'égard de leurs enfans, & de ceux-ci vis-à-vis des auteurs de leurs jours.

Après ces deux premières associations, il en existe une troisième, formée par la parenté collatérale des frères & sœurs & autres degrés plus éloignés, & par les alliances contractées entre différentes familles par les mariages. Il résulte des titres de parens & d'alliés des rapports plus intimes & une destination plus particulière, qui donnent lieu à des *devoirs* différens de ceux que les hommes sont obligés de se rendre entre eux.

Ces *devoirs* consistent à entretenir l'union dans la famille, à maintenir l'amitié, & contribuer même à l'accroître par tous les moyens possibles, à ne point connoître d'intérêts distincts & séparés, à se communiquer réciproquement ses vues & ses desseins, & s'entre aider pour les faire réussir; à se faire part réciproquement de sa fortune dans des circonstances fâcheuses & embarrassantes; à éloigner tout sujet de jalousie; à être toujours disposé à se réunir & à surmonter les obstacles qui peuvent s'opposer à la réunion.

Outre ces sociétés que nous venons de parcourir, & que la nature elle-même nous indique, les dangers des bêtes féroces ou des hommes vicieux, ont rendu nécessaires des associations plus considérables: de-là les relations nouvelles & non naturelles, de chefs & de sujets, de supérieurs & d'inférieurs, de magistrats, de bourgeois, de ministres de la religion, & de toutes les institutions sociales.

Ces relations diverses donnent naissance à des *devoirs* qui leur sont assortis, & qui sont déterminés par le but de leur établissement. Il n'est pas difficile de connoître les *devoirs* que les membres de ces associations sont tenus de remplir, parce que leur règle est toujours le but qu'on s'est proposé dans chaque établissement, chaque emploi, chaque relation. Ce but, étant essentiellement le bien réel de tous les membres de la société, appelle chacun de ceux qui en font partie, à ne se permettre rien qui puisse nuire à la fin de ces relations, & l'oblige au contraire à faire tout ce qui peut contribuer à la perfection & au bonheur de tous les membres de la société. Ainsi tout ce qui sert à rendre ces rapports utiles, est un *devoir* à remplir, comme c'en est un d'éviter tout ce qui pourroit y introduire le désordre & la misère. *Voyez* EMPLOIS, EXEMPLE, OFFICE, MAGISTRAT, MARIAGE, PUISSANCE *maritale & paternelle*, PARENTÉ, RELIGION, PIÉTÉ, CULTE, SOCIABILITÉ, SOCIÉTÉ.

Il est encore d'autres êtres, qui, sans être nos semblables, sont doués de sentimens & de volonté. Ces êtres sont les animaux, que la nature a destinés à nos usages, & qu'elle a mis dans notre dépendance, pour que nous en usions. Ils soutiennent avec nous certaines relations, & ils ont une destination à laquelle nous sommes obligés de souscrire, & c'est de-là que naissent pour nous des *devoirs* à remplir. Le premier est de les employer seulement aux usages auxquels la nature les a rendus propres; le second de leur faire éprouver une vie agréable,

& conforme à leur deſtination ; le troiſième de ne les pas faire ſouffrir ſans néceſſité. *Voyez* ANIMAUX.

Dans l'énumération que nous venons de faire des *devoirs* de l'homme & des obligations qu'ils lui impoſent, nous avons ſuivi l'ordre & la ſubordination que la nature elle-même y a miſe. Nous obſerverons cependant, que ſi nous n'avons mis qu'au ſecond rang les *devoirs* de l'homme envers Dieu, c'eſt par la raiſon ſeulement que l'homme eſt effectivement dans l'ordre réel & néceſſaire de la nature, le premier objet qui ſe préſente, puiſque s'il n'exiſtoit pas il n'auroit aucun *devoir* à remplir. Mais, dans la vérité, les *devoirs* de l'homme envers Dieu ſont les premiers ; viennent enſuite ceux qu'il ſe doit à lui-même, après leſquels ſe placent naturellement ceux des maris & des femmes, des pères & des enfans, des frères & autres parens & alliés, ſelon le degré de proximité, des amis, des citoyens d'une même ville, des habitans d'un même royaume, & enfin ceux qui ſont communs à tous les hommes qui habitent la terre, & qui prennent leur ſource dans l'humanité même.

Dans cette multitude de *devoirs*, qui ſont impoſés à l'homme, il peut ſe trouver pluſieurs circonſtances dans leſquelles divers *devoirs* concourront enſemble. Dans ce cas, quelle règle ſuivra-t-on & quel des *devoirs* cédera à l'autre ?

D'abord il eſt certain que les *devoirs* envers Dieu doivent l'emporter ſur ceux qui concernent les hommes : mais dans l'ordre ſocial le *devoir* le moins conſidérable doit céder au plus important, parce que l'obligation la plus forte doit l'emporter ſur la plus foible. De ce principe inconteſtable, on peut établir trois règles principales.

1°. Si ce que nous nous devons à nous-mêmes ſe trouve en oppoſition avec ce que nous devons à la ſociété en général, la ſociété doit avoir la préférence, parce que chacun eſt à la ſociété civile, ce que les membres ſont au corps, & que nous devons, par conſéquent, être plus occupés du bien général que de notre intérêt particulier. Telle eſt la ſubordination des principes de la loi naturelle, lorſqu'on ne peut remplir tous les *devoirs* qui en émanent. Si nous nous éloignons de cette règle, nous renverſerions l'ordre des choſes, & nous détruirions les fondemens de la ſociété.

2°. Si, toutes choſes d'ailleurs égales, il y a du conflit entre un *devoir* de l'amour de ſoi-même & un *devoir* de la ſociabilité, l'amour de ſoi-même doit prévaloir. En effet, par cela même que nous ſommes directement & premièrement chargés du ſoin de notre conſervation & de notre bonheur, il ſuit que dans le cas d'une entière égalité, le ſoin de nous-mêmes doit l'emporter ſur le ſoin d'autrui.

3°. Si le concours ſe trouve entre deux *devoirs* qui nous concernent nous-mêmes, ou entre deux *devoirs* de la ſociété, nous devons préférer celui qui eſt accompagné de la plus grande utilité, puiſqu'il eſt le plus important : ce qui dépend des circonſtances, qui nous indiquent préciſément ce à quoi nous ſommes obligés, & ce que nous devons à chacun.

DEVOIR, *en droit civil*, a pluſieurs ſignifications différentes. Il ſe prend quelquefois pour *office* ou *engagement*. C'eſt ainſi que l'on dit qu'il eſt du *devoir* des pères de doter leurs filles.

Il ſe dit, en ſecond lieu, des engagemens du vaſſal envers ſon ſeigneur, comme de lui faire la foi & hommage, de lui fournir aveu & dénombrement, &c.

Il ſe prend, en troiſième lieu, pour les redevances ſeigneuriales & emphytéotiques. On dit, en pays de droit écrit, qu'un héritage eſt tenu ſous le *devoir* annuel, cens & ſervis d'une ſomme d'argent ou d'une certaine quantité de grains. *Voyez* CENS, SERVIS, REDEVANCE.

(Suivant M. Houard, les *devoirs* diffèrent des droits ſeigneuriaux, en ce que les droits ſont purement honorables & communs à tous les fiefs, & que les *devoirs* au contraire ont pour objet les obligations particulières impoſées au vaſſal par ſon inféodation. *Dictionnaire du droit Normand*, au mot DEVOIR.

Mais il paroît que nos coutumes prennent très-ſouvent ces deux mots l'un pour l'autre.

Le mot *devoir* ſe prenoit auſſi autrefois pour le prix d'une choſe, pour ce qui en eſt dû. La très-ancienne coutume de Bretagne dit, par exemple, que le lignager pourra retraire en payant les *devoirs* de la vente. *Voyez au ſurplus l'article* FRANC-DEVOIR.) (M. GARRAN DE COULON.)

En Bretagne, on appelle *devoirs* certaines impoſitions, qui ſe perçoivent ſur différentes denrées & principalement ſur les boiſſons. *Voyez* à cet égard le *Dictionnaire des Finances.*

Dans les Pays-Bas, on donne le nom de *devoirs de loi* aux formalités qui doivent accompagner les deſſaiſines ou déſhéritances, & les ſaiſines ou adhéritances des biens fonds.

Les coutumes des Pays-Bas & de quelques provinces de France, telles que celles du Boulonnois, d'Amiens, Péronne, Vermandois, Laon, Reims, S. Quentin, Senlis, &c. ont conſervé l'ancien droit & uſage de la France, par leſquels un nouvel acquéreur n'obtenoit la propriété d'un bien vendu, que par la voie du nantiſſement, c'eſt-à-dire, par une miſe de fait en poſſeſſion faite par les officiers du ſeigneur, ſi le bien étoit mouvant de lui, ou par les juges royaux dans le reſſort deſquels il étoit ſitué.

Les formalités de cette miſe en poſſeſſion qui deſſaiſit l'ancien propriétaire, & qui ſaiſit le nouvel acquéreur, ſont ce qu'on appelle *devoirs de loi.*

Dans les coutumes de Vermandois & de Reims, les *devoirs de loi* conſiſtent dans la comparution du vendeur & de l'acheteur en préſence des officiers de la ſeigneurie, enſuite le vendeur remet au chef de la jurifdiction, un bâton, figne de l'héritage; que le juge met à fon tour dans les mains de l'acheteur. *Voyez* BASTON & RAIN.

Dans la coutume de Douai le nantiffement fe fait par la reconnoiffance du contrat de vente, en préfence de deux échevins: dans celle de Péronne cette reconnoiffance a lieu devant le greffier de la juftice & deux témoins.

Dans le refte des Pays-Bas, on diftingue entre les fiefs & les rotures. Le nantiffement des fiefs dépend des cours féodales, compofées du bailli & des hommes de fief; celui des rotures ou mainfermes fe fait devant la cour échevinale, compofée d'un prévôt ou mayeur, & des cenfitaires du feigneur. La coutume de Cambrai, qui diftingue une troifième forte de biens, appellés *cotteries*, exige que les *devoirs de loi* qui les concernent fe faffent en préfence des hommes cottiers.

Suivant la coutume de Vermandois & le droit commun, les francs-aleus ne font point fujets aux formalités des *devoirs de loi*, parce qu'il n'y a, par rapport à eux, ni faifine, ni deffaifine, & qu'il fuffit de l'appréhenfion ou poffeffion réelle, ou autre équipollente. Mais dans la coutume de Hainaut le nantiffement d'un aleu fe fait pardevant deux francs-allocatiers.

Le nombre des hommes de fief ou d'échevins, néceffaire pour la validité des *devoirs de loi*, varie fuivant les coutumes; il faut fuivre, à cet égard, les difpofitions de chacune. Mais il eft important d'obferver que fi la même perfonne étoit en même temps revêtue de l'office de bailli & de mayeur, d'homme de fief & d'échevin, elle doit déclarer dans l'acte la qualité, en vertu de laquelle elle procède, & qui lui donne le droit d'agir. Par exemple, fi elle procédoit aux *devoirs de loi* d'un fief fans énoncer qu'elle eft bailli ou homme de fief du feigneur, l'acte feroit nul, & de même dans le cas où il s'agiroit de l'enfaifinement d'un bien roturier.

Lorfque le feigneur n'a pas le nombre d'hommes requis par la coutume pour les *devoirs de loi*, il peut y fuppléer: 1°. en en empruntant du feigneur dont il relève immédiatement; 2°. en en créant par le démembrement d'une partie de fon fief qu'il donne à tenir de lui, foit en fief, foit en roture, foit en cotterie, fuivant le befoin qu'il a d'un homme de fief, d'un côttier ou d'un cenfitaire. Mais, dans ce cas, il faut qu'il ait un commencement d'hommes, c'eft-à-dire, qu'il ait au moins un fief dans fa mouvance.

Les *devoirs de loi* ne peuvent être paffés que dans l'auditoire de la juftice feigneuriale, conformément à un placard, donné pour la Flandre, le 9 mai 1618, & à un arrêt du parlement de Douai, rendu en forme de règlement, le 24 mars 1738.

La conjure des baillis & mayeurs, eft dans les Pays-Bas une des formalités effentielles des *devoirs de loi*. *Voyez* CONJURE.

La plupart des coutumes dont nous parlons n'exi-

gent pas la préfence du vendeur & de l'acquéreur pour les *devoirs de loi*, mais feulement un fondé de procuration; celle d'Amiens le demande fpécial, tandis que celle de Vermandois fe contente d'un fimple porteur de l'acte. Mais celle de Cambrai dit que la deffaifine ne peut fe faire par procureur, fi ce n'eft pour une communauté, collège ou couvent: celle de Valenciennes ne permet de fe déshériter & prendre adhéritance par procureur, que dans le cas de maladie, d'abfence hors du pays, ou autre empêchement légitime.

Les *devoirs de loi* doivent contenir une déclaration exacte de chaque partie d'héritage vendue, donnée ou hypothéquée, & en fpécifier l'étendue & les limites: s'ils étoient conçus en termes généraux, on feroit fondé à en demander la nullité.

Depuis l'édit de 1675, portant création des notaires & tabellions, dans le reffort du parlement de Flandre, les *devoirs de loi* ne peuvent être faits qu'en vertu de la groffe d'un contrat paffé pardevant notaire. Il faut néanmoins excepter de cette formalité Cambrai & le Cambréfis, que la déclaration du 24 mai 1777 a maintenu dans l'ufage ancien de donner déshéritances & adhéritances, fans qu'il foit befoin de repréfenter préalablement aucun contrat ou acte, foit en groffe, foit autrement. Les donations entre-vifs font les feuls actes qui doivent être paffés pardevant notaires avant de procéder aux œuvres de loi. Il en eft de même dans les fiefs du Hainaut cédés à la France, par le traité des limites du 16 mai 1769.

Les coutumes d'Amiens, Reims & Vermandois exigent pour la validité des *devoirs de loi*, qu'ils foient enregiftrés au greffe des juges qui les ont reçus. Il leur eft enjoint de tenir un regiftre coté & paraphé, pour y infcrire les nantiffemens, par ordre, fans laiffer aucun blanc, & il leur eft défendu de laiffer ces actes en feuilles, à peine de répondre des dommages & intérêts des parties, & même à Amiens de cinquante écus d'amende.

Dans l'Artois & le Hainaut, on ne tient aucun regiftre à cet égard, ce qui paroît être contraire à l'efprit du droit commun des pays de nantiffement; & peut occafionner des abus par la perte de ces feuilles volantes.

Il n'y a pas de loi qui oblige les juges, qui affiftent aux *devoirs de loi*, d'en figner la minute. C'eft pourquoi il faut fuivre, à cet égard, l'ufage particulier des lieux. Dans la plupart on fe contente de la fignature du greffier.

Lorfque la minute des *devoirs de loi* eft perdue, on a recours aux regiftres dans lefquels l'acte en a été tranfcrit, pour en faire la preuve. Si les regiftres eux-mêmes font perdus ou adirés, la preuve s'en fait par la groffe du contrat où il en eft fait mention, & par un record des juges qui les ont reçus, & s'ils font morts, par l'audition de toutes fortes de témoins. *Voyez* ENSAISINEMENT, NANTISSEMENT, MAIN-MISE, &c.

DEVOIR

DEVOIR *de Montigné*, f. m. (*Droit féodal.*) étoit un droit de péage qui fe payoit au tablier de la prévôté de Nantes, confiftant en huit deniers, monnoie de Bretagne, par efcafe ou bateau chargé de plus de fix muids de fel, venant tant de Bretagne que de Poitou, & arrivant par la rivière de Loire au port de la ville de Nantes. Ce droit étoit ainfi appellé, parce qu'il y en avoit 4 deniers qui fe percevoient au profit du feigneur de Montigné. Il fut fupprimé par arrêt du confeil du 18 janvier 1729. (*A*)

DÉVOLU, adj. (*Jurifpr.*) fe dit de ce qui paffe de l'un à l'autre. Une fucceffion eft *dévolue* à un héritier, lorfqu'elle lui eft tranfmife médiatement par un autre héritier qui l'avoit recueillie, ou qui devoit la recueillir. Le droit de collation eft *dévolu* au fupérieur eccléfiaftique, lorfque le collateur inférieur néglige de conférer. *Voyez* DÉVOLUT & DÉVOLUTION. (*A*)

DÉVOLUT, DÉVOLUTAIRE, f. m. (*Droit canon.*) on entend par *dévolut*, les provifions d'un bénéfice rempli de fait, mais vacant de droit. Le *dévolutaire* eft celui qui obtient ces provifions. Pour mettre plus d'enfemble dans une matière auffi importante, nous avons cru devoir réunir ces deux mots dans le même article. Nous examinerons fucceffivement quelles font l'origine & la nature du *dévolut* ; quels font les collateurs qui peuvent conférer par cette voie; quels font les bénéfices qui peuvent être ainfi conférés, & enfin quelles font les conditions & les formalités que les loix ont impofées aux *dévolutaires*.

Origine & nature du dévolut. La longue vacance des bénéfices étoit un abus auquel le troifième concile de Latran voulut remédier. Il ordonna en conféquence, que lorfque le collateur ordinaire auroit laiffé écouler fix mois fans conférer, fon droit de collation feroit, pour cette fois tranfporté à fon fupérieur.

Cette loi avoit pour but de prévenir & de punir la négligence des collateurs ordinaires; mais elle n'obvioit point à un autre abus au moins auffi confidérable. Elle laiffoit fubfifter une foule de collations faites à des indignes ou à des incapables, qu'on ne pouvoit dépofféder que par des procès longs & fouvent interminables. Le quatrième concile de Latran appliqua le réglement du troifième aux électeurs; il ne leur accorda que trois mois pour élire, &, en y ajoutant, il voulut de plus que le fupérieur immédiat difpofât de l'églife vacante, foit que les électeurs euffent négligé d'agir, foit qu'ils euffent abufé de leur droit, en élifant un fujet incapable.

On étendit depuis aux collateurs, ce que le quatrième concile de Latran avoit décidé par rapport aux électeurs. On diftingua alors deux dévolutions : la dévolution pour caufe de négligence, lorfque le collateur avoit laiffé écouler fix mois fans ufer de fon droit, & la dévolution

pour caufe d'abus, lorfque le collateur avoit mal conféré. La première retint le nom de *dévolution*, la feconde fut appellée *dévolut*.

Le *dévolut* & la dévolution prennent donc leur origine dans la même fource, comme l'ont obfervé l'abbé de Fleury & M. Fuet: ce font les réglemens du troifième & du quatrième concile de Latran qui les ont fait établir. La dévolution a pour but de forcer les collateurs à conférer dans un temps déterminé, fous peine de perdre pour cette fois leur droit, qui eft tranfporté à leurs fupérieurs. *Voyez ci-deffous* DÉVOLUTION. Le *dévolut* a pour objet de les empêcher d'abufer de leur droit, en l'exerçant contre les règles ou en faveur de fujets incapables ou indignes. La dévolution, comme on voit, fuppofe une pleine & entière vacance; le *dévolut*, au contraire, fuppofe le bénéfice rempli de fait, & vacant feulement de droit.

Il peut arriver & il arrive fouvent qu'un fujet auquel on n'a rien à reprocher, lorfqu'il eft pourvu d'un bénéfice, fe conduife par la fuite de manière à s'en rendre indigne. Le defir bien naturel de purger l'églife de pareils miniftres, leur a fait appliquer les loix du *dévolut* qui paroiffent n'avoir été primitivement établies que pour impofer aux collateurs la néceffité de faire de bons choix. Ainfi le *dévolut* peut avoir trois caufes: 1°. la nullité radicale des provifions du collateur; 2°. l'incapacité ou l'indignité du collataire au moment qu'il eft pourvu; 3°. fon incapacité ou fon indignité furvenue depuis fes provifions. Dans les deux premiers cas, le bénéfice eft rempli de fait, mais non pas de droit, puifqu'il n'a jamais fait impreffion fur la tête de celui qui le poffède. Dans le troifième, il eft encore vacant de droit par l'indignité, qui, furvenue depuis les provifions, fait ceffer leur effet & produit la privation du bénéfice.

Le *dévolut* en lui-même eft une loi fage que l'on a jugée néceffaire pour contraindre les collateurs à faire un bon ufage du droit de collation, & pour punir les bénéficiers qui, ayant été légitimement & canoniquement pourvus, deviennent incapables ou indignes de remplir les fonctions qui leur ont été confiées. Cependant l'abus que l'on a fait de la loi, a rendu odieux les clercs qui fe fervent de cette voie pour acquérir des bénéfices: on en jugera bientôt par les conditions qu'on leur a impofées & les formalités auxquelles on les a foumis.

On diftingue deux efpèces de *dévolut*, l'un principal & l'autre accidentel : le principal eft lorfque l'impétrant demande le bénéfice comme vacant de droit, à raifon de l'incapacité ou de l'indignité du poffeffeur actuel. L'accidentel eft lorfque le bénéfice eft conféré comme vacant de fait & de droit, & que l'on infère dans les provifions la claufe *licet quidam*, dont nous expliquerons les effets dans un inftant.

Quels font ceux qui peuvent conférer par dévolut ?

TTtt

Dans l'ufage ordinaire, c'eſt le pape qui donne preſque toujours les proviſions par *dévolut*. Examinons ſur quoi ce droit eſt fondé, & ſi le ſouverain pontife eſt le ſeul qui puiſſe l'exercer.

Selon l'eſprit des conciles qui ont établi le *dévolut* & la dévolution, le ſupérieur immédiat dans l'ordre hiérarchique devroit ſeul conférer ſur les vacances de fait, prolongées par la négligence des collateurs au-delà du terme preſcrit, ou ſur celles de droit opérées par leurs collations abuſives. Le pape ne devroit donc avoir le droit de conférer par *dévolut*, que lorſque tous les degrés de la ſupériorité hiérarchique auroient été épuiſés. Suppoſons, par exemple, qu'un évêque ait abuſivement conféré, en accordant des proviſions à un ſujet indigne, c'eſt à l'archevêque, ſon ſupérieur immédiat, à réparer cette faute, & à dépouiller du bénéfice le ſujet indigne qui le poſſède, en le conférant à un ſujet capable. Au défaut de l'archevêque, c'eſt au primat à remplir ce devoir; & enfin, au défaut du primat, le pape, qui forme le dernier degré de la juriſdiction eccléſiaſtique, doit conférer par *dévolut*.

Mais les choſes ne ſe paſſent preſque jamais ainſi, & il eſt très-rare de voir les collateurs ordinaires ou leurs ſupérieurs, conférer par *dévolut*. On en peut donner deux raiſons; la première, c'eſt que les *dévolutaires* aiment mieux s'adreſſer à la cour de Rome, parce qu'ils ſont toujours ſûrs d'en obtenir des proviſions, & que l'ordinaire & ſon ſupérieur immédiat pourroient les leur refuſer: la ſeconde, c'eſt que cet uſage a pris ſa ſource dans les fauſſes maximes que l'on a ſi long-temps débitées ſur la puiſſance abſolue des papes, ſur-tout en matière de collation de bénéfices.

Ce n'eſt pas ſans doute cet empire illimité que les papes ſont parvenus à exercer pendant pluſieurs ſiècles, ſur lequel eſt fondé parmi nous leur droit de donner des proviſions par *dévolut*. Pour peu qu'on faſſe attention aux principes reçus en France, on ſe convaincra qu'il n'eſt établi que ſur la prévention, droit nouveau, contraire à l'ancienne diſcipline, mais qui n'en exiſte pas moins.

Les cauſes du *dévolut* viennent, comme nous l'avons déjà dit, ou du collateur ou du collataire. Lorſque le collateur ordinaire donne une collation radicalement nulle, il ne peut plus lui-même ſe réformer, c'eſt à ſon ſupérieur à réparer ſa faute; ſi au lieu de s'adreſſer à lui, on a recours au pape, il confère alors par droit de prévention ſur le ſupérieur de l'ordinaire, qui, par négligence ou par d'autres raiſons, n'a pas encore donné un légitime titulaire au bénéfice vacant de droit. Dans ce cas, il ſe met au lieu & place du ſupérieur, ou pour mieux dire, il le prévient.

La vacance de droit s'opérant par l'incapacité ou l'indignité du titulaire, depuis qu'il eſt légitimement pourvu, & le pape conférant dans ce cas, ce ſera par prévention ſur l'ordinaire, ſi les délais dans leſquels il doit conférer ne ſont pas

encore écoulés, ou ſur ſon ſupérieur, s'il les a laiſſé écouler. Lorſque le pape confère ſur une vacance de droit, il exerce donc preſque toujours la prévention ou ſur le collateur ordinaire, ou ſur ſon ſupérieur dans l'ordre de la hiérarchie eccléſiaſtique.

Mais ſi les proviſions par *dévolut*, accordées par le pape, n'ont de fondement que le droit de prévention ſur les ordinaires ou ſur leurs ſupérieurs, il en réſulte évidemment que les uns & les autres peuvent également conférer ſur les vacances de droit; la prévention à laquelle ils ſont ſoumis, ſuppoſe néceſſairement l'exiſtence du droit dans l'exercice duquel ils ſont prévenus.

Auſſi regarde-t-on en France, comme un principe certain, que le pape n'eſt pas le ſeul qui puiſſe conférer par *dévolut*. Ce droit appartient également aux ordinaires & à leurs ſupérieurs, & le ſouverain pontife ne l'exerceroit jamais ſi les uns & les autres ne ſe laiſſoient prévenir; ou du moins il ne l'exerceroit qu'en ſuivant les règles & les degrés de la dévolution.

Il eſt cependant des cas où les ordinaires ne peuvent conférer ſur une vacance de droit: c'eſt lorſqu'ils en ſont la cauſe, par une collation radicalement nulle, ſoit que la nullité provienne d'eux-mêmes, ſoit qu'elle provienne de l'incapacité ou de l'indignité exiſtante dans la perſonne du collataire, au moment de la proviſion. Comme ils ne peuvent varier, & qu'il ne ſeroit pas ſage de leur laiſſer à eux-mêmes le ſoin de ſe réformer, leur droit dont ils ont mal uſé ſe trouve, pour cette fois, tranſporté à leur ſupérieur. Ils ne peuvent donc conférer par *dévolut*, c'eſt-à-dire, ſur une vacance de droit, que lorſqu'elle s'eſt opérée poſtérieurement aux proviſions valables qu'ils ont accordées; & dans ce cas, leur droit ne paſſe à leurs ſupérieurs qu'après les délais ordinaires; au lieu que dans le cas de la vacance de droit, produite par la nullité des proviſions, le ſupérieur peut conférer auſſi-tôt qu'il en a connoiſſance.

Les canoniſtes, qui ont prétendu que le pape ſeul pouvoit accorder des proviſions par *dévolut*, ſe ſont donc trompés. On dit cependant, que leur opinion eſt encore ſuivie dans les parlemens de Toulouſe & de Bordeaux; c'eſt ce qu'aſſurent Drapier, dans ſes déciſions ſur les matières bénéficiales, *tom. I, pag. 65*, & l'auteur d'un nouveau traité de la diſpoſition forcée des bénéfices, dans la note 1 de ſon premier chapitre. Cependant Boutaric, profeſſeur en l'univerſité de Toulouſe, & qui devoit être inſtruit de la juriſprudence d'une cour, ſous les yeux de laquelle il écrivoit, ne fait aucune mention de celle qu'on lui attribue ſur le pouvoir excluſif du pape de conférer par *dévolut*: bien loin de-là, il adopte l'opinion contraire dans ſes inſtitutions canoniques, *chap. 20*. « Quelques canoniſtes, dit-il, ont cru que le pape ſeul pouvoit accorder des proviſions par *dévolut*; mais cette opinion n'a aucun fondement; car à l'exception

» de trois cas, dont nous avons parlé dans ce traité, » il eſt conſtant que le pouvoir de l'ordinaire & » du pape dans la collation des bénéfices eſt abſo- » lument le même ». Les trois exceptions, dont parle cet auteur, ſont 1°. lorſque l'ordinaire a con- féré à une perſonne actuellement inhabile ou in- capable, lors de la collation ; 2°. lorſque le béné- fice vaque *in curia* ; 3°. lorſque le collateur ordi- naire a laiſſé paſſer le temps porté par le concile de Latran. Nous aurons lieu d'examiner cette troi- ſième exception, en traitant l'article DÉVOLUTION.

Si les collateurs ordinaires eccléſiaſtiques & leurs ſupérieurs peuvent conférer par *dévolut*, en eſt-il de même des collateurs laïques ? Cette queſtion n'eſt plus problématique aujourd'hui. On convient géné- ralement que les collateurs laïques du royaume peu- vent donner des proviſions par *dévolut*. Quoique les bénéfices de leur collation ne ſoient pas aſ- ſujettis aux loix de l'égliſe, ceux qui en ſont pourvus ne ſont pas diſpenſés de l'obſervation des ſaints ca- nons. La qualité de leurs bénéfices, ne doit pas être pour eux un titre qui leur aſſure l'impunité lorſ- qu'il leur arrive de commettre de ces fautes ou de ces crimes, qui méritent la dépoſition ou qui ſont punis par une privation *ipſo facto*, dans les poſ- ſeſſeurs des bénéfices eccléſiaſtiques. Il eſt donc néceſſaire, que le titulaire d'un bénéfice à collation laïque en ſoit privé lorſqu'il le mérite. Au défaut de loix particulières, qui règlent la manière de procéder contre ces poſſeſſeurs indignes, les ma- giſtrats ſéculiers qui connoiſſent de ces ſortes de cauſes, à l'excluſion des juges d'égliſe, ne peuvent mieux faire que de prendre pour règle de leurs jugemens les loix canoniques & d'autoriſer les col- lateurs à conférer ces bénéfices par *dévolut*, lorſ- que la néceſſité l'exige. Telle eſt, ſelon M. Piales, la juriſprudence du parlement de Paris.

On ne peut pas plus conteſter aux patrons ecclé- ſiaſtiques & laïques le droit de préſenter par *dévolut*. Aucune loi ne les en prive ; & puiſque la démiſ- ſion ſimple & une condamnation juridique donnent ouverture à leur droit de préſentation, pourquoi l'indignité ou l'incapacité du titulaire ne produiroient- elles pas le même effet ? La ſeule différence qu'il y aura entre la préſentation par *dévolut* & la pré- ſentation ſimple, c'eſt que le préſenté ſur une va- cance de droit ſera ſoumis aux mêmes loix que les autres *dévolútaires*. Les exemples de préſenta- tions ſur ces ſortes de vacances ſont rares. Les pa- trons ne peuvent guère être inſtruits à propos du jour où le bénéfice a ainſi vaqué ; & quand ils le ſavent, ils cherchent à éviter des procès toujours déſagréables ou pour le dévolué ou pour le *dévo- lutaire*. Ils aiment mieux que la punition d'un homme qu'ils ont mis en place, parte d'une autre main que de la leur. On a obſervé que ces raiſons empê- choient ſouvent les collateurs eux-mêmes de don- ner des proviſions par *dévolut*.

Quels ſont les bénéfices ſujets au dévolut ? Les évêchés & les prélatures ſupérieures ne ſont point

ſoumiſes aux loix du *dévolut*. Ce n'eſt cependant pas que les titulaires ne puiſſent en être dépouillés s'ils tombent dans une de ces fautes qui ſont va- quer les bénéfices *ipſo jure* : mais l'importance de leurs places & l'éminence de leur caractère a ſemblé devoir exiger qu'ils ne puiſſent l'être *ipſo facto*, & ſans un jugement légal qui ait prononcé leur dé- poſition. Auſſi ne voit-on pas que perſonne ſe ſoit jamais aviſé de demander des proviſions par *dévo- lut* d'un évêché, & que ni les papes, ni les élec- teurs aient rempli un ſiège épiſcopal, ſous prétexte d'une ſimple vacance de droit. Ces principes ſont une ſuite de la maxime établie par les canoniſtes, que les archevêchés & évêchés ne ſont point com- pris ſous la dénomination générale de dignités ec- cléſiaſtiques, & que les évêques n'encourent pas *ipſo facto* les peines prononcées par la loi, s'ils n'y ſont expreſſément nommés. C'eſt la déciſion formelle d'un décret du premier concile général de Lyon : *duximus ſtatuendum ut epiſcopi & alii ſuperiores prælati, nullius conſtitutionis occaſione, ſen- tentiæ ſive mandati, prædictam incurrant ſententiam ullatenus ipſo jure, niſi in ipſis epiſcopis expreſſa mentio habeatur.*

On ne peut cependant diſſimuler que le décret du même concile, qui déclare privés de plein droit de leurs dignités & bénéfices, les eccléſiaſtiques qui commettront le crime d'aſſaſſinat, comprend les évêques, ainſi que les clercs inférieurs. Mais ce ne ſeroit pas, comme l'obſerve M. Piales, une raiſon pour que les évêchés fuſſent impétrables & ſujets au *dévolut*, il s'enſuivroit ſeulement que ceux à qui il appartient d'y pourvoir, pourroient nommer ſur cette vacance ſans attendre une ſentence de dé- poſition.

Quand on dit que, dans ce cas même, l'évêché ne ſeroit pas impétrable & ſujet au *dévolut*, nous entendons ce *dévolut*, qui conſiſte dans des provi- ſions forcées du pape ſur une vacance de droit. On ſent qu'une dignité auſſi importante ne doit pas être expoſée à l'ambition & à l'avidité des *dé- volutaires*, & que ce ſeroit s'en déclarer indigne que de la demander par une pareille voie.

D'ailleurs cette queſtion eſt aſſez inutile à exa- miner en France, depuis le concordat. Comme tous les évêchés ſont aujourd'hui à la nomination du roi, on ne pourroit le dévoluter que de ſon conſentement ; & il n'eſt pas à préſumer qu'il l'ac- cordât jamais. Les puiſſans motifs qui ont fait ren- trer ces bénéfices importans dans la main de nos monarques, s'oppoſeront toujours à ce qu'ils ſoient remplis par des ſujets qui ne ſeroient pas entière- ment de leur choix.

Ce que nous venons de dire pour les évêchés, s'applique également, ſelon la plupart de nos au- teurs, aux abbayes. On donne aux abbés, depuis pluſieurs ſiècles, le nom de *prélat* & il leur dignité eſt regardée dans l'égliſe, comme la première après les évêques. Dans la plupart des réglemens de diſcipline, ils ſont nommés immédiatement après eux, & pour l'ordinaire exceptés de ceux où ils ne font pas compris. Il n'eſt fait aucune mention des abbayes dans les décrets qui ordonnent la vacance de plein droit; il faut cependant excepter celui *pro humani* du premier concile général de Lyon, qui porte ſur les abbés comme ſur les évêques, lorſqu'ils ſe rendent coupables d'aſſaſſinat. Ce crime opère la vacance de plein droit, enſorte que le roi, ſi l'abbaye eſt à ſa nomination, & les électeurs, ſi elle eſt élective, peuvent y nommer, même avant la ſentence de dépoſition.

Cette queſtion intéreſſe peu les *dévolutaires*. Ils ne pourroient impétrer les abbayes qu'après avoir obtenu le conſentement du roi, ou un brevet de nomination. Ils ne pourroient pas, dit-on, impétrer à Rome, celles qui ſont purement électives, parce qu'il eſt fort incertain, ſi, dans ce cas, le pape devroit être conſidéré comme collateur forcé & ſeroit obligé d'accorder des bulles à l'impétrant.

Cependant ces principes ne ſont pas certains; & M. Piales avoue, dans ſon traité du *dévolut*, qu'on peut douter avec fondement, ſi les abbayes ne ſont pas compriſes dans beaucoup de décrets qui introduiſent les vacances de droit. Mais, comme en France, le roi intervient, par des commiſſaires, dans les élections du petit nombre de ces grands bénéfices auxquels on pourvoit encore ſelon cette ancienne forme, les proviſions du pape qu'on en obtiendroit par *dévolut*, ne pourroient recevoir leur exécution ſans l'attache du prince. Et il eſt vrai de dire que, dans nos uſages, les abbayes, quelles qu'elles ſoient, ne peuvent être impétrées en cour de Rome.

Il n'y a donc, parmi les bénéfices eccléſiaſtiques, que ceux que l'on met dans la claſſe des bénéfices inférieurs, qui ſoient ordinairement conférés par *dévolut*; &, en ſuivant les triſtes annales de nos tribunaux, on verra qu'ils ſont les ſeuls que l'avidité des *dévolutaires* ait fait conteſter à leurs poſſeſſeurs.

Les bénéfices à patronage ſont auſſi ſujets au *dévolut*. C'eſt une ſuite néceſſaire du principe établi ci-deſſus, que les patrons peuvent eux-mêmes préſenter ſur des vacances de droit. S'ils ne le font pas, dans le temps qui leur eſt donné par la loi, leur droit n'eſt plus un obſtacle à l'exercice de celui de l'ordinaire, ou à la dévolution, ſi l'ordinaire ne confère point dans les délais preſcrits.

Il faut cependant diſtinguer entre le patronage eccléſiaſtique & le patronage laïque. Le pape, ayant le droit de prévenir les patrons eccléſiaſtiques, comme les collateurs, peut conférer valablement par *dévolut*, dans les ſix mois du patron eccléſiaſtique. Il ne peut pas de même dans les quatre mois du patron laïque; ſa collation ſeroit radicalement nulle. On ne ſuit pas l'opinion de quelques canoniſtes, qui ne mettent aucune différence, quant au pape, entre les deux patronages. M. Louet & Boutaric l'ont enſeigné; le premier a été repris par Vaillant. Fevret, Lacombe, l'annotateur de

d'Héricourt & M. Piales, dans ſon traité de la prévention, combattent victorieuſement le ſecond. *Voyez* PATRONAGE & PRÉVENTION.

Les collateurs laïques, comme nous l'avons prouvé, peuvent conférer ſur des vacances de droit; les bénéfices à leur collation ſont donc ſujets au *dévolut*. Mais ce ne ſera pas un *dévolut* eccléſiaſtique, c'eſt-à-dire, qu'il ne pourra être exercé par aucun ſupérieur établi dans l'ordre hiérarchique de l'égliſe. Le roi, qui eſt le premier de ces collateurs, ne reconnoiſſant perſonne au-deſſus de lui, ne peut être ſoumis aux loix de la dévolution, ni du *dévolut*, c'eſt-à-dire, que dans le cas où il ne nommeroit pas à un bénéfice de ſa collation, ou que ce bénéfice deviendroit vacant de droit, perſonne ne pourroit le forcer à le remplir. Quant aux autres collateurs laïques, s'ils laiſſoient écouler un temps conſidérable ſans conférer, ou s'ils laiſſoient paiſiblement jouir un incapable ou un indigne notoire, le roi, comme leur ſupérieur & comme le protecteur né de tous les établiſſemens de ſon royaume, pourroit exercer ſur ces bénéfices les droits de la dévolution ou du *dévolut*. Le bon ordre l'exige, &, c'eſt le ſeul moyen de forcer ces collateurs à remplir les pieuſes intentions des fondateurs qu'ils repréſentent.

Il eſt des bénéfices, même eccléſiaſtiques, qui ne peuvent être impétrés que par certaines perſonnes. Tels ſont ceux qui par des fondations ou par d'autres titres ſont affectés à des nobles, à une famille, à des chantres, &c.; ſi leurs titulaires tombent dans quelque cas d'incapacité ou d'indignité, il faut que ceux qui voudroient s'en faire pourvoir par *dévolut*, réuniſſent dans leurs perſonnes les conditions & les qualités exigées par les fondations, ſans quoi leur impétration ſeroit vicieuſe.

De tout ce que nous venons de dire, il faut conclure, que lorſque le *dévolut* eſt exercé par un collateur ordinaire, quel qu'il ſoit, ce collateur agit en vertu d'un droit qui lui appartient *jure ordinario & primitivo*, & que lorſqu'il eſt exercé par un ſupérieur ou par le pape, le premier confère en vertu des loix de la dévolution, & le ſecond par prévention.

Conditions & formalités auxquelles les dévolutaires ſont aſſujettis. Nous avons dit ci-deſſus, que le *dévolut* conſidéré en lui-même & dans l'intention de l'égliſe, étoit une loi ſage & qui méritoit la protection des tribunaux. Cependant les *dévolutaires* ſont odieux & toujours traités avec rigueur: les auteurs en parlent de la manière la plus déſavantageuſe. Ils les appellent, d'après M. Louet, *aucupes & captatores alienorum beneficiorum: arripiendorum beneficiorum occaſiones venantes, expiſcatores rerum alienarum, litium artifices, fortunis alienis inhiantes*, &c.; ſur quoi Boutaric obſerve que les *dévolutaires* ſont dignes de louange ou de blâme, odieux ou favorables, ſuivant les différens motifs qui les font agir: odieux, s'ils agiſſent par eſprit de cupidité; favorables, s'ils agiffent par zèle de la difcipline, & pour l'intérêt de l'églife.

Cette obfervation eft fans doute très-jufte ; mais il eft difficile de lire dans les intentions, & quoique le mal ne fe préfume pas, l'expérience a prouvé que la cupidité & l'ambition étoient le motif le plus ordinaire des *dévolutaires*. S'ils s'étoient contentés d'impétrer les bénéfices vacans par les crimes, ou l'incapacité abfolue des titulaires, on auroit pu penfer qu'ils étoient animés par le defir de purger l'églife de miniftres indignes d'elle : mais les *dévoluts* (nous entendons ici les impétrations en cour de Rome) fe multiplièrent à l'infini, & ne furent fondés pour la plupart, que fur des défauts de formalités rigoureufes, & fur des incapacités relatives, qui ne diminuant rien du mérite & des talens des poffeffeurs actuels, n'empêchoient pas qu'ils ne fuffent prefque toujours plus dignes de remplir les bénéfices, que les *dévolutaires* qui s'efforçoient de les dépouiller. On ne voyoit que des bénéficiers troublés dans leur poffeffion, & les tribunaux n'étoient occupés qu'à juger les procès intentés par des impétrans fur des vacances de droit. Enfin l'abus d'une loi fage en elle-même, produifoit un véritable défordre ; les *dévolutaires* devinrent naturellement odieux, & les loix s'emprefferent de réprimer leur avidité en multipliant les entraves & en leur tendant perpétuellement des pièges pour nous fervir de l'expreffion de M. Louet.

L'ordonnance d'Orléans avoit attaqué le mal jufque dans fa racine : « admoneftons, porte l'art. 4, » & néanmoins enjoignons à tous prélats, patrons » & collateurs ordinaires, pourvoir aux bénéfices » eccléfiaftiques, même aux cures ayant charge » d'ames, de perfonnes de bonne conduite & lit- » térature, & ne bailler aucun *dévolut* plutôt & » auparavant que le pourvu par l'ordinaire ait été » déclaré incapable. Défendons à tous nos juges, » d'avoir aucun égard aux provifions par *dévolut*, » foit apoftoliques ou autres quelconques aupara- » vant la déclaration d'incapacité ».

Si cet article de l'ordonnance eût reçu fon exécution, le *dévolut* étoit anéanti ; la déclaration d'incapacité étant néceffaire avant l'impétration, perfonne n'auroit voulu fe charger d'intenter un procès dont il étoit au moins incertain qu'il pût retirer le fruit. Les collateurs & les patrons auroient ufé librement de leur droit après la fentence qui auroit déclaré le bénéfice vacant, & ils n'auroient pas donné aux *dévolutaires* le temps de fe pourvoir en cour de Rome : de là, il s'enfuivoit que les ufurpateurs des bénéfices & les titulaires indignes ou incapables, feroient reftés paifibles dans leurs injuftes poffeffions, faute d'accufateurs intéreffés à les pourfuivre.

Cet inconvénient étoit palpable : pour y remédier, l'ordonnance de Blois, *art. 46*, changea la difpofition de l'art. 4 de celle d'Orléans. « Tous » *dévolutaires*, y eft-il dit, ayant obtenu provifions » fur la vacation de droit, feront admis à en faire

» pourfuite, encore qu'il n'y ait aucune déclaration » précédente, nonobftant l'ordonnance d'Orléans, » à la charge de bailler bonne & fuffifante cau- » tion, &c. ».

Cet article de l'ordonnance de Blois a fixé notre jurifprudence fur ce point, & il fuffit que la vacance de droit exifte, fans aucun jugement déclaratoire, pour donner lieu à l'impétration par *dévolut* ; mais en même-temps il a aftreint les *dévolutaires* à des conditions rigoureufes & propres à prévenir les abus que l'ordonnance d'Orléans avoit voulu détruire. Nous entrerons bientôt dans le détail de ces conditions.

A l'exemple du légiflateur civil, le pape a auffi donné des loix pour contenir les *dévolutaires* dans de juftes bornes. Les *dévoluts* indéterminés, c'eft-à-dire fur une vacance de droit, qui n'étoit point expreffément défignée, expofoient les poffeffeurs actuels à une foule de vexations. Avec des provifions *incerto modo*, les impétrans fe permettoient toutes fortes d'accufations, & ils efpéroient parvenir, à force de recherches, à en juftifier quelques-unes. Pour arrêter une inquifition auffi odieufe, Innocent VIII publia la règle *de annali poffeffore* ; elle renferme deux parties ; la feconde qui prefcrit les formalités qui doivent être employées contre le dévolut, n'a point été reçue en France ; mais la première a été accueillie favorablement, & mife par Dumoulin au nombre de ces loix, dont il doit même étendre les difpofitions : *hæc regula cenfenda eft in totum favorabilis, cum fit principaliter introducta, tum favore pacificorum poffefforum, tum ordinariorum, tum publicæ tranquillitatis : & fic in totum favorabilis judicatur, unde cum potius effet extendenda, multo minùs reftringi poteft, præfertim cum nullo modo fit pœnalis. In reg. de ann. poff. n°. 127.*

Pour juftifier l'opinion de Dumoulin, il fuffit de rapporter la règle en faveur de laquelle il s'élève avec tant de force. *Item dominus nofter, ut improbi lites exquirentium motus reprimantur, voluit, ftatuit & ordinavit, quòd quicumque beneficium ecclefiafticum per annum immediate precedentem pacificé poffeffum, & quod certo modo vacare prætendit, deinceps impetraverit, nomen, gradum & nobilitatem poffefforis ejufdem & quot ab annis illud ipfe poffedit, & præcifam & determinatam, ex quá clarè conftare poterit, quod nullum poffeffori in dicto beneficio jus competat, caufam in ejufmodi impetratione exprimere debeat & teneatur: alioquin impetratio prædicta & quæcumque inde fecuta nullius exiftant firmitatis.*

Tous les canoniftes fe font réunis à Dumoulin, & ont fait le plus grand éloge de cette règle. Rebuffe, M. Louet, ont eftimé que quoique elle n'ait pas été publiée en France, elle doit néanmoins y être obfervée, non en ce qui concerne l'ordre judiciaire qu'elle prefcrit, mais en tant qu'elle reftreint les impétrations par *dévolut*. « Nous avons » reçu, dit Perard Caftel, *queft. not. tom. 2, queft. 2,* » *n°. 24*, la première partie de cette règle dans ce » royaume, parce qu'on ne doute pas que le pape

» ne puiffe faire des réglemens touchant l'obten-
» tion & l'impétration des provisions qu'il donne,
» particuliérement quand les réglemens ne vont
» pas à la deftruction du droit commun, mais
» qu'ils le confirment davantage comme fait cette
» règle ».

Cependant par un concours de circonftances particulières, la règle *de annali poffeffore*, étoit tombée
en défuétude en France. M. Louet nous apprend
que de fon temps on en accordoit à Rome de fréquentes dérogations ; il paroît même les tolérer,
& defirer feulement que l'on obligeât les impétrans d'exprimer la qualité de la perfonne dont ils
dévolutoient le bénéfice. Vaillant défapprouve &
rejette cette modification : *non debet in his fieri dif-
tinctio perfonarum apud nos, quia intereft ecclefiæ ufur-
patores beneficiorum, id eft, eos qui ea poffident fine
titulo à poffeffione fuâ dejici.* Malgré ce principe vrai
en lui-même, il avoue, ainfi que Perard Caftel,
qu'il n'étoit pas néceffaire d'exprimer le genre certain & déterminé de la vacance ; & qu'il fuffifoit
de l'exprimer devant le juge : *Hodie non eft neceffe,*
dit-il, *exprimere fpecialem vacandi modum & fufficit
eum allegare coram judicibus.* L'article 2 du titre 15,
de l'ordonnance de 1667, femble autorifer cette
jurifprudence : « le demandeur fera tenu d'expri-
» mer dans l'exploit le titre de fa provifion & le
» genre de vacance fur laquelle il a été pourvu ».

M. Louet, *de infirm.* nº. 385, apporte la véritable raifon qui a fait admettre en France pendant
quelque temps, la dérogation à la règle *de annali
poffeffore*, ou pour mieux dire fa non-exécution.
*Antiquitùs quidem in bullis genus vacationis exprimi
folebat & virtute prædictæ claufulæ (in litteris fi vi-
debitur exprimendo). Sed ob nummorum plumbi pretium
regnicolarum commoditate ftatutum validam hanc in lite
expreffionem.* Pour entendre ce paffage de M. Louet,
il faut favoir qu'autrefois toutes les provifions de
cour de Rome s'expédioient par bulles ; mais comme
les frais en étoient confidérables, on s'en difpenfa
par la fuite, & on fe contenta des fignatures abrégées, dans lefquelles les officiers de la daterie n'ex-
primoient point le genre de vacance, fe réfervant
d'en faire mention dans les bulles ; c'eft pourquoi
dans ces fignatures abrégées, on inféroit la claufe
vague *certo in litteris exprimendo modo.* Pour concilier l'intérêt pécuniaire des fujets du roi, avec
la rigueur des principes, les tribunaux françois
confidérèrent les fignatures abrégées comme de
véritables provifions, & exigèrent feulement des
dévolutaires qu'ils déclaraffent *in limine litis*, le
genre d'indignité ou d'incapacité fur lequel ils entendoient impétrer le bénéfice. Il réfultoit de cette
jurifprudence, que les *dévolutaires* n'ayant aucun
genre particulier de vacance à exprimer au pape,
fe hafardoient inconfidérément à attaquer par *dévolut*
les titulaires fur de fimples probabilités ou fur de
fimples foupçons, dans l'efpérance de les intimider
par la crainte d'un procès, ou de faire des découvertes qui pourroient les conduire à leur but : par

là on éludoit au moins en partie les fages difpofitions de la règle *de annali poffeffore.*

Clément X, qui monta fur le fiège de S. Pierre
en 1670, enleva cette reffource aux *dévolutaires.*
Il fit publier en 1673, en daterie, un décret, portant qu'à l'avenir on n'en uferoit pour la France,
comme pour les pays d'obédience, & que les provifions ou impétrations par *dévolut*, ne contiendroient plus la claufe générale, *quovis modo* ou
certo in litteris exprimendo modo ; mais qu'on feroit
tenu d'exprimer la vraie caufe de vacance, fuivant
la première partie de la règle *de annali poffeffore.*

Depuis ce temps, ou du moins depuis le commencement du pontificat de Clément XI, c'eft-à-
dire, depuis 1676, les officiers de la daterie ont
grand foin de ne plus expédier des provifions par
dévolut fur des claufes générales, mais feulement
fur l'expreffion d'un genre de vacance particulier
& déterminé. On obferve même de défigner la
perfonne fur laquelle on fait l'impétration.

On doit donc aujourd'hui tenir pour maxime,
dit M. Piales, que les *dévolutaires* font rigoureufement aftreints aux feuls genres de vacance exprimés dans leurs fuppliques & provifions. M. Gilbert
de Voifins, avocat général, l'établit dans la caufe
de Fromental, jugée par arrêt du 11 février 1726 ;
cet arrêt étoit probablement inconnu à Drapier.
On voit dans la feconde édition de fes décifions
fur les matières bénéficiales, imprimée en 1732,
qu'il avance, *page 83*, comme un principe certain,
qu'il n'y a point de provifions par *dévolut* dans lefquelles on ne déroge à la règle *de annali poffeffore*,
& que quand la dérogation ne s'y trouveroit pas
nommément exprimée, elle y feroit fous-entendue ;
enforte qu'on eft cenfé avoir fatisfait à cette règle
en mettant dans les provifions par *dévolut*, la claufe
*per incapacitatem, feu inhabilitatem poffefforis cujus
nomen & cognomen & alia in litteris exprimi poterunt.*

Cette diverfité d'opinions paroît ne pouvoir plus
avoir lieu depuis la déclaration du 10 mars 1776,
enregistrée au parlement de Paris le 21 mai fuivant.

L'article premier porte, «lorfque les *dévolutaires*
» voudront faire ufage des provifions de *dévolut*
» qu'ils auront obtenues, ils feront tenus de dé-
» clarer le nom & qualité du bénéfice, & du
» titulaire qu'ils fe propofent de dépouiller, ainfi
» que le genre d'indignité & d'incapacité qu'ils
» entendent lui oppofer, & ce dès la première
» affignation qu'ils feront donner au titulaire en
» conféquence defdites provifions : défendons à
» nos cours d'avoir égard à des déclarations qui
» ne feroient fondées que fur des caufes vagues
» & indéterminées, & ne pourront lefdits *dévolu-*
» *taires*, après lefdites déclarations, varier fur les
» claufes y énoncées, ni en faire valoir d'autres,
» fi ce n'eft en vertu de nouvelles provifions
» qu'ils auroient obtenues pendant le cours de
» l'inftance, & dont pareillement ils ne pourront
» faire ufage qu'en faifant lefdites déclarations ».

La première partie de cet article ne fait que

répéter, & étendre le vingt-septième du titre 15 de l'ordonnance de 1667 ; mais la seconde y ajoute, en voulant que les *dévolutaires* ne puissent varier sur le genre de vacance dont ils auront déclaré entendre se servir, à moins qu'ils n'obtiennent de nouvelles provisions pendant le cours de l'instance, ce qui suppose que les provisions doivent être *certo modo*. Car s'il suffisoit qu'elles continssent la clause *quovis modo* ou autres équivalentes, il ne seroit pas nécessaire, dans le cas prévu par la loi, d'en obtenir de nouvelles, puisque elles comprendroient toute espèce de vacance.

Le même article de la déclaration que nous venons de rapporter, a décidé une autre question autrefois très-controversée. Dumoulin avoit soutenu qu'un *dévolutaire* ne pouvoit obtenir successivement plusieurs provisions sur divers genres de vacance.

Cette opinion n'avoit pas été généralement adoptée. A Rome, on a toujours accordé sans difficulté, de nouvelles signatures au *dévolutaire*, qui, lorsque les choses sont encore entières, ou même pendant le cours de l'instance, découvre dans la personne du *dévoluté* quelque incapacité ou quelque nullité dans ses titres, qu'il n'avoit pas exprimée dans sa première impétration. Ces secondes provisions étoient tolérées & même autorisées en France, comme on en peut juger par un arrêt du grand-conseil que rapporte M. Piales, avec les moyens des parties, dans son *Traité du dévolut*. La nouvelle loi a levé toute difficulté, *si ce n'est en vertu de nouvelles provisions qu'ils auroient obtenues pendant le cours de l'instance*. Ainsi, la facilité d'obtenir de nouvelles provisions tempère en quelque sorte la rigueur de la règle *de annali possessore*, à laquelle les *dévolutaires* sont aujourd'hui assujettis.

Les provisions par *dévolut* données par l'ordinaire, sont-elles assujetties à la règle *de annali* ? Gomez, *quæst.* 9, tient la négative. *Quia impetratio ab ordinario contra annalem possessorem non videtur ita damnanda aut calumniosa sicut illa quæ obtinetur à papa : ideo minùs punienda : ratio est quia ordinarius, quando confert impetranti beneficium annalis possessoris, jam habet vel habere præsumitur certam notitiam illius possessoris, cùm visitare soleat singulis annis oves suas & teneatur titulos possessorum perscrutari.* Dumoulin est du même avis. Ce n'est pas contre les ordinaires que la règle a été faite, ni pour restreindre leurs droits & en gêner l'exercice, & l'on ne pourroit imputer à leurs collataires le défaut d'expression de cause qui se trouveroit dans leurs provisions. Mais ces collataires sont obligés, dès l'entrée de la cause, d'alléguer & de spécifier le genre de vacance qu'ils entendent opposer au possesseur dont le bénéfice leur a été conféré.

Il est des impétrans, même en cour de Rome, qui sont également exceptés de la règle. Ce sont ceux qui ayant demandé un bénéfice *per obitum*,

se servent cependant de la clause *licet quidam*, ordinairement insérée dans ces sortes de provisions : elle est conçue en ces termes, *licet quidam incapax, inhabilis, irregularis, nullisque saltem legitimis titulis suffultus, in dicto beneficio, jus prætendat, seu jam illud forsan indebitè teneat occupatum.* Elle forme ce que l'on appelle *dévolut accidentel*, qu'il faut bien distinguer du *dévolut* principal qui a lieu lorsque l'impétrant, sachant qu'il y a un paisible possesseur du bénéfice, s'en fait pourvoir sur le fondement de quelque vacance de droit.

Le *dévolut* accidentel est bien moins odieux que le principal. L'impétrant n'a pas pour objet de dépouiller un paisible possesseur, il demande le bénéfice comme vacant par mort ; il le trouve cependant rempli de fait par un titulaire indigne ou incapable, il se sert de la clause *licet quidam*, qui n'est qu'une grace ajoutée à celle qu'il demandoit. Il est bien visible que dans ce cas, il n'a pu exprimer le genre de vacance de droit qu'il ne connoissoit pas, & dont il ne se sert, pour ainsi dire, que par occasion. Aussi Dumoulin & tous les autres auteurs ne parlent que du *dévolut* principal, lorsqu'ils enseignent que les *dévolutaires* sont tenus d'exécuter à la rigueur la règle *de annali possessore*, en faisant exprimer dans leurs provisions non seulement le genre de vacance du bénéfice, mais encore les noms, surnoms, grades, qualités & temps de possession du titulaire sur lequel ils veulent exercer le *dévolut*.

On a agité souvent la question de savoir, si le *dévolut* accidentel ou accessoire à des provisions *per obitum*, pouvoit avoir lieu contre un possesseur annal. Il faut distinguer entre le possesseur annal qui possède en vertu d'un titre qui a fait impression sur sa tête, & celui qui a un titre radicalement nul. Dans le premier cas, la possession annale met sans doute à l'abri du *dévolut* accidentel, mais il ne doit pas en être de même dans le second. Le titre radicalement nul n'a point changé la vacance *per obitum*, il ne peut en avoir introduit une de droit. Le bénéfice est donc toujours vacant de fait, l'esprit de la règle *de annali possessore* ne s'y oppose point. Par possesseur annal, elle n'a certainement voulu entendre qu'un possesseur véritable, & on ne peut qualifier ainsi celui qui jouit des revenus d'un bénéfice, sans avoir un titre qui ait jamais pu faire impression sur sa tête. A plus forte raison, le *dévolut* accidentel peut-il avoir lieu après les six mois de l'ordinaire, & avant l'année de possession révolue, lorsque la provision est radicalement nulle. Il n'en est pas même besoin alors, les simples provisions *per obitum* seront suffisantes ; le pape préviendra le supérieur qui n'aura pas conféré le bénéfice, qui n'est pas rempli même de fait par une collation radicalement nulle, suivant la maxime *quod nullum est nullum producit effectum.*

Il faut observer qu'à Rome les officiers de la daterie refusent le *dévolut certo modo*, pour incapacité prononcée par nos ordonnances. Il paroît bien dur d'exiger de l'impétrant des provisions par *dévolut* principal, qu'il ne peut pas obtenir. Dans ce cas, ne devroit-on pas se contenter de provisions *per obitum*, avec la clause *licet quidam*? ou le refus ne doit-il pas tenir lieu de provisions comme pour les autres collations forcées de cour de Rome? Si la question se présentoit, M. Piales dit qu'elle souffriroit difficulté.

Les provisions *per obitum*, avec la clause *licet quidam*, renfermant deux collations incompatibles, l'impétrant doit faire l'option de celle dont il veut se servir. S'il déclare qu'il veut faire usage du *dévolut* accidentel, il doit satisfaire avec soin à toutes les formalités prescrites par nos ordonnances à tous dévolutaires, sous peine de déchéance de leur droit.

L'article 46 de l'ordonnance de Blois renferme à-peu-près toutes ces formalités. Nous allons les suivre dans l'ordre qui y est établi, en y ajoutant les loix postérieures qui ont les *dévoluts* pour objet.

Après avoir dérogé à l'ordonnance d'Orléans, qui avoit prohibé les impétrations par *dévolut* avant un jugement qui eût déclaré les bénéfices vacans, celle de Blois exige des *dévolutaires* qu'ils fournissent bonne & valable caution, &, à faute de ce, défend d'avoir égard au *dévolut*. La loi, par les expressions *bonne & valable caution*, n'avoit point déterminé jusqu'à quelle somme elle devoit se monter, cette fixation a été arbitraire jusqu'en 1667. L'ordonnance civile, publiée cette année, porte, *article 13 du titre 15*: « si aucun est pourvu » de bénéfice pour cause de *dévolut*, l'audience » lui sera déniée jusqu'à ce qu'il donne bonne & » suffisante caution de la somme de cinq cens livres ».

La déclaration de 1776 dont nous avons déjà parlé, a changé l'état des choses. Une simple caution de cinq cens livres ne suffit plus aux *dévolutaires*. Voici ce que porte l'article 2 de cette loi, qu'il est essentiel de remettre en entier sous les yeux des lecteurs: « Seront tenus, les *dévolutaires* » qui voudront faire usage des provisions en *dé-* » *volut* qu'ils auroient obtenues, de consigner douze » cens livres, & cela autant de fois qu'ils auront » obtenu de provisions qu'ils prétendront faire » valoir. Voulons que, à faute d'avoir fait » ladite consignation dans les six mois échus de- » puis la date de leurs provisions, ils soient dé- » clarés non-recevables & déchus de tout droit, » & sans être reçus à purger la demeure. Voulons » pareillement que ladite somme de douze cens » livres ne puisse leur être rendue qu'en vertu » de l'arrêt qui aura prononcé sur le *dévolut*, & » après le paiement des dépens, dommages & » intérêts auxquels le *dévolutaire* pourra être con- » damné; & néanmoins qu'au moyen de ladite » consignation, lesdits *dévolutaires* soient déchargés » de la caution exigée par l'ordonnance de Blois » & celle de 1667, lesquelles seront, ainsi que » les autres loix & ordonnances concernant les » *dévolutaires*, exécutées selon leur forme & teneur,

» en tout ce qui n'est pas contraire à notre pré- » sente déclaration ».

Il résulte de cet article de la déclaration, qu'on ne peut plus aujourd'hui douter que la consignation qui remplace la caution, ne doive être effectuée par les *dévolutaires* dans les six mois de la date de leurs provisions, sous peine d'être déchus de leur droit au bénéfice impéré. Il est donc inutile actuellement d'examiner s'ils doivent fournir caution *in limine litis*, & si on peut l'exiger d'eux en tout état de cause. On peut, à la vérité, les forcer à consigner, dans le cas où ils auroient assigné le *dé-voluté* avant six mois, à partir de la date de leurs provisions. On peut leur faire refuser l'audience jusqu'à la consignation, parce que la loi nouvelle n'a rien changé en ce point aux anciennes ordonnances; mais le défaut de consignation ne devient une exception péremptoire, c'est-à-dire, qui éteigne absolument l'action, qu'après les six mois. Le législateur s'est exprimé trop énergiquement, pour qu'il puisse rester à ce sujet le plus léger doute.

Le parlement de Paris, qui a enregistré la déclaration de 1776, l'a fait observer rigoureusement contre les *dévolutaires*, comme le prouve son arrêt du jeudi 21 mai 1778.

Le prieuré de Percy, dans le diocèse d'Autun, ayant vaqué par mort, dom Basset, religieux bénédictin, l'impétra en cour de Rome, sur ce genre de vacance. M. Regnault d'Irval, conseiller clerc au parlement de Paris, en obtint des provisions du pape, sur la nomination du roi, en vertu du concordat. Ce magistrat, pour avoir un double titre, demande de secondes provisions *per obitum*, *jura juribus addendo*; dom Basset dévolura le bénéfice, sous prétexte qu'étant régulier *actu & habitu*, conventuel & non électif, le roi n'avoit pu en disposer sur le fondement du concordat, en faveur d'un séculier.

La complainte fut d'abord portée au grand-conseil, évoquée au conseil du roi, & ensuite renvoyée au parlement de Paris.

Le défenseur de M. l'abbé d'Irval excipa uniquement de l'article 2 de la déclaration de 1776. Il soutint que dom Basset étoit absolument non-recevable dans sa demande; qu'il étoit déchu de tout droit, quand même il en auroit acquis quelqu'un, pour n'avoir point encore consigné la somme de douze cens livres, quoique la date de son impétration par *dévolut* remontât à plus de six mois.

M. l'avocat-général Seguier approuva formellement ce plan de défenses. Il exposa qu'il importoit d'autant plus de se conformer ponctuellement à la loi citée, que l'occasion ne s'étoit pas encore présentée d'en assurer l'exécution par un arrêt, & il conclut à ce que, sans entendre les moyens du fonds, dom Basset fût déclaré non-recevable & déchu, sans être reçu à purger la demeure.

La cour ordonna que la cause seroit plaidée, non pas qu'elle ne crût, comme on le verra, la fin de non-recevoir péremptoire, mais pour ne laisser laiffer aucun doute fur la légitimité des droits exercés par un de fes membres.

La caufe ayant été plaidée, M. l'avocat-général infifta de nouveau fur la néceffité de déclarer dom Baffet non-recevable dans fa demande, parce que, dit-il, les loix doivent être interprétées à la rigueur, contre des impétrans auffi odieux & défavorables que le font les dévolutaires. Il conclut, en outre, à ce que M. l'abbé d'Irval fût maintenu dans le prieuré de Percy, & à ce que, faifant droit fur les conclufions de M. le procureur général du roi, la cour dît que la nomination du prieuré appartenoit à fa majefté : fes trois chefs de conclufions furent fuivis par l'arrêt fufdaté.

Il n'eft pas douteux que tous ceux qui étoient autrefois tenus de donner caution, doivent être aujourd'hui foumis à la confignation ordonnée par la nouvelle loi. L'efprit des anciennes ordonnances eft toujours le même, il n'y a que le mode de la chofe qui ait changé. Les impétrans pourvus *per obitum*, avec la claufe ordinaire dans ces fortes de provifions *aut alio quovis modo* ou *licet quidam*, ont toujours été regardés comme de vrais *dévolutaires*, lorfqu'à la faveur de cette claufe ils demandent à être maintenus dans la poffeffion du bénéfice ; on a toujours exigé d'eux la caution. Depuis que la confignation de 1200 liv. lui a été fubftituée, ils doivent y être foumis, comme ceux qui agiffent en vertu d'un *dévolut* principal ; d'ailleurs les loix anciennes & modernes ne font aucune diftinction entre les deux efpèces de *dévolutaires* ; peu importe que le dévoluté ne foit pas poffeffeur annal ; plufieurs arrêts du parlement de Paris & du grand confeil ont jugé que, même dans ce cas, les *dévolutaires* étoient tenus de donner caution. Ils doivent donc aujourd'hui configner 1200 livres.

M. Catelan, *liv. I, chap. 65*, prétend que les *dévolutaires* pourvus par les ordinaires, ne font point tenus de donner caution ; il ajoute que la chofe a été ainfi jugée au parlement de Touloufe : mais Boutaric rejette cette opinion, foit, dit-il, parce que l'ordonnance exclut à cet égard toute diftinction, foit parce qu'on ne fauroit apporter de raifon pour affujettir les *dévolutaires* au bail de caution, qui ne font point commune aux pourvus par les collateurs ordinaires & aux pourvus par le pape.

Pérard Caftel, dans fes *Définitions canoniques*, *page 260* ; & Drapier d'après lui, *page 73* du premier volume de fes *Décifions fur les matières bénéficiales*, citent un arrêt du grand-confeil du 22 mars 1684, qui a difpenfé un *dévolutaire* pourvu par le roi, de donner caution. Ceux qui font pourvus par les autres collateurs laïques paroiffent devoir jouir du même privilège.

La feconde chofe à laquelle l'ordonnance de Blois aftreint les *dévolutaires*, eft de contefter dans trois mois après la prife de poffeffion ; c'eft-à-dire, fuivant l'interprétation de Rebuffe, de former l'inftance en complainte trois mois après la prife de poffeffion. L'ordonnance ne fixe point le temps

dans lequel la poffeffion doit être prife ; mais par l'édit de 1637, *art. 22*, & par la déclaration de 1647, *art. 15*, ce temps eft fixé à une année, à compter de la date des provifions.

L'article fecond de la déclaration de 1776, que nous avons déjà rapporté, n'a-t-il pas abrogé la difpofition de ces anciennes ordonnances, & réduit à fix mois depuis la date des provifions, l'année qu'elles accordoient aux *dévolutaires* pour prendre poffeffion ? Il veut qu'ils confignent 1200 livres, au lieu de fournir la caution ci-devant exigée, & que faute par eux d'avoir fait cette confignation, *dans les fix mois depuis la date de leurs provifions*, ils foient déclarés non-recevables & déchus de tout droit. De là un raifonnement qui paroît fort fimple ; les *dévolutaires* font aftreints à faire la confignation dans les fix mois de la date de leurs provifions. Cette confignation ne peut être réguliérement faite qu'après avoir appellé en jugement le dévoluté par une affignation ; pour pouvoir donner l'affignation, il eft néceffaire qu'ils aient pris poffeffion : d'où il faut conclure que la poffeffion doit être prife dans les fix mois.

Nous avouons que ce n'eft ici qu'une conféquence tirée d'un article de la nouvelle loi. Nous ne déciderons pas fi elle eft affez forte pour déroger aux difpofitions précifes des anciennes ; cependant il nous paroît difficile de concilier la néceffité de configner dans les fix mois, avec la faculté de ne prendre poffeffion que dans l'année.

Plus défavorables que les autres impétrans de cour de Rome, les *dévolutaires* ne peuvent prendre poffeffion fur le fimple certificat du banquier expéditionnaire ; ils doivent avoir leurs provifions à la main. Quelques auteurs ont même prétendu que le vifa de l'ordinaire, étoit indifpenfable, & ils citent à l'appui de leur opinion un arrêt du grand-confeil de 1709 ; mais cet arrêt a été mal interprété, & il n'a certainement pas jugé que le vifa fût abfolument néceffaire pour prendre la poffeffion dont il s'agit ici, qui n'eft qu'une poffeffion civile & *ad confervationem juris*. Sur une requête du 17 juin 1707, le fieur Nau, religieux de Cluny, avoit été autorifé à prendre, en conféquence du certificat de fon banquier, poffeffion civile dans la chapelle du grand-confeil, du prieuré d'Aregrand, qu'il avoit dévoluté fur le fieur Giraud ; celui-ci, qui avoit été affigné, forma oppofition à l'arrêt ; il foutint que le fieur Nau, en qualité de *dévolutaire*, devoit à peine de nullité, fuivant les ordonnances, avoir pris dans l'an poffeffion canonique en vertu de provifions du pape, & non pas d'un fimple certificat du banquier de cour de Rome ; l'arrêt faifant droit fur l'oppofition, déclara la procédure faite par le fieur Nau, & tout ce qui s'en étoit enfuivi, nuls & de nul effet.

Le rédacteur de la table raifonnée des mémoires du clergé, qui rapporte cet arrêt, conjecture qu'il n'a eu pour motif que le défaut de prife de poffeffion réelle & canonique de la part du fieur Nau, parce que, dit-il, relativement à un *dévolutaire*, la poſſeſſion qu'on appelle *civile* ne ſuffit pas.

L'auteur cité commet ici une double erreur. Dans le fait, le grand-conſeil a ſeulement jugé que le ſieur Nau n'avoit pas ſatisfait à la loi, en prenant poſſeſſion ſur un ſimple certificat du banquier. L'ordonnance de Blois, celle de Melun, l'édit de 1550 & les autres déclarations, exigent des *dévolutaires*, non pas ce certificat, mais des provisions ; & il eſt de règle, diſent les canoniſtes, que celui qui ſe préſente à la juſtice pour dépouiller un poſſeſſeur qui a un titre, *ſoit prêt*, c'eſt-à-dire, ait lui-même un titre en bonne forme. Induire de ce principe que la poſſeſſion civile ne ſuffit pas & qu'il faut que les provisions de Rome ſoient néceſſairement ſuivies du viſa, c'eſt pouſſer les choſes trop loin ; les évêques rendroient bientôt tous les *dévoluts* inutiles, ce qui ſeroit contraire aux vues de l'égliſe & de l'état, qui ont un intérêt ſenſible à ce que les ſujets indignes ou incapables puiſſent être écartés des bénéfices. Les *dévolutaires* procèdent réguliérement, lorſqu'ils ſe mettent par une réquiſition en devoir d'obtenir le viſa de l'ordinaire ; ſur ſon refus, ils doivent ſe pourvoir par appel ſimple, ou comme d'abus ; mais en attendant qu'il ſoit ſtatué ſur la validité ou l'invalidité de ce refus, il importe que leurs droits ſoient à couvert & ne périclitent pas. Il faut donc qu'ils puiſſent prendre une poſſeſſion civile, ſur la permiſſion qui leur ſera donnée par les juges du poſſeſſoire.

Cet uſage eſt conſtamment ſuivi au grand-conſeil ; en s'y conformant, les *dévolutaires* ſont à l'abri du reproche d'intruſion ; ils ne pourroient le mériter qu'autant qu'après leur maintenue définitive, avant de prendre poſſeſſion réelle & d'adminiſtrer le bénéfice, ils n'obtiendroient pas un titre canonique.

Il faut donc regarder comme certain, 1°. que le ſimple certificat du banquier ne ſuffit pas aux *dévolutaires* pour prendre poſſeſſion civile ; 2°. qu'ils doivent avoir en main leurs provisions de cour de Rome & le viſa de l'ordinaire ; 3°. qu'en cas de refus abuſif de la part de l'ordinaire, la permiſſion accordée par le juge du poſſeſſoire, ſupplée le viſa & autoriſe la priſe de poſſeſſion *ad conſervationem juris*.

Il ne ſuffit pas aux *dévolutaires* de prendre poſſeſſion en vertu de leurs provisions dans les délais qui leur ſont fixés ; ils ſont tenus, *conteſter trois mois après la priſe de poſſeſſion & mettre le procès en état d'être jugé dans les deux ans au plus tard* ; c'eſt la troiſième obligation qui leur eſt impoſée par l'ordonnance de Blois. Un arrêt du 20 mars 1624, a jugé que cette diſpoſition n'étoit point comminatoire ; M. l'avocat général Talon, qui portoit la parole dans cette cauſe, dit que le *dévolutaire* étoit non-recevable, attendu qu'ayant pris ſon *dévolut* en 1619, il auroit dû, ſuivant l'ordonnance, conteſter & mettre le procès en état d'être jugé dans les deux ans, & que néanmoins il avoit laiſſé paſſer plus de deux ans ſans ſe préſenter en cauſe & ſans

prétendre le bénéfice, ce qui marquoit une colluſion ſenſible entre lui & le dévoluté.

Au moment où le *dévolutaire* intente ſon action, il doit avoir en main la preuve acquiſe de l'indignité ou de l'incapacité qu'il reproche au titulaire qu'il prétend dépoſſéder. C'eſt un accuſateur qui doit l'avoir toute prête, & en état d'être adminiſtrée ſur le champ, autrement ſon accuſation ne doit point être reçue ; ces principes ſont fondés ſur la nature même du *dévolut*, & ſur la tranquillité & le repos public. Le *dévolutaire* expoſe dans ſa ſupplique au pape, que le poſſeſſeur d'un bénéfice étoit incapable d'en être pourvu, ou s'eſt rendu indigne de le conſerver par tel crime : s'il n'eſt pas en état de juſtifier ſon imputation au moment qu'il la forme, s'il n'en a pas la preuve acquiſe, s'il a beſoin de la chercher, il a donc calomnié le poſſeſſeur, il en a impoſé au ſouverain pontife, il n'eſt pas digne d'être écouté ; ſa conduite paroît encore plus odieuſe lorſqu'il ſe préſente devant les magiſtrats & leur demande leur ſecours & celui de la loi, pour l'aider à trouver un coupable, afin qu'il puiſſe ſe revêtir de ſes dépouilles.

D'ailleurs à quels troubles, à quelles vexations les poſſeſſeurs des bénéfices ne ſeroient-ils pas expoſés, s'il étoit permis à l'avidité des *dévolutaires* d'intenter ainſi des accuſations en ſpécifiant même un crime ſans en avoir la preuve, & ſauf à tâcher de ſe la procurer enſuite ? Les titulaires les plus tranquilles & les plus irréprochables, ſeroient ſouvent ſoumis à des déſagrémens & à l'humiliation d'une information toujours pénible & toujours affligeante ; ce ſeroit ériger les *dévolutaires* en inquiſiteurs les plus redoutables.

Ces maximes ſi juſtes & ſi néceſſaires au maintien de l'ordre public, ont été conſtamment adoptées par les cours ſouveraines : on a vu au grand-conſeil, le ſieur Vigo, titulaire du prieuré de Maugon, diocèſe de Poitiers, attaqué ſucceſſivement par trois *dévolutaires*, les repouſſer victorieuſement par la fin de non-recevoir, tirée de ce qu'ils n'avoient pas à la main les preuves de l'incapacité qu'ils lui reprochoient ; en vain ils demandèrent à être admis à faire ces preuves, ils ne furent point écoutés ; les arrêts qui les ont déclarés non-recevables, ſont des premier mars 1727, 16. février 1728 & 7 janvier 1729. Il y avoit long-temps que le grand-conſeil ſuivoit cette juriſprudence ; en 1666, il débouta le ſieur Palluau *dévolutaire* du prieuré du Pont-au-Moine, de ſa demande à faire preuve de la ſimonie qu'il imputoit au titulaire de ce bénéfice. Semblable arrêt le 17 avril 1673, pour la cure de Mauly, diocèſe de Bayeux, pareillement dévolutée pour cauſe de ſimonie, dont les preuves n'étoient point acquiſes.

Un arrêt célèbre du 18 mars 1679, rendu par le parlement de Paris au ſujet de la cure d'Ambert, diocèſe de Clermont, prouve que cette cour ſuit les mêmes principes.

Il eſt important aux *dévolutaires* d'intenter leur

action le plutôt qu'ils le peuvent ; ce n'est que de ce moment qu'ils sont censés avoir acquis quelque droit au bénéfice dévolu ; ce qui forme encore une différence entr'eux & les autres impétrans, dont les droits remontent à la date des provisions ; de cette maxime assez généralement reçue, il suit que si le titulaire dévolu décède avant d'avoir été assigné & mis en cause, le bénéfice devient vacant *per obitum*, & le *dévolutaire* n'y a plus aucune espèce de droit : c'est ce qui a fait dire à tous nos auteurs, qu'il faut atteindre le vice sur le front de celui sur qui est jetté le *dévolu* ; cette condition n'a pas seulement été inspirée par la haine & la défaveur qu'on a toujours versées à pleine main sur les *dévolutaires*, elle est encore une suite naturelle de la fin qui seule a pu faire admettre le *dévolu* ; jamais il n'a paru tolérable que dans la vue de purger par ce moyen l'église de titulaires indignes & incapables : dès que ces titulaires ont cessé de l'être, sans que le *dévolutaire* y ait contribué, le vœu des législateurs est rempli, le *dévolu* reste sans objet, le *dévolutaire* ne doit plus être écouté, il n'a plus de service à rendre à l'église, & il ne montre plus que l'odieux de sa personne & de ses projets.

Ces principes ont été développés par Dumoulin, & il cite à leur appui un arrêt qui paroît même avoir été plus loin ; on avoit dévolué pour cause d'incompatibilité un bénéfice sur le sieur Louis Seguier, qui en possédoit effectivement plusieurs incompatibles. Le *dévolutaire* prit possession, intenta la complainte, fit quelques procédures, & s'arrêta : dans ces entrefaites, le dévolué mourut, le bénéfice litigieux fut conféré par l'ordinaire, comme vacant par mort : alors le *dévolutaire* voulut reprendre l'instance contre l'obituaire ; tout sembloit lui répondre du succès. Il fut cependant débouté par arrêt du mois de février 1548, qui confirma une sentence rendue deux ans auparavant.

Du principe que le *dévolutaire* n'a droit au bénéfice impétré, que du jour qu'il a intenté son action & formé sa complainte, il suit encore, dit-on, que si le dévolué résigne, & que sa résignation soit admise avant cette époque, le résignataire doit l'emporter sur le *dévolutaire*. La jurisprudence du parlement de Paris & du grand-conseil, a depuis long-temps adopté cette conséquence : Dumoulin rapporte un arrêt de l'année 1526, qui a jugé dans ces circonstances en faveur du résignataire ; M. Louet en rapporte un du grand-conseil du mois de septembre 1607, par lequel le sieur de Rebets, qui s'étoit fait pourvoir d'un prieuré par *dévolut* sur le sieur le Franc, pour cause de simonie, dont il avoit les preuves en main, fut néanmoins déclaré non-recevable contre le sieur Dufour, avec lequel le sieur le Franc avoit copermuté ce bénéfice avant d'être assigné par le sieur de Rebets. M. Louet n'étoit point de l'avis de l'arrêt.

La jurisprudence n'a point varié à cet égard, comme il est prouvé par les arrêts du parlement de Paris, des 17 juin 1638, pour M. le cardinal de la Valette ; 31 décembre 1663, pour le sieur Maintnel ; 24 mai 1696, pour l'abbé de Tessé, & du grand-conseil du 20 décembre 1749.

Il n'est question, disoit M. d'Aguesseau, portant la parole dans la cause jugée par l'arrêt de 1696, que de savoir si la nouvelle provision du résignataire, étant postérieure à celle du *dévolutaire* & même à la prise de possession, doit prévaloir ; c'est-à-dire, de quel jour le droit est acquis au *dévolutaire* sur le bénéfice dévolu. Dans l'église la fonction des *dévolutaires* n'est pas entièrement inutile : elle sert pour purger l'église de ceux qui possèdent des bénéfices sans titres ; les *dévolutaires* ne passent que pour des accusateurs. Quoiqu'en matière de bénéfice, le droit naisse du titre & non de la possession, *jus ex titulo, non ex possessione*, & que ce soit la provision qui fasse le titre canonique, cela n'a lieu, à l'égard du *dévolutaire*, qu'autant qu'il a satisfait aux formalités que les ordonnances lui prescrivent ; & faute d'y satisfaire, il est déchu : ce qui est fondé sur la décision des canonistes, & entr'autres de M. Charles Dumoulin ; ils ont décidé que le droit n'est point acquis au *dévolutaire*, *ante citationem & ante litis contestationem*.

Ce sont sans doute ces autorités & ces raisonnemens, qui ont fait assurer à l'auteur de l'article *dévolutaire*, dans le *Répertoire universel & raisonné de jurisprudence*, que ce sujet ne peut plus offrir de difficulté. Il a raison s'il ne parle que de la jurisprudence du parlement de Paris & du grand-conseil ; mais on n'a pas suivi par-tout les mêmes idées, & particulièrement au parlement de Toulouse. Boutaric, après avoir rapporté l'opinion de Dumoulin & les arrêts qui l'ont adoptée, ajoute, « on ne peut dissimuler que cette jurisprudence » paroît contraire aux règles & aux principes ; » car s'il est vrai que la résignation d'un bénéfice » vacant de droit, ne subsiste que par l'effet de » la clause subsidiaire *sive alio quovis*, &c. & que » le résignataire soit maintenu *non ex capite resi-* » *gnationis sed ex capite privationis*, il faut conve- » nir que des provisions par *dévolut* acquièrent » autant de droit au *dévolutaire*, qu'il peut en être » acquis au résignataire par les provisions sur ré- » signation, ou pour mieux dire, que le droit du » résignataire d'un bénéfice vacant *ipso jure*, est » absolument le même que celui d'un *dévolutaire*, » & par conséquent que celui des deux qui a pré- » venu doit être maintenu à l'exclusion de l'autre, » *qui prior tempore, potior jure*: aussi M. Catelan, » *liv. I, chap. 63*, atteste-t-il que toutes les fois » que la question s'est présentée au parlement de » Toulouse, on ne s'est conformé ni au sentiment » de Dumoulin, ni aux arrêts du parlement de » Paris, le pourvu par *dévolut* avant la résignation » admise, ayant toujours été maintenu, sur-tout » lorsqu'il avoit formé l'instance avant la prise de » possession du résignataire ».

Nous n'examinerons point ici quelle est celle

des deux jurisprudences qui est la plus conforme aux loix. Il n'y en a aucune qui ait prononcé que les *dévolutaires* n'auroient droit au bénéfice dévoluté que du moment qu'ils ont assigné les possesseurs; ce ne sont que des motifs de bien général, & la haine contre cette espèce d'impétrans, qui ont fait adopter ce principe par le plus grand nombre des canonistes, & par le parlement de Paris & le grand-conseil. Il n'est donc pas étonnant que le parlement de Toulouse ne traite pas les *dévolutaires* avec tant de rigueur, vis-à-vis des résignataires, lorsque les bénéfices n'ont point fait ou ont cessé de faire impression sur la tête des résignans. Dans ce cas, il ne considère les résignataires que comme des *dévolutaires* eux-mêmes, & en effet, ils ne sont rien autre chose. Il est bien difficile de concevoir qu'ils aient quelque droit du chef du résignant, puisqu'on ne peut céder ou donner ce qu'on n'a point. Ce n'est donc que la clause *aut quovis alio modo vacet,* sur laquelle le résignataire peut se fonder, & elle forme ce qu'on appelle un *dévolut accidentel.* Sans doute ce *dévolut* est moins odieux que le principal, nous en convenons, lorsqu'il est accessoire à des provisions *per obitum;* mais en doit-il être de même, lorsqu'il a pour origine la procuration *ad resignandum* d'un indigne ou d'un incapable? Cette vocation aux bénéfices est-elle donc si favorable? L'église doit-elle beaucoup plus attendre d'un ministre choisi par un membre dont elle désire se séparer, que de celui qui s'appelle de lui-même à ses bénéfices?

Quoi qu'il en soit, lors de l'arrêt rendu en 1750 au parlement de Paris, il paroît qu'on y a regardé comme maxime certaine, que le résignataire n'étoit obligé, même contre un pourvu par l'ordinaire, d'entrer dans l'examen des titres de son résignant que dans deux cas, 1°. lorsque le bénéfice résigné étoit litigieux; 2°. lorsqu'il étoit résignataire d'un autre résignataire dont les provisions étoient restées secrètes. C'est avec cette distinction que l'on a concilié les deux principes qu'un successeur à un bénéfice n'a pas besoin en général, pour soutenir sa possession & ses droits, de justifier des titres de son prédécesseur, & qu'un résignataire n'acquiert pas un droit meilleur & plus fort que celui qu'avoit son résignant.

La dernière condition que l'ordonnance de Blois impose aux *dévolutaires,* est de ne s'immiscer en la jouissance des fruits, avant qu'ils aient obtenu sentence de provision ou définitive, avec le légitime contradicteur, savoir celui qui jouit & sur lequel le *dévolut* est impétré, à peine d'être déchus du possessoire par eux prétendu. Cette disposition est une suite du principe que l'on ne connoît point en France de notoriété de fait, & que personne ne peut être dépouillé d'un bénéfice même vacant de droit, qu'il n'ait été déclaré tel par une sentence. D'ailleurs, l'impétration par *dévolut* n'étant fondée que sur une accusation d'incapacité ou d'indignité, le possesseur ne peut en être convaincu

que par un jugement légal, & il ne peut être évincé qu'après ce jugement.

Selon cette disposition de l'ordonnance, on peut accorder la récréance aux *dévolutaires.* Ces expressions, *avant qu'ils aient obtenu sentence de provision ou définitive,* le supposent évidemment.

Si le dévolu vient à décéder pendant l'instance, le *dévolutaire* pourra demander l'état & la mainlevée du bénéfice, en vertu de l'article 11 du titre 25 de l'ordonnance de 1667. Mais le pourvu par l'ordinaire, qui succédera au dévolu, pourra de son côté, former opposition à l'arrêt obtenu par le *dévolutaire,* & le faire rétracter, si ses titres sont plus apparens. C'est ce qui résulte de l'arrêt du 13 juillet 1707, rendu sur les conclusions de M. l'avocat-général le Nain, & cela, en général, a lieu pour tous les successeurs des titulaires décédés pendant le litige.

Entre deux *dévolutaires* du même bénéfice, qui est-ce qui doit être préféré? C'est sans doute le premier en date, *qui prior est tempore, potior est jure,* si d'ailleurs toutes choses sont égales, c'està-dire, si l'un & l'autre ont également rempli toutes les formalités prescrites par les ordonnances. Quelques auteurs ont prétendu qu'il falloit donner la préférence à celui qui auroit été le plus diligent à intenter l'action; mais ils ne s'appuient que sur un arrêt du parlement de Grenoble, du 11 février 1772, qu'ils ont mal expliqué, puisqu'il est prouvé que celui des deux *dévolutaires* qui fut débouté, n'avoit satisfait à aucune des obligations imposées par la loi, à peine de déchéance. *Voyez* cet arrêt dans M. Piales, *Traité du dévolut, chap.* 27.

Un *dévolutaire* peut transiger sur le possessoire du bénéfice dévolu, avec le possesseur actuel. La transaction ne seroit point nulle par rapport au *dévolutaire,* quand même le possesseur seroit simoniaque, pourvu qu'il ne fût point elle-même infectée de simonie. Ainsi jugé par un arrêt célèbre du grand-conseil, daté par M. Piales, de l'année 1701 ou 1702, & rendu au sujet du prieuré de Lauris. Le possesseur dévoluté fut, sur les conclusions du ministère public, condamné comme simoniaque, à la restitution des fruits au profit du bénéfice & des pauvres, & le *dévolutaire* qui avoit transigé, fut maintenu contre un autre *dévolutaire* & un indultaire.

La forme de cet ouvrage ne nous permet pas d'entrer ici dans la discussion des causes qui font vaquer les bénéfices de droit, & les rendent sujets au *dévolut,* on les trouvera en général au mot VACANCE *de droit,* & aux articles particuliers comme INCOMPATIBILITÉ, SIMONIE, &c. (*Article de M. l'abbé* BERTOLIO.)

DÉVOLUTIF, adj. (*Jurispr.*) se dit en général de ce qui fait passer quelque chose d'une personne à une autre.

Ce terme est sur-tout usité en matière d'appel des jugemens. L'appel est toujours *dévolutif,* c'està-dire, qu'il dépouille le juge *à quo* de la connoisfance de l'affaire, laquelle, par le moyen de l'appel, eft dévolue ou déférée au juge fupérieur.

L'appel eft auffi ordinairement fufpenfif, excepté dans les cas où les fentences font exécutoires, non-obftant oppofition ou appellations quelconques, & fans préjudice d'icelles, auquel cas l'appel eft feulement *dévolutif*, & non fufpenfif. *Voyez* APPEL, EXÉCUTION *provifoire*, JUGEMENT & SENTENCE *provifoire*. (*A*)

DÉVOLUTION, f. f. (*Droit eccléfiaft.*) c'eft le droit que tout fupérieur immédiat des collateurs eccléfiaftiques, a de conférer les bénéfices de leur collation, lorfqu'ils ont, par négligence, laiffé paffer le temps qui leur eft fixé par les canons pour y pourvoir. Ce droit s'exerce également par tous les fupérieurs graduellement, lorfque chacun d'eux n'en a pas ufé dans les délais qui lui font accordés. Un évêque néglige de conférer, fon droit eft dévolu à l'archevêque, le droit de celui-ci paffe au primat, & enfin de ce dernier au pape. Telle eft l'idée que l'on doit fe former du droit de *dévolution*. Voyons quelle eft fon origine, fa nature, quels font les collateurs & les bénéfices fujets à la *dévolution*.

En traitant l'article *dévolut*, nous avons dit que le dévolut & la *dévolution* avoient la même origine: nous en avons affigné la différence.

La *dévolution* a été établie par le troifième concile de Latran, pour empêcher la longue vacance des bénéfices, occafionnée par la négligence des collateurs ou des électeurs. Voici le décret qu'il rendit à ce fujet, il eft néceffaire de l'avoir fous les yeux pour bien juger de fon efprit & de fon étendue. *Cum verò præbendas ecclefiæ, feu quælibet officia, in aliqua ecclefia vacare contigerit, non diu maneant in fufpenfo: fed infra fex menfes perfonis quæ dignè valeant adminiftrare conferantur; fi autem epifcopus ubi ad eum fpeftat conferre diftulerit, per capitulum ordinetur: quod fi ad capitulum pertinuerit & intra præfcriptum terminum, hoc non fecerit, epifcopus fecundùm Deum cum religioforum virorum concilio exequatur: vel fi omnes forte neglexerint, metropolitanus de ipfis fecundùm Deum abfque illorum contraditlione difponat.*

Ce décret a été reçu en France. On l'y a cependant modifié, en ce qu'on n'y reçoit point la *dévolution* de l'évêque à fon chapitre. Rebuffe attefte cette modification: *ex generali confuetudine hujus regni, quia parva eft communio inter epifcopum & capitulum, fed frequentiùs rixæ & controverfiæ, ab epifcopo devolvi collationem non ad capitulum, fed ad archiepifcopum.* Cette raifon apportée par Rebuffe n'eft pas la véritable; il faut la puifer dans la nature même de la *dévolution* qui eft de ne pouvoir être faite qu'au fupérieur, *jure fuperioritatis*.

Il y a des églifes, où, au défaut de l'évêque, les chapitres conféreroient; ce ne feroit pas par droit de *dévolution*, mais en vertu de la folidité qui exiftoit autrefois entre les évêques & les chapitres

pour la collation des bénéfices, & qui auroit été confervée par des tranfactions particulières. Ainfi jugé le 16 janvier 1698, entre M. l'évêque de S. Flour & fon chapitre. Par une tranfaction de 1498, lorfqu'il furvient une vacance, le chapitre eft tenu de requérir l'évêque de venir en la maifon capitulaire, dans le délai de vingt-quatre heures, pour y conférer le bénéfice, de l'avis & du confentement du chapitre, à la pluralité des voix des capitulans. Si l'évêque néglige ou refufe de fe conformer à cette requifition, le chapitre peut procéder pour cette fois à la collation du bénéfice vacant, & fes provifions doivent avoir la même force que celles qui feroient données par l'évêque. C'eft fur le fondement de cette tranfaction que le pourvu par le chapitre fut maintenu par l'arrêt fufdaté, contre le pourvu par l'évêque, qui avoit conféré au mépris de la requifition qui lui avoit été faite. Il y a plufieurs chapitres qui ont des loix particulières de cette efpèce, & elles doivent recevoir leur exécution.

Quand l'évêque confère en qualité d'évêque, conjointement avec le chapitre, la *dévolution* ne fe fait pas du chapitre à l'évêque, mais au fupérieur de l'évêque; lorfque l'évêque n'a de part à la collation du bénéfice que comme chanoine, la *dévolution* fe fait du chapitre à l'évêque, quand même le chapitre feroit exempt & dépendant immédiatement du faint fiège. Ainfi jugé par arrêt du parlement de Paris, du 27 juin 1631, cité par Drapier, *tom. I, pag.* 302. En général les exemptions ne dérangent point l'ordre graduel & fucceffif de la *dévolution*. Le concile général de Vienne, en ajoutant au troifième de Latran, qui n'avoit rien déterminé fur cet objet, veut que, fi les abbés ou fupérieurs réguliers négligent de pourvoir aux bénéfices de leur dépendance, *intra tempus in Lateranenfi concilio conftitutum diæcefani locorum in non exemptis, in exemptis verò autoritate apoftolicâ, negligentiam fuper hoc fuppleant.* Ce décret du concile de Vienne a été admis parmi nous. Mais nous confidérons la claufe *autoritate apoftolicâ*, comme non avenue, & nous penfons que, même dans le cas de l'exemption, les évêques exercent la *dévolution* fur les abbés & autres prélats réguliers, *jure proprio*, & non point comme délégués du faint fiège.

La *dévolution* n'a point lieu de l'abbé ou du prieur à la communauté, ni de celle-ci aux abbés ou prieurs commendataires. Voyez la déclaration de 1735. Pour les bénéfices à la pleine collation des commandeurs de Malthe, la *dévolution* fe fait au grand-maître, & enfuite au pape, fupérieur majeur de l'ordre.

Il faut donc regarder comme certain qu'en France la *dévolution* ne s'ouvre jamais qu'en faveur du fupérieur immédiat du collateur, qui a négligé de conférer. Nous difons *qui a négligé*, parce que la négligence eft le fondement de la *dévolution*. Si le collateur éprouve des obftacles, il ne peut être

privé de fon droit tant qu'ils exiftent. C'eft la décifion d'Innocent III.

Le temps accordé par le concile de Latran aux
collateurs, pour remplir les bénéfices vacans, eft
de fix mois. Mais il n'a point déterminé l'époque
d'où ils commenceroient à courir. Innocent III avoit
décidé, que ce feroit du jour où la mort du titulaire défunt feroit connue dans le lieu où le bénéfice eft fitué. *Ex quo ipfa vacatio in loco vel ecclefiâ hu-
jufmodi beneficii publicè nota erit.* D'autres ont voulu
que ce ne fût que du jour où le collateur auroit pu
vraifemblablement connoître la vacance. Toutes
ces différentes opinions étoient fufceptibles dans
l'exécution de beaucoup d'inconvéniens. Pour tout
terminer, nous avons adopté l'ufage de faire courir les délais donnés aux collateurs ou aux patrons,
du jour de la mort du dernier titulaire, configné
dans fon extrait mortuaire.

Le terme où les fix mois des collateurs commencent, étant fixé, il ne peut pas y avoir de difficulté à déterminer celui auquel doivent commencer
les fix mois accordés au fupérieur pour conférer.
Suppofons qu'un bénéfice de la collation d'un chapitre ait vaqué le premier janvier 1783, & que la
vacance foit conftatée par l'extrait mortuaire du titulaire décédé, dans cette hypothèfe les fix mois de
l'évêque, qui eft le fupérieur immédiat du chapitre,
commenceront à courir le fecond jour de juillet de
la même année. Les fix mois du métropolitain,
qui eft le fupérieur immédiat de l'évêque, s'ouvri-
ront le 2 janvier 1784; ceux du métropolitain, s'il
y en a un, le 2 juillet fuivant, & enfin le pape,
dernier fupérieur, ne pourra conférer par droit de
dévolution proprement dite, que le 2 janvier 1785.

Les fix mois ne commencent à courir du jour du
décès du titulaire, pour les collateurs ordinaires,
que lorfqu'ils font collateurs libres. Si le bénéfice
eft à patronage, pendant les quatre ou fix mois du
patron, la *dévolution* ne court point, de manière
que l'évêque a dix ou douze mois pour conférer
ces fortes de bénéfices. Il en eft de même lorfque
la vacance arrive dans les mois de rigueur pour les
gradués. Ils ont fix mois pour les requérir, & le
droit de l'évêque ne peut s'exercer librement qu'à
leur expiration. La négligence étant le fondement
de la *dévolution*, on ne peut en imputer au collateur que lorfqu'il eft libre, ou qu'au moment où
il le devient.

Le décret du concile de Latran qui a établi la
dévolution, renferme-t-il le décret irritant, c'eft-à-
dire, déclare-t-il nulle la collation de l'ordinaire,
faite après les fix mois qui lui font donnés pour
conférer? Il eft certain que le fupérieur ayant conféré depuis la *dévolution* ouverte, la collation poftérieure de l'ordinaire feroit nulle de toute nullité,
& ne pourroit même former un titre coloré, fur-tout
fi le pourvu par le fupérieur avoit pris poffeffion &
joui paifiblement & publiquement du bénéfice; mais
en eft-il de même, fi cette collation précède celle
du fupérieur? La prefque-totalité des canoniftes eft

pour l'affirmative; il en eft quelques-uns qui penfent le contraire. Dumoulin a pris un milieu entre
ces deux opinions, il croit que le droit ne revient
à l'évêque après qu'il l'a perdu, qu'en cas que tous
les fupérieurs laiffent paffer les fix mois qui leur
font donnés à chacun pour conférer, & que le
pape laiffe encore écouler un mois, à compter du
jour qu'il a eu connoiffance que la *dévolution* étoit
ouverte en fa faveur. Il applique la difpofition du
chapitre 3 *de præb. in 6°.* aux vacances *ex dévolu-
tione*, auffi-bien qu'aux vacances par mort *in curia.*

Boutaric, *Inftitutions canon. chap. 3*, trouve que
ce tempérament eft fort judicieux; mais il n'avoit
pas connoiffance de la célèbre conteftation, jugée
au parlement de Paris, par arrêt de la grand'chambre
du 18 mars 1745, que l'on trouve rapporté dans
M. Piales, *Traité de la dévolution, part. I, chap. 3,
4 & 5.* Les bornes de cet ouvrage ne nous permettent pas d'entrer dans les détails de cet arrêt:
nous nous contenterons de remettre fous les yeux
des lecteurs, la queftion qui fut jugée & un extrait très-abrégé des moyens des parties.

Le prieuré de Sermur, dépendant de l'abbaye
de Moiffac, diocèfe de Rhodès, vaqua par mort
le 14 octobre 1742. Trois préventionnaires envoyèrent à Rome, & firent retenir un grand nombre
de dates, qui toutes devinrent inutiles par l'effet
du concours. Le fieur Breffon, un de ces impétrans,
s'adreffa à l'abbé de Moiffac, collateur ordinaire &
en obtint des provifions en date du 6 février 1744,
plus de feize mois après la vacance. Le fieur Martin, auffi un de ceux qui avoient couru à Rome
fans fuccès, s'adreffa de fon côté à M. l'archevêque d'Albi, métropolitain de Rhodès, & en faveur de qui la *dévolution* étoit ouverte; ce fupérieur lui donna des provifions *jure devolutionis*,
poftérieures à celles de l'abbé de Moiffac.

La conteftation s'étant engagée aux requêtes du
palais, entre les deux pourvus, celui de l'abbé de
Moiffac fut maintenu par fentence du 15 juin
1744.

Appel de la part du fieur Martin. Alors l'affaire
devint férieufe & intéreffante, & par la nature de la
queftion agitée & par la célébrité des défenfeurs
des parties.

La queftion fe réduifoit uniquement à favoir,
fi les provifions données par l'abbé de Moiffac,
collateur ordinaire, après les fix mois fixés par le
concile de Latran, & antérieurement à celles accordées par le fupérieur, en faveur de qui la *dévolution* étoit ouverte, de favoir, difons-nous,
fi ces provifions étoient nulles.

M. Cochin, ce jurifconfulte auffi éloquent
qu'éclairé, défendit, dans une confultation du 4
août 1744, le fieur Martin, pourvu par M. l'archevêque d'Albi. M. le Merre y répondit pour le
fieur Breffon, par une confultation du 13 mars
1745. M. l'abbé Mey entra en lice, & fit imprimer un mémoire pour le fieur Martin: il fut combattu par M. Gillet, défenfeur du fieur Breffon.

Le sieur Martin établissoit la nullité des provisions de son adversaire, par le décret du troisième concile de Latran que nous avons rapporté ; il y voyoit la clause irritante dans ces expressions : *metropolitanus de ipsis secundùm Deum, absque illorum contradictione disponat* ; il s'appuyoit encore du quatrième concile de Latran, qui avoit été guidé par le même esprit que celui du troisième, & avoit déclaré qu'en cas de négligence de la part de l'inférieur, le droit dont il jouissoit est dévolu au supérieur, *ejus collatio devolvatur*. Aux conciles généraux il en ajoutoit trois provinciaux, d'Avignon tenu en 1209, de Bordeaux en 1338, & de Redingue en 1279 ; trois décrétales d'Innocent III, pontife très-instruit, & qui avoit présidé au quatrième concile de Latran, décident on ne peut pas plus affirmativement, que le collateur ordinaire qui a laissé passer ses six mois n'a plus aucun droit, aucun pouvoir, & qu'il ne peut faire qu'une collation nulle.

A ces autorités des conciles & des papes, le sieur Martin joignoit l'opinion des commentateurs & des canonistes les plus estimés : il seroit trop long d'en faire l'énumération ; françois & étrangers, presque tous se réunissent pour dépouiller l'ordinaire du droit de conférer après ses six mois. Cette nuée d'auteurs & de témoins de la tradition canonique sur ce point, étoit encore étayée par deux arrêts des parlemens d'Aix & de Toulouse rapportés par Duperier & par Maynard : enfin on épuisa, en faveur du sieur Martin, toutes les ressources du raisonnement, pour soutenir & faire sentir que l'église avoit pu établir la *dévolution* ; qu'elle en avoit eu les plus justes motifs ; qu'elle l'avoit introduire comme un remède aux maux occasionnés par la négligence des collateurs & une peine de cette même négligence ; que son objet ne seroit point rempli, si l'ordinaire après l'expiration de ses six mois, conservoit encore la faculté de conférer concurremment avec le supérieur.

Le sieur Bresson, pourvu par le collateur ordinaire & intimé, étoit bien loin de pouvoir citer en sa faveur un aussi grand nombre d'autorités que son adversaire en citoit : mais sa défense n'en fut pas moins pleine de force & de chaleur ; il soutint que les conciles de Latran n'avoient apposé aucune clause irritante à leurs décrets concernant la *dévolution*, ce qui étoit cependant indispensable pour priver les ordinaires d'un droit inhérent à leur qualité & à leur titre. Les loix pénales ne se suppléent point, & il n'en voyoit aucune dans ces expressions, *absque illorum contradictione disponat*, & *ejus collatio devolvatur* ; il n'y trouvoit qu'une espèce de concours entre le supérieur & l'ordinaire, où le plus diligent devoit avoir l'avantage & qui étoit suffisant pour produire l'effet que l'église desiroit. Selon lui, priver absolument l'ordinaire de concourir dans ce cas avec le supérieur, c'étoit favoriser les longues vacances, parce que celui-ci, tranquille sur l'exercice de son droit, & ne crai-

gnant point d'être prévenu, attendroit souvent l'expiration de ses six mois.

Les conciles provinciaux & les décrétales d'Innocent III, quelque respectables que puissent être leurs décisions, ne sont point loi en France. La foule des auteurs ne doit pas peser beaucoup plus dans la balance ; ils se sont tous les uns les autres servilement copiés. Ceux qui ont examiné la question avec quelque attention, sont obligés de convenir que l'ordinaire n'est pas entièrement dépouillé de son droit après l'expiration de ses six mois, puisqu'ils avouent qu'il peut conférer valablement par la tolérance du supérieur, ou bien lorsque tous les degrés de la *dévolution* sont épuisés. Comment un droit absolument éteint pourroit-il revivre par la tolérance ou la négligence des supérieurs ? Enfin deux auteurs célèbres & dont le suffrage doit avoir beaucoup de poids, Zipœus & Van-Espen, ont cru, malgré le torrent des canonistes, que les conciles de Latran n'avoient établi qu'un droit de concours, & n'avoient point prononcé la privation absolue de celui de l'ordinaire, qui étoit toujours à temps de prévenir les supérieurs. Quant aux arrêts cités, on n'en connoît pas assez les circonstances, pour qu'ils puissent influer sur la décision de la question.

Sur ces motifs discutés dans des mémoires & développés aux audiences, la sentence des requêtes fut confirmée par arrêt de la grand-chambre du 18 mars 1745, & le sieur Bresson, pourvu par l'abbé de Moissac, collateur ordinaire, définitivement maintenu.

S'il est vrai, comme il y a tout lieu de le croire, que le parlement de Paris ait jugé la question de droit, savoir qu'il n'y a point de décret irritant dans les décrets du concile de Latran, qui ont établi la *dévolution*, & que l'ordinaire peut conférer tant qu'il n'est pas prévenu par les supérieurs, il n'est pas moins vrai, dit M. Piales, que le grand-conseil suit une jurisprudence absolument différente. L'assertion de ce jurisconsulte respectable est fondée, non-seulement sur un arrêt de 1734, mais encore sur ce qu'il a entendu plus d'une fois MM. les gens du roi du grand-conseil, établir comme une maxime constante dans ce tribunal, que le collateur négligent perd son droit par l'expiration des six mois, & qu'il est transmis au supérieur. De cette diversité de jurisprudence, il faut conclure que les idées ne sont pas encore bien fixées sur cette question, comme sur beaucoup d'autres en matière canonique.

La même incertitude ne règne point sur l'invalidité des provisions données par les supérieurs *jure devolutionis*, lorsqu'ils ont laissé expirer leurs six mois : il est hors de doute que le droit qui leur est transmis par la *dévolution*, étant un droit totalement étranger & pour ainsi dire d'emprunt, il ne peut durer un instant au-delà du terme que les loix fixent à son exercice. Si les supérieurs entreprenoient de le prolonger au-delà des six mois, le titre qu'ils feroient seroit radicalement nul & ne pourroit jamais valider par quelque voie que ce fût ; s'ils prévenoient le temps où la *dévolution* s'ouvre, leur collation seroit également nulle, comme faite *à non habente potestatem ;* mais rien ne les empêcheroit de la renouveller en temps utile.

Du principe que le supérieur exerce un droit étranger pendant le temps de la *dévolution*, il suit qu'il doit exprimer dans ses provisions, à quel titre il confère, & l'omission de la clause *jure devolutionis*, les rendroit absolument nulles : il seroit censé avoir conféré *jure ordinario*, ce seroit une entreprise faite sur le droit d'autrui, ce seroit un abus de pouvoir, un défaut irréparable. *Non est major defectus, quàm defectus potestatis.*

Lorsque l'évêque confère par *dévolution* sur un collateur inférieur, doit-il insérer dans ses provisions la clause *jure devolutionis* ? Dumoulin & d'autres auteurs assurent que cela n'est pas nécessaire : l'évêque, disent-ils, collateur ordinaire de tous les bénéfices de son diocèse, conserve toujours cette qualité, de manière que les collateurs inférieurs, n'usant point de leur droit, il est censé conférer : *jure suo primitivo & ordinario, remoto servitutis obstaculo.* Nous examinerons au mot PRÉVENTION, si la collation faite, par l'évêque, d'un bénéfice dépendant d'un collateur inférieur, pendant ses six mois, est radicalement nulle, & quelle étendue il faut donner à une maxime, que l'évêque est collateur ordinaire de tous les bénéfices de son diocèse.

Si le supérieur est obligé, lorsqu'il confère par *dévolution*, d'exprimer à quel titre il confère, il est également astreint à conférer aux mêmes personnes & de la même manière que le premier collateur étoit tenu de le faire. *Res transit cum onere.* D'ailleurs, il exerce dans ce moment le droit d'autrui, & ne peut par conséquent l'exercer que comme celui auquel il est subrogé.

En général, tous les bénéfices ecclésiastiques sont sujets à la *dévolution*. Il en faut cependant excepter ceux qui sont à la collation du roi, en vertu du droit de régale ou de quelque indult, comme dans les trois évêchés & ailleurs. Les six mois du jour de la vacance ne courent certainement pas contre lui. La collation de l'ordinaire après ce temps, ne pourroit être opposée à celle de sa majesté ; il n'y auroit que le cas de la possession triennale qui pourroit la valider, quant aux bénéfices qui vaquent en régale. *Voyez* RÉGALE. La *dévolution* a lieu en faveur du roi, pendant que la régale est ouverte ; ainsi jugé par arrêt du 9 février 1699.

Les bénéfices purement prophanes & qui sont à pleine collation laïcale, ne sont pas soumis aux loix de la *dévolution* ecclésiastique ; les évêques ni le pape ne peuvent les conférer à raison de la négligence des collateurs ; ce sont de simples temporalités sur lesquelles l'église n'a aucun pouvoir. Il n'est pas libre aux collateurs eux-mêmes de consentir que la puissance ecclésiastique donne des provisions de ces bénéfices. On convient qu'ils n'ont

d'autres supérieurs en France que le roi. Quelques auteurs pensent qu'en cas de négligence de leur part, c'est à lui à conférer ; on a formé en 1712 le projet d'une loi qui contiendroit cette disposition. M. le Bret, avocat-général au grand-conseil, soutint, dans une cause où il porta la parole, en 1743, que dans ce cas le roi pouvoit exercer le droit de *dévolution*. On prétend que l'arrêt, qui intervint en 1744, jugea le contraire ; & que c'est une maxime constante au parlement de Paris, ainsi qu'au grand-conseil, qu'en cas de négligence de la part des collateurs laïques, il ne se fait point de *dévolution* même à la personne du roi, & que, par conséquent, quoique le collateur ait abusé de son droit, il ne le perd jamais.

Nous avons de la peine à nous rendre à ces maximes ; nous ne croyons point que l'arrêt de 1744 les ait adoptées ; à la vérité, malgré les conclusions de M. le Bret, il pourvu par le roi fut débouté, ainsi que son compétiteur, qui avoit pris des provisions de cour de Rome. Le grand-conseil ordonna que le collateur laïque dont il s'agissoit, conféreroit sur la présentation qui lui seroit faite par l'abbé de Valmont de trois religieux profès de cette abbaye, ou, à leur défaut, de trois religieux de l'ordre de saint Benoît. Il faut observer 1°. que le collateur n'avoit pas conféré, mais permis que le pape conférât en commende ; il n'avoit pas abusé de son droit, il avoit seulement toléré une provision contraire aux principes reçus en France ; 2°. que le bénéfice étoit en patronage, & que le patron ayant présenté dans le temps prescrit ne pouvoit être privé de son droit ; 3°. que quand la *dévolution* eût dû avoir lieu, le brevet de nomination du roi eût toujours été nul ; c'est un principe constant qu'en fait de *dévolution*, le supérieur ne peut conférer que de la même manière que l'inférieur auquel il est subrogé. Le roi eût donc dû conférer sur la présentation de l'abbé de Valmont, & choisir entre trois religieux qui lui eussent été présentés, conformément au titre de fondation qui étoit rapporté. Il paroissoit évident que le collataire du roi n'avoit pas plus de droit que le pourvu en cour de Rome. Le patron qui étoit en cause, n'avoit point été constitué en demeure, & ne pouvoit être privé de l'effet de sa première présentation. Le collateur lui-même avoit cru être libre, parce qu'il n'y avoit point dans l'abbaye de Valmont trois religieux qui pussent lui être présentés, & entre lesquels il pût choisir. On voit, par cet exposé, que l'arrêt de 1744 a pu être déterminé par des circonstances particulières, & qu'il n'a pas jugé la question simple & isolée de savoir si, en cas de négligence de la part des collateurs laïques, la *dévolution* s'ouvre en faveur du roi.

Les bénéfices ecclésiastiques en patronage, sont-ils susceptibles de la *dévolution* ? Il n'y a point, à proprement parler, de *dévolution* du patron quel qu'il soit, à l'évêque. Il ne peut y en avoir que de collateur à collateur, & le patron n'est rien moins que

que collateur. Si la préfentation n'eft pas faite dans les quatre ou dans les fix mois, l'évêque conférera librement, & en vertu du droit qui lui eft inhérent, *jure primævo & naturali*. Il n'eft pas obligé d'inférer dans fes provifions la claufe *jure devolute*. Il exerce alors librement un droit qui lui a toujours appartenu, & qui n'étoit que fufpendu par l'effet du patronage. Nous ne penfons pas que ce foit une fervitude impofée à l'églife, comme le difent beaucoup d'auteurs; il n'eft que l'exécution d'un contrat fynallagmatique, paffé entre elle & les fondateurs, en conféquence duquel le patron a la faculté de préfenter à l'évêque. Il doit en ufer dans un temps déterminé, paffé lequel l'évêque n'acquiert pas un nouveau droit, mais eft feulement fouftrait à la condition portée dans le contrat. Ainfi il n'y a point alors de *dévolution*; elle n'a lieu que de l'évêque à fon fupérieur, lorfque les fix mois, depuis que l'évêque eft collateur libre, font expirés. Ces principes s'appliquent aux patronages laïques, comme aux eccléfiaftiques. (*Article de M. l'abbé* Bertolio.)

Dévolution, (*Droit civil.*) c'eft dans l'acception propre, la tranflation d'une chofe, d'une perfonne d'un lieu à un autre. Mais en droit, on lui donne plufieurs autres fignifications.

1°. *En matière féodale*, les coutumes du Maine & d'Anjou appellent improprement *dévolution*, le droit qu'a le feigneur fuzerain de réunir à fon fief le reffort fur les portions du fief de fon vaffal, par lui diftraites, foit par fous-inféodation, foit par accenfement, lorfque, par une dernière aliénation, il a diminué fon fief de plus du tiers, dont ces coutumes lui permettent de difpofer. Elles donnent auffi le même nom au droit acquis au feigneur, quand le vaffal, en diftrayant de fon fief une portion qui n'excède pas le tiers, n'a pas retenu deffus la foi & hommage ou devoir annuel.

2°. *En matière de fucceffion*, dévolution fe dit, lorfqu'une fucceffion eft dévolue ou déférée à quelqu'un, & finguliérement lorfque le droit de fuccéder paffe d'une efpèce d'héritier à une autre.

3°. Dans plufieurs coutumes des Pays-Bas & d'Alface, on appelle *droit de dévolution*, un lien, qui, après la mort de l'un des conjoints & dans le cas où il y a des enfans, affecte les biens immeubles du furvivant, de manière qu'il ne peut plus en difpofer, & qu'il eft obligé de les conferver aux enfans iffus de ce mariage, à l'exclufion de ceux qu'il pourroit avoir d'un fecond ou autre mariage fubféquent.

Nous traiterons féparément de ces trois efpèces de *dévolution*.

Dévolution d'aineffe, f. f. (*Jurifprudence.*) c'eft le paffage du droit d'aineffe fur la tête d'un puîné. Cette *dévolution* a lieu lorfque le premier né vient à manquer avant la fucceffion ouverte, foit par mort naturelle, foit par mort civile, ou par une autre incapacité, & qu'il ne laiffe point d'enfans qui le repréfentent. Le puîné qui le fuit

entre dans tous les droits d'aineffe. *Voyez* Ainé. (M. Garran de Coulon.)

Dévolution. *de fief*, *voyez* Dévolution *féodale*.

Dévolution *féodale*, ou fimplement Dévolution, f. f. (*Droit féodal.*) c'eft un terme employé dans les coutumes d'Anjou & du Maine, pour fignifier cet effet du dépié de fief, par lequel la féodalité, la juftice & la feigneurie du vaffal, fur les portions qu'il avoit ci-devant diftraites du domaine de fon fief par fous-inféodation ou accenfement, font transférées au chef-feigneur, c'eft-à-dire au feigneur fuzerain, lorfque par une dernière aliénation le vaffal a diminué fon fief de plus du tiers dont ces coutumes lui permettent de difpofer.

Les articles 202 de la coutume d'Anjou, & 217 de celle du Maine, donnent auffi le même nom au droit acquis au feigneur, quand le vaffal, en diftrayant de fon fief une portion qui n'excède pas le tiers, n'a pas retenu fur cette portion la foi & hommage, ou un devoir annuel, comme elles l'exigent pour empêcher le dépié de fief. Mais les commentateurs de ces coutumes obfervent fort bien que le mot de *dévolution* n'eft pas dans l'ancien coutumier des deux provinces, & qu'il a été mis par inadvertence dans la nouvelle coutume, puifqu'il n'y a point de *dévolution* dans cette forte de dépié.

Les effets de la *dévolution* font fort bien exprimés dans l'article 203 de la coutume d'Anjou, qui eft ainfi conçu : « il eft ainfi comme dit eft,
» tant comme les deux tierces parties font entières,
» elles garantiffent l'autre tierce partie en la forme
» deffufdite, auffi eft-il ainfi que toutefois que
» l'homme de foi mettra jamais aucune chofe hors
» d'icelles deux tierces parties, & les dépiécera
» par vendition ou aliénation, en celui cas tous
» ceux qui eurent oncques aucunes chofes dudit
» fief, viendront à la foi & hommage du fuze-
» rain, chef-feigneur par dépié de fief : & ne les
» pourra plus garantir le fujet homme de foi fous
» fondit hommage ; & n'y aura dorefnavant ledit
» fubjeét, homme de foi, fief, juftice & feigneurie :
» mais eft le tout dévolu audit fuzerain & chef-fei-
» gneur ; & payeront vente de leurs acquêts fub-
» jeéts à ventes du contrat, par le moyen duquel
» a été confommé le dépié du fief, & autres qui
» feront depuis faiétz, ou le rachapt, s'il y échet
» par raifon de dépié de fief : & aura le feigneur
» l'émolument depuis icelui defpié de fief & non
» d'auparavant, & auffi payeront du devoir de fief
» au prorata ».

La coutume du Maine a une difpofition femblable dans l'article 218.

Il ne faut pas dire néanmoins avec Pocquet de Livonière, dans fon *Traité des fiefs*, page 92, que ces mots *fief*, *juftice & feigneurie*, marquent l'extinétion & fuppreffion entière du fief dépécé. Le fief du vaffal n'eft point supprimé. Il eft seulement dépouillé de ses mouvances, & réduit au domaine du vaffal, qui doit toujours la foi & hommage pour ce qui lui refte. Les coutumes d'Anjou & du Maine ne disent point indéfiniment que le vaffal n'aura plus de *fief*, *justice & seigneurie*, mais seulement qu'il ne les aura plus fur ceux *qui eurent oncques aucune chose dudit fief*.

Les vassaux ou les tenanciers roturiers du vaffal ne peuvent se dispenser de reconnoître le seigneur suzerain, lorsque le vaffal a donné lieu à la *dévolution* quelque espace de temps qu'il se soit écoulé depuis la conception dont ils tirent leur possession, fût-elle immémoriale ou centenaire. La prescription ne peut courir en ce cas contre le suzerain, qui ne peut agir qu'autant que le dépié du fief est consommé. Mais, à compter du moment de cette consommation, la *dévolution* peut être preferite par la possession trentenaire.

Comme la *dévolution* anéantit toutes les conventions faites par le vaffal fur la mouvance des portions dépiécées, il fuit de-là que le seigneur suzerain peut obliger les propriétaires de ces portions à les tenir féodalement, & aux mêmes devoirs proportionnément que le fief principal, quand bien même ces portions auroient été concédées roturièrement par le vaffal, & à plus forte raison quand même il en auroit abonné l'hommage. Sans cela, les conventions du vaffal pourroient préjudicier au chef-seigneur contre l'intention de la coutume.

Cependant quelques auteurs, tels que Chopin, font d'un avis contraire. Ils prétendent que la condition des anciens acquéreurs, dont le contrat précédoit l'aliénation qui a donné lieu au dépié, ne doit pas empirer fans leur aveu, & qu'ils doivent par conséquent continuer à relever du chef-seigneur, de la même manière qu'ils relevoient de fon vaffal, & aux mêmes devoirs que par le passé.

Pocquet de Livonnière propose à ce sujet une distinction dont il a fait plusieurs autres applications. Il observe qu'il y a des fiefs de protection & de recommandation, comme il y en a de concession. Il voudroit que le seigneur suzerain, en cas de *dévolution*, ne pût pas changer l'état des vassaux, ou des cenfitaires dont il ne peut pas prouver que la possession provient d'une concession du fief fervant.

Cette distinction qui peut séduire par une apparence d'équité, a été réfutée au mot DÉPIÉ, *sect. 1*, *n°. 3*.

Les coutumes d'Anjou & du Maine ne laissent d'ailleurs aucune ambiguité par les termes dont elles fe fervent. *Tous ceux*, disent-elles, *qui eurent oncques aucune chose dudit fief*, *viendront à la foi & hommage du suzerain*. On voit qu'elles ne distinguent ni la cause de la mouvance, ni la nature noble ou roturière. Les vassaux ont dû prévoir lors de la concession qui leur a été faite, que les conditions en étoient subordonnées aux loix du dépié.

Tel eft l'avis de Bodreau & de Louis, commentateurs de la coutume du Maine. C'eft aussi celui de la Roche-Maillet fur la coutume d'Anjou, qui rapporte un arrêt du 29 juillet 1606, conforme à fon opinion.

Cette décifion feroit moins rigoureuse pour les arrière-vassaux & les cenfitaires, fi, dans ce cas, du moins ils pouvoient avoir leur recours en dommages & intérêts contre le seigneur qui a donné lieu à la *dévolution*. Mais les auteurs ne font pas moins partagés fur cette question que fur la précédente. Quelques commentateurs, cités par Dupineau, font pour l'affirmative. Louis & Bodreau, fur la coutume du Maine, tiennent l'opinion contraire. Ils regardent que le vaffal est assez puni par la perte de la mouvance; & Bodreau cite un arrêt fans date pour ce sentiment.

Pocquet de Livonière rappelle encore ici fa distinction; mais en fuppofant qu'on n'y eût point d'égard, il pense que les arrière-vassaux & les cenfitaires peuvent prétendre des dommages & intérêts contre le seigneur, lorsqu'ils ont un titre de concession en bonne forme où le seigneur leur promet la garantie. Autrement il croit que le seigneur est exempt de toute recherche à cet égard, il en excepte seulement la dernière aliénation. Comme le dépié assujettit les acquéreurs aux droits de mutation, pour cette dernière acquisition, l'acquéreur *aura*, dit-il, *son recours assuré contre son vendeur pour la restitution des lods & ventes, parce qu'il est préfumé avoir acheté plus cher, dans l'espérance bien fondée d'en être déchargé*.

Cependant les coutumes, en difant dans un fi grand nombre d'articles, que le vaffal qui aliène le tiers de fon fief avec rétention de devoir, *garantit* les acquéreurs fous fon hommage, femblent indiquer que la charge de la garantie est une suite naturelle de la fous-inféodation & de l'accenfement. *Voyez le mot* GARIMENT.

La *dévolution* ne fait perdre au vaffal fur les parties dévolues, que les droits qui font une dépendance du fief & de la justice, & non ceux qui font relatifs à la simple propriété, tels que les rentes foncières & les servitudes. Livonière place dans cette même classe le droit de corvée; ce qui peut souffrir de la difficulté; mais il met avec raison, dans la première classe, les droits de bannalité, de four & de moulin, ceux de prévôté, de billette, amende & confiscation, lesquels font en effet dépendans de la féodalité ou de la justice.

Une dernière question qui est bien importante, est de savoir fi le droit de *dévolution* doit être étendu aux coutumes de Tours & de Loudun, qui font aussi coutumes de dépié de fief, mais qui n'ont aucun article qui faffe mention de ce droit.

Pallu foutient dans fon *Commentaire fur l'article* 121 *de la Coutume de Tours*, que cette extension ne doit point avoir lieu.

Il observe d'abord que les dispositions des coutumes d'Anjou & du Maine ne font d'aucune autorité dans la coutume de Tours, & il a raifon à cet égard. Il cite enfuite l'article 51 de la coutume de Paris, qui, dit-il, fuivant l'avis de plufieurs commentateurs, n'a point impofé cette peine de privation de feigneurie & de juftice, quand le vaffal paffe les bornes de la permiffion que ces coutumes lui accordent fur l'aliénation partiaire du fief. Mais on ne peut pas argumenter des coutumes de jeu de fief pour celles de dépié, puifque dans ces dernières coutumes le jeu de fief eft permis au préjudice du feigneur jufqu'à une certaine étendue, & que le démembrement, bien loin d'y être défendu, eft, avec la *dévolution*, la peine du jeu de fief exceffif.

Après tout cela, il eft étonnant de voir Pallu conclure qu'en cas d'aliénation de plus du tiers, le fief eft dépiécé, fuivant l'article 264 de fa coutume, & que *toutes fes portions, même celles qui avoient été garanties en parage, reconnoiffent par divers hommages le feigneur fuzerain*. Pallu cite enfuite une fentence de Tours, qui a condamné les propriétaires de plufieurs portions d'un fief démembré par un vaffal depuis long-temps, à faire chacun la foi & hommage au feigneur fuzerain, en confervant à ces propriétaires les mouvances qu'ils avoient eux-mêmes, quoique le feigneur fuzerain prétendît auffi ces mouvances à titre de *dévolution*.

Cette fentence a précifément jugé comme on l'auroit fait dans les coutumes d'Anjou & du Maine; car la *dévolution* ne change rien aux droits qu'ont les propriétaires des portions dévolues fur leurs tenanciers. Elle ôte bien la mouvance au vaffal immédiat; mais comme cette mouvance du vaffal immédiat n'empêchoit pas que les arrière-vaffaux ne puffent eux-mêmes fous-inféoder ou accenfer le tiers de leur fief, la *dévolution* n'anéantit pas leurs conceffions.

. Il paroît que Pallu a donné à la *dévolution* des effets qu'elle n'avoit pas, & qu'en appréciant bien fon opinion, d'après ce qu'il dit fur les parages, il admet en effet ce droit au profit du feigneur fuzerain.

Tel paroît être l'efprit de la coutume de Tours. L'article 125 dit que quand *les acquéreurs font hommage au feigneur fuzerain par dépié de fief, le feigneur vendeur* peut en réclamer la mouvance, *en l'informant qu'il tient avenant & portion fuffifante pour les garantir.*

Il fuit de ces derniers termes que le vaffal ne peut rien garantir fous fon hommage quand il n'a plus *avenant* ou portion fuffifante, c'eft-à-dire, les deux tiers du fon fief. Ces mots *les acquéreurs* fuppofent auffi par leur généralité que le dépié de fief s'étend non-feulement au dernier contrat qui a confommé le dépié, mais encore à toutes les précédentes conceffions qui ont été faites à titre d'accenfement ou de fous-inféodation.

Cette décifion doit s'appliquer également à la coutume de Loudun, qui ne diffère point à cet égard de la coutume de Tours. (*M. GARRAN DE COULON.*)

DÉVOLUTION *de juftice*, f. f. (*Droit féodal.*) c'eft le retour d'une jurifdiction inférieure à la jurifdiction fupérieure dont elle eft cenfée émaner. *Voyez* DÉVOLUTION FÉODALE & SUZERAINETÉ. (*M. GARRAN DE COULON.*)

DÉVOLUTION *de mouvance. Voyez* DÉVOLUTION *de fief.*

DÉVOLUTION, *en matière de fucceffion.* L'efprit des coutumes de France a été de conferver dans chaque famille les biens qui en proviennent; & comme elles les diftinguent en meubles & immeubles, en propres & acquêts, elles ont formé autant de fucceffions différentes que d'efpèces de biens. Elles appellent, à l'exclufion des autres, certains héritiers à la fucceffion des meubles & acquêts, & d'autres à celle des propres.

Les biens propres, fuivant la règle générale *paterna paternis, materna maternis*, font dévolus & doivent toujours retourner aux héritiers du côté & ligne de l'acquéreur primitif, enforte qu'un parent paternel ou maternel plus éloigné en degré, fuccède aux propres paternels ou maternels, à l'exclufion du plus proche parent, qui n'eft appelé qu'à la fucceffion des meubles & acquêts.

Mais lorfqu'à l'ouverture d'une fucceffion, il n'exifte aucun parent de la ligne d'un certain propre, ou ce qui eft la même chofe, lorfque tous les parens de cette ligne ont renoncé à la fucceffion de ce propre, le plus prochain héritier du défunt a le droit de le recueillir par *dévolution*.

Il importe peu même que l'héritier aux meubles & acquêts, qui profite de la fucceffion d'un propre dont la ligne eft éteinte, foit un parent collatéral ou un afcendant du défunt. La règle, *propres ne remontent*, ne peut faire obftacle à ce dernier; puifqu'elle n'a été établie que pour empêcher les propres de fortir des lignes auxquelles ils font affectés : inconvénient qui n'eft plus à craindre lorfque l'extinction de la ligne a fait ceffer l'affectation, & a fait rentrer les propres dans la claffe des biens indifférens.

La *dévolution* dont nous parlons eft expreffément admife dans les coutumes de Paris, Châlons, Reims, Laon, Amiens, Orléans & Berry. Mais elle eft rejettée par celles de Normandie, Anjou, Maine, Bourbonnois, & prefque par toutes celles de la Flandres.

Dans ces dernières l'extinction d'une ligne ou la renonciation de tous les parens qui la compofent, rendent vacante la fucceffion des propres qui lui font affectés, & donnent ouverture au droit de défhérence en faveur du fifc, au préjudice des héritiers non-lignagers.

A l'égard des coutumes qui n'ont aucune difpofition à cet égard, la raifon & l'humanité veulent que l'on y introduife la *dévolution*. En effet, la diftinction des lignes n'ayant été inventée que pour conferver les biens dans les familles, on lui feroit produire un effet directement contraire, en privant les héritiers d'un défunt des biens qu'il laisse en mourant. *Voyez* DÉSHÉRENCE, SUCCESSION.

DÉVOLUTION (*Droit de*), ce droit entiérement inconnu dans les coutumes de France, a lieu dans le Brabant, Limbourg, la Gueldre, le pays de Liège, de Hainaut, de Namur & dans la ville & ché d'Arras. Il est aussi connu dans quelques villes d'Alsace, telles que Colmar, Turkeim, Munster, Schelestad & Landau.

En Alsace, la *dévolution* a lieu de plein droit, & sans aucune stipulation entre les conjoints. On peut cependant, par le contrat de mariage, déroger à cet usage, & se régler autrement.

Ses principaux effets sont : 1°. que tous les immeubles apportés par les conjoints en mariage, ou qui leur viennent depuis par succession, ou qu'ils acquièrent pendant le mariage, appartiennent en propriété aux enfans nés de ce mariage, à l'exclusion des enfans nés de mariages postérieurs.

2°. Que l'usufruit de ces mêmes biens appartient au survivant des conjoints, avec faculté, en cas d'indigence, d'en aliéner le tout ou partie, pourvu que le magistrat le lui permette en connoissance de cause.

3°. Le survivant des conjoints gagne en propriété tous les meubles, même au préjudice des enfans.

4°. S'il n'y a point d'enfans vivans au temps du décès du prémourant des conjoints, le survivant succède en pleine propriété à tous les biens, tant meubles que immeubles, pourvu que le prédécédé n'en ait pas disposé par testament.

Il n'est pas inutile de remarquer que les premiers effets attribués ci-dessus à la *dévolution* qui a lieu en Alsace, en découlent nécessairement; mais les deux autres peuvent se rapporter à la succession réciproque qui a également lieu dans cette province, & dont nous parlerons au mot SUCCESSION.

La coutume de Brabant & autres qui admettent le droit de *dévolution*, y soumettent tous les immeubles, propres & acquêts, féodaux & main-fermes, que le survivant des conjoints a acquis avant ou pendant son mariage. Les chartres générales du Hainaut y joignent, en faveur des enfans du premier lit, les immeubles acquis par le survivant pendant sa viduité, jusqu'à l'instant qu'il convole en secondes noces.

Les mêmes chartres générales du Hainaut exceptent de la *dévolution*, les fiefs provenans en ligne directe au survivant, lorsqu'il n'y a pas d'enfans mâle du premier mariage, & qu'il en existe un du second.

La *dévolution* n'est pas une véritable succession qui appartienne aux enfans, elle n'est qu'une destination légale de la succession future du père ou de la mère. Les enfans ont bien un droit réel sur les biens dévolus; mais ils n'en sont pas propriétaires : la propriété réside dans le père ou la mère, mais d'une manière imparfaite, puisqu'elle n'est pas ac-

compagnée de la faculté d'aliéner. C'est pourquoi on l'appelle dans le pays *propriété bridée*.

De-là il suit : 1°. que si un ou plusieurs enfans viennent à décéder avant le survivant des conjoints, il n'y a point entre leurs frères & sœurs survivans de partage à faire pour la partie des biens dévolus, qui auroit pu leur appartenir; à la mort du père ou de la mère, ils sont partagés, comme succession directe, par les enfans survivans.

2°. Que les enfans ne peuvent être poursuivis, à raison de ces biens, pour le paiement des dettes contractées par le survivant, soit avant ou pendant le mariage dont ils sont issus, soit pendant sa viduité.

3°. Que l'aliénation faite par un père des biens dévolus n'est pas absolument nulle, qu'elle ne devient telle que lorsque ses enfans lui survivent : ensorte que s'ils meurent avant lui, sans laisser d'enfans, l'aliénation reste bonne & valable. Elle l'est également, si les enfans majeurs y ont consenti.

4°. Qu'une fille mineure du premier lit peut, moyennant une dot raisonnable & proportionnée aux biens qui lui sont dévolus, renoncer à tous les droits que lui donne la *dévolution*.

5°. Que les enfans ingrats peuvent être privés par le survivant des biens dévolus. Le placard du 19 novembre 1623, en renferme une disposition expresse contre les mineurs, qui se marient sans le consentement de leurs parens.

La *dévolution* n'empêche pas les aliénations nécessitées par une obligation contractée dans le temps où le survivant étoit capable de disposer de ses biens. Ainsi un homme veuf peut se déshériter d'un bien qu'il auroit vendu avant la mort de sa femme : il peut également se déshériter, & laisser décréter un bien dévolu, pour payer les dettes qu'il a contractées avant ou pendant son mariage.

La défense d'aliéner les biens dévolus, comprend celle de l'hypothéquer & de les charger; le survivant ne peut pas même les partager entre ses enfans à qui ils sont dévolus, de manière que l'un ait plus & l'autre moins que sa portion légale : il doit laisser suivre à ces biens le cours que la loi leur a prescrit.

On peut déroger à la *dévolution* avant qu'elle ait lieu, soit par le contrat de mariage, soit par un testament conjonctif; il n'est pas même nécessaire que la dérogation soit commune aux deux conjoints, l'un peut permettre à l'autre de disposer de ses biens, en cas de viduité, sans que celui-ci permette au premier la même chose; mais dans la coutume de Hainaut, on ne peut déroger à la *dévolution*, qu'en conditionnant les biens qui pourroient y être assujettis. *Voyez* CONDITIONNER.

La *dévolution* a également lieu en faveur des enfans d'un second & troisième lit, &c. ensorte que les biens acquis pendant le second mariage, & depuis sa dissolution, pendant la seconde viduité, sont dévolus aux enfans du second lit, de la même manière que les biens acquis pendant le premier mariage & la première viduité, ont été dévolus aux enfans du premier lit.

Les coutumes du Cambresis & de Valenciennes n'admettent pas, en faveur des enfans, à la mort de l'un des conjoints, un droit de *dévolution* proprement dit; mais elles contiennent des dispositions qui y ont une apparence d'analogie. Celle du Cambresis défend au survivant d'aliéner les biens dont il se trouvoit propriétaire au moment du décès du prédécédé, accorde aux enfans issus de ce mariage la moitié hors part, des propres tant paternels que maternels, & les admet au partage de l'autre moitié avec les enfans nés des autres mariages subséquens. La coutume de Valenciennes donne le même préciput aux enfans du premier lit, & l'étend aux biens propres échus pendant le mariage, & aux acquêts faits auparavant.

D I

DIACONAT, s. m. **DIACONESSE**, s. f. **DIACONIE**, s. f. **DIACRE**, s. m. (*Droit ecclésiastique.*) on appelle *diacre*, d'un mot grec qui signifie *ministre*, un clerc qui dans la hiérarchie ecclésiastique, est promu au second degré des ordres sacrés, & suit immédiatement celui de prêtre. Les *diaconesses*, dans la primitive église, étoient des vierges ou des veuves destinées à remplir vis-à-vis les personnes du sexe, les mêmes fonctions que les *diacres* exerçoient vis-à-vis les hommes. On donne le nom de *diaconat* à l'ordre conféré aux *diacres*, & celui de *diaconie* aux fonctions & au titre accordés à un *diacre*. *Voyez* le *Dictionnaire de Théologie.*

DIAH ou **DIAT**, nom que les Arabes donnent à la peine du talion. *Voyez* TALION.

DICAGE, s. m. terme usité dans la Flandre maritime, pour désigner l'assemblage de tout ce qui est nécessaire pour l'écoulement des eaux & le desséchement des terres, des canaux, des fossés, des digues, des ponts, des écluses, &c.

Dès que ces ouvrages existent dans un endroit sujet aux inondations, ils forment l'objet d'une administration particulière, qui s'appelle aussi *dicage* ou *wateringue*. Cette administration appartient aux baillis & échevins du lieu, qui portent en cette qualité le nom de *chefs-watergraves*, & qui ont sous eux, pour exercer la police des wateringues, des officiers inférieurs appellés *dyck-graves*. *Voyez* WATERINGUES.

DICTATEUR, s. m. (*Droit public.*) c'étoit le nom d'un magistrat souverain de l'ancienne Rome. *Voyez* le *Dictionnaire Econom. Diplom. Polit.*

DICTATURE, s. f. (*Droit public allemand.*) c'est le nom que l'on donne, dans les diètes de l'Empire, à l'assemblée des secrétaires de légation. *Voyez* le *Dictionnaire Econom. Diplom. Polit.*

DICTUM, s. m. (*Jurisprud.*) est le dispositif des jugemens; il a été ainsi appellé, parce qu'anciennement, lorsque les jugemens se rendoient en latin, le dispositif étoit ordinairement conçu en ces termes: *dictum fuit per arrestum curiæ, &c.*

Le mardi 17 décembre 1555, fut donné arrêt en présence du lieutenant civil Aubry & de plusieurs conseillers du châtelet de Paris, par lequel défenses furent faites aux juges présidiaux du châtelet, après que le *dictum* aura été arrêté & signé du rapporteur & de celui qui aura présidé, & qu'il aura été délivré au greffe, de le retirer, & de juger derechef le même procès, sur les mêmes actes.

L'article 12 du réglement de la Flèche, porte que tous les officiers assistant au jugement des procès, seront tenus de signer les *dictums* des sentences qui seront rendues; le réglement de Richelieu, *art. 14*, porte la même chose. Ce réglement doit être observé dans tous les bailliages & présidiaux; mais dans les cours souveraines, il suffit que l'arrêt soit signé du président & du rapporteur.

L'ordonnance de 1667, *tit. 11, art. 15*, veut que trois jours après que le procès aura été jugé, le rapporteur mette au greffe le *dictum*.

Ce *dictum* doit être écrit de la main du rapporteur: il n'est encore que comme une espèce de minute du dispositif du jugement, qui ne reçoit sa perfection que lorsque le greffier l'a reçu & étendu dans le style ordinaire. Mais, dans ce cas-là même, la date du jour que le jugement a été arrêté, doit être écrite de la main du rapporteur, pour obvier à toutes surprises.

Les greffiers doivent être attentifs à ne délivrer aucune expédition des jugemens, qu'ils n'aient été visés, à peine de privation de leur état.

DIÈTE, s. f. (*Droit public.*) en Allemagne c'est l'assemblée des membres du corps germanique: en Pologne c'est l'assemblée générale du roi, du sénat & des nonces députés par la noblesse. *Voyez* le *Dictionnaire Econom. Dipl. Polit.*

DIÈTE, (*Jurispr.*) dans la coutume du Maine, se dit pour assemblée d'officiers de justice, ou plutôt pour chaque vacation d'inventaire & vente ou autre procès-verbal: en d'autres endroits on dit la *diète d'un tel jour*, pour *la vacation d'un tel jour.* (*A*)

DIÉTINE, s. f. (*Droit public.*) c'est le nom des assemblées particulières de la noblesse polonoise des palatinats, provinces & districts, qui jouissent de la prérogative de députer des nonces à la diète de la nation. *Voyez* le *Dictionnaire Econom. Dipl. Polit.*

DIFFAMARI. C'est le premier mot d'une loi du code, au titre *de ingen. & man.* & dont on se sert pour la désigner.

Suivant la disposition de cette loi, tout homme libre ou ingénu, dont l'état est attaqué par des bruits populaires, peut en traduire les auteurs en justice, à l'effet de leur faire ordonner ou de prouver ce qu'ils ont avancé, ou de garder à cet égard un silence perpétuel.

Les interprètes du droit, par une raison de justice & d'équité, ont étendu cette loi à tous ceux que des propos tenus par d'autres, tendent à faire passer, ou pour débiteurs d'une somme, ou pour injustes possesseurs d'un bien, ou pour coupables d'un crime. Les chartres générales du Hainaut ont adopté cette interprétation, & le chapitre 44 porte : « que tous manans du pays de Hainaut, étant mé- » nacés par aucuns particuliers, faisant courir le » bruit de les poursuivre, pour quelque action que » ce soit, réelle ou personnelle, pourront faire plainte » en la cour, pour là, en droit, être poursuivis » & bailler terme à partie de faire la poursuite, à » peine de privation, sauf pour matières de crimes, » dont justice voudroit se mêler, auquel cas l'on » ne sera pas reçu à faire cette plainte ».

Il suit de ce que nous venons de dire, que l'action intentée en vertu de la loi *diffamari*, ne peut avoir lieu que contre celui qui s'est vanté d'avoir des prétentions à la charge d'un autre, & que si le *diffamé* ne peut prouver ce fait, le juge ne peut pas obliger le prétendu *diffamant*, à agir dans un certain temps, ni lui imposer silence pour l'avenir.

L'effet de cette action est d'obliger le *diffamant* de prouver, dans un certain temps, pardevant le juge compétent de la matière, les choses qu'il prétend à la charge du *diffamé*, & faute par lui d'y satisfaire, on lui enjoint un silence perpétuel sur cet objet. Il en est de même, s'il fait défaut au jour qui lui est indiqué par l'assignation. *Voyez* COMPARUTION.

Cependant le *diffamant* auquel on a imposé silence, peut dans la suite se faire restituer contre cette condamnation, & faire valoir ses droits, pourvu que sa demande en restitution soit fondée sur les causes de droit, contenues au titre des requêtes civiles de l'ordonnance de 1667, qui ont été étendues à la Flandre françoise, par un édit du mois de mars 1674.

DIFFAMATEUR, s. m. DIFFAMATION, s. f. DIFFAMATOIRE, adj. (*Code criminel.*) Le *diffamateur* est celui qui donne atteinte à l'honneur & à la réputation d'autrui. La *diffamation* est le trait injurieux lancé contre quelqu'un. On appelle *diffamatoire* ce qui est dit ou fait pour produire la *diffamation*.

On peut diffamer quelqu'un de différentes manières, par des propos, par des écrits, par des peintures & autres indications des traits honteux qu'on a dessein de publier sur la réputation d'autrui. La *diffamation* est défendue par les loix, mais la punition de ce délit est presque laissée à l'arbitrage du juge, qui la fait dépendre de la nature de l'offense, de la qualité des personnes, de la gravité de l'imputation & du préjudice qui en résulte. *Voyez* CALOMNIE, INJURE, LIBELLE.

DIFFÉREND, s. m. (*Jurisprud.*) ce mot, en droit, est synonyme de *contestation* & *débat*, mais il n'a pas la même signification que *dispute* & *querelle*.

La concurrence des intérêts cause le *différend* ; la contrariété des opinions cause les disputes ; l'ai-

greur des esprits est la source des querelles. On vuide le *différend*, on termine la dispute, on appaise la querelle. L'envie & l'avidité des hommes font quelquefois de gros *différends* pour des bagatelles : l'entêtement, joint au défaut d'attention à la juste valeur des termes, est ce qui prolonge ordinairement les disputes : il y a dans la plupart des querelles plus d'humeur que de haine.

Il y a, dit Cicéron, deux moyens de vuider les *différends* entre ceux qui se trouvent dans l'état de nature : l'un par la discussion des raisons de part & d'autre, l'autre par la force. La première convient proprement à l'homme, l'autre n'appartient qu'aux bêtes ; il ne faut donc en venir à celleci, que quand il n'y a pas moyen d'employer l'autre. La discussion des raisons, peut se faire en quatre manières principales, la conférence amiable, la transaction, la médiation & les arbitres ; on y en ajoute encore ordinairement deux autres, le sort & les combats singuliers.

Dans l'état civil, les *différends* doivent être terminés ou par les voies de la conférence, du sort, de la transaction ou des arbitres ; & si elles ne peuvent opérer une fin salutaire, les citoyens, au lieu de recourir aux combats singuliers, doivent s'adresser au magistrat, qui prononce sur les *différends* & les termine par son jugement.

DIFFÉRENT, *en terme de monnoie*, se dit 1°, d'une petite marque particulière que les directeurs & les tailleurs particuliers des monnoies sont obligés de mettre sur chaque espèce fabriquée, dans la légende du côté de l'effigie ou de l'écusson ; 2°. de la lettre qui se place au bas de l'écusson.

Ces *différens* sont choisis au gré des directeurs & tailleurs, & ils ont été établis pour répondre de la bonté des espèces & indiquer le lieu où elles ont été fabriquées. On ne peut les changer que par ordre de la cour des monnoies ou des juges-gardes, ce qui n'a lieu que lorsqu'il y a changement dans la personne des directeurs ou tailleurs, afin que l'ouvrage, qui a été fabriqué par de nouveaux officiers, puisse être reconnu & jugé séparément. Sans cette précaution on pourroit condamner les uns pour les autres, au sujet des foiblages & des écharsetés, qui se trouvent hors des remèdes de l'ordonnance.

DIGESTE, s. m. (*Hist. anc. & Jurispr.*) qu'on appelle aussi *pandectes*, est une compilation des livres des jurisconsultes romains, auxquels il étoit permis de répondre publiquement sur le droit ; elle fut faite par ordre de l'empereur Justinien, & rédigée en forme de corps de loix.

Pour bien entendre ce qui fait la matière du *digeste*, & dans quelles circonstances il a été composé, il faut d'abord savoir quelles étoient les anciennes loix qui ont précédé le *digeste*, & quelle étoit la fonction des jurisconsultes, dont les livres ont servi à faire cette compilation.

Les premières loix de Rome furent celles que firent les sept rois dans l'espace de 244 ans ; après l'expulsion du dernier, elles furent recueillies par

Sextus Papyrius ; ce recueil fut appellé *le droit papyrien* ; mais son autorité fut bientôt abolie par la
loi *tribunitia.*

Les consuls qui succédèrent aux rois, rendoient
la justice aux particuliers, & régloient tout ce qui
avoit rapport au droit public, concurremment avec
le sénat & le peuple, selon que la matière étoit
du ressort de l'un ou de l'autre. Les sénatus-con-
sultes, ou décrets du sénat, & les plébiscites ou
résolutions du peuple, formoient comme autant
de loix.

Mais par succession de temps les loix ne furent
plus observées, on ne suivoit plus que des usages
incertains, qui, de jour à autre, étoient détruits
par d'autres usages contraires.

Le peuple se plaignant de cette confusion, on
envoya à Athènes & dans les autres villes de la
Grèce, dix hommes que l'on appella les *décemvirs,*
pour y faire une collection des loix les plus convenables à la république : ces députés rapportèrent
ce qu'il y avoit de meilleur dans les loix de Solon
& de Lycurgue : cela fut gravé sur dix tables d'ivoi-
re, & ces tables furent exposées au peuple sur la
tribune aux harangues. On accorda aux décemvirs
une année pour ajouter à ces loix, & les interpréter : ils ajoutèrent en effet deux nouvelles tables
aux dix premières, & cette fameuse loi fut appellée
la loi des douze tables.

Appius Claudius, le plus éclairé & le plus mé-
chant des décemvirs, inventa différentes formules
pour mettre en pratique les actions & les expressions
résultantes de cette loi : il falloit suivre ces formules à la lettre, à peine de nullité. La connoissance
de ces formules étoit un mystère pour le peuple :
elle n'avoit été communiquée qu'aux patriciens ;
lesquels par ce moyen interprétoient la loi à leur
gré.

Le livre d'Appius ayant été surpris & rendu public par Cneius Flavius, fut appellé *le droit flavien.*
Les patriciens inventèrent de nouvelles formules
encore plus difficiles que les premières ; mais elles
furent encore publiées par Sextius Ælius ; ce qui
s'appella *le droit ælien :* ces deux collections furent
perdues.

Les douze tables périrent aussi lorsque Rome fut
saccagée par les Gaulois : on en rassembla du mieux
que l'on put les fragmens les plus précieux que l'on
grava sur l'airain.

Les édits des préteurs avoient aussi force de loi,
& de ces différens édits, le jurisconsulte Julien
forma, par ordre du sénat, une collection qui eut
pareillement force de loi, & qu'on appella *édit
perpétuel.*

Le sénat & le peuple qui avoient chacun le pouvoir de faire des loix, s'en défirent l'an 731 de
Rome en faveur d'Auguste, & depuis ce temps les
empereurs firent des ordonnances appellées *constitutiones principum.*

De ces constitutions des empereurs, furent formés les codes grégorien, hermogénien, & théodosien.

Enfin Justinien fit publier en 528, qui étoit la
troisième année de son règne, la première édition
de son code, composé, tant des constitutions comprises dans les précédens codes, que de celles qui
étoient survenues depuis.

Telles étoient les loix observées jusqu'au temps
de la confection du *digeste,* outre lesquelles il y
avoit les réponses des jurisconsultes qui faisoient
aussi partie du droit romain.

Ces réponses des jurisconsultes tiroient leur première origine du droit de patronage établi par Romulus ; chaque plébéïen se choisissoit parmi les patriciens
un protecteur ou patron qui, entre autres choses,
l'assistoit de ses conseils : les confrairies, ou corps de
métier, les colonies, les villes alliées, les nations
vaincues avoient leurs patrons.

Dans la suite quelques particuliers s'étant adonnés
à l'étude des loix, & à leur interprétation, on leur
donna aussi le nom de patrons ; le nombre de ces
jurisconsultes, qui n'étoit pas d'abord fort considérable, s'accrut beaucoup dans la suite ; & comme
ils donnoient des conseils sur toutes sortes de questions, & se chargeoient de la défense des parties,
ils furent insensiblement subrogés pour ces fonctions
aux anciens patrons.

Le premier jurisconsulte romain qui nous soit
connu, est Sextus Papyrius, qui fit la collection
des loix royales.

Les décemvirs qui rédigèrent la loi des douze
tables, s'arrogèrent le droit de l'interpréter, & dres-
sèrent les formules.

Cneius Flavius & Sextus Ælius, qui divulguèrent
ces formules, furent aussi regardés comme des interprètes du droit.

Depuis ce temps, plusieurs autres particuliers
s'appliquèrent à l'étude des loix : on voit dès l'an
449 de Rome, un Appius Claudius Centummanus,
arrière-petit-fils du décemvir de ce nom, & Sempronius surnommé *le sage ;* le seul auquel ce surnom ait été donné du temps de ces jurisconsultes.
Ils se contentoient alors d'expliquer verbalement
le sens des loix, c'est pourquoi on ne trouve
aucune de leurs réponses dans le *digeste.* Tiberius
Coruncanus, qui vivoit l'an 437 de Rome, fut le
premier qui enseigna publiquement la jurisprudence ;
mais ses ouvrages ne subsistoient plus du temps de
Justinien.

Les autres jurisconsultes les plus célèbres dont on
a rapporté quelques fragmens dans le *digeste,* ou qui
y sont cités, peuvent être distingués en plusieurs
âges ; savoir, ceux qui ont vécu du temps de la
république jusqu'au siècle d'Auguste ; ceux qui ont
vécu depuis cet empereur jusqu'à Adrien, & depuis
celui-ci jusqu'à Constantin ; ceux qui vivoient du
temps de Théodose ; & enfin, ceux qui vivoient du
temps de Justinien ; & en particulier ceux qui eurent
part à la compilation des loix de cet empereur, &
notamment du *digeste.*

Les jurisconsultes qui se distinguèrent du temps de la république, & jusqu'au siècle d'Auguste, furent d'abord les deux Catons, l'un surnommé *le censeur*, & auquel on attribue la règle dite *catonienne*; M. Caton son fils, le jurisconsulte, auquel quelques-uns attribuent l'invention de cette même règle; Junius Brutus, Publius Mucius, Quintus Mucius Scuvola, le premier qui mit en ordre le droit civil qu'il distribua en dix-huit livres, ce fut lui aussi qui introduisit la caution mucienne; Publius Rutilius Rufus, Aquilius Gallus, Lucius Balbus, Sextus Papyrius, descendant de l'auteur du code papyrien; Caius Juventius, Servius Sulpitius, un de ses disciples nommé *Caius*, un autre Caius surnommé *Trebatius Testa*, Offilius, Aulus Cascelius, Q. Ælius Tubero, Alfenus Varus, Aufidius Tusca & Aufidius Namusa, Atteius Pacuvius, Flavius Priscus, Publicius Gellius, Cinna, Lucius Cornelius Silla, Cneius Pompeius, oncle de celui qui est connu sous le nom *du grand Pompée*; Marc-Antoine est mis aussi au rang des jurisconsultes.

Les réponses ou consultations de ces jurisconsultes, soit verbales, ou par écrit, & les décisions qu'ils donnoient dans leurs commentaires, furent toujours d'un grand poids, mais elles acquirent une plus grande autorité, depuis qu'Auguste eut accordé à un certain nombre de ces jurisconsultes les plus qualifiés, le droit d'interpréter les loix, & de donner des décisions auxquelles les juges seroient obligés de conformer leurs jugemens.

Masurius Sabinus fut le premier auquel il permit d'expliquer publiquement le droit; plusieurs autres obtinrent la même permission: les noms des plus célèbres sont dans la loi 2. *ff. de orig. juris*. Ceux-ci étoient presque tous des plus grandes familles de Rome, amis des empereurs, ou recommandables par les services qu'ils avoient rendus à l'état: leurs décisions furent appelées *responsa prudentum*; c'est de ces réponses que le *digeste* fut principalement formé.

Caligula menaça d'abolir l'ordre entier des jurisconsultes, ce qui n'eut pas d'effet; & les empereurs Tibère & Adrien confirmèrent les jurisconsultes dans les privilèges que Auguste leur avoit accordés.

Sous l'empire d'Auguste, ces jurisconsultes, autorisés à expliquer publiquement le droit, se partagèrent en deux sectes, ce qui a produit plusieurs contrariétés que l'on rencontre dans le *digeste*.

Atteius Capito & Antistius Labeo furent les chefs des deux sectes; le premier se tenoit scrupuleusement aux principes qu'il avoit appris; l'autre qui étoit plus subtil, introduisit beaucoup d'opinions nouvelles.

Les disputes furent encore plus vives entre Sabinus, successeur de Capito, & Proculus, successeur de Labeo, d'où les deux sectes des sabiniens & proculeiens prirent leur nom, quoique Sabinus & Proculus n'en fussent pas les auteurs.

La secte de Capito ou de Proculus, fut aussi appelée *cassienne*, du nom d'un autre disciple de Capito, qui s'en rendit le chef après Sabinus.

Les sectateurs de Capito ou proculeiens, furent Masurius Sabinus, Cassius Longinus, Cœlius Sabinus, Priscus Javolenus, Alburinus Valens, Tuscianus, & Salvius Julianus, qui rédigea l'édit perpétuel, & qui mit fin à toutes les sectes en adoptant, tantôt le sentiment des uns, & tantôt celui des autres, selon qu'il lui paroissoit le plus juste.

Labeo eut pour sectateurs Cocceius Nerva le père, Licinius Proculus, Pegasius qui fit donner à sa secte le nom de *pegasienne*, Celsus, Neratius Priscus.

Il se forma une troisième secte mitoyenne, qu'on appela *des herciscundes*, qui tâchoient de concilier les uns & les autres autant qu'il étoit possible: il paroît que Salvius Julianus, quoique compté parmi les proculeiens, se rangea de ce parti; ce fut aussi celui qu'embrassa l'empereur Justinien.

Depuis Adrien jusqu'à Constantin, les jurisconsultes les plus fameux sont Vindius Varus, Sextus Cœcilius Africanus, Volusius Mœcianus, Junius Mauricianus, Ulpius Marcellus, Claudius Saturninus, qui affectoit toujours d'être d'un avis opposé à celui des autres, ce qui a fait donner le nom de *saturnini* à ceux qui tombent dans le même défaut; Tertullus qui donna son nom au S. C. Tertullien, le célèbre Gaïus ou Caïus, Q. Cerbidius Scevola, Sextus Pomponius, Ulpien, Julius Paulus, Herennius Modestinus, & quelques autres moins connus, tels que Papyrius Justus, Callistrates, Tryphonius, Arius Menander, Tarentinus-Paternus, Macer, Terentius-Clemens, Papyrius Fronto, Furius Anthianus, Maximus, Florentinus, Vonuleius Marcianus, Julius Aquila, Arcadius Charisius, Puteolanus Ruffinus.

Sous le règne de Constantin, deux jurisconsultes nommés Gregoire & Hermogenien, firent chacun un code appellé de leur nom, contenant une compilation des constitutions des empereurs, l'un depuis Adrien jusqu'au temps de Valerien & Gallien, l'autre depuis ces empereurs jusqu'à Constantin.

Les différens jurisconsultes, dont on a parlé jusqu'ici, avoient composé différens commentaires & traités sur le droit: on en comptoit plus de deux mille volumes depuis le règne d'Auguste jusqu'au temps de Justinien. Les écrits de ceux auxquels il étoit permis d'expliquer publiquement le droit, avoient force de loi: les parties & les juges étoient obligés de s'y conformer: ces écrits faisoient partie du droit romain.

Mais comme dans cette multitude d'écrits il se trouvoit beaucoup d'opinions différentes, & par conséquent d'incertitude, les empereurs Théodose le jeune & Valentinien III, voulant lever cet inconvénient, ordonnèrent que dans la suite il n'y auroit plus que les ouvrages de Papinien, de Caïus, de Paul, d'Ulpien, & de Modestin qui auroient force de loi dans l'empire; que quand ces jurisconsultes seroient feroient partagés fur quelque queftion, l'avis de Papinien feroit prépondérant ; mais Juftinien, & ceux qui travaillèrent fous fes ordres à la confection du *digefte*, ne firent point de femblable diftinction entre les anciens jurifconfultes, & les ont tous également cités dans le *digefte*.

Théodofe le jeune employa huit jurifconfultes à la rédaction de fon code, qui fut publié en 438. Ces jurifconfultes font Antiochus, Maximin, Martyrius, Sperantius, Apollodore, Théodore, Epigenius & Procope.

Enfin, Juftinien étant parvenu à l'empire, & voyant la confufion que caufoit cette multitude de loix & d'écrits des jurifconfultes, réfolut aufli-tôt d'en faire faire une compilation compofée de ce qu'il y auroit de meilleur.

Il commença par faire travailler à un nouveau code que l'on tira, tant des trois autres codes qui avoient été faits avant lui, que des novelles de Théodofe & de fes fucceffeurs ; il confia l'exécution de ce projet à Tribonien, qui avoit été quefteur & conful, & lui affocia neuf autres jurifconfultes nommés Jean, Leontius, Phocas, Bafilides, Thomas, Conftantin le tréforier, Théophile, Diofcore & Præfentinus.

Cette première édition du code parut au mois d'avril 529 : l'année fuivante Juftinien fit une ordonnance adreffée à Tribonien, qu'il chargea de raffembler de même en un feul corps d'ouvrage les plus belles décifions qui étoient répandues dans les ouvrages des anciens jurifconfultes ; d'en faire une collection & compilation diftribuées fuivant l'ordre de l'édit perpétuel, ou fuivant celui du code qui avoit été publié l'année précédente ; de divifer cette collection en cinquante livres, & chaque livre en plufieurs titres : il y avoit, comme on l'a déjà dit, plus de deux mille volumes, & plus de trois cens mille vers. Outre le choix qu'il avoit à faire, il falloit concilier les différentes opinions des Sabiniens & des Proculéiens ; c'eft pourquoi Juftinien permit à Tribonien de fe choifir quelques-uns de ceux qui excelloient alors dans la fcience du droit, pour l'aider dans ce travail ; il ordonna que cette nouvelle compilation feroit appellée *digeftes* ou *pandectes*.

Le terme de *digefte* n'étoit pas nouveau ; plufieurs jurifconfultes avoient déjà mis ce titre à leurs ouvrages ; il y avoit dès-lors les *digeftes* de Julien, ceux d'Alphenus Varus, de Juventius Celfus, d'Ulpius Marcellus, de Cerbidius Scevola, & de plufieurs autres. On appelloit *digeftes* tous les livres qui renfermoient des matières de droit digérées, & mifes par ordre *quafi digefta*.

A l'égard du nom de *pandectes*, que Juftinien donna aufli à cette compilation, ce terme eft dérivé du grec, & compofé de πᾶν, qui fignifie *omne*, & de δέχομαι, *complector* ; de forte que *pandectes* fignifie un *recueil* qui comprend tout. Ce nom de *pandectes* n'étoit pas non plus nouveau. Gellius rapporte (*liv. XIII de fes Nuits attiques,*

Jurifprudence. Tome III.

cap. 9.) que Tullius Tiro, élève de Cicéron, avoit compofé certains livres qu'il intitula en grec *pandecta*, comme contenant un précis de toutes fortes de chofes & de fciences. Et Pline, en fa préface de fon *Hiftoire naturelle*, dit que ce titre avoit paru à quelques-uns trop faftueux. Ulpien, Modeftinus & autres intitulèrent aufli quelques-uns de leurs ouvrages *pandectes*.

Juftinien ordonna aufli que les mots feroient écrits tout au long dans le *digefte*, & défendit d'y employer les notes & abréviations qui avoient jetté tant de doutes & d'obfcurités dans les livres des anciens jurifconfultes. Enfin il défendit à tous jurifconfultes de faire des commentaires fur le *digefte*, pour ne pas retomber dans la même confufion où l'on étoit auparavant ; il permit feulement de faire des paratitles ou fommaires du *digefte*.

Tribonien s'affocia feize jurifconfultes, du nombre defquels furent la plupart de ceux qui avoient été employés à la compilation du code. Ces feize jurifconfultes font les deux Conftantins, Théophile, Dorothée, Anatolius, Cratinus, Eftienne, Menna, Profdocius, Eutolmius, Timothée, Léonides, Léontius, Platon, Jacques & Jean.

Le *digefte* fut parfait en moins de trois années, ayant été publié le 17 des calendes de janvier 533.

Juftinien loue Tribonien & fes collègues de leur diligence, & parle du *digefte*, comme d'un ouvrage dont il n'efpéroit pas de voir la fin avant dix années ; ce qui apparemment a fait croire à quelques modernes que Juftinien avoit donné dix ans à Tribonien pour travailler à cet ouvrage, quoique le temps ne fût point fixé : quelques-uns ont même pris de-là occafion d'accufer Tribonien & fes collègues de précipitation ; mais trois années étoient bien fuffifantes à dix-fept jurifconfultes des plus habiles, pour faire une fimple compilation.

Il faut encore obferver, par rapport à la compilation du *digefte*

1°. Que l'on n'y a fait entrer des fragmens que des livres des jurifconfultes, qui avoient eu permiffion de répondre publiquement fur le droit, & que les ouvrages des autres jurifconfultes furent totalement laiffés à l'écart. Mais on ne fe fervit pas feulement des écrits de ceux qui avoient été autorifés par Valentinien III, on y a fait aufli entrer des fragmens de plufieurs autres qui avoient été approuvés, pour répondre fur le droit.

2°. Que les rédacteurs du *digefte* ont évité avec foin toutes les contradictions des Sabiniens & des Proculéiens, & autres jurifconfultes.

3°. Quoique les notes d'Ulpien, de Paulus & de Marcien, fur les ouvrages de Papinien, n'euffent point la même autorité que leurs autres ouvrages, à caufe de la haute confidération que l'on avoit pour Papinien ; cependant Juftinien permit aux rédacteurs du *digefte* d'en prendre ce qui feroit néceffaire : & la prérogative que Valentinien III avoit accordée à

Y Y y y

Papinien, que son avis prévaloit sur celui des autres, étant en nombre égal, n'a plus lieu dans le *digeste*, soit parce que l'on n'y a point admis de diverses opinions, soit parce que tout ce qui y est compris, ayant été adopté par Justinien, est censé émané de lui, & a la même autorité.

Enfin il fut permis aux rédacteurs de corriger & de réformer ce qu'ils jugeroient à propos dans les écrits des jurisconsultes: comme ils le firent en effet en plusieurs endroits, où il s'agissoit de concilier l'ancien droit avec le nouveau.

Le *digeste*, quoique fait à Constantinople, a été rédigé en latin tel que nous l'avons. Dans la suite, l'empereur Phocas le fit traduire en grec par Thaléleus; Haloander dit avoir vu cette traduction manuscrite, mais elle n'a point encore été publiée.

A l'égard de l'ordre que Tribonien a suivi dans l'arrangement du *digeste*, on conçoit assez celui des livres & des titres, quoiqu'il eût été facile d'en faire un meilleur; mais pour ce qui est des loix qui sont placées sous chaque titre, il semble qu'elles aient été jettées toutes à-la-fois sans aucun choix ni arrangement: en effet, elles n'ont nulle liaison entre elles; celle qui précède devroit souvent être la dernière, & plusieurs conviendroient beaucoup mieux sous d'autres titres.

Il y a deux divisions différentes du *digeste*, qui sont l'une & l'autre de Justinien.

La première est en cinquante livres, & chaque livre contient plusieurs titres, qui sont divisés en plusieurs loix. On a mis en tête de chaque loi le nom du jurisconsulte, & de l'ouvrage dont elle a été tirée, afin que le nom de tous ces savans personnages ne demeurât point dans l'oubli. Les loix sont la plupart divisées en plusieurs parties, la première appellée *principium*, & les autres nommées *paragraphes*.

Le premier livre composé de vingt-deux titres, dont le premier est *de justitiâ & jure*, traite de la justice en général, du droit & de ses différentes parties; de la division des personnes & de celle des choses; des sénateurs & autres magistrats; de leurs délégués & assesseurs.

Le second livre divisé en quinze titres, traite du pouvoir des magistrats & de leur jurisdiction; de la manière de traduire quelqu'un en jugement; des conventions & transactions.

Dans le troisième livre, qui ne contient que six titres, on explique ceux qui peuvent postuler; on traite des infames qui sont exclus de cette fonction; enfin du ministère des avocats, procureurs, syndics, & de la calomnie, dont tous les ministres de la justice doivent s'abstenir.

Le quatrième livre divisé en neuf titres, traite des causes de restitution en entier, des compromis, & des arbitrages: il y est aussi parlé des mineurs & de la dégradation d'état, des nautonniers, hôteliers d'hommes & de chevaux, & autres qui sont chargés de choses appartenantes à autrui.

Le cinquième livre, qui est en six titres, après avoir parlé de la jurisdiction, & expliqué devant qui l'assignation doit se donner, traite du testament inofficieux, de la demande d'hérédité en tout ou partie, & de la demande d'hérédité fidéi-commissaire.

Dans le sixième livre, où il n'y a que trois titres, sont réglées toutes les actions réelles, soit civiles & directes, soit prétoriennes & utiles, pour les choses que l'on revendique.

Le septième livre renferme en neuf titres tout ce qui concerne l'usufruit, les servitudes personnelles, l'habitation, l'usage des fonds & ce qui en dépend, & les sûretés que l'usufruitier doit donner.

La matière des servitudes réelles, tant pour les biens de ville que pour ceux de campagne, est traitée dans le huitième livre en six titres.

Le neuvième livre, qui n'a que quatre titres, explique certaines actions personnelles qui imitent les réelles; telles que les actions noxales, l'action de la loi *aquilia*, & l'action qui a lieu contre ceux qui ont jetté quelque chose en un lieu de passage, qui a blessé quelqu'un, ou fait quelque autre dommage; & l'action donnée contre ceux qui ont sur leurs fenêtres quelque chose qui pourroit fortuitement causer du dommage aux passans.

Il n'y a de même que quatre titres dans le dixième livre, lequel traite des actions mixtes; telles que l'action de bornage, celle à fin de partage d'une succession ou autre chose; il traite aussi de l'action *ad exhibendum*, qui est une préparation à l'action réelle.

Dans le onzième livre divisé en huit titres, il est parlé des interrogatoires sur faits & articles, des diverses sortes d'affaires dont un même juge peut connoître; il traite ensuite des esclaves corrompus & fugitifs, des personnes qui jouent aux jeux de hasard, de l'arpenteur qui a fait un faux rapport, enfin des sépultures & des frais funéraires.

Le douzième livre, qui contient sept titres, règle les actions personnelles, où le demandeur conclut à ce que le défendeur soit tenu de lui transférer la propriété de quelque chose; telles que l'action qui dérive du prêt, & autres actions appellées en droit *condictio*; parce qu'elles ont un objet certain, soit que la cause en soit légitime ou non, ou qu'elle n'ait pas été réalisée.

Le treizième livre, qui renferme sept titres, a pour objet les mêmes actions dont l'objet est certain, lorsque l'estimation en est incertaine, & doit être faite par le juge. Il traite aussi de l'action mixte, relative aux choses dont l'estimation est quelquefois certaine, & quelquefois incertaine; & des demandes qui, quoique fondées sur une obligation, n'ont pas d'objet fixe ni certain.

Les six titres qui composent le quatorzième livre, concernent d'abord les actions qui naissent de la gestion & du fait d'autrui; telle que l'action appellée *exercitoria* : de-là le légiflateur paffe à ceux qui font des affaires avec les perfonnes étant en la puiffance d'autrui ; ce qui donne occafion de parler du fénatufconfulte macédonien.

On peut regarder le quinzième livre comme un fupplément du précédent, puifqu'il traite du pécule des enfans & de celui des efclaves, & de l'action réfultante de ce qui a tourné au profit des pères ou des maîtres, & de celle qui réfulte des contrats que les enfans ou les efclaves ont paffés par ordre de leurs pères ou de leurs maîtres.

Les trois titres du livre feizième concernent autant de matières différentes ; favoir, le velleïen, la compenfation & l'action de dépôt.

Il en eft de même du dix-feptième livre, dont les deux titres traitent, l'un du mandat, l'autre de la fociété.

Le dix-huitième livre, compofé de fept titres, explique ce que c'eft que le contrat de vente, les conditions qu'il eft d'ufage d'y ajouter ; il traite auffi de la vente d'une hérédité, ou d'une action que l'on a pour demander quelque chofe ; de la refcifion de la vente, des caufes pour lefquelles on peut s'en départir, de ceux fur qui doivent tomber le gain ou la perte, & autres événemens ; enfin de l'accompliffement des conditions, relatives à l'ufage que l'acheteur pouvoit faire des efclaves qu'on lui a vendus.

Dans le dix-neuvième livre, diftribué en cinq titres, fe trouvent les actions qui naiffent du contrat de vente pour l'acheteur & pour le vendeur, l'action de louage, celle qui concerne l'eftimation de la chofe vendue ; ce même livre traite auffi de l'échange & des actions que produifent les contrats innommés.

Le vingtième traite en fix titres les gages & hypothèques, la préférence entre créanciers, la fubrogation aux droits des plus anciens, la diftraction des chofes engagées & hypothéquées, la libération du gage, & l'extinction de l'hypothèque.

Le vingt-unième livre, qui ne contient que trois titres, explique d'abord l'édit des édiles par rapport à la vente des efclaves & des animaux, enfuite ce qui concerne les évictions, les garanties, & l'exception tirée de la chofe vendue & livrée.

Les objets du vingt-deuxième livre, qui eft divifé en fix titres, font les intérêts, les fruits, les dépendances & accessoires des chofes, les intérêts de l'argent placé fur mer, les preuves & préfomptions, l'ignorance de droit & de fait.

Les cinq titres qui compofent le vingt-troisième livre, parlent des fiançailles & mariages, des dots promifes ou données, des conventions qui y ont rapport, & des loix faites pour la confervation des biens dotaux.

La fuite de cette matière eft dans les livres vingt-quatrième & vingt-cinquième. Le premier, qui contient trois titres, traite des donations entre mari & femme, des divorces & de la répétition de la dot.

Le vingt-cinquième, compofé de fept titres, traite des impenfes faites fur la dot, ou en diminution de la dot, de l'action qui a lieu pour les chofes fouftraites pèndant le mariage, de l'obligation de nourrir les enfans, de la vifite des femmes qui fe difent enceintes lors du divorce, ou lors de la mort de leurs maris, & enfin des concubines.

Les vingt-fixième & vingt-feptième livres divifés chacun en dix titres, embraffent tous deux ce qui concerne les tutèles & curatelles, l'adminiftration des tuteurs, l'action qui réfulte de la tutèle, les caufes qui excufent de la tutèle, l'aliénation des biens de ceux qui font en tutèle ou curatelle, la néceffité de donner des curateurs aux prodigues & autres que les mineurs, qui ne font pas en état de gouverner leurs biens.

Les fucceffions teftamentaires font l'objet du vingt-huitième livre, qui contient huit titres fur les teftamens, leurs différentes efpèces, les perfonnes qui peuvent tefter, les formalités des teftamens, l'inftitution, l'exhérédation, & la prétention des enfans nés & des pofthumes ; les nullités des teftamens, les fubftitutions vulgaires & pupillaires, les conditions appofées aux inftitutions, & le droit de délibérer.

Le vingt-neuvième livre, qui eft une continuation de la même matière, contient fept titres fur les teftamens militaires, l'acceptation, acquifition, abftention, & répudiation d'hérédité ; l'ouverture des teftamens, les fénatufconfultes Syllanien & Claudien, fur ceux qui contraignent ou empêchent les autres de tefter ; enfin fur les codicilles.

Les trois livres fuivans, qui font le trentième, trente-unième & trente-deuxième, renferment la matière des fidéi-commis & legs particuliers ; ils ne contiennent chacun qu'un feul titre, & font tous intitulés de même, *de legatis & fidéi-commiffis* : mais pour les diftinguer en les citant, on dit *de legatis* 1°. *de legatis* 2°. *de legatis* 3°.

Le trente-troisième, divifé en dix titres, traite d'abord des legs particuliers qui ne font pas payables à une feule fois, mais qui forment des penfions annuelles pendant la vie du légataire, ou autre temps limité ; il traite enfuite des autres chofes léguées à titre particulier, tels que les legs du pécule, des meubles, des provifions de ménage, & autres chofes de même nature.

On continue à parler des legs particuliers dans le trente-quatrième livre, lequel a neuf titres, fur les legs d'alimens, fur les legs de certaines chofes, telles que de l'or, de l'argent, des parures, embelliffemens, habits, ftatues ; des legs transportés d'une perfonne à une autre ; de ceux qui font incertains par l'ambiguïté des termes, ou par quelque événement imprévu, des legs inutiles, tels que ceux qui font faits *pœnæ caufâ* ; & à cette occafion il explique la règle catonienne. Il parle auffi des legs inintelligibles & de ceux dont les légataires font privés pour caufe d'indignité.

Le surplus de ce qui concerne les legs & fidei-commis particuliers, est renfermé dans le trente-cinquième livre qui n'a que trois titres, lesquels traitent des conditions attachées aux legs, des causes, des legs, des bornes que les testateurs doivent s'y prescrire; de la falcidie & réduction des legs, en ce qu'ils préjudicieroient à la falcidie.

Les fidei-commis universels font la matière du trente-sixième livre, qui contient quatre titres, il explique les dispositions des sénatusconsultes Trebellien & Pegasien; le temps où les legs & fidei-commis, soit purs & simples, ou conditionnels, font dus; en quel cas l'héritier est obligé de donner caution pour les legs & fidei-commis.

Le trente-septième livre contient quinze titres, qui roulent sur deux objets; savoir, sur les successions prétoriennes, qui s'adjugent tant *secundùm tabulas*, que *contra tabulas*, & sur le droit de patronage; & sur le respect que les enfans doivent avoir pour leurs pères, & les affranchis pour leurs patrons.

Le livre suivant, qui est le trente-huitième, renferme un plus grand nombre d'objets: il est divisé en dix-sept titres, qui traitent des devoirs des affranchis envers leurs patrons; de la succession des affranchis; des degrés de parenté par rapport aux successions; de la succession des gens de guerre, tant au service que vétérans; de la possession de biens, extraordinaire ou subsidiaire; de celle qui est déférée par les loix, sénatusconsultes, ou par les constitutions des empereurs; enfin des héritiers siens & légitimes, & des sénatusconsultes Tertullien & Orphicien.

Dans le trente-neuvième, qui ne contient que six titres, on explique d'abord les moyens que la loi ou le préteur fournissent pour prévenir le dommage dont on est menacé: ces moyens font la dénonciation d'un nouvel œuvre, la demande d'un cautionnement, & l'action pour obliger à remettre les choses dans l'ancien état. Ce même livre explique ensuite les donations entre-vifs, & à cause de mort.

Le quarantième contenant seize titres, traite de l'état & condition des personnes, & de tout ce qui a rapport aux affranchissemens & à la liberté.

Les différentes manières d'acquérir ou de perdre la propriété & la possession des choses, & en particulier la prescription, font expliquées dans le quarante-unième livre, en dix titres.

Les huit titres du quarante-deuxième livre font sur la chose jugée, sur l'effet des sentences définitives & interlocutoires, les confessions faites en jugemens, la cession de biens, l'envoi en possession des biens du débiteur qui est en fuite, ou qui ne se défend pas; les biens saisis ou vendus par autorité de justice; la séparation des biens de l'héritier d'avec ceux du défunt, qui étoit débiteur; le curateur nommé pour l'administration & la vente des biens du débiteur; enfin sur la révoca-tion de tout ce que l'on feroit pour frauder les créanciers.

Les interdits ou actions possessoires, tels que ceux *quorum bonorum*, *quod legatorum*, & autres semblables, font l'objet du quarante-troisième livre, qui est divisé en trente-trois titres, cette matière étant d'un très-grand détail.

Il étoit naturel de traiter des actions avant de parler des exceptions: on a cependant fait tout le contraire dans le quarante-quatrième livre, dont les six premiers titres parlent des exceptions tirées de la chose jugée, du laps de temps, & de la prescription, & autres causes semblables; le septième & dernier titre, contient une énumération des obligations & des actions.

Il n'y a que trois titres dans le quarante-cinquième livre, lequel concerne les stipulations faites par les hommes libres, & par les esclaves.

Pour ce qui est du quarante-sixième livre qui contient huit titres, il traite des fide-jussions, novations, délégations, des paiemens réels, décharges, acceptilations, des stipulations prétoriennes, & des cautionnemens.

Dans le quarante-septième composé de vingt-trois titres, on explique les peines qui ont lieu pour les délits privés, ce qui comprend les vols; pour les injures verbales & par écrit; pour les voies de fait, les crimes qui attaquent la religion, ceux qui blessent la sûreté ou l'honnêteté publiques; les crimes de sépulcre violé, de concussion, de vol de bétail, prévarication, spoliation d'hoirie, stellionat, dérangement de bornes, établissemens illicites, & autres cas semblables; enfin les actions populaires, ouvertes pour la vengeance des délits qui donnent atteinte aux droits du peuple.

Les vingt-quatre titres dont est composé le quarante-huitième livre, traitent des délits publics en général, tels que font les crimes de lèse-majesté, d'adultère, meurtre, poison, parricide, faux, concussion, péculat, & autres semblables; de l'instruction & jugement des procès criminels, de l'abolition des crimes, de la question ou torture, des peines que l'on peut infliger aux coupables, de l'exécution des condamnés, de la confiscation, de la permission d'inhumer les corps de ceux qui ont été exécutés à mort.

Le quarante-neuvième livre, qui contient dix-huit titres, traite des appellations, des droits du fisc, de ceux qui font en captivité, & de ceux qui usent du droit de retour, & de ceux qui ont été rachetés chez les ennemis; de la discipline militaire, du pécule *castrense*, & des privilèges des soldats vétérans.

Enfin le cinquantième & dernier livre du *digeste*, composé de dix-sept titres, explique les droits des villes municipales, & de leurs habitans; il traite ensuite des décurions & de leurs enfans; du rang de ceux qui avoient possédé les dignités accordées par le prince, & les honneurs municipaux; des emplois publics, patrimoniaux & personnels, pour quelles causes on peut s'en exempter : des ambassadeurs, de l'administration des deniers & autres choses appartenantes aux villes ; des décrets faits par les décurions & autres officiers municipaux ; des ouvrages publics, des foires & marchés, des pollicitations ; des matières extraordinaires, dont la connoissance appartenoit aux présidens des provinces ; des proxenètes ou entremetteurs ; des dénombremens pour lever les impôts. Les deux derniers titres sont l'un *de verborum significatione*, l'autre *de regulis juris antiqui*.

Outre cette première division, que Justinien fit du *digeste* en cinquante livres, il en fit encore une autre en sept parties, composée chacune de plusieurs livres. Quelques-uns ont pensé que ce fut pour rapporter au même objet tout ce qui en dépend ; mais Justinien lui-même annonce que cette division eut pour principe la considération qui étoit alors attachée au nombre septénaire.

La première partie, qui fut désignée par le mot grec πρῶτα, comprit les quatre premiers livres, qui traitent des principes du droit, des juges, des jugemens, des personnes qui sont en procès, & des restitutions en entier.

La seconde, intitulée *de judiciis*, fut composée du cinquième livre & des suivans, jusques & compris le onzième.

La troisième intitulée *de rebus*, fut composée des huit livres qui traitent des choses ; savoir le douzième & suivans, jusqu'à la fin du dix-neuvième.

La quatrième, intitulée *de pignoribus*, comprenoit aussi huit livres ; savoir le vingtième & suivans, jusques & compris le vingt-septième.

La cinquième partie appellée *de testamentis*, étoit composée de neuf livres, à commencer par le vingt-huitième, & finissant par le trente-sixième.

La sixième, *de bonorum possessionibus*, commençoit par le trente-septième livre, & finissoit par le quarante-quatrième.

Enfin la septième & dernière, intitulée *de speculationibus*, étoit composée des six derniers livres.

Il y a une troisième division du *digeste* en trois parties, mais qui n'est ni de Justinien ni de Tribonien ; on l'attribue communément au jurisconsulte Bulgare, qui vivoit dans le douzième siècle ; & à quelques autres docteurs ses contemporains. D'autres prétendent que cette division n'est venue que d'un libraire, qui la fit sans autre objet que celui de partager la matière en trois tomes à-peu-près égaux. Quoi qu'il en soit, la première partie, suivant cette division, est intitulée *digestum vetus*, ou le *digeste ancien* : elle a été ainsi appellée, comme ayant été *rédigée* ou imprimée la première ; elle comprend depuis le commencement du premier livre, jusqu'à la fin du second titre du vingt-quatrième livre.

La seconde partie s'appelle *digestum infortiatum* ; le *digeste infortiat*, ou l'*infortiat* simplement. Ce nom bisarre paroît lui avoir été donné, à cause que cette partie étant celle du milieu, semble être fortifiée &

soutenue par la première & la troisième, ou parce que cette seconde partie contient les matières les plus importantes, notamment les successions, les testamens & les legs ; elle commence au troisième titre du vingt-quatrième livre, & finit avec le livre trente-huitième.

La troisième partie, qui commence au trente-neuvième livre ; & va jusqu'à la fin de l'ouvrage, s'appelle *digestum novum*, digeste nouveau, c'est-à-dire le dernier rédigé ou imprimé.

Nous parlerons, dans un moment, des autres arrangemens que quelques jurisconsultes modernes ont faits du *digeste*, après avoir rendu compte de ce qui s'est passé précédemment par rapport à cet ouvrage.

Quelque soin que l'on ait pris pour le rendre exact, il n'a pas laissé de s'y glisser quelques fautes. Cujas, l'un des auteurs qui ont pensé le plus favorablement de la compilation du *digeste* en général, y a trouvé plusieurs choses à reprendre, qu'il a relevées dans ses observations, *liv. I, ch. xxij*, & *liv. VI, ch. xiij*, & dans le *liv. VIII, ch. xxxvij* ; il a remarqué les endroits où il se trouve encore quelques vestiges des dissensions des anciens jurisconsultes. Antoninus Faber, dans ses *conjectures*, & quelques autres auteurs, ont été jusqu'à taxer Tribonien d'infidélité. Ils ont prétendu que Tribonien vendoit la justice, & accommodoit les loix selon les intérêts de ses amis. Ce reproche amer inventé par Suidas, paroît sans fondement. Du reste Cujas & Mornac ont rendu justice à la capacité de Tribonien, auteur de la compilation du *digeste*.

D'autres ont aussi fait un reproche à Justinien, ou plûtôt à Tribonien, d'avoir supprimé les écrits des anciens jurisconsultes dont il se servit pour composer le *digeste* ; mais quel intérêt auroit-il eu de le faire ? Si l'on avoit conservé cette multitude de volumes qu'il a fallu compiler & concilier, on reconnoîtroit sans doute encore mieux le mérite du *digeste*. Justinien, loin de paroître jaloux de la gloire des anciens jurisconsultes, & de vouloir s'approprier leurs décisions, a fait honneur à chacun d'eux de ce qui lui appartenoit ; & rien ne prouve que leurs écrits aient été supprimés par son ordre ni de son temps. Il y a apparence que l'on commença à en négliger la plus grande partie, lorsque Théodose le jeune donna la préférence aux ouvrages de Papinien & de quelques autres ; que la rédaction du *digeste* fit oublier le surplus, comme inutile ; enfin que tous ses écrits se sont perdus par le malheur des temps, & par les courses des Goths & autres barbares qui ont plusieurs fois saccagé & pillé Rome & toute l'Italie, l'Allemagne, les Gaules & Constantinople.

De tous les ouvrages des anciens jurisconsultes, il ne nous reste que les institutes de Caïus, des fragmens d'Ulpien, & des sentences de Julius Paulus. Ce furent ceux d'Anien choisit, comme les meilleurs, lorsque le roi Alaric le chargea d'introduire le droit romain dans ses états. *Voyez* CODE.

Peu de temps après la mort de Justinien, les compilations des loix faites par ordre de cet empereur, furent négligées dans l'Orient : l'empereur Basile & ses successeurs firent une autre compilation de loix sous le nom de *basiliques*.

Dans l'Occident, singuliérement dans la partie des Gaules où l'on suivoit le droit écrit, on ne connoissoit que le code Théodosien, les institutes de Caïus, & l'édit perpétuel.

Le *digeste* qui avoit été perdu & oublié pendant plusieurs siècles, fut retrouvé par hasard en Italie en 1130, lorsque l'empereur Lothaire II, qui étoit venu au secours du pape Innocent II, prit Amalfi, ville de la Pouille. Dans le pillage de cette ville, des soldats trouvèrent un livre qui étoit depuis long-temps oublié dans la poussière, & auquel sans doute ils ne firent attention, qu'à cause que la couverture en étoit peinte de plusieurs couleurs : c'étoient les pandectes de Justinien. Quelques-uns ont cru que ce manuscrit étoit celui de Justinien, ou du moins celui de Tribonien ; d'autres, que c'étoit l'ouvrage de quelque magistrat romain qui avoit été gouverneur de cette ville : mais tout cela est avancé au hasard. M. Terrasson, en son *Hist. de la Jurisprud. rom.*, croit plutôt que cet exemplaire des pandectes fut apporté à Amalfi par quelque homme de lettres de ce pays-là, qui avoit voyagé en Grèce.

Politien & Juste-Lipse ont pensé que ce manuscrit étoit du temps de Justinien. Le père Mabillon, mieux versé dans la connoissance de ces anciennes écritures, tient que celle-ci est du sixième siècle ; & suivant le caractère, il paroît que c'est l'ouvrage d'un copiste grec qui les a écrites à Constantinople ou à Beryte.

L'empereur Lothaire voulant récompenser les habitans de Pise qui l'avoient secondé dans ses desseins, leur fit présent du manuscrit des pandectes, & ordonna que cette loi seroit observée dans tout l'empire. Les habitans de Pise conservèrent long-temps avec soin ce manuscrit ; c'est de-là que dans quelques anciennes gloses le *digeste* est appellé *pandectæ pisanæ* ; & que quand les interprètes des autres pays étoient divisés sur la véritable teneur de quelque endroit du texte des pandectes, ils avoient coutume de se renvoyer ironiquement les uns les autres à Pise, où étoit le manuscrit original.

Mais l'année 1406 les Florentins s'étant rendus maîtres de la ville de Pise, le général des Florentins enleva le manuscrit des pandectes, & le fit porter à Florence ; ce qui fit depuis ce temps donner au *digeste* le nom de *pandectæ florentinæ*. Ce manuscrit est en deux volumes dont les Florentins firent enrichir la couverture de plusieurs ornemens : ils firent aussi construire exprès un petit cabinet ou armoire dans le palais de la république, pour déposer ce manuscrit, qui est toujours dans le même endroit ; & jusqu'au dix-septième siècle, quand on le montroit à des étrangers,

c'étoit avec beaucoup de cérémonies : le premier magistrat de la ville y assistoit nue tête, & des religieux bernardins tenoient des flambeaux allumés.

On conserve encore dans diverses bibliothèques plusieurs anciens manuscrits du *digeste*, & entre autres dans celle du roi, & dans les bibliothèques Vaticane, Urbine, Palatine, Barbérine, & Otobonienne, qui sont à Rome ; dans celle de Venise & autres, dont on peut voir le détail dans M. Terrasson, *Histoire de la Jurisprudence romaine* ; mais aucun de ces manuscrits ne remonte au-delà du douzième siècle ; & celui de Florence est regardé par tous les auteurs comme le plus ancien, le plus authentique, & celui dont tous les autres sont émanés.

Depuis l'invention de l'imprimerie, le *digeste* a été imprimé un grand nombre de fois, & presque toujours avec les autres livres de Justinien ; ce qui forme le corps de droit, dont l'édition la plus estimée est celle faite à Amsterdam en 1663, en deux volumes *in-folio*, avec des notes des plus célèbres commentateurs.

Le *digeste* paroît avoir été observé en France, de même que les autres livres de Justinien, depuis le temps de Louis le jeune, du moins dans les provinces appellées *de droit écrit*.

Les jurisconsultes modernes qui ont travaillé sur le *digeste*, sont en trop grand nombre pour en faire une énumération complète : nous parlerons seulement ici de quelques-uns des plus célèbres.

Irnerius, allemand de naissance, qui s'employa pour le rétablissement du *digeste* & autres livres de Justinien, fit de petites scholies qui donnèrent lieu dans la suite à des gloses plus étendues.

Haloander donna, vers l'année 1500, une nouvelle édition du *digeste*, plus correcte que les précédentes, & qui fut appellée *norique*, parce qu'elle est dédiée au sénat de Nuremberg.

Barthole, Balde, Paul de Castre, Alexandre de Imola, Decius, Alciat, Pacius, Perezius, Guillaume Budée, Duaren, Dumoulin, Fernand, Hotman, Cujas, Mornac, & plusieurs autres encore plus récens, & qui sont connus, ont fait des commentaires sur le *digeste* ; les uns ont embrassé la totalité de l'ouvrage ; d'autres se sont bornés à expliquer quelques livres, ou même seulement quelques titres.

On se sert ordinairement pour citer le *digeste*, d'une abréviation composée de deux *f* liées en cette forme, ff ; ce qui vient de la lettre grecque π, dont on se servoit pour citer les pandectes, & que les copistes latins prirent pour deux ff jointes. On se sert aussi quelquefois de la lettre *d* pour citer le *digeste*.

Quelques jurisconsultes du seizième siècle commencèrent à critiquer la compilation du *digeste*, & singuliérement l'ordre des matières, & l'arrangement que l'on a donné aux fragmens tirés des anciens jurisconsultes.

Cujas au contraire a taxé d'ignorance ceux qui blâmoient l'ordre du *digeste*; il engagea cependant Jacques Labitte son disciple à composer un ouvrage contenant le plan du *digeste* dans un nouvel ordre, pour mieux pénétrer le sens des loix en rapprochant les divers fragmens qui sont d'un même jurisconsulte. Ce livre a pour titre: *Index omnium quæ in pandectis continentur, in quo*, &c. il fut publié à Paris en 1577. C'est un volume in-4°. qui a trois parties; la première a pour objet de rassembler les divers fragmens de chaque jurisconsulte, qui appartiennent au même ouvrage; la seconde contient une table des jurisconsultes dont il n'y a aucune loi dans le *digeste*, mais qui y sont cités; la troisième est une dissertation sur l'usage que l'on doit faire des deux premières parties.

L'exemple de Labitte a excité plusieurs autres jurisconsultes à donner aussi de nouveaux plans du *digeste*.

Volfangus Freymonius en donna un en 1574, intitulé *Symphonia juris utriusque chronologica, in quâ*, &c. Cet ouvrage concerne tout le corps de droit; & pour ce qui concerne le *digeste* en particulier, l'auteur a perfectionné le travail de Labitte.

Antoine-Augustin, archevêque de Tarragone, donna en 1579 un ouvrage intitulé, *de nominibus propriis*, ΤΟΥ ΠΑΝΔΕΚΤΟΥ, *Florentini cum notis*, où il enchérit encore sur Labitte & sur Freymonius, en ce qu'à côté de chaque portion qu'il rapproche de son tout, il marque le chiffre du livre, du titre & de la loi.

Loysel avoit aussi fait un *index* dans le goût de celui de Labitte.

Ces auteurs n'avoient fait que tracer un plan pour mettre le *digeste* dans un nouvel ordre; mais personne n'avoit encore entrepris l'exécution de ce plan.

Après le décès de M. Dugone, avocat au parlement, & docteur honoraire de la faculté de droit de Paris, on trouva dans ses papiers un *digeste* arrangé suivant le plan de Labitte & des autres auteurs dont on vient de parler. Cet ouvrage est actuellement entre les mains de M. Boullenois, avocat, qui en a donné au public une description en forme d'avis. Ce nouveau *digeste* n'est point manuscrit, & on ne peut dire qu'il est imprimé, n'étant composé que de loix découpées de plusieurs exemplaires du corps de droit, que l'on a collées & arrangées sous chaque jurisconsulte, avec un petit abrégé de sa vie, & l'index chiffré de Labitte: le tout forme trois volumes in-fol.

M. Terrasson, sans blâmer l'exécution du projet de Labitte & autres semblables, fait sentir que cela n'est pas seul capable de donner une parfaite connoissance de l'esprit & des vues de chaque jurisconsulte, parce qu'entre les fragmens que l'on peut rapprocher, il en manque beaucoup d'autres que l'on n'a plus.

Il auroit sans doute parlé bien différemment, s'il avoit vu l'ouvrage que M. Potier, conseiller au présidial d'Orléans, a donné au public en trois volumes in-fol. sous le titre, des *Pandectes de Justinien* mises dans un nouvel ordre, avec les loix du code, & des novelles qui confirment le droit du *digeste*, qui l'expliquent ou l'abrogent.

Le but de cet ouvrage est de rétablir l'ordre qui manque dans le *digeste*, & de rendre par ce moyen les loix plus intelligibles, & l'étude du droit plus facile.

On auroit pu donner aux livres & aux titres du *digeste* un meilleur ordre que celui qu'ils ont; mais M. Potier n'a pas cru devoir s'en écarter, afin que l'on retrouve plus aisément dans son ouvrage les titres du *digeste* dont on veut étudier le véritable sens. Il a rangé sous chaque titre les loix qui en dépendent, dans l'ordre qui lui a paru le plus convenable, & a renvoyé à d'autres titres celles qui lui ont paru y avoir plus de rapport; ensorte néanmoins qu'il n'a omis aucune portion du texte, & n'a fait à cet égard que le mettre dans un meilleur ordre.

Il y a joint quelques fragmens de la loi des douze tables de Gaïus, d'Ulpien & des sentences de Paulus, afin d'éclaircir le droit qui étoit en vigueur du temps des jurisconsultes dont les écrits ont servi à former le *digeste*; droit sans la connoissance duquel il est impossible d'entendre certaines loix.

Il y a aussi inséré la plupart des loix du code, & les novelles qui confirment, & expliquent ou abrogent quelque endroit du *digeste*. Les loix publiées jusqu'au temps de Constantin, y sont rapportées en leur entier. A l'égard de celles des empereurs qui ont régné depuis, comme elles sont trop longues, & souvent d'un style barbare, il s'est contenté d'en rapporter l'esprit.

L'auteur a suppléé *de suo* la plupart des définitions, des divisions, règles & exceptions, & même les propositions nécessaires pour la liaison des textes; mais tout ce qu'il a mis du sien est en caractères italiques, & par-là distingué du texte qui est en caractère romain.

Il a aussi ajouté quelques notes, tant pour éclaircir les textes qui lui ont paru obscurs, que pour rétablir ceux qui paroissent avoir été corrompus en les corrigeant suivant les observations de Cujas & des meilleurs interprètes, & enfin pour concilier les loix qui paroissent opposées les unes aux autres.

A la fin du troisième tome il y a une table de tous les livres, titres, loix, & paragraphes du *digeste*, suivant l'ordre de Justinien, qui indique le tome, la page & le nombre où chaque objet est rapporté dans le *digeste* de M. Potier. (*A*)

DIGNER, en latin *DIGNERIUM* ou *DISNERIUM*, v. a. (*Droit féodal.*) c'est un droit de repas ou de dîner. Plusieurs offices, sur-tout ceux qui étoient inféodés, jouissoient de ce droit. Une charte de Philippe le Hardi, donnée en 1275, déchargea les religieux de S. Germain-des-prés d'un droit de cette efpèce qu'ils devoient annuellement au prévôt royal de Château-fort, pour un de leurs domaines. *Voyez le Glossaire* de Laurière. (*M. GARRAN DE COULON.*)

DIGNITAIRE, f. m. (*Jurisprud.*) eft celui qui eft pourvu d'une dignité eccléfiaftique dans un chapitre, comme le doyen ou prévôt, le grand-chantre, l'archidiacre, le chancelier, le pénitencier. *Voyez* DIGNITÉS *eccléfiaftiques.* (*A*)

DIGNITÉ, f. f. (*Jurisprud.*) eft une diftinction éminente, une qualité honorable, qui relève l'état d'une perfonne, & dont celui qui en eft revêtu peut prendre le titre & en accompagner fon nom. Elle a été ainfi appellée, comme pour dire qu'elle rend la perfonne digne de la confidération publique attachée à fa place.

La *dignité* des perfonnes eft différente de leur condition, qui ne concerne que l'état ; comme d'être libre ou affranchi, père ou fils de famille, en tutèle, émancipé ou majeur.

Toute qualité honorable ne forme pas une *dignité* ; il faut que ce foit un titre que la perfonne puiffe prendre elle-même : ainfi les qualités de *riche* & de *favant* ne font pas des *dignités*, parce qu'on ne fe qualifie pas foi-même de riche ni de favant.

Les Grecs & les Romains & tous les anciens en général, ne connoiffent d'autres *dignités* que celles qui pouvoient réfulter des ordres ou des offices. Tout ordre n'étoit pas *dignité* ; en effet, il y avoit trois ordres ou claffes différentes de citoyens à Rome ; favoir l'ordre des fénateurs, celui des chevaliers & le peuple. De ces trois ordres, il n'y avoit que les deux premiers qui attribuaffent quelque *dignité* à ceux qui en étoient membres ; aucun de ces ordres, même les deux premiers, qui étoient honorables, ne donnoit part à la puiffance publique : mais les deux premiers ordres donnoient une aptitude pour parvenir aux offices auxquels la puiffance publique étoit attachée.

Les offices n'étoient pas tous non plus confidérés comme des *dignités* ; il n'y avoit que ceux auxquels la puiffance publique étoit attachée : les Grecs & les Romains appelloient ces fortes d'offices *honores feu dignitates*, parce qu'ils relevoient l'état des perfonnes, & que les magiftrats (c'eft ainfi que l'on appelloit ceux qui étoient revêtus de ces *dignités*) n'avoient là plupart aucun gage, ni la liberté de prendre aucun émolument ; de forte que l'honneur étoit leur feule récompenfe.

En France, les *dignités* procèdent de trois fources différentes ; favoir des offices qui ont quelque part dans l'exercice de la puiffance publique, des ordres qui donnent quelque titre honorable ; & enfin des feigneuries. Cette troifième forte de *dignité* s'acquiert par la poffeffion des fiefs & des juftices que l'on y a attachées ; ce qui eft de l'invention des Francs ou du moins des peuples du Nord, dont ils ont emprunté l'ufage des fiefs.

On diftingue parmi nous les *dignités eccléfiaftiques* des *dignités temporelles*.

Les *dignités eccléfiaftiques* font celles du pape, des cardinaux, des archevêques, évêques, abbés, de ceux qui ont quelque prééminence dans le chapitre, comme les doyens, prévôts, chantres, dignitaires, archidiacres, &c.

On diftingue dans l'état eccléfiaftique les *dignités* des fimples perfonnats & des offices. *Dignité* eft une place à laquelle il y a honneur & jurifdiction attachés ; *perfonat* eft une place honorable fans jurifdiction, & *office* eft une fonction qui n'a ni prééminence ni jurifdiction.

Les *dignités* des églifes cathédrales ne font point fujettes à l'indult, ni aux expectatives des gradués, des brévetaires de joyeux avénement, & de ferment de fidélité. Celles des églifes collégiales y font affujetties, à moins qu'elles ne foient électives-confirmatives, fuivant la forme du chapitre, *quia propter* ℵ *de elect. & elec. potes.*

Suivant l'ufage du royaume, pour pofféder les *dignités* des églifes cathédrales & les premières *dignités* des collégiales, il faut être gradué dans la forme prefcrite par les réglemens, & affez communément être chanoine de l'églife dans laquelle on eft pourvu d'une *dignité*, ou obtenir en cour de Rome un canonicat *ad effectum. Voyez* CHANOINE, CHAPITRE, GRADUÉ.

Les *dignités temporelles* procèdent ou de l'épée, ou de la robe, ou des fiefs : les premières font celles de roi ou d'empereur, de prince, de chevalier, d'écuyer, & plufieurs autres.

Les *dignités* de la robe font celles de chancelier, de confeiller d'état, de préfident, de confeiller de cour fouveraine, & plufieurs autres.

Celles qui procèdent des fiefs, font les qualités de duc, de marquis, de comte, de baron, de fimple feigneur de fief, avec juftice ou fans juftice.

Les fiefs qu'on appelle *fiefs de dignité*, font ceux auxquels il y a quelque titre d'honneur attaché ; tels que les principautés, duchés, marquifats, comtés, vicomtés, baronnies. *Voyez* FIEFS.

DIGNITÉS *eccléfiaftiques*, (*Droit canon.*) en général on entend par *dignité eccléfiaftique*, tout bénéfice qui donne un rang & des prérogatives diftingués dans l'églife. Quelques auteurs partagent en deux claffes les *dignités eccléfiaftiques*. Ils mettent dans la première, le pape, les cardinaux, les patriarches, les archevêques, les évêques & les abbés ; & dans la feconde, les doyens, archidiacres, archiprêtres, primiciers, chantres, précenteurs, capifcols, facriftains, tréforiers, &c. des chapitres. Ils appellent les unes *dignités majeures*, & les autres *dignités mineures*.

Dans l'ufage ordinaire, on n'entend par *dignités* que celles de la feconde claffe, & ce n'eft que de cette efpèce de *dignité* dont nous nous occuperons dans cet article.

Il faut diftinguer dans les chapitres, les *dignités* proprement dites, d'avec les perfonnats & les fimples

fimples offices. La préféance & la jurifdiction forment la véritable *dignité*. *Dignitas dicitur quædam præeminentia cum jurifdictione*. Le perfonnat n'emporte que la préféance, *perfonatus eft habere præeminentiam fine jurifdictione*. Le fimple office eft une fonction qui n'a ni prééminence ni jurifdiction, *officium dicitur, quando quis habet rerum ecclefiafticarum adminiftrationem fine jurifdictione*. Telle eft l'idée que Rebuffe nous donne de ces différens bénéfices qui compofent les chapitres des cathédrales & des collégiales.

Quand on dit que la jurifdiction eft une des qualités effentielles de la *dignité*, on n'entend point cette jurifdiction qui tient au caractère épifcopal, & que certains eccléfiaftiques inférieurs exercent, foit par privilège, foit par coutume, comme les archidiacres ou les archiprêtres dans quelques dioçèfes. Il n'eft pas néceffaire que la charge des ames y foit annexée comme elle l'y eft quelquefois, il fuffit d'une jurifdiction correctionnelle ou de police fur le corps auquel le dignitaire préfide ; c'eft ainfi que les doyens ou les prévôts font de véritables *dignités* dans beaucoup de chapitres. Il en eft de même des primiciers ou grands chantres, lorfqu'ils ont la direction du chant & l'infpection fur le chœur pendant la célébration des offices divins.

S'il y a des règles pour diftinguer les véritables *dignités*, il n'y en a point pour les noms par lefquels on les défigne : leur dénomination varie ; ce qui eft *dignité* dans un chapitre, n'eft fouvent que perfonnat dans un autre. Ordinairement les chefs de ces compagnies fe nomment *prévôts* ou *doyens* ; on ne leur contefte prefque nulle part le titre & les honneurs de *dignités*, on ne les contefte point non plus aux archidiacres & aux archiprêtres dans les cathédrales, ils font les deux feules *dignités* de droit, inftituées originairement pour le foulagement des évêques dans le gouvernement des dioçèfes.

Il eft important de fixer les caractères des véritables *dignités*, & de pofer les limites qui en féparent les perfonnats & les fimples offices, parce que les loix canoniques & civiles exigent des qualités particulières pour les unes qu'elles n'exigent pas pour les autres. *Voyez* AGE, CHAPITRE, CHANOINE, DEGRÉS, GRADES.

C'eft un ufage dans prefque tout le royaume, que les dignitaires foient chanoines de l'églife où eft leur *dignité*, ou qu'ils foient pourvus en cour de Rome d'un canonicat *ad effectum*. Cette efpèce de canonicat a été imaginée pour donner accès aux *dignités*, dans les chapitres où par des loix particulières il faut être chanoine pour y parvenir. Un arrêt du 9 août 1735 a jugé que lorfqu'une bulle de fécularifation d'une églife cathédrale exige que les *dignités* foient conférées à des chanoines *actu & de gremio*, & qu'elle n'a point été revêtue de lettres-patentes enregiftrées dans les cours fouveraines,

le pape peut y déroger par les provifions qu'il accorde.

Par arrêt du parlement de Paris, du 23 août 1764, il a été défendu aux dignitaires de l'églife de Poitiers, non pourvus de prébendes canoniales réelles & effectives, d'entrer au chapitre, d'y prendre place, d'y avoir voix délibérative, ni femaine de chape, pour conférer les bénéfices qui en dépendent.

Celui qui eft revêtu de la première *dignité* des cathédrales, doit faire les fonctions de l'évêque en fon abfence, ou, à fon défaut, celui qui vient immédiatement après lui. La congrégation des rits l'a ainfi jugé plufieurs fois. Quatre arrêts du parlement de Paris ont maintenu le doyen de l'églife cathédrale d'Amiens, dans le droit d'officier aux fêtes folemnelles en l'abfence ou au refus de l'évêque. (*Article de M. l'abbé* BERTOLIO.)

DIJON, (*Droit public.*) ville capitale du duché de Bourgogne. C'eft le fiège d'un évêché, érigé en 1733 & fuffragant de Lyon ; d'un parlement auquel font réunies la cour des aides & la jurifdiction de la table de marbre ; d'une chambre des comptes ; d'un bureau des finances ; d'un préfidial & d'un bailliage.

Les Dijonnois n'eurent rien en commun, ni en propre, jufqu'au règne de Hugues III, qui leur accorda une charte de commune, femblable à celle de Soiffons, dans laquelle il reconnoît qu'ils jouiffoient déjà de la liberté.

Quoique cette charte ne porte que la date de 1187, il eft cependant à préfumer que l'établiffement de la commune eft antérieur de quelques années, puifqu'on trouve une charte de Philippe-Augufte de 1183, confirmative de cet établiffement.

Par la charte de 1183, Hugues cède à la ville de *Dijon* la haute, moyenne & baffe-juftice, dans la ville & banlieue, & le droit du ban des vendanges. Il affranchit tous ceux qui viendront s'y établir, renonce aux droits de gîte & de fourniture d'ufage, & promet de ne point changer le titre de fa monnoie. Les officiers municipaux font autorifés à impofer fur les habitans toutes les fommes néceffaires pour la défenfe de la ville & les befoins de la commune ; les habitans font affujettis au fervice militaire, comme les poffeffeurs de fief.

C'eft en conféquence de cette charte, que fut établi le corps municipal, compofé d'un maire, de vingt échevins, d'un procureur-fyndic & de plufieurs officiers de police. Depuis, le nombre des échevins a été réduit à fix, qui reftent en place pendant trois ans, & qui font nommés par le roi, fur la préfentation que le corps de ville lui fait de trois fujets, pour chaque place vacante.

Les habitans ont le droit de nommer le maire, dont la magiftrature, qui maintenant n'a point de durée limitée, étoit autrefois bornée à deux années.

Les vicomtes de *Dijon*, ayant confervé la juftice fur une partie de la ville, il en réfultoit fouvent

ZZzz

des altercations avec les officiers municipaux, au sujet de la jurisdiction. Il s'étoit auffi élevé des difficultés entre le duc & la commune pour l'exécution de différens articles. Toutes ces contestations ont été terminées par un concordat fait avec le duc Robert en 1284, & par la vente de la vicomté à la ville & commune. Ce fut alors que le maire prit la qualité de vicomte-mayeur.

La prévôté ayant pareillement été acquise, pour le bien de la paix, par la ville & commune en 1579, de ceux auxquels elle avoit été engagée, le corps municipal a réuni toutes les justices & la police. Le maire exerce par lui-même ou par ses lieutenans.

En 1740, on a établi dans cette ville un état-major, qui n'a de jurisdiction que sur le militaire. *Voyez* BOURGOGNE, PARLEMENT.

DILATOIRE, adj. *terme de Palais*, par lequel on désigne ce qui tend à retarder l'instruction ou le jugement d'un procès. *Voyez* EXCEPTION.

DILIGENCE, s. f. (*Jurispr.*) en terme de pratique, est ordinairement synonyme de *pourfuite*; par exemple, on dit, *qu'un feigneur est demandeur*, *pourfuite & diligence de son procureur fiscal.* Le juge ordonne qu'une partie fera ses *diligences* contre un tiers, ou qu'elle fera *diligence* de mettre une instance en état, ou de faire juger l'appel.

Loyseau, en son *Traité des offices, liv. I, chap. 4, num. 60*, dit que les cautions des comptables ne sont contraignables qu'après *diligences* faites sur les personnes & meubles exploitables des comptables, & observe que la *diligence* requise par cette ordonnance, est bien différente de la discussion ordonnée par la novelle 4 de Justinien, qui doit être faite *usque ad faccum & peram. Voyez* ACTION, POURSUITE.

En matière bénéficiale, lorsqu'il y a plusieurs prétendans droit à un même bénéfice, qui viennent tous au même titre, le plus diligent est préféré, excepté entre gradués, où le plus ancien est préféré au plus diligent. *Voyez* GRADUÉS. (*A*)

On appelle aussi *diligences* certaines voitures publiques qui vont plus vîte que les voitures ordinaires. *Voyez* MESSAGERIES.

DILLIGROUT, s. m. (*Droit féodal.*) c'est un potage que l'on faisoit autrefois pour la table du roi d'Angleterre, le jour de son couronnement. Il y avoit un fief de grande sergenterie avec divers domaines qui étoit tenu, à la charge de faire ce potage dans cette solemnité. *Voyez Jacobs new-law-Dictionnary.* (*M. GARRAN DE COULON.*)

DIMANCHE, s. m. (*Droit public & ecclés.*) en latin, *dies dominica*, le jour du seigneur. Le *dimanche*, considéré dans l'ordre de la semaine, en est le premier, & répond au jour du soleil dans la semaine des païens; considéré comme fête dans l'ordre de la religion, il répond au sabbat des Juifs, & en est même une suite, avec cette différence pourtant que le sabbat étoit célébré le samedi, & que les chrétiens en ont transféré la solennité au

dimanche, pour honorer la résurrection du Sauveur, qui a été manifestée ce jour-là.

L'église ordonne, pour le *dimanche*, de s'abstenir des œuvres serviles, & prescrit encore des devoirs & des pratiques de piété, c'est-à-dire, un culte public & connu. On ne doit pas regarder la prohibition du travail le jour du *dimanche*, comme une simple règle de discipline ecclésiastique, qu'on peut modifier, ou dont on peut dispenser sans nécessité.

Il est vrai que ce jour est pour les chrétiens un jour de repos, de relâche & de suspension des travaux ordinaires; qu'une des principales fins de cette institution a été d'assurer aux hommes, & aux bêtes de service, le repos qui leur est si essentiel pour la continuité de leurs travaux, & empêcher des maîtres barbares & impitoyables de les faire succomber sous le faix. Mais il n'en est pas moins vrai que le véritable but de l'interdiction des ouvrages ordinaires, est la cessation de toute occupation temporelle, capable de distraire les hommes de celle dont ils doivent faire ce jour-là l'objet capital de leur attention.

La cessation des œuvres serviles le *dimanche*, & l'observation des devoirs prescrits pour le culte public, est non-seulement une règle de discipline ecclésiastique, mais une loi de droit divin positif, imposée à tous les chrétiens.

Néanmoins comme le sabbat est fait pour l'homme, & non l'homme pour le sabbat, ainsi que le dit Jesus-Christ lui-même, *Matth.* 12, *Luc* 13, on peut, sans scrupule, pourvoir, le *dimanche*, aux nécessités de la vie humaine, à sa propre conservation & à sa défense; prendre soin des animaux, & en prévenir la perte; faire certaines opérations champêtres, nécessaires pour la conservation des biens & des fruits de la terre, & même tous les travaux manuels qu'il est impossible de différer, sans exposer à des pertes considérables ou la société ou les particuliers. Mais, dans ces deux derniers cas, il faut être autorisé par les supérieurs & les magistrats. *Voyez* FÊTE.

DIMINUTION *d'espèces*, (*Jurispr.*) c'est le retranchement que le prince fait d'une partie de la valeur des monnoies. Elle tombe sur celui auquel appartiennent les deniers, suivant la règle générale *res domino perit.* Le débiteur qui veut se libérer, & ne pas supporter les *diminutions d'espèces* qui peuvent arriver, ne doit pas se contenter de faire des offres réelles, il faut que les offres soient suivies d'une consignation effective. *Voyez* BORDEREAU, ESPÈCES, MONNOIES. (*A*)

DIMINUTION *de feux*, (*Hist. anc. & Jurispr.*) étoit une réduction du nombre de feux ou portions d'un pays, qui contribuoient aux fouages & autres subsides. Dans l'origine, par le terme de *feux*, on entendoit chaque ménage ou famille; dans la suite un feu comprenoit une certaine étendue de pays, & pouvoit comprendre plusieurs ménages. La *diminution de feux* s'accordoit au pays dont la fertilité ou le commerce étoient diminués, ou lorfque le pays fe trouvoit ruiné par la guérre, ou par quelque autre accident. Lorfque une ville ou autre lieu demandoit une *diminution de feux*, on faifoit une information fur les lieux, qui étoit envoyée à la chambre des comptes, & en conféquence de laquelle, on expédioit des lettres royaux portant *diminution de feux* : mais avant l'expédition de ces lettres il falloit payer un florin d'or pour chaque lieu, fuivant l'ancien nombre des feux. Ce droit étoit reçu par le payeur des bâtimens, & devoit être employé aux bâtimens. Il y a beaucoup de ces lettres portant *diminution de feux*, accordées à diverfes villes & autres lieux du Languedoc, où l'impofition par feux avoit principalement lieu : elles font rapportées dans le *Recueil des ordonnances de la troifième race*, tom. *IV & V. Voyez* FEUX & RÉPARATIONS *de feux.*

DIMISSOIRE, f. m. (*Droit canon.*) on appelle ainfi des lettres fignées & fcellées, par lefquelles un évêque permet à fon diocéfain de fe préfenter à un autre évêque pour en recevoir les ordres.

Depuis que les limites des diocéfes ont été fixées, & que la jurifdiction de chaque évêque a été circonfcrite dans un territoire déterminé, il a toujours été févèrement défendu par les loix canoniques, de l'exercer dans un autre territoire ou fur les fujets qui en dépendent, à moins que l'évêque étranger n'y donnât fon confentement. On peut voir au mot DÉMISSION différens décrets des anciens conciles qui établiffent ce point de difcipline.

De cette prohibition d'exercer la jurifdiction fur des fujets d'un autre diocéfe, il s'enfuit qu'un évêque ne peut conférer les ordres qu'à fes propres diocéfains, c'eft-à-dire, à ceux qui font nés dans fon diocéfe.

Cette dépendance de l'évêque quant à la réception des ordres, que l'on apporte pour ainfi dire en naiffant, ne peut être effacée que par l'excorporation qui produit une efpèce de naturalifation dans un autre diocéfe, ou par les provifions & la poffeffion d'un bénéfice qui attache à celui dans lequel il eft fitué. Hors ces deux cas, on ne peut valablement recevoir les ordres que de l'évêque dans le diocéfe duquel on a pris naiffance. Mais comme l'ordination eft un acte de la jurifdiction volontaire, il peut permettre qu'un autre l'exerce pour lui, & c'eft cette permiffion par écrit que l'on appelle *dimiffoire* ou *lettres dimifforiales*. Occupons-nous d'abord de leur forme.

Quatre chofes font à obferver dans un *dimiffoire* : 1°. l'adreffe qui eft toujours faite à celui qui afpire aux ordres.

2°. Le pouvoir qu'il accorde & à l'évêque étranger de conférer les ordres, & à l'afpirant de les recevoir de lui, *eidem domino antiftiti, conferendi, tibique ab eodem fufcipiendi.*

3°. L'envoi de l'évêque diocéfain à un évêque étranger. Il peut être de trois fortes, 1°. fans limitation, à tel évêque qu'il plaît à l'afpirant de choi-

fir, & c'eft ce qu'on appelle *dimiffoire à quocumque.* Le concile de Bordeaux, tenu en 1624, a rejetté cette forme, & beaucoup d'évêques exigent que le *dimiffoire* leur foit adreffé particuliérement ; 2°. avec limitation, mais cependant qui n'exclut pas entiérement le choix, comme fi l'envoi étoit fait à deux ou trois évêques, felon qu'il plairoit à l'afpirant de choifir ; 3°. avec une étroite limitation, quand l'afpirant eft envoyé à un prélat fpécialement nommé dans les lettres. Il eft d'ufage d'y inférer la claufe *aut ab alio de ejus licentiâ*, parce que fouvent l'évêque auquel on s'adreffe, ne fait point d'ordination, ou délègue un de fes confrères pour remplir fa place.

4°. Enfin les conditions qui y font inférées. Elles dépendent de l'évêque diocéfain : voici les plus ordinaires ; 1°. quelquefois il donne une atteftation de capacité, *tibi ætatis & litteraturæ fufficientis, aliáfque capaci & idoneo à nobis reperto.* Souvent il charge le prélat, auquel le fujet eft envoyé, de l'examiner par lui-même : *modo tamen ætatis & litteraturæ fufficientis, aliafque capax & idoneus reperiaris.* Mais quand la première claufe fe trouveroit dans le *dimiffoire*, l'évêque qui confère l'ordre eft toujours le maître d'examiner ou de faire examiner le fujet qui fe préfente. 2°. Quelques évêques, ftrictement attachés aux règles de l'églife, n'accordent point de difpenfe des interftices ; ils appofent la condition, *fervatis inter ordines temporum interftitiis* ; alors l'évêque *ad quem* ne peut pas en difpenfer ; il pourroit même refufer la difpenfe, quand même l'évêque diocéfain l'auroit accordée. L'évêque auquel on s'adreffe n'exerce vis-à-vis des fujets qui lui font étrangers, qu'un pouvoir délégué qu'il eft le maître de ne pas accepter, & qu'il eft à plus forte raifon le maître d'accepter fous telle condition qu'il juge à propos. 3°. Quand il s'agit du fous-diaconat, la claufe fuivante eft abfolument néceffaire, *fub titulo tuo patrimoniali de quo vifo per nos & approbato conftitit & conftat.* Comme par les canons l'évêque qui élève un clerc aux ordres facrés doit pourvoir à fon entretien, c'eft à celui qui donne le *dimiffoire* à fe charger du titre de fon diocéfain. *Voyez* TITRE CLÉRICAL.

Ce font les évêques qui donnent les *dimiffoires* ; leurs grands-vicaires ne le peuvent, que quand ce pouvoir leur eft fpécialement accordé dans leurs lettres de vicariat.

Pendant la vacance du fiège épifcopal, le chapitre qui a le gouvernement du diocéfe, ne peut donner les *dimiffoires* qu'après la première année de la vacance. Le concile de Trente l'a ainfi réglé, & l'ufage a fait recevoir cette difpofition parmi nous ; quelques auteurs prétendent cependant qu'elle ne s'étend pas au pouvoir d'en donner pour la tonfure, que l'on ne regarde pas comme un ordre. Fevret rapporte un arrêt rendu en faveur du chapitre de Senlis, qui l'a maintenu dans le droit d'accorder des *dimiffoires ad ordines*, avant l'année de la vacance du fiège révolue, parce qu'il avoit juftifié la paifible & immémoriale poffeffion dans laquelle il étoit de jouir de ce droit.

Des chapitres exempts de la jurifdiction de l'ordinaire, ont prétendu avoir le droit de donner des *dimiffoires* à leurs membres. Le clergé de France s'eft toujours vivement oppofé à cette prétention. Deux chanoines d'Autun s'étoient fait ordonner par l'évêque de Bafle, fur un *dimiffoire* de leur chapitre : une fentence de l'official d'Autun les déclara fufpens; ils en interjettèrent appel comme d'abus au parlement de Dijon. Le roi évoqua la caufe à fon confeil, & par arrêt du 24 mars 1662, il fut fait défenfes à tous les chanoines de l'églife d'Autun de prendre dorénavant les ordres d'un évêque étranger, fans *dimiffoire* du diocéfain, & au chapitre d'en accorder aucun; mais feulement des lettres teftimoniales avec lefquelles ils fe préfenteroient à lui pour être ordonnés.

Les chevaliers de Malthe dont l'ordre a les priviléges les plus étendus, ne peuvent non plus faire ordonner leurs novices fans *dimiffoire* de leur évêque diocéfain. En 1723, ils voulurent fe fouftraire à cette difcipline, en faifant donner la tonfure à plufieurs d'entr'eux, dans l'églife du temple à Paris, par l'évêque de Laufanne. Le clergé de France en témoigna fon mécontentement, en ordonnant que l'évêque de Laufanne ne feroit reçu dans aucune cérémonie où les évêques du royaume fe trouveroient.

Les fupérieurs réguliers ont également prétendu avoir le droit de faire ordonner leurs religieux par tel évêque qu'ils jugeroient à propos. Un ancien arrêt du parlement de Paris, de l'an 1393, reçut l'évêque d'Amiens complaignant contre l'abbé & couvent de Corbie, de ce que ledit abbé, fous prétexte d'exemption, faifoit venir des évêques, quand il lui plaifoit, pour donner les ordres à fes moines. La même conteftation s'éleva en 1668, entre M. l'archevêque de Paris & l'abbé de fainte Genevieve : un arrêt du parlement la jugea en faveur de M. l'archevêque, malgré les bulles de trois papes & une poffeffion immémoriale juftifiée par l'abbé. Un arrêt du confeil d'état du roi du 25 avril 1744, a décidé la même chofe entre l'évêque de Mâcon & l'abbé de Cluny. On a cependant confervé aux fupérieurs réguliers, le droit de donner des *dimiffoires* aux religieux de leur maifon, pourvu qu'ils foient adreffés à l'évêque dans le diocefe duquel eft fitué le monaftère. C'eft ce qui a été prefcrit par une bulle de Clément VIII, du 15 mars 1596. Le clergé de France affemblé en 1625, fit un réglement par lequel il eft dit que nul évêque ne recevra aux ordres aucuns religieux, quelques priviléges qu'ils allèguent, fi, outre l'atteftation de bonnes vies & mœurs qu'ils apporteront de leurs fupérieurs, ils ne font encore munis de lettres de *dimiffoire* de l'évêque dans le diocefe duquel ils font leur réfidence. Mais fi l'évêque de la réfidence eft abfent ou ne donne point l'ordination, le fupérieur peut, en le marquant dans

le *dimiffoire*, adreffer fon religieux à un autre évêque pour recevoir les ordres. Si le monaftère n'eft d'aucun diocefe, l'abbé doit envoyer fes religieux à l'évêque le plus voifin. On dit que dans ce cas, la proximité fe règle fur les deux églifes de l'évêque & de l'abbaye, & non fur la contiguïté du territoire.

Les papes fe font toujours regardés comme ayant le droit de conférer les ordres fans *dimiffoires*. Quelquefois ils accordent des refcrits portant permiffion de fe faire ordonner par le premier évêque auquel on fe préfentera; le clergé de France, par fa délibération de 1655, prie les évêques abfens, s'il fe préfente à eux des perfonnes avec des refcrits de Rome pour être ordonnées par quelque autre évêque que le diocéfain, de ne les point recevoir ni aux faints ordres, ni aux ordres, s'ils n'apportent des lettres teftimoniales & *dimiffoires* donnés par le propre évêque. Dans l'affemblée de 1675, l'évêque de Grenoble fe plaignit au fujet des lettres qu'il avoit reçues du cardinal fecrétaire de la congrégation du concile, pour lui demander les motifs qu'il avoit eus de ne pas admettre aux ordres quelques clercs de fon diocefe, qui fur fon refus s'étoient retirés à Rome pour les recevoir. Il fut arrêté que les évêques doivent fe difpenfer de répondre à de pareilles lettres : & que quant aux clercs qui prennent les ordres à Rome ou qui en apportent des refcrits, il y en a de deux fortes : que ceux qui n'ont point de bénéfices peuvent être regardés fimplement comme clercs de l'églife romaine; que pour ceux qui ont un bénéfice, on peut examiner de nouveau leurs mœurs & doctrine; & s'ils ne font pas trouvés capables, les fufpendre de toutes les fonctions de leur bénéfice & de leur ordre. On voit par toutes ces précautions, que le clergé de France ne méconnoît pas formellement le droit du pape de conférer les ordres fans *dimiffoires* des évêques diocéfains, mais qu'il cherche feulement, autant qu'il eft en lui, à en arrêter l'ufage. L'auteur de la bibliothèque canonique & d'Héricourt le lui accordent formellement. On cite à ce fujet un arrêt du grand-confeil, rendu fur délibéré le 30 feptembre 1762, par lequel le fieur de Saverac, né dans le diocefe de S. Flour, & ordonné à Rome en 1752, fans aucun *dimiffoire* de l'évêque de S. Flour, a été maintenu dans le prieuré de la Pinche, qui lui étoit contefté, fous prétexte de défaut de *dimiffoire*. *Voyez* Denifard, *verbo Dimiffoire*. Quant aux refcrits dont nous venons de parler, un arrêt du confeil défend à tous les eccléfiaftiques du royaume, d'en faire ufage, fous peine d'être privés de tout bénéfice, d'être déclarés inhabiles à en pofféder aucun & d'être punis comme infracteurs des loix de l'état.

On prétend que les *dimiffoires*, lorfqu'ils font illimités, fubfiftent jufqu'à ce qu'ils foient révoqués; qu'ils ne le font point par le décès de l'évêque qui les a accordés : mais dans l'ufage, ils font fujets à la furannation après un an : il eft même des évêques qui ne les reçoivent point après les fix mois de leur date.

On convient en général que les *dimiffoires* étant des actes de la jurifdiction volontaire & gracieufe, les évêques peuvent les refufer quand ils le jugent à propos. Il faut cependant excepter le cas où un clerc feroit pourvu d'un bénéfice qui exige que le titulaire foit *in facris*. Si le clerc, dans cette pofition, requiert ou un *dimiffoire* ou l'ordination, l'évêque eft obligé de motiver fon refus, autrement on peut en appeller comme d'abus.

L'ordre conféré par un évêque à un étranger fans *dimiffoire*, n'eft pas nul, il eft feulement illicite ; le clerc ainfi ordonné eft fufpens. Quelques auteurs prétendent que la fufpenfe ne peut être levée, & l'ordination ratifiée que par des lettres du pape appellées *perindè valere ;* d'autres foutiennent que le propre évêque peut faire ceffer la fufpenfe, en permettant à l'eccléfiaftique l'exercice de fon ordre.

Les évêques qui donnent les ordres fans *dimiffoires*, à des clercs qui ne font pas de leurs dioccèfes, encourent les mêmes peines que les clercs qui fe font ainfi ordonner. Le concile de Trente y comprend même la tonfure.

Suivant l'article 9 de l'édit de 1691, les *dimiffoires* doivent être infinués dans le mois, au greffe du diocèfe de l'évêque qui aura conféré les ordres. Cette difpofition qu'on regarde comme burfale, n'eft pas fuivie dans l'ufage ; elle ne pourroit être invoquée avec quelque apparence de fuccès que dans le cas où les lettres d'ordination ne contiendroient pas la claufe *rite dimiffo*. L'édit du mois de mars 1693 fembloit avoir affujetti les *dimiffoires* au droit de contrôle : ils en avoient été nommément exceptés par la déclaration du 19 mars 1696. Ils l'ont encore été par l'arrêt du confeil du 30 août 1740, fa majefté a ordonné que les *dimiffoires*, comme les autres actes eccléfiaftiques qui émanent de la jurifdiction gracieufe & volontaire des évêques, & qu'ils font dans le cas de figner fans miniftère de notaire, foient & demeurent à jamais exempts du droit de contrôle, lors même qu'ils feront produits en juftice. Il en eft de même pour les chapitres *fede vacante*, le fermier ne pourra l'exiger à peine de concuffion. (*Article de M. l'abbé* BERTOLIO.)

DIMISSORIAL, adj. (*Jurifpr.*) fe dit de ce qui appartient à un dimiffoire, comme un refcrit *dimifforial*, ou une lettre *dimifforiale*. *Voyez ci-devant* DIMISSOIRE. (*A*)

DIOCÉSAIN, f. m. (*Jurifpr.*) fignifie celui qui eft né dans un diocèfe, qui y eft habitué, ou qui y a quelque fonction fpirituelle. Un évêque ne peut donner la tonfure ni les ordres qu'à fon *diocéfain*. Une abbeffe *diocéfaine* eft celle relativement à l'évêque, dans le diocèfe duquel eft fon abbaye. L'évêque *diocéfain*, qu'on appelle auffi quelquefois fimplement le *diocéfain*, eft celui auquel eft fou-

mis le diocèfe dont il s'agit. *Voyez ci-après* DIOCÈSE.

Il y a des bureaux *diocéfains* ou chambres *diocéfaines* du clergé, établies dans chaque diocèfe, pour connoître des conteftations qui peuvent naître à l'occafion des décimes & autres impofitions. *Voyez* CLERGÉ & DÉCIMES, BUREAUX *diocéfains.* (*A*)

DIOCÈSE, f. m. (*Jurifprud.*) du mot grec δίοίκησις, qui fignifie une *province* ou certaine étendue de pays dont on a le gouvernement ou l'adminiftration ; & le gouvernement même de ce pays étoit autrefois chez les Grecs & chez les Romains, un gouvernement civil & militaire d'une certaine province ; préfentement parmi nous, & dans tout le monde chrétien, c'eft le gouvernement fpirituel d'une province confiée à un évêque ou le reffort de plufieurs *diocèfes* particuliers, foumis à un archevêque métropolitain.

Strabon, qui écrivoit fous Tibère, dit que les Romains avoient divifé l'Afie en certains *diocèfes* ou *provinces*, & non pas par peuples ; il fe plaint de la confufion que cela caufoit dans la géographie. Dans chacun de ces *diocèfes*, il y avoit un tribunal où l'on rendoit la juftice ; chaque *diocèfe* ne comprenoit alors qu'une feule jurifdiction, un certain diftrict ou étendue de pays qui reffortiffoit à un même juge. Ces *diocèfes* avoient leurs métropoles ou villes capitales, chaque métropole avoit fous elle plufieurs *diocèfes* qui étoient de fon reffort.

Conftantin le Grand changea la forme de cette diftribution, il divifa l'empire en treize grands *diocèfes*, préfectures ou gouvernemens : il y en avoit même un quatorzième, en comptant la ville de Rome & les villes appellées *fuburbicaires*. Toute l'Italie étoit divifée en deux *diocèfes*, l'un appellé *diœcefis fuburbicaria*, parce qu'il étoit le plus proche de la ville de Rome ; le fecond appellé *diœcefis Italiæ*, qui comprenoit le refte de l'Italie.

On comptoit dans l'empire 120 provinces, & chacun des quatorze grands *diocèfes* ou gouvernemens comprenoit alors plufieurs provinces & métropoles, au lieu qu'auparavant une même province comprenoit plufieurs *diocèfes*.

Chaque *diocèfe* particulier étoit gouverné par un vicaire de l'empire, qui réfidoit dans la principale ville de fon département : chaque province avoit un proconful qui demeuroit dans la capitale ou métropole, & enfin le préfet du prétoire qui avoit un des quatorze grands *diocèfes* ou gouvernemens, commandoit à plufieurs *diocèfes* particuliers.

Le gouvernement eccléfiaftique fut réglé fur le modèle du gouvernement civil. Dans la primitive églife, les apôtres envoyèrent dans toutes les villes où J. C. étoit reconnu, quelques-uns de leurs difciples, en qualité d'adminiftrateurs fpirituels & miniftres de la parole de Dieu, lefquels furent tous appellés indifféremment *prêtres* ou *anciens*, *évêques*, *pafteurs*, & même *papes*.

Dans la fuite, on choifit dans chaque ville un

de ces prêtres, pour être le chef des autres, auquel le titre d'*évêque* demeura propre, les autres prêtres formèrent son conseil.

La religion de J. C. faisant de nouveaux progrès, on bâtit d'autres églises, non seulement dans les mêmes villes où il y avoit un évêque, mais aussi dans les autres villes, bourgs & villages; & dans chaque lieu l'évêque envoyoit un de ses prêtres pour enseigner & administrer les saints mystères, selon que le contient le décret du pape Anaclet, à la charge que l'un d'eux ne pourroit entreprendre ni administrer en l'église de l'autre, *singuli per singulos titulos suos*; ensorte que l'on pourroit rapporter à ce pape la première division des *diocèses*: cependant on tient communément que le pape Denis fut l'un de ceux qui établit le mieux cette police vers l'an 266. On trouve dans le décret de Gratien, le discours de ce pape à Severinus, évêque de Cordoue: *nous ne saurions*, dit-il, *te dire mieux, sinon que tu dois suivre ce que nous avons établi en l'église romaine, en laquelle nous avons donné à chaque prêtre son église; nous avons distribué entre eux les paroisses & les cimetières, si bien que l'un n'a puissance dans l'enclos de l'autre, cap. 1. 13, quæst. 1.* Il en est écrit autant des évêques, l'un desquels ne peut ni ne doit entreprendre quelque chose au *diocèse* de son coévêque. Le pape Calixte I avoit déjà ordonné la même chose pour les évêques, primats & métropolitains; mais on ne voit pas que le terme de *diocèse* fût encore usité pour désigner le territoire d'un évêque ou d'un archevêque; on disoit alors la *paroisse* d'un évêque ou d'un archevêque ou métropolitain, le terme de *diocèse* ne s'appliquoit qu'à une province ecclésiastique qui comprenoit plusieurs métropolitains, & dont le chef spirituel avoit le titre de *patriarche, exarque* ou *primat*.

Dans la suite, ces titres d'*exarque* & de *patriarche* se sont effacés dans la plupart des provinces, il est seulement resté quelques primaties; le territoire de chaque métropolitain a pris le nom de *diocèse*, & ce nom a été enfin communiqué au territoire de chaque évêque soumis à un métropolitain; de sorte que le terme de *diocèse* a été pris pour le spirituel en trois sens différens, d'abord pour un patriarchat ou exarcat seulement, ensuite pour une métropole, & enfin pour le territoire particulier d'un évêque.

Présentement, on entend également par là le territoire de l'évêque & celui du métropolitain, comme on le voit dans le canon *nullus 3, causa 2, quæst. 2.*

Le concile de Constantinople, tenu en 381, défend aux évêques qui sont hors de leur *diocèse*, de rien entreprendre dans les églises qui sont hors leurs limites, & de ne point confondre ni mêler les églises.

Le métropolitain ne peut même, sous prétexte de la primauté qu'il a sur ses suffragans, rien entreprendre dans leur *diocèse*, ce rang ne lui ayant

été donné que pour l'ordre qui se doit observer dans l'assemblée des évêques de la province, & cette assemblée peut seule corriger les fautes qui seroient échappées à un des évêques de la province: c'est ce que portent les décrets des conciles de Sardes, & les second & troisième conciles de Carthage. Celui d'Ephèse dit aussi la même chose, & le premier concile de Tours ajoute que celui qui feroit au contraire sera dépôsé de sa charge. Martin, évêque de Brague, aujourd'hui archevêché en Portugal, sur la traduction du code de l'église grecque, rapporte un chapitre, suivant lequel, ce que l'évêque fait hors de son *diocèse* est nul. Bede rapporte la même chose d'un concile tenu en Angleterre en 672, sous le règne d'Ecfride; l'évêque de Nicée fut accusé de cette faute au concile de Chalcédoine, tenu sous Valentinien III & Marcien II; ce fut aussi l'un des chefs de la condamnation prononcée par Félix, évêque de Rome, contre Acace, schismatique.

Au surplus, la division de l'église, soit en *diocèses* ordinaires ou en *diocèses* métropolitains, n'a jamais donné atteinte à l'unité de l'église, ces divisions n'étant que pour mettre plus d'ordre dans le gouvernement spirituel.

Présentement, par le terme de *diocèse*, on n'entend plus que le territoire d'un évêque ou archevêque, considéré comme évêque seulement; le ressort du métropolitain s'appelle *métropole*, & celui du primat s'appelle *primatie*. Le métropolitain n'a plus le pouvoir de visiter le *diocèse* de ses suffragans, il n'a que le ressort, cas d'appel.

Quoique pour la division des *diocèses*, on ait originairement suivi celle des provinces, on n'a pas depuis toujours observé la même chose, & les changemens qui arrivent par rapport à la division des provinces, pour le gouvernement temporel, n'en font aucun pour la division des *diocèses*.

Chaque *diocèse* est ordinairement divisé en plusieurs archidiaconés, & chaque archidiaconé en plusieurs doyennés.

L'évêque n'a ordinairement qu'un official, à moins que son *diocèse* ne soit situé en divers parlemens, ou en partie sous une domination étrangère; dans ce cas, il doit avoir un official dans le territoire de chaque parlement ou de chaque souveraineté.

Le clergé de chaque *diocèse* nomme un syndic pour stipuler les intérêts aux assemblées diocésaines. (*A*)

DIPLOME, s. m. (*Droit public & civil.*) on donne assez souvent ce nom aux actes émanés de l'autorité des princes. Du mot *diplôme* on a fait celui de *diplomatique*, pour signifier l'art & la science de connoître les siècles où les *diplômes* ont été faits. On donne quelquefois aux *diplômes* le nom de *titres* & de *chartes*.

Les *diplômes* servent pour établir les généalogies des familles illustres, l'histoire particulière des églites, des abbayes, des villes, & même des provinces.

Une grande partie des titres, que l'on présente comme des anciens *diplômes*, font ou fuppofés ou falfifiés ; c'eft pourquoi il eft important aux auteurs du droit public, & aux jurifconfultes de connoître les règles qui donnent moyen de découvrir la fuppofition, l'altération & la contre-faction d'un *diplôme*. On les trouvera dans le *Dictionnaire économ. diplom. polit.*

DIRE, f. m. (*terme de Palais.*) eft une procédure autre que les demandes, défenfes, & répliques proprement dites, qui fe fignifie de procureur à procureur, & par laquelle le demandeur ou le défendeur dit & articule quelque chofe. On appelle cette procédure un *dire*, parce qu'après les qualités des parties, il y a toujours ce terme confacré *dit pardevant vous*, &c. En quelques provinces le *dire* commence par ce mot même, *dit* un tel.

On appelle auffi *dires*, les obfervations & réquifitions que les parties ou leurs procureurs font dans un procès-verbal d'un juge, commiffaire, ou expert.

DIRE, fe dit encore pour *eftimation*; comme dans cette phrafe, *à dire d'experts*, ce qui fignifie, *fuivant l'eftimation par experts*.

DIRE *de prud'hommes*, eft la même chofe que *eftimation par experts*. Ce terme eft employé dans plufieurs coutumes : par exemple, celle de Paris, *art.* 47, porte que le droit de relief eft le revenu d'un an, ou le *dire de prud'hommes*, ou une fomme pour une fois offerte par le vaffal. *Voyez* PRUD'-HOMME. (*A*)

DIRECTE, adj. pris quelquefois fubft. *En droit*, on appelle fucceffion *directe*, ou *en ligne directe*, la fucceffion des afcendans ou defcendans, & alors le mot *direct* eft oppofé à *collatéral*.

On connoît au palais les actions *directes*, qui font oppofées aux actions contraires & utiles. *Voyez* ACTION.

Le domaine, ou propriété *directe*, eft oppofé à l'ufufruit qui ne confère que le domaine utile : un emphytéote, ou preneur d'héritage à rente, n'a que le domaine utile, tandis que le domaine *direct* appartient au bailleur de fonds.

Le mot *directe* feul fignifie ordinairement la feigneurie féodale, qui eft oppofée à la fimple propriété, & qui fait qu'un héritage relève directement en fief ou à cens d'un autre.

Ce nom de *directe* vient en effet de ce que les héritages, qui font dans la mouvance d'une terre feigneuriale, en ont été autrefois démembrés, à la charge d'en relever directement ou comme fiefs, ou comme rotures poffédées moyennant un cens. *Voyez* CENS, FIEF.

DIRECTEUR, f. m. (*Droit civil. Monnoie. Finance. Marine.*) c'eft en général celui qui conduit, règle ou dirige une affaire, une adminiftration,

qui préfide à une affemblée de perfonnes qui ont un même intérêt.

En finance, il exifte des *directeurs* des aides, des domaines, &c. qui font des commis principaux, prépofés par les fermiers-généraux, à l'effet de les repréfenter dans une généralité ou une élection, pour toutes les opérations qui concernent la régie. *Voyez* le *Dictionnaire des Finances*.

Les *directeurs* de la monnoie, font des officiers établis pour veiller fur une certaine partie de l'adminiftration dans la fabrique des monnoies. *Voyez* MONNOIE.

Suivant les différentes ordonnances qui concernent la marine, il y a dans les ports de Breft, Rochefort & Toulon, un *directeur général* & fous lui trois *directeurs* particuliers, qui font le *directeur* des conftructions, celui de port & celui d'artillerie. *Voyez* le *Dictionnaire de Marine*.

A la place du fur-intendant des bâtimens du roi, dont l'office a été fupprimé par édit du mois d'août 1726, le roi a créé un *directeur & ordonnateur*, dont les fonctions principales & les privilèges fe trouvent rappellés dans une déclaration du 1 feptembre 1776, enregiftrée au parlement le 7 du même mois.

En terme de pratique, on appelle *directeur des créanciers*, ou pour parler plus correctement *directeur des droits des créanciers*, celui qui eft choifi entre plufieurs créanciers d'un débiteur, unis par un contrat d'union ou de direction, à l'effet de veiller à l'intérêt commun, adminiftrer les droits des autres créanciers, faire toutes les démarches, pourfuites & actes néceffaires, tant en jugement que dehors, pourfuivre la vente des biens, abandonnés par le débiteur, & les adminiftrer jufqu'à la vente. *Voyez ci-deffous* DIRECTION.

On donne enfin, en matière eccléfiaftique, le nom de *directeur de confcience*, à un eccléfiaftique, auquel on fe confeffe d'habitude, & auquel on demande quelquefois des avis particuliers, pour régler fa conduite dans certaines circonftances. *Voyez* le *Dictionnaire de Théologie*.

DIRECTION, f. m. (*Droit civil.*) ce mot fignifie 1°. la régie que les créanciers d'un débiteur font des biens qu'il leur a abandonnés, par le miniftère de leurs *directeurs* ; 2°. l'affemblée de ces mêmes directeurs. Cette affemblée fe forme par le moyen d'un acte, appellé *contrat d'union & de direction*.

Dans les pays de droit écrit, ceux qui font chargés de cette fonction, font appellés *fyndics des créanciers* ; à Paris & en plufieurs endroits on les appelle *directeurs* ; ailleurs on les appelle *fyndics & directeurs*.

Le nombre des directeurs n'eft pas réglé, on peut en nommer plus ou moins felon ce qui paroît le plus avantageux aux créanciers. Quelquefois on nomme un fyndic & deux, trois ou quatre directeurs : alors le fyndic eft le premier directeur ; c'eft lui qui eft nommé le premier dans les actes, qui convoque les affemblées & qui y préfide ; du refte il n'a pas plus de pouvoir que les autres directeurs, à moins que le contrat d'union & de *direction* qui eft leur titre commun, ne lui ait attribué nommément quelque droit de plus.

Les contrats d'union & de *direction* n'ont aucun effet qu'ils n'aient été homologués en juftice ; & l'homologation ne peut être demandée, qu'après que les créanciers ont affirmé devant le juge, la vérité & la légitimité de leurs créances. Jufques-là les directeurs ne font point admis à plaider en nom collectif pour les autres créanciers, parce que régulièrement on ne plaide point par procureur.

Cette jurifprudence, fondée fur la déclaration du 11 janvier 1716, a été introduite, afin que les débiteurs ne puiffent pas faire la loi à leurs créanciers légitimes, en fuppofant des créances fauffes & fimulées, ou en faifant revivre des dettes acquittées. En effet, fi des créanciers fuppofés formoient les trois quarts des créances, ils pourroient forcer les véritables créanciers, qui ne formeroient que l'autre quart, à faire l'arrangement qu'ils jugeroient à propos de déterminer.

L'étendue du pouvoir des directeurs dépend des termes du contrat d'*union* & de *direction* : ils exercent tous les droits du débiteur, & ne font pour ainfi dire qu'une même perfonne avec lui ; c'eft pourquoi ils peuvent, en vertu du privilège du leur débiteur bourgeois, faire valoir fes biens fans être impofés à la taille.

Ils ne peuvent pas avoir plus de droit que lui, fi ce n'eft pour debattre des actes qu'il auroit faits en fraude de fes créanciers.

Ils ne peuvent pas auffi, par le contrat de *direction*, déroger aux privilèges & aux hypothèques : autrement les créanciers privilégiés & hypothécaires feroient fondés à s'oppofer à l'homologation, quand même elle feroit demandée par les trois quarts des créanciers.

Mais quel que foit leur pouvoir en général, ils ne font toujours que les mandataires du débiteur & des autres créanciers, ce qui entraîne deux conféquences importantes.

La première qui concerne le débiteur eft, qu'il demeure toujours propriétaire des biens par lui abandonnés, jufqu'à la vente qui eft faite par les directeurs des créanciers ; de forte que le profit & le dommage, qui arrivent fur ces biens, font pour le compte du débiteur, les créanciers n'étant que les adminiftrateurs de ces biens & fondés de procuration à l'effet de vendre.

La feconde conféquence qui réfulte du principe que l'on a pofé, eft que les directeurs des autres créanciers ne font tenus envers eux que comme tout mandataire en général eft tenu envers fon commettant : ainfi ils ne peuvent excéder les bornes de leur pouvoir, & font refponfables de tout ce qui arrive par leur dol ou par leur négligence, lorfqu'elle eft telle qu'elle approche du dol ; mais ils ne font pas refponfables du mauvais fuccès de leurs démarches, lorfqu'ils paroiffent avoir agi de bonne foi & en bons adminiftrateurs : ils ne font

pas non plus refponfables des fautes qu'ils peuvent avoir faites par impéritie ou par une négligence légère ; c'eft aux créanciers à s'imputer de n'avoir par choifi des directeurs plus habiles & plus vigilans.

Les directeurs tiennent un regiftre de leurs délibérations, & lorfqu'il s'agit d'entreprendre quelque chofe qui excède leur pouvoir, ils convoquent une affemblée générale des créanciers, pour y traiter l'affaire dont il s'agit.

La fonction des directeurs étant volontaire, ils peuvent la quitter quand ils jugent à propos, en avertiffant les créanciers.

Les biens vendus par la *direction* des créanciers font aliénés en vertu d'une vente volontaire, qui ne purge point les hypothèques. *Voyez* ABANDONNEMENT, ATERMOIEMENT, BANQUEROUTE, &c.

DIRECTITÉ, f. f. (*Droit féodal.*) on fe fert de ce nom dans quelques pays, & particulièrement dans ceux de droit écrit, pour défigner le droit de directe. *Voyez* la Peyrère, *lettre P, n°. 55 ; 117 & 119 ; M. de* Catellan, *liv. 3, chap. 27.* (*M.* GARRAN DE COULON.)

DIRECTOIRE, f. m. (*Droit particulier de l'Alface.*) c'eft le titre d'une jurifdiction établie dans cette province, dont les officiers font choifis, à la pluralité des voix, parmi la nobleffe, & dont le choix a été confirmé par le roi. *Voyez* ALSACE, *fection 2.*

DIRIMANT. *Voyez* EMPÊCHEMENT.

DISCIPLINE, f. f. (*Droit canonique. Code milit.*) en général, on entend par ce mot la manière de fe conduire felon les loix de chaque profeffion. Ainfi il y a autant de fortes de *difcipline* que de profeffions différentes. Mais on applique plus particulièrement ce terme 1°. aux règles eccléfiaftiques ou de l'églife ; 2°. aux inftituts réguliers & monaftiques ; 3°. au gouvernement & à la conduite des troupes.

On trouvera dans le *Dictionnaire de l'Art militaire*, ce qui concerne la *difcipline* militaire : c'eft pourquoi nous traiterons feulement de la *difcipline* eccléfiaftique & régulière.

La *difcipline* eccléfiaftique, dans le fens le plus général, eft la police extérieure de l'églife quant à fon gouvernement ; dans un fens plus particulier, c'eft l'exercice de fon pouvoir, par rapport à la punition ou correction des membres fcandaleux qui la deshonorent.

Le droit pénal eft auffi effentiel à toute fociété religieufe qu'à toute fociété civile, parce que fans lui les loix font de nul effet, & il ne fauroit y avoir d'ordre. La *difcipline* eft d'autant plus néceffaire dans l'églife, que l'obfervation de fes loix ne peut être procurée par la contrainte, & que l'objet en eft plus important, puifqu'il s'agit de l'honneur de la religion & du falut des humains.

Cette *difcipline* eft auffi de droit divin pofitif, puifque Dieu lui-même en avoit prefcrit les loix à l'églife judaïque, *Liv. xxiij, 29, 30 ; xxiv, 15 ;*

16 ; *num. xv*, 36, *&c.* & en a expreſſément commis l'exercice aux apôtres & à leurs ſucceſſeurs, comme on peut le prouver par divers paſſages du nouveau teſtament, entre autres, *Matth. xvj*, 19 ; *xviij*, 17, 18 ; *I. Cor. v*, 4, 5, 7 ; *II. Cor. ij*, 6, 10 ; *I. Tim. j*, 20 ; *& iij*, 10, 11.

Chez les Juifs, chaque ſynagogue avoit ſon conſeil qui exerçoit cette *diſcipline* ; 1°. par la cenſure qui devoit être ſuivie de ſept jours de retraite dans la maiſon ; 2°. par la ſéparation, *ſegregatio, quaſi excommunicatio*, qui conſiſtoit dans l'interdiction de tout commerce & de toute ſociété, ce qui emportoit l'excluſion de la ſynagogue, pendant un certain temps, qui étoit ordinairement de trente jours ; punition que l'on réitéroit juſqu'à trois fois, lorſque le pécheur ne donnoit pas des preuves ſuffiſantes de repentir ; 3°. par l'*excommunication* proprement dite, ou l'*anathême*, qui étoit une ſentence expreſſe d'excluſion & d'expulſion de la ſynagogue, accompagnée de formules d'exécration ; *voyez* ANATHÊME, genre de peine que les Juifs fondoient ſur la *Gen. xvij*, 14 ; *Joſ. vj*, 26 ; *Jud. v*, 23 ; *Eſdr. x*, 8. Cette peine étoit ſuivie de la privation entière de tous les avantages attachés à l'alliance divine, & particuliers à la nation judaïque ; ceux qui l'avoient encourue étoient appellés αποσυναγωγος, chaſſés de la ſynagogue ; *Joh. ix*, 22 ; *xij*, 42 ; *xvj*, 2 : elle étoit à cauſe de cela regardée comme très-grave, & on ne l'infligeoit que lorſqu'il s'agiſſoit des plus grands ſcandales, comme, par exemple, du crime d'idolâtrie : c'eſt vraiſemblablement la raiſon pour laquelle les Juifs n'ont jamais entrepris de l'exercer envers Jéſus-Chriſt. Il paroît par ce qui eſt dit, *Matth. x*, 17, que l'on infligeoit quelquefois dans les ſynagogues des peines corporelles, comme le fouet ; mais c'étoit uniquement à titre de corrections utiles pour la pénitence, & encore on ne les exerçoit guère qu'envers les docteurs de la loi.

Les apôtres & les premiers chrétiens ſuivirent d'auſſi près que poſſible dans la *diſcipline* de l'égliſe, l'ordre de la ſynagogue, & crurent devoir même y apporter une ſévérité capable de contenir les chrétiens dans la pureté, de prévenir les ſcandales, & de fermer la bouche aux ennemis du nom de Jéſus-Chriſt.

On employoit auſſi parmi eux, 1°. l'exhortation & la répréhenſion, adreſſée premiérement dans le particulier, enſuite en public, ſuivant les préceptes de l'évangile, *Matth. xviij*, 15 ; *Gal. vj*, 1 ; *II, Tim. iv*, 2 ; *I, Tim. v*, 1, 2.

2°. La cenſure proprement dite, qui conſiſtoit dans la réprimande accompagnée de menaces, *tit. iij*, 10 ; *I, Tim. iv*, 2, genre de peine dont le clergé dans la ſuite a abuſé indignement ; pour ſatisfaire ſon ambition.

3°. La ſéparation ou l'interdiction du ſacrement de la cène, pendant un certain temps, autrement appelée *petite excommunication.*

4°. Enfin l'excommunication proprement dite,

Jurisprudence. Tome III.

ou la grande excommunication, par laquelle les pécheurs ſcandaleux & incorrigibles étoient déclarés exclus & chaſſés de l'égliſe chrétienne, privés de tous ſes avantages, & retranchés abſolument de la communion des fidèles, auxquels on interdiſoit tout commerce familier avec eux ; ſentence qui, dans la ſuite des temps, fut accompagnée de formules d'exécrations, & ſuivie d'effets civils.

Cette dernière excommunication eſt un acte très-légitime du pouvoir qui appartient à toute ſociété, d'exclure de ſon ſein tous ceux qui en mépriſent les premières loix, ou y portent le déſordre ; & nous avons là-deſſus les plus formelles déciſions, *Matth. xviij*, *tit. iij*, *I, Cor. v*, 11.

Suivant les principes de la juriſprudence des ſociétés, le droit d'exercer la *diſcipline* appartient au corps entier de l'égliſe ; en partant de-là on eſt très-fondé à ſoutenir que toute égliſe ſoumiſe à la domination temporelle d'un ſouverain, & jouiſſant de ſa protection, eſt en plein droit de lui confier l'exercice de ſon pouvoir, comme à celui qui peut en faire l'uſage le plus efficace pour le bien & le ſalut de ſes membres.

Je conviens que la *diſcipline eccléſiaſtique* doit être exercée par ceux que Jeſus-Chriſt & ſes apôtres ont établis paſteurs, évêques, conducteurs des troupeaux. *I, Tim. iij*, 5. Je conviens encore que c'eſt à eux à exhorter, reprendre, cenſurer, & faire toute autre fonction de *diſcipline* qui n'a rien de commun avec le civil, & ne peut en rien influer ſur la condition des particuliers, à les conſidérer comme citoyens de l'état. Mais lorſqu'il s'agit des peines eccléſiaſtiques, qui, par les circonſtances, la façon de penſer, ſi l'on veut même, par une ſuite de préjugés, ou de loix mal-entendues, entraînent une ſorte de flétriſſure, excluent des emplois, ou réjailliſſent ſur la fortune de ceux qui les encourent, & ſur celle même de leurs enfans ; pourquoi les eccléſiaſtiques prétendroient-ils être les ſeuls juges compétens, à l'excluſion des ſéculiers qui ont la vocation la plus légitime à prononcer ſur tout ce qui peut intéreſſer le ſort temporel des membres de la ſociété ?

Jeſus-Chriſt & les apôtres ont-ils jamais penſé à conférer à leurs ſucceſſeurs, un pouvoir qui s'étendît au-delà des limites preſcrites par la nature même de leur emploi, qui ne regarde que le ſoin des ames & l'avancement de leurs intérêts ſpirituels ? Auroient-ils voulu, en leur accordant le pouvoir abſolu de la grande excommunication, les rendre maîtres deſpotiques du ſort de tous les citoyens d'un état ?

On a donc pu, ſans déroger à la forme du gouvernement de l'égliſe, inſtituée par ſes premiers fondateurs, aſſocier aux eccléſiaſtiques des magiſtrats laïques, pour connoître de tous les objets de *diſcipline* qui peuvent avoir quelque influence ſur l'état civil des particuliers, & former des tribunaux mêlangés, pour en connoître avec plus d'exactitude, d'équité & de justice, & prévenir les abus ; tribunaux qu'on appelle parmi les catholiques *mixtes* ; & parmi les protestans, *consistoires*.

Pour justifier une telle institution, on n'a qu'à se rappeller les abus scandaleux qui sont résultés du pouvoir absolu du clergé & sur-tout des évêques, par rapport à l'excommunication.

Suivant le but & l'institution de la *discipline ecclésiastique*, tous les chrétiens, de quelque rang qu'ils soient, doivent lui être soumis ; mais les exemples de *discipline* exercée envers les souverains, sont bien rares dans l'histoire des premiers siècles. Ce n'est que depuis les usurpations des papes que l'on a commencé à excommunier les rois, à disposer de leur couronne, & délier leurs sujets du serment de fidélité.

Rien de plus absurde que l'usage introduit dans le troisième siècle, de faire valoir la *discipline* de l'anathême envers les morts.

La *discipline*, dès les premiers siècles, fut exercée, non-seulement envers les pécheurs scandaleux, mais aussi envers les hérétiques obstinés, sur les préceptes formels des apôtres. *II, Joh. x ; tit. iij, 10.*

On a lieu de présumer cependant que ces ordres ne regardoient que les esprits dangereux & les sectaires brouillons ; mais dans la suite, on les a étendus à tous ceux qui osoient penser & parler différemment des opinions appuyées de l'autorité de l'église, des conciles & des évêques.

Les premiers chrétiens ne prononçoient aucune sentence, qui ne fût bien motivée & fondée sur une instruction fort circonstanciée des faits. Mais dans la suite on n'y regarda plus de si près.

Peu-à-peu on joignit à l'excommunication l'exil, la relégation dans des monastères, & l'on n'oublia pas la confiscation des biens ; les hérétiques même furent privés du droit d'hériter & de sépulture ; on ne pouvoit se relever de l'excommunication que par la pénitence, les satisfactions canoniques & l'absolution.

Il y avoit aussi une *discipline* particulière pour les clercs, dont nous avons parlé à l'article CLERC TONSURÉ.

La *discipline* de l'église catholique a été réglée sur l'écriture sainte, sur les canons des conciles, les décrets des papes, les loix des princes chrétiens, & a été dès-là même assujettie à un nombre infini de variations, à raison des lieux & des temps. On peut consulter là-dessus l'ouvrage de Thomassin, intitulé : *Ancienne & nouvelle discipline de l'église*.

Celle des protestans a été calculée aussi, premièrement sur l'écriture, & ensuite sur les circonstances particulières de chaque peuple, par rapport à la forme du gouvernement, à l'esprit de la législation civile, aux mœurs, &c.

La *discipline régulière* ou *monastique*, est la manière de vivre des religieux, suivant les constitutions de leur ordre. Elle est ou intérieure, ou ex-

térieure : la première regarde la pratique des institutions dans l'intérieur du cloître ; la seconde, le gouvernement extérieur. C'est sur le fondement de cette distinction, que depuis l'établissement de la commende, on suit en France deux maximes importantes par rapport à la *discipline monastique*.

Suivant la première, les abbés & les prieurs commendataires n'ont aucune part à la *discipline* intérieure du cloître : suivant la seconde, les évêques n'ont le droit de juger les délits des religieux, que lorsqu'ils ont été commis hors du cloître : ce qui néanmoins n'empêche pas les évêques de pouvoir visiter, même corriger les religieux exempts ou non exempts de la jurisdiction de l'ordinaire, en la forme prescrite par l'article 18 de l'édit de 1695.

DISCONTINUATION, s. f. (*Jurispr.*) c'est la cessation de quelque acte, comme d'une possession, d'une procédure, ou autres poursuites. La *discontinuation* des poursuites pendant trois ans, donne lieu à la péremption ; & s'il s'en passe trente, il y a prescription. *Voyez* PÉREMPTION, PRESCRIPTION, PROCÉDURE, POURSUITE.

DISCRET, adj. DISCRÉTION, s. f. (*Jurispr.*) *discret*, dans le sens le plus général, se dit de la qualité d'une personne que l'on considère, comme discernant avec justesse, dans chaque cas, ce qu'il est convenable de taire ou de dire, de faire ou de ne pas faire. Dans le sens ordinaire, cet adjectif ne s'emploie guère que relativement aux discours, pour signifier celui qui ne dit jamais ce qu'il convenoit de taire.

Discrétion se rapporte en général à tous les discours & à toutes les démarches, & désigne cette qualité de la personne, ou des actions, qui ne choque jamais les règles de la prudence civile. Ce terme n'est pas l'opposé parfait d'*indiscrétion*. Ce dernier désigne plutôt le crime de dire ce qu'il falloit taire ; le premier signifie plutôt la prudence dans les discours & les actions.

La *discrétion* est exclusivement la vertu des personnes prudentes. L'*indiscrétion* qui révèle un secret confié, est souvent un vice des personnes prudentes, mais méchantes. On est aussi souvent coupable d'indiscrétion par méchanceté, que par imprudence ou légéreté d'esprit ; au lieu que l'on ne manque de *discrétion*, que parce que l'on est imprudent & sans réflexion, quoique souvent aussi la malignité s'en mêle.

La *discrétion* est un devoir d'état ; 1°. pour les ministres & secrétaires d'état, les commis qui les environnent, & généralement pour tous ceux qui ont part à l'administration & au gouvernement. Ceux d'entre eux qui y manquent font répréhensibles, & quelquefois même criminels, suivant les circonstances.

2°. Pour les confesseurs, avocats, conseils, médecins, chirurgiens, & autres personnes semblables.

3°. Pour les domestiques qui manquent à la fidélité qu'ils doivent à leurs maîtres, lorsqu'ils divulguent ce qui se passe à leur connoissance dans l'intérieur des familles.

Enfin, pour toutes les personnes auxquelles on fait des ouvertures sous le sceau du secret & de la probité. *Voyez* IMPRUDENCE, IMPÉRITIE, SECRET.

DISCRET s'employoit anciennement comme une qualité d'honneur qu'on donnoit aux prêtres & aux docteurs, qu'on appelloit *vénérables & discrètes personnes*.

Dans quelques ordres religieux, on appelle *pères discrets*, & dans quelques communautés de filles, *mères discrètes*, les religieux ou religieuses qui forment le conseil ordinaire du supérieur ou de la supérieure.

DISCUSSION, s. f. (*Jurispr.*) signifie quelquefois *contestation*, & quelquefois *la recherche & l'exécution que l'on fait des biens du débiteur*, pour se procurer le paiement de ce qu'il doit.

La *discussion* prise dans ce dernier sens est souvent un préalable nécessaire avant que le créancier puisse exercer son action contre d'autres personnes, ou sur certains biens.

Ce bénéfice de *discussion*, c'est-à-dire, l'exception de celui qui demande que *discussion* soit préalablement faite, est appelé en droit *beneficium ordinis*, c'est-à-dire, une exception tendante à faire observer une certaine gradation dans l'exécution des personnes & des biens.

Ce bénéfice avoit lieu dans l'ancien droit contenu dans le digeste; il fut abrogé par le droit du code; & rétabli par la novelle 4 de Justinien, tant pour les cautions ou fidéjusseurs, que pour les tiers-acquéreurs, qui ne peuvent être attaqués qu'après que le créancier a inutilement discuté le principal débiteur.

La *discussion* ne consiste pas seulement à faire quelques diligences contre le débiteur, & à le mettre en demeure de payer; il faut épuiser ses biens sujets à *discussion* jusqu'à le rendre insolvable, *usque ad saccum & peram*; c'est l'expression de Loyseau, & l'esprit de la novelle 4 de Justinien.

Anciennement, lorsqu'il étoit d'usage de procéder par excommunication contre les débiteurs, il falloit, avant de prendre cette voie, *discuter* les immeubles du débiteur, si c'étoit un laïque; mais la *discussion* n'étoit pas nécessaire contre les ecclésiastiques. *Voyez* les *arrêts de 1518 & 1545*, rapportés par Bouchel, au mot *Discussion*.

La perquisition des biens du débiteur que l'on vouloit *discuter*, se faisoit autrefois à son de trompe, suivant ce que dit Masuère; mais comme c'étoit une espèce de flétrissure pour le débiteur, on a retranché cette formalité, & il suffit présentement que la perquisition soit faite au domicile du débiteur par un huissier ou sergent, lequel, s'il ne trouve aucuns meubles exploitables, fait un procès-verbal de carence, & rapporte dans son procès-verbal qu'il s'est enquis aux parens & voisins du débiteur, s'il y avoit d'autres biens, meubles

& immeubles, & fait mention de la réponse : si on ne lui a indiqué aucuns biens, la *discussion* est finie par ce procès-verbal : si on en a indiqué quelques-uns, il faut les faire vendre en la manière accoutumée, pour que la *discussion* soit parfaite; & si après le décret des immeubles indiqués, il s'en trouvoit encore d'autres, il faudroit encore les faire vendre.

Si celui qui oppose la *discussion* prétend qu'il y a encore d'autres biens, c'est à lui à les indiquer; la *discussion* doit être faite à ses frais, & il n'est plus recevable ensuite à faire une seconde indication.

Il y a plusieurs sortes de *discussions*; savoir, celle des meubles avant les immeubles; celle de l'hypothèque spéciale avant la générale; celle de l'hypothèque principale avant la subsidiaire; celle du principal obligé avant ses cautions ou fidéjusseurs, & avant leurs certificateurs; celle de l'obligé personnellement, ou de ses héritiers, avant les tiers-détenteurs; celle des dernières donations pour la légitime avant de monter aux donations précédentes.

Nous avons établi suffisamment sous le mot CAUTION, les principes sur la *discussion* du principal débiteur, avant de poursuivre ses *cautions* ou fidéjusseurs, nous nous bornerons à indiquer, par ordre alphabétique, ce qui concerne la *discussion* en matière de donation, d'hypothèque, de meubles avant les immeubles, d'offices de rentes foncières ou constituées, & des tiers-acquéreurs.

Discussion des donataires. L'enfant qui ne trouve pas dans la succession de quoi se remplir de sa légitime, peut se pourvoir contre les donataires, en observant seulement de les discuter chacun dans l'ordre des donations, c'est-à-dire, en commençant par la dernière, & remontant ensuite aux précédentes de degré en degré. *Voyez* LÉGITIME.

Discussion de l'hypothèque spéciale avant la générale, est fondée sur la loi 2, au code *de pignoribus*. Comme on peut accumuler dans une obligation l'hypothèque générale avec la spéciale, de-là naît un ordre de *discussion* à observer de la part du créancier, non pas à l'égard de l'obligé personnellement, ni de ses héritiers, car vis-à-vis d'eux le créancier peut s'adresser à tel bien qu'il juge à propos, mais le tiers-détenteur d'un immeuble qui n'est hypothéqué que généralement, peut demander que *discussion* soit préalablement faite de ceux qui sont hypothéqués spécialement : la raison est que quand l'hypothèque générale est jointe à la spéciale, la première semble n'être que subsidiaire.

La *discussion* de l'hypothèque spéciale peut aussi être opposée entre deux créanciers, c'est-à-dire que celui qui a hypothèque spéciale est obligé de la discuter avant de se venger sur les biens hypothéqués généralement; au moyen de quoi un créancier postérieur seroit préféré au créancier antérieur sur les biens hypothéqués généralement, si ce créancier antérieur avoit une hypothèque spéciale qu'il n'eût pas discutée. *Voyez* HYPOTHÈQUE.

La discussion de l'hypothèque principale avant la subsidiaire, a lieu en certains cas ; par exemple, le douaire de la femme ne peut se prendre sur les biens substitués, qu'après avoir épuisé les biens libres. *Voyez* SUBSTITUTION, DOUAIRE.

Discussion des meubles avant les immeubles. Chez les Romains, dans l'exécution des biens de tout débiteur, soit mineur ou majeur, le créancier devoit d'abord épuiser les meubles avant d'attaquer les immeubles ; c'est la disposition de la loi *divo pio*, §. *in venditione*, au code *de re judicatâ*.

On observoit autrefois cette loi en France ; mais elle cessa d'abord d'être observée en Dauphiné, comme le rapporte Guipape en sa *décision 281* ; ensuite elle fut abrogée pour tout le royaume à l'égard des majeurs, par l'ordonnance de 1539, *art. 74.*

Plusieurs coutumes rédigées depuis cette ordonnance, ont une disposition conforme ; telles que celles de Blois, *art. 260* ; Auvergne, *ch. xxjv, art. 1* ; Berri, *tit. jx, art. 23.*

La disposition de l'ordonnance s'observe même dans les coutumes qui ont une disposition contraire, comme celle du Loudunois, *ch. xxij, art 5.*

La *discussion* des meubles avant les immeubles a encore présentement lieu dans la province d'Artois, qui a conservé à cet égard ses anciens usages, depuis sa réunion à la couronne de France.

Il en est de même en Franche comté, où, suivant l'ordonnance de Philippe II, roi d'Espagne, de 1586, on ne peut procéder à la saisie des immeubles d'un débiteur, qu'après avoir discuté ses meubles, les fruits pendans par les racines sur les héritages & les arrérages des rentes qui lui sont dus.

L'ordonnance du duc Léopold, de 1707, veut qu'avant de décréter les immeubles d'un débiteur, *discussion soit faite* des meubles meublans qui se trouvent dans son domicile, à peine de nullité, & même des meubles gisans avant les pâturans.

Mais dans tout le royaume, à l'exception du ressort du parlement de Toulouse, ainsi que l'atteste Maynard, la *discussion* préalable des meubles est toujours nécessaire à l'égard des mineurs, & il ne suffiroit pas que le tuteur déclarât qu'il n'a aucun meuble ni deniers ; il faut lui faire rendre compte, sans quoi la *discussion* ne seroit pas suffisante.

Cette formalité est nécessaire quand même la *discussion* des immeubles auroit été commencée contre un majeur, à moins que le congé d'adjuger n'eût déjà été obtenu avec le majeur.

Il en seroit de même s'il n'étoit échu des meubles au mineur que depuis le congé d'adjuger.

Au surplus, le mineur qui se plaint du défaut de *discussion*, n'est écouté qu'autant qu'il justifie qu'il avoit réellement des meubles suffisans pour acquitter le tout en tout ou partie.

La *discussion* des meubles n'est point requise à l'égard du coobligé, ou de la caution du mineur ;

parce que ce privilège est particulier & personnel au mineur, & ne peut profiter à un tiers.

C'est par cette raison que dans le cas de la saisie d'un immeuble, possédé par un majeur & un mineur indivisément, le parlement de Paris a jugé que le décret n'étoit nul que pour la portion du mineur. *Arrêt du 13 mars 1574*, rapporté par Louet.

Belordeau en rapporte un du parlement de Bretagne, du 19 janvier 1616, qui a déclaré nul un pareil décret, tant à l'égard du majeur que du mineur. Cet arrêt ne nous paroit pas conforme aux principes ; & Hévin sur la *Coutume de Bretagne*, s'attache à la jurisprudence du parlement de Paris. En effet, le mineur, en se faisant restituer, ne relève le majeur que par rapport aux droits & aux choses indivisibles. Mais rien n'empêche que l'on ne puisse vendre par décret la portion d'un majeur, quoique l'autre portion appartienne à un mineur.

Discussion des offices, elle ne pouvoit être faite autrefois qu'après la vente de tous les autres immeubles du débiteur. Mais depuis qu'on a attribué aux offices la même nature qu'aux autres biens, il est libre au créancier de saisir d'abord l'office de son débiteur, avant d'avoir discuté ses autres biens.

Discussion en matière de rentes, du tiers-acquéreur ou *detenteur*, c'est l'exception que celui-ci oppose pour contraindre le créancier à discuter préalablement l'obligé personnellement, ou ses héritiers.

Cette exception a lieu à leur égard dans les pays de droit écrit ; mais dans le pays coutumier, l'usage n'est pas uniforme.

Dans quelques coutumes, comme celle de Sedan, le bénéfice de *discussion* est reçu indéfiniment.

Dans d'autres il n'a point lieu du tout, comme dans les coutumes de Bourgogne, Auvergne, Clermont & Châlons.

D'autres l'admettent pour les dettes à une fois payer, & non pour les rentes ; telles que Paris, Anjou, Reims, Amiens. Dans ces coutumes, la *discussion* n'a pas lieu pour les arrérages des rentes foncières ou constituées, échus depuis la détention.

Quelques-unes l'admettent en cas d'hypothèque générale, & la rejettent lorsque l'hypothèque est spéciale, comme Orléans, Tours, Auxerre & Bourbonnois.

Enfin, il y en a beaucoup qui n'en parlent point, & dans celles-là on suit le droit commun, c'est-à-dire, que le bénéfice de *discussion* est reçu indéfiniment. Cette jurisprudence doit même avoir lieu à l'égard de l'hypothèque spéciale ; car, de même que l'hypothèque générale, elle n'est que subsidiaire à l'action personnelle.

La coutume de Nevers, par une disposition qui lui est particulière, permet au créancier d'agir à son choix contre le principal obligé, ou contre le tiers-détenteur, *lorsque la dette est réelle.* On a restreint la signification de ces termes aux rentes foncières, & on y admet la *discussion* pour les rentes constituées.

La *discussion* doit être demandée par le tiers-détenteur, & ne peut être ordonnée d'office par le juge, parce que c'est une exception, & que toute exception doit être proposée par la partie qui veut s'en servir.

Après que *discussion* a été faite des biens indiqués par le tiers-acquéreur ou détenteur, si ces biens ne suffisent pas pour acquitter la dette, le tiers-acquéreur ou détenteur est obligé de rapporter les fruits de l'héritage qu'il tient, à compter du jour de la demande formée contre lui. *Voyez* CAUTION, SOLIDITÉ.

DISJONCTION, f. f. (*Jurisprud.*) est la séparation de deux causes, instances ou procès, qui avoient été joints par un précédent jugement.

Lorsque deux affaires paroissent avoir quelque rapport ou connexité, la partie qui a intérêt de les faire joindre, en demande la jonction, afin que l'on fasse droit sur le tout conjointement, & par un même jugement. Si la demande paroît juste, le juge ordonne la jonction, & quelquefois il ajoute, *sauf à disjoindre s'il y échet* ; auquel cas, en statuant sur le tout, le juge peut disjoindre le procès ou incident qui avoit été joint. Une partie intéressée à faire disjoindre les procès qui sont joints, peut aussi présenter sa requête afin de *disjonction* ; & si cette demande est trouvée juste, le juge disjoint les deux affaires. C'est ce que l'on appelle une *sentence ou arrêt de disjonction*. *Voyez* JONCTION. (*A*)

DISJONCTIVE, f. f. En terme de palais, ainsi qu'en terme de grammaire, on donne la qualité de *disjonctive* aux particules, qui, en joignant les parties du discours, séparent les choses qu'on dit, & n'en affirment qu'une indéterminément. Telle est la particule *ou*, à la différence de la particule *&*, qui est une conjonctive.

L'obligation de payer cent écus ou cent boisseaux de bled, ne renferme que l'obligation de payer l'un ou l'autre, parce que la particule *disjonctive* qui sert à lier le discours, annonce qu'il n'est dû par le débiteur que l'une des deux choses comprises dans l'énoncé de l'obligation. *Voyez* ALTERNATIVE.

DISPENSE, f. f. (*Jurispr.*) est un relâchement de la rigueur du droit accordé à quelqu'un, pour des considérations particulières : *juris provida relaxatio*, dit le *specula. tit. de dispensat.*

On n'accorde jamais aucune *dispense* contre le droit divin ni contre le droit naturel, mais seulement du droit positif établi par l'église ou par les puissances temporelles, qui peut être changé & modifié selon les temps & les circonstances, de la même autorité qu'il a été établi.

Ainsi l'on ne peut douter qu'il y a des cas où il est permis de dispenser de la loi ; mais comme la loi n'ordonne rien que de sage, & qui n'ait été établi par de bonnes raisons, on ne doit aussi en dispenser que lorsque, dans le cas parti-

culier qui se présente, il y a des raisons plus fortes que celles de la loi.

La *dispense* suppose, 1°. qu'il y a une loi ; car, où il ne subsiste aucune défense, il n'y a pas de permission à donner pour agir : où rien n'est commandé, il n'est pas besoin de permission pour ne pas agir.

2°. La *dispense* suppose que la loi est donnée par celui qui avoit le droit de régler la manière d'agir ; car si la loi est prescrite par celui qui n'a pas le droit de commander, son ordre n'est pas une loi, on n'est pas tenu d'obéir, & on n'a besoin d'aucune *dispense* de sa part pour être libre de faire ce qu'on trouve à propos à cet égard.

3°. La *dispense* suppose que celui qui la donne étoit l'auteur réel, ou devoit être envisagé comme l'auteur réel de la loi qu'il permet de violer ; car, s'il n'est pas l'auteur réel de la loi, ou s'il n'en tient pas réellement la place avec tous ses droits, il ne peut pas dispenser de l'observation des ordres d'un être qui est supérieur à cet égard, & qui ne lui a pas remis ses droits de législateur.

Aucun pouvoir inférieur ne peut, de sa seule autorité, donner *dispense* pour la non observation d'une loi, qui vient d'un pouvoir supérieur.

Il suit donc delà, 1°. que nul homme, quelque rang qu'il tienne sur la terre, ne peut donner des *dispenses* pour l'inobservation des loix naturelles ou révélées, dont Dieu est l'auteur, ni pour aucune loi positive révélée, qui n'est accompagnée d'aucune exception, dont, par la même révélation, cet homme soit établi juge, de la manière la plus positive.

2°. Que les *dispenses* légitimes ne peuvent regarder que l'observation des loix purement humaines & positives, qui n'ont été données que pour s'accommoder à des circonstances passagères, & qui ont pour objet des actions, qui, selon la nature des choses, auroient été innocentes & permises sans la loi survenue.

En partant de ces principes, dont on ne peut contester la vérité, il résulte que nulle *dispense* ne peut faire négliger ce qui est commandé par la loi de Dieu, ni rendre innocent celui qui fait ce qu'elle défend : que les *dispenses* ne peuvent regarder que les actions indifférentes de leur nature, dont l'exercice n'est pas une vertu, & dont l'abstention n'est pas un crime.

Comme les hommes sont conduits par des loix religieuses & par des loix civiles, que chaque espéce de ces loix découle d'une législation différente, il est d'usage parmi nous que la *dispense* des loix ecclésiastiques se donne par l'église, & celle des loix civiles par le souverain.

Dans les matières canoniques, les *dispenses* ne peuvent être accordées que par le pape seul, ou par l'évêque ou ses grands-vicaires, s'il s'agit d'un fait qui n'excède pas le pouvoir de l'évêque. Celles qui sont émanées de Rome doivent être fulminées dans l'officialité du diocèse des parties.

Les *dispenses* qui regardent les offices & autres droits temporels, ne peuvent être accordées que par le roi : elles s'expédient par lettres de la grande chancellerie, & doivent être enregistrées dans les cours sous le reffort desquelles est situé le lieu où on en veut faire usage.

Les *dispenses* ne font nécessaires que pour les chofes qui font contre le droit commun : elles font toujours défavorables ; c'est pourquoi elles ne reçoivent point d'extension, même à des cas pour lesquels il y auroit un argument *de majori ad minus* : il faut feulement excepter les chofes qui font tacitement comprifes dans la *dispense*, fuivant le droit & l'ufage, ou qui en font une fuite nécessaire, ou fans lesquelles la *dispense* n'auroit point fon effet.

Toutes *dispenses* font volontaires & de grace ; on ne peut jamais forcer le fupérieur à les donner ; il y a même des cas dans lesquels on n'en doit point accorder, ainfi qu'on l'expliquera en parlant des différentes efpèces de *dispenses*.

Les *dispenses* font expresses ou tacites : elles font expresses, lorsque le refcrit, ou autres lettres qui les accordent, font mention de l'empêchement, & portent que nonobstant ce, l'impétrant jouira de ce qu'il demande : elles font tacites, quand les lettres font mention de l'empêchement, & que, fans s'y arrêter, l'on confère un office ou un bénéfice au fuppliant, fans en difpenfer exprefféement. Mais il faut remarquer que fi l'empêchement n'avoit pas été exprimé dans la demande, la claufe générale, *nonobstant tout empêchement*, n'emporteroit pas *dispense*.

Les *dispenses* s'appliquent à différens objets. Il y a des *dispenses* d'âge, de parenté & d'affinité ; *dispense* pour les ordres, pour les bénéfices & pour les offices, & autres que nous expliquerons ci-après.

Mais nous devons remarquer auparavant, que fi le légiflateur peut abroger entièrement une loi, il peut, à plus forte raifon, en fufpendre l'effet, par rapport à telle ou telle perfonne, mais qu'il ne doit faire ufage de ce pouvoir que par de bonnes raifons, & fuivant les règles de l'équité & de la prudence. Car s'il accordoit des *dispenses* à trop de gens fans difcernement & fans choix, il énerveroit l'autorité des loix : s'il les refufoit dans des cas abfolument femblables, une partialité fi peu raifonnable ne pourroit produire que de la jaloufie & du mécontentement.

Comme les *dispenses* ont lieu parmi nous en matière civile & en matière eccléfiaftique, nous parlerons féparément des unes & des autres.

Des DISPENSES *en matière civile.* On y accorde des *dispenses* d'âge, d'incompatibilité d'offices, de parenté pour opiner, des quarante jours, de ferment, de fervice & de temps d'étude.

Dispense d'âge. L'émancipation que l'on accorde aux adultes, & la faculté qu'on leur donne d'adminiftrer leurs biens, & de difpofer de leurs revenus,

est une véritable *dispense d'âge. Voyez* EMANCIPATION.

Mais on appelle proprement *dispense d'âge*, la licence que l'on donne à quelqu'un d'être pourvu d'un office avant l'âge requis pour le poffeder. *Voyez* AGE (*dispense d'*)

Dispense d'examen, fe dit de celle que le chef d'une compagnie accorde quelquefois verbalement à certains récipiendaires, que l'on n'examine pas avant de leur faire prêter ferment, eu égard à leur capacité notoire, ou à l'exercice qu'ils ont déjà fait de quelque autre office pendant long-temps.

Les officiers d'une cour fouveraine, reçus après examen dans leur compagnie, font difpenfés de fubir un nouvel examen, lorsqu'ils paffent dans une autre compagnie. Les avocats, après dix ans de profeffion, font ordinairement difpenfés d'examen, lorsqu'ils fe font pourvoir d'une charge de judicature.

Dispense d'incompatibilité, est celle qu'on obtient pour poffeder en même temps deux bénéfices ou deux offices incompatibles : le pape l'accorde pour les bénéfices, & le roi pour les offices.

Dispense pour les offices, font celles que le roi accorde, foit par rapport à l'âge ou à quelque autre défaut de qualité, ou à caufe de l'incompatibilité de l'office avec celui que le récipiendaire poffede déjà, ou bien à caufe des parentés & alliances que le récipiendaire a dans la compagnie. *Voyez* ci-devant DISPENSE D'AGE, & ci-après DISPENSE DES QUARANTE JOURS, & DISPENSE DE PARENTÉ.

Dispense pour opiner, c'est lorsque le roi accorde à certains jeunes magiftrats, qui ont été reçus avec *dispense* d'âge, le droit d'avoir voix délibérative dans leur compagnie, quoiqu'ils n'aient point encore l'âge requis par les ordonnances pour leur office. Ces *dispenses* s'accordent quelquefois au bout d'un certain temps d'exercice, en confidération du mérite de l'officier, & de fon application à remplir fes devoirs.

Dispense de parenté : on appelle ainfi celle que le roi accorde à un récipiendaire dans un office, à caufe des parentés & alliances qu'il a dans la compagnie. Elle eft néceffaire dans le degré de frère, beau-frère & neveu, & les voix de deux parens ne font comptées que pour une : à l'égard des coufins-germains, la difpenfe n'eft pas néceffaire ; mais les parties ont la faculté de récufer, ou de faire évoquer. *Voyez* AFFINITÉ.

Dispense des quarante jours, étoit la liberté accordée à un officier de réfigner, quoiqu'il ne furvive pas quarante jours à fa réfignation. *Voyez* ANNUEL & CENTIÈME-DENIER *des offices.*

Dispense du ferment : on n'en accorde point pour les affirmations ordonnées en juftice ; aucune dignité n'en eft exempte. A l'égard du ferment que les officiers doivent à leur réception, on ne connoît qu'un feul exemple de *dispense* accordée dans ce cas, qui eft celui de la reine, mère de Louis XIV,

Ce roi lui ayant donné la charge de grand-maître, chef & fur-intendant général de la navigation & commerce, la dispensa du ferment. Les lettres-patentes du 4 juillet 1646, portent : *fans que la préfente difpenfe puiffe être alléguée & tirée en exemple à l'avenir pour toute autre perfonne, de quelque qualité, dignité & naiffance que ce foit.*

Difpenfe de fervice, eft celle que le roi accorde à quelqu'un de fes officiers commenfaux ou autres officiers privilégiés, à l'effet par eux de jouir de leurs privilèges, & notamment de l'exemption des tailles, quoiqu'ils n'aient point fervi.

Le réglement des tailles de 1614, art. 27, porte qu'il ne pourra être donné aucune *difpenfe de fervice,* finon pour caufe de maladie certifiée par le juge & le procureur du lieu, & par acte figné du greffier ; lequel acte, avec la *difpenfe,* fera fignifié au procureur, fyndic & affeurs de la paroiffe, qui le pourront débattre, en cas de fraude & de fuppofition.

L'art. 31 du réglement-général, fait fur la même matière au mois de janvier 1634, porte la même chofe, & ajoute feulement que l'acte ou certificat de la maladie pour laquelle on accordera *difpenfe de fervice,* fera fignifié aux habitans des paroiffes de la réfidence du difpenfé, à l'iffue de la grande meffe à un jour de dimanche ou fête, & à leur procureur-fyndic ; & encore au fubftitut du procureur-général en l'élection, pour le débattre, en cas de fraude, foit par écrit ou par témoins, fans être obligé de s'infcrire en faux contre cet acte.

Difpenfe de temps d'étude, eft celle que le roi accorde à celui qui veut prendre des degrés dans une univerfité, fans y avoir étudié le temps prefcrit par les réglemens. Elles ne s'accordent ordinairement que pour les degrés qu'on obtient dans les facultés de droit. *Voyez* AGE (*difpenfe d'*)

DISPENSE *en matière eccléfiaftique.* Les canoniftes en diftinguent trois fortes : celles qui font dues, celles qui font permifes, celles qui font défendues.

Les *difpenfes* qui font dues ont la néceffité pour caufe. *Debita dicitur illa ubi multorum ftrages jacet, de fcandalo timetur. Dicitur etiam debita ratione temporis, perfonæ pietatis, vel neceffitatis ecclefiæ, aut uilitatis aut eventus rei.*

Les *difpenfes* permifes, appellées auffi *arbitraires,* s'accordent non par néceffité, mais pour une caufe raifonnable, *nempe quando aliquid permittitur ut pejus evitetur.*

Les *difpenfes* défendues, font celles qui ne peuvent être accordées fans bleffer effentiellement le bon ordre ; comme font celles qui font fans jufte caufe, ou contre le droit naturel ou divin. Nous y ajoutons, en France, celles qui font contre les loix du royaume. Nous avons toujours rejetté cette doctrine ultramontaine, felon laquelle le pape, par la plénitude de fon pouvoir, peut difpenfer du droit naturel, du droit divin, & des loix évangéliques & apoftoliques. Nos libertés ont été pour nous un rempart affuré contre ces opinions dangereufes. L'article 42 porte : « le pape ne peut difpenfer pour quelque caufe que ce foit, de ce qui eft de droit divin & naturel, ni de ce dont les canons ne lui permettent de faire grace ». L'article 22 de l'ordonnance d'Orléans, défend à tous juges d'avoir aucun égard aux *difpenfes* octroyées contre les faints décrets & conciles, à peine de privation de leurs offices, & ne pourront, ajoute le légiflateur, les impétrans defdites provifions ou *difpenfes,* s'en aider, s'ils n'ont de nous congé ou permiffion.

Les *difpenfes* font néceffaires ou à des clercs ou à des laïques : elles font accordées ou par le pape ou par les évêques, elles regardent les facremens ou les bénéfices : elles intéreffent le for intérieur ou le for extérieur ; quant à celles qui regardent le for intérieur & le facrement de pénitence, nous renvoyons à ces mots dans le *Dictionnaire de Théologie.* Nous ne nous occuperons que de celles qui font fujettes aux loix publiques & extérieures ; nous allons les parcourir fucceffivement.

DISPENSE *d'affinité,* on comprend quelquefois, fous ce terme, toutes fortes de *difpenfes* matrimoniales entre ceux qui ont quelque liaifon de parenté ou affinité proprement dite.

Les *difpenfes* de mariage entre ceux qui font parens ou alliés en un degré prohibé, ne peuvent être accordées que par le pape.

On n'accorde jamais de *difpenfe* de parenté entre parens en ligne directe, la prohibition étant à cet égard de droit naturel & divin.

Pour ce qui eft de la collatérale, on n'accorde point non plus de *difpenfe* au premier degré de cognation civile ou naturelle, fous quelque prétexte que ce foit, c'eft-à-dire, entre les frères & fœurs, foit légitimes ou naturels.

Il en eft de même ordinairement du premier degré d'affinité fpirituelle, c'eft-à-dire ; qu'un parrain ne peut obtenir *difpenfe* d'époufer fa filleule ; ces fortes de mariages étant défendus par le premier concile de Nicée, *canon.* 70. Les plus favans canoniftes, tels que Panorme, Abbas, Felinus & Benedictus, affurent que le pape n'a jamais accordé de *difpenfe* du premier degré d'affinité fpirituelle : il y en a néanmoins quelques exemples, entre autres celui dont il eft parlé dans l'arrêt du 11 décembre 1664, rapporté au journal des audiences : mais ces exemples font rares.

Le pape a auffi quelquefois accordé des *difpenfes* au premier degré d'affinité, contractée *ex illicitá copulá,* par exemple, entre le concubin & la fille légitime de la concubine, comme on voit dans l'arrêt du 20 août 1664, rapporté dans la *Bibliothèque canonique,* tome I, pag. 514.

A l'égard du fecond degré de cognation naturelle ou fpirituelle, le pape en peut difpenfer ; mais il ne le fait jamais que pour des confidérations importantes ; quelques canoniftes en donnent pour exemple deux cas ; favoir lorfque c'eft entre de grands princes, ou lorfqu'il s'agit du falut de l'état.

On voit même que, dans le treizième siècle, Alexandre IV refusa d'abord à Valdemar, roi de Suède, la *dispense* qu'il lui demandoit pour épouser la princesse Sophie, sa nièce, fille de Henri, roi de Danemarck : il est vrai qu'il l'accorda ensuite ; mais ce ne fut qu'après avoir été pleinement informé des grands avantages que les deux royaumes de Danemarck & de Suède recevroient de ce mariage, comme il arriva en effet.

Urbain V refusa pareillement une *dispense* à Edmond, fils d'Edouard, roi d'Angleterre, qui vouloit épouser Marguerite de Flandres, veuve de Philippe, dernier duc de la première branche de Bourgogne, quoiqu'ils ne fussent parens qu'au troisième degré ; & ils eurent tant de respect pour le refus du pape, que quoique leur traité de mariage fût arrêté entre eux, ils ne voulurent pas passer outre, & se marièrent tous deux ailleurs.

Le concile de Trente, tenu en 1545, sous le pontificat de Paul III, dit : *in contrahendis matrimoniis vel nulla omnino detur dispensatio, vel rarò, idque ex causâ & gratis concedatur.*

On voit par-là qu'anciennement ces sortes de *dispenses* s'obtenoient beaucoup plus difficilement qu'aujourd'hui, puisque de simples particuliers en obtiennent lorsqu'il y a quelque considération importante qui engage à les leur accorder. On a vu des oncles épouser leurs nièces, des femmes épouser successivement les deux frères avec *dispense*, & vice versâ des hommes épouser les deux sœurs.

La cour de Rome n'accorde plus de *dispense* pour se marier entre parens en degrés prohibés, qu'à ceux qui reconnoissent le pape pour chef de l'église.

Ces *dispenses* n'ont lieu qu'en trois cas ; savoir, quand il y a eu copulation charnelle, lorsque les parties demeurent dans des lieux voisins, & que par la rareté des habitans on a de la peine à trouver des partis sortables, & enfin, lorsque c'est pour le bien de la paix, & pour ne point désunir les biens dans les familles. Les *dispenses* qui sont dans ce dernier cas, sont taxées à la componende selon la proximité & la qualité des parties.

A l'égard des hérétiques, qui ne reconnoissent point le pape, ils doivent obtenir du roi des *dispenses* pour se marier dans les degrés prohibés, autrement leurs mariages sont nuls, & ne produisent point d'effets civils.

Les *dispenses* qui viennent de Rome doivent être fulminées, c'est-à-dire, vérifiées par l'official diocésain des parties qui veulent contracter mariage, avant qu'elles puissent faire usage de la *dispense*, sans quoi il y auroit abus dans la célébration.

Les évêques sont en possession de donner des *dispenses* de parenté & d'affinité au quatrième degré, & aussi du troisième au quatrième : ils en donnent même au troisième degré *inter pauperes*. (A)

DISPENSE d'âge, est, en matière canonique, la *dispense* que l'on donne à quelqu'un d'être pourvu d'un bénéfice, avant l'âge requis pour le posséder.

Le pape seul est en droit d'accorder ces sortes de *dispenses*, comme de prendre l'ordre de prêtrise devant 24 ans. Il peut par la plénitude de sa puissance, dispenser un enfant au-dessous de sept ans, pour tenir un bénéfice simple, mais il ne peut pas dispenser un enfant de prendre la tonsure devant l'âge de sept ans. *Voyez les défin. canon.* au mot *Dispense*.

Les *dispenses* que le pape accorde pour recevoir les ordres avant l'âge requis par les canons, ne sont ordinairement que pour treize ou quatorze mois, & il est d'usage présentement que celui qui demande cette *dispense* rapporte une attestation de l'évêque en sa faveur. *Voyez* le *Traité de la pratique de cour de Rome*, tome II, chap. 2. (A)

DISPENSE de bans de mariage, ou pour parler plus correctement, *dispense de la publication des bans*, est une *dispense* que l'évêque diocésain ou ses grands-vicaires accordent, quand ils le jugent à propos, à ceux qui sont sur le point de se marier, pour les affranchir de la nécessité de faire publier à l'ordinaire les bans de leur mariage, ou du moins un ou deux de ces bans.

Le concile de Trente ne prononce pas la nullité des mariages célébrés sans proclamation de bans ; il remet expressément à la prudence de l'évêque d'en dispenser comme il le jugera à propos.

L'ordonnance de Blois, art. 40, ordonne que l'on ne pourra obtenir *dispense de bans*, sinon après la première proclamation faite, & ce seulement pour quelque urgente & légitime cause, & à la requisition des principaux & plus proches parens communs des parties contractantes.

Cette requisition des parens n'est nécessaire que quand il s'agit du mariage d'un mineur ou fils de famille en puissance de père & mère.

Les évêques accordent quelquefois *dispense des trois bans* ; mais ces *dispenses* sont rares, & elles ne s'accordent qu'à des majeurs seulement.

Les causes pour lesquelles on accorde *dispense des bans*, & même du premier, sont lorsque l'on craint que quelqu'un ne mette par malice empêchement au mariage ; lorsque les futurs conjoints veulent éviter l'éclat, à cause de l'inégalité d'âge, de condition ou de fortune ; lorsque, ayant vécu en concubinage, ils passoient néanmoins pour mari & femme, & qu'on ne veut pas révéler leur turpitude ; si celui qui a abusé d'une fille veut l'épouser ; on accélère, de peur qu'il ne change de volonté ; si, après les fiançailles, le fiancé est obligé de s'absenter pendant un temps considérable ; enfin, lorsqu'un homme, *in extremis*, veut épouser sa concubine pour réparer sa faute, assurer l'état de celle avec laquelle il a vécu, & celui de ses enfans s'il y en a.

Il a été fait plusieurs défenses aux évêques, à leurs grands-vicaires & officiaux, d'accorder *dispense des trois bans* sans cause légitime, suivant les arrêts rapportés par Brodeau sur M. Louet, *lettre M*, *somm.* 6, *n.* 17. Bardet, tom. II, *liv.* 3, *chap.*

chap. 23 ; & *l'arrêt* du 22 *décembre* 1687 ; *au* Journal du palais.

Les *dispenses de bans* doivent être insinuées avant la célébration du mariage, & l'on en doit faire mention, aussi-bien que de l'insinuation, dans l'acte de célébration. *Voyez la déclaration du* 16 *février* 1692 ; Brillon, au mot Mariage, *Dispense.* (*A*)

DISPENSE de *bâtardise*, appellée par les canonistes, *dispensatio natalium*, n'est pas un acte qui ait pour objet de légitimer des bâtards ; car il n'y a que le roi qui puisse accorder des lettres de légitimation. La *dispense* de *bâtardise* est donc seulement un acte qui habilite un bâtard à l'effet de recevoir les ordres ecclésiastiques, ou de posséder un bénéfice.

Ces sortes de *dispenses* s'accordent en deux manières, *aut à jure*, *aut ab homine.*

La *dispense* qui est de droit, *à jure*, est celle qui s'opère tacitement par la profession du bâtard dans un ordre religieux. Cette profession le rend capable de la promotion aux ordres sacrés, & de posséder des bénéfices simples, sans qu'il ait besoin d'autre *dispense* ; tel est le sentiment de Davila, *part.* 17 , *disp.* 3 ; Rebuffe, *tract. de pacif. possess. n.* 2 & 25.

On appelle *dispense ab homine*, celle qui est accordée par le pape ou par l'évêque. Dans ces *dispenses* expresses, on doit expliquer la qualité du vice de la naissance.

Un bâtard peut obtenir *dispense* de l'évêque pour la tonsure & les ordres mineurs, & même pour tenir des bénéfices simples, *cap.* 1, *de filiis præsbyt. in* 6°.

Mais lorsqu'il s'agit des ordres majeurs, de bénéfices-cures, de dignités ou canonicats dans une église cathédrale, le pape seul peut dispenser.

Quelques-uns tiennent que quand le pape accorde la *dispense*, *cum indulto non faciendi mentionem*, on n'est pas obligé de faire mention du défaut de la naissance de l'impétrant, dans sa supplique, pour impétrer un bénéfice après la *dispense* ; mais l'impétration seroit nulle, suivant le chap. *si is cum quo*, *ij de filiis præsbyt. in* 6°, & tel est le sentiment de Rebuffe.

Lorsqu'un bâtard est dispensé pour tenir des bénéfices, il est aussi dispensé pour posséder des pensions ; c'est le style de ces sortes de *dispenses*.

Si un bâtard avoit été promu aux ordres sacrés, & avoit célébré sans *dispense*, il ne seroit pas pour cela irrégulier ; mais s'il veut obtenir *dispense* pour le défaut de sa naissance, il doit l'exprimer, & faire mention de sa promotion aux ordres.

Il ne seroit pas non plus irrégulier, si le collateur ordinaire lui a conféré quelque bénéfice après sa promotion aux ordres, & le collateur ne pourroit lui-même le priver de ce bénéfice ; mais le pape pourroit en disposer. *Voyez* les *definit. canon.* au *mot* Dispenses ; Selva, *part. III. tract. quæst.* 61 ; Rebuffe, *prax. benef. part.* II , *ch.* 12 , 13 , 28 , 42 ; Chenu, *quæst. not. cent.* 2 , *quæst.* 1. (*A*)

Jurisprudence. Tome III.

DISPENSE *pour les bénéfices*, est un acte par lequel un ecclésiastique est autorisé à posséder un bénéfice, nonobstant quelque défaut de capacité en sa personne, ou quoique le bénéfice soit incompatible avec celui qu'il possède déjà.

Les *dispenses* qui ont rapport aux bénéfices, sont les *dispenses* d'âge & celles de bâtardise, dont il est parlé ci-devant, les *dispenses* de temps d'étude, celles de degrés, les *dispenses* d'ordres, d'irrégularités & de résidence.

Ces sortes de *dispenses* sont accordées par le pape, ou par l'évêque, ou par le roi, selon que le bénéfice, ou le fait dont il s'agit est de leur compétence.

L'usage des *dispenses* pour les bénéfices est devenu commun en cour de Rome, sur-tout depuis Paul III, qui les accordoit avec tant de facilité, qu'on l'appelloit *le pape des banquiers*, *papa trapezitarum*.

Il y a des *dispenses* tacites, & d'autres expresses.

Elles sont tacites, lorsque l'empêchement ayant été exprimé, le pape ou le roi n'ont pas laissé de conférer.

Si l'empêchement n'avoit pas été exprimé, la clause *ce nonobstant*, ni autre clause équivalente, n'emporteroient pas *dispense*.

Mais si l'impétrant ayant déjà obtenu *dispense* pour posséder un bénéfice, le pape lui en confère encore un autre pour le tenir avec celui qu'il possède déjà, cela emporte *dispense* pour le second.

Les *dispenses* tacites n'ont lieu qu'aux provisions données par le pape ou par le roi, & non dans les provisions émanées des collateurs inférieurs, lesquels ne peuvent accorder aucune *dispense* qu'elle ne soit expresse.

On appelle *dispense expresse*, un rescrit qui contient nommément la *dispense*. Tout ce qui peut émouvoir & former quelque difficulté, doit être exprimé dans la *dispense*, autrement elle est réputée subreptice ; cependant si on avoit déjà été dispensé d'une irrégularité, une seconde *dispense* qui n'en feroit pas mention ne seroit pas nulle.

Les collateurs, autres que le pape & le roi, ne peuvent accorder des *dispenses* expresses qu'en certains cas, ainsi qu'on l'expliquera en parlant des différentes sortes de *dispenses*.

On accorde des *dispenses* d'âge, non-seulement pour les ordres, mais aussi pour tenir des bénéfices avant l'âge requis par les canons ou par la fondation.

Ceux qui sont irréguliers obtiennent pareillement des *dispenses*, tant à l'effet d'être promus aux ordres, que pour posséder des bénéfices.

On dispense aussi quelquefois des degrés requis pour la possession de certains bénéfices.

Il faut pareillement des *dispenses* pour en posséder plusieurs lorsqu'ils sont incompatibles, ou qu'ils sont *sub eodem tecto*. La provision & la *dispense* à l'effet de posséder un bénéfice incompa-

BBbbb

tible, doivent être contenues dans le même rescrit, & non par deux actes séparés.

Les séculiers ne peuvent, sans *dispense*, posséder un bénéfice régulier, *& vice versâ*, les réguliers ne peuvent aussi, sans *dispense*, posséder un bénéfice d'un autre ordre que le leur, ni posséder en même temps deux bénéfices, soit simples, ou autres, non pas même une pension ni portion monachale avec un bénéfice.

Quand le pape confère un bénéfice en commende, il n'use pas du terme de *dispense*, qui seroit dans ce cas inutile.

L'ordonnance d'Orléans défend d'obtenir aucune *dispense* en cour de Rome, sans avoir préalablement obtenu des lettres-patentes du roi, ce qui ne s'observe pas à la vérité pour toutes sortes de *dispenses*; mais cela seroit nécessaire pour des *dispenses* extraordinaires & insolites.

Les *dispenses*, à l'effet de tenir plusieurs bénéfices, sont ou pures & simples, & à perpétuité, ou bien elles sont accordées sous de certaines charges & conditions, comme de quitter quelqu'un des bénéfices dans un certain temps, auquel cas on doit se conformer à cette clause, sans pouvoir disposer en aucune manière du bénéfice, à moins que cela ne fût porté par la *dispense*; on peut seulement le remettre entre les mains de l'ordinaire.

Le pape n'a pas coutume d'accorder de *dispense* pour tenir deux bénéfices-cures, à moins que les paroisses ne soient contiguës, ou les bénéfices de peu de valeur, & que la *dispense* ne soit en faveur de nobles ou de gradués.

On n'accorde pas non plus de *dispense* pour tenir deux dignités ou canonicats *sub eodem tecto*, ni à un régulier pour posséder deux bénéfices en titre dans divers monastères.

Les *dispenses* générales pour tous bénéfices, ne s'entendent que des bénéfices simples; elles ne s'étendent pas aux dignités & canonicats des églises cathédrales, ni aux bénéfices-cures, ni aux pensions, à moins que cela ne soit exprimé.

Celles qui parlent des bénéfices-cures ne s'étendent qu'à deux, à moins que la *dispense* ne fût nommément pour trois.

Les évêques ne peuvent pas donner *dispense* aux bigames de posséder des bénéfices.

Un religieux possédant par *dispense* du pape un bénéfice séculier, peut, sans nouvelle *dispense*, le permuter contre un autre bénéfice de même qualité.

Quand des légats *à latere* sont venus en France avec pouvoir absolu de dispenser, leurs bulles n'ont été vérifiées au parlement qu'avec cette modification, qu'ils ne pourroient dispenser pour deux bénéfices incompatibles, *sub eodem tecto*. Voyez le *décret* de Gratien, *causâ* 1, *quæst.* 1, *cap. vij.*; & *quæst.* 7, *cap. vj & vij, canon.* 11, 12 & 15; *Bibliot. canon.* au mot *Dispense*; Selva, *part. III, tract. qu. 39*; Franc. Marc, *tome I, qu. 526, 761, 966,*

1103, 1112 & 1123; Pinson, *de dispensat. ecclesiast. cap. ij, ad verbum vocabulo*; Joan. Faber, *instit. in tit. in quibus de causis manum. licet*; Rebuff. *prax. benef. de dispensat.*; Duperray, *Traité de la capacité des ecclésiastiques*; Corradius, *des Dispenses apostoliques*; Tournet, *let. B, n. 53 & 54*; & ci-après DISPENSE *de résider*. (*A*)

DISPENSE *de cour de Rome*, est une *dispense* accordée par le pape, soit pour les ordres ou pour les bénéfices, ou pour les mariages, ou autres causes. *Voyez* ci-devant DISPENSE D'AGE, *& autres articles suivans*. (*A*)

DISPENSE *AD DUO ET PLURA*, c'est-à-dire, pour posséder en même temps plusieurs bénéfices incompatibles.

Le pape peut accorder de ces sortes de *dispenses*, lorsque le revenu des bénéfices est si modique, qu'un seul ne suffit pas pour entretenir le bénéficier, ou bien lorsqu'il y a nécessité ou utilité pour l'église.

Cet usage est fondé sur la disposition du chapitre *dudum* 2, *de electionibus*; & du chap. *multa, in fine, de præbendis*, tiré du concile général de Latran, inséré dans les décrétales: *hoc idem & in personalibus esse decernimus observandum*; *addentes ut in eâdem ecclesiâ nullus plures dignitates habere præsumat*: *circa sublimes tamen & litteratas personas quæ majoribus beneficiis sunt honorandæ, cùm ratio postulaverit, per sedem apostolicam poterit dispensari.*

C'est aussi la disposition du chapitre *proposuit*, *extrà de concessione præbendæ*; & du chapitre premier *de consuetud. in sexto.*

L'évêque peut aussi, de son autorité, accorder des *dispenses ad duo* pour quelque cause légitime, & en même temps accorder au pourvu la *dispense* de résider dans l'un des bénéfices: en effet, ayant le pouvoir d'unir ensemble plusieurs bénéfices, lorsque le revenu de chacun en particulier n'est pas suffisant pour entretenir celui qui le dessert; à plus forte raison peuvent-ils dispenser les ecclésiastiques de leur diocèse d'en tenir deux, & de la résidence en l'un: car l'union est un acte bien plus fort qu'une telle *dispense*, vû que celle-ci est seulement pour un temps, & ne change point l'état du bénéfice, où l'union se fait par l'extinction du bénéfice qui est uni à un autre, & dure à perpétuité. *Voyez* Rebuffe, *in praxi de dispensat. ad plura, num. 30*; Fevret, *traité de l'Abus, liv. III, ch. j.* (*A*)

DISPENSE *des ordres*, ou *de non promovendo*; c'est lorsque le pape dispense l'impétrant d'un bénéfice, de l'ordre requis pour posséder ce bénéfice, comme d'être prêtre pour un bénéfice sacerdotal *à lege aut à fundatione*. Ces *dispenses* ne s'accordent ordinairement que pour un temps.

Le pape peut réitérer plusieurs fois la *dispense* de *non promovendo* à un prieur commendataire. *Journal des audiences, tome IV, liv. VI, ch. 15.*

DISPENSE *pour les ordres*, c'est celle que le pape accorde à un ecclésiastique pour prendre les ordres fans attendre l'âge, ou fans garder les interftices ordinaires.

L'évêque peut difpenfer pour les ordres mineurs : le pape difpenfe pour les ordres majeurs.

Un clerc qui a quelque difformité confidérable du corps, ne peut être promu aux ordres facrés fans difpenfe. Alexandre III, dans le chapitre premier, *de corpore vitiatis*, aux décrétales, permet aux évêques de donner ces *difpenfes. Voyez* Rebuffe, *2 part. prax. benefic. defin. canon.* au mot DISPENSE ; Tournet, *lettre D, n. 44. (A)*

DISPONIBLE, adj. *terme de palais*, qui fe dit des biens dont le poffeffeur peut difpofer librement par teftament, donation, ou autrement.

DISPOSITIF, f. m. (*Jurifpr.*) eft la partie d'une fentence ou d'un arrêt qui contient le jugement proprement dit, c'eft-à-dire, les difpofitions du jugement. On diftingue dans un jugement plufieurs parties : fi c'eft un jugement d'audience, il n'a que deux parties : les qualités & le *difpofitif* ; fi c'eft un jugement fur inftance ou procès appointé, il y a les qualités, le vu & le *difpofitif*.

Le *difpofitif* eft la même chofe que ce que nous avons appellé ci-deffus *dictum*. La feule différence qu'il y a entre ces deux termes ufités au palais, c'eft qu'on fe fert de *dictum* pour les jugemens rendus fur procès par écrit, & celui de *difpofitif* pour ceux qui font prononcés à l'audience.

On appelle auffi *difpofitif* d'un édit, d'une déclaration, d'une loi quelconque, ce qu'elle ordonne ou défend, & ce mot fert à diftinguer le prononcé de la loi d'avec le préambule.

On appelle auffi *difpofitif*, un projet de jugement qui eft arrêté de concert entre les parties. Ces fortes de *difpofitifs* font ordinairement fur papier commun ; ils contiennent en tête les noms des avocats ou des procureurs, avec le nom de leurs parties : enfuite eft le *difpofitif*, c'eft-à-dire, le projet du jugement dont on eft d'accord. Le *difpofitif* doit être figné par les avocats qui y font en qualité, & auffi par les procureurs : fans la fignature de ces derniers, le *difpofitif* n'engageroit pas les parties.

Quand le *difpofitif* eft figné des parties, ou de leurs procureurs, celui entre les mains duquel il eft refté, fait une fommation à l'autre, pour en voir ordonner la réception à l'audience : au jour indiqué, l'avocat ou le procureur porteur du *difpofitif* en demande la réception. Mais il faut remarquer qu'à l'audience on qualifie ordinairement ces fortes de *difpofitifs d'appointement*. Celui qui demande la réception du *difpofitif* ou appointement, en fait la lecture, ou expofe en fubftance ce que contient le *difpofitif* ; & obferve qu'il eft figné de toutes les parties ; ou s'il n'eft pas figné de tous, il demande défaut contre ceux qui n'ont pas figné : le juge prononce l'appointement *reçu* avec ceux qui l'ont figné, & défaut contre les défaillans.

On porte quelquefois ces *difpofitifs* tout de fuite

au greffe, & on les fait mettre fur la feuille du greffier ; mais il eft plus régulier de les faire recevoir à l'audience. Au châtelet & dans quelques autres tribunaux, on appelle ces *difpofitifs* des *expédiens. (A)*

DISPOSITION, f. f. (*Jurifpr.*) ce mot reçoit en droit plufieurs fignifications. En général, c'eft un acte qui ordonne quelque chofe, ou qui contient quelque arrangement des biens de celui qui difpofe : quelquefois il eft pris pour les marques effectives de la volonté de quelqu'un ; d'autres fois pour l'acte même qui renferme ces marques de volonté.

Nous allons fuivre les différentes fortes de *difpofitions*, & expliquer le fens des phrafes dans lefquelles on fe fert de ce terme.

Difpofitions d'un acte, en général font les conventions & les arrangemens portés dans l'acte.

Difpofitions d'un arrêt ou *autre jugement*, c'eft ce qui eft ordonné par le jugement. Les *difpofitions* font toutes renfermées dans la dernière partie du jugement, qu'on appelle le *difpofitif*. Les diverfes *difpofitions* d'un jugement forment autant de jugemens diftincts & féparés, enforte que l'on peut fe pourvoir contre l'une de ces *difpofitions*, fans attaquer les autres.

Difpofition caduque, eft une chofe ordonnée par un jugement ou autre acte, qui demeure fans exécution, parce qu'elle ne peut plus avoir lieu, foit par le décès de quelqu'un, ou par quelque autre événement. *Voyez* LEGS.

Difpofition captatoire, on appelle ainfi, dans les teftamens & autres actes de dernière volonté, les *difpofitions* qui tendent à engager celui à qui on donne quelque chofe à faire de fa part quelque libéralité : par exemple, s'il eft dit, *j'inftitue Titius pour telle part. qu'il m'inftituera fon héritier*, ces fortes de *difpofitions* font réprouvées comme n'étant pas de vraies libéralités ; mais ce n'eft pas une *difpofition captatoire* que de donner quelque chofe en reconnoiffance de ce que l'on a déja reçu.

Difpofition à caufe de mort, eft un acte fait en vue de la mort, & par lequel on déclare fes dernières volontés. On entend quelquefois par ce terme l'acte qui contient les *difpofitions*, & quelquefois les *difpofitions* mêmes.

Il y a trois fortes d'actes, par lefquels on peut faire ces *difpofitions* ; favoir, les donations à caufe de mort, les teftamens & codicilles.

On peut auffi en faire par une inftitution contractuelle, par une convention de fuccéder, par une démiffion ou partage fait par les pères & mères entre leurs enfans.

Les *difpofitions à caufe de mort* font révocables de leur nature jufqu'au dernier moment de la vie, à moins qu'elles ne participent en même temps de la nature des actes entre-vifs, comme les inftitutions contractuelles. *Voyez* DONATION, TESTAMENT, CODICILLE, INSTITUTION, SUBSTITUTION, LEGS, DÉMISSION, PARTAGE.

Disposition causée, c'est lorsque le jugement ou l'acte sont motivés.

Disposition comminatoire, c'est lorsqu'une convention ou un jugement prononce une peine ou une déchéance, faute de faire quelque chose dans un certain temps. Quoique cela n'ait point été fait dans le temps marqué, on n'en est pas déchu irrévocablement, parce que la *disposition* n'est réputée que comminatoire : c'est pourquoi il faut obtenir un autre jugement, qui, faute d'avoir satisfait au premier, déclare la peine ou déchéance encourue, à moins qu'il ne fût dit par le premier jugement, qu'en vertu de ce jugement & sans qu'il en soit besoin d'autre, la *disposition* aura son effet. *Voyez* COMMINATOIRE & DÉFAUT.

Disposition conditionnelle, est celle dont l'exécution dépend de l'événement de quelque condition. *Voyez* CONDITION.

Dispositions des coutumes, sont ce qui est ordonné par le texte des coutumes. Chaque article de coutume forme une *disposition* particulière, & même en renferme quelquefois plusieurs. *Voyez ci-devant* COUTUMES.

Dispositions de dernière volonté, est un acte fait en vue de la mort, par lequel on ordonne quelque chose au sujet de ses biens, pour avoir lieu après sa mort. *Voyez ci-devant* DISPOSITION *à cause de mort.*

Disposition entre-vifs, est ce qui est ordonné par un acte entre-vifs, & pour avoir son exécution entre-vifs. La *disposition entre-vifs* est opposée à la *disposition à cause de mort* ; une vente, un échange sont des *dispositions entre-vifs* : un legs est une *disposition à cause de mort*. Les *dispositions entre-vifs* sont irrévocables, & doivent s'exécuter de la manière qu'elles sont conçues.

Disposition gratuite, est celle qui est faite par pure libéralité, comme une donation, à la différence d'un bail, où la chose est donnée pour en tirer une rétribution.

Disposition irrévocable, est un acte au sujet duquel on ne peut varier, tel qu'une donation entre-vifs ; au lieu que les *dispositions* de dernière volonté sont révocables jusqu'à la mort.

Disposition d'un jugement, est ce que le jugement ordonne, soit sur le différend des parties, soit par forme de règlement.

Disposition de l'homme, s'entend de tout ce que les hommes peuvent ordonner par acte, soit entre-vifs, ou à cause de mort. La *disposition de l'homme* est opposée à celle de la loi ; & la maxime en cette matière est que la *disposition de l'homme* fait cesser celle de la loi. Ce n'est pas que les particuliers aient le pouvoir d'abroger les loix : cela signifie seulement que la *disposition de l'homme* prévaut sur celle de la loi, lorsque celle-ci n'a ordonné quelque chose, que dans le cas où l'homme n'en auroit pas ordonné autrement, ou lorsque la loi a disposé simplement sans défendre de déroger à sa *disposition*. Par exemple, la loi adjuge tous les

biens d'un défunt à ses plus proches héritiers. Cette *disposition* cesse lorsque le défunt en a disposé autrement par testament ou codicille. *Voyez* DÉROGATION.

Disposition libre, est un acte fait par quelqu'un de sa bonne volonté, sans aucune force ni contrainte, & sans suggestion ni captation de personne. *Voyez* CAPTATEUR, FORCE, VIOLENCE, SUGGESTION. (*A*)

Disposition de la loi, est tout ce que la loi ordonne ; & l'on entend par-là non-seulement ce qui est porté par les loix proprement dites, telles que les loix romaines, & les ordonnances, édits & déclarations ; mais aussi toute *disposition* qui a force de loi, telles que les coutumes, & même les usages non écrits qui s'observent de temps immémorial. La *disposition* de l'homme fait cesser celle de la loi. *Voyez ci-devant* DISPOSITION DE L'HOMME, & LOI.

Disposition modale, est celle à laquelle le testateur a attaché une certaine charge, de faire ou donner quelque chose en considération de sa libéralité, & après que le légataire l'aura reçue. Il y a quelques loix qui donnent le nom de *condition* à ce qui n'est proprement qu'un mode, quoique le mode soit différent de la condition affirmative & de la condition négative. *Voyez* MODE.

Disposition négative, est la *disposition* d'une loi qui se contente d'ordonner quelque chose, sans défendre de faire aucune convention ou *disposition* au contraire. Tel est l'article 139 de la coutume de Reims, qui porte : « homme & femme conjoints » par mariage, ne sont uns & communs en biens » meubles & conquêts faits durant & constant le » mariage ». Cette *disposition* est simplement négative, parce que, quoiqu'elle n'établisse pas la communauté, elle ne défend pas aux parties de la stipuler. Ce ne sont pas les termes négatifs qui forment ce que l'on appelle une *disposition négative* ; car une *disposition* de cette espèce peut être conçue en termes affirmatifs, qui soient équipollens à des termes négatifs. La *disposition* simplement négative est opposée à la *disposition* prohibitive, qui défend de rien faire de contraire à ce qu'elle ordonne. Il y a des *dispositions* qui sont tout à la fois négatives-prohibitives, c'est-à-dire, qui, en rejettant quelque usage, défendent en même temps de déroger à cette *disposition*. *Voyez ci-après* DISPOSITION PROHIBITIVE.

Disposition onéreuse, est un acte qui transmet à quelqu'un une chose à titre onéreux, & non à titre lucratif, comme lorsque ce dernier est obligé de faire, de donner, ou de payer quelque chose. La *disposition* onéreuse est opposée à la *disposition* gratuite.

Disposition pénale. Voyez LOI PÉNALE.

Disposition prohibitive, est une *disposition* d'une loi ou d'un jugement, qui défend de faire quelque chose. Il n'est pas permis aux parties de déroger à ces sortes de *dispositions* : tel est, par exemple, l'article 330 de la coutume de Normandie, qui porte : « quelque accord ou convenant qui ait été » fait par contrat de mariage, les femmes ne » peuvent avoir plus grande part aux conquêts faits » par le mari, que celle qui est réglée par la cou- » tume à laquelle les contractans ne peuvent dé- » roger ». Cette *disposition* est tout-à-la-fois pro- hibitive-négative. Il y a des *dispositions* où la pro- hibition n'est pas si marquée, & qui ne laissent pas d'être prohibitives-négatives; telles que l'ar- ticle 251 de la coutume de Paris, nul ne peut être héritier & légataire. *Voyez ci-devant* DISPOSITION NÉGATIVE.

Disposition rémunératoire, est un acte qui a pour objet de récompenser quelqu'un des services qu'il a rendus.

Disposition de sentence, c'est ce qui est ordonné par une sentence. *Voyez ci-devant* DISPOSITION D'UN ARRÊT.

Disposition testamentaire, c'est une chose qui est ordonnée par testament. *Voyez* TESTAMENT. (*A*)

DISSECTION, s. f. (*Police.*) *voyez* CA-DAVRE.

DISSIPATEUR, s. m. DISSIPATION, s. f. (*Droit civil.*) on appelle *dissipateur* celui qui consomme son bien en dépenses inutiles; & *dissipation*, le vice du *dissipateur*.

Lorsque la *dissipation* va jusqu'à la prodigalité, c'est une cause d'interdiction, parce qu'on la re- garde comme une espèce d'aliénation d'esprit.

C'est aussi un moyen de séparation de biens pour la femme; & pour cela il n'est pas néces- saire que la *dissipation* soit totale, il suffit que le mari *vergat ad inopiam*, & que la dot de la femme soit en péril. *Voyez* INTERDICTION, PRODIGUE, & SÉPARATION. (*A*)

DISSOLUTION, s. f. (*Droit civil.*) c'est la rupture, l'anéantissement total d'un acte. Ainsi, lorsque l'on dit qu'il y a *dissolution* de commu- nauté, de mariage, de société, cela signifie qu'il n'y a plus ni communauté, ni mariage, ni so- ciété.

C'est un principe général que la *dissolution* des engagemens valablement contractés, ne peut être faite que de la même manière qu'ils ont été formés, c'est-à-dire, par le consentement des parties.

Nous ne dirons rien sur la *dissolution* de la com- munauté, du mariage, de la société; ce qui con- cerne cet objet se trouve traité sous ces mots, c'est pourquoi nous y renvoyons.

DISTRACTION, s. f. (*Droit civil.*) c'est en général la séparation d'une chose avec une autre : au palais on connoît quatre espèces de *distraction*; celle de dépens, de jurisdiction, de ressort & de saisie réelle.

Distraction de dépens, est la faculté que le pro- cureur demande de toucher ses frais & salaires sur les dépens adjugés à sa partie, comme les ayant avancés pour elle. Cette demande peut avoir lieu ou avant ou après que les dépens sont adjugés;

mais dans ce dernier cas, il faut que l'exécutoire ne soit pas encore délivré au profit de la partie qui les a obtenus.

La demande en *distraction* peut se former par une simple requisition verbale à l'audience lors du jugement; si elle n'est demandée qu'après le ju- gement, il est nécessaire qu'il y intervienne un particulier.

Le procureur peut former cette demande malgré sa partie; & dès qu'elle est signifiée à la partie qui doit les dépens, elle tient lieu de saisie, & em- pêche tout arrangement entre celle-ci & la partie qui les a obtenus.

Celui qui a été condamné aux dépens envers un autre, & qui est en état de lui opposer quelque compensation, ne peut pas l'opposer au procureur qui demande la *distraction* des dépens; mais si cette partie a fait saisir entre ses mains avant que la de- mande en *distraction* fût formée, la saisie prévau- droit sur cette demande. La compensation n'a pas même lieu dans le cas où chacune des parties est condamnée aux dépens sur quelques chefs, & les obtient sur d'autres. Cette jurisprudence a été in- troduite, parce que les avances & les salaires des procureurs méritent d'autant plus de faveur, que s'il en étoit autrement, les cliens pauvres auroient de la peine à trouver des défenseurs.

Ferrières & quelques autres avoient pensé que le jugement de *distraction*, obtenu par un procu- reur & signifié à la partie adverse, opéroit la dé- charge de sa partie envers lui. Mais le contraire a été jugé par un arrêt du parlement de Paris, du 14 décembre 1762, rapporté dans la collection de jurisprudence. En effet, le client est toujours le premier débiteur, & il ne peut être libéré que par un paiement effectif, ou une décharge expresse.

Distraction de jurisdiction, est quand on ôte à un juge la connoissance d'une affaire pour la don- ner à un autre; ce qui arrive en différentes ma- nières. 1°. lorsque le roi attribue la connoissance de certaines affaires à des juges particuliers, soit par des attributions, commissions, évocations, &c. 2°. lorsque les privilégiés, en vertu de committi- mus, ou de lettres de garde-gardienne, demandent leur renvoi du juge devant lequel ils ont été assi- gnés, pardevant celui de leur privilège; 3°. lors- qu'une partie demande son renvoi dans un autre tribunal pour raison de parenté, d'alliance, de sus- picion, &c. 4°. lorsqu'en matière de criées de biens saisis, situés sous différens bailliages, on obtient des lettres d'attribution à l'un d'eux.

Distraction de ressort, c'est lorsque le roi, par des lettres-patentes, *distrait* un lieu du ressort ordinaire, ou d'appel d'une justice, & l'annexe à une autre justice : ces sortes de *distractions* arrivent lors de l'érection des terres en duchés-pairies, marquisats, comtés, baronnies, &c. La *distraction* de ce ressort ne se fait qu'à la charge d'indemniser les justices dont on démembre quelque portion. Lorsque cette *diſtraction* eſt une fois opérée, elle ſubſiſte après l'extinction du titre de l'érection de la terre.

Diſtraction d'une ſaiſie réelle, c'eſt la demande formée pour retirer d'une ſaiſie réelle quelque héritage qui n'a pas dû y être compris, & empêcher qu'il ne ſoit vendu avec les autres biens. *Voyez* OPPOSITION *à fin de diſtraire*.

DISTRAITS, *ou* DISTRATS, (*Jurisprud.*) dans les anciennes ordonnances ſignifient les actes par leſquels on s'eſt départi ou déſiſté d'un contrat ou autre acte, ou de quelque droit ou prétention. (*A*)

DISTRIBUTIF, (*Jurisprud.*) ce terme ne s'applique guère en droit qu'à la juſtice, que l'on diſtingue en juſtice *diſtributive* & *commutative*. *Voyez* JUSTICE. (*A*)

DISTRIBUTION, ſ. f. (*Droit civil & canon.*) c'eſt en général l'action de donner à chacun la part qui lui revient dans une choſe commune, & l'effet de cette action. En droit, ce mot a pluſieurs ſignifications différentes, que nous allons expliquer.

Diſtribution de conſeillers, eſt la répartition qui eſt faite des conſeillers dans les différentes chambres ou ſervices d'une même compagnie. Au parlement tous les conſeillers nouvellement reçus ſont d'abord comme en dépôt à la première des enquêtes; enſuite on les diſtribue dans une des chambres, en leur diſtribuant un procès à rapporter dans cette chambre. *Voyez* COLONNES DU CHATELET, PARLEMENT.

Diſtributions manuelles ou quotidiennes, ſont les menues *diſtributions* qui ſe font journellement & en détail, à chacun des chanoines qui ont aſſiſté aux offices: Chopin les appelle *diaria vel diurna annona*.

Le relâchement s'étant introduit parmi les chanoines, après qu'ils eurent quitté la vie commune, on fut obligé de mettre une partie de leurs revenus en *diſtributions manuelles* & journalières, afin de les rendre plus aſſidus à l'office divin. Ce fut ce motif qui engagea Yves de Chartres à établir de telles *diſtributions* pour ſes chanoines, comme il l'écrit au pape Paſchal, *epiſt. 219*.

Par le concile de Trente, *ſeſſ. 21, chap. iij*, il eſt permis aux évêques, comme délégués du ſaint ſiège, d'aſſigner aux égliſes, tant cathédrales que collégiales, qui n'ont point de *diſtributions* ordinaires, la troiſième portion des fruits & revenus, pour l'appliquer aux diverſes *diſtributions*.

Les ſtatuts qui changeroient la qualité des *diſtributions manuelles*, & qui les accorderoient aux chanoines pour de rares & légères aſſiſtances, ſeroient déclarés abuſifs; elles ne ſont dues qu'à ceux qui ont réellement été préſens aux offices.

On ne répute préſens que ceux qui ont aſſiſté du moins aux trois grandes heures canoniales, qui ſont matines, la meſſe & vêpres. Les ſtatuts qui réputent préſens pour toute la journée ceux qui aſſiſtent à l'une des trois grandes heures, ſont

déclarés abuſifs; & pour être réputé préſent aux grandes heures, il faut y avoir aſſiſté depuis le commencement juſqu'à la fin: le chanoine-pointeur marque les abſens.

Ceux qui entrent au chœur après le *venite exultemus* à matines, le *kyrie eleiſon* à la meſſe, & le premier pſeaume des vêpres, ſont réputés abſens. Ceux qui ſont malades, ou ceux qui ſont diſpenſés de réſider à cauſe de quelque autre emploi conſidérable, ne gagnent que les gros fruits, & non pas les *diſtributions manuelles* & quotidiennes.

Mais ceux qui ſont abſens pour les affaires du chapitre, étant réputés préſens à tous égards, ne perdent point les *diſtributions manuelles*.

Il y a auſſi quelques égliſes dans leſquelles on donne une portion de ces *diſtributions* aux jeunes chanoines pendant le temps de leurs études; telle eſt l'égliſe collégiale de S. Georges de Vendôme; ce qui n'a lieu qu'en vertu de ſtatuts & privilèges particuliers homologués au parlement.

Les *diſtributions manuelles* ne ſont point ſaiſiſſables, & ne ſont pas compriſes dans la reſtitution des fruits du bénéfice; mais on les compte dans le revenu du bénéfice, lorſqu'il s'agit d'oppoſer la réplétion à un gradué.

Diſtribution des inſtances & procès, eſt le partage que le préſident fait dans chaque chambre entre les conſeillers, des inſtances & procès appointés: il y a un regiſtre ſur lequel on inſcrit cette *diſtribution*.

Diſtribution du prix des biens ſaiſis, eſt la répartition que l'on en fait entre les créanciers ſaiſiſſans & oppoſans.

Dans les pays de droit écrit, on entend quelquefois par le terme de *diſtribution des biens*, la ſaiſie réelle même: ailleurs ce terme ſignifie l'*ordre du prix*; c'eſt pourquoi on conjoint quelquefois ces termes, *ordre & diſtribution du prix*.

La *diſtribution* du prix des immeubles ſe fait par ordre d'hypothèque. *Voyez* HYPOTHÈQUE & ORDRE.

Celle du prix des meubles ſe fait d'abord par préférence à certaines perſonnes privilégiées, ſavoir, pour les frais-funéraires, enſuite les propriétaires pour tous les loyers échus & à échoir; & en cas qu'il n'y ait point de bail, pour trois termes & le courant; les médecins, chirurgiens & apothicaires qui ont ſervi pendant la dernière maladie; les gages des domeſtiques pour une année échue au jour du décès, ſi tant eſt dû: les frais de ſcellé & d'inventaire; le tout par préférence aux autres créanciers, & par contribution au ſou la livre, au cas que le prix ne ſoit pas ſuffiſant pour les payer; & après ces créanciers privilégiés, tous les autres créanciers chirographaires ou hypothécaires ſont payés par contribution, ſans aucun privilège. *Voyez* CONTRIBUTION, ORDRE.

DISTRICT, ſ. m. (-*Jurisprud.*) ſignifie ordinairement *territoire*, *reſſort*, *étendue d'une juriſdiction*. On entend auſſi quelquefois par-là l'étendue du pouvoir d'un officier public. (*A*)

DISTROIT, *ou* Détroit de moulin, f. m. (*Droit féodal.*) c'eſt, ſuivant l'art. 374 de la coutume de Bretagne, la banlieue du moulin, dans l'étendue de laquelle un ſeigneur peut exercer le droit de bannalité. *Voyez* Bannalité & Moulin bannal. (*M. Garran de Coulon.*)

DIVERTIR, v. a. Divertissement, f. m. (*Droit civil.*) divertir, en terme de palais, a deux ſignifications.

Dans la première, il veut dire ſans interruption. Par exemple, un teſtament doit être fait de ſuite, & ſans *divertir* à autres actes : cette façon de parler ſignifie qu'il doit être rédigé de ſuite, ſans déſemparer, & ſans diſcontinuation.

En ſecond lieu, *divertir* c'eſt détourner. On dit qu'une veuve ou des héritiers ont *diverti* les effets de la communauté ou d'une ſucceſſion ; ce qui ſignifie qu'ils les ont diſtraits, & ne les repréſentent pas.

Divertiſſement ſe dit de l'enlèvement des effets qu'on détourne pour les appliquer à ſon profit. Ce terme s'applique particulièrement aux effets d'une communauté ou d'une ſucceſſion, enlevés par la femme ou les héritiers, & aux deniers publics détournés par ceux qui en ont le maniement.

Lorſqu'il s'agit d'effets d'une communauté ou ſucceſſion, on joint au terme de *divertiſſement*, celui de *recelé*, qui ſignifie la précaution de cacher les effets détournés. Au reſte, ces deux mots ſont réputés ſynonymes, & nous expliquerons ce qui concerne cette matière, ſous le mot Recelé.

Divertiſſement ſe dit encore du crime que commettent tous ceux qui manient les deniers du roi, & qui les détournent à leur profit. Eux, leurs fauteurs & complices ſont dans le cas d'être pourſuivis & punis extraordinairement, ainſi que nous l'avons remarqué ſous le mot Deniers royaux.

DIVINATION, f. f. (*Code criminel.*) c'eſt l'art prétendu de connoître l'avenir par des moyens ſuperſtitieux. Cet art, auſſi chimérique que dangereux, eſt très-ancien ; il paroît avoir pris naiſſance chez les Egyptiens, qui l'ont enſeigné aux Grecs, d'où il eſt paſſé aux Romains.

Cette erreur a été ſi générale que les lumières de la raiſon n'ont pu empêcher qu'elle ne ſe répandît, du moins en partie, chez les Juifs & chez les Chrétiens. Les livres de l'ancien teſtament font mention de neuf eſpèces de *divination*. Nous réunirons ſous le mot Sorcier tout ce qui concerne cette matière.

DIVISION, f. f. (*Juriſprud.*) ſignifie en général le partage d'une choſe commune entre pluſieurs perſonnes. Ce terme s'applique particulièrement en droit aux héritages & aux dettes, ſoit actives, ſoit paſſives. Nous traiterons de la *diviſion* des héritages, ſous le mot Partage, & de celle des dettes actives ou paſſives ſous le mot Obligation ; c'eſt pourquoi nous nous bornerons à parler ici de ce qu'on nomme, en terme de palais, le *bénéfice de diviſion.*

Le *bénéfice de diviſion* eſt une exception, par laquelle celui de pluſieurs fidéjuſſeurs ou cautions qui eſt pourſuivi pour toute la dette, oppoſe qu'il n'en eſt tenu que pour ſa part & portion.

Ce bénéfice fut introduit par l'empereur Adrien, en faveur des fidéjuſſeurs ou cautions ſeulement. Juſtinien, par ſa *novelle* 99, l'étendit à tous co-obligés ſolidairement : mais, en France, il n'a point lieu à l'égard de certaines cautions, telles que les cautions judiciaires, celles des deniers royaux, & celles qui, par l'acte même de leur cautionnement, y ont renoncé, & ſe ſont rendus co-obligés ſolidaires.

Le fidéjuſſeur, qui veut oppoſer le *bénéfice de diviſion* au créancier qui le pourſuit ſolidairement pour la dette entière, doit propoſer cette exception avant le jugement de condamnation, conformément à la loi 10, §. 1, c. *de fidej.* Mais il eſt néceſſaire d'obſerver que ce bénéfice n'a lieu au profit des cautions, que quand tous ſont ſolvables pour leur part & portion au temps de la conteſtation en cauſe.

Ce bénéfice eſt devenu preſque inutile aujourd'hui, attendu que les créanciers ne manquent guère d'y faire renoncer les co-obligés & cautions. Ces renonciations ſont même preſque de ſtyle : mais cependant elles ne ſe ſuppléent point & ne ſont point compriſes dans la clauſe générale, que les notaires ont coutume d'inſérer dans tous les actes, *promettant, obligeant, renonçant* ; il faut une dérogation ou renonciation expreſſe à ce bénéfice.

DIVORCE, f. m. (*Juriſpr.*) eſt une ſéparation de corps & de biens des conjoints, qui opère tellement la diſſolution de leur mariage, même valablement contracté, qu'il eſt libre à chacun d'eux de ſe remarier avec une autre perſonne.

Le *divorce* eſt certainement contraire à la première inſtitution du mariage, qui de ſa nature eſt indiſſoluble.

Nous liſons dans S. Mathieu, chap. 19, que quand les Phariſiens demandèrent à J. C. s'il étoit permis pour quelque cauſe de renvoyer ſa femme, J. C. leur répondit que celui qui avoit créé l'homme & la femme, avoit dit que l'homme quitteroit ſon père & ſa mère pour reſter auprès de ſa femme, qu'ils ſeroient deux en une même chair, enſorte qu'ils ne ſont plus deux, mais une même choſe ; & la déciſion prononcée par J. C. fut que l'homme ne doit pas ſéparer ce que Dieu a conjoint.

Le *divorce* étoit néanmoins permis chez les Païens & chez les Juifs. La loi de Moïſe n'avoit ordonné l'écriture que pour l'acte du *divorce*, lequel, ſuivant S. Auguſtin, *liv. XIX, ch. 26*, contre Fauſtus, devoit être écrit par un ſcribe ou écrivain public.

Les Phariſiens interrogeant J. C. lui demandèrent pourquoi Moïſe avoit permis au mari de donner le libelle de répudiation ou de *divorce*, & de renvoyer ſa femme : à quoi J. C. leur répondit, que

Moïse n'avoit permis cela qu'à caufe de la dureté du caractère de ce peuple : mais qu'il n'en étoit pas ainfi dans la première inftitution ; que celui qui renvoie fa femme pour quelque caufe que ce foit, excepté pour fornication, & qui en époufe une autre, commet adultère ; & que celui qui époufe la femme ainfi répudiée, commet pareillement adultère.

La fornication même ou l'adultère de la femme, n'eft pas une caufe de *divorce* proprement dit ; & s'il eft dit que le mari dans ce cas peut renvoyer fa femme, cela ne fignifie autre chofe, finon qu'il peut fe féparer d'elle ou la faire enfermer, & non pas que le mariage foit annullé.

L'acte par lequel le mari déclaroit qu'il entendoit faire *divorce*, étoit appellé chez les Juifs, *libellus repudii*. Ce terme étoit auffi ufité chez les Romains, où le *divorce* étoit autorifé. Ils faifoient cependant quelque différence entre *divortium* & *repudium* : le *divorce* étoit l'acte par lequel les conjoints fe féparoient ; au lieu que le *repudium* proprement dit, s'appliquoit plus particuliérement à l'acte par lequel le futur époux répudioit fa fiancée. *Livre* 2, *ff. de divortiis*.

Le *divorce* fut ainfi appellé, foit à *diverfitate mentium*, ou plutôt parce que les conjoints *in diverfas partes ibant* ; ce qui ne convenoit pas à la fiancée qui ne demeuroit pas encore avec fon futur époux ; c'eft pourquoi l'on fe fervoit à fon égard du terme *repudium*.

Cependant, on joignoit auffi fort fouvent ces deux termes, *divortium* & *repudium*, comme on le voit au digefte *de divortiis & repudiis* : & ces termes ainfi conjoints n'étoient pas pour cela fynonymes ; *divortium* étoit l'acte par lequel les conjoints fe féparoient ; *repudium* étoit la renonciation qu'ils faifoient aux biens de l'autre, de même que l'on fe fervoit du terme de *répudiation* pour exprimer la renonciation à une hérédité.

On appelloit auffi *femme répudiée*, celle que fon mari avoit renvoyée, pour dire qu'il y avoit renoncé, de même qu'à fes biens.

L'ufage du *divorce* étoit fréquent dès le temps de l'ancien droit romain ; il fe faifoit pour caufes même légères, en envoyant ce que l'on appelloit *libellum repudii*.

La formule ancienne du *divorce* ou *repudium* étoit en ces termes : *tuas res tibi habeto, res tuas tibi capito*.

Le mari étoit feul anciennement qui pût provoquer le *divorce*, jufqu'à ce qu'il y eut une loi faite par Julien, qui fuppofa, comme un principe certain, que les femmes avoient auffi pouvoir de provoquer le *divorce*.

Quand cet acte venoit de la femme, elle rendoit les clefs & retournoit avec fes parens, comme on le voit dans l'*ep. 65* de S. Ambroife : *mulier offenfa claves remifit, domum revertit*.

L'auteur des queftions fur l'ancien & le nouveau teftament, qu'on croit être Hilaire, diacre contemporain de Julien l'apoftat, a cru que les femmes n'avoient point ce pouvoir avant l'édit de Julien ; que depuis cet édit, on en voyoit tous les jours provoquer le *divorce*. Cet auteur eft incertain, fi l'on doit attribuer l'édit en queftion à Julien l'apoftat, ou plutôt au jurifconfulte Julien, auteur de l'édit perpétuel, & qui vivoit fous l'empereur Adrien.

Mais il paroît que cette loi eft celle du jurifconfulte Julien, qui eft la fixième au digefte *de divortiis*, où il décide que les femmes, dont les maris font prifonniers chez les ennemis ne peuvent pas fe marier avec d'autres, tant qu'il eft certain que leurs maris font vivans, *nifi mallent ipfæ mulieres caufam repudii præftare*.

Ce qui eft certain, c'eft que du temps de Marc-Aurèle, une femme chrétienne répudia hautement fon mari, comme nous l'apprend S. Juftin ; ce qui prouve que le *divorce* avoit lieu alors entre les Chrétiens auffi-bien que chez les Païens.

Le *divorce* étoit donc permis chez les Romains. Plutarque, dans fes *Queftions romaines*, prétend que Domitien fut le premier qui permit le *divorce* : mais on voit dans Aulugelle, *liv. III, chap. 3*, que le premier exemple du *divorce* eft beaucoup plus ancien ; que ce fut Carvilius ou Canilius Ruga qui fit le premier *divorce* avec fa femme, parce qu'elle étoit ftérile ; ce qui arriva l'an 523, fous le conful at de M. Attilius & de P. Valerius. Il protefta devant les cenfeurs que quelque amour qu'il eût pour fa femme, il la quittoit fans murmurer à caufe de fa ftérilité, préférant l'avantage de la république à fa fatisfaction particulière.

Ce fut auffi depuis ce temps que l'on fit donner des cautions pour la reftitution de la dot.

Le *divorce* étoit regardé chez les Romains comme une voie de droit, *actus legitimus* ; il pouvoit fe faire tant en préfence qu'abfence du conjoint que l'on vouloit répudier. On pouvoit répudier une femme furieufe, au lieu que celle-ci ne pouvoit pas provoquer le *divorce* ; mais fon père le pouvoit faire pour elle : fon curateur n'avoit pas ce pouvoir.

Le libelle ou acte de *divorce* devoit être fait en préfence de fept témoins, qui fuffent tous citoyens romains.

Les caufes pour lefquelles on pouvoit provoquer le *divorce*, fuivant le droit du digefte, étoient la captivité du mari, ou lorfqu'il étoit parti pour l'armée, & que l'on étoit quatre ans fans en favoir de nouvelles, ou lorfqu'il entroit dans le facerdoce : la vieilleffe, la ftérilité, les infirmités, étoient auffi des caufes réciproques de *divorce*.

Les empereurs Alexandre, Sévère, Valérien & Gallien, Dioclétien & Maximien, Conftantin-le-Grand, Théodofe & Valentinien, firent plufieurs loix touchant le *divorce*, qui font inférées dans le code, & expriment plufieurs autres caufes pour lefquelles le mari & la femme pouvoient refpectivement provoquer le *divorce*.

De ces caufes, les unes étoient réciproques entre

entre le mari & la femme, d'autres étoient particulières contre la femme.

Les causes de *divorce* réciproques entre les deux conjoints, étoient le consentement mutuel du mari & de la femme, ou le consentement des père & mère d'une part, & des enfans de l'autre; l'adultère du mari ou de la femme; si l'un des conjoints avoit battu l'autre ou attenté à sa vie; l'homicide du mari ou de la femme; l'impuissance naturelle, qui, suivant l'ancien droit, devoit être éprouvée pendant deux ans, & suivant le nouveau droit pendant trois; si l'un des conjoints attentoit à la vie de l'autre; le larcin de bétail, le plagiat, le vol des choses sacrées, & tout crime de larcin en général; si le mari ou la femme retiroient des voleurs; le crime de faux & de sacrilège; la violation d'une sépulture; le crime de poison; le crime de lése-majesté; une conspiration contre l'état.

A ces différentes causes l'empereur Justinien en ajouta encore plusieurs, telles que la profession religieuse & le vœu de chasteté, la longue absence; si l'un des conjoints découvroit que l'autre fût de condition servile.

Justinien régla aussi que la détention du mari prisonnier chez les ennemis, ne pourroit donner lieu au *divorce* qu'au bout de cinq ans.

Les causes particulières contre la femme, étoient lorsqu'elle s'étoit fait avorter de dessein prémédité; si durant le mariage elle cherchoit à se procurer un autre mari, si elle alloit manger avec des hommes étrangers malgré son mari, si elle avoit le front d'aller dans un bain malgré son mari qui étoit innocent; si contre les défenses de son mari elle passoit la nuit hors de sa maison, ou si elle alloit à des jeux publics.

Il n'étoit pas permis de répudier une femme, sous prétexte qu'elle n'avoit point apporté de dot, ou que la dot promise n'avoit pas été payée: l'affranchie ne pouvoit pas non plus demander le *divorce* malgré son patron; les enfans même émancipés ne le pouvoient pas demander sans le consentement de leurs père & mère, ni les père & mère le faire malgré leurs enfans, sans une juste cause; & en général, toutes les fois que le *divorce* étoit fait en fraude d'un tiers, il étoit nul.

Lorsque le *divorce* étoit ordonné entre les conjoints, les enfans devoient être nourris aux dépens de celui qui avoit donné lieu au *divorce*; s'il n'étoit pas en état de le faire, l'autre conjoint devoit y suppléer.

Si le *divorce* étoit demandé sans juste cause, on le regardoit comme une injure grave faite à l'autre conjoint, en haine de quoi, celui qui avoit demandé le *divorce* étoit obligé de réserver à ses enfans la propriété de tous les gains nuptiaux.

L'effet du *divorce* n'étoit pas de rendre le mariage nul & comme non avenu, mais de dissoudre absolument pour l'avenir, ensorte qu'il étoit libre à chacun des conjoints de se remarier.

L'usage du *divorce* ayant été porté dans les Gaules par les Romains, il fut encore observé pendant quelque temps depuis l'établissement de la monarchie françoise: on en trouve plusieurs exemples chez nos rois de la première & de la seconde race.

Ce fut ainsi que Bissine ou Basine quitta le roi de Thuringe, pour suivre Childéric qui l'épousa.

Cherebert, roi de Paris, répudia sa femme légitime.

Audovère, première femme légitime de Chilpéric, roi de Soissons, fut chassée, parce qu'elle avoit tenu son propre enfant sur les fonts de baptême.

Le moine Marculfe, qui vivoit vers l'an 660, & que l'on présume avoir été chapelain de nos rois ayant de se retirer dans la solitude, nous a laissé dans son livre de formules, celle des lettres que nos rois donnoient pour autoriser le libelle de *divorce*, où l'on inséroit cette clause : *atque ideo unusquisque ex ipsis sive ad servitium Dei, in monasterio aut copulæ matrimonii sociare se voluerit, licentiam habeat. L. II, cap. 30.*

Le *divorce* fut encore pratiqué long-temps après, comme il paroît par l'exemple de Charlemagne, qui répudia Théodore, sa première femme, à cause qu'elle n'étoit pas chrétienne.

Le terme de *divorce* est aussi employé en plusieurs textes du droit canon; mais il n'y est pris que pour la séparation *à thoro*, c'est-à-dire, de corps & de biens, qui n'emporte pas la dissolution de mariage: car l'église n'a jamais approuvé le *divorce* proprement dit, qui est contraire au précepte, *quod Deus conjunxit homo non separet.* Il est même dit dans le droit canon, que si les conjoints sont seulement séparés *à thoro & habitatione, nulli ex conjugibus licet, quandiu alter vivit, de alio cogitare matrimonio; quia vinculum conjugale manet, licet conjuges à thoro sejuncti sint. Can. fieri, can. placet, 32, quast. 7.*

Ainsi, suivant le droit canon que nous observons en cette partie, le mariage ne peut être dissous que par voie de nullité, ou par appel comme d'abus, auxquels cas on ne dissout point un mariage valablement contracté; on déclare seulement qu'il n'y a point de mariage, ou ce qui est la même chose, que le prétendu mariage n'a point été valablement contracté, & conséquemment que c'est la même chose que s'il n'y avoit point eu de mariage.

Lorsqu'on se sert parmi nous du terme de *divorce*, on n'entend par-là autre chose que la mésintelligence qui peut survenir entre les conjoints, laquelle étoit autrefois une cause suffisante pour signifier le *divorce*; au lieu que parmi nous, non seulement il n'y a point de *divorce* proprement dit, mais la seule mésintelligence ne suffit pas pour donner lieu à la séparation de corps & de biens, il faut qu'il y ait de la part du mari des sévices & mauvais traitemens; & il y a cette différence entre le *divorce* proprement dit, & la séparation de corps & de biens, que le premier pouvoit, comme on l'a dit, être provoqué par le mari ou la femme, & opéroit la dissolution du mariage, tellement que chacun pouvoit se marier ailleurs ; au lieu que la séparation de corps & de biens ne peut être demandée que par la femme, & n'opère point la dissolution du mariage.

Il y a encore des pays où le *divorce* se pratique, comme dans les états d'Allemagne de la confession d'Augsbourg. *Voyez* la loi 101, *ff. de verborum signific.* le titre *de divortiis & repudiis* au digeste ; celui *de repudiis*, au code ; les *novelles* 22 & 117 ; le titre *de divortiis*, au décret de Gratien ; Théodore de Beze de Veselai, *de repudiis* ; Pontas, au mot *Divorce*, & aux mots *Répudiation* & *Séparation*. (*A*)

DIXAINE, s. f. (*Jurisprud.*) en Angleterre, il signifie le *nombre* ou la *compagnie* de dix hommes avec leurs familles, qui formoient entre eux une espèce de société, & s'obligeoient solidairement envers le roi d'observer la paix publique, & de tenir une bonne conduite.

Dans ces compagnies se trouvoit toujours un chef, qui, par rapport à son office, étoit appellé *dixenier* ou *décurion*. A l'ouest de l'Angleterre, on lui donne encore le même nom ; mais ailleurs il porte celui de *connétable*, parce qu'il y a long-temps que l'usage des *dixaines* n'y subsiste plus. *Voyez* DIXENIER. Le nom de *dixenier* subsiste encore dans les officiers municipaux de l'hôtel-de-ville de Paris ; mais ce sont des charges sans exercice. (*G*)

DIXENIER, s. m. (*Police*.) c'est un officier de ville, qui reçoit les ordres des quartiniers. Il y a à Paris seize *dixeniers* par quartier, & comme il y a également seize quartiers, leur nombre monte à deux cent soixante & six. Dans toutes les grandes villes du royaume, il y a des officiers semblables, connus sous cette dénomination ou sous une autre, pour exécuter les ordres des maire, échevins & autres personnes chargées de maintenir la police & la tranquillité publiques.

DIXIÈME, s. m. (*Jurispr.*) ce terme a dans cette matière plusieurs significations différentes.

Les coutumes de S. Omer, *art. 6*, & de Tournai, *tit. 10, art. 22*, appellent *dixième* le *dixième denier* de la valeur des héritages, qui est dû au seigneur pour vente, donation ou autre acte translatif de propriété d'un héritage féodal. Lorsque l'acte d'aliénation ne contient pas le prix de l'héritage, & qu'il n'y a pas de paiement en deniers, la coutume de Tournai veut que le *dixième* soit payé d'après l'estimation & prisée du prévôt & des hommes de fief.

Suivant le code maritime, on appelle *dixième des prises*, un droit attribué à l'amiral sur les prises faites en mer. *Voyez* AMIRAL, PRISES.

En général, on donne communément le nom de *dixième* à une imposition extraordinaire que le roi lève quelquefois sur ses sujets, dans les pressans besoins de l'état. *Voyez* le *Dictionnaire des finances*.

DIXME, s. f. (*Jurispr.*) est une certaine portion des fruits de la terre & autres qui est due par le possesseur de l'héritage au décimateur, c'est-à-dire à celui qui a droit de *dixme*.

On l'appelle *dixme* du latin *decima*, parce qu'elle est communément de la dixième partie des fruits ; elle est cependant plus forte ou moindre dans certains lieux, ce qui dépend des titres & de la possession ou de l'usage du lieu.

La première division des *dixmes* est qu'elles sont ecclésiastiques ou laïques, qu'on appelle communément *inféodées*.

Quelques-uns font remonter l'origine des *dixmes* ecclésiastiques jusqu'au temps de l'ancienne loi, & prétendent en conséquence qu'elles sont de droit divin ; d'autres soutiennent au contraire que les *dixmes* qui se paient présentement à l'église, sont seulement de droit positif.

Ceux qui prétendent que les *dixmes* sont de droit divin, se fondent d'abord sur ce que dans la *Genèse, chap. xiv*, il est dit qu'Abraham, après avoir défait plusieurs rois, donna à Melchisedech, roi de Salem, & prêtre du Très-Haut, la *dixme* de tout le butin qu'il avoit remporté sur ses ennemis, *dedit ei decimam ex omnibus*: mais on ne voit rien en cet endroit qui dénote que cette offrande fût d'obligation, & cela a peu de rapport avec la *dixme* qui se paie annuellement des fruits de la terre & autres revenus.

On trouve encore dans la *Genèse, chap. xxviij*, que Jacob, après le songe qu'il eut, dans lequel il vit cette échelle merveilleuse qui montoit au ciel, fit un vœu, disant que si Dieu le conservoit dans son voyage, qu'il lui donnât du pain pour sa nourriture, & des vêtemens pour se couvrir, & qu'il revînt à bon port dans la maison de son père, il offriroit à Dieu le *dixième* de tout. ce qu'il lui auroit donné ; ce n'étoit, comme l'on voit, qu'un vœu conditionnel, & une offrande, *decimas offeram tibi*.

Il est vrai que dans l'*Exode, chap. xxij*, où Dieu instruit Moyse des loix qu'il devoit donner à son peuple, il est dit *decimas tuas & primitias non tardabis reddere* ; ce qui paroît un précepte, mais qui mettant dans la même classe les prémices & les *dixmes*, semble ne regarder les unes & les autres que comme des offrandes dues à Dieu même, plutôt qu'une rétribution due à ses ministres.

Il est encore dit au *chap. xxviij* du *Lévitique*, que les *dixmes* de tous les fruits de la terre & des fruits des arbres appartiennent au seigneur, & lui font consacrées ; que si quelqu'un veut racheter ses *dixmes*, il en ajoutera la cinquième partie ; que le dixième qui naîtra de tous les bœufs, moutons & chevaux, sera offert au seigneur : que l'on ne choisira ni le bon, ni le mauvais, & que le dixième né, ne sera point changé contre un autre ; que si quelqu'un fait de ces changemens, il sera tenu de donner en offrande au feigneur & l'animal dixième né, & celui qu'il a voulu donner à la place, & qu'il ne pourra le relâcher.

Il eſt auſſi écrit aux *Nombres*, *chap. xviij*, que Dieu avoit donné à Aaron & aux lévites les *dixmes*, oblations & prémices *jure perpetuo* pour leur ſubſiſtance, à cauſe qu'ils ne devoient poſſéder rien autre choſe, & que la tribu de Lévi qui étoit conſacrée à Dieu, n'auroit aucune portion dans le partage que l'on feroit des terres, & que les lévites offriroient à Dieu les prémices de la *dixme*, c'eſt-à-dire la dixième partie de la *dixme*.

On voit encore au *chap. xxx* du même livre, qu'après la défaite des Madianites par les Hébreux, Moïſe en diſtribuant à toutes les familles les dépouilles des ennemis, en fit donner une partie à Éléazard grand-prêtre, comme d'un fruit qu'ils avoient recueilli dans le champ de bataille.

Les païens même étoient dans l'uſage de payer la *dixme* à leurs ſacrificateurs. Hérodote rapporte de Crœſus, que ce prince diſoit à Cyrus : *ſiſte ad ſingulas portas aliquos ex tuis ſatellitio cuſtodes qui vetent exportari opes, ut earum decimæ Jovi neceſſario reddantur.*

Les Juifs payoient auſſi la *dixme* à leurs prêtres. Il eſt dit en *S. Matthieu*, *chap. xxiij*, *n. 23*, & en *S. Luc*, *chap. xj*, *n. 42*, que les Phariſiens donnoient la *dixme* de la menthe, de l'aneth, de la rue, & autres herbes, tandis qu'ils négligeoient les œuvres de juſtice & de charité ; qu'il falloit faire l'un ſans omettre l'autre : quoique l'écriture, en parlant de cette *dixme*, ſe ſerve de ces termes, *hæc oportuit facere*, il paroît néanmoins que c'étoit une œuvre de ſurérogation, & que le ſens de l'écriture eſt que ces ſortes d'œuvres, quoique bonnes en elles-mêmes, ne diſpenſent pas des devoirs eſſentiels.

D'ailleurs l'écriture ne dit pas *oportet facere*, mais *oportuit*, ce qui paroît ſe rapporter à l'ancienne loi ; & en effet on ne trouve dans tout le nouveau Teſtament aucun texte qui ordonne de payer la *dixme*, ni qui en faſſe mention autrement qu'on l'a dit.

S. Paul parlant de la nourriture due au miniſtre de l'autel, n'a point parlé de la *dixme*, & il n'en eſt rien dit non plus dans les actes des apôtres.

Il n'en eſt pas non plus fait mention dans les canons des apôtres, quoique le troiſième & le quatrième ſpécifient ce qui doit être offert à l'autel, & que le cinquième parle des prémices.

S. Clément, dans ſes épitres, où il parle de *bonis & redditibus eccleſiarum & earum diſpenſatoribus*, ne dit rien des *dixmes*.

Il eſt conſtant que les *dixmes* n'étoient point connues dans les premiers ſiècles de l'égliſe. Juſqu'à la diſperſion des apôtres & des diſciples, les fidèles mettoient tous leurs biens en commun ; lorſque cette communauté de biens eut ceſſé, les fidèles faiſoient des oblations volontaires, dont le clergé tiroit encore toute ſa ſubſiſtance au troiſième ſiècle,

comme on le voit dans S. Cyprien : la charité des fidèles s'étant refroidie, les pères de l'égliſe exhortèrent les fidèles de donner la *dixme* ſuivant ce qui ſe pratiquoit dans l'ancien teſtament ; mais cela n'étoit propoſé que pour exemple, & non comme un précepte, & cet exemple fut d'abord ſuivi de peu de perſonnes.

C'eſt ce que dit S. Auguſtin, qui ſiégeoit dans l'égliſe d'Hyppone juſqu'en 430 : il parle de la *dixme* comme d'une aumône volontaire, & dit que le commandement de les payer ne regardoit que les Juifs, parce que la tribu de Lévi n'avoit point été admiſe au partage de la terre de promiſſion qui fut fait après la mort de Moïſe ; que les eccléſiaſtiques ne vivoient que des aumônes & des offrandes des fidèles ; qu'elles étoient ſi peu abondantes à ſon égard, qu'il n'avoit ſu trouver le moyen de payer un maître qui lui avoit enſeigné la langue hébraïque.

Il eſt vrai que Gratien, *canon 66*, rapporte un texte qu'il ſuppoſe avoir tiré du ſermon 219 de S. Auguſtin, & dans le *canon 68*, une prétendue épître de S. Jérôme qui parlent des *dixmes*, comme étant déja le précepte ; mais les critiques éclairés ont rejetté ces pièces comme ſuppoſées.

Il y a apparence que les paſteurs chargés de l'adminiſtration des ſacremens, ſe trouvant la plupart peu avantagés des biens qui avoient été donnés à l'égliſe, demandèrent la *dixme* pour leur ſubſiſtance, & que le paiement de la *dixme* étant paſſé en coutume, on en fit inſenſiblement une loi ; mais il eſt difficile de marquer le temps où la *dixme* eſt devenue précepte.

Il n'eſt point fait mention des *dixmes* dans les loix romaines, mais ſeulement d'oblations qui étoient volontaires, puiſqu'il y étoit défendu d'uſer de contrainte ni d'excommunication. *L. 39, cod. de epiſc. & cler.*

Les *dixmes* ne ſont encore qu'une aumône volontaire dans toute l'égliſe grecque.

Les conciles des cinq premiers ſiècles ne font point mention des *dixmes*.

Une lettre circulaire écrite par les évêques après le ſecond concile de Tours en 567, paroît ordonner le paiement de la *dixme*, mais comme d'une aumône.

Le ſecond concile de Mâcon tenu en 585, ſuppoſe le précepte de la *dixme* plus ancien, & y ajoute la peine de l'excommunication.

Charlemagne qui fit pluſieurs conſtitutions en faveur de l'égliſe, ordonna que chacun paieroit la *dixme*, & qu'elle ſeroit diſtribuée par ordre de l'évêque.

Les conciles de Mayence, d'Arles, de Châlons & de Reims, tenus en 813, ſont les premiers qui faſſent mention des *dixmes* eccléſiaſtiques ; celui de Mayence, au *chap. xiij*, ne ſe ſert que de ces termes, *admonemus vel præcipimus, decima de omnibus dari non negligatur.*

Le concile de Châlons fut plus rigoureux, ayant

ordonné que ceux qui *post crebras admonitiones &
precationes sacerdoti dare neglexerint , excommuni-
centur.*

Celui de Reims veut que *decimæ pleniter dentur.*

Enfin au concile de Latran, tenu sous Alexandre III, en 1179, elles sont devenues de précepte,
& furent déclarées préférables aux tributs dus par
le peuple.

Ce même concile confirma les laïques dans la possession des *dixmes* qui leur avoient été inféodées
précédemment.

Il paroît donc que les *dixmes* ecclésiastiques,
quoique réputées spirituelles & consacrées à Dieu
pour la subsistance de ses ministres, ne sont point
de précepte divin, mais seulement de droit positif;
qu'elles ont été établies par la piété des fidèles qui
ne se sont pas crus moins obligés de pourvoir à
la subsistance de leurs prêtres, que les peuples de
l'ancienne loi l'étoient envers la tribu de Lévi;
que ces *dixmes* n'étoient d'abord que des offrandes
& aumônes volontaires; mais que le zèle & le
consentement unanime des fidèles, en ayant rendu
cet usage général, on en fit peu-à-peu une loi,
que l'on obligea tous les chrétiens d'observer par
la crainte de l'excommunication.

Ce qui confirme bien que les *dixmes* ne sont pas
de droit divin, c'est:

1°. Que si elles eussent été telles, elles auroient
été payées aux prêtres chrétiens dès la naissance
de l'église, aucun laïque ne s'en seroit pu dispenser
sans crime; au lieu qu'il ne paroît point que durant les huit premiers siècles de l'église, où la
piété des fidèles étoit dans sa plus grande ferveur,
les prêtres ni les autres ministres des autels les
aient jamais prétendues; ils ne vivoient que des
offrandes qui se faisoient volontairement sur les
autels: aussi S. Hilaire qui étoit évêque de Poitiers
en 369, dit-il, que le joug des *dixmes* avoit été
ôté par J. C.

2°. Si les *dixmes* étoient de droit divin, elles
auroient été payées aux ecclésiastiques dans tout le
monde chrétien, ce qui n'a point eu lieu, puisque
les prêtres de l'église grecque, & même ceux de
toute l'église orientale, soit durant les huit premiers siècles de l'église, ou depuis, n'ont jamais
prétendu que les laïques fussent obligés en conscience
de leur payer aucune *dixme*, & ont toujours pensé
que les offrandes sont volontaires, suivant ce que
dit S. Jean Chrysostome, *ubi decima est, ibi etiam
eleemosina.*

3°. Si la *dixme* étoit de droit divin, elle seroit
due par-tout sur le pied de la dixième partie des
fruits, comme on la payoit aux lévites; au lieu
que la quantité n'en est pas par-tout uniforme,
étant en un lieu du onzième, en d'autres du douzième, vingtième, trentième des fruits. S. Thomas,
secunda, secundæ, quæst. lxxxvij, art. 1 & 2, tient
même que les *dixmes* ne sont point dues de nécessité
expresse, & que par la coutume, le droit de les
payer peut être prescrit; mais dans notre usage on

tient que les *dixmes* ordinaires sont imprescriptibles;
quant au droit, de la part des laïques; qu'ils peuvent
seulement en prescrire la quotité & la forme de
la prestation, mais une église en peut prescrire le
fonds contre une autre église.

4°. Les papes eux-mêmes ont donné des *dixmes*
à des laïques. Urbain donna aux rois d'Espagne celles
de toutes les provinces dont ils avoient chassé les
Maures. Salgado de Salmoza, *tract. de supp. ad sum.
pontif. II. part. cap. xxv. n. 41.*

5°. Le saint siège a exempté du paiement des
dixmes des ordres entiers, tels que l'ordre de Malthe, celui de cîteaux, les chartreux & les célestins,
du moins pour les terres qu'ils façonnoient & cultivoient par leurs mains.

6°. Les papes ont aussi attribué les novales en
tout ou partie à certains ordres, à l'exclusion des
curés.

Enfin les accords & compositions faites entre les
ecclésiastiques sur le fait des *dixmes* contestées entre
eux, ont toujours été approuvés & autorisés par
le droit canonique.

Ces différens usages observés par rapport aux
dixmes, font voir qu'elles sont de droit positif.

Au reste personne ne révoque en doute que les
dixmes en général sont ecclésiastiques de leur nature, & qu'elles appartiennent de droit commun
aux curés, chacun dans leur territoire, sans qu'ils
aient besoin pour cet effet d'autre titre que de leur
clocher, c'est-à-dire de leur qualité de curé. C'est
ce que l'on infère du capitulaire de Charlemagne,
de l'an 802; & d'une décision du pape Léon, de
l'an 850.

Elles peuvent néanmoins appartenir en tout ou
partie à d'autres ecclésiastiques, tels que des évêques, abbés & prieurs; & à des chapitres séculiers
ou réguliers, lorsqu'ils sont fondés en titre ou possession suffisante.

Autrefois même les évêques avoient de droit
un quart dans les *dixmes*, quand ils n'étoient pas
en état de s'en passer, suivant le sixième concile de
Paris, de l'an 829; mais il s'est trouvé peu d'évêques
qui se soient attribués les *dixmes*; & pour en jouir
ils ont besoin d'un titre spécial, ou d'une possession
de quarante ans.

Un seigneur laïque peut encore posséder toutes les
dixmes à titre d'inféodation. *Voyez ci-après* DIXMES
INFÉODÉES.

La plupart des concessions de *dixmes* faites aux
monastères, sont des xe & xj[e] siècles. Les évêques,
en fondant des monastères, ce qui étoit la grande
dévotion de ces temps-là, leur donnoient pour
dotation les *dixmes* de leurs églises. L'ignorance
profonde qui régnoit alors, & les désordres des
prêtres séculiers, ayant obligé d'employer les moines
à l'administration des cures, ils s'approprièrent les
dixmes, tellement que quand les conciles ont ordonné aux religieux de se retirer dans leurs cloîtres,
ils ont encore retenu le titre de *curés primitifs* &
les *dixmes.*

Beaucoup de laïques qui étoient en poffeffion des *dixmes*, les remirent auffi pour la décharge de leur confcience, *pro remedio animæ fuæ*, à des chapitres ou à des monaftères ; elles font comprifes dans ces conceffions fous le titre d'*altare & decimas*, & quelquefois fimplement *altare*, qui comprend le patronage, les *dixmes*, & autres droits utiles & honorifiques.

C'eft au moyen de ces différentes conceffions que les chapitres, monaftères, abbés, prieurs & autres bénéficiers, font gros décimateurs de la plus grande partie du royaume.

Il y a eu des *dixmes* établies par l'églife même, lors de la conceffion qu'elle faifoit de certaines terres à des particuliers ; elle fe réfervoit *nonas & decimas* : *nonas*, c'étoit la rétribution due pour la connoiffance. A l'égard de la *dixme*, elle étoit retenue pour fe conformer à l'ufage général. Il eft parlé de ces nones & *dixmes* dans ces capitulaires des années 756, 779, 802, 803, 819 & 823.

Suivant le droit canonique, la *dixme* eccléfiaftique eft due de toutes fortes de fruits, foit de la terre ou des animaux, & de tous autres profits & revenus ; mais parmi nous on ne fuit pas à cet égard entiérement le droit canon, on fe conforme à l'ufage, aux titres & à la poffeffion.

Il n'eft pas néceffaire, en matière de *dixme*, que l'ufage fur lequel on fe fonde foit un ufage univerfel dans tout le royaume ; il y en a même fort peu de cette efpèce : on fuit l'ufage de chaque province, & même de chaque paroiffe ; ce qui eft conforme à l'ordonnance de Blois & à l'édit de Melun, qui veulent que l'on fe règle par la coutume des lieux, & la quote accoutumée en iceux.

La *dixme* eft due par toutes fortes de perfonnes catholiques ou hérétiques, juifs & autres : les nobles & les roturiers, les chapitres, monaftères, bénéficiers & autres eccléfiaftiques, les hôpitaux, la doivent de même que les autres perfonnes.

Le preneur à rente eft tenu d'acquitter les *dixmes* à la décharge du bailleur ; & le fermier, lorfqu'il y en a un, eft tenu de les payer à la décharge de tous propriétaires & ufufruitiers, fans aucune répétition.

Les décimateurs eccléfiaftiques font exempts de *dixmes* fur les terres fituées dans leur dixmerie, par la règle *nemini res fua fervit*.

Les terres de l'ancien domaine des curés font exemptes de la *dixme* envers les décimateurs, quoique ce foit autre que le curé ; mais les terres acquifes depuis la fondation, à quelque titre que ce foit, doivent la *dixme*.

La plupart des ordres religieux ont obtenu des papes des bulles qui les exemptent des *dixmes* ; mais ces bulles n'ont aucun effet en France, à moins qu'elles ne foient revêtues des lettres-patentes duement enregiftrées.

Les religieux de l'ordre de Cîteaux jouiffent de cette exemption fur les terres qu'ils font valoir par leurs mains, ou qu'ils ont affermées par bail qui n'excède pas neuf ans : il faut auffi que ces terres

aient été acquifes avant le concile de Latran, de 1216, ou par la première fondation du monaftère qui réclame l'exemption.

L'ordre des Chartreux, de Cluny & celui de Prémontré, jouiffent de la même exemption.

Elle a lieu auffi en faveur des commandeurs de l'ordre de Malthe, foit qu'ils faffent valoir leurs terres, foit qu'ils les afferment : autre chofe feroit, fi les terres étoient données à cens.

Lorfque les religieux, exempts de *dixmes*, aliénent de leurs héritages, l'acquéreur ne jouit point de l'exemption, à moins que les religieux qui ont vendu ne fuffent en même temps gros décimateurs du chef de leur ordre, ou du moins du chef d'un religieux de leur ordre, curé du lieu.

Les parcs, clos & jardins fermés d'ancienneté, qui ne font que pour l'agrément, ou qui ne rapportent que des légumes ou de l'herbe pour l'ufage du propriétaire, ne doivent point la *dixme* ; cependant, en 1266, le roi faint Louis fouffrit qu'on le condamnât à payer à fon curé la *dixme* des fruits de fon jardin, ce qui n'auroit pas lieu préfentement : mais fi on défrichoit nouvellement & enfemençoit quelques terres, en ce cas la *dixme* en feroit due, comme novale. Suivant le fameux arrêt d'Orly, les clos anciens doivent la *dixme*, quoiqu'elle n'y eût point encore été perçue.

On conçoit aifément, par ce qui vient d'être dit, que la *dixme* des nouveaux clos eft due lorfque les terres enclofes font enfemencées en fruits décimables.

Les bois de haute-futaie ne font point fujets à la *dixme* : il en eft de même des taillis, à moins qu'il n'y eût un ufage contraire dans la paroiffe où ils font.

Les bas prés ne font pas non plus communément fujets à la *dixme*.

Si l'on mettoit en pré ou en bois une grande quantité de terres, qui auparavant étoient décimables, le décimateur pourroit demander la *dixme* fur les nouveaux fruits fubftitués aux anciens ; mais il faut pour cela que la quantité des terres dénaturées foit confidérable, & que le curé eût peine autrement à trouver fa fubfiftance, ce qui dépend des circonftances & de l'arbitrage du juge. Suivant la dernière jurifprudence, la *dixme* eft due de tout ce qui excède le tiers dans la converfion.

Le décimateur ne peut obliger les propriétaires ou poffeffeurs de cultiver leurs fonds, ou de lui payer la *dixme* qu'ils en recueilleroient s'ils étoient cultivés : il ne peut pas non plus fe mettre en poffeffion des terres incultes pour les faire valoir, fous prétexte de s'indemnifer de la perte de fa *dixme*. Il n'eft pas à préfumer que les poffeffeurs des fonds les laiffent incultes, pour faire préjudice au décimateur, ils y perdroient plus que lui ; & s'il fe trouvoit une grande quantité de terre que l'on laiffât venir en herbages, tout ce que le curé pourroit faire, feroit d'y demander la *dixme* par fubrogation, fuivant ce qui a été dit ci-devant.

Lorfque le décimateur a levé pendant quarante

années confécutives la *dixme* de certains fruits, & de telle ou telle manière, il acquiert par cette poffeffion le droit de continuer à lever cette *dixme* de la même manière, quoiqu'il n'ait point d'autre titre que fa poffeffion ; ce qui eft conforme à l'ordonnance de Philippe-le-Bel, de 1303.

Pour ce qui eft de la prefcription de la *dixme*, de la part de ceux qui la doivent, l'ordonnance de Blois, *art.* 50, femble l'admettre, en difant que les propriétaires & poffeffeurs ne pourront alléguer prefcription, ni poffeffion autre que celle de droit.

Mais, fuivant la jurifprudence, on tient pour maxime certaine que le droit de *dixme*, foit eccléfiaftique ou inféodée, eft imprefcriptible en lui-même, & que la prefcription n'a lieu que pour la qualité & la quotité de la *dixme* ; ainfi l'on peut acquérir la poffeffion de ne point payer la *dixme* de certains fruits, ou de ne la payer qu'à une quotité moindre que celle qui fe percevoit ancienne-ment, & qui fe perçoit encore dans d'autres dix-meries.

Un particulier ne peut cependant pas prefcrire feul la qualité ou la quotité de la *dixme* ; fa poffeffion ne peut valoir qu'autant qu'elle eft conforme à celle de tous les habitans du même canton.

Les décimateurs eccléfiaftiques peuvent prefcrire les uns contre les autres le fonds même de la *dixme*, au moyen d'une poffeffion de bonne-foi pendant quarante ans avec jufte titre, ou même fans titre ; & cette prefcription a lieu contre les exempts, de même que contre d'autres perfonnes, le retour au droit commun étant toujours favorable.

Si l'on fème dans une paroiffe une nouvelle efpèce de fruits que l'on n'avoit pas coutume d'y recueillir, en ce cas la *dixme* en feroit infolite, fuivant l'ordonnance de 1302 ; il paroît cependant que l'on doit fur ce point fe conformer à ce qui eft prefcrit pour la quotité de la *dixme* par l'article 50 de l'ordonnance de Blois, & l'article 29 de l'édit de Melun ; c'eft-à-dire, qu'au défaut d'ufage certain dans la paroiffe, on doit fuivre celui des paroiffes circonvoifines.

On doit avertir les décimateurs avant de commencer la récolte & laiffer la *dixme* des grains dans le champ, fi ce n'eft dans quelques endroits, où la *dixme* des grains fe paie à la grange. Celle du vin fe paie communément au preffoir ou dans les caves.

C'eft un principe certain que la *dixme* n'arrérage point, c'eft-à-dire, que le décimateur ne peut demander au poffeffeur que la dernière année.

Cette règle fouffre cependant trois exceptions, favoir, 1°. lorfqu'il y a une demande en juftice renouvellée tous les ans ; 2°. lorfque la *dixme* eft abonnée ; mais, en ce cas, l'opinion la plus générale eft que l'on n'en peut demander que cinq années, & non pas vingt-neuf, attendu que l'abonnement ne rend pas cette redevance foncière ; 3°. lorfqu'un décimateur a perçu la *dixme* au préjudice d'un autre, il peut être condamné à la reftituer, à

proportion du nombre d'années dont il en a joui, même jufqu'à trente-neuf années, pourvu qu'il n'ait pas acquis la prefcription.

Il y a trois principales charges qui fe prennent fur les groffes *dixmes*, favoir, 1°. les réparations groffes & menues, même les reconftructions des églifes paroiffiales, ce qui ne s'étend néanmoins qu'au chœur & cancel, la nef étant à la charge des paroiffiens, de même que le clocher, quand il eft conftruit fur la nef ; 2°. la fourniture des ornemens néceffaires, tels que les chafubles, calices, livres d'églife, &c. 3°. le paiement de la portion congrue des curés & des vicaires.

Lorfqu'il y a plufieurs décimateurs, ils contribuent à ces charges, chacun à proportion de la part qu'ils ont dans les groffes *dixmes*.

Les décimateurs ne font obligés d'employer que le tiers des *dixmes* aux réparations ; fi ce tiers ne fuffit pas, on peut fe pourvoir fubfidiairement fur les *dixmes* inféodées. *Voyez* RÉPARATIONS.

La connoiffance des *dixmes* inféodées appartient aux juges royaux, tant au pétitoire qu'au poffeffoire.

Pour ce qui eft des *dixmes* eccléfiaftiques, le pétitoire appartient au juge d'églife, & le poffeffoire au juge royal ; mais lorfque celui-ci a jugé le poffeffoire, le juge d'églife ne peut plus prendre connoiffance du pétitoire, parce que le juge royal étant préfumé avoir jugé fur le mérite des titres, ce feroit donner au juge d'églife le pouvoir de réformer ce qu'auroit fait le juge royal. (*A*)

DIXME *abonnée*, eft celle pour laquelle on a compofé avec le décimateur à une certaine fomme d'argent, ou quantité fixe en vin ou grain.

Il y a des abonnemens à temps, foit pour un nombre fixe d'années, foit pour la vie du bénéficier ; & des abonnemens perpétuels. Ils font tous valables entre ceux qui les ont faits ; mais les abonnemens perpétuels, étant confidérés comme de véritables aliénations, ne font valables à l'égard des fucceffeurs aux bénéfices, qu'au cas qu'ils foient revêtus des formalités néceffaires aux aliénations, & qu'il y ait eu néceffité ou utilité évidente pour l'églife. L'abonnement perpétuel de tout un canton peut fubfifter, quoiqu'on n'en rapporte pas le titre conftitutif, lorfqu'il eft foutenu d'une poffeffion immémoriale jointe à des titres énonciatifs, comme tranfactions, quittances anciennes, &c. (*A*)

DIXMES *anciennes*, font toutes les *dixmes* qui fe perçoivent de temps immémorial, à la différence des novales, qui font les *dixmes* des terres défrichées depuis quarante ans. *Voyez* DIXMES *novales*. (*A*)

DIXME *des autains*, *voyez* DIXME *des hautins* & DIXME *du haut* & *du bas*.

DIXME *du bas*, *voyez* DIXME *du haut* & *du bas*.

DIXME *de carnelage*, eft la même chofe que *dixme* de charnage. Le terme de *carnelage* n'eft ufité que dans quelques provinces de droit écrit. Cette efpèce de *dixme* comprend toutes les preftations qui font dues au décimateur, par rapport au bétail, comme le droit de prendre le dixième ou onzième agneau, ou de prendre les langues de tous les bœufs, veaux & moutons qui se tuent dans la boucherie d'un lieu, & autres prestations semblables. *Voyez* la Rocheflavin, *liv. VI, lettre D, titre 38, art. 2; Biblioth. can. tome I, p. 468, col. 2;* Catelan, *liv. I, chap. 15. (A)*

DIXME *de charnage*, est la *dixme* des animaux, soit du gros & menu bétail, ou de la volaille. On l'appelle aussi *dixme sacramentelle*, parce qu'elle appartient ordinairement à celui qui administre les sacremens : il n'y a cependant point de loi qui affecte spécialement aux curés ces sortes de *dixmes*, & ils ne les ont point par-tout; cela dépend des titres & de la possession, tant pour la perception en général que pour la quotité. Les *dixmes* des animaux & des laines, appartiennent au décimateur du lieu où les animaux couchent. *Voyez* DIXME *de carnelage. (A)*

DIXME *des clos*, est celle qui se perçoit sur les fruits qui croissent dans les parcs, jardins & autres lieux enclos. *(A)*

DIXMES *à discrétion*, voyez DIXME *à volonté.*

DIXMES *domaniales* ou *patrimoniales*, sont celles qui appartiennent en propriété à des laïques. *Voyez* DIXMES *inféodées. (A)*

DIXME *domestique*, est celle qui se perçoit sur toutes les choses qui croissent dans les cours & basses-cours des maisons; par l'industrie des paroissiens, comme poulets, oisons, canards, &c. Ces sortes de *dixmes* ne font point mises au nombre des *dixmes* prédiales dues aux curés primitifs & gros décimateurs; elles appartiennent toujours au curé ou vicaire perpétuel, à l'exclusion des autres décimateurs. *Voyez* DIXME *domiciliaire, & les définitions canoniques, au mot* DIXMES. *(A)*

DIXME *domiciliaire*, c'est un nom que l'on donne en quelques pays aux *dixmes* de charnage, à cause qu'elles se perçoivent en la maison des redevables. *Voyez* DIXME *domestique. (A)*

DIXME *de droit*, est celle qui est due de droit commun, à la différence de certaines *dixmes* singulières, qui ne font fondées que sur l'usage & la possession particulière du décimateur qui la perçoit. *(A)*

DIXME *ecclésiastique*, c'est toute *dixme* qui appartient à quelque décimateur ecclésiastique; elle est opposée à *dixme inféodée*, qui appartient à des laïques. *(A)*

DIXME *extraordinaire*, n'est pas celle qui se paie extraordinaire, mais celle qui est singulière & insolite. *Voyez* DIXME *insolite. (A)*

DIXME *des gros fruits*, ce sont les *dixmes* des bleds, froment, seigle, avoine & orge; & autres fruits qui forment le principal produit de la terre, selon la qualité du terroir & l'usage du pays, tels que le bled sarrasin, dans les pays où il ne croît pas de froment.

Ces *dixmes* appartiennent aux gros décimateurs,

& font opposées aux menues & vertes *dixmes*, qui appartiennent toujours au curé, quand même il ne feroit pas gros décimateur. *(A)*

DIXME *(grosse)* est la même chose que *dixme* des gros fruits. *(A)*

DIXME *du haut & du bas*, c'est celle qui se perçoit, tant sur les fruits qui rampent sur terre que sur ceux qui croissent sur les arbres, comme sur les pommes en Normandie. *(A)*

DIXME *des hautains*, on appelle ainsi, en Dauphiné, la *dixme* des vignes hautes qui montent sur des arbres; elle est due lorsque ces vignes forment un objet considérable, & sur-tout si elles ont été ainsi plantées dans des jardins, en fraude de la *dixme*. *Voyez* Basset, *tome I, livre II, titre 6, chapitre 1;* Grimaudet, *des dixmes, livre III, chap. 3, n°. 5 & suivans;* Expilly, *plaid. 33, n°. 3;* Forget, *des choses décimables, chap. 4, n°. 3 in fine.* Voyez DIXME *du haut & du bas;* & dans le Code des curés, *le cahier présenté au roi par le clergé en 1730, article 1. (A)*

DIXME *de l'industrie* ou DIXME *personnelle, voyez* DIXME *personnelle. (A)*

DIXMES *inféodées*, s. f. *(Droit féodal.)* on donne ce nom aux *dixmes* qui font possédées par les laïques, parce qu'elles font tenues communément en fief, soit de l'église, soit du roi, ou de quelque seigneur particulier. Quelques coutumes les appellent mieux *dixmes patrimoniales*, ou *dixmes laïques*, par opposition aux *dixmes ecclésiastiques*. Mais le nom de *dixme inféodée* est le plus en usage.

Pour bien connoître les règles de notre droit actuel sur les *dixmes inféodées*, il est indispensable d'en rechercher l'origine. Ces deux états de notre droit divisent naturellement cet article en deux sections.

SECTION PREMIÈRE.

Histoire de notre ancien droit sur les dixmes inféodées.

Deux causes ont sur-tout empêché que l'origine des *dixmes inféodées* ne fût bien éclaircie jusqu'à présent. Elles ont pris naissance dans les temps les plus obscurs de notre histoire, & les clercs, qui seuls avoient quelque teinture de lettres dans ces temps-là, ont été intéressés à rendre cette origine odieuse pour abolir les *dixmes* laïques, si cela leur eût été possible.

Le plus grand nombre des auteurs a cru, sur la foi des canonistes, que les *dixmes* laïques étoient toutes ecclésiastiques dans leur principe. Mais les sentimens font très-partagés sur l'époque de cette translation & sur la manière dont elle s'est opérée. Il seroit bien long & bien inutile de recueillir ici les différens systèmes qu'on a proposés à cet égard. Il vaut mieux chercher directement la vérité dans les monumens de l'antiquité.

On voit dans plusieurs historiens que dans bien des états les particuliers payoient leur tribut en nature, suivant une certaine quotité des fruits, &

particuliérement le dixième, & cela se pratique encore chez des nations modernes. Lors de la dissolution de l'empire romain, les conquérans. exigèrent des tributs semblables, soit de ceux auxquels ils laissèrent leurs terres, soit de ceux auxquels ils concédèrent les fonds dont ils s'étoient emparés à titre de conquête; cet usage se perpétua de plus en plus lors de l'introduction du système féodal. Les droits de champart, de terrage, d'agrière, de carpot & de parcière, &c. en sont une preuve incontestable. On fait encore aujourd'hui des concessions semblables, & le terrage est même le devoir ordinaire que la coutume de Poitou établit pour les fonds roturiers à défaut de titre, *art. 53.*

Il est tout aussi certain que la *dixme* ecclésiastique n'étoit point due dans les premiers siècles. Quant aux *dixmes* que l'on a quelquefois payées aux faux dieux, c'est bien mal-à-propos que quelques canonistes les ont proposées comme une autorité sous une religion qui a détruit entiérement ce culte superstitieux. Selden a fort bien prouvé dans la section 3 de sa *Dissertation sur les dixmes*, que les anciens peuples ne les avoient payées ni constamment, ni en vertu d'une obligation légale : *sed neque quot annis neque ex lege, ut quidam falsò & confidenter tamen adfirmarunt ex humaniorum litterarum ignorantiâ.*

Frà Paolo est peut-être le premier auteur qui ait enseigné dans le chapitre 11 de son *Traité des bénéfices*, que l'obligation de payer les *dixmes* venoit de France, & qu'on n'en avoit point fait une loi avant le huitième siècle. Mais, quoique deux des plus savans hommes de notre nation, Ducange & de Laurière, aient combattu cette opinion dans leurs gloffaires, il paroît qu'elle est assez exacte. On voit bien que dans le cinquième siècle, & sur-tout dans le sixième, les ecclésiastiques recommandoient le paiement des *dixmes ;* mais leurs exhortations même prouvent qu'on ne les avoit pas payées communément jusqu'alors. Le concile tenu à Mâcon, qui a le premier fait un canon pour exiger le paiement des *dixmes*, enseigne à la vérité qu'on les payoit anciennement. Il affure que cela n'est ignoré de personne. Mais il convient aussi qu'on ne les payoit plus alors ; & l'histoire prouve que de ces deux allégations la dernière est la seule véritable.

On a cité la constitution faite par Clotaire I en 560, comme la première loi civile qui ait ordonné de payer la *dixme* à l'église. Mais en supposant que cette loi soit de ce prince, il est du moins prouvé qu'elle n'a pour objet qu'une remise ou exemption de *dixmes* & de terrages dus au domaine, quoiqu'elle se serve du mot de *concéder. Agraria & pascuaria*, y est-il dit, *vel decimas porcorum ecclesiæ concedimus, ità ut actor vel decimator in rebus ecclesiæ nullus accedat.* Baluze, *tome 1, p. 9, art. 11.*

Il y avoit donc bien des *dixmes* laïques d'obligation avant les *dixmes* ecclésiastiques.

Il paroît certain que Charles-Martel donna une partie du bien des églises en bénéfice aux seigneurs qui l'aidèrent à repousser les Sarrazins. On n'examinera point ici si cette distribution ne se fit point de concert avec l'église, ou si elle ne fut point motivée par la nécessité des circonstances, & par cette loi fondamentale de tout gouvernement, *le salut du peuple.* Mais aucun monument ne dit qu'on ait compris des *dixmes* dans ces distributions; on voit seulement dans une addition faite au décret de Gratien, beaucoup de fables que l'on avoit débitées contre ce prince; on y ajoute que Pepin, fils de Charles-Martel, fit assembler un synode (celui de Leptines) pour aviser au moyen de restituer ce qui avoit été pris aux églises ; que n'ayant pu exécuter son dessein à cause des guerres qui continuoient toujours, il obtint des évêques, pour accomplir ses desseins, plusieurs terres qu'il donna à titre de précaire à ses soldats, à la charge d'en payer la *dixme* ou le neuvième, & 12 deniers par feu, comme il est dit dans les capitulaires.

Tous ces détails sont tirés d'une lettre que les évêques, assemblés à Rheims, écrivirent à Louis-le-Germanique en 858. Mais le canon du concile tenu à Leptines, ne parle pas de *dixme* & de neuvième. En tout cas, il n'est question dans toute cette histoire que de *dixmes* sur quelques objets particuliers, payables aux ecclésiastiques par les posseffeurs de leurs biens, & cela n'a aucun rapport au droit de *dixmes* inféodées, ni même au droit général de *dixmes* ecclésiastiques. *Voyez* Baluze, *p. 825*, &c.

Charlemagne confirma ces établissemens de Pepin, & l'on trouve dans ses capitulaires plusieurs réglemens concernant les abbés laïques, *laïcos qui monasteria habent.* Mais il en fit plusieurs autres pour assujettir tous les fonds à la *dixme* envers les ecclésiastiques, moins pour leur rendre un droit qui leur avoit appartenu, que pour les indemniser des domaines qui leur avoient été enlevés. Tous les ouvrages de ce temps-là prouvent que cette loi occasionna beaucoup de troubles, & qu'elle ne fut point observée, quoiqu'elle ait été souvent renouvellée par les foibles successeurs de Charlemagne. Mais ce qu'il est bien important d'observer, aucun de ces réglemens n'abolit les *dixmes* qui appartenoient aux laïques.

Le paiement de la *dixme* ecclésiastique dut faire bien plus de difficultés dans les lieux où on en payoit une aux laïques, parce que les fonds auroient été grevés d'une double charge. Ce fut sans doute la raison qui rendit ces *dixmes* si odieuses aux ecclésiastiques, & qui leur fit assurer, dès la fin du neuvième siècle, qu'elles avoient été usurpées sur eux. Mais le succès de leurs réclamations ne fut pas le même par-tout. Dans quelques lieux, comme dans une grande partie de la Bretagne, les seigneurs & les ecclésiastiques partageoient les *dixmes*. Dans le Languedoc & le Dauphiné, les seigneurs ne se soumirent qu'à la moitié de la *dixme* payée

payée par les roturiers. Dans une grande partie du bas-Poitou, les curés furent obligés de se contenter d'un boisseau par feu, sous le nom de *droit de boisselage*. En Franche-Comté même, la *dixme* ecclésiastique ne peut être réclamée qu'en vertu de la possession ; c'est ce que l'on peut voir dans tous les auteurs qui ont écrit sur le droit de ces provinces.

Bien loin que l'introduction des *dixmes* ecclésiastiques ait aboli l'usage des *dixmes* laïques, il est certain que, peu de temps après, les églises donnèrent à divers seigneurs une partie des nouveaux domaines qu'elles avoient acquis, & particulièrement des *dixmes* ecclésiastiques, pour en être protégées contre les terribles ravages des Normands & des autres Barbares. Ce fait est attesté par les auteurs contemporains, quoiqu'ils fussent presque tous ecclésiastiques. *Voyez* en particulier l'*Historia Sclavorum* du prêtre Helmoldus, *liv.* 2 ; & sa continuation par Arnold de Lubec, *liv.* 3, *chap.* 18.

Chorier s'est donc bien mépris, lorsqu'il a dit qu'on n'avoit jamais vu d'inféodation de *dixmes* faite avant le concile de Latran, & qu'on n'en verroit jamais. On trouve des exemples de concession de *dixmes* soit en fief, soit en aleu, tant avant qu'après ce concile. Le chapitre 34 du *Codex donationum piarum* d'Aubert le Mire, contient la donation faite en 961, par Arnold le Grand, comte de Flandres, à l'église de Bruges, des *dixmes* que le pape avoit accordées en fief à lui & à ses prédécesseurs, en récompense des frais qu'il avoit faits pour la défense de l'église contre les Vandales. Bien des siècles après, les souverains pontifes ont concédé le tiers des *dixmes* aux rois de Castille & d'Aragon, pour le soutien des guerres contre les Maures.

Il est très-croyable néanmoins que dans ces temps de trouble & d'anarchie, plusieurs *dixmes* furent usurpées, & qu'il s'en fit bien des concessions abusives. Les auteurs contemporains sont remplis de plaintes sur cet objet. Mais il faut avouer aussi qu'on en a restitué un grand nombre à l'église, & qu'on lui a donné d'ailleurs de riches domaines bien capables de la dédommager.

Lorsque l'état & l'église eurent acquis plus de stabilité, on ne fit aucune distinction ; & les ecclésiastiques prétendirent que toutes les *dixmes* laïques avoient été usurpées sur eux. Divers conciles particuliers déclarèrent les laïques incapables de posséder aucunes *dixmes*. Au lieu d'exiger néanmoins que les *dixmes* fussent restituées aux églises des lieux, plusieurs de ces assemblées permirent de les rendre à quelque église que ce fût, & particulièrement aux moines, pour se conformer à l'espèce de dévotion qui régnoit alors. On se contenta même d'une partie lorsqu'on ne put pas avoir la totalité. L'onzième canon du concile de Toulouze, tenu en 1056, ordonne seulement que les prêtres auront le tiers des *dixmes* des églises, données

en aleu aux laïques, (*in alodiis laïcorum constitutis*) avec les prémices & le presbytère.

On trouve en conséquence dans le chapitre 92 de Salvaing, que Hector, seigneur indépendant de Sassenage, donna par une charte de 1080, à l'évêque de Grenoble, les églises de cette terre, avec le tiers des *dixmes*, & qu'il se réserva les deux autres tiers que ses enfans donnèrent, quelques années après, à la même église. L'article 11 des *Loix de Canut*, recueillies par Lambard & Wilkins, règle aussi au tiers des *dixmes* seigneuriales, l'aumône ou la donation que le thane pourra faire à l'église paroissiale qu'il aura dans sa terre.

Enfin on tint, en 1179, le troisième concile de Latran, que l'on propose communément pour règle en cette matière. L'un des canons de ce concile défend l'aliénation des *dixmes* de laïques à laïques, sous peine de privation de la sépulture ecclésiastique : « *prohibemus*, y est-il dit, *etiàm ne* » *laïci decimas cum animarum suarum periculo deti-* » *nentes in alios laïcos possint aliquo modo transferre :* » *si quis verò receperit & ecclesiæ non reddiderit,* » *christianâ sepulturâ privetur* ».

Ce canon a été transcrit de cette manière dans tous les recueils & dans les décrétales. Mais Krantzius, & Pithou, dans ses *petites Notes sur les décrétales*, remarquent qu'après ces mots *prohibemus ne decimas*, il y a dans le texte du concile, suivant un ancien manuscrit, ceux-ci *non infeudatas*. L'exactitude de ce texte paroît d'autant mieux fondée, que divers réglemens postérieurs des souverains pontifes & des conciles même, supposent que celui de Latran autorisoit les inféodations des *dixmes* pour le passé, en les prohibant seulement pour l'avenir. On en voit la preuve dans plusieurs décisions du pape Innocent III, qui siégeoit à la fin du douzième siècle.

Pour échapper aux peines prononcées par le concile de Latran, contre les décimateurs laïques, plusieurs seigneurs avoient imaginé d'en faire une restitution feinte à des moines qui les leur inféodoient. Innocent III déclara par le chapitre 7 *extrà de his quæ fiunt à prælato sine consensu capituli*, que, suivant le concile de Latran, il étoit défendu aux religieux de recevoir les *dixmes* des mains des laïques, à moins que ce ne fût les *dixmes* inféodées qu'ils pouvoient recevoir du consentement de l'évêque. Alexandre III décida plus clairement encore par sa décrétale *statuto*, qui se trouve dans le sexte, au titre *de decimis & oblationibus*, que les laïques pouvoient transférer aux moines, & reprendre d'eux, à titre de fiefs, sans le consentement de l'évêque diocésain, les *dixmes* inféodées avant le concile de Latran.

On voit aussi dans les épîtres d'Innocent III, que le chapitre de Soissons lui ayant demandé la permission de racheter les *dixmes* que les laïques tenoient en fief dans l'étendue des paroisses de ce chapitre, il ne la lui accorda qu'à la charge de faire aux églises le service que les laïques leur devoient à raison de ces *dixmes*.

Enfin le même pape écrivit à l'évêque de Verceil, que, sous prétexte de l'ancienneté d'une dixmerie qui auroit été concédée en fief, on ne devoit pas usurper les novales, parce que la permission devoit être plutôt restreinte qu'étendue dans ces sortes de choses. *Nec occasione decimationis antiquæ licet in feudum sint concessæ, sunt decimæ novalium usurpandæ, cùm in talibus non sit extendenda licentia, sed potiùs restringenda. Cap. 25 extrà de decimis.*

Toutes ces décisions supposoient bien que les laïques pouvoient retenir les *dixmes inféodées* avant le concile de Latran, quoiqu'on les exhortât à les restituer à l'église.

Il y avoit un grand obstacle à cette restitution. L'inféodation des *dixmes* les rendoit sujettes à la mouvance médiate ou immédiate de différens seigneurs, en remontant de l'un à l'autre jusqu'au roi. On ne pouvoit pas les aliéner avec décharge de service, sans abréger le fief de ces différens seigneurs; & pour faire valablement cet abrégement de fief, il falloit payer une indemnité ou un amortissement à chacun d'eux, & au roi même, comme *souverain fieffeux* de son royaume.

S. Louis avoit ordonné par ses lettres du mois d'avril 1228, qui ne concernent que le Languedoc, de restituer les *dixmes dont l'église avoit été long-temps privée par la malice des habitans*, avec défenses aux laïques de les retenir à l'avenir, & d'empêcher les églises d'en jouir.

Mais ce sage prince se contenta, par son ordonnance générale du mois de mars 1269, de permettre aux laïques qui possédoient des *dixmes* dans les terres du roi, & dans les fiefs qui relèvent de lui immédiatement ou médiatement, de les céder aux églises à quelque titre que ce soit, sans qu'il fût besoin d'obtenir le consentement du roi.

Cette ordonnance n'amortissoit les *dixmes* que relativement au roi; elle n'ôtoit pas la nécessité du consentement des seigneurs lorsqu'elles étoient dans leur mouvance, quoique Laurière ait cru le contraire, puisqu'elle ne dispense les ecclésiastiques que d'obtenir le consentement du roi. Laurière lui-même convient qu'elle n'avoit pas lieu dans les terres des barons qui pouvoient amortir. C'est ainsi que Philippe-le-Bel paroît avoir entendu cette ordonnance, dans les lettres confirmatives qu'il accorda au chapitre de Bayeux en 1294. *Voyez les Ordonnances du Louvre.*

Chassaneuz, au §. 6 de son *Commentaire sur la coutume de Bourgogne*, n°. 35; & Louet d'après lui, disent que Philippe-le-Bel obtint en privilège du pape, que nonobstant le concile de Latran, il fût permis aux seigneurs du royaume qui les tenoient en fief, d'en jouir & d'en disposer comme auparavant; & que ce privilège, qui est à la chambre des comptes, est ce qu'on appelle la *Philippine*. Mais l'ordonnance connue sous le nom de *Phi-*

lippine, a été donnée, en 1274, par Philippe III, dit *le Hardi*, & non pas par Philippe-le-Bel. Elle parle des *dixmes* dans les articles 3 & 9.

L'article 3 porte que ce prince ne désapprouve pas le paiement des *dixmes*, pourvu qu'on ne porte point d'atteinte à la possession immémoriale, par laquelle on peut en acquérir l'exemption. *Nec displicet nobis quod decimæ præstentur quæ lege divinâ præstantur seu debentur, vel per loci consuetudinem approbatam, cum usus longissimus, per quem non præstantibus acquiri potest jus in talibus observetur.* L'article 9 veut que le juge laïque connoisse des contestations qui pourroient s'élever entre les laïques, pour le prix d'une *dixme* originairement vendue par un clerc, *si laïcus laïco vendiderit decimas quamvis emptas à clerico.*

Quelques manuscrits portent *si laïcus clerico*, au lieu de *si laïcus laïco*. Quoi qu'il en soit, on peut conclure du premier de ces deux articles, que les *dixmes* ecclésiastiques ne pouvoient point être exigées dans les lieux où l'on n'étoit dans l'usage de payer que les *dixmes* laïques; & du second, que le canon du concile de Latran, qui défendoit l'aliénation des *dixmes* ecclésiastiques pour l'avenir, n'étoit point observé en France.

On trouve à-peu-près les mêmes décisions dans une ordonnance donnée par Philippe-le-Bel, le 3 mai 1302. L'article 7 de cette ordonnance n'attribue aux officiers la connoissance des procès concernant les *dixmes*, qu'autant qu'elles ne sont pas seigneuriales, *super decimis non feudalibus.* L'article suivant suppose aussi qu'on pouvoit encore alors donner aux laïques les *dixmes* ecclésiastiques à titre de rente, puisqu'il décide qu'on ne pourra pas poursuivre les ecclésiastiques pour l'inexécution de ces sortes de contrats devant les juges laïques. « *Quod si de ipsis decimis personas ecclesiasticas arrendationes facere contingat, seu ad firmas tradere laïcis, propter hoc ad instantiam ipsorum laïcorum, ipsas personas ecclesiasticas, licet firmas non servantes au respondendum coram vobis non compellatis; cùm hoc nostram jurisdictionem non contingat* ».

Mathieu Chartier, cité par Chopin, assure que tous les titres concernant les *dixmes inféodées*, furent brûlés dans un incendie de la chambre des comptes, où ils furent apportés sous le règne de ce même prince. Beaucoup d'auteurs enseignent que c'est depuis ce temps-là, & par cette raison, qu'il n'est point nécessaire de rapporter un titre d'inféodation antérieur au concile de Latran. Mais en admettant la nécessité de cette inféodation, il est clair que le laps de temps suffiroit pour dispenser de rapporter des titres aussi anciens; & les jurisconsultes des autres royaumes, où cette raison ne peut pas être alléguée, décident aussi qu'on ne peut pas exiger des titres de cette espèce.

SECTION II.

Droit actuel sur les dixmes inféodées.

Il n'est plus douteux aujourd'hui que les *dixmes*

inféodées font patrimoniales en France, qu'elles fe tranfmettent par fucceffion & par aliénation, comme tous les autres domaines. Les coutumes de Nivernois, *tit.* 12, *art.* 5 ; & de Berry, *tit.* 10, *art.* 16, le décident expreffément. Beaucoup d'autres fuppofent la même chofe, foit en comprenant les *dixmes* laïques dans les affiettes de rente, foit en y admettant le droit de fuite. *Voyez les Coutumes de Poitou*, *art.* 191 ; *de la Marche*, *art.* 330, &c.

La patrimonialité des *dixmes* a également été adoptée en Angleterre, en Allemagne, en Italie, dans les Pays-bas, & en Efpagne même. Un édit donné par don Juan I, en 1390, après avoir défendu d'occuper les biens eccléfiaftiques, en excepte les places des églifes (*ante yglefias*) qui appartiennent au roi, ou aux feigneurs particuliers, & les *dixmes* & tiers de *dixmes* que fes prédéceffeurs & lui lèvent d'ancienneté, ainfi que celles que d'autres particuliers poffèdent à jufte titre. *Recopilacion del rey don Philippes II*, *lib. I*, *tit.* 5, *ley j*.

Cette patrimonialité des *dixmes* feigneuriales a été caufe que dans le temps où les officiaux connoiffoient des *dixmes* eccléfiaftiques, & qu'on n'avoit point encore inventé la diftinction du poffeffoire & du pétitoire, pour en attribuer la compétence aux juges royaux, il fuffifoit d'alléguer devant l'official, que c'étoit une *dixme inféodée*, pour en obtenir le renvoi devant le juge féculier, fans être obligé d'en faire la preuve. Loifel dit que ce fut M. Léonard Goulas, fameux avocat ; qui introduifit le premier cette maxime au parlement.

Le même auteur enfeigne que « terres & chofes » décimales tenues en fief, ne font non plus affran- » chies de *dixmes* fpirituelles, (il veut dire *ecclé-* » *fiaftiques*) que font les autres domaines ». *Liv. II*, *tit.* 2, *règle* 41.

Il eft certain au contraire que les *dixmes inféodées* ne doivent point la *dixme* eccléfiaftique ; & que les terres même qui font fujettes à la première de ces *dixmes*, font exemptes de la feconde, à moins qu'il n'y ait une poffeffion fuffifante pour opérer la prefcription. On peut invoquer à cet égard l'ordonnance de 1274 ; & les difpofitions de plufieurs de nos coutumes ; celle de Berry porte : « que *dixmes*, tant patrimoniales qu'eccléfiaftiques, » doivent feulement être payées des chofes def- » quelles elles ont accoutumé être prinfes & perçues, » & en la manière qu'elles ont accoutumé être prinfes » & levées, & non autrement, *tit.* 10, *art.* 17 ».

Il y a néanmoins plufieurs pays où les deux *dixmes* font dues communément. *Voyez Coquille fur le chap.* 12 *de la coutume de Nivernois*, & le *premier plaidoyer de* Frain.

Comme les *dixmes* feigneuriales font cenfées antérieures au concile de Latran de 1179, on tient communément que les exemptions accordées à certains monaftères, n'ont pas pu préjudicier aux *dixmes inféodées* lorfque ces exemptions font poftérieures au concile ; s'il n'y a titre valable

au contraire. On décide la même chofe pour les terres acquifes poftérieurement à ce concile, par les ordres & les monaftères qui avoient une exemption antérieure, parce que ces terres ayant été une fois affujetties à la *dixme inféodée*, le décimateur laïque n'a pu être dépouillé fans fon fait du droit qu'il y avoit. On fuit la même règle pour décider fi le domaine des cures eft exempt ou non de la *dixme inféodée*. *Recueil canoniq. de* Du Rouffeaud de la Combe, *fect.* 15 ; *queft.* 7 & 8.

La poffeffion doit néanmoins être d'un grand poids dans ces fortes de matières, du moins à l'égard des cures dont le droit eft très-favorable.

Plufieurs arrêts rapportés dans divers recueils, ont jugé que les feigneurs pouvoient percevoir comme inféodées, toutes les efpèces de *dixmes*, même les menues & vertes *dixmes*. Ils peuvent auffi percevoir les novales, malgré la prohibition d'Innocent III, lorfque leurs titres les leur attribuent. *Principes de dixmes par* Dejoui, *chap.* 2 ; *n°.* 19 & *fuiv.*

Il n'eft pas même befoin de titres pour que les laïques jouiffent de toutes les fortes de *dixmes*, lorfqu'ils font chargés de la portion congrue. Mais les décimateurs laïques ne font fujets à cette charge & à toutes les autres qui font une fuite de la poffeffion des groffes *dixmes*, que fubfidiairement, & feulement lorfqu'il ne fe trouve pas de décimateurs eccléfiaftiques dans la paroiffe. *Voyez* PORTION CONGRUE, RÉPARATIONS DES BÉNÉFICES, &c.

Les *dixmes inféodées* jouiffent d'ailleurs des privilèges des *dixmes* eccléfiaftiques en ce qui concerne la manière des percevoir, & leur imprefcriptibilité de la part des redevables. Mais il refte deux queftions très-importantes & très-controverfées à examiner fur la propriété de ce droit.

QUESTION I. *Quelles font les preuves requifes pour être maintenu dans la poffeffion des dixmes laïques?* Cette queftion a fufcité une multitude de procès aux feigneurs. Les eccléfiaftiques ont prétendu que les *dixmes* ne pouvant appartenir aux laïques, qu'autant qu'elles étoient inféodées, il falloit non-feulement avoir une poffeffion immémoriale, mais auffi prouver par le rapport d'aveux & dénombremens, ou d'autres titres de fief, que cette poffeffion étoit qualifiée comme de *dixmes inféodées*. Les laïques ont foutenu au contraire qu'il leur fuffifoit de prouver, par quelque acte que ce fût, une poffeffion immémoriale.

Les arrêts que l'on cite de part & d'autre, ont rendu la queftion de plus en plus problématique. Il eft vrai que Louis XIV rendit au mois de juillet 1708, un édit qui annonce le deffein de terminer toutes les conteftations. Une quantité d'auteurs l'ont invoqué en faveur des feigneurs, & quelques-uns en ont argumenté en faveur de l'églife. Mais il faut avouer qu'il ne peut guère fervir à la décifion de cette difficulté, parce que c'eft un édit burfal, qui avoit pour objet principal de procurer des fecours aux befoins de l'état, &

qui ne fut pas même exécuté dans ses difpofitions burfales.

On ne doit même argumenter qu'avec beaucoup de circonspection, des principes qui y font expofés dans le préambule. Il fuffit de l'examiner pour fe convaincre, que les motifs pour lesquels l'édit avoit été rendu, y ont eu beaucoup d'influence. « Les conteftations fréquentes, y eft-il dit, que » caufent dans notre royaume les différentes opi- » nions fur l'origine & la nature des *dixmes infé-* » *dées* poffédées par les laïques, les uns foutenant » que ce font biens véritablement profanes & pa- » trimoniaux ; les autres au contraire, que ces » *dixmes* font anciennement ufurpées fur l'églife, » au profit de laquelle la reftitution en a été or- » donnée par plufieurs conciles & ordonnances ; » & les inquiétations continuelles que les ecclé- » fiaftiques prennent de-là occafion de faire aux » laïques poffeffeurs de *dixmes*, nous ont engagé » de rechercher une voie qui pût mettre fin pour » toujours au grand nombre de procès, dont la » plupart de nos tribunaux font remplis depuis » long-temps fur cette matière, & fans décider » les points de droit qui font diverfement agités » entre les docteurs, confidérant que la poffeffion » des *dixmes inféodées* en main laïque eft d'une » origine très-ancienne, autorifée par les coutumes » du royaume & par les arrêts de nos cours, nous » avons jugé à propos d'affurer à perpétuité les » laïques anciens poffeffeurs de *dixmes inféodées*, » contre les différens troubles auxquels ils font » expofés dans la jouiffance defdits biens.

» Mais d'autant qu'en confirmant nos fujets laïques » dans cette poffeffion, nous demeurons privés » du droit de nouvel acquêt, que les eccléfiaf- » tiques feroient tenus de nous payer, s'ils réu- » niffoient lefdites *dixmes* à leurs églifes ou béné- » fices, comme ils prétendent être en droit de » le faire, & que ces *dixmes* ainfi réunies, aug- » menteroient en outre les fecours que le clergé » de notre royaume nous accorde libéralement » de temps en temps, & pour les befoins de notre » état, même qu'en nous payant par les laïques » dans la conjoncture préfente, le droit qui fera » modérément réglé pour nous dédommager de » cette perte, en confidération de la confirmation » que nous leur accordons, ils trouveront encore » un avantage confidérable dans le repos & la » fûreté qu'ils acquerront à perpétuité pour leurs » familles dans la poffeffion defdites *dixmes* : à ces » caufes, &c. ».

On ne doute plus depuis bien des fiècles, malgré ce qui eft dit dans ce préambule, que les laïques ne doivent être maintenus dans les *dixmes inféodées*, lorfque leur poffeffion eft fondée fur des preuves fuffifantes. Il n'y a de difficultés que fur la nature de ces preuves. Lorfqu'elles ne font pas fuffifantes, le droit de *dixme* eft réputé eccléfiaftique, & l'on n'exige de l'églife, par cette raifon, ni droit d'amortiffement, ni droit de nouvel acquêt.

Quoi qu'il en foit, l'article 1 de l'édit de 1708 porte : « que tous les propriétaires & poffeffeurs » des *dixmes inféodées* & patrimoniales qui en ont » joui paifiblement par eux & leurs auteurs pen- » dant cent ans, à quelque titre que ce foit, » foient & demeurent maintenus & confirmés, » comme dès-à-préfent nous les maintenons & » confirmons à perpétuité eux, leurs veuves, en- » fans, héritiers ou ayans-caufes, dans la pro- » priété, poffeffion & jouiffance incommutable » defdites *dixmes*, fans que, pour raifon d'icelles, » ils puiffent à l'avenir être troublés ni inquiétés » par les eccléfiaftiques & bénéficiers, fous quelque » caufe & prétexte que ce foit, dans ladite pro- » priété, poffeffion & jouiffance, en nous payant » par chacun defdits propriétaires & poffeffeurs » defdites *dixmes*, fous les quittances du garde » de notre tréfor royal, deux années de leur re- » venu actuel, fur le pied du dernier bail, &c: ».

L'article 2 veut « qu'au moyen du paiement de » ladite finance de confirmation & des deux fols » pour livre, ceux defdits propriétaires & pof- » feffeurs qui feroient actuellement inquiétés par » des eccléfiaftiques ou bénéficiers pour la poffef- » fion & jouiffance defdites *dixmes*, y demeurent » irrévocablement maintenus, comme dès-à-pré- » fent nous les y maintenons par le préfent édit, » en juftifiant néanmoins par eux & leurs auteurs » une jouiffance paifible de cent années, *quand* » *même ils n'auroient d'autres titres que les preuves* » *de leur poffeffion* ».

L'article 3 « maintient dans leur poffeffion, fans » aucun paiement de finance, *les bénéficiers ou* » *communautés eccléfiaftiques qui jouiffent des dixmes* » *inféodées dépendantes de leurs bénéfices ou églifes* ».

Le droit de confirmation auquel cet édit affujettiffoit les feigneurs laïques, n'a point été payé. On ne pourroit donc fe prévaloir de cette loi que pour les feigneurs eccléfiaftiques tout au plus ; & quant aux *dixmes* profanes qui font dans la main des laïques, il faut chercher ailleurs quelles font les preuves néceffaires pour légitimer leur poffeffion.

Il réfulte des recherches que l'on a faites dans la première fection, 1°. que la *dixme* feigneuriale eft bien antérieure à la *dixme* eccléfiaftique, & que les eccléfiaftiques payoient eux-mêmes la *dixme* au domaine du roi ou des feigneurs, long-temps avant d'avoir le droit d'en percevoir ; 2°. que la première loi civile favorable aux eccléfiaftiques, relativement aux *dixmes*, a été l'exemption de cette *dixme* laïque ; 3°. que les *dixmes* eccléfiaftiques n'ont pu être ufurpées par Charles-Martel, puifqu'elles n'exiftoient pas alors, & qu'on ne s'eft plaint de cette prétendue ufurpation que plus d'un fiècle après, afin de rendre odieufe la *dixme* laïque, qui diminuoit ou qui empêchoit même la perception de la *dixme* eccléfiaftique ; 4°. que les capitulaires de Charlemagne & de fes fucceffeurs n'ont point aboli la *dixme* laïque, en faifant une loi du paiement des *dixmes* eccléfiaftiques ; 5°. que plufieurs de ces *dixmes* eccléfiaftiques ont été concédées volontairement, par l'églife, aux feigneurs ; & que fi plufieurs autres ont été ufurpées, les eccléfiaftiques ont été dédommagés, foit par les reftitutions qui leur en ont été faites, foit par la donation de beaucoup d'autres domaines ; 6°. qu'il eft impoffible de diftinguer aujourd'hui les *dixmes* & les autres domaines qui ont pu être ufurpés fur l'églife, de ceux qui ont une origine légitime ; 7°. qu'aucune loi civile n'a déclaré les laïques incapables de poffeder les *dixmes* en général, ou même les *dixmes* originairement eccléfiaftiques en particulier, foit avant, foit depuis le concile de Latran ; 8°. que ce concile autorife les *dixmes* des feigneurs du moins pour le paffé ; 9°. enfin que plufieurs ordonnances de Philippe-le-Hardi & de Philippe-le-Bel ont autorifé les *dixmes* laïques depuis ce concile même, fans diftinguer fi elles font inféodées ou non, & fi elles font antérieures ou poftérieures à ce concile.

Que l'on ne dife point que les capitulaires de Charlemagne ayant prefcrit indéfiniment le paiement de la *dixme* eccléfiaftique, celui de la *dixme* inféodée ne doit pas l'empêcher, fi l'on ne veut pas reconnoître que cette efpèce de *dixme* provient des *dixmes* eccléfiaftiques. Cette objection qui, dans toutes les fuppofitions, ne porteroit aucune atteinte aux *dixmes* feigneuriales, eft facile à détruire : non-feulement la difpofition de ces capitulaires eft abolie par un ufage contraire depuis plufieurs fiècles, & l'on ne pourroit pas les invoquer à cet égard que pour la diftribution qu'ils faifoient de la *dixme* eccléfiaftique en trois parts ; mais, indépendamment des ordonnances de Philippe-le-Hardi & de Philippe-le-Bel, cet ufage eft fondé en raifon ; plufieurs *dixmes* laïques proviennent effectivement des *dixmes* eccléfiaftiques qui ont été concédées aux feigneurs par l'églife même, avant qu'aucune loi l'eût défendu, & il feroit impoffible de diftinguer aujourd'hui celles qui font originairement eccléfiaftiques, ou feigneuriales de toute ancienneté.

Il feroit très-dur, & fouvent injufte, d'exiger des aveux & dénombremens pour légitimer la poffeffion des *dixmes* feigneuriales. Indépendamment des *dixmes* qui font laïques de toute ancienneté, plufieurs des *dixmes* eccléfiaftiques ont été concédées en aleu. On en a vu des exemples dans la première fection, & tous nos livres en fourniffent de femblables. Quelques-unes ont même été concédées à titre de cens par l'églife, ou par les feigneurs. M. Cottereau en rapporte un exemple au n°. 5671 de fon *Droit commun*. On peut avoir prefcrit l'affranchiffement de la directe de plufieurs autres dans les pays de franc-aleu.

On fait d'ailleurs que dans une quantité de provinces, & particuliérement dans les pays où les fiefs ne rapportent point de profit aux mutations, les aveux & les actes d'hommage font fi négligés, que plufieurs feigneuries n'en ont ni rendu ni reçu

depuis plufieurs fiècles. Enfin, dans les pays même où les fiefs rapportent le plus, & où le franc-aleu eft le plus univerfellement rejetté, les aveux font fouvent rendus fans aucun détail, & même fans expreffion des différens droits qui compofent une feigneurie.

L'article 142 de la coutume de Poitou autorife expreffément ces aveux généraux pour les fiefs d'hommage plein, qui font la moitié de ceux de la province. Dans cette même coutume, on a cru pendant long-temps que les *dixmes* feigneuriales ne devoient point être comprifes dans les dénombremens. Theveneau enfeigne qu'il l'a vu juger ainfi par le lieutenant général Doyneau, que Dumoulin n'a pas dédaigné de louer, & que c'étoit l'opinion du barreau de Poitiers. Dumoulin, dans fes *Apoftilles*, & Conftant dans fon *Commentaire fur l'art.* 105, ont prouvé combien cette opinion étoit déraifonnable. Mais il n'en eft pas moins vrai qu'elle a dû empêcher d'énoncer, dans les aveux, plufieurs des *dixmes* laïques d'une province où il y en a beaucoup.

Combien d'autres raifons ne pourroit-on pas ajouter à celles-ci ? Quoique nos coutumes aient été rédigées dans des fiècles où il régnoit bien des préjugés fur cette matière, plufieurs d'entre elles décident du moins qu'il n'eft pas befoin d'aveux, ou de titres de fief, pour faire préfumer l'inféodation. « Gens lays, ne d'églife, dit la coutume » de Nivernois, en leurs patrimoines & feigneuries » propres, ne peuvent poffeder fans titre canonique » d'inféodation, ni prefcrire droit de *dixmes*. Mais » s'ils ont poffédé ledit droit par temps immémorial, » ladite inféodation eft préfumée, & en montrant » d'icelle poffeffion immémoriale, & alléguant » icelle inféodation, ils obtiennent poffefforiement » & pétitoirement ledit droit, tout ainfi que s'ils » montroient ladite inféodation ».

Coquille obferve néanmoins que cet article *a été accordé felon l'opinion des canoniftes en partie.* On retrouve en effet la même règle dans plufieurs de ces auteurs. *Voyez en particulier le cardinal Zaballera, in cap. cum apoftolica ; Panorme & tous les docteurs ad cap. 7 extrà de his quæ fiunt à prælato.*

Les jurifconfultes françois les plus eftimés, ont enfeigné la même chofe long-temps avant l'édit de 1708. *Voyez* Grimaudet, *des Dixmes, liv. 2, chap. 6 ;* Fevret, *de l'Abus, liv. 6, chap. 2 ;* le Preftre, *centur. 1, chap. 13 ;* Louet, *lettre D, fommaire 9 ;* Simon, *du Patronage, tit. 14 ;* la Thaumaffière, *fur Berry, tit. 10, art. 17 ;* Catellan, *liv. 1, chap. 38 ;* Bafnage, *fur Normandie, art. 3.*

Louet qui avoit été agent du clergé avant d'être confeiller au parlement, cite un arrêt conforme du 20 novembre 1568. Catellan en rapporte un du 14 avril 1679. On trouve beaucoup d'arrêts femblables depuis l'édit de 1708. Du Rouffeaud de la Combe en cite deux, du 11 mars 1711 ; & du 26 juillet 1726. Le Merre, qui étoit l'avocat du clergé, en cite un autre du 12 juillet 1723, au tome 2 de son *Traité des dixmes.*, p. 465 ; & il observe que les aveux ne sont pas nécessaires pour établir le droit des seigneurs. Denisart en cite plusieurs autres des années 1726, 1733 & 1743. Enfin M. Houard rapporte un dernier arrêt du 21 mars 1778, qui a confirmé le droit d'une portion de *dixmes* dont la possession étoit autorisée par des aveux à la vérité, mais qui paroissoit inféodée depuis le troisième concile de Latran. *Dictionnaire du droit Normand, tom. I, p. 503.*

Dejouï, qui soutient l'opinion contraire dans le chapitre 2 de son traité, cite néanmoins quatre arrêts rendus contre des seigneurs qui ne rapportoient pas d'aveux. Ces arrêts sont des années 1658, 1698, 1711 & 1745. Mais il se peut faire, comme l'observe du Rousseaud de la Combe, qu'il y eût des preuves ou des présomptions très-fortes d'usurpation dans les espèces de ces arrêts ; hors ce cas, la possession des seigneurs mérite la plus grande faveur, lorsqu'elle est immémoriale, quand bien même la rigueur des principes ne seroit pas pour eux. « Il est expédient en la police, dit à cette » occasion un auteur très-éclairé, de ne remuer » l'état arrêté & affermi de longue & ancienne » observance, & n'altérer aucune chose de son » ancienne forme ; & combien que, par une » exacte raison, l'on pourroit quelquefois faire » quelque chose qui apparoîtroit meilleure, toute- » fois ce qui est accoutumé est continué & entre- » tenu avec moindre mal que changer ». Grimaudet, *des Dixmes, liv. 2, chap. 6, n°. 39.*

Question II. *Si les dixmes inféodées qui sont acquises par l'église restent inféodées, ou redeviennent ecclésiastiques ?* Cette question, qui n'a pas moins été controversée que la précédente, est très-importante, parce que les *dixmes inféodées* sont sujettes à toutes les charges du fief, & qu'elles ne doivent contribuer à la portion congrue que subsidiairement.

Il paroît d'abord incontestable que les *dixmes inféodées*, mouvantes immédiatement du roi, redeviennent ecclésiastiques, puisque l'ordonnance de 1269 les exempte de l'amortissement. L'article 74 des *Libertés de l'Eglise gallicane* porte en conséquence que l'église peut acquérir ces sortes de fiefs, « sans » permission du prince, & qu'étant retournés en » main ecclésiastique, ils ne sont sujets à retrait » de personne laye, sous prétexte de lignage, » feudalité, ni autrement, & dès-lors en appar- » tient la connoissance au juge ecclésiastique pour » le regard du pétitoire ».

Cependant Dupuis rapporte dans son commentaire sur cet article, deux lettres d'amortissement ; l'une de 1412, en faveur du chapitre de Bayeux, & l'autre de l'année suivante pour le chapitre de Sainte-Radegonde de Poitiers. Il paroît néanmoins que ces lettres avoient été prises subsidiairement, & l'on ne voit point que l'amortissement ait été accordé moyennant finance. Les premières de ces

lettres portent à la vérité, qu'en cas d'aliénation par le chapitre de Bayeux à des personnes laïques, la mouvance du seigneur qui avoit consenti à la concession faite à l'église, reviroit, & que *si elle est vendue à gens d'église, ils ne la pourront tenir sans faire amortir du roi.* Mais le rétablissement de la mouvance étoit une condition que le seigneur avoit imposée à son consentement ; & le privilège accordé par S. Louis, n'étant qu'une faveur faite à l'église pour le retour des *dixmes inféodées*, ne peut être étendu au cas de l'aliénation de ces sortes de *dixmes* par une église à l'autre église, puisque aucune ordonnance n'a exempté les acquisitions même des *dixmes* ecclésiastiques de l'amortissement.

La Combe prétend même que l'article 3 de l'édit de 1708 confirme l'exemption de l'amortissement, prononcée par l'ordonnance de 1266 ; mais la finance dont les ecclésiastiques sont dispensés par cet article, n'a aucun rapport au droit d'amortissement. Cependant il faut avouer que le préambule de l'édit de 1708 suppose l'exemption de ce droit, (quoique Dejouï enseigne tout le contraire) puisqu'il n'y est rien dit de l'amortissement, lorsqu'on y déclare qu'au moyen de la confirmation prononcée en faveur des laïques, « le roi demeurera privé » du droit *de nouvel acquêt* que les ecclésiastiques » seroient tenus de lui payer s'ils réunissoient les » *dixmes* à leur église ou bénéfice, comme ils » prétendent être en droit de le faire ».

On sait que l'exemption du droit d'amortissement n'emporte point celle du droit de nouveaux acquêts.

Plusieurs anciens arrêts, rapportés par du Luc & Bouchel, ont même jugé que les *dixmes inféodées* retournées à l'église, étoient exemptes du retrait lignager. Tel est aussi l'avis de Loisel, Coquille, la Peyrère, Bourjon, de la Combe, Dejouï, du Perray, Pocquet de Livonnière, Guyot, &c. Quelques-uns de ces auteurs citent un dernier arrêt du 4 août 1695, qui rejetta le retrait féodal dans ce cas. Mais Vaslin observe fort bien que dans l'espèce de cet arrêt, le seigneur étoit non-recevable à demander le retrait, par deux raisons ; la première, qu'il avoit déjà perçu les lods & ventes du contrat ; & la seconde, qu'il avoit déclaré ne point vouloir faire de réunion, quoique la coutume d'Anjou, qui régissoit cette *dixme*, n'admette le retrait féodal que pour opérer la réunion. *Coutume de la Rochelle, art. 29, §. 2, n°. 30.*

Le plus grand nombre des auteurs, qu'on vient de citer, enseignent néanmoins que les *dixmes* qui sont dans la mouvance des seigneurs particuliers, ne perdent pas leur qualité de *dixme inféodée* pour être acquises par l'église. C'est la doctrine de Dumoulin, sur le §. 68, n°. 21, où il ajoute même que la *dixme* ne redevient ecclésiastique qu'autant qu'elle est donnée à l'église séparément, & non pas lorsqu'elle lui est transportée avec le surplus d'une seigneurie. Il dit avoir appris cette distinction du président

Lizet, & elle paroît être dans l'esprit de l'ordonnance de S. Louis.

Plusieurs auteurs ont néanmoins proposé une autre distinction. Ils pensent que le retour est parfait si la *dixme* est revenue à l'église du territoire où elle est située, & qu'elle reste inféodée si elle est acquise par une autre église. M. le Bret a fait cette distinction dans ses *Décisions*, liv. 4, tit. 2. M. Talon l'a aussi proposée dans une cause qui est rapportée au liv. I du *Journal des audiences*.

M. de Catelan cite, au *livre I*, chap. 38, des arrêts du parlement de Toulouse, qui l'ont ainsi jugé, & l'on en trouve un autre du parlement de Paris, dans Henrys, tom. I, liv. 1, quest. 7 ; mais Dumoulin avoit rejetté d'avance cette distinction. *Hoc procedit*, dit-il, *sive hujusmodi decima detur vel remittatur ipsi ecclesiæ parochiali ad quam de jure communi spectat, sive alii ecclesiæ, vel collegio ecclesiastico dummodo sine onere & qualitate feudi*. Aucune loi ne décide en effet, dans ce cas, que les seigneurs & les lignagers seront privés de leurs droits, & l'aliénation des *dixmes* suit les mêmes règles que celle des autres immeubles. Elle doit être sujette aux mêmes charges. « Les *dixmes* & dixmeries étant » au patrimoine laïcal, sont aliénables, *tout ainsi que* « *toutes autres choses patrimoniales* ». *Coutume de Berry*, tit. 10, art. 16. (M. GARRAN DE COULON.)

DIXMES *insolites*, sont celles qui sont extraordinaires, soit par rapport à la nature des fruits sur lesquels elles se perçoivent, soit par rapport à la quotité & à la forme de la perception, & qui de mémoire d'homme n'ont jamais été payées dans la paroisse. Ce qui détermine si une *dixme* est insolite ou non, ce n'est pas la qualité de la *dixme*, mais l'usage du lieu : ainsi la même *dixme* peut être ordinaire dans un lieu & insolite dans un autre. Cependant, par le terme de *dixme insolite*, on entend ordinairement celle qui est exorbitante de l'usage commun, telles que sont, dans la plupart des pays, les *dixmes* des légumes & des fruits tendres & à couteau. L'ordonnance de Philippe-le-Bel de l'an 1303, appellée vulgairement *la Philippine*, défend aux ecclésiastiques de lever aucune *dixme insolite* & non accoutumée, & l'exécution de cette ordonnance appartient au juge royal ; ce que Dumoulin, en ses notes sur le conseil 6 d'Alexandre, liv. 4, dit avoir été toujours gardé inviolablement dans ce royaume. On observe aussi la même chose dans les états voisins. L'empereur Charles-Quint, par édit du premier octobre 1520, donné à Malines, ordonna aux ecclésiastiques se contenteroient des *dixmes* accoutumées, sans en exiger de nouvelles & inusitées ; & que l'interprétation de ces droits de *dixmes insolites* appartiendroit aux consuls & juges ordinaires. Covarruvias, *variar. cap. 17, n°. 3 ;* dit que cela s'observe de même en Espagne ; ce qui est encore confirmé par deux autres auteurs espagnols, Barbosa, *ad l. titiam, ff. solut. matrim.* & par Olivanus, en son traité *de jure fisci*. Par les anciennes loix d'Angleterre, des rois Edgar, Ethelstan, Canut & Edouard, traduites par Guillaume Lambard, il est parlé d'un dixième poulain d'un haras, du douzième veau, du dixième fromage, du dixième cochon, de la douzième toison des brebis ; &, suivant ces loix, ceux qui refusent de payer ces *dixmes insolites* peuvent être assignés devant le prévôt royal : mais il faut noter que la plupart des *dixmes* dont il vient d'être parlé, & qui sont qualifiées d'*insolites*, ne sont pas réputées telles en d'autres pays ; cela dépend de l'usage du pays. (*A*)

DIXMES *judaïques*, sont celles que les Juifs payoient à leurs prêtres suivant la loi de Moïse. (*A*)

DIXMES *laïques*, sont celles qui appartiennent à des laïques à titre d'inféodation : on les appelle plus communément *dixmes inféodées*. *Voyez* DIXMES *inféodées*. (*A*)

DIXMES (*menues*) sont celles qui se perçoivent sur les menus grains, tels que les pois, vesces, lentilles ; & elles sont opposées aux grosses *dixmes* qui se perçoivent sur les gros fruits. *Voyez* DIXME *des gros fruits*.

Le droit de percevoir les menues & vertes *dixmes* se règle par la possession entre les curés & les gros décimateurs. Ces sortes de *dixmes* peuvent être tenues à titre d'inféodation. (*A*)

DIXMES *militaires*, sont la même chose que *dixme inféodée* ; elles sont ainsi appellées dans des anciens titres, à cause qu'elles ont été inféodées à des militaires, en considération des services qu'ils avoient rendus à l'église, ou de la protection qu'elle attendoit d'eux. *Voyez* DIXME *inféodée*. (*A*)

DIXMES *mixtes*, sont celles qui se perçoivent sur des choses qui proviennent en partie des héritages, & en partie de l'industrie de l'homme, comme celles qui se lèvent sur les agneaux, & autres animaux, sur le lait, sur la laine & autres choses semblables. Ces sortes de *dixmes* sont réputées réelles. *Voyez* DIXME *personnelle* & DIXME *réelle*. (*A*)

DIXME *novale*, est celle qui se perçoit sur les terres novales ou héritages défrichés depuis quarante ans, & qui de temps immémorial n'avoient point été cultivés, ou qui n'avoient point porté de fruits sujets à la *dixme*.

Elles appartiennent de droit commun spécialement au curé, à l'exclusion des autres décimateurs. Le principe sur lequel les curés sont fondés, à cet égard, est que toute *dixme* en général leur appartient de droit commun ; ils ne peuvent en être dépouillés que par l'acquisition que les décimateurs en ont faite, ou par la prescription : or, les décimateurs ne peuvent pas avoir acquis anciennement ni prescrit des terres défrichées depuis peu ; c'est pourquoi elles appartiennent de droit aux curés, lorsque ceux-ci en sont en possession, & ne les ont pas laissé prescrire par les décimateurs.

Le droit des curés sur les novales a lieu contre les religieux privilégiés, aussi-bien que contre les autres décimateurs.

Quelques ordres religieux, tels que Cluny, Cîteaux, Prémontré & quelques autres, ont obtenu des papes le privilège de percevoir les novales à proportion de la part qu'ils ont dans les grosses *dixmes*.

Le parlement de Paris adjuge toutes les novales indiſtinctement au curé. Le grand-conſeil adjuge les novales aux religieux privilégiés, à proportion de leur part dans la *dixme*.

Les curés, à portion congrue, jouiſſent auſſi des novales : mais, ſuivant la déclaration du 29 janvier 1686, cela ne s'entend que des terres défrichées depuis que les curés ont fait l'option de la portion congrue ; les novales précédentes ne leur ſont point affectées ; elles tournent au profit des gros décimateurs, ſoit que les curés les leur abandonnent, ſoit qu'ils les retiennent ſur & tant moins de la portion congrue.

On dit communément, en parlant des terres novales ou *dixmes novales*, *novale ſemper novale* ; ce qui s'entend pourvu que le curé ſoit en poſſeſſion de les percevoir comme telles, ou du moins que par des actes juridiques il ait interrompu la poſſeſſion de ceux qui les lui conteſtent. Mais ſi le gros décimateur a poſſédé paiſiblement ces *dixmes* pendant quarante ans, ſous le titre de *novales*, le curé ne peut plus les réclamer : elles ſont cenſées faire partie des groſſes *dixmes*. (*A*)

L'article 14 de l'édit des portions congrues de 1768 a abrogé, pour l'avenir, toute diſtinction entre les *dixmes* anciennes & les *dixmes* novales, dans toute l'étendue du royaume. Selon le nouveau droit introduit par cette loi, les curés, même ceux qui n'avoient pas fait l'option de la portion congrue, n'auront plus rien à réclamer ſur les *dixmes* des terres nouvellement défrichées ou remiſes en valeur, ou converties en fruits décimables. Pour pouvoir le percevoir il faudra être gros décimateur de la paroiſſe ou du canton, *ſoit curé, ſoit autre, ſoit laïque ou eccléſiaſtique*. Les curés qui n'opteront point la portion congrue, ne pourront cependant être troublés dans la jouiſſance des novales, dont ils étoient en poſſeſſion lors de la publication de l'édit.

DIXME *ordinaire*, eſt celle qui n'excède point ce que l'on a coutume de donner au décimateur ſuivant l'uſage du lieu. Elle eſt oppoſée à *dixme inſolite*. *Voyez* DIXME *inſolite*. (*A*)

DIXME *patrimoniale*, eſt la même choſe que *dixme inféodée*. On l'appelle quelquefois *dixme domaniale* ou *patrimoniale*, parce qu'elle eſt *in bonis*, de même que les héritages des particuliers. (*A*)

DIXME *perſonnelle*, eſt celle qui ſe lève ſur les profits que chacun fait par ſon induſtrie, dans l'étendue de la paroiſſe où il reçoit les ſacremens : c'eſt proprement la *dixme* de l'induſtrie. Ces ſortes de *dixmes* ne ſont plus en uſage ; elles ſont oppoſées aux *dixmes réelles* & *mixtes*. *Voyez* DIXME *mixte* & DIXME *réelle*. (*A*)

DIXMES *prédiales*, ſont toutes celles qui ſe perçoivent ſur les fruits de la terre, ſoit groſſes *dixmes* anciennes ou novales, telles que celles du bled

& d'avoine, ſoit menues & vertes *dixmes*, telles que celles des pois, fèves, lentilles, &c. On les appelle auſſi *dixmes réelles* ; elles appartiennent au curé du lieu où ſont ſitués les héritages ; elles ſont oppoſées aux *dixmes perſonnelles* & *mixtes*. *Voyez* DIXME *mixte* & *perſonnelle*. (*A*)

DIXMES *prémices*, qu'on appelle auſſi *prémices* ſimplement, ſont les *dixmes* des animaux, comme des veaux, moutons, chevreaux, cochons, &c. (*A*)

DIXMES *réelles*, eſt la même choſe que *dixme prédiale*, dont il eſt parlé ci-devant. (*A*)

DIXME *royale* : on a ainſi appellé une *dixme* dont M. le maréchal de Vauban donna le projet dans un petit traité, intitulé *la dixme royale*. Cette *dixme*, ſuivant le ſyſtème de l'auteur, devoit être levée en nature de fruits dans tout le royaume au profit du roi, & devoit tenir lieu de toutes les autres impoſitions qui ſe lèvent ſur les ſujets du roi. Ce projet, quoique fort avantageux, n'a pas été adopté. La ſubvention établie en Corſe approche beaucoup de la *dixme* royale de M. de Vauban. *Voyez* CORSE. (*A*)

DIXME *ſacramentaire* ou *ſacramentelle*, eſt celle qui eſt due au curé, en conſidération de ce qu'il adminiſtre les ſacremens aux paroiſſiens : telles ſont les *dixmes de charnage* qui appartiennent toujours au curé, quand même il n'auroit pas les autres *dixmes*. (*A*)

DIXME *ſaladine*, appellée auſſi *décime ſaladine*, étoit une ſubvention extraordinaire que le roi Philippe-Auguſte fit lever en 1188, après en avoir obtenu la permiſſion du pape. (*A*)

DIXMES *de ſuite*, ſont celles que le décimateur perçoit, par droit de ſuite, dans une autre paroiſſe que la ſienne, comme ſur les troupeaux qui appartiennent à un de ſes paroiſſiens, mais qui couchent hors de la paroiſſe, ou ſur des héritages ſitués hors de la paroiſſe, & cultivés par un de ſes paroiſſiens ; ou lorſque des bêtes de labour paſſent l'hiver dans une paroiſſe, & travaillent en été ſur une autre ; ou lorſqu'un habitant d'une paroiſſe exploite des fermes ſituées en différentes paroiſſes.

Dans certains lieux, la *dixme* des terres ſuit le domicile du laboureur qui les a cultivées. Dans d'autres, la *dixme* ſuit le lieu où les bœufs & autres bêtes, qui ont ſervi à labourer la terre, ont couché pendant l'hiver, & s'ils ont couché en diverſes paroiſſes, le droit de ſuite eſt partagé à proportion du temps. Il y a quelques cantons où le droit de ſuite emporte toute la *dixme des terres*, que les bêtes de labour ont cultivées ; dans d'autres lieux, l'effet du droit de ſuite eſt ſeulement que la *dixme* ſe partage également entre les décimateurs des différentes paroiſſes.

Il eſt parlé de ces *dixmes* dans la coutume de Nivernois, *titre* 12, *art.* 1, 2 & 4 ; Valencay, *locale de Blois*, *art.* 3 ; Berri, *titre* 10, *art.* 18 ; Solle, *tit.* 17, *art.* 10 ; la Marche, *art.* 332, où elle s'appelle auſſi *ſuite de rhilhage*. *Voyez* l'ancienne coutume de Mehun, *tit.* 4. *Voyez* Coquille, *tome* II, *queſt.* 77.

Mais

Mais ces *dixmes de fuite* ne font dues que par coutume, & felon que les curés en font en poffeffion. *Voyez les décif. des curés, décif.* 202 ; Boerius, *fur la coutume de Berri* ; Henrys, *tome 1, liv. 1, ch. 3, queft.* 2 ; Bouvot, *tome 11, verbo* Dixme, *queft.* 5 ; Grimaudet, *liv. 3, chap. 5 & 6 ; arrêt du parlement du 20 décembre 1683, rapporté dans le Recueil des privilèges des curés, pag. 141.* (*A*)

DIXME *furnuméraire*, que l'on devroit plutôt appeller *dixmes des furnuméraires*, eft celle qui fe perçoit fur les *dixmes furnuméraires* d'un champ. Suppofons, par exemple, que ce foit dans un pays où la *dixme* fe perçoive à la dixième gerbe, qu'il y ait dans un champ 1009 gerbes, le décimateur prendra dans ce champ cent gerbes pour fa *dixme* de 1000 gerbes ; & comme il en refte encore neuf fur lefquelles il ne peut pas prendre la dixième, le propriétaire du champ eft obligé d'en payer la *dixme*, en accumulant ces gerbes furnuméraires avec celles des autres champs dont il fait la dépouille : de manière que fi, en plufieurs champs, il fe trouve jufqu'à concurrence de dix gerbes furnuméraires, il en eft dû une au décimateur. C'eft ce qui fut jugé par une fentence de la chambre du confeil de Bar-le-Duc, du 2. décembre 1701, confirmée par arrêt du parlement du 13 août 1703, rapportés l'un & l'autre dans le code des curés, parmi les réglemens qui concernent les *dixmes*. (*A*)

DIXME *de verdages*, c'eft ainfi qu'on appelle en Normandie les *vertes dixmes*. *Voyez* Bafnage, *titre de jurifd. art.* 3, & *ci-après* DIXMES *vertes.* (*A*)

DIXMES *vertes*, font celles qui fe perçoivent fur les menus grains qui fe confomment ordinairement pour la plus grande partie en verd, foit pour la nourriture des hommes, ou pour celle des beftiaux, comme les pois, fèves, haricots, vefces, &c. On comprend auffi, fous ce terme, les *dixmes* de chanvre, & en général on confond fouvent les *dixmes vertes* avec les menues *dixmes* en général, qui comprennent les *dixmes vertes*. Quand on parle de ces *dixmes*, on les joint ordinairement enfemble, en ces termes, les *menues & vertes dixmes*, parce qu'elles fe règlent l'une comme l'autre, & fuivent le même fort. *Voyez* MENUES *dixmes*. (*A*)

DIXME à *volonté* ou à *difcrétion*, feroit celle qui dépendroit de la libéralité des perfonnes fujettes à la *dixme*. On ne connoît plus de *dixmes* de cette nature. *Voyez* ce qui a été dit de l'obligation de payer la *dixme* en général, au commencement de cet article, & Boniface, *tome 1, liv. 2, tit. 12, chap.* 1. (*A*)

DIXME *d'ufage*, eft oppofée à *dixme de droit*. *Voyez* DIXME *de droit*. (*A*)

DO

DOCTEUR & DOCTORAT, f. m. (*Droit public.*) on appelle *docteur* celui qui eft promu dans une univerfité, au plus haut degré que l'on prenne dans les facultés qui la compofent, & qui a le droit

d'enfeigner & de pratiquer la fcience & l'art dont cette faculté fait profeffion. Le *doctorat* eft le degré ou la qualité de *docteur*.

Ce titre eft commun à ceux qui prennent le plus haut degré dans les facultés de théologie, de droit & de medecine.

Comme il n'y avoit chez les Romains, ni univerfités, ni facultés de gens de lettres, on ne connoiffoit pas auffi parmi eux de degrés proprement dits, dans le fens que ce terme fe prend parmi nous. On trouve cependant dans Pline & dans Tacite qu'on y donnoit aux philofophes le nom de *docteur, doctores fapientiæ* ; dans la loi 6, *c. de profeff. & med.* On appelloit *docteurs ès-loix, doctores legum*, ceux qui, étant verfés dans la fcience du droit, avoient la permiffion de l'enfeigner publiquement & de répondre aux confultations des parties.

Dans le temps de Juftinien, il y avoit trois écoles publiques de droit, à Rome, à Conftantinople & à Beryte, quoique, pour y être admis, il ne fût pas néceffaire de faire preuve de fa capacité, par une fuite d'examens & de thèfes, comme parmi nous, on n'y étoit néanmoins reçu que fur le fuffrage de l'ordre. *Quifquis docere vult*, dit la loi 7, *c. de profeff. & medic. non repente nec temerè profiliat ad hoc munus, fed judicio ordinis probatus, decretum curialium mereatur, optimorum confpirante confenfu.*

Il paroît qu'en France, on donnoit dans le neuvième fiècle le titre de *docteurs ès-loix, doctores legum*, aux perfonnes inftruites de cette fcience. On lit, en effet, dans les *Recherches fur le droit françois, pag. 154*, qu'il fe trouva de ces *docteurs* à Orléans, en 835, pour juger le différend du prieuré de S. Benoît-fur-Loire & de l'abbaye de S. Denis.

Mais ce ne fut que dans le douzième fiècle que l'établiffement du *doctorat*, tel qu'il exifte aujourd'hui, eut lieu, & qu'on fubftitua le titre de *docteur* à celui de maître qui étoit devenu trop commun. Ce dernier n'eft refté qu'à ceux qui prennent le plus haut degré dans la faculté des arts : on le donne auffi dans les communautés religieufes aux *docteurs* en théologie.

On tient communément que ce fut Ernerius, qui porta l'empereur Lothaire, dont il étoit chancelier, à introduire dans les académies la création des *docteurs*, & qui en dreffa la formule. Ce titre fut d'abord établi dans l'univerfité de Boulogne & dans la faculté de droit. C'eft dans ce temps-là qu'on promut folemnellement au *doctorat* Bulgarus, Hugolin, Martin, Pileus & quelques autres, qui commencèrent à interpréter les loix romaines.

De Boulogne cet établiffement paffa dans les autres univerfités, & les facultés de théologie & de médecine l'admirent, à l'imitation de celles de droit. Quelques-uns prétendent que les premiers *docteurs* créés dans l'univerfité de Paris, ont été Pierre Lombard & Gilbert de la Porée : d'autres difent, au contraire, que l'ufage du titre de *docteur* n'a commencé qu'après la publication du livre des fentences de Pierre Lombard, & que ceux qui ont expliqué ce livre dans les écoles, font les premiers qui en ont été appellés *docteurs*.

Quoi qu'il en foit de l'origine de ce titre, on crée aujourd'hui des *docteurs* dans les facultés de théologie, droit & médecine. On trouvera fous le mot UNIVERSITÉ, ce qui concerne les *docteurs-régens*, les *docteurs*-agrégés & les *docteurs* fimples, avec le précis des réglemens qu'on doit obferver pour obtenir valablement ce titre. Nous dirons feulement ici un mot des privilèges accordés aux *docteurs*.

Les *docteurs* en droit ou autre faculté, qui ont obtenu des bénéfices en cour de Rome, *in formâ dignum*, c'eft-à-dire, en forme commiffoire, font fujets à l'examen de l'ordinaire, telle que puiffe être leur capacité. Ce qui eft conforme au concile de Trente, *feff.* 24, *can.* 12; à l'article 75 de l'ordonnance de Moulins; à l'article 12 de celle de Blois; à l'édit de Melun, *art.* 14, & à celui de 1695, *art.* 2, qui n'exceptent perfonne de l'examen. Le motif de cette loi fagement établie, eft fondée fur ce qu'on peut avoir obtenu des degrés par furprife: il ne fuffit pas d'ailleurs qu'un *docteur* foit favant, il faut qu'il foit de bonnes mœurs & de bonne doctrine.

Ceux qui ont obtenu, en cour de Rome, des provifions en forme gracieufe, font de même fujets à l'examen lorfqu'il s'agit d'une cure, vicariat perpétuel ou autre bénéfice, ayant charge d'ames. *Voyez* l'*Edit de 1695, art.* 3.

Dans la collation des bénéfices, affectés aux gradués, lorfque plufieurs gradués concourent, le *docteur* en droit eft préféré au licencié; & en cas de concurrence entre plufieurs *docteurs* de différentes facultés, le *docteur* en théologie eft préféré au *docteur* en droit; le *docteur* en droit canon eft préféré au *docteur* en droit civil; le *docteur* en droit civil au *docteur* en médecine; mais les profeffeurs en théologie des maifons de Sorbonne & de Navarre, les profeffeurs en droit canonique & civil, & même tous régens feptenaires de l'univerfité de Paris, font préférés aux fimples *docteurs* en droit ou autre faculté.

Deux *docteurs* en droit, ayant été reçus avocats le même jour, la préféance fut adjugée au plus ancien, encore qu'il fût infcrit le dernier dans la matricule; & l'on ordonna qu'à l'avenir, en pareil cas, le plus ancien *docteur* feroit infcrit le premier dans la matricule: cela fut ainfi jugé au parlement de Touloufe, le 24 novembre 1671.

Les *docteurs* en droit portent la robe rouge. Cette prérogative leur eft commune avec les licenciés, du moins dans certaines univerfités, comme à Touloufe, où les licenciés en droit font dans l'ufage de porter ainfi la robe rouge, comme font auffi à Paris les licenciés en médecine; mais cette robe des licenciés & fimples *docteurs* en droit, eft en quelque chofe différente pour la forme de celle des profeffeurs. Les *docteurs* agrégés portent ordinairement le chaperon rouge herminé; & lorfqu'ils pré-

fident aux thèfes, ils portent la même robe que les profeffeurs.

Un *docteur* en droit, mineur, eft reftituable pour caufe de minorité, lorfqu'il fe trouve léfé, de même que tout autre mineur; parce que la foibleffe de l'âge ne peut être fuppléée par la fcience du droit.

Sur les privilèges des *docteurs* en général, on peut voir les traités faits par Pierre Lefnendier, par Æmilius Ferretus & Everard Bronchorft. *Voyez auffi* Franc. Marc. tom. I, *queft.* 81, 360, 636, 650, 688 & 689, & tom. II, *queft.* 303 & 545. Jean Thaumas, au mot *Docteur*.

Les *docteurs* étant du corps de l'univerfité, ont été long-temps fans pouvoir fe marier, de même que les principaux régens & autres membres de l'univerfité de Paris; on regardoit alors ces places comme affectées à l'églife: ce qui fut exactement obfervé dans toutes les facultés, jufqu'à la réforme qui fut faite de l'univerfité de Paris, par le cardinal d'Etouteville, légat en France, lequel permit, par privilège fpécial, aux *docteurs* en médecine de pouvoir être mariés. Les *docteurs* en décret préfentèrent leur requête à l'univerfité, le 9 décembre 1534, pour obtenir le même privilège; mais ils en furent déboutés, fauf à eux de fe pourvoir en la cour de parlement, pour en être par elle ordonné ce que bon lui fembleroit. Ce qui pouvoit donner lieu à cette difficulté, eft que ces *docteurs* n'étoient alors gradués qu'en droit canon feulement: depuis, le parlement permit le mariage à ces *docteurs* en décret; & le premier de cet ordre que l'on vit marié fut la Rivière, vers l'an 1552, qui fut depuis pourvu de l'état de lieutenant-général de Chatelleraud. *Voyez* les *Recherches de* Pafquier, *liv. III, ch.* 29.

DOCTRINAIRE, f. m. (*Droit eccléfiaftique.*) c'eft le nom qu'on donne aux membres qui compofent une congrégation établie pour enfeigner la doctrine chrétienne. Elle doit fon inftitution au bienheureux Céfar de Bus, qui la fonda à Avignon en 1593, pour l'inftruction des peuples de la ville & de la campagne.

On trouvera dans le *Dictionnaire de Théologie*, tout ce qui concerne l'établiffement & le régime intérieur de cette congrégation. Il nous fuffit de faire connoître la manière dont elle exifte parmi nous, dans fon rapport avec l'ordre civil. Pour cet effet, il fuffira de rapporter l'extrait des lettres-patentes en forme d'édit, données au mois de feptembre 1726, & enrégiftrées au grand-confeil le 15 octobre fuivant.

Elles portent: 1°. que la congrégation doit être regardée comme féculière, qu'en conféquence elle fera foumife à la jurifdiction, à la vifite, aux ordonnances & aux réglemens des évêques.

2°. Qu'en ce qui concerne l'adminiftration du temporel, la réception des novices, les élections des fupérieurs, la punition des fautes domeftiques, ces parties feront de la compétence des fupérieurs locaux, provinciaux & généraux, fans que les évêques puiſſent s'en mêler, ſi ce n'eſt dans les cas de droit, comme lorſqu'il y a négligence, &c.

3°. Que s'il y a lieu de ſe pourvoir hors de la congrégation contre ce qui a été décerné par les ſupérieurs généraux, on ſera tenu de s'adreſſer aux ordinaires ou à leurs officiaux, ſelon la nature des affaires & l'exigence des cas, avec très-expreſſes défenſes de s'adreſſer ailleurs; mais il eſt ajouté que dans les cas où il eſt permis de ſe pourvoir, ne ſont point compris les ordres que les ſupérieurs donnent journellement aux particuliers pour remplir les maiſons de la congrégation & les emplois dont elle eſt chargée, non plus que les permiſſions ou diſpenſes qu'il dépend d'eux d'accorder ou de refuſer, ſuivant les brefs donnés par les papes.

4°. Qu'aucun ſujet de la congrégation ne pourra être employé par les évêques dans leurs ſéminaires, ni à d'autres fonctions eccléſiaſtiques que du conſentement des ſupérieurs.

5°. Que ceux qui auront fait les vœux & le ſerment de ſtabilité ne pourront recueillir aucune ſucceſſion directe ou collatérale, à moins qu'ils ne ſoient congédiés avant l'âge de 25 ans, auquel cas ils rentreront dans tous leurs droits échus ou à échoir depuis l'émiſſion de leurs vœux; mais ſans aucune reſtitution des fruits, ſi ce n'eſt à compter du jour qu'ils en feront la demande après leur ſortie.

6°. Qu'on tiendra des regiſtres en bonne forme du noviciat & de l'émiſſion des vœux; que cette émiſſion ſe fera en préſence de deux témoins, ſans cependant qu'on puiſſe induire de leur ſignature, que les vœux ſoient ſolemnels.

7°. Que nonobſtant l'émiſſion des vœux, les doctrinaires pourront poſſéder des bénéfices, même pendant qu'ils demeureront dans la congrégation, à condition néanmoins qu'aucun n'en pourra obtenir de ceux qui exigent réſidence, ſans le conſentement du définitoire; ou dans les cas preſſans, ſans la permiſſion du conſeil extraordinaire de la province qu'il ſera néceſſaire de faire ratifier par le définitoire, au plus tard, dans deux mois, faute de quoi la proviſion ſera nulle de plein droit & le bénéfice impétrable; mais à l'égard des cures & des prieurés-cures unis à la congrégation, il eſt dit qu'elle pourra les faire deſſervir par ceux de ſes membres qui ſeront déſignés par les ſupérieurs aux évêques pour en recevoir l'approbation, avec faculté de les rappeller, ſelon la manière uſitée à cet égard, chez les pères de la miſſion.

Voilà quel eſt l'état actuel de la congrégation de la doctrine chrétienne. Elle eſt diviſée en trois provinces : celle d'Avignon compoſée de ſept maiſons & de dix collèges; celle de Paris, compoſée de quatre maiſons & de trois collèges, & celle de Toulouſe qui a quatre maiſons & treize collèges.

Les ſuppôts de cette congrégation ſont habillés comme les prêtres ſéculiers, dont ils ne ſont diſtingués que par un petit collet de la largeur de deux doigts.

Il y a une autre congrégation des pères de la doctrine chrétienne en Italie; mais cette congrégation n'a rien de commun, pour l'établiſſement, avec celle de France.

DOCTRINE, ſ. f. (*Droit canon.*) c'eſt en matière de religion, les maximes, les préceptes.

Les évêques ont, par leur dignité, le droit de connoître, en première inſtance, des cauſes qui concernent la *doctrine* de l'égliſe. Lorſqu'ils confirment quelque décret de la cour de Rome, en cette matière, ils confirment en juges, & non comme ſimples exécuteurs.

Il eſt dit, par l'article 30 de l'édit de 1695, que la connoiſſance & le jugement de la *doctrine*, concernant la religion, appartiennent aux archevêques & évêques. Il eſt enjoint aux cours de parlement & à tous les autres juges, de renvoyer à ces prélats les cauſes relatives à cet objet, de leur donner l'aide dont ils auront beſoin pour l'exécution des cenſures qu'ils en pourront faire, & de procéder à la punition des coupables, ſans préjudice aux mêmes cours & juges de pourvoir par les autres voies qu'ils eſtimeront convenables, à la réparation du ſcandale & trouble de l'ordre & tranquillité publique, & contravention aux ordonnances, que la publication d'une fauſſe *doctrine* aura pu cauſer.

DOCUMENS, ſ. m. plur. (*Juriſpr.*) ſont tous les titres, pièces & autres preuves, qui peuvent donner quelques connoiſſances d'une choſe.

DOGMATIQUE, adj. (*Droit canon.*) eſt ce qui a rapport aux dogmes de la religion.

On appelle *jugement dogmatique*, celui qui eſt prononcé en matière de dogme.

Chaque ſouverain, dans ſes états, a droit de porter des loix ſur la diſcipline eccléſiaſtique; rien ne le prouve mieux en France que l'édit de 1695.

Mais pour ce qui concerne le dogme, le jugement n'en appartient qu'à l'égliſe elle-même, repréſentée par le corps des paſteurs. *Voyez* l'article ſuivant.

DOGME, ſ. m. (*Droit canon.*) c'eſt un point de doctrine, un enſeignement reçu, un principe établi en matière de religion.

Les *dogmes* reçus dans l'égliſe ſont invariables : ils ſont l'objet de la foi qui ne ſauroit changer. Ce que l'égliſe a cru & enſeigné, elle le croit & l'enſeigne, le croira & l'enſeignera toujours.

Il y a cette différence entre la diſcipline & le *dogme*, que la diſcipline peut changer ſuivant les temps, les mœurs & les circonſtances; l'hiſtoire même de l'égliſe nous apprend qu'elle a ſinguliérement varié depuis l'établiſſement du chriſtianiſme juſqu'à nous, au lieu que le *dogme* a toujours été & qu'il ſera perpétuellement le même.

Ainſi toutes les fois qu'il s'introduit dans l'égliſe une opinion nouvelle en matière de foi, on peut la regarder comme une atteinte au *dogme* reçu. On appelle *novateurs* ceux qui l'ont introduite, & *hérétiques* ceux qui perſiſtent à s'y attacher opiniâtrement, après qu'elle a été condamnée par l'église.

Il ne faut pas non plus confondre le *dogme* avec la doctrine de l'église. Tout ce qui est de doctrine dans l'église n'est pas de foi absolument, mais ce qui est de *dogme* exige la croyance de tous les fidèles. Il n'est pas de foi, par exemple, que la vierge soit venue au monde sans participer à la tache originelle commune à toute la postérité d'Adam ; cependant c'est aujourd'hui la doctrine commune de l'église, qu'elle a été préservée par une faveur particulière ; & en Sorbonne les docteurs jurent de défendre cette opinion. A l'égard du *dogme*, il n'est permis à personne d'avoir un avis différent sur les points qui sont enseignés comme étant de foi. La croyance doit être essentiellement la même sur le *dogme* de la Trinité, de l'Incarnation, de l'Eucharistie, &c.

Dès qu'on n'a plus l'unité du *dogme* & de la foi, on cesse d'être de la religion, quand même on conserveroit les principes de morale & de charité chrétienne qu'elle prescrit. Les protestans peuvent pratiquer les mêmes vertus que les catholiques ; mais il suffit qu'ils aient rompu avec ceux-ci l'unité de croyance pour qu'ils soient regardés comme étant hors de l'église.

Il n'est plus permis depuis la révocation de l'édit de Nantes, de prêcher d'autres *dogmes* en France que ceux qu'enseigne l'église catholique : il y a à ce sujet plusieurs loix de l'état dont il est parlé à l'article CALVINISTE, &c.

DOL, s. m. (*Jurispr.*) en général est une ruse dont on se sert pour tromper quelqu'un. Ciceron, dans ses offices, *liv. III*, n°. 14, le définit, *cum aliud effet simulatum, aliud actum.*

Les jurisconsultes romains donnent toujours au *dol*, pris pour fraude & tromperie, la qualification de *mauvais*, & c'est par cette raison qu'ils distinguoient deux espèces de *dol*, le bon & le mauvais.

Le *dol bon*, appellé, en droit, *bonus dolus*, est une certaine adresse, par laquelle on use de quelque dissimulation, non pour faire tort à autrui, mais pour procurer son avantage, & parvenir même quelquefois à la justice & à l'équité. Tel est, par exemple, le *dol* permis, pour tromper les ennemis de l'état, ce qui a fait dire à Virgile : *dolus an virtus quis in hoste requirat*. On dit aussi qu'en mariage trompe qui peut. Par exemple, si un homme a fait entendre que ses biens étoient de plus grande valeur qu'ils ne sont en effet, il n'y a pas lieu pour cela à annuller le contrat de mariage ; parce que c'est à ceux qui contractent mariage à s'informer des facultés de celui avec qui ils contractent.

Le *dol mauvais*, appellé, en droit, *dolus malus*, est celui qui est commis à dessein de tromper quelqu'un : & qui employe, à cet effet, les ruses, les tromperies, les mauvaises manœuvres.

Cette distinction du *dol* bon & mauvais paroît assez étrange, vu que le terme de *dol* n'annonce rien que de mauvais ; cependant elle est usitée en droit, ainsi que nous venons de le dire, à cause

de certain *dol* qui est permis, & comme tel, réputé bon. *Voyez*, au dig. le tit. *de dolo malo.*

On distingue encore le *dol* en réel & personnel. Le *dol personnel*, est celui qui vient du fait de la personne ; comme quand le vendeur, pour mieux vendre son héritage, fait paroître un bail simulé, &, à plus haut prix que le bien n'étoit en effet.

Le *dol réel*, appellé en droit *dolus reipsâ*, est celui qui vient de la chose plutôt que de la personne ; comme quand l'acquéreur croyant acquérir des biens d'une certaine valeur, s'est trompé dans l'opinion qu'il avoit de ces biens, & qu'ils se trouvent d'une valeur beaucoup moindre. Ce *dol réel* est improprement qualifié *dol*, puisqu'il ne vient pas de la personne, & qu'il n'y a pas de fraude. Ce *dol* est la même chose que ce qu'on appelle *lésion*. L'ordonnance de Charles IX, du mois d'avril 1560, concernant les transactions, veut que contre icelles nul ne soit reçu, sous prétexte de lésion d'outre-moitié, ou autre plus grande quelconque, ou ce qu'on dit en latin, *dolus reipsâ*. *Voyez* LÉSION & RESCISION, RESTITUTION *en entier.*

Nous n'avons pas voulu omettre cette distinction du *dol* en réel & personnel, parce qu'elle se trouve dans tous les auteurs qui ont écrit sur cette matière ; mais nous devons remarquer qu'elle est inutile, puisque le *dol* vient toujours de la mauvaise foi, & par conséquent de la personne. A la vérité, les choses elles-mêmes peuvent tromper, ou, pour mieux dire, on peut être trompé à l'occasion des choses ; mais cette erreur est alors l'effet de l'ignorance : si c'est l'effet du *dol*, ce *dol* ne se trouve pas dans les choses, mais dans la mauvaise foi de celui qui les présente à dessein de tromper.

Les principes, en matière de *dol* personnel, sont que tout *dol* de la nature de celui que les loix appellent *dolum malum*, n'est jamais permis, & que personne ne doit profiter de son dol. C'est par cette raison que la loi 23, ff. *de R. j.* décide qu'on est responsable du *dol* dans tous les contrats, & qu'on ne peut pas convenir, que l'un des contractans ne sera pas tenu du *dol* futur : & que la loi 1, ff. *de his qui notant. infam.* déclare infame celui qui commet le *dol* dans les contrats, dont la base est appuyée sur la confiance & l'amitié.

On ne présume jamais le *dol* ; il faut qu'il soit prouvé : ce qui dépend du fait & des circonstances.

Celui contre lequel on usoit de *dol*, avoit, chez les Romains, pour s'en défendre, une exception appellée *doli mali*. Ces différentes formules d'actions & d'exceptions ne sont plus usitées parmi nous ; on propose ses exceptions & moyens en telle forme que l'on veut.

Lorsque le *dol* est établi, s'ensuit-il que la convention dans laquelle il a été pratiqué soit nulle, de façon qu'il soit au pouvoir de celui qui se plaint de la fraude, d'exécuter ou de ne pas exécuter le contrat?

C'est une question sur laquelle il n'est guère possible de donner une solution bien précise :

voici néanmoins quelques principes fur cette matière.

Lorfque le *dol* a été tel qu'il foit vraisemblable que s'il eût été connu, la partie envers laquelle il a été pratiqué n'eût point perfifté dans la convention, on ne fait alors aucune difficulté de prononcer la réfolution du contrat ; mais le jugement qui intervient à cet égard, n'annulle pas, à proprement parler, ce contrat ; il déclare fimplement qu'il n'y en a pas eu, attendu le défaut de confentement néceffaire pour contracter valablement ; & dans ce cas il n'eft pas néceffaire de recourir aux lettres du prince.

Par exemple, vous me vendez une maifon que je croyois acheter comme étant une maifon fûre, commode & bien éclairée pour le genre de commerce dont je fais mon état ; point du tout, après la vente confommée, un voifin me fait fignifier que vous lui avez accordé tout récemment un droit de paffage par l'un de vos appartemens, la faculté d'avoir des vues fur votre maifon, de vous mafquer vos jours, &c. Dans ce cas, il eft vifible que je fuis fondé, non pas fimplement à prétendre une indemnité pour toutes ces fervitudes, mais à demander que le contrat foit déclaré comme non avenu, qu'en conféquence vous foyez contraint à me reftituer le prix de la vente que je puis vous avoir payé, ou que je fois déchargé de celui que je vous dois encore, & que vous foyez de plus condamné à des dommages-intérêts, réfultant du tort que vous m'avez caufé pour m'avoir induit en erreur ; car en achetant votre maifon, je comptois avoir une maifon fûre, libre, telle que je l'appercevois, & telle qu'il me la falloit pour mon commerce, & non pas une maifon chargée de fervitudes & notamment d'un paffage. On voit clairement que pour une réclamation pareille, il ne peut pas être fondé en lettres de refcifion ; car on ne peut faire refcinder que ce qui exifte, & dans l'hypothéfe dont il s'agit, on comprend qu'il n'y a pas eu de contrat.

Il en feroit de même fi vous m'aviez vendu cette maifon dans fa totalité, tandis que vous n'en étiez propriétaire qu'en partie : c'étoit la maifon entière que je voulois acheter, & non fimplement ce qui vous en appartenoit.

Quand le *dol* n'eft pas tel qu'on puiffe dire qu'il eût empêché la convention s'il eût été connu, ce *dol* n'eft regardé que comme accidentel, & il ne donne pas lieu à la réfolution du contrat, mais fimplement à des dommages-intérêts. Ainfi fuppofé qu'en me vendant votre maifon vous m'ayez vendu nommément le puits qui en dépend, fans me dire que ce puits étoit commun à la maifon voifine ; fi je découvre enfuite que j'ai été trompé fur cet article, ceci n'empêchera pas que la vente de la maifon ne tienne ; je comptois bien à la vérité que le puits, ainfi que la maifon, m'appartiendroient en en.ier, mais je ne peux pas dire que la connoiffance qu'on m'eût donnée du droit qu'avoit le propriétaire de la maifon voifine de fe fervir de ce puits, m'eût

empêché d'acheter la maifon : il eft vrai que je n'en euffe pas donné fi cher, auffi ai-je le droit de demander que vous m'indemnifiez de ce qu'elle vaut de moins, à raifon du droit qu'a dans ce puits la maifon voifine ; mais c'eft tout ce que je fuis en droit de demander, & je ne fuis point, fous ce prétexte, fondé à prétendre que vous repreniez la maifon.

Il y a donc une différence effentielle à faire, entre un *dol* qui porte fur la fubftance même du contrat, & un *dol* qui en attaque fimplement les accefsoires, & cette différence eft à confidérer dans les chofes mobiliéres tout comme dans celles qui font d'une nature différente. Si vous m'avez vendu une boîte de cuivre doré, pour une boîte d'or, que je croyois acheter, la vente eft nulle, & vous êtes obligé de reprendre votre boîte & de me rendre mon argent. Si, au contraire, la boîte eft d'or, mais non d'un ou au même titre que je vous la demandois, je ferai obligé de garder la boîte, mais vous ferez tenu de me faire une diminution fur le prix, à moins qu'il ne paroiffe par les circonftances que j'avois expreffément exigé qu'elle fût d'un or à tel titre. Il en feroit de même de la forme, qui, quoique accidentelle à la matière, peut devenir effentielle pour la convention ; car, fi j'avois expreffément exigé que la boîte fût ovale, je ne ferois pas obligé de la recevoir fi elle étoit quarrée ; je ne ferois pas non plus obligé de la prendre fi, fans nous être expliqués fur la forme, vous me l'aviez faite d'un goût bifarre & ridicule.

C'eft fur ce principe qu'eft fondée l'action redhibitoire que les loix & la jurifprudence accordent en certains cas. Si vous m'aviez vendu, par exemple, un pré dont les herbes fuffent empoifonnées & cela fans m'en prévenir, je vous obligerois de le reprendre comme je vous ferois refponfable en cheval qui fe trouveroit attaqué de la pouffe, de la morve ou de la courbature ; parce qu'au fond j'ai entendu acheter un pré où il n'y eût rien de dangereux pour mes beftiaux, &, en achetant le cheval, j'ai cru acheter un animal dont je pourrois tirer les fervices que j'en attendois.

Quand le *dol* ne roule que fur le prix des conventions, ce *dol* n'y porte par lui-même de plein droit aucune atteinte. Ce n'eft pas que dans le for intérieur, il foit permis de vendre une chofe plus qu'elle ne vaut, ni l'acheter au-deffous de fa valeur ; mais dans le for extérieur, on ne doit point s'arrêter aux réclamations qui n'ont pour objet que le prix d'une chofe. Ainfi l'on vend & l'on achète plus ou moins cher, fuivant les occafions & le plus ou moins d'intelligence du vendeur ou de l'acheteur. Mais ce que nous difons ici du prix des conventions n'eft exactement que pour les chofes mobiliéres ; car pour les immeubles, quand le *dol* va jufqu'une léfion d'outre moitié de jufte prix, on peut alors recourir à l'autorité du prince pour faire réparer cette léfion, comme on le verra aux articles LÉSION, RESCISION, RESTITUTION, &c. S'il faut alors des lettres, c'eſt que le *dol* ſur le prix des choſes, comme nous venons de le dire, n'annulle point par lui-même une convention; la convention ſubſiſte, & elle ſubſiſteroit ſi le prince n'en ordonnoit autrement, puiſqu'il eſt exactement vrai que le prix porté au contrat, eſt le prix convenu. Auſſi, comme les lettres qu'il accorde en pareil cas, ſont des lettres de faveur, on n'a qu'un certain temps, qui eſt celui de dix ans, pour les obtenir.

Les dommages-intérêts adjugés pour cauſe de *dol*, par la voie civile, peuvent avoir lieu même par corps, en punition de la mauvaiſe foi de celui qui a cherché à tromper; mais il faut que cette contrainte par corps ait été expreſſément prononcée, autrement on doit croire que le juge a regardé le fait, qui donne lieu à ces dommages-intérêts, moins comme l'ouvrage du *dol* que celui de l'erreur; l'erreur pouvant produire les mêmes effets que le *dol*, il ne ſeroit pas juſte que celui qui s'eſt trompé en contractant, fût puni comme celui qui a contracté de mauvaiſe foi.

Le *dol*, en matière criminelle, eſt l'effet de la mauvaiſe intention qu'a celui qui commet un crime ou un délit. La punition du crime ou du délit eſt la punition même du *dol*.

Le délit qui n'eſt point accompagné de mauvaiſe intention n'eſt qu'un délit matériel, qui peut bien, ſi l'on veut, donner lieu à des dommages-intérêts, parce qu'il eſt indifférent pour celui qui ſouffre de ce délit que l'action ſoit ou ne ſoit pas l'effet d'une mauvaiſe intention; mais il ne ſoumet jamais celui qui en eſt l'auteur à des peines publiques.

On ne peut que s'attacher aux circonſtances & aux préſomptions pour connoître s'il y a du *dol* ou non dans le procédé de celui qu'on accuſe. Les traits qui font préſumer ce *dol*, ſont principalement les précautions priſes pour le diſſimuler; le menſonge & les contradictions dans ce qu'on allègue pour ſe juſtifier, la réputation que l'on a d'uſer de fraude & de mauvaiſe foi, &c.

Mais lorſque ces préſomptions ſont combattues par d'autres préſomptions plus favorables, c'eſt à celles-ci qu'il faut s'attacher par préférence; & dans le doute abſolu s'il y a du *dol* ou non, on doit croire qu'au lieu d'un mauvais deſſein il n'y a eu que de l'erreur ou de l'imprudence.

DOMAINE, (*Juriſpr.*) en latin *dominium*, ſignifie ordinairement *propriété d'une choſe*. Il ſe prend auſſi quelquefois pour un corps d'héritages, & ſingulièrement pour une métairie & bien de campagne tenu en roture.

Nous parlerons ici ſeulement du *domaine* en tant qu'on le prend pour la propriété d'une choſe; dans ce ſens, le *domaine* eſt un droit qui dérive en partie du droit naturel, en partie du droit des gens, & en partie du droit civil, ces trois ſortes de loix ayant établi chacune diverſes manières d'acquérir le *domaine* ou propriété d'une choſe.

Ainſi, ſuivant le droit naturel, il y a certaines choſes dont le *domaine* eſt commun à tous les hommes, comme l'air, l'eau, la mer, & ſes rivages; d'autres, qui ſont ſeulement communes à une ſociété particulière; d'autres, qui ſont au premier occupant.

Les conquêtes & le butin que l'on fait ſur les ennemis, les priſonniers de guerre, & la plupart de nos contrats, tels que l'échange, la vente, le louage, ſont des manières d'acquérir le *domaine* d'une choſe, ſuivant le droit des gens.

Enfin il y a d'autres manières d'acquérir introduites par le droit civil, telles que les baux à rente & emphytéotiques, la preſcription, la commiſe, la confiſcation, &c.

Le *domaine* dans le ſens que nous lui donnons ici, ſe définit, ſuivant la loi 21, *c. mand. & l. ult. c. de rebus alien. non alien*, un droit ſur une choſe corporelle, d'où naît la faculté d'en diſpoſer & de la revendiquer, ſi une loi, une convention, ou la volonté d'un teſtateur n'y met obſtacle.

Or, comme cette faculté de diſpoſer d'une choſe peut appartenir à une ſeule perſonne ou à pluſieurs, on diſtingue deux eſpèces de *domaine*; on donne le nom de *domaine plein*, lorſque le droit de diſpoſer entièrement d'une choſe eſt réuni ſur une ſeule perſonne; & *domaine moins plein*, lorſqu'elle eſt diviſée entre pluſieurs. Delà naît la ſeconde diviſion du *domaine* ou propriété, en *domaine direct* & en *domaine utile*.

Le *domaine direct* eſt parmi nous de deux ſortes; l'une qui ne conſiſte qu'en une eſpèce de propriété honorifique, telle que celle du ſeigneur haut-juſticier, ou du ſeigneur féodal & direct, ſur les fonds dépendans de leur juſtice ou de leur ſeigneurie: l'autre eſpèce de *domaine direct*, eſt celle qui conſiſte en une ſimple propriété ſéparée de la jouiſſance du fonds, & celle-ci eſt encore de deux ſortes; ſavoir, celle du bailleur à rente ou à emphytéoſe, & celle du propriétaire qui n'a que la nue propriété d'un bien, tandis qu'un autre en a l'uſufruit.

Le *domaine utile* eſt celui qui conſiſte principalement dans la jouiſſance du fonds, plutôt que dans une certaine ſupériorité ſur le fonds, & ce *domaine utile* eſt auſſi de deux ſortes, ſavoir celui de l'emphytéote ou preneur à rente, & celui de l'uſufruitier.

Il y a différentes manières d'acquérir le *domaine* d'une choſe, qui ſont expliquées aux *inſt. de rer. diviſ. & acq. earum dominio*. *Voyez* les mots ACQUISITION, PROPRIÉTÉ, ALIÉNATION, BIEN, VENTE.

DOMAINE *caſuel*, eſt tout ce qui appartient au roi, par droit de conquête ou par acquiſition, comme par ſucceſſion, aubaine, confiſcation, bâtardiſe & déſhérence.

Le *domaine caſuel* eſt oppoſé au *domaine fixe*, qui eſt l'ancien *domaine*, lequel, de ſa nature, eſt inaliénable & impreſcriptible, au lieu que le *domaine caſuel* peut être aliéné par le roi, & par une

fuite de ce principe, il peut être preſcrit. La raiſon eſt que le *domaine caſuel*, tant qu'il conſerve
cette qualité, n'eſt pas conſidéré comme étant véritablement annexé à la couronne; c'eſt pourquoi
nos rois en peuvent diſpoſer par donation, vente
ou autrement.

Mais le *domaine caſuel* devient fixe après dix
années de jouiſſance, ou bien quand il a été joint
au *domaine* ancien ou fixe, par quelque édit, déclaration ou lettres-patentes. (*A*)

DOMAINE *congéable*. *Voyez* BAIL à *domaine congéable*, & EXPONSE.

DOMAINE *de la couronne*. Le *domaine de la
couronne*, qu'on appelle auſſi *domaine du roi*, ou
par excellence ſimplement *le domaine*, eſt le patrimoine attaché à la couronne, & comprend toutes
les parties dont il eſt compoſé.

Origine du domaine. Le *domaine de la couronne*
a commencé à ſe former auſſi anciennement que
la monarchie, dès le moment de l'entrée des Francs
dans les Gaules. Ces peuples qui habitoient au-
delà du Rhin, dans l'ancienne France, ſe rendirent d'abord les maîtres de quelques contrées en-
deçà de ce fleuve, qui les ſéparoit de ce qu'ils
poſſédoient au-delà: les villes de Cambrai & de
Tournai ſe ſoumirent à eux, & cette dernière ville
fut quelque temps la capitale de leur empire.

Le roi Clovis monté ſur le trône, jetta des
fondemens plus ſolides de la grandeur de cette
couronne; à l'aide des troubles de l'empire, ſecondé de ſon courage & de la valeur de ſa nation, & plus encore à la faveur du chriſtianiſme
qu'il embraſſa, il devint maître d'abord des provinces qui étoient demeurées ſous l'obéiſſance des
Romains, enſuite des provinces confédérées qui
s'en étoient ſouſtraites, & chaſſa les Oſtrogoths.
Clovis devenu ainſi le ſouverain des Gaules, entra
auſſi-tôt en poſſeſſion des droits de ceux qui en
étoient les maîtres avant lui, & de tout ce dont
y jouiſſoient les Romains, qui conſiſtoit en quatre
ſortes de revenus.

La première eſpèce ſe tiroit des fonds de terre,
dont la propriété appartenoit à l'état.

La ſeconde étoit l'impoſition annuelle que chaque citoyen payoit à raiſon des terres qu'il poſſédoit, ou de ſes autres facultés.

La troiſième, le produit des péages & des traites
ou douanes.

La quatrième, les confiſcations & les amendes.

Ces mêmes revenus qui ne furent point détachés de la ſouveraineté, formèrent la dot de la
couronne naiſſante de nos rois, comme ils avoient
formé le patrimoine de la couronne impériale, &
telle fut l'origine de ce que nous appellons *domaine de la couronne*.

Ce *domaine* s'eſt augmenté dans la ſuite, & les
loix qui lui ſont propres, ſe ſont établies peu-à-
peu.

Les objets les plus importans à conſidérer par
rapport au *domaine*, ſont la nature & les différentes

eſpèces de parties qui le compoſent; ſes privi-
ges; la manière dont il peut être conſervé, au
menté ou diminué; les formes ſucceſſives de ſ
adminiſtration, & ſa juriſdiction.

Nature du domaine, & ſes différentes eſpèces. Po
bien connoître la nature du *domaine*, il faut d'abo
diſtinguer tous les revenus du roi en deux eſpèc

La première, auſſi ancienne que la monarchi
& connue ſous le nom de *finance ordinaire*, co
prend les revenus dépendans du droit de ſouv
raineté, la ſeigneurie, & autres héritages dont
propriété appartient à la couronne, & les dro
qui y ſont attachés de toute ancienneté, tels q
les confiſcations, amendes, péages & autres.

La ſeconde eſpèce, plus récente, compren
ſous le nom de *finances extraordinaires*, les aide
tailles, gabelles, décimes & autres ſubſides, q
dans leur origine ne ſe levoient point ordinai
ment, mais ſeulement dans certaines occaſion
& pour les beſoins extraordinaires de l'état.

Les Romains avoient deux natures de fiſc; a
reipublicæ, alia principis, le public & le priv
Ce dernier, qui appartenoit perſonnellement
l'empereur, étoit tellement ſéparé de l'autre, qu
y avoit deux procureurs différens chargés d'
prendre le ſoin.

On faiſoit en France la même diſtinction, ſo
les deux premières races de nos rois. Le *domai*
public étoit compoſé de poſſeſſions attachées à le
couronne, des tributs ou impoſitions réelles
ſe payoient alors en deniers, ou en fruits & d
rées en nature, des péages ſur les marchandiſe
des amendes dues, ſoit par ceux qui n'alloie
point à la guerre, ou par compoſition pour l
crimes dont les accuſés avoient alors la faculté
ſe racheter par argent. Le *domaine* privé étoit
patrimoine perſonnel du roi qui lui apparten
lors de ſon avénement à la couronne, ou qui
étoit échu depuis par ſucceſſion, acquiſition
autrement.

Cette diſtinction du *domaine* public & privé
aujourd'hui inconnue, comme l'obſerve Lebre
en ſon *Traité de la ſouveraineté, liv. III, chap.*
mais on fait pluſieurs diviſions du *domaine*, po
diſtinguer les différens objets dont il eſt compoſ
& leur nature.

Entre les différentes ſortes de biens qui comp
ſent le *domaine*, les uns ſont domaniaux par le
nature, tels que les fleuves & rivières navig
bles, les grands chemins, les murs, rempart
foſſés & contreſcarpes des villes; les autres
ſont domaniaux que parce qu'ils ont fait partie
domaine dès le commencement de la monarchi
ou qu'ils y ont été unis dans la ſuite.

De cette première diviſion du *domaine*, il en
une ſeconde bien naturelle: on diſtingue le *d
maine* ancien & le *domaine* nouveau.

Le *domaine* ancien eſt celui qui ſe forma dès
commencement de la monarchie, par le parta
que nos rois firent des terres nouvellement co

quifes, entre eux & les principaux capitaines qui les avoient accompagnés dans leurs expéditions. Dans cette claffe, font les villes & les provinces dont nos rois ont joui dès l'établiffement de la monarchie, les mouvances qui y font attachées, & en général tout ce qu'ils poffèdent, fans qu'on voie le commencement de cette poffeffion. Or, comme toute réunion fuppofe une union précédente, il faut y ajouter tout ce qui a été réuni à la couronne, fans qu'on voie l'origine de l'acquifition de nos rois, parce que cette ignorance du principe de leur poffeffion fait fuppofer qu'elle a commencé au moment de leur conquête des Gaules.

Le *domaine* nouveau eft compofé de terres & biens qui ont été unis dans la fuite au *domaine* ancien, foit par l'avénement du roi à la couronne, foit par les fucceffions qui peuvent lui écheoir, foit par les acquifitions qu'il peut faire à titre onéreux ou lucratif.

Les biens qui compofent le *domaine*, foit ancien ou nouveau, confiftent ou en immeubles réels, comme les villes, duchés, comtés, marquifats, fiefs, juftices, maifons, ou en droits incorporels, comme le droit d'amortiffement, ou autres femblables.

Les immeubles réels qui compofent le *domaine*, donnent lieu à cette fubdivifion en grand & petit *domaine*.

Le grand *domaine* confifte en feigneuries ayant juftice haute, moyenne & baffe, telles que les duchés, principautés, marquifats, comtés, vicomtés, baronnies, châtellenies, prévôtés, vigueries & autres, avec leurs mouvances, circonftances & dépendances. Le petit *domaine* confifte en divers objets détachés, & qui ne font partie d'aucun corps de feigneuries. L'édit du mois d'août 1708, met dans cette claffe les moulins, fours, preffoirs, halles, maifons, boutiques, échoppes, places à étaler, terres vaines & vagues, communes, landes, bruyères, pâtis, paluds, marais, étangs, boquetaux féparés des forêts, bacs, péages, travers, parages, ponts, droits de minage, mefurage, aunage, poids, les greffes, tabellionage, prés, îles, îlots, cremens, atterriffemens, accroiffemens, droits fur les rivières navigables, leur fond foit, bords, quais, & marche-pieds, dans l'étendue de vingt-quatre pieds d'icelles, les bras, courans, eaux-mortes & canaux, foit que lefdits bras & canaux foient navigables ou non, les places qui ont fervi aux foffés, remparts & fortifications, tant anciennes que nouvelles; de toutes les villes du royaume, & efpace étant au-dedans defdites villes, près les murs d'icelles, jufqu'à concurrence de neuf pieds, foit que les villes appartiennent au roi ou à des feigneurs particuliers.

Les immeubles réels peuvent être en la main du roi ou hors fa main, ce qui forme une feconde fubdivifion de *domaine* engagé ou non engagé: le *domaine* engagé eft celui que le roi a engagé à titre d'*engagement*, foit par conceffion en apanage, fous condition de reverfion à la couronne, foit par vente fous faculté de rachat perpétuel, expreffe ou tacite.

Les droits incorporels faifant partie du *domaine*, fe fubdivifent également fuivant leur nature: les uns dépendent de la fouveraineté, & font domaniaux par leur effence, comme le droit de directe univerfelle, le droit d'amortiffement, francs-fiefs & nouveaux acquêts, d'aubaine, le droit de légitimer les bâtards par lettres-patentes, & de leur fuccéder exclufivement, hors les cas où les hauts-jufticiers y font fondés; les droits d'annobliffement, de grande voierie, de varech, fur certains effets, de joyeux avénement, de régale, de marc-d'or, le droit appellé *domaine*, & barrage; droits fur les mines, droits des poftes & meffageries, le droit de créer des offices, d'établir les foires & marchés, d'impofer & concéder les octrois de ville, d'accorder des lettres de regrat; droits de contrôle des exploits & des actes des notaires, & fous fignature privée, d'infinuation, de centième denier & de petit fcel.

Les autres droits incorporels ne font point domaniaux par leur nature, & dépendent du droit de juftice, comme les droits de déshérence, de confifcation, de gruerie, de grairie, de fifc & danger; les offices dépendans des terres domaniales, & pour cet effet appellés *domaniaux* ou *patrimoniaux*; les amendes, les droits de bannalité, de tabellionage, de poids-le-roi, de minage, le droit d'épave.

D'autres droits incorporels & domaniaux ne font attachés ni à la fouveraineté, ni à la juftice, tels que les redevances en argent ou en grain, ou autre efpèce de preftation; les rentes foncières fur des maifons fituées dans des villes ou fur des héritages de la campagne, les droits d'échange dans les terres des feigneurs particuliers.

On divife encore le *domaine* en *domaine muable*, dont le produit peut augmenter fuivant les circonftances, qui s'afferme comme greffe, fceaux, tabellionage: *domaine immuable*, dont le produit n'augmente ni ne diminue, comme les cens & rentes: *domaine fixe*, dont l'exiftence eft certaine & connue, & ne dépend d'aucun événement: *domaine cafuel*, qui eft attaché à des événemens incertains, comme les droits de quint & requint, reliefs, rachats, lods & ventes, les fucceffions des aubains & des bâtards, les amendes. Enfin, on trouve dans les auteurs plufieurs autres efpèces de *domaine*, telles que le *domaine forain*, confiftant en certains droits domaniaux qui fe lèvent fur des marchandifes, lors de leur entrée ou fortie du royaume; le *domaine en pariage*, c'eft-à-dire, les feigneuries & autres biens que le roi poffède en commun avec des feigneurs particuliers.

Privilèges du domaine. Les privilèges du fifc chez les Romains, font peu connus; le titre du code *de privilegio fifci*, n'a rapport qu'à un feul, qui eft
celui

celui de la préférence qu'il peut avoir sur les biens d'un débiteur qui lui est commun avec d'autres créanciers, & on n'y explique même pas dans toute son étendue en quoi consiste cette préférence. Chopin, dans le *titre 29 du liv. III du domaine*, pour suppléer au silence que ce titre du code garde sur les autres privilèges du fisc, a rassemblé ce qui se trouve sur ce sujet dispersé dans les autres titres du droit civil, & en a fait une longue énumération ; mais la plûpart des privilèges dont il fait mention, fondés sur les dispositions des loix romaines, sont inconnus parmi nous.

Dans notre droit, on peut distinguer deux sortes de privilèges du *domaine*.

Les uns sont inhérens à sa nature, tel est celui de l'inaliénabilité, suite nécessaire de sa destination à l'usage du prince pour le bien public. Casa, Ragueau & autres auteurs, ont observé que l'inaliénabilité du *domaine* est comme du droit des gens ; que la prohibition d'aliéner le *domaine* n'a été établie par aucune loi spéciale, mais qu'elle est née, pour ainsi dire, avec la monarchie, & que chaque roi avoit coutume à son avénement de faire serment de l'observer. Ces principes ont été constans & consacrés irrévocablement dans l'ordonnance générale du *domaine* du mois de février 1566.

Les autres privilèges du *domaine* sont établis sur les dispositions des ordonnances.

Ces privilèges peuvent avoir rapport, soit à la conservation du *domaine*, soit aux tribunaux où les causes qui les concernent doivent être traitées, soit à la nature des actions qu'il peut intenter, ou dont il est exempt.

Les privilèges qui ont rapport à la conservation du *domaine*, consistent dans son affranchissement de la condition commune des autres héritages, suivant laquelle ils sont susceptibles de toute sorte de convention, donation, vente, échange & autres dispositions, & sujets aux droits rigoureux de la prescription ; au lieu que le *domaine* hors du commerce des hommes, ne peut être aliéné ni prescrit.

Les privilèges du *domaine* qui ont rapport aux tribunaux où les causes qui les concernent doivent être traitées, consistent en ce que la connoissance des causes qui intéressent le *domaine*, ne peut appartenir aux juges des seigneurs, ni même à tous officiers royaux, mais seulement à ceux à qui cette attribution a été spécialement faite, soit en première instance, soit par appel, ainsi qu'il sera dit plus au long en parlant de la jurisdiction du *domaine* : de-là la maxime attestée par tous les auteurs, que, quoique le *domaine* soit enclavé dans la justice d'un seigneur, il ne peut être soumis à sa justice, & qu'une terre qui y étoit soumise auparavant, cesse de l'être, lorsqu'elle est acquise par le roi, comme le décide Loiseau, *des seigneuries*, chap. 12, n°. 21 & 22 ; & Chopin, *liv. du domaine*, tit. 12, n°. 3.

Les privilèges du *domaine* qui ont rapport à la

nature des actions que le roi peut intenter, sont la préférence sur les biens des fermiers de ses *domaines*, fixée, par un édit du mois d'août 1669, à trois différens objets, sur les meubles & deniers comptans, les immeubles & les offices ; la contrainte par corps qui peut être exercée pour le paiement des revenus du *domaine*, aux termes de l'art. 5 du titre 34 de l'ordonnance de 1667 ; le droit de plaider main garnie, & d'obliger à la représentation de titres ; le droit de se pourvoir même contre des arrêts contradictoires, ou par la voie des lettres de rescision, contre des actes passés, soit au nom du roi, soit au nom de celui qui l'a précédé, à quelque titre que ce puisse être ; l'affranchissement de toutes dispositions des coutumes, ou sa condition fixée par des loix générales & par les ordonnances du royaume.

Enfin, les privilèges du *domaine* qui ont rapport à la nature des actions dont il est exempt, sont de ne pouvoir être sujet à aucune action de complainte (car cette action qui suppose une voie de fait, une violence, & par conséquent une injustice, ne peut être intentée contre le roi, qui est la source & le distributeur de toute justice, sans blesser la révérence due à la majesté du prince) ; de ne pouvoir également être sujet à l'action du retrait lignager : la raison en est que lorsque le roi acquiert un héritage, on doit présumer qu'il a en vue le bien & l'utilité de l'état, qui doit l'emporter sur l'objet qu'ont eu les coutumes de conserver les héritages dans les familles.

Aux exemples des actions qui ne peuvent être intentées contre le *domaine*, il faut ajouter ceux des exceptions qui ne peuvent lui être opposées, telles que la péremption d'instance, la compensation, la cession de biens, les lettres de répi, les lettres d'état, les lettres de bénéfice d'inventaire.

On terminera ce détail des privilèges du *domaine*, en ajoutant que les causes qui le concernent ne peuvent être évoquées, même dans le cas où le procureur du roi n'est pas seule partie, mais seulement intervenant dans une instance qu'un autre auroit commencée, suivant la décision de Chopin, *liv. II, du domaine*, tit. 15, n°. 13.

Il est aussi nécessaire d'observer que plusieurs de ces privilèges, tels que l'inaliénabilité & l'imprescriptibilité, n'ont lieu que pour le *domaine* ancien ou fixe, & ne conviennent point au *domaine* casuel, c'est-à-dire, aux biens qui échoient au roi par droit d'aubaine, bâtardise, déshérence, confiscation, épave, & autres semblables revenus casuels, dont il est libre au roi de disposer comme il le juge à propos, aussi long-temps qu'ils n'ont point acquis la qualité de *domaine* fixe.

La nature du *domaine* établie, les différentes espèces des parties dont il est composé étant distinguées, ses privilèges étant connus, il n'est pas moins utile de savoir comment il peut être conservé, augmenté ou diminué.

Conservation du domaine. Pour assurer la conFFfff

fervation du *domaine*, outre les privilèges ci-deſſus détaillés, on a en divers temps pris pluſieurs précautions.

Il a été ordonné, par un arrêt du conſeil du 19 ſeptembre 1684, que les fermiers, ſous-fermiers, engagiſtes ou autres poſſeſſeurs du *domaine*, remettroient leurs baux & ſous-baux, avec les regiſtres, & des états en détail des *domaines*, au greffe du bureau des finances de chaque généralité où les biens ſont ſitués.

Une diſpoſition d'un édit du mois d'avril 1685, porte, *art.* 6, que les receveurs généraux du *domaine* feront mention dans les états au vrai & comptes qu'ils rendront, de la conſiſtance en détail, & par le menu, de tous les droits dépendans des *domaines* dans leurs généralités & départemens, tant de ceux qui ſont entre les mains du roi, que de ceux qui ſont aliénés; & par l'article 7, il eſt dit que les fermiers & engagiſtes des *domaines* ſeront tenus, à la première ſommation, de fournir aux receveurs généraux, des états en détail par eux duement ſignés & certifiés, des *domaines* & droits domaniaux dont ils jouiſſent; même les engagiſtes & détenteurs des *domaines*, de donner une fois ſeulement, à chaque mutation, des copies en bonne forme de leurs titres & contrats, & des édits & déclarations, en vertu deſquels les aliénations leur auront été faites; & de dix ans en dix ans, de pareils états, à cauſe des mutations qui y arrivent de temps en temps, ſignés & certifiés par eux, leſquels états, les receveurs généraux vérifieront ſur les papiers-terriers qui auront été faits dans l'étendue de leurs généralités, & deſquels ils prendront communication aux chambres des comptes & aux bureaux des finances, pour ſur iceux & ſur leſdits états dreſſer leurs comptes. Deux édits poſtérieurs du mois de décembre 1701, *art.* 16, & de décembre 1727, *art.* 8, renouvellent la même remiſe des états en détail des *domaines*, que le dernier preſcrit de rapporter tous les cinq ans.

Dans cette même vue de la conſervation du *domaine*, on a preſcrit, par rapport aux fiefs, que les actes de foi & hommage, & les aveux & dénombremens ſeroient renouvellés, non ſeulement à chaque mutation de vaſſal, mais encore à l'avénement de chaque roi à la couronne, ſuivant l'arrêt du conſeil du 20 février 1722, & que tous les actes ſeroient dépoſés à la chambre des comptes de Paris. Par rapport aux rotures, on a ordonné de renouveller les terriers, & d'exiger de nouvelles déclarations des détenteurs: les arrêts les plus modernes, à l'égard de la ville & prévôté de Paris, ſont du 28 décembre 1666, & du 14 décembre 1700.

A ces précautions priſes pour la conſervation du *domaine*, il faut ajouter celle de la création qui a été faite en différens temps, d'officiers chargés ſpécialement d'y veiller, tels que les receveurs & les contrôleurs généraux des *domaines* & bois, créés

par les édits des mois d'avril 1685 & décembre 1689.

Enfin, par l'art. 5 de l'édit du mois de décembre 1701, on a ordonné l'enſaiſinement de tous les contrats & titres tranſlatifs de propriété des héritages étant dans la directe du roi, & cette néceſſité a été étendue même aux provinces où l'enſaiſinement n'a point lieu par les diſpoſitions des coutumes, & dans les cas de changement de poſſeſſion ſans aucun acte paſſé, comme lors d'une ſucceſſion. On a aſſujetti les héritiers ou autres, à faire leurs déclarations de ce changement, & à les faire enregiſtrer & contrôler, aux termes des arrêts du 7 août 1703 & 22 décembre 1706, dont les diſpoſitions ont été confirmées depuis par un édit du mois de décembre 1727, qui a aſſujetti les héritiers même en directe, à la néceſſité de ces déclarations.

Par rapport aux *domaines* qui ne ſont pas dans la main du roi, on a pourvu à leur conſervation en particulier, non ſeulement par les offices dépendans des terres domaniales, cédées en apanage ou par engagement, mais encore par la création faite en différens temps, d'offices de conſervateurs des *domaines* aliénés; au lieu deſquels, par édit du mois de juillet 1708, on a créé dans chaque généralité un office d'inſpecteur-conſervateur général des *domaines*, avec injonction de faire des états de tous les *domaines* étant en la main du roi, & de tenir des regiſtres des *domaines* aliénés. Ces derniers offices ayant été encore ſupprimés, le roi commit en 1717 deux perſonnes éclairées, pour pourſuivre & défendre au conſeil toutes les affaires de la couronne, ſous le titre d'*inſpecteurs-généraux du domaine*, & depuis ce temps, cette fonction a continué d'être en commiſſion. Enfin, par pluſieurs arrêts, & notamment par celui du 6 juin 1722, les tréſoriers de France ont été ſpécialement chargés de faire procéder aux réparations des *domaines* engagés, par ſaiſie du revenu des engagiſtes.

Le *domaine* peut être augmenté en deux manières, par la réunion d'anciennes parties, & par l'union de nouvelles parties. La différence entre ces deux moyens eſt d'autant plus ſenſible, que la réunion n'eſt pas tant une augmentation que le retour d'une partie démembrée en principe, au lieu que l'union produit une augmentation véritable. Cette réunion s'opère de plein droit, la partie qui ſe réunit rentrant dans ſa ſituation naturelle, qui eſt de n'avoir qu'un ſeul être avec le corps dont elle avoit été détachée pour un temps: le retour des fiefs démembrés du *domaine* concédé, ou pour un temps, ou pour un certain nombre de générations, fournit un exemple de cette réunion, qui n'eſt en quelque manière que la conſolidation de l'uſufruit à la propriété.

Il n'en eſt pas de même de l'union qui produit une augmentation véritable, & qui ſe peut faire expreffément ou tacitement en plufieurs manières différentes.

L'union expreffe s'opère par lettres-patentes, qui l'ordonnent dans les cas où le fouverain la juge néceffaire. Telle eft l'union de terre érigée en duché, marquifat ou comté, qui fe réuniffent au domaine par la mort du poffeffeur fans hoirs mâles, fuivant l'édit du mois de juillet 1566. Telles font auffi les terres qui n'ont point encore été unies au domaine, échues à nos rois, à quelque titre que ce puiffe être, inféodées pour un temps au profit d'un certain nombre de générations, à la charge de retour après l'expiration du terme. Cette néceffité de retour, impofée lors de la conceffion, opère l'union la plus expreffe, le cas arrivant, puifque ce retour ne peut avoir été ftipulé qu'au profit du domaine.

L'union tacite fe peut faire, ou de plein droit, comme par la voie de la conquête, ou par l'effet de la confufion des revenus d'une terre avec ceux du domaine, pendant l'efpace de dix ans, aux termes de l'ordonnance générale du domaine, de 1566.

Le domaine peut encore s'augmenter par la voie du retrait féodal, de la commife, de la confifcation, par l'avénement du roi à la couronne, qui produit une union de droit, aux termes de l'édit du mois de juillet, dont les termes font remarquables. Henri IV y déclare, la feigneurie mouvante de la couronne tellement réunie au domaine d'icelle, que dès-lors dudit avénement elles font advenues de même nature que fon ancien domaine, les droits néanmoins des créanciers demeurant en leur état. Enfin, toutes les terres & biens-fonds qui écherroient au roi à titre de fucceffion, ou qu'il acquiert à titre onéreux ou lucratif, font de nature à procurer l'augmentation du domaine.

Aliénation du domaine. Si l'on confidère le privilège de l'inaliénabilité du domaine, il ne paroît point pouvoir être fufceptible de diminution; mais quelque étroite que foit la règle qui défend l'aliénation du domaine, elle reçoit cependant quelques exceptions que l'ordonnance même a autorifées.

La première eft en faveur des puînés, fils de France: la néceffité de leur fournir un revenu fuffifant pour foutenir l'éclat de leur naiffance, qui eft une charge de l'état, eft le fondement de cette exception. Le fonds que l'on y emploie, qui eft un démembrement du domaine, eft appellé apanage, & eft effentiellement chargé de la condition de reverfion à défaut de mâles. Il faut cependant convenir que cet ufage qui s'obferve aujourd'hui, n'a pas toujours été fuivi. Sous la première race de nos rois, chacun de leurs enfans mâles recueilloit une portion du royaume, entièrement indépendante de celle de fes frères. Les partages du royaume entre les quatre fils de Clovis, & enfuite entre fes quatre petits-fils, tous enfans de Clotaire, roi de Soiffons, qui avoit réuni les parts de fes trois frères, en fourniffent la preuve. On en trouve plufieurs exemples femblables fous la feconde race, dans le partage du royaume entre les deux fils de Pepin-le-bref, entre les trois fils de Charlemagne, & entre les quatre fils de Louis-le-débonnaire. Mais fous la troifième race, les puînés furent exclus du partage du royaume, & on leur affigna feulement des domaines pour leurs portions héréditaires; d'abord en propriété abfolue, comme le duché de Bourgogne, donné par le roi Robert, en apanage à Robert fon fecond fils, qui fut la tige de la première branche de Bourgogne, qui dura 330 ans: enfuite fous la condition de reverfion à la couronne à défaut d'hoirs, comme le comté de Clermont en Beauvoifis, accordé par le roi Louis VIII à Philippe de France fon frère, en l'année 1223; & enfin fous la condition de reverfion à défaut d'hoirs mâles, à l'exclufion des filles, comme le comté de Poitou, donné par Philippe-le-bel, en apanage, à Philippe fon frère, par fon teftament de 1311, fous la condition expreffe de reverfion à défaut d'hoirs mâles, fuivant fon codicille de 1314; ce qui a été depuis reconnu en France comme une loi de l'état.

A l'égard des filles de France, Charles V ordonna en 1374, qu'elles n'auroient point d'apanage, mais qu'elles feroient dotées en argent; ce qui s'eft ainfi pratiqué depuis; ou fi on leur a donné quelquefois des terres en dot, ce n'a été qu'à titre d'engagement, & fous la faculté perpétuelle de rachat.

Une feconde exception à l'inaliénabilité du domaine a été produite par la néceffité de pourvoir aux charges accidentelles de l'état, telles que les frais de la guerre. L'ordonnance de 1566, qui a renouvellé cette règle, admet en effet l'exception de la néceffité de la guerre fous trois conditions: la première, que l'aliénation fe faffe en deniers comptans, pour affurer la réalité du fecours; la feconde, qu'elle foit fondée fur des lettres-patentes enregiftrées, pour empêcher qu'on ne puiffe trop aifément employer cette reffource extraordinaire; la troifième, que l'aliénation foit faite fous la faculté de rachat perpétuel, pour affurer au roi le droit de rentrer dans un bien que la néceffité de l'état l'a forcé d'aliéner. On peut confulter Chopin, liv. II du domaine, titre 14, où cette matière eft traitée amplement.

Le premier engagement du domaine fut fait par François I, par lettres-patentes du premier mai 1519, felon la remarque de Chopin; & Mezerai, en fon Abrégé fur l'an 1522, fixe auffi la même époque aux engagemens. Ces aliénations fe faifoient d'abord par actes devant notaires: cette forme s'obfervoit encore fous le règne de Henri IV; mais ce prince donna une autre forme aux aliénations du domaine, en nommant des commiffaires pour en faire des adjudications au plus offrant, & cette forme eft celle qui a depuis été fuivie dans ces fortes d'actes.

Les aliénations faites en vertu des édits de mars 1619, décembre 1652, & autres édits poftérieurs, durèrent jufqu'en 1662, & recommencèrent en

1674 jufqu'en 1681. De nouveaux édits qui ordonnèrent l'aliénation du *domaine*, des mois de mars & avril 1695, étendirent l'objet des précédens, en ordonnant le rachat des rentes dues au *domaine*, l'aliénation des droits d'échange, la confirmation des précédens engagemens, l'aliénation des places qui avoient fervi aux foffés & remparts des villes. Deux édits des mois d'avril 1702 & août 1708, ordonnèrent de nouveau l'aliénation du *domaine*.

Un autre édit poftérieur du mois d'août 1717 & une déclaration du 5 mars 1718, en ont autorifé une nouvelle, tant en engagement qu'à vie. Enfin, par un arrêt du confeil, du 13 mai 1724, il a été ordonné que les offres & enchères pour la revente des *domaines* engagés, ne fe feroient à l'avenir qu'en rentes payables au *domaine*, & à la charge de rembourfer les précédens engagiftes.

Une troifième manière dont le *domaine* peut être diminué, eft l'aliénation par échange; car quoique le contrat d'échange ne foit pas une aliénation véritable, puifque au lieu du bien que l'on y abandonne, on en reçoit un autre de pareille valeur; cependant comme il peut arriver que le terme d'*échange* ne foit qu'un déguifement qui couvre une aliénation véritable, les ordonnances ont mis cette efpèce de contrat au rang des aliénations du *domaine* qu'elles prohibent. On en trouve des exemples dans celles du 29 juillet 1318 & 5 avril 1321. Cependant l'égalité qui doit régner dans l'échange, fait dire à Chopin, *liv. III du domaine*, *tit.* 16, n°. 1, que l'ordonnance de 1566 n'a pas entièrement réprouvé les échanges du *domaine*, dont il rapporte plufieurs exemples. Mais pour la validité de ces fortes d'échanges, il faut qu'il y ait néceffité ou utilité évidente pour le *domaine*; que les formalités néceffaires pour les aliénations y foient obfervées; qu'il y ait dans l'échange une égalité parfaite, de manière que le *domaine* du roi n'en foit point diminué; enfin, que les lettres-patentes qui autorifent cet échange, foient duement regiftrées: alors les biens cédés au roi en contre-échange, prennent la place des biens domaniaux, & deviennent de même nature.

Une dernière manière d'aliéner le *domaine*, provenoit autrefois des dons de la libéralité de nos rois. Pour la validité de ces dons, il étoit néceffaire qu'il en fût expédié un brevet en forme, & qu'il fût enregiftré en la chambre du tréfor: mais les dons étant de véritables aliénations, font fujets à être révoqués, même lorfqu'ils font faits pour récompenfe de fervice; ce qui s'eft ainfi pratiqué de tout temps. En effet, on voit dans les formules de Marculfe que, dès le temps de la première race, ceux qui avoient eu du roi des fonds en don, faifoient confirmer ces libéralités par les rois fes fucceffeurs. On pratiquoit auffi la même chofe du temps de la feconde race; de forte que le prince étoit cenfé faire une feconde libéralité, lorfque au lieu de révoquer le don fait par fes prédéceffeurs, il vouloit bien le confirmer. On a tellement reconnu l'abus qui pouvoit réfulter de ces fortes d'aliénations, que depuis plufieurs années, nos rois, en affermant fans réferve toutes les parties de leur *domaine*, foit fixes, foit cafuelles, fe font privés de la liberté d'en pouvoir faire à l'avenir aucun don.

Adminiftration du domaine. Pour ce qui eft de l'adminiftration du *domaine*, on n'entrera point ici dans le détail de tout ce qui peut y avoir quelque rapport; il fuffira d'obferver que de temps immémorial, les biens du *domaine* ont toujours été donnés à ferme au plus offrant & dernier enchériffeur, même les émolumens des fceaux & ceux des écritures, c'eft-à-dire des greffes & de tabellionage. On affermoit auffi le produit des prévôtés & bailliages; les anciennes ordonnances difent que ces fortes de biens feront vendus par cris & fubhaftation, ce qui ne doit pas néanmoins s'entendre d'une vente proprement dite, mais d'un bail à ferme.

Suivant une ordonnance de Philippe-le-long, du 27 mai 1320, chaque receveur devoit faire procéder aux baux des *domaines* de fa baillie ou recette: les baux de juftice & droits en dépendans, ne devoient être faits que pour un an & féparément de ceux des châteaux, que le receveur pouvoit affermer pour une ou plufieurs années, felon ce qui paroiffoit le plus avantageux au roi. Poftérieurement l'ufage établi par les déclarations du roi & les arrêts, a été que les tréforiers de France ne peuvent faire les baux du *domaine* pour plus de neuf années, autrement ces baux feroient confidérés comme une aliénation qui ne peut être faite fans néceffité & fans être autorifée par des lettres-patentes duement enregiftrées. Depuis plufieurs années, on ne voit plus de baux particuliers du *domaine*, & tous les *domaines* du roi font compris dans un feul & même bail, qui fait partie du bail général des fermes.

On a établi dans chaque généralité des receveurs généraux des *domaines* & bois, auxquels les fermiers & receveurs particuliers font obligés de porter le produit de leurs baux & de leurs recettes. Les receveurs généraux ont chacun des contrôleurs qui tiennent un double regiftre de tous les paiemens faits aux receveurs. Les fermiers & receveurs du *domaine* font obligés d'acquitter les charges affignées fur leur recette: leurs recettes & dépenfes font fixées par des états du roi; arrêtés tous les ans au confeil, fur les états de la valeur & des charges du *domaine*, qui doivent être dreffés & envoyés par les tréforiers de France. Ces états du roi font adreffés aux bureaux des finances de chaque généralité, par des lettres-patentes de commiffion; pour tenir la main à leur exécution. L'année de l'exercice expirée, les receveurs généraux font tenus de compter par état, au vrai, de leur recette & dépenfe, d'abord au bureau des finances dans le reffort duquel eft leur adminiftration, ensuite au conseil, & enfin de présenter leurs comptes en la chambre des comptes, en y joignant les états du roi & les états au vrai, arrêtés & signés.

Il se trouve à la chambre des comptes plusieurs anciennes ordonnances, qui portent, qu'entre les charges du *domaine*, on doit d'abord payer les plus anciens fiefs & aumônes, les gages d'officiers, les réparations, & que ces sortes de charges doivent passer avant les dons & autres assignations.

Les possesseurs des biens domaniaux sont aussi tenus d'en payer les charges accoutumées, quoique le contrat d'engagement n'en fasse pas mention : c'est la disposition des anciennes ordonnances, rappellée dans une déclaration du 12 octobre 1602, enforte néanmoins que les acquéreurs puissent retirer le denier vingt du prix de leur acquisition, & ne soient point chargés au-delà.

Jurisdiction du domaine. La forme de l'administration du *domaine* ne pourroit long-temps subsister, si elle n'étoit soutenue par les loix établies pour sa conservation, & par les juges spécialement chargés d'y veiller, ce qui forme la jurisdiction du *domaine.*

On a exposé plusieurs des loix du *domaine* dans le détail des privilèges qui le concernent, & ce n'est point ici le lieu d'en faire une plus longue énumération : mais on ne peut se dispenser de donner une idée des juges auxquels cette jurisdiction a été confiée.

On a mis au rang des privilèges les plus essentiels du *domaine*, le droit de ne pouvoir être soumis à la justice des seigneurs particuliers, de n'être confié qu'aux juges royaux, & même d'avoir ses causes attribuées à certains juges royaux, à l'exclusion de tous autres, soit en première instance, soit par appel.

Les trésoriers de France connoissoient d'abord seuls des affaires domaniales dans toute l'étendue du royaume : mais le *domaine* s'étant augmenté par les différens duchés & autres seigneuries, qui furent unis à la couronne, les trésoriers de France, souvent occupés près de la personne du roi, & ne pouvant toujours vaquer, par eux-mêmes, à l'expédition des affaires contentieuses, en commettoient le soin à des personnes versées au fait de judicature, qui faisoient la fonction de conseillers, sans néanmoins en prendre le titre. On en voit dès 1356, d'abord au nombre de quatre, ensuite de six : le premier de ces juges commis par les trésoriers de France étoit ordinairement un évêque ou autre grand seigneur. En 1380, l'évêque de Langres présidoit, en qualité de conseiller ; *super facto domanii regis :* les jugemens & commissions émanés de ce juge étoient intitulés, *les conseillers & trésoriers au trésor*, comme on le voit par un ancien livre des causes par eux expédiées en 1379, & par le compte des changeurs du trésor.

Comme il étoit peu convenable que la connoissance du *domaine* de la couronne fût confiée à des personnes privées & sans caractère, le roi, en 1388,

donna deux adjoints aux trésoriers de France, qui étoient alors au nombre de trois ; & ordonna que deux d'entre eux vaqueroient au fait de la distribution & gouvernement des deniers, & les trois autres à l'expédition des causes du *domaine* ; enforte que l'on distingua depuis ce temps le trésorier de France sur le fait des finances ou de la direction, & le trésorier de France sur le fait de la justice.

Il y eut plusieurs changemens dans leur nombre jusqu'en 1412, qui sont peu importans à connoître. En cette année, sur les remontrances des états du royaume, il fut établi, par le roi, un clerc conseiller du trésor, pour juger, avec les trésoriers de France, les affaires contentieuses du *domaine.* Depuis ce temps les trésoriers de France observèrent entre eux exactement de tenir deux séances différentes ; l'une pour les affaires de finances ou de direction, que l'on ne traitoit plus qu'en la chambre de la finance, appellée depuis le *bureau des finances* ; l'autre pour les affaires contentieuses, qui se tenoit en une chambre, appellée *chambre de la justice*, depuis *chambre du trésor.*

Les registres les plus anciens de ces chambres font mention des officiers des deux chambres, & des dépenses faites pour les menues nécessités de l'une & de l'autre : on y trouve que le 3 février 1413, un procureur s'étant présenté en la chambre des finances, pour demander aux trésoriers de France la main-levée des biens qu'ils avoient fait saisir sur un particulier, les trésoriers de France répondirent qu'ils iroient incessamment tenir l'audience en la chambre de la justice, & qu'ils y feroient droit sur sa requête.

Le 25 mars de la même année, le roi créa un second conseiller du trésor, reçu le 17 avril suivant. Ses provisions portent qu'il est créé pour tenir l'auditoire & siège judiciaire au trésor. Dans le procès-verbal de réception d'un autre conseiller, le 23 avril 1417, il est dit qu'il fut installé au bureau de la justice & auditoire du trésor, pour tenir & exercer le fait de la justice, pour & au nom des trésoriers de France.

En l'année 1446, le roi créa un troisième office de conseiller du trésor. Un quatrième office fut créé le 4 août 1463 ; & un cinquième office le fut de même le 26 septembre 1477. Enfin, par une déclaration du 13 août 1496, le nombre des conseillers du trésor fut fixé aux cinq qui étoient alors subsistans, & c'est à cette époque que l'on doit considérer l'établissement stable & permanent de la chambre du trésor, depuis appellée *chambre du domaine.* Le nombre des officiers de cette chambre fut dans la suite porté à dix, par la création de trois nouveaux offices de conseillers du trésor, par un édit du mois de février 1543, & par celle postérieure, d'un lieutenant général & d'un lieutenant particulier.

Pour connoître l'étendue de la jurisdiction de la chambre du trésor, il faut considérer ses époques différentes, depuis la déclaration du 13 août 1496, que l'on peut regarder comme son premier âge. Par cette déclaration, la chambre du trésor avoit le droit de connoître des affaires domaniales de tout le royaume. Tel étoit son territoire ; elle étoit l'unique tribunal où l'on pût porter ces sortes de contestations : mais comme les trésoriers de France avoient exercé la jurisdiction du trésor, & que cette jurisdiction étoit un démembrement de la leur, ils conservèrent la prérogative de venir prendre place dans cette chambre, & d'y présider.

Le roi François I parut donner atteinte à l'étendue de la jurisdiction de la chambre du trésor par l'édit de Crémieu, de l'année 1536, qui est le commencement du second âge de cette chambre : cet édit renferme deux clauses qu'il est nécessaire d'observer : la première, l'attribution aux baillis & sénéchaux des causes du domaine : la seconde, la prévention qu'on y réserve dans son entier à la chambre du trésor ; ainsi par cet édit la chambre du trésor partage ses fonctions, & a des concurrens, mais conserve son territoire en entier : on ne borne point son étendue, & si on ne lui laisse point cette prévention & cette concurrence, elle est dépouillée entièrement, on ne lui laisse aucune jurisdiction, ce qui est contraire aux termes de l'édit, qui l'a réservé en son entier. Par rapport aux trésoriers de France, on n'en fait nulle mention dans cet édit : ils demeurent dans leur ancien état ; ils conservent leur séance d'honneur dans la jurisdiction du trésor.

Le concours donné aux baillis & sénéchaux par l'édit de 1536, fut modéré par un édit du mois de février 1543, qui est le commencement du troisième âge de la chambre du trésor. Cet édit rendit à cette chambre une partie de sa jurisdiction, en lui attribuant la privative dans l'étendue de dix bailliages, & lui conservant la prévention dans le reste du royaume.

Tel étoit l'état auquel les trésoriers de France, établis en corps de bureaux, sous le titre de *bureaux des finances*, par un édit du mois de juillet 1577, ont trouvé la chambre du trésor lors de cet établissement. Il n'y eut aucun changement à cet égard jusqu'en l'année 1627. Par un édit donné au mois d'avril de cette année, le roi Louis XIII ôte aux baillis & sénéchaux la jurisdiction du *domaine*, qui leur avoit été attribuée par l'édit de 1536, pour la donner aux trésoriers de France, chacun dans l'étendue de leurs généralités, avec faculté de juger jusqu'à 250 livres en principal, & jusqu'à 10 livres de rente en dernier ressort, & le double de ces sommes par provision. Cet édit laisse la chambre du trésor dans le même état où elle se trouvoit, ne lui ôte rien expressément, & la maintient, au contraire, en termes formels ; il substitue seulement les bureaux des finances aux bailliages, & conserve à la chambre du trésor la privative dans l'étendue de dix bailliages, la concurrence & la prévention dans tout le royaume, aux termes des édits de 1536 & 1543.

La chambre du trésor n'a souffert aucun changement jusqu'en l'année 1698, qui a formé ce qu'on peut appeler son quatrième & dernier âge. Le roi Louis XIV, par un édit donné au mois de mars 1693, a fixé la jurisdiction du *domaine* en l'état où elle se trouve encore aujourd'hui. Cet édit contient deux dispositions différentes. L'édit de 1627 n'avoit pas été précisément exécuté dans la généralité de Paris, dans laquelle les baillis & sénéchaux s'étoient maintenus en possession, contre l'intention du roi, de connoître des contestations domaniales dans les bailliages qui n'étoient pas du ressort privatif de la chambre du trésor. Cet édit ne pouvoit y être exécuté sans que cette compétence se trouvât partagée entre deux jurisdictions, ce qui pouvoit produire de fréquens abus. Le roi, pour faire cesser les fréquens inconvéniens qui en pouvoient naître, dépouille les baillis & sénéchaux, dans l'étendue de la généralité de Paris, de la possession dans laquelle ils s'étoient maintenus, & réunit en un même corps le bureau des finances & la chambre du trésor, à laquelle on substitua le nom de *chambre du domaine*. *Voulons que la jurisdiction du trésor demeure unie au corps des trésoriers de France ;* c'est la première disposition de l'édit : *avons attribué à nos trésoriers de France de Paris toute cour & jurisdiction, pour juger les affaires concernant nôtre domaine, dans l'étendue de notre généralité de Paris :* c'est la seconde disposition de l'édit.

Par rapport aux matières qui forment la compétence de la chambre du *domaine*, ce sont tous les biens & droits royaux & domaniaux, tels que les seigneuries domaniales & autres héritages dépendans du *domaine*, les bois de haute-futaie qui sont extans sur ces héritages, les droits de gruerie, tiers & danger, tout ce qui concerne les annoblissemens, amortissemens, francs-fiefs & nouveaux acquêts, les droits d'aubaine, bâtardise, deshérence, biens vacans, épaves, confiscations, amendes, droits de confirmations, dixmes inféodées, greffes, droits féodaux, tels que la foi & hommage, aveux & dénombremens, censives, lods & ventes, champarts, & autres droits de justice, de voiries, de tabellionage, de bannalité, de foires & marchés, de poids & mesures, péages, barrages, travers & autres, & généralement tout ce qui a rapport au *domaine* engagé ou non engagé, à l'exception des apanages, & toutes les contestations qui les concernent, soit que le roi soit partie, soit que ce soit entre particuliers.

Le roi adresse à la chambre du *domaine* toutes les commissions qu'il délivre pour la confection du papier terrier dans la généralité de Paris, pour la recherche des droits domaniaux recelés ou usurpés, pour malversation des officiers du *domaine* ou de leurs commis.

Les seigneurs possédant des terres & seigneuries mouvantes immédiatement du roi, après avoir fait la foi & hommage au lieu où elle est due, & fait recevoir leur aveu & dénombrement à la chambre des comptes, font aftreints à donner à la chambre du *domaine*, une déclaration fommaire qu'ils font détenteurs de telle feigneurie ; faire mention de quels cens, rentes, & autres droits & devoirs feigneuriaux & féodaux elles font chargées ; fournir des copies collationnées des actes de foi & hommage, aveux & dénombremens, & repréfenter les quittances des droits feigneuriaux qu'ils ont dû payer.

Les acquéreurs, propriétaires & poffeffeurs de biens en roture, fitués dans la cenfive du roi, font également aftreints à fournir de femblables déclarations à la chambre du *domaine*.

Ceux qui ne fatisfont pas à cette formalité, y font contraints à la requête du procureur du roi de la chambre du *domaine*, pourfuite & diligence des fermiers, fuivant l'ordonnance de Henri III du 7 feptembre 1582.

Les lettres de naturalité & légitimation doivent être enregiftrées au greffe de cette chambre, à peine de nullité, & jufqu'à ce qu'on y ait fatisfait, il eft défendu aux impétrans de s'en fervir, & à tout juge d'y avoir égard, aux termes de la déclaration du 17 feptembre 1582. On y fait auffi l'enregiftrement de tous les brevets de don accordés par le roi, de droits d'aubaine, bâtardife, deshérence, confifcation, droits feigneuriaux, & autres cafuels, dépendans du *domaine*, & des lettres-patentes expédiées fur ces brevets.

Le procureur du roi de la chambre du *domaine* fait procéder à fa requête par voie de faifie fur les biens & effets qui échoient au roi par droit d'aubaine, bâtardife, deshérence, confifcation, & autres femblables : on procède enfuite en ladite chambre aux baux & adjudications des immeubles provenans des fucceffions adjugées au roi, pour raifon de ces droits.

Le procureur du roi fait auffi faifir féodalement les fiefs mouvans du roi, faute par les vaffaux d'avoir fait la foi, & d'avoir fourni leur aveu & dénombrement dans le temps prefcrit par la coutume.

L'appel des jugemens de la chambre du tréfor, a toujours reffortinuement au parlement de Paris : il fut établi, en 1570, une nouvelle chambre au parlement, qu'on appella la *chambre du domaine*, pour juger les appellations de la chambre du tréfor ; elle fut compofée de deux confeillers de la grand'chambre, & de quatre des confeillers du tréfor : mais depuis, cette chambre a formé la quatrième des enquêtes, & les appellations de la chambre du tréfor, préfentement chambre du *domaine*, ont refforti à la grand'chambre du parlement.

On pourroit entrer dans un plus long détail de tous les objets différens qui compofent la jurifdiction de la chambre du *domaine* ; mais la réunion de cette jurifdiction aux autres matières, dont la connoiffance appartient aux tréforiers de France de Paris, oblige de renvoyer cette partie à l'*article* TRÉSORIERS *de France*, où l'on réunira fous un

même point de vue tout ce qui a rapport à leurs fonctions, foit comme tréforiers de France pour la direction du *domaine*, foit comme tréforiers de France pour la jurifdiction du *domaine*, foit comme ayant réuni les fonctions de la chambre du tréfor, foit comme généraux des finances, foit comme grands-voyers en la généralité de Paris. On fe contentera d'obferver, que pour connoître l'origine & la compétence de la chambre du tréfor ou *domaine*, & de fes officiers, on peut confulter le *Recueil des ordonnances de la troifième race* ; Chopin, *du domaine*, *liv. II*, *tit. 15* ; Fontanon, *tom. II*, *pag. 247* ; Rebuffe, *liv. II*, *tit. 2*, *chap. 2* ; Joli, *des offices de France*, *tom. I*, *pag. 5* ; Miraulmont, *Traité de la chambre du tréfor & des tréforiers de France* ; Pafquier, *Recherches de la France*, *liv. II*, *chap. 8* ; Filleau, *part. II*, *tit. 10*, *chap. 2 & fuiv.* ; Henrys, *tom. I*, *liv. 2*, *chap. 4*, *queft. 14* ; Bacquet, *Traité de la chambre du tréfor*, & *au mot* TRÉSORIERS *de France*.

DOMAINE *direct*, fignifie quelquefois la *feigneurie* d'un héritage, quelquefois la fimple *propriété* oppofée au *domaine utile*, tel que l'ufufruit. *Voyez* DOMAINE. (*A*)

DOMAINE ÉMINENT, (*Droit polit.*) c'eft le droit qu'a le fouverain de fe fervir pour le bien public, dans un befoin preffant, des fonds & des biens que poffèdent les fujets.

Ainfi, par exemple, quand la néceffité du bien public requiert de fortifier une ville, le fouverain eft autorifé à prendre les jardins, les terres, & les maifons des particuliers, qui fe trouvent fitués dans l'endroit où il faut faire les remparts, les foffés, & autres ouvrages de fortification que demande l'intérêt de l'état ; c'eft pourquoi, dans un fiège, le fouverain abat & ruine fouvent des édifices & des campagnes de fes propres fujets, dont l'ennemi pourroit fans cela retirer quelque grand avantage.

Il eft inconteftable que la nature même de la fouveraineté autorife le prince à fe fervir, dans les cas urgens de néceffité, des biens que poffèdent fes fujets ; puifqu'en lui conférant l'autorité fouveraine, on lui a donné en même temps le pouvoir de faire & d'exiger tout ce qui eft néceffaire pour la confervation & l'avantage de l'état.

Il faut encore remarquer, que c'eft une maxime de l'équité naturelle, que quand il s'agit de fournir ce qui eft néceffaire à l'état, & à l'entretien d'une chofe commune à plufieurs, chacun doit y contribuer à proportion de l'intérêt qu'il y a : mais comme il arrive quelquefois que les befoins préfens de l'état & les circonftances particulières ne permettent pas que l'on fuive cette règle à la lettre, c'eft une néceffité que le fouverain puiffe s'en écarter, & qu'il foit en droit de priver les particuliers des chofes qu'ils poffèdent, mais dont l'état ne fauroit fe paffer dans les conjonctures preffantes où il fe trouve : ainfi le droit dont il s'agit, n'a lieu que dans de telles conjonctures.

Pofons donc pour maxime, avec M. de Montefquieu, que quand le public a befoin du fonds d'un particulier, il ne faut jamais agir par la rigueur de la loi politique : mais c'eft là que doit triompher la loi civile, qui avec des yeux de mère, regarde chaque particulier comme toute la cité même.

« Si le magiftrat politique veut faire quelque » édifice public, quelque nouveau chemin, il faut » qu'il indemnife noblement : le public eft à cet » égard comme un particulier qui traite avec un » particulier. C'eft bien affez qu'il puiffe contrain- » dre un citoyen de lui vendre fon héritage, & » qu'il lui ôte le grand privilège qu'il tient de la loi » civile, de ne pouvoir être forcé d'aliéner fon bien.

» Beaumanoir, qui écrivoit dans le douzième » fiècle, dit que de fon temps quand un grand » chemin ne pouvoit être rétabli, on en faifoit » un autre, le plus près de l'ancien qu'il étoit » poffible; mais qu'on dédommageoit les proprié- » taires aux frais de ceux qui tiroient quelque avan- » tage du chemin : on fe déterminoit pour lors par » la loi civile; on s'eft déterminé de nos jours par » la loi politique ».

Il eft donc jufte que dans les rares conjonctu- res où l'état a befoin de priver les particuliers de leurs biens, alors 1°. les propriétaires foient dé- dommagés par leurs concitoyens, ou par le tréfor public, de ce qui excède leur contingent, autant du moins que la chofe eft poffible; que fi les ci- toyens eux-mêmes fe font expofés à fouffrir cette perte, comme en bâtiffant des maifons dans un lieu où elles ne fauroient fubfifter en temps de guerre, alors l'état n'eft pas tenu à la rigueur des indemnifer, & ils peuvent raifonnablement être cenfés avoir confenti eux-mêmes aux rifques qu'ils couroient.

2°. Le droit éminent n'ayant lieu que dans une néceffité d'état, il feroit injufte de s'en fervir en tout autre cas; ainfi le monarque ne doit ufer de ce privilège fupérieur, qu'autant que le bien public l'y force, & qu'autant que le particulier qui a perdu ce qui lui appartenoit, en eft dédommagé, s'il fe peut, du fonds public, ou autrement : car d'un côté la loi civile, qui eft le *palladium* de la pro- priété, & de l'autre la loi de nature, veulent qu'on ne dépouille perfonne de la propriété de fes biens, ou de tout autre droit légitimement acquis, fans y être autorifé par des raifons grandes & importantes. Si un prince en ufe autrement à l'égard de quel- qu'un de fes fujets, il eft tenu fans contredit de réparer le dommage qu'il lui a caufé par-là, puif- qu'il a donné atteinte à un droit d'autrui certain & inconteftable; il le doit même dans un gouver- nement civil, qui, quoique monarchique & abfolu, n'eft point defpotique, & ne donne pas conféquem- ment au fouverain fur fes fujets le même pouvoir qu'un maître s'arroge fur fes efclaves.

3°. Il s'enfuit de-là encore, qu'un prince ne peut jamais difpenfer valablement aucun de fes fujets des charges auxquelles ils font tous aftreints en vertu du *domaine éminent*; car tout privilège renferme

une exception tacite des cas de néceffité : & il paroit de la contradiction à vouloir être citoyen d'un état, & prétendre néanmoins avoir quelque droit dont on puiffe faire ufage au préjudice du bien public.

4°. Enfin, puifque le droit dont il s'agit ici eft un droit malheureux & onéreux aux citoyens, on doit bien fe garder de lui donner trop d'étendue; mais il faut au contraire tempérer toujours les pri- vilèges de ce droit fupérieur, par les règles de l'équité, & c'eft d'après ces règles qu'on peut dé- cider la plus grande partie des queftions qui fe font élevées entre les politiques, au fujet du *domaine éminent*. Mais comme ces queftions nous méneroient trop loin, & qu'elles font d'une difcuffion trop délicate pour cet ouvrage, je renvoie le lecteur aux favans jurifconfultes qui les ont traitées; par exemple, à M. Buddœus, dans fon *Hiftoire du droit naturel*; à M. Boehmer, dans fon *Droit public uni- verfel*; à Grotius & à Puffendorff. *Hic jura regum extremis digitis attigiffe fat eft*. (*Article de M. le che- valier* DE JAUCOURT, *première édit. de l'Encyclop.*)

DOMAINE *engagé*, eft une portion du *domaine* de la couronne que le roi a transférée à quelque particulier. Ce *domaine* ainfi engagé, eft toujours réputé faire partie du *domaine* de la couronne, & la véritable propriété n'en appartient qu'au roi, attendu la faculté perpétuelle de rachat que le roi peut exercer. V. ENGAGEMENT & ENGAGISTE. (*A*)

DOMAINE *fixe*, c'eft l'ancien *domaine* de la cou- ronne, tel que les feigneuries, les tailles & autres droits domaniaux qui ne dépendent point d'aucun événement cafuel. *Voyez* DOMAINE *ancien, &* DOMAINE *cafuel.* (*A*)

DOMAINE *forain*, ce font certains droits doma- niaux qui fe lèvent fur les marchandifes qui entrent dans le royaume, ou qui en fortent. (*A*) *Voyez le Dictionnaire des Finances.*

DOMAINE *immuable*, eft celui dont le produit n'augmente ni ne diminue, comme les cens & rentes, à la différence du *domaine* muable, qui con- fifte en greffes, fceaux & autres chofes qui s'affer- ment, & dont le prix peut augmenter ou diminuer felon les circonftances. *Voyez* DOMAINE *de la cou- ronne.* (*A*)

DOMAINE *muable*, *voyez* ce qui en eft dit ci- devant à DOMAINE *immuable*, & à DOMAINE *de la couronne.* (*A*)

DOMAINE *noble*, eft un héritage appartenant à un particulier, & tenu par lui noblement, c'eft-à- dire en fief ou en franc-aleu noble. *Voyez* FIEF & FRANC-ALEU. (*A*)

DOMAINE *nouveau*, c'eft celui qui eft avenu au roi par conquête ou par acquifition, foit à prix d'argent ou par échange, ou par confifcation, com- mife, aubaine, bâtardife, deshérence. *Voyez* DO- MAINE *ancien* & DOMAINE *de la couronne.* (*A*)

DOMAINE *particulier du roi*, eft différent de ce- lui de la couronne. *Voyez* ce qui en eft dit ci-devant au mot DOMAINE *de la couronne.* (*A*)

DOMAINE

DOMAINE *plein*, fignifie quelquefois la pleine propriété, c'eft-à-dire, celle à laquelle on joint l'ufufruit: quelquefois il fignifie la mouvance directe & immédiate d'un fief envers un autre feigneur, à la différence des arrière-fiefs, qui ne relèvent pas en plein fief ou plein *domaine* du fief fuzerain. (*A*)

DOMAINE *du roi*, ce terme, pris ftrictement, fignifie le *domaine* particulier du roi, qui n'eft point encore uni à la couronne; néanmoins dans l'ufage on entend fouvent par-là le *domaine* de la couronne. *Voyez* DOMAINE *de la couronne*. (*A*)

DOMAINE *reverfible*, c'eft un *domaine* du roi ou de la couronne, qui y doit retourner à défaut d'hoirs mâles, ou dans quelque autre cas, ou au bout d'un certain temps, foit qu'il ait été donné à titre d'apanage ou à titre d'engagement. (*A*)

DOMAINE *réuni*, on entend ordinairement par-là un *domaine* réuni à la couronne. Il y a différence entre un *domaine* uni & un *domaine réuni*; le dernier fuppofe qu'il avoit été féparé de la couronne, au lieu qu'un *domaine* peut être uni à la couronne, fans y avoir jamais été uni précédemment. *Voyez* le factum de M. Huffon, fur le *domaine* de Montbar. (*A*)

DOMAINE *roturier*, eft un héritage appartenant à un particulier, & par lui tenu en cenfive de quelque feigneur, ou en franc-aleu roturier. (*A*)

DOMAINE *du roi*. *Voyez* DOMAINE *de la couronne*, & DOMAINE *particulier du roi*. (*A*)

DOMAINE *du feigneur*, c'eft le corps de fon fief. Réunir à fon *domaine*, c'eft réunir à fon fief; faire de fon *domaine* fon fief, c'eft fe jouer de fon fief. (*A*)

DOMAINE *utile*, c'eft la jouiffance d'un fonds, détachée de la feigneurie & de la fimple propriété. Le *domaine utile* eft oppofé au *domaine direct*. Un feigneur a le *domaine direct* d'un fonds, fon cenfitaire en a le *domaine utile*; de même le bailleur à rente ou à emphytéofe, a le *domaine direct* de l'héritage, le tenancier a le *domaine utile*. Le propriétaire confidéré, par rapport à l'ufufruitier le *domaine* direct, & l'ufufruitier le *domaine utile*. Enfin, on dit quelquefois que le fermier a le *domaine utile*, c'eft-à-dire la poffeffion. *Voyez* DOMAINE. (*A*)

ADDITION à l'article DOMAINE. Il n'y a qu'une loi claire & pofitive qui puiffe opérer une prohibition d'aliéner. Pour le développement de ce principe, on ne peut choifir un guide plus refpectable que M. le chancelier d'Agueffeau, qui, dans une caufe célèbre concernant la terre de Verteuil, ayant à s'expliquer fur une queftion de ce genre, s'exprimoit en ces termes:

« Le droit le plus conforme à la nature, & la » loi civile, rendent tous les biens patrimoniaux & » les mettent tous également dans cette grande » communauté, qui compofe la fociété civile: » tout eft dans le commerce par ces deux droits.

» La prohibition d'aliéner eft odieufe; elle détruit » la liberté naturelle & civile; donc pour la rendre » perpétuelle, il faut quelque chofe d'auffi fort &

Jurifprudence. Tome III.

» d'auffi puiffant que la loi même, qui établit la » liberté du commerce.

» De-là il fuit que, pour mettre un bien per-» pétuellement hors du commerce, il faut ou une » loi, ou un ufage qui en tienne lieu, ou une » difpofition de l'homme autorifée par la loi.

» Quoique l'évidence de ces propofitions (ajoute » ce grand magiftrat) en établiffe fuffifamment la » vérité, on peut encore les confirmer par une » induction générale, qui achève de la porter au » dernier degré de clarté & de certitude.

» Que l'on parcoure toutes les efpèces de biens » qui font inaliénables, on n'en trouvera aucun qui » ne le foit par une loi publique, ou par un ufage » connu de tout le monde, ou par une difpofi-» tion publique, autorifée par la loi ».

M. d'Agueffeau en donne pour exemple les biens d'églife, les apanages, les biens fubftitués, les majorats d'Efpagne, les terres de dignité, les anciens fiefs d'Italie, & enfin *le domaine de nos rois*. Cette loi qu'exige M. d'Agueffeau, exifte. L'édit de 1566 déclare le *domaine* de la couronne inaliénable. Ce n'eft cependant pas à cette époque de 1566 qu'il faut fixer cette inaliénabilité; elle remonte bien plus haut; en effet, quand l'article premier de cette loi célèbre a dit, que le *domaine* de la couronne ne peut être aliéné qu'en deux cas feulement, l'un pour apanage des princes mâles de la maifon de France, l'autre à deniers comptans pour la néceffité des guerres, mais dans ce dernier cas, avec faculté de rachat; quand l'article 2 déclare que le *domaine* de la couronne eft entendu celui qui eft expreffément confacré, uni & incorporé à la couronne, ou qui a été tenu & adminiftré par les receveurs & officiers du roi par l'efpace de dix ans, & eft entré en ligne de compte; quand enfin l'article 13 ajoute que les articles ci-deffus auront force de loi & d'ordonnances, tant pour le regard de l'ancien *domaine* uni à la couronne, qu'autres terres depuis accrues ou advenues, comme Blois, Coucy, Montfort & autres femblables, Charles IX n'a ni donné ni entendu donner une loi nouvelle, & qui ne dût avoir lieu que pour l'avenir.

Le préambule de cette ordonnance ayant pour titre, *réglement général fur le domaine du roi*, apprend à quiconque feindroit de le méconnoître, les caufes auxquelles elle a dû fa promulgation, & qu'elle n'eft que le recueil & le renouvellement de loix plus anciennes.

« Comme à notre facre (dit le roi Charles IX, » & c'étoit le ferment des rois fes prédéceffeurs), » nous avons, entre autres chofes, promis & juré » *garder & obferver le domaine & patrimoine royal* » *de notre couronne*, l'un des principaux nerfs de » notre état, retirer les portions & membres d'ice-» lui, qui ont été aliénés, vrai moyen pour fou-» lager notre peuple tant affiégé des calamités & » troubles paffés; & parce que les règles & maximes » anciennes de l'union & confervation de notre do-» maine font à aucun affez mal, & aux autres peu

G G g g g

» connues, nous avons estimé très-nécessaire de
» les faire recueillir & réduire par articles; & iceux
» confirmer généraux & irrévocables, afin que ci-
» après personne n'en puisse douter ».

L'ordonnance du domaine, de 1566, a donc
été non une ordonnance nouvelle, quæ futuris
tantùm daret formam negotii, mais le code, la collection, la mise en ordre des maximes anciennes
in l'union & la conservation du domaine de la couronne, que le souverain n'a fait alors que rassembler, confirmer & rendre plus notoires.

Le domaine de la couronne étoit donc inaliénable
avant l'édit de 1566: reste maintenant la question
de savoir à quelle époque on doit fixer cette inaliénabilité.

Il paroît que cette loi étoit inconnue sous les
deux premières races, & même au commencement de la troisième.

A l'égard du temps qui s'est écoulé sous les
deux premières dynasties, il y en a des preuves de
toute espèce; en voici quelques-unes:

Les annales de Saint-Bertin, sur l'an 839, parlant des dons faits par Louis-le-débonnaire, disent
qu'il donnoit aux uns en fief, aux autres en toute
propriété: suorum cum plures non solùm proprietati-
bus, verùm autem beneficiariis donavit honoribus.....
Le célèbre traité d'Andely dépose de l'aliénabilité
des domaines, d'une manière encore plus précise.
On y lit ces paroles remarquables, au sujet des
apanages des reines & des princesses du sang
royal: ut si quid de nobis fiscalibus vel speciebus
atque præsidio, pro arbitrii sui voluntate facere aut
conferre cuiquam voluerint fixâ stabilitate perpetuò
conservetur. On trouve la preuve du même fait
dans les formules de Marculfe; la quatorzième du
premier livre, dit bien expressément que les biens
domaniaux étoient possédés par les particuliers, pro-
priétairement & de la même manière qu'ils l'étoient
par le fisc lui-même: sicut à fisco fuit possessum.
Enfin, quelle preuve plus tranchante que les partages de la monarchie, dont l'usage étoit si fréquent
& les conséquences si funestes ? On est certainement dispensé d'accumuler les autorités, quand on
en rapporte d'aussi décisives.

Les premiers volumes du recueil des ordonnances du Louvre sont remplis de chartes particulières
de nos rois, qui accordent à différentes villes &
seigneuries le privilège de ne pouvoir être aliénées & distraites du domaine. Si le domaine eût été
en effet inaliénable, quel eût été l'objet de ces
chartes & de ces privilèges ? Aussi les éditeurs de
ces ordonnances disent-ils formellement, dans une
note insérée au tome I, pag. 665, sur une ordonnance de Philippe-le-long, du 29 juillet 1318,
que sous les deux premières races de nos rois, &
même sous les premiers rois de la troisième race, le
domaine de la couronne n'étoit pas inaliénable. C'est
au treizième siècle qu'on fixe ordinairement l'époque la plus éloignée de l'inaliénabilité de ce domaine;
& en effet, pour peu qu'on jette les yeux sur

l'histoire des siècles antérieurs, on y trouve une
foule d'exemples d'aliénations faites par nos rois:
la première ordonnance pour la révocation de ces
aliénations, fut donnée par Philippe-le-long, en
1318. Mais ce prince ne révoqua pas indistinctement
toutes les aliénations, mais seulement les aliénations faites par Philippe-le-bel son père, & par
Louis Hutin son frère: comme ayant été désordonné-
ment faites, menées & traitées, & à cause de plusieurs grands malices & fraudes qui commises ont été.

Charles-le-bel, en 1321, ordonna l'exécution
de ce réglement de Philippe-le-long son prédécef-
seur, & plusieurs de nos rois ont rendu à ce sujet différentes loix dont il est inutile de parler.

« Depuis ces ordonnances (disent les éditeurs
» de celle du Louvre, dans une note sur la charte
» de Philippe-le-long), depuis ces ordonnances,
» le domaine de la couronne a toujours été tenu
» pour inaliénable ».

Il est donc démontré que l'inaliénabilité du domaine n'a pas été reçue sous les deux premières
races de nos rois, ni sous les premiers rois de la
troisième, & quelque faveur que puissent mériter
les loix qui l'ont prescrite, on ne peut cependant
se dissimuler que ces loix ne sont pas aussi anciennes que la monarchie; c'est ce qui a fait dire au
savant annotateur de Lefevre de la Planche, qu'il
falloit distinguer deux domaines: « un domaine sa-
» cré, inaliénable, imprescriptible, & que nulle
» force humaine ne peut séparer de la couronne
» (c'est tout ce qui est compris dans l'idée de
» cette couronne, comme étant attaché à cette
» idée par la raison même); un domaine qu'une
» convention solemnelle, écrite dans nos loix du
» royaume, a uni & incorporé à la couronne,
» par une fiction qui, en imitant la nature, ren-
» ferme encore ce domaine sous l'idée de la cou-
» ronne. Mais une convention forme ce lien, &
» une convention peut être rétractée par une con-
» vention contraire, si de nouvelles circonstances
» font naître un intérêt contraire ».

M. le chancelier d'Aguesseau lui-même étoit
bien loin de prétendre que ce domaine eût toujours
été inaliénable. Dans son second mémoire, au sujet
de la terre de Breval, imprimé au septième volume
de ses œuvres, il dit formellement qu'il faut distinguer ici deux temps : un premier temps qui a précédé
l'ordonnance faite à Moulins, en 1566, sur le domaine du roi ; un deuxième temps qui a suivi cette
ordonnance. Dans le premier temps, on doutoit encore
si le domaine de la couronne ne pourroit pas être valablement aliéné pour récompense des services importans rendus à l'état, &c.

Aussi, Chopin, dans son Traité du domaine,
se proposant de parler de son inaliénabilité, au
liv. 2, tome I, commence-t-il par citer l'édit de
1566, comme étant un des plus anciens de ceux
qui l'ont reconnue. Il seroit difficile, d'après des
autorités si respectables & si précises, de soutenir
que le domaine de la couronne de France a toujours

été inaliénable, & même qu'il jouit de cette prérogative depuis le commencement de la troisième race.

Cependant si l'on en croit M. le Bret, dans son magnifique discours, lors de l'enregistrement du fameux édit de 1607, la loi de l'inaliénabilité & la nécessité de l'union des propriétés privées du prince, au *domaine* de la couronne, existe depuis Hugues Capet.

« Il faut tenir pour certain, disoit ce grand *» magistrat, qu'entre les loix fondamentales de cette* *» monarchie, celle-ci est une des principales, qui* *» veut que tous les biens, terres & seigneuries que* *» possèdent nos rois, soient acquis à la couronne* *» si-tôt qu'on leur a mis le sceptre en main, & qu'ils* *» ont pris possession de la royauté, comme s'ils lui* *» en faisoient un don en faveur de ce mariage.* *» Politique qu'ils contractent avec elle par leur* *» sacre, & pour récompense de ce que de sa part* *» elle leur donne la jouissance de tous ses droits* *» & de tous ses honneurs.*

» Quelques grands auteurs, continue M. le Bret, *» disent que cette loi royale dont nous parlons* *• (celle de l'union de plein droit du domaine* *» privé du roi, ou de ses acquisitions au domaine* *» de la couronne) fût introduite dès l'origine de* *» cette monarchie, &c.* » Mais la plus saine opinion est que *Hugues* *» Capet*, chef de cette troisième race qui règne *» sur nous depuis six cens & tant d'années, a été* *» l'auteur de cette loi fondamentale, d'autant que* *» l'histoire nous apprend, qu'élevé au trône, il se* *» vit obligé de le remettre en son premier éclat,* *» qui s'étoit obscurci par la nonchalance de ses* *» prédécesseurs, & fit plusieurs loix souveraines* *» qu'il jugea propres pour en conserver les fonde-* *» mens jusqu'à l'éternité.* » La première fut désormais le domaine royal *» ne se partageroit plus.* » La seconde, que nos rois ne jouiroient plus *» du domaine de la couronne, que comme admi-* *» nistrateurs & usufruitiers, sans le pouvoir aliéner.* » La troisième loi que fit ce grand roi, fût *» celle dont il est fait mention par les lettres qui* *» ont été lues (c'étoit l'édit de 1607), par la-* *» quelle il ordonna que le domaine privé des rois* *» seroit uni à celui de leur couronne, dès-lors de leur* *» promotion : estimant que comme si-tôt que les* *» fleuves mêlent leurs eaux dans celles de l'Océan,* *» ils perdent leurs noms & ne sont plus reconnus;* *» de même il étoit convenable que les terres &* *» seigneuries des nouveaux rois, retournant à leur* *» première source, fussent tellement unies & in-* *» corporées au domaine de la couronne, qu'elles* *» ne pussent après en être jamais désunies & sé-* *» parées ».*

Nous avons rapporté ce passage en entier, parce qu'il est un des plus beaux monumens de notre droit public sur cette matière.

Mais ce monument n'est-il pas plus curieux

qu'exact & fidèle ? Cette prétendue ordonnance de Hugues Capet ne se trouve nulle part, & il est plus que vraisemblable qu'elle n'exista jamais. Parvenu à la couronne, Hugues Capet y réunit son comté de Paris, mais il ne rendit pas de loix pour obliger ses successeurs à l'imiter : leur intérêt a dû souvent les déterminer à de semblables réunions; mais ils demeuroient libres de réunir ou de ne pas réunir. Et comment soutenir que Hugues Capet ait obligé ses successeurs à réunir au domaine leur patrimoine particulier, puisqu'il est constant & généralement reconnu que le *domaine* de la couronne n'étoit pas inaliénable à cette époque, & que nos rois en ont disposé librement avant & long-temps après Hugues Capet ?

Des auteurs fiscaux prétendent qu'en 1265 il se tint une assemblée solemnelle à Montpellier, où tous les princes chrétiens convinrent par eux ou par leurs ambassadeurs, que le *domaine* de leurs couronnes seroit inaliénable, d'où ils concluent que depuis cette époque aucune partie des *domaines* de la couronne n'a pu être aliénée à perpétuité.

Un praticien anglois, qui a composé une pratique du droit de sa nation, sous le titre de *fleta*, a imaginé cette petite histoire, on ne sait sur quel fondement; mais Solden, dans une savante dissertation sur le *fleta*, démontre que cette assemblée n'a jamais eu lieu. Cet auteur a été suivi par Laurière, dans son *Recueil des ordonnances*, & par dom Vaissette, dans son *Histoire de Languedoc*. Encore une fois, il est impossible d'imaginer où l'auteur du *fleta* a puisé cette anecdote, on n'en trouve aucune trace dans l'histoire des royaumes qui existoient à cette époque. La ville de Montpellier étoit alors sous la domination de Jacques le conquérant, roi d'Aragon; ce prince a lui-même écrit sa vie [1], il est entré dans tous les détails les plus minutieux, & il ne dit pas un seul mot de cette prétendue assemblée.

L'édit de 1607 prononce la réunion au *domaine* de toutes les terres mouvantes de la couronne, qui formoient le patrimoine de Henri IV, lors de son avénement au trône. Cet édit établit-il un droit nouveau ? Les propriétés privées des rois prédécesseurs de Henri IV, se sont-elles de même & de plein droit réunies au *domaine* à l'instant où ils sont montés sur le trône ? Cette question est importante par ses suites, il faut l'examiner.

Pour ne point s'égarer dans cette matière, on ne peut suivre de guide plus sûr que l'histoire. Comme la répétition des mêmes faits forme les véritables principes, sur-tout dans les matières du gouvernement, il faut examiner quelle étoit la loi dominante avant 1607, s'il est vrai que dans ces temps reculés, le patrimoine de nos rois s'unissoit de plein droit au *domaine* de la couronne, à leur avénement au trône. Nous pourrions citer plusieurs

_____

(1) Cette histoire forme un manuscrit *in-fol*, conservé dans plusieurs bibliothèques.

exemples du contraire : pour abréger nous nous bornerons à ceux qui font poftérieurs à l'avénement de Charles VII au trône, ce font en effet les plus décififs.

Le premier exemple qui fe préfente, eft celui de Louis XII. Il poffédoit des biens très-confidérables, lorfqu'il eft parvenu au trône en 1498 ; ces biens étoient de deux efpèces, les uns provenoient d'apanages, & les autres étoient patrimoniaux. Ils étoient prefque tous l'emploi des deniers dotaux de Valentine de Milan fon aïeule. Les biens d'apanages fe font réunis de plein droit, à la couronne de laquelle ils avoient été démembrés. C'eft le retour d'une partie au tout qui s'opère de lui-même, indépendamment même de la raifon politique. Les apanages font donnés aux puînés de France pour former leur fubfiftance ; mais comme ce motif manque, quand ils parviennent à la couronne, l'apanage doit ceffer, parce qu'ils trouvent alors cette fubfiftance dans la jouiffance de tous les biens de l'état.

Il n'en eft pas de même des biens patrimoniaux, comme ils ne font point un démembrement du domaine, ils n'ont aucune aptitude à s'y réunir : c'eft ainfi qu'en a penfé Louis XII. Il a confervé la propriété, la jouiffance & la difpofition de fes biens particuliers. Dès l'année 1500, il fit don à Claude fa fille, du comté de Soiffons, avec le titre de pairie, tant pour elle que pour fes héritiers mâles & femelles. Ces lettres furent enregiftrées au parlement de Paris, & en la chambre des comptes, ce qui prouve que la maxime de l'union tacite n'étoit point connue dans ces tribunaux.

Le même roi Louis XII donna en 1514 & 1527, d'autres lettres-patentes, par lefquelles il déclara que *les comtés de Blois, Dunois, Soiffons & Coucy, ne feroient point confus avec le domaine de la couronne, au contraire qu'ils demeureroient héritages maternels & féminins, aliénables & tranfitoires à tous fes héritiers.* Le parlement de Paris ne fit point de difficulté d'enregiftrer ces lettres, quoiqu'il y eût plus de dix ans de jouiffance depuis l'avénement de Louis XII à la couronne. Ces terres ont continué d'être poffédées comme *domaine* privé, jufqu'à l'ordonnance de 1566, qui en a prononcé l'union. L'article 12, porte, *les articles ci-deffus auront lieu de loi & ordonnance, tant pour le regard de notre ancien domaine uni à notre couronne, qu'à nos autres terres accruës ou adventues,* comme Blois, Coucy, Montfort, & autres femblables. Cette difpofition offre plufieurs réflexions.

La première, qu'elle ne doit avoir lieu que pour l'avenir, fans effet rétroactif, comme déclarative d'un nouveau droit, *auront lieu de loi & ordonnance :* termes qui ne fe référent qu'à l'avenir. Donc l'union tacite n'étoit point connue auparavant.

La feconde réflexion eft tirée de la diftinction que cet article fait de l'ancien *domaine* uni à la couronne, d'avec les terres qui n'y étoient point unies, *comme-depuis accruës, tel que Blois, &c....*

tant pour le regard de notre ancien domaine......*

L'article indique ces terres par oppofition à l'ancien *domaine* uni à la couronne : donc il fuppofe qu'elles n'étoient pas elles-mêmes unies avant cette époque, qui eft devenue celle de l'union expreffe des comtés de Blois & de Coucy, &c....

On trouve plufieurs autres exemples fous le règne de François I, on ne rapportera que celui qui regarde la terre de Bourg fur Charente. François I, en étoit propriétaire lors de fon avénement en 1514 : il l'avoit aliénée depuis au profit du fieur de Gouffiers. M. le procureur général prétendit l'union de cette terre comme domaniale, *il fut débouté de fa demande en réunion, & main-levée a été faite au donataire.* On ne connoiffoit donc alors d'autre union que celle qui étoit prononcée expreffément, celle réfultante de l'avénement au trône, ou d'une jouiffance confufe pendant dix années, n'étoit point encore introduite dans le royaume.

Cette vérité eft atteftée par tous les auteurs qui ont écrit avant l'ordonnance de 1566 ; on en pourroit citer un très-grand nombre, mais on fe bornera à ceux qui ont eu le plus de célébrité. Pontanus qui écrivoit fous le règne de Henri II, diftingue le *domaine* de la couronne de celui du prince : il convient que le premier eft inaliénable, mais il dit précifément que celui qui lui advient par acquifition ou par fucceffion, il en eft tellement le maître, qu'il en peut difpofer librement : il cite pour exemple le comté de Blois : & ce qui eft plus décifif encore, les terres de Romorantin & Miancay, acquifes des deniers de Valentine de Milan en 1391, quoique les receveurs aient compté des revenus de ces terres, confufément avec ceux du *domaine,* pendant trente-trois ans. Pontanus foutient qu'elles n'avoient jamais été incorporées au *domaine* faute d'union expreffe, & qu'elles ont paffé à Henri II, comme patrimoine particulier. « *Infignes 'caftellariæ fereniffimi Francifci » quondam regis patrimonium paternum & avitum » fuit & hoc idem peculiarum privatumque, »* à la différence du *domaine,* « *quod non principum fed ipfius » regni proprium apud nos domanium coronæ* ».

Dumoulin le jurifconfulte le plus célèbre & le plus éclairé dans les matières du droit public, & qui a approfondi d'une manière fi particulière, la nature du *domaine,* & la matière des unions, enfeigne la même doctrine fur le comté de Blois. *Quamvis,* dit-il, *rex Franciæ Ludovicus duodecimus comitatum Blefenfem poffiderit, fimul cum regno, etiamfi hoc feciffet,* ajoute-t-il, *fine ullâ difcretione adminiftrationis & redituum, non tamen ex hoc facta eft unio, nec incorporatio Domanio Regio, nifi alias ex folemni unione & incorporatione probaretur.* Ce paffage renferme deux vérités décifives : l'une, que l'avénement au trône n'opère point d'union ; l'autre, qu'avant l'ordonnance de 1566, la confufion de jouiffance pendant dix années ne produifoit point cet effet : on obfervera que cet auteur eft mort en 1566, avant que l'ordonnance du *domaine* eût été rendue.

Quelque prévenu que fût Bacquet en faveur des droits du *domaine*, par sa qualité d'avocat du roi en la chambre du trésor, il a reconnu la nécessité de l'union expresse, voici ses termes: *L'autre est appellé le patrimoine du roi qui lui appartient au moyen des acquisitions par lui faites, ou par successions de ses mère, frères, oncles ou autres parens, duquel il peut librement disposer, s'il n'est expressément uni à la couronne*: donc point de domanialité sans union expresse. Il est donc établi par les faits les plus constans & le témoignage des auteurs les plus graves, qu'avant l'édit de 1607, le patrimoine particulier du prince n'étoit pas uni de droit au *domaine* public par son avénement au trône. Henri IV introduisit donc une loi nouvelle, que les circonstances rendoient peut-être nécessaire, mais à laquelle il seroit impossible de donner un effet rétroactif, sans fouler aux pieds tous les monumens historiques & sans porter l'alarme dans l'esprit des citoyens. En effet, depuis Hugues Capet, combien de grandes terres qui ont appartenu à des princes appellés au trône, & qui les ont depuis aliénées!

Des confiscations, deshérences, &c. c'est un principe incontestable dans la jurisprudence domaniale, que les échoites, telles que les confiscations, les deshérences, biens vacans, aubaines, bâtardises, ne forment de leur nature que des fruits du *domaine*, ne s'y réunissent pas de plein droit, & sont à l'entière disposition du prince ou de ses fermiers, s'il juge à propos de les leur abandonner.

Tous les auteurs anciens & modernes, & ceux même qui ont soutenu avec le plus de partialité les intérêts du *domaine*, n'ont qu'un langage unanime sur ce point.

Entre les anciens, on se bornera au témoignage de M. Charles Dumoulin, & entre les modernes à celui du traité du *domaine*.

Hujusmodi accessiones & obventiones, dit Dumoulin, *licet dependeant & moveantur à domanio regio, & per confiscationem vel commissum factæ sint principis, & sint in ejus domanio, tamen non sunt de domanio antequam domanio incorporentur*: il ajoute que c'est la raison pour laquelle les rois peuvent les aliéner à perpétuité: *ideo possunt per principem alienari*: il remarque même que ces sortes d'aliénations ne sont point sujettes aux formalités requises pour les aliénations du *domaine*; mais qu'il suffit de les notifier aux chambres des comptes & du *domaine*: *Feuda sub feuda & alia quæcumque immobilia ab eodem domanio dependentia quæ ad regem jure confiscationis vel commissi deferuntur, possunt liberè per eum alienari & in perpetuum concedi: nec requiretur homologatio supremi senatûs Parisiorum, sed sufficit homologatio præfectorum ærario & ratiociniis principis.*

M. de la Planche, dans son traité du *domaine*, reconnoît la même vérité; ainsi le principe n'a jamais varié. Personne ne le conteste, mais quelques auteurs ont imaginé de faire, entre la confiscation pour crime de félonie & les autres espèces

de confiscation ou d'échoite, une distinction fondée sur ce que le crime de félonie est une contravention à la condition la plus inviolable de la concession originaire, c'est-à-dire, à la fidélité que le vassal doit à son seigneur, contravention qui résout le contrat féodal *ex causâ antiquâ*.

Mais cette distinction est une pure subtilité qui n'a jamais été proposée que dans cette cause: cette prétendue résolution du contrat féodal se rencontre de même dans le retrait féodal, & toutes les fois que le suzerain rentre, par puissance de fief, dans le fonds qui étoit de sa mouvance; cela ne pourroit avoir trait qu'à l'union féodale qui n'emporte point de prohibition d'aliéner & nullement à une union domaniale qui la suppose.

Aussi voit-on toutes les ordonnances & tous les auteurs se réunir, pour établir, comme une règle générale & sans exception, que les confiscations prononcées pour quelque crime que ce soit, même pour celui de lèse-majesté, ne sont que des fruits du domaine à l'entière disposition du prince.

On a déjà cité M. Charles Dumoulin, qui réunit dans la même proposition la confiscation ordinaire & la commise du fief pour cause de félonie, *confiscationis vel commissi.*

Charondas rapporte les textes des ordonnances de Charles VII, de François I, de Charles IX, par lesquelles ces monarques, en même temps qu'ils ont établi les réglemens les plus sévères pour prévenir les aliénations du *domaine*, décident que les confiscations restent toujours à leurs dispositions, & la seule restriction que leur sagesse apporte sur ce point à leur puissance, c'est de s'interdire la faculté d'en faire des dons avant que la condamnation ait été prononcée, dans la juste crainte que l'espérance d'obtenir de telles graces, n'occasionnât des manœuvres qui pussent influer sur le jugement.

Mais on ne voit point dans ces ordonnances la distinction frivole du crime de félonie: Charondas, dit au contraire, « en général quant aux biens con-
» fisqués, il est sans doute, que le roi peut en
» faire don, & en avons plusieurs exemples ès
» histoires de France & arrêts des parlemens, mê-
» mement pour le sieur de Vuerty, à la pronon-
» ciation de pentecôte 1542, & peut aussi le roi
» donner au condamné, même les biens confis-
» qués, & encore qu'il eût été condamné pour
» crime de lèse-majesté, &c. ».

Ces règles sont encore aujourd'hui les mêmes; l'auteur du traité du *domaine*, a employé un chapitre particulier, à exposer les principes de la confiscation pour crime de lèse-majesté; & après les avoir établis, il termine sa dissertation, *nombre 31*, en observant que, suivant ces principes, le fief mouvant de la couronne, se trouvant par la confiscation dans la main du roi, se réunit au fief dominant, mais qu'il ne se réunit au *domaine* de la couronne, que par une déclaration expresse, ou par une jouissance confuse, avec les revenus du roi pendant dix années, suivant l'ordonnance de 1566.

Veut-on enfin un préjugé célèbre & encore plus récent; on le trouve dans un arrêt du conseil de sa majesté du 12 mars 1755.

Sous le règne de Charles VII, le marquis de Montferrant fut accusé du crime de lèse-majesté : il fut condamné, & ses biens furent confisqués; ils confistoient en terres mouvantes de la couronne, à cause du duché d'Aquitaine ; Charles VII les aliéna à faculté de rachat : après sa mort, Charles de Berry, frère de Louis XI, à qui cette province fut donnée en apanage, les retira & en fit don au fils du condamné.

Dans ces derniers temps, toutes ces terres possédées par différens seigneurs particuliers, ont été mises en revente ; les possesseurs y ont formé opposition, & le combat s'est engagé entre eux & l'inspecteur général du *domaine*, (M. Freteau.)

L'inspecteur soutenoit que Charles VIII, après la confiscation de ces terres, les ayant aliénées à faculté de rachat, avoit marqué suffisamment sa volonté de les unir; mais les possesseurs furent maintenus par cette seule raison, que ces terres étant parvenues au roi par échoite, n'avoient jamais fait partie du *domaine*, & qu'il n'y auroit eu que des lettres-patentes de réunion expresses, qui eussent pu les y incorporer.

Il est donc bien démontré, que la confiscation prononcée pour crime de félonie, & même de lèse-majesté, n'a jamais opéré, ni n'opère point encore de réunion au *domaine* : il n'y a qu'une déclaration expresse du souverain, ou une jouissance de dix ans confuse avec ses revenus (depuis l'ordonnance de 1566), qui puisse produire cet effet.

Pour bien définir la nature & les effets de la réunion ou de l'union domaniale, on doit bien se garder de la confondre avec la réunion ou l'union féodale.

Comme la féodalité ne consiste que dans la séparation de la propriété directe que le suzerain s'est réservée par le contrat d'inféodation, d'avec la propriété utile qu'il a transférée à son vassal, la réunion peut facilement s'opérer par l'acquisition que le suzerain fait de la propriété utile, ou que le vassal fait de la propriété directe. Ces deux genres de propriétés, quoiqu'elles ne formassent qu'un seul corps de fief, *totum complexum feudale*, le divisoient en parties principales & subalternes. La réunion fait cesser seulement cette différence, & les rend également principales, & à l'égard de l'union, elle ne peut se faire que d'un fonds qui étoit précédemment étranger au fief, & qui s'y incorpore par la libre disposition du propriétaire avec les formes requises par la loi.

L'idée qu'on peut se former du *domaine* de la couronne est toute-différente : c'est le patrimoine de l'état, le *domaine* public, qui est destiné à acquitter les charges du gouvernement & à soutenir

la dignité du trône ; toute propriété peut y être incorporée. La qualité féodale n'est plus ce qu'on doit considérer, dès qu'un bien quelconque se trouve joint à ce grand patrimoine, il prend tous les caractères de la domanialité, & il en éprouve tous les effets.

Or, ce sont ces effets même & leur différence d'avec ceux de l'union ou de la réunion féodale, qui sont principalement à considérer.

Comme les fiefs sont depuis plusieurs siècles héréditaires & patrimoniaux, l'union ou la réunion féodale ne limite point le pouvoir que le propriétaire a de disposer du fief, soit pour le tout, soit pour parties. Il peut s'en jouer & aliéner de nouveau la propriété utile par des sous-inféodations ou des accensemens. C'est ainsi que tous les arriere-fiefs se sont formés ; ces aliénations ne sont pas même regardées comme des démembremens, parce que l'arriere-fief est reporté par le suzerain au seigneur dominant. Il peut y avoir une division de la foi, l'aliénation n'en seroit pas moins valable, & tout ce qui en résulteroit, seroit une dévolution de la mouvance au suzerain.

Le principe général est donc, que l'union ou la réunion féodale ne fait aucun obstacle à la disponibilité des fiefs, parce que c'est dans cette faculté de disposer, que consiste leur propriété patrimoniale, & il ne peut y avoir de limitations à cette faculté, que celles qui seroient positivement établies par la coutume.

Mais l'union domaniale produit un effet tout opposé : cette incorporation au *domaine* public est une espèce de consécration, qui rend dans l'instant le fonds quelconque qui en est l'objet inaliénable ; c'est dans cette *inaliénabilité* même que consiste la domanialité ; c'en est le principal caractère & l'essence, & c'est cette prohibition que nos loix maintiennent avec une rigueur salutaire, que l'on doit respecter sans doute, mais sans en abuser.

Des filles de France. Est-il vrai que depuis la troisième race, elles n'ont été dotées qu'en deniers ; que lorsqu'on leur donnoit des immeubles en dot, ce n'étoit que par forme d'assignat, & qu'elles n'en avoient pas la propriété incommutable ? Plusieurs publicistes tiennent l'affirmative, & pour l'établir ils citent plusieurs exemples de filles de France, dotées en deniers par des rois de la troisième race.

Ces recherches prouvent ce qu'on a fait dans quelques occasions, & ne détruisent pas le droit qu'on a eu de faire autrement dans d'autres. Les dots en deniers prouvent la volonté particulière de quelques souverains : les dots en immeubles prouvent le pouvoir légal de les constituer. Nos rois ont fait ce que la convenance invite à faire dans les plus grandes maisons. On n'y marie les filles en immeubles, que quand on n'a point la faculté de les doter en deniers pour conserver, autant qu'il est possible, les terres dans les familles ; mais s'il y a des exemples de dots en deniers, il en exiſte auſſi de filles de France, dotées en immeubles.

Les ordonnances du royaume rendues ſur le *domaine*, offrent une nouvelle preuve de la maxime, qui permettoit de doter les filles de France en immeubles. La première eſt du 3 novembre 1531 : elle porte la révocation des aliénations du *domaine*, ſans aucune choſe en excepter, *fors les terres & ſeigneuries, baillées en mariage aux filles de France*. Cette ordonnance a été enregiſtrée au parlement, & à la chambre de comptes. L'exception a été répétée dans l'enregiſtrement en ces termes : *Si ce n'étoit pour la conſtitution dotale des filles iſſues de la maiſon de France.*

Une déclaration de 1559 renferme la même exception. Chopin, qui la cite, eſt lui-même obligé de reconnoître que les aliénations du *domaine* faites en faveur de mariages, ſont exceptées de la révocation, *ſalvo tamen eo ut in dotem donationem, ut propter nuptias Regiarum filiarum; vel conjugem liceret fiſcales fundos abalienare*, &c.... *Quod ſenatus comprobavit*. Fontanon rapporte les arrêts d'enregiſtrement de cette déclaration.

L'ordonnance de Blois de 1579, eſt d'autant plus importante dans cette matière, qu'elle eſt poſtérieure à l'édit du *domaine*. Elle porte, comme les précédentes, révocation de toutes les aliénations. L'article 332 ajoute cette exception : *n'entendons néanmoins en ce, comprendre les conceſſions & délaiſſemens faits, tant à titre d'apanage que de douaire & aſſignation de deniers dotaux*. Ces différentes loix, qui ſont du ſeizième ſiècle, offrent pluſieurs réflexions. Elles ſuppoſent, premièrement, que des terres du *domaine* avoient été précédemment données en dot ou en toute propriété, ou délaiſſées à titre d'aſſignat pour deniers dotaux. Secondement, elles reconnoiſſent qu'elles étoient autoriſées par les maximes qui étoient alors en vigueur, puiſqu'elles défendent d'y donner atteinte.

Troiſièmement, elles les confirment expreſſément, quand même on ſuppoſeroit qu'elles n'auroient point été valables dans leur principe. Il devient donc inutile de rechercher ce qui s'eſt fait à cet égard dans les ſiècles paſſés, puiſque les ordonnances poſtérieures qui ſont loi de l'état, approuvent & confirment les aliénations & délaiſſemens faits pour la conſtitution dotale des filles de France, ſoit qu'elles aient reçu des immeubles du *domaine* à titre de propriété ou de ſimple délaiſſement; l'un & l'autre doivent être également reſpectés.

Les auteurs les plus accrédités ont rendu hommage à cette vérité. On ſe contentera de renvoyer à ce qu'en ont écrit Chopin & Dupuis; mais on croit devoir rapporter ce qu'en a penſé le procureur général de Laguelle. Après avoir dit que la dotation des filles de France en *domaine*, étoit l'exécution du droit naturel & l'accompliſſement de la loi, lors dominante, à laquelle il a fallu déroger pour faire ceſſer cette dotation, qui emportoit propriété perpétuelle & *incommuta-*

ble, il ajoute dans un autre; *on a paſſé autrefois plus avant, & les ſeigneuries domaniales n'ont pas été délivrées ſeulement pour hypothèque du dot à rachat perpétuel, ains à perpétuité pour le dot même, ainſi le comté de Vexin fut tranſporté à Marguerite, fille du roi Louis-le-Jeune; celui de Ponthieu à Iſabelle, fille du roi Philippe-le-Bel; Sominières, & depuis en ſa place, Vertus, à une autre Iſabelle, fille du roi Jean. Etant donc les enfans de nos rois ſi honorablement apanagés par nos loix & coutumes ſur le domaine public du royaume, qu'elle envie d'y joindre tous les domaines particuliers.*

Il eſt donc vrai que les exemples, les ordonnances, le témoignage des auteurs les plus célèbres; tout ſe réunit pour établir que même depuis l'avénement de Hugues Capet au trône, les filles de France ont été dotées en immeubles, qu'elles ont poſſédé patrimonialement. Ceux qui en ſont aujourd'hui propriétaires, ſont donc à l'abri de toute inquiétude de la part des officiers du *domaine*.

Cependant pour éviter toute équivoque dans une matière auſſi importante, nous obſerverons qu'il y avoit trois manières de faire paſſer des immeubles aux filles de France, à titre de dots; les unes ont été dotées en toute propriété, ſans expreſſion de valeur; les immeubles donnés à ce titre, *ſans expreſſion de valeur*, ne ſont point ſujets au rachat. C'eſt ainſi qu'en penſoient M. de Laguelle & Dupuis.

La ſeconde manière de doter, conſiſtoit également dans une tranſlation de propriété abſolue juſqu'à concurrence d'une telle valeur; dans ce ſecond cas la propriété étoit également transférée; l'expreſſion d'une ſomme annuelle, n'étoit que l'évaluation du revenu de la choſe cédée; c'étoit une eſpèce de garantie que le revenu de la terre donnée équivaloit à la ſomme exprimée. Ce ſecond cas répond au premier, & n'emporte pas la faculté de rachat.

Le troiſième genre de dotation conſiſte dans l'expreſſion d'une ſomme pour laquelle le roi engage & délaiſſe un immeuble domanial. Comme ce genre emporte tous les caractères d'un engagement, qui ne conſiſte que dans un délaiſſement de revenu, il eſt ſujet au rachat, à la volonté du roi.

Des biens domaniaux donnés à l'égliſe : ces biens rentrent-ils ſous l'empire des loix de la domanialité, lorſque l'égliſe les met hors de ſes mains? Le roi peut-il en exercer le retrait domanial?

L'inaliénabilité du *domaine* n'eſt pas une qualité qui lui ſoit intrinſèque; il n'y a aucun bien qui de ſa nature ne puiſſe être tranſmis d'une main dans une autre : c'eſt par une inſtitution politique & par des loix poſitives, dont la première n'eſt pas ancienne parmi nous, que le *domaine* eſt inaliénable.

Mais les mêmes loix qui ont établi l'inaliénabilité du *domaine*, en ont excepté les conceſſions faites aux égliſes; enſorte que le *domaine* qui n'a été formé inaliénable que par une inſtitution politique, n'a été formé tel qu'avec la condition de pouvoir être aliéné en faveur des égliſes. Cette

D O M

condition affecte le *domaine* autant que celle de son inaliénabilité ; & il est également de l'essence du *domaine* d'être inaliénable en général, & d'être aliénable en faveur des églises.

Si le *domaine* est aliénable en faveur des églises, il cesse d'être *domaine*, quand il a passé aux églises ; autrement il ne seroit pas véritablement aliénable. Si le *domaine* cesse d'être *domaine* quand il a passé aux églises, il peut en être irrévocablement disposé pour la plus grande utilité de l'église, comme des autres biens qui lui appartiennent. S'il en étoit autrement, il n'y a presque point de bien d'église qui pût être aliéné parfaitement, attendu qu'il n'y a presque point de bien d'église qui ne provienne originairement ou des rois, ou des seigneurs aux droits desquels sont nos rois.

Une multitude de chapitres, d'abbayes sont de fondation royale ; les sièges épiscopaux sont encore des dons des rois ; tous les biens des églises de fondation royale seroient donc à jamais inaliénables ?

Inutilement voudroit-on distinguer les fondations antérieures aux loix qui ont établi ou déclaré l'inaliénabilité de celles qui sont postérieures.

1°. Les mêmes loix qui ont établi l'inaliénabilité du *domaine* en général, n'ont pas établi, mais conservé, par rapport aux dons faits aux églises, l'ancien droit du *domaine*, d'être librement aliénable.

2°. Ceux qui voudroient troubler la tranquillité des églises de fondation antérieure aux loix qui prescrivent l'inaliénabilité, s'en formeroient un prétexte, en alléguant que ces loix ne font pas introductives d'un droit nouveau, qu'elles ne sont que déclaratives d'un droit primitif & du véritable droit de la nation.

Les loix ont prescrit, les auteurs ont enseigné les formalités qu'il étoit nécessaire d'observer pour l'aliénation des biens d'église ; jamais les loix ni les auteurs n'ont distingué les biens d'église provenans des concessions des rois, des autres biens d'église : ce que nous allons dire est encore plus décisif.

Dans le seizième siècle, les besoins de l'état obligèrent nos rois à demander au clergé des subventions extraordinaires, & pour mettre les églises en état de payer ces subventions, il leur fut permis de faire des aliénations de leurs biens.

Il se commit des abus dans ces aliénations. Il y eut des adjudications faites à vil prix ; il fut vendu plus de biens qu'il n'étoit nécessaire. Le clergé fut autorisé en conséquence à rentrer dans ses biens.

Or, par un contrat fait à Mantes en 1641 entre les commissaires du roi & le clergé assemblé, l'assemblée du clergé céda au roi pour trente ans, & pour la somme de 600,000 livres à déduire sur un don fait au roi, la faculté qu'avoit le clergé de racheter ses biens aliénés, & la liberté d'impo-

ser des taxes sur les détenteurs des biens pour être maintenus dans leur possession.

Pareil contrat fut passé en 1675.

Pareil contrat en 1702.

Ces contrats sont rapportés en leur entier au neuvième tome des *Mémoires du clergé*.

Toutes les églises du royaume, les églises de fondation royale, comme les autres, furent assujetties à l'exécution des édits de subvention. Parmi les biens qui furent aliénés, il y en eut certainement beaucoup qui provenoient des fondations des rois. Et cependant le roi comptoit si peu que ces biens étant sortis des mains de l'église, fussent assujettis à la revente des biens du *domaine*, ou au retrait domanial, qu'il acheta de l'église le droit de rentrer dans les biens de l'église qui avoient été aliénés, ou d'en taxer les détenteurs.

Passons maintenant à la question de savoir si le roi peut rentrer dans les aliénations faites par les anciens seigneurs ou souverains des provinces réunies à la couronne.

La règle la plus rigoureuse qu'on ait pu établir dans cette matière, c'est qu'au moment où une province est réunie à la couronne, ce qui appartient à l'ancien souverain devient inaliénable comme le *domaine* royal dans lequel il se confond : mais les aliénations qui peuvent avoir été faites avant cette réunion, ne peuvent jamais en recevoir d'atteinte ; & on conçoit sans peine quelles injustices & quels désordres entraîneroit la proposition contraire : si ces aliénations remontent à des époques où il n'existoit aucune loi qui y fît obstacle, la foi publique en garantit pleinement l'exécution : les propriétaires seroient trompés, les familles seroient troublées par des recours infinis, l'ordre public seroit renversé, si une loi postérieure pouvoit autoriser de semblables recherches.

Il ne faudroit point d'autorités ni d'exemples pour appuyer une vérité qui tient de si près au droit naturel & à l'essence des loix ; mais l'importance de l'objet nous impose l'obligation d'entrer dans quelques détails.

Lorsqu'on éleva la grande question de savoir si les biens que Henri IV possédoit, lors de son avénement à la couronne, y avoient été réunis de plein droit, on n'imagina pas que cette prétention du *domaine* pût porter atteinte aux aliénations faites antérieurement par ce prince & ses auteurs ; & l'édit de 1607, rendu après de si longs débats, ne prononça la réunion qu'à l'époque de l'avénement, ensorte que les aliénations faites auparavant dans le royaume de Navarre, le duché d'Albret & les autres terres patrimoniales de ce monarque, demeurèrent irrévocables ; & en effet, on voit qu'en 1652, étant intervenu un édit qui ordonna la revente des *domaines*, il y fut dit, par une disposition expresse, que cet édit seroit exécuté sur tous les *domaines* & droits qui étoient autrefois dépendans de la couronne de Navarre, mais avec une restriction conçue en ces termes :

« A

« À la réserve seulement des aliénations à per-
» pétuité faites par le feu roi Henri-le-Grand,
» notre très-honoré seigneur & aïeul, avant son
» avénement à cette couronne de France ».

En 1666, il s'éleva pour la Provence une grande
contestation sur l'exécution d'un arrêt du conseil
du 5 octobre 1666, par lequel le roi annonçoit
vouloir rentrer dans les *domaines* aliénés par les
anciens comtes de ce pays : mais la noblesse de
Provence y forma opposition ; l'affaire fut amplement instruite ; & après un mûr examen, il intervint, le 15 juin 1668, un arrêt du conseil, sur
lequel il fut expédié des lettres-patentes qui ont été
enregistrées au parlement de Provence.

Cet arrêt maintient « tous les aliénataires dont
» les titres étoient antérieurs à l'union du comté
» de Provence à la couronne, sans que sa majesté
» ni ses successeurs puissent prétendre y rentrer,
» ni avoir droit d'y rentrer en vertu dudit arrêt
» du 15 octobre 1666 ; ordonne que ceux qui
» avoient été dépossédés, seroient rétablis en pos-
» session & jouissance, nonobstant tous arrêts
» contraires, &c. ».

Il est intervenu, aussi le 7 mai 1748, un semblable
arrêt du conseil pour le Dauphiné, au sujet de la
terre de Saint-Maurice-en-Triers, qui a jugé que
les aliénations faites par les anciens dauphins avant
l'union de cette province à la couronne, ne pouvoient être révoquées.

Ces décisions & l'évidence du principe qui les
a produites, doivent écarter à jamais toutes les
difficultés de cette espèce ; cependant la question
vient d'être jugée de nouveau : l'inspecteur du *domaine* l'avoit élevée contre M. le prince de Soubise.

Il s'agissoit des baronnie d'Avaujour & châtellenie de Clisson, inféodées en 1480 & 1481 par
François II, duc de Bretagne, à François de Bretagne, son fils naturel.

Ces deux terres étoient parvenues par succession
à M. le prince de Soubise : l'inspecteur du *domaine*
prétendoit que le décès de Henri-François de Bretagne, comte de Vertus, baron d'Avaujour, &
seigneur de Clisson, qui est arrivé le 2 septembre
1746, sans qu'il ait laissé d'enfans ni descendans
mâles de sa maison, avoit opéré le retour de ces
terres à la couronne, nonobstant l'existence des descendans des filles.

L'inspecteur du *domaine* se fondoit sur cette proposition : qu'à l'époque des inféodations des deux
terres, le *domaine* ducal de Bretagne étoit inaliénable, & devoit se régir par les mêmes règles
que le *domaine* du roi.

M. le prince de Soubise soutenoit au contraire
que jusqu'à la réunion de la Bretagne à la couronne, le *domaine* ducal étoit aliénable ; que les ducs
avoient pu en disposer librement, & à titre perpétuel.

On sent de quelle importance étoit cette question pour la province entière. Il n'y a peut-être
pas un seigneur dans cette province qui ne pos-
Jurisprudence. Tome III.

sède des terres qui ont autrefois appartenu aux ducs
de Bretagne. Aussi la prétention de l'inspecteur avoit-
elle jetté les plus vives alarmes dans l'esprit de
tous les propriétaires. M. le prince de Soubise devoit
donc, autant pour le bien général de cette province
que pour son intérêt particulier, opposer à la prétention de l'inspecteur la résistance la plus vigoureuse : il a rempli cette obligation d'une manière
qui ne laisse rien à desirer, notamment par un dernier écrit intitulé : *Mémoire pour M. le maréchal
prince de Soubise*, &c.

Ce mémoire, le plus bel ouvrage judiciaire qui
ait paru depuis que les Aubri, les Bargeton, les
Cochin ne sont plus, mérite d'être recherché,
non-seulement par les jurisconsultes, mais par tous
ceux qui cultivent l'art du raisonnement : c'est la
raison même qui parle avec toute la sagesse, toute
la dignité qui la caractérise. Ce mémoire est sans
nom d'auteur ; mais sa supériorité a d'abord dirigé
les regards vers M. d'Outremont : effectivement
c'est son ouvrage.

Ce mémoire n'est pas susceptible d'analyse : au
surplus, il suffit de savoir qu'il a eu tout le succès qu'il méritoit. Par arrêt du mois de juillet 1779,
rendu en la grande direction des finances, M. le
prince de Soubise a été maintenu dans la propriété
des terres & seigneuries d'Avaujour & de Clisson.

Cet arrêt juge que jusqu'à la réunion de la Bretagne à la couronne, les ducs ont pu disposer de
leur *domaine*, & que les aliénations qu'ils en ont
faites sont perpétuelles & irrévocables.

Roussillon. Les Visigoths s'emparèrent de la Gaule
méridionale sous les empereurs Honorius, Sévère
& Népos ; le Roussillon faisoit alors partie des
Gaules ; il étoit connu sous le nom de *première
Narbonoise*. Les Visigoths avoient leurs loix, particulières, qu'Euric leur roi fit rédiger par Léon,
son premier ministre. Ces loix furent long-temps
les seules de la nation. Chainsuinde & Reservinde,
proscrivirent les loix romaines, & allèrent même
jusqu'à défendre de les citer dans les tribunaux.
Suivant ces loix, on pouvoit prescrire contre le fisc ;
le *domaine* du prince étoit donc alors aliénable : ces
mêmes loix assurent l'irrévocabilité des dons du
prince & des aliénations de son *domaine*. La domination des Visigoths dura environ 300 ans.

Aux Visigoths succédèrent les Sarrasins : d'abord
maîtres de l'Espagne, ils tentèrent le passage des
Pyrénées ; long-temps arrêtés par la résistance des
habitans, ils soumirent enfin le Roussillon en
l'année 719. Mais cette province, comme les autres parties de l'Espagne, conserva ses anciennes
loix, & continua, comme auparavant, d'être régie
par le code visigoth ; c'est ce qu'attestent les écrivains du temps : Zurita, au code d'Aragon, *liv.* 1,
chap. 6, & plusieurs autres. Les habitans du Roussillon conservèrent donc, sous cette seconde domination, la faculté de prescrire contre le *domaine*,
& de tenir les biens domaniaux à titre incommutable.

Vers le milieu du huitième siècle, le Roussillon passa sous la domination françoise. Pepin se présenta pour en faire la conquête; les habitans lui tendirent les bras, & par une convention expresse ils furent conservés dans l'usage de leurs loix.

La loi gothe se maintint ainsi dans tous les pays de l'établissement des Goths. « Quand Pepin & » Charlemagne, dit M. de Montesquieu, en chas- » sèrent les Sarrasins, les villes, les provinces » demandèrent à conserver leurs loix, & l'obtin- » rent ». On vient de prouver que, suivant les loix gothes, le *domaine* du prince étoit aliénable, que les particuliers pouvoient même en acquérir la propriété par la voie de la prescription. Conservant ces loix sous les rois de la seconde race, les habitans du Roussillon continuèrent donc à jouir du privilège de tenir patrimonialement les biens domaniaux. Les preuves de cette vérité se présentent en foule: il y en a de deux sortes, les unes générales, les autres particulières aux pays soumis aux loix des Goths.

Tel fut le droit public du Roussillon sous la domination immédiate des rois de France; Charlemagne & Louis-le-Débonnaire y envoyèrent, suivant l'usage, des gouverneurs sous le nom de *comtes*. Ceux-ci usurpèrent, sous Charles-le-Chauve, l'autorité dont ils n'étoient que dépositaires, & la province eut alors ses souverains particuliers, sous le nom de *comtes du Roussillon & de la Marche d'Espagne.*

Sous ces nouveaux souverains, la province continua d'être régie par la loi gothe, & les biens domaniaux furent aliénables comme auparavant.

Miron possédoit le comté de Roussillon en 874. Dans un plaids tenu cette année, il fut rendu un jugement conformément aux loix visigothiques. Ce fut de même conformément aux loix qu'en l'année 879, il fut procédé à la vérification des titres de l'abbaye du monastère de Saint André d'Exalada. A cette époque, les loix des Goths étoient donc observées en Roussillon.

Ces comtes étoient bien éloignés de réformer les anciens principes touchant les biens domaniaux, puisque leurs comtés n'étoient autre chose qu'un démembrement du *domaine* de la couronne.

Gérard, fils de Gonfred IV, fut le dernier comte particulier du Roussillon. Au mois de juillet 1172, il fit un testament, par lequel il disposa de son comté, comme d'un bien purement patrimonial, nouvelle preuve que les comtes de Roussillon regardoient comme propriété absolue les démembremens de la couronne; le comté de Roussillon passa, en vertu de ce testament, à Alphonse, roi d'Aragon; ce changement de domination n'en apporta aucuns dans les loix de la province, & les biens domaniaux furent aliénables sous les rois d'Aragon, comme ils l'avoient été sous la domination des comtes, des François, des Sarrasins & des Goths.

Le premier acte de souveraineté d'Alphonse sur

le Roussillon, fut la confirmation des privilèges de la province. Ses successeurs se firent un devoir de suivre son exemple, & tous reconnurent tellement l'aliénabilité des *domaines* de la couronne. Par testament du 25 juillet 1276, Jacques le conquérant fit un partage de ses états. Il déclara Pierre, son fils aîné, héritier des royaumes d'Aragon & de Valence, des comtés de Rigaborca & de Ponthus, & de la vallée d'Aran, du comté de Barcelone, &c; Jacques, son second fils, héritier du royaume de Majorque, des isles de Minorque & d'Ivice, des comtés de Roussillon, de Cerdagne & Confient, & des fiefs que les comtes de Foix & d'Empurias tenoient de lui, enfin de la seigneurie de Montpellier & ses dépendances, & de la vicomté de Carlat.

Deux ans après ce partage, en 1278, Jacques, roi de Majorque & comte de Roussillon, fit un traité avec Pierre II son frère, par lequel il consentit à tenir en fief du roi d'Aragon, ses états, & à y faire observer les usages de Barcelone, & toutes les loix de Catalogne. Ce traité est aux archives de l'hôtel-de-ville de Perpignan; cette réunion fut confirmée, & le Roussillon absolument incorporé à la Catalogne, sous le règne de Pierre IV, roi d'Aragon. En 1344, ce prince entra dans le Roussillon, à la tête d'une puissante armée. Le roi de Majorque, plus foible, céda sans résistance; & le 16 juillet Pierre fit son entrée à Perpignan, & prit possession du comté: le 21 du même mois, il donna une pragmatique, par laquelle il unit irrévocablement à la principauté de Catalogne, les comtés de Roussillon & de Cerdagne; il ordonne ensuite que les nobles & les syndics des villes royales de ces comtés auront séance aux états de Catalogne, & que dorénavant les usages de Barcelone & les coutumes & constitutions de Catalogne seront observées dans la ville de Perpignan, & dans tous les lieux dépendans desdits comtés, nonobstant tous usages contraires: *Quòd ex nunc perpetuò usaticis Barcinonæ, consuetudinibus, constitutionibus Cataloniæ generalibus in ipsâ villâ Perpeniamá; & aliis universis & singulis locis dictorum comitatuum, & terrarum uti & gaudere valeatis.* Cette pragmatique existe encore aujourd'hui dans les archives de l'hôtel-de-ville de Perpignan.

Voilà donc le Roussillon incorporé à la Catalogne & soumis entièrement aux loix catalanes: or, quelles sont les dispositions de ces loix touchant les biens domaniaux?

« Si quelqu'un possède ou possédera dorénavant » pendant l'espace de 80 ans, quelque chose qui » ait été du *domaine* royal, quoiqu'il n'en montre, » ni puisse montrer aucun titre, il ne pourra être » formé contre lui aucune demande, ni par nous, » ni par nos successeurs; il ne pourra être inquiété » dans sa possession. Ainsi nous voulons que ce » laps de temps soit tenu pour un titre légitime ». Cette constitution est de l'an 1481, rendue par

Ferdinand II, aux états de Barcelone ; on la trouve dans le *Recueil des loix de Catalogne*, *tom. I*, *lib. 6*, *tit. 2*, *de præfcriptionibus*, &c.

Il n'eſt pas poſſible d'établir la preſcriptibilité, & conſéquemment l'aliénabilité des biens domaniaux d'une manière plus précife ; on retrouve dans cette conſtitution cette ancienne loi des Goths qui admettoit la preſcription dans le même cas ; & quelle force ces deux loix ne ſe prêtent-elles pas, ainſi confirmées l'une par l'autre, & conſacrées par l'uſage de tant de ſiécles ? cet uſage eſt conſtaté par des exemples ſans nombre : il feroit facile de les accumuler ; on ſe contentera d'en préſenter quelques-uns.

Pierre II avoit dépoſſédé pluſieurs de ſes ſujets des villes, châteaux, greffes, tabellionages & juſtices dont ils étoient en poſſeſſion, prétendant qu'ils les avoient uſurpés ſur le *domaine*. Sur les remontrances des états tenus à Barcelone en 1283, ce prince fut obligé de reſtituer ces objets à ceux qui en avoient auparavant une ancienne poſſeſſion.

Le principe de l'aliénabilité des *domaines* en Catalogne étoit alors ſi certain, que par une pragmatique du 11 ſeptembre 1483, Alphonſe régle les formalités néceſſaires pour l'aliénation des biens domaniaux ; cette pragmatique eſt inſérée dans le *Recueil des conſtitutions de Catalogne*, *tom. II*, *liv. 1*, *tit. 24*. On y voit un légiſlateur pénétré de la maxime, que les biens domaniaux ſont aliénables, prendre les précautions les plus ſages pour aſſurer la perpétuité des aliénations qui pourront dans la ſuite être faites.

Enfin les archives du roi à Perpignan contiennent une infinité de chartres où l'on voit des juſtices poſſédées en franc-aleu, même ſans titre de conceſſion ; on y trouve également une multitude d'autres droits régaliens ainſi poſſédés. Tous les droits domaniaux dans le Rouſſillon & dans la Catalogne étoient donc ſuſceptibles d'une expropriation entière & parfaite, non-ſeulement par des aliénations du prince, mais encore par la ſeule force d'une poſſeſſion ancienne.

Tel a été le droit public du Rouſſillon ſous les Goths, les Sarraſins, les François, les comtes, les rois de Majorque & ceux d'Aragon. On voit, dans cette ſuite de ſiécles, la maxime de l'aliénabilité du *domaine* reconnue, exécutée conſtamment, & ſans aucune contradiction ; il n'y a peutêtre pas une ſeule année qui n'offre quelque loi ou quelque jugement qui conſacre cette maxime.

Cette loi vivoit encore lorſque la province fut irrévocablement unie à la France par le traité des Pyrénées, conclu le 7 novembre 1659.

Louis XIV faiſoit des conquêtes, comme les Romains ; il avoit leurs vertus guerrières ; il avoit auſſi leur humanité après la victoire : comme eux, il laiſſoit aux vaincus leurs uſages, leurs loix & leurs privilèges. Il eut cette bienfaiſance pour le Rouſſillon. Etant à Montpellier le 6 janvier 1660, il y reçut les députés de la ville de Perpignan,

& apoſtilla de ſa propre main le cahier qu'ils lui préſentérent : ce cahier eſt conſervé aux archives de l'hôtel-de-ville ; il contient la ratification la plus ample de tous les droits, uſages & privilèges du Rouſſillon : & le 2 juillet de la même année, Anne de Noailles réitéra dans la ville de Perpignan la même confirmation, en qualité de gouverneur de la province. Louis XIV établit en même temps un conſeil ſouverain en Rouſſillon pour juger, ſelon les loix du pays. En 1662, ces nouveaux magiſtrats s'adreſſèrent à Louis XIV, pour ſavoir ſi les expreſſions *ſelon les loix du pays*, devoient s'entendre quant au fond, ou quant à la forme. Sa majeſté répondit, « que les gens dudit conſeil » ſuivroient les conſtitutions de Catalogne & l'u- » ſage du pays, ſoit pour la déciſion du fond des » affaires, ſoit pour la forme qui étoit à garder dans » la procédure ; mais qu'à l'égard des choſes qui » n'avoient pas été réglées par leſdites conſtitu- » tions, ni par l'uſage, ils ſe conformeroient aux » loix & coutumes obſervées dans les cours du » royaume ».

Il n'eſt pas poſſible de concevoir une ratification plus formelle des privilèges de la province de Rouſſillon ; & l'un des privilèges des habitans de cette province étoit, comme on l'a vu, de pouvoir poſſéder les biens domaniaux à titre de propriété incommutable ; on pourroit aller juſqu'à dire qu'aux termes de la réponſe de Louis XIV, ils peuvent encore aujourd'hui les acquérir à ce titre ; mais du moins eſt-il inconteſtable que toutes les aliénations faites par les rois d'Aragon, ſous l'autorité des loix de Catalogne, doivent être perpétuelles.

Franche-Comté. Les loix des Bourguignons ſuppoſent que le *domaine* de leurs rois étoit aliénable. *Si quis de populo noſtro à parentibus noſtris, munificentiæ cauſâ, aliquid percepiſſe dignoſcitur, ... filiis ſuis relinquat.*

Les rois du ſecond royaume de Bourgogne en ont uſé de même ; une très-bonne preuve, c'eſt que le dernier de ces rois a diſpoſé de ſon royaume par teſtament.

Sous les ducs & les comtes, on voit leurs enfans apportionnés de terres domaniales, & cela en toute propriété & ſans charge de reverſion : de-là ces grandes propriétés que poſſédoient dans cette province les maiſons de Châlon, de Vienne, & pluſieurs autres ; propriétés qui depuis ont paſſé dans des maiſons étrangères, ſoit par des mariages, ſoit par des aliénations.

Pluſieurs ordonnances émanées des anciens ſouverains de la Franche-Comté règlent le régime & l'adminiſtration de leur *domaine* ; il n'en eſt aucune qui le déclare inaliénable.

Les articles 1620, 1653 & 1661 de ces anciennes ordonnances diſent, & rien de plus, que les lettres d'aliénation, d'engagement ou d'accenſement à temps ou perpétuel du *domaine*, ſeront enregiſtrées en la chambre des comptes, lorſque cette formalité étoit remplie , l'aliénataire étoit donc à l'abri de toutes recherches.

Depuis la conquête de la Franche-Comté, le roi a plusieurs fois retiré ses *domaines ;* & jamais il n'est rentré dans aucun de ceux que les anciens souverains de cette province avoient aliénés.

Enfin la question s'étant présentée au conseil , par arrêt rendu le 28 septembre 1728 , le roi a ordonné « que les possesseurs des *domaines,* droits
» domaniaux , justices , terres & seigneuries dans
» le comté de Bourgogne , qui les ont acquis à
» titre de propriété ou d'engagement , des anciens
» souverains du pays , & jusqu'en l'année 1674
» seulement , demeureroient maintenus dans la
» possession desdits biens, sans qu'ils puissent y être
» troublés, sous quelque titre que ce puisse être , à
» l'exception des *domaines* aliénés à temps , à vie
» ou à durée d'une famille ».

Lorraine. Deux ordonnances des années 1444 & 1446 déclarent le *domaine* du prince inaliénable. Dans la première , le duc René s'exprime en ces termes : « ayons conclu, accordé, consenti & dé-
» terminé que nous ne baillerons , donnerons &
» aliénerons aucune chose du *domaine* de nos
» seigneuries ; & en cas que par inadvertence , par
» importunité des requérans ou autrement , nous
» faisions aucune chose contraire, nous voulons ,
» entendons & déclarons dès maintenant , & pour
» lors iceux dons, engagemens & aliénations être de
» nulle force, valeur, efficace & vertu ».

La deuxième ordonnance du même duc est conçue en termes encore plus absolus : « Nous, par
» grand avis & mûre délibération du conseil , à
» plusieurs fois répétés ... avons révoqué, annullé
» & aboli , & par ces présentes révoquons , an-
» nullons & abolissons tous dons, transports, ga-
» gières, & autres aliénations quelconques par nous
» & nosdits prédécesseurs, faites jusqu'à présent ;
» déclarons lesdites lettres de nous & de nosdits
» prédécesseurs être nulles & de nul effet..... &
» voulons , dès-à-présent déclarons , si au temps
» à venir nous ou l'un de nous, par inadvertence
» ou importunité des requérans , donnons ou alié-
» nons aucune chose du *domaine* de nosdits duchés
» & seigneuries de Bar & de Lorraine, que tout
» soit nul & de nulle valeur & effet ; & que , par
» vertu d'iceux transports & aliénations , ne puis-
» sent ceux à qui ils seront donnés .... acquérir
» seigneurie, titre, ni possession pour eux, ne leurs
» hoirs , & successeurs des choses à eux ainsi trans-
» portées ».

La disposition de cette ordonnance embrasse, comme on vient de le voir , les deux duchés de Lorraine & de Bar. Mais le duc René, qui n'étoit pas souverain du Barrois, pouvoit-il donner à ses propriétés dans cette province le privilège de l'ina-liénabilité ? C'est ce que nous allons examiner.

Barrois. Il est vrai que, par le concordat passé entre le roi Charles IX & le duc Charles III, les droits de régale furent accordés au duc de Lor-

raine sur le Barrois ; mais ce ne fut que sauf la foi & hommage - lige & le ressort : ce prince n'ac-quit point par-là le droit de faire des loix dans un duché mouvant de la couronne de France : il en existe une preuve très-authentique dans le procès-verbal de ce qui se passa, lorsque le duc Charles de Lorraine rendit son hommage à Louis XIII en 1641.

Ce vassal faisoit difficulté de s'y soumettre , al-léguant qu'il avoit des doutes sur la forme de cette foi & hommage , plusieurs de ses prédécesseurs n'en ayant point rendu ; qu'il avoit en son duché de Bar , tous les droits régaliens , & que même il pouvoit faire des loix, suivant lesquelles le par-lement de Paris étoit obligé de juger, en cas d'ap-pel de ses juges.

Mais le chancelier lui représenta qu'il avoit pro-posé les mêmes difficultés , lors du traité qu'il avoit fait avec sa majesté le 29 mars précédent, & qu'on lui avoit fait voir que les ducs de Lorraine étoient hommes liges du roi à cause du duché de Bar, mouvant de la couronne de France ; que jamais la mouvance n'en avoit été révoquée en doute par les ducs de Lorraine ses prédécesseurs, qui en avoient rendu la foi & hommage aux rois de France ; que si le roi Charles IX & Henri III avoient donné aux ducs ses prédécesseurs les droits régaliens, cela ne les exemptoit pas de la foi & hommage , d'autant que par lettres-patentes véri-fiées, à la requête même des ducs ses prédéces-seurs , les rois de France s'étoient réservé le res-sort de la souveraineté & l'hommage lige ; & il est porté par lesdites lettres, que le duc de Lorraine, qui étoit alors , en avoit fait la foi & hommage ; que les appellations de ses juges ressortissoient, au cas du présidial , au bailliage de Sens, &, aux autres cas , en la cour de parlement, qui juge suivant les coutumes du Barrois, qui ont été vérifiées en la-dite cour de parlement; que les ducs de Lorraine, comme ducs de Bar , ne pouvoient changer les coutumes, ni donner de nouvelles loix à leurs sujets sans vérification au parlement, qui étoient des marques assurées de souveraineté.

Quoique ces raisons fussent déterminantes , le roi voulut bien accorder un délai à son vassal, pour prendre conseil , & s'instruire de ses droits. Huitaine après , le duc de Lorraine, s'étant pleine-ment éclairci , rendit son hommage lige dans la forme ordinaire.

Depuis , tous les princes qui se sont succédés dans le duché de Bar, ont prêté de même la foi & hommage lige à nos rois. Le parlement de Paris a continué à exercer son ressort sur tout le Barrois mouvant; & même la coutume de Bar, qui avoit été illégalement rédigée sans le concours de l'au-torité du roi, n'a pu être exécutée qu'après avoir été homologuée au parlement.

Il est donc démontré que les ducs de Lorraine, quelque éminent que fût le rang qu'ils occupoient dans l'ordre du vasselage, n'ont jamais eu droit de faire des loix dans le duché de Bar ; & cette vérité une fois reconnue, il en résulte qu'inutilement les ducs de Lorraine & de Bar ont fait des loix pour ordonner que les *domaines*, qui leur appartenoient dans le Barrois, seroient inaliénables.

Ainsi peu importe le point de savoir s'il exiftoit en Lorraine un *domaine* ducal indivisible & inaliénable comme le *domaine* actuel de la couronne de France ; qu'il existât ou non, fon étendue a été bornée par les limites de la fouveraineté des ducs de Lorraine, parce qu'il n'a pu fe former que par des loix particulières à la Lorraine, qui n'ont pu avoir d'autorité ni d'exécution hors de la fouveraineté du prince qui les a rendues.

La mouvance du duché de Bar appartenoit à nos rois avant la réunion de la Lorraine ; cette mouvance faifoit fans doute partie du *domaine* de la couronne de France ; mais la propriété du duché de Bar appartenoit aux ducs de Lorraine qui, à cet égard, étoient vaffaux de nos rois ; ils avoient le droit, ainfi que tous les grands vaffaux de la couronne, de difpofer de cette propriété conformément aux loix féodales. On n'a jamais douté que les grands vaffaux, avant la réunion de leurs fiefs à la couronne, n'aient eu la faculté d'en fous-inféoder des portions. Ces fous-inféodations n'ont jamais été contestées par le *domaine* depuis la réunion des grands fiefs. Ce n'eft même que de cette manière que tous les fiefs fe font formés ; & la propofition contraire entraîneroit le renverfement de toutes les propriétés. Lorfque le roi acquiert, par quelque voie que ce foit, un grand fief, la réunion ne s'en fait à la couronne que dans l'état où il fe trouve ; tout ce qui étoit dans la main du grand vaffal devient à l'inftant domanial ; mais ce qu'il avoit valablement fous-inféodé ne peut le devenir que quant à la mouvance ; & les arrière-vaffaux, ayant une propriété patrimoniale antérieurement acquife par des titres auxquels aucune loi domaniale ne pouvoit faire obftacle, la confervent telle qu'ils l'avoient auparavant.

De ces principes il réfulte que ceux auxquels les ducs de Lorraine & de Bar ont aliéné des portions de leur *domaine* dans le Barrois, en font propriétaires incommutables, & à l'abri de toute efpèce d'inquiétude, de la part des officiers du *domaine*.

Normandie. Nous ne pouvons rien faire de mieux que de copier Bafnage. Voici fes termes fur l'art. 521 de la coutume de Normandie.

« On a douté de l'effet de la prefcription à l'égard du roi : je ne parle pas des droits de fouveraineté, ni des *domaines* de la couronne, mais feulement de certains biens domaniaux que l'on prétend n'être point exempts de prefcription. On pourroit dire que l'on agite inutilement une queftion dont la décifion dépend de la volonté du prince ; mais nos rois font fi généreux & fi équitables, qu'ils ont bien voulu, en certaines chofes, fe foumettre au pouvoir des loix : &

» c'eft pourquoi, fuivant la charte normande, la » coutume de Normandie & l'ufage ancien, con» firmé par l'art. 117 du réglement de 1666, il y » a particuliérement deux cas où la prefcription » de quarante ans peut avoir lieu à l'égard du roi ; » le premier pour les biens qui ne font point en» core incorporés à la couronne, & que le roi » pouvoit prendre à droit de confifcation, d'au» baine ou autres femblables. Le fecond cas eft » pour des droits que le roi peut demander com» me de rachat, de lots & ventes, & autres » droits momentanés qui regardent plutôt la per» fonne du roi durant fon règne que fa couronne. » *Voyez* Bacquet, *t. de défher. c. 7.*

» Cette prefcription contre le roi eft très-an» cienne en Normandie : on en trouve une preuve » dans Briton, *c. 18, des droits du roi*, tirée de » l'ancienne coutume de Normandie, portée en » Angleterre : *fes terres font par nous pourchaffées,* » *ou autres chofes qui ne foient mie appartenantes à* » *la couronne ; en tiel cas ne voulons mie que homme* » *compte de plus haut temps que par bref de droit,* » *& prefcription de ceux courge contre nous, comme* » *encontre d'autres del peuple.* Il eft vrai que le roi » n'a pas expreffément approuvé cét article de no» tre coutume ; mais il l'a tacitement ratifié, en » permettant qu'il foit demeuré en l'état que nous » le voyons ».

DOMAINES, (*petits*) par le fecond édit de février 1566, Charles IX ordonna, *attendu l'utilité & néceffité de mettre en culture & labeur les terres vaines & vagues, prés, palus & marais vacans, appartenans au roi, il en feroit fait aliénation à perpétuité*, à cens, rentes & deniers d'entrée modérés, *fans que ces aliénations puffent être dans la fuite révoquées, pour quelque caufe & occafion que ce fût.*

C'eft cet édit qui a donné lieu à la diftinction *des grands & des petits domaines du roi.*

Les grands *domaines* font les terres & feigneuries ayant haute, moyenne & baffe juftice, comme duchés, principautés, marquifats, comtés, baronnies, &c. avec leurs mouvances.

Les *petits domaines* confiftent en objets féparés des grandes terres & feigneuries, ou portions de *domaines* mêlés avec les particuliers, même en juftice & feigneuries des paroiffes fans *domaine*.

L'édit d'août 1708, qui a ordonné l'aliénation des *petits domaines*, à titre de propriété incommutable, met dans cette claffe *les moulins, fours, preffoirs, halles, maifons, boutiques, échoppes, places à étaler, les terres vaines & vagues, communes, landes, bruyères, pâtis, palus, marais, étangs, bouquetaux féparés des forêts, bacs, bâteaux, péages, travers, ponts, paffages, droits de minage, mefurage, aunage, poids, greffes, tabellionages, prés, ifles, iflots, crémens, atterriffemens, accroiffemens, droits fur les rivières navigables, leurs fonds, lits, bords, quais & marche-pieds dans l'étendue de vingt-quatre pieds d'icelles, les bras, courans, eaux mortes & canaux ;*

les places qui ont servi aux fossés, murs, remparts & fortifications, tant anciennes que nouvelles, de toutes les villes du royaume, & l'espace étant au-dedans des villes près des murs d'icelles, jusqu'à concurrence de neuf pieds, soit que les villes appartiennent au roi ou à des seigneurs particuliers.

On ne peut rien de plus positif que la disposition de ces loix; & même ce ne sont pas les seules qui autorisent les aliénations des *petits domaines à perpétuité.* Il en existe de semblables des années 1669 & 1672.

Cependant si l'on en croit un inspecteur du *domaine*, personne n'ignore aujourd'hui que ces dispositions, *que les malheurs publics avoient produites, n'ont pu imprimer un seul instant aux petits domaines, le caractère d'une parfaite expropriation, que le roi peut toujours y rentrer avec justice, & que ces prétendues aliénations à perpétuité, ne sont regardées que comme de simples engagemens.*

L'auteur très-estimable d'un ouvrage récent intitulé, *Considérations sur l'inaliénabilité du domaine de la couronne,* combat cette assertion de l'inspecteur du *domaine,* peut-être avec trop de véhémence, mais, à ce qu'il nous semble, avec beaucoup de solidité; voici ses termes:

« La prévention pour un système démenti par » tous les monumens de l'histoire & de la juris- » prudence ne pouvoit enfanter un plus étrange » raisonnement. Si l'écrivain s'étoit contenté de » donner, comme son opinion particulière, ce » qu'il avance comme une thèse indubitable & uni- » versellement reçue, on n'auroit autre chose à » dire sinon qu'il s'est trompé; mais quand on af- » firme *que personne n'ignore,* &c. on mérite de » justes reproches, si l'on n'en a pas d'autres ga- » rans que sa propre affirmation; ou s'il n'est pas » question de quelqu'une de ces maximes, que » personne en effet ne révoque en doute.

» Pourquoi, selon cet inspecteur, les loix con- » cernant les *petits domaines,* n'ont-elles pu leur im- » primer un seul instant le caractère d'une parfaite » expropriation? C'est, dit-il, que *les dispositions* » *de ces loix ont été produites par les malheurs pu-* » *blics.* Mais de quels malheurs la France étoit- » elle affligée en 1672 & en 1695? La gloire & » la prospérité de la monarchie ne furent jamais » portées à un plus haut point. D'ailleurs, & c'est » en ceci que consiste principalement le sophisme, » l'auteur suppose que les loix qui ordonnent les » aliénations à perpétuité des *petits domaines,* sont » introductives d'une nouveauté contraire à la loi » fondamentale d'un royaume, supposition dont on » se flatte que la fausseté est pleinement démontrée.

» Si malheureusement il étoit vrai que *le roi pût* » *toujours rentrer avec justice dans les petits domai-* » *nes aliénés, & que ces aliénations à perpétuité ne* » *dussent être regardées que comme de simples engage-* » *mens,* les ordonnances les plus solemnelles ne » seroient que des pièges tendus à la crédulité » publique, & n'auroient été tant de fois renou-

» vellées que pour la surprendre plus facilement: » il en seroit de même d'une multitude de con- » trats d'inféodation & d'accensement souscrits » encore de nos jours, & chaque année, par les » magistrats les plus respectables du conseil. Le » zèle fiscal le plus inconsidéré peut-il se permet- » tre une semblable pensée & de semblables im- » putations »?

Des meubles de la couronne. Cet objet paroît avoir échappé aux rédacteurs des loix domaniales. Peut-être qu'avant la magnificence des deux derniers règnes, le mobilier des maisons royales ne paroissoit-il pas mériter que l'on s'en occupât. Cependant il y avoit des meubles de prix, & l'on avoit sous les yeux les loix romaines qui exigent, pour l'aliénation des meubles de cette espèce appartenans à des mineurs, les mêmes formalités que pour la vente de leurs immeubles.

Quoi qu'il en soit, nous suppléerons au silence de nos loix par l'autorité de M. le chancelier d'Aguesseau.

Cette matière présente trois questions principales; 1°. quels sont les meubles des rois que l'on doit considérer comme faisant partie du *domaine* de la couronne; 2°. quelles sont les conditions nécessaires pour leur imprimer cette qualité; 3°. quelles sont les formalités à observer dans les aliénations que le roi juge à propos d'en faire.

Ecoutons sur ces trois points M. d'Aguesseau; tom. VII de ses œuvres, pag. 827.

» Tout immeuble qui tombe entre les mains » du roi, soit par acquisition, ou par confiscation, » ou par d'autres voies, ne devient pas de plein » droit *domaine* de la couronne, il faut pour cela » que le roi l'y unisse expressément, ou qu'il s'en » fasse une union tacite, par une jouissance de » dix années, dont on ait compté à la chambre » des comptes; jusque-là, le bien nouvellement » acquis par le roi demeure libre, & peut être » aliéné sans aucune formalité.

» On ne peut rendre la possession des meubles » plus dure que celle des immeubles, & c'est » même beaucoup faire, que de les traiter égale- » ment; mais comme les meubles ne produisent » point de fruits, dont on puisse compter à la » chambre des comptes, pour prouver une jouis- » sance continuée pendant dix ans, il paroît dif- » ficile de déterminer de quel jour les meubles » du roi sont réputés faire partie du *domaine* de la » couronne; & il semble qu'il faille que, par quel- » que déclaration expresse de sa volonté, ou par » un acte équivalent, il les ait attachés & unis » en quelque manière à son *domaine,* pour pou- » voir les regarder comme inaliénables: c'est ce » que le feu roi avoit fait par un inventaire, qui » a été dressé par son ordre, des meubles de la » couronne, & dont on a déposé un double à la » chambre des comptes; mais comme cet état ou » inventaire ne comprend point les meubles de » Marly, & ceux de quelques autres maisons roya-

» les, il feroit difficile, s'il s'agiffoit d'un roi vi-
» vant qui eût lui-même acquis ces meubles, de
» les regarder comme ayant reçu l'impreffion de
» bien domanial.

» Ce qui paroît donc lever la difficulté à cet
» égard, c'eft que le roi qui a fait faire ces meu-
» bles, n'eft plus, & qu'ils appartiennent aujour-
» d'hui au roi fon fucceffeur ; & comme c'eft un
» principe certain qu'un roi ne reçoit rien de fon
» prédéceffeur qu'en qualité de roi, parce qu'on
» ne diftingue point parmi nous le *domaine* privé
» du *domaine* public, dans ce qui vient aux rois par
» la fucceffion de leurs pères ; on ne peut, pas
» douter que les meubles même, qui n'ont pas
» été compris dans l'inventaire fait du vivant du
» feu roi, ne fiffent partie des meubles de la
» couronne, puifque le roi fon fucceffeur ne les
» poffède qu'en vertu du même titre qui lui défère
» la couronne.

» Le même principe qui fait regarder ces meu-
» bles comme le bien de la couronne, établit
» auffi la néceffité des lettres-patentes, qui feront
» le fondement de la vente qu'on en fera ; le *do-
» maine* du roi ne peut jamais être valablement
» aliéné, ni même engagé fans cette formalité ;
» ainfi tout ce qui eft réputé *domaine*, eft affujetti
» à la même loi.

» Mais à qui ces lettres-patentes feront-elles
» adreffées ? Le même principe réfout toujours
» également toutes les queftions que l'on peut for-
» mer fur ce fujet ; toutes lettres-patentes, qui
» font expédiées pour autorifer les ventes ou les
» échanges du *domaine* du roi, doivent être adref-
» fées au parlement ; & elles le font toujours en
» effet ; c'eft cette compagnie qui eft chargée
» principalement de la défenfe & de la conferva-
» tion du *domaine* de la couronne, & fur-tout des
» loix falutaires qui en ont fi fagement défendu
» l'aliénation ; on ne peut déroger à ces loix que
» par des lettres-patentes qui foient enregiftrées
» au parlement ; fans cela l'aliénation feroit nulle,
» & n'obligeroit pas même un roi majeur ; elle
» obligeroit encore moins un roi mineur, & ni
» ceux qui auroient vendu des meubles réputés
» domaniaux, ni ceux qui les auroient qc'euis, ne
» feroient en fûreté ». (*Cette addition eft de M. Henri-
rion de Saint-Amand, avocat aux confeils du roi.*)

DOMBES, (*Droit public.*) petite province de
France, dont Trevoux eft la capitale.

On trouvera dans le *Dictionnaire diplom. écon.
polit.* ce qui concerne la réunion de ce pays à la
couronne de France, après avoir été poffédée pendant plufieurs fiècles à titre de fouveraineté. C'eft
pourquoi nous nous bornerons à traiter de ce qui
concerne le droit particulier des habitans de cette
province.

Lorfqu'elle fut réunie à la couronne, en 1762,
par contrat d'échange, revêtu de lettres-patentes
duement enregiftrées, le roi lui avoit confervé le

parlement établi par fes anciens fouverains. Mais il
a été fupprimé par un édit du mois d'octobre 1771,
par lequel on a établi à Trevoux, pour adminiftrer
la juftice en première inftance, une fénéchauffée
& un fiège d'élection réunis.

En vertu de cette loi, les matières civiles &
criminelles dont le parlement de *Dombes* connoiffoit, foit comme parlement, foit comme chambre
des comptes ou comme cour des aides, fe portent
aujourd'hui au parlement, à la chambre des comptes
& à la cour des aides de Paris ; à l'égard des matières dont ce parlement connoiffoit comme bureau
des finances, elles doivent être portées au bureau
des finances de Lyon.

Les appels des jugemens rendus à la fénéchauffée
de Trevoux doivent être relevés au fiège préfidial
de Lyon dans toutes les caufes & matières qui
font de nature à pouvoir y être jugées felon les loix
concernant la préfidialité. C'eft ce qui réfulte des
lettres-patentes du 22 mars 1772.

La province de *Dombes* eft principalement régie
par le droit écrit. On y fuit auffi les loix des anciens fouverains. La plus confidérable eft celle qui
a pour objet de régler la procédure en matière civile. Elle fut donnée au mois de juin 1581, par
Louis de Bourbon, duc de Montpenfier. Cependant on y inftruit les procès en conformité des
difpofitions de l'ordonnance de 1667.

On fuit d'ailleurs dans cette province plufieurs
ufages & divers arrêts de réglement.

La province de *Dombes* eft un pays de franc-
aleu, & tous les héritages y font libres s'il n'y a
titre au contraire. Il y a néanmoins des fiefs, mais
ils font fimplement d'honneur : les droits utiles dépendent des titres.

L'augment de dot y eft dû de plein droit & fans
aucune ftipulation, quoiqu'il n'y ait aucune coutume qui l'ait établi, & qu'il n'y foit fondé que
fur l'ufage. La quotité de cet augment fe règle
comme à Lyon, c'eft-à-dire qu'il eft de la moitié
de l'argent comptant & du tiers des immeubles que
la femme a apportés en mariage.

Les femmes ont auffi en *Dombes* des bagues &
joyaux, dont la quotité coutumière eft de la cinquième partie de la dot pour les veuves des perfonnes illuftres, c'eft-à-dire de celles qui font conftituées en quelque dignité de la robe ou de l'épée,
ou qui ont affez de degrés de nobleffe pour pouvoir prendre la qualité de chevalier, à la différence
des nobles & des fimples gentilshommes qui ne
peuvent prendre que la qualité d'écuyer, pour lefquels les bagues & joyaux ne font que de la dixième
partie de la dot. Quant aux bourgeois, marchands,
artifans, & gens de la campagne, les bagues &
joyaux font réglés à la vingtième partie de la dot.

Des lettres-patentes du roi du 15 août 1772, ont
ordonné que l'édit du mois de juin 1771 qui a
abrogé les décrets volontaires, & les lettres-patentes
du 7 juillet fuivant, feroient exécutées dans la prin-

cipauté de *Dombes*, à l'exception des articles 35 & 36 de cet édit.

Et par d'autres lettres-patentes du 6 septembre 1772, le roi a ordonné que l'édit de création de l'école militaire & la déclaration du 13 du même mois seroient exécutés dans la principauté de *Dombes* : en conséquence, les enfans de la noblesse de cette principauté doivent être admis à l'école militaire concurremment avec ceux de la noblesse des autres provinces.

Les droits de contrôle des actes, établis en France, n'ont point lieu dans la principauté de *Dombes* ; mais les notaires de *Dombes* ne peuvent faire aucun acte entre les domiciliés & pour des biens situés dans les lieux où ces droits sont établis ; & les actes de ces notaires, même entre personnes domiciliées dans la principauté, ne peuvent être considérés ailleurs que comme des actes privés, qui doivent être contrôlés, avant qu'on puisse s'en servir dans les lieux où le contrôle est établi.

Pour mettre l'adjudicataire des fermes générales à portée de constater les contraventions que les habitans des provinces qui avoisinent la principauté de *Dombes* pourroient commettre en allant y passer leurs actes, & pour que les redevables des droits seigneuriaux dus au roi au sujet des mutations d'immeubles ne puissent point être dérobés à la connoissance des commis, &c. il a été rendu au conseil d'état le 6 mai 1773, un arrêt qui a ordonné que les notaires & les autres personnes publiques, qui avoient la faculté d'instrumenter dans la principauté de *Dombes*, seroient tenus, sous peine de deux cens livres d'amende pour chaque contravention, de communiquer, lorsqu'ils en seroient requis, à l'adjudicataire des fermes, les minutes de tous les actes dont ils seroient dépositaires ; ensemble leurs registres, liasses, répertoires ou protocoles.

DOMANGERS, ou **DOMANGÈS**, f. m. (*Droit féodal.*) Ce mot qui se trouve dans plusieurs articles de la coutume de Béarn, *tit. 3, art. 31*, vient du latin *domicellus*. Suivant la remarque de M. de Marca, dans son *Histoire de Béarn, liv. 6, chap. 24, n°. 10*, dans l'ancien for, tous les nobles étoient compris sous le nom de *domangès*. Mais dans le nouveau, on entend par *domangès*, des nobles qui ont des maisons affranchies sans jurisdiction. *Voyez la Marca Hispanica, p. 282*; & le *Glossaire de* Laurière. *Voyez aussi l'article* DOMENJADURA. (*M. GARRAN DE COULON.*)

DOMENJADURA, ou **DOMENJADURA**, f. m. (*Droit féodal.*) ce mot, qui se trouve dans plusieurs articles de la coutume de Béarn, signifie un *château*, ou *maison noble*. « La diction *domangers*, » dit M. de Marca, signifie non-seulement les » nobles qui ont une maison affranchie, sans au- » cune jurisdiction ; mais elle est employée dans » l'ancien for pour toutes sortes de nobles, puisque » les domangers y sont formellement distingués en » ceux qui ont sujets & jurisdiction, & ceux qui » n'en ont pas. On voit au même sens, dans les

» anciens titres, *domicellos*, parmi lesquels sont » dénombrés les maîtres des plus belles terres de » Béarn, qui ont sujets & jurisdiction. D'où vient » que dans le vieux & le nouveau for, la maison » noble où les seigneurs, soit barons, cavers, » ou domangers, font leur résidence, est nommée » *domengadure*, qui est proprement ce que les livres » appellent *dominicatura* ». *Voyez l'Histoire de* Béarn, *liv. 6, chap. 24*; & le *Glossaire de* Laurière. (*M. GARRAN DE COULON.*)

DOMERIE, f. f. (*Jurispr.*) est un titre que prennent quelques abbayes en France. Les uns croient qu'elles ont été ainsi appellées, *quasi domus Dei*, parce que ce font des espèces d'hôpitaux ou maisons-Dieu où la charité est exercée. D'autres croient que ce mot *domerie*, vient du titre *dom*, diminutif de *dominus* que portent les religieux de certains ordres, tels que les Bénédictins ; qu'ainsi *domerie* signifie *seigneurie* ou *la maison des seigneurs*, comme en effet la plupart de ces abbayes ont la seigneurie temporelle de leur territoire. *Voyez* ABBAYE, HÔTEL-DIEU, HÔPITAL, LÉPROSERIE, ORDRES.

DOMESDAY, ou **DOOM'S-DAY BOOK**, f. m. (*Droit féodal.*) c'est-à-dire, *le jour du jugement*, ou *le livre du jour du jugement*. On donne ce nom en Angleterre à d'anciens livres terriers : mais on l'applique plus particulièrement au dénombrement que Guillaume-le-Conquérant fit faire de toutes les propriétés de la plus grande partie de l'Angleterre.

Plusieurs auteurs ont cru qu'on nomma ce dénombrement *jour du jugement*, pour désigner qu'on y rendoit compte des biens des Anglois, avec autant de soin que les hommes le feroient de leurs actions au jour du jugement universel. Mais Jacob observe dans son *New-law-dictionnary*, d'après Hammond, que ce nom indique seulement l'usage dont ce livre étoit pour rendre les jugemens. L'original du *domesday* existe encore très-bien conservé à l'échiquier d'Angleterre. Il est composé de deux volumes de grandeur inégale. Le plus petit ne contient que les trois comtés d'Essex, Suffolk & Norfolk. Le plus grand contient le dénombrement de toutes les autres terres du royaume, à l'exception des comtés de Northumberland, Cumberland, Westmorland, Durham, & d'une partie de celui de Lancastre, desquels il paroît que le dénombrement n'a jamais été fait.

Outre ces deux livres, il en existe un troisième qui fut fait par le commandement du même roi, & qui contient à-peu-près la même chose sous une autre forme. On conserve encore deux abrégés du *domesday*, qui forment eux-mêmes des livres considérables, & qu'on appelle aussi du même nom. De ces deux abrégés, le premier est gardé à l'échiquier, & le second au greffe des enquêteurs (*remembraneers*) de l'échiquier.

Le *domesday* fut commencé en 1041, par cinq juges, commis pour cet objet dans chaque comté. Il fut fini en 1086. Voici ce que dit, de cet ouvrage, Ingulphe, auteur contemporain. *Totam terram descripsit.*

defcripfit, nec erat hida in totâ terrâ Angliæ quin valorem ejus & poffeffionem fcivit, nec lacus, nec locus aliquis, quin in regis rotulo extitit defcriptus, ac ejus redditus & proventus, ipfa poffeffio & ejus poffeffor regiæ notitiæ manifeftatus juxtâ taxatorum fidem, qui electi de quâlibet patriâ territorium proprium defcribebant. Ifte Rotulus vocatus eft Rotulus Wintoniæ, & ab Anglis pro fuâ generalitate, quod omnia tenementa totius terræ contineat, doomesday cognominatus.

L'extrait le plus étendu que nous ayons en France du *domesday*, fe trouve dans le premier volume des *Loix anglo-normandes*, de M. Houard. Ce terrier eft encore aujourd'hui d'un grand ufage en Angleterre. Il jouit de la plus grande autorité dans les tribunaux, pour décider les queftions relatives au domaine du roi, & à celui des particuliers. Les terres y font eftimées felon leur valeur au temps du règne du roi Edouard. Cette eftimation, & quelques deffeins relatifs à ce prince, qu'on trouve fur l'un des abrégés du *domesday*, ont fait croire mal-à-propos à quelques auteurs que ce recueil avoit été fait du temps d'Edouard. Mais on voit dans les *termes de la loi* qu'on y trouve auffi l'eftimation des terres, fuivant leur valeur, au temps de Guillaume-le-Conquérant; & l'incomparable Alfred qui avoit fait faire un *domesday* long-temps auparavant, y avoit fait de même eftimer les biens fuivant leur valeur, au temps d'Ethelred.

Le chapitre de l'églife métropolitaine d'Yorck, & l'évêque de Worcefter ont auffi des *domesdays*. On trouve encore dans le château de Chefter un ancien regiftre, qu'on appelle *le rôle du domesday*. *Voyez* ROLES GASCONS & NORMANDS. (M. GARRAN DE COULON).

DOMESTIQUE, f. m. (*Droit civil.*) ce mot a différentes fignifications; dans les loix romaines on le trouve employé pour fignifier 1°. le nom de plufieurs officiers de la cour des empereurs de Conftantinople; 2°. d'un corps de troupes deftiné particulièrement à la garde du prince; 3°. des chefs du chœur de l'églife patriarchale de Conftantinople.

Dans nos mœurs le terme de *domeftique*, pris dans un fens étendu, fignifie tous ceux qui demeurent chez quelqu'un, qui lui font fubordonnés, qui compofent fa maifon, qui vivent ou font cenfés vivre avec lui.

Dans ce fens tous les officiers du roi & des princes, qu'on appelle *commenfaux*, font en quelque façon *domeftiques*; & on comprenoit autrefois fous cette dénomination ceux que nous nommons aujourd'hui *grands officiers de la couronne*. On défigne encore fous ce nom les fecrétaires, les chapelains, &c. quelquefois même ce mot s'étend jufqu'à la femme & aux enfans, comme dans cette phrafe: tout *domeftique* renferme l'intérieur de la famille fubordonnée au chef.

Dans une acception plus particulière, le terme *domeftique* eft fynonyme à celui de *ferviteur*, & il

fignifie ceux qui reçoivent des gages, & demeurent dans la maifon des perfonnes qui les paient, tels font les valets de pied, les laquais, les porteurs, &c.; c'eft fous ce denier rapport, que nous envifagerons ici les *domeftiques*.

Une ordonnance de François I, du mois de décembre 1540, fait défenfes à tout particulier de prendre pour *domeftiques*, des gens inconnus ou mal famés, à peine de répondre civilement des délits qu'ils pourroient commettre durant leur fervice.

Quoiqu'en France, où il n'y a point d'efclaves, les *domeftiques* y foient libres, ils ne peuvent néanmoins quitter leurs maîtres, quand ils le jugent à propos, s'ils n'obtiennent leur congé, ou qu'ils n'aient raifon & occafion de fe retirer plutôt. C'eft la difpofition des réglemens donnés en 1567 & 1577, par les rois Charles IX & Henri III, renouvellés par une ordonnance de la prévôté de l'hôtel, du 14 feptembre 1720, & une de la police de Paris du 16 octobre fuivant. Cependant il eft rare aujourd'hui dans les grandes villes, qu'un maître veuille retenir à fon fervice un *domeftique* qui demande fon congé, ou le rappeller lorfqu'il l'a quitté fans fon agrément. La facilité que l'on y a de trouver des *domeftiques*, quand on en a befoin, fait qu'on paie fans difficulté les gages de ceux qui veulent fortir, à proportion du temps qu'ils ont fervi.

Mais il en eft autrement dans les petites villes, & fur-tout dans les campagnes, où il importe de maintenir dans toute force, les réglemens qui affujettiffent les *domeftiques* à remplir le temps de leur engagement.

Ce que nous venons de dire que dans les grandes villes, les *domeftiques* pouvoient quitter leurs maîtres avant le temps convenu, reçoit quelques exceptions.

La première eft que, fuivant l'ordonnance de la prévôté de l'hôtel, du 14 feptembre 1720, il eft défendu à tous valets & *domeftiques* étant en fervice chez les officiers de la maifon du roi, des maifons royales, & des confeils, & ceux de la cour & fuite de fa majefté, de quitter leur fervice fans le congé par écrit de leurs maîtres, à peine de déchéance de ce qui leur fera dû de leurs gages, & d'être pourfuivis & punis comme vagabonds. Il leur eft auffi défendu, fous les mêmes peines, quand ils fortiront du fervice, même avec congé, & à ceux qui voudront y entrer, de refter à la fuite de la cour & confeils du roi, plus de huit jours fans être entrés en fervice, ou fans avoir de l'emploi. En entrant en fervice ils doivent déclarer leurs véritables noms & furnoms, le lieu de leur origine, s'ils font mariés, s'ils fortent de quelque fervice; & en ce cas donner copie de leur congé par écrit, lequel doit contenir le temps qu'ils auront fervi, à peine de punition corporelle contre ceux qui feront de fauffes déclarations, ou qui fourniront de faux congés. En cas de refus de congés, les *domestiques* qui auront lieu de se plaindre, doivent se pourvoir devant le prévôt de l'hôtel; sans quoi ils ne peuvent quitter le service, sous les peines ci-dessus prescrites.

La seconde exception établie par plusieurs ordonnances militaires, est pour les valets d'officiers d'armée, lesquels en-temps de guerre ne peuvent quitter leur maître pendant la campagne, quand ils l'ont servi pendant l'hiver précédent, à peine d'être punis comme vagabonds.

La troisième exception est que le roi accorde quelquefois, en faveur de certains établissemens, que les *domestiques* ne pourront quitter leur maître sans un congé par écrit; ou, en cas de refus de sa part, un congé de l'intendant, qui ne doit le donner qu'en connoissance de cause. Il y a un exemple récent d'un semblable privilège accordé à celui qui a inventé une nouvelle manière d'élever les moutons.

Il résulte de tout ce qui précède, que les *domestiques*, qui louent leurs services aux bourgeois des villes & de la campagne, pour la personne même du maître, peuvent être renvoyés par le maître lorsqu'il le juge à propos, & sans en donner de raison, en leur payant leurs gages jusqu'au jour qu'il les renvoie, quoiqu'il y ait une somme fixée pour les gages d'une année. Par la même raison lorsque le *domestique* quitte son maître sans cause légitime, on est dans l'usage de lui payer ses gages, jusqu'au moment de sa sortie, sans l'obliger à servir le reste de l'année, & sans lui demander dédommagement.

Mais à l'égard des valets de labour, des servantes de basse-cour, & autres destinés au service de la campagne, ils ne peuvent quitter leurs maîtres sans cause légitime pendant le temps convenu, ou réglé par la coutume: s'ils le font, le maître peut les faire condamner à continuer leurs services, ou à lui payer les dommages & intérêts, que leur sortie prématurée peut occasionner. Ces dommages & intérêts se règlent ordinairement sur ce qu'il en coûte au maître pour se faire servir par un autre *domestique*, pendant le temps que celui qui est sorti auroit dû le faire.

Si, au contraire, le maître renvoie sans cause son *domestique* avant l'expiration du temps, il doit être condamné à lui payer ses gages pour le temps entier que devoit durer son service; mais lorsqu'il a de justes raisons de le renvoyer, il n'est tenu qu'au paiement des gages échus au jour de sa sortie.

Lorsque le *domestique*, pour éviter de payer des dommages & intérêts à son maître, allègue qu'il a eu de justes raisons de le quitter, tels que des mauvais traitemens, ou le refus des choses nécessaires à la vie, il doit être admis à la preuve de ces faits: mais lorsque le maître allègue des sujets de plainte contre son *domestique*, le juge, d'après les circonstances, & la qualité du maître, peut s'en rapporter à sa déclaration.

La jurisprudence du châtelet & du parlement de Paris, admet le serment du maître, toutes les fois qu'il y a contestation entre lui & le *domestique*, sur les conditions de l'engagement & le paiement des gages, à moins qu'il n'y ait un écrit.

Les maîtres peuvent & même doivent reprendre leurs *domestiques*, lorsqu'ils s'écartent de leur devoir; mais ils ne doivent point les maltraiter. Si les *domestiques* commettent quelque délit considérable, soit envers leur maître ou autres, c'est à la justice à les en punir: on les punit même plus sévérement qu'on ne puniroit en cas pareil un homme indépendant d'un autre.

Le vol *domestique* est puni plus sévérement qu'un simple vol, parce qu'il renferme un abus horrible de confiance, & que les maîtres sont obligés de laisser beaucoup de choses entre les mains de leurs *domestiques*.

Suivant les loix romaines, le *domestique* coupable d'adultère avec la femme de son maître, étoit condamné au feu; parmi nous, on prononce, en pareil cas, la peine de mort contre les *domestiques*. Cette jurisprudence est constante d'après un grand nombre d'arrêts.

Les maîtres sont responsables civilement des délits de leurs *domestiques*, c'est-à-dire, des dommages & intérêts qui en peuvent résulter; ce qui ne s'entend néanmoins que des délits commis dans les lieux & fonctions où leurs maîtres les ont employés.

Il avoit été défendu, par une déclaration de 1685, aux personnes de la R. P. R. d'avoir des *domestiques* catholiques; mais par une autre déclaration du 11 janvier 1686, il leur fut au contraire défendu d'avoir pour *domestiques* d'autres que des catholiques.

L'ordonnance du roi du 8 avril 1717, porte qu'en conformité de la déclaration du premier juillet 1713, tous les *domestiques* compris sous le nom de *gens de livrée*, seront tenus de porter sur leur juste-au-corps &. surtout, un galon de livrée apparent; & il est enjoint aux maîtres de veiller à ce que ces réglemens soient exécutés par leurs *domestiques*. Il seroit à souhaiter qu'ils le fussent en effet plus exactement qu'ils ne le sont, ce seroit le moyen de contenir les *domestiques* dans le respect, & d'éviter aux maîtres beaucoup de superfluités que la plupart font dans leur habillement.

Les serviteurs & *domestiques* doivent former leur demande pour leurs gages, dans l'année, à compter du jour qu'ils sont sortis de service. Si leur maître est décédé, & qu'il se trouve un registre de recette & dépense, ils peuvent demander trois années de leurs gages, suivant l'ordonnance de 1510; mais s'il n'y a point de registre, ils ne peuvent demander qu'une année, pour laquelle ils sont privilégiés sur les meubles.

Les *domestiques* sont capables de donations entre-vifs & à cause de mort, de la part de leurs maîtres, à moins que la libéralité ne fût exorbitante, & qu'il ne parût qu'elle fût un effet de l'obsession &

de la féduction, y ayant quelquefois des *domeſti-*
ques qui acquièrent un certain empire ſur l'eſprit
de leurs maîtres , & ſur-tout lorſque ce ſont des
gens âgés & infirmes qui ſont livrés à leurs *do-*
meſtiques.

Les maîtres peuvent auſſi recevoir des libéralités
de leurs *domeſtiques,* pourvu qu'elles ne paroiſſent
point avoir été extorquées en vertu de l'autorité
que les maîtres ont ſur eux ; que par les circonſtances il n'y ait aucun ſoupçon de ſuggeſtion,
& que la diſpoſition paroiſſe faite uniquement par
un motif de reconnoiſſance.

Le témoignage des *domeſtiques* eſt rejetté dans
tous les actes volontaires, tels que les contrats &
les teſtamens, & dans les enquêtes ; il eſt ſeulement admis dans les cas où ils ſont témoins néceſſaires, comme dans un cas d'incendie, naufrage, & en matière criminelle.

Par arrêt du règlement du 28 août 1737, le
parlement de Paris a fait défenſes aux *domeſtiques*
prépoſés à la garde des portes des particuliers,
d'exiger, ni de recevoir aucune ſomme pour les
ſignifications qui leur ſeront laiſſées.

Le parlement de Toulouſe, par arrêt du 13
juillet 1739, a fait défenſes aux ſuiſſes des portes,
portiers, laquais, & autres *domeſtiques* des officiers
de la cour ; d'exiger de l'argent ou des préſens des
parties & de tout récipiendaire, directement ni
indirectement, quand même ils leur ſeroient offerts
volontairement, pour parler aux rapporteurs & aux
juges, à peine d'être mis en priſon & aux fers
pendant quinzaine, pour la première fois, & du
fouet, en cas de récidive.

Une déclaration du 25 juin 1665, défend aux
laquais, ſous peine de la vie, de porter aucune
arme dans les villes & dans les bourgs. Un règlement de police, du 24 juillet 1720, leur défend
de porter des cannes, à peine d'être mis au carcan, la canne pendue au cou.

Les loix qui concernent les *domeſtiques,* ont été
réunies dans une ordonnance de police du 6 novembre 1778.

L'article I défend à tous *domeſtiques* de l'un ou
de l'autre ſexe d'entrer en ſervice, dans la ville,
fauxbourg & banlieue de Paris, ſans déclarer auparavant leurs noms, ſurnoms, âges, pays & lieux
de leur naiſſance, & s'ils ont ſervi dans Paris.

Dans ce dernier cas, ils ſont tenus de repréſenter les congés, certificats ou autres atteſtations par
écrit des maîtres ou maîtreſſes qu'ils ont quittés.

Ceux qui donnent de faux noms, qualités ou
pays, ou qui diſſimulent leurs ſervices antérieurs,
doivent être punis exemplairement, & leurs cautions ou répondans condamnés en 200 liv. d'amende.

L'article II enjoint aux *domeſtiques* de porter
reſpect & obéiſſance à leurs maîtres : exhorte les
maîtres à traiter les *domeſtiques* avec bonté & humanité : fait défenſes aux *domeſtiques* de quitter leurs
maîtres ſans les avoir prévenus huit jours auparavant : ordonne aux maîtres de leur donner un

certificat qui contienne le temps de leur ſervice &
la cauſe de leur ſortie ; & en cas de refus, autoriſe les *domeſtiques* à ſe retirer par devers le
commiſſaire du quartier, pour obtenir un certificat
de leur conduite.

L'article III défend aux *domeſtiques* de tenir à
loyer aucune chambre à l'inſu de leurs maîtres, &
aux propriétaires des maiſons ou principaux locataires, de leur en louer, avant d'en avoir fait déclaration audit commiſſaire du quartier.

L'article IV renouvelle les défenſes faites de tout
temps aux *domeſtiques,* de porter des armes, cannes & bâtons.

L'article V ne permet pas aux *domeſtiques* ſans
condition, de reſter dans Paris plus d'un mois
après la date du certificat des maîtres qu'ils ont ſervis, à peine d'être pourſuivis comme vagabonds,
& défend à toutes perſonnes de leur donner retraite.

DOMICILE, ſ. m. (*Juriſprud.*) eſt le lieu où
chacun fait ſa demeure ordinaire, & où il a fixé
ſon établiſſement & place, & le ſiège de ſa fortune : *locus in quo quis ſedem poſuit laremque , &*
ſummam rerum ſuarum. Lib. VII. cod. de incolis.

Pour conſtituer un véritable *domicile,* il faut que
deux circonſtances concourent : la demeure de fait
ou habitation réelle, & la volonté de ſe fixer dans
le lieu que l'on habite. Ainſi tout endroit où l'on
demeure, même pendant long-temps, ne forme
pas un véritable *domicile ;* la volonté que l'on a
de l'établir dans un certain lieu ſe connoît par les
circonſtances, par exemple lorſqu'on y a ſa femme
& ſes enfans, que l'on y contribue aux charges publiques, qu'on y acquiert une maiſon pour l'habiter, que l'on y prend une charge ou emploi qui
demande réſidence, que l'on y participe aux honneurs de la paroiſſe ou de la ville ; qu'on y a
ſes habitudes ; ſes titres & papiers, la plus grande
partie de ſes meubles, en un mot, le ſiège de ſa
fortune. Mais toutes ces circonſtances ne forment
que des préſomptions de la volonté, auxquelles on
ne s'arrête point, lorſqu'il y a des preuves d'une
volonté contraire.

Ainſi, un ambaſſadeur, un intendant de province, un priſonnier de guerre, un exilé par
lettre de cachet, un employé dans les fermes du
roi, n'acquièrent point de nouveau *domicile* par
le ſéjour qu'ils font hors du lieu de leur ancienne
demeure, quand ce ſéjour paſſager ſeroit de quarante ou cinquante ans.

Suivant la déclaration du 9 avril 1707, il en eſt
de même des gouverneurs, lieutenans de roi &
autres officiers, états majors. Une déclaration
du 7 décembre 1712, s'explique de même pour
les officiers des gardes-françoiſes ; & celle du 3
février 1731 comprend tous les officiers militaires
qui ont des départemens fixes dans les provinces &
places du royaume, tels que les directeurs des
fortifications, les ingénieurs, &c.

Ceux qui s'abſentent pour leurs études, ou pour
des affaires particulières, ſont toujours préſumés

conferver leur ancien domicile, & on ne peut les regarder comme véritablement domiciliés dans le lieu de la fituation des univerfités, & de leurs affaires.

Les perfonnes employées chez des feigneurs, en qualité d'intendans, de gens d'affaires, de domeftiques, font toujours cenfés avoir confervé leur domicile d'origine, ainfi qu'il a été jugé par arrêt du 13 août 1763, au fujet de la fucceffion de Nicolas Sautereau, employé comme intendant du marquis de Bonnelles, depuis 1724 jufqu'en 1760, époque de fon décès.

C'eft le lieu de la naiffance qui donne dans ce cas la qualité de *citoyen*; le *domicile* donne feulement la qualité *d'habitant* dans le lieu où l'on demeure.

La volonté ne fuffit pas feule pour acquérir quelque part un *domicile*, mais elle fuffit feule pour le conferver; elle ne fuffit pas feule non plus pour le changer, il faut que le fait y foit joint, & que l'on change actuellement de demeure.

Quoique la demeure de fait doive concourir avec la volonté pour conftituer le *domicile*, il eft cependant plus de droit que de fait, *magis animi quàm facti*. C'eft pourquoi ceux qui ne font pas maîtres de leur volonté, ne peuvent fe choifir un *domicile*; la femme, par cette raifon, n'a point d'autre *domicile* que celui de fon mari, à moins qu'elle ne foit féparée de corps & d'habitation. On dit quelquefois que le *domicile* de la femme eft celui du mari, ce qui ne fignifie pas que la femme puiffe choifir fon *domicile*, mais que le lieu où elle eft établie du confentement de fon mari, lorfque celui-ci ne paroît pas avoir de demeure fixe, forme le *domicile* de l'un & de l'autre.

Les fils de famille n'ont pareillement d'autre *domicile* de droit, que celui de leur père. Ils ne peuvent en avoir de particulier qu'autant qu'ils font affranchis de la puiffance paternelle, ou qu'ils ont à cet effet le confentement du père.

Les bâtards n'ont de même de *domicile* de droit que dans le lieu où ils font nés, jufqu'au moment qu'ils fe marient, ou prennent ailleurs un état permanent.

Les mineurs, en changeant de demeure de fait, ne changent pas pour cela de *domicile*; ils confervent toujours celui que le dernier décédé de leurs père & mère avoit au temps de fon décès: les tuteurs, curateurs & parens, ne peuvent leur conftituer un autre *domicile*, parce qu'il n'eft pas permis de changer l'ordre de leur fucceffion mobiliaire, qui fe règle par la loi du *domicile*.

Il y a feulement un cas où le mineur peut changer de *domicile* avec effet, c'eft lorfqu'il fe marie hors du lieu de fon *domicile* d'origine; alors la loi du lieu où il fe marie règle les conventions matrimoniales, qui ne font pas réglées par le contrat.

Le *domicile* actuel s'acquiert par une demeure

d'an & jour, jointe à la volonté de fe fixer dans ce lieu.

Il n'y a perfonne qui n'ait un *domicile* au moins d'origine, à l'exception des vagabonds & gens fans aveu.

Chacun ne peut avoir qu'un *domicile* de fait; mais une même perfonne peut avoir en outre un *domicile* de droit ou de dignité, ainfi qu'on le dira ci-après, en expliquant les différentes fortes de *domiciles*. Ceux qui ont plufieurs *domiciles* font cenfés préfens dans chaque lieu, par rapport à la prefcription. *Voyez* la glofe fur la loi dernière *de præfcript. longi temporis*.

Le *domicile* du roi & de la famille royale eft cenfé être en la ville de Paris, de même que celui des princes du fang, des maréchaux de France, des grands officiers de la couronne, & des capitaines des gardes fervant près la perfonne du roi.

La qualité de duc & pair ne donne pas de *domicile* à Paris, parce que cette qualité n'exige pas une réfidence habituelle auprès du roi, & qu'on la regarde comme attachée aux duchés-pairies que l'on poffède. C'eft ce qui a été jugé pour la fucceffion du prince de Guémené, duc & pair de France, par arrêt du 6 feptembre 1670, rapporté au journal du palais.

Les officiers de la maifon du roi, des maifons des reines, enfans de France & princes du fang employés fur les états regiftrés en la cour des aides, & qui fervent toute l'année, font auffi domiciliés à Paris.

Ceux qui fervent par femeftre ou par quartier, ou feulement dans certaines occafions, font domiciliés dans le lieu où ils font leur réfidence ordinaire.

On a vu autrefois mettre férieufement en queftion, fi un évêque avoit fon *domicile* dans fon diocèfe ou dans le lieu où il fe tenoit le plus fouvent: mais depuis l'arrêt du 8 mars 1667, rendu au fujet de la fucceffion de l'évêque de Coutance, on n'a plus ofé propofer une pareille queftion, & le vrai *domicile* d'un évêque eft dans le chef-lieu de fon diocèfe.

Il en eft de même d'un curé & de tout autre bénéficier obligé à réfidence: fon véritable *domicile* eft dans le lieu de la fituation de fon bénéfice.

Les officiers de judicature, dont les charges exigent une réfidence continuelle, font cenfés avoir leur *domicile* dans le lieu où ils exercent leurs fonctions. Mais lorfque ces offices s'exercent par femeftre, quoique la préfomption foit par le lieu où la jurifdiction tient fon fiège, on eft néanmoins admis à prouver que le vrai *domicile* d'un officier étoit ailleurs. On peut voir à ce fujet les arrêts cités par Brodeau & Lacombe.

On dit communément que les meubles & droits mobiliers, dettes actives & paffives, & les rentes conftituées à prix d'argent, fuivent le *domicile*, c'eft-à-dire, que le tout eft cenfé fitué dans le lieu du *domicile*, & est régi par la loi de ce lieu. *Voyez* MEUBLES, RENTES.

C'est aussi la loi du *domicile* que le mari avoit au temps du mariage, qui règle les droits que les conjoints n'ont pas prévu par leur contrat.

La situation du véritable *domicile* règle les successions mobiliaires, & la paroisse où doivent être publiés les bans de mariage. C'est aussi au lieu du *domicile* que doivent être signifiés les exploits, & qu'on doit assigner le défendeur. *Voyez* AJOURNEMENT, BANS *de mariage*, MEUBLES, SUCCESSION, COMPÉTENCE.

En termes de pratique, on ajoute au mot *domicile*, plusieurs dénominations qu'il est bon de ne pas ignorer, & que nous allons indiquer par cette raison.

On appelle *domicile actuel*, la demeure de fait & de droit que l'on a actuellement. On ne considère ordinairement que le *domicile actuel*, cependant lorsqu'il s'agit de savoir si une rente constituée est meuble ou immeuble en la personne du créancier, on consulte la loi du *domicile* qu'il avoit au temps de la création de la rente.

Le *domicile ancien* n'est-pas celui où l'on a demeuré pendant long-temps, mais celui que l'on a eu précédemment.

Le *domicile des bénéficiers* est de droit au lieu de leur bénéfice, pour tous les actes qui concernent le bénéfice. *Ordonnance de 1667, tit. 2, art. 3*. Il en est de même lorsqu'il s'agit de droits seigneuriaux, le véritable *domicile légal* du seigneur & du vassal, pour la signification des actes qui les concernent en cette qualité, est le principal manoir du fief.

Le *domicile civil* est celui qui est établi par la loi, à cause de quelque dignité ou fonction que l'on a dans un lieu. *Voyez* M. de Perchambaut, *sur l'art. 475 de la coutume de Bretagne.*

Le *domicile contractuel* est celui qui est élu par un contrat à l'effet d'y faire un paiement, des offres, ou quelque autre signification. Ce *domicile* est perpétuel & irrévocable ; mais il n'a lieu qu'entre les contractans & leurs ayans-cause, & n'est d'aucune considération à l'égard d'un tiers. Il est attributif de jurisdiction au juge du lieu où le *domicile* a été élu, pourvu que l'une des parties soit naturellement justiciable de ce juge : autrement on auroit lieu de croire que cette élection de *domicile* n'auroit été concertée que pour se soustraire à l'autorité du juge légitime.

Le *domicile conventionnel* est celui qui est établi par convention ; c'est la même chose que *domicile* contractuel.

Le *domicile dernier* est celui qui a précédé le *domicile* actuel, il signifie aussi celui que quelqu'un avoit au temps de son décès. Ceux qui sont condamnés au bannissement ou aux galères à temps ; ceux qui sont absens pour faillite, voyage de long cours ou hors du royaume, doivent être assignés à leur dernier *domicile*.

Le *domicile de dignité* est celui que l'on a nécessairement dans un lieu, à cause de quelque dignité qui demande résidence, comme celle d'évêque, celle de juge.

Le *domicile de droit* est celui qui est établi de plein droit par la loi, à cause de quelque circonstance qui le fixe nécessairement dans un lieu. Ainsi le *domicile* de dignité est un *domicile* de droit ; mais tout *domicile* de droit n'est pas *domicile* de dignité : car, par exemple, le mineur a un *domicile* de droit, qui est le dernier *domicile* de ses père & mère.

Le *domicile élu* est celui qui est choisi par un contrat ou par un exploit, à l'effet que l'on y puisse faire quelque acte. Ce *domicile* est souvent différent du véritable *domicile* ; celui qui est élu par contrat est perpétuel, mais celui qui est élu par un exploit n'est quelquefois que pour vingt-quatre heures seulement, & sans attribution de jurisdiction.

Cette élection de *domicile* est nécessaire dans plusieurs circonstances : 1°. Tout saisissant est tenu d'élire *domicile* pour vingt-quatre heures dans le lieu de l'exploit, afin qu'on puisse lui faire des offres.

2°. Les opposans à une saisie ou à la publication d'un moniteire, sont tenus d'élire *domicile* dans le lieu de la saisie, ou de la jurisdiction du juge qui a permis l'obtention du monitoire, & ce *domicile* dure aussi long-temps que la cause qui y donne lieu.

3°. Les dévolutaires sont tenus d'élire *domicile* dans le ressort du parlement où est le procès, & cela afin qu'on puisse les discuter plus facilement, s'ils viennent à succomber.

4°. Les receveurs & autres employés au recouvrement des deniers royaux peuvent, dans le cas des saisies & poursuites qu'ils font, se contenter d'une élection de *domicile* dans leur bureau, sans être obligés d'en faire une dans la ville, bourg ou village le plus prochain : ils y sont autorisés par l'article 2 de l'édit du mois de mars 1668.

Ceux qui demeurent dans des châteaux ou maisons fortes, sont pareillement tenus d'élire *domicile* dans la ville la plus prochaine, & d'en faire enregistrer l'acte au greffe du lieu, sinon les exploits qui leur seront faits au *domicile*, ou aux personnes de leurs fermiers, juges, procureurs d'offices, & greffiers, valent comme s'ils étoient faits à leur personne. *Ordonnance de 1667, tit. des ajourn. art. 15.*

L'ordonnance de 1670, tit. 10, art. 13, & tit. 13, art. 13, veut que celui qui fait signifier des décrets, élise *domicile* dans le lieu de la jurisdiction, où ils ont été décernés : que ceux qui sont décrétés y fassent pareillement élection de *domicile* à la suite de leur interrogatoire : que dans les écrous & recommandations, on fasse mention du *domicile* élu par la partie qui les a fait faire.

Le *domicile de fait*, est le lieu où on demeure réellement & actuellement ; mais cette demeure est improprement nommée _domicile_, fi elle n'eft accompagnée de la volonté d'y demeurer ; il faut que le _domicile_ foit de fait & de droit ; ainfi un mineur eft demeurant de fait chez fon tuteur, & de droit réputé domicilié au lieu du dernier _domicile_ de fes père & mère.

Le _domicile de fait & de droit_, eft le véritable _domicile_ qui eft établi par la demeure de fait, & par la volonté de demeurer dans le même lieu, ou par l'autorité de la loi qui le fixe dans ce lieu.

Le _domicile légal_, eft celui que la loi attribue à quelqu'un : c'eft la même chofe que _domicile_ civil ou _domicile_ de droit.

Le _domicile matrimonial_, eft celui dont la loi doit régler les conventions des conjoints, foit qu'il ait été élu à cet effet par le contrat, ou qu'il ait été élu par le mari avant le mariage ou immédiatement après, de manière que l'intention des conjoints paroiffe avoir été, en fe mariant, de fe fixer dans ce lieu ; car leurs conventions expreffes ou tacites ne peuvent recevoir d'atteinte par aucun changement de _domicile_. _Voyez_ Dumoulin, fur la loi _cunctos populos_.

Le _domicile momentané_, eft celui qui doit durer peu, comme un _domicile_ élu pour vingt-quatre heures feulement ; on appelle auffi _domicile momentané_, celui qui n'eft qu'une demeure paffagère, fût-elle de 30. ou 40 ans ; de forte que c'eft plutôt une fimple demeure de fait, qu'un vrai _domicile_ : tel eft celui des officiers militaires & des employés des fermes générales.

Le _domicile naiffant_, eft celui que l'on commence à acquérir : il eft oppofé au _domicile_ ancien.

On donne en quelques endroits le nom de _domicile naturel_, au lieu où quelqu'un fait actuellement fa demeure, fans avoir néanmoins intention d'y demeurer toujours. Ainfi, dans ce fens, le _domicile naturel_ eft la même chofe que la fimple demeure de fait. _Voyez_ Perchambaut, fur la _Coutume de Bretagne_, _art. 475._ Quelquefois par _domicile naturel_, on entend celui d'origine, le lieu où l'on eft né ; ce que les loix appellent _municipium_, à la différence du _domicile_ actuel, qui eft appellé _incolatus_.

Le _domicile d'office_, eft celui que l'officier a de droit dans le lieu où fe fait l'exercice de fon office ou commiffion. Ce _domicile_ ne fert que pour les actes qui ont rapport à l'office ou commiffion. _Ordonnance de 1667, tit. ij, art. 3._

Le _domicile d'origine_, eft celui des père & mère que confervent ceux qui n'en acquièrent point de nouveau, comme les officiers & foldats, foit à l'armée, en quartier, ou garnifon ; les employés dans le lieu de leur commiffion. Dans le doute, le _domicile d'origine_ eft celui qui obtient la préférence ; car, pendant qu'on paroît encore attaché au premier endroit que l'on a habité, il eft à préfumer que le vrai _domicile_ y eft toujours fixé.

Le _domicile ftatuaire_, eft la même chofe que le _domicile_ de droit ou légal. _Voyez_ Tronçon, fur l'art. _360 de la coutume de Paris._

DOMICILIÉ, adj. (_Jurifpr._) ce terme, pris littéralement, fignifie celui qui a un domicile. Il n'y a perfonne qui n'ait un domicile, foit de droit ou de fait, actuel ou d'origine ; mais quand on dit, un _homme domicilié_, on entend par-là un homme qui a un établiffement fixe & un domicile connu. _Voyez ci-devant_ DOMICILE. (_A_)

DOMINANT, adj. (_Droit féodal._) ce mot fe joint toujours avec ceux de _feigneur_ & de _fief_. On appelle _fief dominant_, celui dont relève un autre fief ; & _feigneur dominant_, celui qui poffède ce fief fupérieur. Ce terme eft oppofé à celui de _fief fervant_. _Voyez_ FIEF, SEIGNEUR, VASSAL.

DOMINICAIN, f. m. (_Droit ecclef._) religieux qui a fait profeffion dans l'ordre inftitué par S. Dominique. On connoît encore cette efpèce de moines, fous le nom de _frères prêcheurs_, & fous celui de _jacobins_. Le premier leur a été donné, parce que, fuivant leur règle, ils doivent particuliérement s'appliquer à la prédication : le fecond, parce que la première maifon qu'ils ont habitée à Paris, & où ils demeurent encore, étoit fituée dans la rue S. Jacques. Comme leur régime n'a rien de particulier, on trouvera ce qui concerne les ordres religieux fous le mot MOINE. On peut auffi confulter, pour chacun des noms propres de chaque ordre, le _Dictionnaire de Théologie._

DOMMAGE, f. m. (_Jurifpr._) ce terme en droit a plufieurs fignifications. 1°. On appelle ainfi la perte qui eft caufée à quelqu'un par un autre, foit à deffein de nuire, foit par négligence ou impéritie, foit enfin par un cas fortuit. Dans ce fens, _dommage_ eft fynonyme de _perte, détriment, préjudice._

2°. _Dommage_ fignifie le dégât que les animaux font dans les terres, prés, vignes, bois, &c. Nous avons traité ce qui concerne cette efpèce, fous le mot AGATIS.

Celui qui caufe du _dommage_ de quelque manière que ce foit, doit le réparer ; & s'il l'a fait par malice, il doit en outre être puni pour l'exemple public. Mais lorfque le _dommage_ arrive par cas fortuit ou par force majeure, la perte tombe fur le propriétaire de la chofe endommagée, fans aucun recours. Ainfi le locataire d'une maifon n'eft pas refponfable lorfqu'elle eft brûlée par le feu du ciel, ou détruite par l'ennemi.

Celui qui en faifant un ouvrage, occafionne du _dommage_ à une perfonne, en eft refponfable, s'il n'a pas pris toutes les précautions néceffaires pour le prévenir. Ainfi les maçons, couvreurs, charpentiers, qui n'ont point indiqué le péril que peuvent occafionner leurs ouvrages, font tenus à la réparation du _dommage_ qui réfulte de leur négligence. Il en eft de même de ceux qui pratiquent des foffés fur un chemin, ou ailleurs, fans en avoir le droit, & fans faire reconnoître ces foffés par des marques certaines.

La même décifion s'applique à ceux qui caufent

du *dommage* , parce qu'ils ignorent les chofes qu'ils devroient favoir. C'eft par cette raifon qu'un artifan eft tenu de réparer le *dommage* caufé par les fautes qu'il a faites dans un ouvrage de fa profeffion ; qu'un voiturier répond du *dommage* qu'il occafionne en conduifant mal fa voiture. *Voyez* ACCIDENT, DÉLIT, QUASI DÉLIT.

DOMMAGES & *intérêts* , appellés en droit , *id quod intereſt aut intereſſe poteſt.*

Ces mots fignifient l'indemnité accordée par la juftice à l'homme qui a fouffert une perte, un *dommage* foit dans fes biens, foit dans fa perfonne par le fait d'un autre individu. Malheureufement il eft plus facile à l'homme de faire le mal, qu'il n'eft aifé de le lui faire réparer. Combien de méchans nous ont nui dans notre honneur, dans notre fortune, dans notre exiftence, & contre lefquels il eft impoffible d'obtenir une indemnité de leur noirceur ou de leur injuftice !

Les uns, fans emplois, fans poffeffions, femblent être dans leur indigence, comme dans un fort d'où ils bravent les pourfuites de celui qu'ils ont offenfé : les autres font fi avilis qu'ils ne laiffent pas même de prife à la flétriffure.

Il eft d'ailleurs des pertes fi affreufes qu'elles font à jamais irréparables. La mort & la ruine de celui qui nous les a occafionnés, ne peuvent pas en adoucir l'amertume.... Hélas ! les torts les plus à craindre & les moins réparés nous viennent fouvent de la main de la juftice. La calomnie, la fubornation, & quelquefois des indices trompeurs, en égarant fa fageffe, expofent l'innocence à fes coups, fi elle parvient à fe faire reconnoître, quel dédommagement obtient-elle ? une pitié ftérile. Nous avons tâché de remédier à cet inconvénient de notre légiflation, par des vues que nous avons préfentées dans le chapitre XIII de nos *Réflexions philofophiques fur la civilifation* ; nous allons les faire reparoître ici, afin que fi l'œil du légiflateur en eft un jour frappé, nous ayons la douceur de n'avoir pas travaillé inutilement pour l'innocence enchaînée.

« Remontons, difions-nous, au véritable motif » de la punition du crime. Pourquoi la juftice s'arme-» t-elle de févérité à fon égard ? Parce qu'il répand » le trouble & le malheur parmi les hommes. Mais » fi, pour le faifir & lui infliger le châtiment qu'il » a mérité, elle jette à fon tour l'effroi & l'in-» quiétude dans la fociété, ne produira-t-elle pas » fans le vouloir, le même mal que lui ? Le bri-» gand, qui rode autour de nos demeures, qui » cherche à y pénétrer ; à s'emparer de notre » fortune & menace nos jours, n'eft pas plus à » craindre que le juge foupçonneux qui lanceroit » légèrement des décrets ; qui, fur les rapports les » moins croyables, fur les plus foibles préfomptions, » feroit effuyer à d'honnêtes citoyens la honte des » prifons, les fatigues des interrogatoires, l'humi-» liation des confrontations & les foucis que laiffe » après elle l'accufation d'un crime capital.

» Il y a donc, comme on voit, deux dangers

» à courir, celui de laiffer le crime impuni & ce-» lui d'alarmer l'honnêteté. Les mêmes principes » qui déterminent les magiftrats à être févères à » l'égard des vrais coupables, doivent leur faire » craindre d'inquiéter les accufés qui ne le font pas. » Malheureufement la plupart des crimes fe com-» mettent dans la nuit fans témoins. Le fpectacle » du meurtre s'offre avec le jour, dans toute fon » horreur, aux regards épouvantés, & l'homicide » a fu s'y dérober. Le miniftère public eft obligé » de fuivre invifiblement fes traces, de recueillir tou-» tes les préfomptions, de réunir toutes les probabi-» lités, qui peuvent motiver une dénonciation & » provoquer le décret qui enchaîne l'accufé ».

« Ces recherches, ces perquifitio s fecrètes, exi-gent, de la part du magiftrat chargé de les faire, autant d'activité que de prudence, autant d'ardeur contre le crime que de ménagement pour les perfonnes qui ne font que foupçonnées. Lorfqu'il a fait précéder fes réquifitions rigoureufes de cette circonfpection fi effentielle, il n'a encore rempli que la moitié de fon miniftère. Il lui refte à donner une nouvelle preuve de fon impartialité par une difpofition conftante à facrifier fa première opinion au defir de trouver un innocent. Malheur à lui s'il peut croire fon honneur intéreffé à ce que l'accufé, arrêté fur fes conclufions, foit reconnu pour être coupable ; il l'a décrété fur de forts indices, leur gravité juftifie fa févérité. Mais des indices qui peuvent motiver un décret de prife-de-corps, aux preuves qui doivent déterminer une condamnation capitale ; il y a une diftance infinie ; ainfi l'accufé peut être remis en liberté par un *hors de cour*, ou même être déchargé de l'accufation, fans que le miniftère public ni les juges qui l'ont fait emprifonner, méritent le moindre reproche. Et, en effet, les réponfes de l'accufé, les variations des témoins, qui d'abord le chargeoient, les confrontations peuvent avoir détruit abfolument toutes les préfomptions qui exiftoient contre lui, au moment où l'on s'eft affuré de fa perfonne ».

« Mais cette innocente victime de l'erreur & d'une fatale néceffité, n'a-t-elle rien à attendre du roi jufte, fous l'empire duquel l'homme de bien doit vivre tranquille & heureux ? La main qui confifque la fortune du criminel, ne s'ouvrira-t-elle pas en faveur de l'accufé qui ne l'eft pas, pour le dédommager, au moins en partie, du tort que lui a fait éprouver un funefte foupçon » ?

« Quel dédommagement accorder, demandera-t-on, à des miférables, qui ont langui des années entières fous le poids des chaines avant le jugement, qui les a renvoyés exténués de mifère, de maladies dans le fein d'une famille indigente ? Je le fais, c'eft-là un de ces malheurs prefque irréparables, mais eft-ce une raifon pour ne rien faire en faveur de celui qui l'endure ? n'étouffons pas fous une pitié décourageante les foibles efforts de l'équité, gardons-nous fur-tout d'exagérer les réparations dans la crainte de les rendre impoffibles ».

« Un journalier a été décrété, renfermé, fur une accufation de vol ou d'affaffinat : après un an d'inftruction & de captivité, on vient à reconnoître que fes mains font pures. Cependant ces bras que l'on a enchaînés nourriffoient fa femme, fes enfans, qui ont langui dans une affreufe mifère : fi, après lui avoir lu l'arrêt qui l'abfout, on lui remettoit, au nom du fouverain, la valeur de trois cens journées de travail qu'on lui a fait perdre, cet acte de juftice le confoleroit de fes fouffrances, de fes humiliations ; il rapporteroit du moins dans fa maifon le moyen de remplir le vuide que fa douloureufe inaction y a laiffé. Pourquoi n'ajouteroit-on pas à ce don utile une médaille, qui feroit la preuve oftenfible de fon innocence, Cette médaille nouvelle, frappée fous le règne d'un roi, qui paroît n'ambitionner que le titre de *jufte*, & diftribuée à tous ceux qui fortiroient triomphans d'une accufation capitale, éterniferoit tout-à-la-fois & l'équité & la bienfaifance du monarque, dont elle porteroit l'empreinte.... Si cette idée fe réalifoit un jour, comme nous aimons à le croire, il en réfulteroit un avantage important : celui d'établir une différence fenfible entre l'accufé, dont l'innocence a frappé fes juges, & celui qui n'a été élargi que parce qu'il ne pouvoit pas être légalement condamné. Et, en effet, qu'importe à un villageois qui retourne dans fa chaumière, d'y être renvoyé avec ce que l'on appelle un *hors de cour*, ou par un arrêt qui le *décharge de l'accufation ?* Les groffiers habitans, avec lefquels il vit, ont-ils la moindre idée du fens attaché à ces deux fortes de jugemens, fi diftans l'un de l'autre aux yeux de l'honneur ?

» Ils en diftingueroient, au contraire, bientôt l'intervalle, lorfqu'ils fauroient qu'à l'un eft réfervé une indemnité pécuniaire & un figne vifible d'innocence ; tandis que l'autre n'eft fuivi que de la feule fatisfaction d'avoir échappé à la punition dont on étoit menacé.

» Peut-être naîtroit-il encore de cet acte de juftice un bien auffi réel que le premier ; l'indemnité en argent ne devant jamais être accordée qu'en proportion de ce que l'accufé eût réellement gagné fi fes travaux n'euffent pas été interrompus, par la privation de fa liberté : tout individu auroit un *intérêt* de plus à fe mettre en état de prouver que fes jours n'étoient pas infructueux.

» Si l'on nous objectoit que ce feroit ouvrir une nouvelle fource de dépenfes, nous répondrions que, dans un état tel que la France, une bonne adminiftration ne gémit jamais que fous le poids des charges fuperflues, des faveurs ufurpées ; qu'elle a toujours la force de fupporter celles qui proviennent d'une caufe légitime : d'ailleurs, fi tous les hommes réunis en fociété recueillent les fruits de l'ordre, & ne vivent heureux que fous fon ombre, tous ne doivent-ils pas auffi des adouciffemens à celui d'entre eux, qui a fouffert innocemment pour le maintien de cet ordre ?

» En fubftituant, dans certain cas, des amendes aux peines infâmantes & aux emprifonnemens, peut-être feroit-il poffible au gouvernement de puifer dans la punition modérée des coupables, la fatiffaction due aux innocens ». (*Article de M. DE LA CROIX, Avocat au Parlement.*)

On adjuge auffi des *dommages & intérêts* en matière criminelle, comme pour une bleffure, pour une accufation injurieufe, &c.

Les juges d'églife ne peuvent ftatuer fur les *dommages & intérêts* ; c'eft un objet purement temporel qu'ils doivent renvoyer au juge laïque.

Les *dommages & intérêts* ont les mêmes privilèges & hypothèques que le principal, dont ils font l'acceffoire.

Ceux qui font adjugés pour faits de charge, font privilégiés fur l'office, par préférence au vendeur même.

Le jugement qui accorde des *dommages*, les fixe ordinairement à une certaine fomme : lorfqu'il ne les fixe pas, celui auquel ils font adjugés, en doit pourfuivre la liquidation en la forme prefcrite par l'ordonnance ; & pour cet effet, il faut fignifier au procureur du défendeur une déclaration ou état de ces *dommages & intérêts*, détaillés article par article, fur laquelle le défendeur doit faire des offres ; & fi elles ne font pas acceptées, on paffe un appointement à produire pour débattre par écrit la déclaration.

La contrainte par corps a lieu après les quatre mois, pour *dommages & intérêts* montans à 200 liv. fuivant l'*article 11 du tit. 34 de l'ordonnance de 1667.*

On peut fe faire adjuger les intérêts de la fomme à laquelle les *dommages & intérêts* ont été fixés ou liquidés, à compter du jour de la demande. (*A*)

FIN DU TOME TROISIÈME.

De l'Imprimerie de STOUPE, rue de la Harpe, 1783.